Vygen/Joussen
Bauvertragsrecht nach VOB und BGB

5., neubearbeitete und erweiterte Auflage 2013

Werner Verlag 2013

www.wolterskluwer.de
www.werner-verlag.de

Alle Rechte vorbehalten.
© 2013 Wolters Kluwer Deutschland GmbH, Köln.
Werner Verlag – eine Marke von Wolters Kluwer Deutschland.

Das Werk ist urheberrechtlich geschützt. Die dadurch begründeten Rechte, insbesondere die der Übersetzung, des Nachdrucks, der Entnahme von Abbildungen, der Funksendung, der Wiedergabe auf fotomechanischem oder ähnlichem Wege und der Speicherung in Datenverarbeitungsanlagen, bleiben vorbehalten.

Verlag und Autor übernehmen keine Haftung für inhaltliche oder drucktechnische Fehler.

Umschlagsgestaltung: Martina Busch, Grafikdesign, Homburg Kirrberg
Satz: Satz-Offizin Hümmer GmbH, Waldbüttelbrunn
Druck und Weiterverarbeitung: Appel & Klinger Druck und Medien GmbH, Schneckenlohe

Gedruckt auf säurefreiem und alterungsbeständigem Papier

Vorwort

Die letzte Auflage liegt knapp fünf Jahre zurück. Dies ist im Bauvertragsrecht inzwischen eine lange Zeit. Für das hier vorliegende Handbuch war es erneut Anlass genug, eine Neuauflage in Angriff zu nehmen. Dabei bestand weiterhin der Anspruch, das gesamte private Baurecht aus einer Hand zu beschreiben.

Aufbau und Struktur sind unverändert geblieben. Entsprechendes gilt für das Ziel und den Umgang damit: Es verfolgt weiter den Anspruch, dem Leser einen fundierten **Überblick über das gesamte deutsche private Bauvertragsrecht** zu gewähren. Übersichtlich dargestellt wird jeweils die Rechtslage sowohl zu **Bauverträgen auf der Grundlage der VOB als auch des BGB**. Es beginnt mit der Vergabe und behandelt den Abschluss des Bauvertrages mit seinen AGB-rechtlichen Besonderheiten, um hier insbesondere unwirksame Bauvertragsklauseln zu vermeiden. Eigenständig dargestellt werden sodann die gegenseitigen Rechte und Pflichten bei der Baudurchführung. Es folgt eine Beschreibung der Probleme bei Bauablaufstörungen sowie eine umfassende Darstellung der Abnahme und der Gewährleistung (Mängelansprüche). In gesonderten Kapiteln behandelt werden schließlich Einzelheiten zur Vergütung und Zahlung, zur Kündigung, zur Sicherheitsleistung sowie nicht zu vergessen zu verschiedenen Instrumentarien der in der Praxis immer wichtiger werdenden Streitvermeidung.

Trotz der zahlreichen Neuerungen ist es gelungen, die Randnummern gegenüber der Vorauflage zu einem überwiegenden Anteil beizubehalten. Dies erleichtert nicht nur die Wiederauffindbarkeit bei Zitaten, sondern war auch nur möglich, indem überholte Rechtsfragen weg gelassen und stattdessen Neues integriert wurde. Hierzu zählen u. a.:

– Berücksichtigung der VOB 2012 einschließlich der VOB/A-EG, des neu gefassten § 16 VOB/B sowie der Zahlungsverzugsrichtlinie der EU/7/2011
– Vollständige Überarbeitung der Darstellung des Vergaberechts im Kapitel 2 mit einer Anpassung an die VOB 2012 sowie die aktuelle Vergabe- und Sektorenverordnung
– Fortschreibung der umfassenden synoptischen Darstellung zu wirksamen und unwirksamen Klauseln der AGB-Inhaltskontrolle im Kapitel 4 (Rdn. 649 ff.). Sie soll dem Leser themenbezogen einen Überblick verschaffen, was AGB-rechtlich zulässig ist und was nicht.
– Überarbeitung und erheblich vertiefende Darstellung zu der für die Bestimmung der Leistungspflichten des Auftragnehmers bedeutenden Auslegung eines Bauvertrages im Kapitel 5, insoweit auch mit einer Darstellung der Folgen unklarer Leistungsbeschreibungen (Rdn. 873 ff.) und sowie ergänzend dazu im Kapitel 8 Erläuterungen zu ggf. damit korrespondierenden Schadensersatzansprüchen (Rdn. 1920 ff.) sowie zu Folgen unklarer Baubeschreibungen zum Baugrund (Rdn. 1929 ff.).
– Vertiefung der Darstellung zu den Rechten der Vertragsparteien vor der Abnahme (Nebenpflichten, Obliegenheiten, Mitwirkungshandlungen u. a.) ebenfalls im Kapitel 5
– Erläuterungen zu den Rechtsfolgen einer (un)berechtigten Abnahmeverweigerung, hier auch mit besonderer Behandlung von gekündigten Verträgen im Kapitel 6
– Fortschreibung des gesamten Kapitels 7 zum Gewährleistungsrecht unter Berücksichtigung der neueren Entwicklungen, insoweit etwa auch zu mangelhaften Vorleistungen anderer Unternehmer und zum Vorteilsausgleich
– Überarbeitung des Kapitels 8 zu den im Baurecht nach wie vor bedeutsamen Rechten bei Bauzeitverzögerungen
– Detaillierte Erläuterungen zu Nachtragsforderungen nach geänderten und zusätzlichen Leistungen im Kapitel 9, hier unter Einschluss der Diskussion zur Preisfortschreibung (Vertragspreisniveau), Anwendbarkeit der Grundsätze zur Störung der Geschäftsgrundlage, Preisanpassung bei Pauschalverträgen sowie Einstellung der Bauleistung wegen verweigerter Nachträge
– Aktualisierung und teilweise Neufassung des Kapitels 10 betreffend die Abrechnung und Zahlung, hier vor allem unter Einschluss der schon zurückliegenden Neuregelungen nach dem Forderungs-

Vorwort

sicherungsgesetz, der Neufassung des § 16 VOB/B, der EU-Zahlungsverzugsrichtlinie und deren Umsetzung in deutsches Recht
- Fortschreibung des Kapitels 12 ebenfalls unter Berücksichtigung der diversen Änderungen nach dem Forderungssicherungsgesetz

Die Zielgruppe dieses Buches ist unverändert geblieben. Es soll demjenigen als **Nachschlagewerk** zur Verfügung stehen, der mit der Realisierung eines Bauvorhabens befasst ist. Hierzu gehören **Bauunternehmer** und seine Mitarbeiter genauso wie **öffentliche und private Auftraggeber**. Doch auch für sonst an einem Bauvertrag Beteiligte soll es eine fundierte Hilfestellung sein, sei es für **Architekten und Ingenieure**, sei es für Bauträger und Baubetreuer und schließlich für **Richter, Rechtsanwälte und Sachverständige**. Damit das Buch auch für alle leicht verständlich bleibt, wurden schon seit der letzten Auflage sehr positiv in der Kritik hervorgehobene Kennzeichen weiter ausgebaut, so u. a.:

- Zahlreiche rechtliche Fragestellungen wurden um **Beispielfälle** (größtenteils in Anlehnung an die Rechtsprechung) ergänzt und entsprechend optisch hervorgehoben.
- Zum besseren Verständnis finden sich im Text zahlreiche **Übersichten** und **Schaubilder**.
- Das Stichwortverzeichnis wurde weiter aktualisiert und ergänzt.
- Schließlich beginnt jedes Kapitel – für einen schnellen oder auch abschließenden Überblick – mit einer Gliederung und endet mit einer **Zusammenfassung in Leitsätzen**. Hier werden mit Kernaussagen nochmals die wesentlichen Ergebnisse jedes Themengebietes festgehalten.

Rechtsprechung und Schrifttum sind berücksichtigt worden, soweit diese bis ca. **September 2012** veröffentlicht worden sind.

Ein abschließender Dank für die Betreuung des Manuskripts soll hier ausgesprochen werden Frau Roßmüller und Frau Kröger, die die sich wie schon bei der Vorauflage mit großem Engagement im Sekretariat um die Eingabe der zahlreichen Änderungen verdient gemacht haben.

Berlin, im Oktober 2012

Die Verfasser

Inhaltsübersicht

1	Das Baurecht und die am Bau Beteiligten	1
2	Der Abschluss des Bauvertrages	39
3	Der Bauvertrag und die VOB	136
4	Der Inhalt des Bauvertrages	176
5	Die Bauausführung bis zur Abnahme	330
6	Die Abnahme der Bauleistung	421
7	Die Baumängel in der Gewährleistung/Mängelansprüche des Auftraggebers	470
8	Die Bauzeit und Bauablaufstörungen	616
9	Die Vergütung des Bauunternehmers/Nachträge und Vergütungsänderungen	793
10	Abrechnung, Zahlung, Verjährung	903
11	Die vorzeitige Beendigung des Bauvertrages durch Kündigung u. a.	984
12	Sicherheitsleistung	1079
13	Baustreitigkeiten: Vermeidung, Schlichtung und Streitentscheidung	1179
Stichwortverzeichnis		1203

Inhaltsverzeichnis

Vorwort	V
Inhaltsübersicht	VII
Literaturverzeichnis	XXVII

1 Das Baurecht und die am Bau Beteiligten ... 1

1.1 Einleitung: Die Bedeutung des Baurechts ... 1
1.2 Öffentliches und privates Baurecht ... 3
    1.2.1 Öffentliches Baurecht ... 3
    1.2.2 Privates Baurecht ... 5
1.3 Die Baubeteiligten und ihre vertraglichen Rechtsbeziehungen ... 6
1.4 Der Bauherr oder Auftraggeber ... 7
1.5 Der Architekt oder Ingenieur als Planverfasser ... 7
1.6 Der Ingenieur als Sonderfachmann ... 9
1.7 Der Bauunternehmer ... 11
    1.7.1 Alleinunternehmer/Hauptunternehmer/Subunternehmer ... 12
    1.7.2 Die Arbeitsgemeinschaft – ARGE – ... 13
    1.7.3 Der Generalunternehmer ... 15
        1.7.3.1 Begriff ... 15
        1.7.3.2 Selbstständigkeit der Vertragsbeziehungen ... 16
        1.7.3.3 Vertragliche Anpassung von GU- und Subunternehmervertrag . 18
        1.7.3.4 Sonderform: Anlagenvertrag ... 22
    1.7.4 Der Generalübernehmer ... 22
    1.7.5 Subunternehmer/Nachunternehmer ... 23
    1.7.6 Der Baustofflieferant und Werklieferungsunternehmer ... 25
    1.7.7 Der Baubetreuer ... 27
        1.7.7.1 Baubetreuer im engeren Sinne ... 27
        1.7.7.2 Der Bauträger ... 31
1.8 Der Projektsteuerer ... 37
1.9 Zusammenfassung in Leitsätzen ... 37

2 Der Abschluss des Bauvertrages ... 39

2.1 Der Bauvertrag und die allgemeinen Grundsätze des Vertragsrechts ... 40
    2.1.1 Die Abschlussfreiheit ... 41
    2.1.2 Gestaltungsfreiheit ... 41
        2.1.2.1 Verstoß gegen ein gesetzliches Verbot ... 42
        2.1.2.2 Verstoß gegen gute Sitten/Schmiergeldzahlung ... 44
        2.1.2.3 Unmöglichkeit der Leistungserbringung ... 48
    2.1.3 Die Formfreiheit ... 49
        2.1.3.1 Grundsatz der Formfreiheit ... 49
        2.1.3.2 Grenzen der Formfreiheit ... 50
        2.1.3.3 Widerruf von Bauverträgen nach § 355 BGB ... 53
2.2 Der Abschluss des Bauvertrages nach den allgemeinen Regeln des BGB ... 54
    2.2.1 Die Bedeutung des Bauvertragsabschlusses für die Baubeteiligten ... 54
    2.2.2 Der Abschluss des Bauvertrages durch Angebot und Annahme ... 55
        2.2.2.1 Vertragsschluss durch übereinstimmende Willenserklärungen . 56
        2.2.2.2 Planung durch den Auftragnehmer/Projektierungskosten ... 60
    2.2.3 Die Bedeutung des Bestätigungsschreibens für den Vertragsabschluss ... 63
        2.2.3.1 Grundsatz: Schweigen ist keine Zustimmung ... 63

		2.2.3.2	Kaufmännisches Bestätigungsschreiben	63
		2.2.3.3	Auftragsbestätigung	65
	2.2.4		Der Abschluss des Bauvertrages durch Vertreter	66
		2.2.4.1	Die Stellvertretung oder das Handeln in fremdem Namen	66
		2.2.4.2	Die Vertretungsmacht oder Vollmacht	68
		2.2.4.3	Der Umfang der Architektenvollmacht	70
		2.2.4.4	Der vollmachtlose Vertreter	72
2.3	Der Abschluss des Bauvertrages nach Teil A der VOB – die verschiedenen Teile der VOB/A			74
	2.3.1		Abschnitt 1: Basisparagrafen	75
	2.3.2		Abschnitt 2: Vergabebestimmungen im Anwendungsbereich der EG-Vergabekoordinierungsrichtlinie	76
	2.3.3		Abschnitt 3: Vergabebestimmungen im Anwendungsbereich der Vergaberichtlinie im Bereich Verteidigung und Sicherheit	77
	2.3.4		Vergabe nach der Sektoren-VO	77
2.4	Ablauf der Vergabe nach der VOB/A – Abschnitt 1			78
	2.4.1		Grundsätze der Vergabe (§§ 2, 5 VOB/A)	78
	2.4.2		Arten der Vergabe (§ 3 VOB/A)	79
	2.4.3		Ablauf des Vergabeverfahrens bei einer öffentlichen Ausschreibung im Einzelnen	81
		2.4.3.1	Teilnahme am Wettbewerb/Vorgelagerte Bieterauswahl bei beschränkter Ausschreibung und freihändiger Vergabe	82
		2.4.3.2	Ausschreibung der Bauleistung/Erstellung der Verdingungsunterlagen mit Leistungsverzeichnis u. a.	87
		2.4.3.3	Vergabebekanntmachung/Zusendung der Vergabeunterlagen	89
		2.4.3.4	Angebot/Nebenangebote und Angebotsfrist	90
		2.4.3.5	Zuschlags- und Bindefrist	92
		2.4.3.6	Die Angebotseröffnung	95
		2.4.3.7	Die Angebotsprüfung	95
		2.4.3.8	Aufklärungsgespräche mit den Bietern	98
		2.4.3.9	Die Wertung der Angebote	100
		2.4.3.10	Der Zuschlag	105
		2.4.3.11	Die Aufhebung der Ausschreibung und ihre möglichen Folgen	107
	2.4.4		Haftung des Auftraggebers bei Vergabeverstößen gegen die VOB/A – Abschnitt 1	110
		2.4.4.1	Kein Anspruch auf Zuschlag	111
		2.4.4.2	Konkurrentenklage/Verhinderung des Zuschlags an Mitbieter	111
		2.4.4.3	Anspruch auf Schadensersatz	113
		2.4.4.4	Weitere Rechte des unterlegenen Bieters	119
2.5	Besonderheiten des Vergabeverfahrens nach der VOB/A oberhalb der Schwellenwerte (Abschnitt 2)			119
	2.5.1		Gesetzliche Grundlagen/Kaskadenprinzip	120
	2.5.2		Arten der Vergabe	123
	2.5.3		Eignung der Bieter	124
	2.5.4		Leistungsbeschreibung/Wertung	125
	2.5.5		Rahmenverträge	127
	2.5.6		Form der Angebote	127
	2.5.7		Vorabmitteilung nach § 101a GWB	127
	2.5.8		Modifizierte Fristen bei den Vergabeverfahren nach Abschnitt 2/SektVO	128
	2.5.9		Haftung/Rechtsschutz	129
		2.5.9.1	Kein Anspruch auf Zuschlag	129
		2.5.9.2	Einleitung eines Vergabenachprüfungsverfahrens	129
		2.5.9.3	Anspruch auf Schadensersatz	131

		2.5.9.4	Anspruch auf Aufhebung eines vergaberechtswidrig zustande gekommenen Vertrages	133
2.6	Zusammenfassung in Leitsätzen			134

3 Der Bauvertrag und die VOB ... 136

- 3.1 Der Bauvertrag als Werkvertrag ... 136
  - 3.1.1 Dienstvertrag ... 137
  - 3.1.2 Werklieferungsvertrag ... 137
  - 3.1.3 Kaufvertrag ... 143
  - 3.1.4 Mietvertrag ... 144
  - 3.1.5 Sonderformen des Werkvertrages ... 145
  - 3.1.6 Typengemischte Verträge ... 145
- 3.2 Die Bedeutung der VOB für den Bauvertrag ... 146
  - 3.2.1 Geschichtliche Entwicklung der VOB ... 146
  - 3.2.2 Die Rechtsnatur der VOB ... 147
- 3.3 Die Teile der VOB ... 147
  - 3.3.1 Teil A der VOB ... 147
  - 3.3.2 Teil B der VOB ... 150
  - 3.3.3 Teil C der VOB ... 151
- 3.4 Die Zulässigkeit der Vereinbarung der VOB in Bauverträgen und anderen Verträgen ... 153
- 3.5 VOB und AGB-Kontrolle ... 159
  - 3.5.1 Die VOB als Allgemeine Geschäftsbedingungen ... 159
  - 3.5.2 »Stellen« der VOB/Verwendereigenschaft ... 161
  - 3.5.3 Einbeziehung der VOB ... 164
  - 3.5.4 Keine AGB-Inhaltskontrolle der VOB/B bei ihrer Vereinbarung als Ganzes im gewerblichen Bereich ... 166
    - 3.5.4.1 Keine AGB-Privilegierung gegenüber Verbrauchern ... 166
    - 3.5.4.2 Freistellung der VOB/B in ihrer jeweils geltenden Fassung ... 167
    - 3.5.4.3 Bedeutung der Vereinbarung der VOB als Ganzes/Öffnungsklauseln ... 169
  - 3.5.5 Einzelkontrolle von VOB-Regelungen nach §§ 307 ff. BGB ... 171
- 3.6 Zusammenfassung in Leitsätzen ... 174

4 Der Inhalt des Bauvertrages ... 176

- 4.1 Unterschiede zwischen VOB-Bauvertrag und BGB-Werkvertrag ... 177
  - 4.1.1 Abweichende Regelungen in der VOB/B zugunsten des Auftragnehmers ... 178
  - 4.1.2 Abweichende Regelungen der VOB/B zugunsten des Auftraggebers ... 183
  - 4.1.3 Neutrale Abweichungen in der VOB/B gegenüber dem gesetzlichen Werkvertragsrecht des BGB ... 191
  - 4.1.4 Würdigung der Unterschiede der VOB-Regelung und des BGB-Werkvertragsrechts ... 193
- 4.2 Ausfüllung der Lücken der VOB/B durch Zusätzliche und/oder Besondere Vertragsbedingungen ... 194
  - 4.2.1 Ausfüllen der in der VOB/B vorgesehenen Lücken ... 195
  - 4.2.2 Weitere Lücken im Zusammenhang mit VOB-Verträgen ... 199
  - 4.2.3 Möglichkeiten abweichender Vereinbarungen gegenüber den Regelungen der VOB/B ... 204
- 4.3 Zusätzliche Vereinbarungen beim Abschluss eines BGB-Werkvertrages ... 211
- 4.4 Bauvertragsklauseln und AGB-Kontrolle ... 212
  - 4.4.1 AGB in Bauverträgen – Grundlagen ... 212
    - 4.4.1.1 AGB-Eigenschaft von Bauverträgen ... 213

Inhaltsverzeichnis

		4.4.1.2	Das »Stellen« der Allgemeinen Geschäftsbedingungen	214
		4.4.1.3	Aushandeln von Vertragsbedingungen	215
		4.4.1.4	Darlegungs- und Beweislast, u. a. mit Besonderheiten bei Verbraucherverträgen	217
	4.4.2	AGB-Kontrolle von Bauvertragsklauseln		218
		4.4.2.1	Keine Geltung überraschender Klauseln	218
		4.4.2.2	Inhaltskontrolle von AGB-Klauseln – Allgemeiner Prüfungsmaßstab	219
		4.4.2.3	Keine Inhaltskontrolle zum Schutz des Verwenders	219
		4.4.2.4	Keine AGB-Inhaltskontrolle von Leistungsbeschreibung und Preisvereinbarungen	220
		4.4.2.5	Rechtsfolge einer unwirksamen Klausel	221
	4.4.3	Klauseln im Rahmen der Ausschreibung/des Vertragsschlusses		223
	4.4.4	Klauseln in Bauverträgen von Auftraggebern		229
	4.4.5	Klauseln in Bauverträgen von Auftragnehmern		291
4.5	Der Bauvertragstyp			304
	4.5.1	Einheitspreisvertrag		306
	4.5.2	Pauschalvertrag		307
		4.5.2.1	Begriff	307
		4.5.2.2	Vor-/Nachteile zwischen EP- und Pauschalvertrag	309
		4.5.2.3	Regelvermutung für Einheitspreisvertrag	311
		4.5.2.4	Vereinbarung eines Pauschalvertrages	313
	4.5.3	Stundenlohnvertrag		313
	4.5.4	Selbstkostenerstattungsvertrag		313
	4.5.5	Weitere Vertragsarten/kombinierte Verträge		314
	4.5.6	Sonderform: GMP-Vertrag		314
4.6	**Die Leistungsbeschreibung**			315
	4.6.1	Allgemeine Bedeutung der Leistungsbeschreibung zur Bestimmung des Leistungssolls		315
	4.6.2	Allgemeine Grundsätze bei der Aufstellung der Leistungsbeschreibung nach § 7 VOB/A		316
	4.6.3	Die verschiedenen Arten der Leistungsbeschreibung		317
		4.6.3.1	Leistungsbeschreibung mit Leistungsverzeichnis	318
		4.6.3.2	Leistungsbeschreibung mit Leistungsprogramm	318
	4.6.4	Die weiteren Hilfsmittel bei der Aufstellung der Leistungsbeschreibung		321
		4.6.4.1	Die Regelungen der VOB/C bzw. der DIN 18299 ff.	321
		4.6.4.2	Vorgaben zu technischen Spezifikationen	323
	4.6.5	Die Leistungsbeschreibung als Allgemeine Geschäftsbedingung		323
4.7	**Checkliste für Bauvertrag**			324
4.8	**Zusammenfassung in Leitsätzen**			328
5	**Die Bauausführung bis zur Abnahme**			**330**
5.1	**Begriff der Bauleistung**			331
	5.1.1	Bauwerksleistung		333
	5.1.2	Grundstücksarbeiten		336
	5.1.3	Weitere Bauleistungen i. S. d. § 1 VOB/A		336
	5.1.4	Keine Bauleistungen i. S. d. § 1 VOB/A		337
5.2	**Bestimmung der geschuldeten Bauleistung (Leistungssoll) – Grundlagen**			338
5.3	**Bedeutung der Vertragsauslegung zur Bestimmung der Bauleistung**			341
	5.3.1	Grundsatz des Vorrangs der Vertragsauslegung		342
		5.3.1.1	Ganzheitliche Vertragsauslegung	342
		5.3.1.2	Auslegung unter Einbeziehung sonstiger Vorschriften	343

			5.3.1.3 Wortlaut der Leistungsbeschreibung/objektive Empfängersicht	344
	5.3.2	Rangfolgenregelung in § 1 Abs. 2 VOB/B		350
	5.3.3	Bestimmung des Leistungssolls unter Einbeziehung der VOB/B		351
	5.3.4	Bestimmung des Leistungssolls unter Einbeziehung der VOB/C (ATV/DIN)		351
	5.3.5	Bestimmung des Leistungssolls unter Einbeziehung der anerkannten Regeln der Technik – Abgrenzung zu ATV/DIN bzw. Eurocodes (EN)		353
	5.3.6	Vorrang der Vertragsauslegung vor den DIN/anerkannten Regeln der Technik		356
	5.3.7	Bestimmung der Leistungspflicht durch Herstellerangaben		357
	5.3.8	Stand der Bautechnik		358
	5.3.9	Bestimmung des Leistungssolls bei öffentlicher Ausschreibung/unter Einbeziehung der VOB/A		359
	5.3.10	Berücksichtigung des Angebotsschreibens		360
	5.3.11	Kein eindeutiges Auslegungsergebnis		361
5.4	**Leistungssoll nach Änderungen des Bauvertrages**			**362**
	5.4.1	Leistungspflichten des Unternehmers bei Änderungen des Bauentwurfs durch den Auftraggeber		362
	5.4.2	Leistungspflichten des Unternehmers zur Ausführung notwendiger Zusatzleistungen		366
	5.4.3	Keine Erweiterung des Leistungssolls nach Anordnungen Dritter		368
5.5	**Leistungspflichten und Verantwortung des Auftragnehmers**			**369**
	5.5.1	Pflichten des Auftragnehmers vor Beginn der Arbeiten nach der VOB/B		370
	5.5.2	Pflichten des Auftragnehmers während der Bauausführung nach VOB/B		370
		5.5.2.1 Eigenverantwortliche und vertragsgemäße Ausführung der Leistungen (§ 4 Abs. 1 und 2 VOB/B)		371
		5.5.2.2 Erhaltungs- und Schutzpflichten (§ 4 Abs. 5 VOB/B)		373
		5.5.2.3 Einhaltung der Vertragsfristen (§ 5 Abs. 1 VOB/B)		373
		5.5.2.4 Prüfungs- und Hinweispflicht/Bedenkenmitteilung nach § 4 Abs. 3 VOB/B		374
		5.5.2.5 Herausgabe von Planunterlagen		378
	5.5.3	Rechtsfolgen bei Pflichtverletzung		378
		5.5.3.1 Mängel vor Abnahme (§ 4 Abs. 6 und 7 VOB/B)		379
		5.5.3.2 Bauzeitverzögerung im Ausführungsstadium		397
		5.5.3.3 Schadensersatz bei Nebenpflichtverletzung		398
		5.5.3.4 Gesondert geregelte Rechtsfolgen		398
	5.5.4	Rechtslage beim BGB-Werkvertrag		399
		5.5.4.1 Mängelrechte des Auftraggebers vor Abnahme		399
		5.5.4.2 Rücktritts- und Schadensersatzansprüche sowie Kündigungsrecht vor der Abnahme		401
		5.5.4.3 Verletzung von Nebenpflichten		404
5.6	**Die Mitwirkungspflichten des Auftraggebers bei der Bauausführung**			**404**
	5.6.1	Die Mitwirkungspflichten der VOB im Einzelnen		405
		5.6.1.1 Rechtzeitige Übergabe der Ausführungsunterlagen, Pläne, Zeichnungen usw. (§ 3 Abs. 1 VOB/B)		406
		5.6.1.2 Abstecken der Hauptachsen der baulichen Anlagen (§ 3 Abs. 2 VOB/B)		406
		5.6.1.3 Feststellung des Zustandes von Straßen u. a. (§ 3 Abs. 4 VOB/B)		407
		5.6.1.4 Aufrechterhaltung der allgemeinen Ordnung auf der Gesamtbaustelle (§ 4 Abs. 1 Nr. 1 S. 1 VOB/B)		407
		5.6.1.5 Regelung des Zusammenwirkens der verschiedenen Unternehmer (§ 4 Abs. 1 Nr. 1 S. 1 VOB/B)		408

	5.6.1.6	Herbeiführung der erforderlichen öffentlich-rechtlichen Genehmigungen und Erlaubnisse (§ 4 Abs. 1 Nr. 1 S. 2 VOB/B) . . .	409
	5.6.1.7	Unentgeltliche Überlassung von Lager- und Arbeitsplätzen und Anschlüssen (§ 4 Abs. 4 VOB/B)	409
5.6.2		Die rechtliche Einordnung der für die Vertragsdurchführung gebotenen Mitwirkungshandlungen	409
	5.6.2.1	Mitwirkungspflichten gemäß VOB/B	411
	5.6.2.2	Mitwirkungshandlungen außerhalb der Regelungen der VOB/B	413
5.6.3		Rechtsfolgen bei Verletzung der Mitwirkungspflichten/Obliegenheiten des Auftraggebers	419

5.7 Zusammenfassung in Leitsätzen 419

6 Die Abnahme der Bauleistung 421

6.1 Begriff und Wesen der Abnahme 422
6.2 Die verschiedenen Arten der Abnahme nach BGB und VOB 426
    6.2.1 Die förmliche Abnahme (§ 12 Abs. 4 VOB/B) 427
        6.2.1.1 Verlangen der förmlichen Abnahme 427
        6.2.1.2 Durchführung des Abnahmetermins 429
        6.2.1.3 Erstellung eines Abnahmeprotokolls 429
        6.2.1.4 Einseitige förmliche Abnahme 430
    6.2.2 Die ausdrücklich erklärte Abnahme/Abnahme auf Verlangen (§ 12 Abs. 1 VOB/B) 431
    6.2.3 Die konkludente (stillschweigende) Abnahme 431
    6.2.4 Die fiktive Abnahme (§ 12 Abs. 5 Nr. 1 und 2 VOB/B) 433
        6.2.4.1 Schriftliche Mitteilung von der Fertigstellung der Leistung (§ 12 Abs. 5 Nr. 1 VOB/B) 436
        6.2.4.2 Inbenutzungnahme der Leistung (§ 12 Abs. 5 Nr. 2 VOB/B) . 436
        6.2.4.3 Fiktive Abnahme als echte Abnahme/Vorbehalt bei der fiktiven Abnahme 437
6.3 Die Teilabnahme (§ 12 Abs. 2 VOB/B) 439
    6.3.1 Verlangen der Teilabnahme 439
    6.3.2 Abnahmefähige Teilleistung 439
    6.3.3 Arten der Teilabnahme 441
    6.3.4 »Unechte Technische Teilabnahme« (§ 4 Abs. 10 VOB/B) 441
6.4 Die Abnahmeverweigerung (§ 12 Abs. 3 VOB/B, § 640 Abs. 1 BGB) 442
    6.4.1 Recht zur Abnahmeverweigerung 443
    6.4.2 Folgen der berechtigten und unberechtigten Abnahmeverweigerung 447
        6.4.2.1 Annahme-/Schuldnerverzug 447
        6.4.2.2 Abnahmewirkung gemäß § 640 Abs. 1 S. 3 BGB 447
        6.4.2.3 Abnahmeklage 450
    6.4.3 Abwicklungsverhältnis ohne Abnahme/endgültig verweigerte Abnahme . 450
6.5 Abnahme nach gekündigtem Vertrag 452
    6.5.1 Praktische Probleme bei der Vertragsabwicklung 453
    6.5.2 Denkbare Ersatzkonstruktionen der Fälligkeit 455
    6.5.3 Rückkehr zum »Abrechnungsverhältnis« bei verbleibendem Recht auf Abnahme 457
6.6 Die Wirkungen und Rechtsfolgen der Abnahme 459
    6.6.1 Gewährleistungs- statt Erfüllungsanspruch 459
    6.6.2 Gefahrübergang 461
    6.6.3 Umkehr der Beweislast 461
    6.6.4 Verlust nicht vorbehaltener Ansprüche 462
    6.6.5 Fälligkeit des Vergütungsanspruchs 465

	6.6.6	Verjährung des Vergütungsanspruchs	467
	6.6.7	Beginn der Verjährungsfrist für Mängelansprüche des Auftraggebers	467
	6.6.8	Verzinsung des Vergütungsanspruchs	468
6.7	Zusammenfassung in Leitsätzen		468
7	**Die Baumängel in der Gewährleistung/Mängelansprüche des Auftraggebers**		**470**
7.1	Die mangelhafte Bauleistung (§ 13 Abs. 1 VOB/B und § 633 Abs. 1 BGB)		473
	7.1.1	Vereinbarte Beschaffenheit	473
		7.1.1.1 Bedeutung der funktionsgerechten Herstellung bei Fremdverschulden	475
		7.1.1.2 Fehlen einer zugesicherten Eigenschaft	476
		7.1.1.3 Verstoß gegen die anerkannten Regeln der Technik	478
		7.1.1.4 Bedeutung von Herstellerangaben	484
		7.1.1.5 Mangel bei Verstoß gegen öffentlich-rechtliche Baunormen u. a.	485
	7.1.2	Hilfsweise: Eignung der Bauleistung für vorausgesetzte bzw. gewöhnliche Verwendung	486
		7.1.2.1 Nach dem Vertrag vorausgesetzter Gebrauch der Werkleistung	486
		7.1.2.2 Hilfsweise: Nach dem Vertrag gewöhnliche Verwendung	487
	7.1.3	Lieferung eines anderen als das bestellte Werk	488
	7.1.4	Minderleistung	488
	7.1.5	Sonderfälle im Umfeld eines Sachmangels	489
		7.1.5.1 Verletzung von Aufklärungspflichten	489
		7.1.5.2 Qualitativ höherwertige Leistung	489
	7.1.6	Leistung nach Probe (§ 13 Abs. 2 VOB/B)	490
	7.1.7	Maßgeblicher Zeitpunkt der Fehlerfreiheit: Abnahme	490
		7.1.7.1 Anknüpfungspunkt: rechtsgeschäftliche Abnahme	491
		7.1.7.2 Bedeutung bei Änderungen der Regeln der Technik	491
7.2	Gewährleistungs-/Mängelrechte des Auftraggebers nach VOB und BGB		493
	7.2.1	Überblick zu den Mängelansprüchen	495
	7.2.2	Zurückbehaltungsrecht an der Vergütung (§§ 320, 641 Abs. 3 BGB)	495
		7.2.2.1 Bedeutung des Zurückbehaltungsrechts nach §§ 320, 641 Abs. 3 BGB	495
		7.2.2.2 Höhe zulässiger Einbehalte	497
		7.2.2.3 Verlust des Zurückbehaltungsrechts	498
	7.2.3	Nacherfüllungspflicht des Auftragnehmers (§ 13 Abs. 5 Nr. 1 VOB/B, §§ 634 Nr. 1, 635 BGB)	499
		7.2.3.1 Voraussetzungen	499
		7.2.3.2 Bedeutung der Fristsetzung mit Ablehnungsandrohung	510
		7.2.3.3 Inhalt und Umfang der Nacherfüllung	511
		7.2.3.4 Folgen einer unberechtigten Mangelbeseitigungsaufforderung	516
		7.2.3.5 Klage auf Nacherfüllung	517
	7.2.4	Kostenerstattungsanspruch bei Selbstvornahme (§ 13 Abs. 5 Nr. 2 VOB/B; §§ 634 Nr. 2, 637 BGB)	518
		7.2.4.1 Voraussetzungen	518
		7.2.4.2 Inhalt und Umfang des Kostenerstattungsanspruchs	523
		7.2.4.3 Klage auf Kostenerstattung/Aufrechnung	527
	7.2.5	Vorschuss- bzw. Befreiungsanspruch des Auftraggebers (Rechtsgedanke aus § 13 Abs. 5 Nr. 2 VOB/B; §§ 634 Nr. 2, 637 Abs. 3 BGB)	528
		7.2.5.1 Voraussetzungen	528
		7.2.5.2 Abrechnung des Vorschusses	530
	7.2.6	Minderung der Vergütung (§ 13 Abs. 6 VOB/B, §§ 634 Nr. 3, 638 BGB)	531

	7.2.6.1	Voraussetzungen der Minderung bei einem VOB-Vertrag (§ 13 Abs. 6 VOB/B)	533
	7.2.6.2	Voraussetzungen der Minderung bei einem BGB-Werkvertrag (§§ 634 Nr. 3, 638 BGB)	535
	7.2.6.3	Vollzug der Minderung	536
	7.2.6.4	Berechnung der Minderung	536
7.2.7		Rücktritt vom Bauvertrag (§§ 634 Nr. 3, 636, 323, 326 Abs. 5 BGB)	539
	7.2.7.1	Voraussetzungen	539
	7.2.7.2	Abwicklung nach erklärtem Rücktritt	541
	7.2.7.3	Ausschluss des Rücktrittsrechts/VOB-Vertrag	542
7.2.8		Schadensersatz bei BGB-Werkvertrag (§§ 634 Nr. 4, 636, 280 ff. BGB)	542
	7.2.8.1	Abgrenzung der Schadensersatzansprüche nach §§ 280, 281, 283 BGB	542
	7.2.8.2	Voraussetzung des Schadensersatzanspruchs gemäß § 280 Abs. 1 BGB	546
	7.2.8.3	Voraussetzung des Schadensersatzanspruchs statt der Leistung gemäß §§ 281, 283 BGB	546
	7.2.8.4	Schadensersatzanspruch nach §§ 311a, 283, 280 BGB	552
	7.2.8.5	Aufwendungsersatzanspruch nach § 284 BGB	553
7.2.9		Anspruch auf Schadensersatz bei VOB-Vertrag (§ 13 Abs. 7 VOB/B)	553
	7.2.9.1	Uneingeschränkte Haftung für Personenschäden und Vorsatz/ Grobe Fahrlässigkeit (§ 13 Abs. 7 Nr. 1 und 2 VOB/B)	554
	7.2.9.2	Kleiner Schadensersatzanspruch (§ 13 Abs. 7 Nr. 3 S. 1 VOB/B)	554
	7.2.9.3	Großer Schadensersatzanspruch (§ 13 Abs. 7 Nr. 3 S. 2 VOB/B)	558
7.2.10		Verhältnis der einzelnen Gewährleistungsrechte untereinander	558
	7.2.10.1	Anspruchskonkurrenzen bei VOB-Vertrag	559
	7.2.10.2	Anspruchskonkurrenzen bei BGB-Vertrag	560
7.2.11		Darlegungs- und Beweislast zu Mängeln	562
7.3 Beschränkung (und Erweiterung) von Gewährleistungsrechten			563
7.3.1		Vertragliche Haftungsbegrenzung (und Erweiterungen)	563
	7.3.1.1	Freizeichnungsklauseln	564
	7.3.1.2	Übernahme einer Garantie	567
7.3.2		Gewährleistungsausschluss wegen Verantwortlichkeit des Auftraggebers	569
	7.3.2.1	Tatbestandliche Voraussetzungen des § 13 Abs. 3 VOB/B	569
	7.3.2.2	Bedeutung der Prüfungs- und Hinweispflicht	573
7.3.3		Mitwirkendes Verschulden (§ 254 BGB)	575
	7.3.3.1	Einbeziehung aller Gewährleistungsrechte in den Anwendungsbereich des § 254 BGB	577
	7.3.3.2	Eigenverschulden/Mitverschulden Dritter	579
7.3.4		Gewährleistungsausschluss nach § 640 Abs. 2 BGB	585
7.3.5		Kürzung bei Sowieso-Kosten/Ohnehin-Kosten/Vorteilsausgleichung	585
7.3.6		Enthaftung trotz mangelhafter Bauleistung in mehrgliedrigen Auftragnehmerverhältnissen	589
	7.3.6.1	Enthaftung bei verjährten Ansprüchen im GU-Verhältnis	589
	7.3.6.2	Enthaftung bei sonst ausgeschlossener Mängelhaftung des GU	591
7.4 Gewährleistungsfristen			592
7.4.1		Gewährleistungsfristen nach der VOB/B	593
	7.4.1.1	Richtige Einstufung als Bauwerksleistung	595
	7.4.1.2	Verjährung außerhalb des § 13 Abs. 4 VOB/B	596
	7.4.1.3	Verjährung der Mängelrechte für Mangelbeseitigungsarbeiten	597
7.4.2		Gewährleistungsfristen beim BGB-Werkvertrag	597
	7.4.2.1	Gewährleistungsfristen	599
	7.4.2.2	Sonderregelung für Rücktritt und Minderung	599

	7.4.3	Verlängerung der Gewährleistung auf 30 Jahre	600
		7.4.3.1 Schadensersatzansprüche gemäß § 280 Abs. 1 BGB	600
		7.4.3.2 Arglistiges Verschweigen eines Mangels	600
		7.4.3.3 Organisationspflichtverletzung	601
	7.4.4	Verlängerung/Verkürzung der Gewährleistungsfristen aus anderen Gründen	603
		7.4.4.1 Hemmung der Verjährung	604
		7.4.4.2 Neubeginn der Verjährung	608
		7.4.4.3 Einbeziehung parallel bestehender Ansprüche in die Verlängerung der Verjährung (§ 213 BGB)	610
		7.4.4.4 Vereinbarung zur Verlängerung oder Verkürzung der Verjährung	611
7.5	Rechte des Auftraggebers nach Ablauf der Verjährung		612
7.6	Zusammenfassung in Leitsätzen		613

8 Die Bauzeit und Bauablaufstörungen — 616

8.1	Die Bedeutung der Bauzeit – Grundlagen		618
	8.1.1	Die baubetriebliche Bedeutung der Bauzeit	619
	8.1.2	Die Bedeutung der Bauzeit für den Auftraggeber	619
	8.1.3	Die Bedeutung der Bauzeit für den Auftragnehmer	620
	8.1.4	Schlussfolgerung: Aufstellung eines Bauzeitenplanes	620
8.2	Bauzeitregelungen in BGB und VOB im Überblick		621
	8.2.1	Die Bauzeitregelung im BGB	621
		8.2.1.1 Fälligkeit der Leistungsverpflichtung	622
		8.2.1.2 Rechte des Auftraggebers	622
		8.2.1.3 Rechte des Auftragnehmers bei Behinderungen	623
	8.2.2	Die Bauzeitregelung in der VOB Teil A und B	625
		8.2.2.1 Ausführungsfristen im Vergabeverfahren (§ 9 Abs. 1 bis 4 VOB/A)	626
		8.2.2.2 Ausführungsfristen während der Bauphase (§ 5 VOB/B)	627
		8.2.2.3 Behinderung und Unterbrechung der Bauleistung (§ 6 VOB/B)	628
		8.2.2.4 Vertragsstrafe (§ 9 Abs. 5 VOB/A/§ 11 VOB/B)/Beschleunigungsvergütung	629
	8.2.3	Die Anwendbarkeit der VOB-Regelungen auf den BGB-Werkvertrag	629
8.3	Die Vereinbarung von Ausführungsfristen als verbindliche Vertragsfristen		630
	8.3.1	Die Bauausführung bei fehlender Vereinbarung von Ausführungsfristen	630
	8.3.2	Die Vereinbarung verbindlicher Vertragsfristen im Sinne des § 5 Abs. 1 VOB/B	633
		8.3.2.1 Der Ausführungsbeginn	634
		8.3.2.2 Die Einzelfristen	635
		8.3.2.3 Die Ausführungsfrist oder Bauzeit	637
	8.3.3	Die Festlegung und Berechnung der Ausführungsfristen	637
	8.3.4	Änderung und Verschiebung von Vertragsfristen	638
8.4	Vereinbarungen zur Vertragsstrafe im Zusammenhang mit Bauzeitverzögerungen		639
	8.4.1	Vertragsstrafenklauseln in Individualvereinbarungen	640
	8.4.2	Vertragsstrafen in Allgemeinen Geschäftsbedingungen	641
		8.4.2.1 Verzugs(un)abhängige Vertragsstrafe	642
		8.4.2.2 Höhe der Vertragsstrafe	643
		8.4.2.3 Vertragsstrafe bei Zwischenterminen	644
		8.4.2.4 Regelungen zum Vorbehalt der Vertragsstrafe	645
		8.4.2.5 Vereinbarungen zur kumulativen Geltendmachung von Vertragsstrafen	646

Inhaltsverzeichnis

8.5	Ausführung der Leistungen zu den vereinbarten Terminen/Verzug des Auftragnehmers bei Überschreitung der Ausführungsfristen	647
	8.5.1 Rechtzeitiger Beginn der Bauausführung	647
	8.5.2 Baufortschritt und dessen angemessen Förderung	650
	8.5.3 Termingerechte Fertigstellung der Bauleistung	652
	8.5.4 Bauverzögerung/Verzug des Auftragnehmers	653
8.6	Verlängerung verbindlich vereinbarter Ausführungsfristen infolge von Behinderungen gemäß § 6 Abs. 2 VOB/B	655
	8.6.1 Behinderung durch Streik oder Aussperrung	656
	8.6.2 Behinderung durch höhere Gewalt oder andere unabwendbare Umstände	657
	8.6.3 Behinderung durch Witterungsverhältnisse	659
	8.6.4 Behinderung durch Umstände aus dem Risikobereich des Auftraggebers	660
	8.6.4.1 Bauzeitverlängerung bei Verkehrsbehinderungen	661
	8.6.4.2 Bauzeitverlängerung durch zusätzliche oder geänderte Leistungen	662
	8.6.4.3 Bauzeitverlängerung durch Mehrmengen und Baugrundrisiko	663
	8.6.4.4 Bauzeitverlängerung durch verspätete oder mangelhafte Fertigstellung von Vorunternehmerleistungen	666
	8.6.4.5 Bauzeitverlängerung durch verzögerte Zuschlagserteilung in Vergabeverfahren	667
	8.6.5 Die Behinderungsanzeige oder Offenkundigkeit der Behinderung (§ 6 Abs. 1 VOB/B)	669
	8.6.6 Automatische Fristverlängerung und deren Berechnung gemäß § 6 Abs. 4 VOB/B	672
	8.6.7 Weitere Folgen der Bauzeitverlängerung	675
	8.6.7.1 Wegfall eines Vertragstermins/Vertragsstrafenanspruchs	675
	8.6.7.2 Pflichten des Auftragnehmers bei Behinderung	676
8.7	Ansprüche des Auftraggebers bei verzögerter Bauausführung	677
	8.7.1 Ansprüche des Bestellers nach der gesetzlichen Regelung des BGB-Werkvertragsrechts	677
	8.7.1.1 Schadensersatzanspruch aus Verzug	677
	8.7.1.2 Rücktritt vom Vertrag	677
	8.7.1.3 Schadensersatzanspruch statt der Leistung	679
	8.7.1.4 Anspruch auf Vertragsstrafe	680
	8.7.2 Ansprüche des Auftraggebers nach der VOB/B	680
	8.7.2.1 Der Schadensersatzanspruch des Auftraggebers nach §§ 5 Abs. 4, 6 Abs. 6 VOB/B	682
	8.7.2.2 Das Kündigungsrecht des Auftraggebers nach §§ 5 Abs. 4, 8 Abs. 3 VOB/B	689
	8.7.2.3 Der Vertragsstrafenanspruch des Auftraggebers nach § 11 VOB/B	695
8.8	Rechte/Mehrkostenanspruch des Auftragnehmers bei Behinderungen – Überblick	696
8.9	Mehrkostenanspruch des Auftragnehmers bei Behinderungen in einem VOB-Vertrag – Grundlagen und Abgrenzung	699
	8.9.1 Grundlagen/Abgrenzung der Anspruchsgrundlagen	699
8.10	Mehrvergütungsanspruch nach § 2 Abs. 5 VOB/B	701
	8.10.1 Änderung der Grundlagen des Preises	702
	8.10.2 Anordnung des Auftraggebers im Sinne des § 2 Abs. 5	703
	8.10.3 Auffangtatbestand des § 2 Abs. 8 Nr. 2 und 3 VOB/B, vor allem für Beschleunigungsmaßnahmen	706
	8.10.4 Wichtige Fallgruppen	708
	8.10.4.1 Nachträglich Leistungskonkretisierung	708
	8.10.4.2 Mehrvergütungsansprüche bei unklarer Leistungsbeschreibung und korrespondierende Schadensersatzansprüche	709

	8.10.4.3	Leistungsänderungen wegen Erschwernissen, vor allem Baugrundrisiko	714
	8.10.4.4	Entfallende Mengen mit einer Vergütung nach § 645 BGB ...	727
	8.10.4.5	Leistungsänderungen infolge »anderer Anordnungen des Auftraggebers«, vor allem Änderungen zur Bauzeit	728
	8.10.4.6	Leistungsänderungen infolge Anordnungen Dritter	731
	8.10.4.7	Leistungsänderungen vor Vertragsabschluss	734
8.10.5	Reichweite einer Nachtragsvereinbarung wegen veränderter Bauzeit (Bauzeitennachträge)		739

8.11 Schadensersatzanspruch nach § 6 Abs. 6 VOB/B 742
    8.11.1 Anspruchsvoraussetzungen 742
        8.11.1.1 Behinderung/Behinderungsanzeige 743
        8.11.1.2 Schuldhaftes Handeln des Auftraggebers 743
        8.11.1.3 Schaden 743
        8.11.1.4 Schlüssige Darlegung von Behinderung, Verschulden und Schaden 744
    8.11.2 Verschulden des Auftraggebers und Mitverschulden des Auftragnehmers . 747
    8.11.3 Sonderfall: Behinderung des Auftragnehmers durch mangelhafte oder verspätete Vorunternehmerleistungen 748
        8.11.3.1 Vergütungs-/Kostenanspruch des Auftragnehmers 749
        8.11.3.2 Schadensersatzanspruch bei mangelhaften Vorleistungen 751
    8.11.4 Der zu ersetzende Behinderungsschaden und sein Nachweis 756
        8.11.4.1 Rechtliche Grundlagen der Schadensberechnung 757
        8.11.4.2 Grundlage der baubetrieblichen Kostenermittlung 759
        8.11.4.3 Die abstrakte Schadensberechnung und das Äquivalenzkostenverfahren 760
        8.11.4.4 Die konkrete Schadensberechnung 764
        8.11.4.5 Schadensschätzung nach § 287 ZPO 768
        8.11.4.6 Schadensnachweis unter besonderer Berücksichtigung von Mehrkosten bei verlängerter Gerätevorhaltung 769
        8.11.4.7 Keine Mehrwertsteuer auf die Mehrkosten im Rahmen des Behinderungsschadens 772
    8.11.5 Abschlagszahlungen auf den Mehrkostenerstattungsanspruch nach § 6 Abs. 6 VOB/B 773
    8.11.6 Die Verjährung des Schadensersatzanspruches 774
    8.11.7 Die Einrede der vorbehaltlosen Annahme der Schlusszahlung (§ 16 Abs. 3 Nr. 2 VOB/B) 775

8.12 Entschädigungsanspruch des Auftragnehmers nach § 642 BGB 775
    8.12.1 Mitwirkungspflichten des Auftraggebers 776
    8.12.2 Annahme- oder Gläubigerverzug des Auftraggebers 777
    8.12.3 Behinderungsanzeige gemäß § 6 Abs. 1 VOB/B 779
    8.12.4 Art und Höhe der Entschädigung 779
    8.12.5 Umsatzsteuer auf Entschädigungsanspruch 783
    8.12.6 Kürzung bei Mitverschulden 783

8.13 Rechtsfolgen bei unmöglicher Mitwirkungshandlung 784
    8.13.1 Freiwerden von Leistungspflicht 785
    8.13.2 Vergütungsfolgen 785
    8.13.3 Sonderfall: Rechtsfolgen bei nicht erteilter Baugenehmigung 787

8.14 Mehrkostenanspruch des Auftragnehmers bei Behinderungen in einem BGB-Vertrag 788
    8.14.1 Entschädigung nach § 642 BGB 789
    8.14.2 Schuldnerverzug 789
    8.14.3 Mehrkostenerstattungsanspruch nach § 304 BGB 790

8.15	Zusammenfassung in Leitsätzen	790
9	**Die Vergütung des Bauunternehmers/Nachträge und Vergütungsänderungen**	**793**
9.1	Allgemeine Grundsätze	794
9.1.1	Schuldner der Vergütung	795
9.1.2	Vergütung bei unklarer Vergütungsvereinbarung	795
9.1.3	Umsatzsteuer	797
9.2	Die Bauvertragstypen nach den verschiedenen Vergütungsarten	798
9.2.1	Festpreisvertrag	798
9.2.2	Preisgleitklauseln	799
9.2.3	Der Einheitspreisvertrag	799
9.2.4	Der Pauschalvertrag	800
9.2.5	Der Stundenlohnvertrag	802
9.2.6	Der Selbstkostenerstattungsvertrag	803
9.2.7	Abgrenzung von Einheitspreisvertrag und Pauschalvertrag	803
9.3	Berechnung des Vergütungsanspruches/Mengengarantie	804
9.4	Nachträge und Preisänderungsmöglichkeiten nach der VOB/B (§ 2 Abs. 3–10 VOB/B) – Überblick	805
9.5	Die Änderung des Einheitspreises nach § 2 Abs. 3 VOB/B	808
9.5.1	Preisänderungen bei Mehr- und Mindermengen bei gleichem Leistungsziel	809
9.5.2	Ergänzende Preisanpassung vor allem bei Mengensteigerungen	813
9.5.2.1	Sittenwidrig überhöhter Einheitspreis	813
9.5.2.2	Weitere Anpassung über Wegfall der Geschäftsgrundlage	814
9.5.3	Vertraglicher Ausschluss/Geltung bei Pauschalverträgen	817
9.5.4	Rechtslage beim BGB-Werkvertrag	818
9.6	Die Preisänderung gemäß § 2 Abs. 4 VOB/B	819
9.6.1	Preisanpassung bei der Selbstübernahme von Leistungen gemäß § 2 Abs. 4 VOB/B	819
9.6.2	Rechtslage beim BGB-Werkvertrag	820
9.7	Die Preisänderung gemäß § 2 Abs. 5 VOB/B bei Leistungsänderungen	820
9.7.1	Voraussetzungen des Mehrvergütungsanspruchs nach § 2 Abs. 5 VOB/B	821
9.7.1.1	Ausgangslage: vertraglich vereinbarte Leistung	821
9.7.1.2	Änderung des Bauentwurfs oder andere Anordnung des Auftraggebers	823
9.7.1.3	Hierdurch: Änderung der Preisgrundlage	835
9.7.1.4	Ankündigungserfordernis für Mehrvergütungsanspruch nach § 2 Abs. 5 VOB/B?	835
9.7.1.5	Abgrenzung zu anderen Mehrvergütungsansprüchen	837
9.7.2	Vergütungsanpassung unter Berücksichtigung der Mehr- und Minderkosten (§ 2 Abs. 5 VOB/B)	840
9.7.2.1	Berechnung der Nachtragsvergütung in Anlehnung an den Vertragspreis	840
9.7.2.2	Rechtliche Wirksamkeit von § 2 Abs. 5 VOB/B und ortsüblicher Preis	843
9.7.2.3	Preisanpassung aus anderen Gründen: Sittenwidriger Preis oder Wegfall der Geschäftsgrundlage	846
9.7.3	Rechtslage beim BGB-Vertrag	847
9.8	Die Preisänderung gemäß § 2 Abs. 6 VOB/B bei Zusatzleistungen	848
9.8.1	Voraussetzungen eines zusätzlichen Vergütungsanspruchs nach § 2 Abs. 6 VOB/B	848
9.8.1.1	Zusatzleistung zum Vertrag	848

	9.8.1.2	Grund für die Zusatzleistung: Erforderliche Leistung im Sinne des § 1 Abs. 4 S. 1 VOB/B	849
	9.8.1.3	Verlangen des Auftraggebers	852
	9.8.1.4	Ankündigung des zusätzlichen Vergütungsanspruchs	852
	9.8.1.5	Abgrenzung zu anderen Ansprüchen	855
9.8.2		Berechnung der zusätzlichen Vergütung	855
9.8.3		Rechtslage beim BGB-Vertrag	856

9.9 Preisänderungsmöglichkeiten der VOB/B beim Pauschalvertrag (§ 2 Abs. 7 VOB/B) 857
    9.9.1 Grundsatz der Unabänderbarkeit des Pauschalpreises 857
    9.9.2 Möglichkeiten zur Änderung des Pauschalpreises 859
    9.9.3 Wegfall einzelner Leistungen (§ 2 Abs. 4 VOB/B) 860
    9.9.4 Änderungen des Bauentwurfs (§ 2 Abs. 5 VOB/B) 861
    9.9.5 Zusatzleistungen (§ 2 Abs. 6 VOB/B) 863
    9.9.6 Änderung des Pauschalpreises wegen Störung/Wegfall der Geschäftsgrundlage (§ 2 Abs. 7 Nr. 1 S. 2 VOB/B i. V. m. § 313 BGB) 865
    9.9.7 Risiko- und Beweislastverteilung bei unklaren und/oder lückenhaften Leistungsverzeichnissen 868
    9.9.8 Berechnung des neuen Pauschalpreises 873

9.10 Die Vergütung bei nicht beauftragten Leistungen (§ 2 Abs. 8 VOB/B) 874
    9.10.1 Anwendungsbereich von § 2 Abs. 8 VOB/B und die Beseitigungspflicht . 875
    9.10.2 Vergütungsanspruch des Auftragnehmers nach § 2 Abs. 8 Nr. 2 VOB/B . 876
        9.10.2.1 Nachträgliches Anerkenntnis 877
        9.10.2.2 Notwendigkeit der Zusatzleistungen 878
        9.10.2.3 Vergütungsanspruch des Auftragnehmers 881
    9.10.3 Verbleibende Ansprüche aus Geschäftsführung ohne Auftrag 881
    9.10.4 Bereicherungsrechtliche Ansprüche 883
    9.10.5 Rechtslage beim BGB-Vertrag 884

9.11 Die Vergütung bei besonderen planerischen Leistungen (§ 2 Abs. 9 VOB/B) ... 884
9.12 Die Vergütung von Stundenlohnarbeiten (§ 2 Abs. 10 VOB/B) 885
    9.12.1 Vergütungsvereinbarung bei VOB-Vertrag 885
    9.12.2 Rechtslage bei BGB-Vertrag 886

9.13 Nachtragsangebote: Anforderungen an ihre Erstellung, Bearbeitung und Beauftragung 886
    9.13.1 Anforderung an das Nachtragsangebot 887
    9.13.1 Planungsverantwortung des Auftraggebers 887
        9.13.1.2 Anlehnung an die Kalkulation des Hauptvertrages 889
        9.13.1.3 Einbeziehung aller Kosten in den Nachtrag 894
    9.13.2 Nachtragsprüfung durch den Auftraggeber 894
    9.13.3 Abschluss der Nachtragsvereinbarung 895
    9.13.4 Leistungseinstellung bei Unterbleiben der Vereinbarung zum Nachtrag .. 898

9.14 Zusammenfassung in Leitsätzen 901

10 Abrechnung, Zahlung, Verjährung 903

10.1 Das Aufmaß als Grundlage der Abrechnung 904
    10.1.1 Anwendungsbereich 905
    10.1.2 Art und Weise sowie Zeitpunkt der Feststellungen 906
    10.1.3 Rechtsfolgen und Bedeutung des (gemeinsamen) Aufmaßes 908
10.2 Abrechnung der Bauleistung (ohne Stundenlohnarbeiten) 909
    10.2.1 Aufstellen einer prüfbaren Rechnung (§ 14 Abs. 1 VOB/B) 909
    10.2.2 Fristen zur Aufstellung einer Schlussrechnung (§ 14 Abs. 3 VOB/B) ... 911

Inhaltsverzeichnis

- 10.2.3 Aufstellung der Schlussrechnung durch den Auftraggeber (§ 14 Abs. 4 VOB/B) 911
- 10.2.4 Keine Bindungswirkung an Schlussrechnung und weitere Folgen 912
- **10.3 Abrechnung von Stundenlohnarbeiten** 913
  - 10.3.1 Stundenlohnarbeiten im BGB-Vertrag 913
  - 10.3.2 Stundenlohnarbeiten bei einem VOB-Vertrag 915
    - 10.3.2.1 Vertragliche Vereinbarung 915
    - 10.3.2.2 Höhe der Vergütung 916
    - 10.3.2.3 Kontrolle der Vergütung 916
    - 10.3.2.4 Stundenlohnrechnung 918
    - 10.3.2.5 Zweifel am Umfang von Stundenlohnarbeiten bei verspätet eingereichten fehlenden Stundenlohnzetteln 918
- **10.4 Fälligkeit der Vergütung beim VOB-Vertrag** 918
  - 10.4.1 Abschlagszahlungen (§ 16 Abs. 1 VOB/B) 919
    - 10.4.1.1 Voraussetzungen für Abschlagszahlungen 919
    - 10.4.1.2 Fälligkeit von Abschlagszahlungen 921
    - 10.4.1.3 Einbehalte von Abschlagszahlungen 922
    - 10.4.1.4 Ausschluss bei Schlussrechnungsreife 924
    - 10.4.1.5 Rückzahlung bei Überzahlung 925
  - 10.4.2 Vorauszahlungen (§ 16 Abs. 2 VOB/B) 926
  - 10.4.3 Schlusszahlung (§ 16 Abs. 3 VOB/B) 927
    - 10.4.3.1 Begrifflichkeiten 927
    - 10.4.3.2 Voraussetzungen für Schlusszahlung 928
    - 10.4.3.3 AGB-rechtliche Vereinbarkeit der Fälligkeitsregelung in § 16 Abs. 3 Nr. 1 VOB/B 937
  - 10.4.4 Teilschlusszahlung (§ 16 Abs. 4 VOB/B) 940
- **10.5 Fälligkeit der Vergütung beim BGB-Vertrag** 941
  - 10.5.1 Abschlagszahlungen (§ 632a BGB) 941
    - 10.5.1.1 Vertragsgemäß erbrachte Leistung 942
    - 10.5.1.2 Höhe der Abschlagszahlung 943
    - 10.5.1.3 Stoffe und Bauteile 944
    - 10.5.1.4 Nachweis durch nachvollziehbare Aufstellung 944
    - 10.5.1.5 Bauträgerklausel 944
    - 10.5.1.6 Sicherheitsleistung für Verbraucher 945
    - 10.5.1.7 Verlust von Abschlagszahlungsansprüchen und abweichende Vereinbarungen 947
  - 10.5.2 Vorauszahlungen 949
  - 10.5.3 Schlusszahlung 949
    - 10.5.3.1 Abnahme als Fälligkeitsvoraussetzung 949
    - 10.5.3.2 Durchgriffsfälligkeit 949
    - 10.5.3.3 Bedeutung einer Schlussrechnung 951
- **10.6 Zahlung der Vergütung** 953
  - 10.6.1 Vorabzahlung der Bauabzugsteuer 953
  - 10.6.2 Steuerschuldumkehr bei Bauleistungen 955
    - 10.6.2.1 Bauleistungen 955
    - 10.6.2.2 Steuerschuldner 956
    - 10.6.2.3 Ergänzende Hinweise 956
  - 10.6.3 Rechtzeitige Zahlung/Skonto (§ 16 Abs. 5 Nr. 1 und 2 VOB/B) 957
    - 10.6.3.1 Wirksame Skontovereinbarung 957
    - 10.6.3.2 Rechtzeitige Zahlung 958
  - 10.6.4 Rechte des Auftragnehmers bei verspäteter Zahlung 960
    - 10.6.4.1 BGB-Vertrag 960
    - 10.6.4.2 VOB-Vertrag 962

10.6.5 Schlusszahlung und Ausschluss von Nachforderungen des Auftragnehmers bei vorbehaltloser Annahme der Schlusszahlung (§ 16 Abs. 3 Nr. 2 bis 6 VOB/B) 965
    10.6.5.1 Voraussetzungen der Ausschlusswirkungen 965
    10.6.5.2 Notwendige Vorbehalte des Auftragnehmers 967
    10.6.5.3 Folge der Ausschlusswirkung 967

10.7 Rückforderungsanspruch zu geleisteten (Schluss) Zahlungen 968
  10.7.1 Kein deklaratorisches Schuldanerkenntnis bei Schlusszahlung 968
  10.7.2 Rechtsgrund für Rückforderungsansprüche 969
  10.7.3 Rückzahlungsansprüche öffentlicher Auftraggeber 971

10.8 Direktzahlung der Vergütung an Subunternehmer des Auftragnehmers (§ 16 Abs. 6 VOB/B) 973
  10.8.1 Voraussetzungen 973
  10.8.2 Risiken 974

10.9 Verjährung von Vergütungsansprüchen 976
  10.9.1 Regelmäßige Verjährungsfrist 976
    10.9.1.1 Verjährung des Vergütungsanspruchs beim BGB-Vertrag 977
    10.9.1.2 Verjährung eines Vergütungsanspruchs beim VOB-Vertrag ... 977
  10.9.2 Wirkung der Verjährung 979
  10.9.3 Verlängerung der Verjährung 980
    10.9.3.1 Verjährungshemmung 980
    10.9.3.2 Neubeginn der Verjährung (§ 212 BGB) 981

10.10 Zusammenfassung in Leitsätzen 981

11 Die vorzeitige Beendigung des Bauvertrages durch Kündigung u. a. 984

11.1 Allgemeine Grundsätze der Kündigung und Vertragsbeendigung 985

11.2 Vorzeitige Beendigung des Bauvertrages – Überblick 986
  11.2.1 Vorzeitige Beendigung des BGB-Werkvertrages – Überblick 986
  11.2.2 Vorzeitige Beendigung des VOB-Vertrages – Überblick 987
  11.2.3 Vorzeitige einvernehmliche Vertragsbeendigung 988

11.3 Die Kündigung durch den Auftragnehmer 989
  11.3.1 Rechtsstellung des Auftragnehmers im VOB-Vertrag 989
    11.3.1.1 Vorzeitige Beendigung und Abrechnung bei ausbleibenden (möglichen) Mitwirkungshandlungen 990
    11.3.1.2 Sonderfall: Mitwirkungshandlung ist nicht mehr möglich 995
    11.3.1.3 Wichtige Einzelfälle der Kündigung durch den Auftragnehmer 996
    11.3.1.4 Kündigung bei Zahlungsverzug oder sonstigem Verzug des Auftraggebers (§ 9 Abs. 1 Nr. 2 VOB/B) 1000
    11.3.1.5 Kündigung des Bauvertrages aus sonstigen Gründen 1003
    11.3.1.6 Die allgemeinen Kündigungsanforderungen nach der VOB/B . 1004
    11.3.1.7 Die Kündigungsfolgen bei der Kündigung durch den Auftragnehmer 1005
  11.3.2 Rechtsstellung des Auftragnehmers im BGB-Vertrag 1007
    11.3.2.1 Rücktritt vom Vertrag (§ 323 Abs. 1 BGB) 1008
    11.3.2.2 Schadensersatz statt der Leistung (§ 281 Abs. 1 BGB) 1012
    11.3.2.3 Vertragskündigung nach § 643 BGB 1013
    11.3.2.4 Außerordentliche Vertragskündigung aus wichtigem Grund .. 1014

11.4 Die Kündigung durch den Auftraggeber 1018
  11.4.1 Die grundlose freie Kündigung und deren Folgen (§ 649 S. 1 BGB/§ 8 Abs. 1 VOB/B) 1019
    11.4.1.1 Voraussetzungen für eine freie Kündigung 1020

Inhaltsverzeichnis

		11.4.1.2 Abbedingung des freien Kündigungsrechts und der Vergütungsfolgenregelung	1020
		11.4.1.3 Vergütungsanspruch nach freier Kündigung	1021
		11.4.1.4 Abnahme der gekündigten Leistungen	1034
		11.4.1.5 Teilkündigung	1034
		11.4.1.6 Fortbestehende Nacherfüllungsrechte	1034
	11.4.2	Weitere Kündigungsrechte im VOB-Vertrag	1035
		11.4.2.1 Kündigung wegen Vermögensverfalls des Auftragnehmers (§ 8 Abs. 2 VOB/B)	1035
		11.4.2.2 Die Kündigung wegen unzulässiger Preisabsprachen (§ 8 Abs. 4 VOB/B)	1039
		11.4.2.3 Außerordentliche Kündigung aus wichtigem Grund (§ 8 Abs. 3 VOB/B)	1041
		11.4.2.4 Kündigungsfolgen bei Kündigung aus wichtigem Grund	1046
		11.4.2.5 Kündigung nach § 6 Abs. 7 VOB/B	1060
		11.4.2.6 Die Kündigung wegen Vertrauensverlustes und positiver Vertragsverletzung	1061
		11.4.2.7 Die Kündigung wegen Überschreitung des Kostenanschlags (§ 650 BGB)	1065
	11.4.3	Kündigung: Form und Darlegung	1068
	11.4.4	Kündigung bzw. vorzeitige Beendigung durch den Auftraggeber des BGB-Vertrages	1070
		11.4.4.1 Rücktrittsrecht des Auftraggebers	1070
		11.4.4.2 Schadensersatzanspruch statt der Leistung	1074
		11.4.4.3 Kündigung wegen Überschreitung des Kostenanschlages (§ 650 BGB)	1075
		11.4.4.4 Kündigungs-/Rücktrittsrecht aus Treu und Glauben sowie Schadensersatz	1075
11.5	Zusammenfassung in Leitsätzen		1076
12	**Sicherheitsleistung**		**1079**
12.1	Sicherheitsleistung zugunsten des Auftraggebers		1081
	12.1.1	Voraussetzung einer Sicherheitsleistung: Vertragliche Vereinbarung	1081
		12.1.1.1 Klare und unmissverständliche Bezeichnung als Sicherheitsleistung	1082
		12.1.1.2 Inhalt der Sicherungsabrede	1083
	12.1.2	Zweck der Sicherheitsleistung	1085
		12.1.2.1 Vertragserfüllungssicherheiten	1085
		12.1.2.2 Mängel-/Gewährleistungssicherheiten	1087
	12.1.3	Höhe der Sicherheitsleistung	1088
	12.1.4	Arten der Sicherheitsleistung	1092
		12.1.4.1 Sicherheitsleistung durch Bürgschaft	1092
		12.1.4.2 Sicherheitsleistung durch Hinterlegung (§ 17 Abs. 5 VOB/B)	1107
		12.1.4.3 Sicherheitsleistung durch Einbehalt (§ 17 Abs. 6 VOB/B)	1108
	12.1.5	Zeitpunkt der Sicherheitsleistung (§ 17 Abs. 7 VOB/B)	1111
	12.1.6	Wahl- und Austauschrecht des Auftragnehmers (§ 17 Abs. 3 VOB/B)	1113
		12.1.6.1 Wahlrecht zur erstmaligen Stellung der Sicherheit	1113
		12.1.6.2 Austauschrecht	1113
	12.1.7	Rückgabe der Sicherheit	1118
		12.1.7.1 Rückgabe der Vertragserfüllungssicherheit	1119
		12.1.7.2 Rückgabe einer Mängelsicherheit	1121
	12.1.8	Abdingbarkeit einer Sicherheitsleistung	1122

Inhaltsverzeichnis

12.1.9	Sonderfall: Sicherheitsleistung unter der Beteiligung von Verbrauchern (§ 632a Abs. 3 und 4 BGB)	1123
12.2	**Vergütungssicherung zugunsten des Auftragnehmers – Überblick**	**1124**
12.3	**Bauhandwerkersicherungshypothek (§ 648 BGB)**	**1124**
12.3.1	Tatbestandsvoraussetzungen	1124
12.3.1.1	Bauwerksleistung	1124
12.3.1.2	Unternehmer eines Bauwerks	1125
12.3.1.3	Sicherungsobjekt: Baugrundstück, das im Eigentum des Auftraggebers steht	1126
12.3.1.4	Ausschluss nach § 648a Abs. 4 BGB	1127
12.3.2	Sicherungsfähige Forderung	1127
12.3.3	Kürzung bei sicherbaren Forderungen wegen Mängeln	1129
12.3.4	Keine Kürzung bei nicht fälligen Ansprüchen, vor allem bei Sicherheitseinbehalten des Auftraggebers	1132
12.3.5	Kürzung bei dauernden Einreden gegen den Vergütungsanspruch	1132
12.3.6	Verfahren zur Eintragung einer Sicherungshypothek im Grundbuch; Vormerkung, einstweilige Verfügung	1132
12.3.7	Vertraglicher Ausschluss und Verzicht	1134
12.4	**Bauhandwerkersicherheitsleistung (§ 648a BGB)**	**1135**
12.4.1	Tatbestandliche Voraussetzungen	1136
12.4.1.1	Unternehmer eines Bauwerks	1136
12.4.1.2	Auftraggeber als Anspruchsgegner	1137
12.4.1.3	Aufforderung zur Sicherheitsleistung	1138
12.4.1.4	Fälligkeit der Sicherheitsleistung	1138
12.4.1.5	Höhe der Sicherheit (Abs. 1 S. 1)	1138
12.4.2	Anforderung an die Sicherheitsleistung	1144
12.4.3	Verhältnis der Sicherheitsleistung zur Bauhandwerkersicherungshypothek	1145
12.4.4	Folgen der Nichtleistung der verlangten Sicherheit	1146
12.4.4.1	Klage auf Sicherheitsleistung	1146
12.4.4.2	Leistungsverweigerungsrecht	1147
12.4.4.3	Kündigung des Bauvertrages	1150
12.4.5	Ausnahmen von dem Sicherungsanspruch	1152
12.4.6	Sicherungsverlangen nach Abnahme	1152
12.4.6.1	Sich gegenüberstehende Leistungsverweigerungsrechte bei mangelhafter Bauleistung	1152
12.4.6.2	Weitergehende Vertragsbeendigung	1154
12.4.7	Sicherungsverlangen nach Kündigung/vorzeitiger Beendigung des Bauvertrages	1155
12.4.8	Verwertung der Sicherheit	1155
12.4.9	Verjährung	1156
12.4.10	§ 648a BGB als zwingendes Recht	1158
12.5	**Sicherheitsleistung bei Unsicherheitseinrede**	**1159**
12.6	**Bauforderungssicherungsgesetz (ehemals GSB)**	**1160**
12.6.1	Pflicht zur Verwendung von Baugeld	1161
12.6.1.1	Definition des Baugeldes	1161
12.6.1.2	Baugeldempfänger	1167
12.6.2	Schadensersatzanspruch aus § 823 Abs. 2 BGB i. V. m. § 1 Abs. 1 BauFordSiG	1168
12.6.2.1	Gläubiger des Schadensersatzanspruchs	1168
12.6.2.2	Schuldner des Schadensersatzanspruchs	1169
12.6.2.3	Schadensersatzbegründende Handlung	1170
12.6.3	Schaden	1173
12.6.3.1	Verschulden	1174

Inhaltsverzeichnis

	12.6.3.2 Darlegungs- und Beweislast	1175
	12.6.3.3 Verjährung	1176
12.7	Zusammenfassung in Leitsätzen	1176

13 Baustreitigkeiten: Vermeidung, Schlichtung und Streitentscheidung 1179

- 13.1 Allgemeines 1179
- 13.2 Ziel der Streitvermeidung 1181
  - 13.2.1 Grundlagen der Streitvermeidung im Bauvertrag 1181
  - 13.2.2 Streitvermeidung nach Vertragsschluss 1181
  - 13.2.3 Gebot der Mäßigung/Keine Einstellung der Arbeiten bei Auseinandersetzungen 1182
- 13.3 Streitschlichtung – Instrumentarien der VOB 1183
  - 13.3.1 Anrufung der Nachprüfungsstelle (§ 21 VOB/A) 1183
  - 13.3.2 Streitschlichtung nach § 18 Abs. 2 VOB/B durch Anrufung der vorgesetzten Stelle 1184
    - 13.3.2.1 Streitschlichtung als »Soll-Vorschrift« 1185
    - 13.3.2.2 Voraussetzungen für eine Streitschlichtung nach § 18 Abs. 2 VOB/B 1185
    - 13.3.2.3 Bindungswirkung des Bescheides nach § 18 Abs. 2 Nr. 1 S. 3 VOB/B 1185
  - 13.3.3 Vereinbarungen zu Verfahren der Streitschlichtung (§ 18 Abs. 3 VOB/B) 1185
  - 13.3.4 Einschaltung einer Materialprüfungsstelle (§ 18 Abs. 4 VOB/B) 1187
    - 13.3.4.1 Anwendungsbereich 1187
    - 13.3.4.2 Verfahren 1187
    - 13.3.4.3 Bedeutung der Feststellungen der Materialprüfungsstelle als Schiedsgutachten 1188
- 13.4 Schiedsgutachtenverfahren 1189
  - 13.4.1 Abgrenzung und Anwendungsbereich 1189
  - 13.4.2 Schiedsgutachtenvereinbarung 1191
  - 13.4.3 Schiedsgutachtenvereinbarung im Prozess 1191
- 13.5 Alternative Streitbeilegung durch Mediation, Schlichtungs- und Schiedsverfahren 1192
  - 13.5.1 Mediation 1193
  - 13.5.2 Schlichtungsverfahren 1194
  - 13.5.3 Das Schiedsgerichtsverfahren 1196
    - 13.5.3.1 Bedeutung und Vorteile 1197
    - 13.5.3.2 Die Schiedsvereinbarung und ihre Folgen 1200
- 13.6 Zusammenfassung in Leitsätzen 1202

Stichwortverzeichnis 1203

Literaturverzeichnis

I. Kommentare

Bamberger/Roth	Komm. z. BGB, 3. Aufl., Verlag C. H. Beck, München, 2012
Bärmann/Pick/Merle	Kommentar zum Wohnungseigentumsgesetz, 11. Aufl., Verlag C. H. Beck, München 2010
Baumbach/Hopt	Komm. z. HGB, 34. Aufl., Verlag C. H. Beck, München, 2010
Baumbach/Lauterbach/Albers/Hartmann	Kommentar zur Zivilprozessordnung, 70. Aufl., Verlag C. H. Beck, München 2012
Beckscher VOB-Kommentar zur	
– VOB/A	Verlag C. H. Beck, München, 2001
– VOB/B	2. Aufl., Verlag C. H. Beck, München, 2008
– VOB/C	2. Aufl., Verlag C. H. Beck, München, 2008
Burchardt/Pfülb	ARGE-Kommentar, 4. Aufl., Bauverlag, Gütersloh 2006
von der Damerau/Tauterat	VOB im Bild, 20. Aufl., Bauverlag, Wiesbaden 2010
Daub/Piel/Soergel	Kommentar zur VOB Teil A, Bauverlag, Wiesbaden 1981
Daub/Piel/Soergel/Steffani	Kommentar zur VOB Teil B, Bauverlag, Wiesbaden 1976
Erman	Kommentar zum BGB, 13. Aufl., Verlag Dr. Otto Schmidt, Köln 2011
Franke/Englert/Halstenberg/Kuffer/Meyer-Postelt/Miernik	Komm. zur SLBau, Werner-Verlag, Köln 2011
Franke/Kemper/Zanner/Grünhagen	Kommentar zur VOB, 4. Aufl., Werner Verlag, Köln 2011
Halfmeier/Leupertz	bauvertragsrechtOnline, Komm. z. §§ 631 ff., Werner-Verlag, Stand: II/2012, in Einzelfällen auch Stand: I/2012
Heiermann/Riedl/Rusam	VOB-Kommentar, 12. Aufl., Vieweg+Teubner, Wiesbaden 2011
Ingenstau/Korbion	Kommentar zur VOB Teile A und B, 17. Aufl., Werner Verlag, Köln 2010
Jochem	HOAI-Gesamtkommentar, 4. Aufl., Bauverlag, Gütersloh 1998
jurisPK –	juris-Praxiskommentar zum BGB, 2. Aufl., juris-Verlag 2004
Kapellmann/Messerschmidt	Kommentar zur VOB, Teile A und B, 3. Aufl., Verlag C. H. Beck, München 2010
Kniffka	Bauvertragsrecht, Komm. z. §§ 631 ff., Beck-Verlag 2012
Korbion/Mantscheff/Vygen	HOAI-Kommentar, 7. Aufl., Verlag C. H. Beck, München 2010
Leinemann	Kommentar zur VOB/B, 4. Aufl., Carl Heymanns Verlag, Köln 2010
Locher/Koeble/Frik	HOAI-Kommentar, 10. Aufl., Werner Verlag, Köln 2010
Münchener Kommentar zum Bürgerlichen Gesetzbuch,	
– Band 1	1. Halbband, 5. Aufl., C. H. Beck Verlag, München 2005
– Band 3	5. Aufl., C. H. Beck Verlag, München 2007
– Band 4	5. Aufl. Verlag C. H. Beck, München 2009
Münchener Kommentar zur ZPO, Band I	§§ 1 bis 510c, 3. Aufl., Verlag C. H. Beck, München 2008
Nicklisch/Weick	VOB Teil B-Kommentar, 3. Aufl., Verlag C. H. Beck, München 2001
Palandt	Kommentar zum Bürgerlichen Gesetzbuch, 71. Aufl., Verlag C. H. Beck, München 2012
Prütting/Wegen/Weinreich [PWW]	Komm. z. BGB, 5. Aufl., Luchterhand-Verlag 2010
Soergel	Kommentar zum BGB,
– Allgemeiner Teil 2	§§ 104 bis 240, 13. Aufl., Verlag Kohlhammer, Stuttgart 1999
– Band 4/1	Schuldrecht III/1, § 516 bis 651, 12. Aufl., Verlag Kohlhammer, Stuttgart 1998

Literaturverzeichnis

Stammkötter	Gesetz über die Sicherung der Bauforderungen, 3. Aufl., Verlag C. F. Müller, Heidelberg 2009
Staudinger	Kommentar zum BGB mit Einführungsgesetz und Nebengesetzen, hier
– 2. Buch	Recht der Schuldverhältnisse, §§ 631 bis 651, Neubearbeitung 2008, Verlag De Gruyter, Berlin 2008
– 2. Buch	Recht der Schuldverhältnisse, §§ 765, 13. Bearbeitung, Verlag De Gruyter, Berlin 1997
– 2. Buch	Recht der Schuldverhältnisse, § 241, Neubearbeitung 2009, Verlag De Gruyter, Berlin 2009
– 2. Buch	Recht der Schuldverhältnisse, §§ 320 ff., Neubearbeitung 2009, Verlag De Gruyter, Berlin 2009
Thomas/Putzo	Kommentar zur Zivilprozessordnung, 32. Aufl., Verlag C. H. Beck, München 2011
Ulmer/Brandner/Hensen	AGB-Recht-Kommentar, 11. Aufl., Verlag Dr. Otto Schmidt KG, Köln 2011
Weitnauer	Kommentar zum Wohnungseigentumsgesetz, 9. Aufl., Verlag Vahlen, München 2004
Weyand	Vergaberecht, ibr-online
Wolf/Horn/Lindacher	AGB-Gesetz, 5. Aufl., Verlag C. H. Beck, München 2009
Zöller	Kommentar zur Zivilprozessordnung, 29. Aufl., Verlag Dr. Otto Schmidt, Köln 2012

II. Monographien

Basty	Der Bauträgervertrag, 7. Aufl., Carl Heymanns Verlag, Köln 2011
Bauer	Mehrkosten bei Bauverzögerungen aus Behinderungen oder Leistungsänderungen, Seminar Bauverzögerung (Rechtliche und baubetriebliche Probleme in Einzelbeiträgen), Wiesbaden, Berlin 1987
Bayerlein	Praxishandbuch Sachverständigenrecht, 4. Aufl., Verlag C. H. Beck, München 2008
Bindhardt/Jagenburg	Die Haftung des Architekten, 8. Aufl., Werner Verlag, Köln 1981
Bopp	Der Bauvertrag in der Insolvenz, Nomos Verlagsgesellschaft, Diss. Marburg 2009
Bschorr/Zanner	Die Vertragsstrafe im Bauwesen, Verlag C. H. Beck, München 2003
Cuypers	Baurecht für Praktiker, 5. Aufl., Bauverlag, Wiesbaden 1996
Cuypers	Instandhaltung und Änderung baulicher Anlagen, Bd. 23 der Baurechtlichen Schriften, Werner Verlag, Köln 1993
Drittler	Nachträge und Nachtragsprüfung, Werner Verlag, Köln 2011
Enders	VOB/B und BGB-Bauvertrag im Rechtsvergleich, Band 7 der Baurechtlichen Schriften, Werner Verlag, Köln 1986
Englert/Bauer	Rechtsfragen zum Baugrund, Bd. 5 der Baurechtlichen Schriften, 2. Aufl., Werner Verlag, Köln 1991
Englert/Grauvogl/Maurer	Handbuch des Baugrund- und Tiefbaurechts, 4. Aufl., Werner Verlag, Köln 2010
Fahrenschon u. a.	ARGE-Kommentar, Erläuterungen zum Arbeitsgemeinschaftsvertrag, 2. Aufl., 1982, Bauverlag, Wiesbaden mit Ergänzungsband 1990
Frieling	Klauseln im Bauvertrag, Verlag C. H. Beck, München, 1993
Ganten	Pflichtverletzung und Schadensrisiko im privaten Baurecht, Verlag Gieseking, Bielefeld 1974
Glatzel/Hofmann/Frikell	Unwirksame Bauvertragsklauseln nach dem AGB-Gesetz, 11. Aufl., Verlag Vögel, Stamsried 2008
Groß	Die Bauhandwerkersicherungshypothek, Werner Verlag, Köln 1978

Heidland	Der Bauvertrag in der Insolvenz von Auftraggeber und Auftragnehmer, 2. Aufl., Werner Verlag Köln 2003
Heiermann	VOB-Praxis, Band 4, Bauverlag, Wiesbaden 1980
Hochstein/Jagenburg	Der Arbeitsgemeinschaftsvertrag, Werner Verlag, Köln 1974
Hofmann/Koppmann	Die neue Bauhandwerkersicherung, 5. Aufl., Verlag Ernst Vögel, Stamsried 2009
Jebe	Preisermittlung für Bauleistungen, Werner Verlag, Köln 1974
Jebe/Schubert	Untersuchungen über die Vergabe von Bauleistungen zu Pauschalpreisen, Werner Verlag, Köln 1969
Jebe/Vygen	Der Bauingenieur in seiner rechtlichen Verantwortung, Werner Verlag, Köln 1981
Joussen	Der Industrieanlagenvertrag, 2. Aufl., Verlagsgesellschaft Recht und Wirtschaft GmbH, Heidelberg 1996
Joussen/Vygen	Der Subunternehmervertrag, Werner Verlag 2011
Joussen	Sicher handeln bei Korruptionsverdacht, Erich-Schmidt-Verlag, 2010
Kainz	Der Skontoabzug beim Bauvertrag, E. Vögel, Stamsried 1989
Kaiser	Das Mängelhaftungsrecht der VOB/B, 6. Aufl., Verlag C. F. Müller, Karlsruhe 1989
Kapellmann/Langen	Einführung in die VOB/B, 20. Aufl., Werner Verlag, Köln 2011
Kapellmann/Schiffers	Vergütung, Nachträge und Behinderungsfolgen
– Band 1	Einheitspreisvertrag. 6. Aufl. 2011
– Band 2	Pauschalvertrag einschließlich Schlüsselfertigbau, 5. Aufl., Werner Verlag, Köln 2011
Kienmoser	Unzulässige Bauvertragsklauseln, 2. Aufl., Verlag Boorberg, Stuttgart 1999
Klaft	Die Bauhandwerkersicherung nach § 648a BGB, Werner Verlag, Köln 1998
Kleine-Müller/Merl	Handbuch des privaten Baurechts, 4. Aufl., Verlag C. H. Beck, München 2009
Knacke	Die Vertragsstrafe im Baurecht, Band 14 der Baurechtlichen Schriften, Werner Verlag, Köln 1988
Kniffka/Koeble	Kompendium des Baurechts, 3. Aufl., Verlag C. H. Beck 2008
Korbion	Fristgerechte Bauvertragserfüllung, RWS-Skript Nr. 110. 1982
Korbion	Mitwirkungspflicht des Bauherrn bei der Bauausführung, Band 8 der Schriftenreihe der Deutschen Gesellschaft für Baurecht e. V.
Keldungs/Brück	Der VOB-Vertrag, 9. Aufl., Werner Verlag, Köln 2008
Korbion/Locher/Sienz	AGB-Gesetz und Bauerrichtungsverträge, 4. Aufl., Werner Verlag, Köln 2006
Leinemann	Die Vergabe öffentlicher Aufträge, 5. Aufl., Werner Verlag, Köln 2011
Locher, H.	Das private Baurecht, 8. Aufl., Verlag C. H. Beck, München 2011
Locher, H.	Das Recht der Allgemeinen Geschäftsbedingungen, JuS-Schriftenreihe, 2. Aufl., Verlag C. H. Beck, München 1990
Locher/Koeble	Baubetreuungs- und Bauträgerrecht, 4. Aufl., Werner Verlag, Köln 1985
Markus/Kaiser/Kapellmann	AGB-Handbuch Bauvertragsklauseln, 3. Aufl., Werner Verlag, Köln 2011
Oberhauser	Praxisleitfaden Privates Baurecht, C. H. Beck, München 2010
Oberhauser	Vertragsstrafe und ihre Durchsetzung, Carl Heymanns Verlag, München, 2003
Pause	Bauträgerkauf und Baumodelle, 5. Aufl., Verlag C. H. Beck, München 2011
Rehm	Bauwesenversicherung, 2. Aufl., Bauverlag, Wiesbaden, 1989
Reister	Nachträge beim Bauvertrag 2. Aufl., Werner-Verlag Köln, 2007
Roquette/Otto	Vertragsbuch privates Baurecht, Verlag C. H. Beck, München, 2005
Roquette/Viering/Leupertz	Handbuch Bauzeit, Werner Verlag, Köln 2009
Schwab/Walter	Schiedsgerichtsbarkeit, 7. Aufl., Verlag C. H. Beck, München 2005

Literaturverzeichnis

Schelle/Erkelenz	VOB/A, Alltagsfragen und Problemfälle zu Ausschreibung und Vergabe von Bauleistungen, Bauverlag, Wiesbaden 1983
Schlosser/Coester-Waltjen/Graba	AGB-Gesetz, Gieseking-Verlag, Bielefeld 1977
Schmidt/Winzen	Handbuch der Sicherheiten am Bau, Werner Verlag, Köln 1999
Schmitz	Die Bauinsolvenz, 5. Aufl., RWS-Verlag, Köln 2011
Schmitz	Sicherheiten für Bauvertragsparteien, ibr-online, Stand 30.11.2011
Siegburg	Die Bauwerksicherungshypothek, Band 16 der Baurechtlichen Schriften, Werner Verlag, Köln 1989
Siegburg	Gewährleistung beim Bauvertrag, 4. Aufl., RWS-Verlag, Köln 2000
Siegburg	Verjährung im Baurecht, Band 24 der Baurechtlichen Schriften, Werner Verlag, Köln 1993
Sturmberg	Die Beweissicherung, Carl Heymanns Verlag, München 2004
Tomic	Sowieso-Kosten, Band 275 Rechtswissenschaftliche Forschung und Entwicklung, VVF, München 1990
Ulrich	Selbständiges Beweisverfahren mit Sachverständigen, Werner Verlag, Köln 2008
Vergabehandbuch des Bundes – VHB	abrufbar im Internet unter www.bmvbs.de, dort unter »Bauen und Wohnen«, »Bauwesen«, »Bauauftragsvergabe«, »Vergabehandbuch«
Vygen/Joussen/Schubert/Lang	Bauverzögerung und Leistungsänderung, 6. Aufl., Werner Verlag, Köln 2011
Weise	Sicherheiten im Baurecht, Verlag C. H. Beck, München 1999
Weise	Selbständiges Beweisverfahren, Verlag C. H. Beck, München 2002
Werner/Pastor	Der Bauprozess, 13. Aufl., Werner Verlag, Köln 2011
Wirth	Rechtsfragen des Baustoffhandel. Band 26 der Baurechtlichen Schriften, Werner Verlag, Köln 1994
Wöllner	Die Wirksamkeit vertraglicher Lösungsklauseln im Insolvenzfall, Diss. Freiburg 2009

III. Aufsätze

Acker/Roquette	Detaillierter versus funktionaler Leistungserfolg, BauR 2010, 293
Aengenvoort	Der Mangel als Vorteil?, BauR 2008, 16
Althaus	Notwendige Nachtragsleistungen beim Vertrag nach VOB/B, BauR 2008, 167
Altschwager	Das Schiedsgutachtenverfahren nach § 18 Nr. 3 VOB/B – ein vergessenes Verfahren?, BauR 1991, 157
Banzhaf/Buchinger	Offene Fragen bei der »Freigabe« von Gewährleistungsbürgschaften, NZBau 2010, 539
Bartsch	Die rechtlichen Auswirkungen der Gestaltung ergänzender Vertragsbedingungen auf die VOB Teil B, ZfBR 1984, 1
Battis/Kersten	Die Deutsche Bahn AG als Untersuchungsrichter in eigener Sache?, NZBau 2004, 303
Baumgärtel	Grundlegende Probleme der Beweislast im Baurecht, ZfBR 1989, 231
Berger	Vertragsstrafen auf Zwischenfristen – wirkungslos wenn AGB-wirksam?, Jahrbuch BauR 2012, 77
Boldt	Bauverzögerungen aus dem Verantwortungsbereich des Auftraggebers: Ist § 6 Nr. 6 VOB/B bedeutungslos?, BauR 2006, 185
Braun	Zivilrechtlicher Schutz bei Vergaben unterhalb der Schwellenwerte, NZBau 2008, 160
Brauns	Die Bürgschaft auf erstes Anfordern als Sicherungsmittel gemäß § 17 VOB/B, BauR 2002, 704
Bruns	Bauzeit als Rechtsproblem, ZfIR 2006, 153 und 253

Literaturverzeichnis

Bruns	Können öffentliche Fördermittel Baugeld im Sinne des Gesetzes über die Sicherung der Bauforderungen sein?, BauR 2000, 1814
Bruns	Schluss mit einseitigen Änderungen des Bauentwurfs nach § 1 Nr. 3 VOB/B?, ZfBR 2005, 525
Büchner/Gralla/Kattenbusch/Sundermeier	Alternativmodelle zur Nachtragspreisermittlung aus der Vertragskalkulation, BauR 2010, 688
Buscher	Werklohnfälligkeit nach Kündigung eines Bauvertrags: Grundsätzlich Abnahme erforderlich, BauR 2006, 1297
Clemm	Erstattung der Mehrkosten des Auftragnehmers bei Planlieferverzug des Auftraggebers nach der VOB/B, Der Betrieb 1985, 2599
Dähne	Gerätevorhaltung und Schadensersatz nach § 6 Nr. 6 VOB/B – ein Vorschlag zur Berechnung, BauR 1978, 429
Dähne	Haftung des Vorunternehmers für Stillstandskosten des Nachfolgeunternehmers?, BauR 1994, 518
Dähne	Rechtsnatur und Verjährung des Schadensersatzanspruchs in § 4 Nr. 7 Satz 2 VOB/B (auch zu § 8 Nr. 3 Abs. 2 VOB/B), BauR 1973, 268
Daub	Nochmals: Sicherheitsleistung durch Einbehalt, BauR 1977, 24
Derleder	Der Wechsel zwischen den Gläubigerrechten bei Leistungsstörungen und Mängeln, NJW 2003, 998
Diederichs/Streckel	Beurteilung gestörter Bauabläufe – Anteile der Verursachung durch Auftraggeber und Auftragnehmer, NZBau 2009, 1
Diehr	Gesetzliche Entschädigung nach § 642 BGB im VOB-Vertrag unter besonderer Berücksichtigung der Schlechtwetterproblematik, ZfBR 2011, 627
Dobmann	Zum Vertragsinhalt und zu einem Mehrvergütungsanspruch bei durch Nachprüfungsverfahren verzögerten Zuschlagserteilungen, VergabeR 2009, 602
Döhler	Sicherheitseinbehalt und Umsatzsteuer, BauR 2006, 14
Dreher	Vergaberechtsschutz unterhalb der Schwellenwerte, NZBau 2002, 419
Drittler	Zuschlagsverzögerung, Anpassung von Ausführungszeit und Preis: Anspruchsausfüllende Nachweise der Kausalität und der Höhe, BauR 2010, 143
Duve/Richer	Kausalitätsfragen bezüglich eines gestörten Bauablaufes, BauR 2006, 608
Englert	Das [Baugrundrisiko] – ein normierungsbedürftiger Rechtsbegriff?, BauR 1991, 537
Englert/Fuchs	Die neue Baugrundbeschreibung nach DIN EN 1997-2, BauR 2011, 1725
Eydner	Die prüffähige Schlussrechnung als Fälligkeitsvoraussetzung der Vergütung im BGB-Bauvertrag?, BauR 2007, 1806
Folnovic	Sind werkvertragliche Mängelansprüche in der Herstellungsphase des Werks ausgeschlossen?, BauR 2008, 1360
Franz/Kues	Guter Preis bleibt guter Preis – Rechtfertigt die Faustformel Korbions ein Vertragspreisniveau?, BauR 2010, 678
Fuchs	Der »neue« § 648a BGB – Verbesserung der Zahlungsmoral oder viel Lärm um nichts?, BauR 2012, 326
Fuchs	Der Dreiklang aus Werkerfolg, Leistungsbeschreibung und Mehrvergütungsanspruch, BauR 2009, 404
Fuchs/Schottke	Wem »gehört« der Puffer? – Die richtige Berücksichtigung eines ex-ante-Puffer bei der Terminfortschreibung infolge von Bauablaufstörungen, Jahrbuch BauR 2011, S. 63 ff.
Funke	Bei und nach Eingehung des Bauvertrages zu beachtende Anforderungen an die spätere Durchsetzbarkeit von Forderungen aus Vertragserfüllungs- und Gewährleistungsbürgschaften, BauR 2010, 969
Ganten	Architektenpflichten bei Vertragsstrafenvorbehalt, NJW 1979, 2513
Garbe-Emden	Nachteile von Schiedsverfahren, BauR 2012, 1035

Literaturverzeichnis

Gartz	Anfechtungsrisiko bei Direktzahlungen des Auftraggebers nach § 16 Abs. 6 VOB/B, BauR 2012, 571
Gartz	Das Ende der »Ahlhorn«-Rechtsprechung, NZBau 2010, 293
Gartz	Obliegenheitsverletzungen des Bauherrn nach dem »Glasfassadenurteil« des Bundesgerichtshofs, BauR 2010, 703
Gartz	Zur Funktionalität verpflichtet! Die funktionale Mängelhaftung des Werkunternehmers, NZBau 2012, 90
Grieger	Endlich ein Urteil, das zu der Art und Weise der Schadensberechnung nach § 6 Nr. 6 VOB/B Stellung nimmt, BauR 1985, 524
Groß	Die Umkehrsteuer des § 13b UStG und der Sicherheitseinbehalt nach § 17 VOB/B, BauR 2005, 1084
Groß	Rückforderungsansprüche öffentlicher Auftraggeber im VOB-Vertrag, BauR 2008, 1052
Hager	Ein Verfahren zur Berechnung von Gerätestillstands- und Geräteüberstundenkosten, BauR 1991, 284
Hahn	Neue Rechtsprechung zur Sicherung von Bauforderungen, BauR 1980, 310
Handschuhmacher	Ansprüche nach GSB auch bei unwirksamem Werk-, Dienst- oder Lieferungsvertrag?, BauR 2005, 1650
Hartmann	Das Ende der Fälligkeit des Werklohnanspruchs ohne Abnahme? Ausblick zum Urteil des BGH vom 11–05–2006, VII ZR 146/04, ZfBR 6/2006, S 561 ff., ZfBR 2006, 737
Hartung	Gewährleistungseinbehalt und Ablösungsbefugnisse in Bauverträgen, NZBau 2000, 371
Hebel	Kündigung des Bauvertrages aus wichtigem Grund, BauR 2011, 330
Heerdt/Schramm	Das Bauforderungssicherungsgesetz oder »Die Medizinmänner wissen keine Hilfe!«, BauR 2009, 1353
Heiermann	Die Sicherheitsleistung durch Einbehalt nach § 17 Nr. 6 VOB/B Fassung 1973, BauR 1976, 73
Heiermann	Die Spezialregelung des § 6 VOB/B bei Behinderungen und Unterbrechungen der Ausführung von Bauleistungen, BB 1981, 876
Heiermann	VOB-Praxis, Bauwirtschaft 1986, 1095
Heiermann	Zivilrechtliche Aspekte einer Auftragssperre, Festschrift von Craushaar, S. 99
Hertwig	Vergaberecht und staatliche (Grundstücks-)Verkäufe, NZBau 2011, 9
Heyers	Die rechtlich spezifische und individuelle Repräsentanz im Pauschalvertrag, besonders in Bausachen, BauR 1983, 297
Hildebrand	Das neue Forderungssicherungsgesetz (FoSiG), BauR 2009, 4
Hildebrandt	Das Verbot der Fremddisposition und die Erweiterung der Bürgenhaftung durch Anordnungen des Auftraggebers nach §§ 1 Nr. 3 und 4 VOB/B, BauR 2007, 1121
Hildebrandt	Ausgewählte Rechtsfragen zu § 648a BGB in seiner praktischen Anwendung seit dem 01.01.2009, Jahrbuch BauR 2012, 35
Hildebrandt	Der vom Schutzzweck des § 648a BGB erfaßte und berechtigte Unternehmerkreis, BauR 2006, 2
Hoff	Die VOB/B 2000 und das AGB-Gesetz – Der Anfang vom Ende der Privilegierung?, BauR 2001, 1654
Hofmann	Allgemeine Geschäftsbedingungen zu § 648a und Abwicklungsfragen in der Insolvenz, BauR 2006, 763
Hofmann	Die rechtliche Einordnung der Mitwirkungspflichten des Auftraggebers beim Bauvertrag, Festschrift von Craushaar, 1997, S. 219
Hölzl	Neu: Der Konkurrent im Sicherheits- und Verteidigungsbereich, VergabeR 2012, 141

Huber	Vorsatzanfechtung einer Direktzahlung auch gegenüber dem Bauherrn in der späteren Insolvenz des Generalunternehmers, NZBau 2008, 737
Hübner	Das Ende der »unverzüglichen« und uneingeschränkten Rügeobliegenheit (§ 107 Abs. 3 Satz 1 Nr. 1 GWB), VergabeR 2010, 414
Hündfeld	Städtebaurecht einerseits – Vergaberecht andererseits, BauR 2010, 1504
Jaensch	Der Gleichlauf von Rücktritt und Schadensersatz, NJW 2003, 3613
Jagenburg	100 Jahre »Kölner VOB« Professor Hermann Korbion zur Verleihung des Deutschen Baurechtspreises am 2. November 1988, BauR 1989, 17
Jagenburg	Die Abnahme des Architektenwerkes und die Tätigkeitspflicht des Architekten bei Mängeln, BauR 1980, 406
Jagenburg	Die Entwicklung des privaten Bauvertragsrechts im Jahre 1981, NJW 1982, 2415
Jansen	Vorlage einer neuen Schlussrechnung in der Berufungsinstanz, NZBau 2008, 689
Jansen	Abrechnung bzw. Abnahme nach Kündigung, BauR 2011, 371
Jansen	Nullpositionen beim Einheitspreisvertrag, NZBau 2012, 345
Jebe	Preisermittlung für Bauleistungen, S. 72
Jochem, Rudolf und Johannes	Ist der Unternehmer vor Durchführung der Nacherfüllung verpflichtet, einen Sanierungsplan vorzulegen?, Festschrift Franke, S. 157
Joussen	Das Ende der Arge als BGB-Gesellschaft?, BauR 1999, 1063
Joussen	Der Nachunternehmer im Anwendungsbereich des Bauforderungssicherungsgesetzes, NZBau 2009, 737
Joussen	Die Anforderung an ein Sperrkonto nach § 17 Nr. 5, Nr. 6 Abs. 1 VOB/B, BauR 2004, 1677
Joussen	Die Fälligkeit des Werklohnanspruchs nach der Abnahme – Ein weiterhin ungelöstes Problem?, Festschrift Koeble S. 15
Joussen	Die Privilegierung der VOB nach dem Schuldrechtsmodernisierungsgesetz, BauR 2002, 1759
Joussen	Die Fälligkeit des Werklohnanspruchs nach der Abnahme – Ein weiterhin ungelöstes Problem Festschrift Koeble, S. 15
Joussen	Mängelansprüche vor der Abnahme, BauR 2009, 319
Joussen	Qualitätssicherung durch Bürgschaft – (Un)zulässige Erweiterung von Bürgschaften bei Nachträgen und Verjährung von Mängelsicherheiten, Partner im Gespräch, PiG Bd. 91 (2012), S. 79
Joussen	Reichweite von vertraglich vereinbarten Auftragnehmersicherheiten für sozialversicherungsrechtliche Ansprüche und Nachträge, BauR 2012, 344
Joussen	Schiedsgutachtenvereinbarung zu Nachträgen – eine kostengünstige Lösung von Streitfällen, BauR 2010, 518
Joussen	Stolpersteine des neuen § 648a BGB, Jahrbuch BauR 2010, 39
Joussen	Zahlungssicherheiten neben § 648a BGB, BauR 2010, 1655
Joussen	Zukunft der Vertragserfüllungsbürgschaft auf erstes Anfordern, BauR 2003, 13
Juntunen	Wie sind Nullpositionen abzurechnen, nach § 2 Abs. 3 oder nach § 8 Abs. 1 VOB/B?, BauR 2010, 698
Kaiser	Adressat für Anzeigen des Auftragnehmers nach §§ 4, 6 VOB/B, NJW 1974, 447
Kallerhoff	Zur Begründetheit von Rechtsschutzbegehren unterhalb der vergaberechtlichen Schwellenwerte, NZBau 2008, 97
Kapellmann	»In sich abgeschlossene Teile der Leistung« gemäß VOB/B, Festschrift Thode S. 29
Kapellmann	Baugrundrisiko und »Systemrisiko« – Baugrundsystematik, Bausoll, Beschaffenheitssoll, Bauverfahrenssoll, Jahrbuch BauR 1999, 1
Kapellmann	Beschleunigungen, NZBau 2009, 538

Literaturverzeichnis

Kapellmann	Die erforderliche Mitwirkung nach § 642 BGB, § 6 VI VOB/B – Vertragspflichten und keine Obliegenheiten, NZBau 2011, 193
Kapellmann	Einzelprobleme der Handwerkersicherungshypothek, BauR 1976, 323
Kapellmann	Sittenwidrige Höhe einzelner Nachtragspositionen, NJW 2009, 1380
Kapellmann	Vertragsinhalt oder Geschäftsgrundlage, NZBau 2012, 275
Kapellmann/Schiffers	Die Ermittlung der Ersatzansprüche des Auftragnehmers aus vom Bauherrn zu vertretender Behinderung (§ 6 Nr. 6 VOB/B), BauR 1986, 615
Kaufhold	Zu den Voraussetzungen eines Stellens von AGB, ZIP 2010, 631
Kaufmann	Die Unwirksamkeit der Nachtragsklauseln der VOB/B nach §§ 305 ff. BGB, Jahrbuch Baurecht 2006, 35
Keldungs	Basis für die Nachtragsvergütung: Vertragspreis oder Marktpreis?, Jahrbuch BauR 2012, 59
Keldungs	Ist die VOB noch zukunftsfähig?, Festschrift Kraus, S. 95
Kimmich	Beschleunigung von Bauabläufen und Anspruchsgrundlagen: Ist die Forderung nach Einhaltung der Vertragsfristen eine konkludente Beschleunigungsanordnung, BauR 2008, 263
Kimmich	Leistungsverweigerungsrecht des Auftragnehmers bei streitigen Nachträgen, BauR 2009, 1494
Kirberger	Teilkündigung, BauR 2011, 343
Wagner	Klaus-R. Überlegungen zu §§ 651 Satz 1 BGB, 377, 381 Abs. 2 HGB, ZfBR 2010, 627
Kleefisch/Herchen	Berücksichtigung des Sicherungseinbehalts nach § 17 Nr. 6 VOB/B bei §§ 648a, 648 BGB oder doppelte Absicherung des Unternehmers?, NZBau 2006, 201
Klein/Moufang	Die Bürgschaft als bauvertragliche Sicherheit nach der aktuellen Rechtsprechung des VII. Zivilsenats des BGH, Jahrbuch Baurecht 2005, S. 29
Kniffka	Das Baugrundrisiko in der Rechtsprechung des Bundesgerichtshofs CBTR Jahresband 2002, 21
Kniffka	Das Baugrundrisiko in der Rechtsprechung des Bundesgerichtshofs, Jahresband CBTR 2002, 21
Kniffka	Die Kooperationspflichten der Bauvertragspartner im Bauvertrag, Jahrbuch BauR 2001, 1
Kniffka	Die neuere Rechtsprechung des Bundesgerichtshofes zur Abrechnung nach Kündigung des Bauvertrages, Jahrbuch BauR 2000, 1
Kniffka	Die VOB/B ist keine sichere Grundlage für Nachträge, Festschrift Iwan, 2010, 207
Kniffka	Ist die VOB/B eine sichere Grundlage für Nachträge?, BauR 2012, 411
Kniffka	Neue Versicherungsformen am Bau – Die Baufertigstellungs- und die Baugewährleistungsversicherung, BauR 2007, 245
Koeble	Das Schiedsgutachten als alternativer Weg der Streiterledigung in Bausachen, BauR 2007, 1116
Koeble	Abnahmesurrogate, BauR 2012, 1153
Koenen	Die Kündigung wegen und in der Insolvenz, BauR 2011, 352
Köhler	Graffiti-Schmierereien – höhere Gewalt oder unabwendbares Ereignis?, BauR 2002, 27
Korbion	Vereinbarung der VOB/B für planerische Leistungen, Festschrift Locher, S. 127
Krakowsky	Formularmäßige Bürgschaftsklauseln auf erstes Anfordern –»Freibrief« für Auftraggeber?, BauR 2002, 1620
Kraus	Ansprüche des Auftragnehmers bei einem durch Vorunternehmer verursachten Baustillstand, BauR 1986, 17

Kraus	Die VOB/B – ein nachbesserungsbedürftiges Werk BauR 1997, Beil. zu Heft 4, S. 12
Kraus/Sienz	Der Deutsche Verdingungsausschuß für Bauleistungen (DVA): Bremse der VOB/B?, BauR 2000, 631
Kraus/Vygen/Oppler	Ergänzungsentwurf Kraus/Vygen/Oppler zum Entwurf eines Gesetzes zur Beschleunigung fälliger Zahlungen der Fraktionen der SPD und Bündnis 90/Die Grünen, BauR 1999, 964
Kreikenbohm	Der Verlust von Gewährleistungseinbehalten gemäß § 17 Nr. 6 VOB/B, BauR 2001, 1667
Kues/Kaminsky	Druck auf den Auftraggeber: Leistungsverweigerungsrechte des Auftragnehmers bei Streitigkeiten im Zusammenhang mit Nachträgen, BauR 2008, 1368
Kues/Steffen	Nachtragsvereinbarung dem Grund und der Höhe nach beim VOB/B-Vertrag – rechtliche Einordnung und praktische Bedeutung, BauR 2010, 10
Kuffer	Baugrundrisiko und Systemrisiko NZBau 2006, 1
Kuffer	Leistungsverweigerungsrecht bei verweigerten Nachtragsverhandlungen, ZfBR 2004, 110
Kuffer	Sicherungsvereinbarungen im Bauvertrag, BauR 2003, 155 ff.
Kutschker	Richterliche Befugnisse zur Einschränkung des § 23 Abs. 2 Nr. 5 AGBG und der bisherigen Gesamtabwägungsrechtsprechung bei Änderungen der VOB/B durch den Verdingungsausschuß?, BauR 1999, 454
Lang	Die Teilkündigung, BauR 2006, 1956
Lang	Die Wahrheit über Pufferzeiten bei Bauverzögerungen aus baubetrieblicher Sicht, Jahrbuch Baurecht 2011, S. 41
Langen	Die Bauzeit im Rahmen der Vertragsgestaltung, NZBau 2009, 145
Langen	Mehrfachkausalität bei Mängeln und Bauzeitverzögerungen, BauR 2011, 381
Leinemann	Das Forderungssicherungsgesetz – Neue Perspektiven im Bauvertragsrecht?, NJW 2008, 3745
Leinemann	Die neue Rechtsprechung des BGH zum Vergabeverfahrensrisiko, NJW 2010, 471
Leinemann	Sicherheitsleistung im Bauvertrag – Abschied vom Austauschrecht nach § 17 Nr. 3 VOB/B?, NJW 1999, 262
Leineweber	Der Prognoserücktritt gem. § 323 Abs. 4 BGB, Festschrift Koeble, S. 125
Leitzke	Verweigerung der Abnahme, BauR 2009, 146
Lembcke	Adjukation: Vollendete Tatsachen und Justizgewährleistung im materiellen Prozessrecht, BauR 2011, 1897
Lenkeit	Das modernisierte Verjährungsrecht, BauR 2002, 196
Leupertz	Baustofflieferung und Baustoffhandel: Im juristischen Niemandsland, BauR 2006, 1648
Leupertz	Der Anspruch des Unternehmers auf Bezahlung unbestellter Bauleistungen beim BGB-Bauvertrag, BauR 2005, 775
Leupertz	Der verpreiste Leistungsumfang und der geschuldete Leistungserfolg, BauR 2010, 273
Leupertz	Mitwirkung und Obliegenheit im Bauvertragsrecht, BauR 2010, 1999
Locher	Das AGB-Gesetz und die Verdingungsordnung für Bauleistungen, NJW 1977, 1801
Locher	Die AGB-gesetzliche Kontrolle zusätzlicher Leistungen, Festschrift Korbion, S. 283
Lögering	Die Eignung schiedsgerichtlicher Verfahren zur Lösung baurechtlicher Konflikte, ZfBR 2010, 14
Lühr	Zweischaliges Mauerwerk für Außenwände nach DIN 1053 Teil 1, Abschnitt 5.2.1, mit »Kerndämmung«, BauR 1987, 390

Literaturverzeichnis

Luz	»Guter Preis bleibt guter Preis, schlechter Preis bleibt schlechter Preis« – gilt dieser Grundsatz immer? – Antithese, BauR 2008, 196
Marbach	Auswirkungen des Urteils – OLG Frankfurt v. 27.5.1983 – zum sogenannten Blasbachtalbrückenfall, ZfBR 1984, 9
Marbach	Vergütungsansprüche aus Nachträgen – ihre Geltendmachung und Abwehr, ZfBR 1989, 5
Maritz	Das GSB – eine beschränkte Sicherheit für Bauunternehmen, BauR 1990, 401
Markus	Ansprüche des Auftragnehmers nach wirksamer Zuschlagserteilung bei »unklarer Leistungsbeschreibung« des Auftraggebers, BauR 2004, 180
Markus	Zur Ermittlung der Mehrvergütung bei verzögerter Vergabe, NZBau 2012, 414
Merkens	Außergerichtliche Streiterledigung nach § 18 VOB/B, NZBau 2008 150
Merz	Genügt ein sog. »Buchhandelshinweis« auf die Bezugsmöglichkeit der VOB/B § 2 Abs. 1 Nr. 2 AGB-Gesetz?, BauR 1985, 47
Möller	Die Haftung des Generalunternehmers nach dem GSB als unmittelbare Haftung des Geschäftsführers/Vorstandes, BauR 2005, 8
Motzke	Aufgabenzuweisung bei durch Planungsfehler und unterlassene Prüfung und Bedenkenmitteilung verursachten Mängeln (Mangelbeseitigungsplanung), BauR 2011, 153
Motzke	Der Geltungsverlust der VOB/B – Überlegungen zur Einschränkung einer isolierten Klauselkontrolle bei Abweichungen von der VOB/B, NZBau 2009, 579
Motzke	Die werkvertragliche Erfolgsverpflichtung – leistungserweiternde und leistungsergänzende Funktion?, NZBau 2011, 705
Motzke	Parameter für Zusatzvergütung bei zusätzlichen Leistungen, NZBau 2002, 641
Moufang/Koos	Der Anspruch auf sukzessive Rückgabe von Gewährleistungssicherheiten insbesondere bei gestaffelten Gewährleistungsfristen, Jahrbuch BauR 2012, 1
Mugdan	Bd. 2, Recht der Schuldverhältnisse, 1899, Motive II, S. 496 zu E § 575
Oberhauser	»Verdient« die VOB/B 2002 die Privilegierung durch das BGB 2002?, Jahrbuch Baurecht 2003, S. 3
Oberhauser	Mitwirkungshandlungen des Auftraggebers auch nach der Abnahme, Festschrift Koeble, 167
Oberhauser	Inwieweit kann § 648a BGB durch vertragliche Regelungen modifiziert werden?, BauR 2004, 1864
Oberhauser	Preisfortschreibung als »Vergütungsmodell« für geänderte und zusätzliche Leistungen – sieht das die VOB/B wirklich vor?, BauR 2011, 1547
Oberhauser	Störungen des Leistungsgefüges – durch Einwirkung der Vertragsparteien und durch sonstiges Baugeschehen, BauR 2010, 308
Olshausen	Planung und Steuerung als Grundlage für einen zusätzlichen Vergütungsanspruch bei gestörtem Bauablauf, Festschrift für Korbion, S. 323
Orlowski	Zu den Tatbestandsvoraussetzungen des § 1 Abs. 1 S 1 GSB, BauR 2005, 1651
Orthmann	Anwendungsbereich von § 2 Nr. 8 Abs. 1 VOB/B bei notwendigen Zusatzleistungen, BauR 2009, 1059
Otting	Städtebauliche Verträge und der EuGH -Was bleibt von »Ahlhorn«?, W 2010, 2167
Otto	Zur Ablösung des Bareinbehalts durch Gewährleistungsbürgschaft beim VOB-Vertrag, BauR 1999, 322
Pauly	Rechtsprobleme des Fertighausvertrages, BauR 2011, 910
Pauly	Zum Leistungsverweigerungsrecht des Werkunternehmers im Falle des Scheiterns von Nachtragsverhandlungen, BauR 2012, 851
Pause	Abschlagszahlungen und Sicherheiten nach § 632a BGB, BauR 2009, 898
Peters	Das Baurecht im modernisierten Schuldrecht, NZBau 2002, 113

Literaturverzeichnis

Peters	Das Gebot wirtschaftlichen Arbeitens beim Stundenlohnvertrag und beim Einheitspreisvertrag, NZBau 2009, 673
Peters	Die Fälligkeit des Werklohns bei einem gekündigten Bauvertrag, NZBau 2006, 559
Peters	Die Mitwirkung des Bestellers bei der Durchführung eines Bauvertrages, NZBau 2011, 641
Peters	Skonti, NZBau 2009, 584
Peters	Zu der Struktur und den Wirkungen einer auf § 649 BGB gestützten Kündigung des Bestellers, BauR 2012, 11
Peters	Zur Funktion der Minderung, NZBau 2012, 209
Piel	Zur Abgrenzung zwischen Leistungsänderung (§§ 1 Nr. 3, 2 Nr. 5 VOB/B) und Behinderung (§ 6 VOB/B), Festschrift Korbion 1986, S. 349
Pietzcker	Die Richtlinien der Deutschen Bahn AG über die Sperrung von Auftragnehmern, NZBau 2004, 530
Pooth	Muss man noch unverzüglich rügen?, VergabeR 2011, 358
Preussner	Die VOB/B ist tot!, BauR 2002, 1602
Putzier	Notwendige Nachtragsleistungen – Zusatzvergütung auch ohne Anordnung, BauR 2008, 160
Quack	Der Eintritt des Sicherungsfalles bei den Bausicherheiten nach § 17 VOB/B und ähnlichen Gestaltungen, BauR 1997, 754
Quack	Die originäre Vollmacht des Architekten, BauR 1995, 441
Quack	Theorien zur Rechtsnatur von 1 Nr. 3 und 4 VOB/B und ihre Auswirkungen auf die Nachtragsproblematik, ZfBR 2004, 107
Quack	Über die Verpflichtung des Auftraggebers zur Formulierung der Leistungsbeschreibung nach den Vorgaben von § 9 VOB/A, BauR 1998, 381
Quack	VOB/B als Ganzes und die Modernisierung des Schuldrechts, ZfBR 2002, 428
Reim/Kamphausen	Nochmals: DIN-Normen, bauaufsichtliche Zulassungsbescheide, allgemein anerkannte Regeln der (Bau-) Technik und Haftungsrisiko, BauR 1987, 629
Reitz	Wirksamkeit von Gleit-, Bagatell- und Selbstbeteiligungsklauseln, BauR 2001, 1513
Rixecker	Die Sicherheitshypothek des zur Sicherheitsleistung verpflichteten Bauunternehmers, MDR 1982, 718
Rodemann/Schwenker	Vor einer Neubewertung des »Stellens« Allgemeiner Geschäftsbedingungen i. S. d. § 305 Abs. 1 Satz 1 BGB?, ZfBR 2010, 419
Rohrmüller	Gelten Preisnachlässe auch für die Vergütung von Nachträgen wegen geänderter oder zusätzlich notwendiger Leistungen?, BauR 2008, 9
Roquette	Die Mär vom Vorbehalt, BauR 2008, 734
Roquette/Fußy	Orientierung im Ursachendschungel, NZBau 2009, 1506
Roquette/Schweiger	Die Mär vom Vorbehalt, BauR 2008, 734
Scharen	Rechtsschutz bei Vergaben unterhalb der Schwellenwerte, VergabeR 2011, 653
Schliemann/Hildebrandt	Sicherungsverlangen nach § 648a BGB nach Abnahme und Auflösung des entstehenden Schwebezustandes beim Gegenüberstehen von zwei Leistungsverweigerungsrechten, ZfIR 2004, 278
Schmidt	Die dynamische Verweisung des Forderungssicherungsgesetzes auf die VOB/B und ihre verfassungsrechtliche Bewertung, ZfBR 2009, 113
Schmitz	Austauschrecht des Auftragnehmers bei nicht unverzüglicher Erklärung des Auftraggebers zur Bürgschaftsannahme oder Einbehaltsverwertung, ZfIR 2001, 898
Schmitz/Vogel	Die Sicherung von bauvertraglichen Ansprüchen durch Bürgschaft nach der Schuldrechtsreform, ZfIR 2002, 509
Schröder	Die statistische Realität des Bauprozesses, NZBau 2008, 1

Literaturverzeichnis

Schubert	Zur Entstehung der VOB/B (Teile A und B) von 1926, Festschrift Korbion, S. 389
Schubert/Lang	Verursachungsgerechte Erfassung und kostengerechte Bewertung von Verzögerungen, Bauwirtschaft 1985, 1011 ff.
Schulze-Hagen	§ 648a BGB – eine Zwischenbilanz, BauR 2000, 28
Schulze-Hagen	Die Vertragserfüllungsbürgschaft, BauR 2007, 170
Schulze-Hagen	Schadensersatz bei zweckwidriger Verwendung von Baugeld, NJW 1986, 2403
Schwenker	Auswirkungen von Änderungsanordnungen auf Fristen, Vertragsstrafen und Sicherheiten, BauR 2008, 175
Schwenker/Heinze	Die VOB/B 2002, BauR 2002, 1143
Seibel	Welche Bedingungen haben Herstellervorschriften für die Baumangelbeurteilung, BauR 2012, 1025
Siegburg	Baumängel aufgrund fehlender Vorgaben des Bauherrn, Festschrift Korbion, S. 411
Siegburg	Einstweilige Verfügung auf Eintragung einer Vormerkung zur Sicherung des Anspruchs aus § 648 Abs. 1 BGB, BauR 1990, 290
Siegburg	Erfaßt § 648a BGB auch die Vergütung für erbrachte Teilleistungen?, BauR 1997, 40
Siegburg	Zur formularmäßigen Vereinbarung eines Sicherheitseinbehalts im Bauvertrag, ZfIR 2004, 89
Sienz	Die Mangelrüge bei Planungsfehlern, BauR 2010, 840
Sienz	Die Neuregelungen im Werkvertragsrecht nach dem Schuldrechtsmodernisierungsgesetz, BauR 2002, 182
Slapnicar/Wiegelmann	Neue Sicherheiten für den Bauhandwerker, NJW 1993, 2903
Sohn	Die neue Rechtsprechung des BGH zur Gesamtschuld, BauR 2010, 1480
Sohn/Holtmann	Die neue Rechtsprechung des BGH zur Gesamtschuld, BauR 2010, 1480
Stammkötter/Reichelt	Das GSB und die Haftung der Banken, ZfBR 2005, 429
Steeger	Rechtswirkungen einer Aufhebungsvereinbarung, NZBau 2012, 211
Steffen	Die unvollständige Leistungsbeschreibung – Vergütungsansprüche für nicht beschriebene aber zwingend erforderliche Leistungen, BauR 2011, 579
Steffen/Hofmann	Vertragsgegenstand vs. Geschäftsgrundlage – Preisanpassungsanspruch bei unerwarteten Umständen, BauR 2012, 1
Stemmer	»Guter Preis bleibt guter Preis, schlechter Preis bleibt schlechter Preis« – gilt dieser Grundsatz immer?, BauR 2008, 182
Stemmer	Mischkalkulationen sind unzulässig, sind spekulative Preisgestaltungen passe?, VergabeR 2004, 549
Stemmer	Vergabegewinn und Vergabeverlust: Ungewöhnliche Begriffe, aber ein richtiges Ergebnis, BauR 2007, 458
Stickler	Rechtsfolgen der unberechtigten Kündigung des Bauvertrages, BauR 2011, 364
Sturmberg	§ 648a BGB –über das Ziel hinaus? Entspricht die neue Vergütungssicherung den Anforderungen der Vertragspraxis?, BauR 1994, 57
Sturmberg	Bauforderungssicherungsgesetz, BauR 2009, 1521
Sturmberg	Noch einmal: § 648a BGB – Streitfragen, BauR 1995, 169
Teichmann	Kauf- und Werkvertrag in der Schuldrechtsreform, ZfBR 2002, 13
Tempel	Ist die VOB/B noch zeitgemäß?, NZBau 2002, 465
Thierau	Das Sicherungsverlangen nach Abnahme, NZBau 2004, 311
Thierau	Sicherheiten beim Bauvertrag – Aktuelle Fragen –, Jahrbuch Baurecht 2000, S. 66
Thode	Aktuelle höchstrichterliche Rechtsprechung zur Sicherungsabrede in Bauverträgen, ZfBR 2002, 4

Thode	Änderungsbefugnis des Bauherren in § 1 Nr. 3 VOB/B, BauR 2008, 155
Thode	Nachträge wegen gestörten Bauablaufs im VOB/B-Vertrag, ZfBR 2004, 214
Thode	Die wichtigsten Änderungen im BGB-Werkvertragsrecht – Schuldrechtsmodernisierungsgesetz und erste Probleme – Teil 2, NZBau 2002, 360
Thode	Werkleistung und Erfüllung im Bau- und Architektenvertrag, ZfBR 1999, 116
Tomic	§ 13 Nr. 4 Abs. 2 VOB/B – eine »tickende Zeitbombe«?, BauR 2001, 14
Tomic	Beschleunigung zwischen Theorie und Praxis, BauR 2011, 1234
Tomic	Recht des Auftraggebers auf Bauzeitänderung?, ZfBR 2010, 315
Tomic	Vergütungsneutraler Zuschlag mit veränderter Bauzeit, BauR 2010, 845
Verfürth	Mehrkosten bei verspätetem Zuschlag – Vermeidungsstrategien öffentlicher Auftraggeber, NzBau 2010, 1
Virneburg	Bürgschaftsrechtsprechung zu § 767 Abs. 1 S. 3 BGB – quo vadis – Mängelbürgschaft unter dem Damoklesschwert vergessener Abnahmen, Festschrift Koeble, S. 211
Vogel	Absicherung der gewerblichen Unternehmerhaftung gemäß § 1a AEntG, BauR 2002, 1013
Vogel	Einige ungeklärte Fragen zur EnEV, BauR 2009, 1196
Vogel	Rückforderungsprozess aus Bürgschaft auf erstes Anfordern im Urkundsverfahren, BauR 2002, 131
Vogel	Die gesetzlichen Kündigungstatbestände, BauR 2011, 313
Voit	Die außerordentliche Kündigung des Werkvertrages durch den Besteller, BauR 2002, 1776
Voit	Die Bedeutung des § 651 BGB im Baurecht nach der Schuldrechtsmodernisierung, BauR 2009, 369
Voit	Die Rechte des Bestellers bei Mängeln vor der Abnahme, BauR 2011, 1063
Voit	Einzahlung statt Auszahlung des Sicherheitseinbehalts nach Stellen einer Bürgschaft?, ZfIR 2006, 407
Von Craushaar	Abgrenzungsprobleme im Vergütungsrecht der VOB/B bei Vereinbarung von Einheitspreisen, BauR 1984, 311
Von Craushaar	Der Vorunternehmer als Erfüllungsgehilfe des Auftraggebers, Festschrift Vygen, S. 154
Von Craushaar	Die Rechtsprechung zu Problemen des Baugrundes, Festschrift Locher, S. 9
Von Craushaar	Die Vollmacht des Architekten zur Anordnung und Vergabe von Zusatzarbeiten, BauR 1982, 421
Von Craushaar	Risikotragung bei mangelhafter Mitwirkung des Bauherrn, BauR 1987, 14
Vorwerk	Mängelhaftung des Werkunternehmers und Rechte des Bestellers nach neuem Recht, BauR 2003, 1
Vygen	Bauablaufstörungen: Sachnachträge – Zeitnachträge, BauR 2006, 166
Vygen	Behinderung des Auftragnehmers durch verspätete oder mangelhafte Vorunternehmerleistungen, BauR 1989, 387
Vygen	Behinderungen des Auftragnehmers und ihre Auswirkungen auf die vereinbarte Bauzeit, BauR 1983, 210
Vygen	Behinderungen des Bauablaufs und ihre Auswirkungen auf den Vergütungsanspruch des Unternehmers, BauR 1983, 414
Vygen	Der Pauschalvertrag – Abgrenzungsfragen zu anderen Vertragstypen im Baugewerbe, ZfBR 1979, 133
Vygen	Der Vergütungsanspruch beim Pauschalvertrag, BauR 1979, 375
Vygen	Der Vergütungsanspruch des Unternehmers für Projektierungsarbeiten und Ingenieurleistungen im Rahmen der Angebotsabgabe, Festschrift Korbion, S. 439
Vygen	In memoriam: Zum 80. Geburtstag von Hermann Korbion, BauR 2006, 894

Literaturverzeichnis

Vygen	Leistungsänderungen und Zusatzleistungen beim Pauschalvertrag, Festschrift Locher, S. 263
Vygen	Leistungsverweigerungsrecht des Auftragnehmers bei Änderungen des Bauentwurfs gemäß § 1 Nr. 3 VOB/B oder Anordnung von zusätzlichen Leistungen gemäß § 1 Nr. 4 VOB/B?, BauR 2005, 431
Vygen	Nachträge bei lückenhaften und/oder unklaren Leistungsbeschreibungen des Auftraggebers, Festschrift Soegel, S. 277
Vygen	Nachträge bei verändertem Baugrund – Rechtliche Grundlagen und Anforderungen, Jahrbuch BauR 1999, 46
Vygen	Rechtliche Beratungs- und Hinweispflichten des Architekten und Bauingenieurs beim Abschluß von Bauverträgen und bei der Vertragsabwicklung unter besonderer Berücksichtigung einer Vertragsstrafenvereinbarung im Bauvertrag, BauR 1984, 245
Wagner	Forderungssicherungsgesetz und Bauforderungssicherungsgesetz: Folgen für Bauträger und Bauträgerverträge, ZfBR 2009, 312
Wagner	Überlegungen zu §§ 651 S. 1 BGB, 377, 381 Abs. 2 HGB, ZfBR 2010, 627
Wagner	Abrechnung von Nullpositionen im Einheitspreisvertrag, ZfBR 2012, 321
Weyer	Die Privilegierung der VOB/B: Eine – nur vorerst? – entschärfte Zeitbombe, BauR 2002, 857
Weyer	Totgesagte leben länger: Die VOB/B und ihre Privilegierung, BauR 2002, 1894
Weyer	Isolierte Inhaltskontrolle des § 13 Nr. 3 VOB/B: Wirksam, BauR 2009, 1204
Wilhelm/Götze	Bauzeit- und kostenrechtliche Behandlung von außergewöhnlichen Witterungseinflüssen, NZBau 2010, 721
Wolfenberger/Langhain	Die Anwendung von § 11 Nr. 1 VOB/B auf Vollkaufleute, BauR 1982, 20
Zahn	Werkvertragliche Mängelrechte und Umsatzsteuer, BauR 2011, 1401
Zanner/Keller	Das einseitige Anordnungsrecht des Auftraggebers zu Bauzeit und Bauablauf und seine Vergütungsfolgen, NZBau 2004, 353
Zeitler	Abnahme ohne Annahme? Vertragsstrafenvorbehalt der werkvertraglichen Abnahmefiktion, ZfBR 2007, 216
Zerhusen	Die SOBau der ARGE Baurecht im DeutschenAnwaltVerein – praktische Erfahrungen, BauR 2004, 216
Zerhusen	Schlichtungs- und Schiedsordnung für Baustreitigkeiten (SOBau) der ARGE-Baurecht im Deutschen AnwaltVerein, BauR 1998, 849
Zimmermann	Verjährungsbeginn von Rückzahlungsansprüchen der öffentlichen Auftraggeber, BauR 2007, 1798

1 Das Baurecht und die am Bau Beteiligten

Übersicht

	Rdn.
1.1 Einleitung: Die Bedeutung des Baurechts	1
1.2 Öffentliches und privates Baurecht	5
1.2.1 Öffentliches Baurecht	6
1.2.2 Privates Baurecht	10
1.3 Die Baubeteiligten und ihre vertraglichen Rechtsbeziehungen	13
1.4 Der Bauherr oder Auftraggeber	14
1.5 Der Architekt oder Ingenieur als Planverfasser	16
1.6 Der Ingenieur als Sonderfachmann	20
1.7 Der Bauunternehmer	25
1.7.1 Alleinunternehmer/Hauptunternehmer/Subunternehmer	29
1.7.2 Die Arbeitsgemeinschaft – ARGE –	32
1.7.3 Der Generalunternehmer	38
1.7.3.1 Begriff	38
1.7.3.2 Selbstständigkeit der Vertragsbeziehungen	43
1.7.3.3 Vertragliche Anpassung von GU- und Subunternehmervertrag	54
1.7.3.4 Sonderform: Anlagenvertrag	62
1.7.4 Der Generalübernehmer	63
1.7.5 Subunternehmer/Nachunternehmer	67
1.7.6 Der Baustofflieferant und Werklieferungsunternehmer	72
1.7.7 Der Baubetreuer	78
1.7.7.1 Baubetreuer im engeren Sinne	79
1.7.7.2 Der Bauträger	93
1.8 Der Projektsteuerer	112
1.9 Zusammenfassung in Leitsätzen	114

1.1 Einleitung: Die Bedeutung des Baurechts

Für alle an der Planung und Durchführung eines Bauvorhabens Beteiligten gewinnt das Baurecht eine immer größere Bedeutung. Dementsprechend hat sich gerade das private Baurecht und hier vor allem das Bauvertragsrecht im Laufe der letzten Jahre zu einer umfangreichen Spezialmaterie entwickelt, die durch eine enge Verknüpfung von rechtlichen, technischen und wirtschaftlichen Problemen der vielfältigsten Art gekennzeichnet ist. 1

Dies hat zur Folge, dass alle Baubeteiligten sich mit Fragen der Bautechnik und des Baubetriebs, daneben aber auch und immer mehr mit Fragen des Baurechts befassen müssen, um ein Bauvorhaben erfolgreich durchführen zu können. Die erfolgreiche Erstellung eines Bauvorhabens setzt nämlich nicht nur die mangelfreie Erstellung und rechtzeitige Fertigstellung des Bauobjekts in technischer Hinsicht, sondern ebenso die Einhaltung der wirtschaftlichen und kalkulatorischen Vorgaben voraus. Diese letztere Voraussetzung kann meist nur erfüllt werden, wenn die Verträge mit den Baubeteiligten sorgfältig und bei größeren Bauvorhaben auch unter rechtlicher Beratung vorbereitet und abgeschlossen werden. Dabei sind die wechselseitigen Rechte und Pflichten, insbesondere der Umfang der zu erbringenden und damit geschuldeten Bauleistung möglichst eindeutig zu beschreiben. Ebenso bedarf es der präzisen Festlegung der Bauzeit mit der Vereinbarung konkreter Termine. Ferner muss die Höhe und die Berechnung der dem Auftragnehmer jeweils zustehenden Vergütung möglichst genau bestimmt werden. Des Weiteren sind die Gewährleistungsrechte ausgewogen zu regeln. Nicht zuletzt muss der Bauvertrag so eindeutig formuliert sein, dass die Vertragspartner ihre vertraglichen Rechte und Pflichten kennen und einhalten (können).

Aus Vorstehendem wird deutlich, dass die rechtlichen Probleme bei der Durchführung eines Bauvorhabens für alle an einem Bauvorhaben Beteiligten von der Ausschreibung und Kalkulation über den Abschluss des oder der Bauverträge, die Bauausführung mit ihren vielseitigen Rechten und Pflichten und die Bauzeit bis hin zur Bauabnahme, den möglichen Gewährleistungsansprüchen und schließlich zur Bauabrechnung reichen.

2 Eine Vielzahl rechtlicher Probleme ergibt sich schon vor dem eigentlichen Baubeginn bei Abschluss der einzelnen Verträge mit den verschiedenen Baubeteiligten. Dies gilt in ganz besonderem Maße für den Abschluss des oder der Bauverträge mit dem oder den Bauunternehmern. Dabei stellt sich für die Vertragsschließenden zunächst die Frage, ob sie die **VOB Teil B als Vertragsgrundlage** vereinbaren sollen oder nicht. Die Entscheidung dafür oder dagegen setzt voraus, dass man sich über die unterschiedlichen rechtlichen Folgen im Klaren ist. Die Anwendung der VOB wird zwar seitens ihres Herausgebers zunächst nur gegenüber Unternehmen, juristischen Personen des öffentlichen Rechts und öffentlich-rechtlichen Sondervermögen empfohlen. Doch werden sich gerade auch Privatleute bzw. Verbraucher überlegen müssen, ob sie mit der VOB nicht generell besser fahren als mit den Regelungen des BGB. Dasselbe gilt für die Frage, ob man bei der Ausschreibung auf die Vorgaben der VOB Teil A zurückgreifen soll oder sogar muss.

Bei den sodann zu führenden Vertragsverhandlungen bedarf es häufig der Klärung und Festlegung, welche Bauzeit eingehalten werden soll und wie dies sichergestellt werden kann. Auch ist abzustimmen, welche Gewährleistungsfrist gelten soll und wie die beiderseitigen Rechte und Ansprüche abgesichert werden können. Dabei gewährt aber bereits die gesetzliche Regelung des § 648a BGB dem Unternehmer weitgehende Rechte zur Absicherung seines Vergütungsanspruchs. Ein besonderes Augenmerk ist schließlich darauf zu richten, dass die vorgesehenen Vertragsklauseln einer AGB-Inhaltskontrolle standhalten. Allein dazu ist eine umfangreiche, für den Nichtjuristen kaum noch zu übersehende Rechtsprechung zu beachten.

3 Aber auch nach Abschluss des oder der Bauverträge stellen sich für alle Baubeteiligten fortlaufend rechtliche und insbesondere bauvertragsrechtliche Probleme. Deren Erkennen und richtiges Lösen ist unerlässliche Voraussetzung für eine erfolgreiche Durchführung des Bauvorhabens.

Neben dessen mangelfreien und fristgerechten Erstellung kommt es für den Unternehmer außerdem entscheidend darauf an, dass das wirtschaftliche Ergebnis möglichst weitgehend der vorangegangenen Kalkulation entspricht. Diese Hauptziele der Durchführung eines Bauvertrages lassen sich häufig nur verwirklichen, wenn beide Vertragspartner vertrauensvoll zusammenarbeiten und ihre Vertragspflichten kennen und einhalten. Dazu gehören in allen Phasen des Baufortschritts mannigfache **Anzeigepflichten** des bauausführenden Unternehmens und damit häufig des Bauleiters, deren Unterlassung schwerwiegende Folgen haben kann.

▶ Beispiele für solche Anzeigepflichten:
- Der Bauleiter stellt fest, dass Pläne des Architekten nicht rechtzeitig vorliegen, sodass die Einhaltung der Bauzeit gefährdet ist.
- Der Bauherr oder sein Architekt fordert die Ausführung zusätzlicher oder geänderter Leistungen oder diese werden aus technischen Gründen erforderlich.
- Vor der Ausführung der eigenen Bauleistung stellt der Bauleiter fest, dass die Vorleistung eines anderen Unternehmens oder die Planung fehlerhaft ist.

4 Aber auch für den Auftraggeber, den Bauherrn, ergeben sich bei der Durchführung des Bauvertrages Pflichten und Obliegenheiten. Deren Nichteinhaltung oder Verletzung kann zum Verlust von Ansprüchen oder zu Schadensersatzansprüchen des anderen Vertragspartners führen. So obliegen dem Auftraggeber vor allem Pflichten bei der Abnahme und der Geltendmachung von Gewährleistungsansprüchen oder einer beabsichtigten Kündigung des Bauvertrages. Daneben stehen **Mitwirkungspflichten** bei der Erbringung der Bauleistung durch den Unternehmer.

▶ Folgende Beispiele mögen dies verdeutlichen:
- Im Bauvertrag ist eine feste Bauzeit mit Vereinbarung einer Vertragsstrafe vorgesehen. Zur Durchsetzung des Vertragsstrafenanspruchs bedarf es in der Regel einer Mahnung nach Fälligkeit und vor allem des Vorbehalts der Vertragsstrafe bei der Abnahme, da sonst der Anspruch entfällt.

1.2 Öffentliches und privates Baurecht

- Der Auftraggeber schuldet dem Unternehmer als Mitwirkungshandlung die rechtzeitige Übergabe der erforderlichen Pläne. Die Nichtbeachtung dieser Mitwirkungshandlung führt häufig zu erheblichen Bauverzögerungen und zu Mehrkosten des Unternehmers, die dieser dem Auftraggeber unter bestimmten Voraussetzungen anlasten kann.
- Der Auftraggeber stellt Mängel an der Bauleistung eines Unternehmers fest und lässt diese ohne vorherige Mängelrüge mit Fristsetzung zur Beseitigung der Mängel durch einen anderen Unternehmer beheben. In diesen Fällen wird er nur noch in Ausnahmefällen die Kosten von dem Erstunternehmer erstattet bekommen.

Schon diese wenigen Beispiele zeigen die große Bedeutung des Baurechts für die Baubeteiligten. Denn Versäumnisse bei Vertragsabschluss oder während der Bauausführung können allzu häufig später nicht mehr nachgeholt werden.

1.2 Öffentliches und privates Baurecht

Ebenso wie sich das Recht als Ganzes in das Privatrecht auf der einen Seite und das öffentliche Recht auf der anderen Seite aufteilt, so gliedert sich das Baurecht in das öffentliche und das private Baurecht. Öffentliches Recht und Privatrecht unterscheiden sich dabei vor allem nach ihrem Zweck und ihren Durchsetzungsmitteln wesentlich voneinander. Im Privatrecht dienen die gesetzlichen und vertraglichen Bestimmungen der Verwirklichung privater Interessen, im öffentlichen Recht der Verwirklichung und Durchsetzung öffentlicher Interessen. Das typische Durchsetzungsmittel im Privatrecht ist der zivile Rechtsstreit zweier Parteien, also der Zivilprozess vor den ordentlichen Gerichten, oder aber ein vereinbartes Schiedsgerichtsverfahren. Das typische Durchsetzungsmittel des öffentlichen Rechts sind Anordnungen und Verwaltungsakte von Behörden und unmittelbarer Zwang, gegen die sich der Betroffene im Verwaltungsprozess vor den Verwaltungsgerichten wehren kann. Diese aufgezeigten Unterschiede gelten in gleicher Weise für das private und das öffentliche Baurecht.

1.2.1 Öffentliches Baurecht

Dem öffentlichen Baurecht als Teilbereich des öffentlichen Rechts und hier vor allem des öffentlichen Verwaltungsrechts gehören insbesondere **alle Rechtsvorschriften an, die die Zulässigkeit von baulichen Anlagen, ihre Errichtung, Nutzung, Änderung, Beseitigung und ihre notwendige Beschaffenheit sowie die Ordnung, Förderung und Grenzen der baulichen Nutzung des Bodens** betreffen. Danach sind dem öffentlichen Baurecht zuzuordnen: Das Planungsrecht, das Bodenordnungsrecht und das Bauordnungsrecht. Diese Bereiche des öffentlichen Baurechts sind vor allem geregelt im Baugesetzbuch und in der Baunutzungsverordnung, in den Bauordnungen der Länder, in den verschiedenen Straßengesetzen, in der Gewerbeordnung, in den Immissionsschutzgesetzen usw.

Gegenstand des öffentlichen Planungsrechts ist die überörtliche Planung, die Raumordnung, die örtliche Planung oder auch Bauleitplanung, die im Baugesetzbuch (BauGB) geregelt sind. Dazu gehören vor allem die Aufstellung von Flächennutzungs- und Bebauungsplänen.

Daneben von Bedeutung sind das Raumordnungsgesetz (ROG) und das Bodenordnungsrecht, das insbesondere das Baunutzungsrecht, geregelt in der Baunutzungsverordnung (Bau NVO), umfasst. Schließlich spielt das Bauordnungsrecht für die Durchführung eines Bauvorhabens eine entscheidende Rolle; es findet seinen Niederschlag in den – teilweise unterschiedlichen – Landesbauordnungen der einzelnen Länder und regelt die Beschaffenheit von Bauwerken mit dem Ziel, Gefahren für die Allgemeinheit und die Nachbarn abzuwenden und Verunstaltungen zu vermeiden.

Die verschiedenen Stufen des öffentlichen Baurechts lassen sich am besten zeigen, wenn man die Erfordernisse für die **Erteilung einer Baugenehmigung** untersucht (soweit eine solche nach heutigem Recht noch erforderlich ist); denn die Baugenehmigung muss alle diese Stufen durchlaufen. Ausgangspunkt ist dabei der sich aus dem Grundgesetz (Art. 2 und 14 GG) ergebende Grundsatz der Baufreiheit, d. h.: Zunächst kann jeder bauen, wo, was und wie er will. Diese Baufreiheit wird jedoch durch das öffentliche Baurecht in vielfacher Weise eingeschränkt.

> **Beispiel**
>
> Ein Gewerbebetrieb (Fabrikation von Baumaterialien) beabsichtigt eine Betriebsverlagerung oder Neugründung. Er hat dafür einen bestimmten Standort ins Auge gefasst und bereits ein Grundstück erworben oder angeboten erhalten.

Die Erteilung der Baugenehmigung und damit die Frage der Bebaubarkeit und Bebauungsart hängt jetzt davon ab, ob dem Bauvorhaben irgendwelche öffentlichen Baubeschränkungen entgegenstehen. Deshalb bedarf es der Klärung,
- ob das Grundstück nach dem **Flächennutzungsplan** als Baugebiet vorgesehen ist und nicht etwa als Gemeinbedarfsfläche, Verkehrsfläche, als Fläche für Versorgungs- oder Entsorgungsanlagen, als Grünfläche, Fläche für Land- oder Forstwirtschaft usw.,
- ob die geplante Bebauung des Grundstücks dem **Bebauungsplan**, der Art und Maß der baulichen Nutzung, die Bauweise, die Mindestgröße der Baugrundstücke, die Höhenlage der Gebäude, die Flächen für Stellplätze und Garagen u. a. m. festlegt, entspricht,
- ob die **Erschließung**, verkehrsmäßige Anbindung usw. gesichert ist,
- ob sich eventuelle Beschränkungen aus dem besonderen Städtebaurecht (BauGB) ergeben, z. B. aus Gründen städtebaulicher Sanierungs- und Entwicklungsmaßnahmen,
- ob sich Beschränkungen aus der **Baunutzungsverordnung** ergeben,
- ob nach der Landesbauordnung des jeweiligen Landes eine **Baugenehmigung erforderlich** ist oder nur eine Anzeigepflicht besteht,
- welche Bestimmungen für das konkrete Bauvorhaben über die bauliche Ausnutzung des Grundstücks, die einzuhaltenden Fluchtlinien und Bauwerks- bzw. Grenzabstände und die Gestaltung der baulichen Anlagen zu beachten sind.

8 Zur Klärung dieser grundsätzlichen Fragen des Bauvorhabens, insbesondere von dessen generellen Genehmigungsfähigkeit, kann der Bauherr vor Einreichung des eigentlichen Bauantrages eine sogenannte **Bauvoranfrage** durch einen Architekten ausarbeiten lassen und bei dem zuständigen Bauordnungsamt einreichen, auf die er einen schriftlichen Vorbescheid erhält. Dadurch gewinnt er eine verlässliche Grundlage für seine weiteren Planungen.

Alle diese Punkte fallen in den Bereich des öffentlichen Baurechts, das gekennzeichnet ist von einem Über- bzw. Unterordnungsverhältnis zwischen dem Träger staatlicher oder hoheitlicher Gewalt und dem einzelnen Bürger.

Die sich daraus ergebenden Rechtsstreitigkeiten werden vor den Verwaltungsgerichten ausgetragen.

9 Dem öffentlichen Recht zuzuordnen sind ebenfalls das **Baustrafrecht** und das **Bauordnungswidrigkeitenrecht**. Bei der Durchführung eines Bauvorhabens können Straftaten und Ordnungswidrigkeiten der verschiedensten Art begangen werden, die ggf. von der Staatsanwaltschaft bei den ordentlichen Gerichten angeklagt werden.

> **Beispiele**
> - Ein Bauunternehmer verstößt gegen die Straßenverkehrsordnung, wonach Straßenbaustellen entsprechend den Anordnungen der zuständigen Behörden abzusperren und zu kennzeichnen sind. Hierin liegt eine Ordnungswidrigkeit.
> - Kommt es infolge dieses Verstoßes zu einem Unfall mit Körperverletzung oder sogar zum Tod eines Passanten, so ist obendrein der Straftatbestand der fahrlässigen Körperverletzung oder gar der fahrlässigen Tötung erfüllt.
> - Beginnt der Bauunternehmer mit einem Bauvorhaben ohne eine erforderliche Baugenehmigung oder verstößt die Baumaßnahme gegen die allgemein anerkannten Regeln der Technik und kommt es dadurch zu einer Gefährdung Dritter, so liegt eine Bauordnungswidrigkeit vor, die mit einer Geldbuße geahndet wird.

All diese Fälle führen auf der einen Seite zu einem Straf- oder Bußgeldverfahren, in dem der öffentliche Strafanspruch durchgesetzt werden soll (öffentliches Recht). Sie begründen auf der anderen

Seite Schadenersatzansprüche des Geschädigten, die dieser gegen den verantwortlichen Schädiger, hier also den Bauunternehmer, verfolgen kann und notfalls im Rahmen eines Zivilprozesses durchsetzen muss (Privatrecht).

1.2.2 Privates Baurecht

Das Privatrecht wird vor allem vom bürgerlichen Recht (BGB) beherrscht; ferner gehören hierzu das Handels- und Gesellschaftsrecht, das Wirtschafts-, das Arbeits- und das Wettbewerbsrecht. Ein eigenes Bauvertragsgesetz wird zwar immer wieder diskutiert (s. dazu etwa die Diskussionen anlässlich 3. Baugerichtstags 2010, BauR 2010, 1287 ff. sowie beim 4. Baugerichtstag 2012, dort Arbeitskreis I), gibt es jedoch bis heute nicht. Stattdessen muss man die gesetzlichen Grundlagen für das private Baurecht in anderen gesetzlichen Regelungen suchen, und zwar vor allem:

- **Bürgerliches Gesetzbuch (BGB)**
  Die wesentlichen gesetzlichen Grundlagen des privaten Baurechts finden sich im BGB: Von Interesse ist zunächst dessen Allgemeiner Teil, nach dem sich das Zustandekommen von Bauverträgen richtet. Dieser Teil bleibt auch bei der öffentlichen Vergabe von Bauleistungen anwendbar. Daneben stehen die Regelungen des allgemeinen Schuldrechts: Sie gewinnen insbesondere Bedeutung bei geltend zu machenden Schadensersarsansprüchen sowie im Fall des Verzugs einer Vertragspartei, sei es mit der Zahlung, sei es mit der Bauleistung. Hinzu kommen die Vorschriften der AGB-Kontrolle in den §§ 305 ff. BGB (ehemals **AGB-Gesetz**). Deren Bedeutung ist nicht zu unterschätzen. Denn diverse Bauverträge werden auf der Grundlage von Mustern abgeschlossen. Daher bedarf es bei fast jeder baurechtlichen Prüfung eines Rückgriffs auf diese Normen. Schließlich sind im Besonderen Schuldrecht die Vorschriften des Werkvertragsrechts der §§ 631 ff. BGB zu beachten. Sie bilden mit den jeweils in Bezug genommenen Vorschriften des allgemeinen Schuldrechts die eigentliche Grundlage des Deutschen Bauvertragsrechts, soweit sie nicht durch vertragliche Vereinbarungen (z. B. durch die VOB) abbedungen sind.
- **Handelsgesetzbuch (HGB)**
  Auf der Auftragnehmerseite sind im privaten Baurecht heute fast ausschließlich Kaufleute beteiligt. Folglich haben sie die für sie geltenden Besonderheiten des HGB zu berücksichtigen. Dies gilt sowohl für den Abschluss eines Bauvertrages als auch für sonstige Sonderregelungen (Formerleichterungen u. a.). Ist – wie im Baurecht ebenfalls nicht selten – auch der Auftraggeber ein Kaufmann, gelten zusätzlich die weiteren handelsrechtlichen Sondervorschriften vor allem zu den Handelsgeschäften.
- **Makler- und Bauträgerverordnung (MaBV)**
  Als ein Spezialgebiet des privaten Baurechts hat sich das Bauträgerrecht etabliert. Hierauf wird zurückzukommen sein. Rechtliche Grundlage des Bauträgerrechts ist neben den Vorschriften des BGB (Werkvertragsrecht) und der Gewerbeordnung die im öffentlichen Recht angesiedelte Makler- und Bauträgerverordnung.
- **Wohnungseigentumsgesetz (WEG)**
  Im engen Zusammenhang mit dem Bauträgerrecht hat im privaten Bauvertragsrecht das Wohnungseigentumsrecht an Bedeutung gewonnen: Dies beruht darauf, dass insbesondere größere Vorhaben bereits vor ihrer Errichtung in Wohnungs- oder Teileigentum nach dem WEG umgewandelt werden, das sodann mit der Errichtung des Bauwerkes entsteht.
- **Gesetz über die Sicherung der Bauforderungen (BauFordSiG)**
  Eine Sonderstellung im zivilen Bauvertragsrecht nimmt das sogenannte Bauforderungssicherungsgesetz (BauFordSiG, ehemals GSB) ein. In Kraft getreten 1909 sollte es eine Grundlage für die Sicherung von Bauforderungen für Auftragnehmer bilden. Lange Zeit führte es ein Schattendasein. Erst im Jahr 2009 mit einer erheblichen Erweiterung seines Anwendungsbereiches hat es nachhaltig an Bedeutung gewonnen. Konkret stellt es Anforderungen an den Umgang mit sog. Baugeld auf. Hierzu zählen auf Darlehensbasis gewährte und hypothekarisch gesicherte Gelder zur Bestreitung des Bauvorhabens sowie ganz allgemein Vergütungszahlungen unter Beteiligung von Subunternehmern. Ein Verstoß dagegen ist strafbar und kann zugleich zu Schadensersatzpflichten führen.

- **Honorarordnung für Architekten und Ingenieure (HOAI)**
  Die HOAI regelt entsprechend ihrem Ermächtigungsgesetz vom 04.11.1971 (Art. 10 des Gesetzes zur Verbesserung des Mietrechts und zur Begrenzung des Mietanstiegs sowie zur Regelung von Ingenieur- und Architektenleistungen) das Honorar für Architekten und Ingenieure. Sowohl die HOAI als auch die Praxis gehen hierüber weit hinaus. Der HOAI lassen sich nämlich zahlreiche ergänzende Hinweise und Regelungen zu dem Rechtsverhältnis zwischen Bauherrn und Architekten bzw. Sonderfachleuten entnehmen.
- **Europäische Richtlinien**
  Bereits seit Längerem wird das private Bauvertragsrecht einschließlich der Phase bis zum Abschluss des Bauvertrages (Bauvergabe) durch Europäische Richtlinien bestimmt. Zu nennen sind hier vor allem die frühere Baukoordinierungs-, Lieferkoordinierungs- sowie Dienstleistungsrichtlinie. Daneben stehen vor allem heute die Vergabekoordinierungs- und Sektorenrichtlinie. Hierauf wird im jeweiligen Zusammenhang zurückzukommen sein.

12 Das **private Baurecht** regelt die Rechtsbeziehungen der an der Planung und Durchführung eines Bauvorhabens Beteiligten, also des Bauherrn zum Bauunternehmer oder zum Architekten usw. Hierzu gehören aber auch die Rechtsbeziehungen der am Bau Beteiligten zu Dritten, wie zum Beispiel zum Nachbarn nach den Nachbarrechtsgesetzen der Länder oder anderen vom Baugeschehen Betroffenen (Verkehrssicherungspflicht) und schließlich den Haftungsausgleich zwischen mehreren Verantwortlichen.

Streitigkeiten aus dem privaten Baurecht, also vor allem aus den Vertragsbeziehungen mehrerer Baubeteiligter, werden vor den **ordentlichen Gerichten** (Amtsgericht, Landgericht, Oberlandesgericht, Bundesgerichtshof) ausgetragen, evtl. aber auch vor vereinbarten privaten Schiedsgerichten.

1.3 Die Baubeteiligten und ihre vertraglichen Rechtsbeziehungen

13 Bei einer Abhandlung über das Bauvertragsrecht sind vor allem die vertraglichen Beziehungen der mit einem Bau befassten Personen und Unternehmen näher zu beleuchten. Wenn dabei auch das Schwergewicht auf dem eigentlichen Bauvertrag, also dem Vertrag zwischen Bauunternehmer auf der einen und Auftraggeber oder Bauherrn auf der anderen Seite liegt, so erschöpft sich doch darin nicht das Bauvertragsrecht. Denn an einem Bauvorhaben sind in aller Regel außer dem Bauunternehmer und dem Bauherrn noch erheblich mehr Personen beteiligt, wie sich aus nachfolgendem Schaubild ergibt:

1.5 Der Architekt oder Ingenieur als Planverfasser

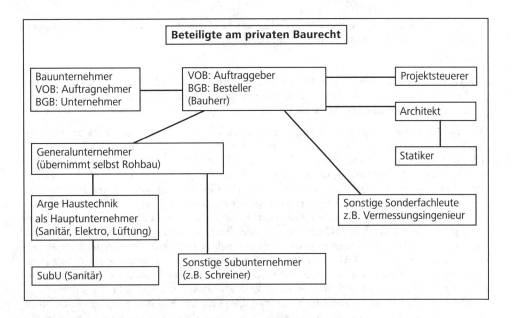

1.4 Der Bauherr oder Auftraggeber

Der Begriff des »Bauherrn« findet in den gesetzlichen Bestimmungen des privaten Baurechts keine Verwendung; auch die VOB kennt den Begriff des »Bauherrn« nicht. Stattdessen wird dort lediglich vom **Besteller (BGB)** bzw. **Auftraggeber (VOB)** gesprochen. Der Begriff des **Bauherrn**, der umgangssprachlich allerdings im gesamten Baurecht verwendet wird, stammt **allein aus dem öffentlichen Baurecht**, hier vor allem aus den jeweiligen Landesbauordnungen der Länder sowie dem Makler- und Bauträgerrecht (vgl. auch § 34c GewO). Definiert wird der Bauherr in den Landesbauordnungen einheitlich als derjenige, der auf seine Verantwortung eine bauliche Anlage vorbereitet, ausführt, ausführen oder vorbereiten lässt. Entscheidend wird also auf das **Bauherrenrisiko** abgestellt. Dieses ist auch ausschlaggebend für die Abgrenzung des Bauherrn im Steuerrecht, für den teilweise Steuervergünstigungen gewährt werden. Voraussetzung ist, dass dieser auf eigene Rechnung und Gefahr ein Gebäude errichtet oder errichten lässt.

Für das private Baurecht gilt als Grundsatz, dass der Bauherr Herr des gesamten Baugeschehens ist und das Bauvorhaben entweder selbst oder durch Dritte im eigenen Namen für eigene oder fremde Rechnung durchführt (BGH, Urt. v. 26.01.1978 – VII ZR 50/77, BauR 1978, 220, 221 = NJW 1978, 1054 f.).

Meist ist der Bauherr mit dem Grundstückseigentümer identisch; das muss aber nicht sein. Dabei ist jedoch zu beachten, dass der Grundstückseigentümer mit der Errichtung des Gebäudes auch dessen Eigentümer wird (§ 946 BGB). Denn eine Aufspaltung zwischen Eigentum am Grund und Boden und Eigentum an darauf errichteten Bauwerken ist dem bundesdeutschen Recht fremd.

Da der Bauherr das finanzielle Risiko trägt und das Bauwerk seinen Zielvorstellungen entsprechen soll, hat er weitgehende Rechte und Weisungsbefugnisse gegenüber allen anderen Baubeteiligten; er ist die **Schlüsselfigur des gesamten Baugeschehens** und die entscheidende Anlaufstelle für alle Baubeteiligten.

1.5 Der Architekt oder Ingenieur als Planverfasser

Die Landesbauordnungen schreiben vor, dass der Bauherr zur Vorbereitung, Überwachung und Ausführung eines genehmigungspflichtigen Bauvorhabens einen Entwurfsverfasser zu bestellen hat. Hierbei handelt es sich in der Regel um Architekten und ggf. Ingenieure. Denn nur diese sind zur

Erstellung von Bauvorlagen in einem öffentlichrechtlichen Genehmigungsverfahren befugt. Genehmigungspflichtig sind zumeist allerdings nur sog. Sonderbauten.

▶ **Beispiel**

Zu den sog. Sonderbauten zählen (insoweit auch in Anlehnung an die Musterbauordnung) etwa Hochhäuser, bauliche Anlagen ab einer bestimmten Höhe (zumeist ab 30 m) oder einer bestimmter Brutto-Grundfläche (mit mehr als 1.600 m²) oder größere Büro- und Verwaltungsgebäude.

Doch auch außerhalb der genehmigungspflichtigen Bauvorhaben kann auf die Tätigkeit von Architekten und Ingenieuren nicht verzichtet werden. Denn neben den verfahrensfreien Maßnahmen, wie z. B. kleine Carports, Terrassenüberdachungen u. a. gibt es sog. von einer Baugenehmigung »freigestellte Bauvorhaben«. Hierzu gehören – soweit kein genehmigungspflichtiger Sonderbau vorliegt – vor allem übliche Wohngebäude im Geltungsbereich eines Bebauungsplans unter der Voraussetzung, dass deren Erschließung gesichert ist. Das hier einzuhaltende Verfahren ist regelmäßig in der Weise ausgestaltet, dass ein vorlageberechtigter Entwurfsverfasser die Planunterlagen einschließlich geprüfter Standsicherheitsnachweise u. a. bei der Baugenehmigungsbehörde einzureichen hat. Diese kann dann binnen Monatsfrist erklären, ob ein (ggf. vereinfachtes) Baugenehmigungsverfahren durchgeführt werden soll. Unterbleibt diese Mitteilung, kann das Bauvorhaben ohne Baugenehmigung realisiert werden. Gerade aufgrund der danach also notwendigerweise erforderlichen Einschaltung eines Bauvorlageberechtigten ist somit die Beauftragung eines Architekten und demzufolge der Abschluss eines Planervertrages auch hier unumgänglich. Der Architekt wiederum hat – ob genehmigungspflichtig oder von einer Baugenehmigung freigestellt – dafür zu sorgen, dass die für die Ausführung notwendigen Detailzeichnungen, Einzelberechnungen und Anweisungen geliefert werden und dem genehmigten Entwurf und den öffentlichrechtlichen Vorschriften entsprechen.

Damit ist die Tätigkeit des Architekten aber bei Weitem nicht erschöpfend erfasst. Zu seinen Aufgaben gehören nämlich ebenso die Planung, die Bauleitung und/oder eine weitgehende Beratung des Bauherrn. Nicht zuletzt aus diesem umfassenden Tätigkeitsfeld heraus folgt in der Praxis zugleich die häufige Bezeichnung des Architekten als Treuhänder oder **Sachverwalter des Bauherrn**, die auch der Bundesgerichtshof verwendet (BGH, Urt. v. 23.11.1972 – VII ZR 197/71, BGHZ 60, 1, 3 = NJW 1973, 237; BGH, Urt. v. 16.03.1978 – VII ZR 145/76, BGHZ 71, 144, 149 = BauR 1978, 235, 237 = NJW 1978, 1311, 1313). Grundlage der Zusammenarbeit zwischen Bauherrn und Architekt ist der Architektenvertrag, der meist verschiedene Leistungsbereiche umfasst. So kann es im Einzelfall bei einer skizzenhaften Darstellung des Bauvorhabens oder bei einem Vorentwurf bleiben, um z. B. eine **Bauvoranfrage** einzureichen, mit der die grundsätzliche Genehmigungsfähigkeit des Bauvorhabens abgeklärt wird. Es kann aber auch eine Vorplanung (Projekt- und Planungsvorbereitung), eine Entwurfs- und eine Genehmigungsplanung in Auftrag gegeben werden. Des Weiteren können die Ausführungsplanung, die Vorbereitung und Mitwirkung bei der Vergabe der Aufträge an den oder die ausführenden Bauunternehmer und schließlich bei einem umfassenden Architektenvertrag, also bei **Beauftragung mit der Vollarchitektur**, die Objektüberwachung und Objektbetreuung hinzukommen (vgl. dazu im Einzelnen § 33 HOAI i. V. m. Anlage 11 und die einschlägige Kommentarliteratur, z. B. Locher/Koeble/Frik, zu § 33 HOAI und Korbion/Mantscheff/Vygen, zu § 15 HOAI a. F.).

17 Obwohl ein Architekt zugleich diverse Dienstleistungen erbringt, handelt es sich bei diesem Vertragsverhältnis nach der ganz herrschenden Meinung um einen **Werkvertrag** (BGH, Urt. v. 26.11.1959 – VII ZR 120/58, BGHZ 31, 224, 227 = NJW 1960, 431). Es ist auf einen Erfolg ausgerichtet, nämlich die Herstellung eines Bauwerks. Aus diesem Grund ist der Architektenvertrag auch dann Werkvertrag, wenn er zwar nicht Vorentwurf, Entwurf und Bauvorlagen, jedoch die sonstigen Architektenleistungen umfasst (BGH, Urt. v. 07.03.1974 – VII ZR 217/72, BGHZ 62, 204, 206 f.). Ist nun einem Architekten, z. B. bei Großbauprojekten, nur die Oberleitung und die örtliche Bauaufsicht oder nach der HOAI nur die Objektüberwachung, Objektbetreuung und Dokumentation übertragen worden, so ist seine Tätigkeit selbst in diesem Fall auf einen Erfolg, also ein Werk, und nicht auf eine bloße Tätigkeit ausgerichtet. Folglich ist auch dieser **Architektenvertrag als Werkvertrag** zu be-

1.6 Der Ingenieur als Sonderfachmann

handeln (BGH, Urt. v. 22.10.1981, VII ZR 310/79, BGHZ 82, 100, 105 f. = BauR 1982, 79, 81 = ZfBR 1982, 15, 16 f.).

Der Architektenvertrag kann **mündlich oder schriftlich abgeschlossen** werden, soweit nicht etwa spezial-gesetzliche Regelungen davon Abweichendes vorsehen (so vor allem bei der öffentlichen Hand in den Gemeindeordnungen u. a.). In den meisten Fällen immerhin werden schriftliche Formularverträge zwischen Bauherrn und Architekten anzutreffen sein, und zwar vielfach in Form des sogenannten **Einheitsarchitektenvertrages**, verbunden mit den AVA, den Allgemeinen Vertragsbedingungen zum Architektenvertrag. Zwar wurde dieses Vertragsmuster zwischenzeitlich von der Bundesarchitektenkammer wegen möglicher Kollisionen mit dagegen stehenden Regelungen des BGB zurückgezogen; gleichwohl besitzt es nach wie vor eine hohe Verkehrsgeltung. 18

Losgelöst davon gilt, dass bei einem mündlichen Vertragsabschluss dem Architekten als Honorar immer nur das Mindesthonorar zusteht (§ 7 Abs. 6 HOAI). Daher sollte besonders der Architekt darauf achten, den Vertrag bereits bei Vertragsabschluss schriftlich niederzulegen und unterschreiben zu lassen; zumindest sollte aber die Honorarvereinbarung schriftlich festgehalten und beiderseits unterzeichnet sein (vgl. dazu im Einzelnen: Korbion/Mantscheff/Vygen, § 4 Rn. 1 ff zu dem vergleichbaren § 4 HOAI a. F.). Ein späterer schriftlicher Vertrag nach einer zuvor erfolgten mündlichen Auftragserteilung kann die vorstehend beschriebene Rechtsfolge mit der Beschränkung auf das Mindesthonorar nicht mehr vermeiden (BGH, Urt. v. 06.05.1999 – VII ZR 379/97, BauR 1999, 1045, 1046 = NJW-RR 1999, 1107, 1108); ebenso wenig genügt eine spätere einseitige schriftliche Auftragsbestätigung (BGH, Urt. v. 24.11.1988 – VII ZR 313/87, BauR 1989, 222, 223 f. = NJW-RR 1989, 786, 787). 19

▶ **Beispiel (nach BGH, Urt. v. 06.05.1999 – VII ZR 379/97, a. a. O.)**

Der Auftraggeber beauftragt am 1. Januar 2010 den Architekten mündlich mit diversen Architektenleistungen zu einem Pauschalpreis, der über den Mindestsätzen liegt. Kurze Zeit danach wird ein schriftlicher Vertrag geschlossen. Später will der Auftraggeber nur die nach der HOAI vorgesehenen Mindestsätze zahlen. Zu Recht! Denn nach § 7 Abs. 6 HOAI kann vom Architekten ein höheres Honorar nur gefordert werden, wenn es bei Vertragsschluss schriftlich vereinbart wurde. Hierfür genügt eine nachträgliche schriftliche Auftragsbestätigung nicht.

1.6 Der Ingenieur als Sonderfachmann

Zur erfolgreichen Durchführung eines Bauvorhabens bedarf es häufig, insbesondere bei größeren Bauprojekten, neben der Tätigkeit eines Architekten der Hinzuziehung von Sonderfachleuten oder Ingenieuren. Typische Tätigkeitsgebiete sind etwa die Statik oder Tragwerksplanung, die Vermessung, die Bodenuntersuchung, die Heizungsanlage, die Lüftungs- und Klimatechnik, die Akustik usw. Die Einschaltung eines Sonderfachmannes bei der Planung oder Ausführung eines Bauvorhabens kann rechtlich auf zwei verschiedenen Wegen erfolgen: 20

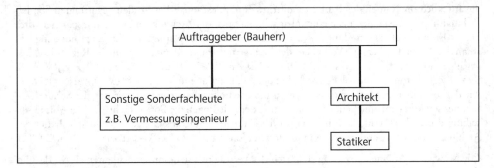

21 • Entweder wird der Vertrag mit dem Fachingenieur unmittelbar durch den Bauherrn geschlossen. Dies hat zur Folge, dass der **Fachingenieur allein Vertragspartner des Bauherrn** ist. Er steht insoweit gleichrangig neben dem Architekten. In diesem Fall haftet bei Mängeln jeder der beiden Planer. Der Statiker ist demgegenüber kein Erfüllungsgehilfe des Bauherrn. Daher muss sich Letzterer dessen Fehler nicht haftungsmindernd bei einem gleichzeitigen Architektenverschulden zurechnen lassen (BGH, Urt. v. 04.07.2002 – VII ZR 66/01, BauR 2002, 1719, 1720 = NJW-RR 2002, 1531).

> ▶ Beispiel 1 (nach BGH, Urt. v. 04.07.2002 – VII ZR 66/01, a. a. O.)
>
> Ein unmittelbar vom Bauherrn beauftragter Statiker erstellt für ein Hallendach eine statische Berechnung mit dem Ausweis maximal möglicher Lasten. Diese Berechnung ist falsch. Unabhängig davon berechnet auch der Architekt ausgehend von dieser falschen Vorberechnung eine falsche Deckenstärke. Es kommt zu Schäden. Hier haften beide Fachplaner für jeweils ihre eigenen Fehler, ohne dass etwa der Anspruch des Bauherrn gegen den Architekten wegen der falschen Berechnungen des Statikers zu kürzen wäre.
>
> ▶ Beispiel 2 (nach BGH, Urt. v. 10.07.2003 – VII ZR 329/02, BauR 2003, 1918 = NJW-RR 2003, 1454)
>
> Ein Bodengutachter erstellt ein Baugrundgutachten und verkennt die Bodenverhältnisse. Gesonderte Abdichtungsarbeiten werden nicht ausgeschrieben. Der Architekt prüft pflichtwidrig diese Ausschreibung nicht. Es kommt zu einem Wassereinbruch. Fachplaner und Architekt haften gegenüber dem Bauherrn in vollem Umfang; eine Kürzung findet weder bei der Haftung des Architekten noch der des Sonderfachmannes statt. Denn weder der eine noch der andere ist Erfüllungsgehilfe in dem jeweils anderen Vertrag zwischen Bauherrn und Fachplaner oder Architekten.

• Oder **dem Architekten** wird vom Bauherrn die **gesamte Planungsleistung übertragen**, sodass der Architekt dem Bauherrn auch die Leistungen der Sonderfachleute schuldet. In diesem Fall ist es Sache des Architekten, die Sonderfachleute zu beauftragen, und zwar im eigenen Namen und für eigene Rechnung. Der Architekt bedient sich dann der Fachingenieure zur Erfüllung seiner eigenen Verpflichtungen gegenüber dem Bauherrn. Folglich ist der Sonderfachmann gleichzeitig **Erfüllungsgehilfe des Architekten**, sodass Letzterer im Verhältnis zum Bauherrn für dessen Fehler einzustehen hat (BGH, Urt. v. 20.01.1972 – VII ZR 148/70, BGHZ 58, 85, 93 = BauR 1972, 182, 184 f. = NJW 1972, 625, 627).

22 Wird der Sonderfachmann vom Architekten beauftragt, ist wegen der vorstehend beschriebenen unterschiedlichen Gestaltungsmöglichkeit regelmäßig zu prüfen, ob der Architekt den Auftrag an den Sonderfachmann im eigenen Namen erteilt oder den Vertrag in Vertretung des Bauherrn für diesen als dessen Bevollmächtigter abgeschlossen hat (§ 164 BGB). Im letzteren Fall werden Vertragspartner nur der Bauherr und der Fachingenieur. Dabei ist allerdings erforderlich, dass der Architekt **ausdrücklich im Namen des Bauherrn** auftritt. Zumindest muss dies für den beauftragten Sonderfachmann den Umständen nach erkennbar sein, da sonst der Architekt selbst Vertragspartner wird. Ferner ist eine Auftragserteilung an den Sonderfachmann im Namen des Bauherrn nur möglich, wenn der Architekt über eine **Vollmacht des Bauherrn** verfügt. Hiervon kann in der Regel nicht ausgegangen werden (BGH, Urt. v. 10.11.1977 – VII ZR 252/75, BauR 1978, 139, 140 = NJW 1978, 995). Liegt allerdings eine solche vor, haftet der Architekt allenfalls für ein Auswahlverschulden sowie darüber hinausgehend bei einer auch für ihn erkennbar mangelhaften Leistung des Sonderfachmannes sowie bei unzureichender Koordination der Leistungen der Sonderfachleute. Bei Auftragserteilung durch den Architekten im Namen des Bauherrn ohne ausreichende Vollmacht haftet der Architekt selbst dem Sonderfachmann für dessen Honorar (§ 179 BGB – s. dazu auch Rdn. 207 ff.).

23 Ebenso wie der Architektenvertrag stellt sich der **Vertrag mit den Sonderfachleuten als Werk-** und nicht als Dienstvertrag dar. Dies gilt insbesondere für den Vertrag mit dem Statiker (BGH, Urt. v. 18.09.1967 – VII ZR 88/65, BGHZ 48, 257, 258 = NJW 1967, 2259), dem Vermessungsinge-

nieur (BGH, Urt. v. 09.03.1972 – VII ZR 202/70, BGHZ 58, 225 = BauR 1972, 255, 256 = NJW 1972, 901, 902) oder Geologen (BGH, Urt. v. 26.10.1978 – VII ZR 249/77, BGHZ 72, 257, 259 f. = BauR 1979, 76 f. = NJW 1979, 214, 215).

Bei der Vergütung der Sonderfachleute ist zu unterscheiden, ob deren Tätigkeit wie die der Architekten unter das Preisrecht der HOAI fällt – oder nach der HOAI nur eine sog. Beratungsleistung vorliegt. Dann gelten die strengen Vorgaben der HOAI nicht. Zu Letzteren zählen Leistungen

- zur Umweltverträglichkeitsstudie
- für die Thermische Bauphysik
- für Schallschutz und Raumakustik
- für Bodenmechanik, Erd- und Grundbau sowie
- Vermessungstechnische Leistungen.

Für diese Leistungen enthält die HOAI nur noch unverbindliche Empfehlungen zur Höhe des Honorars (vgl. § 3 Abs. 3 HOAI i. V. m. Anl. 1); losgelöst davon unterliegen sie der freien Preisvereinbarung. Eine solche muss anders als bei den HOAI-Leistungen weder bei Vertragsschluss noch schriftlich getroffen werden. Etwas anderes gilt hingegen bei den weiterhin der HOAI unterfallenden Ingenieurleistungen zur Tragwerksplanung (§§ 48 ff.) und Technischen Ausrüstung (§§ 51 ff.). Hierzu zählen unter anderem die Gewerke Abwasser, Wasser und Gasanlagen, RLT, Starkstrom oder Wärmeversorgung (vgl. § 51 Abs. 2 HOAI). Zu diesen Ingenieurleistungen gelten sämtliche Beschränkungen, wie schon zuvor zum Architektenvertrag erläutert (Rdn. 18 f.). Eine freie Preisvereinbarung ist demnach dazu in der Regel nur innerhalb der geltenden Mindest- und Höchstsätze sowie unmittelbar bei Auftragserteilung in schriftlicher Form möglich.

▶ **Praxishinweis**

Zu beachten ist, dass die in der HOAI geregelten Leistungen zur Tragwerksplanung nicht zu verwechseln sind mit der Tätigkeit der amtlichen Prüfingenieure. Diese prüfen im Auftrag der Bauaufsichtsbehörde anhand der eingereichten Pläne die Standsicherheit von Gebäuden. Deren Vergütung richtet sich allein nach den dazu erlassenen Prüfungsverordnungen der Länder.

1.7 Der Bauunternehmer

Nach fertiggestellter Planung einschließlich der Ausführungsplanung folgt in der Regel die Erstellung der Leistungsverzeichnisse (§ 33 Nr. 6 HOAI i. V. m. Anl. 11). Es schließt sich die Ausschreibung der Bauleistungen an, die auf den Abschluss des oder der Bauverträge gerichtet ist. Dabei beauftragt der Bauherr oder, wenn dies im Einzelfall durch eine entsprechende Vollmacht gedeckt ist, der Architekt in dessen Namen den oder die Bauunternehmer mit der Ausführung der einzelnen Bauleistungen.

Der Bauunternehmer wird im Werkvertragsrecht des BGB **als Unternehmer**, in der Vergabe- und Vertragsordnung für Bauleistungen **(VOB) als Auftragnehmer** bezeichnet; beide Begriffe sind gleichzusetzen.

Nach den Regelungen in den einzelnen Bauordnungen der Länder darf mit der Bauausführung eines genehmigungspflichtigen Bauvorhabens nur ein Unternehmer beauftragt werden, der die erforderliche Sachkenntnis und Erfahrung besitzt. Davon geht auch die VOB/A aus. Sie bestimmt in § 2 Abs. 1, dass Bauleistungen (nur) an fachkundige, leistungsfähige und zuverlässige Bewerber zu angemessenen Preisen zu vergeben sind.

Der Bauvertrag zwischen dem Bauherrn und dem Bauunternehmer kann als **BGB-Werkvertrag** abgeschlossen werden; er unterliegt dann den Vorschriften der §§ 631 ff. BGB. Dies ist immer der Fall, wenn keine besonderen Vereinbarungen getroffen werden. Es kommt aber auch ein **VOB-Vertrag** in Betracht, wenn die VOB/B, die gleichzeitig als DIN 1961 bezeichnet wird, ausdrücklich zum Vertragsinhalt gemacht wird. Die **VOB/B ist allerdings kein Gesetz** und keine Verordnung, sondern ein spezielles Vertragswerk, das letztlich den Rechtscharakter von Allgemeinen Geschäftsbedingungen aufweist. Folglich bedarf es stets **ihrer besonderen Vereinbarung** bei Vertragsabschluss, wie sich insbesondere aus § 305 Abs. 2 BGB ersehen lässt (s. auch Rdn. 426 ff.).

Durch den Bauvertrag werden ausschließlich die Vertragspartner, also der Bauherr/Besteller und der Bauunternehmer, Träger von Rechten und Pflichten; der **Architekt** tritt durch den Abschluss des Bauvertrages in **keine vertraglichen Beziehungen zum Bauunternehmer**. Dies gilt selbst dann, wenn er aufgrund einer bestehenden Vollmacht den Bauvertrag mit dem Bauunternehmer im Namen des Bauherrn abgeschlossen hat.

27 In der Regel sind an einem Bauvorhaben nicht nur ein, sondern mehrere oder gar eine Vielzahl von Bauunternehmern oder Handwerkern tätig. Der »eigentliche Bauunternehmer« führt meist den Rohbau aus, während für die verschiedenen anderen Gewerke gesonderte Fachfirmen eingesetzt werden, wie z. B. Zimmerer, Dachdecker, Schreiner, Installateure, Elektriker etc. Alle diese an der Ausführung des Bauvorhabens beteiligten Unternehmer oder Handwerker fallen unter den Begriff des Unternehmers im Sinne des BGB-Werkvertragsrechts oder des Auftragnehmers im Sinne der VOB/B.

28 Werden hiernach Aufträge vergeben, sieht § 5 Abs. 2 VOB/A vor, dass Bauleistungen in der Regel nach Fachgebieten getrennt zu vergeben sind. Allerdings können aus wirtschaftlichen oder technischen Gründen Fachlose zusammengefasst werden. Hier gibt es die verschiedensten Varianten, mit denen ein Auftragnehmer beauftragt werden kann. Man spricht in diesem Zusammenhang häufig auch von den sog. **Unternehmereinsatzformen**. Vorstellbar ist danach z. B. die Beauftragung einer Einzelleistung (z. B. Sanitärleistungen) an einen Einzelunternehmer. Selbstverständlich können auch verschiedene Gewerke (z. B. die gesamte Haustechnik mit Heizung, Sanitär, Klimatechnik, Elektro u. a.) einem so bezeichneten Hauptunternehmer übertragen werden. Dabei steht es diesem dann wieder frei, seinerseits Subunternehmer mit Teilleistungen zu binden. Weitere Sonderformen sind die Generalunternehmer und Generalübernehmer. Schließen sich mehrere Unternehmen zur Durchführung eines Bauvertrages zusammen, spricht man von Arbeitsgemeinschaften. Daneben gibt es schließlich noch die Baubetreuer und Bauträger.

▶ **Unternehmereinsatzformen im Überblick**
- Alleinunternehmer
- Hauptunternehmer
- Subunternehmer
- Arbeitsgemeinschaft (ARGE)
- Generalunternehmer
- Generalübernehmer
- Baustofflieferant/Werklieferungsunternehmer
- Baubetreuer
- Bauträger
- Projektsteuerer

1.7.1 Alleinunternehmer/Hauptunternehmer/Subunternehmer

29 Grundform der Auftragsvergabe ist in Anlehnung an § 5 Abs. 2 Satz 2 VOB/A die Einzelvergabe, das heißt: Bauleistungen verschiedener Gewerke sollen grundsätzlich an mehrere Fachunternehmer vergeben werden. Hält sich der Bauherr daran, schließt er mit verschiedenen Auftragnehmern Einzelverträge. Es kommt zu dem Einsatz diverser **Alleinunternehmer**.

30 Wie sich bereits aus § 5 Abs. 2 Satz 2 VOB/A ergibt, können insbesondere aus wirtschaftlichen oder technischen Gründen Fachlose zusammengefasst werden. Werden diese zusammengefassten Fachlose an einen Auftragnehmer vergeben, spricht man auf Auftragnehmerseite von einem **Hauptunternehmer**. Dieser erbringt zumeist eines der an ihn vergebenen Gewerke selbst; weitere vergibt er an Sub-/Nachunternehmer.

1.7 Der Bauunternehmer

> **Beispiel**
>
> Der Bauherr beauftragt eine größere Baufirma mit den Rohbauarbeiten einschließlich Haustechnik. Hier ist es etwa denkbar, dass der so beauftragte Hauptunternehmer die Rohbauarbeiten selbst ausführt und für die Haustechnik (Elektro, Heizung u. a.) Subunternehmer einsetzt. Vertragsbeziehungen unterhält der Bauherr in diesem Fall nur mit dem Hauptunternehmer, nicht mit den einzelnen Subunternehmern.

Die Einschaltung von Hauptunternehmern hat für den Bauherrn den Vorteil, dass er es nur mit einer begrenzten Zahl von Vertragspartnern zu tun hat, die ihm für die Ausführung der ihnen übertragenen Bauleistung insgesamt einzustehen haben. Mit den jeweiligen Subunternehmern steht der Bauherr in keinem Vertragsverhältnis. Diese sind lediglich Erfüllungsgehilfen des Hauptunternehmers, für deren mangelhafte Leistung der Hauptunternehmer haftet. Diese Haftung ist vor allem dann mit Risiken behaftet, wenn der Hauptunternehmer – allerdings von ihm ausgewählte – Unternehmer in Spezialgebieten einsetzt, die der Hauptunternehmer selbst nicht beherrscht.

Gerade bei diesen Vertragsgestaltungen zeigt sich, dass die von der VOB/B verwandten Begriffe des Auftraggebers und Auftragnehmers allgemeingültiger verwendbar sind. Denn nach den Begriffen des BGB-Werkvertragsrechts ist jetzt im Rahmen des Nachunternehmervertrages der Hauptunternehmer nicht mehr Unternehmer, sondern Besteller, und der Subunternehmer ist Unternehmer. 31

1.7.2 Die Arbeitsgemeinschaft – ARGE –

Bei größeren Bauvorhaben, wie z. B. einem U-Bahn-Bau, großen Straßenbauvorhaben, Brückenbauten, Krankenhaus- oder Flughafenbau, reicht häufig die Kapazität oder das fachliche Können eines Bauunternehmers nicht aus, das Bauvorhaben überhaupt oder aber in angemessener Zeit allein ausführen zu können. Oft genügen auch die vorhandenen Geräte eines Unternehmers nicht oder Spezialaufgaben erfordern die Hinzuziehung eines weiteren Unternehmers. Schließlich sprechen in vielen Fällen wirtschaftliche Gesichtspunkte, insbesondere die Risikoverteilung bei Großbauprojekten oder die Einbindung eines ortsansässigen Unternehmers, für eine Beteiligung mehrerer an der Durchführung eines Bauvorhabens. Dies gilt in besonderem Maße auch für Bauvorhaben im Ausland (z. B. im Anlagenbau). 32

Dies alles hat in einer steigenden Zahl von Fällen dazu geführt, dass sogenannte **Arbeitsgemeinschaften** – abgekürzt »ARGE« – auftreten und mit der Ausführung des Bauvorhabens als ARGE beauftragt werden. Dabei bezeichnet man Arbeitsgemeinschaften in der Bewerbungsphase üblicherweise als **Bietergemeinschaften**.

Nach herkömmlicher Auffassung handelt es sich bei einer Arbeitsgemeinschaft gerichtet auf ein Einzelvorhaben (»Einzel-ARGE«) um eine **Gesellschaft bürgerlichen Rechts**; demgegenüber werden sog. Dauer-Arbeitsgemeinschaften, die sich fest verbunden zur Errichtung verschiedener Vorhaben zusammenschließen, in der Regel als **offene Handelsgesellschaften** im Sinne des § 105 HGB eingeordnet. Allerdings wird diese Abgrenzung heute in dieser Form nicht mehr einheitlich so vertreten. Zwar bleibt es zunächst bei der gemeinsamen Grundlage: Denn in jedem Fall geht es bei einer ARGE um den Zusammenschluss von Unternehmen auf vertraglicher Grundlage mit dem Ziel, einen bestimmten oder mehrere Bauaufträge abzuwickeln. Hierin liegt auch der für die Annahme einer Gesellschaft notwendigerweise zu prüfende gemeinsame Zweck, der in seiner Verbundenheit über die Einzelinteressen der ARGE-Mitglieder hinausgeht. Entscheidend für die rechtliche Qualifizierung der ARGE ist sodann aber die Frage, ob die ARGE als gesellschaftlicher Verbund ein Handelsgewerbe betreibt. Ist dies der Fall, wäre auch die Einzel-ARGE zwingend eine OHG (vgl. § 105 Abs. 1 HGB). Andernfalls wäre es eine gewöhnliche BGB-Gesellschaft. Ob die **ARGE ein Handelsgewerbe betreibt**, beantwortet sich wiederum nach § 1 Abs. 2 HGB. Danach kommt es nur darauf an, ob die ARGE ein Gewerbe betreibt, das nach Art oder Umfang eines in kaufmännischer Weise eingerichteten Geschäftsbetriebs bedarf. Richtigerweise kann daran zumindest bei Großbauvorhaben kein Zweifel bestehen. Allein der Umfang des abzuwickelnden Bauvorhabens, die Gewinner- 33 zielungsabsicht, die Dauerhaftigkeit der Tätigkeit (beginnend vom Zuschlag bis zum Ablauf der Gewährleistung liegt vielfach ein Zeitraum von deutlich über zehn Jahren), die Vielzahl der zu schließenden Verträge und die Professionalität in der kaufmännischen Führung belegen den dafür notwendig einzurichtenden kaufmännischen Geschäftsbetrieb, der in der Praxis auch regelmäßig vorgehalten wird. Daher dürfte es sich zumindest bei diesen auf Großbauvorhaben gerichteten Arbeitsgemeinschaften –obwohl dies bisher nicht höchstrichterlich entschieden ist – richtigerweise um offene Handelsgesellschaften handeln, nicht um BGB-Gesellschaften (vgl. in diesem Sinne auch OLG Dresden, Urt. v. 20.11.2001 – 2 U 1928/01, BauR 2002, 1414, 1415 = NJW-RR 2003, 257; Joussen BauR 1999, 1063; sehr kritisch K. Schmidt DB 2003, 703 – streitig).

34 Neben der Unterscheidung zwischen Einzel- und Dauer-ARGE gibt es noch weitere Unterarten einer ARGE:

35 • Unterschieden wird zum einen zwischen einer vertikalen und horizontalen ARGE: Bei einer **vertikalen ARGE** schließen sich mehrere Unternehmen verschiedener Fachrichtungen zu einer Arbeitsgemeinschaft zusammen, so z. B. ein Sanitär- und Elektrounternehmen zu einer Arbeitsgemeinschaft Haustechnik. Bei einer **horizontalen ARGE** kommt es zu einem Zusammenschluss von Bauunternehmen der gleichen Fachrichtung (z. B. mehrere Tiefbauunternehmer).

Horizontale Arge	**Vertikale Arge**
Kennzeichen: Zusammenschluss von Unternehmern für die Erbringung gleichstufiger Gewerke	Kennzeichen: Zusammenschluss von Unternehmern für die Erbringungen nach- bzw. vorgelagerter Gewerke
z.B. als ARGE Haustechnik (Sanitär, Elektro, Lüftung)	z.B. im Schlüsselfertigbau - Tiefbauer - Rohbauunternehmen - Haustechnik u.a.

• Insbesondere im vertikalen Bereich hat sich die sogenannte »**Dach-ARGE**« etabliert. Bestehend aus den verschiedenen Auftragnehmern übernimmt sie zwar wie sonst auch den Gesamtauftrag gegenüber dem Bauherrn. Sie zerlegt diesen sodann aber in Fachlose und vergibt sie an ihre **ARGE-Mitglieder als Subunternehmer** auf der Grundlage des geschlossenen ARGE-Gesellschaftsvertrages. Der Vorteil der Dach-ARGE gegenüber einer gewöhnlichen vertikalen ARGE besteht vor allem darin, dass einem Verursacher von Werkmängeln die Verantwortung dafür intern besser zugeschieden werden kann. Demgegenüber bestehen insbesondere bei einer gewöhnlichen vertikalen ARGE immer wieder Schwierigkeiten des Innenausgleiches, soweit Mängel auftreten und die damit verbundenen Fragen nicht hinreichend geregelt wurden. Anschaulich zeigt sich dies etwa an der Vorschrift des § 708 BGB. Danach hat ein Gesellschafter im Innenverhältnis zunächst nur für diejenige Sorgfalt einzustehen, die er sonst auch in eigenen Dingen anzuwenden pflegt.

1.7 Der Bauunternehmer

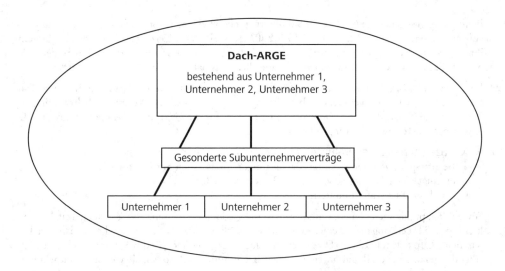

Es ist heute unstreitig, dass nach außen tretende BGB-Gesellschaften eine eigene (Teil-)**Rechtsfähigkeit** zukommt, d. h.: Auch eine **ARGE** in Form einer BGB-Gesellschaft kann – neben ihren einzelnen Gesellschaftern – **Träger von Rechten und Pflichten** sein (BGH, Urt. v. 29.01.2001 – II ZR 331/00, BGHZ 146, 341, 342 f. = BauR 2001, 775, 776 = NJW 2001, 1056). In diesem Rahmen wird sie im Zivilprozess als aktiv und passiv parteifähig anerkannt, kann also klagen und verklagt werden. Gleichzeitig ist unstreitig, dass Arbeitsgemeinschaften insolvenzfähig sind (vgl. § 11 Abs. 2 Nr. InsO). Aufgrund der anerkannten Rechtsfähigkeit der BGB-Gesellschaft kommt wie im Übrigen bei einer offenen Handelsgesellschaft bei der Beauftragung rechtlich gesehen nur **ein Bauvertrag zwischen Bauherrn und ARGE** zustande. Schon hiernach wird verständlich, warum § 6 Abs. 1 Nr. 2 VOB/A Arbeitsgemeinschaften (in der Vergabe spricht man wie schon erläutert richtigerweise von Bietergemeinschaften) bei einer Ausschreibung zu Recht einem Einzelbewerber gleichsetzt (s. dazu auch unten Rdn. 238).

Neben der Stellung der ARGE im Rechtsverkehr als eigener Rechtsträger steht die **persönliche Haftung der ARGE-Mitglieder** gegenüber dem Bauherrn. Diese richtet sich im **Außenverhältnis** nach § 128 HGB. Dabei wird diese Vorschrift analog angewandt, soweit es sich bei der ARGE um eine BGB-Gesellschaft handelt (BGH, Urt. v. 29.01.2001 – II ZR 331/00, BGHZ 146, 341, 358 = BauR 2001, 775, 782 = NJW 2001, 1056, 1061). Das bedeutet, dass die einzelnen ARGE-Mitglieder gesamtschuldnerisch für die Erbringung der gesamten Bauleistung einzustehen haben unabhängig davon, ob eine Einzel-, Dach- oder Dauer-ARGE vorliegt. Für die Verteilung einer ggf. sich anschließenden Haftung im **Innenverhältnis** gelten die internen Regelungen des ARGE-Vertrages. Hier wird vielfach auf den »Muster-ARGE-Vertrag« von 2005 des Hauptverbandes der Deutschen Bauindustrie zurückgegriffen (vgl. dazu Burchardt/Pfülb, Kommentar zum ARGE- und Dach-ARGE-Vertrag, 4. Aufl. 2006).

1.7.3 Der Generalunternehmer

1.7.3.1 Begriff

Neben dem Bauunternehmer und der Arbeitsgemeinschaft ist als weitere Unternehmereinsatzform der Generalunternehmer zu nennen. Er findet trotz seiner Verbreitung insbesondere bei Großbauvorhaben weder im BGB-Werkvertragsrecht noch in der VOB seinen Niederschlag. Begrifflich handelt es sich bei dem Generalunternehmer um einen Bauunternehmer, der in seinem Bauvertrag mit dem Bauherrn oder Auftraggeber die **Erstellung des gesamten Bauwerks** übernommen, also sämtliche Bauleistungen zu erbringen hat. Davon führt er einen Teil selbst aus, während er mit den übrigen

Bauleistungen sogenannte Nach- oder Subunternehmer im eigenen Namen für eigene Rechnung beauftragt (BGH, Urt. v. 13.12.1973 – VII ZR 200/71, BauR 1974, 134). Letztere werden dadurch in ihrem jeweiligen vertraglichen Leistungsbereich Auftragnehmer des Generalunternehmers, der insoweit in die Auftraggeberstellung einrückt, ohne allerdings damit selbst »Bauherr« zu werden.

39 Im Unterschied zum Hauptunternehmer übernimmt der Generalunternehmer nicht nur einen Teil der zu dem Bauvorhaben gehörenden Bauleistungen, sondern in seinem Vertragsverhältnis mit dem **Bauherrn die Gesamtleistung**. Demzufolge ist er auch für die Gesamtbauleistung verantwortlich, also insbesondere gewährleistungspflichtig.

40 ▶ **Kennzeichen des Generalunternehmers**
- Beauftragung mit der gesamten Bauleistung, teilweise auch mit Planungsleistung
- erbringt einen Teil der gewerblichen Bauleistung selbst
- vergibt den Rest an Subunternehmer

41 Sowohl Haupt- als auch Generalunternehmern ist es jedoch gemeinsam, dass sie einen Teil der Bauleistungen selbst erbringen und einen anderen Teil durch Nach- oder Subunternehmer ausführen lassen. Beide haften dem Bauherrn bzw. ihrem Auftraggeber gegenüber für die vertragsgerechte Ausführung der gesamten, von ihnen übernommenen Bauleistung, auch soweit sie von Subunternehmern ausgeführt wird.

42 Neben dieser Grundform übernimmt der Generalunternehmer heute vielfach noch über die eigentlichen Bauleistungen hinaus **Planungsleistungen** sowie die Aufgaben der Sonderfachleute und manchmal sogar die Grundstücksbeschaffung und die Finanzierung (so genanntes **schlüsselfertiges Bauen**). In diesem Fall spricht man teilweise vom sogenannten **Totalunternehmer**.

1.7.3.2 Selbstständigkeit der Vertragsbeziehungen

43 Der Generalunternehmer ist im Verhältnis zum Bauherrn Auftragnehmer der Gesamtbauleistung. Hier wird ein gewöhnlicher Bauvertrag geschlossen (s. zu der Möglichkeit, in diesem Verhältnis die VOB/B zu vereinbaren, unten Rdn. 454). Der Vorteil für den Bauherrn liegt bei der Einschaltung eines Generalunternehmers darin, dass er es nur mit einem Bauunternehmer zu tun hat, der ihm wie erläutert allein für die vertragsgerechte, d. h. mangelfreie und termingerechte Ausführung haftet. Die vom Generalunternehmer beauftragten Subunternehmer sind lediglich seine Erfüllungsgehilfen, für deren mangelhafte oder verspätete Leistung er ebenso wie der Hauptunternehmer einzustehen hat. Demzufolge bestehen für den Bauherrn **keine Abgrenzungsschwierigkeiten** hinsichtlich der Verursachung eines Mangels oder einer Bauverzögerung. Vertragsbeziehungen zwischen dem Bauherrn und den Subunternehmern kommen bei dieser Vertragsgestaltung durch die Einschaltung eines Generalunternehmers nicht zustande. Denn es liegt ein Werkvertrag zwischen dem Bauherrn und dem Generalunternehmer und jeweils ein weiterer Werkvertrag zwischen dem Generalunternehmer und den einzelnen Subunternehmern vor. **Beide Verträge sind rechtlich selbstständig** und haben allenfalls faktisch, nicht aber rechtlich etwas miteinander zu tun. Dies wirkt sich u. a. wie folgt aus (s. dazu im Einzelnen Joussen/Vygen, Subunternehmervertrag, Rn. 29):

44 • Der Subunternehmer hat gegenüber dem Generalunternehmer als seinem Auftraggeber einen **Anspruch auf Abnahme**, wenn »seine« Leistung fertig ist. Auf eine Gesamtfertigstellung der Arbeiten kommt es demgegenüber in diesem Verhältnis nicht an (BGH, Urt. v. 17.11.1994 – VII ZR 245/93, BauR 1995, 234, 236 = NJW 1995, 526, 527; s. allerdings zu wenigen Ausnahmen dazu Joussen/Vygen, Subunternehmervertrag, Rn. 423).

45 • Kommt es zu **Leistungsstörungen** in dem einen oder anderen Vertrag, sind diese rechtlich unabhängig von dem Schicksal des anderen abzuwickeln. Dies gilt sowohl für **Mängel** als auch für die **Zahlung der Vergütung**, d. h.: Der Generalunternehmer kann sich zumindest in der Regel nicht damit entlasten, dass es in dem jeweils anderen Vertragsverhältnis zu einer vergleichbaren Leistungsstörung gekommen ist, sodass ihn selbst daran kein Verschulden treffe.

1.7 Der Bauunternehmer

▶ **Beispiel:**

Der Bauherr zahlt dem Generalunternehmer für eine fertige Leistung keine Vergütung. Hiervon bleibt die gleichwohl bestehende uneingeschränkte Zahlungspflicht des Generalunternehmers gegenüber dem Subunternehmer unberührt. Eine Regelung etwa in Allgemeinen Geschäftsbedingungen, die die Fälligkeit der Subunternehmervergütung von dem Zahlungseingang des Bauherrn beim Generalunternehmer abhängig machen wollte, hätte nach § 307 BGB unwirksam.

- Der Subunternehmer kann auch seinen Vergütungsanspruch nur gegen den Generalunternehmer geltend machen. Ausnahmsweise kann der Subunternehmer einen **unmittelbaren Vergütungsanspruch** für seine Leistung gegenüber dem Bauherrn erlangen, wenn dieser hinsichtlich der Bezahlung eine **Garantieverpflichtung** eingegangen ist oder eine Schuldmitübernahme bzw. ein Schuldbeitritt vorliegt (Joussen/Vygen, Subunternehmervertrag, Rn. 464). 46

▶ **Beispiel (nach BGH, Urt. v. 22.02.1962 – VII ZR 262/60, Schäfer/Finnern, Z 2.300 Bl. 22):**

Die Zahlungen des Generalunternehmers bleiben aus. Der Subunternehmer kündigt an, nicht weiterbauen zu wollen. Nunmehr erklärt der Bauherr, er werde in jedem Fall, gegebenenfalls aus seinem Vermögen, für die Bezahlung der Leistung des Subunternehmers sorgen. In einem solchen Fall nimmt die Rechtsprechung einen Schuldbeitritt an mit der Verpflichtung des Bauherrn, auch unmittelbar für die Vergütung des Bauunternehmers einzustehen.

Allerdings ist der Schuldbeitritt von einem **Direktauftrag** zu unterscheiden. Nicht selten tritt nämlich der Bauherr in vorgenannten Fällen unmittelbar an den Subunternehmer heran und beauftragt ihn mit der Fertigstellung der Leistung. Erbringt jetzt der Subunternehmer die Bauleistung, handelt es sich dabei – obwohl vom Leistungsbild identisch mit der ursprünglich gegenüber dem Generalunternehmer übernommenen Leistung – nur um eine Erfüllung des zweiten Bauvertrages mit dem Bauherrn. Folglich erhält er dann für diese Leistungen auch nur von dort eine Vergütung, nicht mehr vom Generalunternehmer (BGH, Urt. v. 17.07.2007 – X ZR 31/06, BauR 2007, 2061, 2063 f. = NJW 2007, 3488, 3490 = NZBau 2007, 703, 704). Im Übrigen ist aber bzgl. einer Direktbeauftragung des Bauherrn gegenüber dem Subunternehmer eine eher **zurückhaltende Sichtweise** geboten. Denn in der Regel wird der Bauherr keine eigenständigen Verträge mit Subunternehmern seines Generalunternehmers einzugehen. 47

▶ **Beispiel (nach KG, Urt. v. 11.07.2005 – 8 U 8/05, BauR 2005, 1680)**

Bei einer Baustellenbesichtigung weist der Subunternehmer den Bauherrn darauf hin, dass bestimmte Arbeiten nicht von seinem Auftrag gedeckt sind. Der Bauherr fordert ihn gleichwohl zur Erledigung auf. Hier wird beim Bauherrn schon der Wille fehlen, zu der beauftragten Leistung an den Generalunternehmer noch einen zweiten Vertrag unmittelbar mit dem Subunternehmer zu schließen.

Dasselbe gilt, wenn der Bauherr den Subunternehmer bittet, die Rechnungen der Einfachheit direkt an ihn zu schicken, die er dann teilweise bezahlt und zusätzlich sogar ein Abnahmeprotokoll unterschreibt. All das bedeutet nicht, dass der Bauherr auch selbst für die Forderungen des Subunternehmers einstehen will – was aber für einen Schuldbeitritt Voraussetzung wäre (BGH, Urt. v. 15.4.2004 – VII ZR 212/03, BauR 2004, 1151).

- Für den VOB-Bauvertrag enthält in Bezug auf Direktzahlungen § 16 Abs. 6 VOB/B immerhin eine Sonderregelung. Diese berechtigt (nicht verpflichtet) den Bauherrn, unter Einhaltung der dort geregelten weiteren Voraussetzungen zur Fortsetzung der Baumaßnahme **Zahlungen mit schuldbefreiender Wirkung** gegenüber dem Generalunternehmer als seinem Vertragspartner unmittelbar **an die Nachunternehmer** zu leisten. Große Bedeutung hat diese Regelung in der Praxis nicht: Denn zunächst kommt § 16 Abs. 6 VOB/B nur zum Zuge, wenn die VOB/B als Ganzes vereinbart worden ist, da die Bestimmung des § 16 Abs. 6 VOB/B einer isolierten AGB-Inhalts- 48 kontrolle nicht standhält (BGH, Urt. v. 21.06.1990 – VII ZR 109/89, BGHZ 111, 394, 400 = BauR 1990, 727, 729 = NJW 1990, 2384, 2386 = ZfBR 1990, 272, 274). Darüber hinaus dürften solche Direktzahlungen insolvenzrechtlich problematisch sein (s. dazu ausführlich Rdn. 2662 ff.).

49 • Die Selbstständigkeit der Verträge zeigt sich schließlich daran, dass sich zur **Reduzierung seiner Leistungsverpflichtung** gegenüber dem Subunternehmer der Generalunternehmer nicht darauf berufen kann, dass der Hauptvertrag geendet sei oder sich dessen Leistungsumfang reduziert habe. Eine Klausel etwa, die einem Generalunternehmer für diesen Fall ein außerordentliches Kündigungsrecht einräumt, würde an § 307 BGB scheitern (s. dazu auch BGH, Urt. v. 29.07.2004 – III ZR 293/03, BauR 2004, 1943 = NJW-RR 2004, 1498). Denn tatsächlich würde damit nur der Zweck verfolgt, die ansonsten notwendige freie Kündigung mit der negativen Vergütungsfolge des § 649 BGB auszuschließen (BGH, Urt. v. 26.07.2001 – X ZR 162/99, NZBau 2001, 621, 622). Nichts anderes gilt für eine Klausel in Allgemeinen Geschäftsbedingungen des Auftraggebers, wonach nur die erbrachten Leistungen des Subunternehmers vergütet und weiter gehende Ansprüche ausgeschlossen werden, wenn der Auftraggeber ohne besonderen Grund kündigt (BGH, Urt. v. 12.07.2007 – VII ZR 154/06, BauR 2007, 1724, 1725 = NJW 2007, 3423, 3424; Joussen/Vygen, Subunternehmervertrag, Rn. 354 ff.).

50 Trotz der Selbstständigkeit der Vertragsbeziehungen zwischen Bauherrn und Generalunternehmer kommt es neben § 16 Abs. 6 VOB/B auch von Gesetzes wegen zu vor allem zwei **Durchbrechungen** dieses Grundsatzes:

51 • Die eine Ausnahme betrifft den Vergütungsanspruch des Subunternehmers. Dieser wird grundsätzlich bei Abnahme seiner Leistung fällig (§ 641 Abs. 1 BGB). Abweichend davon wird er nach § 641 Abs. 2 S. 1 BGB spätestens fällig, wenn der Generalunternehmer seinerseits für den Leistungsanteil des Subunternehmers eine Vergütung erhält (sog. **Durchgriffsfälligkeit**). Hier soll sich der Generalunternehmer nicht ungerechtfertigt einen Vorteil dadurch verschaffen, dass er diesen Vergütungsanspruch nicht an den Subunternehmer weiterleitet – wobei die Bedeutung dieser Regelung in der Praxis aber gering ist (s. dazu im Einzelnen Rdn. 2578 ff.).

52 • In engem Zusammenhang mit Mängeln steht eine zweite Ausnahme. Dies soll ein Beispiel verdeutlichen:

> ▶ **Beispiel**
>
> Im Verhältnis Bauherr/Generalunternehmer ist nach der VOB (wirksam) eine vierjährige Gewährleistungsfrist vereinbart, im Verhältnis Generalunternehmer/Subunternehmer eine Frist von fünf Jahren. Knapp fünf Jahre nach Abnahme der Leistungen treten Mängel auf. Der Generalunternehmer will deswegen die schon erhaltene Vergütung nicht an den Subunternehmer weiterleiten. Der Bauherr seinerseits scheitert endgültig mit der Geltendmachung von Mängelrechten wegen Verjährung.

53 In Beispielfällen wie dem vorstehenden ist es dem Generalunternehmer verwehrt, die Vergütung weiter einzubehalten. Zwar betont der Bundesgerichtshof grundsätzlich die Selbstständigkeit der Vertragsbeziehungen Bauherr/Generalunternehmer einerseits und General- und Subunternehmer andererseits. Diese **Selbstständigkeit** werde aber mit dem **Gedanken des Vorteilsausgleichs durchbrochen**, wenn sich die wirtschaftlichen Folgen des Mangels definitiv nicht mehr auswirken können (BGH, Urt. v. 28.09.2007 – VII ZR 81/06, BauR 2007, 1564, 1565 f. = NJW 2007, 2695, 2696 und BGH, Urt. 28.06.2007 – VII ZR 8/06, BauR 2007, 1567, 1568 f. = NJW 2007, 2697, 2698). Das Ergebnis mag in Einzelfällen richtig sein und mit dem Grundsatz von Treu und Glauben (§ 242 BGB) begründet werden; vor einer Allgemeinerung ist aber in jedem Fall zu warnen (s. dazu im Einzelnen Rdn. 1552 ff.).

1.7.3.3 Vertragliche Anpassung von GU- und Subunternehmervertrag

54 Geht es bei Generalunternehmer- und Subunternehmerverträgen um rechtlich selbstständige Vertragsbeziehungen, wird in der Praxis vor allem der Generalunternehmer versuchen, unabhängig davon durch geeignete vertragliche Vereinbarungen beide Vertragsverhältnisse aufeinander abzu-

stimmen (ausführlich Joussen/Vygen, Subunternehmervertrag, Rn. 247 ff.). Unter technischen Gesichtspunkten ist dies zumeist unproblematisch. Hier reicht der Generalunternehmer technische Vorgaben, Leistungsverzeichnisse u. a. ohne Anmerkungen an den Subunternehmer weiter. Bei den vertraglichen Regelungen, insbesondere zur Haftung und Gewährleistung, stößt diese gewünschte Harmonisierung aber auf vielfältige Schwierigkeiten; sie ist in der Praxis zum Teil überhaupt nicht möglich:

- **AGB-/Individualvertrag** 55
  Eines der Haupthindernisse für die Harmonisierung der beiden Verträge ist der Umstand, dass im Verhältnis des Bauherrn zum Generalunternehmer in der Regel ein **Individualvertrag** vorliegt. Demgegenüber handelt es sich bei den Verträgen des Generalunternehmers mit seinen Subunternehmern zumeist um **vorformulierte Verträge**, d. h. um **Allgemeine Geschäftsbedingungen**. Das aber heißt: Unabhängig von der Frage der Geltung der VOB/B (s. Rdn. 454) besteht somit zwischen Bauherrn und Generalunternehmern bis zu den Grenzen der Sittenwidrigkeit (§ 138 BGB) weitgehend Vertragsfreiheit. Demgegenüber müssen die vom Generalunternehmer vorgegebenen Subunternehmerverträge in der Regel einer AGB-Inhaltskontrolle standhalten. Allein deswegen kann es zu ganz erheblichen unterschiedlichen rechtlichen Beurteilungen und Ergebnissen kommen.

  > **Beispiel**
  >
  > Zur Absicherung seiner Rechte verlangt der Bauherr vom Generalunternehmer in dem mit ihm geschlossenen Individualvertrag die Stellung einer Vertragserfüllungs- und Gewährleistungsbürgschaft auf erstes Anfordern, und zwar bezogen auf 5 % der Bauauftragssumme. Eine Austauschmöglichkeit gegen eine andere Art der Sicherheitsleistung (vgl. etwa § 17 Abs. 3 VOB/B) wird im Bauvertrag ausgeschlossen. Der Generalunternehmer gibt die identische Verpflichtung einheitlich an seine Subunternehmer weiter, wobei er insoweit immerhin die Höhe der Bürgschaftssummen nur anteilig auf die ermäßigten Auftragssummen der Subunternehmer bezieht. Hiermit hat der Generalunternehmer gleichwohl keinen Erfolg: Nach der Rechtsprechung können nämlich nur in Individualverträgen Bürgschaften auf erstes Anfordern als einziges Sicherungsmittel vereinbart werden. In Allgemeinen Geschäftsbedingungen hingegen halten darauf gerichtete Klauseln einer Inhaltskontrolle nach § 307 BGB nicht stand (vgl. dazu z. B. grundlegend BGH, Urt. v. 05.06.1997 – VII ZR 324/95, BGHZ 136, 27, 30 f. = BauR 1997, 829, 830 = NJW 1997, 2598, 2599 zur Gewährleistungsbürgschaft sowie BGH, Urt. v. 18.04.2002 – VII ZR 192/01, BGHZ 150, 299, 303 f. = BauR 2002, 1239, 1240 f. = NJW 2002, 2388, 2389 zur Vertragserfüllungsbürgschaft).

- **Angleichung des Abnahmezeitpunktes/der Gewährleistungsfristen** 56
  Die Leistung des Generalunternehmers wird erst nach der Gesamtfertigstellung des von ihm zu errichtenden Bauvorhabens abgenommen. Dies schließt den Leistungsanteil seiner Subunternehmer ein. Diese Leistungen sind jedoch, weil sie in der Regel nur einen kleinen Ausschnitt der Gesamtleistung darstellen, deutlich früher fertig. Also wird ein Subunternehmer zumeist die Abnahme seiner Leistungen zu einem Zeitpunkt verlangen, zu dem der Generalunternehmer mangels Gesamtfertigstellung seinerseits noch keine Abnahme vom Bauherrn für den Leistungsanteil des betroffenen Subunternehmers erhalten wird. Infolgedessen kommt es zu einem **gesplitteten Gewährleistungslauf**. Dies ist aus Sicht des Generalunternehmers umso misslicher in Fällen, in denen er vor der Gesamtfertigstellung vielleicht gar nicht ohne Weiteres beurteilen kann, ob die Leistungen des Subunternehmers funktionstauglich sind.

  > **Beispiel**
  >
  > Der Generalunternehmer beauftragt einen Subunternehmer mit der Verlegung von Heizungsrohren. Die Heizung selbst wird durch einen anderen Subunternehmer mehr als acht Monate später eingebaut. In dem Vertrag mit dem ersten Subunternehmer, der die Rohre verlegt hat, ist vereinbart, dass die Abnahme seiner Leistungen erst mit der Gesamtfertigstellung (Inbetriebnahme der Heizung) erfolgen soll.

57 Beispiele wie Vorstehendes zeigen, dass Generalunternehmer (in der Praxis sogar regelmäßig) versuchen, die Lücken in der Gewährleistung durch entsprechende Vereinbarungen zur Abnahme zu schließen (ausführlich Joussen/Vygen, Subunternehmervertrag, Rn. 126 ff.). Zusammengefasst gilt, dass zumindest in vom Generalunternehmer gestellten Formularverträgen derartige Versuche zumeist scheitern. Die Begründung ist jeweils dieselbe (vgl. auch Rdn. 726 ff.): Ist die Leistung vertragsgemäß hergestellt, hat ein Auftraggeber diese abzunehmen (vgl. § 640 Abs. 1 BGB). Hierbei handelt es sich um eine Hauptpflicht des Auftraggebers, die mangels anderweitiger Angaben im Gesetz mit der Gesamtfertigstellung der Leistungen **sofort fällig** ist. Allenfalls ist in der Rechtsprechung anerkannt, dass gerechnet von dem Abnahmeverlangen auch angemessene Fristen für die Durchführung der Abnahme vorgesehen werden können. So wird etwa die 12-Werktagefrist des § 12 Abs. 1 VOB/B als unproblematisch angesehen. Sie kann insbesondere auch zu einer möglichen Synchronisierung des Subunternehmer- und Hauptauftragsverhältnisses auf der Ebene des Subunternehmervertrages **auf bis zu 24 Arbeitstage verlängert** werden (BGH, Urt. v. 16.12.1982 – VII ZR 92/82, BauR 1983, 161, 164 = NJW 1983, 816, 818). Alle weiter gehenden Regelungen jedoch, die sich deutlicher von der gesetzlichen Pflicht »Abnahme bei im Wesentlichen mangelfreier Fertigstellung« entfernen, sind trotz der an sich anerkennenswerten Interessen des Generalunternehmers unwirksam. Dabei ist die Fallgestaltung einerlei. Denn für die Unwirksamkeit ist aus Sicht des Subunternehmers allein entscheidend, dass er trotz Fertigstellung seiner Leistung letztlich nicht sicher sagen kann, ob und wann (überhaupt) seine Leistung abgenommen wird. Besteht diese Unsicherheit, halten solche Klauseln üblicherweise einer **Wirksamkeitskontrolle nach § 307 BGB nicht stand**.

58 ▶ **Beispiele für unwirksame Abnahmeregelungen**
- Entsprechend dem vorstehenden Beispielsfall wird die Abnahme der Subunternehmerleistung ohne weitere Begrenzung auf den Zeitpunkt der Fertigstellung der Gesamtleistungen des Generalunternehmers hinausgeschoben (BGH, Urt. v. 23.02.1989 – VII ZR 89/87, BGHZ 107, 75, 78 f. = BauR 1989, 322, 324 = NJW 1989, 1602, 1603).
- Der Abnahmetermin kann einseitig vom Bauherrn festgesetzt werden (BGH, Urt. v. 25.01.1996 – VII ZR 233/94, BGHZ 131, 392, 395 = BauR 1996, 378, 379 = NJW 1996, 1346).
- Der Generalunternehmer verpflichtet sich zwar, die Abnahme mit der Fertigstellung der Leistungen des Subunternehmers zu erklären; der Bauvertrag sieht im Übrigen aber vor, dass die Gewährleistungsfrist erst mit der Gesamtabnahme des Bauwerks durch den Bauherrn beginnt. In solchen Fällen ist insbesondere diese Verschiebung des Gewährleistungsbeginns nach § 307 BGB unwirksam (OLG Düsseldorf, Urt. v. 07.06.1994 – 21 U 90/92, BauR 1995, 111 f.).

59 Scheitert die einseitige Hinausschiebung des Abnahmezeitpunktes bzw. der Gewährleistungsfrist an § 307 BGB, ist damit nicht gesagt, dass der Generalunternehmer sein Ziel eines Gleichlaufs der Gewährleistungsfristen im Subunternehmer- und Generalunternehmerverhältnis überhaupt nicht erreichen kann. Unzulässig ist zunächst nur das Hinausschieben des Abnahmezeitpunktes mit der Folge, dass dieser aus Sicht des Subunternehmers trotz Fertigstellung seiner Leistungen nicht sicher bestimmt werden kann. Richtiger Anknüpfungspunkt ist stattdessen vorrangig eine **Verlängerung der Gewährleistungsfrist**, die dann aber mit der nach Fertigstellung zu erklärenden Abnahme beginnen muss. Zwar ist auch eine weiträumige Verlängerung der Gewährleistungsfristen in Allgemeinen Geschäftsbedingungen des Generalunternehmers über die gesetzlich normierten fünf Jahre hinaus nach § 307 BGB unwirksam. Zugelassen werden Verlängerungen hingegen, wenn es um besonders kritische und mangelanfällige Gewerke geht, so etwa bei der Errichtung von Flachdächern. Hier ist ohne Weiteres eine Verlängerung auf bis zu zehn Jahre denkbar (BGH, Urt. v. 09.05.1996 – VII ZR 259/94, BGHZ 132, 383, 387 f. = BauR 1996, 707, 708 f. = NJW 1996, 2155, 2156).

1.7 Der Bauunternehmer

▶ **Beispiel**

Der Bauherr beauftragt einen Generalunternehmer mit der Herstellung mehrerer Flachdachhäuser. Es gilt die gesetzliche Gewährleistungsfrist von fünf Jahren. Der Generalunternehmer seinerseits vergibt die Herstellung der Flachdächer an einen Dachdecker; in dem Subunternehmerverhältnis vereinbart er eine Gewährleistung von zehn Jahren. Nach Fertigstellung der Flachdächer wird die Subunternehmerleistung am 1.4.1997 abgenommen, während die Abnahme der Generalunternehmerleistung durch den Bauherrn erst am 1.12.2000 erfolgt. Im Oktober 2004 zeigen sich Durchfeuchtungsschäden an den Flachdächern. Der Bauherr nimmt den Generalunternehmer und dieser wiederum den Flachdachunternehmer in Anspruch. Bisher ist kein Anspruch verjährt, da die Rechtsprechung eine zehnjährige Gewährleistungsfrist bei der Errichtung von Flachdächern als wirksam anerkennt (BGH, Urt. v. 09.05.1996 – VII ZR 259/94, BGHZ 132, 383, 387 f. = BauR 1996, 707, 708 f. = NJW 1996, 2155, 2156). Hätte demgegenüber der Generalunternehmer mit dem Dachdecker nur eine fünfjährige Gewährleistungsfrist vereinbart verbunden mit der weiteren Klausel, dass dessen Dachdeckerleistungen erst mit der Abnahme der GU-Leistungen durch den Bauherrn abgenommen werden, wäre die damit verbundene Klausel unwirksam gewesen. Folglich hätte der Subunternehmer (Dachdecker) trotz dieser Klausel zum 1.4.1997 die Abnahme seiner Leistungen verlangen können. Etwaige Ansprüche des Generalunternehmers gegen den Subunternehmer wären demzufolge im Oktober 2004 verjährt gewesen.

- **Auswirkungen bei Bauverzögerungen/Vertragsstrafen** 60
Zu einer weiteren Wechselwirkung zwischen den Vertragsverhältnissen Bauherr/Generalunternehmer und Generalunternehmer/Subunternehmer kann es bei Bauverzögerungen kommen, wenn es um die Folgen einer verwirkten Vertragsstrafe geht. Hier gilt zunächst der in der Rechtsprechung entwickelte Grundsatz, dass eine Regelung dazu in Allgemeinen Geschäftsbedingungen des Auftraggebers u. a. nur dann wirksam ist, wenn für die Summe aller verwirkten Vertragsstrafen eine Obergrenze von 5 % auf die Auftragssumme vereinbart ist (vgl. dazu im Einzelnen Rdn. 572 ff., 719 ff.). Die Obergrenze kann im Verhältnis General-/Subunternehmer aber Probleme aufwerfen.

▶ **Beispiel**

Der Bauherr beauftragt den Generalunternehmer mit der Errichtung eines Seniorenstifts. Das Auftragsvolumen beläuft sich auf 8 Mio. €. Zur Absicherung der Vertragstermine sieht der Bauvertrag eine Vertragsstrafe vor, die auf 5 % der Auftragssumme (400 000,– €) beschränkt wird. Der Generalunternehmer vergibt die Gründungsarbeiten für 500.000,– € an ein Tiefbauunternehmen. Auch in diesem Verhältnis wird eine Vertragsstrafe mit entsprechenden Fristen vorgesehen, wiederum beschränkt der Höhe nach auf 5 % (25 000,– €). Wegen schuldhafter Verzögerungen kann das Tiefbauunternehmen zunächst seinen eigenen Termin gegenüber dem Generalunternehmer und infolgedessen der Generalunternehmer seinen Termin nicht gegenüber dem Bauherrn einhalten. Der Bauherr zieht berechtigterweise in voller Höhe die Vertragsstrafe von 400 000,– €. Der Generalunternehmer seinerseits macht gegen den Subunternehmer die Vertragsstrafe von 25 000,– € geltend. Darüber hinausgehend verlangt er Schadensersatz wegen der in seinem Verhältnis zum Bauherrn weiter gehend verwirkten Vertragsstrafe von 375 000,– €.

Diese weiter gehenden Schadensersatzansprüche bestehen, soweit der Generalunternehmer den 61
Subunternehmer den Subunternehmer zuvor auf dieses erhöhte Risiko hingewiesen hatte und tatsächlich eine Rechtspflicht zur Begleichung der Vertragsstrafe bestand (s. dazu im Einzelnen unten Rdn. 1843 ff.).

1.7.3.4 Sonderform: Anlagenvertrag

62 Eine Sonderform des Generalunternehmervertrages stellt der sogenannte Anlagenvertrag dar. Bei diesem übernimmt der Auftragnehmer nicht nur Bauleistungen, sondern neben der Planung des gesamten Bauwerks und dessen Erstellung auch die **Beschaffung der erforderlichen speziellen Einrichtung und Ausstattung des Bauwerks**.

▶ **Beispiel**

Der Auftragnehmer übernimmt einen Auftrag zur Lieferung eines kompletten Atomreaktors oder zur Erstellung eines schlüsselfertigen und betriebsbereiten Krankenhauses.

Bei derartigen Anlagenverträgen schuldet der Auftragnehmer also nicht nur ein gebrauchsfertiges, sondern auch ein **betriebsbereites Bauwerk**. Folglich handelt es sich dabei tatsächlich um ein Bündel verschiedener Vertragstypen, bestehend aus Werk-, Werklieferungs-, Geschäftsbesorgungs- und u. U. auch Kaufvertrag (vgl. dazu im Einzelnen: Joussen, Der Anlagenvertrag).

1.7.4 Der Generalübernehmer

63 Der Generalübernehmer unterscheidet sich vom Generalunternehmer in erster Linie dadurch, dass er **selbst überhaupt keine Bauleistungen** erbringt. In der Baustellenorganisation ist er daher in der Regel eher dem **Lager des Bauherrn** zuzuordnen; er übernimmt im Verhältnis zu den Auftragnehmern – also insbesondere den Bauunternehmern – die Rolle des Auftraggebers, ohne allerdings dadurch selbst Bauherr zu werden.

64 Der Generalübernehmer ist meist als Koordinator des Baugeschehens tätig. Oft führt er darüber hinaus auch die Planungsleistungen in eigener Regie aus oder lässt diese durch Dritte in seinem Namen erbringen. Außerdem deckt er gegenüber dem Bauherrn das gesamte Management ab. Mit dieser Aufgabenstellung ist der Generalübernehmer gleichwohl (nur) **Auftragnehmer des Bauherrn und haftet diesem nach Werkvertragsrecht**. Durch die Zwischenschaltung eines Generalübernehmers scheiden werkvertragliche Beziehungen zwischen dem Bauherrn und den die Bauleistungen ausführenden Bauunternehmern gänzlich aus; beide haben vertragliche Beziehungen nur mit dem Generalübernehmer. Daher ist dieser sowohl dem Bauherrn als auch den ausführenden Unternehmern gegenüber aus den abgeschlossenen Verträgen allein berechtigt und verpflichtet.

▶ **Kennzeichen des Generalübernehmers**
- Beauftragung mit der gesamten Bauleistung, teilweise auch mit Planungsleistungen
- erbringt anders als der Generalunternehmer keine eigenen gewerblichen Bauleistungen
- Weitervergabe sämtlicher Leistungen an Subunternehmer (ggf. Generalunternehmer)

65 Die Verträge mit dem Generalübernehmer sind im Allgemeinen als **Werkverträge** anzusehen. Somit sind etwa auch die einen Werkunternehmer schützenden Vorschriften der §§ 648 und 648a BGB anwendbar (OLG Dresden, Urt. v. 01.03.2006 – 12 U 2379/04, BauR 2006, 1318). Soweit hier z. T. vertreten wird, dass diesen Verträgen die **Bestimmungen der VOB/B** überhaupt nicht zugrunde gelegt werden könnten (so etwa Ingenstau/Korbion/Korbion, Anh. 2 Rn. 175), ist dies nicht richtig. Entscheidend ist vielmehr, welche Folgen sich daraus ergeben, vor allem aber, ob die VOB/B auch mit einer sonst in § 310 Abs. 1 S. 3 BGB vorgesehenen Freistellung von einer AGB-Kontrolle vereinbart werden kann. Dies dürfte in der Regel ausgeschlossen sein (s. dazu Rdn. 455 f.).

66 Zu beachten ist allerdings: Erbringt der Generalübernehmer zusammengefasst also grundsätzlich keine eigenen Bauleistungen, lässt er sie vielmehr durch von ihm ausgewählte und beauftragte Unternehmer (ggf. auch einen Generalunternehmer) ausführen, gilt selbstverständlich in diesen **nachgelagerten (Subunternehmer)verträgen**, dass dort ohne Weiteres die **VOB/B als Vertragsgrundlage vereinbart** werden kann. Diese gilt auch mit einer Freistellung von der AGB-Inhaltskontrolle (siehe hierzu Rdn. 481 ff.), soweit von den Regelungen der VOB/B in den nachgelagerten Verträgen nicht abgewichen wird und Gegenstand dieser Beauftragung Bauleistungen sind.

1.7.5 Subunternehmer/Nachunternehmer

Aus der Baupraxis sind Subunternehmer (auch »Nachunternehmer« genannt) nicht wegzudenken (s. umfassend Joussen/Vygen, Der Subunternehmervertrag). Erneut findet dieser Begriff im Gesetz keinen Niederschlag. Gemeint ist damit letztlich nichts anderes, als dass der eigentlich beauftragte Auftragnehmer (zumeist ein General- oder Hauptunternehmer, ggf. ein Generalübernehmer) für Teilleistungen in einer nachgelagerten Stufe einen weiteren Auftragnehmer einschaltet. Infolgedessen ist ein Subunternehmer aus Haftungsgesichtspunkten **stets Erfüllungsgehilfe des Hauptauftragnehmers** im Sinne des § 278 BGB (s. zu wenigen Ausnahmen im Zulieferbereich Joussen/Vygen, Der Subunternehmervertrag, Rn. 438). Doch auch der Hauptunternehmer ist letztlich nichts anderes als der Subunternehmer eines z. B. zwischengeschalteten Generalunternehmers. **67**

Kennzeichen von Subunternehmerverträgen ist vielfach die Tatsache, dass es sich dabei aufgrund der Standardisierung (insbesondere bei zwischengeschalteten Generalunternehmern) um **vorformulierte Vertragsbedingungen** handelt. Infolgedessen müssen sie im Einzelnen einer **AGB-Inhaltskontrolle** standhalten.

Soweit in dem über einem Subunternehmer stehenden Auftragsverhältnis (z. B. zwischen Bauherrn und Generalunternehmer) die VOB/B vereinbart ist, ist die **Einschaltung von Subunternehmern nicht ohne Weiteres zulässig** (Joussen/Vygen, Der Subunternehmervertrag, Rn. 172 ff.). Vielmehr ist der Auftragnehmer nach § 4 Abs. 8 Nr. 1 VOB/B verpflichtet, anders als bei den dem BGB unterfallenden Werkverträgen die Leistungen im eigenen Betrieb auszuführen. Lediglich mit schriftlicher Zustimmung des Auftraggebers darf er sie an Subunternehmer (Nachunternehmer) übertragen. Eine solche Zustimmungserklärung ist nicht notwendig bei Leistungen, auf die der Betrieb des Auftragnehmers nicht eingerichtet ist. Hierbei geht es zumeist um untergeordnete Nebenleistungen. **68**

Die sehr restriktive Regelung in § 4 Abs. 8 Nr. 1 VOB/B ist **Ausfluss des Vergaberechts**. So soll nach § 2 Abs. 1 Nr. 1 VOB/A ein Auftrag nur an zuverlässige und leistungsfähige Unternehmer vergeben werden. Zwar ist der Preis bei der Vergabeentscheidung ein wesentliches, keineswegs aber zwingend das entscheidende Wertungskriterium (vgl. auch § 16 Abs. 6 Nr. 3 S. 2 und 3 VOB/A). Erfolgt nunmehr in einem Vergabeverfahren der Zuschlag an einen ggf. teureren Auftragnehmer, liegt auf der Hand, dass dieser seinerseits jetzt nicht ohne Genehmigung den gerade nicht zum Zuge gekommenen preisgünstigeren Unternehmer als Subunternehmer einsetzen soll. Andernfalls würde ein Vergabegewinn systemwidrig bei dem Auftragnehmer eintreten, obwohl der Bauherr sich gerade positiv für einen teureren Unternehmer entschieden hat. **69**

> **▶ Beispiel**
>
> Bei einer Ausschreibung bewerben sich mehrere Bieter. Der Bestplatzierte hat einen Preis von 8,9 Mio. € angeboten, der preislich Zweitplatzierte von 9,15 Mio. €. Der Auftraggeber entscheidet sich aufgrund anderer Vorgaben aus der Ausschreibung für den teureren Zweitplatzierten und nimmt hierfür den höheren Preis in Kauf. Bestände kein Subunternehmereinsatzverbot, könnte jetzt der zum Zuge kommende Zweitplatzierte z. B. die gesamte Leistung zu einem Preis von 9 Mio. € an den nicht berücksichtigten Erstplatzierten weitervergeben. Damit würde genau die Situation eintreten, die der Auftraggeber verhindern wollte – nur jetzt noch verbunden mit dem weiteren Nachteil für ihn, dass der finanzielle Vorteil des günstigeren Preises, auf den er bewusst verzichtet hatte, nunmehr (teilweise) beim Zweitplatzierten anfällt.

Das vorstehende Beispiel verdeutlicht zugleich, dass es **keinen** Anspruch des Auftragnehmers gegen den Auftraggeber geben kann, eine Genehmigung für den Einsatz des Subunternehmers zu erteilen. Dagegen ist verständlich, dass die in § 4 Abs. 8 Nr. 1 geforderte **Zustimmungserklärung nicht notwendig** ist, wenn es um Leistungen geht, **auf die der Betrieb des Auftragnehmers ohnehin nicht eingerichtet** ist. Allerdings darf diese Ausnahmeklausel gerade bei der Beauftragung von Generalunternehmern nicht überbewertet werden. Denn der Betrieb eines Generalunternehmers ist in der Regel darauf eingerichtet, sämtliche übernommenen Bauleistungen vollständig im eigenen Betrieb zu erbringen (Joussen/Vygen, Der Subunternehmervertrag, Rn. 189; a. A. etwa Ingenstau/Korbion/Oppler, VOB/B § 4 Abs. 8 Rn. 9, der wenig überzeugend meint, mit der Beauftragung eines Generalunternehmers sei immanent eine Genehmigung zur beliebigen Weitergabe von Leistungen an Subunternehmer verbunden).

70 Wird die Genehmigung zum Subunternehmereinsatz erteilt, hat der Auftragnehmer seinerseits darauf zu achten, dass er bei der **Weitervergabe von Bauleistungen seinen Vertragsverhältnissen die VOB/B und VOB/C zugrunde legt** (§ 4 Abs. 8 Nr. 2 VOB/B). Auch dies dient dem Schutz des Bauherrn: Denn hat dieser seine Leistung auf der Grundlage der VOB/B vergeben, soll damit sichergestellt werden, dass ihm etwaige danach zustehende Rechte bis zu dem letzten Subunternehmerverhältnis durchgereicht werden können.

▶ **Beispiel**

Der Bauherr beauftragt einen Generalunternehmer mit der Errichtung einer Sporthalle. Die VOB/B wird zugrunde gelegt. Der Generalunternehmer seinerseits beauftragt für den Rohbau einen Subunternehmer. Hier gilt BGB-Werkvertragsrecht. In der Planungsphase ordnet der Bauherr eine geänderte Ausführung an, indem die Umkleideräume einen anderen Zuschnitt erhalten sollen. Der Generalunternehmer gibt diese Anordnung an seinen Subunternehmer weiter. Letzterer weigert sich, abweichend von der ursprünglichen Planung zu bauen, bzw. macht seine Zustimmung von überdurchschnittlichen Preisforderungen abhängig.

In derartigen Fällen kann der Bauherr den Auftragnehmer zunächst ohne Weiteres nach § 1 Abs. 3 VOB/B zu einer Planänderung anweisen, wofür der Generalunternehmer seinerseits auf der Grundlage der Urkalkulation eine angepasste Vergütung zur Abgeltung seines Mehraufwands erhält. Ein solches Anordnungsrecht besteht demgegenüber im Verhältnis Generalunternehmer/Subunternehmer bei einem BGB-Werkvertrag nicht. Deswegen kann es dort aufgrund sich nunmehr anschließender möglicherweise umfassender Preisdiskussionen zu ganz erheblichen Bauverzögerungen kommen; der Subunternehmer könnte schlimmstenfalls seine Arbeiten einstellen. Vor diesem Hintergrund ist die Vorgabe in § 4 Abs. 8 Nr. 2 verständlich, dass auch im Subunternehmerverhältnis die VOB Teil B (insoweit dann z. B. mit Geltung des Anordnungsrechtes, das der Generalunternehmer weiterreichen kann) zu vereinbaren ist.

Soweit Subunternehmer eingesetzt werden, hat der zwischengeschaltete Bauunternehmer diese auf Verlangen bekannt zu geben (§ 4 Abs. 8 Nr. 3 VOB/B).

71 Hält der Auftragnehmer sich nicht an das Verbot zum Einsatz von Subunternehmern und setzt diese ohne schriftliche Zustimmung ein, liegt hierin zumindest in der Regel **keine arglistige Täuschung**, die zur Anfechtung des Bauvertrages durch den Auftraggeber berechtigt (s. ausführlich zu den Folgen des ungenehmigten Subunternehmereinsatzes Joussen/Vygen, Subunternehmervertrag, Rn. 196 ff.). Denn diese würde eine Offenbarungspflicht des Auftragnehmers zu dem Subunternehmereinsatz voraussetzen, von der – zumal bei einem insbesondere bei größeren Baustellen nicht einmal unüblichen Subunternehmereinsatz – nicht auszugehen ist (OLG Celle, Urt. v. 14.02.2007 – 7 U 165/06, BauR 2007, 1939 = BauR 2008, 103, 104 f.). Unbeschadet dessen stellt der ungenehmigte Subunternehmereinsatz aber eine **Verletzung der vertraglichen Pflichten** des Auftragnehmers aus dem Bauvertrag dar. Infolgedessen kann der Bauherr dem zwischengeschalteten Auftragnehmer nach § 4 Abs. 8 Nr. 1 S. 3 VOB/B eine angemessene Frist zur Aufnahme der Leistungen im eigenen Betrieb setzen und ihm gleichzeitig für den Fall des fruchtlosen Fristablaufs die Kündigung androhen. Setzt danach der zwischengeschaltete Auftragnehmer den ungenehmigten Subunternehmereinsatz fort, kann der Bauherr allein deswegen den erteilten **Auftrag nach § 8 Abs. 3 VOB/B entziehen** und die Leistung anderweitig auf Kosten des zwischengeschalteten Auftragnehmers fertigstellen lassen. Gegen die Wirksamkeit dieser Regelun bestehen keine Bedenken (i. E. ebenso KG, Beschl. v. 11.01.2010 – 27 U 70/09, IBR 2010, 492). Etwas anderes gilt hingegen für darüber hinausgehende **Vertragsstrafenklauseln in Bauverträgen** mit dem Inhalt, dass der zwischengeschaltete Auftragnehmer an den Bauherrn für jeden ungenehmigten Subunternehmereinsatz eine Vertragsstrafe von 3 % des Auftragswertes zu zahlen habe. Eine derartige Klausel wird in vorformulierten Vertragsbedingungen

des Bauherrn nicht mit § 307 Abs. 1 BGB zu vereinbaren sein. Denn damit wird von dem wesentlichen Grundgedanken des die Vertragsstrafe prägenden § 339 S. 1 BGB abgewichen. Grund ist hierfür vor allem, dass die Verwirkung der Strafe allein an den Subunternehmereinsatz ohne Zustimmung des Auftraggebers anknüpft, ohne dass es insoweit auf ein eigenständiges Verschulden des zwischengeschalteten Auftragnehmers ankommt (so auch KG, Urt. v. 13.03.2001 – 4 U 2902/00, BauR 2001, 1101, 1102).

1.7.6 Der Baustofflieferant und Werklieferungsunternehmer

Neben dem eigentlichen Bauunternehmer in seinen verschiedenen Erscheinungsformen, der Bauleistungen unmittelbar am Bauwerk erbringt, ist in vielen Fällen an der Errichtung eines Bauvorhabens ein **Baustofflieferant** beteiligt. Ebenso kommt es zum Einsatz sog. **Werklieferungsunternehmer**. Kennzeichen eines Werklieferungsvertrages ist es nach § 651 S. 1 BGB, dass der Unternehmer das geschuldete Werk zwar ebenfalls aus einem von ihm zu beschaffenden Stoff herzustellen und zu liefern, d. h. zu übergeben hat. Der wesentliche Unterschied zu einem Werkvertrag (Bauvertrag) besteht jedoch darin, dass es beim Werklieferungsvertrag **allein um die Herstellung und Lieferung beweglicher Sachen** geht (BGH, Urt. v. 23.7.2009 – VII ZR 151/08, BauR 2009, 1581, 1583; s. Rdn. 396 ff.). 72

▶ **Beispiele für Werklieferungsvertrag**
- Beauftragung eines Schreiners mit der Herstellung von Türen und Fenstern ohne Einbau (OLG Nürnberg, Urt. v. 11.10.2005 – 9 U 804/05, BauR 2007, 122)
- Herstellung und Lieferung einer Treppe (OLG Koblenz, Urt. v. 3.1.2008 – 5 U 685/07, BauR 2009, 862 = OLGR 2009, 301)
- Lieferung und Verlegung eines Teppichs

Ob die herzustellende und zu liefernde Sache vertretbar ist, spielt für die Anwendung der rein kaufrechtlichen Vorschriften keine Rolle, d. h.: Selbst Verträge zur Herstellung und Lieferung von speziell für ein Bauvorhaben angefertigte Fenster (**unvertretbare Sache**) sind Werklieferungsverträge, die sich nach Kaufvertragsrecht richten. Sie werden allerdings nach § 651 S. 3 BGB um wenige Vorschriften des Werkvertragsrechts (§§ 642, 643 und 645 BGB) ergänzt (s. dazu Rdn. 405). 73

Das Gegenstück zu dem klassischen Baustofflieferanten/Werklieferungsunternehmer mit Anwendung des Kaufvertragsrechts ist der Werklieferungsunternehmer, der **gleichzeitig eine Bauverpflichtung übernimmt**, so z. B. der Fertighauslieferant mit Errichtungsverpflichtung. Hier kommt ohne Einschränkung **Werkvertragsrecht** zur Anwendung (vgl. zuletzt BGH, Urt. v. 22.12.2005 – VII ZR 183/04, BGHZ 165, 325, 328 = BauR 2006, 510, 511 = NJW 2006, 904, 905). 74

Wie auch sonst im Bauvertragsgeschehen ist gerade bei der Beteiligung von Werklieferungsunternehmern und Baustofflieferanten zu **unterscheiden, zwischen welchen Parteien ein Vertrag zustande kommt** und dementsprechend unmittelbare Rechtsbeziehungen bestehen. Zwar gibt es Ausnahmefälle, in denen ein Bauherr auch dann unmittelbar Rechte z. B. gegen einen Baustofflieferanten geltend machen kann, wenn er keinen Kaufvertrag zu den Baustoffen mit ihm geschlossen hat. Dies ist etwa bei eigenständig gewährten Garantiezusagen (§ 443 BGB) oder einem ggf. parallel geschlossenen Beratungsvertrag denkbar (OLG Stuttgart, Urt. v. 27.10.2008 – 12 U 76/09, BauR 2010, 122 [Ls.] = NJW-RR 2010, 236, 237 = NZBau 2010, 172, 173). 75

▶ **Beispiel (nach OLG Stuttgart, a. a. O.)**

Der Bauherr möchte eine Tiefgarage sanieren. Für die Geeignetheit der Beschichtung des Bodens fragt er einen Spezialhersteller an, der ihm die Geeignetheit seines Materials bestätigt und zugleich ein Leistungsverzeichnis erstellt.

Abgesehen von diesen Sonderfällen kann der Bauherr aber ausschließlich dann Rechte gegen einen Baustofflieferanten oder einen Werklieferungsunternehmer geltend machen, wenn er die Baustoffe dort auch gekauft bzw. die Herstellung der beweglichen Sachen in Auftrag gegeben hat. Dies ist in der Baupraxis keinesfalls die Regel. Vielmehr übernimmt stattdessen der Auftragnehmer gegenüber dem Auftraggeber auch die Beschaffung von Baustoffen im eigenen Namen. In diesem Fall wird der Baustofflieferant Vertragspartner des Auftragnehmers.

▶ **Beispiel**

Der Auftragnehmer errichtet für den Bauherrn ein Wohnhaus. Er kauft sämtliche Baumaterialien, die für dessen Errichtung erforderlich sind. Hier kommt nur ein Vertrag zwischen Bauherrn und Auftragnehmer zustande, wobei der Auftragnehmer seinerseits wiederum Kaufverträge zu dem Erwerb der Baumaterialien mit Dritten schließt.

Sind die in vorstehendem Beispiel vom Bauunternehmer erworbenen Baumaterialien (z. B. Farbe für den Außenanstrich) fehlerhaft, haftet er für sich später zeigende Mängel gegenüber seinem Bauherrn für die Dauer von fünf Jahren (§ 634a Abs. 1 Nr. 2 BGB). Er selbst kann nunmehr Rückgriff gegen seinen Lieferanten nehmen, wobei die **Gewährleistungsfrist immerhin auch hier fünf Jahre** beträgt (§ 438 Abs. 1 Nr. 2 lit. b BGB). Völlig abgesichert ist der Bauunternehmer jedoch nicht; vielmehr bleiben zwei in der Praxis **nicht unbeachtliche Gewährleistungslücken**:

76 • Zunächst ist zu beachten, dass die **Gewährleistungsfristen zu unterschiedlichen Zeitpunkten beginnen**:

▶ **Beispiel**

Der Bauunternehmer kauft am 1. März 2005 eine größere Partie Holz. Dieses baut er teilweise in dem Dachstuhl ein, teilweise verwendet er es für die Errichtung eines mobilen Gartenhäuschens. Die Leistungen des Bauunternehmers werden am 25. April 2006 abgenommen. Das Holz war schadhaft. Es zeigen sich sowohl Mängel im Dachstuhl als auch an dem Gartenhäuschen. Der Bauherr macht die Mängel kurz vor Ablauf der Gewährleistung im Januar 2011 geltend.

In einer solchen Fallgestaltung hat der Auftragnehmer Pech. Zwar gilt zunächst bezogen auf den Dachstuhl in beiden Fällen eine jeweils fünfjährige Gewährleistung. Nur beginnt diese im Verhältnis des Bauherrn zu seinem Auftragnehmer erst mit Abnahme (§ 634a Abs. 2 BGB), während sie im Verhältnis Auftragnehmer/Holzlieferant bereits mit der Übernahme der Waren läuft (§ 438 Abs. 2 BGB).

77 • Vorstehendes Beispiel zeigt anschaulich aber auch eine zweite Lücke: Denn die zugunsten des Auftragnehmers greifende Gewährleistung im Kaufrecht in § 438 Abs. 1 Nr. 2 BGB knüpft daran an, dass es um eine Sache geht, »die entsprechend ihrer üblichen Verwendungsweise für ein Bauwerk verwendet worden ist und dessen Mangelhaftigkeit verursacht hat«. Dies ist – wie der Beispielfall zeigt – keineswegs eindeutig. So liegt bei dem Holz für das Gartenhäuschen keine Verwendung für ein Bauwerk vor, weil mobile Gartenhäuschen mangels fester Verbindung zum Grundstück keine Bauwerke sind. Dies würde folglich nur eine zweijährige Gewährleistung begründen (§ 438 Abs. 1 Nr. 3 BGB). Tatsächlich ist die Rechtslage daher so, dass offenbar die **Dauer der Gewährleistung allein von der Verwendung des Baustoffs abzuhängen** scheint, über die der Bauunternehmer ggf. sogar erst später, d. h. nach dem Kauf eine Entscheidung trifft. Hier hätte er es sogar in der Hand, eine unter Umständen schon abgelaufene Gewährleistung durch eine gezielte Verwendung des Baustoffs »wieder zum Leben zu erwecken«.

▶ **Beispiel**

In dem vorgenannten Fall erkennt der Bauunternehmer nach Ablauf von etwas mehr als zwei Jahren die Schadhaftigkeit des erworbenen Holzes. Demzufolge verwendet er dies nicht wie von ihm zunächst geplant für ein mobiles Gartenhäuschen, sondern baut es nunmehr im Dach ein und reklamiert jetzt die verlängerte Gewährleistung von fünf Jahren.

Rechtlich ist der Fall einfach zu lösen: Denn sollte das Holz zunächst für das Gartenhäuschen verwendet werden und kommt es für die Verjährung auf die erfolgte Verwendung an, war die Verjährung für das Holz zur Errichtung des Gartenhäuschens mit Ablauf von zwei Jahren bereits eingetreten. Auf den geänderten Beschluss des Auftragnehmers, so er denn in der Praxis überhaupt anzutreffen ist, kommt es dann nicht mehr an. Das Problem, das hier allenfalls besteht, ist daher weniger ein rechtliches als ein tatsächliches, nämlich dass der Auftragnehmer fälschlicherweise behauptet, er habe das schadhafte Baumaterial von Beginn an für ein Bauwerk verwenden wollen. Einer solchen falschen Tatsachenbehauptung, die ja auch noch die tatsächliche Verwendung, d. h. den späteren Einbau des schadhaften Materials voraussetzt, ist jedoch allein eine Frage eines ggf. später zu führenden Beweises, nicht aber der Reichweite von § 438 Abs. 1 Nr. 2 lit. b BGB.

1.7.7 Der Baubetreuer

Dieser aus dem Wohnungswirtschaftsrecht stammende, gesetzlich nicht näher definierte Begriff ist heute von erheblicher Bedeutung. Dabei haben die in der Praxis vorkommenden Baubetreuungsverträge nicht in allen Fällen den gleichen rechtlichen Inhalt; sie unterteilen sich vielmehr in zwei große Gruppen. Zu nennen ist zunächst der **Baubetreuungsvertrag im engeren Sinne**. Gegenstand eines solchen Vertrages ist eine im Einzelnen im Baubetreuungsvertrag näher zu beschreibende Hilfs- bzw. Betreuungsleistung zugunsten des Bauherrn. Diese Vertragsart ist demzufolge dadurch geprägt, dass der Kunde des Baubetreuers selbst Bauherr des Bauvorhabens ist und demzufolge unmittelbar in vertragliche Beziehungen zu den Bauunternehmern tritt. Abzugrenzen davon ist der **Baubetreuungsvertrag im weiteren Sinne, der auch als Bauträger- oder Bewerbervertrag** bezeichnet wird. Kennzeichen dieses Vertrages ist es, dass der Bauträger Bauherr des Bauvorhabens ist und seinem Kunden die Errichtung des Bauvorhabens nebst Verschaffung des Grundstücks verspricht. Er selbst wiederum schließt gewöhnliche Bauverträge mit Bauunternehmen, die das Bauvorhaben in seinem Namen errichten.

78

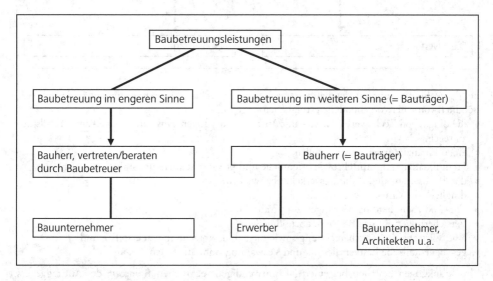

1.7.7.1 Baubetreuer im engeren Sinne

1.7.7.1.1 Begriff/Vertragsbeziehungen zwischen Baubetreuer und Betreuten

Baubetreuer im engeren Sinne ist derjenige, der im Namen des Bauherrn auf dessen Grundstück ein Bauvorhaben ausführen lässt. Anders als bei dem Baubetreuungsvertrag im weiteren Sinne (Bauträgervertrag) steht das **Grundstück** also im **Eigentum des Betreuten**.

79

Der **Baubetreuer handelt im fremden Namen und für fremde Rechnung**. Er bereitet das Bauvorhaben technisch und wirtschaftlich vor und unterstützt den Bauherrn bei der Realisierung. Der Baubetreuer handelt dabei – anders als der Bauträger – nicht im eigenen Namen, sondern im Namen, in Vollmacht und auf Rechnung des Betreuten. Folglich ist allein der Betreute Bauherr; er verwaltet in der Regel auch die von dem Betreuten bereitgestellten Geldmittel und schließt als dessen Vertreter in dessen Namen die Bauverträge ab. Sodann lässt er die Bauleistungen nach den vom Betreuten geneh-

80

migten Plänen ausführen (BGH, Urt. v. 17.01.1980 – VII ZR 42/78, BGHZ 76, 86, 89 = BauR 1980, 262, 263 = NJW 1980, 992; BGH, Urt. v. 20.11.1980 – VII ZR 289/79, BauR 1981, 188, 189 = NJW 1981, 757). Nach Durchführung des Bauvorhabens rechnet der Baubetreuer das Bauvorhaben insgesamt ab und erhält für seine Tätigkeit eine **Betreuungsgebühr**. Manchmal sieht der Baubetreuungsvertrag auch eine **Festpreisgarantie** vor, die im Allgemeinen eine Abrechnung und die Vereinbarung einer besonderen Betreuungsgebühr entbehrlich macht.

81   Die Aufgaben des Baubetreuers sind sehr unterschiedlich. Sie hängen davon ab, ob eine **Voll- oder nur eine Teilbetreuung des Bauvorhabens** vereinbart wurde.

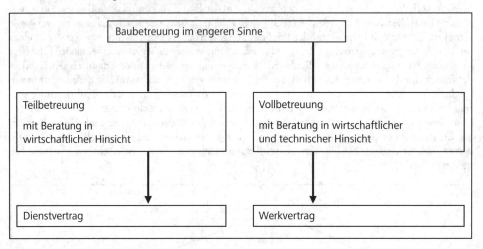

82   Bei der **Vollbetreuung** hat der Baubetreuer neben der technischen Betreuung abhängig selbstverständlich von einer vorgehenden vertraglichen Regelung
- die dinglichen Rechtsverhältnisse – mit Ausnahme der Eigentumsverhältnisse – am Grundstück zu regeln,
- einen Finanzierungsplan zu erstellen,
- Fremdfinanzierungsmittel sowie öffentliche und private Finanzierungsmittel zu beschaffen,
- den Rechnungs- und Zahlungsverkehr abzuwickeln,
- dingliche Sicherheiten vorzubereiten,
- Vor- und Zwischenfinanzierungen zu vermitteln,
- Versicherungen für das Bauwerk abzuschließen,
- eine Wirtschaftlichkeitsberechnung sowie die Schlussabrechnung zu erstellen und
- gegebenenfalls die Erstvermietung und Verwaltung wahrzunehmen.

Einschränkungen bestehen bei einer ggf. **notwendigen rechtlichen Beratung** des Auftraggebers: Diese muss der Erfüllung der Hauptpflicht des Baubetreuers zur Erstellung des Bauwerks untergeordnet sein, da andernfalls ein Verstoß gegen § 5 RDG (Rechtsdienstleistungsgesetz) vorliegen kann.

Der Baubetreuer schuldet also bei der Vollbetreuung dem Bauherrn als seinem Auftraggeber die Erstellung des Bauwerks in technisch und wirtschaftlich einwandfreier Weise.

83   Bei einer vom Baubetreuer übernommenen **Teilbetreuung** kann ihm entweder nur die wirtschaftliche Betreuung oder in erster Linie die technische Betreuung übertragen worden sein. Einzelne technische oder wirtschaftliche und finanzielle Leistungen können hinzukommen.

84   Ist dem Baubetreuer die Vollbetreuung übertragen worden, so ist der **Baubetreuungsvertrag als Werkvertrag** anzusehen, da er auf die Erstellung des Bauwerks ausgerichtet ist. Daran ändern die zusätzlich übernommenen wirtschaftlichen Betreuungsleistungen oder die Vereinbarung eines garantierten Festpreises nichts (BGH, Urt. v. 11.06.1976 – I ZR 55/75, BauR 1976, 367, 370 f. =

NJW 1976, 1635, 1636 f.). Der Baubetreuungsvertrag hat aber aufgrund der wirtschaftlichen Betreuungsleistungen auch **Geschäftsbesorgungscharakter**, weil der Baubetreuer für den Betreuten gleichzeitig eine selbstständige wirtschaftliche Tätigkeit ausübt. Aus diesem Grund kommen in diesem Vertragsverhältnis ergänzend Auftragsrecht sowie das Recht zum Geschäftsbesorgungsvertrag (§ 675 BGB) zur Anwendung (BGH, Urt. v. 13.02.1975 – VII ZR 78/73, BauR 1975, 203, 205 = NJW 1975, 869, 870 f.; BGH, Urt. v. 30.06.1994 – VII ZR 116/93, BGHZ 126, 326, 328 ff. = BauR 1994, 776, 777 = NJW 1994, 2825). Außerdem kann es zu einem Treuhandverhältnis zwischen Betreuer und betreutem Bauherrn kommen, soweit der Betreuer auch Gelder des Bauherrn verwaltet. Diese hat er allerdings getrennt von seinem eigenen Vermögen aufzubewahren (vgl. § 6 Nr. 1 MaBV). Ein etwa eingerichtetes Sonderkonto führt im Fall der Insolvenz des Baubetreuers nach § 47 InsO zu einem Aussonderungsrecht des Betreuten (BGH, Urt. v. 07.07.2005 – III ZR 422/04, BauR 2005, 1769, 1770 f. = ZIP 2005, 1465, 1466; BGH, Urt. v. 24.06.2003 – IX ZR 120/02, NJW-RR 2003, 1375, 1376).

Ist dagegen dem Baubetreuer nur eine **Teilbetreuung auf wirtschaftlichem Gebiet** übertragen worden, so wird der Betreuungsvertrag in der Regel als **Dienstvertrag** anzusehen sein, obwohl auch wirtschaftliche Betreuungsleistungen erfolgsbezogen sein können (BGH, Urt. v. 09.06.2005 – III ZR 436/04, BauR 2005, 1772, 1773). 85

> **Beispiel**
>
> Der Baubetreuer übernimmt im Betreuungsvertrag die Verpflichtung, für die Bauerrichtung notwendige Darlehensmittel zu beschaffen, Förderanträge zu stellen und zu begleiten sowie den Bauherrn bei der Genehmigungseinholung bei der Gemeinde zu unterstützen. Es liegt unstreitig ein Dienstvertrag vor, obwohl selbstverständlich auch erfolgsbezogene Pflichten (Beschaffung der Darlehensmittel) übernommen wurden. Das Entscheidende jedoch ist, dass sich hier die Erfolgsbezogenheit nicht auf die Errichtung des Bauwerks bezieht, sondern insoweit allein Unterstützungshandlungen im Vordergrund stehen.

Liegt demnach ein Dienstvertrag vor, werden damit aber in der Regel »**Dienste höherer Art**« geschuldet. Ein solcher Vertrag ist deswegen nach § 627 Abs. 1 BGB jederzeit kündbar. Die Abbedingung eines solchen Kündigungsrechts durch den Baubetreuer in seinen AGB würde einer AGB-Inhaltskontrolle nach § 307 BGB nicht standhalten und wäre unwirksam (BGH a. a. O.).

Vielfach übernehmen Baubetreuer in dem Baubetreuungsvertrag neben technischen (Planung, Objektüberwachung usw.) auch wirtschaftliche Betreuungsleistungen. Hier muss für die Einordnung des Vertragstyps entscheidend auf den Gesamtcharakter der Tätigkeit des Baubetreuers abgestellt und die gesamte Leistungsverpflichtung einheitlich beurteilt werden. So liegt ein Werkvertrag vor, wenn das Schwergewicht der Betreuungstätigkeit auf technischem Gebiet einschließlich der Planung liegt. Dagegen ist ein Dienstvertrag anzunehmen, wenn der Schwerpunkg in den wirtschaftlichen Betreuungsleistungen zu suchen ist. 86

1.7.7.1.2 Vollmacht des Baubetreuers

Der Baubetreuer schließt die Bauverträge mit den ausführenden Bauunternehmern aufgrund der im Baubetreuungsvertrag regelmäßig erteilten Vollmacht im Namen und für Rechnung des Betreuten ab. Daher bestehen zwischen dem Betreuten bzw. dem Bauherrn auf der einen und den Bauunternehmern auf der anderen Seite stets unmittelbare bauvertragliche Beziehungen, wie das auch beim Vertragsabschluss ohne Einschaltung eines Baubetreuers der Fall ist. **Die Rechte und Pflichten aus dem Bauvertrag treffen also jeweils nur den Bauherrn und den Bauunternehmer, nicht aber den Baubetreuer.** Dieser ist im Verhältnis zu Dritten, insbesondere zu den Bauunternehmern lediglich **Erfüllungsgehilfe des Bauherrn**, soweit seine insbesondere technischen Betreuungsleistungen betroffen sind. Durch diese Vertragsgestaltung verbleibt trotz der Einschaltung eines Baubetreuers das Bauherrenrisiko also allein beim Bauherrn als dem Betreuten; denn er haftet den Bauunternehmern für ihre Werklohnansprüche (BGH, Urt. v. 17.01.1980 – VII ZR 42/78, BGHZ 76, 86, 96 f. = BauR 1980, 262, 266 = NJW 1980, 992, 994). Dieses Risiko des Bauherrn wird teilweise immerhin durch die 87

Übernahme einer **Bausummen- oder Festpreisgarantie seitens des Baubetreuers** abgemildert, nicht aber ausgeschaltet. Denn auch in diesem Fall bleibt Vertragspartner der Bauunternehmer der Betreute und er daher zur Zahlung des Werklohnes verpflichtet, selbst wenn der Festpreis überschritten wird. In einem solchen Fall kann er aber von dem Baubetreuer Freistellung oder Schadensersatz verlangen, wenn dieser die Überschreitung des Festpreises zu vertreten hat bzw. die Festpreisgarantie als echter Garantievertrag angesehen werden kann.

88   Im Gegensatz zum Architekten, der in der Regel eine ausdrückliche Vollmacht benötigt, hat der Baubetreuer grundsätzlich das Recht, aufgrund einer im Betreuungsvertrag enthaltenen **Vollmacht Bauverträge für den Betreuten abzuschließen**. Denn die Vollmacht gehört gerade zum Wesen des Baubetreuungsvertrages. Sie deckt grundsätzlich das gesamte Tätigkeitsfeld des Baubetreuers ab, das er durch den Betreuungsvertrag übernommen hat. Diese Vollmacht ist auch nicht auf Vertragsabschlüsse im Rahmen eines garantierten Festpreises beschränkt (OLG München, Urt. v. 30.5.1983 – 28 U 4234/82, BauR 1984, 293 = NJW 1984, 63). Allerdings hat der Baubetreuer trotz seiner ggf. wirksamen Vollmacht im Außenverhältnis die Beschränkungen im Innenverhältnis mit dem Bauherrn zu beachten. Folglich haftet er etwa gegenüber dem Betreuten auf Schadensersatz, wenn er seine Vollmacht im Innenverhältnis überschritten hat und die Verträge gleichwohl wirksam sind. Sind die wegen Vollmachtsüberschreitung geschlossenen Verträge mit Bauunternehmern nicht wirksam, kommt eine Haftung des Baubetreuers gegenüber den Bauunternehmern nach § 179 BGB in Betracht.

1.7.7.1.3 Haftung des Baubetreuers

89   Abhängig von dem Vertragstyp gestaltet sich die Haftung des Baubetreuers gegenüber dem Betreuten. Bei der **Vollbetreuung** richtet sie sich nach den **allgemeinen Regeln des Werkvertragsrechts** (§§ 633 ff. BGB). Diese gelten bei einer Vollbetreuung einheitlich sowohl für Fehler des Baubetreuers im technischen Leistungsbereich als auch für Fehler bei der wirtschaftlichen Betreuung. Dabei hat der Baubetreuer bei der technischen Betreuung zur Vermeidung eines Regresses alles zu tun, was für die mangelfreie Erstellung des Bauvorhabens erforderlich ist.

> ▶ **Beispiel (nach BGH, Urt. v. 30.06.1994 – VII ZR 116/93, BGHZ 126, 326 = BauR 1994, 776 = NJW 1994, 2825)**
>
> Dem Baubetreuer werden in dem Baubetreuungsvertrag neben zahlreichen wirtschaftlichen Betreuungsleistungen u. a. auch die Betreuung der Planung übertragen. Die Planung ist mangelhaft. Der Bauherr nimmt deswegen den Baubetreuer in Anspruch.

In Fällen wie dem Vorstehenden liegt zunächst aufgrund der umfassenden Beauftragung ein Werkvertrag vor. Übernimmt der Baubetreuer darin zugleich die Betreuung der Planung, ist seine Haftung der eines Architekten vergleichbar, d. h.: Der Baubetreuer schuldet die ordnungsgemäße Erbringung der in den Bereichen Planung, Vergabe und Überwachung übernommenen Leistungen. Demzufolge hat er die dem Architekten übertragene Planung auf ihre Mangelfreiheit zu prüfen und dafür zu sorgen, dass vorhandene Planungsmängel nachgebessert werden (BGH, Urt. v. 30.06.1994 – VII ZR 116/93, BGHZ 126, 326, 331 = BauR 1994, 776, 778 = NJW 1994, 2825, 2826).

90   Liegt nur eine **wirtschaftliche Baubetreuung** vor, richtet sich die **Haftung des Baubetreuers nach Dienstvertragsrecht**. Wegen Schlechtleistungen haftet er dann allein nach §§ 280 ff. BGB auf Schadensersatz.

91   Unabhängig davon, ob ein Dienst- oder Werkvertrag vorliegt, obliegen einem Baubetreuer im Zusammenhang mit der Errichtung des Bauvorhabens zahlreiche **Beratungs- und Aufklärungspflichten**. Deren Umfang bestimmt sich insbesondere bei einer Vollbetreuung danach, dass das werkvertraglich übernommene Ziel der Entstehung des Bauvorhabens in einer wirtschaftlich optimalen Weise für den Bauherrn erreicht wird. Eine Verletzung dieser Beratungs- und Aufklärungspflichten kann gleichfalls zu Schadensersatzansprüchen nach § 280 Abs. 1 BGB führen.

Neben der Verpflichtung zu Schadensersatz bei Schlechtleistungen ist der Baubetreuer dem Betreuten sowohl bei Voll- als auch bei Teilbetreuung zur **Auskunft und Rechnungslegung** verpflichtet. Zu dem Umfang der zu gewährenden Auskünfte gehört all das, was der Baubetreuer im Rahmen seiner Betreuungsleistung an Wissen zu dem Bauvorhaben erworben hat und der Bauherr zur Wahrung möglicher Rechte vernünftigerweise wissen muss. Zu der Rechnungslegung zählt eine Gesamtabrechnung des Vorhabens mit einer Übergabe sämtlicher dazu gehörender Belege in einer Form, dass der Bauherr sie ohne Weiteres überprüfen kann. Dieser Auskunftsanspruch kann vertraglich nicht ausgeschlossen werden. Dagegen kann auf den Anspruch auf Rechnungslegung verzichtet werden, was insbesondere bei der Übernahme einer Festpreisgarantie durch den Baubetreuer die Regel ist (OLG Hamm, Urt. v. 25.06.1968 – 21 U 135/68, NJW 1969, 1438, 1439).

1.7.7.2 Der Bauträger

1.7.7.2.1 Begriff

Der Begriff des Bauträgers findet sich in keinen zivilrechtlichen Vorschriften. Vielmehr entstammt er dem **Gewerberecht**. Rechtsgrundlagen sind § 34c GewO und die Makler- und Bauträgerverordnung (MaBV). Beide öffentlich-rechtlich geprägten Regelungen verpflichten den Bauträger zum Schutze des Käufers bei Erhalt nicht fälliger Geldleistungen zur Sicherheitsleistung; gleichzeitig sehen sie eine **generelle Erlaubnispflicht für die Bauträgertätigkeit** vor. Keine dieser Vorschriften spricht jedoch von einem Bauträger, sondern (nur) von einem Baubetreuer (im weiteren Sinne).

Unter einem Bauträger, bei dem es sich vielfach um einen Architekten handelt, versteht man einen Gewerbetreibenden, der gegenüber einem Erwerber auf der Basis eines Festpreises zwei Hauptpflichten übernimmt:
- Zum einen sagt er dem Erwerber zu, diesem Eigentum an einem Grundstück oder Wohnungs- bzw. Teileigentum zu verschaffen
- Zum anderen verspricht er, auf diesem zu verschaffenden Grundstück/Wohnungseigentum ein Bauobjekt herzustellen (zu errichten).

Mittelbar finden sich diese Eckpunkte immerhin bei der erst vor kurzer Zeit im Gesetz überarbeiteten Regelung zu Abschlagszahlungen in § 632a Abs. 2 BGB wieder, die ansonsten aber nur auf die dazu ergangene Rechtsverordnung verweist (s. dazu Rdn. 2566 f.).

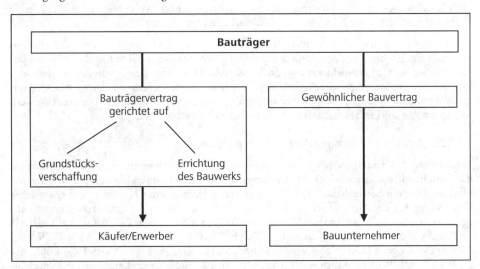

Ein Bauträgervertrag – teilweise auch »**Bewerbervertrag**« oder »**Kaufvertrag**« genannt – ist in mannigfachen Erscheinungsformen anzutreffen. Er hat mit dem Baubetreuungsvertrag im engeren Sinne gemeinsam, dass der Bauträger nach den vom Erwerber oder Interessenten gebilligten Bauplänen baut und zugleich die wirtschaftliche, finanzielle und technische Betreuung übernimmt. Der Unterschied zum eigentlichen Baubetreuungsvertrag besteht aber darin, dass der Bauträger das Bauwerk nicht auf einem Grundstück seines Vertragspartners, des Betreuten, errichtet. Stattdessen **baut** er **auf einem Grundstück, das ihm selbst gehört** oder von ihm für den Betreuten beschafft und bereitgehalten wird. Eigentümer des Baugrundstückes ist also in der Bauerrichtungsphase zunächst nicht der Betreute; er ist nur Bewerber, woher auch der Begriff Bewerbervertrag stammt.

95 Der Bauträger führt das Bauvorhaben im eigenen Namen für Rechnung des Betreuten durch; hierzu besteht meist während der Bauausführung schon ein verbindlicher Bauträgervertrag oder zumindest eine Erwerbsverpflichtung des Bewerbers, der die Baupläne zuvor gebilligt und sich dann einer entsprechenden vertraglichen Verpflichtung mit dem Bauträger unterworfen hat. Diese Vertragsgestaltung wird auch als **Bestellbau oder Treuhandbau** bezeichnet. Im Fall der Veräußerung nach Fertigstellung des Bauvorhabens sind Begriffe wie **Eigenbau oder Vorratsbau** gebräuchlich.

96 Zu beachten ist, dass Bauträgerverträge nach § 311b Abs. 1 BGB in jedem Fall der **notariellen Beurkundung** bedürfen. Denn sie enthalten bereits die Verpflichtung des Bauträgers, Grund und Boden an den Bewerber zu übereignen. Dabei ist der gesamte Vertrag zu beurkunden einschließlich aller die die Beschaffenheit der Bauleistung bestimmenden Dokumente. Hierzu zählt vor allem auch die vollständige Baubeschreibung (BGH, Urt. v. 10.02.2005 – VII ZR 184/04, BGHZ 162, 157, 160 = BauR 2005, 866, 867 = NJW 2005, 1356), nicht jedoch bloße Bezugsdokumente, wie etwa ein bei der Bauausführung zu beachtendes Baugrundgutachten (BGH, Urt. v. 14.03.2003 – V ZR 278/01, BauR 2003, 1032, 1034 = NJW-RR 2003, 1136, 1137). Wird gegen die Beurkundungsvorschriften verstoßen, d. h. werden insbesondere einzelne Teile des Bauträgervertrages nicht beurkundet, ist ein diesbezüglich geschlossener Vertrag wegen Nichteinhaltung der gesetzlichen Form nichtig (§ 125 BGB). Allerdings würde auch ein solcher Formmangel geheilt, wenn später das Grundstück auf den Erwerber umgeschrieben wird (§ 311b Abs. 1 S. 2 BGB). Dabei sei an dieser Stelle nur darauf hingewiesen, dass Fragen zur Reichweite der Beurkundungsbedürftigkeit eines Bauträgervertrages nicht mit dessen Auslegung verwechselt werden dürfen (vgl. auch BGH, Urt. v. 25.10.2007 – VII ZR 205/06, BauR 2008, 351, 352 = NJW-RR 2008, 258, 259 = NZBau 2008, 113, 114).

▶ **Beispiel**

Im Prospekt ist eine Maisonette-Wohnung abgebildet. Diese wird vom Erwerber gekauft. Später stellt sich heraus, dass die Wohnung in der zweiten Etage nicht als Wohnraum zu nutzen ist. In der Baubeschreibung war zu der Maisonette-Wohnung nichts erwähnt.

Hier kann – auch wenn die beurkundete Baubeschreibung dazu nichts hergibt – für die Bestimmung der werkvertraglichen Verpflichtung zur Herstellung der Maisonette-Wohnung durchaus auf den (nicht beurkundeten) Prospekt zurückgegriffen werden. Denn unabhängig von der Beurkundung bzw. der Einbeziehung des Prospekts in den Vertrag haben beide Parteien die dortige Beschreibung der Wohnung zur Grundlage ihrer Willenserklärung gemacht, und zwar auch in Bezug auf die werkvertraglich geschuldete Beschaffenheit der erworbenen Wohnung.

1.7.7.2.2 Rechtliche Einordnung des Bauträgervertrages

97 Kennzeichen des Bauträgervertrages ist zum einen die **Eigentumsverschaffungsverpflichtung für das Grundstück** bzw. vielfach auch für Wohnungseigentum sowie zum anderen die **Herstellungsverpflichtung für ein Bauvorhaben**: Der Bauträgervertrag besteht somit aus einer kaufvertraglichen Komponente für den Grundstücksteil und einer werkvertraglichen für den Bauerrichtungsteil – ggf. ergänzt um Anteile aus anderen Vertragsverhältnissen wie z. B. dem Geschäftsbesorgungsrecht (BGH, Urt. v. 05.04.1979 – VII ZR 308/77, BGHZ 74, 204, 207 = BauR 1979, 337 = NJW 1979, 1406 f.; BGH, Urt. v. 21.11.1985 – VII ZR 366/83, BGHZ 96, 275, 277 f. = BauR 1986, 208, 209 = NJW 1986, 925, 926). Rechtlich gesehen handelt es sich somit bei einem Bauträgervertrag nach bisherigem Verständnis um einen **Vertrag sui generis**, sodass gerade **kein »Bauvertrag«** im klassischen Sinne vorliegt. Dies hat für das private Baurecht eine große Bedeutung, da an den Begriff des Bauvertrages diverse Rechtsfolgen geknüpft werden. Dies betrifft z. B. die Frage, ob die VOB mit ihrer

1.7 Der Bauunternehmer

Privilegierung als Vertragsgrundlage vereinbart werden kann, was in der Regel ausscheidet (s. dazu Rdn. 458 ff.).

Ob sich an vorstehender rechtlicher Einstufung des Bauträgervertrages als Vertrag sui generis zukünftig etwas ändert, bleibt abzuwarten. Vertreten wird immerhin, dass seit den umfangreichen Änderungen des BGB mit dem SchuldRModG 2001/2002 doch ggf. jetzt einheitlich Kaufrecht zur Anwendung kommen könnte (vgl. etwa Teichmann, ZfBR 2002, 13 ff.). Dabei ist immerhin richtig, dass sich ein Hauptgrund für die aus älterer Zeit stammende Einordnung der Bauleistungen eines Bauträgervertrages unter das Werkvertragsrecht inzwischen relativiert hat: Denn anders als nach früherem Recht verjähren nunmehr auch Mängelansprüche im Kaufrecht bei dem Erwerb von Bauwerken nach § 438 Abs. 1 Nr. 2 lit. a) BGB wie im Werkvertragsrecht erst nach fünf Jahren. Gleichwohl dürfte und sollte **zukünftig** für den **Bauerrichtungsteil Werkvertragsrecht anwendbar bleiben**. Denn gerade die vom Bauträger übernommene Herstellungsverpflichtung prägt wie bei jedem anderen Bauvorhaben die Erfolgsbezogenheit seiner Leistung. Demzufolge wäre nicht ersichtlich, wieso etwa diese Art der Bauleistungen – nur weil sie Gegenstand eines Bauträgervertrages sind – nicht wie sonst im Werkvertragsrecht abzunehmen sein sollte. Bleibt es richtigerweise bei der Anwendung des Werkvertragsrechts für die Herstellungsverpflichtung, ist es dann ohne Bedeutung, dass diese Verträge in der Praxis vielfach als »Kaufverträge« bezeichnet werden (BGH, Urt. v. 05.04.1979 – VII ZR 308/77, BGHZ 74, 204, 206 f. = BauR 1979, 337, 338 = NJW 1979, 1406). **98**

Liegt demnach nach bisherigem Verständnis ein gemischtes Vertragsverhältnis im Wesentlichen zwischen Kauf- und Werkvertrag vor, gilt dies zunächst für den echten Bauträgervertrag in seiner Reinform. Gemeint ist dabei die Verpflichtung des Bauträgers zur **Errichtung eines Neubauvorhabens** auf einem zu übertragenden Grundstück. In gleicher Weise ist von einem Bauträgervertrag bei Leistungen auszugehen, die – auch wenn es nicht um Neubauvorhaben geht – gleichwohl in Bezug auf die Herstellverpflichtung einer Neubauleistung gleichkommen. **99**

> **Beispiel:**
>
> Ein Architekt verpflichtet sich zu einer umfassenden Altbausanierung; hierzu entkernt er das Bauwerk und teilt es auf. Anschließend werden die Wohnungen einzeln verkauft. Allerdings können wenige Wohnungen erst mit einer Zeitverzögerung von zwei Jahren, andere erst nach einer kurzzeitigen Vermietung von mehreren Monaten verkauft werden.

In all diesen Fällen wendet die Rechtsprechung zu Recht Bauträgerrecht an. Hinsichtlich der sofort nach Renovierung verkauften Wohnungen besteht daran kein Zweifel. Denn selbstverständlich macht es keinen Unterschied, ob der Bauträger ein neues Werk herstellt oder Arbeiten ausführt, die nach Art und Umfang einer Neubauleistung vergleichbar sind. Dies dürfte bei **Totalsanierungen** auf der Hand liegen (BGH, Urt. v. 16.12.2004 – VII ZR 257/03, BauR 2005, 542, 544 = NJW 2005, 1115, 1116 = NZBau 2005, 216, 217; BGH, Urt. v. 06.10.2005 – VII ZR 117/04, BGHZ 164, 225, 228 = BauR 2006, 99, 100 = NJW 2006, 214 = NZBau 2006, 113), aber auch bei umfangreichen Aufstockungen von Altbauten um mehrere Stockwerke (BGH, Urt. v. 26.04.2007 – VII ZR 210/05, BauR 2007, 1407, 1409 = NJW 2007, 3275, 3277 = NZBau 2007, 507, 508). Von Bedeutung ist dabei vor allem, dass sich in diesen Fällen die **Herstellverpflichtung** unter Umständen sogar **auf die Altbausubstanz beziehen** kann, wenn der Altbauteil nachhaltig in die Sanierung einbezogen wurde. Andernfalls, d. h. auf einen Vertrag mit der Veräußerung einer Wohnung nach lediglich punktuell ergriffenen Sanierungsmaßnahmen (Anbau von Heizkörpern, Anstricharbeiten u. a.) wäre stattdessen insoweit Kaufvertragsrecht anzuwenden (BGH, Urt. v. 06.10.2005 – VII ZR 117/04, BGHZ 164, 225, 229 = BauR 2006, 99, 100 = NJW 2006, 214, 215). Für die Geltung des Werkvertragsrechts ist es im Übrigen unbeachtlich, ob in den weiteren zuvor genannten Beispielfällen die Wohnung bereits fertiggestellt (BGH, Urt. v. 21.02.1985 – VII ZR 72/84, BauR 1985, 314, 315 = NJW 1985, 1551) oder gar kurzzeitig vermietet war (BGH, Urt. v. 20.02.1986 – VII ZR 318/84, BauR 1986, 345 = NJW-RR 1986, 1026, 1027; BGH, Urt. v. 29.06.1989 – VII ZR 151/88, BGHZ 108, 164, 167 = BauR 1989, 597, 598 f. = NJW 1989, 2748, 2749). **100**

101 Aufgrund des gemischten Vertragsverhältnisses ist es in der Regel nicht möglich, diesen einheitlichen Vertrag ohne wichtigen Grund aufzusplitten. Insbesondere der Erwerber kann nicht etwa lediglich den bauvertraglichen Teil (z. B. nach § 649 BGB) kündigen mit der Folge, dass er anschließend die Übertragung des Grundstücks an sich verlangen könnte. Vielmehr ist aus der Eigenart des Bauträgervertrages dieses Kündigungsrecht ausgeschlossen (BGH, Urt. v. 21.11.1985 – VII ZR 366/83, BGHZ 96, 275, 277 = BauR 1986, 208, 210 = NJW 1986, 925, 926). Eine **nachträgliche Aufspaltung des Bauträgervertrages** kann sich allenfalls in Ausnahmefällen anbieten, wenn der Bauträger z. B. insolvent ist und deswegen das Vorhaben nicht mehr fertiggestellt wird. Hier wird der Erwerber allein die Übereignung des Grundstückes mit dem teilfertig gestellten Bauvorhaben verlangen können (OLG Koblenz, Urt. v. 10.07.2006 – 12 U 711/05, BauR 2007, 930 = NJW-RR 2007, 964, 965). Dasselbe kann gelten, wenn nur noch ein ganz geringer Rest vom Erwerbspreis (ca. 1–2 %) zu zahlen ist und sich der Bauträger im Verzug mit der Mangelbeseitigung befindet, sodass hier der Einbehalt sogar zu Recht erfolgt (OLG München, Urt. v. 13.11.2007 – 13 U 3419/07, BauR 2008, 1011, 1015).

1.7.7.2.3 Haftung des Bauträgers

102 Für die Haftung des Bauträgers gelten zunächst keine Besonderheiten: Liegt ein Vertrag sui generis bzw. ein typengemischter Vertrag vor, hängen die Mängelrechte des Erwerbers davon ab, wo der Mangel auftritt: Mängel am **Grundstück** werden **nach §§ 437 ff. BGB**, Mängel an der **Bauleistung nach §§ 633 ff. BGB** abgewickelt.

103 Bedeutsam ist bei der Beurteilung der Haftung weniger deren Grundlage als die Frage, in welchem Umfang der Bauträger seine **Haftung beschränken** kann. Individualvertraglich ist zumindest theoretisch ein weitgehender (formelhafter) Haftungsausschluss denkbar. Allerdings verlangt die Rechtsprechung selbst dann nach § 242 BGB für dessen Wirksamkeit konkret und trennbar für den werkvertraglichen Teil des Bauträgervertrages eine **ausführliche und dokumentierte Belehrung** durch den Notar über die mit einem Gewährleistungsausschluss verbundenen Rechtsfolgen (BGH, Urt. v. 17.09.1987 – VII ZR 153/86, BGHZ 101, 350, 353 = BauR 1987, 686, 687 = NJW 1988, 135; BGH, Urt. v. 06.10.2005 – VII ZR 117/04, BGHZ 164, 225, 230 = BauR 2006, 99, 101 = NJW 2006, 214, 215). Hiervon kann nur abgesehen werden, wenn sich der Notar davon überzeugt hat, dass sich der Erwerber über die Tragweite des Haftungsausschlusses und das damit verbundene Risiko vollständig im Klaren ist und den Ausschluss dennoch ernsthaft will (BGH, Urt. v. 08.03.2007 – VII ZR 130/05, BauR 2007, 1036, 1039 = NJW-RR 2007, 895, 897 = NZBau 2007, 371).

104 Der Individualvertrag ist im Bauträgergeschäft jedoch die Ausnahme; vielmehr spricht zumeist ein Anscheinsbeweis für einen Formularvertrag – dies zumindest dann, wenn der Vertrag nach seiner inhaltlichen Gestaltung aller Lebenserfahrung nach für eine mehrfache Verwendung entworfen und vom Bauträger gestellt worden ist (BGH, Urt. v. 14.05.1992 – VII ZR 204/90, BGHZ 118, 229, 237 = BauR 1992, 622, 625 = NJW 1992, 2160, 2162). Vorstehendes gilt z. B. bei der praktisch häufigen Veräußerung von Eigentumswohnungen. Hier liegt die Mehrfachverwendung geradezu auf der Hand. Infolgedessen müssen etwaige **Haftungsausschlüsse einer AGB-Inhaltskontrolle nach §§ 307 ff. BGB** standhalten. Die Rechtsprechung dazu ist vielfältig. Folgende Leitlinien sollen zusammengefasst werden:

105 - Ein **vollständiger Haftungsausschluss ist unzulässig**. Auch kommt **keine Verkürzung der gesetzlichen Gewährleistungsfristen** in Betracht (BGH, Urt. v. 10.10.1985 – VII ZR 325/84, BGHZ 96, 129, 132 f. = BauR 1986, 89, 90 = NJW 1986, 315, 316 – vgl. auch § 309 Nr. 8 lit. b. ff. BGB).
- Ebenso unwirksam ist nach § 307 BGB ein **Ausschluss des Rechts auf Rücktritt oder Schadensersatz statt der Leistung**. Letzterer kann auch nicht auf Fälle des Vorsatzes oder grober Fahrlässigkeit des Bauträgers beschränkt werden (BGH, Urt. v. 27.07.2006 – VII ZR 276/05, BGHZ 169,1 = BauR 2006, 1747, 1751 = NJW 2006, 3275, 3277 = NZBau 2006, 706, 704).

- Verbreitet sind schließlich die vielfach verwendeten **Abtretungsklauseln**. Danach tritt der Bauträger den Erwerbern seine Mängelrechte gegen die bauausführenden Firmen ab verbunden mit der Verpflichtung, vor einer eigenen Inanspruchnahme zunächst diese in Anspruch zu nehmen. Solche Klauseln halten einer AGB-Inhaltskontrolle nach § 307 BGB nicht stand. Dies zeigt sich schon daran, dass der Erwerber bei auftretenden Mängeln ggf. das zusätzliche Risiko übernehmen müsste, überhaupt erst einmal den richtigen Auftragnehmer für den aufgetretenen Mangel zu finden (BGH, Urt. v. 21.03.2002 – VII ZR 493/00, BGHZ 150, 226, 231 ff. = BauR 2002, 1385, 1388 = NJW 2002, 2470, 2471 f.).

Besonderheiten bei der Haftung des Bauträgers bestehen schließlich bei dem **Verkauf von Wohnungseigentumseinheiten**. **106**

▶ **Beispiel**

> Der Erwerber einer Wohnung stellt innerhalb der Gewährleistungsfrist Mängel am Sondereigentum fest. Weiterhin treten Durchfeuchtungsschäden an der Decke auf; außerdem sind die Außenanlagen nicht fertiggestellt.

In einer solchen Gemengelage sind die Rechte vielschichtig. Soweit es um Mängel am Sondereigentum geht, gelten keine Besonderheiten. Hier kann der Erwerber uneingeschränkt seine sämtlichen Gewährleistungsrechte verfolgen. Gleichzeitig kann er damit aber auch die Wohnungseigentümergemeinschaft ermächtigen (BGH, Urt. v. 12.04.2007 – VII ZR 236/05, BGHZ 172, 42 = BauR 2007, 1221, 1224 f. = NJW 2007, 1952, 1955). Problematischer sind Mängel oder offene Restleistungen am Gemeinschaftseigentum. Hier steht dem Erwerber aus seinem Bauträgervertrag zunächst ein individueller Anspruch auf Fertigstellung bzw. Mangelbeseitigung während der Gewährleistungsfrist zu. Dies ist unbestritten (st. Rspr., vgl. nur BGH, Urt. v. 11.10.1979 – VII ZR 247/78, BauR 1980, 69, 71). Fraglich ist hingegen das Schicksal dieser Rechte, wenn vor allem ggf. parallel dazu die als rechtsfähig auftretende Wohnungseigentümergemeinschaft (vgl. dazu § 10 Abs. 6 S. 1 WEG sowie zuvor grundlegend BGH, Beschl. v. 02.06.2005 – V ZB 32/05, BGHZ 163, 154 = BauR 2005, 1462 = NJW 2005, 2061) Ansprüche geltend macht. Hier ist zu unterscheiden:

- In jedem Fall bleibt es dem Wohnungseigentümer unbenommen, wegen offener Restleistungen bzw. Mängeln nach fruchtloser Fristsetzung entweder vom **Vertrag zurückzutreten oder Schadensersatz statt der Leistung** zu verlangen (§§ 323, 281 BGB). Diese Rechte können nicht beschränkt werden. Denn sie führen lediglich dazu, dass der Erwerber die weitere Erfüllung des Gesamtvertrages wegen offener Restleistungen ablehnt (BGH, Urt. v. 27.07.2006 – VII ZR 276/05, BGHZ 169,1 = BauR 2006, 1747, 1749 = NJW 2006, 3275, 3276; BGH, Urt. v. 23.02.2006 – VII ZR 84/05, BauR 2006, 979, 980 f. = NJW 2006, 2254, 2256). Dies gilt zumindest so lange, bis die Wohnungseigentümergemeinschaft ggf. anderweitig eine dagegen stehende endgültige Regulierungsvereinbarung mit dem Bauträger getroffen hat. Sind allerdings erst einmal Mängelrechte des einzelnen Wohnungseigentümers entstanden, kann selbst ein späterer Vergleich zwischen Bauträger und Wohnungseigentümergemeinschaft diese Rechte nicht mehr zu Fall bringen (BGH, Urt. v. 27.07.2006 – VII ZR 276/05, BGHZ 169,1 = BauR 2006, 1747, 1751 = NJW 2006, 3275, 3277). **107**

▶ **Beispiel**

> Der Erwerber setzt dem Bauträger wegen Mängeln am Gemeinschaftseigentum eine Frist zu deren Beseitigung. Diese läuft fruchtlos ab. Nunmehr kann er vom Bauträgervertrag zurücktreten und Schadensersatz verlangen. Dies kann er immer noch, selbst wenn zwischenzeitlich (nach Fristablauf) die Wohnungseigentümergemeinschaft eine abschließende Vereinbarung mit dem Bauträger schließt. Denn das Rücktrittsrecht des Erwerbers war zu diesem Zeitpunkt schon entstanden. Dies wäre nur anders gewesen, wenn die Abschlussvereinbarung mit dem Bauträger vor Ablauf der vom Erwerber gesetzten Frist geschlossen worden wäre.

108 • Anders ist die Rechtslage bei **Mängeln am Gemeinschaftseigentum**, wenn unter **Aufrechterhaltung des Vertrages** vorrangig die ordnungsgemäße Herstellung des Gemeinschaftseigentums (vor allem Recht auf Nacherfüllung, Vorschuss- und Aufwendungsersatzansprüche) betrieben werden soll. Auch diese Ansprüche kann der Erwerber zwar selbst verfolgen – was bedeutet, dass er z. B. entsprechende Vergütungsanteile einbehalten kann (OLG Düsseldorf, Beschl. v. 2.3.2010 – 21 W 8/10, BauR 2010, 1236, 1237). Allerdings darf ein Anspruch auf Vorschuss nur auf **Zahlung an die Gemeinschaft** gerichtet sein (BGH, Urt. v. 12.04.2007 – VII ZR 236/05, BGHZ 172, 42 = BauR 2007, 1221, 1223 = NJW 2007, 1952, 1954 m. w. N.). Gleichzeitig ist etwa eine **Aufrechnung eines Vorschussanspruchs** mit dagegen stehenden eigenen Verpflichtungen aus dem Bauträgervertrag (z. B. mit offenen Kaufpreiszahlungen) mangels Gegenseitigkeit ausgeschlossen (BGH, Urt. v. 12.04.2007 – VII ZR 50/06, BGHZ 172, 63, BauR 2007, 1227, 1235 = NJW 2007, 1957, 1961 = NZBau 2007, 441, 445). Verbleiben nach Vorstehendem die auf die Vertragserfüllung gerichteten Mangelbeseitigungsrechte grundsätzlich bei dem einzelnen Eigentümer, kann die Wohnungseigentümergemeinschaft deren Ausübung aber im Rahmen der ordnungsgemäßen Verwaltung des Gemeinschaftseigentums durch Mehrheitsbeschluss an sich ziehen. Denn nur eine gemeinschaftliche, allein verbindliche Willensbildung innerhalb der Wohnungseigentümergemeinschaft verhindert, dass der Bauträger bei Mängeln inhaltlich verschiedenartigen Ansprüchen ausgesetzt ist, die letztlich doch nicht durchsetzbar wären. Dabei ist ein solches Ansichziehen der Mangelverfolgung aber selbst dann möglich, wenn nur einem einzigen Erwerber (noch) Mängelrechte zustehen (BGH, Urt. v. 15.01.2010 – V ZR 80/09, BauR 2010, 774, 775 = NJW 2010, 933 = NZBau 2010, 432). Eine darauf gerichtete Beschlussfassung hat zur Folge, dass der einzelne Erwerber **die Möglichkeit der eigenen Rechtsverfolgung verliert**. Dabei ist ergänzend anzumerken, dass von Anfang an nicht der Wohnungseigentümer, sondern allein die Wohnungseigentümergemeinschaft für die Geltendmachung und Durchsetzung solcher Rechte zuständig ist, die ihrer Natur nach gemeinschaftsbezogen sind und ein eigenständiges Vorgehen des einzelnen Wohnungseigentümers gar nicht zulassen (BGH, Urt. v. 12.04.2007 – VII ZR 236/05, BGHZ 172, 42 = BauR 2007, 1221, 1223 = NJW 2007, 1952, 1954). Das betrifft in jedem Fall die gemeinschaftsbezogenen Ansprüche auf Minderung und auf kleinen Schadensersatz (BGH a. a. O.). Dagegen verbleiben dem einzelnen Erwerber die Rechte (z. B. Fristsetzungen zur Mangelbeseitigung), deren Ausübung nicht mit den von der Gemeinschaft an sich gezogenen Rechten kollidiert (BGH, Urt. v. 19.8.2010 – VII ZR 113/09, BauR 2010, 2101, 2105 = NJW 2010, 3089, 3092 = NZBau 2010, 691, 694).

1.7.7.2.4 Bauleistung des Bauträgers

109 Neben dem Bauträgervertrag mit dem Erwerber, der den vorstehenden Besonderheiten unterworfen ist, schließt der Bauträger einen **Vertrag mit einem Bauunternehmer**, der sich damit zur Errichtung des Bauvorhabens gegenüber dem Auftraggeber (Bauträger) verpflichtet. Hiermit kommt der Bauträger seiner Errichtungsverpflichtung gegenüber dem Erwerber nach. Für diesen Bauvertrag gelten keine Besonderheiten. Folglich kann in diesem Vertragsverhältnis auch ohne Weiteres die VOB/B vereinbart werden.

1.7.7.2.5 Sonderwünsche der Erwerber/Eigenleistungen

110 Häufig errichtet der Bauträger mehrere Objekte gleichzeitig. Dabei schließt er mit den einzelnen Erwerbern jeweils eigenständige ggf. in der Ausstattung auch unterschiedliche Verträge, während er den Bauvertrag mit dem ausführenden Unternehmer (meist: Generalunternehmer) einheitlich auf alle Objekte erstreckt. Nicht selten möchten die Erwerber nach Vertragsabschluss in der Ausführungsphase die Ausstattung des Objekts ändern. Mit derartigen Sonderwünschen kann ein Erwerber zunächst unmittelbar auf der Grundlage eines gesonderten Vertrages den – meist bereits vom Bauträger mit der Normalausführung beauftragten – Auftragnehmer beauftragen. Dadurch entstehen **unmittelbare vertragliche Beziehungen zwischen den jeweiligen Erwerbern und dem den Sonderwunsch ausführenden Unternehmer** (vgl. dazu im Einzelnen: Baden, BauR 1983, 313 ff. mit dem Begriff des »Sonderwunschvertrages« sowie BauR 1999, 712 ff.; Vogelheim, BauR 1999, 117 ff.;

Joussen/Vygen, Der Subunternehmervertrag, Rn. 358 ff.). Die **Sonderwünsche** des Erwerbers können aber auch **mit dem Bauträger** vereinbart werden, sodass dieser sie dann im eigenen Namen und für eigene Rechnung an die ausführenden Unternehmer vergibt. Folglich ist er diesen gegenüber auch zur Zahlung der zusätzlichen Vergütung verpflichtet, die er allerdings seinerseits von den Erwerbern aufgrund des Bauträgervertrages wiederum bezahlt verlangen kann.

Diese beiden unterschiedlichen Vertragsgestaltungsmöglichkeiten sollten streng auseinandergehalten werden, um Streitigkeiten über die Bezahlung von Sonderwünschen zu vermeiden (Joussen/Vygen, a. a. O.).

Möchte der Erwerber Eigenleistungen erbringen mit dem Ziel einer nachträglichen Vergütungsreduzierung, hat er darauf regelmäßig keinen Anspruch. Bauträger werden dies in der Regel auch wegen des damit für sie verbundenen erhöhten Koordinierungsaufwandes und etwaiger Folgeprobleme bei der Abgrenzung der Haftung zumeist ablehnen; zumindest kann der Erwerber bei einer ggf. doch erteilten Genehmigung nicht davon ausgehen, dass der Bauträger den vollen Gegenwert der Eigenleistung als Preisnachlass gewährt. **111**

1.8 Der Projektsteuerer

Der Projektsteuerer hat in der Praxis bei Großbauvorhaben eine z. T. signifikante Bedeutung. Er übernimmt in der Regel Aufgaben des Auftraggebers, nämlich in erster Linie die **Kontrolle und Optimierung von Bauzeit und Baukosten**, aber auch die Koordination der verschiedenen Baubeteiligten. Dadurch kommt es nicht selten zu Abgrenzungsschwierigkeiten und Überschneidungen mit dem Leistungsbild des Architekten (vgl. Korbion/Mantscheff/Vygen, zu § 31 HOAI a. F. Rn. 1). Die Rechtsnatur des Projektsteuerungsvertrages ist ungeklärt; er kann Dienst-, aber auch Werkoder Geschäftsbesorgungsvertrag sein (Korbion/Mantscheff/Vygen, § 31 Rn. 5; für einen Werkvertrag – Locher/Koeble/Frik, Einl. Rn. 425 ff. und Werner/Pastor, Rn. 1929). Im Ergebnis wird die Einordnung maßgeblich vom Einzelfall abhängen. Wird der Projektsteuerungsvertrag maßgeblich von erfolgsorientierten Faktoren (z. B. der technischen Überwachung des Generalübernehmers) geprägt, liegt ein **Werkvertrag** vor (BGH, Urt. v. 10.06.1999 – VII ZR 215/98, BauR 1999, 1317 = NJW 1999, 3118). Geht es hingegen um die Beratung des Bauherrn z. B. zu Kosteneinsparungen, dürfte der **dienstvertragliche Charakter** im Vordergrund stehen (BGH, Urt. v. 26.01.1995 – VII ZR 49/94, BauR 1995, 572, 573; ebenso OLG Düsseldorf, Urt. v. 01.10.1998 – 5 U 182/98, BauR 1999, 508, 509). **112**

Nach Herausnahme des Projektsteuerungsvertrages aus der HOAI kann die Vergütung des Projektsteuerers frei vereinbart werden; es bestehen auch sonst keinerlei Beschränkungen mehr. Verbreitet, aber keinesfalls zwingend ist etwa ein Rückgriff auf Leistungsbilder und eine Honorarordnung des Deutschen Verbands der Projektmanager in der Bau- und Immobilienwirtschaft (DVP) gemeinsam der Fachgruppe »Projektsteuerung« des AHO (Ausschuss der Verbände und Kammern der Ingenieure und Architekten für die Honorarordnung e.V). **113**

1.9 Zusammenfassung in Leitsätzen

1. Im Baurecht ist zwischen dem öffentlichen und privaten Baurecht zu unterscheiden: Das öffentliche Baurecht gestaltet zumeist im Hoheitsverhältnis die Rechtsbeziehungen zwischen Bauherrn und öffentlicher Hand, und zwar vor allem im Bereich der Bauplanung und des Bauordnungsrechts. Demgegenüber beschränkt sich das private Baurecht auf die Gestaltung und Abwicklung des Verhältnisses zwischen gleichberechtigten Vertragspartnern, zumeist zwischen Auftraggeber und Auftragnehmer.
2. Zu den wesentlichen Rechtsquellen des privaten Bauvertragsrechts gehören das BGB, das HGB, die MaBV, das WEG, das BauFordSiG, die HOAI sowie diverse Europäische Richtlinien.

114

3. Der Begriff des Bauherrn gehört dem öffentlichen Recht an. Zivilrechtlich spricht man vom Auftraggeber (VOB) oder Besteller (BGB). Auf der Vertragsgegenseite steht der Auftragnehmer (VOB) oder Unternehmer (BGB).
4. Unterstützt wird der Bauherr im Bereich der Planung zumeist von Architekten und je nach Größe des Vorhabens von verschiedenen Fachingenieuren. Diese werden jeweils auf werkvertraglicher Basis tätig, wobei die Fachingenieure teilweise nur Subunternehmer des Architekten sind.
5. Bauunternehmer sind in verschiedenen Unternehmereinsatzformen anzutreffen. Dazu gehören vor allem der Alleinunternehmer, der Hauptunternehmer, der Generalunter- und -übernehmer mit den Subunternehmern, die Arbeitsgemeinschaft, die Baubetreuer/Bauträger und die Werklieferungsunternehmer.
6. Der Generalunternehmer zeichnet sich dadurch aus, dass er im Bauvertrag die komplette Bauleistung übernimmt; davon führt er einen Teil im eigenen Betrieb aus, während er den Rest an Subunternehmer vergibt. Hierdurch unterscheidet er sich vom Generalübernehmer insoweit, als letzterer sämtliche Leistungen weiter beauftragt. Demgegenüber übernimmt der Hauptunternehmer von Anfang nur einen gewerkeübergreifenden Teil der Gesamtleistung, die er dann aber wie der Generalunternehmer teilweise an Subunternehmer weiterreicht.
7. Das Rechtsverhältnis zwischen Bauherrn und General- oder Hauptunternehmer ist strikt zu trennen von dem des General-/Hauptunternehmers zu deren Subunternehmern. Hier ist vor allem darauf zu achten, dass zumeist Formularverträge vorliegen, die einer AGB-Kontrolle standhalten müssen.
8. Bei Arbeitsgemeinschaften handelt es sich um einen Zusammenschluss von Bauunternehmen mit dem Ziel, gemeinsam ein größeres Bauvorhaben abzuwickeln. Eine ARGE tritt dem Auftraggeber als ein Auftragnehmer gegenüber und ist insoweit rechts- und parteifähig. Die ARGE-Mitglieder haften für sämtliche Verpflichtungen der ARGE gesamtschuldnerisch. Rechtlich handelt es sich bei einer ARGE um eine BGB-Gesellschaft oder bestrittenermaßen um eine offene Handelsgesellschaft.
9. Werklieferungsunternehmer zeichnen sich dadurch aus, dass sie in der Regel nur vorgefertigte bewegliche Teile an die Baustelle liefern. In deren Vertragsverhältnis kommt vorrangig Kaufrecht zur Anwendung.
10. In der Praxis anzutreffen sind sog. Baubetreuer. Hierzu zählen zunächst solche im engeren Sinne, die nur Unterstützungshandlungen für den Bauherrn wahrnehmen. Diese Verträge unterfallen je nach Reichweite entweder dem Dienst- oder dem Werkvertragsrecht.
11. Gesondert zu nennen sind daneben die Baubetreuer im weiteren Sinne, auch Bauträger genannt. Diese übernehmen gegenüber ihrem Vertragspartner eine doppelte Pflicht, nämlich auf Verschaffung des Eigentums an einem Grundstück, auf dem sie zuvor ein Bauwerk zu errichten haben. Rechtlich handelt es sich bei dem Bauträgervertrag um eine Vertragsart sui generis. Dabei folgt der Vertragsteil zur Eigentumsverschaffung für das Grundstück vorrangig kaufvertraglichen Regelungen, während die Errichtungsverpflichtung dem Werkvertragsrecht unterfällt.

2 Der Abschluss des Bauvertrages

Übersicht

	Rdn.
2.1 Der Bauvertrag und die allgemeinen Grundsätze des Vertragsrechts	118
2.1.1 Die Abschlussfreiheit	119
2.1.2 Gestaltungsfreiheit	123
2.1.2.1 Verstoß gegen ein gesetzliches Verbot	126
2.1.2.2 Verstoß gegen gute Sitten/Schmiergeldzahlung	132
2.1.2.3 Unmöglichkeit der Leistungserbringung	139
2.1.3 Die Formfreiheit	140
2.1.3.1 Grundsatz der Formfreiheit	140
2.1.3.2 Grenzen der Formfreiheit	142
2.1.3.3 Widerruf von Bauverträgen nach § 355 BGB	153
2.2 Der Abschluss des Bauvertrages nach den allgemeinen Regeln des BGB	156
2.2.1 Die Bedeutung des Bauvertragsabschlusses für die Baubeteiligten	156
2.2.2 Der Abschluss des Bauvertrages durch Angebot und Annahme	161
2.2.2.1 Vertragsschluss durch übereinstimmende Willenserklärungen	162
2.2.2.2 Planung durch den Auftragnehmer/Projektierungskosten	176
2.2.3 Die Bedeutung des Bestätigungsschreibens für den Vertragsabschluss	182
2.2.3.1 Grundsatz: Schweigen ist keine Zustimmung	182
2.2.3.2 Kaufmännisches Bestätigungsschreiben	183
2.2.3.3 Auftragsbestätigung	187
2.2.4 Der Abschluss des Bauvertrages durch Vertreter	189
2.2.4.1 Die Stellvertretung oder das Handeln in fremdem Namen	189
2.2.4.2 Die Vertretungsmacht oder Vollmacht	193
2.2.4.3 Der Umfang der Architektenvollmacht	202
2.2.4.4 Der vollmachtlose Vertreter	207
2.3 Der Abschluss des Bauvertrages nach Teil A der VOB – die verschiedenen Teile der VOB/A	213
2.3.1 Abschnitt 1: Basisparagrafen	215
2.3.2 Abschnitt 2: Vergabebestimmungen im Anwendungsbereich der EG-Vergabekoordinierungsrichtlinie	216
2.3.3 Abschnitt 3: Vergabebestimmungen im Anwendungsbereich der Vergaberichtlinie im Bereich Verteidigung und Sicherheit	219
2.3.4 Vergabe nach der Sektoren-VO	220
2.4 Ablauf der Vergabe nach der VOB/A – Abschnitt 1	222
2.4.1 Grundsätze der Vergabe (§§ 2, 5 VOB/A)	223
2.4.2 Arten der Vergabe (§ 3 VOB/A)	224
2.4.3 Ablauf des Vergabeverfahrens bei einer öffentlichen Ausschreibung im Einzelnen	229
2.4.3.1 Teilnahme am Wettbewerb/Vorgelagerte Bieterauswahl bei beschränkter Ausschreibung und freihändiger Vergabe	232
2.4.3.2 Ausschreibung der Bauleistung/Erstellung der Verdingungsunterlagen mit Leistungsverzeichnis u. a.	249
2.4.3.3 Vergabebekanntmachung/Zusendung der Vergabeunterlagen	257
2.4.3.4 Angebot/Nebenangebote und Angebotsfrist	260
2.4.3.5 Zuschlags- und Bindefrist	266
2.4.3.6 Die Angebotseröffnung	276
2.4.3.7 Die Angebotsprüfung	280
2.4.3.8 Aufklärungsgespräche mit den Bietern	289
2.4.3.9 Die Wertung der Angebote	296
2.4.3.10 Der Zuschlag	307
2.4.3.11 Die Aufhebung der Ausschreibung und ihre möglichen Folgen	313
2.4.4 Haftung des Auftraggebers bei Vergabeverstößen gegen die VOB/A – Abschnitt 1	325
2.4.4.1 Kein Anspruch auf Zuschlag	328
2.4.4.2 Konkurrentenklage/Verhinderung des Zuschlags an Mitbieter	329
2.4.4.3 Anspruch auf Schadensersatz	332
2.4.4.4 Weitere Rechte des unterlegenen Bieters	344

	Rdn.
2.5 Besonderheiten des Vergabeverfahrens nach der VOB/A oberhalb der Schwellenwerte (Abschnitt 2)	347
2.5.1 Gesetzliche Grundlagen/Kaskadenprinzip	348
2.5.2 Arten der Vergabe	356
2.5.3 Eignung der Bieter	363
2.5.4 Leistungsbeschreibung/Wertung	366
2.5.5 Rahmenverträge	369
2.5.6 Form der Angebote	370
2.5.7 Vorabmitteilung nach § 101a GWB	371
2.5.8 Modifizierte Fristen bei den Vergabeverfahren nach Abschnitt 2/SektVO	373
2.5.9 Haftung/Rechtsschutz	377
2.5.9.1 Kein Anspruch auf Zuschlag	378
2.5.9.2 Einleitung eines Vergabenachprüfungsverfahrens	379
2.5.9.3 Anspruch auf Schadensersatz	385
2.5.9.4 Anspruch auf Aufhebung eines vergaberechtswidrig zustande gekommenen Vertrages	390
2.6 Zusammenfassung in Leitsätzen	391

115 Der Bauvertrag ist der Dreh- und Angelpunkt des gesamten Bauvertragsrechts. Aus ihm ergeben sich die vom Unternehmer zu erbringende Bauleistung, die vom Auftraggeber dafür zu zahlende Vergütung, die Bauzeit, die Folgen mangelhafter oder verspäteter Bauleistungen und sämtliche Rechte und Pflichten der Vertragspartner.

116 Der Bauvertrag gehört zum Vertragstyp des **Werkvertrages** gemäß §§ 631 ff. BGB (s. dazu ausführlich Rdn. 392 ff.). Dessen Wesen wird in § 631 Abs. 1 BGB dahin beschrieben, dass der Unternehmer zur Herstellung des versprochenen Werkes, der Besteller zur Entrichtung der vereinbarten Vergütung verpflichtet wird. Das versprochene Werk, dessen Herstellung der Unternehmer im Bauvertrag verspricht, ist eine Bauleistung, die durch Bauarbeiten erbracht wird; dabei schuldet der Unternehmer den Erfolg seiner Arbeiten. Unter **Bauarbeiten** versteht man bauhandwerkliche und bauindustrielle Maßnahmen, durch die Bauwerke unmittelbar geschaffen, verändert oder erhalten werden. Als Bauwerk wiederum bezeichnet man eine unbewegliche, durch Verwendung von Arbeit und bodenfremdem Material in Verbindung mit dem Erdboden hergestellte Sache (BGH, Urt. v. 16.09.1971 – VII ZR 5/70, BGHZ 57, 60, 61). Bauarbeiten können solche Bauwerke neu schaffen, bestehende Bauwerke verändern, erhalten, schützen oder unmittelbar die Bauerrichtung vorbereiten. Dagegen liegt keine Bauarbeit bei der bloßen Lieferung von Stoffen und Bauteilen vor. Diese Abgrenzung des Gegenstandes eines Bauvertrages ist auch von Bedeutung für die Frage, ob im Vorfeld des Vertragsschlusses die Bestimmungen für die **Vergabe von Bauleistungen (VOB/A)** gelten (s. dazu Rdn. 213 ff.). Sie hat weiter entscheidenden Einfluss darauf, ob und inwieweit dem Vertrag selbst dann ggf. ohne weitere Einschränkung die Allgemeinen **Vertragsbedingungen für Bauleistungen (VOB/B)** zugrunde gelegt werden können oder sogar müssen (Rdn. 413 ff.).

117 Bevor auf die Einzelheiten eingegangen wird, ist zunächst das Zustandekommen des Bauvertrages als solches zu behandeln. Er unterliegt als Werkvertrag den Grundsätzen des allgemeinen Vertragsrechts, das für alle Vertragstypen gleichermaßen gilt. Dieses allgemeine Vertragsrecht findet seinen Niederschlag im Allgemeinen Teil des BGB (§§ 1–240 BGB) und im Schuldrecht (§§ 241 ff. BGB).

2.1 Der Bauvertrag und die allgemeinen Grundsätze des Vertragsrechts

118 Das Vertragsrecht des BGB wird beherrscht von drei entscheidenden Grundsätzen:
- der Abschlussfreiheit
- der Gestaltungsfreiheit
- der Formfreiheit

Diese sollen im Nachfolgenden unter besonderer Berücksichtigung des Abschlusses eines Bauvertrages betrachtet werden.

2.1.1 Die Abschlussfreiheit

Die Abschlussfreiheit gibt jedermann das Recht, sich frei zu entscheiden, ob er einen Vertrag abschließen und damit schuldrechtliche Verpflichtungen übernehmen will oder nicht. Es steht im Belieben jedes Einzelnen, **Vertragsangebote abzugeben oder Angebote anzunehmen**. Dem Empfänger eines Vertragsangebotes steht zwar das Recht zu, zu dem Angebot »ja« zu sagen und damit den Vertrag zustande zu bringen; für ihn besteht aber keinerlei Verpflichtung, auf ein ihm zugegangenes Angebot einzugehen, es also abzulehnen oder anzunehmen. 119

Dieser Grundsatz der Abschlussfreiheit wird lediglich in Randbereichen eingeschränkt. Zu nennen ist etwa § 22 Personenbeförderungsgesetz bzgl. der Verpflichtung zum Transport von Personen im öffentlichen Nahverkehr oder § 10 Allgemeines Eisenbahngesetz (AEG) zur Beförderungspflicht öffentlicher Eisenbahnverkehrsunternehmen. Vergleichbare Abschlusspflichten gibt es im Bereich der Energieversorgung, so etwa die Anschlusspflicht bei Gas und Strom durch den lokalen Versorger (§ 18 EnWG) oder die Abnahmepflicht für erneuerbare Energien durch die Netzbetreiber (§ 4 EEG). Im Bausektor besteht demgegenüber zumindest bei privaten Auftraggebern – abgesehen von allgemeinen gesetzlichen Schranken wie der Missbrauch von Monopolen (vgl. §§ 19 f. GWB) – dem Grundsatz nach keine Einschränkung der Abschlussfreiheit. Allerdings gibt es davon auch **Ausnahmen**, die abhängig vom Auftraggeber und den ggf. vereinbarten Regeln im Baurecht zu beachten sind: 120

- Der Grundsatz der Abschlussfreiheit ist für öffentliche Bauauftraggeber insoweit eingeschränkt, als sie verpflichtet sind, bei Vergaben das durch die Vergabe- und Vertragsordnung für Bauleistungen (VOB), insbesondere die Allgemeinen Bestimmungen für die Vergabe von Bauleistungen – **VOB Teil A** – dort vorgesehene **Vergabeverfahren einzuhalten** (s. dazu Rdn. 213 ff.). Dies kann im Rahmen der Abschlussfreiheit zunächst bedeuten, dass unter bestimmten Voraussetzungen einzelne Bieter z. B. wegen einer zuvor erfolgten rechtskräftigen Verurteilung erst überhaupt nicht zu einem Vergabeverfahren zugelassen werden (vgl. § 6 Abs. 4 VOB/A-EG mit den konkret dazu geregelten Fällen). Dies kann weiter heißen, dass der Zuschlag aus Sicht der öffentlichen Hand gerade nicht an das eigentlich bevorzugte Unternehmen, sondern aufgrund der Wertung der vorliegenden Angebote an einen anderen Bieter geht. 121

- Eine für das Bauvertragsrecht bedeutsame Einschränkung der Abschlussfreiheit enthält darüber hinaus § 1 Abs. 3 und Abs. 4 VOB/B. Danach bleibt es dem Auftraggeber vorbehalten, **Änderungen des Bauentwurfs** und damit Änderungen in der vom Bauunternehmer nach dem Vertrag zu erbringenden Leistung einseitig anzuordnen (§ 1 Abs. 3 VOB/B). Gleichzeitig kann der Auftraggeber verlangen, dass der Auftragnehmer nicht vereinbarte Leistungen, die zur Ausführung der vertraglichen Leistung erforderlich werden, zusätzlich auszuführen hat (§ 1 Abs. 4 S. 1 VOB/B).
Beide vorstehenden Sonderregelungen der VOB/B bedeuten faktisch einen Abschlusszwang für den Bauunternehmer; denn der Auftraggeber kann durch einseitige Willenserklärung den Vertragsinhalt ändern. Dieser Abschlusszwang hat allerdings seine Grundlage in der vertraglichen Vereinbarung der Parteien, soweit für ihr Vertragsverhältnis die VOB/B und damit eben diese einseitigen Änderungsrechte des Auftraggebers gelten. Ist die VOB/B nicht vereinbart, bedarf es für eine Vertragsergänzung – selbst wenn sie sinnvoll oder sogar für die Baudurchführung geboten ist – stets einer Vereinbarung der Vertragspartner, der ein Bauauftragnehmer in der Regel nicht zustimmen muss. 122

2.1.2 Gestaltungsfreiheit

Die Gestaltungsfreiheit gibt den Vertragsschließenden das Recht, den **Inhalt des Vertrages** beliebig zu bestimmen, sodass er ihren besonderen Wünschen, Anliegen, Vorstellungen, Bedürfnissen und Zielen entspricht. Obwohl diese Freiheit jedermann gegeben ist, ist bei den zahllosen – auch auf dem Bausektor häufig nur mündlich – abgeschlossenen Verträgen zu beobachten, dass die Vertragsschließenden von dieser Möglichkeit kaum Gebrauch machen. Vielmehr begnügen sie sich damit, Leistungen und Gegenleistungen zu bestimmen. 123

> **Beispiel**
>
> Im Rahmen eines Gespräches wird lediglich vereinbart, dass der Architekt für ein bestimmtes Bauvorhaben »als Architekt tätig sein soll«. Kein Wort wird verloren über den Umfang der zu erbringenden Architektenleistungen, die Vergütung, die Gewährleistung, die Verjährung, die Folgen einer Kündigung und dergleichen mehr. Ein Vertrag liegt gleichwohl vor, selbst wenn dessen Unvollständigkeit und Unklarheit wie in der Praxis häufig anzutreffen eine Vielzahl von Prozessen nach sich ziehen wird.

Die negativen Folgen eines solchen beschränkten Vertragsschlusses werden immerhin dadurch beschränkt, dass das Schuldrecht die im Geschäftsleben vorkommenden **typischen Verträge**, insbesondere die sich daraus ergebenden Rechte und Pflichten der Vertragsparteien, bereits weitgehend normiert hat. Treffen die Vertragsschließenden keine abweichende Regelung, dann gelten für den jeweils abgeschlossenen Vertrag eben diese Bestimmungen des Gesetzes. Konkret führt dies bei den Bau- und Architekten- bzw. Ingenieurverträgen also neben den allgemeinen Vorschriften des BGB insbesondere zu den Bestimmungen des Werkvertrages (§§ 631–651 BGB) bzw. zu den Regelungen der Honorarordnung für Architekten und Ingenieure (HOAI).

124 Den Vertragsparteien steht es aber frei, Verträge zu schließen, die für sie maßgeschneidert sind. Die Gestaltungsfreiheit erlaubt es ihnen auch, als Vertragsinhalt **vorformulierte Regelungen** zu verwenden, die in ihrem Inhalt und ihren Formulierungen den Interessen der Vertragsschließenden entgegenkommen. So können die Vertragsschließenden auf **Formularverträge** oder **Vertragsbedingungen** zurückgreifen, die von Verbänden, von Interessengemeinschaften oder öffentlichrechtlichen Körperschaften entworfen worden sind. Grundlagen eines Vertrages können dabei etwa sein:
- VOB (Vergabe- und Vertragsordnung für Bauleistungen), hier insbesondere die VOB/B (Allgemeine Vertragsbedingungen für die Ausführung von Bauleistungen),
- Muster-Arbeitsgemeinschaftsvertrag,
- Bauvertragsmuster der Bundesarchitektenkammer,
- Musternachunternehmervertrag,
- (ehemals empfohlener) Einheitsarchitektenvertrag mit den dazu gehörenden AVA (Allgemeine Vertragsbedingungen zum Architektenvertrag).

125 Der Gestaltungsfreiheit sind aber Grenzen dort gesetzt, wo sie den Interessen des Gemeinwohls und der Gesamtwirtschaft zuwiderlaufen. Wird diese Grenze überschritten, ist der Vertrag oder ein Teil davon **nichtig**. Dies gilt vor allem dann, wenn die Vereinbarung.
- einem gesetzlichen Verbot zuwider läuft (§ 134 BGB) oder
- gegen die guten Sitten verstößt (§ 138 BGB).

Keinen Bestand haben ebenfalls Verträge, die auf eine objektiv unmögliche Leistung gerichtet sind (§ 275 BGB).

2.1.2.1 Verstoß gegen ein gesetzliches Verbot

126 Auf dem Bausektor sind vielfach **Verstöße gegen ein gesetzliches Verbot** anzutreffen:
- Zu nennen sind etwa Sachverhalte, in denen der beratende Ingenieur oder Architekt mit dem Bauherrn Honorare vereinbart, die über bzw. unter den **Mindest- bzw. Höchstsätzen der gesetzlich zwingenden Honorarordnung für Architekten und Ingenieure** (HOAI) liegen. Eine solche Vereinbarung ist nichtig, wobei sich die Nichtigkeit auf die gegen die HOAI verstoßende Honorarregelung beschränkt. Eine danach überhöhte Vergütung wird sodann auf das zulässige Maß reduziert, d. h. hier z. B. auf den nach der HOAI geltenden Höchstsatz (BGH, Urt. v. 11.10.2007 – VII ZR 25/06, BauR 2007, 2081, 2082 = NJW 2008, 55, 56 = NZBau 2008, 65 f. = 2008, 47 f.).

127
- Entsprechendes gilt für Vereinbarungen, die gegen die zwingend geltende **Makler- und Bauträgerverordnung (MaBV)** verstoßen.

2.1 Der Bauvertrag und die allgemeinen Grundsätze des Vertragsrechts

> **Beispiel (nach BGH, Urt. v. 22.12.2000 – VII ZR 310/99, BGHZ 146, 250, 257 ff. = BauR 2001, 391, 394 ff. = NJW 2001, 818, 819 ff.)**
>
> Bauträger und Erwerber schließen einen Bauträgervertrag. Es ist vorgesehen, dass die erste Ratenzahlung nicht erst bei Beginn der Erdarbeiten, sondern schon bei Vertragsschluss gezahlt werden soll. Eine solche Ratenzahlungsvereinbarung weicht zum Nachteil des Erwerbers von den Vorgaben des § 3 Abs. 2 MaBV ab. Sie ist daher nichtig. An ihre Stelle tritt nicht die in § 3 Abs. 2 MaBV enthaltene Regelung zu maximal zulässigen Ratenzahlungen, da diese allein dem öffentlichen Recht zuzurechnen ist. Auch gilt wegen des Verstoßes gegen § 3 Abs. 2 MaBV nicht § 632a BGB (vgl. § 632a Abs. 2 BGB i. V. m. der Verordnung gem. Art. 244 EGBGB), sondern allein die allgemeine gesetzliche Regelung in § 641 Abs. 1 BGB, wonach die Gesamtvergütung erst bei Abnahme fällig wird (vgl. dazu auch BGH, Urt. v. 22.03.2007 – VII ZR 268/05, BGHZ 171, 364 = BauR 2007, 1235, 1238 f. = NJW 2007, 1947, 1948 f.).

- Von Bedeutung ist in diesem Zusammenhang auch das **Verbot der Architektenbindung** gemäß Art. 10 § 3 des Gesetzes zur Regelung von Ingenieur- und Architektenleistungen vom 4.11.1971. Danach ist eine Vereinbarung unwirksam, durch die der Erwerber eines Grundstücks sich im Zusammenhang mit dem Erwerb verpflichtet, bei der Planung oder Ausführung eines Bauwerkes auf dem Grundstück die Leistungen eines bestimmten Ingenieurs oder Architekten in Anspruch zu nehmen. Die Wirksamkeit des auf den Erwerb des Grundstücks gerichteten Vertrages bleibt dabei unberührt (vgl. dazu im Einzelnen: Korbion/Mantscheff/Vygen, § 3 Art. 10 MRVG Rn. 8 ff, 43). Aus diesem sog. **Koppelungsverbot** (Koppelung von Grundstückserwerb und Architekten- oder Ingenieurvertrag) kann sich im Einzelfall auch eine Nichtigkeit des Bauvertrages ergeben, wenn dieser damit in engem und unlösbarem Zusammenhang steht (vgl. KG, Urt. v. 06.01.1981 – 21 U 4648/78, Schäfer/Finnern/Hochstein Nr. 8 zu Art. 10 § 3 MRVG und OLG Hamm, Urt. v. 24.11.1982 – 8 U 234/82, BauR 1983, 482 f.). **128**

- Zu nennen ist des Weiteren ein Verstoß gegen das Gesetz zur Bekämpfung der **Schwarzarbeit**, dies allerdings nur dann, wenn auch der Auftraggeber den Verstoß kennt und die sich daraus ergebenden Vorteile bewusst zum eigenen Vorteil ausnutzt (BGH, Urt. v. 19.01.1984 – VII ZR 121/83, BGHZ 89, 369, 375 = BauR 1984, 290, 292 = NJW 1984, 1175, 1176). Die Nichtigkeit des Bauvertrages führt dazu, dass dem schwarz arbeitenden Auftragnehmer keine Vergütungsansprüche zustehen. Allerdings kann er für die erbrachten Leistungen einen Bereicherungsausgleich nach § 812 Abs. 1 S. 1 Alt. 1 BGB geltend machen. Dieser ist jedoch wegen der weggefallenen vertraglichen Verpflichtung (etwa auch zur Gewährleistung) mit deutlichen Abschlägen (ca. 30 bis 50 %) gegenüber der vertraglich vereinbarten Vergütung zu veranschlagen. Diesem Anspruch steht § 817 S. 2 BGB nicht entgegen. Zwar läge das nahe, wenn beide Parteien bewusst gegen die Vorschriften des SchwarzArbG verstoßen. Indes bezweckt das SchwarzArbG nicht den Schutz des einen oder anderen Vertragspartners. Dementsprechend soll insbesondere auch der Auftraggeber die ihm insoweit zugeflossenen Leistungen nicht unentgeltlich behalten dürfen. Im Vordergrund stehen vielmehr öffentliche Belange (arbeitsmarktpolitische Gesichtspunkte, Vermeidung von Steuerausfällen und der Schädigung von Sozialversicherungsträgern) mit der Folge, dass hier mit der Gefahr einer Strafverfolgung und der Nachzahlung von Steuern und Sozialabgaben eine ausreichende Wirkung erzielt wird (vgl. BGH, Urt. v. 31.05.1990 – VII ZR 336/89, BGHZ 111, 308, 312 = BauR 1990, 721, 722 = NJW 1990, 2542, 2543). Eine Vertragsnichtigkeit scheidet hingegen aus, wenn einseitig nur der Auftragnehmer gegen das SchwarzArbG verstößt; diese Verträge sind wirksam (zuletzt BGH, Beschl. v. 25.01.2001 – VII ZR 296/00, BauR 2001, 632 = NJW-RR 2002, 557). **129**

- Im Grunde das Gleiche gilt bei Verträgen, die die Parteien bewusst auf der Basis »ohne Rechnung«, d. h. insbesondere zur **Umgehung der Umsatzsteuerzahlung** schließen. Derartige Verträge dienen einer Steuerhinterziehung gemäß § 370 AO und sind daher ebenfalls gemäß 134 BGB nichtig. Dies gilt zumindest dann, wenn sich nicht aus anderen Umständen ergibt, dass der Vertrag auch mit Rechnung zu denselben Konditionen geschlossen worden wäre. Das **130** dürfte aber in den meisten Fällen der »ohne Rechnung-Vereinbarung« nicht anzunehmen sein. Auf der **Rechtsfolgenseite** ist dieser Vertrag nicht weiter abzuwickeln. Insoweit scheitern sogar anders als bei den soeben behandelten Verstößen gegen das SchwarzArbG Bereicherungsansprüche zu den ggf. schon gelieferten Bauteilen an § 817 S. 2 BGB (OLG Brandenburg, Urt. v. 08.02.2007 – 12 U 155/06, BauR 2007, 1586, 1587). Eine andere Frage ist dagegen, ob der Auftragnehmer nicht gleichwohl bei Baumängeln **gewährleistungspflichtig** ist. Dies liegt bei nichtigen Verträgen nicht auf der Hand. Allerdings vertritt der BGH bei Bauverträgen dazu eine andere Auffassung, wenn eine eigentlich gebotene Rückabwicklung aus tatsächlichen Gründen nicht in Betracht kommt. Denn ansonsten würde der Auftragnehmer in diesem Ausnahmefall durch das Freiwerden von seiner Gewährleistungspflicht sogar noch von seinem erstrebten gesetzwidrigen Verhalten profitieren. Daher könne er sich allein deswegen aus Treu und Glauben nicht seiner Mängelhaftung entziehen (BGH, Urt. v. 24.04.2008 – VII ZR 42/07, BGHZ, 176, 198, 202 = BauR 2008, 1301, 1302 = NJW-RR 2008, 1050 = NZBau 2008, 434, 435 und VII ZR 140/07, BauR 2008, 1330, 1331 = NJW-RR 2008, 1051, 1052 = NZBau 2008, 436).

▶ **Beispiel**

Der Auftragnehmer sollte eine Terrasse abdichten; es war eine Vergütung ohne Rechnung mit einer Kürzung um die Umsatzsteuer vereinbart. Kurze Zeit später läuft Wasser in den Keller. Hier soll der Auftragnehmer auch für die Mängel haften.

Ob dies im Ergebnis richtig ist, mag allerdings bezweifelt werden. Denn wenn beide Parteien mit ihrem Vertrag einen gesetzeswidrigen Zweck verfolgen, erscheint es nicht angezeigt, den Vertrag aus Sicht einer Vertragspartei letztlich doch so abzuwickeln, als sei er in rechtlich zulässiger Form zustande gekommen. Denn in diesen Fällen würde man ja dem Auftraggeber sämtliche Vorteile dieses gesetzeswidrigen Verhaltens belassen.

131 Neben einzelnen speziell gesetzlichen Regelungen kann ein Verstoß gegen ein gesetzliches Verbot und damit eine **Unwirksamkeit** in Betracht kommen, wenn der Vertrag einer **AGB-Inhaltskontrolle** nach den §§ 307 ff. BGB zu unterwerfen ist. Hieraus kann sich im Einzelfall eine Unwirksamkeit bestimmter Vertragsklauseln wegen eines Verstoßes gegen §§ 308 und 309 BGB oder gegen die Generalklausel des § 307 BGB ergeben. Darauf wird im Einzelnen später eingegangen (Rdn. 643 ff.).

2.1.2.2 Verstoß gegen gute Sitten/Schmiergeldzahlung

132 In besonderen Ausnahmefällen kann ein Bauvertrag auch wegen **Verstoßes gegen die guten Sitten gemäß § 138 BGB** nichtig sein.

▶ **Beispiel (nach OLG Düsseldorf, Urt. v. 20.06.1989 – 23 U 180/88, BauR 1990, 618)**

Zwischen dem Generalunternehmer und dem Treuhänder einer Bauherrengemeinschaft wird eine **Provisionsabrede** in unmittelbarem Zusammenhang mit dem Abschluss des Generalunternehmervertrages getroffen. Es ist nicht auszuschließen, dass diese dem Bauherrn unbekannte Provisionsabrede den Abschluss oder jedenfalls den Inhalt des Generalunternehmervertrages für die Bauherren negativ beeinflusst hat. Eine solche Provisionsabrede ist wegen Verstoßes gegen § 138 BGB nichtig.

In engem Zusammenhang mit den Provisionsabreden stehen Bauverträge, die infolge von **Schmiergeldzahlungen** etwa an den Vertreter des Bauherrn abgeschlossen sind. Dasselbe gilt für Schmiergeldzahlungen zur Beauftragung eines unberechtigten Nachtrages.

▶ **Beispiel**

Der Auftragnehmer stellt einen überhöhten Nachtrag. Er zahlt dem aufseiten des Auftraggebers zuständigen Projektleiter eine Prämie, woraufhin sich dieser erfolgreich für die Beauftragung des Nachtrages einsetzt.

2.1 Der Bauvertrag und die allgemeinen Grundsätze des Vertragsrechts

Rechtlich sind diese Fälle nicht einfach zu greifen (s. ausführlich Joussen, Sicher handeln bei Korruptionsverdacht, Rn. 448 ff.). Zwar dürfte kein Zweifel daran bestehen, dass die **Schmiergeldabrede** zwischen dem bestechenden Auftragnehmer und bestochenem Mitarbeiter gemäß § 134 BGB **nichtig** ist (vgl. dazu auch Soergel/Hefermehl, BGB, § 134 Rn. 25 m. w. N.). Daneben steht jedoch die Frage der Wirksamkeit des vor dem Hintergrund der Schmiergeldzahlung geschlossenen Hauptvertrages bzw. Nachtrages. Hier ist zu unterscheiden:

- Ein auf der Basis von Schmiergeldern geschlossener Vertrag ist **nicht automatisch nichtig**. Vielmehr wird dieser zunächst nur von der Nichtigkeitsfolge erfasst, wenn er seinerseits gegen ein gesetzliches Verbot oder gegen die guten Sitten verstößt (§§ 134, 138 BGB). Entscheidend ist danach allein, dass die Rechtsordnung solche Verträge nicht aufrechterhalten will, die ihr von ihrer Grundausrichtung zuwiderlaufen. Ein reiner Wettbewerbsverstoß als Gegenleistung für die Bestechung genügt dagegen nicht; denn dieser betrifft nur eine Pflichtwidrigkeit der Betroffenen im Vorfeld einer Vergabe, nicht aber unbedingt den Vertrag selbst (BGH, Urt. v. 06.05.1999 – VII ZR 132/97, BGHZ 141, 357, 360 = BauR 1999, 1047 = NJW 1999, 2266, 2267). 133

▶ **Beispiel**

Ein Bieter zahlt einem Mitarbeiter der kommunalen Vergabestelle Schmiergeld, um den Zuschlag zu erhalten. Dies erfolgt auch. Hier ist der Bauvertrag zwar auf der Grundlage eines vor Vergabe anzutreffenden strafbaren Verhaltens zustande gekommen. Das heißt aber nicht, dass der Vertrag selbst gegen ein gesetzliches Verbot verstößt.

- Neben der allgemeinen Vereinbarkeit des infolge eines Rechtsverstoßes zustande gekommenen Rechtsgeschäftes mit §§ 134 und 138 BGB kann das Folgegeschäft aber auch aufgrund der besonderen Umstände für sich betrachtet von der Nichtigkeitsfolge des § 138 BGB erfasst sein (BGH, Urt. v. 17.05.1998 – VI ZR 233/87, NJW 1989, 26; BGH, Urt. v. 04.11.1999 – IX ZR 320/98, BauR 2000, 413, 415 = NJW 2000, 511, 512). Dies gilt in jedem Fall dann, wenn die Zuwendungen zu einer für den **Geschäftherrn nachteiligen Vertragsgestaltung** geführt haben (BGH, Urt. v. 06.05.1999 – VII ZR 132/97, BGHZ 141, 357, 361 = BauR 1999, 1048 = NJW 1999, 2266, 2267). Allein insoweit spricht bereits der **Beweis des ersten Anscheins** dafür, dass die Schmiergeldabrede auf den Hauptvertrag durchschlägt und diesen ebenfalls sittenwidrig macht. Denn zumindest in der Regel ist davon auszugehen, dass die Zuwendungen zu einer Besserstellung des Begünstigten geführt und die Willensentschließung des Bestochenen beeinflusst haben, das Geschäft zum Nachteil des Geschäftsherrn abzuschließen (BGHZ a. a. O.; BGH, Urt. v. 17.05.1998 – VI ZR 233/87, NJW 1989, 26, 27; Sorgen/Hefermehl BGB § 138 Rn. 183). Dies liegt auf der Hand: Denn im normalen Geschäftsleben wird man davon auszugehen haben, dass ein Vertragspartner jedenfalls den Betrag, den er für Schmiergelder aufwendet, dem Geschäftsherrn des Schmiergeldempfängers bei gewöhnlichen Verhandlungen auch in Form eines Preisnachlasses gewährt hätte. Bei der Auftragserlangung durch Bestechung bildet daher der auf den Preis aufgeschlagene Betrag, der faktisch der Finanzierung des Schmiergeldes dient, grundsätzlich die Mindestsumme des beim Auftraggeber entstandenen Vermögensschadens (vgl. dazu zuletzt BGH, Urt. v. 02.12.2005 – 5 StR 119/05, NJW 2006, 925, 931; BGH, Beschl. v. 11.11.2004 – 5 StR 299/03, NJW 2005, 300, 305; OLG Stuttgart, Urt. v. 13.06.2005 – 13 U 226/04, Nichtzulassungsbeschwerde vom BGH zurückgewiesen, Beschl. v. 28.09.2006 – VII ZR 161/05, BauR 2007, 420, 421) – wobei das Gegenteil, nämlich dass infolge der Schmiergeldzahlung kein Nachteil entstanden sein könnte, allein der Bestechende darzulegen und zu beweisen hat (OLG Düsseldorf, Urt. v. 26.01.1996 – 22 U 61/95, BauR 1997, 122, 123; ähnlich wenn auch nicht für eine vollständige Beweislastumkehr: OLG Frankfurt, Urt. v. 09.02.2009 – 17 U 247/07, Nichtzul.-Beschw. zurückgen., BauR 2009, 1604, 1606). Allein mit dieser Argumentation dürften daher trotz des vorgenannten allgemeinen Grundsatzes, dass nach Schmiergeldzahlungen geschlossene Folgeverträge nicht automatisch nichtig sind, viele derartige Verträge gleichwohl **keinen Bestand** haben – wobei allerdings auch andere Fälle denkbar sind (ähnlich Soergel/Hefermehl, § 138 Rn. 183; Erman/Palm, § 138 Rn. 85). 134

> **Beispiel**
>
> Ein Architekt zahlt einem Mitarbeiter einer Wohnungsbaugesellschaft zur Erlangung eines Auftrages Schmiergeld. Der Vertrag wird daraufhin auf der Basis der Mindestsätze der HOAI geschlossen.

Ein solcher Vertrag wäre zunächst wirksam. So verstößt er nicht gegen ein gesetzliches Verbot. Eine Strafbarkeit nach § 299 StGB will zwar unlautere Bestechungen unterbinden; ansonsten bezieht sich diese Regelung aber nur auf die Bestechung selbst, nicht auf nachfolgende Vertragsschlüsse. Selbst die Mindestschadensvermutung in Höhe des gezahlten Schmiergeldes verbunden mit der Annahme eines nachteiligen Geschäfts hilft nicht weiter. Denn der Architektenvertrag hätte nach der Honorarordnung für Architekten und Ingenieure (HOAI) zu überhaupt keinem niedrigeren Preis geschlossen werden dürfen (ähnlich BGH, Urt. v. 06.05.1999 – VII ZR 132/97, BGHZ 141, 357, 361 = BauR 1999, 1047, 1048 = NJW 1999, 2266, 2267 zu einem nach Schmiergeldzahlungen geschlossenen Architektenvertrag, wobei es dort sogar um den Abschluss auf der Basis des Mittelsatzes ging).

135 Sollte der Vertrag also Bestand haben, muss diese Rechtsfolge aus Sicht des Geschäftsherrn allerdings nicht nachteilhaft sein. Denn immerhin ist vorstellbar, dass es um einen Vertrag geht, der trotz Schmiergeldzahlungen marktgerechte (oder sogar günstigere) Konditionen enthält.

> **Beispiel**
>
> Der leitende Einkäufer soll einen Bauvertrag schließen. Er spricht vier Baufirmen an. Einen der beiden günstigsten Bieter, die der Höhe nach dasselbe Angebot abgegeben haben, fordert er auf, ihm eine Rückvergütung von 10.000 € zu zahlen. Mit diesem schließt er den Vertrag.

In Fällen wie dem vorgenannten mag es der Geschäftsherr als durchaus sachgerecht ansehen, den **preislich günstigen Vertrag aufrechtzuerhalten** bzw. einer automatischen Nichtigkeit zu entgehen. Zumindest wird er sich eine diesbezügliche Prüfung vorbehalten wollen. Daher ist es richtig, bei Bedarf auf andere zivilrechtliche Auflösungsgründe zurückzugreifen (s. auch zu Maßnahmen der einstweiligen Vermögenssicherung in diesen Fällen: Joussen, Sicher handeln bei Korruptionsverdacht, Rn. 490 ff.):

136 • In Betracht kommt zunächst eine **Anfechtung** des Vertrags durch den Geschäftsherrn **wegen arglistiger Täuschung** nach § 123 BGB. Grundlage dafür ist eine bei dem Abschluss von Verträgen anerkannte Aufklärungspflicht zu allen Umständen, die nach der Interessenlage der Parteien und den Verkehrserfordernissen eine herausragende Bedeutung für den Vertrag und dessen Abschluss haben (BGH, Urt. v. 28.4.1971, Az. VIII ZR 258/69, NJW 1971, 1795, 1799 m. w. N.; BGH, Urt. v. 25.10.2007 – VII ZR 205/06, BauR 2008, 351, 352 = NJW-RR 2008, 258, 259 = NZBau 2008, 113, 114; Palandt/Ellenberger, § 123 Rn. 5 ff.). Hierbei geht es um Umstände, von denen der Erklärungsempfänger vernünftigerweise nicht davon ausgehen kann, der Erklärende lege auf deren Vorhandensein keinen Wert. Dies vorausgeschickt liegt auf der Hand, dass ein Vertragspartner in jedem Fall die Gegenseite darüber in Kenntnis zu setzen hat, dass er zum Zwecke des Abschlusses des betroffenen Geschäftes zuvor an dessen Vertreter Schmiergeldzahlungen geleistet hat (i. E. ebenso: OLG Frankfurt, Urt. v. 09.02.2009 – 17 U 247/07, Nichtzul.-Beschw. zurückgen., BauR 2009, 1604, 1606). Dabei ist völlig unbeachtlich, ob es um ein tatsächlich nachteilhaftes Geschäft geht. Denn es obliegt im Rahmen der Privatautonomie allein dem Vertragspartner zu entscheiden, ob er mit Personen in eine Geschäftsbeziehung treten will, die für derartige Vertragsabschlüsse zuvor Schmiergelder an entsandte Vertreter gezahlt haben, die ggf. sogar strafbar sind.

Doch kommt es nicht einmal (nur) auf diese »moralischen« Maßstäbe an. Denn durch das Verschweigen der vorherigen Schmiergeldzahlung wird dem Geschäftsherrn gleichzeitig jede Möglichkeit genommen, einen solchen Geschäftsabschluss einer besonderen Prüfung zu unterziehen gerade vor dem Hintergrund, dass Schmiergelder gezahlt werden.

2.1 Der Bauvertrag und die allgemeinen Grundsätze des Vertragsrechts

▶ **Beispiel**

Ein Auftraggeber vertraut seinem leitenden Prokuristen bei dem Abschluss von Bauverträgen. Diese lässt er aufgrund der jahrelangen guten Erfahrung nicht mehr durch einen zweiten Mitarbeiter prüfen. Der Prokurist erhält jetzt von einem Auftragnehmer für ein konkretes Vorhaben Schmiergeld. Es liegt auf der Hand, dass der Auftraggeber – losgelöst von allen anderen Erwägungen – in Kenntnis dieser Zahlungen den Prokuristen entlassen und im Zweifel von einem solchen Vertragsschluss absehen würde. Zumindest aber würde er vor Abschluss eines solchen Vertrages diesen auf die Angemessenheit der Konditionen (kritisch) prüfen lassen (z. B. durch die Einholung von Vergleichsangeboten).

Derartige Fälle sind nicht selten. Sie sind dadurch gekennzeichnet, dass durch die verschwiegene Schmiergeldzahlung dem Geschäftsherrn diese vorherige kritische Prüfungsmöglichkeit genommen wird. Natürlich kann er später diese Prüfung nachholen. Zeigt sich dann aber gegenüber durchschnittlichen Marktpreisen nur eine geringfügige Überhöhung von z. B. 10 %, wird er bei der in Regressverfahren üblichen Verteilung der Darlegungs- und Beweislast auch im Zusammenhang mit der Schadensentstehung größte Probleme haben, sich mit Schadensersatzansprüchen durchzusetzen. Allein diese Risikoverschiebung zu seinen Lasten ist ein Nachteil, der zu berücksichtigen ist. Daher ist es richtig, dass die Rechtsprechung heute regelmäßig darauf verweist, dass ein Vertragspartner von sich aus z. B. Provisionsabreden offenzulegen hat, die er mit einem für einen Geschäftsabschluss entsandten Vertreter der Gegenseite getroffen hat (BGH, Urt. v. 16.01.2001, Az.: XI ZR 113/00, NJW 2001, 1065, 1066 f.; BGH, Urt. v. 14.3.1991, Az. VII ZR 342/89, BGHZ 114, 87, 90 = BauR 1991, 478, 479 = NJW 1991, 1819). Nichts anderes gilt für sonstige Zuwendungen. Richtigerweise begründet daher eine unterbliebene Offenlegung in jedem Fall eine Anfechtungsmöglichkeit nach § 123 BGB.

- Neben einer Anfechtung wegen arglistiger Täuschung kommt ebenso eine **außerordentliche fristlose Kündigung** des Bauvertrages aus wichtigem Grund in Betracht. Denn gerade Schmiergeldzahlungen im Vorfeld eines Vertragsschlusses dürften in aller Regel das Vertrauensverhältnis zwischen den Parteien so nachhaltig zerstört haben, dass es der hintergangenen Partei kaum zumutbar ist, mit dem die Schmiergeldzahlung leistenden Geschäftspartner den Vertrag fortzusetzen (so auch zu verstehen BGH Urt. v. 6.5.1999 VII ZR 132/97 BauR 1999, 1047, 1049 = NJW 1999, 2266, 2268). Bei VOB-Verträgen wäre insoweit allerdings darauf zu achten, dass eine im Vorfeld zu einer Schmiergeldzahlung getroffene Abrede zugleich als eine Absprache anzusehen sein wird, die eine unzulässige Wettbewerbsbeschränkung darstellt. Sie fiele daher wohl richtigerweise unter § 8 Abs. 4 VOB/B mit der Folge, dass eine solche **außerordentliche Kündigung nur binnen 12 Werktagen** nach Kenntnis des Kündigungsgrundes ausgesprochen werden kann; auch könnte danach diese Regelung eine Anfechtung wegen arglistiger Täuschung verdrängen (s. dazu Rdn. 2876). Führt danach die Anfechtung oder auch die außerordentliche Kündigung rechtlich nicht zum Erfolg oder ist z. B. die Anfechtungsfrist (§ 124 BGB) oder Kündigungsfrist (§ 8 Abs. 4 VOB/B) abgelaufen, kann der hintergangene Geschäftsherr alternativ zumindest die **Rückgängigmachung des infolge einer Schmiergeldzahlung** geschlossenen Vertrages verlangen. Dies folgt aus einem **Schadensersatzanspruch** beruhend auf dem Rechtsgrundsatz des **Verschuldens bei Vertragsschluss** (§§ 280 Abs. 1, 311 Abs. 2, 241 Abs. 2 BGB). Der Geschäftsherr muss hierfür lediglich darlegen können, dass er diesen Vertrag in Kenntnis der Schmiergeldzahlung nicht geschlossen hätte. Dies dürfte die Regel sein, wenn sich das Geschäft in irgendeiner Weise zu seinem Nachteil ausgewirkt hat. Grundlage dieses Schadensersatzanspruches ist dabei erneut das Verschweigen eines vertragswesentlichen Umstandes, nämlich der Tatsache, dass im Vorfeld Schmiergeld gezahlt wurde. Dieser Umstand wäre – wie schon erläutert – aus Sicht des Vertragspartners selbstständig offenzulegen gewesen (BGH, Urt. v. 16.01.2001, Az.: XI ZR 113/00, NJW 2001, 1065, 1066 f.).

- Schließlich darf in den hier relevanten Drittfällen, in denen ein Mitarbeiter des Geschäftsherrn als dessen Vertreter geschmiert wird, nicht verkannt werden, dass das Handeln des Vertreters im Zweifel nicht mehr von seiner Vertretungsmacht gedeckt ist. So ist ein Schmiergeldempfänger

137

nämlich ohne vorherige Information seines Geschäftsherrn nicht befugt, für diesen einen Vertrag mit einem Verhandlungspartner abzuschließen, der ihn zuvor bestochen hat. Richtigerweise heißt das aber auch, dass ein daraufhin geschlossener Vertrag mangels ausreichender Vollmacht entsprechend § 177 Abs. 1 BGB schwebend unwirksam ist (BGH, Urt. v. 6.5.1999, Az.: VII ZR 132/97, BGHZ 141, 357, 363 = BauR 1999, 1047, 1049 = NJW 1999, 2266, 2267; ähnlich etwa Münch. Komm. z. BGB/Schramm § 164 Rn. 121.). Dieser Weg ist für den potenziell geschädigten Geschäftsherrn in keiner Weise nachteilhaft. Denn es steht nunmehr in seinem freien Belieben, einen solchen durch Schmiergelder vermittelten Vertrag im Nachhinein zu genehmigen. Davon wird er Gebrauch machen, wenn der Vertrag trotz der Schmiergeldzahlung für ihn günstig ist. Anderenfalls lässt er es bleiben, wodurch der Vertrag endgültig unwirksam wird.

138 Bleibt der Vertrag nach Vorstehendem wirksam, ist gesondert zu prüfen, ob dem infolge der **Schmiergeldabrede geschlossenen Vertrag eine reale Leistung** zugrunde liegt.

▶ **Beispiel**

Der Auftragnehmer zahlt dem Projektingenieur zu einer Leistung, die bereits vom Hauptvertrag umfasst ist, eine Prämie. Infolgedessen gibt dieser pflichtwidrig einen Nachtrag frei.

In Fällen wie diesen kann der Auftraggeber losgelöst von der Frage einer Anfechtung und Schadensersatzansprüchen seine daraufhin schon bezahlte **Vergütung zurückfordern**, weil die von dem Nachtrag erfasste Leistung bereits von dem Hauptvertrag umfasst war. Dann aber steht dem Auftragnehmer allein deshalb kein weiterer Vergütungsanspruch zu. Denn Voraussetzung für die Vergütung einer Nachtragsleistung ist stets, dass tatsächlich auch eine zusätzliche Leistung erbracht wird (s. Rdn. 2237 ff., 2288 ff.). Eine gleichwohl geschlossene Nachtragsvereinbarung ändert daran nichts – es sei denn, dass der Auftraggeber die gesonderte Vergütungspflicht selbstständig anerkannt hat oder die Parteien sich gerade in Ansehung dieser Frage verglichen haben (BGH, Urt. v. 26.04.2005, Az.: X ZR 166/04, BauR 2005, 1317, 1319 = NJW-RR 2005, 1179, 1180 = NZBau 2005, 453; 454). Hierfür dürfte es vor allem in den Schmiergeldfällen regelmäßig keinen Anhaltspunkt geben. Darauf ist deshalb hinzuweisen, weil es bei diesem dann bestehenden Rückforderungsanspruch auf irgendwelche (teilweise schwer nachweisbaren) Nachweise infolge der Schmiergeldzahlungen oder einen Zusammenhang zwischen Schmiergeldzahlung und Nachfolgegeschäft nicht ankommt.

2.1.2.3 Unmöglichkeit der Leistungserbringung

139 Ist der Bauvertrag auf eine unmögliche Bauleistung gerichtet, ist er zwar nicht aus diesem Grund nichtig. Der Auftragnehmer wird dann jedoch von seiner Leistungspflicht frei (§ 275 Abs. 1 BGB); der Auftraggeber kann anschließend seinerseits vom Vertrag zurücktreten (§ 326 Abs. 5 BGB). Im Ergebnis hat also auch ein solcher Vertrag keinen Bestand. Dabei ist unbeachtlich, ob die Unmöglichkeit der Leistungserbringung auf tatsächlichen oder auf rechtlichen Gründen beruht.

▶ **Beispiel**

Der Bauvertrag wird geschlossen. Eine dafür erforderliche Baugenehmigung wird nach einem Nachbarwiderspruch aufgehoben und endgültig versagt. Hier wird die Ausführung des geplanten Vorhabens rechtlich unmöglich. Die Errichtungsverpflichtung für den Auftragnehmer entfällt. Der Auftraggeber kann seinerseits den Vertrag rückabwickeln (s. ausführlich zu diesem Beispiel auch Rdn. 2115 ff.).

Nichts anderes gilt, wenn etwa in einem Subunternehmerverhältnis der Hauptunternehmer das Grundstück dem Subunternehmer nicht zur Verfügung stellen kann, weil er es selbst vom Bauherrn nicht erhält (Rdn. 2107 ff.).

2.1.3 Die Formfreiheit

2.1.3.1 Grundsatz der Formfreiheit

Entsprechend dem Grundsatz der Formfreiheit können Verträge und auch sonstige Rechtshandlungen wie Kündigungen, Mahnungen usw. vorgenommen werden, ohne dass bestimmte Formen einzuhalten sind. Die Formfreiheit erlaubt es weiter, Verträge jederzeit mündlich oder gar durch **schlüssiges Verhalten** abzuschließen. Dies bringt einerseits den Vorteil mit sich, dass Verträge schnell und auf einfache Weise abgeschlossen werden können; andererseits besteht der Nachteil, dass durch die Möglichkeiten des schnellen und formlosen Vertragsabschlusses Verträge unüberlegt und mit einem später nur schwer feststellbaren Inhalt zustande kommen und die Vertragspartner sich dann über den konkreten Inhalt des Vertrages streiten. In einer Vielzahl von Bauprozessen fehlt es an einem schriftlichen Vertrag. Daraus lässt sich im Umkehrschluss folgern, dass es bei schriftlichen und insbesondere klaren und fairen Verträgen wesentlich seltener später zu Rechtsstreitigkeiten kommt. Trotzdem muss man sich bewusst sein, dass Verträge – seien es solche mit beratenden Ingenieuren, Architekten oder Sonderfachleuten oder Bauverträge – nicht erst dann abgeschlossen sind, wenn ein schriftlicher Vertrag unterschrieben worden ist. Vielmehr liegt ein Vertragsabschluss immer schon vor, wenn sich die Parteien über die beiderseitigen Leistungsverpflichtungen geeinigt haben bzw. der eine Vertragspartner den anderen mit einer bestimmten Leistung beauftragt hat.

140

▶ **Beispiel**

> Es ist in Architektenkreisen fast üblich, zunächst aufgrund eines mündlich erteilten Auftrages für den Bauherrn die Vorplanung, Entwurfsplanung bis zur Genehmigungsplanung zu erstellen und erst bei Einreichung des Baugesuches einen schriftlichen Architektenvertrag mit dem Bauherrn zu schließen. Entgegen einer weitverbreiteten Ansicht ist aber der Architektenvertrag bereits vor dem schriftlichen Abschluss des Vertrages wirksam zustande gekommen. Dies ist unter Geltung der HOAI von besonderer Bedeutung, weil in diesem Fall dem Architekten auch bei abweichender Vereinbarung in dem späteren schriftlichen Architektenvertrag stets nur das Mindesthonorar zusteht (vgl. § 7 Abs. 6 HOAI).

Wenn also durch jede **formlose Übereinkunft ein Vertrag wirksam** abgeschlossen werden kann, so sollte dies doch bei den zur Erstellung eines Bauvorhabens erforderlichen Verträgen im Hinblick auf deren erhebliche wirtschaftliche Bedeutung die Ausnahme bleiben und **möglichst vermieden** werden. Bauverträge, Verträge mit beratenden Ingenieuren, Architekten oder Sonderfachleuten, Verträge zwischen Haupt- und Nachunternehmern, Baubetreuungsverträge, Bauträgerverträge und andere im Baugeschehen laufend vorkommenden Verträge sind in der heutigen Zeit mit ihren komplizierten rechtlichen und wirtschaftlichen Verflechtungen nicht so einfach gelagert, dass ein mündlicher Vertragsabschluss als ausreichend angesehen werden kann.

141

Differenzierte Regelungen über Art und Weise und Umfang der zu erbringenden Leistungen, über die Haftung und Gewährleistung, über den Gefahrübergang, über die Verjährung, Sicherheitsleistung und Abschlagszahlungen u. a. m. können zwar mündlich getroffen werden; im Fall einer Meinungsverschiedenheit zwischen den Partnern wird sich ihr genauer Inhalt aber später kaum beweisen lassen. Nicht der Rechtswirksamkeit wegen, sondern vorrangig im Hinblick auf die **Beweisbarkeit des Vertragsinhaltes** empfiehlt sich daher die Schriftform für alle mit der Errichtung des Bauwerks zusammenhängenden Verträge. In einem Rechtsstreit kann eine insoweit errichtete Vertragsurkunde unschätzbare Dienste leisten. Eine Vertragsurkunde hat nämlich die **Vermutung der Richtigkeit und Vollständigkeit** für sich (BGH, Urt. v. 19.03.1980 – VIII ZR 183/79, NJW 1980, 1680, 1681). Hieraus folgt, dass derjenige, der behauptet, zwischen den Vertragsschließenden sei etwas anderes oder zusätzliches vereinbart worden als in der Urkunde stehe, dieses auch beweisen muss (s. zu diesem Grundsatz aber unten näher Rdn. 877).

2.1.3.2 Grenzen der Formfreiheit

142 Auch der Grundsatz der Formfreiheit hat seine Grenzen; vor allem folgende **Ausnahmen** sind im Bauvertragsrecht zu beschreiben.

- **Beurkundungsbedürftigkeit von Bauverträgen**

143 Zu nennen ist zunächst die Notwendigkeit der Beurkundung. Grundlage dafür ist § 311b Abs. 1 S. 1 BGB. Danach ist ein Vertrag mit der Verpflichtung zu der Übertragung oder dem Erwerb eines Grundstücks zu beurkunden. Formbedürftig sind somit vor allem **Bauträgerverträge**, da mit diesen die Übereignung des Grundstücks verbunden ist. Ebenso sind **gewöhnliche Bauverträge** zu beurkunden, wenn sie im Zusammenhang mit einem **Grundstückskaufvertrag** geschlossen werden mit der Maßgabe, dass beide Verträge **miteinander stehen und fallen** sollen (BGH, Urt. v. 06.11.1980 – VII ZR 12/80, BGHZ 78, 346, 350 = BauR 1981, 67, 68 = NJW 1981, 274, 275). In diesem Fall stellen sie eine **rechtliche Einheit** dar, wobei bereits die wirtschaftliche Einheit ein Indiz dafür sein kann.

> ▶ **Beispiel**
>
> Auftraggeber und Auftragnehmer schließen einen Bauvertrag zu einem Fertighaus. Das Haus soll auf einem Grundstück gebaut werden, das der Auftraggeber noch von dem Hauptgesellschafter des Bauunternehmens erwirbt. Hier ist auch der Bauvertrag zu beurkunden, weil nach dem erklärten Willen der Parteien beide Verträge miteinander stehen und fallen können.

Dabei genügt es im Allgemeinen, dass nur einer der Vertragspartner einen solchen Einheitswillen erkennen lässt und der andere Partner ihn anerkennt oder zumindest hinnimmt (BGH, Urt. v. 12.02.2009 – VII ZR 230/07, BauR 2009, 1138, 1139 = NJW-RR 2009, 953, 954 = NZBau 2009, 442, 443). Allerdings gibt es für die Annahme der rechtlichen Einheit zwischen Bau- und Grundstückskaufvertrag keinen Automatismus: Umgekehrt bringt nämlich erst einmal die **Trennung beider Verträge** in verschiedenen Urkunden die **Vermutung** mit sich, dass **keine rechtliche Einheit** bestehen soll (BGH, Urt. v. 06.12.1979 – VII ZR 313/78, BGHZ 76, 43, 49 = BauR 1980, 167, 169 = NJW 1980, 829, 830). Demzufolge fehlt es etwa an einer rechtlichen Einheit, wenn der Auftraggeber zuvor von einem Dritten das Baugrundstück erwirbt und dieser nur weiß, dass der Käufer später das Grundstück bebauen will. Diese sichere Kenntnis ist rechtlich ohne Bedeutung; sie entspricht sogar eher dem Normalfall, weil die meisten Menschen Grundstücke zum Zwecke der Errichtung eines Bauwerks kaufen. Mit einer rechtlichen Einheit beider Verträge vor dem Hintergrund, dass sie miteinander stehen und fallen sollen, hat das nichts zu tun (OLG Celle, Urt. v. 06.12.2006 – 7 U 296/05, BauR 2007, 1745 f.; i. E. wohl auch BGH, Urt. v. 22.07.2010 – VII ZR 246/08, BGHZ 186, 345, 348 = BauR 2010, 1754, 1755 = NZBau 2011, 154).

144 Besteht hingegen eine Beurkundungsbedürftigkeit, ist neben dem Grundstückskaufvertrag der **Bauvertrag vollständig**, d. h. vor allem mit sämtlichen Regelungen, die die Beschaffenheit der geschuldeten Leistung betreffen, zu **beurkunden** (insbesondere also die **Baubeschreibung** nebst Plänen – vgl. BGH, Urt. v. 10.02.2005 – VII ZR 184/04, BGHZ 162, 157, 160 = BauR 2005, 866, 867 = NJW 2005, 1356; BGH, Urt. v. 03.07.2008 – VII ZR 189/07, BauR 2008, 1881, 1882 = NJW-RR 2008, 1506, 1507). Beurkundungsfrei bleiben hingegen selbst bei einer rechtlichen Einheit bloße Bezugsdokumente, die zwar bei der Bauausführung zu beachten sind, gleichwohl die vertragliche Beschaffenheit aber nicht konkretisieren (BGH, Urt. v. 14.03.2003 – V ZR 278/01, BauR 2003, 1032, 1034 = NJW-RR 2003, 1136).

> ▶ **Beispiel**
>
> Grundlage des zu beurkundenden Bauvertrages ist zunächst die Baubeschreibung. Weiter heißt es dort, dass der Bauunternehmer das vorliegende Baugrundgutachten zu beachten hat. Hier ist nur die Baubeschreibung zu beurkunden, weil diese unmittelbar die Beschaffenheit der geschuldeten Leistung, nämlich das Bauvorhaben, beschreibt. Das lediglich in Bezug genommene Baugrundgutachten muss dagegen nicht beurkundet werden.

2.1 Der Bauvertrag und die allgemeinen Grundsätze des Vertragsrechts

Etwas anderes dürfte dagegen gelten, wenn durch das Baugrundgutachten die Leistungspflichten des Auftragnehmers bestimmt werden (BGH, a. a. O.; s. zu der Bedeutung von Baugrundgutachten für die Leistungsbestimmung unten Rdn. 1937 ff.).

Ebenso kommt es nicht auf eine Beurkundung von Unterlagen an, soweit diese nur die **Auslegung der an sich zu beurkundenden Willenserklärungen** betreffen (BGH, Urt. v. 25.10.2007 – VII ZR 205/06, BauR 2008, 351, 352 = NJW-RR 2008, 258, 259 = NZBau 2008, 113, 114). 145

▶ Beispiel

Im Prospekt ist eine Maisonette-Wohnung abgebildet. Diese wird vom Erwerber gekauft. Später stellt sich heraus, dass diein der zweite Etage nicht als Wohnraum zu nutzen ist. In der Baubeschreibung war zu der Maisonette-Wohnung nichts erwähnt.

Dass hier der Prospekt nicht beurkundet wurde, ist unschädlich: Denn es geht nicht darum, dass die Angaben des Prospektes das Leistungssoll eigenständig begründen, sondern allein um die Auslegung, d. h. die Ermittlung des richtigen Verständnisses der beurkundeten Willenserklärungen. Hierbei können diese Angaben im Prospekt mit einbezogen werden.

Zu unterscheiden von dieser wechselseitigen Abhängigkeit von Bau- und Grundstückskaufvertrag mit der Folge der Beurkundungsbedürftigkeit eines Bauvertrages sind Fälle der **einseitigen Abhängigkeit**. Danach ist der Bauvertrag **nicht beurkundungsbedürftig**, wenn zwar der Bauvertrag von einem Grundstückskaufvertrag, nicht aber der Grundstückskaufvertrag vom Bauvertrag abhängt (BGH, Urt. v. 13.06.2002 – VII ZR 321/00, BauR 2002, 1541, 1542 = NJW 2002, 2559, 2560 = NZBau 2002, 502). Die zeitliche Reihenfolge des Vertragsschlusses ist dabei unbeachtlich (BGH, Urt. v. 12.02.2009 – VII ZR 230/07, BauR 2009,1140 = NJW-RR 2009, 953, 954 = NZBau 2009, 442, 443) 146

▶ Beispiel (nach BGH, Urt. v. 13.06.2002 – VII ZR 321/00, a. a. O.)

Der Bauherr beauftragt den Auftragnehmer privatschriftlich mit der Planung und Errichtung eines Bauvorhabens auf einem konkreten schon bezeichneten Grundstück, das im Eigentum eines Dritten steht. Für den Fall des Nichtzustandekommens des Grundstückskaufvertrages wird dem Bauherrn ein Rücktrittsrecht vom Bauvertrag eingeräumt. Der Kaufvertrag zum Grundstück kommt auf Vermittlung des Auftragnehmers zustande und wird beurkundet. Der Bauherr will das Grundstück behalten und im Übrigen vom Bauvertrag zurücktreten. Er hält ihn mangels Beurkundung für nichtig. Falsch! Zwar besteht zwischen beiden Verträgen ein wirtschaftlicher Zusammenhang; nicht aber ist der Grundstückskaufvertrag vom Bauvertrag abhängig bzw. steht mit ihm in einer rechtlichen Einheit.

Vorgenannter Fall darf aber keinesfalls verallgemeinert werden. Denn die Grenzen sind fließend und nicht immer einfach zu bestimmen. So entspricht es ja zunächst der Regel, dass ein Bauherr für die Durchführung eines Bauvorhabens ein Grundstück benötigt. Dies löst allerdings für sich genommen genauso wenig eine Beurkundungspflicht eines parallel bzw. zeitlich vor- oder nach Erwerb eines Grundstücks geschlossenen Bauvertrages aus wie die Tatsache, dass für das Bauvorhaben schon ein bestimmtes Grundstück ins Auge gefasst wurde. Letzteres könnte aber dann der Fall sein, wenn die **Parteien** des Bauvertrages und diejenigen des Grundstückskaufvertrages **identisch** sind. Ähnliches gilt, wenn der **Bauunternehmer zumindest einen maßgeblichen Einfluss** auf die Durchführung des Grundstückskaufvertrages hat. Dieser wird dann häufig dadurch im Bauvertrag manifestiert, dass die Bebauung auf einem bestimmten Grundstück erfolgen soll (BGH, Urt. v. 22.07.2010 – VII ZR 246/08, BGHZ 186, 180, 185 = NJW 2011, 50, 51). Dass ansonsten der Bauvertrag ggf. noch ein Ersatzgrundstück benennt, schließt die davon unabhängig zu prüfende Einheitlichkeit von Grundstückskauf- und Bauvertrag nicht aus. Dasselbe gilt für die Möglichkeit, dass jede Partei im Fall des Scheiterns des Grundstücksankaufs vom Bauvertrag zurücktreten kann (BGH, Urt. v. 12.02.2009 – VII ZR 230/07, BauR 2009, 1138, 1140 = NJW-RR 2009, 953, 954 = NZBau 2009, 442, 443). Besteht hingegen bei einem Dritterwerb keine Einflussmöglichkeit des Bauunternehmers auf den Abschluss des Grundstückskaufvertrages, dürfte eine rechtliche Einheit zwischen Grundstücks- und Bauvertrag mit der Folge, dass 147 auch Letzterer zu beurkunden ist, nur ganz ausnahmsweise festzustellen sein – etwa dann, wenn dies im Vertrag ausdrücklich so geregelt ist (BGH, Urt. v. 22.03.1991 – V ZR 319/89, BGHZ 114, 273 = NJW-RR 1991, 1031, 1032). Ansonsten wäre der Bauvertrag dann beurkundungsfrei (BGH, Urt. v. 22.07.2010 – VII ZR 246/05, a. a. O.).

Wurde der Bauvertrag entgegen § 311b Abs. 1 S. 1 BGB nicht beurkundet, ist er **nichtig**. Bereits ausgetauschte Leistungen sind bereicherungsrechtlich gemäß § 812 ff. BGB rückabzuwickeln. Der Bauvertrag hat hingegen Bestand, wenn der Mangel der Form des Bauvertrages durch späteren **Vollzug der Grundstücksübertragung** geheilt wurde (§ 311b Abs. 1 S. 2 BGB). Diese Heilung erstreckt sich auch auf einen ggf. parallel geschlossenen und wegen der Nichteinhaltung der Form zunächst nichtigen Bauvertrag.

- **Gesetzliches Schriftformerfordernis**

148 Neben der Beurkundungsbedürftigkeit ist im Gesetz für einige Verträge die **Schriftform** vorgeschrieben (vgl. auch § 125 S. 1 BGB). Im Zivilrecht ist ein solcher formbedürftiger Vertrag nur ausnahmsweise zu finden. Dies gilt z. B. für Mietverträge, wenn die Mietdauer über ein Jahr hinausgeht (§ 550 BGB). Der Schriftform bedürfen auf dem Gebiet des Baurechts vor allem **Architektenverträge** oder jedenfalls die **Honorarvereinbarung** als Bestandteil eines Architektenvertrages, wenn ein über die Mindestsätze der HOAI hinausgehendes Honorar vereinbart werden soll (vgl. § 7 HOAI).

Nicht zu den gesetzlichen Formerfordernissen i. S. d. § 125 S. 1 BGB gehören landesgesetzliche Formvorschriften insbesondere für die öffentliche Hand, vor allem für die Kommunen. Diese sehen vielfach für die Wirksamkeit des Handelns ihrer Vertreter die Einhaltung der Schriftform, die Siegelung u. a. vor.

▶ **Beispiel**

Eine Gemeinde in Baden Württemberg will einen Bauvertrag zur Errichtung einer kommunalen Kindertagesstätte schließen. Nach § 54 Abs. 1 GO BW bedarf ein solcher Vertrag außerhalb der laufenden Verwaltung der Schriftform und Unterschrift des Bürgermeisters.

Dieses Schriftformerfordernis hindert einen wirksamen Vertragsschluss an sich nicht. Denn die Länder sind mangels landesgesetzlicher Kompetenz (Art. 55 EGBGB) nicht in der Lage, vom BGB abweichende Formvorschriften zu erlassen (BGH, Urt. v. 15.6.1960 – V ZR 191/58, BGHZ 32, 375, 380 = NJW 1960, 1805, 1806; BGH, Urt. v. 26.11.1978 – III ZR 81/77, NJW 1980, 117). Folgerichtig prüft die Rechtsprechung Verstöße gegen Formvorgaben der Länder u. a. auch nicht unter dem Gesichtspunkt der Formunwirksamkeit, sondern betrachtet diese als materielle Vorschriften über die Beschränkung der Vertretungsmacht (BGH, Urt. v. 20.01.1994 – VII ZR 174/92, BauR 1994, 363, 364 = NJW 1994, 1528; BGH, Urt. v. 15.06.1960, a. a. O.; s. unten auch Rdn. 201).

149 Ist die Einhaltung der Schriftform vorgeschrieben, so muss der Vertrag so abgeschlossen werden, dass die Vertragspartner den **schriftlichen Vertrag unterzeichnen** oder jede Partei das für den anderen Vertragspartner bestimmte, gleichlautende Vertragsexemplar unterschreibt. Entspricht ein Vertrag nicht der Form, die das Gesetz vorschreibt, so ist er wie bei Nichteinhaltung der Form der Beurkundung gemäß § 125 BGB **nichtig**. Demzufolge kann jeder Vertragspartner seine aufgrund des Vertrages bereits erbrachten Leistungen als ungerechtfertigte Bereicherung (§§ 812 ff. BGB) von der Gegenseite zurückverlangen.

150 Der Schriftform angenähert sind die gesetzlichen Formvorgaben bei dem Abschluss der im Baurecht nicht selten anzutreffenden **Schiedsverträge**, mit denen die Vertragspartner für etwaige Streitigkeiten anstelle der staatlichen Gerichte die Entscheidung durch ein privates Schiedsgericht vereinbaren (s. dazu unten Rdn. 3361 ff.). Für deren Wirksamkeit bedarf es nach § 1031 ZPO einer zumindest **wechselseitigen schriftlichen Dokumentation** (z. B. Austausch von Briefen, Faxschreiben u. a.), einen Schiedsvertrag schließen zu wollen. Höhere Anforderungen gelten an Schiedsverträge unter Beteiligung von Verbrauchern: Die darauf gerichteten Willenserklärungen müssen nach § 1031 Abs. 5 ZPO in einer eigenständigen schriftlichen Urkunde aufgenommen sein. Sodann darf diese Urkunde mit Ausnahme der Schiedsvereinbarung keine sonstigen Rege-

lungen enthalten; diese Beschränkung gilt allerdings nicht, wenn die Vereinbarung Gegenstand einer notariellen Urkunde ist.
- **Schriftformvereinbarung**
Neben den gesetzlichen Formerfordernissen kann auch eine bestimmte Form für den Vertrag von den Parteien vereinbart werden. Vorgesehen werden kann etwa, dass der Vertrag notariell beurkundet werden soll. Dann ist im Zweifel der Vertrag so lange nicht wirksam zustande gekommen, bis dies geschehen ist. Entsprechendes gilt für eine **vereinbarte Schriftform**. Bei einer darauf gerichteten **Formularklausel** ist allerdings zunächst deren Wirksamkeit zu prüfen. Sie hat keinen Bestand, wenn sie den Eindruck erweckt, eine mündliche Abrede sei entgegen allgemeinen Grundsätzen unwirksam (BGH, Urt. v. 28.04.1983 – VII ZR 246/82, BauR 1983, 363, 364 = NJW 1983, 1853; BGH, Urt. v. 15.02.1995 – VIII ZR 93/94, NJW 1995, 1488, 1489). Folglich bedarf es für die Annahme von deren Wirksamkeit eines Anhaltspunktes dafür, dass diese Klausel gerade nicht dem **Ausschluss von Individualvereinbarungen** dient (BGH, a. a. O.), sondern z. B. der Kontrolle der Verwaltung. Dies kann sich etwa daran zeigen, dass sich die Vorgaben aus der Schriftformklausel mit den dortigen Formvorschriften für öffentlich-rechtliche Verträge decken (BGH Urt. v. 10.05.2007 – VII ZR 288/05, BGHZ 173, 237 = BauR 2007, 1592, 1594 = NJW 2007, 3712, 3713; s. dazu auch unten Rdn. 201).

151

> **Beispiel (nach BGH, Urt. v. 10.05.2007 – VII ZR 288/05, a. a. O.)**
>
> In einem Architektenvertrag mit der öffentlichen Hand sehen die Allgemeinen Vertragsbedingungen für die Vereinbarung zu einer Mehrvergütung wegen Bauzeitverlängerung die Schriftform vor. Eine zunächst geschlossene mündliche Vereinbarung wäre nicht wirksam.

Ist eine Schriftformklausel wirksam, führt deren Nichtbeachtung in einem bereits geschlossenen Vertrag nicht unbedingt zur Nichtigkeit von gleichwohl mündlich getroffenen Vereinbarungen. Denn jedenfalls bleibt auch dann eine **stillschweigende Aufhebung dieses Formzwanges** und damit die mündliche Vertragsergänzung zulässig (vgl. BGH, Urt. v. 29.11.1973 – VII ZR 205/71, BauR 1974, 206, 207 m. w. N.). Hierbei ist nicht einmal beachtlich, dass die Vertragspartner bei den nachträglichen mündlichen Vereinbarungen an die im Vertrag vorgesehene Schriftform nicht gedacht haben. Entscheidend ist allein, dass sie die Maßgeblichkeit des mündlich Vereinbarten gewollt haben.

152

> **Beispiel**
>
> Mündlich erteilte Zusatzaufträge oder vereinbarte Leistungsänderungen oder Bauzeitverschiebungen sind trotz einer im Bauvertrag enthaltenen Schriftformklausel wirksam.

Dennoch sollte auch in diesen Fällen aus Beweisgründen die Schriftform eingehalten werden.

2.1.3.3 Widerruf von Bauverträgen nach § 355 BGB

Besteht im Wesentlichen Formfreiheit, ist bei Bauverträgen mit Verbrauchern zu beachten, dass diesen ggf. ein Widerrufsrecht nach § 355 BGB zusteht. Diskussionsbedürftig sind dazu vor allen sog. Haustür-, Ratenlieferungs- und Teilzahlungsgeschäfte:

153

- Bei Haustürgeschäften handelt es sich nach § 312 Abs. 1 BGB u. a. um Rechtsgeschäfte, zu deren Abschluss der Verbraucher durch **mündliche Verhandlungen an seinem Arbeitsplatz** oder im Bereich seiner **Privatwohnung** bestimmt worden ist, ohne dass die Verhandlungen auf eine Einladung des Verbrauchers hin geführt wurden (§ 312 Abs. 3 Nr. 1 BGB). Mit dieser Maßgabe können auch Bauverträge oder ggf. in der Praxis sogar noch mehr Bauträgerverträge als Haustürgeschäfte i. S. d. § 312 BGB angesehen werden. Dem steht nicht entgegen, dass die § 312 BGB zugrunde liegende Richtlinie 85/577/EWG vom 20. Dezember 1985 in Art. 3 Abs. 2 Verträge über den Bau von Immobilien von ihrem Anwendungsbereich ausnimmt. Denn trotz dieses Ausschlusses bleibt es den Mitgliedstaaten unbenommen, günstigere Verbraucherschutzmaßnahmen zu erlassen, als sie die Richtlinie vorsieht. Eine solche für den Verbraucher günstigere Rege-

154

lung enthält § 312 BGB (vgl. dazu BGH, Urt. v. 22.03.2007 – VII ZR 268/05, BGHZ 171, 364 = BauR 2007, 1235, 1237 = NJW 2007, 1947, 1948).

Wurde danach ein Bauvertrag als Haustürgeschäft geschlossen, folgt daraus, dass dem Verbraucher als Auftraggeber nach §§ 312 Abs. 1, 355 BGB ein **zweiwöchiges Widerrufsrecht** zusteht, über das er zu belehren ist. Unterbleibt die Belehrung, bleibt das Widerrufsrecht bestehen (Palandt/Grüneberg, § 355 Rn. 22). In der Praxis sollte diese Regelung nicht übersehen werden, weil gerade in einem solchen Widerruf ggf. ein probates Mittel liegt, eine einmal übernommene vertragliche Verpflichtung ohne finanzielle Risiken rückgängig zu machen. Diese Rechte sind allenfalls insoweit eingeschränkt, als die Widerrufsfrist von 14 Tagen bereits mit Abgabe des Angebots läuft, nicht erst mit Wirksamwerden des Vertrags (BGH, Urt. v. 23.09.2010 – VII ZR 6/10, BGHZ 187, 97 = BauR 2011, 107, 108 = NJW 2010, 3503)

▶ **Beispiel (nach BGH, a. a. O.)**

Ein Verbraucher unterschreibt anlässlich des Besuchs eines Firmenvertreters auf seiner Baustelle einen Auftrag zum Bezug der Fenster. Er wird ordnungsgemäß belehrt. Die Annahme behält sich der Auftragnehmer drei Wochen vor. Hier läuft die Widerrufsfrist ab dem Zeitpunkt der Bestellung, nicht erst nach Annahme durch den Unternehmer.

155 • In Bezug auf ein etwaiges Widerrufsrecht ist dagegen allerdings zu beachten, dass Bauverträge in aller Regel weder als sog. Teilzahlungsgeschäft noch als Ratenlieferungsvertrag anzusehen sind, so dass ein darauf gestütztes Widerrufs-, Rückgabe- oder Rücktrittsrecht entfällt (BGH Urt. v. 22.12.2005 – VII ZR 183/04, BGHZ 165, 325, 328 = BauR 2006, 510, 511 = NJW 2006, 904, 905; ebenso: KG, Urt. v. 20.6.2008 – 7 U 8/08, BauR 2008, 1937). Ein **Ratenlieferungsvertrag** gemäß § 510 Abs. 1 BGB scheidet zumeist schon deshalb aus, weil bei der hier allenfalls einschlägigen Variante 1 die Lieferung mehrerer als zusammengehörend verkaufter Sachen vorausgesetzt wird. Bei Bau-/Werkverträgen – z. B. auch gerichtet auf den Abschluss eines Fertighauses – liegt diese Voraussetzung nicht vor. Denn dabei geht es nicht um die Lieferung abgrenzbarer Einzelteile oder einer solchen in Teilleistungen (BGH, a. a. O.). Dies könnte allenfalls anders sein, wenn der Verkäufer zeitversetzt verschiedene Bausätze liefern würde (BGH, Urt. v. 12.11.1980 – VIII ZR 338/79, BGHZ 78, 375 = BauR 1981, 190 = NJW 1981, 453). Ebenso ist eine Einordnung als **Teilzahlungsgeschäft** ausgeschlossen (vgl. § 506 Abs. 3 BGB). Dies beruht darauf, dass bei einem Teilzahlungsgeschäft die Fälligkeit der geschuldeten Zahlung gegenüber dem gesetzlichen Fälligkeitszeitpunkt gegen Entgelt hinausgeschoben wird, um einem Verbraucher die Zahlung des vereinbarten Preises zu erleichtern (BT-Ds. 14/6040, S. 257; Münch. Komm/Schürnbrand, BGB, § 506 Rn. 11). Mit üblicherweise bei Bauverträgen vorgesehenen Abschlags- und Vorauszahlungen hat das nichts zu tun, weil dadurch die nach § 641 Abs. 1 BGB mit der Abnahme eintretende Fälligkeit für die Schlusszahlung nicht hinausgeschoben wird (BGH, Urt. v. 22.12.2005 – VII ZR 183/04, a. a. O.).

2.2 Der Abschluss des Bauvertrages nach den allgemeinen Regeln des BGB

2.2.1 Die Bedeutung des Bauvertragsabschlusses für die Baubeteiligten

156 Dem Abschluss des Bauvertrages, also des Vertrages zwischen dem Bauunternehmer und dem Bauherrn, kommt im Rahmen des privaten Baurechts und insbesondere des Bauvertragsrechts eine entscheidende Bedeutung zu. Denn in diesem Bauvertrag wird festgelegt oder sollte festgelegt werden, welche Bauleistungen im Einzelnen vom Unternehmer zu erbringen sind, in welcher Zeit das Bauvorhaben fertiggestellt werden soll, welche Baukosten entstehen und welche Rechte und Pflichten beide Vertragspartner im Einzelnen haben.

157 Der **Abschluss des Bauvertrages** ist aber nicht nur für den Bauunternehmer und den Bauherrn wichtig, sondern er gehört zu den wichtigsten Aufgaben nahezu aller Baubeteiligten. Dies gilt in ganz besonderem Maße für den Architekten und Ingenieur. Gemäß § 33 S. 2 Nr. 6 i. V. m. Anl. 11 HOAI zählt nämlich die Vorbereitung der Vergabe der Bauleistungen zu den geschuldeten Architektenleistungen, wenn dem Architekten die gesamten Leistungsphasen des § 33 HOAI übertragen worden

sind. Neben dieser Vorbereitung der Vergabe hat der Architekt darüber hinaus aber auch noch bei der eigentlichen Vergabe der Bauleistungen – und das ist der Abschluss des Bauvertrages – mitzuwirken, wie sich aus § 33 S. 2 Nr. 7 HOAI ergibt.

Entsprechendes gilt in gleicher Weise für den **Ingenieur**, wenn er z. B. als Statiker oder Tragwerksplaner die Leistungsphasen Nr. 1–6 des § 49 HOAI i. V. m. Anl. 13 übernommen hat. Denn in § 49 S. 1 Nr. 6 i. V. m. Anl. 13 HOAI ist bei der Vorbereitung der Vergabe vorgesehen, dass er seinen Beitrag zur Mengenermittlung und zum Leistungsverzeichnis als wesentlichen Bestandteil des Bauvertrages leisten muss. Darüber hinaus kann auch dem Tragwerksplaner die Mitwirkung bei der Vergabe als Besondere Leistung übertragen werden (vgl. Ziff. 2.10.6 der Anl. 2 zur HOAI). Dasselbe gilt für andere Fachingenieure oder Sonderfachleute, die jeweils auf ihrem Fachgebiet die Vergabe vorbereiten und bei der Vergabe mitwirken müssen, um die vom Unternehmer zu erbringende Bauleistung exakt und vollständig zu beschreiben. 158

Damit der **Architekt** seiner Mitwirkungspflicht bei der Vergabe als Grundleistung gemäß § 33 S. 2 Nr. 7 HOAI gerecht werden kann, bedarf er der **grundlegenden Kenntnisse des Bauvertragsrechts** und insbesondere der Grundzüge für den Abschluss des Bauvertrages. Dies wirkt sich in der Praxis z. B. wie folgt aus: 159

- Je nach Auftrag des Bauherrn hat der Architekt bei den Verträgen mit den Bauhandwerkern dafür zu sorgen, dass die Verjährung der Gewährleistungsansprüche nach den Bestimmungen des BGB (5 Jahre) geregelt wird. Zumindest muss er seinen Auftraggeber bei der Zugrundelegung der VOB/B ohne abweichende Vereinbarung auf die dann verkürzte Verjährung in § 13 Abs. 4 Nr. 1 VOB/B hinweisen. Schäden daraus können zu einer Schadensersatzhaftung des Architekten führen.
- Der Vorbereitung von Verträgen mit Bauhandwerkern ist ohne vertiefte Kenntnisse der Bedeutung und Reichweite der §§ 307 ff. BGB als grundlegende Regelungen der **AGB-Inhaltskontrolle** ausgeschlossen. Bei deren Nichtbeachtung könnten viele Vertragsklauseln unwirksam sein, wie z. B. eine Vertragsstrafenvereinbarung in AGB ohne Obergrenze (vgl. dazu unten Rdn. 572 ff., 719 ff.).
- Doch auch nach Vertragsschluss hat ein Architekt stets zu prüfen, ob die in einem späteren **Nachtragsangebot** des Unternehmens aufgeführten Leistungen tatsächlich echte Zusatzleistungen sind oder ob diese nicht bereits im ursprünglichen Leistungsverzeichnis des Hauptangebotes mitenthalten waren. Diese **Prüfung gehört** zum **Kernbereich der Leistungsverpflichtungen des Architekten**, da dieser als **Sachwalter des Bauherrn** dessen wirtschaftliche Belange zu wahren hat (vgl. BGH, Urt. v. 05.11.1981 – VII ZR 365/80, BauR 1982, 185, 186). Sie ist ohne grundlegende Kenntnisse des Bauvertragsrechts unmöglich.

Aus alledem wird deutlich, welche große Bedeutung gerade dem Abschluss der Bauverträge nicht nur für die beiden Vertragspartner, den Bauunternehmer und den Bauherrn, sondern in gleicher Weise für den Architekten und Ingenieur und insbesondere auch für den Projektsteuerer zukommt. Da die herausragende Bedeutung des Abschlusses des Bauvertrages für den Bauunternehmer oder Bauhandwerker auf der Hand liegt, gilt dies uneingeschränkt auch für sämtliche Unternehmereinsatzformen, also die Arbeitsgemeinschaft (ARGE), den Generalunternehmer, den Generalübernehmer, den Haupt- und Subunternehmer (s. dazu vor allem auch Joussen/Vygen, Der Subunternehmervertrag, Rn. 212 ff., 247 ff.) und schließlich den Baubetreuer und Bauträger. 160

2.2.2 Der Abschluss des Bauvertrages durch Angebot und Annahme

Der Bauvertrag kommt wie jeder andere Vertrag nach den allgemeinen Regeln des BGB zustande. Die speziellen Vergabebestimmungen der VOB/A ändern daran nichts. Sie modifizieren lediglich wegen der dort enthaltenen Vorgaben den Weg zum Vertragsschluss. Auf die damit verbundenen Besonderheiten wird in Rdn. 213 ff. eingegangen. 161

2.2.2.1 Vertragsschluss durch übereinstimmende Willenserklärungen

162 Ein Vertrag – also auch ein Bauvertrag – setzt nach allgemeinem Vertragsrecht zwei **übereinstimmende Willenserklärungen** der Vertragsschließenden voraus. Diese Willenserklärungen nennt man **Angebot** oder Antrag und **Annahme**, die beide auch mündlich erklärt werden können. Sodann müssen Angebot und Annahme den gleichen, übereinstimmenden Inhalt haben, sich also inhaltlich decken. Dabei muss das Angebot, das zum Vertragsabschluss führen soll, so bestimmt und eindeutig sein, dass dessen Annahme die Einigung über den Inhalt des ganzen Vertrages ermöglicht, der Annehmende also letztlich nur »ja« zu sagen braucht. Dagegen braucht das Angebot nicht unbedingt vollständig zu sein. Es kann z. B. die Preisangabe fehlen, da dann gemäß § 632 Abs. 1 und 2 BGB die **übliche Vergütung** geschuldet wird.

163 Wenn der Vertrag durch die Annahme des Angebotes zustande kommt und erst dadurch vertragliche Verpflichtungen der Vertragspartner entstehen, so darf nicht übersehen werden, dass allein schon die Abgabe eines Angebotes für den Anbieter eine **Bindung** erzeugen kann. Denn nach § 145 BGB ist derjenige, der einem anderen die Schließung eines Vertrages anträgt, an den Antrag gebunden, es sei denn, dass er die Gebundenheit ausgeschlossen hat. Diese Bindungswirkung tritt allerdings erst mit dem Zugang des Angebotes ein. Bis dahin kann eine Willenserklärung gemäß § 130 BGB frei und jederzeit widerrufen werden.

▶ **Beispiel**

Der Bauunternehmer hat ein schriftliches Angebot abgesandt. Unmittelbar nach Absendung geht ein guter Auftrag ein, der den anderen Auftrag undurchführbar oder uninteressant macht (fehlende Kapazität, schlechter Preis, Kalkulationsfehler). In diesem Fall besteht für den Unternehmer noch die Möglichkeit eines telefonischen oder telegrafischen Widerrufs, der aber vor dem Zugang des ersten Angebots oder gleichzeitig mit diesem beim Empfänger eingehen muss.

164 Ein Ausschluss der **Bindung an das Angebot**, wie ihn § 145 BGB als Möglichkeit vorsieht, kommt im Bauwesen in der Regel nicht vor. Vorstellbar wäre ein solcher immerhin, wenn ein Bieter zur gleichen Zeit zwei große Objekte anbietet, er jedoch aufgrund seiner freien Kapazitäten zurzeit nur eines ausführen kann. In einem solchen Fall sollte er zweckmäßigerweise die Annahme des einen Auftrages für den Fall ausschließen, dass er den anderen Auftrag vorher erhält. Daneben werden im allgemeinen Vertragsrecht auch die Klauseln »**freibleibend**« oder »**ohne Obligo**« verwendet. Dadurch ist dem Antragenden die Möglichkeit gegeben, sein Angebot bzw. seinen Vertragsantrag nach dessen Zugang beim Empfänger noch zu widerrufen.

165 Eine Bindung an ein abgegebenes Angebot kann aber auch durch eine nur teilweise Auftragserteilung entfallen.

▶ **Beispiel**

Der Auftraggeber hat eine **Leistung** in mehreren Alternativen ausgeschrieben. Der spätere Auftragnehmer hat diese Alternativen jeweils angeboten.

Hier entfällt die Bindung des Auftragnehmers an seine alternativ angebotenen Preise, wenn der Auftraggeber sich bei der **Zuschlagserteilung für eine Alternative** entscheidet (KG, Urt. v. 21.11.2002 – 4 U 7233/00, BauR 2004, 1779, 1780; Vygen/Joussen/Schubert/Lang, Bauverzögerung und Leistungsänderung, Rn. 446).

166 In vielen Fällen entfällt eine Bindung des Anbietenden an sein »Angebot« schon deshalb, weil überhaupt noch kein wirkliches Angebot im Sinne des § 145 BGB vorliegt, sondern es sich nur um die **Aufforderung an den Empfänger zur Abgabe eines solchen Angebotes** handelt. Eine solche Aufforderung, ein Angebot abzugeben, liegt dann vor, wenn nach den Umständen des Falles der Erklärende noch nicht gebunden sein, sich vielmehr die Entschließung über Annahme oder Ablehnung noch vorbehalten will. Dementsprechend ist z. B. in einer Zeitungsannonce oder der Übersendung eines Prospektes als Werbemaßnahme im Allgemeinen nur die Aufforderung zur Abgabe eines Angebotes zu sehen.

2.2 Der Abschluss des Bauvertrages nach den allgemeinen Regeln des BGB

▶ **Beispiel**

Zeitungsannonce: Übernehme Malerarbeiten sofort zum Stundenlohn von 15 €.

Auch die **Übersendung eines Leistungsverzeichnisses** seitens des Bauherrn an einen Bauunternehmer ist nur eine Aufforderung zur Abgabe eines Angebotes und noch kein Angebot i. S. des § 145 BGB. Eine Angebotsqualität erhält dieses Leistungsverzeichnis erst, wenn es der Auftragnehmer anschließend mit Preisen versehen an den Auftraggeber zurücksendet. Dann aber stammt das Angebot vom Auftragnehmer, nicht vom Auftraggeber.

Etwas anderes gilt immerhin, wenn der Auftraggeber eine **Leistungsanfrage in ein Internetportal** einstellt und nach den Bedingungen des Internetportals derjenige als beauftragt gilt, der nach Ablauf der Angebotsfrist das günstigste Angebot abgegeben hat. Hier kommt tatsächlich nach Ablauf der Frist unmittelbar ein Vertrag zwischen Auftraggeber und dem günstigsten Bieter zustande (OLG Hamm, Beschl. v. 27.02.2007 – 21 W 8/07, BauR 2007, 1048, 1049). 167

Liegt ein wirksames Angebot vor, kann ein Vertragsabschluss gleichwohl scheitern, weil die **Bindung an ein Angebot nicht zeitlich unbegrenzt** ist. Denn gemäß § 146 BGB erlischt ein Angebot und ist insoweit auch nicht mehr annahmefähig, wenn es dem Antragenden gegenüber abgelehnt oder diesem gegenüber nach den §§ 147–149 BGB nicht rechtzeitig angenommen wird (BGH, Urt. v. 01.06.1994 – XII ZR 227/92, NJW-RR 1163, 1164; BGH, Urt. v. 11.06.2010 – V ZR 85/09, BauR 2010, 1585, 1588 = NJW 2010, 2873, 2874 = NZBau 2010, 697, 699). Zur Frage der Rechtzeitigkeit der Annahmeerklärung bestimmen die §§ 147, 148 BGB, dass das einem Anwesenden gegenüber gemachte Angebot nur sofort angenommen werden kann, was auch für telefonisch von Person zu Person übermittelte Angebote gilt. Demgegenüber kann das einem Abwesenden gegenüber gemachte Angebot nur bis zu dem Zeitpunkt angenommen werden, in welchem der Antragende den Eingang der Antwort unter regelmäßigen Umständen erwarten darf oder, wenn eine **Frist zur Annahme** gesetzt worden ist, nur innerhalb dieser Frist. Dabei beginnt die Frist bereits mit Abgabe des Angebotes und nicht erst mit dessen Zugang (BGH, Urt. v. 11.06.2010 – V ZR 85/09, BauR 2010, 1585, 1587 = NJW 2010, 2873, 2874 = NZBau 2010, 697, 698). 168

▶ **Beispiel**

Unterbreitet der Bauunternehmer dem Bauherrn im Verlaufe eines Gespräches das Angebot, bestimmte Rohbauarbeiten für 60 000,– € auszuführen, dann kann der Bauherr den Vertragsabschluss grundsätzlich nur durch sofortige Annahme des Angebotes herbeiführen. Sagt der Bauherr nichts, sondern überlegt sich die Sache bis zum darauf folgenden Tag und erklärt erst jetzt die Annahme, so kommt dadurch kein Vertrag zustande. Dies ist nur dann anders, wenn der Bauunternehmer dem Bauherrn eine Überlegungs- und damit eine Annahmefrist eingeräumt hat, was auch stillschweigend geschehen kann.

Ein per E-Mail übermitteltes Angebot ist nur dann rechtzeitig angenommen worden, wenn auch die Annahme per E-Mail oder ggf. per Fax unmittelbar übermittelt wird. Eine nach einer Woche erfolgte briefliche Annahmeerklärung eines per E-Mail übermittelten Angebotes ist jedenfalls verspätet. Anzumerken ist, dass die vorstehenden Grundsätze auch für die in der Praxis unmittelbar auf der Baustelle zu treffenden Vereinbarungen gelten, so insbesondere bei **Nachträgen**. 169

▶ **Beispiel**

Bauherr und Bauunternehmer diskutieren bei einer laufenden Altbausanierung über eine hochwertigere Ausführung des Außenputzes. Der Bauunternehmer bietet diese mit einem Zulagenpreis von 16 €/m² der. Der Bauherr teilt zwei Tage später mit, dass er den Preis akzeptiere. Dieser Zuschlag ist verspätet, um den Auftragnehmer noch an den zunächst gebotenen Preis von 16 €/m² festzuhalten. Hier hätte der Auftraggeber das mündliche Angebot nur sofort annehmen können.

170 Eine **verspätete Annahme** führt zwar nicht zu einem Vertragsschluss; sie ist gleichwohl rechtlich **nicht wirkungslos**. Vielmehr liegt in einer verspäteten Annahmeerklärung nunmehr seinerseits rechtlich ein Angebot (§ 150 Abs. 1 BGB), das jetzt vom Auftragnehmer angenommen werden kann. Eine solche Annahme kann ausdrücklich oder konkludent durch eine kommentarlose Aufnahme der Arbeiten erfolgen.

▶ Beispiel

Der Bauunternehmer bietet dem Bauherrn aufgrund eines exakten Leistungsverzeichnisses brieflich die Durchführung von Rohbauarbeiten zum Preise von 80 000,– € an. Der Bauherr führt daraufhin Finanzierungsverhandlungen, die sich in die Länge ziehen. Nach Abschluss aller mit großem Kostenaufwand verbundener Kreditverträge teilt er dem Rohbauunternehmer nach sechs Monaten mit, dass er dessen Angebot annimmt. In der Zwischenzeit hatte der Bauunternehmer aber ein anderes Bauobjekt in Angriff genommen und war an einem Vertragsabschluss nicht mehr interessiert. Durch die verspätete Annahme des Angebotes durch den Bauherrn ist ein Bauvertrag nicht zustande gekommen. Die Bindung des Bauunternehmers an sein Angebot war bereits erloschen. Ein Bauvertrag konnte daher nur noch zustande kommen, wenn der Bauunternehmer das in der verspäteten Annahme des Bauherrn liegende neue Angebot seinerseits angenommen hätte.

171 Der Abschluss eines Bauvertrages setzt neben der rechtzeitigen Annahme auch die **inhaltlich uneingeschränkte Annahme** eines Angebotes voraus. Enthält die Annahme Erweiterungen, Einschränkungen oder sonstige Veränderungen, gilt die Annahme grundsätzlich als Ablehnung, jedoch verbunden ebenfalls mit einem neuen Angebot (§ 150 Abs. 2 BGB). Dies gilt insbesondere für **modifizierte Annahmen**, die meist mit der Formulierung, »ja, aber« erfolgen.

▶ Beispiel

Der Architekt des Bauherrn leitet einem Bauunternehmer ein Leistungsverzeichnis zu. Letzterer unterbreitet hierauf ein Angebot zum Preis von 80 000,– €. Der Bauherr akzeptiert das Angebot, jedoch nur mit einem Preisnachlass von 10 %. Diese ›Annahme‹, die eine Änderung enthält (»ja, aber«), gilt als Ablehnung des Angebotes und stellt ihrerseits ein neues Angebot dar. Dies kann vom Bauunternehmer abgelehnt werden. Wenn dieser nunmehr antwortet, er sei bereit, einen Nachlass von 5 % zu gewähren, dann kommt auch hierdurch ein Bauvertrag noch nicht zustande; seine Antwort stellt vielmehr wieder ein neues Angebot dar, das jetzt vom Bauherrn abgelehnt, angenommen oder erneut durch eine Modifizierung beantwortet werden kann.

Dass die modifizierende Annahme ggf. nur unwesentliche Änderungen enthält, ist für den fehlenden Vertragsschluss unschädlich. Etwas anderes würde ausnahmsweise gelten, wenn der Annehmende für die Vertragsgegenseite klar erkennbar zuvor Änderungen vorschlägt und gleichzeitig zum Ausdruck bringt, dass er den Vertrag auch ohne diese Änderungen schließen will, wenn die Gegenseite damit nicht einverstanden ist (BGH, Urt. v. 18.10.2000 – XII ZR 179/98, NJW 2001, 221, 222). Ferner soll angemerkt werden, dass vorstehende Grundsätze möglicherweise nur eingeschränkt gelten bei Zuschlagsentscheidungen in Vergabeverfahren der öffentlichen Hand; hierauf soll aber erst später eingegangen werden (Rdn. 310).

172 Die **Annahme eines Angebotes** mit der Folge des Vertragsabschlusses kann ausdrücklich geschehen, sie kann auch in einem schlüssigen Handeln gesehen werden, also **stillschweigend** erfolgen, und zwar insbesondere durch Aufnahme der Arbeiten (vgl. etwa OLG Düsseldorf, Urt. v. 14.01.2011 – 22 U 198/07, NJW 2011, 1081, 1082).

▶ Beispiele
- Der Unternehmer gibt ein Angebot zur Durchführung von Rohbauarbeiten ab. Der Bauherr erwidert, dass er das Angebot bei einem Preisnachlass von 5 % annimmt. Daraufhin beginnt der Unternehmer mit der Ausführung. Darin ist die Annahme des Angebotes des Bauherrn zu sehen, die Rohbauarbeiten mit einem Preisnachlass von 5 % auszuführen, sodass der Bauvertrag zu einem um 5 % ermäßigten Preis zustande gekommen ist.

2.2 Der Abschluss des Bauvertrages nach den allgemeinen Regeln des BGB

- Ein Bauunternehmer gibt ein schriftliches Angebot ab und beginnt kurz darauf mit den Arbeiten. Der Auftraggeber nimmt die Bauleistungen in Kenntnis des Angebotes entgegen. In diesem Fall liegt ebenfalls ein wirksam abgeschlossener Bauvertrag vor.

Die Qualifizierung eines Verhaltens einer Vertragspartei als schlüssige Annahmeerklärung setzt allerdings das Bewusstsein voraus, dass für das Zustandekommen des Vertrages überhaupt noch eine Erklärung erforderlich ist. Fehlt es daran und konnte die betroffene Vertragspartei auch bei Einhaltung der im Vertrag erforderlichen Sorgfalt nicht erkennen, dass ihr Verhalten möglicherweise als Annahmeerklärung gewertet wird, ist diese unbeachtlich und kann dann auch nicht als Annahmeerklärung gewertet werden (BGH, Urt. v. 11.06.2010 – V ZR 85/09, BauR 2010, 1585, 1588 = NJW 2010, 2873, 2875 = NZBau 2010, 697, 699).

173

▶ **Beispiel**

Die Parteien schließen einen Bauvertrag, der mangels rechtzeitiger und formgerechter Annahme durch den Auftraggeber unwirksam ist. Letzterer leistet in Unkenntnis der Unwirksamkeit gleichwohl eine im Vertrag vorgesehene Vorauszahlung. Hierin liegt keine eigenständige Willenserklärung zur Vertragsannahme, weil der Auftraggeber damit nur eine vermeintlich bestehende Vertragspflicht erfüllen wollte.

Fehlt es dagegen an einem ausdrücklichen oder stillschweigenden Einverständnis über den Inhalt des Vertrages, so kommt § 154 BGB zur Anwendung. Danach ist ein Vertrag im Zweifel nicht geschlossen, solange die Parteien sich nicht über alle Punkte eines Vertrages geeinigt haben, über die nach der Erklärung auch nur einer Partei eine Vereinbarung getroffen werden soll.

▶ **Beispiel**

Ein Architekt bemüht sich um einen Planungsauftrag bei einer Wohnungsbaugesellschaft und erhält aufgrund seiner Vorlagen den mündlichen Auftrag. Im letzten Augenblick vor der Verabschiedung sagt der Geschäftsführer der Wohnungsbaugesellschaft: »Über das Honorar reden wir aber noch!«

Hier **fehlt** es an einem **wirksamen Vertragsabschluss**, weil nach der Erklärung der einen Partei noch eine Vereinbarung über den Preis getroffen werden sollte. Dasselbe gilt stets dann, wenn noch sonstige wichtige Eckpunkte des Bauvertrages offen und nicht geklärt sind, z. B. zur Dauer der Gewährleistung, der Bauzeit u. a. (OLG Koblenz, Urt. v. 17.12.2010 – 10 U 1370/09, IBR 2011, 563). Ebenso wenig kommt ein Vertrag im folgenden Fall zustande:

▶ **Beispiel (nach OLG Düsseldorf, Urt. v. 19.06.2007 – 21 U 164/06, BauR 2007, 1902, NJW-RR 2008, 331; ähnlich OLG Brandenburg, Urt. v. 16.01.2008 – 4 U 49/07, IBR 2008, 208)**

Der Auftraggeber fordert den Auftragnehmer zur Mangelbeseitigung auf; der Auftragnehmer bestreitet die Mängel und erklärt, er komme nur, wenn er das auch gesondert bezahlt bekommt. Die Parteien werden sich nicht einig; der Auftragnehmer kommt und beseitigt den Mangel – von dem sich herausstellt, dass er von einem Dritten verursacht wurde. Hier fehlt es wegen der sich nicht deckenden Willenserklärungen an einem Vertragsschluss.

Haben die Parteien hingegen eine mündliche Einigung über den Preis und die Leistungen erzielt, ist – zumindest wenn auf beiden Seiten Kaufleute beteiligt sind – der Vertrag bereits zustande gekommen, selbst wenn man später den Vertrag noch ausformulieren wollte (Palandt/Ellenberger, § 125 Rn. 17).

174

▶ **Beispiel (nach BGH, Urt. v. 18.03.1964 – VIII ZR 281/62, NJW 1964, 1269, 1270)**

Die Parteien (beides Kaufleute) verhandeln einen Bauvertrag und einigen sich über Preis und die wesentlichen Eckpunkte. Abschließend bittet der Auftragnehmer nochmals um eine schriftliche Auftragsbestätigung, die nicht versandt wurde. Der Vertrag ist hier unabhängig von der schriftlichen Beauftragung bereits durch die zuvor erfolgte Einigung zustande gekommen.

Dasselbe gilt, wenn sich die Parteien sonst (mündlich) über die **wesentlichen Eckpunkte verständigt** haben, wann, wo zu welchem Preis welche Leistung erbracht werden sollte.

> **Beispiel (ähnlich OLG Frankfurt, Urt. v. 12.10.2010 – 10 U 74/10, Nichtzul.-Beschw. zurückgew., BGH, Beschl. v. 14.11.2011 – VII ZR 215/10, BauR 2011, 1864 [Ls.])**
>
> Die Parteien kommen mündlich überein, dass der Auftragnehmer zu einem bestimmten Vorhaben Gründungsarbeiten zu einem schon abgestimmten Preis mit Nachlass und Skonto erbringen soll, sobald die Baugenehmigung erteilt ist. Hier liegt ein wirksamer Vertragsschluss vor.

Dabei sei nur angemerkt, dass die fehlende Genehmigung einen Vertragsschluss nicht hindert – dies zumindest dann, wenn beide Parteien von deren Erteilung ausgehen (OLG Frankfurt, a. a. O.).

175 Sind sich beide Partner über den Vertragsabschluss einig oder wird der Auftrag von dem einen Vertragspartner erteilt und von dem anderen angenommen, ohne dass über den Preis gesprochen und verhandelt wird, hindert das einen wirksamen Vertragsschluss nicht. In diesem Fall regelt das Gesetz die dem Unternehmer für seine Leistung zustehende Vergütung. Denn nach § 632 Abs. 1 BGB gilt eine **Vergütung als stillschweigend vereinbart**, wenn die Herstellung des Werkes den Umständen nach nur gegen eine Vergütung zu erwarten ist. Hiervon ist bei Leistungen eines Unternehmers im Allgemeinen auszugehen. Diese Vermutung ist jedoch widerlegbar, d. h.: § 632 BGB kommt nur zur Anwendung, wenn feststeht, dass die vermeintlich vergütungspflichtige Leistung tatsächlich nur gegen Vergütung zu erwarten war (BGH, Urt. v. 08.06.2004 – X ZR 211/02, NJW-RR 2005, 19, 20 = NZBau 2004, 498, 499). Ist dies streitig, muss der Auftraggeber die Unentgeltlichkeit beweisen (BGH, Urt. v. 09.04.1987 – VII ZR 266/87 = BauR 1987, 454, 455 = NJW 1987, 2742). Liegt dagegen eine werkvertragliche Vereinbarung vor, ohne dass die Höhe der Vergütung feststeht, so ist gemäß § 632 Abs. 2 BGB bei dem Bestehen einer Taxe die taxmäßige Vergütung, in Ermangelung einer Taxe die übliche Vergütung als vereinbart anzusehen. Während beim Architektenvertrag ohne Honorarvereinbarung die Mindestsätze der HOAI gemäß § 7 Abs. 6 HOAI ohnehin als vereinbart gelten, bereitet die Ermittlung der üblichen Vergütung für Bauleistungen dagegen häufig erhebliche Schwierigkeiten. Diese lassen sich meist nur durch Hinzuziehung eines Sachverständigen ausräumen. Unbeschadet dessen gilt jedoch, dass auch ohne Preisvereinbarung ein wirksamer Bauvertrag abgeschlossen werden kann – wobei § 632 Abs. 2 BGB nicht geeignet ist, eine fehlende Einigung zu einem Vertragsschluss insgesamt zu ersetzen.

> **Beispiel (nach OLG Bremen, Urt. v. 29.10.2008 – 1 U 47/08, BauR 2009, 700 = NJW-RR 2009, 668)**
>
> Der Auftragnehmer klagt eine Vergütung für erbrachte Leistungen ein. Der Auftraggeber verteidigt sich damit, dass kein Vertrag zustande gekommen sei, weil man zwar über die Höhe der Vergütung diskutiert, insoweit aber keine Einigung erzielt habe.

Hier ist dem Auftraggeber Recht zu geben. Es fehlt tatsächlich mangels Einigung an einem Vertragsschluss. § 632 Abs. 2 BGB ändert daran nichts. Denn auch diese Vorschrift kann einen tatsächlich vorliegenden Dissens zu einem vertragswesentlichen Punkt (Höhe der Vergütung) nicht ausschließen. Sähe man dies anders, käme schlimmstenfalls sogar ein Vertrag zustande, wenn eine Vertragspartei bewusst einen Vertragsschluss wegen einer diskutierten Vergütungshöhe abgelehnt hat (OLG Bremen, Urt. v. 29.10.2008 – 1 U 47/08, BauR 2009, 700 = NJW-RR 2009, 668, 669; Staudinger/Peters/Jacoby, § 632 Rn. 46; Palandt/Sprau, § 632 Rn. 13; MünchKomm/Busche, § 632 Rn. 6, 19 – a. A. aber etwa Halfmeier/Leupertz, § 631 BGB A2). Im Ergebnis ist somit immer vorrangig zu prüfen, ob ggf. trotz offen gebliebenem Preis eine Einigung zu einem Vertrag vorliegt – wobei sich allein in diesem Fall die Höhe der Vergütung nach § 632 Abs. 2 BGB bemisst.

2.2.2.2 Planung durch den Auftragnehmer/Projektierungskosten

176 Die Erstellung eines Leistungsverzeichnisses als Grundlage für eine spätere Angebotsabgabe durch den Auftragnehmer gehört nach § 33 S. 2 Nr. 6 HOAI zu den grundlegenden Leistungspflichten des Architekten. Teilweise werden Unternehmer aber auch um Abgabe eines Angebots aufgrund

2.2 Der Abschluss des Bauvertrages nach den allgemeinen Regeln des BGB

eines von diesem selbst zu erstellenden Leistungsverzeichnisses ersucht. Die Architekten stellen dann für bestimmte Fachgewerke – wie z. B. die Heizungs- oder Klimaanlage oder sonstige lüftungstechnische Anlagen – die Leistungsverzeichnisse nicht selbst auf oder beauftragen dafür aus Kostengründen keinen Sonderfachmann, sondern überlassen dies einem Fachunternehmer. Viele Fachunternehmer übernehmen diese Aufgabe bereitwillig, meist in der Hoffnung, anschließend den Auftrag für die Ausführung dieser Bauleistung zu erhalten. Darin stecken für den Fachunternehmer aber erhebliche Risiken, die häufig nicht gesehen werden. Erhält er tatsächlich den Auftrag, so hat er zugleich für die **Richtigkeit der von ihm erstellten Leistungsbeschreibung einzustehen**, obwohl es sich dabei an sich um **Planungsaufgaben** handelt; er kann sich insoweit also nicht auf Planungsfehler des Architekten berufen. Stattdessen ist er sogar für Mängel seiner Leistung, die ihre Ursache in eigenen Planungsfehlern haben, selbst bei Vereinbarung der VOB/B 5 Jahre gewährleistungspflichtig (vgl. BGH, Urt. v. 17.09.1987 – VII ZR 166/86, BGHZ 101, 369, 378 f. = BauR 1987, 702, 705 = NJW 1988, 142, 144 allerdings für Planungsfehler eines Generalunternehmers, was aber mit dem vorliegenden Fall vergleichbar ist).

Geht von dem Auftragnehmer ein aufgrund eigener Planung erstelltes und mit Preisen versehenes Angebot ein, besteht sodann allerdings **keine Verpflichtung** für den Auftraggeber zur Erteilung des Auftrags. Im Gegenteil: In Reaktion darauf ist es nicht selten anzutreffen, dass der Bauherr den Auftrag nicht diesem, sondern einem anderen meist billigeren Bieter erteilt. 177

> **▶ Beispiel**
>
> Der Bauherr beabsichtigt eine technisch aufwendige Dachaufstockung. Um Kosten zu sparen, kommen Bauherr und Architekt überein, zwei Bauunternehmerangebote für die Aufstockung einzuholen und erst anschließend das genaue Verfahren festzulegen. Die Angebote gehen ein. Nunmehr nimmt der Architekt die von einem Auftragnehmer erstellten Angebote, schwärzt die Preise und schickt sie einem weiteren Auftragnehmer. Dieser bietet einen deutlich günstigeren Preis an und erhält den Zuschlag.

Vorstehender Fall ist vor allem deshalb häufig, weil der Fachunternehmer, der das Leistungsverzeichnis selbst erstellt hat, in seine Angebotspreise die **Projektierungs- oder Angebotsausarbeitungskosten** einkalkuliert hat, während die Mitbewerber diese Kosten nicht hatten (vgl. dazu Vygen, Festschrift Korbion, S. 439 ff.). Folglich stellt sich für den projektierenden Fachunternehmer die Frage, ob er von dem Bauherrn oder dem Architekten, der ihn zur Angebotsausarbeitung und -abgabe aufgefordert hat, wenigstens eine **Bezahlung dieser Kosten** verlangen kann. Diese Frage ist von den Gerichten bisher in allen Fällen verneint worden. So hat das OLG Hamm (Urt. v. 28.10.1974 – 17 U 169/74, BauR 1975, 418 f.) entschieden, dass dem Unternehmer eine Vergütung für Projektierungsarbeiten auch umfangreicher Art anlässlich der Angebotsausarbeitung für eine Heizungsanlage einschließlich der erforderlichen Wärmebedarfsberechnung nicht zusteht, wenn dies nicht ausdrücklich für den Fall der Nichterteilung des Auftrags vereinbart worden war. Denn in der Aufforderung zur Abgabe eines Angebots ohne gleichzeitige Übersendung eines Angebotsblanketts in der Form einer Leistungsbeschreibung oder eines Leistungsverzeichnisses kann kein stillschweigendes Angebot an den Handwerker oder Unternehmer gesehen werden, gegen Vergütung ein solches Blankett zu erstellen.

Ob die Beteiligten, also der Bauherr und der Bauunternehmer, abweichend davon ausnahmsweise für die Ausarbeitung eines Angebots auch ohne ausdrückliche Vereinbarung eine Vergütung vereinbart haben, hängt zwar von den Umständen des Einzelfalles ab; in der Regel wird dies aber zu verneinen sein, wobei es nicht auf den Umfang der entstandenen Kosten ankommt. Dies gilt sowohl für den Architekten, der Planungsleistungen in der Hoffnung auf eine Auftragserteilung erbringt (s. dazu ausführlich Korbion/Mantscheff/Vygen/Wirth, Einf. Rn. 63 ff.) als auch für den Bauhandwerker oder Unternehmer, der ein Leistungsverzeichnis ausarbeitet und daraufhin ein Angebot abgibt. Wer sich in einem Wettbewerb um einen Auftrag für ein Bauvorhaben bemüht, muss nicht nur damit rechnen, dass er bei der Erteilung des Zuschlags oder der Auftragsvergabe unberücksichtigt bleibt. Er weiß außerdem oder muss wissen, dass der Veranstalter des Wettbewerbs, der eine Entschädigung für ein- 178 gereichte Angebote in der Ausschreibung nicht ausdrücklich festgesetzt hat, dazu im Allgemeinen auch nicht bereit ist. Darauf muss er sich einstellen. Das ist auch interessengerecht. Nur der Anbieter vermag nämlich hinreichend zu beurteilen, ob der zur Abgabe eines Angebots erforderliche Aufwand das Risiko seiner Beteiligung an dem Wettbewerb lohnt. Glaubt er, diesen Aufwand nicht wagen zu können, ist er aber gleichwohl an dem Auftrag interessiert, so muss er entweder versuchen, mit dem Veranstalter des Wettbewerbs eine Einigung über die Erstattung der Angebotskosten herbeizuführen, oder aber vom Angebot absehen und dieses den Konkurrenten überlassen, die zur Übernahme jenes Risikos bereit geblieben sind. Deshalb kann der Unternehmer ohne besondere vertragliche Regelung **keine Vergütung der Projektierungskosten** verlangen (BGH, Urt. v. 12.07.1979 – VII ZR 154/78, BauR 1979, 509, 511 = NJW 1979, 2202, 2203 – a. A., d. h. in der Regel für einen vertraglichen Vergütungsanspruch Kapellmann/Messerschmidt/Kapellmann, VOB/B, § 2 Rn. 15 ff., 17).

179 Wegen dieser für den Bauhandwerker und Unternehmer, aber auch für den Architekten wenig erfreulicher Rechtsprechung (kritisch u. a. auch Vygen, Festschrift Korbion, S. 439 ff.) ist den Betroffenen immerhin zu empfehlen, vorab eine **verbindliche Regelung über die Erstattung derartiger Projektierungskosten** zu treffen. Zumindest wäre zu raten, im Fall einer Aufforderung zur Erstellung eines solchen Leistungsverzeichnisses diese Aufforderung gegenüber dem Bauherrn und Architekten schriftlich als Auftrag zu bestätigen. Hiermit könnte dann der Hinweis an den Auftraggeber verbunden sein, dass man darin ein Angebot zum Abschluss eines Werkvertrages über die Erstellung des Leistungsverzeichnisses sieht (Vygen, Festschrift für Korbion S. 439, 445 f.), zumal auch § 2 Abs. 9 VOB von einer grundsätzlichen Vergütungspflicht solcher Planungsleistungen des Unternehmers ausgeht (vgl. auch Ingenstau/Korbion/von Wietersheim, § 8 VOB/A Rn. 87 f.). In diesem Fall kann bei Annahme eines besonderen Vertrages vom Unternehmer gemäß § 632 Abs. 1 und 2 BGB die **übliche Vergütung** für die Projektierung verlangt werden. Ohne eine solche Auftragsbestätigung fehlt es demgegenüber schon an einem verbindlichen Angebot zum Vertragsabschluss seitens des Bauherrn oder Architekten. Ein Vertrag kann dann allein durch die Tätigkeit des Unternehmers und die Übersendung des Angebots im Sinne einer stillschweigenden Annahme nicht zustande kommen (so BGH, Urt. v. 12.07.1979 – VII ZR 154/78, BauR 1979, 509, 510 = NJW 1979, 2202; a. A. Vygen, Festschrift für Korbion, S. 445).

180 Dieselben Grundsätze wie zu den Projektierungskosten gelten für zahlreiche **weitere Angebotserstellungskosten** oder einen sonst entstehenden Aufwand in der Angebotsphase.

▶ Beispiel

Im Rahmen einer öffentlichen Ausschreibung fordert der Auftraggeber die Bieter auf, aufwendige Musterflächen herzustellen. Der später unterlegene Bieter fordert dafür einen Aufwendungsersatz. Ohne Erfolg.

Ein solcher Anspruch besteht nicht, und zwar aus denselben Gründen wie bei den Projektierungskosten: Wer sich um einen Auftrag bewirbt, muss damit rechnen, nicht zum Zuge zu kommen. Deswegen erhält er dann auch für die von ihm erstellten **Muster** mangels anderweitiger Vereinbarung des Auftraggebers keine Vergütung (OLG Düsseldorf, Urt. v. 30.01.2003 – I-5 U 13/02, 5 U 13/02, BauR 2003, 1046, 1048). Die in § 8 Abs. 8 Nr. 1 VOB/A vorgesehene Entschädigung hilft nicht weiter, weil die Anlegung von Musterflächen schon dem Grunde nach nicht von dieser Regelung, die nur die Erstellung von Planunterlagen betrifft, erfasst wird (OLG Düsseldorf, Urt. v. 30.01.2003 – I-5 U 13/02, 5 U 13/02, a. a. O.).

181 Losgelöst von dem Sonderfall der Musterflächen ist aber tatsächlich bzgl. der Erstattungsfähigkeit von Projektierungskosten auf § 8 Abs. 8 VOB/A hinzuweisen. Denn danach ist zumindest dem Grunde nach bei einer öffentlichen Ausschreibung ein Anspruch auf Ersatz von Aufwendungen für die Erstellung von Planunterlagen u. a. vorgesehen. Allerdings sieht auch § 8 Abs. 8 Nr. 1 VOB/A zunächst vor, dass für die Angebotsbearbeitung keine Entschädigung bezahlt wird. Nach dessen Satz 2 hat der Auftraggeber in der Vergabebekanntmachung aber eine angemessene Entschädigung festzusetzen, wenn er von den Bietern über die mit der Angebotserstellung hinausgehende Entwürfe, Pläne, Zeichnungen verlangt. Erwähnt wird dabei vor allem die Anfertigung von Plan-

unterlagen im Zusammenhang mit einer funktionalen Ausschreibung nach § 7 Abs. 13–15 VOB/A. Doch auch **§ 8 Abs. 8 Nr. 1VOB/A** verschafft dem Bieter **keinen Vergütungs- oder Entschädigungsanspruch**. Denn ein solcher bestände nur, wenn er tatsächlich in der Ausschreibung festgesetzt wird. Fehlt demgegenüber wie üblich eine solche Festsetzung, läuft diese Regelung zumindest bei Verfahren unterhalb der Schwellenwerte, d. h. außerhalb des EU-weiten Vergaberechts (s. Rdn. 222 ff.), leer. Die fehlende Festsetzung kann nicht einmal Schadensersatzansprüche aus einer Verletzung eines vorvertraglichen Schuldverhältnisses (§§ 280 Abs. 1, 311 Abs. 2, 241 Abs. 2 BGB) begründen, weil der Bieter ja weiß, dass er mangels Festsetzung keine Vergütung für seine Angebotserstellungskosten erhält.

2.2.3 Die Bedeutung des Bestätigungsschreibens für den Vertragsabschluss

2.2.3.1 Grundsatz: Schweigen ist keine Zustimmung

Im Wirtschaftsleben ist es üblich geworden, Vertragsabschlüsse schriftlich zu bestätigen. Oftmals werden erst in diesen Bestätigungsschreiben Nebenpunkte geregelt und auf Geschäftsbedingungen Bezug genommen; in zahlreichen Fällen enthalten diese Bestätigungsschreiben auch Abweichungen von den mündlich getroffenen Vereinbarungen. Es stellt sich dann die Frage, wie das Schweigen auf eine solche Auftragsbestätigung zu werten ist. Dabei ist zunächst davon auszugehen, dass grundsätzlich das Schweigen **keine Willenserklärung** und damit kein Einverständnis mit einer Auftragsbestätigung oder sonst einer Willenserklärung der Vertragsgegenseite darstellt. Soweit man davon abweichend in ein Schweigen ausnahmsweise doch eine Willenserklärung hineinlesen will, kann es allenfalls um eine Ablehnung der Erklärung der Gegenseite gehen, d. h. konkret: Schweigt der Privatmann auf ein Bestätigungsschreiben z. B. des Auftragnehmers, dann gilt dies grundsätzlich als Ablehnung und nicht als Einverständnis mit dem Inhalt des Schreibens.

182

2.2.3.2 Kaufmännisches Bestätigungsschreiben

Liegt in dem Schweigen einer Vertragspartei auf ein Angebot der Gegenseite im privaten Rechtsverkehr keine Annahme und kommt demnach kein Vertrag zustande, gilt etwas anderes im kaufmännischen Geschäftsverkehr. Haben zwei Kaufleute mündliche Vertragsverhandlungen geführt, die eine Vertragspartei schriftlich bestätigt, so muss die Gegenseite mögliche Fehler und Abweichungen in dieser schriftlichen Bestätigung unverzüglich rügen. Andernfalls ist ihr **Schweigen als Zustimmung** anzusehen. Sämtliche Angaben aus der schriftlichen Bestätigung zu den geführten Verhandlungen gelten dann als richtig und vollständig.

183

> **Beispiel**
>
> Der Generalunternehmer verhandelt mit einem Subunternehmer über dessen Angebot. Kurz danach bestätigt er unter Bezugnahme auf die Verhandlungen den Auftrag zu einem Preis von 145 000 € netto abzgl. 10 % Nachlass. Der Subunternehmer widerspricht nicht. In der späteren Abrechnung ist der Subunternehmer der Auffassung, bei den 10 % habe es sich um ein Skonto gehandelt, das nur bei einer Zahlung binnen fünf Tagen zu gewähren gewesen wäre. Mit diesem Einwand wird der Subunternehmer mangels unverzüglichen Widerspruchs zu dem kaufmännischen Bestätigungsschreiben nicht gehört. Stattdessen kann sich der Generalunternehmer wegen des Schweigens des Subunternehmers darauf berufen, dass die Verhandlungen mit dem Ergebnis so geführt wurden, wie es in dem Bestätigungsschreiben niedergelegt ist.

Eines Widerspruchs bedarf es nur dann nicht, wenn der Absender des Bestätigungsschreibens durch eine völlig unrichtige Darstellung über die Vertragsverhandlungen gegen Treu und Glauben verstößt und mit dem Einverständnis des Empfängers keinesfalls zu rechnen war.

Das kaufmännische Bestätigungsschreiben spielt im zivilen Bauvertragsrecht bei dem Vertragsabschluss im Zweifel nur eine untergeordnete Rolle: Denn Bauverträge werden zumeist schriftlich geschlossen, sodass es insoweit auf kaufmännische Bestätigungsschreiben nicht ankommt. Im Einzelfall kann dies selbstverständlich aber auch anders sein.

184

▶ **Beispiel (nach OLG Oldenburg, Urt. v. 18.07.2006 – 12 U 18/06, BauR 2007, 1742)**

Der Bauherr kündigt den Generalunternehmer wegen Insolvenz. Zur Fortsetzung der Arbeiten verhandelt er mit einem ehemals tätigen Subunternehmer. Anschließend bestätigt dieser Subunternehmer mit Auftragsbestätigungen verschiedene Leistungen, die teilweise vom Hauptvertrag abweichen. Der Bauherr reagiert nicht; nach Leistungsausführung meint er, er habe kein Vertragsverhältnis mit dem Subunternehmer, der ausschließlich für den Generalunternehmer gearbeitet habe. Dies ist falsch: Denn die hier versandten »Auftragsbestätigungen« bestätigten rechtlich die zuvor geführten kaufmännischen Vertragsverhandlungen zu einem Direktvertrag zwischen Bauherrn und Subunternehmer. Es handelt sich somit um kaufmännische Bestätigungsschreiben, die eigenständig – soweit nicht schon mündlich erteilt – einen unmittelbaren Vertrag zwischen Bauherrn und Subunternehmer begründen. Diese Rechtsfolge hätte der Bauherr nur durch einen unverzüglichen Widerspruch zu den Auftragsbestätigungen vermeiden können.

Kommen kaufmännische Bestätigungsschreiben in der Praxis zur Begründung eines eigenständigen Bauvertrages eher selten vor, gewinnen sie doch Bedeutung im Zusammenhang mit den zahlreichen **mündlichen Absprachen vor allem während der Bauphase**. Gerade bei mündlichen Besprechungen auf der Baustelle ist es heute nämlich die Regel, dass ein Beteiligter (z. B. der Architekt) das jeweils erzielte Ergebnis zusammenfasst und diese Zusammenfassung an die Gesprächsteilnehmer verschickt. In solchen Zusammenfassungen, Baubesprechungsprotokollen u. a. sieht die Rechtsprechung vielfach ebenso kaufmännische Bestätigungsschreiben bzw. wendet die Grundsätze entsprechend an (vgl. anschaulich BGH, Urt. v. 27.01.2011 – VII ZR 186/09, BauR, 2011, 669, 671 = NJW 2011, 1965, 1966 = NZBau 2011, 303, 304; vgl. aber auch OLG Brandenburg, Urt. v. 30.11.2011 – 4 U 144/07, BauR 2012, 545 [Ls.], das nach versandten Baubesprechungsprotokollen nur eine Duldungs- und Anscheinsvollmacht prüfte). Ggf. besprochene Änderungen des Leistungsverzeichnisses, Abänderungen von Vertragsbedingungen oder Fertigstellungsfristen gelten dann als verbindlich vereinbart, selbst wenn diese ggf. im Einzelfall so nicht besprochen wurden.

▶ **Beispiel**

Bauunternehmer, Bauherr, Architekt u. a. treffen sich zu einer Baubesprechung. Es wird über eine kritische Terminsituation gesprochen. Der Bauherr drängt auf pünktliche Fertigstellung; Planer und Bauunternehmer erklären, dass es zu Verzögerungen von mindestens einem Monat kommt. Im Nachgang versendet der Bauunternehmer ein Baubesprechungsprotokoll. Dieses enthält den Hinweis, dass in der Verhandlung vor Ort die neuen Termine gemeinschaftlich abgestimmt seien. Der Bauherr widerspricht nicht. Erst bei einer weiteren Behinderungsanzeige des Bauunternehmers verweist er auf die ohnehin schon überzogenen weiter geltenden alten Vertragstermine. Zu Unrecht! Zwar mag im Nachhinein der genaue Ablauf der Baubesprechung nicht mehr rekonstruierbar sein. Gleichwohl haben die Vertragsparteien über Vertragsdetails (Termine) verhandelt, wobei anschließend eine Partei das aus ihrer Sicht vermeintlich richtige Ergebnis mit der Terminsverschiebung bestätigt hat. Im Hinblick auf die zuvor geführten Verhandlungen kommt dem nachträglich versandten Baubesprechungsprotokoll die Wirkung eines kaufmännischen Bestätigungsschreibens zu. Diesem hätte der Bauherr unverzüglich widersprechen müssen, wenn er der Meinung war, dass die dort festgehaltenen Ergebnisse nicht richtig sind. Da er dies nicht getan hat, muss er sich jetzt so behandeln lassen, als dass die Ergebnisse im Baubesprechungsprotokoll richtig und vollständig wiedergegeben wurden.

185 Unbeachtlich dürfte hier sein, dass im Nachgang zu Baustellenbesprechungen versandte **Besprechungsprotokolle nicht unterzeichnet** sind (offen gelassen in BGH, Urt. v. 27.01.2011 – VII ZR 186/09, BauR 2011, 669, 671 f. = NJW 2011, 1965, 1966 = NZBau 2011, 303, 305). Entscheidend ist vielmehr, dass das versandte Schriftstück für den Adressaten erkennbar, d. h. schon nach seinem äußeren Eindruck geeignet und bestimmt ist, die vorangegangenen mündlichen Verhandlungen der Parteien in ihrem wesentlichen Inhalt wiederzugeben und verbindlich festzulegen (Soergel/Wolf, § 147 Rn. 33). Im Vordergrund steht somit der zum Ausdruck kommende Bestätigungswille des Absenders (vgl. etwa BGH, Urt. v. 25.02.1987 – VIII ZR 341/86, NJW 1987, 1940, 1941). Mit einer

Unterzeichnung eines Schriftstücks, das heute ohnehin wie bei Baubesprechungsprotokollen geschäftsüblich vielfach nur noch elektronisch verteilt wird, hat dies nichts zu tun. Interessanter ist allenfalls die Frage, ob auch die Teilnahme von **nicht bevollmächtigten Vertretern** an Baubesprechungen ausreicht.

▶ **Beispiel (nach BGH, Urt. v. 27.01.2011 – VII ZR 186/09, a. a. O.)**

Der Auftragnehmer schickt zu einer Baubesprechung seinen nicht vertretungsbefugten Polier P. Dieser »vereinbart« mit dem Auftraggebervertreter veränderte Bauzeiten. Diese werden in einem Baubesprechungsprotokoll festgehalten, allseits unterschrieben und an die Vertragsparteien versandt. Später beruft sich der Auftragnehmer darauf, dass diese geänderten Bauzeiten mangels seiner Zustimmung bzw. der fehlenden Vertretungsmacht seines Poliers nicht verbindlich wären.

Hiermit dringt er nicht durch. Zwar würde an sich die fehlende Vertretungsmacht des entsandten Poliers eine wirksame Änderungsvereinbarung zu den zunächst geltenden Bauzeiten ausschließen. Bei einem versandten und im Nachgang ohne Widerspruch gebliebenes kaufmännisches Bestätigungsschreiben gilt jedoch seit jeher etwas anderes (BGH, Urt. 27.01.2011, a. a. O.; st. Rspr., vgl. etwa nur BGH, Urt. v. 24.09.1952 – II ZR 305/51, BGHZ 7, 188, 189; BGH, Urt. v. 15.06.1964 – II ZR 129/62, NJW 1964, 1951, 1952). Diese »Gefahr« wird die in einer Baustellenbesprechung vertretene Partei nur umgehen können, wenn der Vertreter zugleich bei Beginn der Baustellenbesprechung eindeutig auf seine fehlende Vollmacht hinweist und auch insoweit auf eine eindeutige Protokollierung drängt. Lässt der Protokollant dann diesen Hinweis später weg, wäre das Bestätigungsschreiben jetzt ohne Wirkung. Denn diese besteht wie schon oben erläutert nach allgemeiner Auffassung nur, wenn das Verhandlungsergebnis nicht bewusst unrichtig oder entstellt wiedergegeben wird (BGH, Urt. v. 26.06.1963 – VIII ZR 61/62, BGHZ 40, 42, 45 = NJW 1963, 1922, 1923).

Ansonsten kann hier aber zusammengefasst werden, dass im Ergebnis der **gesamte Schriftverkehr**, vor allem Gesprächsprotokolle **genau kontrolliert** und ihnen bei einem abweichenden Inhalt unverzüglich widersprochen werden sollte. Dies gilt vor allem für mündliche, auf der Baustelle erteilte Zusatzaufträge.

Die vorgenannten Grundsätze über das kaufmännische Bestätigungsschreiben gelten nicht nur unter Kaufleuten, sondern auch im geschäftlichen Verkehr unter Personen, die in erheblichem Umfang am Geschäftsleben teilnehmen und von denen deshalb erwartet werden kann, dass sie nach kaufmännischer Sitte verfahren. Zu nennen sind hier zunächst die **Architekten**, die ein solches Bestätigungsschreiben erhalten. Ihnen obliegt dann zugleich die Beweislast für einen rechtzeitigen Widerspruch (vgl. BGH, Urt. v. 03.10.1974 – VII ZR 93/72, BauR 1975, 67, 68). Ebenso betrifft dies z. B. eine **Grundstücksgesellschaft** in der Rechtsform einer Gesellschaft bürgerlichen Rechts, die als Investorin und Bauherrin ein größeres Bauvorhaben mit Gewerbe errichtet, selbst wenn diese ansonsten nicht kaufmännisch auftritt (OLG Oldenburg, Urt. v. 18.07.2006 – 12 U 18/06, BauR 2007, 1742, 1743; OLG Brandenburg, Urt. v. 24.06.2009 – 4 U 137/08, BauR 1484). In Einzelfällen hat die Rechtsprechung auch Insolvenzverwalter als taugliche Adressaten eines kaufmännischen Bestätigungsschreibens angesehen, wenn sie die Masse wie ein Kaufmann verwerten (BGH, Urt. v. 25.02.1987 – VIII ZR 341/86, NJW 1987, 1940, 1941). Dies ist erst recht anzunehmen, wenn sie das insolvente Unternehmen einstweilen fortführen. Selbst die öffentliche Hand ist zu nennen, soweit sie sich wie ein Kaufmann fiskalisch am Geschäftsverkehr beteiligt (s. ausführlich dazu BGH, Urt. v. 19.02.1964 – Ib ZR 203/62, NJW 1964, 1923), was insbesondere bei der öffentlichen Baubehörde anzunehmen ist.

2.2.3.3 Auftragsbestätigung

Von einem kaufmännischen Bestätigungsschreiben ist die allgemeine Auftragsbestätigung zu unterscheiden. Ihr kommt in der Regel nur eine **Beweisfunktion** für einen bereits zuvor geschlossenen Vertrag zu. Dies gilt selbst dann, wenn der Auftraggeber auf ein Angebot des Auftragnehmers den Auftrag erteilt mit der Bitte um Auftragsbestätigung und Rücksendung eines unterschriebenen Exemplars (OLG Rostock, Urt. v. 14.03.2002 – 7 U 22/01, IBR 2003, 2). Insbesondere bei Zusatzaufträgen sollten Auftragnehmer diese Beweisfunktion nutzen und solche zur Vermeidung unnötiger Streitigkeiten in jedem Fall nach Auftragserteilung bestätigen.

> **Beispiel**
>
> Der Architekt erteilt auf der Baustelle für den Bauherrn einen Zusatzauftrag. Der Bauunternehmer bestätigt diesen Auftrag schriftlich und schickt dem Bauherrn eine Kopie. Weder der Architekt noch der Bauherr widersprechen. Später weigert sich der Bauherr, die Zusatzleistung zu zahlen; er verweist darauf, dass er die Leistung nicht beauftragt und der Architekt keine Vollmacht gehabt habe. Der Bauunternehmer beruft sich auf ein kaufmännisches Bestätigungsschreiben. Dies ist falsch: Ein kaufmännischen Bestätigungsschreiben liegt hier nicht vor, weil dieses unmittelbar an den Verhandlungspartner zu richten gewesen wäre und der Bauherr nicht selbst an den Verhandlungen teilgenommen hat. Wirkungslos ist dieses Schreiben jedoch nicht. Denn bei fehlendem Widerspruch kann – soweit dies häufiger geschieht – unter Umständen von einer Duldungsvollmacht zugunsten des Architekten ausgegangen werden. Das Bestätigungsschreiben erleichtert hier den Vertragspartnern bei späteren Streitigkeiten dann in jedem Fall die Beweisführung.

188 Wurde bisher kein Vertrag geschlossen und wird gleichwohl eine »Auftragsbestätigung« versandt, kann darin die **Annahme eines Angebots der Vertragsgegenseite** liegen. Dies gilt jedoch nur dann, wenn sich die Auftragsbestätigung inhaltlich mit dem Angebot der Vertragsgegenseite deckt. Anderenfalls handelt es sich bei einer solchen Auftragsbestätigung um eine Ablehnung des Ursprungsangebotes und zugleich um ein neues eigenes Angebot (vgl. § 150 Abs. 2 BGB). Auf dieses kommt der Vertrag anschließend nicht durch Schweigen des anderen Partners zustande; vielmehr muss dieser nunmehr seinerseits die Annahme erklären (s. o. Rdn. 170 ff.).

2.2.4 Der Abschluss des Bauvertrages durch Vertreter

2.2.4.1 Die Stellvertretung oder das Handeln in fremdem Namen

189 Rechtsgeschäftliche Willenserklärungen, insbesondere das Angebot zum Abschluss eines Vertrages und dessen Annahme, können entweder durch die Vertragspartner selbst oder durch Vertreter abgegeben und entgegengenommen werden. Eine Stellvertretung liegt immer dann vor, wenn ein **rechtsgeschäftliches Handeln im Namen eines anderen** geschieht. Der Vertreter vertritt den einen Vertragspartner als den Vertretenen bei der Abgabe oder der Annahme einer Willenserklärung. Dies geschieht in der Weise, dass der Stellvertreter zwar eine eigene Willenserklärung abgibt, jedoch in der Absicht, dass deren Rechtsfolgen nicht ihn, sondern den Vertretenen treffen sollen.

> **Beispiel**
>
> Der Architekt führt mit dem Bauunternehmer Vertragsverhandlungen. Sodann schließt er im Namen des Bauherrn den Bauvertrag ab. Hier handelt der Architekt ausdrücklich für den Bauherrn, nicht für sich selbst.

Vom Stellvertreter ist der **Bote** zu unterscheiden; dieser ist lediglich Überbringer einer fremden Willenserklärung.

Im Rahmen des Bauvertragsrechts nimmt die Stellvertretung einen breiten Raum ein. So sind auf der einen Seite häufig der Ingenieur oder Architekt als Vertreter des Bauherrn anzutreffen, auf der anderen Seite sind die Betriebe der Bauunternehmen oftmals von solcher Größe, dass der Betriebsinhaber unmöglich selbst alle Verträge abschließen kann. Er ist vielmehr darauf angewiesen, dass dies durch andere geschieht, also durch Vertreter des Bauunternehmers.

190 Um wirksam handeln und Geschäfte namens des Vertretenen abschließen zu können, bedarf der Vertreter einer Vertretungsmacht. Diese kann sowohl durch **Rechtsgeschäft** (**Vollmacht**) begründet werden, als auch auf **Gesetz** beruhen, wie z. B. die Vertretungsmacht der Eltern für die geschäftsunfähigen Kinder, der Vorstandsmitglieder für eine AG, der Geschäftsführer für eine GmbH sowie der Prokurist für eine Handelsgesellschaft.

2.2 Der Abschluss des Bauvertrages nach den allgemeinen Regeln des BGB

▶ **Beispiele für Vertragsabschlüsse durch Vertreter**
- Der Geschäftsführer einer GmbH oder der Prokurist verhandeln mit dem Architekten des Bauherrn; beide schließen dann den Bauvertrag ab, der Architekt für den Bauherrn aufgrund seiner von diesem ausdrücklich erteilten Vollmacht, der Geschäftsführer aufgrund seiner gesetzlichen Vertretungsmacht (§ 35 GmbHG).
- Der technische Angestellte eines Bauunternehmens verhandelt in dessen Auftrag mit dem Bauherrn den Inhalt eines Bauvertrages und schließt diesen dann namens des Bauunternehmens ab. In diesem Fall beruht die Vertretungsmacht auf einer vom Unternehmer erteilten rechtsgeschäftlichen Vollmacht (§ 167 BGB).

Diese vorstehend beschriebene **unmittelbare Stellvertretung** bewirkt, dass die Folgen der vom Vertreter abgegebenen oder angenommenen Willenserklärungen ausschließlich den Vertretenen treffen (§ 164 Abs. 1 BGB).

▶ **Beispiel**

Der vom Bauherrn beauftragte Bauingenieur schließt als sein Stellvertreter im Rahmen seiner Vertretungsmacht einen Werkvertrag ab. Hier wird aus diesem Bauvertrag nur der Bauherr berechtigt und verpflichtet. Nur er ist z. B. zur Bezahlung des Werklohnes verpflichtet und zur Geltendmachung von Gewährleistungsansprüchen berechtigt.

Die Rechtsfolgen der vom Vertreter abgegebenen oder angenommenen Willenserklärungen treffen nur dann nicht den Vertreter, sondern den Vertretenen, wenn das Vertretungsverhältnis irgendwie zum Ausdruck gekommen ist (**Offenheitsprinzip**). Gleichgültig ist es, auf welche Weise das geschieht; der Vertreter braucht nicht ausdrücklich zu erklären, dass er im Namen des Vertretenen handelt; es genügt vielmehr, wenn sich dieses für den Erklärungsempfänger aus den Umständen ergibt (§ 164 Abs. 1 BGB).

191

▶ **Beispiel**

Bei dem in einem Ladengeschäft tätigen Verkäufer ergibt sich aus den Umständen, dass dieser im Namen des Geschäftsinhabers handelt.

Das ist jedoch keineswegs immer so klar. So ergibt sich z. B. nicht schon aus der Stellung als Architekt, dass dieser alle Verträge im Namen des Bauherrn abschließen will; vielmehr muss auch dies zum Ausdruck kommen, wobei stets auf die Sicht des Erklärungsempfängers abzustellen ist. Das Gleiche gilt für den Baubetreuer.

Tritt dagegen der Wille des Vertreters, im Namen des Vertretenen handeln zu wollen – und nicht in seinem eigenen – nicht erkennbar hervor, so wird der **Vertreter aus dem Rechtsgeschäft selbst berechtigt und verpflichtet** (§ 164 Abs. 2 BGB). Um den Geschäftsgegner zu schützen, gehen auch die zweifelhaften Fälle zulasten des Vertreters, d. h.: Er persönlich wird verpflichtet, wenn er nicht beweisen kann, dass er ausdrücklich oder den Umständen nach erkennbar im Namen eines anderen und mit dessen Vollmacht gehandelt hat.

192

▶ **Beispiel**

Der Architekt beauftragt den Statiker, eine statische Berechnung zu erstellen. Ob dies namens des Bauherrn geschieht oder ob der Architekt den Statiker in eigenem Namen zurate zieht, ist, wenn der Architekt keine eindeutige Erklärung abgibt, meist aus den Umständen nicht zu entnehmen (s. o. Rdn. 20 ff.). Dies bedeutet, dass der Architekt aus der mit dem Statiker getroffenen Vereinbarung allein berechtigt und verpflichtet ist, auch wenn er den Auftrag an den Statiker im Namen des Bauherrn vergeben wollte. Er, der Architekt, ist daher auch zur Bezahlung des Honorars an den Statiker verpflichtet.

Dies alles zeigt, dass die Verhandlungspartner stets darauf bedacht sein sollten, eindeutige Erklärungen abzugeben und die Vertragspartner zu bestimmen. Sodann ist im Zweifelsfall der Erklärungsempfänger gut beraten, wenn er vorrangig den Handelnden in Anspruch nimmt; denn dieser muss im Prozess beweisen, dass er im Namen eines anderen gehandelt hat (nicht nur handeln wollte) und er dazu wirksam von dem anderen bevollmächtigt war.

2.2.4.2 Die Vertretungsmacht oder Vollmacht

193 Um die Wirkungen des § 164 Abs. 1 BGB, also den Eintritt der Rechtsfolgen unmittelbar in der Person des Vertretenen zu erreichen, bedarf es zunächst der ausdrücklichen oder aus den Umständen zu entnehmenden Erklärung, im Namen des Vertretenen zu handeln. Erforderlich ist sodann aber in jedem Fall auch eine zur Vertretung berechtigende Vertretungsmacht. Sie beruht im Allgemeinen auf einer Vollmacht des Vertretenen. Dabei lassen sich mehrere Arten unterscheiden:
- Ausdrückliche, rechtsgeschäftlich erteilte Vollmacht (§ 167 BGB)
- Stillschweigende Vollmacht
- Duldungsvollmacht
- Anscheinsvollmacht

194 Die Vollmacht ist die durch **Rechtsgeschäft begründete Vertretungsmacht**; sie beruht auf der Bevollmächtigung durch den Vertretenen. Die Bevollmächtigung geschieht nicht grundlos; mit ihr wird vielmehr ein bestimmter Zweck verfolgt. Zugleich liegt ihr regelmäßig ein Rechtsverhältnis – ein Auftrag, ein Geschäftsbesorgungsvertrag oder ein Architekten- oder Ingenieurvertrag, ein Baubetreuungsvertrag, ein Projektsteuerungsvertrag usw. – zugrunde, zu dessen Erfüllung es der Bevollmächtigung bedarf oder der die Erteilung einer Vollmacht sinnvoll macht und enthält.

> **Beispiele**
> - Im Ingenieur- oder Architektenvertrag erteilt der Bauherr dem Ingenieur oder Architekten die Vollmacht, in seinem Namen die Bauverträge abzuschließen.
> - Bei einer aus mehreren Bauunternehmern gegründeten Arbeitsgemeinschaft – einer Gesellschaft bürgerlichen Rechts – erteilen die Partner einem unter ihnen die Vollmacht, die Bauverträge mit dem Auftraggeber und ggf. mit Subunternehmern auch für sie und in ihrem Namen abzuschließen. Diese Vollmacht besitzt meist das mit der kaufmännischen Geschäftsführung betraute ARGE-Mitglied.
> - Ein Bauunternehmer bevollmächtigt im Rahmen eines Dienst- oder Geschäftsbesorgungsvertrages einen Rechtsanwalt, einen außergerichtlichen Vergleich abzuschließen.

195 Die Erteilung der Vollmacht erfolgt durch eine Erklärung gegenüber dem zu Bevollmächtigenden oder gegenüber dem Dritten, demgegenüber die Vertretung stattfinden soll (§ 167 BGB). Sie bedarf im Allgemeinen **keiner besonderen Form**, und zwar selbst dann nicht, wenn für das abzuschließende Rechtsgeschäft eine bestimmte Form vorgeschrieben ist. Etwas anderes gilt nur, wenn die formfreie Bevollmächtigung im Ergebnis zu einer Umgehung der Formvorschrift für das Vertretergeschäft führt. Das ist z. B. der Fall, wenn der Vertretene durch die Erteilung der Vollmacht rechtlich und tatsächlich in gleicher Weise gebunden wird wie durch die Vornahme des formbedürftigen Rechtsgeschäftes. Formbedürftig sind deshalb etwa unwiderrufliche Vollmachten zum Grundstücksverkauf oder -erwerb (§ 311b Abs. 1 BGB) und zur Schenkung oder zur Übernahme einer Bürgschaft. Zweckmäßig ist es jedoch in jedem Fall, die **Vollmacht schriftlich** zu erteilen und dabei ggf. auch Beschränkungen der Vollmacht vorzusehen, also den Umfang der Vollmacht festzulegen.

196 Die Vollmacht erlischt nicht nur dann, wenn das ihr zugrunde liegende Rechtsverhältnis beendet ist, sondern auch im Fall des **Widerrufs**. Dieser ist grundsätzlich jederzeit möglich, wenn die Widerruflichkeit nicht ausgeschlossen ist, wie z. B. häufig beim Maklervertrag. Dagegen kann der Bauherr dem Architekten die Auftragsvollmacht trotz weiter bestehenden Architektenvertrages jederzeit entziehen. Zu den verschiedenen Arten der Vollmachten kann sodann Folgendes erläutert werden:

197 - Bei der **ausdrücklichen** Vollmacht wird die Bevollmächtigung mündlich oder schriftlich ausgesprochen.

198 - Bei der **stillschweigenden Vollmacht** ergibt sich die Bevollmächtigung aus einem schlüssigen konkludenten Verhalten des Vertretenen.

2.2 Der Abschluss des Bauvertrages nach den allgemeinen Regeln des BGB

▶ **Beispiel**
- Der Bauunternehmer schickt einen bei ihm tätigen Bauingenieur zu Vertrags- oder Vergleichsverhandlungen.
- Der Architekt erteilt dem Bauunternehmer im Beisein des Bauherrn einen Zusatzauftrag im Namen des Bauherrn.

- Die **Duldungsvollmacht** ist von der wirklichen Vollmacht zu unterscheiden. Wer weiß, dass jemand, der hierzu nicht bevollmächtigt ist, für ihn handelt, dies aber duldet, kann sich auf den Mangel der Vollmacht nicht berufen, wenn der Geschäftspartner die Duldung der Vertretung nach Treu und Glauben und mit Rücksicht auf die Verkehrssitte dahin werten konnte und gewertet hat, dass der Handelnde Vollmacht habe (BGH, Urt. v. 21.04.1955 – II ZR 328/53, NJW 1955, 985).

  Diese Duldungsvollmacht unterscheidet sich von der stillschweigenden Bevollmächtigung dadurch, dass bei Letzterer der Vertreter tatsächlich eine Vollmacht besitzt. Demgegenüber fehlt ihm diese bei der Duldungsvollmacht; der Vertretene muss sich aber so behandeln lassen, als habe der Vertreter eine Vollmacht gehabt (BGH, Urt. v. 08.03.1961 – VIII ZR 49/60, LM Nr. 10 zu § 167 BGB).

▶ **Beispiel**
Der Bauherr erteilt dem Architekten zum Abschluss von Bauverträgen keine Vollmacht. Dennoch nimmt er es während eines längeren Zeitraumes wissentlich hin, dass der Architekt sämtliche Rechtsgeschäfte in seinem Namen erledigt und auch Bauverträge abschließt bzw. Zusatzaufträge erteilt.

- Die **Anscheinsvollmacht** ist in Wahrheit keine Vollmacht. Bei ihr handelt es sich vielmehr um eine dem Vertretenen auferlegte Vertrauenshaftung. Sie rechtfertigt sich daraus, dass der Geschäftsgegner auf den Rechtsschein der Bevollmächtigung vertraut hat (BGH, Urt. v. 20.01.1983 – VII ZR 32/82, BGHZ 86, 273, 276 = BauR 1983, 253, 255 = NJW 1983, 1308, 1309). Dabei geht es um Fälle, in denen der Vertretene zwar nicht weiß, bei pflichtgemäßer Sorgfalt aber hätte erkennen oder verhindern können, dass jemand, der hierzu nicht bevollmächtigt war, als sein Stellvertreter aufgetreten ist. Infolgedessen kann er sich dann im Interesse der Rechtssicherheit nicht auf den Mangel der Vollmacht berufen, wenn der Geschäftsgegner nach Treu und Glauben und mit Rücksicht auf die Verkehrssitte hat annehmen dürfen, der Vertretene kenne und dulde das Auftreten des Vertreters (BGH, Urt. v. 12.02.1952 – I ZR 96/51, BGHZ 5, 111, 116).

▶ **Beispiel**
Ein Hauseigentümer beauftragt eine Hausverwaltung, sich um die Verwaltung seines Hauses zu kümmern. Eine konkrete Vollmacht ist nicht erteilt. Der Hauseigentümer kümmert sich nicht um die Tagesarbeit und lässt die Verwaltung frei schalten und walten. Diese wiederum hat sich nach und nach angewöhnt, Arbeiten ohne Rückfrage beim Eigentümer zu vergeben. In diesem Zuge beauftragt sie eine Baufirma für kleinere Renovierungsarbeiten, die schon länger am Objekt tätig ist und zuvor Aufträge so erhalten hat. Nachdem dies länger so praktiziert wurde, widerspricht der Hauseigentümer in einem Fall und verweigert die Zahlung, weil er der Hausverwaltung keine Vollmacht zur Beauftragung der Baufirma erteilt habe. Hiermit wird er nicht gehört: Zwar liegt möglicherweise tatsächlich keine Vollmacht vor. Hätte er sich aber pflichtgemäß um sein Haus und die Tätigkeit der von ihm beauftragten Hausverwaltung gekümmert, wäre ihm deren ggf. vollmachtsloses Handeln schon vorher aufgefallen, sodass er es hätte abstellen können.

Ähnlich ist teilweise eine Anscheinsvollmacht bei der **Beteiligung von Architekten** anzutreffen.

▶ **Beispiel (vgl. auch KG, Urt. v. 10.10.2006 – 21 U 75/04, BauR 2008, 97 = BauR 2007, 1941)**

> Der Architekt ist von dem Bauherrn bevollmächtigt, in dessen Namen einen Bauvertrag zu schließen. Für Nachträge besitzt er hingegen keine Vollmacht. Der Bauherr lässt das Vorhaben treiben; hätte er sich um die Tätigkeit des Architekten gekümmert, hätte er erkennen können, dass dieser auch Nachträge für ihn beauftragt. In solchen Fällen ist von einer Anscheinsvollmacht des Architekten auszugehen.

201 Während bei der Duldungsvollmacht der Vertretene weiß, dass ein anderer für ihn auftritt, fehlt bei der Anscheinsvollmacht dem Vertretenen diese Kenntnis; er hätte sie aber besitzen können und müssen. Ansonsten ist aber festzustellen, dass der Anwendungsbereich von Duldungs- und Anscheinsvollmacht sehr weit reicht. Dies gilt dem Grunde nach auch für das **Handeln der öffentlichen Hand** (BGH, Urt. v. 21.04.1955 – II ZR 328/53, NJW 1955, 985; BGH, Urt. v. 23.10.1963 – V ZR 146/57, BGHZ 40, 197, 203 = NJW 1964, 203, 204). Allerdings ist hier insoweit eine Einschränkung zu machen, als infolge einer Duldungs- oder Anscheinsvollmacht nicht eine Vertretungsmacht entstehen kann, die nicht auch sonst nach dem Gesetz oder insbesondere einer öffentlich-rechtlichen Satzung entstehen könnte, d. h.: Es kommt immer darauf an, dass die **für die Vollmachtserteilung zuständigen Organe** einen Zustand geduldet oder nicht verhindert haben. Die Anscheins- oder Duldungsvollmacht kann somit nicht weiterreichen als eine tatsächlich erteilte Vollmacht zumindest theoretisch gehen könnte (BGH, Urt. v. 02.03.1972 – VII ZR 143/70, NJW 1972, 940, 941; BGH, Urt. v. 11.06.1992 – VII ZR 110/91, BauR 1992, 761, 762 = NJW-RR 1992, 1435, 1436).

▶ **Beispiel (ähnlich BGH, Urt. v. 02.03.1972 – VII ZR 143/70, a. a. O.)**

> In der Gemeindeordnung ist vorgesehen, dass ein Bauvertrag nur gemeinsam geschlossen werden kann vom Gemeindedirektor und vom Ratsvorsitzenden. Eine Rechtsscheinvollmacht des Inhalts, dass der Gemeindedirektor jetzt Verträge auch allein schließen könnte, kann danach nicht entstehen.

An dieser Stelle gilt somit nichts anderes als bei anderen öffentlich-rechtlichen Vorschriften, die bei einem Vertragsschluss mit der öffentlichen Hand zu berücksichtigen sind (s. etwa zur Einhaltung der Schriftform oben Rdn. 148 und 151). Dagegen ist allerdings zu beachten, dass die Berufung auf fehlende Formerfordernisse u. a. auch gegen Treu und Glauben verstoßen kann, wenn das zuständige Organ seine Zustimmung z. B. zu einem Zuschlag bereits beschlossen hatte (BGH, Urt. v. 08.06.1973 – V ZR 72/72, NJW 1973, 1494, 1495; BGH, Urt. v. 20.01.1994 – VII ZR 174/92, BauR 1994, 363, 364 = NJW 1994, 1528).

▶ **Beispiel (in Anlehnung an BGH, Urt. v. 20.01.1994, a. a. O.)**

> Zwischen einer Gemeinde und einem Architekten soll ein Vertrag geschlossen werden. Dieser bedarf der Zustimmung der Ratsversammlung und der Unterzeichnung durch den Bürgermeister. Nach der Zustimmung wird der Auftrag mündlich erteilt. Hier kann sich die Gemeinde nicht auf die fehlende Einhaltung der Schriftform bzw. Unterzeichnung durch den Bürgermeister berufen.

2.2.4.3 Der Umfang der Architektenvollmacht

202 Sind sowohl ein Handeln in fremdem Namen als auch eine Vollmacht des Handelnden gegeben, so stellt sich jeweils gesondert die Frage nach dem Umfang der Vollmachtbesonders eines Architekten, wenn diese im Architektenvertrag nicht ausdrücklich festgelegt worden ist (vgl. dazu im Einzelnen: von Craushaar, BauR 1982, 421; Quack, BauR 1995, 441). Damit müssen die Gerichte sich in einer Vielzahl von Bauprozessen immer wieder auseinandersetzen. Aus diesem Grunde ist dringend zu empfehlen, den Umfang der Vollmacht im Vertrag bereits genau abzugrenzen. Dem Bauunternehmer ist darüber hinaus anzuraten, sich bei einer Auftragserteilung durch den Architekten dessen Vollmacht bestätigen oder noch besser den Vertrag auch vom Bauherrn oder dem sonstigen Vertretenen unterzeichnen zu lassen. Zumindest sollte der Bauunternehmer über alle Vereinbarungen mit dem

2.2 Der Abschluss des Bauvertrages nach den allgemeinen Regeln des BGB

Architekten, der keine Vollmacht nachweist, den Bauherrn durch Übersendung einer Durchschrift informieren. Bei Ausbleiben eines Widerspruchs seitens des Bauherrn kann dann ggf. von einer Duldungsvollmacht ausgegangen werden (eher a. A. OLG Brandenburg, Urt. v. 30.11.2011 – 4 U 144/07, BauR 2012, 545 [Ls.]).

Der Umfang **der Vollmacht eines Architekten** richtet sich mangels ausdrücklicher Regelung nach Treu und Glauben mit Rücksicht auf die Verkehrssitte (BGH, Urt. v. 15.02.1960 – VII ZR 10/59, NJW 1960, 859). Wer als Bauherr dem Architekten die Grundleistungen der Objektüberwachung gemäß § 33 S. 2 Nr. 8 HOAI überträgt, erteilt ihm damit zugleich in gewissem Maße auch die Befugnis, ihn den Bauhandwerkern gegenüber zu vertreten (»**originäre Architektenvollmacht**«). Der Umfang einer solchen (originären) Architektenvollmacht wird – soweit der Architektenvertrag keine weiter gehenden Regelungen enthält – in der Praxis aber häufig verkannt: Vor allem Architekten neigen der Auffassung zu, den Bauherrn auch bei der Vertragsgestaltung umfangreich vertreten zu können. Dies ist mitnichten der Fall. Hierauf sollte sich auch kein Auftragnehmer verlassen. Stattdessen sind von der (originären) Architektenvollmacht allenfalls folgende Geschäfte abgedeckt: 203

- Erteilung kleinerer Zusatzaufträge, wenn dies die Bauausführung erfordert (BGH, Urt. v. 20.04.1978 – VII ZR 67/77, BauR 1978, 314, 316 = NJW 1978, 1631 für Nachträge in einem Wert von unter 2 %).
- Erstellung eines gemeinsamen Aufmaßes (BGH, Urt. v. 24.01.1974 – VII ZR 73/73, NJW 1974, 646)
- Technische Abnahme (§ 4 Abs. 10 VOB/B – BGH, Urt. v. 10.03.1977 – VII ZR 278/75, NJW 1977, 898, 899)
- Mängelrüge und Mängelbeseitigungsaufforderung (BGH, Urt. v. 24.05.1973 – VII ZR 92/71, NJW 1973, 1457 f.), und zwar auch im Ausführungsstadium nach § 4 Abs. 7 VOB/B, einschließlich Kündigungsandrohung nach § 4 Abs. 7 S. 3 VOB/B (OLG Bamberg, Urt. v. 23.07.2007 – 3 U 31/07, BauR 2007, 1780)
- Sonstige Fristsetzungen zeitlicher Art einschließlich der Androhung einer Kündigung (OLG Frankfurt, Urt. v. 21.11.2011 – 1 U 154/10, BauR 2012, 262, 264 = NJW-RR 2011, 1655, 1656 = NZBau 2012, 110, 111)
- Erklärung notwendiger Vorbehalte (z. B. zur Vertragsstrafe bei Abnahme)
- Entgegennahme von Stundenlohnzetteln
- Entgegennahme von Bedenkenmitteilungen des Auftragnehmers, sofern es nicht um Eigenfehler des Architekten geht und der Architekt sich im Übrigen zugänglich zeigt.

Nicht umfasst von der Architektenvollmacht sind dagegen sämtliche vertragsrelevanten Erklärungen über den vorgenannten Umfang hinaus. Hierzu zählen unter anderem: 204

- Sämtliche Änderungsvereinbarungen zum Bauvertrag, besonders zum Leistungssoll und zur Leistungszeit (Fristen u. a.) bzw. zur Erteilung von Nachträgen
- Vereinbarung von Stundenlohnarbeiten nach § 2 Abs. 10 VOB/B
- Rechtsgeschäftliche Abnahme (§ 640 BGB, § 12 VOB/B)
- Rechnungsanerkennung für den Bauherrn, selbst wenn der Bauherr dem Architekten die Rechnungsprüfung übertragen hat (OLG Hamm, Urt. v. 12.03.1996 – 21 U 147/95, BauR 1996, 739; in diesem Sinne auch BGH, Urt. v. 06.12.2001 – VII ZR 241/00, BauR 2002, 613, 614 = NJW-RR 2002, 661, 662).

Die fehlende Vollmacht des Architekten ist auch bei dem Versand von **kaufmännischen Bestätigungsschreiben** zu beachten (s. Rdn. 183 ff. sowie in Abgrenzung dazu die Auftragsbestätigung Rdn. 187 f.): Der Architekt ist dafür in der Regel der **falsche Adressat**, selbst wenn er Vertragsverhandlungen geführt hat. Den Vertragsabschluss behält sich der Bauherr nämlich üblicherweise selbst vor, weswegen ein kaufmännisches Bestätigungsschreiben grundsätzlich an den Bauherrn zu senden ist. 205

Wird der Architekt im Bauvertrag als **bevollmächtigter Vertreter des Bauherrn** bezeichnet, ohne dass seine Vollmacht auf bestimmte Handlungen beschränkt ist, so bedeutet selbst das noch nicht, dass er eine unbeschränkte Vertretungsmacht für alle mit dem Bau zusammenhängenden Aufträge und 206

Rechtsgeschäfte besitzt. Hinsichtlich des Umfangs einer solchen Vollmacht ist eine diesbezügliche Regelung im Vertrag vielmehr ebenfalls eng auszulegen. Denn eine unbeschränkte Vollmacht würde den Bauherrn zu sehr belasten; sie kann nur dann angenommen werden, wenn sich ein dahin gehender Wille des Bauherrn – z. B. bei seiner ständigen Abwesenheit – zweifelsfrei feststellen lässt (BGH, Urt. v. 10.11.1977 – VII ZR 252/75, BauR 1978, 139, 140 = NJW 1978, 995). Andererseits kann sich auch das Gegenteil, nämlich eine hinreichende Bevollmächtigung des Architekten für Nachträge ergeben.

▶ **Beispiel (in Anlehnung an OLG Frankfurt, Urt. v. 23.05.2007 – 13 U 176/02, BauR 2008, 1144)**

Der Bauherr lässt den Architekten sowohl Bauvertrag als auch Verhandlungsprotokoll unterschreiben. Im Bauvertrag ist ferner vorgesehen, dass der Auftragnehmer sich mit allen Angelegenheiten an den Architekten wenden und dessen Anordnungen unbedingt Folge zu leisten hat. Ferner hatte er dessen Zustimmung einzuholen, wenn Kosten verursachende Maßnahmen abgestimmt werden mussten. Solche Regelungen genügen in jedem Fall, um den Architekten auch als bevollmächtigt anzusehen, für den Bauherrn Nachträge zu erteilen.

Demgegenüber wird man eine Vollmacht des Architekten zur Erteilung von Nachtragsaufträgen jedenfalls immer dann verneinen müssen, wenn die Notwendigkeit zusätzlicher Leistungen ihre Ursache allein (oder auch) in vorangegangenen Planungsfehlern des Architekten hat.

Oberster Grundsatz für die Frage nach dem Umfang der Vollmacht des Architekten ist: Seine Vollmacht endet dort, wo das Portemonnaie des Bauherrn anfängt. Dies ist in der Praxis auch bekannt. Ist demnach die Vollmachtslage unklar, dürfen sich Auftragnehmer zumeist schon aus der Verkehrssitte heraus nicht darauf verlassen, dass der Architekt mit Vollmacht handelt. Dies schließt vielfach auch einen Vertragsschluss mittels Anscheinsvollmacht aus.

2.2.4.4 Der vollmachtlose Vertreter

207 Handelt der Vertreter im fremden Namen ohne Vollmacht, dann sind seine Erklärungen für den Vertretenen unverbindlich und daraufhin abgeschlossene Rechtsgeschäfte für diesen zunächst unwirksam (§§ 177, 178 BGB). Sie werden jedoch wirksam, wenn der Vertretene das vollmachtlose Handeln seines Vertreters **nachträglich genehmigt**.

208 Verweigert der Vertretene die Genehmigung, haftet der vollmachtlose Vertreter gegenüber dem Geschäftsgegner als **Vertreter ohne Vertretungsmacht** (§ 179 BGB). Letzterer kann, wenn ihm der Mangel der Vollmacht nicht bekannt gewesen ist, vom Vertreter nunmehr wahlweise Erfüllung oder Schadensersatz wegen Nichterfüllung des Vertrages verlangen. Nur dann, wenn der Geschäftsgegner über den Mangel der Vertretungsmacht unterrichtet war, hat dieser den Schaden selbst zu tragen, da er insoweit nicht schutzbedürftig ist (§ 179 Abs. 3 BGB). Ähnliche Probleme stellen sich, wenn zwar eine Vollmacht vorhanden war, diese aber überschritten wurde.

▶ **Beispiel**

Der Architekt besitzt eine Vollmacht zur Beauftragung von Nachträgen bis 1 500 €. Er erteilt einen Nachtrag von 2 500 €. Hier hat der Architekt zwar eine Vollmacht des Bauherrn, diese hat er jedoch überschritten. Daher haftet der Architekt dem Geschäftsgegner, der den Mangel oder den Umfang der Vollmacht nicht gekannt hat, persönlich auf Erfüllung oder auf Schadensersatz wegen Nichterfüllung gemäß § 179 BGB, und zwar in voller Höhe. Denn auch hinsichtlich des konkret erteilten Nachtrages hat der Architekt als **Vertreter ohne Vertretungsmacht** gehandelt.

Der Schadensersatzanspruch aus § 179 BGB kann ebenso die Kosten eines gegen den Bauherrn zuvor geführten, aber mangels Nachweis der Vollmacht des Vertreters verlorenen Prozesses umfassen. Wird der Vertreter auf Erfüllung des Vertrages in Anspruch genommen, so stehen ihm aber immerhin alle Einwendungen des Auftraggebers aus dem Vertrag zu, insbesondere also Leistungsverweigerungsrechte wegen Mängeln, aber auch die Einrede der vorbehaltlosen Annahme einer Schlusszah-

2.2 Der Abschluss des Bauvertrages nach den allgemeinen Regeln des BGB

lung gemäß § 16 Abs. 3 Nr. 2 VOB/B (vgl. OLG Düsseldorf, Urt. v. 08.05.1984 – 23 U 190/83, BauR 1985, 339, 340 f. = Sch-F–H Nr. 32 zu § 16 Nr. 3 VOB/B).

Haftet der vollmachtlose Vertreter, z. B. der Architekt, der Gegenseite nach § 179 BGB, ist es allerdings nicht so, dass der Bauherr abhängig von seiner Kenntnis zu dem vom Architekten vermittelten Geschäft nicht doch **Rückgriffsansprüchen des vollmachtlos handelnden Architekten** ausgesetzt sein kann. **209**

> ▶ **Beispiel (nach BGH, Urt. v. 26.04.2001 – VII ZR 222/99, BauR 2001, 1412 = NJW 2001, 3184)**
>
> Der Architekt erteilt dem Bauunternehmer einen Zusatzauftrag zur Errichtung einer Pergola. Eine Vollmacht besaß er nicht. Der Bauherr lässt die Pergola errichten und schreitet nicht ein. Später verlangt der Bauunternehmer von dem Bauherrn eine Vergütung, die dieser mangels vertraglicher Bindung ablehnt; der Architekt habe keine Vollmacht besessen, diese Arbeiten zu beauftragen. Daraufhin nimmt der Bauunternehmer den Architekten auf Schadensersatz nach § 179 Abs. 1 BGB in Anspruch. Der Architekt macht seinerseits Rückgriffsansprüche gegen den Bauherrn geltend.

Dem Grundsatz nach besteht hier ein Schadensersatzanspruch des Bauunternehmers gegen den Architekten. Denn die fehlende Vollmacht kann nicht im Nachhinein geheilt werden, wenn der Bauherr dem Geschäft nicht zustimmt. Allerdings ist der Bauherr in einem solchen Fall **verpflichtet, den Architekten auf die Unwirksamkeit** des Bauvertrages bzw. der sonst von diesem abgegebenen vertraglich relevanten Erklärung **hinzuweisen**, sobald er dies erkennt oder sich dieser Kenntnis bewusst verschließt (BGH, Urt. v. 26.04.2001 – VII ZR 222/99, BauR 2001, 1412, 1413 = NJW 2001, 3184, 3185). Nutzt der Bauherr stattdessen in der Folgezeit die Bauleistung, die der Architekt in dessen Namen ohne Vollmacht beauftragt hatte, und entsprach sie sogar seiner Planung, bleibt zwar die hierzu erbrachte Bauleistung aufgrund der fehlenden Vollmacht im Verhältnis Bauherr/Bauunternehmer rechtsgrundlos. Im Rahmen eines sich dann anschließenden Bereicherungsausgleichs hat der Bauherr jedoch dasjenige gegenüber dem Architekten als Wertersatz zu leisten, was er bei einer eigenen Vergabe für die Arbeiten hätte aufwenden müssen (BGH a. a. O.).

Eine **Haftung** aus § 179 BGB **entfällt** immerhin, wenn die Vertragsgegenseite den Vertretenen aufgrund einer **Anscheinsvollmacht in Anspruch** nehmen kann (BGH Urt. v. 20.01.1983 – VII ZR 32/82, BGHZ 86, 273, 276 = BauR 1983, 253, 254 = NJW 1983, 1308, 1309). **210**

> ▶ **Beispiel**
>
> Der Bauherr beauftragt seinen Architekten immer wieder mit umfassenden Vertragsverhandlungen und seiner Vertretung in Nachtragsverhandlungen. Der Architekt geht dazu über, mehr und mehr auch Nachträge selbst zu beauftragen, ohne dass sich der Bauherr darum kümmert. Mit Vorlage der Schlussrechnung verlangt der Auftragnehmer Bezahlung verschiedener kleinerer Nachträge. Der Bauherr verweigert diese, da der Architekt keine Vollmacht zur Erteilung von Nachträgen gehabt habe. Daraufhin will der Auftragnehmer den Architekten nach § 179 BGB als vollmachtlosen Vertreter in Anspruch nehmen.

In Fällen wie diesen ist zu beachten: Kommt (hier zu den Nachträgen) – und sei es (nur) über eine Anscheinsvollmacht – ein Ergänzungsvertrag mit dem Bauherrn zustande, muss sich der Bauherr so behandeln lassen, als hätte er eine wirksame Außenvollmacht erteilt. Dann aber scheidet eine Haftung des Architekten nach § 179 BGB aus. Diese besteht nur, wenn das eigentlich beabsichtigte Geschäft zwischen Bauherrn und Auftragnehmer an einem Vertretungsmangel leidet und deswegen scheitert.

Bei der **Prüfung einer Anscheinsvollmacht** kraft Rechtsschein ist immerhin **größte Zurückhaltung** geboten. So lässt sich insbesondere aus keinem denkbaren Gesichtspunkt ohne Weiteres aufgrund einer Verkehrssitte eine Vollmacht des Architekten für den Bauherrn ableiten. Vielmehr gilt umgekehrt, dass ein pflichtgemäß handelnder Auftragnehmer wissen muss, dass ein Architekt für zahl- **211** reiche Erklärungen des Auftraggebers keine Vollmacht besitzt. Dieses Wissen hat er bei seinem Handeln zu unterstellen. Ist ausnahmsweise doch einmal von einer Vollmacht kraft Rechtsschein auszugehen, ist zu beachten, dass eine solche angenommene Vollmacht vom Auftraggeber weder angefochten noch im Nachhinein widerrufen werden kann.

212 Ein auf § 179 BGB beruhender **Anspruch verjährt** in der gleichen Frist, die für den Erfüllungsanspruch aus dem Vertrag gegolten hätte, der mangels Vollmacht des Architekten oder Genehmigung seitens des Bauherrn nicht wirksam geworden ist. Die Verjährung beginnt mit der Weigerung des Bauherrn, den Vertrag zu genehmigen (BGH, Urt. v. 08.02.1979 – VII ZR 141/78, BGHZ 73, 266, 271 = BauR 1979, 242, 244 = NJW 1979, 1161, 1162).

2.3 Der Abschluss des Bauvertrages nach Teil A der VOB – die verschiedenen Teile der VOB/A

213 In Ergänzung zu den allgemeinen Regeln des BGB zu dem Abschluss des Bauvertrages sieht Teil A der VOB eine besondere Ausgestaltung des Vertragsabschlusses in Form des sogenannten Vergabeverfahrens vor, wobei auf die Besonderheiten des Bauvertrages abgestellt wird. Obwohl die VOB/A insoweit im Einzelnen bestimmt, welchen Weg der Auftraggeber einzuschlagen hat, um einen rechtsgültigen Bauvertrag herbeizuführen, gilt für den eigentlichen Abschluss des Bauvertrages wiederum nichts anderes als für jeden anderen Vertrag, d. h.: Der Bauvertrag kommt auch hier durch **Angebot und Annahme** zustande, wobei Letztere aber als Zuschlag bezeichnet wird.

Teil A der VOB versucht, durch konkrete Bestimmungen über die **Ausschreibung und Vergabe** eine Gewähr dafür zu schaffen, dass Bauverträge nach einem gesunden Wettbewerb mit leistungsfähigen Unternehmern zu angemessenen Preisen abgeschlossen werden. Die VOB/A gilt – und dies auch auf unterschiedlicher Grundlage – **nur für öffentliche Auftraggeber**. Dies sind in erster Linie die öffentliche Hand (Bund, Länder, Gemeinden und sonstige juristische Personen des öffentlichen Rechts), aber auch weitere öffentliche Auftraggeber im Sinne des § 98 GWB. Für **private Bauherrn** hat die VOB/A hinsichtlich der dort enthaltenen Anforderungen an ein Vergabeverfahren **keine Bedeutung**. Ihnen ist es freigestellt, ob sie Leistungen nach der VOB/A ausschreiben und vergeben oder nicht. Erfolgt aber die Ausschreibung eines privaten Auftraggebers nach der VOB/A, so ist insoweit von einer Selbstbindung an das dort geregelte Verfahren auszugehen (s. sogleich Rdn. 222). Dies kann zur Folge haben, dass Verstöße dagegen zu einem Schadensersatzanspruch des benachteiligten Bieters aus §§ 311 Abs. 2, 241 Abs. 2, 280 Abs. 1 BGB führen oder auch gesonderte Rechtsschutzmöglichkeiten auf Unterlassung eröffnen (s. dazu Rdn. 329 ff.).

214 Während die Vergabe von Bauleistungen öffentlicher Auftraggeber früher maßgeblich allein durch die vom Deutschen Vergabe- und Vertragsausschuss (DVA) herausgegebene VOB/A geprägt war, wird dieses Rechtsgebiet heute zumindest in großen Teilbereichen durch **europäische Richtlinien** bestimmt. Ausgangspunkt ist vor allem die EG-Baukoordinierungsrichtlinie (BKR) mit der Änderungsrichtlinie vom 18.07.1989, aufgegangen in der inzwischen geltenden Vergabekoordinierungsrichtlinie vom 31.03.2004 (2004/18/EG), der EG-Sektorenrichtlinie (SKR) vom 17.09.1990 (90/531 EWG), neu gefasst durch Richtlinie vom 14.06.1993 (93/38 EWG), neu gefasst durch die Richtlinie vom 31.03.2004 (2004/17/EG) sowie schließlich der Richtlinie 2009/81/EG vom 13.07.2009 zu Bauaufträgen im Bereich Verteidigung und Sicherheit. Die VOB/A in ihrer jetzigen Fassung wird zwar immer noch autonom vom Deutschen Vergabe- und Vertragsausschuss herausgegeben; deren Inhalt ist aber in einem weiten Umfang auf die vorgenannten europäischen Richtlinien abgestimmt. Demzufolge existiert die VOB/A heute in drei Abschnitten. Deren Anwendung hängt maßgeblich von dem Umfang und dem Gegenstand des Auftrages sowie der Struktur des öffentlichen Auftraggebers ab. So sind Grundlage für die Notwendigkeit der Anwendung der VOB/A im ersten Abschnitt allein haushaltsrechtliche Vorschriften. Dagegen beruht die Verpflichtung zu der Anwendung des zweiten und dritten Abschnitts auf §§ 97 ff. des Gesetzes gegen Wettbewerbsbeschränkungen (GWB) sowie darauf aufbauend der Vergabeverordnung (VgV) bzw. der speziellen Vergabeverordnung Verteidigung und Sicherheit (VSVgV) (sog. **Kaskadenprinzip**). Daneben gibt es die sog. Sektorenauftraggeber. Auch diese sind öffentliche Auftraggeber, haben aber nach heutiger

2.3 Der Abschluss des Bauvertrages nach Teil A der VOB – die verschiedenen Teile der VOB/A

Rechtslage die VOB/A nicht mehr anzuwenden, soweit nicht die Bereiche Verteidigung und Sicherheit betroffen sind. Vielmehr unterliegen sie allein der Sektorenverordnung (s. sogleich Rdn. 220 ff.). Folgendes Schaubild verdeutlicht die Unterschiede:

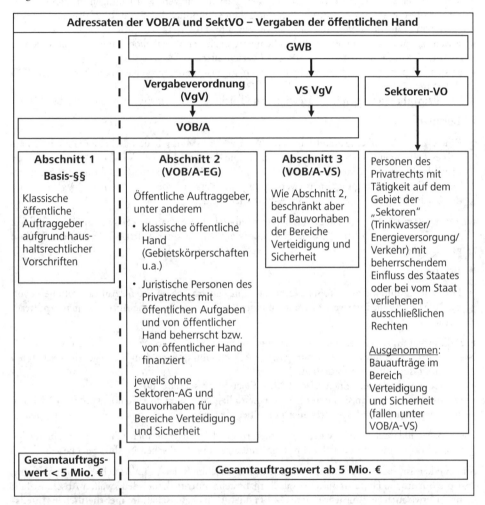

2.3.1 Abschnitt 1: Basisparagrafen

Bei Abschnitt 1 der VOB/A handelt es sich um die DIN 1960, die »klassische« VOB/A. Sie gilt für Auftraggeber, die durch Bundes-, Landes- oder Gemeindehaushaltsordnung zu deren Anwendung verpflichtet worden sind und Bauvorhaben unterhalb der sogenannten Schwellenwerte (§ 2 Nr. 3 VgV; § 1 Abs. 2 VSVgV; § 1 Abs. 2 SektVO) vergeben. Der Schwellenwert für Bauleistungen beträgt derzeit 5 Mio. € netto.

▶ **Beispiel**

Eine Gemeinde in Nordrhein-Westfalen vergibt eine Bauleistung zur Erneuerung einer Rohrwasserleitung mit einem Auftragswert von 2,3 Mio. € netto. Hier bestimmt § 55 der Landeshaushaltsordnung NRW in Verbindung mit der dazu erlassenen Verwaltungsvorschrift, dass diese Leistungen nach der VOB/A auszuschreiben sind.

2.3.2 Abschnitt 2: Vergabebestimmungen im Anwendungsbereich der EG-Vergabekoordinierungsrichtlinie

216 Abschnitt 2 der VOB/A (VOB/A-EG) war lange Zeit in den Veröffentlichungen durch die so genannten »a-Paragraphen« gekennzeichnet. Sie gelten verbindlich für Bauaufträge öffentlicher Auftraggeber im Sinne des § 98 Nr. 1 bis 3 sowie Nr. 5 und 6 GWB,
- soweit das Auftragsvolumen die Schwellenwerte nach der Vergabekoordinierungsrichtlinie von zur Zeit 5 Mio. € netto, (§ 2 Nr. 3 VgV) überschreitet,
- es sich bei dem Auftraggeber nicht um einen sogenannten Sektorenauftraggeber handelt (§ 6 VgV), und
- kein Bauvorhaben im Bereich Verteidigung und Sicherheit errichtet werden soll (§ 1 Abs. 3 VgV).

▶ **Beispiel**

Eine Gemeinde will eine Schule zu einem Wert von 6,5 Mio. € bauen. Bei einer Gemeinde handelt es sich um eine Gebietskörperschaft im Sinne des § 98 Nr. 1 GWB. Das Auftragsvolumen liegt über 5 Mio. € netto (§ 2 Nr. 3 VgV); in der Sache liegt keine Bauleistung im Sektorenbereich (Wasserversorgung, Energieversorgung oder Verkehr) vor. Nach § 6 Abs. 1 VgV ist daher der 2. Abschnitt der VOB/A (»VOB/A-EG«) anzuwenden.

Liegt der Gesamtauftragswert der Baumaßnahme über dem vorgenannten Schwellenwert gemäß § 2 Nr. 3 VgV von zurzeit 5 Mio. €, ist es dann aber denkbar, dass der **Auftrag in Fach- oder Teillose** aufgeteilt wird.

▶ **Beispiel**

Für ein kommunales Großbauvorhaben mit einem geschätzten Auftragsvolumen von ca. 20 Mio. € sollen vorweg im Rahmen eines Teilloses zunächst die Abrissarbeiten beauftragt werden.

Für diese vorab zu vergebende Teilleistung ist nach § 2 Nr. 6 VgV (vgl. auch § 1 Abs. 2 Nr. 2 VOB/A-EG) nur dann eine europaweite Ausschreibung nach dem hier eigentlich geltenden 2. Abschnitt der VOB/A erforderlich,
- wenn der Wert des einzelnen Loses 1 Mio. € netto überschreitet oder
- wenn der Wert zwar an sich unter 1 Mio. € netto liegt, der Wert aller Teillose von unter 1 Mio. € aber insgesamt 20 % des Wertes aller Lose überschreitet.

Diese Bagatellklausel besteht vor dem Hintergrund, dass angenommen wird, dass für derartige (Klein)aufträge ohnehin in der Regel nur ein Interesse bei inländischen Nachfragern besteht.

217 Anzumerken ist, dass es für die Anwendung des 2. Abschnitts der VOB/A nicht darauf ankommt, dass die öffentliche Hand unmittelbar als Vergabestelle auftritt. Unter den zweiten Abschnitt fällt demnach etwa auch eine **ausgegründete GmbH** oder Aktiengesellschaft **im mehrheitlichen Anteilsbesitz der öffentlichen Hand**, soweit diese zu dem besonderen Zweck gegründet wurde, **im Allgemeininteresse liegende Aufgaben** nichtgewerblicher Art zu erfüllen (§ 98 Nr. 2 GWB). Ebenso gehören hierher sogar natürliche und juristische Personen des Privatrechts in den Fällen, in denen sie für Tiefbaumaßnahmen, für die Errichtung von Krankenhäusern, Sport- und Erholungs- oder Freizeiteinrichtungen, Schul-, Hochschul- oder Verwaltungsgebäuden von der öffentlichen Hand zu über 50 % finanziert werden (§ 98 Nr. 5 GWB).

▶ **Beispiel**

Ein privater Krankenhauskonzern in Form einer Aktiengesellschaft baut mit einer Landesfinanzierung von 90 % ein neues Bettenhaus zu einem Auftragwert von 8,6 Mio. €. Hier kommt – obwohl private Auftraggeber grundsätzlich nicht unter das öffentliche Vergaberecht fallen – die VOB/A (2. Abschnitt), d. h. die VOB/A-EG zur Anwendung.

218 Schließlich sind natürliche und private Auftraggeber zu nennen, die mit der öffentlichen Hand einen Vertrag über die Erbringung von Bauleistungen abschließen, bei dem die Gegenleistung für die Bau-

2.3 Der Abschluss des Bauvertrages nach Teil A der VOB – die verschiedenen Teile der VOB/A

arbeiten statt in einer Vergütung in dem Recht auf Nutzung der baulichen Anlage, ggf. zuzüglich der Zahlung eines Preises besteht, hinsichtlich der Aufträge an Dritte (§ 98 Nr. 6 GWB).

▸ **Beispiel**

Eine Gemeinde beauftragt eine private Investorengemeinschaft mit der Sanierung des kommunalen Stadions. Die Kosten werden von der Investorengemeinschaft vollständig übernommen. Im Gegenzug erhält eine Betreibergesellschaft, die im Eigentum der Investorengemeinschaft steht, das Recht, das Stadion für eigene Rechnung zu betreiben. Vergibt hier die Investorengemeinschaft Aufträge an Dritte, unterliegt auch sie dem 2. Abschnitt der VOB/A, wenn es um Bauaufträge oberhalb der Schwellenwerte von 5 Mio. € netto geht.

2.3.3 Abschnitt 3: Vergabebestimmungen im Anwendungsbereich der Vergaberichtlinie im Bereich Verteidigung und Sicherheit

Der gesonderte Abschnitt 3 der VOB/A (»VOB/A-VS«) gilt allein für Bauaufträge im Bereich der Verteidigung und Sicherheit (§ 1 Abs. 1 VOB/A-VS), falls auch insoweit der Gesamtauftragswert oberhalb des sog. vergaberechtlichen Schwellenwertes von zurzeit 5 Mio. € netto liegt (vgl. § 1 Abs. 2 Nr. 1 VOB/A-VS). Dabei gelten die Besonderheiten zur Bestimmung des Schwellenwertes bei einer losweisen Vergabe wie im Abschnitt 2 (§ 1 Abs. 2 Nr. 2 VOB/A-VS§ 3 VSVgV – s. dazu oben Rdn. 216). Die genaue Definition der Bauaufträge, die von dem Abschnitt 3 der VOB/A erfasst werden, findet sich wiederum in §§ 99 Abs. 7 ff. i. V. m. § 100c GWB (s. dazu Hölzl, VergabeR 2012, 141).

Auf Einzelheiten dieses Abschnitts der VOB/A soll hier nicht weiter eingegangen werden, weil damit doch ein Spezialgebiet erreicht ist, das in diesem Buch zur Behandlung des Bauvertragsrechts nach VOB und BGB weniger von Interesse ist.

2.3.4 Vergabe nach der Sektoren-VO

Abweichende Sondervorschriften zu vorstehenden zum Teil strengen Regelungen des Vergaberechts gelten für die sog. Sektorenauftraggeber, soweit diese Aufträge mit einem geschätzten Bauvolumen oberhalb des Schwellenwertes von zurzeit 5 Mio. € vergeben. Zu den Sektorenauftraggebern zählen nach § 98 Nr. 4 GWB Auftraggeber, die auf den Gebieten **Trinkwasser- und Energieversorgung sowie Verkehr** tätig sind.

▸ **Beispiele für Vergaben im Sektorenbereich**
- Die DB Netz AG vergibt Leistungen zur Erneuerung einer Schienentrasse mit einem Auftragswert von 10,4 Mio. € netto.
- Die privatisierten Wasserbetriebe in Form einer GmbH beabsichtigen, für einen geschätzten Auftragswert von 7,4 Mio. € eine Trinkwasserleitung zu erneuern.
- Eine an der Börse notierte Energieversorgungs-Aktiengesellschaft mit ausschließlich privaten Anteilseignern will Teile einer Überlandleitung erneuern. Die geschätzten Kosten belaufen sich auf ca. 25 Mio. €.

Für diese Sektorenauftraggeber ist bei Vergaben – soweit es nicht um die Bereiche Verteidigung und Sicherheit geht, für die vorrangig der Abschnitt 3 der VOB/A gilt (s. o. Rdn. 219) – ausschließlich die sog. Sektorenverordnung (SektVO) anzuwenden (vgl. § 1 Abs. 1 und 3 SektVO). Dies ist einerseits bemerkenswert, weil bei dem öffentlichen Auftraggeberbegriff in § 98 Nr. 4 GWB nicht danach unterschieden wird, inwieweit die Vergabestelle tatsächlich auch im öffentlichen Anteilsbesitz steht, d. h.: Auch rein **private Unternehmen** können danach verpflichtet sein, Aufträge nach der SektVO zu vergeben. Andererseits ist das gesamte Vergabeverfahren gegenüber den klassischen Auftraggebern im Nicht-Sektorenbereich und der von diesen anzuwendenden VOB/A deutlich freizügiger und mit erheblich weniger Beschränkungen ausgestaltet, sodass die damit verbundenen Belastungen auch nicht mehr allzu sehr ins Gewicht fallen.

▶ **Beispiel**

Ein Sektorenauftraggeber ist nach § 6 Abs. 1 SektVO frei, welches Vergabeverfahren er wählt. Eine bestimmte Rangfolge der Vergabearten mit einem deutlichen Vorrang der öffentlichen Ausschreibung bzw. des offenen Verfahrens entsprechend den Vorgaben der Abschnitte 1 und 2 der VOB/A, die für die sonstigen öffentlichen Auftraggeber besteht, kennt die SektVO nicht.

Dies war ehemals anders; denn nach der Altfassung insbesondere der Vergabeverordnung fielen auch noch die Sektorenauftraggeber unter die VOB/A – wenn auch seinerzeit bereits unter die gesondert gebildeten Abschnitte 3 und 4 (ehemals sog. »b-§§« bzw. SKR). Diese Regelungswerke sind jedoch mit der Herausgabe der VOB/A 2009 ersatzlos zugunsten der sog. SektVO entfallen. Das aber heißt zugleich, dass die gesamte **VOB/A bei den Sektorenauftraggebern keinerlei Bedeutung** mehr hat – wenn man einmal davon absieht, dass sich bestimmte in der SektVO geregelte Punkte auch in der VOB/A oder Vergabeverordnung (VgV) wieder finden. Daher mag immerhin nicht auszuschließen sein, dass man in dem ein oder anderen Fall auf die dann doch vergleichbare Rechtsprechung oder Auslegungsgrundsätze zu der damit korrespondierenden Regelung in der VOB/A oder VgV zurückgreifen kann.

2.4 Ablauf der Vergabe nach der VOB/A – Abschnitt 1

222 Im Nachfolgenden soll ein Überblick über den Ablauf eines Vergabeverfahrens nach der VOB/A unter Außerachtlassung der Besonderheiten der EU-weiten Vergabe gegeben werden, d. h. ein Vergabeverfahren allein nach den Basisparagrafen. Diesem unterliegen nur öffentliche Auftraggeber bei Bauaufträgen unterhalb der Schwellenwerte, nicht private Auftraggeber – es sei denn, dass diese sich hierzu ausdrücklich verpflichtet haben (BGH, Urt. v. 21.02.2006 – X ZR 39/03, BauR 2006, 1140, 1141 = NJW-RR 2006, 963, 964 = VergabeR 2006, 889, 890). Dann müssen sie sich natürlich auch daran halten bzw. bei Verstößen dagegen mit Schadensersatz- (s. dazu Rdn. 333 f.) oder sogar Unterlassungsansprüchen mit dazu ergehenden einstweiligen Verfügungen (s. dazu Rdn. 329 f.) rechnen (s. zu Letzterem: OLG Düsseldorf, Beschl. v. 15.08.2011 – 27 W 1/11, IBR 2011, 605 sowie Urt. v. 19.10.2011,VergabeR 2012, 669, 670 = ZfBR 2012, 505, 506). Ein Überblick zu den Besonderheiten des Vergabeverfahrens bei EU-weiten Vergaben findet sich später zu Rdn. 347 ff.

2.4.1 Grundsätze der Vergabe (§§ 2, 5 VOB/A)

223 Aus §§ 2 und 5 VOB/A ergeben sich zusammengefasst die folgenden fünf wesentlichen Grundsätze bei der Gestaltung eines Vergabeverfahrens:
- Eine Vergabe soll ausschließlich an fachkundige, leistungsfähige und zuverlässige Unternehmer zu angemessenen Preisen in transparenten Verfahren erfolgen.
- Bei der Vergabe ist eine Wettbewerbsbeschränkung oder Diskriminierung von Bietern zu vermeiden.
- Bei der Vergabe soll eine ganzjährige Bautätigkeit gefördert werden.
- Nach Möglichkeit sollen Bauleistungen so vergeben werden, dass eine einheitliche Ausführung und zweifelsfreie umfassende Gewährleistung erreicht wird. Sie sollen daher in der Regel mit den zur Leistung gehörigen Lieferungen vergeben werden.
- Umfangreiche Bauleistungen sind in Teil- oder Fachlosen zu vergeben. Lediglich aus wirtschaftlichen oder technischen Gründen kann auf eine Losaufteilung verzichtet werden. Hierbei handelt es sich um eine Klausel der Mittelstandsförderung; Vergaben an Generalunternehmer sind jeweils vor diesem Hintergrund zu prüfen. Reine Zweckmäßigkeitserwägungen oder das Argument, mehrere Vergaben würden zu höheren Kosten, zu einer aufwendigeren Gewährleistungsverfolgung u. a. führen, genügen für eine Loszusammenfassung jedenfalls nicht, wohl aber ggf. das Argument, bei Nebenleistungen eine unnötige Zersplitterung des Auftrags zu vermeiden (OLG Düsseldorf, Beschl. v. 22.10.2009 – Verg 25/09, IBR 2009, 733; OLG Düsseldorf, Beschl. v. 23.03.2011 – Verg 63/10, NZBau 2011, 369; OLG Koblenz, Beschl. v. 04.04.2012 – 1 Verg 2/11, ZfBR 2012, 416 [Ls.]). Dasselbe gilt, wenn gerade wegen der Zersplitterung die Gewähr-

leistungsverfolgung unverhältnismäßig gegenüber Einzelvergaben erschwert würde. Im Ergebnis jedenfalls müssen die für eine zusammenfassende Vergabe sprechenden Gründe nicht nur anerkennenswert sein, sondern überwiegen (OLG Düsseldorf, Beschl. v. 08.09.2011, VII Verg 48/11, VergabeR 2012, 193, 194 = BauR 2012, 694 [Ls.]; OLG Koblenz, a. a. O.).

Anzumerken ist, dass sich die vorstehenden Grundsätze zunächst aus §§ 2 und 5 VOB/A ergeben. In inzwischen ständiger Rechtsprechung hat der Europäische Gerichtshof aber ergänzend dazu klargestellt, dass bei **Aufträgen mit grenzüberschreitender Bedeutung** (s. dazu mit einer Beurteilung im Einzelfall: BGH, Urt. v. 30.08.2011 – X ZR 55/10, BauR 2012, 552 [Ls.] = NZBau 2012, 46, 48) zwar nicht die entsprechenden europäischen Vergaberichtlinien gelten. Wohl aber finden dann die allgemeinen sich unmittelbar aus dem EG-Vertrag (dort Art. 43 und 49) ableitbaren Grundsätze Anwendung. Hierzu zählt etwa das **Diskriminierungsverbot**, das bei Vergaben ohne jegliche Transparenz verletzt wird (EuGH, Urt. v. 21.02.2008 – C-412/04, VergabeR 2008, 501, 507; zuvor schon EuGH, Urt. v. 20.10.2005 – C-264/03, BauR 2006, 580 [Ls.] = VergabeR 2006, 54, 58). Ebenso liegt ein Verstoß dagegen vor, wenn ggf. ungewöhnlich niedrige Angebote ausgeschlossen werden, ohne dem Bieter eine Gelegenheit zur Aufklärung zu geben (EuGH, Urt. v. 15.05.2008 – C-147/06 und C-148/06, BauR 2008, 1501 [Ls.] = NJW 2008, 3769 [Ls.] = VergabeR 2008, 625, 628). Einzuhalten sind darüber hinaus auch ganz allgemein das **Gleichbehandlungs- und Transparenzgebot** (EuGH, Urt. v. 23.12.2009 – C-376/08, NZBau 2010, 261, 262 = VergabeR 2010, 469, 473). Diese Gebote werden etwa verletzt, wenn in einem laufenden Vergabeverfahren nachträglich vorab aufgestellte Zuschlagskriterien geändert werden (EuGH, Urt. v. 18.10.2010 – C-226/09, NZBau 2011, 50, 53 = VergabeR 2011, 194, 197).

2.4.2 Arten der Vergabe (§ 3 VOB/A)

Die VOB erwähnt in ihrem Teil A drei Arten der Vergabe von Bauleistungen: 224
- **Öffentliche Ausschreibung** (§ 3 Abs. 1 Nr. 1 VOB/A)
  Sie sieht vor, dass die Bauleistungen im vorgeschriebenen Verfahren nach öffentlicher Aufforderung einer unbeschränkten Zahl von Unternehmern zur Einreichung von Angeboten vergeben werden.
- **Beschränkte Ausschreibung** (§ 3 Abs. 1 Nr. 2 VOB/A)
  In diesem Fall werden die Bauleistungen im vorgeschriebenen Verfahren nach Aufforderung einer beschränkten Zahl von Unternehmern zur Einreichung von Angeboten vergeben. Dabei sollen in der Regel mindestens drei fachkundige, leistungsfähige und zuverlässige Bewerber aufgefordert werden (§ 6 Abs. 2 Nr. 2 VOB/A).
- **Freihändige Vergabe** (§ 3 Abs. 1 S. 3 VOB/A)
  Die Bauleistungen werden ohne förmliches Verfahren allerdings unter sinngemäßer Anwendung der Bestimmungen der VOB Teil A, insbesondere unter Beachtung des Wettbewerbsgrundsatzes vergeben.

Die drei vorgenannten Vergabearten stehen dem Ausschreibenden, insbesondere wenn es sich um die öffentliche Hand handelt, ab bestimmten Wertgrenzen nicht wahlweise und gleichberechtigt nebeneinander zur Verfügung. Vielmehr bestimmt die VOB in ihrem Teil A § 3 Abs. 2–5, wann welche Vergabeart zweckmäßigerweise, in der Regel oder ausnahmsweise anzuwenden ist (»**Hierarchie der Vergabearten**«), d. h.

- Da gemäß § 2 VOB/A bei der Vergabe von Bauleistungen der Wettbewerb die Regel sein soll, 225
  stellt § 3 VOB/A folgerichtig die Vergabeart voran, bei der der Wettbewerb aufgrund einer größtmöglichen Zahl von Bewerbern für die zu vergebende Bauleistung am besten ausgeprägt ist, also die **Öffentliche Ausschreibung**; sie soll nach dem Willen der VOB daher die **regelmäßige Vergabeart** sein und stattfinden, wenn nicht die Eigenart der Leistung oder besondere Umstände eine Abweichung rechtfertigen.
  Bei diesem Vorrang der Öffentlichen Ausschreibung muss aber auf den volkswirtschaftlichen Nachteil hingewiesen werden, der durch die anfallenden Angebotsbearbeitungskosten bei vielen Teilnehmern entsteht. Es ist keine Ausnahme, wenn z. B. gerade in Rezessionszeiten sich 25 Be-

werber und mehr an einer Ausschreibung beteiligen. Die Kosten für die Preisermittlung und Angebotsbearbeitung betragen bei vernünftiger Bearbeitung normaler Objekte 0,2 %; sie können bei Notwendigkeit umfangreicher Vorarbeit auf 1 % steigen, was insbesondere bei Leistungsbeschreibungen mit Leistungsprogramm (Funktionale Leistungsbeschreibung) gemäß § 7 Abs. 13–15 VOB/A der Fall sein kann. Dies kann in besonderen Ausnahmefällen auch ein Grund für eine Beschränkte Ausschreibung sein (vgl. § 3 Abs. 3 Nr. 1 und § 3 Abs. 4 Nr. 2 VOB/A).

226 • Gemäß § 3 Abs. 3 Nr. 1 VOB/A soll eine **Beschränkte Ausschreibung** stattfinden,
– wenn eine Öffentliche Ausschreibung kein annehmbares Ergebnis gehabt hat, oder
– wenn die Öffentliche Ausschreibung aus anderen Gründen (z. B. Dringlichkeit, Geheimhaltung) unzweckmäßig ist.

Ferner sieht § 3 Abs. 3 Nr. 1 VOB/A für verschiedene Gewerke unterschiedliche Wertgrenzen vor, bei deren Unterschreitung dem Auftraggeber wahlweise eine beschränkte Ausschreibung freigestellt ist (50 T€ netto bei Ausbaugewerken ohne Energie- und Gebäudetechnik, Landschaftsbau und Straßenausstattung; 140 T€ bei Tief-, Verkehrswege- und Ingenieurbau sowie 100 T€ für alle übrigen Gewerke). Diese Wertgrenzen sollen es dem Auftraggeber erleichtern, nicht noch einen Nachweis für ein Missverhältnis zwischen Aufwand und erreichbarem Vorteil einer öffentlichen Ausschreibung führen zu müssen. Dabei sei angemerkt, dass vorstehende Wertgrenzen im Zuge des Konjunkturpaketes II überwiegend befristet zuletzt noch auf Landesebene bis zum 31.12.2011 und teilweise 2012 durch Erlass/Verwaltungsvorschrift auf 1 Mio. € angehoben wurden.

Daneben bestimmt die VOB/A aber noch besondere Voraussetzungen, bei deren Vorliegen eine **Beschränkte Ausschreibung nach Öffentlichem Teilnahmewettbewerb** stattfinden kann (§ 3 Abs. 4 VOB/A), nämlich
– wenn die Leistung nach ihrer Eigenart nur von einem beschränkten Kreis von Unternehmern in geeigneter Weise ausgeführt werden kann, besonders wenn außergewöhnliche Zuverlässigkeit oder Leistungsfähigkeit (z. B. Erfahrung, technische Einrichtungen oder fachkundige Arbeitskräfte) erforderlich sind, oder
– wenn die Bearbeitung des Angebots wegen der Eigenart der Leistung einen außergewöhnlich hohen Aufwand erfordert.

227 • Gemäß § 3 Abs. 4 VOB/A soll eine **Freihändige Vergabe** nur **ausnahmsweise** erfolgen, wenn die Öffentliche oder Beschränkte Ausschreibung unzweckmäßig ist, besonders
– weil die Leistung besonders dringlich ist,
– weil für die Leistung aus besonderen Gründen (z. B. Patentschutz, besondere Erfahrungen oder Geräte) nur ein bestimmter Unternehmer in Betracht kommt,
– weil die Leistung nach Art und Umfang vor der Vergabe nicht eindeutig und erschöpfend festgelegt werden kann,
– weil nach Aufhebung einer Öffentlichen oder Beschränkten Ausschreibung eine erneute Ausschreibung kein annehmbares Ergebnis verspricht,
– weil sich eine kleine Leistung von einer vergebenen größeren Leistung nicht ohne Nachteil trennen lässt,
– weil die auszuführende Leistung Geheimhaltungsvorschriften unterworfen ist.

Ferner kann eine Freihändige Vergabe ohne vorstehende Beschränkungen bei Kleinaufträgen mit einem Auftragswert von bis zu 10 T€ netto erfolgen, wobei auch diese Wertgrenze ähnlich wie bei der beschränkten Ausschreibung zuletzt noch auf Landesebene per Erlass bzw. Verwaltungsvorschrift bis zum 31.12.2011 und teilweise 2012 auf 100 T€ angehoben wurde.

228 Vorstehende Regelungen in der VOB/A zeigen deutlich, dass – abgesehen von den Aufträgen unterhalb der genannten Wertgrenzen – bei der Durchführung eines Bauvorhabens vom Bauherrn nicht zu prüfen ist, welche Vergabeart für ihn wünschenswert ist. Stattdessen kommt es allein darauf an, ob die Voraussetzungen für die Öffentliche Ausschreibung, für die Beschränkte Ausschreibung oder aber ausnahmsweise für die Freihändige Vergabe vorliegen (vgl. Ingenstau/Korbion/Müller-Wrede, VOB/A § 3 Rn. 8). Nur danach hat der Auftraggeber die Vergabeart zu wählen. Dabei sei abschließend nur angemerkt, dass es weitere Vergabearten wie etwa den sog. **wettbewerblichen Dialog**, der

2.4 Ablauf der Vergabe nach der VOB/A – Abschnitt 1

heute als vierte Vergabeart oberhalb der Schwellenwerte vorgesehen ist (s. dazu Rdn. 357), es bei der Vergabe nach den Basisparagrafen nicht gibt.

2.4.3 Ablauf des Vergabeverfahrens bei einer öffentlichen Ausschreibung im Einzelnen

Folgendes Schaubild soll zunächst den Ablauf eines Vergabeverfahrens bei einer öffentlichen Ausschreibung im Überblick skizzieren. 229

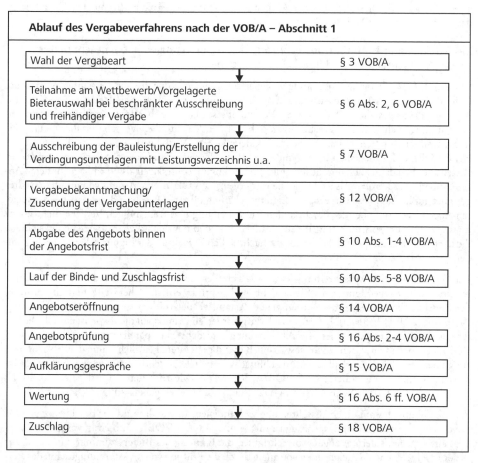

Die wesentlichen Schritte eines Vergabeverfahrens werden nachfolgend erläutert. Dabei wird jeweils darauf verwiesen, wenn einzelne Schritte sich abhängig vom Verfahren insbesondere bei der Beschränkten Ausschreibung bzw. der freihändigen Vergabe anders darstellen. Zusammengefasst gliedert sich das Vergabeverfahren ebenso wie der normale Abschluss eines Bauvertrages nach dem BGB (vgl. oben Rdn. 156 ff.) in folgende Phasen: 230
- Der Auftraggeber überlässt dem Bewerber eine Leistungsbeschreibung, deren Inhalt in § 7 VOB/A im Einzelnen festgelegt ist, sowie gemäß § 8 VOB/A die sonstigen Vergabeunterlagen, wie Verfahrensvorschriften (Art der Vergabe, Zuschlagsfrist, Ort und Zeit des Eröffnungstermins), Vertragsbedingungen der verschiedensten Art (Termine, Vertragsstrafe, Sicherheitsleistung) usw. Darin ist rechtlich die Aufforderung zur Abgabe eines Angebotes zu sehen.
- Der Bewerber gibt daraufhin sein Angebot ab. Es muss inhaltlich so bestimmt sein, dass der Vertrag mit bloßer Einverständniserklärung des Auftraggebers abgeschlossen werden kann. Damit liegt das Angebot im Sinne des § 145 BGB vor.

- Die Angebote werden im Eröffnungstermin geöffnet. Die Einzelheiten sind in § 14 VOB/A geregelt.
- Der Zuschlag schließt das Vergabeverfahren ab. Durch ihn kommt der Bauvertrag zustande, da der Zuschlag als Annahme des Angebotes gemäß §§ 145 ff. BGB zu werten ist.

231 Auch die Auftragserteilung im Vergabeverfahren ist ein **Vertragsabschluss privatrechtlicher Art**. Daran ändert das Wort Zuschlag nichts. Der Zuschlag kann grundsätzlich mündlich und schriftlich erteilt werden, wie dies auch bei der Annahme eines Angebotes nach allgemeinen Grundsätzen des Vertragsrechts der Fall ist.

2.4.3.1 Teilnahme am Wettbewerb/Vorgelagerte Bieterauswahl bei beschränkter Ausschreibung und freihändiger Vergabe

232 Will ein Auftraggeber eine Bauleistung vergeben, muss er sich zunächst für die richtige Vergabeart (öffentliche oder beschränkte Ausschreibung, freihändige Vergabe) entscheiden (s. o. Rdn. 224 ff.). Abhängig davon gestaltet sich das weitere Verfahren insoweit, als er bei der beschränkten Ausschreibung und der freihändigen Vergabe zuvor, d. h. vor dem eigentlichen Vergabeverfahren, eine Auswahl der Bieter treffen muss, die er als Teilnehmer am Wettbewerb zulassen will (§ 6 Abs. 3 Nr. 6 VOB/A). Folglich steht bereits in dieser frühen Phase abschließend der **Kreis der geeigneten Bieter** fest, dem dann auch nur die letztgültigen Verdingungsunterlagen als Grundlage für deren Angebot überlassen werden. Als Zielgröße nennt § 6 Abs. 2 VOB/A eine Anzahl von mindestens drei geeigneten Bietern. Diese vorgezogene Eignungsprüfung führt im Ergebnis dazu, dass bei der späteren Angebotswertung bei der beschränkten Ausschreibung und freihändigen Vergabe **nicht nochmals eine Eignungsprüfung** stattfindet; stattdessen werden nur noch die Umstände berücksichtigt, die nach Aufforderung zur Angebotsabgabe nachträglich Zweifel an der Eignung des Bieters begründen (§ 16 Abs. 2 Nr. 2 VOB/A).

233 Bei einer **öffentlichen Ausschreibung** kann – da sich diese an einen zunächst unbekannten Teilnehmerkreis richtet – die Eignung der Bieter nicht vorab geprüft werden. Daher ist die Eignungsprüfung der Bieter in diesem **Verfahren vorgezogener Bestandteil der zeitlich späteren Angebotprüfung** (§ 16 Abs. 2 Nr. 1 VOB/A). Liegen danach die geforderten Unterlagen nicht vor, ist ein solcher Bieter aus dem Gesichtspunkt der Gleichbehandlung und dem Transparenzgebot nach § 16 Abs. 3 VOB/A zwingend auszuschließen, soweit ein Bieter diese Unterlagen nicht einmal auf Nachforderung überhaupt bzw. innerhalb einer Ausschlussfrist von sechs Kalendertagen vorlegt (vgl. auch: Ingenstau/Korbion/Kratzenberg, § 16 VOB/A, Rn. 69 f. sowie zur alten Rechtslage schon: BGH, Beschl. v. 18.02.2003 – X ZB 43/02, BGHZ 154, 32, 44 f. = VergabeR 2003, 313, 317 f.).

234 Zur Absenkung des mit einer Ausschreibung verbundenen Aufwandes und zur Beschleunigung für die durchzuführende Eignungsprüfung ist in § 6 Abs. 3 Nr. 2 VOB/A immerhin vorgesehen, dass der Auftraggeber (sofern er zugangsberechtigt ist) die **Eignung des Bieters** zumindest in Bezug auf die dort vorgesehenen Regelangaben vorrangig durch die Prüfung von dessen Eintragung in das **Präqualifikationsverzeichnis** festzustellen hat. Präqualifikation bedeutet hier eine vom konkreten Vergabeverfahren losgelöste Vorab-Eignungsprüfung von Bietern hinsichtlich ihrer **Fachkunde, Leistungsfähigkeit und Zuverlässigkeit**, und zwar vor allem konkret zu den in § 6 Abs. 3 Nr. 2 S. 1 lit. a bis i VOB/A vorgesehenen Eignungskriterien. Hierzu zählen:
- Umsatz des Bieters in den letzten drei abgeschlossenen Geschäftsjahren, soweit dieser Bauleistungen und andere Leistungen betrifft, die mit der zu vergebenden Leistung vergleichbar sind, unter Einschluss des Anteils bei gemeinsam mit anderen Unternehmern ausgeführten Aufträgen,
- Ausführung von Leistungen in den letzten drei abgeschlossenen Geschäftsjahren, die mit der zu vergebenden Leistung vergleichbar sind,
- Zahl der in den letzten drei abgeschlossenen Geschäftsjahren durchschnittlich beschäftigten Arbeitskräfte, gegliedert nach Lohngruppen mit gesondert ausgewiesenem technischen Leitungspersonal,
- Eintragung in das Berufsregister,
- Eröffnete oder laufende Insolvenzverfahren bzw. eine Liquidation,

2.4 Ablauf der Vergabe nach der VOB/A – Abschnitt 1

- ggf. begangene nachweislich schwere Verfehlungen, die die Zuverlässigkeit des Bieters infrage stellen,
- ordnungsgemäße Zahlung von Steuern und Abgaben sowie der Beiträge zur gesetzlichen Sozialversicherung,
- Anmeldung des Unternehmens zur Berufsgenossenschaft.

Sind Unternehmen danach präqualifiziert, gelten sie in einem späteren Vergabeverfahren als geeignet. Typische Fehlerquellen bei der Vorlage ausreichender Eignungsnachweise, die in einer öffentlichen Ausschreibung ggf. sogar zum Ausschluss führen, können dadurch vermieden werden.

Den Ablauf einer Präqualifikation selbst einschließlich etwaiger Vorgaben zu der Ausgestaltung eines Präqualifikationssystems regelt § 6 Abs. 3 Nr. 2 VOB/A allerdings nicht (vgl. dagegen etwa § 24 SektVO, s. dazu Rdn. 363). Vielmehr beschränkt sich diese Vorschrift allein auf einen Hinweis auf die »allgemein zugängliche Liste des Vereins für die Präqualifikation von Bauunternehmen e. V. (Präqualifikationsverzeichnis)«. Einzelheiten dazu finden sich aber in der Leitlinie des Bundesministeriums für Verkehr, Bauwesen und Städtebau vom 25. April 2010 (zurzeit mit Stand 6. Mai 2010) – abrufbar auf der dortigen Homepage: www.bmvbs.de unter Bauen und Wohnen/Bauwesen/Bauauftragsvergabe/Präqualifikation. 235

Ungeachtet der Möglichkeit zur Eignungsprüfung mit einer Einsichtnahme in das Präqualifikationsverzeichnis steht es allen Bietern frei, ihre Eignung zu vorgenannten allgemeinen Kriterien auch durch **Einzelnachweise** zu erbringen (vgl. § 6 Abs. 3 Nr. 2 S. 2 VOB/A). Um insoweit aber den Aufwand der Bieter gering zu halten, sieht § 6 Abs. 3 Nr. 2 S. 3 und 4 VOB/A ferner die Möglichkeit für den Auftraggeber vor, für einzelne Angaben zunächst Eigenerklärungen vorlegen und erst dann, wenn der Bieter in die engere Wahl kommt, sich diese Angaben durch Bescheinigungen etwa der Sozialversicherungsträger u. a. bestätigen zu lassen. Solche Einzelnachweise sind ohnehin immer dann erforderlich – und zwar unabhängig von der Eintragung in das Präqualifikationsverzeichnis –, soweit der Auftraggeber weitere Angaben gefordert hat, die über die in § 6 Abs. 3 Nr. 2 S. 1 VOB/A genannten allgemeinen Kriterien hinausgehen. Dies betrifft vor allem die Nachweise, die weniger allgemein die Erbringung der Bauleistungen als konkret den betroffenen Auftrag betreffen (vgl. auch § 6 Abs. 2 Nr. 3 VOB/A). 236

Bei der Bestimmung des richtigen Teilnehmerkreises einer öffentlichen Ausschreibung ist sodann nach § 6 Abs. 2 Nr. 2 VOB/A zu beachten, dass daran nur die Bieter zu beteiligen sind, die sich **»gewerbsmäßig mit der Ausführung von Leistungen der ausgeschriebenen Art** befassen«. Bei einer gewerkespezifischen Ausschreibung sind somit zum einen nur Bieter anzusprechen, die dieses Gewerk von ihrem Unternehmensgegenstand her erbringen. Dabei ist allerdings nach § 5 HandwO zu beachten, dass zusätzlich und gewerkefremd auch die Arbeiten mit erbracht werden können, die mit dem Leistungsangebot technisch oder fachlich zusammenhängen oder es wirtschaftlich ergänzen. 237

▶ **Beispiel**

Eine Sanitärfirma ist zunächst kein geeigneter Bewerber für ausgeschriebene Leistungen zum Gewerk Elektro. Bewirbt sie sich allerdings um Sanitärleistungen, kann sie zugleich Leistungen zum Abklemmen von Leitungen u. a. mit anbieten.

Zum anderen folgt aus § 6 Abs. 2 Nr. 1 VOB/A, dass nur die Bieter zuzulassen sind, die tatsächlich auch selbst (noch) eigene Bauleistungen erbringen. Diese Vorschrift ist vor allem bei dem Einsatz von Generalübernehmern (s. zu dem Begriff oben Rdn. 63 ff.) von Bedeutung. 238

▶ **Beispiel**

Ein Generalübernehmer, der selbst keine Bauleistungen erbringt, möchte sich an einer Vergabe beteiligen. Er will später mit den Bauleistungen einen Generalunternehmer binden.

Ein solcher Bieter ist, wegen seiner Absicht, selbst keine Bauleistungen zu erbringen, nicht zuzulassen (OLG Düsseldorf, Beschl. v. 05.07.2000 – Verg 5/99, BauR 2000, 1639, 1640 = NZBau 2001, 106,

109; OLG Saarbrücken, Beschl. v. 21.04.2001 – 1 Verg 1/04, BauR 2005, 161 = VergabeR 2004, 731, 733 f.). Dieses **Gebot der Selbstausführung** findet auch seinen Niederschlag in § 4 Abs. 8 Nr. 1 VOB/B mit dem Verbot des ungenehmigten Subunternehmereinsatzes. Daher sind nicht nur Generalübernehmer von der Teilnahme an Vergabeverfahren ausgeschlossen, sondern generell Unternehmen, die sich mit der bloßen Betreuung von Bauvorhaben (z. B. Planung, Koordinierung, Finanzierung) befassen, aber keine wesentlichen Teile der Bauleistung selbst erbringen (z. B. Bauträger, Baubetreuer, Treuhänder – siehe dazu auch näher Ingenstau/Korbion/Schranner, VOB/A, § 6 Rn. 33). Zugelassen ist hingegen die **Teilnahme von Generalunternehmern**, soweit sie zumindest nicht ausschließlich oder ganz überwiegend mit Subunternehmern den Auftrag ausführen wollen (OLG Düsseldorf, Beschl. v. 19.07.2000 – Verg 10/00, BauR 2000, 1623, 1624). Dass ggf. die Teilnahme von Bietern, die selbst gewerbsmäßig keine Bauleistungen mehr erbringen, nach Abschnitt 2 der VOB/A bzw. im Sektorenbereich nach der SektVO möglich und zulässig sein könnte, soll an dieser Stelle dahingestellt bleiben.

239 Sind der Generalübernehmer bzw. sonstige Bieter, die gewerbsmäßig keine Bauleistungen erbringen, mangels Eignung nicht zum Wettbewerb zuzulassen, gilt etwas anderes für sog. **Bietergemeinschaften**. Hierbei handelt es sich um einen Zusammenschluss von zumeist mittelständischen Unternehmen zu dem Zweck, in ihrer Verbundenheit den Auftrag zu erhalten, den sie ggf. allein z. B. aufgrund der Größe des Auftrages nicht erhalten würden oder nicht ausführen könnten. Die Bildung einer Bietergemeinschaft ist zumeist zulässig. Sie ist allenfalls rechtlich problematisch, wenn hierin – vor allem bei Unternehmen mit einem gleichartigen Unternehmensgegenstand – zugleich eine wettbewerbsbeschränkende Vereinbarung im Sinne des § 1 GWB liegt, die verboten wäre. Hiervon wird aber dann nicht auszugehen sein, wenn die Bietergemeinschaft zusammen nur einen unerheblichen Marktanteil hat und sie erst durch ihren Zusammenschluss in die Lage versetzt wird, ein Angebot abzugeben (so etwa KG, Beschl. v. 21.12.2009 – 2 Verg 11/09, VergabeR 2010, 501, 504; OLG Düsseldorf, Beschl. v. 09.11.2011 – Verg 35/11, BauR 2012, 1294 [Ls.] = VergabeR 2012, 628, 630 = NZBau 2012, 252, 254 = ZfBR 2012, 305, 306; OLG Düsseldorf, Beschl. v. 11.11.2011 – Verg 92/11, NZBau 2012, 255, 256). Wird der Auftrag an eine Bietergemeinschaft erteilt, setzt sich die Bietergemeinschaft später in einer **Arbeitsgemeinschaft** fort (s. dazu Rdn. 32 ff.).

240 Dass Bietergemeinschaften ohne Weiteres zum Vergabewettbewerb zugelassen werden, versteht sich keineswegs von selbst. Dies beruht auf deren rechtlichen Struktur: Schließen sich mehrere Bieter zu einer Bietergemeinschaft zusammen, um einen Auftrag zu erhalten, liegt hierin eine gemeinsame Zweckverfolgung, die über die Verfolgung der jeweiligen Einzelinteressen hinausgeht. Infolgedessen ist zumindest in der Regel davon auszugehen, dass es sich bei diesem Zusammenschluss – wie auch bei der späteren Arbeitsgemeinschaft – um eine **Gesellschaft bürgerlichen Rechts** handelt (Ingenstau/Korbion/Schranner, VOB/A, § 6a Rn. 24). Bieter ist demzufolge rechtlich eine gesondert zwischen den Bietern gebildete Gesellschaft, die ihrerseits Träger von Rechten und Pflichten, d. h. rechtsfähig ist (vgl. zur Rechtsfähigkeit der Gesellschaft bürgerlichen Rechts BGH, Urt. v. 29.01.2001 – II ZR 331/00, BGHZ 146, 341, 342 f. = BauR 2001, 775, 776 = NJW 2001, 1056; siehe dazu auch umfassend Heiermann, ZfBR 2007, 750 ff.). Diese Bietergemeinschaft als Gesellschaft bürgerlichen Rechts erbringt jedoch ihrerseits ebenfalls keine gewerbliche Bauleistung, da diese nach Zuschlagserteilung ausschließlich von ihren Mitgliedern ausgeführt wird – was sich im Vergabeverfahren auch daran zeigt, dass bei geforderten Eignungsnachweisen etwa solche von jedem ihrer Mitglieder vorzulegen sind (KG, Beschl. v. 21.12.2009 – 2 Verg 11/09, VergabeR 2010, 501, 503). Infolgedessen läge es nahe, wie bei Generalübernehmern auch bei der Bietergemeinschaft die grundlegende Eignungsvoraussetzung der Selbstausführung der Bauleistungen zu verneinen. Indes wird eine Bietergemeinschaft seit jeher als **zulässige Rechtsform in Bauvergabeverfahren** angesehen. Dies kommt etwa deutlich in § 6 Abs. 1 Nr. 2 VOB/A zum Ausdruck. Danach sind Bietergemeinschaften Einzelbewerbern gleichzusetzen, wenn sie die Arbeiten im eigenen Betrieb oder in den Betrieben der Mitglieder ausführen. Eine ähnliche Wertung findet sich in § 13 Abs. 5 VOB/A, wonach eine Bietergemeinschaft einen bevollmächtigten Vertreter für den Abschluss und die Durchführung des Vertrages zu benennen hat – was das Anerkenntnis einer Bietergemeinschaft als zulässige Rechtsform im Vergaberecht voraussetzt.

Von besonderer Bedeutung bei der Eignung von Bietern ist ebenso der Umgang mit sog. **Projektanten**. Projektanten sind Personen oder Unternehmen, die zunächst mit der Projektierung der Baumaßnahme befasst oder sonst etwa bei der Erstellung der Verdingungsunterlagen für die Vergabestelle beratend oder unterstützend tätig waren und sich anschließend selbst als Bieter um den Auftrag bewerben. 241

▶ **Beispiel**

Ein Fachplaner berät den Auftraggeber bei einem großen Bauvorhaben zur Kälte- und Klimatechnik; er empfiehlt, die Leistungen funktional auszuschreiben. Der Auftraggeber folgt dem; jetzt bewirbt sich der Fachplaner mit seiner von ihm geführten MSR-Firma um diesen Auftrag. Konkurrenten beschweren sich mit dem Argument, der Fachplaner habe aus seiner Vortätigkeit vertiefte Kenntnisse, weswegen er die Leistungen billiger anbieten könne. Außerdem reiche ihm die knappe Angebotsfrist, weil er das Vorhaben schon durchdrungen habe.

Die VOB/A Abschnitt 1 gibt zu vorstehendem Sachverhalt keine Antwort. Tatsächlich wird man diese Frage mit allgemeinen Grundsätzen lösen müssen. Dies gilt gerade für die Beteiligung von Projektanten – und zwar unabhängig davon, ob es um den Bieter selbst oder eine mit ihm rechtlich verbundene Gesellschaft geht; auch Mitarbeiter von Projektanten können hierunter fallen. Entscheidend ist danach für deren Zulassung, ob damit noch der **Grundsatz des fairen Wettbewerbs** eingehalten wird. Dies lässt sich nicht allgemein beantworten. Denn nicht jede Vorbefassung muss den Wettbewerb verzerren; zu prüfen ist vielmehr, ob nach den tatsächlichen Gegebenheiten mit einer gewissen Wahrscheinlichkeit dem Projektanten aus seiner Vorbefassung heraus ein unmittelbarer Vorteil vor den anderen Konkurrenten erwächst. Selbst dann ist es aber nicht zwingend, den Projektanten auszuschließen, wenn andere Möglichkeiten bestehen, den fairen Vergabewettbewerb wiederherzustellen. Kommt es demnach allein auf die Frist zur Angebotserstellung an, könnte es das mildere Mittel sein, diese Frist ausreichend lang zu bemessen, damit auch andere Bieter ausreichend Zeit haben, ihr Angebot zu erstellen. 242

Problematisch ist es hingegen, wenn der **Vorteil** des Projektanten in einem aus seiner Vortätigkeit **erworbenen Fachwissen liegt**, das die anderen Bieter nicht aufholen können. Wird dann sogar die Leistung entsprechend vorstehendem Beispiel funktional, d. h. mit Leistungsprogramm (§ 7 Abs. 13–15 VOB/A) ausgeschrieben, liegt auf der Hand, dass der Projektant in diesem Fall bei einer Eigenbewerbung und einer insoweit vom Bieter noch zu erstellenden Ausführungsplanung über nicht mehr gerechtfertigte Vorteile verfügt. Hier wird ein **Ausschluss dieses Projektanten** kaum zu vermeiden sein (vgl. etwa auch OLG Düsseldorf, Beschl. v. 16.10.2003 – Verg 57/03, VII-Verg 57/03, BauR 2004, 889 = VergabeR 2004, 236, 237 – sowie allgemein dazu Ingenstau/Korbion/Schranner, VOB/A, § 6 Rn. 44 ff.) Dabei wird man allerdings dem betroffenen Projektanten zuvor zumindest die Möglichkeit einräumen müssen, das Gegenteil beweisen zu dürfen, d. h. dass seine Vorbefassung den Wettbewerb doch nicht verfälscht hat (EuGH, Urt. v. 03.03.2005 – C-34/03, VergabeR 2005, 319, 324 = NZBau 2005, 351, 353). 243

Unter Berücksichtigung vorstehender Anmerkungen versteht es sich unter dem Gesichtspunkt des fairen Wettbewerbs darüber hinaus von selbst, dass ein Projektant, soweit sich dieser an der Ausschreibung beteiligt, **nicht an der Angebotswertung teilnehmen** darf. In solchen Fällen muss der Auftraggeber die Angebote entweder selbst prüfen oder sich sachverständiger Hilfe bedienen (vgl. auch die wichtige Regelung in § 16 VgV, deren Grundsätze im Zweifel ebenso das Verfahren unterhalb der Schwellenwerte bestimmen). 244

Neben den speziellen Eignungskriterien, deren Nichteinhaltung zum Ausschluss vom Wettbewerb bzw. zur Nichtzulassung führen können, sieht § 16 Abs. 1 Nr. 1 lit. g und Nr. 2 VOB/A noch diverse allgemeine Punkte vor, die ebenfalls die **fehlende Eignung** und damit **einen Ausschluss eines Bieters** aus einem Vergabeverfahren bzw. dessen Nichtzulassung begründen. Hierzu gehören folgende Sachverhalte: 245
- Eröffnung des Insolvenzverfahrens oder Liquidation
- Nachweislich schwere Verfehlung des betroffenen Unternehmens

- Keine ordnungsgemäße Abführung von Steuern, Sozialabgaben u. a.
- Vorsätzliche Abgabe unzutreffender Erklärungen in Bezug auf Fachkunde, Leistungsfähigkeit und Zuverlässigkeit im Vergabeverfahren
- Keine Anmeldung in der Berufsgenossenschaft.

Lediglich der Ausschlussgrund der vorsätzlichen Abgabe unzutreffender Erklärungen ist zwingend (§ 16 Abs. 1 Nr. 1 lit. g VOB/A). Alle weiteren unternehmensbezogenen Ausschlussgründe sind dagegen in § 16 Abs. 1 Nr. 2 VOB/A zusammengefasst und eröffnen dem Auftraggeber nur die Möglichkeit zum Ausschluss. Allerdings kann der Auftraggeber abweichend davon auch verpflichtet sein, ein Unternehmen auszuschließen, weil jedes andere Verhalten mit seinem pflichtgemäßen Ermessen nicht mehr zu vereinbaren wäre. Das bloße Vorliegen eines dieser abschließend aufgezählten Ausschlussgründe genügt dafür aber nicht. Vielmehr muss der Auftraggeber jeweils prüfen, ob der betroffene Bieter die ausgeschriebene Bauleistung unter Berücksichtigung der gebotenen Fachkunde, Leistungsfähigkeit und Zuverlässigkeit nicht gleichwohl erbringen kann.

246 Gesondert bei dem **Ausschlussgrund der schweren Verfehlung** ist darauf hinzuweisen, dass § 16 Abs. 1 Nr. 2 lit. c VOB/A dazu einen **Nachweis** verlangt. Mit Nachweis ist aber nicht eine Verurteilung o. ä. gemeint. Eine solche würde vielmehr in jedem Fall einen Ausschluss rechtfertigen. Vielmehr genügen auch sonstige Nachweise (OLG Saarbrücken, Beschl. v. 29.12.2003 – 1 Verg 4/03, NZBau 2004, 346, 347). Entscheidend dürfte sein, dass sich die schwerwiegenden Verfehlungen nicht nur aus ungeprüften Gerüchten, sondern aus gesicherten Erkenntnissen seriöser Quellen ergeben. Auch Indiztatsachen können ausreichen; sie müssen aber einiges Gewicht haben und die Zuverlässigkeit des Bieters nachvollziehbar infrage stellen (KG, Urt. v. 17.01.2011 – 2 U 4/06 Kart, BauR 2011, 1508, 1520 ff. = NZBau 2012, 56, 61 f.). Das aber heißt, dass eine Vergabestelle einen Bieter auch ohne Verurteilung ausschließen kann, wenn etwa eine Staatsanwaltschaft gegen diesen oder etwa dessen Geschäftsführer Anklage erhebt. Erst recht wird für einen Ausschluss eine Sachverhaltslage genügen, die einen **dringenden Tatverdacht** i. S. d. § 112 StPO begründet. Kann auf dieser Grundlage nämlich bereits eine Person ohne Verurteilung in Untersuchungshaft genommen werden, wird es einem Auftraggeber kaum zuzumuten sein, diesem Unternehmer noch einen Auftrag erteilen zu müssen. Allerdings gilt auch umgekehrt: Wurde zwischenzeitlich durch nachhaltig und nachweisbar ergriffene Maßnahmen der Selbstreinigung die Grundlage der schweren Verfehlung behoben (z. B. Umorganisation im Unternehmen, Entlassung der betroffenen Mitarbeiter u. a.), kann im Einzelfall die für die Auftragserteilung notwendige Zuverlässigkeit wieder gegeben sein (OLG Brandenburg, Beschl. v. 12.12.2007 – Verg W 21/07, NZBau 2008, 277, 279; dagegen wenig verständlich: KG, Urt. v. 13.03.2008 – 2 Verg 18/07, VergabeR 2008, 853, 858 = NZBau 2008, 466, 469, das trotz begangener Straftaten ggf. auf notwendige Selbstreinigungsmaßnahmen verzichten will).

247 Materiell geht es bei den schweren Verfehlungen zunächst um die Begehung echter **Korruptionsstraftaten**. Daneben stehen Verstöße gegen das Gesetz gegen Wettbewerbsbeschränkungen sowie der Submissionsbetrug, Preisabsprachen und vor allem sonstige Vermögensstraftaten wie insbesondere Betrug und Untreue.

248 Liegen besonders schwere Verfehlungen vor, kann die Vergabestelle einen Bieter auch losgelöst von einem bestimmten Vergabeverfahren für einen genau zu bestimmenden Zeitraum von Aufträgen ausschließen (**Vergabesperre**). Deren Zulässigkeit ist zwar umstritten, wird aber bisher überwiegend bejaht (sehr anschaulich KG, Urt. v. 17.01.2011 – 2 U 4/06 Kart, BauR 2011, 1508 = NZBau 2012, 56; KG, Urt. v. 08.12.2011 – 2 U 11/11, VergabeR 2012, 208 = NZBau 2012, 389; LG Frankfurt, Urt. v. 26.11.2003 – 2–06 O 345/03, NZBau 2004, 630, 631; vgl. auch Pietzcker, NZBau 2004, 530 mit einer Prüfung einer Vergabesperre unter besonderer Berücksichtigung etwaiger tangierter Grundrechte; zweifelnd dagegen Battis/Kersten, NZBau 2004, 303).

Prüfungsgesichtspunkt ist dabei zunächst die Frage des Marktmissbrauchs, inwieweit nämlich durch eine Vergabesperre eine marktbeherrschende (§ 19 Abs. 1 und § 20 Abs. 1 GWB) oder eine marktstarke Stellung (§ 20 Abs. 1 und 2 GWB) missbraucht würde. Ansonsten ist aber klarzustellen, dass es für die Verhängung einer Vergabesperre mit Ausnahme eines missbräuchlichen willkürlichen Handelns keinerlei Ermächtigungsgrundlage bedarf. Sie beruht vielmehr auf dem Grundsatz der Vertragsfreiheit, der auch für den öffentlichen Auftraggeber gilt. Dieser ist zwar an das Vergaberecht gebunden, das ihn jedoch nicht verpflichtet, Bieter zu berücksichtigen, die er berechtigterweise für unzuverlässig halten darf (KG, a. a. O.; ebenso: KG, Urt. v. 8.12.2011 – 2 U 11/11, VergabeR 2012, 208, 211 = NZBau 2012, 389, 391; s. dazu auch schon allgemein BGH, Urt. v. 14.12.1976 – VI ZR 251/73, NJW 1977, 628 ff). Auf dieser Grundlage ist weiter anzumerken, dass ein zeitweiser Ausschluss von Bietern von Vergaben auch aus anderen Gründen erfolgen kann, so insbesondere bei einem mehrfachen Verstoß gegen das Subunternehmereinsatzverbot des § 4 Abs. 8 Nr. 1 VOB/B (KG, Urt. v. 08.12.2011, a. a.O), bei bestimmten Verstößen gegen das Gesetz zur Bekämpfung der Schwarzarbeit und illegalen Beschäftigung mit einer Ausschlussdauer von bis zu drei Jahren (§ 21 SchwarzArbG). Dasselbe gilt bei Verstößen gegen das Arbeitnehmerentsendegesetz (§ 21 AEntG).

2.4.3.2 Ausschreibung der Bauleistung/Erstellung der Verdingungsunterlagen mit Leistungsverzeichnis u. a.

Mit der Entscheidung für das richtige Vergabeverfahren hat der Auftraggeber die Verdingungsunterlagen aufzustellen. Dabei geht es um die ganz maßgebliche Grundlage der Ausschreibung nach der VOB/A. Hierin sind – soweit erforderlich – die ggf. gesonderten Eignungskriterien der potenziellen Bieter festzulegen (§ 6 Abs. 3 VOB/A – s. vorstehend Rdn. 232). Sodann geht es um die Leistungsbeschreibung, die der Ausschreibende dem oder den Bewerbern zur Verfügung stellt. Die eindeutige und vollständige Beschreibung der vom Auftragnehmer zu erbringenden Leistungen (**Bestimmung des Bausolls**) stellt das **Kernstück eines Bauvertrages** dar. Dies beruht vor allem darauf, dass das Leistungssoll zum einen Grundlage für etwaige Mehrvergütungsansprüche des Auftragnehmers bei behaupteten Zusatzleistungen ist. Es ist zum anderen für die Beurteilung von Gewährleistungsansprüchen heranzuziehen, wenn es um die Frage geht, ob der Auftragnehmer von dem Bausoll abgewichen ist und insoweit ein Werkmangel vorliegt. Aus Sicht des Auftragnehmers stellt die Bestimmung des Leistungssolls auf der Grundlage der Leistungsbeschreibung seine wesentliche Kalkulationsgrundlage dar; aus Sicht des Auftraggebers führt die klare Bestimmung des Leistungssolls zu einer Vergleichbarkeit von Angeboten im Vergabeverfahren. Dies vorausgeschickt sollte die **Leistungsbeschreibung mit der erforderlichen Klarheit** die zu erbringenden Bauleistungen erkennen lassen und den Bewerber dadurch in die Lage versetzen, ein klares und eindeutiges Angebot abzugeben (s. ausführlich unten Rdn. 823 ff.).

249

Im Hinblick auf die Bedeutung der Leistungsbeschreibung sieht das im Rahmen der Ausschreibung durchzuführende Angebotsverfahren gemäß § 4 Abs. 3 VOB/A vor, dass der Bewerber die Preise, die er für seine Leistungen fordert, in die Leistungsbeschreibung einzusetzen oder in anderer Weise im Angebot anzugeben hat. Dazu ist die Leistung eindeutig und so erschöpfend zu beschreiben, dass alle Bewerber die Beschreibung im gleichen Sinne verstehen müssen und ihre Preise sicher und ohne umfangreiche Vorarbeiten berechnen können (vgl. § 7 Abs. 1 VOB/A). Zu der erschöpfenden Beschreibung gehört es u. a. (s. dazu auch Rdn. 828 ff.):

250

- Dem **Auftragnehmer darf kein ungewöhnliches Wagnis** aufgebürdet werden für Umstände und Ereignisse, auf die er keinen Einfluss hat und deren Einwirkung auf die Preise und Fristen er nicht im Voraus abschätzen kann (vgl. § 7 Abs. 3 VOB/A und dazu auch BGH, Urt. v. 11.11.1993 – VII ZR 47/93, BGHZ 124, 64, 68 = BauR 1994, 236, 238 = NJW 1994, 850).
- Sodann sind alle eine einwandfreie Preisermittlung beeinflussenden Umstände festzustellen und in den Verdingungsunterlagen anzugeben (§ 7 Abs. 2 VOB/A).
- Erforderlichenfalls ist die Leistung zeichnerisch oder durch Probestücke darzustellen oder anders zu erklären, z. B. durch Hinweise auf ähnliche Leistungen (§ 7 Abs. 10 VOB/A).
- Gegebenenfalls sind der Zweck und die vorgesehene Beanspruchung der fertigen Leistung anzugeben (§ 7 Abs. 1 Nr. 5 VOB/A).
- Weitergehend sind die für die Ausführung der Leistung wesentlichen Verhältnisse der Baustelle, z. B. Boden- und Wasserverhältnisse, so zu beschreiben, dass der Bewerber ihre Auswirkungen

251

auf die bauliche Anlage und die Bauausführung hinreichend beurteilen kann (§ 7 Abs. 6 VOB/A).

Orientierungspunkt für jede Ausschreibung sind abhängig von den fachspezifischen Gewerke die jeweiligen »**Hinweise für das Aufstellen der Leistungsbeschreibung**« in Abschnitt 0 der **Allgemeinen Technischen Vertragsbedingungen** für Bauleistungen, DIN 18299 ff. (vgl. § 7 Abs. 1 Nr. 7).

252 Zur Erfüllung der vorstehenden Anforderungen bedarf es vor der eigentlichen Ausschreibung wichtiger Vorarbeiten und Vorleistungen des Ausschreibenden. So ist grundlegende Voraussetzung für die Feststellung der für die Preisermittlung maßgebenden Umstände, dass sich der Auftraggeber hinreichend über die Einzelheiten des beabsichtigten Bauvorhabens im Klaren ist. Bevor er mit der Ausschreibung beginnt, müssen in dem ihm grundsätzlich obliegenden planerischen Bereich die erforderlichen Vorarbeiten abgeschlossen sein, um eine ordnungsgemäße Leistungsbeschreibung aufstellen zu können. Hierzu zählt einmal die **Fertigstellung aller Planungsunterlagen**, die für die behördlichen Baugenehmigungen erforderlich sind. Weiter sind zu nennen grundsätzlich die vorherige Erteilung der Baugenehmigung, die **Fertigstellung der Ausführungszeichnungen und der Massenaufstellungen**, da ohne diese eine Leistung nicht ordnungsgemäß beschrieben werden kann. Hinzuweisen ist immerhin auf die Allgemeinen Richtlinien für Vergabeverfahren der öffentlichen Hand, so etwa für die Bauvorhaben des Bundes im Vergabehandbuch des Bundes – VHB. Dort ist in diesem Zusammenhang in der Allgemeinen Richtlinie 100 zu Ziffer 4.1 (Ausgabe 2008, Stand 2010) festgelegt, dass die Pläne, insbesondere die Ausführungszeichnungen und die Mengenberechnungen, vor der Ausschreibung vorliegen müssen, damit danach eine eindeutige, vollständige und erschöpfende Leistungsbeschreibung aufgestellt werden kann.

253 Bei der Beschreibung der Leistung hat der Auftraggeber die **technischen Spezifikationen** zu beachten (§ 7 Abs. 3 VOB/A). Dabei kann der Auftraggeber bei der Leistungsbeschreibung zwischen drei Varianten wählen (§ 7 Abs. 4 VOB/A):
- Der Auftraggeber kann die Leistung unter Bezugnahme auf die im Anhang TS zur VOB/A definierten technischen Spezifikationen beschreiben. Dabei hat er allerdings seine Ausschreibung jeweils mit dem Zusatz »oder gleichwertig« zu versehen.
- Oder der Auftraggeber kann seine Leistung in Form von Leistungs- oder Funktionsanforderungen beschreiben, die so genau zu fassen sind, dass sie den Auftragnehmern ein klares Bild vom Auftragsgegenstand vermitteln und dem Auftraggeber die Erteilung des Zuschlags ermöglichen.
- Oder der Auftrageber kann die beiden vorgenannten Varianten miteinander kombinieren.

254 Liegen die technischen Parameter fest, kann der Auftraggeber seiner Ausschreibung eine **Leistungsbeschreibung mit Leistungsverzeichnis** zugrunde legen. Bestimmt wird diese Vergabeart zunächst durch die allgemeinen Vorgaben zur Aufstellung der Leistungsbeschreibung in § 7 Abs. 1 und 2 VOB/A, die Regelungen zur technischen Spezifikation in § 7 Abs. 3–8 VOB/A sowie weiter gehend durch die speziellen Regeln in § 7 Abs. 9–12 VOB/A. Nach dem Verständnis der VOB/A handelt es sich bei der Leistungsbeschreibung mit Leistungsverzeichnis um die Grundform der Ausschreibung, was sich aus den entsprechenden Bezugnahmen an späterer Stelle (vgl. § 7 Abs. 13 VOB/A) ergibt. Die Leistungsbeschreibung mit Leistungsverzeichnis setzt sich sodann dem Grunde nach aus zwei Teilen zusammen, nämlich zunächst aus einer allgemeinen **Darstellung der Bauaufgabe (Baubeschreibung)** sowie anschließend **ein in Teilleistungen gegliedertes Leistungsverzeichnis** (§ 7 Abs. 9 VOB/A). Hierbei handelt es sich zwar um eine Soll-Vorschrift; in der Praxis wird sie aber zumeist eingehalten. Denn anders kann kaum der allgemeinen Vorgabe in § 7 Abs. 1 Nr. 1 VOB/A Rechnung getragen werden, wonach die Leistung eindeutig und erschöpfend zu beschreiben ist, sodass alle Bewerber die Beschreibung im gleichen Sinne verstehen.

255 Neben der allgemeinen Baubeschreibung (Darstellung der Bauaufgabe) ist anschließend die Leistung im Leistungsverzeichnis aufzugliedern. Danach sind unter einer Ordnungszahl (Position) nur solche Leistungen aufzunehmen, die nach ihrer technischen Beschaffenheit und für die Preisbildung als in sich gleichartig anzusehen sind.

2.4 Ablauf der Vergabe nach der VOB/A – Abschnitt 1

▶ **Beispiel**

Pos	Menge	Leistung	EP	PP
1	1 pauschal	Baustelleneinrichtung	2 000 €/Stck.	2 000 €
2		Pflasterarbeiten		
2.1	50 qm	Altes Pflaster aufnehmen	15 €/qm	750 €
2.2	50 qm	Neues Pflaster liefern und legen	30 €/qm	1 500 €
3		Zaun errichten		
3.1	30 m	Neuen Zaun liefern und montieren	50 €/m	1 500 €
4.1	...	...	...	...

Vorstehendes Beispiel zeigt, dass die Leistungen nach Teilleistungen sortiert und gegliedert sind. Dies ist in § 7 Abs. 12 VOB/A so vorgesehen. Demgegenüber sollen ungleichartige Leistungen unter einer Ordnungszahl (**Sammel- oder Mischposition**) nur zusammengefasst werden, wenn eine Teilleistung gegenüber einer anderen für die Bildung eines Durchschnittspreises ohne nennenswerten Einfluss ist. Gegen dieses grundsätzliche Verbot von Mischpositionen wird in der Praxis immer wieder verstoßen. Hierin liegt dann eine häufige Ursache für berechtigte Nachträge, da **Unklarheiten in der Leistungsbeschreibung** vielfach zulasten desjenigen gehen, der diese Unklarheit verursacht hat (vgl. Vygen, Festschrift Locher, S. 263 ff., 281 f. und Vygen, Festschrift Soergel, S. 277 ff.; s. dazu auch Rdn. 873 ff.).

Die vorstehenden Grundsätze für die Leistungsbeschreibung gelten nach der Gliederung des § 7 VOB/A grundsätzlich für alle Ausschreibungen. Zu nennen ist hier vor allem die zweite in § 7 VOB/A geregelte Vergabe auf Basis einer **funktionalen Leistungsbeschreibung**, die auch als **Leistungsbeschreibung mit Leistungsprogramm** bezeichnet wird (§ 7 Abs. 13–15 VOB/A). Sie ist vor dem Hintergrund zu sehen, dass die Planung des Auftraggebers bzw. seines Architekten mit Vorentwurf und Leistungsprogramm nebst Beschreibung der Bauaufgabe endet. Sodann wird die Entwurfs- und Ausführungsplanung mit dem damit verbundenen Haftungsrisiko auf den Auftragnehmer verlagert. Die Leistungsbeschreibung des Auftraggebers gibt somit nur noch ein mehr oder weniger konkret beschriebenes Bauziel, d. h. einen Rahmenentwurf ohne konstruktive Vorgaben, vor. Im Übrigen hat der Auftraggeber hiernach ein funktionstaugliches mangelfreies Gebäude zu errichten (s. dazu auch unten Rdn. 835 ff.).

256

▶ **Beispiel**

Der Bauherr teilt in der Ausschreibung mit, dass er ein Seniorenstift mit den nachfolgend näher beschriebenen Anforderungen erstellen will, wozu dann z. B. lediglich die Entwurfsplanung und die einzuhaltenden gesetzlichen Normen gehören. Hier muss der Bieter und spätere Auftragnehmer für sein Angebot zunächst eine detaillierte Ausführungsplanung erstellen, bevor er nach Zuschlagserteilung bauen könnte.

2.4.3.3 Vergabebekanntmachung/Zusendung der Vergabeunterlagen

Stehen die Verdingungsunterlagen fest, ist die Ausschreibung bekannt zu machen (§ 12 VOB/A). Dies spielt im Wesentlichen **nur bei der öffentlichen Ausschreibung** eine Rolle, nicht bei der beschränkten Ausschreibung oder freihändigen Vergabe. Grund dafür ist, dass bei den beiden zuletzt genannten Vergabearten der Auftraggeber die potenziellen Bieter schon vorab auf eine Vergabe angesprochen hat, die er dann nach festgestellter Eignung zum Wettbewerb zulässt. Eine Veröffentlichung im Sinne des § 12 VOB/A kann abweichend davon bei der beschränkten Ausschreibung lediglich von Bedeutung sein, wenn der Auftraggeber der Ausschreibung einen öffentlichen Teilnahmewettbewerb vorgeschaltet hat (vgl. § 3 Abs. 4, § 12 Abs. 2 VOB/A).

257

258 Als **Veröffentlichungsmedium** zum Zwecke der Bekanntmachung kommen z. B. Tageszeitungen, amtliche Veröffentlichungsblätter oder Internetportale (z. B. www.bund.de) in Betracht. Bekannt gemacht werden Einzelheiten der anstehenden Vergabe mit den notwendigen Kontaktdaten, wo die Verdingungsunterlagen angefordert werden können. Ebenso ist die Angebots- sowie die Zuschlags- und Bindefrist anzugeben sowie klarzustellen, ob Nebenangebote zugelassen oder ausgeschlossen sind.

259 Ist die Vergabe bekannt gemacht, wird der Auftraggeber dem Bieter die **Vergabeunterlagen** schicken. **Bestandteil** sind nach § 8 VOB/A vor allem:
- Anschreiben (Aufforderung zur Angebotsabgabe), das alle Angaben enthält, die außer den Verdingungsunterlagen für den Entschluss zur Abgabe eines Angebotes notwendig sind (§ 8 Abs. 1 und Abs. 2 VOB/A). Hier sind sämtliche Einzelheiten der Ausschreibung darzustellen, begonnen von der Baumaßnahme, der ausschreibenden Stelle, der Art der Vergabe, möglichen Besichtigungen, Terminen der Ausschreibung, von den Bietern zur Beurteilung der Eignung geforderten Unterlagen, Höhe von Sicherheitsleistungen, der Zulassung bzw. Nichtzulassung von Nebenangeboten bis hin zu den wesentlichen Zahlungsbedingungen (§ 8 Abs. 2, § 12 Abs. 1 Nr. 2 VOB/A).
- Verdingungs- bzw. Vertragsunterlagen gemäß §§ 7 und 8 Abs. 3–6: Hierzu gehört zunächst die Leistungsbeschreibung mit Leistungsverzeichnis bzw. Leistungsprogramm. Weiter versandt werden die Hinweise zu den Vertragsbedingungen, wobei die Geltung der VOB/B vorgeschrieben ist (§ 8 Abs. 3 VOB/A). Hinzu kommen ggf. gesondert geltende Besondere und Zusätzliche Vertragsbedingungen (§ 8 Abs. 4 VOB/A).

2.4.3.4 Angebot/Nebenangebote und Angebotsfrist

260 Die gesamte Gestaltung des Vergabeverfahrens ist auf den Zuschlag ausgerichtet. Daher muss wie die Ausschreibungsunterlagen auch das Angebot des Bieters inhaltlich so abgestimmt sein, dass der Vertrag darauf durch bloße Einverständniserklärung des Auftraggebers zustande kommen kann. **Änderungen der Vergabeunterlagen** sind folglich **unzulässig** (§ 13 Abs. 1 Nr. 5 VOB/A); derartige Angebote sind nach § 16 Abs. 1 Nr. 1 lit. b i. V. m. § 13 Abs. 1 Nr. 5 VOB/A zwingend auszuschließen (s. zu den Folgen für den Vertrag, wenn gleichwohl darauf – ggf. auch unerkannt – der Zuschlag erteilt wird: Rdn. 308).

261 Das Verbot der Änderung der Leistungsbeschreibung gilt auch bei einer **unklaren Beschreibung der Bauleistungen**. In diesen Fällen mag der Bieter zunächst um sachdienliche Auskünfte bitten, die ihm ggf. unverzüglich zu erteilen sind. Diese sind bei Bedarf auch den anderen Bietern bekannt zu machen (§ 12 Abs. 7 VOB/A). Sodann kann der Bieter ein **Nebenangebot** oder einen Änderungsvorschlag unterbreiten. Entsprechendes wird er tun, wenn er abweichend von der Ausschreibung z. B. ein anderes Fabrikat anbieten will, wobei er insoweit aber die Gleichwertigkeit nachzuweisen hat (§ 13 Abs. 2 VOB/A). Generell gilt, dass der Bieter Nebenangebote und Änderungsvorschläge unterbreiten darf, solange diese nicht ausgeschlossen sind (vgl. § 8 Abs. 2 Nr. 3 VOB/A). Sie sind dann an einer gesonderten Stelle aufzunehmen und entsprechend zu kennzeichnen (§ 13 Abs. 3 VOB/A). Hält der Bieter sich nicht daran, ist das Nebenangebot auszuschließen (§ 16 Abs. 1 Nr. 1 lit. f VOB/A). Dabei ist teilweise zu beachten, dass manche Bieter ohne weiteren Kommentar die Vergabeunterlagen gleichwohl ändern, der Auftraggeber das nicht bemerkt und daraufhin der Zuschlag erteilt wird.

> ▶ **Beispiel (OLG Stuttgart, Urt. v. 09.02.2010 – 10 U 76/09, VergabeR 2011, 141)**
>
> In dem Leistungsverzeichnis ist ein Schalldämmwert von 56 dB angegeben. Der Bieter hatte dies in seinem Anschreiben auf 50 dB gesenkt, ohne dass darauf näher hingewiesen worden war. Der Auftraggeber erteilte den Auftrag.

Hier ist der Vertrag auf der Grundlage des Angebotes mit dem niedrigeren Schalldämmwert geschlossen. Dass das Nebenangebot bzw. der Änderungsvorschlag nicht an der gekennzeichneten Stelle vermerkt und ggf. sogar auszuschließen war, ändert daran nichts. Allerdings hat das OLG Stuttgart dazu zu Recht angenommen, dass wegen der Nichtaufklärung des Bieters über die Änderung der Angebotsunterlagen an der nicht gekennzeichneten Stelle dem Auftraggeber ein dagegen stehender Schadensersatzanspruch aus §§ 280 Abs. 1, 311, 241 Abs. 2 BGB zusteht, der auch nicht wegen eines vermeintlichen Mitverschuldens (hier wegen der nicht bemerkten Änderung) zu kürzen ist (OLG Stuttgart, a. a. O., BauR 2011, 310 [Ls.] = VergabeR 2011, 144, 155). Dieselben Grundsätze gelten im Wesentlichen für **Preisnachlässe** (§ 13 Abs. 4 VOB/A), wobei es hier nur um einen Nachlass auf das Angebot insgesamt geht. All diese Formerfordernisse dienen vor allem dem Ziel, die **Transparenz im Vergabeverfahren** zu erhöhen. Demzufolge sind insbesondere auch Preisnachlässe nicht zu berücksichtigen, wenn sie nicht an der gekennzeichneten Stelle aufgeführt sind, selbst wenn sie den gestellten Anforderungen entsprechen (BGH, Urt. v. 20.01.2009 – X ZR 113/07, BauR 2009, 971, 972 = NZBau 2009, 262, 263).

Abgesehen von vorstehenden und zu beachtenden Eckpunkten besagt § 13 VOB/A wenig zur richtigen Ausgestaltung eines Angebotes im Rahmen eines VOB/A-Verfahrens. Wesentliche Grundlage dafür ist somit das Aufforderungsschreiben des Auftraggebers nach § 8 Abs. 1 Nr. 1, Abs. 2 i. V. m. § 12 Abs. 1 Nr. 2 VOB/A (Rdn. 259). Die dort vorgesehenen Anforderungen muss der Bieter einhalten, um bei der Vergabe berücksichtigt zu werden. Ansonsten regelt § 13 VOB/A lediglich, dass die Angebote zwar einerseits der Form genügen müssen, die der Auftraggeber in der Ausschreibung vorschreibt; andererseits sind **schriftliche Angebote in jedem Fall zuzulassen** (§ 13 Abs. 1 Nr. 1 S. 2 VOB/A). Dabei meint schriftliche Angebote rechtswirksam unterschriebene Angebote.

Gibt der Bieter ein Angebot ab, muss dieses Angebot innerhalb der vorgesehen **Angebotsfrist** beim Auftraggeber eingehen. Diese ist in der Vergabebekanntmachung anzugeben (§ 12 Abs. 1 Nr. 1 lit. n VOB/A). Sie ist ausreichend zu bemessen und beträgt bei der öffentlichen Ausschreibung mindestens 10 Kalendertage (§ 10 Abs. 1 VOB/A). Materiell handelt es sich dabei um eine **Ausschlussfrist**. Angebote, die nach Fristablauf eingereicht werden, dürfen nicht mehr berücksichtigt werden. Falls für die Bearbeitung des Angebotes und die Einreichung eine Frist vorgesehen ist, ist der Fristbeginn regelmäßig mit dem Zeitpunkt gleichzusetzen, in welchem der Auftraggeber nach außen erkennbar macht, dass die Ausschreibungsunterlagen fertiggestellt sind und zur Absendung oder Abholung bereitstehen. Das Fristende ist nach § 10 Abs. 2 VOB/A eindeutig bestimmt:

»Die Angebotsfrist läuft ab, sobald im Eröffnungstermin der Verhandlungsleiter mit der Öffnung der Angebote beginnt.«

Damit ist die Öffnung des ersten Angebotes gemeint.

Im eigenen Interesse sollte der Ausschreibende eine nicht zu kurze Frist einsetzen. Eine sorgfältige Bearbeitung der Angebote benötigt eine angemessene Zeit, um alle Faktoren, die die Kosten beeinflussen, gründlich zu untersuchen. Die Angebotsunterlagen müssen vom Bieter durchgearbeitet werden, wobei Sonderanforderungen auch besonders berücksichtigt werden müssen. Es muss das wirtschaftlichste Ausführungsverfahren ermittelt werden. Ein Terminplan muss aufgestellt werden, der einen möglichst kontinuierlichen Einsatz der Kapazitäten sicherstellt. Die günstigsten Preise für Baustoffe, Bauhilfsstoffe und Baubetriebsstoffe müssen auf dem Markt ermittelt werden. Subunternehmerangebote sind einzuholen. Die Möglichkeit von Änderungsvorschlägen und Nebenangeboten muss erforscht werden. Gegebenenfalls muss die Möglichkeit geprüft werden, im Rahmen einer **Bietergemeinschaft** ein günstiges Angebot abgeben zu können.

Bei einer zu kurzen Bearbeitungszeit ist auch die Gefahr einer unzulässigen Kartellbildung und insbesondere von Preisabsprachen gegeben, da die Bieter möglicherweise kein eigenes Angebot erarbeiten können und dann die Einheitspreise abgewandelt von einem zum anderen Bieter übernehmen, um überhaupt ein Angebot abzugeben. Daher sollte die in § 10 Abs. 1 VOB/A vorgesehene Frist von 10 Kalendertagen eher als Mindestfrist angesehen werden. Mit dieser Maßgabe wird etwa auch im Vergabehandbuch des Bundes ergänzend darauf verwiesen, dass die Frist für die Abgabe von Angeboten nicht an einem Werktag unmittelbar vor oder nach einem Sonn- oder Feiertag enden soll (Ziff. 5.1, RiLi 111, VHB Ausgabe 2008, Stand Mai 2010). **Bei funktionalen Leistungsbeschreibungen** sollte demzufolge die Angebotsfrist deutlich länger sein, auch wenn dies in § 10 VOB/A nicht ausdrücklich bestimmt ist.

2.4.3.5 Zuschlags- und Bindefrist

266 Die Zuschlags- und Bindefristen sind in § 10 Abs. 5 ff. VOB/A geregelt. Unter der **Zuschlagsfrist** versteht man den Zeitraum, innerhalb dem der Auftraggeber beginnend von der Angebotseröffnung die Angebote prüfen und sodann nach Wertung den Zuschlag erteilen will (§ 10 Abs. 5 und 6 VOB/A). In dieser Zeit müssen auch eventuell erforderlich werdende klärende Gespräche mit den Bietern geführt werden (§ 15 VOB/A). Zumindest für die Dauer der Zuschlagsfrist soll sich der Bieter fest an sein Angebot gebunden halten (**Bindefrist** – vgl. § 10 Abs. 7 VOB/A).

267 Hervorzuheben ist, dass die VOB selbst entgegen früherer Fassungen den Begriff der Bindefrist gar nicht mehr erwähnt. Stattdessen spricht sie einheitlich nur von Zuschlagsfrist. Rechtstechnisch ist eine solche Koppelung aneinander natürlich nicht zwingend. Nach dem Verständnis der VOB/A sollen jedoch beide Fristen gleichzeitig enden. Dies kommt deutlich auch in § 10 Abs. 7 VOB/A zum Ausdruck, wonach sich der Bieter jeweils für die Dauer der Zuschlagsfrist an sein Angebot zu binden hat. Dies wiederum ist verständlich, da nur dann bei Erteilung eines Zuschlags innerhalb der Zuschlagsfrist ein Vertrag zustande kommen kann. Spricht also die VOB/A von Zuschlagsfrist, meint sie damit zugleich die Bindefrist des Bieters. Diese rechtliche Verbindlichkeit des Angebotes des Bieters im Rahmen seiner Bindefrist kann auch schon im vorvertraglichen Stadium **Schadensersatzansprüche** nach §§ 311 Abs. 2, 241 Abs. 2, 280 Abs. 1 BGB auslösen (BGH, Urt. v. 24.11.2005 – VII ZR 87/04, BauR 2006, 514, 516).

▶ **Beispiel**

> Der Bieter gibt ein Angebot über 56 000 € mit einer Bindefrist bis zum 30.6. ab. Am 10.6. will der Auftraggeber den Zuschlag erteilen. Der Bieter erklärt, sich nicht mehr an den Vertrag gebunden zu fühlen. Nunmehr beauftragt der Auftraggeber den Zweitplatzierten zu einem Preis von 58 000 €. Hier besteht ein Schadensersatzanspruch in Höhe von 2 000 €.

268 Der Bieter kann in seinem Angebot selbstverständlich in Bezug auf die Bindung **Einschränkungen** gemacht haben; inwieweit das Angebot dann noch vom. Auftraggeber als gültig bezeichnet wird und zu werten ist, ist eine andere Frage. Eine Einschränkung der Bindung an sein Angebot ist z. B. zweckmäßig, wenn zwei oder drei Ausschreibungen gleicher Art (z. B. Erdbaulose) bei verschiedenen Dienststellen zur gleichen Zeit laufen, dem Bieter aber nur die Kapazität für ein Los zur Verfügung steht.

269 Das BGB verlangt in § 146 die **rechtzeitige Annahme** eines Angebotes, da es sonst erlischt. § 148 BGB sieht jedoch für den Antragenden, d. h. hier den Bieter, die Möglichkeit der **Festlegung einer Annahmefrist** vor. Im Gegensatz dazu wird nach der VOB diese Frist nach § 8 Abs. 1 Nr. 1 i. V. m. Abs. 2, § 12 Abs. 1 Nr. 2 lit. v) VOB/A im Anschreiben des Auftraggebers festgelegt (Zuschlags- und zugleich Bindefrist, s. Rdn. 266 f.). Dies ist rechtlich unerheblich, da der Bieter diese Annahmefrist des Ausschreibenden durch Abgabe seines Angebotes akzeptiert.

270 Die **Bindung des Bieters** an sein Angebot **beginnt** zivilrechtlich mit **Abgabe seines Angebotes** bzw. dessen Zugang beim Auftraggeber (vgl. auch § 130 Abs. 1 BGB). Anders regelt dies § 10 Abs. 3 VOB/A: Denn danach kann der Bieter sein **Angebot** ohne Einschränkung bis zum Ablauf der Angebotsfrist **zurücknehmen**; insoweit ist dann selbstverständlich die Erklärung der Bindefrist gegenstandslos. Tatsächlich bedeutet dies, dass sich bei der öffentlichen Ausschreibung aus einer Erklärung zur Bindefrist faktisch lediglich das Ende der Bindung eines Bieters ermitteln lässt, während der Beginn der Bindung erst mit Ablauf der Angebotsfrist eintritt.

271 Soweit die Dauer der Bindefrist maßgeblich von der Zuschlagsfrist abhängt, ist jedoch problematisch, wie lange ein Auftraggeber die Bindefrist für den Bieter bemessen darf. Dabei geht es weniger um die in § 10 Abs. 7 VOB/A vorgesehene Koppelung von Binde- und Zuschlagsfrist als vielmehr um die zulässige **Höchstdauer**. Diese Fragestellung gewinnt vor allem im Subunternehmerverhältnis an Bedeutung (s. dazu Joussen/Vygen, Subunternehmervertrag Rn. 221 ff.).

2.4 Ablauf der Vergabe nach der VOB/A – Abschnitt 1

> **Beispiel**
>
> Ein Bieter will als Generalunternehmer ein Angebot zu einem VOB-Vertrag abgeben. Er sucht sich für die Einzelgewerke verschiedene Subunternehmer und lässt sich die Leistungen anbieten. Die Angebote gehen sukzessive im Mai 2009 ein; die Vergabe soll im September 2009 stattfinden. Damit der Generalunternehmer sicher kalkulieren kann, vereinbart er mit den Subunternehmern in den von ihm gestellten Bedingungen Bindefristen für deren Angebote bis Oktober 2009.

Die hier vorgesehene Bindefrist beträgt fünf Monate. Sie geht somit um ein Vielfaches über die sich aus dem Gesetz ableitbare Bindung hinaus; diese würde bei einem schriftlichen Angebot unter Berücksichtigung einer angemessenen Überlegungsfrist bei einigen Tagen liegen (vgl. § 147 Abs. 2 BGB). Legt man danach ggf. ergänzend die Maßstäbe des § 308 Nr. 1 BGB und ihm folgend des § 307 BGB an, könnte eine solche Bindefrist unwirksam sein. Indes ist hier vorsichtiger zu argumentieren. Eine schematische vergleichende Betrachtung zu der gesetzlichen Frist ist nämlich nicht angezeigt, wenn die Abwägung der Interessen der beteiligten Parteien unter Berücksichtigung der für den Vertragsgegenstand typischen Umstände die **Bestimmung der Bindefrist nicht unangemessen** erscheinen lässt (BGH, Urt. v. 06.03.1996 – III ZR 234/84, NJW 1986, 1807, 1808). Folglich kann eine solche Frist, selbst wenn sie wesentlich länger als die in § 147 Abs. 2 BGB bestimmte ist und insoweit auch deutlich den Zeitraum, der für die Übermittlung der Erklärungen notwendig ist, einschließlich einer angemessenen Bearbeitungs- und Überlegungsfrist übersteigt, durchaus wirksam sein. Dies ist der Fall, wenn der Auftraggeber daran ein schutzwürdiges Interesse hat, hinter dem das Interesse des Auftragnehmers an einem baldigen Wegfall seiner Bindung zurückstehen muss (BGH a. a. O.).

Übertragen auf das Bauvertragsrecht heißt das, dass die Rechtsprechung bisher **Bindefristen von bis zu 24 Werktagen** grundsätzlich als unproblematisch angesehen hat (BGH, Urt. v. 21.11.1991 – VII ZR 203/90, BGHZ 116, 149, 152 = BauR 1992, 221, 222 = NJW 1992, 827). Die VOB/A sieht dazu passend in § 10 Abs. 6 S. 2 eine Zuschlags- und damit nach Vorgenanntem (Rdn. 266 f.) eine Bindefrist von 30 Kalendertagen vor. Die Bindefristen können aber deutlich darüber hinausgehen und ohne Weiteres **zwei bis drei Monate** betragen, wenn es für diesen verlängerten Zeitraum aus der Eigenart und Größe des Bauvorhabens oder der Struktur der Vergabestelle heraus einen hinreichenden Grund gibt (BGH a. a. O.). Eine verlängerte Bindefrist etwa von über sechs Monaten gegenüber einem Bauträger ist jedoch in der Regel nicht mehr zu rechtfertigen, weswegen sie unwirksam ist (OLG Brandenburg, Urt. v. 30.06.2005 – 5 U 118/03, BauR 2005, 1685; s. aber etwa auch OLG Dresden, Urt. v. 06.12.2011 – 14 U 750/11, DNotZ 2012, 107 mit der Annahme einer zulässigen Bindefrist von sechs Wochen bei einem finanzierten Bauträgerkauf oder OLG Nürnberg, Urt. v. 31.01.2012 – 1 U 1522/11, BauR 2012, 1148 [Ls.]). Folge der Unwirksamkeit ist der vollständige Wegfall der vorgesehenen Bindung. Es gilt dann nach § 306 Abs. 2 BGB die gesetzliche Regelung des § 147 Abs. 2 BGB (BGH, Urt. v. 11.06.2010 – V ZR 85/09 = BauR 2010, 1585, 1587 = NJW 2010, 2873, 2874 = NZBau 2010, 697, 698). Dies bedeutet, dass der Bieter von Anfang an nicht an sein Angebot gebunden und es insoweit auch nicht mehr einseitig durch den Auftraggeber angenommen werden kann (s. o. Rdn. 168). 272

Losgelöst von einer isoliert geforderten weiträumigen Bindefrist wird sich hingegen eine in der Angebotsphase **deutlich längere Bindefrist** selbst für mehrere Monate im Verhältnis des öffentlichen Bauherrn, der nach der VOB/A ausschreibt, zu seinen Bietern zumeist ohne Weiteres begründen lassen. Dies dürfte auch im Verhältnis des Generalunternehmers zu angefragten Subunternehmern gelten, soweit dieser im konkreten Umfeld einer Vergabe Preise anfragt und er darlegen kann, dass sich die von ihm vorgegebenen Bindefristen eng an den Fristen des Vergabeverfahrens orientieren, bei dem er sich selbst bewirbt und für das er die Subunternehmerangebote einholt. Insoweit werden im Einzelfall auch Bindefristen bzw. deren Verlängerung von ggf. tatsächlich bis zu fünf oder sogar sechs Monaten wirksam sein. Vorstehendes gilt umso mehr, als etwa bei Vergaben nach dem Abschnitt 2 der VOB/A ein Generalunternehmer, der sich zum Nachweis seiner Eignung der Ressourcen von Subunternehmern bedient, von diesen **ausreichende Verpflichtungserklärungen** verlangen 273 und beim Auftraggeber vorlegen muss (§ 6 Abs. 8 S. 3 und 4 VOB/A-EG). Es wäre geradezu kurios, wenn man einerseits über den bei Vergaben oberhalb der Schwellenwerte verbindlich anzuwendenden § 6 VOB/A-EG solche Verpflichtungserklärungen von Generalunternehmern fordern würde, die selbstverständlich nur Sinn machen, wenn sie für die Dauer des gesamten Vergabeverfahrens gelten, und man andererseits aus AGB-rechtlichen oder sonstigen Gründen die Wirksamkeit von solchen Bindefristerklärungen auf fixe 24 Werktage beschränken würde. Infolgedessen bleibt es dabei, dass in der Ausschreibung verlängerte Bindefristen bis zu 24 Werktagen in jedem Fall unproblematisch sind; sie können jedoch wie in der typischen Vergabesituation deutlich darüber hinaus gehen, soweit eine Verlängerung (z. B. bis zu drei oder vier Monaten) sachlich begründet ist. Nichts anderes gilt für Regelungen zur **Zuschlagsfrist**. Dabei sieht hier sogar § 10 Abs. 6 VOB/A ausdrücklich vor, dass sie nicht mehr als 30 Tage betragen und eine längere Frist nur in begründeten Fällen festgesetzt werden soll.

274 Nicht zu verwechseln mit von Beginn an festgesetzten (zu) langen Bindefristen sind sog. **Bindefristverlängerungen**. Hiermit werden Bieter aufgrund von Störungen im Vergabeverfahren oder aus sonstigen Gründen »gebeten«, einer solchen zuzustimmen, damit das Verfahren nach Beseitigung der Störungen zu den ursprünglichen Angebotskonditionen der Beteiligten fortgesetzt werden kann.

> **Beispiel**
>
> In den ursprünglichen Angebotsunterlagen ist eine Binde- und Zuschlagsfrist von 30 Tagen für eine Bauleistung vorgesehen, die im unmittelbaren Anschluss daran vom 1.6. bis zum 30.9.2010 ausgeführt werden soll. Wegen eines Nachprüfungsverfahrens verzögert sich der Zuschlag. Auf Bitten gibt der Bieter B eine Bindefristverlängerung bis zum 15.8. ab. Am 20.8 erhält er den Zuschlag.

Soweit Bieter dem zustimmen, verlängert sich dadurch allein ihre Bindung an die Angebotskonditionen in dem Verlängerungszeitraum über die ursprüngliche Bindungsdauer hinaus (d. h. im vorgenannten Beispiel bis zum 15.08.) – wobei ein Zuschlag auf ein Angebot, zu dem die Bindefrist nicht verlängert wurde, ebenfalls noch zulässig wäre, soweit der Bieter einverstanden ist (OLG Düsseldorf, Beschl. v. 20.02.2007 – Verg 3/07, IBR 2007, 641). Mehr lässt sich einer solchen Bindefristerklärung hingegen nicht entnehmen, weil damit nur das ursprüngliche **Vertragsangebot inhaltlich konserviert** und die rechtsgeschäftliche Bindung an das Angebot gemäß § 148 BGB verlängert wird. Dies gilt vor allem insoweit, als sich bei einer danach verspäteten Vergabe unter Umständen die Bauzeit verschiebt oder wegen einer geänderten Bauzeit Zusatzkosten ergeben können. Die Bindefristverlängerung hat darauf keinen Einfluss (BGH, Urt. v 11.05.2009 – VII ZR 11/08, BGHZ 181, 47, 53 = BauR 2009, 1131, 1133 = NJW 2009, 2443, 2444 = NZBau 2009, 370, 372; BGH, Urt. v. 10.09.2009 – VII ZR 152/08, BauR 2010, 1901, 1904 = NJW 2010, 522, 524 = NZBau 2009, 771, 773). Das bedeutet besonders: Soweit die Voraussetzungen dafür vorliegen, kann der Bieter für etwaige Mehrkosten selbst dann vom Auftraggeber nach Zuschlagserteilung eine Mehrvergütung verlangen, obwohl er zuvor einer Bindefristverlängerung zugestimmt hatte (s. dazu Rdn. 1788 ff. zur Bauzeitverlängerung und Rdn. 1957 ff. zu etwaigen Mehrvergütungsansprüchen).

275 Wird der Zuschlag oder der Auftrag erst **nach Ablauf einer wirksam festgelegten Binde- oder Zuschlagsfrist** oder nach Ablauf der allenfalls noch im Rahmen der Zulässigkeit bemessenen Zuschlagsfrist erteilt, so kommt dadurch der Bauvertrag grundsätzlich nicht zustande. Denn mit Ablauf der Bindefrist erlischt nach § 146 BGB das Angebot des Bieters (s. auch oben Rdn. 168). Allerdings ist dann in der Auftragserteilung nach § 150 Abs. 1 BGB ein **neues Angebot des Auftraggebers** zu sehen, den Vertrag abzuschließen (BGH, Urt. v. 24.02.2005 – VII ZR 141/03, BGHZ 162, 259, 268 f. = BauR 2005, 857, 860 f. = NJW 2005, 1653, 1655). Demzufolge ist der Bieter auch aufzufordern, sich unverzüglich über dessen Annahme zu erklären (§ 18 Abs. 2 Nr. 2 S. 2 VOB/A). In diesem Sinne kann der Unternehmer verfahren, d. h. das neue Angebot annehmen – evtl. nach Vereinbarung einer Preiserhöhung – oder ablehnen (OLG Hamm, Urt. v. 05.12.2006 – 24 U 58/05, BauR 2007, 878, 879 = NJW-RR 2007, 819, 820 = VergabeR 2007, 557, 558). Beginnt der Unternehmer allerdings nach der verspäteten Zuschlagserteilung mit der Bauausführung, so liegt darin die

stillschweigende Annahme des (verspäteten) Angebots des Auftraggebers, sodass damit der Vertrag zu den Bedingungen seines Angebots abgeschlossen ist. Dabei sei nur der Vollständigkeit halber angemerkt, dass der Auftraggeber zwar nicht zivil-, wohl aber vergaberechtlich nach § 6 Abs. 1 und 2 HGrG, § 7 BHO im Einzelfall sogar gehalten sein kann, den Zuschlag auf ein Angebot zu erteilen, dessen Bindefrist zu diesem Zeitpunkt schon abgelaufen ist. Dies gilt in jedem Fall dann, wenn dies das wirtschaftlichste Angebot ist, die Verdingungsunterlagen einen Ausschluss verfristeter Angebote nicht ausschließen und das fragliche Angebot seinem Inhalt nach unverändert geblieben ist (BGH, Urt. v. 28.10.2003 – X ZR 248/02, NZBau 2004, 166; OLG Düsseldorf, Urt. v. 09.12.2008 – Verg 70/08, IBR 2009, 468). Allerdings stellt auch eine solch verspätete Zuschlagserteilung nach § 150 Abs. 1 BGB nur ein neues Angebot dar, das der Bieter annehmen kann oder nicht.

2.4.3.6 Die Angebotseröffnung

Nach Eingang der Angebote findet bei der öffentlichen Ausschreibung zu dem in der Ausschreibung angegebenen Submissionstermin die Öffnung der Angebote statt; gleichzeitig werden die Angebote verlesen, und zwar einschließlich etwaiger Nebenangebote. Dabei werden nur Angebote zugelassen, die fristgerecht und unversehrt eingegangen sind. Deren **Unversehrtheit** wird im Submissionstermin ebenfalls geprüft. Sodann werden alle im Eröffnungstermin vorliegenden **Angebote in allen wesentlichen Teilen gekennzeichnet** (z. B. durch Lochung), was einen späteren Austausch verhindern soll. Über den Termin wird eine Niederschrift gefertigt (vgl. zu den Einzelheiten § 14 VOB/A). 276

Selbstverständlich muss der Eröffnungstermin vom Auftraggeber pünktlich wahrgenommen werden. Geschieht dies nicht, kann er sich schadensersatzpflichtig machen. Dies ist etwa denkbar, wenn ein Bieter dadurch bevorzugt wird, dass dessen Angebot abgewartet wurde und dieser gegebenenfalls den Auftrag erhält, während bei pünktlichem Beginn des Eröffnungstermins ein anderer das mindestfordernde Angebot vorgelegt hätte. 277

Zur Teilnahme an dem **Submissionstermin** sind die Bieter und ihre Bevollmächtigten berechtigt. Dabei ist zu Beginn des Termins festzustellen, wer im Einzelnen erschienen ist und wen er vertritt. 278

Angebote, die dem Verhandlungsleiter bei Öffnung des ersten Angebots nicht vorliegen, sind nach § 14 Abs. 2 VOB/A nicht zur Eröffnung zuzulassen. Sie scheiden auch bei der **Wertung der Angebote** aus. Daraus folgt, dass für diese zwar eine Öffnung, nicht aber eine Eröffnung im Sinne von § 14 Abs. 3 Nr. 2 VOB/A stattfindet. Es reicht aus, die **verspäteten Angebote zu öffnen**, Name und Anschrift der verspäteten Bieter in die Niederschrift oder den Nachtrag aufzunehmen, sowie die genaue Eingangszeit einzutragen. Wenn das verspätete Angebot während des Submissionstermins eintrifft, sollte man auch den Minutenstand aufnehmen. Schließlich sind in die Niederschrift die etwa bekannten Gründe, aus denen die Angebote nicht vorgelegen haben, zu dokumentieren. Diese Gründe werden u. U. dadurch bekannt, dass sie der Auftraggeber oder der Verhandlungsleiter selbst weiß oder dass sie vom verspäteten Bieter, nach Möglichkeit unter Vorlage oder Benennung von Beweismitteln, bezeichnet werden. Diese Bestimmung ist zwingend, um das Recht des Bieters zu schützen, der durch widrige und von ihm nicht zu beeinflussende Umstände an der rechtzeitigen Abgabe seines Angebotes gehindert worden ist (vgl. § 14 Abs. 5 VOB/A und dazu Ingenstau/Korbion/Kratzenberg, VOB/A § 14 Rn. 40). 279

2.4.3.7 Die Angebotsprüfung

Nach der Submission schließt sich die Prüfung der Angebote an. Sie ist im Einzelnen in § 16 Abs. 1–5 VOB/A geregelt. Gegenstand dieses Zwischenschritts ist eine Prüfung jedes einzelnen vorliegenden Angebotes, ohne dass durch deren Vergleich bereits eine Wertung durchgeführt wird. Inhaltlich werden die Angebote zunächst auf ihre **formale Zulässigkeit** (vor allem rechtzeitiger Angebotseingang) sowie sodann **materiell** 280

- rechnerisch,
- technisch und
- wirtschaftlich

geprüft. Halten sie einer solchen Prüfung nicht stand, kann der Auftraggeber die Angebote aus diesem Grund **ausschließen**. Hierzu im Einzelnen:
- **Rechnerische Prüfung**

281 Bei der rechnerischen Prüfung steht die Aufdeckung von Rechenfehlern im Vordergrund, die absichtlich oder versehentlich darin enthalten sind. Sie berechtigen für sich genommen nicht zum **Ausschluss** dieses Angebotes, es sei denn, es lässt sich daraus die mangelnde Zuverlässigkeit des Bieters im Sinne des § 16 Abs. 2 Nr. 1 VOB/A ableiten (so bei bewussten Additionsfehlern eines Bieters: BGH, Urt. v. 14.10.1993 – VII ZR 96/92, BauR 1994, 98, 99 f. noch zu § 25 Nr. 2 Abs. 1 VOB/A a. F.; vgl. aber auch bei sonstigen Rechenfehlern: OLG Düsseldorf, Urt. v. 22.12.1995 – 22 U 130/95, BauR 1996, 298 = NJW-RR 1997, 1452, 1453).

282 Inhaltlich umfasst die rechnerische Prüfung durch den Auftraggeber folgende Überlegungen:
– Sind die Einheitspreise und Positionspreise und etwaige Untergliederungen (Material und Lohn usw.) eindeutig und vollständig?
– Ergibt die Multiplikation von Mengen und Einheitspreisen den Positionspreis?
– Ergibt die Addition der Positionspreise den Netto- und unter Hinzurechnung der Mehrwertsteuer den Brutto-Angebotspreis?
– Wie wirken sich Nachlässe und Skonti aus?
– Bei widersprüchlichen Angaben innerhalb einer Position (Einheitspreis und Positionspreis oder ausgeschriebener und zahlenmäßiger Einheitspreis lassen sich nicht in Einklang bringen) stellt § 16 Abs. 4 Nr. 2 VOB/A klar, dass im Zweifel der Einheitspreis maßgebend ist.
– Bei Diskrepanzen zwischen Einheitspreis und Einheitspreisbestandteilen (Material + Lohn) bedarf es letztlich der Auslegung des vom Bieter Gewollten, wobei meist die Bestandteile Vorrang haben, da sie die Grundlage für den Einheitspreis bilden.

- **Technische Prüfung**

283 Sodann findet in dieser Zwischenphase eine Prüfung dahin gehend statt, ob das Angebot bei objektiver Beurteilung den in der Vergabe gestellten technischen Anforderungen entspricht. Ist dies nicht der Fall, könnte bzw. müsste es der Auftraggeber zu diesem Zeitpunkt im Verfahren ausschließen, soweit nicht eine Aufklärung nach § 15 Abs. 1 VOB/A zu einem zuschlagsfähigen Angebot führt.

284 Die **technische Prüfung der Angebote** durch den Auftraggeber umfasst folgende Gesichtspunkte:
– Entspricht die angebotene Bauleistung der ausgeschriebenen Leistung?
– Besteht bei Abweichungen der angebotenen von der ausgeschriebenen Leistung Gleichwertigkeit oder wie sind die Unterschiede aus technischer Sicht zu bewerten? Ist ggf. eine minderwertigere, aber auch preisgünstiger angebotene Leistung akzeptabel? Rechtfertigt auf der anderen Seite die angebotene höherwertige Leistung den angebotenen Mehrpreis?
– Entsprechen die vom Bieter ausgewählten Erzeugnisse, die in die dafür vorgesehenen Leerstellen des Leistungsverzeichnisses eingetragen worden sind, den (Mindest-)Anforderungen?
– Sind die Ursprungsorte und Bezugsquellen in Ordnung (z. B. im Hinblick auf Güteüberwachung, Wartung usw.)?
– Sind zugelassene Alternativen tatsächlich gleichwertig angeboten?
– Haben alternativ angebotene Leistungen eine andere (längere oder kürzere) Lebensdauer und/oder unterschiedlichen Unterhaltungsaufwand?
– Sind die angebotenen Baustoffe, Bauteile und Bauverfahren bauaufsichtlich zugelassen, entsprechen sie den statischen Anforderungen und den Regeln der Technik?

285 Alle diese Gesichtspunkte bedürfen besonderer Beachtung bei **Nebenangeboten und Änderungsvorschlägen**. Gerade bei Nebenangeboten wird die technische Prüfung häufig nicht dem Ingenieur, der die Ausschreibung erstellt hat, übertragen werden, sondern einem unabhängigen Prüfer oder Sachverständigen. Dabei ist auch zu prüfen, ob die Nebenangebote oder Änderungsvorschläge den anerkannten Regeln der Technik und den DIN-Normen entsprechen, die für die auszuführende Leistung gelten.

- **Wirtschaftliche Prüfung**

286 Schließlich findet eine wirtschaftliche Überprüfung statt. Diese bezieht sich auf die Frage der angegebenen Bauzeit, des Einsatzes von Arbeitskräften, der wirtschaftlichen Leistungsfähigkeit des

Unternehmers und der Bezugsquellen von Stoffen und Bauteilen. Die wirtschaftlichen Fragen sollen nur auf das beabsichtigte Bauvorhaben beschränkt, also nicht verallgemeinert werden. Bei Zweifelsfragen besteht hier neben der Hinzuziehung von Sachverständigen die Möglichkeit eines Aufklärungsgesprächs mit den betreffenden Bietern gemäß § 15 VOB/A. Halten die Angebote der wirtschaftlichen Überprüfung nicht stand, können sie vom Auftraggeber ausgeschlossen werden.

Im Einzelnen kann sich die **wirtschaftliche Prüfung** der Angebote durch den Auftraggeber auf folgende Fragen erstrecken: 287
- Ist der Gesamtangebotspreis im Vergleich zur angebotenen Leistung angemessen?
- Sind ggf. die (Einheits-)Preise von Wahl- und Bedarfspositionen wirtschaftlich? Sofern solche Positionen zum Tragen kommen: Wie ändert sich dadurch der Angebotspreis?
- Wie werden sich ggf. Preisgleitklauseln auswirken? Ist ein Änderungssatz (bei der sog. Pfennigklausel für die Lohngleitung) angemessen? Hat ein Bieter auf eine Preisgleitung verzichtet? Es geht vor allem darum, ob die Auswirkungen bei den einzelnen Angeboten unterschiedlich sind.
- Welchen Einfluss haben ggf. Preisnachlässe auf die Wirtschaftlichkeit? Bei der wirtschaftlichen Prüfung sind – im Gegensatz zur rechnerischen Prüfung – vor allem die Bedingungen von Interesse, die an Preisnachlässe geknüpft sind. Sofern beispielsweise die Bedingung »abziehbar erst bei der Schlussrechnung« lautet, ist der Zinsverlust für die zunächst höheren Abschlagszahlungen gegenüber den Angeboten anderer Bieter zu berücksichtigen.
- Sind aufgrund von Änderungsvorschlägen und Nebenangeboten Mehrkosten an anderer Stelle zu erwarten? (Beispiel: kürzere Brücke = längerer Damm).
- Wie stellt sich die Gesamtwirtschaftlichkeit unter Berücksichtigung von Folgekosten bei unterschiedlichen Leistungsinhalten der einzelnen Angebote dar? Wie sind eine unterschiedliche Lebensdauer sowie Unterhaltungs- und Wartungsbedürftigkeit zu bewerten?
- Wie beeinflussen im Sinne von § 15 Abs. 3 VOB/A unumgängliche technische Änderungen (und daraus sich ergebende Änderungen der Preise) die Wirtschaftlichkeit?
- Bietet ein Angebot besondere Vorteile nichttechnischer Art, die einen Mehrpreis rechtfertigen bzw. die Wirtschaftlichkeit verbessern (z. B. eine längere Gewährleistung oder eine kürzere Bauzeit)?

Besonderes Augenmerk sollte bei der wirtschaftlichen Prüfung auf die oben schon erwähnten **Alternativ-(Wahl-) und Eventual-(Bedarfs-)Positionen** gelegt werden. Zwar sind Bedarfspositionen in der Ausschreibung nach § 7 Abs. 1 Nr. 4 VOB/A grundsätzlich nicht mehr aufzunehmen, was entsprechend für Alternativpositionen gilt. Doch wird es Ausnahmen geben, in denen sich das bei vernünftiger Betrachtung nicht in Gänze vermeiden lässt und dann auch zulässig bleibt (ebenso Ingenstau/Korbion/Kratzenberg, VOB/A § 7 Rn. 45, s. umfassend auch Vygen/Joussen/Schubert/Lang, Bauverzögerung und Leistungsänderung Teil A Rn. 433 ff.). Dies gilt bei Bedarfspositionen vor allem dann, wenn selbst bei sorgfältigster Planung nicht sicher abgeschätzt werden kann, ob diese Leistung anfällt oder nicht (OLG Düsseldorf, Beschl. v. 10.02.2010 – VII Verg 36/09, NZBau 2010, 720 [Ls.]; zuvor schon OLG Düsseldorf, Beschl. v. 28.02.2008 – VII Verg 57/06). 288

▶ **Beispiel (ähnlich KG, Beschl. v. 15.03.2004 – 2 Verg 17/03, VergabeR 2004, 350)**

Im Rahmen eines Tunnelbauwerks kann nach einer sehr sorgfältigen Planung nicht sicher vorhergesagt werden, ob ggf. zusätzliche Verpressungen mit einem bestimmten Komponenten-Harz zum Schutz vor eindrückendem Schichtwasser notwendig werden. Hier ist es auch nach der heutigen Fassung der VOB zulässig, diese Leistung als Bedarfsposition auszuschreiben.

Ähnliches ist für Wahlpositionen anzunehmen. Deren Aufnahme in ein Leistungsverzeichnis bleibt zulässig, wenn ein berechtigtes Bedürfnis dafür besteht (Vygen/Joussen/Schubert/Lang, a. a. O. Teil A Rn. 438 ff). Dies kann auch aus Haushaltsgründen zulässig sein (OLG Düsseldorf, Beschl. v. 13.04.2011, ZfBR 2011, 508, 513).

> Beispiel (in Anlehnung an OLG Düsseldorf, Beschl. v. 24.03.2004, Verg 7/04 – VergabeR 2004, 517 = NZBau 2004, 463)
>
> Die Kommune möchte eine Fassade renovieren lassen. Wegen begrenzter Haushaltsmittel schreibt sie alternativ eine Einfach- und eine Doppelfassade sowie ferner wahlweise verschiedene Materialien der Fassadenverkleidung und unterschiedliche Sonnenschutzsysteme aus. Dies ist zulässig. Denn es kann ein berechtigtes Bedürfnis des Auftraggebers sein, mit den ihm zur Verfügung stehenden Mitteln die optimale Leistung zu beauftragen. Die ist auch mit der Hilfe von Wahl- oder Alternativpositionen möglich. Anderenfalls wäre der Auftraggeber schlimmstenfalls gezwungen, mehrere Vergabeverfahren mit den unterschiedlichen Ausführungsvarianten hintereinander zu schalten, womit niemandem geholfen wäre.

Zu erwähnen sind ferner **Zulagepositionen**. Denn gerade hier wird bei den entsprechenden Einheitspreisen von Unternehmerseite häufig spekuliert, weil diese nicht in den Angebotsendpreis eingehen (sog. NEP-Positionen, also Nur-Einheits-Preis). Diese Positionen sollten möglichst in einem gesonderten **Preisspiegel** festgehalten und dadurch in ihren Unterschieden bei den einzelnen Bietern transparent gemacht werden (vgl. dazu im Einzelnen: Vygen/Joussen/Schubert/Lang, Bauverzögerung und Leistungsänderung, Teil A Rn. 425 ff.). Gleiches gilt für erhebliche Abweichungen von Einheitspreisen bei einzelnen Positionen unter den Bietern, da dies auf eine Spekulation auf Nachträge hindeuten kann. Dies sollte den Prüfer veranlassen, die Menge und den Leistungsbeschrieb noch einmal kritisch zu hinterfragen.

Diese wirtschaftliche Prüfung dient letztlich ebenso wie die rechnerische und technische Prüfung dazu, die Angebote vergleichbar zu machen und damit die eigentliche Wertung vorzubereiten.

2.4.3.8 Aufklärungsgespräche mit den Bietern

289 Landläufig heißt es, dass in § 15 VOB/A die Verhandlung des Auftraggebers mit den Bietern vorgesehen sei. Dieses Missverständnis geht teilweise zurück auf eine unklare Regelung in § 24 Nr. 1 Abs. 1 VOB/A a. F., der tatsächlich den Begriff der »Verhandlungen« verwendete. Gemeint waren damit aber nach dem eindeutigen Kontext stets nur Gespräche zur näheren Aufklärung des Angebotsinhaltes. Dies ist seit der VOB 2009 in § 15 Abs. 1 Nr. 1 VOB/A erfreulicherweise klargestellt worden. Alles Weitere wäre auch wenig verständlich: Denn in einer öffentlichen oder beschränkten Ausschreibung dürfen in dieser Phase des Vergabeverfahrens **keine Separatverhandlungen** mit einzelnen Bietern zu deren Angeboten geführt werden. Sie sind weder schriftlich noch mündlich zugelassen. Alles andere würde einem transparenten Vergabewettbewerb widersprechen (s. aber sogleich Rdn. 294 f.).

290 Wenn in § 15 Abs. 1 Nr. 1 VOB/A allein Gespräche zur **Aufklärung des Angebotsinhaltes** zugelassen sind, geht es somit – in Abgrenzung zu echten Verhandlungen – gerade nicht darum, den Bieter zu einer Änderung seines bisher im Angebot zum Ausdruck gebrachten Willens oder seiner Preise zu bewegen. Dabei können dann inhaltlich allerdings alle offenen Punkte abgefragt werden, und zwar sowohl zur Eignung des Bieters, dessen Leistungsfähigkeit, zu dem Angebot bzw. zu Nebenangeboten, zu der Durchführung der Maßnahmen als auch zu der Angemessenheit der Preise bzw. zu der Kalkulation. Im Einzelnen heißt das:

291 • Die **Prüfung der technischen und wirtschaftlichen Leistungsfähigkeit** des Bieters soll sich auf dessen Fachkunde, Leistungsfähigkeit und Zuverlässigkeit und des von ihm geleiteten Betriebes beziehen. Das wird insbesondere wichtig sein, wenn der Bieter dem Auftraggeber nicht oder nicht ausreichend bekannt ist. Dagegen wird man die vom Auftraggeber verlangte Aufklärung nach § 15 VOB/A für unstatthaft halten müssen, wenn sie nicht mehr nur die reine Unterrichtung des Auftraggebers bezweckt oder aber bereits aus anderen Gründen als unzulässig angesehen werden muss.

▶ **Beispiel (OLG Saarbrücken, Beschl. v. 21.04.2004 – 1 Verg 1/04, NZBau 2004, 690, 692 = VergabeR 2004, 731, 735)**

Erst in diesem Verfahrensstadium ergänzt der Bieter unklare Angaben zum Nachunternehmereinsatz.

Eine solche Ergänzung geht über die reine Unterrichtung des Auftraggebers hinaus und stellt eine unzulässige Nachverhandlung dar. Allerdings wäre hier der Sachverhalt zu unterscheiden, dass für eine eindeutige Erklärung lediglich ein Nachweis fehlte; dieser kann ohne Weiteres nach § 16 Abs. 1 Nr. 3 VOB/A nachverlangt werden (s. o. schon Rdn. 233). Eine Unzulässigkeit aus anderen Gründen kann darüber hinaus auch auf der **Eigenart des gewählten Vergabeverfahrens** beruhen.

▶ **Beispiel**

Bei einer Beschränkten Ausschreibung prüft der Auftraggeber im Rahmen der Verhandlungen nach § 15 VOB/A nochmals die technische und wirtschaftliche Leistungsfähigkeit der Bieter.

Auch dies ist unzulässig. Hier ist vielmehr davon auszugehen, dass diese Unterrichtung bzw. Prüfung bereits vor der Aufforderung zur Abgabe eines Angebotes im Rahmen der Beschränkten Ausschreibung erfolgt ist. Dies ergibt sich im Übrigen schon mittelbar aus § 16 Abs. 2 Nr. 2 VOB/A: Denn danach sollen bei der späteren Wertung der Angebote bei einer beschränkten Ausschreibung nur noch die Umstände geprüft werden, die **nach der Aufforderung** der Angebotsabgabe Zweifel an der Eignung der Bieter begründen (s. oben Rdn. 232 ff. sowie Ingenstau/Korbion/Kratzenberg, VOB/A § 15 Rn. 5).

- Aufklärungsgespräche können auch erforderlich werden, wenn technische Ausdrucksweisen nicht eindeutig sind, wenn unvollständige oder möglicherweise missverständliche Äußerungen des Bieters vorliegen oder wenn Einzelheiten bei **Änderungsvorschlägen und Nebenangeboten** zu klären sind. Wichtig kann für den Auftraggeber ferner sein, vom Bieter zu erfahren, wie die Durchführung der Baumaßnahme geplant ist, welche Bezugsquellen für Stoffe und Bauteile er vorgesehen hat und ob die Preise angemessen kalkuliert sind (Ingenstau/Korbion/Kratzenberg, VOB/A, § 15 Rn. 9 f.). Die Information über die Durchführung der geplanten Baumaßnahme umfasst dabei sowohl die rein technischen Vorgänge bei der Durchführung und deren Ergebnis als auch die kaufmännische und wirtschaftliche. 292

Nach § 15 Abs. 2 VOB/A kann dem Bieter, der die nach § 15 Abs. 1 Nr. 1 VOB/A geforderte Unterrichtung verweigert, der **Zuschlag versagt** werden, indem sein Angebot unberücksichtigt bleibt. Dasselbe gilt, wenn der Bieter eine ihm dafür gesetzte angemessene Frist unbeantwortet verstreichen lässt, die ihm wohl regelmäßig bei schwierigeren Aufklärungsfragen zu setzen sein wird. Voraussetzung ist hierfür jedoch, dass sich das Aufklärungs- und Verhandlungsverlangen des Auftraggebers im Rahmen des § 15 Abs. 1 Nr. 1 VOB/A hielt und durch die dort vorhandene Umgrenzung im Einzelfall berechtigt war (Ingenstau/Korbion/Kratzenberg, VOB/A, § 15 Rn. 18). Der Auftraggeber muss daher bei einer Überprüfung des Angebots im Rahmen von Verhandlungen gemäß § 15 VOB/A diese auf das Allernotwendigste beschränken. Die Unterrichtung kann sich nur auf das erstrecken, was im konkreten Fall einer Aufklärung wirklich bedarf. 293

▶ **Beispiel**

Ist die Zusammensetzung der Position Baustelleneinrichtung unklar, so berechtigt das den Auftraggeber nicht zu der Forderung, dass ihm auch die Preisermittlung für andere Positionen im Leistungsverzeichnis, z. B. für den Erdaushub, vorgelegt wird.

§ 15 Abs. 3 VOB/A stellt klar heraus, dass andere Verhandlungen, insbesondere über eine **Änderung der Angebote oder der Preise**, unstatthaft sind. Dies gilt insbesondere auch für die Gewährung von Preisnachlässen und Skonti (vgl. etwa OLG Nürnberg, Urt. v. 15.01.1997 – 4 U 2299/96, BauR 1997, 825, 826 f. = NJW-RR 1997, 854, 855). Allerdings gestattet die VOB von diesem Verbot zu Verhandlungen über die Änderung der Angebote und der Preise eine **Ausnahme**. Sie liegt vor, 294 wenn bei Nebenangeboten oder Angeboten aufgrund eines Leistungsprogramms eine diesbezügliche Klärung nötig ist, um **unumgängliche technische Änderungen geringen Umfangs** und sich daraus ergebende Änderungen der Preise zu vereinbaren.

▶ **Beispiel**

> Ein Bieter reicht ein Nebenangebot ein. Gegenstand ist eine veränderte Ausführung einer im Rahmen eines Großbauvorhabens u. a. ausgeschriebenen Betonwand. Dieses Nebenangebot soll gewertet werden. Die Betonwand muss aufgrund der Gegebenheiten vor Ort ohnehin in veränderter Form errichtet werden, was sich bereits während des Vergabeverfahrens abzeichnet. Die erforderlichen Änderungen führen zwar zu einer notwendigen, aber in der Sache nur geringfügigen Änderung des Nebenangebotes.

Eine solche Änderung wäre zulässig (vgl. auch KG, Beschl. v. 03.11.1999 – Kart Verg 3/99, BauR 2000, 565, 567 = NZBau 2000, 209, 211). Dabei wird man in der Regel zu prüfen haben, wann eine nur geringfügige technische Änderung vorliegt. Auf jeden Fall ist damit aber klargestellt, dass es sich um Änderungen handeln muss, die im Verhältnis zur Gesamtleistung nicht ins Gewicht fallen (Ingenstau/Korbion/Kratzenberg, VOB/A, § 15 Rn. 22 ff.). Ist diese Voraussetzung erfüllt, verfolgt die in § 15 VOB/A vorgesehene Möglichkeit der Verhandlung mit den Bietern vorrangig das Ziel, eine sonst meist erforderliche Aufhebung der Ausschreibung gemäß § 17 Abs. 1 Nr. 2 VOB/A und die erneute Ausschreibung der Bauleistung zu verhindern (KG, a. a. O.).

295 Anzumerken ist, dass es sich bei dem hier beschriebenen Nachverhandlungsverbot nach § 15 Abs. 3 VOB/A um eine Ordnungsvorschrift zur Sicherung eines transparenten Vergabewettbewerbs, d. h. zum Schutz der anderen Bieter handelt. Nicht hingegen geht es um ein gesetzliches Verbot im Sinne des § 134 BGB. Dies hat zur Folge, dass sich der Bieter, mit dem die Vergabestelle entgegen § 15 Abs. 3 VOB/A (unzulässige) Verhandlungen zu dem Angebot oder Preis führt, nicht auf diesen Schutz berufen kann. Vielmehr ist er an ein daraus erzieltes **Verhandlungsergebnis auch dann gebunden**, selbst wenn es nur unter Verstoß gegen das Nachverhandlungsverbot zustande gekommen ist (OLG Jena, Urt. v. 09.05.2007 – 7 U 1046/06, BauR 2008, 1452, 1454).

▶ **Beispiel (nach OLG Jena, a. a. O.)**

> Im Vertrag ist die Ausführung eines Teils der Leistungen mit Großpflaster, eines weiteren Teils mit Kleinpflaster vorgesehen. Bei dem Großpflaster bietet der Auftragnehmer wegen einer möglichen Wiederverwendung einen sehr günstigen Preis an. Während des Vergabeverfahrens einigen sich die Parteien darauf, dass dieser sehr günstige Preis auch für das Kleinpflaster gelten soll. Diese Verhandlungen waren nach § 15 Abs. 3 VOB/A unzulässig. Gleichwohl ist der Bieter daran gebunden.

Eine andere Frage ist es allerdings, ob in diesen Fällen nicht ein anderer Bieter, der bei den verhandelten geänderten Bedingungen voraussichtlich seinerseits z. B. den Zuschlag hätte erhalten können, nunmehr einen Schadensersatzanspruch gegen die Vergabestelle aus §§ 311 Abs. 2, 241 Abs. 2, 280 Abs. 1 BGB wegen Verstoßes gegen das Nachverhandlungsverbot gemäß § 15 Abs. 3 VOB/B geltend machen kann. Hiervon dürfte zumindest dem Grundsatz nach auszugehen sein, weil das Nachverhandlungsverbot den Wettbewerb unter gleich Bedingungen für alle Bieter aufrechterhalten will und somit letzten Endes auch den einzelnen Bieter bei Verstößen schützt (s. dazu unten Rdn. 332 ff.).

2.4.3.9 Die Wertung der Angebote

296 Die Angebotsprüfung hat sich mit den einzelnen Angebotsinhalten und deren Festlegung zu befassen, ohne dass wertende Vergleiche zu anderen Angeboten gezogen wurden. Dagegen handelt es sich bei der Wertung um eine vergleichende und damit inhaltliche Gegenüberstellung der verschiedenen Angebote und ihrer Inhalte. Damit soll der Auftraggeber in die Lage versetzt werden, dem **wirtschaftlichsten Angebot den Zuschlag zu erteilen**.

2.4 Ablauf der Vergabe nach der VOB/A – Abschnitt 1

Die Wertung der Angebote ist in § 16 VOB/A geregelt. Sie vollzieht sich in vier Stufen.

- **Stufe 1: Ausschluss des Angebotes** 297
  Zunächst sind die Angebote zu ermitteln, die wegen inhaltlicher oder formeller Mängel gemäß § 16 Abs. 1 VOB/A **auszuschließen** sind. Dazu gehören
  – Angebote, die **im Eröffnungstermin** dem Verhandlungsleiter bei Öffnung des ersten Angebots **nicht vorgelegen haben** (§ 16 Abs. 1 Nr. 1 VOB/A).
  – Angebote, die dem § 13 Abs. 1 Nr. 1, 2 und 5 VOB/A nicht entsprechen, die also nicht mit rechtsverbindlicher Unterschrift versehen sind oder nicht zweifelsfreie Änderungen oder Änderungen in den Verdingungsunterlagen enthalten (§ 16 Abs. 1 Nr. 1 lit. b VOB/A).
  – Angebote, die nicht die geforderten Preise enthalten (§ 16 Abs. 1 Nr. 1 lit. c VOB/A). Gemeint ist damit, dass das Angebot nicht nur einen Gesamtpreis nennt, sondern – soweit gefordert – auch die Einzelpreise. Etwas anderes gilt nach § 16 Abs. 1 Nr. 1 lit. c 2. Halbsatz VOB/A nur dann, wenn lediglich in einer einzelnen unwesentlichen Position die Angabe des Preises fehlt und dadurch der Wettbewerb und die Wertungsreihenfolge, auch bei Wertung dieser Position mit dem höchsten Wettbewerbspreis, nicht beeinträchtigt werden.
  – Angebote von Bietern, die in Bezug auf die Ausschreibung eine Abrede getroffen haben, die eine unzulässige Wettbewerbsbeschränkung darstellt (§ 16 Abs. 1 Nr. 1 lit. d VOB/A).
  – Angebote in Form von Änderungsvorschlägen und Nebenangeboten, soweit der Auftraggeber nach § 8 Abs. 1 Nr. 3 lit. a VOB/A erklärt hat, dass er diese nicht zulässt, also die Ausschlussmöglichkeit sich bereits aus den Ausschreibungsunterlagen ergab, bzw. Nebenangebote nicht entsprechend § 13 Abs. 3 S. 2 VOB/A gesondert gekennzeichnet sind (§ 16 Abs. 1 Nr. 1 lit. e und f VOB/A).
  – Angebote von Bietern, die im Vergabeverfahren vorsätzlich unzutreffende Erklärungen in Bezug auf ihre Fachkunde, Leistungsfähigkeit und Zuverlässigkeit abgegeben haben.

  Ferner **können Angebote nach § 16 Abs. 1 Nr. 2 VOB/A ausgeschlossen** werden, wenn 298
  – über das Vermögen des Bieters das Insolvenzverfahren eröffnet oder die Eröffnung beantragt ist oder der Antrag mangels Masse abgelehnt wurde,
  – der Bieter sich in Liquidation befindet,
  – er nachweislich eine schwere Verfehlung begangen hat, die seine Zuverlässigkeit als Bewerber infrage stellt, [wobei insoweit auch der Gegenbeweis möglich ist, wenn zum Zeitpunkt der Auftragsvergabe die Zuverlässigkeit nachweisbar wieder hergestellt ist (s. OLG Brandenburg, Beschl. v. 14.12.2007 – Verg W 21/07, NZBau 2008, 277, 279; s. auch oben Rdn. 246)].
  – der Bieter seine Verpflichtung zur Zahlung von Steuern und Abgaben sowie der Beiträge zur gesetzlichen Sozialversicherung nicht ordnungsgemäß erfüllt, oder
  – sich nicht bei der Berufsgenossenschaft angemeldet hat.

  Diese Aufzählung der Ausschlussgründe in der VOB/A ist abschließend. Weitere dürfen in der Ausschreibung nicht vorgesehen werden (OLG Düsseldorf, Beschl. v. 22.12.2010 – Verg 33/10, ZfBR 2011, 204 = VergabeR 2011, 200, 201). Der Auftraggeber kann somit »neue« Ausschlussgründe allenfalls dadurch schaffen, dass er in der Ausschreibung in zulässiger Weise Anforderungen aufstellt, die der Bieter dann ggf. nicht einhält. Eingeschränkt gilt dies jedoch bei der **Anforderung von Erklärungen und Nachweisen**. Fehlen diese, kann erst dann darauf ein Ausschluss gestützt werden, wenn diese Nachweise selbst innerhalb einer Nachfrist nicht vorgelegt werden (§ 16 Abs. 1 Nr. 3 VOB/B). Allerdings gilt dies nur für solche Nachweise und Erklärungen, die tatsächlich schon existieren und nicht erst im Nachhinein erstellt werden müssen, sodass sie dadurch das Angebot inhaltlich ändern oder weiter konkretisieren würden (OLG Dresden, Beschl. v. 21.02.2012 – Verg 1/12, ZfBR 2012, 564; Ingenstau/Korbion/Schranner, VOB/A, § 6 Rn. 101). Dann wäre allein deswegen das Angebot auszuschließen (BGH, Urt. v. 18.09.2007 – X ZR 89/04, NZBau 2008, 137, 138 = VergabeR 2008, 69, 70).

▶ **Beispiel**

In den Ausschreibungsunterlagen ist die Vorlage eines konkreten Bauzeitenplans gefordert. Dieser fehlt. Ein solcher kann nicht nachgereicht werden, weil dessen Ausgestaltung den Angebotsinhalt ändern würde.

Allerdings hat selbst in diesen Fällen ein Ausschluss zu unterbleiben, wenn aus den Bieterunterlagen gar nicht eindeutig oder unmissverständlich erkennbar war, welche Erklärungen von dem Bieter verlangt wurden (BGH, Urt. v. 10.06.2008 – X ZR 78/07, VergabeR 2008, 782, 783). Ist die Ausschreibung insoweit nicht eindeutig, muss die Vergabestelle vor einem Ausschluss in jedem Fall eine Gelegenheit zur Nachreichung (etwa zu fehlenden Subunternehmererklärungen) geben. Kommt sie dieser Obliegenheit nicht nach, schließt einen Bieter deswegen aus und erteilt einem anderen den Zuschlag, macht sie sich gegenüber dem ausgeschlossenen Bieter schadensersatzpflichtig, wenn eigentlich ihm hätte der Zuschlag erteilt werden müssen (BGH, Urt. v. 03.04.2012 – X ZR 130, Rz. 12, noch nicht veröffftentl.; s. zu den Schadensersatzpflichten auch sogleich Rdn. 332 ff.).

299 • **Stufe 2: Eignung der Bieter**
In der zweiten Stufe erfolgt die **Prüfung der Eignung der Bieter in persönlicher und sachlicher Hinsicht** (§ 16 Abs. 2 Nr. 1 VOB/A). Dabei kommt es zu einer Auswahl der Angebote, die für den Zuschlag in Betracht kommen. Hier sind nur Bieter zu berücksichtigen, die für die Erfüllung der vertraglichen Verpflichtungen die notwendige Sicherheit bieten. Dazu gehört, dass sie die erforderliche **Fachkunde, Leistungsfähigkeit und Zuverlässigkeit** besitzen und über ausreichende technische und wirtschaftliche Mittel verfügen. In diese Beurteilung sind ggf. auch vom Bieter vorgesehene **Nachunternehmer** einzubeziehen, soweit sichergestellt und nachgewiesen ist, dass deren Ressourcen für die Auftragsabwicklung zur Verfügung stehen (vgl. in diesem Sinne auch § 6 Abs. 8 VOB/A-EG, der für Abschnitt 1 der VOB/A aber nicht unmittelbar gilt). Wurde die Eignung der Bieter wie insbesondere bei einer beschränkten Ausschreibung oder freihändigen Vergabe vorab geprüft (s. o. Rdn. 232 ff.), findet in dieser zweiten Stufe nur noch eine beschränkte Eignungsprüfung statt. Zu berücksichtigen sind dann lediglich Umstände, die nach Aufforderung zur Angebotsabgabe Zweifel an der Eignung des Bieters begründen (§ 16 Abs. 2 Nr. 2 VOB/A).

300 • **Stufe 3: Prüfung der Angebotspreise**
In der dritten Stufe erfolgt die **Prüfung der Angebotspreise** (§ 16 Abs. 6 Nr. 2 VOB/A). Ziel ist es, diejenigen Angebote herauszufiltern, die angemessene Preise im Sinne des § 2 Abs. 1 VOB/A aufweisen und damit für einen Zuschlag in Betracht kommen. Denn der **Zuschlag darf weder auf Angebote mit unangemessen hohen noch auf Angebote mit unangemessen niedrigen Preisen erteilt** werden (§ 16 Abs. 6 Nr. 1 VOB/A). Diese äußerst wichtige Prüfung umfasst wiederum zwei Phasen: Zunächst ist zu prüfen, ob Angebote wegen eines **offenbaren Missverhältnisses von Preis und Leistung** ausgeschieden werden müssen. Sodann bedarf es der Feststellung, welche Angebote unter Berücksichtigung rationellen Baubetriebs und sparsamer Wirtschaftsführung eine einwandfreie Ausführung einschließlich Gewährleistung erwarten lassen (§ 16 Abs. 6 Nr. 3 Satz 1 VOB/A). Diese Angebote kommen dann in die engere Wahl.

301 Bei der Prüfung der Angebotspreise auf ihre Angemessenheit stehen dem Auftraggeber verschiedene Hilfsmittel zur Verfügung. So bietet sich bei üblichen Bauvorhaben der Vergleich mit Erfahrungswerten aus vergleichbaren Bauobjekten an; auch können in Einzelfällen eine Einsicht in die Kalkulation des Bieters oder entsprechende Auskünfte von diesem im Rahmen eines Aufklärungsgesprächs nach § 15 VOB/A hilfreich sein. Von ausschlaggebender Bedeutung bei der Wertung bzw. der vorrangigen Prüfung der Angebotspreise sind indes meistens die Hilfsmittel des Preisspiegels und der Aufgliederung der Angebotssumme in den sog. **Preisermittlungsblättern** gemäß dem Vergabehandbuch des Bundes (VHB), die dem Angebot beizufügen sind (Ausgabe 2008 – Stand 2010, dort Formblätter 221–223, ehemals sog. EFB 1a, 1b und 2). Ferner ist es im Allgemeinen zweckmäßig, eine **Preisübersicht (Preisspiegel)** durch verschiedene Preisspiegel herzustellen. Dabei werden die Angebote in der Reihenfolge der – bereits rechnerisch geprüften – Angebotssummen aufgeführt und die Einheitspreise wichtiger Einzelpositionen herausgezogen. Positionen von untergeordneter Bedeutung können weggelassen werden, wobei allerdings **Positionen für Stundenlohnarbeiten sowie Eventual- und Alternativpositionen**, wenn sie im Gesamtrahmen von Gewicht sind, zu berücksichtigen sind (s. zu der Notwendigkeit der Wertung auch von Bedarfspositionen: OLG Düsseldorf, Beschl. v. 10.02.2010 – VII Verg 36/09, NZBau 2010, 720; s. allgemein auch dazu Vygen/Joussen/Schubert/Lang, Bauverzögerung und Leistungsänderung Teil A, Rn. 434 ff.). Sodann genügt es, in den Preisspiegel nur die Angebote aufzunehmen,

2.4 Ablauf der Vergabe nach der VOB/A – Abschnitt 1

die in die engere Wahl kommen. Jedoch kann es ratsam sein, auch noch einige im Preis angrenzende Angebote einzubeziehen.

Ein detaillierter – im Einzelfall auch mehrere – Preisspiegel ermöglicht zugleich in besonderem Maße das Auffinden von **Spekulationsangeboten**. Solche Angebote liegen vor, wenn ein Angebot mit der Zielsetzung abgegeben wird, aus zu erwartenden Änderungen von Teilleistungen gegenüber der Ausschreibung finanzielle Vorteile zu ziehen. Die Rechtsprechung steht solchen Angeboten eher kritisch gegenüber; gerade spekulativ überhöhte Einheitspreisvereinbarungen können sogar – ist ein Vertrag erst einmal geschlossen – bei einem sittlich verwerflichen Gewinnstreben des Auftragnehmers nichtig (BGH, Urt. v. 18.12.2008 – VII ZR 201/06, BGHZ 179, 213, 216 = BauR 2009, 491, 493 = NJW 2009, 835 = NZBau 2009, 232) oder zumindest im Wege der Grundsätze des Wegfalls bzw. der Änderung der Geschäftsgrundlage anzupassen sein (BGH, Beschl. v. 23.03.2011 – VII ZR 216/08, BauR 2011, 1162, 1163 = NJW-RR 2011, 886 = NZBau 2011, 353 – s. dazu ausführlich Rdn. 2197 ff.). Doch losgelöst davon sind Spekulationsangebote an sich nicht verboten. Es liegt aber auf der Hand, dass ein Auftraggeber hier ein besonderes Augenmerk darauf richten sollte, um diese bereits bei der Vergabe zu erkennen. Denn gerade dann, wenn die von dem Bieter ins Auge gefasste Änderung der Vertragsleistung eintritt, besteht die Gefahr, dass sich das Spekulationsangebot bei der späteren Abrechnung infolge von Mengenmehrungen, Leistungsänderungen oder Zusatzleistungen letztlich als weniger wirtschaftlich erweist als ein zunächst höher liegendes Angebot eines anderen Bieters. 302

▶ **Beispiel**

Ein Bieter sieht für Einzelpositionen, bei denen er mit Mengenmehrungen oder mit Leistungsänderungen rechnet, höhere Einheitspreise vor, als es von den zu erwartenden Kosten her gerechtfertigt erscheint und als die anderen Bieter angeboten haben. Dafür bietet er andere Teilleistungen, von denen er annimmt, dass sie nicht zur Ausführung kommen oder zumindest in geringeren Mengen, bewusst niedrig an, sodass sein Angebotspreis insgesamt – und darauf kommt es gemäß § 16 Abs. 6 Nr. 2 VOB/A allein an (vgl. BGH, Urt. v. 22.10.1976 – VII ZR 327/74, BauR 1977, 52, 53) – angemessen ist. Eine solche Kalkulation ist zulässig, da es für Wettbewerbspreise keine verbindlichen Kalkulationsregeln gibt.

Liegen solche auffälligen Preisbildungen bzw. Spekulationsangebote vor, sind diese zumeist ohne Weiteres in einem **Preisspiegel zu erkennen**. Sie geben in erster Linie Anlass, die zugrunde liegende Ausschreibung solcher Positionen nochmals auf Übereinstimmung mit der Planung und den tatsächlich zu erwartenden Gegebenheiten nachzuvollziehen. Daher sollte insbesondere bei der für die Aufstellung des Leistungsverzeichnisses maßgeblichen Stelle (Amt, Ingenieurbüro usw.) nachgefragt werden, ob die Mengen zutreffend ermittelt sind und voraussichtlich keine wesentliche Änderung erfahren und ob auch mit Leistungsänderungen oder Zusatzleistungen nicht zu rechnen ist. Sodann ist es allerdings **nicht** für sich genommen möglich, ein Angebot mit einem **unangemessen niedrigen Preis ohne Weiteres auszuschließen**. Stattdessen muss ein Auftraggeber nach § 16 Abs. 6 Nr. 2 VOB/A zuvor nochmals Aufklärung zu der Angemessenheit der Preise verlangen (so auch OLG Celle, Beschl. v. 30.09.2010 – 13 Verg 10/10, BauR 2011, 308 [Ls.] = NZBau 2011, 189, 190 = VergabeR 2011, 103, 106). Diese Regelung passt auch zu der weiter gehenden Rechtsprechung des Europäischen Gerichtshofs. Dieser hatte selbst für Vergaben unterhalb der Schwellenwerte mit einem grenzüberschreitenden Interesse klargestellt, dass Angebote mit ungewöhnlich niedrigen Preisen nicht allein deswegen ausgeschlossen werden dürfen. Vielmehr sei es – soweit von der Bieteranzahl her tunlich – geboten, dem betroffenen Bieter zuvor Gelegenheit zu geben, sein Angebot zu erläutern (EuGH, Urt. v. 15.05.2008 – C-147/06 u. C-148/06, VergabeR 2008, 625, 628 f. = NZBau 2008, 453, 455). Losgelöst von dieser Aufklärung steht dem Auftraggeber ansonsten allerdings in der Frage, wie groß dieses **Mengen- und Leistungsänderungsrisiko** im Einzelfall wirklich ist, ein angemessener **Beurteilungsspielraum** zur Verfügung (OLG Düsseldorf, Urt. v. 13.03.1990 – 23 U 127/89, BauR 1990, 596, 600 = NJW-RR 1990, 1046, 1048). Diese Wertungsgesichtspunkte sind im Einzelfall von besonderer 303

Bedeutung; sie werden aber in der Praxis von Auftraggeberseite viel zu wenig beachtet, obwohl gerade diese einen wirksamen **Schutz gegen Spekulationsangebote** geben.

304 Neben einem Preisspiegel kann für die **Beurteilung der Angemessenheit eines Angebotspreises** auch die Kenntnis darüber von Bedeutung sein, wie sich der Angebotspreis entsprechend der betriebsinternen Kalkulation des Bieters zusammensetzt. Gerade deshalb verlangen viele Auftraggeber von den Bietern mit dem Angebot eine Aufgliederung des Angebotspreises, soweit bestimmte Auftragssummen überschritten werden (z. B. nach dem Vergabehandbuch des Bundes – VHB – bei einer Angebotssumme von über 50 000,– €; s. dort Ziffer 1 der Richtlinie 211). Dazu sind im Vergabehandbuch entsprechende **Preis-Formblätter 221–223 (ehemals EFB-Preis 1a und 1b und EFB-Preis 2)** vorgesehen, die von den staatlichen Bauverwaltungen und den Verbänden der Bauwirtschaft gemeinsam entwickelt worden sind. Aus diesen Formblättern lässt sich die Angemessenheit der kalkulierten Preise in einzelnen Teilbereichen prüfen und feststellen. Gleichzeitig können daraus ggf. auch Unterangebote herausgefiltert werden, die gemäß § 16 Abs. 6 Nr. 1 VOB/A ausgeschieden werden können. Diese Preis-Formblätter werden allerdings nicht Vertragsbestandteil; ihre Nichtabgabe wird aber in der Regel dazu führen, dass derartige Angebote unberücksichtigt bleiben, wenn durch das Fehlen eine ordnungsgemäße Wertung behindert oder vereitelt wird. Darüber hinaus können die ausgefüllten Preis-Formblätter auch erhebliche Bedeutung bei der Ermittlung der richtigen Nachtragspreise bei Mehr- und Mindermengen (§ 2 Abs. 3 VOB/B), bei Leistungsänderungen (§ 2 Abs. 5 VOB/B) und bei Zusatzleistungen (§ 2 Abs. 6 VOB/B) gewinnen, sodass auf eine ordnungsgemäße und vor allem wahrheitsgemäße Ausfüllung dieser Formblätter unbedingt Wert gelegt werden sollte.

- **Stufe 4: Angebotsbewertung**

305 Nachdem auf diese Art und Weise die Angebote herausgefiltert worden sind, die in die **engere Wahl** kommen, ist unter diesen der Zuschlag auf dasjenige Angebot zu erteilen, das unter Berücksichtigung aller technischen und wirtschaftlichen, gegebenenfalls auch gestalterischen und funktionsbedingten Gesichtspunkten oder Umweltaspekten »**als das wirtschaftlichste erscheint**«: Es geht also hiernach nicht um eine objektiv richtige Entscheidung. Stattdessen steht dem Auftraggeber bei seiner Vergabeentscheidung ein **Beurteilungsspielraum** zu, wobei in die Gesamtwertung ggf. angenommene (zugelassene) Nebenangebote einzubeziehen sind (§ 16 Abs. 8 VOB/A). Dasselbe gilt für Preisnachlässe – dies allerdings nur dann, wenn sie an der dazu bezeichneten Stelle vermerkt sind (s. dazu auch BGH, Urt. v. 20.01.2009 – X ZR 113/07, BauR 2009, 971, 972 = NZBau 2009, 262, 263). Dieser Beurteilungsspielraum setzt sich aus einer **objektiven und einer subjektiven Seite** zusammen. Objektiv muss danach die Vergabeentscheidung auch für einen dritten fachkundigen und an der Vergabe selbst nicht interessierten Bauherrn als die geeignetste für das zur Vergabe anstehende Objekt erscheinen. Subjektiv ist zu berücksichtigen, was der spezielle Auftraggeber in seiner Lage als für seine Ziele und Bestrebungen richtig betrachtet. Beide Seiten müssen bei der Vergabeentscheidung in Einklang gebracht werden, um dann das annehmbarste Angebot zu ermitteln. Dabei sind auch alle **technischen und wirtschaftlichen Gesichtspunkte** wie z. B. Qualität, Preis, technischer Wert, Ästhetik, Zweckmäßigkeit, Umwelteigenschaften, Betriebs- und Folgekosten, Rentabilität, Kundendienst und technische Hilfe oder Ausführungsfrist zu berücksichtigen (OLG Düsseldorf, Urt. v. 13.03.1990 – 23 U 127/89, BauR 1990, 596, 600 = NJW-RR 1990, 1046, 1048; OLG München, Urt. v. 09.11.1993 – 13 U 1716/93, NJW-RR 1995, 1235 f.). Diese Aufzählung der Entscheidungskriterien ist – wie aus § 16 Abs. 6 Nr. 3 VOB/B ersichtlich – keinesfalls abschließend und kann abhängig von den Umständen des Einzelfalls ergänzt werden. Sie müssen – anders als die Wertungskriterien bei Vergaben oberhalb der Schwellenwerte (Rdn. 366 ff.) – auch vor der Vergabe nicht feststehen. Sie zeigen aber sehr deutlich, dass es **keinen Grundsatz** gibt, dem **preislich günstigsten Bieter** den Zuschlag zu erteilen (vgl. auch § 16. Abs. 3 Nr. 3 S. 3 VOB/A), wenn im Rahmen einer Gesamtschau unter Berücksichtigung aller zugelassenen Vergabekriterien ein ggf. teurer Bieter vorzugswürdig erscheint (BGH, Urt. v. 08.11.1984 – VII ZR 51/84, BauR 1985, 75, 76 = NJW 1985, 1466; OLG Düsseldorf, Urt. v. 13.03.1990 – 23 U 127/89, BauR 1990, 596 = NJW-RR 1990, 1046, 1047 f.). Im Gegenteil wäre sogar der alleinige Rückgriff auf den Angebotspreis als Entscheidungskriterium bzw. dessen überproportionale Gewichtung mit § 16 Abs. 6

Nr. 2 S. 3 VO/BA gar nicht zu vereinbaren (anschaulich dazu OLG Düsseldorf, Beschl. v. 21.05.2012 – Verg 3/12, noch nicht veröffentl. m. w. N.).

Zu beachten immerhin ist, dass diese Prüfungsstufe der Angebotswertung keinesfalls vermischt werden darf vor allem mit der zuvor anzustellenden Eignungsprüfung, d. h.: Ist ein Bieter erst einmal für die Ausführung der Leistung als geeignet angesehen worden, kann ihm bei der Angebotswertung nicht zugutekommen, dass er aus Sicht des Auftraggebers ggf. noch geeigneter erscheint als ein Mitbieter (»**Kein Mehr an Eignung**« – vgl. dazu etwa BGH, Urt. v. 15.04.2008 – X ZR 129/06, NZBau 2008, 505, 506 = VergabeR 2008, 641, 642; ebenso: OLG Düsseldorf, Urt. v. 15.12.2008 – 27 U 1/07, BauR 2009, 1022 [Ls.] = VergabeR 2009, 501, 505). 306

▶ **Beispiel (nach BGH, a. a. O.)**

Bei einer ausgeschriebenen Bauleistung zur Errichtung einer Sporthalle entscheidet sich der Auftraggeber für den preislich teuren Zweitplatzierten, weil dieser mehr Erfahrungen im Sporthallenbau aufweise als der Erstplatzierte. Dies ist nicht zulässig, wenn der Auftraggeber den jetzt übergangenen Bieter als bereits geeignet angesehen hat. Auch der Rückgriff auf etwaige Referenzen ändert daran nichts, weil es sich dabei ebenfalls nur um Eignungsnachweise handelt.

2.4.3.10 Der Zuschlag

Nach erfolgter Prüfung und Wertung der vorliegenden und nicht ausgeschlossenen Angebote soll gemäß § 16 Abs. 6 Nr. 3 Satz 2 VOB/A der Zuschlag auf das Angebot erteilt werden, das unter Berücksichtigung aller zuvor genannter Gesichtspunkte als das wirtschaftlichste erscheint (vgl. soeben Rdn. 305). Änderungsvorschläge und Nebenangebote sind bei Bedarf zu berücksichtigen. Die Erteilung ist in § 18 VOB/A geregelt. Danach ist der Zuschlag möglichst bald, mindestens aber so **rechtzeitig** zu erteilen, dass dem Bieter die Erklärung noch vor Ablauf der in § 10 Abs. 5 ff. VOB/A vorgesehenen Zuschlagsfrist zugeht. Denn mit Ablauf der Zuschlagsfrist endet die Bindefrist, sodass das Angebot dann nicht mehr wirksam ist. 307

Wird auf ein Angebot rechtzeitig und ohne Abänderungen der Zuschlag erteilt, ist damit nach allgemeinen Rechtsgrundsätzen (§§ 145 ff. BGB) der **Vertrag geschlossen**. Dies gilt auch dann, wenn der Zuschlag nur **mündlich** erfolgt, es sei denn, dass nach zwingendem Recht eine besondere Form wie etwa die Schriftform vorgeschrieben ist (s. dazu oben Rdn. 142 ff.). Wirksam ist der Vertrag sogar schon, wenn der öffentliche Auftraggeber einem Bieter innerhalb der Zuschlagsfrist mitteilt, dass die zuständigen Gremien beschlossen hätten, diesem den Auftrag zu erteilen (OLG Celle, Urt. v. 30.11.2001 – 13 U 113/01, BauR 2002, 1852). Dagegen ist selbst bei einem an sich ordnungsgemäß erteilten Zuschlag ein **Vertragsschluss ausgeschlossen**, wenn sich aus der Auslegung der zugrunde liegenden Erklärungen ergibt, dass diese tatsächlich doch keinen übereinstimmenden Inhalt aufweisen (s. allerdings auch zu einer ggf. davon abweichenden Variante: Rdn. 916). 308

▶ **Beispiel (nach OLG Saarbrücken, Urt. v. 30.11.2011 – 1 U 272/10, NJW-RR 2012, 400, 401 = NZBau 2012, 231)**

Der Auftragnehmer gibt ein Angebot unter Abänderung der Verdingungsunterlagen ab, was der Auftraggeber nicht bemerkt. Dieser erteilt daraufhin einen unbedingten Zuschlag ausdrücklich in Anlehnung an die Verdingungsunterlagen. Vergaberechtlich hätte das zugrunde liegende Angebot nach § 16 Abs. 1 Nr. 1 lit. b VOB/A ausgeschlossen werden müssen (s. Rdn. 260). Zivilrechtlich ist jedoch auch kein Vertrag zustande gekommen, weil es an zwei sich deckenden Willenserklärungen gerichtet auf den Vertragsschluss fehlt. Das hat auch ganz praktische Konsequenzen – etwa dahin gehend, dass der Auftragnehmer insoweit auch nicht zur Leistungsausführung einer danach streitigen Leistung zu dem dort vereinbarten Preis verpflichtet ist.

Dabei kommt der Bauvertrag allerdings nicht schon durch den Zuschlag als solchen zustande; er wird vielmehr erst wirksam durch **Zugang der Mitteilung über den erfolgten Zuschlag bei dem Bieter**. Diese Mitteilung kann mündlich erfolgen, sollte aber aus Beweisgründen stets schriftlich vorgenommen werden. Häufig übersendet der Auftragnehmer anschließend noch ein **Bestätigungsschreiben**. Dieses dient jedoch nur Beweiszwecken, ist aber deshalb gerade bei mündlicher Mitteilung über den Zuschlag dringend zu empfehlen.

309 Werden dagegen im Zuschlag Erweiterungen, Einschränkungen oder Änderungen vorgenommen oder wird der **Zuschlag verspätet** erteilt, so kommt dadurch nach den allgemeinen Regeln des Vertragsrechts (§ 150 Abs. 1 und 2 BGB) der Bauvertrag noch nicht zustande. Vielmehr liegt in einer solchen modifizierten Zuschlagserteilung, etwa mit einer neuen Bauzeit, zunächst eine Ablehnung des eigentlich vorliegenden Bieterangebotes verbunden mit einem neuen Antrag auf Abschluss des Vertrags mit im Übrigen unveränderten Bedingungen (BGH, Urt. v. 24.02.2005 – VII ZR 141/03, BGHZ 162, 259, 268 f. = BauR 2005, 857, 860 f. = NJW 2005, 1653, 1655). Dieser Antrag kann dann vom Bieter dadurch angenommen werden, dass er z. B. mit den Arbeiten ohne Kommentar beginnt oder mit dem Auftraggeber einen neuen Bauzeitenplan abstimmt (s. dazu Rdn. 170 ff.). Insoweit bestimmt § 18 Abs. 2 VOB/A, dass der Bieter bei Erteilung des Zuschlages aufzufordern ist, sich unverzüglich über die Annahme zu erklären.

310 Abweichend davon schlägt der BGH allerdings in dem hier ggf. doch anzunehmenden **Hauptanwendungsfall öffentlicher Vergabeverfahren** prinzipiell einen anderen Weg ein.

> **Beispiel (in Anlehnung an BGH, Urt. v. 22.07.2010 – VII ZR 129/09, BauR 2010, 1929)**
>
> Eine Kommune will Bauleistungen im Wege der öffentlichen Ausschreibung vergeben. Wegen Verzögerungen aufgrund eines Nachprüfungsverfahrens sind die in der Ausschreibung vorgesehenen Termine bereits teilweise verstrichen. Nachdem sich die Kommune für einen Bieter entscheidet, nimmt sie dessen Angebot an, nennt aber in dem Zuschlagsschreiben neue an die veränderten Verhältnisse angepasste Termine. Der Bieter nimmt daraufhin die Arbeiten auf. Erst später widerspricht er den neuen Terminen bzw. macht wegen einer von der Ausschreibung abweichenden Bauzeit gestiegener Kosten einen Nachtrag geltend.

Der BGH geht in diesen Fällen von einem wirksamen Vertragsschluss aus, und zwar zu den alten in der Ausschreibung ersichtlichen (ggf. überholten) Terminen. Auf das davon abweichende modifizierte Zuschlagsschreiben komme es nicht an. Aus dem Sinn und Zweck eines öffentlichen Vergabeverfahrens, das auf den Abschluss eines Vertrages gerichtet sei, werde man nämlich – so der BGH – selbst ein derart gefasstes Zuschlagsschreiben in der Regel so verstehen müssen, dass die in der Ausschreibung genannten Termine nicht geändert werden sollten. Eine solche Auslegung sei schon deshalb geboten, weil nicht davon ausgegangen werden könne, dass der Auftraggeber durch die veränderte Angabe von Fristen in dem Zuschlagsschreiben von sich aus gegen das auch für ihn geltende Nachverhandlungsgebot gemäß § 15 Abs. 3 VOB/A verstoßen wollte. Vielmehr werde zumindest in der Regel selbst in diesen Fällen ein unbedingter Vertragsabschluss gewollt sein verbunden mit der weiteren Vorgabe, dass über die tatsächlich offen gebliebenen Termine noch eine abschließende Einigung zu erzielen sein sollte (BGH, Urt. v. 22.07.2010 – VII ZR 129/09, BauR 2010, 1929, 1931 = NJW 2010, 3436, 3437 = NZBau 2010, 628, 629; ähnlich: BGH, Urt. v. 22.07.2010 – VII ZR 213/08, BauR 2010, 1921, 1924 = NZBau 2010, 622, 624, insoweit auch zur europarechtlichen Zulässigkeit dieser Vorgehensweise, zuletzt: BGH, Urt. v. 25.11.2010 – VII ZR 201/08, BauR 2011, 503, 505 = NZBau 2011, 97, 98). An diesem Ergebnis mögen aber doch ernsthaft Zweifel bestehen. Denn wenn ein Auftraggeber im Zuschlagsschreiben, bei dem es sich wie erläutert rechtlich um die Annahme des Angebots des Bieters handelt, ein klares Datum angibt (das von der Ausschreibung und infolgedessen dem Angebot abweicht), ist wenig überzeugend, dass er dieses Datum als Fertigstellungstermin der Bauleistung gar nicht gemeint habe. Stattdessen dürfte hierin nach § 150 Abs. 2 BGB ein neues Angebot zu dem Abschluss des Bauvertrages zu den neuen Terminen liegen, das nunmehr der Auftragnehmer annehmen kann. Dass dies vergaberechtlich ggf. erhebliche Folgeprobleme (z. B. wegen der dann möglicherweise notwendigen erneuten Beteiligung anderer Bieter) aufwerfen kann, ist keine Frage des hier anwendbaren allgemeinen Vergaberechts, sondern folgt aus dem BGB. Die Probleme können ohnehin wie gezeigt vermieden werden, wenn der Auftraggeber von solchen modifizierten Zuschlagsschreiben absieht (s. zu den weiteren Folgeproblemen einer verzögerten Zuschlagserteilung in zeitlicher un preislicher Hinsicht ausführlich unten Rdn. 1788 ff. sowie 1957 ff.).

311 Kommt der Vertrag mit Erteilung des Zuschlages und dessen Zugang zustande, **konkretisiert** sich dadurch automatisch die zu erbringende **Vertragsleistung**. Dies hat vor allem Bedeutung für etwaige weitere nicht zum Zuge gekommene Grund- oder Alternativpositionen. Mit der Zuschlagserteilung endet automatisch die Angebotsbindung für diese nicht beauftragten Positionen (KG, Urt. v. 21.11.2002 – 4 U 7233/00, BauR 2004, 1779, 1780; s. ausführlich Vygen/Joussen/Schubert/Lang, Bauverzögerung und Leistungsänderung Teil A Rn. 444 ff.).

312 Bei Bedarf kann über den danach geschlossenen Vertrag noch eine **eigene Vertragsurkunde** ausgefertigt werden. Dieser hat jedoch nur noch deklaratorische Bedeutung und auf die Wirksamkeit des Bauvertrages keinen Einfluss mehr (BayObLG, Beschl. v. 10.10.2000 – Verg 5/00, BauR 2001, 691 = VergabeR 2001, 55, 57). Etwas anderes gilt nur dann, wenn in der Ausschreibung unüblicherweise ausdrücklich die Fertigung einer Vertragsurkunde als Zuschlagskriterium bestimmt ist.

2.4.3.11 Die Aufhebung der Ausschreibung und ihre möglichen Folgen

313 Normalerweise sollte ein Ausschreibungsverfahren damit enden, dass einem Bieter der Zuschlag erteilt wird. Von diesem Regelfall kann es aber Abweichungen geben. Einmal ist denkbar, dass der Auftraggeber nach Erhalt der Angebote gar nichts unternimmt, zum anderen kann es sein, dass er die Ausschreibung aufhebt. Gelegentlich kommt es auch vor, dass ohne Aufhebung einfach dieselbe Leistung noch einmal neu ausgeschrieben wird.

314 Zu dem ersten Fall, in dem der **Auftraggeber überhaupt nichts unternimmt** und auch nichts veranlasst, findet sich in der VOB keine Regelung. Nach den allgemeinen Grundsätzen des Privatrechts ist dem Auftraggeber ein solches Verhalten jedoch nicht verboten; denn gemäß §§ 145 ff. BGB besteht eine Bindung an das abgegebene Angebot lediglich aufseiten des Bieters, nicht aber aufseiten des Auftraggebers. Dieser hat nach den Vorschriften des BGB nicht einmal die Pflicht, sich mit den Angeboten zu befassen oder gar in Verhandlungen mit den Bietern über deren Angebotsinhalt einzutreten. Ein wie auch gearteter **Kontrahierungszwang besteht nicht;** diesen kann die VOB auch nicht schaffen (BGH, Urt. v. 08.09.1998 – X ZR 48/97, BGHZ 139, 259, 268 ff. = BauR 1998, 1232, 1237 = NJW 1998, 3636, 3638 f.; BGH, Urt. v. 05.11.2002 – X ZR 232/00, BauR 2003, 240, 241 f. = VergabeR 2003, 163, 165; BGH, Urt. v. 16.12.2003 – X ZR 282/02, BauR 2004, 883 = NJW 2004, 2165, 2166 = VergabeR 2004, 480, 482). Dass die VOB über diese mögliche Art der Handhabung durch den Auftraggeber keine Aussage trifft, bedeutet aber keine Billigung dieses Verhaltens. Aus dem Gesamtinhalt des Teiles A der VOB ergibt sich vielmehr das Gegenteil. Sinn und Zweck der dort niedergelegten Vergaberegelungen sind nämlich darauf abgestellt, das **Vergabeverfahren durch Zuschlag an einen bestimmten Bieter abzuschließen** (§ 18 Abs. 1 VOB/A). Dies lässt vor allem auch § 2 Abs. 4 VOB/A erkennen, wonach Ausschreibungen für vergabefremde Zwecke unzulässig sind. Der Auftraggeber, der sich über die Angebote ausschweigt und ohne nähere Erklärung keinen Zuschlag erteilt, handelt also der VOB zuwider, und der öffentliche Auftraggeber darüber hinaus auch pflichtwidrig. Dies kann in besonderen Fällen zu einem **Schadensersatzanspruch des Bieters** führen (BGH, Urt. v. 05.11.2002 – X ZR 232/00, BauR 2003, 240, 242 = VergabeR 2003, 163, 165 – s. dazu auch Rdn. 325 ff.).

315 Der zweite Fall, d. h. die ausdrückliche **Aufhebung der Ausschreibung**, wird hingegen als Ausnahme unter gewissen Voraussetzungen von der VOB/A zugelassen. Sie steht aber nicht im freien Ermessen des Auftraggebers, sondern knüpft sie an **bestimmte Voraussetzungen**, die in § 17 Abs. 1 VOB/A ausdrücklich aufgeführt sind. Diese Aufzählung ist nicht etwa nur beispielhaft, sondern ihrem Sinn und Zweck entsprechend **abschließend**. Sie ist somit nicht einer Erweiterung nach dem Ermessen des Auftraggebers zugänglich. Dabei bedeutet »abschließend« aber nicht, dass der Auftraggeber eine Ausschreibung zwingend aufheben müsste, wenn einer der in § 17 VOB/A genannten Tatbestände vorliegt. Vielmehr handelt es sich als »Kann-Bestimmung« nur um die rechtliche Grundlage, eine Ausschreibung aufzuheben, wobei dann die Aufhebungsentscheidung selbst nur ermes-

senfehlerfrei erfolgen muss. Konkret heißt das, dass ein Auftraggeber von einer Aufhebung des Vergabeverfahrens absehen kann, selbst wenn ein Aufhebungsgrund im Sinne des § 17 VOB/A vorliegt. Etwas anderes würde nur gelten, wenn ein solches **Ermessen auf Null** reduziert wäre. Dies wäre etwa der Fall, wenn eine wettbewerblich und wirtschaftlich fundierte Vergabe nicht mehr möglich ist oder ein Bieter einseitig und schwerwiegend beeinträchtigt würde (BayObLG, Beschl. v. 17.02.2005 – Verg 027/04, Verg 27/04, BauR 2005, 1224 = VergabeR 2005, 349, 354). Ebenso besteht aus dem Grundsatz der Gleichbehandlung ein Anspruch (eines ggf. ausgeschlossenen Bieters) auf Aufhebung der Vergabe, wenn sämtliche Angebote aller anderen Bieter an einem gleichwertigen Mangel leiden und demzufolge ebenfalls auszuschließen wären (BGH, Beschl. v. 26.09.2006 – X ZB 14/06, BGHZ 169, 131 = BauR 2007, 604 = VergabeR 2007, 59, 63 – wobei diese Entscheidung zu einer Vergabe oberhalb der Schwellenwerte ergangen ist.).

316 Zu den Aufhebungsgründen selbst gilt:

▶ **Überblick über die Aufhebungsgründe nach § 17 Abs. 1 VOB/A**
- kein geeignetes Angebotes
- nachträglich notwendige Änderung der Vergabeunterlagen
- andere schwerwiegende Gründe

Im Einzelnen:
- **Kein geeignetes Angebot**

317 Ein erster Grund für die Aufhebung einer Ausschreibung liegt nach § 17 Abs. 1 Nr. 1 VOB/A vor, wenn kein Angebot eingegangen ist, das den Ausschreibungsbedingungen entspricht.

▶ **Beispiele (vgl. auch Ingenstau/Korbion/Portz, VOB/A § 17 Rn. 21 ff.)**
– Mit allen Angeboten werden keine Leistungen entsprechend den Ausschreibungsunterlagen angeboten.
– Die Bieter haben die Anforderungen in § 12 VOB/A nicht richtig oder überhaupt nicht beachtet.
– Das auf § 10 VOB/A beruhende Verlangen des Auftraggebers auf Einhaltung bestimmter Fristen wurde nicht beachtet.
– Die Angebote enthalten entweder nur Änderungsvorschläge oder Nebenangebote, die der Auftraggeber weder gefordert noch sonst ausdrücklich zugelassen hat und die seinen Vorstellungen nicht entsprechen.
– Rein formelle Bedingungen sind von den Bietern nicht erfüllt.
– Angebote sind in wichtigen Punkten unvollständig; es sind wesentliche Mängel vorhanden.
– Die Bieter haben Vorbehalte gemacht, eigenmächtig das Leistungsverzeichnis geändert oder ergänzt, wodurch es zu erheblichen Abweichungen von den Ausschreibungsbedingungen kommt.

318 Allerdings: Wenn nur ein Angebot eingeht, so ist dies noch kein Grund für eine Aufhebung (Ingenstau/Korbion/Portz, VOB/A § 17 Rn. 21). Liegt hingegen überhaupt kein zuschlagsfähiges Angebot vor, könnte sich dadurch das Ermessen des Auftraggebers auf Null reduzieren mit der Folge, dass er dann nicht nur die Ausschreibung aufheben kann, sondern tatsächlich auch muss. Doch stellt die Aufhebung selbst dann immer nur das letzte Mittel dar; folglich wäre wohl vorrangig zu prüfen, ob nicht durch eine (teilweise) Zurückversetzung des Verfahrens es nicht doch noch erreicht werden kann, ein zuschlagsfähiges Angebot zu erhalten – z. B. indem Bietern die Möglichkeit eingeräumt wird, fehlende Erklärungen nach § 16 Abs. 1 Nr. 3 VOB/A nachzureichen (Ingenstau/Korbion/Portz, VOB/A, § 17 Rn. 17).

- **Nachträglich notwendige Änderung der Verdingungsunterlagen**

319 Gemäß § 17 Abs. 1 Nr. 2 VOB/A kann eine Ausschreibung ferner aufgehoben werden, wenn sich die **Grundlagen der Ausschreibung wesentlich geändert** haben. Dies ist dem Grunde nach nur der Fall, wenn für eine ordnungsgemäße Vergabe wegen nachträglicher Ereignisse vernünftigerweise die Vergabeunterlagen geändert werden müssten (OLG Düsseldorf, Beschl. v. 26.01.2005 – Verg 45/04, BauR 2005, 1225 = VergabeR 2005, 374, 381; BayObLG, Beschl.

v. 02.08.2004 – Verg 016/04, Verg 16/04, VergabeR 2004, 743, 745; BGH, Urt. v. 08.09.1998 – X ZR 48/97, BGHZ 139, 259, 263 = BauR 1998, 1232, 1234 = NJW 1998, 3636, 3637). Es muss sich also etwas ergeben haben, was die Grundlagen des in der Ausschreibung zum Ausdruck gekommenen Willens des Auftraggebers in beachtlichen Punkten geändert hat, sodass eine Fortsetzung des Vergabeverfahrens wegen dieser Schwierigkeiten nicht mehr möglich oder für den Auftraggeber zumindest unzumutbar oder gar rechtswidrig ist. Wenn dagegen z. B. durch eine zumutbare Änderung der Verdingungsunterlagen ggf. einzelner Positionen das Problem behoben werden kann, ist dieser Aufhebungsgrund nicht gegeben (OLG Düsseldorf, Beschl. v. 26.01.2005, a. a. O.; Ingenstau/Korbion/Portz, § 17 Rn. 24). Ebenso wenig besteht ein Aufhebungsgrund einer fehlerhaften Ausschreibung nach Verletzung des § 7 VOB/A oder z. B. wegen von Anfang an fehlender Haushaltsmittel, sodass eine dennoch erfolgte Aufhebung einen Schadensersatzanspruch auf das negative Interesse auslösen kann (BGH a. a. O.).

▶ **Beispiele für nachträgliche Änderungen, die eine Aufhebung der Ausschreibung rechtfertigen** 320
  – Änderungen der baulichen Verhältnisse an Ort und Stelle, auf denen die Ausschreibungsgrundlagen beruhen, wie z. B. aktualisierte Kenntnis zu veränderten Bodenverhältnissen, archäologische Untersuchungen, Kontaminierungen, Baubeschränkungen, Bauverbote usw.
  – wesentliche Änderungen oder Wegfall der Zweckbestimmung, der das zu erstellende Bauwerk dienen sollte.
  – wesentliche Änderungen der Finanzierungsgrundlagen, auf die der Auftraggeber seine bisherige Bauabsicht gestützt und aufgebaut hat.
  – wesentliche zwischenzeitlich eingetretene Änderungen der Preisgrundlagen, auf denen das Angebot beruht.
  – erforderlich gewordene Abkürzung der Baufristen.

• **Andere schwerwiegende Gründe**
Die Ausschreibung kann gemäß § 17 Abs. 1 Nr. 3 VOB/A schließlich aufgehoben werden, wenn 321 andere schwerwiegende Gründe hierfür bestehen. Damit ist ein weiter Rahmen gezogen, der zwar mit der Bauabsicht in Verbindung stehen muss, der aber die Veränderung der Ausschreibungsgrundlagen nicht notwendig voraussetzt. Die Gründe müssen zumindest jedoch **dieselbe Intensität erreichen wie die anderen Aufhebungsgründe**. Andernfalls würde diese Ausnahmeregelung ihren Auffangcharakter verlieren. Infolgedessen heißt es zu Recht in einer Entscheidung des BGH zu der vergleichbaren Regelung in § 17 Abs. 1 VOL/A, dass es für die Feststellung eines schwerwiegenden Grundes einer **Interessenabwägung im jeweiligen Einzelfall** bedarf. Danach kann auch ein rechtlicher Fehler des Vergabeverfahrens zu einem schwerwiegenden Mangel in diesem Sinne führen, wenn er einerseits von so großem Gewicht ist, dass eine Bindung des öffentlichen Auftraggebers mit Gesetz und Recht nicht zu vereinbaren wäre, und andererseits von den an dem öffentlichen Ausschreibungsverfahren teilnehmenden Unternehmen, insbesondere auch mit Blick auf die Schwere dieses Fehlers, erwartet werden kann, dass sie auf diese rechtlichen und tatsächlichen Bindungen des Ausschreibenden Rücksicht nehmen (BGH, Urt. v. 12.06.2001 – X ZR 150/99, NJW 2001, 3698, 3701 = VergabeR 2001, 293, 298).

▶ **Beispiele für schwerwiegende Gründe, die eine Aufhebung der Ausschreibung rechtfertigen** 322
  – Persönliche Verhältnisse auf Auftraggeberseite, wie z. B. Abzug der USArmy (OLG Zweibrücken, Urt. v. 01.02.1994 – 8 U 96/93, BauR 1995, 95, 96), Umzug der Bundesregierung von Bonn nach Berlin, Zusammenlegung von Bundesländern, Tod, Krankheit, Wohnsitz- oder Berufsveränderungen.
  – Aufgabe des Bauvorhabens wegen nachträglich eingetretener ganz erheblicher Kostensteigerungen (Umkehrschluss aus BGH, Urt. v. 08.09.1998 – X ZR 48/97, BGHZ 139, 259, 263 = BauR 1998, 1232, 1234 = NJW 1998, 3636, 3637), selbst wenn der angebotene Preis als solcher angemessen ist (OLG Celle, Beschl. v. 13.01.2011 – 13 Verg 15/10, BauR 2011,

1222 [Ls.] = VergabeR 2011, 531, 533) oder sonstiger gravierender Änderungen bei den für den Vertrag geltenden Preisermittlungsgrundlagen (BGH, Urt. v. 11.05.2009 – VII ZR 11/08, BGHZ 181, 47, 63 = BauR 2009, 1131, 1137 = NJW 2009, 2443, 2447 = NZBau 2009, 370, 375).

- Veränderungen wesentlicher Art in den allgemeinen Markt-, Währungs- und Baupreisverhältnissen.
- Entscheidende Änderungen in den Vermögensverhältnissen des Auftraggebers, wie z. B. Insolvenz, unvorhergesehene Kürzung öffentlicher Mittel.
- Kein vorliegendes Angebot mit angemessenen oder annehmbaren Preisen.
- Preisabsprachen der Bieter oder sonstige schwerwiegende VOB-Verstöße.

323 In besonderen Fällen kann bei einer Ausschreibung in mehreren Losen auch nur die **Ausschreibung für ein Los** aufgehoben werden, wenn insoweit die Voraussetzungen des § 17 VOB/A vorliegen, während auf die übrigen Lose der Zuschlag auf das annehmbarste Angebot erteilt wird. Allerdings kommt es hier immer auf die Kosten des Gesamtprojekts an, d. h.: Ein einzelnes Los kann nicht deswegen aufgehoben werden, wenn es für sich genommen überteuert ist; entscheidend ist vielmehr, dass dadurch dann das Gesamtprojekt nicht mehr durch Haushaltsmittel gedeckt ist (Ingenstau/Korbion/Portz, VOB/A, § 17 Rn. 16).

324 Wird nun aber seitens des öffentlichen Auftraggebers eine Ausschreibung aufgehoben, sind die Bieter unter Angabe der Gründe für die Aufhebung unverzüglich zu unterrichten (§ 17 Abs. 2 VOB/A).

2.4.4 Haftung des Auftraggebers bei Vergabeverstößen gegen die VOB/A – Abschnitt 1

325 Kein Auftragnehmer hat bei **privaten Auftraggebern** einen Anspruch darauf, dass sich dieser an das in der VOB/A vorgesehene Vergabeverfahren hält. Hierfür gibt es keinen Anlass. Eine Bindungswirkung entsteht bei privaten Auftraggebern allerdings dann, wenn dieser seiner Anfrage von Leistungen freiwillig die VOB/A zugrunde gelegt hat (BGH, Urt. v. 21.02.2006 – X ZR 39/03, BauR 2006, 1140, 1141 = NJW-RR 2006, 963, 964 = VergabeR 2006, 889, 890).

▶ **Beispiel**

Ein Generalunternehmer fragt für ein großes Bauvorhaben verschiedene Subunternehmer an. Ggf. aus Unkenntnis über die damit verbundenen Folgen legt er der beabsichtigten Vergabe die VOB/A zugrunde. Bei einer solchen Erklärung wäre eine Selbstbindung an die VOB/A eingetreten, an die sich der Generalunternehmer nun halten muss.

326 In der Baupraxis wird die **freiwillige Bindung an die VOB/A** nur erfolgen, wenn man mit Einzelheiten der VOB/A nicht vertraut ist. Rechtlich geboten ist sie unter keinem denkbaren Gesichtspunkt. Selbst Auftragnehmer zu Bauvorhaben der öffentlichen Hand, die Subunternehmer einschalten wollen, müssen für **die Subvergaben kein Vergabeverfahren nach der VOB/A** durchführen (s. auch Joussen/Vygen, Subunternehmervertrag, Rn. 213). Ihnen obliegt nach § 4 Abs. 8 Nr. 2 VOB/B lediglich, für die dann zu schließenden Verträge die VOB/B und VOB/C zu vereinbaren. Dabei ist sogar bezeichnend, dass gerade vorstehende Regelung in § 4 Abs. 8 VOB/B mit der VOB 2006 dahin gehend präzisiert wurde. Zuvor existierte nämlich nur ein allgemeiner Verweis auf die VOB. Diese Allgemeinformulierung hatte offenbar viele Auftragnehmer fälschlicherweise zu der Annahme veranlasst, sie müssten ihren Subvergaben auch die VOB/A zugrunde legen. Ein solches Rechtsverständnis ist nicht nur falsch, sondern tatsächlich auch wirtschaftlich aus Sicht eines privaten Auftraggebers in der Regel nicht geboten. Denn die VOB/A mit ihren zahlreichen Beschränkungen soll u. a. ein transparentes Verfahren vor dem Hintergrund der Gesetzmäßigkeit eines verwaltungsmäßigen Handelns und der Gleichbehandlung aller Bieter sicherstellen. Bei einem privaten Auftraggeber kommt es darauf nicht an. Natürlich kann er sich freiwillig an die VOB/A halten. Nur wäre es wenig nachvollziehbar, wenn er sich darüber hinaus auch nach außen verbindlich der VOB/A unterwirft. Tut er dies nämlich, treffen ihn dieselben Pflichten und vor allem Folgen einer Pflichtverletzung wie einen öffentlichen Auftraggeber (BGH, Urt. v. 21.02.2006 – X ZR 39/03, BauR 2006, 1140, 1141 = NJW-RR 2006, 963, 964 = VergabeR 2006, 889, 890 – s. dazu sogleich u. a. Rdn. 329 ff.).

2.4 Ablauf der Vergabe nach der VOB/A – Abschnitt 1

Geht es hingegen um öffentliche Auftraggeber, ist für diese die **Einhaltung der VOB/A als Grundlage des Vergabeverfahrens zwingend** (vgl. oben Rdn. 213 ff.). Zwingend bedeutet allerdings nicht, dass die VOB/A als Regelwerk der Vergabe unmittelbare Rechtswirkungen nach außen, d. h. hier auf das spätere Vertragsverhältnis zwischen Auftraggeber und Auftragnehmer entfaltet. Sie enthält auch **keinerlei zwingendes Vertragsrecht** in der Weise, dass bei einem Verstoß dagegen nunmehr das Vertragsinhalt würde, was der VOB/A entspricht. Dies gilt selbst für die Vorschriften, die dem Schutz des Bieters dienen (s. dazu ausführlich: BGH, Urt. v. 30.03.2006 – VII ZR 44/05, BGHZ 167, 75, 81 = BauR 2006, 1128, 1130 = NJW 2006, 2555, 2556). 327

▶ **Beispiel (BGH, a. a. O.)**

Bei dem Bau einer Trinkwasserleitung wird in Abweichung von § 9 Abs. 5 VOB/A eine Vertragsstrafe vorgesehen, obwohl in dem konkreten Einzelfall bei Fristüberschreitung keine erheblichen Nachteile drohten.

Unstreitig ist, dass nach § 9 Abs. 5 S. 1 VOB/A eine Vertragsstrafe nicht hätte vorgesehen werden dürfen. Hieraus folgt aber nicht, dass deswegen die öffentliche Hand nunmehr keine Vertragsstrafe ziehen könnte (so aber OLG Jena, Urt. v. 22.10.1996 – 8 U 474/96, BauR 2001, 1446, 1447). Wenn somit eine unmittelbare vertragsgestaltende Wirkung ausscheidet, heißt das allerdings nicht, dass der Auftraggeber sanktionslos gegen Vorgaben der VOB/A verstoßen könnte. Dabei sollen nachfolgend etwaige Rechtsfolgen zunächst nur bei Vergaben unterhalb der Schwellenwerte behandelt werden. Eine solche getrennte Darstellung ist erforderlich, weil sich der Rechtsschutz bei Vergaben oberhalb der Schwellenwerte (s. dazu Rdn. 377 ff.) deutlich davon unterscheidet. Hält sich danach der Auftraggeber bei einer Vergabe unterhalb der Schwellenwerte nicht an die Regelungen der VOB/A, ist zu unterscheiden:

2.4.4.1 Kein Anspruch auf Zuschlag

Wie auch immer der Verstoß gegen die Vergaberegelungen der VOB/A aussieht, kann ein Bieter daraus unter keinem denkbaren Gesichtspunkt einen Anspruch auf Zuschlag an ihn herleiten. Die VOB/A sieht nur Regelungen zum Vergabeverfahren vor, begründet jedoch **keinen Kontrahierungszwang**, d. h.: Ein Auftraggeber kann zu jedem Zeitpunkt davon absehen, das Vergabeverfahren fortzusetzen und einen Zuschlag zu erteilen (BGH, Urt. v. 08.09.1998 – X ZR 48/97, BGHZ 139, 259, 268 ff. = BauR 1998, 1232, 1237 = NJW 1998, 3636, 3638 f.; BGH, Urt. v. 05.11.2002 – X ZR 232/00, BauR 2003, 240, 241 f. = VergabeR 2003, 163, 165; BGH, Urt. v. 16.12.2003 – X ZR 282/02, BauR 2004, 883 = NJW 2004, 2165, 2166 = VergabeR 2004, 480, 482). 328

2.4.4.2 Konkurrentenklage/Verhinderung des Zuschlags an Mitbieter

Auch wenn es keinen Anspruch auf Zuschlag gibt, ist jedoch ebenso festzustellen, dass sich ein Auftraggeber bei Vergaben, denen die VOB/A zugrunde liegt, einer entsprechenden Selbstbindung unterwirft. Infolgedessen ist er verpflichtet, sich an das dort geregelte Verfahren zu halten. Dies gilt auch für private Auftraggeber, soweit sie bei der Vergabe von Leistungen die VOB/A für anwendbar erklärt haben (s. dazu Rdn. 325 f.). Erfolgt demnach die Vergabe nach der VOB/A, könnte dies einen unterlegenen Bieter veranlassen, sich im Gerichtswege vor allem auf eine fehlerhafte Angebotswertung oder einen fehlerhaften Ausschluss unter Verstoß gegen die Regelungen der VOB/A zu berufen mit dem Ziel, dass er und nicht ein Mitbieter den Auftrag erhält (s. dazu auch ausführlich Scharen, VergabeR 2011, 653). 329

▶ **Beispiel**

Der preislich günstigere Bieter wird mangels Vorlage von Eignungsnachweisen von der ausschreibenden Gemeinde ausgeschlossen. Der Zuschlag geht an den preislich Zweitplatzierten. Der Erstplatzierte möchte sich dagegen wehren mit dem Ziel, dass die Gemeinde verpflichtet wird, ihm den Auftrag zu erteilen.

Mit einem solchen Begehren wird der Bieter zumindest in aller Regel keinen Erfolg haben. Zwar ist die Rechtswegfrage inzwischen geklärt: Denn obwohl die Vergabeentscheidung der öffentlichen Hand als Ausfluss rechtmäßigen Verwaltungshandelns in die Zuständigkeit der Verwaltungsgerichte fallen könnte, sind solche **Rechtsstreitigkeiten** dazu allein **vor den Zivilgerichten** auszutragen (BVerwG, Beschl. v. 02.05.2007 – 6 B 10/07, BauR 2007, 1282 = NJW 2007, 2275, 2276 = VergabeR 2007, 337; s. dazu eher kritisch Kallerhoff, NZBau 2008, 97). Dies ist aus Sicht der Bieter äußerst misslich. Denn anders als beim Verwaltungsgericht gilt bei der Zivilgerichtsbarkeit **kein Amtsermittlungsgrundsatz**. Dies hat zur Folge, dass der unterlegene Bieter in vollem Umfang die Darlegungs- und Beweislast dafür trägt, dass die Vergabeentscheidung zu seinen Lasten tatsächlich an schweren Fehlern leidet (OLG Brandenburg, Beschl. v. 17.12.2007 – 13 W 79/07, NZBau 2008, 207 = VergabeR 2008, 294, 296).

330 Ein Anspruch mit dem Ziel einer korrekten Vergabeentscheidung und der Zuschlagsverhinderung an einen Dritten wird darüber hinaus nur erreicht werden können, wenn eine Entscheidung der Gerichte vor der Zuschlagserteilung ergeht. Andernfalls ist das primäre Rechtsschutzziel, nämlich selbst in den Genuss des Auftrages zu kommen, nicht zu erreichen. Praktisch heißt das jedoch, dass eine ordentliche Zivilklage allein aufgrund ihrer Verfahrensdauer kein geeignetes Mittel ist; dies gilt umso mehr, als mangels vorliegender Verletzungshandlung in einem konkreten Vertragsverhältnis nicht einmal eine vorbeugende Unterlassungsklage gerichtet auf die Vermeidung zukünftiger Vergabeverstöße, die bei der Vergabestelle schon in der Vergangenheit anzutreffen waren, in Betracht kommt (BGH, Urt. v. 05.06.2012 – X ZR 161/11, Rz. 14, noch nicht veröffentl.). Geboten wäre daher vielmehr die **Beantragung einer einstweiligen Verfügung**, um damit zunächst den Zuschlag an den vermeintlich Erstplatzierten in einem konkreten Verfahren auszusetzen, bis in der Hauptsache ggf. eine korrekte Vergabeentscheidung getroffen wird (in diesem Sinne auch OLG Brandenburg, Beschl. v. 17.12.2007 – 13 W 79/07, NZBau 2008, 207 = Vergabe R 2008, 294, 296). Dem Grunde nach beständen dagegen auch keine Bedenken; zu berücksichtigen ist jedoch, dass das deutsche Recht – anders als bei Vergaben oberhalb der EU-Schwellenwerte (s. dazu sogleich Rdn. 377 ff.) – einen solchen Rechtsschutz gar nicht kennt. Diese unterschiedliche Herangehensweise wird sogar verfassungsrechtlich hingenommen. Es sei ausreichend, den unterlegenen Bieter im Einzelfall auf Schadensersatzansprüche zu verweisen (»**Dulde und liquidiere**«). Allenfalls dann, wenn sich im Rahmen der Selbstbindung der Verwaltung das Handeln der öffentlichen Hand als Verstoß gegen Art. 3 Abs. 1 GG herausstellen, d. h. sie vor allem den Bieter willkürlich ungleich behandeln würde, wäre ggf. ein weiter gehender Rechtsschutz zu gewährleisten (BVerfG, Beschl. v. 13.06.2006 – 1 BvR 1160/03, BauR 2007, 98, 102 = NJW 2006, 3701 [insoweit dort nicht abgedruckt] = NZBau 2006, 791 [insoweit dort nicht abgedruckt]). Aus dieser Rechtsprechung des Verfassungsgerichts wird nunmehr gefolgert, dass generell Vergabeentscheidungen unterhalb der EU-Schwellenwerte nur auf ihre **Willkürlichkeit hin zu überprüfen** seien. Ein Unterlassungsanspruch bestände nur dann, wenn der Auftraggeber vorsätzlich rechtswidrig, sonst in unredlicher Absicht oder jedenfalls in Bezug auf das Verfahren oder die Kriterien der Vergabe willkürlich gehandelt hätte (OLG Hamm, Urt. v. 12.02.2008 – 4 U 190/07, BauR 2008, 1503 [Ls.] = NZBau 2009, 344 [Ls.] = VergabeR 2008, 682, 683; OLG Brandenburg, Beschl. v. 13.9.2011 – 6 W 73/11, VergabeR 2012, 133, 135). Es komme darauf an, dass die Rechtsanwendung oder das Verfahren im konkreten Einzelfall unter keinem denkbaren Aspekt mehr rechtlich vertretbar seien und sich daher der Schluss aufdränge, dass sie auf sachfremden und damit willkürlichen Erwägungen beruht; es müsse mithin eine »krasse Fehlentscheidung« vorliegen (OLG Brandenburg, Beschl. v. 02.10.2008 – 12 U 91/08, BauR 2009, 983, 985).

331 Überzeugend ist diese Rechtsprechung nicht (vgl. auch Braun, NZBau 2008, 160, 161; Scharen, VergabeR 2011, 653, 655 f.). Denn letztlich hat das Bundesverfassungsgericht ja nicht gesagt, dass bei rechtswidrigen Vergaben unterhalb der Schwellenwerte »nur« eine Willkürkontrolle nach Art. 3 Abs. 1 GG stattzufinden habe. Geprüft wurde vielmehr lediglich, ob eine Verkürzung des Rechtsschutzes wegen unterbliebener Vorabmitteilung des ins Auge gefassten Bieters nach § 101a GWB (§ 13 VgV a. F.) bei einer Vergabe unterhalb der Schwellenwerte zulässig sei. Soweit demzufolge also noch vor Zuschlagsentscheidung eine Rechtsverletzung der Vergabestelle vorliegt, hätte

2.4 Ablauf der Vergabe nach der VOB/A – Abschnitt 1

dann – nach erteiltem Zuschlag – der Bieter unter bestimmten weiteren Voraussetzungen anerkanntermaßen einen Anspruch auf Schadensersatz (s. dazu sogleich Rdn. 332 ff.). Anspruchsgrundlage ist hier aufgrund der Tatsache, dass sich die Vergabestelle selbst an die VOB/A gebunden hat und dann im Wege der Selbstbindung gegen diese Regelungen verstößt, §§ 311 Abs. 2, 241, 280 BGB. Dauert aber – vor Zuschlagserteilung – diese Verletzungshandlung bzw. der pflichtwidrig geschaffene Zustand an, ist wie auch sonst bei vergleichbaren Fällen (vgl. etwa BGH, Urt. v. 12.01.1995 – III ZR 136/93 NJW 1995, 1284, 1285; Palandt/Grüneberg, § 280 Rn. 33) anerkannt, dass dem Betroffenen zur **Abwehr einer ihn sonst treffenden Rechtsverletzung Unterlassungsansprüche** zustehen, die **notfalls mit einer einstweiligen Verfügung** durchgesetzt werden können (in diesem Sinne auch OLG Jena, Urt. v. 08.12.2008 – 9 U 431/08, BauR 2009, 1023 [Ls.] = NZBau 2009, 208 [Ls.] = VergabeR 2009, 524, 527; OLG Düsseldorf, Urt. v. 19.10.2011 – 27 W 1/11, VergabeR 2012, 669, 670 = ZfBR 2012, 505, 506; wohl auch Scharen, VergabeR 2011, 653, 654; OLG Saarbrücken, Urt. v. 13.06.2012 – 1 U 357/11, IBR 2012, 469; i. E. ebenso OLG Düsseldorf, Urt. v. 13.01.2010 – I-27 U 1/09, BauR 2010, 560 [Ls.] = NZBau 2010, 328, 329, das nicht einmal einen Rückgriff auf § 280 Abs. 1 BGB für notwendig erachtet). Dies vorausgeschickt müsste der Bieter dann wenigstens die Voraussetzungen für einen solchen Schadensersatzanspruch darlegen und glaubhaft machen. Das heißt weiter, dass er auch glaubhaft machen müsste, dass er bei Einhaltung der VOB/A eine echte Chance auf Erhalt des Zuschlags gehabt hätte (s. dazu unten Rdn. 337 ff.; wie hier OLG Jena, a. a. O.; OLG Brandenburg, Urt. v. 29.05.2008 – 12 U 235/07, BauR 2009, 297 [Ls.] = NZBau 2008, 735 = 736). Dies ist deshalb notwendig, weil er ja mit der im Wege des einstweiligen Rechtsschutzes begehrten Unterlassungsverfügung sich genau diese Zuschlagschance noch erhalten will; dann aber muss sie auch bestehen (s. dazu auch Braun, VergabeR 2009, 528, 529). Ob es dem Bieter gelingt, all diese Voraussetzungen für seinen mit einer einstweiligen Verfügung durchzusetzenden Anspruch auf Unterlassung der Zuschlagserteilung an einen Dritten glaubhaft zu machen, ist allerdings schon mangels Akteneinsicht und trotz einer ggf. bestehenden sekundären Darlegungslast des öffentlichen Auftraggebers eine andere Frage. Sie hat mit der grundsätzlichen Zulässigkeit einer einstweiligen Verfügung nichts zu tun. Das aber heißt auf der anderen Seite: Solange eine solche Verfügung nicht vorliegt, **kann die Vergabestelle ohne Einschränkung den Auftrag an den Dritten erteilen**. Hiervon muss der unterlegene Bieter nicht einmal etwas erfahren.

2.4.4.3 Anspruch auf Schadensersatz

Schadensersatzansprüche aus Delikt, insbesondere aus § 823 Abs. 2 BGB, scheiden bei reinen Vergabeverstößen in der Regel aus, da es sich bei der VOB/A zumindest in ihrem Abschnitt 1 um kein Schutzgesetz handelt. Schadensersatzansprüche aus § 826 BGB mögen unberührt bleiben, soweit tatsächlich der Auftraggeber im Vergabeverfahren ausnahmsweise eine sittenwidrige Schädigung begehen sollte. Ebenso entfallen **vertragliche Schadensersatzansprüche**. Dies liegt auf der Hand: Denn mit dem Vergabeverfahren soll ja erst ein Vertrag zustande kommen. Infolgedessen kann ein Auftraggeber bei Verstößen gegen die VOB/A gleich aus welchem Rechtsgrund allenfalls wegen **Verletzung eines vorvertraglichen Schuldverhältnisses** gemäß §§ 311 Abs. 2, 241 Abs. 2, 280 Abs. 1 BGB (ehemals culpa in contrahendo) haften. Dabei dürfte heute unstreitig sein, dass es zwischen Bieter und Auftraggeber/Vergabestelle bei Durchführung eines Vergabeverfahrens nach der VOB/A zu einem vorvertraglichen Schuldverhältnis dahin gehend kommt, dass sich der Auftraggeber an das dort geregelte Verfahren halten wird. Verletzt er schuldhaft die ihm daraus obliegenden Pflichten, ist somit in der Regel ein entsprechender Schadensersatzanspruch des Bieters dem Grunde nach zu bejahen (vgl. nur BGH, Urt. v. 08.09.1998 – X ZR 48/97, BGHZ 139, 259, 262 = BauR 1998, 1232, 1234 = NJW 1998, 3636, 3637; BGH, Urt. v. 12.06.2001 – X ZR 150/99, BauR 2001, 1633 = NJW 2001, 3698, 3700 = VergabeR 2001, 293, 297; BGH, Urt. v. 05.11.2002 – X ZR 232/00, BauR 2003, 240, 241 f. = VergabeR 2003, 163, 165; BGH, Urt. v. 16.12.2003 – X ZR 282/02, BauR 2004, 883 = NJW 2004, 2165 = VergabeR 2004, 480, 482; BGH, Urt. v. 03.04.2007 – X ZR 19/06, BauR 2007, 1619 = NZBau 2007, 523, 524 = VergabeR 2007, 750, 751; BGH, Urt. v. 09.06.2011 – X ZR 143/10, BGHZ 190, 89 = BauR 2011, 1813, 1814 = NZBau 2011, 498, 499 = VergabeR 2011, 703). Dies gilt selbst dann, wenn der betreffende Bieter in einem fehlerhaften

332

Vergabeverfahren sogar den Zuschlag erhalten hat, ihm aber gleichwohl durch die Verletzung der VOB/A ein Schaden entstanden ist (BGH, Urt. v. 26.01.2010 – X ZR 86/08, NZBau 2010, 387, 388).

333 Für die einen Schadensersatzanspruch auslösende Pflichtverletzung ist es einerlei, wann bzw. zu welchem Zeitpunkt sie begangen wurde. Denkbar sind z. B. folgende Pflichtverletzungen als Grundlage eines Schadensersatzanspruchs (vgl. auch Weyand, Rn. 47; Leinemann, Vergabe öffentlicher Aufträge, Rn. 284):
- Verletzung der allgemeinen in § 2 VOB/A niedergelegten Grundsätze von Vergabeverfahren.
- Wahl der falschen Vergabeart (BGH, Urt. v. 27.11.2007 – X ZR 18/07, VergabeR 2008, 219, 220 f.).
- Aufstellung einer grob unklaren oder falschen Leistungsbeschreibung unter Verstoß gegen die Vorgaben von § 7 VOB/A durch den Auftraggeber.
- Unterbleibende Mitteilung der Vergabestelle an den Bieter über für diesen nicht erkennbare Umstände, die die Erteilung des Zuschlags infrage stellen (BGH, Urt. v. 27.06.2007 – X ZR 34/04, BGHZ 173, 33 = BauR 2007, 1939 = NJW 2008, 366, 368).
- Aufhebung der Ausschreibung, obwohl kein Grund nach § 17 VOB/A vorgelegen hat.

334 Lässt sich die einen Schadensersatzanspruch nach §§ 311 Abs. 2, 241 Abs. 2, 280 Abs. 1 BGB auslösende Pflichtverletzung des Auftraggebers bei Vergabeverstößen in der Regel einigermaßen verlässlich feststellen, kommt es entgegen früherer Rechtsauffassung (s. dazu noch BGH, Urt. v. 08.09.1998 – X ZR 99/96, BGHZ 139, 280, 283 = BauR 1998, 1238, 1240 = NJW 1998, 3640, 3642; BGH, Urt. v. 18.09.2007 – X ZR 89/04, BauR 2008, 572 [Ls.] = NZBau 2008, 137; BGH, Urt. v. 27.11.2007 – X ZR 18/07, BauR 2008, 883 [Ls.] = VergabeR 2008, 219, 224) **nicht** mehr darauf an, dass der Bieter **wenigstens auf die Rechtmäßigkeit des Vergabeverfahrens vertraut** hat (nicht ganz eindeutig dazu allerdings Leinemann, Vergabe öffentlicher Aufträge, Rn. 289 bzw. dagegen 291). Diese Rechtsprechung ist mit der Einfügung des ehemals gewohnheitsrechtlich abgeleiteten Schadensersatzanspruchs in das BGB überholt, das einen solchen gesonderten Vertrauenstatbestand nicht mehr kennt (BGH, Urt. v. 09.06.2011 – X ZR 143/10, BGHZ 190, 89 = BauR 2011, 1813, 1815 = NZBau 2011, 498 = VergabeR 2011, 703, 705).

> **Beispiel (nach BGH, a. a. O.)**
>
> Der Auftraggeber schreibt Leistungen aus, bei deren Wertungsmatrix Eignungs- und Wirtschaftlichkeitskriterien miteinander vermengt werden. Dies ist offensichtlich unzulässig, weswegen das Verfahren später aufgehoben wird. Für die Schadensersatzpflicht des Auftraggebers aus dieser vergaberechtswidrigen Vorgehensweise kommt es nicht mehr darauf an, ob der Bieter diesen Fehler erkannt (und sich trotzdem an dem Vergabeverfahren beteiligt) hat.

Für die Schadensersatzpflicht genügt es stattdessen, dass die **Vergabestelle sich vergaberechtswidrig verhalten** und deswegen dem Bieter ein Schaden entstanden ist (BGH, a. a. O.).

335 Nicht selten fallen vom Bieter geltend gemachte Schadensersatzansprüche mit der Aufhebung eines Vergabeverfahrens zusammen. Letztere wiederum erfolgt deswegen großzügig, um gerade Versäumnisse in einem Vergabeverfahren zu beheben und das in einem neu gestalteten Vergabeverfahren zu vermeiden. Für dagegen stehende Schadensersatzansprüche von Bietern ist danach allerdings zu unterscheiden:
- **Rechtmäßige Aufhebung des Vergabeverfahrens**
  Vorstellbar ist zunächst, dass der Auftraggeber das Vergabeverfahren wegen nicht absehbarer Entwicklungen zurecht aufhebt (s. zu den Aufhebungsgründen oben Rdn. 313 ff.). Dies schließt Schadensersatzansprüche aus (BGH, Urt. v. 08.09.1998 – X ZR 99/96, BauR 1998, 1238, 1240 = NJW 1998, 3640, 3642; Leinemann, Vergabe öffentlicher Aufträge, Rn. 286).
- **Aufhebung der Vergabe wegen vom Auftraggeber zu vertretendem Aufhebungsgrund**
  Nicht selten wiegt ein Versäumnis der Vergabestelle im Vergabeverfahren so schwer, dass nur noch eine Aufhebung des Verfahrens insgesamt in Betracht kommt. Dies gilt etwa in dem in vorgenannter Rdn. 334 genannten Beispiel, in dem vergaberechtswidrig Eignungs- und Wirtschaftlichkeits-

kriterien bei der Bewertung vermengt wurden. Wird daraufhin das Vergabeverfahren aufgehoben, erfolgt dies gleichwohl ohne Rechtfertigung nach § 17 VOB/A – mit der Folge, dass dann Schadensersatzansprüche in Betracht kommen (vgl. u. a. BGH, Urt. v. 9.6.2011 – X ZR 143/10, BGHZ 190, 89 = BauR 2011, 1813, 1814 = NZBau 2011, 498, 499 = VergabeR 2011, 703). Alles andere wäre auch wenig nachvollziehbar: Denn sonst hätte es der Auftraggeber in der Hand, ohne Risikobehebung sogar möglichst schwere Fehler in die Vergabeunterlagen einzupflegen, um sich anschließend etwaigen nachteilhaften Bindungen durch eine spätere Aufhebung des Verfahrens wieder zu entziehen (Weyand, Rn. 51)
- **Unzulässige Aufhebung des Verfahrens**
Nichts anderes kann natürlich gelten, wenn die Vergabestelle von sich aus ohne Grund – ggf. gerade zur Vermeidung von Schadensersatzansprüchen – das Vergabeverfahren aufhebt.

> **Beispiel (nach BGH, Urt. v. 08.09.1998 – X ZR 48/97, BGHZ 139, 259 = BauR 1998, 1232 = NJW 1998, 3636)**
>
> Ein Bundesland schreibt ein größeres Bauvorhaben aus. Die Finanzierung ist zu keinem Zeitpunkt gesichert. Als die Angebote eingehen, sieht das beauftragende Bundesland von einer Vergabe ab und hebt die Ausschreibung auf.

Unstreitig sind Schadensersatzansprüche gegeben; denn hier hätte mangels gesicherter Finanzierung noch gar kein Vergabeverfahren durchgeführt werden dürfen (vgl. § 2 Abs. 5 VOB/A).

Im Zusammenhang mit den objektiven Voraussetzungen für einen Schadensersatzanspruch eines unterlegenen Bieters sind sodann noch zwei weitere Einwände des Auftraggebers zu prüfen: 336
- **Kein zuschlagsfähiges Angebot**
Zunächst könnte es darauf ankommen, dass der Bieter wenigstens überhaupt ein zuschlagsfähiges Angebot abgegeben hat. Denn wenn sein Angebot ohnehin keine Aussicht auf Erfolg gehabt hätte, käme es möglicherweise auf irgendwelche weiter gehenden Schadensersatzansprüche gar nicht mehr an (in diesem Sinne etwa Weyand, Rn. 43). Dies lässt sich jedoch in dieser Allgemeinheit nicht sagen und bedarf vielmehr der jeweiligen Prüfung im Einzelfall. Sie gewinnt vor allem an Bedeutung, wenn das Vergabeverfahren später wegen eines schweren Vergabefehlers des Auftraggebers aufgehoben wird (vgl. zuletzt BGH, Urt. v. 09.06.2011 – X ZR 143/10, BGHZ 190, 89 = BauR 2011, 1813, 1814 = NZBau 2011, 498, 500 = VergabeR 2011, 703).

> **Beispiel (nach BGH, Urt. v. 27.11.2007 – X ZR 18/07, VergabeR 2008, 219, 223 f.)**
>
> Die Vergabe wird fälschlicherweise nicht europaweit ausgeschrieben und deswegen aufgehoben. Der Bieter lag nur auf Platz 2, hätte also ohnehin den Zuschlag nicht erhalten. Hier kommt ein Schadensersatzanspruch gleichwohl in Betracht, wenn er darlegen kann, dass er in Kenntnis der tatsächlichen Umstände entweder kein oder ein Angebot unter anderen Voraussetzungen abgegeben hätte.

- **Einwand des rechtmäßigen Alternativverhaltens**
Beachtlich könnte weiter der Einwand des Auftraggebers sein, dass er zwar einem anderen Bieter den Zuschlag erteilt hat, bei Kenntnis des gesamten Sachverhaltes aber die Vergabe hätte zu Recht aufheben können. Dieser sog. Einwand des rechtmäßigen Alternativverhaltens würde einem Schadensersatzanspruch in der Tat die Grundlage entziehen (vgl. in diesem Sinne BGH, Urt. v. 25.11.1992 – VIII ZR 170/91, BGHZ 120, 281, 285 ff. = BauR 1993, 214, 216 = NJW 1993, 520, 521 f.). Im Grunde genommen ist dies richtig und könnte theoretisch dazu führen, dass dem Auftraggeber ggf. auch erst im Nachhinein erst »in den Sinn kommt«, dass möglicherweise in einem laufenden Vergabeverfahren ein Grund bestanden hat, der ihn zu dessen Aufhebung berechtigte, womit er dann etwaigen Schadensersatzpflichten ausweichen kann. Vor einer Beliebigkeit dieses Einwandes kann allerdings nur gewarnt werden – zumal er in der Praxis auch nur sehr restriktiv anerkannt wird. Zumindest wird nämlich der Auftraggeber darzulegen und zu beweisen haben, dass er bei Kenntnis etwa eines Aufhebungsgrundes tatsächlich dann auch den alternativen Erfolg (i. e. die Aufhebung des Verfahrens) herbeigeführt hätte. Dass er diesen Erfolg

hätte herbeiführen können, reicht regelmäßig nicht aus. Konkret heißt das für ein laufendes Vergabeverfahren: Der Auftraggeber müsste zur Berechtigung seines Einwandes des rechtmäßigen Alternativverhaltens darlegen, dass – das Vorliegen eines Aufhebungsgrundes unterstellt – er die Ausschreibung auch hätte aufheben müssen oder **zumindest in einer geübten Praxis eine Ausschreibung bei vergleichbaren Fehlern üblicherweise aufhebt** (BGH, a. a. O.; s. sehr restriktiv auch BGH, Urt. v. 05.06.2012 – X ZR 161/11, Rz. 13, noch nicht veröffentl.).

337 Liegen die objektiven Voraussetzungen für eine einen Schadensersatzanspruch auslösende Pflichtverletzung des Auftraggebers vor, muss der Bieter weiter **darlegen**, dass ihm gerade infolge des festgestellten Vergabeverstoßes **konkret ein Schaden entstanden** ist. Dieser Nachweis wird maßgeblich davon abhängen, welchen Schaden er geltend macht:

- **Angebotserstellungskosten u. a.**

338 Geht es allein um einen Ersatz für die Angebotserstellungskosten (**negative Interesse**), wird der unterlegene Bieter darzulegen haben, dass er bei einem ordnungsgemäßen Vergabeverfahren den Auftrag erhalten bzw. eine realistische Chance auf den Zuschlag gehabt hätte (vgl. BGH, Urt. v. 08.09.1998 – X ZR 48/97, BGHZ 139, 259, 263 f. = BauR 1998, 1232, 1234 f. = NJW 1998, 3636, 3637; BGH, Urt. v. 27.06.2007 – X ZR 34/04, BGHZ 173, 33 = NJW 2008, 366, 368). Ausreichend ist allerdings auch die Darlegung, dass er sich bei vorheriger Kenntnis von der Nichteinhaltung der Vergabevorschriften durch die ausschreibende Stelle an dem Wettbewerb gar nicht beteiligt hätte (BGH, Urt. v. 27.11.2007 – X ZR 18/07, VergabeR 2008, 219, 224; BGH, Urt. v. 09.06.2011 – X ZR 143/10, BGHZ 190, 89 = BauR 2011, 1813, 1815 = NZBau 2011, 498, 500 = VergabeR 2011, 703, 705).

Neben den Angebotserstellungskosten im engeren Sinne sind danach auch sonstige Kosten im Zusammenhang mit der Angebotsabgabe erstattungsfähig, so z. B. Beratungskosten eines Rechtsanwalts zur Prüfung der Vergabeunterlagen und eines ggf. vergaberechtswidrigen Verhaltens der ausschreibenden Stelle. Dies gilt auch dann, wenn der Bieter nicht zuvor bei der Vergabestelle nachgefragt hat. Denn hier geht es um allgemeine Rücksichtnahmepflichten, die in jedem Fall auch ohne Mahnung, Rüge o. ä. zu erfüllen sind (BGH, a. a. O.).

- **Entgangener Gewinn**

339 Geht es dem berechtigten Bieter nicht nur um einen Anspruch auf das negative Interesse (vor allem die Angebotsausarbeitungskosten), sondern um einen weiter gehenden Anspruch auf Ersatz des entgangenen Gewinns (**positive Interesse**), sind die Anforderungen an die Darlegungen des Bieters deutlich höher. Denn hier wird er neben dem Vergaberechtsverstoß weiter gehend noch die beiden folgenden Punkte darlegen (und zu beweisen) haben (vgl. dazu nur BGH, Urt. v. 03.04.2007 – X ZR 19/06, BauR 2007, 1619 = NZBau 2007, 523, 524 = VergabeR 2007, 750, 751; BGH, Urt. v. 16.12.2003 – X ZR 282/02, BauR 2004, 883 = NJW 2004, 2165 = VergabeR 2004, 480, 481 f.; BGH, Urt. v. 08.09.1998 – X ZR 48/97, BGHZ 139, 259, 268 = BauR 1998, 1232, 1236 = NJW 1998, 3636, 3638; BGH, Urt. v. 08.09.1998 – X ZR 99/96, BGHZ 139, 280, 284 = BauR 1998, 1238, 1240 = NJW 1998, 3640, 3641):

– Zunächst muss der Bieter darlegen und beweisen, dass er bei einem ordnungsgemäßen Vergabeverfahren auf sein Angebot nach einem dem Auftraggeber zustehenden Wertungsspielraum den Zuschlag hätte erhalten können (BGH, Urt. v. 27.11.2007 – X ZR 18/07, BauR 2008, 883 [Ls.] = VergabeR 2008, 219, 222).

> ▶ **Beispiel**
>
> Ein nach der ordnungsgemäßen Wertung auf Platz 2 gelegener Bieter kann danach – selbst bei einem später wegen sonstiger Fehler aufgehobenen Verfahren – keinen entgangenen Gewinn verlangen.

Dies gilt ebenso in den Fällen, in denen der Bieter sogar den Zuschlag erhalten, er aber jetzt einen Schaden wegen eines vor Vergabe begangenen Fehlers der Vergabestelle (z. B. Verletzung einer Aufklärungspflicht) erlitten hat: Auch hier müsste er noch belegen, dass er bei ordnungsgemäßer Vergabe ebenfalls noch den Zuschlag erhalten hätte (BGH, Urt. v. 26.01.2010 – X ZR 86/08, NZBau 2010, 387, 388).

– Ferner kommt es für einen Schadensersatzanspruch mit einem Ersatz des entgangenen Gewinns darauf an, dass die Vergabestelle den ausgeschriebenen Auftrag tatsächlich erteilt hat. Insbesondere die zweite Voraussetzung ist aus Sicht des übergangenen Bieters in der Praxis besonders schwerwiegend. Dies wiederum beruht darauf, dass wie schon erläutert Auftraggeber, die Fehler in einem Vergabeverfahren gemacht haben, vielfach dazu neigen, **zur Vermeidung von Schadensersatzansprüchen ein Vergabeverfahren vorrangig aufzuheben**. Dies schließt zwar einen Schadensersatzanspruch gerichtet auf das negative Interesse nicht aus (s. dazu oben Rdn. 337). Ein darüber hinausgehender **Anspruch auf das positive Interesse** kommt dagegen nur dann in Betracht, wenn die Aufhebung des Vergabeverfahrens tatsächlich nur »zum Schein« erfolgte, d. h. das Verfahren anschließend zu im Wesentlichen denselben Eckpunkten erneut durchgeführt wird (BGH, Urt. v. 08.09.1998 – X ZR 99/96, BauR 1998, 1238, 1245 = NJW 1998, 3640, 3644; Kapellmann/Messerschmidt/Glahs, VOB/A § 17 Rn. 34 m. w. N.; s. dazu auch Weyand, Rn. 62 ff.). Ansonsten scheiden diese Ansprüche im Wesentlichen aus, und zwar auch gegenüber dem Bieter, der nach der Wertung das objektiv günstigste und annehmbarste Angebot abgegeben hatte. Denn ein Anspruch auf Ersatz des entgangenen Gewinns setzt voraus, dass der begünstigte Bieter rechtlich ein schutzwürdiges Vertrauen darauf gehabt hat, nach Abschluss des Vergabeverfahrens den Zuschlag zu erhalten. Ein solches schutzwürdiges Vertrauen kann aber nicht einmal bei dem bestplatzierten Bieter anzunehmen sein, wenn der Zuschlag niemals erteilt wird. Dies wiederum beruht darauf, dass die VOB/A zu keinem Zeitpunkt – unabhängig von etwaigen in § 17 Abs. 1 VOB/A vorgesehenen Aufhebungsgründen – den Auftraggeber verpflichtet, tatsächlich einen Zuschlag zu erteilen. Es gibt also auch insoweit **keinen Kontrahierungszwang** (BGH, a. a. O. sowie oben Rdn. 313 ff.). Wird demnach das Vorhaben wegen eines schwerwiegenden Verstoßes gegen die VOB/A nicht vergeben, verbleibt es selbst bei dem bestplatzierten Bieter bei seinem Schadensersatzanspruch, der allein auf das negative Interesse gerichtet sein kann (vgl. in diesem Sinne auch BGH, Urt. v. 16.12.2003 – X ZR 282/02, BauR 2004, 883 = NJW 2004, 2165 = VergabeR 2004, 480, 481 f.; BGH, Urt. v. 27.06.2007 – X ZR 34/04, BGHZ 173, 33 = NJW 2008, 366, 368). Allerdings wäre dies natürlich anders, wenn der Auftrag nach einer zunächst rechtswidrigen Aufhebung des Verfahrens später doch noch vergeben wird.

Anders als bei Vergaben oberhalb der EU-Schwellenwerte (s. dazu sogleich Rdn. 385 ff.) setzt ein Schadensersatzanspruch nach § 280 Abs. 1 BGB in diesem Zusammenhang grundsätzlich ein **Verschulden der Vergabestelle** voraus (vgl. § 280 Abs. 1 S. 2 BGB). Dies kann im Vergabeverfahren, das z. T. unter einem erheblichen Zeitdruck steht, durchaus fehlen.

▶ **Beispiel (nach BGH, Urt. v. 20.01.2009 – X ZR 113/07, BauR 2009, 971 = NZBau 2009, 262 = VergabeR 2009, 448)**

Ein Bieter gewährt in seinem Angebot Preisnachlässe, die er unzulässigerweise nicht an der in den Vergabeunterlagen festgelegten Stelle aufführt. Deswegen hätten diese nach § 16 Abs. 9 VOB/A nicht gewertet werden dürfen. Trotzdem erteilt die Vergabestelle diesem Bieter den Zuschlag, nachdem sie sich zu dieser Frage der Wertung zuvor ein Rechtsgutachten eingeholt hatte. Ein nicht zum Zuge gekommener Bieter, der ohne diese Preisnachlässe auf Platz 1 gelegen hätte, macht nunmehr Schadensersatzansprüche geltend.

Diese lehnte der BGH ab. Zwar sei die Wertung unzulässig gewesen. Allerdings fehle es an einem Verschulden, weil die Vergabestelle nach Einholung eines Rechtsgutachtens, das auch rechtlich vertretbar gewesen wäre, keine Pflichtverletzung vorzuwerfen wäre (BGH, Urt. 20.01.2009 – X ZR 113/07, BauR 2009, 971, 973 = NZBau 2009, 262, 264 = VergabeR 2009, 448, 450).

Bei hiernach dem Grunde nach bestehenden Schadensersatzansprüchen ist immerhin nicht auszuschließen, dass diese auf der anderen Seite wegen eines **Mitverschuldens des Bieters** zu kürzen sein können (§ 254 BGB). Dies gilt vor allem, wenn der Bieter den Verstoß positiv erkannt und trotzdem die Entstehung eines Schadens nicht verhindert hat. Doch kommt es nicht nur auf die positive Kenntnis an; vielmehr kann im Rahmen eines Mitverschuldens auch zu berücksichtigen sein, dass er Verstöße insbesondere gegen die VOB/A im Rahmen einer ihm zumutbaren Prüfung hätte erkennen können, so dass etwaige Schäden z. B. durch eine Nachfrage bei der Vergabestelle bereits dem Grunde nach hätten vermieden werden können. Auch kann davon ausgegangen werden, dass eine Vergabestelle eine an sie herangetragene Rüge wegen eines konkreten Verstoßes gegen die Vorgaben der VOB/A ernst genommen und im Anschluss daran z. B. den Text einer ggf. unklaren Leistungsbeschreibung im Sinne der VOB/A konkretisiert hätte. Der BGH (Urt. v. 09.06.2011 – X ZR 143/10, BGHZ 190, 89 = BauR 2011, 1813, 1814 = NZBau 2011, 498, 500 = VergabeR 2011, 703, 705) hat sich bisher mit dieser Frage eines Mitverschuldens nicht befasst; er hat sich lediglich darauf beschränkt festzustellen, dass ein hiernach gegebener Schadensersatzanspruch ein positives schutzwürdiges Vertrauen nicht mehr als tatbestandliche Voraussetzung verlangt, bei dessen Fehlen ein Schadensersatzanspruch vollständig ausgeschlossen wäre. Dies schließt allerdings die Berücksichtigung eines subjektiv ebenso dem Bieter im Zusammenhang mit der Entstehung und Höhe eines Schadens vorwerfbaren Verhaltens nicht aus. Denn tatsächlich handelt es sich bei § 254 BGB nur um eine gesonderte Ausprägung des in § 242 BGB festgelegten **Grundsatzes von Treu und Glauben** mit dem allgemeinen **Gebot der eigenen Interessenwahrnehmung** bzw. der Verletzung einer gegen sich selbst bestehenden Obliegenheit. Sie beruht auf der Überlegung, dass jemand, der diejenige Sorgfalt außer Acht lässt, die nach Lage der Sache erforderlich erscheint, um sich selbst vor Schaden zu bewahren, auch den Verlust oder die Kürzung seiner Ansprüche hinnehmen muss. Denn andernfalls wäre es gerade im Verhältnis zwischen Schädiger und Geschädigtem unbillig, dass jemand für den von ihm erlittenen Schaden trotz eigener Mitverantwortung vollen Ersatz fordert (s. dazu umfassend BGH, Urt. v. 18.04.1997 – V ZR 28/96, BGHZ 135, 235, 240 = BauR 1997, 890 [Ls.] = NJW 1997, 2234, 2235 m. zahlr. Nachw.; zuletzt auch BGH, Urt. v. 27.11.2008 – VII ZR 206/06, BGHZ 179, 55, 66 = BauR 2009, 515, 519 = NJW 2009, 582, 585 = NZBau 2009, 185, 188; ebenso schon BGH, Urt. v. 29.04.1953 – VI ZR 63/52, BGHZ 9, 316, 318; Münch. Komm./Oetker, § 254 Rn. 3).

343 Was das in einem laufenden Vergabeverfahren konkret heißt, kann allerdings nur im Einzelfall entschieden werden.

▶ **Beispiel (nach BGH, Urt. v. 09.06.2011 – X ZR 143/10, a. a. O.)**

Wärend eines Vergabeverfahrens bestehen berechtigte Zweifel an der vergaberechtskonformen Ausgestaltung der Vergabeunterlagen. Allein schon wegen eines erheblichen Zeitdrucks im Verfahren dürfte sich ein Bieter nunmehr ohne weitere Rüge sofort anwaltlicher Hilfe bedienen. Diese Kosten wären auch – eine vergaberechtswidrige Ausschreibung unterstellt – in vollem Umfang erstattungsfähig.

Ähnliches gilt bei Verstößen vor allem gegen die allgemeinen Grundsätze des Vergaberechts, die von einem Auftragnehmer in der Regel gar nicht ohne Weiteres überblickt werden können.

▶ **Beispiel**

Der Auftraggeber schreibt ein Straßenbauvorhaben aus. Obwohl die Terminüberschreitung keine erheblichen Nachteile verursacht, sieht er entgegen § 9 Abs. 5 VOB/A eine Vertragsstrafe vor. Ein Auftragnehmer wird dies in einem Vergabeverfahren in aller Regel nicht einschätzen können. Daher kommt es schon deshalb für ein ihn ggf. treffendes Mitverschulden nicht darauf an, dass er nach pflichtgemäßer Prüfung der Vergabeunterlagen den Auftraggeber auf diese VOB-widrige Forderung nach einer Vertragsstrafe aufmerksam macht mit dem Ziel, auf diese zu verzichten, sodass sie dann nach einem Zuschlag erst gar nicht Vertragsbestandteil wird (anders noch BGH, Urt. v. 30.03.2006 – VII ZR 44/05, BGHZ 167, 75, 81 = BauR 2006, 1128, 1130 = NJW 2006, 2555, 2556, der noch zusätzlich auf einen Vertrauenstatbestand abstellte).

Aber es sind natürlich andere Sachverhalte denkbar. Dies betrifft insbesondere Pflichtverletzungen des Auftraggebers bei der Gestaltung der Vergabeunterlagen im Zusammenhang mit erkennbar unrichtigen, unklaren oder unvollständigen Leistungsbeschreibungen, soweit hier Fehler z. B. durch einfache Nachfragen ohne Weiteres behoben werden können. Hier käme eine Anspruchskürzung wegen eines Mitverschuldens in Betracht, wenn der Auftragnehmer nicht versucht, diese

Unklarheiten im Vorfeld aufzulösen – was dann auch durchweg zu angemessenen Ergebnissen führt. Die Folgen daraus betreffen dann allerdings nicht mehr das Vergabeverfahren selbst (weil ein Bieter den Zuschlag ja erhalten hat), sondern zeigen sich erst bei der weiteren Vertragsabwicklung – vor allem dann, wenn es um Nachträge geht. Dies soll demzufolge in diesem Buch auch erst an anderer Stelle behandelt werden (s. dazu Rdn. 1923 ff.).

2.4.4.4 Weitere Rechte des unterlegenen Bieters

Neben den Schadensersatzansprüchen sowie einem möglicherweise einzuleitenden Verfahren des einstweiligen Rechtsschutzes zur Verhinderung der Auftragserteilung an einen Dritten sieht die VOB/A noch verschiedene weitere Möglichkeiten vor, mit denen ein unterlegener Bieter versuchen kann, einen Vergabeverstoß zu beseitigen oder ggf. sogar zu verhindern. Insoweit bietet sich zunächst die Möglichkeit des unterlegenen oder benachteiligten Bieters an, **bei der Vergabebehörde eine Gegenvorstellung** einzureichen. Ebenso denkbar ist eine **Dienstaufsichtsbeschwerde** an die übergeordnete Behörde. Diese tritt dann in eine Überprüfung ein und kann die nachgeordnete Vergabebehörde zur Abhilfe anweisen. Ein solches Einschreiten ist allerdings gerichtlich nicht zu erzwingen.

344

Geht es allein um Verstöße gegen die VOB/A, kann sich ein unterlegener Bieter insbesondere bei Vergaben unterhalb der Schwellenwerte auch an die in den Ländern und auf Bundesebene eingerichteten **VOB-Beratungsstellen** wenden, die sich durchaus bewehrt haben. Sie sind im Internet abrufbar unter www.vob-online.de. Die diesbezüglichen Beratungsstellen wurden auf Initiative der Bauwirtschaft gegen Missstände bei An- und Nichtanwendung der VOB aus Anlass von Ausschreibungen und Vergaben von Bauleistungen durch die öffentliche Hand eingerichtet. Sie sind meistens paritätisch von der öffentlichen Auftraggeber- und Auftragnehmerseite besetzt. Allerdings handelt es sich bei diesen nicht um eine Institution, denen irgendeine Weisungsbefugnis zukäme. Ihr Auftrag geht lediglich dahin, in allen an sie herangetragenen Fällen eine Stellungnahme abzugeben, deren Qualität so hochwertig sein soll, dass sie von den Parteien anerkannt wird. Dieses Ziel wird von manchen VOB-Beratungsstellen weitgehend erreicht, was auch in der Praxis seinen Niederschlag findet. Sie können zumindest in vielen Fällen helfen, Streitigkeiten zwischen Auftraggeber und Auftragnehmer zu vermeiden oder zu beseitigen. Diesbezügliche Entscheidungen werden teilweise auch veröffentlicht.

345

Neben den VOB-Beratungsstellen sieht die VOB/A gesondert sogenannte **Nachprüfungsstellen** vor (§ 21 VOB/A), die der öffentliche Auftraggeber bei der Bekanntmachung in den Vergabeunterlagen anzugeben hat (vgl. § 8 Abs. 1 Nr. 2, § 12 Abs. 1 Nr. 2 lit. w) VOB/A). Ziel dieser Nachprüfungsstellen ist es, eine Anlaufadresse für Bewerber oder Bieter zu schaffen, wenn aus deren Sicht Auftraggeber in einem Vergabeverfahren gegen die Vorgaben der VOB/A verstoßen. Dabei handelt es sich zumindest in der Regel bei den Nachprüfungsstellen um die der **Vergabestelle übergeordnete Fach- oder Rechtsaufsichtsbehörde**. Die Nachprüfungsstellen besitzen die Befugnis, vorgetragene Sachverhalte aufzuklären und im Rahmen ihrer Sachbefugnis alle geeigneten Maßnahmen zu treffen, um Vergaberechtsverstöße abzustellen. Gegebenenfalls können sie die ihr nachgeordnete Vergabestelle auch anhalten, einen Zuschlag einstweilen nicht zu erteilen oder das Vergabeverfahren auszusetzen. Allerdings hat die Anrufung einer Nachprüfungsstelle keine aufschiebende Wirkung, soweit die Nachprüfungsstelle diese nicht selbst verfügt. Sodann ist anzumerken, dass die diesbezügliche Regelung in § 21 VOB/A zu der Einrichtung der Nachprüfungsstelle ausschließlich für Vergaben unterhalb der EU-Schwellenwerte gilt (vgl. Rdn. 215 ff.). Bei Vergaben oberhalb der Schwellenwerten treten anstelle der Nachprüfungsstellen die in der Vergabebekanntmachung bekannt zu machenden Nachprüfungsbehörden, bei denen es sich nach § 103 GWB zunächst um die Vergabeprüfstelle sowie anschließend um die Vergabekammern (§ 104 GWB) handelt.

346

2.5 Besonderheiten des Vergabeverfahrens nach der VOB/A oberhalb der Schwellenwerte (Abschnitt 2)

Ursprünglich war auch das Vergaberecht oberhalb der sog. EU-Schwellenwerte, der bei Bauverträgen nach § 2 Nr. 3 VgV, § 1 Abs. 2 VSVgV, § 1 Abs. 2 SektVO bei gegenwärtig 5 Mio. € netto

347

liegt, – wie das unterhalb davon – allein haushaltsrechtlich auf der Grundlage des Haushaltsgrundsätzegesetzes in Verbindung mit entsprechenden Verordnungen geregelt. Nach einem Vertragsverletzungsverfahren der Europäischen Kommission gegen die Bundesrepublik wurde dies 1998 durch Einfügung eines eigenen 4. Teils in das GWB geändert. Trotz seiner jungen Jahre hat das Vergaberecht im Anschluss daran eine doch schon wechselvolle Geschichte durchlitten. Gegenwärtig ist es dadurch geprägt, dass es nachrangig zum GWB zunächst Vergabeverordnungen gibt; diese wiederum verweisen zur Ausgestaltung des Vergabeverfahrens ihrerseits weiter auf die dazu herausgegebene Vergabeordnung der VOB/A mit ihren verschiedenen Abschnitten. Daneben gibt es mit der ebenfalls nachrangigen Sektorenverordnung ein unabhängig von der VOB/A bestehendes Regelwerk, das allein für die Vergaben auf dem sog. Sektorenbereich (Trinkwasser, Energie und Verkehr) gilt (vgl. dazu auch den Überblick oben Rdn. 213 ff., 220 ff.). Im Nachfolgenden sollen die wesentlichen Grundzüge dieses Vergaberechts dargestellt werden. Es beruht maßgeblich auf den dazu gültigen europäischen Richtlinien, nämlich der sog. Vergabekoordinierungsrichtlinie (RL 2004/18/EG) betreffend allein die Vergaben der klassischen öffentlichen Auftraggeber und der Sektorenrichtlinie (RL 2004/17/EG) als Grundlage der Vergaben der deutlich größeren Freiheiten unterliegenden Sektorenauftraggeber. Wie schon an anderer Stelle erläutert soll dagegen die Vergabe mit dem Sonderbereich Verteidigung und Sicherheit auf der Grundlage der Richtlinie 2009/81/EG hier nicht weiter vertieft werden (s. oben Rdn. 219).

2.5.1 Gesetzliche Grundlagen/Kaskadenprinzip

348 Die rechtlichen Grundlagen für Bauvergaben oberhalb der EU-relevanten Schwellenwerte von z. Zt. 5 Mio. € netto je Auftrag sind nicht einfach zu durchschauen. Tatsächlich folgt das hierfür geltende deutsche Vergaberecht einem zwei- bzw. dreistufigen Aufbau, auch Kaskade genannt (»**Kaskadenprinzip**«):

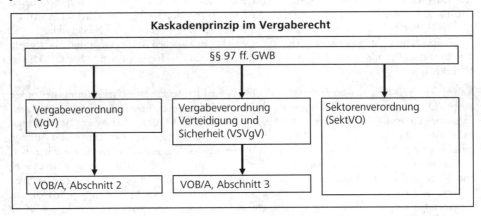

- **1. Stufe: §§ 97 GWB**
349 Grundlage des Vergaberechts sind die §§ 97 ff. GWB. Hier werden die maßgeblichen Rechtsfragen zum deutschen Vergabeverfahren geregelt. Dies betrifft insbesondere die Definition der vom Vergaberecht erfassten öffentlichen Auftraggeber (§ 98 GWB s. dazu oben Rdn. 213 ff., 215 ff.) sowie die Bestimmung des Anwendungsbereichs (§ 99 f. GWB). Besonders bedeutsam ist hier vor allem die **Definition der Aufträge**, die überhaupt – soweit es um Bauleistungen geht – unter das Vergaberecht fallen. Danach müssen vor allem vier Voraussetzungen vorliegen:
  – Es soll ein **Vertrag** geschlossen werden.
  – In diesem verpflichtet sich der Auftragnehmer zur Erbringung von Bauleistungen. Diese Verpflichtung muss **einklagbar** sein.
  – Diese Bauleistung wird gegenüber dem Auftraggeber erbracht; zumindest kommt sie ihm unmittelbar wirtschaftlich zugute, d. h.: Er hat daran ein **unmittelbares wirtschaftliches Interesse**

2.5 Besonderheiten des Vergabeverfahrens nach der VOB/A oberhalb der Schwellenwerte

(z. B. in Form einer späteren Nutzung, Veräußerung). Allgemeine Interessen (etwa zur Umsetzung einer städtebaulichen Leitplanung) genügen demgegenüber nicht.
- Es liegt ein entgeltlicher Vertrag vor. Alternativ genügt eine **Baukonzession**, d. h.: Die Gegenleistung besteht dann nicht in einer Vergütung, sondern in dem Recht zur Nutzung des Bauwerks (wobei wiederum nach § 100b Abs. 5 GWB Baukonzessionen im Sektorenbereich überhaupt nicht ausschreibungspflichtig sind; bei öffentlichen Auftraggebern gemäß dem 2. Abschnitt gibt es für die Vergabe von Konzessionen dagegen Sonderregelungen, die dadurch ergänzt werden, dass erst der daraufhin zu erteilende Bauauftrag vollkommen dem Abschnitt 2 der VOB/A unterworfen wird, vgl. § 22 VOB/A-EG).

▶ **Beispiel (für eine Baukonzession)**

Die Gemeinde möchte einen Kirmesplatz entwickeln. Hierzu überlässt sie das Grundstück an einen Investor im Wege eines befristeten Erbbaurechtsvertrages. Dieser verpflichtet sich, alte Bauwerke abzureißen und neue Bauten nach genau festgelegten Bedingungen zu errichten. Statt der Zahlung eines Baupreises erhält der Investor das für die Dauer des Erbbaurechts befristete Nutzungsrecht, um sich dadurch zu refinanzieren.

Die vorgenannten Voraussetzungen zur Definition eines Bauauftrages im Sinne des Vergaberechts ergeben sich zunächst unmittelbar aus § 99 Abs. 1, 3 und 6 GWB sowie weiter gehend aus einem Grundlagenurteil des Europäischen Gerichtshofes (Urt. v. 25.03.2000 – C 451/08, NJW 2010, 2189, 2192 = NZBau 2010, 321, 324 ff.).

Neben der Definition des Bauauftrages finden sich im GWB (§ 97) ferner die wesentlichen das deutsche Vergaberecht bestimmenden Grundsätze, nämlich die **Beachtung des Wettbewerbsprinzips, der Vergabetransparenz, des Gleichbehandlungsgebotes sowie der Wirtschaftlichkeit**. Ebenso regelt das GWB verschiedene grundlegende Prinzipien und Strukturen von Vergabeverfahren, soweit diese dann nicht im Einzelnen in den nachrangigen Verordnungen geregelt sind. Dies betrifft zum einen eine Beschreibung der Arten der Vergaben (§ 101) sowie zum anderen gesetzlich gebotene Informations- und Wartepflichten im Vorfeld einer Auftragserteilung, die sicherstellen sollen, dass Bieter überhaupt ihnen zustehende Rechte wahrnehmen können (§ 101a). In § 101b GWB findet sich eine Rechtsfolge bei Verstößen gegen diese Grundprinzipien (Absehen von Ausschreibung überhaupt oder Verstoß gegen die Informations- und Wartepflicht): Sie besteht in der Vertragsnichtigkeit (s. dazu sogleich Rdn. 371 f.). Es schließen sich sodann Regelungen zu den sogenannten Nachprüfungsverfahren für den Fall behaupteter Vergabeverstöße an (§§ 103 ff.). Schließlich enthält § 127 GWB die Grundlage für den Erlass einer Rechtsverordnung für die weitere Ausgestaltung des Vergabeverfahrens. 350

- **2. Stufe: Nachrangige Verordnungen (VgV, VsVgV und SektVO)**
Auf vorstehender Grundlage gibt es drei Verordnungen, die Einzelheiten des Vergaberechts oberhalb der EU-Schwellenwerte regeln. Hierbei handelt es sich um die allgemeine Vergabeverordnung (VgV) für die klassischen öffentlichen Auftraggeber (zurzeit in der Fassung vom 12. Juli 2012), die besondere Vergabeverordnung Verteidigung und Sicherheit (VSVgV, zurzeit in der Fassung vom 12. Juli 2012) sowie die spezielle Sektorenverordnung (SektVO, zurzeit in der Fassung vom 7. Dezember 2011) für die Auftraggeber in den sog. Sektorenbereichen Trinkwasser, Energie und Verkehr (s. dazu im Einzelnen oben Rdn. 220ff.). Diese Verordnungen enthalten auch überhaupt erst die **Verankerung der Schwellenwerte**, sei es, indem es dort ausdrücklich genannt ist (vgl. § 2 Nr. 3 VgV), sei es durch entsprechende Verweisungen auf europäische Richtlinien (§ 1 Abs. 2 SektVO; § 1 Abs. 2 VSVgV). Er beläuft sich z.Zt. auf 5 Mio. € netto, d. h.: Allein in diesen Verordnungen ist dann überhaupt erst festgelegt, dass bei Bauaufträgen oberhalb dieser Schwellenwerte diese speziellen Regelungen des Vergabeverfahrens einzuhalten sind. 351

Auf dieser Grundlage entwickelt sich das Vergaberecht nunmehr aber unterschiedlich: Denn allein auf dem Sektorenbereich (Trinkwasser, Energie und Verkehr) gestaltet die Sektorenverordnung das Vergabeverfahren abschließend. Eine etwaige dritte Stufe gibt es hier – anders als früher – nicht mehr. Etwas anderes gilt hingegen für die allgemeine Vergabeverordnung bzw. die Vergabeverordnung Verteidigung und Sicherheit: Denn allein aus diesen wiederum ergibt sich weiter 352 gehend, dass die Bauleistungen oberhalb der Schwellenwerte wiederum nach dem 2. Abschnitt der VOB/A (§ 6 Abs. 1 VgV) bzw. dem 3. Abschnitt (§ 2 Abs. 2 VSVgV) zu vergeben sind, d. h.: Die **konkrete Beschreibung des Ablaufs eines Vergabeverfahrens** regeln die **Vergabeverordnungen nicht**; dieser ergibt sich allein aus der VOB/A (s. o. Rdn. 216 ff.).

- **3. Stufe: VOB/A (2. Abschnitt und 3. Abschnitt)**

353 Die **VOB/A** schließlich ist in der Hierarchie der verschiedenen Regelungen die lediglich **nachrangig geltende Grundlage für die Durchführung und Ausgestaltung eines Vergabeverfahrens**, allerdings beschränkt auf die klassischen öffentlichen Auftraggeber außerhalb des Sektorenbereichs (hier gilt wie vorstehend erläutert allein die SektVO, s. o. Rdn. 351) bzw. in den Bereichen Verteidigung und Sicherheit. Abhängig von der Art des Auftrags kommt entweder Abschnitt 2 (klassischer öffentlicher Auftraggeber) oder 3 (öffentliche Bauaufträge in den Bereichen Verteidigung und Sicherheit) zur Anwendung. Dabei ist darauf zu achten, dass die VOB/A trotz ihrer Ausrichtung auf die Durchführung eines Vergabeverfahrens nicht vollständig dessen gesamten Ablauf abschließend regelt. So findet sich etwa insbesondere die im Vergabeverfahren notwendige Vorabinformationspflicht aller Bieter darüber, wer den Zuschlag erhalten soll, wiederum im GWB (§ 101a), nicht in der VOB/A. Infolgedessen müssen bei der Ausgestaltung des Vergabeverfahrens in jedem Fall die verschiedenen Regelungen gemeinschaftlich betrachtet werden.

354 Bezüglich des abgestuften deutschen Vergaberechts vor allem bei den klassischen öffentlichen Auftraggebern (außerhalb des Sektorenbereichs) ist zu beachten, dass die hierarchisch letztrangige Stufe, nämlich das Regelwerk der VOB/A, auch aus dem deutschen Rechtsverständnis heraus eher ungewöhnlich nicht vom Gesetzgeber stammt, sondern von dem privatrechtlich organisierten Deutschen Vergabe- und Vertragsausschuss (DVA). Historisch war dies kein Problem, weil die VOB/A bis zur gesetzlichen Verankerung des Vergaberechts im GWB lediglich den Rang einer internen Verwaltungsanweisung hatte. Da der DVA im Übrigen maßgeblich im Einflussbereich der öffentlichen Hand bzw. der öffentlichen Bauauftraggeber steht, war es sogar naheliegend, gemeinschaftlich mit wesentlichen Vertretern von Auftragnehmern ein solches praxisnahes Regelwerk für die Bauauftragsvergabe zu schaffen. Im Hinblick auf die nunmehr zwingend vorgesehene Anwendung der VOB/A in der Vergabeverordnung kommt es jetzt aber zu dem beachtenswerten Ergebnis, dass ein **auf privatrechtlicher Grundlage geschaffenes Regelwerk praktisch Gesetzescharakter** erhält. Rein tatsächlich erfolgt dies in der Weise, dass die Vergabeverordnung jeweils eine konkrete Fassung der existierenden VOB/A als Grundlage für die Vergabeverfahren verbindlich für anwendbar erklärt. Deswegen ist es dann auch notwendig, dass die VOB/A mit ihren verbindlichen Abschnitten 2 und 3 im Bundesanzeiger veröffentlicht wird (vgl. die zurzeit geltende Fassung vom 24. Oktober 2011, Bundesanzeiger Nr. 182a vom 2. Dezember 2011 mit der Ergänzung bzw. der Berichtigung vom 24. April 2012, Bundesanzeiger AT 7. Mai 2012, B1).

355 Bezüglich der wesentlichen Prinzipien des deutschen Vergaberechts wurde schon bei der Kurzbeschreibung des GWB (Rdn. 349 f.) auf die dort auch verankerten Grundsätze hingewiesen, nämlich auf das Wettbewerbsprinzip, das Transparenzprinzip, den Grundsatz der Gleichbehandlung aller Bieter sowie das Wirtschaftlichkeitsprinzip. Ferner sieht § 97 Abs. 3 GWB ausdrücklich vor, dass vor allem **mittelständische Interessen** bei der Vergabe öffentlicher Aufträge zu berücksichtigen sind; als Mittel dazu ist eine sinnvolle Aufteilung der Bauleistungen in Teil- und Fachlose vorgesehen; deren Zusammenfassung soll nur erfolgen, wenn wirtschaftliche oder technische Gründe dies erfordern (vgl. dazu auch oben Rdn. 223). Ergänzend dazu wird das heutige deutsche Vergaberecht oberhalb der EU-Schwellenwerte auch noch durch weitere verbindliche Eckpunkte bestimmt. So können nach § 97 Abs. 4 S. 2 GWB an die Auftragnehmer zusätzliche Anforderungen gestellt werden, die insbesondere **soziale, umweltbezogene oder innovative Aspekte** betreffen, wenn sie im sachlichen Zusammenhang mit dem Auftragsgegenstand stehen und sich aus der Leistungsbeschreibung ergeben. All diese Punkte können somit zwar vornehmlich in der Leistungsbeschreibung, aber eben danach auch bei der Wertung von Angeboten berücksichtigt werden. Dafür ist aber natürlich Voraussetzung, dass der Auftraggeber dazu in einer Wertungsmatrix entsprechende Festlegungen getroffen hat (s. dazu sogleich Rdn. 366 ff.). Ergänzend dazu sei angemerkt, dass die Einbeziehung solcher nicht die Leistungsausführung betreffender Zuschlagskriterien nicht frei von Zweifeln ist. Zwar ent-

2.5 Besonderheiten des Vergabeverfahrens nach der VOB/A oberhalb der Schwellenwerte

hält § 97 Abs. 4 S. 3 GWB dazu eine Öffnungsklausel dahin gehend, dass andere als im GWB vorgesehene Anforderungen an die Auftragnehmer nur gestellt werden dürfen, wenn dies durch Bundes- oder Landesgesetz vorgesehen ist. Doch bedeutet diese Öffnungsklausel nicht, dass nunmehr beliebige Rechtssetzungen möglich wären.

> **Beispiel (nach EuGH, Urt. v. 03.04.2008 – C-346/06, BauR 2008, 1295, 1298 = NJW 2008, 3485, 3486 = NZBau 2008, 332, 333 = VergabeR 2008, 478, 481)**
>
> In dem ehemaligen Niedersächsischen Landesvergabegesetz war vorgesehen gewesen, dass Aufträge nur an solche Unternehmen vergeben werden dürfen, die sich schriftlich verpflichten, ihren Arbeitnehmerinnen und Arbeitnehmern mindestens den am Ort der Bauleistung geltenden Tariflohn zu zahlen. Eine solche Regelung hatte rechtlich keinen Bestand, weil von Gesetzes wegen ein solcher Mindestlohn nur über einen für allgemein verbindlich erklärten Tarifvertrag hätte durchgesetzt werden können. Da es diesen aber nicht gab, konnte auch ein Landesvergabegesetz diese Mindestentlohnung nicht erzwingen, weswegen der EuGH hier einen Verstoß gegen die dann dagegen stehende Entsenderichtlinie 96/71/EG sah.

2.5.2 Arten der Vergabe

Die VOB/A Abschnitt 1 kennt drei Arten der Vergabe, nämlich die öffentliche Ausschreibung, die beschränkte Ausschreibung und die freihändige Vergabe (Rdn. 224 ff.). Bei Bauvergaben nach dem Abschnitt 2 (wie erläutert soll Abschnitt 3 nachfolgend vernachlässigt werden, s. o. Rdn. 219) finden sich vergleichbare Regelungen, wenn auch die Begrifflichkeiten anders gewählt sind (§ 101 GWB): So heißt die öffentliche Ausschreibung in EU-Vergabeverfahren nach dem 2. Abschnitt **Offenes Verfahren** (§ 3 Abs. 1 Nr. 1 VOB/A-EG), die beschränkte Ausschreibung, die es hier nur in der Sonderform nach öffentlichem Teilnahmewettbewerb gibt, **nichtoffenes Verfahren** (§ 3 Abs. 1 Nr. 2 VOB/A-EG) und die freihändige Vergabe **Verhandlungsverfahren** (§ 3 Abs. 1 Nr. 3 VOB/A-EG). Die vergleichbaren Vergabearten gibt es ebenso nach der Sektorenverordnung (§ 6). 356

Zusätzlich gibt es im zweiten Abschnitt der VOB/A, d. h. bei Bauvergaben klassischer öffentlicher Auftraggeber außerhalb des Sektorenbereichs oberhalb der Schwellenwerte, noch den so genannten **wettbewerblichen Dialog** (§ 101 Abs. 4 GWB/§ 3 Abs. 1 Nr. 4 VOB/A-EG). Dieses Vergabeverfahren steht als Option für äußerst komplexe und kaum zu kalkulierende Bauvergaben zur Verfügung. Es zeichnet sich dadurch aus, dass lediglich ausgewählte Teilnehmer zur Angebotsabgabe aufgefordert werden, mit denen anschließend über alle Einzelheiten des Auftrags verhandelt wird (vgl. nachfolgend Rdn. 360 ff.). Aufgenommen wurde diese Vergabeform auf der Grundlage des sogenannten ÖPP-Beschleunigungsgesetzes (»Gesetz zur Beschleunigung der Umsetzung von öffentlich-privaten Partnerschaften und zur Verbesserung gesetzlicher Rahmenbedingungen für öffentlich-private Partnerschaften« vom 1. September 2005, BGBL 2005 I, Seite 26–76). 357

Losgelöst von der Sonderform des wettbewerblichen Dialogs gilt sodann aber für die drei herkömmlichen Vergabearten, dass wie im Abschnitt 1 der Auftraggeber **keine Wahlfreiheit** besitzt (vgl. schon Rdn. 224 zum Abschnitt 1). Vielmehr gilt nach § 3 Abs. 2–4 VOB/A-EG, dass in der Regel das offene Verfahren Vorrang vor dem nichtoffenen sowie das nichtoffene Verfahren wiederum Vorrang vor dem Verhandlungsverfahren hat (»Hierarchie der Vergabearten«). Der Vorrang des offenen Verfahrens ist daher auch gesetzlich festgeschrieben (§ 101 Abs. 7 GWB). 358

Die vorgenannten Beschränkungen von Vergabeverfahren nach dessen 2. Abschnitt gelten dagegen nicht für Sektorenauftraggeber. Diese sind nach § 101 Abs. 7 GWB, § 6 SektVO völlig **frei in der Entscheidung, welche Verfahrensart** sie wählen. Allenfalls sind sie gehalten, im Rahmen einer Vergabe vorher zum Wettbewerb aufzurufen, sofern kein Ausnahmefall nach § 6 Abs. 2 SektVO vorliegt. 359

Was die Sonderform des **wettbewerblichen Dialogs** angeht (§ 3 Abs. 1 Nr. 4, Abs. 7 VOB/A-EG), wurde soeben schon erläutert, dass diese Vergabeform mit dem ÖPP-Beschleunigungsgesetz Eingang in das deutsche Vergaberecht gefunden hat. Deren Einführung erfolgte vor dem Hintergrund, 360 dass die Vergabe komplexer Leistungen für Großbauvorhaben aufgrund der zahlreichen formalen Beschränkungen des deutschen Vergaberechts kaum oder gar nicht möglich ist. Dies gilt vor allem deshalb, weil sich z. B. bei großen Infrastrukturvorhaben diverse Eckpunkte nicht von vornherein festlegen oder bestimmen lassen. Vielmehr erfolgt deren Bestimmung teilweise erst im Laufe von Vergabegesprächen mit Bietern. Dies wäre nach dem bisherigen Verständnis des deutschen Vergaberechts unzulässig. Denn im offenen Verfahren sind weder Verhandlungen zum Preis noch zu den Leistungen erlaubt. Infolgedessen wurde auf der Grundlage von Art. 29 der EU-Vergabekoordinierungsrichtlinie (RL 2004/181 EG) die gesonderte Vergabeart des wettbewerblichen Dialogs geschaffen.

361 Einzelheiten zu dessen Ausgestaltung sind in § 3 Abs. 7 VOB/A-EG geregelt. Dies betrifft zunächst den **unmittelbaren Anwendungsbereich**, wann ein wettbewerblicher Dialog zulässig ist. Sodann finden sich dort Regelungen zu der konkreten Ausgestaltung verbunden zunächst mit der Pflicht für den staatlichen Auftraggeber, die Bedürfnisse und die Anforderungen an eine solche Vergabe europaweit bekannt zu machen. Anschließend soll mit ausgewählten Unternehmen ein Dialog eröffnet werden, in dem die Auftraggeber ermitteln und festlegen, wie ihre Bedürfnisse am besten erfüllt werden können. Bei diesem Dialog können die Auftraggeber anders als bei den sonst üblichen offenen Verfahren alle Einzelheiten des Auftrags mit den Unternehmern erörtern. Allerdings haben die Auftraggeber dafür zu sorgen, dass insoweit alle Unternehmen gleichbehandelt werden. Deswegen dürfen sie keinerlei Informationen so weitergeben, dass bestimmte Unternehmen begünstigt oder benachteiligt werden. Anschließend hat der Auftraggeber den Dialog zu einem festzulegenden Zeitpunkt für abgeschlossen zu erklären, und zwar entweder dann, wenn eine Lösung gefunden wurde oder erkennbar ist, dass keine Lösung gefunden werden kann.

362 Anzumerken ist, dass der wettbewerbliche Dialog als liberalere Verfahrensart lediglich im 2. Abschnitt der VOB/A für klassische öffentliche Auftraggeber vorgesehen wurde. Überraschenderweise **fehlt eine entsprechende Erweiterung** bzw. Freistellung **für die Sektorenauftraggeber** (vgl. auch § 101 Abs. 4 GWB). Dies erstaunt und ist wenig durchdacht, weil Sektorenauftraggeber nach der Sektorenrichtlinie eigentlich größeren Freiheiten unterliegen als klassische öffentliche Auftraggeber. Allerdings sollte dieser Widerspruch nicht überbewertet werden. Denn im Hinblick auf die Freiheiten, die die Sektorenverordnung den Sektorenauftraggebern einräumt, ist es durchaus vorstellbar, dass diese ein Vergabeverfahren in der Weise gestalten, die dem wettbewerblichen Dialog zumindest sehr nahe kommt.

2.5.3 Eignung der Bieter

363 Schon die VOB/A im 1. Abschnitt enthält dezidierte Regelungen zu der Beurteilung der Eignung von Bietern (Rdn. 232 ff.). Dabei soll auch eine hiernach anzustellende Eignungsprüfung für Vergaben oberhalb der Schwellenwerte durch die Einrichtung und Zulassung von sog. **Präqualifikationssystemen** erleichtert werden (§ 97 Abs. 4a GWB). Insoweit gilt nichts anderes als oben schon zum Abschnitt 1 beschrieben (Rdn. 234 ff.), wobei sich allerdings auch die VOB/A im Abschnitt 2 zur näheren Ausgestaltung eines solchen Präqualifikationssystems ausschweigt (s. o. Rdn. 235). Etwas anderes gilt lediglich im Sektorenbereich. Hier findet sich in § 24 SektVO eine einigermaßen detaillierte Regelung zu den dort so bezeichneten Prüfungssystemen, mit denen ganz offensichtlich ein allseits so bezeichnetes und gesetzlich nicht geregeltes Präqualifkationsverfahren gemeint ist. Ergänzend zu diesen zunächst vergleichbaren Eignungskriterien geht der 2. Abschnitt der VOB/A allerdings dann auch deutlich über diejenigen des 1. Abschnitts hinaus. Dies betrifft sowohl die erweiterten Ausschlussgründe als auch zusätzliche Bestimmungen zu der Beurteilung der Eignung von Bietern.

364 Zu nennen sind zunächst verbindliche **erweiterte Ausschlussgründe**. Ausgangspunkt ist zwar auch hier § 16 Abs. 1 Nr. 2 bzw. der textlich gleichlautende § 16 Abs. 1 Nr. 2 VOB/A-EG: Danach kann unter den dort genannten Voraussetzungen ein Auftragnehmer ausgeschlossen werden. Dies ist etwa möglich, wenn ein Bieter eine nachweislich schwere Verfehlung begangen hat. Ein solcher Tatbestand würde den Auftraggeber im Rahmen einer ermessensfehlerfreien Entscheidung – anders

2.5 Besonderheiten des Vergabeverfahrens nach der VOB/A oberhalb der Schwellenwerte

als etwa bei dem Ausschlussgrund nach § 16 Abs. 1 Nr. 1 lit. g VOB/A bei vorsätzlich unzutreffenden Erklärungen – allerdings **nur berechtigen, nicht dagegen verpflichten, diesen Bieter auszuschließen** (s. o. Rdn. 245). Diese nach dem 1. Abschnitt noch mögliche Ermessensentscheidung wird in der VOB/A im Abschnitt 2 deutlich beschnitten. Danach müssen nämlich Unternehmen von der Teilnahme an einem Vergabeverfahren wegen Unzuverlässigkeit **zwingend ausgeschlossen werden**, wenn der Auftraggeber Kenntnis davon hat, dass eine Person, deren Verhalten dem Unternehmen zuzurechnen ist, wegen Verstoßes gegen eine der in der VOB/A jeweils vorgesehenen Katalogtaten **rechtskräftig verurteilt** wurde. Hierzu zählen insbesondere eine Verurteilung wegen Bestechung, Geldwäsche sowie Betrug und Subventionsbetrug, wobei sich die beiden letzteren Taten allerdings gegen die EU richten müssten (§ 6 Abs. 4 Nr. 1 VOB/A-EG). Nichts anderes gilt bei Sektorenauftraggebern (§ 21 Abs. 1 SektVO).

> **Beispiel**
>
> Im Rahmen der Abwicklung eines Bauvorhabens begeht der Bauunternehmer einen Betrug zum Nachteil des EU-Haushalts und wird deswegen verurteilt. Dieser ist jetzt bei einer sich anschließenden EU-weiten Vergabe zwingend auszuschließen. Eine solche Pflicht zur Ausschließung gäbe es nicht, wenn der vorherige Betrug (nur) zulasten des Bundeshaushalts begangen worden wäre.

Eine weitere zumindest deutlichere Präzisierung gegenüber den Vorschriften der VOB/A Abschnitt 1 betrifft die **Nachweispflichten zum Subunternehmereinsatz** im Zusammenhang mit der Eignungsprüfung. Schon nach Abschnitt 1 der VOB/A können nämlich abhängig von der Gestaltung des Vergabeverfahrens Leistungen der Subunternehmer insoweit dem Hauptunternehmer zugerechnet werden. Hiergegen hat auch die VOB/A im Abschnitt 2 keine prinzipiellen Bedenken. Allerdings muss der ins Auge gefasste Subunternehmer dann auch für die an ihn zu übertragenden Leistungen ebenso die fachlichen (Mindest)eignungskriterien erfüllen, wie sie an den eigentlichen Auftragnehmer gestellt werden (OLG Düsseldorf, Beschl. v. 16.11.2011 – Verg 60/11, VergabeR 2012, 505, 506; ein Eignungsmangel würde also auf den eigentlichen Bieter durchschlagen. Unabhängig davon muss ein Bieter, der in die engere Wahl kommt, außerdem nach einer (insoweit rechtlich ebenso gebotenen) Aufforderung des Auftraggebers (Ingenstau/Korbion/Schranner, VOB/A § 6a Rn. 37) verbindlich nachweisen, dass er tatsächlich auf die entsprechenden Kapazitäten eines bestimmten Subunternehmers zugreifen kann (s. dazu auch BGH, Urt. v. 10.06.2008 – X ZR 78/07, NZBau 2008, 592 = VergabeR 2008, 782, 783). Ein solcher Nachweis kann insbesondere mit so genannten verbindlich unterschriebenen **Verpflichtungserklärungen** geführt werden (§ 6 Abs. 8 VOB/A-EG). Entsprechendes gilt im Sektorenbereich, soweit der Auftraggeber Nachweise der wirtschaftlichen und finanziellen oder der technischen oder beruflichen Leistungspflicht verlangt hat (§ 20 Abs. 3 SektVO).

2.5.4 Leistungsbeschreibung/Wertung

Nach dem Grundverständnis in § 7 VOB/A ist die Bauleistung vorrangig auf der Grundlage einer Leistungsbeschreibung mit Leistungsverzeichnis auszuschreiben (§ 7 Abs. 9 ff. VOB/A). Erst nachrangig ist, wenn es nach Abwägung aller Umstände zweckmäßig erscheint, auch eine Leistungsbeschreibung mit Leistungsprogramm (funktionale Ausschreibung) zulässig (§ 7 Abs. 13 ff.). Diese Rangordnung gilt bei Vergaben öffentlicher Auftraggeber nach dem 2. Abschnitt in gleicher Weise (vgl. § 7 Abs. 9 ff. VOB/A-EG). Etwas anderes sieht dagegen § 7 SektVO vor, die ein solches Rangverhältnis nicht kennt. Ansonsten ist das Vergabeverfahren sowohl der VOB/A in ihrem 2. Abschnitt als auch nach der SektVO durch den Verweis auf **diverse Formulare** geprägt, die bei Bauauftragsvergaben oberhalb der Schwellenwerte zu verwenden sind (abrufbar im Internet unter »http://sinap.europa.eu«). Hieraus ergeben sich auch die Einzelheiten zur Bekanntmachung. Dabei können klassische öffentliche Auftraggeber Vergabeverfahren grundsätzlich nur mit einem Aufruf zum Wettbewerb beginnen, während Sektorenauftraggeber insoweit erneut größeren Freiheiten unterliegen.

367 Bei der Wertung der Angebote gelten kaum Besonderheiten gegenüber den oben schon zu Abschnitt 1 der VOB/A dargestellten Grundsätzen (s. Rdn. 296 ff.). Zu berücksichtigen ist allenfalls, dass nach einer bestrittenen Auffassung vor allem des OLG Düsseldorf dann, wenn der günstigste Preis das alleinige Wertungskriterium ist, mit einem unmittelbaren Rückgriff auf Art. 24 Abs. 1 der Vergabekoordinierungsrichtlinie 2004/18/EG die **Zulassung und Wertung von Nebenangeboten ausgeschlossen** sein soll; deren Einbeziehung könne nur erfolgen, wenn der Auftrag auf das wirtschaftlich günstigste Angebot erteilt werde (so u. a. OLG Düsseldorf, Beschl. v. 15.6.2010 – Verg 10/10, BauR 2011, 307 [Ls.] = VergabeR 2011, 84, 85). Dabei soll Entsprechendes auch im Sektorenbereich gelten (OLG Düsseldorf, Beschl. v. 18.10.2010 – Verg 39/10, BauR 2011, 1384 [Ls.] = NZBau 2011, 57 = VergabeR 2011, 604 – dagegen jeweils OLG Schleswig, Beschl. v. 15.4.2011 – 1 Verg 10/10, BauR 2011, 1384 [Ls.] = NZBau 2011, 375, 377 = VergabeR 2011, 586, 590; skeptisch wohl auch OLG Brandenburg, Beschl. v. 7.12.2010 – Verg W 16/10, NZBau 2011, 126), wobei diese Rechtsfrage nach einer Vorlage durch das OLG Düsseldorf (Beschl. v. 02.11.2011 – Verg 22/11, VergabeR 2012, 185 = NZBau 2012, 194) jetzt durch den BGH entschieden werden sollen. Ohnehin wird man diesem Streitpunkt aber ggf. auch vor dem Hintergrund zu relativieren haben, dass ja der Zuschlag nach dem Grundgedanken des § 16 Abs. 6 Nr. 3 S. 2 VOB/A auf das wirtschaftlichste Angebot erteilt werden soll (s. o. Rdn. 305). Obwohl in der Praxis wenig verbreitet heißt das etwa für die Aufstellung einer Wertungsmatrix, dass anderen Kriterien als dem Preis jedenfalls ein angemessener Schwerpunkt eingeräumt werden muss, d. h.: Dem Auftraggeber steht insoweit zwar ein gewisser Festlegungsspielraum zu; er darf den Preis aber weder über- noch unterbewerten (anschaulich OLG Düsseldorf, Beschl. v. 21.05.2012 – Verg 3/12, noch nicht veröffentl. m. w. N.).

368 Einheitlich gilt sodann allerdings für sämtliche Bauvergaben oberhalb der Schwellenwerte, dass vorab **zwingend die Wertungskriterien bekannt gemacht werden müssen**, nach denen die Vergabeentscheidung getroffen werden soll (so ausdrücklich auch EuGH, Urt. v. 24.01.2008 – C-532/06, NZBau 2008, 262, 264). Diese müssen spätestens Gegenstand der Aufforderung zur Angebotsabgabe sein, sofern sie nicht vorher bereits mit der Vergabebekanntmachung veröffentlicht wurden (§ 8 Abs. 2 Nr. 1 VOB/A-EG). Ähnliches gilt im Sektorenbereich (§ 20 Abs. 1 SektVO – vgl. zu den Ausnahmen bei der Durchführung eines nicht offenen Verfahrens oder eines Verhandlungsverfahrens ohne vorherigen Teilnahmewettbewerb: Ingenstau/Korbion/Schranner, SektVO, § 20 Rn. 3).

▶ **Beispiel**

Ein klassischer öffentlicher Auftraggeber müsste, wenn er bei der Vergabeentscheidung sowohl den Preis, die Termineinhaltung als auch die Unterhaltungskosten berücksichtigen will, in der Bekanntmachung angeben, in welchem Verhältnis er die einzelnen Komponenten mit welchen Schwerpunkten werten will. So könnte er etwa festlegen, dass er den Preis mit 60 %, die Termineinhaltung und die Unterhaltskosten mit je 20 % gewichten will.

Entsprechendes gilt für die Neuaufnahme ggf. später als sinnvoll sich herausbildender Unterkriterien. Auch diese müssen den Bietern bekannt gegeben werden verbunden mit der Gelegenheit zur Abgabe unter Umständen eines neuen Angebots (OLG Düsseldorf, Beschl. v. 22.12.2010 – Verg 40/10, BauR 2011, 1386 [Ls.] = VergabeR 2011, 622, 627). Besonders bedeutsam ist das auch bei Vergaben, die nicht nur nach dem Preis bewertet werden, sondern der Zuschlag auf das wirtschaftlichste Angebot erteilt werden soll. Hier wird man ohne die Festlegung geeigneter Unterkriterien, die die Wirtschaftlichkeit bestimmen, kaum auskommen. Dann aber müssen diese auch rechtzeitig bekannt gemacht sein (OLG Düsseldorf, Beschl. v. 11.05.2011 – Verg 64/10, IBR 2012, 35).

Der Hintergrund dieser klaren Vorgaben liegt auf der Hand. Nur dann, wenn die Wertungskriterien frühzeitig, d. h. spätestens vor den Verhandlungen mit den Bietern abschließend festlegen, wird die **Transparenz und die Überprüfbarkeit der Angebotswertung** überhaupt ermöglicht. Anderenfalls wären einem Missbrauch Tür und Tor geöffnet.

2.5.5 Rahmenverträge

Öffentliche Auftraggeber dürfen auch Rahmenverträge schließen. Dies ergibt sich für Sektorenauftraggeber unmittelbar aus § 9 SektVO; doch auch für Auftraggeber im Anwendungsbereich der Basisparagrafen bzw. des ersten Abschnitts dürfte nichts anderes gelten (vgl. hier § 4 Abs. 4 VOB/A/§ 4 Abs. 4 VOB/A-EG; in diesem Sinne eindeutig: Ingenstau/Korbion/Schranner, VOB/A § 4 Rn. 49; ebenso wohl Kapellmann/Messerschmidt/Stickler, VOB/A, § 4 Rn. 49; s. auch OLG Düsseldorf, Beschl. v. 11.01.2012 – Verg 57/11, VergabeR 2012, 475, 477 = NZBau 2012, 315, 316 zu der Ausschreibungspflicht von Rahmenvereinbarungen nach europäischem Vergaberecht; a. A. immerhin VK Sachsen, Beschl. v. 25.01.2008 – 1/SVK/088–07, IBR 2008, 240 zu der vergleichbaren Frage bei Planungsleistungen). Die Besonderheit bei einem Rahmenvertrag besteht darin, dass bereits wesentliche Eckpunkte zwischen Auftraggeber und Bieter vorab festgelegt werden. Der Auftraggeber kann dann Leistungen auf der Grundlage dieser Rahmenvereinbarungen relativ schnell und einfach abrufen, da jetzt keine weiter gehenden aufwendigen Verhandlungen mehr zu Einzelkonditionen geführt werden müssen. Dabei ist allenfalls darauf hinzuweisen, dass der Auftragnehmer aus dem Abschluss eines Rahmenvertrages in der Regel **keinen Anspruch auf die Beauftragung** von Einzelverträgen herleiten kann. 369

Soll ein **Rahmenvertrag oberhalb der Schwellenwerte** geschlossen werden, muss auch dieser ordnungsgemäß **ausgeschrieben** werden (§ 9 SektVO). Wurde der Rahmenvertrag ausgeschrieben, können die sich dann anschließenden Einzelaufträge allerdings ohne ein weiter gehendes Vergabeverfahren erteilt werden.

2.5.6 Form der Angebote

Nach § 13 Abs. 1 Nr. 1 VOB/A kann der Auftraggeber festlegen, in welcher Form Angebote einzureichen sind. Infolgedessen kann auch die **elektronische Übermittlung** vorgeschrieben werden. Hier findet sich ein wesentlicher Unterschied zwischen den Vergaben oberhalb und unterhalb der Schwellenwerte: Denn der sehr freie Grundsatz hinsichtlich der Festlegung der elektronischen Übermittlung wird bei Vergaben unterhalb der Schwellenwerte nach § 13 Abs. 1 Nr. 1 Satz 2 VOB/A weitgehend eingeschränkt. Danach sind in jedem Fall auch schriftliche Angebote zuzulassen, d. h.: Selbst wenn sich der Auftraggeber bei Vergaben unterhalb der Schwellenwerte für eine elektronische Übermittlung eines Angebotes entscheidet, können Bieter ihre Angebote gleichwohl konventionell in Schriftform einreichen. Anders ist dies bei den Vergaben nach Abschnitt 2: Nach § 12 Abs. 1 Nr. 1 VOB/A-EG gilt vorstehende Einschränkung mit der generellen Zulassung von schriftlichen Angeboten nicht. Entsprechendes ergibt sich aus § 5 Abs. 1 S. 2 SektVO. 370

2.5.7 Vorabmitteilung nach § 101a GWB

Wie schon an anderer Stelle erläutert, ist Kennzeichen des heute geregelten Vergabeverfahrens oberhalb der Schwellenwerte unter anderem ein **effektiver Rechtsschutz**. Effektiv ist der Rechtsschutz aber nur dann, wenn gewährleistet ist, dass der Bieter bzw. Bewerber bei der Kenntniserlangung von Vergaberechtsverstößen eine realistische Chance hat, sich dagegen zu wehren. Ein Rechtsschutz kann danach nur erfolgreich sein, wenn er mit seinem Begehren auf Überprüfung der Vergabe zumindest zeitweise die Zuschlagserteilung verhindern kann. Könnte er dies nicht, liefe das Rechtsschutzbegehren eines Bieters leer. Denn mit der Überprüfung der schon erfolgten Vergabe könnte er zumindest sein primäres Rechtsschutzziel, nämlich ggf. doch noch den Auftrag selbst zu erhalten, nicht mehr erreichen. 371

Um einen solchen effektiven Rechtsschutz zu gewährleisten, regelt § 115 GWB zunächst, dass mit Zustellung eines Antrages auf Nachprüfung der Zuschlag nicht erteilt werden darf. Demselben Zweck dient § 118 Abs. 1 GWB für das Beschwerdeverfahren, wobei hier die aufschiebende Wirkung allerdings zwei Wochen nach Ablauf der Beschwerdefrist endet, wenn diese Frist nicht auf Antrag verlängert wird. Damit ein ggf. benachteiligter Bieter aber überhaupt in die Lage versetzt wird, einen Nachprüfungsantrag zu stellen und nicht umgekehrt die Vergabestelle sich veranlasst sieht, durch eine kurzfristige Vergabe das Recht des Bieters auf Nachprüfung zu vereiteln, sieht § 101a GWB eine **Vorab-Informationspflicht** vor. Danach muss die Vergabestelle die Bieter, deren Ange- 372 bote nicht berücksichtigt werden sollen, über den Namen des Bieters, dessen Angebot angenommen werden soll, über den Grund der vorgesehenen Nichtberücksichtigung und über den frühesten Zeitpunkt des Vertragsschlusses informieren. Der Zuschlag darf dann erst 15 Tage nach Absendung dieser Bieterinformation erteilt werden; erfolgt die Information per Fax oder elektronisch, verkürzt sich diese Frist auf zehn Tage. Bei einem Verstoß dagegen ist nach § 101b Nr. 1 GWB ein **gleichwohl geschlossener Vertrag von Anfang an unwirksam**, wenn ein solcher Verstoß in einem sich anschließenden Verfahren festgestellt wird (vgl. auch OLG Jena, Beschl. v. 09.09.2010 – 9 Verg 4/10, BauR 2011, 308 [Ls.] = VergabeR 2011, 96, 98 zu einer Vorabinformation, in der lediglich die Angabe des frühesten Zuschlagsdatums fehlte). Dabei ist eine solche Feststellung aber nur möglich, wenn die Unwirksamkeit in dem Nachprüfungsverfahren spätestens binnen 30 Tagen ab Kenntnis des Verstoßes, spätestens jedoch sechs Monate nach Vertragsschluss geltend gemacht worden ist. Hat der Auftraggeber die Auftragsvergabe im Amtsblatt der Europäischen Union veröffentlicht, verkürzt sich diese Frist auf 30 Tage ab der Veröffentlichung.

2.5.8 Modifizierte Fristen bei den Vergabeverfahren nach Abschnitt 2/SektVO

373 Dem Grunde nach kennt die VOB/A Abschnitt 1 nur eine Angebotsfrist in § 10 für die Bearbeitung und Einreichung der Angebote; sie darf selbst bei Dringlichkeit nicht unter 10 Kalendertagen liegen. Die diesbezüglichen Fristen sind bei den Vergaben nach dem Abschnitt 2 bzw. der SektVO vielgestaltiger und unterschiedlich geregelt. Zwar gibt es auch hier Regelfristen. Diese können jedoch abhängig von der Art der Frist und der Bereitstellung der Informationen deutlich verkürzt werden. Im Wesentlichen gilt dazu Folgendes, wobei sich eine gute Übersicht auch zu allen Ausnahmen, die hier nicht weiter erwähnt werden, im Vergabehandbuch des Bundes (VHB), dort in der Richtlinie zu 111, Ziff. 5.4 findet.

374 Zu erwähnen ist zunächst die **Angebotsfrist**. Sie beläuft sich für die Vergaben im offenen Verfahren nach dem Abschnitt 2 auf 52 Kalendertage (§ 18 Abs. 1 S. 2 Nr. 1 VOB/A-EG; § 17 Abs. 2 SektVO). Die diesbezügliche Frist kann im Einzelfall auf bis zu 22 Kalendertage verkürzt werden, soweit zu dem Verfahren eine Vorinformation erfolgte (§ 10 Abs. 1 Nr. 2 VOB/A-EG, § 18 Abs. 1 SektVO). Sie kann um weitere sieben Kalendertage verkürzt werden, soweit die Vergabebekanntmachung elektronisch erfolgt ist (§ 10 Abs. 1 Nr. 3 VOB/A-EG, § 18 Abs. 2 SektVO). Werden dann sogar die Verdingungsunterlagen elektronisch bereitgestellt, kommt eine erneute Verkürzung um fünf Kalendertage in Betracht (§ 10 Abs. 1 Nr. 4 VOB/A-EG, § 18 Abs. 3 SektVO). Für Vergaben im Sektorenbereich gilt dann aber einheitlich, dass die Kumulierung sämtlicher Verkürzungen nicht dazu führen darf, dass die **Angebotsfrist kürzer als 15 Kalendertage** ist, gerechnet vom Tag nach Absendung der Bekanntmachung (§ 18 Abs. 4 S. 2 Nr. 1 SektVO).

375 Eine entsprechende Fristenstaffel gilt bei **Bewerbungsfristen im nichtoffenen Verfahren**. Bezogen auf den Tag der Absendung der Bekanntmachung beträgt hier die Mindestfrist für die Teilnahmeanträge 37 Kalendertage (§ 10 Abs. 2 Nr. 1 VOB/A-EG, § 17 Abs. 3 Nr. 1 SektVO). Auch hier kommen wieder Verkürzungen um sieben Kalendertage bei elektronischer Bekanntmachung in Betracht (§ 10 Abs. 2 Nr. 2 VOB/A-EG, § 18 Abs. 2 Nr. 2 SektVO). Absolut gesehen darf allerdings selbst in den Fällen der Dringlichkeit eine Mindestdauer von 15 bzw. 10 Kalendertagen abhängig von der elektronischen Bekanntmachung im Abschnitt 2 (§ 10 Abs. 2 Nr. 6 lit. a VOB/A-EG) bzw. einheitlich 15 Kalendertagen im Sektorenbereich (§ 18 Abs. 2 Nr. 2 SektVO) nicht unterschritten werden.

376 Bezüglich der **Angebotsfristen** im nichtoffenen Verfahren gilt im Abschnitt 2 zunächst eine Regelfrist von 40 Kalendertagen (§ 10 Abs. 2 Nr. 3 VOB/A-EG). Durch eine Vorinformation kann diese auf 26 verkürzt werden, wobei weitere Verkürzungen erneut aus Gründen der Dringlichkeit bzw. durch die elektronische Bereitstellung der Verdingungsunterlagen in Betracht kommen. Keinesfalls darf die Angebotsfrist aber unter 10 Kalendertagen liegen (§ 10 Abs. 2 Nr. 6 lit. b VOB/A-EG). Abweichend davon wird die Angebotsfrist im nichtoffenen und Verhandlungsverfahren im Sektorenbereich gemäß § 17 Abs. 3 lit. b SektVO einvernehmlich mit den Bewerbern festgelegt. Falls eine solche einvernehmliche Festlegung nicht möglich ist, beträgt die Angebotsfrist im Regelfall mindestens 24 Kalendertage, keinesfalls aber **weniger als 10 Kalendertage** (§ 18 Abs. 4 S. 2 Nr. 1 SektVO).

2.5 Besonderheiten des Vergabeverfahrens nach der VOB/A oberhalb der Schwellenwerte

2.5.9 Haftung/Rechtsschutz

Eine der wesentlichen Grundlagen des heutigen Vergaberechts oberhalb der Schwellenwerte besteht darin, einem möglicherweise übergangenen Bieter einen effektiven Rechtsschutz zu gewähren. Dies vorausgeschickt, soll dazu wie folgt unterschieden werden. 377

2.5.9.1 Kein Anspruch auf Zuschlag

Wie im Abschnitt 1 besteht bei Vergaben oberhalb der Schwellenwerte, d. h. nach dem Abschnitt 2 oder der Sektorenverordnung, kein Anspruch eines benachteiligten Bieters, dass der Auftraggeber das Vergabeverfahren mit einer Zuschlagserteilung beendet. Insoweit unterliegt auch hier der Auftraggeber **keinem Kontrahierungszwang**. Daher kann dieser ebenfalls jederzeit davon absehen, das Vergabeverfahren fortzusetzen (BGH, Urt. v. 08.09.1998 – X ZR 48/97, BGHZ 139, 259, 268 ff. = BauR 1998, 1232, 1237 = NJW 1998, 3636, 3638 f.; BGH, Urt. v. 05.11.2002 – X ZR 232/00, BauR 2003, 240, 241 f. = VergabeR 2003, 163, 165; BGH, Urt. v. 16.12.2003 – X ZR 282/02, BauR 2004, 883 = NJW 2004, 2165, 2166 = VergabeR 2004, 480, 482). 378

2.5.9.2 Einleitung eines Vergabenachprüfungsverfahrens

Der ggf. benachteiligte Bieter (nicht hingegen ein Subunternehmer: vgl. dazu ausführlich BVerfG, Beschl. v. 23.04.2009 – 1 BvR 3424/08, BauR 2009, 1639 [Ls.] = NJW 2009, 2439, 2440 = NZBau 2009, 464, 465 = VergabeR 2009, 777, 778 m. zahlr. Nachw.) hat nach den §§ 97 ff. GWB – anders als bei den Vergaben nach Abschnitt 1 – die Möglichkeit, ein vergaberechtswidriges Verhalten öffentlicher Auftraggeber überprüfen zu lassen. Die Möglichkeiten des damit verbundenen effektiven Rechtsschutzes reichen sehr weit. Sie finden bereits ihre Grundlage in der Vorabinformation zu einer Vergabe nach § 101 a f. GWB (s. dazu Rdn. 371 f.). Sodann gilt im Überblick zu den in §§ 102 ff. GWB vorgesehenen Regelungen zum Nachprüfungsverfahren: 379

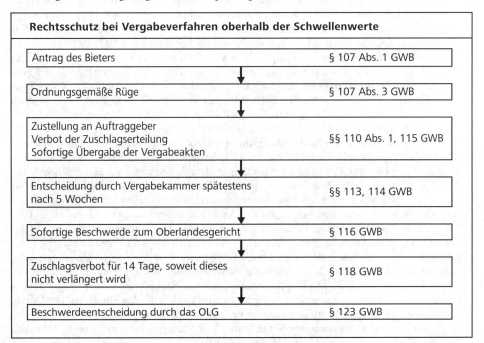

- Will der ggf. benachteiligte Auftragnehmer einen Mangel im Vergabeverfahren angreifen, ist dies überhaupt nur möglich, wenn er zuvor diesen konkreten Vergabeverstoß **unverzüglich** nach Bekanntwerden **gerügt** hat (§ 107 Abs. 3 GWB). Die Rüge ist formlos (auch mündlich oder telefo- 380

nisch) möglich (s. auch OLG Brandenburg, Beschl. v. 13.09.2011 – Verg W 10/11, VergabeR 2012, 242, 247), sollte aber aus Nachweisgründen natürlich schriftlich erfolgen. Sodann ist die **Rüge fristgebunden**:
- Bezieht sich ein Vergabeverstoß auf Fehler, die in der Vergabebekanntmachung oder den Vergabeunterlagen erkennbar sind, muss die Rüge spätestens bis zum Ablauf der in der Bekanntmachung benannten Frist zur Angebotsabgabe bzw. zur Bewerbung vorgebracht werden.
- Hat der Bieter ansonsten einen Vergabefehler positiv erkannt, muss er diesen nach § 107 Abs. 3 Nr. 1 GWB **unverzüglich rügen**. Zweifel an der Rechtslage genügen für diese Rügeobliegenheit allerdings nicht (st. Rspr., vgl. nur BGH, Urt. v. 26.9.2006 – X ZB 14/06, BGHZ 169, 131 = BauR 2007, 604 [Ls.] = NZBau 2006, 800, 803 = VergabeR 2007, 59, 65). Anzumerken zu dieser Fristbestimmung immerhin ist, dass zuletzt der Europäische Gerichtshof eine vergleichbare Regelung nach englischem Recht zu der Notwendigkeit einer »unverzüglichen« Einleitung eines Nachprüfungsverfahrens als nicht richtlinienkonform verworfen hat. Dies gelte deswegen, weil eine solche Fristbestimmung nicht hinreichend klar und deswegen letztlich vom Gericht festzulegen sei. Folglich dürfe ein nationales Gericht solche Fristbestimmungen, wenn es anderweitig keine Klarheit gebe, nicht anwenden (EuGH, Urt. v. 28.01.2010 – C-406/08, BauR 2010, 956 [Ls.] = NZBau 2010, 182, 183 = VergabeR 2010, 451, 456). Hier wird die Rechtslage zu beobachten sein. Denn ob diese Rechtsprechung auch die vorstehende Anforderung an die Unverzüglichkeit einer Rüge nach § 107 Abs. 3 GWB erfasst, ist doch zweifelhaft (in diesem Sinne immerhin OLG Celle, Beschl. v. 26.4.2010 – 13 Verg 4/10, BauR 2010, 1282 [Ls.] = NZBau 2010, 715 = VergabeR 2010, 661; wohl auch OLG Koblenz, Beschl. v. 26.5.2010 – 1 Verg 2/10, IBR 2010, 521; Krohn, NZBau 2010, 186; Hübner, VergabeR 2010, 414). Die Zweifel beruhen zunächst darauf, dass im deutschen Recht die Unverzüglichkeit gar nicht die Einleitung eines Nachprüfungsverfahrens selbst betrifft, sondern nur die einem solchen Verfahren vorgeschaltete Rügeobliegenheit als eigenständige Zulässigkeitsvoraussetzung. Ohnehin ist das Tatbestandsmerkmal der Unverzüglichkeit im deutschen Recht als »ohne schuldhaftes Zögern« in § 121 BGB gesetzlich geregelt, wozu sich nach einer mehr als 100-jährigen Rechtsprechung eine doch klare Rechtsauffassung herausgebildet hat (s. dazu die Nachweise bei Weyand, § 107 GWB Rn. 574 ff.), d. h.: Die Fristbestimmung liegt hier gerade nicht im Ermessen eines Gerichts, sodass im Zweifel doch von einer Wirksamkeit der Regelung zu der unverzüglichen Rügeobliegenheit im deutschen Recht auszugehen ist (so u. a. auch OLG Dresden, Beschl. v. 7.5.2010 – WVerg 6/10, BauR 2010, 1282 [Ls.] = NZBau 2010, 526, 527 = VergabeR 2010, 666; OLG Rostock, Beschl. v. 20.10.2010 – 17 Verg 5/10, VergabeR 2011, 485, 490; Pooth, VergabeR 2011, 358).

381 • Wird einer berechtigten und fristgerechten Rüge nicht abgeholfen, kann der Bieter bei der zuständigen Vergabekammer einen **Nachprüfungsantrag** stellen. Dieser bedarf der Schriftform und ist unverzüglich zu begründen (§ 108 GWB). Er ist **spätestens binnen 15 Kalendertagen** nach Eingang der Mitteilung des Auftraggebers, einer Rüge nicht abhelfen zu wollen, einzureichen (§ 107 Abs. 3 S. 1 Nr. 4 GWB). Diese Frist soll einerseits Klarheit hinsichtlich des Schicksals des Vergabeverfahrens schaffen, führt aber andererseits dazu, dass Bieter schon sehr frühzeitig nur vorsorglich Nachprüfungsanträge stellen, um ihre Rechte zu wahren, ohne zu wissen, ob sie überhaupt einen Nachteil erleiden. Immerhin gilt vorstehende Ausschlussfrist nicht, wenn es um den Einwand geht, der Auftraggeber habe rechtswidrig überhaupt kein Vergabeverfahren durchgeführt (§§ 107 Abs. 3 S. 2, 101b Abs. 1 Nr. 2 GWB); hier muss der Nachprüfungsantrag lediglich spätestens innerhalb der Maximalfrist der dort vorgesehenen sechs Monate eingereicht werden (§ 101b Abs. 2 GWB). Die Vergabekammer hat einen Nachprüfungsantrag sodann im Fall seiner Schlüssigkeit der Gegenseite unverzüglich zuzustellen. Mit der **Zustellung** darf der Auftraggeber **keinen Zuschlag mehr erteilen**. Eine solche Zuschlagserteilung wäre nur zulässig, wenn dies seitens der Vergabekammer auf gesonderten Antrag des Auftraggebers hin in Fällen der Dringlichkeit gesondert angeordnet würde (§ 115 Abs. 2 GWB).

382 • Mit Einleitung und Durchführung des Vergabeverfahrens **prüft** die Vergabekammer **von Amts wegen die Ordnungsgemäßheit des laufenden Verfahrens**. Hierzu findet in der Regel eine mündliche Verhandlung statt (§ 112 GWB). Aufgrund der Eilbedürftigkeit soll die Vergabekammer

2.5 Besonderheiten des Vergabeverfahrens nach der VOB/A oberhalb der Schwellenwerte

spätestens innerhalb einer Frist von fünf Wochen nach Eingang über den Nachprüfungsantrag entscheiden (§ 113 GWB). Dabei hat sie zu klären, ob der Antragsteller in seinen Rechten verletzt ist. Ist dies nicht der Fall, hat sie den Antrag zurückzuweisen. Liegt hingegen ein Vergabeverstoß vor, hat die Vergabekammer geeignete Maßnahmen zu treffen, um die Rechtsverletzung zu beseitigen und eine Schädigung der betroffenen Bieter zu verhindern. An die Anträge des Antragstellers ist sie nicht gebunden und kann unabhängig davon auf die Rechtmäßigkeit des Vergabeverfahrens einwirken. Allerdings gilt – hierauf wurde schon an anderer Stelle hingewiesen –, dass **ein bereits wirksam erteilter Zuschlag nicht mehr aufgehoben werden** kann (§ 114 Abs. 1 und 2 GWB). Die Beschränkung, dass nur wirksam erteilte Zuschläge nicht aufgehoben werden können, steht somit im Einklang vor allem mit der gesetzlich vorgesehenen Unwirksamkeitsfolge von Zuschlägen nach § 101b GWB, die ohne Durchführung eines Vergabeverfahrens oder einer Vorabinformation an die Bieter (vgl. § 101a GWB) erteilt werden. Hat sich das Nachprüfungsverfahren durch die zwischenzeitliche Erteilung des Zuschlages, durch Aufhebung oder durch Einstellung des Vergabeverfahrens oder in sonstiger Weise erledigt, kann die Vergabekammer auf gesonderten Antrag feststellen, dass eine Rechtsverletzung vorgelegen hat. Die Entscheidung der Vergabekammer ergeht anschließend durch **Verwaltungsakt** (§ 114 Abs. 3 GWB).

- Liegt die Entscheidung der Vergabekammer vor, kann die unterlegene Seite, d. h. entweder der Antragsteller oder die Vergabestelle, dagegen **sofortige Beschwerde** einlegen. Zuständig ist das für den Sitz der Vergabekammer zuständige Oberlandesgericht (§ 116 GWB). Für die sofortige Beschwerde gilt eine Notfrist von zwei Wochen, die mit der Zustellung der Entscheidung der Vergabekammer beginnt. Die sofortige Beschwerde ist unverzüglich zu begründen. Hier herrscht anders als bei den Verfahren vor der Vergabekammer Anwaltszwang. Lediglich juristische Personen des öffentlichen Rechts können sich durch Beamte oder Angestellte mit einer Befähigung zum Richteramt vertreten lassen (§ 120 Abs. 1 GWB).

- Die sofortige Beschwerde bei dem Oberlandesgericht hat ebenfalls eine **aufschiebende Wirkung** gegenüber der Entscheidung der Vergabekammer, allerdings **nur für die Dauer von zwei Wochen**. Soll die aufschiebende Wirkung verlängert werden, bedarf es dazu eines gesonderten Antrags. Auf der anderen Seite kann auch die Vergabestelle ihrerseits einen Antrag auf Vorabzuschlag stellen (§ 121 GWB). Am Ende des Vergabeverfahrens trifft das zuständige Oberlandesgericht schließlich eine Beschwerdeentscheidung, d. h.: Entweder hebt es die Entscheidung der Vergabekammer auf oder bestätigt diese.

2.5.9.3 Anspruch auf Schadensersatz

Hat die Vergabestelle ihre Pflichten nach dem Abschnitt 2 bzw. der SektVO schuldhaft verletzt, kann ein solcher **Pflichtenverstoß** bereits in dem Verfahren vor der Vergabekammer oder in dem Beschwerdeverfahren **bindend auch für einen nachfolgenden Schadensersatzprozess festgestellt** werden (§ 124 GWB) – eine Möglichkeit, die nur für Vergabeverfahren oberhalb der Schwellenwerte besteht, nicht für sonstige Vergaben (BGH, Urt. v. 27.11.2007 – X ZR 18/07, BauR 2008, 883 [Ls.] = Vergabe R 2008, 219, 224 f.). In der Sache sind sodann vor allem folgende Ersatzansprüche denkbar:

- **Schadensersatzanspruch nach § 126 GWB**
  Zunächst kommt ein **Schadensersatzanspruch nach § 126 GWB** in Betracht. Hiernach hat der unterlegene Bieter gegen den Auftraggeber einen eigenständigen gesetzlichen Schadensersatzanspruch in Höhe der Kosten der Vorbereitung des Angebotes und der Teilnahme an dem Vergabeverfahren. Dieser besteht, wenn die Vergabestelle gegen eine den Schutz von Bietern bezweckende Vorschrift verstoßen und ein Bieter ohne diesen Verstoß bei der Wertung der Angebote eine echte Chance gehabt hätte, den Zuschlag zu erhalten. Im Wesentlichen betrifft dies einen **Ersatz der Angebotserstellungskosten**. Dabei geht § 126 GWB aber über die sonst im Vergaberecht bestehenden Schadensersatzansprüche deutlich hinaus: Denn die Haftung der Vergabestelle nach § 126 Abs. 1 GWB setzt kein Verschulden voraus, sondern begründet eine **verschuldensunabhängige Haftung** (BGH, Urt. v. 27.11.2007 – X ZR 18/07, BauR 2008, 883 [Ls.] = Vergabe R 2008, 219, 221 f.).

Voraussetzung für einen Ersatzanspruch nach dieser Regelung ist jedoch, dass der Bieter bei Hinwegdenken des Vergabefehlers »**bei Wertung der Angebote eine echte Chance gehabt hätte, den Zuschlag zu erhalten**«. Dies wirft vor allem zwei Probleme auf:

- Zunächst ist fraglich, wie mit Fällen umzugehen ist, in denen es gar nicht zu einer Wertung kommt, etwa weil erst gar kein Wettbewerb durchgeführt wurde. Hierüber kann jedoch wie bei allen sonstigen Fehlern hinweggegangen werden. Entscheidend ist danach allein, dass das abgegebene Angebot dann, wenn die Vergabestelle ordnungsgemäß ausgeschrieben hätte, in diesem hypothetischen Verfahren eine echte Chance gehabt hätte (BGH a. a. O.).
- Echte Chance heißt sodann, dass es nicht genügt, dass das Angebot in eine engere Wahl gekommen wäre. Voraussetzung für den Schadensersatzanspruch nach § 126 GWB ist vielmehr, dass das Angebot nach dem Auftraggeber zustehenden Wertungsspielraum den Zuschlag hätte erhalten können (BGH a. a. O.).

387 • **Schadensersatzanspruch nach § 280 Abs. 1 BGB**
Neben dem Schadensersatzanspruch aus § 126 GWB steht dem ggf. benachteiligten Bieter gemäß § 311 Abs. 2, § 241 Abs. 2, § 280 Abs. 1 BGB auch ein **Schadensersatzanspruch wegen Verletzung eines vorvertraglichen Vertrauensverhältnisses** (c. i. c.) zu (BGH a. a. O.). Insoweit gelten zunächst dieselben Grundsätze wie bei der Vergabe nach Abschnitt 1 (vgl. dazu Rdn. 332 ff.). Der Höhe nach ist dieser Ersatzanspruch – ähnlich dem § 126 GWB – auf **Ersatz des negativen Interesses** (vor allem der ggf. vergeblich aufgewandten **Angebotserstellungskosten**) gerichtet. Wie jedoch ebenfalls schon erläutert, kann er in Ausnahmefällen auch das **positive Interesse** einschließen. Somit geht dieser Ersatzanspruch deutlich über § 126 GWB hinaus. Dasselbe gilt insoweit, als ein Schadensersatzanspruch nach § 280 Abs. 1 BGB nicht zwingend voraussetzt, dass der Bieter tatsächlich eine »echte Chance« auf den Zuschlag gehabt hätte.

▶ **Beispiel (nach BGH, Urt. v. 9.6.2011 – X ZR 143/10, BGHZ 190, 89, 89 = BauR 2011, 1813 = NZBau 2011, 498 = VergabeR 2011, 703)**

Der Auftraggeber schreibt Leistungen aus, wobei in der Wertungsmatrix Eignungs- und Wirtschaftlichkeitskriterien miteinander vermengt werden. Dies ist offensichtlich unzulässig, weswegen das Verfahren später aufgehoben wird.

Für die Schadensersatzpflicht des Auftraggebers aus dieser vergaberechtswidrigen Vorgehensweise kommt es jetzt nicht darauf an, ob der Bieter diesen Fehler erkannt (und sich trotzdem an dem Vergabeverfahren beteiligt) hat (BGH, a. a. O.; BGH, Urt. v. 27.11.2007 – X ZR 18/07, BauR 2008, 883 [Ls.] = VergabeR 2008, 219, 223 f.).

388 Diese weitere Schadensersatzverpflichtung nach § 280 Abs. 1 BGB wirft jedoch nunmehr die Frage auf, ob diese Ausgestaltung des Schadensersatzrechts noch im Einklang mit der Richtlinie 89/665/EWG vom 21. Dezember 1989 (Rechtsmittelrichtlinie) steht. Denn nach Auffassung des EuGH ist es nicht zulässig, dass Schadensersatzansprüche wegen Vergaberechtsverstößen von einem Verschulden der Vergabestelle abhängig gemacht werden (EuGH, Urt. v. 30.09.2010 – C-314/09, BauR 201, 307 [Ls.] = NZBau 2010, 773, 775 = VergabeR 2011, 71, 74 f.). Das kann durchaus entscheidend sein.

▶ **Beispiel (nach BGH, Urt. v. 20.01.2009 – X ZR 113/07, BauR 2009, 971 = NZBau 2009, 262 = VergabeR 2009, 448)**

Ein Bieter gewährt in seinem Angebot Preisnachlässe, die er unzulässigerweise nicht an der in den Vergabeunterlagen festgelegten Stelle aufführt. Deswegen hätten diese nach § 16 Abs. 9 VOB/A nicht gewertet werden dürfen. Trotzdem erteilt die Vergabestelle diesem Bieter den Zuschlag, nachdem sie sich zu dieser Frage der Wertung zuvor ein Rechtsgutachten eingeholt hatte. Ein nicht zum Zuge gekommener Bieter, der ohne diese Preisnachlässe auf Platz 1 gelegen hätte, macht nunmehr Schadensersatzansprüche geltend.

Diese lehnte der BGH seinerzeit noch ab. Zwar sei die Wertung tatsächlich unzulässig gewesen. Allerdings fehle es hier an einem Verschulden, weil sich die Vergabestelle nach Einholung eines Rechtsgutachtens, das auch rechtlich vertretbar gewesen wäre, keine Pflichtverletzung vorzuwerfen gehabt habe (BGH, Urt. 20.01.2009 – X ZR 113/07, BauR 2009, 971, 973 = NZBau 2009, 262, 264 = VergabeR 2009, 448, 450). Diese Rechtsauffassung dürfte heute zumindest im Anwendungsbereich von europaweiten Vergaben oberhalb der Schwellenwerte so nicht mehr aufrechtzuerhalten sein (so auch Kaiser, VergabeR 2011, 76). Der BGH hatte demzufolge diese Streitfrage in einem jüngeren Urteil einstweilen offen gelassen (BGH, Urt. v. 09.06.2011 – X ZR 143/10, BGHZ 190, 89 = BauR 2011, 1813, 1815 = NZBau 2011, 498, 500 = VergabeR 2011, 703, 705). Allerdings sind die Folgen bisher völlig unklar. Vorstellbar wäre etwa, die tatbestandliche Voraussetzung der Notwendigkeit der »echten Chance« der Zuschlagserteilung richtlinienkonform deutlich großzügiger auszulegen, um hier dem Bieter vermehrt in den Genuss des verschuldensunabhängigen Schadensersatzes nach § 126 GWB kommen zu lassen (so offenbar Pries/Hölzl, NZBau 2011, 21, 22). Damit dürfte das Problem aber nicht gelöst sein, wenn man als Anspruchsgläubiger auch diejenigen ansieht, die wegen ihrer Platzierung eigentlichen gar keine Chance auf den Zuschlag gehabt hätten. Vor diesem Hintergrund lässt sich danach aber zumindest mit den bisherigen Vorgaben des EuGH, die noch viele Fragen offen lassen (z. B. zur Reichweite potenzieller Anspruchsinhaber oder der Frage, ob überhaupt ein positives Interesse von dem danach gewährten Schadensersatz abzudecken ist, der ja vor allem unter § 280 Abs. 1 BGB fällt), die damit verbundenen Rechtsfragen nicht abschließend und verbindlich lösen.

- **Schadensersatzanspruch gemäß § 823 Abs. 2 BGB** 389
Schließlich dürfte sich ein Schadensersatzanspruch auch aus § 823 Abs. 2 BGB ergeben. Voraussetzung dafür wäre die Verletzung eines Schutzgesetzes. Dies dürfte bei den einschlägigen Regelungen der §§ 97 ff. GWB i. V. m. den Vorschriften der Vergabeverordnung und den insoweit in Bezug genommenen Regelungen der VOB/A anzunehmen sein. Dies ergibt sich zunächst aus dem allgemeinen Wettbewerbs- und Gleichbehandlungsgebot zugunsten der Bieter in § 97 Abs. 1 und 2 GWB; zugleich folgt dies maßgeblich aus § 97 Abs. 7 GWB, wonach die Unternehmen einen Anspruch darauf haben, dass der Auftraggeber die Bestimmungen über das Vergabeverfahren (nämlich die im GWB geregelten) einhält. Dazu gehört über die Verweisung in § 97 Abs. 6 GWB auch die dazu erlassene Vergabeverordnung in Verbindung mit den Bestimmungen der VOB/A. All diese Vorschriften dienen ausschließlich dem Bieterschutz und sind kraft gesetzlicher Regelung somit Schutzgesetze im Sinne des § 823 Abs. 2 BGB (siehe auch Ingenstau/Korbion/Vygen, Einleitung zur VOB/A Rn. 85; in diesem Sinne ebenso KG, Urt. v. 27.11.2003 – 2 U 174/02, BauR 2004, 1504 [Ls.] = VergabeR 2004, 490, 491; OLG Karlsruhe, Beschl. v. 17.04.2008 – 8 U 228/06, VergabeR 2009, 108, 109; offen gelassen dagegen in KG, Urt. v. 17.01.2011 – 2 U 4/06, BauR 2011, 1508, 1519 = NZBau 2012, 56, 58; KG, Urt. v. 08.12.2011 – 2 U 11/11, VergabeR 2012, 208, 211 = NZBau 2012, 389, 391; wie hier auch Vygen, Jahrbuch BauR 1999, 46, 48; Dreher, NZBau 2002, 419, 426; zuvor schon Heiermann, Festschrift von Craushaar, S. 99, 113 f.).

2.5.9.4 Anspruch auf Aufhebung eines vergaberechtswidrig zustande gekommenen Vertrages

Bisher gilt der Grundsatz im Vergaberecht, dass bereits erteilte Zuschläge in einem Nachprüfungsverfahren nicht aufgehoben werden können (§ 114 Abs. 2 Satz 1 GWB). Insbesondere bei Vergaben klassischer öffentlicher Auftraggeber könnte aber zu erwägen sein, die öffentliche Hand als verpflichtet anzusehen, **Bauverträge**, die unter Verstoß gegen das als zwingend ausgestaltete Vergaberecht gemäß dem Abschnitt 2 der VOB/A bzw. der Sektorenverordnung zustande gekommen sind, **im Nachhinein aufzulösen** oder rückgängig zu machen (in diesem Sinne wohl zu verstehen: EuGH, Urt. v. 18.07.2007 – C-503/04, NZBau 2007, 594, 595 f. = VergabeR 2007, 597, 599 f.) Rückgängigmachung heißt bei geschlossenen Verträgen schlimmstenfalls für die öffentliche Hand, das Instrumentarium zu nutzen, das das deutsche Rechtssystem zur Verfügung stellt, d. h. ggf. auch, **diese Verträge nach § 649 BGB, § 8 Abs. 1 VOB/B zu kündigen**. Dies führt zwar zu einer den Auftraggeber belastenden Vergütungsfolge, weil nunmehr die volle Vergütung abzüglich ersparter Aufwendungen zu zahlen ist. Hinsichtlich dieser nachteilhaften Folgen erscheint der öffentliche Auftraggeber aber nicht schutzbedürftig, wenn er zuvor unter Verstoß gegen das zwingende Vergaberecht entspre- 390 chende Aufträge erteilt hat. Ob es soweit kommt, bleibt abzuwarten: Der vorstehenden Entscheidung des Europäischen Gerichtshofs lag ein Vertragsverletzungsverfahren zugrunde. Hier wird man sehen, ob auch ein ggf. benachteiligter Bieter einen Anspruch gegen die öffentliche Hand hat, dass diese einen unter Verstoß gegen die zwingenden Vergaberegeln zustande gekommenen Bauvertrag beendet, um dann die Leistung im Markt neu auszuschreiben. Logisch zu Ende gedacht müsste ein solches Individualrecht des Bieters aber bestehen. Denn nur dann kann tatsächlich der effektive Rechtsschutz zu unter Verstoß gegen das Vergaberecht zustande gekommenen Verträge greifen.

2.6 Zusammenfassung in Leitsätzen

391
1. Ein Bauvertrag kommt wie jeder andere Vertrag durch Angebot und Annahme zustande. Er hat keinen Bestand, soweit er gegen die guten Sitten oder gesetzlich zwingende Regelungen (Verbote) verstößt. Dies gilt vielfach auch bei Bauverträgen infolge von Schmiergeldabreden.
2. Bauverträge können in der Regel formfrei geschlossen werden. Sie sind zu beurkunden, wenn sie ausnahmsweise mit einem Grundstückskaufvertrag in einem rechtlichen Zusammenhang stehen. Ansonsten gilt die Schriftform nur, wenn sie entsprechend vereinbart ist. Denkbar ist auch ein Vertragsschluss über ein kaufmännisches Bestätigungsschreiben, und zwar hier ggf. sogar unter Teilnahme von vollmachtlosen Vertretern.
3. Ein einem Bauvertrag zugrunde liegendes mündliches Angebot kann nur sofort angenommen werden, ein schriftliches Angebot nur binnen weniger Tage. Mit dem Bieter kann eine längere Bindefrist vereinbart werden, die bis zu einem Monat in jedem Fall unproblematisch ist. Eine nur modifizierte Annahme des Angebots führt zu keinem Vertragsschluss, sondern zu einem neuen Angebot.
4. Planungs- und Projektierungskosten in der Angebotsphase werden grundsätzlich nicht erstattet.
5. Die Bauvertragsparteien können sich beim Vertragsschluss vertreten lassen, und zwar insbesondere der Bauherr durch seinen Architekten. Dessen Vollmachten sind jedoch beschränkt. Ansonsten gelten im Bauvertragsrecht die allgemeinen Grundsätze zur Anscheins- und Duldungsvollmacht. Besonderheiten sind bei der Vertretung der öffentlichen Hand zu berücksichtigen.
6. Öffentliche Auftraggeber haben bei der Vergabe von Bauleistungen die VOB/A zu beachten. Gleichwohl kommt auch hier der Vertrag nur durch Angebot und Annahme (Zuschlag) zustande.
7. Die VOB/A besteht aus drei Abschnitten: Der 1. Abschnitt (Basisparagrafen) gilt für Bauvergaben der öffentlichen Hand mit einem Auftragsvolumen von z. Zt. unter 5 Mio. € netto, die Abschnitte 2 und 3 für Vergaben oberhalb dieses Schwellenwertes. Für Letztere ist das Vergabeverfahren dann auch gesetzlich geregelt, nämlich in dem GWB und der dazu ergangenen Vergabeverordnung. Geht es um Vergaben im sog. Sektorenbereich (Energie, Trinkwasser, Verkehr), tritt an die Stelle der Vergabeverordnung und der VOB/A die Sektorenverordnung. Für alle EU-weiten Vergaben oberhalb der Schwellenwerte gilt einheitlich, dass hier ein effektiver Rechtsschutz stattfindet. Dieser besteht vor allem in der Möglichkeit von Vergabenachprüfungsverfahren, mit denen ein Zuschlag unter Verstoß gegen die vergaberechtlichen Grundsätze verhindert werden kann.
8. Das Vergabeverfahren nach der VOB/A setzt sich aus verschiedenen Phasen zusammen. Zu den Wichtigsten gehören bei einer öffentlichen Ausschreibung:
   – Das Vergabeverfahren beginnt mit einer Entscheidung über den Kreis zuzulassender Bieter. Ungeeignete Bieter können danach vom weiteren Verfahren ausgeschlossen werden. Nicht zuzulassen sind Bieter, die selbst gewerbsmäßig keine Bauleistungen erbringen (z. B. Generalübernehmer). Etwas anderes gilt für Bietergemeinschaften, die einem Einzelbieter gleichzusetzen sind. Bei sog. Projektanten ist jeweils im Einzelfall zu prüfen, ob sie an einem Verfahren beteiligt werden können.

- Sodann hat der Auftraggeber die Leistung umfassend und klar zu beschreiben. Eine solche Leistungsbeschreibung ist Grundlage des später vor allem für die Prüfung von Mehrvergütungs- und Gewährleistungsansprüchen entscheidenden Leistungssolls. Es gibt zwei Arten der Leistungsbeschreibung, nämlich die mit Leistungsverzeichnis und die funktionale Leistungsbeschreibung.
- Nach Versand der Ausschreibungsunterlagen hat der Bieter sein Angebot abzugeben. Dabei hat er die in der Vergabebekanntmachung vorgesehene Angebotsfrist zu beachten. Der Zuschlag soll innerhalb der sog. Zuschlagsfrist erteilt werden. Unabhängig davon ist es möglich, die Bindung des Auftragnehmers an sein Angebot separat zu verlängern.
- Nach der Angebotseröffnung findet als Zwischenschritt die (Angebots)prüfung der formalen Zulässigkeit sowie eine rechnerische, technische und wirtschaftliche Prüfung statt. Verbleiben Unklarheiten, kann der Auftraggeber mit den Bietern dazu Aufklärungsgespräche führen. Verhandlungen zu den Inhalten des Angebotes und zu den Preisen sind hingegen bei öffentlichen Ausschreibungen ausgeschlossen.
- Im nächsten Schritt schließt sich die Wertung der Angebote an. Diese dient in Vorbereitung des Zuschlags der Ermittlung des wirtschaftlichsten Angebotes. Dabei kommt es nicht allein auf den Preis, sondern auf eine Gesamtschau an.
- Das Vergabeverfahren endet mit der Zuschlagserteilung. Mit dessen Zugang bei dem Bieter kommt der Vertrag zustande.

9. Vergabestellen können laufende Ausschreibungen unter bestimmten Voraussetzungen aufheben. Hiergegen kann sich ein Bieter zumeist nicht zur Wehr setzen.
10. Verstößt die Vergabestelle gegen die VOB/A, kann ein unterlegener Bieter bei Vergaben unterhalb der EU-Schwellenwerte (bei Bauverträgen von z. Zt. 5 Mio. €) kaum mit Aussicht auf Erfolg den Zuschlag erstreiten. Auch die Verhinderung eines Zuschlags an einen Dritten ist nur schwer möglich. Ihm stehen jedoch unter bestimmten Voraussetzungen Schadensersatzansprüche zu. Einen Anspruch auf entgangenen Gewinn hat er nur, wenn er nachweisen kann, dass er auch den Zuschlag erhalten hätte. Darüber hinaus sieht die VOB/A selbst noch verschiedene Ansprechpartner vor, die ein unterlegener Bieter einschalten kann.
11. Bei Vergaben oberhalb des EU-Schwellenwertes gelten diverse Besonderheiten gegenüber der normalen VOB/A. Die Wichtigste besteht in einem effektiven Rechtsschutz des unterlegenen Bieters. Dieser wird flankiert durch die Pflicht der Vergabestelle, 15 Tage vor Vergabe die Bieter über die zu treffende Vergabeentscheidung zu informieren.

3 Der Bauvertrag und die VOB

Übersicht
	Rdn.
3.1 Der Bauvertrag als Werkvertrag	393
3.1.1 Dienstvertrag	394
3.1.2 Werklieferungsvertrag	396
3.1.3 Kaufvertrag	406
3.1.4 Mietvertrag	408
3.1.5 Sonderformen des Werkvertrages	409
3.1.6 Typengemischte Verträge	411
3.2 Die Bedeutung der VOB für den Bauvertrag	413
3.2.1 Geschichtliche Entwicklung der VOB	413
3.2.2 Die Rechtsnatur der VOB	415
3.3 Die Teile der VOB	419
3.3.1 Teil A der VOB	419
3.3.2 Teil B der VOB	426
3.3.3 Teil C der VOB	432
3.4 Die Zulässigkeit der Vereinbarung der VOB in Bauverträgen und anderen Verträgen	442
3.5 VOB und AGB-Kontrolle	462
3.5.1 Die VOB als Allgemeine Geschäftsbedingungen	463
3.5.2 »Stellen« der VOB/Verwendereigenschaft	468
3.5.3 Einbeziehung der VOB	475
3.5.4 Keine AGB-Inhaltskontrolle der VOB/B bei ihrer Vereinbarung als Ganzes im gewerblichen Bereich	481
3.5.4.1 Keine AGB-Privilegierung gegenüber Verbrauchern	482
3.5.4.2 Freistellung der VOB/B in ihrer jeweils geltenden Fassung	484
3.5.4.3 Bedeutung der Vereinbarung der VOB als Ganzes/Öffnungsklauseln	488
3.5.5 Einzelkontrolle von VOB-Regelungen nach §§ 307 ff. BGB	494
3.6 Zusammenfassung in Leitsätzen	498

392 Neben dem Abschluss eines Bauvertrages erlangt vor allem die Frage nach dessen Gestaltung und Inhalt entscheidende Bedeutung. Durch klare Vereinbarungen und Vertragsbedingungen lassen sich nämlich viele – meist für beide Vertragspartner unerfreuliche – Streitigkeiten bei der Abwicklung eines Bauvorhabens und daraus folgende **Bauprozesse vermeiden**. Die **Vergabe- und Vertragsordnung für Bauleistungen (VOB)** kann dazu einen erheblichen Beitrag leisten. Damit es aber auch ansonsten zu keinen unnötigen Streitigkeiten kommt, sollten alle Baubeteiligten, insbesondere die Vertragspartner selbst, größten Wert auf den **Inhalt des Bauvertrages** und der dazugehörenden Vertragsbedingungen legen. Dabei hängt die Ausgestaltung des einzelnen Vertrages zunächst davon ab, mit welchem Vertragstyp man es zu tun hat.

3.1 Der Bauvertrag als Werkvertrag

393 Der übliche Bauvertrag zwischen Bauunternehmer und Bauherrn als Auftraggeber ist in jedem Fall als Werkvertrag im Sinne der §§ 631 ff. BGB anzusehen. Gegenstand der werkvertraglichen Verpflichtung des Bauunternehmers ist der Erfolg, nämlich die Herstellung der geschuldeten Bauleistung. Dabei übt der Werkunternehmer seine Tätigkeit grundsätzlich eigenverantwortlich aus; er allein trägt das Unternehmerrisiko bei der Erreichung des geschuldeten Werkes. Demzufolge trifft ihn wie auch jeden anderen Werkunternehmer eine **Einstandspflicht für den geschuldeten Erfolg seiner Leistung**. Dies gilt selbst dann, wenn er den Nichteintritt des Erfolgs nicht zu vertreten hat, ihm also daran kein Verschulden angelastet werden kann. Gerade durch diese Erfolgshaftung unterscheidet sich der Werkvertrag maßgeblich von weiteren Vertragstypen, und zwar vor allem:

3.1 Der Bauvertrag als Werkvertrag

3.1.1 Dienstvertrag

Das Dienstvertragsrecht ist in §§ 611 ff. BGB geregelt. Anders als der Werkunternehmer schuldet der Dienstverpflichtete die erfolgsunabhängige Leistung der versprochenen Dienste, also eine bloße Arbeitsleistung ohne einen bestimmten Erfolg (KG, Urt. v. 09.11.2007 – 7 U 75/07, BauR 2008, 406). Dabei kommt es stets auf die Gesamtbetrachtung der vertraglichen Leistung an. Steht der geschuldete Erfolg im Vordergrund, liegt ein Werkvertrag vor. Allerdings fällt die Abgrenzung zwischen Dienst- und Werkvertrag gerade im Zusammenhang mit der Errichtung von Bauvorhaben nicht immer leicht. Besonders augenfällig zeigt sich das etwa bei der »Anmietung« von Baumaschinen mit Bedienpersonal. 394

▶ **Beispiel (nach KG, Urt. v. 28.11.2008 – 7 U 231/07, BauR 2010, 470, 471)**

Der Generalunternehmer beauftragt den Kranbauunternehmer K mit der »Entfernung von schon ausgesägten Betonteilen« aus einer Baugrube und deren anschließenden Entsorgung. Ein konkretes Entsorgungskonzept wird K nicht vorgegeben, der vielmehr eigenverantwortlich arbeitet.

Ein solcher Vertrag geht über die reine Krangestellung hinaus, weswegen der geschuldete Arbeitserfolg im Vordergrund steht. Daher liegt ein Werkvertrag vor (KG, a. a. O.). Doch kann dies eben auch anders sein, wenn der Kran (mit Kranfahrer) mehr als Arbeitsgerät überlassen wird, ohne dass ein konkreter Arbeitserfolg vereinbart ist. Kennzeichen wäre hier vor allem, dass etwa das mit überlassene Bedienpersonal z. B. den Weisungen des »eigentlichen« Auftragnehmers unterliegt. Dies spräche dann eindeutig für einen (kombinierten Miet- mit einem) Dienstvertrag (BGH, Urt. v. 26.03.1996 – X ZR 100/94, WM 1996, 1785). Die bloße Bezeichnung als »Dienstvertrag« wäre dagegen allerdings unbeachtlich (OLG Koblenz, Urt. v. 06.07.2007 – 10 U 1476/06, BauR 2007, 2116).

Die vorbeschriebene Abgrenzung des Werkvertrages zum Dienstvertrag ist in der Praxis erheblich. Sie hat z. B. wesentliche Bedeutung für die **Gewährleistungsansprüche** des Auftraggebers, die beim Werkvertrag anders als beim Dienstvertrag **verschuldensunabhängig** sind. Auch die Dauer der Gewährleistungsfristen ist unterschiedlich. Die Einstufung als Bauvertrag wirkt sich des Weiteren bei den im Werkvertragsrecht anders ausgestalteten Kündigungsmöglichkeiten und deren Folgen aus. Außerdem kann der Werkunternehmer – im Gegensatz zum Dienstvertragsverpflichteten – abhängig von weiteren Voraussetzungen eine Sicherungshypothek gemäß § 648 BGB auf dem Grundstück seines Vertragspartners eintragen lassen. Ebenso kann er vom Auftraggeber eine Sicherheit für seinen Vergütungsanspruch gemäß § 648a BGB verlangen – alles Rechte, die das Dienstvertragsrecht nicht kennt. 395

3.1.2 Werklieferungsvertrag

Der Bauvertrag als Werkvertrag im Sinne des § 631 BGB unterscheidet sich auch vom Werklieferungsvertrag gemäß § 651 BGB. Zwar geht es nach der gesetzlichen Definition in § 651 S. 1 BGB bei einem Werklieferungsvertrag ebenfalls darum, dass ein Unternehmer das geschuldete Werk aus einem von ihm zu beschaffenden Stoff herzustellen und zu liefern, d. h. zu übergeben hat. Der wesentliche Unterschied besteht jedoch darin, dass es beim Werklieferungsvertrag **allein um die Herstellung und Lieferung beweglicher Sachen** geht. In Abgrenzung dazu liegt ein Werkvertrag vor, wenn sich die Werkleistung (ggf. mit eigenen zu liefernden Stoffen) in der Errichtung eines Gebäudes oder sonst als dessen wesentlicher Bestandteil niederschlägt (vgl. §§ 93, 94 Abs. 2 BGB). Diese Unterscheidung gewinnt vor allem bei zahlreichen Subunternehmerverträgen an Bedeutung, wenn sich der Subunternehmer lediglich zur Herstellung und Lieferung bestimmter Bauteile für das Bauvorhaben verpflichtet, ohne auch deren Einbau am Bauwerk zu übernehmen (vgl. dazu umfassend Leupertz, BauR 2006, 1648; Voit, BauR 2009, 369 ff.). 396

▶ **Beispiel (ähnlich OLG Nürnberg, Urt. v. 11.10.2005 – 9 U 804/05, BauR 2007, 122, 123)**

Ein Bauunternehmer beauftragt einen Schreiner mit der Herstellung von Türen und deren Lieferung an die Baustelle. Dieser Schreiner ist Werklieferungsunternehmer, weil er lediglich bewegliche Sachen an die Baustelle liefert. Selbst die Vereinbarung der VOB/B würde daran nichts ändern. Wird der Schreiner dagegen mit der Herstellung und dem Einbau der Fenster für das Bauwerk beauftragt, sollen die herzustellenden Fenster nach dem Vertrag wesentlicher Bestandteil des Gebäudes werden. Folglich handelt es sich jetzt um einen Werkvertrag, da hier nach der Vorstellung der Parteien der durch die Einbauleistung zusätzlich geschuldete funktionale Werkerfolg im Vordergrund der vertraglichen Leistungsverpflichtung steht.

397 Ähnliches gilt für andere für ein Bauvorhaben anzufertigende Bauteile, wie z. B.
- Treppen (OLG Koblenz, Urt. v. 03.01.2008 – 5 U 685/07, BauR 2009, 862 (Ls.) = OLGR 2009, 301),
- Küchen (anders allerdings bei Küchen, die nach einem auf dem Grundriss der Küche abgestellten Einbauplan gebaut werden soll: Hier liegt ein Werkvertrag vor [OLG Frankfurt, Urt. v. 09.04.2008 – 19 U 280/07, BauR 2008, 1494 (Ls.) = OLGR 2008, 957; OLG Karlsruhe, Urt. v. 03.05.2012 – 9 U 74/11, noch nicht veröffentl.; s. auch schon zum früheren Recht: BGH, Urt. v. 15.02.1990 – VII ZR 175/89, BauR 1990, 351, 352 = NJW-RR 1990, 787, 788],
- Türen.

Unbeachtlich ist in jedem Fall die **Größe der Bauteile oder deren Zweck**, nämlich dass sie später noch zur festen Montage in einem Bauwerk vorgesehen sind, oder dass der Auftragnehmer zusätzlich Planungsleistungen übernommen hat. Liegt weiterhin ein bewegliches zu lieferndes Bauteil vor und wird der Vertrag nicht durch die Einbauleistungen geprägt, liegt ein Werklieferungsvertrag vor (BGH, Urt. v. 23.07.2009 – VII ZR 151/08, BGHZ 182, 140, 147 = BauR 2009, 1581, 1584 f. = NJW 2009, 2877, 2879 = NZBau 2009, 644, 646 zu dem Einbau einer Siloanlage für ein Fabrikgebäude; dagegen ggf. doch eher zweifelhaft für die Lieferung und den Einbau eines Rolltores für eine Fabrikhalle: OLG Stuttgart, Urt. v. 08.12.2010 – 4 U 67/10, BauR 2011, 1056 [Ls.] = NJW-RR 2011, 669 = NZBau 2011, 297, 298). Steht dagegen die Montageleistung im Vordergrund, handelt es sich um einen Werkvertrag.

▶ **Beispiel (ähnlich OLG Bremen, Urt. v. 19.03.2010 – 2 U 110/09; Nichtzul.-Beschw. v. BGH zurückgewiesen, Beschl. v. 23.03.2011 – VII ZR 66/10, BauR 2011, 1378 [Ls.])**

Der Auftragnehmer wird mit der Herstellung von Kühlräumen und Kühlzellen sowie deren fachgerechten Einbau und Installation beauftragt. Hier liegt wegen der geschuldeten funktionsgerechten Einbauleistung ein Werkvertrag vor.

Die vorstehende Abgrenzung mag in der Praxis schwerfallen. Sie beruht vor allem in der weitverbreiteten Auffassung, dass Werklieferungsverträge aufgrund der zumeist ebenfalls gegebenen Erfolgsbezogenheit der Leistungsverpflichtung dem Werkvertragsrecht zugeordnet werden. Denn in der Tat ist schwer nachzuvollziehen, warum der Maler, der die Fenster anstreicht, einen Werkvertrag schließt, nicht aber der Fensterbauer, der die Fenster an die Baustelle liefert. Die Kritik an dieser Unterscheidung ist berechtigt, muss aber letztlich dahinstehen; denn die Gesetzeslage ist eindeutig. Folglich hatte auch die Rechtsprechung keine andere Wahl, als dies in ihren Urteilen so anzunehmen, wie sie auch so klargestellt hat (BGH, Urt. v. 23.07.2009 – VII ZR 151/08, BGHZ 182, 140 = BauR 2009, 1581 = NJW 2009, 2877 = NZBau 2009, 644). Dabei ist allenfalls anzumerken, dass weniger Probleme die Sachverhalte aufwerfen, bei denen der Auftragnehmer nur eine Ware verkauft und dann eine eher nachrangige Einbauleistung mit übernimmt. Hier kommt es auf vorstehende Abgrenzung nicht an; stattdessen liegt unproblematisch ein Kaufvertrag mit einer ggf. ergänzenden Nebenleistung vor (vgl. auch § 434 Abs. 2 BGB).

3.1 Der Bauvertrag als Werkvertrag

▶ **Beispiel**

Der Teppichverkäufer liefert den Teppich und verlegt diesen. Hier tritt die Verlegeleistung zurück, wenn sie ohne größeren Aufwand erfolgt. Somit handelt es sich um einen Kaufvertrag.

Ähnliches gilt für den vielfach so bezeichneten »Montagehelfer«.

▶ **Beispiel (nach OLG Koblenz, Urt. v. 03.01.1998 – 5 U 685/07, OLGR 2009, 301 = BauR 2009, 862 [Ls.])**

Der Auftragnehmer wird mit der Herstellung einer Treppe beauftragt. Mit dessen Lieferung stellt er auf Bitten des Auftraggebers gegen gesonderte Vergütung einen Montagehelfer, der beim Einbau mit zur »Hand« gehen soll. Dies nimmt dem Vertrag nicht die Eigenschaft als Werklieferungsvertrag, selbst wenn der Montagehelfer später sogar eine eher führende Rolle einnimmt.

Bei der Einordnung von Verträgen als Werklieferungsvertrag ergibt sich allerdings eine weitere Schwierigkeit bei Bauleistungen (insbesondere bei der Erstellung von Gebäuden) auf einem im **Erbbaurecht stehenden Grundstück**. Hier wird vertreten, dass diese Arbeiten auf einem fremden Grundstück ausgeführt würden, sodass die Werkleistung nur Scheinbestandteil werde (vgl. § 95 Abs. 1 BGB). Es handele sich somit ebenso um die Lieferung beweglicher Sachen. Dieses Ergebnis mit einer danach erforderlichen Anwendung des Kaufrechts könne nur in Anlehnung an die § 651 BGB zugrunde liegende EG-Verbrauchsgüterkaufrichtlinie (Richtlinie 1999/44 EG vom 25.05.1999) verhindert werden. Dies gelinge, indem man sich in diesen Fällen weniger am sachenrechtlichen Begriff der »beweglichen Sache« orientiere und stattdessen Werkvertragsrecht einheitlich für alle Arbeiten an einem Bauwerk anwende (Locher, Das private Baurecht, Rn. 26; Thode, NZBau 2002, 360, 361). 398

▶ **Beispiel**

Ein Bauunternehmer errichtet ein Haus. Der Auftraggeber ist Eigentümer eines Erbbaurechts. Hier wird das Haus nicht wesentlicher Bestandteil des Grundstücks, sondern des Erbbaurechts. Läge jetzt die Lieferung einer beweglichen Sache vor (= Lieferung eines Hauses), würde es sich bei diesem Vertrag um einen Werklieferungsvertrag handeln, sodass Kaufvertragsrecht anwendbar wäre.

Es ist unbestritten, dass dieses Ergebnis nicht richtig sein kann. Indes ist ein Rückgriff auf die EG-Verbrauchsgüterkaufrichtlinie nicht notwendig. Denn tatsächlich geht es bei vorstehendem Beispielfall ja nicht nur um die Lieferung einer beweglichen Sache. Vielmehr steht dort eindeutig die **Herstellung des Bauwerks im Vordergrund** und prägt diesen Vertrag, der schon deswegen richtigerweise dem Werkvertragsrecht unterfällt (so etwa auch MünchKomm. z. BGB/Busche, § 651 Rn. 9; umfassend auch Voit, BauR 2009, 369, 371 m. w. N.).

Die Unterscheidung zwischen Werk- und Werklieferungsvertrag hat weitreichende Konsequenzen (s. dazu ausführlich Voit, BauR 2009, 369, 371 ff.). Denn liegt ein Werklieferungsvertrag vor, kommt nach § 651 S. 1 BGB Kaufvertragsrecht zur Anwendung. Dabei bestehen die wesentlichen Unterschiede weniger bei den Verjährungsfristen für Gewährleistungsmängel: Sie betragen für Bauwerks- und Werklieferleistungen zu Sachen, die später Verwendung in einem Bauwerk finden sollen, fünf Jahre (§§ 634a Abs. 1 Nr. 2, 438 Abs. 1 Nr. 2 lit. b). Die Unterschiede zeigen sich vielmehr in Folgendem, was zunächst die nachstehende Übersicht verdeutlichen soll: 399

Unterschiede Werkvertrag/Werklieferungsvertrag – Überblick			
		Werkvertrag	**Werklieferungsvertrag**
Vergütung	bei fehlender Vereinbarung	Vermutung der stillschweigenden Vereinbarung in Höhe üblicher Vergütung (§ 632 Abs. 2 BGB)	Im Zweifel kein Vertrag
	Abschlagszahlungen	Abhängig von den Voraussetzungen nach § 632a BGB	Es gibt kein Recht auf Abschlagszahlung.
Mitwirkungsobliegenheiten des Auftraggebers		bestehen, soweit für die Herstellung der Werkleistung erforderlich, vgl. Rechtsfolgen dazu bei unterlassener Mitwirkung: ggf. Kündigung und Entschädigungsanspruch, vorzeitiger Gefahrübergang (§§ 642, 643 und 645 BGB)	bestehen nach §§ 642, 643 und 645 BGB nur bei Werklieferungsverträgen zu nicht vertretbaren Sachen
Vergütungssicherung für Auftragnehmer		Möglichkeit der Eintragung einer Bauhandwerkersicherungshypothek (§ 648 BGB) und Verlangen einer Bauhandwerkersicherheitsleistung (§ 648a BGB)	Es gibt keine vergleichbaren Sicherungsrechte; stattdessen nur Möglichkeit eines Eigentumsvorbehaltes (§ 449 BGB)
Vertragskündigung		Jederzeit durch den AG möglich nach § 649 BGB; Rechtsfolge: Zahlung der vollen Vergütung abzgl. ersparter Aufwendungen	Es gibt kein Kündigungsrecht des Auftraggebers. Etwas anderes gilt lediglich bei Werklieferungsverträgen zu nicht vertretbaren Sachen.
Entgegennahme/Abnahme		Abnahme der Werkleistung – keine Abnahmeverweigerung bei unwesentlichen Mängeln (§ 640 Abs. 1 BGB)	Nur Übernahme der Leistung – keine Pflicht zur Entgegennahme selbst bei unwesentlichen Mängeln (vgl. § 433 Abs. 1 S. 2 BGB)
Mängelansprüche/ Gewährleistung	Gefahrübergang, Beginn der Verjährung	Mit Abnahme der Werkleistung (§ 634a BGB Abs. 2)	Mit Übergabe (§§ 438 Abs. 2, 446, 447 BGB)
	Erweiteter Umfang der Mängelhaftung	entfällt	Erweiterte Haftung für Produktwerbung Dritter (§ 434 Abs. 1 S. 3 BGB)
	Haftungsausschluss zulasten des AG bei Mangelkenntnis	Mängelansprüche (mit Ausnahme von Schadensersatzanspruch) entfallen bei Abnahme in Kenntnis des Mangels (§ 640 Abs. 2 BGB)	Keine vergleichbare Regelung (ggf. einschlägiger § 442 BGB nicht vergleichbar bei neu hergestellten Sachen, da es auf Kenntnis bei Vertragsschluss ankommt)
	Haftungsausschluss wg. Verletzung der Prüf- und Hinweispflicht	entfällt	Haftung entfällt bei nicht sorgfältiger Wahrnehmung der Prüf- und Rügepflichten (§§ 377 Abs. 1 und 2, 381 Abs. 2 BGB)
	Mangelursache wg. vom Besteller gelieferten Stoff	Haftungsausschluss des Werkunternehmers, soweit er Mangel des Stoffes geprüft und ihn dabei nicht feststellen konnte	Keine Haftung des Werklieferungsunternehmers (§§ 651 S. 2, 441 Abs. 1 S. 1 BGB)
	Nacherfüllung	AN entscheidet über richtige Art der Nacherfüllung (§ 635 Abs. 1 BGB)	AG hat Wahlrecht zwischen Mangelbeseitigung und Neulieferung (§ 439 Abs. 1 BGB)
		Ein- und Ausbaukosten verschuldensunabhängig erstattungsfähig (§ 635 Abs. 2 BGB)	Keine vergleichbaren Regelungen vor allem zum Wiedereinbau, ggf. Schadensersatz – anders im Verbraucherbereich (EuGH, Urt. v. 16.06.2011 – C 65/09, BauR 2011, 1490)
	Selbstvornahmerecht/Kostenerstattung	AG kann nach Fristablauf Mangel auf Kosten des AN beseitigen lassen und dafür Vorschuss verlangen (§ 637 BGB)	Kein vergleichbares Recht bei Werklieferungsvertrag

3.1 Der Bauvertrag als Werkvertrag

Die **Unterschiede** sind erheblich. Ergänzend zu vorstehender Übersicht sollen folgende Punkte erläutert werden:
- Zunächst gibt es bedeutende Abweichungen **in der Ausführungsphase**. Beispielhaft erwähnt werden können die Rechtsfolgen bei Unterbleiben einer für die Ausführung der Werkleistung seitens des Auftraggebers erforderlichen Mitwirkungshandlung.

▶ **Beispiel**

> Der Türenhersteller kann mit der Produktion der Türen nicht beginnen, weil er vom Auftraggeber die Maße mangels Baufortschritt (unverschuldet) nicht erhält.

> Bei einem Werkvertrag stände dem Unternehmer in diesen Fällen für etwaige Mehrkosten der **verschuldensunabhängige Entschädigungsanspruch nach § 642 BGB** zu. Liegt dagegen ein Werklieferungsvertrag vor, gibt es diesen Anspruch nur, wenn es um die Herstellung und Lieferung einer nicht vertretbaren Sache geht (§ 651 S. 3 BGB), was im vorgenannten Beispiel keineswegs selbstverständlich ist.

- Sodann besteht die in der Praxis bedeutsame Möglichkeit für den Auftraggeber eines **Werkvertrages**, diesen **jederzeit nach § 649 BGB kündigen** zu können – ein Recht, dass dem Werklieferungsunternehmer nicht zusteht. Misslich ist diese gespaltene Rechtslage vor allem, wenn der Werklieferungsunternehmer als Subunternehmer eines Bauunternehmers eingeschaltet wird: Kündigt dort der Bauherr dem Bauunternehmer nach § 649 BGB, kann der Bauunternehmer diese Kündigung nicht an den Subunternehmer weiterleiten.
- Ebenfalls unterschiedlich gestaltet sich die **Vergütungssicherung für den Auftragnehmer**: So kann der Werkunternehmer seine Vergütung vor allem nach §§ 648, 648a BGB sichern lassen; dem Werklieferungsunternehmer stehen diese Rechte nicht zu. Er verbleibt vielmehr auf die Sicherungsmöglichkeit eines Eigentumsvorbehaltes beschränkt – ein Recht, das in der Baupraxis für Werklieferungsunternehmer zumeist leer läuft: Denn wurden die Materialien bereits in das Bauvorhaben eingebaut, verliert der Werklieferungsunternehmer automatisch durch die Verbindung seiner Sachen mit dem Grundstück eines Dritten sein Eigentum daran (vgl. § 946 BGB).
- Ganz erhebliche Unterschiede treten auch bei der **Gewährleistungshaftung** zutage. So beginnt das Gewährleistungsstadium verbunden mit dem Gefahrübergang beim Werklieferungsvertrag bereits mit der Übergabe der hergestellten Sache, beim Werkvertrag erst mit der Abnahme der Bauleistung. Doch verbleibt es nicht einmal bei diesen unterschiedlichen Zeitpunkten für den Gewährleistungsbeginn: Denn bei einem Werkvertrag muss der Besteller eine Werkleistung nach § 640 Abs. 1 S. 2 BGB schon dann entgegennehmen, selbst wenn sie mit **unwesentlichen Mängeln** behaftet ist. Anders bei einem Werklieferungsvertrag, der dem Kaufrecht folgt: Dazu kann der Besteller die **Annahme bei Mängel jeder Art verweigern** (vgl. § 433 Abs. 1 S. 2 BGB).

▶ **Beispiel**

> Ein Generalunternehmer bestellt Fenster. Diese werden an die Baustelle geliefert; sie weisen in geringen Teilbereichen Maserungsfehler auf. Auf der Rechtsfolgenseite davon ist nunmehr zu entscheiden, ob der GU diese Lieferung wenn auch unter Vorbehalt annehmen und abnehmen muss (so bei einem Werkvertrag) oder sie als nicht vertragsgemäß zurückweisen kann (so bei dem hier vorliegenden Werklieferungsvertrag).

Doch nicht nur bei der Abnahme, sondern auch sonst gestaltet sich der Umfang der Haftung eines Werklieferungsunternehmers weitgehend anders als die des Werkunternehmers: So sind etwa die Nacherfüllungsrechte im Werkvertragsrecht (mit Ausnahme des Schadensersatzanspruchs) nach § 640 Abs. 2 BGB ausgeschlossen, wenn der Besteller die **Werkleistung in Kenntnis eines Mangels abnimmt**. Im Werklieferungsrecht gibt es keine vergleichbare Regelung. Allenfalls wäre § 442 BGB zu nennen: Doch entfallen danach die Mängelrechte nur dann, wenn der Besteller die **Mängel bei Vertragsschluss gekannt hat** – ein Sachverhalt, der bei neu herzustellenden Sachen nachvollziehbarerweise keine Rolle spielt. Sodann ist die Haftung des Werklieferungsunternehmers aber auch gegenüber dem eines Werkunternehmers erweitert, da er nicht nur für seine eigenen Produktangaben haftet, sondern möglicherweise auch für Produktangaben Dritter, soweit das Produkt nach außen von Dritten so beworben wurde (§ 434 Abs. 1 S. 3 BGB).

403 Auf der anderen Seite ist die Haftung aber möglicherweise zulasten des Auftraggebers zu einem sehr viel früheren Zeitpunkt ausgeschlossen: Denn insbesondere kaufmännisch geprägte Auftraggeber von Werklieferungsverträgen mit der Anwendung des Kaufrechts haben die Pflicht, die erhaltenen Waren **nach § 377 Abs. 1 BGB zu prüfen und erkennbare Mängel unverzüglich zu rügen** (vgl. dazu ausdrücklich OLG Nürnberg, Urt. v. 11.10.2005 – 9 U 804/05, BauR 2007, 122, 123; ebenso OLG Naumburg, Urt. v. 25.06.2009 – 1 U 14/06, IBR 2009, 204; OLG Koblenz, Urt. v. 03.01.2008 – 5 U 385/07, OLG 2009, 301, 302; s. dazu auch Wagner, ZfBR 2010, 627). Die Rüge muss spätestens nach Entdeckung eines Mangels erfolgen (§ 377 Abs. 3 HGB); sie erstreckt sich auch auf **Teil- und Sukzessivlieferungen**, was vor allem bei der Anlieferung von Baumaterial von Bedeutung ist (OLG Dresden, Urt. v. 07.10.1999 – 7 U 1972/99, IBR 2000, 228; OLG Brandenburg, Urt. v. 22.2.2012 – 4 U 69/11, BauR 2012, 1416 = NZBau 2012, 434, 435 – anders aber etwa dann, wenn für die Beurteilung der Mangelfreiheit zunächst ein nicht vorgesehener Probelauf notwendig wäre: OLG Naumburg, a. a. O.). Unterlässt der Auftraggeber diese Prüfung oder rechtzeitige Rüge, verliert er sämtliche Rückgriffsrechte gegen den Werklieferanten.

> ▶ Beispiel
>
> Der Bauherr beauftragt den Bauunternehmer mit der Herstellung eines Einfamilienhauses. Der Bauunternehmer kauft bereits zu Beginn der Baumaßnahme Dachziegeln, die er unausgepackt bis zum späteren Einbau auf der Baustelle lagert. Nach deren Einbau zeigt sich, dass sie einen Fehler aufweisen. Der Sachverständige in einem späteren Prozess stellt fest, dass diese Mängel optisch sichtbar waren. Der Bauherr nimmt den Auftragnehmer in Anspruch: Hier ist eine Rückgriffshaftung des Lieferanten der Dachziegeln gegenüber dem Bauunternehmer ausgeschlossen. Dies beruht darauf, dass Letzterer seinerseits die erhaltenen Dachziegeln nicht sofort auf erkennbare Mängel geprüft und diese gerügt hat.

404 Die **Abbedingung vorstehender Rügepflicht** ist allenfalls individualvertraglich möglich (Baumbach/Hopt, § 377 Rn. 55); insoweit macht es dann auch keinen Unterschied, wenn nach einer solchen Vereinbarung ein Werklieferungsvertrag abweichend von § 651 BGB gänzlich etwa dem Werkvertragsrecht unterstellt würde, sodass auch danach die Rügepflicht entfiele (vgl. dazu etwa Palandt/Sprau, § 651 Rn. 1 – wobei bestritten ist, ob das zulässig ist; s. dazu Wagner, ZfBR 2010, 627, 630). In **AGB des Werklieferungsunternehmers** ist eine Abbedingung der gebotenen Rügepflicht hingegen ausgeschlossen (BGH, Urt. v. 19.06.1991 – VIII ZR 149/90; BauR 1991, 658 [Ls.] = NJW 1991, 2633, 2634; Ulmer/Brandner/Hensen/Christensen, Anh. § 310 Rn. 317). Diskutiert wird immerhin, ob die Rügepflicht zumindest dann entfällt, wenn für den Vertrag auf Vorschlag des Auftraggebers die VOB/B gelten soll. Dies wird teilweise so vertreten mit dem Argument, dass die VOB/B zur Erfüllungs- und Gewährleistungsverpflichtung abschließende Regelungen enthalte (Ingenstau/Korbion/Keldungs, § 1 Rn. 11). Dies allerdings ist zweifelhaft. Zwar kann man hier nicht mit einer AGB-Inhaltskontrolle und davon ausgehend etwa mit einem Verstoß gegen das Transparenzgebot gemäß § 307 Abs. 1 S. 2 BGB argumentieren, weil sich der Ausschluss der Rügeobliegenheit gar nicht klar aus der VOB ergebe. Dies ist schon deshalb ausgeschlossen, weil ein AGB-rechtlicher Schutz zugunsten des Verwenders (Auftraggebers) gar nicht stattfindet (s. Rdn. 468 ff.). Doch kommt es darauf nicht an. Entscheidend ist vielmehr, dass es sich beim Werklieferungsvertrag wie gezeigt um ein von Gesetzes wegen dem Kaufrecht zu unterstellendes Vertragsverhältnis handelt. Diese Art von Verträgen werden von der VOB/B als ein auf Bauleistungen (Bauwerksverträge) zugeschnittenes Regelwerk (s. dazu Rdn. 413 ff., 442 ff.) überhaupt nicht – und wenn dann sicherlich nicht abschließend – behandelt.

- Erhebliche Unterschiede zeigen sich ebenfalls bei der Gewährleistung im Bereich der **Nacherfüllung**. Zwar sind zunächst sowohl Werk- als auch Werklieferungsunternehmer zur Nacherfüllung verpflichtet. Während bei Werkverträgen der Werkunternehmer aber nach seiner Wahl über die richtige Art und Weise der Nacherfüllung entscheiden darf, hat bei einem Werklieferungsvertrag

3.1 Der Bauvertrag als Werkvertrag

der Auftraggeber das Wahlrecht zwischen Mangelbeseitigung oder Neulieferung. Macht der Auftraggeber Nacherfüllungsrechte geltend, kann er nach einem fruchtlosen Fristablauf seinerseits die Mängel auf Kosten des Auftragnehmers beseitigen lassen und dafür einen **Vorschuss** verlangen – ein Recht, das es bei Werklieferungsverträgen nicht gibt. Als einziger geldwerter Anspruch besteht hier ein Schadensersatzanspruch, der aber zusätzlich ein Verschulden des Werklieferungsunternehmers voraussetzt.

Zu einer gewissen Annäherung an das Werkvertragsrecht kommt es immerhin bei den Werklieferungsverträgen, bei denen es um die **Herstellung und Lieferung von nicht vertretbaren beweglichen Sachen** geht. Hier finden einzelne werkvertragliche Regelungen ergänzend zum allgemeinen Kaufvertragsrecht Anwendung (§ 651 S. 3 BGB). Dazu zählen die Mitwirkungsobliegenheiten für den Besteller und die Rechtsfolgen bei fehlender Mitwirkung (§§ 642, 643, 645 BGB), das Recht zur freien Kündigung für den Besteller (§ 649 BGB) sowie die Regelungen zum Kostenanschlag (§ 650 BGB). 405

▶ **Beispiel**

Der Bauherr beauftragt einen Schreiner mit der Anfertigung von Küchenmöbeln, die speziell für seine Küche hergestellt werden. Noch vor der Lieferung möchte der Bauherr den Vertrag kündigen. Dies ist möglich: Denn in der Sache geht es bei dem zugrunde liegenden Vertrag um die Herstellung und Lieferung einer beweglichen nicht vertretbaren Sache. Insoweit liegt ein Werklieferungsvertrag vor, der zunächst zum Kaufrecht führt, das keine freie Auftraggeberkündigung kennt. Allerdings gilt – da es um die Herstellung einer nicht vertretbaren Sache geht – für diesen Vertrag zusätzlich § 649 BGB (§ 650 S. 3 BGB). Folglich kann der Bauherr diesen Vertrag ohne Weiteres kündigen, muss allerdings die volle Vergütung abzüglich ersparter Aufwendungen zahlen. Noch einfacher wäre der Fall, wenn es nicht nur um die Lieferung speziell hergestellter Küchenmöbel geht, sondern um die Anfertigung und den passgenauen Einsatz einer Einbauküche. Diese würde dadurch wesentlicher Bestandteil des Gebäudes (§§ 93, 94 Abs. 2 BGB), weswegen nunmehr ein Werkvertrag vorliegt (vgl. zum Werkvertragscharakter bei Einbauküchen, die zum Haus geplant werden: BGH, Urt. v. 15.02.1990 – VII ZR 175/89, BauR 1990, 351, 352 = NJW-RR 1990, 787, 788 sowie die weiteren Nachweise oben Rdn. 397). Das freie Kündigungsrecht des Auftraggebers nach § 649 BGB fände demzufolge unmittelbar Anwendung. Auch könnte ein solcher Unternehmer – anders als der Schreiner, der nur speziell angefertigte Küchenmöbel liefert – z. B. die Sicherung seiner Vergütung nach § 648a BGB verlangen.

3.1.3 Kaufvertrag

Die Abgrenzung von Werk- und Kaufvertrag fällt in der Regel nicht schwer. Doch gibt es – im Bauvertragsgeschehen – auch Grenzfälle: Dazu zählt etwa der sog. **Fertighausvertrag** (s. dazu auch Pauly, BauR 2011, 910): Obwohl hier der Erwerber in der Regel aus dem Katalog ein fertiges Haus »kauft«, handelt es sich doch um einen reinen Werkvertrag im Sinne der §§ 631 ff. BGB, wenn mit ihm eine **Errichtungsverpflichtung des Herstellers** oder Lieferanten verbunden ist (vgl. BGH, Urt. v. 10.03.1983 – VII ZR 301/82, BauR 1983, 261, 262 = NJW 1983, 1491; BGH, Urt. v. 06.12.1979 – II ZR 313/78, BGHZ 76, 43, 46 = BauR 1980, 167, 168 = NJW 1980, 829). Denn dann steht wie beim Bauvertrag über ein konventionelles Haus aus Sicht des Bestellers die für den Werkvertrag typische Schöpfung eines Werkes im Mittelpunkt der vertraglichen Beziehungen. Anders ist dies, wenn der Fertighaushersteller tatsächlich nur die Lieferleistung der von ihm gefertigten Baufertigteile übernimmt: Dann erbringt er keine Werkleistung, sodass nunmehr die Vorschriften des Kaufvertragsrechts Anwendung finden (vgl. § 651 S. 1 BGB sowie auch BGH, Urt. v. 15.04.2004 – VII ZR 291/03, BauR 2004, 1152, 1153 = NJW-RR 2004, 1205). Allerdings sind auch hier Zwischenformen denkbar, was sich etwa bei den sog. **Bausatzverträgen** zeigt. 406

▶ **Beispiel (nach BGH, Urt. v. 12.11.1980 – VIII ZR 338/79, BGHZ 78, 375)**

Der Hersteller fertigt und vertreibt Bausätze für Eigenheime in verschiedenen genormten Typen. Mit den Erwerbern schließt er »Kaufverträge«. Deren Gegenstand sind die für den Hausbau erforderlichen genormten Bauteile. Gleichzeitig erstellt er die Baupläne, Bauzeichnungen und statische Berechnungen. Außerdem berät er die Bauherren bei den einzelnen Bauabschnitten und überwacht die sachgemäße Ausführung der Bauarbeiten.

Bei einem solchen Vertrag handelt es sich zwar um einen gemischten Vertrag. Dessen Schwerpunkt liegt aber wohl zunächst auf dem Verkauf der Bauteile und deren Übereignung an den Erwerber. Er ist daher insoweit dem Kaufrecht zu unterstellen, wobei es einerlei ist, ob man dafür § 651 S. 1 BGB hinzunimmt. Lediglich die weiteren Begleitleistungen (Erstellung der Baupläne u. a.) wären dann werk- oder dienstvertraglicher Natur (BGH, Urt. v. 12.11.1980 – VIII ZR 338/79, BGHZ 78, 375, 377 f. = BauR 1981, 190 f. = NJW 1981, 453, 454).

407 Liegt nach Vorstehendem ein Werkvertrag vor, ist weiter hervorzuheben, dass dieser (z. B. dann auch ein Fertighausvertrag) weder nach den Grundsätzen des **Ratenlieferungsvertrages** (§§ 505 Abs. 1 Nr. 1, 355 Abs. 1 BGB) noch der **Teilzahlungsgeschäfte** (§§ 501 S. 1, 499 Abs. 2, 495 Abs. 1, 355 Abs. 1 BGB) widerrufen werden kann. Denn diese **Widerrufsmöglichkeiten** bestehen bei Werkverträgen nicht (BGH, Urt. v. 22.12.2005 – VII ZR 183/04, BGHZ 165, 325, 329 ff. = BauR 2006, 510, 511 f. = NJW 2006, 904, 905 f.).

3.1.4 Mietvertrag

408 Im Bauvertragsgeschehen spielen Mietverträge eine große Rolle. Dies wurde vorstehend schon an dem Beispiel der Maschinenvermieter deutlich (Rdn. 394). Doch gibt es auch Überschneidungen zum Werkvertragsrecht, die im Einzelfall zu prüfen und zu beachten sind. Augenscheinlich gilt dies im **Gerüstbau**.

▶ **Beispiel**

Der Auftragnehmer übernimmt Putzarbeiten für ein Wohnhaus, wozu er ein Gerüst stellen muss.

Dieser Bauvertrag zu den Putzarbeiten weist zwar bezüglich der Gerüststellung mietvertragliche Elemente auf. Gleichwohl liegt ein einheitlicher Bauvertrag vor, da die Gerüststellung für die konkret zu erbringende Bauleistung nur als **Hilfsleistung** erforderlich ist. Nichts anderes gilt für den selbstständigen Gerüstvertrag: Hier zeigt bereits die dafür einschlägige DIN 18451, dass dazu geschlossene Verträge üblicherweise als Werkverträge angesehen werden. Dies liegt in Bezug auf den Auf- und Abbau eines Gerüsts auch auf der Hand (a. A. erstaunlicherweise OLG Hamm, Urt. v. 11.07.1986 – 7 U 74/86, BauR 1987, 577, das den Gerüststellvertrag als Mietvertrag ansieht). Dagegen enthält ein Gerüstbauvertrag gerade in Bezug auf die Vorhaltung auch mietvertragliche Elemente; diese kommen allerdings erst zeitverzögert zum Tragen, weil die Vorhaltedauer bis zu vier Wochen als Grundleistung von der DIN 18451 abgedeckt ist (OLG Celle, Urt. v. 03.04.2007 – 16 U 267/06, BauR 2007, 1583 f.; Ingenstau/Korbion/Korbion, VOB/A § 1 Rn. 78; ähnlich Frikell/Frikell, S. 53). Dabei ist natürlich nicht ausgeschlossen, dass sich die Berechnung der Vergütung als solche für verlängerte Standzeiten bei einer Vereinbarung der VOB/C wiederum vorrangig etwa an den Regelungen der DIN 18451 orientiert (OLG Düsseldorf, Urt. v. 07.06.2008 – 21 U 96/07, BauR 2008, 2043, 2044). Doch kommen auch dann während der Dauer der jeweiligen Standzeit mietvertragliche Grundsätze zur Anwendung.

▶ **Beispiel (nach OLG Hamm, Urt. v. 15.04.1994 – 30 U 243/93, NJW-RR 1994, 1297 noch zu 558 Abs. 1 BGB a. F.)**

Während der verlängerten Standzeit kommen Gerüstteile abhanden. Hierfür können dem Gerüstbauer gegen den Bauunternehmer Ersatzansprüche zustehen. Diese verjähren – weil mietrechtliche Grundsätze anwendbar sind – aber innerhalb der kurzen Verjährungsfrist des § 548 Abs. 1 BGB binnen sechs Monaten, beginnend mit der Rückgabe des Gerüsts.

3.1 Der Bauvertrag als Werkvertrag

Der mietvertragliche Teil endet allerdings mit der Freimeldung des Gerüsts durch den Auftragnehmer; ab diesem Zeitpunkt gilt auch mit der üblichen Gefahrverteilung und z. B. den damit verbundenen Schutzpflichten (vgl. § 4 Abs. 5 VOB/B) wiederum Werkvertragsrecht. Dass die VOB/C in der DIN 18451 in Abschnitt 5.11.2 eine Regelung zum Ende der Gebrauchsüberlassung von mindestens drei Tagen ab Freimeldung vorsieht, soll immerhin – so das Kammergericht – an der vorgenannten werkvertraglichen Abgrenzung nichts ändern, weil es sich dabei nur eine Abrechnungsvorschrift handele (KG, Urt. v. 05.07.2009 – 11 U 64/08, BauR 2011, 566, wobei sich Einzelheiten allerdings teilweise nur aus der nicht veröffentlichten Entscheidung ergeben und dies wohl auch insgesamt zweifelhaft sein dürfte, s. dazu Rdn. 896). Dieselben Grundsätze gelten für vergleichbare Hilfsleistungen (vgl. etwa OLG Düsseldorf, Urt. v. 27.10.2009 – 21 U 3/09, BauR 2010, 467, zu der Montage/Demontage von Behelfsbrücken als werkvertragliche und deren Vorhaltung als mietvertragliche Leistung).

3.1.5 Sonderformen des Werkvertrages

Neben den vorgenannten Vertragstypen gibt es auch noch verschiedene Sonderformen, die ebenfalls als Werkverträge anzusehen sind, so vor allem 409
- den **Generalunternehmervertrag** (s. dazu Rdn. 38 ff.), also den Vertrag zwischen dem Bauherrn 410 und einem Generalunternehmer über die Ausführung sämtlicher Werkleistungen zur Errichtung eines Bauwerks.
- den **Sub- oder Nachunternehmervertrag** (s. dazu Rdn. 67 ff.), also den Vertrag zwischen einem Haupt- oder einem Generalunternehmer und einem anderen Unternehmer über die Ausführung eines Teils der vom Hauptunternehmer gegenüber seinem Auftraggeber geschuldeten Bauleistung (ausführlich Joussen/Vygen, Der Subunternehmervertrag).
- den **Architektenvertrag**, und zwar nach der Rechtsprechung auch dann, wenn dem Architekten allein die Objektüberwachung (§ 33 S. 2 Nr. 8 HOAI i. V. m. Anl. 11) übertragen worden ist (vgl. BGH, Urt. v. 22.10.1981 – VII ZR 310/79, BGHZ 82, 100, 107 f. = BauR 1982, 79, 82 = NJW 1982, 438, 440 = ZfBR 1982, 15, 17; Korbion/Mantscheff/Vygen, § 1 Rn. 21).
- den **Ingenieurvertrag**, auch wenn Gegenstand dieses Vertrages nur Teilleistungen sind.
- den **Baubetreuungsvertrag**, sofern der Baubetreuer die Vollbetreuung schuldet, er also die Erstellung des Bauwerks in technischer und wirtschaftlicher Hinsicht übernommen hat (vgl. oben Rdn. 78 ff.).

3.1.6 Typengemischte Verträge

Im Zusammenhang mit der Durchführung eines Bauvorhabens kommt es neben Werkverträgen viel- 411 fach auch zum Abschluss typengemischter Verträge. Konkret betrifft dies vor allem sogenannte **Bauträgerverträge** (Baubetreuungsverträge im weiteren Sinne). Ein Bauträgervertrag wird durch zwei Kardinalpflichten geprägt: Zum einen verpflichtet sich der Bauträger zur Übereignung eines Grundstücks bzw. bei Eigentumswohnungen zur Übertragung eines Miteigentumsanteils an dem Grundstück verbunden mit einem Sondereigentum. Zum anderen übernimmt er die Verpflichtung zur Herstellung des Bauvorhabens auf der Grundlage der von ihm selbst entwickelten und mit dem Erwerber vereinbarten Planung auf dem zu übertragenden Grundstück (s. o. ausführlich Rdn. 93 ff.). Infolgedessen ist bei einem Bauträgervertrag bei der Anwendung der »richtigen« vertraglichen Regelungen stets zu prüfen, welcher Vertragsteil betroffen ist: Geht es um die Grundstücksverschaffung, ist Kaufvertragsrecht anzuwenden; geht es um die **Herstellungsverpflichtung zu dem Bauvorhaben**, gilt **Werkvertragsrecht** (BGH, Urt. v. 05.04.1979 – VII ZR 308/77, BGHZ 74, 204, 207 = BauR 1979, 337, 338 f. = NJW 1979, 1406 f.; BGH, Urt. v. 21.11.1985 – VII ZR 366/83, BGHZ 96, 275, 277 f. = BauR 1986, 208, 209 = NJW 1986, 925, 926 – s. o. auch Rdn. 97 ff.).

Neben dem Bauträgervertrag wird man als in der Praxis weiteren auf die Errichtung eines Bauvor- 412 habens gerichteten typengemischten Vertrag im Allgemeinen den **Anlagenvertrag** (z. B. die Lieferung eines Atomreaktors oder eines Kraftwerkes in betriebsbereitem Zustand) als Werkvertrag behandeln müssen, der durch Elemente anderer Vertragstypen mehr oder weniger ergänzt wird (vgl.

dazu im Einzelnen: Joussen, Der Anlagenvertrag, 2. Aufl. 1996). Denn beim Anlagenvertrag treten zu den werkvertraglichen Pflichten des Unternehmers zur eigenen Leistungserbringung meist in erheblichem Umfang Fremdleistungen für die Planung und die betriebsfertige Herstellung der Anlage hinzu.

3.2 Die Bedeutung der VOB für den Bauvertrag

3.2.1 Geschichtliche Entwicklung der VOB

413 Das BGB-Werkvertragsrecht der §§ 631 ff. BGB ist in keiner Weise auf die spezifischen Bedürfnisse und Besonderheiten des Baugeschehens zugeschnitten. Es enthält im Wesentlichen nur allgemeine Regeln für die Rechtsbeziehungen zwischen dem Besteller und dem Unternehmer, der eine bestimmte Sache herzustellen hat. Aus dieser Erkenntnis ergab sich schon sehr bald das Bestreben, eine auf die Baupraxis ausgerichtete und möglichst weitgehend anerkannte Ordnung zu schaffen und ihre einheitliche Handhabung anzustreben. Diese Tendenz fand entscheidende Unterstützung durch den Staat, weil insbesondere die öffentliche Hand klare und einheitliche Grundsätze für die Vergabe und Durchführung von Bauleistungen anstrebte.

414 Mit diesem Ziel wurden bereits Ende des 19. Jahrhunderts von einzelnen staatlichen Stellen Allgemeine Vertragsbedingungen für die Ausführung von Staats- bzw. Hochbauten erstellt (vgl. Jagenburg, BauR 1989, 17, 20, 26 und Vygen, BauR 1989, 387, 396). Diese können durchaus als Vorläufer der VOB angesehen werden. Auf Ersuchen des Reichstages wurde dann der Reichsverdingungsausschuss eingesetzt. Dieser erarbeitete von 1921 bis 1926 die erste **Verdingungsordnung für Bauleistungen (VOB)**, die allerdings vor allem für die Bauvergabe und die Vertragsgestaltung der öffentlichen Hand Anwendung fand. Unmittelbar nach dem Zweiten Weltkrieg wurde der Deutsche Verdingungsausschuss für Bauleistungen berufen, der seitdem paritätisch durch Auftraggeber und Auftragnehmer besetzt ist. Dieser Ausschuss, der heute den Namen **Deutscher Vergabe- und Vertragsausschuss** führt (DVA), verabschiedete 1952 die erste Nachkriegsfassung der VOB. Seitdem teilt sich die VOB in den Teil A (DIN 1960) – Allgemeine Bestimmungen für die Vergabe von Bauleistungen – und den Teil B (DIN 1961) – Allgemeine Vertragsbedingungen für die Ausführung von Bauleistungen. Sie wird durch den Teil C – Allgemeine Technische Vertragsbedingungen für Bauleistungen – ergänzt. Während die technischen Vorschriften in der Folgezeit laufend aktualisiert wurden, wurde die VOB Teil A und B vor allem im Zuge zahlreicher größerer Gesetzgebungsvorhaben regelmäßig angepasst, so vor allem bei Inkrafttreten des AGB-Gesetzes 1976, der Änderung des Umsatzsteuerrechts 1980 sowie der bedeutenden EG-Richtlinien: Zu nennen ist hier vor allem die EG-Baukoordinierungsrichtlinie von 1989, die zu der Einfügung der damaligen so genannten »a-Paragraphen« geführt hat, sowie die EG-Sektorenrichtlinie von 1990 (ehemals »b-Paragraphen«). Weitere bedeutende Änderungen erfolgten im Jahr 2002 mit der Anpassung an die durch das SchuldRModG neu strukturierten werkvertraglichen Regelungen des BGB. Die VOB/B blieb seitdem mit Ausnahme der Überarbeitung des § 16 VOB/B durch die VOB 2012 im Wesentlichen unverändert. Anders hingegen der Teil A: Dieser wurde 2006, 2009 und zuletzt erst 2012 erneut und nachhaltig verändert. Nachvollzogen wurden hier tief greifende Änderungen vor allem des auf Richtlinien beruhenden Europäischen Vergaberechts, und zwar vor allem der Vergabekoordinierungsrichtlinie (2004/18/EG), der Sektorenrichtlinie (2004/17/EG) und der Richtlinie Verteidigung und Sicherheit (2009/81/EG). Zusammengefasst wurde danach die lange Zeit die VOB/A prägende Aufteilung in Basis-§§, a- und b-§§ sowie SKR aufgegeben. Stattdessen existiert die VOB/A heute – was die Vergabe von Bauleistungen angeht – nur noch in drei Abschnitten, nämlich den Abschnitt 1 als allgemeine Regelung sowie für EU-Vergaben oberhalb der Schwellenwerte mit den Abschnitten 2 und 3 (Letztere als Sonderregelung für Bauvorhaben im Bereich Verteidigung und Sicherheit). Daneben wurde das Vergaberecht für die deutlich größeren Freiheiten unterliegenden sog. Sektorenauftraggeber (im Bereich Energie, Trinkwasser und Verkehr) eigenständig außerhalb der VOB in der sog. Sektorenverordnung geregelt (vgl. zu allem oben Rdn. 213 ff.).

Eine eingehende Darstellung der historischen Entwicklung der VOB findet sich insbesondere bei Schubert in der Festschrift für Korbion, S. 389 ff. und Jagenburg, BauR 1989, 17 (VOB/B Einl. Rn. 23–27), worauf an dieser Stelle verwiesen werden kann.

3.2.2 Die Rechtsnatur der VOB

Bei der VOB handelt es sich in allen ihren Teilen weder um ein Gesetz noch um eine Rechtsverordnung. Ihre Geltung ist auch nicht als Gewohnheitsrecht allgemein anerkannt; sie kann im Grundsatz nicht einmal als Handelsbrauch angesehen werden und deshalb Geltung beanspruchen. Dies schließt allerdings nicht aus, dass einzelne Bestimmungen der VOB durchaus einem Handelsbrauch entsprechen, sodass sich deswegen ihre Aufnahme auch in die VOB erklären lässt; dies kommt z. B. für die Regelung über die Stundenlohnzettel in § 15 Abs. 3 VOB/B in Betracht. 415

Aus Vorstehendem folgt zwingend, dass die **VOB keinerlei Allgemeingültigkeit** für sich in Anspruch nehmen kann, wenngleich dies häufig in Handwerker- und Bauunternehmerkreisen angenommen wird. Dies ist falsch. Stattdessen wird auch heute noch eine Vielzahl von Bauverträgen nach dem BGB ohne Vereinbarung der VOB/B abgeschlossen. In Prozessen aus Bauverträgen überwiegt zwar deutlich die Anzahl derjenigen unter Einbeziehung der VOB/B. Es gibt aber ebenso Bauverträge ohne Geltung der VOB/B; dies zeigt sich auch bei der veröffentlichten Rechtsprechung.

Die soeben erfolgten Eingangserläuterungen zeigen auf, was die VOB nicht ist; wesentlich schwieriger ist dagegen eine Aussage darüber, wie man die VOB positiv bezeichnen soll. So wird z. B. die VOB Teil B (»Allgemeine Vertragsbedingungen für die Ausführung von Bauleistungen«) als »fertig bereit liegende Rechtsordnung«, »selbst geschaffenes Recht der Wirtschaft« oder als »Sonderrecht der Bauwirtschaft« bezeichnet, ohne dass damit allerdings viel ausgesagt wird. Stattdessen sollte man besser bezüglich des Wesens und der **Rechtsnatur der VOB** wie folgt unterscheiden: 416

- Mit der **VOB Teil A** wird einheitlich der Geschehensablauf bis zum Abschluss des Bauvertrages und damit die Vergabe von Bauleistungen, insbesondere durch die öffentliche Hand, geregelt. Allein hier erlangt die VOB/A mit ihren **Abschnitten 2 und 3** aufgrund ihrer in den §§ 97 ff. GWB und den beiden Vergabeverordnungen verbindlich vorgeschriebenen Anwendung für Bauvergaben öffentlicher Auftraggeber mit einem Auftragswert von z.Zt. über 5 Mio. € netto sogar ausnahmsweise **Rechtsnormqualität** (s. dazu ausführlich Rdn. 347 ff.), obwohl es sich dem Grunde nach um ein privatrechtliches Regelwerk handelt. 417
- Mit der **VOB Teil B** wird den Bauvertragspartnern ein Vertragswerk zur Einbeziehung in ihren Bauvertrag zur Verfügung gestellt. Es verfolgt den Zweck und erreicht ihn auch weitgehend, »**einen der Eigenart des Bauvertrages angepassten, gerechten Ausgleich zwischen den Belangen des Bauherrn und des Bauunternehmers zu schaffen**« (BGH, Urt. v. 30.10.1958 – VII ZR 24/58, NJW 1959, 142; BGH, Urt. v. 17.09.1987 – VII ZR 155/86, BGHZ 101, 357, 359 f. = BauR 1987, 694, 695 = NJW 1988, 55).

Da die VOB aber – mit Ausnahme des Teils A der VOB für den öffentlich-rechtlichen Auftraggeber – grundsätzlich keine Allgemeingültigkeit hat, bedarf es in jedem Einzelfall beim Abschluss des Bauvertrags der **ausdrücklichen Vereinbarung** zu ihrer Geltung. Ansonsten beurteilt sich der abgeschlossene Bauvertrag allein nach den getroffenen Vereinbarungen und dem gesetzlichen Werkvertragsrecht des BGB. 418

3.3 Die Teile der VOB

3.3.1 Teil A der VOB

Teil A der VOB, der auch als DIN 1960 bezeichnet ist, enthält die »Allgemeinen Bestimmungen für die Vergabe von Bauleistungen«. Er regelt damit den gesamten **Geschehensablauf von der Zusammenstellung der Ausschreibungsunterlagen bis zum endgültigen Abschluss des Bauvertrages**. Dabei werden teilweise die allgemeinen Bestimmungen des BGB über das Zustandekommen eines Vertrages (§§ 145 ff. BGB) konkretisiert und näher erläutert. Insoweit kann wegen der Einzelheiten auf 419 die obigen Ausführungen zum Abschluss des Bauvertrages nach Teil A der VOB (Rdn. 213 ff.) verwiesen werden.

420 Die Vergabevorschriften der VOB/A gelten **nicht für den privaten Bauherrn**. Folglich gibt es hier auch keinen klagbaren Anspruch auf deren Einhaltung – es sei denn, der private Bauherr hat sich im Rahmen einer Ausschreibung freiwillig der VOB/A unterworfen.

> **Beispiel**
>
> Ein großer Bauträger errichtet eine Wohnhausanlage mit 130 Wohnungen. Er fragt mehrere Unternehmer an und bittet sie, ein Angebot abzugeben. In seinem Anschreiben verweist er auf die Geltung der VOB/A.

In einem solchen Fall muss sich auch der Bauträger an die VOB/A halten. In der Praxis heißt das zumeist, dass er sich bei der relativ verbreiteten Verletzung der Regelungen der VOB/A ggf. Unterlassungs- (vgl. dazu OLG Düsseldorf, Beschl. v. 15.08.2011 – 27 W 1/11, IBR 2011, 605, sowie Urt. v. 19.10.2011, VergabeR 2012, 669, 670 = ZfBR 2012, 505, 506, s. dazu oben Rdn. 329 ff.), vor allem aber Schadensersatzansprüchen aus §§ 311 Abs. 2, 241 Abs. 2, 280 Abs. 1 BGB (culpa in contrahendo) aussetzen kann (BGH, Urt. v. 21.02.2006 – X ZR 39/03, BauR 2006, 1140, 1141 = NJW-RR 2006, 963, 964; s. dazu auch Rdn. 332 sowie die weiter gehenden Ausführungen dazu zum Abschluss des Bauvertrages nach Teil A der VOB: Rdn. 222 ff.).

421 Liegt es im Belieben eines privaten Bauherrn, ob er sich bei einer Bauvergabe an die Bestimmungen der VOB/A hält, ist dagegen die Sachlage für einen **öffentlichen Auftraggeber** anders. So haben die zuständigen Bundes- und Landesbehörden die **VOB als Regelwerk mit bindender Wirkung für die ihnen jeweils nachgeordneten Dienststellen** über das allgemeine Haushaltsrecht (vgl. etwa § 55 BHO i. V. m. der dazu erlassenen Verwaltungsvorschrift) eingeführt. Sogar **gesetzlich zwingend** ist die Anwendung der VOB/A für alle Bauvergaben der öffentlichen Auftraggeber außerhalb des sog. Sektorenbereichs (Trinkwasser, Energieversorgung, Vertrieb) mit **Auftragswerten von z. Zt. über 5 Mio. €** netto. Dies folgt unmittelbar aus § 6 Abs. 1 der dazu bestehenden Vergabeverordnung (vgl. dazu im Einzelnen Rdn. 215 ff.).

422 Ein **Verstoß gegen die Vergabevorschriften** ermöglicht dem Bieter nicht nur eine Gegenvorstellung bei der jeweiligen Vergabebehörde, sondern darüber hinaus auch eine Dienstaufsichtsbeschwerde an die übergeordnete Behörde (vgl. § 21 VOB/A). Diese kann allerdings letztlich nicht gerichtlich zu einem Einschreiten und damit zu einer Anweisung, die Vergabevorschriften einzuhalten, gezwungen werden. Im Einzelfall können sich aus Verstößen gegen die Vergabevorschriften aber Unterlassungs- oder auch Schadensersatzansprüche des oder der ggf. benachteiligten Bieter ergeben (vgl. dazu im Einzelnen Rdn. 325 ff.). Liegt das Auftragsvolumen oberhalb des EU-Schwellenwertes von derzeit 5 Mio. € netto, kann der vermeintlich benachteiligte Bieter eine solche Vergabe auch mit einem Vergabenachprüfungsverfahren angreifen. Hierdurch wird sogar – anders als bei Beschwerden gegen Vergabefehler unterhalb der Schwellenwerte – bis zu einer Entscheidung in der Sache eine ggf. fehlerhafte Vergabeentscheidung verhindert (vgl. dazu ausführlich Rdn. 377 ff.).

423 Ob im Übrigen die **Einhaltung der Vergabevorschriften für den privaten Bauherrn** sinnvoll ist, mag bezweifelt werden. Zwar weist die VOB/A in ihren Grundzügen (vgl. vor allem in §§ 4, 7 VOB/A) auch für jeden privaten Bauherrn – zumindest bei größeren Bauvorhaben – Vorteile auf. Diese gewährleisten etwa weitgehend einen ausreichenden Wettbewerb und führen zu einer klaren Festlegung der vom Auftragnehmer zu erbringenden Leistungen (vgl. § 7 VOB/A) und der dafür zu zahlenden Vergütung (vgl. § 4 VOB/A). Nicht zu verkennen ist jedoch, dass die VOB/A gerade zur Sicherstellung eines fairen Vergabewettbewerbs auch zahlreiche Restriktionen enthält, so z. B. das Gebot der Gleichbehandlung aller Bieter oder das Verbot der Diskriminierung (s. o. Rdn. 223).

3.3 Die Teile der VOB

> **Beispiel**
>
> Ein privater Auftraggeber führt für sich eine Ausschreibung durch. Nach Abschluss will er den teureren Bieter B auswählen, und zwar deshalb, weil ihm die Mitarbeiter des Bieters A nicht »sympathisch« waren. Hätte sich dieser Auftraggeber freiwillig der VOB/A unterworfen, wäre es ihm nicht möglich, sich bei seiner Vergabeentscheidung auf seine »Bauchgefühle« zu verlassen.

Gerade wegen dieser Restriktionen, deren Beachtung bei der Verwendung öffentlicher Mittel sachgerecht sein kann, ist nicht erkennbar, warum sich ein privater Auftraggeber diesen ohne Not unterwerfen sollte. Dies gilt umso mehr, als er sich bei deren **Verletzung sogar Unterlassungs- und Schadensersatzpflichten unterlegener Bieter** aussetzen würde (s. o. Rdn. 329 ff.). Dabei bleibt es einem privaten Auftraggeber aber selbstverständlich unbenommen, zumindest teilweise auf die VOB/A zurückzugreifen, wenn dies für ihn vorteilhaft ist.

Auch wenn danach viele (private) Bauherren auf eine Ausschreibung der Bauleistung nach der VOB/A verzichten (und zur Vermeidung einer eigenen Schadensersatzhaftung wie gezeigt im Zweifel verzichten sollten), sollte gleichwohl die selbst in diesen Fällen bestehende Bedeutung des zum Teil sehr komplizierten Regelwerkes der VOB/A nicht verkannt werden. Denn zahlreiche Vorschriften enthalten **Begriffsbestimmungen und Definitionen**, die für das **gesamte Bauvertragsrecht** der VOB und darüber hinaus für den BGB-Werkvertrag **Geltung beanspruchen**. Diese Begriffsbestimmungen können daher auch materiellrechtlich Bedeutung für die Zeit nach dem Vertragsabschluss erlangen und als Grundlage für die Ermittlung des Inhalts und des Umfangs vertraglicher Rechte und Pflichten der Vertragspartner herangezogen werden, d. h.: Selbst wenn bei VOB-Verträgen mit privaten Auftraggebern keine Ausschreibung nach der VOB erfolgte, wird in der Baupraxis vielfach auf die VOB/A und ihre Begriffsbestimmungen zurückgegriffen, obwohl dieses Regelwerk an sich nicht vereinbart ist. Dies gilt vor allem für folgende Teile der VOB/A:

- **Begriffsbestimmung der »Bauleistung« in § 1 VOB/A**
- **Definition der verschiedenen Bauvertragstypen mit Vergütungsregelungen (§ 4 VOB/A)**
  Definiert werden hier die verschiedenen Vertragstypen des Einheitspreis-, des Pauschal- und des Stundenlohnvertrages (s. dazu im Einzelnen Rdn. 785 ff.). Dabei kann aus praktischer Sicht nur empfohlen werden, sich auch ohne Anwendung der VOB/A bei der Vertragsgestaltung sehr eng an diese in der Baupraxis bewährten in § 4 VOB/A beschriebenen Vertragstypen zu halten. Dies schließt die Frage ein, wann nur ein Pauschal- und wann ggf. ein Stundenlohnvertrag abgeschlossen werden sollte.
- **Anforderungen an die Leistungsbeschreibung in § 7 VOB/A**
  Die dort vorgesehenen Anforderungen genießen eine hohe Praxisdurchdringung selbst in Fällen, in denen keine Ausschreibung nach der VOB/A erfolgt. Dies gilt insbesondere für den Aufbau und die verschiedenen Arten der Leistungsbeschreibung. Dabei enthält § 7 Abs. 1 und 2 VOB/A allgemeine Anforderungen, § 7 Abs. 3 bis 8 Regelungen zu möglichen technischen Spezifikationen. Es schließen sich die grundlegenden Vorgaben für die beiden unterschiedlichen Arten einer Leistungsbeschreibung an, nämlich die einer Leistungsbeschreibung mit Leistungsverzeichnis (§ 7 Abs. 9–12 VOB/A) und mit Leistungsprogramm (§ 7 Abs. 13–15 VOB/A), die auch als funktionale Leistungsbeschreibung bezeichnet wird (vgl. dazu Ingenstau/Korbion/Kratzenberg, VOB, § 9 VOB/A, Rn. 114 ff.; Vygen, Festschrift für Soergel, S. 277 und Vygen, BauR 1992, 135 ff.).
- **Arten der verschiedenen Vertragsbedingungen (§ 8 Abs. 3–6 VOB/A)**
  Hier finden sich grundlegende Erläuterungen zu den in der Praxis verbreiteten allgemeinen, besonderen und zusätzlichen Vertragsbedingungen sowie zu den allgemeinen und zusätzlichen technischen Vertragsbedingungen.
- **Empfehlung für die Gestaltung Zusätzlicher oder Besonderer Vertragsbedingungen (§ 8 Abs. 6 VOB/A)**
  § 8 Abs. 6 VOB/A enthält eine Übersicht von Punkten, die nach der Vorstellung der VOB/A in den Zusätzlichen oder Besonderen Vertragsbedingungen geregelt werden sollen. Diese Übersicht

kann ohne Weiteres als eine Art Check-Liste benutzt werden, um bei Bauverträgen keine wesentlichen Sachverhalte zu vergessen.

- **Anforderung zu dem Aufforderungsschreiben zur Angebotsabgabe der Vergabestelle an den Bieter (§ 12 Abs. 1 Nr. 2 VOB/A)**
  Auch dort finden sich weitere ergänzende sehr detaillierte Hinweise, was sinnvollerweise im Vorfeld einer Vergabeentscheidung geprüft werden sollte.

3.3.2 Teil B der VOB

426 Teil B der VOB, der auch als DIN 1961 bezeichnet ist, enthält die »Allgemeinen Vertragsbedingungen für die Ausführung von Bauleistungen«. Er behandelt die rechtlichen Beziehungen der Bauvertragspartner **nach Abschluss des Bauvertrages** bis zu dessen endgültiger Abwicklung. Hierzu gehört die Erfüllung der beiderseitigen Vertragspflichten, also die ordnungsgemäße und mangelfreie Herstellung des geschuldeten Werkes einschließlich der Erfüllung der Gewährleistungsansprüche durch den Auftragnehmer und der Zahlung der dem Auftragnehmer zustehenden Vergütung.

Zu beachten ist stets, dass nicht jeder Vertrag, der Bauleistungen zum Gegenstand hat, nach den Bestimmungen der VOB/B zu beurteilen ist. Vielmehr bedarf es dazu in jedem Fall der **ausdrücklichen Vereinbarung ihrer Geltung** zwischen den Vertragspartnern. Ist dies aber insgesamt oder jedenfalls teilweise erfolgt, so wird dadurch die Anwendung des BGB-Werkvertragsrechts verdrängt, sofern die VOB/B Sonderregelungen enthält. Ist dies ausnahmsweise nicht der Fall, so kommt allerdings subsidiär als Ergänzung und Vervollständigung das gesetzliche Werkvertragsrecht zum Zuge.

427 Unabhängig von den konkreten vertraglichen Vereinbarungen und der ausdrücklichen Einbeziehung der VOB/B in den Bauvertrag sind einzelne Bestimmungen des Teils B der VOB aber auch dann von Bedeutung, wenn der Vertrag sich nach dem gesetzlichen Werkvertragsrecht der §§ 631 ff. BGB beurteilt. Da die VOB/B aus den Bedürfnissen und Gegebenheiten des praktischen Baugeschehens entwickelt worden ist, lässt sie vielfach in ihren Regelungen über die beiderseitigen Rechte und Pflichten der Vertragspartner erkennen, was im Baugewerbe als **gewerbeüblich und für die Baubeteiligten zumutbar anzusehen** ist (vgl. BGH, Urt. v. 24.02.1954 – II ZR 74/53, Schäfer/Finnern Z 2.0 Bl. 3; Ingenstau/Korbion/Vygen, Einl., Rn. 42 f.). Die VOB kann daher durchaus in vielen Fällen zur **Auslegung bestimmter im Vertrag nicht geregelter Fragen** zum Zwecke der Ermittlung des Parteiwillens herangezogen werden.

428 In diesem Zusammenhang ist auf eine steigende Tendenz in der Rechtsprechung hinzuweisen, die zu Recht immer mehr die Grundregeln der VOB/B in Verbindung mit allgemeinen Rechtsgrundsätzen, insbesondere dem Grundsatz von Treu und Glauben, auch bei BGB-Werkverträgen zur Anwendung kommen lässt (so z. B. BGH LM Nr. 3 zu § 633 BGB, Urt. v. 11.04.1957 – VII ZR 308/56; BGH Urt. v. 28.01.1961 – VII ZR 198/59, BB 1961, 430 etwa zu §§ 13 Abs. 3, 4 Abs. 3 VOB/B). Begründet wird dies damit, dass dem Auftragnehmer bestimmte Pflichten nach Treu und Glauben obliegen und diese in der VOB/B nur konkretisiert sind (BGH, Urt. v. 23.06.1960 – VII ZR 71/59, NJW 1960, 1813 = Schäfer/Finnern Z 2.400 Bl. 25 f.). In anderen Entscheidungen wird festgestellt, dass gewisse **Bestimmungen der VOB/B über § 242 BGB auch auf den BGB-Werkvertrag Anwendung finden** und deren Verletzung Ansprüche aus § 280 Abs. 1 BGB (positiver Vertragsverletzung) auslösen kann (vgl. OLG Köln, Beschl. v. 05.07.1973 – 10 W 17/73, NJW 1973, 2111; OLG Karlsruhe, Urt. v. 06.02.1963 – 1 U 147/62, Schäfer/Finnern Z 2.413 Bl. 21). Teilweise enthält die VOB/B auch allgemeine Rechtspflichten, die jedem Bauunternehmer ohne Weiteres obliegen (OLG Düsseldorf, Urt. v. 31.07.1964 – 5 U 20/63, Schäfer/Finnern Z 2.0 Bl. 11; OLG München, Urt. v. 07.10.1952 – 4 U 392/51, Schäfer/Finnern Z 2.0 Bl. 4).

429 Entsprechend dieser fortschreitenden Entwicklung wird man danach vor allem folgende Regelungen der VOB/B in ihren Grundzügen über §§ 133, 157 BGB im Sinne einer ergänzenden Vertragsauslegung oder über § 242 BGB nach Treu und Glauben allgemein beim **BGB-Werkvertrag** anwenden können:

3.3 Die Teile der VOB

- §§ 4 Abs. 3, § 13 Abs. 3 VOB/B: Befreiung des Unternehmers von der Gewährleistung bei Einhaltung der Prüfungs- und Hinweispflicht
- § 3 VOB/B: Abgrenzung der Aufgaben der Vertragspartner in Bezug auf die Ausführungsunterlagen
- § 4 VOB/B: Verteilung der Rechte und Pflichten unter den Vertragspartnern im Rahmen der Bauausführung
- § 6 Abs. 2 VOB/B: Verlängerung von Ausführungsfristen
- § 14 VOB/B: Vorschriften über Aufmaß und Abrechnung

In all diesen Fällen kommt allerdings nur eine Anwendung der Grundzüge in Betracht, **keinesfalls eine analoge Anwendung**. Denn für die Ausfüllung gesetzlicher Lücken kann man schlechterdings auf überhaupt erst mit der VOB/B noch zu vereinbarender Vertragsbedingungen zurückgreifen. Hieraus folgt dann aber zugleich, dass in BGB-Werkverträgen Vorschriften der VOB/B **keine Anwendung finden** (können). 430

- **die den Vertragspartnern besondere Rechte gewähren.**
  Genannt werden kann hier etwa § 5 Abs. 2 S. 2 VOB/B, wonach der Auftraggeber den Baubeginn innerhalb von 12 Werktagen nach Aufforderung verlangen kann.
- **die bestimmte Fristen vorsehen.**
  Nicht anwendbar ist etwa § 5 Abs. 2 S. 2 VOB/B, wonach der Auftragnehmer mit seinen Arbeiten zwölf Werktage nach Aufforderung zu beginnen hat. Ebenfalls unanwendbar ist § 12 Abs. 5 Nr. 1 und 2 VOB/B mit den knappen Fristen, wonach nach deren Ablauf (6 bzw. 12 Werktage) von einer fiktiven Abnahme auszugehen ist (vgl. dazu schon die dagegen stehende Regelung in § 308 Nr. 5 BGB).
- **die den Vertragspartnern besondere Pflichten auferlegen.**
  Obwohl dem Auftragnehmer eines BGB-Werkvertrages zwar in den Fällen des § 6 Abs. 2 VOB/B auch bei einem BGB-Werkvertrag ein Anspruch auf Verlängerung der Bauzeit zusteht, gilt in diesem Zusammenhang nicht § 6 Abs. 1 VOB/B, nämlich dass eine Bauzeitverlängerung von einer vorherigen Behinderungsanzeige abhängt.
- **die bestimmte Formerfordernisse vorgeben.**
  Bei einem BGB-Werkvertrag kann sich ein Auftragnehmer bei einem Werkmangel wegen z. B. einer mangelhaften Planung ebenfalls nur entlasten, wenn er zuvor auf etwaige Bedenken hingewiesen hat. Soweit § 4 Abs. 3 VOB/B für diese Mitteilungspflicht die Schriftform verlangt, genügt im BGB-Werkvertragsrecht grundsätzlich auch eine mündliche Mitteilung – wobei davon selbstverständlich aus Nachweisgründen abzuraten ist.
- **die Ansprüche abweichend vom BGB regeln.**
  Bestehen etwa Schadensersatzansprüche wegen einer verschuldeten Behinderung, gewährt § 6 Abs. 6 VOB/B einen entgangenen Gewinn nur bei Vorsatz und grober Fahrlässigkeit. Diese Beschränkung gibt es im BGB-Werkvertragsrecht nicht.

Zusammengefasst kann aber gleichwohl festgehalten werden: Trotz dieser Einschränkungen lassen sich vielfach lückenhafte Regelungen des Bauvertrages im BGB-Werkvertragsrecht zwar nicht durch eine Analogie, wohl aber durch einen Blick darauf ausfüllen, was in der Praxis **im Einzelfall anerkannt und allein deswegen (auch) in der VOB/B so geregelt** ist. Hierauf kann dann zum Teil im Wege der ergänzenden Vertragsauslegung, ggf. über § 242 BGB zurückgegriffen werden. Die Grenze eines solchen Rückgriffs ist aber stets erreicht, soweit dem gesetzliche Vorschriften entgegenstehen. 431

3.3.3 Teil C der VOB

Bei dem Teil C der VOB handelt es sich um die Allgemeinen Technischen Vertragsbedingungen für Bauleistungen, auch **ATV oder DIN-Normen** genannt. Wie sich aus § 1 Abs. 1 S. 2 VOB/B ergibt, gelten sie als Bestandteil des Vertrages. Daher braucht Teil C der VOB nicht ausdrücklich vereinbart zu werden, wenn die VOB/B Vertragsgrundlage ist. Dabei ergibt sich die Einbeziehung der VOB/C 432 in den VOB-Vertrag allerdings auch schon aus anderen Vorschriften der VOB/B, wie z. B. aus § 1 Abs. 2 Nr. 5, aus § 2 Abs. 1 und aus § 3 Abs. 5.

433 Inhaltlich erfasst der Teil C der VOB eine Vielzahl von DIN-Normen, die nach einzelnen Handwerkszweigen und technischen Tätigkeitsbereichen bzw. Gewerken im Rahmen der Bauausführung aufgegliedert sind. Die Palette reicht von den Erdarbeiten in der DIN 18 300 bis zu den Dämm- und Brandschutzarbeiten der DIN 18 421 und zu den Gerüstarbeiten der DIN 18 451 (vgl. die Übersicht bei Ingenstau/Korbion/Vygen, Einl. Rn. 36). Der Gesamtheit der DIN-Normen ist die **allgemeine DIN 18 299 vorgeschaltet**, die für alle Gewerke Gültigkeit hat.

434 Alle DIN weisen eine identische Unterteilung auf. Sie sind in ihren Abschnitten überschrieben mit Hinweisen für das Aufstellen der Leistungsbeschreibung (Abschnitt 0), Geltungsbereich (Abschnitt 1), Stoffe und Bauteile (Abschnitt 2), Ausführung (Abschnitt 3), Nebenleistungen und Besondere Leistungen (Abschnitt 4) und Abrechnung (Abschnitt 5). Die Hinweise für die Leistungsbeschreibung in Abschnitt 0 werden im Gegensatz zu den übrigen Bestimmungen zwar nicht Vertragsbestandteil; sie sollten aber unbedingt bei der Aufstellung des Leistungsverzeichnisses nach § 7 VOB/A und bei der Abgabe von Angeboten bzw. beim Vertragsabschluss beachtet werden; sie können häufig als Checkliste benutzt werden, um die Leistungsbeschreibung und das Leistungsverzeichnis auf Vollständigkeit zu überprüfen.

435 Die VOB/C hat in der Praxis eine nicht zu unterschätzende rechtliche Bedeutung, die gerade noch von den Gerichten oft verkannt wird. Dies soll an wenigen Eckpunkten verdeutlicht werden:
- **VOB/C als Maßstab der Normalsausführung einer Leistung**

436 Sowohl beim VOB- als auch beim BGB-Werkvertrag kommt den **Allgemeinen Technischen Vertragsbedingungen** eine große Bedeutung zu; denn nach ihnen wird in der Regel beurteilt, ob eine vom Unternehmer erbrachte Leistung den technischen Anforderungen entspricht und damit vertragsgerecht und mangelfrei ausgeführt worden ist.
Somit setzen diese technischen Regeln also den **Maßstab für eine Normalausführung** fest. Gleichzeitig enthalten sie Vorschriften über den Inhalt der Leistungsbeschreibung, über Stoffe und Bauteile, über die Ausführung der Arbeiten sowie über Nebenleistungen, das Aufmaß und die Abrechnung der ausgeführten Arbeiten (vgl. insbesondere die Allgemeinen Regelungen für Bauarbeiten jeder Art – DIN 18299). Wollen die Vertragspartner eines VOB-Vertrages von diesen allgemein gefassten Technischen Vertragsbedingungen, insbesondere bezüglich des geschuldeten Leistungsinhalts, abweichen, so muss dies im Vertrag ausdrücklich vereinbart werden.

437 Die Allgemeinen Technischen Vertragsbedingungen des Teils C der VOB sind rechtlich dem Begriff der **allgemein anerkannten Regeln der Baukunst, der Bautechnik** oder der Technik als dem Oberbegriff für die Ausführung von Bauleistungen unterzuordnen. Eine solche anerkannte Regel der Technik ist dann gegeben, wenn die Regel theoretisch richtig ist und sich in der Praxis bewährt hat. Diese allgemein anerkannten Regeln der Technik müssen von jedem Unternehmer bei der Ausführung von Bauleistungen – unabhängig von der Vereinbarung der VOB – beachtet und befolgt werden, um eine vertragsgemäße Werkherstellung gemäß § 13 Abs. 1 VOB/B und § 633 Abs. 1 BGB zu erreichen (vgl. BGH, Urt. v. 09.02.1978 – VII ZR 122/77, BauR 1978, 222, 223).

438 Nicht immer sind nun die **DIN-Normen** und die Allgemeinen Technischen Vertragsbedingungen der VOB/C **mit den anerkannten Regeln der Technik identisch**, da sich Letztere ständig weiterentwickeln und die geschriebenen Normen oftmals erst nach langjähriger Beratung und Erörterung in den Fachkreisen an diese Entwicklung angepasst werden. Auch der umgekehrte Fall ist von Interesse, d. h. der Sachverhalt, bei dem der DIN noch die für die anerkannten Regeln der Technik **erforderliche Praxisbewährung** fehlt. Einzelheiten dazu, d. h. vor allem zu der Abhängigkeit von Allgemeinen Technischen Vertragsbedingungen (VOB/C) und anerkannter Regel der Technik, sollen allerdings erst später im Zusammenhang mit den Leistungspflichten des Auftragnehmers behandelt werden (Rdn. 890 ff.).

- **Abgrenzung: Vertragsleistung/Vergütungspflichtige Zusatzleistung**

439 Von besonderer rechtlicher Bedeutung sind in den Allgemeinen Technischen Vertragsbedingungen (VOB/C) vielfach auch die Vorschriften über **Nebenleistungen und Besondere Leistungen**.

Hier sind einzelne Tätigkeiten aufgeführt, die als nicht vergütungspflichtige Nebenleistungen gelten. Sie stehen den anderen Leistungen gegenüber, die keine Nebenleistungen darstellen, deshalb vergütungspflichtig sind und als »Besondere Leistungen« bezeichnet werden (vgl. z. B. Abschnitt 4.1 und 4.2 der DIN 18 299). Diese Bestimmungen sind vor allem dann zu beachten, wenn es um die Geltendmachung von Vergütungsansprüchen des Unternehmers für Zusatzleistungen gemäß § 2 Abs. 6 VOB/B (bzw. § 2 Abs. 8 VOB/B) oder § 632 Abs. 1 BGB geht (s. dazu später Rdn. 893 ff.).

▶ **Beispiel**

Von der Vergütung des Hauptvertrages abgedeckte Nebenleistung ist z. B. – soweit nichts anderes vereinbart ist – das Einrichten und Räumen der Baustelle (Abschnitt 4.1.1 der DIN 18299). Hierfür kann der Auftragnehmer also normalerweise keine gesonderte Vergütung verlangen, selbst wenn im Bauvertrag dazu nichts geregelt ist. Zu den nicht erfassten besonderen und damit vergütungspflichtigen Zusatzleistungen gehören dagegen etwa das Aufstellen, Vorhalten, Betreiben und Beseitigen von Einrichtungen zur Sicherung und Aufrechterhaltung des Verkehrs auf der Baustelle, z. B. Bauzäune, Schutzgerüste, Hilfsbauwerke, Beleuchtungen, Leiteinrichtungen (Abschnitt 4.2.9 der DIN 18299).

Gerade eine Befassung mit diesen Regelungen löst viele Streitfälle. Zwar verbietet sich eine alleinige Anlehnung an die Aufteilung von Neben- und Besonderen Leistungen entsprechend der jeweiligen Abschnitte 4.1 und 4.2 einer DIN; denn selbstverständlich gehen sonstige vertragliche Regelungen des Vertrages vor. Doch wird man in den allermeisten Fällen gerade in dem Spannungsfeld zwischen der Auslegung des Vertrags einerseits und den in den Vertrag einbezogenen DIN andererseits zu durchaus zufrieden stellenden Ergebnissen kommen (s. dazu auch Rdn. 908). 440

- **Hinweise zu Aufmaß- und Abrechnungsbestimmungen**
Bezüglich der VOB/C führen schließlich die Aufmaß- und Abrechnungsbestimmungen der DIN-Normen bei richtiger Anwendung häufig zur Klärung eines Streits zwischen den Parteien über die abzurechnenden Mengen, wobei insbesondere das Buch von der Damerau/Tauterat (VOB im Bild, Abrechnung nach der VOB) dem technischen Laien eine gute Hilfe sein kann. 441

3.4 Die Zulässigkeit der Vereinbarung der VOB in Bauverträgen und anderen Verträgen

Die VOB ist die Vergabe- und Vertragsordnung für Bauleistungen (ehemals Verdingungsordnung für Bauleistungen). Teil A der VOB enthält Bestimmungen für die Vergabe von Bauleistungen, Teil B Vertragsbedingungen für die Ausführung von Bauleistungen und Teil C Technische Vertragsbedingungen für Bauleistungen. Schon daraus folgt mit aller Deutlichkeit, dass die VOB in allen ihren Teilen nur bei **Bauleistungen** zur Anwendung kommen und deshalb nur bei solchen Verträgen ohne Weiteres zum Vertragsinhalt gemacht werden kann, die Bauleistungen zum Gegenstand haben. Was genau unter Bauleistungen zu verstehen ist, beschreibt § 1 VOB/A selbst. Danach sind Bauleistungen Arbeiten jeder Art, durch die eine bauliche Anlage hergestellt, instand gehalten, geändert oder beseitigt wird (s. dazu weiter unten Rdn. 857 ff.). 442

Bei der »Beschränkung« des Leistungsbegriffs der VOB auf Bauleistungen wird in der Praxis vielfach diskutiert, ob die VOB/B nicht der Einfachheit halber auch Verträgen zugrunde gelegt werden kann, die nicht (nur) auf die Erbringung einer Bauleistung gerichtet sind (z. B. auf Bauträgerverträge). Diese Frage ist missverständlich: Denn tatsächlich geht es nicht um die Frage, ob die Vertragsparteien bei ihrem Vertrag, der keine Bauleistungen zum Gegenstand hat, die Geltung der VOB vereinbaren können. Dies ist **im Rahmen der Privatautonomie ohne Weiteres möglich** und zum Teil sogar (vermeintlich) praktisch. 443

▶ **Beispiel**

Der Bauherr beauftragt einen Generalunternehmer mit der Errichtung eines Hauses; er vereinbart die VOB/B. Der Generalunternehmer beauftragt einen Schreiner als Subunternehmer mit der Lieferung (nicht dem Einbau) von Fenstern. Hier liegt ein Werklieferungsvertrag vor (s. Rdn. 396 ff.). Sicherlich wäre es aus Sicht des Generalunternehmers nunmehr wünschenswert, wenn er auch im Subunternehmerverhältnis ohne Einschränkung die VOB/B vereinbaren könnte. Er könnte dann einen weitgehenden Gleichlauf der Vertragsbedingungen im Haupt- und Subunternehmerverhältnis erreichen. Auch der Schreiner wird zumeist nichts gegen die Geltung der VOB/B haben; er wird sogar vielleicht davon ausgehen, dass dies sinnvoll ist.

444 Die entscheidende Frage bei Verträgen, die nicht auf eine Bauleistung gerichtet sind, ist daher nicht, ob die VOB als Vertragsgrundlage vereinbart werden kann. Dies ist jederzeit möglich. Daher ist z. B. auch die Aussage des OLG Nürnberg (Urt. v. 11.10.2005 – 9 U 804/05, BauR 2007, 122), dass die ggf. reflexartige Vereinbarung der VOB/B bei einem Werklieferungsvertrag ins Leere geht, so nicht richtig. **Entscheidend** ist vielmehr, dass die VOB/B als vorformuliertes Bedingungswerk sowohl nach der Rechtsprechung als auch nach dem Gesetz (vgl. § 310 Abs. 1 S. 3 BGB) zunächst **nur bei Bauverträgen von einer AGB-Inhaltskontrolle freigestellt** wird, soweit sie als Ganzes vereinbart ist (s. dazu Rdn. 481 ff.). Dies ist auch notwendig, weil verschiedene Klauseln der VOB/B in gewöhnlichen Verträgen oder isoliert vereinbart einer AGB-Inhaltskontrolle nicht standhalten würden (vgl. etwa zur Verkürzung der Gewährleistung in § 13 Abs. 4 VOB/B: BGH, Urt. v. 10.10.1985 – VII ZR 325/84, BGHZ 96, 129, 131 = BauR 1986, 89 = NJW 1986, 315 sowie dazu ausführlich Rdn. 494 ff.). Dies vorausgeschickt dreht sich die gesamte Diskussion um die Vereinbarung der VOB als Grundlage außerhalb von Bauverträgen allein um die Frage, ob die VOB in solchen Fällen wie bei Bauverträgen ebenfalls von einer AGB-Inhaltskontrolle freigestellt wird, d. h. anders ausgedrückt: Falls die VOB/B z. B. einem Architektenvertrag zugrunde gelegt wird, wird nunmehr jede Einzelregelung der VOB/B am Maßstab der §§ 307 ff. BGB gemessen? Soweit man das annähme, bliebe wegen der einer dann vorzunehmenden AGB-Kontrolle der Einzelregelungen der VOB/B abhängig davon, wer die VOB in den Vertrag eingeführt hat, letztlich nur ein Torso der Gesamt-VOB/B, nämlich die AGB-unkritischen Regelungen übrig. Demgegenüber würde gerade der durch die VOB gewollte Interessenausgleich, der erst durch die Gesamtheit ihrer Regelungen erreicht wird, nicht hergestellt (vgl. dazu Rdn. 481 ff.).

445 Legt man vorstehenden Maßstab an, kann zusammenfassend aber festgehalten werden, dass die VOB/B zwar grundsätzlich bei jedem Vertragstyp vereinbart werden kann. Freigestellt von einer AGB-Inhaltskontrolle wird sie jedoch nur **bei Verträgen, deren Gegenstand tatsächlich auf die Erbringung von Bauleistungen gerichtet** ist (vgl. so auch ausdrücklich § 310 Abs. 1 S. 3 BGB). **Unter Bauleistungen** versteht man dabei alles, was Gegenstand der Errichtung eines Bauwerks sein kann (s. dazu im Einzelnen auch Rdn. 857 ff.). Hierzu gehören
- Arbeiten an einem Grundstück, für die sogar bis zur VOB-Fassung 2002 in § 13 Abs. 4 VOB/B ausdrücklich eine gesonderte Verjährungsregelung existierte.
- Arbeiten zur Instandhaltung, zur Änderung und sogar zur Beseitigung, also zum Abriss einer baulichen Anlage (vgl. § 1 VOB/A), sowie
- alle Leistungen zur Herstellung, Instandhaltung oder Änderung einer baulichen Anlage, zu montierenden Bauteile sowie insbesondere auch die Lieferung und Montage maschineller und elektrotechnischer Einrichtungen (vgl. dazu die gesonderte Verjährungsregelung in § 13 Abs. 4 Nr. 2 VOB/B).

Nicht darunter fallen hingegen Einrichtungen, die von der baulichen Anlage ohne Beeinträchtigung der Vollständigkeit oder Benutzbarkeit abgetrennt werden können und einem selbstständigen Nutzungszweck dienen, z. B. EDV-Anlagen, Kommunikationsanlagen usw. (vgl. dazu auch Ingenstau/Korbion/Korbion, VOB/A, § 1 Rn. 44). Auf diese findet vielmehr bei entsprechender Vereinbarung die **VOL – Vergabe- und Vertragsordnung für Leistungen** – Anwendung.

3.4 Die Zulässigkeit der Vereinbarung der VOB in Bauverträgen und anderen Verträgen

Die Abgrenzung beider Anwendungsbereiche ist nicht immer leicht. Auch gibt es Grenzfälle, von denen einige wichtige nachfolgend beschrieben werden: 446

- **Geltung der VOB/B für Hilfsleistungen**
  Entscheidend für die Einstufung als Bauleistung ist der Umstand, dass »durch« die Arbeit selbst eine bauliche Anlage hergestellt, instand gehalten, geändert oder beseitigt wird. Durch die Bauleistung muss somit unmittelbar bei dem Endprodukt ein neuer oder gegenüber dem ursprünglichen jetzt veränderter Zustand eingetreten sein. Einzubeziehen sind darüber hinaus unmittelbare Hilfsleistungen, die die Arbeit an der Bauleistung überhaupt erst ermöglichen. 447

  ▶ **Beispiel**

  Der Auftragnehmer übernimmt Putzarbeiten für ein Wohnhaus, wozu er ein Gerüst stellen muss. Dieser Bauvertrag weist zwar bezüglich der Gerüststellung mietvertragliche Elemente auf. Gleichwohl liegt ein Bauvertrag vor, da die Gerüststellung für die konkret zu erbringende Bauleistung als Hilfsleistung erforderlich ist. Demzufolge gehört die Gerüststellung sogar oft zu den unmittelbar vom Auftragnehmer mit übernommenen Nebenleistungen. Auf diesen Vertrag könnte die VOB/B ohne Einschränkung vereinbart werden.

  Nichts anderes gilt für den selbstständigen Gerüstvertrag, was sich nicht zuletzt an der DIN 18451 als eigenständige VOB/C-Regelung zeigt: Diese enthält hinsichtlich des Auf- und Abbaus werkvertragliche, hinsichtlich der Vorhaltung mietvertragliche Elemente, wobei diese erst zeitverzögert zum Tragen kommen, weil die Vorhaltedauer bis zu vier Wochen als Grundleistung von der DIN 18451 abgedeckt ist (OLG Celle, Urt. v. 03.04.2007 – 16 U 267/06, BauR 2007, 1583 f.). Trotz dieser mietvertraglichen Elemente steht der werkvertragliche Teil der Leistungen in Bezug auf die Gerüststellung im Vordergrund. Insoweit kann jeweils die VOB/B vereinbart werden, die dann für den werkvertraglichen Leistungsteil ohne Einschränkung, d. h. mit der AGB-Privilegierung gilt (i. E. ebenso KG, Urt. v. 05.08.2009 – 11 U 64/08, BauR 2011, 566 – s. dazu im Einzelnen auch oben Rdn. 408).

  Abzugrenzen von für die Bauleistung unmittelbar erforderlichen Hilfsleistungen sind **reine Mietverträge zu Baumaschinen** o. ä., die keinen Bauvertragscharakter aufweisen. Gegebenenfalls kommt auch ein Dienstvertrag in Betracht, wenn Baumaschinen mit Bedienungspersonal angemietet werden und die Tätigkeit des Bedienungspersonals aufgrund der persönlichen Fachkenntnisse die mietvertraglichen Elemente überwiegt (BGH, Urt. v. 26.03.1996 – X ZR 100/94, WM 1996, 1785, OLG Koblenz Urt. v. 06.07.2007 – 10 U 1476/06, BauR 2007, 2116 – s. oben Rdn. 394). In all diesen Fällen kann die VOB/B nicht mit ihrer Privilegierung vereinbart werden. 448

- **Geltung der VOB/B für Werklieferungsvertrag**
  Dieselben Grundsätze gelten für Werklieferungsverträge: Natürlich können auch diesen die VOB/B zugrunde gelegt werden; sie werden es vielfach auch, weil die Parteien entweder aus Gewohnheit oder Unkenntnis so verfahren. Vielleicht ist dies in Einzelfällen sogar ausdrücklich gewollt, wogegen im Rahmen der Privatautonomie nichts einzuwenden ist (unverständlich hier OLG Nürnberg, Urt. v. 11.10.2005 – 9 U 804/05 – BauR 2007, 122, 123). Nur greift selbst dann **eine AGB-Privilegierung nicht**, weil hier wie schon an anderer Stelle erläutert (Rdn. 396 ff.) allein Kaufvertragsrecht anzuwenden ist (§ 651 S. 1 BGB). Vor diesem Hintergrund passen schlichtweg zahlreiche Regelungen der VOB/B nicht, weil sie einen anderen, d. h. einen Werkvertrag vor Augen haben. Dies beginnt mit den einseitigen Leistungsbestimmungsrechten nach § 1 Abs. 3 und Nr. 4 VOB/B, schließt neben weiteren Sonderregelungen die grundsätzlich unterschiedliche Ausgestaltung des Gefahrübergangs ein und endet in sehr unterschiedlichen Regeln der Gewährleistung. Wegen dieser Widersprüche der gesetzlichen Regelungen zu denen der VOB/B kann es als ausgeschlossen gelten, dass das auf einen Bauvertrag als Werkvertrag zugeschnittene Regelwerk der VOB/B bei der Anwendung auf einen dem Kaufvertragsrecht unterfallenden Werklieferungsvertrag von einer AGB-Kontrolle freigestellt wird (ebenso Leupertz, BauR 2006, 1648, 1652; Thode, NZBau 2002, 360, 362). Hierfür gibt es keinen tragfähigen Anhaltspunkt. 449

- **Geltung der VOB/B für Architektenverträge u. a.**
450 Im Ergebnis mit derselben Argumentation kann auch nicht für die reinen Architekten-, Ingenieur- und Statikerverträge die VOB/B mit ihrer Freistellung von einer AGB-Inhaltskontrolle als Vertragsgrundlage vereinbart werden. Zwar handelt es sich bei Architekten- und Ingenieurverträgen um Werkverträge. Diese stehen sogar im Zusammenhang mit einer Bauwerkserrichtung. Gleichwohl kommen aus der Natur eines solchen Vertragsverhältnisses heraus zahlreiche Regelungen der VOB/B nicht zur Anwendung, sodass allein dadurch die die AGB-Privilegierung rechtfertigende interne Ausgewogenheit zwischen Auftraggeber- und Auftragnehmerinteressen gestört ist. Anschaulich zeigt sich dies z. B. bei den diversen in der VOB/B genannten Regelungen zu der Frage der Beschaffung der Ausführungs- (§ 3 VOB/B) oder der Vergütung für zusätzliche Planunterlagen (§ 2 Abs. 9 VOB/B). Bei diesen Teilleistungen zur Planung steht nach der VOB/B im Verhältnis zum Auftragnehmer im Wesentlichen der Auftraggeber in der Pflicht, diese (unentgeltlich) an den Auftragnehmer zu übergeben. Diesen Regelungen ist der Boden entzogen, wenn es bei der allein geschuldeten Hauptleistung des Auftragnehmers um die eigentlich vom Auftraggeber beizustellende Planung für die Bauleistung geht. Folglich würde die VOB/B bei Architekten- und Ingenieurverträgen nur sinnvoll vereinbart werden können, wenn diverse Vorschriften nicht anwendbar sind (vgl. z. B. auch § 13 Abs. 3 mit einer Haftungsfreistellung des Auftragnehmers für Mängel, soweit sie auf der Leistungsbeschreibung beruhen, die im Zweifel aber ebenfalls wieder von Planer stammt). Dies bedeutet: Eine Privilegierung der VOB/B mit der **Freistellung von einer AGB-Inhaltskontrolle** kommt bei einem **Architekten- und Ingenieurvertrag nicht in Betracht**. Folglich sind hierzu Regelungen der VOB/B nur insoweit wirksam, als sie einer solchen Kontrolle standhalten (unklar Ingenstau/Korbion/Korbion, VOB/A, § 1 Rn. 32, der meint, die VOB sei überhaupt nicht vereinbar, was nicht überzeugt).

451 Schwierigkeiten in Bezug auf die Möglichkeit der Vereinbarung der VOB/B bereiten aber die immer häufiger vorkommenden Mischformen, also Bauverträge, bei denen der Auftragnehmer **neben eigentlichen Bauleistungen** in demselben Vertrag **gleichzeitig Planungsaufgaben** und damit echte Architekten- und/oder Ingenieurleistungen übernimmt. Hier wird jeweils sehr genau zu prüfen sein, inwieweit die VOB/B überhaupt für diese weiteren Nicht-Bauleistungen gelten soll (s. dazu sogleich Rdn. 454 ff.).

- **Geltung der VOB/B für Bausatzverträge/Lieferung von Fertigbauteilen**
452 Anders verhält es sich bei den sog. **Bausatzverträgen** für den Eigenbau von Wohnhäusern, bei denen es sich um **gemischte Verträge mit überwiegend kaufrechtlichen, z. T. aber auch verbleibenden werkvertraglichen Elementen** (bezüglich der Erstellung von Bauplänen, Zeichnungen und statischen Berechnungen) handelt (s. oben Rdn. 406 f.): Geht es um die bloße Lieferung von genormten und vorgefertigten Bauteilen, liegt keine Bauleistung vor, wenn der Lieferant den Einbau nicht selbst vornimmt (BGH, Urt. v. 12.11.1980 – VIII ZR 338/79, BGHZ 78, 375, 378 = BauR 1981, 190 f. = NJW 1981, 453, 454 = ZfBR 1981, 27, 28). Sodann ist allerdings zu unterscheiden (s. dazu auch Pauly, BauR 2011, 910):
  – Bei einem **typischen Bausatzvertrag**, bei dem der Unternehmer von ihm selbst gefertigte Bauteile liefert, handelt es sich um einen **Werklieferungsvertrag** im Sinne des § 651 BGB. Denn auch bei den herzustellenden Großbauteilen geht es um bewegliche Sachen. Wurden sie speziell für ein Bauvorhaben erstellt, käme immer noch Kaufvertragsrecht zur Anwendung. Allerdings läge insoweit eine bewegliche nicht vertretbare Sache vor, sodass immerhin ergänzend die §§ 642, 643, 645, 649 und 650 Anwendung fänden. Handelt es sich demzufolge bei Bausatzverträgen üblicherweise um Werklieferungsverträge, mag man zwar auch diesen Verträgen die VOB/B zugrunde legen. Aufgrund des allein anwendbaren Kaufrechts kommt jedoch eine Gesamtprivilegierung der VOB mit einer Freistellung von einer AGB-Inhaltskontrolle nicht in Betracht (vgl. schon vorstehend zu den Werklieferungsverträgen Rdn. 449).
  – Liefert der Unternehmer hingegen (nur) Großbauteile, die er selbst zuvor anderweitig erworben hat, kommt sogar unmittelbar Kaufvertragsrecht zur Anwendung. Dies gilt selbst dann, wenn der Unternehmer noch eine (untergeordnete) Montageverpflichtung übernimmt (OLG Schleswig, Urt. v. 07.09.2007 – 4 U 156/06, BauR 2007, 1939 = OLGR Schleswig 2007, 837).

3.4 Die Zulässigkeit der Vereinbarung der VOB in Bauverträgen und anderen Verträgen

▶ **Beispiel (nach OLG Schleswig, a. a. O.)**

Der »Auftraggeber« erwirbt vom Hersteller eine Windkraftanlage, die dieser auch montiert. Hier prägt die kaufvertragliche Verpflichtung den gesamten Vertrag. Demgegenüber tritt die Wertschöpfung durch die Montage – anders als etwa bei einem Fertighausvertrag – zurück.

Anzumerken ist, dass teilweise in der Literatur gerade zu den Bausatzverträgen eine andere Auffassung vertreten wird. Danach sollen größere Bauteile, die konkret für ein bestimmtes Bauwerk von einem Lieferanten hergestellt und geliefert werden, damit später ein Dritter sie einbauen kann, nicht als bewegliche Sachen im Sinne des § 651 BGB anzusehen sein (vgl. MünchKomm./Busche, BGB, § 651 Rn. 10). Träfe diese Rechtsauffassung zu, läge dann in einem Bausatzvertrag tatsächlich zumindest in diesen Ausnahmefällen ein Werkvertrag vor. Überzeugend ist dies auf der Grundlage der relativ eindeutigen gesetzlichen Regelung in § 651 BGB jedoch nicht. 453

- **Geltung der VOB/B für Generalunternehmerverträge**
Zweifelhaft ist die Möglichkeit der Vereinbarung der VOB/B bei Verträgen mit Unternehmen, die neben den eigentlichen Bauleistungen bei größeren Bauobjekten in einem einheitlichen Vertrag (**General- oder Totalunternehmervertrag; Vertrag über schlüsselfertige Herstellung**) auch die **Architekten-, Ingenieur- und Statikerleistungen** übernehmen. In diesen Fällen wird man auseinander zuhalten haben: 454
  - Zunächst ist zu fragen, ob nach der Auslegung der dem Vertrag zugrunde liegenden Willenserklärungen die VOB – so sie vereinbart ist – tatsächlich für die Bau- und die danebenstehenden selbstständig übernommenen Architekten- und Ingenieurleistungen gelten soll. Da Letztere keine Bauleistungen sind, wird sich aus einer solchen **Auslegung** in der Regel schon ergeben: Trotz einer ggf. in einem Vertrag einheitlich erfolgten Bezugnahme auf die VOB wird sich deren Anwendungsbereich nach den vertraglichen Willenserklärungen vielfach allein **auf die Bauvertragsleistungen beschränken** (BGH, Urt. v. 17.09.1997 – VII ZR 166/86, BGHZ 101, 369, 375 f. = BauR 1987, 702, 704 f. = NJW 1988, 142, 143 f.).
  - Von vorstehender Frage zu unterscheiden ist allerdings der Sachverhalt, dass sich die **VOB/B ausdrücklich auch auf die Planungsleistungen erstrecken** soll. Hier gilt zunächst, dass die VOB/B in GU-Verträgen selbstverständlich uneingeschränkt vereinbart werden kann, d. h. auch für die Planungsleistungen. Allerdings unterliegt sie dann genauso wie bei sonstigen Architekten- und Ingenieurverträgen, für die die VOB vereinbart wird, einer AGB-Inhaltskontrolle (s. zuvor Rdn. 450): Somit würde bei der Anwendung der VOB/B hinsichtlich des architektenrechtlichen Vertragsteils ebenso **keine Freistellung von einer AGB-Inhaltskontrolle** stattfinden, da die dafür notwendige Ausgewogenheit des Gesamtregelwerks der VOB nicht besteht und aufgrund der Eigenart der Architektenleistungen auch nicht hergestellt werden kann.
- **Geltung der VOB/B für Generalübernehmerverträge**
Dieselben Grundsätze wie vorstehend gelten für Generalübernehmerverträge (vgl. dazu schon Rdn. 63 ff.). Auch bei diesem Vertragstyp handelt es sich nach ganz herrschender Meinung um einen Werkvertrag, der auf die Erstellung eines Bauwerks gerichtet ist. Gleichwohl wird vielfach vertreten, dass Generalübernehmerverträgen die VOB/B nicht zugrunde gelegt werden könne (so etwa ausdrücklich Ingenstau/Korbion/Korbion, Anhang 2, Rn. 175). Als Grund wird vor allem angeführt, dass auch im Vergaberecht eine Vergabe an Generalübernehmer ausgeschlossen sei. Dies wiederum ergebe sich aus § 6 Abs. 2 Nr. 1 VOB/A, wonach Bauleistungen nur an Unternehmer vergeben werden dürften, die sich gewerbsmäßig mit der Ausführung solcher Leistungen befassen. Weitergehend wird auf § 6 Abs. 3 VOB/A verwiesen, wonach ein Auftraggeber die Leistungen nur an solche Unternehmen vergeben dürfe, die nach ihrer Ausstattung in der Lage seien, die Leistungen selbst auszuführen. 455

Diese Argumentation mit einem Verweis auf das Vergaberecht ist jedoch keineswegs zwingend. Denn zunächst ist zu fragen, wieso das Vergaberecht mit dem Adressatenkreis des öffentlichen Auftraggebers es verhindern soll, dass im privaten Auftragsverhältnis zwischen Bauherrn und Generalübernehmer die VOB/B zugrunde gelegt wird. Hinzu kommt, dass zumindest nach § 6 Abs. 8 456

VOB/A-EG bei Bauvergaben oberhalb des Schwellenwertes (s. dazu Rdn. 365) der Nachweis fehlender eigener Fähigkeiten anderweitig erbracht werden kann, z. B. durch Vorlage geeigneter Verpflichtungserklärungen von Subunternehmern. Richtigerweise kommt es daher nicht darauf an, ob die **VOB/B überhaupt vereinbart** werden kann. Dies ist **ohne Weiteres möglich** (vgl. nur OLG Bamberg, Urt. v. 20.11.1998 – 6 U 19/98, BauR 1999, 650, 651). Entscheidend ist allein die Reichweite einer solchen Vereinbarung, d. h. zunächst die Frage, inwieweit mit dieser Vereinbarung nach deren Auslegung – entsprechend der Beurteilung bei Generalunternehmerverträgen – bestimmte Leistungsbereiche erfasst sind oder nicht (vgl. Rdn. 454). Doch selbst wenn das geklärt ist, ist zu beachten, dass aufgrund der **üblichen Ausgestaltung von Generalübernehmerverträgen mit an Sicherheit grenzender Wahrscheinlichkeit von Regelungen der VOB/B abgewichen** wird. Allein aus diesem Grund (vgl. dazu auch nachfolgend Rdn. 488 ff.) stellt sich bei Generalübernehmerverträgen gar nicht die Frage, ob die VOB von einer AGB-Inhaltskontrolle freigestellt wird. Eine solche Inhaltskontrolle findet statt, weil es in Generalübernehmerverträgen aufgrund der Eigenart dieser Vertragsform üblicherweise zu Abweichungen von der VOB/B kommt.

- **Geltung der VOB/B für Anlagenvertrag**

457 Die gleiche Aufteilung muss beim Anlagenvertrag vorgenommen werden, bei dem der Auftragnehmer nicht nur Bauleistungen und Planungsaufgaben übernimmt, sondern auch die Beschaffung, Lieferung und Montage der erforderlichen spezifischen Einrichtung zur Erstellung eines gebrauchsfertigen und betriebsbereiten Bauwerks oder einer Anlage (z. B. Krankenhaus, Stahlwerk usw. – vgl. zum Begriff Rdn. 62). Hier kann die **VOB/B** zunächst **für die Leistungsbereiche Anwendung** finden, die **als Bauleistungen anzusehen** sind. Denn Gegenstand eines VOB-Vertrages können alle Bauleistungen im Sinne des § 1 VOB/A sein, die mit dem Bau in unmittelbarem Zusammenhang stehen. Abzugrenzen sind jedoch erneut geistige Leistungen (wie Architekten- und Ingenieurleistungen), die zwar der Bauerrichtung dienen, aber nicht unmittelbar im Ausführungsbereich die mangelfreie Errichtung der Bauleistung als Erfolg zum Vertragsgegenstand haben. Ansonsten gilt wie schon zum Generalübernehmervertrag: Selbst wenn Anlagenverträge häufig auf die VOB/B verweisen, wird sie im Zweifel **nicht als Ganzes, d. h. ohne Abweichungen** vereinbart sein. Dies verbietet schon die zumeist notwendige Regelungsdichte in Anlagenverträgen. Dann aber stellen sich hierzu kaum weitere Fragen: Ist die VOB nicht als Ganzes vereinbart, scheidet schon deswegen deren Privilegierung aus. Folglich kommen bei einem Anlagenvertrag die Regelungen der VOB/B, selbst wenn hilfsweise auf sie verwiesen wird, nur zur Anwendung, wenn sie einer AGB-Inhaltskontrolle standhalten.

458 - **Geltung der VOB/B für Bauträgerverträge**
Ob und in welchem Umfang auch in einem Bauträgervertrag (s. dazu oben ausführlich Rdn. 93 ff.) die Geltung der VOB/B vereinbart werden kann, könnte davon abhängen, inwieweit der Bauträger Bauleistungen im Sinne des § 1 VOB/A schuldet und erbringt. Dies könnte man in Bezug auf dessen Verpflichtung zur Bauherstellung annehmen. Dagegen sind dessen weiteren Verpflichtungen und Tätigkeiten, also die Beschaffung, Bereitstellung und Übereignung des Grundstücks, der gesamte Bereich der wirtschaftlichen und finanziellen Betreuung sowie der architektonischen und ingenieurmäßigen Planung, keine Bauleistungen. Infolge dieser erneuten Typenvermischung zwischen Bau- und sonstigen Leistungen gilt somit für die Frage der Anwendbarkeit der VOB/B auf Bauträgerverträge nichts anderes als bei den schon zuvor behandelten typengemischten Verträgen:

459 – Wird die VOB/B einem solchen typengemischten Vertrag insgesamt zugrunde gelegt, wird zuerst zu prüfen und **auszulegen** sein, ob die **VOB/B auch für die Leistungen, die keine Bauleistungen sind, gelten soll**. Im Rahmen einer vernünftigen Auslegung wird man daran berechtigte Zweifel haben, da die Vorschriften der VOB auf diese weiteren in einem Bauträgervertrag übernommenen Leistungen in der Regel nicht passen (vgl. Locher, Das private Baurecht, Rn. 652 f. sowie im Ergebnis ebenso BGH, Urt. v. 10.10.1985 – VII ZR 325/84, BGHZ 96, 129, 131 = BauR 1986, 89 f. = NJW 1986, 315 f.).

– Beschränkt sich demnach der in der Regel praktische Anwendungsbereich der VOB überhaupt nur auf den Bauerrichtungsteil, bedarf es sodann aufgrund der zumeist ineinander übergehenden Klauseln unbedingt einer klaren Trennung im Vertrag zwischen den als Bauarbeiten vom

Bauträger geschuldeten Teilleistungen, für die die VOB/B vereinbart wird, und den übrigen Leistungsverpflichtungen des Bauträgers. Diese klare Trennung ist vor allem deshalb geboten, damit die Vereinbarung der VOB/B für die Bauleistungen **nicht schon an der Unklarheitenregelung** des § 307 Abs. 1 S. 2 BGB scheitert (Ingenstau/Korbion, VOB/A § 1 Rn. 33).

Mit dieser scharfen Trennung zwischen den vom Bauträger geschuldeten Bauleistungen und seinen sonstigen Leistungen kann aber nur erreicht werden, dass die VOB/B für den geschuldeten Bauerrichtungsteil vereinbart werden kann. Dies allerdings allein wäre für den Bauträger schon von Vorteil. Er wäre dann nämlich in der Lage, ihn in der VOB/B belastende Regelungen aus dem Vertragsverhältnis mit dem Bauunternehmer ggf. an den Erwerber durchzustellen. 460

▶ **Beispiel**

Der Bauträger hat mit der Errichtung des Bauvorhabens einen Bauunternehmer auf der Grundlage der VOB/B beauftragt. Es gilt demnach gemäß § 13 Abs. 4 Nr. 1 VOB/B eine Gewährleistungspflicht von vier Jahren. Er will diese verkürzte Gewährleistung auch mit dem Erwerber vereinbaren.

Zu solchen Versuchen ist zunächst aber klarzustellen, dass eine **isolierte Übernahme der verkürzten Gewährleistungsregelung in den Bauträgervertrag in jedem Fall an einer AGB-Inhaltskontrolle scheitert**; stattdessen gilt dann zwingend die gesetzliche fünfjährige Gewährleistung (BGH, Urt. v. 10.10.1985 – VII ZR 325/84, BGHZ 96, 129, 131 = BauR 1986, 89 = NJW 1986, 315). Infolgedessen würde der Bauträger sein Ziel einer abgestimmten Vertragsgestaltung nur erreichen, wenn er mit der Vereinbarung der VOB/B gleichzeitig in den Genuss einer Freistellung der gesamten VOB/B von der AGB-Inhaltskontrolle käme (vgl. dazu Rdn. 481 ff.). Die Rechtsprechung hat sich bisher konkret bezogen mit dieser Frage nicht befasst. Indes wird der Bauträger einen Gleichlauf zwischen VOB-Bauvertrag mit seinem Bauunternehmer und Bauträgervertrag mit dem Erwerber nicht erreichen können. Zwar mag er im Rahmen der Privatautonomie mit dem Erwerber eines Bauträgerobjekts die VOB/B vereinbaren. Aufgrund der gesamten Struktur des Bauträgervertrages und seiner Eigenheiten wie etwa der regelmäßige Ausschluss des freien Kündigungsrechts (s. Rdn. 101), der Mängelrechte nach § 4 Abs. 7 VOB/B, der Leistungsanordnungsrechte zugunsten des Erwerbers nach § 1 Abs. 3 oder 4 VOB/B würde von der VOB/B aber ohnehin nur ein Torso übrig bleiben; sie wäre mithin niemals ohne Abweichungen vereinbart. Dies aber **schließt** schon deswegen vollständig **eine Freistellung der VOB/B von der AGB-Inhaltskontrolle aus** (vgl. BGH, Urt. v. 22.01.2004 – VII ZR 419/02, BGHZ 157, 346, 348 f. = BauR 2004, 668, 669 f. = NJW 2004, 1597 sowie ausführlich Rdn. 481 ff.) – wobei eine solche Freistellung in dem in der Praxis bedeutsamen **Bauträgergeschäft mit Verbrauchern** nach § 310 Abs. 1 S. 3 BGB ohnehin nicht gilt (s. Rdn. 482). Folglich kann man sich gleich darauf beschränken, nur die einer AGB-Inhaltskontrolle standhaltenden Regelungen der VOB in einen Bauträgervertrag zu übernehmen. Die verkürzte Gewährleistung nach § 13 Abs. 4 VOB/B gehört nicht dazu. Für den verbleibenden Rest bedarf es aber keiner ausdrücklichen Vereinbarung der VOB/B. 461

3.5 VOB und AGB-Kontrolle

Die vorangegangenen Erörterungen erfolgten u. a. vor dem Hintergrund, dass die VOB/B als ein dem Vertrag zugrunde zu legendes Regelwerk einer AGB-Inhaltskontrolle unterworfen wird. Es wurde schon erläutert, dass dies ggf. nicht der Fall ist, wenn die VOB/B ohne Abweichungen bei Bauverträgen vereinbart wird. Hier bleibt die VOB/B unter Umständen kontrollfrei. Im Einzelnen sind damit jedoch zahlreiche Rechtsfragen verbunden, die einer genaueren Untersuchung bedürfen. 462

3.5.1 Die VOB als Allgemeine Geschäftsbedingungen

Auf die Frage einer AGB-Inhaltskontrolle kommt es überhaupt nur an, wenn die VOB als Allgemeine Geschäftsbedingungen anzusehen ist. Dies ergibt sich aus § 305 Abs. 1 BGB. Danach sind Allgemeine Geschäftsbedingungen alle für eine Vielzahl von Verträgen vorformulierte Vertragsbedin- 463 gungen, die eine Vertragspartei (Verwender) der anderen Vertragspartei bei Abschluss eines Vertrages stellt. Das aber bedeutet:

464 • Unstreitig ist, dass es sich bei der **VOB/B um Allgemeine Geschäftsbedingungen** im Sinne vorgenannter Vorschrift handelt: Dies lässt sich bereits der Überschrift (»Allgemeine Vertragsbedingungen«) entnehmen. Auch der Gesetzgeber erkennt in der VOB Teil B Allgemeine Geschäftsbedingungen, in dem er sie nach § 310 Abs. 1 S. 3 BGB bei deren Vereinbarung ohne inhaltliche Abweichungen von einer AGB-Inhaltskontrolle ausnimmt. Dies setzt im Umkehrschluss voraus, dass analog der Überschrift der VOB/B überhaupt Allgemeine Geschäftsbedingungen vorliegen. Andernfalls wäre diese Ausnahmeregelung nicht notwendig.

465 • Neben der VOB/kommt auch eine AGB-Eigenschaft der **Allgemeinen Technischen Vertragsbedingungen** (VOB/C) in Betracht. Eine AGB-Kontrolle erscheint hier auch angezeigt, da sich die Technischen Vertragsbedingungen des Teils C der VOB keinesfalls auf rein technische Vorgänge beschränken. Sie enthalten vielmehr Regeln über das **Aufmaß, die Abrechnung** und über Art und Umfang nicht gesondert zu vergütender **Nebenleistungen** und zusätzlich zu vergütender **Besonderer Leistungen**. Diese Regelungen haben z. T. durchaus den Charakter echter Vertragsbedingungen.

> **Beispiel (nach BGH, Urt. v. 17.06.2004 – VII ZR 75/03, BauR 2004, 1438 = NJW-RR 2004, 1248)**
>
> Der Bauherr beauftragt einen Auftragnehmer mit Natursteinarbeiten. Der Auftragnehmer rechnet seine Leistungen ab. Für die Abrechnung selbst beruft er sich auf Abschnitt 5.1.1.3 der DIN 18332 Naturwerksteinarbeiten. Danach sind bei der Ermittlung der Leistungen gleichgültig, ob sie nach Zeichnung oder nach Aufmaß erfolgt sind, bei Fassaden die Maße der Bekleidung zugrunde zu legen. Die diesbezügliche Abrechnungsregel ist nicht eindeutig. Somit stellt sich u. a. die Frage, ob z. B. der Grundsatz aus § 305c Abs. 2 BGB, wonach Zweifel bei der Auslegung allgemeiner Geschäftsbedingungen zulasten des Verwenders gehen, auch für die hier relevante DIN 18332 gelten soll. Dies hat der BGH angenommen, soweit die DIN 18332 überhaupt als Vertragsgrundlage vereinbart war. Denn insbesondere die Abrechnungsvorschriften der technischen Vertragsbedingungen im Abschnitt 5 sind aufgrund ihres vertragsrechtlichen Charakters ebenfalls allgemeine Geschäftsbedingungen.

466 Unter Berücksichtigung vor allem dieses Beispielfalles wird deutlich: Die technischen Vertragsbedingungen sind – trotz ihrer Überschrift und der vermeintlichen Beschränkung auf technische Regelungen – jeweils **im Einzelfall** daraufhin zu untersuchen, ob nicht auch dort **vertragliche Regelungen enthalten** sind. Ist dies der Fall, handelt es sich um Allgemeine Geschäftsbedingungen, so etwa vielfach beim Abschnitt 5 der jeweiligen DIN zu den Abrechnungsvorschriften (BGH, Urt. v. 17.06.2004 – VII ZR 75/03, BauR 2004, 1438, 1439 = NJW-RR 2004, 1248, 1249). In diesem Fall unterliegen sie einer AGB-Kontrolle, d. h.:
– Zunächst wird jeweils im Einzelfall zu prüfen sein, aufgrund welcher vertraglichen Regelung die VOB/C überhaupt Vertragsbestandteil geworden ist. Dies erfolgt zumeist über die Vereinbarung der VOB/B, die in § 1 Abs. 1 Nr. 2 VOB/B auf die Geltung der VOB/C verweist.
– Sodann gelten auch in Bezug auf die VOB/C die allgemeinen Auslegungsgrundsätze des § 305c BGB, sodass etwaige Zweifel zulasten des Verwenders gehen.
– Schließlich müssen die Vorschriften der VOB/C, soweit es sich um vertragliche Regelungen handelt, einer AGB-Inhaltskontrolle standhalten (soweit die VOB ausnahmsweise nicht privilegiert und somit von einer Inhaltskontrolle freigestellt ist – vgl. Rdn. 481 ff.).

467 • Neben dem Teil C wird man ebenso den **Teil A der VOB einer AGB-Inhaltskontrolle** nicht entziehen können. Denn die VOB/A enthält gleichfalls Regelungen, die als Begriffsbestimmungen (§ 1: Bauleistungen; § 4: Vertragstypen) oder durch die Festlegung des notwendigen Inhalts der Ausschreibungsunterlagen (§ 7: Inhalt der Leistungsbeschreibung) in den vertraglichen Teil B der VOB hineinwirken. Zudem fallen durchaus auch **vorvertragliche Bedingungen** unter die allgemeine Kontrolle und Anwendung der Klauselverbote der §§ 308 f. BGB. Dies mag verwundern: Denn handelt es sich bei der VOB aufgrund ihrer Herkunft um ein privates Verdingungs-

3.5 VOB und AGB-Kontrolle

werk, überrascht, wie bereits vor einem Vertragsabschluss Klauseln der VOB (hier des Teils A) letztlich ohne vertragliche Vereinbarung einer AGB-Kontrolle unterliegen können. Dass dies jedoch so richtig ist, belegt mit aller Deutlichkeit § 308 Nr. 1 BGB. Danach wird eine Klausel in Allgemeinen Geschäftsbedingungen für unwirksam erklärt, durch die sich der Verwender unangemessen lange oder nicht hinreichend bestimmte Fristen für die Annahme oder Ablehnung eines Angebots vorbehält. Aufgrund dieses Klauselverbots wurden z. B. zu lange **Binde- oder Zuschlagsfristen** in Ausschreibungsunterlagen, die über die in § 10 Abs. 5 ff. VOB/A festgelegten Fristen hinausgehen, für unwirksam erklärt (s. etwa BGH, Urt. v. 11.06.2010 – V ZR 85/09 m. w. N., BauR 2010, 1585, 1587 = NJW 2010, 2873, 2874 = NZBau 2010, 697, 698; vgl. dazu oben Rdn. 271 ff.). Auch dies macht deutlich, dass der Teil A der VOB einer AGB-Inhaltskontrolle unterworfen sein kann. In der Praxis dürften sich daraus aber kaum schwerwiegende Folgen für das Vergabeverfahren ergeben, wenn man von zu langen Bindefristen absieht.

3.5.2 »Stellen« der VOB/Verwendereigenschaft

Allgemeine Geschäftsbedingungen liegen zum einen nur vor, wenn die Vertragsbedingungen **vorformuliert** sind. Dies ist bei der VOB in allen ihren Teilen unproblematisch. Zum anderen müssen diese vorformulierten Vertragsbedingungen (d. h. die VOB) von einer Vertragspartei **bei Abschluss eines Vertrages gestellt** worden sein. Dies ist bei Weitem nicht eindeutig. 468

▶ **Beispiel**

Der Generalunternehmer möchte einen Subunternehmer beauftragen. Beide schlagen gleichzeitig in den Verhandlungen für ihren Vertrag die Geltung der VOB Teil B vor. Nach richtigem Verständnis ist hier völlig offen, ob eine Partei die VOB als von Dritten erstellte Vertragsordnung gestellt hat und – soweit dies der Fall ist – wer dies sein soll.

Die richtige Bestimmung desjenigen, der die VOB/B in einem Vertrag stellt, wirkt sich nicht nur bei der Frage aus, **ob** im Fall etwa des beiderseitigen Stellens **überhaupt allgemeine Geschäftsbedingungen im Sinne des § 305 BGB vorliegen**, die dann einer AGB-Kontrolle unterliegen. Sie hat vielmehr auch Auswirkungen insoweit, als eine AGB-**Kontrolle immer nur zulasten des Verwenders** stattfindet, d. h. desjenigen, der die VOB als Vertragsgrundlage in den Bauvertrag eingeführt hat. So kann es sein, dass abhängig von der Rolle des Verwenders in einem Bauvertrag (Auftraggeber oder Auftragnehmer) durchaus mal die eine oder die andere an sich kritische VOB-Regelung doch Bestand hat.

▶ **Beispiel**

Nach § 16 Abs. 3 Nr. 2 ff. VOB/B schließt die vorbehaltlose Annahme der Schlusszahlung weitere Nachforderungen des Auftragnehmers aus. Diese Klausel ist seit jeher – so denn eine AGB-Kontrolle stattfindet – mit § 307 BGB nicht zu vereinbaren. Entscheidend kommt es im konkreten Einzelfall aber darauf an, ob im Bauvertrag die VOB/B (mit § 16 Abs. 3 Nr. 2 ff.) vom Auftraggeber oder Auftragnehmer »gestellt« wurde. Nur wenn die VOB/B vom Auftraggeber in den Vertrag eingeführt worden wäre, fände nämlich eine AGB-Kontrolle zugunsten des Auftragnehmers statt. Hat hingegen der Auftragnehmer selbst auf die Geltung der VOB/B gedrängt, könnte er sich später nicht auf deren Verstoß gegen die Vorschriften der AGB-Inhaltskontrolle berufen. Hier wäre er tatsächlich mit weiteren Vergütungsforderungen ausgeschlossen, wenn er nicht die dagegen stehenden Vorbehalte (s. dazu Rdn. 2638 ff.) erklärt hat.

Diese unterschiedliche Behandlung des Verwenders der VOB/B gewinnt besonders in **mehrstufigen Auftragnehmerketten** an Bedeutung. Gilt etwa im Hauptunternehmerverhältnis die VOB/B, müssen die Hauptunternehmer ihrerseits gegenüber den Subunternehmern (und so fort) ebenfalls die VOB/B als Vertragsgrundlage vereinbaren (§ 4 Abs. 8 Nr. 2 VOB/B). In solchen Subunternehmerketten könnte sich etwa der erste Subunternehmer gegenüber seinem Hauptunternehmer auf eine AGB-Kontrolle berufen, weil in diesem Verhältnis der Hauptunternehmer Verwender der VOB/B ist. Geht es hingegen um die Beauftragung des zweiten Subsubunternehmers, wird jetzt der Subunternehmer aus der ersten Ebene zum Verwender (s. dazu auch Joussen/Vygen, Subunternehmervertrag, Rn. 155 ff.). 469

> **Beispiel**
>
> Entwickelt man vorstehenden Beispielfall zu § 16 Abs. 3 Nr. 2 VOB/B weiter, soll unterstellt werden, dass Zahlungen vom Hauptunternehmer zunächst an den ersten Subunternehmer geflossen sind. Dieser hat die Zahlungen an den weiteren Subunternehmer weitergeleitet. Die Zahlungen decken nicht die Rechnungsforderung ab; jeweils wird auf den Ausschlusscharakter der Schlusszahlung hingewiesen, keiner erklärt einen Vorbehalt. Wird hier die VOB wegen abweichender Regelungen einer AGB-Kontrolle unterworfen, gilt: Im Verhältnis zum Hauptunternehmer kann sich der erste Subunternehmer auf die Unwirksamkeit von § 16 Abs. 3 Nr. 2 VOB/B berufen, sodass er trotz unterbliebenen Vorbehaltes weitere Zahlungen verlangen kann. Denn hier ist der Hauptunternehmer Verwender. Doch auch der zweite Subunternehmer kann eine weitere Vergütung fordern. Denn in diesem Verhältnis ist der erste Subunternehmer Verwender der VOB/B. Hat hingegen in diesem zweiten Subunternehmerverhältnis der zweite Subunternehmer die VOB/B in den Vertrag eingeführt, wäre – da dann eine Inhaltskontrolle zu seinen Gunsten nicht stattfindet – er mit weiteren Forderungen ausgeschlossen. Dies gilt trotz der Tatsache, dass der erste Subunternehmer weiterhin Ansprüche gegen den Hauptunternehmer verfolgen kann; denn die dortige Verwendereigenschaft bleibt von einer ggf. anderen Vertragsgestaltung im Subsubverhältnis unberührt.

470 Ist somit nachvollziehbar, dass die Bestimmung desjenigen, der die VOB in einem Bauvertrag stellt, von großer Bedeutung ist, bleibt jedoch vielfach die Schwierigkeit, den »richtigen« **Verwender zu finden**. Dies gilt bei der VOB/B vor allem wegen ihrer großen Praxisdurchdringung im besonderen Maße. Diese wiederum beruht darauf, dass die VOB/B von den beteiligten Verkehrskreisen infolge ihrer inneren Ausgewogenheit und ihres Zustandekommens im Verdingungsausschuss unter Beteiligung von Auftragnehmer- und Auftraggebervertretern als ein durchaus insgesamt ausgewogenes Vertragswerk angesehen wird. Daher liegt es für alle Baubeteiligten nahe, auf die VOB/B als bereitliegendes Vertragswerk zurückzugreifen, ohne sich im Einzelnen Gedanken darüber zu machen, dass es vielleicht darauf ankommen könnte, ob die eine oder andere Seite die VOB/B in einem Bauvertrag vorschlägt. Insbesondere im baugewerblichen Bereich ist die Praxisdurchdringung so hoch, dass viele Bauunternehmer nicht einmal mehr in Erwägung ziehen, dass Bauverträge ohne die VOB/B geschlossen werden könnten oder sollten – unabhängig davon, ob sie selbst Auftragnehmer sind oder ihrerseits Leistungen an Subunternehmer vergeben und somit die Stellung des Auftraggebers innehaben.

471 Da die Bestimmung desjenigen, der die VOB in einem Vertrag stellt, aber wie gezeigt von großer Bedeutung ist, wird man gleichwohl jeweils zu prüfen haben, ob die VOB in einen Vertrag von der einen oder anderen Seite eingeführt wurde. Dabei gilt tatsächlich: Sollte sich nach einer solchen Ermittlung ergeben, dass sich Auftraggeber und Auftragnehmer **beidseitig auf die Geltung und Einbeziehung der VOB** geeinigt haben, und zwar auch mit der Option, davon abzusehen, **fehlt es an einem konkreten Verwender**, sodass dann dem Grunde nach die **AGB-rechtlichen Vorschriften nicht eingreifen** (Ulmer/Brandner/Hensen, § 305 Rn. 29; Wolf/Lindacher/Pfeiffer/Wolf, § 305 Rn. 32; Locher, Das private Baurecht, Rn. 155; i. E. ebenso zu verstehen: BGH, Urt. v. 17.02.2010 – VIII ZR 67/09, BGHZ 184, 259, 267 = NJW 2010, 1131, 1132, zu einem von beiden Parteien für gut befundenen Vertragsmuster zum Autokauf; wohl auch KG, Urt. v. 23.04.2010 – 7 U 117/09, Nichtzul.-Beschw. zurückgew., Beschl. v. 22.03.2012 – VII ZR 79/10, BauR 2012, 1285 [Ls.], das darauf verwies, dass wohl beide Parteien die Einbeziehung der VOB/B in den Vertrag »wünschten«). Dafür genügt es jedoch nicht, dass der eine Vertragspartner dem anderen ein Vertragsmuster mit Bezugnahme auf die VOB/B übersendet, damit darüber verhandelt werden kann (so anscheinend Kaufhold, ZIP 2010, 630). Dies schließt die Verwendereigenschaft wie bei allen sonst überlassenen Allgemeinen Geschäftsbedingungen nicht aus (wobei hier ggf. die nur vorformulierten Vertragsbedingungen gegenüber Verbrauchern nach § 310 Abs. 3 Nr. 2 BGB eine Sonderstellung einnehmen, s. dazu Rdn. 639); denn der AGB-rechtliche Schutz greift ja gerade deswegen, weil über zur Mehrfachverwendung vorgesehene Allgemeine Geschäftsbedingungen eben nicht diskutiert wurde. Entscheidend ist vielmehr, dass nachweisbar wirklich beide Parteien – und sei es

3.5 VOB und AGB-Kontrolle

auf die Initiative der einen Partei, die es der anderen aber freistellt – die Geltung der VOB/B als Bedingungswerk aktiv vorgeschlagen und betrieben haben, sodass gerade deswegen eben nicht nur die eine Partei als Verwender anzusehen ist. Eine solche Situation dürfte zumindest in Bezug auf die VOB/B in der Bauvertragspraxis eher selten sein (deutlich Rodemann/Schwenker, ZfBR 2010, 419, 420). Infolgedessen mögen daher – losgelöst von diesem Sonderfall des beiderseitigen Vorschlagens – für die Bestimmung der für eine AGB-rechtliche Prüfung wichtigen Verwendereigenschaft folgende Fallgruppen gebildet werden:

- **Bauverträge mit Privatleuten (Verbrauchern)**
Bei Bauverträgen mit Privatleuten, die diese ohne fachliche Begleitung schließen, liegt zumeist auf der Hand, dass hier zumindest in aller Regel nicht der private Bauauftraggeber, sondern der **Bauunternehmer Verwender** ist, soweit in einem solchen Verhältnis die VOB/B als Vertragsgrundlage vereinbart wird. Denn abgesehen davon, dass die VOB/B von ihrer Grundstruktur überhaupt nicht (mehr) für Privatleute empfohlen wird (s. dazu allerdings später noch Rdn. 482 ff.), wird man schon aufgrund der zahlreichen Besonderheiten der VOB nicht davon ausgehen können, dass der durchschnittlich gebildete Privat-Auftraggeber überhaupt erahnt, worum es bei der VOB/B geht und sie dann auch noch als Vertragsgrundlage vorschlägt. Dies entspricht der Praxis auch insoweit, als bei Privatleuten als Auftraggeber die Vertragsmuster und -formulare mit einer Einbeziehung der VOB/B zumeist von den Auftragnehmern stammen. In diesen Fällen bedarf es somit keiner weiteren Diskussion hinsichtlich der Verwendereigenschaft (vgl. auch § 310 Abs. 3 Nr. 1 BGB). Daher hat bereits vor diesem Hintergrund die vorerwähnte Rechtsprechung des BGH (Rdn. 470 f.), wonach keine AGB vorliegen, wenn das Regelwerk von beiden Parteien gestellt wird, in diesem Verhältnis kaum eine Bedeutung (ähnlich Rodemann/Schwenker, ZfBR 2010, 419, 420). Etwas anderes gilt hingegen, wenn die Privatleute bei dem **Vertragsschluss von Architekten beraten** werden. 472

▶ **Beispiel (nach BGH, Urt. v. 09.10.2008 – VII ZR 80/07, BauR 2009, 99)**

Der private Bauherr hat für die Errichtung seines Einfamilienhauses einen Architekten beauftragt. Dieser entwirft einen Bauvertrag für den Generalunternehmer, in dem er die VOB/B zur Vertragsgrundlage macht.

In einem solchen Fall handelt der Architekt als Bevollmächtigter des Bauherrn, dessen Handeln er sich zurechnen lassen muss. Folglich wird hier auch der private Auftraggeber Verwender der VOB/B. Auf gesonderte Fragen der Einbeziehung oder Kenntnis der VOB/B (s. dazu sogleich Rdn. 475 ff.) kommt es somit gar nicht an (BGH, Urt. v. 09.10.2008 – VII ZR 80/07, BauR 2009, 99, 100 = NJW 2009, 354, 355 = NZBau 2009, 173, 174).

- **Bauverträge mit der öffentlichen Hand**
Üblicherweise ähnlich eindeutig bestimmen lässt sich die Verwendereigenschaft bei Bauaufträgen öffentlicher Auftraggeber. Dies folgt bereits aus dem **Vergaberecht**. Denn müssen sich öffentliche Bauauftraggeber entweder nach den internen Haushaltsvorschriften oder oberhalb der Schwellenwerte nach den Vorschriften des GWB und der Vergabeverordnung an die VOB/A halten, folgt daraus gleichzeitig deren **Verwendereigenschaft für die VOB/B**. Dies wiederum beruht auf § 8 Abs. 3 VOB/A. Danach ist in den Verdingungsunterlagen vorzuschreiben, dass die VOB/B dem später abzuschließenden Bauvertrag zugrunde zu legen ist. Hier wird die Verwendereigenschaft also schon in dem Ursprung des Vergabeverfahrens vorgegeben. Daher spielt es letztlich auch keine Rolle, wenn dies im Ausnahmefall von der zeitlichen Reihenfolge einmal anders sein sollte. 473

▶ **Beispiel**

Außerhalb eines öffentlichen Vergabeverfahrens bewirbt sich eine Baufirma um einen Auftrag. Sie reicht ihr Angebot ein und verweist auf die VOB/B. Erst jetzt wird der öffentliche Auftraggeber tätig und spricht etwa im Rahmen einer freihändigen Vergabe noch weitere Firmen an. Der erste Bieter, der sich schon vorab um den Auftrag bemüht und seinem Angebot die VOB/B zugrunde gelegt hatte, erhält den Auftrag.

In Fällen wie Vorstehendem bleibt es in der Regel bei der Verwendereigenschaft des öffentlichen Auftraggebers. Denn jeder Auftragnehmer weiß bei dem Abschluss von Bauverträgen mit der öffentlichen Hand, dass diese ihre Bauverträge (fast) ausschließlich mit der Geltung der VOB/B abschließt, sodass sich ein Bieter mit deren Aufnahme in sein Angebot im Vorgriff darauf nur an diese sonst ohnehin bestehenden Vorgaben hält (BGH, Urt. v. 04.03.1997 – X ZR 141/95, NJW 1997, 2043, 2044).

- **Verträge mit Subunternehmern**

474 Auch bei der **Vergabe von Subunternehmerleistungen durch einen Generalunternehmer** wird man bei der Prüfung der Einzelsachverhalte in der Regel davon auszugehen haben, dass hier der Vorschlag zur Geltung der VOB ausschließlich vom Generalunternehmer stammt, d. h. die VOB dann von ihm gestellt wurde. Dies beruht schon auf den rein praktischen Gegebenheiten des Baugeschehens, nämlich dass der Subunternehmereinsatz heute eher ein Massengeschehen darstellt. Die Initiative für deren Beauftragung geht dabei üblicherweise vom Generalunternehmer aus, die dafür auch – anders wären diese Verträge kaum wirtschaftlich zu handhaben – standardisierte Vertragsmuster vorhalten (Joussen/Vygen, Subunternehmervertrag, Rn. 121 ff.). Diese wiederum enthalten dann den Verweis auf die VOB/B, wodurch der Generalunternehmer zugleich zu deren Verwender wird. Dass sich ein Subunternehmer mit der ihm bekannten Geltung der VOB/B einverstanden erklärt, ändert daran nichts.

3.5.3 Einbeziehung der VOB

475 Nach § 305 Abs. 2 BGB werden Allgemeine Geschäftsbedingungen – so auch die VOB/B – nur dann Bestandteil eines Vertrages, wenn der Verwender bei Vertragsabschluss
1. die andere Vertragspartei ausdrücklich oder, wenn ein ausdrücklicher Hinweis wegen der Art des Vertragsabschlusses nur unter unverhältnismäßigen Schwierigkeiten möglich ist, durch deutlich sichtbaren Aushang am Ort des Vertragsabschlusses auf sie hinweist, und
2. der anderen Vertragspartei die Möglichkeit verschafft, in zumutbarer Weise von ihrem Inhalt Kenntnis zu nehmen.

Diese Bestimmung in § 305 Abs. 2 BGB macht deutlich, dass die Vertragspartner beim Abschluss eines Bauvertrages der Vereinbarung der VOB/B besondere Beachtung schenken müssen. Deren Einbeziehung in den Vertrag setzt nämlich zunächst einen **ausdrücklichen Hinweis des Verwenders auf die VOB/B als Vertragsgrundlage** voraus. Daher reichen jedenfalls eine stillschweigende Vereinbarung oder der Schluss aus einem konkludenten Verhalten nicht aus (s. allerdings zugleich bei Verträgen im unternehmerischen Verkehr Rdn. 480). Andererseits genügt es aber, dass der Ausschreibende in den Ausschreibungsunterlagen oder der Anbietende in seinem Angebot auf die Einbeziehung oder Geltung der VOB/B hinweist, sofern dieser Hinweis sich nicht an einer versteckten oder unvermuteten Stelle eines umfangreichen Bedingungswerkes befindet.

476 Neben dem ausdrücklichen Hinweis muss der Verwender seinem Vertragspartner aber auch die **Möglichkeit verschaffen, von der VOB/B in zumutbarer Weise Kenntnis zu nehmen**. Dies wirft die Frage auf, ob der Verwender seinem Vertragspartner den **Text der VOB/B zur Verfügung stellen** muss. Dies kann nicht einheitlich bejaht werden. Denn bei baugewerblich tätigen Firmen würde dies zumeist zu einer reinen Formalie ausarten. Stattdessen kann im Allgemeinen davon ausgegangen werden, dass alle Unternehmer, die sich auf dem Bausektor gewerblich betätigen, nicht nur die für ihr Gewerk einschlägigen Technischen Vertragsbedingungen und DIN-Normen, sondern auch die VOB/B, bei der es sich ja ebenfalls um eine DIN (DIN 1961) handelt, kennen. In jedem Fall wissen sie, wie sie sich von ihr Kenntnis verschaffen können, zumal die VOB/B z. B. im Internet ohne Weiteres abrufbar ist (z. B. über die Homepage des Bundesministeriums für Verkehr, Bau und Stadtentwicklung, www.bvmbs.de unter dem Stichwort »VOB« oder unter www.vob-online.de): Ist also der **Auftraggeber Verwender der VOB/B**, genügt in aller Regel der ausdrückliche Hinweis auf deren Geltung als Vertragsgrundlage gemäß § 305 Abs. 2 Nr. 1 BGB, um sie als wirksam vereinbart anzusehen, wenn es daraufhin zum Vertragsabschluss kommt (so auch BGH, Urt. v. 16.12.1982 – VII ZR 92/82, BGHZ 86, 135, 138 = BauR 1983, 161, 162 f. = NJW 1983, 816, 817; BGH, Urt.

v. 09.11.1989 – VII ZR 16/89, BGHZ 109, 192, 196 = BauR 1990, 205, 207 = NJW 1990, 715, 716 m. w. N.; Korbion/Locher/Sienz, AGB und Bauerrichtungsverträge E Rn. 12).

Ist hingegen der **Auftragnehmer Verwender**, indem er z. B. in seinem Angebot auf die VOB/B als Vertragsgrundlage Bezug nimmt, so bedarf es einer differenzierten Betrachtung. Denn nunmehr kommt es darauf an, ob dem anderen Vertragspartner, also dem Auftraggeber, die VOB/B bekannt ist oder er sich zumindest ohne Weiteres davon Kenntnis verschaffen kann. Dies ist regelmäßig bei **gewerblich auf dem Bausektor tätigen Auftraggebern** anzunehmen, wie z. B. bei einem Bauträger, einem Generalunternehmer oder Baubetreuer. Dies gilt in gleicher Weise, wenn der an sich unerfahrene Auftraggeber sich das einschlägige Fachwissen eines Beraters (z. B. eines Architekten) zurechnen lassen muss, der die Bestimmungen der VOB/B zumindest in ihren Grundzügen kennen muss (BGH, Urt. v. 24.05.1973 – VII ZR 92/71, BauR 1973, 321, 323 = NJW 1973, 1457 f.; BGH, Urt. v. 26.04.1979 – VII ZR 190/78, BGHZ 74, 235, 238 = BauR 1979, 345, 346 = NJW 1979, 1499 f.). Insoweit ist allerdings die Einschränkung zu machen, dass der Architekt tatsächlich im Zusammenhang mit einem Vertragsschluss für den Auftraggeber tätig gewesen ist und nicht nur partiell eingeschaltet war bei der Planung oder der Bauüberwachung (OLG Saarbrücken, Urt. v. 15.12.2005 – 8 U 627/04–172, BauR 2006, 2060 = NZBau 2006, 787, 788; OLG Saarbrücken, Urt. v 13.10.2011 – 8 U 298/07 [21], BauR 2012, 299 [Ls.] = NJW-RR 2011, 1659 = NZBau 2012, 113, 114; OLG Brandenburg, Urt. v. 06.03.2008 – 12 U 45/06, IBR 2008, 254). 477

Grundlegend anders ist dies bei einem **rein privaten Auftraggeber (Verbraucher)**, der ohne Hinzuziehung eines Architekten ein Bauvorhaben durchführt. Wird hier von dessen Vertragspartner (Auftragnehmer) die VOB/B gestellt, wird der Anforderung des § 305 Abs. 2 BGB nur dadurch Genüge getan, dass der Verwender (Auftragnehmer) seinem Vertragspartner (privaten Auftraggeber) erstens ausdrücklich auf die Geltung der VOB/B hinweist. Zweitens muss er einem Verbraucher die Möglichkeit verschaffen, in zumutbarer Weise von dem Inhalt der VOB/B Kenntnis zu erlangen. In Bezug auf die Kenntnisverschaffungsmöglichkeit ist zweifelhaft, was man darunter versteht. In keinem Fall genügt hier die Erkenntnis, dass die VOB/B im Buchhandel ohne Schwierigkeiten erhältlich (so Merz, BauR 1985, 47, 49) oder sonst wie dargelegt (Rdn. 476) im Internet abrufbar ist. Ebenso wenig ausreichend ist das einseitige Angebot, dem Vertragspartner werde auf Wunsch die VOB/B kostenlos zur Verfügung gestellt. Denn dieses entspricht nicht der vom Gesetz geforderten Kenntnisverschaffungsmöglichkeit in Anbetracht der Tatsache, dass sich letztlich doch der Vertragspartner auf seinen Wunsch selbst darum kümmern muss, die VOB/B zu erhalten, um seine Informationsmöglichkeiten zu wahren (BGH, Urt. v. 10.06.1999 – VII ZR 170/98, BauR 1999, 1186, 1187 = NJW-RR 1999, 1246, 1247; anders zuvor noch OLG Düsseldorf, Urt. v. 23.02.1996 – 22 U 194/95, BauR 1996, 712). Dies vorausgeschickt erscheint zwar eine **Übersendung der VOB/B nicht in jedem Fall zwingend**. Die dazu vertretene Auffassung (so etwa OLG Naumburg, Urt. v. 21.03.2011 – 10 U 31/10, BauR 2011, 1655, 1656 = NJW-RR 2011, 1101, 1102 = NZBau 2011, 489 in Anlehnung an Palandt/Grüneberg, § 305, Rn. 31 ff.) beruft sich hier fälschlicherweise entweder auf die später verworfene Rechtsprechung des OLG Düsseldorf (a. a. O.) oder des BGH (Urt. v. 26.02.2009 – Xa ZR 141/07, NJW 2009, 1486) zu Bedingungen des Reisevertrages. Hier allerdings gibt es mit § 6 Abs. 3 BGB-InfoV eine Sonderregelung, die die Übergabe ausdrücklich regelt. Entscheidend dürfte stattdessen allein die gesetzliche Anforderung gemäß § 305 Abs. 2 Nr. 2 BGB sein, dass der Auftraggeber den Auftragnehmer in die Lage versetzen muss, sich ohne einen gesonderten (finanziellen) Aufwand in **geeigneter und zumutbarer Weise** Kenntnis von der VOB/B zu verschaffen und seine Informationsmöglichkeiten zu nutzen (BGH, Urt. v. 09.11.1989 – VII ZR 16/89, BGHZ 109, 192, 196 = BauR 1990, 205, 207 = NJW 1990, 715, 716, 70 m. w. N.; OLG München, Urt. v. 15.10.1991 – 9 U 1979/91, BauR 1992, 69 = NJW-RR 1992, 349 f.; OLG Hamm, Urt. v. 24.06.1988 – 26 U 199/87, BauR 1989, 480 = NJW-RR 1988, 1366). Rein praktisch wird man diesen Anforderungen bei den üblichen schriftlichen Vertragsschlüssen im Baugeschehen im Hinblick auf die Tatsache, dass es sich bei der VOB/B ja auch um ein etwas komplexeres Regelwerk handelt, vor allem unter den hier zu beachtenden Zumutbarkeitserwägungen nur dadurch Rechnung tragen können, dass der Auftraggeber dem Auftragnehmer die **VOB/B tatsächlich in Textform bei Abgabe seiner Vertragserklärung überlässt** (ähnlich Ulmer/Brandner/Hensen/Ulmer, § 305 478

Rn. 146 m. w. N.; Korbion/Locher/Sienz, E Rn. 7; OLG München, a. a. O.; i. E. ebenso OLG Naumburg, a. a. O.). Ob hiervon in Einzelfällen (Baufirma ist ein unmittelbarer Nachbar des Auftraggebers, sodass die ausdrücklich eingeräumte Einsichtnahme im Ladenlokal wirklich ohne Weiteres möglich wäre) Ausnahmen zuzulassen sind, mag dahinstehen.

479 Vorstehende Grundsätze gelten in gleicher Weise für Anschluss- bzw. **Zusatzaufträge**. Auch bei diesen bedarf es grundsätzlich des in § 305 Abs. 2 Nr. 1 BGB geforderten ausdrücklichen Hinweises auf die Geltung der VOB/B (Locher, NJW 1977, 1801, 1802; Locher, Das private Baurecht Rn. 158). Eine stillschweigende Vereinbarung genügt genauso wenig wie beim Abschluss eines Hauptvertrages. Geht es hingegen um die **Erteilung eines Zusatzauftrags im Rahmen der §§ 1 Abs. 4, 2 Abs. 6 VOB/B**, so liegt darin **kein neuer Vertragsabschluss mit erneutem Vereinbarungserfordernis der VOB/B** (Werner/Pastor a. a. O. Rn. 1254); denn die Erteilung eines solchen Zusatzauftrages erfolgt dann im Rahmen des ursprünglichen Bauvertrages. Vor diesem Hintergrund ist für eine (erneute) Anwendung von § 305 Abs. 2 BGB kein Raum.

480 Bei der Frage nach der wirksamen Einbeziehung der VOB/B in einen Bauvertrag ist zu beachten, dass gemäß § 310 Abs. 1 BGB für **Verträge mit Unternehmern (§ 14 BGB)** und mit der öffentlichen Hand **§ 305 Abs. 2 und 3 BGB keine Anwendung** findet, sofern diese Vertragspartner des Verwenders sind; in diesen Fällen kommt also nach wie vor eine stillschweigende Vereinbarung der VOB/B in Betracht. Folglich ist dieser Gruppe von Auftragnehmern auch zuzumuten, sich in jedem Fall selbst Kenntnis von der VOB/B zu verschaffen.

3.5.4 Keine AGB-Inhaltskontrolle der VOB/B bei ihrer Vereinbarung als Ganzes im gewerblichen Bereich

481 Ein Wesensmerkmal der VOB/B besteht darin, dass sie mit ihren zahlreichen Einzelregelungen dann einer **Inhaltskontrolle** nach § 307 Abs. 1 und 2 BGB, d. h. einschließlich der dort verankerten Transparenzkontrolle in § 307 Abs. 1 S. 2 BGB **entzogen** ist, wenn sie in den Bauvertrag **in der jeweils zum Zeitpunkt des Vertragsschlusses gültigen Fassung ohne inhaltliche Abweichungen einbezogen** wurde (§ 310 Abs. 1 S. 3 BGB). Diese weitreichende Privilegierung besteht jedoch von Gesetzes wegen nur bei der Verwendung gegenüber Unternehmern, juristischen Personen des öffentlichen Rechts und öffentlich-rechtlichen Sondervermögen. Sie beruht auf der Überlegung, dass die VOB als ein in sich geschlossenes ausgewogenes Regelwerk angesehen wird. Würde man nunmehr davon einzelne kritische Regelungen an einer Inhaltskontrolle scheitern lassen, so würde gerade erst dadurch der mit der VOB/B im Zusammenwirken sämtlicher Vorschriften erstrebte billige Ausgleich verfehlt. Diesen jedoch will man erhalten, in dem man deswegen die VOB/B vollständig von einer AGB-Inhaltskontrolle ausnimmt (vgl. zu diesem Grundgedanken schon zu der früheren Fassung der VOB: BGH, Urt. v. 16.12.1982 – VII ZR 92/82, BGHZ 86, 135, 141 = BauR 1983, 161, 164 = NJW 1983, 816, 818). All das aber gilt wie gesagt nur dann, wenn die VOB/B auch wirklich ohne Abweichungen insgesamt vereinbart ist. Andernfalls, d. h. bei abändernden Vereinbarungen, wäre diese von der VOB/B gewollte Ausgewogenheit ohnehin schon gestört, sodass es für eine weitere Gesamtfreistellung von einer AGB-Kontrolle keine Rechtfertigung mehr gäbe.

3.5.4.1 Keine AGB-Privilegierung gegenüber Verbrauchern

482 Die vorstehenden Überlegungen zu einer Privilegierung der VOB/B mit einer Freistellung von einer AGB-Inhaltskontrolle galten ursprünglich unbeschränkt; auch übliche Verbraucherverträge wurden davon nicht ausgenommen (s. dazu noch in der Vorauflage Rn. 481 ff.). Mit dieser Rechtsprechung konnte die Bauvertragspraxis über Jahrzehnte gut leben, hatte sie doch einen ganz entscheidenden Vorteil: Dieser bestand vor allem in der **erheblichen Rechtssicherheit** zu diesem in der Praxis weitverbreiteten Regelwerk. Ungeachtet dessen war allerdings diese vollständige Freistellung der VOB/B von einer AGB-Inhaltskontrolle unter anderem im Zusammenhang mit der Überführung des alten AGB-Gesetzes in das BGB mit dem Schuldrechtsmodernisierungsgesetz vermehrt infrage gestellt worden (vgl. etwa Oberhauser, Jahrbuch Baurecht 2003, S. 123; Preussner, BauR 2002, 1602, 1603; zweifelnd auch Quack, ZfBR 2002, 428, Korbion/Locher/Sienz, AGB und Bauerrichtungsverträge

F, Rn. 12 ff., oder auch Peters, NZBau 2002, 113, 115, der der VOB/B sogar ein »Massaker« durch eine vollständige Inhaltskontrolle vorhersagte). Die dagegen vorgebrachten Argumente waren allerdings alle nicht zwingend, weswegen andere Vertreter an der bisher bekannten umfassenden Privilegierung festhielten (vgl. etwa Keldungs, Festschrift Kraus, S. 95 ff.; Weyer, BauR 2002, 1894, Joussen, BauR 2002, 1759). Ausgangspunkt der daraufhin gleichwohl erfolgten Gesetzesänderung war dann ein Rechtsstreit der Verbraucherschutzverbände gegen den Deutschen Vergabe- und Vertragsausschuss (DVA) mit dem Ziel, die Herausgabe der VOB/B mit verschiedenen Klauseln und deren Empfehlung gegenüber Verbrauchern zu untersagen. Noch das Kammergericht hatte in einer viel beachteten Entscheidung diese Klage abschlägig beschieden (KG, Urt. v. 15.02.2007 – 23 U 12/06, BauR 2007, 707, 711 = NZBau 2007, 584, 586). Dem war jedoch der BGH entgegen getreten. Die **Interessen der Verbraucher** würden durch die Zusammensetzung des DVA, dem die Verbraucher nicht angehörten, **nicht hinreichend berücksichtigt**. Dann aber sei an der bisherigen Privilegierung der VOB/B, die sich so auch gar nicht aus dem Gesetz ergebe, zumindest gegenüber denjenigen (i. e. den Verbrauchern), die mangels Beteiligung nicht ihre Interessen bei der Gestaltung dieses Regelwerks einbringen könnten, nicht aufrechtzuerhalten (BGH, Urt. v. 24.07.2008 – VII ZR 55/07, BGHZ 178, 1, 7 = BauR 2008, 1603, 1605 f. = NZBau 2008, 640, 641). Der BGH konnte (und ggf. wollte) den Rechtsstreit aber nicht entscheiden und verwies ihn stattdessen an das Kammergericht zurück. Dabei gab er gleichzeitig den Hinweis, dass selbst damals ausdrücklich von einer Kontrolle nach §§ 308 und 309 BGB freigestellte Einzelregelungen der VOB/B (wie etwa die Abnahmefiktion nach § 12 Abs. 5) gleichwohl einer allgemeinen AGB-Kontrolle nach § 307 BGB zu unterziehen seien (BGH, a. a. O.).

Zu all dem ist es nicht gekommen. Denn der Gesetzgeber wollte ganz offenbar die VOB/B als in der Baupraxis bewährtes Gesamtregelwerk erhalten. Anstatt allerdings für die angemahnte Beteiligung der Verbraucher in dem von ihm über das Bundesministerium für Verkehr, Bau und Stadtentwicklung geführten DVA Sorge zu tragen, entschied er sich kurzerhand, die zum damaligen Zeitpunkt ohnehin umstrittene Gesamtprivilegierung der VOB/B gegenüber sonstigen Allgemeinen Geschäftsbedingungen für Verbraucherverträge aufzuheben. Stattdessen sollte jetzt **nur noch eine Privilegierung der VOB/B bei deren Verwendung gegenüber einem Unternehmer** (im Sinne des § 14 BGB), **einer juristischen Person des öffentlichen Rechts oder einem öffentlich-rechtlichen Sondervermögen** stattfinden. Gegenüber dieser Gruppe sollte eine AGB-Kontrolle entfallen, soweit in dem betreffenden Bauvertrag die VOB/B in ihrer jeweils zum Zeitpunkt geltenden Fassung ohne inhaltliche Abweichung einbezogen wird (vgl. dazu die Gesetzesbegründung BT-Ds. 16/9787, S. 17 f.). Diese beschränkte, jetzt aber umfassende Freistellung wurde rechtstechnisch über eine Sonderregelung in § 310 Abs. 1 S. 3 BGB verankert, die am 1. Januar 2009 in Kraft trat (BGBl. I 2008, Nr. 48, S. 2022). 483

Während sich daraufhin der zunächst daran entzündete Rechtsstreit mit den Verbraucherverbänden faktisch erledigte, vollzog der Deutsche Vergabe- und Vertragsausschuss diese geänderte Rechtslage dadurch nach, dass er heute in einer Fußnote bei der Herausgabe der VOB/B analog § 310 Abs. 1 S. 3 BGB klarstellt, dass die VOB/B nur noch zur Anwendung gegenüber Unternehmen, juristischen Personen des öffentlichen Rechts und öffentlich-rechtlichen Sondervermögen empfohlen wird.

3.5.4.2 Freistellung der VOB/B in ihrer jeweils geltenden Fassung

Ist somit die VO/B in Verträgen gegenüber der öffentlichen Hand bzw. Unternehmern von einer AGB-Kontrolle freigestellt, gilt dies nur dann, wenn sie dem Bauvertrag ohne Abweichungen in ihrer **zum Zeitpunkt des Vertragsschlusses geltenden Fassung** zugrunde gelegt wird. Eine solche vermeintlich »dynamische Verweisung« in einem Gesetz auf die VOB als eine außergesetzliche Regelung wird immerhin – so allerdings noch vermehrt zur Altfassung des Gesetzes, das jedoch insoweit keine andere Regelungsstruktur vorsah – als unzulässig angesehen. Denn tatsächlich werde damit die Gesetzgebungskompetenz hinsichtlich der Reichweite der AGB-rechtlichen Vorschriften auf ein privatrechtliches Gremium, d. h. hier den DVA als Herausgeber der VOB/B, übertragen, das demokra- 484 tisch nicht legitimiert sei (vgl. bereits Kraus, BauR 1997, Beilage zu Heft 4, S. 12 f., Hoff, BauR 2001, 1654; sehr kritisch auch Schwenker/Heinze, BauR 2002, 1143, 1145).

485 Diese Argumentation überzeugt nicht (i. E. ebenso: Schmidt, ZfBR 2009, 113). Zwar trifft es zu, dass nach der Rechtsprechung des Bundesverfassungsgerichts der Gesetzgeber seine Normsetzungsbefugnis nicht im beliebigen Umfang außerstaatlichen Stellen überlassen darf; denn der Bürger darf nicht schrankenlos einer normsetzenden Gewalt nichtstaatlicher Einrichtungen ausgeliefert sein (BVerfG, Urt. v. 14.06.1983 – 2 BvR 488/808, NJW 1984, 1225; in diesem Sinne auch schon: BVerfG, Beschl. v. 14.05.1977 – 2 BvL 11/74, BVerfGE 44, 322, 348 = NJW 1977, 2255, 2257 f.; BVerfG, Beschl. v. 01.03.1978 – 1 BvR 786/70 u. a., BVerfGE 47, 285, 311 f. = NJW 1978, 1475, 1476.). Mit der Privilegierung der VOB/B haben diese Beschränkungen jedoch nichts zu tun (Joussen, BauR 2002, 1759, 1764 ff.): Denn hier begibt sich der Gesetzgeber überhaupt keiner Normsetzungskompetenz, indem er diese – etwa was die Ausgestaltung der VOB angeht – dem DVA als privatrechtliche Organisation zuweist. So wird über die AGB-rechtlichen Privilegierungsvorschriften ja auch mit keinem Wort vorgeschrieben, dass das Ergebnis des DVA, nämlich die VOB in der ein oder anderen Fassung, eine gesetzliche Geltung für einen an einem Bauvorhaben beteiligten Unternehmer erlangt. Die Situation ist genau umgekehrt: Nur dann, wenn sich eine (gewerbliche) Bauvertragspartei der privatrechtlich vorgegebenen VOB (freiwillig) unterwirft, sieht der Gesetzgeber hierin ein Tatbestandsmerkmal, infolgedessen er eine bestimmte Rechtsfolge (nämlich die Verwerfung bestimmter Einzelregelungen dieses Regelwerks) als entbehrlich ansieht. Dies hat mit einem Ersatzgesetzgeber, wie er der Rechtsprechung des Bundesverfassungsgerichts vorschwebt, nichts zu tun.

486 Das vorgenannte Ergebnis kann eindrucksvoll mit einem weiteren Regelungskomplex belegt werden: So wird ja gerade – wie schon anderer Stelle erläutert (Rdn. 421, 215 ff.) – in dem gesetzlich geregelten Vergaberecht über § 97 Abs. 6 GWB, § 6 Abs. 1 der Vergabeverordnung bestimmten öffentlichen Auftraggebern zwingend vorgegeben, die VOB bei der Vergabe von Bauleistungen anzuwenden, d. h.: Hier liegt tatsächlich eine zwingende Verweisung auf die VOB als ein privates Regelwerk vor, die auch ohne einen gesonderten Willensakt unmittelbar Geltung für die betroffenen Auftraggeber erlangt. Würde hier nun ebenfalls auf die VOB in der jeweils gültigen Fassung verwiesen, wäre hierin in der Tat eine verfassungsrechtlich ggf. bedenkliche dynamische Verweisung zu sehen. Indes kommt es zu diesen Problemen nicht, da vor allem aus diesem Grund die Vergabeverordnung in § 6 Abs. 1 genau vorgibt, welche Fassung der VOB aufgrund welcher Bekanntmachung der zwingenden Anwendung unterliegt.

487 Ist somit der Pauschalverweis auf die VOB/B in ihrer jeweiligen Fassung als zulässig anzusehen, besteht allerdings eine wichtige Einschränkung (dazu auch ausführlich: Joussen, BauR 2002, 1759, 1767 f.). Sie folgt aus dem Normzweck dieser Freistellungsregelung selbst. Dieser beruht wie schon erläutert maßgeblich darauf, dass es sich bei der VOB/B um ein insgesamt ausgewogenes Regelwerk handelt (s. auch die ursprüngliche Begründung des Gesetzentwurfs der Bundesregierung vom 6.8.1975, BT-Ds. 7/3919, S. 42 sowie der Ergänzungsentwurf in der Beschlussempfehlung des Rechtsausschusses, BT-Ds. 7/5422, S. 14). Dieser Grundgedanke wurde auch bei späteren Gesetzesänderungen nicht aufgegeben (vgl. etwa im Zusammenhang mit der Schuldrechtsmodernisierung: RegE zum SchuldRModG v. 09.05.2001, BT-Ds. 14/6040, S. 154) und prägt nicht zuletzt die heutige Fassung des Gesetzes. Das aber heißt konkret: Die **Freistellung** der VOB/B als Ganzes von einer AGB-Kontrolle **setzt voraus**, dass die **VOB/B (auch weiterhin) ein ausgewogenes Regelwerk darstellt**. Diese Prämisse bleibt – dies ist mit aller Deutlichkeit hervorzuheben – jederzeit von der Rechtsprechung überprüfbar. Dies ergibt sich sogar ausdrücklich aus der heutigen Gesetzesfassung in § 310 Abs. 1 S. 3 BGB, der eine Freistellung von einer AGB-Kontrolle nur für die einzelnen Bestimmungen der VOB/B vorsieht. Möglich bleibt somit immerhin eine Überprüfung der VOB/B als Ganzes am Maßstab des § 307 Abs. 1 und 2 BGB (so ausdrücklich auch die Gesetzesbegründung, BT-Ds. 16/9787, S. 18). Käme die Rechtsprechung hier bezogen auf den allein heute noch eröffneten gewerblichen Bereich bzw. der Verwendung gegenüber der öffentlichen Hand (was zurzeit aber nicht absehbar ist) zu einem negativen Ergebnis etwa aufgrund der Tatsache, dass die ein oder andere Neufassung der Gesamt-VOB nicht mehr als ausgewogen anzusehen ist, würde es

3.5 VOB und AGB-Kontrolle

dann an der **tatbestandlichen Grundvoraussetzung für die Privilegierung** fehlen. Dies hätte zur Folge, dass nunmehr eine vollständige Inhaltskontrolle der VOB stattfände. Dies vorausgeschickt wird im Übrigen deutlich, dass der DVA bei dem Erlass der VOB keineswegs freie Hand hat, sondern sich auch zukünftig jederzeit um ein ausgewogenes Klauselwerk bemühen muss (in diesem Sinne jeweils noch zur alten Rechtslage: Ulmer/Brandner/Hensen/Ulmer, Anh. § 310 BGB Rn. 995; Tomic BauR 2001, 14, 22; ähnlich, wenn auch mit anderer Begründung: Weyer BauR 2002, 857, 861 f.; Kutschker BauR 1999, 454, 457 f. – a. A. Kraus/Sienz, BauR 2000, 631, 636; Tempel NZBau 2002, 465, 468; wohl auch Lenkeit, BauR 2002, 196, 223).

3.5.4.3 Bedeutung der Vereinbarung der VOB als Ganzes/Öffnungsklauseln

In jedem Fall setzt die Privilegierung der VOB/B voraus, dass sie »als Ganzes« vereinbart wird. Nur dann ist sie von einer AGB-Kontrolle freigestellt, weil sie auch nur dann zu einem ausgewogenen Vertragswerk führt (BGH, Urt. v. 16.12.1982 – VII ZR 92/82, BGHZ 86, 135, 142 = BauR 1983, 161, 164 = NJW 1983, 816, 818). **488**

Die AGB-rechtliche Privilegierung greift demzufolge nicht, wenn lediglich **Einzelregelungen aus der VOB vereinbart** werden, so z. B. die verkürzte Gewährleistungsregelung des § 13 Abs. 4 VOB/B (BGH, Urt. v. 23.11.1989 – VII ZR 228/88, BauR 1990, 207, 208 = NJW 1990, 1365). Sie greift ferner nicht, wenn ansonsten **von den Regelungen der VOB** in Zusätzlichen oder Besonderen Vertragsbedingungen **abgewichen** wird (BGH, Urt. v. 22.01.2004 – VII ZR 419/02, BGHZ 157, 346, 348 = BauR 2004, 668, 669 = NJW 2004, 1597; BGH, Urt. v. 15.04.2004 – VII ZR 129/02, BauR 2004, 1142, 1143 = NJW-RR 2004, 957; zuletzt BGH, Urt. v. 10.05.2007 – VII ZR 226/05, BauR 2007, 1404, 1406 = NJW-RR 2007, 1317, 1318 betreffend Verträge mit öffentlichen Auftraggebern; sehr kritisch zu dieser Rechtsprechung: Motzke, NZBau 2009, 579).

Keine Abweichungen im vorgenannten Sinne stellen dagegen Vertragsformulierungen dar, bei denen es sich lediglich um eine **sprachliche Modifizierung** der VOB/B handelt, ohne dass deren Regelungsgehalt verändert wird (OLG Stuttgart, Urt. v. 24.05.2011 – 10 U 147/10, BauR 2011, 1830, 1831 = NJW 2011, 3172 = NJW 2011, 3172 = NZBau 2011, 619, 620). Ansonsten ist bei der Prüfung von Abweichungen von der VOB/B zu beachten, dass die VOB/B selbst zahlreiche **Öffnungsklauseln** enthält. (s. dazu im Einzelnen später Rdn. 569 ff., 600 ff.). Sie finden sich in zwei Formen: **489**
- Zum einen sind nach der VOB gesonderte Vereinbarungen für bestimmte Sachverhalte vorgesehen, die eine Vertragspflicht überhaupt erst begründen, so z. B. bei der Vereinbarung einer Vertragsstrafe (§ 11 VOB/B) oder einer Sicherheitsleistung (§ 17 VOB/B).
- Zum anderen sieht die VOB/B bestimmte Regelmechanismen vor, lässt dazu aber ausdrücklich davon abweichende anderweitige Vereinbarungen zu, so z. B. zu Formen der Abnahme (§ 12 Abs. 1 VOB/B), zur Gewährleistungsdauer (§ 13 Abs. 4 VOB/B) oder zur Art der Sicherheitsleistung (§ 17 Abs. 2 VOB/B).

Soweit eine dieser beiden Öffnungsklauseln vorliegt, können dazu Regelungen in den Besonderen oder Zusätzlichen Vertragsbedingungen getroffen werden. **490**

▶ **Beispiel**

Die Parteien vereinbaren für die Abnahme eine Frist von 15 Werktagen sowie die anschließende Stellung einer Gewährleistungssicherheit durch den Auftragnehmer.

Zu beiden Sachverhalten finden sich Regelungen in der VOB/B: So heißt es in § 12 Abs. 1 VOB/B ausdrücklich, dass die Abnahme binnen 12 Werktagen durchzuführen ist, wobei »eine andere Frist vereinbart werden kann«. Hiervon haben die Parteien Gebrauch gemacht genauso wie bei der Vereinbarung einer Sicherheitsleistung. Bei dieser gilt umso mehr, dass eine solche nicht zu einer Abweichung von der VOB führen kann. Denn die VOB/B mit ihren detaillierten Regelungen zu Sicherheitsleistungen greift überhaupt nur, soweit wenigstens eine Vereinbarung dazu dem Grunde nach getroffen wurde.

491 Die **Privilegierung der VOB/B** dürfte durch **derartige Zusatzregelungen** trotz der Rechsprechung des BGH, wonach jede vertragliche Abweichung von der VOB/B dazu führt, dass diese nicht als Ganzes vereinbart ist (vgl. etwa BGH, Urt. v. 22.01.2004 – VII ZR 419/02, BGHZ 157, 346, 348 f. = BauR 2004, 668, 669 f. = NJW 2004, 1597 f.), **nicht verloren** gehen (a. A. aber etwa OLG Hamm, Urt. v. 17.07.2009 – 21 U 145/09, BauR 2009, 1913, 1914 zu einer Verlängerung der Gewährleistung auf fünf Jahre; ebenso OLG Naumburg, Urt. v. 27.04.2006 – 2 U 138/05, BauR 2007, 551, 553; wohl auch Kapellmann/Messerschmidt/v. Rintelen, Einl. VOB/B Rn. 79 f.). Denn die VOB/B selbst sieht wie erläutert derartige Abweichungen ausdrücklich vor (s. zu der Verlängerung der Gewährleistung im Besonderen unten Rdn. 613 f.). Daher bewegt man sich mit diesen ergänzenden Vereinbarungen tatsächlich noch innerhalb des vertraglichen Regelwerks der VOB/B, dessen Ausgewogenheit bei einer Nutzung der dazu ausdrücklich vorgesehenen Öffnungsklauseln, auf die sich die Parteien ggf. verständigen, ansonsten nicht gestört wird (s. hierzu sehr ausdrücklich auch Motzke, NZBau 2009, 579, 581 ff; ebenso wie hier OLG Düsseldorf, Urt. v. 07.06.1994 – 21 U 90/92, BauR 1995, 111 = NJW-RR 1994, 1298; OLG Brandenburg, Urt. v. 08.11.2007 – 12 U 30/07, IBR 2008, 320; Keldungs/Brück, Rn. 33; Kapellmann/Messerschmidt/Weyer, VOB/B § 13 Rn. 200; Werner/Pastor, Rn. 1264 m. w. N.). Zwar wird dazu die weitere Rechsprechung abzuwarten bleiben; bereits jetzt dürfte aber gelten: Die Privilegierung der VOB/B bei der Vereinbarung abweichender Regelungen im Rahmen der Öffnungsklauseln wird nur dann erhalten bleiben, wenn sich die **ergänzenden Vertragsbedingungen** noch im Rahmen der VOB/B und ihrer **Ausgewogenheit** halten. Ein Maßstab dafür ergibt sich zumeist aus den zugrunde liegenden Regelungen der VOB/A, hier vor allem aus § 9 VOB/A etwa zu der Bemessung von Ausführungsfristen, der Vereinbarung von Vertragsstrafen, zu Richtlinien bei der Vereinbarung abweichender Gewährleistungsfristen oder zur Sicherheitsleistung.

492 Liegt eine in die VOB/B als Ganzes **eingreifende abweichende Vereinbarung** vor, **entfällt die Privilegierung** bzgl. einer AGB-rechtlichen Inhaltskontrolle. Die gesamte VOB/B einschließlich all ihrer Regelungen wird dann am Maßstab der §§ 307 ff. BGB geprüft. Einer solchen Kontrolle halten diverse Klauseln der VOB nicht stand (s. nachfolgend Rdn. 494 ff.). Dabei sind die beiden folgenden Besonderheiten zu beachten:
- Die AGB-rechtliche Inhaltskontrolle findet auch hier immer **nur zulasten des Verwenders** statt, d. h.: Der Verwender der VOB/B kann sich nicht auf die AGB-Widrigkeit einzelner VOB-Regelungen berufen, wenn er selbst die VOB/B als Regelwerk in den Vertrag eingeführt hat (s. o. Rdn. 468 ff.).
- Zu einer AGB-rechtlichen Inhaltskontrolle kommt es auch dann, wenn die den Eingriff in die VOB/B begründende Klausel **ihrerseits gegen die AGB-rechtlichen Vorschriften** verstößt (BGH, Urt. v. 17.11.1994 – VII ZR 245/93, BauR 1995, 234, 236 = NJW 1995, 526, 527). Dies ist im Grunde unlogisch.

> **Beispiel**
>
> In einem Nachunternehmervertrag findet sich die Klausel, dass die Leistung des Auftragnehmers erst als abgenommen gelten soll, wenn sie im Rahmen der Abnahme des gesamten Bauvorhabens vom Auftraggeber des Hauptunternehmers abgenommen wird.

Eine solche Klausel ist nach § 307 BGB unwirksam (vgl. BGH, Urt. v. 17.11.1994 – VII ZR 245/93, BauR 1995, 234, 236 = NJW 1995, 526, 527). Wenn eine solche Klausel aber unwirksam ist, dürfte sie keine Rechtswirkungen entfalten. Kann sie keine Rechtswirkungen entfalten, kann sie eigentlich positiv keinen Eingriff in die VOB/B als Ganzes begründen. Dem ist jedoch nicht so. Vielmehr nimmt die Rechtsprechung auch in diesen Fällen zum Nachteil des Verwenders dieser an sich unwirksamen Klausel an, dass eine Abweichung von der VOB/B vorliegt, sodass dann eine AGB-Inhaltskontrolle der gesamten VOB stattfindet (BGH, a. a. O.).

493 Zusammengefasst gilt daher: Nur dann, wenn sich die Bauvertragsparteien in ihrem Bauvertrag wirklich vollständig an die VOB/B halten, kommen sie in den Genuss der Freistellung der VOB/B von einer AGB-Inhaltskontrolle. Anderenfalls verlieren sie diese Privilegierung. Ein solcher Verlust ist

3.5 VOB und AGB-Kontrolle

nicht vorteilhaft und sollte vermieden werden. Denn damit geht gleichzeitig die durch die Ausgewogenheit der VOB/B insgesamt befriedigende Wirkung für beide Vertragsparteien verloren. Entsprechendes sollte auch von der öffentlichen Hand als Auftraggeber bei der Zusammenstellung ihrer Ausschreibungsunterlagen und der umfangreichen Bedingungen beachtet werden. Dies gilt umso mehr, als die öffentliche Hand auf der einen Seite verpflichtet ist, die VOB/B ihren Verträgen zugrunde zulegen (vgl. § 8 Abs. 3 VOB/A), während sie auf der anderen Seite durch ZVB oder BVB allzu häufig diese VOB/B nicht unwesentlich abändert. Hier bleibt immerhin zu hoffen, dass die sehr strenge Rechtsprechung zu den erhöhten Voraussetzungen für die Annahme der Privilegierung, nämlich dass die VOB/B in ihrer Reinform zu vereinbaren ist, um die Privilegierung zu erhalten, auch dazu führt, dass sich die Bauvertragsparteien zukünftig mehr auf das Vertragswesentliche in Bauverträgen beschränken, wie dies auch in der VOB zum Ausdruck kommt.

3.5.5 Einzelkontrolle von VOB-Regelungen nach §§ 307 ff. BGB

Weichen die Vertragsparteien in ihrem Bauvertrag von der VOB/B ab, kommt es wie vorstehend erläutert zu einer Kontrolle sämtlicher Einzelregelungen der VOB/B. Diese richtet sich grundsätzlich nach den § 307 ff. BGB, d. h. insbesondere auch nach §§ 308 und 309 BGB. Letztere Vorschriften sind zwar bei Bauverträgen zwischen Unternehmern nicht anwendbar, sodass es dort allein auf die Generalklausel in § 307 BGB ankommt. Verstößt jedoch eine Klausel gegen §§ 308, 309 BGB, liegt hierin zumindest auch eine **Indizwirkung für die Unwirksamkeit im unternehmerischen Geschäftsverkehr** (BGH, Urt. v. 08.03.1984 – VII ZR 349/82, BGHZ 90, 273, 278 = BauR 1984, 390, 392 = NJW 1984, 1750; BGH, Urt. v. 19.09.2007 – VIII ZR 141/06, BGHZ 174, 1, 4 = NJW 2007, 3774, 3775). Folglich ist in diesen Fällen grundsätzlich auch von einer Unwirksamkeit dieser Klauseln im Geschäftsverkehr auszugehen, es sei denn, dass sie wegen der besonderen Interessen und Bedürfnisse des unternehmerischen Geschäftsverkehrs ausnahmsweise als angemessen angesehen werden kann (BGH, a. a. O.). Dabei ist nach § 310 Abs. 1 S. 2 BGB auf die im geschäftlichen Verkehr geltenden Gewohnheiten und Gebräuche angemessen Rücksicht zu nehmen. 494

Dies vorausgeschickt kann festgehalten werden, dass verschiedene diverse Klauseln der VOB/B einer **AGB-Inhaltskontrolle** nicht standhalten. Dies wird im Einzelnen natürlich zu vielen Klauseln der VOB/B vor allem von Vertretern der Literatur behauptet. Hierauf wird jeweils – soweit geboten – an späterer Stelle im Sachzusammenhang eingegangen. Durch die Rechtsprechung des BGH bzw. der Instanzgerichte verworfen wurden bisher vor allem aber (nur) folgende Regelungen: 495

- § 2 Abs. 6 VOB/B, wonach der Vergütungsanspruch des Auftragnehmers für Zusatzleistungen von der vorherigen Ankündigung des Mehrvergütungsanspruchs abhängt (OLG Frankfurt, Urt. v. 27.07.2005 – 7 U 93/98, BauR 2007, 929 f. = IBR 2007, 250). Dies dürfte aber zweifelhaft sein: Zumindest der BGH geht hier einen anderen Weg, indem er das Ankündigungserfordernis als entbehrlich ansieht, wenn erkennbar ist, dass die Zusatzleistung nur gegen Vergütung erbracht wird (BGH, Urt. v. 23.05.1996 – VII ZR 245/94, BGHZ 133, 44, 46 f. = BauR 1996, 542 f. = NJW 1996, 2158 f.). Das heißt aber nichts anderes, als dass der BGH § 2 Abs. 6 VOB/B an sich nicht verwirft (BGH, a. a. O.).
- § 2 Abs. 8 Nr. 1 und 2 VOB/B mit dem Ausschluss der Vergütung für Leistungen, die der Auftragnehmer ohne Auftrag oder unter eigenmächtiger Abweichung vom Vertrag erbringt (BGH, Urt. v. 31.01.1991 – VII ZR 291/88, BGHZ 113, 315, 322 f. = BauR 1991, 331, 334 = NJW 1991, 1812, 1813 f.). Zwar bleiben dem Auftragnehmer mit der jetzigen Fassung des § 2 Abs. 8 VOB/B die Ansprüche aus Geschäftsführung ohne Auftrag erhalten (vgl. § 2 Abs. 8 Nr. 3 VOB/B). Dies genügt für eine Vereinbarkeit mit den AGB-rechtlichen Vorschriften jedoch nicht, weil daneben vermeintlich Ansprüche aus dem Bereicherungsrecht nicht greifen sollen (wie hier: Kapellmann/Messerschmidt/Kapellmann, VOB/B, § 2 Rn. 300; ähnlich Ingenstau/Korbion/Keldungs, VOB/B, § 2 Abs. 8 Rn. 42; a. A., d. h. für eine Vereinbarkeit mit den AGB-rechtlichen Vorschriften: OLG Köln, Urt. v. 20.11.2003 – 18 U 120/02, BauR 2005, 1173, 1174, Nichtzul.-Beschw. v. BGH zurückgewiesen, Beschl. v. 09.12.2004 – VII ZR 357/03).
- Nichts anderes gilt für die gesonderte Regelung in § 2 Abs. 8 Nr. 2 S. 2 VOB/B insoweit, als ein zusätzlicher Vergütungsanspruch für »auftragslos« erbrachte Leistungen an eine (in aller Regel in

- der Praxis fehlende) unverzügliche Anzeige geknüpft wird (BGH, Beschl. v. 26.02.2004 – VII ZR 96/03, BauR 2004, 994 = NJW-RR 2004, 880 = NZBau 2004, 324).
- § 2 Abs. 10 VOB/B mit der generellen Beschränkung, dass Stundenlohnarbeiten nur nach vorheriger Vereinbarung vergütet werden (OLG Schleswig, Urt. v. 02.06.2005 – 11 U 90/04, OLGR Schleswig 2005, 741, 742 = IBR 2005, 414).
- § 13 Abs. 4 VOB/B mit einer gegenüber dem Gesetz verkürzten Gewährleistungszeit auf vier Jahre (ständige Rechtsprechung, vgl. nur BGH, Urt. v. 10.10.1985 – VII ZR 325/84, BGHZ 96, 129, 131 = BauR 1986, 89, 90 = NJW 1986, 315 oder BGH, Urt. v. 19.05.1994 – VII ZR 26/93, BauR 1994, 617, 618 = NJW 1994, 2547).
- § 16 Abs. 3 Nr. 1 VOB/B a. F. mit der ehemals hinausgeschobenen Fälligkeit der Schlusszahlung um einen Zeitraum von zwei Monaten gegenüber der ansonsten bestehenden Fälligkeit bei Abnahme, und zwar zulasten des Auftragnehmers (OLG Naumburg, Urt. v. 04.11.2005 – 10 U 11/05, BauR 2006, 849, 850; OLG Celle, Urt. v. 18.12.2008 – 6 U 65/08, Nichtzul.-Beschw. zurückgew., BGH, Beschl. v. 27.05.2010 – VII ZR 18/09, BauR 2010, 1764, 1765), als auch des Auftraggebers (LG Heidelberg, Urt. v. 10.12.2010 – 3 O 170/10, NJW-RR 2011, 674, 675; OLG Naumburg, Urt. v. 12.01.2012 – 9 U 165/11, BauR 2012, 688 [Ls.]), Diese Rechtsprechung, die im Übrigen auch schon zur Altfassung eher zweifelhaft war, dürfte sich nach der Neufassung des § 16 Abs. 3 Nr. 1 VOB/B mit einer Reduzierung der Zahlungsfrist auf 30 Tage sowie den geänderten Vorgaben infolge der Zahlungsverzugsrichtlinie 2011/7/EU vom 16. Februar 2011 und deren Umsetzung in deutsches Recht mit dem geplanten § 271a BGB erledigt haben (s. dazu Rdn. 2547 f.).
- § 16 Abs. 3 Nr. 2 VOB/B mit dem Ausschluss von Nachforderungen des Auftragnehmers bei einem unterbleibenden Vorbehalt im Zusammenhang mit der Annahme der Schlusszahlung (st. Rspr. vgl. nur BGH, Urt. v. 09.10.2001 – X ZR 153/99, BauR 2002, 775, 776, BGH, Urt. v. 10.05.2007 – VII ZR 226/05, BauR 2007, 1404, 1406 = NJW-RR 2007, 1317, 1318 = NZBau 2007, 581, 582).
- § 16 Abs. 5 Nr. 3 VOB/B a. F.: Nach § 286 Abs. 3 BGB kommt ein Schuldner spätestens 30 Tage nach Zugang einer Rechnung in Verzug. Abweichend davon trat der Verzug nach § 16 Abs. 5 Nr. 3 VOB/B a. F. erst frühestens zwei Monate nach Zugang der Rechnung (= regelmäßiger Zeitpunkt der Fälligkeit) zuzüglich einer dann noch gesondert auszusprechenden schriftlichen Mahnung ein (BGH, Urt. v. 20.08.2009 – VII ZR 212/07 – BauR 2009, 1736, 1741 = NJW 2009, 3717, 3720 = NZBau 2010, 47, 50; Kraus, BauR 2001, 513, 514). Auch diese Bedenken dürften sich nach der Neufassung des § 16 Abs. 5 Nr. 3 VOB/B mit der VOB 2012 und dem dort jetzt vorgesehenen Verzicht auf das Mahnerfordernis für den Verzug, der wie bei § 286 Abs. 3 BGB nunmehr automatisch nach 30 Tagen eintritt, erledigt haben (s. dazu Rdn. 2624 f.).
- § 16 Abs. 6 S. 1 VOB/B mit dem Recht des Auftraggebers, zur Fortsetzung der Leistungen mit Erfüllungswirkung auch Zahlungen an Gläubiger des Auftragnehmers (d. h. an dessen Subunternehmer) zu leisten (BGH, Urt. v. 21.06.2001 – VII ZR 109/89, BGHZ 111, 394, 397 ff. = BauR 1990, 727, 728 f. = NJW 1990, 2384, 2385).

496 Nicht unproblematisch sind auch weitere Klauseln in der VOB/B, die z. T. **deutlich von den gesetzlichen Vorschriften abweichen** (vgl. dazu auch Korbion/Locher/Sienz, AGB und Bauerrichtungsverträge, F Rn. 23 ff.):
- §§ 4 Abs. 7, 5 Abs. 4, 8 Abs. 3 VOB/B mit der Verpflichtung des Auftragnehmers, vor Kündigung des Bauvertrages die Kündigung schriftlich anzudrohen, während das BGB keine Ablehnungsandrohung mehr kennt (vgl. dazu Kemper, BauR 2002, 1613, 1620). Diese Argumentation erscheint allerdings zweifelhaft, da eine Kündigungsandrohung als milderes Mittel nicht mit der früher im BGB geregelten Ablehnungsandrohung zu vergleichen ist, bei der nach Fristablauf die Rechte auf Erfüllung des Vertrages erloschen (s. dazu auch Ingenstau/Korbion, Vor §§ 8 und 9 VOB/B Rn. 66).
- § 7 VOB/B mit einem vorzeitigen Gefahrübergang insbesondere für den zufälligen Untergang der Leistungen, während nach § 644 BGB die Gefahr einheitlich erst mit der Abnahme übergeht.

- § 12 Abs. 4 VOB/B mit dem Recht für beide Parteien, jeweils eine förmliche Abnahme zu verlangen. Diese Regelung könnte ggf. unzulässigerweise die weiteren in § 640 BGB vorgesehenen Abnahmeformen beeinträchtigen.

Als **AGB-rechtlich unbedenklich** angesehen wurden dagegen bisher folgende Regelungen der VOB/B:
- § 1 Abs. 4 S. 1 VOB/B mit dem Recht des Auftraggebers, für die Bauleistungen erforderliche Zusatzleistungen zu verlangen: Dieses Recht ergibt sich aus den Besonderheiten des Bauvertrages und ist sachgerecht (BGH, Urt. v. 25.01.1996 – VII ZR 233/94, BGHZ 131, 392, 398 f. = BauR 1996, 378 = NJW 1996, 1346; ebenso OLG Düsseldorf, Urt. v. 19.07.2011 – 21 U 76/09, NJW-RR 2011, 1530, 1532 = NZBau 2011, 692, 694).
- § 2 Abs. 5 VOB/B mit der Regelung, bei einer angeordneten Vertragsänderung eine Vergütungsanpassung zu verlangen: Auch diese beruht auf den Besonderheiten bei der Abwicklung von Bauverträgen, sodass AGB-rechtlich dagegen keine Bedenken bestehen (BGH, Urt. v. 25.01.1996 – VII ZR 233/94, BGHZ 131, 392, 399 f. = BauR 1996, 378, 380 = NJW 1996, 1346, 1347).
- § 8 Abs. 2 Nr. 1 VOB/B mit dem Sonderkündigungsrecht für den Auftraggeber im Fall der Insolvenz (OLG Düsseldorf, Urt. v. 08.09.2006 – 23 U 35/06, BauR 2006, 1908, 1911; OLG Brandenburg, Urt. v. 16.12.2009 – 4 U 44/09, IBR 2010, 210; OLG Schleswig, Urt. v. 09.12.2011 – 1 U 72/11, BauR 2012, 690 [Ls.]).
- § 8 Abs. 3 Nr. 3 VOB/B mit dem Recht des Auftraggebers auf Übernahme von Baumaterial nach einer vom Auftragnehmer verursachten vorzeitigen Vertragsbeendigung gegen eine angemessene Vergütung (OLG Stuttgart, Beschl. v. 22.11.2011 – 10 W 47/11, BauR 2012, 665, 669 = NJW 2012, 625, 628 = NZBau 2012, 161, 164).
- § 13 Abs. 5 Nr. 1 S. 2 VOB/B mit der dort vorgesehenen Regelung, dass die Gewährleistungsfrist bei einer einfachen schriftlichen Mängelrüge frühestens zwei Jahre nach deren Zugang endet, selbst wenn sich dadurch z. B. bei einer vereinbarten fünfjährigen Frist die Gewährleistungsdauer auf bis zu sieben Jahren verlängern kann (vgl. nur BGH, Urt. v. 23.02.1989 – VII ZR 89/87, BGHZ 107, 75, 82 = BauR 1989, 322, 325 = NJW 1989, 1602, 1604; OLG Hamm, Urt. v. 17.07.2009 – 21 U 145/05, BauR 2009, 1913, 1914; OLG Düsseldorf, Urt. v. 09.03.2010 – 21 U 46/09, BauR 2011, 834).
- § 13 Abs. 6 VOB/B mit dem dort faktisch vorgesehenen Ausschluss des Rücktrittsrechts bei Fehlschlagen der Mängelbeseitigung, was auch keinen Verstoß gegen das Transparenzgebot darstellt (OLG Hamm, Urt. v. 10.02.2005 – 21 U 94/04, BauR 2005, 909).
- § 17 VOB/B mit den Regelungen zur Stellung einer Sicherheit, die seit jeher einer AGB-Inhaltskontrolle standhalten (OLG Karlsruhe, Urt. v. 05.10.1988 – 7 U 189/87, BauR 1989, 203; OLG Hamburg, Urt. v. 06.09.1995 – 5 U 41/95, BauR 1997, 668 = NJW-RR 1997, 1040).
- Gesondert: § 17 Abs. 8 Nr. 2 S. 2 VOB/B, wonach gewährte Bürgschaften noch in Anspruch genommen werden können, wenn die der Gewährleistungsbürgschaft zugrunde liegenden Ansprüche zwar verjährt sind, jedoch in unverjährter Zeit geltend gemacht wurden (BGH, Urt. v. 21.11.1993 – VII ZR 127/91, BGHZ 121, 168, 171 = BauR 1993, 335, 336 = NJW 1993, 1131; BGH, Urt. v. 21.01.1993 – VII ZR 221/91, BGHZ 121, 173, 175 = BauR 1993, 337 = NJW 1993, 1132 – a. A. OLG Dresden, Beschl. v. 13.12.2007 – 12 U 1498/07, BauR 2008, 848, 849 f. jeweils noch zur Vorfassung von § 17 Nr. 8 VOB/B, in der es lediglich auf die rechtzeitige Mängelanzeige ankam, während jetzt immerhin eine rechtzeitige »Geltendmachung« erforderlich ist).
- § 18 Abs. 1 VOB/B mit der Gerichtsstandsbestimmung zugunsten des Auftraggebers (OLG Oldenburg, Urt. v. 24.04.1996 – 2 U 49/96, BauR 1997, 174 = NJW-RR 1996, 1486, wobei allenfalls zweifelhaft ist, ob diese Regelung auch für private Auftraggeber gilt; s. dazu Ingenstau/Korbion/Joussen B § 18 Abs. 1 Rn. 18; unklar dazu bzw. eher a. A.: BGH, Beschl. v. 29.01.2009 – VII ZB 79/08, BauR 2009, 1001 = NJW 2009, 1974).
- § 18 Abs. 5 VOB/B mit dem Verbot, bei Streitigkeiten die Bauleistungen einzustellen, da hierdurch keine bestehenden Rechte des Auftragnehmers abgeschnitten werden (BGH, Urt. v. 25.01.1996 – VII ZR 233/94, BGHZ 131, 392, 401 = BauR 1996, 378 = NJW 1996, 1346).

3.6 Zusammenfassung in Leitsätzen

498
1. Bei einem Bauvertrag handelt es sich üblicherweise um einen Werkvertrag. Er unterscheidet sich vor allem von einem Werklieferungsvertrag dadurch, dass es bei Letzterem um die Herstellung und Lieferung beweglicher Sachen geht. Demgegenüber bezieht sich ein Bauvertrag auf die Herstellung eines Bauwerks, das in der Regel wesentlicher Bestandteil eines Grundstücks wird.
2. Liegt ein Werklieferungsvertrag vor, kommt überwiegend Kaufrecht zur Anwendung. Bedeutung gewinnt dies u. a. bei der Abnahme bzw. Entgegennahme der Leistung, bei der sich anschließenden Gewährleistung, den Rechtsfolgen etwaiger ausbleibender Mitwirkungshandlungen des Bestellers, dem zumindest teilweise nicht existierenden Recht zur freien Kündigung, der fehlenden Sicherungsmöglichkeit nach § 648a BGB oder etwa der Tatsache, dass die VOB/B nicht mit ihrer Freistellung von einer AGB-Inhaltskontrolle vereinbart werden kann.
3. Auch Subunternehmer-, Generalunternehmer- oder Architektenverträge sind Werkverträge. Dasselbe gilt für Baubetreuungsverträge, soweit eine Vollbetreuung übernommen worden ist. Bei typengemischten Verträgen (etwa bei Bauträgerverträgen) kommt es zu einer teilweisen Anwendung von Werkvertragsrecht, soweit es auf die Eigenart dieses Vertrages passt (hier etwa auf die Herstellungsverpflichtung).
4. Zur Vervollständigung der werkvertraglichen Regelungen des BGB gibt es die Vergabe- und Vertragsordnung für Bauleistungen (VOB). Sie ist auf die spezifischen Bedürfnisse und Besonderheiten des Baugeschehens zugeschnitten. Bei der VOB handelt es sich um kein Gesetz, sondern um ein vom Deutschen Vergabe- und Vertragsausschuss herausgegebenes privatrechtliches Regelwerk.
5. Teil A der VOB (DIN 1960) regelt verbindlich den gesamten Geschehensablauf des Vergabeverfahrens. Er gilt nur für öffentliche Auftraggeber, und zwar dort entweder per interner Verwaltungsanweisung oder – oberhalb der gesetzlichen Schwellenwerte – kraft Gesetzes. Daneben enthält die VOB/A aber auch diverse allgemeine Regelungen wie Begriffsbestimmungen u. a., die das Bauvertragsrecht maßgeblich prägen.
6. Bei dem Teil B der VOB (DIN 1961) handelt es sich um die Allgemeinen Vertragsbedingungen für Bauleistungen. Er gilt für die Ausführungsphase nach Vertragsabschluss, soweit deren Geltung zwischen den Parteien vereinbart ist. Einzelne in der VOB/B geregelte Pflichten entsprechen dem Grundsatz von Treu und Glauben. Daher bestimmen die dort ausformulierten Grundsätze teilweise – wenn auch nur in z. T. abgeschwächter Form – ebenso die Rechte und Pflichten der Vertragsparteien eines BGB-Werkvertrags. Die VOB/B kann ohne Einschränkung nur bei echten Bauverträgen vereinbart werden.
7. Teil C der VOB ist eine Zusammenfassung der Allgemeinen Technischen Vertragsbedingungen, d. h. der gesamten DIN-Vorschriften für die auszuführenden Gewerke. Sie gelten automatisch als vereinbart, wenn die VOB/B zur Vertragsgrundlage gemacht wird. Gegenstand der VOB/C ist u. a. eine Beschreibung der Anforderungen an die geschuldete Leistung, und zwar auch im Hinblick auf die dafür zu zahlende Vergütung. Sodann handelt es sich bei der VOB/C um einen Unterfall der anerkannten Regeln der Technik, wobei Letztere bei Widersprüchen der VOB/C vorgehen. Dies gilt auch im BGB-Werkvertragsrecht.
8. Die Regelungen der VOB/B und teilweise der VOB/C stellen Allgemeine Geschäftsbedingungen dar. Sie unterliegen daher grundsätzlich einer AGB-Kontrolle nach den §§ 305 ff. BGB. Davon sind sie im Rechtsverkehr gegenüber Unternehmen und der öffentlichen Hand freigestellt, wenn die VOB/B dem Vertrag ohne Abweichungen zugrunde gelegt wird. Allerdings sind ergänzende oder abweichende Vereinbarungen unschädlich, soweit die VOB/B selbst entsprechende Öffnungsklauseln vorsieht und die Abweichungen die Vertragsgegenseite nicht unangemessen belasten.
9. Wird die VOB/B nicht als Ganzes vereinbart oder geht es um deren Verwendung gegenüber Verbrauchern, wird jede Regelung der VOB/B am Maßstab der §§ 307 ff. BGB zu prüfen sein. Einer solchen Inhaltskontrolle halten verschiedene Klauseln der VOB/B nicht stand. Aller-

dings findet eine solche Kontrolle immer nur zulasten desjenigen statt, der die VOB/B zum Vertragsgegenstand gemacht hat. Dessen Bestimmung bereitet in der Praxis häufig Schwierigkeiten. Sodann ist jeweils gesondert festzustellen, ob die VOB/B tatsächlich wirksam in den Vertrag einbezogen wurde.

4 Der Inhalt des Bauvertrages

Übersicht

	Rdn.
4.1 Unterschiede zwischen VOB-Bauvertrag und BGB-Werkvertrag	500
4.1.1 Abweichende Regelungen in der VOB/B zugunsten des Auftragnehmers	503
4.1.2 Abweichende Regelungen der VOB/B zugunsten des Auftraggebers	523
4.1.3 Neutrale Abweichungen in der VOB/B gegenüber dem gesetzlichen Werkvertragsrecht des BGB	552
4.1.4 Würdigung der Unterschiede der VOB-Regelung und des BGB-Werkvertragsrechts	560
4.2 Ausfüllung der Lücken der VOB/B durch Zusätzliche und/oder Besondere Vertragsbedingungen	564
4.2.1 Ausfüllen der in der VOB/B vorgesehenen Lücken	569
4.2.2 Weitere Lücken im Zusammenhang mit VOB-Verträgen	584
4.2.3 Möglichkeiten abweichender Vereinbarungen gegenüber den Regelungen der VOB/B	600
4.3 Zusätzliche Vereinbarungen beim Abschluss eines BGB-Werkvertrages	628
4.4 Bauvertragsklauseln und AGB-Kontrolle	632
4.4.1 AGB in Bauverträgen – Grundlagen	632
4.4.1.1 AGB-Eigenschaft von Bauverträgen	633
4.4.1.2 Das »Stellen« der Allgemeinen Geschäftsbedingungen	636
4.4.1.3 Aushandeln von Vertragsbedingungen	638
4.4.1.4 Darlegungs- und Beweislast, u. a. mit Besonderheiten bei Verbraucherverträgen	639
4.4.2 AGB-Kontrolle von Bauvertragsklauseln	641
4.4.2.1 Keine Geltung überraschender Klauseln	642
4.4.2.2 Inhaltskontrolle von AGB-Klauseln – Allgemeiner Prüfungsmaßstab	643
4.4.2.3 Keine Inhaltskontrolle zum Schutz des Verwenders	644
4.4.2.4 Keine AGB-Inhaltskontrolle von Leistungsbeschreibung und Preisvereinbarungen	645
4.4.2.5 Rechtsfolge einer unwirksamen Klausel	646
4.4.3 Klauseln im Rahmen der Ausschreibung/des Vertragsschlusses	649
4.4.4 Klauseln in Bauverträgen von Auftraggebern	664
4.4.5 Klauseln in Bauverträgen von Auftragnehmern	756
4.5 Der Bauvertragstyp	785
4.5.1 Einheitspreisvertrag	791
4.5.2 Pauschalvertrag	795
4.5.2.1 Begriff	796
4.5.2.2 Vor-/Nachteile zwischen EP- und Pauschalvertrag	801
4.5.2.3 Regelvermutung für Einheitspreisvertrag	809
4.5.2.4 Vereinbarung eines Pauschalvertrages	813
4.5.3 Stundenlohnvertrag	815
4.5.4 Selbstkostenerstattungsvertrag	817
4.5.5 Weitere Vertragsarten/kombinierte Verträge	818
4.5.6 Sonderform: GMP-Vertrag	821
4.6 Die Leistungsbeschreibung	823
4.6.1 Allgemeine Bedeutung der Leistungsbeschreibung zur Bestimmung des Leistungssolls	824
4.6.2 Allgemeine Grundsätze bei der Aufstellung der Leistungsbeschreibung nach § 7 VOB/A	828
4.6.3 Die verschiedenen Arten der Leistungsbeschreibung	832
4.6.3.1 Leistungsbeschreibung mit Leistungsverzeichnis	833
4.6.3.2 Leistungsbeschreibung mit Leistungsprogramm	835
4.6.4 Die weiteren Hilfsmittel bei der Aufstellung der Leistungsbeschreibung	841
4.6.4.1 Die Regelungen der VOB/C bzw. der DIN 18299 ff.	842
4.6.4.2 Vorgaben zu technischen Spezifikationen	848
4.6.5 Die Leistungsbeschreibung als Allgemeine Geschäftsbedingung	851
4.7 Checkliste für Bauvertrag	853
4.8 Zusammenfassung in Leitsätzen	855

499 Die vorgenannten Ausführungen haben gezeigt, für welche Arten von Verträgen zwischen Baubeteiligten die VOB/B als Vertragsgrundlage nur sinnvollerweise in Betracht kommen kann. Ferner wurde erläutert, welche Voraussetzungen für eine wirksame Einbeziehung der VOB/B in den Bauvertrag im Hinblick auf eine AGB-Inhaltskontrolle erfüllt sein müssen.

4.1 Unterschiede zwischen VOB-Bauvertrag und BGB-Werkvertrag

Nachfolgend soll im Einzelnen untersucht werden, welche **Unterschiede bei Vereinbarung der VOB/B** im Gegensatz zum Bauvertrag nach dem gesetzlichen Werkvertragsrecht des BGB bestehen. Gleichzeitig sollen Hinweise gegeben werden, welche Vereinbarungen gegebenenfalls bei einem VOB-Vertrag und welche bei einem BGB-Vertrag sinnvollerweise zusätzlich zu treffen sind und wo im Hinblick auf eine AGB-Kontrolle die Grenzen solcher Zusätzlicher Vertragsbedingungen liegen. Hierzu sollen bezogen auf die einzelnen zu regelnden Vertragsgegenstände auch verschiedene zulässige und unzulässige in der Praxis häufig vorkommende Bauvertragsklauseln erläutert werden (Rdn. 649 ff.). Ferner werden die Bedeutung der Leistungsbeschreibung und die Auswahl des richtigen Bauvertragstyps bei Abschluss des Bauvertrages behandelt (Rdn. 785 ff.). Vor diesem Hintergrund sind dann die entscheidenden Fragen im Zusammenhang mit dem Abschluss von Bauverträgen dargestellt; diese werden in einer **Checkliste** (Rdn. 853) zusammengefasst. Damit soll den Baubeteiligten bei Bauverträgen und den vorangehenden Verhandlungen eine Hilfe an die Hand gegeben werden, damit diese Punkte angesprochen und erforderlichenfalls geregelt werden, ohne wesentliche Gesichtspunkte bei der Vertragsgestaltung zu übersehen.

4.1 Unterschiede zwischen VOB-Bauvertrag und BGB-Werkvertrag

Soweit die VOB Teil A das formelle Vergabeverfahren für Bauleistungen regelt, sind die Unterschiede eines Vertragsabschlusses nach der VOB/A und dem BGB oben dargestellt worden (vgl. Rdn. 156 ff. und 213 ff.). Neben diesen formellen Vergaberichtlinien enthält Teil A der VOB aber auch inhaltliche Regelungen. Sie finden sich vor allem in § 9 VOB/A mit diversen Vorgaben zu den danach einzuhaltenden Vertragsbedingungen. Hierzu gehörenvor allem: 500
- Ausführungsfristen
- Vertragsstrafen und Beschleunigungsvergütungen
- Gewährleistung
- Sicherheitsleistung
- Änderung der Vergütung

Ferner finden sich in der VOB/A wichtige **Begriffsbestimmungen**, so vor allem zu den
- Bauleistungen (§ 1 VOB/A)
- Bauvertragstypen (§ 4 VOB/A)
- Teilnehmern am Wettbewerb (§ 6 VOB/A)

All diese Bestimmungen der VOB/A sollen eine einheitliche Durchführung des Vergabeverfahrens sichern. Sie dienen gleichzeitig der **Wettbewerbs- und Chancengleichheit** sowie der **Streitvermeidung und Klarheit**. Die ganz überwiegende Zahl dieser Vorschriften ist neutral; sie bevorzugen also weder den Auftraggeber als Ausschreibenden noch den Bieter als späteren Auftragnehmer. Einzelne Bestimmungen streben zwar auch den Schutz des Bieters und späteren Auftragnehmers, also des Bauunternehmers an, aber letztlich nur, um einen gesunden und fairen Wettbewerb zu gewährleisten und unausgewogene Vertragsabschlüsse zu vermeiden. So sollen nach § 2 Abs. 3 VOB/A Aufträge möglichst in der Weise vergeben werden, dass die ganzjährige Bautätigkeit gefördert wird. Dies kommt letztlich auch dem Auftraggeber durch eine für ihn günstigere Preisgestaltung zugute. Wenn § 9 Abs. 1 Nr. 1 VOB/A bestimmt, dass Ausführungsfristen ausreichend zu bemessen und etwaige besondere Schwierigkeiten zu berücksichtigen sind, so soll auch dies nur zum Abschluss eines ausgewogenen Vertrages führen. Insgesamt stellt der Teil A der VOB eine praxisbezogene, an den Erfahrungen der Bauvergabe und Bauabwicklung orientierte ausgewogene Regelung dar. Sie sollte als Regelwerk für die Ausschreibung und Vergabe größerer Bauvorhaben dann, wenn sie nicht zwingend anzuwenden ist, zumindest von ihrem Grundgedanken her berücksichtigt werden. 501

Ganz anders verhält es sich mit der VOB Teil B. Dieses Regelwerk betreffend allein die Ausführungsphase ab Vertragsschluss bestimmt heute weitgehend das Baugeschehen. Jedoch sollte berücksichtigt werden, das es zugleich in seinem Anwendungsbereich das BGB-Werkvertragsrecht verdrängt. Dies fällt als in der Baupraxis ausgewogenes Bedingungswerk gleichberechtigt teilweise zugunsten des Auftragnehmers, teilweise aber auch zugunsten des Auftraggebers aus. An anderen Stellen sind die Abweichungen neutral oder finden sich dort schlicht nur einfach praktisch vorteilhafte Regelungen. 502

Um dies nachvollziehen und damit den Wert der VOB/B für die Baupraxis besser einschätzen zu können, ist es geboten, sich mit den verschiedenen Abweichungen gegenüber dem Werkvertragsrecht des BGB eingehend zu befassen.

4.1.1 Abweichende Regelungen in der VOB/B zugunsten des Auftragnehmers

503 Die VOB/B enthält eine Vielzahl von Regelungen, die durchaus den Auftragnehmer begünstigen.

Übersicht zu den im Wesentlichen den AN begünstigenden Regelungen	
§ 3 Abs. 1	Unentgeltliche und rechtzeitige Übergabe von Ausführungsunterlagen
§ 4 Abs. 4	Unentgeltliche Überlassung von Einrichtungen zur Mitbenutzung auf der Baustelle
§ 5 Abs. 4	Rechtsfolgen bei Leistungsverzug
§ 6 Abs. 2	Verlängerung von Ausführungsfristen
§ 7	Gefahrverlagerung für Verschlechterung und zufälligen Untergang schon vor Abnahme auf AG
§ 8 Abs. 3	Beschränkung der Rechtsfolgen bei Verzug und Mängeln vor Abnahme auf Kündigung
§ 12 Abs. 2	Recht auf Teilabnahme
§ 12 Abs. 5	Sonderform der »fiktiven Abnahme«
§ 13 Abs. 4	Verkürzung der Gewährleistungsfristen
§ 13 Abs. 6–7	Beschränkung der Gewährleistungsrechte: • kein Rücktritt • Beschränkung der Minderung/Schadensersatz
§ 16 Abs. 1	Recht auf Abschlagszahlung nach Leistungsstand
§ 17 Abs. 5/6	Einzahlung von Barsicherheit auf Sperrkonto und Verzinsung

Im Einzelnen:
- **§ 3 Abs. 1 VOB/B – Unentgeltliche und rechtzeitige Übergabe von Ausführungsunterlagen**

504 Mit dieser Bestimmung wird festgelegt, dass der Auftraggeber dem Auftragnehmer die für die Ausführung der Bauleistungen nötigen Unterlagen unentgeltlich und rechtzeitig zu übergeben hat. Demgegenüber enthält das **BGB-Werkvertragsrecht** keine konkreten Vorschriften dazu. Lediglich § 642 BGB nimmt allgemein auf Handlungen des Bestellers Bezug, ohne diese aber genauer zu umschreiben. § 645 BGB behandelt daneben Anweisungen des Bestellers für die Ausführung, lässt jedoch offen, wann und in welcher Form diese erteilt werden müssen. Immerhin haben Rechtsprechung und Literatur auch für das Werkvertragsrecht des BGB den Grundsatz festgelegt, dass der Bauherr dem Bauunternehmer **brauchbare und zuverlässige Pläne und Unterlagen** zur Verfügung stellen muss (BGH, Urt. v. 15.12.1969 – VII ZR 8/68, BauR 1970, 57, 59; BGH, Urt. v. 29.11.1971 – VII ZR 101/70, NJW 1972, 447 f.). Teilweise ist jedoch hinsichtlich einzelner Ausführungsunterlagen unklar, ob es sich dabei nur um eine reine Obliegenheit des Bestellers handelt (s. dazu unten Rdn. 1072 ff.), d. h.: Es ist jeweils zu klären, ob deren Übergabe vom Unternehmer verlangt werden kann oder ob sich die unterbleibende Übergabe für den Besteller nur negativ auswirkt, indem er sich z. B. Gegenrechten des Unternehmers ausgesetzt sieht (z. B. einem Entschädigungsanspruch nach § 642 BGB).

505 Anders ist die **Rechtslage bei der VOB**: Hier kann der Auftragnehmer tatsächlich als eigenständiges Recht zum Vertrag nach § 3 Abs. 1 VOB/B die Übergabe aller für die Bauausführung nötigen Unterlagen verlangen. Dabei wird diese **Nebenpflicht zum Vertrag** zugunsten des Unternehmers noch dadurch konkretisiert, dass diese Unterlagen vom Auftraggeber **unentgeltlich und rechzeitig** zu übergeben sind.

4.1 Unterschiede zwischen VOB-Bauvertrag und BGB-Werkvertrag   4

- **§ 4 Abs. 1 VOB/B – Aufrechterhaltung der allgemeinen Ordnung auf der Baustelle/Koordinierung verschiedener Unternehmer/Herbeiführung öffentlich-rechtlicher Genehmigungen**
  Mit dieser Vorschrift werden die **Mitwirkungspflichten** des Auftraggebers gegenüber der allgemein gehaltenen gesetzlichen Regelung wesentlich konkreter gefasst. So hat nach § 4 Abs. 1 VOB/B der Auftraggeber für die **Aufrechterhaltung der allgemeinen Ordnung** auf der Baustelle zu sorgen und das **Zusammenwirken der verschiedenen Unternehmer** zu regeln sowie die erforderlichen **Genehmigungen** herbeizuführen. Diese Konkretisierung erleichtert es dem Unternehmer, von seinem Auftraggeber die Erfüllung dieser Mitwirkungspflichten zu verlangen.   506

- **§ 4 Abs. 4 VOB/B – Unentgeltliche Überlassung von Einrichtungen auf der Baustelle (z. B. Lager- und Arbeitsplätze)**
  Nach dieser Bestimmung hat der Auftraggeber im Gegensatz zum BGB-Werkvertragsrecht, das dazu keine Regelung enthält, dem Auftragnehmer die dort im Einzelnen aufgeführten Einrichtungen unentgeltlich zur Benutzung oder Mitbenutzung zu überlassen. Hierzu zählen insbesondere die notwendigen **Lager- und Arbeitsplätze auf der Baustelle** und vorhandene **Zufahrtswege** sowie Anschlüsse für Wasser und Energie. Selbst bei VOB-Verträgen ist die Bedeutung dieser Sonderregelung jedoch gering, da sie üblicherweise in Zusätzlichen oder Besonderen Vertragsbedingungen (ZVB, BVB) auftraggeberseitig modifiziert wird.   507

- **§ 5 Abs. 4 VOB/B – Rechtsfolgen bei Leistungsverzug**
  Nach §§ 281 Abs. 1 S. 1 und 323 BGB kann der Besteller, wenn der Unternehmer gar nicht oder nicht wie geschuldet bei Fälligkeit leistet, eine angemessene Frist zur Leistungserbringung oder Nacherfüllung setzen. Nach deren erfolglosem Ablauf kann der Gläubiger (Besteller) Schadensersatz statt der Leistung verlangen und vom Vertrag zurücktreten. Hiervon abweichend sind in § 5 Abs. 4 VOB/B die Rechtsfolgen zugunsten des Auftragnehmers bei Leistungsverzug wie folgt geregelt, wobei insoweit die BGB-Verzugsbestimmungen verdrängt werden (BGH, Urt. v. 20.01.1969 – VII ZR 79/66, WM 1969, 399): Ein **Rücktritt ist ausgeschlossen**; stattdessen wird dem Auftraggeber ein **außerordentliches Kündigungsrecht** eingeräumt (vgl. § 8 Abs. 3 VOB/B). Dieses muss – im Gegensatz zu den Vorschriften des BGB – mit einer **Fristsetzung zur Vertragserfüllung** angedroht werden. Insbesondere diese nach der VOB/B erforderliche Fristsetzung ist vor dem Hintergrund zu sehen, dass die VOB einen einmal geschlossenen Bauvertrag so weit wie möglich aufrechterhalten will. Soweit der Auftragnehmer (ggf. nach einer Vertragskündigung) wegen Verzugs zum Schadensersatz verpflichtet ist, umfasst dieser in erster Linie nur den unmittelbaren Schaden. Demgegenüber besteht ein Anspruch auf Ersatz des entgangenen Gewinns nur dann, wenn dem Unternehmer **Vorsatz oder grobe Fahrlässigkeit** angelastet werden kann (vgl. §§ 5 Abs. 4, 6 Abs. 6 VOB/B).   508

- **§ 6 Abs. 2 VOB/B – Anspruch auf Verlängerung der Ausführungsfristen**
  Die VOB/B gewährt hier dem Auftragnehmer einen Anspruch auf Verlängerung der vereinbarten Ausführungsfristen, wenn die Ursachen für eine **Behinderung** entweder im Risikobereich des Auftraggebers liegen (vgl. dazu Vygen, BauR 1983, 213 ff.) oder die Behinderung auf höherer Gewalt oder anderen unabwendbaren Umständen beruht (vgl. dazu im Einzelnen: Vygen/Joussen/Schubert/Lang, Bauverzögerung und Leistungsänderung, Teil A Rn. 270 ff.). Diese Regelung kennt keine Parallele im gesetzlichen Werkvertragsrecht; allerdings wird man bei Vorliegen dieser Voraussetzungen für eine **Fristverlängerung beim BGB-Werkvertrag ggf. aus Treu und Glauben** ebenfalls zu einer Fristverlängerung kommen können. Auch wird in diesen Fällen vielfach ein Verzug des Unternehmers mit der Fertigstellung der Bauleistung mangels Verschuldens (vgl. dazu insbesondere Vygen/Joussen/Schubert/Lang, a. a. O., Teil A Rn. 270 ff.) ausgeschlossen sein, sodass zumindest Schadensersatz- und Vertragsstrafenansprüche entfallen.   509

- **§ 7 VOB/B – Gefahrverlagerung für zufälligen Untergang und Verschlechterung vor Abnahme**
  Nach § 644 BGB trägt der Unternehmer die Gefahr bis zur Abnahme des Werkes, also auch für den zufälligen Untergang oder die zufällige Verschlechterung. Nach § 4 Abs. 5 VOB/B hat zudem der Auftragnehmer seine Bauleistung und die ihm für die Ausführung übergebenen Gegenstände bis zur Abnahme vor Beschädigung und Diebstahl zu schützen. Günstiger für den Auftragnehmer gestaltet sich die Rechtslage nach § 7 VOB/B, soweit die VOB/B als Vertragsgrundlage vereinbart ist. Geht hier während der Bauphase die schon teilausgeführte Bauleistung durch hö-   510

179

here Gewalt oder andere unabwendbare, vom Unternehmer nicht zu vertretende Umstände unter oder verschlechtert sie sich deswegen, trägt nicht wie beim BGB-Vertrag der Auftragnehmer, sondern der Auftraggeber bereits die Gefahr dafür. Folglich muss er dem Auftragnehmer trotz Untergangs für die bis dahin erbrachte Leistung gemäß § 6 Abs. 5 VOB/B die geschuldete Vergütung zahlen, ohne letztlich die Gegenleistung zu erhalten. Diese zulasten des Auftraggebers verschobene Risikoverteilung kann durch Abschluss einer **Bauleistungsversicherung** durch den Auftraggeber abgedeckt oder zumindest entscheidend gemildert werden.

- **§ 8 Abs. 3 VOB/B – Beschränkung der Rechtsfolgen bei Verzug und Leistungsmängel vor Abnahme auf Kündigung/Auftragsentzug**

511 Das gesetzliche Werkvertragsrecht des BGB gewährt dem Besteller vor Abnahme bei nicht rechtzeitiger Herstellung des Werkes und bei nicht vertragsgemäßer Erfüllung nach Fristsetzung in der Regel ein **Rücktrittsrecht** mit der Folge der rückwirkenden Aufhebung des Vertrages (§ 323 Abs. 1 BGB). Die VOB/B schränkt in § 8 Abs. 3 VOB/B in Verbindung mit § 4 Abs. 7 VOB/B und § 5 Abs. 4 VOB/B diese Rechte des Auftraggebers dahin gehend ein, dass ihm stattdessen nur ein **Kündigungsrecht** oder das Recht der **Auftragsentziehung** zusteht. Diese Auftragsentziehung beschränkt sich dann auf die noch nicht ausgeführten Leistungen. Sie führt anders als beim BGB-Vertrag somit nicht zu einer Rückabwicklung der bereits erbrachten Leistungen. Diese Regelung entspricht ein weiteres Mal der allgemeinen Zielsetzung der VOB/B, den geschlossenen Vertrag so weit wie möglich aufrechtzuerhalten und bereits erbrachte Leistungen in ihrem wirtschaftlichen Wert unberührt zu lassen. Sie trägt damit den Besonderheiten des Bauvertrages als **Langzeitvertrag** in einer für beide Vertragspartner angemessenen Weise Rechnung.

- **§ 12 Abs. 2 VOB/B – Recht auf Teilabnahme für in sich abgeschlossene Leistungen**

512 Nach § 12 Abs. 2 VOB/B kann der Auftragnehmer vom Auftraggeber eine gesonderte, vorzeitige Abnahme **in sich abgeschlossener Teile der Leistung** schon vor Fertigstellung der geschuldeten Gesamtleistung verlangen. Diese **Teilabnahme** hat grundsätzlich die gleichen rechtlichen Wirkungen wie die eigentliche Abnahme. Somit können sich daraus für den Auftragnehmer günstige Rechtsfolgen ergeben, wie z. B. eine Beweislastumkehr bei Mängeln, Verlust von Gewährleistungs- und evtl. Vertragsstrafenansprüchen mangels Vorbehalt, Gefahrübergang, Möglichkeit zur Erteilung einer Teilschlussrechnung u. a. Ein solcher **Anspruch auf Teilabnahme** entspricht einem dringenden Bedürfnis der Baupraxis. Es ist nämlich nicht einzusehen, dass der Unternehmer z. B. bei Autobahnbaustellen noch die Gefahr tragen soll, wenn die fertiggestellte Fahrbahn schon genutzt wird, während er an der anderen Fahrbahn noch baut.

Demgegenüber kommt beim **BGB-Werkvertrag** eine Verpflichtung des Bestellers zur Teilabnahme nur dann in Betracht, wenn eine solche ausdrücklich vereinbart worden ist (vgl. Münch.Komm./Busche, § 640 Rn. 23; siehe auch BGH, Urt. v. 10.02.1994 – VII ZR 20/93, BGHZ 125, 111, 115 = BauR 1994, 392 = NJW 1994, 1276).

- **§ 12 Abs. 5 VOB/B – »Fiktive Abnahme«**

513 § 640 BGB regelt nur die ausdrückliche Abnahme bzw. die Rechtsfolgen bei pflichtwidriger Abnahmeverweigerung. § 12 Abs. 5 VOB/B sieht darüber hinaus die **fiktive Abnahme** als eine weitere Abnahmeart vor. Fiktive Abnahme bedeutet: Eine Werkleistung gilt schon dann als abgenommen, wenn – ohne dass eine Abnahme verlangt wurde – der Auftragnehmer die Fertigstellung der Bauleistung schriftlich anzeigt und der Auftraggeber nicht binnen 12 Werktagen hiergegen Vorbehalte erhebt. Ferner gilt eine Leistung sechs Werktage nach vorbehaltloser Inbenutzungnahme als abgenommen. Diese Formen der fiktiven Abnahme, die **nicht mit einer konkludenten Abnahme zu verwechseln** sind (vgl. dazu Rdn. 1125 ff, 1131 ff.), kennt das **BGB-Werkvertragsrecht nicht**. Umgekehrt gilt: Gerade die fiktive Abnahme bringt für den Auftragnehmer wie jede sonstige Abnahme die gleichen günstigen Rechtsfolgen mit sich (Beginn der Gewährleistungsfrist, Umkehr der Beweislast für Mängel, Gefahrübergang gemäß § 12 Abs. 6 VOB/B, Vorbehaltsverpflichtungen für den Auftraggeber bezüglich bekannter Mängel und einer verwirkten Vertragsstrafe u. a.). Daher ergeben sich gerade aus der in § 12 Abs. 5 VOB/B vorgesehenen fiktiven Abnahme häufig Vorteile, zumal der Auftragnehmer es in der Hand hat, im frühestmöglichen Zeitpunkt dem Auftraggeber die Fertigstellung seiner Leistung anzuzeigen oder ihm die Schluss-

4.1 Unterschiede zwischen VOB-Bauvertrag und BGB-Werkvertrag

rechnung zu erteilen (§ 12 Abs. 5 Nr. 1 VOB/B) und dadurch die Voraussetzungen für eine fiktive Abnahme zu schaffen.

- **§ 13 Abs. 4 VOB/B – Verkürzte Gewährleistungsfrist**
Die Verjährungsfrist für Gewährleistungsansprüche des Auftraggebers beträgt im Fall der Vereinbarung der VOB/B in der Regel, also **bei Fehlen einer besonderen Vereinbarung, für Bauwerksarbeiten nur vier Jahre**, während sie sich nach § 634a Abs. 1 Nr. 2 BGB auf fünf Jahre beläuft. Die Verjährungsfrist in § 13 Abs. 4 VOB/B verkürzt sich sogar noch in Einzelfällen weiter, und zwar 514
    - für andere Werke, deren Erfolg in der Herstellung, Wartung oder Veränderung einer Sache besteht, und für die vom Feuer berührten Teile von Feuerungsanlagen auf zwei Jahre, für feuerberührte und abgasdämmende Teile von industriellen Feuerungsanlagen sogar auf nur ein Jahr.
    - für Teile von maschinellen und elektrotechnischen/elektronischen Anlagen, bei denen die Wartung Einfluss auf die Sicherheit und Funktionsfähigkeit hat, auf zwei Jahre, wenn der Auftraggeber sich dafür entschieden hat, dem Auftragnehmer die Wartung für die Dauer der Verjährungsfrist nicht zu übertragen.

    Durch die in der VOB/B vorgesehene Verkürzung der Gewährleistung erlangt der Auftragnehmer eine gegenüber der gesetzlichen Regelung in jedem Fall günstigere Rechtsstellung. Sie wird allerdings dadurch wieder ein wenig abgeschwächt, dass schon die **schriftliche Mängelrüge** des Auftraggebers zu einem Neubeginn der Verjährung um weitere zwei Jahre führt (§ 13 Abs. 5 Nr. 1 S. 2 VOB/B). Im Übrigen sieht § 13 Abs. 4 Abs. 1 VOB/B ausdrücklich die Möglichkeit vor, eine andere Verjährungsfrist, also z. B. die von fünf Jahren wie im BGB oder eine noch längere (BGH, Urt. v. 09.05.1996 – VII ZR 259/94, BGHZ 132, 383, 387 f. = BauR 1996, 707, 708 f. = NJW 1996, 2155, 2156) zu vereinbaren, ohne dass gegen eine solche Verlängerung rechtliche Bedenken bestehen (BGH, Urt. v. 23.02.1989 – VII ZR 89/87, BGHZ 107, 75, 85 = BauR 1989, 322, 326 = NJW 1989, 1602, 1605; OLG Düsseldorf, Urt. v. 07.06.1994 – 21 U 90/92, BauR 1995, 111 = NJW-RR 1994, 1298 – s. dazu Rdn. 732). 515

- **§ 13 Abs. 6–7 VOB/B – Beschränkung der Gewährleistungsrechte auf vorrangiges Nachbesserungsrecht des Auftragnehmers**
Die VOB/B schränkt in diesen Bestimmungen die Gewährleistungsansprüche des Auftraggebers gegenüber den gesetzlichen Mängelrechten gemäß §§ 633 ff. BGB ein. So ist ein **Recht auf Rücktritt** beim VOB-Vertrag anders als nach §§ 634 Nr. 3, 323 BGB gänzlich **ausgeschlossen**. Eine **Minderung** ist auf die Fälle **beschränkt**, in denen eine Mängelbeseitigung unmöglich ist oder vom Auftragnehmer wegen unverhältnismäßigen Aufwandes verweigert werden kann (§ 13 Abs. 6 VOB/B). **Schadensersatz** kann schließlich abgesehen von Körper- und Gesundheitsschäden und vorsätzlichem bzw. grob fahrlässigem Handeln nur bei wesentlichen Mängeln verlangt werden, die die Gebrauchsfähigkeit der Werkleistung erheblich beeinträchtigen (§ 13 Abs. 7 Abs. 1, 2, 3 S. 1 VOB/B). Der weiter gehende »große Schadensersatzanspruch«, d. h. Ersatz von darüber hinausgehenden Mängelfolgeschäden wird zumindest nach seinem Grundgedanken (wenn die Regelung dazu auch nicht frei von Widersprüchen ist, s. Rdn. 1465) gemäß § 13 Abs. 7 Nr. 3 S. 2 BGB nur bei Vorliegen besonderer Voraussetzungen gewährt. Auch diese Abweichungen beruhen letztlich auf der grundlegenden Zielsetzung der VOB/B, vorrangig durch Nacherfüllung doch noch die geschuldete vertragsgemäße Leistung zu erreichen und erst, wenn dies nicht möglich ist, eine Schadloshaltung des Auftraggebers sicherzustellen. 516

- **§ 16 Abs. 1 VOB/B – Recht auf Abschlagszahlungen**
Diese Vorschrift führt zu einer **entscheidenden Besserstellung des Auftragnehmers durch Vereinbarung der VOB/B**. Zwar enthält auch § 632a BGB ein vergleichbares Recht; dieses ist jedoch gegenüber der VOB/B deutlich abgeschwächt. Dabei ist immerhin zu berücksichtigen, dass das BGB iehemals überhaupt keine Abschlagszahlungen kannte. Ein darauf gerichteter Anspruch wurde erstmals mit dem Gesetz zur Beschleunigung fälliger Zahlungen vom 30. März 2000 in das BGB eingefügt. Dabei war stets eine Anlehnung an die VOB/B gewollt gewesen. Indes war dies von Anfang an nicht gelungen. Selbst mit der letzten Änderung im Zuge des Forderungssicherungsgesetzes im Jahr 2009 war die Angleichung an § 16 Abs. 1 VOB/B weiterhin das erklärte Ziel (vgl. dazu die Gesetzesbegründung, BT-Ds. 16/511, S. 14). Doch ist auch dies ein Wunsch geblieben – mit dem weiteren Befund, dass die gesetzliche Regelung in vielen Fällen völlig leer 517

läuft, zumindest aber weit hinter dem Recht des Auftragnehmers bei einem VOB-Vertrag auf Abschlagszahlung zurückbleibt.

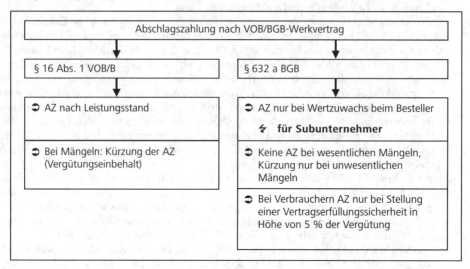

Vorbehaltlich näherer Erläuterungen zu dieser zum Teil schwer verständlichen Regelung in § 632a BGB (s. dazu Rdn. 2556 ff.) drückt sich dies vor allem in drei Punkten aus:

518 — Der erste ganz erhebliche Unterschied betrifft die Höhe der Abschlagszahlung. Während sich diese nach § 16 Abs. 1 VOB/B nach dem Wert der zu vergütenden, d. h. nachweisbar erbrachten Leistung bemisst, kommt es nach § 632a Abs. 1 S. 1 BGB auf den **Wertzuwachs beim Besteller** an. Dieser muss – wie die Gesetzesbegründung hervorhebt (BT-Ds. 16/511, S. 14) – in einer nicht mehr entziehbaren Weise eingetreten sein. Ein solcher Wertzuwachs ist gerade in der Bauphase in dem im Baugeschehen vielfach anzutreffenden **Subunternehmerverhältnis** aber in der Regel ausgeschlossen (Joussen/Vygen, Subunternehmervertrag, Rn. 305 ff). Denn durch die Leistung eines Subunternehmers tritt allenfalls beim Grundstückseigentümer ein unentziehbarer Wertzuwachs ein, nicht aber bei seinem Auftraggeber. Dieser erwirbt seinerseits allenfalls einen eigenständigen (schuldrechtlichen) Anspruch auf Abschlagszahlung, der aber aufgrund seiner Vorläufigkeit keineswegs von Bestand sein muss. Folglich wäre dies noch kein dauerhafter Wertzuwachs, den das Gesetz vor Augen hat (s. dazu auch kritisch Palandt/Sprau, § 632a Rn. 6 u. 9; ebenso: Halfmeier/Leupertz, § 632a Rn. A8 – s. dazu näher: Rdn. 2561).

519 — Des Weiteren kann nach § 632a Abs. 1 S. 2 BGB eine Abschlagszahlung wegen unwesentlicher Mängel nicht verweigert werden. Dies heißt im Umkehrschluss, dass bei **wesentlichen Mängeln** (die während einer Bauphase keineswegs selten sind) **Abschlagszahlungen vollständig verweigert** werden können (vgl. dazu auch die unterschiedliche Begründung in der BT-Ds 16/511, S. 14 sowie BT-Ds 16/9787). Hierzu passt zugleich der sich anschließende Verweis auf die Möglichkeit zum Einbehalt von Vergütung in § 641 Abs. 3 BGB, der somit nur für die unwesentlichen Mängel gilt (andere sind dort nicht geregelt). Eine solche Beschränkung kennt § 16 Abs. 1 VOB/B nicht. Hier werden etwaige Mängel allein über ggf. festzusetzende Vergütungseinbehalte nach § 320 Abs. 1 BGB berücksichtigt; sie schließen demzufolge Abschlagszahlungen nicht aus (wie hier Pause, BauR 2009, 898, 899, ebenso, wenn auch kritisch: Knffka/von Rintelen, § 632a Rn. 13 f.; dagegen Leinemann, NJW 2008, 3745, 3746; Staudinger/Peters/Jacoby, § 632a Rn. 14).

520 — Die dritte Abweichung findet sich in § 632a Abs. 3 und 4 BGB: Danach hat ein Auftragnehmer zu einem Vertrag mit einem Verbraucher für die Errichtung oder den Umbau eines Hauses oder eines vergleichbaren Bauwerks bei der ersten Abschlagszahlung eine **Sicherheit von 5 % des Vergütungsanspruchs** für die rechtzeitige Herstellung des Werkes ohne wesentliche Män-

gel zu stellen. Hierzu stellt sich die Frage, ob dann, wenn die Parteien in zulässigerweise ihrem Bauvertrag die VOB/B zugrunde gelegt haben (s. dazu oben Rdn. 475 ff.), von dieser Sicherheitsleistung abgesehen werden kann: Denn § 16 Abs. 1 VOB/B kennt ein solches Sicherungsrecht nicht. Die Rechtsfolgen dazu sind ungeklärt. Dies gilt umso mehr, als nach der Gesetzesbegründung ausdrücklich von einer zwingenden Sicherungsregelung abgesehen wurde; vielmehr sollte den Verbrauchern unter anderem die Möglichkeit offen stehen, etwa die VOB/B als Gesamtregelung zu vereinbaren (BT-Ds. 16/511, S. 15). Auf die gleichwohl dazu bestehenden Rechtsfolgen soll aber erst später eingegangen werden (Rdn. 2571 ff.).

521 Zusammengefasst kann festgehalten werden, dass die Regelung der Abschlagszahlungen in der VOB/B insbesondere bei größeren Bauvorhaben mit langer Bauzeit einem **dringenden Bedürfnis der Bauwirtschaft** entspricht, weil nur damit die Liquidität von Auftragnehmern einigermaßen sichergestellt ist. Ein Rückgriff auf § 632a BGB kann diesem Bedürfnis dagegen in vielen Fällen nicht Rechnung tragen.

- **§ 17 Abs. 5 und 6 VOB/B – Sicherheitsleistung**

522 Im Fall von Sicherheitsleistungen und -einbehalten hat der Auftraggeber den einbehaltenen Betrag binnen 18 Werktagen auf ein Sperrkonto einzuzahlen, über das beide Parteien nur gemeinsam verfügen können. Die Zinsen stehen dem Auftragnehmer zu. Diese Regelung entspricht den berechtigten Belangen des Auftragnehmers. Lediglich öffentliche Auftraggeber sind von vorstehender Pflicht zur Einrichtung eines Sperrkontos ausgenommen. Diese dürfen nach § 17 Abs. 6 Nr. 4 VOB/B Sicherheitseinbehalte stattdessen auch auf ein unverzinsliches Verwahrgeldkonto nehmen.

4.1.2 Abweichende Regelungen der VOB/B zugunsten des Auftraggebers

523 Die VOB/B enthält gegenüber dem gesetzlichen Werkvertragsrecht des BGB aber auch eine ganze Reihe von Vorschriften, die den Auftraggeber begünstigen.

Übersicht zu den im Wesentlichen den AG begünstigenden Regelungen	
§ 1 Abs. 3	Recht zur Änderung des Bauentwurfs
§ 1 Abs. 4 S. 1	Pflicht des AN zur Ausführung erforderlicher Zusatzarbeiten
§ 2 Abs. 6	Vergütungspflicht bei Zusatzleistungen nur nach Ankündigung des zusätzlichen Vergütungsanspruchs
§ 2 Abs. 10	Vergütung für Stundenlohnarbeiten nur nach vorheriger Vereinbarung (vgl. auch § 15)
§ 4 Abs. 7	Bei Mängeln: Neuherstellungsanspruch schon vor Abnahme, ggf. auch Schadensersatz
§ 4 Abs. 8	Subunternehmereinsatz nur nach Genehmigung
§ 6 Abs. 1	Erforderlichkeit einer Behinderungsanzeige
§ 12 Abs. 1	Abnahme erst 12 Werktage nach Verlangen
§ 13 Abs. 5	Gewährleistung: Verjährungsunterbrechung bei schriftlicher Mängelanzeige (Nr. 1 S. 2)
§ 14 Abs. 1	Pflicht des AN zur prüfbaren Abrechnung
§ 14 Abs. 4	Recht zur Selbstaufstellung der Schlussrechnung
§ 15 Abs. 3	Nachweisführung bei Stundenlohnarbeiten
§ 16 Abs. 3	Schlusszahlung: • Hinausgeschobene Fälligkeit der Schlussrechnung (Nr. 1) • Ausschlusswirkung bei Schlusszahlung (Nr. 2–6)
§ 16 Abs. 6	Recht des AG zur schuldbefreienden Zahlung an Gläubiger des AN
§ 18 Abs. 1	Gerichtsstandsvereinbarung zugunsten des AG

Im Einzelnen:
- **§ 1 Abs. 3 VOB/B – Recht zur Änderung des Bauentwurfs**

524 Nach dem allgemeinen Vertragsrecht des BGB und damit dem Werkvertragsrecht kann der übereinstimmend von den Vertragspartnern festgelegte **Vertragsinhalt einseitig nicht abgeändert werden**. Demgegenüber sieht die VOB in § 1 Abs. 3 VOB/B ein solches Recht des Auftraggebers ausdrücklich vor. Nach dieser Bestimmung bleibt es nämlich dem Auftraggeber vorbehalten, **Änderungen des Bauentwurfs anzuordnen**. Diese führen in aller Regel auch zu einer Änderung der Art oder/und des Umfangs der Leistungspflicht des Auftragnehmers. Diese Bestimmung der VOB/B entspricht den Bedürfnissen der Praxis und gewährleistet die beim Bauen notwendige Flexibilität der Planung. Zum Bauentwurf, dessen Änderung dem Auftraggeber vorbehalten bleibt, gehören sämtliche auf das Bauvorhaben bezogenen Zeichnungen, Planunterlagen sowie die **Leistungsbeschreibung nebst Leistungsverzeichnis**, die die Zeichnungen u. a. ergänzen. Das einseitige Leistungsänderungsrecht des Auftraggebers darf aber nicht zu einer Neuerstellung des Bauentwurfs führen.

▶ **Beispiel**

Der Auftraggeber hatte zunächst die Errichtung eines Einfamilienhauses beauftragt. Nunmehr ordnet er nach § 1 Abs. 3 VOB/B den Bau eines Fertighauses an. Eine solche Leistungsänderung ist durch § 1 Abs. 3 VOB/B nicht mehr gedeckt. Gemeint sind stattdessen Änderungen innerhalb eines schon bestehenden Baukörpers, etwa dahin gehend, dass im Nachhinein Wände anders gesetzt werden.

525 Äußerst umstritten ist, ob zum Bauentwurf auch die **Bauzeit** gehört, zu der der Auftraggeber Änderungen anordnen kann. Hiervon wird man trotz teilweise berechtigter Bedenken auszugehen haben. Denn nur damit wird im Einzelfall die reibungslose Abwicklung eines Bauvorhabens gewährleistet, was im Zweifel im Interesse beider Parteien liegt (s. dazu unten Rdn. 923 ff.).

▶ **Beispiel**

Baubeginn für die Errichtung eines Mehrfamilienhauses soll im April sein. Kurz vor Aufnahme der Arbeiten erteilt auf einen entsprechenden Hinweis von Umweltschutzverbänden die Naturschutzbehörde im Nachhinein die Auflage, während der Brutzeit mehrere für Ausschachtungsarbeiten notwendige Bäume nicht zu fällen. In einem solchen Fall könnte im Gegensatz zu einem BGB-Vertrag der Auftraggeber eines VOB/B-Vertrages nach § 1 Abs. 3 VOB/B eine Anordnung zur Bauzeit dahin gehend erteilen, dass der Auftragnehmer erst wenige Monate später (nach Abschluss der Brutzeit der betroffenen Vögel) beginnt.

526 - **§ 1 Abs. 4 VOB/B – Anordnungsrecht des Auftraggebers für Zusatzleistungen**
Beim BGB-Werkvertrag ist der Auftragnehmer nicht verpflichtet, auf einseitiges Verlangen des Auftraggebers **Zusatzleistungen** auszuführen; stattdessen kann er sich auf die vertragliche Leistung beschränken. Zusatzleistungen kann er also von der vorherigen Vereinbarung einer (auskömmlichen) Vergütung abhängig machen. Bei Vereinbarung der VOB/B als Vertragsgrundlage ist dagegen der Auftragnehmer gemäß § 1 Abs. 4 S. 1 VOB/B verpflichtet, auch **nicht vereinbarte Leistungen, die zur Ausführung der vertraglichen Leistung erforderlich werden**, auf Verlangen des Auftraggebers mit auszuführen. Rechtlich handelt es sich bei dieser Regelung um ein **einseitiges Leistungsbestimmungsrecht** des Auftraggebers. Es hat zur Folge, dass dann, wenn der Auftraggeber die Zusatzleistung verlangt, sie automatisch Vertragsleistung wird, ohne dass es dafür noch einer Zustimmung des Auftragnehmers bedarf (BGH, Urt. v. 27.11.2003 – VII ZR 346/01, BauR 2004, 495, 497 = NJW-RR 2004, 449, 451). Begrenzt wird dieses einseitige Recht des Auftraggebers, wenn der Unternehmer mit seinem Betrieb auf derartige Leistungen nicht eingerichtet ist oder ihm das fachliche Können für solche Leistungen fehlt.

▶ **Beispiel**

Während einer Baumaßnahme werden Zimmererarbeiten erforderlich. Dem Rohbauunternehmer könnten sie nicht nach § 1 Abs. 4 S. 1 VOB/B einseitig übertragen werden, da dessen Betrieb darauf nicht eingerichtet ist. Anders wäre die Lage bei einem Generalunternehmer: Dieser wird sich in der Regel nicht damit herausreden können, dass sein Betrieb derartige Leistungen nicht erbringen könne.

Abzugrenzen von diesen für die Bauausführung notwendigen Zusatzleistungen sind **sonstige Zusatzleistungen**, die nicht für die Bauausführung notwendig sind. Diese fallen unter § 1 Abs. 4 S. 2 VOB/B und können dem **Auftragnehmer nur mit dessen Zustimmung übertragen** werden – wobei dieser eine solche Zustimmung selbstverständlich von einer angemessenen, d. h. »guten« Vergütung abhängig machen kann. Hat die Zusatzleistung überhaupt nichts mehr mit der ursprünglichen Bauleistung zu tun, liegt ohnehin kein Anwendungsfall des § 1 Abs. 4 VOB/B vor (s. dazu auch Rdn. 929 ff.). 527

▶ **Beispiel**

Im Rahmen einer Baustellenbegehung verlangt die Baugenehmigungsbehörde, dass vor den fußbodentiefen Fenstern im 1. OG Gitter angebracht werden; sie erteilt insoweit eine Auflage. Diese Leistung ist durch die Auflage für die mangelfreie Erstellung des Bauvorhabens (insbesondere für die spätere öffentlich-rechtliche Abnahme) zwingend erforderlich (geworden). Der Auftraggeber kann sie daher vom Auftragnehmer eines VOB/B-Vertrages verlangen. Etwas anderes gilt, wenn der Auftraggeber im Laufe der Baumaßnahme noch die Errichtung eines Gartenzauns wünscht. Dies wäre eine Zusatzleistung nach § 1 Abs. 4 S. 2 VOB/B. Überhaupt kein Fall des § 1 Abs. 4 VOB/B stellt hingegen die Anordnung des Auftraggebers dar, den Abfall aus dem Bereich des Auftragnehmers zu entsorgen. Hierbei handelt es sich bereits um eine von der Vergütung abgedeckte Nebenleistung gemäß Abschnitt 4.1.11 der DIN 18299 (VOB/C).

Kann der Auftraggeber eine zusätzliche Leistung gemäß § 1 Abs. 4 S. 1 VOB/B verlangen, steht dem Auftragnehmer hinsichtlich seiner Mehraufwendungen auf der Gegenseite ein Vergütungsanspruch nach § 2 Abs. 6 VOB/B zu. 528

- **§ 2 Abs. 6 VOB/B – Vergütungspflicht für Zusatzleistungen**

Zusatzleistungen kann der Unternehmer, wenn sie vom Auftraggeber gefordert werden, beim BGB-Werkvertrag gemäß § 632 Abs. 1 BGB zusätzlich vergütet verlangen, wenn deren Erbringung den Umständen nach nur gegen eine Vergütung zu erwarten ist. Beim VOB-Vertrag muss der Auftragnehmer dem Auftraggeber gemäß § 2 Abs. 6 VOB/B seinen Anspruch auf besondere Vergütung für die Ausführung einer im Vertrag nicht vorgesehenen Leistung ankündigen, bevor er mit deren Ausführung beginnt. Es genügt also nicht die Ankündigung, dass eine Zusatzleistung ausgeführt wird, sondern es muss auch der **zusätzliche Vergütungsanspruch angekündigt** werden, allerdings nur dem Grunde, nicht auch der Höhe nach. Zweck dieses Ankündigungserfordernisses ist es, dem Auftraggeber vor der Erteilung von Zusatzaufträgen das Bewusstsein zu vermitteln, dass es zu Mehrkosten kommt – verbunden mit der Option, dass der Auftraggeber damit ggf. von der Erteilung eines solchen Auftrages absieht oder ihn modifiziert. In der Sache geschieht die Ankündigung der Zusatzvergütung regelmäßig durch Übersendung eines **Nachtragsangebotes** an den Auftraggeber. 529

Von dieser Ankündigungspflicht als echte **Anspruchsvoraussetzung für den zusätzlichen Vergütungsanspruch** lässt die Rechtsprechung allerdings **Ausnahmen zu** (vgl. BGH, Urt. v. 23.05.1995 – VII ZR 245/94, BGHZ 133, 44, 47 f. = BauR 1996, 542, 543 = NJW 1996, 2158, 2159), wenn der soeben beschriebene Zweck der Vergütungsankündigung sowieso nicht erreicht werden kann. Demzufolge kann von einer Ankündigung ausnahmsweise abgesehen werden, wenn kein Zweifel an der Entgeltlichkeit der Zusatzleistung, keine Alternative zur Ausführung besteht oder die Ankündigung den Auftraggeber wirtschaftlich nicht besser gestellt hätte (s. dazu näher Rdn. 2261 ff.). 530

- **§ 2 Abs. 10 VOB/B – Stundenlohnarbeiten nur bei ausdrücklicher Vereinbarung vor Ausführung**

531 Nach dieser Bestimmung werden Stundenlohnarbeiten nur vergütet, wenn sie **als solche vor ihrem Beginn ausdrücklich vereinbart worden sind**. Damit wird der **Ausnahmecharakter der Stundenlohnabrechnung** deutlich herausgestellt. Das Erfordernis einer ausdrücklichen Vereinbarung soll den Auftraggeber vor den häufig unübersehbaren besonderen Risiken solcher Stundenlohnarbeiten schützen. Fehlt es an einer ausdrücklichen Vereinbarung, so kann der Unternehmer seine diesbezüglichen Arbeiten nur unter den Voraussetzungen des § 2 Abs. 5, 6 oder 8 VOB/B und dann lediglich nach Einheitspreisen abrechnen (vgl. BGH, Urt. v. 13.07.1961 – VII ZR 65/60, Schäfer/Finnern Z 2.300 Bl. 11 = BB 1961, 989; Kapellmann/Messerschmidt/Kapellmann, § 2 VOB/B Rn. 320).

- **§ 4 Abs. 5 VOB/B – Pflicht zum Schutz vor Diebstahl und Beschädigung**

532 Die VOB stellt hier ausdrücklich klar, dass der Auftragnehmer die von ihm ausgeführten Leistungen und die ihm für die Ausführung übergebenen Gegenstände **bis zur Abnahme vor Beschädigung und Diebstahl zu schützen** hat. Diese Verpflichtung beginnt mit der Ausführung seiner Leistungen bzw. mit der Übergabe der bauseits gestellten Baustoffe, Bauteile, Maschinen, aber auch des Grundstücks und etwaiger Vorleistungen anderer Unternehmer. Sie endet mit der Abnahme der Werkleistung. Diese zeitliche Dauer der **Schutz- und Erhaltungspflicht** stimmt letztlich mit der gesetzlichen Regelung der §§ 644, 645 BGB überein, wonach der Unternehmer bis zur Abnahme des fertiggestellten Werkes die Gefahr hierfür zu tragen hat. Darüber hinaus findet sich die gleiche Regelung wie in § 4 Abs. 5 VOB/B auch für die meisten Gewerke in Teil C der VOB. Bei der Schutz- und Erhaltungspflicht handelt es sich um eine vertragliche **Nebenpflicht** des Auftragnehmers, deren Verletzung im Fall des Verschuldens Schadensersatzansprüche des Auftraggebers nach § 280 Abs. 1 BGB auslösen kann (vgl. Ingenstau/Korbion/Oppler, VOB/B, § 4 Abs. 5 Rn. 12).

- **§ 4 Abs. 7 VOB/B – Mängelbeseitigungs- und Schadensersatzansprüche vor Abnahme**

533 Das BGB-Werkvertragsrecht kennt Ansprüche des Auftraggebers wegen mangelhafter Werkleistungen nur **nach der Abnahme**. Demgegenüber sieht die VOB/B in § 4 Abs. 7 VOB/B schon **Mängelansprüche vor der Abnahme** vor. So kann der Auftraggeber nach § 4 Abs. 7 S. 1 VOB/B bei Leistungen, die während der Bauausführung, also vor der Abnahme, als mangelhaft oder vertragswidrig erkannt werden, verlangen, dass der Auftragnehmer diese auf eigene Kosten durch mangelfreie Leistungen ersetzt. Dieser **Neuherstellungsanspruch** des Auftraggebers geht grundsätzlich über die gesetzlichen Mängelansprüche nach der Abnahme, die im Allgemeinen auf Nacherfüllung, Minderung oder Schadensersatz beschränkt sind, hinaus. Außerdem kann der Auftraggeber schon in diesem Stadium der Ausführung Schadensersatz verlangen (§ 4 Abs. 7 S. 2 VOB/B) und unter bestimmten Voraussetzungen dem Auftragnehmer den Auftrag entziehen (§ 4 Abs. 7 S. 3 VOB/B). Dagegen kann der Auftraggeber in der Ausführungsphase vor Abnahme **bei Mängeln nicht zur Ersatzvornahme** schreiten, also nach fruchtloser Fristsetzung etwaige Mängel durch einen anderen Unternehmer oder selbst beseitigen. Dies ist ihm nur erlaubt, wenn er zuvor den Vertrag mit dem Unternehmer, der die Mängel verursacht hat, insgesamt bzw. den entsprechenden Teil des Bauvertrages (vgl. § 8 Abs. 3 Nr. 1 S. 2 VOB/B) schriftlich gekündigt hat (BGH, Urt. v. 15.05.1986 – VII ZR 176/85, BauR 1986, 573, 574 f. = NJW-RR 1986, 1148; Ingenstau/Korbion/Vygen VOB/B, § 8 Abs. 3 Rn. 31).

- **§ 4 Abs. 8 VOB/B – Subunternehmereinsatz nur mit schriftlicher Zustimmung**

534 Die VOB/B stellt hier den Grundsatz auf, dass die geschuldete Bauleistung vom Auftragnehmer in seinem Betrieb auszuführen ist; sie darf nur mit **schriftlicher Zustimmung des Auftraggebers an Nachunternehmer** übertragen werden (s. dazu im Detail Joussen/Vygen, Subunternehmervertrag, Rn. 169 ff.). Eine vergleichbare Regelung kennt das BGB-Werkvertragsrecht im Gegensatz zum Dienstvertragsrecht nicht. Sie ist in ihrer Bedeutung zugunsten des Auftraggebers nicht zu unterschätzen. Denn dieser hat zumeist ein besonderes Interesse daran, dass die Bauleistung durch seinen Vertragspartner ausgeführt wird. § 4 Abs. 8 VOB/B steht in einem Zusammenhang mit § 2 Abs. 1 VOB/A, wonach Bauleistungen an fachkundige, leistungsfähige und zuverlässige Bewerber zu vergeben sind. Diese Regelung könnte durch einen unbegrenzten **Subunternehmer-**

4.1 Unterschiede zwischen VOB-Bauvertrag und BGB-Werkvertrag

einsatz unterlaufen werden, was § 4 Abs. 8 VOB/B unterbinden will (vgl. dazu auch Rdn. 67 ff.). Bei Verstoß gegen § 4 Abs. 8 VOB/B kann der Auftraggeber den Bauvertrag nach Fristsetzung mit der Aufforderung zur Beendigung des Subunternehmereinsatzes und Kündigungsandrohung nach § 8 Abs. 3 VOB/B kündigen (§ 4 Abs. 8 Nr. 1 S. 3 VOB/B). Die Zustimmung des Auftraggebers zum Subunternehmereinsatz ist jedoch dann nicht notwendig, wenn es sich um Leistungen handelt, auf die der Betrieb des Auftragnehmers nicht eingerichtet ist, was z. B. bei dem Einsatz von Hauptunternehmern denkbar ist.

> **Beispiel**
>
> Verschiedene Leistungen zur Haustechnik (Elektro, Sanitär, MSR) werden an eine Elektrofirma als Hauptunternehmer vergeben. Hier ist die Elektrofirma auf die Erbringung etwa der Sanitärleistungen nicht ausgerichtet. Folglich darf sie insoweit Subunternehmer ohne gesonderte Zustimmung des AG einsetzen.

Setzt der Auftragnehmer nach Vorlage der Zustimmung erlaubterweise Subunternehmer ein, hat er diese dem Auftraggeber **auf Verlangen bekannt zu geben**. Gleichzeitig ist er verpflichtet, bei der Weitervergabe der Bauleistungen in diesen Subunternehmerverträgen die VOB/B und VOB/C zu vereinbaren (§ 4 Abs. 8 Nr. 2 und 3 VOB/B). 535

- **§ 6 Abs. 1 VOB/B – Erforderlichkeit einer Behinderungsanzeige**
Nach dieser Vorschrift hat ein Auftragnehmer, wenn er sich in der ordnungsgemäßen Ausführung seiner Leistungen **behindert glaubt**, dies dem Auftraggeber **unverzüglich schriftlich anzuzeigen**. Ohne eine solche Anzeige ist es dem Auftragnehmer verwehrt, sich gegenüber dem Auftraggeber bei der Geltendmachung eigener Ansprüche auf diese hindernden Umstände zu berufen. Ebenso ist eine Behinderungsanzeige notwendig, damit es zugunsten des Auftragnehmers wegen dieser hindernden Umstände ggf. zu einer **Bauzeitverlängerung** kommt. Bei der Behinderungsanzeige selbst handelt es sich um ein ganz elementares Schutzinstrument zugunsten des Auftraggebers (BGH, Urt. v. 21.10.1999 – VII ZR 185/98, BGHZ 143, 32, 35 f. = BauR 2000, 722, 723 = NJW 2000, 1336, 1337). Dieser soll durch eine solche Anzeige frühzeitig Terminverzögerungen erkennen können und hierdurch in die Lage versetzt werden, lenkend in das Baugeschehen einzugreifen. Daher ist eine **Behinderungsanzeige** nur dann ausnahmsweise entbehrlich, wenn dem Auftraggeber offenkundig die die Behinderung auslösenden Tatsachen und deren hindernde Wirkung bekannt waren. Derart detaillierte, auf den Bauvertrag zugeschnittene Regelungen kennt das BGB-Werkvertragsrecht nicht. 536

- **§ 8 Abs. 2 VOB/B – Sonderkündigungsrecht bei Insolvenz des Auftragnehmers**
Durch diese Bestimmung wird dem Auftraggeber ein über die gesetzliche Regelung hinausgehendes **Kündigungsrecht** und ein Schadensersatzanspruch eingeräumt, wenn der Auftragnehmer seine Zahlungen einstellt, von ihm oder zulässigerweise vom Auftraggeber oder einem anderen Gläubiger das Insolvenzverfahren bzw. ein vergleichbares gesetzliches Verfahren beantragt ist, ein solches Verfahren eröffnet oder dessen Eröffnung mangels Masse abgelehnt wird. Dieses außerordentliche Kündigungsrecht des Auftraggebers wird auch nicht durch § 103 InsO ausgeschlossen (vgl. OLG Düsseldorf, Urt. v. 08.09.2006 – I-23 U 35/06, BauR 2006, 1908, 1911, ebenso OLG Brandenburg, Urt. v. 16.12.2009 – 4 U 44/09, IBR 2010, 210, OLG Bamberg, Urt. v. 12.04.2010 – 4 U 48/09, BauR 2011, 567 [Ls.]; ausführlich auch OLG Schleswig, Urt. v. 09.12.2011 – 1 U 72/11, BauR 2012, 690 [Ls.] zumindest für die Variante Eigenantrag des Schuldners – s. dazu auch Rdn. 2862 ff.). Als Folge dieser Kündigung sind die bereits erbrachten Leistungen gemäß § 6 Abs. 5 VOB/B abzurechnen; wegen der noch nicht ausgeführten Leistungen kann der Auftraggeber Schadensersatz wegen Nichterfüllung verlangen (§ 8 Abs. 2 Nr. 2 VOB/B). 537

- **§ 8 Abs. 4 VOB/B – Kündigung wegen unzulässiger Wettbewerbsbeschränkung**
Diese Regelung versetzt den Auftraggeber in die Lage, den Bauvertrag zu **kündigen und Schadensersatz wegen Nichterfüllung** zu verlangen, wenn der Auftragnehmer aus Anlass der Vergabe eine Abrede getroffen hatte, die eine unzulässige Wettbewerbsbeschränkung darstellt, also z. B. bei 538

verbotener Preisabsprache. Die Kündigung muss aber innerhalb von 12 Werktagen nach Bekanntwerden des Kündigungsgrundes ausgesprochen werden.

- **§ 12 Abs. 1 VOB/B – Abnahme erst 12 Werktage nach Verlangen**

539 Nach § 640 Abs. 1 BGB ist der Besteller zur Abnahme des vertragsmäßig hergestellten Werkes verpflichtet; diese Verpflichtung des Auftraggebers ist gemäß § 271 BGB **sofort fällig**. Demgegenüber räumt die VOB dem Auftraggeber in § 12 Abs. 1 VOB/B dazu eine **Frist von 12 Werktagen** nach Verlangen des Auftragnehmers ein und lässt außerdem die Vereinbarung einer anderen Frist ausdrücklich zu (s. dazu Rdn. 726 ff.). Dadurch werden dem Auftraggeber eine gewisse Bedenkzeit und eine eingehende Untersuchungsmöglichkeit zugebilligt, was gerade bei umfangreichen Bauleistungen sachgerecht erscheint.

- **§ 13 Abs. 5 Nr. 1 S. 2 VOB/B – Verjährungsverlängerung bei schriftlicher Mängelanzeige**

540 Als Ausgleich für die in § 13 Abs. 4 VOB/B vorgesehene kürzere Gewährleistungsfrist bei Bauwerksleistungen (4 Jahre statt der in § 634a Abs. 1 Nr. 2 BGB vorgesehenen 5 Jahre) gewährt die VOB/B dem Auftraggeber eine **Verlängerung der Gewährleistungsfrist** durch **Zugang einer schriftlichen Mängelbeseitigungsaufforderung für den konkret gerügten Mangel der Werkleistung**. Gerügte Mängel verjähren dann erst frühestens zwei Jahre ab deren Zugang. Diese gegenüber dem Gesetz erweiterte und erleichterte Verlängerungsmöglichkeit zur Verjährung greift auch dann ein, wenn gemäß § 13 Abs. 2 und § 13 Abs. 4 Nr. 1 VOB/B die Parteien im Bauvertrag eine längere Gewährleistungsfrist – z. B. eine solche von 5 Jahren – vereinbart haben. Deshalb bedarf es nicht der häufig bei VOB-Bauverträgen anzutreffenden Vereinbarung »Gewährleistung nach BGB«, sondern lediglich der Abänderung der Gewährleistungsfrist des § 13 Abs. 4 VOB/B, wie sie dort ausdrücklich vorgesehen ist (vgl. BGH, Urt. v. 23.02.1989 – VII ZR 89/87, BGHZ 107, 75, 87 = BauR 1989, 322, 327 = NJW 1989, 1602).

541 Anzumerken ist, dass vorstehende Sonderregelung zur Verjährung – dies auch bei einer im Vertrag gegenüber § 13 Abs. 4 VOB/B verlängerten Gewährleistungsfrist – stets nur **für den ersten Fall einer Mängelanzeige** gilt (BGH, Urt. v. 05.07.1990 – VII ZR 164/89, BauR 1990, 723, 725 = NJW-RR 1990, 1240). Eine zweite Verjährungsverlängerung durch schriftliche Mängelanzeige kommt dagegen nicht in Betracht.

▶ **Beispiel**

In einem VOB-Vertrag wird ein Mangel bereits nach einem Jahr gerügt. Nach § 13 Abs. 5 Nr. 1 S. 2 VOB/B endet die Verjährung für diesen gerügten Mangel nicht vor Ablauf von zwei Jahren. Dieser Regelung kommt hier keine besondere Bedeutung zu, weil die längere vertragliche Gewährleistungsfrist von vier Jahren ohnehin noch läuft. Mit der ersten Mängelrüge war die vereinfachte Verlängerungsmöglichkeit des § 13 Abs. 5 Nr. 1 S. 2 VOB/B für diesen konkreten Mangel verbraucht. Rügt der AG jetzt nach drei Jahren nochmals denselben Mangel, verlängert sich die Verjährung nicht mehr.

- **§ 14 Abs. 1 VOB/B – Prüfbare Abrechnung des Auftragnehmers als Fälligkeitsvoraussetzung für Vergütung**

542 Nach dieser Vorschrift ist der Auftragnehmer verpflichtet, seine Leistungen unter Beachtung ins Einzelne gehender Formvorschriften prüfbar abzurechnen. Nur eine **prüfbare Schlussrechnung** führt zur **Fälligkeit des Vergütungsanspruchs des Unternehmers**, und zwar sowohl beim Einheitspreis- als auch beim Pauschalvertrag (BGH, Urt. v. 20.10.1988 – VII ZR 302/87, BGHZ 105, 290, 293 = BauR 1989, 87, 88 = NJW 1989, 836). Demgegenüber wird der Werklohnanspruch des Unternehmers beim BGB-Werkvertrag bereits mit der Abnahme fällig (§ 641 Abs. 1 BGB). Deshalb beginnt die **Verjährungsfrist für den Vergütungsanspruch** des Unternehmers beim BGB-Werkvertrag auch schon mit Ablauf des Jahres, in dem die Abnahme stattgefunden hat (§§ 195, 199 Abs. 1 BGB – BGH, Urt. v. 18.12.1980 – VII ZR 41/80, BGHZ 79, 176, 178 = BauR 1981, 199, 200 = NJW 1981, 814). Beim VOB-Bauvertrag hingegen beginnt die Verjährung erst mit Ablauf des Jahres, in dem die Abnahme erfolgt ist, eine prüfbare Schlussrechnung vorliegt und die Prüfungszeit aus § 16 Abs. 3 Nr. 1 VOB/B von 30 Tagen abgelaufen ist (wobei diese Prüffrist bis zur Fassung der VOB 2012 zwei Monate betrug). Bezüglich der Fälligkeit der

Schlussrechnung ist danach allerdings zu beachten: Hat der Auftraggeber innerhalb der vorgenannten Rechnungsprüfungsfrist von 30 Tagen keinerlei Einwände gegen die Prüffähigkeit der Schlussrechnung erhoben, ist er nunmehr mit solchen Einwänden allein betreffend die Prüfbarkeit der Schlussrechnung als Fälligkeitsvoraussetzung ausgeschlossen (vgl. § 16 Abs. 3 Nr. 1 S. 2 VOB/B sowie zuvor BGH, Urt. v. 27.11.2003 – VII ZR 288/02, BGHZ 157, 118, 127 = BauR 2004, 316, 320 = NJW-RR 2004, 445, 448). Folglich wird die Schlussrechnung nunmehr auch dann fällig, selbst wenn sie objektiv nicht prüfbar ist. Es findet jetzt nur noch eine Sachprüfung statt, ob die Forderung zu Recht besteht (BGH, Urt. v. 22.12.2005 – VII ZR 316/03, BauR 2006, 678, 680 = NJW-RR 2006, 455, 456).

▶ **Beispiel**

Im Rahmen eines VOB-Vertrages wird eine objektiv nicht prüfbare Schlussrechnung am 10. November 2005 übergeben. Erhebt der Auftraggeber keine Einwände gegen die Prüfbarkeit der Rechnung, ist er mit Ablauf des 10. Dezember 2005 mit solchen Einwänden ausgeschlossen. Sie wird zu diesem Zeitpunkt trotz der fehlenden Prüfbarkeit fällig. Die Rechnung würde dann am 31. Dezember 2008 verjähren. Erhebt der Auftraggeber hingegen berechtigte Einwände gegen die Prüfbarkeit und wird die Rechnung daraufhin vom Auftragnehmer erst am 5. Januar 2006 nachgebessert, ist die Rechnung 2005 nicht mehr fällig geworden. Hierdurch würde die diesbezügliche Rechnung erst zum 31. Dezember 2009 verjähren.

- **§ 14 Abs. 4 VOB/B – Selbstaufstellungsrecht für Schlussrechnung**
Für den Fall, dass der Auftragnehmer seiner Verpflichtung, eine prüfbare Schlussrechnung einzureichen, nicht nachkommt, wird dem Auftraggeber gemäß § 14 Abs. 4 VOB/B das Recht eingeräumt, nach angemessener Nachfristsetzung die **Schlussrechnung selbst auf Kosten des Unternehmers aufzustellen** oder sie durch Dritte, z. B. ein Ingenieurbüro, aufstellen zu lassen. Ein solches Recht kennt das Werkvertragsrecht des BGB nicht, zumal dieses ohnehin keinerlei Vorschriften über die Verpflichtung zur Rechnungserteilung vorsieht. Unbeschadet dessen meint allerdings das OLG Düsseldorf (Urt. v. 26.06.1998 – 22 U 207/97, BauR 1999, 655 = NJW-RR 1999, 527), dass der § 14 Abs. 4 VOB/B zugrunde liegende Rechtsgedanke des Selbstaufstellungsrechts für eine Schlussrechnung auch bei einem BGB-Werkvertrag gilt, soweit in dem zugrunde liegenden Bauvertrag die Übergabe einer Rechnung als Fälligkeitsvoraussetzung vereinbart ist.

- **§ 15 Abs. 3 VOB/B – Nachweisführung bei Stundenlohnarbeiten**
Durch diese besondere Regelung wird der Unternehmer verpflichtet, die Ausführung von **Stundenlohnarbeiten vor deren Beginn** dem Auftraggeber **anzuzeigen**, um ihm die Möglichkeit zur Kontrolle des Umfangs dieser für ihn mit besonderen Risiken verbundenen Stundenlohnarbeiten zu geben. Außerdem hat der Auftragnehmer **beim Auftraggeber** werktäglich oder wöchentlich **Stundenlohnzettel einzureichen**. Bei verspäteter Einreichung können sich für den Auftragnehmer erhebliche Nachweisschwierigkeiten ergeben, die nach § 15 Abs. 5 VOB/B zum Verlust des Vergütungsanspruchs oder jedenfalls zu erheblichen Nachteilen bei der Abrechnung führen können.

- **§ 16 Abs. 3 Nr. 1 VOB/B – Hinausgeschobene Fälligkeit des Vergütungsanspruchs bis zu 30 Tagen für Schlussrechnung**
Nach der gesetzlichen Regelung in § 641 Abs. 1 BGB wird die Vergütung des Unternehmers bei Abnahme fällig. Demgegenüber wird die **Fälligkeit des Vergütungsanspruches** bei einem VOB-Vertrag zugunsten des Auftraggebers hinausgeschoben. Denn neben der Abnahme der Bauleistung, die auch beim VOB-Vertrag Fälligkeitsvoraussetzung ist (vgl. BGH, Urt. v. 18.12.1980 – VII ZR 43/80, BGHZ 79, 180, 182 = BauR 1981, 201, 202 = NJW 1981, 822), sind noch eine prüfbare Schlussrechnung gemäß § 14 Abs. 1 VOB/B und der Ablauf einer Frist von 30 Tagen (bis zur Neufassung durch die VOB 2012 von ehemals zwei Monaten) zur Prüfung der Schlussrechnung erforderlich, sofern nicht die Prüfung schon vor Ablauf dieser Frist abgeschlossen ist. Dies gilt auch für den Pauschalvertrag, selbst wenn es hier bei unveränderter Ausführung keiner eingehenden Prüfung bedarf (BGH, Urt. v. 20.10.1988 – VII ZR 302/87, BGHZ 105, 290, 293 = BauR 1989, 87, 88 = NJW 1989, 836). Die vorstehende 30-Tage-Frist verlängert

sich auf bis zu 60 Tage, wenn dies aufgrund der besonderen Natur oder Merkmale der Vereinbarung sachlich gerechtfertigt und ausdrücklich vereinbart worden ist (s. dazu näher Rdn. 2545).

- **§ 16 Abs. 3 Nr. 2 VOB/B – Ausschlusswirkung bei Schlusszahlung**

546 Die in dieser Vorschrift enthaltenen besonderen Regelungen zur sog. **vorbehaltlosen Annahme der Schlusszahlung** und ihrer Wirkungen stellen eine nicht zu unterschätzende Begünstigung des Auftraggebers dar. Sie kommen allerdings nur zum Zuge, wenn die VOB/B insgesamt vereinbart ist (s. dazu oben Rdn. 481 ff.) oder auf Vorschlag des Auftragnehmers in den Vertrag einbezogen wurde. Dies ist von BEdeutung, weil nämlich § 16 Abs. 3 Nr. 2 VOB/B einer isolierten Inhaltskontrolle nach § 307 BGB nicht standhält (BGH, Urt. v. 09.10.2001 – X ZR 153/99, BauR 2002, 775, 776).

547 Ansonsten liegt der besondere Vorteil von § 16 Abs. 3 Nr. 2 VOB/B darin, dass der Auftragnehmer bei Einhaltung der dort genannten Voraussetzungen **mit der Geltendmachung weiterer Ansprüche ausgeschlossen** ist. Die diesbezügliche Ausschlusswirkung setzt aufseiten des Auftraggebers voraus, dass dieser nach einer Schlussrechnung eine Schlusszahlung erbracht, im Rahmen der Schlusszahlung schriftlich auf deren Eigenschaft als Schlusszahlung und sodann gesondert auf die Ausschlusswirkung hingewiesen hat. Dabei tritt die Ausschlusswirkung ferner ein, wenn der Auftraggeber anstatt der Schlusszahlung eindeutig schriftlich weitere Zahlungen unter Hinweis auf bereits geleistete Zahlungen abgelehnt hat. Sie tritt schließlich ein, soweit der Auftraggeber aus sonstigen Gründen endgültig zu verstehen gegeben hat, dass er zu weiteren Zahlungen nicht mehr bereit ist oder gar Überzahlungen vom Auftragnehmer zurückverlangt. Will der Auftragnehmer die dann drohende Ausschlusswirkung vermeiden, muss er in den vorgenannten Fällen rechtzeitig entsprechende **Vorbehalte erklären**. Diese sind **fristgebunden**, d. h.: In erster Linie muss der Auftragnehmer einen Vorbehalt dem Grundsatz nach 24 Werktage nach Zugang der jeweiligen Mitteilung des Auftraggebers erklären. Sodann muss er nach Abgabe dieses Vorbehaltes binnen weiterer 24 Werktage, die mit Ablauf der ersten 24 Werktagefrist beginnen, seinen Vorbehalt schriftlich begründen.

- **§ 16 Abs. 6 VOB/B – Recht des Auftraggebers zu Zahlungen an Subunternehmer**

548 § 16 Abs. 6 VOB/B berechtigt den Auftraggeber, zur Erfüllung seiner Verpflichtungen **Zahlungen** nicht an seinen Vertragspartner, den Auftragnehmer, sondern ausnahmsweise **an dessen Gläubiger** zu leisten, und zwar mit Erfüllungswirkung gegenüber dem Auftragnehmer. Dieses Recht besteht ausnahmsweise, soweit die Gläubiger des Auftragnehmers, die aufgrund eines mit diesem abgeschlossenen Dienst- oder Werkvertrages an der Durchführung des Bauvorhabens beteiligt sind, wegen Zahlungsverzugs des Auftragnehmers die Fortsetzung ihrer Leistungen zu Recht verweigern und die Direktzahlung die Fortsetzung der Leistung sicherstellen soll. In der Sache betrifft dies vor allem Subunternehmer des Auftragnehmers, die auf derselben Baustelle tätig sind und vom Hauptauftragnehmer wegen dessen drohender Insolvenz keine Zahlungen mehr erhalten. Hier soll der Auftraggeber über § 16 Abs. 6 S. 1 VOB/B in der Lage versetzt werden, eine Unterbrechung der Bauausführung seitens der Subunternehmer wegen Zahlungsverzuges des (Haupt-)Auftragnehmers zu verhindern. Vor der Zahlung an die Subunternehmer bedarf es zur Vermeidung der damit verbundenen Risiken jedoch einer Klärung der Höhe der berechtigten Forderungen der Subunternehmer und des Zahlungsverzuges des (Haupt-)Auftragnehmers. Diese Klärung wird dem Auftraggeber durch die Regelung des § 16 Abs. 6 S. 2 und 3 VOB/B weitgehend erleichtert: Denn danach gelten die Forderungen der Subunternehmer als anerkannt und der Zahlungsverzug als bestätigt, wenn der (Haupt-)Auftragnehmer nicht auf Verlangen des Auftraggebers binnen einer dazu gesetzten Frist entsprechende Erklärungen abgibt.

549 Anzumerken ist, dass § 16 Abs. 6 VOB/B **einer isolierten AGB-Inhaltskontrolle der VOB/B** (vgl. dazu Rdn. 481 ff., 494 ff.) gemäß § 307 BGB **nicht standhält**. Ebenso ergeben sich insolvenzrechtliche Probleme bis hin zu der Folge, dass solche Direktzahlungen ggf. anfechtbar sind. Auf Einzelheiten soll allerdings erst später eingegangen werden (s. Rdn. 2662 ff.).

- **§ 18 Abs. 1 VOB/B – Gerichtsstandsvereinbarung zugunsten des Auftraggebers**

550 In der Praxis vielfach übersehen wird die in § 18 Abs. 1 VOB/B enthaltene Gerichtsstandvereinbarung zugunsten des Auftraggebers. Danach richtet sich der Gerichtsstand bei Streitigkeiten aus

4.1 Unterschiede zwischen VOB-Bauvertrag und BGB-Werkvertrag

dem Vertrag nach dem Sitz **der für die Prozessvertretung des Auftraggebers zuständigen Stelle**, wenn nichts anderes vereinbart ist. Diese Stelle ist dem Auftragnehmer auf Verlangen mitzuteilen. Diese Gerichtsstandsvereinbarung hat für den Auftraggeber in Aktiv- und Passivprozessen eine vielfach erhebliche Bedeutung. Sie gilt allerdings nur, wenn beide Parteien zum Abschluss von Gerichtsstandsvereinbarungen im Voraus befähigt sind (vgl. § 38 ZPO). Dies betrifft in der Regel nur VOB-Verträge, soweit daran **ausschließlich Kaufleute**, juristische Personen des öffentlichen Rechts oder öffentlich-rechtliche Sondervermögen beteiligt sind (vgl. zu den weiteren Ausnahmen Ingenstau/Korbion/Joussen, VOB/B § 18 Abs. 1 Rn. 20 ff.). Dabei ist allenfalls bestritten, inwieweit diese Regelung allein auf öffentliche Auftraggeber anzuwenden ist (dies andeutend BGH, Beschl. v. 29.01.2009 – VII ZB 79/08, BauR 2009, 1001, NJW 2009, 1974 = NZBau 2009, 1974). Überzeugend ist das nicht, zumal sich aus § 18 Abs. 1 VOB/B auch überhaupt kein Anhaltspunkt für eine solche Beschränkung ergibt (s. dazu Ingenstau/Korbion/Joussen, VOB/B, § 18 Abs. 1 Rn. 18 f.).

4.1.3 Neutrale Abweichungen in der VOB/B gegenüber dem gesetzlichen Werkvertragsrecht des BGB

Für die Beurteilung der Frage, ob es im Einzelfall sinnvoll und zweckmäßig ist, die VOB/B als Vertragsgrundlage zu vereinbaren, ist neben der Abwägung der Vor- und Nachteile gegenüber dem gesetzlichen Werkvertragsrecht von Bedeutung, welche anderen Sonderregelungen die VOB/B vorsieht, die weder den Auftraggeber noch den Auftragnehmer begünstigen.

Übersicht zu den neutralen Abweichungen der VOB/B vom gesetzlichen Werkvertragsrecht	
§ 2 Abs. 3–8	Detaillierte Preisanpassungsregelungen bei Mengen- und Leistungsänderungen, Beibehaltung der Urkalkulation
§ 3 und 4	Abgrenzung der Rechte und Pflichten AN/AG
§ 8 und 9	Regelungen zur Kündigung
§ 14 und 16	Regelungen zur Abrechnung und Schlusszahlung
Verschiedene Regelungen	Allgemein Schriftformerfordernis für Vertragserklärungen u.a

Im Einzelnen
- **§ 2 Abs. 3–8 VOB/B**
In diesen Bestimmungen der VOB/B finden sich eingehende Regelungen darüber, wie sich Änderungen in der Art oder im Umfang der vertraglich vorgesehenen Leistung auf die vereinbarte Vergütung auswirken. So werden in § 2 Abs. 3 VOB/B der Einfluss von **Mehr- oder Mindermengen** auf die Einheitspreise, in § 2 Abs. 4 VOB/B der Vergütungsanspruch des Unternehmers bei Selbstausführung eines Teils der im Vertrag vorgesehenen Leistungen durch den Auftraggeber und in § 2 Abs. 5 VOB/B die Auswirkungen von **Leistungsänderungen** auf den vereinbarten Preis geregelt. § 2 Abs. 6 VOB/B eröffnet dem Auftragnehmer unter bestimmten Voraussetzungen einen zusätzlichen Vergütungsanspruch bei echten, vom Auftraggeber geforderten **Zusatzleistungen**, während § 2 Abs. 7 VOB/B die Änderungsmöglichkeiten der Vergütung bei einem **Pauschalvertrag** behandelt. Schließlich gewährt § 2 Abs. 8 VOB/B dem Unternehmer unter sehr engen Voraussetzungen selbst dann einen zusätzlichen Vergütungsanspruch, wenn der Auftragnehmer zusätzliche Leistungen ohne Auftrag ausführt, der Auftraggeber diese aber nachträglich anerkennt oder diese Leistungen zur Erfüllung des Vertrages notwendig waren, dem mutmaßlichen Willen des Auftraggebers entsprachen und ihm unverzüglich angezeigt wurden. Allen diesen Regelungen zur Vergütungsanpassung gemäß § 2 VOB/B ist gemeinsam, dass die neue Vergütung unter Berücksichtigung der durch die Änderung verursachten Mehr- und/oder Minderkosten auf der **Grundlage der Kalkulation der Vertragspreise** zu berechnen ist, sodass die Wettbewerbspreise letztlich auf die Nachtragsangebote durchschlagen.

554 Mit diesen eingehenden Vorschriften für eine Änderung der vereinbarten Vergütung wird beiden Vertragsparteien ein Instrumentarium zur Verfügung gestellt, das bei richtiger Anwendung geeignet ist, Streitigkeiten über **Vergütungsanpassungen nach Leistungsänderungen** weitgehend zu vermeiden. Vergleichbares kennt das BGB-Werkvertragsrecht nicht. Daher bedarf es dort bei Leistungsänderungen stets einer entsprechenden Vergütungsvereinbarung. Hilfsweise muss ggf. über die sehr allgemein gehaltenen Regelungen des § 632 Abs. 1 und 2 BGB die **übliche Vergütung** festgestellt werden, wie sie auch immer an welchem Ort zu ermitteln ist. Dies betrifft alle zusätzlichen oder geänderten Leistungen, für die eine Vergütung als stillschweigend vereinbart gilt, wenn diese – zusätzliche oder geänderte – Leistung den Umständen nach nur gegen eine Vergütung zu erwarten ist (§ 632 Abs. 1 BGB). Eine solche Vergütungsermittlung ist mit erheblichem Streitpotenzial verbunden. Dem ist aus Sicht beider Vertragspartner die eingehende Regelung der VOB/B mit ihrem klaren Vergütungssystem vorzuziehen. Diese ist speziell auf die Baupraxis zugeschnitten und gewährt grundsätzlich beiden Vertragsteilen einen Anspruch auf Änderung der vereinbarten Vergütung, wenn die jeweiligen Voraussetzungen dafür erfüllt sind.

- **§§ 3 und 4 VOB/B**

555 Die in den §§ 3 und 4 VOB/B enthaltenen vielfältigen Einzelregelungen befassen sich vor allem mit der Abgrenzung der beiden Parteien obliegenden vertraglichen **Neben- und Mitwirkungspflichten**. Darin kommt eine **ausgewogene Risikoverteilung** zum Ausdruck (vgl. Nicklisch/Weick, VOB/B Einl. Rn. 5 ff., 18). Sie hat gegenüber dem gesetzlichen Werkvertragsrecht den Vorteil, dass die wechselseitigen Pflichten, **Nebenpflichten, Obliegenheiten und Mitwirkungs- oder Unterlassungspflichten** in der VOB nach den Bedürfnissen des Baugeschehens im Einzelnen festgelegt sind. Demgegenüber werden beim BGB-Werkvertrag diese jeweiligen Pflichten des einen oder anderen Vertragspartners meist aus Generalklauseln wie § 242 BGB oder § 642 BGB abgeleitet, woraus sich für die Vertragspartner eine erhebliche Rechtsunsicherheit ergibt. Auch ist bei diesen abgeleiteten Verhaltensweisen zulasten der einen oder anderen Vertragspartei im BGB-Vertrag nicht einmal sicher, ob es sich dabei überhaupt um Vertragspflichten handelt oder nur um Obliegenheiten (s. dazu Rdn. 1072 ff.).

▶ Beispiel

In einem VOB-Vertrag hat der Auftraggeber die Hauptachsen der baulichen Anlagen abzustecken. Dies ist aufgrund der Regelung in § 3 Abs. 2 VOB/B eine echte Nebenpflicht. Anders beim BGB-Werkvertrag: Auch hier wird es für die Realisierung des Bauvorhabens notwendigerweise auf die Absteckung der Hauptachsen ankommen. Allerdings handelt es sich dabei in der Regel nicht um eine Nebenpflicht, die der Unternehmer notfalls sogar einklagen könnte oder die – bei Unterlassen – ohne Weiteres mit Schadensersatzpflichten verbunden wäre. Vielmehr liegt darin (lediglich) eine Obliegenheit des Auftraggebers, deren Verletzung aber immerhin für den Auftragnehmer Ansprüche nach § 642 BGB auslöst.

Im Einzelnen wird auf die Risiko- und Aufgabenverteilung zwischen Auftraggeber und Auftragnehmer an späterer Stelle bei der Behandlung der eigentlichen Bauleistung und ihrer Ausführung eingegangen (vgl. Rdn. 940 ff.).

- **§§ 8 und 9 VOB/B**

556 In diesen Bestimmungen findet sich ein ausgewogenes System der **beiderseitigen Kündigungsrechte**, also der Voraussetzungen und der Folgen einer Kündigung. Auch diese Regelungen sind eingehender als das BGB-Werkvertragsrecht. So kennt Letzteres z. B. gar keine Kündigung des Auftragnehmers. Ebenso unbekannt sind Bestimmungen über die Voraussetzungen und Folgen einer Kündigung durch den Auftraggeber aus wichtigem Grunde, was die VOB/B in § 8 Abs. 3 Nr. 2 ff. im Einzelnen regelt. Die VOB/B berücksichtigt dabei vor allem die besonderen Belange der Partner eines Bauvertrages. Gleichzeitig verfolgt sie das Ziel, bereits erbrachte Bauleistungen in ihrem wirtschaftlichen Wert so weit wie möglich zu erhalten.

- **§§ 14–16 VOB/B**
  Diese Vorschriften regeln eingehend die Anforderungen an die ordnungsgemäße **Abrechnung eines Bauvorhabens** und legen die vom Auftraggeber zu leistenden Zahlungen fest. Vergleichbare Regelungen fehlen im BGB nahezu vollständig. 557
- **Schriftformklauseln in der VOB/B**
  Neben den bereits erwähnten, unterschiedlichen sachlichen Regelungen finden sich in der VOB/B zahlreiche **Formvorschriften**. Sie sollen in ihrer Zielsetzung beiden Vertragspartnern eines Bauvertrages zugutekommen, da sie der Klarheit und Beweisbarkeit und damit der Vermeidung von Streitigkeiten dienen. Dabei geht die VOB in ihrem Gesamtgefüge davon aus, dass der Bauvertrag in allen Bestandteilen (Leistungsbeschreibung, Vergütungsvereinbarung, Vertragsbedingungen usw.) schriftlich abgeschlossen wird, wenngleich dies an keiner Stelle ausdrücklich festgelegt ist. Daher könnte ein VOB-Bauvertrag auch mündlich vereinbart werden, wovor aber eindringlich zu warnen ist. 558

▶ **Beispiel**

Ausdrückliche Vorgabe in der VOB/B zur Einhaltung der Schriftform bei 559
- Hinweis des Auftragnehmers auf **Bedenken gegen die vorgesehene Art der Ausführung**, gegen die Güte der vom Auftraggeber gelieferten Stoffe oder Bauteile oder gegen die Leistungen anderer Unternehmer (vgl. § 4 Abs. 3 VOB/B)
- Zustimmung des Auftraggebers zum **Einsatz von Sub- oder Nachunternehmern** durch den Auftragnehmer (vgl. § 4 Abs. 8 VOB/B)
- **Behinderungsanzeige** des Unternehmers (§ 6 Abs. 1 VOB/B)
- **Kündigung** des Bauvertrages durch den Auftraggeber (vgl. § 8 Abs. 5 VOB/B) und durch den Auftragnehmer (vgl. § 9 Abs. 2 S. 1 VOB/B)
- **förmliche Abnahme** (vgl. § 12 Abs. 4 Nr. 1 S. 3 und 4 VOB/B)
- Mitteilung des Auftragnehmers über die **Fertigstellung** seiner Leistung (vgl. § 12 Abs. 5 Nr. 1 VOB/B)
- **Mängelrüge** des Auftraggebers zum Zwecke der Unterbrechung der Gewährleistungsfrist (vgl. § 13 Abs. 5 Nr. 1 S. 1 und 2 VOB/B)
- **Stundenlohnzettel** und evtl. Einwendungen des Auftraggebers gegen deren Inhalt (vgl. § 15 Abs. 3 VOB/B)
- Unterrichtung des Auftragnehmers über die Schlusszahlung und den Hinweis auf die Ausschlusswirkung (§ 16 Abs. 3 Nr. 2 VOB/B) bzw. die einer **Schlusszahlung** gleich zu stellende **Ablehnung weiterer Zahlungen** seitens des Auftraggebers (vgl. § 16 Abs. 3 Nr. 3 VOB/B) und
- Form der Sicherheitsleistung bei abzugebender **Bürgschaftserklärung** (vgl. § 17 Abs. 4 S. 2 VOB/B).

4.1.4 Würdigung der Unterschiede der VOB-Regelung und des BGB-Werkvertragsrechts

Die vorangegangene Aufstellung der wichtigsten, den Auftraggeber belastenden und ihn begünstigenden abweichenden Bestimmungen der VOB/B gegenüber dem BGB-Werkvertragsrecht zeigt mit aller Deutlichkeit, dass die Verfasser der **VOB ein ausgewogenes Vertragswerk** für die speziellen Belange des Baugeschehens angestrebt und dieses erreicht haben. Die Vorschriften der VOB, insbesondere des Teils B der VOB, entsprechen daher in ihrer Gesamtheit den Regeln von Treu und Glauben (BGH, LM § 635 BGB Nr. 3; OLG Köln, Urt. v. 28.05.1974 – 4 U 295/73, BauR 1975, 351, 352; BGH, Urt. v. 16.12.1982 – VII ZR 92/82, BGHZ 86, 135, 141 = BauR 1983, 161, 164 = NJW 1983, 816, 818). 560

Die VOB ist unter Beteiligung aller mit dem Baugeschehen von Berufs wegen befassten Kreise, also der Interessengruppen der Besteller wie der Unternehmer geschaffen worden; sie enthält einen auf die Besonderheiten des Bauvertragsrechts abgestimmten Interessenausgleich, was auch im Zuge der Freistellung von einer AGB-Inhaltskontrolle (siehe oben Rdn. 481 ff.) mit der diesbezüglichen Privilegierung der VOB vom Gesetzgeber anerkannt worden ist (vgl. § 310 Abs. 1 S. 3 BGB). Dabei 561 rechtfertigen sich die Abweichungen von den gesetzlichen Regelungen des BGB-Werkvertragsrechts durchweg mit den besonderen Eigenheiten des Baugeschehens, auf die das gesetzliche Werkvertragsrecht wegen seiner Allgemeingültigkeit für alle Werkverträge nicht zugeschnitten ist und es auch nicht sein kann. Die Abweichungen haben ihren Grund vor allem in dem Bemühen um Präzisierung der **Leistungspflichten des Unternehmers** und der **Mitwirkungspflichten des Auftraggebers** aufgrund der besonderen Gegebenheiten des Bauvertrages. Zudem wird mit der VOB das Ziel verfolgt, das Bauvorhaben schneller abzuwickeln, bereits erbrachte Bauleistungen in ihrem wirtschaftlichen Wert zu erhalten, den Vertragszweck so weit wie möglich zu erreichen und mögliche Streitigkeiten und Meinungsverschiedenheiten nach möglichst kurzer Zeit beizulegen oder zu beenden.

562 Unter Berücksichtigung dieser übergeordneten Ziele und der berechtigten Interessen beider Vertragspartner ist die **VOB/B als Vertragsgrundlage für Bauverträge grundsätzlich zu empfehlen** ist. So hat gerade für den Auftraggeber und seinen Architekten die VOB/B als Vertragsgrundlage den großen und vielleicht entscheidenden Vorteil, dass ihm ein einseitiges Leistungsänderungsrecht zugebilligt wird (vgl. § 1 Abs. 3 und 4 S. 1 VOB/B). Die Vorteile einer Vereinbarung der VOB/B im Bauvertrag sind aber auch für einen auf dem Gebiet des Baurechts nicht **kundigen Bauherrn/ Verbraucher** erheblich, für den ansonsten die Anwendung der VOB/B vom Herausgeber nicht mehr direkt empfohlen wird. Denn die VOB/B regelt die wechselseitigen Rechte und Pflichten der Vertragspartner klar und verständlich. Streitfragen lassen sich meist schon aus der VOB/B selbst oder aber aus den jedermann leicht zugänglichen Kommentaren zur VOB lösen. Die Rechtslage ist hier deutlich nachvollziehbarer als die nach dem sonst anwendbaren Werkvertragsrecht nach BGB.

563 Durch die Vereinbarung der VOB/B als Vertragsgrundlage wird aber das gesetzliche Werkvertragsrecht und das **BGB im Übrigen nur insoweit verdrängt**, als die VOB/B dazu eine eigenständige und abschließende Spezialregelung enthält; im Übrigen bleiben insbesondere die Vorschriften des allgemeinen Schuldrechts und des Allgemeinen Teils des BGB anwendbar.

4.2 Ausfüllung der Lücken der VOB/B durch Zusätzliche und/oder Besondere Vertragsbedingungen

564 Hat sich der Ausschreibende nach Abwägung der oben dargelegten Vor- und Nachteile entschlossen, seiner Ausschreibung und damit dem später aufgrund dieser **Ausschreibung** abzuschließenden **Bauvertrag** die VOB/B zugrunde zu legen, so stellt sich für ihn ebenso wie sonst für die Vertragsschließenden, die die VOB/B als Vertragsgrundlage vereinbaren wollen, die Frage, ob und ggf. welche **Lücken in der VOB/B** durch **Zusätzliche oder Besondere Vertragsbedingungen** ausgefüllt werden sollen. Ebenso ist zu klären, ob von den in einzelnen Bestimmungen der VOB/B ausdrücklich erwähnten Möglichkeiten anderweitiger, also abweichender Vereinbarungen Gebrauch gemacht werden soll. Werden diese Fragen bejaht, bleibt zu prüfen, ob die für notwendig erachteten ergänzenden oder abweichenden Regelungen in Zusätzlichen Vertragsbedingungen (ZVB) oder Besonderen Vertragsbedingungen (BVB) aufgenommen werden sollen. In den seltensten Fällen wird deshalb die VOB/B unverändert ohne derartige Vertragsbedingungen zum Inhalt eines Bauvertrages gemacht. Tatsächlich sind solche ergänzenden Vertragsbedingungen zu den Allgemeinen Vertragsbedingungen für die Ausführung von Bauleistungen (VOB Teil B) in der Systematik der VOB auch vorgesehen, um das an sich starre Regelwerk der VOB/B den Eigenheiten der jeweiligen Vertragsleistung anzupassen:

565 - Gemäß § 8 Abs. 4 Nr. 1 VOB/A können Auftraggeber, die ständig Bauleistungen vergeben, die VOB Teil B für die bei ihnen allgemein gegebenen Verhältnisse durch **Zusätzliche Vertragsbedingungen (ZVB)** ergänzen. Daraus folgt, dass ergänzende oder von der VOB/B abweichende Regelungen, die für alle Bauvorhaben eines bestimmten Auftraggebers gelten sollen, in ZVB aufzunehmen sind.
- Ergänzungen und Änderungen der VOB/B, die wegen der Erfordernisse des Einzelfalles, also eines ganz bestimmten Bauvorhabens erforderlich oder zweckmäßig erscheinen, sind dagegen

in **Besonderen Vertragsbedingungen (BVB)** vorzusehen, wie sich aus § 8 Abs. 4 Nr. 2 VOB/A ergibt.

Von vorstehender Systematik geht auch § 1 Abs. 2 VOB/B bei der Festlegung der **Rangfolge der unterschiedlichen Bedingungen** und Vorschriften aus: Entsprechend den allgemeinen Auslegungsregeln des Privatrechts wird dort nämlich der **Vorrang der spezielleren gegenüber der allgemeineren Regelung** noch einmal zum Ausdruck gebracht, indem bei Widersprüchen die BVB Regelungen der ZVB verdrängen. 566

Bei richtiger Zuordnung ergänzender oder abweichender Vorschriften in BVB und ZVB ergibt sich aus deren vorstehend beschriebenem unterschiedlichen Charakter zugleich, dass die BVB von ihrer Grundkonzeption als **Individualabreden** und nicht als AGB anzusehen sind, da sie ja gerade den speziellen Einzelfall regeln sollen. In der Praxis sieht dies allerdings meist ganz anders aus. Hier finden sich ergänzende oder abweichende Vereinbarungen fast wahllos in BVB und ZVB, ohne dass erkennbar wird, ob es sich wirklich um eine Einzelfallregelung handelt. Das hat zur Folge, dass in den meisten Fällen sowohl **BVB als auch ZVB** einer AGB-Inhaltskontrolle standhalten müssen (vgl. dazu auch Rdn. 632 ff.), da es sich um vorformulierte, für eine Vielzahl von Verträgen bestimmte Vertragsbedingungen handelt, die von einer Vertragspartei, meist dem Auftraggeber als Ausschreibendem, gestellt werden (vgl. § 305 Abs. 1 BGB). Deshalb ist bei der Abfassung der ZVB und BVB besondere Vorsicht geboten, wenn man verhindern will, dass die darin enthaltenen Regelungen später an einer AGB-Inhaltskontrolle gemäß den §§ 307 ff. BGB scheitern und deswegen für unwirksam erklärt werden. 567

Ansonsten wird man im Grundsatz festhalten können, dass ZVB und BVB im Sinne des § 8 Abs. 4 VOB/A an der **Privilegierung der VOB** als Ganzes mit einer Freistellung von einer AGB-Inhaltskontrolle immer dann teilhaben, wenn sie sich im Rahmen der Lückenausfüllung und der zugelassenen abweichenden Vereinbarungen in der VOB/B bewegen und dabei die Grundsätze des Teils A der VOB beachtet werden: Denn **ZVB und BVB sind bei der VOB grundsätzlich systemimmanent**. Sie bilden mit den Allgemeinen Vertragsbedingungen des Teiles B und den vertragsrechtlichen Bestimmungen des Teils C die Vertragsgrundlage »VOB als Ganzes« (vgl. dazu Bartsch ZfBR 1984, 1 ff.). Hieran dürfte sich auch infolge der Rechtsprechung des BGH insoweit nichts geändert haben, als bereits jede Abweichung von der VOB/B zu einer Inhaltskontrolle führen soll (vgl. dazu BGH, Urt. v. 22.01.2004 – VII ZR 419/02, BGHZ 157, 346, 348 = BauR 2004, 668, 669 = NJW 2004, 1597; BGH, Urt. v. 15.04.2004 – VII ZR 129/02, BauR 2004, 1142, 1143 = NJW-RR 2004, 957). Denn wenn die VOB/B selbst entsprechende Lückenausfüllungen oder abweichende Vereinbarungen ausdrücklich vorsieht, wäre es nicht nachvollziehbar, die vom Gesetzgeber gewollte Privilegierung deswegen scheitern zu lassen, weil die Vertragsparteien genau diese in der VOB angelegte Regelungssystematik nutzen (s. dazu auch oben Rdn. 488 ff.). Dabei gilt aber in jedem Fall: Die Privilegierung der VOB/B bei der Vereinbarung abweichender Regelungen im Rahmen der Öffnungsklauseln wird nur dann erhalten bleiben, wenn sich die **ergänzenden Vertragsbedingungen noch im Rahmen der VOB und ihrer Ausgewogenheit halten**. Aus diesem Grund dürfen die in der VOB zugelassenen Ergänzungen oder Abweichungen den mit der VOB insgesamt verfolgten angemessenen Interessenausgleich nicht gefährden oder auch nur berühren. Ein Maßstab hierzu ergibt sich vielfach aus den zugrunde liegenden Regelungen der VOB/A, so vor allem aus § 9 VOB/A zu der Bemessung von Ausführungsfristen, zur Vereinbarung von Vertragsstrafen, zu Richtlinien bei der Vereinbarung abweichender Gewährleistungsfristen oder zur Sicherheitsleistung. 568

4.2.1 Ausfüllen der in der VOB/B vorgesehenen Lücken

Die Vereinbarung der VOB/B als Vertragsgrundlage bedarf häufig der Ergänzung, weil die VOB/B einige Fragen offen lässt. Einzelne Bestimmungen der VOB/B finden sogar nur Anwendung, wenn hierzu ausdrücklich eine Vereinbarung zwischen den Vertragspartnern getroffen worden ist. 569

Übersicht zu ausfüllbedürftigen Regelungen in der VOB/B	
§ 5	Vereinbarung von Vertragsfristen
§ 6	Regelungen zu Behinderungen
§ 11	Vereinbarung von Vertragsstrafen
§ 2 Abs. 10	Vereinbarung von Stundenlohnarbeiten (§ 15)
§ 16	Vereinbarungen im Vergütungsbereich: • Abschlagszahlungen (Abs. 1 Nr. 2) • Vorauszahlungen (Abs. 2) • Skonto (Abs. 5 Nr. 2)
§ 17	Sicherheitsleistung

Im Einzelnen:
- **§ 5 VOB/B – Vereinbarung von Vertragsfristen**

570 Ein wesentlicher Teil der Regelungen des § 5 VOB/B, der sich mit den **Ausführungsfristen** und den Folgen ihrer Nichteinhaltung befasst, findet nur Anwendung, wenn die Vertragspartner in ergänzenden Vertragsbedingungen (BVB) überhaupt Ausführungsfristen als **verbindliche Vertragsfristen** vereinbart haben.

So sollen nach § 8 Abs. 6 Nr. 1d) VOB/A in ZVB oder BVB, soweit erforderlich, **Ausführungsfristen** geregelt werden. In § 9 Abs. 1 bis 4 VOB/A ist im Einzelnen festgelegt, wie die Ausführungsfristen bemessen und wann darüber hinaus eine Frist für den **Ausführungsbeginn** und wann **Einzelfristen** als verbindliche Vertragsfristen vereinbart werden sollen (vgl. dazu im Einzelnen: Vygen/Joussen/Schubert/Lang, Bauverzögerung und Leistungsänderung, Teil A, Rn. 25 ff.). Diese Vorschriften sind von den Vertragspartnern zu beachten, wenn Ausführungsfristen festgelegt werden. Dem Auftragnehmer ist dabei dringend anzuraten, zumindest einen ungefähren Ausführungsbeginn anzugeben, da er andernfalls gemäß § 5 Abs. 2 VOB/B binnen 12 Werktagen nach Aufforderung durch den Auftraggeber zu beginnen hat. Da diese Ausführungsfristen der zu erbringenden Bauleistung angepasst sein müssen, eignen sich entsprechende Vereinbarungen im Allgemeinen nicht für ZVB, die von ihrer Grundstruktur gemäß § 8 Abs. 4 Nr. 1 VOB/A auf die bei einem Auftraggeber, der ständig Bauleistungen vergibt, gegebenen allgemeinen Verhältnisse zugeschnitten sein sollen. Richtiger Ort für Ausführungsfristen sind daher entweder die BVB, die gemäß § 8 Abs. 4 Nr. 2 VOB/A die Erfordernisse des Einzelfalles regeln, oder aber eine echte **Individualvereinbarung**, etwa in einem Vergabeprotokoll. Allerdings ist damit nicht gesagt, dass alle Regelungen in einem solchen **Vergabeprotokoll** als Individualvereinbarungen anzusehen und damit einer AGB-Inhaltskontrolle entzogen sind.

- **§ 6 VOB/B – Regelungen zu Behinderungen**

571 Die Vorschriften in § 6 Abs. 2 und 4 VOB/B, in denen die Voraussetzungen für die **Verlängerung von Ausführungsfristen** (vgl. dazu im Einzelnen: Vygen/Joussen/Schubert/Lang a. a. O., Teil A, Rn. 270 ff.) und die Berechnung der Fristverlängerung geregelt sind, können ebenfalls nur zum Zuge kommen, wenn überhaupt im Vertragswerk konkrete Ausführungsfristen vereinbart worden sind. Dabei kann es sich im Einzelfall empfehlen, auch eine detaillierte Regelung für die Auswirkungen von Schlechtwettertagen oder Hochwasser bei einer Wasserbaustelle auf die Bauzeit zu treffen. Diese Regelung kann dann auch eine Vergütungsvereinbarung für Stillstandszeiten vorsehen.

- **§ 11 VOB/B – Vereinbarung von Vertragsstrafen**

572 In dieser Bestimmung der VOB/B finden sich Regelungen zur Vertragsstrafe. Wie sich schon aus dem Wortlaut des § 11 Abs. 1 und 2 VOB/B ersehen lässt, greift sie aber nur ein, wenn die Vertragspartner im Bauvertrag, also in BVB oder ZVB, eine **Vertragsstrafe ausdrücklich vorgesehen** haben. Dazu genügt es nicht, dass die VOB/B als Vertragsgrundlage vereinbart worden ist. Stattdessen bedarf es für den Fall nicht rechtzeitiger Vertragserfüllung durch den Auftragnehmer zu-

4.2 Ausfüllung der Lücken der VOB/B durch Zusätzliche und/oder Besondere Vertragsbedingungen

nächst der Vereinbarung von Ausführungsfristen als verbindliche Vertragsfristen im Sinne des § 5 Abs. 1 VOB/B sowie darüber hinaus der Vereinbarung einer Vertragsstrafe für den Fall der schuldhaften Überschreitung dieser Fristen.

Gemäß § 8 Abs. 6 Nr. 6 f.) und gemäß § 9 Abs. 5 VOB/A sollen Vertragsstrafen sodann nur ausbedungen werden, wenn die Überschreitung von Vertragsfristen erhebliche Nachteile verursachen kann; dabei ist die Strafe in angemessenen Grenzen zu halten. Es ist zu empfehlen, diesen von der VOB/A gesetzten Rahmen zu beachten. Andernfalls besteht die Gefahr, dass die Vertragsstrafenvereinbarung später im Streitfall für unwirksam erklärt wird, weil sie der **Inhaltskontrolle des § 307 BGB** nicht standhält (vgl. BGH, Urt. v. 18.11.1982 – VII ZR 305/81, BGHZ 85, 305, 314 = BauR 1983, 80, 83 = NJW 1983, 385, 387 und BGH, Urt. v. 19.01.1989 – VII ZR 348/87, BauR 1989, 327, 329 = NJW-RR 1989, 527, 528 sowie Vygen/Joussen/Schubert/Lang, Bauverzögerung und Leistungsänderung Teil. A Rn. 92 ff.). Allerdings: Ein **Verstoß gegen die vergaberechtliche Regelung** des § 9 Abs. 5 VOB/A allein führt noch **nicht zu deren Unwirksamkeit**. Zumindest bei Vergaben unterhalb der Schwellenwerte hat vielmehr eine Vertragsstrafenklausel auch dann Bestand, wenn feststeht, dass dem Auftraggeber bei Terminüberschreitung keine erheblichen Nachteile drohen. Denn § 9 Abs. 5 VOB/A hat bei Vergaben unterhalb der vergaberechtlichen Schwellenwerte (s. dazu oben Rdn. 327) keine Rechtssatzqualität. Stattdessen handelt es sich um eine innerdienstliche Verwaltungsvorschrift. Ebenso enthält die VOB/A kein zwingendes Vertragsrecht in der Weise, dass statt geschlossener Vereinbarungen der Vertragsinhalt wird, was die VOB/A vorgibt. Das gilt auch für Vorschriften der VOB/A, die dem Schutz des Bieters dienen sollen (BGH, Urt. v. 30.03.2006 – VII ZR 44/05, BGHZ 167, 75, 80 f. = BauR 2006, 1128, 1130 = NJW 2006, 2555, 2556).

Lässt man diese Besonderheiten außer Betracht, sind **Vertragsstrafenvereinbarungen** bei der Überschreitung echter Vertragsfristen in Allgemeinen Geschäftsbedingungen des Auftraggebers nur **wirksam**, wenn sie an ein Verschulden des Auftragnehmers geknüpft sind sowie außerdem ein Tageshöchstsatz sowie insgesamt eine Obergrenze vorsehen. Besonderheiten gelten bei Vertragsstrafen zu Zwischenfristen. Einzelheiten dazu sollen allerdings erst später dargestellt werden (Rdn. 1697 ff.). Eine Übersicht zu wirksamen bzw. unwirksamen Klauseln findet sich unter Rdn. 719 ff.

Neben einer Vertragsstrafenvereinbarung kann im Bauvertrag auch eine **Beschleunigungsvergütung** vereinbart werden; dies soll aber nur geschehen, wenn die Fertigstellung vor Ablauf der Vertragsfristen erhebliche Vorteile bringt (vgl. § 9 Abs. 5 S. 3 VOB/A). Darüber hinausgehende Vorschriften enthält die VOB dazu, insbesondere auch im Teil B, nicht.

- **§§ 2 Abs. 10, 15 VOB/B – Vereinbarung von Stundenlohnarbeiten**

Die in diesen Vorschriften vorgesehenen Bestimmungen über die Abrechnung von Stundenlohnarbeiten kommen nur zur Anwendung, wenn diese vor ihrem Beginn als solche ausdrücklich **überhaupt vereinbart** worden sind, wie sich mit aller Deutlichkeit § 2 Abs. 10 VOB/B entnehmen lässt. Das bloße Dulden von Stundenlohnarbeiten löst genauso wenig eine Vergütungspflicht aus wie das Unterzeichnen von Stundenlohnzetteln (OLG München, Urt. v. 01.02.2000 – 13 U 3864/99, IBR 2002, 240, a. A. OLG Hamburg, Urt. v. 21.12.1999 – 8 U 189/99, BauR 2000, 1491, 1492, das dies für eine Abrede ausreichen lässt; vermittelnd immerhin OLG Brandenburg, Urt. v. 01.04.2010 – 12 U 1/10, NJW-RR 2010, 898 = NZBau 2010, 433, 434, das zwar die Unterzeichnung von Stundenlohnzetteln nicht ausreichen lässt, wohl aber eine konkludente Vereinbarung für Stundenlohnarbeiten darin sieht, dass der Auftraggeber später nur über die Höhe des Stundensatzes diskutiert). Es bedarf also einer besonderen Vereinbarung, ohne die eine Abrechnung gemäß § 15 VOB/B nicht in Betracht kommt. Denn § 15 Abs. 1 Nr. 1 VOB/B bestimmt, dass Stundenlohnarbeiten nach den vertraglichen Vereinbarungen abgerechnet werden, womit auf § 2 Abs. 10 VOB/B Bezug genommen wird. Eine solche Vereinbarung kann z. B. auch darin gesehen werden, dass in dem der Ausschreibung zugrunde liegenden Leistungsverzeichnis sog. **angehängte Stundenlohnarbeiten** genannt und diese Position des Leistungsverzeichnisses mit Stundensätzen versehen worden ist.

Liegt zwar eine Vereinbarung vor, dass bestimmte Arbeiten als Stundenlohnarbeiten ausgeführt werden sollen (z. B. Reparatur- oder Nachbesserungsarbeiten durch Drittunternehmer), fehlt es aber an einer Vereinbarung über die Stundensätze, so ist dafür nach § 15 Abs. 1 Nr. 2 VOB/B die ortsübliche Vergütung zu zahlen.

- **§ 16 Abs. 1 Nr. 2 VOB/B – Vereinbarungen zu Abschlagszahlungen**

578 Gemäß § 16 Abs. 1 Nr. 1 VOB/B sind Abschlagszahlungen auf Antrag in Höhe des Wertes der jeweils nachgewiesenen vertragsgemäßen Leistungen oder zu den vereinbarten Zeitpunkten einschließlich des ausgewiesenen, darauf entfallenden Umsatzsteuerbetrages zu gewähren. Entgegen einer weitverbreiteten Auffassung sieht die VOB/B nicht vor, dass der Auftraggeber die Abschlagszahlungen generell um einen sog. **Sicherheitseinbehalt** von 5 % oder 10 % kürzen darf. Denn gemäß § 16 Abs. 1 Nr. 2 VOB/B können nur Gegenforderungen einbehalten werden. Andere Einbehalte sind hingegen nur in den im Vertrag vorgesehenen Fällen zulässig. Es bedarf also der ausdrücklichen Vereinbarung eines solchen Sicherheitseinbehalts, was sich auch aus § 17 Abs. 1 und Abs. 6 VOB/B ergibt. Fehlt es daran, sind **Abschlagszahlungen in voller Höhe** des Wertes der jeweils nachgewiesenen Leistungen einschließlich des ausgewiesenen Umsatzsteuerbetrages zu gewähren, wobei hierfür eine Zahlungsfrist von 21 Tagen gilt. Abweichende Regelungen in AGB, insbesondere Zahlungen nur in Höhe von 95 % zu leisten, könnten ggf. nach § 307 BGB unwirksam sein, wenn sie bestrittenermaßen dem gesetzlichen Leitbild des § 632a BGB widersprechen (vgl. immerhin BGH, Urt. v. 22.12.2005 – VII ZB 84/05, BGHZ 165, 332, 336 = BauR 2006, 674, 676 = NJW-RR 2006, 597, 598 zu der vergleichbaren Fallgestaltung bei einem Architektenvertrag, wobei äußerst zweifelhaft ist, ob diese Rechtsprechung auch für Bauverträge gilt – s. dazu Rdn. 2514). In jedem Fall aber führt eine solche Klausel zu einer Abweichung von der VOB/B und lässt deren Privilegierung entfallen, sodass die einzelnen Bestimmungen der VOB/B einer Inhaltskontrolle unterzogen werden (siehe oben dazu Rdn. 481 ff.).

- **§ 16 Abs. 2 VOB/B – Vorauszahlungen**

579 Vorauszahlungen bedürfen einer besonderen Vereinbarung der Vertragspartner. Wird ein solche nach Vertragsabschluss getroffen, so kann der Auftraggeber eine ausreichende **Sicherheitsleistung** verlangen, auch wenn dies in der Vereinbarung nicht ausdrücklich vorgesehen ist (§ 16 Abs. 2 Nr. 1 S. 2 VOB/B).

- **§ 16 Abs. 5 Nr. 2 VOB/B – Skonto**

580 Unter einem Skonto versteht man das Recht des Zahlungspflichtigen, bei Einhaltung von vereinbarten Bedingungen Abzüge vom Rechnungsbetrag vorzunehmen (z. B. Zahlung binnen einer Frist). Rechtlich liegt hierin ein **aufschiebend bedingter Teilerlass der Forderung bei fristgerechter Zahlung** (BGH, Urt. v. 11.02.1998 – VIII ZR 287/97, BauR 1998, 398, 399 = NJW 1998, 1302). Er ist von der Vereinbarung eines allgemeinen Nachlasses zu unterscheiden, der unabhängig von weiteren Bedingungen gewährt wird.

581 Für Skontoabzüge jeder Art bedarf es stets einer **besonderen Vereinbarung**; andernfalls sind Skontoabzüge unzulässig. Wirksame Skontovereinbarungen setzen mindestens Regelungen zur Höhe des Skontos, zu einer konkreten Zahlungsfrist (z. B. mit Bezugnahme auf die [Zahlungsfristen der] VOB/B) sowie die Angabe der betroffenen Zahlungen voraus. Fehlt eine dieser Voraussetzungen, ist die Skontovereinbarung unwirksam (vgl. etwa OLG Stuttgart, Urt. v. 27.07.1997 – 10 U 286/96, BauR 1998, 798 f.). Nimmt der Vertrag – wie in vielen Fällen üblich – allgemein auf »Zahlung« Bezug, kann von allen Zahlungen Skonto gezogen werden (OLG Karlsruhe, Urt. v. 22.01.1999 – 14 U 146/97, BauR 1999, 1028, 1029 = NJW-RR 1999, 1033). In der Regel sollten die Fristen für den Skontoabzug aber stets unterhalb der in der VOB/B für Abschlags- und Schlusszahlungen vorgesehenen Fälligkeitsfristen, also unter 21 bzw. 31 Tagen liegen, da Skonto begrifflich eine Vorzielzahlung erfordert.

- **§ 17 VOB/B – Sicherheitsleistung**

582 Die gesamten Vorschriften über die Sicherheitsleistung in § 17 VOB/B kommen nur dann überhaupt zur Anwendung, wenn die Vertragspartner im Bauvertrag – meist in ZVB – eine Sicherheitsleistung vereinbart haben. Das ist in der Praxis sehr häufig nicht der Fall. Vielfach wird nämlich zu Unrecht davon ausgegangen, dass allein durch die Vereinbarung der VOB/B als Vertragsgrundlage der Auftraggeber eine Sicherheitsleistung in Form des Einbehalts von Zahlungen verlangen könnte. Bei der **erforderlichen Vereinbarung einer Sicherheitsleistung** sind die in § 9 Abs. 7 und 8 VOB/A festgelegten Grundsätze zu beachten. Danach soll bei Aufträgen mit Auf-

4.2 Ausfüllung der Lücken der VOB/B durch Zusätzliche und/oder Besondere Vertragsbedingungen

tragssummen bis zu 250.000 € netto gänzlich auf eine Sicherheitsleistung verzichtet werden. Entsprechendes gilt bei einer beschränkten Ausschreibung, bei freihändigen Vergaben (s. dazu Ingenstau/Korbion/Joussen, VOB/A, § 9 Rn. 88) sowie allgemein in Fällen, in denen voraussichtlich mit Mängeln der Leistung nicht zu rechnen ist (was allerdings selten sein dürfte).

▶ **Beispiel**

Der Auftragnehmer wird mit reinen Abbrucharbeiten beauftragt. Hier wäre die Anforderung einer Gewährleistungssicherheit wohl nicht zu rechtfertigen.

In Bezug auf die Höhe sieht § 9 Abs. 8 VOB/A vor, dass Vertragserfüllungssicherheiten 5 % der Auftragssumme bzw. Sicherheiten für die Gewährleistung 3 % nicht überschreiten sollen. In der Baupraxis werden allerdings durchweg höhere Sätze (10 % bei Vertragserfüllungssicherheit und 5 % bei Gewährleistungssicherheiten) als zulässig angesehen (s. Rdn. 3010 ff.). Ist eine Sicherheitsleistung vereinbart, so bedarf es darüber hinaus keiner Bestimmung zu der Art der zu erbringenden Sicherheit. Denn dafür liegt mit § 17 Abs. 2 und 3 VOB/B eine klare Regelung vor: Hiernach stehen neben dem Sicherheitseinbehalt die Hinterlegung von Geld und die Bürgschaft eines in den Europäischen Gemeinschaften zugelassenen Kreditinstituts oder Kreditversicherers zur Verfügung. Dabei hat der Auftragnehmer die Wahl unter den verschiedenen Arten der Sicherheit und kann eine Sicherheit durch eine andere ersetzen.

583

4.2.2 Weitere Lücken im Zusammenhang mit VOB-Verträgen

Sind nun diese von der VOB/B bewusst für besondere Einzelfallregelungen offen gelassenen Lücken durch Vertragsbedingungen (ZVB oder BVB) oder durch Individualvereinbarungen ausgefüllt oder ist auf ihre Ausfüllung bewusst verzichtet worden, ist nicht zu verkennen, dass es trotz des z. T. sehr ausgefeilten Systems auch bei VOB-Verträgen noch weitere Gegenstände gibt, die (ggf. ergänzend) zu regeln sind. Hierbei geht es jeweils um z. T. sinnvolle oder auch erforderliche Vereinbarungen, zu denen die VOB/B für die Vertragsschließenden oder den Ausschreibenden bei Zusammenstellung der **Verdingungsunterlagen** keine eigenständigen Regelungen enthält oder aber verschiedene Möglichkeiten anbietet. Allerdings ist bei diesen weiteren »ergänzenden Vereinbarungen« zur VOB/B zum einen stets zu prüfen, ob diese ihrerseits wirksam sind, d. h. vor allem einer AGB-Inhaltskontrolle standhalten. Zum anderen ist kritisch zu fragen, ob dazu getroffene Vereinbarungen tatsächlich (nur) Sachverhalte außerhalb, d. h. in Ergänzung zur VOB/B regeln, weil sie bisher von der VOB/B nicht vorgegeben sind. Nicht selten ist nämlich anzutreffen, dass eine Vertragsklausel in Wahrheit **die VOB/B modifizieren** soll: Dies kann natürlich wirksam sein, führt aber dazu, dass dadurch die VOB/B nicht mehr als Ganzes vereinbart ist. Dadurch wiederum geht deren **Privilegierung verloren**, sodass nunmehr sämtliche Regelungen der VOB/B einer AGB-Inhaltskontrolle unterworfen werden (siehe oben Rdn. 481 ff.). Im Einzelnen geht es vor allem um folgende Themen:

584

▶ **Übersicht zu weiteren wesentlichen Grundentscheidungen bei einem Bauvertrag**
- Vertragstyp
- Abnahmeregelungen
- Regelungen zum Aufmaß
- Lohn- und Preisgleitklauseln
- Bauumlagen
- Schiedsklausel

Im Einzelnen:
- **Vertragstyp**
  In erster Linie bedarf es stets der genau überlegten Abwägung, ob man den Bauvertrag als **Einheitspreisvertrag**, als **Pauschalvertrag** oder als **Stundenlohnvertrag** (vgl. § 4 Abs. 1–3 VOB/A) abschließen soll. Auf diese Frage soll jedoch erst später unter dem Stichwort »Bauvertragstyp« eingegangen werden (vgl. Rdn. 785 ff.).

585

- **Abnahmeregelungen**

586 In vielen Fällen wird sich ein Auftraggeber, der die VOB/B als Vertragsgrundlage vereinbaren will, überlegen, ob er es bei den **verschiedenen Möglichkeiten der Abnahme der Bauleistung**, die § 12 VOB/B vorsieht, belassen will. Alternativ erscheint es teilweise zweckmäßig und ratsam, in BVB oder ZVB eine bestimmte Abnahmeart – **meist die förmliche Abnahme** – ausdrücklich als einzige Abnahmeart vorzusehen und festzuschreiben. In diesem Sinne ist auch in § 8 Abs. 6 Nr. 1 g) VOB/A vorgesehen, dass in ZVB oder BVB, soweit erforderlich, die Abnahme geregelt werden soll.

587 Wegen der weitgehenden Folgen, ihrer großen Bedeutung und der mit der Abnahme beginnenden Fristen (Gewährleistungsfrist gemäß § 13 Abs. 4 Nr. 3 VOB/B; Sicherheitsleistungsfrist gemäß § 17 Abs. 8 Nr. 1 VOB/B) und vor allem wegen der bei der Abnahme zu erklärenden Vorbehalte wegen bekannter Mängel (§ 12 Abs. 5 Nr. 3 VOB/B und § 640 Abs. 2 BGB) und Vertragsstrafen (§ 11 Abs. 4 VOB/B und § 341 Abs. 3 BGB) ist es in vielen Fällen von entscheidender Bedeutung, den **Abnahmezeitpunkt exakt festzuhalten** bzw. feststellen zu können. Gerade dies ist aber in der Praxis bei den anderen Abnahmearten, also der stillschweigenden oder konkludenten Abnahme, der Abnahme auf Verlangen gemäß § 12 Abs. 1 VOB/B bzw. § 640 Abs. 1 BGB und der fiktiven Abnahme nach § 12 Abs. 5 Nr. 1 oder 2 VOB/B, oft nicht oder nur schwer möglich. Aus diesem Grund ist es tatsächlich vielfach zu empfehlen, im Vertrag, also in den ZVB oder BVB, ausdrücklich eine **förmliche Abnahme** vorzusehen und die stillschweigende oder fiktive Abnahme auszuschließen. Dies ist ohne Weiteres zulässig (BGH, Urt. v. 25.01.1996 – VII ZR 233/94, BGHZ 131, 392, 395 f. = BauR 1996, 378, 379 = NJW 1996, 1346, 1346), wenn auch darin eine Abweichung von der VOB/B liegt, die zu einem Verlust der Privilegierung der VOB/B und somit zu einer AGB-Inhaltskontrolle sämtlicher VOB-Regelungen führt (vgl. dazu Rdn. 481 ff.).

588 Verständigt man sich aus vorstehenden Erwägungen gleichwohl auf eine förmliche Abnahme, so sollte dann allerdings unbedingt darauf geachtet werden, dass diese alsbald nach Fertigstellung der Bauleistung wirklich durchgeführt wird. Andernfalls dürften die Schwierigkeiten hinsichtlich des Abnahmezeitpunktes sogar in verstärktem Maße auftreten. Denn die Rechtsprechung hat für diesen Fall, dass eine im Vertrag vorgesehene förmliche Abnahme über einen längeren Zeitraum nicht erfolgt und von keinem Vertragspartner verlangt wird, einen konkludenten **Verzicht auf die förmliche Abnahme** angenommen und dann doch wieder die anderen Abnahmearten (hier vor allem eine konkludente Abnahme durch schlüssiges Verhalten) zum Zuge kommen lassen (vgl. BGH, Urt. v. 21.04.1977 – VII ZR 108/76, BauR 1977, 344, 345; BGH, Urt. v. 03.11.1993 – X ZR 83/90, NJW 1993, 1063, 1064). Diese Rechtsprechung hat der BGH inzwischen weiter ausgedehnt. So hat er zum einen entschieden, dass es bei vereinbarter förmlicher Abnahme unter Ausschluss anderer Abnahmearten gegen Treu und Glauben verstößt, wenn sich der Auftraggeber auf die fehlende förmliche Abnahme beruft, obwohl er selbst keinen Termin dafür innerhalb der Frist des § 12 Abs. 1 und Abs. 5 Nr. 1 VOB/B, also innerhalb von 12 Werktagen nach Eingang der Schlussrechnung, anberaumt oder verlangt hat (BGH, Urt. v. 13.07.1989 – VII ZR 82/88, BauR 1989, 727, 728 = NJW 1990, 43 = NJW-RR 1990, 90). Zum anderen hat der BGH klargestellt, dass es sich auch bei der dann anzunehmenden konkludenten Abnahme um eine vollwertige Abnahme handelt, bei der sich der Auftraggeber trotz seines ungewissen Eintrittszeitpunktes soweit gegeben auch ggf. notwendige Vorbehalte zu positiv bekannten Mängeln und einer verwirkten Vertragsstrafe (s. dazu Rdn. 1206 ff.) erklären muss (BGH, Urt. v. 25.02.2010 – VII ZR 64/09, BauR 2010, 795, 797 = NJW-RR 2010, 748, 749 = NZBau 2010, 318, 319).

- **Regelungen zum Aufmaß**

589 Neben der Abnahmeart kann es in Einzelfällen zweckmäßig sein, im Bauvertrag (ZVB oder BVB) festzulegen, dass für die Abrechnung der erbrachten Leistungen ein **gemeinsames Aufmaß** zu nehmen ist. Denn § 14 Abs. 2 VOB/B sieht dies nicht zwingend vor, sondern sagt nur, dass die für die Abrechnung notwendigen Feststellungen dem Fortgang der Leistung entsprechend möglichst gemeinsam vorzunehmen sind. Ein solches gemeinsames Aufmaß beider Vertragspartner ist aber in besonderer Weise geeignet, spätere zeit- und kostenaufwendige Streitigkeiten über die Mengenberechnungen zu vermeiden. Dies wiederum beruht darauf, dass einem gemeinsamen Aufmaß

mit seinen von beiden Vertragspartnern festgestellten und unterzeichneten Ergebnissen die **Wirkung eines deklaratorischen Anerkenntnisses** im Sinne des § 781 BGB zukommt (vgl. Nicklisch/Weick, VOB/B § 14 Rn. 20; BGH, Urt. v. 24.01.1974 – VII ZR 73/73, BauR 1974, 210, 211 = NJW 1974, 646). Deshalb sollte von beiden Vertragspartnern besonderer Wert auf ein solches gemeinsames Aufmaß gelegt werden. Um dies von vornherein sicherzustellen, kann es durchaus zu empfehlen sein, dies schon vorab in den ZVB oder BVB festzulegen.

- **Lohn- und Preisgleitklauseln**
In vielen Fällen stellt sich für die Vertragsparteien die Frage, ob in dem Bauvertrag, also in den ZVB oder BVB, eine Lohn- oder/und eine Materialpreisgleitklausel vorgesehen werden soll. Dies ist vor allem dann anzustreben, wenn das Bauvorhaben erst zu einem späteren, vielleicht sogar noch ungewissen Zeitpunkt durchgeführt werden soll. Ebenso kommt dies in Betracht, wenn die Ausführung der **Bauleistungen sich über einen längeren Zeitraum**, etwa von mehreren Jahren erstrecken wird. In diesen Fällen muss der Bieter, wenn die Ausschreibung keine Preisgleitklauseln enthält, die zukünftigen Lohnerhöhungen und Materialpreissteigerungen in seine Einheitspreise einkalkulieren. Dabei wird er bei entsprechender Marktlage meist wegen der Unsicherheit der Steigerungsraten noch Risikozuschläge berechnen. Dies lässt sich durch die Vereinbarung von Lohn- und Materialpreisgleitklauseln vermeiden, die in der Praxis in den unterschiedlichsten Formen vorkommen. Sie sind auch bei Vorliegen der Voraussetzungen durchaus VOB-gerecht. In diesem Sinne kann nämlich nach § 9 Abs. 9 VOB/A eine angemessene Änderung der Vergütung in den Vertragsunterlagen vorgesehen werden (vgl. auch § 8 Abs. 6 Nr. 1n) VOB/A), wenn **wesentliche Änderungen der Preisermittlungsgrundlagen zu erwarten sind**, deren Eintritt oder Ausmaß ungewiss ist. Ein solcher Preisvorbehalt soll dazu dienen, größere Schwankungen auf dem Preissektor aufzufangen und auf diese Weise dem Unternehmer eine zutreffende Preisermittlung zu ermöglichen und die unsicheren Faktoren auszuklammern.

Preisvorbehalte oder Preisänderungsklauseln sind in ihren verschiedenen Ausformungen sowohl in den Ausschreibungsunterlagen als auch im Bauvertrag im Grundsatz zulässig. Stammt eine solche Klausel vom Auftraggeber, scheidet eine **AGB-Inhaltskontrolle** dieser allein ihn als Verwender belastenden Preisanpassungsregelung schon deshalb aus. Eine AGB-Kontrolle wäre in diesem Fall allenfalls zu erwägen, wenn sie zugleich den Auftragnehmer belastet. Anzunehmen sein könnte dies immerhin bei Regelungen, die erst wirksam werden sollen, wenn ein bestimmter Mindestbetrag der Kostenänderung überschritten wird (sog. **Bagatellklausel**). Ähnliches könnte für Klauseln gelten, nach denen der Auftragnehmer in einer im Einzelnen festzulegenden Höhe an den Mehrkosten angemessen zu beteiligen ist (sog. **Selbstbeteiligungsklausel**). Doch selbst solche Klauseln scheitern üblicherweise nicht an § 307 BGB: Denn eigentlich hätte der Auftragnehmer ja etwaige Kostensteigerungen selbst bei lang laufenden Vorhaben alleine zu tragen; dann aber kann eine Regelung, nach der er bei größeren Abweichungen sogar einen Ausgleich erhält und nur für Bagatellbeträge eine eigene Quote zu übernehmen hat, nicht unzulässig sein (BGH, Urt. v. 12.11.2001 – VII ZR 150/01, BauR 2002, 467, 468 = NJW 2002, 441, 442 = NZBau 2002, 89).

Anwendbar bleibt aber auch bei vom Auftraggeber gestellten Preisgleitklauseln in jedem Fall § 305c Abs. 2 BGB, wonach etwaige in der Klausel enthaltene Unklarheiten zu seinen Lasten gehen (OLG Brandenburg, Urt. v. 06.11.2007 – 11 U 177/05, Nichtzul.-Beschw. v. BGH zurückgewiesen, Beschl. v. 24.07.2008 – VII ZR 219/07, BauR 2009, 825, 827; i. E. ebenso BGH, Urt. v. 09.12.2010 – VII ZR 189/08, BauR 2011, 680, 682 = NJW-RR 2011, 309, 310 = NZBau 2011, 158, 160, der sich allerdings nicht auf AGB-rechtliche Vorschriften berief).

Eine **AGB-Inhaltskontrolle** kommt dagegen sogar regelmäßig in Betracht, wenn sich ausnahmsweise der **Auftragnehmer ein Preisanpassungsrecht** vorbehalten hat. Allerdings wird selbst dies teilweise abgelehnt – und zwar mit dem Argument, dass reine Preis- oder Lohngleitklauseln zunächst nur die Voraussetzungen regeln würden, wann und in welchem Umfang eine Preisanpassung stattzufinden habe. Insoweit handele es sich um kontrollfreie Preisvereinbarungen (so etwa OLG Naumburg, Urt. v. 12.11.2010 – 6 U 69/10, BauR 2010, 565 [Ls.] = IBR 2011, 3 mit Berufung auf BGH, Urt. v. 24.03.2010 – VIII ZR 304/08, NJW 2010, 2793, 2795, dieser wiederum mit Verweis auf das Urt. des BGH v. 24.03.2010 – VIII ZR 178/08, NJW 2010, 2789,

2790, der jedoch nach richtigem Verständnis eine Lohngleitklausel wohl eher als kontrollfähige Preisnebenabrede ansehen würde; offen gelassen immerhin in BGH, Urt. v. 22.11.2001 – VII ZR 150/01, BauR 2002, 467, 468 = NJW 2002, 441, 442 = NZBau 2002, 89). Das allerdings dürfte in dieser Allgemeinheit nicht zutreffen. Dies zeigt sich schon an § 309 Nr. 1 BGB: Danach sind Bestimmungen unwirksam, die eine Erhöhung des Entgelts für Waren oder Leistungen vorsehen, die innerhalb von 4 Monaten nach Vertragsschluss geliefert oder erbracht werden. Diese Vorschrift wäre somit zwingend zu beachten, soweit etwa gegenüber Verbrauchern Preisgleitklauseln im Vertrag vorgesehen sind. Sie greift aber nur insoweit, als es tatsächlich um Leistungen geht, die innerhalb von vier Monaten zu erbringen sind. Unbedenklich sind dagegen Klauseln in Verträgen, zu denen die Leistung länger läuft, und zwar auch dann, wenn der Preis innerhalb der ersten vier Monate erhöht wird (ebenso: Handbuch des privaten Baurechts/Kleine-Möller, § 2 Rn. 253 ff.). Im **unternehmerischen Verkehr** ist § 309 Nr. 1 BGB dagegen zwar nicht anwendbar. Preisanpassungsklauseln haben dann aber immer noch einer Inhaltskontrolle am Maßstab des § 307 BGB standzuhalten. Voraussetzung für deren Wirksamkeit wäre danach vor allem, dass in allen Einzelheiten festgelegt wird, welche tatsächlichen Gegebenheiten für das Eingreifen einer Gleitklausel vorliegen müssen und wie die Preisanpassung zu berechnen ist (vgl. dazu etwa Vergabehandbuch des Bundes [VHB], dort Richtlinie zu 211, Ziff. 2, sowie Formblatt 224 [Lohngleitklausel] einschließlich Richtlinie dazu und Formblatt 225 [Stoffpreisklausel Stahl]). Andernfalls hätte sie vor allem wegen fehlender Transparenz nach § 307 Abs. 1 S. 2 BGB keinen Bestand (OLG Düsseldorf, Urt. v. 20.01.1995 – 22 U 190/93, BauR 1995, 861 f.; OLG Köln, Urt. v. 18.02.1994 – 19 U 216/93, BauR 1995, 112 = NJW-RR 1994, 1109, 1110 = Sch-F-H Nr. 2 zu § 2 Abs. 1 VOB/B); der Auftragnehmer, der sie in den Vertrag eingeführt hat, würde dann leer ausgehen bzw. könnte keine Preisanpassung fordern. Ebenfalls unwirksam wäre eine Regelung, mit der sich der Auftragnehmer faktisch in die Lage versetzen würde, sich bei Vorlage bestimmter ggf. sogar objektiver Kriterien einen neuen Preis herzuleiten, der ihm gegenüber der ursprünglichen Vergütung noch einen Zusatzverdienst verschafft (OLG Düsseldorf, a. a. O.; ebenso zuvor schon BGH, Urt. v. 20.05.1985 – VII ZR 198/84, BGHZ 94, 335, 339 = BauR 1985, 573, 574 = NJW 1985, 2270; Ingenstau/Korbion/Keldungs, VOB/B § 2 Abs. 1 Rn. 62 f.).

- **Bauumlagen**

594 Neben Preisgleitklauseln finden sich in BVB und ZVB häufig Klauseln über die verschiedensten Umlagen, an denen sich der Auftragnehmer – meist mit einem bestimmten Prozentsatz seiner Abrechnungssumme – zu beteiligen hat. Die üblichste dieser Umlagen im Baugewerbe ist die zur **Bauleistungsversicherung**. Vorstellbar sind allerdings auch Umlagen für Schuttbeseitigung, Baureinigung, Baustrom, Wasser u. a. Hinsichtlich deren **Wirksamkeit** ist zu unterscheiden: Handelt es sich bei den Umlagen tatsächlich um **Preisvereinbarungen**, unterliegen sie keiner Inhaltskontrolle nach den §§ 307 ff. BGB, soweit der Auftragnehmer die diesbezüglichen Leistungen tatsächlich in Anspruch nimmt oder sie ihm sonst zugutekommen (BGH, Urt. v. 10.06.1999 – VII ZR 365/98, BGHZ 142, 46, 48 f. = BauR 1999, 1290, 1291 = NJW 1999, 3260 für Umlageklauseln zu Wasser; BGH, Urt. v. 06.07.2000 – VII ZR 73/00, BauR 2000, 1756, 1757 = NJW 2000, 3348 für Umlageklauseln zur Bauleistungsversicherung).

> **Beispiel**
>
> In dem Bauvertrag werden Bauumlagen zulasten des Auftragnehmers vereinbart, und zwar in Höhe von 0,1 % der Bausumme für Wasser sowie in Höhe von 0,3 % für die Bauleistungsversicherung. Derartige Klauseln sind wirksam. Der Auftragnehmer erhält hierfür eine Leistung, die er pauschaliert bezahlen muss. Somit liegt eine echte Preisvereinbarung vor, die keiner Inhaltskontrolle nach den AGB-rechtlichen Vorschriften unterliegt.

595 **Unwirksam** sind hingegen Allgemeine Geschäftsbedingungen des Auftraggebers für Leistungen, die der Auftragnehmer nicht in Anspruch nimmt bzw. auf deren Ersatz der Auftraggeber zunächst keinen Anspruch hat (vgl. etwa BGH, Urt. v. 06.07.2000 – VII ZR 73/00, BauR 2000, 1756, 1757 = NJW 2000, 3348 zur Schuttbeseitigung oder Baureinigung).

4.2 Ausfüllung der Lücken der VOB/B durch Zusätzliche und/oder Besondere Vertragsbedingungen 4

> **Beispiel**
> In dem Bauvertrag wird eine Umlage zur Beseitigung des Bauschutts auf der Baustelle in Höhe von 0,15 % der Bausumme vorgesehen. Eine solche Klausel ist aus mehreren Gründen unwirksam: Zunächst wird eine Umlage für Leistungen verlangt, von denen gar nicht sicher ist, ob sie überhaupt anfallen. Dies würde voraussetzen, dass der betroffene Unternehmer Bauschutt entsorgen muss. Hinzu kommt, dass die Entsorgung des eigenen Bauschutts nach Abschnitt 4.1.11 der DIN 18299 originäre Vertragsleistung des Auftragnehmers ist. Eine entsprechende Übernahme der Leistung durch den Auftraggeber würde dagegen vorab eine Fristsetzung bzw. einen Verzug des Auftragnehmers damit voraussetzen. Die Pauschalisierung in den Umlageklauseln setzt dieses Fristen- und Verzugserfordernis außer Kraft und verstößt damit gegen wesentliche gesetzliche Regelungen. Allein daraus folgt eine Unwirksamkeit nach § 307 Abs. 2 Nr. 1 BGB.

Unwirksam sind nach Vorstehendem ebenfalls AGB des Auftraggebers, nach denen der Auftragnehmer verpflichtet wird, Anschlüsse für Bauwasser anderen Unternehmern zur Verfügung zu stellen, wofür ihm dann von Dritten ein Entgelt zustehen soll. Dies ist tatsächlich nichts anderes als ein echter Vertrag zulasten Dritter vor dem Hintergrund, dass sich der Auftragnehmer auch noch um die Einziehung einer Vergütung für die zur Verfügung zu stellende Leistung kümmern soll (OLG Celle, Urt. v. 05.08.2004 – 6 U 178/03, BauR 2004, 1955, 1957).

- **Schiedsklausel**
Von besonderer Bedeutung ist schließlich für den Inhalt des Bauvertrages die Frage, ob die Vertragspartner Streitigkeiten aus dem Vertrag vor den staatlichen Gerichten führen oder ob sie die Entscheidung einem privaten **Schiedsgericht** übertragen wollen (s. dazu auch Rdn. 3344 ff.). Diese Möglichkeit ist in der Praxis viel zu wenig bekannt, obwohl auch die VOB in § 8 Abs. 10 VOB/A sie ausdrücklich vorsieht und die Zivilprozessordnung in §§ 1025 ff. ZPO das schiedsrichterliche Verfahren im Einzelnen regelt. Die **Vorteile eines Schiedsgerichts** gegenüber einem Rechtsstreit vor den ordentlichen Gerichten liegen in Bauprozessen vor allem in 596

  – der meist **erheblich kürzeren Dauer** (Schiedsgericht: nur eine Instanz; staatlicher Rechtsweg: bis zu 3 Instanzen und in den Fällen von Aufhebungen und Zurückverweisungen durch die höheren Instanzen oder bei Trennung in Grund- und Höheverfahren noch mehr Instanzen)
  – der **Auswahlmöglichkeit sachkundiger Schiedsrichter** durch die Vertragsparteien
  – der fehlenden Öffentlichkeit des Verfahrens und
  – bei hohen Streitwerten auch in der insgesamt geringeren Kostenlast.

Allerdings besteht darin auch ein ganz erheblicher **Nachteil**, der gerade im Baurecht große Bedeutung erlangt. So können Schiedsverfahren zunächst nur zwischen den Prozessparteien geführt werden. Demgegenüber ist die **Einbeziehung Dritter** – zumindest gegen deren Willen oder den Willen der anderen Prozesspartei – nicht möglich, weil es im Rahmen von Schiedsverfahren das bei staatlichen Gerichten dafür vorgesehene Institut der Streitverkündung nicht gibt. Vor allem bei der Beteiligung von Subunternehmern wirkt sich dies extrem nachteilhaft für die Parteien aus, die möglicherweise bei einer eigenen Inanspruchnahme Regress nehmen wollen. Dies führt sogar in der Regel dazu, dass sich trotz aller unbestrittenen Vorteile gegenüber staatlichen Gerichten die Verständigung auf ein Schiedsverfahren in der Praxis vielfach nicht anbietet (s. dazu näher Rdn. 3372). 597

Soweit die Vertragspartner eines Bauvertrages die Entscheidung von Streitigkeiten durch ein Schiedsgericht anstreben, bedarf es dazu einer besonderen Vereinbarung. Sie sollte zweckmäßig bereits bei Abschluss des Bauvertrages getroffen werden. Sie kann aber auch noch rechtlich wirksam bei Auftreten der Streitigkeiten nachgeholt werden, was vielfach nicht erkannt wird. Eine **Schiedsgerichtsabrede** muss aber in jedem Fall der **gesetzlichen Form** genügen, um wirksam zu sein (vgl. auch § 8 Abs. 10 VOB/A). Für eine formwirksame Schiedsgerichtsabrede bedarf es gemäß § 1031 ZPO einer zumindest wechselseitigen schriftlichen Dokumentation (z. B. Austausch von Briefen, Faxschreiben u. a.). Höhere Anforderungen gelten an Schiedsverträge unter Beteiligung von Verbrauchern: Diese müssen nach § 1031 Abs. 5 ZPO in einer eigenständigen 598 schriftlichen Urkunde aufgenommen sein. Dabei darf diese Urkunde mit Ausnahme der Schiedsvereinbarung keine sonstigen Regelungen enthalten. Diese Beschränkung gilt allerdings nicht, wenn die Vereinbarung Gegenstand einer notariellen Urkunde ist.

599 Inhaltlich muss in einer Schiedsgerichtsabrede vorgesehen sein, dass die Vertragspartner für etwaige Streitigkeiten anstelle der staatlichen Gerichte die Entscheidung durch ein privates Schiedsgericht vereinbaren. Sodann sollte in jedem Fall die Zahl der Schiedsrichter und ihre Ernennung festgelegt werden. Schließlich ist zu empfehlen, dass die Vertragsparteien zur näheren Verfahrensausgestaltung die grundsätzliche Geltung einer **Schiedsgerichtsordnung** vereinbaren, die auf die Besonderheiten des Bauverfahrens zugeschnitten ist. Im Umlauf ist hier vor allem zum einen die Streitlösungsordnung für das Bauwesen (SL Bau), die vom Deutschen Betonverein e. V. und der Deutschen Gesellschaft für Baurecht e. V. herausgegeben wird. Daneben steht zum anderen die Schlichtungs- und Schiedsordnung für Baustreitigkeiten (SOBau) der ARGE Baurecht im Deutschen Anwalt Verein (s. dazu auch Rdn. 3376 ff.).

4.2.3 Möglichkeiten abweichender Vereinbarungen gegenüber den Regelungen der VOB/B

600 Neben der Ausfüllung der von der VOB/B bewusst gelassenen Lücken durch ergänzende Vereinbarungen in ZVB und BVB bedarf es beim Abschluss eines Bauvertrages oder schon bei der Zusammenstellung der Verdingungsunterlagen für die Ausschreibung wegen spezieller Erfordernisse des konkreten Bauvorhabens oder aus anderen Gründen häufig noch bestimmter Vereinbarungen, die von den **Regelungen der VOB/B abweichen**. Diese Möglichkeit wird in vielen Bestimmungen der VOB/B sogar ausdrücklich erwähnt, indem es dort an verschiedenen Stellen heißt: »wenn nichts anderes vereinbart ist«. Damit ermuntert die VOB/B die Vertragspartner geradezu, andere abweichende Regelungen in ihre Vertragsbedingungen aufzunehmen. So sieht die VOB/B die Möglichkeit abweichender Regelungen ausdrücklich in folgenden Bestimmungen vor:

Übersicht zu den Öffnungsklauseln in der VOB/B	
§ 2 Abs. 4	Rechtsfolgen bei der Eigenübernahme von Leistungen
§ 2 Abs. 7 Nr. 3	Preisanpassungsregelungen bei Pauschalverträgen bezüglich Teilleistungen
§ 3 Abs. 5/6	Bestimmung der vom AN zu beschaffenden technischen Unterlagen
§ 4 Abs. 4	Regelungen zur Nutzung der Bauinfrastruktur
§ 4 Abs. 8	Regelungen zum Subunternehmereinsatz
§ 5 Abs. 2	Fristvereinbarungen für Ausführungsbeginn
§ 10 Abs. 2	Regelung zum Haftungsausgleich im Innenverhältnis
§ 12 Abs. 1	Fristen für die Durchführung der Abnahme
§ 13 Abs. 4 Nr. 1	Verlängerung (!) der Gewährleistung
§ 13 Abs. 7 Nr. 5	Haftungsvereinbarungen in besonderen Fällen
§ 14 Abs. 3	Regelungen zur Frist bei Einreichung der Schlussrechnung
§ 15 Abs. 1 Nr. 2	Vereinbarung eines Stundensatzes
§ 15 Abs. 3	Frist für die Vorlage von Stundenlohnzetteln
§ 16 Abs. 2	Regelungen zu Vorauszahlungen
§ 17 Abs. 2/4/7	Sicherheitsleistung: Art und Rückgabemodalitäten
§ 18 Abs. 1	Abweichender Gerichtsstand

Im Einzelnen:
- **§ 2 Abs. 4 VOB/B – Eigenübernahme von Leistungen**
  Geregelt wird hier der Fall, dass der Auftraggeber nach Abschluss des Vertrages Leistungen, die nach dem Vertrag vom Auftragnehmer zu erbringen sind, selbst übernimmt (**Eigenleistungen, bauseits gestellte Baustoffe** usw.). In diesem Fall soll nach § 2 Abs. 4 VOB/B, wenn nichts anderes vereinbart wird, die Vorschrift über die Kündigung durch den Auftraggeber, also § 8 Abs. 1 Nr. 2 VOB/B, entsprechend gelten. Eine solche Abwicklung über die Kündigungsvorschriften ist sachgerecht. Denn dieser Vorgang stellt letztlich nichts anderes als eine **Teilkündigung** des Vertrages dar, sodass der Auftragnehmer seinen vollen Vergütungsanspruch abzüglich der ersparten Aufwendungen behält. Diese für den Unternehmer günstige Folge kann nun aber durch BVB oder ZVB auch anders geregelt werden. Dies geschieht häufig in der Weise, dass etwa ein Vergütungsanspruch für die entfallenden Positionen nicht bestehen oder beim Pauschalvertrag der Pauschalpreis entsprechend ermäßigt werden soll (vgl. Vygen BauR 1979, 375).

  Ein Ausschluss des Anspruchs des Unternehmers aus § 2 Abs. 4 VOB/B wird jedoch, wenn er in den ZVB des Auftraggebers erfolgt, in der Regel nach § 307 BGB **unwirksam** sein (OLG Düsseldorf, Urt. v. 22.07.1982 – 6 U 220/81, BauR 1984, 95 und Urt. v. 16.07.1991 – 23 U 25/91, BauR 1992, 77, 78 = NJW-RR 1992, 216 f.; s. dazu nachfolgend Rdn. 685 f.). Erst recht stellt dieser Ausschluss eine abweichende Regelung von der VOB/B dar, sodass dadurch die Privilegierung der VOB/B mit einer Freistellung von einer AGB-Inhaltskontrolle verloren geht (s. oben Rdn. 481 ff.).

- **§ 2 Abs. 7 Nr. 3 VOB/B – Preisanpassung bei Pauschalverträgen bzgl. Teilleistungen**
  Hier wird festgelegt, dass die Grundsätze für eine **Anpassung eines Pauschalpreises bei Störung der Geschäftsgrundlage** (§ 313 BGB) auch Anwendung finden auf Pauschalpreise, die für Teilleistungen vereinbart worden sind (z. B. für die Baustelleneinrichtung und -vorhaltung). Insoweit sieht die VOB/B die Möglichkeit einer abweichenden Vereinbarung vor. Dies kann vor allem deshalb in Betracht kommen, weil ohne eine besondere Vereinbarung für die Frage einer Anpassung dieser für eine Teilleistung vereinbarten Pauschalsumme allein das Ausmaß der Leistungsänderung dieser Position maßgebend ist. Dies kann misslich sein, wenn diese Änderung in Bezug auf die gesamte Bauleistung nicht schon so erheblich ist, dass eine Änderung der Preisvereinbarung nach § 2 Abs. 7 Nr. 1 VOB/B gerechtfertigt ist.

  > **Beispiel**
  >
  > Gegenstand des Bauvertrages ist die Errichtung eines Hotelneubaus. Die Gesamtleistung wird mit 12,4 Mio. € pauschaliert. Dieser Preis setzt sich aus Einzelpauschalen für verschiedene Gewerke zusammen. Die Kosten für die Baustelleneinrichtung belaufen sich auf 150 000 €. Im Laufe der Baustelle kommt es aufgrund beengter Verkehrsflächen zu einem ganz erheblich erhöhten Aufwand für die Baustelleneinrichtung, sodass die Kosten dafür mehr als um das Dreifache steigen. Alle anderen Kosten bleiben in etwa unverändert. Nach § 2 Abs. 7 Nr. 3 VOB/B könnte der Auftragnehmer gleichwohl eine Preisanpassung verlangen, weil die Teilpauschale um immerhin 200 % gestiegen ist, was eine Preisanpassung im Zweifel rechtfertigen dürfte. Im Rahmen einer nach § 2 Abs. 7 Abs. 3 VOB/B ggf. zulässigen Vereinbarung könnte dazu nunmehr etwa vorgesehen werden, dass Änderungen der Pauschalen nur dann eine Nachforderung rechtfertigen, wenn die Erhöhung insgesamt einen bestimmten Prozentsatz der geschuldeten Gesamtvergütung (z. B. 5 %) überschreitet.

- **§ 3 Abs. 5 VOB/B – Beschreibung der vom AN zu beschaffenden Unterlagen**
  Diese Vorschrift der VOB/B eröffnet die Möglichkeit, im Vertrag die Unterlagen (Zeichnungen, Berechnungen usw.), die der Auftragnehmer zu beschaffen hat, im Einzelnen über die Technischen Vertragsbedingungen und die gewerbliche Verkehrssitte hinaus festzulegen. Dies kommt in der Praxis z. B. im Hinblick auf Revisionspläne, Bestandszeichnungen, Standsicherheitsnachweise, statische Berechnungen im Stahlhallenbau etc. häufig vor. Die sich daran anknüpfende Frage nach einem Vergütungsanspruch des Auftragnehmers für die Erstellung dieser Unterlagen beurteilt sich nach § 2 Abs. 9 VOB/B in Verbindung mit den einschlägigen DIN-Normen, in de-

nen diese Unterlagen als Nebenleistungen oder als Besondere Leistungen aufgeführt sind (vgl. Korbion, Festschrift Locher S. 127).

- **§ 3 Abs. 6 VOB/B – Rückgabepflicht des AG zu Unterlagen des AN**

605 Diese Bestimmung regelt die Verpflichtung des Auftraggebers, die nach § 3 Abs. 5 VOB/B **vom Auftragnehmer erstellten Unterlagen auf Verlangen zurückzugeben**. Sie lässt insoweit ausdrücklich eine andere Vereinbarung zu. Sie ist anzuraten, wenn der Auftraggeber auf den Zugriff dieser Unterlagen auch nach Fertigstellung des Bauwerks etwa wegen einer Rechnungsprüfung angewiesen ist.

- **§ 4 Abs. 4 VOB/B – Nutzung der Bauinfrastruktur**

606 Nach dieser Vorschrift der VOB/B hat der Auftraggeber dem Auftragnehmer **unentgeltlich zur Benutzung oder Mitbenutzung** die notwendigen **Lager- und Arbeitsplätze** auf der Baustelle, vorhandene Zufahrtswege und Anschlussgleise sowie vorhandene **Anschlüsse für Wasser und Energie** zu überlassen. Die Kosten für den Verbrauch und Messer oder Zähler trägt der Auftragnehmer bzw. tragen mehrere Auftragnehmer anteilig. Die diesbezüglichen Kosten können ohne Weiteres pauschaliert werden. So können z. B. pauschal 1,2 % des Endbetrages der Schlussrechnung für die Benutzung von Wasser und Energie in Abzug gebracht werden, soweit der Auftragnehmer sie tatsächlich genutzt hat. Eine solche Klausel ist AGB-rechtlich zulässig (BGH, Urt. v. 10.06.1999 – VII ZR 365/98, BGHZ 142, 46, 50 = BauR 1999, 1290, 1291 = NJW 1999, 3260, 3261). Unabhängig davon ist eine von § 4 Abs. 4 VOB/B auch abweichende anderweitige Vereinbarung der Vertragspartner ausdrücklich zugelassen.

- **§ 4 Abs. 8 VOB/B – Genehmigung zum Subunternehmereinsatz**

607 Die VOB/B geht nach § 4 Abs. 8 Nr. 1 VOB/B im Grundsatz davon aus, dass der Auftragnehmer die vertraglich geschuldete Bauleistung im eigenen Betrieb ausführt; sie macht den Einsatz von **Sub- oder Nachunternehmern** von der **schriftlichen Zustimmung** des Auftraggebers abhängig. Diese Zustimmung sollte bei einer beabsichtigten Einschaltung von Subunternehmern seitens des Unternehmers schon bei Abschluss des Bauvertrages vorgesehen werden. Denn ein zu Unrecht erfolgter Subunternehmereinsatz verpflichtet den Auftragnehmer binnen einer gesetzten Frist zu dessen Beendigung und berechtigt den Auftraggeber nach entsprechender Androhung zur fristlosen Vertragskündigung (§ 4 Abs. 8 Nr. 1 S. 3, § 8 Abs. 3 VOB/B; s. dazu ausführlich Joussen/Vygen, Subunternehmervertrag, Rn. 171 ff.).

- **§ 5 Abs. 2 VOB/B – Fristvereinbarung für Ausführungsbeginn**

608 Haben die Vertragspartner im Bauvertrag keine Frist für den Ausführungsbeginn vereinbart, hat der Auftragnehmer **innerhalb von 12 Werktagen nach Aufforderung** zu beginnen. Dazu genügt die Einrichtung der Baustelle, nicht aber in jedem Fall der Beginn mit der Herstellung von Fertigteilen (z. B. Türen oder Fenstern) im eigenen Betrieb oder bei einem anderen Hersteller. Dieser Festlegung des Ausführungsbeginns in § 5 Abs. 2 S. 2 VOB/B muss sich vor allem der Unternehmer bewusst sein. Ist er zu einem solch schnellen Beginn mit den Bauarbeiten voraussichtlich oder möglicherweise nicht in der Lage, sollte er sich in den Vertragsbedingungen eine andere Frist für den Ausführungsbeginn ausbedingen. Die VOB/B ermöglicht eine solche anderweitige Vereinbarung ausdrücklich. Aus der Sicht des Auftragnehmers kann es sich auch empfehlen, einen spätesten Zeitpunkt für den **Abruf der Bauleistung** durch den Auftraggeber festzulegen.

- **§ 10 Abs. 2 VOB/B – Haftungsausgleich im Innenverhältnis**

609 Diese Bestimmung regelt den Haftungsausgleich der Vertragspartner im Innenverhältnis, wenn sie beide für den einem Dritten im Zusammenhang mit der Leistung entstandenen Schaden aufgrund gesetzlicher Haftpflichtbestimmungen haften. Dann sollen die allgemeinen gesetzlichen Bestimmungen auch für das Innenverhältnis zur Anwendung kommen, sofern im Einzelfall nichts anderes vereinbart ist. Diese Regelung der VOB/B erscheint in Verbindung mit den besonderen Vorschriften des § 10 Abs. 2 Nr. 1 S. 2 und des § 10 Abs. 2 Nr. 2 und Abs. 3 VOB/B **insgesamt sachgerecht**, sodass sich abweichende Vereinbarungen zumeist erübrigen. Um eine weiter gehende Freistellung von solchen Schadensersatzansprüchen Dritter jedenfalls im Innenverhältnis zu erreichen, ist allerdings häufig folgende Klausel anzutreffen:

4.2 Ausfüllung der Lücken der VOB/B durch Zusätzliche und/oder Besondere Vertragsbedingungen

»Der Auftragnehmer verpflichtet sich, den Auftraggeber von allen Ansprüchen Dritter freizustellen, die durch das Verhalten des Auftragnehmers oder seiner Erfüllungs- oder Verrichtungsgehilfen bei der Ausführung der Auftragsarbeiten oder der mit diesen zusammenhängenden Arbeiten – ohne Rücksicht auf Verschulden – ausgelöst und gegen den Auftraggeber geltend gemacht werden.«

Vorstehende Klausel deckt allerdings nicht die Schäden ab, die bei ordnungsgemäßer Ausführung der Bauleistung zwangsläufig entstehen müssen und deshalb für den Unternehmer unvermeidbar sind. Diese werden nicht auf den Unternehmer abgewälzt, da er davon ausgehen darf, dass ihm mit einer solchen Klausel lediglich das Risiko eines vermeidbaren (wenn auch unverschuldeten) objektiven Fehlverhaltens aufgebürdet wird (BGH, Urt. v. 18.11.1971 – VII ZR 48/70, NJW 1972, 256 f.; Heiermann/Riedl/Rusam/Kuffer, VOB/B § 10 Rn. 62).

- **§ 12 Abs. 1 VOB/B – Fristen für Durchführung der Abnahme**

Nach dieser Vorschrift kann der Auftragnehmer nach der Fertigstellung die Abnahme seiner Leistung verlangen. In diesem Fall hat der Auftraggeber die Abnahme **binnen 12 Werktagen** durchzuführen. Es kann aber auch eine andere Frist vereinbart werden. Dies wirft die Frage auf, ob ein Auftraggeber diese in seinen ZVB generell und wenn ja in welchem Umfang verlängern kann. Eine Verlängerung dieser **Frist auf 24 Arbeitstage** statt der in § 12 Abs. 1 VOB/B vorgesehenen 12 Werktage hat der BGH als nur **unwesentliche Abweichung** angesehen und deshalb auch in AGB für zulässig erachtet, ohne dass dadurch der insgesamt ausgewogene Interessenausgleich der VOB als Ganzes infrage gestellt wird (BGH, Urt. v. 16.12.1982 – VII ZR 92/82, BauR 1983, 161, 164 = NJW 1983, 816, 818; a. A. Bartsch ZfBR 1984, 1 ff.). Die vorstehende Rechtsprechung ist zwar noch zu einer Zeit ergangen, als es für die Privilegierung der VOB auf die Schwere des Eingriffs ankam. Gleichwohl dürfte sie ebenso für die heutige Rechtslage gelten, wonach dem Grunde nach jede Abweichung von der VOB/B zu einer Inhaltskontrolle führt (vgl. Rdn. 481 ff.). Wie aber ebenfalls schon erläutert, gilt dies nicht zwingend für Abweichungen, die in der VOB/B ausdrücklich vorgesehen sind (Rdn. 489). Daher wird insbesondere bei diesen vorgesehenen Abweichungen jeweils im Einzelfall zu prüfen sein, was noch im Sinne der VOB/B angemessen ist. Allein danach bestehen keine Bedenken, wenn die in § 12 Abs. 1 VOB/B vorgesehene Frist von 12 auf bis zu 24 Werktage verlängert wird (BGH, a. a. O.). 610

Von vorstehender Frage der Erhaltung der Privilegierung der VOB/B bei einer Verlängerung der Abnahmefrist zu trennen ist die weitere Frage, ob eine darauf gerichtete Regelung auch einer **AGB-Inhaltskontrolle** als solcher standhält. Dies ist eigenständig zu prüfen – verbunden mit der Maßgabe, dass zwar Verlängerungen und Modifikationen in einem bestimmten Umfang (etwa bis zu den vorstehend schon angesprochenen 24 Werktagen – BGH, a. a. O.) möglich sind. Auch eine geringfügige Verlängerung der Abnahmefrist auf bis zu 30 Tage in Anlehnung an die Vorgaben der Art. 3 Abs. 4 und Art. 4 Abs. 5 der Zahlungsverzugsrichtlinie 2011/7/EU vom 16. Februar 2011 und ihr folgend der geplanten Neufassung des § 271a Abs. 3 BGB mit einer Festlegung einer entsprechenden Abnahmehöchstfrist dürfte danach nicht zu beanstanden sein. Jedoch darf dies keinesfalls dazu führen, dass letzten Endes der Auftragnehmer trotz Fertigstellung seiner Leistung **nicht sicher sagen** kann, **ob** und wann (überhaupt) seine Leistung abgenommen wird. Einzelheiten dazu sollen an späterer Stelle behandelt werden (Rdn. 726 ff.). 611

Unter Berücksichtigung der engen AGB-rechtlichen Grenzen sollte von der Verlängerung der Abnahmefrist von 12 Werktagen gemäß § 12 Abs. 1 VOB/B grundsätzlich kein Gebrauch gemacht werden. Sie sollte zumindest auf die Fälle beschränkt bleiben, in denen sich wegen der besonderen Umstände des Einzelfalles und der Eigenart der auszuführenden Leistung eine längere Abnahmefrist als 12 Werktage als notwendig erweist (z. B. bei umfangreichen Untersuchungen der Leistung durch einen Sachverständigen). Nur für diesen Fall sieht auch § 8 Abs. 4 Nr. 2 VOB/A die Möglichkeit vor, von den Allgemeinen Vertragsbedingungen des Teils B der VOB in BVB abweichende Vereinbarungen zu treffen. 612

- **§ 13 Abs. 4 VOB/B – Verlängerung der Gewährleistung**

§ 13 Abs. 4 der VOB/B legt die Gewährleistungsfrist für Bauwerksleistungen in Abweichung von § 634a Abs. 1 Nr. 2 BGB auf 4 Jahre fest, sofern im Bauvertrag keine andere Verjährungsfrist vereinbart ist. Damit eröffnet auch diese Regelung grundsätzlich die **Möglichkeit einer anderen** 613

Vereinbarung und gibt dieser den Vorrang. Wird davon Gebrauch gemacht, bleiben im Übrigen die Vorschriften des § 13 VOB/B unverändert anwendbar. Somit nimmt der Auftraggeber auch bei einer Gewährleistungsfrist in Anlehnung an die gesetzliche Regelung von 5 Jahren darüber hinaus an den sonstigen Vorteilen der VOB-Regelung teil (z. B. Verlängerung der Gewährleistungsfrist durch schriftliche Mängelrüge). Auch AGB-rechtliche Bedenken bestehen gegen eine solche Verlängerung der Gewährleistung nicht: Denn der Rückgriff auf die im Gesetz in § 634a Abs. 1 Nr. 2 BGB ohnehin für Bauleistungen vorgesehene Gewährleistungsfrist kann sicherlich keine unangemessene Benachteiligung des Auftragnehmers darstellen (s. dazu näher Rdn. 731).

614   Eine andere Frage stellt sich allerdings auch insoweit, ob allein damit schon von der VOB abgewichen wird mit der Folge des **Verlustes der Privilegierung der VOB/B** mit einer sich dann anschließenden **AGB-Inhaltskontrolle** aller VOB/B-Klauseln (Rdn. 481 ff.). Dies wird vereinzelt angenommen (OLG Hamm, Urt. v. 17.07.2009 – 21 U 145/09, BauR 2009, 1913, 1914 zu einer Verlängerung der Gewährleistung auf fünf Jahre; ebenso OLG Naumburg, Urt. v. 27.04.2006 – 2 U 138/05, BauR 2007, 551, 553; wohl auch Kapellmann/Messerschmidt/v. Rintelen, Einl. VOB/B Rn. 79 f.; s. allgemein dazu oben Rdn. 491), dürfte jedoch nicht der Fall sein: Zwar ist gerade die gegenüber dem Gesetz kürzere Gewährleistungsfrist für Bauwerksleistungen für den Unternehmer ein entscheidender Vorteil bei der Vereinbarung der VOB/B, sodass bei einer solchen Verlängerung der Frist von 4 auf 5 Jahre die Interessen des Auftragnehmers berührt sind. Dafür liegen aber zumindest in der Regel berechtigte Interessen und zumeist gewichtige Gründe vor. Im Zweifel immerhin sind alle Umstände gegeneinander abzuwägen, insbesondere wann etwaige Mängel wahrscheinlich erkennbar werden und wieweit die Mängelursachen noch nachgewiesen werden können, aber auch die Wirkung auf die Preise und die Notwendigkeit einer billigen Bemessung der Verjährungsfristen für Gewährleistungsansprüche. Hält sich die Vereinbarung einer anderen Gewährleistungsfrist – z. B. von 5 Jahren – an diese Grundsätze, entspricht sie der VOB in ihrer Gesamtheit und liegt im Rahmen des Interessenausgleichs der VOB. Vor diesem Hintergrund kann eine solche Verlängerung der Gewährleistungsfrist auf 5 oder sogar noch mehr Jahre durchaus sogar sachlich geboten sein.

▶ **Beispiel**

Der Auftraggeber erklärt sich mit der Verwendung eines neuen Baustoffes oder eines neuen Bauverfahrens durch den Unternehmer einverstanden, womit noch unbekannte Risiken verbunden sind. Hier ist es ohne Weiteres sinnvoll, die Gewährleistung angemessen zu verlängern.

Eine Verlängerung der Gewährleistungsfrist kann ebenso bei besonders mangelanfälligen Leistungen (so BGH, Urt. v. 09.05.1996 – VII ZR 259/94, BGHZ 132, 383, 387 f. = BauR 1996, 707, 708 f. = NJW 1996, 2155 f.) angezeigt sein, insbesondere wenn diese Mängel erfahrungsgemäß erst später auftreten (Isolierungsmängel, Flachdach, Fassaden, Korrosionsschutz). Solche Gründe werden bei Bauwerksarbeiten in aller Regel gegeben sein, sodass es einem dringenden Bedürfnis entspricht, die Gewährleistungsfrist für Bauwerksarbeiten in § 13 Abs. 4 VOB/B auf 5 Jahre als Regelfrist mit der Möglichkeit abweichender Vereinbarung festzulegen. Das aber heißt: Jedenfalls für den **privaten Auftraggeber** ist es ohne Weiteres zulässig und letztlich sogar **zu empfehlen** und heute schon weitgehend üblich, die Gewährleistungsfrist in § 13 Abs. 4 VOB/B in AGB (BVB oder ZVB) auf 5 Jahre zu verlängern. Allein dadurch wird materiell nicht von der VOB/B, die eine Öffnungsklausel hier ausdrücklich vorsieht, als ausgewogenes Gesamtwerk abgewichen. Daher gefährdet eine solche Verlängerung auch nicht die Privilegierung der VOB/B, sondern nutzt den in § 13 Abs. 4 VOB/B enthaltenen Spielraum, der die Vereinbarung einer anderen Verjährungsfrist für die Gewährleistungsansprüche ausdrücklich vorsieht (s. hierzu sehr ausdrücklich auch Motzke, NZBau 2009, 579, 581 ff; ebenso wie hier OLG Düsseldorf, Urt. v. 07.06.1994 – 21 U 90/92, BauR 1995, 111 = NJW-RR 1994, 1298; OLG Brandenburg, Urt. v. 08.11.2007 – 12 U 30/07, IBR 2008, 320; Keldungs/Brück, Rn. 33; Werner/Pastor, Rn. 1264 m. w. N.).

615   Für den **öffentlichen Auftraggeber** besteht dagegen grundsätzlich die Verpflichtung, die VOB/B unverändert zu vereinbaren, weshalb es z. B. einer Gemeinde verwehrt ist, generell für alle Aus-

schreibungen eine 5-jährige Gewährleistungsfrist vorzusehen (vgl. BVerwG, Beschl. v. 15.03.1989 – 7 B 108/88, NJW-RR 1989, 851 und VGH Mannheim, Urt. v. 14.03.1988 – 1 S 2418/86, NJW-RR 1988, 1045, 1047).

- **§ 13 Abs. 7 Nr. 5 VOB/B – Haftungsvereinbarungen in besonderen Fällen**
Diese Bestimmung eröffnet die Möglichkeit, in begründeten Sonderfällen bei Schadensersatzansprüchen eine Einschränkung oder Erweiterung der Haftung des Auftragnehmers zu vereinbaren. Darunter fallen insbesondere die sog. **Freizeichnungsklauseln**. Grenzen für solche Haftungsbeschränkungen werden durch § 134 BGB (Verstoß gegen ein gesetzliches Verbot), § 138 BGB (Verstoß gegen die guten Sitten), § 242 BGB (Verstoß gegen die Grundsätze von Treu und Glauben), § 276 Abs. 3 BGB (Haftung für vorsätzliches Handeln kann nicht ausgeschlossen werden) und § 639 BGB (kein Haftungsausschluss bei arglistigem Verschweigen eines Mangels durch Unternehmer) gezogen. Auch halten Freizeichnungsklauseln in aller Regel keiner AGB-Inhaltskontrolle nach den §§ 307 ff. BGB stand. Dadurch ist die anderweitige Vereinbarungsmöglichkeit derart eingeschränkt, dass letztlich in AGB dafür kaum noch Raum ist.

- **§ 14 Abs. 3 VOB/B – Frist zur Einreichung der Schlussrechnung**
Für die Einreichung der Schlussrechnung durch den Auftragnehmer sind in § 14 Abs. 3 VOB/B je nach der Dauer der Ausführungszeit der abzurechnenden Bauleistungen bestimmte Fristen festgelegt. Zugleich wird den Parteien die Möglichkeit eröffnet, im Bauvertrag andere Fristen zu vereinbaren. Dieser Vorschrift kommt jedoch in der Praxis keine große Bedeutung zu, da der Auftragnehmer an einer möglichst schnellen Einreichung der Rechnung ohnehin interessiert ist oder es jedenfalls sein sollte, um die Fälligkeit der Schlusszahlung herbeizuführen.

- **§ 15 Abs. 1 Nr. 2 VOB/B – Vereinbarung eines Stundensatzes**
§ 15 VOB/B geht zunächst davon aus, dass für Stundenlohnarbeiten eine Vergütung, also ein Stundenlohnsatz, vereinbart worden ist. Gerade bei Stundenlohnarbeiten geringeren Umfangs, wie z. B. Nachbesserungs- und Reparaturarbeiten, oder bei sog. **angehängten Stundenlohnarbeiten**, ist dies aber nicht immer der Fall. Vor diesem Hintergrund legt § 15 Abs. 1 Nr. 2 VOB/B fest, dass dann, wenn für die Vergütung keine Vereinbarung getroffen worden ist, die **ortsübliche Vergütung** zu zahlen ist. Damit lehnt sich diese Bestimmung an § 632 Abs. 2 BGB an. Vorrang vor der ortsüblichen Vergütung hat aber auch hier der vereinbarte Stundensatz.

- **§ 15 Abs. 3 VOB/B – Vorlagefrist für Stundenzettel**
Diese Bestimmung der VOB/B legt fest, dass über die geleisteten Arbeitsstunden und den dabei erforderlichen, besonders zu vergütenden Sachaufwand (Material, Geräte, Maschinen, Fracht usw.) je nach Verkehrssitte werktäglich oder wöchentlich Listen (**Stundenlohnzettel**) einzureichen sind. Zugleich wird die Vereinbarung einer anderen Frist für die Einreichung der Stundenlohnzettel zugelassen. Von dieser Möglichkeit sollten die Vertragspartner bei der Vereinbarung von Stundenlohnarbeiten in dem Sinne Gebrauch machen, dass sie die Frist, möglichst aber auch den Adressaten (Architekt oder Auftraggeber?) eindeutig festlegen. Die Frist sollte keinesfalls länger als 1 Woche bemessen sein. Denn eine klare und möglichst kurze Frist ist am ehesten geeignet, die gerade bei der Abrechnung von Stundenlohnarbeiten häufig auftretenden Streitigkeiten zu vermeiden.

- **§ 16 Abs. 2 VOB/B – Vorauszahlungen**
Haben die Vertragspartner **nach Vertragsabschluss** Vorauszahlungen vereinbart, so hat der Auftragnehmer auf Verlangen des Auftraggebers hierfür **ausreichende Sicherheit** zu leisten und die Vorauszahlungen mit 3 % über dem Basiszinssatz zu verzinsen, wenn nichts anderes vereinbart ist. Diese Bestimmung hat vor allem im Stahlbau und bei Bauwerken aus Fertigteilen Bedeutung. Denn in dieser Branche ist nach den dort üblichen **Zahlungsbedingungen** häufig 1/3 der vereinbarten Vergütung schon bei Auftragserteilung zu leisten. Hierbei handelt es sich dann um eine Vorauszahlung, da noch keine Leistungen vom Auftragnehmer erbracht worden sind.
Diese Vorauszahlungen sind, ohne dass es dazu einer besonderen Vereinbarung bedarf, vom Auftragnehmer mit dem genannten Zinssatz zu verzinsen. Wenn nun die VOB in § 16 Abs. 2 VOB/B die Vereinbarung eines anderen Zinssatzes ausdrücklich zulässt, so besagt dies nicht, dass jeder andere Zinssatz als angemessene und ausgewogene Regelung anzusehen ist. Für derartige abwei-

chende Vereinbarungen bedarf es vielmehr eines begründeten Anlasses, wie sich aus § 8 Abs. 4 Nr. 2 VOB/A ergibt.

- **§ 17 Abs. 2 VOB/B – Art der Sicherheitsleistung**

622   Die in § 17 VOB/B im Einzelnen geregelte Sicherheitsleistung bedarf einer ausdrücklichen Vereinbarung der Vertragspartner im Bauvertrag oder nachträglich. Die Art der Sicherheitsleistung ist ebenfalls der Vereinbarung der Parteien überlassen. Ist sie nicht konkret festgelegt, so kann sie durch **Einbehalt, Hinterlegung** von Geld oder durch eine **Bürgschaft** geleistet werden. Unter diesen verschiedenen Arten hat der Auftragnehmer ein Wahlrecht (§ 17 Abs. 3 VOB/B). Will man als Auftraggeber dagegen eine bestimmte Art der Sicherheitsleistung haben, so muss dies gesondert im Bauvertrag (ZVB oder BVB) geregelt werden, was von der VOB/B ausdrücklich zugelassen wird. Allerdings sind auch hier **AGB-rechtliche Grenzen** zu beachten. Sie beruhen vor allem bei Gewährleistungssicherheiten auf der Überlegung, dass es dem Auftragnehmer nach der Abnahme möglich sein muss, die von ihm verdiente Vergütung dauerhaft liquide »an sich zu ziehen«. Daher muss bei vereinbarter Sicherheitsleistung dem Auftragnehmer jedenfalls das Recht eingeräumt sein, einen Sicherheitseinbehalt durch eine selbstschuldnerische Bürgschaft abzulösen; die Einzahlungsverpflichtung auf ein Sperrkonto genügt dagegen nicht (BGH, Beschl. v. 24.05.2007 – VII ZR 210/06, BauR 2007, 1575, 1576 = NJW-RR 2007, 1319 = NZBau 2007, 583, 584; ausführlich auch Ingenstau/Korbion/Joussen, VOB/B § 17 Abs. 3 Rn. 8 sowie weiter unten auch Rdn. 744 ff.).

- **§ 17 Abs. 7 VOB/B – Fälligkeit der Sicherheitsleistung**

623   In dieser Vorschrift wird dem Auftragnehmer eine Frist von 18 Werktagen nach Vertragsabschluss zur Leistung der Sicherheit gesetzt. Gleichzeitig wird ausdrücklich eine andere Vereinbarung zugelassen. Diese Fristsetzung kann sich nur auf solche Sicherheitsleistungen beziehen, die eine Handlung des Auftragnehmers voraussetzen, also die Hinterlegung und die Bürgschaft. Demgegenüber ist sie bei der Sicherheit durch Einbehalt von Geld gegenstandslos. Auch wegen dieser Frist sollte daher die Art der Sicherheitsleistung im Vertrag festgelegt werden. Ist nun aber die Sicherheit durch Hinterlegung oder Bürgschaft vereinbart oder hat sich der Auftragnehmer zu einer dieser beiden Sicherheitsarten aufgrund seines Wahlrechtes entschieden, so muss er diese Frist von 18 Werktagen beachten. Denn andernfalls kann der Auftraggeber nach § 17 Abs. 6 Nr. 1 S. 1 VOB/B fällige Abschlagszahlungen sofort ohne Beschränkung auf den Satz von 10 % bis zur Höhe der vereinbarten Sicherheitsleistung einbehalten. Aus diesen Überlegungen können sich für die Vertragspartner, insbesondere für den Auftragnehmer, Gründe für eine **vertraglich zu vereinbarende Verlängerung der Frist von 18 Werktagen** nach Vertragsabschluss ergeben, zumal eine solche andere Vereinbarung von der VOB/B ausdrücklich vorgesehen ist. Auch hier sollten aber konkrete Anhaltspunkte für die Notwendigkeit abweichender Vereinbarungen vorliegen.

- **§ 18 Abs. 1 VOB/B – Gerichtsstandsvereinbarung**

624   Diese Vorschrift der VOB/B befasst sich mit der Möglichkeit von Gerichtsstandsvereinbarungen für den Fall von gerichtlichen Auseinandersetzungen der Vertragspartner über den Vertragsgegenstand. Die Zulässigkeit von Gerichtsstandsvereinbarungen ist aufgrund von § 38 ZPO aber erheblich eingeschränkt; ihr kommt daher im Wesentlichen nur bei Bauverträgen zwischen Kaufleuten und juristischen Personen des öffentlichen Rechts Bedeutung zu.

625   Unter Berücksichtigung vorstehender Erläuterungen sind die Möglichkeiten im Einzelnen erschöpft, die die VOB/B für abweichende Vertragsbedingungen (ZVB oder BVB) eröffnet. In diesem Rahmen ist es den Vertragspartnern bei Abschluss des Bauvertrages mit Vereinbarung der VOB/B als Vertragsgrundlage gestattet, deren **Lücken auszufüllen und bei begründeten Anlässen abweichende Vereinbarungen in ZVB oder BVB zu treffen**. Unbeschadet dessen sind aber stets die Grundsätze zu beachten, die § 8 Abs. 4 VOB/A für ZVB und BVB aufstellt. So dürfen ZVB, also für mehrere Bauvorhaben desselben Auftraggebers wegen der bei ihm allgemein gegebenen Verhältnisse aufgestellte Vertragsbedingungen, nicht den Allgemeinen Vertragsbedingungen, also der VOB/B, widersprechen (§ 8 Abs. 4 Nr. 1 S. 3 VOB/A). Für die Aufstellung von BVB, also wegen der Erfordernisse des Einzelfalles aufgestellte Vertragsbedingungen, ist in § 8 Abs. 4 Nr. 2 S. 2 VOB/A bestimmt, dass sich die Abweichungen von der VOB/B auf die Fälle beschränken sollen, in denen

dort besondere Vereinbarungen ausdrücklich vorgesehen sind, und auch nur, soweit es die Eigenart der Leistung und ihre Ausführung erfordern.

Werden diese Grundsätze von beiden Vertragspartnern beachtet, dann ist ihr **gesamtes Vertragswerk VOB-gerecht**. Derartige vertragliche Vereinbarungen lassen somit die VOB/B in ihrer Ausgewogenheit unverändert und nutzen nur die Spielräume, die die VOB ihnen selbst erlaubt. Mit dieser Maßgabe bleibt der VOB/B dann aber auch ihre Privilegierung erhalten und wird allein in diesem Rahmen keiner weiter gehenden AGB-Kontrolle unterworfen (siehe dazu im Einzelnen Rdn. 481 ff.).

Etwas anderes gilt, wenn die Vertragspartner über die vorstehenden Grundsätze hinweggehen, indem sie eine Vielzahl von abweichenden Vertragsbedingungen gegenüber der VOB/B in ihren BVB oder ZVB vorsehen, die insgesamt die Ausgewogenheit der VOB trotz Öffnungsklausel oder Lückenfüllung infrage stellen. Dies gilt bei den ausfüllungsbedürftigen Regelungen vor allem dann, wenn ohne erkennbaren Anlass die in der VOB/A als **nachvollziehbar vorgesehenen Höchstgrenzen für Vereinbarungen überschritten** werden. Dies gilt aber auch bei den Öffnungsklauseln mit anderweitigen Vereinbarungen, wenn diese einseitig die Interessen der anderen Vertragspartei belasten, ohne dass es dafür einen konkreten nachvollziehbaren Grund gibt. In diesem Fall bleibt es dabei, dass mit der Sonderregelung in den BVB oder ZVB von der VOB/B als Regelwerk insgesamt abgewichen wird. Die VOB/B verliert hierdurch ihre Privilegierung mit der Freistellung von einer AGB-Inhaltskontrolle. 626

Dies vorausgeschickt, kann nur nachhaltig den Bauvertragsparteien empfohlen werden, die VOB/B unverändert zu vereinbaren. In BVB bzw. ZVB sollten nur die Sonderregelungen vorgesehen werden, die tatsächlich für die Abwicklung des Bauvorhabens erforderlich sind. Insoweit trägt auch eine möglichst weitgehend unverändert gelassene VOB/B als Vertragsgrundlage für beide Vertragspartner entscheidend zur **Rechtssicherheit** bei. Denn die VOB/B geht von einer klaren Risikoverteilung und einem ausgewogenen Interessenausgleich aus. Die sich daraus für beide Vertragspartner ergebenden Rechte und Pflichten, Ansprüche und Verbindlichkeiten, Obliegenheiten und Mitwirkungspflichten sowie die Haftung der Vertragspartner untereinander sind in der VOB/B geregelt oder aus der zu den einzelnen Bestimmungen der VOB ergangenen Rechtsprechung und den Kommentierungen zu ersehen und damit weitgehend abschätzbar und kalkulierbar. Das ist bei eigenen Vertragsbedingungen, insbesondere wenn diese umfangreicher Art sind, nicht der Fall. Die ständig neu formulierten und der immer strenger werdenden Rechtsprechung zum AGB-Recht stets anzupassenden Vertragsbedingungen halten bei gerichtlichen Auseinandersetzungen allzu oft der Inhaltskontrolle nicht stand. Infolgedessen führen sie dann nach jahrelangem Streit zu unangenehmen Überraschungen des einen oder anderen Vertragspartners, der sich auf die Wirksamkeit seiner Vertragsbedingungen verlassen hat. Diese Risiken lassen sich weitestgehend ausschalten, wenn man die **VOB/B unverändert** oder mit den oben aufgeführten Ergänzungs- und Änderungsmöglichkeiten seinem Bauvertrag zugrunde legt. 627

4.3 Zusätzliche Vereinbarungen beim Abschluss eines BGB-Werkvertrages

Wurde der Bauvertrag nicht auf der Grundlage der VOB/B geschlossen, liegt demzufolge ein reiner BGB-Werkvertrag vor. Auch hier ist zu fragen, welche sinnvollen weiteren Regelungen für die Abwicklung eines Bauvorhabens getroffen werden sollen. Ausgangspunkt derartiger Überlegungen ist dabei zunächst die Tatsache, dass das gesetzliche Werkvertragsrecht des BGB, also die §§ 631–651 BGB, **in keiner Weise auf den Bauvertrag und seine Abwicklung zugeschnitten** sind. Dies zeigt sich schon daran, dass in den genannten Bestimmungen nur an drei Stellen von Bauwerksarbeiten oder Baubeteiligten die Rede ist, nämlich in § 634a Abs. 1 Nr. 2 BGB bezüglich der Gewährleistungsfrist für Bauwerksarbeiten, in § 648 BGB, der den Anspruch des Unternehmers auf Einräumung einer Bauhandwerkersicherungshypothek regelt, und in § 648a BGB, der dem Bauunternehmer einen Anspruch auf Sicherheitsleistung für seinen Vergütungsanspruch wegen seiner Vorleistungspflicht gewährt. 628

629 Wegen dieser unzureichenden Regelungen des Bauvertrages im BGB sind die Baubeteiligten, insbesondere die Vertragspartner des Bauvertrages, darauf angewiesen, einige Fragen, die sich bei einem VOB-Vertrag schon ohne Weiteres aus der VOB/B ergeben, in **Zusätzlichen oder Besonderen** oder auch **Allgemeinen Vertragsbedingungen** ausdrücklich zu vereinbaren. Zwar haben Rechtsprechung und Schrifttum einzelne Probleme teilweise unter Anlehnung an die Regelungen der VOB/B gelöst (s. o. Rdn. 427 ff.). Dies hat aber für die Vertragspartner zunächst den erheblichen Nachteil, dass sie ihre Rechte und Pflichten nicht aus den gesetzlichen Vorschriften selbst ablesen können, sondern sich stattdessen in Kommentaren und Rechtsprechung informieren müssen. Daneben bleiben einige berechtigte Belange des einen oder anderen Vertragspartners beim BGB-Werkvertrag ohne besondere Vereinbarung im Vertrag unberücksichtigt. So enthalten die gesetzlichen Werkvertragsvorschriften z. B. keine Regelungen über die Auswirkungen nachträglicher **Leistungsänderungen**, die gerade beim Bauvertrag und seiner Abwicklung immer wieder vorkommen und fast unvermeidlich sind (vgl. dazu § 1 Abs. 3 und Abs. 4 S. 1 VOB/B – Rdn. 919 ff.). Es fehlen auch jegliche Bestimmungen über die Einhaltung von **Ausführungsfristen** und die Folgen von **Behinderungen** im Bauablauf (§§ 5, 6 und 11 VOB/B). Ebenso sind im BGB die **Mitwirkungspflichten** des Auftraggebers und die Risikoverteilung zwischen Auftraggeber und Auftragnehmer unzureichend geregelt. Schließlich gewährt das BGB-Werkvertragsrecht dem Unternehmer mit § 632a BGB in der ganz überwiegenden Anzahl der Sachverhalte praktisch **keinen Anspruch auf Abschlagszahlungen** während der Bauausführung (s. Rdn. 517 ff.).

630 Wird also einem Bauvertrag nicht die VOB/B zugrunde gelegt, so sollte der Auftragnehmer zumindest in jedem Fall auf eine entsprechende ausdrückliche Vereinbarung insoweit achten, als er danach tatsächlich in den Genuss von Abschlagszahlungen kommt. Vorstellbar wäre etwa, sich an § 16 Abs. 1 VOB/B zu orientieren, d. h. insbesondere auf eine **Zahlung nach Baufortschritt** zu drängen. Zu empfehlen ist ferner, sich bei Abschluss eines BGB-Bauvertrages über die **Folgen von Leistungsminderungen, Leistungsänderungen und Zusatzleistungen** zu verständigen, wobei man sich an die Vorgaben in § 2 Abs. 4–6 VOB/B halten kann. In vielen Fällen wird es auch ratsam sein, in den Vertragsbedingungen zu einem BGB-Werkvertrag über Bauleistungen Einzelheiten zu Mitwirkungspflichten des Auftraggebers, zur Ausführungszeit und zur Auswirkung von Behinderungen auf diese sowie zu den Folgen einer Überschreitung der Bauzeit, zu den Abnahmearten, zu dem Aufmaß und zur Rechnungserteilung und schließlich zu Vertragsstrafen und Sicherheitsleistungen zu vereinbaren.

631 Die regelungsbedürftigen Tatbestände ergeben sich im Grundsatz aus den oben dargestellten Unterschieden zwischen BGB-Werkvertragsrecht und der VOB/B und den aufgezeigten Lücken, die die VOB/B bewusst gelassen hat. Daraus wird zugleich deutlich, dass die Parteien eines Bauvertrages nach dem BGB gegenüber einem Bauvertrag auf der Grundlage der VOB/B eine Vielzahl von Fragen besonders regeln müssen oder jedenfalls sollten. Nur dann wird man zu einem insgesamt klaren und ausgewogenen Vertrag kommen, der die sich aus den zu allgemein gehaltenen und unvollständigen Vorschriften des BGB erwachsenden, häufig unübersehbaren Risiken und Unsicherheiten weitgehend ausschaltet. Häufig werden dann aber die Vertragsbedingungen zu einem solchen BGB-Werkvertrag die auf den Bauvertrag zugeschnittenen Bestimmungen der VOB/B übernehmen oder sich zumindest an sie anlehnen. Dann aber erscheint es sinnvoll und rechtlich einfacher, sogleich die **VOB/B als Vertragsgrundlage** zu vereinbaren – zumal diese – so sie ohne Abweichungen vereinbart wird – zumindest im gewerblichen Bereich keiner gesonderten AGB-Kontrolle unterliegt. Entsprechendes gilt für Verbraucher, soweit sie ihrerseits auf die VOB/B zurückgreifen.

4.4 Bauvertragsklauseln und AGB-Kontrolle

4.4.1 AGB in Bauverträgen – Grundlagen

632 Unabhängig davon, ob der Bauvertrag auf der Grundlage der VOB/B oder ohne deren Vereinbarung als BGB-Werkvertrag geschlossen wird oder werden soll: Meist werden schon im Stadium der Ausschreibung seitens des zukünftigen Auftraggebers oder bei Angebotsabgabe durch den Unternehmer Vertragsbedingungen gestellt, d. h. deren Vereinbarung im Fall des Vertragsabschlusses mit mehr oder weniger großem Nachdruck verlangt. In aller Regel handelt es sich dabei nicht um Individual-

vereinbarungen, sondern um **vorformulierte Vertragsbedingungen** als sog. **Allgemeine Geschäftsbedingungen**. Dies gilt fast ausnahmslos im Subunternehmerverhältnis. Denn ein Generalunternehmer wird sich bei deren Einsatz kaum der Mühe unterziehen, mit jedem Subunternehmer einen eigenen Vertrag auszuhandeln (s. dazu ausführlich Joussen/Vygen, Subunternehmervertrag Rn. 121 ff.). Eine ähnliche Vermutungswirkung gilt bei Bauträgerverträgen: Hier spricht schon das äußere Erscheinungsbild dafür, dass diese nach ihrer inhaltlichen Gestaltung allem Anschein nach für eine mehrfache Verwendung entworfen und vom Bauträger gestellt werden (BGH, Urt. v. 14.05.1992 – VII ZR 204/90, BGHZ 118, 229, 238 = BauR 1992, 622, 625 = NJW 1992, 2160, 2162). Stets dann, wenn es sich bei dem Bauvertrag um Allgemeine Geschäftsbedingungen handelt, müssen diese einer AGB-Kontrolle nach § 307 ff. BGB standhalten; andernfalls sind die diesbezüglichen Klauseln unwirksam.

4.4.1.1 AGB-Eigenschaft von Bauverträgen

Eine AGB-Kontrolle findet nur statt, wenn es sich bei dem Bauvertrag oder Teilen davon tatsächlich um Allgemeine Geschäftsbedingungen und nicht um Individualvereinbarungen handelt. Dies beurteilt sich nach § 305 Abs. 1 BGB, bei der Beteiligung von Verbrauchern zusätzlich unter Einschluss von § 310 Abs. 3 BGB. Allgemeine Geschäftsbedingungen liegen danach vor, wenn die folgenden **drei Voraussetzungen** erfüllt sind: 633
- Es muss sich um vorformulierte Vertragsbedingungen handeln.
- Diese müssen für eine Vielzahl von Verträgen konzipiert sein.
- Schließlich muss eine Vertragspartei diese Vertragsbedingungen gestellt haben.

Fehlt nur eine dieser Voraussetzungen oder wurden die Vertragsbedingungen sogar im Einzelnen ausgehandelt, liegen keine AGB vor, sondern in der Regel eine Individualvereinbarung (vgl. allerdings auch zu einer AGB-Kontrolle von nur für den Einzelfall konzipierter vorformulierter Vertragsbedingungen gegenüber Verbrauchern: Rdn. 639). Dabei ist es durchaus vorstellbar, dass von einheitlichen Vertragswerken einzelne Klauseln als AGB, andere als Individualvereinbarung einzustufen sind.

> **Beispiel**
>
> Zwischen General- und Subunternehmer wird ein mehrseitiger Vertrag geschlossen. Grundlage ist ein Muster des GU, das dieser auch sonst verwendet. Verhandelt werden die Termine und die Höhe der Vertragsstrafe, die daraufhin geändert werden. Diese Vertragsregelungen sind jetzt keine Allgemeine Geschäftsbedingungen mehr, wohl aber z. B. Klauseln zur Sicherheitsleistung, die trotz der ggf. langwierigen Verhandlungen unverändert übernommen wurden.

Im Einzelnen sind jedoch die Voraussetzungen für eine Individualvereinbarung nicht einfach zu prüfen. Dabei geht es weniger um die Frage, ob Vertragsbedingungen vorformuliert sind. Dies lässt sich zumeist ohne Weiteres feststellen – wobei unbeachtlich ist, ob die kritischen **Klauseln in gedruckter Form** oder **handschriftlich** vorgegeben werden (BGH, Urt. v. 10.03.1999 – VIII ZR 204/98, BGHZ 141, 108, 109 = NJW 1999, 2180, 2181; BGH, Urt. v. 15.04.2008 – X ZR 126/06, BGHZ 176, 140, 141 = NJW 2008, 2250). 634

> **Beispiel**
>
> Bei einer Vergabeverhandlung diktiert der Auftraggeber AGB-kritische Klauseln wie z. B. »Für die Gewährleistung hat der AN eine Mängelbürgschaft auf erstes Anfordern zu stellen.« Diese und vergleichbare kritische Klauseln werden nach dem Diktat in das verbindliche Verhandlungsprotokoll aufgenommen.

Die Tatsache, dass diese Klauseln (nur) mündlich diktiert und handschriftlich aufgezeichnet wurden, ändern an der AGB-Eigenschaft alleine nichts (s. anschaulich auch OLG Brandenburg, Urt. v. 04.07.2012 – 13 U 63/08, NJW-RR 2012, 982, 983 zu diskutierten Vertragsstrafenklauseln).

635 Zweifelhaft könnte hingegen sein, wann das Kriterium »**Vielzahl von Verträgen**« vorliegt. Hierbei gilt als Faustformel: Stets dann, wenn ein mindestens dreimaliger Einsatz beabsichtigt ist, wird von einer Verwendung für eine Vielzahl von Verträgen auszugehen sein (vgl. etwa BGH, Urt. v. 27.09.2001 – VII ZR 388/00, BauR 2002, 83, 84 = NJW 2002, 138, 139). Allerdings ist **nicht erforderlich**, dass der Vertrag hinsichtlich seiner dreimaligen Verwendung gegenüber **verschiedenen Vertragspartnern** verwendet werden soll (BGH, Urt. v. 11.12.2003 – VII ZR 31/03, BauR 2004, 674, 675 f. = NJW 2004, 1454 f.).

▶ Beispiel

Ein Grundstückseigentümer beauftragt einen Bauingenieur mit der Mangelfeststellung an verschiedenen ihm gehörenden Bauwerken. Er schließt für jedes Bauwerk einen eigenen Vertrag. Bei derartigen Verträgen handelt es sich um allgemeine Geschäftsbedingungen. Denn es kommt nicht darauf an, ob das Vertragsmuster gegenüber einem oder gegenüber verschiedenen Vertragspartnern mehrfach verwendet werden soll.

Im Übrigen kann sich auch schon **aus dem Inhalt und der Gestaltung der verwendeten Vertragsbedingungen** ein von dem Verwender zu **widerlegender (äußerer) Anschein** dafür ergeben, dass die Klausel zur Mehrfachverwendung vorformuliert wurde. Das ist etwa der Fall, wenn der Vertrag zahlreiche formelhafte Klauseln enthält und nicht auf die individuelle Vertragssituation abgestimmt ist (BGH, Urt. v. 27.11.2003 – VII ZR 53/03, BGHZ 157, 102, 106 = BauR 2004, 488, 490 = NJW 2004, 502, 503). Wurde der Vertrag für eine Mehrfachverwendung konzipiert, ist dann für die AGB-Eigenschaft im Übrigen unbeachtlich, ob der Vertrag bereits mehrfach eingesetzt wurde. Allgemeine Geschäftsbedingungen liegen stattdessen schon dann vor, wenn der Verwender dieses Vertragsmuster tatsächlich nur in einem Vertrag einsetzt oder einsetzen will (BGH, Beschl. v. 23.06.2005 – VII ZR 277/04, BauR 2006, 106; BGH, Urt. v. 24.11.2005 – VII ZR 87/04, BauR 2006, 514, 516 = NZBau 2006, 390, 391).

Zu unterscheiden von vorstehenden Fällen ist im Baurecht allerdings der ebenfalls sehr häufige Fall, dass ein bestimmtes Vertragsmuster **im Rahmen einer Ausschreibung verschiedenen Bietern** zur Verfügung gestellt wird.

▶ Beispiel

Ein öffentlicher Auftraggeber schreibt eine Bauleistung aus. Hierzu versendet er neben den Leistungsverzeichnissen die für den späteren Vertragsschluss konzipierten Vertragsbedingungen.

In Fällen wie vorstehendem wurden die Vertragsbedingungen zwar an eine Vielzahl von Bietern geschickt. Gleichwohl ist nur die einmalige Verwendung beabsichtigt; zumindest müssten noch weitere Umstände hinzutreten, damit die AGB-Eigenschaft mit der Voraussetzung »Verwendung für eine Vielzahl von Verträgen« vorliegt (BGH, Urt. v. 26.09.1990 – VII ZR 318/95, BauR 1997, 123, 124 f. = NJW 1997, 135).

4.4.1.2 Das »Stellen« der Allgemeinen Geschäftsbedingungen

636 Vertragsbedingungen werden von einer Partei »gestellt«, wenn diese deren Geltung verlangt. Dabei ist **einerlei, von wem die Vertragsbedingungen erstellt** werden, d. h.: Greifen die Vertragsparteien auf Vertragsmuster oder von Dritten (Architekten, Rechtsanwälten, Verlagen) erstellte Vertragsbedingungen oder beim Auftraggeber oder Auftragnehmer selbst für mehrere Aufträge entworfene Vertragswerke zurück und wird darüber nicht verhandelt, stellt derjenige die Vertragsbedingungen, der sie in den Vertrag konkret einführt. Dies gilt selbst dann, wenn bestimmte Vertragsmuster von einem Notar vorformuliert werden, soweit ein solches Vertragsmuster (z. B. für einen Bauträgervertrag) konzipiert und dort auch verwendet werden soll (BGH, Urt. v. 14.05.1992 – VII ZR 204/90, BGHZ 118, 229, 239 = BauR 1992, 622, 625 = NJW 1992, 2160, 2162 f.). Bei der Frage der Stellung der AGB ist im Übrigen nicht auszuschließen, dass diese möglicherweise von einer Vertragspartei als gestellt gelten, obwohl sie zunächst von der anderen Vertragspartei »eingeführt« wurden. Hierzu gehören vor allem Sachverhalte, in denen der Auftragnehmer bestimmte Geschäftsbedingungen allein

4.4 Bauvertragsklauseln und AGB-Kontrolle

deshalb in sein Angebot aufgenommen und damit formal in den Vertragsabschluss eingeführt hat, weil feststeht, dass die Vertragsgegenseite (im Zweifel der Auftraggeber) Verträge nur unter Einbeziehung dieser Allgemeinen Geschäftsbedingungen abschließt (BGH, Urt. v. 04.03.1997 – X ZR 141/95, NJW 1997, 2043, 2044; BGH, Urt. v. 09.03.2006 – VII ZR 268/04, BauR 2006, 1012, 1013 = NJW-RR 2006, 740, 741).

▶ **Beispiel (nach BGH, Urt. v. 09.03.2006, a. a. O.)**

Die Bauherrin, eine öffentlich-rechtliche Körperschaft, beauftragt Architekten mit Planungsleistungen. Vertragsbestandteil waren Allgemeine Vertragsbedingungen für Architekten- und Ingenieurleistungen. Diese hatten die Architekten deswegen in den Vertrag eingeführt, weil von vornherein feststand, dass der öffentliche Auftraggeber Verträge nur unter Zugrundelegung dieser bereits von den Architekten eingeführten Formularbedingungen schließen wird. Hier werden – obwohl der erstmalige Vorschlag von den Architekten stammte – die Bedingungen gleichwohl vom öffentlichen Auftraggeber »gestellt«.

Im Bereich des Bauvertragsrechts ist immerhin zweifelhaft, ob AGB auch dann vorliegen, wenn **beide Vertragsparteien gleichzeitig die Vertragsbedingungen stellen**. Diese Frage gewinnt vor allem bei der Vereinbarung der VOB/B an Bedeutung, bei der es sich ja ebenfalls um Allgemeine Geschäftsbedingungen handelt (s. dazu oben Rdn. 468 ff.). 637

▶ **Beispiel**

Im Rahmen eines Prozesses erklären sowohl Auftraggeber als auch Auftragnehmer, dass sie sich mit der Geltung der VOB einverstanden erklärt hätten.

In Fällen dieser »beidseitigen« Verwendung ist gleichwohl zu unterscheiden, ob nicht tatsächlich doch eine Partei identifiziert werden kann, die die VOB stellt. Nur dann, wenn sich tatsächlich Auftraggeber und Auftragnehmer **gleichberechtigt gegenüberstehen**, mag man in Zweifel ziehen, ob die VOB/B (oder ggf. ein anderes Bedingungswerk) tatsächlich von einer Vertragspartei in den Vertrag eingeführt wurde. Dies kann man im Einzelfall ablehnen, sodass dann die §§ 305 ff. BGB nicht zur Anwendung kommen. Allerdings ist mit einem solchen Ergebnis zurückhaltend umzugehen. Dies gilt insbesondere bei der **Beteiligung von Verbrauchern** (s. hier allerdings auch zu dem Sonderfall der vorformulierten Vertragsbedingungen sogleich Rdn. 639), bei Subunternehmern oder ganz generell bei Verträgen mit der öffentlichen Hand (s. dazu oben ausführlich Rdn. 472 ff. zu der beidseitigen Einbeziehung der VOB/B).

Kann danach eine Partei ermittelt werden, die die AGB »gestellt« hat, ist dies nicht nur dafür entscheidend, ob überhaupt AGB vorliegen; vielmehr hängt damit ebenso die Frage zusammen, zu welchen Gunsten eine danach vorzunehmende AGB-Kontrolle stattzufinden hat (s. dazu sogleich Rdn. 644).

4.4.1.3 Aushandeln von Vertragsbedingungen

Keine Allgemeinen Geschäftsbedingungen liegen vor, wenn der Bauvertrag im Einzelnen ausgehandelt wurde (§ 305 Abs. 1 S. 3 BGB). Entscheidend ist, dass die Parteien die jeweiligen Vertragsklauseln wirklich verhandelt haben. Dies setzt in der Regel zweierlei voraus (BGH, Urt. v. 03.11.1999 – VIII ZR 269/98, BGHZ 143, 104, 111 f. = NJW 2000, 1110, 1111 f.): 638
- Zum einen muss die Partei, die die Vertragsbedingungen in den Vertrag einführt, **ernsthaft bereit sein, diese inhaltlich zur Disposition** zu stellen.
- Zum anderen müssen dazu **Verhandlungen geführt** werden mit der Maßgabe, dass die Vertragsgegenseite über die **reale Möglichkeit** verfügt, die inhaltliche Ausgestaltung der Vertragsbedingungen zu beeinflussen. Folglich liegen keine Allgemeinen Geschäftsbedingungen vor, wenn sich deren Einbeziehung als das Ergebnis der freien Entscheidung desjenigen darstellt, der von dem anderen Vertragsteil mit dem Verwendungsvorschlag konfrontiert wird. Dafür ist erforderlich, dass der andere Vertragsteil sich nicht nur zwischen zwei verschiedenen ihm überlassenen Alternativformulierungen entscheiden kann; vielmehr muss er in der Auswahl der in Betracht

kommenden Vertragstexte frei sein und insbesondere Gelegenheit erhalten, alternativ eigene Textvorschläge mit der effektiven Möglichkeit ihrer Durchsetzung in die Verhandlungen einzubringen (BGH, Urt. v. 17.02.2010 – VIII ZR 67/09, BGHZ 184, 259, 267 f. = NJW 2010, 1131, 1132).

Ein etwaiges Einverständnis oder Ähnliches des Vertragspartners genügt für ein Aushandeln nicht. Ebenso unbeachtlich ist das bloße »**Verhandeln**« von Klauseln, wenn tatsächlich die Vertragsgegenseite zu Vertragsänderungen nicht bereit ist (OLG München, Beschl. v. 22.09.2009 – 28 U 3343/09, BauR 2010, 787, 788). Genauso wenig genügt es, dass der Vertrag – wie bei Bauverträgen vielfach der Fall – **Leerräume (Lückentexte)** oder alternative Vertragsformulierungen vorsieht.

▶ **Beispiel**

In dem Vertrag wird eine Vertragsstrafe vorgesehen. Bei der Angabe der Höhe je Tag ist ein Leerraum eingegeben, der noch auszufüllen ist. Bei der Sicherheitsleistung kann angekreuzt werden, in welcher Form diese zu stellen ist. Ebenso kann bei der Verjährung angegeben werden, ob eine Verjährung nach VOB/B (4 Jahre) oder nach BGB (5 Jahre) gelten soll.

In all diesen Fällen ändert die Wahlfreiheit nichts daran, dass gleichwohl Allgemeine Geschäftsbedingungen vorliegen. Dies gilt zumindest dann, wenn der Vorschlag durch die Gestaltung des Formulars im Vordergrund steht und etwaige sonstige Wahlmöglichkeiten, insbesondere etwa die Disposition der Klausel insgesamt, überlagert (BGH, Urt. v. 07.02.1996 – IV ZR 16/95, NJW 1996, 1676, 1677). Etwas anderes könnte allenfalls anzunehmen sein, wenn die Auslassungen tatsächlich der Vertragsgegenseite die reale Möglichkeit eröffnen sollen, diese Vertragsklausel zu verhandeln (BGH, Urt. v. 06.12.2002 – V ZR 220/02, BGHZ 153, 148, 151 f. = NJW 2003, 1313). Dabei ist selbstverständlich auch denkbar, dass nur **Teile einer Klausel odes eines Vertragswerks zur Disposition** gestellt, d. h. ausgehandelt werden.

▶ **Beispiel (ähnlich OLG Bremen, Urt. v. 30.12.2010 – 1 U 51/08, Nichtzul.-Beschw. zurückgew., BGH, Beschl. v. 12.4.2012 – VII ZR 28/11)**

In einem Bauvertrag wird von vom Auftraggeber eine Vertragsstrafenklausel »gestellt«, die für jeden Tag der schuldhaften Fristüberschreitung eine Vertragsstrafe von 0,7 % vorsieht, aber keine Begrenzung nach oben. Verhandelt wird nur dieser Tagessatz auf 0,5 %, nicht dagegen die fehlende Obergrenze.

Ein solches Teilverhandeln ist denkbar. In AGB wäre auch ein Tagessatz von 0,5 % unzulässig; doch wird dagegen nichts einzuwenden sein, wenn dieser Satz tatsächlich individuell ausgehandelt wurde. Gleichwohl wäre diese Vertragsstrafenregelung unwirksam, weil es an einer Festlegung der Obergrenze fehlt (BGH, Urt. v. 23.01.2003 – VII ZR 210/01, BGHZ 153, 311, 325 = BauR 2003, 870, 877 = NJW 2003, 1805, 180; s. dazu Rdn. 1704 ff.) und dieser Punkt eben nicht verhandelt worden ist. Nichts anderes gilt, wenn nur einzelne Klauseln eines Vertragswerks verhandelt wurden und andere nicht.

▶ **Beispiel (ähnlich KG, Urt. v. 23.04.2010 – 7 U 117/09, Nichtzul.-Beschw. zurückgew., Beschl. v. 22.03.2012 – VII ZR 79/10, BauR 2012, 1285 [Ls.])**

Im Bauvertrag ist auf Vorschlag des Auftraggebers die VOB/B vereinbart. Sodann werden verschiedene Klauseln verhandelt, nicht aber die Klausel zur Ausschlusswirkung nach § 16 Abs. 3 Nr. 2 ff. VOB/B, auf die sich der Auftraggeber später beruft (s. zu dieser Regelung Rdn. 2629 ff.). Das Kammergericht ließ die an sich AGB-widrige Regelung des § 16 Abs. 3 Nr. 2 ff. VOB/B passieren, weil sich aus dem Vertrag ergebe, dass dieser ausgehandelt sei. Dies hatte in der Tat der Auftragnehmer in einer weiteren Formularklausel bestätigt, die er hätte auch streichen können.

Das Urteil erscheint mehr als zweifelhaft. Bestätigungsklauseln zum Verhandeln können das Verhandeln selbst nicht ersetzen (vgl. auch § 309 Nr. 12 lit. b BGB; s. dazu auch unten Rdn. 656 f.). Sodann kommt es eben alleine darauf an, dass gerade auch die kritische AGB-Klausel (hier des § 16 Abs. 3 Nr. 2 ff. VOB/B) verhandelt worden sein muss, was offensichtlich nicht der Fall war.

Die gesamte Vertragssituation des »gegenseitigen Gebens und Nehmens« sollte sinnvollerweise schriftlich festgehalten werden, damit sie später im Streitfall rekonstruierbar ist.

4.4.1.4 Darlegungs- und Beweislast, u. a. mit Besonderheiten bei Verbraucherverträgen

Hinsichtlich der Verteilung der Darlegungs- und Beweislast, ob AGB vorliegen, ist zunächst anzumerken, dass vorstehende Erläuterungen bei Bauverträgen unter Beteiligung von Verbrauchern nur eingeschränkt gelten. Stattdessen finden sich die wesentlichen Regelungen zu dieser Gruppe von Auftraggebern in § 310 Abs. 3 BGB; sie gehen auf die Vorgaben der EU-Verbraucherschutzrichtlinie zurück (Richtlinie 93/13/EWG des Rates vom 5.4.1993 über missbräuchliche Klauseln in Verbraucherverträgen). Dabei findet eine AGB-Kontrolle in Bauverträgen mit Verbrauchern bereits unter den beiden folgenden erleichterten Bedingungen statt: 639

- Schließt ein Verbraucher einen Bauvertrag mit einem Unternehmer, was im Baurecht die Regel ist, gelten etwaige Allgemeine Geschäftsbedingungen jeweils vom Unternehmer gestellt, es sei denn, dass sie durch den Verbraucher in den Vertrag eingeführt wurden (§ 310 Abs. 3 Nr. 1 BGB). Konkret bedeutet das, dass hier der Verbraucher also weiterhin die allgemeinen Voraussetzungen dafür **darlegen und ggf. beweisen** muss, dass überhaupt Allgemeine Geschäftsbedingungen vorliegen. Er muss also vor allem belegen, dass die fraglichen Klauseln für eine **Vielzahl von Verträgen vorformuliert** waren (Rdn. 635). Nur dann kommt ihm die Erleichterung des § 310 Abs. 3 Nr. 1 BGB zugute, dass nämlich nunmehr eine solche nachgewiesene Allgemeine Geschäftsbedingung als vom Unternehmer gestellt angesehen wird.
- Ergänzend dazu finden nach § 310 Abs. 3 Nr. 2 BGB immerhin die Regelungen des § 305c (Verbot überraschender und mehrdeutiger Klauseln), des § 306 BGB (Rechtsfolgen bei Nichteinbeziehung und Unwirksamkeit) sowie sämtliche Klauseln der AGB-Inhaltskontrolle (§§ 307 bis 309 BGB) auch auf zumindest vorformulierte Vertragsbedingungen Anwendung, wenn diese nur **zur einmaligen Verwendung bestimmt** sind und soweit der Verbraucher aufgrund der Vorformulierung auf deren Inhalt keinen Einfluss nehmen konnte. Dies ist im Bauvertrag einerseits üblich, wenn ein privater Verbraucher einen Bauunternehmer beauftragt. Hier wird er in der Regel das Vertragsmuster von der Baufirma erhalten. Andererseits darf bei dieser Alternative einer angestrebten AGB-Kontrolle nicht verkannt werden, dass der Verbraucher nicht nur die Vorformulierung der Vertragsbedingungen darlegen und ggf. beweisen muss, sondern ebenso die Tatsache, dass er infolge dieser Vorformulierung auf deren Inhalt keinen Einfluss nehmen konnte (BGH, Urt. v. 15.04.2008 – X ZR 126/06, BGHZ 176, 140, 142 = NJW 2008, 2250, 2251).

> **Beispiel**
>
> Ein Generalunternehmer sendet dem privaten Bauherrn ein Vertragsmuster, das den Bauherrn einseitig belastende und gegen § 649 BGB verstoßende Kündigungsregelungen enthält. Der Bauherr unterzeichnet diesen Vertrag ohne weiter gehende Prüfung. Gelingt ihm jetzt der Nachweis, dass der Generalunternehmer dieses Vertragsmuster öfter verwendet hat, fände eine AGB-Kontrolle statt; zugleich würde vermutet, dass dieses Muster vom Generalunternehmer stammt (§ 310 Abs. 3 Nr. 1 BGB). Gelingt dem Verbraucher dagegen der Nachweis der Mehrfachverwendung nicht, liegt zwar immer noch eine »vorformulierte Vertragsbedingung« vor. Eine AGB-Kontrolle zu seinen Gunsten würde jetzt aber nur erfolgen, wenn er ebenfalls darlegen und beweisen könnte, dass er gerade wegen der Vorformulierung auf den Inhalt der Klauseln keinen Einfluss nehmen konnte. Dieser Nachweis ist nicht möglich, wenn der Verbraucher den Vertrag wie in der Praxis häufig »unbesehen« unterschrieben hat.

Liegen nach Vorstehendem Allgemeine Geschäftsbedingungen oder zumindest vorformulierte Vertragsbedingungen vor, ist der diesbezügliche Bauvertrag auch unter Einschluss von **den Vertragsschluss begleitenden Umständen auszulegen** (§ 310 Abs. 3 Nr. 3 BGB). Dabei ist ggf. sogar auf die zugrunde liegende europarechtliche Richtlinie zurückzugreifen (»Grundsatz der richtlinienkonformen Auslegung«).

640 Anders als mit den geschilderten Erleichterungen bei Verbrauchern stoßen die **Darlegung und der Beweis** der **AGB-Eigenschaft eines Bauvertrages** zwischen Unternehmern öfter auf Schwierigkeiten. Denn hier gelten keine Besonderheiten, d. h.: Derjenige, der sich auf die §§ 305 ff. BGB berufen will, muss als Anspruchsteller die ihm günstigen Tatsachen darlegen und beweisen. Dazu gehört bei einem angestrebten Schutz durch die Vorschriften der AGB-Inhaltskontrolle auch die AGB-Eigenschaft der angegriffenen Klausel (vgl. im Ergebnis auch BGH, Urt. v. 14.05.1992 – VII ZR 204/90, BGHZ 118, 229, 238 = BauR 1992, 622, 625 = NJW 1992, 2160, 2162). Allerdings wird man auch von einer Beweiserleichterung mit der Annahme einer AGB-Eigenschaft ausgehen können, wenn bereits das Vertragsmuster nach seinem **äußeren Anschein für eine Mehrfachverwendung** konzipiert ist. Das kann z. B. der Fall sein, wenn der Vertrag zahlreiche formelhafte Klauseln enthält und erkennbar nicht auf die individuelle Vertragssituation abgestimmt ist (BGH, Urt. v. 27.11.2003 – VII ZR 53/03, BGHZ 157, 102, 106 = BauR 2004, 488, 490 = NJW 2004, 502, 503). Augenscheinlich gilt dies insbesondere bei der Verwendung von ZVB oder BVB oder aber vorformulierter Klauseln in Vergabe- oder Verhandlungsprotokollen, die jeweils einer AGB-Kontrolle unterliegen. Will im Übrigen die Vertragsgegenseite die AGB-Eigenschaft dadurch entkräften, dass die Klauseln vermeintlich verhandelt wurden, trifft insoweit allein sie die Beweislast (BGH, Urt. v. 29.01.1982 – V ZR 82/81, BGHZ 83, 56, 58 = NJW 1982, 1035; BGH, Urt. v. 03.04.1998 – V ZR 6/97, NJW 1998, 2600, 2601). Für einen solchen Nachweis genügt es in der Regel nicht, sich durch die Gegenseite eine eigenständige Klausel unterzeichnen zu lassen, dass die Vertragsbedingungen ausgehandelt seien (s. dazu unten Rdn. 656 f.).

4.4.2 AGB-Kontrolle von Bauvertragsklauseln

641 Liegen Allgemeine Geschäftsbedingungen vor, sind sie unwirksam, wenn sie einer AGB-Kontrolle nicht standhalten. Dabei ist zu unterscheiden:

Grundsätze der AGB-Kontrolle

① Keine Geltung überraschender oder mehrdeutiger Klauseln (§ 305c Abs. 1 BGB)

② Inhaltskontrolle nach

  o Klauselkontrolle nach §§ 308, 309 BGB – gelten im unternehmerischen Verkehr nicht unmittelbar

  o Inhaltskontrolle (§ 307 BGB)

   | Unangemessene Benachteiligung der Vertragsgegenseite |

   ➢ Intransparenz

   ➢ Verstoß gegen wesentliche Gedanken gesetzlicher Regelung

   ➢ Gefährdung des Vertragszwecks

③ Kontrollfreiheit von Preisklauseln und Klauseln zur Leistungsbeschreibung

---

4.4.2.1 Keine Geltung überraschender Klauseln

642 Zunächst ist zu fragen, ob die oder einzelne Allgemeine Geschäftsbedingungen trotz der eigentlich vorliegenden Voraussetzungen für deren Einbeziehung (vgl. § 305 Abs. 2 BGB sowie ausführlich Rdn. 475 ff.) **wegen ihres überraschenden Inhalts** ggf. doch nicht Vertragsbestandteil geworden sind. Dies ist der Fall, wenn die diesbezügliche Klausel nach den Umständen, insbesondere nach

dem äußeren Erscheinungsbild des Vertrages, so ungewöhnlich ist, dass die Vertragsgegenseite mit ihr nicht zu rechnen brauchte. Insoweit stellt § 305c Abs. 1 BGB lediglich eine Konkretisierung der sich aus §§ 138, 242 BGB ergebenden Grundsätze von Treu und Glauben dar (BGH, Urt. v. 22.12.1992 – VI ZR 341/91, BGHZ 121, 107, 113 = NJW 1993, 779, 780). Danach ist der Verwender von AGB bei einer Vertragsgestaltung, die in einem aus Sicht der Verkehrskreise maßgeblichen Maß von einem vertraglichen Leitbild und der hieraus resultierenden Erwartungen des Vertragspartners über den Umfang der ihm gebührenden Leistungen hinaus abweicht, verpflichtet, so deutlich auf die Abweichung hinzuweisen, dass der durchschnittliche Vertragspartner sie regelmäßig zur Kenntnis nehmen wird.

▶ **Beispiel (nach BGH, Urt. v. 14.10.2004 – VII ZR 190/03, BauR 2005, 94 = NJW-RR 2005, 246)**

In den Allgemeinen Geschäftsbedingungen eines Generalunternehmers gegenüber seinem Subunternehmer zu einem Einheitspreisvertrag findet sich folgende Klausel »Auch bei einem Einheitspreisvertrag ist die Auftragssumme limitiert«.

Eine solche Kostenbegrenzungsklausel würde fundamental einem Einheitspreisvertrag widersprechen. Sie wäre – wenn darauf nicht sehr klar hingewiesen würde – überraschend und nach AGB-rechtlichen Grundsätzen nicht Vertragsbestandteil.

4.4.2.2 Inhaltskontrolle von AGB-Klauseln – Allgemeiner Prüfungsmaßstab

Ist eine Bauvertragsklausel in einen Vertrag einbezogen, ist sodann zu prüfen, ob sie inhaltlich Bestand hat. Prüfungsmaßstab sind die AGB-rechtlichen Vorschriften der §§ 307–309 BGB. Geht es allerdings um eine Kontrolle von AGB-Regelungen gegenüber Unternehmern, einer juristischen Person des öffentlichen Rechts oder einem öffentlich-rechtlichen Sondervermögen, ist zu beachten, dass hier nach § 310 Abs. 1 BGB die weiter gehenden Schutzvorschriften der soeben beschriebenen Einbeziehungskontrolle nach § 305 Abs. 2 und 3 BGB sowie der Inhaltskontrolle nach § 308 und 309 BGB zunächst keine Anwendung finden. All zu bedeutend ist diese Einschränkung jedoch nicht. Denn häufig werden auch die lediglich nach §§ 308 und 309 BGB unwirksamen Klauseln unabhängig davon **gleichzeitig nach § 307 Abs. 1 und 2 BGB** keinen Bestand haben. Die Rechtsprechung nimmt hierzu sogar eine entsprechende **Indizwirkung im unternehmerischen Geschäftsverkehr** an (BGH, Urt. v. 08.03.1984 – VII ZR 349/82, BGHZ 90, 273, 278 = BauR 1984, 390, 392 = NJW 1984, 1750, 1751; BGH, Urt. v. 19.09.2007 – VIII ZR 141/06, BGHZ 174, 1, NJW 2007, 3774, 3775). Mit dieser Maßgabe ist zumindest in der Regel von einer Unwirksamkeit auch dieser zunächst nur gegen §§ 308, 309 BGB verstoßenden Klauseln im Geschäftsverkehr auszugehen, es sei denn, dass sie wegen der besonderen Interessen und Bedürfnisse des unternehmerischen Geschäftsverkehrs ausnahmsweise als angemessen angesehen werden können (BGH, a. a. O.). Dabei ist nach § 310 Abs. 1 S. 2 BGB auf die im Handelsverkehr geltenden Gewohnheiten und Gebräuche angemessen Rücksicht zu nehmen, was jeweils im Einzelfall zu prüfen ist.

643

Kommt es somit auch maßgeblich auf § 307 BGB als Prüfungsmaßstab an, können Klauseln an deren Intransparenz (§ 307 Abs. 1 S. 2 BGB), bei einem Widerspruch zu wesentlichen gesetzlichen Regelungen (§ 307 Abs. 2 Nr. 1 BGB) oder wegen einer allgemeinen Gefährdung des Vertragszwecks (§ 307 Abs. 2 Nr. 2 BGB) scheitern.

4.4.2.3 Keine Inhaltskontrolle zum Schutz des Verwenders

Bei der Erläuterung zu den Voraussetzungen von Allgemeinen Geschäftsbedingungen wurde schon hervorgehoben, wie wichtig es ist festzustellen, dass die zu prüfenden Vertragsbedingungen überhaupt von einer Vertragspartei »gestellt« sind. Denn andernfalls liegen schon keine Allgemeine Geschäftsbedingungen vor (s. o. Rdn. 636). Eine AGB-Kontrolle findet dann nicht statt (vgl. allerdings zu der Ausnahme von für den Einzelfall vorformulierter Vertragsbedingungen gegenüber Verbrauchern: Rdn. 639). Die Ermittlung der Verwendereigenschaft hat aber nicht nur eine Bedeutung für die Frage, ob überhaupt AGB vorliegen, sondern auch für eine wichtige Folgefrage: Denn die Vor-

644

schriften der AGB-Kontrolle bezwecken **allein den Schutz des Vertragspartners des Verwenders** der AGB (BT-Ds. 7/5422, S. 6; vgl. oben schon Rdn. 468 zur VOB/B). Das aber heißt, dass nur dieser sich auf den AGB-rechtlichen Schutz berufen kann, nicht hingegen der Verwender selbst. Letzterer muss sich vielmehr sogar an den Vorschriften, die eigentlich einer AGB-Kontrolle nicht standhalten, festhalten lasen (vgl. nur BGH, Urt. v. 04.12.1986 – VII ZR 354/85, BGHZ 99, 160, 161 = BauR 1987, 205, 207 = NJW 1987, 837, 838; BGH, Urt. v. 02.04.1998 – IX ZR 79/97, BauR 1998, 634, 635 = NJW 1998, 2280, 2281).

▶ Beispiel

In Allgemeinen Geschäftsbedingungen wird die gesetzliche Gewährleistungsfrist von fünf auf vier Jahre verkürzt. Stammen die diesbezüglichen Geschäftsbedingungen vom Auftragnehmer, scheitert eine solche Regelung an §§ 307, 308 Nr. 8 lit. b) ff. BGB (BGH, Urt. v. 10.10.1985 – VII ZR 325/84, BGHZ 96, 129, 131 = BauR 1986, 89 = NJW 1986, 315; BGH, Urt. v. 08.03.1984 – VII ZR 349/82, BGHZ 90, 273, 280 = BauR 1984, 390, 392 = NJW 1984, 1750, 1752). Stellt hingegen der Auftraggeber dieselbe Klausel (vgl. § 13 Abs. 4 VOB/B), ist ihm eine Berufung auf die Unwirksamkeit wegen der Verkürzung der Verjährung nicht möglich, da eine Klauselkontrolle zu seinen Gunsten nicht stattfindet (BGH, Urt. v. 04.12.1986 – VII ZR 354/85 a. a. O.)

4.4.2.4 Keine AGB-Inhaltskontrolle von Leistungsbeschreibung und Preisvereinbarungen

645 Nicht alle AGB-Klauseln unterliegen einer Inhaltskontrolle. Ausgenommen sind Regelungen, die lediglich die Art und Weise bzw. Qualität der geschuldeten Leistung beschreiben, d. h. keinen darüber hinausgehenden rechtlichen Charakter aufweisen. Zwei wichtige in der Praxis bedeutsame Grenzfälle sind zu nennen:

- **Unmittelbare Leistungsbeschreibung**
  Hauptanwendungsfall einer nicht kontrollfähigen AGB-Regelung sind unklare Baubeschreibungen.

  ▶ Beispiel

  Der Generalunternehmer beauftragt den Subunternehmer mit Rohbauleistungen. Gesondert wird vereinbart: »Die geforderte Leistung umfasst auch die Übernahme aller Erschließungs- und Baunebenkosten i. S. der DIN 276 und ggf. deren Bezahlung an Dritte (z. B. Anschlussgebühren). Der in dem Angebot vom AN zu garantierende Festpreis enthält für sämtliche Leistungen (fester Pauschalpreis) alle Kosten und Gebühren, die durch die Erfüllung der gesamten Leistung notwendig werden.«

  Eine solche Regelung mag zwar den Subunternehmer einseitig belasten; es könnte sich auch um eine Allgemeine Geschäftsbedingung handeln. Allerdings käme ihm hier eine AGB-Kontrolle nicht zur Hilfe, weil mit dieser Klausel lediglich dessen Leistungsverpflichtung beschrieben wird. Denn tatsächlich hätte er sich danach nicht nur um die Bauleistungen als solche zu kümmern, sondern auch um alle Leistungen im Zusammenhang mit der Erschließung, beginnend von den Anträgen über etwaige Verhandlungen bis zum Ausgleich von Gebühren und einer ergänzenden Planung. So betrachtet handelt es sich zwar auch um eine Regelung zur Übernahme von Kosten, aber erst in zweiter Linie (BGH, Urt. v. 26.09.1996 – VII ZR 318/95, BauR 1997, 123, 125 = NJW 1997, 135).

- **Preisvereinbarung**
  Kontrollfreie AGB-Klauseln mit Preischarakter finden sich nicht nur bei Leistungsbeschreibungen, sondern ebenso bei vergütungspflichtigen Nebenleistungen. Bekanntestes Beispiel sind die sog. **Baumulagen** für Wasser, Versicherungen u. a. Derartige Klauseln sind wirksam. Sie sind allerdings abzugrenzen von sog. **Preisnebenabreden** (z. B. Schuttklauseln). Der wesentliche Unterschied besteht darin, dass der Auftragnehmer in dem einen Fall für sein Geld eine Leistung erhält (Wasser, Strom u. a.), in dem anderen nicht (unbedingt), obwohl er trotzdem dafür etwas bezahlen soll (Schuttbeseitigung). Auf Einzelheiten wurde oben schon eingegangen (Rdn. 594 ff.).

4.4.2.5 Rechtsfolge einer unwirksamen Klausel

Ist eine Klausel infolge einer AGB-Kontrolle unwirksam, folgt daraus: 646

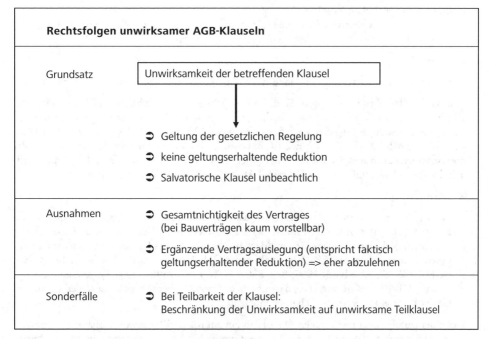

- **Aufrechterhaltung des Vertrages/Beschränkung bei Teilnichtigkeit**
  Nach § 306 Abs. 1 BGB bleibt ein Vertrag in aller Regel ohne die unzulässige AGB-Klausel bestehen. Zwar findet sich dazu in § 306 Abs. 3 BGB eine Ausnahme, wenn das Festhalten an dem Vertrag zu einer unzumutbaren Härte führen würde. Praktisch vorstellbar sind solche Fälle in der bauvertraglichen Praxis aber nicht. Ein Sonderfall stellt immerhin der Umstand dar, dass eine Vertragsklausel nur teilweise AGB-widrig ist. Hier beschränkt sich die Unwirksamkeit allein auf den AGB-widrigen Teil, wenn die Klausel an sich teilbar ist und der verbleibende Rest als eigenständige verständliche Regelung verbleibt (BGH, Urt. v. 14.01.1999 – VII ZR 73/98, BauR 1999, 645, 646 = NJW 1999, 1108 f.).

  ▶ **Beispiel (nach BGH, a.a.O.)**

  Die Vertragsbedingungen enthalten unter der Ziff. 6 in jeweils eigenständigen Unterziffern 6.1 ff. verschiedene Fristbestimmungen, so zunächst zum Ausführungsbeginn, sodann zur Fertigstellung und sowie schließlich zu Einzelfristen, die jeweils als Vertragsfristen beschrieben werden. In Ziff. 11 wird unter Bezugnahme auf die Vertragsfristen eine verschuldensabhängige Vertragsstrafe von max. 0,3 % je Tag, max. 5 % der Auftragssumme verlangt.

Es entspricht herrschender Meinung, dass sich Vertragsstrafen zu Zwischenfristen nicht ohne Weiteres auf die gesamte Auftragshöhe beziehen dürfen, sondern nur auf den jeweils anteiligen mit der Vertragsfrist belegten Wert der bis dahin zu erbringenden Bauleistung (vgl. OLG Celle, Urt. v. 13.7.2005 – 7 U 17/05, BauR 2005, 1780, 1781 f.; ähnlich OLG Nürnberg, Beschl. v. 24.03.2010 – 13 U 201/10, BauR 2010, 1591, 1593 = NJW-RR 2010, 1242 = NZBau 2010, 566, 567; OLG Naumburg, Urt. v. 15.11.2011 – 1 U 51/11, NJW-RR 2012, 463, 465 = NZBau 2012, 237, 238). Macht im vorgenannten Beispielfall der Auftraggeber aber gegenüber dem Subunternehmer nur die Vertragsstrafe in Bezug auf den Endtermin geltend, kommt es auf die Unwirksamkeit der Vertragsstrafenregelung in Bezug auf den Zwischentermin nicht an. Denn insoweit handelt es sich bei der verbleibenden (wirksamen) Vertragsstrafenregelung um eine trennbare, aus sich heraus verständliche Regelung, die auch eigenständig einer AGB-Kontrolle unterzogen werden kann und dieser standhält (BGH, Urt. v. 14.01.1999, a. a. O.).

- **Geltung der gesetzlichen Regelung**

647 An die Stelle der unwirksamen AGB-Klausel tritt sodann die gesetzliche Regelung (§ 306 Abs. 2 BGB). Ansonsten ist aber jeweils sehr genau zu prüfen, was gilt.

▶ Beispiel

Der Auftragnehmer verlangt in seinen AGB ohne Anlass eine zehnjährige Gewährleistung.

Eine solche Klausel ist unzulässig (s. Rdn. 733). Ergebnis dieser unwirksamen Klausel wäre jetzt aber nicht, dass der Subunternehmer überhaupt keiner Gewährleistung unterläge oder nur einer vierjährigen Gewährleistungsfrist nach § 13 Abs. 4 Nr. 1 VOB/B. Stattdessen gilt allein die Fünfjahresfrist gemäß § 634a Abs. 1 Nr. 2 BGB, beginnend mit der Abnahme der Bauleistung. Zu unterscheiden davon sind Sachverhalte, bei denen das Gesetz keine (ersatzweise) Regelung bereithält. In diesen Fällen fällt die (**unwirksame**) **AGB-Klausel einfach ersatzlos** weg.

▶ Beispiel

Nach den vom Bauherrn gestellten AGB hat der Auftragnehmer Mängelrechte durch eine Bürgschaft auf erstes Anfordern abzusichern. Eine solche Regelung ist unwirksam; sie belastet den Auftragnehmer unangemessen mit dem Insolvenzrisiko des Bauherrn bei einer unberechtigten Inanspruchnahme (st. Rspr., vgl. nur BGH, Urt. v. 5.6.1997 – VII ZR 234/95, BGHZ 136, 27, 32 = BauR 1997, 829, 830 = NJW 1997, 2598, 2599). Folge dieser unwirksamen AGB-Klausel ist nun aber, dass überhaupt keine Sicherheit mehr zu stellen ist, da das Gesetz keine entsprechende Sicherheitenregelung kennt.

Wenn demzufolge bei unwirksamen AGB-Klauseln ein Rückgriff – soweit vorhanden – auf eine gesetzliche Regelung erfolgt, bedeutet das allerdings nicht, dass eine unwirksame Klausel soweit zu Recht gestutzt werden kann, bis sie gerade noch wirksam ist. Eine solche **geltungserhaltende Reduktion** auf das gerade noch zulässige Maß scheidet in aller Regel aus. Deswegen sind auch für diesen Fall eigentlich vorgesehene sog. **salvatorische Klauseln** am Ende eines Vertrages zumindest insoweit ohne Wert.

▶ Beispiel

Zurück zu kommen ist auf vorgenanntes Beispiel, in dem im Subunternehmervertrag vom Auftragnehmer eine Gewährleistungsbürgschaft auf erstes Anfordern verlangt wird. Anerkannt ist, dass dieselbe Klausel mit Verweis auf eine gewöhnliche selbstschuldnerische Bürgschaft unbedenklich ist (BGH, Urt. v. 13.11.2003 – VII ZR 57/02, BGHZ 157, 29, 31 f. = BauR 2004, 325, 326 = NJW 2004, 443). Wird nun eine Bürgschaft auf erstes Anfordern (als unzulässiges Sicherungsmittel) gefordert, ist es ausgeschlossen, die Klausel in der Weise aufrechtzuerhalten, dass stattdessen wenigstens eine normale selbstschuldnerische Bürgschaft – ohne erstes Anfordern – zu stellen wäre (BGH, Urt. v. 22.11.2001 – VII ZR 208/00, BauR 2002, 463, 464 f.).

648 Unter Berücksichtigung der vorstehenden Erläuterungen sollen in den nachfolgenden Kapiteln typische Bauvertragsklauseln beschrieben und auf ihre Vereinbarkeit mit den AGB-rechtlichen Vorschriften der §§ 305 ff. BGB geprüft werden. Diese Prüfung beruht auf **folgender Vorgehensweise**:
- Zunächst orientiert sich die Reihenfolge der Darstellung eng an den damit korrespondierenden VOB-Regelungen. Diese Anlehnung dient allein der besseren Auffindbarkeit.
- Sodann wird wegen ihres teilweise unterschiedlichen Prüfungsmaßstabs bei Bedarf danach differenziert, ob es einen Unterschied in Bezug auf die AGB-rechtliche Beurteilung bei Verbrauchern bzw. Unternehmern und der öffentlichen Hand gibt (Rdn. 643).
- Ebenso wird danach unterschieden, ob die Klauseln vom Auftragnehmer oder vom Auftraggeber stammen. Diese Unterscheidung ist zwingend, weil wie erläutert (Rdn. 644) immer nur eine

4.4 Bauvertragsklauseln und AGB-Kontrolle

AGB-Kontrolle zugunsten der Vertragsgegenseite stattfindet. Also kommt es im Einzelfall darauf an, von wem eine bestimmte Klausel in den Vertrag eingeführt wurde.
- Vorab werden Klauseln behandelt, die eine Vertragspartei bereits im laufenden Vergabeverfahren gestellt hat. Denn wie § 308 Nr. 1 BGB zeigt, findet auch in diesem Verfahrensstadium schon eine AGB-Kontrolle statt.

Diese hiesige Prüfung kann nur eine Orientierung sein. Eine weiter gehende Übersicht dazu findet sich in entsprechenden Fachbüchern, so etwa bei Korbion/Locher/Sienz, AGB-Gesetz und Bauerrichtungsverträge, dort Seite 75 ff.; Glatzel/Hofman/Frikell, Unwirksame Bauvertragsklauseln, oder auch Markus/Kaiser/Kapellmann, AGB-Handbuch, Bauvertragsklauseln.

4.4.3 Klauseln im Rahmen der Ausschreibung/des Vertragsschlusses

Die nachfolgenden Ausführungen betreffen allein Klauseln aus der Phase vor Vertragsabschluss. Auch hier können vorformulierte Klauseln einer AGB-Kontrolle unterliegen. Zwar setzen Allgemeine Geschäftsbedingungen grundsätzlich einen schon geschlossenen Vertrag voraus. Einer Kontrolle unterliegen aber auch sog. **Vertragsabschlussklauseln.** Dies zeigt bereits § 308 Nr. 1 BGB. Vertragsabschlussklauseln sind dadurch gekennzeichnet, dass sie nicht den Inhalt eines Vertrages betreffen, sondern nur die Modalitäten des Vertragsschlusses (BGH, Urt. v. 11.06.2010 – V ZR 85/09 – BauR 2010, 1585, 1586 = NJW 2010, 2873 = NZBau 2010, 697, 698). Dabei geht es im Bauvertragsgeschehen zumeist um Klauseln der Auftraggeberseite, die diese schon vorab bei der Angebotsabfrage (ggf. im Rahmen einer Ausschreibung) vorgibt. Die Interessenlage ist klar: Denn potenzielle Auftraggeber werden versuchen, sich bereits im Ausschreibungsstadium möglichst weitgehende Rechte zu sichern. Demgegenüber werden die Auftragnehmer (im Ausschreibungsstadium noch Bieter genannt) danach trachten, erst dann eine rechtsgeschäftlich bindende Verpflichtung einzugehen, wenn sie sicher sein können, dafür auch eine Vergütung zu erhalten. Dies ist in der Regel aber erst ab Vertragsschluss der Fall. Doch auch Auftragnehmer können bereits in der Ausschreibung Vorbehalte aufnehmen oder Regelungen vorsehen, die AGB-rechtlich keinen Bestand haben.

AGB-Klauseln im Vorfeld einer Bauvergabe müssen die jeweils gegeneinanderstehenden Interessen berücksichtigen. Sie haben keinen Bestand, wenn z. B. der Auftraggeber im Rahmen der Ausschreibung **über das erforderliche Maß seiner als berechtigt anzusehenden Interessen hinausgeht.** Dabei gelten die nachfolgenden Ausführungen, da sie im Wesentlichen aus einer AGB-Inhaltskontrolle abgeleitet werden, nicht nur für öffentliche, sondern **für alle Auftraggeber,** auch wenn sich Einzelregelungen dazu zum Teil in der VOB/A finden. Nur dann, wenn sich tatsächlich eine bestimmte Vorgabe ausschließlich an öffentliche Auftraggeber richtet, weil sie mit den Besonderheiten des in der VOB/A geregelten Vergabeverfahrens zusammenhängt, beschränken sich die Ausführungen darauf. Private Auftraggeber werden sich in diesen Fällen allerdings ohnehin nicht an die Vorgaben der VOB/A halten, sodass schon deswegen diese Erläuterungen für sie ohne Bedeutung sind.

▶ Kritische Klauseln vor Zuschlagserteilung
- Wahlrecht zur Vertragsart (§ 4 Abs. 1 VOB/A)
- Zuschlags- und Bindefrist (§ 10 VOB/A)
- Zustandekommen des Vertrages – Umgehung der AGB-Kontrolle
- Übergabe der Vertragsklauseln der VOB/B
- Abwehrklauseln zu kollidierenden Geschäftsbedingungen

Hiernach gilt im Einzelnen:
- **Wahlrecht zur Vertragsart (§ 4 Abs. 1 VOB/A)**
  Nach § 4 Abs. 1 in Verbindung mit § 8 Abs. 6 Nr. 1h) VOB/A soll in den Vergabeunterlagen geregelt werden, ob ein **Einheitspreis- oder ein Pauschalvertrag** geschlossen wird. Dies ist deshalb geboten, damit der Auftragnehmer abschätzen kann, ob das Risiko im Zusammenhang mit der richtigen Bestimmung der Leistungsmenge beim Auftraggeber (Einheitspreisvertrag) oder bei ihm selbst (Pauschalvertrag) liegt. Dabei werden sich Klauseln dieser Art in Ausschreibungen, mit denen sich der Auftraggeber die Wahl der richtigen Vertragsart bis zum Vertragsschluss offen

halten will, in der Regel nur bei öffentlichen Auftraggebern finden, die tatsächlich derartige Ausschreibungen tätigen. Demgegenüber werden private Auftraggeber solche Vorbehalte nicht benötigen, da sie keine formalisierten Vergabeverfahren durchführen und demzufolge auch keine entsprechenden Festlegungen vorab treffen müssen.

652 **Unzulässig** ist nach Vorstehendem dann aber folgende Klausel:

Unzulässige Klausel	Erläuterung
»Der Auftraggeber behält sich vor, die im Leistungsverzeichnis angegebenen Leistungen bei Zuschlagserteilung auch zum Pauschalpreis zu vergeben.«	In einer solchen Klausel liegt eine unangemessene Benachteiligung der Bieter. Denn damit sollen sie ein für sie in diesem Stadium meist unübersehbares und nicht kalkulierbares Mengenrisiko übernehmen, ohne die Mengen selbst ermittelt zu haben oder sie auf Richtigkeit überprüfen zu können. Ein solcher Vorbehalt wäre allenfalls dann als zulässig anzusehen, wenn das Mengenrisiko ohnehin beim Auftragnehmer liegt, so insbesondere bei einer funktionalen Leistungsbeschreibung gemäß § 7 Abs. 13 bis 15 VOB/A. Dasselbe gilt, wenn der Auftragnehmer zu einzelnen Teilleistungen Nebenangebote mit Sondervorschlägen abgegeben hat. Aber: Wurde der Vertrag infolge einer Ausschreibung mit diesem Preisvorbehalt später als Pauschalpreisvertrag geschlossen, gilt der Vertrag in dieser Form. Der Auftragnehmer kann sich im Nachhinein nicht darauf berufen, dass diese Klausel unwirksam gewesen ist.

Zulässig wäre hingegen folgende Ausschreibungsbedingung

Unzulässige Klausel	Erläuterung
»Der Bieter wird aufgefordert, zu der ausgeschriebenen Leistung sowohl eine Preisberechnung auf der Grundlage von Einheits- als auch auf Pauschalpreisbasis abzugeben«.	Eine solche Regelung stößt auf keine Bedenken. Denn tatsächlich handelt es sich dabei um zwei verschiedene voneinander getrennte Angebote, von denen das bei einer Vergabe nach Einheitspreisen, das andere bei einer Vergabe nach Pauschalpreis gelten soll (Ingenstau/Korbion/Schranner, VOB/A § 4 Rn. 21).

- **Zuschlags- und Bindefrist (§ 10 VOB/A)**

653 Nach § 10 Abs. 6 VOB/A soll die Zuschlags- oder Bindefrist nicht mehr als 30 Kalendertage betragen. Trotz dieser klaren, für private Auftraggeber allerdings nicht verbindlichen Bestimmung versuchen Ausschreibende in vielen Fällen, in den Verdingungsunterlagen diese **Bindefrist bezüglich des Angebots teilweise erheblich zu verlängern**, ohne dabei auf ein konkretes Bedürfnis der im Einzelfall ausgeschriebenen Baumaßnahme abzustellen. Auf der anderen Seite gibt es jedoch durchaus auch ein praktisches Bedürfnis, möglichst lange Zuschlags- und Bindefristen vorzusehen. Dies gilt insbesondere im Verhältnis General-/Subunternehmer. Denn hier wird der Generalunternehmer, wenn er sich bei einem Bauherrn um einen Auftrag bewirbt, für einen bestimmten Zeitraum verbindliche Subunternehmerangebote benötigen, damit er im Fall des Zuschlags von einer sicheren Kalkulationsgrundlage ausgehen kann. Entsprechendes benötigt er umso mehr, wenn sich der Generalunternehmer um einen Auftrag nach Abschnitt 2 der VOB/A bewirbt. Denn will er im Rahmen der Eignungsprüfung auf Ressourcen der Subunternehmer zugreifen,

4.4 Bauvertragsklauseln und AGB-Kontrolle

muss er nach § 6 Abs. 8 VOB/A-EG in der Regel verbindliche Verpflichtungserklärungen des Subunternehmers mit einreichen. Diese Verpflichtungserklärungen machen selbstverständlich nur Sinn, wenn sie für die Dauer des Vergabeverfahrens, das sich mitunter zwei bis drei Monate hinziehen kann, wirksam sind und nicht an einer AGB-Kontrolle scheitern (vgl. dazu Rdn. 271 ff.). Insoweit ist es für einen Auftraggeber aber allemal sicherer, wenn er sich bei der Ausschreibung an die in § 10 Abs. 6 VOB/A/§ 6 Abs. 8 VOB/A-EG vorgesehenen Binde- und Zuschlagsfristen von 30 Kalendertagen hält und später, wenn sich das Vergabeverfahren hinzieht, **bei Bedarf mit den Bietern individuell eine Verlängerung der Binde- und Zuschlagsfrist vereinbart**. Dies ist selbst bei Vergaben oberhalb der EU-Schwellenwerte nach den Abschnitten 2 und 3 der VOB/A sowie nach der Sektorenverordnung zulässig, soweit die Binde- und Zuschlagsfristverlängerung nur mit allen Bietern vereinbart wird (OLG Düsseldorf, Beschl. v. 29.12.2001 – Verg 22/01, VergR 2002, 267, 269 f.; s. dazu auch oben Rdn. 273). Hierdurch wird das ursprüngliche Vertragsangebot des Bieters inhaltlich konserviert und zugleich die rechtsgeschäftliche Bindefrist nach § 148 BGB bzw. nach § 10 Abs. 6 VOB/A verlängert (BGH, Urt. v. 26.11.2009 – VII ZR 131/08, BauR 2010, 455, 456 = NZBau 2010, 102).

Unzulässig sind nach Vorstehendem folgende Klauseln: 654

Unzulässige Klausel	Erläuterung
»Der Bieter hält sich acht Wochen (oder mehr) an sein Angebot gebunden.«	Eine derartige Bindefrist ist unwirksam, soweit kein Grund für die verlängerte Bindefrist vorliegt (OLG Nürnberg, Urt. v. 29.01.1980 – 3 U 84/79, Schäfer/Finnern/Hochstein Nr. 2 zu § 10 Nr. 3 AGB-Gesetz; ähnlich OLG Düsseldorf, Urt. v. 22.07.1982 – 6 U 220/81, BauR 1984, 95 für eine Frist von drei Monaten.
»Der Käufer (des Bauträgerobjektes) ist an sein Angebot neun Monate und drei Wochen gebunden«.	Eine solche Klausel hat nach § 308 Nr. 1 BGB keinen Bestand. Selbst wenn noch Finanzierungs- und Bonitätsfragen zu klären sind, rechtfertigt dies eine solch lange Frist nicht; angemessen wären dagegen ggf. vier Wochen (BGH, Urt. v. 11.06.2010 – V ZR 85/09 = BauR 2010, 1585, 1586 = NJW 2010, 2873)
»Die Zuschlagsfrist beträgt 36 Werktage.«	Hier gilt dasselbe (OLG Köln, Urt. v. 21.04.1982 – 13 U 172/81, Schäfer/Finnern/Hochstein Nr. 4 zu § 19 VOB/A 1973 – s. dazu aber sogleich Rdn. 655).

Zulässig sind folgende Klauseln: 655

Zulässige Klausel	Erläuterung
»Es gilt eine Binde- und Zuschlagsfrist von 24 Werktagen«.	Eine solche Fristdauer wurde ohne Weiteres als zulässig anerkannt (BGH, Urt. v. 21.11.1991 – VII ZR 203/90, BGHZ 116, 149, 152 = BauR 1992, 221, 222 = NJW 1992, 827; ähnlich BGH, Urt. v. 11.06.2010 – V ZR 85/09, BauR 2010, 1585, 1586 = NJW 2010, 2873; vgl. aber auch OLG Dresden, Urt. v. 06.12.2011 – 14 U 750/11, DNotZ 2012, 107 mit der Annahme einer zulässigen Bindefrist von sechs Wochen zu einem finanzierten Bauträgerkauf, oder OLG Nürnberg, Urt. v. 31.01.2012 – 1 U

Zulässige Klausel	Erläuterung
	1522/12, BauR 2012, 1148 [Ls.] für sechs bis acht Wochen zu einem Bauträgergeschäft).
In einer Ausschreibung für ein großes Bauvorhaben einer Gemeinde heißt es: »Es gilt eine Binde- und Zuschlagsfrist von zwei Monaten und sechs Tagen.«	Auch eine solche Regelung ist zulässig, soweit die Vergabestelle die über § 10 VOB/A hinausgehende Dauer im Einzelnen begründet und eine solche Frist noch angemessen ist. Dies kann etwa der Fall sein, weil die Gemeinde nicht sicher sagen kann, wann ihre Gremien über eine Vergabe entscheiden (BGH, Urt. v. 21.11.1991 – VII ZR 203/90, BGHZ 116, 149, 153 f. = BauR 1992, 221, 222 f. = NJW 1992, 827 f.).
In der Anfrage eines Generalunternehmers an einen Subunternehmer heißt es: »Der Subunternehmer hält sich an sein Angebot drei Monate gebunden.«	Hier gilt im Wesentlichen dasselbe wie vorstehend. Ein Grund für die über § 10 Abs. 6 VOB/A als angemessen anerkannte Binde- und Zuschlagsfrist von 30 Kalendertagen könnte etwa darin liegen, dass sich der Generalunternehmer seinerseits um einen Auftrag bewirbt, bei dem er im Rahmen seiner Eignungsprüfung nach § 6 Abs. 8 VOB/A-EG bindende Verpflichtungserklärungen der Subunternehmer vorlegen muss, die für die Dauer des Vergabeverfahrens im Verhältnis Bauherr/Generalunternehmer Bestand haben müssen.

- **Zustandekommen des Vertrages – Umgehung der AGB-Kontrolle**

656 Insbesondere Auftraggeber, teilweise allerdings auch Auftragnehmer versuchen, die Kontrolle der eigenen Vertragsbedingungen durch die Vorschriften der §§ 305 ff. BGB zu umgehen. Solche Versuche werden in der Regel scheitern. Dies gilt vor allem für Klauseln, mit denen bestätigt werden soll, dass die Vertragsbedingungen im Einzelnen ausgehandelt seien (vgl. § 305 Abs. 1 S. 3 BGB). Solche **Bestätigungsklauseln** laufen üblicherweise ins Leere (vgl. auch § 309 Nr. 12b BGB). Entscheidend ist vielmehr, dass die betreffenden Klauseln auch tatsächlich ausgehandelt wurden (wenig überzeugend dagegen KG, Urt. v. 23.04.2010 – 7 U 117/09, Nichtzul.-Beschw. zurückgew., Beschl. v. 22.03.2012 – VII ZR 79/10, BauR 2012, 1285 [Ls.], das für den Nachweis des Aushandelns die Unterzeichnung einer Regelung ausreichen ließ, dass die Bedingungen ausgehandelt seien und der Auftragnehmer berechtigt war, diese Bestätigungsklausel zu streichen).

657 **Unzulässig** ist nach Vorstehendem vor allem folgende Klausel:

Unzulässige Klausel	Erläuterung
»Die Vertragsparteien bestätigen, dass die in diesem Vertrag aufgenommenen Klauseln zwischen den Parteien im Einzelnen ausgehandelt wurden.«	Eine solche Klausel reicht für ein Aushandeln zur Vermeidung der AGB-Eigenschaft nicht aus. Denn nicht entscheidend ist, ob die Vertragsbedingungen übersandt und unterschrieben wurden; erforderlich ist vielmehr, dass die gesamten Klauseln tatsächlich im Einzelnen verhandelt wurden mit der Möglichkeit für die Vertragsgegenseite, die inhaltliche Ausgestaltung der Vertragsbedingungen zu beeinflussen (BGH, Urt. v. 18.11.1982 – VII ZR 305/81, BGHZ 85,

4.4 Bauvertragsklauseln und AGB-Kontrolle

Unzulässige Klausel	Erläuterung
	305, 308 = BauR 1983, 80, 81 = NJW 1983, 385, 386; BGH, Urt. v. 19.05.2005 – III ZR 437/04, NJW 2005, 2543, 2544).

- **Übergabe von Vertragsklauseln der VOB/B**
  Kritische Klauseln finden sich häufig auch in Bezug auf die Einbeziehung von AGB. Grundlage ist hier § 305 Abs. 2 BGB. Danach werden Allgemeine Geschäftsbedingungen nur dann Bestandteil eines Vertrags, wenn
  – der Verwender bei Vertragsschluss die andere Vertragspartei ausdrücklich oder, wenn ein ausdrücklicher Hinweis wegen der Art des Vertragsschlusses nur unter unverhältnismäßigen Schwierigkeiten möglich ist, durch deutlich sichtbaren Aushang am Ort des Vertragsschlusses auf sie hinweist und
  – der anderen Vertragspartei die Möglichkeit verschafft, in zumutbarer Weise von dem Inhalt der Bedingungen Kenntnis zu nehmen und
  – wenn die andere Vertragspartei mit ihrer Geltung einverstanden ist.
  Dabei gelten insoweit allerdings Besonderheiten im Rechtsverkehr mit Unternehmern: Hier müssen die AGB nicht ausgehändigt werden, wohl aber müssen sie vereinbart sein (§ 310 Abs. 1 BGB).

658

Die vorgenannten Voraussetzungen gewinnen im Bauvertragsrecht vor allem deshalb an Bedeutung, weil – wie schon an anderer Stelle erläutert – es sich auch bei der **VOB/B um Allgemeine Geschäftsbedingungen** handelt. Soll die VOB/B demnach Vertragsgrundlage sein, gilt für sie ebenfalls § 305 Abs. 2 BGB (s. o. Rdn. 475 ff.). In der Sache immerhin scheitern sodann sämtliche AGB-Klauseln, die das Ziel verfolgen, die vorgenannten gesetzlichen Einbeziehungsvoraussetzungen zu umgehen, sei es in Bezug auf die notwendige Aushändigung gegenüber Verbrauchern, sei es in Bezug auf die Möglichkeit einer zumutbaren Kenntnisnahme (etwa der VOB/B).

659

Unzulässig sind danach etwa folgende Klauseln:

660

Unzulässige Klausel	Erläuterung
»Der Auftragnehmer bestätigt, dass ihm ein Text der VOB/B (oder ein anderes Bedingungswerk) ausgehändigt wurde.«	Eine solche Klausel verstößt gegen § 309 Nr. 12 lit. b) BGB und ist unwirksam. Insoweit findet dann auch keine Umkehr der Beweislast durch deren Unterzeichnung statt. Ob dies im Rechtsverkehr mit Unternehmern ebenfalls gilt (so etwa OLG Hamburg, Urt. v. 11.07.1984 – 5 U 64/84, DB 1984, 2504), kann zweifelhaft sein.
»Der Auftragnehmer bestätigt, dass er von der VOB (oder anderen Vertragswerken) Kenntnis erlangt hat und erklärt sich damit einverstanden.«	Diese Klausel kann keine Übergabe der VOB/B ersetzen (vgl. BGH, Urt. v. 24.03.1988 – III ZR 21/87, NJW 1988, 2106, 2108).
»Es gelten die VOB/B. Diese können in den Geschäftsräumen des Auftragnehmers eingesehen werden.«	Eine solche Einsichtnahmeklausel genügt für die Einbeziehungsvoraussetzungen nach § 305 Abs. 2 Nr. 2 BGB nicht (OLG Düsseldorf, Urt. v. 23.02.1996 – 22 U 194/95, BauR 1996, 712; OLG Naumburg, Urt. v. 21.03.3011 – 10 U 31/10, BauR 2011, 1656 = NJW-RR 2011, 1101, 1102).
»Es gilt die VOB/B. Sie wird dem Auftragnehmer auf Wunsch kostenlos zur Verfügung gestellt.«	Diese Regelung genügt im Rechtsverkehr mit Verbrauchern ebenfalls nicht für eine Einbeziehung. Denn die Möglichkeit der vom Gesetz geforderten unmittelbaren Kenntnisnahme für den Bauherrn ist

Unzulässige Klausel	Erläuterung
	zu unterscheiden von der hier getroffenen Regelung, dass er sich selbst darum kümmern muss, die VOB/B zu erhalten, um seine Informationsmöglichkeiten zu wahren (BGH, Urt. v. 10.06.1999 – VII ZR 170/98, BauR 1999, 1186, 1187 = NJW-RR 1999, 1246, 1247).
»Es gelten die Vorschriften und Bedingungen der Straßenbauverwaltung von Rheinland-Pfalz.«	Diese Klausel ist selbst im unternehmerischen Verkehr nicht wirksam. Zwar ist eine Aushändigung dieser Vertragsbedingungen an einen Unternehmer nicht notwendig; er muss darauf jedoch klar und eindeutig hingewiesen werden. Diese Bezugnahme muss so klar gefasst sein, dass bei dem Vertragspartner keine Zweifel auftreten können und er ohne Weiteres in der Lage ist, sich diese Bedingungen zu verschaffen (vgl. auch § 307 Abs. 1 S. 2 BGB). Wird lediglich abstrakt auf unbestimmte Bedingungen verwiesen, genügt dies für eine Einbeziehung nicht (BGH, Urt. v. 03.12.1987 – VII ZR 374/86, BGHZ 102, 293, 303 f. = BauR 1988, 207, 211 f. = NJW 1988, 1210, 1212).

661 Zulässig sind hingegen folgende Klauseln:

Zulässige Klausel	Erläuterung
»Es gelten die umseitig abgedruckten Vertragsbedingungen.«	Gegen eine solche Klausel bestehen keine Bedenken (BGH, Urt. v. 01.03.1982 – VIII ZR 63/81, NJW 1982, 1388, 1389).
»Bestandteil dieses Vertrages sind die zusätzlichen Vertragsbedingungen für die Ausführung von Bauleistungen im Hochbau, Ausgabe 1976 (ZVH), die im Ministerialblatt der Bayerischen Inneren Verwaltung (MABl 1976, 117) veröffentlicht worden sind.«	Eine solche Klausel ist im Rechtsverkehr mit Unternehmern zulässig, soweit die angegebene Fundstelle ohne Weiteres allgemein zugänglich und unschwer zu beschaffen bzw. einzusehen ist (OLG München, Urt. v. 29.09.1994 – U (K) 7111/93, NJW 1995, 733, 734).
»Grundlage des Vertrages ist die VOB/B.«	Eine solche Klausel genügt in jedem Fall im unternehmerischen Verkehr (BGH, Urt. v. 16.12.1982 – VII ZR 92/82, BGHZ 86, 135, 138 f. = BauR 1983, 161, 163 = NJW 1983, 816, 817). Dasselbe gilt, wenn der private Auftraggeber beim Vertragsschluss von einem einschlägig bewanderten Architekten vertreten wird (OLG Hamm, Urt. v. 24.06.1988 – 26 U 199/87, BauR 1989, 480 = NJW-RR 1988, 1366). Ist dies nicht der Fall, wird in der Regel die VOB/B übergeben werden müssen, um wirksam vereinbart zu sein (BGH, Urt. v. 10.06.1999 – VII ZR 170/98, BauR 1999, 1186, 1187 = NJW-RR 1999, 1246, 1247).

4.4 Bauvertragsklauseln und AGB-Kontrolle

- **Abwehrklauseln zu kollidierenden Geschäftsbedingungen**
Zur Vermeidung von Kollisionen zwischen Vertragsbedingungen des Auftraggebers und solchen des Auftragnehmers erscheint es in der Regel zulässig, eine Abwehrklausel vorzusehen. Ihr Zweck ist es, dass allein die eigenen AGB und nicht auch die des Vertragspartners zur Anwendung kommen. Unzulässig sind diese Klauseln nur, wenn die diesbezügliche Klausel eine Erklärung von der Vertragsgegenseite abverlangt, die offensichtlich ihrem sonst erklärten Willen widerspricht. **Zulässig** ist danach aber immerhin folgende Klausel:

662

663

Zulässige Klausel	Erläuterung
»Mit seiner Unterschrift unter der Allgemeinen Vertragsbestimmungen erkennt der Auftragnehmer an, dass die in diesen Allgemeinen Vertragsbestimmungen enthaltenen Regelungen Vertragsbestandteil werden und dass eigene Vertragsbedingungen des Auftragnehmers keine Gültigkeit haben, und zwar auch dann nicht, wenn in dem Angebot oder sonstigen Schriftstücken des Auftragnehmers auf sie Bezug genommen wird.«	Gegen eine solche Klausel bestehen keine Bedenken (BGH, Urt. v. 24.10.2000 – X ZR 42/99, NJW-RR 2001, 484, 485).

4.4.4 Klauseln in Bauverträgen von Auftraggebern

Ist der Vertrag zustande gekommen, finden sich darin vielfach Klauseln, mit denen der Auftraggeber versucht, sich in ungerechtfertigter Weise Vorteile gegenüber dem Auftragnehmer zu verschaffen. Dabei ist Maßstab einer rechtlichen AGB-Prüfung ausschließlich § 307 BGB, weil auf **Auftragnehmerseite in der Regel keine Verbraucher auftreten**. Ansonsten sind AGB-kritische Klauseln praktisch zu jedem Vertragsgegenstand anzutreffen, der in einem Bauvertrag relevant werden kann.

664

▶ **Kritische Klauseln in AGB des Auftraggebers vor allem zu folgenden Sachverhalten**
- Bestimmung des Leistungsgegenstandes (§ 1 Abs. 1 VOB/B)
- Rangfolgeklauseln (§ 1 Abs. 2 VOB)
- Leistungsänderungsrecht (§ 1 Abs. 3 und 4 S. 1 VOB/B)
- Ergänzende Klauseln zum Umfang der Vergütung (§ 2 Abs. 1 VOB/B)
- Preisanpassung/Preisgarantie (§ 2 Abs. 2 VOB/B)
- Preisanpassung bei Mengenänderungen (§ 2 Abs. 3 VOB/B)
- Selbstübernahme von Leistungen (§ 2 Abs. 4 VOB/B)
- Preisanpassung bei Vertragsänderungen und Zusatzleistungen (§ 2 Abs. 5 und 6 VOB/B)
- Preisanpassung bei Pauschalpreisverträgen (§ 2 Abs. 7 VOB/B)
- Planunterlagen (§ 3 VOB/B)
- Klauseln zur Bauausführung (§ 4 Abs. 1 und 2 VOB/B)
- Pflicht zur Anzeige von Bedenken (§ 4 Abs. 3 VOB/B)
- Mängelansprüche während der Bauausführung (§ 4 Abs. 7 VOB/B)
- Klausel zum Subunternehmereinsatz (§ 4 Abs. 8 VOB/B)
- Vertragsfristen und Verzug (§ 5 VOB/B)
- Behinderung und Behinderungsfolgen (§ 6 VOB/B)
- Kündigung durch den Auftraggeber (§ 8 VOB/B)
- Kündigung durch den Auftragnehmer (§ 9 VOB/B)
- Klauseln zur Vertragsstrafe (§ 11 VOB/B)
- Abnahme (§ 12 VOB/B)
- Gewährleistung (§ 13 VOB/B)
- Abrechnung (§ 14 VOB/B)
- Stundenlohnarbeiten (§ 15 VOB/B)

- Zahlung der Vergütung (§ 16 VOB/B)
- Sicherheitsleistung des Auftragnehmers (§ 17 VOB/B)
- Vereinbarung zu Streitigkeiten (§ 18 VOB/B)
- Vergütungssicherung des Auftragnehmers (§ 648, 648a BGB)

Auch hier sollen in Anlehnung an den Aufbau der VOB/B folgende Grenzfälle erläutert werden:

1. **Bestimmung des Leistungsgegenstands (§ 1 Abs. 1 VOB/B)**

665 Gegenstand von Vertragsklauseln des Auftraggebers ist vielfach eine Konkretisierung der von dem Auftragnehmer geschuldeten Leistungen. AGB-rechtlich bedenklich sind sie vor allem dann, wenn damit Leistungspflichten verankert werden, die weit über das vereinbarte Maß hinausgehen oder den Auftragnehmer sonst **unzumutbar benachteiligen**. Ziel ist es aus Sicht des Auftraggebers jeweils, auf den Auftragnehmer die Risiken der Durchführung eines Bauvorhabens zu verlagern, um etwaige Mehrforderungen wegen zusätzlicher Leistungen auszuschließen. Teilweise geht es auch um den Ausschluss der eigenen Haftung, wenn sich zusätzliche Risiken zeigen. Die meisten dieser Klauseln halten einer AGB-Inhaltskontrolle nicht stand.

666 **Unzulässig** sind danach vor allem folgende Klauseln:

Unzulässige Klausel	Erläuterung
»Mit der Abgabe des Angebotes übernimmt der Bieter die Gewähr dafür, dass das Angebot alles enthält, was zur Erstellung des Werkes gehört.«	Eine solche Klausel verstößt gegen das Transparenzgebot und ist daher unwirksam (§ 307 Abs. 1 S. 2 BGB – BGH, Nichtannahmebeschluss v. 05.06.1997 – VII ZR 54/96 BauR 1997, 1036, 1038 = NJW-RR 1997, 1513, 1514).
»Der Auftragnehmer erklärt, dass ihm die örtlichen Verhältnisse bekannt sind.«	Hierin liegt nach Auffassung des OLG Frankfurt (Urt. v. 07.06.1985 – 6 U 148/84, NJW-RR 1986, 245, 246 f.) eine unter anderem mit § 307 BGB nicht zu vereinbarende unzulässige Verschiebung der Beweislast zum Nachteil des Auftragnehmers.
»Der Bieter erkennt mit Abgabe des Angebotes an, dass er sich an der Baustelle über alle die Preisermittlung beeinflussenden Umstände informiert hat.«	Eine solche Informationsklausel dürfte mit derselben Begründung wie vorstehend an einer Inhaltskontrolle nach § 307 Abs. 1 BGB scheitern.
»Für die angebotenen Leistungen übernimmt der Auftragnehmer die Verpflichtung zur Vollständigkeit, d. h.: Leistungen und Nebenleistungen, die sich bei den Positionen zwangsläufig ergeben, sind mit einzukalkulieren, auch wenn sie im Leistungsverzeichnis nicht ausdrücklich erwähnt sind.«	Derartige Vollständigkeits- und Nebenleistungsklauseln (teilweise auch **Komplettheitsklauseln** genannt) sollen die klare Risiko- und Aufgabenverteilung zum Nachteil des Auftragnehmers abändern und verschieben. Sie sind in Einheitspreis- und Detailpauschalverträgen nach § 307 Abs. 2 Nr. 2 BGB ohne Bestand, wenn das Leistungsverzeichnis und damit ja die wesentliche Vertragsgrundlage (auch für das Angebot vom Auftragnehmer) vom Auftraggeber stammt. Etwas anderes würde nur gelten bei funktionalen Vergaben oder in Fällen, in denen die Planunterlagen aus sonstigen Gründen vom Auftragnehmer selbst gefertigt oder ihm die Erstellung der Ausschreibungsunterlagen sonst wie konkret übertragen wurde (OLG Düsseldorf, Urt.

4.4 Bauvertragsklauseln und AGB-Kontrolle

Unzulässige Klausel	Erläuterung
	v. 30.09.2003 – 23 U 204/02, BauR 2004, 506, 507; i. E. wohl auch OLG Celle, Urt. v. 04.01.2007 – 13 U 244/05, Nichtzul.-Beschw. v. BGH zurückgew. Beschl v. 27.09.2007 – VII ZR 23/07, BauR 2008, 100, 101; OLG Koblenz Urt. v. 31.03.2010 – 1 U 415/08, NZBau 2010, 562, 564).
»Der Auftragnehmer hat sich über die Boden- und Wasserverhältnisse informiert; ein etwaiger Vergütungsanspruch steht ihm insoweit nicht zu.«	Hier dürfte dasselbe gelten, wie vorstehend. Bei einem VOB-Vertrag verdeutlicht dies umso mehr § 7 Abs. 1 Nr. 6 VOB/A. Danach hat der Auftraggeber seinerseits bei der Leistungsbeschreibung die Boden- und Wasserverhältnisse ausreichend zu beschreiben, damit der Bewerber die Auswirkungen auf die bauliche Anlage und die Ausführung hinreichend beurteilen kann.
»Nach Angebotsabgabe kann sich der Bieter auf Unklarheiten in den Angebotsunterlagen oder über den Inhalt und Umfang der zu erbringenden Leistung nicht berufen. Bei oder nach Auftragserteilung sind Nachforderungen mit Hinweis auf derartige Unklarheiten ausgeschlossen.«	Auch eine solche Klausel führt zu einer unangemessenen Benachteiligung des Bewerbers (OLG Hamburg, Urt. v. 06.12.1995 – 5 U 215/94, Revision vom BGH nicht angenommen, BGH, Beschl. v. 05.06.1997 – VII ZR 54/96, ZfBR 1998, 35, 39). Sie ist daher unwirksam.
»Der Auftragnehmer ist verpflichtet, aufgrund von Prüfungen gemachte Auflagen der Bauaufsicht zu beachten und zu erfüllen. Hieraus resultierende Terminverschiebungen oder Mehrkosten gehen zu seinen Lasten.«	Hier gilt dasselbe wie vorstehend (OLG Hamburg, Urt. v. 06.12.1995 – 5 U 215/94, Revision vom BGH nicht angenommen, BGH, Beschl. v. 05.06.1997 – VII ZR 54/96, ZfBR 1998, 35, 38).
»Noch fehlende behördliche Genehmigungen sind durch den Auftragnehmer so rechtzeitig einzuholen, dass zu keiner Zeit eine Behinderung des Terminablaufs entsteht.«	Eine solche Klausel hat keine Aussicht auf Erfolg. Dabei geht es weniger um die Verpflichtung des Auftragnehmers, behördliche Genehmigungen einzuholen, als um dessen Haftung, wenn eine solche nicht erteilt wird. Dies belastet einen Auftragnehmer unangemessen (OLG Hamburg, Urt. v. 06.12.1995 – 5 U 215/94, Revision vom BGH nicht angenommen, BGH, Beschl. v. 05.06.1997 – VII ZR 54/96, ZfBR 1998, 35, 39 f.).

Zulässig ist hingegen folgende Klausel: 667

Zulässige Klausel	Erläuterung
»Der Bieter ist verpflichtet, das Grundstück vor Abgabe seines Angebotes zu besichtigen.«	Gegen eine solche Klausel dürften keine Bedenken bestehen.

2. Rangfolgeklauseln (§ 1 Abs. 2 VOB/B)

668 Ähnlich § 1 Abs. 2 VOB/B finden sich in vielen Bauverträgen sogenannte Rangfolgeklauseln. Damit soll grundsätzlich klargestellt werden, welche verschiedenen Regelungen in welcher Reihenfolge gelten sollen. § 1 Abs. 2 VOB/B ist dabei von dem Grundsatz geprägt, dass die spezielle Regelung der allgemeineren vorgeht. Hiergegen bestehen keine Bedenken (BGH, Urt. v. 21.06.1990 – VII ZR 308/89, BGHZ 111, 388, 390 = BauR 1990, 718, 719 = NJW 1990, 3197, 3198). Ansonsten werden Rangfolgeklauseln zumeist überschätzt. Denn selbstverständlich können diese nur als Hilfsmittel einer an sich unabhängig davon vorzunehmenden Auslegung des Gesamtvertrages dienen (vgl. dazu auch BGH, Urt. v. 21.03.1991 – VII ZR 110/90, BauR 1991, 458, 459 = NJW-RR 1991, 980). AGB-rechtlich sind sie vor allem problematisch, wenn sie gegen das **Transparenzgebot** in § 307 Abs. 1 S. 2 BGB verstoßen, d. h. sie für den Vertragspartner des Verwenders nicht hinreichend durchschaubar sind (BGH, Urt. v. 21.06.1990 – VII ZR 308/89, BGHZ 111, 388, 390 f. = BauR 1990, 718, 719 = NJW 1990, 3197, 3198).

669 **Zulässig** ist demnach aber folgende Klausel:

Zulässige Klausel	Erläuterung
Für den Bau gelten die nachstehenden Bedingungen in der aufgeführten Reihenfolge: 1. Der Vertrag einschließlich getroffener Zusatzvereinbarungen 2. Diese Vertragsbedingungen 3. Die Vertrags-Kellerzeichnungen 4. Die Bau- und Leistungsbeschreibung 5. Die Verdingungsordnung für Bauleistungen, Teil B.	Eine solche Verweisungs- und Rangfolgeklausel ist ausreichend bestimmt und transparent genug. Der Vertragspartner kann ohne besondere Mühe feststellen, welche vertraglichen Regelungen in welcher Reihenfolge gelten (BGH, Urt. v. 21.06.1990 – VII ZR 308/89, BGHZ 111, 388, 389 = BauR 1990, 718, 719 = NJW 1990, 3197).

3. Leistungsänderungsrecht (§ 1 Abs. 3 und 4 S. 1 VOB/B)

670 »Pacta sunt servanda«: Mit diesem lateinischen Grundsatz wird gesagt, dass geschlossene Verträge gelten und nicht einseitig ohne Weiteres aufgekündigt werden können. In der Baurealität kommt es jedoch immer wieder zu Situationen, in denen der Auftraggeber entweder notwendiger- oder ggf. nur sinnvollerweise an einer Änderung des zunächst vereinbarten Leistungssolls interessiert oder möglicherweise auch darauf angewiesen ist, damit die Bauleistung überhaupt abgewickelt werden kann. Die VOB/B trägt dem Rechnung: Sie sieht dafür in § 1 Abs. 3 ein **einseitiges Anordnungsrecht zur Leistungsänderung** vor; daneben steht das ebenfalls einseitig ausübbare Recht des Auftraggebers in § 1 Abs. 4 S. 1 VOB/B, für die Leistungserfüllung **notwendige Zusatzleistungen** verlangen zu können. Einer danach erteilten Anordnung muss der Auftragnehmer Folge leisten, soweit sein Betrieb darauf eingerichtet ist (s. dazu im Einzelnen Rdn. 918 ff.).

671 Gibt es diese Anordnungsrechte im VOB-Vertrag, fehlen **vergleichbare Bestimmungen im BGB-Werkvertragsrecht**. Daher wird nicht selten eine § 1 Abs. 3 und § 1 Abs. 4 S. 1 VOB/B vergleichbare Klausel in BGB-Werkverträgen aufgenommen. Hiergegen bestehen keine Bedenken, da sowohl § 1 Abs. 3 als auch § 1 Abs. 4 S. 1 VOB/B einer AGB-Inhaltskontrolle standhalten:

672 – Für § 1 Abs. 4 S. 1 VOB/B ist dies inzwischen anerkannt (BGH, Urt. v. 25.01.1996 – VII ZR 233/94, BGHZ 131, 392, 399 = BauR 1996, 378, 380 = NJW 1996, 1346, 1347). So enthält diese Regelung ein **einseitiges Gestaltungsrecht** mit der Folge, dass mit der Anordnung der Vertragsumfang um die angeordnete Zusatzleistung erweitert wird. Die diesbezügliche Rechtsfolge ist auch nicht unangemessen. Denn wie schon erläutert, lässt sich gerade bei Bauverträgen bei Vertragsschluss häufig überhaupt nicht absehen, ob Leistungen zusätzlicher Art erforderlich werden, um das vereinbarte Leistungsziel zu erreichen. Erfahrungsgemäß werden vielmehr im Laufe der Errichtung eines Bauwerkes immer wieder zunächst nicht vorgesehene Leistungen notwendig. Damit trägt § 1 Abs. 4 S. 1 VOB/B im Bauvertragsrecht dem Spannungsverhältnis zwischen Planung und Realität angemessen Rechnung. Die Vorschrift regelt zugleich die Grenzen, in denen der Auftraggeber sein Recht ausüben darf (s. dazu im Einzelnen Rdn. 929 ff.). Dagegen steht dem Auftragnehmer bei einem VOB-Vertrag auf der anderen Seite ein entsprechender Vergütungsanspruch nach § 2 Abs. 6 Nr. 1 VOB/B zu (s. dazu im Einzelnen Rdn. 2286 ff.), weswegen die Klausel insgesamt nicht gegen § 307 BGB verstößt (BGH, a. a. O.). Im BGB-Werkvertragsrecht fehlt zwar eine vergleichbare Vertragsregelung. Doch dürfte auch jenseits der VOB/B ein einseitiges im Vertrag vorgesehenes Anordnungsrecht zu für den Baufortschritt notwendigen Zusatzleistungen vergleichbar § 1 Abs. 4 S. 1 VOB/B in Allgemeinen Geschäftsbedingungen nicht unwirksam sein. Wäre allerdings hier die damit korrespondierende Vergütung im Vertrag nicht an anderer Stelle adäquat geregelt, wäre immerhin dafür auf § 632 Abs. 1 und 2 BGB zurückzugreifen, d. h.: Dem Auftragnehmer stände dann für nach Vertragsabschluss angeordnete Zusatzleistungen eine übliche Vergütung zu.

– Nichts anderes gilt für § 1 Abs. 3 VOB/B: Auch die darin enthaltene Regelung kann AGB-rechtlich zulässig in **BGB-Werkverträgen** als Allgemeine Geschäftsbedingung seitens der Auftraggeber vorgegeben werden. Dass dafür ein praktisches Bedürfnis besteht, ist unbestritten. Denn genauso wie einem Auftraggeber jederzeit bei einem Werkvertrag das Recht zur Vertragslösung eingeräumt wird, muss ihm als denjenigen, der das Bauvorhaben errichtet, das **Recht** eingeräumt werden können, die **einmal beauftragte Leistung zu ändern**. Dies ist aus Sicht des Auftragnehmers auch nicht unzumutbar – wobei allerdings anzumerken ist, dass dieses Anordnungsrecht sowie dessen AGB-rechtliche Unbedenklichkeit nicht unumstritten sind (s. dazu Rdn. 928). Lässt man ein solches Anordnungsrecht zu, muss dem Auftragnehmer für seinen Mehraufwand aber ein finanzieller Ausgleich zustehen. Im VOB-Vertrag richtet er sich nach § 2 Abs. 5 VOB/B (s. dazu im Einzelnen Rdn. 2212 ff.); im BGB-Werkvertragsrecht gibt es dagegen wie schon bei dem Anordnungsrecht nach § 1 Abs. 4 S. 1 BGB keine korrespondierende Vergütungsregelung. Folglich wird man auch hier auf § 632 Abs. 1 und Abs. 2 BGB zurückgreifen und dem Auftragnehmer hilfsweise eine übliche Vergütung zugestehen müssen, soweit die Parteien sich bei der Anordnung der Zusatzleistungen über die Vergütung nicht geeinigt haben. 673

Aus vorstehenden Erläuterungen wird aber ebenso erkennbar, dass die Anordnungsrechte dann **AGB-rechtlich auf Bedenken** stoßen, wenn zugleich im Vertrag dem Auftragnehmer für einen ihm infolge der Anordnung entstehenden Mehraufwand eine **adäquate Vergütung** (ggf. mit Rückgriff auf § 632 Abs. 2 BGB) **vorenthalten** werden soll. Auf diese Ausschlussklausel **zur Vergütung** soll aber erst nachfolgend im Zusammenhang mit den Vergütungsklauseln eingegangen werden (Rdn. 678 ff.).

4. **Ergänzende Klauseln zum Umfang der Vergütung (§ 2 Abs. 1 VOB/B)**

Nach § 2 Abs. 1 VOB/B werden mit dem vereinbarten Preis alle Leistungen abgegolten, die nach der Leistungsbeschreibung und den weiter geltenden Vertragsbedingungen zur vertraglichen Leistung gehören. Dies ist an sich nichts Besonderes und dürfte auch bei einem BGB-Vertrag gelten. Unbeschadet dessen versuchen Auftraggeber vielfach, den Umfang der Leistungen zum Nachteil der Auftragnehmer zu erweitern. Hierzu zählen bereits die soeben beschriebenen Vollständigkeits- und Informationsklauseln (Rdn. 666). Daneben sind Klauseln zu nennen, die unmittelbar die Preisgestaltung, d. h. vor allem Nachforderungen betreffen. Dies gilt besonders für den **Ausschluss einer Vergütung für im Vertrag nicht vorgesehener Nebenleistungen**. Dabei gewinnt vor allem die Abgrenzung zwischen von der Vergütung erfassten Nebenleistungen einerseits bzw. besonderen Leistungen andererseits an Bedeutung, die sich vielfach aus den Regelungen der VOB/C, dort dem Abschnitt 4 ergibt. Einer besonderen Betrachtung bedürfen sodann Preisklauseln, mit denen ein **Kalkulationsirrtum** des Auftragnehmers ausgeschlossen werden soll. 674

675 Unzulässig sind nach Vorstehendem folgende Klauseln:

Unzulässige Klausel	Erläuterung
»Die vereinbarten Festpreise schließen Nachforderungen jeder Art aus.«	Eine solche Klausel hat nach § 307 BGB keinen Bestand. Sie würde nämlich Nachforderungen selbst dann ausschließen, wenn solche schlimmstenfalls sogar aus Treu und Glauben (§ 242 BGB) bzw. den Grundsätzen der Störung der Geschäftsgrundlage (§ 313 BGB) berechtigt wären (OLG Hamburg, Urt. v. 06.12.1995 – 5 U 215/94, Revision vom BGH nicht angenommen, BGH, Beschl. v. 05.06.1997 – VII ZR 54/96, ZfBR 1998, 35, 36 f.).
»Der Auftragnehmer schuldet nach dem Bauvertrag die Erbringung aller Nebenleistungen gemäß VOB/C sowie sämtlicher sonstiger Leistungen, die zur vertragsgemäßen Ausführung gehören.«	Hier gilt im Wesentlichen dasselbe wie vorstehend. Eine solche Klausel dürfte im Übrigen am Transparenzgebot des § 307 Abs. 1 S. 2 BGB scheitern, weil sich letztlich nicht daraus ergibt, welche Leistungen der Auftragnehmer genau zu erbringen hat.
»Der Auftragnehmer ist nicht befugt, sich nach Vertragsabschluss auf einen etwaigen Preis- oder Kalkulationsirrtum zu berufen.«	Eine solche Klausel ist nach § 307 BGB unwirksam. Zwar sind Preis- und Kalkulationsirrtümer grundsätzlich unbeachtlich. Es gibt jedoch Ausnahmefälle, z. B. wenn die Gegenseite den Irrtum erkannt hat oder möglicherweise sogar eine Anfechtungsmöglichkeit nach § 119 Abs. 1 BGB besteht. Auch diese Fälle wären im Zweifel, wovon nach dem Grundsatz der verwenderfeindlichen Auslegung auszugehen ist (§ 305c Abs. 2 BGB), unzulässigerweise von dieser Klausel erfasst (BGH, Urt. v. 28.04.1983 – VII ZR 259/82, NJW 1983, 1671, 1672).

676 Gesondert betrachtet werden sollen sodann **unzulässige Klauseln** zu der Übernahme von **Nebenleistungen**:

Unzulässige Klausel	Erläuterung
»Für die anteilige Baureinigung und Schuttbeseitigung werden dem Auftragnehmer 0,5 % von der Schlusssumme in Abzug gebracht.«	Eine solche Klausel hat keinen Bestand. Denn tatsächlich gehört die Schuttentsorgung, Baureinigung u. a. zu den Vertragspflichten des Auftragnehmers (vgl. auch Abschnitt 4.1.11 der DIN 18299 aus der VOB/C). Infolgedessen wird dem Auftragnehmer mit dieser Klausel die Möglichkeit genommen, den Abfall selbst kostengünstig zu beseitigen und sich damit die volle Vergütung zu erhalten. Demgegenüber dürfte der Auftraggeber den Auftragnehmer nur mit diesbezüglichen Kosten belasten, wenn Letzterer mit der Schuttbeseitigung in Verzug wäre, wozu es

4.4 Bauvertragsklauseln und AGB-Kontrolle

Unzulässige Klausel	Erläuterung
	dann aber einer entsprechenden Mahnung bedürfte (BGH, Urt. v. 06.07.2000 – VII ZR 73/00, BauR 2000, 1756, 1757 = NJW 2000, 3348; s. auch oben Rdn. 594 ff.).
»Der Auftraggeber behält sich vor, die Schuttbeseitigung und Baureinigung selbst vorzunehmen. Der Auftragnehmer beteiligt sich in diesem Fall im Verhältnis zu seiner Nettoabrechnungssumme zur gesamten Nettobausumme des Auftraggebers (21.450.000 €). Dem Auftragnehmer steht es frei nachzuweisen, dass der auf ihn entfallende und umzulegende Kostenanteil geringer ist.«	Hier gilt dasselbe wie vorstehend. Dass dem Auftragnehmer die Möglichkeit zum Nachweis niedrigerer Kosten eingeräumt wird, ändert daran nichts, dass er ohne einen Leistungsverzug diese Kosten gar nicht tragen müsste (OLG Rostock, Urt. v. 30.08.2008 – 2 U 49/07, NIchtzul.-Beschw. zurückgew. BGH, Beschl. v. 11.02.2010 – VII ZR 113/08, BauR 2010, 1079).
»Zu den von der Vergütung abgedeckten Leistungen gehört die Gestellung, Vorhaltung – auch länger als drei Wochen über die eigene Benutzungsdauer hinaus – aller erforderlichen Gerüste, auch für andere Gewerke.«	Eine solche Klausel hat nach § 307 Abs. 2 Nr. 1 BGB keinen Bestand. Denn es ist nicht zulässig, den Auftragnehmer durch Allgemeine Geschäftsbedingungen zu einem inhaltlich ganz unbestimmten Leistungsumfang zu verpflichten, ohne dass er dafür eine Gegenleistung erhält. Dies gilt bei der Gerüsterstellung in einem ganz besonderen Maße (OLG München, Urt. v. 15.01.1987 – 29 U 4348/86, BauR 1987, 554, 555 f. = NJW-RR 1987, 661, 662).
»Der Auftragnehmer kann verlangen, dass Baubesprechungen außerhalb des Ortes der Baustelle, jedoch innerhalb der Bundesrepublik Deutschland durchgeführt werden. Ein Anspruch auf Kostenerstattung entsteht dadurch nicht.«	Auch hierin liegt eine unangemessene Benachteiligung des Auftragnehmers im Sinne des § 307 BGB. Denn ohne Rechtfertigung wird dieser zu völlig unbestimmten Leistungen verpflichtet, ohne ihm hierfür eine Gegenleistung zuzubilligen (OLG Hamburg, Urt. v. 06.12.1995 – 5 U 215/94, Revision vom BGH nicht angenommen, BGH, Beschl. v. 05.06.1997 – VII ZR 54/96, ZfBR 1989, 35, 40).
»Auf Verlangen des Auftraggebers hat der Auftragnehmer notwendige bzw. vom Auftraggeber als erforderlich erachtete Prüfungen/Abnahmen bei unabhängigen Prüfungsinstituten/Gutachten zu veranlassen. Dazu gehören insbesondere Prüfungen der elektrotechnischen Einrichtungen (...). Der Auftragnehmer hat keinen Anspruch auf besondere Vergütung/Kostenerstattung.«	Diese Klausel ist nach § 307 BGB unwirksam, weil dem Auftragnehmer im Einzelnen nicht geregelte Leistungen aufgebürdet werden, ohne dass ihm dafür ein Anspruch auf Vergütung oder Kostenerstattung zusteht. Die diesbezügliche Klausel dürfte auch intransparent sein und deswegen schon an § 307 Abs. 1 S. 3 BGB scheitern (OLG Hamburg, Urt. v. 06.12.1995 – 5 U 215/94, Revision vom BGH nicht angenommen, BGH, Beschl. v. 05.06.1997 – VII ZR 54/96, ZfBR 1989, 35, 40).
»Folgende besondere Leistungen gehören zu den Vertragsleistungen und werden nicht gesondert vergütet: Vorhaltungs- und Still-	Diese Klausel ist nach § 307 BGB unwirksam. Sie schließt tatsächlich auch Schadensersatzansprüche des Auftragnehmers insoweit aus,

Unzulässige Klausel	Erläuterung
legungskosten der Baustelleneinrichtung inklusive Maschinenpark, gleich welchen Grundes.«	als es z. B. um Stilllegungskosten geht, die der Auftraggeber zu vertreten hat (OLG München, Urt. v. 15.01.1987 – 29 U 4348/86, BauR 1987, 554, 556 = NJW-RR 1987, 661, 662).
»Folgende besondere Leistungen gehören zu den Vertragsleistungen und werden nicht gesondert vergütet: Herstellen und Schließen aller Aussparungen und Schlitze in Fundamenten, Decken, Wänden usw. nach Plan und Angaben des Bauleiters einschließlich aller erforderlichen Stemm- und Brecharbeiten.«	Auch diese Regelung hat nach § 307 BGB keinen Bestand. Dies beruht schon darauf, dass es danach im Belieben des Bauleiters steht, die Leistungen des Auftragnehmers vorzugeben und sogar bis zur Abnahme hinauszuzögern. Hierdurch wird die Bauleistung des Auftragnehmers unkalkulierbar (OLG München, Urt. v. 15.01.1987 – 29 U 4348/86, BauR 1987, 554, 556 = NJW-RR, 1987, 661, 662).

677 Zulässig sind folgende Klauseln:

Zulässige Klausel	Erläuterung
»Der Auftraggeber schließt eine Bauleistungsversicherung ab. Die anteilige Prämie wird mit 2,5 ‰ von der Schlusssumme in Abzug gebracht.«	Eine solche Klausel ist unbedenklich. Sie unterliegt nicht einmal einer Inhaltskontrolle, da es sich dabei um eine Preisnebenabrede für eine konkret bezogene Leistung handelt (BGH, BGH, Urt. v. 06.07.2000 – VII ZR 73/00, BauR 2000, 1756, 1757 = NJW 2000, 3348; s. auch oben Rdn. 594 ff.).
»In der Schlussrechnung werden die Verbrauchskosten und etwaige Kosten für Messer und Zähler in Höhe von 1,2 % des Endbetrages von der Schlussrechnung abgesetzt.«	Hier gilt dasselbe wie vorstehend, soweit der Auftragnehmer tatsächlich Bauwasser in Anspruch genommen hat (BGH, Urt. v. 10.06.1999 – VII ZR 365/98, BGHZ 142, 46, 49 = BauR 1999, 1291 = NJW 1999, 3260 f.).

5. Preisanpassung/Preisgarantie (§ 2 Abs. 2 VOB/B)

678 Bei Bauverträgen ergibt sich die Vergütung entweder aus den vertraglichen Einheitspreisen oder einer anderweitig vereinbarten Berechnungsart (z. B. durch Pauschalsumme oder nach Stundenlohn). Eine entsprechende Regelung dazu findet sich in § 2 Abs. 2 VOB/B. Dem Grunde nach gelten hier keine Besonderheiten: Ausgangspunkt ist ein für eine bestimmte Leistung feststehender Preis. Problematisch sind daher Klauseln, mit denen der Auftraggeber versucht, den vereinbarten Preis auch dann festzuschreiben, wenn es zu einem gegenüber dem Ursprungsvertrag **veränderten Bauablauf** kommt. Dabei ist unbeachtlich, ob es um Preisanpassungsregelungen bzw. einen Ausschluss dazu wegen ggf. anfallender erhöhter Massen oder Mengen oder infolge sonstiger Leistungsstörungen geht.

679 Unzulässig sind nach Vorstehendem folgende Klauseln:

Unzulässige Klausel	Erläuterung
»Die vereinbarten Festpreise schließen Nachforderungen jeglicher Art aus.«	Diese Klausel ist unwirksam. Geht man von einer kundenfeindlichen Auslegung aus (§ 305c Abs. 2 BGB), würde diese Klausel

4.4 Bauvertragsklauseln und AGB-Kontrolle

Unzulässige Klausel	Erläuterung
	auch ggf. bei Vertragsschluss nicht absehbare Ansprüche bei Wegfall der Geschäftsgrundlage, berechtigte Nachforderungen bei Mehrleistungen, Schadensersatzansprüche u. a. ausschließen. Dies belastet den Auftragnehmer unangemessen und nimmt einem Bauvertrag das Gleichgewicht von Leistung und Gegenleistung (OLG Hamburg, Urt. v. 06.12.1995 – 5 U 215/94, Revision vom BGH nicht angenommen, BGH, Beschl. v. 05.06.1997 – VII ZR 54/96, ZfBR 1998, 35, 36 f.).
In einem Einheitspreisvertrag heißt es: »Die Auftragssumme wird durch den Gesamtpreis nach oben begrenzt.«	Eine solche Klausel hat keinen Bestand. Dies beruht darauf, dass sich eine zu zahlende Vergütung bei einem Einheitspreisvertrag aus einer Multiplikation zwischen Masse und Einheitspreis zusammensetzt. Dies hat zur Folge, dass der Auftraggeber beim Einheitspreisvertrag bei Vertragsschluss den genauen Werklohn, den er später zu zahlen hat, in der Regel nicht kennt. Eine Klausel, die diese Systematik aufhebt, in dem eine Limitierung des Preises (nach oben) eingezogen wird, ist überraschend und dürfte wegen § 305c Abs. 1 BGB schon nicht Vertragsbestandteil geworden sein (BGH, Urt. v. 14.10.2004 – VII ZR 190/03, BauR 2005, 94, 95 = NJW-RR 2005, 246 f.). Sie dürfte gleichzeitig zu einer unangemessenen Benachteiligung des Auftragnehmers führen und somit nach § 307 Abs. 1 BGB unwirksam sein.
In einem Einheitspreisvertrag heißt es: »Der Bieter garantiert, dass das Angebot leistungsmäßig und sachlich einschließlich der angegebenen Mengenangaben vollständig ist.« Oder: »Massen- (oder besser: Mengen-)änderungen berechtigen nicht zu einer Änderung des Angebotspreises und der Einheitspreise.«	Auch solche Klauseln dürften unwirksam sein. Denn eine Massen- bzw. Mengengarantie des Auftragnehmers in AGB des Auftraggebers benachteiligt bei Einheitspreisverträgen den Auftragnehmer entgegen Treu und Glauben unangemessen und verschiebt einseitig die Risikoverteilung zu dessen Lasten. Dies gilt vor allem deshalb, weil zumeist der Auftraggeber als Ersteller des Leistungsverzeichnisses zumindest eine genauso große Verantwortung wie der Auftragnehmer für die Richtigkeit und Vollständigkeit des Leistungsverzeichnisses einschließlich der Vordersätze trägt (§ 7 VOB/A). Daher ist es für einen Auftragnehmer unzumutbar, Mengen zu garantieren, die ein anderer, nämlich der Auftraggeber als Klauselverwender ermittelt hat. Demzufolge besteht etwa die Gefahr, dass die Mengen be-

Unzulässige Klausel	Erläuterung
	wusst zu niedrig angesetzt sind. Zudem widerspricht diese Klausel – wie schon vorstehend – dem Wesen des Einheitspreisvertrages und macht diesen in den Auswirkungen zu einem Pauschalvertrag. Etwas anderes könnte allenfalls gelten, wenn die Massen vom Auftragnehmer stammen, so etwa bei einer funktionalen Leistungsbeschreibung, einer Leistungsbeschreibung mit Leistungsprogramm gem. § 7 Abs. 13 bis 15 VOB/A oder bei einem vom Auftragnehmer erstellten Nebenangebot mit eigenem Leistungsverzeichnis. Hier erscheint es durchaus sachgerecht, dem Bieter und späteren Auftragnehmer eine solche Mengengarantie als Obergrenze abzuverlangen. Denn anderenfalls wäre der Bieter in diesen Fällen in der Lage, seinen Angebotspreis durch Einsatz zu geringer Mengen herunterzudrücken und dadurch den Zuschlag zu erhalten, nachträglich aber die richtigen und tatsächlich ausgeführten Mengen abzurechnen.

680 **Zulässig** sind hingegen folgende Klauseln:

Zulässige Klausel	Erläuterung
»Die vom Bieter in seinem Nebenangebot angesetzten Mengenansätze stellen, soweit der Auftraggeber nicht Leistungsänderungen anordnet (§ 2 Abs. 5 VOB/B) oder Zusatzleistungen fordert (§ 2 Abs. 6 VOB/B), die obere Grenze dar. Die Mengengarantie erstreckt sich insoweit auch auf Leistungen von Nachunternehmern.«	Eine solche Klausel dürfte zulässig sein. Zwar geht es auch hier bei einem Einheitspreisvertrag um Mengengarantien. Stammen diese Mengen aber aus der eigenen Kalkulation bzw. Planung des Auftragnehmers, ist es nicht unangemessen, wenn er für deren Angemessenheit und Richtigkeit eine Garantie übernimmt.
»Der nach Nr. 3 bis 5 ermittelte Mehr- und Minderbetrag wird nur erstattet, soweit er 0,5 v. H. der Abrechnungssumme überschreitet (Bagatell- und Selbstbeteiligungsklausel).«	Die Klausel ist in der Weise zu verstehen, dass der Auftragnehmer sich mit einem Betrag von 0,5 v. H. der Auftragssumme auch dann an den Mehrkosten zu beteiligen hat, wenn diese darüber hinausgehen. Eine solche Klausel ist hinreichend transparent und wirksam (BGH, Urt. v. 22.11.2001 – VII ZR 150/01, BauR 2002, 467, 468 = NJW 2002, 441, 442).
»Von dem nach den Nr. 3 bis 5 ermittelten Mehr- und Minderbetrag wird nur der über 0,5 v. H. der Abrechnungssumme hinausgehende Teilbetrag erstattet (Bagatell- und Selbstbeteiligungsklausel).«	Hier gilt im Wesentlichen dasselbe wie vorstehend: Die Unbedenklichkeit dieser Regelung ergibt sich schon daraus, dass der Auftraggeber dem Grunde nach überhaupt keine Preisanpassungsklausel akzeptieren müsste, weil das Kostenrisiko beim Auftragnehmer liegt. Akzeptiert er allerdings eine solche An-

4.4 Bauvertragsklauseln und AGB-Kontrolle

Zulässige Klausel	Erläuterung
	passung, ist es nicht unangemessen, wenn er zumindest eine pauschalierte Untergrenze der Anpassung beim Auftragnehmer belässt (BGH, Urt. v. 08.06.2006 – VII ZR 13/05, BGHZ 168, 96 = BauR 2006, 1461, 1464 = NJW 2006, 2978, 2980).

6. **Preisanpassung bei Mengenänderungen (§ 2 Abs. 3 VOB/B)**
§ 2 Abs. 3 VOB/B regelt für den Einheitspreisvertrag im Einzelnen die Auswirkungen von Mengenänderungen bei der Bauausführung. Danach kommt eine Änderung der verbindlich festgelegten Einheitspreise in Betracht, wenn die ausgeführten Mengen gegenüber dem im Vertrag vorgesehenen Umfang um mehr als 10 % nach oben oder unten abweichen. Viele Auftraggeber schließen die **Geltung dieser Regelungen in ihren AGB aus**. Lange wurde diskutiert, ob dies zulässig ist. Denn tatsächlich handelt es sich bei § 2 Abs. 3 VOB/B nur eine nähere Ausgestaltung der Störung der Geschäftsgrundlage (vgl. §§ 313, 242 BGB mit dem Grundsatz von Treu und Glauben), bei der die VOB/B eine für eine Vertragsanpassung relevante Störung bei Mehr- oder Mindermengen von mehr als 10 % als gegeben ansieht. Gleichwohl darf bei einer AGB-Prüfung nicht verkannt werden, dass es sich bei § 2 Abs. 3 VOB/B letztlich doch nur um Vertragsklauseln handelt und das BGB eine solche Preisanpassungsregelung nicht kennt. Daher ist ein **Ausschluss** von § 2 Abs. 3 VOB/B in Bauverträgen ohne Weiteres **zulässig** (BGH, Urt. v. 08.07.1993 – VII ZR 79/92, BauR 1993, 723, 725 = NJW 1993, 2738, 2739).
Allerdings ist darauf zu achten, dass mit einem an sich zulässigen Ausschluss von § 2 Abs. 3 VOB/B nicht gleichzeitig eine unangemessene Benachteiligung des Auftragnehmers verbunden sein darf, die dann doch nach § 307 BGB zu der Unwirksamkeit einer entsprechenden Ausschlussklausel führen könnte.

▶ **Beispiel**

Der Auftraggeber gibt in seinem Angebotsleistungsverzeichnis die Mengen in der Ausschreibung durchweg zu hoch an. Er bezweckt damit, durch die Umverteilung der Gemeinkosten der Baustelle und der allgemeinen Geschäftskosten auf höhere Mengenangebote möglichst niedrige Einheitspreise zu erhalten und den Unternehmer dann bei der Abrechnung der erheblich niedrigeren tatsächlich ausgeführten Mengen an diesen Einheitspreisen festzuhalten.

Zumindest in solchen Fällen könnte man zwar auch an die Unwirksamkeit einer Ausschlussklausel zur Preisanpassung bei Mengenänderungen wegen unangemessener Benachteiligung des Auftragnehmers nach § 307 BGB denken. Vorzugswürdig wäre insoweit aber wohl ein **Schadensersatzanspruch wegen einer Pflichtwidrigkeit im vorvertraglichen Schuldverhältnis** gem. §§ 311 Abs. 2, 241 Abs. 2, 280 Abs. 1 BGB. Eine AGB-Kontrolle erscheint demgegenüber nicht der richtige Weg zu sein. Denn selbst in diesen Fällen bleibt es dabei, dass das allgemeine Werkvertragsrecht keine automatische Preisanpassung kennt, sodass ein Rückgriff auf Grundsätze des allgemeinen Schadensersatzrechts vorzugswürdig erscheint.
Unabhängig davon sind jedoch auch weitere Grenzfälle vor allem **unzulässiger Klauseln** zu beachten:

Unzulässige Klausel	Erläuterung
»Mengenänderungen berechtigen nicht zu einer Preisänderung.« Oder: »Mengenänderungen berechtigen in keinem Fall zu Nachforderungen irgendwelcher Art.«	Solche Klauseln sind mit § 307 BGB nicht zu vereinbaren, da damit nicht nur kalkulatorische Mehrkosten wegen der Mengenänderungen ausgeschlossen werden, sondern möglicherweise auch weiter gehende Ansprüche,

Unzulässige Klausel	Erläuterung
	z. B. wegen Störung der Geschäftsgrundlage (vgl. dazu schon oben Rdn. 681).
»Massenminderungen (auch über 10 %) führen nicht zu einer Änderung der Einheitspreise.«	Auch wenn die Preisanpassungsregel nach § 2 Abs. 3 VOB/B dem Grunde nach abbedungen werden kann, liegt dann doch aus Sicht des Auftragnehmers eine unangemessene Klausel vor. Dies gilt hier deshalb, weil sich allein der Auftraggeber das Recht zur Preisminderung bei Mehrmengen vorbehält, ohne dass der Auftragnehmer seinerseits bei Mindermengen wegen erhöhter Gemeinkosten eine Preisanhebung verlangen kann (vgl. auch Ingenstau/Korbion/Keldungs, VOB/B, § 2 Abs. 3 Rn. 10).
»Mehrleistungen, die nicht schriftlich bestellt werden, werden auch nicht vergütet.«	Diese Klausel ist unwirksam. Denn unabhängig von dem Vertragstyp eines Einheits- oder Pauschalpreisvertrages wäre der Auftragnehmer bei einer solchen Regelung gezwungen, seine Leistungen ständig aufzumessen. Er müsste dann bei jeder Abweichung von den Angaben im Leistungsverzeichnis, die zu einer Mehrmenge führt, die Ausführung der Arbeiten von einer (schriftlichen) Bestellung des Bestellers abhängig machen. Andernfalls liefe er Gefahr, die nach dem Bauvertrag geschuldete, lediglich in den Mengenansätzen des Leistungsverzeichnisses unzutreffend ermittelten Arbeiten ohne zusätzliche Vergütung erbringen zu müssen. Dies belastet den Auftragnehmer unangemessen und hat daher nach § 307 BGB keinen Bestand (OLG Düsseldorf, Urt. v. 30.01.1997 – 12 U 28/96, BauR 1998, 874, 877 Revision vom BGH nicht angenommen, Beschluss vom 16.10.1997 – VII ZR 69/97).
»Der Auftragnehmer ist verpflichtet, die Ausschreibungsunterlagen, insbesondere die Mengenberechnungen, zu prüfen und Bedenken innerhalb der in der Zuschlagserteilung genannten Frist von 14 Tagen schriftlich geltend zu machen.«	Eine solche Klausel belastet den Auftragnehmer unangemessen. Denn ein Werkunternehmer hat in der Regel einen Anspruch auf Vergütung seiner gesamten Leistungen, während Mängel des Leistungsverzeichnisses (hier falsche Mengenberechnungen bzw. Preisermittlung) grundsätzlich zulasten des Auftraggebers gehen (OLG Zweibrücken, Urt. v. 10.03.1994 – 4 U 143/93, BauR 1994, 509, 510 = NJW-RR 1994, 1363, 1365).

4.4 Bauvertragsklauseln und AGB-Kontrolle

Zulässig sind hingegen folgende Klauseln: 684

Zulässige Klausel	Erläuterung
»Eine Änderung des Einheitspreises findet abweichend von § 2 Abs. 3 erst bei Mengenüber- oder -unterschreitungen von 20 % statt.«	Kann § 2 Abs. 3 VOB/B vollständig ausgeschlossen werden, bestehen keine Bedenken, die dortigen Prozentsätze in dem vorgesehenen Umfang anzuheben.
»Soweit der Auftragnehmer Nebenangebote abgibt, übernimmt er eine Garantie dafür, dass die von ihm angegebenen Mengen für die Ausführung der Leistungen ausreichen. § 2 Abs. 3 VOB/B wird insoweit ausgeschlossen.«	Da die Mengenansätze vom Auftragnehmer selbst stammen, ist eine solche Belastung durchaus sachgerecht.

7. **Selbstübernahme von Leistungen (§ 2 Abs. 4 VOB/B)**
Übernimmt der Auftraggeber im Vertrag ausbedungene Leistungen des Auftragnehmers selbst 685
(z. B. durch Lieferung von Bau-, Bauhilfs- und Betriebsstoffen), richten sich die Vergütungsfolgen gemäß § 2 Abs 4 VOB/B nach denen einer (Teil)**Kündigung**. In diesen Fällen soll dem Unternehmer also insoweit der **volle Vergütungsanspruch abzüglich der ersparten Aufwendungen** zustehen (s. dazu auch Rdn. 2206 ff.). Der Ausschluss dieser Regelung bedeutet somit nichts anderes, als die gewöhnliche Rechtsfolge einer ordentlichen Kündigung des Werkvertrages nach § 649 S. 2 BGB auszuschließen. Dies ist aus AGB-rechtlichen Gesichtspunkten nicht zu halten (OLG Düsseldorf, Urt. v. 22.07.1982 – 6 U 220/81, BauR 1984, 95; OLG Düsseldorf, Urt. v. 16.07.1991 – 23 U 25/91, BauR 1992, 77, 78 = NJW-RR 1992, 216 f.; s. dazu auch die Erläuterungen zur Kündigung: Rdn. 713 ff.).
Nach Vorstehendem ist somit folgende Klausel **unzulässig**: 686

Unzulässige Klausel	Erläuterung
»Der Auftraggeber behält sich das Recht vor, einzelne Positionen aus dem Leistungsverzeichnis ganz oder teilweise herauszunehmen, ohne dass dafür vom Auftragnehmer Kosten geltend gemacht werden können oder eine Änderung der Einheitspreise erfolgt.«	Eine solche Klausel entzieht dem Auftragnehmer den Vergütungsanspruch gem. § 8 Abs. 1 Nr. 2 VOB/B bzw. § 649 S. 2 BGB ohne einen angemessenen Ausgleich. Damit ist diese Klausel nach § 307 Abs. 1 BGB unwirksam, da sie den Auftragnehmer entgegen den Geboten von Treu und Glauben unzulässigerweise benachteiligt und mit wesentlichen Grundgedanken der gesetzlichen Regelung, von der abgewichen wird, nicht zu vereinbaren ist (BGH, Urt. v. 17.11.1994 – VII ZR 245/93, BauR 1995, 234, 235 = NJW 1995, 526 f.; BGH, Urt. v. 12.07.2007 – VII ZR 154/06, BauR 2007, 1724, 1725 f. = NJW 2007, 3423 f.).

8. **Preisanpassung bei Vertragsänderungen und Zusatzleistungen (§ 2 Abs. 5 und Abs. 6 VOB/B)**
Die VOB/B sieht in diesen Bestimmungen eine Preisanpassung bzw. eine **zusätzliche Vergütung** 687
bei Leistungsänderungen und Zusatzleistungen vor. Sie knüpft – zumindest bei Zusatzleistungen – den zusätzlichen Vergütungsanspruch des Unternehmers gesondert an dessen **vorherige Ankündigung**. In der Baupraxis werden häufig in ZVB oder BVB und damit in vorformulierten Vertragsbedingungen weiter gehende Voraussetzungen für eine Preisänderung nach § 2 Abs. 5 VOB/B und einen zusätzlichen Vergütungsanspruch nach § 2 Abs. 6 VOB/B festgelegt oder solche Ansprüche des Auftragnehmers sogar gänzlich ausgeschlossen. Solche **Ausschlussklau-**

seln wird man kombiniert mit den diesen Preisanpassungsregelungen zugrunde liegenden Anordnungsrechten des Auftraggebers (s. o. Rdn. 670 ff.) in der Regel nicht für wirksam erachten können, da sie den Unternehmer entgegen den Geboten von Treu und Glauben unangemessen benachteiligen (§ 307 Abs. 1 BGB). Dies wird deutlich, wenn man bedenkt, dass nach dem gesetzlichen Werkvertragsrecht der Unternehmer nur die vertraglich festgelegte Leistung auszuführen hat, der Auftraggeber also einseitig keine Leistungsänderungen anordnen oder Zusatzleistungen verlangen kann. Der Unternehmer kann eine geänderte Ausführung vielmehr von der Vereinbarung einer auskömmlichen Vergütung abhängig machen und vor einer entsprechenden Vereinbarung die Arbeiten einstellen oder ohne eine solche Vergütungsvereinbarung gemäß § 632 Abs. 1 und 2 BGB die **übliche Vergütung** fordern. Demgegenüber gewährt die VOB/B in § 1 Abs. 3 und Abs. 4 S. 1 dem Auftraggeber einseitig das Recht, Leistungsänderungen anzuordnen und Zusatzleistungen zu verlangen (s. auch Rdn. 918 ff). Dem tragen auf der anderen Seite als notwendiges Äquivalent die Vergütungsregelungen in § 2 Abs. 5 und 6 VOB/B Rechnung. Daher ist es unangemessen, unter Beibehaltung der vorgenannten Anordnungsrechte einerseits diese Vergütungsregelungen nun in ZVB oder BVB zulasten des Auftragnehmers andererseits zu verschieben und ihn im Extremfall sogar zu einer unentgeltlichen Leistungserbringung als verpflichtet anzusehen. Daher hält jedenfalls der Ausschluss zusätzlicher Vergütungsansprüche bei Beibehaltung des einseitigen Leistungsänderungsrechts des Auftraggebers in Bauvertragsklauseln einer AGB-Inhaltskontrolle nicht stand (Ingenstau/Korbion/ Keldungs, VOB/B § 2 Abs. 6 Rn. 31). Auch eine fühlbare Einengung des Anspruchs auf Preisänderung oder eine zusätzliche Vergütung, insbesondere die Abhängigkeit von einer schriftlichen Beauftragung durch den Auftraggeber, wird man nicht für wirksam halten können (BGH, Urt. v. 27.11.2003 – VII ZR 53/03, BGHZ 157, 102, 109 = BauR 2004, 488, 491 = NJW 2004, 502, 504 = NZBau 2004, 146, 147; vgl. auch BGH, Urt. v. 23.03.1996 – VII ZR 245/94, BGHZ 133, 44, 46 ff. = BauR 1996, 542 f. = NJW 1996, 2158 f. zu den Anforderungen, wann eine Ankündigung des zusätzlichen Vergütungsanspruchs erforderlich bzw. ausnahmsweise entbehrlich ist).

688 Abgesehen von der Gefahr der Unwirksamkeit derartiger Bauvertragsklauseln, die die Geltendmachung höherer oder zusätzlicher Vergütungsansprüche ausschließen oder wesentlich erschweren sollen, können solche Klauseln eines Auftraggebers aber auch zu **Behinderungen** des Auftragnehmers führen.

▶ **Beispiel**

Die vom Auftraggeber gestellten BVB oder ZVB enthalten eine Klausel, wonach der Auftragnehmer mit der Ausführung geänderter oder zusätzlicher Leistungen erst beginnen darf, wenn er unverzüglich ein schriftliches Nachtragsangebot darüber eingereicht und der Auftraggeber dieses schriftlich beauftragt hat.

In Fällen wie diesen ist der Auftragnehmer in der Zeit vom Eingang seines Nachtragsangebots bis zur Erteilung des Nachtragsauftrags durch den Auftraggeber in der weiteren Ausführung seiner Leistung gemäß § 6 Abs. 1 VOB/B mit den Folgen aus § 6 Abs. 2 und 6 VOB/B behindert (vgl. OLG Düsseldorf, Urt. v. 28.04.1987 – 23 U 151/86, BauR 1988, 487, 488 = Sch.-F.-H. Nr. 5 zu § 6 Abs. 6 VOB/B 1973; Vygen/Joussen/Schubert/Lang, Bauverzögerung und Leistungsänderung, Teil A Rn. 332 ff.).

689 Dies vorausgeschickt sind immerhin folgende Klauseln **unzulässig**:

Unzulässige Klausel	Erläuterung
»Die vereinbarten Festpreise schließen Nachforderungen jeglicher Art aus.«	Diese Klausel wurde schon mehrfach angesprochen. Sie ist unwirksam, weil sie den Auftragnehmer über Gebühr benachteiligt, wenn es um berechtigte Nachforderungen infolge etwa erbrachter Zusatzleistungen geht. Sie ist ebenso unangemessen, wenn es um sonstige

4.4 Bauvertragsklauseln und AGB-Kontrolle

Unzulässige Klausel	Erläuterung
	Nachforderungen geht, wie etwa eine Vergütungsanpassung bei Störung der Geschäftsgrundlage. Eine solche Klausel hat keinen Bestand (OLG Hamburg, Urt. v. 06.12.1995 – 5 U 215/94, Revision nicht angenommen, Beschl. v. 05.06.1997 – VII ZR 54/96, ZfBR 1998, 35, 36 f.).
»Der Auftragnehmer darf vom Auftraggeber zusätzliche, im Vertrag nicht geänderte Leistungen ohne besondere Vergütung verlangen, wenn sie zur Erfüllung der vertraglichen Leistung erforderlich sind.«	Hier gilt dasselbe wie vorstehend.
»Der Auftraggeber ist berechtigt, einzelne Positionen aus dem Angebot zu ändern und/oder den Leistungsumfang zu erweitern. Der Auftragnehmer ist verpflichtet, Nachtragsangebote hierüber schriftlich unter Zugrundelegung der Preise des Hauptangebotes abzugeben. Die abgeänderten oder zusätzlichen Leistungen werden nur bei schriftlicher Auftragserteilung vergütet.«	Eine solche Klausel ist ebenfalls unwirksam (§ 307 Abs. 2 Nr. 1 BGB). Denn tatsächlich werden damit auch alle gesetzlichen Ansprüche für zusätzlich erbrachte Leistungen, z. B. aus Geschäftsführung ohne Auftrag oder Bereicherung, ausgeschlossen, wenn sie schriftlich nicht beauftragt sind. Mit dieser Maßgabe können aber etwaige Streitigkeiten zu der Höhe der Vergütung nicht das Ergebnis rechtfertigen, dass der Auftraggeber ihm zugeflossene Leistungen ohne einen geldwerten Ausgleich behalten und nutzen darf (BGH, Urt. v. 27.11.2003 – VII ZR 53/03, BGHZ 157, 102, 109 = BauR 2004, 488, 491 = NJW 2004, 502, 504).
»Leistungen, die nicht vom Vertrag umfasst sind, aber vom Bauherrn gefordert wurden, werden nur vergütet, wenn der Auftragnehmer zuvor ein schriftliches Nachtragsangebot eingereicht hat.« (oder: wenn diese zuvor schriftlich vereinbart wurden)	Schriftformklauseln sind nicht schlechthin unzulässig (s. o. Rdn. 151 ff.). Allerdings gilt dies u. a. dann, wenn wie hier bei nachträglichen Vertragserweiterungen die Gefahr besteht oder zumindest der Eindruck erreicht wird, dass entgegen § 305b BGB vorrangige Individualvereinbarungen keinen Bestand haben (BGH, Urt. v. 24.04.1983 – VII ZR 246/82, BauR 1983, 363, 364 = NJW 1983, 1853; BGH, Urt. v. 15.02.1995 – VIII ZR 93/94, NJW 1995, 148, 1489).

Zulässig sind hingegen folgende Klauseln zur Präzisierung der Vergütungsfolgen der §§ 2 Abs. 5 und Abs. 6 VOB/B: 690

Zulässige Klausel	Erläuterung
»Der Bauleiter ist nicht befugt, für den Auftraggeber Änderungen, Erweiterungen und Ergänzungen des Auftrages gemäß § 1 Abs. 3 und Abs. 4 VOB/B anzuordnen.«	Eine solche Klausel ist zunächst ohne Weiteres wirksam. Sie beschränkt gleichzeitig die Vergütungsansprüche nach § 2 Abs. 5 und Abs. 6 VOB/B. Dies ist aber sachgerecht, weil beide Vergütungsansprüche jeweils eine Anordnung des Auftraggebers voraussetzen.

Zulässige Klausel	Erläuterung
	Hinsichtlich der Beschränkung der Bauleitervollmacht wird die Vertragsgegenseite nicht unbillig benachteiligt, weil der Auftraggeber durch diese Klauseln gerade das Entstehen von Vertrauenstatbeständen zu einer Vollmacht verhindern will (BGH, Urt. v. 14.07.1994 – VII ZR 186/93, BauR 1994, 760, 761 = NJW-RR 1995, 80, 81).
»Der Architekt ist Vertreter des Bauherrn; zu Vertragsänderungen, zur Vergabe von Zusatzleistungen und Stundenlohnarbeiten ist er nicht berechtigt.«	Auch diese Klausel ist wirksam. Hier gelten dieselben Erwägungen wie vorstehend (OLG Düsseldorf, Urt. v. 28.06.1996 – 22 U 256/95, BauR 1997, 337 = NJW-RR 1996, 1485 f.).

9. Preisanpassung bei Pauschalpreisverträgen (§ 2 Abs. 7 VOB/B)

691 Auch bei Pauschalpreisverträgen können Zusatzleistungen oder Leistungsänderungen Mehrvergütungsansprüche auslösen. Bei VOB/B-Verträgen ergibt sich dies ausdrücklich aus § 2 Abs. 7 Nr. 2 VOB/B. Dies vorausgeschickt handelt es sich um ein weitverbreitetes Missverständnis, dass es bei Pauschalpreisverträgen eine Toleranzschwelle gäbe, innerhalb der ein Auftragnehmer angeordnete Zusatzleistungen unentgeltlich erbringen müsste. Hierfür gibt es keinen Anlass. Dabei kommt es auf den Wert der Zusatzleistung nicht an, d. h.: Selbst für **geringfügige angeordnete Zusatzleistungen** stünde dem Auftragnehmer **ein Mehrvergütungsanspruch** zu (BGH, Nichtannahme-Beschluss v. 12.09.2002 – VII ZR 81/01, BauR 2002, 1847 = NJW-RR 2003, 14). Das Einzige, was bei einem Pauschalpreisvertrag ausgeschlossen ist, ist bis zur Grenze der Störung der Geschäftsgrundlage (§ 313 BGB) eine Preisanpassung wegen Mengenänderungen (s. dazu sehr ausführlich: BGH Urt. v. 30.06.2011 – VII ZR 13/10, BauR 2011, 1646, 1649 = NZBau 2011, 553, 554).

Kommt es somit auch bei Pauschalpreisverträgen zu einer Anwendung der §§ 2 Abs. 5 und 6 VOB/B bei Zusatzleistungen, kann im Wesentlichen auf die dazu parallelen Ausführungen vorstehend verwiesen werden (Rdn. 687 ff.). Dies gilt praktisch für sämtliche Preisvereinbarungen.

692 Unabhängig davon stellt sich bei Pauschalverträgen aber die Frage, inwieweit durch AGB-Klauseln ein ggf. bei Vertragsschluss nicht feststehendes Leistungsvolumen im Rahmen sogenannter **Vollständigkeits- oder Komplettheitsklauseln** übertragen werden kann. Dies ist zumindest dem Grunde nach denkbar. Dagegen können Klauseln auf Probleme stoßen, die dem Wesen eines Pauschalvertrages widersprechen. Ferner können abhängig von der Art eines Pauschalvertrages Klauseln zur Schlüsselfertigkeit, zur Bestätigung oder zu dem Umgang mit etwaigen Widersprüchen AGB-rechtlich bedenklich sein.

693 Unzulässig ist danach etwa folgende Klausel:

Unzulässige Klausel	Erläuterung
»Die Abrechnung erfolgt nach Aufmaß.«	Diese Klausel widerspricht dem Prinzip eines Pauschalvertrages, wonach es gerade nicht auf die einzelnen Mengen als Abrechnungsgrundlage ankommt. Sie ist daher überraschend und wird nach § 305c Abs. 1 BGB nicht Vertragsbestandteil. Dies ist für den Auftragnehmer auch entscheidend. Denn die Erstellung eines Aufmaßes und darauf aufbauend ggf. einer prüfbaren Abrechnung ist

4.4 Bauvertragsklauseln und AGB-Kontrolle

Unzulässige Klausel	Erläuterung
	mit einem ganz erheblichen Aufwand verbunden, den sich der Auftragnehmer z. B. durch einen Preisnachlass ersparen wollte (vgl. dazu auch zu dem umgekehrten Fall BGH, Urt. v. 14.10.2004 – VII ZR 190/03, BauR 2005, 94 f. = NJW-RR 2005, 246 f., mit dem in einem Einheitspreisvertrag wesensfremd eine Preisdeckelung wie bei einem Pauschalpreis vorgesehen wird).

Zulässig sind hingegen folgende Klauseln:

694

Zulässige Klausel	Erläuterung
»Der Auftragnehmer hat alle Leistungen zu erbringen, die zur schlüsselfertigen Leistung der Baumaßnahme erforderlich sind.«	Hier wird man ggf. zu unterscheiden haben: Liegt ein Global-Pauschalvertrag vor, bei dem der Auftragnehmer die schlüsselfertige Errichtung der Maßnahme einschließlich der Planung übernimmt, bestehen keine Bedenken, dass dann auch sämtliche Leistungen vom Auftragnehmer mit einem Pauschalpreis übernommen werden können. Etwas anderes gilt hingegen bei einem Detailpauschalvertrag, da hier die Planungsgrundlagen nicht vom Auftragnehmer, sondern vom Auftraggeber stammen. Insoweit wird dem Auftragnehmer dann mit einer solchen Klausel ein übermäßiges und von ihm letztlich kaum beherrschbares Risiko aufgebürdet (OLG Düsseldorf, Urt. v. 30.09.2003 – 23 U 204/02, BauR 2004, 501,507; OLG Celle, Urt. v. 04.01.2007 – 13 U 244/05, Nichtzul.-Beschw. zurückgen., BGH, Beschl. v. 27.09.2007 – VII ZR 23/07, BauR 2008, 100, 101).
»Für die angebotenen Leistungen übernimmt der Auftragnehmer die Verpflichtung der Vollständigkeit, d. h.: Leistungen und Nebenleistungen, die sich aus den Positionen zwangsläufig ergeben, sind einzukalkulieren, auch wenn sie im Leistungsverzeichnis nicht ausdrücklich erwähnt sind. Der Bieter wird ausdrücklich angehalten, sich vor Kalkulation des Angebotes von der Situation an Ort und Stelle zu informieren. Nachforderungen aufgrund unberücksichtigter Schwierigkeiten werden grundsätzlich nicht anerkannt.«	Auch gegen eine solche Klausel bestehen zumindest insoweit keine Bedenken, als dem Auftragnehmer damit aufgegeben wird, die zur Ausführung der Leistungen einer ausgeschriebenen Position notwendigen Teilarbeiten bei der Kalkulation vollständig zu berücksichtigen. Mit dieser Maßgabe kann der Auftragnehmer auch sein Risiko abschätzen. Problematisch könnte allenfalls sein, inwieweit der Auftragnehmer wie vorstehend schon erläutert Nachteile dadurch erleiden könnte, dass ihm aufgegeben ist, zuvor die Baustelle zu untersuchen, eine solche Untersuchung unterbleibt und insoweit dem Auftragnehmer zugleich das Massenänderungsrisiko übertragen werden soll (BGH, Beschl. v. 26.02.2004

Zulässige Klausel	Erläuterung
	– VII ZR 96/03, BauR 2004, 994 = NJW-RR 2004, 880).
In einem Pauschalvertrag mit funktionaler Vergabe heißt es: »Soweit Teilleistungen, die für die mangelfreie, schlüsselfertige Erstellung des Bauvorhabens erforderlich sind, in den Anlagen zu diesem Vertrag nicht exakt beschrieben sind, verpflichtet sich der Auftragnehmer, diese in einer in diesem Bauvorhaben entsprechenden Qualität zu erbringen. Forderungen aus Preisänderungen hieraus werden nicht erhoben.«	Eine solche Regelung wäre in dem hier verwendeten Pauschalvertrag wirksam. Sie mag insoweit ggf. auch unklar beschriebene Leistungen einbeziehen; dies gilt aber nicht für Leistungen, die bisher gar nicht im Leistungsverzeichnis enthalten sind oder erst nach Änderungen der Ausführungsplanung hinzukommen (OLG Düsseldorf, Urt. v. 19.07.2011 – 21 U 76/09, NZBau 2011, 692, 694; ebenso: OLG Dresden, Urt. v. 22.9.2009 – 10 U 980/08, Nichtzul.-Beschw. zurückgew., BGH, Beschl. v. 10.11.2011 – VII ZR 177/09, BauR 2012, 544 [Ls.]).

10. Planunterlagen (§ 3 VOB/B)

695 Die Planunterlagen stammen in der Regel vom Auftraggeber (vgl. auch § 7 VOB/A sowie § 3 Abs. 1 VOB/B). Denn er entscheidet allein, was und wie er bauen will. Auf der anderen Seite darf der Auftragnehmer bei Planunterlagen nicht untätig sein. Vielmehr trifft ihn bei der Baudurchführung eine **Prüf- und Hinweispflicht** (vgl. dazu § 4 Abs. 3 VOB/B), wobei der Grundgedanke dazu auch im BGB-Werkvertragsrecht gilt. Im Hinblick auf diese beidseits bestehenden Pflichten versuchen Auftraggeber häufig, in ihren Allgemeinen Geschäftsbedingungen ihre eigene Verantwortung für die Planunterlagen auf den Auftragnehmer überzuwälzen. Dies gelingt zumindest in AGB in der Regel nicht.

696 Nach Vorstehendem ist danach etwa **unzulässig**:

Unzulässige Klausel	Erläuterung
»Der Auftragnehmer erkennt an, dass er alle Maße unter seiner eigenen Verantwortung am Bau bzw. nach den Bauzeichnungen kontrolliert und bei An- und Erweiterungsbauten alle Höhen und Einzelheiten der bestehenden Teile genau aufgenommen hat, so dass eine Berufung auf Planfehler oder falsche Angaben im Leistungsverzeichnis oder in anderen Unterlagen ausgeschlossen ist.«	Eine solche Klausel hält einer Inhaltskontrolle nach § 307 Abs. 2 Nr. 3 BGB nicht stand. Denn tatsächlich liegt in dieser Klausel eine nicht gerechtfertigte Haftungsfreizeichnung des Auftraggebers. Sie soll selbst dann gelten, wenn der Auftraggeber den Mangel selbst verschuldet hat. Es ist unangemessen, wenn in diesen Fällen gleichwohl den Auftragnehmer hierfür die alleinige Haftung treffen soll (OLG Karlsruhe, Urt. v. 22.07.1982 – 9 U 27/81, BB 1983, 725).
»Der Auftragnehmer ist verpflichtet, alle für seine Leistungen erforderlichen und nicht von dem Auftraggeber zur Verfügung gestellten Ausführungsunterlagen rechtzeitig in eigener Verantwortung unentgeltlich beizubringen und diese einschließlich der von dem Auftragnehmer eventuell gefertigten Subunternehmer-Leistungsverzeichnisse dem Auftrag-	Auch diese Klausel scheitert nach § 307 BGB an einer AGB-Inhaltskontrolle. Dies beruht schon darauf, dass dem Auftragnehmer keine mehr überschaubaren Pflichten auferlegt werden. So bleibt etwa völlig unklar, wer welche Unterlagen denn richtigerweise zu erstellen hat (OLG Hamburg, Urt. v. 06.12.1995 – 5 U 215/94, Revision vom BGH nicht ange-

4.4 Bauvertragsklauseln und AGB-Kontrolle

Unzulässige Klausel	Erläuterung
geber vor Beginn der Ausführung zur Freigabe vorzulegen.«	nommen, Beschl. v. 05.06.1997 – VII ZR 54/96, ZfBR 1998, 35, 38).
»Der Auftragnehmer kann sich nicht damit entlasten, dass die Bauleitung Änderungen und Abweichungen von mit Genehmigungsvermerk versehenen Ausführungsplänen sowie der geprüften statischen Unterlagen bestimmt hat.«	Auch diese Klausel ist unwirksam. Dies beruht darauf, dass der Bauleiter Erfüllungsgehilfe des Auftraggebers ist, weswegen Letzterem das Verhalten des Bauleiters nach § 278 BGB zugerechnet wird. Die vorstehende Klausel bezweckt dagegen den Ausschluss der eigenen Mithaftung, unabhängig davon, ob den Bauleiter Vorsatz, grobe oder leichte Fahrlässigkeit trifft (OLG Karlsruhe, Urt. v. 22.07.1982 – 9 U 27/81, BB 1983, 725, 729).

11. **Klauseln zur Bauausführung (§ 4 Abs. 1 und 2 VOB/B)**
    Die Bauausführung fällt in die ureigene Verantwortung des Auftragnehmers. Demzufolge trägt er auch das alleinige Risiko und die alleinige Verantwortung für die Herbeiführung des geschuldeten Werkerfolges. Somit bestehen Bedenken gegen Klauseln, die diese grundsätzliche Risikoverteilung (eigenverantwortliche Ausführung einerseits/Haftung andererseits) verändern – zumeist vor dem Hintergrund, dass zwar dem Auftragnehmer weiter das Risiko des Werkerfolges verbleibt, seine **Kompetenzen zur eigenverantwortlichen Bauausführung** aber **beschnitten** werden. Kommt es dazu, halten derartige Klauseln einer allgemeinen Inhaltskontrolle nach § 307 BGB vielfach nicht stand. Daher wird man grundsätzlich an der gerade in § 4 Abs. 1 und Abs. 2 VOB/B zum Ausdruck kommenden Risikoverteilung festhalten müssen, was auch für das BGB-Werkvertragsrecht gilt. Dieselben Grundsätze finden bei dem Anordnungsrecht des Auftraggebers nach § 4 Abs. 1 Nr. 3 VOB/B Anwendung: Danach ist der Auftraggeber befugt, Anordnungen zu dem Bauvorhaben zu treffen, allerdings nur »unter Wahrung der dem Auftragnehmer zustehenden Leitung« sowie weiter unter der Voraussetzung, dass die Anordnung »zur vertragsgemäßen Ausführung der Leistungen notwendig« sein muss. Auch hier kann der Auftraggeber sich somit in seinen AGB nicht deutlich darüber hinausgehende Anordnungsrechte einräumen und es gleichwohl bei der uneingeschränkten Haftung des Auftragnehmers belassen, wenn dieser (nur) die Anordnung des Auftraggebers befolgt. 697
    Nach Vorstehendem sind somit folgende Klauseln **unzulässig**: 698

Unzulässige Klausel	Erläuterung
»Der Auftraggeber hat das Recht, während der Bauzeit Auflagen für die Anzahl der am Bau beschäftigten Arbeitskräfte zu machen, die innerhalb von 24 Stunden zu erfüllen sind.«	Eine solche Klausel ist nach § 307 Abs. 2 Nr. 1 BGB unwirksam. Denn damit will sich der Auftraggeber ein Eingriffsrecht in den Bauablauf vorbehalten, welches mit dem Wesen des Werkvertrages, hier vor allem bzgl. des alleinigen Risikos des Werkunternehmers und seiner Verantwortung für die Herbeiführung eines bestimmten Werkerfolgs, nicht zu vereinbaren ist. Gleichzeitig wird das daraus folgende Dispositionsrecht des Unternehmers in unzumutbarer unangemessener Weise eingeschränkt, verbunden sogar mit dem weiteren Risiko, dass der Auftragnehmer tatsächlich ein nicht vertretbares Kalkulationsrisiko übernimmt (OLG Hamburg, Urt. v. 06.12.1995 – 5 U 215/94, Revision vorm

Unzulässige Klausel	Erläuterung
	BGH nicht angenommen, Beschl. v. 05.06.1997 – VII ZR 54/96, ZfBR 35, 39).
»Vom Auftraggeber zur Verfügung gestellte Lagerplätze, Arbeitsplätze und Zufahrtswege sind dem früheren Zustand entsprechend instand zu setzen.«	Auch diese Klausel hat nach § 307 BGB keinen Bestand. Grund dafür ist vor allem, dass damit nicht nur in die Aufgabenverteilung zwischen Auftraggeber und Auftragnehmer eingegriffen wird; vielmehr werden damit dem Auftragnehmer auch nicht kalkulierbare Risiken aus dem Bauablauf insoweit auferlegt, als er für Beschädigungen ggf. Dritter zu haften hat.

699 Zulässig sind demgegenüber folgende Klauseln:

Zulässige Klausel	Erläuterung
»Der Auftragnehmer ist verpflichtet, Bautagebücher zu führen und Bautagesberichte aufzustellen und sie dem Auftraggeber bzw. dessen Vertreter täglich vorzulegen.«	Gegen eine solche Klausel bestehen AGB-rechtlich keine Bedenken. Bautagebücher sind für die Abwicklung eines Bauvorhabens sogar sachgerecht (siehe dazu auch Korbion/Locher/Sienz, Rn. 9).
»Der Auftragnehmer ist verpflichtet, vor der Bauausführung sämtliche aus der Leistungsbeschreibung ersichtlichen Maße zu prüfen.«	Gegen eine solche Verpflichtung bestehen AGB-rechtlich ebenfalls keine Bedenken, da dies ohnehin mit der Leistungspflicht des Auftragnehmers korrespondiert (vgl. § 4 Abs. 2 und Abs. 3 VOB/B).

12. Pflicht zur Anzeige von Bedenken (§ 4 Abs. 3 VOB/B)

700 Nach § 4 Abs. 3 VOB/B hat der Auftragnehmer Bedenken gegen die vorgesehene Art der Ausführung, gegen die Güte der vom Auftraggeber gelieferten Stoffe oder Bauteile oder gegen die Leistung anderer Unternehmer dem Auftraggeber unverzüglich – möglichst schon vor Beginn der Arbeiten – schriftlich mitzuteilen. Bei dieser Regelung in der VOB handelt es sich nach der ständigen Rechtsprechung des Bundesgerichtshofs um einen **allgemeingültigen Grundsatz aus Treu und Glauben**. Er kommt bei einem BGB-Werkvertrag in gleicher Weise zur Anwendung (BGH, Urt. v. 23.10.1986 – VII ZR 48/85, BauR 1987, 79, 80 = NJW 1987, 643). Ist die Pflicht zur Prüf- und Hinweispflicht des Auftragnehmers im Bauvertragsrecht unbestritten, zielen viele Klauseln des Auftraggebers darauf ab, diese Pflicht noch zu verschärfen. Auch dies stößt teilweise auf Bedenken.

701 Unzulässig sind danach etwa folgende Klauseln:

Unzulässige Klausel	Erläuterung
»Mit der Übersendung der Pläne und Leistungsverzeichnisse macht der Auftraggeber nur unverbindliche Vorschläge; der Auftragnehmer übernimmt insoweit die Verantwortung für die Verwendbarkeit und Fehlerfreiheit dieser Unterlagen.«	Eine solche Klausel belastet die Interessen des Auftragnehmers unangemessen; hier muss er nicht nur die erhaltenen Unterlagen prüfen und auf Fehler hinweisen; vielmehr wird dadurch auch die gesamte Planverantwortung auf ihn übergewälzt (Ingenstau/Korbion/Oppler, VOB/B, § 4 Abs. 3 Rn. 5). Eine solche Klausel ist daher nach § 307 Abs. 1 BGB unwirksam.

4.4 Bauvertragsklauseln und AGB-Kontrolle

Unzulässige Klausel	Erläuterung
»Der Auftragnehmer ist verpflichtet, Bedenken gegen die überreichten Unterlagen vor Vertragsschluss mitzuteilen. Nach Vertragsschluss mitgeteilte Bedenken, die ihre Grundlage in den überreichten Unterlagen haben, berechtigen den Auftragnehmer nicht, andere Preise oder zusätzliche Leistungen für die bedenkenfreie Art der Ausführung in Rechnung zu stellen.«	Auch eine solche Klausel hat keinen Bestand. Dies gilt allein schon deshalb, weil es kein berechtigtes Interesse des Auftraggebers gibt, dem Auftragnehmer bei unvollständigen oder mangelhaften Planunterlagen von ihm deswegen zu erbringende Zusatzleistungen nicht bezahlen zu wollen. Auch führt diese Klausel faktisch zu einer Haftungsfreistellung zugunsten des Auftraggebers (OLG München, Urt. v. 30.01.1986 – 29 U 3832/85, BauR 1986, 579 f. = NJW-RR 1986, 382).
»Der Auftraggeber ist verpflichtet, die Ausschreibungsunterlagen, insbesondere die Mengenberechnungen zu prüfen und Bedenken innerhalb der in der Zuschlagserteilung genannten Frist von 14 Tagen schriftlich geltend zu machen.«	Diese Klausel führt faktisch dazu, dass eine verspätete Bedenkenmitteilung mögliche Mithaftungsansprüche des Auftraggebers ausschließen oder beschränken soll. Dies hält einer AGB-Kontrolle nach § 307 Abs. 1 BGB nicht stand. Denn damit werden unangemessen etwaige Risiken aus dem Leistungsverzeichnis, das vom Auftraggeber erstellt wurde, auf den Auftragnehmer verlagert. Im Übrigen ist bei einer verwenderfeindlichen Auslegung gemäß § 305c Abs. 2 BGB anzunehmen, dass mit dieser Klausel auch das Anfechtungsrecht wegen Irrtums ausgeschlossen ist (OLG Zweibrücken, Urt. v. 10.03.1994 – 4 U 143/93, BauR 1994, 509, 511 = NJW-RR 1994, 1363, 1365).

13. **Mängelansprüche während der Bauausführung (§ 4 Abs. 7 VOB/B)**
Anders als im Werkvertragsrecht des BGB besteht bei einem VOB/B-Vertrag nach § 4 Abs. 7 VOB/B die Pflicht des Auftragnehmers, während der Bauausführung als mangelhaft erkannte Leistungen auf eigene Kosten durch mangelfreie zu ersetzen. Gleichzeitig haftet der Auftragnehmer für etwaige Schäden auf Schadensersatz. Kommt der Auftragnehmer seiner Pflicht zur Mangelbeseitigung nicht nach, kann der Auftraggeber ihm nach angemessener Fristsetzung und Kündigungsandrohung den Auftrag entziehen.
Da es vergleichbare Pflichten im BGB-Werkvertragsrecht nicht gibt (s. dazu Rdn. 1030 ff.), ist es in AGB-Klauseln unproblematisch, wenn vorstehende Regelungen in einem Bauvertrag abbedungen werden. Zweifelhaft könnte hingegen sein, wenn sich der Auftraggeber eine über § 4 Abs. 7 VOB/B hinausgehende Rechtsposition sichert. Hier wird es maßgeblich darauf ankommen, ob das diesbezüglich erweiterte Recht noch im angemessenen Interesse beider Vertragsparteien, hier vor allem des Auftraggebers liegt.
Unzulässig nach Vorstehendem ist etwa folgende Klausel:

Unzulässige Klausel	Erläuterung
»Kommt neben dem Auftragnehmer auch ein Dritter als Schadensverursacher in Betracht, haftet dennoch der Auftragnehmer gegenüber dem Auftraggeber als Gesamtschuldner.«	Eine solche Klausel soll bereits eine Haftung des Auftragnehmers begründen, selbst wenn er dafür möglicherweise überhaupt nicht verantwortlich ist. Dies widerspricht der elementaren Risikoverteilung in einem Werkvertrag und ist nach § 307 BGB unwirksam

Unzulässige Klausel	Erläuterung
	(OLG Hamburg, Urt. v. 06.12.1995 – 5 U 215/94, Revision vom BGH nicht angenommen, Beschl. v. 05.06.1997 – VII ZR 54/96, ZfBR 1998, 35, 38).

704 **Zulässig** ist hingegen folgende Klausel:

Zulässige Klausel	Erläuterung
»Kommt der Auftragnehmer der Pflicht zur Beseitigung des Mangels nicht nach, so kann ihm der Auftraggeber in Ergänzung zu der Regelung des § 4 Abs. 7 S. 3 VOB/B eine angemessene Frist zur Beseitigung des Mangels setzen. Läuft diese Frist fruchtlos ab, kann der Auftraggeber den Mangel auf Kosten des Auftragnehmers selbst beseitigen. Hierfür kann er einen entsprechenden Vorschuss verlangen.«	Eine solche Regelung setzt sich zwar in Widerspruch zu der grundsätzlichen Risikoverteilung im Werkvertragsrecht, nach der der Auftragnehmer die alleinige Verantwortung für die mangelfreie Erstellung der Bauleistung bis zur Abnahme trägt. Gleichwohl ist eine solche Klausel zulässig. Denn damit wird im Sinne beider Vertragsparteien letztlich nur eine weniger einschneidende Sanktion als die als zulässig anerkannte Vertragskündigung gem. § 4 Abs. 7 S. 3 VOB/B vorgesehen (s. ausführlich dazu Joussen/Vygen, Subunternehmervertrag, Rn. 270 ff.).

14. Klausel zum Subunternehmereinsatz (§ 4 Abs. 8 VOB/B)

705 Das BGB-Werkvertragsrecht kennt keine persönliche Leistungserbringung. Anders ist die Rechtslage bei einem VOB-Vertrag: Hier bedarf der Auftragnehmer zum Einsatz von Subunternehmern der schriftlichen Zustimmung seines Auftraggebers (ausführlich Joussen/Vygen, Subunternehmervertrag, Rn. 169 ff.). Von dieser kann er nur absehen, wenn es um Leistungen geht, auf die sein Betrieb ohnehin nicht eingerichtet ist. Wird die Zustimmung erteilt, hat der Auftragnehmer dem Subunternehmerverhältnis gleichzeitig die VOB/B und VOB/C zugrunde zu legen. Bei einem unberechtigten Subunternehmereinsatz kann der Auftraggeber eine Frist zur Eigenausführung setzen und nach einer entsprechenden Fristsetzung und Androhung den Auftrag entziehen (§ 4 Abs. 8 VOB/B). Die Einschränkung des Subunternehmereinsatzes bei VOB-Verträgen steht in einem engen Zusammenhang mit dem Vergaberecht (vgl. dazu oben Rdn. 67 ff.). Insoweit bestehen dann allerdings umgekehrt keine Bedenken, wenn § 4 Abs. 8 VOB/B abbedungen wird. Hiermit würde lediglich die gesetzliche Lage hergestellt. Problematisch sind hingegen Klauseln, die über die ohnehin schon gegenüber dem Werkvertragsrecht des BGB hinausgehenden Beschränkungen sogar noch weiter gehend einen Subunternehmereinsatz beschneiden.

706 **Unzulässig** sind danach folgende Klauseln:

Unzulässige Klausel	Erläuterung
»Abweichend von § 4 Abs. 8 Nr. 1 VOB/B dürfen auch Leistungen, auf die der Betrieb des Auftragnehmers nicht eingerichtet ist, nur mit schriftlicher Zustimmung des Auftraggebers an Nachunternehmer übertragen werden.«	Eine solche Klausel belastet den Auftragnehmer unangemessen. Sie hält daher einer AGB-Kontrolle nach § 307 Abs. 1 BGB nicht stand. Hier ist ohnehin schon unklar, was der Auftraggeber in einem solchen Fall von dem Auftragnehmer, der die Leistung möglicherweise im eigenen Betrieb nicht ausführen kann, überhaupt anderes erwartet, als dass er nunmehr einen Subunternehmer einsetzt (im

4.4 Bauvertragsklauseln und AGB-Kontrolle

Unzulässige Klausel	Erläuterung
	Ergebnis ebenso OLG Frankfurt, Urt. v. 03.06.2002 – 1 U 26/01, BauR 2003, 269 = NZBau 2003, 566).
»Der Auftragnehmer kann mit einer Zustimmung zur Übertragung von Leistungen an Nachunternehmer nach Vertragsschluss nicht rechnen.«	Hier gilt dasselbe wie vorstehend (OLG Frankfurt, a. a. O.).
»Unrichtige Erklärungen und Verstöße gegen die Pflichten des Auftragnehmers bei der Weitervergabe von Leistungen an Nachunternehmer berechtigen den Auftraggeber, den Vertrag zu kündigen bzw. Bieter oder Auftragnehmer bis auf Weiteres vom Wettbewerb künftiger Aufträge auszuschließen.«	In einer solchen Klausel liegt eine unangemessene Belastung der Interessen des Auftragnehmers, zumal damit sogar eine verschuldensunabhängige Haftung begründet wird (OLG Frankfurt, a. a. O.).
»Der Auftragnehmer darf seinen Nachunternehmern keine ungünstigeren Bedingungen – insbesondere hinsichtlich der Zahlungsweise und der Sicherheitsleistung – auferlegen, als zwischen ihm und dem Auftraggeber vereinbart sind.«	Diese Klausel geht deutlich über das hinaus, was die VOB/B in § 4 Abs. 8 Nr. 2 verlangt: Danach sind den Subunternehmerverträgen lediglich die VOB/B und VOB/C zugrunde zu legen. Die weiter gehende Verpflichtung, sich vollständig an den Vertrag im Hauptauftragsverhältnis zu halten, greift demgegenüber in die ansonsten bestehende Privatautonomie der Vertragsparteien im Subunternehmerverhältnis ein, ohne dass es dafür einen berechtigten Grund gibt. Eine solche Klausel ist daher nach § 307 Abs. 1 BGB unwirksam (OLG Frankfurt, a. a. O.).
»Verstößt der Auftragnehmer oder ein von ihm beauftragter Nachunternehmer gegen die sich aus diesem Vertrag ergebenden Bedingungen für die Beauftragung und Beschäftigung von Nachunternehmern, so hat er eine Vertragsstrafe in Höhe von 15 v. H. des Auftragswertes der betreffenden Nachunternehmerleistung zu zahlen. §§ 339 bis 345 BGB finden Anwendung.«	Hier wird der Auftragnehmer völlig unangemessen belastet, weswegen diese Klausel nach § 307 Abs. 1 BGB keinen Bestand hat. Dies gilt insbesondere im Hinblick auf die Höhe der Strafe, die mit 15 % der Auftragssumme selbst bei Kleinstverstößen gelten soll. Eine solche Belastung hat nach § 307 BGB keinen Bestand (OLG Frankfurt, a. a. O.; ähnlich KG, Urt. v. 13.03.2001 – 4 U 2902/00, BauR 2002, 101, 103).
»Setzt der Auftragnehmer ohne Genehmigung Subunternehmer ein, hat er 3 % des Gesamtauftragswertes an den Auftraggeber zu zahlen.«	Auch diese Klausel ist nach § 307 BGB unwirksam. Dabei gelten dieselben Erwägungen wie vorstehend: Selbst bei 3 % liegt eine unangemessen hohe Strafe vor. Hinzu kommt, dass eine solche Klausel entgegen § 339 BGB eine verschuldensunabhängige Haftung begründet, was ebenfalls unzulässig ist. Schließlich könnte schon zweifelhaft sein, ob eine solche Klausel wegen ihrer überraschenden Wirkung überhaupt Vertragsbestandteil wird

Unzulässige Klausel	Erläuterung
	(KG, Urt. v. 13.03.2001 – 4 U 2902/00, BauR 2002, 101, 103).
»Der Auftragnehmer hat pro Tag und pro illegal beschäftigtem Arbeitnehmer eine Vertragsstrafe in Höhe von 5 000 € zu zahlen.«	Diese Klausel ist unwirksam. Zwar ist es zulässig, eine Vertragsstrafe auch für ein ohnehin gesetzlich verbotenes Verhalten vorzusehen. Zwingend bleibt aber ebenfalls die Vereinbarung einer Obergrenze, die hier fehlt (OLG Brandenburg, Urt. v. 08.11.2006 – 4 U 54/06, BauR 2007, 897, 898).

15. Vertragsfristen und Verzug (§ 5 VOB/B)

707 Der Auftraggeber hat ein elementares Interesse an der fristgerechten Fertigstellung der Leistung. Hierzu finden sich Regelungen in § 5 VOB/B bezüglich der Vereinbarung von Ausführungsfristen. Sie werden unterstützt durch § 11 VOB/B bezüglich der Vereinbarung von Vertragsstrafen (vgl. dazu Rdn. 719 ff.). Nach der Systematik des § 5 VOB/B gilt immerhin, dass abhängig von der vertraglichen Vereinbarung einzelne Fristen als sogenannte Vertragsfristen anzusehen sind, wobei dann auch die Bauleistung angemessen zu fördern und zu vollenden ist. Dabei gelten in dem Bauzeitenplan enthaltene Einzelfristen nur dann als Vertragsfristen, wenn dies im Vertrag ausdrücklich geregelt ist (Vygen/Joussen/Schubert/Lang, Bauverzögerung und Leistungsänderung Teil A Rn. 42 ff.). Des Weiteren sieht § 5 Abs. 2 VOB/B die Pflicht des Auftragnehmers vor, binnen 12 Werktagen nach Aufforderung zu beginnen. Er hat dann die Baustelle angemessen zu fördern (§ 5 Abs. 3 VOB/B). Schließlich werden in § 5 Abs. 4 VOB/B die Rechtsfolgen beschrieben, wenn der Auftragnehmer in Verzug gerät. Verwiesen wird insoweit auf die Schadensersatzansprüche nach § 6 Abs. 6 VOB/B oder eine Kündigung nach § 8 Abs. 3 VOB/B nach erfolgter Nachfristsetzung und Androhung (s. zum Ganzem auch Rdn. 1814 ff.).

708 Im Hinblick auf die Bedeutung der fristgerechten Fertigstellung versuchen Auftraggeber, in den Bauverträgen diese dort vorgesehenen Rechte weiter zu verschärfen. Dies hat vor allem dann keinen Bestand, wenn bei Verzögerungen eine **verschuldensunabhängige Haftung** begründet werden soll.

709 **Unzulässig** sind danach folgende Klauseln:

Unzulässige Klausel	Erläuterung
»Der Auftragnehmer hat die Arbeiten binnen zwei Monaten nach Abruf fertig zu stellen. Bei Überschreitung dieser Frist gerät der Auftragnehmer ohne Mahnung in Verzug.«	Eine solche Klausel ist unangemessen und widerspricht den wesentlichen Grundgedanken gesetzlicher Regelungen (§ 307 Abs. 1, Abs. 2 Nr. 1 BGB): Die Mahnung ist eine rechtlich unabdingbare Voraussetzung, um in Verzug zu geraten (vgl. ebenso Palandt/Grüneberg, § 309 Rn. 23).
»Der Auftraggeber behält sich vor, im Auftragsschreiben den Beginn und das Ende der Ausführungsfrist und etwaiger Einzelfristen datumsmäßig festzulegen.«	Eine solche Klausel belastet ebenfalls unangemessen die Interessen des Auftragnehmers und ist daher unwirksam (§ 307 Abs. 1 BGB). Dies gilt vor allem deshalb, weil der Auftraggeber den Zeitpunkt der Fertigstellung einseitig festlegen kann, ohne an die Grundsätze des § 315 BGB (billiges Ermessen) gebunden zu sein (OLG Frankfurt, Urt. v. 03.06.2002 – 1 U 26/01, BauR 2003, 269, 272 = NZBau 2003, 566).

4.4 Bauvertragsklauseln und AGB-Kontrolle

Unzulässige Klausel	Erläuterung
»Der Auftragnehmer beginnt mit den Bauleistungen unverzüglich nach Beauftragung; die Bauzeit beträgt fünf Monate.«	Wirksamkeitsbedenken bestehen als solche gegen diese Regelung zwar nicht. Allerdings würde damit einem Bieter, da der Zeitpunkt der Auftragserteilung und somit die genaue Bauzeit völlig offen wäre, ein ungewöhnliches Wagnis im Sinne des § 7 Abs. 1 Nr. 3 VOB/A auferlegt. Bei einer Ausschreibung nach der VOB/A wäre die Klausel daher nur mit der Auslegung aufrechtzuerhalten, dass die Bauausführungsfrist mit Ablauf der im Zeitpunkt der Vergabe bekannt gemachten Zuschlagsfrist beginnt, sodass sich bei Verzögerungen ggf. ein Mehrvergütungsanspruch aus Baukostensteigerungen ergeben könnte (BGH, Urt. v. 10.09.2009 – VII ZR 152/08, BauR 2009, 1901, 1904 = NJW 2010, 522, 524). Nichts anderes gilt im Rahmen einer verwenderfreundlichen Auslegung dieser Klausel (§ 305c Abs. 2 BGB) bei Vergaben außerhalb der VOB/A oder selbst sogar bei einer individualvertraglichen Vereinbarung (OLG Düsseldorf, Urt. v. 20.07.2011 – VI-U (Kart) 11/11, BauR 2011, 1969, 1971 = NZBau 2011, 674, 677).
»Der Auftragnehmer garantiert die Einhaltung der Termine. Er garantiert die Erfüllung aller gesetzlichen und behördlichen Bestimmungen und Auflagen, die an die von ihm zu erbringende Leistung am Tag des Vertragsschlusses gestellt werden.«	Eine solche Klausel belastet den Auftragnehmer allein schon deshalb unangemessen, weil die diesbezüglich zu übernehmende Garantie auch Fälle umfasst, in denen etwaige Fristverzögerungen auf den Auftraggeber zurückgehen (OLG Frankfurt, a. a. O.). Sie ist somit nach § 307 Abs. 1 BGB unwirksam.
»Eventueller Zahlungsverzug des Auftraggebers infolge nicht freigegebener Mittel aus Finanzierung, aufgrund des Bautenstandes, berechtigen den Auftragnehmer nicht zur Verschiebung der vereinbarten Ausführungsfristen.«	Auch eine solche Klausel hat nach § 307 BGB keinen Bestand. Sie schließt elementare Rechte des allgemeinen Schuldrechts aus, so etwa ein Zurückbehaltungsrecht des Auftragnehmers infolge nicht gezahlter Vergütung. Im Übrigen ist die Klausel unklar, weil der Eindruck entstehen könnte, eine Zahlungspflicht des Auftraggebers bestände nur bei einer ausreichenden Finanzierung (OLG Karlsruhe, Urteil vom 22.07.1982 – 9 U 27/81, BB 1983, 725).
»Befindet sich der Auftragnehmer während seiner vorgegebenen Bauzeiten so offensichtlich im Rückstand mit der Ausführung seiner Leistungen, dass nach Lage der Dinge erwartet werden muss, dass die gesetzten Termine nicht erfüllt werden, ist der Auftraggeber berechtigt, auf Kosten des Auftragnehmers	Auch diese Klausel scheitert nach § 307 Abs. 1, Abs. 2 Nr. 1 BGB an einer Inhaltskontrolle. Denn tatsächlich wird hier die nach dem Gesetz vorgesehene Voraussetzung der Mahnung für einen Verzug beseitigt. Im Übrigen wird eine Haftung des Auftragnehmers möglicherweise auch für den Fall be-

Unzulässige Klausel	Erläuterung
durch Verstärkung mit Fremdfirmen die Erfüllung der dem Auftragnehmer obliegenden Verpflichtungen zu sichern.«	gründet, dass ihn an der Terminverzögerung kein Verschulden trifft (OLG Hamburg, Urteil vom 06.12.1995 – 5 U 215/94, Revision vorm BGH nicht angenommen, Beschluss vom 05.06.1997 – VII ZR 54/96, ZfBR 1998, 35, 39).
»Der Auftragnehmer ist verpflichtet, aufgrund von Prüfungen gemachte Auflagen zu beachten und zu erfüllen. Hieraus resultierende Terminverschiebungen oder Mehrkosten gehen zu seinen Lasten.«	Diese Klausel ist ebenfalls unwirksam (§ 307 Abs. 1 BGB). Denn sie schließt tatsächlich auch sämtliche Mehrvergütungsansprüche des Auftragnehmers selbst in Fällen aus, in denen es um leistungsändernde Anordnungen des Auftraggebers geht (OLG Hamburg, Urteil vom 06.12.1995 – 5 U 215/94, Revision vom BGH nicht angenommen, Beschluss vom 05.06.1997 – VII 54/96, ZfBR 1998, 35, 37).

16. Behinderung und Behinderungsfolgen (§ 6 VOB/B)

710 Auftraggeber versuchen häufig, in ihren Vertragsbedingungen die Möglichkeiten für Auftragnehmer, eine längere Bauzeit zu beanspruchen, auszuschließen oder zumindest erheblich zu erschweren. Ferner sind Klauseln in Auftraggeber-Verträgen darauf ausgerichtet, den Umfang des in § 6 Abs. 6 VOB/B nur beschränkten Schadensersatzes, wonach Wagnis und entgangener Gewinn nur bei Vorsatz und grober Fahrlässigkeit ausgeglichen werden, zu erweitern. Ein unmittelbarer Rückgriff auf die Vorschriften der VOB/B ist bei der Prüfung der AGB-Widrigkeit einer Klausel allerdings schwierig, weil es im BGB keine § 6 VOB/B vergleichbare Regelung gibt. Daher versteht es sich keineswegs von selbst, dass etwa die Aufhebung der Schadensersatzbegrenzung in § 6 Abs. 6 VOB/B unzulässig wäre. Denn damit würde nur die gesetzliche Lage hergestellt.

711 Unbeschadet dessen sind gleichwohl folgende Klauseln **unzulässig**:

Unzulässige Klausel	Erläuterung
»Bei vorübergehender Stilllegung des Baus sind die allgemeinen Stilllegungsmaßnahmen des BGB maßgebend.«	Eine solche Klausel ist intransparent und daher gemäß § 307 Abs. 1 S. 2 BGB unwirksam. Unklar ist vor allem, was unter allgemeinen Stilllegungsmaßnahmen zu verstehen ist (OLG Köln, Urt. v. 09.10.1992 – 6 U 91/92, SFH, § 9 AGB-Gesetz Nr. 57).
»Verlangt der Auftraggeber von dem Auftragnehmer über die vertragliche Leistung hinausgehende Leistungen oder führen sonstige von dem Auftragnehmer nicht zu vertretende Umstände zu Behinderungen, Unterbrechungen oder einem verspäteten Beginn der Arbeiten, führt dies – unter Ausschluss weitergehender Ansprüche – nur zu einer angemessenen Fristverlängerung, wenn der Auftragnehmer nicht in der Lage ist, vereinbarte Fristen durch verstärkten Personal- und/oder Geräteeinsatz einzuhalten, und der Auftrag-	Die Klausel hat nach § 307 Abs. 1 BGB keinen Bestand. Schon bei der gebotenen verwenderfeindlichen Auslegung (§ 305c Abs. 2 BGB) ist S. 1 der Klausel so zu verstehen, dass bei einem verspäteten Beginn der Arbeiten aufgrund vom Auftragnehmer nicht zu vertretender Umstände ihm unter gewissen Voraussetzungen lediglich eine Fristverlängerung zugebilligt werden soll, während weiter gehende Ansprüche ausgeschlossen sind. Dies scheint auch dann zu gelten, wenn die Verzögerungen auf den Auftraggeber zurück-

Unzulässige Klausel	Erläuterung
nehmer den Anspruch auf Fristverlängerung dem Auftragnehmer ankündigt, bevor er mit der Ausführung zusätzlicher Leistungen beginnt. Der Auftragnehmer kann im Falle der Behinderung oder Unterbrechung der Leistungen etwaige Ansprüche nur geltend machen, wenn eine von dem Auftraggeber zu vertretende Zeit der Unterbrechungen der von dem Auftragnehmer auf der Baustelle zu erbringenden Leistungen von mehr als 30 % der vereinbarten Gesamtfrist eintritt.«	gehen. S. 2 regelt wiederum, dass dem Auftraggeber im Fall der Behinderung oder Unterbrechung – selbst wenn diese auf vorsätzliches oder grob fahrlässiges Verhalten des Verwenders zurückgehen – ebenfalls nur Ansprüche unter sehr eingeschränkten Voraussetzungen zustehen (OLG Hamburg, Urt. v. 06.12.1995 – 5 U 215/94, Revision vom BGH nicht angenommen, Beschl. v. 05.06.1997 – VII ZR 54/96, ZfBR 1998, 35, 37).
»Noch fehlende behördliche Genehmigungen sind durch den Auftragnehmer so rechtzeitig einzuholen, dass zu keiner Zeit eine Behinderung des Terminablaufes entsteht.«	Auch eine solche Klausel ist gemäß § 307 BGB unwirksam. Eine verwenderfeindliche Auslegung unterstellt (§ 305c Abs. 2 BGB) ist davon auszugehen, dass es nicht nur um behördliche Genehmigungen geht, die vom Auftragnehmer einzuhalten sind, sondern auch um solche aus dem Verantwortungsbereich des Auftraggebers oder von Dritten. Es ist nicht ersichtlich, warum der Auftragnehmer selbst bei einem Fehlverhalten des Auftraggebers (z. B. wegen verspäteter Antragstellung) eine Haftung dafür übernehmen sollte (OLG Hamburg, a. a. O.).
»Eine auch länger als drei Monate dauernde Unterbrechung berechtigt den Auftragnehmer nicht zur Vertragskündigung oder zu Nachforderungen bzw. Schadensersatz.«	Eine solche Klausel hat nach § 307 Abs. 1 BGB keinen Bestand. Bei dem für den Fall einer länger als drei Monate dauernden Unterbrechung nach § 6 Abs. 7 VOB/B beiden Vertragsteilen zustehendem Kündigungsrecht handelt es sich um einen ausdrücklich geregelten Fall der Kündigung aus wichtigem Grund, nämlich wegen Störung des bei Vertragsschluss angenommenen Zeitplans, die somit auf Treu und Glauben zurückgeht. Der einseitige Ausschluss verstößt gegen diesen Grundsatz (OLG Karlsruhe, Urt. v. 22.07.1982 – 9 U 27/81, BB 1983, 725).
»Das Kündigungsrecht nach § 6 Abs. 7 VOB/B ist ausgeschlossen.«	Ähnlich wie zuvor das OLG Karlsruhe sieht auch das OLG Frankfurt (Urt. v. 21.10.1997 – 8 U 129/97, BauR 1999, 774, 776) in dem Ausschluss der in § 6 Abs. 7 VOB/B vorgesehenen Möglichkeit, sich vom Vertrag nach einer mehr als dreimonatigen Unterbrechung zu lösen, einen Verstoß gegen den Grundsatz von Treu und Glauben. Dies ist mit § 307 BGB nicht zu vereinbaren.
»Dauert die Unterbrechung länger als fünf Wochen oder wird die Bauleistung durch hö-	Diese Klausel ist nach § 307 Abs. 1 BGB unwirksam, da damit praktisch auch sämt-

Unzulässige Klausel	Erläuterung
here Gewalt zerstört oder dauernd verhindert, kann der Auftragnehmer oder der Auftraggeber den Vertrag kündigen. Der Auftragnehmer hat dann Anspruch auf die Bezahlung der bis dahin geleisteten Arbeiten zu den Angebotspreisen sowie der nachweisbar entstandenen Auslagen, die in den Preisen des nicht ausgeführten Teils der Leistung enthalten waren. Weitere Entschädigung wird nicht gewährt.«	liche Ansprüche aus einer einseitigen Auftraggeberkündigung abgeschnitten werden (OLG Karlsruhe, Urt. v. 21.10.1993 – 8 U 40/93, IBR 1995, 379).
»Bei Behinderungen, Unterbrechungen oder späterem Beginn der Arbeiten aufgrund von Umständen, die der Auftraggeber zu vertreten hat, hat der Auftragnehmer lediglich Anspruch auf angemessene Fristverlängerung. Weitergehende Ansprüche sind ausgeschlossen.«	Diese Klausel ist ebenfalls nicht mit § 307 Abs. 1 BGB zu vereinbaren, da sie Schadensersatzansprüche des Auftragnehmers oder sonstige Ansprüche wegen der Verletzung von Mitwirkungspflichten des Auftraggebers gemäß § 642 BGB ausschließt.

712 **Zulässig** ist hingegen folgende Klausel:

Zulässige Klausel	Erläuterung
»Behinderungsanzeigen bedürfen grundsätzlich der Schriftform. Dies gilt auch dann, wenn die Behinderung offenkundig ist.«	Eine solche Klausel dürfte mit § 307 BGB zu vereinbaren sein. Denn aus dem BGB ergibt sich kein Verbot zu Schriftformvorgaben bei einseitigen Willenserklärungen (BGH, Urt. v. 18.01.1989 – VIII ZR 142/88, NJW-RR 1989, 625, 626).

17. Kündigung durch den Auftraggeber (§ 8 VOB/B)

713 Es entspricht einem der Grundsätze des Werkvertragsrechts, dass der Auftraggeber einen Werkvertrag jederzeit kündigen kann. Damit korrespondiert seine Verpflichtung, dem Auftragnehmer dessen volle Vergütung – insoweit allerdings nur abzüglich ersparter Aufwendungen – zu zahlen (§ 8 Abs. 1 VOB/B, § 649 BGB). Verständlicherweise versuchen Auftraggeber, sich dieser Vergütungsfolge zu entziehen. Dies ist in aller Regel ohne Erfolg, weil sie dem **gesetzlichen Leitbild** entspricht und danach zumindest in AGB des Auftraggebers nicht abgedungen werden kann (vgl. dazu im Einzelnen BGH, Urt. v. 04.10.1984 – VII ZR 65/83, BGHZ 92, 244, 248 = BauR 1985, 77, 78 = NJW 1985, 631; BGH, Urt. v. 12.07.2007 – VII ZR 154/06, BauR 2007, 1724, 1725 = NJW 2007, 3423 f.). Etwas anderes gilt immerhin für die Regelung des § 649 S. 3 BGB. Deren Abbedingung dieser Regelung in AGB des Auftraggebers ist zulässig. Ein gesetzliches Leitbild ist hier nicht erkennbar, zumal sie in keiner Weise den Vergütungsanspruch des Auftragnehmers beschränkt. Sie enthält allein eine Erleichterung der Darlegungslast dahin gehend, dass der Unternehmer im Fall einer freien Kündigung seines Werkvertrages 5 % der auf den noch nicht erbrachten Teil der Werkleistung entfallenden Vergütung auch ohne eine Abrechnung des Vertrages geltend machen kann, während der Besteller den Nachweis einer höheren Ersparnis führen darf (BT-Drucks. 16/511 S. 17 f.). Es belastet den Auftragnehmer also nicht unzumutbar, wenn er auch in einem Vertrag weiterhin verpflichtet bleibt, zu seinen ersparten Aufwendungen wenigstens vorzutragen. Die Darlegungs- und Beweislast für alles andere, d. h. insbesondere dafür, dass die danach vom Auftragnehmer vorgetragenen ersparten Aufwendungen zu niedrig oder falsch berechnet sind, obliegt ohnehin dem Auftraggeber (s. dazu näher

Rdn. 2842 f.). Soweit es um von § 649 S. 3 BGB abweichende Pauschalierungsklauseln in den AGB des Auftragnehmers geht, wird darauf später eingegangen (Rdn. 767 f.).

§ 8 VOB/B (vor allem § 8 Abs. 3 VOB/B) enthält außerdem ein Kündigungsrecht des Auftraggebers bei Verschulden des Auftragnehmers. Auch hier kommt es durchaus zu problematischen AGB-Klauseln. Sie betreffen allerdings zumeist die Rechtsfolgenseite. 714

Unzulässig nach Vorstehendem sind danach unter anderem folgende Klauseln: 715

Unzulässige Klausel	Erläuterung
»Im Fall der freien Kündigung wird der Anspruch des Auftragnehmers auf eine Vergütung nach § 649 BGB, § 8 Abs. 1 VOB/B ausgeschlossen.«	Eine solche Bestimmung ist mit wesentlichen Grundgedanken der gesetzlichen Regelung des § 649 BGB, von der abgewichen wird, nicht zu vereinbaren (s. soeben Rdn. 713). Sie benachteiligt den Unternehmer entgegen den Geboten von Treu und Glauben, da dieser schlimmstenfalls sogar leer ausgehen könnte (BGH, Urt. v. 04.10.1984 – VII ZR 65/83, BGHZ 92, 244, 250 = BauR 1985, 77, 79 = NJW 1985, 631, 632; ebenso BGH, Urt. v. 12.07.2007 – VII ZR 154/06, BauR 2007, 1724, 1725 = NJW 2007, 3423 f.).
»Der Hauptunternehmer hat das Recht, vom Vertrag mit dem Nachunternehmer zurückzutreten, wenn die Arbeiten durch höhere Gewalt oder vom AG des HU eingestellt, gar nicht oder nur teilweise ausgeführt werden.«	Diese Klausel ist nach § 307 Abs. 1 BGB unwirksam, weil sie die Risiken aus dem Verhältnis des Hauptunternehmerverhältnisses vollständig auf den daran nicht beteiligten Nachunternehmer verlagert (BGH, Urt. v. 17.11.1994 – VII ZR 245/93, BauR 1995, 234, 235 = NJW 1995, 526 f.).
»Der Auftraggeber ist berechtigt, den Vertrag aus wichtigem Grund zu kündigen. Ein wichtiger Grund liegt vor, wenn der Hauptvertrag endet bzw. sich Änderungen im Umfang der beauftragten Leistung ergeben.«	Diese Klausel, hier verwendet in einem Dauerschuldverhältnis, hat nach § 307 Abs. 1 BGB keinen Bestand. Sie stellt eine einseitige unangemessen benachteiligende Verlagerung des Risikos einer Beendigung des Hauptvertrages auf den jeweiligen Subunternehmer dar. Die Klausel kann auch nicht mit eingeschränktem Geltungsbereich aufrechterhalten werden, etwa in dem Sinn, dass sie nur solche Beendigungen des Hauptvertrages erfasst, die es dem zwischengeschalteten Auftragnehmer unzumutbar machen, die Verträge mit seinem Subunternehmer fortzuführen. Denn dies würde eine unzulässige »geltungserhaltende Reduktion« darstellen (BGH, Urt. v. 29.07.2004 – III ZR 293/03, BauR 2004, 1943, 1945 = NJW-RR 2004, 1498).
»Kündigt der Auftraggeber den Bauvertrag ohne besonderen Grund (§ 8 Abs. 1 VOB/B), steht dem Auftragnehmer eine Vergütung gemäß § 6 Abs. 5 VOB/B zu. Weitergehende Ansprüche des Auftragneh-	Diese Klausel ist nach § 307 Abs. 1, Abs. 2 Nr. 1 BGB unwirksam. Faktisch wird damit nämlich ebenfalls das Recht auf Vergütungszahlung nach § 649 S. 2 und 3 BGB ausgeschlossen, weil § 6 Abs. 5 VOB/B nur eine Vergütung für tatsächlich erbrachte Leistungen

Unzulässige Klausel	Erläuterung
mers einschließlich etwaige Schadensersatzansprüche sind ausgeschlossen.«	vorsieht. Theoretisch könnte dies sogar dazu führen, dass dem Auftragnehmer etwa bei einer Kündigung vor Leistungsausführung noch gar keine Vergütung zusteht (BGH, Urt. v. 04.10.1984 – VII ZR 65/83, BGHZ 92, 244, 249 = BauR 1985, 77, 79 = NJW 1985, 631, 632).
In einem Subunternehmervertrag heißt es: »Der Vertrag endet automatisch, wenn auch der Vertrag zwischen dem Auftraggeber und dem Bauherrn endet. Der AN erhält eine Vergütung in dem Umfang, in dem der Auftraggeber auch Zahlungen vom Bauherrn für den Leistungsteil erhält, der dem AN übertragen wurde.«	Hier gilt im Wesentlichen dasselbe wie vorstehend. Weder ist es zulässig, das Schicksal des Subunternehmervertrages losgelöst von einer Kündigung an das Schicksal des darüber stehenden GU-Vertrages zu knüpfen; noch kann das Recht auf den vollen Vergütungsanspruch für die eigentlich hier notwendige freie Kündigung nach § 649 S. 2 BGB auf das begrenzt werden, was der Bauherr dem GU tatsächlich bezahlt (ähnlich KG, Urt. v. 13.10.2010 – 21 U 191/08, Nichtzul.-Beschw. zurückgew, BGH, Beschl. v. 24.05.2012 – VII ZR 80/10, IBR 2012, 523).
»Soweit in Bezug auf Teilbereiche die späteren Nutzer (...) noch nicht feststehen, behält sich der AG das Recht vor, die Fertigstellung des Endausbaus (...) bis zur Klärung mit den zukünftigen Nutzern ganz oder teilweise zu verschieben, zurückzustellen oder ganz aus dem von dem GU zu erbringenden Leistungsumfang herauszunehmen. (...) Erfolgt der Abruf der verschobenen oder zurückgestellten Leistungen durch den AG nicht innerhalb von der vorstehend vereinbarten Abruffrist von 12 Monaten nach Abnahme, so gilt dies als endgültige Herausnahme der entsprechenden Leistungen aus dem Leistungsumfang und der Pauschalpreis ermäßigt sich um den Wert der entfallenden Leistungen auf der Basis der Preisabfragen für einzelne Bauelemente (...)«	Diese Klausel ist nach § 307 Abs. 1, Abs. 2 Nr. 1 BGB unwirksam, weil sie sich in Widerspruch zu der gesetzlichen Wertung des § 649 S. 2 BGB setzt. Denn auch in diesem GU-Vertrag wird der Auftragnehmer lediglich auf eine Vergütung für die erbrachten Leistungen verwiesen. Im vorliegenden Fall kam hinzu, dass diese Klausel durch Bezugnahme gleichzeitig Gegenstand eines Subunternehmervertrages wurde, sodass sich der GU im Fall von zurückgestellten Leistungen auch seinerseits von einer Vergütungspflicht gegenüber dem Subunternehmer freizeichnen wollte. Im Ergebnis ändert dies nichts – allenfalls verbunden mit der weiteren Besonderheit, dass eine solche Klausel im Subunternehmerverhältnis wegen ihres überraschenden Charakters im Zweifel nicht einmal Vertragsbestandteil geworden sein dürfte (BGH, Urt. v. 12.07.2007 – VII ZR 154/06, BauR 2007, 1724, 1725 f. = NJW 2007, 3423 f.).
»Der Auftraggeber ist berechtigt, einzelne Positionen des Angebotes zurückziehen, zu streichen, in den Massenansätzen zu vermindern oder zu vermehren, ohne dass der Auftragnehmer durch Minderleistungen Ersatzansprüche stellen kann.«	Eine solche Klausel benachteiligt den Auftragnehmer entgegen den Geboten von Treu und Glauben und ist daher nach § 307 Abs. 1 BGB unwirksam. Dies gilt hier vor allem deswegen, weil damit faktisch der Vergütungsanspruch nach § 8 Abs. 1 VOB/B (§ 649 S. 2 BGB) ausgeschlossen wird (OLG Düsseldorf, Urt.

4.4 Bauvertragsklauseln und AGB-Kontrolle

Unzulässige Klausel	Erläuterung
	v. 16.07.1991 – 23 U 25/91, BauR 1992, 77, 78 = NJW-RR 1992, 216 f.).
»Bei Weigerung des Auftragnehmers, Beanstandungen und Mängel an seinen Arbeiten sofort zu erheben, hat der Auftraggeber das Recht, die Arbeit sofort zurückzuweisen und durch andere Firmen auf Kosten des Auftragnehmers herstellen zu lassen. Das gleiche gilt, wenn der Auftragnehmer die vertraglichen Fertigstellungszeiten nicht einhält.«	Diese Klausel ist nach § 307 Abs. 1, Abs. 2 Nr. 1 BGB unangemessen und verstößt auch gegen wesentliche Grundgedanken gesetzlicher Regelungen. Denn hier versucht der Auftraggeber, sich von der an sich bestehenden gesetzlichen Obliegenheit zu befreien, zunächst eine Nachfrist zu setzen, damit Verzug eintritt. Dies widerspricht der grundsätzlichen Verzugsregelung im BGB (OLG Düsseldorf, Urt. v. 21.08.1984 – 21 U 42/84, BauR 1985, 452 f.).

Zulässig sind hingegen folgende Klauseln: 716

Zulässige Klausel	Erläuterung
»Die Kündigung hat in jedem Fall schriftlich zu erfolgen.«	Eine solche Klausel ist zulässig. Denn geht es um einseitige Willenserklärungen, kann hierfür auch in AGB die Schriftform vorgegeben werden (BGH, Urt. v. 18.01.1989 – VIII ZR 142/88, NJW-RR 1989, 625, 626).
»Schadensersatz für entgangenen Gewinn kann der Auftragnehmer im Falle der Teilkündigung nicht verlangen, wenn ihm ein gleichwertiger Ersatzauftrag angeboten wird.«	Diese Klausel ist wirksam. Mit ihr wird letztlich nur dem gesetzlichen Grundgedanken in § 649 S. 2 BGB Rechnung getragen, nämlich dass der Auftragnehmer durch den Verlust des Auftrages keinen finanziellen Nachteil erleiden soll. Insoweit gilt ohnehin, dass er sich jeweils dasjenige anrechnen lassen muss, was er durch den anderweitigen Einsatz seiner freigewordenen Arbeitskraft erwirbt oder zu erwerben böswillig unterlässt. Mit dieser Klausel wird ihm der anderweitige Erwerb positiv angeboten (OLG Koblenz, Urt. v. 18.02.1992 – 3 U 137/91, BauR 1992, 379, 380 = NJW-RR 1992, 850, 851).
»Der Auftraggeber kann den Bauvertrag kündigen, wenn der Auftragnehmer seine Zahlungen einstellt, von ihm oder zulässigerweise vom Auftraggeber oder einem anderen Gläubiger das Insolvenzverfahren oder ein vergleichbares gesetzliches Verfahren beantragt ist, ein solches Verfahren eröffnet oder dessen Eröffnung abgelehnt wird.«	Diese Klausel ist § 8 Abs. 2 Nr. 1 VOB/B nachgebildet. Dagegen bestehen keine Bedenken. Der Auftraggeber könnte ohnehin den Bauvertrag frei kündigen. Tritt ein nachhaltiger Vermögensverfall ein, rechtfertigt dies in jedem Fall auch ein sofortiges fristloses außerordentliches Kündigungsrecht (OLG Schleswig, Urt. v. 09.12.2011 – 1 U 72/11, BauR 2012, 690 [Ls.]; OLG Brandenburg, Urt. v. 16.12.2009 – 4 U 44/09, IBR 2010, 210; OLG Düsseldorf, Urt. v. 08.09.2006 – 23 U 35/06, BauR 2006, 1908, 1911).

Zulässige Klausel	Erläuterung
»Nach einer Kündigung kann der Auftraggeber für die Weiterführung der Arbeiten Geräte, Gerüste, auf der Baustelle vorhandene andere Einrichtungen und angelieferte Stoffe und Bauteile gegen angemessene Vergütung in Anspruch nehmen.«	Diese Klausel ist § 8 Abs. 3 Nr. 3 VOB/B nachgebildet. Sie benachteiligt den Auftragnehmer nicht unangemessen und ist für die Abwicklung nach einer Kündigung interessengerecht (OLG Stuttgart, Beschl. v. 22.11.2011 – 10 W 47/11, BauR 2012, 665, 669 = NJW 2012, 625, 628 – s. dazu auch Rdn. 2928).

18. Kündigung durch den Auftragnehmer (§ 9 VOB/B)

717 Bei BGB-Werkverträgen kann ein Auftragnehmer keine eigene Kündigung aussprechen. Anders ist dies bei Werkverträgen, die auf der Grundlage der VOB/B geschlossen wurden. Hier steht dem Auftragnehmer nach § 9 VOB/B ein Kündigungsrecht zu. Dieses besteht, wenn die Leistung infolge eines vom Auftraggeber geschuldeten Verhaltens nicht ausgeführt werden kann oder sich der Auftraggeber im Zahlungsverzug befindet. Die Kündigung kann dann schriftlich erfolgen, soweit sie zuvor fruchtlos angedroht wurde. Es besteht im Nachgang dazu ein Entschädigungsanspruch gemäß § 642 BGB; weitere Ansprüche sind nicht ausgeschlossen (vgl. näher Rdn. 2709 ff.).

Aus Sicht des Auftraggebers ist es naheliegend, diese weiter gehenden Vergütungsansprüche insgesamt abzubedingen, was aber vielfach an einer AGB-Kontrolle scheitert.

718 **Unzulässig** nach Vorstehendem sind folgende Klauseln:

Unzulässige Klausel	Erläuterung
»Bei Kündigung des Vertrages durch den Auftragnehmer schuldet der Auftraggeber Zahlung der bereits erbrachten Leistungen zu Vertragspreisen. Weitergehende Ansprüche können nicht geltend gemacht werden.«	Diese Klausel hat nach § 307 Abs. 1 BGB keinen Bestand. Das Recht des Auftragnehmers, sich bei schuldhaftem Handeln des Auftraggebers vom Vertrag lösen zu können, ohne dabei durch Verlust seiner Schadensersatzansprüche weitere Vermögensschaden zu erleiden, gehört zu den wesentlichen Gerechtigkeitsnormen des BGB-Schuldrechts(OLG München, Urt. v. 03.11.1983 – 6 U 1390/83, BB 1984, 1386). Die hiesige Klausel würde sogar dazu führen, den Auftragnehmer durch Zahlungsverweigerung u. a. faktisch zur Kündigung zu zwingen, wenn der Auftraggeber etwa nachträglich einen günstigeren Anbieter findet. Dann bräuchte er nur die tatsächlich erbrachten Leistungen zu bezahlen und könnte das Werk durch Dritte preisgünstiger vollenden lassen. Damit wäre der willkürlichen Vertragsbeendigung durch den Auftraggeber Tür und Tor geöffnet (BGH, Urt. v. 28.09.1989 VII ZR 167/88 BauR 1990, 81, 83 = NJW-RR 1990, 156, 157).
»Der Auftragnehmer kann den Vertrag nur kündigen, wenn der Auftraggeber sich mit einer fälligen Zahlung länger als vier Wochen in Verzug befindet. Ist die Zahlungsver-	Die Klausel ist nach § 307 Abs. 1, Abs. 2 Nr. 1 BGB unwirksam. Die Unangemessenheit beruht darauf, dass für die zur Zahlung notwendige Nachfrist eine Mindestdauer von vier Wochen vorgesehen wird. Unangemessen

Unzulässige Klausel	Erläuterung
pflichtung umstritten, kann der Auftraggeber stattdessen Sicherheit leisten.«	ist auch S. 2 dieser Klausel: Wäre dieser wirksam, könnte der Auftraggeber seine Zahlung praktisch nach Belieben hinausschieben, weil auch er darüber entscheidet, ob die Zahlungsverpflichtung umstritten ist (OLG München, Urt. v. 03.11.1983 – 6 U 1390/83, BB 1984, 1386).
»Der Vertrag kann nur aus wichtigem Grund gekündigt werden. Für den Auftragnehmer beträgt die Kündigungsfrist vier Wochen.«	Die Unwirksamkeit dieser Klausel liegt schon auf der Hand: Denn besteht z. B. ein wichtiger Grund darin, dass dem Kündigenden die Fortsetzung des Vertrags nach Treu und Glauben nicht mehr zugemutet werden kann (z. B. weil der Auftraggeber nicht mehr zahlt), wäre nicht einzusehen, warum der Auftragnehmer dann noch vier Wochen an den Vertrag gebunden sein soll (BGH Urt. v. 28.09.1989 VII ZR 167/88 BauR 1990, 81, 83 = NJW-RR 1990, 156, 157).

19. **Klauseln zur Vertragsstrafe (§ 11 VOB/B)**
Kaum ein Rechtsgebiet ist so umstritten wie die Vereinbarung wirksamer Vertragsstrafen. Dies liegt auf der Hand: Denn tatsächlich sind damit ganz erhebliche wirtschaftliche Folgen verbunden, die die Auftraggeber durchzusetzen und die Auftragnehmer abzuwehren versuchen. Vor diesem Hintergrund hält eine Vertragsstrafenvereinbarung nach § 307 BGB grundsätzlich nur stand, wenn sie – hier exemplarisch für Vertragsstrafen bei Terminsüberschreitung – die folgenden Punkte berücksichtigt (vgl. dazu näher unten Rdn. 1697 ff.): 719

- Es muss eine **maximale Vertragsstrafe** je Tag vorgesehen werden. Die Höhe darf 0,2 % oder 0,3 % je Werk- oder Arbeitstag (inkl. Samstag) nicht überschreiten (BGH, Urt. v. 12.10.1978 – VII ZR 139/75, BGHZ 72, 222, 223 f. = BauR 1979, 56, 57 = NJW 1979, 212; BGH, Urt. v. 01.04.1976 – VII ZR 122/74, BauR 1976, 279; BGH, Urt. v. 06.12.2007 – VII ZR 28/07, BauR 2008, 508, 509). Vertragsstrafen von 0,5 % der Auftragssumme pro Kalendertag wurden bereits für unwirksam erklärt (BGH, Urt. v. 18.11.1982 – VII ZR 305/81, BGHZ 85, 305, 312 f. = BauR 1983, 80, 83 = NJW 1983, 385, 387). Nach der Vertragsstrafenklausel muss sodann klar bestimmbar sein, was mit der Bezugsgröße Auftragssumme gemeint ist (Ursprungsauftragssumme, Schlussrechnungsbetrag, u. a. – vgl. BGH, Urt. v. 06.12.2007 – VII ZR 28/07, BauR 2008, 508, 509).
- Für Vertragsstrafen muss zwingend eine **Obergrenze** vereinbart werden. Diese darf 5 % der Bruttobauauftragssumme nicht überschreiten (BGH, Urt. v. 23.01.2003 – VII ZR 210/01, BGHZ 153, 311, 325 = BauR 2003, 870, 877 = NJW 2003, 1805, 1808).
- Des Weiteren muss eine Vertragsstrafe in Allgemeinen Geschäftsbedingungen zwingend an ein **Verschulden** des Auftragnehmers geknüpft werden.
- Kommt es gleichzeitig zu Schadensersatzansprüchen, muss sichergestellt sein, dass bei paralleler Verwirkung von Schadensersatz und Vertragsstrafe gemäß § 341 Abs. 2, 340 Abs. 2 BGB eine **Anrechnung** erfolgt (BGH, Urt. v. 29.02.1984 – VIII ZR 350/82, NJW 1985, 53, 56).

Besonderheiten bestehen sodann, wenn gleichzeitig Vertragsstrafen für Zwischentermine vereinbart werden (s. dazu unten Rdn. 1708 ff.).
Im Hinblick auf die relativ komplexe Rechtsprechung zu der Wirksamkeit von Vertragsstrafen sind die Bauvertragsparteien gut beraten, eine Vertragsstrafe weniger an die Auftragssumme zu 720

binden, als stattdessen konkret einen **bestimmten Geldbetrag je Arbeitstag der Verzögerung** festzulegen. Dabei sollte dieser sinnvollerweise in einem erkennbaren Zusammenhang zu den Verzugsauswirkungen stehen, z. B. zu einem Mietausfallschaden des Auftraggebers, wobei allerdings auch insoweit eine Obergrenze ausgewiesen werden muss. Wird so verfahren, umgeht der Auftraggeber damit gleichzeitig die zweite Unwirksamkeitsquelle, nämlich dass nicht klar ist, was bei einer prozentualen Angabe mit der Bezugsgröße »Auftragssumme« gemeint ist. Bleibt dies offen und könnte damit etwa auch die Schlussrechnungssumme gemeint sein, wäre eine solche Klausel schon nach § 307 Abs. 1 S. 2 BGB wegen eines **Verstoßes gegen das Transparenzgebot** unwirksam (BGH, Urt. v. 06.12.2007 – VII ZR 28/07, BauR 2008, 508, 509).

721 Ein weiteres Feld von vertraglichen Regelungen zu Vertragsstrafen betrifft folgenden Punkt: Nach § 11 Abs. 4 VOB/B bzw. § 341 Abs. 1 BGB entfällt ein Vertragsstrafenanspruch des Auftraggebers, wenn dieser sich die Vertragsstrafe nicht **bei Abnahme vorbehält**. Auch dazu versuchen Auftraggeber, die damit verbundenen sehr weitreichenden Wirkungen durch Klauseln zu ihrem Vorteil zu ändern, indem sie etwa den Zeitpunkt des Vorbehaltes bis zur Schlusszahlung hinausschieben. Dies ist dem Grunde nach zulässig, und zwar auch in AGB (BGH, Urt. v. 12.10.1978 – VII ZR 139/75, BGHZ 72, 222, 225 f. = BauR 1979, 56, 57 f. = NJW 1979, 212). Demgegenüber ist das **vollständige Abbedingen des Vertragsstrafenvorbehaltes** nicht wirksam (BGH, Urt. v. 18.11.1982 – VII ZR 305/81, BGHZ 85, 305, 309 f. = BauR 1983, 80, 82 = NJW 1983, 385, 386 f.).

722 Ob diese Rechtsprechung allerdings überzeugt, mag zweifelhaft sein. Denn den Zeitpunkt der Schlusszahlung hat allein der Auftraggeber in der Hand. Kommt es z. B. wegen der Schlusszahlung zum Rechtsstreit, so kann der Auftraggeber unter Umständen noch nach Jahren in den Prozess den Vorbehalt der Vertragsstrafe erklären und dann die Vertragsstrafe der Schlusszahlungsforderung des Auftragnehmers entgegenhalten und mit dieser verrechnen. Damit ergibt sich aber für den Auftragnehmer nahezu die gleiche Situation, wie sie bei völliger Abbedingung des an sich notwendigen Vorbehalts der Vertragsstrafe gegeben ist; sie war es gerade, die den BGH veranlasste, eine völlige Abbedingung in AGB für unwirksam zu erklären. Daher erscheint es überzeugender, dass in AGB der Zeitpunkt für den Vorbehalt der Vertragsstrafe nicht bis zur Schlusszahlung, sondern nur **bis zur Fälligkeit der Schlussrechnung** (beim VOB-Vertrag **30 Tage** nach Zugang der Schlussrechnung) oder ganz allgemein in einem vergleichbaren zeitlichen Rahmen hinausgeschoben werden kann. Denn nur mit einer solchen Regelung wird den Interessen beider Vertragspartner angemessen Rechnung getragen (Vygen, BauR 1984, 245 sowie später Rdn. 1709 ff.).

723 Auf der Grundlage dieser Diskussion sollen gleichwohl nachfolgend verschiedene Klauseln erläutert werden, die im Zusammenhang mit Vertragsstrafen regelmäßig anzutreffen sind.

724 **Unzulässig** sind immerhin folgende Klauseln:

Unzulässige Klausel	Erläuterung
»Eine Überziehung dieses Fertigstellungstermins (...) führt zu Schadensersatzansprüchen des Auftraggebers, unbeschadet seines ordentlichen Kündigungsrechts. Als Vertragsstrafe wird gesondert vereinbart: Pro Arbeitstag Terminüberschreitung 0,1 % bei bis zu 5 % des Gesamtaufwandes.«	Diese Klausel ist nach § 307 Abs. 1, Abs. 2 Nr. 1 BGB unwirksam. Eine verwenderfeindliche Auslegung unterstellt (§ 305c Abs. 2 BGB) hat sie den Anschein, dass Schadensersatz und Vertragsstrafe nebeneinander geltend gemacht werden können. Dies ist unzulässig und widerspricht § 340 Abs. 2 BGB (OLG Düsseldorf, Urt. v. 22.03.2002 – 5 U 85/01, BauR 2003, 94, 95).
»Die verwirkte Vertragsstrafe wird der Einfachheit halber von der Schlussrechnung abgezogen.«	Diese Klausel ist ebenfalls nach § 307 Abs. 1, Abs. 2 Nr. 1 BGB unwirksam, weil sie den gesetzlich in § 341 Abs. 3 BGB vorgesehenen Vorbehalt nicht nur hinausschiebt, sondern

Unzulässige Klausel	Erläuterung
	gänzlich abbedingt (BGH, Urt. v. 12.07.1984 – VII ZR 91/83, BauR 1984, 643, 644).
»Die Frist gilt als verbindlich und verlängert sich auch nicht durch witterungsbedingte Beeinträchtigungen. (…) Bei Überschreitung der Ausführungsfrist hat der Auftragnehmer eine Vertragsstrafe von 0,3 % der Auftragssumme pro Werktag des Verzugs zu zahlen, höchstens 5 % der Schlussrechnungssumme.«	Diese Klausel scheitert nicht an der Höhe des Tagessatzes. Angreifbar ist sie gleichwohl. Denn bei der zugrunde gelegten Ausführungsfrist ist vorgesehen, dass sich diese durch witterungsbedingte Behinderungen nicht verlängert. Diese Regelung führt dazu, dass dann, wenn für den Fall der Fristüberschreitung eine Vertragsstrafe verwirkt werden soll, das in AGB gebotene Verschuldenserfordernis entfällt, selbst wenn nachrangig die VOB/B vereinbart ist. Unwirksam ist die Klausel des Weiteren nach § 307 Abs. 1 S. 2 BGB, weil unklar ist, ob die Bezugsgröße für die Vertragsstrafe die Auftragssumme oder die Schlussrechnung ist (BGH, Urt. v. 06.12.2007 – VII ZR 28/07, BauR 2008, 508, 509).
In einem Subunternehmervertrag heißt es: »Für jeden Tag der schuldhaften Überschreitung des vereinbarten Fertigstellungstermins hat der Auftragnehmer eine Vertragsstrafe von 0,2 % der Bruttoschlussrechnungssumme zu zahlen, maximal 5 %.«	Diese Regelung ist wegen Intransparenz unwirksam (§ 307 Abs. 1 S. 2 BGB). Denn wegen § 13b UStG werden Subunternehmerrechnungen in Bauverträgen ausschließlich auf Nettobasis gestellt (s. dazu Rdn. 2598 ff.). Folglich gibt es hier überhaupt nicht die in Bezug genommene Bruttoschlussrechnungssumme. Zumindest ist unklar, was stattdessen gemeint sein sollte.
»Es gelten die folgenden Termine als Vertragsfristen (…). Für die schuldhafte Überschreitung eines jeden Termins wird eine Vertragsstrafe von 0,2 % je Kalendertag, maximal 5 % vereinbart.«	Eine solche Klausel ist nicht wirksam (§ 307 Abs. 1 BGB). Dies beruht darauf, dass hier die Überschreitung jeder nach dem Vertragsschluss vereinbarten Zwischenfrist mit einer Vertragsstrafe derselben Höhe, die für die Überschreitung des Endtermins vorgesehen ist, belegt wird, und zwar unabhängig davon, ob eine Höchstgrenze für die gesamte Vertragsstrafe festgelegt ist oder nicht. Eine solche Klausel könnte dazu führen, dass bei nur geringfügiger Überschreitung mehrerer Zwischentermine durch die Kumulierung der Einzelvertragsstrafen innerhalb weniger Tage die gesamte Vertragsstrafe verwirkt wäre, unabhängig davon, ob der Endtermin gehalten wird (OLG Hamm, Urt. v. 10.02.2000 – 21 U 85/98, BauR 2000, 1202, 1203 f.; BGH, Urt. v. 14.01.1999 – VII ZR 73/98, BauR 1999, 645, 646 = NJW 1999, 1108 f.; zuletzt OLG Naumburg, Urt. v. 15.11.2011 – 1 U 51/11, NJW-RR 2012, 463, 465 = NZBau 2012, 237,

Unzulässige Klausel	Erläuterung
	238 mit einer Obergrenze für Zwischentermine von 0,15 %; s. dazu auch Rdn. 1708 ff.).
»Bei schuldhafter Überschreitung der vorgesehenen verbindlichen Zwischenfrist (...) hat der Auftragnehmer eine Vertragsstrafe in Höhe von 0,2 % der Bruttoauftragssumme, maximal 5 % zu zahlen.«	Diese Klausel ist ebenfalls unwirksam (§ 307 BGB): Im Regelfall ist es nicht gerechtfertigt, den im Verzug befindlichen Auftragnehmer mit einer Vertragsstrafe zu belegen, deren Anknüpfungspunkt die Gesamtabrechnungssumme darstellt, obwohl der Wert der verspätet erbrachten Leistung erst einen Teilbetrag hiervon ausmacht (s. dazu auch Rdn. 1708 ff.). Die Vertragsstrafe hat sich vielmehr an dem Wert der tatsächlich rückständigen Werkleistung zu orientieren. Diesen Wert zu ermitteln, stellt zumal bei einem Einheitspreisvertrag i. d. R. kein praktisches Problem dar (OLG Celle, Urt. v. 13.07.2005 – 7 U 17/05, BauR 2005, 1780, 1781 f.; wohl auch OLG Nürnberg, Beschl. v. 24.03.2010 – 13 U 201/10, BauR 2010, 1591, 1593 = NZBau 2010, 566, 567).

725 Zulässig sind hingegen folgende Klauseln:

Zulässige Klausel	Erläuterung
In einem VOB-Vertrag heißt es: »Bei Überschreiten des Fertigstellungstermins wird eine Vertragsstrafe von 0,05 % der Bruttoabrechnungssumme pro Arbeitstag, maximal 5 % der Bruttoabrechnungssumme verwirkt.«	Diese Klausel ist wirksam. Zwar fehlt die Aufnahme des Verschuldenserfordernisses. Da allerdings ein VOB-Vertrag vorliegt, kann hinsichtlich der Anforderung des Verschuldens auf die ergänzend dazu geltende Regelung in § 11 Abs. 2 VOB/B zurückgegriffen werden, der eine damit korrespondierende Verschuldensregelung enthält (BGH, Urt. v. 13.12.2001 – VII ZR 432/00, BGHZ 149, 283, 287 = BauR 2002, 782, 783 = NJW 2002, 1274, 1275).
»Eine verwirkte Vertragsstrafe kann bis zur Schlusszahlung geltend gemacht werden.«	Diese Klausel ist wirksam (vgl. allerdings auch vorstehend Rdn. 722). Denn die Vorgabe aus § 341 Abs. 3 BGB, wonach ein Vorbehalt bei Abnahme erklärt werden muss, folgt zumindest nach der Rechtsprechung Zweckmäßigkeitserwägungen. Insoweit sei die Regelung dispositiv. Man werde den Interessen der Parteien deutlich gerechter, wenn man vor allem im Bauwesen derartige Vorbehalte nicht schon bei der Abnahme eines einzigen Gewerks, sondern erst bei der Gesamtabrechnung erklären müsse, d. h. zu einem Zeitpunkt, zu dem man überhaupt erst prüfen könne, ob die Verzögerungen bei der Erfüllung zu einem Schaden geführt hat (BGH,

4.4 Bauvertragsklauseln und AGB-Kontrolle

Zulässige Klausel	Erläuterung
	Urt. v. 12.10.1978 – VII ZR 139/75, BGHZ 72, 222, 225 f. = BauR 1979, 56, 57 f. = NJW 1979, 212).

20. Abnahme (§ 12 VOB/B)

§ 640 Abs. 1 BGB verpflichtet den Auftraggeber, das vertragsgemäß hergestellte Werk abzuneh- **726** men. Hierbei handelt es sich um eine **Hauptpflicht des Bestellers**, deren Erfüllung der Unternehmer nach § 271 BGB sofort verlangen kann. Demgegenüber sieht § 12 Abs. 1 VOB/B vor, dass der Auftraggeber die Abnahme (erst) binnen 12 Werktagen durchzuführen hat, wenn der Auftragnehmer dies nach Fertigstellung seiner Leistung fordert. Weiter erklärt § 12 Abs. 1 VOB/B ausdrücklich, dass eine andere Frist vereinbart werden kann. Demzufolge hat der BGH deren Verlängerung auf 24 Arbeitstage in AGB für unbedenklich gehalten (vgl. BGH, Urt. v. 16.12.1982 – VII ZR 92/82, BauR 1983, 161, 164 = NJW 1983, 816, 818; a. A. Bartsch, ZfBR 1984, 1 ff.). Zwar könnte man auch dies schon als Widerspruch zu § 640 Abs. 1 BGB ansehen, der eine solche Frist nicht kennt. Eine angemessene nachlaufende Frist nach der Fertigstellungsanzeige wird man dem Auftraggeber für die Abnahme aber einräumen müssen. Denn der dahinter stehende Grundgedanke betreffend eine verzögerte Abnahme trägt gerade den Besonderheiten im Baugeschehen angemessen Rechnung. Anschaulich zeigen dies etwa Fälle, in denen ein Generalunternehmer die vertragsgemäße Beschaffenheit einer Subunternehmerleistung nicht isoliert, sondern nur im Zusammenhang mit einem erst nach dieser Leistung fertigzustellenden Werk eines anderen Subunternehmers beurteilen kann. Gleiches kann gelten, wenn der Generalunternehmer aus besonderen Gründen daran interessiert ist, die Dauer der Gewährleistungsverpflichtung seines Subunternehmers deckungsgleich mit der seiner eigenen Gewährleistungspflicht gegenüber seinem Kunden auszugestalten (s. dazu auch oben Rdn. 56). Dann kann es unter **eng begrenzten Voraussetzungen**, insbesondere innerhalb eines bestimmten Zeitraums, auch unter AGB-rechtlichen Gesichtspunkten zulässig sein, eine Abnahme der Subunternehmerleistung tatsächlich erst bei Abnahme des Gesamtwerkes vorzusehen, um auf diese Weise eine »**Parallelschaltung**« der Gewährleistungsfristen zu erreichen (BGH, Urt. v. 23.02.1989 – VII ZR 89/87, BGHZ 107, 75, 77 = BauR 1989, 322, 323 = NJW 1989, 1602, 1603). Doch darf auch bei diesen Überlegungen gleichwohl nicht verkannt werden, dass nach dem **gesetzlichen Leitbild des § 640 Abs. 1 BGB** eine Abnahme stattzufinden hat, wenn die Leistung im Wesentlichen mangelfrei ist. Nachlaufende Fristen von bis zu 24 Werktagen mögen somit wie soeben erläutert angemessen sein (BGH, a. a. O.); ebenso bestehen wohl keine Bedenken, wenn man die bisher durch die Rechtsprechung zugelassene Fristenbestimmung von 24 Werktagen noch geringfügig auf 30 Tage verlängert. Hintergrund dieser Festlegung sind die entsprechenden Vorgaben in Art. 3 Abs. 4 und Art. 4 Abs. 5 der Zahlungsverzugsrichtlinie 2011/7/EU vom 16. Februar 2011, wobei diese wiederum mit dem neuen (zum Zeitpunkt der Drucklegung dieses Buches allerdings noch nicht in Kraft getretenen) § 271a Abs. 3 BGB in deutsches Recht übertragen werden sollen. Sie beruhen auf der Überlegung, dass gerade im Werkvertragsrecht die Abnahme eine echte Fälligkeitsvoraussetzung für den Vergütungsanspruch darstellt (s. Rdn. 2577 i. V. m. Rdn. 2533 ff.). Zur Verbesserung der Zahlungsmoral will die Zahlungsverzugsrichtlinie nunmehr sicherstellen, dass nicht durch Vereinbarungen jeder Art, so u. a. zur Abnahme, die Fälligkeit der Vergütung und damit der Verzug ungebührlich hinausgeschoben werden. Folglich sieht diese Richtlinie und ihr folgend die (beabsichtigte) Neufassung des § 271a BGB vor, dass aufgrund einer Vereinbarung die Abnahmefrist nicht mehr als 30 Tage betragen darf; eine Überschreitung sei nur wirksam, wenn sie ausdrücklich getroffen wird und für den Gläubiger (Auftragnehmer) nicht grob nachteilig ist. Dabei hat die Gesetzesbegründung zu § 271a BGB ausdrücklich klargestellt, dass unabhängig von den Höchstfristen auch weiterhin eine AGB-Kontrolle möglich bleibt (BT-Ds. 17/10491, S. 14, 16). Das aber bedeutet, dass jedenfalls auch insoweit gegen die schon in AGB bisher als zulässig angesehene Verschiebung einer Abnahme auf bis zu 24 Werktage keine Bedenken bestehen;

ebenso wenig wird eine Verschiebung auf bis zu 30 Tage zu beanstanden sein; dies gilt auch für entsprechende Regelungen in AGB des Auftraggebers. Zwar betrifft der geplante § 271a Abs. 3 BGB nur Vereinbarungen in Bezug auf eine Höchstfrist zu der Durchführung einer Abnahme; doch setzt sich auch diese Regelung bereits in einen gewissen Widerspruch zu § 640 Abs. 1 BGB, wonach die Abnahmepflicht sofort (nach Leistungserbringung) fällig ist. Gerade in Anbetracht dieser sich widersprechenden Regelungen erschiene es aber kaum nachvollziehbar, wenn nunmehr eine AGB-Regelung immerhin in Anlehnung an eine gesetzlich ausdrücklich erlaubte Fristenbestimmung in Kollision mit Vorschriften der AGB-Kontrolle geraten sollte – zumal es ja wie gesagt im Bauvertragsgeschehen gute Gründe für eine solche überschaubare Verschiebung eines Abnahmetermins gibt. Eine darüber hinausgehende Verschiebung der Abnahme über 30 Tage dürfte dagegen einer AGB-Kontrolle nicht mehr standhalten. Zwar wird dies in dem geplanten § 271a Abs. 3 BGB n. F. nicht ausgeschlossen, doch eben auch nicht mehr ohne weiteres zugelassen. Da ein sonstiger Maßstab im Gesetz auch nicht erkennbar ist, verbleibt es demzufolge dann dabei, dass jede weitere Abweichung von dem in § 640 Abs. 1 BGB festgelegten Grundsatz zumindest in AGB nicht mehr möglich ist.

727 Vorstehende Erläuterungen gelten umso mehr für AGB-Klauseln, in denen gar keine Frist mehr vorgesehen ist, sondern die Abnahmeverpflichtung des Auftraggebers auf **unbestimmte Zeitpunkte hinausgeschoben wird** (s. dazu auch Joussen/Vygen, Subunternehmervertrag, Rn. 278 ff.). So werden nämlich gerade ebenfalls Hauptunternehmer nach Möglichkeiten suchen, die Abnahmen ihrer Subunternehmer bis zu der eigenen Abnahme des Gesamtbauwerks durch den Bauherrn hinauszuzögern. Darauf ausgerichtete Klauseln halten auch einer Kontrolle nach § 307 BGB nicht stand, da sie den Auftragnehmer **entgegen den Geboten von Treu und Glauben unangemessen** benachteiligen (BGH, Urt. v. 17.11.1994 – VII ZR 245/93, BauR 1995, 234, 236 = NJW 1995, 526, 527; BGH, Urt. v. 10.10.1996 – VII ZR 224/95, BauR 1997, 302, 303 = NJW 1997, 394, 395). Denn gerade die Abnahme hat wegen ihrer weitreichenden Folgen (Fälligkeit des Vergütungsanspruchs, Umkehr der Beweislast für Mängel, Beginn der Gewährleistungsfrist, Gefahrübergang, Vorbehaltserfordernisse für Mängel und Vertragsstrafe usw.) für den Auftragnehmer eine ganz besondere Bedeutung, sodass sie nicht durch AGB auf unbestimmte oder vom Auftragnehmer nicht mehr zu beeinflussende Zeitpunkte hinausgeschoben werden darf (OLG Düsseldorf, Urt. v. 22.07.1982 – 6 U 220/81, BauR 1984, 95; Ulmer/Brandner/Hensen, AGB-Recht, Anh. § 310 Rn. 204; Locher, NJW 1979, 2235, 2238).

728 In vorgenanntem Sinne haben auch sonstige Klauseln keinen Bestand, die auf dasselbe Ergebnis hinauslaufen, so z. B. Klauseln, die zwar eine kurzfristige Abnahme nach Fertigstellung vorsehen, den **Beginn der Gewährleistung** aber auf den Zeitpunkt der Abnahme der Gesamtleistung durch den Bauherrn verschieben (OLG Düsseldorf, Urt. v. 07.06.1994 – 21 U 90/92, BauR 1995, 111 f. = NJW-RR 1994, 1298) bzw. das Ende der Gewährleistung an das Ende der Gewährleistungshaftung des Generalunternehmers in dessen Verhältnis zum Bauherrn knüpfen (OLG München, Urt. v. 03.11.1983 – 6 U 1390/83, BB 1983, 1386). In gleicher Weise ist es unzulässig, die Abnahme bis zur Vorlage von **Mängelfreiheitsbescheinigungen der Erwerber** oder Mieter der vom Auftragnehmer errichteten Wohnungen oder Häuser (Korbion/Locher/Sienz, AGB-Gesetz K Rn. 102 ff., 106) oder die Abnahme aller Bauleistungen bis zur **Gebrauchsabnahme** durch die Behörde zu verschieben (OLG München, Urt. v. 15.01.1987 – 29 U 4348/86, BauR 1987, 554, 559 = NJW-RR 1987, 661, 664; Korbion/Locher a. a. O. Rn. 106). Konkret heißt das: Alle Regelungen, die sich deutlich von der gesetzlichen Pflicht »**Abnahme bei mangelfreier Fertigstellung**« entfernen (und zwar noch mehr als bisher durch die Rechtsprechung zugelassen), sind nach § 307 BGB unwirksam, soweit sich derartige Klauseln in Allgemeinen Geschäftsbedingungen finden. Ohne Weiteres zulässig ist es dagegen, in AGB festzulegen, dass eine **förmliche Abnahme** erfolgen soll oder muss und die **fiktive Abnahme** gemäß § 12 Abs. 5 Nr. 1 und 2 VOB/B **ausgeschlossen ist.** Denn diese Abnahmeformen sind ohnehin (nur) in der VOB/B vorgesehen, sodass man sich mit deren Ausschluss nicht in Widerspruch zu § 640 Abs. 1 BGB setzen kann.

4.4 Bauvertragsklauseln und AGB-Kontrolle

Unter Berücksichtigung vorstehender Erläuterungen sind immerhin folgende Klauseln **unzulässig**: 729

Unzulässige Klausel	Erläuterung
»Eine Abnahme durch Ingebrauchnahme ist ausgeschlossen (soweit sich der Auftraggeber vorbehält, einen Abnahmetermin durch seine Bauleiter festzusetzen, ohne dafür eine Frist vorzusehen).«	Eine solche Regelung ist nach § 307 Abs. 1, Abs. 2 Nr. 1 BGB unwirksam. Denn es ist nicht klar, wann eine solche Abnahme erfolgt. Vielmehr hat der Auftraggeber die Terminsbestimmung willkürlich in der Hand (BGH, Urt. v. 25.01.1996 – VII ZR 233/94, BGHZ 131, 392, 395 = BauR 1996, 378, 379 = NJW 1996, 1346).
»Voraussetzungen für die Abnahme sind, dass der Auftragnehmer sämtliche hierfür erforderlichen Unterlagen, wie z. B. Revisions- und Bestandspläne, behördliche Bescheinigungen usw. dem Auftraggeber übergeben hat.«	Auch diese Klausel hat keinen Bestand; sie ist nach § 307 Abs. 1 BGB unwirksam. Die Unwirksamkeit beruht darauf, dass letztlich nicht zu ersehen ist, wann eine Abnahme erfolgen wird. Dies hängt vielmehr von der Übergabe behördlicher Bescheinigungen und Ähnlichem ab, auf deren Erstellung der Auftragnehmer z. T. keinen maßgeblichen Einfluss hat (OLG Hamburg, Urt. v. 06.12.1995 – 5 U 215/94, Revision vom BGH nicht angenommen, Beschl. v. 05.06.1997 – VII ZR 54/96, ZfBR 1998, 35, 40).
»Die Leistung des Subunternehmers gilt erst als abgenommen, wenn sie im Rahmen der Abnahme des Gesamtbauvorhabens vom Auftraggeber des Hauptunternehmers abgenommen wird.«	Auch diese Klausel verstößt ohne Weiteres gegen § 307 BGB. Denn aus ihr ist nicht ersichtlich, wann die Leistung tatsächlich abgenommen wird, selbst wenn der Subunternehmer bereits seit Langem fertig ist (BGH, Urt. v. 17.11.1994 – VII ZR 245/93, BauR 1995, 234, 236 = NJW 1995, 526, 527; BGH, Urt. v. 10.10.1996 – VII ZR 224/95, BauR 1997, 302, 303 = NJW 1997, 394, 395).

Zulässig sind folgende Klauseln: 730

Zulässige Klausel	Erläuterung
»Die fiktive Abnahme gemäß § 12 Abs. 5 VOB/B wird ausgeschlossen.«	Gegen einen solchen Ausschluss bestehen keine Bedenken, da auch das gesetzliche Werkvertragsrecht diese Abnahmeform nicht kennt (Ingenstau/Korbion/Oppler, VOB/B, § 12 Abs. 5 Rn. 30).
»Die fiktive Abnahme ist ausgeschlossen. Eine förmliche Abnahme soll innerhalb von sechs Monaten nach Fertigstellung der Leistung durch den Bauleiter des Auftraggebers erfolgen, es sei denn, der Auftragnehmer fordert schriftlich die frühere Abnahme seines Gewerks.«	Eine solche Klausel ist wirksam. Zwar wird der Abnahmetermin deutlich nach hinten geschoben; dies ist jedoch im Hinblick auf das Recht des Auftragnehmers, zeitlich früher eine Abnahme verlangen zu können, unbedenklich (OLG Bamberg, Urt. v. 05.05.1997 – 4 U 188/96, OLGR 1989, 41 = BauR 1997, 1079).

21. Gewährleistung (§ 13 VOB/B)

731 § 13 VOB/B regelt die Gewährleistungsansprüche des Auftraggebers teilweise abweichend vom gesetzlichen Werkvertragsrecht. Dies gilt in ganz besonderem Maße für die **Gewährleistungsfrist** in § 13 Abs. 4 VOB/B. Sie beträgt anders als § 634a Abs. 1 Nr. 2 BGB für Bauwerksarbeiten statt fünf nur vier Jahre, wenn im Bauvertrag keine andere Verjährungsfrist vereinbart worden ist. Es ist im Bauvertragsgeschehen fast üblich, dass Auftraggeber in ihren Geschäftsbedingungen diese verkürzte Frist wieder auf fünf Jahre verlängern. Dagegen werden keine Einwände erhoben werden können, da damit letztlich nur die gesetzliche Regelung wieder hergestellt wird (BGH, Urt. v. 23.02.1989 – VII ZR 89/87, BGHZ 107, 75, 86 = BauR 1989, 322, 326 f. = NJW 1989, 1602, 1605; BGH, Urt. v. 09.10.1986 – VII ZR 184/85, BauR 1987, 84, 85 = NJW 1987, 381, 382; BGH, Urt. v. 26.03.1987 – VII ZR 196/86, BauR 1987, 445, 447 f. = NJW-RR 1987, 851, 852). Allenfalls wäre denkbar, dass hierdurch von der VOB/B abgewichen wird mit der nachteilhaften Folge, dass die einzelnen Vorschriften der VOB/B ihrerseits einer AGB-Inhaltskontrolle zu unterwerfen sind. Dies wird allerdings abzulehnen sein, da die VOB/B eine solche Verlängerungsoption ausdrücklich vorsieht und die danach vereinbarte fünfjährige Gewährleistungsfrist nicht unangemessen ist (vgl. dazu im Einzelnen Rdn. 613 ff.).

732 Unabhängig davon sind AGB-rechtlich jedoch auch sonstige Klauseln zu beurteilen, die zugunsten des Auftraggebers deutlich über das ggf. noch zusätzliche gesetzliche Maß hinausgehen, um sich weitere Rechte zu sichern. Hierzu gehören neben der ggf. sogar weiträumigen Verlängerung von Gewährleistungsfristen u. a. Klauseln, die wirtschaftlich gleichbedeutend mit einer verlängerten Gewährleistung z. B. den **Beginn der Gewährleistungsfrist** statt auf den gesetzlich vorgesehenen Zeitpunkt der Abnahme nach hinten hinausschieben. Derartige Klauseln finden sich vor allem in Subunternehmerverträgen. Ebenso sind in Bauverträgen Klauseln anzutreffen, die dem Auftraggeber eine **erleichterte Ersatzvornahme** z. B. ohne Mängelrüge, ohne Mängelbeseitigungsaufforderung oder ohne Fristsetzung ermöglichen sollen. AGB-rechtlich haben diese Klauseln, die vielfach von den gesetzlichen Grundentscheidungen abweichen, keinen oder allenfalls nur einen untergeordneten Erfolg.

733 **Unzulässig** sind im Einzelnen unter anderem folgende Regelungen:

Unzulässige Klausel	Erläuterung
»Gewährleistung und Haftung des Unternehmers richten sich nach der VOB/B bzw. BGB, wobei jeweils die günstigere für den Bauherrn gilt.«	Eine solche Klausel ist intransparent, worin eine unangemessene Benachteiligung des Auftragnehmers liegt. Sie hat daher nach § 307 Abs. 1 S. 2 BGB keinen Bestand (BGH, Urt. v. 21.11.1985 – VII ZR 22/85, BauR 1986, 200, 201 = NJW 1986, 924, 925).
»Abweichend von § 13 Abs. 4 VOB/B gilt einheitlich eine Gewährleistungsfrist von zehn Jahren.«	Geringfügige Verlängerungen der gesetzlichen Gewährleistung (fünf Jahre) sind auch in AGB des Auftraggebers möglich. Hingegen kann eine weiträumige Verlängerung (etwa in Form der Verdoppelung der gesetzlichen Frist) nur zugelassen werden, wenn es dafür anerkennenswerte schutzwürdige Interessen gibt (vgl. in diesem Sinne BGH, Urt. v. 09.05.1996 – VII ZR 259/94, BGHZ 132, 383, 388 = BauR 1996, 707, 709 = NJW 1996, 2155, 2156). Ohne derartige Anhaltspunkte ist eine solche Verlängerung unwirksam, soweit sie sich – wie hier – durch eine Verdoppelung weitgehend von der gesetzlichen Regelung entfernt (BGH, Urt.

4.4 Bauvertragsklauseln und AGB-Kontrolle

Unzulässige Klausel	Erläuterung
	v. 17.01.1990 – VIII ZR 292/88, BGHZ 110, 88, 92 = NJW 1990, 2065 f.).
In einem Subunternehmervertrag heißt es: »Die Gewährleistung beginnt am Tag der mangelfreien Abnahme des Gesamtbauwerks.«	Eine solche Klausel ist nicht wirksam. Sie verschiebt die gesetzlich vorgesehene Abnahmewirkung für die Gewährleistung (§ 640 BGB) ohne zeitlich genaue Begrenzung in die Zukunft, ohne dass sicher ist, dass überhaupt jemals die Abnahme erfolgt (OLG Karlsruhe, Urt. v. 22.07.1982 – 9 U 27/81, BB 1983, 725).
»Die Gewährleistungsansprüche verjähren nach den Bestimmungen des BGB, jedoch keinesfalls vor abschließender Regelung der Gewährleistungsansprüche des Bauherrn zu den Leistungen des Auftragnehmers.«	Eine solche Klausel hat nach § 307 Abs. 2 Nr. 1 BGB ebenfalls keinen Bestand. Sie verschiebt die gesetzlich vorgesehene Abnahmewirkung für die Gewährleistung ohne zeitlich bestimmbare Begrenzung in die Zukunft (OLG München, Urt. v. 03.11.1983 – 6 U 1390/83, BB 1984, 1386).
»Die Gewährleistungsfrist beginnt erst, wenn alle Mängel ordnungsgemäß beseitigt sind.«	Eine solche Klausel belastet den Auftragnehmer unangemessen. Denn sie weicht von den wesentlichen Grundgedanken der gesetzlichen Regelung ab (§ 307 Abs. 1, Abs. 2 Nr. 1 BGB), wonach eine Werkleistung bereits abzunehmen ist, wenn sie im Wesentlichen mangelfrei ist (§ 640 Abs. 1 S. 2 BGB). Bei geringfügigen Mängeln kann sich der Auftraggeber stattdessen etwaige festgestellte Mängel bei der Abnahme vorbehalten, wodurch er hinreichend geschützt ist (OLG Celle, Urt. v. 20.07.2000 – 13 U 271/99, BauR 2001, 259, 260 f.).
»Für Mängel, die bei Abnahme nicht oder nur durch sachverständige Untersuchung feststellbar sind, beginnt die vertragliche Gewährleistung mit ihrer Feststellung.«	Hier gilt im Wesentlichen dasselbe. Erneut wird der Verjährungsbeginn für einzelne (zunächst nicht bekannte) Mängel auf unbestimmte Zeit verschoben, was sich mit dem Grundgedanken der gesetzlichen Regelung der §§ 640 Abs. 1, 634 Abs. 2 BGB nicht vereinbaren lässt.
»Der Lauf der Verjährung durch die schriftliche Aufforderung zur Mangelbeseitigung wird solange unterbrochen, bis die beanstandeten Mängel beseitigt sind.«	Eine solche Klausel hat keinen Bestand. Sie führt praktisch zu einer Verlängerung der Gewährleistungsfrist für geltend gemachte Mängel bis ins Unendliche. Dies widerspricht der gesetzlichen Wertung. Eine solche Klausel ist nach § 307 Abs. 2 Nr. 1 BGB unwirksam (BGH, Urt. v. 15.04.1999 – VII ZR 415/97, BauR 1999, 1019, 1021 = NJW-RR 1999, 1181).
»Der Auftraggeber kann Mängel ohne Weiteres durch Dritte auf Kosten des Auftragnehmers beseitigen lassen.«	Diese Klausel widerspricht elementaren Grundsätzen des Gewährleistungsrechts, nämlich dass der Auftragnehmer zunächst zur Nacherfüllung aufzufordern ist (vgl. auch § 637

Unzulässige Klausel	Erläuterung
	BGB). Sie ist daher nach § 307 Abs. 2 Nr. 1 BGB unwirksam.
»Werden bei der Abnahme Über- oder Unterschreitungen der (...) Grenzwerte festgestellt, so gilt jede unzulässige Unter- und Überschreitung als ein Mangel. Darüber hinaus können auch andere Mängel vorliegen, die hier nicht behandelt werden.«	Diese Klausel ist nach § 307 Abs. 2 Nr. 1 BGB unwirksam, weil sie im Widerspruch zu wesentlichen gesetzlichen Regelungen steht. So wird bereits eine Haftung des Auftragnehmers für Unter- oder Überschreitungen der Grenzwerte vorgesehen, selbst wenn ihn daran kein Verschulden trifft. Auch besteht bereits unzulässigerweise ein Kürzungsrecht zur Vergütung, ohne dass der Auftragnehmer zuvor zur Mangelbeseitigung aufgefordert werden muss (BGH, Urt. v. 29.04.2004 – VII ZR 107/03, BauR 2004, 1288, 1289 = NJW-RR 2004, 1022).
»Abgesehen von seinen Rechten aus den §§ 12, 13 VOB/B kann der Auftragnehmer bei Nichteinhaltung der Grenzwerte für das Einbaugewicht (...) Abzüge gemäß Anhang 1 vornehmen (...).«	Diese Klausel ist nach § 307 Abs. 1, Abs. 2 Nr. 1 BGB unwirksam. Denn sie gilt auch, wenn dem Auftragnehmer noch eine Nachbesserung möglich und er dazu sogar berechtigt ist. In diesen Fällen will der Auftraggeber mit dieser Klausel gleichwohl einen Vergütungsabzug vornehmen, bevor er den Auftragnehmer zur Nachbesserung aufgefordert hat. Somit hat es der Auftraggeber in der Hand, durch eine unterbleibende Mangelbeseitigungsaufforderung eine Vergütungsminderung zu erreichen, obwohl die sonst dafür bestehenden gesetzlichen Voraussetzungen (vgl. auch §§ 637, 638 BGB) nicht vorliegen (BGH, Urt. v. 29.04.2004 – VII ZR 107/03, BauR 2004, 1288, 1289 = NJW-RR 2004, 1022 f.).
»Festgestellte Mängel sind vom Auftragnehmer innerhalb von acht Tagen zu beseitigen, anderenfalls kann der Auftraggeber dies auf Kosten des Auftragnehmers tun.«	Hier gilt im Wesentlichen dasselbe wie vor. Zwar ist eine Fristsetzung vorgesehen. Durch die abstrakte Festlegung auf eine Acht-Tage-Frist wird jedoch das Tatbestandsmerkmal des Setzens einer »angemessenen Frist« aufgehoben, das einem elementaren Schutz des Auftragnehmers dient.
»Der Einwand der Unverhältnismäßigkeit des Aufwandes zur Mangelbeseitigung ist ausgeschlossen.«	Eine solche Klausel hat ebenfalls keinen Bestand. Sie widerspricht § 635 Abs. 3 BGB als elementare Schutzvorschrift zugunsten des Auftragnehmers, wonach die Nacherfüllung gerade wegen Unverhältnismäßigkeit verweigert werden kann. Eine solche Klausel ist daher nach § 307 Abs. 2 Nr. 1 BGB unwirksam (OLG Hamburg, Urt. v. 06.12.1995 – 5 U 215/94, Revision vom BGH nicht angenommen, Beschl. v. 05.06.1997 – VII ZR 54/96, ZfBR 1998, 35,

4.4 Bauvertragsklauseln und AGB-Kontrolle

Unzulässige Klausel	Erläuterung
	38).

Folgende Klauseln sind hingegen **zulässig**:

734

Zulässige Klausel	Erläuterung
»Bezüglich der Gewährleistung gilt § 13 VOB/B.«	Eine solche Klausel ist einschließlich der verkürzten Gewährleistungsfrist in § 13 Abs. 4 VOB/B wirksam. Zwar weicht die verkürzte Gewährleistungsfrist von der gesetzlichen Frist in § 634a Abs. 1 Nr. 2 BGB ab. Eine AGB-Inhaltskontrolle nach § 307 BGB findet jedoch nicht zugunsten des Auftraggebers statt, der hier die AGB-Klausel gestellt hat (BGH, Urt. v. 04.12.1986 – VII ZR 354/85, BGHZ 99, 160, 161 = BauR 1987, 205, 207 = NJW 1987, 837, 838).
»Für die Gewährleistung gilt VOB/B § 13, jedoch beträgt die Verjährungsfrist in Abänderung von S. 4 generell fünf Jahre.«	AGB-rechtlich bestehen gegen diese Klausel keine Bedenken, weil damit lediglich die gesetzliche Gewährleistungsfrist vereinbart wird (BGH, Urt. v. 23.02.1989 – VII ZR 89/87, BGHZ 107, 75, 83 = BauR 1989, 322, 325 = NJW 1989, 1602, 1604). Allerdings könnte nach bestrittener Auffassung eine solche Klausel zu einer AGB-Inhaltskontrolle sämtlicher Einzelregelungen der VOB/B führen (vgl. dazu Rdn. 613).
»Abweichend von § 13 Abs. 4 VOB/B beträgt die Gewährleistung des Auftragnehmers fünf Jahre zzgl. einen Monat.«	Gegen eine solche Klausel bestehen ebenfalls keine Bedenken. Sie hat insbesondere Bedeutung im Subunternehmerverhältnis. Dabei trägt eine solche Klausel den berechtigten Belangen des Hauptunternehmers Rechnung, dem es darum geht, seine Gewährleistungsansprüche gegenüber dem Subunternehmer zu erhalten, wenn der Auftraggeber ihm gegenüber unmittelbar vor Ablauf seiner eigenen Gewährleistungsfrist Mängelrügen erhebt. Hier soll es die einmonatige Nachlauf dem Hauptunternehmer ermöglichen, in Ruhe seine Mängelrechte auch gegen den Subunternehmer geltend zu machen (BGH, Urt. v. 23.02.1989 – VII ZR 89/87, BGHZ 107, 75, 82 = BauR 1989, 322, 325 = NJW 1989, 1602, 1604; BGH, Urt. v. 19.12.1985 – VII ZR 267/84, BauR 1986, 202, 203 = NJW-RR 1986, 825, 826).
»Die Gewährleistungsfrist für die Flachdacharbeiten beträgt zehn Jahre.«	Es ist nicht generell unzulässig, die gesetzliche Gewährleistungsfrist von fünf Jahren zum Teil deutlich zu verlängern. Die Zulässigkeit hängt allerdings maßgeblich davon ab, ob es dafür ein

Zulässige Klausel	Erläuterung
	anerkennenswertes schutzwürdiges Interesse gibt. Bei besonders mangelanfälligen Arbeiten kann dies angenommen werden, so insbesondere bei der Herstellung von Flachdächern (BGH, Urt. v. 09.05.1996 – VII ZR 259/94, BGHZ 132, 383, 388 = BauR 1996, 707, 709 = NJW 1996, 2155, 2156; ebenso OLG Düsseldorf, Urt. v. 09.03.2010 – 21 U 46/09, BauR 2011, 834 mit einer Verlängerung der Gewährleistung bei komplexen Straßenanlagen).
»Der Anspruch auf Beseitigung der gerügten Mängel verjährt in 2 Jahren, gerechnet vom Zugang des schriftlichen Verlangens an, jedoch nicht vor Ablauf der gesetzlichen Verjährungsfrist.«	Diese Regelung ist erkennbar § 13 Abs. 5 Nr. 1 S. 2 VOB/B nachgebildet. Sie hält einer Inhaltskontrolle stand (BGH, Urt. v. 23.02.1989 – VII ZR 89/87, BGHZ 107, 75, 82 = BauR 1989, 322, 325 = NJW 1989, 1602, 1604; OLG Hamm, Urt. v. 17.07.2009 – 21 U 145/05, BauR 2009, 1913, 1914; OLG Düsseldorf, Urt. v. 09.03.2010 – 21 U 46/09, BauR 2011, 834).

22. Abrechnung (§ 14 VOB/B)

735 Nach § 14 Abs. 1 VOB/B hat der Auftragnehmer seine Leistungen prüfbar abzurechnen. Ohne eine solche prüfbare Abrechnung wird seine Vergütung nicht fällig. Beim BGB-Werkvertrag kommt es dagegen auf eine Rechnung nicht an. Hier tritt die Fälligkeit bereits mit der Abnahme ein (§ 641 Abs. 1 BGB). Allerdings wird der Auftragnehmer auch bei einem BGB-Werkvertrag zumindest dann eine Schlussrechnung vorlegen müssen, wenn er etwa in einem Klageverfahren seine Vergütung durchsetzen will. Insoweit stellt eine Rechnung jedoch nur die Grundlage für einen schlüssigen Klagevortrag dar (KG, Urt. v. 03.11.2005 – 10 U 243/03, IBR 2006, 320 – s. dazu auch Rdn. 2582 ff.); sie wird dadurch nicht Fälligkeitsvoraussetzung für den Vergütungsanspruch.

Soweit Auftraggeber zu dieser Thematik Allgemeine Geschäftsbedingungen stellen, verfolgen diese meistens das Ziel, die Anforderungen bzw. Rechtsfolgen im Zusammenhang mit einer Schlussrechnung zu verschärfen.

736 Unzulässig ist danach etwa folgende Klausel:

Unzulässige Klausel	Erläuterung
»Mit der Einreichung der Schlussrechnung durch den Auftragnehmer sind seine sämtlichen Forderungen geltend gemacht. Versäumt der Auftragnehmer die Berechnung erbrachter Leistungen, so ist der Auftraggeber auch ohne weitere Mitteilung an den Auftragnehmer von jeglicher Verpflichtung zur Bezahlung für eventuell spätere Forderungen des Auftragnehmers befreit.«	In dieser Klausel liegt faktisch ein Verzicht auf Nachforderungen des Auftragnehmers nach Einreichung seiner Schlussrechnung, die damit generell ausgeschlossen werden sollen. Hierfür gibt es keinen sachlich gerechtfertigten Grund. Eine solche Klausel ist wegen der darin liegenden unangemessenen Benachteiligung des Auftragnehmers nach § 307 BGB unwirksam (OLG Hamburg, Urt. v. 06.12.1995 – 5 U 215/94, Revision vom BGH nicht angenommen, Beschl. v. 05.06.1997 – VII ZR 54/96, ZfBR 1998, 35, 40).

23. Stundenlohnarbeiten (§ 15 VOB/B, § 2 Abs. 10 VOB/B)

Stundenlohnarbeiten werden bei VOB-Verträgen nur vergütet, wenn dazu vor deren Beginn eine ausdrückliche Vereinbarung getroffen wurde (§ 2 Abs. 10 VOB/B). Sodann sieht § 15 VOB/B eine klare Regelung zu deren Abrechnung und vor allem deren Kontrolle vor. Danach hat der Auftragnehmer u. a. über die geleisteten Stunden vorbehaltlich einer anderen Vereinbarung je nach Verkehrssitte **werktäglich oder wöchentlich Stundlohnzettel** einzureichen. Diese hat der Auftraggeber im Anschluss daran innerhalb von 6 Werktagen nach Zugang – ggf. mit Einwendungen – zurückzugeben (§ 15 Abs. 3 VOB/B – vgl. dazu im Einzelnen Rdn. 2494 ff.). Die Tatsache allein, dass die VOB/B als Verdingungswerk abweichende Regelungen zulässt, darf nicht darüber hinwegtäuschen, dass auch diese selbstverständlich einer AGB-Kontrolle standhalten müssen. 737

Unzulässig ist hier etwa folgende Klausel:

Unzulässige Klausel	Erläuterung
»Stundenlohnarbeiten werden nur vergütet, wenn der Auftragnehmer die Stundenlohnzettel am nächsten Tag der Bauleitung zur Unterschrift vorlegt.«	Eine solche Klausel hat nach § 307 Abs. 1 BGB keinen Bestand, weil weder die Tagesfrist angemessen noch teilweise überhaupt umsetzbar ist. Sie verwehrt dem Auftragnehmer selbst dann einen Vergütungsanspruch, wenn z. B. die Erbringung der Arbeiten vollkommen unstreitig ist. Mit einer bloßen Kontrollregelung hat diese Klausel nichts mehr zu tun (i. E. ebenso: OLG Düsseldorf, Urt. v. 4.7.2006 – 21 U 149/05, Nichtzul.-Beschw. zurückgew., BGH, Beschl. v. 14.8.2008 – VII ZR 147/06, BauR 2009, 1315).

24. Zahlung der Vergütung (§ 16 VOB/B)

Beim BGB-Werkvertrag ist die Vergütung mit Abnahme fällig (§ 641 Abs. 1 S. 1 BGB). Insoweit ist der Auftragnehmer weitgehend vorleistungspflichtig. Daran ändert § 632a BGB nichts: Diese Vorschrift sieht zwar Abschlagszahlungen vor; aufgrund ihrer Formulierung läuft sie jedoch weitgehend ins Leere (siehe Rdn. 517 ff.). Abweichend von dieser gesetzlichen Regelung stärkt die VOB/B zunächst die Rechte des Auftragnehmers dahin gehend, dass sie ihm unter sehr viel leichteren Bedingungen Abschlagszahlungen zugesteht. Bezüglich der **Schlusszahlung** hingegen **verschlechtert sie dessen Rechtsposition**: Denn eine Schlusszahlung wird nach § 16 Abs. 3 Nr. 1 VOB/B erst 30 Tage nach Prüfung und Feststellung der vom Auftragnehmer vorgelegten (prüfbaren) Schlussrechnung fällig, spätestens innerhalb von 30 Tagen nach Zugang, soweit nicht berechtigt die fehlende Prüfbarkeit gerügt wurde. Dabei ist allerdings wie beim BGB-Werkvertrag die Abnahme ebenso zwingende Voraussetzung für die Fälligkeit. 738

Auch die Verzugsregelungen differieren zwischen BGB und VOB, wobei hier die Unterschiede nach der VOB 2012 nicht mehr ins Gewicht fallen. So gerät der Auftraggeber eines VOB-Vertrages wie bei einem BGB-Vertrag nach § 286 Abs. 1 BGB zunächst durch Mahnung, Setzen einer angemessenen Nachfrist und deren fruchtlosen Ablauf in Verzug (§ 16 Abs. 5 Nr. 3 S. 1 VOB/B). Nach der Neufassung der VOB/B 2012 ist sodann jedoch die früher in der VOB/B vorgesehene Unterscheidung zwischen nach der Rechnungsprüfung unstreitigen und streitigen Guthaben entfallen. Denn nur bei den unstreitigen Guthaben trat mit Ablauf der ehemals zweimonatigen Prüffrist automatisch Verzug ein (vgl. § 16 Abs. 5 Nr. 4 VOB/B a. F.); demgegenüber musste der Auftragnehmer ansonsten für einen Verzugseintritt den Auftraggeber noch gesondert mahnen (§ 16 Abs. 5 Nr. 3 VOB/B a. F.). Gerade zu diesem gesonderten Mahnerfordernis hatte die Rechtsprechung aber zuletzt klargestellt, dass dies einer isolierten AGB-Kontrolle nach § 307 Abs. 2 Nr. 1 BGB nicht standhält (BGH, Urt. v. 20.08.2009 – VII ZR 739

212/07, BauR 2009, 1736, 1741 = NJW 2009, 3717, 3720 = NZBau 2010, 47, 50). Hierauf kam es vor allem an, wenn die VOB/B nicht ohne Abweichung dem Vertrag zugrunde gelegt und vom Auftraggeber in den Vertrag eingeführt wurde (s. dazu oben Rdn. 481 ff.). Die insoweit jetzt aufgeworfenen Rechtsprobleme dürften sich mit der VOB 2012 erledigt haben. Denn abweichend von der früheren Regelung ist nach der jetzigen Fassung des § 16 Abs. 5 Nr. 3 VOB/B für den Verzug in Bezug auf die Vergütungsansprüche des Auftragnehmers eine Mahnung zwar möglich, aber selbst bei bestrittenen Guthaben keine notwendige Voraussetzung mehr. Die gesamte ursprünglich in der VOB/B enthaltene Systematik zur Schaffung eines Verzugs mit den Schritten Rechnung, Ablauf der Prüffrist, Mahnung und Ablauf einer Nachfrist gehört der Vergangenheit an. Stattdessen sieht § 16 Abs. 5 Nr. 3 S. 3 und 4 VOB/B n. F. vor, dass ein Auftraggeber auch ohne Nachfristsetzung (Mahnung) jedenfalls spätestens 30 Tage nach Zugang der (Schluss)rechnung oder der Aufstellung bei Abschlagszahlungen in Verzug gerät. Faktisch bedeutet das, dass hier zumindest bei der Schlusszahlung Fälligkeit und Verzug, die beide nach 30 Tagen eintreten, zeitlich zusammenfallen. Nur bei einer Abschlagszahlung, die schon nach 21 Tagen fällig wird, gibt es noch eine Karenzzeit von 9 Tagen bis zum Verzugseintritt. Im Ergebnis jedenfalls unterscheiden sich die Voraussetzungen für den Eintritt des Verzugs nach der Ausgangsregelung der VOB/B nicht mehr von der des § 286 Abs. 3 BGB.

740 Zahlt der Auftraggeber, sind **Skontoabzüge** – hier deckt sich die Rechtslage mit dem BGB – nur zulässig, wenn sie gesondert vereinbart sind (§ 16 Abs. 5 Nr. 2 VOB/B). Darauf gerichtete Klauseln sind dem Grundsatz nach – wenn sie auch ansonsten klar formuliert sein müssen (s. dazu Rdn. 2607 ff.) – zulässig (vgl. BGH, Urt. v. 25.01.1996 – VII ZR 233/94, BGHZ 131, 392, 396 = BauR 1996, 378, 379 = NJW 1996, 1346, 1347; kritisch dagegen Peters, NZBau 2009, 584).

741 Plausible Ansätze für AGB-Klauseln des Auftraggebers bestehen vor allem in einer verlängerten Frist zur Zahlung bis hin zu Vorbehaltsklauseln, ggf. vollständig von der Zahlungspflicht frei zu werden. Hierzu gehören ebenfalls sogenannte Verzichtsklauseln, bei denen der Auftragnehmer unter den dort genannten Voraussetzungen seinen Anspruch auf Vergütung verliert. Anknüpfungspunkte sind außerdem Klauseln, um möglichst weitgehend einen Verzug zu vermeiden bzw. dessen Folgen abzumildern. Schließlich stehen immer wieder Skontoklauseln im Zentrum der Diskussion, vor allem was deren Bedingungen angeht. Dabei sei ergänzend vorweg erläutert, dass gerade die zulässigen Möglichkeiten zu der Verlängerung von Zahlungsfristen nach heutigem Recht überschaubar sind. Hintergrund sind hier die engen Vorgaben der Zahlungsverzugsrichtlinie 2011/7/EU vom 16. Februar 2011, die zeitnah mit dem bisher schon im Entwurf vorliegenden § 271a BGB (BT-Ds. 17/10491) in deutsches Recht umgesetzt wird. Danach werden sowohl für die Fälligkeit der Vergütung als auch für den Verzugseintritt (§ 286 Abs. 5 BGB n. F.) Höchstgrenzen eingeführt. Auf deren Grundlage kann im Normalfall zwischen Unternehmen die Zahlungsfrist (i. e. die Fälligkeit) durch Vereinbarung nicht mehr als um 60 Tage nach Zugang der Rechnung oder einer gleichwertigen Zahlungsaufstellung hinausgeschoben werden; eine weitere Verschiebung ist nur im Fall ausdrücklicher Vereinbarung möglich, wenn sie den Gläubiger (Auftragnehmer) nicht grob unbillig benachteiligt. Handelt es sich um einen öffentlichen Auftraggeber, beträgt die Höchstdauer für Zahlungsfristen sogar nur 30 Tage nach Zugang einer Rechnung oder einer gleichwertigen Zahlungsaufstellung; Verlängerungen sind hier nur bis zu maximal 60 Tagen zulässig, soweit sie aufgrund der besonderen Natur oder der Merkmale der Vereinbarung sachlich gerechtfertigt sind und ausdrücklich getroffen wurden. Letzteres kann auch in AGB erfolgen (s. o. Rdn. 2547 ff.). Soweit es dagegen um eine verlängerte Zahlungsfrist unter Unternehmen über die in § 271a Abs. 1 BGB n. F. bzw. der Zahlungsverzugsrichtlinie gesetzten Grenzen hinaus geht, sind zwar wie gesagt Verlängerungen nicht ausgeschlossen, soweit diese ausdrücklich vereinbart sind. Eine ausdrückliche Vereinbarung schließt zumindest insoweit auch keine Regelung in AGB aus. Doch entfernt sich eine solche Verlängerung noch mehr als die gesetzlich immerhin als Höchstfrist zugelassene Verschiebung der Zahlungsfrist von dem ansonsten sich aus dem Gesetz ergebenden Zeitpunkt, wonach eine Vergütung eigentlich bei Abnahme fällig ist (§ 641 Abs. 1 BGB). Vor diesem Hin-

tergrund bestehen dann doch Bedenken, dass dies in AGB des Auftraggebers zulässig ist. Nichts anderes gilt – da es hier um dieselbe Regelungsmaterie geht – für eine Verschiebung des Verzugseintritts. Dies ergibt sich ebenfalls aus der genannten Zahlungsverzugsrichtlinie. Dabei werden in deren Folge bei der Umsetzung in deutsches Recht nämlich zugleich die Regelungen des § 271a BGB n. F. zu den Fälligkeitshöchstfristen für die Bestimmung des Verzugsbeginns über die weitere geplante Neufassung des § 286 Abs. 5 BGB (BT-Ds. 17/10491) entsprechend für anwendbar erklärt

Unzulässig sind demnach folgende Klauseln:

742

Unzulässige Klausel	Erläuterung
»Der Anspruch auf Abschlagszahlungen ist ausgeschlossen.«	Auch wenn § 632a BGB in der Praxis nur eine geringe Bedeutung hat, ist nicht zu verkennen, dass es gleichwohl diese Regelung gibt. Daher widerspricht ein vollständiger Ausschluss von Abschlagszahlungen dem gesetzlichen Leitbild in § 632a BGB und ist daher nach § 307 Abs. 1 Nr. 1 BGB unwirksam (s. näher dazu Joussen/Vygen, Subunternehmervertrag, Rn. 305 ff.).
»Eventueller Zahlungsverzug des Auftraggebers, infolge nicht freigegebener Mittel aus der Finanzierung, aufgrund des Bautenstandes, berechtigen den Auftragnehmer nicht zur Verschiebung der vereinbarten Ausführungsfristen.«	Diese Klausel ist nach § 307 Abs. 2 Nr. 1 BGB unwirksam. Denn tatsächlich wird damit der Eindruck erweckt, dass eine Zahlung an den Auftragnehmer nur erfolge, wenn dieser selbst die erforderlichen Geldmittel aus einer Finanzierung erhält. Ein derartiges Zahlungshindernis gehört jedoch nicht zum Risikobereich des Auftragnehmers, weswegen er auch insoweit nicht damit belastet werden darf (OLG Karlsruhe, Urt. v. 22.07.1982 – 9 U 27/81, BB 1983, 725).
»Die Rechnung des Subunternehmers wird zwei Monate nach deren Prüfung fällig, frühestens jedoch dann, wenn der Bauherr die diesbezüglichen Leistungen an den AG bezahlt hat.«	Klauseln dieser Art (sog. »**Pay-when-paid**«-) sind unzulässig. Die Fälligkeitsregelungen ergeben sich aus dem Gesetz (§§ 632a, 641 Abs. 1 BGB). Demgegenüber ist bei derartigen Klauseln ja niemals sicher, ob unabhängig von den gesetzlichen Voraussetzungen selbst bei unterstellter Mangelfreiheit ein hier betroffener Subunternehmer jemals (ggf. wann) überhaupt sein Geld erhält (ähnlich OLG München, Urt. v. 25.01.2011 – 9 U 1953/10, NJW-RR 2011, 887, 888 = NZBau 2011, 365; OLG Celle, Urt. v. 29.07.2009 – 14 U 67/09, BauR 2009, 1754, 1755 = NJW-RR 2009, 1529, 1530 = NZBau 2010, 118; ausführlich auch Joussen/Vygen, Subunternehmervertrag, Rn. 304).
»Ansprüche gegen den Bauherrn verjähren in sechs Monaten seit Zusendung der Schlussrechnung.«	Eine solche Klausel belastet den Auftragnehmer in unbilliger Weise. Denn die halbjährige Frist ab Rückgabe der vom Auftraggeber geprüften Schlussrechnung verkürzt unange-

Unzulässige Klausel	Erläuterung
	messen den Zeitraum, sich mit den Einwendungen des Auftraggebers gegen die Berechtigung seiner Forderung auseinanderzusetzen. Die Klausel ist daher nach § 307 Abs. 1 BGB unwirksam (OLG Düsseldorf, Urt. v. 19.08.1987 – 19 U 92/86, BauR 1988, 222, 223 = NJW-RR 1988, 147 f.).
»Nachforderungen nach Einreichung der Schlussrechnung werden – gleichgültig aus welchem Grunde – nicht mehr anerkannt.«	Hier gilt dasselbe wie vorstehend (OLG Hamburg, Urt. v. 16.12.1995 – 5 U 215/94, Revision vorm BGH nicht angenommen, Beschl. v. 05.06.1997 – VII ZR 54/96, ZfBR 1998, 35, 40).
»Zur Prüfung der Schlussrechnung stehen dem Auftraggeber und der Objektüberwachung eine angemessene Frist zu, welche höchstens drei Monate betragen darf. Die Frist beginnt erst zu laufen, wenn dem Auftraggeber alle für die Prüfung erforderlichen Unterlagen vorliegen.«	Die Ausdehnung der Prüfungsfrist auf drei Monate ist unangemessen. Anzumerken ist, dass bereits die in § 16 Abs. 3 Nr. 1 VOB/B ehemals vorgesehene Frist von zwei Monaten unter AGB-rechtlichen Gesichtspunkten diskutiert wurde vor dem Hintergrund, dass nach dem Gesetz nach 30 Tagen bereits Verzug eintritt. Eine Fristbestimmung, die sich noch weiter von einem ggf. diesbezüglichen gesetzlichen Leitbild entfernt (Fälligkeit der Vergütung bei Abnahme), hatte danach keinen Bestand (ähnlich: BGH, Urt. v. 20.08.2009 – VII ZR 212/07, BauR 2009, 1736, 1741 = NJW 2009, 3717, 3720; s. dazu auch oben Rdn. 739 sowie ergänzend den Hinweis zu den Vorgaben der EU-Zahlungsverzugsrichtlinie: Rdn. 741).
»Der Anspruch auf Schlusszahlung wird alsbald nach Prüfung und Feststellung fällig, spätestens innerhalb von 2 Monaten nach Zugang der Rechnung«	Diese Klausel ist dem früheren § 16 Abs. 3 Nr. 1 VOB/B nachgebildet. Nach Auffassung des LG Heidelberg (Urt. v. 10.12.2010 – 3 O 170/10, NJW-RR 2011, 674) widerspricht sie dem gesetzlichen Leitbild des § 641 Abs. 1 BGB, wonach die Vergütung mit der Abnahme fällig wird. Sie sei daher nach § 307 Abs. 2 Nr. 1 BGB unwirksam (ähnlich OLG Naumburg, Urt. v. 12.01.2012 – 9 U 165/11, BauR 2012, 688 [Ls.], das aber Fälligkeit und Verzug verwechselt). Die Rechtsprechung dürfte aber sehr zweifelhaft sein (s. Rdn. 2547 f.). Dabei dürfte Einvernehmen allenfalls bestehen, dass eine weitere Verschiebung der Fälligkeit über diese zwei Monate hinaus, d. h. eine noch weitere Entfernung von der allgemeinen Fälligkeitsregelung des § 641 Abs. 1 BGB, keinen Bestand hat (s. dazu auch Joussen/Vygen, Subunternehmervertrag, Rn. 310 f. sowie weiter vorstehend

4.4 Bauvertragsklauseln und AGB-Kontrolle

Unzulässige Klausel	Erläuterung
	auch den Hinweis zu der Neufassung des BGB im Zuge der Umsetzung der EU-Zahlungsverzugsrichtlinie: Rdn. 739).
»Die Fälligkeit der Schlusszahlung wird drei Monate nach Zugang einer prüfbaren Rechnung und Feststellung der vom Auftragnehmer vorgelegten Schlussrechnung fällig« oder »Die Schlusszahlung wird zwei Monate nach Abnahme und Prüfung der Schlussrechnung fällig«	Diese Klauseln haben schon deshalb keinen Bestand, weil hier – entgegen § 641 Abs. 1 BGB – die Herbeiführung der Fälligkeit in das völlige Belieben des Auftraggebers gestellt ist (OLG Karlsruhe, Urt. v. 06.07.1993 – 3 U 57/92, NJW-RR 1993, 1435).
»Zahlt der Auftraggeber bei Fälligkeit nicht, kann der Auftragnehmer ihm eine angemessene Nachfrist setzen. Zahlt er auch nach Ablauf der Nachfrist nicht, so hat der Auftragnehmer Anspruch auf Verzugszinsen in der gesetzlichen Höhe«.	Diese Klausel ist dem früheren § 16 Abs. 5 Nr. 3 VOB/B nachgebildet. Sie hat genauso wie die VOB-Regelung (Letztere im Fall einer ggf. durchzuführenden AGB-Kontrolle) nach § 307 Abs. 2 Nr. 1 BGB keinen Bestand. Denn die maßgebliche gesetzliche Vorschrift sieht in § 286 Abs. 3 BGB bereits einen Verzugseintritt auch ohne Mahnung spätestens 30 Tage nach Rechnungstellung vor. Demgegenüber schließt die hiesige Klausel einen Verzug ohne eine weitere Handlung des Gläubigers aus, ohne dass an dieser Besserstellung des Auftraggebers ein berechtigtes Interesse besteht (BGH, Urt. v. 20.08.2009 – VII ZR 212/07, BauR 2009, 1736, 1741 = NJW 2009, 3717, 3720). Nach der Umsetzung der EU-Zahlungsverzugsrichtlinie 2011/7/EU mit entsprechenden Änderungen des BGB dürften sich Klauseln dieser Art aber auch schon aus diesem Grund erledigt haben (s. dazu Rdn. 741).
»Die Schlussrechnung muss vollständig und abschließend aufgestellt werden. Nachforderungen werden hiermit ausgeschlossen. Der AN verzichtet ausdrücklich auf alle Ansprüche, die nicht in der Schlussrechnung geltend gemacht werden.«	Für einen solchen Forderungsverzicht gibt es keinen Grund. Er scheitert daher an § 307 BGB. Hinzu kommt ohnehin, dass ein Auftragnehmer an seine Schlussrechnung nicht gebunden ist, d. h. auch eine etwaige Vergütung nachfordern kann. All dies ist hier ausgeschlossen, weswegen die Klausel keinen Bestand haben kann (BGH, Urt. v. 20.04.1989 – VII ZR 35/88, BGHZ 107, 205, 208 = BauR 1989, 461, 462 = NJW 1989, 2124 f.).
In einem Subunternehmervertrag findet sich folgende Regelung: »Zahlung erfolgt abzgl. 3 % Skonto innerhalb von 10 Arbeitstagen	Diese Klausel ist nach § 307 BGB unwirksam, weil der Hauptunternehmer aufgrund der Selbstständigkeit der Vertragsbeziehungen nicht die Fälligkeit der Vergütung des Sub-

Unzulässige Klausel	Erläuterung
nach Zahlung der in Rechnung gestellten Leistungen durch den Bauherrn.«	unternehmers an die Zahlung durch den Bauherren knüpfen darf (OLG Koblenz, Urt. v. 05.12.2003 – 8 U 1016/03, BauR 2004, 1832).
»Es wird ein Skonto von 5 % vereinbart.«	Eine solche Klausel ist nicht klar und verständlich (§ 307 Abs. 1 S. 2 BGB). Denn für eine wirksame Skontovereinbarung bedarf es in jedem Fall auch der Vereinbarung einer Skontofrist, an der es hier fehlt (OLG Stuttgart, Urt. v. 27.07.1997 – 10 U 286/96, BauR 1998, 798, 799).
»Es wird ein Skonto von 2 % bei Zahlung binnen 5 Werktagen nach Abschluss der Rechnungsprüfung gewährt.«	Eine solche Klausel ist unangemessen und daher nach § 307 Abs. 1 BGB unwirksam. Denn tatsächlich hat es bei einer solchen Regelung der Auftraggeber in der Hand, über die Bestimmung des Zeitpunktes der Bezahlung der Schlussrechnung auch Skontofristen in beliebige Länge in Anspruch zu nehmen (ähnlich OLG Frankfurt, Urt. v. 21.09.1988 – 17 U 191/87, BauR 1989, 246 = NJW-RR 1988, 1485, 1486).

743 Zulässig sind hingegen folgende Klauseln:

Zulässige Klausel	Erläuterung
»Auf Anforderung des Auftragnehmers werden Abschlagszahlungen in Höhe von 95 % der geprüften Abschlagsrechnung geleistet.«	In einem Architektenvertrag hatte der BGH eine darauf gerichtete Klausel verworfen, dies aber maßgeblich mit der Sonderregelung in § 8 Abs. 2 HOAI a. F. (heute § 15 Abs. 2 HOAI) begründet (BGH, Beschl. v. 22.12.2005 – VII ZB 84/05, BauR 2006, 674, 675 f. = NJW-RR 2006, 597, 599). Eine Kollision mit § 632a BGB erscheint dagegen nicht zwingend, zumal diese Regelung als dispositiv ausgestaltet wurde (BT-Ds. 16/511, S. 14). Stattdessen ist die Möglichkeit der nur angemessen gekürzten Auszahlung von Abschlägen sachgerecht, weil eben doch nur Abschläge vorliegen, denen eine gewisse Unsicherheit auch in ihrer Höhe immanent ist. Gerade deswegen ist auf der anderen Seite das Interesse des Auftraggebers an der Vermeidung von Überzahlungen in einem begrenzten Rahmen anzuerkennen (offen gelassen in BGH, Urt. v. 09.12.2010 – VII ZR 7/10, BauR 2011, 677, 679 = NJW 2011, 2125, 2127; s. dazu ausführlich Joussen/Vygen, Subunternehmervertrag, Rn. 316 ff. sowie unten Rdn. 2514).

Zulässige Klausel	Erläuterung
»Ansprüche auf Abschlagszahlungen werden binnen 24 Werktagen nach Aufstellung fällig.«	Diese Klausel ähnelt § 16 Abs. 1 Nr. 3 VOB/B a. F. – mit der Variation, dass hier für die Fälligkeit der Abschlagszahlung anstatt ehemals 18 Werktagen (jetzt 21 Kalendertage) nunmehr 24 Werktage vorgesehen sind. Dagegen dürfte nichts einzuwenden sein. Zu berücksichtigen ist zwar, dass § 632a BGB wie bei der Schlusszahlung überhaupt keine Zahlungsfrist vorsieht. Dies heißt aber umgekehrt nicht, dass bei Bauverträgen solche nicht vereinbart werden könnten – zumal auch nach der EU-Zahlungsverzugsrichtlinie 2011/7/EU und der folgend dem geplanten § 271a BGB Zahlungsfristen von bis zu 30 Tagen als zulässig angesehen werden (s. o. Rdn. 741). Ohnehin stellt § 632a BGB kein zwingendes Recht dar (s. BT-Ds. 16/511, S. 15); ferner erscheint – ähnlich wie bei Schlussrechnungen – die Anerkennung einer angemessenen Prüffrist sachgerecht – zumal insbesondere etwa bei kumuliert aufgestellten Rechnungen diese z. T. schon vom Volumen her einen Schlussrechnungsumfang erreichen können.
»Für die rechtzeitige Zahlung der Vergütung genügt die Versendung eines Verrechnungsschecks per Post. Insoweit kommt es allein auf die Leistungshandlung des Schuldners (Auftraggebers) an.«	Hiergegen bestehen AGB-rechtlich keine Bedenken (BGH, Urt. v. 11.02.1998 – VIII ZR 287/97, BauR 1998, 398, 399 = NJW 1998, 1302). Dass der Europäische Gerichtshof zwischenzeitlich zwar die Auffassung vertreten hat, dass es nach der Zahlungsverzugsrichtlinie 00/35/EG (neu: Richtlinie 2011/7/EU) zum Ausschluss des Verzugs auf die Rechtzeitigkeit des Zahlungseingangs ankommt (Urt. v. 03.04.2008 – C 306/06, NJW 2008, 1935; s. dazu auch Rdn. 2620), ändert an dem bisherigen deutschen Rechtsverständnis, dass es sich bei Geldschulden um Schickschulden handelt (vgl. § 270 Abs. 1 BGB), nichts. Selbst wenn die Auslegung des EuGH zukünftig von deutschen Gerichten bei der Verzugsprüfung zugrunde gelegt würde, ist nicht erkennbar, dass eine AGB-Regelung auf der Grundlage der einstweilen weiter geltenden gesetzlichen Regelung des BGB unzulässig ist. Allerdings ist darauf hinzuweisen, dass nach den gegenwärtigen Planungen in Anlehnung an vorgenannte EuGH-Entscheidung § 270 BGB dahingehend ergänzt werden soll, dass der Auftraggeber auch die Gefahr des rechtzeitigen Zahlungseingangs zu

Zulässige Klausel	Erläuterung
	tragen hat; je nach Ausgestaltung dieser Regelung könnte dann eine dem widersprechende AGB-Regelung daran scheitern.
»Bei Zahlung nach § 16 VOB/B wird ein Nachlass von 3,5 % gewährt.«	Auch wenn hier von Nachlass gesprochen wird, ist eindeutig ein Skonto gemeint. Durch die Bezugnahme auf die Regelung der VOB/B ist auch klar, innerhalb welcher Fristen gezahlt werden muss, damit Skonto gezogen werden kann. Solche Klauseln sind wirksam (OLG Karlsruhe, Urt. v. 22.01.1999 – 14 U 146/97, BauR 1999, 1028, 1029 = NJW-RR 1999, 1033).
»Bei Zahlung innerhalb von 10 Tagen nach Vorlage einer prüffähigen Schlussrechnung gewährt der Auftragnehmer 6,5 % Skonto«	Diese Klausel ist zulässig, da sie den Beginn nicht auf den Abschluss, sondern objektiv auf den Eingang der Rechnung abstellt. Dass nicht näher festgelegt wird, was unter einer prüffähigen Rechnung zu verstehen ist, macht diese Klausel nicht intransparent (OLG Saarbrücken, Urt. v. 08.12.2009 – 4 U 311/09, NJW 2010, 880).

24. Sicherheitsleistung des Auftragnehmers (§ 17 VOB/B)

744 Nach allgemeinem Werkvertragsrecht hat ein Auftragnehmer keine Sicherheit zu stellen. Dass eine solche durchaus sachgerecht sein kann, zeigt jedoch nicht nur die Praxis, sondern auch die ausgefeilte Regelung in § 17 VOB/B. Sie gilt allerdings nur, wenn zumindest **dem Grunde nach eine Sicherheitsleistung vereinbart** ist. In diesem Fall enthält § 17 VOB/B immerhin einen guten Maßstab für das zulässige Maß einer Sicherheitenvereinbarung. Denn es ist anerkannt, dass die Regelungen des § 17 VOB/B einer AGB-Inhaltskontrolle standhalten (vgl. nur OLG Hamburg, Urt. v. 06.09.1995 – 5 U 41/95, BauR 1997, 668 f. = NJW-RR 1997, 1040, 1041 f.).

745 § 17 Abs. 2 VOB/B sieht drei Arten von Sicherheiten vor, zwischen denen der Auftragnehmer wählen kann. Hierzu zählt eine Sicherheitsleistung durch Bürgschaft, durch Hinterlegung oder durch Einbehalt von Geld. Geht man davon aus, dass die Sicherheitsleistung durch Hinterlegung in der Baupraxis selten vorkommt, verbleiben tatsächlich nur Sicherheitseinbehalt und Bürgschaft. Einer der Hauptstreitpunkte im Zusammenhang mit einer AGB-Kontrolle von Klauseln zu Sicherungsabreden war lange Zeit die Frage, inwieweit zulässigerweise **Bürgschaften auf erstes Anfordern** verlangt werden können. Inzwischen schließt § 17 Abs. 4 S. 3 VOB/B diese Bürgschaftsform **als Sicherungsmittel** aus. Auch zuvor hatte die Rechtsprechung sowohl für eine Vertragserfüllungs- als auch eine Gewährleistungsbürgschaft diese Sicherungsform weitgehend verworfen (BGH, Urt. v. 05.06.1997 – VII ZR 324/95, BGHZ 136, 27, 32 = BauR 1997, 829, 830 f. = NJW 1997, 2598, 2599 für eine Gewährleistungsbürgschaft; BGH, Urt. v. 18.04.2002 – VII ZR 192/01, BGHZ 150, 299, 303 = BauR 2002, 1239, 1240 = NJW 2002, 2388, 2389 zu einer Vertragserfüllungsbürgschaft). Nichts anderes gilt für Sicherungsabreden zu Gewährleistungssicherheiten, in denen zugleich vom Bürgen ein **Verzicht auf dessen Einreden nach § 768 BGB** (Berufungsmöglichkeit auf die Einreden des Hauptschuldners) verlangt wird. Denn auch dadurch erlangt eine zu stellende Bürgschaft wie eine solche auf erstes Anfordern quasi eine garantieähnliche Funktion. Dies lässt sich weder mit dem Akzessorietätsgrundsatz des Bürgschaftsrechts in Einklang bringen noch ist es mit dem Sicherungsinteresse des Auftraggebers zu rechtfertigen (BGH, Urt. v. 16.06.2009 – XI ZR 145/08, BGHZ 181, 278, 285 = BauR 2009, 1742, 1744 ff. = NJW 2009, 3422, 3423 = NZBau 2009, 784, 786; BGH, Urt. v. 28.07.2011 – VII ZR 207/09, BauR 2011, 1809, 1810 = NJW-RR 2011,

4.4 Bauvertragsklauseln und AGB-Kontrolle

1526, 1527 = NZBau 2011, 610, 611). Daneben hatte der BGH weiter gehend zu **Sicherungsabreden vornehmlich zu Gewährleistungsbürgschaften** nach einer doch teilweise sehr wechselnden Rechtsprechung (s. dazu Ingenstau/Korbion/Joussen, VOB/B § 17 Abs. 3 Rn. 5 ff.) einen hier bedeutsamen Grundsatz hervorgehoben: So müsse dem Auftragnehmer nach der gesetzlichen Wertung des § 641 Abs. 1 BGB die Möglichkeit zustehen, den von ihm verdienten Vergütungsanspruch dauerhaft und liquide an sich zu ziehen (BGH, Beschl. v. 24.05.2007 – VII ZR 210/06, BauR 2007, 1575, 1576 = NZBau 2007, 583, 584 = NJW-RR 2007, 1319; BGH, Beschl. v. 28.08.2008 – VII ZR 51/07, BauR 2008, 995, 996 = NJW-RR 2008, 830, 831 = NZBau 2008, 377 später auch zu einer Vertragserfüllungsbürgschaft). Zwar steht diesem Grundsatz schon generell die Vereinbarung einer Sicherheitsleistung entgegen; auf der anderen Seite ist jedoch ebenfalls das allgemeine Sicherungsinteresse des Auftraggebers zum Schutz gegen Baumängel anerkannt, im Notfall nicht selbst in Liquiditätsschwierigkeiten zu geraten. Jede Sicherungsvereinbarung muss sich aber nunmehr genau an diesem als gerechtfertigt anzuerkennenden Absicherungsinteresse messen lassen und darf also nicht darüber hinausgehen (vgl. etwa dazu BGH, Urt. v. 04.07.2002 – VII ZR 502/99, BauR 2002, 1533, 1535 = NZBau 2002, 559, 560 = NJW 2002, 3098, 3099). Dies wiederum bedeutet, dass in einer von einem Auftraggeber gestellten Sicherungsabrede dem Auftragnehmer **wenigstens das Recht eingeräumt** werden muss, eine Sicherheit auch durch eine gemäß § 17 Abs. 4 VOB/B vorgesehene **selbstschuldnerische Bürgschaft** zu stellen (BGH, Beschl. v. 24.05.2007 und 28.08.2008, a. a. O.). Weitere Anforderungen bestehen ansonsten nicht. Das aber heißt vor allem: AGB-rechtlich ist es **unbedenklich**, wenn etwa die Verpflichtung des Auftraggebers nach § 17 Abs. 6 Nr. 1 VOB/B bei Sicherheitseinbehalten **abbedungen** wird, diesen auf ein **Sperrkonto** einzuzahlen. Dies gilt schon deshalb, weil es eine darauf gerichtete Verpflichtung auch von Gesetzes wegen nicht gibt und der Auftragnehmer hinreichend etwa gegen ein Insolvenzrisiko des Auftraggebers bei gestellter Sicherheit geschützt ist, wenn er auf das Sicherungsmittel Bürgschaft zurückgreifen kann (BGH, Urt. v. 13.11.2003 – VII ZR 57/02, BGHZ 157, 29, 31 = BauR 2004, 325, 326 = NJW 2004, 443 = NZBau 2004, 145).

Hauptdiskussionspunkte für die Stellung von Sicherheiten sind neben der praktisch heute in AGB kaum noch zulässigerweise zu vereinbarenden Bürgschaftsform auf erstes Anfordern aus Sicht des Auftraggebers vor allem Regelungen zu dem Recht des Auftragnehmers auf Austausch einer einmal gestellten Sicherheit, zu deren Rückgabe, zur Bestimmung der Sicherungsart, zu Verhaltenspflichten bei der Inanspruchnahme einer Sicherheit und natürlich vor allem zur Ausgestaltung und zur zulässigen **Höhe einer Sicherheit** (s. dazu weiter Rdn. 3010 ff.). Zu Letzteren können nach der bisherigen Rechtsprechung AGB-rechtlich nunmehr in groben Zügen folgende zulässige Eckwerte festgehalten werden: 746

– 10 % der Auftragssumme für Vertragserfüllungssicherheiten (BGH, Urt. v. 09.12.2010 – VII ZR 7/10, BauR 2011, 677, 679 = NJW 2011, 2125, 2127 = NZBau 229, 231)

– 5 % der Auftrags- bzw. im Zweifel üblicherweise eher der Abrechnungssumme für Mängel-/ Gewährleistungssicherheiten (BGH, Urt. v. 05.05.2011 – VII ZR 179/10, BauR 2011, 1324, 1327 = NJW 2011, 2195, 2197 = NZBau 2011, 410, 412)

– 6 % der Auftragssumme für kombinierte Vertrags- und Gewährleistungssicherheiten, mit der gleichzeitig auch Überzahlungs- und Gewährleistungsansprüche abgesichert werden (BGH, Urt. v. 25.03.2004 – VII ZR 453/02, BauR 2004, 1143, 1145 = NJW-RR 2004, 880, 882 = NZBau 2004, 322, 323)

Enthält die Sicherungsabrede unüblicherweise (versehentlich) keine Angabe zur Sicherungshöhe, soll die Sicherungsabrede wegen eines Verstoßes gegen das Transparenzgebot nach § 307 Abs. 1 S. 2 BGB unwirksam sein (KG, Beschl. v. 11.01.2010 – 27 U 70/09, BauR 2010, 1233) – was aber sehr zweifelhaft sein dürfte (s. dazu Rdn. 3010).

Unzulässig sind danach vor allem folgende Klauseln: 747

Unzulässige Klausel	Erläuterung
»Der Auftragnehmer stellt eine Vertragserfüllungssicherheit von 10 %; darüber hinaus hat der Auftraggeber das Recht, von jeder Zahlung weitere 10 % als Sicherheit einzubehalten.«	Eine solche Sicherheitsleistung ist zu hoch. Plausibler Anknüpfungspunkt für die zulässige Höhe können immerhin die Prozentangaben aus § 9 Abs. 8 VOB/A sein, nämlich 5 % für eine Vertragserfüllungs- und 3 % für eine Gewährleistungssicherheit. 10 % wären für eine Vertragserfüllungssicherheit zwar wohl noch zulässig, nicht aber mehr in Kombination mit weiteren Absicherungsinstrumenten wie hier die nur um 10 % verringerte Auszahlung von Abschlagszahlungen. Derartige Klauseln haben nach § 307 BGB Abs. 1 keinen Bestand (BGH, Urt. v. 09.12.2010 – VII ZR 7/10, BauR 2011, 677, 679 = NJW 2011, 2125, 2127).
»Der Auftraggeber behält 5 % der Vergütung als Gewährleistungssicherheit ein. Der Auftragnehmer ist berechtigt, diesen Sicherheitseinbehalt durch eine selbstschuldnerische unbefristete Bürgschaft auf erstes Anfordern abzulösen.«	Eine solche Klausel belastet den Auftragnehmer unangemessen mit dem Insolvenz- und Liquiditätsrisiko. Sie ist nach § 307 Abs. 1 BGB unzulässig (BGH, Urt. v. 05.06.1997 – VII ZR 324/95, BGHZ 136, 27, 30 ff. = BauR 1997, 829 f. = NJW 1997, 2598, 2599). Nichts anderes gilt für Vertragserfüllungssicherheiten in Form der Bürgschaft auf erstes Anfordern (BGH, Urt. v. 18.04.2002 – VII ZR 192/01, BGHZ 150, 299, 303 = BauR 2002, 1239, 1240 = NJW 2002, 2388, 2389). Selbst in Verträgen mit öffentlichen Auftraggebern haben solche Regelungen keinen Bestand, obwohl hier kein Insolvenzrisiko droht; vorrangig geht es hier nämlich um den möglichen Entzug der Liquidität im Fall missbräuchlicher Inanspruchnahme (BGH, Urt. v. 10.05.2007 – VII ZR 226/05, BauR 2007, 1404, 1406 = NJW-RR 2007, 1317, 1318).
»Der Auftraggeber behält 5 % der Vergütung als Gewährleistungssicherheit ein. Dieser kann durch eine Bürgschaft auf erstes Anfordern abgelöst werden. Dem Auftragnehmer verbleibt das Recht, die Hinterlegung des Sicherheitseinbehaltes zu verlangen.«	Auch diese Regelung ist unwirksam. Zwar entfällt bei der Hinterlegung auf einem Konto mit gemeinschaftlicher Verfügungsbefugnis das Insolvenzrisiko; es bleibt jedoch die damit verbundene übermäßige Liquiditätsbelastung des Auftragnehmers. Diese kann nur vermieden werden, wenn dem Auftragnehmer die Möglichkeit zusteht, einen solchen Einbehalt gegen eine gewöhnliche Bürgschaft auszutauschen (BGH, Urt. v. 24.05.2007 – VII ZR 210/06, BauR 2007, 1575, 1576 = NJW-RR 2007, 1319).
»Der Auftraggeber behält eine Sicherheit von 5 % ein. Diese ist nach Übergabe einer	Eine solche Klausel ist ebenfalls unwirksam, wenn das Formular nicht schon dem Bauvertrag beigefügt wird. Denn anderenfalls könnte

Unzulässige Klausel	Erläuterung
Bürgschaft entsprechend dem Muster des Auftraggebers auszuzahlen.«	der Auftraggeber eine Bürgschaft auf erstes Anfordern verlangen, was nicht zulässig ist (BGH, Urt. v. 02.03.2000 – VII ZR 475/98, BauR 2000, 1052, 1053 = NJW 2000, 1863, 1864).
»Der Sicherheitseinbehalt von 5 % kann durch eine selbstschuldnerische Gewährleistungsbürgschaft unter Verzicht auf die Einrede nach § 768 BGB abgelöst werden.«	Wie eingangs erläutert (Rdn. 745) setzt eine wirksame Sicherungsabrede voraus, dass dem Auftragnehmer wenigstens das Recht eingeräumt wird, einen Sicherheitseinbehalt durch eine gewöhnliche selbstschuldnerische Bürgschaft abzulösen. Der hier geforderte Verzicht auf die dem Bürgen zustehenden Einreden nach § 768 BGB, die eine sofortige Auszahlung des so erlangten Werklohns an den Auftraggeber vermeiden könnten, ist dagegen weder mit dem das Bürgschaftsrecht prägenden Akzessorietätsgrundsatz noch mit dem anzuerkennenden Sicherungsinteresse des Auftraggebers zu vereinbaren (BGH, Urt. v. 16.06.2009 – XI ZR 145/08, BGHZ 181, 278, 285 = BauR 2009, 1742, 1744 = NJW 2009, 3422, 3423). Ob daneben noch – so im VOB-Vertrag – alternative Sicherungsmittel verbleiben (etwa die Sperrkontovariante), ändert daran nichts (BGH, Urt. v. 28.07.2011 – VII ZR 207/09, BauR 2011, 1809, 1810 = NJW-RR 2011, 1526, 1527 = NZBau 2011, 610, 611; s. auch oben Rdn. 745). Die darauf gerichtete Sicherungsvereinbarung zu einer Gewährleistungssicherheit wäre insgesamt unwirksam (BGH; Urt. v. 16.06.2009 – XI ZR 145/08, a. a. O.). Im vergleichbaren Fall bei einer Vertragserfüllungssicherheit würde sich die Unwirksamkeit wegen der hier trennbaren Klauseln auf den geforderten Einredeverzicht beschränken (BGH, Urt. v. 12.02.2009 – VII ZR 39/08, BGHZ 179, 374, 380 = BauR 2009, 809, 811 = NJW 2009, 1664, 1666).
»Der Sicherheitseinbehalt von 5 % kann durch eine selbstschuldnerische Gewährleistungsbürgschaft unter Verzicht auf die Einrede der Aufrechenbarkeit (§ 770 BGB) abgelöst werden.«	Hier gilt im Zweifel nichts anderes als vorstehend: Keinen Bestand haben Bürgschaftsklauseln, mit denen Bürgen formularmäßig die Einrede der Aufrechenbarkeit selbst bei unbestrittenen oder rechtskräftig festgestellten Forderungen genommen wird (BGH, Urt. v. 16.01.2003 – IX ZR 171/00, BGHZ 153, 293 = NJW 2003, 1521, 1523). Aus denselben Erwägungen hat auch eine darauf gerichtete Sicherungsabrede zu einer Gewährleistungs-

Unzulässige Klausel	Erläuterung
	sicherheit (anders als bei der Vertragserfüllungsbürgschaft) wegen der konzeptionellen Einheit der zu stellenden Austauschsicherheit keinen Bestand (OLG Jena, Beschl. v. 17.11.2009 – 4 W 485/09, MDR 2009, 259 = IBR 2010, 82; LG Köln, Urt. v. 21.10.2010 – 27 O 157/10, BauR 2011, 1008, 1009; a. A.: OLG Hamburg, Beschl. v. 15.10.2010 – 9 W 65/10, BauR 2011, 1007, das aber die dagegen stehende Entscheidung des BGH vom 16.06.2009 – XI ZR 145/08, BGHZ 181, 278, 291 = BauR 2009, 1742, 1747 = NJW 2009, 3422, 3425 übersieht, der das ausdrücklich offen gelassen hatte; ebenfalls gegen eine Gesamtwirksamkeit OLG Düsseldorf, Urt. v. 30.05.2008 – 22 U 113/07, NZBau 2008, 767, 768, obwohl bei der dort vorliegenden Sicherheit auch Gewährleistungsansprüche abgesichert werden sollten).
»Zahlungen auf Schlussrechnungen werden bis zu 95 % des Nettowertes geleistet. Der Rest ist durch eine kostenlose und befristete Gewährleistungsbürgschaft (Vorgabe der Befristung durch den AG) ablösbar.«	Diese Klausel ist unwirksam (§ 307 Abs. 1 BGB): Sie ermöglicht es nämlich dem Auftraggeber, die Bürgschaft nach seinem Belieben zu befristen. Für eine Begrenzung des Bestimmungsrechts zu der Dauer der Gewährleistungsfrist gibt die Klausel nichts her (BGH, Urt. v. 10.04.2003 – VII ZR 314/01, BGHZ 154, 378, 386 f. = BauR 2003, 1385, 1388 = NJW 2003, 2605, 2607) – wobei diese Rechtsprechung nicht überzeugt: Denn Gewährleistungsbürgschaften müssen in der Regel unbefristet erteilt werden, um ihren Zweck zu erfüllen (vgl. auch § 17 Abs. 4 S. 2 VOB/B), was als zulässig anerkannt ist. Dann aber kann jede Form der Befristung eigentlich nicht AGB-widrig sein.
»Die Vertragserfüllungsbürgschaft (von 5 %) ist auf Verlangen des Auftragnehmers nach vorbehaltloser Annahme der Schlusszahlung gegen eine Gewährleistungsbürgschaft von (2 %) auszutauschen.«	Mit einer solchen Klausel wird ein unangemessener Druck auf den Auftragnehmer aufgebaut, notfalls auch eine unzureichende Schlusszahlung vorbehaltlos anzunehmen (OLG Hamm, Urt. v. 02.03.2010 – 21 U 139/09, BauR 2010, 1946, 1948 = NJW 2010, 2737, 2738 = NZBau 2010, 758, 759). Dies hat mit dem Sicherungszweck aus der formularmäßig verlangten Sicherheit nichts mehr zu tun (offen gelassen in BGH, Urt. v. 05.05.2011 – VII ZR 179/10, BauR 2011, 1324, 1328 = NJW 2011, 2195, 2197)
»Der Sicherheitseinbehalt wird ausbe-zahlt, wenn der Auftraggeber des Hauptunterneh-	Werden Vereinbarungen zum Rückgabezeitpunkt getroffen, dürfen diese wie hier nicht

4.4 Bauvertragsklauseln und AGB-Kontrolle

Unzulässige Klausel	Erläuterung
mers für das vom Nach-unternehmer hergestellte Gewerk die Vergütung an den Hauptunternehmer gezahlt und seinerseits keinen Siche-rungseinbehalt vorgenommen hat.«	von Umständen abhängig gemacht werden, die der Auftragnehmer kraft eigenen durchsetzbaren Rechts nicht zu erfüllen vermag (so etwa für vorgenannte Klausel: OLG Köln, Urt. v. 05.04.2012 – 7 U 195/11, NZBau 2012, 499, 500). Entsprechendes gilt für Regelungen, nach denen ein Sicherheitseinbehalt nur ausgezahlt wird, wenn der Auftragnehmer »Mängelfreiheitsbescheinigungen« späterer Erwerber des Bauobjekts (oder sonstiger Dritter) beibringt (LG Köln Urt. v. 19.03.1975 – 49 O 91/74 SFH Z 2.50 Bl. 28) oder sonstige Bescheinigungen (z. B. die der behördlichen Schlussabnahme) vorzulegen hat, die allein der Auftraggeber zu beantragen hat (vgl. OLG Brandenburg Urt. v. 10.05.2006 4 U 207/05 IBR 2006, 557).
»Der Auftraggeber kann eine Sicherheit von 5 % von der fälligen Vergütung einbehalten. Eine Einzahlung auf ein Sperrkonto ist nicht vorgesehen.«	Eine solche Klausel hat nach § 307 Abs. 1 BGB keinen Bestand. Dies ergibt sich bereits aus der Rechtsprechung zu den Gewährleistungs- oder Vertragserfüllungsbürgschaften auf erstes Anfordern (BGH, Urt. v. 05.06.1997 – VII ZR 324/95, BGHZ 136, 27, 30 ff. = BauR 1997, 829, 830 f. = NJW 1997, 2598, 2599; BGH, Urt. v. 18.04.2002 – VII ZR 192/01, BGHZ 150, 299, 303 = BauR 2002, 1239, 1240 = NJW 2002, 2388, 2389). Diese beruht maßgeblich darauf, dass die Bürgschaft auf erstes Anfordern praktisch Bargeldfunktion aufweist. Bei der Vereinbarung einer solchen Bürgschaftsform treffe den Auftragnehmer daher wie bei einem Bareinbehalt in unzulässiger Weise das volle Liquiditäts- und Insolvenzrisiko. Dies gehe weit über die berechtigten Sicherungsinteressen des Auftraggebers hinaus. (OLG Karlsruhe, Urt. v. 05.10.1988 – 7 U 189/87, BauR 1989, 203, 204). Dies vorausgeschickt kann nichts anderes gelten, wenn mit der Sicherungsabrede nicht eine Bürgschaft auf erstes Anfordern, sondern direkt Bargeld gefordert wird.
In den AGB einer mehrheitlich von der öffentlichen Hand beherrschten Aktiengesellschaft heißt es: »Es wird eine Sicherheit von 5 % einbehalten. Der Auftraggeber nimmt dieses Geld gemäß § 17 Abs. 6 Nr. 4 VOB/B auf ein Verwahrgeldkonto.«	Eine solche Eigenverwahrung ist nicht zulässig. Zwar sieht § 17 Abs. 6 Nr. 4 VOB/B die Möglichkeit der Eigenverwahrung vor, dies jedoch nur für die öffentliche Hand im engeren Sinne, nicht für juristische Personen des Privatrechts im Anteilsbesitz der öffentlichen Hand. (in diesem Sinne BGH, Urt.

Unzulässige Klausel	Erläuterung
	v. 26.04.2007 – VII ZR 152/06, BauR 2007, 1402, 1404 = NJW 2007, 3277, 3279).
»Zur Absicherung eventueller Gewährleistungsansprüche werden 5 % des Pauschalfestpreises für die Dauer von fünf Jahren in Geld einbehalten. Der Auftragnehmer kann, soweit die Sicherheitsleistung nicht verwertet ist, die Auszahlung verlangen, sofern er in Höhe der geschuldeten Sicherheit eine selbstschuldnerische unbefristete Bürgschaft gemäß § 17 Abs. 4 VOB/B ohne Hinterlegungsklausel erbringt und wesentliche Mängel nicht mehr vorhanden sind.«	Diese Klausel ist nicht deshalb unwirksam, weil das Austauschrecht für den Sicherheitseinbehalt auf eine selbstschuldnerische Bürgschaft beschränkt wird. Dies ist zulässig. Unzulässig ist nach § 307 Abs. 1 BGB hingegen die weitere Beschränkung, dass der Einbehalt auch nach Bürgschaftsstellung erst ausbezahlt wird, wenn keine (wesentlichen) Mängel mehr vorhanden sind. Ein danach denkbarer Streit allein über die Wesentlichkeit eines Mangels verhindert den Sicherheitenaustausch, wobei es nicht hinzunehmen ist, dass der Auftragnehmer in der Zwischenzeit ungesichert ist (BGH, Urt. v. 13.11.2003 – VII ZR 57/02, BGHZ 157, 29, 31 f. = BauR 2004, 325, 326 = NJW 2004, 443).

748   **Zulässig** sind hingegen folgende Klauseln:

Zulässige Klausel	Erläuterung
»Der Sicherheitseinbehalt beläuft sich auf 5 % der Bausumme für die Dauer von fünf Jahren. Er kann durch eine selbstschuldnerische unbefristete Bürgschaft abgelöst werden.«	Eine solche Klausel ist wirksam. Sie führt zwar möglicherweise zu einer Liquiditätsbelastung des Auftragnehmers. Diese ist jedoch als nachvollziehbar vertretbares Mittel hinzunehmen gegenüber den ebenfalls schützenswerten Interessen des Auftraggebers auf Absicherung (BGH, Urt. v. 13.11.2003 – VII ZR 57/02, BGHZ 157, 29, 31 = BauR 2004, 325, 326 = NJW 2004, 443).
In einem VOB-Vertrag heißt es: »Von der Schlussrechnung wird ein Gewährleistungseinbehalt von 5 % in Abzug gebracht, der durch eine nicht auf erstes Anfordern zahlbare Bürgschaft abgelöst werden kann.«	Eine solche Klausel ist wirksam. Sie ist weiter dahin auszulegen, dass damit die Verpflichtung des Auftraggebers zur Einzahlung des Geldes auf das Sperrkonto nicht ausgeschossen ist (BGH, Beschl. v. 10.11.2005 – VII ZR 11/04, BauR 2006, 379, 380 f. = NJW 2006, 442).
»Zur Absicherung der Vorauszahlung ist eine Bürgschaft auf erstes Anfordern in Höhe der Vorauszahlung zu stellen.«	Eine solche Klausel ist wirksam. Denn letztlich wird damit trotz der Gefährlichkeit einer Bürgschaft auf erstes Anfordern für den Auftragnehmer nur das ansonsten bestehende Vorleistungsrisiko für den Auftraggeber besteht, kompensiert. Selbst bei einer missbräuchlichen Inanspruchnahme stünde der Auftragnehmer nicht schlechter als nach dem gesetzlichen Werkvertragsrecht, bei dem er auch erst nach Leistungserbringung seine Vergütung erhält (OLG Düsseldorf, Urt.

Zulässige Klausel	Erläuterung
	v. 04.11.2003 – I-21 U 36/03, BauR 2004, 1319, 1320; wohl auch OLG Frankfurt, Beschl. v. 16.02.2008 – 23 U 51/07, BauR 2008, 1165, 1166).
»Für die Dauer der Gewährleistungszeit wird eine Summe i. H. v. 5 % der Bruttoschlussrechnungssumme in Form einer unbefristeten, unwiderruflichen, selbstschuldnerischen Bürgschaft einer deutschen Bank – gemäß Muster des Auftraggebers – gestellt.«	Gegen diese Klausel ist nichts einzuwenden. Zwar verweist sie abstrakt hinsichtlich der Bürgschaftsform auf ein »Muster des Auftraggebers«. Dies ist jedoch unbedenklich, da damit nichts anderes gesagt wird, als dass in Anlehnung an § 17 Abs. 4 S. 2 VOB/B die Bürgschaft nach Vorschrift des Auftraggebers auszustellen ist (BGH, Urt. v. 26.02.2004 – VII ZR 247/02, BauR 2004, 841, 843 = NJW-RR 2004, 814, 815). Zweifelhaft und wohl intransparent mit der Folge der Unwirksamkeit nach § 307 Abs. 1 S. 2 BGB dürfte hingegen eine Regelung in der Sicherungsabrede sein, nach der eine gewöhnliche selbstschuldnerische Bürgschaft als Austauschsicherheit für einen Bareinbehalt gefordert und gleichzeitig auf ein Muster verwiesen wird, bei dem es sich dann um eine Bürgschaft auf erstes Anfordern handelt (a. A., d. h. für eine Wirksamkeit einer solchen Regelung: OLG Brandenburg, Urt. v. 21.06.2007 – 12 U 181/06, BauR 2007, 2076, 2079).
Zu der Rückgabe einer Bürgschaft heißt es: »Soweit jedoch zu dem vereinbarten Rückgabezeitpunkt die geltend gemachten Ansprüche noch nicht erfüllt sind, darf er einen entsprechenden Teil der Sicherheit zurückhalten.«	Diese Regelung ist erkennbar § 17 Abs. 8 Nr. 2 S. 2 VOB/B nachgebildet. Der BGH hält diese Regelung seit jeher für zulässig. Dementsprechend kann eine Gewährleistungsbürgschaft auch für verjährte Mängelansprüche in Anspruch genommen werden, wenn die Mängelrüge noch in unverjährter Zeit erfolgte (BGH, Urt. v. 21.01.1993 – VII ZR 127/91, BGHZ 121, 168, 171 f. = BauR 1993, 335, 336 = NJW 1993, 1131; BGH, Urt. v. 21.01.1993 – VII ZR 221/91, BGHZ 121, 173, 175 = BauR 1993, 337 = NJW 1993, 1132 – a. A. OLG Dresden, Beschl. v. 13.12.2007 – 12 U 1498/07, BauR 2008, 567 = BauR 2008, 848, 849 f., IBR 2008, 94 für eine Unwirksamkeit dieser Klausel).

25. **Vereinbarung zu Streitigkeiten (§ 18 VOB/B)**

§ 18 VOB/B enthält verschiedene Regelungen für den Fall, dass Streitigkeiten zwischen Auftraggeber und Auftragnehmer auftreten. Bestandteil ist zunächst eine Gerichtsstandvereinbarung (§ 18 Abs. 1 VOB/B). Sodann finden sich dort Regelungen zur konkreten Beilegung von Meinungsverschiedenheiten, und zwar zum einen bei der Beteiligung von Behörden (§ 18 Abs. 2 VOB/B) sowie zum anderen eine Schiedsgutachtenregelung (§ 18 Abs. 4 VOB/B.) Letztere ist allerdings beschränkt auf Meinungsverschiedenheiten über die Eigenschaft von Stoffen und Bauteilen, für die allgemeingültige Prüfungsverfahren bestehen, und über die Zulässigkeit und Zuverlässigkeit der bei der Prüfung verwendeten Maschinen oder angewendeten Prüfungsverfahren.

750 Das BGB-Werkvertragsrecht kennt keine vergleichbaren Regelungen. Daher stellt sich allenfalls die Frage, inwieweit aus Sicht des Auftraggebers AGB-Regelungen problematisch sind, die über die an sich AGB-konformen Vorschriften des § 18 VOB/B hinausgehen. Konkret betrifft dies vor allem Regelungen zu einer Gerichtsstandsvereinbarung und zur Erweiterung des in § 18 Abs. 4 VOB/B vorgesehenen Schiedsgutachtenverfahrens:

– Nach § 18 Abs. 1 VOB/B richtet sich der **Gerichtsstand** für Streitigkeiten aus dem Bauvertrag nach dem Sitz der für die Prozessvertretung des Auftraggebers zuständigen Stelle. Diese Klausel ist jedoch nur anwendbar, soweit Parteien an dem Bauvertrag beteiligt sind, die nach § 38 ZPO überhaupt Gerichtsstandvereinbarungen im Vornhinein treffen können. Dies sind im Wesentlichen Kaufleute, sodass es praktisch allein auf eine Inhaltskontrolle nach § 307 BGB ankommt. Gegebenenfalls bestehen noch zusätzliche Risiken bei einer Einbeziehungskontrolle nach § 305c Abs. 1 BGB, wenn Gerichtsstandvereinbarungen im Vertrag »versteckt« oder diese völlig unüblich sind.

– Hinsichtlich § 18 Abs. 4 VOB/B stellt sich AGB-rechtlich die Frage, inwieweit die dort vorgesehene **Schiedsgutachtenvereinbarung** (vgl. dazu im Einzelnen Ingenstau/Korbion/Joussen, § 18 Abs. 4 Rn. 15 ff.) über die Anwendungsfälle des § 18 Abs. 4 VOB/B hinaus erweitert werden kann – was im Wesentlichen, soweit die Klausel klar formuliert ist – zulässig sein dürfte.

751 Nach Vorstehendem sind folgende Klauseln **unzulässig**:

Unzulässige Klausel	Erläuterung
»Als Gerichtsstand wird das Landgericht …… vereinbart.«	Eine solche Gerichtsstandvereinbarung wäre unwirksam, wenn der ausgewählte Gerichtsstand in keiner Beziehung zu einer Vertragspartei oder zu dem Bauvorhaben steht (OLG Köln, Urt. v. 20.06.1989 – 24 U 44/89, ZIP 1989, 1068,1069).
»Für alle Streitigkeiten aus diesem Vertrag wird als Gericht das örtlich zuständige Amtsgericht berufen.«	Diese Klausel scheitert zunächst an § 305c Abs. 1 BGB, weil sie wohl überraschend ist (Heinrichs, NJW 1997, 1407, 1415). Teilweise wird auch vertreten, dass sie nach § 307 Abs. 1 BGB keinen Bestand habe.
»Gerichtsstand ist der Sitz der zur Prozessvertretung des Auftraggebers zuständigen Stelle.«	Diese Klausel ist § 18 Abs. 1 VOB/B nachgebildet. Sie ist gleichwohl nach § 307 Abs. 1 BGB unwirksam. Denn sie soll auch gelten, soweit die Parteien nach § 38 ZPO nicht in der Lage sind, Gerichtsstandvereinbarungen zu schließen (OLG Frankfurt, Urt. v. 03.06.2002 – 1 U 26/01, BauR 2003, 269 = NZBau 2003, 566, 567). Anders ist dies hingegen, wenn § 18 Abs. 1 VOB/B im Wortlaut vereinbart wird. AGB-rechtlich bestehen dagegen keine Bedenken (OLG Oldenburg, Urt. v. 24.04.1996 – 2 U 49/96, BauR 1997, 174 = NJW-RR 1996, 1486) – wobei allenfalls bestritten ist, inwieweit diese Regelung allein für öffentliche Auftraggeber (dies andeutend BGH, Beschl.

Unzulässige Klausel	Erläuterung
	v. 29.01.2009 – VII ZB 79/08, BauR 2009, 1001, NJW 2009, 1974 = NZBau 2009, 1974) gelten soll (was nicht überzeugt, s. dazu Ingenstau/Korbion/Joussen, VOB/B, § 18 Abs. 1 Rn. 18 f.). Eine Annahme eines ausschließlichen Gerichtsstandes ist damit im Zweifel aber nur insoweit verbunden, als es um Klagen gegen den Klauselverwender geht, nicht um dessen Aktivprozesse (OLG Schleswig, Beschl. v. 02.06.2006 – 2 W 80/06, NJW 2006, 3360).
»Dem Auftraggeber wird das Recht eingeräumt, nach freier Wahl und alleiniger Entscheidung anstelle des ordentlichen Gerichtsverfahrens ein Schiedsgerichtsverfahren durchzuführen, wobei der Auftraggeber gleichfalls und allein und bindend den Schiedsrichter bestellt, unter den Parteien immer nur ein Verfahren gleichzeitig durchgeführt werden darf und darüber hinaus der Streitwert eines jeden Verfahrens auf maximal 7 000 € begrenzt ist.«	Eine solche Klausel ist sittenwidrig (§ 138 BGB). Dies liegt schon daran, dass hier allein dem Auftraggeber das Recht eingeräumt wird zu bestimmen, ob ein ordentliches oder ein Schiedsverfahren durchgeführt wird (BGH, Urt. v. 26.01.1989 – X ZR 23/87, BGHZ 106, 336, 338 = NJW 1989, 1477).

Hinzuweisen ist sodann auf folgende teilweise **zulässige** Klausel:

752

| »Herr R. wird zum alleinigen Schiedsrichter benannt.« | Die (namentliche) Festlegung der Person des Schiedsrichters in einem formularmäßigen Schiedsvertrag dürfte zwar den Vertragspartner des AGB-Verwenders unangemessen benachteiligen; denn er verliert dadurch praktisch jeden Einfluss auf die Besetzung des Schiedsgerichts (vgl. Schwab/Walter, Schiedsgerichtsbarkeit, 7. Aufl. 2005, Kap. 9 Rn. 10; a. A. OLG Celle, Urt. v. 04.11.1999 – 8 SchH 3/99, OLG-Report 2000, 57). Eine solche unzulässige Einschränkung hat aber nach § 1034 Abs. 2 ZPO nicht die Unwirksamkeit der Schiedsvereinbarung zur Folge. Stattdessen kann die benachteiligte Partei bei Gericht beantragen, den oder die Schiedsrichter abweichend von der erfolgten Ernennung oder der vereinbarten Ernennungsregelung zu bestellen, wenn die Schiedsvereinbarung der anderen Partei bei der Zusammensetzung des Schiedsgerichts ein Übergewicht gibt. Die Schiedsvereinbarung unterliegt nach dieser – dem AGB-Recht vorgehenden – Spezialregelung somit nur einer Inhaltskontrolle durch das staatliche Gericht in Bezug auf die integre Zusammensetzung des Schiedsgerichts (BGH, Urt. v. 01.03.2007 – III |

	ZR 164/06, BauR 2007, 1039, 1040 = NJW-RR 2007, 1466).

26. Vergütungssicherung des Auftragnehmers (§ 648, 648a BGB)

753 Die VOB kennt keine eigenständigen Regelungen zur Vergütungssicherung des Auftragnehmers. Vielmehr finden sich dazu die wesentlichen Vorschriften in §§ 648, 648a BGB (vgl. dazu Rdn. 3119 ff.). In erster Linie kann der Auftragnehmer danach gegen den Auftraggeber, soweit dieser Grundstückseigentümer ist, in Höhe seiner berechtigten Forderung eine Bauhandwerkersicherungshypothek im Grundbuch eintragen lassen. Wahlweise steht ihm das Recht zu, nach § 648a BGB eine Bauhandwerkersicherheit zu fordern. **§ 648 BGB stellt dispositives Recht** dar, d. h. diese Schutzregelung kann zumindest teilweise abbedungen oder von dem Eintritt näher geregelter Bedingungen abhängig gemacht werden (vgl. u. a. MünchKomm/Busche, § 648 BGB Rn. 4 m. w. N.). Etwas anderes gilt für § 648a BGB: Hierbei handelt es sich nach § 648a Abs. 7 BGB um zwingendes Recht. Gleichwohl versuchen Auftraggeber immer wieder, sich den dortigen Rechten zu entziehen.

754 **Unzulässig** sind danach folgende Klauseln:

Unzulässige Klausel	Erläuterung
»Der Auftragnehmer verzichtet auf seine Rechte nach § 648a BGB.«	Eine solche Klausel ist unzulässig (vgl. § 648a Abs. 7 BGB).
»Verlangt der Auftragnehmer eine Sicherheit nach § 648a BGB, ist er verpflichtet, dem Auftraggeber im Gegenzug eine Vertragserfüllungsbürgschaft in gleicher Höhe zu übergeben.«	Diese Klausel verstößt gegen den zwingenden Charakter des § 648a BGB, weil hiermit ein rechtlicher, sich nicht aus dem Gesetz ergebender Zwang ausgeübt werden soll, die Rechte aus § 648a BGB nicht wahrzunehmen (vgl. in diesem Sinne auch Oberhauser, BauR 2004, 1864).

755 **Zulässig** sind hingegen folgende Klauseln:

Zulässige Klausel	Erläuterung
»Der Auftragnehmer verzichtet auf seine Rechte nach § 648 BGB.«	Eine solche Klausel dürfte zulässig sein (was allerdings sehr bestritten ist). Bereits nach früherem Recht wurde die Zulässigkeit anerkannt, soweit dem Auftragnehmer eine wenigstens gleichwertige Möglichkeit zur Absicherung zur Verfügung stand (BGH, Urt. v. 03.05.1984 – VII ZR 80/82, BGHZ 91, 139, 144 ff. = BauR 1984, 413, 415 = NJW 1984, 2100). Inzwischen besteht eine solche Sicherungsmöglichkeit, und zwar nach § 648a BGB, die zum Teil sogar über den Schutz des § 648 BGB hinausgeht (vgl. auch OLG Köln, Urt. v 19.05.1995 – 20 U 199/94, BauR 1996, 272 f.; für die Gegenansicht etwa OLG Karlsruhe, Urt. v. 29.10.1996 – 8 U 18/96, BauR 1997, 486 = NJW-RR 1997, 658; Werner/Pastor Rn. 193).
»Verlangt der Auftragnehmer eine Sicherheit nach § 648a BGB, stehen ihm keine Ab-	Eine solche Klausel wird ebenfalls zulässig sein (vgl. dazu etwa LG München, Urt. v. 08.02.2005 – 11 O 15194/04, IBR 2005,

Zulässige Klausel	Erläuterung
schlagszahlungen nach § 16 Abs. 1 VOB/B, sondern nach § 632a BGB zu.«	201). Zwar sind gegen § 648a BGB verstoßende Klauseln unwirksam. Hier allerdings wird lediglich vereinbart, dass unter bestimmten Voraussetzungen der Auftraggeber Abschlagszahlungen (nur) nach dem (untauglichen) § 632a BGB verlangen kann (was faktisch vielfach Abschlagszahlungen ausschließt). Die hilfsweise Vereinbarung einer gesetzlichen Regelung kann jedoch nicht AGB-widrig sein (auch wenn aus Sicht des Auftragnehmers § 16 Abs. 1 Nr. 1 VOB/B deutlich vorteilhafter wäre – a. A.: Hofman, BauR 2006, 763, 764; Glatzel/Hofmann/Frikell, S. 325).

4.4.5 Klauseln in Bauverträgen von Auftragnehmern

Nicht nur Auftraggeber, sondern auch Auftragnehmer stellen vielfach Allgemeine Geschäftsbedingungen, die dann vom Auftraggeber zu beachten sein sollen. Betroffen ist hier allerdings weniger der unternehmerische Verkehr. Denn gewerbliche Auftraggeber werden sich nur in seltenen Fällen auf Allgemeine Geschäftsbedingungen ihrer Auftragnehmer einlassen (was aber selbstverständlich nicht ausgeschlossen ist). Einfallstor für Allgemeine Geschäftsbedingungen, die vom Auftragnehmer gestellt werden, ist stattdessen der **Bauvertrag mit privaten Bauherrn**, bei denen die Besonderheiten nach § 310 Abs. 3 BGB zu beachten sind, d. h.: Anders als bei Verträgen zwischen Unternehmern kommen hier ergänzend bezüglich einer AGB-Inhaltskontrolle auch die §§ 308 und 309 BGB ins Spiel, denen die von den Auftragnehmern gestellten Allgemeinen Geschäftsbedingungen standhalten müssen.

Hinsichtlich der Einzelerläuterungen der nachfolgenden Beispielfälle kann zum Teil auf vorstehende Erläuterungen zum Auftraggeber verwiesen werden.

▶ **Kritische Klauseln in AGB des Auftragnehmers vor allem zu folgenden Sachverhalten**
- Leistungsgegenstand (§ 1 Abs. 1 VOB/B)
- Nebenleistungen (§ 1 Abs. 1 VOB/B)
- Preisanpassung/Preisgarantie (§ 2 Abs. 2 VOB/B)
- Ausführungsfristen (§ 5 VOB/B)
- Kündigung durch den Auftraggeber (§ 8 VOB/B)
- Kündigung durch den Auftragnehmer (§ 9 VOB/B)
- Abnahme (§ 12 VOB/B)
- Gewährleistung (§ 13 VOB/B)
- Abrechnung (§ 14 VOB/B)
- Zahlung inkl. Nachlass (§ 16 VOB/B)
- Vereinbarung zu Streitigkeiten (§ 18 VOB/B)
- Vergütungssicherung (§§ 648, 648a BGB)

Ergänzend dazu finden sich bei AGB-Klauseln von Auftragnehmern vor allem folgende Regelungen:
1. **Leistungsgegenstand (§ 1 Abs. 1 VOB/B)**
   Die von dem Auftragnehmer zu erbringende Leistung richtet sich nach dem Vertrag. Dies ist nichts Besonderes. Gleichwohl versuchen Auftragnehmer immer wieder, sich davon abweichende Rechte vorzubehalten, um hinsichtlich der Leistungsausführung einigermaßen flexibel zu sein.
   Unzulässig nach Vorstehendem sind vor allem folgende Klauseln:

Unzulässige Klausel	Erläuterung
»Grundlage der Bauausführung ist diese Baubeschreibung. Änderungen der Bauausführung, der Material- bzw. Baustoffauswahl, soweit sie gleichwertig sind, bleiben vorbehalten.«	Eine solche vor allem in Bauträgerverträgen verwendete Klausel ist unwirksam. Dies folgt sowohl aus § 307 BGB als auch aus § 308 Nr. 4 BGB. Zwar sind nicht generell Änderungsvorbehalte unzulässig, wohl aber dann, wenn sie in das freie Belieben des Auftragnehmers gestellt werden (BGH, Urt. v. 23.06.2005 – VII ZR 200/04, BauR 2005, 1473, 1475 = NJW 2005, 3420, 3421).
»Werden aus baurechtlichen oder bau- und produktionstechnischen Gründen Änderungen erforderlich, so kann der Auftragnehmer diese vornehmen, sofern hierdurch keine Wertminderung eintritt und die Änderungen für den Bauherrn zumutbar sind.«	Hier gilt im Wesentlichen dasselbe wie vorstehend (OLG Celle, Urt. v. 03.07.2008 – 13 U 68/08, BauR 2009, 103, 104).

2. **Nebenleistungen (§ 1 Abs. 1 VOB/B)**

760 Während Auftraggeber versuchen, möglichst viele Nebenleistungen auf den Auftragnehmer zu verlagern (vgl. Rdn. 674), verfolgt der Auftragnehmer das umgekehrte Interesse. Hier geht es vor allem darum, möglichst viele Nebenleistungen, die im Vertrag nicht ausdrücklich erwähnt werden, als **besondere vergütungspflichtige Leistungen** vorzusehen. Klauseln, die diesem Zweck dienen, halten aber häufig einer Inhaltskontrolle nach § 307 Abs. 1 BGB nicht stand.

761 Unzulässig ist nach Vorstehendem etwa folgende Klausel:

Unzulässige Klausel	Erläuterung
»Nebenleistungen, welche nicht nach den Bestimmungen der VOB/C im Leistungsumfang der Hauptleistung enthalten sind, so genannte besondere Leistungen nach § 7 Abs. 11 VOB/A, werden zusätzlich zu handwerksüblichen Stundensätzen und eventueller Materialaufwand auf Nachweis in Rechnung gestellt.«	Diese Klausel ist unwirksam, und zwar schon deswegen, weil nicht davon ausgegangen werden kann, dass § 7 Abs. 11 VOB/A überhaupt bekannt ist. Auch bleibt unklar, was genau damit gemeint ist, zumal dem Grunde nach gesonderte Leistungen, die nicht von der Vergütungspflicht erfasst werden, eigentlich im Leistungsverzeichnis aufgeführt werden müssten (OLG Stuttgart, Urt. v. 25.03.1988 – 2 U 155/87, BauR 1988, 506 = NJW-RR 1988, 786, 787 f.).

3. **Preisanpassung/Preisgarantie (§ 2 Abs. 2 VOB/B)**

762 Der Auftraggeber hat ein großes Interesse daran, dass sich die einmal vereinbarten Preise nicht verändern. Auch hier wird der Auftragnehmer zumeist versuchen, sich entsprechende Vorbehalte im Vertrag einräumen zu lassen, um im Nachhinein aufgrund fest definierter Umstände Erhöhungen durchsetzen zu können. Hauptanwendungsfälle sind vor allem sogenannte **Lohn- bzw. Materialpreisgleitklauseln**, aber auch Vorbehaltsklauseln, z. B. bei der Erhöhung der Umsatzsteuer. Ebenso zu nennen sind Regelungen zu Nachforderungen bei Mengenmehrungen in Pauschalpreisverträgen. Diese Klauseln sind teilweise zulässig, im Übrigen aber insbesondere an § 309 Nr. 1 BGB zu messen; teilweise erlangen sie auch keine Wirksamkeit wegen Verstoßes gegen § 305c Abs. 1 BGB:

763 Unzulässig sind folgende Klauseln:

4.4 Bauvertragsklauseln und AGB-Kontrolle

Unzulässige Klausel	Erläuterung
»Es gilt der im Vertrag vereinbarte Festpreis. Kann zu dem im Vertrag vorgesehenen Zeitpunkt mit dem Bau nicht begonnen werden, erhöht sich der Gesamtpreis um den Prozentsatz, für den der Auftragnehmer diesen oder entsprechende Haustypen zum Zeitpunkt des Baubeginns der Baumaßnahme verkauft bzw. anbietet (zur Zeit gültige Preisliste).«	Eine solche Klausel ist unwirksam; dies ergibt sich aus § 307 BGB sowie weiter gehend aus § 309 Nr. 1 BGB. Denn hier kann der Auftragnehmer praktisch mit Vertragsbeginn einseitig einen völlig neuen Preis durchsetzen (BGH, Urt. v. 20.05.1985 – VII ZR 198/84, BGHZ 94, 335, 337 = BauR 1985, 573 = NJW 1985, 2270).
»Die Preise sind freibleibend. Bei einer Steigerung von Material- und Rohstoffpreisen, Löhnen und Gehältern, Herstellungs- und Transportkosten ist der Lieferant berechtigt, die vom Tage der Lieferung gültigen Preise zu berechnen.«	Auch diese Klausel ist unwirksam. Der Verstoß gegen § 309 Nr. 1 BGB liegt schon darin, dass der Viermonatszeitraum nach Vertragsabschluss nicht ausgenommen wird. Jedoch ergibt sich die Unwirksamkeit auch aus § 307 BGB, weil der Auftragnehmer einseitig sämtliche Kostensteigerungen und -risiken auf den Auftraggeber überwälzen kann (BGH, Urt. v. 06.12.1984 – VII ZR 227/83, BauR 1985, 192, 193 = NJW 1985, 855, 856).
»Der Vertragspreis gilt zzgl. der gesetzlichen Mehrwertsteuer.«	Eine solche Klausel verstößt in Verbraucherverträgen gegen § 309 Nr. 1 BGB, da dort der Endpreis anzugeben ist (BGH, Urt. v. 28.01.1981 – VIII ZR 165/79, NJW 1981, 979, 980).
»Im Falle der Änderung des Umsatzsteuersatzes ändert sich insoweit auch der Vertragspreis.«	Auch eine solche Klausel hat in Verbraucherverträgen keinen Bestand, da der Viermonatszeitraum nach § 309 Nr. 1 BGB nicht ausgenommen ist (BGH, Urt. v. 28.01.1981 – VIII ZR 165/79, NJW 1981, 979).
In einem Fertighausvertrag zu einem Festpreis heißt es u. a.: »Erschließungskosten, die den Betrag von 5 500 € übersteigen, gehen zu Lasten der Käufer, gleichgültig, welchem der Vertragsteile und wann ein entsprechender Erschließungskostenbescheid zugestellt wird.«	Eine solche Klausel ist in einem Fertighausvertrag überraschend und wird daher nicht Vertragsbestandteil (§ 305c BGB). Sie benachteiligt den Erwerber auch unangemessen nach Treu und Glauben. Sie hat schließlich nach § 307 BGB keinen Bestand, weil sie dem Sinn eines pauschalen Festpreises zu wider läuft (BGH, Urt. v. 29.09.1983 – VII ZR 225/82, BauR 1984, 61, 63 = NJW 1984, 171, 172).
In einem Pauschalvertrag findet sich folgende Klausel: »Etwaige Mehrmengen führen zu entsprechenden Änderungen des Pauschalpreises.«	Diese Klausel ist überraschend, weil sie dem Wesen des Pauschalvertrages widerspricht (§ 305c Abs. 1 BGB). Denn bei einem Pauschalvertrag sollen übliche Mengenmehrungen gerade nicht zu einer Preiserhöhung führen (vgl. dazu auch BGH, Urt. v. 14.10.2004 – VII ZR 190/03, BauR 2005, 94 f. = NJW-RR 2005, 246 f. zu dem umgekehrten Fall einer Preisdeckelung in einem Einheitspreisvertrag).

Unzulässige Klausel	Erläuterung
In einem Pauschalvertrag lautet die Klausel: »Die Abrechnung erfolgt nach Aufmaß.« oder »Sollten sich Änderungen am Umfang der Arbeiten ergeben, so erfolgt deren Verrechnung zu den Einheitspreisen.«	Hier gilt dasselbe wie vorstehend.

764 **Zulässig** ist hingegen folgende Klausel:

Zulässige Klausel	Erläuterung
»Bei Änderung des maßgebenden Lohns um jeweils einen Cent/Stunde wird die Vergütung für die nach dem Wirksamwerden der Änderung zu erbringenden Leistungen um den in der Leistungsbeschreibung vereinbarten Änderungssatz erhöht oder vermindert (...).«	Grundsätzlich sind Lohn- und Materialpreisgleitklauseln nicht ausgeschlossen – wobei bei Verträgen mit Verbrauchern nach § 309 Nr. 1 BGB der Viermonatszeitraum davon ausgenommen sein muss. Ansonsten sind sie jedoch zulässig (vgl. etwa im Ergebnis auch BGH, Urt. v. 08.06.2006 – VII ZR 13/05, BGHZ 168, 96 = BauR 2006, 1461 = NJW 2006, 2978). Sie müssen allerdings die tatsächlichen Voraussetzungen, unter denen der Festpreis wegfallen bzw. angehoben werden soll, eindeutig bestimmen (OLG Köln, Urt. v. 18.02.1994 – 19 U 216/93, BauR 1995, 112 = NJW-RR 1994, 1109 f.).

4. Ausführungsfristen (§ 5 VOB/B)

765 Die Vorgabe fester Fristen führt für Auftragnehmer häufig zu einer Haftung, wenn sie diese nicht einhalten können. Klauseln, mit denen sie versuchen, sich von dieser Haftung freizuzeichnen, sind jedoch bedenklich und haben zumeist keinen Bestand. Denn tatsächlich handelt es sich bei der Verpflichtung des Auftragnehmers zur Herstellung des Bauwerks zum vereinbarten Zeitpunkt um dessen Hauptleistungspflicht.

766 **Unzulässig** sind danach etwa folgende Klauseln:

Unzulässige Klausel	Erläuterung
»Bei nicht rechtzeitigem Baubeginn sind etwaige Schadensersatzansprüche des Auftraggebers aus welchem Rechtsgrund auch immer ausgeschlossen, es sei denn, dem Auftragnehmer fällt an dem verspäteten Baubeginn Vorsatz oder grobe Fahrlässigkeit zur Last.«	Eine solche Klausel soll den Verwender von einer Haftung für anfängliches Leistungsunvermögen freizeichnen. Sie verstößt daher gegen § 307 BGB (OLG Frankfurt, Urt. v. 23.11.1983 – 21 U 236/82, BB 1984, 300).
In einem Fertighausvertrag heißt es: »Der Hersteller kann die Auslieferung des Fertighauses bis zu sechs Wochen über den individuell vereinbarten Liefertermin hinaus verschieben.«	Diese Klausel ist nach § 307 Abs. 1 BGB unwirksam. Dies ergibt sich schon daraus, dass damit abweichend von § 305b BGB der Inhalt dieser AGB-Klausel über eine Individualvereinbarung gestellt werden soll (BGH, Urt. v. 28.06.1984 – VII ZR 276/83, BGHZ 92, 24, 25 = BauR 1984, 639, 640 = NJW 1984, 2468).
»Verzögert sich die Lieferzeit aus einem vom Hersteller zu vertretenden Umstand, so kann	Diese Klausel verstößt gegen § 308 Nr. 2 BGB. Das Gesetz verlangt bei sämt-

4.4 Bauvertragsklauseln und AGB-Kontrolle

Unzulässige Klausel	Erläuterung
der Auftraggeber nur dann vom Vertrag zurücktreten oder Schadensersatz wegen Nichterfüllung verlangen, wenn er dem Hersteller zuvor unter Ablehnungsandrohung erfolglos eine Nachfrist von mindestens sechs Wochen gesetzt hat und diese Frist fruchtlos abgelaufen ist.«	lichen Rechten zur Nacherfüllung lediglich eine angemessene Fristsetzung; eine Frist von sechs Wochen kann im Einzelfall deutlich zu lang sein (vgl. BGH, Urt. v. 06.12.1984 – VII ZR 227/83, BauR 1985, 192, 194 = NJW 1985, 855, 857).

5. **Kündigung durch den Auftraggeber (§ 8 VOB/B)**
Nach § 649 BGB (ebenso nach § 8 Abs. 1 VOB/B) kann der Auftraggeber jederzeit einen Werkvertrag kündigen. Macht er davon Gebrauch, kann der Auftragnehmer die volle Vergütung abzüglich seiner ersparten Aufwendungen verlangen. Dieses Kündigungsrecht kann durch AGB nicht ausgeschlossen oder eingeschränkt werden, da dem Auftragnehmer daran kein schützenswertes Interesse zusteht (BGH, Urt. v. 08.07.1999 – VII ZR 237/98, BauR 1999, 1294, 1296 = NJW 1999, 3261, 3262; offen gelassen in BGH, Urt. v. 27.01.2011 – VII ZR 133/10, BGHZ 188, 149, 154 = NJW 2011, 915, 917 = NZBau 2011, 225, 226). Ein solches mag allenfalls im besonderen Einzelfall anzunehmen sein, wenn es etwa um spezielle Referenzobjekte geht; dies müsste sich dann aber eindeutig so aus dem Vertrag ergeben (BGH, Urt. v. 24.03.2011 – VII ZR 146/10, ZfBR 2011, 470), weswegen zumeist schon keine AGB-Klausel vorliegt. Von Bedeutung sind AGB-rechtlich dagegen Vertragsregelungen, mit denen der Auftragnehmer einen **etwaigen entgangenen Gewinn pauschalieren** will (s. dazu auch Pauly, BauR 2011, 910). Dies ist natürlich wenn überhaupt zunächst nur dann zulässig, wenn aus der jeweiligen Klausel klar hervorgeht, dass es allein um Pauschalierungen für den Fall einer freien Kündigung geht, nicht also um Kündigungen, die schlimmstenfalls der Auftragnehmer selbst zu vertreten hat. Hier sind Pauschalen unzulässig (OLG Düsseldorf, Urt. v. 25.05.2010 – 21 U 124/09, BauR 2010, 2116, 2117). Auf dieser Grundlage haben derartige Pauschalierungsklauseln nach §§ 308 Nr. 7 lit. a, 309 Nr. 5 lit. b BGB nur in zweifacher Hinsicht Bestand:

– Zunächst müssen die Pauschalierungen der Höhe nach begrenzt sein. Die Festlegung starrer Höchstwerte ist zwar schwierig. Als zulässig angesehen wurden aber bisher Sätze von in etwa 10 % der Gesamtauftragssumme (BGH, Urt. v. 27.04.2006 – VII ZR 175/05, BauR 2006, 1131, 1132 f. = NJW 2006, 2551 f.). Pauschalen von 18 % und mehr werden dagegen von der Rechtsprechung mehr als zweifelhaft angesehen (BGH, Urt. v. 08.11.1984 – VII ZR 256/83, BauR 1985, 79, 82 = NJW 1985, 632). Sie haben wohl rechtlich keinen Bestand. 15 % des vereinbarten Bruttolohns, was ja für ein Unternehmen 17,85 % des Nettobetrages ausmacht, hat der BGH ebenfalls schon als kritisch bewertet. Zumindest müssen dafür konkrete Feststellungen zu der Angemessenheit getroffen werden (BGH, Urt. v. 05.05.2011 – VII ZR 161/10, BauR 2011, 1328, 1330 = NJW 2011, 3030, 3031 = NZBau 2011, 481, 482). Unabhängig von ihrer Höhe gilt aber gerade bei der Festlegung von Pauschalen, dass diese eindeutig und klar bestimmt sein müssen; sonst scheitern sie schon unabhängig davon am allgemeinen Transparenzgebot (§ 307 Abs. 1 S. 2 BGB).

▶ **Beispiel (nach BGH, Urt. v. 05.05.2011 – VII ZR 181/10, a. a. O.)**

Im Fall der Kündigung durch den Bauherrn zu einem Bauvertrag mit einem pauschalen Endpreis (Fertighaus) ist in den AGB des Auftragnehmers vorgesehen, dass er die bis zur Kündigung erbrachten Leistungen nach den Vertragspreisen abrechnen und für den Rest eine Pauschale von 15 % verlangen kann. Eine solche Regelung hat schon deshalb keinen Bestand, weil hier gar keine Preisgrundlagen zur Berechnung der Pauschale vorgesehen sind.

Aus Vorstehendem folgt immerhin mit aller Klarheit, dass bei der Festlegung möglicher **Pauschalen § 649 S. 3 BGB keine Rolle** spielt. Danach wird im Fall einer freien Kündigung zwar vermutet, dass dem Unternehmer 5 % der auf den noch nicht erbrachten Teil der Werkleistung entfallenden vereinbarten Vergütung zustehen. Hierbei handelt es sich aber um kein gesetzliches Leitbild, das anderweitige Pauschalen ausschließt (BGH, Urt. v. 05.05.2011, a. a. O.).

– Neben der Festlegung einer Obergrenze von Pauschalen muss eine solche dem Auftraggeber stets ausdrücklich das Recht vorbehalten, den Beweis eines niedrigeren entgangenen Gewinns bzw. niedrigerer entstandener Aufwendungen nachzuweisen (vgl. auch § 309 Nr. 5 lit. b BGB). Eine solche im Vertrag vorgesehene Nachweismöglichkeit schließt das Recht des Auftraggebers ein nachzuweisen, dass dem Auftragnehmer tatsächlich überhaupt kein Gewinn entstanden ist, sodass dies nicht gesondert vorgesehen werden muss (BGH, Urt. v. 05.05.2011 – VII ZR 161/10, BauR 2011, 1328, 1329 = NJW 2011, 3030 = NZBau 2011, 481).

769 Im Übrigen darf eine AGB-Klausel vorsehen, dass eine **Auftraggeberkündigung zumindest schriftlich** zu erfolgen hat (vgl. schon § 8 Abs. 5 VOB/B). Dies wiederum ergibt sich daraus, dass für einseitige Willenserklärungen auch in AGB die Schriftform vorgeschrieben werden kann (BGH, BGH, Urt. v. 18.01.1989 – VIII ZR 142/88, NJW-RR 1989, 625, 626).

6. Kündigung durch den Auftragnehmer (§ 9 VOB/B)

770 Das BGB-Werkvertragsrecht kennt mit Ausnahme der Sonderregelung des § 643 BGB keine Kündigung durch den Auftragnehmer. Will der Auftragnehmer das Vertragsverhältnis lösen, verbleibt ihm in der Regel allenfalls ein Vertragsrücktritt nach § 323 Abs. 1 BGB. Anders ist dies bei einem VOB-Vertrag: Hier wird das Recht zum Rücktritt durch ein Kündigungsrecht ersetzt. Dieses besteht, wenn der Auftraggeber etwaigen Mitwirkungsobliegenheiten nicht nachkommt oder in Zahlungsverzug gerät (vgl. § 9 Abs. 1 VOB/B). AGB-Klauseln des Auftragnehmers gehen zum Teil deutlich über diese Rechte hinaus, was vielfach keinen Bestand hat.

771 **Unzulässig** sind danach etwa folgende Klauseln:

Unzulässige Klausel	Erläuterung
»Nicht zu vertreten hat der Hersteller insbesondere Streik, Aussperrung, nicht rechtzeitige Belieferung durch Zulieferer (...).«	Diese Klausel verstößt gegen § 308 Nr. 3 bzw. Nr. 8 BGB. Zwar sind Selbstbelieferungsvorbehalte nicht grundsätzlich unzulässig. Möglich sind solche Vorbehalte jedoch nur, wenn der Auftragnehmer ein kongruentes Deckungsgeschäft abgeschlossen hat und dann von seinem Lieferanten im Stich gelassen wurde. Ein jederzeitiges Rücktrittsrecht ist hingegen ausgeschlossen (BGH, Urt. v. 06.12.1984 – VII ZR 227/83, BauR 1985, 192, 195 = NJW 1985, 855, 857).
»Zum Nachweis, dass die Finanzierung des Bauvorhabens gesichert ist, muss der Auftraggeber eine unwiderrufliche Zahlungsgarantie einer Bank vorlegen. Sollte die Zahlungsgarantie nicht spätestens vier Wochen vor Baubeginn vorliegen, kann der Auftragnehmer vom Vertrag zurücktreten. In diesem Fall hat er Anspruch auf Vergütung der erbrachten Vorleistungen und auf einen nachgewiesenen weiteren Schaden.«	Nach dem Grundsatz einer verwenderfeindlichen Auslegung (§ 305c Abs. 2 BGB) kann die Klausel in der Weise verstanden werden, dass der meist private Auftraggeber eine unbedingte Zahlungsgarantie vorzulegen hat, die ihm auch etwaige Leistungsverweigerungsrechte aus § 320 BGB wegen Mängeln der Leistungen oder sonstige Einwendungen abschneidet. Dies wäre mit der Vorleistungsverpflichtung des Auftragnehmers nicht zu vereinbaren. Daher verstößt diese Klausel gegen § 309 Nr. 2 BGB (BGH, Urt. v. 16.09.1993 – VII ZR 206/92, BauR 1994, 108, 109 = NJW 1993, 3264, 3265).

4.4 Bauvertragsklauseln und AGB-Kontrolle

Zulässig ist hingegen folgende Klausel:

Zulässige Klausel	Erläuterung
»Der Auftragnehmer kann den Vertrag kündigen, wenn der Bauherr nicht fristgerecht acht Wochen vor Baubeginn zur Absicherung der Zahlungsansprüche des Auftragnehmers aus dem Vertrag eine unbefristete, selbstschuldnerische Bürgschaft über die volle Vergütungssumme vorlegt, der Auftragnehmer dem Auftraggeber eine Nachfrist gesetzt und die Kündigung für den fruchtlosen Fristablauf angedroht hat und die Frist fruchtlos verstrichen ist.«	Die Vereinbarung vertraglicher Zahlungssicherheiten selbst zu 100 % der Vergütung ist trotz § 648a BGB (soweit anwendbar) zulässig. Begründet wird damit eine vertragliche Rechtspflicht des Auftraggebers, diese beizubringen. Das daraufhin vorgesehene Kündigungsrecht stellt eine angemessene Reaktion für den Fall der Nichtbeibringung dar, sodass AGB-rechtlich dagegen keine Bedenken bestehen (i. E. ebenso: BGH, Urt. v. 27.05.2010 – VII ZR 165/09, BauR 2010, 1219, NJW 2010, 2272 = NZBau 2010, 495; s. dazu allerdings auch unten Rdn. 3230).

7. **Abnahme (§ 12 VOB/B)**
Die Abnahme stellt eine Hauptpflicht des Auftragnehmers dar. Mit ihr endet das Erfüllungsstadium des Vertrages; fortan schuldet er nur noch die Gewährleistung. Daher hat ein Auftragnehmer in der Regel ein großes Interesse daran, den Abnahmezeitpunkt so weit wie möglich nach vorne zu ziehen. Nach § 640 BGB ist allerdings eine Werkleistung (erst) abzunehmen, wenn sie **keine unwesentlichen Mängel** mehr aufweist.
Ausgehend davon sind folgende Klauseln **unzulässig**:

Unzulässige Klausel	Erläuterung
»Wird keine Abnahme verlangt, so gilt die Leistung als abgenommen mit Ablauf von 12 Werktagen nach schriftlicher Mitteilung über die Fertigstellung der Leistung.« oder »Wird keine Abnahme verlangt und hat der Auftraggeber die Leistung oder einen Teil der Leistung in Benutzung genommen, so gilt die Abnahme nach Ablauf von sechs Werktagen nach Beginn der Nutzung als erfolgt, wenn nichts anderes vereinbart ist. Die Benutzung von Teilen einer baulichen Anlage zur Weiterführung der Arbeiten gilt nicht als Abnahme.«	Die diesbezüglichen Klauseln entsprechen § 12 Abs. 5 VOB/B. Sie sind AGB-rechtlich – soweit sie isoliert vereinbart wird – unzulässig. Sie widersprechen bereits § 308 Nr. 5 VOB/B, was insbesondere die dort enthaltene Abnahmefiktionen betrifft. Etwas anderes würde nur gelten, wenn die VOB/B einer AGB-Kontrolle entzogen wäre (s. dazu Rdn. 481 ff.).
»Das Kaufobjekt gilt spätestens mit dem Einzug des Käufers in die Wohnung als abgenommen.«	Dem Grunde nach gilt hier dasselbe wie vorstehend: Erneut soll es zu einer Abnahmefiktion kommen, was mit § 308 Nr. 5 BGB nicht zu vereinbaren ist (in diesem Sinne auch OLG Hamm, Urt. v. 03.02.1994 – 12 U 29/93, OLGR 94, 74, 75).
»Der Besteller hat auch bei Vorhandensein erheblicher Baumängel das Bauwerk bei Einzug abzunehmen; anderenfalls sind Mängelbeseitigungsansprüche ausgeschlossen.«	Diese Klausel ist mit dem wesentlichen Grundgedanken der gesetzlichen Regelungen in § 640 Abs. 1 BGB nicht zu vereinbaren und daher unwirksam (§ 307 Abs. 2

Unzulässige Klausel	Erläuterung
	Nr. 1 BGB). Denn nach § 640 Abs. 1 BGB darf eine Abnahme bei wesentlichen Mängeln verweigert werden (OLG Oldenburg, Urt. v. 21.08.1996 – 2 U 104/96, OLGR 1996, 266, 267).
»Das Unternehmen teilt dem Bauherrn rechtzeitig, d. h. mindestens 12 Werktage zuvor mit, ab welchem Zeitpunkt das Haus vertragsgemäß errichtet ist und übergeben werden kann. Der Bauherr ist verpflichtet, zu diesem Zeitpunkt das Bauwerk abzunehmen. Im Übrigen gelten für die Abnahme die Bestimmungen des Bürgerlichen Gesetzbuches (BGB) zum Werkvertragsrecht. Falls eine förmliche Abnahme aus Gründen, die der Bauherr zu vertreten hat, unterbleibt, gelten die Leistungen des Unternehmens als abgenommen mit Ablauf von 12 Tagen nach schriftlicher Mitteilung über die Fertigstellung der Leistung. Hat der Bauherr das Haus oder einzelne Räume in Benutzung genommen, so gilt die Abnahme nach Ablauf von sechs Tagen nach Beginn der Benutzung als erfolgt, sofern nichts anderes schriftlich vereinbart ist. Die vorstehenden Abnahmefiktionen gelten nur, wenn das Unternehmen dem Bauherrn eine angemessene Frist zur Abnahme eingeräumt hat und den Bauherrn bei Einräumung der Frist auf die vorstehend beschriebenen Abnahmefiktionen besonders hingewiesen hat.«	Diese Klausel hält einer AGB-Kontrolle nach § 307 Abs. 1 S. 1, Abs. 2 Nr. 1 BGB schon deshalb nicht stand, weil dort ggf. entgegen § 308 Nr. 5 BGB eine unzulässige Abnahmefiktion enthalten ist. Außerdem wird der Eindruck einer Abnahmepflicht vermittelt selbst für den Fall, dass die nach § 640 Abs. 1 BGB genannten Voraussetzungen überhaupt nicht vorliegen.

8. Gewährleistung (§ 13 VOB/B)

774 Die Vorschriften des § 13 VOB/B regeln die Gewährleistungsansprüche des Auftraggebers teilweise abweichend vom gesetzlichen Werkvertragsrecht (s. dazu auch Rdn. 514 ff., 540 ff.). Dies gilt in ganz besonderem Maße für die Gewährleistungsfrist in § 13 Abs. 4 VOB/B, die anders als nach § 634a Abs. 1 Nr. 2 BGB für Bauwerksarbeiten statt fünf nur vier Jahre beträgt, wenn im Bauvertrag keine andere Verjährungsfrist vereinbart ist. Damit verstößt § 13 Abs. 4 VOB/B gegen den klaren Wortlaut des § 309 Nr. 8 lit. b ff. BGB, wonach die gesetzlichen Gewährleistungsfristen nicht durch AGB verkürzt werden dürfen. Auf diese Fragen kommt es bei einem VOB-Vertrag nicht an, wenn die VOB/B im gewerblichen Bereich von einer AGB-Kontrolle freigestellt ist (s. o. Rdn. 481 ff.).

775 Ausgehend von dieser Grundregelung versuchen Auftragnehmer gleichwohl, diese verkürzte Verjährungsfrist in ihre Bauverträge zu übernehmen, selbst wenn die VOB/B nicht als Ganzes vereinbart ist. Auch weitere Klauseln zielen darauf ab, sich Vorteile im Gewährleistungsstadium zu verschaffen. Dies betrifft sowohl die Frage, ob überhaupt ein Mangel vorliegt, als auch die schon erwähnten Gewährleistungsfristen sowie im Übrigen die Mängelansprüche an sich. Dies gilt insbesondere für sog. **Subsidiaritätsklauseln** im Subunternehmerbereich.

776 **Unzulässig** sind danach folgende Klauseln:

4.4 Bauvertragsklauseln und AGB-Kontrolle

Unzulässige Klausel	Erläuterung
»Es gilt die Gewährleistungsfrist nach § 13 Abs. 4 VOB/B.«	Bei ihrer Verwendung gegenüber Verbrauchern verstößt diese Klausel bereits gegen § 309 Nr. 8 lit. b ff. BGB. Ebenso kollidiert sie mit § 307 BGB (BGH, Urt. v. 08.03.1984 – VII ZR 349/82, BGHZ 90, 273, 275 ff. = BauR 1984, 390, 391 = NJW 1984, 1750, 1751), sodass ein isolierter Rückgriff auf § 13 Abs. 4 VOB/B in AGB des Auftragnehmers selbst im gewerblichen Bereich ausscheidet.
»Gewährleistungsansprüche des Auftraggebers wegen bei Abnahme erkennbarer Mängel sind ausgeschlossen, wenn diese Mängel nicht binnen einer Frist von zwei Wochen seit Abnahme gegenüber dem Auftragnehmer schriftlich vorgebracht werden. Gewährleistungsansprüche wegen Mängeln, die bei der Abnahme nicht erkennbar waren, sind ausgeschlossen, wenn sie vom Auftraggeber nicht binnen einer Frist von zwei Wochen nach Erkennbarkeit schriftlich gegenüber dem Auftragnehmer vorgebracht werden.«	Diese Klausel ist nach § 307 BGB unwirksam, da sie elementar der gesetzlichen Gewährleistungsregelung widerspricht. So können danach nämlich Mängelansprüche, die nach der Abnahme bekannt werden, regelmäßig bis zum Ende der Verjährungsfrist und unabhängig davon geltend gemacht werden, ob die Mängel schon früher erkennbar waren. Irgendwelche Ausschlussfristen sind im gesetzlichen Gewährleistungsrecht nicht vorgesehen, erst recht nicht unverzügliche Anzeigen in einer derart kurzen Frist. Es gibt auch kein herausgehobenes Beschleunigungsinteresse, das es rechtfertigen könnte, insbesondere in Bezug auf erkennbare Mängel laufende Kontrollen vornehmen zu müssen (BGH, Urt. v. 28.10.2004 – VII ZR 385/02, BauR 2005, 383, 384 = NJW-RR 2005, 247, 248).
»Die Behebung der im Abnahmeprotokoll festgehaltenen Beanstandungen ist Sache des Auftraggebers. Der Auftragnehmer tritt dem Auftraggeber bereits jetzt die ihm gegen seine Subunternehmer zustehenden Ansprüche auf ordnungsgemäße Vertragserfüllung und Gewährleistung für die Bauausführung ab. Der Auftraggeber nimmt die Abtretung an. Sofern und soweit der Auftraggeber die ihm abgetretenen Ansprüche aus tatsächlichen Gründen (z. B. Insolvenz oder Geschäftsaufgabe des Drittschuldners) nicht durchsetzen kann, haftet der Auftragnehmer dem Auftraggeber hilfsweise auf Gewährleistung. Der Auftragnehmer haftet aber nur dann und insoweit, als die abgetretenen Gewährleistungsansprüche nicht ihrerseits bereits verjährt sind.«	Solche Verweisungsklauseln auf Subunternehmer sind nicht unüblich, haben aber vielfach keinen Bestand (s. dazu auch Rdn. 1495 f.). Dies beruht schon darauf, dass für den Auftraggeber bei einzelnen Mängeln möglicherweise gar nicht klar ist, welcher Subunternehmer denn überhaupt dafür verantwortlich ist (BGH, Urt. v. 21.3.2002 – VII ZR 493/00, BGHZ 150, 226, 231 = BauR 2002, 1385 = NJW 2002, 2470, 2471 f. zum Bauträgererwerb). Hinzu kommt, dass nach § 309 Nr. 8 lit. b, aa BGB die Verweisung nicht von einer vorherigen gerichtlichen Inanspruchnahme eines Dritten abhängig gemacht werden darf – was bei der hiesigen Klausel nicht klar zum Ausdruck kommt (BGH, Urt. v. 06.04.1995 – VII ZR 73/94, BauR 1995, 542, 543 = NJW 1995, 1675, 1676; OLG Hamm, Urt. v. 06.12.2005 – 21 U 66/05, BauR 2006, 704, 706).

9. Abrechnung (§ 14 VOB/B)

777 Ein Auftragnehmer kann eine Vergütung nur für die Leistung verlangen, die er tatsächlich erbringt. Nach § 14 VOB/B hat er sogar prüfbar abzurechnen und erbrachte Leistungen durch Aufmaße zu belegen. Immer wieder versuchen Auftragnehmer, diese Anforderungen (vor allem aber den Aufwand bezüglich eines Nachweises der Leistungen) zu umgehen und z. B. die Abrechnungsgrundlage zu pauschalieren. Dieser Versuch muss zumindest dann – wenn er in AGB erfolgt – einer AGB-Inhaltskontrolle standhalten.

778 Unzulässig ist danach etwa folgende Klausel:

Unzulässige Klausel	Erläuterung
»Statt der tatsächlichen verbrauchten Balkenmenge wird der Werklohn nach einem abstrakten Aufmaß berechnet.«	Eine solche Klausel ist unwirksam. Denn ein Auftragnehmer kann nur die Leistung vergütet bekommen, die er tatsächlich erbracht hat (OLG Karlsruhe, Urt. v. 28.10.1988 – 10 U 71/88, NJW-RR 1989, 52 f.).

10. Zahlung inkl. Nachlass (§ 16 VOB/B)

779 Die gesetzlichen Regelungen zur Zahlung sind einfach: Der Auftragnehmer erhält nur eine Vergütung, soweit seine Leistung abgenommen ist (§ 640 Abs. 1 BGB). Insoweit ist der Auftragnehmer vorleistungspflichtig. Ihm steht zwar theoretisch nach § 632a BGB auch ein **Anspruch auf Abschlagszahlung** zu. In der Praxis werden die dort genannten Voraussetzungen aber kaum eingehalten werden können, weil die gesetzlichen Vorschriften in der Baupraxis vor allem im Subunternehmerverhältnis nur selten vorliegen. Sie bleiben in jedem Fall deutlich hinter der parallelen Regelung in § 16 Abs. 1 Nr. 1 VOB/B zurück (vgl. zu den maßgeblichen Unterschieden Rdn. 517 ff.). Auftragnehmer versuchen, diese sehr restriktive gesetzliche Lage durch AGB-Klauseln zu ihren Gunsten zu verändern. Dies betrifft zunächst die Thematik der Abschlagszahlungen, aber auch die Frage, unter welchen Voraussetzungen einem Auftragnehmer etwa weiter gehende Ansprüche aus Verzug o. ä. zustehen oder z. B. Zurückbehaltungsrechte des Auftraggebers bei Mängeln zurückgedrängt werden können. Auch zu der Schlusszahlung selbst gibt es Regelungen, die nicht unkritisch sind.

780 **Unzulässig** sind unter anderem folgende Klauseln:

Unzulässige Klausel	Erläuterung
»70 % des Auftragwertes sind sofort nach Einbau der Rohbautreppe ohne Abzug zahlbar.«	Eine solche Klausel ist zumeist unzulässig, wenn die Höhe der Abschlagszahlungen nicht die tatsächlich erbrachten Leistungswerte widerspiegelt. Denn für eine derart hohe Vorauszahlung gibt es kein berechtigtes Interesse des Auftragnehmers und widerspricht seiner sich aus dem Gesetz ergebenden Vorleistungspflicht (OLG Hamm, Urt. v. 08.11.1988 – 26 U 113/88, BauR 1989, 751, 753 = NJW-RR 1989, 274; ebenso OLG Karlsruhe, Urt. v. 03.05.2012 – 9 U 74/11, noch nicht veröffentl.).
»Der Auftraggeber hat 14 Tage nach der Rohmontage 90 % des Werklohns zu zahlen.«	Hier gilt dasselbe wie vor. Auch eine solche Klausel ist mit § 307 BGB nicht zu vereinbaren, da die Höhe der Vorauszahlung nicht an den Wert der tatsächlich erbrachten Leistung geknüpft ist (BGH, Urt. v. 10.07.1986 – III ZR

4.4 Bauvertragsklauseln und AGB-Kontrolle

Unzulässige Klausel	Erläuterung
	19/85, BauR, 1986, 694, 696 f. = NJW 1986, 3199, 3200 f.).
»Der Erwerber hat ohne Rücksicht auf vorhandene Baumängel vor Übergabe des bezugsfertigen Werkes noch nicht fällige Teile des Erwerbspreises (14 % nach Anweisung des Veräußerers) zu hinterlegen.«	Diese Klausel läuft darauf hinaus, dem Erwerber ein ihm zustehendes Leistungsverweigerungsrecht nach § 320 BGB zu nehmen oder zumindest einzuschränken und das Recht auf Minderung bis zu einer endgültigen Einigung oder Streitentscheidung »auszusetzen«. Dies ist mit § 309 Nr. 2 lit. a BGB nicht zu vereinbaren.
»Die Geltendmachung von Aufrechnungen mit nicht rechtskräftig festgestellten Gegenansprüchen sowie von Zurückbehaltungsrechten ist ausgeschlossen.«	Diese Klausel ist in der Weise zu verstehen, dass damit auch Leistungsverweigerungsrechte nach §§ 320, 641 Abs. 3 BGB ausgeschlossen werden sollen. Infolgedessen widerspricht sie wesentlichen Grundsätzen des Werkvertragsrechts und hat nach § 307 Abs. 2 Nr. 1 BGB keinen Bestand (BGH, Urt. v. 31.03.2005 – VII ZR 180/04, BauR 2005, 1010, 1012 = NJW-RR 2005, 919, 920).
»Eine Aufrechung gegen den Vergütungsanspruch ist nur mit einer unbestrittenen oder rechtskräftig festgestellten Forderung zulässig.«	Hier gilt Ähnliches wie vorstehend. Zwar erscheint diese Regelung auf den ersten Blick zulässig (vgl. § 309 Abs. 3 BGB). Sie hat gleichwohl nach § 307 Abs. 1 BGB keinen Bestand. So kann nämlich nach allgemeinen Grundsätzen das Leistungsverweigerungsrecht bei Mängeln nicht ausgeschlossen werden (§ 309 Abs. 2a BGB). Dann aber wäre es nicht nachvollziehbar, wenn eine sich daraus ergebende finanzielle Gegenforderung zu (bestrittenen) Mängeln dazu führen würde, dass der Werklohn nunmehr doch durchsetzbar wird (BGH, Urt. v. 07.04.2011 – VII ZR 209/07, BauR 2011, 1185, 1186 = NJW 2011, 1729 = NZBau 2011, 428, 429).
»Der Anspruch auf Schlusszahlung wird in Anlehnung an § 16 Abs. 3 Nr. 1 VOB/B alsbald nach Prüfung und Feststellung der vom Auftragnehmer vorgelegten Schlussrechnung fällig, spätestens innerhalb von zwei Monaten.«	Diese Klausel entspricht der Fälligkeitsregelung zur Schlusszahlung in § 16 Abs. 3 Nr. 1 VOB/B a. F. (bis VOB 2009). Sie wurde vor allemwegen dem gegenüber dem sich aus dem Gesetz ergebenden deutlich verzögerten Fälligkeitszeitpunkt der Vergütung in AGB des Auftraggebers als kritisch angesehen (vgl. Rdn. 2547 f.). Doch soll diese Klausel – was allerdings zweifelhaft sein dürfte – auch in AGB des Auftragnehmers nach § 307 Abs. 2 Nr. 1 BGB keinen Bestand haben. Denn sie erlaube es dem Auftragnehmer, durch die Bestimmung des Zeitpunkts der Rechnungstellung die Fälligkeit des Werklohns über den ge-

Unzulässige Klausel	Erläuterung
	setzlich vorgeschriebenen Zeitpunkt der Abnahme (§ 641 Abs. 1 S. 1 BGB) hinaus zum Nachteil des Bestellers zu verschieben. Dadurch sei es zugleich möglich, dass die Fälligkeit erst im Jahr nach der Abnahme einträte und sich die Verjährung des Werklohnanspruchs allein dadurch um ein Jahr verlängere (OLG Celle, Urt. v. 18.12.2008 – 6 U 65/08, Nichtzul.-Beschw. zurückgew., BGH, Beschl. v. 27.05.2010 – VII ZR 18/09, BauR 2010, 1764, 1765; OLG Naumburg, Urt. v. 04.11.2005 – 10 U 11/05, BauR 2006, 849, 850). Mit der Neufassung der gesetzlichen Fälligkeitsregelungen durch den geplanten § 271a BGB in Anlehnung an die Zahlungsverzugsrichtlinie 2011/7/EU dürfte sich diese Diskussion jedoch erledigt haben, soweit der Auftragnehmer den dort vorgesehenen Rahmen nicht überschreitet (s. näher Rdn. 2549).
»Zum Nachweis, dass die Finanzierung des Bauvorhabens gesichert ist, muss der Auftraggeber eine unwiderrufliche Zahlungsgarantie einer Bank vorlegen. Sollte die Zahlungsgarantie nicht spätestens vor Baubeginn vorliegen, kann der Auftragnehmer vom Vertrag zurücktreten. In diesem Fall hat er Anspruch auf erbrachte Vorleistungen und den nachgewiesenen weiteren Schaden.«	Eine solche Klausel benachteiligt den Auftragnehmer unter Verstoß gegen Treu und Glauben unangemessen. Zumindest kann die Regelung so verstanden werden, dass möglicherweise auch Leistungsverweigerungsrechte aus § 320 BGB wegen Mängeln oder auch das Recht zur Anfechtung aufgehoben sein soll (BGH, Urt. v. 16.09.1993 – VII ZR 206/92, BauR 1994, 108 f. = NJW 1993, 3264 f.).

781 Zulässig dürften hingegen folgende Klauseln sein:

Zulässige Klausel	Erläuterung
»Abschlagszahlungen werden nach § 16 Abs. 1 VOB/B gewährt.«	Gegen eine solche Klausel dürfte nichts einzuwenden sein, da § 16 Abs. 1 VOB/B grundsätzlich eine Zahlung nach Bautenstand vorsieht. Dies ist in der Baupraxis interessengerecht (OLG Hamm, Urt. v. 08.11.1988 – 26 U 113/88, BauR 1989, 751, 752 = NJW-RR 1989, 274, 275), zumal § 632a BGB ohnehin nur dispositives Recht darstellt. Bei Verbraucherverträgen zu der Errichtung oder den Umbau eines Hauses müsste allerdings gleichzeitig in einer weiteren Regelung im Vertrag die dagegen stehende Verpflichtung des Auftragnehmers zur Sicherheitsleistung nach § 632a Abs. 3 BGB aufrechterhalten bleiben. Fehlt diese Klarstellung, könnte der alleinige Verweis bei Abschlagszahlungen auf § 16 Abs. 1 VOB/B den falschen Eindruck erwecken, dass diese Sicherheitsver-

4.4 Bauvertragsklauseln und AGB-Kontrolle

Zulässige Klausel	Erläuterung
	pflichtung abbedungen werden sollte. Diese AGB-Regelung hätte damit dann insgesamt keinen Bestand.
»Der Auftraggeber leistet eine Anzahlung von 5 % auf die Auftragssumme.«	Gegen eine solche moderate Anzahlungsverpflichtung bestehen AGB-rechtlich keine Bedenken; vor allem wird dadurch nicht die grundsätzliche Vorleistungspflicht des Auftragnehmers beseitigt (OLG Hamm, Urt. v. 08.11.1988 – 26 U 113/88, BauR 1989, 751, 752 = NJW-RR 1989, 274, 275).
»Nachlass: Sofern von Ihnen die VOB als Vertragsgrundlage uneingeschränkt eingehalten wird, gewähren wir einen Nachlass von 9 %.«	Diese Klausel ist eigentlich eine Skontoklausel und insoweit unbedenklich. Sie hat zur Folge, dass kein Abzug vorzunehmen ist, wenn einzelne Abschlagszahlungen und die Schlussrechnung nicht innerhalb der in § 16 Abs. 1 und 3 VOB/B geregelten Fristen bezahlt werden (OLG Celle, Beschl. v. 26.01.2004 und v. 04.03.2004 – 14 U 226/03, BauR 2004, 860 f. = NJW-RR 2004, 1165).

11. **Vereinbarung zu Streitigkeiten (§ 18 VOB/B)**
Auch Auftragnehmer führen oft Klauseln in Bauverträge ein, mit denen Streitigkeiten vermieden werden sollen. Im Wesentlichen entsprechen diese (vor allem zum Gerichtsstand oder etwa zur verbindlichen Durchführung eines Schiedsgutachtens) denen der Auftraggeberseite. Infolgedessen kann auf die vorstehenden Erläuterungen in Kapitel 4.4.4 verwiesen werden (Rdn. 749 ff.). Allenfalls ist gesondert anzumerken, dass bei der Beteiligung von Verbrauchern AGB-Klauseln zu der Beteiligung von Schiedsgutachtern nur eingeschränkt vorgegebenwerden können. 782

Unzulässige Klausel	Erläuterung
In einem Fertighausvertrag mit Verbrauchern wird folgende Regelung vereinbart: »Alle Streitfragen tatsächlicher Art werden verbindlich im Rahmen des nachfolgend beschriebenen Schiedsgutachtenverfahrens entschieden.«	Eine solche obligatorische Schiedsgutachtenklausel hat nach § 307 Abs. 1 BGB in Verträgen mit Verbrauchern keinen Bestand. Denn sie beschränkt Einwendungen gegen die Richtigkeit eines einzuholenden Gutachtens und schließen weitgehend den Rückgriff auf staatlichen Rechtsschutz aus (BGH, Urt. v. 10.10.1991 – VII ZR 2/91, BGHZ 115, 329, 331 = BauR 1992, 223, 224 = NJW 1992, 433, 434). Hingegen wäre eine Klausel bei Verträgen zwischen Unternehmern zulässig (BGH, Urt. v. 27.11.2003 – VII ZR 53/03, BGHZ 157, 102, 117 = BauR 2004, 488, 494 = NJW 2004, 502, 506).

12. **Vergütungssicherung des Auftragnehmers (§ 648, 648a BGB)**
Zumindest in der Regel wird der Auftragnehmer den ihn schützenden gesetzlichen Vorschriften zur Vergütungssicherung nach §§ 648, 648a BGB kaum etwas in seinen AGB hinzusetzen wollen. Denn diese, vor allem § 648a BGB, sichern ihn weitgehend ab. Gleichwohl soll abschlie- 783

ßend hervorgehoben werden, dass § 648a BGB nach dem eindeutigen Wortlaut des Abs. 7 **insgesamt unabdingbar** ist, d. h. auch **zugunsten des Unternehmers**. Dies versteht sich nicht von selbst: Denn handelt es sich bei § 648a BGB um eine Schutznorm zugunsten des Unternehmers, wäre in Anbetracht dieses Gesetzeszwecks ein noch verbesserter Schutz durchaus vorstellbar. Die gesetzliche Regelung ist jedoch eindeutig, wonach jede Abweichung, d. h. demzufolge auch eine Verschärfung der Sicherungsmittel nicht vereinbart werden kann (BGH, Urt. v. 27.05.2010 – VII ZR 165/09, BauR 2010, 1219, 1221 = NJW 2010, 2272, 2274 = NZBau 2010, 495, 496; s. dazu auch etwa OLG Düsseldorf, Urt. v. 30.11.1999 – 21 U 59/99, BauR 2000, 919, 920 f., gegen eine Vereinbarung zur Stellung einer Bürgschaft auf erstes Anfordern als Sicherungsmittel im Sinne des § 648a BGB).

784 Zu unterscheiden von einer Abweichung von § 648a BGB zugunsten des Auftragnehmers sind hingegen **Absprachen neben § 648a BGB**, die dem Auftragnehmer vertragliche Sicherungsrechte in Bezug auf seine Vergütung einräumen. Zu denken sind vor allem an Zahlungsbürgschaften, auf deren Stellung dem Auftragnehmer im Vertrag ein Anspruch eingeräumt wird. Diese sind in § 648a BGB, der nach Auffassung der Rechtsprechung des BGH allein eine **Vergütungsabsicherung nach Vertragsabschluss** betrifft, nicht geregelt. Folglich kann eine solche nicht mit § 648a BGB kollidieren, obwohl ja auch § 648a Abs. 1 BGB dem Auftragnehmer einen (parallelen) Anspruch auf Sicherheit erst nach Vertragsschluss gewährt (BGH, Urt. v. 27.05.2010 – VII ZR 165/09, BauR 2010, 12,19, 1220 = NJW 2010, 2272, 2273 = NZBau 2010, 495; dagegen allerdings ausführlich Joussen, BauR 2010 1655; s. auch unten Rdn. 3230; zweifelnd ebenso Pauly, BauR 2011, 910, 913). Zulässig ist demnach etwa folgende Klausel:

Zulässige Klausel	Erläuterung
»Der Bauherr ist verpflichtet, spätestens acht Wochen vor Baubeginn dem Auftragnehmer eine unbefristete selbstschuldnerische Bürgschaft über die nach diesem Vertrag geschuldete Gesamtvergütung (unter Berücksichtigung von aus Sonderwünschen resultierenden Mehr- und Minderkosten) zur Absicherung aller seiner aus diesem Vertrag sich ergebenden Zahlungsverpflichtungen zu übergeben.«	Diese Klausel ist trotz § 648a BGB (soweit im konkreten Vertrag anwendbar) und seiner zwingenden Ausgestaltung (§ 648a Abs. 7 BGB) zulässig. Denn hiermit wird allein eine in § 648a BGB nicht vorgesehene vertragliche Sicherung des Auftragnehmers vorgesehen. Wegen des dagegen stehenden Interesses des Auftragnehmers infolge seiner Vorleistungspflichten bestehen auch keine Bedenken dagegen, dass die geschuldete Vergütung zu 100 % abzusichern sein soll (BGH, Urt. v. 27.05.2010, a. a. O.).

4.5 Der Bauvertragstyp

785 Bei der Festlegung des Inhalts eines Bauvertrages ist jeweils zu entscheiden, welcher Vertragstyp im konkreten Fall zur Anwendung kommen soll. Anders als das gesetzliche Werkvertragsrecht, das in § 631 BGB nur den Begriff der vereinbarten Vergütung ohne jede nähere Unterscheidung kennt, regelt die VOB entsprechend den im Bauwesen üblichen Vergütungsvereinbarungen verschiedene Vertragstypen. Sie unterscheiden sich vor allem hinsichtlich der **Art und der Berechnung der vereinbarten Vergütung** (vgl. § 2 Abs. 2 VOB/B). Dabei wird als Regelfall die Abrechnung nach Einheitspreisen erwähnt, sog. **Einheitspreisvertrag**. Gleichzeitig lässt diese Regelung aber auch bei entsprechender Vereinbarung einer anderen Berechnungsart eine Festlegung der geschuldeten Vergütung durch einen **Pauschalpreis, nach Stundenlohnsätzen** und nach **Selbstkosten** zu. Auf dieser Grundlage muss also spätestens bei Vertragsabschluss, evtl. aber auch schon bei der Ausschreibung festgelegt oder vereinbart werden, ob der **Bauvertrag als Einheitspreis-, als Pauschal-, als Stundenlohn- oder als Selbstkostenerstattungsvertrag abgeschlossen** werden soll. Diese Frage des richtigen Vertragstyps stellt sich in gleicher Weise bei Abschluss eines BGB-Werkvertrages. Je nach ihrer Entscheidung sind dann eben die einzelnen Einheitspreise, der Pauschalpreis, die Stundenlöhne oder die

4.5 Der Bauvertragstyp

Selbstkosten die vereinbarte Vergütung im Sinne des § 631 Abs. 1 BGB. Um den Vertragsschließenden die Entscheidung für den einen oder anderen Vertragstyp zu ermöglichen, bedarf es einer Abgrenzung und Darstellung der wesentlichen Unterschiede.

Ausgangspunkt einer solchen Abgrenzung ist § 4 Abs. 1 und 2 VOB/A, also des Teils der VOB, der die Allgemeinen Bestimmungen für die Vergabe von Bauleistungen enthält und vor allem Grundlage für die Vergabe von Aufträgen der öffentlichen Hand ist. Hier heißt es im Einzelnen:

»(1) Bauleistungen sind so zu vergeben, dass die Vergütung nach Leistung bemessen wird (**Leistungsvertrag**), und zwar:
1. **in der Regel zu Einheitspreisen** für technisch und wirtschaftlich einheitliche Teilleistungen, deren Menge nach Maß, Gewicht oder Stückzahl vom Auftraggeber in den Vertragsunterlagen anzugeben ist (**Einheitspreisvertrag**),
2. in geeigneten Fällen für eine **Pauschalsumme**, wenn die Leistung **nach Ausführungsart und Umfang genau bestimmt ist** und mit einer Änderung bei der Ausführung nicht zu rechnen ist (**Pauschalvertrag**).

(2) Abweichend von Absatz 1 können Bauleistungen geringeren Umfangs, die überwiegend Lohnkosten verursachen, im Stundenlohn vergeben werden (**Stundenlohnvertrag**).«

▶ **Vertragsarten nach § 4 VOB/A**
- Einheitspreisvertrag
- Pauschalvertrag
- Stundenlohnvertrag

zusätzlich
- nach § 9 SektVO: Rahmenvertrag
- erwähnt in § 2 Abs. 2 VOB/B: Vertrag nach Selbstkosten

Dem Grunde nach kennt die VOB/A drei Vertragstypen, von denen der Letztere – der Stundenlohnvertrag – meist keine Abgrenzungsprobleme aufwirft. Er kommt genauso wie der noch in § 2 Abs. 2 VOB/B erwähnte Vertrag mit einer Vergütungsberechnung auf der Basis von Selbstkosten für den Abschluss eines Bauvertrages aber ohnehin nur äußerst selten in Betracht. Stundenlohn- und Selbstkostenerstattungsvertrag werden unter dem Oberbegriff »**Aufwandsvertrag**« zusammengefasst, da ihre Abrechnung und Bezahlung allein nach dem vom Unternehmer getätigten Aufwand erfolgt. Hieraus ergibt sich dann für den Auftraggeber allerdings ein **unübersehbares Risiko**. Denn er weiß nicht, welcher Aufwand für die Erbringung der von ihm verlangten Leistung vom Unternehmer letztlich getätigt bzw. erforderlich sein wird.

Im Gegensatz dazu stehen die sog. **Leistungsverträge**. Deren Abrechnung und Bezahlung erfolgen nach erbrachter oder zu erbringender Leistung. Dieser Typ des Leistungsvertrags unterteilt sich in den Einheitspreis- und den Pauschalvertrag.

Neben den sich aus der VOB ergebenden Vertragstypen ist zumindest theoretisch als weiterer »Vertragstypus« der Abschluss von **Rahmenverträgen** zu nennen. Rahmenverträge sind dadurch gekennzeichnet, dass vorab wesentliche Eckpunkte zukünftiger Vergaben zwischen Auftraggeber und Bieter festgelegt werden. Der Auftraggeber kann dann etwaige Einzelverträge auf der Grundlage dieser Rahmenvereinbarungen schnell und einfach schließen, da im Folgenden bei der Einzelbeauftragung keine weiter gehenden aufwendigen Verhandlungen mehr zu Einzelkonditionen geführt werden müssen.

Auch wenn die VOB die Rahmenvereinbarung als eigenständigen Vertragstypus im Gegensatz zu der allein für Sektorenauftraggeber oberhalb der Schwellenwerte geltenden Sektorenverordnung (s. dazu oben Rdn. 369, s. dort § 9 SektVO) nicht nennt, ist heute anerkannt, dass auch **öffentlich-rechtliche Auftraggeber Rahmenverträge schließen können** (Ingenstau/Korbion/Schranner, VOB/A § 4 Rn. 49 m. w. N.). Weitergehende Erläuterungen sind dazu dann aber entbehrlich. Denn wenn mit einem Rahmenvertrag lediglich die Eckpunkte zukünftiger Vergaben vereinbart werden, so handelt es sich bei den später abzuschließenden Verträgen jeweils um einen der ansonsten auch in § 4

VOB/A vorgesehenen Vertragstypen, d. h.: Tatsächlich werden mit einem Rahmenvertrag nur z. B. die Eckpunkte eines gesondert zu schließenden Einheitspreis- oder Pauschalpreisvertrages vorab vereinbart, die dann bei der späteren Einzelvergabe nicht mehr gesondert verhandelt werden (müssen). Infolgedessen bedarf es bei den nachfolgenden Erläuterungen auch keiner gesonderten Betrachtung des Vertragstypus des Rahmenvertrages.

4.5.1 Einheitspreisvertrag

791 Der Einheitspreisvertrag ist dadurch gekennzeichnet, dass die Vergütung auf der Grundlage der erbrachten Leistung berechnet wird. Der Einheitspreis wird, wie sich aus § 4 Abs. 1 Nr. 1 VOB/A ergibt, jeweils vereinbart für technisch und wirtschaftlich einheitliche **Teilleistungen**, deren Menge nach Maß, Gewicht oder Stückzahl vom Auftraggeber in den Vertragsunterlagen anzugeben ist. Diese Teilleistungen entsprechen den einzelnen Positionen des Leistungsverzeichnisses (vgl. § 7 Abs. 9 und Abs. 12 VOB/A). Durch Multiplikation der Einheitspreise mit den vom Auftraggeber angegebenen Mengenansätzen errechnet sich der jeweilige **Positionspreis**. Durch Addition der einzelnen Positionspreise ergibt sich der sog. **Angebotsendpreis**.

792 Dieser Angebotsendpreis ist aber nun keineswegs identisch mit dem vom Bauherrn oder Auftraggeber zu zahlenden Werklohn. Denn beim Einheitspreisvertrag wird die Vergütung gemäß § 2 Abs. 2 VOB/B nach den vertraglichen Einheitspreisen und den tatsächlich ausgeführten und nicht nach den im Leistungsverzeichnis angegebenen Leistungsmengen berechnet. Weder der Angebotsendpreis noch die in der letzten Spalte einer jeden Position des Leistungsverzeichnisses aufgeführten Positionspreise stellen daher die vertraglich vereinbarte Vergütung dar. **Vertragspreis ist vielmehr allein der Einheitspreis**, also der bei jeder einzelnen Position eingetragene Stückpreis, Quadratmeterpreis, Kubikmeterpreis oder Kilogrammpreis. Der Angebotsendpreis ist nach alledem in keiner Weise verbindlich; er stellt für den Bauherrn nur einen Anhalt dar, mit welchen Kosten er in etwa zu rechnen hat. Nur die Beschreibung der einzelnen Position, also der **Leistungsbeschrieb**, und der **Einheitspreis im Leistungsverzeichnis sind verbindlicher Inhalt des Bauvertrages**, an den die Vertragspartner gebunden sind. Das gilt also nicht für die Mengenansätze. Die fehlende Verbindlichkeit beruht dabei auf der Überlegung, dass bei einem Bauvorhaben im Zeitpunkt der Ausschreibung häufig noch nicht endgültig zu übersehen ist, in welchem Umfang die einzelnen Teilleistungen tatsächlich anfallen werden.

▶ Beispiel

Einem Einheitspreisvertrag liegen folgende Mengen (Preise) zugrunde:

Position	Menge	Leistung	Einheitspreis	Positionspreis
1	1 pauschal	Baustelleneinrichtung	2 000 €/Stck.	2 000 €
2		Pflasterarbeiten		
2.1	50 qm	Altes Pflaster aufnehmen	15 €/qm	750 €
2.2	50 qm	Neues Pflaster liefern und legen	30 €/qm	1 500 €
3		Zaun errichten		
3.1	30 m	Neuen Zaun liefern und montieren	50 €/m	1 500 €
...	...	...	...	...
		Gesamt		9 899,37 €

Bei vorstehendem Leistungsverzeichnis sind nur die in der Spalte »Einheitspreise« genannten Preise fest. Variabel und demnach vorläufig sind demgegenüber die Mengenangaben, der Positions- und der Gesamtpreis. Erhöhen sich bei der Leistungsausführung die Mengen, erhöht sich auch der betreffende Positions- und folglich der Gesamtpreis.

Nach dem **Wesen des Einheitspreisvertrages** errechnet sich also der endgültig vom Bauherrn zu zahlende Werklohn aus der **Multiplikation der vereinbarten Einheitspreise mit den nach Leistungsausführung durch Aufmaß ermittelten, tatsächlich ausgeführten Mengen** (BGH, Urt. v. 04.02.1965 – VII ZR 100/63, Schäfer/Finnern Z 2.400 Bl. 41). **Mengenänderungen** werden somit im Einheitspreisvertrag zwangsläufig berücksichtigt und führen zu einer entsprechenden Änderung der insgesamt zu zahlenden Vergütung gegenüber dem Angebotsendpreis oder der Auftragssumme; diese kann höher, aber auch niedriger als der Angebotsendpreis oder die »vorläufige Auftragssumme« sein.

▶ **Beispiel**

Der Auftraggeber schreibt eine Leistung »Bodenaushub« aus. Er geht davon aus, dass insgesamt 500 m³ auszuheben sind. Der Auftragnehmer bietet einen Einheitspreis von 15 €/m³ an. Hieraus ergibt sich dann ein Positionspreis von 7 500 €.

Fester Vertragspreis ist nach Vorstehendem allein der vereinbarte Einheitspreis von 15,– €/m³. Demgegenüber handelt es sich bei dem Positionspreis lediglich um das mathematische Ergebnis aus der Multiplikation zwischen prognostizierter Angebotsmenge und dem festen Vertragspreis (Einheitspreis). Die endgültig zu zahlende Vergütung hängt dagegen ausschließlich von der tatsächlich erbrachten Menge ab, was sich erst im Nachhinein zeigt, d. h.: Wurden nicht wie geplant 500 m³, sondern 540 m³ Boden ausgehoben, hat der Auftraggeber für die ausgeführte Leistung bei einem Einheitspreis von 15,– €/m³ insgesamt 8 100,– € zu zahlen.

Handelt es sich somit bei der Vorläufigkeit des Angebots- oder Positionspreises um eines der Wesensmerkmale des Einheitspreisvertrages, sind folgerichtig AGB-Klauseln des Auftraggebers in einem Einheitspreisvertrag überraschend und werden nach § 305c Abs. 1 BGB nicht Vertragsbestandteil, nach denen die bei Auftragserteilung ermittelte Vergütung die Obergrenze für die Gesamtvergütung darstellen soll (BGH, Urt. v. 14.10.2004 – VII ZR 190/03, BauR 2005, 94, 95 = NJW-RR 2005, 246).

4.5.2 Pauschalvertrag

Neben dem Einheitspreisvertrag sieht § 4 Abs. 1 VOB/A als zweite Art des Leistungsvertrages einen Pauschalvertrag vor.

4.5.2.1 Begriff

Bei einem **Pauschalvertrag** sind im Gegensatz zum Einheitspreisvertrag nicht nachträglich die tatsächlich erbrachten Mengen, sondern bereits die im Voraus abgeschätzten **künftig zu erbringenden Mengen** Grundlage für die Berechnung der Vergütung. Als Vertragspreis maßgebend ist somit nicht der Einheitspreis, auch nicht der Positionspreis des zum Vertragsinhalt gewordenen Leistungsverzeichnisses, sondern allein und ausschließlich der Angebotsendpreis als vertraglich vereinbarter **Pauschalpreis**. Grundsätzlich sind also der Pauschalpreis und der sich daraus ergebende Werklohn unabhängig von der tatsächlich erbrachten (geschuldeten) Gesamtleistung, insbesondere von den im Vordersatz des Leistungsverzeichnisses aufgeführten Mengenangaben und den Einheitspreisen. Daher bedarf es im Allgemeinen auch weder der Vereinbarung von Einheitspreisen noch eines Aufmaßes. Der vereinbarte Pauschalpreis ist in der Regel losgelöst davon zu bezahlen, ob die Leistungen im Einzelnen in dem Umfang erbracht worden sind, wie sie in den Vordersätzen des Leistungsverzeichnisses dargestellt wurden.

Bei einem Pauschalvertrag sind in der Praxis zwei bedeutende Unterarten zu beschreiben:
- **Detailpauschalvertrag**
  Zum einen werden Pauschalverträge auf der Grundlage eines zunächst erstellten detaillierten Leistungsverzeichnisses abgeschlossen. Der dort vorgesehene Endpreis wird anschließend (ggf. nach einer Abrundung) pauschaliert. Bei einem in diesem Fall vorliegenden so genannten »**Detail-Pauschalvertrag**« kommt es später auf die Mengenansätze im Leistungsverzeichnis nur noch in Ausnahmefällen an (s. zu Preisanpassungen auch von Pauschalpreisverträgen wegen Mengenstei-

gerungen Rdn. 2345 ff.): Denn grundsätzlich liegt ein vollwertiger Pauschalvertrag mit der Vereinbarung eines Endpreises für die im Vertrag versprochene Bauleistung vor.

▸ **Beispiel**

Der Auftraggeber schreibt einen Einheitspreisvertrag aus. Dabei nennt er im Leistungsverzeichnis konkrete Einzelmengen. Der Auftragnehmer bietet zu jeder Einzelmenge einen Einheitspreis an. Die Einzelleistungen werden mit den Einheitspreisen multipliziert und ergeben einen Angebotsendpreis von 4 835,39 €.

Positionspreis	Menge	Leistung	Einheitspreis	Positionspreis
01	9,14 m	Verlegung von Rohren (…)	16,– €/m	146,24 €
02	6,34 m	Verlegung von Rohr des Typs (…)	18,– €/m	114,12 €
…	…	…	…	…
Gesamt				4 835,39 €

Hier können die Parteien den Preis nunmehr entweder in Höhe der errechneten 4 835,39 € oder z. B. abgerundet auf 4 700,– € vereinbaren. Findet eine solche Pauschalierung statt, wurde der Preis zwar auf der Basis von Einzelmengen ermittelt; für die spätere Abrechnung kommt es aber auf diese Einzelmengen nicht mehr an.

Wird ein Detail-Pauschalvertrag geschlossen, ist es – wie schon im vorstehenden Beispielfall ersichtlich – zumindest die Regel, dass der Angebotspreis abgerundet wird. Diese **Abrundung** lässt sich auch rechtfertigen. Denn der Auftragnehmer hat bei einem Pauschalvertrag schon deswegen geringere Aufwendungen, weil er für seine Abrechnung zumeist **kein Aufmaß zu den ausgeführten Mengen** und danach folgend keine bis ins Einzelne auf dieses Aufmaß zurückgehende Rechnung aufstellen muss. Abgerechnet wird stattdessen lediglich der Pauschalpreis.

- **Globalpauschalvertrag**

799   Zum anderen wird der Pauschalvertrag vielfach nur auf der Grundlage einer **Leistungsbeschreibung mit Leistungsprogramm** geschlossen, d. h. einer so genannten »**funktionalen Leistungsbeschreibung**«. Bei dieser Art von Verträgen (vielfach auch als Globalpauschalvertrag bezeichnet) wird lediglich das Leistungsziel mehr oder minder konkret beschrieben mit der Maßgabe, dass der Auftragnehmer bei Einhaltung dieses Leistungsziels eine voll funktionsfähige und mangelfreie Leistung zu erbringen hat (vgl. § 7 Abs. 13 ff. VOB/A – s. dazu näher Rdn. 835 ff.).

▸ **Beispiel**

Nach der Leistungsbeschreibung soll der Auftragnehmer ein Seniorenheim zu einem schlüsselfertigen Endpreis von 6,9 Mio. € auf der Grundlage einer abstrakten Baubeschreibung errichten. Auch hier wird der Gesamtpreis pauschaliert, ohne dass es dann auf die Einzelmengen ankommt.

800   Gemeinsames Kennzeichen sowohl des Detail- als auch des Global-Pauschalvertrages ist es somit, dass abweichend vom Einheitspreisvertrag die endgültige Vergütung zumindest in der Regel bereits mit der zum Vertrag ausgewiesenen Pauschalsumme bekannt ist und feststeht, ohne dass es noch auf ein gesondertes Aufmaß ankommt. Sodann besteht allerdings eben auch der wesentliche Unterschied dieser beiden Pauschalvertragsarten darin, dass beim Detailpauschalvertrag auf der **Grundlage einer feststehenden Leistungsbeschreibung** nur die dafür notwendigen **Massen und Mengen pauschaliert** werden; es ist also – vorbehaltlich ggf. notwendiger Anpassungen im Ausnahmefall wegen Wegfalls der Geschäftsgrundlage (s. Rdn. 2345 ff.) – für die Höhe der Vergütung unbeachtlich, wie viel Mengen für die Erreichung dieser feststehenden Leistung verbaut werden müssen. Demgegenüber wird bei der funktionalen Vergabe verbunden zumeist mit einer Schlüsselfertigkeitsabrede auch die **Leistung als solche pauschaliert**, d. h.: Hier sind sämtliche auf der Basis eines feststehenden Leistungsziels zu erbringenden Leistungen von dem Pauschalfestpreis abgedeckt und vom Auftrag-

4.5 Der Bauvertragstyp

nehmer zu erbringen, die für die funktionale Errichtung des Bauvorhabens insgesamt erforderlich sind, selbst wenn sie im Einzelnen im Vertrag nicht erwähnt sind (s. dazu auch später Rdn. 869 ff.).

4.5.2.2 Vor-/Nachteile zwischen EP- und Pauschalvertrag

Ob ein Pauschalvertrag besser als ein Einheitspreisvertrag ist, lässt sich in der Allgemeinheit nicht beantworten: Folgende Eckpunkte mögen dies verdeutlichen, wobei hier auch auf die unterschiedlichen Sichtweisen des Auftraggebers und Auftragnehmers abzustellen ist: 801

Übersicht über die wesentlichen Vor- und Nachteile des Pauschalvertrages zum Einheitspreisvertrag

	Pauschalvertrag	Einheitspreisvertrag
Vertragspreis	steht fest	Fester Preis betrifft nur EP, nicht Gesamtpreis
Mehrmengenrisiko bei gleich bleibender Leistung	trägt i. d. R. bei AN	Mehrmengen werden AN bezahlt, ggf. mit Preisreduzierung nach § 2 Abs. 3 Nr. 2 VOB/B
Mindermengen bei gleich bleibender Leistung	führen aus Sicht des AG zu keiner Preisreduzierung	Es werden nur Mindermengen bezahlt, ggf. mit Preisanpassung nach § 2 Abs. 3 Nr. 3 VOB/B
Vorteil aus Sicht des AN	Aufmaß für Abrechnung entbehrlich	Der AN erhält seine tatsächlich erbrachten Leistungen bezahlt. Hierbei ist das Mehrmengenrisiko i. d. R. größer als das Risiko von Mindermengen, wobei dieses erhöhte Risiko beim EP-Vertrag abgedeckt ist.
Zusatzleistungen oder Leistungsänderungen	Für Mehraufwand steht AN Mehrvergütungsanspruch zu (§§ 2 Abs. 5, Abs. 6 und 7 Nr. 2 VOB/B)	

Hierzu im Einzelnen:
- Bei einem Einheitspreisvertrag steht der vom Bauherrn letztlich zu zahlende Werklohn erst nach erfolgtem Aufmaß fest, während beim Pauschalvertrag die endgültige Vergütung bereits mit der im Vertrag ausgewiesenen Pauschalsumme bekannt ist. Gerade darin liegt vor allem der Vorteil für den Auftraggeber, da ihm dieser Vertragstyp die Finanzierung erleichtert. Beim **Pauschalvertrag** handelt es sich also um einen Vertrag, bei dem für eine mengenmäßig nur annähernd festgelegte und damit letztlich unbestimmte Leistung ein **bestimmter Endpreis** vereinbart wird, während beim Einheitspreisvertrag die Leistung und der Endpreis bei Vertragsabschluss noch unbestimmt sind (vgl. dazu im Einzelnen: Vygen, ZfBR 1979, S. 133 ff.). 802
- Zu beachten immerhin ist, dass es bei vorgenannter Betrachtung nur um das **Mengen-**, **nicht um das Leistungsrisiko** geht. Daher ist der von der VOB/A verwendete Begriff Pauschalvertrag zwar richtig, aber eben doch missverständlich, weil er bei Auftraggebern z. T. eine Fehlvorstellung hervorruft: Denn werden bei einem Pauschalvertrag zusätzliche nicht im Vertrag vorgesehene und somit von der Vergütung abgedeckte Leistungen erforderlich, um das verfolgte Leistungsziel zu erreichen, und sei es auch nur in einem geringen Umfang, kann der Auftragnehmer sowohl bei einem Detail- als auch bei einem Globalpauschalvertrag dafür in jedem Fall eine **zusätzliche Vergütung verlangen**. Dies ergibt sich ausdrücklich aus § 2 Abs. 7 Nr. 2 i. V. m. § 2 Abs. 5 und 6 VOB/B (vgl. auch BGH, Nichtannahme-Beschl. v. 12.09.2002 – VII ZR 81/01, BauR 2002, 1847 = NJW-RR 2003, 14 – s. dazu Rdn. 2316 ff., vor allem Rdn. 2332 ff.). Dabei kann es allenfalls eine Frage der Auslegung sein kann, ob eine bestimmte Leistung bereits vom Leistungssoll bzw. den zu erbringenden Mengen abgedeckt ist oder nicht. 803

> **Beispiel**
>
> Bei einem Hotelneubau geht es um Mehrkosten wegen des Einbaus einer von der Bauaufsicht geforderten Sprinkleranlage. Liegt ein Detailpauschalvertrag vor, kommt es für einen Mehrvergütungsanspruch des Auftragnehmers darauf an, ob die Sprinkleranlage bereits Bestandteil des zuvor erstellten Leistungsverzeichnisses war. Wenn dies nicht der Fall war, kann der Auftragnehmer eine Zusatzvergütung verlangen. Dasselbe gilt, wenn der Auftraggeber lediglich vergessen hatte, z. B. in einem Abstellraum die Sprinkleranlage auszuschreiben. Ist diese zusätzlich zu erbringen, handelt es sich nicht um eine vom Pauschalpreis abgedeckte Mengenmehrung, selbst wenn die Mehrmenge gegenüber dem Gesamtgebäude geringfügig ist. Dasselbe gilt dem Grunde nach bei einem Globalpauschalvertrag, d. h.: Auch hier kann dem Auftragnehmer eine Zusatzvergütung zustehen, wenn sich im Einzelnen aus der Baubeschreibung ergeben sollte, dass keine Sprinkleranlage (in dem vorgesehenen Umfang) zu bauen war, die jetzt zusätzlich zu errichten ist.

804 Bei einem Globalpauschalvertrag stellt sich zu vorstehendem Beispiel zumeist aber eine andere Frage dahin gehend, ob nicht bei einem z. B. **schlüsselfertig zu errichtenden** Hotelneubau die Sprinkleranlage bereits zu dem vom Pauschalvertrag abgedeckten Bausoll gehört, weil sie üblicherweise von der Bauverwaltung gefordert wird. Nähme man dies an, ginge es jetzt nicht mehr um eine Zusatzleistung, sondern wäre dann bereits von der geschuldeten und von der Vergütung abgedeckten Vertragsleistung erfasst. Gerade zu diesem Punkt gibt es in der Praxis die sehr viel größeren Auseinandersetzungen: Denn während beim Detail-Pauschalvertrag zumeist noch relativ klar beantwortet werden kann, dass die im Leistungsverzeichnis ausgeschriebenen Leistungen, allerdings unabhängig von den dort angegebenen Mengen, die geschuldete und von der Vergütung umfasste Leistung als Bau-Soll vorgeben, ist eine solche Bestimmung beim sog. Global-Pauschalvertrag ungleich schwerer. Denn hier fehlt es oft an einem Leistungsverzeichnis und damit einer Leistungsbeschreibung im Detail; stattdessen liegt nur eine funktionale Leistungsbeschreibung mit Leistungsprogramm vor (§ 7 Abs. 13–15 VOB/A), aus der der Bieter und Auftragnehmer sein Angebot ableitet. Folglich können hier je nach Vertrag letztlich **alle Leistungen des Auftragnehmers zum Bau-Soll gehören**, die für die Einrichtung eines **funktionsgerechten, dem Leistungsprogramm entsprechenden Bauwerks** erforderlich sind (vgl. dazu im Einzelnen: Kapellmann/Schiffers, Bd. 2, Rn. 11 ff. und 400 ff.).

805 • Aus Sicht des Auftragnehmers hat ein Pauschalvertrag auf der anderen Seite auch Vorteile: So erspart er sich den ganz erheblichen **Aufwand im Zusammenhang mit der Erstellung eines Aufmaßes** zur Darlegung der erbrachten Mengen und Massen in Verbindung mit einer dazu ebenfalls zu erstellenden im Einzelnen prüfbaren Abrechnung. Gerade dieser Umstand führt in der Praxis oft dazu, dass Auftragnehmer bei Detailpauschalpreisverträgen auf der Grundlage zunächst vorliegender detaillierter Leistungsverzeichnisse bereit sind, sich abschließend nochmals durch Abrundung auf einen niedrigeren Preis einzulassen, weil ihnen eben dieser Aufwand erspart bleibt.

806 Dagegen trägt in der Regel auch der Auftragnehmer das Mengenrisiko, was sich nicht von selbst versteht: Denn selbstverständlich ist es keinesfalls zwingend, dass etwa bei einem Detailpauschalvertrag später notwendigerweise höhere Mengen anfallen als zunächst ausgeschrieben. Vielmehr können die Mengen theoretisch auch niedriger liegen. Auch in diesem Fall bliebe der Preis zumeist in der Regel unverändert, was dem Auftragnehmer zugutekäme. Auch hier würde er die vereinbarte Vergütung erhalten, obwohl er weniger Massen erbringt als zunächst kalkuliert. Selbst wenn demnach das Risiko abweichend vom Leistungsverzeichnis tatsächlich anfallender Mengen bei einem Pauschalvertrag theoretisch beide Seiten belasten kann, wird es zumindest **in der Praxis eher den Auftragnehmer treffen** als den Auftraggeber oder Bauherrn. Denn der Bauherr bzw. sein Architekt stellt das Leistungsverzeichnis auf und gibt die Mengen an. Daher hat er es in erster Linie in der Hand und übersieht oder kann doch übersehen, ob die Mengen im Leistungsverzeichnis eher zu gering oder zu hoch angesetzt sind. Die Aufstellung des Leistungsverzeichnisses gibt dem Bauherrn und seinem Architekten schließlich sogar die Möglichkeit, die Mengen im Zweifel nach unten zu schätzen, wenn der Abschluss eines Pauschalvertrages angestrebt wird. Deshalb

sollte der Auftragnehmer bei einem Pauschalvertrag stets die ausgeschriebenen Mengen anhand der Pläne auf ihre Zuverlässigkeit hin überprüfen und die dazu enthaltenen Pläne zur Vertragsgrundlage machen, um das Risiko von Mehrmengen kalkulierbar zu machen oder auszuschließen. Auf der anderen Seite gilt allerdings: Hat der Auftraggeber die Mengen in dem von ihm erstellten Leistungsverzeichnis zu gering veranschlagt, kommt zum einen in Ausnahmefällen noch eine Vergütungsanpassung nach den Grundsätzen der Störung der Geschäftsgrundlage nach § 2 Abs. 7 Nr. 1 S. 2 VOB/B in Betracht (s. dazu im Einzelnen Rdn. 2345 ff. sowie sehr ausführlich BGH, Urt. v. 30.06.2011 – VII ZR 13/10, BauR 2011, 1646, 1649 = NJW 2011, 3287, 3289 = NZBau 2011, 553, 555). Zum anderen kann er sich vor allem dann, wenn er mit einer zu niedrigen Mengenangabe zu einem zu günstigen Pauschalpreis gelangen wollte, wegen eines **Verschuldens bei den Vertragsverhandlungen** nach §§ 311 Abs. 2, 241 Abs. 2 280 Abs. 1 BGB schadensersatzpflichtig machen, wenn er oder sein Architekt die Mengen fahrlässig zu gering veranschlagt haben (OLG Naumburg, Urt. v. 24.11.2006 – 2 U 1723/06, BauR 2007, 882, 883).

Die Übernahme des Mengenrisikos bei einem Pauschalvertrag in seiner Reinform schließt es allerdings selbstverständlich nicht aus, dass die Parteien dazu auch Regelungen treffen können. 807

▶ **Beispiel**

In einem Detailpauschalvertrag findet sich die Klausel: »Mehr- oder Mindermassen von 5 % gelten als vereinbart.«

Eine solche Klausel schließt nicht etwa einen Pauschalvertrag aus, sondern regelt nur das jeweils beidseitig übernommene Mengenrisiko. Danach sollen Mengenabweichungen in den einzelnen Positionen von über 5 %, die nicht auf Planabweichungen zurückgehen (wäre dies der Fall, bestände bereits unabhängig von jeder Mehrmenge ein Preisanpassungsrecht – Rdn. 803), zu einer Preisanpassung berechtigen, und zwar jeweils dann, wenn die Abweichung nur einzelne Positionen betrifft (BGH, Urt. v. 11.09.2003 – VII ZR 116/02, BauR 2004, 78, 82 = NJW-RR 2004, 305, 307).

Vorstehende Erläuterungen immerhin zeigen, dass Auftragnehmer bei Pauschalverträgen zumindest in der Praxis ganz erhebliche Kalkulations- und Mengenrisiken übernehmen. Vor allem aus diesem Grund hält die VOB in § 4 Abs. 1 VOB/A einen Pauschalvertrag nur dann für geeignet, **wenn die Leistung nach Ausführungsart und Umfang genau bestimmt und mit einer Änderung bei der Ausführung nicht zu rechnen ist.** Dagegen soll gemäß § 4 Abs. 1 Nr. 1 VOB/A in der Regel der Bauleistungsvertrag zu Einheitspreisen abgeschlossen werden. Konkret heißt das, dass nach dem Verständnis der VOB/A die Voraussetzungen für den Abschluss eines Pauschalvertrages nicht vorliegen bei 808

- Fehlen einer Leistungsbeschreibung
- unzulänglicher Leistungsbeschreibung
- lückenhaften Zeichnungen, fehlender Statik, ungeklärten Boden- und Grundwasserverhältnisse
- noch nicht endgültig abgeschlossener Planung
- noch nicht festgelegten Baumaterialien oder
- einer noch unklaren Bauzeit.

Kommt es in solchen Fällen trotzdem zum Abschluss eines Pauschalvertrages, so sind die darin liegenden **Risiken** für beide Vertragsparteien **unübersehbar und unkalkulierbar** groß; denn der Bauunternehmer muss die vertraglich vereinbarte Leistung zum vereinbarten Pauschalpreis erbringen, auch wenn sich bei der Ausführung der Leistung die Mengen, die seiner Kalkulation zugrunde lagen und in den Verdingungsunterlagen angegeben waren, erhöhen (Vygen, ZfBR 1979, 134).

4.5.2.3 Regelvermutung für Einheitspreisvertrag

Zusammengefasst lässt sich anhand der vorstehenden Erläuterungen festhalten, dass der **Einheitspreisvertrag die Regel sein soll**; darüber hinaus bestimmt § 2 Abs. 2 VOB/B, dass dieser Vertragstyp auch tatsächlich **die Regel ist**, es sich also insoweit nicht nur um eine Sollvorschrift, sondern um eine Auslegungsregel und eine **Vermutung für den Einheitspreisvertrag** handelt. Diese Auslegungsregel 809 gilt jedoch nur für den auf der Grundlage der VOB/A geschlossenen Vertrag, d. h.: Es gibt ansonsten keine Vermutung für die Annahme des einen oder anderen Vertragstyps. Vielmehr gelten hier – wenn offengeblieben ist, ob ein Einheits- oder Pauschalpreisvertrag vorliegt – die allgemeinen Beweislastregeln. Folglich muss in diesen Fällen zunächst der Auftraggeber, der sich auf einen gegenüber einer auf Einheitspreisen ermittelten Vergütung niedrigeren Pauschalpreis beruft, zumindest im Einzelnen nach Ort, Zeit und Höhe substanziiert darlegen, dass eine solche Pauschalpreisvereinbarung geschlossen wurde. Sodann wäre es in einem zweiten Schritt der Auftragnehmer, der, soweit er eine ggf. höhere taxmäßige (und/oder auf Einheitspreisbasis) ermittelte Vergütung nach § 632 Abs. 2 BGB verlangt, beweisen müsste, dass es diese vom Auftraggeber vorgetragene Pauschalpreisabrede so nicht gegeben hat (vgl. im Einzelnen dazu BGH, Urt. v. 26.03.1992 – VII ZR 180/91, BauR 1992, 505, 506 = NJW-RR 1992, 848 m. w. N.; zuletzt etwa OLG Brandenburg, Urt. v. 16.03.2011 – 13 U 126/09, BauR 2011, 1543; s. auch Rdn. 2138 – kritisch dagegen Werner/Pastor Rn. 1391 ff.) – was in der Praxis vielfach auf Schwierigkeiten stößt.

▶ **Beispiel (nach BGH, Urt. v. 26.03.1992, a. a. O.)**

Der Auftragnehmer hat verschiedene Glaser- und Malerarbeiten ausgeführt. Er verlangt eine Vergütung von 122 554,79 €. Der Auftraggeber behauptet, man habe eine Festpreisvergütung für alle Arbeiten von 63 714,22 € vereinbart. Hier gilt: Ist die Höhe der Vergütung bestritten, träfe zwar grundsätzlich den Auftragnehmer, der eine höhere Vergütung als den behaupteten niedrigeren Pauschalpreis verlangt, die Beweislast für diese ihn günstige Tatsache. Er müsste demnach auch negativ beweisen, dass es diesen günstigeren Pauschalpreis nicht gegeben hat. Ein solcher negativer Beweis ist jedoch schwer zu führen. Daher verlangt die Rechtsprechung vom Auftraggeber, dass er zumindest zuvor im Einzelnen erläutert, wann wie genau der niedrigere Pauschalpreis vereinbart worden sein soll, was dann allerdings der Auftragnehmer zu widerlegen hätte.

810 Dasselbe gilt für die sehr ähnliche Fallgestaltung, dass sich bei der Vereinbarung des Pauschalpreises zwar die Angaben der Parteien zur Höhe des Preises decken, nicht aber zu dem zum Preis gehörenden **Leistungsumfang**. Behauptet hier der Auftraggeber einen deutlich größeren Leistungsumfang als der Auftragnehmer, ist es wie bei dem Preis der Auftragnehmer, der beweisen muss, dass sich der vereinbarte Pauschalpreis nur auf das geringere Leistungsvolumen bezieht (OLG Nürnberg, Urt. v. 18.04.2002 – 13 U 3981/01, BauR 2002, 1606 = NJW-RR 2002, 1099; OLG Brandenburg, Urt. v. 21.02.2008 – 12 U 104/07, IBR 2008, 255).

811 Ist hingegen bis zum Schluss unklar geblieben, ob überhaupt eine werkvertragliche Vergütung zu zahlen ist, helfen die Vermutungs- und Beweislastregeln zu § 632 Abs. 1 BGB nicht weiter: Hier müsste der Auftragnehmer stattdessen erst einmal darlegen, dass ein Werkvertrag zu Leistungen abgeschlossen wurde, für die üblicherweise eine Vergütung zu zahlen ist (BGH, Urt. v. 08.06.2004 – X ZR 211/02, NJW-RR 2005, 19, 20 = NZBau 2004, 498 f.).

812 Aus § 4 Abs. 1 VOB/A folgt weiter, dass die Voraussetzungen, unter denen allein ein Pauschalvertrag abgeschlossen werden soll, nur für den öffentlichen Auftraggeber verbindlich sind. »Verbindlichkeit« bedeutet hier aber, dass Pauschalverträge, die unter Verstoß gegen die Vorgaben von § 4 Abs. 1 Nr. 2 VOB/A als Pauschalvertrag geschlossen wurden, obwohl dessen Voraussetzungen eigentlich nicht vorlagen, wegen dieses Widerspruchs nicht verboten, unzulässig oder gar nichtig sind. Denn wie schon an anderer Stelle erläutert (Rdn. 213 ff.) kommen auch im Vergabeverfahren die Verträge nach Angebot und Annahme zustande. Daher ist die rechtliche Einordnung eines Vertrages als Einheitspreis- oder Pauschalvertrag zunächst unabhängig von der Regelung des § 4 Abs. 1 VOB/A vorzunehmen. Dies gilt erst recht für private Bauherren, für die die VOB/A überhaupt nicht gilt. Auch ein solcher Vertrag ist bei »Verstoß« gegen die Vorgaben des § 4 Abs. 1 VOB/A uneingeschränkt wirksam. Gleichwohl gilt: Die **Empfehlung in § 4 Abs. 1 Nr. 2 VOB/A hat sich als besonders zweckmäßig für die Vergabe von Bauleistungen erwiesen**. Privaten Auftraggebern ist daher zumindest angeraten, die dortigen Vorgaben bei Bauaufträgen ernsthaft in Erwägung zu ziehen. So reibungslos nämlich Pauschalverträge von beiden Parteien erfüllt werden, die bei Abschluss den Anforderungen des § 4 Abs. 1 Nr. 2 VOB/A genügen, so häufig liegt beim Fehlen dieser Voraussetzungen

4.5 Der Bauvertragstyp

schon im Vertragsabschluss der Keim zu Spannungen und Auseinandersetzungen, die nicht selten dann zu langwierigen und für alle Beteiligten unerfreulichen Prozessen führen.

4.5.2.4 Vereinbarung eines Pauschalvertrages

Entschließen sich die Vertragspartner zum Abschluss eines Pauschalvertrages, so sollte dies ausdrücklich im Bauvertrag festgehalten werden: Denn allein die häufig anzutreffende **Abrundung des Angebotsendpreises** in einem nach Einzelleistungen mit Einheitspreisen versehenen Leistungsverzeichnis macht den Vertrag nicht ohne Weiteres zu einem Pauschalvertrag (vgl. Vygen, ZfBR 1979, 135); stattdessen kann es sich dabei auch nur um die Vereinbarung eines **Nachlasses** handeln. 813

Bei dem beabsichtigten Abschluss eines Pauschalvertrages sollten außerdem alle Klauseln in ZVB oder BVB vermieden werden, die dem Wesen des Pauschalvertrages widersprechen. Denn diese wären nach § 305c Abs. 1 BGB als überraschend anzusehen, sodass sie schon deswegen nicht Vertragsbestandteil würden (vgl. zu dem umgekehrten Fall, dass in einem Einheitspreisvertrag eine Preisdeckelung wie bei einem Pauschalpreisvertrag eingezogen wird: BGH, Urt. v. 14.10.2004 – VII ZR 190/03, BauR 2005, 94, 95 = NJW-RR 2005, 246). Dazu gehören insbesondere alle Klauseln über Art des vorzunehmenden Aufmaßes oder die Klausel »**Abrechnung erfolgt nach Aufmaß**«; denn Aufmaß und Abrechnung nach Aufmaß sind mit dem Wesen des Pauschalvertrages nicht in Einklang zu bringen. Auch Bauvertragsklauseln wie z. B. »Sollten sich Änderungen am Umfang der Arbeiten ergeben, so erfolgt deren Verrechnung zu den Einheitspreisen« oder »Mehr- und Minderleistungen führen zu entsprechenden Veränderungen des Pauschalpreises« widersprechen dem Vertragstyp des Pauschalvertrages, da sich Mengenänderungen auf den Pauschalpreis gerade nicht auswirken (vgl. Vygen, ZfBR 1979, 135). 814

4.5.3 Stundenlohnvertrag

Vor allem bei kleineren Bauaufträgen, aber auch im handwerklichen Bereich sowie allgemein bei Leistungen, bei denen die Lohnkosten im Vordergrund stehen, finden sich Stundenlohnverträge (§ 4 Abs. 2 VOB/A). Hier gelten keine Besonderheiten. Die Abrechnung erfolgt in diesen Fällen allein nach Zeitaufwand. 815

▶ **Beispiel**

Vereinbart wird im Bauvertrag ein Stundenaufwand von 25,- €/Stunde. Hier ist der tatsächliche Aufwand zu bezahlen.

Anzumerken ist, dass in VOB-Verträgen der Abschluss von Stundenlohnverträgen aufgrund deren fehlenden Kalkulierbarkeit den absoluten Ausnahmefall darstellt (vgl. dazu bereits die Erläuterungen zu Rdn. 787). Die VOB sieht eine entsprechende Vergütung überhaupt nur vor, wenn hierzu vorab eine ausdrückliche Vereinbarung getroffen wurde (vgl. § 2 Abs. 10 VOB/B; s. dazu näher Rdn. 2399 ff.). 816

4.5.4 Selbstkostenerstattungsvertrag

Zu nennen ist des Weiteren der sog. Selbstkostenerstattungsvertrag. Er war ehemals in der VOB/A als eigene Vertragsart vorgesehen, wurde aber mit der VOB 2009 mangels Bedeutung in der Praxis ersatzlos gestrichen. Ein Hinweis darauf findet sich allerdings immer noch in § 2 Abs. 2 VOB/B. Der Selbstkostenerstattungsvertrag wird dadurch gekennzeichnet, dass der Auftraggeber die dem Bauunternehmer angefallenen Selbstkosten zuzüglich Gemeinkosten und eines angemessenen Gewinnzuschlages zu zahlen hat. Nach der früheren Regelung dazu in der VOB/A sollte diese Vertragsart vor allem ausgewählt werden, wenn die Bauleistung vor der Vergabe nicht eindeutig oder so erschöpfend bestimmt werden kann, dass eine einwandfreie Preisermittlung möglich ist. 817

Das mit einem Selbstkostenerstattungsvertrag übernommene Preisrisiko ist dem Grunde nach unkalkulierbar, weil die erbrachte Leistung auf der Basis der tatsächlich entstehenden Kosten bezahlt werden soll. Daher ist der Selbstkostenerstattungsvertrag im heutigen Bauvertragsgeschehen praktisch nicht anzutreffen.

4.5.5 Weitere Vertragsarten/kombinierte Verträge

818 Ausgehend von den vorgenannten in der VOB vorgesehenen Vertragstypen gibt es selbstverständlich noch andere Vertragsarten, die entweder auf Bedürfnissen der Praxis im Einzelfall beruhen oder aus den vorgenannten Vertragsarten zusammengesetzt sind. Auf die Sonderform der **Rahmenverträge** wurde oben schon hingewiesen (Rdn. 789 ff.). Daneben können noch genannt werden:

819
- Teilweise werden innerhalb eines Vertrages Leistungen als Pauschal-, teilweise als Einheitspreisvertrag vergeben. Vorstellbar ist z. B., dass diverse Einzelleistungen nach Einheitspreis vergütet werden, während für die Baustelleneinrichtung, die Baustellenräumung, das Vorhalten von Geräten und Maschinen oder die Abbrucharbeiten eine Pauschale vereinbart wird.

820
- Eine weitere typische Kombination stellen die so genannten »**angehängten**« oder »**selbständigen Stundenlohnarbeiten**« dar. Bei derartigen Verträgen wird der Hauptvertrag nach Einheitspreis oder auf der Basis eines Pauschalpreises vergeben. Sodann erkennen die Bauvertragsparteien an, dass möglicherweise noch gewisse bisher nicht bekannte Nebenarbeiten anfallen können, die überwiegend einen Personaleinsatz auslösen, der wiederum mit Lohnkosten vergütet werden soll. In diesen Fällen werden im Leistungsverzeichnis in der Regel am Schluss gesonderte Positionen für derartige Sonderleistungen »angehängt«. In der Sache geht es dabei somit vor allem um »Unvorhergesehenes«.

> **Beispiel**
>
> In einem ausführlichen Einheitspreisvertrag wird ein Stundenlohnsatz für Facharbeiter von 45 € vorgesehen. Während der Baumaßnahme sollen geringfügige Mängel einer Vorleistung behoben werden. Auftraggeber und Auftragnehmer sind sich einig, dass diese Leistung als Stundenlohnarbeit abgerechnet werden soll. In diesen Fällen ist es durchaus sinnvoll, dass im Ausgangsvertrag bereits eine entsprechende Preisvereinbarung getroffen wurde, was die Entscheidungsfindung bei der Beauftragung derartiger Nebenleistungen fördert.

Neben den angehängten Arbeiten stehen so genannte **selbstständige Stundenlohnarbeiten**. Hier wird bereits von Anfang an im Leistungsverzeichnis vorgesehen, dass bestimmte Arbeiten auf Stundenlohnbasis ausgeführt und vergütet werden sollen.

4.5.6 Sonderform: GMP-Vertrag

821 Abgesehen von diesen Kombinationsverträgen gibt es auch völlig neue Vertragsarten, so z. B. den sogenannten GMP-Vertrag (»Guaranteed Maximum Price«). Dieses aus dem amerikanischen Recht entwickelte Vertragsmodell, das teilweise auch als garantierter Maximalpreisvertrag bezeichnet wird, findet vor allem bei singulären Großprojekten Anwendung, wenn noch kein vollständiger Planungsstand vorliegt. Ziel des GMP-Vertrages ist es, einen bevorzugten Bieter bereits in einer sehr früheren Planungsphase einzubinden, um mit ihm gemeinsam das Know-how zu nutzen und dann das Vorhaben entsprechend voranzutreiben (vgl. dazu etwa Oberhauser, BauR 2000, 1397, 1399). GMP-Verträge selbst sind in **unterschiedlicher Ausgestaltung** anzutreffen:

- Zunächst ist es denkbar, dass der Auftraggeber einen Auftragnehmer aussucht, um mit ihm gemeinsam ein konkretes Bauvorhaben zu planen. Soweit die Planung Ausführungsreife erlangt hat, wird ein garantierter Maximalpreis vereinbart.
- Vorstellbar ist ebenso, dass der Bauherr bereits einen GMP vorgibt und auf dieser Grundlage einen Auftragnehmer sucht, mit dem er das Projekt gemeinsam plant und später realisieren will.
- Schließlich ist eine Mischform der vorstehenden Varianten denkbar. Der Auftraggeber schreibt dann das Bauvorhaben aus mit dem Ziel, mit dem Bieter seiner Wahl einen GMP zu vereinbaren.

822 Soweit ein GMP-Vertrag geschlossen ist, wird zunächst das Vorhaben weiter geplant. Optimierungen und Einsparungen können sich nunmehr durch die gemeinschaftliche Planungs- und Durchführungsverantwortung ergeben zum einen durch eine verbesserte Planung, zum anderen vor allem

durch den kostengünstigeren Subunternehmereinsatz. Die hierdurch erzielbaren günstigeren Preise gegenüber dem GMP sollen dann nach einem im Vertrag vorgesehenen Schlüssel (prozentual, variable Beträge, fix) zwischen Auftraggeber und Auftragnehmer geteilt werden. Sollte das Bauvorhaben später teurer werden, verbleibt es hingegen (zum Nachteil des Auftragnehmers) bei dem vereinbarten GMP. In Ergänzung dazu wird häufig nach Abschluss der Planungsphase und vor Beginn der Bautätigkeit dem Auftraggeber das Recht eingeräumt, die Zusammenarbeit mit dem Auftragnehmer zu beenden und sich ggf. einen anderen Auftragnehmer für die Baudurchführung zu suchen (»**Zwei-Stufen-Modell**«). Macht der Auftraggeber von diesem Recht Gebrauch, hat er dem Auftragnehmer eine im Vertrag vorgesehene für diese Planungsphase zu ermittelnde Vergütung zu bezahlen. Diese Möglichkeit der Trennung hat vor allem bei den GMP-Modellen Bedeutung, bei denen der GMP erst am Ende einer gemeinsamen Planungsphase festgelegt werden soll.

4.6 Die Leistungsbeschreibung

Die Leistungsbeschreibung ist das Kernstück des Bauvertrages. Mit ihr legt der Auftraggeber fest, was eigentlich gebaut werden soll. Sie ist maßgebliche Grundlage des vom Auftragnehmer geschuldeten Bausolls.

4.6.1 Allgemeine Bedeutung der Leistungsbeschreibung zur Bestimmung des Leistungssolls

Bei Zusammenstellung der Verdingungsunterlagen oder spätestens bei Abschluss des Bauvertrages sollten die Vertragspartner ein ganz besonderes Augenmerk auf eine **eindeutige und vollständige Beschreibung der vom Auftragnehmer zu erbringenden Leistungen** richten (Leistungs- oder Bausoll).

Bedeutung des Leistungssolls

⊃ Aus Sicht des AG

  ➢ Grundlage für Gewährleistungsansprüche
  ➢ Vergleichbarkeit von Angeboten bei Vergabe

⊃ Aus Sicht des AN

  ➢ Wesentliche Kalkulationsgrundlage
  ➢ Grundlage für Mehrvergütungsansprüche

  Übernahme weitergehender Risiken möglich!

Die eindeutige und vollständige Beschreibung der vom Auftragnehmer zu erbringenden Leistungen (Bestimmung des Bausolls) stellt die wesentliche Grundlage eines Bauvertrages dar. Denn mit dieser wird das Leistungssoll des Auftragnehmers festgelegt. Dieses wiederum ist zum einen Anknüpfungspunkt für etwaige Mehrvergütungsansprüche des Auftragnehmers bei behaupteten Zusatzleistungen. Es ist zum anderen für die Beurteilung von Gewährleistungsansprüchen heranzuziehen, wenn es um die Frage geht, ob der Auftragnehmer von dem Bausoll abgewichen ist und insoweit ein Werkmangel vorliegt. Aber auch weitere Gesichtspunkte sind zu beachten:
- So stellt die Bestimmung des Leistungssolls auf der Grundlage der vereinbarten Leistungsbeschreibung aus Sicht des Auftragnehmers seine wesentliche **Kalkulationsgrundlage** dar; aus Sicht des Auftraggebers führt die klare Bestimmung des Leistungssolls zu einer **Vergleichbarkeit von Angeboten im Vergabeverfahren**.
- Eine eindeutige und erschöpfende Leistungsbeschreibung liegt auch insoweit im wohlverstandenen Interesse des Auftraggebers, als sich zusätzliche Wagnisse des Auftragnehmers regelmäßig in einem höheren Baupreis wegen der einkalkulierten Risikozuschläge niederschlagen. Obendrein gehen **Unklarheiten in der Vertragsformulierung und damit in der Beschreibung des Leistungs-**

umfangs nicht nur bei Allgemeinen Geschäftsbedingungen (vgl. insoweit § 305c Abs. 2 BGB), sondern in der Regel auch sonst zulasten desjenigen, der die Vertragsklausel oder Formulierung entworfen hat. Dies ist bei der Leistungsbeschreibung durchweg der Auftraggeber bzw. sein Architekt (vgl. Vygen, Festschrift für Locher S. 263 ff., 281, Vygen, Festschrift für Soergel, S. 277 ff.).

- In diesem Zusammenhang ist weiter anzumerken, dass gerade **lückenhafte Leistungsbeschreibungen** wegen daraus resultierender **Nachforderungen der Unternehmer** auch zu nachträglichen Preiserhöhungen und häufig zu Bauzeitverlängerungen führen, was ebenso keinesfalls im Sinne des Auftraggebers liegt.
- Schließlich wird bei unklaren Leistungsbeschreibungen die Korruption und die Abgabe von sog. **Spekulationsangeboten** der Bewerber gefördert, da sie bei der Kalkulation ihrer Einheitspreise für unklar oder unvollständig beschriebene Leistungen spätere Nachtragsmöglichkeiten erkennen. Folglich können sie sich darauf schon bei der Kalkulation einstellen. Dies ist rechtlich nicht einmal zwingend zu beanstanden, da die Ursache dafür durchweg in der unzureichenden Ausschreibung des Auftraggebers liegt.

827 Die richtige Beschreibung des Leistungssolls hat nach Vorstehendem entgegen einer vielfach zu beobachtenden Übung nicht nur Bedeutung für den Einheitspreisvertrag, sondern in gleichem oder sogar noch stärkerem Maße für den **Pauschalvertrag**. Die Forderung nach einer exakten Leistungsbeschreibung muss auch in ganz besonderem Maße an Bauträger und Baubetreuer adressiert werden. Deren **Baubeschreibungen** lassen nämlich allzu häufig viele Fragen offen; sie geben dadurch Anlass zu unerfreulichen Streitigkeiten, weil die Erwerber eine andere Leistung fordern als sie die Bauträger zu erbringen bereit sind. Deshalb muss für alle Baubeteiligten bei Abschluss ihrer Verträge der Grundsatz gelten, dass die vom Auftragnehmer – sei er nun Bauunternehmer, Generalunternehmer, Architekt, Baubetreuer oder Bauträger – zu erbringende Leistung so vollständig und so eindeutig beschrieben werden sollte, wie dies bei Vertragabschluss überhaupt möglich ist. Nur so lassen sich spätere **Streitigkeiten über Art und Umfang der geschuldeten Leistung** und über die häufig daraus resultierenden zusätzlichen Vergütungsansprüche des Auftragnehmers vermeiden.

4.6.2 Allgemeine Grundsätze bei der Aufstellung der Leistungsbeschreibung nach § 7 VOB/A

828 Dem dringenden Bedürfnis nach einer Aufstellung einer klaren und vollständigen Leistungsbeschreibung trägt die VOB in § 7 VOB/A Rechnung. Diese Regelung enthält wesentliche Anforderungen an deren Aufbau und Struktur (vgl. BGH, Urt. v. 24.01.1966 – VII ZR 8/64, Schäfer/Finnern, Z 3.01 Bl. 353 ff.; BGH, Urt. v. 11.11.1993 – VII ZR 47/93, BGHZ 124, 64, 67 f. = BauR 1994, 236, 237 f. = NJW 1994, 850; OLG Düsseldorf, Urt. v. 06.07.1993 – 23 U 207/92, BauR 1994, 762, 764 = NJW-RR 1995, 82, 83 f. sowie Vygen, Festschrift für Soergel, S. 277 ff. und Lange, Festschrift für von Craushaar, S. 271 ff.). Sie richten sich wie üblich zunächst allein an den öffentlichen Bauauftraggeber. Man kann jedoch feststellen, dass sich diese Grundzüge in der Praxis auch bei privaten Auftraggebernbewährt haben.

829 Zusammengefasst formuliert § 7 Abs. 1 bis 8 VOB/A in Bezug auf die Aufstellung einer Leistungsbeschreibung **verschiedene Grundsätze**:
- Die Leistungsbeschreibung soll eindeutig und erschöpfend das konkrete Vorhaben beschreiben. Dieser Grundsatz verfolgt das Ziel, dass alle Bewerber eine Ausschreibung im gleichen Sinne verstehen und ihre Preise sicher und ohne umfangreiche Vorarbeiten berechnen können.
- Dem Auftragnehmer darf kein ungewöhnliches Wagnis für Umstände und Ereignisse aufgebürdet werden, auf die er keinen Einfluss hat und deren Einwirkung auf die Preise und Fristen er nicht im Voraus abschätzen kann.
- Die Leistungsbeschreibung soll so vollständig wie möglich aufgestellt sein.
- Grundsätzlich sollen in der Leistungsbeschreibung keine bestimmten Erzeugnisse oder Verfahren vorgegeben, sondern Ausführungsvarianten zugelassen werden.

4.6 Die Leistungsbeschreibung

▶ **Wesentliche Grundsätze der Vergabe von Leistungen nach § 7 VOB/A**
- Eindeutige und erschöpfende Beschreibung
- Kein ungewöhnliches Wagnis zulasten AN
- Vollständigkeit der Beschreibung
- I. d. R. keine Festlegung von Ausführungsvarianten

Aus den vorgenannten Grundsätzen ergibt sich, dass die VOB/A vorrangig den **Auftraggeber für die Aufstellung des Leistungsverzeichnisses als verantwortlich** ansieht. Dabei wird dieser seinerseits in der Regel seinen Architekten oder Ingenieur beauftragen. Denn im Rahmen des Architekten- oder Ingenieurvertrages gehört es gemäß § 33 S. 2 Nr. 6 HOAI i. V. m. Anl. 11 und den weiteren Vorschriften für die einzelnen Fachingenieure in der HOAI zu den von diesen geschuldeten Grundleistungen der Vergabevorbereitung, die Mengen als Grundlage für das Aufstellen von Leistungsbeschreibungen – ggf. unter Verwendung der Beiträge anderer an der Planung fachlich Beteiligter – zu ermitteln und zusammenzustellen. Ebenso zählt dazu die Erstellung der Leistungsbeschreibung mit Leistungsverzeichnissen nach Leistungsbereichen sowie die Zusammenstellung der Verdingungsunterlagen (vgl. § 33 HOAI i. V. m. Anl. 11 dazu, dort Leistungsphasen 6 und 7). Für Fehler des Architekten oder Ingenieurs bei der Erfüllung seiner Pflichten hat im Rahmen des Vertragsverhältnisses zum Unternehmer der Auftraggeber einzustehen, da der Architekt und der Ingenieur insoweit dessen Erfüllungsgehilfen sind (§ 278 BGB). 830

Ist nach allem der Auftraggeber zumindest in der Grundkonzeption für die Aufstellung der Leistungsbeschreibung verantwortlich, ist eine davon zu unterscheidende Frage, was daraus konkret für die Bestimmung der geschuldeten Leistung folgt. Dies gilt vor allem bei **Unklarheiten, Lücken oder Widersprüchen**. Auf Einzelheiten dazu soll allerdings später eingegangen werden, wenn es allgemein um die Bestimmung und Kennzeichnung der von einem Auftragnehmer zu erbringenden Leistung geht (Rdn. 873 ff.). 831

4.6.3 Die verschiedenen Arten der Leistungsbeschreibung

Um das Ziel einer vollständigen und eindeutigen Leistungsbeschreibung, wie sie von § 7 VOB/A gefordert wird, zu erreichen, kann und sollte man sich verschiedener Hilfsmittel bedienen. Zunächst stellt die VOB/A selbst, insbesondere in § 7 VOB/A, einige Grundsätze auf, indem sie die Beschreibung der Leistungen in der Form einer allgemeinen Darstellung der Bauaufgabe (**Baubeschreibung**) und eines **Leistungsverzeichnisses** empfiehlt (§ 7 Abs. 9–12 VOB/A). Daneben ist eine **Leistungsbeschreibung mit Leistungsprogramm** vorgesehen (§ 7 Abs. 13–15). Für beide Arten der Ausschreibung gelten die allgemeinen Grundsätze des § 7 Abs. 1 und 2 VOB/A bzw. die gesonderten Regelungen zu den Technischen Spezifikationen in § 7 Abs. 3–8 VOB/A, was gerade bei der funktionalen Leistungsbeschreibung gemäß § 7 Abs. 13–15 VOB/A immer wieder übersehen wird. Hinzu kommen die gesamten Hilfsvorschriften in Abschnitt 0 der Allgemeinen Technischen Vertragsbedingungen für Bauleistungen, d. h. der DIN 18299 ff., die jeweils Hinweise zu der Aufstellung von Leistungsbeschreibungen enthalten und insoweit dann auch zu beachten sind (§ 7 Abs. 1 Nr. 7 VOB/A). 832

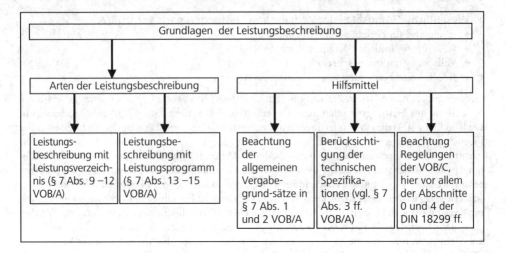

4.6.3.1 Leistungsbeschreibung mit Leistungsverzeichnis

833 Die Leistungsbeschreibung auf der Grundlage eines detaillierten Leistungsverzeichnisses findet insbesondere bei einem **Einheitspreis- und Detail-Pauschalvertrag** Anwendung. Gemäß § 7 Abs. 9–12 VOB/A soll die Leistungsbeschreibung bestehen aus
- einer allgemeinen Darstellung der Bauaufgabe (Baubeschreibung) und einer Beschreibung der örtlichen Verhältnisse der Baustelle,
- der Beschreibung der auszuführenden Bauleistung sowie schließlich
- den Ausführungsunterlagen und den Zusätzlichen Technischen Vertragsbedingungen. Dabei sind vor allem auch die Boden- und Wasserverhältnisse so zu beschreiben, dass der Bewerber den Baugrund und seine Tragfähigkeit, die Grundwasserverhältnisse und die Einflüsse benachbarter Gewässer auf die bauliche Anlage und die Bauausführung hinreichend beurteilen kann (vgl. § 7 Abs. 12 Nr. 6 VOB/A).

834 Zu dieser allgemeinen Darstellung der Bauaufgabe kommt das eigentliche **Leistungsverzeichnis** hinzu, das in Teilleistungen (Positionen oder Ordnungszahlen) gegliedert werden soll. Um eine einwandfreie Preisermittlung zu gewährleisten, soll die jeweilige Leistung derart aufgegliedert werden, dass unter einer Position nur solche Leistungen aufgenommen werden, die nach ihrer technischen Beschaffenheit und im Hinblick auf die Preisbildung als in sich gleichartig anzusehen sind. Unterschiedliche Teilleistungen sollen nicht unter einer Position (Sammelposition) zusammengefasst werden (vgl. § 7 Abs. 1 VOB/A).

▶ Beispiel

Ausgeschrieben werden Tiefbauarbeiten. Hier müsste beim Erdaushub für jede verschiedene Bodenklasse eine eigene Position vorgesehen werden.

4.6.3.2 Leistungsbeschreibung mit Leistungsprogramm

835 Die Leistungsbeschreibung mit Leistungsprogramm (**funktionale Leistungsbeschreibung**) ist vor dem Hintergrund zu sehen, dass die Planung des Auftraggebers bzw. seines Architekten mit Vorentwurf und Leistungsprogramm nebst Beschreibung der Bauaufgabe endet. Sodann wird die Entwurfs- und Ausführungsplanung mit dem damit verbundenen Haftungsrisiko auf den Auftragnehmer verlagert. Die Leistungsbeschreibung des Auftraggebers gibt somit nur noch ein mehr oder weniger **konkret beschriebenes Bauziel, d. h. einen Rahmenentwurf** ohne konstruktive Vorgaben, vor. Eine solche Vorgabe kann z. B. den angestrebten Nutzungszweck betreffen (Anzahl und Größe der Räume, Tragfähigkeit, Schall- und Wärmedämmung, Belichtung, Dachform usw.), während er im Übrigen die technische, wirtschaftliche, gestalterische und funktionsgerechte Lösung der Bau-

4.6 Die Leistungsbeschreibung

aufgabe sowie die bestmögliche Optimierung des Ergebnisses dem Wettbewerb überlässt. Dabei müssen dann die Bewerber selbst den ausführungsreifen Entwurf bzw. die Ausführungspläne und -unterlagen erarbeiten, also **Planungsleistungen** erbringen und die erforderlichen Einzelheiten der Leistungen nach ihrer Vorstellung berücksichtigen. Auf dieser Grundlage erstellen sich dann ein Leistungsverzeichnis, berechnen die Mengen und reichen ein darauf basierendes Angebot meist auf der Basis eines Pauschalpreises in Form des sog. **Globalpauschalvertrages** ein. Anschließend hat der Auftragnehmer hiernach ein funktionstaugliches mangelfreies Gebäude zu errichten.

Die Einzelheiten dieser Leistungsbeschreibung mit Leistungsprogramm sind in § 7 Abs. 13–15 VOB/A beschrieben. Trotz dieser Regelungen bleiben die Vorgaben unvollkommen, was auf der Eigenart dieser Ausschreibung beruht, die einen Wechsel der Planung des Vorhabens in einem noch nicht ausgereiften Zustand vorsieht. In ihrem Gesamtgefüge der VOB/A sind die dortigen Vorgaben auch nicht ganz widerspruchsfrei. Denn gerade die Leistungsbeschreibung mit Leistungsprogramm wird üblicherweise bei Pauschalverträgen verwendet. Nach § 4 Abs. 1 Nr. 2 VOB/A sollen Pauschalverträge aber nur geschlossen werden, wenn die Leistung nach Ausführungsart und Umfang genau bestimmt ist und mit einer Änderung bei der Ausführung nicht zu rechnen ist. Gerade an der ersten Voraussetzung wird es bei funktionalen Leistungsbeschreibungen jedoch fehlen – was ja umgekehrt Sinn der Sache ist: Denn wenn die Leistung bereits nach Ausführungsart und Umfang genau beschrieben wäre, bräuchte man keine funktionale Vergabe mehr. Gemeint ist hier aber etwas anderes: Wenn § 7 Abs. 13 ff. VOB/A eine Leistungsbeschreibung mit Leistungsprogramm zulässt, soll damit klargestellt werden, dass die Bauaufgabe auch schon in einem Zwischenplanungsstadium übertragen werden kann verbunden mit Maßgabe, dass der Auftragnehmer ab diesem Stadium die Planungsverantwortung trägt. Zuvor allerdings gelten die Vorgaben des § 4 Abs. 1 Nr. 2 VOB/A, d. h.: Bis dahin hat der Auftraggeber mit dieser konkreten **Schnittstelle der Leistungs- und Planungsübertragung die Bauaufgabe so genau und präzise** wie möglich zu beschreiben wie er kann. Umgekehrt darf der Auftraggeber also einen Pauschalvertrag selbst auf der Basis einer funktionalen Vergabe nicht dazu missbrauchen, eigene Versäumnisse in der Planung allein mit der Wahl der Vertragsart, nämlich der eines Pauschalvertrages, auf den Auftragnehmer überzuwälzen. Allzu große Bedeutung kommt dieser Vorgabe in der Praxis jedoch nicht zu. Denn letztlich geht es hier um nichts anderes als die allgemeinen Anforderungen an die Inhalte einer Leistungsbeschreibung nach § 7 Abs. 1 und 2 VOB/A, so insbesondere etwa das Gebot der klaren und erschöpfenden Leistungsbeschreibung. Mit einem Pauschalvertrag auf der Grundlage einer funktionalen Vergabe ist dies in der Praxis aber häufig nicht zu erreichen, weil gerade die **Ermittlung des geschuldeten und mit dem Pauschalpreis abgegoltenen Bau-Solls** große Probleme bereitet. Deshalb soll auch diese Art der Leistungsbeschreibung nach dem Grundverständnis der VOB/A folgerichtig – wie schon allgemein der Pauschalvertrag – nur in Ausnahmefällen zur Anwendung kommen, wie dem Wortlaut des § 7 Abs. 13 VOB/A im Verhältnis zu § 7 Abs. 9 VOB/A zu entnehmen ist.

836

Losgelöst von diesen Grundsätzen ist festzustellen, dass die funktionale Leistungsbeschreibung auch viele **Vorteile** hat; sie bestehen nicht zuletzt in einem häufig eintretenden Innovationsgewinn, weil die Auftragnehmer ihrerseits sich eigenständig Gedanken über die Planung machen müssen. Gleichwohl sollten auch die **Risiken** nicht übersehen werden (s. zu den Vor- und Nachteilen weitergehend Acker/Roquette, BauR 2010, 293):

837

- Für den Auftragnehmer besteht vor allem ein erhebliches **Kalkulationsrisiko**, besonders wenn ein Globalpauschalvertrag geschlossen wurde: Denn in jedem Fall hat er sämtliche auch nicht kalkulierten Leistungen, die für die funktionstaugliche mangelfreie Errichtung des Vorhabens erforderlich sind, zu dem vereinbarten Pauschalfestpreis mit zu erbringen.
- Doch auch ein Auftraggeber sollte die Risiken nicht übersehen: Zunächst begibt er sich bei der Abwicklung des Vorhabens der Gestaltungsfreiheit in der Weise, dass der Auftragnehmer bei Spielräumen in der funktionalen Leistungsbeschreibung die jeweils günstigste, d. h. aber auch **billigste Ausführungsvariante** wählen kann. Sodann setzt sich der Auftraggeber teilweise bei einer funktionalen Leistungsbeschreibung einem **nicht unerheblichen Nachtragsrisiko** aus, wenn die in der Leistungsbeschreibung gemachten Vorgaben nicht stimmen. Denn gerade unter Baubeteiligten entspricht es einem zuweilen **folgenschweren Irrtum** zu glauben, dass ein Unternehmer allein

aufgrund einer funktionalen Leistungsbeschreibung immer »alles« schulde, ohne Nachträge geltend machen zu dürfen (s. dazu sehr anschaulich OLG Düsseldorf, Urt. v. 19.07.2011 – 21 U 76/09, NZBau 2011, 692, 694, sowie weiter gehend Rdn. 879 f.). Des Weiteren verliert der Auftraggeber die **Planungshoheit** über das Vorhaben an den Auftragnehmer, der als einziger das vom Auftraggeber beauftragte Vorhaben versteht und kennt. Schließlich sollte nicht übersehen werden, dass funktionale Leistungsbeschreibungen in der Regel zu **Mehrkosten** deswegen führen können, weil schon im Rahmen der Ausschreibung ein und dasselbe Vorhaben von mehreren Bietern geplant werden muss mit Kosten, die üblicherweise in spätere Vergaben mit eingerechnet werden. Diese Mehrfachplanungen werden sich über kurz oder lang in dem Baupreis der Bieter widerspiegeln müssen, zumal die in § 8 Abs. 8 Nr. 1 VOB/A für diese Fälle vorgesehene Entschädigung in der Regel nicht bezahlt wird (siehe dazu im Einzelnen Rdn. 176 ff.).

838 Unter Berücksichtigung all dessen kann eine **Leistungsbeschreibung mit Leistungsprogramm** nur dann wirklich empfohlen werden, wenn aufgrund der Spezialisierung und des vermuteten »Knowhow« des angesprochenen oder anzusprechenden engen Bieterkreises zu erwarten ist, dass dieser technisch oder wirtschaftlich bessere Planungen zu erstellen vermag als der ausschreibende Auftraggeber oder ein von diesem beauftragtes Planungsbüro. Liegen diese Voraussetzungen vor, so werden die damit verbundenen **Nachteile der höheren Angebotsbearbeitungskosten, der schwierigeren Wertung solcher Angebote, der Begünstigung großer Bauunternehmen mit eigenen Planungsbüros** und der Benachteiligung mittelständischer Bauunternehmen mehr oder weniger ausgeglichen. Häufig wird es in diesen Fällen aber auch genügen, eine herkömmliche Leistungsbeschreibung mit Leistungsverzeichnis zu erstellen und dann ausdrücklich **Änderungsvorschläge und Nebenangebote** zuzulassen, sodass ein Bieter z. B. statt der ausgeschriebenen konventionellen Bauweise die Ausführung in Fertigbauweise anbieten und den Auftrag erhalten kann.

839 Ob eine Leistungsbeschreibung mit Leistungsverzeichnis oder ausnahmsweise eine solche mit Leistungsprogramm zweckmäßig und zulässig ist, muss dabei ohnehin nicht für das gesamte geplante Bauobjekt einheitlich entschieden werden; es kann vielmehr vorkommen, dass die Voraussetzungen und Merkmale für die Beschreibung mit Leistungsprogramm nur hinsichtlich eines Teilbereichs, z. B. einzelner Gewerke zu bejahen sind. Dies kommt in der Praxis insbesondere im Bereich der Heizungs-, Klima- und Lüftungstechnik sowie der Elektroanlagen vor.

▶ **Beispiel**

Für eine zu errichtende Elektroanlage werden nur die Anzahl der Schalter und Steckdosen oder bei der Klimaanlage nur die angestrebte Nutzung des Raumes oder bei der Heizungsanlage die gewünschten Temperaturen und die Art der Heizung angegeben. Alles andere wird den Bietern überlassen, die dann die Anlage projektieren und ein Leistungsverzeichnis erstellen müssen.

840 Diese Art der Ausschreibung und Vergabe hat aber auf der anderen Seite auch **haftungsrechtliche Konsequenzen**. Die Bieter und damit der spätere Auftragnehmer übernehmen nämlich nunmehr zwangsläufig Planungsaufgaben, die an sich dem Auftraggeber allein obliegen (z. B. die **Entwurfs- und Ausführungsplanung, das Ermitteln der Mengen** und das **Aufstellen von Leistungsverzeichnissen** oder die Ausarbeitung wesentlicher Teile der Angebotsunterlagen). Dadurch tritt eine **entscheidende Verschiebung der Verantwortungsbereiche vom Auftraggeber zulasten des Auftragnehmers** ein. Denn dieser muss für die von ihm übernommene und ausgeführte Planung auch die Verantwortung tragen und ist demgemäß bei Fehlern haftbar und schadensersatzpflichtig. Dies gilt nicht nur, wenn der Bieter und spätere Auftragnehmer die für die ordnungsgemäße Angebotsabgabe erforderlichen Einzelheiten durch eine eigene Planungsabteilung erarbeiten lässt, sondern auch dann, wenn er damit ein selbstständiges Planungsbüro beauftragt. In diesem Fall nämlich sind die Mitarbeiter des Planungsbüros ebenso Erfüllungsgehilfen des Auftragnehmers bei der von ihm zu erstellenden Planung wie der Architekt bei der üblichen Ausschreibung mit Leistungsverzeichnis Erfüllungsgehilfe des Auftraggebers ist, da in diesem Fall der Auftragnehmer anstelle des Auftraggebers die Planung einschließlich Leistungsverzeichnis zu fertigen hat (Ingenstau/Korbion/Kratzenberg, VOB/A § 7 Rn. 121; vgl. dazu auch Vygen, Festschrift für Korbion S. 439 ff.).

4.6 Die Leistungsbeschreibung

4.6.4 Die weiteren Hilfsmittel bei der Aufstellung der Leistungsbeschreibung

Zu beachten ist, dass es bei der Aufstellung des Leistungsverzeichnisses weitere Hilfsmittel gibt, auf die der Auftraggeber zurückgreifen kann (und sollte):

4.6.4.1 Die Regelungen der VOB/C bzw. der DIN 18299 ff.

Schon aus § 7 Abs. 1 Nr. 7 VOB/A ergibt sich, dass der Auftraggeber die »**Hinweise für das Aufstellen der Leistungsbeschreibung**« in Abschnitt 0 der Allgemeinen Technischen Vertragsbedingungen für Bauleistungen (VOB/C), d. h. der DIN 18299 ff. zu beachten hat. Dieser Vorgabe ist in der Praxis sinnvollerweise Folge zu leisten. Denn die meisten der dort vorgesehenen Regelungen haben aufgrund ihrer Praxisdurchdringung eine hohe Verkehrsgeltung und stellen ein taugliches Hilfsmittel dar, eine Leistung erschöpfend zu beschreiben. Dabei ist im Einzelnen in der DIN 18299 zunächst allgemein sowie sodann in der jeweils einschlägigen fachspezifischen DIN 18300 ff. erläutert, welche Angaben zu der geforderten Ausführung in der Leistungsbeschreibung enthalten sein sollten.

▶ **Beispiel**

Nach Abschnitt 0.2.4 der DIN 18299 sollen in der Leistungsbeschreibung die besonderen Anforderungen an die Baustelleneinrichtung und Entsorgungseinrichtungen näher bezeichnet werden.

Richtigerweise wird man insoweit allerdings ergänzend auch die **Erläuterungen des jeweiligen Abschnittes** 4 der VOB/C hinzunehmen haben (vgl. auch Abschnitt 0.4 der DIN 18299). Dort finden sich zwar keine Hinweise zu der Aufstellung der Leistungsbeschreibung unmittelbar, wohl aber eine Abgrenzung zwischen von der Vergütung bereits erfassten Nebenleistungen einerseits (vgl. den Katalog in Abschnitt 4.1 der jeweiligen DIN) und nur gegen Vergütung zu erbringenden Zusatzleistungen andererseits (siehe die Leistungen in Abschnitt 4.2 der jeweiligen DIN).

▶ **Beispiel**

Das Einrichten und Räumen der Baustelle und die Baustellenvorhaltung sind in allen Fällen eine von der Vergütung mit umfasste Nebenleistung (vgl. Abschnitt 4.1.1 der DIN 18299), wenn nicht ausnahmsweise eine gesonderte Position dafür ausgeschrieben worden ist, was in Einzelfällen durchaus zu empfehlen sein kann. Insbesondere eine gesonderte Position für die Baustellenvorhaltung je Woche oder Monat ermöglicht es z. B. im Fall einer später eintretenden Bauzeitverlängerung, die vom Auftraggeber zu vertreten ist, die dadurch entstandenen Mehrkosten als Schaden zu berechnen und dem Auftraggeber anzulasten (vgl. Vygen BauR 1983, 210 ff. und 414 ff. und Vygen/Joussen/Schubert/Lang, Bauverzögerung und Leistungsänderung, Teil A Rn. 485 ff., 522, 654 ff.).

Hieraus folgt: Die bereits von der Vergütung erfassten Nebenleistungen müssen nachvollziehbarerweise in der Leistungsbeschreibung keinen gesonderten Niederschlag finden, weil es sich dabei um bereits von der Vergütung erfasste Leistungen handelt. Etwas anderes gilt hingegen gemäß Ziffer 0.4.2 der DIN 18299 für **Besondere Leistungen**, die der Auftraggeber vom Auftragnehmer verlangt. Diese sind in der Leistungsbeschreibung im Einzelnen aufzuführen. Denn sie unterliegen nach dem jeweiligen Abschnitt 4.2 der einschlägigen ATV einer gesonderten Vergütungspflicht, und es gilt nur dann etwas anderes, wenn hierzu im Bauvertrag eine anderweitige Regelung getroffen wird. Ggf. sind dazu sogar gesonderte Positionsnummern vorzusehen.

▶ **Beispiel**

Zu den Besonderen (vergütungspflichtigen) und deswegen in der Leistungsbeschreibung auch aufzunehmenden Leistungen gehören vor allem (vgl. dazu im Einzelnen Abschnitt 4.2.1 bis 4.2.15 der DIN 18299)

- die Beaufsichtigung der Leistungen anderer Unternehmer durch den Auftragnehmer, also eine Art Bauleitung,
- Sicherungsmaßnahmen zur Unfallverhütung für Leistungen anderer Unternehmer,

- besondere Schutzmaßnahmen gegen Witterungsschäden, Hochwasser und Grundwasser,
- die Beseitigung von Eis und Schnee,
- der Abschluss von besonderen Versicherungen zugunsten des Auftraggebers,
- die besondere Prüfung von Stoffen und Bauteilen, die der Auftraggeber liefert,
- besondere Maßnahmen aus Gründen des Umweltschutzes,
- das Entsorgen von Sonderabfall aus dem Bereich des Auftraggebers
- das Sichern von Leitungen, Kabeln, Dränen, Kanälen, Grenzsteinen, Bäumen, Pflanzen und dergleichen.

845 Schließlich kann es insbesondere z. B. bei noch nicht hinreichend geklärten Sachverhaltsvarianten ratsam sein, alle denkbaren Varianten in sog. **Bedarfspositionen oder Alternativpositionen** auszuschreiben.

▶ **Beispiel**

Die Bodenverhältnisse sind nicht geklärt. Hier können die verschiedenen Bodenklassen ggf. auch über Bedarfs- oder Alternativpositionen ausgeschrieben werden.

In diesem Fall liegt immerhin bei einem späteren Anfall der verschiedenen Bodenklassen eine klare Preisvereinbarung vor, sodass die Bauvertragsparteien nicht auf die Berechnung nach § 2 Abs. 5 oder 6 VOB/B angewiesen sind. Dies gilt auch für evtl. anfallende Stundenlohnarbeiten oder noch nicht endgültig vom Auftraggeber festgelegte Ausstattungswünsche. Dabei sollte allerdings bei einem teilweise heute sehr großzügigen Rückgriff auf Bedarfs- oder Alternativpositionen nicht verkannt werden, dass die eigentliche Ursache dafür weniger in tatsächlich nicht aufklärbaren Unsicherheiten als vielmehr in einer nicht gegebenen Planreife liegt. Dies ist natürlich keine sinnvolle Ausgangsvoraussetzung für die Realisierung eines Bauvorhabens, da nach aller Erfahrung nicht ordnungsgemäß geplante Vorhaben für alle Beteiligten zu z. T. erheblichen Mehrkosten, nicht zuletzt durch eine verlängerte Bauzeit führen. Gerade dieser Punkt ist es wohl auch gewesen, warum bei Vergaben der öffentlichen Hand nach § 7 Abs. 1 Nr. 4 VOB/A Bedarfspositionen (Eventualpositionen) grundsätzlich nicht mehr in die Leistungsbeschreibung aufgenommen werden dürfen (s. allerdings zu ggf. doch denkbaren Ausnahmen: Vygen/Joussen/Schubert/Lang, Bauverzögerung und Leistungsänderung Teil A Rn. 433 ff.)

846 Zusammengefasst immerhin gilt: Ein Auftraggeber ist zur Vermeidung eines lückenhaften Leistungsverzeichnisses gut beraten, sich bei dessen Aufstellung sehr eng an den Abschnitten 0 (Hinweise für das Aufstellen der Leistungsbeschreibung) und 4 (Nebenleistungen) der jeweils einschlägigen **Allgemeinen Technischen Vertragsbedingungen** für Bauleistungen (ATV) der VOB/C zu orientieren. Denn hierin sind Konkretisierungen zu § 7 VOB/A enthalten, die in der DIN 18299 allgemein für alle Gewerke gelten und in den übrigen DIN 18300 ff. auf das gerade auszuschreibende Gewerk bezogen sind. Zur Erleichterung der Aufstellung eines unmissverständlichen und vollständigen Leistungsverzeichnisses kann außerdem auf die **Allgemeinen Richtlinien zum Vergabeverfahren 100 im Vergabehandbuch (VHB)** Ausgabe 2008, Stand Mai 2010, dort Teilkapitel Ziff. 4 Vorbereitung der Ausschreibung zurückgegriffen werden (abrufbar im Internet unter www.bmvbs.de, dort unter »Bauen und Wohnen«, »Bauwesen«, »Bauauftragsvergabe«, »Vergabehandbuch«). Ebenso hilfreich sind standardisierte Leistungsbeschreibungen, wie etwa das **Standardleistungsbuch (StLB)** des Gemeinsamen Ausschusses »Elektronik im Bauwesen«, der inzwischen von der Forschungsgesellschaft für Straßen- und Verkehrswesen herausgegebene **Standardleistungskatalog (StLK)** für den Straßen- und Brückenbau sowie die Leistungsbeschreibung für die Ausführung von Straßen- und Brückenbau (LB StB). Diese können einerseits dem Auftraggeber als Checkliste dienen, andererseits aber auch dem Auftragnehmer die Kalkulation erleichtern.

847 Neben diesen präzisen technischen Vorgaben kann es sinnvoll sein, in der Leistungsbeschreibung auch die jeweiligen **Abrechnungsregelungen** anzugeben, sofern diese nicht schon in der einschlägigen DIN enthalten sind. Ebenso sollte klar vorgegeben werden, wenn von den Abrechnungsvorschriften der DIN abgewichen werden soll, was allerdings nur im Rahmen des § 8 Abs. 5 VOB/A gesche-

4.6 Die Leistungsbeschreibung

hen sollte. Dasselbe gilt für die Angabe von etwaigen Maßtoleranzen zu der vom Unternehmer zu erbringenden Leistung, sofern sich diese nicht schon aus den einschlägigen DIN-Normen (z. B. DIN 18202 für den Hochbau) ergeben oder sofern davon abgewichen werden soll. Die Anforderungen an die Maßtoleranzen oder andere Toleranzen (Farbabweichungen) sollten allerdings vom Auftraggeber nicht überspitzt werden; denn zu geringe und kaum oder nur schwer einzuhaltende Toleranzen können den Preis erheblich erhöhen.

4.6.4.2 Vorgaben zu technischen Spezifikationen

Bei der Beschreibung der Leistung hat der Auftraggeber schließlich die technischen Spezifikationen zu beachten (§ 7 Abs. 3 ff. VOB/A). Bei diesen geht es um nichts anderes als um gesonderte Vorgaben an die **eindeutige, erschöpfende und einheitliche Darstellung der eigentlichen Leistungsanforderung**. Der Auftraggeber kann zwischen drei Varianten wählen (§ 7 Abs. 4 VOB/A), und zwar: 848

- Der Auftraggeber kann die Leistung unter Bezugnahme auf die im **Anhang TS zur VOB/A** definierten technischen Spezifikationen beschreiben. Dabei hat er allerdings seine Ausschreibung jeweils mit dem Zusatz »oder gleichwertig« zu versehen.
- Oder der Auftraggeber kann seine Leistung in Form von Leistungs- oder Funktionsanforderungen beschreiben. Diese sind so genau zu fassen, dass sie den Auftragnehmern ein klares Bild vom Auftragsgegenstand vermitteln und dem Auftraggeber die Erteilung des Zuschlags ermöglichen.
- Oder der Auftraggeber kann die beiden vorgenannten Varianten miteinander kombinieren.

In der Sache selbst geht es vorrangig darum, dass das Leistungsverzeichnis auch technisch so formuliert ist, dass es in den **bei den Bietern in Betracht kommenden Fachkreisen richtig und vollständig verstanden** wird. Dies ist vielfach erst möglich, wenn der Auftraggeber bei der Beschreibung der technischen Anforderungen an das Bauwerk auf die einschlägigen technischen Normen Bezug nimmt, d. h. nach § 7 Abs. 6 VOB/A auf 849

- nationale Nomen, mit denen europäische Normen umgesetzt werden,
- europäische technische Zulassungen
- gemeinsame technische Spezifikationen
- internationale Normen und andere technische Bezugssysteme, die von den europäischen Normungsgremien erarbeitet wurden, oder
- nationale Normen, nationale technische Zulassungen oder nationale technische Spezifikationen für die Planung, Berechnung und Ausführung von Bauwerken und Produkten.

Im Ergebnis leisten die technischen Vorgaben somit letztlich nur eine Hilfestellung, zumal § 9 Abs. 6 Abs. 2 VOB/A durchaus erlaubt, die technischen Anforderungen auch anders zu beschreiben. Dies ist zulässig, soweit den Bietern ein klares Bild vom Auftragsgegenstand vermittelt wird. Dabei ist es selbstverständlich naheliegend, wenn in der Leistungsbeschreibung auf entsprechende technische Normen Bezug genommen wird. 850

4.6.5 Die Leistungsbeschreibung als Allgemeine Geschäftsbedingung

Eine für ein bestimmtes Bauvorhaben aufgestellte Leistungsbeschreibung ist in der Regel keine Allgemeine Geschäftsbedingung. Hier wird es **zumeist an der mehrfachen Verwendungsabsicht fehlen** (s. o. Rdn. 633 ff.). Denn dafür genügt es gerade nicht, dass das Leistungsverzeichnis bei einer konkreten Ausschreibung mehrfach verwendet werden soll (BGH, Urt. v. 26.09.1996 – VII ZR 318/95, BauR 1997, 123, 124 f. = NJW 1997, 135). Wird jedoch eine Leistungsbeschreibung tatsächlich mehrfach verwendet, kann es sich dabei auch um Allgemeine Geschäftsbedingungen handeln (BGH, Urt. v. 24.11.2005 – VII ZR 87/04, BauR 2006, 514, 516 = NZBau 2006, 390, 391). Im Übrigen steht der Annahme, dass Allgemeine Geschäftsbedingungen vorliegen, nicht entgegen, dass der Vertrag wenigstens in Teilen individuelle Vereinbarungen enthält (BGH, Urt. v. 27.11.2003 – VII ZR 53/03, BGHZ 157, 102, 106 f. = BauR 2004, 488, 490 = NJW 2004, 851

502, 503). Daher ist es auch für die AGB-Eigenschaft unerheblich, wenn Regelungen aus der Leistungsbeschreibung immerhin teilweise auf das konkrete Bauvorhaben zugeschnitten sind.

852 Einer AGB-Kontrolle unterfallen können aber in jedem Fall die einer Leistungsbeschreibung zugrunde liegenden **Besonderen und Zusätzlichen Vertragsbedingungen**, wenn es sich dabei um vom Auftraggeber mit der Ausschreibung gestellte Allgemeine Geschäftsbedingungen handelt (s. dazu Rdn. 564 ff.). Dasselbe gilt für die **technischen Vertragsbedingungen**, soweit dort vertragliche Regelungen enthalten sind. In diesem Fall handelt es sich ebenfalls um Allgemeine Geschäftsbedingungen (vgl. etwa für den Abschnitt 5 der jeweiligen DIN zu den Abrechnungsvorschriften: BGH, Urt. v. 17.05.2004 – VII ZR 75/03, BauR 2004, 1438, 1439 = NJW-RR 2004, 1248, 1249). Sie unterliegen somit auch einer AGB-Kontrolle (vgl. dazu im Einzelnen Rdn. 465 ff.) – was bei der Gestaltung der Leistungsbeschreibung aufseiten des Auftraggebers zu berücksichtigen ist.

4.7 Checkliste für Bauvertrag

853 Die vorangegangenen Ausführungen haben gezeigt, welche herausragende Bedeutung dem Abschluss des Bauvertrages und seiner inhaltlichen Gestaltung zukommt und welche verschiedenen Gesichtspunkte und teilweise widerstreitenden Interessen von Auftraggeber und Auftragnehmer dabei eine Rolle spielen. Dabei bedarf es im Ausgangspunkt zunächst der Entscheidung der Vertragspartner oder des Ausschreibenden, ob der **Bauvertrag auf der Grundlage der VOB/B** oder aber als BGB-Werkvertrag abgeschlossen werden soll. Ist diese Entscheidung zugunsten des VOB-Bauvertrages gefallen, ist zu klären, ob die **von der VOB/B bewusst gelassenen Lücken ausgefüllt** oder in einzelnen Punkten von der VOB/B abweichende Bestimmungen oder **zusätzliche Vereinbarungen in vorformulierten ZVB oder BVB** getroffen werden sollen. Dabei ist dann stets zu beachten und zu prüfen, ob die einzelnen Klauseln einer **AGB-Inhaltskontrolle** standhalten bzw. ob dadurch die VOB/B abgeändert wird. Denn dies hätte zur Folge, dass die im Verhältnis zu Unternehmen und der öffentlichen Hand bestehende **Privilegierung der VOB verloren geht und stattdessen jede Klausel einer AGB-Inhaltskontrolle standhalten muss**. Eine solche AGB-Inhaltskontrolle jeder VOB-Klausel, der verschiedene Einzelregelungen nicht standhalten, findet ebenso statt, wenn die VOB/B von Unternehmerseite gegenüber einem Verbraucher in den Vertrag eingeführt wird (nicht umgekehrt). Schließlich bedarf es der Klärung und Einigung der Vertragspartner, ob der Bauvertrag als Einheitspreis-, als Pauschal- oder ausnahmsweise als Stundenlohn- oder Selbstkostenerstattungsvertrag abgeschlossen werden soll. Abgesehen von diesen mehr rechtlichen Überlegungen bei Zusammenstellung der Verdingungsunterlagen und/oder bei Abschluss des Bauvertrages kommt vor allem **der eindeutigen und vollständigen Leistungsbeschreibung eine große Bedeutung** zu. Denn Fehler und Ungenauigkeiten sind hierbei eine der häufigsten Ursachen für spätere Auseinandersetzungen der Vertragspartner über zusätzliche Vergütungsansprüche des Auftragnehmers und Gewährleistungsansprüche des Auftraggebers.

854 Um den Vertragsschließenden und insbesondere dem Ausschreibenden eine Richtschnur für die **Zusammenstellung der Verdingungsunterlagen** und für die in den Vertragsverhandlungen zu regelnden Punkte zu geben und die Gefahr, einzelne regelungsbedürftige Gesichtspunkte zu vergessen, auszuschließen oder zumindest abzumildern, soll im Folgenden in einer Checkliste versucht werden, diese Punkte entsprechend der vorangegangenen Behandlung stichwortartig aufzulisten:

VOB-Bauvertrag oder BGB-Werkvertrag	• Vorteile der VOB-Regelung für Auftraggeber • Vorteile der VOB-Regelung für Auftragnehmer • Neutrale Abweichungen • Gesamtwürdigung der Unterschiede • Vertragsgegenstand: Bauleistungen
Ausdrückliche Vereinbarung der VOB/B als Vertragsgrundlage	• VOB als Allgemeine Geschäftsbedingungen • Vertragspartner muss Möglichkeit der Kenntniserlangung von der VOB/B haben; Ver-

4.7 Checkliste für Bauvertrag

	brauchern ist die VOB/B in der Regel auszuhändigen.
Ausfüllung der Lücken in der VOB/B durch ZVB oder BVB (zu beachten ist hier die AGB-Inhaltskontrolle)	• § 5 VOB/B: Ausführungsfristen oder Fertigstellungstermin • § 11 VOB/B: Vereinbarung einer Vertragsstrafe und evtl. einer Beschleunigungsvergütung • § 15 VOB/B: Vereinbarung von Stundenlohnarbeiten • § 16 Abs. 2 VOB/B: Vereinbarung von Vorauszahlungen • § 16 Abs. 5 VOB/B: Vereinbarung von Skontoabzügen • § 17 VOB/B: Vereinbarung einer Sicherheitsleistung • § 18 VOB/B: Vereinbarung eines Gerichtsstandes
Möglichkeiten in der VOB/B zu abweichenden Vereinbarungen (vgl. aber auch § 8 Abs. 4 VOB/A und die Vorschriften der AGB-Inhaltskontrolle nach den §§ 307 ff. BGB)	• § 2 Abs. 4 VOB/B: Vergütungsanspruch des Unternehmers bei teilweisem Fortfall von Leistungen • § 4 Abs. 4 VOB/B: Unentgeltliche Überlassung von Lager- und Arbeitsplätzen • § 4 Abs. 8 VOB/B: Grundsätzliches Verbot des Subunternehmereinsatzes, aber andere schriftliche Vereinbarung zulässig • § 5 Abs. 2 VOB/B: Ausführungsbeginn 12 Werktage nach Aufforderung; Endzeitpunkt für Abruf der Leistungen • § 12 Abs. 1 VOB/B: Abnahmepflicht des Auftraggebers binnen 12 Werktagen nach Aufforderung durch Auftragnehmer mit abweichender Vereinbarungsmöglichkeit • § 13 Abs. 4 VOB/B: Festlegung einer anderen als der dort vorgesehenen Gewährleistungsfrist von 4 Jahren für Bauwerksarbeiten (vgl. aber § 9 Abs. 6 VOB/A) • § 13 Abs. 7 Nr. 5 VOB/B: Möglichkeit für die Vereinbarung von Freizeichnungsklauseln • § 14 Abs. 3 VOB/B: Frist für die Einreichung der Schlussrechnung • § 15 Abs. 1 VOB/B: Vereinbarung eines Stundensatzes für evtl. anfallende Stundenlohnarbeiten • § 15 Abs. 3 VOB/B: Festlegung der Frist und des Empfängers für die Einreichung der Stundenlohnzettel • § 16 Abs. 2 VOB/B: Sicherheitsleistung und Verzinsungspflicht bei Vorauszahlungen • § 17 Abs. 2 VOB/B: Vereinbarung der Art der Sicherheitsleistung (in der Regel unter

	Beibehaltung der Sicherungsform selbstschuldnerische Bürgschaft) • § 17 Abs. 7 VOB/B: Festlegung der Frist für die Erbringung der Sicherheitsleistung • § 18 Abs. 1 VOB/B: Gerichtsstandsvereinbarung nur begrenzt zulässig.
Möglichkeiten für zusätzliche und ergänzende Vereinbarungen (zu beachten ist hier die AGB-Inhaltskontrolle)	• § 8 Abs. 1 und 3 VOB/A: Kollisionsregelung bei widersprechenden AGB des Auftraggebers und Auftragnehmers • § 10 Abs. 5–8 VOB/A: Änderung, insbesondere Verlängerung der Zuschlags- und Bindefrist nur begrenzt möglich • § 2 VOB/B: Lohn- und Materialpreisgleitklausel zulässig, aber klare Formulierung als Bagatell- oder Selbstbeteiligungsklausel • § 2 Abs. 2 VOB/B: Mengen- oder Massengarantie des Auftragnehmers nur in Ausnahmefällen zulässig, z. B. bei Nebenangeboten • § 2 Abs. 3 VOB/B: Ausschluss dieser VOB-Bestimmung möglich, aber dadurch Wegfall der Privilegierung der VOB/B mit einer Freistellung von einer AGB-Inhaltskontrolle • § 2 Abs. 4 VOB/B: Ausschluss des Vergütungsanspruchs bei Teilkündigung durch AGB nicht zulässig • § 2 Abs. 5 und 6 VOB/B: Erschwernisse für Preisänderung und Zusatzvergütung durch AGB meist unwirksam • § 5 Abs. 4 und § 11 Abs. 2 VOB/B: Verkürzung der Voraussetzungen für Schadensersatz- und Vertragsstrafenanspruch auf bloße Fristüberschreitung ohne Mahnung statt Verzug in AGB unzulässig • § 8 Abs. 1 VOB/B: Festlegung eines Prozentsatzes von bis zu 15 % der Auftragssumme als Vergütungsanspruch bei grundloser Kündigung ist in AGB unter bestimmten Voraussetzungen zulässig • § 11 Abs. 1 VOB/B: Vertragsstrafenvereinbarung nur mit Obergrenze von bis zu 5 % bei einem maximalen Tagessatz von 0,2–0,3 % mit verschuldensabhängiger Ausgestaltung • § 11 Abs. 4 VOB/B: Keine vollständige Abbedingung des Vertragsstrafenvorbehalts bei der Abnahme; Hinausschieben bis zur Fälligkeit der Schlusszahlung möglich, evtl. auch bis zur Schlusszahlung selbst • § 12 VOB/B: Festlegung der förmlichen Abnahme als einzige Abnahmeart unter Ausschluss der fiktiven Abnahme gemäß § 12

4.7 Checkliste für Bauvertrag

	Abs. 5 Nr. 1 und 2 VOB/B zulässig, aber mit Verpflichtung für Auftraggeber, die förmliche Abnahme binnen 12 Werktagen einzuleiten • § 12 Abs. 1 VOB/B: Verschiebung der Frist zur Abnahme nur in engen Grenzen zulässig; keine Abhängigkeit von unbestimmten Ereignissen oder Handlungen Dritter oder von Abnahme des Gesamtbauwerks durch Bauherrn im Nachunternehmervertrag • § 12 Abs. 4 VOB/B: Hinausschieben der Vorbehalte für bekannte Mängel und Vertragsstrafen bis zur Schlusszahlung zulässig • § 13 VOB/B: Bloße Vereinbarung »Gewährleistung nach VOB« ist unzulässig • § 13 Abs. 4 VOB/B: Verlängerung der Gewährleistungsfrist für Bauwerksarbeiten im Grundsatz möglich. Gewährleistungsfristbeginn geringfügig verschiebbar für Subunternehmer bei gleichzeitiger Festlegung eines spätesten Fristbeginns • § 13 Abs. 5 VOB/B: Keine Abänderung der Voraussetzungen für Ersatzvornahme auf Kosten des Auftragnehmers, auch nicht für sog. Schuttbeseitigungsklauseln u. a. durch Verzicht auf Fristsetzung • § 16 VOB/B: Zulässig sind Vereinbarungen über Umlagen für Strom- und Wasserkosten sowie der Prämien für die Bauwesenversicherung • § 17 VOB/B: Vereinbarung eines unverzinslichen Sicherheitseinbehaltes ist unzulässig; ebenso die alleinige Auswahl einer Bürgschaft auf erstes Anfordern als Sicherungsmittel oder eine Bürgschaft unter Verzicht auf die Einrede des § 768 BGB, wohl aber Abbedingung der Verpflichtung zur Einzahlung auf ein Sperrkonto
Festlegung des Bauvertragstyps (§ 4 VOB/A)	• Einheitspreisvertrag • Pauschalvertrag • Stundenlohnvertrag • zusätzlich: Selbstkostenerstattungsvertrag • Vermeidung von Vertragsklauseln, die dem Vertragstyp widersprechen
Exakte und vollständige Leistungsbeschreibung (§ 7 VOB/A)	• Anforderungen gemäß § 7 Abs. 1 und 2 und 9–12 VOB/A und DIN 18299 Abschnitt 0 • Allgemeine Richtlinien 100 des VHB zu Vergabeverfahren • Aufnahme Besonderer Leistungen gemäß DIN 18299 Abschnitt 0.4.2 und 4.2.1 bis 4.2.18

	• VOB/C: Abschnitte 0 und 4 der einschlägigen DIN beachten • Standardleistungsbuch oder standardisierte Leistungsbeschreibungen als Checkliste • Festlegung von besonderen, von den DIN abweichenden oder diese ergänzenden Maßtoleranzen • Festlegung von besonderen, von den DIN abweichenden oder diese ergänzenden Abrechnungsvorschriften
Funktionale Leistungsbeschreibung mit Leistungsprogramm (§ 7 Abs. 13–15 VOB/A)	• Festsetzung einer Entschädigung für Bieter gemäß § 8 Abs. 8 Nr. 1 VOB/A geboten, jedoch nur zu zahlen, soweit vereinbart • Leistungsbeschreibung mit Leistungsprogramm für Teilgewerke
Schiedsgerichtsvereinbarung (§ 8 Abs. 10 VOB/A)	• Formerfordernis beachten: bei Kaufleuten wechselseitige schriftliche Dokumentation (vgl. § 1031 ZPO) Schriftform, bei Verbrauchern in eigenständigem unterschriebenen separaten Dokument • Schiedsordnung (SOBau) der ARGE Baurecht im DeutschenAnwaltVerein oder Streitlösungsordnung für das Bauwesen (SL Bau), herausgegeben vom Deutschen Beton-Verein e. V., Wiesbaden, und der Deutschen Gesellschaft für Baurecht e. V., Frankfurt

4.8 Zusammenfassung in Leitsätzen

855

1. Die VOB/B weist gegenüber dem BGB-Werkvertragsrecht diverse Unterschiede auf. Teilweise führen diese zu einer Besserstellung des Auftraggebers, teilweise zu einer des Auftragnehmers. Daneben gibt es eine Vielzahl von neutralen Abweichungen. Sie sind vor allem dadurch gekennzeichnet, dass sie typische bauvertragliche Sachverhalte präzise regeln.
2. Die VOB/B enthält zahlreiche Lücken, die durch Vereinbarungen der Parteien auszufüllen sind. Ebenso sieht die VOB/B an verschiedenen Stellen Öffnungsklauseln für anderweitige die VOB/B modifizierende Vereinbarungen vor. In diesen Fällen können die Vertragsparteien in gesonderten Vertragsbedingungen – zumeist in ihren Besonderen oder Zusätzlichen Vertragsbedingungen – Einzelheiten regeln. Soweit diese den angemessenen Ausgleich zwischen den Vertragsparteien nicht stören, geht dadurch die gegenüber Unternehmen und der öffentlichen Hand bestehende Gesamtprivilegierung der VOB/B mit einer Freistellung von der AGB-Inhaltskontrolle nicht verloren.
3. Im Bauvertragsrecht gibt es wie in anderen Rechtsgebieten eine sehr verzweigte Rechtsprechung zu der Wirksamkeit bzw. Unwirksamkeit von AGB-Klauseln. Diese ist jeweils im Einzelfall zu prüfen. Dabei kommt es auch darauf an, ob die jeweilige Klausel vom Auftraggeber oder vom Auftragnehmer gestellt wird.
4. Die VOB regelt verschiedene Bauvertragstypen. Im Vordergrund steht als Normalfall der Einheitspreisvertrag. Häufig kommt daneben der Pauschalvertrag vor, weniger der Stundenlohn- und allenfalls im Ausnahmefall der Selbstkostenerstattungsvertrag.
5. Kennzeichen des Einheitspreisvertrages ist die Tatsache, dass hier nur der Einheitspreis feststeht. Die tatsächlich zu zahlende Vergütung hängt dagegen von den später konkret auszuführenden und durch Aufmaß zu ermittelnden Massen ab, die mit dem Einheitspreis multipliziert

4.8 Zusammenfassung in Leitsätzen

werden. Beim Pauschalvertrag sind die Mengen demgegenüber pauschaliert. Weichen diese von denen der Ausschreibung (soweit dort überhaupt welche angegeben sind) ab, kommt es zumindest in der Regel zu keiner Anpassung des Pauschalpreises. Dies wäre nur dann der Fall, wenn z. B. Mehrmengen auf Leistungsänderungen zurückgehen.

6. Herzstück eines jeden Bauvertrages ist die Leistungsbeschreibung. Sie bestimmt das Leistungssoll als Grundlage der vertraglichen Leistungspflicht des Auftragnehmers. Aus ihr lässt sich ersehen, ob der Auftragnehmer mangelhaft bzw. mangelfrei gearbeitet hat. Ebenso lässt sich nur mit einem Abgleich zum Leistungssoll bzw. der diesem zugrunde liegenden Leistungsbeschreibung klären, ob bei einem gestellten Nachtrag eine schon vom Vertrag und der Vergütung abgedeckte Leistung oder tatsächlich eine Zusatzleistung vorliegt.
7. Bei der Leistungsbeschreibung gibt es zwei Arten, nämlich zum einen die Leistungsbeschreibung mit Leistungsverzeichnis, zum anderen die Leistungsbeschreibung mit Leistungsprogramm (funktionale Beschreibung). Nur bei Ersterer liegt in der Regel bei Vergabe schon eine taugliche Planung vor, während sie im zweiten Fall zumeist vom Auftragnehmer noch zu erstellen ist.
8. Die präzise Aufstellung einer Leistungsbeschreibung wird durch verschiedene Hilfsmittel unterstützt, auf die der Ausschreibende zurückgreifen kann und sollte. Hierzu gehören u. a. die Hinweise in der VOB/C, aber auch die Vorgaben zu den technischen Spezifikationen gemäß § 7 Abs. 3 ff. VOB/B.

5 Die Bauausführung bis zur Abnahme

Übersicht

	Rdn.
5.1 Begriff der Bauleistung	857
5.1.1 Bauwerksleistung	859
5.1.2 Grundstücksarbeiten	866
5.1.3 Weitere Bauleistungen i. S. d. § 1 VOB/A	867
5.1.4 Keine Bauleistungen i. S. d. § 1 VOB/A	868
5.2 Bestimmung der geschuldeten Bauleistung (Leistungssoll) – Grundlagen	869
5.3 Bedeutung der Vertragsauslegung zur Bestimmung der Bauleistung	873
5.3.1 Grundsatz des Vorrangs der Vertragsauslegung	874
5.3.1.1 Ganzheitliche Vertragsauslegung	875
5.3.1.2 Auslegung unter Einbeziehung sonstiger Vorschriften	876
5.3.1.3 Wortlaut der Leistungsbeschreibung/objektive Empfängersicht	877
5.3.2 Rangfolgenregelung in § 1 Abs. 2 VOB/B	888
5.3.3 Bestimmung des Leistungssolls unter Einbeziehung der VOB/B	889
5.3.4 Bestimmung des Leistungssolls unter Einbeziehung der VOB/C (ATV/DIN)	890
5.3.5 Bestimmung des Leistungssolls unter Einbeziehung der anerkannten Regeln der Technik – Abgrenzung zu ATV/DIN bzw. Eurocodes (EN)	897
5.3.6 Vorrang der Vertragsauslegung vor den DIN/anerkannten Regeln der Technik	906
5.3.7 Bestimmung der Leistungspflicht durch Herstellerangaben	910
5.3.8 Stand der Bautechnik	911
5.3.9 Bestimmung des Leistungssolls bei öffentlicher Ausschreibung/unter Einbeziehung der VOB/A	912
5.3.10 Berücksichtigung des Angebotsschreibens	915
5.3.11 Kein eindeutiges Auslegungsergebnis	916
5.4 Leistungssoll nach Änderungen des Bauvertrages	918
5.4.1 Leistungspflichten des Unternehmers bei Änderungen des Bauentwurfs durch den Auftraggeber	919
5.4.2 Leistungspflichten des Unternehmers zur Ausführung notwendiger Zusatzleistungen	929
5.4.3 Keine Erweiterung des Leistungssolls nach Anordnungen Dritter	934
5.5 Leistungspflichten und Verantwortung des Auftragnehmers	940
5.5.1 Pflichten des Auftragnehmers vor Beginn der Arbeiten nach der VOB/B	941
5.5.2 Pflichten des Auftragnehmers während der Bauausführung nach VOB/B	944
5.5.2.1 Eigenverantwortliche und vertragsgemäße Ausführung der Leistungen (§ 4 Abs. 1 und 2 VOB/B)	945
5.5.2.2 Erhaltungs- und Schutzpflichten (§ 4 Abs. 5 VOB/B)	953
5.5.2.3 Einhaltung der Vertragsfristen (§ 5 Abs. 1 VOB/B)	955
5.5.2.4 Prüfungs- und Hinweispflicht/Bedenkenmitteilung nach § 4 Abs. 3 VOB/B	956
5.5.2.5 Herausgabe von Planunterlagen	965
5.5.3 Rechtsfolgen bei Pflichtverletzung	967
5.5.3.1 Mängel vor Abnahme (§ 4 Abs. 6 und 7 VOB/B)	968
5.5.3.2 Bauzeitverzögerung im Ausführungsstadium	1026
5.5.3.3 Schadensersatz bei Nebenpflichtverletzung	1027
5.5.3.4 Gesondert geregelte Rechtsfolgen	1028
5.5.4 Rechtslage beim BGB-Werkvertrag	1029
5.5.4.1 Mängelrechte des Auftraggebers vor Abnahme	1030
5.5.4.2 Rücktritts- und Schadensersatzansprüche sowie Kündigungsrecht vor der Abnahme	1034
5.5.4.3 Verletzung von Nebenpflichten	1042
5.6 Die Mitwirkungspflichten des Auftraggebers bei der Bauausführung	1043
5.6.1 Die Mitwirkungspflichten der VOB im Einzelnen	1046
5.6.1.1 Rechtzeitige Übergabe der Ausführungsunterlagen, Pläne, Zeichnungen usw. (§ 3 Abs. 1 VOB/B)	1047
5.6.1.2 Abstecken der Hauptachsen der baulichen Anlagen (§ 3 Abs. 2 VOB/B)	1051
5.6.1.3 Feststellung des Zustandes von Straßen u. a. (§ 3 Abs. 4 VOB/B)	1053
5.6.1.4 Aufrechterhaltung der allgemeinen Ordnung auf der Gesamtbaustelle (§ 4 Abs. 1 Nr. 1 S. 1 VOB/B)	1055

		Rdn.

5.6.1.5 Regelung des Zusammenwirkens der verschiedenen Unternehmer
(§ 4 Abs. 1 Nr. 1 S. 1 VOB/B) 1060

5.6.1.6 Herbeiführung der erforderlichen öffentlich-rechtlichen Genehmigungen und Erlaubnisse
(§ 4 Abs. 1 Nr. 1 S. 2 VOB/B) 1062

5.6.1.7 Unentgeltliche Überlassung von Lager- und Arbeitsplätzen und Anschlüssen
(§ 4 Abs. 4 VOB/B) 1064

5.6.2 Die rechtliche Einordnung der für die Vertragsdurchführung gebotenen Mitwirkungshandlungen 1066

5.6.2.1 Mitwirkungspflichten gemäß VOB/B 1068

5.6.2.2 Mitwirkungshandlungen außerhalb der Regelungen der VOB/B ... 1072

5.6.3 Rechtsfolgen bei Verletzung der Mitwirkungspflichten/Obliegenheiten des Auftraggebers 1084

5.7 Zusammenfassung in Leitsätzen 1085

Durch den Abschluss des Bauvertrages werden der Auftragnehmer zur Erbringung der im Vertrag festgelegten Bauleistung und der Auftraggeber zur Entrichtung der vereinbarten Vergütung verpflichtet. In diesem Verhältnis der sich gleichrangig und gleichgewichtig gegenüberstehenden beiderseitigen Vertragspflichten ist aber der **Unternehmer** grundsätzlich **vorleistungspflichtig**. Denn sein Vergütungsanspruch wird sowohl nach der gesetzlichen Regelung als auch nach den Vertragsbedingungen der VOB/B erst fällig, wenn seine Bauleistung vom Auftraggeber abgenommen worden ist (vgl. § 641 BGB). Deshalb ist vorrangig die vom Auftragnehmer zu erbringende Bauleistung zu behandeln, deren ordnungsgemäße und vertragsgerechte Ausführung allerdings auch die Erfüllung von Mitwirkungspflichten seitens des Auftraggebers erfordert. Dieses Stadium der eigentlichen Bauausführung endet schließlich mit der Abnahme der Bauleistung durch den Auftraggeber. 856

5.1 Begriff der Bauleistung

Die VOB als Vertragsordnung für Bauleistungen kann gegenüber Unternehmen bzw. der öffentlichen Hand ohne Weiteres, d. h. unter Beibehaltung der Privilegierung mit einer Freistellung von einer AGB-Inhaltskontrolle (s. dazu Rdn. 481 ff.), grundsätzlich nur vereinbart werden für Verträge, die Bauleistungen zum Gegenstand haben. Daraus ergibt sich einerseits eine Abgrenzung zur VOL (Vergabe- und Vertragsordnung für Leistungen) und andererseits zu den übrigen Werkverträgen (z. B. Architektenvertrag), für die allein das gesetzliche Werkvertragsrecht zur Anwendung kommen kann. Mit dieser Maßgabe enthält § 1 VOB/A folgende Definition von Bauleistungen: 857

»**Bauleistungen** sind Arbeiten jeder Art, durch die eine bauliche Anlage hergestellt, instand gehalten, geändert oder beseitigt wird.«

Unter **Bauarbeiten** versteht man somit alles, was Gegenstand der Errichtung einer **baulichen Anlage** sein kann. Hierbei handelt es sich um einen Oberbegriff. Gemeint sind damit Arbeiten **an einem Bauwerk** und **an einem Grundstück**, ggf. auch an beweglichen Sachen. Diese Definition ist einerseits wichtig, um den Kreis möglicher Bauleistungen zu bestimmen. Sie ist ebenso von entscheidender Bedeutung, soweit es um die einschlägigen Gewährleistungsbestimmungen geht. Denn gerade sie unterscheiden in § 634a Abs. 1 BGB bzw. § 13 Abs. 4 VOB/B, ob Gegenstand eines Vertrages **Bauwerks**leistungen oder **sonstige Bauleistungen** an (beweglichen oder unbeweglichen) Sachen sind.

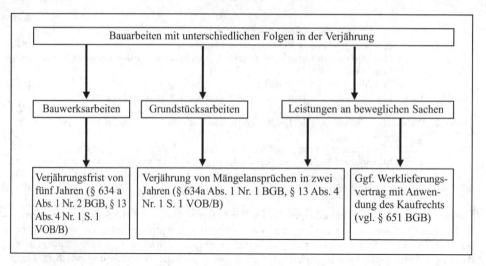

858 Vorstehende Abgrenzung der Bauleistungen/Bauwerksarbeiten spielt aber nicht nur eine Rolle im unmittelbaren Bauvertragsrecht, sondern etwa auch bei der Anwendung der **Unfallverhütungsvorschriften**. So beschränkt die Unfallverhütungsvorschrift »Bauarbeiten« (BGV C22, früher: VBG 37) ihren Anwendungsbereich ausdrücklich nur auf Bauarbeiten und bauliche Anlagen. In § 2 finden sich dazu folgende Begriffsbestimmungen:
- Nach Absatz 1 sind Bauarbeiten Arbeiten zur Herstellung, Instandhaltung, Änderung und Beseitigung von baulichen Anlagen einschließlich der vorbereitenden und abschließenden Arbeiten.
- Gemäß Absatz 3 handelt es sich bei **baulichen Anlagen** um mit dem Erdboden verbundene, aus Baustoffen und Bauteilen hergestellte Anlagen. Eine Verbindung mit dem Boden besteht auch dann, wenn die Anlage durch eigene Schwere auf dem Boden ruht oder auf ortsfesten Bahnen begrenzt beweglich oder wenn die Anlage nach ihrem Verwendungszweck dazu bestimmt ist, überwiegend ortsfest benutzt zu werden. Aufschüttungen und Abgrabungen sowie künstliche Hohlräume unterhalb der Erdoberfläche gelten als bauliche Anlagen. Nach den Erläuterungen zu diesen Bestimmungen gehören zu den vorbereitenden und abschließenden Arbeiten z. B. das Einrichten oder Abräumen von Baustellen einschließlich der Bereitstellung, Aufstellung, Instandhaltung und des Abbaus aller Gerüste, Geräte, Maschinen und Einrichtungen.
- Zu den **Bauarbeiten** zählen sodann nach Absatz 2 derselben Regelung u. a. Arbeiten unter Tage, z. B. das Herstellen von Stollen, Tunnels, Kavernen und Schächten. Auch werden den Bauarbeiten Arbeiten im Zusammenhang mit Bohrungen zugerechnet, z. B. das Herstellen von Bohrpfahlfüßen, die Fundamentherstellung und das Verlegen von Bewehrung in Bohrungen, das Herstellen der Drainung in gebohrten Sickerwänden, die Beseitigung von Bohrhindernissen sowie **Bodenuntersuchungen** und ähnliche Arbeiten einschließlich des Befahrens von Bohrungen. Zu den baulichen Anlagen zählen auch Stahl-, Stahlverbund- und Metallbauten, wie z. B. Stahlbrücken, Stahlhochbauten, Maste, Türme, Stahlwasserbauten, Hochofenanlagen, Behälter, Apparate und Großrohrleitungen.

Nicht anwendbar ist die Unfallverhütungsvorschrift nach § 1 Abs. 2 dagegen z. B. bei
- Arbeiten an fliegenden Bauten;
- der Herstellung, Instandhaltung und dem Abwracken von Wasserfahrzeugen und schwimmenden Anlagen;
- der Anlage und dem Betrieb von Steinbrüchen über Tage, Gräbereien und Haldenabtragungen;
- Arbeiten an oder in Leitungen für Gase und Gasgemische.

Zur Erläuterung wird ausgeführt, dass fliegende Bauten solche baulichen Anlagen sind, die geeignet und in der Regel auch dazu bestimmt sind, wiederholt aufgestellt und zerlegt zu werden. Baustelleneinrichtungen und Behelfsbauten auf Baustellen (z. B. Gerüste, Winterbauhallen, Baracken) gehören

5.1 Begriff der Bauleistung

allerdings nicht zu den fliegenden Bauten, stellen also Bauarbeiten im Sinne der Unfallverhütungsvorschriften dar.

Wird die Bedeutung der richtigen Definition der Bau(werks)leistungen danach klar, sollen diese wie folgt im Einzelnen erläutert werden.

5.1.1 Bauwerksleistung

Ausgehend von der Definition des § 1 VOB/A gehören zu den Bauarbeiten zunächst **bauhandwerkliche oder bauindustrielle Maßnahmen**, mit denen **Bauwerke** unmittelbar geschaffen, erhalten, verändert oder beseitigt werden. Dabei ist als Bauwerk eine **unbewegliche**, durch Verwendung von Material und Arbeit in Verbindung **mit dem Erdboden hergestellte Sache** anzusehen (z. B. ein Haus). Unbeachtlich ist, ob sich das Bauwerk über oder unter der Erde befindet. Demzufolge sind etwa Arbeiten zur Errichtung eines Kellers ebenfalls Bauwerksarbeiten (KG, JW 1933, 1335). Diese Definition hört sich klar an, wirft jedoch in der Praxis Abgrenzungsprobleme auf. Auf wichtige Leistungen, die zu den Bauwerksleistungen zählen, soll hingewiesen werden: 859

- **Bauteile oder Bauglieder**
  Da nach der VOB zu den Bauleistungen grundsätzlich Bauarbeiten jeder Art gehören, liegt nicht nur dann ein Bauwerk und damit eine Bauwerksarbeit vor, wenn es sich um das Werk als Ganzes handelt. Vielmehr fallen darunter auch die Herstellung der einzelnen Bauteile und Bauglieder, unabhängig davon, ob sie einen äußerlich hervortretenden, in sich abgesetzten Teil des ganzen Baus darstellen (RGZ 57, 377; RGZ 63, 317; Ingenstau/Korbion/Korbion, VOB/A § 1 Rn. 12). 860

  > ▶ Beispiel (nach BGH, Urt. v. 21.12.1955 – VI ZR 246/54, BGHZ 19, 319, 321 f. = NJW 1956, 1195)
  >
  > Der Auftragnehmer wird mit der Erneuerung eines Schieferdaches beauftragt. Hierbei handelt es sich um eine klassische Bauwerksleistung.

- **Ausbesserungs- und Umbauarbeiten/Instandsetzungsarbeiten**
  Bei Bauwerksarbeiten muss es sich nicht um die Herstellung eines neuen Bauwerks handeln; stattdessen können sie auch Arbeiten betreffen, die sich auf die Erneuerung, die Veränderung oder auf die Beseitigung eines bestehenden Bauwerks oder Gebäudes beziehen. Dies gilt zumindest dann, wenn die Arbeiten für die Erneuerung oder den Bestand des Gebäudes von wesentlicher Bedeutung sind. 861

  > ▶ Beispiel (nach BGH, Urt. v. 20.09.1983 – VII ZR 360/82, BauR 1984, 64 f. = NJW 1984, 168)
  >
  > Der Auftraggeber beauftragt den Auftragnehmer mit der Kellerisolierung. Hierin liegt eine Bauwerksleistung – zumal die eingebauten Teile mit dem Gebäude fest verbunden werden (vgl. hier die aufgebrachte Isolierschicht).

Unter denselben Voraussetzungen zählen zu den Bauwerksarbeiten **Instandsetzungsarbeiten** (vgl. etwa BGH, Urt. v. 20.09.1983 – VII ZR 360/82, BauR 1984, 64 f. = NJW 1984, 168; BGH, Urt. v. 07.05.1987 – VII ZR 366/85, BGHZ 100, 391, 396 f. = BauR 1987, 439, 441 f. = NJW 1988, 490, 491).

> ▶ Beispiel (nach BGH, Urt. v. 07.05.1987 – VII ZR 366/85, a. a. O.)
>
> Nach dem Vertrag hat der Auftragnehmer u. a. das Dach vollständig neu zu decken, die Be- und Entwässerungsanlage sowie die gesamte Elektrik mit mehreren Stromkreisen je Wohnung zu erneuern, die Öfen durch eine Ölzentralheizung mit Warmwasserbereitungsanlage und Erdtank zu ersetzen, im Keller für jede Wohnung einen Hobbyraum auszubauen und den Trockenraum so zu »konzipieren«, dass er als Partykeller genutzt werden kann. Derart umfassende Instandsetzungsarbeiten zählen zu den Bauwerksleistungen.

Andererseits fällt nicht jede **Reparatur** an einem Gebäude schon unter den Begriff der Bauwerksarbeit (BGH, Urt. v. 21.12.1955 – VI ZR 246/54, BGHZ 19, 319, 321 f. = NJW 1956, 1195)

▶ Beispiel (nach OLG Hamm, Urt. v. 28.10.1998 – 12 U 99/97, BauR 1999, 766, 767 = NJW-RR 1999, 462)

Der Auftragnehmer wird mit reinen Ausbesserungsarbeiten an einem neu verlegten Parkett beauftragt. Hier fehlt es an der für eine Bauwerksleistung notwendigen inneren Verbundenheit der Ausbesserungsleistung zu dem Bauwerk.

Demgegenüber werden seit jeher **Umbauarbeiten** an einem Gebäude als Bauwerksarbeiten angesehen, wenn sie aufgrund eines nach den Grundsätzen der geschuldeten Werkherstellung ausgerichteten Vertrages geleistet und zufolge ihres bestimmungsgemäßen Inhalts und Umfanges für die Konstruktion, sei es des ganzen Gebäudes, sei es eines Gebäudeteils, von wesentlicher Bedeutung sind oder sogar dauerhaft mit ihm verbunden werden (BGH, Urt. v. 08.01.1970 – VII ZR 35/68, BauR 1970, 47; BGH, Urt. v. 30.03.1978 – VII ZR 48/77, BauR 1978, 303 = NJW 1978, 1522).

▶ Beispiel

In ein Lagerhaus werden zur Verstärkung der die Decken des Kellers und des Erdgeschosses tragenden Eisenkonstruktion neue Säulenreihen und Unterzugsträger eingebaut. Dies ist eine Bauwerksleistung.

- **Scheinbestandteile**

862 Nicht selten geht es bei Bauverträgen um reine Scheinbestandteile, die mangels dauerhafter Verbindung zum Grundstück nach deren Errichtung nicht zum wesentlichen Grundstücksbestandteil werden. Für die Bauwerkseigenschaft ist insoweit entscheidend, ob sich aus der beabsichtigten und ausgeführten ortsfesten Verwendung die spezifischen Risiken für Gebäude ergeben, weswegen in diesen Fällen z. B. nach § 634a Abs. 1 S. 2 BGB auch eine verlängerte Gewährleistung besteht. Dabei kommt es maßgeblich auf die **Dauer** und die **Funktion eines Gebäudes** an dieser Stelle sowie sonst auf eine hinreichende Verbindung zum Grundstück an (z. B. die technische Anbindung und Verankerung wie fundamentähnlicher Sockel, Verschraubungen der Elemente untereinander, Festanschluss an Versorgungs- und Abwasserleitungen sowie massive Zugangstreppe).

▶ Beispiel (nach BGH, Urt. v. 30.01.1992 – VII ZR 86/90, BGHZ 117, 121, 123 ff. = BauR 1992, 369, 370 f. = NJW 1992, 1445)

Der Auftragnehmer soll nach seinem Bauvertrag einen für eine gewisse Zeitdauer dort vorgesehenen (ortsfesten) Container (zum Blumenverkauf) errichten. Ähnlich wie sonstige bewegliche Gebäudeteile, die wie Fenster und Türen, ein Schwimmbad aus Fertigteilen, eine Alarmanlage oder eine Einbauküche, ohne besondere Beeinträchtigung ihrer Substanz wieder entfernt werden können, werden solche Container nach Errichtung nicht wesentlicher Grundstücksbestandteil, sondern sind Scheinbestandteil. Gleichwohl liegt eine Bauwerksleistung vor. Für diese Zuordnung zu den Arbeiten bei Bauwerken ist nämlich auf den Zweck des Gesetzes abzustellen und damit auf das spezifische Risiko, das mit der Gebäudeerrichtung verbunden ist.

Ähnlich entschieden wurde dies für ein Zirkuszelt, das massiv im Boden verankert wurde und etwa längerfristig (hier als Reithalle) benutzt werden sollte. Dass das Bauwerk ggf. später zerstörungsfrei wieder entfernt werden kann, ist für die Bauwerkseinstufung unbeachtlich (OLG Hamm, Urt. v. 06.06.2007 – 12 U 33/07, Nichtzul.-Beschw. zurückgew., BGH, Beschl. v. 11.10.2007 – VII ZR 131/07, BauR 2008, 140 [Ls.])

- **Fertighausverträge**

863 Auch der Auftragnehmer eines sog. Fertighausvertragvertrages erbringt i. d. R. Bauwerksleistungen, wenn mit dem Vertrag eine **Errichtungsverpflichtung des Herstellers** oder Lieferanten ver-

bunden ist (vgl. BGH, Urt. v. 10.03.1983 – VII ZR 301/82, BauR 1983, 261, 262 = NJW 1983, 1491; BGH, Urt. v. 06.12.1979 – VII ZR 313/78, BGHZ 76, 43, 46 = BauR 1980, 167, 168 = NJW 1980, 829). Ausschlaggebende Bedeutung kommt dabei allerdings den vom Unternehmer übernommenen Verpflichtungen zu (s. auch oben Rdn. 406 f.). Hat dieser das genormte Baumaterial, also die Fertigteile, nur zu liefern, so erbringt er keine Bauleistung; es gelten dann vielmehr die Vorschriften des Kaufvertragsrechts (vgl. § 651 S. 1 BGB sowie auch BGH, Urt. v. 15.04.2004 – VII ZR 291/03, BauR 2004, 1152, 1153 = NJW-RR 2004, 1205 f.).

- **Bauvorbereitungsarbeiten**

864 Als Bauwerksarbeiten gelten nicht allein die unmittelbaren Tätigkeiten am Bau selbst, sondern wegen des untrennbaren Zusammenhangs hierzu auch Arbeiten zur Vorbereitung der eigentlichen Bauarbeiten, wie z. B. **Gerüstaufbauten**, die Einrichtung eines Lagers an der Baustelle, vorbereitende Erdarbeiten usw. Selbst isoliert vergebene Ausschachtungsarbeiten sind Bauwerksarbeiten, soweit sie bereits für die Errichtung des Bauwerks erfolgen (BGH, Urt. v. 24.03.1977 – VII ZR 220/75, BGHZ 68, 208, 210 ff. = BauR 1977, 203, 204 f. = NJW 1977, 1146 f.). Dasselbe gilt für Arbeiten zur Reinigung des Erdreichs (KG, Beschl. v. 21.12.2009 – 2 Verg 11/09, BauR 2010, 958 [Ls.] = VergabeR 2010, 501, 503). Im Einzelfall können auch Planungsleistungen, z. B. statische Berechnungen zu den Bauwerksarbeiten gehören. Dies gilt zumindest dann, sofern diese vom bauausführenden Unternehmer auf der Grundlage eines Bauvertrages, dem die VOB/B zugrunde liegt, im unmittelbaren und untrennbaren Zusammenhang mit der in Auftrag gegebenen Bauleistung auszuführen sind und die Bauleistung selbst im Vordergrund steht (Ingenstau/Korbion/Korbion, § 1 Rn. 29 ff.). Dies kommt in Bezug auf **Planungsarbeiten** vor allem bei Vergaben mittels Leistungsprogramm, bei einem Nebenangebot und bei Vergaben in schlüsselfertiger Ausführung in Betracht. Dabei ist aber stets unabdingbare Voraussetzung, dass diese Vorbereitungstätigkeiten, die für sich allein keine eigentlichen Bauwerksarbeiten sind, in untrennbarem und unmittelbarem Zusammenhang mit Leistungen stehen.

865 Insgesamt lässt sich die Begriffsbestimmung der **Bauwerksarbeiten** am besten durch eine stichwortartige Wiedergabe von Schlagworten aus verschiedenen zu dieser Frage ergangenen Gerichtsentscheidungen verdeutlichen. Danach gelten als Arbeiten bei einem Bauwerk i. S. von § 638 BGB bzw. § 13 Abs. 4 VOB/B:
- die Errichtung von Gebäuden, selbstständigen Kellern, Brücken, Straßen, Leitungsmasten, Masten einer Flutlichtanlage, Trägern einer Seilbahn, Denkmälern;
- die Erneuerung eines großen Teils einer Hofdecke und die Erstellung einer Makadamdecke auf einem Tankstellengelände;
- Arbeiten, die der Grundwasserabsenkung oder -vorhaltung dienen; die Erstellung einer mit Einsteigeschächten versehenen, nach Schmutz- und Tageswasser getrennten Kanalanlage;
- die Errichtung eines Rohrbrunnens, wenn das tief in die Erde reichende Rohrwerk mit der Erde – z. B. durch die Schwere des langen, nach den Regeln der Technik und Statik erstellten Rohrstranges – eine innige Verbindung eingegangen ist;
- die Errichtung von Stahltürmen oder Förderanlagen in einem Grubenschacht, auch wenn sie später wieder abgebaut werden können;
- die Verlegung eines Korkestrichs auf einem Dach;
- der Anstrich einer Hausfassade;
- die Lieferung und Montage von Schaufensterrahmen;
- Erdarbeiten zur Errichtung eines Bauwerks (s. Nachweise oben Rdn. 864);
- Außenisolierungsarbeiten am Kellermauerwerk;
- Verlegung von Drainrohren zur Beseitigung von Kellernässe;
- Einbau neuer Fenster in ein bestehendes Bauwerk (LG Düsseldorf, Urt. v. 07.03.1990 – 23 S 347/89, BauR 1990, 732 = NJW-RR 1990, 916 f.);
- Nachträglicher Einbau einer Einbauküche in Eigentumswohnungen (BGH, Urt. v. 15.02.1990 – VII ZR 175/89, BauR 1990, 351 f. = NJW-RR 1990, 787, 788); ebenso der Einbau einer Einbauküche nach Einbauplan (BGH, Urt. v. 15.02.1990 – VII ZR 175/89, BauR 190, 351, 352 = NJW-RR 1990, 787, 788

- Einbau eines Kachelofens (OLG Koblenz, Urt. v. 24.02.1994 – 5 U 1436/93, BauR 1995, 395);
- die Arbeitsraumverfüllung (OLG Düsseldorf, Urt. v. 22.07.1994 – 22 U 15/94, BauR 1995, 244 ff. = NJW-RR 1995, 214 f.);
- die Anbringung einer Leuchtreklame an einem Ladengeschäft (OLG Hamm, Urt. v. 27.06.1994 – 17 U 53/93, BauR 1995, 240, 241 f. = NJW-RR 1995, 213 f.; a. A. immerhin OLG Hamm, Urt. v. 24.1.1990 – 25 U 62/89; BauR 1990, 642 [Ls.] = NJW-RR 1990, 789);
- Umfangreiche Malerarbeiten zur vollständigen Renovierung eines Hauses (BGH, Urt. v. 16.09.1993 – VII ZR 180/92, BauR 1994, 101 f. = NJW 1993, 3195);
- die Terrassenerneuerung (OLG Hamburg, Urt. v. 11.05.1994 – 12 U 35/93, BauR 1995, 242);
- Arbeiten an einem Heizöltank (OLG Hamm, Urt. v. 22.03.1995 – 12 U 97/94, NJW-RR 1996, 919, 920 = IBR 1995, 521).

5.1.2 Grundstücksarbeiten

866 Zu den Bauleistungen i. S. d. § 1 VOB/A gehören auch (reine) Grundstücksarbeiten. Hierzu zählen die auf das Grundstück beschränkten Arbeiten wie etwa die **Leistungen im Landschaftsbau** (DIN 18320): Diese stellen zwar Bauleistungen dar, beziehen sich aber nicht auf Bauwerke.

> **Beispiel (nach OLG München, Urt. v. 12.10.2010 – 9 U 5711/09, NJW-RR 2011, 379, 380 = BauR 2012, 1148 [Ls.])**
>
> Der Auftragnehmer wird mit der aufwendigen Neuerrichtung eines Fußballtrainingsplatzes beauftragt. Hierbei handelt es sich zwar um eine Bauleistung, nicht aber um eine solche zur Herstellung eines Bauwerkes. Denn der Fußballplatz hat keine dienende Funktion für ein Gebäude; stattdessen geht es allein um die Verbesserung des Bodens, weswegen eine reine Grundstücksarbeit vorliegt.

Dasselbe gilt für isoliert vergebene Abbrucharbeiten oder Leistungen zur **Entsorgung von Altlasten**: Auch sie stellen keine Arbeiten an einem Bauwerk dar, selbst wenn sie zur Vorbereitung von Bauwerksarbeiten erfolgen (BGH, Urt. v. 09.03.2004 – X ZR 67/01, BauR 2004, 1798 f. = NJW-RR 2004, 1163). Entsprechendes gilt für isoliert vergebene Rodungsarbeiten zur Baufeldfreimachung, um danach dort das Gebäude zu errichten (BGH, Beschl. v. 24.02.2005 – VII ZR 86/04, BauR 2005, 1019, 1020 = NJW-RR 2005, 750). Allerdings: Werden in einem einheitlichen Bauvertrag sowohl Arbeiten an einem Bauwerk als auch Arbeiten an einem Grundstück erfasst, ist nicht eine Aufteilung in der Weise vorzunehmen, dass die mit dem Bauwerk nicht zusammenhängenden Leistungen als Arbeiten am Grundstück (bzw. nunmehr »andere Werke«) und die übrigen Leistungen als »Arbeiten an einem Bauwerk« einzuordnen sind; vielmehr handelt es sich in einem solchen Fall für den beide Bereiche umfassenden Gesamtauftrag insgesamt um Arbeiten an einem Bauwerk (OLG Düsseldorf, Urt. v. 15.05.2012 – 23 U 118/11, BauR 2012, 1429, 1430).

5.1.3 Weitere Bauleistungen i. S. d. § 1 VOB/A

867 Zu dem Kreis der weiteren Bauleistungen gehören all diejenigen Arbeiten, die zwar Anteil an der Herstellung, Instandhaltung, Änderung oder Beseitigung einer baulichen Anlage haben, ohne aber selbst Bauwerksleistung oder Grundstücksarbeit zu sein. Der Anwendungsbereich ist nicht mehr allzu groß. Zu nennen sind hier vor allem die sog. **logistischen Vorbereitungs- und Hilfsarbeiten** im Zusammenhang mit einem Bauvorhaben, die isoliert vergeben werden. Dies gilt etwa für die gesondert vergebenen Gerüststellungsarbeiten. Diese zählen nach der DIN 18451 als Vorschrift der ATV/VOB/C zweifellos zu den Bauarbeiten, ohne aber selbst Bauwerksleistung zu sein (OLG Zweibrücken, Urt. v. 29.09.1980 – 2 U 11/80, BauR 1981, 294, 295; a. A. OLG Köln, Urt. v. 26.03.1999 – 4 U 47/98, BauR 2000, 1874).

5.1.4 Keine Bauleistungen i. S. d. § 1 VOB/A

Nach Vorstehendem fallen dagegen diverse Arbeiten nicht unter den Begriff der Bauleistungen, obwohl sie in der Regel auch im Zusammenhang mit einem Bauvorhaben erbracht werden. Dies soll in folgender tabellarischer Übersicht verdeutlicht werden: 868

Architekten- und Planungsleistungen	Reine Architekten-, Ingenieur- oder Statikerleistungen sind keine Bauarbeiten im Sinne des § 1 VOB/A, obwohl sie ihrem Charakter nach werkvertraglicher Art sind. Für sie kann die VOB/B daher nicht mit ihrer AGB-Privilegierung vereinbart werden. Andererseits ist es aber zulässig, in einem Generalunternehmervertrag über die schlüsselfertige Errichtung eines Gebäudes oder Bauwerks unter Einbeziehung eines erheblichen Teils der Planungsleistungen die VOB/B als Vertragsgrundlage vorzusehen. Dabei ist allerdings zu beachten, dass in diesem Fall die kurze Gewährleistungsfrist des § 13 Abs. 4 VOB/B nur für Ausführungsmängel zu den Bauleistungen des Generalunternehmers zur Anwendung kommt, während er für Mängel seiner Planung grundsätzlich gemäß § 634a Abs. 1 Nr. 2 BGB für 5 Jahren gewährleistungspflichtig ist (BGH, Urt. v. 17.09.1987 – VII ZR 166/86, BGHZ 101, 369, 373 ff. = BauR 1987, 702, 703 ff. = NJW 1988, 142, 143 f.; a. A. OLG Hamm, Urt. v. 16.12.1986 – 21 U 41/86, BauR 1987, 560 = NJW 1987, 2092 – s. dazu oben Rdn. 454 f.).
Renovierungs- und Reparaturarbeiten	Ebenso nicht unter die Bauleistungen i. S. d. § 1 VOB/A fallen einfache Renovierungsleistungen, die auf die Bausubstanz keine Auswirkung haben. Hier zählen etwa einfache Anstricharbeiten (BGH, Urt. v. 09.11.1961 – VII ZR 108/60, SFH Z 2.414 Bl. 106 und BGH, Urt. v. 07.01.1965 – VII ZR 110/63, Z 2. 414 Bl. 150), anders hingegen umfangreiche Malerarbeiten am gesamten Haus, die zu den Bauwerksleistungen zählen (BGH, Urt. v. 16.09.1993 – VII ZR 180/92, BauR 1994, 101 f. = NJW 1993, 3195). Ebenso wenig fallen hierunter einfache Reparaturarbeiten (s. o. Rdn. 861).
Leistungen der Werklieferungsunternehmer/Materiallieferanten	Keine Bauleistungen sind ferner die Arbeiten der Werklieferungsunternehmer. Für sie ist ausschließlich Kaufrecht anwendbar (§ 651 S. 1 BGB). Dies überrascht, da zumindest nach einem verbreiteten Verkehrsverständnis die Baubeteiligten zumeist ebenfalls von Bauleistungen ausgehen, was aber nach der klaren Regelung des § 651 BGB nicht der Fall ist. Hier kommt es allein darauf an, dass der Werklieferungsunternehmer mit der Lieferung von ihm herzustellender beweglicher Sachen beauftragt wird (s. BGH, Urt. v. 23.07.2009 – VII ZR 151/08, BGHZ 182, 140, 147 = BauR 2009, 1581, 1584 = NJW 2009, 2877, 2879 = NZBau 2009, 644, 646). Dies betrifft etwa die Hersteller von Türen, Treppen, Fenstern u. a. (s. dazu ausführlich oben Rdn. 396 ff.). Dabei ist unbeachtlich, dass die Parteien ihrem Vertrag die VOB zugrunde legen (OLG Nürnberg, Urt. v. 11.10.2005 – 9 U 804/05, BauR 2007, 122 f.)

	Ähnlich wie Werklieferungsunternehmer zählen nicht zu den Bauleistungen sämtliche sonstigen Materiallieferanten.
Bauträgervertrag	Gleichfalls nicht auf Bauleistungen i. S. d. § 1 VOB/A gerichtet sind die Bauträgerverträge im Verhältnis Bauträger/Erwerber. Dieses Vertragsverhältnis stellt eine Vertragsart sui generis dar. Sein Zweck besteht darin, dem Erwerber Eigentum an dem zunächst noch im Eigentum des Bauträgers stehenden Grundstück zu verschaffen, auf dem er dann zuvor ein Bauwerk zu errichten hat (vgl. zu den weiteren Eigenheiten des Bauträgervertrages Rdn. 97 ff.).
Baubetreuer	Nicht zu den Bauleistungen zählt außerdem die Tätigkeit der Baubetreuer (s. o. Rdn. 79 ff.). Diese haben abhängig von ihrer Beauftragung eine organisatorische, planerische, wirtschaftliche und finanzielle Aufgabenstellung übernommen mit dem Zweck der Errichtung eines Bauwerks. Sie erbringen damit aber keine Bauleistungen im eigentlichen Sinne, sondern eher wie ein Architekt Koordinierungs- und sonstige unterstützende Leistungen.
Bausatzverträge	Keine Bauleistungen erbringt zumindest in der Regel der Auftragnehmer eines sog. Bausatzvertrages für den Eigenbau von Wohnhäusern. Hierbei handelt es sich zumeist um ein typengemischtes Vertragsverhältnis, wobei aber der Schwerpunkt kaufrechtlicher Natur ist und nur einzelne Elemente werk- oder dienstvertraglicher Natur hinzukommen (BGH, Urt. v. 12.11.1980 – VIII ZR 338/79, BGHZ 78, 375, 377 ff. = BauR 1981, 190 f. = NJW 1981, 453, 454). Im Vordergrund steht dabei die Lieferung des Materials, das dem Erwerber gesondert übereignet wird und für ihn auch einen selbstständigen Wert darstellt. Daher dürfte es sich dabei letztlich um einen Werklieferungsvertrag im Sinne des § 651 S. 1 BGB handeln, weswegen über die dortige Verweisungsnorm Kaufrecht zur Anwendung kommt.
Lieferung mit Montageverpflichtung	Liefert der Unternehmer (nur) Großbauteile, die er selbst zuvor anderweitig erworben hat, kommt sogar unmittelbar Kaufvertragsrecht zur Anwendung. Dies gilt selbst dann, wenn der Unternehmer noch eine (untergeordnete) Montageverpflichtung übernimmt (OLG Schleswig, Urt. v. 07.09.2007 – 4 U 156/06, BauR 2007, 1939 = OLGR Schleswig 2007, 837 für die Lieferung, Aufstellung und Zusammenbau einer Windradanlage).

5.2 Bestimmung der geschuldeten Bauleistung (Leistungssoll) – Grundlagen

869   Mit Abschluss des Bauvertrages hat der Auftragnehmer die Leistung auszuführen. Optimalerweise ergibt sich dies eindeutig aus dem Bauvertrag, dem in aller Regel eine Leistungsbeschreibung zugrunde liegt. Dafür hat der Auftraggeber die vereinbarte Vergütung zu zahlen. Sodann leistet der Auftragnehmer vertragsgemäß, d. h. mangelfrei, wenn er den **geschuldeten Leistungserfolg** erzielt hat.

5.2 Bestimmung der geschuldeten Bauleistung (Leistungssoll) – Grundlagen

> **Beispiel**
>
> Der Auftragnehmer baut wie im Vertrag vorgesehen eine neue Heizung ein. Allerdings funktioniert sie nicht, weil für den eingebauten Heizkessel des ausgewählten Typs kein ausreichender Abzug vorhanden ist.

Diese Leistung ist mangelhaft: Zwar hat der Auftragnehmer ggf. sogar alles getan, was von ihm nach der Leistungsbeschreibung gefordert war; gleichwohl hat er die ihm übertragene Werkleistung insoweit nicht erfüllt, als er mit dem Werkvertrag die **funktionstaugliche und zweckgerechte Herstellung der Werkleistung**, d. h. den Einbau einer funktionsgerechten Heizung übernommen hatte. Ob dies im Vertrag gesondert erwähnt ist, ist für den Umfang der übernommenen Leistungsverpflichtung in Verbindung mit der damit bestehenden Erfolgshaftung eines Werkunternehmers unbeachtlich (BGH, Urt. v. 08.11.2007 – VII ZR 183/05, BGHZ 174, 110, 116 = BauR 2008, 344, 346 = NJW 2008, 511, 512 = NZBau 2008, 109, 110; s. dazu ausführlich Rdn. 1277).

Allerdings steht dieser geschuldete Leistungserfolg nicht isoliert neben der ansonsten vertraglich übernommenen Leistung; vielmehr schuldet der Auftragnehmer ihn **nur auf der Grundlage des für ihn ebenfalls verbindlichen Leistungsverzeichnisses, der Planung** u. a. Bedeutung gewinnt diese Einschränkung vor allem in Fällen, in denen das Leistungsverzeichnis oder die vom Auftraggeber erstellte Planung diesen Erfolgseintritt gar nicht ermöglicht.

> **Beispiel**
>
> In der vom Auftraggeber vorgelegten Planung ist für ein Flachdach eine untaugliche Befestigung vorgesehen; z. T. fehlen notwendige Abläufe.

Bei solchen Sachverhalten kann der Auftragnehmer wegen der ihn treffenden Erfolgshaftung ohne die fehlenden Leistungen (hier die Abläufe) bei Abnahme kein mangelfreies Werk herstellen. Mit einer insoweit vereinbarten Beschaffenheit unterhalb eines funktionstauglichen Standards hat das jedoch nichts zu tun (BGH, Urt. v. 29.09.2011 – VII ZR 87/11, BauR 2012, 115, 117 = NJW 2011, 3780 = NZBau 2011, 746, 747). **Ebenso wenig** ist der Auftragnehmer bis zur Abnahme trotz seiner Erfolgshaftung **berechtigt, beliebig in die Werkherstellung einzugreifen** und etwa nunmehr selbst (eigenmächtig) eine Auswahl zu treffen, wie er ergänzend oder in Abweichung zu der ihm vorgegebenen Planung oder dem Leistungsverzeichnis diesen Erfolg (im vorgenannten Beispielfall mit welcher Befestigung zu welchen Kosten auf welche Weise) erzielen kann. Dieses Recht steht allein dem Auftraggeber zu. Nur er kann entscheiden, was und wie er seine Werkleistung bauen will. Deswegen kann die Festlegung dieser Ausführungsart auch noch nicht Bestandteil der vertraglichen übernommenen Leistung sein (a. A. aber etwa Putzier, BauR 2008, 160, 162 ff., der meint, dass diese Leistung schon aufschiebend bedingt beauftragt sei). Stattdessen bleibt für den Auftragnehmer die ihm vorgegebene Planung bzw. das Leistungsverzeichnis weiterhin verbindlich (ähnlich: Fuchs, BauR 2009, 404, 406 f.): Jede Abweichung davon würde für ihn gleichfalls zu einer Mängelhaftung führen. Der Auftragnehmer würde sie auch nicht ohne Weiteres bezahlt bekommen; eine Vergütung käme dafür allenfalls nach § 2 Abs. 8 Nr. 2 VOB/B in Betracht (s. dazu Rdn. 2373). Der Widerspruch zwischen der Befolgungspflicht in Bezug auf die ausgeschriebene Leistung einerseits und dem bei Abnahme geschuldeten Erfolg, der ggf. mit der ausgeschriebenen Leistung nicht erreicht werden kann, andererseits kann vielmehr nur dadurch aufgelöst werden, dass nunmehr der Auftragnehmer nach § 4 Abs. 3 VOB/B dem Auftraggeber anzeigt, dass der gewünschte Werkerfolg mit der vorgegebenen Planung nicht zu erreichen ist (BGH, a. a. O.; s. dazu Rdn. 956 ff.). Es steht dann dem Auftraggeber zu zu entscheiden, welche ergänzenden oder geänderten Leistungen er nach § 1 Abs. 3 und 4 S. 1 VOB/B beauftragen will (so zu Recht Motzke, NZBau 2011, 705, 710; ähnlich wohl auch Althaus, BauR 2008, 167, 172; missverständlich oder ggf. auch anderer Auffassung: Leupertz, BauR 2010, 273, 276; Oberhauser, BauR 2010, 308, 310; s. zu dem Anordnungsrecht nach § 1 Abs. 3 und 4 S. 1 VOB/B: Rdn. 919 ff.). Dies löst dann die damit korrespondierenden Vergütungsansprüche nach § 2 Abs. 5 ff. VOB/B aus, womit diese Lücke auf der Vergütungsseite geschlossen werden kann.

870 Dieser Unterschied bei der Bestimmung der geschuldeten Leistung hat weitreichende Folgen: Denn allzu leicht wird in der Baupraxis jeweils mit dem Begriff **Leistungssoll** gearbeitet, ohne dass eigentlich klar ist, was genau damit gemeint ist. Stattdessen soll hier richtigerweise festgehalten werden:
- Zum einen schuldet der Auftragnehmer als Leistungssoll einen Leistungserfolg auf der Grundlage der ausgeschriebenen Leistung zum Abnahmezeitpunkt.
- Streng davon zu unterscheiden ist zum anderen das Leistungssoll zur Bestimmung der Bauleistung aus vergütungsrechtlicher Hinsicht (s. dazu schon Motzke, NZBau, 2002, 641): Denn wenn der Auftraggeber dem Auftragnehmer eine Vergütung zu zahlen hat, handelt es sich dabei um den **Gegenwert einer nach dem Vertrag zu erbringenden** und sich aus diesem in Verbindung mit dem Leistungsverzeichnis, der Planung u. a. ergebenden **Bauleistung**. Diese allein von der Vergütung abgedeckte Bauleistung muss nun mit der vorstehend beschriebenen zum Abnahmezeitpunkt geschuldeten Bauleistung, die der Auftragnehmer unter Berücksichtigung des Leistungserfolgs für eine Mangelfreiheit zu erbringen hat, keineswegs identisch sein (s. auch Leupertz, BauR 2010, 273, der von bepreister und nicht bepreister Leistung spricht; ähnlich Steffen, BauR 2011, 579).

▶ **Beispiel (ähnlich OLG Hamm, Urt. v. 22.2.2011 – 19 U 106/10, BauR 2012, 248)**

Der Auftraggeber schreibt funktional Leitungsarbeiten für eine Ruhrunterquerung aus. Angegeben war im Leistungsverzeichnis allein das HDD-Verfahren. Dieses ist – wie sich später herausstellt – untauglich; notwendig wäre eine Unterquerung im deutlich teureren HDI-Verfahren gewesen. Hier schuldete der Auftragnehmer zwar eine funktionsgerechte Leistung, d. h. das HDI-Verfahren. Dafür konnte er dann aber – trotz funktionaler Vergabe – eine zusätzliche Vergütung verlangen.

871 Die vorstehend geschilderte unterschiedliche Bestimmung zwischen zum Abnahmezeitpunkt geschuldeter und von Vergütung abgedeckter Leistung kann allerdings je nach vertraglicher Regelung schwerfallen. Dies gilt vor allem bei Pauschalverträgen. Denn hier ist jeweils zu prüfen, was genau pauschaliert worden ist:
- So ist in der Grundform zum einen denkbar, dass die Leistungsbeschreibung zwar als solche feststeht, nicht aber die dazu gehörigen Massen und Mengen, um das an sich feststehende Leistungsziel zu erreichen. Allein bezogen darauf wird die Vergütung jetzt pauschaliert (**Mengen- oder Massenpauschalierung**). Das bedeutet, dass es nach dem Willen der Bauvertragsparteien später auf die tatsächlich ausgeführten Mengen nicht ankommen soll. Diese Art der Pauschalierung findet sich besonders häufig bei sog. Detailpauschalverträgen auf der Grundlage von zunächst noch aufgestellten Leistungsverzeichnissen (s. dazu oben Rdn. 798).

▶ **Beispiel**

Der Bauherr möchte einen Altbau komplett mit einer neuen Elektrik versehen lassen. Hierzu erstellt sein Architekt ein detailliertes Leistungsverzeichnis mit zahlreichen Einzelpositionen und dort vorgesehenen Mengen. Ein Elektriker unterbreitet ein Angebot; die Summe der Einzelpositionen ergibt einen Betrag von 4.578,32 €. Auftraggeber und Auftragnehmer verständigen sich auf eine »Pauschale« von 4.300 €. Hieraus folgt, dass zu dieser Pauschale die Komplettleistung der Elektrik in dem Haus auf der Basis des Leistungsverzeichnisses, aber unabhängig von den dort angegebenen Mengen zu erbringen ist. Dass der Auftragnehmer ggf. später in einzelnen Zimmern mehr Kabel verlegen muss als zunächst im Leistungsverzeichnis angegeben, ändert – von groben Ausnahmefällen etwa bei Störung der Geschäftsgrundlage (s. dazu Rdn. 2345 ff.) abgesehen – daran nichts. All diese zu verlegenden Kabel gehören zu der geschuldeten und von der Vergütung abgedeckten Leistung.

- Zum anderen ist es weiter gehend denkbar, das der Auftragnehmer nicht nur die Massen und Mengen eines Bauvorhabens als Gegenwert für einen vereinbarten (Pauschal)preis komplett übernimmt, sondern **auch die zu erbringende Leistung** selbst. Dies sind dann üblicherweise Verträge auf der Grundlage einer funktionalen Leistungsbeschreibung. Hier ist abhängig von der Auslegung tatsächlich zu dem vereinbarten Preis **alles geschuldet**, was für die funktionsgerechte Herstellung der Leistung erforderlich ist (s. o. Rdn. 799).

5.3 Bedeutung der Vertragsauslegung zur Bestimmung der Bauleistung

▶ **Beispiel**

Der Auftragnehmer übernimmt auf der Basis einer funktionalen Leistungsbeschreibung die schlüsselfertige Errichtung eines Hotelneubaus zu einem Festpreis. Ist dort der Einbau einer gesetzlich vorgesehenen Sprinkleranlage nicht vorgesehen, gehört sie gleichwohl zu der vom Auftragnehmer geschuldeten und von seinem Preis abgedeckten Leistungsverpflichtung.

Natürlich gibt es auch **Mischformen**; ebenso ist es nicht selten, dass die Bauvertragsparteien von der einen Variante später auf die andere wechseln. Dies ist im Einzelfall zu untersuchen (sehr anschaulich etwa OLG Koblenz, Urt. v. 31.03.2010 – 1 U 415/08, NZBau 2010, 562, 565 f; s. auch schon BGH, Urt. v. 23.01.1997 – VII ZR 65/96, BauR 1997, 464, 465 = NJW 1997, 1772, 173). 872

▶ **Beispiel (nach OLG Düsseldorf, Urt. v. 14.11.2008 – 22 U 69/08, Nichtzul-Beschw. zurückgew., BGH, Beschl. v. 10.09.2009 – VII ZR 253/08, BauR 2010, 88)**

Der Auftragnehmer gab ein Angebot auf der Grundlage eines detaillierten Leistungsverzeichnisses ab. In der späteren Auftragsverhandlung kommen Auftraggeber und Auftragnehmer überein, dass der Auftragnehmer das Bauvorhaben komplett funktionsfertig ohne Berücksichtigung der ausgeschriebenen Massen erstellen sollte. Infolge dieser Vereinbarung kommt es zur Bestimmung der Leistung auf das zunächst eingereichte Leistungsverzeichnis mit den dort näher beschriebenen Leistungen nicht mehr an.

In **Grenzfällen** wird man allerdings eher davon auszugehen haben, dass bei Pauschalverträgen auf der Grundlage von detaillierten Leistungsverzeichnissen **nur die Massen und Mengen pauschaliert** werden, nicht hingegen auch die Leistungen selbst. Nicht einmal ggf. im Vertrag enthaltene (versprengte) sog. **Komplettheitsklauseln** würden daran etwas ändern (ähnlich Acker/Roquette, BauR 2010, 293, 303). Sie können zwar eine umfassende Pauschalierung der Vergütung indizieren (BGH, Urt. v. 30.06.2011 – VII ZR 13/10, BauR 2011, 1646, 1651 = NJW 2011, 3287, 3290 = NZBau 2011, 553, 556); sie sind jedoch für sich genommen nicht geeignet, den Charakter des Vertrages auf der Grundlage einer mit detaillierten Angaben versehenen Leistung ohne Weiteres zu ändern (OLG Düsseldorf, Urt. v. 30.09.2003 – 23 U 204/02, BauR 2004, 506, 507; OLG Koblenz, Urt. v. 31.01.2010 – 1 U 415/08, NZBau 2010, 562, 564 f.; Werner/Pastor, Rn. 1529; Acker/Roquette, a. a. O., s. dazu auch Rdn. 666 zu hierzu verwendeten Klauseln).

5.3 Bedeutung der Vertragsauslegung zur Bestimmung der Bauleistung

Sind diese Grundlagen geklärt, gilt allerdings einheitlich für beide Leistungsbegriffe, dass die geschlossenen Bauverträge dazu keineswegs immer ein klares Bild abgeben. Im Gegenteil: Vielfach zeigen sich diverse **Lücken und Unklarheiten** oder **Widersprüche**, mit denen man sich in der Praxis zu beschäftigen hat. Soweit diese konkret die Bauausführung betreffen, kann immerhin bei einem VOB-Vertrag ein Teil mit einem Rückgriff auf die Detailregelungen der §§ 3 und 4 geklärt werden, die einen Katalog der bei der Bauausführung entweder den Auftragnehmer oder den Auftraggeber treffenden Pflichten enthalten. Demgegenüber regelt das BGB im Ausführungsstadium in den §§ 642, 643 und 645 BGB nur die Folgen bei der Verletzung von Mitwirkungspflichten oder Obliegenheiten (s. dazu Rdn. 940 ff.). Folglich erkennt man auch hier erneut einen Vorteil der Bauverträge unter Einbeziehung der VOB/B. Gleichwohl ändert selbst dieser nichts daran, dass damit nicht abschließend im Vertrag verbleibende Lücken geschlossen oder Unklarheiten und Widersprüche behoben werden können. Ferner ist zu berücksichtigen, dass vor jedem Rückgriff auf Regelungen der VOB/B, von DIN o. ä. zu prüfen ist, ob die Parteien mit ihrem Vertrag nicht etwas anderes vereinbart haben. 873

▶ **Auslegungshilfen für die Leistungsbeschreibung im VOB-Vertrag**
- Rangfolgenregelung in § 1 Abs. 2 VOB/B
- Bestimmung des Leistungssolls unter Einbeziehung der Regelungen der VOB/B
- Bestimmung des Leistungssolls unter Einbeziehung der VOB/C (ATV/DIN)

5.3.1 Grundsatz des Vorrangs der Vertragsauslegung

874 Kommt es zu Lücken, Unklarheiten oder Widersprüchen in der Leistungsbeschreibung, wird zumindest im Ergebnis vielfach davon auszugehen sein, dass diese zulasten des Auftraggebers als deren Er6steller gehen. Denn in den allermeisten Fällen ist er es, der das im **Rahmen seiner Planungsverantwortung** unklare oder lückenhafte Leistungsverzeichnis aufgestellt hat. Nur er kann schließlich wissen, welche Bauaufgabe er überhaupt realisieren wollte (s. dazu auch oben Rdn. 830 ff.). Weiß er es nicht oder drückte er sich unklar aus, muss er dann auch die Folgen dafür tragen (vgl. anschaulich BGH, Urt. v. 13.03.2008 – VII ZR 194/06, BGHZ 176, 23, 27 = BauR 2008, 1131, 1134 = NJW 2008, 2106, 2108 = NZBau 2008, 437, 438; i. E. ebenso: Kapellmann/Messerschmidt/Kapellmann, VOB/B § 2 Rn. 111; Werner/Pastor Rn. 1424; Markus, BauR 2004, 180, 183). So klar dieser Grundsatz erscheint, kann vor dessen **Verallgemeinerung aber nur gewarnt** werden. Denn vor einer einseitigen Belastung des Auftraggebers mit den Folgen einer lückenhaften Leistungsbeschreibung ist der Vertrag hinsichtlich der gegenseitigen Rechte und Pflichten **zwingend auszulegen** (§§ 133, 157 BGB). Dies entspricht der ganz herrschenden Rechtsprechung (vgl. dazu etwa BGH, Urt. v. 13.03.2008 – VII ZR 194/06, a. a. O.; ebenfalls sehr deutlich: BGH, Beschl. v. 20.12.2011 – VII ZR 77/10, BauR 2011, 530 = NJW-RR 2011, 378 = NZBau 2011, 160). Dies ist zunächst allein der Maßstab der Bestimmung des geschuldeten Leistungsumfangs. Ergibt sich danach nämlich z. B., dass eine Leistung, für die der Auftragnehmer später eine Mehrvergütung verlangt, bereits Gegenstand der ursprünglich mit dem Vertrag übernommenen und von der vereinbarten Vergütung abgedeckten Leistungsverpflichtung war, ist ein dazu gleichwohl geltend gemachter Mehrvergütungsanspruch selbst bei einer ggf. unklaren Formulierung im Vertrag unbegründet (BGH, a. a. O.; BGH, Urt. v. 22.04.1993 – VII ZR 118/92, BauR 1993, 595, 596 = NJW-RR 1993, 1109; BGH, Urt. v. 23.06.1994 – VII ZR 163/93, BauR 1994, 625, 626 = NJW-RR 1994, 1108, 1109; BGH, Urt. v. 05.12.2002 – VII ZR 342/01, BauR 2003, 388 = NJW 2003, 743). Dies gilt einheitlich für BGB- und VOB-Vertrag.

Dieser Grundsatz der vorrangigen Auslegung ist gut verständlich. Doch ist damit teilweise nur wenig gewonnen. Denn allzu oft ist gerade dieser Weg bei Bauverträgen nur schwer zu gehen. Folgende Eckpunkte sollten beachtet werden.

5.3.1.1 Ganzheitliche Vertragsauslegung

875 Zuallererst ist bei Unklarheiten in Bezug auf die geschuldete Leistung der Vertrag mit seiner Leistungsbeschreibung und etwaigen weiteren Anlagen als sinnvolles Ganzes auszulegen. Dabei sind das **vollständige Vertragswerk und dessen Begleitumstände** heranzuziehen (BGH, Urt. v. 13.03.2008 – VII ZR 194/06, BGHZ 176, 23, 28 = BauR 2008, 1131, 1135 = NJW 2008, 2106, 2108 = NZBau 2008, 437, 439; BGH, Urt. v. 27.07.2006 – VII ZR 202/04, BGHZ 168, 368, 374 = BauR 2006, 2040, 2042 = NZBau 2006, 777, 778; BGH, Urt. v. 22.04.1993 – VII ZR 118/92, BauR 1993, 595, NJW-RR 1993, 1109, 1110). Somit gibt es z. B. keinen grundsätzlichen Vorrang des Leistungsverzeichnisses vor den Vorbemerkungen (BGH, Urt. v. 11.03.1999 – VII ZR 179/98, BauR 1999, 897, 898 = NJW 1999, 2432, 2433). Auch ist es denkbar, dass neben dem eigentlichen Vertrag existierende gesonderte Verkaufsprospekte, die möglicherweise nicht einmal unmittelbar in den Vertrag einbezogen wurden, bei der Bestimmung der Leistungspflichten des Auftragnehmers zu berücksichtigen sind.

▶ **Beispiel (nach BGH, Urt. v. 25.10.2007 – VII ZR 205/06, BauR 2008, 351, 352 = NJW-RR 2008, 258, 259 = NZBau 2008, 113, 114)**

Ein Bauträger verkauft ein Einfamilienhaus. In den vorab verteilten Prospektangaben ist ein bewohnbares Dachgeschoss (Spitzboden) eingezeichnet. Im Bauträgervertrag wird darauf nicht weiter Bezug genommen; stattdessen wird nur auf einen Abstellraum verwiesen. Nach Bezug des Hauses untersagt die Baubehörde die Nutzung des Dachbodens zu Wohnzwecken. Bei der Vertragsauslegung ist es jetzt durchaus denkbar, in sogar entscheidender Weise den gar nicht unmittelbar in den Vertrag einbezogenen Prospekt in den Vordergrund zu stellen, soweit der Käufer auf dessen Angaben seinen Erwerbsentschluss maßgeblich gestützt hat.

Nichts anderes gilt bei sonstigen außerhalb des Vertrages vom Vertragspartner verwendeten Unterlagen oder Gegenständen wie z. B. ein Modell des Bauvorhabens. Gerade solche sind in der Praxis bei bauunerfahrenen Auftraggebern (vor allem bei Verbrauchern im Bauträgergeschäft) deutlich mehr geeignet, eine Vorstellung über z. B. ein Haus zu erwecken als später beurkundete Baupläne (OLG Frankfurt, Urt. v. 30.11.2011 – 12 U 136/10, BauR 2012, 689 [Ls.]). Unbeschadet dessen werden jedoch in vielen Fällen **Widersprüche zwischen Leistungsbeschreibung auf der einen und in Bezug genommener Zeichnungen auf der anderen Seite** verbleiben.

▶ Beispiel

Nach dem Text der Leistungsbeschreibung soll ein 5 Meter breiter Zufahrtsweg angelegt und gepflastert werden; aus der in Bezug genommenen Zeichnung ergibt sich nur eine Breite von 4,50 m.

Welche Leistung nun tatsächlich geschuldet ist, lässt sich nicht generell beantworten; stattdessen kommt es hier tatsächlich auf den jeweiligen Einzelfall an: Maßgebend können dabei aber ohnehin zunächst nur solche Zeichnungen sein, die bereits bei Angebotsabgabe oder jedenfalls bei Vertragsabschluss vorlagen. Hinzu kommen muss sodann aber entweder eine eindeutige Regelung im Vertrag, dass im Zweifelsfall die genau bezeichneten Zeichnungen Vorrang vor dem Leistungsverzeichnis haben sollen, oder aber eine Bezugnahme im Leistungsbeschrieb auf bestimmte Zeichnungen. Ist dies alles nicht der Fall, wird man im Zweifel dem Leistungsverzeichnis mit seinem Leistungsbeschrieb bei der Frage nach dem geschuldeten Leistungsumfang den Vorrang einräumen müssen (s. auch BGH, Urt. v. 05.12.2002 – VII ZR 342/01, BauR 2003, 388 = NJW 2003, 743). Dies gilt umso mehr, als dieses vielfach **die Grundlage für die Preiskalkulation des Bieters** und späteren Auftragnehmers ist; sie wird im Allgemeinen auch zeitlich nach der Entwurfs- oder der Ausführungszeichnung erstellt (vgl. die Planungsabfolge in § 33 Abs. S. 2 Nr. 3, 5 und 6 HOAI i. V. m. Anl. 11). Folglich kommt hier der Grundsatz zum Zuge, dass in Zweifelsfällen das zeitlich später erstellte Dokument dem vorher erstellten vorgeht. Dies gilt erst recht, soweit die später verfasste Leistungsbeschreibung auf besonderen Wünschen des Auftraggebers beruht, was nicht selten der Fall ist.

▶ Beispiele
1. Nach Erstellung der im Vertrag in Bezug genommenen Entwurfszeichnungen wünscht der Auftraggeber zur Kostensenkung den Wegfall von Rollläden im Obergeschoss. Dies wird textlich so vorgesehen, ohne dass die Entwurfszeichnungen angepasst werden. Hier ist nachvollziehbar, dass die Entwurfszeichnungen nicht mehr das Leistungssoll bestimmen können.
2. Im Bauvertrag wird – nachdem dies auch so besprochen war – eine technisch nicht notwendige Wärmedämmung unterhalb der Bodenplatte vorgesehen. In der Ausführungsplanung des Architekten fehlt diese. Hier würde eine Auslegung ergeben, dass die Wärmedämmung gleichwohl geschuldet ist (OLG Düsseldorf, Urt. v. 22.11.2011 – 21 U 9/11, BauR 2012, 1238, 1239).

Aber natürlich kann das abhängig vom Einzelfall auch anders sein, wenn z. B. die Leistungsbeschreibung eher allgemein gehalten und sodann wegen der Details auf die beigefügten genaueren Pläne verweist. Dann gehen natürlich die Pläne der Allgemeinbeschreibung in der Leistungsbeschreibung vor (OLG Bremen, Urt. v. 30.12.2010 – 1 U 51/08, NIchtzul.-Beschw. zurückgew., BGH, Beschl. v. 12.04.2012 – VII ZR 28/11, BauR 2012, 1286 [Ls.]).

5.3.1.2 Auslegung unter Einbeziehung sonstiger Vorschriften

Eine ganzheitliche Vertragsauslegung hat jedoch nicht nur Vertragsklauseln und Anlagen zu berücksichtigen, die unmittelbarer Bestandteil des Vertrages sind. Vielmehr können sich Leistungsabgrenzungen und weitere Einzelregelungen u. a. auch aus den für die einschlägige Bauleistung zugrunde liegende DIN oder den anerkannten Regeln der Technik ergeben (vgl. dazu nachfolgend Rdn. 889 ff.). Dies ist deshalb naheliegend, da gerade bei VOB-Verträgen die Geltung der DIN als Vertragsgrundlage sogar ausdrücklich in § 1 Abs. 1 S. 2 VOB/B vorgesehen ist. Gleichwohl kann nicht deutlich genug hervorgehoben werden, dass erstens ein Rückgriff auf die DIN oder die anerkannten Regeln der Technik verbleibende Lücken nicht immer schließen kann oder sogar

876

neue schafft. Zweitens ist ebenso klarzustellen, dass sowohl die DIN als auch die **anerkannten Regeln der Technik nicht eine ggf. vorrangige Vertragsauslegung ersetzen** – ggf. sogar mit dem Ergebnis, dass eine Leistung abweichend von den anerkannten Regeln der Technik (z. B. mit einem höheren Standard) oder der DIN (hier etwa losgelöst von den Regelungen der VOB/C) geschuldet wird. Auf die damit verbundenen Probleme, und zwar auch im Zusammenhang mit der Auslegung eines Vertrages, soll nachfolgend zu Rdn. 906 ff. eingegangen werden, wenn zunächst der Normalfall der DIN-gerechten Vereinbarung beschrieben wurde.

5.3.1.3 Wortlaut der Leistungsbeschreibung/objektive Empfängersicht

877 Bleibt nach allem die zu erbringende Leistung weiter unklar, ist vorrangig an dem Wortlaut der dem Bauvertrag zugrunde liegenden Leistungsbeschreibung anzuknüpfen (BGH, Urt. v. 05.12.2002 – VII ZR 342/01, BauR 2003, 388 = NJW 2003, 743). Dieser spricht zunächst einmal dafür, dass die Leistung darin **richtig und vollständig** beschrieben ist. Dies gilt natürlich nur insoweit, als im Vertrag oder Leistungsverzeichnis überhaupt etwas konkret dazu angegeben wurde.

▶ **Beispiel (nach BGH, Urt. v. 21.12.2011 – VII ZR 67/11, BauR 2012, 490 = NJW 2012, 518 = NZBau 2012, 102)**

Im Leistungsverzeichnis fehlt ein Hinweis auf Kontaminationen. Hieraus kann nicht der negative Schluss gezogen werden, dass es solche Kontaminationen nicht gibt.

Ansonsten aber gilt: Wer einen von einem positiv beschriebenen abweichenden Leistungsinhalt behauptet, muss dies beweisen (BGH, Urt. v. 13.03.2008 – VII ZR 194/06, BGHZ 176, 23, 27 = BauR 2008, 1131, 1134 = NJW 2008, 2106, 2108 = NZBau 2008, 437, 438). Allerdings ist auch ein danach ermittelter Wortlaut nicht allein entscheidend; genauso wenig kommt es auf Meinungen von dazu befragten Sachverständigen an. Vielmehr ist zu ermitteln, welcher Sinn sich aus den Erklärungen im Leistungsverzeichnis für einen verständigen Empfänger unter der Berücksichtigung von Verkehrssitte und Treu und Glauben ergibt (**objektiver Empfängersicht** – BGH, Urt. v. 09.02.1995 – VII ZR 143/93, BauR 1995, 538, 539 = NJW-RR 1995, 914, 915; ähnlich: BGH, Urt. v. 20.08.2009 – VII ZR 205/07, BGHZ 182, 158, 181 = BauR 2009, 1724, 1733 = NJW 2010, 227, 232 = NZBau 2009, 707, 713). Losgelöst von dazu ergänzenden Grundsätzen bei einer öffentlichen Ausschreibung nach der VOB/A, auf die noch gesondert eingegangen wird (Rdn. 912 ff.), ist dabei ganz konkret zu ermitteln, wie die Leistungsbeschreibung von der Vertragsgegenseite verstanden werden musste.

▶ **Beispiel (nach OLG Saarbrücken, Urt. v. 31.5.2012 – 1 U 376/10, BauR 2012, 1440 [Ls.])**

Im Bauvertrag ist für die Leistung »Stabparkett – fix und fertig« ein Preis von 62 €/m² vereinbart. Später entsteht Streit darüber, ob von diesem Preis auch Nebenleistungen wie das Abfräsen, die Reprofilierung u. a. erfasst sind. Dies ist eindeutig der Fall. Dann nach dem objektiven Empfängerhorizont kommt es auf die maßgebliche Sicht des betroffenen Kunden an. Dieser will bei Annahme eines Angebots zu Bauleistungen mit der Beschreibung »fix und fertig« wissen, welche Kosten auf ihn im Zusammenhang mit der Parkettverlegung zukommen. Dies schließt z. B. auch eine Untergrundbehandlung mit ein.

▶ **Beispiel (nach BGH, Urt. v. 20.08.2009 – VII ZR 205/07, BGHZ 182, 158 = BauR 2009, 1724 = NJW 2010, 227)**

Gegenstand des Bauvertrages sind funktional übertragene Gründungsarbeiten an einem Grundstück. Der vom Auftraggeber erstellten Ausschreibung war ein Bodengutachten beigefügt worden, auf deren Grundlage der Auftragnehmer sein Angebot abgegeben hatte und der Vertrag geschlossen worden war. Später zeigten sich abweichende Bodenverhältnisse. Hier ergibt eine Auslegung des Vertrages, dass der jetzt entstehende Mehraufwand nicht von der ursprünglich vereinbarten Leistung erfasst war. Denn ganz offensichtlich konkretisierten die im Bodengutachten beschriebenen Bodenverhältnisse den Inhalt der vom Auftragnehmer übernommenen Leistung.

5.3 Bedeutung der Vertragsauslegung zur Bestimmung der Bauleistung

Nichts anderes gilt, wenn der Auftraggeber etwa bei einer funktionalen Vergabe auf der Basis einer bis dahin vorliegenden Bauwerksplanung ein konkretes Angebot vom Auftragnehmer fordert: Dann wird diese Planung vorbehaltlich anderer Vereinbarungen Gegenstand des Angebots des Auftragnehmers, sodass sich nach einem daraufhin geschlossenen Vertrag dessen Leistung danach bestimmt (BGH, Urt. v. 13.03.2008 – VII ZR 194/06, BGHZ 176, 23, 29 = BauR 2008, 1131, 1135 = NJW 2008, 2106, 2108 = NZBau 2008, 437, 439).

Auf vorstehender Grundlage wird dann allerdings weiter zu beachten sein, dass je nach Einzelfall bestimmte Werte oder Vorgaben in einem Leistungsverzeichnis von der Vertragsgegenseite durchaus unterschiedlich verstanden werden. Hier kann auch zu berücksichtigen sein, inwieweit als Auftragnehmer z. B. ein Fachunternehmer tätig ist. 878

▶ **Beispiel (nach BGH, Urt. v. 09.02.1995 – VII ZR 143/93, BauR 1995, 538, 539 = NJW-RR 1995, 914, 915)**

Der Auftraggeber beauftragt einen Fachunternehmer mit dem Einbau von Türen in eine Arztpraxis. Im Leistungsverzeichnis ist ein Schalldämmwert von 42 dB angegeben. Der Auftragnehmer versteht diese Regelung als Labor-Schalldämmwert, während der Auftraggeber 42 dB im eingebauten Zustand fordert. Hier hat der Auftraggeber recht. Denn es kommt weniger auf sachverständig mögliche Auslegungen eines Leistungsverzeichnisses oder sonst denkbare theoretische Werte an. Stattdessen ist entscheidend, dass für den Auftragnehmer erkennbar Türen für ein Praxisgebäude verlangt waren, bei denen der Schallschutz sich nur konkret auf diesen Zweck (d. h. auf den eingebauten Zustand) beziehen konnte.

Ähnlich verhält es sich, wenn in der Leistungsbeschreibung ca.-Maße angegeben sind.

▶ **Beispiel (ähnlich OLG Oldenburg, Urt. v. 16.02.2010 – 12 U 18/07, Revision vom BGH zurückgew., Beschl. v. 19.05.2011 – VII ZR 36/10, BauR 2012, 500)**

Der Auftragnehmer soll 160 Fenster herstellen und einbauen. In der Leistungsbeschreibung sind vier Fenstergrößen mit ca.-Maßen angegeben. Später stellt sich heraus, dass die Größen der Rohbaumaße deutlich häufiger von den Angaben im Leistungsverzeichnis abweichen. Auch hier gehören die dann teilweise mit verschiedenen Maßen herzustellenden Fenster zu der vom Auftragnehmer zu erbringenden und mit der Ursprungsvergütung abgedeckten Leistung. Denn abgesehen davon, dass die Werte ohnehin nur in ca.-Maßen angegeben waren, kann ein Fachunternehmer nicht erwarten, dass entsprechend dem Leistungsverzeichnis exakt nur vier Größenangaben anzutreffen sind. Stattdessen gehört die individuelle Anpassung an ein vorher genommenes Aufmaß im Rahmen bestimmter Toleranzen zu den von einem Fensterbauer zu erbringenden Leistung (ähnlich OLG Dresden, Urt.v. 20.03.2012 – 5 U 765/11, IBR 2012, 500 zu ca.-Maßen bei Pfahllängen).

Wenn vor diesem Hintergrund unklar bleibt, was in einschlägigen Fachkreisen unter bestimmten Formulierungen verstanden wird, mag allein dazu eine weitere Aufklärung unter Beziehung von Sachverständigen o. ä. erfolgen (BGH, Urt. v. 09.02.1995 – VII ZR 143/93, BauR 1995, 538, 539 = NJW-RR 1995, 914, 915; BGH, Urt. v. 17.06.2004 – VII ZR 75/03, BauR 2004, 1438, 1440 = NJW-RR 2004, 1248, 1249 = NZBau 2004, 500, 501). Sodann sind allerdings noch folgende Punkte gesondert zu berücksichtigen:

- **Bedeutung der funktionsgerechten Herstellung der Bauleistung**
Bei der Ermittlung der objektiven Empfängersicht darf nicht isoliert nur auf das Verständnis des Texts der Ausschreibung etwa in Fachkreisen geachtet werden. Vielmehr sind auch immer die **Funktion und der Zweck** der vom Auftragnehmer übernommenen geschuldeten Leistung insgesamt einzubeziehen. 879

▶ **Beispiel (nach BGH, Urt. v. 28.02.2002 – VII ZR 376/00, BauR 2002, 935 = NJW 2002, 1954 – Konsoltraggerüst)**

Der Auftragnehmer (AN) wurde auf der Grundlage der VOB mit der Herstellung neuer Brückenkappen einer Autobahn beauftragt. Die Herstellung des überhängenden Teils der Kappen erforderte ein zusätzliches Konsoltraggerüst, das im Gegensatz zu weiteren Traggerüsten vergleichbarer Art nicht mit ausgeschrieben war. Der AN verlangt für das Gerüst einen Nachtrag. Er beruft sich darauf, dass die vom AG stammende Ausschreibung insoweit unklar gewesen sei. Diese Unklarheiten gingen zu dessen Lasten. Zu Unrecht! Denn hier war die Leistungsbeschreibung gar nicht unklar. Vielmehr ergab sich bereits aus der Ausschreibung, dass vom AN zur Ausführung der vertraglichen Brückenkopfarbeiten ein Konsoltraggerüst zu stellen war (s. dazu allerdings ergänzend zur Bedeutung der jeweiligen DIN-Vorschriften sogleich Rdn. 890 ff.).

Ähnlich verhält es sich, wenn etwa in einer vom Auftragnehmer stammenden Leistungsbeschreibung zur funktionsgerechten Herstellung konkret beschriebene Eigenleistungen des Bauherrn einerseits sowie daneben weitere Leistungen des Auftragnehmers andererseits benannt sind. Fehlen jetzt Leistungen, die für die im Vertrag vorgesehene Funktionstüchtigkeit und Genehmigungsfähigkeit der Gesamtleistung erforderlich sind, hat der Auftragnehmer diese ohne gesonderte Berechnung zu erbringen, obwohl sie bei dem Katalog der vom Auftragnehmer zu erbringenden Vertragsleistungen nicht enthalten sind (OLG Düsseldorf, Urt. v. 14.01.2011 – 22 U 198/07, NJW 2011, 1081, 1084.

880 Allerdings ist es selbst bei einer funktional komplett übernommenen Leistung denkbar, dass es umgekehrt Leistungen gibt, die nicht zum übernommenen Leistungsinhalt bzw. zu der von der Vergütung abgedeckten Leistung gehören. Insoweit stellt es einen weitverbreiteten **zuweilen folgenschweren Irrtum** dar, wenn zu lesen ist, dass ein Auftragnehmer aufgrund einer Pauschalpreisabsprache verbunden mit einer funktionalen Leistungsbeschreibung immer »alles« schulde, ohne Nachträge geltend machen zu können (sehr anschaulich dazu OLG Düsseldorf, Urt. v. 19.07.2011 – 21 U 76/09, BauR 2012, 244 = NJW-RR 2011, 1530, 1531 = NZBau 2011, 692, 694). Vielmehr wäre auch das erste Ergebnis einer Auslegung, was folgender Grenzfall zeigt (vgl. dazu BGH, Urt. v. 30.06.2011 – VII ZR 13/10, BauR 2011, 1646, 1647 = NJW 2011, 3287 = NZBau 2011, 553; OLG Düsseldorf, a. a. O.)

▶ **Beispiel (nach BGH, a. a. O.)**

Der Auftragnehmer wird im Rahmen einer funktionalen Vergabe mit Abbrucharbeiten beauftragt. Die Vergütung setzt sich zusammen aus verschiedenen Pauschalen für die einzelnen Bauteile sowie aus gesonderten ebenfalls pauschalen Zulagepositionen. In diesen wird die Estrichstärke als Schätzgrundlage mit 3 cm angegeben, während später Mehrstärken von 4 cm und mehr (d. h. gesamt über 7 cm) angetroffen werden. Der Auftragnehmer macht dafür einen Mehrvergütungsanspruch geltend. Dieser Anspruch wäre berechtigt, wenn nach dem objektiven Empfängerhorizont die Angabe der Estrichstärke so zu verstehen gewesen wäre, dass sie bereits den Inhalt der vom Auftragnehmer zu erbringenden Leistung bzw. den Umfang der für die vereinbarte Leistung zu zahlenden Pauschalvergütung beschränkt. Das hielt der BGH zwar für möglich, nahm es aber letzten Endes in diesem konkreten Fall nicht an. Stattdessen räumte er aus dem Gesamtzusammenhang des Vertrages dem damit verfolgten Zweck (insgesamt beauftragter Abriss zu einem abschließend vereinbarten Preis) einen Vorrang ein, sodass der Estrichstärke allein eine »Information« des Auftraggebers beigemessen wurde, ohne dass diese Vertragsinhalt wurde.

- **Umfang der Risikoübernahme durch Auftragnehmer kein Auslegungskriterium**

881 Im Rahmen der Auslegung von Verträgen ist dagegen unbeachtlich, ob ein Auftragnehmer ein **unverhältnismäßig großes Risiko** übernommen hat. Zwar findet man unter Rückgriff auf § 7 Abs. 1 Nr. 3 VOB/A immer wieder den Hinweis, dass dem Auftragnehmer kein unabsehbares Wagnis auferlegt werden dürfe. Dies mag allenfalls insoweit richtig sein, als bei einer öffentlichen

Ausschreibung mit § 7 VOB/A eine Ordnungsvorschrift zulasten des Auftraggebers besteht und ggf. Bedeutung hat, soweit zu entscheiden ist, wie eine unklare Leistungsbeschreibung zu verstehen ist (vgl. dazu nachfolgend Rdn. 912 ff.). Ein allzu großer Umfang der Wagnisübernahme als solche ist aber ansonsten kein Kriterium der Auslegung, was nachhaltig der dazu bekannt gewordene sog. **Kammerschleusenfall** des BGH zeigt (BGH, Urt. v. 27.06.1996 – VII ZR 59/95, BauR 1997, 126 ff. = NJW 1997, 61 f.).

▸ Beispiel (nach BGH a. a. O.)

Der Auftragnehmer übernimmt im Rahmen einer funktionalen Ausschreibung die Sanierung einer Schleuse. Die Statik war noch nicht erstellt, weswegen der Auftragnehmer die Stahlmengen nur abschätzen konnte. Es kommt zu ganz erheblichen Mehrmengen.

Dies ist unbeachtlich: Wenn sich aus der Ausschreibung ergibt, dass der Auftragnehmer dieses Mengenrisiko übernommen hat, obwohl noch keine abschließenden Planunterlagen vorlagen, hat er auch die damit verbundenen Mehrkosten zu tragen. Veranschaulichen lässt sich dies ebenso anhand des bekannt gewordenen Falls zur Sanierung des Berliner Olympiastadions (KG, Urt. v. 14.02.2006 – 21 U 5/03, BauR 2006, 836 = NZBau 2006, 241).

▸ Beispiel (nach KG a. a. O.)

In der funktionalen Leistungsbeschreibung zur Ausschreibung des Olympiastadions heißt es, dass die frei bewitterten Gehflächen auf den Tribünen derzeit eine Beschichtung haben, die abzutragen ist. Später wird eine kontaminierte Beschichtung angetroffen, die zu erheblichen Mehrkosten führt. Die Auslegung ergibt hier, dass der Auftragnehmer das volle Risiko für alle erforderlichen Maßnahmen übernommen hat, die – welche auch immer – zur Beseitigung der Beschichtung zu ergreifen sind. Die Kontamination hat darauf keinen Einfluss. Auch § 7 VOB/A (§ 9 VOB/A a. F.) ändert daran nichts. Zwar verlangt diese Regelung vom Ausschreibenden eine eindeutige Risikobeschreibung. Richtig ist auch, dass es § 7 Abs. 1 Nr. 3 VOB/A (9 Nr. 2 a. F.) verbietet, in der Ausschreibung dem Auftragnehmer unbekannte Risiken zu übertragen. Doch selbst diese Regelung der VOB/A verhindert nicht, dass der Auftragnehmer abweichend davon umfassende Risiken übernimmt.

Dass möglicherweise bei danach übernommenen Mengenrisiken es in Ausnahmefällen doch zu einem groben Missverhältnis zwischen Leistung und Gegenleistung (Vergütung) kommen kann, ändert an dieser vorrangig anzustellenden Vertragsauslegung zur Bestimmung der geschuldeten Leistung nichts. Dieses Missverhältnis kann aber eine Grundlage dafür sein, dass allein deswegen in Ausnahmefällen eine Störung der Geschäftsgrundlage vorliegt, infolge der jetzt aber nur aus diesem Grund eine Vergütung anzupassen ist (s. dazu Rdn. 2345 ff.).

- In Bezug auf die Risikoübernahmen würde im Übrigen erst recht nichts anderes gelten, wenn das Risiko im Vertrag sogar hinreichend gekennzeichnet ist und der Vertrag auf dieser Grundlage geschlossen wird.

▸ Beispiele
1. Dem Bauvertrag liegt ein Kabelplan zugrunde; zugleich wird darauf hingewiesen, das trotz des übergebenen Plans die Lage der Kabel unsicher sei und sich der Auftragnehmer danach erkundigen müsse (OLG München, Urt. v. 14.04.2011 – 9 U 2907/10, BauR 2011, 1215 [Ls.])
2. Dem Bauvertrag liegt ein Baugrundgutachten mit punktuellen Aufschlüssen zugrunde. Im Bauvertrag wird ergänzend auf nicht absehbare Erschwernisse durch höhere Wasserstände hingewiesen (OLG München, Urt. v. 10.06.2008 – 9 U 2192/10, Nichtzul.-Beschw. zurückgew., BGH, Beschl. v. 12.02.2009 – VII ZR 145/08, BauR 2009, 1156, 1157)

Dieselben Grundsätze gelten bei der Verpflichtung, dass der Auftragnehmer Mehrkosten für erst **nach Vertragsabschluss ergehende Auflagen** und Nebenbestimmungen zur Baugenehmigung übernimmt (OLG Düsseldorf, Urt. v. 06.07.2006 – I-5 U 89/05, BauR 2006, 1887, 1889 f.). Insoweit könnte sogar ggf. vereinbart werden, dass sich der Auftragnehmer ohne einen Anspruch auf zusätzliche Vergütung zur Ausführung solcher Mehrleistungen verpflichtet, die dadurch entstehen, dass der Auftraggeber nachträglich die Planung ändert. Eine solche Verpflichtung wäre zwar zugegebenermaßen ganz und gar ungewöhnlich und bedürfte wohl einer ganz eindeutigen Formulierung im Vertrag; Wirksamkeitsbedenken dagegen bestünden jedoch bis zu der sonst auch geltenden Grenze der §§ 138, 242 BGB nicht (BGH, Urt. v. 13.03.2008 – VII ZR 194/06 BGH, Urt. v. 13.03.2008 – VII ZR 194/06, BGHZ 176, 23, 29 = BauR 2008, 1131, 1135 = NJW 2008, 2106, 2108 = NZBau 2008, 437, 439).

- **Stillschweigende Risikoübernahme wegen fehlender Nachfragen durch Auftragnehmer**

883 Liegen lückenhafte oder unvollständige Leistungsverzeichnisse vor, kann sich aus objektiver Empfängersicht (Rdn. 877) ferner ergeben, dass der Auftragnehmer danach bestimmte Ausführungsrisiken auch stillschweigend übernimmt. Anknüpfungspunkt ist hier sein Schweigen bzw. seine Untätigkeit bei Vertragsabschluss. Dies betrifft vor allem die Fälle, in denen im Leistungsverzeichnis wichtige für die Kalkulation notwendige Angaben fehlen (BGH, Urt. v. 23.01.1997 – VII ZR 65/96, BauR 1997, 464, 465 = NJW 1997, 1772, 1773; BGH, Urt. v. 27.06.1996 – VII ZR 59/95, BauR 1997, 126, 128 = NJW 1997, 61; BGH, Urt. v. 13.03.2008 – VII ZR 194/06, BGHZ 176, 23, 31 = BauR 2008, 1131, 1136 = NJW 2008, 2106, 2109 = NZBau 2008, 437, 439).

▶ **Beispiel 1 (nach BGH, Urt. v. 25.06.1987 – VII ZR 107/86, BauR 1987, 683 = NJW-RR 1987, 1306)**

Schon nach den Angebotsunterlagen hätten dem Auftragnehmer Zweifel an dem Einsatz einer Großflächenschalung kommen müssen. Wenn er diese gleichwohl (ggf. ohne Rückfragen beim Auftraggeber) kalkuliert, kann er etwaige Mehrkosten wegen des nicht möglichen Einsatzes einer solchen Schalung beim Auftraggeber als Mehrvergütungsanspruch nach § 2 Abs. 5 VOB/B nicht geltend machen.

▶ **Beispiel 2 (nach OLG Brandenburg, Urt. v. 17.10.2007 – 4 U 48/07, Nichtzul.-Beschw. zurückgew., BGH, Beschl. v. 09.10.2008 – VII ZR 200/07, BauR 2009, 821)**

Nach den Ausschreibungsbedingungen heißt es, dass die Wahl der Transportwege (tatsächlich gibt es mehrere) dem AN obliegt. Später wird von der Gemeinde eine direkte Zufahrtsstraße gesperrt, weswegen erhebliche Umwegfahrten erforderlich werden. Hier ergibt sich nach der Auslegung des Vertrags, dass dieses Risiko bzw. der damit anfallende Mehraufwand von dem Auftragnehmer mit abgedeckt war.

▶ **Beispiel 3 (nach OLG Jena, Urt. v. 19.12.2001 – 7 U 614/98, BauR 2003, 714)**

Im Leistungsverzeichnis ist die Art des Verbaus nicht ausgeschrieben. Nunmehr kommt es zu Erschwernissen aus dem Baugrund, weswegen ein aufwendigerer Verbau notwendig wird, als er sich eigentlich aus den Angaben im Leistungsverzeichnis ableiten ließ. Der hier anfallende Mehraufwand gehört noch zur Vertragsleistung, da für den Auftragnehmer als Fachunternehmer erkennbar das Leistungsverzeichnis falsch aufgestellt war und sich daraus dann auch ein Mehraufwand ergeben konnte (ähnlich: OLG Köln, Urt. v. 03.03.2000 – 11 U 46/98, IBR 2002, 347; OLG München, Urt. v. 10.06.2008 – 9 U 2192/07, Nichtzul.-Beschw. zurückgew., BGH, Beschl. v. 12.02.2009 – VII ZR 145/08, BauR 2009, 1156, 1157; sehr weitgehend ebenso OLG Brandenburg, Urt. v. 16.07.2008 – 4 U 187/07, BauR 2008, 1938 [Ls.] = NZBau 2009, 181, 182; s. zu etwaigen Mehrkostenansprüchen im Fall des Baugrundrisikos ferner Rdn. 1929 ff.)

All diese nach Vertragsschluss eintretenden Umstände haben mit einer Änderung der geschuldeten Leistung nichts zu tun. Stattdessen geht der Auftragnehmer in diesen Fällen das **Risiko einer Unterkalkulation** ein, das er nicht nachträglich auf den Auftraggeber abwälzen kann (BGH, Urt. v. 25.06.1987 – VII ZR 107/86, BauR 1987, 683, 684 = NJW-RR 1987, 1306, 1307; zuvor schon grundlegend: BGH, Urt. v. 22.11.1965 – VII ZR 191/63, NJW 1966, 498, 499). Insoweit darf ein Auftragnehmer nämlich ein **erkennbar lückenhaftes Leistungsverzeichnis** nicht einfach hinnehmen, sondern muss sich daraus ergebende Zweifelsfragen vorher klären. Ähnliches gilt, wenn sich für ihn aus dem Leistungsverzeichnis und den ihm überlassenen Unterlagen die Bauausführung in bestimmter Weise nicht mit hinreichender Klarheit ergibt, er darauf bei seiner Kalkulation aber abstellen will (BGH, Urt. v. 25.06.1987 – VII ZR 107/86, a. a. O.). Sieht er nunmehr von einer weiter gehenden Klärung ab, geht dies zu seinen Lasten mit der Folge, dass dann diese Ausführung unter Einschluss der damit verbundenen Risiken auch zur geschuldeten (und von der Vergütung abgedeckten) Leistung gehört. Folglich kann der Auftragnehmer nicht später eine Korrektur seiner für ihn nachteiligen Vertragsentscheidung erwarten (BGH, Urt. v. 13.03.2008 – VII ZR 194/06, BGHZ 176, 23, 31 = BauR 2008, 1131, 1134 = NJW 2008, 2106, 2109 = NZBau 2008, 437, 439; s. allerdings auch zu der hier immer noch möglichen Preisanpassung bei Störung der Geschäftsgrundlage unten Rdn. 2345 ff.).

Das hiernach gefundene Ergebnis ist damit letztlich dem Sachverhalt gleich zu stellen, in denen der Auftragnehmer das Leistungsverzeichnis mit seinen dort enthaltenen Risiken ggf. nur **falsch verstanden** hat (Vygen, Jahrbuch Baurecht 1999, S. 53; s. auch OLG Düsseldorf, Urt. v. 18.11.2003 – 23 U 27/03, BauR 2004, 504, 505). Hier liegt ohnehin auf der Hand, dass ein aus diesem falschen Verständnis vermeintlich ergebender Mehraufwand bereits zu der ursprünglichen übernommenen und von der Vergütung abgedeckten Leistung gehört. 884

▶ **Beispiel (ähnlich BGH, Urt. v. 21.12.2011 – VII ZR 67/11, BauR 2012, 490, 492 = NJW 2012, 518, 520 = NZBau 2012, 102, 103)**

Bei einem beauftragten Straßenaufbruch ist üblicherweise unterhalb der Deckschicht mit kontaminierten Böden zu rechnen. In dem zu einem Pauschalpreis geschlossenen Bauvertrag war dazu nichts konkret beschrieben. In diesem Fall besteht kein Grund für eine Annahme des Auftragnehmers, solcher Boden würde hier nicht anfallen. Mit der fehlenden Angabe im Leistungsverzeichnis hat das nichts zu tun, sondern beruht vielmehr auf dem Ergebnis der dazu erfolgten Auslegung.

- **Ausdrückliche Risikoübernahme durch Auftragnehmer**

Lücken gehen erst recht zulasten des Auftragnehmers, wenn offen gebliebene **Risiken** (wie vielfach bei der funktionalen Ausschreibung) **ausdrücklich von ihm übernommen** wurden. In diesen Fällen sind z. B. Mehrvergütungsansprüche ausgeschlossen, wenn sich diese Risiken verwirklichen. Dies gilt umso mehr, wenn der Vertrag eine sog. **Komplettheitsklausel** enthält (OLG Düsseldorf, Urt. v. 30.09.2003 – 23 U 204/02, I-23 U 204/02, BauR 2004, 506, 507 ff.; OLG Koblenz, Urt. v. 31.01.2010 – 1 U 415/08, NZBau 2010, 562, 564 f., s. dazu Acker/Roquette, BauR 2010, 293, 303 f.; sowie oben Rdn. 666); sie indizieren zumeist eine umfassende Pauschalierung der Vergütung zu der vertraglich übernommenen Leistung (BGH, Urt. v. 30.06.2011 – VII ZR 13/10, BauR 2011, 1646, 1651 = NJW 2011, 3287, 3290 = NZBau 2011, 553, 556). Dabei ist allerdings stets ergänzend zu prüfen, ob eine solche Komplettheitsklausel überhaupt in dem Sinne einer weitgehenden Risikoübernahme verstanden werden kann. Dies ist natürlich denkbar, was schon vorstehend erläutert wurde (Rdn. 881 f.). Je mehr jedoch eine Risikoübernahme auch gänzlich unbekannte vom Auftragnehmer nicht beeinflussbare Faktoren einbeziehen soll, sind an die Klarheit einer solchen Risikoübernahmeklausel höhere Anforderungen zu stellen (BGH, Urt. v. 20.08.2009 – VII ZR 205/07, BGHZ 182, 158, 182 = BauR 2009, 1724, 1734 = NJW 2010, 227, 233 = NZBau 2009, 707, 714). 885

▶ **Beispiel (nach OLG Düsseldorf, Urt. v. 19.07.2011 – 21 U 76/09, BauR 2012, 244, 245 = NJW-RR 2011, 1530, 1531 = NZBau 2011, 692, 694)**

In einem Bauvertrag heißt es:

»Soweit Teilleistungen, die für die mangelfreie, schlüsselfertige Erstellung des Bauvorhabens erforderlich sind, in den Anlagen zu diesem Vertrag nicht exakt beschrieben sind, verpflichtet sich der Auftragnehmer, diese in einer in diesem Bauvorhaben entsprechenden Qualität zu erbringen. Forderungen aus Preisänderungen hieraus werden nicht erhoben.« Eine solche Regelung mag zwar ggf. unklar beschriebene Leistungen einbeziehen, sicherlich aber nicht Leistungen, die bisher gar nicht im Leistungsverzeichnis enthalten sind oder gar nach Änderungen der Ausführungsplanung hinzukommen (ähnlich: OLG Dresden, Urt. v. 22.9.2009 – 10 U 980/08, Nichtzul.-Beschw. zurückgew., BGH, Beschl. v. 10.11.2011 – VII ZR 177/09, BauR 2012, 544).

886 Entsprechendes gilt, wenn der Unternehmer im Vertrag mit dem Auftraggeber oder vorvertraglich **bestimmte Leistungsbereiche** selbst projektiert hat (ähnlich Acker/Roquette, BauR 2010, 293, 305). Dies kommt in der Praxis besonders häufig bei Heizungsinstallationsarbeiten und bei der Haus- und Klimatechnik sowie bei Verträgen mit General- oder Totalunternehmern vor. In diesen Fällen übernimmt der Unternehmer entweder die gesamte **Planung des Bauobjekts** (Totalunternehmer) oder aber Teile der Planung, wobei er **dann auch zumeist das Leistungsverzeichnis erstellt**. Damit verlagert sich aber abweichend von dem oben geschilderten Normalfall, in dem die Leistungsbeschreibung vom Auftraggeber stammt, die Verantwortung für die Eindeutigkeit und Vollständigkeit der Leistungsbeschreibung nebst Leistungsverzeichnis vom Auftraggeber auf den Auftragnehmer. Allein damit sind für den Auftragnehmer zugleich erhebliche Haftungsrisiken bei z. B. unzureichender Wärmebedarfsberechnung und darauf beruhender zu geringer Auslegung der Heizungsanlage oder bei zu geringer Kapazität der vom Unternehmer selbst geplanten Klimaanlage verbunden (OLG Düsseldorf, Urt. v. 20.07.1994 – 21 U 47/94, BauR 1994, 762, 763; ähnlich OLG Karlsruhe, Urt. v. 06.04.2010 – 4 U 129/08, NJW-RR 2010, 1609, 1610 = NZBau 2011, 31, 32 zu Erdarbeiten).

887 Diese Grundsätze gelten in gleicher Weise bei der Abgabe von **Änderungsvorschlägen und Nebenangeboten** durch einen Bieter im Rahmen der Ausschreibung (vgl. § 8 Abs. 2 Nr. 3 VOB/A), wenn er anschließend den Auftrag erhält. Denn auch in diesem Fall erstellt der Unternehmer die Planung und das Leistungsverzeichnis für diesen Änderungsvorschlag bzw. das Nebenangebot (vgl. dazu Kapellmann/Schiffers, Bd. 2, Rn. 840 und 913), sodass er auch für deren Richtigkeit einzustehen hat (Vygen, Festschrift Locher, S. 281).

5.3.2 Rangfolgenregelung in § 1 Abs. 2 VOB/B

888 Sind die grundlegenden Fragen einer stets vorrangigen Auslegung von Bauverträgen geklärt, ist hervorzuheben, dass gerade die VOB/B auch verschiedene **Auslegungshilfen** bereithält. Hierzu zählt § 1 Abs. 2 VOB/B, der vor allem bei sich widersprechenden Vertragsbedingungen Bedeutung erlangt.

▶ **Beispiel**

Der Bauvertragstext sieht eine Gewährleistung nach VOB/B (d. h. von vier Jahren) vor. Demgegenüber soll nach den Zusätzlichen Vertragsbedingungen, auf die verwiesen wird, eine Gewährleistungsdauer von fünf Jahren gelten.

Vorbehaltlich selbstverständlich einer anderweitigen Regelung im Vertrag (vgl. zu einer entsprechenden AGB-Klausel Rdn. 613, 731 ff.) oder einer sonstigen Auslegung hilft hier § 1 Abs. 2 VOB/B. Dort ist eine spezielle Rangfolgeklausel enthalten, die einem allgemeinen juristischen Auslegungsgrundsatz folgend festlegt, dass bei **Widersprüchen im Vertrag** nacheinander gelten:
- die **Leistungsbeschreibung** (im Leistungsverzeichnis, in der funktionalen Leistungsbeschreibung oder der Baubeschreibung)
- die Besonderen Vertragsbedingungen (BVB)
- etwaige Zusätzliche Vertragsbedingungen (ZVB)
- etwaige Zusätzliche Technische Vertragsbedingungen (ZTV)
- die Allgemeinen Technischen Vertragsbedingungen für Bauleistungen (ATV)
- die Allgemeinen Vertragsbedingungen für die Ausführung von Bauleistungen (VOB/B).

Mit dieser Rangfolge, derzufolge die spezielleren Regelungen den Allgemeineren vorgehen, lässt sich meist eine **Klärung des Umfangs und der Art und Weise der geschuldeten Leistung** erzielen: So würde im vorliegenden Beispielfall die im Bauvertrag vorgesehene vierjährige Gewährleistungsfrist nach VOB/B (§ 13 Abs. 4 VOB/B) gelten.

5.3.3 Bestimmung des Leistungssolls unter Einbeziehung der VOB/B

Auch die Allgemeinen Vertragsbedingungen für die Ausführung von Bauleistungen (VOB/B) selbst enthalten in ihren §§ 3 bis 5 diverse Regelungen zu der Bauausführung. Selbstverständlich gestalten diese die Pflichten der Vertragsparteien. Einzelheiten hierzu finden sich nachfolgend bei der Beschreibung der Einzelpflichten in Rdn. 940 ff. für den Auftragnehmer und Rdn. 1043 ff. für den Auftraggeber. 889

5.3.4 Bestimmung des Leistungssolls unter Einbeziehung der VOB/C (ATV/DIN)

Grundlage für eine häufig notwendige Auslegung von Bauverträgen sind des Weiteren die Allgemeinen Technischen Vertragsbedingungen für Bauleistungen (ATV/VOB/C). Hierbei handelt es sich um eine Vielzahl von **DIN-Normen,** die nach einzelnen Handwerkszweigen bzw. technischen Tätigkeitsbereichen im Rahmen der Bauausführung aufgegliedert sind. Sie sind mit der Vereinbarung der VOB/B nach § 1 Abs. 1 S. 2 VOB/B automatisch Vertragsbestandteil. Aus den einzelnen DIN lassen sich mannigfaltige Anhaltspunkte zur Bestimmung der geschuldeten Bauleistung entnehmen. Insoweit überrascht es, dass diese in der Praxis viel zu wenig beachtet werden. Dies gilt in besonderem Maße für die **DIN 18299,** in der allgemeine Regelungen für Bauarbeiten jeder Art, also für alle Gewerke, enthalten sind. So werden dort zunächst Hinweise für das **Aufstellen der Leistungsbeschreibung** gegeben, sowie gleichzeitig der Geltungsbereich abgesteckt. Ebenso finden sich dort Anforderungen an **Stoffe und Bauteile** sowie an die **Ausführung.** Schließlich werden die Voraussetzungen für (vergütungspflichtige) **Besondere Leistungen** und (unentgeltliche) **Nebenleistungen** und die Vorschriften für die **Abrechnung** dargestellt. Nach demselben Aufbauschema werden bei jeder Allgemeinen Technischen Vorschrift (ATV) des Teils C der VOB für die verschiedenen Gewerke **Hinweise für die Leistungsbeschreibung** gegeben, und zwar dazu, was darin nach Lage des Einzelfalles anzugeben ist. Dies ist als wichtiger Hinweis für den Ausschreibenden gedacht und sollte von ihm unbedingt beachtet werden. Für den Kalkulierenden und Bieter sollten diese Angaben als eine Art Checkliste angesehen werden, mit der er die Vollständigkeit der Ausschreibungsunterlagen überprüfen kann, um von vornherein Unklarheiten auszuräumen. Neben diesen Allgemeinhinweisen finden sich in jeder DIN sodann aber auch konkrete Regelungen, die abhängig von ihrem Inhalt das Leistungssoll eines Bauvertrages bestimmen: 890

- **Geschuldete Normvariante**
  In den DIN-Normen, und zwar dort in dem jeweiligen **Abschnitt 3,** ist vielfach ausgeführt und beschrieben, was allgemein als richtige und mangels spezieller Regelungen als übliche Leistung oder als Leistung von mittlerer Art und Güte (§ 243 BGB) gilt. Allein deswegen kann ein Rückgriff somit weiteren Aufschluss darüber geben, was überhaupt eine **normgerechte Bauleistung** ist. 891

  > **Beispiel**
  >
  > Nach Abschnitt 3.14.4 der DIN 18334 (Zimmer- und Holzbauarbeiten) muss die Holzfeuchte beim Einbau 9 % +/− 3 % betragen.

  Die ATV oder DIN-Normen setzen also grundsätzlich den Maßstab für die Normalausführung einer Bauleistung. Sie prägen vielfach die zu erbringende (geschuldete) Bauleistung, soweit sich aus dem Bauvertrag keine abweichende Regelung, d. h. weiter gehende oder geringere Anforderungen an die zu erbringende Leistung, ergeben. Prägen bedeutet, dass ohne weiter gehende Regelung oder eine dagegen stehende anerkannte Regel der Technik eine Vermutung dafür besteht, dass die in der DIN niedergelegte Leistungsanforderung der vertraglich vereinbarten Beschaffenheit entspricht. Wenn der Auftragnehmer diese Allgemeinen Technischen Vertragsbedingungen oder DIN-Normen demnach nicht beachtet, kann allein darin eine mangelhafte Bauleistung liegen (vgl. dazu näher Rdn. 1247 ff.).

892 Die einzelnen Bestimmungen der **ATV im Teil C der VOB** können auch dann eine Rolle spielen, wenn sie oder überhaupt der Teil B der VOB im Bauvertrag nicht ausdrücklich vereinbart worden sind, d. h. **bei einem BGB-Werkvertrag**. Dies ist etwa der Fall, wenn z. B. das Gericht darüber zu entscheiden hat, ob die geleistete Arbeit nach allgemeinen werkvertraglichen Grundsätzen den Anforderungen fach- und handwerksgerechter Ausführung entspricht, also vertragsgerecht und mängelfrei ist.

- **Abgrenzung Nebenleistung/Besondere Leistung**

893 Vor allem der jeweilige Abschnitt 4 der Allgemeinen Technischen Vertragsbestimmungen gewinnt bei der Auslegung der geschuldeten Leistung an Bedeutung. Denn dieser unterscheidet in dem jeweiligen **Abschnitt 4.1** die sog. **Nebenleistungen** von den in dem **Abschnitt 4.2** ersichtlichen sog. **Besonderen Leistungen**. Nebenleistungen nach Abschnitt 4.1 sind – stets vorbehaltlich einer anderweitigen Vereinbarung – bereits von der vertraglichen Vergütung abgedeckt, selbst wenn sie im Vertrag nicht weiter erwähnt werden, d. h.: Der Auftragnehmer hat sie ohne gesonderten Vergütungsanspruch mit zu erbringen. Dies ergibt sich aus § 2 Abs. 1 VOB/B: Danach sind **durch die vereinbarten Preise alle Leistungen abgegolten werden**, die nach der Leistungsbeschreibung, den Besonderen Vertragsbedingungen, den Zusätzlichen Vertragsbedingungen, den Zusätzlichen Technischen Vertragsbedingungen, den Allgemeinen Technischen Vertragsbedingungen für Bauleistungen und der gewerblichen Verkehrssitte zur vertraglichen Leistung des Unternehmers gehören. Der Abschnitt 4.1 der jeweiligen Technischen Vertragsbedingung kennzeichnet diese Nebenleistung als bereits von der vereinbarten Vergütung abgedeckt. Daneben stehen die Besonderen Leistungen in dem jeweiligen Abschnitt 4.2. Diese sind dann bei der Ausführung – insoweit allerdings nur unter den weiteren Voraussetzungen des § 2 Abs. 6 VOB/B oder § 2 Abs. 8 VOB/B – zusätzlich zu vergüten.

▶ Beispiel

Der Auftraggeber eines VOB-Vertrages »beauftragt« den Auftragnehmer, seine Arbeiten gegen Regen zu schützen. Obwohl ein »Auftrag« vorliegt, schuldet der Auftraggeber dafür keine zusätzliche Vergütung (soweit sich aus den Vertragserklärungen nichts anderes ergibt). Denn das Sichern der eigenen Arbeiten gegen Niederschlagswasser stellt eine Nebenleistung dar, die nach Abschnitt 4.1.10 der DIN 18299 bereits ohne Erwähnung im Vertrag zur vertraglichen Hauptleistung gehört. Folglich stellt ein solcher »Auftrag« zum Regenwasserschutz nichts anderes als eine Anordnung des Auftraggebers dar, die zur vertragsgemäßen Ausführung der Leistung notwendig ist (§ 4 Abs. 1 Nr. 3 S. 1 VOB/B). Etwas anderes würde hingegen für eine Anordnung gelten, gesonderte Schutzmaßnahmen gegen Witterungsschäden, Hochwasser oder Grundwasser zu ergreifen, soweit diese über das übliche Niederschlagswasser hinausgehen. Derartige Leistungen wären als »Besondere Leistungen« nach Abschnitt 4.2.6 der DIN 18299 gesondert vergütungspflichtig.

894 Wenn allerdings der Ausschreibende eine **Nebenleistung** nach Abschnitt 4.1 abweichend von der jeweiligen DIN in einer **besonderen Position als auszuführende Leistung** ausschreibt, so ist der Auftraggeber bei der Abrechnung der Bauleistungen auch verpflichtet, diese Nebenleistung zu vergüten.

▶ Beispiel

Im Leistungsverzeichnis wird für das Einrichten und Räumen der Baustelle eine gesonderte LV-Position vorgesehen, zu der der Auftragnehmer einen Preis angegeben hat. Hiermit wird die Baustelleneinrichtung bei Vertragsschluss – obwohl sonst nach Abschnitt 4.1.1 der DIN 18299 von der Vergütung abgedeckte Nebenleistung – zu einer Vertragsleistung, die gesondert zu bezahlen ist.

895 Der ausführende Unternehmer sollte daher den Umfang dieser Nebenleistungen der jeweiligen Gewerke in allen Einzelheiten kennen. Dies gilt insbesondere für den Abschnitt über die Leistungen, die keine Nebenleistungen sind. Nur dann weiß er, für welche Leistungen, die im Leistungsverzeichnis nicht aufgeführt sind, er im Einzelfall gemäß § 2 Abs. 6 VOB/B eine gesonderte oder

zusätzliche Vergütung verlangen kann. Die Bedeutung dieser Vorschriften über Besondere Leistungen und Nebenleistungen soll an zwei weiteren Beispielen erläutert werden:

▶ **Beispiele**
- Gemäß den DIN-Normen gehört bei allen Gewerken die Beseitigung der Verunreinigungen, also der Abfälle und des Bauschutts, die von den Arbeiten des Auftragnehmers herrühren, zu den nichtvergütungspflichtigen Nebenleistungen; dies gilt in gleicher Weise für den Schutz der ausgeführten Leistungen und der für die Ausführung übergebenen Gegenstände vor Beschädigung und Diebstahl bis zur Abnahme und für die Einhaltung der Schutz- und Sicherungsmaßnahmen nach den Unfallverhütungsvorschriften und nach den behördlichen Bestimmungen (DIN 18299 Ziffern 4.1.4, 4.1.11 und 4.1.12). Dagegen gehört gemäß Ziffer 4.2.13 das Entsorgen von Sonderabfall aus dem Bereich des Auftraggebers zu den Besonderen Leistungen, die somit zusätzlich zu vergüten sind.
- Einem Unternehmer werden nachträglich Heizungsinstallationsarbeiten in Auftrag gegeben. Bei deren Ausführung stellt sich heraus, dass die Heizkörper nur mithilfe eines Autokrans in die einzelnen Räume gebracht werden können, wofür im Leistungsverzeichnis und im Vertrag keine besondere Vergütung vorgesehen ist. Gemäß Ziffer 4.1.9 der allgemeinen DIN 18299 gehört das Befördern der Stoffe und Bauteile zu den Verwendungsstellen zu den nicht gesondert vergütungspflichtigen Nebenleistungen, sodass der Unternehmer dafür keine zusätzliche Vergütung verlangen kann.

- **Bedeutung der Abrechnungsvorschriften der DIN**
Zu beachten ist, dass sich in den DIN teilweise auch noch in dem jeweiligen Abschnitt 5 Regelungen finden, die das Leistungssoll bestimmen könnten. Dies ist allerdings nicht ganz zweifelsfrei, da es sich bei dem Abschnitt 5 eigentlich um Vorschriften zur Abrechnung handelt. 896

▶ **Beispiel (nach KG, Urt. v. 05.08.2009 – 11 U 64/08, BauR 2011, 566 [Ls.] = IBR 2010, 673)**

Der Auftraggeber meldete nach Ablauf der Grundstandzeit am 9. August 2011 (Dienstag) per 11. August 2011 (Donnerstag) das Gerüst frei. An diesem Tag (11.8.) wird ein Baukran gestohlen. Der Gerüstbauer nimmt dafür den Bauherrn in Anspruch. Das Kammergericht lehnte eine Haftung ab. Mit Ablauf der Freigabefrist ende die Gebrauchsüberlassung. Eine stillschweigende Verlängerung nach der Grundstandzeit sei gemäß § 545 S. 1 BGB nach dem rechtzeitigen Widerspruch nicht erfolgt. Abschnitt 5.11.2 ändere daran nichts: Zwar ende danach die Gebrauchsüberlassung frühestens drei Werktage nach Zugang der Freigabemitteilung. Hierbei handele es sich aber nur um eine Abrechnungsvorschrift, die nicht die Abgrenzung zwischen werkvertraglicher Verantwortung des Auftragnehmers für Auf- und Abbau bzw. mietvertraglicher Phase betreffe (s. dazu auch oben Rdn. 408).

Ob das Ergebnis bei der Abgrenzung der vertraglichen Vorschriften richtig ist, mag allerdings zweifelhaft sein. Zwar ist richtig, dass die DIN in ihrem jeweiligen Abschnitt 5 vorrangig Regelungen zur Abrechnung enthält. Wenn dann aber dort vorgesehen ist, dass eine Gebrauchsüberlassung eben erst drei Tage nach Zugang einer Freigabemitteilung endet, liegt darin zugleich eine vertragliche Bestimmung der gegenseitigen Rechte und Pflichten der Vertragsparteien. Anders dürfte eine solche Regelung wohl auch kaum von den Vertragsparteien verstanden werden.

5.3.5 Bestimmung des Leistungssolls unter Einbeziehung der anerkannten Regeln der Technik – Abgrenzung zu ATV/DIN bzw. Eurocodes (EN)

Neben den vertraglichen Vereinbarungen und den DIN-Normen hat der Auftragnehmer bei der Ausführung seiner Leistung des Weiteren die anerkannten Regeln der Technik zu beachten (vgl. § 4 Abs. 2 Nr. 1 VOB/B). Hierauf wird auch im Rahmen der Gewährleistung bei der Bestimmung eines Mangels zurückzukommen sein (vgl. § 13 Abs. 1 VOB/B sowie nachfolgend Rdn. 1247 ff.). 897

Bei den anerkannten Regeln der Technik handelt es sich um einen unbestimmten Rechtsbegriff. Sie stellen die Summe der im Bauwesen existenten **wissenschaftlichen, technischen und handwerklichen Erfahrungen** dar, die **durchweg bekannt** und als **richtig und notwendig** anerkannt sind (vgl. dazu umfassend Ingenstau/Korbion/Oppler, VOB/B, § 4 Abs. 2 Rn. 39 ff.; siehe auch RGSt 44, 76; Kapellmann/Messerschmidt/Merkens, § 4 Rn. 54). Kennzeichen einer anerkannten Regel der Technik ist es demnach, dass

- sie **theoretisch richtig** ist und
- sich **in der Praxis bewährt** hat. In der Praxis bewährt hat sich eine anerkannte Regel der Technik, wenn sie von der großen Masse der Bauschaffenden angewandt wird. Es genügt nicht, dass einige fortschrittliche Ingenieure sich einer bestimmten Regel widmen.

898 Technische Regelwerke werden in den diversen technischen Normen und Regelwerken konkretisiert. Zu den wichtigsten Regelwerken gehören:
- DIN-Normen des Deutschen Instituts für Normung e. V.
- Eurocodes (EN)
- Einheitliche Technische Baubestimmungen (ETB)
- Bestimmungen des Deutschen Ausschusses für Stahlbeton
- Bestimmungen des Verbandes Deutscher Elektrotechniker (VDE)
- VDI-Richtlinien des Verbandes der Deutschen Ingenieure
- Unfallverhütungsvorschriften der Berufsgenossenschaften
- Bestimmungen des Deutschen Vereins des Gas- und Wasserfaches (DVGW)
- Von den Bauaufsichtsbehörden eingeführte Technische Baubestimmungen des Deutschen Instituts für Normung e. V.

Insbesondere in Bezug auf die technischen Regelwerke ist anzumerken, dass mit Wirkung vom 1. Juli 2012 die sog. Eurocodes als vereinheitlichte technische Normen (EN) bauaufsichtlich eingeführt sind. Erstellt werden sie von dem Europäischen Komitee für Normung (CEN) mit dem Ziel, eine einheitliche Planung, Bemessung und Ausführung von baulichen Anlagen in Europa zu ermöglichen, und zwar konkret für die Bemessung und Konstruktion von Ingenieurbauwerken. Soweit Eurocodes existieren, wurden die bisher geltenden DIN aufgehoben

Ausgehend von diesen technischen Regelwerken ist allerdings davon auszugehen, dass diese niemals vollständig sein können. Insoweit stellen sie im Grundsatz auch nur einen Unterfall der allgemein anerkannten Regeln der Technik oder Baukunst dar. Dabei sind wichtige Zweifelsfälle zu beschreiben:

- **DIN-Norm nur mit Mindestangaben**

899 Häufig enthalten insbesondere die DIN-Normen des Teils C der VOB nur Mindestanforderungen an eine vertraglich vereinbarte Bauleistung, ohne den Willen der Bauvertragsparteien hinreichend genau widerzuspiegeln.

> **Beispiel (nach BGH Urt. v. 14.06.2007 – VII ZR 45/06, BauR 2007, 1570, 1571 f. = NJW 2007, 2983 ff.)**
>
> Ein Käufer erwirbt eine noch zu errichtende Doppelhaushälfte. Die in dem Vertrag in Bezug genommene Baubeschreibung lautet unter dem Stichwort »Bauausführung«: »Alle Bestimmungen im Hochbau in Bezug auf Wärme-, Schall- und Brandschutz werden eingehalten. Die in den Verordnungen festgelegten Mindestwerte werden überschritten.« Der Käufer rügt nach dem Bezug Schallschutzmängel. Er ist der Auffassung, die Verkäuferin (Bauträgerin) habe die erhöhten Schallschutzwerte nach Beiblatt 2 zur DIN 4109 einzuhalten. Das ergebe sich sowohl aus der vertraglichen Vereinbarung eines erhöhten Schallschutzes infolge der Baubeschreibung als auch aus der vereinbarten Bauweise. Auch dann, wenn die Verkäuferin die anerkannten Regeln der Technik eingehalten hätte, hätte das Haus einen höheren Schallschutz.

Hier gilt in einem ganz besonderen Maße, dass vom Auftragnehmer nicht (nur) die in der DIN vorgesehenen Mindestwerte geschuldet sind. Vielmehr kommt es allein darauf an, welche Schallschutzwerte durch die vereinbarte Bauweise bei **einwandfreier, den anerkannten Regeln der Technik entsprechender Bauausführung** hätten erreicht werden können. Gibt es gleichwertige, nach den anerkannten Regeln der Technik mögliche Bauweisen, darf der Auftraggeber im vorgenannten Beispielfall angesichts der hohen Bedeutung des Schallschutzes im modernen Haus- und Wohnungsbau erwarten, dass der Unternehmer jedenfalls diejenige Bauweise wählt, die den besseren Schallschutz erreicht, wenn sie ohne nennenswerten Mehraufwand möglich ist (BGH a. a. O.; vgl. allerdings anders im Mietrecht: Hier ist ein gegenüber der DIN 4109 erhöhter Schallschutz nur geschuldet, wenn er auch gesondert vereinbart ist: BGH, Urt. v. 07.07.2010 – VIII ZR 85/09, BauR 2010, 1756, 1757 = NJW 2010, 3088 = NZBau 2010, 701).

- **Überholte DIN-Norm / Fehlende Anerkennung**
Vielfach geben Regelwerke nur einen bestimmten ggf. überholten Stand der Regeln der Technik wieder; die für einen Bauvertrag geltenden Regeln der Technik können demgegenüber über dieses normierte Maß hinausgehen oder wegen einer neueren technischen Entwicklung veraltet sein (OLG Schleswig, Urt. v. 19.02.1998 – 5 U 81/94, BauR 1998, 1100, 1102 f. = NJW-RR 1998, 1711, 1712, Revision vom BGH nicht angenommen, Beschl. v. 17.02.2000 – VII ZR 123/98, BauR 2000, 1060). In diesem Fall sind die **aktuelleren technischen** (ggf. schriftlich nicht niedergelegten) **Entwicklungen maßgebend** (vgl. auch § 4 Abs. 2 Nr. 1 S. 2 VOB/B – s. auch BGH, Urt. v. 14.05.1998 – VII ZR 184/97, BGHZ 139, 16, 19 = BauR 1998, 872, 873 = NJW 1998, 2814, 2815). Dasselbe gilt für nach dem Bauvertrag geltende DIN-Normen der VOB/C, die nach § 1 Abs. 1 S. 2 VOB/B als Vertragsbestandteil vereinbart werden. Folgende Beispiele sollen dies illustrieren.

900

▶ **Beispiel 1**

901

Im Februar 1973 wurden Sichtbetonarbeiten unter Zugrundelegung der VOB ausgeschrieben. Es galt damals die VOB (Ausgabe 1965), und zwar hier über die Allgemeinen Technischen Vorschriften für Bauleistungen u. a. die DIN 18331 für Beton- und Stahlbetonarbeiten in der Fassung von Dezember 1958. In der Zeit von 1958–1973 hatten sich gerade beim Sichtbeton umfangreiche neue Erkenntnisse ergeben, die ausführlich in der Fachliteratur dargestellt wurden. Die Veröffentlichungen wiesen nach, dass der sich auf den Sichtbeton beziehende Abschnitt 3.4.4 der DIN 18331 nicht mehr dem damaligen Stand der Erfahrungen entsprach. In der neuen VOB-Fassung 1973 erschien die DIN 18331 in Bezug auf den Sichtbeton demzufolge in einer völlig veränderten Form aufgrund einer im April 1972 verabschiedeten, aber erst im August 1974 herausgegebenen Fassung. Hier war also der Fall eingetreten, dass eine formell noch geltende DIN nicht nur durch den Inhalt der Erkenntnisse und den sich damit befassenden Veröffentlichungen überholt war, sondern dass es zur Zeit der Ausschreibung und vor allem der Ausführung der Arbeiten bereits eine ganz neue Entwurfsfassung dieser DIN gab. Die offiziell noch geltende (alte) DIN konnte also nicht mehr als allgemein anerkannte Regel der Bautechnik angesprochen werden und war deshalb, obwohl sie vorher unter ihrer Bezeichnung DIN 18331 als Vertragsgrundlage angegeben worden war, kein Maßstab für eine mangelfreie Leistung. Die Folge davon ist, dass der Auftragnehmer den Sichtbeton vertragsgerecht nur erstellen konnte, wenn er die neuen Erkenntnisse seiner Bauleistung zugrunde legte, d. h. nach der noch nicht veröffentlichten Neufassung der DIN-Norm den Sichtbeton ausführte.

▶ **Beispiel 2**

902

Die Mindestanforderungen an den Schallschutz nach der DIN 4109 (Fassung 1962) entsprachen bereits im Jahr 1974 selbst bei durchschnittlichem Wohnkomfort nicht mehr den anerkannten Regeln der Technik, obwohl die DIN 4109 in dieser Fassung noch viele Jahre später in Kraft war (vgl. OLG Stuttgart, Urt. v. 24.11.1976 – 6 U 27/76, BauR 1977, 279; OLG Köln, Urt. v. 23.09.1980 – 15 U 262/79, BauR 1981, 475).

903 ▶ **Beispiel 3**

Zur Zeit der Baugenehmigung galt noch eine DIN mit geringeren Anforderungen an die Wärmedämmung. Während der Bauausführung trat eine neue DIN mit höheren Werten in Kraft. Folge: Es liegt eine mangelhafte Bauleistung vor, wenn die z. Zt. der Bauausführung bzw. der Abnahme (vgl. § 13 Abs. 1 VOB/B) maßgeblichen höheren Werte nicht eingehalten worden sind (vgl. BGH, Urt. v. 12.10.1967 – VII ZR 8/65, BGHZ 48, 310, 311 f. = NJW 1968, 43 und BGH, Urt. v. 22.10.1970 – VII ZR 90/68, BauR 1971, 58 f. = NJW 1971, 92).

904 Es ist jedoch auch der umgekehrte Fall vorstellbar, dass eine DIN geändert wird, obwohl nach verbreiteter Auffassung **die in der geänderten DIN vorgebene Ausführungsweise als nicht sachgerecht** eingestuft wird. Dies gilt besonders für neuartige Bauweisen (vgl. dazu u. a. Ingenstau/Korbion/Oppler, VOB/B, § 4 Abs. 2 Rn. 58). Auch insoweit kann dann auf die DIN zur Bestimmung der anerkannten Regeln der Technik und somit der geschuldeten Bauweise nicht zurückgegriffen werden. Denn eine anerkannte Regel der Technik liegt nur vor, wenn eine echte **Anerkennung in Theorie und Praxis** vorhanden ist (OLG Hamm, Urt. v. 17.02.1998 – 7 U 5/96, NJW-RR 1998, 668, 669).

▶ **Beispiel (nach OLG Hamm, a. a. O.)**

Nach dem Bauvertrag soll der Auftragnehmer Fliesen im Dickbettverfahren auf Kalksandsteinmauerwerk verlegen. Eine Vorbehandlung des Mauerwerks durch einen Spritzbewurf hat er nicht vorgenommen. Dieses Unterlassen führte zu einer mangelhaften Leistung: Zwar sah zum Zeitpunkt der Entscheidung die VOB/C-ATV DIN 18352 bei Fliesenarbeiten in den neueren Ausgaben 1988 und 1996 einen Spritzbewurf auf Kalksandsteinmauerwerk nicht mehr zwingend vor. Gleichwohl liegt ein Verstoß gegen die anerkannten Regeln der Technik vor. Denn die Mehrzahl der Bauhandwerker führen nach wie vor eine Vorbehandlung durch Spritzbewurf aus, in Lehrbüchern zur Fliesenlegerausbildung und in Baufachbüchern wird sie weiterhin gefordert sowie in den Verarbeitungsvorschriften der Kalksandsteinindustrie dringend empfohlen.

905 Aus Vorstehendem ergibt sich, dass es für die Mangelfreiheit der Leistung – vorbehaltlich anderweitiger vertraglicher Regeln – nach § 4 Abs. 2 Nr. 1 S. 2 und § 13 Abs. 1 VOB/B im Zweifel darauf ankommt, dass zum Zeitpunkt der Abnahme die **anerkannten Regeln der Technik eingehalten** werden. Bedeutung gewinnt dies vor allem auch dann, wenn die anerkannten Regeln der Technik von den Regelwerken abweichen. Denn dies hat für die Mangelhaftung des Auftragnehmers weitreichende Konsequenzen, worauf bei der Behandlung der Gewährleistungsrechte näher eingegangen werden soll (s. Rdn. 1251 ff.).

5.3.6 Vorrang der Vertragsauslegung vor den DIN/anerkannten Regeln der Technik

906 Wie schon erwähnt, stehen die gesamten vorstehenden Ausführungen unter dem Vorbehalt der vertraglichen Auslegung, d. h.: Ein Rückgriff auf die anerkannten Regeln der Technik oder die VOB/C ist trotz der Bezugnahme darauf in der VOB/B nur dann möglich, wenn sich aus der Auslegung des Vertrages nichts anderes ergibt. Dies gilt vor allem auch für die beiden folgenden Fallgruppen:
- **Fehler trotz Einhaltung der anerkannten Regeln der Technik**

907 Zu beachten ist, dass auch die anerkannten Regeln der Technik/DIN-Normen kein Dogma sind, sondern jeweils unter dem **Vorbehalt einer anderweitigen vertraglichen Vereinbarung** stehen. Danach kann eine Leistung selbst dann mangelhaft sein, selbst wenn sie die anerkannten Regeln der Technik einhält (BGH, Urt. v. 09.07.2002 – X ZR 242/99, NJW-RR 2002, 1533, 1534).

5.3 Bedeutung der Vertragsauslegung zur Bestimmung der Bauleistung

▶ **Beispiel**

Der Auftraggeber (AG) beauftragt den Auftragnehmer (AN) mit der Herstellung von Glasscheiben für eine Außenfassade. Der AN liefert Scheiben unter Einhaltung der DIN und der dort vorgesehen Toleranzen (hier zugleich auch der anerkannten Regeln der Technik). Gleichwohl können diese Scheiben wegen ihrer Stärke nicht eingebaut werden. Hier liegt eine mangelhafte Leistung vor, und zwar trotz Einhaltung der DIN und ggf. der anerkannten Regeln der Technik: Denn wenn der AN den Verwendungszweck der Scheiben kannte, musste er solche Scheiben liefern, die – unabhängig von den anerkannten Regeln der Technik – dort eingebaut werden können.

- **Vorrang der Auslegung vor der Leistungsabgrenzung gemäß Abschnitt 4 der jeweiligen DIN der VOB/C**
Auch eine sklavische Anbindung an die Abgrenzung zwischen von der Vergütung abgedeckten Nebenleistungen gemäß dem jeweiligen Abschnitt 4.1 bzw. vergütungspflichtigen Besonderen Leistungen in Abschnitt 4.2 kann keine Auslegung eines ggf. vorrangigen Parteiwillens ersetzen. 908

▶ **Beispiel (nach BGH, Urt. v. 28.02.2002 – VII ZR 376/00, BauR 2002, 935, 936 f. = NJW 2002, 1954, 1955)**

Der Auftragnehmer (AN) wurde auf der Grundlage der VOB mit der Herstellung neuer Brückenkappen beauftragt. Die Herstellung des überhängenden Teils der Kappen erforderte ein zusätzliches Konsoltraggerüst, das im Gegensatz zu weiteren Traggerüsten vergleichbarer Art nicht mit ausgeschrieben war. Der AN verlangt für das Gerüst einen Nachtrag. Er beruft sich darauf, dass die vom AG stammende Ausschreibung insoweit unklar sei, weswegen diese Unklarheiten zu seinen Lasten gingen. Zu Unrecht! Denn hier war die Leistungsbeschreibung gar nicht unklar. Vielmehr ergab sich bereits aus der Ausschreibung, dass vom AN auch bei dem weiteren Brückenkopf ein Konsoltraggerüst zu stellen war. Dass die einschlägige DIN in ihrem Abschnitt 4.2 gesondert zu erstellende Traggerüste als vergütungspflichtig ansieht, ändert an diesem Auslegungsergebnis nichts (in diesem Sinne ähnlich KG, Urt. v. 14.02.2006 – 21 U 5/03, BauR 2006, 836, 837 = NZBau 2006, 241, 242 – Olympiastadion Berlin).

Das Ergebnis ist klar, sollte aber nicht umgekehrt zu Missverständnissen verleiten: Denn selbstverständlich sind die Regelungen der VOB/C mit der Abgrenzung in dem jeweiligen **Abschnitt 4 bei einem VOB-Vertrag Vertragsbestandteil**. Daher ist ein Rückgriff darauf nur versperrt, wenn sich tatsächlich ein vorrangig abweichender Vertragswille ergibt oder dies sogar ausdrücklich vereinbart ist (vgl. etwa OLG Köln, Urt. v. 22.02.2011 – 15 U 147/10, Nichtzul.-Beschw. zurückgew., BGH, Beschl. v. 22.03.2012 – VII ZR 61/11, IBR 2012, 378. Andernfalls bleibt es dabei, dass im Rahmen der Auslegung der vertraglichen Willenserklärungen durchaus auf die einschlägigen DIN-Vorschriften zurückgegriffen werden kann, die in ihrem jeweiligen Abschnitt 4.1 die von der Vergütung erfassten Nebenleistungen von den gesondert vergütungspflichtigen Zusatzleistungen gemäß dem jeweiligen Abschnitt 4.2 unterscheiden (BGH, Urt. v. 27.07.2006 – VII ZR 202/04, BauR 2006, 2040, 2042 = NJW 2006, 3413, 3414). 909

5.3.7 Bestimmung der Leistungspflicht durch Herstellerangaben

Ähnlich wie DIN-Regelungen können Herstellerangaben die Leistungspflicht des Auftragnehmers bestimmen. Allerdings darf insoweit kein Missverständnis aufkommen: Denn ein Auftragnehmer schuldet vorrangig (nur) eine **mangelfreie Leistung**. Frei ist die Leistung von Mängeln, wenn sie nach § 633 Abs. 2 BGB bzw. § 13 Abs. 1 VOB/B der vereinbarten Beschaffenheit sowie den für diese Werkleistung einzuhaltenden anerkannten Regeln der Technik entspricht (s. dazu näher Rdn. 1234 ff.). Die **Einhaltung von Herstellerangaben gehört nicht** dazu; sie bestimmen demzufolge auch nicht unmittelbar die Leistungsverpflichtung des Auftragnehmers. Allerdings kann dies indirekt doch der Fall sein – nämlich vor allem dann, wenn die Nichteinhaltung ihrerseits eigenständig eine mangelhafte Bauleistung begründet. Zu nennen sind hier Verstöße, bei denen zugleich 910 die funktionsgerechte Herstellung der Werkleistung beeinträchtigt wird oder besondere Risiken drohen (s. dazu auch Seibel, BauR 2012, 1025, 1030).

> **Beispiel (nach BGH, Urt. v. 23.07.2009 – VII ZR 164/08, BauR 2009, 1589, 1590 = NJW-RR 2009, 1467 = NZBau 2009, 647, 648)**
>
> Der Auftragnehmer ist mit der Grundüberholung eines Blockheizkraftwerkes beauftragt. Hierbei beachtet er zwar die anerkannten Regeln der Technik, nicht aber die zugleich (darüber hinausgehenden) Vorgaben des Herstellers. Eine solche Leistung ist mangelhaft, soweit diese darüber hinausgehenden Herstellerangaben den Betrieb der Anlage betreffen.

Auch ist denkbar, dass durch die Nichteinhaltung der Herstellerangaben der Auftraggeber eine ggf. sonst bestehende **Herstellergarantie** verliert. Ferner kann allein deswegen in der Werkleistung eine **erhöhte Risikoungewissheit** für deren Mangelfreiheit bestehen, die nicht bestände, wenn die Herstellerangaben eingehalten worden wären. In all diesen Fällen bestimmen dann die Herstellerangaben doch die Leistungspflichten des Auftragnehmers. Da es insoweit aber vorrangig um die Bestimmung einer mangelhaften Leistung geht (ggf. verursacht durch die Verletzung von Herstellerangaben), soll darauf einheitlich erst bei der Behandlung der Mängel-/Gewährleistungsrechte eingegangen werden (Rdn. 1264 f.).

5.3.8 Stand der Bautechnik

911 Von der Verpflichtung des Auftragnehmers, seine Leistung entsprechend den allgemein anerkannten Regeln der Technik auszuführen, ist scharf zu unterscheiden die Bauausführung nach dem **Stand der Technik**, der sich häufig aus den **Zulassungsbescheiden des Instituts für Bautechnik in Berlin** für neue Baustoffe und Bauverfahren ergibt. Diesem Zulassungsbescheid kommt allein bauaufsichtliche und damit öffentlich-rechtliche Bedeutung zu. Mit ihm wird nur bestätigt, dass ein bestimmter Baustoff theoretisch brauchbar und geprüft ist, wobei seine Bewährung allerdings noch nicht beurteilt wird. Aufgabe des **Instituts für Bautechnik** ist die Prüfung von neuen Baustoffen, Bauteilen und Bauarten auf ihre Gebrauchstauglichkeit. Die Zulassung erschöpft sich deshalb auch im öffentlich-rechtlichen Bauordnungsrecht, das vor allem dem öffentlichen Interesse der Gefahrenabwehr auf der Grundlage der Übereinstimmung mit dem jeweiligen Stand der Technik dient. Die Zulassungsbescheide bilden insoweit eine Grundlage für die Erteilung der Baugenehmigung. Eine Aussage über die praktische Bewährung des zugelassenen Baustoffes wird dagegen nicht getroffen. Diese Bewährung in der Praxis kann folgen; sie kann aber auch ausbleiben. Ein entsprechender Vermerk ist in jedem Zulassungsbescheid des Instituts für Bautechnik enthalten. Mit den anerkannten Regeln der Technik hat das nichts zu tun.

> **Beispiel**
>
> Seit vielen Jahren gibt es zahlreiche Zulassungsbescheide für die Kerndämmung bei zweischaligem Mauerwerk; diese widerspricht nach wie vor der DIN 1053, die eine Luftschicht von 4 cm verlangt. Damit bleibt aber zweifelhaft, ob die Kerndämmung bei zweischaligem Mauerwerk heute schon den anerkannten Regeln der Technik entspricht, zumal die Ansichten über die praktische Bewährung im Schrifttum durchaus geteilt sind (vgl. Glitza, BauR 1987, 388; Lühr, BauR 1987, 390; Reim/Kamphausen, BauR 1987, 629; Groß/Riensberg, BauR 1987, 633).

Die daraus zu ziehende Schlussfolgerung für den Architekten und den ausführenden Unternehmer muss dahin gehen, den **Auftraggeber** über diese Situation **aufzuklären**. Dabei geht es um einen (schriftlichen) Hinweis gemäß § 4 Abs. 3 VOB/B, dass die Verwendung des neuen Baustoffes bzw. des neuen Bauverfahrens zwar bauaufsichtlich zugelassen, es aber noch **zweifelhaft ist, ob der Baustoff** oder das Bauverfahren bereits **den anerkannten Regeln der Technik** entspricht. Anschließend ist die Entscheidung letztlich dem Auftraggeber überlassen mit der Folge, dass der Auftragnehmer bei ausreichender Aufklärung gemäß § 13 Abs. 3 VOB/B von seiner Gewährleistungspflicht freigestellt werden kann (s. dazu im Einzelnen Rdn. 1504 ff.).

5.3.9 Bestimmung des Leistungssolls bei öffentlicher Ausschreibung/unter Einbeziehung der VOB/A

Bei Bauverträgen, denen insbesondere nach einer öffentlichen Ausschreibung die VOB/A zugrunde gelegen hat, gelten dieselben Grundsätze wie vorstehend beschrieben. Auch hier folgt die Bestimmung der geschuldeten Leistung zunächst aus der Leistungsbeschreibung, den dazu gehörigen Unterlagen sowie aus den zum Vertragsinhalt gemachten Vertragsbedingungen und den Technischen Vertragsbedingungen (s. oben Rdn. 869 ff.). Bestehen Unklarheiten, ist der Vertrag ebenso auszulegen (§§ 133, 157 BGB). Dabei sind in gleicher Weise der Inhalt und der Umfang der geschuldeten Leistung vorrangig in der Weise zu ermitteln, wie sie sich **für einen verständigen Empfänger der Erklärungen aus dem Vertrag bzw. dem Leistungsverzeichnis unter Berücksichtigung von Verkehrssitte und Treu und Glauben** ergeben (**objektive Empfängersicht** – BGH, Urt. v. 09.02.1995 – VII ZR 143/93, BauR 1995, 538, 539 = NJW-RR 1995, 914, 915; BGH, Urt. v. 21.12.2011 – VII ZR 67/11, BauR 2012, 490, 491 = NJW 2012, 518, 519 = NZBau 2012, 102; Vygen, Festschrift Locher, S. 281 f., s. oben Rdn. 877). Die Ermittlung der objektiven Empfängersicht gewinnt allerdings gerade bei der öffentlichen Ausschreibung um so größere Bedeutung, als sich der Auftraggeber mit einem von ihm erstellten Leistungsverzeichnis an einen zunächst unbekannten Bieterkreis richtet, der letztlich ohne Nachfragemöglichkeit die Ausschreibung so aufnehmen und verstehen kann und muss, wie sie sich objektiv für ihn darstellt. Dabei darf ein solcher Bieter eine Ausschreibung auf der Grundlage der VOB/A eben auch so verstehen, dass diese den Anforderungen der VOB/A entspricht. Dies heißt konkret: 912

- Gerade wegen der fehlenden Nachfragemöglichkeit kommt vor allem bei der öffentlichen Ausschreibung zunächst dem Wortlaut der Ausschreibung eine große Bedeutung zu. Objektiver Empfängerhorizont heißt hier die **beteiligten Fachkreise**, deren Fachkenntnis ggf. durch Sachverständige zu ermitteln ist (OLG Koblenz, Urt. v. 19.05.2006 – 8 U 69/05, BauR 2006, 1797 = OLGR Koblenz 2006, 941, 942, s. oben Rdn. 877 f.). 913

- § 7 Abs. 1 Nr. 1 VOB/A verlangt vom Ausschreibenden eine eindeutige Risikobeschreibung; § 7 Abs. 1 Nr. 3 VOB/A verbietet es, in der Ausschreibung dem Auftragnehmer unbekannte Risiken zu übertragen. Das bedeutet allerdings nicht, dass diese »Verbotsregelung« nunmehr eine unmittelbare vertragsgestaltende Wirkung erlangt – etwa dahin gehend, dass die Leistungsverpflichtung des Auftragnehmers im Sinne des § 7 VOB/A z. B. mit dem Verbot einer unzulässigen Wagnisübernahme vertragsrechtlich beschränkt würde. Für eine solche Rechtsfolge gibt § 7 VOB/A als Vorgabe für die Gestaltung öffentlicher Vergabeverfahren nichts her (s. BGH, Urt. v. 21.11.1991 – VII ZR 203/90, BGHZ 116, 149, 151 = BauR 1992, 221 = NJW 1992, 827; BGH, Urt. v. 27.06.1996 – VII ZR 59/95, BauR 1997, 126, 128 = NJW 1997, 61). Gleichwohl wirkt sich § 7 VOB/A unabhängig davon auf die Bestimmung des Leistungsumfangs in der Weise aus, dass nämlich ein Auftragnehmer bei der Auslegung einer Ausschreibung darauf vertrauen darf, dass die für den öffentlichen Auftraggeber dort verbindlichen Vorgaben eingehalten sind (BGH, a. a. O.; BGH, Urt. v. 23.06.1994 – VII ZR 163/93, BauR 1994, 625, 626 = NJW-RR 1994, 1108, 1109; BGH, Urt. v. 11.11.1993 – VII ZR 47/93, BGHZ 124, 64, 69 f. = BauR 1994, 236, 238 = NJW 1994, 850, 851; BGH, Urt. v. 22.04.1993 – VII ZR 118/92, BauR 1993, 595, 596 = NJW-RR 1993, 1109, 1110).

> ▶ **Beispiel (nach BGH, Urt. v. 11.11.1993 – VII ZR 47/93, a. a. O. – »Wasserhaltung II«)**
>
> Nach einer öffentlichen Ausschreibung wird der Auftragnehmer beauftragt, im Zuge der Verlegung einer Kanalisation die Kanalbaugrube durch Wasserhaltungsmaßnahmen nach seiner Wahl trocken zu halten. Er ist der Auffassung, die Bodenverhältnisse seien nicht ausreichend beschrieben gewesen. Daher sei ihm wegen von ihm nicht erwarteter erschwerter Bodenverhältnisse ein erhöhter Aufwand zu vergüten. Der Auftraggeber bestreitet dies und verweist darauf, dass der Auftragnehmer sich die Bodenverhältnisse vorher hätte ansehen können.

Eine Pauschallösung ist in Fällen wie diesen nicht möglich und hängt von der Auslegung des Vertrages ab. Dem Auftragnehmer steht eine zusätzliche Vergütung aber zu, wenn mit dem dazu notwendigen (Mehr)aufwand bzw. der Leistung nach einem objektivierten Verständnis der Ausschrei- 914 bung als ungewöhnliches Wagnis nicht zu rechnen war (BGH, a. a. O.; ähnlich: BGH, Urt. v. 09.01.1997 – VII ZR 259/95, BGHZ 134, 245, 248 = BauR 1997, 466, 467 = NJW 1997, 1577, 1578; BGH, Urt. v. 21.12.2011 – VII ZR 67/11, BauR 2012, 490, 491 = NJW 2012, 518, 519 = NZBau 2012, 102, 103). Ob das so ist, kann immer nur im Einzelfall entschieden werden:

- So ist zunächst vorstellbar, dass der Bauherr im Rahmen der Vertragsverhandlungen ein **Risiko offen** legt und zu erkennen gibt, dass er dieses Risiko auf den Auftragnehmer übertragen will. Findet sich jetzt dazu keine eindeutige Beschreibung in den Auftragsunterlagen, so kann gleichwohl ein berechtigtes Vertrauen des Auftragnehmers auf eine vollständige Leistungsbeschreibung nicht begründet sein, weil er zumindest dieses offengelegte Risiko bei Vertragsabschluss kannte. Folglich hat er es infolge seiner unbedingten Angebotsabgabe und der darauf erfolgten Zuschlagserteilung mit übernommen. § 7 VOB/A ändert daran nichts (vgl. dazu KG, Urt. v. 14.02.2006 – 21 U 5/03, BauR 2006, 836, 839 = NZBau 2006, 241, 243 – Olympiastadion sowie die Erläuterungen zu Rdn. 881 ff.).
- Nichts anderes gilt, wenn eine solche klarstellende Angabe in den Verhandlungen oder anderweitig nicht erfolgt, sich aber sonst aus den Umständen hinreichend deutlich ergibt, dass mit einem besonderen Risiko zu rechnen ist (BGH, Urt. v. 21.12.2011 – VII ZR 67/11, BauR 2012, 490, 491 = NJW 2012, 518, 519 = NZBau 2012, 102, 103).

▶ **Beispiel (nach BGH, Urt. v. 21.12.2011, a. a. O.)**

Bei einem Straßenaufbruch ist üblicherweise unterhalb der Deckschicht mit kontaminierten Böden zu rechnen. In dem zu einem Pauschalpreis geschlossenen Bauvertrag war dazu nichts konkret beschrieben. Ein Mehrvergütungsanspruch ist danach trotzdem nicht gegeben; auch wird kein ungebührliches Wagnis übertragen. Denn wenn sich aus den tatsächlichen Umständen klar ergibt, dass solche Leistungen anfallen werden, kann der Auftragnehmer später nicht einwenden, dass diese nicht zur übernommenen Leistung gehörten. Etwas anders würde dagegen für Kontaminationen gelten, mit denen nach den Eigenarten des Bauvorhabens nicht zu rechnen war.

5.3.10 Berücksichtigung des Angebotsschreibens

915 Der Umfang der Leistungsverpflichtung kann sich schließlich auch aus sonstigen jenseits der Leistungsbeschreibung existierenden Unterlagen ergeben. Dies gilt vor allem für Angaben, die der Bieter zuvor in einem Vergabeverfahren in einem Begleitschreiben nennt und darauf dann der Zuschlag erteilt wird. Hier gewinnt an Bedeutung, dass es sich bei dem Versand der Angebotsunterlagen mit der Leistungsbeschreibung an Bieter rechtlich noch nicht um das Angebot im Rechtssinne handelt, sondern nur um die Aufforderung an die Bieter, ein Angebot abzugeben (invitatio ad offerendum), d. h. ein bepreistes Leistungsverzeichnis zurückzuschicken (s. o. Rdn. 166).

▶ **Beispiel (nach OLG Stuttgart, Urt. v. 09.02.2010 – 10 U 76/09, BauR 2011, 310 [Ls.] = VergabeR 2011, 144, 149)**

Das Leistungsverzeichnis sieht für eine Trennwand einen Schalldämmwert von 56 dB vor. In dem Begleitschreiben zu seinem Angebot nennt der Bieter stattdessen (nur) einen Dämmwert von 50 dB. Der Auftraggeber bemerkt das nicht und erteilt darauf den Zuschlag.

Hier könnte zu diskutieren sein, ob mangels sich deckender Willenserklärungen überhaupt ein Vertrag zustande gekommen ist (so etwa OLG Saarbrücken, Urt. v. 30.11.2011 – 1 U 272/10, NJW-RR 2012, 400, 401 = NZBau 2012, 231 zu einem Sachverhalt, bei dem der Zuschlag erkennbar unter Bezugnahme auf die ursprünglichen unveränderten Verdingungsunterlagen erteilt wurde; s. auch oben Rdn. 308). Im Zweifel wird davon aber auszugehen sein, wenn der Auftrag konkret auf das zugrunde liegende Angebot Bezug nimmt. In dem vorgenannten Beispielfall wäre der Vertrag somit zu dem niedrigeren Schalldämmwert geschlossen. Ob der Auftraggeber allerdings wegen dieses Irrtums bzw. einer ggf. sogar untergeschobenen Änderung des Leistungsverzeichnisses seine Zuschlagsentscheidung anfechten kann oder ihm Schadensersatzansprüche zustehen, ist gesondert zu entscheiden und ggf. auch anzunehmen (OLG Stuttgart, a. a. O.).

5.3.11 Kein eindeutiges Auslegungsergebnis

Führen alle vorstehend beschriebenen Auslegungskriterien nicht zu einer **Ermittlung der geschuldeten Soll-Leistung**, so steht dem Auftragnehmer letztlich ein Wahlrecht zwischen mehreren Leistungsvarianten innerhalb des Leistungsbeschriebs zu. Allein insoweit gehen dann tatsächlich Widersprüche und Unklarheiten zulasten desjenigen, der die unklaren Leistungsvorgaben gemacht hat, d. h. hier des Ausschreibenden, also im Regelfall des Auftraggebers (vgl. OLG Düsseldorf, Urt. v. 06.07.1993 – 23 U 207/92, BauR 1994, 764, 766 = NJW-RR 1995, 82, 83 f.). Davon zu unterscheiden bleibt dagegen die Fallgestaltung, dass selbst nach Auslegung vom Sachverhalt her streitig bleibt, ob bei unklaren oder widersprüchlich aufgestellten Leistungsverzeichnissen eine bestimmte Leistung noch von insbesondere etwa einer vereinbarten pauschalen Vergütung abgedeckt ist – oder nicht. Dies ist eine Frage der **Darlegungs- und Beweislast**. Hierauf soll in diesem Buch erst später im Zusammenhang mit der Geltendmachung von Mehrvergütungsansprüchen eingegangen werden (s. Rdn. 2351 ff.).

916

Kommt man dagegen nach einer Auslegung eines vom Auftraggeber erstellten Leistungsverzeichnisses zu dem Ergebnis, dass der Auftragnehmer eine darin unklar beschriebene Leistung mit auszuführen hat, d. h. für seinen insoweit entstehenden (Mehr)aufwand keine Vergütung erhält, ist es immerhin denkbar, dass ihm dann dazu wenigstens flankierend ein **Schadensersatzanspruch aus §§ 280 Abs. 1, 311 Abs. 2 Nr. 1, 241 Abs. 2 BGB** zusteht (ehemals culpa in contrahendo). Dies ist in aller Regel anzunehmen, weil die ordnungsgemäße Aufstellung eines Leistungsverzeichnisses Bestandteil der vorvertraglichen Rücksichtnahmepflichten des Erstellers des Leistungsverzeichnisses ist. Diese Pflicht wird insbesondere wegen der für den Auftraggeber erkennbaren Bedeutung der von ihm verfassten Ausschreibungsunterlagen für seinen Vertragspartner und dessen Kalkulation etwa bei unklaren oder unvollständigen Leistungsverzeichnissen verletzt – was bei einem Verstoß gegen die Vorgaben des § 7 Abs. 1 und 2 VOB/A im Rahmen einer öffentlichen Ausschreibung im besonderen Maße gilt. Nichts anderes gilt für die Voraussetzungen des § 4 Abs. 1 VOB/A, wonach ja überhaupt nur ein Pauschalvertrag geschlossen werden soll, wenn die Leistung nach Ausführungsart und Umfang genau bestimmt und mit einer Änderung bei der Ausführung nicht zu rechnen ist (§ 4 Abs. 1 Nr. 2 VOB/A). Diese Regelung schließt zwar Vergaben mit funktionaler Leistungsbeschreibung (§ 7 Abs. 13 ff.) nicht aus, da hier ausdrücklich Planungsleistungen in Verbindung mit der erbringenden Bauleistung auf den Auftragnehmer übertragen werden (s. dazu Rdn. 835 f.); doch gilt hier wie im Besonderen bei Pauschalierungen nach zunächst sogar erfolgten detaillierten Beschreibungen, dass der Auftraggeber einen Pauschalvertrag nicht dazu missbrauchen darf, eigene Versäumnisse in der Planung allein mit der Wahl der Vertragsart, nämlich der eines Pauschalvertrages, auf den Auftragnehmer überzuwälzen. Allzu große Bedeutung dürfte diesem isolierten Verstoß gegen die richtige Vertragsart aber in der Praxis nicht zukommen. Denn entweder wird dem Auftragnehmer bei Streitigkeiten (zumeist geht es um Mehrvergütungsansprüche wegen vermeintlich vom Vertrag nicht erfasster oder zumindest nicht ohne Weiteres erkennbarer Mehrmengen) schon über eine sachgerechte Auslegung geholfen werden können (s. o. Rdn. 873 ff.). Oder es liegt zugleich schon ein Verstoß gegen die Grundsätze der Vergabe des § 7 Abs. 1 und 2 VOB/A vor, so insbesondere etwa das Gebot der klaren und erschöpfenden Leistungsbeschreibung, woraus sich allein schon entsprechende Schadensersatzansprüche ergeben können. § 4 Abs. 1 Nr. 2 VOB/A verfolgt hier dem Grunde kein anderes Ziel. Dabei bleibt allenfalls anzumerken, dass es entgegen früherer Rechtsprechung für einen diesbezüglichen **Schadensersatzanspruch nicht mehr darauf** ankommt, dass der **Auftragnehmer auf die Ordnungsgemäßheit der Ausschreibung vertraut** hat (BGH, Urt. v. 09.06.2011 – X ZR 143/10, BGHZ 190, 89 = BauR 2011, 1813, 1815 = NZBau 2011, 498, 500). Hierbei handelte es sich um einen Umstand, mit dem früher solche Schadensersatzansprüche gerade bei Erkennbarkeit der Unklarheiten oder Fehler in den Leistungsverzeichnissen in aller Regel abgelehnt wurden. Dies schließt heute einen Schadensersatzanspruch nicht mehr aus, kann ihn aber natürlich wegen eines Mitverschuldens nach § 254 BGB reduzieren. Gerade die danach mögliche Verteilung zwischen Pla-

917

nungsverantwortung auf der einen und Mitverschulden wegen unterbliebener Prüfung, Hinweise u. a. auf der anderen Seite führt in der Praxis zu durchaus sachgerechten Ergebnissen. Einzelheiten dazu sollen allerdings erst später im Zusammenhang mit der Behandlung etwaiger Mehrvergütungsansprüche des Auftragnehmers erläutert werden (Rdn. 1922 ff.).

5.4 Leistungssoll nach Änderungen des Bauvertrages

918   »Pacta sunt servanda«. Dieser alte lateinische Spruch prägt das deutsche Vertragsrecht: Geschlossene Verträge sind zu halten: Es besteht nicht die Möglichkeit, sie einseitig abzuändern. Dieses das Privatrecht beherrschende Prinzip gilt auch für Bauverträge, die sich nach dem BGB richten. In der Sache ist es zumindest im Baurecht aber praxisfern. Denn immer wieder gibt es Entwicklungen auf einer Baustelle, die ergebnisorientiert geregelt werden müssen, damit die Baustelle überhaupt vorangeht. Man mag z. B. nur an nachträgliche Auflagen der Baugenehmigungsbehörden denken, die unverzüglich umgesetzt werden müssen. Ginge es nach dem BGB, müsste der Auftraggeber den Auftragnehmer »beknieen«, die ggf. notwendigen Änderungen auszuführen, was dieser natürlich von einer »angemessenen Zusatzvergütung« abhängig machen wird. Man könnte auch sagen, der Auftragnehmer hätte den Auftraggeber in der Hand. Anders beim VOB-Vertrag: Hier verfügt der Auftraggeber über die Möglichkeit, einseitig über die **Leistungsänderungsrechte in § 1 Abs. 3 und 4 VOB/B** geschlossene Verträge zu ändern oder sogar zu erweitern. Korrespondierend dazu steht dem Auftragnehmer ggf. ein Mehrvergütungsanspruch zu.

5.4.1 Leistungspflichten des Unternehmers bei Änderungen des Bauentwurfs durch den Auftraggeber

919   Die geschuldete Bauleistung als Bausoll wird nicht nur durch den Ausgangsvertrag bestimmt; vielmehr sind auch Änderungsanordnungen des Auftraggebers gemäß § 1 Abs. 3 VOB/B zu berücksichtigen. Danach ist der Auftraggeber selbst nach Vertragsabschluss noch berechtigt, den **Bauentwurf zu ändern**. In diesem Anordnungsrecht liegt ein **einseitiges Leistungsbestimmungsrecht**, das mit dessen Zugang das ursprüngliche Leistungssoll verändert (s. dazu BGH, Urt. v. 27.11.2003 – VII ZR 346/01, BauR 2004, 495, 497 = NJW-RR 2004, 449, 451 betreffend das insoweit vergleichbare Anordnungsrecht gemäß § 1 Abs. 4 S. 1 VOB/B; s. dazu auch Quack, ZfBR 2004, 107 ff.). Der Auftragnehmer ist sodann verpflichtet, den Forderungen des Auftraggebers nachzukommen und seine Bauleistung entsprechend anzupassen.

> ▶ **Beispiel**
>
> Ausgeschrieben sind in einem VOB-Vertrag Kunststofffenster. Nach Vertragsabschluss entscheidet sich der Auftraggeber für Holzfenster. Diese Änderung der Bauweise kann der Auftraggeber ohne Weiteres nach § 1 Abs. 3 VOB/B anordnen. Mit Erteilung der Anordnung wird sie verbindlich.

In dem einseitigen Anordnungsrecht zu nachträglichen Leistungsänderungen liegt eine der ganz wesentlichen Besonderheiten des VOB-Vertrages. Es besteht **bei einem BGB-Werkvertrag nicht**, sodass dort eine Leistungsänderung nur in Form einer Vertragsänderung, also einverständlich, d. h. mit Zustimmung des Auftragnehmers, erfolgen kann. Die Verankerung des einseitigen Leistungsanordnungsrechts in der VOB/B hingegen entspricht den Bedürfnissen der Praxis und gewährleistet die beim Bauen notwendige Flexibilität der Planung aufseiten des Auftraggebers.

920   Eine Änderung des Bauentwurfes nach § 1 Abs. 3 VOB/B ist gegeben, wenn die dem Bauvertrag zugrunde gelegten **Pläne, Zeichnungen und sonstigen Entwurfsbestandteile** nachträglich, also nach Abschluss des Bauvertrages, umgestaltet werden. Was das konkret heißt, ist allerdings umstritten:

921   • Fest steht immerhin, dass sich aus der Anordnung **nicht ein völlig neuer Bauentwurf** und damit eine völlig neuartige Leistung ergeben darf.

5.4 Leistungssoll nach Änderungen des Bauvertrages

▶ **Beispiel**

Der Auftraggeber hatte zunächst die Errichtung eines Einfamilienhauses beauftragt. Nunmehr ordnet er nach § 1 Abs. 3 VOB/B den Bau einer Lagerhalle an. Eine solche Leistungsänderung ist durch § 1 Abs. 3 VOB/B nicht mehr gedeckt.

Dasselbe gilt für eine so erhebliche Umgestaltung der vereinbarten Bauleistung, dass sie nach Treu und Glauben dem Auftragnehmer nicht mehr zugemutet werden kann. Vorstellbar ist dies etwa durch eine derart große Anzahl von Einzelweisungen, die zwar für sich genommen unproblematisch von § 1 Abs. 3 VOB/B abgedeckt wären, in ihrer Gesamtheit aber dann doch zu einem völlig geänderten neuen Bauentwurf führen (Kues/Kaminsky, BauR 2008, 1368, 1369). Die insoweit bestehende Grenze ist jedoch nur in ganz besonderen Ausnahmefällen relevant, da der Auftragnehmer über sein Preisanpassungsrecht nach § 2 Abs. 5 VOB/B hinreichend geschützt ist (Franke/Kemper/Zanner/Grünhagen, B § 1 Rn. 31).

- Genauso unstreitig ist, dass Änderungen zum Bauentwurf im engeren Sinne von § 1 Abs. 3 VOB/B erfasst werden. Hierzu zählen alle Änderungen bzgl. der **Planung**, aber auch der **gesamten Leistungsbeschreibung in technischer Hinsicht**. Ebenso gehört hierher die Beauftragung einer geänderten Ausführungsweise, wenn sie vom Bieter zunächst mit dem Ursprungsangebot als Alternativposition angeboten worden war. 922

▶ **Beispiel**

Der Auftragnehmer bietet alternativ als Bodenbelag Marmor oder Granit an. Der Auftraggeber entscheidet sich für Granit. Auf dieser Grundlage wird der Vertrag geschlossen. Jetzt möchte der Auftraggeber doch die Ausführung in Marmor und ordnet diese an.

Diese Änderungsanordnung führt zu einer gegenüber dem Ursprungsvertrag geänderten Leistungsverpflichtung. Dies liegt daran, dass mit der Auftragserteilung der Auftraggeber sich für eine Ausführungsvariante entschieden hat. Dann aber entfiel für den Auftragnehmer die Angebotsbindung an die andere Variante (KG, Urt. v. 21.11.2002 – 4 U 7233/00, BauR 2004, 1779, 1780), die der Auftraggeber nunmehr nach § 1 Abs. 3 VOB/B neu anordnen muss und kann.

- Zweifelhaft und bestritten ist, ob zu den Änderungen des Bauentwurfs auch Anordnungen zählen, die nicht die unmittelbare Bauleistung treffen, sondern nur die äußeren Umstände. Besonders deutlich zeigt sich dies bei **Anordnungen zur Bauzeit** (s. dazu ausführlich mit einer Darstellung des Meinungsstandes: Tomic, ZfBR 2010, 315; ders. BauR 2011, 1234). 923

▶ **Beispiel**

Die Bauzeit ist für vier Monate vorgesehen. Der Auftraggeber ordnet eine Beschleunigung von zwei Wochen an.

Die Diskussion zu der Frage, ob derartige Anordnungen von § 1 Abs. 3 VOB/B erfasst werden, ist vielschichtig (dagegen ausführlich Thode, ZfBR 2004, 214, 215; ders. BauR 2008, 155 Kapellmann/Messerschmidt/von Rintelen, VOB/B, § 1 Rn. 57 ff.; Leinemann/Leinemann, § 1 Rn. 48 ff.; Oberhauser, BauR 2010, 308, 311 ff., Kapellmann NJW 2008, 257, 258; vermittelnd Tomic ZfBR 2010, 315, 319, der in Anlehnung an § 649 BGB als Minus wenigstens bauzeitverlängernde Anordnungen zulassen will). Sie ist allerdings zunächst **keinesfalls identisch mit der Frage**, ob für eine einmal angeordnete zeitlich geänderte Ausführung auch ein **Vergütungsanspruch nach § 2 Abs. 5 VOB/B** besteht (s. dazu unten Rdn. 1966 ff.). Denn bei § 1 Abs. 3 VOB/B geht es allein darum, ob ein Auftragnehmer (im vorgenannten Beispiel etwa der Subunternehmer) im Rahmen eines einseitig ausübbaren Leistungsbestimmungsrechts des Auftraggebers verpflichtet ist, ein Bauvorhaben mit einer geänderten (verschobenen) Bauzeit auszuführen (oder ob er dies verweigern kann). Davon zu trennen sind Fallgestaltungen, in denen er – obwohl nicht dazu verpflichtet zu sein – einer solchen Anordnung gleichwohl Folge leistet. In diesem Fall ließe sich bei der Bestimmung einer ggf. dafür zu zahlenden Mehrvergütung immerhin vertreten, dass es sich dabei gerade um eine »andere (eine Mehrvergütung auslösende) Anordnung« im Sinne des

§ 2 Abs. 5 VOB/B handelt, ohne dass zugleich eine (befolgungspflichtige) »Anordnung des Bauentwurfs« nach § 1 Abs. 3 VOB/B vorläge (in diesem Sinne zu verstehen: Kapellmann/Messerschmidt/von Rintelen, VOB/B 1 Rn. 57c; Beck'scher VOB/B-Komm./Motzke, Vor § 5 Rn. 88 ff.; wohl ebenso KG, Urt. v. 12.02.2008 – 21 U 155/069, BauR 2009, 650, 653, das die Sache aber nicht entscheidet und sich im Übrigen nicht richtig mit der Rechtsprechung und Literatur auseinandersetzt.).

924 Trotz sicherlich bestehender Bedenken gegen eine zu weite Auslegung erscheint eine Beschränkung des Anordnungsrechtes in § 1 Abs. 3 VOB/B auf den Bauentwurf im engeren Sinne, d. h. auf die technische Bauausführung unter Außerachtlassung der Bauzeit nicht angezeigt. Sie dürfte im Sinne der beteiligten Bauvertragsparteien, die ein Interesse an einem möglichst störungsfreien Ablauf eines Bauvorhabens haben, nicht einmal interessengerecht sein. Denn das Anordnungsrecht nach § 1 Abs. 3 VOB/B verfolgt dem Grundgedanken nach den Zweck, **dem Bauherrn die planerische und gestalterische Freiheit für die Durchführung des Bauvorhabens zu erhalten** (OLG Düsseldorf, Urt. v. 08.07.1987 – 19 U 89/86, BauR 1988, 485, 486 = NJW-RR 1988, 278). Es ist eben vielfach nicht möglich, ein Bauvorhaben im Vorhinein umfassend und abschließend zu planen. Genauso wie sich danach Unzulänglichkeiten in der technischen Planung ergeben können, zu denen der Auftraggeber ein Änderungsrecht ausüben können soll, kann dies auch aus zeitlicher Sicht gelten. Dies kann sogar aus zeitlicher Sicht zwingend geboten sein, wenn der Auftraggeber aufgrund äußerer von ihm nicht beeinflussbarer verzögernder Umstände eine Bauzeitverschiebung anordnen muss.

▶ **Beispiel**

Baubeginn für die Errichtung eines Mehrfamilienhauses soll im April sein. Die Verträge sind geschlossen; der Auftragnehmer will beginnen. Jetzt erteilt auf einen entsprechenden Hinweis von Umweltschutzverbänden die Naturschutzbehörde im Nachhinein einen Baustopp für die Dauer der Brutzeit bestimmter Vögel. Der Auftraggeber möchte zu der verlorenen Zeit eine Beschleunigung anordnen.

In Fällen wie diesen erscheint es geradezu auch aus dem wohlerwogenen Verständnis der VOB als Grundlage für eine vernünftige Abwicklung von Bauverträgen, fernliegend, dem Auftraggeber entsprechende Anordnungsrechte zu versagen. Richtigerweise wird man ihm vielmehr ein solches Anordnungsrecht zur Bauzeit zugestehen müssen (wie hier auch Ingenstau/Korbion/Keldungs, VOB/B, § 1 Abs. 3. Rn. 3 ff; Koeble/Kniffka, Teil 5 Rn. 83, Roquette/Viering/Leupertz Teil 2 Rn. 670 ff., Kniffka, ibr-online-Komm., Stand 26.05.1009, § 631 Rn. 443; Beck'scher VOB/B-Komm, § 2 Nr. 5 Rn. 19; wohl ebenso: Heiermann/Riedl/Rusam/Kuffer, § 1 Rn. 106; Zanner/Keller, NZBau 2004, 353, s. dazu auch BGH; Urt. v. 21.03.1968 – VII ZR 84/67, BGHZ 50, 25, 30 = NJW 1968, 1235, der sich zwar vorrangig und insoweit auch nur hilfsweise mit einer Vergütungsanpassung nach einer Bauzeitanordnung nach § 2 Abs. 5 VOB/B befasste, ganz offensichtlich dabei aber von einer Leistungsänderungsanordnung nach § 1 Abs. 3 VOB/B ausging; ähnlich BGH, Urt. v. 27.06.1985 – VII ZR 23/84, BGHZ 95, 128, 135 = BauR 1985, 561, 564 = NJW 1985, 2475, 2475).

925 Geht man von der Zulässigkeit eines Anordnungsrechtes auch zur Bauzeit im Anwendungsbereich des § 1 Abs. 3 VOB/B aus, wird man allenfalls auf der **Rechtsfolgenseite** zu prüfen haben, ob ggf. sonstige Regeln im Vertrag noch zu der dann geänderten Bauzeit passen.

▶ **Beispiel**

Im Vertrag ist eine Bauzeit vom 1. März bis zum 31. Oktober 2011 vereinbart. Gleichzeitig ist eine Vertragsstrafe vorgesehen. Nunmehr ordnet der Auftraggeber eine Verschiebung von vier Monaten an.

In Fällen wie diesen kann fraglich sein, wie mit dem **Vertragsstrafeversprechen** umzugehen ist, wenn der Auftragnehmer einwendet, dass er etwa für eine jetzt bestehende Winterbauzeit keine Vertragsstrafe zugesagt hätte. Letztlich ist dies aber kein spezielles Problem einer Anordnung zur Bauzeit. Denn auch in anderen Fällen einer Bauzeitverschiebung ist anerkannt, dass ein Vertragsstrafeversprechen entfallen kann, wenn die Bauausführung durch vom Auftraggeber zu vertretende Umstände so erheblich verzögert wird, dass der ganze Zeitplan des Auftragnehmers umgeworfen und er zu einer durchgreifenden Neuordnung des Bauablaufs gezwungen wird (BGH, Urt. v. 14.01.1993 – VII ZR 185/91, BauR 1993, 600, 601 = NJW 1993, 2674; s. dazu auch Vygen/Joussen/Schubert/Lang, Bauverzögerung und Leistungsänderung Teil A Rn. 327). Diese Rechtsprechung kann hier ohne Weiteres herangezogen werden mit dem Ergebnis, dass in diesen Fällen eine Vertragsstrafe entfällt, wenn nicht ausdrücklich etwas anderes vereinbart wurde (vgl. auch OLG Zweibrücken, Beschl. v. 24.07.2007 – 1 U 50/07, BauR 2008, 996 zu einer einvernehmlich verkürzten Bauzeit). Nichts anderes gilt für eine zur Absicherung eines ursprünglichen Termins übergebene **Vertragserfüllungsbürgschaft**: Auch hier wird der Bürge frei, wenn der zunächst vorgesehene Termin keinen Bestand mehr hat (s. Vygen/Joussen/Schubert/Lang, a. a. O., Teil A Rn. 328; Leinemann/Jansen, § 5 Rn. 14).

Soweit man nach Vorstehendem Änderungsanordnungen nach § 1 Abs. 3 VOB/B zulässt, gilt aber wie sonst aus dem Gesichtspunkt von Treu und Glauben (§ 242 BGB) sowie im Besonderen von § 315 Abs. 1 BGB, dass die Anordnung für den Auftragnehmer zumutbar sein muss. Die **Zumutbarkeitsschwelle** dürfte überschritten sein, wenn die Anordnung des Auftraggebers in einer Weise in den Vertrag eingreift, dass etwa die danach geltende Bauzeit praktisch nicht mehr zu schaffen ist oder ansonsten zu einer Umgestaltung des Vertrages führt, aufgrund dessen die bisherigen Kalkulationsgrundlagen entfallen. Bedeutsam ist diese Diskussion allerdings weniger bei angeordneten Bauzeitverschiebungen als bei **Verkürzungen der Bauzeit**. 926

▶ Beispiel

Die Bauzeit für ein Großbauvorhaben beträgt anderthalb Jahre. Diese Zeitdauer will der Auftraggeber auf vier Monate verkürzen. Hier wird im Zweifel die Zumutbarkeitsschwelle überschritten sein.

Für die genaue Bestimmung der Zumutbarkeitsschwelle mag immerhin auf den schon aus § 1 Abs. 4 VOB/B bekannten Maßstab zurückgegriffen werden. Dabei ist allerdings auch Vorsicht walten zu lassen, allzu frühzeitig eine Anordnung zur Bauzeit an einer fehlenden Zumutbarkeit scheitern zu lassen. Denn in jedem Fall steht dem Auftragnehmer mit § 2 Abs. 5 VOB/B ja ein **umfassender finanzieller Ausgleichsanspruch** zu, der ihn – bis zu der Grenze von Treu und Glauben (§ 242 BGB) – weitgehend vor negativen finanziellen Folgen bewahrt. Daher ist z. B. dann von einer zumeist zulässigen Bauzeitanordnung auszugehen, wenn der Auftragnehmer ausreichend Zeit hat, den Baustellenablauf dieser geänderten Anordnung anzupassen.

Überschreitet der Auftraggeber sein Änderungsrecht, so kann der Auftragnehmer die Erbringung der so geänderten Leistung verweigern. Liegt die Änderung des Bauentwurfs dagegen im Rahmen des nach § 1 Abs. 3 VOB/B Zulässigen, so ist der Auftragnehmer zur **Erbringung der geänderten Leistung verpflichtet**. Es ergeben sich dann aber für den Auftragnehmer aus den entsprechenden Anordnungen des Auftraggebers **zusätzliche Vergütungsansprüche** gemäß § 2 Abs. 5 VOB/B unter den dort geregelten Voraussetzungen, die im Einzelnen im Rahmen des Vergütungsanspruches behandelt werden (vgl. Rdn. 2212 ff.). 927

Losgelöst von seinem Umfang ist ggf. gesondert zu prüfen, ob das in § 1 Abs. 3 VOB/B vorgesehene einseitige Leistungsanordnungsrecht einer isolierten **AGB-Inhaltskontrolle** standhält (vgl. etwa dagegen Kaufmann, Jahrbuch Baurecht 2006, 35, 55; Bruns, ZfBR 2005, 525; Markus/Kaiser/Kapellmann, Rn. 69; Oberhauser BauR 2010, 308, 313). Bedeutung gewinnt diese Frage vor allem dann, wenn die auf Vorschlag des Auftraggebers in den Vetrag eingeführte VOB/B nicht ohne Abweichungen vereinbart wurde und es daher zu einer Kontrolle sämtlicher Einzelregelungen der VOB/B kommt (s. o. Rdn. 481 ff.). Maßstab der AGB-rechtlichen Inhaltskontrolle ist dabei jedoch nicht § 308 Nr. 4 BGB, dessen Einhaltung in der Tat fraglich sein könnte. Auf diese Regelung kommt es schon deshalb nicht an, weil es ja um ein Leistungsbestimmungsrecht des Auftraggebers gegenüber einem (Bau)Unternehmer geht, sodass § 308 BGB nicht anwendbar ist (§ 310 Abs. 1 S. 1 BGB). Zu prüfen ist stattdessen allein eine Vereinbarkeit mit § 307 BGB, d. h.: ob mit dem einseitigen Leis- 928 tungsänderungsanordnungsrecht des Auftraggebers der Auftragnehmer unzumutbar belastet wird. Hiervon dürfte nicht auszugehen sein. Zwar ist das Leistungsänderungsrecht nach § 1 Abs. 3 VOB/B anders als etwa das weiter gehende Anordnungsrecht nach § 1 Abs. 4 VOB/B nicht mit einer ausdrücklichen Zumutbarkeitsschwelle versehen. Selbstverständlich wird jedoch wie soeben gezeigt jede Leistungsänderungsanordnung auch im Sinne des § 1 Abs. 3 VOB/B dann keine verpflichtende Wirkung mehr für den Auftragnehmer nach sich ziehen, wenn die Anordnung unzumutbar ist (vgl. dazu nur OLG Hamm, Urt. v. 15.5.2001 – 21 U 4/00, BauR 2001, 1594). Ansonsten ist diese Regelung aber durchaus interessengerecht, weil damit dem **Bauherrn die planerische und gestalterische Freiheit für die Durchführung des Bauvorhabens erhalten** werden soll (s. o. Rdn. 924). Dieser Grundgedanke entspricht somit von seiner Zielrichtung her vollständig dem vergleichbaren Anordnungsrecht des § 1 Abs. 4 VOB/B, bei dem ebenfalls keine AGB-rechtlichen Bedenken bestehen (BGH, Urt. v. 25.1.1996 – VII ZR 233/94, BGHZ 131, 392, 398 f. = BauR 1996, 378 = NJW 1996, 1346). Daher ist es insbesondere bei der Realisierung von größeren Bauvorhaben nur sachgerecht, dem Bauherrn hier eine gewisse Flexibilität mitzugeben. Dem Auftragnehmer entsteht dadurch – abgesehen von Grenzen der Unzumutbarkeit – auch keinerlei Nachteil, weil er wie erläutert seine Mehraufwendungen nach § 2 Abs. 5 VOB/B bezahlt bekommt (s. o. Rdn. 922 – vgl. in diesem Sinne auch Ingenstau/Korbion/Keldungs, VOB/B, § 1 Abs. 3 Rn. 15 f.; ebenso Kapellmann/Messerschmidt/von Rintelen, VOB/B, § 1 Rn. 101; Heiermann/Riedl/Rusam/Kuffer, § 1 Rn. 108; unentschieden Bruns, ZfIR 2006, 153, 160 f.).

5.4.2 Leistungspflichten des Unternehmers zur Ausführung notwendiger Zusatzleistungen

929 Das Leistungssoll kann nach Vertragsschluss durch Zusatzaufträge nach § 1 Abs. 4 S. 1 VOB/B (ohne Zustimmung des Auftragnehmers) verändert werden. Hierbei handelt es sich ebenfalls um ein **einseitiges Leistungsbestimmungsrecht des Auftraggebers** (BGH, Urt. v. 27.11.2003 – VII ZR 346/01, BauR 2004, 495, 497 = NJW-RR 2004, 449, 451), das unter den folgenden **Voraussetzungen** besteht:

- Der Auftragnehmer muss eine Zusatzleistung verlangen, die bisher **nicht Vertragsgegenstand** war und bei der es sich vor allem nicht um eine nach der DIN bestehende, vom Vertrag bereits abgedeckte Nebenleistung handelt (s. dazu oben Rdn. 893). Im Übrigen muss die bisherige Leistung unverändert bestehen bleiben.
- Die Zusatzleistung muss **zur Ausführung der vertraglichen Leistung erforderlich** sein; das ist sie nur, wenn anderenfalls die Vertragsleistung nicht ordnungsgemäß erbracht, also der Leistungserfolg nicht erzielt werden kann. Diese Voraussetzung bedarf allerdings einer ergänzenden Erläuterung: Denn wenn der Auftragnehmer bereits nach dem Vertrag einen Leistungserfolg und insoweit auch schon alle dafür notwendigen Teilleistungen schuldet (s. o. Rdn. 869 f.), kann er zur Erbringung selbst solcher Teilleistungen verpflichtet sein, die im Vertrag nicht ausdrücklich beschrieben sind. Gerade an dieser Stelle tritt somit erneut der Unterschied zwischen der im Vertrag beschriebenen, der zum Abnahmezeitpunkt geschuldeten und der von der Vergütung abgedeckten Leistung zutage (s. o. Rdn. 870). Das aber bedeutet, dass bei einem richtigen Verständnis des § 1 Abs. 4 S. 1 VOB/B mit den nicht vereinbarten Leistungen nur die Teilleistungen gemeint sein können, die in der Ausschreibung nicht genannt sind, gleichwohl aber für den geschuldeten Leistungserfolg erforderlich sind (i. E. Leupertz, BauR 2010, 273, 282 f.; ähnlich Fuchs, BauR 2009, 404, 414). Diese soll der Auftraggeber jetzt noch anordnen können – mit der Folge, dass der Auftragnehmer sie zu erbringen und der Auftraggeber sie dann auch nach § 2 Abs. 6 VOB/B später zu vergüten hat.
- Das Anordnungsrecht nach § 1 Abs. 4 S. 1 VOB/B besteht schließlich nur dann, wenn der Betrieb des Auftragnehmers auf diese Zusatzleistung eingerichtet ist. Das ist z. B. nicht der Fall, wenn dem Auftragnehmer das fachliche Können für diese zusätzlichen Leistungen oder die erforderlichen Geräte und Maschinen fehlen.

930 Soweit es um das Anordnungsrecht zu notwendigen Zusatzleistungen nach § 1 Abs. 4 S. 1 VOB/B geht, werden wie schon bei § 1 Abs. 3 VOB/B durch diese Bestimmung die allgemeinen Grundsätze

des Vertragsrechts durchbrochen. Denn erneut ist ein Recht des Auftraggebers vorgesehen, den **Leistungsumfang einseitig zu erweitern**. Auch diese Regelung gilt nur für den VOB-Bauvertrag. Beim BGB-Werkvertrag hingegen ist für jede im Vertrag nicht vorgesehene Zusatzleistung eine Einigung der Vertragspartner unerlässlich und führt zu einer Vertragsänderung oder -ergänzung.

Abzugrenzen ist das einseitige Recht des Auftraggebers zur Anordnung **notwendiger Zusatzleistungen** im Sinne des § 1 Abs. 4 S. 1 VOB/B von folgenden weiteren Sachverhalten. 931
- Kein Anwendungsfall des § 1 Nr. 4 S. 1 VOB/B stellen grundsätzlich Leistungen dar, die nach Teil C der VOB ohnehin als **Nebenleistungen** (vgl. den jeweiligen Abschnitt 4.1) zu den geschuldeten Vertragspflichten gehören (s. dazu Rdn. 893 ff.). Diese brauchen nicht mehr gesondert angeordnet zu werden. Etwas anderes gilt nur für die dort geregelten Besonderen Leistungen, bei denen es sich abhängig vom Einzelfall zumeist um für die Vertragsausführung notwendige Zusatzleistungen handelt (vgl. den jeweiligen Abschnitt 4.2).
- Andere Leistungen, die nicht zur Ausführung der vertraglichen Leistung erforderlich sind, fallen nicht unter § 1 Abs. 4 S. 1 VOB/B. Deren Ausführung kann folglich nicht vom Auftraggeber einseitig verlangt werden (vgl. dazu sogleich Rdn. 932 f. und Vygen, Festschrift für Locher S. 263 ff., 278 f.). Dies folgt zwingend aus § 1 Abs. 4 S. 2 VOB/B. Diese Regelung setzt für die **nicht notwendigen Zusatzleistungen die Zustimmung des Auftragnehmers** voraus, die dieser dann aber auch von einer vorherigen angemessenen Vergütungsvereinbarung abhängig machen kann, d. h. die er sich »gut« bezahlen lässt (vgl. dazu auch den Leitfaden für die Berechnung der Vergütung bei Nachtragsvereinbarungen Abschnitt 510 im Vergabehandbuch des Bundes, VHB (Ausgabe 2008), Ziff. 1.4.2: Dort ist zu Recht von **Anschlussaufträgen** die Rede, für die die Preise unabhängig von der Preisermittlung des Hauptauftrages vereinbart werden können; so auch OLG Düsseldorf, Urt. v. 22.09.1992 – 23 U 224/91, BauR 1993, 479).
- Ferner sind Zusatzleistungen abzugrenzen, die **anstelle der ursprünglichen Leistung** treten. Diese haben mit § 1 Abs. 4 VOB/B überhaupt nichts zu tun.

Die **Unterscheidung** zwischen einer nach § 1 Abs. 4 S. 1 VOB/B notwendigerweise zu erbringenden bzw. nach § 1 Abs. 4 S. 2 VOB/B nur mit Zustimmung des Auftragnehmers geschuldeten Zusatzleistung ist in der Praxis nicht immer einfach. Maßstab ist hier nicht, was der Auftraggeber als erforderlich ansieht. Stattdessen geht es allein um solche Leistungen, die deswegen erbracht werden müssen, damit der Auftragnehmer die bisher vertraglich geschuldete Leistung überhaupt ausführen kann, und zwar ohne Mängel. Hier kommt es allein auf die Frage der bautechnischen bzw. baurechtlichen Seite an. 932

▶ Beispiele
- Während der Baumaßnahme stellt sich heraus, dass für die Standfestigkeit des Gebäudes erheblich mehr Erdreich ausgehoben werden muss als im Vertrag vorgesehen. Dies ist eine notwendige Zusatzleistung, ohne die die vertraglich vereinbarte Leistung nicht möglich ist. Sie kann daher nach § 1 Abs. 4 S. 1 VOB/B angeordnet werden.
- Nach Vertragsschluss verlangt der Auftraggeber die Erstellung einer Rampe zu den in den Kellern der Doppelhaushälften liegenden Garagen. Dies ist zunächst einmal keine notwendige Zusatzleistung, um die eigentlich geschuldete Leistung zu ermöglichen. Sie ist stattdessen eine »andere« Leistung im Sinne des § 1 Abs. 4 S. 2 VOB/B: Sie steht nämlich auf der einen Seite mit der vertraglich geschuldeten Leistung im Zusammenhang, kann aber auf der anderen Seite dem Auftragnehmer als nicht notwendige Leistung nur mit dessen Zustimmung übertragen werden.
- »Verlangt« der Auftraggeber jetzt noch die Errichtung eines Gartenhauses, steht diese Leistung mit der ursprünglichen Leistung überhaupt nicht mehr in einem Zusammenhang. Dieses Verlangen fällt demzufolge weder unter § 1 Abs. 4 S. 1 noch unter S. 2.

Zu beachten ist, dass für sämtliche Zusatzleistungen gemäß § 1 Abs. 4 S. 1 VOB/B die VOB/B in § 2 Abs. 6 auf der **Vergütungsseite** einen entsprechenden Ausgleich vorsieht. Der sich danach ergebende Anspruch entsteht **automatisch mit der Anordnung der Zusatzleistung** (BGH, Urt. v. 27.11.2003 – VII ZR 346/01, BauR 2004, 495, 497 = NJW-RR 2004, 449, 451). Einzelheiten 933 dazu werden im Rahmen der Erläuterungen zu den Vergütungsansprüchen behandelt (vgl. Rdn. 2286 ff.). Auf eines soll nur vorab hingewiesen werden: Der Vergütungsanspruch nach § 2 Abs. 6 VOB/B gilt stets dann, wenn es um eine **Zusatzleistung nach § 1 Abs. 4 S. 1 VOB/B**, d. h. um eine angeordnete notwendige Zusatzleistung geht. Bei den nicht notwendigen Zusatzleistungen nach § 1 Abs. 4 S. 2 VOB/B kann der Auftragnehmer hingegen wie erläutert deren Ausführung von seiner Zustimmung (und infolgedessen von einem erhöhten Vergütungsverlangen) abhängig machen. Unterlässt er dies jedoch und führt diese nicht notwendige Zusatzleistung ohne Zustimmung aus, ist umstritten, ob dann hilfsweise zur Bestimmung des richtigen Vergütungsanspruchs gleichwohl auf § 2 Abs. 6 VOB/B zurückgegriffen werden kann (was im Zweifel abzulehnen ist – s. dazu unten Rdn. 2291 ff.).

5.4.3 Keine Erweiterung des Leistungssolls nach Anordnungen Dritter

934 Die vorstehenden Leistungsänderungsrechte des Auftraggebers nach § 1 Abs. 3 und Abs. 4 VOB/B setzen stets eine **Anordnung des Auftraggebers** voraus. Diese kann selbstverständlich konkludent (stillschweigend) erfolgen. Fehlt eine solche, kann der Auftragnehmer nicht davon ausgehen, dass das Leistungssoll erweitert wird – egal, wie notwendig ihm die vermeintliche Zusatz- oder geänderte Leistung erscheint. Auf der Vergütungsseite folgt daraus, dass ihm definitiv keine Mehrvergütungsansprüche nach § 2 Abs. 5 oder Abs. 6 VOB/B zustehen. In Betracht kommen dann vertragliche Mehrvergütungsansprüche allenfalls nach § 2 Abs. 8 VOB/B, soweit z. B. der Auftraggeber diese Mehrleistungen später anerkennt (vgl. dazu Rdn. 2376 ff.).

935 Ausgehend von vorstehendem Grundsatz müssen Änderungen des Bauentwurfs und dadurch bedingte Leistungsänderungen oder das Verlangen von Zusatzleistungen aber nicht unbedingt der Initiative des Auftraggebers entspringen; sie können ihre Ursache auch auf **Umständen außerhalb der Sphäre des Auftraggebers** haben. Hier stellt sich vermehrt die Frage, ob solche Umstände vor allem dann, wenn sie zu zwingenden Zusatz- oder geänderten Leistungen führen, nicht eine Anordnung des Auftraggebers ersetzen. Dies ist eindeutig nicht der Fall:

936 • Zu nennen sind zunächst **Eingriffe von Behörden**, insbesondere der Bauordnungsbehörde, Vorgaben des Prüfstatikers oder berechtigte Forderungen von Nachbarn. In diesen Fällen ist der Auftraggeber und folglich meist der Auftragnehmer verpflichtet bzw. besteht praktisch keine Alternative dazu, als solchen Anordnungen zu folgen, auch wenn diese sich in Widerspruch zu den vertraglichen Leistungspflichten setzen. In diesen Fällen neigen Auftragnehmer oft zu der Auffassung, dass sie dann den Anordnungen der Behörden auch gleich so, d. h. ohne eine vorherige Änderungsanordnung ihres Auftraggebers, Folge leisten können.

> ▶ **Beispiel**
>
> Die Straßenverwaltung verlangt für den Weiterbau eine gesonderte Baustellenampel. Der Auftragnehmer stellt sie und verlangt nach § 2 Abs. 6 VOB/B eine Mehrvergütung, ohne dass sich der Auftraggeber dazu geäußert hat. Der Auftraggeber verweigert die Mehrvergütung mangels Anordnung.

Der Auftraggeber ist hier im Recht. Behördliche Auflagen können zwar so weit reichen, dass sie für die Fertigstellung einer Bauleistung zwingend die Ausführung einer Zusatzleistung erfordern. Eine **rechtsgeschäftliche Anordnung** des Auftraggebers in seinem Verhältnis zum Auftragnehmer kann sie aber **nicht ersetzen**. Zwar wird hierzu immer wieder argumentiert, dass vor allem dann, wenn es um zwingende Anordnungen der Baubehörden geht, ein gesetzestreuer Auftraggeber auch eine Anordnung nach § 1 Abs. 4 S. 1 VOB/B hätte erteilen müssen; daher dürfe ein nicht gesetzestreuer Auftraggeber, der die Anordnung nicht erteilt, in seinem Verhältnis zum Auftragnehmer nicht besser gestellt werden. Daher sei in solchen eindeutigen Fällen einem Auftraggeber eine ggf. behördliche Anordnung als eigene Anordnung zuzurechnen. Dies kann immerhin richtig sein, wenn sich aus dem Verhalten des Auftraggebers ergibt, dass er eine solche Anordnung verinnerlicht und den Auftragnehmer auf der Grundlage dieser Anordnung diese zusätzliche Leistung ausführen lässt. Dann aber liegt auch eine **stillschweigende eigene Anordnung des Auftraggebers** vor.

> **Beispiel**
>
> Im vorgenannten Beispielfall zu der zusätzlich angeordneten Baustellenampel wird die konkrete Umsetzung dieser Maßnahme in einer Baubesprechung unter Teilnahme des Auftraggebers erörtert. Zwar erteilt der Auftraggeber dazu keine konkrete Anordnung, widerspricht dieser Diskussion aber auch nicht.

Dies sind jedoch Einzelfälle. Ansonsten gilt: Zivilrechtlich gibt es **keine Grundlage für die Zurechnung behördlichen Handelns als Eigenerklärung des Auftraggebers**, d. h.: Selbst wenn die Umsetzung einer behördlichen Anordnung noch so notwendig erscheint, bleibt es zunächst beim alten Leistungssoll. Ein Auftragnehmer, der infolge z. B. behördlichen Auflage eine geänderte Leistung ohne eine Änderungsanordnung vorwegnimmt, verlässt sein Leistungssoll und erhält alleine deswegen keine Vergütung, soweit nicht ausnahmsweise die Voraussetzungen nach § 2 Abs. 8 Nr. 2 und 3 VOB/B vorliegen (s. dazu Rdn. 1915 ff.). Allerdings kann sich aus der Weigerung, die Auflage einer Behörde durch Anordnung einer ggf. erforderlichen Zusatzleistung umzusetzen, ergeben, dass die Fortsetzung der Baumaßnahme rechtswidrig ist und deswegen zu unterbleiben hat. Dies ist dann jedoch keine Frage mehr der Folgen eines Anordnungsrechts des Auftraggebers und des geschuldeten Leistungsumfangs; vielmehr stellt sich der Sachverhalt nunmehr so dar, dass der **Auftragnehmer** aufgrund der Auflage der Baubehörde und der unterbleibenden Anordnung des Auftraggebers **behindert** ist und deswegen daraus ggf. Rechte gegenüber dem Auftraggeber ableiten kann (vgl. dazu Rdn. 1975 ff.). 937

- Nichts anderes gilt bei notwendig werdenden Zusatzleistungen infolge der **Änderung der bestehenden DIN-Normen** oder anderer Technischer Vorschriften oder durch ein Fortschreiten der anerkannten Regeln der Technik. 938

> **Beispiel**
>
> Während der Baumaßnahme werden die Anforderungen an die Wärmedämmung oder den Schallschutz durch neue DIN-Normen oder anerkannte Regeln der Technik verschärft. Dies wird auch erst nach Abschluss des Bauvertrages erkennbar. Der Auftraggeber fordert nach einem entsprechenden Hinweis des Auftragnehmers oder auf entsprechende Planungsänderungen des Architekten die Einhaltung dieser neuen Regeln.

In Fällen wie diesen gilt zunächst, dass der Auftragnehmer zwar verpflichtet ist, für eine mangelfreie Leistung entsprechend den anerkannten Regeln der Technik zum Zeitpunkt der Abnahme zu bauen. Hierfür sind jedoch zusätzliche Leistungen notwendig, die der Auftraggeber anordnen muss. Unterlässt er dies, muss bzw. kann der Auftragnehmer die Arbeiten nicht fortsetzen, weil die geplante Ausführung keine mangelfreie Werkleistung ermöglicht. Er ist deswegen wie schon zuvor bei der Anordnung der Behörde in der Ausführung seiner Arbeiten behindert.

- Schließlich kann sich eine Leistungsänderung oder eine Zusatzleistung auch daraus ergeben, dass der Auftragnehmer vor oder während der Bauausführung gemäß § 4 Abs. 3 VOB/B **Bedenken gegen die vorgesehene Art der Ausführung** anmeldet. Diesen Bedenken kann nunmehr der Auftraggeber bzw. sein Architekt Rechnung tragen und den Bauentwurf entsprechend ändern oder die Erbringung zusätzlich notwendiger Leistungen fordern. Auch hier bedarf es aber in jedem Fall einer entsprechenden Erklärung des Auftraggebers. 939

5.5 Leistungspflichten und Verantwortung des Auftragnehmers

Die Abwicklung eines Bauvertrages und insbesondere die eigentliche Durchführung des Bauvorhabens erfordern eine vertrauensvolle Zusammenarbeit von Auftraggeber und Auftragnehmer; denn zwischen den Rechten und Pflichten beider kommt es zu einem ständigen Wechselspiel und einem weitgehenden Abhängigkeitsverhältnis. Es besteht auf der Seite des Auftragnehmers aus einer 940

Fülle von Verpflichtungen und auf der Seite des Auftraggebers aus ebenso bedeutsamen Mitwirkungspflichten.

Ein wesentlicher Teil dieser **beiderseitigen Pflichten ist in den §§ 3 bis 5 VOB/B** geregelt. Deren Grundsätze setzen letztlich auch die entscheidenden Maßstäbe für die Pflichten von Auftragnehmer und Auftraggeber beim **BGB-Werkvertrag**. Ansonsten liegt aber auf der Hand, dass den Pflichten des Auftragnehmers während der Ausführung der Bauleistung eine größere Bedeutung zukommt als denen vor Ausführung.

5.5.1 Pflichten des Auftragnehmers vor Beginn der Arbeiten nach der VOB/B

941 Zu den Pflichten des Auftragnehmers im Rahmen der Bauausführung gehören nach der VOB/B insbesondere:

942 - **Pflicht zur Überprüfung der vom Auftraggeber übergebenen Unterlagen,** insbesondere der Ausführungsunterlagen, der Geländeaufnahmen und der Absteckungen mit Pflicht zum Hinweis an den Auftraggeber bei Unklarheiten oder Unstimmigkeiten (§ 3 Abs. 3 VOB/B).
  Diese Hinweispflicht, der sinnvollerweise schriftlich nachgekommen werden sollte, betrifft nur die Ausführungsunterlagen u. a.; sie ist von der Bedenkenmitteilung nach § 4 Abs. 3 gegen die Art und Weise der Ausführung zu unterscheiden.

943 - **Mitwirkung an der gemeinsamen Feststellung** mit dem Auftraggeber in Bezug auf den Zustand von Straßen und Geländeoberflächen, der Vorfluter und Vorflutleitungen, ferner der baulichen Anlagen im Baubereich (§ 3 Abs. 4 VOB/B).
  Hierzu ist eine gemeinsame Niederschrift zu fertigen. Die Kosten für die Feststellungen trägt mangels abweichender Vereinbarung der Auftraggeber.

5.5.2 Pflichten des Auftragnehmers während der Bauausführung nach VOB/B

944 Bei den Pflichten des Auftragnehmers eines VOB-Bauvertrages während der Bauausführung können fünf Kerngruppen unterschieden werden:

5.5 Leistungspflichten und Verantwortung des Auftragnehmers

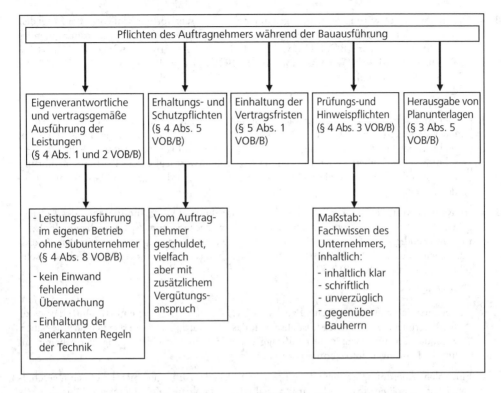

5.5.2.1 Eigenverantwortliche und vertragsgemäße Ausführung der Leistungen (§ 4 Abs. 1 und 2 VOB/B)

In erster Linie hat der Auftragnehmer die im Vertrag übernommene Leistung eigenverantwortlich und vertragsgemäß auszuführen, d. h. vor allem: Er hat sich an dem vertraglichen Bausoll zu orientieren. Die Leistung muss frei von Mängeln entsprechend seinen gegebenen Zusagen erbracht werden. Diese Verpflichtung zur Ausführung der Leistung »unter eigener Verantwortung« deckt sich mit dem allgemeinen Grundsatz, dass derjenige, der ein Gewerbe oder Handwerk ausübt, dafür einzustehen hat, dass er die entsprechenden Kenntnisse und handwerklichen und technischen Fertigkeiten seines Fachgebietes besitzt und die einschlägigen Vorschriften (z. B. DIN-Normen) kennt. Diese Verantwortung beschränkt sich aber auf seinen eigenen Leistungsbereich, nicht auf den anderer Baubeteiligter. 945

In Ergänzung hierzu enthält § 4 Abs. 1 und 2 VOB/B folgende Regelungen: 946

- In § 4 Abs. 2 Nr. 1 S. 1 VOB/B ist nochmals die Hauptpflicht in der Weise aufgenommen, dass der Auftragnehmer die **Leistung unter eigener Verantwortung** nach dem Vertrag auszuführen hat. Ein besonderes Augenmerk ist auf die Ausführung der Leistung unter »eigener Verantwortung« zu werfen: Diese Vorschrift ist in Verbindung mit § 4 Abs. 8 VOB/B zu lesen, wonach **Subunternehmer** – anders als bei einem BGB-Werkvertrag – **nur mit schriftlicher Zustimmung** des Auftraggebers eingeschaltet werden dürfen (s. dazu Rdn. 67 ff.; Joussen/Vygen, Subunternehmervertrag, Rn. 172 ff.). Dieser Vorbehalt gilt jedoch nicht für Leistungen, auf die der Betrieb des Auftragnehmers nicht eingerichtet ist: Diese können auch ohne Zustimmung an einen Dritten vergeben werden. Soweit eine Zustimmungspflicht besteht, bedarf die Zustimmung der Schriftform. Ferner muss in dem Subunternehmervertrag bei der Weitervergabe von Bauleistungen die VOB Teil B und C als Vertragsgrundlage vereinbart werden. Der Auftragnehmer ist verpflichtet, dem Auftraggeber auf Verlangen die Namen eingesetzter Subunternehmer bekannt zu geben. 947

948 • Die Pflicht zur Ausführung der Leistungen unter eigener Verantwortung schließt in der Regel den Einwand des Auftragnehmers aus, dass er bei der Ausführung der Leistung **nicht ordnungsgemäß beaufsichtigt** worden sei (BGH, Urt. v. 22.10.1981 – VII ZR 310/79, BGHZ 82, 100, 106 = BauR 1982, 79, 81 = NJW 1982, 438, 439 f.; BGH, Urt. v. 18.04.2002 – VII ZR 70/01, NJW-RR 2002, 1175 f.).

▶ **Beispiel**

Der Architekt hat seine Bauüberwachungspflicht in Bezug auf die Ausführung der Leistung eines Bauunternehmers verletzt. Dies führt zu einer zusätzlichen Haftung des Architekten, nicht jedoch zu einer Entlastung des Bauunternehmers infolge eines vermeintlichen Mitverschuldens des Bauherrn. Denn wegen der Eigenverantwortlichkeit der Leistungsausführung kann sich der Auftragnehmer nicht darauf berufen, nicht ordnungsgemäß beaufsichtigt worden zu sein.

949 • Im Rahmen seiner Leistungspflicht hat der Auftragnehmer etwaige **Anordnungen** des Auftraggebers (bzw. die seines Architekten) auszuführen, die **zur vertragsgemäßen Ausführung der Leistung notwendig** sind (§ 4 Abs. 1 Nr. 3 VOB/B). Dieses Anordnungsrecht ist von dem Anordnungsrecht nach § 1 Abs. 3 VOB/B zu unterscheiden, das zu einer Änderung des Leistungssolls führt (s. dazu zuvor Rdn. 919 ff.).

▶ **Beispiel**

Bei einer Baumaßnahme ist eine Bauzeit vom 1.3. bis zum 31.10. vereinbart. Ohne dass es zu Behinderungen gekommen ist, ist absehbar, dass der Auftragnehmer erhebliche Mühe haben wird, den Termin zu halten. Der Auftraggeber ordnet eine »Beschleunigung« der Arbeiten an, um die Leistungen zum Termin abzuschließen.

Eine solche Anordnung ist allein darauf gerichtet, dass der Auftragnehmer das ohnehin geschuldete Leistungssoll erbringt, und zwar innerhalb der geschuldeten Zeit. Deswegen führt sie auch dann, wenn dem Auftragnehmer wegen einer nunmehr durchgeführten Beschleunigung ein Mehraufwand entsteht, nicht zu einer zusätzlichen Vergütung. Ordnet der Auftraggeber hingegen eine echte Beschleunigung an mit dem Ziel, dass der Auftragnehmer früher fertig wird als zu dem im Vertrag vereinbarten Termin (s. zu der Zulässigkeit einer solchen Anordnung Rdn. 923 ff.), verändert diese das Leistungssoll, sodass dann ein Mehraufwand für die Beschleunigung vergütungspflichtig ist.

950 Hält der Auftragnehmer die Anordnungen des Auftraggebers für **unberechtigt oder unzweckmäßig**, so hat er seine **Bedenken** geltend zu machen. Unbeschadet dessen hat er die Anordnungen jedoch auf Verlangen auszuführen. Er kann dann aber bei ungerechtfertigter Erschwerung dadurch bedingte Mehrkosten erstattet verlangen (§ 4 Abs. 1 Nr. 4 VOB/B). Lediglich in Fällen, in denen die Befolgung der Anordnung gegen Treu und Glauben verstößt oder deren Ausführung sonst für den Auftragnehmer unzumutbar ist, kann er davon absehen (vgl. auch OLG Hamm, Urt. v. 15.05.2001 – 21 U 4/00, BauR 2001, 1594, 1596).

▶ **Beispiel (nach BGH, Urt. v. 04.10.1984 – VII ZR 65/83, BGHZ 92, 244, 247 = BauR 1985, 77, 78 = NJW 1985, 631)**

Der Auftraggeber verlangt von dem Auftragnehmer die Ausführung der Bauleistung in einer Weise, die sicher zu einem Mangel führt und gegen die anerkannten Regeln der Technik verstößt. Hier muss sich der Auftraggeber zwingend mit den Bedenken des Auftragnehmers auseinandersetzen und ggf. darauf eingehen, indem er diesen z. B. bei gleichwohl erfolgender Ausführung von der Gewährleistung freistellt. Lehnt der Auftraggeber jedes Gespräch ab, kommt der Auftragnehmer bei einer unterbleibenden Leistung nicht in Verzug.

Nichts anderes gilt, d. h. auch hier ist der Auftragnehmer zur Leistungseinstellung berechtigt, wenn seinen Arbeiten öffentlich-rechtliche Vorschriften entgegenstehen und er fürchten muss, im Fall der Ausführung der Arbeiten für Schäden zivilrechtlich zu haften (KG, Urt.

v. 23.04.2010 – 6 U 30/09, BauR 2010, 2129, 2130 = NJW-RR 2010, 1677 bei Fehlen eines bauordnungsrechtlich erforderlichen geprüften Standsicherheitsnachweises).
- Nach § 4 Abs. 2 Nr. 1 S. 1 VOB/B hat der Auftragnehmer schließlich die **anerkannten Regeln der Technik** sowie **sämtliche gesetzlichen und behördlichen Bestimmungen zu beachten**. Zu Letzteren gehören alle Regelungen des Straf-, Verwaltungs- und Umweltrechts, der Bauordnungen und damit im Zusammenhang stehender Vorschriften (insbesondere Sicherheitsvorschriften). 951

> **Beispiel**
>
> Zu den von einem Unternehmer zu beachtenden Normen gehören auch die Vorschriften der Energieeinsparverordnung (EnEV). Insoweit muss ein Unternehmer von sich aus nach § 26a ENEV dem Eigentümer nach der Durchführung von Arbeiten z. B. zur Änderung von Außenbauteilen eine sog. Unternehmererklärung aushändigen. Darin hat er zu bestätigen, dass die von ihm ausgeführten Arbeiten den Anforderungen der EnEV entsprechen.

Einbezogen ist hier ebenso der gesamte Bereich der **Verkehrssicherungspflichten** sowie die Pflicht zur Baustellensicherung und die Sicherung des Straßenverkehrs, aber auch die Sicherung zur Vermeidung von Schäden an Versorgungsleitungen und Kabeln. Außerdem hat der Auftragnehmer Auflagen einer Baugenehmigung zu beachten. Verstößt er dagegen (z. B. gegen Abstandsvorschriften), kann ihn insoweit eine Mithaftung wegen eines deswegen ggf. mangelhaften Bauwerks treffen (OLG Oldenburg, Urt. v. 15.07.2004 – 8 U 121/04, BauR 2004, 1972, 1973 = NZBau 2005, 48 f.; s. auch zur Mängelhaftung bei Verstoß gegen öffentlich-rechtliche Normen: Rdn. 1266).

Aus vorstehender Regelung ergibt sich nachhaltig, dass ein Auftragnehmer nicht nur die einschlägigen DIN-Normen seines Gewerkes kennen muss, sondern darüber hinaus und sogar vorrangig die ungeschriebenen anerkannten Regeln der Technik. Daraus folgt zugleich für den Auftragnehmer die Verpflichtung, sich ständig über Fortschritte im technischen Bereich und über die Frage ihrer allgemeinen Anerkennung zu unterrichten. 952

5.5.2.2 Erhaltungs- und Schutzpflichten (§ 4 Abs. 5 VOB/B)

Gemäß § 4 Abs. 5 VOB/B hat der Auftragnehmer die von ihm ausgeführten Leistungen und ihm für die Ausführung übergebenen Gegenstände bis zur Abnahme vor Beschädigung und Diebstahl zu schützen. Er trägt insoweit auch die **Gefahr des Untergangs** oder der Beschädigung seiner Werkleistung bis zur Abnahme (vgl. §§ 644, 645 BGB, §§ 7, 12 Abs. 6 VOB/B). Auf Verlangen des Auftraggebers hat er ferner die unfertigen Leistungen vor Winterschäden und Grundwasser zu schützen sowie Schnee und Eis zu beseitigen. Darüber hinaus obliegt ihm ganz allgemein die Verpflichtung, den Bauherrn vor Schaden zu bewahren. Daraus ergeben sich für den Auftragnehmer **Schutz-, Fürsorge-, Obhuts-, Aufklärungs-, Prüfungs- und Beratungspflichten**, deren schuldhafte Verletzung Schadensersatzansprüche aus positiver Vertragsverletzung (§ 280 Abs. 1 BGB) auslösen können. 953

Diese Pflichtenbeschreibung steht neben der Frage der Vergütung: Denn führt etwa der Auftragnehmer auf Verlangen des Auftraggebers besondere Maßnahmen zum Schutz vor Winterschäden und Grundwasser aus, steht ihm dafür auch ohne Regelung hierzu im Vertrag eine Vergütung nach § 2 Abs. 6 VOB/B zu (§ 4 Abs. 5 S. 3 VOB/B). 954

5.5.2.3 Einhaltung der Vertragsfristen (§ 5 Abs. 1 VOB/B)

Soweit Vertragsfristen vereinbart sind, hat der Auftragnehmer die Ausführung der Leistungen hieran auszurichten. Vertragsfristen können für den Beginn und das Ende vorgesehen werden. Zwischenfristen sind ebenfalls möglich (s. dazu Rdn. 1672 ff.). Im Übrigen hat der Auftragnehmer die Bauausführung auch ansonsten »angemessen zu fördern«. Ohne gesonderte Vereinbarung hat er innerhalb von 12 Werktagen nach Aufforderung mit der Bauleistung zu beginnen; er kann aber vorher vom Auftraggeber Auskunft über den voraussichtlichen Baubeginn verlangen (§ 5 Abs. 2 VOB/B), um sich darauf rechtzeitig einstellen zu können, da die Frist äußerst knapp bemessen ist und vielfach zur ordnungsgemäßen Arbeitsvorbereitung nicht ausreicht (vgl. auch § 11 Abs. 1 Nr. 1 S. 2 VOB/A). 955

5.5.2.4 Prüfungs- und Hinweispflicht/Bedenkenmitteilung nach § 4 Abs. 3 VOB/B

956 Der Bedenkenmitteilung nach § 4 Abs. 3 VOB/B kommt im Baugeschehen eine große Bedeutung zu. Sie entspringt dem **Grundsatz aus Treu und Glauben,** seinen Auftraggeber vor Schaden zu bewahren. Sie findet auch im **BGB-Werkvertrag** uneingeschränkt Anwendung (BGH, Urt. v. 23.10.1986 – VII ZR 48/85, BauR 1987, 79, 80 = NJW 1987, 643) und setzt jeweils einen schon geschlossenen Vertrag voraus. **Vor Vertragsschluss,** d. h. bei z. B. schon erkennbaren Fehlern in den Ausschreibungsbedingungen, gilt diese Pflicht nicht; allerdings kann hier ein unterbleibender Hinweis an den Auftraggeber dazu führen, dass der Auftragnehmer allein dadurch ein damit verbundenes Risiko übernimmt und später etwa mit Zusatzforderungen deswegen ausgeschlossen ist (s. o. Rdn. 883). Sodann ist klarzustellen, dass die Verletzung der Prüf- und Hinweispflicht nicht für sich genommen zu einer Mangelhaftigkeit der Werkleistung führt. Für eine solche Annahme gibt es keinen Anlass (i. E. ebenso: BGH, Urt. v. 08.11.2007 – VII ZR 183/05, BGHZ 174, 110, 120 = BauR 2008, 344, 348 = NJW 2008, 511, 513 f. = NZBau 2008, 109, 111). Vielmehr geht es hierbei nur um einen Sondertatbestand, der den Auftragnehmer von seiner Mängelhaftung befreit (vgl. auch § 13 Abs. 3 VOB/B – s. insoweit zur Verteilung der Darlegung und Beweislast: Rdn. 1526).

▶ **Beispiel**

Der Estrich ist erkennbar mangelhaft; der Parkettleger legt sein Parkett, das später wellig wird.

In Fällen wie diesen ist die Werkleistung des Parkettlegers (»welliges Parkett«) mangelhaft. Von einer jetzt folgenden Haftung hätte er sich nur freizeichnen können, wenn er zuvor entsprechende Bedenken gegen die Vorleistung des Estrichlegers geäußert hätte. Die Tatsache allein, dass er keine Bedenken geäußert hat, ist hingegen unbeachtlich – was etwa von Bedeutung ist, wenn die Werkleistung des Parkettlegers trotz unterbliebenen Hinweises mangelfrei geblieben wäre. Dies vorausgeschickt gilt zur Prüf- und Hinweispflicht Folgendes:

- **Umfang der Prüf- und Hinweispflicht**

957 Ein Auftragnehmer hat nach § 4 Abs. 3 VOB/B dem Auftraggeber Bedenken mitzuteilen, soweit solche bestehen gegen
 – die vorgesehene Art der Ausführung,
 – die Güte der gelieferten Stoffe und Bauteile oder
 – die Leistung anderer Unternehmer.

Letzteres ist allerdings insoweit missverständlich formuliert, als damit nach Sinn und Zweck dieser Regelung nicht nur Vorleistungen anderer Unternehmer, sondern auch vorangegangene **Eigenleistungen des Auftraggebers** einbezogen sind (BGH, Urt. v. 10.06.2010 – Xa ZR 3/07, BauR 2011, 517, 518; Ingenstau/Korbion/Oppler, VOB/B § 4 Abs. 3 Rn. 48).

▶ **Beispiel (ähnlich OLG Hamm, Beschl. v. 12.10.2010 – 19 W 33/10, BauR 2011, 700 = NJW 2011, 37)**

Der Auftragnehmer errichtet ein privates Einfamilienhaus. Die Kellerabdichtung nimmt der Bauherr selbst vor, die mangelhaft ist. Hier muss der Auftragnehmer vor Verfüllung der Arbeitsräume diese Vorleistung ebenfalls prüfen.

Sodann sind mit den Vorleistungen aber nur die Vorunternehmerleistungen gemeint, die im ursächlichen und technischen Zusammenhang mit Leistungen des Auftragnehmers stehen.

▶ **Beispiel**

Ein Parkettleger muss etwa prüfen, ob der unterliegende Estrich ordnungsgemäß verlegt und getrocknet ist. Nicht hingegen muss er prüfen, ob auch die Statik des Hauses in Ordnung ist, selbst wenn eine mangelfreie Parkettverlegung bei einer mangelhaften Statik nicht ohne Weiteres möglich ist.

958 Die Formulierung in § 4 Abs. 3 VOB/B zu der geschuldeten Mitteilungspflicht ist allerdings auch noch aus einem anderen Grund missverständlich: Entscheidend ist nämlich nicht die tatsächliche Kenntnis des Auftragnehmers von einem Mangel, sondern die **hypothetische Kenntnis,**

die er als Fachunternehmer mit Fachkunde hätte erwerben können. Vor diesem Hintergrund enthält § 4 Abs. 3 VOB/B nicht nur eine Pflicht zur Bedenkenmitteilung, sondern auch eine **eigenständige Prüfungspflicht** zu den dort vorgesehenen Gegenständen (BGH, Urt. v. 15.12.1969 – VII ZR 8/68, BauR 1970, 57, 58).

▶ Beispiel (nach BGH, Urt. v. 10.07.1975 – VII ZR 243/73, BauR 1975, 420)

In der Leistungsbeschreibung sind entgegen der einschlägigen DIN nur zwei, nicht drei Isolieranstriche vorgesehen. Der Auftragnehmer führt die Leistung aus. Es kommt zu Mängeln. Hier kann sich der Auftragnehmer nicht damit entlasten, das geleistet zu haben, was im Vertrag stand. Denn damit konnte keine mangelfreie Leistung erzielt werden. Stattdessen hätte er vor Leistungsausführung prüfen müssen, ob die Vorgaben den anerkannten Regeln der Technik entsprechen. Dies war nicht der Fall, worüber er den Auftraggeber hätte informieren müssen.

Inhaltlich muss der Auftragnehmer dabei allerdings nur die Prüfmethoden anwenden, die ihm als ordentlicher Handwerker oder Techniker zugänglich und vertraut sein müssen; aufwendige Laboruntersuchungen o. ä. können dagegen unterbleiben (OLG Jena, Urt. v. 02.04.2008 – 2 U 811/05, Nichtzul.-Beschw. zurückgew., BGH, Beschl. 27.01.2011 – VII ZR 96/08, BauR 2011, 1173, 1175). Der Umfang der Prüf- und Hinweispflicht hängt ansonsten vom Einzelfall ab; auch die **Fachkenntnis des Auftraggebers** spielt eine große Rolle. Allerdings lässt sie nicht ohne Weiteres die Prüf- und Hinweispflicht entfallen (BGH, Urt. v. 18.01.2001 – VII ZR 457/98, BauR 2001, 622, 623 = NJW-RR 2001, 520). 959

▶ Beispiel

Bei einer Altbausanierung unterbleibt eine notwendige gesonderte Abdichtung des Kellerbodens. Der fachlich versierte Bauleiter des Auftraggebers stimmt mit dem Auftragnehmer diese Ausführungsweise ab. Es kommt zu Schäden. Obwohl der Auftraggeber fachkundig vertreten war, ändert dies nichts an der Prüf- und Hinweispflicht des Auftragnehmers.

Etwas anderes kann gelten, wenn der größere Sachverstand sogar beim Auftraggeber liegt.

▶ Beispiel (nach OLG Karlsruhe, Urt. v. 04.06.1987 – 9 U 151/85, BauR 1988, 598 f. = NJW-RR 1988, 405)

Ist das vom Auftragnehmer zu verwendende Material in der Leistungsbeschreibung des selbst sachkundigen und durch einen Sonderfachmann beratenen Auftraggebers klar und eindeutig vorgeschrieben und entspricht die geforderte Ausführung dem Stand der Technik, so besteht für den Auftragnehmer keine Prüfungspflicht. Insbesondere ist er nicht zu eigenen technischen Versuchen oder Materialprüfungen verpflichtet.

Kein Argument ist dagegen, dass der Auftragnehmer im Verhältnis zum Auftraggeber immer schon seiner an sich gebotenen Prüf- und Hinweispflicht nicht nachgekommen ist.

▶ Beispiel

Der Auftragnehmer errichtet das Haus 50 cm höher als genehmigt. Dies ist ein Baumangel, weil er die Bestimmungen der Baugenehmigung einzuhalten hat (vgl. § 4 Abs. 2 Nr. 1 VOB/B; s. o. Rdn. 951). Hintergrund dieses Fehlers sind falsche Fundament- und Lagepläne des Auftraggebers. Hier entlastet es den Auftragnehmer nicht, dass er die dortigen Höhenangaben nicht noch einmal mit der Baugenehmigung abgeglichen hat. Dass es bei vorangegangenen Vorhaben »nicht üblich« war, sich die Baugenehmigung vorlegen zu lassen, ändert daran nichts (dagegen wenig verständlich OLG Brandenburg, Urt. v. 14.04.2010 – 4 U 19/09, BauR 2010, 1639 [Ls.] = NJW-RR 2010, 1243, das in diesem Fall eine Alleinhaftung des Auftraggebers annahm).

In jedem Fall gilt, dass eine Prüfpflicht besteht, wenn sie sich bereits aus den einschlägigen Allgemeinen Technischen Vertragsbedingungen ergibt. 960

▶ **Beispiel**

Nach Abschnitt 3.1.1 der DIN 18332 hat der Auftragnehmer besonders Bedenken geltend zu machen u. a. bei
- ungeeigneter Beschaffenheit des Untergrundes, z. B. bei groben Verunreinigungen, Ausblühungen, Risse, nichthaftfähigen Flächen,
- größeren Unebenheiten als nach der DIN 18202 zulässig,
- fehlenden Höhenbezugspunkten je Geschoss

Umgekehrt gilt jedoch nicht, dass stets dann eine Hinweispflicht zu verneinen wäre, wenn die DIN keine solche vorsieht. Denn auch die DIN regeln nur Beispiele, ohne abschließend die Pflichten dazu aufzuzählen (BGH, Urt. v. 07.06.2001 – VII ZR 471/99, BauR 2001, 1414, 1415 = NJW-RR 2001, 1102, 1103). Ansonsten ist aber der **Umfang der Prüfpflicht auf den übernommenen Leistungsumfang** beschränkt.

▶ **Beispiel (nach OLG Oldenburg, Urt. v. 23.03.1983 – 2 U 246/82, BauR 1985, 449)**

Ein Fliesenleger wird mit der Anbringung von Fliesen auf einer Dachterrasse beauftragt. Im Dachaufbau fehlt eine hinreichende Abdichtung gegen Oberflächenwasser. Es kommt zu Wasserschäden. Hier haftet der Fliesenleger nicht, selbst wenn er nicht auf die fehlende Abdichtung hingewiesen hat. Eine solche Prüfung gehörte nicht zu seinem Leistungsumfang. Denn er hatte nicht den Dachaufbau in seiner Gesamtheit zu überprüfen und eine möglicherweise unter dem Zementestrich eingebaute Abdichtung gegen Oberflächenwasser zu reparieren oder eine solche Abdichtung erst herzustellen.

961 • **Form und Frist der Bedenkenmitteilung**
Soweit eine Bedenkenmitteilung erforderlich ist, ist auf die **richtige Form und Frist** zu achten: Sie muss
- richtig, inhaltlich, klar und vollständig,
- schriftlich und
- unverzüglich nach Aufkommen der Bedenken

abgegeben werden. Gerade bei den **inhaltlichen Anforderungen der Richtigkeit**, Klarheit und Vollständigkeit handelt es sich nicht um eine Formalie, sondern um ein Schutzinstrument zugunsten des Auftraggebers. So soll er nämlich bei Sachverhalten, die aus seiner Sphäre stammen und die sich negativ auf den Erfolg der beauftragten Werkleistung auswirken können, in die Lage versetzt werden, ggf. noch steuernd einzugreifen. Diesen Zweck kann die Bedenkenmitteilung aber nur erfüllen, wenn der Auftraggeber sie auch verstehen kann. Daher ist bei der Abfassung der Bedenkenmitteilung zwar einerseits wie schon zu dem generell notwendigen Umfang der Prüf- und Hinweispflicht erwähnt (Rdn. 959) die Fachkenntnis des Auftraggebers zu berücksichtigen: Die Bedenkenmitteilung kann also ggf. gegenüber einem fachlich versierten Auftraggeber allgemeiner ausfallen, als dies gegenüber einem Privatmann erforderlich sein kann. Doch gilt andererseits zwingend, dass in der Bedenkenmitteilung trotzdem die Bedenken auch hinreichend klar zum Ausdruck kommen müssen.

▶ **Beispiele**

- Nach Fertigstellung eines Parkdecks zeigen sich in der Oberfläche Risse. Diese beruhen auf einer in der Planung vorgesehenen Verschleißschicht, die wiederum nach dem normgerechten DIN-Aufbau gar nicht hätte vorgesehen werden dürfen. Der Auftragnehmer hatte während der Baumaßnahme darauf hingewiesen, dass diese Verschleißschicht »unsinnig« sei. Das genügt für einen ordnungsgemäßen Hinweis nicht. Denn ausreichend wäre der Hinweis nur gewesen, wenn der Auftragnehmer zugleich klargestellt hätte, dass damit der normgerechte Aufbau verlassen wird und es deswegen z. B. zu Rissbildungen kommen kann (OLG Koblenz, Urt. v. 08.12.2008 – 12 U 1676/06, Nichtzul.-Beschw. zurückgew., BGH; Beschl. v. 19.05.2011 – VII ZR 8/09, IBR 2011, 577).

5.5 Leistungspflichten und Verantwortung des Auftragnehmers

– Ein Auftragnehmer errichtet eine neue Öl-Heizungsanlage und schließt sie an den Kaminzug an. Hier trifft ihn eine erhöhte Hinweispflicht gegenüber dem Auftraggeber zur Eignungsprüfung des Kaminzugs. Der Hinweis, der Auftraggeber solle sich mit dem Bezirksschornsteinfeger in Verbindung setzen, reicht dazu nicht aus. Kommt es danach zu Schäden, haftet der Auftragnehmer (OLG Köln, Urt. v. 17.12.2004 – 20 U 67/04, BauR 2005, 1192, 1194)

Der Auftragnehmer ist jedoch nicht gezwungen, den Auftraggeber über alle technischen Einzelheiten seiner Bedenken zu informieren. Es genügt, dass die Bedenken in ihren Kernpunkten nahe gebracht werden. 962

▶ **Beispiel (ähnlich OLG Koblenz, Urt. v. 10.03.2011 – 5 U 1113/10, NJW-RR 2011, 1100)**

Der Auftragnehmer soll einen neuen Heizkessel einbauen, der nach den Planungen unterdimensioniert ist. Hier genügt der ausdrückliche Hinweis, dass er nicht glaube, dass das funktioniert, die Wohnung nicht warm werde und er stattdessen Alternativen anbietet.

Neben den inhaltlichen Anforderungen an die Bedenkenmitteilung muss ferner klar sein, dass es um eine **eigene Erklärung des Vertragspartners** geht, nicht um die eines Dritten.

▶ **Beispiel (nach OLG Düsseldorf, Urt. v. 10.11.2000 – 22 U 78/00, BauR 2001, 638, 639 = NZBau 2001, 401)**

Ein Generalunternehmer erhält von seinem Nachunternehmer eine Bedenkenmitteilung zu einer mangelhaften Planung des unmittelbar vom Bauherrn beauftragten Architekten. Diese faxt der Generalunternehmer kommentarlos an den Bauherrn weiter. Dies genügt nicht zu seiner Entlastung. Vielmehr muss in einem solchen Fall der Weiterleitung für den Bauherrn erkennbar sein, dass sich der Generalunternehmer als sein Vertragspartner die von dem Nachunternehmer geäußerten Bedenken zu eigen macht, d. h. dass er sie teilt und insoweit die gleichen Bedenken (etwa zu der fehlerhaften Planung) vorträgt.

Ansonsten hat die Bedenkenmitteilung **grundsätzlich schriftlich** zu erfolgen. Dies schließt aber nicht aus, dass auch eine mündliche klar formulierte und richtige Bedenkenmitteilung ihren Zweck erfüllen kann, nämlich dem Auftraggeber die Ungeeignetheit der Bauausführung vor Augen zu führen. Die Nichtbeachtung einer solchen mündlichen ausreichenden Bedenkenmitteilung würde somit in jedem Fall zu einer Kürzung von Gewährleistungsansprüchen wegen Mitverschuldens führen (BGH, Urt. v. 10.04.1975 – VII ZR 183/74, BauR 1975, 278, 279 = NJW 1975, 1217).

- **Zeitpunkt der Bedenkenmitteilung**
Was den Zeitpunkt der Bedenkenmitteilung angeht, muss diese **unverzüglich erfolgen, und zwar nach der erfolgten Prüfung** bzw. den aufkommenden Bedenken. Im Vorhinein allgemein erteilte Belehrungen und Hinweise genügen nicht. Denn bei der Wahrnehmung der Prüf- und Hinweispflicht geht es nur um die Entlastung des Auftragnehmers zu einem konkret drohenden Mangel, nicht um eine Verteilung von allgemeinen Risiken im Rahmen der Bauabwicklung (a. A. OLG Hamm, Beschl. v. 12.10.2010 – 19 W 33/10, BauR 2010, 700, 702 = NJW 2011, 237, 238). Tatsächlich würde es sich bei einer solchen vorherigen Belehrung um nichts anderes handeln als um eine (in der Regel unwirksame vorherige) Haftungsfreizeichnung; mit der Wahrnehmung der Prüf- und Hinweispflicht hat das nichts mehr zu tun. 963

▶ **Beispiel**

Der private Bauherr möchte selbst die Bodenplatte herstellen. Der spätere Generalunternehmer für die Errichtung des Hauses belehrt ihn ausführlich über die damit verbundenen Risiken. In dem Haus kommt es später zu Rissbildungen, die auf Mängel der Bodenplatte zurückgehen. Hier kann sich der Generalunternehmer zu seiner Entlastung nicht auf die zuvor erteilten Hinweise zurückziehen; vielmehr oblag es ihm, die zuvor vom Bauherrn gebaute Bodenplatte dann auch auf ihre Geeignetheit zu prüfen.

- **Adressat der Bedenkenmitteilung**

964 Neben der inhaltlichen Gestaltung ist ferner darauf zu achten, dass die **Bedenkenmitteilung an den richtigen Adressaten** zu richten ist, d. h. in der Regel an den Auftraggeber. Ausnahmsweise kann sie auch an den mit der Bauüberwachung beauftragten **Architekten** geschickt werden, soweit es um Bauausführungsfehler geht. Denn in technischer Hinsicht ist dieser insoweit Ansprechpartner des Auftraggebers. Nicht hingegen genügen Bedenkenmitteilungen an den Architekten, wenn es um Bedenken gegen die Planung selbst geht und sich dieser nicht darauf einlässt; hier muss eine Mitteilung an den Auftraggeber unmittelbar erfolgen (BGH, Urt. v. 19.01.1989 – VII ZR 87/88, BauR 1989, 467, 468 f. = NJW-RR 1989, 721, 722). Dies gilt ausnahmsweise nur dann nicht, wenn der Architekt die geplante Ausführung so einleuchtend erläutert, dass für weitere Bedenken des Auftragnehmers kein Raum bleibt (OLG Celle, Urt. v. 25.09.2003 – 5 U 14/03, BauR 2004, 1992).

5.5.2.5 Herausgabe von Planunterlagen

965 Nach § 3 Abs. 5 VOB/B hat der Auftragnehmer Zeichnungen, Berechnungen, Nachprüfungen von Berechnungen oder andere Unterlagen, die er nach dem Vertrag, besonders nach den Technischen Vertragsbedingungen, oder der gewerblichen Verkehrssitte oder auf besonderes Verlangen des Auftraggebers zu beschaffen hat, dem Auftraggeber rechtzeitig nach Aufforderung herauszugeben. Zu beachten ist, dass diese Herausgabepflicht nur zum Zuge kommt, wenn eine diesbezügliche Beschaffungspflicht tatsächlich vertraglich vereinbart ist.

966 Zu unterscheiden ist davon die **Planungsleistung**, die der Auftragnehmer quasi **nur als Hilfsleistung erbringt**, um seine eigene Leistung ausführen zu können.

> **Beispiel**
>
> Der Auftraggeber erteilt einen Auftrag zur Erstellung einer Natursteinfassade. Er begehrt nach Fertigstellung der Leistungen die Herausgabe der Ausführungsplanung, wozu aber nichts weiter im Vertrag geregelt ist.

Ein solcher Anspruch besteht nicht. Denn hierin liegt keine gesondert geschuldete eigenständig einklagbare Pflicht zur Erstellung. Eine solche ergäbe sich allenfalls aus einer Auslegung des Werkvertrages. Eine gesonderte Herausgabe- oder Herstellungspflicht zur Ausführungsplanung lässt sich daraus aber zumeist nicht ableiten. Hauptpflicht des Werkvertrages war im vorstehenden Beispiel stattdessen allein die Herstellung der Fassade. Dass zur mangelfreien Herstellung des Werkes Pläne und Berechnungen angefertigt werden müssen, macht diese Leistung nicht zur vertraglichen Hauptpflicht. Der Schuldner hat meist zur Leistungserbringung Vorbereitungen zu treffen, die aber dadurch im Außenverhältnis nicht zur Vertragspflicht werden. Hierzu gehört auch die Ausführungsplanung, soweit sie vom Auftragnehmer zu erstellen ist (OLG Frankfurt, Urt. v. 26.10.2006 – 26 U 2/06, BauR 2007, 895 f. = NJW-RR 2007, 817).

5.5.3 Rechtsfolgen bei Pflichtverletzung

967 Bei Verletzung der vorgenannten Auftragnehmerpflichten ist zu unterscheiden:

5.5 Leistungspflichten und Verantwortung des Auftragnehmers

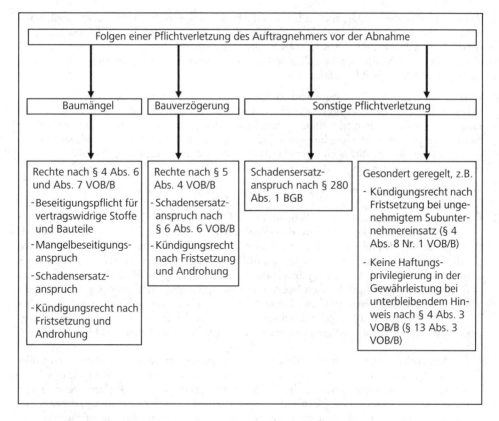

5.5.3.1 Mängel vor Abnahme (§ 4 Abs. 6 und 7 VOB/B)

Führt eine Pflichtverletzung zu Mängeln der Werkleistung, richten sich die Rechte des Auftraggebers vor Abnahme, d. h. die Mängelansprüche einschließlich der Ersatzansprüche für Mangelfolgeschäden, nach § 4 Abs. 6 und Abs. 7 VOB/B. Bei diesen Rechten handelt es sich um **originäre Erfüllungsansprüche**, nicht um Gewährleistungsrechte.

Übersicht zu den Mängelansprüchen vor der Abnahme	
§ 4 Abs. 6	Beseitigungspflicht vertragswidrig eingebauter Bauteile und Stoffe
§ 4 Abs. 7 S. 1	Pflicht zur Mangelbeseitigung/Neuherstellung
§ 4 Abs. 7 S. 2	Schadensersatzanspruch
§ 4 Abs. 7 S. 3	Kündigung des Vertrages nach Fristsetzung und Androhung

5.5.3.1.1 Beseitigungspflicht vertragswidrig eingebauter Bauteile und Stoffe (§ 4 Abs. 6 VOB/B)

Kommt es zu Meinungsverschiedenheiten über die Vertragswidrigkeit der Bauteile oder Baustoffe, so ist den Vertragspartnern dringend zu empfehlen, diese Auseinandersetzung rechtzeitig zu klären. Als Klärungshilfen bietet sich u. a.
- das in § 18 Abs. 4 VOB/B vorgesehene Prüfungsverfahren durch eine Materialprüfungsanstalt als Schiedsgutachten,
- durch ein sonst vereinbartes Schiedsgutachten oder
- ein selbstständiges Beweisverfahren gemäß §§ 485 ff. ZPO an.

Verlangt nämlich der Auftraggeber zu Unrecht die Beseitigung von Baustoffen oder Bauteilen und verhindert er damit deren Einbau oder Verwendung, so können sich daraus **Schadensersatzansprüche** des Unternehmers aus § 6 Abs. 6 VOB/B oder auch zusätzliche Vergütungsansprüche nach § 2 Abs. 5 oder Abs. 6 VOB/B ergeben. Ggf. kann der Unternehmer sogar zur **Kündigung** des Bauvertrages gemäß § 9 VOB/B berechtigt sein.

970 Vorstehende allgemeine Rechtslage wird flankiert durch § 4 Abs. 6 VOB/B. Nach dessen Satz 1 VOB/B sind Stoffe oder Bauteile, die dem Vertrag oder den Proben (vgl. § 13 Abs. 2 VOB/B) nicht entsprechen, auf Anordnung des Auftraggebers innerhalb einer von ihm bestimmten Frist **von der Baustelle zu entfernen**. Die Regelung betrifft also zunächst nur solche Baustoffe und Bauteile, die an der Baustelle lagern, aber noch nicht eingebaut sind. Sind diese bereits eingebaut oder teilweise eingebaut, so beurteilen sich die Ansprüche des Auftraggebers nach § 4 Abs. 7 VOB/B.

971 Zu den **Voraussetzungen** des Beseitigungsrechts des Auftraggebers nach § 4 Abs. 6 VOB/B gilt im Einzelnen:

972 • Vertragswidrig sind Baustoffe und Bauteile immer dann, wenn deren Einbau oder **Verwendung zu einer mangelhaften oder vertragswidrigen Bauleistung** im Sinne des § 13 Abs. 1 oder 2 VOB/B (vgl. Rdn. 1230 ff.) führen würde. Der Sinn und Zweck dieser Regelung in § 4 Abs. 6 VOB/B geht dahin, dem Auftraggeber ein möglichst **frühzeitiges Eingriffsrecht** zu gewähren. Hierdurch soll von vornherein die Entstehung einer mangelhaften Bauleistung verhindert werden; denn es ist für beide Vertragspartner letztlich besser und kostengünstiger, die Entstehung von Mängeln durch Verwendung vertragswidriger Baustoffe und Bauteile schon im Keim zu verhindern, als später die entstandenen Mängel zu beseitigen. Insoweit handelt es sich hierbei um einen **vorweggenommenen Mängelbeseitigungsanspruch** (Ingenstau/Korbion/Oppler, VOB/B § 4 Abs. 6 Rn. 2).

973 Der Anspruch des Auftraggebers auf Beseitigung vertragswidriger Bauteile ist teilweise von großer Bedeutung, weil die Bauindustrie weiter dazu übergeht, Bauwerke aus einer Vielzahl vorgefertigter Bauteile zusammenzusetzen. Dabei ist der Auftraggeber meist gut beraten, wenn er sich mithilfe fachkundiger Berater (Architekten, Ingenieure, Bauleiter, Sachverständige) die vom Auftragnehmer an die Baustelle gelieferten Bauteile sehr genau ansieht, um bei festgestellter Vertragswidrigkeit sie sofort gemäß § 4 Abs. 6 VOB/B von der Baustelle entfernen zu lassen und damit ihre Verwendung zu verhindern. Denn später nach ihrem Einbau und nach erfolgter Abnahme wird es für den Auftraggeber wesentlich schwieriger, deren Mangelhaftigkeit oder Vertragswidrigkeit zu beweisen und ihre Auswechselung durch vertragsgemäße Bauteile durchzusetzen. Dies gilt umso mehr, als dann der Unternehmer häufig mit dem **Einwand eines unverhältnismäßigen Aufwandes** im Sinne des § 13 Abs. 6 VOB/B kommen und in manchen Fällen auch durchdringen wird.

974 • Der Auftraggeber muss die **Beseitigung** vertragswidriger Bauteile u. a. **verlangen** (anordnen). Eine solche Anordnung kann mündlich erfolgen. Sie sollte aber zweckmäßigerweise schriftlich vorgenommen werden. Ferner muss sie eindeutig und bestimmt sein und die zu entfernenden Bauteile genau bezeichnen.

975 • Schließlich muss der Auftraggeber dem Unternehmer zur Beseitigung der Baustoffe von der Baustelle eine angemessene **Frist setzen**, um seine Rechte aus § 4 Abs. 6 S. 2 VOB/B anschließend geltend machen zu können. Der Unternehmer ist allerdings auch ohne entsprechende Aufforderung und Fristsetzung verpflichtet, die Verwendung vertragswidriger Baustoffe zu unterlassen. Daher kann er sich später bei entsprechenden Mängelrügen und daraus hergeleiteten Gewährleistungsansprüchen nicht auf eine fehlende Beseitigungsanordnung des Auftraggebers – auch nicht zur Begründung eines Mitverschuldens nach § 254 BGB – berufen. Etwas anderes gilt selbstverständlich, wenn sich der Auftraggeber mit der Verwendung der genannten Bauteile ausdrücklich einverstanden erklärt und der Unternehmer dabei nicht seine Prüfungs- und Hinweispflicht gemäß § 4 Abs. 3 VOB/B verletzt hat (s. dazu Rdn. 956 ff.).

976 Ist der Unternehmer der Beseitigungsanordnung binnen der gesetzten angemessenen Frist nicht nachgekommen, so kann der Auftraggeber die **Entfernung der vertragswidrigen Baustoffe** und Bau-

teile auf Kosten des Unternehmers im Wege der **Selbsthilfe** vornehmen oder die Entfernung durch Dritte veranlassen. Umstritten ist, ob neben dem Fristablauf ein **Verschulden des Unternehmers** hinsichtlich des ungenutzten Fristablaufs erforderlich ist. Dies wird überwiegend **verneint**, da § 4 Abs. 6 S. 2 VOB/B nicht einmal den Verzug des Auftragnehmers als Voraussetzung erwähnt (so jetzt insbesondere entgegen den Vorauflagen: Ingenstau/Korbion/Oppler, VOB/B § 4 Abs. 6 Rn. 14; Heiermann/Riedl/Rusam, VOB/B, § 4 Rn. 81; Nicklisch/Weick § 4 Rn. 85; Kaiser, Mängelhaftungsrecht Rn. 22). Dies ist dogmatisch auch nachvollziehbar, weil praktisch sämtliche auf Mangelbeseitigung gerichteten Ansprüche sowohl in der VOB/B als auch im BGB kein Verschulden voraussetzen. Daher wäre es systemfremd, warum dies bei § 4 Abs. 6 VOB/B anders sein sollte.

Der Auftraggeber kann die zu Recht von der Baustelle entfernten Baustoffe anschließend auf Kosten des Unternehmers **einlagern**. Davon muss er allerdings den Unternehmer unterrichten, um sich später nicht selbst einem Schadensersatzanspruch aus § 280 Abs. 1 BGB (**positive Vertragsverletzung**) oder eines Mitverschuldens gemäß § 254 BGB bei der Schadensentstehung auszusetzen. Schließlich kann er die Baustoffe und Bauteile auch für Rechnung des Unternehmers veräußern. Dabei muss er sich aber bemühen, einen annehmbaren Preis zu erzielen; sodann ist er dem Unternehmer gegenüber nach § 259 BGB zur Rechnungslegung verpflichtet (vgl. Ingenstau/Korbion/Oppler, VOB/B, § 4 Abs. 7 Rn. 19 f.; Kapellmann/Messerschmidt/Merkens, VOB/B, § 4 Rn. 150). 977

5.5.3.1.2 Pflicht zur Mangelbeseitigung/Neuherstellung (§ 4 Abs. 7 S. 1 VOB/B)

Sind fehlerhafte oder vertragswidrige Stoffe oder Bauteile bereits eingebaut oder zeigen sich während der Bauausführung Mängel oder Vertragswidrigkeiten der zu erbringenden Leistung aus anderen Gründen, hat der Auftragnehmer die mangelhafte Leistung auf eigene Kosten durch eine mangelfreie Leistung zu ersetzen (§ 4 Abs. 7 S. 1 VOB/B). Im Vordergrund der gesamten Regelung des § 4 Abs. 7 VOB/B steht also die **Pflicht des Auftragnehmers**, die **festgestellten Mängel schon während der Bauausführung auf eigene Kosten zu beseitigen**. Dazu bedarf es zwar nach dem Wortlaut des § 4 Abs. 7 S. 1 VOB/B keiner entsprechenden Aufforderung oder gar einer Fristsetzung, weil der Auftragnehmer ohnehin ein mangelfreies und vertragsgerechtes Werk schuldet. Somit besteht die Mängelbeseitigungspflicht des Auftragnehmers bereits dann, sobald der Mangel erkannt ist. Unbeschadet dessen geht aber in der Praxis im Allgemeinen die Initiative zu einer Mangelbeseitigung vor der Abnahme vom Auftraggeber aus, der im eigenen Interesse den Auftragnehmer auf einen Mangel aufmerksam macht. 978

▶ Beispiel

Vor der Abnahme zeigt sich, dass der Putz nicht ordnungsgemäß angebracht ist. Hier ist der Auftragnehmer zwar verpflichtet, diesen Mangel zu beseitigen, wenn er das realisiert. Allerdings nützt das Bestehen einer solchen Pflicht dem Auftraggeber in der Regel nichts, sodass hier die Mangelbeseitigung zumeist vom Auftraggeberverlangt wird.

Bei dem Mängelbeseitigungsanspruch nach § 4 Abs. 7 S. 1 VOB/B handelt es sich um einen echten **Erfüllungsanspruch**. Er ist darauf gerichtet, zum Zeitpunkt der Abnahme erstmals eine mangelfreie Leistung zu erbringen. Hierbei sind vor allem zwei Punkte zu beachten: 979

- Auf ein Verschulden des Auftragnehmers an dem während der Bauausführung auftretenden Mangel kommt es nicht an. Der **Mangelbeseitigungsanspruch** nach § 4 Abs. 7 S. 1 VOB/B besteht vielmehr **verschuldensunabhängig** (s. auch zur vergleichbaren Rechtslage im Gewährleistungsrecht: BGH, Urt. v. 10.11.2005 – VII ZR 147/04, BauR 2006, 375, 376 = NJW-RR 2006, 240 f.). Er besteht sogar dann, wenn der Mangel ggf. eher aus dem Risikobereich des Auftraggebers stammt, ohne von ihm allerdings verschuldet worden zu sein (OLG Koblenz, Urt. v. 25.09.2008 – 5 U 550/08, NJW-RR 2008, 1707, 1708). Denn insoweit trifft den Auftragnehmer bis zur Abnahme auch eine Schutzpflicht der von ihm erbrachten Leistungen (vgl. auch § 4 Abs. 5 VOB/B). 980

▶ **Beispiel (ähnlich OLG Koblenz, a. a. O.)**

Der Auftragnehmer war mit Trockenbauarbeiten beauftragt. Nach Fertigstellung, aber vor Abnahme beschädigt die ebenfalls von dem Auftraggeber beauftragte Elektrobaufirma schon gesetzte Wände. Hier schuldet der Trockenbauer vor Abnahme dem Auftraggeber, dem das Verschulden der Elektrofirma im Verhältnis zur Trockenbaufirma nicht zuzurechnen ist, zunächst auch die Beseitigung dieser Schäden.

Hat nunmehr der Trockenbauer die Schäden beseitigt, ist allerdings oft ein Ersatzanspruch gegen den direkten Schädiger schwierig: Denn in diesem Verhältnis fehlt es – soweit keine gesamtschuldnerische Haftung besteht – teilweise an einer Anspruchsgrundlage. Ein solche stände nur dem Bauherrn zu; indes hat dieser keinen Schaden, weil der Trockenbauer ohne weiteren Vergütungsanspruch die Arbeiten schlimmstenfalls noch einmal auszuführen hat. Wegen dieser Dreiecksbeziehung wird jetzt allerdings doch dem Bauherrn im Wege der sog. **Drittschadensliquidation** die Möglichkeit eingeräumt, diese Schäden auch unmittelbar gegenüber dem direkten Schädiger durchzusetzen (OLG München, Urt. v. 19.07.2011 – 9 U 1027/11, BauR 2012, 91, 94). Alternativ könnte der Geschädigte verlangen, dass der Bauherr ihm diese Ansprüche abtritt (BGH, Urt. v. 30.09.1969 – VI ZR 254/67, NJW 1970, 38, 41). Einfacher ist es aus Sicht des Auftragnehmers, wenn der **Auftraggeber selbst den Schaden (vor Abnahme) verschuldet** hat: Dann muss der Auftragnehmer zwar ebenfalls die Leistung ggf. nochmals neu herstellen, soweit der Auftraggeber nicht mit der Abnahme im Verzug war; ihm steht dann aber wegen des jetzt entstehenden Mehraufwandes ein Schadensersatzanspruch nach § 280 Abs. 1 BGB zu (OLG Celle, Urt. v. 18.3.2010 – 6 U 108/09, BauR 2010, 1081, 1082). Dasselbe gilt in all diesen Fällen erst recht, wenn der Auftraggeber diese Reparaturleistungen sogar nochmals gesondert beauftragt – im Zweifel verbunden mit der Maßgabe, dass er sich bei dem schädigenden Zweitunternehmer schadlos halten will.

▶ **Beispiel (ähnlich BGH, Urt. v. 8.3.2012 – VII ZR 177/11, BauR 2012, 946, 947 = NJW 2012, 2105, 2106 = NZBau 2012, 432, 433)**

Im vorgenannten Beispielfall erteilt der Auftraggeber dem Trockenbauer in Kenntnis der Ursache der Schäden ausdrücklich einen Auftrag zu deren Beseitigung. Diese Leistungen muss der Auftraggeber auch bezahlen. Dass er zu einem solchen Auftrag nicht verpflichtet gewesen wäre (denn immerhin schuldete der Trockenbauer die Leistungen auch so – s. zu der Frage, wenn schon einmal beauftragte Leistungen nochmals mit einem Nachtrag beauftragt werden: Rdn. 2442), ändert daran nichts.

- Nicht immer genügt es, den aufgetretenen Mangel an einer ggf. schon teilfertig gestellten Leistung zu beseitigen. Dies gilt vor allem dann, wenn der Mangel erheblich ist und eine bloße Ausbesserung keinen Erfolg verspricht. Hier kann die Pflicht zur Ersetzung der mangelhaften durch eine mangelfreie Leistung es im Einzelfall dem Auftragnehmer auch gebieten, die bisher erbrachte Leistung zu wiederholen, also eine **Neuherstellung** vorzunehmen.

▶ **Beispiel**

Der Auftragnehmer soll eine Dachterrasse fliesen. Er führt nicht das notwendige Gefälle aus. Hier hilft keine »Nachbesserung«. Vielmehr ist er – zumal noch vor Abnahme – verpflichtet, die Leistung zu wiederholen, d. h. die Fliesen wieder aufzunehmen und dann mit einem ausreichenden Gefälle neu zu verlegen.

- Die Pflicht zur Mangelbeseitigung ist (nur) Teil der allgemeinen Pflicht des Auftragnehmers zur Erbringung einer mangelfreien Leistung. Daher versteht es sich von selbst, dass der Auftragnehmer bei schon vor Abnahme erkannten Mängeln erst recht **sämtliche Aufwendungen** im Zusammenhang mit dieser Mangelbeseitigung zu tragen hat, und zwar insbesondere auch alle Transport-, Wege-, Arbeits- und Materialkosten.

5.5 Leistungspflichten und Verantwortung des Auftragnehmers

Erhebliche Schwierigkeiten bereitet der Mangelbeseitigungsanspruch des Auftraggebers gemäß § 4 Abs. 7 S. 1 VOB/B im Fall der **Weigerung des Auftragnehmers**. 981

▶ Beispiel

Der Auftraggeber bemerkt bei einer Baustellenbegehung, wie der Auftragnehmer abweichend von den Planunterlagen Zwischenwände stellt. Der Auftragnehmer meint, die Abweichungen seien gering und eine Versetzung unverhältnismäßig. Der Auftragnehmer möchte diese Teilleistung im Wege der Selbsthilfe auf Kosten des Auftragnehmers ändern.

Zu beachten ist, dass der Mangelbeseitigungsanspruch nach § 4 Abs. 7 S. 1 VOB/B **keine Mangelbeseitigung im Wege der Selbsthilfe** oder durch Beauftragung eines anderen Unternehmers auf Kosten des Auftragnehmers kennt. Eine entsprechende Anwendung des § 13 Abs. 5 Abs. 2 VOB/B wäre zwar vorstellbar, wird aber angesichts der klaren unterschiedlichen Regelung bei Mängeln vor und nach der Abnahme von der Rechtsprechung abgelehnt. Im Gegenteil: Die §§ 4 Abs. 7, 8 Abs. 3 VOB/B enthalten für den VOB-Vertrag eine abschließende Sonderregelung, d. h.: Selbst wenn der Auftragnehmer mit der Mangelbeseitigung gemäß § 4 Abs. 7 S. 1 VOB/B in Verzug kommt, kann der Auftraggeber »regelmäßig« **keinen Ersatz von Fremdnachbesserungskosten** verlangen. Stattdessen besteht ein solcher Anspruch nur dann, wenn der Auftraggeber zuvor den Auftrag gemäß § 8 Abs. 3 VOB/B entzogen, den Bauvertrag also gekündigt hat und der Ersatzunternehmer erst anschließend mit den Ersatzmaßnahmen beginnt (so BGH, Urt. v. 15.05.1986 – VII ZR 176/85, BauR 1986, 573, 574 f. = NJW-RR 1986, 1148; BGH, Urt. v. 02.10.1997 – VII ZR 44/97, BauR 1997, 1027, 1028 = NJW-RR 1998, 235). Konkret bedeutet das:

- Will der Auftraggeber **Ersatz der Fremdnachbesserungskosten**, muss er den Vertrag vor Beginn der Fremdnachbesserung gemäß § 8 Abs. 3 Nr. 1 VOB/B **gekündigt haben** (BGH, Urt. v. 02.10.1997 – VII ZR 44/97, BauR 1997, 1027, 1028 = NJW-RR 1998, 235). 982
- Sieht er von dieser zwingenden Reihenfolge ab, wird der Auftraggeber sich nicht hilfsweise darauf berufen können, dass der Auftragnehmer Kosten für die Mangelbeseitigung, die nunmehr vorab der Auftraggeber auf dessen Kosten durchgeführt hat, erspart habe (vgl. zu einer ähnlichen Situation im Kaufrecht: BGH, Urt. v. 23.02.2005 – VIII ZR 100/04, BGHZ 162, 219, 224 ff. = NJW 2005, 1348, 1349 f.). Denn dies würde dazu führen, dass faktisch die abschließende Regelung in § 4 Abs. 7 VOB/B umgangen würde, indem dann doch derartige Kosten verlangt werden könnten. Dies ist **ausgeschlossen**.

▶ Beispiel

Während der Ausführung stellt der Auftraggeber fest, dass der Elektriker Leitungen falsch verlegt hat. Der Auftragnehmer bestreitet dies (zu Unrecht). Der Auftraggeber bittet einen Nachfolgeunternehmer mit der richtigen Verlegung; er verlangt Ersatz der Kosten des Ersatzunternehmers von dem Erstunternehmer. Dieser verweigert den Ersatz, da er nicht gekündigt wurde. Der Auftraggeber findet sich damit ab, will nunmehr aber wenigstens einen Ausgleich in Höhe der Aufwendungen, die der Erstunternehmer wegen der pflichtwidrig unterbliebenen Mangelbeseitigung erspart hat. Auch damit hat er keinen Erfolg. Denn für jeglichen Kostenerstattungsanspruch hätte er zuvor den Erstunternehmer kündigen müssen.

Die fehlende Möglichkeit des Einsatzes eines Ersatzunternehmers schon während der Ausführungsphase bedeutet für den Auftraggeber, dass er im Fall des **Verzugs des Auftragnehmers** mit seiner Mängelbeseitigungspflicht nach § 4 Abs. 7 S. 1 VOB/B tatsächlich nur über **zwei praktikable Handlungsoptionen** verfügt: 983

- Entweder er **einigt** sich mit seinem Auftragnehmer über den Einsatz eines Drittunternehmers auf dessen Kosten – was häufig nicht möglich sein wird. 984
- Oder er **kündigt den Bauvertrag** nach entsprechender Fristsetzung zur Mängelbeseitigung und Kündigungsandrohung (§§ 4 Abs. 7 S. 3 VOB/B, 8 Abs. 3 Nr. 1 S. 2 VOB/B), und zwar schriftlich (§ 8 Abs. 5 VOB/B). In diesem Fall besteht für den Auftraggeber immerhin die Möglichkeit, gemäß § 8 Abs. 3 Nr. 1 S. 2 VOB/B die Kündigung des Bauvertrages auf einen in sich abgeschlossenen Teil der vertraglichen Leistung (vgl. zu diesem Begriff § 12 Abs. 2 VOB/B und

Rdn. 1151 ff.) zu beschränken. Diese **Teilkündigung** wird jedoch in der Praxis erhebliche Schwierigkeiten bereiten. Denn der mangelhaft ausgeführte Teil stellt meist keinen in sich abgeschlossenen Teil der Gesamtleistung dar (s. dazu BGH, Urt. v. 20.08.2009 – VII ZR 212/07, BauR 2009, 1736, 1737 = NJW 2009, 3717, 3718 = NZBau 2010, 47, 48), sodass dann letztlich doch nur eine weiter gehende Gesamtkündigung in Betracht kommt (s. dazu auch Rdn. 1016 f.). Eine solche ist jedoch – jedenfalls bei kleineren Mängeln – häufig vom Auftraggeber wegen der damit verbundenen Risiken und Folgen nicht gewollt. Zu denken ist etwa an die ihn treffende Beweislast für eine berechtigte Kündigung und daraus entstandene Mehrkosten, die Verzögerung des Bauablaufs durch Suche und Beauftragung eines Ersatzunternehmers und vieles mehr. Daher dürfte eine solche weiter gehende Kündigung gerade bei kleineren Mängeln kaum sachgerecht sein.

985 Sehr zweifelhaft ist außerdem, ob der Auftragnehmer schon im Rahmen des § 4 Abs. 7 VOB/B die Möglichkeit hat, die Beseitigung der Mängel oder Vertragswidrigkeiten wegen **Unverhältnismäßigkeit zu verweigern**. Bestände diese Möglichkeit, würde dies praktisch auf eine Minderung hinauslaufen. Dies wird teilweise angenommen. Denn es mache keinen Unterschied, ob der Mangel, dessen Beseitigung mit einem unverhältnismäßigen Aufwand verbunden ist, während der Ausführung oder erst nach der Abnahme entdeckt werde (so etwa Ingenstau/Korbion/Oppler, VOB/B, § 4 Abs. 7 Rn. 21). Dies trifft nicht zu (i. E. ebenso für einen VOB-Vertrag: OLG Celle, Urt. v. 11.06.2008 – 14 U 213/07, BauR 2008, 1637, 1639). Denn der Auftragnehmer hat mit dem Werkvertrag einen Leistungserfolg versprochen mit der Maßgabe, die Werkleistung bis zum Fertigstellungstermin mangelfrei abzuliefern. Dann aber kann es nicht sein, den Auftraggeber sogar als verpflichtet anzusehen, schon während der Ausführung erkannte Mängel als gegeben hinzunehmen und sich demzufolge mit einer reinen Vergütungsminderung einverstanden zu erklären. Hierfür gibt es weder nach der VOB noch nach dem BGB einen Anlass (OLG Stuttgart, Urt. v. 19.4.2011 – 10 U 116/10, BauR 2011, 1824, 1828; s. auch schon zum alten Recht: BGH, Urt. v. 27.03.2003 – VII ZR 443/01, BGHZ 154, 301, 304 = BauR 2003, 1209, 1210 = NJW-RR 2003, 1021, 1022 = NZBau 2003, 433, 434). Anders ist dies nach der Abnahme, wenn sich der Erfüllungsanspruch auf das hergestellte und durch die Abnahme als Erfüllung angenommene bzw. als einmal vertragsgemäß gebilligte konkrete Werk (mit seinen Mängeln) beschränkt. Hier ist die Leistung bereits erfüllt. Daher kann es jetzt im Rahmen etwa des § 13 Abs. 6 VOB/B bzw. § 635 Abs. 3 BGB angebracht sein, dem Auftragnehmer im Einzelfall das Recht einzuräumen, eine Mangelbeseitigung (z. B. wegen unverhältnismäßiger Kosten) zu verweigern und stattdessen auf eine Vergütungsminderung zu drängen. Solange aber der Auftraggeber niemals die Hauptleistung erhalten hat, muss er sich **nicht auf eine minderwertige Leistung einlassen**, weil dies aus Sicht des Auftragnehmers – ggf. sogar wegen einer schlampigen Arbeitsweise im Vorfeld – vermeintlich verhältnismäßig ist.

▶ **Beispiel**

Der neu aufgebrachte Innenputz an Wänden und Decken weist Unebenheiten auf. Diese liegen außerhalb der Toleranzen der einschlägigen DIN. Deren Beseitigung ist nur durch Abschlagen des alten und Neuaufbringen eines insgesamt neuen Putzes möglich. Diese Art der Mängelbeseitigung erfordert einen Kostenaufwand, der mehr als das 5-fache der ursprünglichen Kosten ausmacht und nur geringe Vorteile bringt. Ein solcher Mangel könnte nach Abnahme zu einer Vergütungsminderung nach § 13 Abs. 6 VOB/B führen, nicht aber vor Abnahme: Hier schuldet der Auftragnehmer eine mangelfreie Ausführung.

986 Zu trennen von vorstehendem Ergebnis sind lediglich Sachverhalte, die (infolge einer zunächst mangelhaften Ausführung) dann eine **Unmöglichkeit der Leistungserfüllung** begründen. Rechtlich kommt es in diesen Fällen aber nicht zu einer Übergabe der (dauerhaft mangelbehafteten) Werkleistung mit dem Erfolg der reinen Vergütungsminderung. Vielmehr wird hier der Auftragnehmer von seiner diesbezüglichen (Teil)Leistungspflicht frei. Dadurch entfällt gleichzeitig insoweit sein Vergütungsanspruch (§ 326 Abs. 1 BGB – was einer (Teil)Vergütungsminderung entspricht). Daneben treten dann allerdings Schadensersatzansprüche des Auftraggebers statt der Leistung (§§ 275 Abs. 4, 283, 280 Abs. 1 BGB).

5.5 Leistungspflichten und Verantwortung des Auftragnehmers

▶ **Beispiel**

Der Auftragnehmer baut ein Doppelhaus. Die eine Hälfte ist bereits fertiggestellt und abgenommen. Bei der zweiten Hälfte stellt sich vor Abnahme heraus, dass eine tragende Wand falsch gesetzt wurde. Diese könnte im Nachhinein nur versetzt werden, wenn der Inhaber der anderen Haushälfte zustimmt, was dieser ablehnt. Hier wird der Auftragnehmer von dieser Teilleistungspflicht frei; er verliert aber auch seinen diesbezüglichen Teilvergütungsanspruch. Außerdem ist er Schadensersatzansprüchen des Bauherrn statt der Leistung ausgesetzt, weil die (Teil-)Unmöglichkeit der Leistungsausführung von ihm verschuldet wurde.

Dasselbe gilt im Fall des § 275 Abs. 2 BGB, wenn der während der Bauausführung auftretende Mangel Beseitigungskosten verursachen würden, die nach Treu und Glauben in einem **groben Missverhältnis** zum Leistungsinteresse des Auftraggebers stehen und somit einer Unmöglichkeit gleichzusetzen sind. 987

5.5.3.1.3 Schadensersatzanspruch

Neben die Mangelbeseitigungspflicht tritt bei einem VOB-Vertrag bei **Baumängeln vor der Abnahme** zusätzlich ein Recht auf Schadensersatz (§ 4 Abs. 7 S. 2 VOB/B). Voraussetzung ist, dass der Baumangel bzw. die Vertragswidrigkeit der Leistung auf ein **Verschulden des Auftragnehmers** zurückgeht. Sodann muss ein Schaden eingetreten sein, der auf dem Werkmangel bzw. der Vertragswidrigkeit beruht. In der Rechtsfolge steht dem Auftraggeber ein voller Schadensersatz zu. Er umfasst primär alle Mangelfolgeschäden einschließlich einem entgangenen Gewinn. 988

▶ **Beispiel**

Ist bei einem völlig unbrauchbaren Bauwerk (z. B. wesentlich zu geringe Betonfestigkeit bei einer Stahlbetonbrücke) der Schaden nur dadurch auszugleichen, dass das Bauwerk abgerissen und neu gebaut wird, so hat der Auftraggeber für die wertlose Leistung keine Vergütung zu zahlen und kann obendrein noch den ihm entstandenen Schaden ersetzt verlangen.

Nicht abgedeckt wird über § 4 Abs. 7 S. 2 VOB/B allerdings der **Mangelschaden** selbst, d. h. also etwaige Mangelbeseitigungskosten. Diese kann der Auftraggeber wie schon zuvor erläutert (Rdn. 981) erst nach einer Kündigung unter Einhaltung der Voraussetzungen der §§ 4 Abs. 7 S. 3, 8 Abs. 3 Nr. 2 S. 1 VOB/B verlangen (herrschende Meinung, vgl. zuletzt BGH, Urt. v. 12.01.2012 – VII ZR 76/11 m. w. N., BauR 2012, 643, 644 = NJW 2012, 1137, 1138 = NZBau 2012, 157). Etwas anderes gilt nur dann, wenn der Auftragnehmer ohnehin die Mangelbeseitigung ernsthaft und endgültig verweigert, sodass es deswegen auf eine Kündigung nicht ankommt (s. dazu Rdn. 1020 ff.).

Der Schadensersatzanspruch nach § 4 Abs. 7 S. 2 VOB/B bedarf zu seinem Entstehen oder Fortbestehen weder der mit der Fristsetzung verbundenen Aufforderung zur Wiederherstellung des ursprünglichen Zustandes noch eines Vorbehalts bei der Abnahme oder gar der Auftragsentziehung gemäß §§ 4 Abs. 7 S. 3, 8 Abs. 3 VOB/B (BGH, Urt. v. 20.04.1978 – VII ZR 166/76, BauR 1978, 306 f.). Des Weiteren bezieht sich der Schadensersatzanspruch nach § 4 Abs. 7 S. 2 VOB/B grundsätzlich **nur auf vor der Abnahme entstandene Schäden**. Für nach diesem Zeitpunkt entstandene Schäden kommt allein § 13 Abs. 7 VOB/B zur Anwendung. Eine Besonderheit besteht immerhin, wenn der nach § 4 Abs. 7 S. 2 VOB/B zu ersetzendem Schaden bei der Abnahme noch nicht ersetzt worden ist. In diesem Fall **wandelt** sich dieser Schaden **in einen solchen nach § 13 Abs. 7 Nr. 3 VOB/B** um (BGH, Urt. v. 19.12.2002 – VII ZR 103/00, BGHZ 153, 244, 249 = BauR 2003, 689, 691 = NJW 2003, 1450, 1451). Bedeutung hat dies vor allem für gestellte **Sicherheiten**. Denn mit der Abnahme sind zunächst sich aus § 4 Abs. 7 S. 2 VOB/B ergebende Schadensersatzansprüche nicht mehr über Vertragserfüllungssicherheiten gedeckt, sondern (soweit sie vereinbart sind) über Mängelsicherheiten (s. dazu Ingenstau/Korbion/Joussen, VOB/B § 17 Abs. 1 Rn. 23). 989

Ausgehend von diesen allgemeinen Regelungen kann zum genauen Umfang des Schadensersatzanspruchs nach § 4 Abs. 7 S. 2 VOB/B mit der Maßgabe, dass hierunter wie erläutert (Rdn. 988) 990 grundsätzlich nur Mangelfolgeschäden fallen (s. allerdings sogleich auch Rdn. 993 ff.), erläutert werden.

- **Vorrangig: Ersatz des Begleitschadens**

991 Bei dem in § 4 Abs. 7 S. 2 VOB/B geregelten Schadensersatzanspruch handelt es sich um einen Fall der **positiven Vertragsverletzung**, der grundsätzlich weiter gehende Ansprüche aus demselben Rechtsgrund ausschließt (BGH, Urt. v. 13.01.1972 – VII ZR 46/70, BauR 1972, 172; BGH, Urt. v. 20.04.1978 – VII ZR 166/76, BauR 1978, 306 f.; Dähne, BauR 1973, 268, 271 sowie BGH, Urt. v. 06.05.1968 – VII ZR 33/66, BGHZ 50, 160, 168 f. = NJW 1968, 1524, 1527). Dabei ist es das eigentliche Ziel des § 4 Abs. 7 S. 2 VOB/B, dem Auftraggeber im Fall der nach Satz 1 durchgeführten Mängelbeseitigung einen Ersatzanspruch wegen des trotz der Mängelbeseitigung verbliebenen **Begleitschadens** zu gewähren (BGH, Urt. v. 06.05.1968 – VII ZR 33/66, BGHZ 50, 160, 165 = NJW 1968, 1524, 1525).

> **Beispiel**
>
> Der Unternehmer war mit der Umstellung einer bestehenden Heizungsanlage von Koks- auf Ölfeuerung beauftragt. Durch eine vom Unternehmer zu vertretende Verpuffung kam es zu einem Schaden am Heizungskessel, der vom Unternehmer nicht eingebaut worden ist, sondern bereits vorhanden war. Den Schaden am Heizungskessel kann der Auftraggeber vom Unternehmer gemäß § 4 Abs. 7 S. 2 VOB/B ersetzt verlangen (vgl. BGH, Urt. v. 20.04.1978 – VII ZR 166/76, BauR 1978, 306 f.), ohne dass es zuvor einer Nachbesserungsaufforderung und Fristsetzung bedurfte, weil es sich nicht um Mängel an der Werkleistung handelt.

Nichts anderes gilt für sonstige im unmittelbaren Zusammenhang mit dem Mangel entstehende Begleitschäden, wie etwa Gutachterkosten zur Schadensfeststellung, Rechtsanwaltskostenkosten oder auch Prozesskosten des Auftraggebers. Gerade letztere können entstehen, wenn der eigentlich den Baumangel verursachende Auftragnehmer diesen zunächst bestritten hat, sodass der Auftraggeber berechtigtermaßen einen anderen Unternehmer als verantwortlich ansehen durfte und daher diesen (vergeblich) in Anspruch genommen hatte (vgl. zu Letzterem OLG Köln, Urt. v. 18.03.2011 – 19 U 5/10, IBR 2012, 328). Wegen der weiteren Einzelheiten dazu kann auf die Ausführungen zu dem damit korrespondierenden Schadensersatzanspruch im Gewährleistungsrecht verwiesen werden, die hier in gleicher Weise gelten (s. Rdn. 1458).

992 Ausgehend davon ist der Umfang des zu leistenden Schadensersatzes nach dem Wortlaut des § 4 Abs. 7 S. 2 VOB/B nicht eingeschränkt; dennoch kann der Auftraggeber im Allgemeinen **nicht Schadensersatz wegen Nichterfüllung des ganzen Vertrages** verlangen. Dies zeigt schon ein Vergleich mit der weiter gehenden Regelung in § 4 Abs. 7 S. 3 VOB/B in Verbindung mit § 8 Abs. 3 VOB/B. Nach den dann geltenden Vorschriften besteht ein umfassender Schadensersatzanspruch wegen Nichterfüllung nur dann, wenn der Vertrag zuvor gekündigt wurde und darüber hinaus der Auftraggeber an der Leistung kein Interesse mehr hat (vgl. § 8 Abs. 3 Nr. 2 S. 2 VOB/B).

- **Weitergehender Schaden**

993 Wenn § 4 Abs. 7 S. 2 VOB/B auch in erster Linie den Schaden des Auftraggebers abdecken will, der bei fortbestehendem Vertrag trotz der nach § 4 Abs. 7 S. 1 VOB/B durchgeführten Mängelbeseitigung verbleibt, so ist er doch auf solche Begleitschäden nicht beschränkt. Folgende weitere Fälle sind zu nennen:

994 – Der Auftrag wurde bereits gekündigt. Hier erfasst der Schadensersatzanspruch nach § 4 Abs. 7 S. 2 VOB/B auch die Kosten für die **Beseitigung der Mängel an den bis zur Kündigung ausgeführten Leistungen** des Unternehmers. Dies ergibt sich bereits aus § 8 Abs. 3 Nr. 2 VOB/B (BGH, Urt. v. 06.05.1968 – VII ZR 33/66, BGHZ 50, 160, 165 = NJW 1968, 1524, 1525; BGH, Urt. v. 11.07.1974 – VII ZR 76/72, BauR 1974, 412 = NJW 1974, 1707). Ebenso fallen hierunter Kosten für die Begutachtung von Mängeln an der gekündigten Leistung (OLG Düsseldorf, Urt. v. 28.5.2009 – 5 U 92/07, BauR 2010, 232, 233, zuvor schon BGH, Urt. v. 3.3.1998 – X ZR 4/95, NJW-RR 1998, 1027).

995 – Der Auftraggeber kann vom Unternehmer auch dann Schadensersatz nach § 4 Abs. 7 S. 2 VOB/B in Höhe der erforderlichen bzw. aufgewandten Mängelbeseitigungskosten verlan-

5.5 Leistungspflichten und Verantwortung des Auftragnehmers

gen, wenn dieser die Mängelbeseitigung, zu der er nach § 4 Abs. 7 S. 1 VOB/B verpflichtet ist, **ernsthaft und endgültig verweigert, ohne** dass der Auftraggeber ihm deshalb nach Fristsetzung und Kündigungsandrohung **den Auftrag entzogen** hat (Kaiser, Mängelhaftungsrecht Rn. 28; s. zu diesem Ausnahmefall auch zuletzt BGH, Urt. v. 12.01.2012 – VII ZR 76/11, BauR 2012, 643, 644 = NJW 2012, 1137, 1138 = NZBau 2012, 157). Dieser Fall wird vor allem dann erheblich, wenn der Auftraggeber aus bestimmten Gründen dem Unternehmer trotz der teilweise mangelhaften Bauleistung den Auftrag nicht entziehen will. Dies ist denkbar, wenn kein anderer Spezialunternehmer sofort zur Verfügung steht oder weil er eine weitere Bauverzögerung vermeiden will. In einem solchen Fall kann der Auftraggeber wegen der mangelhaften Bauleistung die Abnahme verweigern und vom Auftragnehmer Schadensersatz gemäß § 4 Abs. 7 S. 2 VOB/B in Höhe der erforderlichen Mängelbeseitigungskosten verlangen. Mit diesem Schadensersatzanspruch wiederum kann er den Vergütungsanspruch durch Aufrechnung ganz oder teilweise zu Fall bringen (vgl. BGH, Urt. v. 23.11.1978 – VII ZR 29/78, BauR 1979, 152 f. = NJW 1979, 549, 550; BGH, Urt. v. 23.06.2005 – VII ZR 197/03, BGHZ 163, 274, 278 f. = BauR 2005, 1477, 1478 f. = NJW 2005, 2771, 2772; Kaiser, Mängelhaftungsrecht Rn. 28; Ingenstau/Korbion/Oppler, VOB/B § 4 Abs. 7 Rn. 30).

- **Verzögerungsschaden**
Der Schadensersatzanspruch nach § 4 Abs. 7 S. 2 VOB/B, dessen Umfang sich nach §§ 249 ff. BGB richtet, erfasst alle Schäden, die adäquat durch den Mangel oder die Vertragswidrigkeit verursacht worden sind. Soweit durch die mangelhafte Leistung des Unternehmers und durch die nachfolgende Beseitigung dieser Mängel Bauverzögerungen eintreten und dadurch ein vereinbarter Fertigstellungstermin nicht eingehalten wird, sind auch die daraus für den Auftraggeber entstehenden Schäden einschließlich des entgangenen Gewinns – z. B. Mietausfall – nach § 4 Abs. 7 S. 2 VOB/B zu ersetzen. Dem steht die an sich für die Folgen von Bauverzögerungen vorgesehene Regelung der §§ 5 Abs. 4, 6 Abs. 6 VOB/B nicht entgegen. Dies ist deshalb zu beachten, weil § 6 Abs. 6 S. 1 VOB/B als spezielle Schadensersatzregelung bei Bauverzögerungen Schadensersatzansprüche wegen entgangenen Gewinns nur bei Vorsatz oder grober Fahrlässigkeit gewährt (s. dazu Rdn. 1834 ff.). Hier allerdings geht § 4 Abs. 7 S. 2 VOB/B insoweit als **speziellere Regelung** vor, wenn es um **Bauverzögerungen infolge von Mängeln** geht, die schon während der Bauzeit aufgetreten und dann beseitigt worden sind (vgl. Nicklisch/Weick, VOB/B § 4 Rn. 104). Der Schaden ist in diesen Fällen nicht durch bloße Verzögerungen im Sinne des § 5 Abs. 4 VOB/B oder durch Behinderung der Bauausführung gemäß § 6 Abs. 6 S. 1 VOB/B, sondern durch schuldhaft mangelhafte oder vertragswidrige Bauleistungen und deren Nachbesserung ausgelöst worden und demgemäß nach § 4 Abs. 7 S. 2 VOB/B zu ersetzen (BGH, Urt. v. 12.06.1975 – VII ZR 55/73, BauR 1975, 344, 346 = NJW 1975, 1701, 1703; Kaiser, Mängelhaftungsrecht Rn. 28). Infolgedessen findet die in § 6 Abs. 6 VOB/B festgelegte Beschränkung der Ersatzpflicht, durch die der mittelbare Schaden wie etwa der entgangene Gewinn von der Ersatzpflicht ausgeschlossen ist, bei § 4 Abs. 7 S. 2 VOB/B keine Anwendung (BGH, Urt. v. 11.12.1975 – VII ZR 37/74, BGHZ 65, 372, 376 f. = BauR 1976, 126, 127 f.; BGH, Urt. v. 08.06.1978 – VII ZR 161/77, BGHZ 72, 31, 33 = BauR 1978, 402, 403 = NJW 1978, 1626). Der Auftraggeber kann daher **auch den entgangenen Gewinn sowie Ersatz von Mietausfall im Rahmen dieses Schadensersatzanspruchs** verlangen, muss sich allerdings auch dadurch entstandene Vorteile wie ersparten Zinsaufwand für die Finanzierung anrechnen lassen (BGH, Urt. v. 15.04.1983 – V ZR 152/82, BauR 1983, 465, 464 f. = NJW 1983, 2137 f.; Kapellmann/Messerschmidt/Merkens, VOB/B, § 4 Rn. 172).

> **Beispiel (nach BGH, Urt. v. 06.04.2000 – VII ZR 199/97, BauR 2000, 1189 = NJW-RR 2000, 1260)**
>
> Der Auftragnehmer arbeitet mangelhaft, weswegen das Mietshaus nicht rechtzeitig fertig wird. Der Auftraggeber macht einen Mietausfall als Schadensersatz geltend. Diese Kosten kann er nach § 4 Abs. 7 S. 2 VOB/B ersetzt verlangen. Dies gilt trotz der Tatsache, dass auch ein Bauverzögerungsschaden vorliegt, bei dem es einen entgangenen Gewinn nur bei Vorsatz und grober Fahrlässigkeit gibt (vgl. § 6 Abs. 6 S. 1 VOB/B).

- **Entgangene Gebrauchsvorteile**

997 Zu den nach § 4 Abs. 7 S. 2 VOB/B auszugleichenden Schäden können auch abstrakt entgangene Gebrauchsvorteile ohne Nachweis eines konkreten Schadens zählen. In der Sache geht es dabei besonders um eine entgangene Nutzungsmöglichkeit von **Wirtschaftsgütern**, die für die **eigene Lebenshaltung von zentraler Bedeutung** sind. Dies wird man jedenfalls bei der entgangenen **Nutzung von eigenem Wohnraum** bejahen müssen, da damit nach heute allgemeiner Verkehrsanschauung durchaus ein selbstständiger Vermögenswert verbunden ist (vgl. dazu im Einzelnen: BGH, Beschl. v. 09.07.1986 – GSZ 1/86, BGHZ 98, 212 ff. = BauR 1987, 312 ff. = NJW 1987, 50 ff.; BGH, Urt. v. 31.10.1986 – V ZR 140/85, BauR 1987, 318, 320 f. = NJW 1987, 771, 772; Kapellmann/Messerschmidt/Merkens, VOB/B, § 4 Rn. 172; Ingenstau/Korbion/Oppler, VOB/B, § 4 Abs. 7 Rn. 36 ff.). Gerade dadurch sind somit die Möglichkeiten für einen Schadensersatzanspruch des Auftraggebers bei mangelhafter, insbesondere aber auch verspäteter Fertigstellung eines Bauwerks (vgl. dazu Vygen/Joussen/Schubert/Lang, Bauverzögerung und Leistungsänderung Rn. 207 f.) deutlich erweitert worden.

998 Im Streitfall über den Schadensersatzanspruch des Auftraggebers nach § 4 Abs. 7 S. 2 VOB/B obliegt dem **Auftragnehmer die Beweislast für die Mangelfreiheit und Vertragsmäßigkeit** seiner Leistung. Der Auftraggeber hat dagegen zu beweisen, dass ihm ein Schaden entstanden und dieser ursächlich auf den Mangel oder die vertragswidrige Leistung zurückzuführen ist. Sache des Unternehmers ist es anschließend darzulegen und zu beweisen, dass er den Mangel nicht zu vertreten hat, ihn also kein Verschulden trifft, soweit die Schadensursache aus seinem Verantwortungsbereich hervorgegangen ist (BGH, Urt. v. 25.10.1973 – VII ZR 181/72, BauR 1974, 63, 64 f.; BGH, Urt. v. 16.05.1974 – VII ZR 35/72, Schäfer/Finnern Z 2.414.3 Bl. 11).

5.5.3.1.4 Kündigungsrecht

999 Ein Auftraggeber kann den Bauvertrag bei vorhandenen Mängeln nach § 4 Abs. 7 S. 3 VOB/B schließlich kündigen, wenn ein Baumangel besteht, zu dessen Beseitigung der Auftragnehmer verpflichtet ist. Zuvor muss der Auftraggeber dem Auftragnehmer jedoch zu der Beseitigung des Mangels fruchtlos eine angemessene Frist gesetzt haben, verbunden mit der Androhung, dass er nach Fristablauf den Bauvertrag kündige (§ 8 Abs. 3 VOB/B).

▶ **Voraussetzungen der Kündigung nach § 4 Abs. 7 S. 3 VOB/B**
- Offener Mangel/Restleistung
- Keine ordnungsgemäße Mangelbeseitigung
- Mangelbeseitigungsaufforderung des Auftraggebers mit angemessener Fristsetzung
- Kündigungsandrohung
- Schriftliche Kündigung

- **Voraussetzung: Offener Mangel**

1000 Voraussetzung für das Kündigungsrecht ist zunächst ein bestehender Mangel (s. zur Darlegungs- und Beweislast bei streitigen Mängeln unten Rdn. 1015). Auch geringfügige Mängel können vorbehaltlich eines Rechtsmissbrauchs ein solches Kündigungsrecht auslösen. Denn insoweit bezweckt das in der VOB vorgesehene Kündigungsrecht vor allem, eine Schlechtausführung der Bauleistung so früh wie möglich zu verhindern und dadurch den Aufwand einer notwendigen Mängelbeseitigung gering zu halten (OLG Düsseldorf, Urt. v. 23.06.1995 – 22 U 205/94, BauR 1996, 757 [Ls.] = NJW-RR 1996, 1422, 1423). Auf ein etwaiges **Verschulden** des Auftragnehmers an dem Mangel kommt es **nicht** an. Denn hier geht es allein um eine Sicherung des gleichfalls verschuldensunabhängigen bestehenden Erfüllungsanspruchs des Auftraggebers (i. E. ebenso Heiermann/Riedl/Rusam, VOB/B § 4 Rn. 105; Beckscher VOB/B-Komm./Kohler, § 4 Nr. 7 Rn. 197 ff.). Etwas anderes gilt für sich im Anschluss daran ggf. ergebende Schadensersatzansprüche nach § 4 Abs. 7 S. 3 VOB/B i. V. m. § 8 Abs. 3 Nr. 2 VOB/B: Hier gibt es keinen Anlass für die Annahme, dass auch diese ohne ein Verschulden bestehen, was dem deutschen Schuldrecht fremd wäre. Dies wäre dann aber eigenständig zu prüfen.

5.5 Leistungspflichten und Verantwortung des Auftragnehmers

- **Mangelbeseitigungsaufforderung mit angemessener Fristsetzung**
Um sein Kündigungsrecht nach § 4 Abs. 7 S. 3 VOB/B ausüben zu können, muss der Auftraggeber den Auftragnehmer zunächst **auffordern, den Mangel zu beseitigen**. Dazu ist erforderlich, dass er in klarer und bestimmter Weise den Mangel oder die Vertragswidrigkeit bezeichnet. Denn sonst kann der Auftragnehmer nicht erkennen, warum der Auftraggeber während der Ausführung die Leistung nicht als vertragsgemäß anerkennt verbunden sogar mit dem Ziel, bei Nichtabhilfe den Vertrag ggf. kündigen zu wollen. Diese Voraussetzung für eine Mangelbeseitigungsaufforderung darf jedoch nicht mit denen an eine Mangelbeseitigungsaufforderung im Rahmen der Mängelrechte verwechselt werden. Bei Letzterer nämlich muss der Auftraggeber die behaupteten Mängel konkret und individualisiert von ihrem Erscheinungsbild her beschreiben (s. dazu näher Rdn. 1316 ff.). Eine solche Konkretisierung mag nach der Abnahme einer Bauleistung möglich sein; während der Ausführungsphase ist dies jedoch vielfach ausgeschlossen, zumal das von einem durchschnittlichen Auftraggeber oft gar nicht beurteilt werden kann. Daher reicht es vor der Abnahme aus, dass der Auftragnehmer z. B. die Fehlfunktion einer Leistung insgesamt beanstandet und die Mangelbeseitigung/Fertigstellung verlangt (BGH, Urt. v. 25.03.2010 – VII ZR 224/08, BauR 2010, 909, 910 = NJW 2010, 2200, 2201 = NZBau 2010, 497, 498).

1001

> **Beispiel**
>
> Der Auftragnehmer soll eine Klimaanlage einbauen. Bei dem Probebetrieb vor Abnahme kommt es immer wieder zu Fehlfunktionen. Hier muss der Auftraggeber bei seiner Mangelbeseitigungsaufforderung nicht angeben, welche Mängel genau auftreten; stattdessen genügt die Aufforderung, die Anlage »mangelfrei« und »funktionstüchtig« in Betrieb zu nehmen.

Keinesfalls muss der Auftraggeber dem Auftragnehmer im Einzelnen mitteilen, welche Maßnahmen von ihm erwartet werden. Denn der Auftragnehmer kann im Rahmen von § 4 Abs. 7 S. 2 VOB/B **die Art der Mängelbeseitigung selbst bestimmen**.

Der Auftraggeber muss dem Auftragnehmer sodann eine angemessene Frist zur Beseitigung des Mangels setzen und ihm die Auftragsentziehung androhen. Die **Fristsetzung ist unabdingbar**, um zu einem Leistungsverzug des Auftragnehmers zukommen. Ohne Verzug hat der Auftraggeber kein Recht, dem Auftragnehmer den Auftrag zu entziehen. Hängt die Durchführbarkeit der Mangelbeseitigungsaufforderung zugleich von einer Mitwirkungshandlung oder notwendigen Eigenleistung des Auftraggebers ab, muss er gleichzeitig auch diese erbringen oder zumindest anbieten; andernfalls läuft schon allein aus diesem Grund eine entsprechende Fristsetzung ins Leere (BGH, Urt. 08.11.2007 – VII ZR 183/05, BGHZ 174, 110, 125 = BauR 2008, 344, 350 = NJW 2008, 511, 513 = NZBau 2008, 109, 113).

1002

> **Beispiel (ähnlich OLG Celle, Urt. v. 18.06.2008 – 14 U 147/07, BauR 2008, 2046, 2047)**
>
> Der Auftragnehmer soll eine Entlüftungsanlage einbauen. Diese ist mit Mängeln versehen. Zugleich sind aber die vom Auftraggeber selbst verlegten Zuluftrohre unterdimensioniert. Hier kommt nur eine wirksame Fristsetzung für den funktionsgerechten Einbau der Lüftungsanlage in Betracht, wenn der Auftraggeber gleichzeitig zumindest anbietet, dass er auch die entsprechenden dafür notwendigen Zuluftrohre verlegt.

Die **Angemessenheit der Frist** hängt grundsätzlich davon ab, dass der Auftragnehmer auch unter großen Anstrengungen zeitlich in der Lage ist, den gerügten Mangel zu beseitigen. Pauschale Fristsetzungen von einem Monat, 14 Tagen o. a. führen genauso wenig weiter wie die subjektive Sichtweise des Auftraggebers.

1003

▶ **Beispiel**

Bei einer größeren Wohnungseigentumsanlage stellt die Verwaltung eine Liste von über 600 Mängeln fest, die zum Teil aufwendige Sanierungsarbeiten erfordern. Hier kann ggf. eine Frist von mehreren Monaten geboten sein, wobei auch die vorherrschenden Witterungsbedingungen zu berücksichtigen sind. Geht es lediglich um einfache Ausbesserungsarbeiten am Dach, mag eine Frist von einer Woche bis zehn Tagen genügen.

Dabei kann allerdings zugunsten des Auftragnehmers während der Bauausführung auch zu berücksichtigen sein, dass sich der **Auftraggeber** ggf. zuvor wegen einer ausgebliebenen Mitwirkungshandlung in **Annahmeverzug** befunden hat. In einem solchen Fall kann die Frist nicht allein von der für die Mangelbeseitigung erforderlichen Zeit abhängen, sondern bei Bedarf geräumiger zu bemessen sein. Denn dem Auftragnehmer ist nicht zuzumuten, sich dauernd zur Erbringung einer noch offenen Restleistung/Mangelbeseitigung bereitzuhalten (RG, Urt. v. 02.01.1924 – V 378/23, Recht 1924, 212, Nr. 624; BGH, Urt. v. 03.04.2007 – X ZR 104/04, BauR 2007, 1410, 1411 = NJW 2007, 2761, 2762 = NZBau 2007, 506, 507). Wird dem Auftragnehmer eine unangemessen kurze Frist zur Mängelbeseitigung gesetzt, so hindert dies keineswegs den Fristbeginn. Der Auftragnehmer kann dann lediglich eine Verlängerung im Rahmen der Angemessenheit begehren. Eine **zu kurz bemessene Frist** ist also **nicht wirkungslos**; vielmehr wird nach Treu und Glauben eine den Verhältnissen entsprechende angemessene Frist in Lauf gesetzt (vgl. RGZ 106, 90; Ingenstau/Korbion/Oppler, VOB/B § 4 Abs. 7 Rn. 46). Etwas anderes gilt allerdings dann, wenn die **Frist offenbar nur zum Schein** gesetzt worden ist, sodass dem Schuldner überhaupt keine realistische Chance verblieb, den Mangel in der vorgesehenen Frist zu beseitigen. In diesen eng umgrenzten Ausnahmefällen läuft nicht einmal eine angemessene Frist, sodass dann aber auch eine wesentliche Tatbestandvoraussetzung für eine Vertragskündigung fehlt (OLG Hamm, Urt. v. 31.05.2007 – 24 U 150/04, BauR 2007, 1737, 1738 = NZBau 2007, 709 f.).

1004 Entgegen einer früher verbreiteten Ansicht ist es nicht erforderlich, dass im Rahmen der nach § 4 Abs. 7 S. 3 BGB erforderlichen Fristsetzung ein **Endtermin** oder wenigstens eine Zeitspanne (»binnen drei Wochen«) genannt wird.

▶ **Beispiel (nach BGH, Urt. v. 12.08.2009 – VIII ZR 254/08, NJW 2009, 3153)**

Nach einem aufgetretenen Mangel fordert der Auftraggeber den Auftragnehmer auf, den Mangel »unverzüglich« oder »umgehend« zu beseitigen.

Dies genügt. Denn auch hiermit führt der Auftragnehmer dem Auftragnehmer vor Augen, dass er die Mangelbeseitigung nicht zu einem beliebigen Zeitpunkt bewirken kann, sondern dass ihm hierfür in bestimmbarer Form eine zeitliche Grenze gesetzt ist. Dieser Zweck wird durch die Aufforderung, innerhalb »angemessener Frist«, »unverzüglich« oder – wie hier – »umgehend« zu leisten, hinreichend erfüllt (vgl. auch § 121 BGB, wonach man unter »unverzüglich« eine Handlung »ohne schuldhaftes Zögern« versteht). Zwar mag offenbleiben, welcher genaue Zeitraum dem Auftragnehmer tatsächlich zur Verfügung steht. Diese Ungewissheit besteht aber in vielen Fällen auch bei Angabe einer bestimmten Frist, nämlich immer dann, wenn die vom Gläubiger gesetzte Frist zu kurz ist. Eine solche Fristsetzung ist wie schon dargelegt (Rdn. 1003) ebenfalls nicht unwirksam, sondern setzt eine angemessene Frist in Gang – sodass sich aus Sicht des Auftragnehmers bei einer Aufforderung zu einer unverzüglichen Mangelbeseitigung keine Schlechterstellung ergibt (BGH, Urt. v. 12.08.2009 – VIII ZR 254/08, NJW 2009, 3153, 3154 zu § 281 Abs. 1 BGB; zuvor wohl auch schon BGH, Urt. v. 13.12.2001 – VII ZR 432/00, BGHZ 149, 283, 285 = BauR 2002, 782, 783 = NJW 2002, 1274, 1275 = NZBau 2002, 265 zu einer vergleichbaren Fristsetzung nach § 5 Abs. 4 VOB/B; dagegen unter Verkennung dieser Rechtsprechung wenig verständlich KG, Urt. v. 26.03.2010 – 7 U 123/09, IBR 2010, 562, wonach eine Aufforderung zu einer »schnellstmöglichen Reparatur« nicht ausreichen soll.).

1005 Entscheidend ist jedoch bei jeder Fristsetzung, dass vom Auftragnehmer binnen dieser Frist auch die Mangelbeseitigung verlangt wird, nicht irgendeine sonstige Erklärung, wie etwa mit einer Bestätigung, dass der Auftragnehmer eine Mangelhaftung anerkennt. Auf solche Erklärungen hat der Auftraggeber dem Grundsatz nach keinen Anspruch; sie reichen nach dem eindeutigen Wortlaut des § 4 Abs. 7 S. 3 VOB/B auch als Vorbereitung einer Kündigung nicht aus (ebenso anschaulich: OLG Düsseldorf, Urt. v. 07.12.2010 – 21 U 156/09, BauR 2012, 1244, 1248). Hiervon gibt es nur eine eng begrenzte Ausnahme, wenn nämlich eine angemessene Frist teilweise nur schwer abzuschätzen ist. Dies ist misslich, weil das außerordentliche Kündigungsrecht erst mit Fristablauf entsteht. Lediglich in diesen Ausnahmefällen genügt daher ggf. auch eine **gestaffelte Fristsetzung**, wenn der Auftraggeber eine Frist zum Ausführungsbeginn, zur Fertigstellung und zusätzlich eine Vorabfrist gesetzt hat, innerhalb der der Auftragnehmer seine Bereitschaft zur Mangelbeseitigung erklären soll. Hier kann ausnahmsweise die **außerordentliche Kündigung schon nach fruchtlosem Ablauf der Erklärungsfrist** zur termingerechten Mangelbeseitigung gerechtfertigt sein, wenn das vorangegangene Verhalten des Auftragnehmers ernsthafte Zweifel an seiner Leistungsbereitschaft hat aufkommen lassen (BGH, Urt. v. 26.06.1969 – VII ZR 91/67, Schäfer/Finnern Z 2.414 Bl. 224 und in einem ähnlich gelagerten Fall: BGH, Urt. v. 21.10.1982 – VII ZR 51/82, BauR 1983, 73, 75 f. = NJW 1983, 989, 990; ebenso OLG Stuttgart, Urt. v. 23.11.2006 – 13 U 53/06, BauR 2007, 1417, 1418; ähnlich OLG Hamburg, Urt. v. 29.10.2009 – 6 U 253/08, Nichtzul.-Beschw. zurückgewiesen, BGH, Beschl. v. 08.09.2011 – VII ZR 180/09 IBR 2011, 691 = BauR 2012, 300 [Ls.]). Dasselbe kann gelten, wenn die rechtzeitige Erfüllung des Bauvertrages durch Hindernisse ernsthaft in Frage gestellt ist, die im Verantwortungsbereich des Auftragnehmers liegen (BGH, Urt. v. 21.10.1982 – VII ZR 51/82, BauR 1983, 73, 75 f. = NJW 1983, 989, 990; ebenso OLG Stuttgart, Urt. v. 23.11.2006, a. a. O.).

> **Beispiel**
>
> Der Bauherr stellt noch während der Bauzeit bei Proben fest, dass die Stahlbetondecke nicht die erforderliche Druckfestigkeit aufweist. Setzt daraufhin der Auftraggeber dem Unternehmer eine Frist zur Erklärung, ob er bereit und in der Lage ist, die Decke abzubrechen und zu erneuern, und lässt der Unternehmer trotz gleichzeitiger Kündigungsandrohung diese Frist fruchtlos verstreichen, so ist der Bauherr berechtigt, dem Unternehmer den Auftrag ganz oder auch teilweise zu entziehen und diese Arbeiten einem anderen Unternehmer in Auftrag zu geben und von dem ersten Unternehmer Ersatz der dafür erforderlichen Mehrkosten zu verlangen (§§ 4 Abs. 7, 8 Abs. 3 Nr. 2 VOB/B).

Zu beachten ist, dass die Frist vom Auftraggeber gesetzt werden muss. Tritt für ihn wie nicht selten ein **Architekt** auf, kann die Fristsetzung vom Auftragnehmer zurückgewiesen werden, wenn dieser **keine Originalvollmacht** des Architekten beigefügt war (vgl. § 174 BGB). Hierauf ist ein besonderes Augenmerk zu richten. Denn weist der Auftragnehmer in einem solchen Fall die Fristsetzung nach Eingang unverzüglich zurück, ist sie unwirksam, sodass dann auch kein Kündigungsrecht entsteht. **1006**

- **Ausnahme: Fristsetzung entbehrlich**
Nach allgemein anerkannten Grundsätzen ist eine Fristsetzung mit der Androhung des Auftragsentzugs ausnahmsweise entbehrlich, wenn entweder die Beseitigung des aufgetretenen Mangels unmöglich oder vom Auftragnehmer schon ernsthaft und endgültig verweigert worden ist. Eine solche **endgültige Verweigerung** kann ausdrücklich erklärt werden, aber auch konkludent (s. dazu im Einzelnen zu der vergleichbaren Ausnahmeregelung im Gewährleistungsrecht: Rdn. 1357 ff.). **1007**

> **Beispiel (nach BGH, Urt. v. 24.02.1983 – VII ZR 210/82, BauR 1983, 258, 259 = NJW 1983, 1731, 1732)**
>
> Der Auftragnehmer erklärt abschließend, er sei nicht für den Mangel verantwortlich, sondern ein anderer Unternehmer.

In diesem Fällen wäre eine Fristsetzung eine reine Förmelei – wobei hierzu ergänzend auch auf die zum Rücktritt in § 323 Abs. 2 BGB geregelten Ausnahmefälle zurückgegriffen werden (s. dazu Rdn. 2971), die hier in gleicher Weise gelten dürften (ebenso Hebel, BauR 2011, 330, 336). Dabei gewinnt ohnehin auch hier § 323 Abs. 4 BGB an Bedeutung, wonach der Auftraggeber (Gläubiger) bereits vor dem Eintritt der Fälligkeit der Leistung zurücktreten kann, wenn offensichtlich ist, dass die Voraussetzungen des Rücktritts eintreten werden (s. Rdn. 1631). Diese Grundsätze des BGB gelten gleichermaßen für den VOB-Bauvertrag zur Rechtfertigung einer Kündigung ohne vorherige Fristsetzung (so auch BGH, Urt. v. 04.05.2000 – VII ZR 53/99, BauR 2000, 1182, 1185 = NJW 2000, 2988, 2990; BGH, Urt. v. 23.05.1996 – VII ZR 140/95, BauR 1996, 704, 705 = NJW-RR 1996, 1108; ebenso mit Bezugnahme auf § 323 Abs. 4 BGB: BGH, Urt. v. 08.03.2012 – VII ZR 118/10, BauR 2012, 949, 951 = NJW 2012, 596, 598 = NZBau 2012, 357, 358 f.). Dabei hat allerdings der Auftraggeber diesen Ausnahmetatbestand in Bezug auf die Entbehrlichkeit der Fristsetzung zu beweisen (BGH, Urt. v. 25.03.1993 – X ZR 17/92, BauR 1993, 469, 471 = NJW 1993, 1972, 1973). Diese Beweisanforderung gewinnt umso mehr an Bedeutung, als die (konkludente) Leistungsverweigerung des Auftragnehmers schon zum **Zeitpunkt der eigentlich notwendigen Fristsetzung** vorgelegen haben muss. Nicht ausreichend ist es dagegen, wenn der Auftragnehmer während der Bauphase erklärt hat, er werde zum Fälligkeitszeitpunkt nicht leisten können. Das ist keine ernsthafte und endgültige Leistungsverweigerung. Denn hier bliebe gerade offen, ob er dann wenigstens in einer angemessenen Nachfrist leisten wird (BGH, Urt. v. 14.06.2012 – VII ZR 148/10, BauR 2012, 1386, 1389). Dasselbe gilt, wenn er erst später die Leistung verweigert oder einen Mangel nachhaltig bestreitet – es sei denn, dass mit diesem späteren Verhalten Rückschlüsse auf den Zeitpunkt der eigentlich notwendigen Fristsetzung möglich sind (BGH, Urt. v. 20.01.2009 – X ZR 45/07, BauR 2009, 976, 977 = NJW-RR 2009, 667 = NZBau 2009, 377, 378).

▶ **Beispiel (ähnlich BGH, Beschl. v. 20.01.2009 – X ZR 45/07, a. a.O)**

Der Auftragnehmer baut mangelhaft; der Auftraggeber lässt die Mängel ohne Mangelbeseitigungsaufforderung und Fristsetzung beseitigen. Er verlangt Ersatz der Mehrkosten. Erst in dem sich jetzt anschließenden Prozess bestreitet der Auftragnehmer die Mängel nachhaltig. Das genügt für die Entbehrlichkeit der Fristsetzung nicht, weil nicht sicher ist, ob der Auftragnehmer eine Mangelbeseitigung auch schon abgelehnt hat, bevor der Auftraggeber die Mängel beseitigte.

1008 Eine Fristsetzung ist ebenso entbehrlich, wenn **dem Auftraggeber ein Festhalten am Vertrag nicht mehr zuzumuten** ist, der Auftragnehmer durch seine mangelhafte Arbeit den Vertragszweck gefährdet und das Vertrauen in eine vertragsgerechte Arbeit schwer erschüttert hat. Dies gilt dann, wenn die **Mängel** der bisher erbrachten Teilleistungen so **schwerwiegend** sind, dass der Auftraggeber eine Nachbesserung seitens des Auftragnehmers aus den Grundsätzen von Treu und Glauben nicht mehr hinnehmen muss (vgl. BGH, Urt. v. 06.02.1975 – VII ZR 244/73, BauR 1975, 280, 281 = NJW 1975, 825, 826).

▶ **Beispiel**

Der Auftragnehmer wird mit umfassenden Elektroinstallationen beauftragt. An der Anlage sind zunächst einzelne Mängel ersichtlich, die der Auftraggeber rügt. Der Auftragnehmer reagiert nicht. Jetzt kündigt er den Auftragnehmer und beauftragt einen Ersatzunternehmer. Anschließend stellt sich heraus, dass die Elektroinstallationen völlig untauglich und nicht betriebsfähig sind. Hier war eine vorherige weiter gehende Mangelbeseitigungsaufforderung ausnahmsweise nicht erforderlich, weil es infolge des Zustandes der Anlage dem Auftraggeber nicht zuzumuten war, eine Einzelnachbesserung an einzelnen Mängeln vornehmen zu lassen.

Nichts anderes gilt, wenn ein Auftragnehmer bereits wegen Überschuldung seinen Geschäftsbetrieb eingestellt hat (KG, Urt. v. 21.05.2010 – 6 U 153/08, IBR 2011, 135). Dagegen genügt die bloße Insolvenzeröffnung noch nicht: Denn hier könnte ein Insolvenzverwalter noch die weitere Vertragserfüllung (Mangelbeseitigung) wählen – wobei das auch anders zu sehen sein kann, wenn der Insolvenzverwalter wegen fehlender Masse mit großer Wahrscheinlichkeit keine Erfüllung gewählt hätte (OLG Düsseldorf, Urt. v. 17.12.2009 – 5 U 57/09, BauR 2011, 121, 125).

5.5 Leistungspflichten und Verantwortung des Auftragnehmers

- **Kündigungsandrohung**
Der Auftraggeber muss dem Auftragnehmer die Kündigung androhen. Diese Androhung der Auftragsentziehung soll dem Unternehmer die schwerwiegenden Folgen einer unterbleibenden Mangelbeseitigung vor Augen führen. Auch sie ist demzufolge entbehrlich, wenn der Auftragnehmer bereits endgültig erklärt hat, ohnehin nicht mehr leisten zu wollen. Denn muss in diesen Fällen keine Frist gesetzt werden, macht eine Kündigungsandrohung, die ja gerade an den fruchtlosen Fristablauf geknüpft wird und deshalb mit ihr zu verbinden ist, keinen Sinn (OLG Düsseldorf, Urt. v. 07.12.2010 – 21 U 156/09, BauR 2012, 1244, 1249). Allerdings ist hier große Zurückhaltung geboten. Denn soll die **Kündigungsandrohung eine Warnfunktion** zulasten des Auftragnehmers aussenden, muss wirklich sichergestellt sein und im Zweifel vom Auftraggeber bewiesen werden, dass sich ein Auftragnehmer mit dieser Warnung tatsächlich nicht mehr hätte umstimmen lassen. Die Androhung selbst muss **klar und bestimmt** sein. Der Wortlaut der VOB/B muss nicht verwendet werden; allerdings reichen auch Floskeln nicht aus. So genügt es etwa nicht, wenn der Auftraggeber sich nach Fristablauf die »Kündigung vorbehält«.

- **Schriftliche Kündigung des Auftrags**
Ist die gesetzte Frist nach einer Kündigungsandrohung fruchtlos abgelaufen, kann der Auftraggeber kündigen. Die Kündigung ist **ausdrücklich zu erklären**. Demgegenüber tritt sie nicht von selbst mit dem Ablauf der Mängelbeseitigungsfrist ein; sie kann auch nicht schon – bedingt – mit der Fristsetzung und Androhung nach § 4 Abs. 7 S. 3 VOB/B verbunden werden (BGH, Urt. v. 04.06.1973 – VII ZR 113/71, BauR 1973, 319, 320 = NJW 1973, 1463). Es ist vielmehr notwendig, dass der Auftraggeber den Bauvertrag nach Ablauf der Frist kündigt, und zwar **schriftlich** (§ 8 Abs. 5 VOB/B). Eine solche Kündigung ist grundsätzlich auch dann notwendig, selbst wenn teilweise ausnahmsweise eine Fristsetzung mit Kündigungsandrohung entfallen kann. Denn die Kündigung ist eine rechtsgestaltende Erklärung, mit der das Erfüllungsstadium des Bauvertrages beendet wird.

Problematisch sind Fälle, in denen der Auftragnehmer mit seiner Mangelbeseitigung **bei Fristablauf noch nicht fertig** ist.

> **Beispiel**
>
> Der Auftraggeber setzt dem Auftragnehmer zur Beseitigung von Mängeln bei Putzarbeiten eine angemessene (notwendige) Frist von drei Wochen. Der Auftragnehmer fängt erst drei Tage verspätet an, arbeitet aber und hat bei Fristablauf bis auf wenige Nacharbeiten die Mängel nahezu vollständig beseitigt.

Nach § 4 Abs. 7 S. 3 VOB/B könnte der Auftraggeber hier gleichwohl kündigen. Denn bei Fristablauf ist die Mangelbeseitigung nicht abgeschlossen. Ggf. wird man insoweit aber mit dem Grundsatz von Treu und Glauben helfen können.

Wird die Kündigung ausgesprochen, wird damit das **Vertragsverhältnis** mit dem Auftragnehmer **beendet**, sodass dieser weder berechtigt noch verpflichtet ist, die weitere Ausführung der Leistung vorzunehmen. Erfüllungsansprüche des Auftraggebers bestehen nicht mehr. Dagegen bleibt der Schadensersatzanspruch gemäß § 4 Abs. 7 S. 2 VOB/B bestehen (BGH, Urt. v. 06.05.1968 – VII ZR 33/66, BGHZ 50, 160, 167 = NJW 1968, 1524, 1525). Außerdem kann der Auftraggeber auch weiterhin die Beseitigung der **Mängel an den bis zur Kündigung des Bauvertrages erbrachten Leistungen** verlangen (BGH, Urt. v. 11.07.1974 – VII ZR 76/72, BauR 1974, 412 = NJW 1974, 1707).

Von besonderer Bedeutung ist, dass der Auftraggeber nach fruchtlosem Fristablauf **keinesfalls zur Auftragsentziehung verpflichtet** ist; er kann vielmehr weiterhin am Vertrag festhalten und auf Mängelbeseitigung und Erfüllung bestehen (vgl. Kapellmann/Messerschmidt/Merkens, VOB/B, § 4 Rn. 183). Fordert nun in einem solchen Fall der Auftraggeber den Unternehmer statt zu kündigen erneut zur Mängelbeseitigung auf oder lässt er den Unternehmer trotz Ablaufs der mit Kündigungsandrohung versehenen Frist weiterarbeiten, so verliert er dadurch zunächst das Kündigungsrecht. Folglich muss er **erneut die Voraussetzungen des § 4 Abs. 7 S. 3 VOB/B erfüllen**, wenn er später doch noch kündigen will (OLG Köln, Urt. v. 21.09.1981 – 12 U 7/81, Schäfer/

Finnern/Hochstein Nr. 4 und OLG Köln, Urt. v. 14.11.2008 – 19 U 54/08, IBR 2010, 314 jeweils zu § 8 VOB/B, im Ergebnis ebenso: BGH, Urt. v. 28.10.2004 – VII ZR 18/03, BauR 2005, 425, 426 = NZBau 2005, 150, 151). Die gleichen Grundsätze gelten, wenn der Auftraggeber nach fruchtlosem Fristablauf noch unangemessen lange zuwartet (OLG Köln, Urt. v. 21.09.1981, a. a. O.).

1014 Die Kündigung des VOB-Bauvertrages muss – anders als beim BGB-Werkvertrag – zwar nach § 8 Abs. 5 VOB/B grundsätzlich schriftlich erfolgen, sodass eine nur mündliche Kündigung unwirksam ist (§ 125 S. 2 BGB). Stimmt aber der Unternehmer einer solchen **formlosen Kündigung** ausdrücklich oder stillschweigend (z. B. durch Räumung der Baustelle und Abrechnung der erbrachten Leistungen) zu, so wird man darin in den meisten, Fällen eine **einverständliche Vertragsaufhebung** sehen können, die nach den gleichen Regeln wie die Kündigung abgewickelt wird (s. dazu Rdn. 2705 ff.). Auch bei einverständlicher Vertragsaufhebung kann also der Auftraggeber seine Ansprüche auf Erstattung der Mehrkosten gemäß § 8 Abs. 3 Nr. 2 VOB/B durchsetzen, sofern ein Kündigungsgrund nach § 4 Abs. 7 S. 3 VOB/B vorlag (vgl. BGH, Urt. v. 04.06.1973 – VII ZR 113/71, BauR 1973, 319, 320 = NJW 1973, 1463 f.; OLG Düsseldorf, Beschl. v. 14.07.1981 – 23 W 25/81, BauR 1982, 166 f.).

1015 Kommt es nach einer Kündigung – was die Regel ist – später zum Streit, ob diese berechtigt war, gelten keine Besonderheiten. Hier ist, da noch keine Abnahme vorliegt, der **Auftragnehmer für die Mangelfreiheit** seiner bis dahin erbrachten Leistungen **darlegungs- und beweispflichtig** (BGH, Urt. v. 04.06.1973 – VII ZR 112/71, BGHZ 61, 42, 46 f. = BauR 1973, 313, 316; für den Fall der Kündigung ausdrücklich: OLG Zweibrücken, Urt. v. 30.01.2006 – 7 U 74/05, BauR 2007, 1250; s. auch Rdn. 1203 f.). Dies gilt auch dann, wenn der Auftraggeber vor der Abnahme nach einer Kündigung berechtigt schon Mängel beseitigt hat (BGH, Urt. v. 24.10.1996 – VII ZR 98/94, BauR 1997, 129, 130 = NJW-RR 1997, 339; BGH, Urt. v. 23.10.2008 – VII ZR 64/07, BauR 2009, 237, 239 = NJW 2009, 360, 361 = NZBau 2009, 117, 119).

▶ **Beispiel (nach BGH, Urt. v. 23.10.2008 – VII ZR 64/07, a. a. O.)**

Der Auftragnehmer soll ein Parkhaus errichten. Nachdem sich Risse in einer Decke zeigen, fordert der Auftraggeber deren Beseitigung und kündigt später zu Recht den Bauvertrag. Er lässt sodann die Mängel durch einen Ersatzunternehmer beseitigen.

Eine **Umkehr der Beweislast** kommt in diesen Fällen nicht automatisch in Betracht. Allerdings könnte es dazu doch kommen, wenn sich der Auftraggeber trotz berechtigter Mangelbeseitigung dem Vorwurf der **Beweisvereitelung** auszusetzen hätte. Diesem Vorwurf kann er letzten Endes nur entgehen, wenn er dem Auftragnehmer wenigstens Gelegenheit gibt, sich zuvor selbst an einer Schadensfeststellung zu beteiligen oder diese vorzunehmen; zumindest müsste er aber eine ausreichende Dokumentation erstellen, anhand der das Vorliegen der Mängel nachgeprüft werden kann (BGH, a. a. O.).

- **Teilkündigung: Beschränkung auf mangelhafte Bauleistung**

1016 Nicht selten wird beim Auftraggeber das Bedürfnis bestehen, die Kündigung auf die Leistungen zu beschränken, bei denen der Auftragnehmer mangelhaft gearbeitet hat. Folglich will er auch nur dort mit der Kündigung die Voraussetzung für den kostenpflichtigen Ersatzunternehmereinsatz schaffen, während er vielleicht sonst mit den Arbeiten des Auftragnehmers sogar zufrieden ist. § 4 Abs. 7 S. 3 VOB/B sagt dazu nichts. Stattdessen ergibt sich allein aus dem insoweit in Bezug genommenen § 8 Abs. 3 Nr. 1 S. 2 VOB/B, dass eine Kündigung auf einen **in sich abgeschlossenen Teil der nach dem Vertrag geschuldeten (Gesamt)leistung** beschränkt werden kann. Mit dieser restriktiven Regelung wird das Ziel verfolgt, eine klare Trennung der beiden Leistungsbereiche zwischen gekündigtem und nicht gekündigtem Teil, insbesondere auch für mögliche spätere Gewährleistungsansprüche und deren Verjährungsbeginn, sicherzustellen. Dies ist gerade im Fall einer außerordentlicher Kündigung nach Mängeln von großer Bedeutung. Folgerichtig wird man bei der Frage, ob eine in sich abgeschlossene Teilleistung vorliegt und deshalb eine darauf beschränkte Kündigung zulässig ist, auf die für die **Zulässigkeit der Teilabnahme** gemäß § 12 Abs. 2 VOB/B entwickelten Grundsätze (s. dazu unten Rdn. 1151 ff.) als Anknüpfungspunkt

5.5 Leistungspflichten und Verantwortung des Auftragnehmers

für die Gewährleistung zurückgreifen können und müssen (BGH, Urt. v. 20.08.2009 – VII ZR 212/07, BauR 2009, 1736, 1737 = NJW 2009, 3717, 3718; Kirberger, BauR 2011, 343, 347; ebenso Kapellmann/Messerschmidt/Lederer, VOB/B § 8 Rn. 90; a. A. Kapellmann, Festschrift Thode S. 29, 37 ff.; Lang, BauR 2006, 1956 ff.).

▶ **Beispiel**

Eine Teilabnahme und damit eine Teilkündigung ist z. B. möglich, wenn ein Auftragnehmer sowohl die Heizungs- als auch die Sanitärinstallationsarbeiten übernommen hat und nur die Heizungs- oder nur die Sanitärinstallationsarbeiten gekündigt werden sollen. Dagegen scheidet eine Teilkündigung bezüglich der Heizungsarbeiten lediglich in einem bestimmten Stockwerk aus.

Liegen nach Vorstehendem die Voraussetzungen für eine Teilkündigung nicht vor, kann es durchaus sein, dass eine Kündigung vollkommen ins Leere geht. **1017**

▶ **Beispiel (nach BGH, Urt. v. 20.08.2009 – VII ZR 212/07, BauR 2009, 1736 = NJW 2009, 3717)**

Gegenstand des Bauvertrags sind Wärmedämmarbeiten an einem Bauwerk. Diese sind je Gebäudeseite in verschiedene Bauabschnitte eingeteilt. Wegen schwerer Leistungsmängel kündigt der Auftraggeber nach erfolgloser Fristsetzung den Bauabschnitt 1 (Südseite).

Eine solche Kündigung ist unwirksam. Dies ergibt sich schon aus den vorangegangenen Erläuterungen: Denn obwohl die einzelnen Seiten des Bauwerks ggf. selbstständig betrachtet werden können, waren Gegenstand des Bauvertrages doch die Dämmarbeiten für das gesamte Bauwerk. Auch eine Umdeutung in eine Gesamtkündigung kommt nicht in Betracht, da der Auftraggeber seine Kündigung bewusst auf eine Gebäudeseite beschränkt und den Wunsch hatte, dass die Arbeiten ansonsten weitergehen (BGH, a. a. O., BauR 2009, 1736, 1738). War die Kündigung somit unberechtigt, ständen nunmehr wegen daraus entstehender Schäden zunächst dem Auftragnehmer Schadensersatzansprüche nach § 280 Abs. 1 BGB zu. Allerdings wären diese um einen **Mitverschuldensanteil nach § 254 Abs. 1 BGB** zu kürzen. Denn tatsächlich war es ja so, dass der Auftraggeber in vorgenanntem Fall wegen der Mängel sogar zu einer Gesamtkündigung berechtigt gewesen wäre. Hiervon hatte er rechtsirrtümlich zugunsten einer den Auftragnehmer eigentlich begünstigenden, aber nicht zulässigen Teilkündigung abgesehen. Letzten Endes beruhte dieser gesamte Geschehensablauf somit allein auf der vorangegangenen pflichtwidrigen (mangelhaften) Leistungserbringung des Auftragnehmers (BGH, a. a. O.), was durch eine Kürzung des Schadensersatzanspruchs ohne Weiteres ausgeglichen werden kann.

- **Weitere Rechtsfolgen nach der Kündigung**
Die weiteren Rechtsfolgen nach einer Kündigung ergeben sich aus § 8 Abs. 3 VOB/B, auf den § 4 Abs. 7 S. 3 VOB/B verweist. Zusammengefasst ist der **Auftraggeber** danach berechtigt, den noch nicht vollendeten Teil der Leistung auf Kosten des gekündigten Erstunternehmers fertigstellen zu lassen. Dieser darf allerdings nicht beginnen, bevor der Erstunternehmer gekündigt wurde (BGH, Urt. v. 02.10.1997 – VII ZR 44/97, BauR 1997, 1027, 1028 f. = NJW-RR 1998, 235, 236). Hauptgrund für diese starre Regelung des § 4 Abs. 7 S. 3 VOB/B ist das Ziel zu verhindern, dass zwei Unternehmer dieselbe Leistung zu erbringen haben. Dabei wird man es aber noch für zulässig halten können, dass der Auftraggeber schon vor der Kündigung einen Drittunternehmer beauftragt. Entscheidend ist allein, dass dieser erst nach Wirksamwerden der Auftragsentziehung gegenüber dem ersten Unternehmer (Zugang des Kündigungsschreibens) seine Arbeiten beginnt. Denn erst mit Beginn der Arbeiten greift der neue Unternehmer in die vertragliche Rechtsstellung des ersten Unternehmers gegenüber dem Bauherrn ein (BGH, Urt. v. 30.06.1977 – VII ZR 205/75, BauR 1977, 422, 423 = NJW 1977, 1922, 1923). Ansonsten kann der Auftraggeber für ihm deswegen anfallende Mehrkosten auch einen **Vorschuss** fordern. Ggf. kann er sogar auf die Fertigstellung verzichten und Schadensersatz wegen Nichterfüllung verlangen, wenn die weitere Ausführung der Leistung aus Gründen, die zur Kündigung geführt ha- **1018**

ben, für ihn ohne Interesse sind (§ 8 Abs. 3 Nr. 2 VOB/B). Wegen der weiteren Einzelheiten dazu wird auf die Darstellung im Kapitel 11 verwiesen (Rdn. 2894 ff.).

1019 Umgekehrt kann der **Auftragnehmer** nach § 8 Abs. 6 VOB/B Aufmaß und Abrechnung der von ihm erbrachten Leistungen verlangen. Dabei handelt es sich um eine echte rechtsgeschäftliche Abnahme im Sinne der §§ 640 BGB, 12 VOB/B (BGH, Urt. v. 09.04.1981 – VII ZR 192/80, BGHZ 80, 252, 254 f. = BauR 1981, 373 f. = NJW 1981, 1839; Ingenstau/Korbion, VOB/B § 8 Abs. 6 Rn. 10). Sinn und Zweck dieser Abnahme ist es, die Billigung der Vertragsgemäßheit des bis zur Kündigung ausgeführten Leistungsteils zu erhalten und festzustellen, welche Leistungen ausgeführt sind und welche Mängel an diesen Leistungen des gekündigten Auftragnehmers bestehen. Gleichzeitig ist die **Abnahme** wie sonst auch **Voraussetzung für die Fälligkeit des Vergütungsanspruchs** (BGH, Urt. v. 11.05.2006 – VII ZR 146/04, BGHZ 167, 345, 348 ff. = BauR 2006, 1294, 1295 f. = NJW 2006, 2475, 2476). Auf Einzelheiten sowie die damit verbundenen Schwierigkeiten wird ausführlich im Kapitel 6 eingegangen (s. dort Rdn. 1178 ff.). Jedenfalls kommt dieser Abnahme ebenso wie dem Aufmaß gerade nach einer Kündigung eine ganz besondere Bedeutung zu. Denn bei gekündigten Bauverträgen ist ein späterer Rechtsstreit mit hoher Wahrscheinlichkeit zu erwarten. Sind Aufmaß und Abnahme – aus welchen Gründen auch immer – nicht zu erreichen, sollte unbedingt von beiden Vertragspartnern gemäß §§ 485 ff. ZPO die Möglichkeit eines **selbstständigen Beweisverfahrens** über den Bautenstand und die vorhandenen Mängel erwogen werden.

- **Sonderfolge: Ersatzunternehmerkosten vor Abnahme auch ohne Kündigung**

1020 Abweichend von Vorstehendem kommen Ansprüche nach den § 8 Abs. 3 Nr. 2 ff. VOB/B einschließlich einer kostenpflichtigen Ersatzvornahme in zwei Ausnahmefällen auch ohne Kündigung in Betracht:

1021 – Zu nennen ist zunächst der Sachverhalt, dass der Auftragnehmer zuvor die **vertragsgemäße Fertigstellung endgültig verweigert** hatte. Dadurch nämlich verliert er sein Recht, die Herstellung selbst vorzunehmen. Unklare Verhältnisse drohen hier nicht mehr, sodass auch ein Nebeneinander von Auftragnehmer und Drittunternehmer, das zu Streitigkeiten auf der Baustelle führen könnte, ausgeschlossen ist. Unter diesen besonderen Voraussetzungen ist der Auftraggeber also **ohne vorherige Kündigung des Vertrages** oder Benachrichtigung des Auftragnehmers **berechtigt, die Mängel durch einen Drittunternehmer beseitigen** zu lassen (BGH, Urt. v. 20.04.2000 – VII ZR 164/99, BauR 2000, 1479, 1481 = NJW 2000, 2997, 2998; BGH, Urt. v. 13.09.2001 – VII ZR 113/00, BauR 2001, 1897, 1900 = NJW-RR 2002, 160, 162; BGH, Urt. v. 09.10.2008 – VII ZR 80/07, BauR 2009, 99, 100 = NJW 2009, 354, 355 = NZBau 2009, 173, 174).

> ▶ **Beispiel**
>
> Im Jahr 2002 beauftragte der Auftraggeber einen Fachunternehmer mit Außenputzarbeiten. Es verbleiben Mängel. Der Auftraggeber verweigert die Abnahme und Zahlung des Restwerklohns. Der Auftragnehmer erklärt mehrmals schriftlich, nicht für die Mängel verantwortlich zu sein und verweigert die Nachbesserung, zu der er von dem Auftraggeber aufgefordert worden war. Beauftragt der Auftraggeber hier einen Ersatzunternehmer, wird er ausnahmsweise etwaige Mehrkosten auch ohne vorherige Kündigung des Erstunternehmers durchsetzen können.

In der Praxis immerhin ist von einer solchen Vorgehensweise unbedingt **abzuraten**. Dass nämlich tatsächlich ausnahmsweise einmal eine Kündigung entbehrlich ist, ist vom Auftraggeber darzulegen und zu beweisen. Das Risiko, dass er einen solchen Ausnahmefall nicht nachweisen kann, dürfte man als außerordentlich hoch einstufen. Allein aus Vorsichtsgründen sollte man daher auf eine Kündigungserklärung nicht verzichten. Sie wird zumindest in der Regel auch rechtlich notwendig sein.

1022 – Der zweite Ausnahmefall besteht darin, dass die Parteien das Vertragsverhältnis **einvernehmlich beendet** haben. Hier sollten zwar die Rechtsfolgen sinnvollerweise mit geregelt werden, was in der Praxis, vor allem in streitigen Auseinandersetzungen aber allzu oft unterbleibt. Stattdessen kommt es eher zu der (stillschweigenden) Übereinkunft, dass der Auftragnehmer nicht mehr weiterarbeiten soll (ohne dass aber eben eine Kündigung ausgesprochen wird). In diesem Fall immerhin greifen Rechtsprechung und Schrifttum – wie schon vorstehend an anderer Stelle erwähnt (Rdn. 1014) – auf der Rechtsfolgenseite ebenfalls auf die §§ 8 und 9 VOB/B zurück. Geprüft wird dann, ob in einem solchen Streitfall insbesondere die Voraussetzungen etwa einer fristlosen Kündigung nach § 4 Abs. 7 S. 3 VOB/B vorgelegen haben, sodass auch die dazu bestehenden Ansprüche bestehen. Dies schließt die Möglichkeit für den Auftraggeber mit ein, auf Kosten des Erstunternehmers einen Ersatzunternehmer beauftragen zu können (BH, Urt. v. 04.06.1973 – VII ZR 113/71, BauR 1973, 319, 320 = NJW 1973, 1463 f.; s. dazu näher Rdn. 2705 f.).

5.5.3.1.5 Verjährung von Ansprüchen

Bei den hier geregelten Ansprüchen nach § 4 Abs. 7 VOB/B handelt es sich zunächst sämtlichst um Rechte aus dem Zeitraum im Erfüllungsstadium. Insoweit läge nahe, dass diese wie alle anderen Erfüllungsansprüche einer eigenständigen Verjährung unterliegen. In Betracht käme dabei nur die Regelverjährung von drei Jahren (§ 195 BGB). Dies allerdings wäre mehr als unpraktikabel, was sich besonders bei den Ansprüchen aus § 4 Abs. 7 S. 1 und 2 VOB/B zeigt: Denn wandeln sich diese mit der Abnahme in solche nach § 13 Abs. 5 bzw. 7 VOB/B um (BGH, Urt. v. 19.12.2002 – VII ZR 103/00, BGHZ 153, 244, 249 = BauR 2003, 689, 691 = NJW 2003, 1450, 1451; s. dazu Rdn. 1196 f.), könnte es nunmehr zu der kuriosen Situation kommen, dass allein durch eine Abnahme schon verjährte Mängelansprüche auf einmal wieder durchsetzbar wären. Schlimmer noch: Ein Auftraggeber könnte sich allein deswegen sogar veranlasst sehen, eine Abnahme zu erklären, nur um die Durchsetzbarkeit seiner Ansprüche wieder herzustellen – selbst wenn die Leistung ggf. wegen schwerer Mängeln gar nicht abnahmefähig ist. 1023

Vor diesem Hintergrund hat der BGH inzwischen klargestellt, dass eine Verjährung der schon vor Abnahme entstandenen **Ansprüche wegen Mängeln** des Bauwerks aus § 4 Abs. 7 VOB/B ebenfalls erst **mit der Abnahme zu laufen** beginnt (bzw. ein Fall der sog. Abnahmesurrogate vorliegt, wie etwa eine endgültige Abnahmeverweigerung u. a. – s. dazu Rdn. 1561 sowie allgemein zu Abnahmesurrogaten: Koeble, BauR 2012, 1153). Der Umstand, dass die Ansprüche des Auftraggebers vor der Abnahme in anderen Anspruchsgrundlagen geregelt sind als die Mängelansprüche nach der Abnahme, ändert wegen der ansonsten bestehenden Gleichartigkeit dieser Rechte nichts. Diese gilt einheitlich für alle in § 4 Abs. 7 VOB/B vorgesehenen Ansprüche, d. h. auch den Anspruch des Auftraggebers auf Erstattung der Mangelbeseitigungskosten nach § 8 Abs. 2 Nr. 2 S. 1 VOB/B (BGH, Urt. 12.01.1012 – VII ZR 76/11, BauR 2012, 643, 644 f. = NJW 2012, 1137, 1138 = NZBau 2012, 157– s. dazu näher Rdn. 2935 f.). 1024

Vorgenannte Mängelansprüche nach § 4 Abs. 7 VOB/B dürfen dagegen keinesfalls mit ggf. parallel bestehenden Mehrkostenansprüchen zur Fertigstellung der Leistung nach § 8 Abs. 3 Nr. 2 VOB/B verwechselt werden, die einer eigenständigen Verjährung unterliegen (Rdn. 2934 ff.). Sodann kann es sich gerade bei lang laufenden Vorhaben anbieten, bei einer drohenden Verjährung der Mängelansprüche vor der Abnahme nach § 4 Abs. 7 VOB/B dazu notfalls eine **Feststellungsklage** zu erheben. 1025

5.5.3.2 Bauzeitverzögerung im Ausführungsstadium

Neben der mangelnden Qualität der Leistung steht die zweite große Gruppe von Pflichtverletzungen betreffend die gebotene Förderung der Baumaßnahme. Gerät der Auftragnehmer damit in Verzug, verzögert er vor allem schuldhaft die Leistungsausführung, stehen dem Auftraggeber die Rechte gemäß § 5 Abs. 4 VOB/B zu. Danach kann er unter Aufrechterhaltung des Vertrages Schadensersatz nach § 6 Abs. 6 VOB/B verlangen oder nach Fristsetzung und Androhung den Vertrag kündigen. Einzelheiten dazu werden einheitlich im Kapitel 8 (Rdn. 1814 ff.) erläutert. 1026

5.5.3.3 Schadensersatz bei Nebenpflichtverletzung

1027 Dem Auftragnehmer obliegt nicht nur die Pflicht zur mangelfreien und rechtzeitigen Leistung. Vielmehr treffen ihn auch diverse Nebenpflichten, so z. B. Schutz- und Beratungspflichten, die Herausgabe von Unterlagen u. a. Hier ist zu unterscheiden:

- Führt die **Nebenpflichtverletzung zu einem Mangel** (z. B. infolge eines Beratungsverschuldens), greift allgemeines Mängelrecht. Denn hier ist die Nebenpflicht nur Bestandteil der den Auftragnehmer ohnehin treffenden Erfolgshaftung, wozu auch die Funktionstauglichkeit der Werkleistung gehört. Der Auftraggeber kann daher nach § 4 Abs. 7 VOB/B vorgehen (vgl. auch BGH, Urt. v. 08.11.2007 – VII ZR 183/05, BGHZ 174, 110, 119 = BauR 2008, 344, 348 = NJW 2008, 511, 513 zu der vergleichbaren Rechtslage im Gewährleistungsrecht).

  ▶ **Beispiel**

  Der Auftragnehmer soll einen Schornstein sanieren. Hier haftet der Auftragnehmer, wenn er sich nicht erkundigt, ob der Auftraggeber seinen alten Heizkessel behalten bzw. wann er einen neuen Kessel installieren will und deswegen die Anlage nicht funktioniert.

- Davon zu unterscheiden sind Sachverhalte, bei denen die Werkleistung an sich mangelfrei erbracht wird, wegen einer **Nebenpflichtverletzung** sich dann aber **im Nachhinein** (nach Abnahme) **ein Mangel einstellt**. Die ist keine Frage eines Mangelrechts, sondern löst nur allgemeine Schadensersatzansprüche nach § 280 Abs. 1 BGB aus.

  ▶ **Beispiel (ähnlich BGH, Urt. v. 19.05.2011 – VII ZR 24/08, BauR 2011, 1494, 1497 = NJW 2011, 3291, 3292 = NZBau 2011, 483, 484)**

  Der Auftragnehmer stellt eine Bodenplatte hier, die noch vor dem Winter vom Bauherrn überbaut werden soll. Nach Abnahme kommt es zu Verzögerungen, von denen der Auftragnehmer erfährt. Er unterlässt einen Hinweis, dass die Bodenplatte im Winter zu schützen ist, worauf es zu erheblichen Rissen kommt.

  Hier haftet der Auftragnehmer, wenn er nach Abnahme erkennt, dass das von ihm geschaffene Werk in nicht vorgesehener Weise Risiken z. B. aus Umwelteinflüssen ausgesetzt ist, für die es nicht ausgelegt ist, und er darauf den Bauherrn nicht aufmerksam macht (BGH a. a. O.). Im vorgenannten Fall dürfte allerdings auch dem Auftraggeber ein Mitverschulden anzulasten sein; denn offenbar hatte er es versäumt, im Hinblick auf die Verzögerung die damit verbundenen planerischen Risiken zu erfassen.

- Geht es dagegen um die **isolierte Verletzung von Nebenpflichten**, die an sich die Mangelfreiheit der Werkleistung unberührt lässt, kann der Auftraggeber diese ggf. positiv einklagen (z. B. Herausgabe von Unterlagen). Ferner macht sich der Auftragnehmer aus § 280 Abs. 1 BGB (ehemals positive Vertragsverletzung) schadensersatzpflichtig (so z. B. bei Verstoß gegen Schutzpflichten u. a.), ggf. auch aus § 823 Abs. 1 BGB.

  ▶ **Beispiel (nach OLG Celle, Urt. v. 05.08.2010 – 16 U 11/10, BauR 2012, 2121, 2122)**

  Der Auftraggeber beauftragt eine zusätzliche Innenabdichtung, die im konkreten Bauvorhaben vollkommen überflüssig ist. Hierüber muss der Auftragnehmer den Auftraggeber aufklären. Unterlässt er dies, ist zwar der Vertrag wirksam geschlossen; unter Schadensersatzgesichtspunkten kann der Auftragnehmer dafür jedoch keine Vergütung fordern.

5.5.3.4 Gesondert geregelte Rechtsfolgen

1028 Neben den vorgenannten Rechten enthalten die §§ 3 bis 5 VOB/B zum Teil **gesonderte Sanktionen**, die bei Verstößen zum Zuge kommen. Bedeutsam sind vor allem die beiden folgenden Regelungen:
- Zu nennen ist zunächst ein Verstoß gegen das **Subunternehmereinsatzverbot**. In diesem Fall ist der Auftraggeber berechtigt, unter den dort genannten Voraussetzungen nach Fristsetzung und Kündigungsandrohung den Bauvertrag zu kündigen (§ 4 Abs. 8 Nr. 1 S. 3, § 8 Abs. 3 VOB/B; s. dazu ausführlich Joussen/Vygen, Subunternehmervertrag, Rn. 195 ff.).

- Verstößt der Auftragnehmer gegen seine nach § 4 Abs. 3 VOB/B bestehende **Prüfungs- und Hinweispflicht**, kann er sich bei späteren Werkmängeln nicht im Hinblick auf die dort dargestellten Tatbestände insoweit entlasten (§ 13 Abs. 3 VOB/B; s. dazu im Einzelnen Rdn. 1521 ff.).

5.5.4 Rechtslage beim BGB-Werkvertrag

Zu den Pflichten des Auftragnehmers eines BGB-Vertrages gibt es keine §§ 3 und 4 VOB/B vergleichbaren Regelungen. Gleichwohl bilden diese auch hier einen guten Maßstab, was denn üblicherweise von einem Auftragnehmer erwartet wird. Sodann ist jedoch im Einzelfall zu prüfen, inwieweit die in der VOB/B geregelten Pflichten auf einen BGB-Werkvertrag (aus **Treu und Glauben, Gewohnheitsrecht oder Verkehrssitte**) übertragen werden können. Möglich ist dies in jedem Fall für die Pflicht zur ordnungsgemäßen **Ausführung der Leistung unter Beachtung der anerkannten Regeln der Technik** u. a. Dasselbe dürfte für die Schutz- und Erhaltungs- sowie die Prüf- und Hinweispflichten gelten. Nicht einschlägig ist hingegen z. B. die Pflicht zur eigenverantwortlichen Ausführung: Dementsprechend darf der Auftragnehmer eines BGB-Werkvertrages auch ohne Genehmigung Subunternehmer einsetzen (s. dazu Joussen/Vygen, Subunternehmervertrag, Rn. 170 m. w. N.).

1029

Ist der Pflichtenkatalog als solches nicht im Gesetz beschrieben, gilt dies auch für die Rechtsfolgen. Hier ist zu differenzieren:

5.5.4.1 Mängelrechte des Auftraggebers vor Abnahme

Beim BGB-Werkvertrag gibt es keine §§ 4 Abs. 7, 5 Abs. 4 VOB/B vergleichbaren Regeln. Verletzt danach der Auftragnehmer eines BGB-Vertrages vor Abnahme eine Hauptleistungspflicht, die zu einer mangelhaften Leistung führt, steht dem Auftraggeber zunächst das Recht aus § 633 BGB zu, d. h.: Auch bei einem BGB-Werkvertrag kann er eine mangelfreie Leistung verlangen. Mit dieser Maßgabe wird teilweise vertreten, dass der Auftraggeber wie beim VOB-Vertrag auch schon **vor Abnahme die weiteren Mängelrechte der §§ 634 ff. BGB** wie etwa das Selbstvornahmerecht (§ 637 BGB) geltend machen könne (Vorwerk, BauR 2003, 1, 10 f.; Folnovic BauR 2008, 1360 ff.). Denn es sei nicht einzusehen, warum der Besteller, der wegen schwerer Mängel ggf. sogar zu Recht die Abnahme verweigere, wegen des Ausschlusses der §§ 634 ff. BGB inklusive des Selbstvorannahmerechts schlechtergestellt sei als derjenige, der die Leistungen abnimmt, nachdem sich zunächst keine Mängel gezeigt haben.

1030

▶ **Beispiel**

Der Auftraggeber erkennt bei einer Baustellenbesichtigung Mängel am Gewerk des Auftragnehmers. Er fordert ihn zur Beseitigung auf. Der Auftragnehmer bleibt untätig. Der Auftraggeber will jetzt diesen Mangel im Wege der Selbstvornahme nach § 637 BGB (vor Abnahme) beseitigen.

Ein solches Recht besteht nicht (i. E. ebenso OLG Koblenz, Urt. v. 18.10.2007 – 5 U 521/07, IBR 2008, 81; ausführlich Joussen, BauR 2009, 319; Voit BauR 2011, 1063). Zwar mag es die von den Befürwortern der Anwendung der §§ 634 ff. BGB vor der Abnahme geschilderten Unzulänglichkeiten geben. Doch ist das Gesetz eindeutig, zumal die Abnahme im Werkvertragsrecht auch nach den Gesetzesmaterialien als wesentliche Zäsur für den Erfolgseintritt, d. h. die Erfüllung der werkvertraglichen Leistung ausgestaltet wurde (Voit, a. a.O, S. 1071 m. w. N.). Vor diesem Hintergrund sind die §§ **634 ff. BGB erkennbar allein auf den Zeitraum nach der Abnahme** zugeschnitten. Hinzu kommt, dass die Hauptleistung des Unternehmers – wie sich mittelbar aus §§ 633 Abs. 1, 640 Abs. 1 BGB ergibt – darauf gerichtet ist, dem Besteller zum Zeitpunkt der Abnahme (und nicht vorher) ein mangelfreies Werk zu verschaffen. Erst damit kommt es zu einer Erfüllungshandlung. Diese in die Zukunft gerichtete Leistungspflicht würde konterkariert, wenn dem Besteller schon vor der Abnahme z. B. das Selbstvornahmerecht nach § 637 BGB zustände – zumal unklar wäre, aus welchem Recht der Auftragnehmer überhaupt schon eine »mangelfreie« Ausführung vor der Abnahme schuldet. Auch wäre nicht verständlich, wie der Auftraggeber bereits ein Nacherfüllungsrecht geltend machen soll, wenn bis zur Abnahme noch gar keine Erfüllung der Werkleistung vorliegt.

Denn bis dahin hat er dem Besteller nicht etwa eine mangelhafte Leistung verschafft, die einer Nacherfüllung zugänglich wäre, sondern noch gar keine Leistung. Hieraus folgt für den Besteller:

1031 • Liegen nicht nur unwesentliche Mängel vor (§ 640 Abs. 1 S. 2 BGB), kann der Besteller lediglich die **Abnahme der Werkleistung verweigern** und die Herstellung eines einwandfreien Werkes verlangen. Kommt der Unternehmer dieser Pflicht nicht nach, kann der Besteller dem Unternehmer anschließend – soweit die Leistung auch fällig war – eine Frist setzen und bei deren fruchtlosem Ablauf vom Vertrag zurücktreten (§ 323 Abs. 1 BGB) und Schadensersatz verlangen (§§ 280 ff. BGB). Dabei kann in den gesetzlich geregelten Ausnahmefällen auch auf die Fristsetzung verzichtet werden (vgl. z. B. §§ 323 Abs. 2, 281 Abs. 2 BGB).

1032 • Lediglich in Ausnahmefällen kommen bei mangelhaften Werkleistungen schon vor der Abnahme die Mängelansprüche der §§ 634 ff. BGB zur Anwendung, wenn die Werkleistung hergestellt und deren Gefahr auf den Besteller übergegangen ist, z. B. im **Fall seines Annahmeverzuges** (vgl. § 644 Abs. 1 S. 2 BGB). Dasselbe gilt, wenn das Ausführungsstadium des Bauvertrages ggf. ohne Abnahme (z. B. nach einer Kündigung durch den Auftraggeber) beendet ist (Joussen, BauR 2009, 319, 330; ähnlich Voit, BauR 2011, 1063, 1074; Halfmeier/Leupertz, § 633 Rn. A7; Staudinger/Peters/Jacoby, § 634 Rn. 11). Ob das allerdings mit der vergleichbaren Rechtsprechung zum VOB-Vertrag vereinbar ist, wird man abzuwarten haben. Denn der BGH hat dazu hinreichend deutlich zum Ausdruck gebracht, dass zumindest bei einem VOB-Vertrag vor Abnahme allein auf die Mängelansprüche nach § 4 Abs. 7 VOB/B zurückgegriffen werden könne, die sich erst mit der Abnahme in Gewährleistungsrechte nach § 13 Abs. 5 ff. VOB/B umwandelten (BGH, Urt. v. 19.12.2002 – VII ZR 103/00, BGHZ 153, 244, 249 = BauR 2003, 689, 691 = NJW 2003, 1450, 1451; s. dazu Rdn. 1196 f.). Dass dies jedoch in jedem Fall Geltung haben muss, ist zweifelhaft. Denn dies könnte den Auftraggeber ja dazu veranlassen, allein zur Entstehung von Mängelrechten überhaupt ein ggf. niemals abnahmefähiges Werk abzunehmen. Dies kann nicht Sinn der Sache sein, was im Übrigen der BGH auch schon in anderer Sache, nämlich bei der Verjährung von Mängelansprüchen eines VOB-Vertrages vor der Abnahme so gesehen hat. Dabei kam er zu dem Ergebnis, dass u. a. deswegen etwa die Verjährung von vor der Abnahme schon entstandener Mängelrechte frühestens mit der Abnahme beginne (BGH, Urt. v. 12.1.2012 – VII ZR 76/11, BauR 2012, 643, 644 f. = NJW 2012, 1137, 1138 = NZBau 2012, 157; s. dazu auch Rdn. 2935 f.). Diese Erwägungen sprechen aber in gleicher Weise dafür, mit einer durch die Kündigung zum Ausdruck gebrachten Erklärung des Auftraggebers zur Beendigung des Erfüllungsstadiums eine Zäsur zu setzen. Dies gilt sowohl für die Fälligkeit der Vergütung (s. dazu Rdn. 1178 ff.) als auch für die Entstehung von eigentlich auf das Nacherfüllungsstadium zugeschnittener Mängelrechte ab diesem Zeitpunkt, ohne dass es sonst noch weiterer dafür notwendiger Erklärungen bedarf.

1033 Hinsichtlich etwaiger weiterer Ausnahmen stellt sich aber immerhin die Frage, ob die Mängelrechte vor der Abnahme nicht wenigstens schon in dem **Zeitraum ab dem geschuldeten Fertigstellungszeitpunkt** anwendbar sind (so wohl: Sienz, BauR 2002, 182, 184; Halfmeier/Leupertz, § 633 BGB (Leupertz) Rn. A7/Leupertz; Kniffka, ibr-online-Komm., § 633 Rn. 13 ff.). Angesprochen sind hier vor allem Fälle einer (ggf. infolge von Mängeln) verzögerten Fertigstellung. Dabei bereitet zunächst rechtlich die Bestimmung des »richtigen« (geschuldeten) Fertigstellungszeitpunktes weniger Probleme: Entweder ist ein Fertigstellungszeitpunkt im Bauvertrag vereinbart. Oder er ergibt sich in Anlehnung an § 271 BGB aus dem Ablauf der Zeitspanne, die für die Herstellung des Werkes als erforderlich anzusehen ist (s. dazu Rdn. 1666). Lässt sich demzufolge eine mögliche Zeitspanne zu der Anwendung der Mängelansprüche vor der Abnahme bestimmen, bleibt jedoch die rechtliche Begründung für diese Auffassung unerfindlich. Denn selbst wenn der Auftragnehmer seiner Leistungsverpflichtung nur verzögert nachkommt, ist dies allenfalls ein gewöhnlicher Leistungsverzug. Mit den Mängelansprüchen vor der Abnahme hat dieser nichts zu tun, zumal die Verzugsfolgen sich ebenfalls aus dem Gesetz ergeben (vgl. §§ 280, 286 ff. BGB bzw. § 323 BGB – ebenso: Voit, BauR 2011, 1063, 1071; Joussen, BauR 2009, 319, 330 f.). Ohnehin würden auch insoweit sämtliche vorstehend genannten Argumente greifen. Dabei ist es eben – darauf wurde bereits eingangs hingewiesen – bezeichnend, dass das wesentliche Argument für einen erweiterten Anwendungsbereich der §§ 634 ff.

BGB für die Zeitspanne zwischen Fälligkeitszeitpunkt und Abnahme vor allem ergebnisorientiert beschrieben wird in der Weise, dass dies wünschenswert wäre. Dieses Motiv mag zu diskutieren sein. Indes gibt es dafür aber keinen rechtlichen Anhaltspunkt, d. h.: Nicht diejenigen, die entsprechend dem Gesetzeswortlaut die Anwendung der §§ 634 ff. BGB vor der Abnahme ablehnen, müssten dies eigentlich begründen, sondern umgekehrt diejenigen, die eine solche Anwendung vorher befürworten. Dazu ist und bleibt jedoch nichts weiter ersichtlich, was von Gesetzes wegen eine solche Annahme rechtfertigen könnte (ausführlich Joussen, BauR 2009, 319).

5.5.4.2 Rücktritts- und Schadensersatzansprüche sowie Kündigungsrecht vor der Abnahme

Sind die §§ 634 ff. BGB grundsätzlich vor der Abnahme nicht anwendbar, wird zu entscheiden sein, welche Reaktionsmöglichkeiten dem Auftraggeber bei Mängeln im Ausführungsstadium verbleiben. **1034**

▸ **Beispiel**

Bei einer Bauzeit von zehn Monaten wird der 31. Oktober als Fertigstellungstermin vereinbart. Im Juli hat der Auftragnehmer erst wenige Teilleistungen erbracht. Außerdem zeigen sich jetzt schon nachhaltig Mängel, die der Auftragnehmer während der Bauphase nicht beseitigt.

In Fällen wie diesen stellt sich die Frage, ob der Auftraggeber nunmehr tatenlos dem »Untergang seiner Baustelle« zusehen muss. Dies ist nicht so: Zwar stehen ihm keine Nacherfüllungsrechte zu, weil es noch an einer Erfüllung der primär geschuldeten Bauleistung fehlt. Ihm bleibt jedoch unbenommen, unabhängig davon seine Rechte aus dem allgemeinen Schuldrecht geltend zu machen. Hierzu gehört vor allem sein Recht zum Rücktritt und auf Schadensersatz (§§ 280, 281, 323 BGB), ggf. auch eine außerordentliche Kündigung.

- **Vorgezogener Rücktritt bei Baumängeln während der Bauphase**
Ein Rücktritt ist bei nicht vertragsgemäßer Leistung nach § 323 Abs. 1 BGB möglich. Mangelhafte Leistungen sind nicht vertragsgemäß. Allerdings scheidet gleichwohl bei gewöhnlichen Baumängeln während der Bauphase ein Rücktritt – selbst nach Fristsetzung – zunächst aus: Denn auch hier gewinnt wieder an Bedeutung, dass der Auftragnehmer die mangelfreie Bauleistung erst zum Abnahmetermin schuldet. Es fehlt also erneut an einer schon »**fälligen**« **Leistungsverpflichtung**, deren Verletzung ein solches Rücktrittsrecht auslösen könnte. Eine Ausnahmeregelung gilt lediglich nach § 323 Abs. 4 BGB, wenn bereits vor Eintritt der Fälligkeit der Leistungsverpflichtung offensichtlich ist, dass die Voraussetzungen des Rücktritts vorliegen werden: Der Auftraggeber ist dann nicht verpflichtet, den Fertigstellungstermin abzuwarten, um anschließend die nunmehr bestehenden Konsequenzen zu ziehen und zurückzutreten (vgl. schon: BGH, Urt. v. 04.05.2000 – VII ZR 53/99, BGHZ 144, 242 = BauR 2000, 1182, 1185 = NJW 2000, 2988, 2990 = NZBau 2000, 375, 376; BGH, Urt. v. 28.01.2003 – X ZR 151/00, NJW 2003, 1600, 1601 = NZBau 2003, 274, 275). Offensichtlich bedeutet, dass zum Fälligkeitszeitpunkt **mit an Sicherheit grenzender Wahrscheinlichkeit** feststehen muss, dass die Voraussetzungen für einen Rücktritt vorliegen werden (in diesem Sinne deutlich OLG Köln, Urt. v. 28.06.2006 – 11 U 48/04, BauR 2008, 1145, 1146). Dasselbe gilt, wenn dem Auftraggeber insgesamt nicht mehr zugemutet werden kann, weitere Nachfristsetzungen hinzunehmen oder solche Nachfristsetzungen von vornherein keine Aussicht auf Erfolg hat (BGH, Urt. v. 08.03.2012 – VII ZR 118/10, BauR 2012, 949, 951 = NJW-RR 2012, 596, 598 = NZBau 2012, 357, 358). Falscheinschätzungen gehen allein zulasten des ggf. den Rücktritt ausübenden Auftraggebers – wobei darin eine Hürde liegt, die praktisch relevant vielfach kaum zu nehmen ist und z. B. auch von diversen Einzelheiten der Baumaßnahme und des Auftragnehmers (Betriebsgröße, Leistungsfähigkeit) abhängen kann (Leineweber, Festschrift Koeble, S. 125, 131). In der Sache wird es somit im Zweifel um Mängel gehen müssen, bei denen zum einen offensichtlich ist, dass der Auftraggeber sie wegen ihrer **Schwere bis zum Fertigstellungszeitpunkt nicht mehr beseitigen** kann (OLG Koblenz, Urt. v. 18.10.2007 – 5 U 521/07, OLGR 2008, 175, 176, bestätigt durch BGH, Beschl. v. 08.05.2008 – VII ZR 201,07, NZBau 2008, 576 = NJW-RR 2008, 1052). Zum anderen können Mängel, ggf. auch deren **Vielzahl** insoweit eine Rolle spielen, als danach feststeht, dass der **1035**

Auftragnehmer losgelöst davon allein unter deren Berücksichtigung die ebenfalls geschuldete vertragliche Bauzeit nicht mehr einhalten kann (ähnlich OLG Köln, a. a. O.; s. dazu auch Joussen, BauR 319, 331)

▶ **Beispiel**

Der Auftragnehmer soll eine Lagerhalle bauen. Als Bauzeit sind realistische fünf Monate vereinbart. Nach zwei Monaten hat der Auftragnehmer trotz mehrerer Mahnungen zwar angefangen, die Baustelle aber noch nicht substanziell gefördert. Er erläutert regelmäßig, dass er die Errichtung schon schaffe; er wolle aber zunächst eine andere Baustelle abschließen, um dann mit mehr Personal auf der Baustelle zu erscheinen. Dies wäre ein wohl zulässiger Einwand – solange es der Auftragnehmer seriöserweise noch schaffen kann, die Halle in der verbleibenden Zeit mangelfrei zu errichten. Der Auftraggeber kann in einem solchen Fall tatsächlich nur abwarten – bis es vielleicht zu spät ist.

- **Rücktritts-/Kündigungsrecht wegen Verletzung der allgemeinen Leistungstreuepflicht**

1036 Neben dem im Gesetz geregelten Sonderfall der schon vorab quasi feststehenden Überschreitung eines vereinbarten Fertigstellungstermins kommt vor allem bei einer großen Anzahl von Werkmängeln vor der Abnahme oder aufgrund deren Vielfalt des Weiteren ein **außerordentliches Rücktritts- oder Kündigungsrecht** in Betracht. Auch ein außerordentliches (Teil)kündigungsrecht vor der Abnahme erscheint denkbar. All dies ist anzunehmen, wenn die einzelnen Mängel einschließlich des Verhaltens des Auftragnehmers letztlich nur Ausdruck einer Verletzung seiner allgemeinen **Leistungstreuepflicht** sind (s. dazu BGH, Urt. v. 13.11.1953 – I ZR 140/52, BGHZ 11, 80 = NJW 1954, 229; zuletzt: BGH, Urt. v. 07.06.2005 – XI ZR 311/04, NJW 2005, 2777, 2778 m. w. N. noch zum alten Recht), die Baustelle so zu betreiben, dass die Leistungen zum vereinbarten Termin mangelfrei übergeben werden können. Dabei ergibt sich dieses außerordentliche Rücktrittsrechts allerdings nicht unmittelbar aus dem Gesetz. Dies gilt insbesondere für den immerhin geregelten § 324 BGB i. V. m. einem Verstoß gegen das allgemeine Rücksichtnahmegebot gemäß § 241 Abs. 2 BGB mit der Folge, dass deswegen dem Vertragspartner die Vertragsfortsetzung nicht mehr zumutbar ist. Dieses Rücksichtnahmegebot betrifft jedoch gerade nicht die eigentlich zu erbringende Leistung. Stattdessen geht es dabei allein um das Integritätsinteresse des Vertragspartners in persönlicher und vermögensrechtlicher Hinsicht als nicht leistungsbezogene Nebenpflicht (s. dazu auch die Gesetzesbegründung: BT-Ds. 14/6040, S. 125 f., 141 f. 187; BT-Ds. 14/7052, S. 182, 185 f.; BGH, Urt. v. 10.03.2010 – VIII ZR 182/08, NJW 2010, 2503, 2504; Erman/H. P. Westermann, § 324 Rn. 1; ähnlich: Soergel/Gsell, § 324 Rn. 1; Palandt/Grüneberg, § 241 Rn. 6 f.; Staudinger (2009)/Olzen, § 241 Rn. 160; Staudinger/Otto/Schwarze (2009), § 324 Rn. 28 ff.; s. zur Historie auch Staudinger (2009)/Otto/Schwarze, § 324 Rn. 3 ff.).

1037 Ist somit § 324 BGB der falsche Anknüpfungspunkt, ist jedoch trotzdem seit jeher unbestritten, dass einem Vertragspartner **ein Recht auf vorzeitige Vertragsbeendigung** zusteht, wenn ihm die Fortsetzung des Vertrages durch eine schwere und nachhaltige positive Vertragsverletzung der Vertragsgegenseite nicht mehr zumutbar ist (grundlegend: BGH, Urt. v. 13.11.1953 – I ZR 140/52, BGHZ 11, 80 = NJW 1954, 229; zuletzt: BGH, Urt. v. 23.05.1996 – VII ZR 140/95, BauR 1995, 704, 705 = NJW-RR 1995, 1108 f.; BGH, Urt. v. 04.05.2000 – VII ZR 53/99, BGHZ 144, 242 = BauR 2000, 1182, 1185 = NJW 2000, 2988, 2990 = NZBau 2000, 375, 376 m. w. N. noch zum alten Recht). Es wird auch nach der heute geltenden Rechtslage zumindest im Ergebnis weiterhin so anerkannt oder zumindest in seiner Existenz vorausgesetzt (s. in diesem Sinne auch die Ausführungen des BGH, Urt. v. 20.08.2009 – VII ZR 212/07, BauR 2009, 1736, 1738 = NJW 2009, 3717, 3719 = NZBau 2010, 47, 49; BGH, Urt. v. 08.03.2012 – VII ZR 118/10, BauR 2012, 949, 951 = NJW-RR 2012, 596, 598 = NZBau 2012, 357, 358; ebenso zum neuen Recht etwa: OLG Brandenburg, Urt. v. 15.01.2008 11 U 98/07, IBR 2008, 20; OLG Schleswig, Urt. v. 09.03.2010 – 3 U 55/09, BauR 2011, 690; OLG Brandenburg, Urt. v. 16.03.2011 – 13 U 5/10, BauR 2011, 1542 [Ls.]; ausführlich dazu: Ingenstau/Korbion/Vygen, VOB/B Vor §§ 8 und 9 Rn. 9 ff.; Hebel, BauR 2011, 330, 331 m. w. N.; Kniffka/Schmitz § 649

5.5 Leistungspflichten und Verantwortung des Auftragnehmers

Rn. 11). Rechtlicher Anknüpfungspunkt für diese Leistungstreuepflicht ist als Nebenpflicht zum Bauvertrag richtigerweise die ohnehin hier angenommene allgemeine **Kooperationspflicht der Bauvertragsparteien** (BGH, Urt. vom 28.10.1999 – VII ZR 393/98, BGHZ 143, 89 = BauR 2000, 409 = NJW 2000, 807 = NZBau 2000, 130; in diesem Sinne etwa auch: OLG Brandenburg, Urt. v. 15.01.2008, a. a. O.; OLG Brandenburg, Urt. v. 16.03.2011, a. a. O.), während andere eine Analogie zu § 323 Abs. 4 BGB ziehen (so etwa Voit, BauR 2011, 1063 1067; dies auch andeutend BGH, Urt. v. 08.05.2008 – VII ZR 201/07, NZBau 2008, 576 = NJW-RR 2008, 1052): Dies mag an dieser Stelle dahinstehen, weil jedenfalls hinsichtlich des Ergebnisses Einigkeit besteht, nämlich dass der Auftraggeber sich dann – sei es mit einem außerordentlichen Kündigungsrecht in Anlehnung an § 314 BGB, sei es mit einem außerordentlichen Rücktrittsrecht entsprechend § 323 Abs. 1 BGB oder mit einer teleologischen Reduktion des § 649 S. 2 BGB – vorzeitig von dem Bauvertrag lösen kann (s. dazu im Einzelnen Rdn. 2940 ff. i. V. m. 2810 ff.).

- Konkret bedeutet das bei Mängeln vor der Abnahme, dass jeweils zu prüfen ist, ob die einzelnen Mängel einschließlich des gesamten Verhaltens des Auftragnehmers letztlich nur Ausdruck einer Verletzung seiner allgemeinen Leistungstreuepflicht sind, die Baustelle so zu betreiben, dass die Leistungen zum vereinbarten Termin mangelfrei übergeben werden können. **1038**

  ▶ **Beispiele**
  1. Der Auftragnehmer soll einen Keller abdichten. Wissentlich wählt er eine Abdichtungsmethode, mit der die Abdichtung nicht zu erzielen ist, worüber er den Auftraggeber nicht aufklärt (OLG Schleswig, Urt. v. 09.03.2010 – 3 U 55/09, BauR 2011, 690)
  2. Der Auftraggeber erkennt bei einer Baustellenbesichtigung schwere Mängel am Gewerk des Auftragnehmers. Er fordert ihn zur Beseitigung auf. Der Auftragnehmer bleibt untätig und ignoriert diese Mängel.

  In Fällen wie diesen ist von einem vorzeitigen Rücktritts- oder Kündigungsrecht auszugehen: Denn der Unternehmer ist selbstverständlich verpflichtet, zum Zeitpunkt der Fälligkeit, spätestens jedoch bei Abnahme eine mangelfreie Bauleistung abzuliefern. Dementsprechend darf er sich dann zumindest aus seiner allgemeinen Pflicht zur Vertragsförderung bei berechtigten Mängelanzeigen des Bestellers nicht völlig passiv verhalten oder gar die Mängel negieren. Das deswegen bestehende Rücktritts- oder Kündigungsrecht beruht nunmehr jedoch nicht auf dem einzelnen Mangel, sondern auf der trotz Fristsetzung nicht abgestellten Verletzung der allgemeinen Leistungstreuepflicht (in diesem Sinn auch OLG Koblenz, Urt. v. 18.10.2007 – 5 U 521/07, OLGR 2008, 175 sowie dazu auch der begründete Beschluss zur Nichtzulassungsbeschwerde: BGH, Beschluss vom 08.05.2008 – VII ZR 201/07, NZBau 2008, 576 = NJW-RR 2008, 1052). In all diesen Fällen muss der Auftragnehmer demzufolge nicht bis zur Abnahme bzw. dem vertraglich vereinbarten Fälligkeitszeitpunkt warten (Joussen, BauR 2009, 319, 331).

- **Schadensersatzanspruch des Auftraggebers**
  Keine anderen Maßstäbe als vorstehend gelten, soweit der Auftraggeber statt oder ergänzend zu einem Rücktritt bzw. einer außerordentlichen Kündigung Schadensersatzansprüche geltend machen will. Voraussetzung ist dafür allerdings, dass dem Auftragnehmer jetzt noch zusätzlich ein **Verschulden** anzulasten ist. Sodann setzt auch eine Schadensersatzverpflichtung die Verletzung einer **fälligen Leistungspflicht** voraus. Daran wird es bei Baumängeln vor der Abnahme bzw. dem vereinbarten Fertigstellungstermin wie in den vorgenannten Fällen bei dem vorfällig ausgeübten Rücktritt häufig fehlen. Dennoch gilt in gleicher Weise, dass gerade die Verletzung der allgemeinen Leistungstreuepflicht, die sich bei schweren oder gar sehr vielen Baumängeln sehr anschaulich schon vor der Abnahme zeigen kann, für sich genommen bereits oder begleitend zu einem Rücktritt (vgl. § 325 BGB) eine Schadensersatzverpflichtung auslösen kann. Auf eine Fälligkeit der konkreten Leistungspflicht gemäß Vertrag bezogen auf den vereinbarten Fertigstellungszeitpunkt kommt es dabei nicht an. Dies ist ebenfalls seit jeher anerkannt (BGH, Urt. v. 13.11.1953 – I ZR 140/52, BGHZ 11, 80, 83 f. = NJW 1954, 229). Rechtsgrundlage für einen solchen Schadensersatzanspruch ist nicht § 282 BGB i. V. m. einem Verstoß gegen das allgemeine Rücksichtnahmegebot nach § 241 Abs. 2 BGB (s. dazu schon oben zu dem parallelen Ausschluss **1039**

des Rücktritts nach § 324 BGB: Rdn. 1036), sondern die allgemeinen Schadensersatzregeln der §§ 280 f. BGB. Diese wären dann zumindest vor dem vertraglich vereinbarten Fertigstellungszeitpunkt analog anzuwenden (Staudinger (2009)/Schwarze, BGB § 281 Rn. B 182; wohl auch: Münch. Komm./Ernst, BGB § 281 Rn. 62; jurisPK/Alpmann, BGB § 281 Rn. 8).

1040 Hervorzuheben ist, dass es gerade im Schadensersatzrecht erstaunlicherweise an einer vergleichbaren Regelung des § 323 Abs. 4 BGB fehlt. Gleichwohl wird man einen Schadensersatzanspruch statt der Leistung nach § 281 Abs. 1 BGB auch schon dann zuzulassen haben, wenn analog § 323 Abs. 4 BGB **mit an Sicherheit grenzender Wahrscheinlichkeit feststeht**, dass bei Fälligkeit die Leistung nicht vertragsgemäß (d. h. hier mangelfrei) erbracht wird (vgl. dazu Palandt/Grüneberg, § 281 Rn. 8a; Voit, BauR 2011, 1063, 1068; Jaensch, NJW 2003, 3613, 3614 f.; Soergel/Gsell, § 323 Rn. 131 – s. dazu auch die Erläuterungen zu § 323 Abs. 4 BGB bei Rdn. 2970; unentschieden dazu immerhin: BGH, Beschl. v. 08.05.2008 – VII ZR 201/07, NZBau 208, 576 = NJW-RR 2008, 1052, der dieses Problem aber nicht weiter anspricht – s. dazu auch näher Rdn. 2977 f.).

- **Abwicklung/Verjährung**

1041 Sind diese grundsätzliche Voraussetzungen für ein Rücktritts- oder Kündigungsrecht bzw. für Schadensersatzansprüche während der Phase der Leistungsausführung (vor der Abnahme) geklärt, müssen dafür natürlich auch die entsprechenden Voraussetzungen (vor allem in der Regel eine Fristsetzung – vgl. § 323 Abs. 2 und § 281 Abs. 2 BGB) vorliegen. Einzelheiten dazu sowie einheitlich die Rechtsfolgen nach der Geltendmachung dieser Rechte werden zusammengefasst im Kapitel 11 (s. dort Rdn. 2940 ff., 2966 ff.) behandelt. Sodann sei angemerkt, dass für die hiernach bestehenden Rechte vor der Abnahme, d. h. bei Mängeln vor allem für einen Schadensersatzanspruch nach § 281 BGB, die **regelmäßige Verjährungsfrist** nach §§ 195, 199 Abs. 1 BGB von drei Jahren gilt. Zwar hat der BGH inzwischen entschieden, dass vor der Abnahme entstehende Mängelrechte schon der Gewährleistungsverjährung unterliegen, d. h. die Verjährung erst dann beginnt, wenn das Vorhaben abgenommen bzw. die Abnahme verweigert wird (BGH, Urt. v. 08.07.2010 – VII ZR 171/08, BauR 2010, 1778, 1779 = NJW 2010, 3573 = NZBau 2010, 768, 769; BGH, Urt. v. 24.02.2011 – VII ZR 61/10, BauR 2011, 1032, 1033 = NJW 2011, 1224, 1225 = NZBau 2011, 310). Diese Rechtsprechung gilt jedoch nur für die alte Rechtslage vor der Schuldrechtsmodernisierung und setzt voraus, dass vor Abnahme überhaupt schon Mängelrechte geltend gemacht werden können. Dies aber ist nach heutigem Recht wie gezeigt (Rdn. 1030) vor Abnahme nicht möglich, sodass auf diese Rechtsprechung nicht zurückgegriffen werden kann (offen gelassen bei BGH, a. a. O.).

5.5.4.3 Verletzung von Nebenpflichten

1042 Verletzt der Auftragnehmer während der Bauausführung (lediglich) Nebenpflichten und bleibt die Leistungserbringung nach wie vor möglich, treffen ihn insbesondere Schadensersatzpflichten nach § 280 Abs. 1 BGB. Dies ist nichts Besonderes, wobei insoweit auf vorstehende Ausführungen zum VOB-Vertrag verwiesen werden kann (s. o. Rdn. 1027).

▶ **Beispiel**

Der Auftragnehmer sichert während der Bauausführung das Baugrundstück nicht ordnungsgemäß. Es kommt zu Vandalismusschäden. Hier schuldet der Auftragnehmer Schadensersatz wegen Verletzung der ihm obliegenden Obhutspflichten.

5.6 Die Mitwirkungspflichten des Auftraggebers bei der Bauausführung

1043 Während der Bauphase ist der Auftragnehmer in vielerlei Hinsicht auf die Mitwirkung des Auftraggebers angewiesen. Verweigert Letzterer eine erforderliche Mitwirkungshandlung oder kommt ihr unzureichend nach, wird der Auftragnehmer zumeist nicht in der Lage sein, seine Leistung termin- oder fristgerecht zu erbringen. In Ausnahmefällen kann sie sogar unmöglich werden.

5.6 Die Mitwirkungspflichten des Auftraggebers bei der Bauausführung

Das Interesse des Auftragnehmers ist jedoch in der Regel nicht auf die positive Erfüllung einer unterbleibenden Mitwirkungshandlung gerichtet. Ob deren Erfüllung bei einem BGB-Werkvertrag überhaupt verlangt werden kann, ist ohnehin fraglich. Im Vordergrund steht stattdessen vielmehr ein Nachteilsausgleich, wenn die Mitwirkungshandlung ausbleibt. Die zentrale Vorschrift hierzu findet sich im allgemeinen Werkvertragsrecht des BGB in § 642 BGB. Sie gilt für jeden Werkbesteller, und zwar auch bei einem VOB-Vertrag (vgl. § 6 Abs. 6 S. 2 VOB/B). Sie regelt vor allem die **Folgen einer unterbleibenden für die Leistungserfüllung gebotenen Mitwirkungshandlung.**

▶ **Beispiel**

Ein Kunde bringt seinen Anzug zwecks Änderung zum Schneider. Ohne eine ausreichende Anprobe kann der Schneider seine Leistung nicht erfüllen. Hier regelt § 642 BGB, welche Folgen sich daraus ergeben. Der Schneider kann unter den dort geregelten weiteren Voraussetzungen einen Entschädigungsanspruch verlangen oder im Rahmen der darauf Bezug nehmenden Vorschriften den Vertrag kündigen (§ 643 BGB).

Bei der Durchführung eines Bauvorhabens ist der Bauunternehmer sehr viel weiter gehend als ein Schneider darauf angewiesen, dass der Bauherr das Seine dazu beiträgt, um die Voraussetzungen für die Tätigkeit des Bauunternehmers zu schaffen. Dazu reicht die in § 642 BGB nur pauschal enthaltene Rechtsfolgenregelung bei unterbleibenden Mitwirkungshandlungen nicht aus. Denn gerade für die Abwicklung eines Bauvorhabens kommt es maßgeblich darauf an, dass die gegenseitigen Rechte und Pflichten, d. h. auch die Mitwirkungspflichten des Auftraggebers hinreichend klar geregelt sind. In diesem Sinne enthält die VOB/B vor allem in §§ 3 und 4 VOB/B differenzierte Regelungen. Sie gelten teilweise **kraft allgemeinen Handelsbrauchs auch in einem BGB-Werkvertrag.** 1044

Mitwirkungspflichten des Auftraggebers im VOB-Vertrag im Überblick	
§ 3 Abs. 1 VOB/B	Rechtzeitige Übergabe der Ausführungsunterlagen, Pläne, Zeichnungen usw.
§ 3 Abs. 2 VOB/B	Abstecken der Hauptachsen der baulichen Anlagen
§ 3 Abs. 4 VOB/B	Feststellung des Zustandes von Straßen u. a.
§ 4 Abs. 1 VOB/B	Pflicht zur • Aufrechterhaltung der allgemeinen Ordnung auf der Gesamtbaustelle • Regelung des Zusammenwirkens der verschiedenen Unternehmer • Herbeiführung der erforderlichen öffentlich-rechtlichen Genehmigungen und Erlaubnisse
§ 4 Abs. 4 VOB/B	Unentgeltliche Überlassung von Lager- und Arbeitsplätzen und Anschlüssen

1045

Dabei sei an dieser Stelle darauf hingewiesen, dass es auch außerhalb der Regelungen der VOB/B weitere ganz typische und vor allem erforderliche Mitwirkungshandlungen des Auftraggebers gibt, ohne die ein Bauvorhaben nicht abgewickelt werden kann. Hierzu zählen etwa die Bereitstellung des Baugrundstücks oder der Abruf der Leistung. Auf die damit verbundenen Rechtsfragen soll im Anschluss eingegangen werden (Rdn. 1072 ff., 1078 ff.).

5.6.1 Die Mitwirkungspflichten der VOB im Einzelnen

Im Nachfolgenden sollen auf der Grundlage der §§ 3 und 4 VOB/B die einzelnen Mitwirkungspflichten des Auftraggebers erläutert werden. Sie werden ergänzt durch allgemeine gesetzliche Pflichten des Auftraggebers, die keinen Niederschlag in der VOB/B gefunden haben. Jeweils dargestellt werden soll auch die Rechtslage in einem BGB-Vertrag. 1046

5.6.1.1 Rechtzeitige Übergabe der Ausführungsunterlagen, Pläne, Zeichnungen usw. (§ 3 Abs. 1 VOB/B)

1047 Für die Errichtung eines Bauvorhabens werden zahlreiche Unterlagen und Pläne benötigt. Im Werkvertragsrecht gilt allgemein, dass diese durch den **Auftraggeber beizubringen** sind. Dies ergibt sich für den VOB-Vertrag als eingeständig geregelte Vertragspflicht aus § 3 Abs. 1 VOB/B (so ausdrücklich BGH, Urt. v. 22.03.1984 – VII ZR 50/82, BGHZ 90, 344, 347 = BauR 1984, 395, 396 = NJW 1984, 1676, 1677), für den BGB-Werkvertrag aus dem § 642 BGB zugrunde liegenden Rechtsgedanken (BGH, Urt. v. 29.11.1971 – VII ZR 101/70, BauR 1972, 112 = NJW 1972, 447 f.; Ingenstau/Korbion/Döring, VOB/B, § 3 Abs. 1 Rn. 1). Hiernach ist der Auftraggeber sogar allgemein verpflichtet, alle für ein Bauvorhaben erforderlichen, in seinem Verantwortungsbereich liegenden Vorarbeiten zu erbringen.

1048 Der Begriff der **Ausführungsunterlagen ist weit auszulegen**. Dazu zählen unter anderem sämtliche Schriftstücke, Zeichnungen, Berechnungen sowie Pläne, die für die Erbringung der vertraglich geschuldeten Bauleistung erforderlich sind (§ 3 Abs. 1 VOB/B). Nicht immer jedoch ist deren Bestimmung einfach: Daher vereinbaren die Parteien in ihren Besonderen oder Zusätzlichen Vertragsbedingungen (BVB oder ZVB) häufig gesonderte Regelungen. Auch aus den Allgemeinen Technischen Vertragsbedingungen (VOB/C) können sich Hinweise ergeben, welche Ausführungsunterlagen der Auftragnehmer und welche der Auftraggeber zu beschaffen hat

▶ Beispiel

> Nach Abschnitt 4.1.1 der DIN 18330 Maurerarbeiten oder Abschnitt 4.1.5 der DIN 18331 Betonarbeiten hat der Auftragnehmer jeweils die notwendigen statischen Verformungsberechnungen und Zeichnungen, soweit sie für Baubehelfe notwendig sind, anzufertigen und zu übergeben. Demgegenüber regelt etwa Abschnitt 4.2.6 der DIN 18330, dass die Anfertigung und Lieferung der bauphysikalischen Nachweise sowie der statischen Berechnungen für den Nachweis der Standfestigkeit des Bauwerks und der für diese Nachweise erforderlichen Zeichnungen vergütungspflichtige Zusatzleistungen. Damit ist klargestellt, dass deren Erstellung zunächst nicht in den Leistungsumfang des Auftragnehmers fällt, sondern zu den Beibringungspflichten des Auftraggebers gehört.

1049 Nach § 3 Abs. 1 VOB/B sind die Ausführungsunterlagen **rechtzeitig und unentgeltlich zu übergeben**. Rechtzeitig heißt, dass der Auftragnehmer die Unterlagen so früh erhalten muss, dass er unter Berücksichtigung einer gebotenen Vorbereitung die vertraglich geschuldete Leistung in der vertraglich vereinbarten Frist durchführen kann. Zur Vermeidung von Schwierigkeiten sollten daher schon im Bauvertrag oder jedenfalls im Bauzeitenplan sog. **Planliefertermine** mit entsprechender Vorlaufzeit von branchenüblichen 2–3 Wochen vereinbart werden (ebenso Kapellmann/Messerschmidt/Havers, VOB/B § 3 Rn. 22).

1050 Bei der Erfüllung dieser Mitwirkungspflichten bedient sich der Auftraggeber in der Regel eines Architekten oder Ingenieurs, die insoweit seine Erfüllungsgehilfen sind, sodass er für deren Fehler einzustehen hat (§ 278 BGB).

5.6.1.2 Abstecken der Hauptachsen der baulichen Anlagen (§ 3 Abs. 2 VOB/B)

1051 Diese Mitwirkungspflicht des Auftraggebers umfasst das Abstecken der Grenzen des Geländes, das dem Auftragnehmer zur Verfügung gestellt wird. Deren Unterlassen oder fehlerhafte Erfüllung kann zu Fehlleistungen des Unternehmers, z. B. zu einem Überbau auf das Nachbargrundstück oder zu einer falschen Anordnung des Bauwerks auf dem Grundstück des Auftraggebers und demzufolge zur Nichteinhaltung von notwendigen Abstandsflächen und deshalb zu erheblichen Schäden führen. Hierfür hat dann der Auftraggeber allein oder zumindest überwiegend die Verantwortung zu tragen (vgl. dazu: BGH, Urt. v. 05.12.1985 – VII ZR 156/85, BauR 1986, 203, 205).

Diese Mitwirkungspflicht umfasst auch die Schaffung der notwendigen **Höhenfestpunkte** in unmittelbarer Nähe der baulichen Anlage, die für den Anschluss an die Hauptkanalisation und für die Ver-

5.6 Die Mitwirkungspflichten des Auftraggebers bei der Bauausführung

hinderung einer Grundwassergefährdung, aber auch für den Anschluss an die öffentlichen Straßen von entscheidender Bedeutung sind (vgl. Ingenstau/Korbion/Döring, VOB/B § 3 Abs. 2 Rn. 5).

Auch bei der Erfüllung dieser Mitwirkungspflichten, die letztlich in den Bereich der Planung fallen, bedient sich der Auftraggeber in der Regel des Architekten und meist eines Vermessungsingenieurs, für deren Fehler er wiederum im Verhältnis zum Bauunternehmer einzustehen hat (§ 278 BGB).

5.6.1.3 Feststellung des Zustandes von Straßen u. a. (§ 3 Abs. 4 VOB/B)

Eine Sonderregelung zur späteren Streitvermeidung enthält § 3 Abs. 4 VOB/B: Danach sind vor Beginn der Arbeiten, soweit notwendig, der Zustand der Straßen und der Geländeoberfläche, der Vorfluter und Vorflutleitungen sowie der baulichen Anlagen im Baubereich in einer Niederschrift festzuhalten. Diese Niederschrift ist von Auftraggeber und Auftragnehmer anzuerkennen.

Bei der Pflicht zur gemeinsamen Feststellung des Zustandes von Straßen u. a. handelt es sich um eine **vertragliche Nebenpflicht zur Beweissicherung**. Damit dieser Zweck erreicht werden kann, muss die Niederschrift von den Vertragspartnern oder ihren dazu befugten Vertretern anerkannt, d. h. in der Regel unterschrieben werden (Ingenstau/Korbion/Döring, VOB/B, § 3 Abs. 4 Rn. 3). Ist der Auftraggeber oder Auftragnehmer mit dem Inhalt einer Niederschrift nicht einverstanden, hat er das Recht, aber auch die Pflicht, seine abweichende Auffassung unter Darlegung der fraglichen Einzelpunkte in die Niederschrift aufzunehmen. Die jeweils andere Partei hat dies zu dulden.

Mit der Zustandsfeststellung entstehen Kosten. Wegen deren Übernahme kommt es regelmäßig zu Streit. Hier ist vorrangig zu prüfen, was im Vertrag vereinbart ist. Nicht immer finden sich dort jedoch Regelungen. Immerhin kann in vielen Fällen abhängig von den einzelnen Gewerken auf Abschnitt 4.1 der jeweiligen DIN-Normen des Teils C der VOB zurückgegriffen werden: Diese Abschnitte enthalten Nebenleistungen, die der Auftragnehmer ohne gesonderte Vergütung zu erbringen hat, so auch teilweise betreffend die Zustandsfeststellung (vgl. dazu eine Übersicht der einschlägigen DIN mit Sonderregelungen im Zusammenhang mit der Zustandsfeststellung bei Ingenstau/Korbion/Döring, VOB/B, § 3 Abs. 4 Rn. 7 – s. allgemein zu den Nebenleistungen gemäß Abschnitt 4.1 einer DIN auch oben Rdn. 893 ff.).

▶ **Beispiel**

Nach Abschnitt 4.1.3 der DIN 18301 Bohrarbeiten handelt es sich bei der Feststellung des Zustandes der Straßen u. a. um eine Nebenleistung des Auftragnehmers, die von ihm ohne einen gesonderten Anspruch auf Vergütung zu tragen ist.

Stellt die Zustandsfeststellung keine von der Vergütungspflicht abgedeckte Nebenleistung dar (z. B. bei Hochbauarbeiten), hat unter Anwendung des Rechtsgedankens des § 3 Abs. 1 VOB/B der **Auftraggeber die Kosten zu tragen** (vgl. Ingenstau/Korbion/Döring, VOBB, § 3 Abs. 4 Rn. 8).

5.6.1.4 Aufrechterhaltung der allgemeinen Ordnung auf der Gesamtbaustelle (§ 4 Abs. 1 Nr. 1 S. 1 VOB/B)

Gemäß § 4 Abs. 1 VOB/B hat der Auftraggeber für die Aufrechterhaltung der allgemeinen Ordnung auf der Baustelle zu sorgen und das **Zusammenwirken der verschiedenen Unternehmer** zu regeln. Örtlich werden nicht nur das Baugelände erfasst, sondern auch Nebenflächen wie z. B. Lagerplätze für Baumaterialien. In Fällen der Störung hat der Auftraggeber Abhilfe zu schaffen. Im BGB-Vertrag gilt nichts anderes (Staudinger/Peters/Jacoby, § 633 BGB Rn. 32 f.).

Diese in § 4 Abs. 1 VOB/B vorgesehene Aufgabenverteilung zu der Aufrechterhaltung der allgemeinen Ordnung auf der Baustelle hat drei unterschiedliche Zielsetzungen:
- Zunächst geht es um das eigene Interesse des Auftraggebers, Ordnung auf seinem Grundstück zu halten.
- Daneben steht seine Mitwirkungspflicht gegenüber den Auftragnehmern, für ein geordnetes Miteinander auf der Baustelle zu sorgen.

- Schließlich hat der Auftraggeber seine nach allgemeinen gesetzlichen Bestimmungen bestehende Verpflichtung zur Schadensabwendung gegenüber Dritten wahrzunehmen. Dazu zählt z. B. auch seine **Verkehrssicherungspflicht**.

1057 Da sich die Bauausführung des Auftragnehmers auf einem Grundstück vollzieht, über das dieser in der Regel keine Verfügungsgewalt hat, war es naheliegend, diese Aufgabe der Aufrechterhaltung der allgemeinen Ordnung auf der Baustelle dem Auftraggeber zuzuweisen. Häufig muss sich sogar die Ausführung der Bauleistung dem fortlaufenden Betrieb des Auftraggebers auf dem Grundstück unterordnen.

▶ Beispiel

Der Auftragnehmer wird mit Gleis- oder Straßenbauarbeiten bei laufendem Bahn- oder Straßenverkehr beauftragt. Dasselbe gilt bei Umbauarbeiten bei Aufrechterhaltung des Gewerbebetriebs des Auftraggebers. Hier muss der Auftraggeber die Verantwortung für die Baustelle behalten, zumal ein dazu geschlossener Bauvertrag in der Regel auch umfangreiche Regelungen über die Abgrenzung der dann meist beiderseitigen Pflichten zur Aufrechterhaltung der allgemeinen Ordnung auf der Baustelle enthält.

1058 Auch **Dritten gegenüber** kann die allgemeine Ordnung auf der Baustelle meist nur vom Auftraggeber wahrgenommen werden. Denn nur oder jedenfalls in erster Linie stehen ihm die diesbezüglichen erforderlichen Einwirkungs- und Eingriffsmöglichkeiten zur Verfügung, wie z. B. gegenüber Grundstücksnachbarn, Passanten, anderen Unternehmern, Lieferanten und Besuchern (Kapellmann/Messerschmidt/Merkens, VOB/B § 4 Rn. 5).

1059 In den Rahmen der Aufrechterhaltung der allgemeinen Ordnung auf der Baustelle wird man auch die Fälle einzuordnen haben, in denen der Bauablauf durch **Bürgerinitiativen und Demonstrationen** gestört wird. Denn der Auftraggeber ist verpflichtet, dem Unternehmer nicht nur ein baureifes Grundstück zur Verfügung zu stellen, sondern auch Störungen von diesem Grundstück fernzuhalten, da diese zur allgemeinen Ordnung auf der Baustelle gehören (vgl. dazu: Vygen/Joussen/Schubert/Lang, Bauverzögerung und Leistungsänderung, Teil A, Rn. 290 f.; Vygen, BauR 1983, 210, 217). Dazu gehört es auch, dem Unternehmer die vorhandenen **Zufahrtswege** zu überlassen und ggf. Verkehrsbehinderungen zu beseitigen (Ingenstau/Korbion/Oppler, VOB/B, § 4 Abs. 1 Rn. 7) bzw. für Abhilfe zu sorgen.

5.6.1.5 Regelung des Zusammenwirkens der verschiedenen Unternehmer (§ 4 Abs. 1 Nr. 1 S. 1 VOB/B)

1060 Dem Auftraggeber obliegt ferner eine **Koordinationspflicht** mit dem Inhalt, dass er das Zusammenwirken der verschiedenen Unternehmer zu regeln hat. Ziel dieser Pflicht ist es, ein reibungsloses Zusammenwirken aller an der Bauausführung Beteiligten zu gewährleisten und dem einzelnen Unternehmer ein zeitlich und fachlich ungestörtes und zügiges Arbeiten zu ermöglichen. Bei größeren Bauvorhaben sind dazu unerlässliche Hilfsmittel für die räumliche Koordination der **Baustelleneinrichtungsplan** und für den zeitlichen Ablauf der **Bauzeitenplan** in seinen verschiedenen Erscheinungsformen (z. B. Netzplan, Balkendiagramm), in denen Beginn, Dauer und Beendigung der Arbeiten der einzelnen Auftragnehmer oder der einzelnen Teilleistungen des jeweiligen Unternehmers geregelt sind (vgl. dazu im Einzelnen: Vygen/Joussen/Schubert/Lang, Bauverzögerung und Leistungsänderung, Teil A Rn. 8 f. und B Rn. 16 ff.). Die darin enthaltenen Termine und Fristen sind grundsätzlich für beide Vertragspartner verbindlich (vgl. OLG Celle, Urt. v 15.10.1992 – 22 U 191/91, BauR 1994, 629 mit zustimmender Anmerkung Vygen). Folglich hat auch der Auftraggeber für deren Einhaltung Sorge zu tragen und somit für Verzögerungen aufgrund verspäteter Vorunternehmerleistungen einzustehen.

1061 Für einen BGB-Vertrag gilt nichts anderes (OLG Köln, Urt. v. 22.06.1989 – 18 U 96/88, BauR 1990, 729, 730; ähnlich OLG Düsseldorf, Urt. v. 30.08.1995 – 22 U 216/94, BauR 1996, 881, 882).

5.6 Die Mitwirkungspflichten des Auftraggebers bei der Bauausführung

5.6.1.6 Herbeiführung der erforderlichen öffentlich-rechtlichen Genehmigungen und Erlaubnisse (§ 4 Abs. 1 Nr. 1 S. 2 VOB/B)

Der Auftraggeber hat nach § 4 Abs. 1 Nr. 1 S. 2 VOB/B des Weiteren die für das Vorhaben erforderlichen öffentlich-rechtlichen Genehmigungen zu beschaffen. Beispielhaft nennt § 4 Abs. 1 Nr. 1 S. 2 dazu Genehmigungen aus verschiedenen Rechtsgebieten wie Baurecht, Straßenverkehrsrecht, Wasserrecht, Umweltrecht und Gewerberecht. Dies ist in der Tat nur eine beispielhafte Aufführung und daher einer Erweiterung auf alle anderen Genehmigungen, die sich auf das Grundstück und die Bauleistung oder die Person des Grundstückseigentümers oder Bauherrn beziehen, zugänglich. Für einen BGB-Vertrag gilt nichts anderes.

§ 4 Abs. 1 Nr. 1 S. 2 VOB/B beschreibt insoweit allerdings nur die Vertragspflicht des Auftraggebers, sich um die erforderlichen öffentlich-rechtlichen Genehmigungen rechtzeitig zu bemühen und ggf. mit Rechtsmitteln zu erstreiten. Selbstverständlich muss der Auftraggeber ohne eine gesonderte Vereinbarung **nicht für deren Erteilung einstehen**. Somit wird mit dieser Regelung faktisch nur klargestellt, wer für die Einholung der verschiedenen Genehmigungen zuständig und verantwortlich ist (BGH, Urt. v. 21.03.1974 – VII ZR 139/71, BauR 1974, 274, 275 = NJW 1974, 1080 f.; Heiermann/Riedl/Rusam, VOB/B § 4 Rn. 9).

5.6.1.7 Unentgeltliche Überlassung von Lager- und Arbeitsplätzen und Anschlüssen (§ 4 Abs. 4 VOB/B)

Nach dieser Vorschrift der VOB/B gehört es zu den vertraglich übernommenen Pflichten des Auftraggebers, dem Auftragnehmer unentgeltlich zur Benutzung oder Mitbenutzung zu überlassen:
- die notwendigen **Lager- und Arbeitsplätze** auf der Baustelle, wozu auch die erforderlichen Flächen für im Einzelfall notwendige Geräte und Sozialeinrichtungen (Tagesunterkünfte und sanitäre Einrichtungen) zählen;
- vorhandene **Zufahrtswege** und Anschlussgleise;
- die vorhandenen **Anschlüsse für Wasser und Energie** einschließlich der evtl. erforderlichen **Entsorgung**. Die Kosten für den Verbrauch von Wasser und Energie (Strom, Öl, Kohle) und den Messer oder Zähler für die Verbrauchsmengen sowie die anfallenden Grundgebühren trägt hingegen der Auftragnehmer. Mehrere Auftragnehmer tragen die Kosten anteilig. Dabei ist der jeweils zu zahlende Anteil nach dem konkreten Verbrauch der verschiedenen Auftragnehmer zu berechnen oder, wenn das nicht möglich ist, nach den Anteilen der einzelnen Auftragssummen im Verhältnis zu den Gesamtbaukosten. Einzelheiten dazu sollten zweckmäßigerweise in den BVB oder ZVB so ausdrücklich vereinbart werden (vgl. zu der Zulässigkeit von AGB-Regelungen dazu Rdn. 507 sowie 594 f.).

Zu beachten ist schließlich auch, dass § 4 Abs. 4 VOB/B durch seine Formulierung »wenn nichts anderes vereinbart ist« eine abweichende Vereinbarung zulässt, wovon Auftraggeber in ihren ZVB oder BVB häufig Gebrauch machen.

5.6.2 Die rechtliche Einordnung der für die Vertragsdurchführung gebotenen Mitwirkungshandlungen

Schwierigkeiten bereitet vielfach die rechtliche Einordnung der für die Vertragsdurchführung gebotenen Mitwirkungshandlungen des Auftraggebers. So liegt es zunächst nicht fern zu vertreten, dass es dem Auftragnehmer doch egal sein könne, ob der Auftraggeber sein Vorhaben durchführe und es fördere – oder nicht. Entscheidend sei allein, ihn ausreichend zu schützen, wenn es infolge einer unterbleibenden Mitwirkungshandlung nicht zur Realisierung komme. Denn schließlich gehe es bei dem Gelingen des Bauwerks allein um einen Erfolg zugunsten des Auftraggebers (in diese Richtung gehend m. w. N.: Staudinger/Peters/Jacoby, § 642 Rn. 17 ff.; Peters, NZBau 2011, 641). Vermeintlich in diesen Zusammenhang passt auch eine Formulierung aus einer Entscheidung des BGH: Denn wenn der Auftraggeber nach § 649 BGB den Vertrag jederzeit kündigen kann, könne der Auftragnehmer auch nur die vereinbarte Vergütung (abzüglich ersparter Aufwendungen) verlangen, mehr aber eben nicht, also nicht etwa die Fertigstellung des Vorhabens. Folglich liege zumindest im Regelfall der Schwerpunkt der vertraglichen Verpflichtung des Auftraggebers bis zur Vollendung des Werkes in der Entrichtung des Werklohnes; der Unternehmer habe dagegen grundsätzlich ebenso wenig ein beachtliches eigenes Interesse an der Erstellung der Werkleistung wie ein Verkäufer an der Lieferung der Kaufsache (BGH, Urt. v. 30.09.1971 – VII ZR 20/70, NJW 1972, 99, 100).

1067 So klar diese Aussagen vermeintlich klingen, ist damit aber nicht gesagt, dass nicht auch einen Besteller bei den von ihm für die Werkherstellung notwendigen Mitwirkungshandlungen **gesonderte Pflichten** treffen können. Dabei muss man nicht einmal den Ausnahmefall heranziehen, dass etwa bei besonders prestigeträchtigen Vorhaben umgekehrt vielleicht sogar ein Auftragnehmer gegenüber dem Auftraggeber ein sogar größeres Interesse daran haben kann, das Vorhaben zu bauen. Ob dieses Interesse für sich genommen ohne eine gesonderte vertragliche Regelung schützenswert ist, mag man diskutieren (s. dazu etwa Staudinger/Peters/Jacoby, a. a. O.; Münch. Komm./Busche, BGB § 642 Rn. 22; für ein solches Eigeninteresse deutlich: Kapellmann, NZBau 2011, 193, 197; ebenso Kniffka, Jahrbuch BauR 2001, 1, 7 f.; Nicklisch/Weick, § 4 Rn. 11). Im Zweifel kommt es darauf aber gar nicht an. Denn bei richtiger Betrachtung hat der BGH mit der eingangs zitierten Entscheidung nur gesagt, dass die für die Werkherstellung gebotenen **Mitwirkungshandlungen des Auftraggebers nicht in einem Gegenseitigkeitsverhältnis** zu der Verpflichtung der Werkherstellung des Auftragnehmers stehen (BGH, a. a. O.). Dies liegt auf der Hand: Denn der Auftragnehmer leistet nicht, damit der Auftraggeber daran mitwirkt. Umgekehrt besteht die Gegenleistung des Auftraggebers nicht in seiner Mitwirkung, sondern in der Bezahlung. Dagegen ist jedoch genauso unbestritten, dass auch der Werk- und hier im Besonderen der Bauvertrag stets durch die **Kooperationsverpflichtung beider Vertragsparteien** geprägt ist. Diese verlangt unabhängig von einem ggf. selbstständig anzuerkennenden Errichtungsinteresse ein vor allem vertrauensvolles Zusammenwirken. Hierzu hat jede Partei aus dem ihm zuzurechnenden Bereich beizutragen, damit die vertraglich vereinbarte Bauleistung termingerecht und mangelfrei erbracht werden kann (BGH, Urt. v. 28.10.1999 – VII ZR 393/98, BGHZ 143, 89, 93 = BauR 2000, 409, 410 = NJW 2000, 807, 808; Ingenstau/Korbion/Vygen, VOB/B, § 9 Abs. 1 Rn. 23; Kniffka, Jahrbuch Baurecht 2001, 1, 3 ff.). Indes ist mit dieser Bestandsaufnahme allein nicht viel gewonnen. Zwar ist es vorstellbar, dass eine Vertragspartei auch eigenständig gegen die ihn treffende Kooperationsverpflichtung verstößt; hiervon unabhängig geht es an dieser Stelle jedoch darum, dass sich auch das Kooperationsverhältnis selbst (nur) aus Mitwirkungspflichten und Obliegenheiten zusammensetzt (BGH a. a. O.), die gerade zu bestimmen sind. Insoweit unterscheidet sich ein solcher Bauvertrag nicht von sonstigen Rechtsbeziehungen gleichgeordneter Vertragspartner. Diese mögen zwar wie gezeigt einerseits dadurch charakterisiert sein, dass es allein im Hauptinteresse des Auftraggebers liegt, dass das von ihm dann auch zu bezahlende Bauwerk gebaut wird. Dies schließt andererseits aber nicht aus, dass es nicht ebenso schützenswerte Interessen des Auftragnehmers gibt, wobei der Schutzumfang selbst möglicherweise gerade von deren diesbezüglichen rechtlichen Einordnung abhängen kann.

Vor diesem Hintergrund ist für die rechtliche Einordnung von für die Herstellung des Bauwerks erforderlichen Mitwirkungshandlungen des Auftraggebers grundlegend zwischen einem BGB-Werkvertrag und einem solchen auf der Grundlage der VOB/B zu unterscheiden.

5.6 Die Mitwirkungspflichten des Auftraggebers bei der Bauausführung

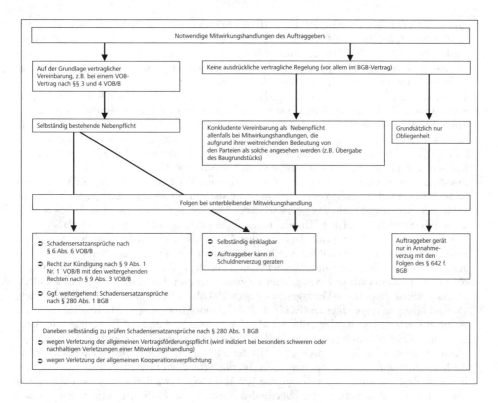

5.6.2.1 Mitwirkungspflichten gemäß VOB/B

Die rechtliche Einordnung der vorstehend und sich vor allem aus §§ 3 und 4 VOB/B ergebenden Mitwirkungshandlungen ist relativ klar und von seiner Grundausrichtung zunächst nahezu unbestritten. Entsprechend der eindeutigen Formulierung handelt es sich hierbei um **Nebenpflichten** (vgl. nur statt vieler Heiermann/Riedl/Rusam/Kuffer, VOB/B § 9 Rn. 8; Ingenstau/Korbion/Vygen, VOB/B § 9 Abs. 1 Rn. 4 ff.; Leinemann/Hildebrandt § 9 Rn. 8; s. gesondert etwa zu der Beibringungspflicht der Planunterlagen bei VOB-Verträgen: BGH, Urt. v. 22.03.1984 – VII ZR 50/82, BGHZ 90, 344, 347 = BauR 1984, 395, 396 = NJW 1984, 1676, 1677; BGH, Urt. v. 21.03.2002 – VII ZR 224/00, BauR 2002, 1249, 1251 = NJW 2002, 2716 = NZBau 2002, 381, 382; BGH, Urt. v. 24.02.2005 – VII ZR 141/03, BGHZ 162, 259, 262 = BauR 2005, 857, 858 = NJW 2005, 1653 = NZBau 2005, 387; i. E. auch Leupertz, Festschrift Koeble, S 139, 142). Ein anderes Verständnis würde den Regelungen der §§ 3 und 4 VOB/B nicht gerecht. Denn diese sind im Sinne des § 194 BGB so formuliert, was der eine (nämlich der Auftraggeber) zu tun hat, woraus folgt, dass der andere das Recht hat, das dort geregelte Tun von ihm zu verlangen. 1068

Problematisch und nicht mehr ganz unbestritten sind allerdings die Rechtsfolgen bei der Verletzung der dort geregelten Pflichten. Auch wenn darauf einheitlich erst unter Rdn. 1747 ff. eingegangen werden soll, sollen an dieser Stelle wenigstens einige grundlegende Fragestellungen behandelt werden. Dies erfolgt zumindest insoweit, als für die Bestimmung der richtigen Rechtsfolgen zunächst noch eine weiter gehende Bestimmung des Charakters dieser Mitwirkungshandlungen des Auftraggebers notwendig ist: 1069

- Unstreitig ist zunächst, dass der Auftraggeber bei Verletzung seiner ihm obliegenden Mitwirkungspflichten in **Annahmeverzug** geraten kann. Somit kann der Auftragnehmer etwa unter den weiteren Voraussetzungen des § 9 Abs. 1 Nr. 1 VOB/B einen Bauvertrag kündigen (vgl. dazu Rdn. 2721 ff.). Der Auftraggeber kann außerdem Ansprüchen nach § 642 BGB ausgesetzt sein, der als Sondervorschrift zum Annahmeverzug bei einem VOB-Vertrag anwendbar ist (§ 6

Abs. 6 S. 2 VOB/B; s. auch BGH, Urt. v. 21.10.1999 – VII ZR 185/98, BGHZ 143, 32, 39 f. = BauR 2000, 722, 725 = NJW 2000, 1336, 1338; BGH, Urt. v. 13.01.2000 – VII ZR 38/99, BauR 2000, 1481, 1482 = NJW-RR 2000, 970 f.; ausführlich dazu Rdn. 2082 ff.). Voraussetzung für dessen Anwendung bzw. dessen Rechtsfolgen ist bei einem VOB-Vertrag lediglich, dass der Auftragnehmer eine nicht offenkundige Behinderung zuvor angezeigt hat.

- Ebenso unbestritten ist, dass ein Auftraggeber, soweit er schuldhaft seinen in § 3 und 4 VOB/B vorgesehenen Mitwirkungspflichten nicht nachkommt, **Schadensersatzansprüchen** nach § 6 Abs. 6 VOB/B ausgesetzt ist. Verschuldensunabhängig kann der Auftragnehmer bei dadurch auftretenden Bauzeitverzögerungen außerdem eine Bauzeitverlängerung verlangen (§ 6 Abs. 2 Nr. 1 lit. a VOB/B). Dabei hat der Auftragnehmer allerdings auch insoweit in jedem Fall eine nicht offenkundige **Behinderung** zuvor anzuzeigen (vgl. § 6 Abs. 1 VOB/B).
- Zweifelhaft und bestritten ist hingegen, ob es sich bei den Mitwirkungspflichten der VOB/B um echte, d. h. um **selbstständige** oder nur um **unselbstständige Nebenpflichten** handelt. Der wesentliche Unterschied besteht darin, dass selbstständige Nebenpflichten trotz ihrer Unterordnung unter die eigentlich vereinbarte Hauptleistungspflicht einen eigenständigen Zweck verfolgen; infolgedessen sind sie z. B. selbstständig einklagbar. Der Schuldner kann damit auch in Schuldnerverzug geraten, wenn er seinen Pflichten nicht nachkommt. Unselbstständige Nebenpflichten hingegen sichern nur die Hauptpflicht des Schuldners und damit die Abwicklung des Bauvertrages, ohne dass ihnen ein darüber hinausgehender Zweck zukommt. Ihre Verletzung kann Schadensersatzansprüche aus positiver Vertragsverletzung (§ 280 Abs. 1 BGB) auslösen; Erfüllungsansprüche sind hingegen ausgeschlossen (RGZ 72, 394; Palandt/Grüneberg, § 242 Rn. 25).

1070 In dieser Gemengelage werden teilweise Mitwirkungspflichten eines VOB-Vertrages im letztgenannten Sinne verstanden. Gerade die dem Auftragnehmer bei Verletzung der Mitwirkungspflichten zustehenden Rechte nach §§ 6 Abs. 6 und 9 Abs. 1 VOB/B ließen eine Einordnung der Mitwirkungspflichten des Auftraggebers als echte Schuldnerpflichten nicht mit der erforderlichen Klarheit erkennen. Vielmehr spreche § 9 Abs. 1 Nr. 1 VOB/B sogar ausdrücklich vom Unterlassen einer dem Auftraggeber obliegenden Handlung, durch die der Auftragnehmer außerstande gesetzt werde, seine Leistung auszuführen; dies aber stelle nichts anderes als die Umschreibung einer Obliegenheits- oder Gläubigerpflichtverletzung dar, was auch noch durch den Klammerzusatz »Annahmeverzug nach §§ 293 ff BGB« klargestellt werde. Zudem sei gerade bei der VOB-Regelung ein echtes Bedürfnis für eine weitere Aufwertung der Mitwirkungspflichten des Auftraggebers zugunsten des Auftragnehmers etwa im Sinne eingeklagter Rechte nicht erkennbar. Ohnehin sei eine solche klageweise Durchsetzung des Anspruchs auf Mitwirkung für den Auftragnehmer schon aus zeitlichen Gründen wenig interessant; sie würde zudem nur das für die Erfolg versprechende Abwicklung des Bauvorhabens notwendige Vertrauensverhältnis der Vertragspartner zerstören. Sei im Einzelfall ausnahmsweise ein Interesse des Auftragnehmers an der Erfüllung dieser Mitwirkungspflichten des Auftraggebers gegeben, was insbesondere bei Industrieanlagenverträgen der Fall sein könne, so bleibe es den Vertragsparteien unbenommen, bestimmte Mitwirkungspflichten des Auftraggebers bei Abschluss des Vertrages als echte Schuldnerpflichten auszugestalten und die entsprechenden Rechtsfolgen bereits im Vertrag festzulegen. Ansonsten bleibe es dabei, dass die Mitwirkungspflichten nur nicht einklagbare unselbstständige Mitwirkungspflichten darstellten (in diesem Sinne u. a. Ingenstau/Korbion/Vygen, VOB/B § 9 Abs. 1 Rn. 23 f.; Locher, Das private Baurecht, Rn. 133, 230 ff.; Heiermann/Riedl/Rusam/Kuffer, VOB/B § 9 Rn. 5 sowie Riedl/Mansfeld, § 3 Rn. 7).

1071 In der Sache trifft dies jedoch nicht zu. Vielmehr handelt es sich gerade bei den Mitwirkungshandlungen des Auftraggebers, die §§ 3 und 4 VOB/B als Nebenpflichten beschreiben, um **selbstständige Nebenpflichten**. Sie können auch gesondert eingeklagt werden; der Auftraggeber kann damit in Schuldnerverzug geraten (ähnlich zumindest für den Fall, dass es sich bei den gebotenen Mitwirkungshandlungen um Mitwirkungspflichten handelt: Leupertz, Festschrift Koeble, S. 139, 143; Münch.Komm/Busche, BGB § 642 Rn. 23). Grund für diese Einstufung ist der Umstand, dass der Werkvertrag erfolgsbezogen auf die Herstellung der Werkleistung ausgerichtet ist. Dies gilt für beide Vertragsparteien. Ohne die zahlreichen in §§ 3 und 4 VOB/B beschriebenen vom Auftraggeber zu erbringenden Mitwirkungshandlungen ist jedoch der werkvertraglich geschuldete Erfolg selbst von einem leistungsfähigen fachkundigen und zuverlässigen Auftragnehmer nicht zu erreichen. In solchen Fällen ist es nicht einzusehen, den Auftragnehmer lediglich auf ggf. nur unzureichende Schadensersatz- oder Kündigungsrechte zu verweisen. Denn auch er hat in aller Regel ein **echtes Interesse an der Vertragserfüllung**, zumal der Schadensersatzanspruch nach § 6 Abs. 6 VOB/B mit seiner Beschränkung der Einbeziehung eines entgangenen Gewinns auf Fälle des Vorsatzes und grober Fahrlässigkeit völlig unzureichend ist. Gerade weil beide Vertragspartner eines VOB-Vertrages zur Kooperation verpflichtet sind mit dem Ziel, den Bauvertrag als Langfristvertrag einvernehmlich abzuwickeln, gibt es bei einem VOB-Vertrag, der zahlreiche Mitwirkungshandlungen des Auftraggebers als Nebenpflichten zum Zwecke der Durchführung des Bauvorhabens ausdrücklich normiert, keinen Grund, diese (nur) als unselbstständige nicht einklagbare Rechte anzusehen. Stattdessen dienen die Mitwirkungspflichten im Sinne der §§ 3 und 4 VOB/B dazu, im Zusammenwirken die Voraussetzungen für die Durchführung des Vertrages und des dazu versprochenen Leistungserfolgs zu schaffen. Folglich sind diese Pflichten letztlich nichts anderes als **Bestandteil der allgemeinen Leistungstreuepflicht**. Dass Auftragnehmer diese Rechte ggf. aus Zeit- oder anderen Gründen nicht wahrnehmen oder gar einklagen, ändert an dieser Einstufung nichts (wie hier Nicklisch/Weick, VOB/B, § 4 Rn. 8 ff.; im Ergebnis ebenfalls für die Einklagbarkeit von Mitwirkungspflichten nach der VOB: OLG Hamm, Urt. v. 16.02.2011 – 12 U 82/10, BauR 2011, 1214 [Ls.]; Handbuch des privaten Baurechts/Mai, § 16 Rn. 344; Ingenstau/Korbion/Döring, VOB/B, § 3 Abs. 1 Rn. 9; Kapellman/Messerschmidt/Havers, VOB/B § 3 Rn. 11 ff: wohl auch Palandt/Grüneberg, § 242 Rn. 32: wie hier wohl auch Münch. Komm./Ernst, § 280 Rn. 134; unentschieden Münch. Komm/Busche, BGB § 642 Rn. 27).

5.6.2.2 Mitwirkungshandlungen außerhalb der Regelungen der VOB/B

Es gibt nicht nur Mitwirkungshandlungen, die in §§ 3 und 4 VOB/B positiv umschrieben und als echte Nebenpflichten geregelt sind. Vielmehr ist es auch z. B. einem BGB-Werkvertrag immanent, dass der Besteller einen eigenen Beitrag leisten muss, damit der Auftragnehmer die Werkleistung erbringen kann. Somit stellen sich dem Grunde nach **bei einem BGB-Werkvertrag** dieselben Fragen zur **Einstufung solcher Mitwirkungshandlungen** wie bei einem VOB-Vertrag. Allerdings ist hier die Ausgangslage deutlich schwieriger: Dann anders als die VOB/B mit ihren §§ 3 und 4, die vertragsrechtlich verschiedene Mitwirkungshandlungen in den Rang von Nebenpflichten erheben, gibt es im BGB-Werkvertragsrecht keine vergleichbar ausgefeilten Regelungen. Dabei ist unbestritten, dass eine nach der VOB-Regelung geschuldete Mitwirkungshandlung für die Realisierung eines BGB-Vertrages genauso wichtig sein kann.

1072

> **Beispiel**
>
> Der Auftraggeber übergibt keine für die Leistungsausführung notwendigen Pläne. In § 3 Abs. 1 VOB/B ist die Übergabe dazu positiv als Nebenpflicht des Auftraggebers geregelt. Doch auch bei einem BGB-Vertrag geht es nicht ohne diese Pläne.

Trotz dieser gleichgerichteten Interessenlage fällt die rechtliche Beurteilung teilweise unterschiedlich aus. Dies hat weniger damit zu tun, dass einzelne Mitwirkungshandlungen, wie sie in §§ 3 und 4 VOB/B positiv umschrieben werden, auch bei BGB-Verträgen im Wege der allgemeinen Vertragsauslegung unter weiterer Heranziehung des Grundsatzes von Treu und Glauben als Nebenpflichten anzusehen sein dürften (vgl. oben Rdn. 427 ff.). Doch ansonsten bleibt es zunächst bei dem Befund, dass diese Mitwirkungshandlungen anders als beim VOB-Vertrag gerade nicht ausdrücklich als echte Nebenpflichten vereinbart sind. Hieraus folgt zweierlei:
- Dem Grunde nach gilt für die Mitwirkungshandlungen, die für die Baurealisierung erforderlich sind, zunächst die reine Gesetzeslage. D. h.: Unterbleiben die notwendigen Mitwirkungshandlungen, ist die Rechtsfolge in § 642 BGB geregelt. Der Auftraggeber kann danach bei ausbleibender Mitwirkungshandlung in Annahmeverzug kommen. Das war's aber schon – im Normalfall. Die Begründung von eigenständig dazu bestehenden (selbstständigen) Nebenleistungspflichten wäre vielleicht wünschenswert. Doch solange sich dazu aus dem Gesetz oder den vertraglichen Ver-

1073

pflichtungen nicht etwas anderes ergibt, gibt es dazu keine Grundlage. Vielmehr handelt es sich insoweit um reine **Obliegenheiten** (sehr anschaulich zuletzt BGH, Urt. v. 27.11.2008 – VII ZR 206/06, BGHZ 179, 55, 68 = BauR 2009, 515, 519 = NJW 2009, 582, 586 = NZBau 2009, 185, 188). Diese sind dadurch geprägt, dass deren Befolgung im eigenen Interesse des Betroffenen liegt, um ggf. Nachteile (z. B. auch den gesetzlich geregelten Entschädigungsanspruch nach § 642 BGB) zu vermeiden; erfüllt der Betroffene die Obliegenheit aber nicht, handelt es sich mangels Rechtspflicht dabei nicht um ein vertragswidriges Verhalten. Deswegen scheiden auch Erfüllungs- und Schadensersatzansprüche der Vertragsgegenseite aus diesem Grund aus. Erst recht ist es ausgeschlossen, dass die Vertragsgegenseite, d. h. bei ausbleibenden notwendigen Mitwirkungshandlungen des Auftraggebers der Auftragnehmer diese selbstständig einklagen könnte (so vor allem BGH, Urt. v. 13.11.1953 – I ZR 140/52, BGHZ 11, 80, 83; BGH, Urt. v. 16.05.1968 – VII ZR 40/66, BGHZ 50, 175, 178 f.; Münch. Komm./Busche, BGB, § 642 Rn. 2; Staudinger/Peters, BGB, § 642 Rn. 17; Locher, Das private Baurecht Rn. 133; Palandt/Grüneberg, Einl. v. § 242 Rn. 13, Palandt/Sprau, § 642 Rn. 1 – kritisch Kapellmann/Messerschmidt/v. Rintelen, VOB/B, § 9 Rn. 10 ff., a. A. von Craushaar, BauR 1987, 14, der die Mitwirkungshandlungen insoweit einheitlich als Nebenpflichten ansieht).
- Abweichend davon können die Parteien im Bauvertrag aber auch vorsehen, dass einzelne Mitwirkungshandlungen als **echte Vertrags(neben)pflichten** gelten sollen. Damit ist natürlich nicht gemeint, dass nunmehr eine gebotene Mitwirkungshandlung gleichzeitig Obliegenheit und Vertragspflicht ist (Kapellmann, NZBau 2011, 193, 194 f.; dagegen wenig verständlich: Münch. Komm./Busche, BGB § 642 Rn. 21 f.). Dies ist rechtlich ausgeschlossen: Denn entweder schuldet man eine gebotene Mitwirkungshandlung, dann handelt es sich um eine Pflicht. Oder man schuldet sie nicht. Dann liegt nach der gesetzlichen Grundentscheidung eine allseits so bezeichnete Obliegenheit vor; diese ist gerade dadurch gekennzeichnet, dass es sich dabei nicht um eine Vertragspflicht handelt. Gemeint ist aber offensichtlich etwas anderes: So ist zunächst davon auszugehen, dass es sich bei den für die Werkherstellung erforderlichen Mitwirkungshandlungen des Auftraggebers in der Regel (nur) um reine Obliegenheiten, also um keine Vertragspflichten handelt. Es ist aber durchaus vorstellbar, dass die Parteien – auch wenn sie es nicht ausdrücklich wie etwa bei einem VOB-Vertrag in §§ 3 und 4 im Vertrag vorgesehen haben – konkludent, d. h. gerade ohne eine gesonderte Regelung dazu im Vertrag, z. B. wegen ihrer weitreichenden Bedeutung bestimmte Mitwirkungshandlungen doch als echte Vertragspflicht verstanden haben und so ansehen wollten.

1074 Wenn man zu diesem letztgenannten Ergebnis kommt, bedeutet das, dass es wie schon bei den Mitwirkungshandlungen eines VOB-Vertrages nunmehr bei deren Verletzung zu einem **Nebeneinander von Schuldner- und Annahmeverzug**, also etwa zu Ansprüchen aus § 642 BGB sowie zu einem Schadensersatzanspruch nach §§ 280 ff. BGB kommen kann (vgl. dazu schon BGH, Urt. v. 16.05.1968 – VII ZR 40/66, BGHZ 50, 175, 178, der es als ein unerträgliches und mit Treu und Glauben nicht zu vereinbarendes Ergebnis ansah, bei der Verletzung von Mitwirkungspflichten den Auftragnehmer auf die Rechte des § 642 BGB zu beschränken). Auf diese Rechtsfolge ist deshalb hinzuweisen, weil sich daran zeigt, dass § 642 BGB unabhängig davon anwendbar ist, ob eine Obliegenheit oder eine Nebenpflicht verletzt wird. Dabei mag man zwar dieses Nebeneinander von zwei Ansprüchen für ein und dieselbe Verletzungshandlung bei Mitwirkungshandlungen – vor allem bei VOB-Verträgen – kritisieren, zumal der eine Anspruch (§ 6 Abs. 6 S. 1 VOB/B) eine Haftungsbegrenzung enthält, der andere (§ 6 Abs. 6 S. 2 VOB/B i. V. m. § 642 BGB) nicht (Kapellmann, NZBau 2011, 193 ff.). Diese Kritik berücksichtigt jedoch nicht, dass sich erstens der Inhalt beider Ansprüche z. T. deutlich unterscheidet (s. dazu näher Rdn. 1894 ff.). Zweitens handelt es sich bei § 642 BGB eben sich um **keine Sondervorschrift einer Obliegenheitsverletzung**, sondern um die eines Annahmeverzugs infolge einer für die Werkherstellung unterbliebenen erforderlichen Mitwirkungshandlung. Welche rechtliche Qualität eine Mitwirkungshandlung einnimmt, entscheidet § 642 BGB dagegen nicht. Der »Begriff« der Obliegenheit, welcher ohnehin nur ein Begriff der Rechtsprechung und Wissenschaft ist, wird dort nicht einmal erwähnt.

5.6 Die Mitwirkungspflichten des Auftraggebers bei der Bauausführung

Da sich auch ansonsten dem Gesetz dazu nichts weiter entnehmen lässt, welche Mitwirkungshandlung nur Obliegenheit oder ggf. Nebenpflicht ist, kann eine Antwort darauf also nicht § 642 BGB geben, sondern nur der Vertrag selbst (so im Ergebnis zu Recht: BGH, Urt. v. 27.11.2008 – VII ZR 206/06, BGHZ 179, 55, 68 = BauR 2009, 515, 519 = NJW 2009, 582, 586 = NZBau 2009, 185, 188). Hier nun sind ausdrückliche Vereinbarungen denkbar, wie z. B. im VOB-Vertrag nach den §§ 3 und 4 VOB/B (s. o. Rdn. 1043 ff.). Oder der Vertrag enthält dazu keine ausdrücklichen Vereinbarungen. Dann ist zunächst davon auszugehen, dass gerade wegen der fehlenden Regelung dazu es sich bei den für die Vertragsdurchführung gebotenen Mitwirkungshandlungen vor allem bei einem **BGB-Vertrag eben nicht um Nebenpflichten** handelt, sondern nur – oder besser jedenfalls – um nicht einklagbare Obliegenheiten. Doch kann je nach Auslegung auch ein anderes Ergebnis gerechtfertigt sein (so wohl auch BGH, a. a. O.; Kniffka, Jahrbuch BauR 2001, 1, 6 ff., 12 ff.). 1075

Die entscheidende Frage bleibt somit, um welche Mitwirkungshandlungen es sich handelt, die nach einer Auslegung des Vertrages zumindest üblicherweise nicht mehr nur als reine Obliegenheiten anzusehen sind, sondern als eigenständige Nebenpflichten. Kein Argument für die Einstufung ist dabei immerhin die Notwendigkeit der Mitwirkungshandlung als solche: Denn dass eine Mitwirkungshandlung zwingend notwendig ist, besagt wenig – was schon § 642 BGB zeigt, der ganz allgemein, also auch bei den reinen Obliegenheiten, stets von den für die Werkherstellung erforderlichen Mitwirkungshandlungen spricht, d. h.: Um nicht erforderliche Mitwirkungshandlungen muss man sich keine Gedanken machen, was auf der Hand liegt. Zu prüfen ist vielmehr, ob die Parteien einzelnen Mitwirkungshandlungen auch ohne eine gesonderte oder ausdrückliche Vereinbarung dazu für den **Leistungserfolg eine so überragende Bedeutung** beigemessen haben, dass sie darin eben nicht nur eine reine Obliegenheit gesehen haben, sondern sie stattdessen als eine Rechtspflicht des Auftraggebers verstanden wissen wollten und konkludent auch so verstanden haben. Auch das ist wie gesagt Ergebnis einer Auslegung des Vertrages mit der Folge, dass in Bezug auf diese Nebenpflichten nichts anderes gelten würde als etwa zu den in der VOB ausdrücklich geregelten. Denn es ist einerlei, wie oder wo die Parteien eine solche Nebenpflicht vereinbart haben. Entscheidend ist allein, dass sie überhaupt vereinbart sind, sodass diese dann aus den oben näher beschriebenen Gründen bestehen und z. B. selbstständig eingeklagt werden können. 1076

Geht man von dieser Betrachtung aus, wird man – wie weit dies im Einzelfall auch immer gehen mag – bei den »üblichen« Mitwirkungshandlungen im Zusammenhang mit der Abwicklung einer Baustelle ohne eine weiter gehende Vereinbarung dazu im Vertrag tatsächlich in der Regel nur von reinen Obliegenheiten des Auftraggebers/Bestellers auszugehen haben. Für Weiteres gibt es hier keinen Anhaltspunkt. 1077

▶ **Beispiel**

> Der Auftraggeber weigert sich, eine vorgesehene Bemusterung durchzuführen. Hier bleibt es bei der reinen Obliegenheit, sodass der Auftragnehmer nicht auf Erfüllung klagen und der Auftraggeber insoweit nicht in Schuldnerverzug gelangen kann (wenig verständlich dazu OLG Dresden, Urt. v. 31.08.2011 – 1 U 1682/10, IBR 2012,12, das ohne weiteren Kommentar bei einer verzögerten Bemusterung einen Schadensersatz wegen Pflichtverletzung nach § 6 Abs. 6 VOB/B zuspricht).

Etwas anderes dürfte hingegen für die Mitwirkungshandlungen gelten, die nicht allein die Leistungsausführung als solche in der Bauphase betreffen, sondern darüber entscheiden, dass der Vertrag von seinem Papierstatus überhaupt in die Realisierungsphase übergeht. Denn gerade dazu liegt auf der Hand, dass keine Vertragspartei erwarten kann, dass jemand einen Vertrag schließt, um ihn dann mit einer unterbleibenden Mitwirkungshandlung niemals in Vollzug zu setzen – möglicherweise auch und gerade deshalb, um sonstige gesetzlich dafür geltende nachteilhafte Rechtsfolgen zu umgehen. Drei ganz zentrale Mitwirkungshandlungen können das belegen:

- **Fehlender Leistungsabruf**
Zu nennen ist zuallererst der Abruf einer einmal beauftragten Leistung: Einzelheiten sind dazu in vielen Verträgen kaum geregelt. Auch in der VOB/B oder im BGB findet sich dazu praktisch 1078

nichts: Zwar ist in § 5 Abs. 2 VOB/B vorgesehen, dass der Auftraggeber die Leistung jederzeit abrufen kann und der Auftragnehmer nach Abruf binnen 12 Werktagen damit zu beginnen hat. Offen bleibt dagegen, was geschehen soll, wenn der Auftraggeber von diesem Recht keinen Gebrauch macht. Besonders bei Subunternehmerverträgen tritt der Fall häufig auf, da der beauftragende Hauptunternehmer z. T. selbst nicht weiß, ob und wenn ja innerhalb welcher Fristen er einen Auftrag vom Bauherrn erhalten wird. Aus Sicht des Subunternehmers heißt das jedoch nicht, dass der Hauptunternehmer den Leistungsabruf nunmehr beliebig hinauszögern darf oder gar völlig davon absehen könnte. Dass dies rechtlich nicht sanktionslos zulässig sein kann, zeigt schon ein Vergleich mit § 649 BGB: Denn wenn der Auftraggeber von dem Vorhaben aus welchen Gründen auch immer Abstand nehmen will, kann (und muss) er es kündigen. Er hat dann allerdings auch die volle vereinbarte Vergütung (abzüglich ersparter Aufwendungen) zu zahlen. Diese für ihn negative Vergütungsfolge kann er nicht dadurch umgehen, dass er jetzt die Leistung erst gar nicht abruft. Gerade das zeigt aber, dass der **Abruf der Leistung** sowohl beim BGB- als auch beim VOB-Vertrag in aller Regel eine echte (**einklagbare**) **Nebenpflicht des Auftraggebers** darstellt, wonach beide Parteien davon ausgehen, dass zu einem geschlossenen Vertrag auch der dazu gehörende Leistungsvollzug gehört (BGH, Urt. v. 30.09.1971 – VII ZR 20/70, NJW 1972, 99 f.; OLG Düsseldorf, Urt. v. 06.09.2006 – I-23 U 35/06, BauR 2006, 1908, 1911; OLG Düsseldorf, Urt. v. 29.10.2010 – 22 U 135/08, Nichtzul.-Beschw. zurückgew., BGH, Beschl. v. 08.03.2012 – VII ZR 185/10, BauR 2012, 1286 [Ls.] – a. A. OLG Düsseldorf, Urt. v. 25.04.1995 – 21 U 192/94, BauR 1995, 706, 707 = NJW 1995, 3323, das nur von einer Obliegenheit ausgeht). Dabei wird ohne eine Vereinbarung hierzu von der Fälligkeit der Leistung auszugehen sein, wenn eine nach Treu und Glauben zu bestimmende Frist für den Leistungsabruf abgelaufen ist. Welche Frist angemessen ist, ist zwar Sache des Einzelfalls. In der Regel wird jedoch ein Auftragnehmer ohne gesonderte Fristvereinbarung davon ausgehen können, dass die Leistungen innerhalb von ca. **vier Wochen nach Vertragsschluss** abgerufen werden.

- **Übergabe einer mangelfreien Planung**

1079 Als vertragliche Nebenpflicht des Auftraggebers angesehen hat der BGH ebenso die ausreichende Wahrnehmung seiner Koordinierungspflicht oder die **Übergabe von Planunterlagen** (allgemein: BGH, Urt. v. 29.11.1971 – VII ZR 101/70, BauR 1972, 112 = NJW 1972, 447, 448; BGH, Urt. v. 27.06.1985 – VII ZR 23/84, BGHZ 95, 128, 130 f. = BauR 1985, 561, 562 = NJW 1985, 2475; BGH, Urt. v. 21.10.1999 – VII ZR 185/98, BGHZ 143, 32, 37 = BauR 2000, 722, 724 = NJW 2000, 1336, 1337 = NZBau 2000, 187, 188; zweifelnd für einen BGB-Vertrag: Leupertz, Festschrift Koeble, S. 139, 142). Daran allerdings könnte man bei einem BGB-Vertrag insoweit Zweifel haben, als es etwa um rechtzeitige Übergabe geht (anders beim VOB-Vertrag, bei dem auch das nach § 3 Abs. 1 VOB/B unstreitig eine Nebenpflicht darstellt: so ausdrücklich: BGH, Urt. v. 22.03.1984 – VII ZR 50/82, BGHZ 90, 344, 347 = BauR 1984, 395, 396 = NJW 1984, 1676, 1677, weswegen der BGH richtigerweise bei einem Verstoß dagegen regelmäßig Schadensersatzansprüche wegen einer Pflichtverletzung prüft, vgl. etwa: BGH, Urt. v. 21.03.2002 – VII ZR 224/00, BauR 2002, 1249, 1251 = NJW 2002, 2716 = NZBau 2002, 381, 382; BGH Urt. v. 24.02.2005 – VII ZR 141/03, BGHZ 162, 259, 262 = BauR 2005, 857, 858 = NJW 2005, 1653 = NZBau 2005, 387). Andererseits ist es aber eben auch so, dass ohne die Übergabe einer Planung genauso wie der fehlende Leistungsabruf der **Vertrag nicht in die Realisierungsphase übergehen** kann. Denn wenn der Auftragnehmer nicht weiß, was er bauen soll, kann er gar nicht bauen oder damit anfangen. Auch damit lässt sich dann wie bei der Verpflichtung zum Leistungsabruf relativ anschaulich belegen, dass man die Übergabe von Planunterlagen nach einer Auslegung der Willenserklärungen der Parteien und dem danach unterstellten üblichen Verständnis, nämlich einen geschlossenen Vertrag durchzuführen, zugleich als eine Nebenpflicht anzusehen haben wird. An dieser Einschätzung hat sich auch nach dem sog. **Glasfassadenurteil** des BGH nichts geändert. Dort hatte der BGH gerade zu der Übergabe von Planunterlagen nämlich auf seine frühere Rechtsprechung verwiesen, wonach er die Übergabe von Planunterlagen als Rechtspflicht angesehen hatte. Er hatte dann zwar ebenso ergänzt, dass hierin jedenfalls eine Obliegenheit liege, die allerdings durch die vertragliche Vereinbarung zu einer Leistungspflicht erhoben werden könne (BGH, Urt. v. 27.11.2008 – VII ZR 206/06,

BGHZ 179, 55, 68 = BauR 2009, 515, 519 = NJW 2009, 582, 586 = NZBau 2009, 185, 188) Diese Ergänzung ist an sich nicht falsch, kennzeichnet sie doch nur das Verhältnis der Mitwirkungshandlungen in dem Spannungsfeld von Obliegenheit und Nebenpflicht (s. o. Rdn. 1072 ff.). Dann aber lässt sich mit der bisherigen Rechtsprechung gut festhalten, dass wie der Leistungsabruf auch die Übergabe der Planunterlagen nach der vertraglichen Vereinbarung, und zwar hier in aller Regel nach einer Auslegung der dazu gehörigen Erklärungen, zu den Nebenpflichten der Vertragspartner gehört. Sie ist damit im Prinzip auch einklagbar – wobei das wie bei vielen Mitwirkungshandlungen wenig bringt (s. o. Rdn. 1070 f.). Dies gilt im besonderen Maße natürlich für die Erstellung einer Planung, da nur schwer vorstellbar ist, wie ein solches Urteil mit welchem Inhalt inhaltlich ausgestaltet oder gar vollstreckt werden sollte (kritisch dazu auch Peters, NZBau 2011, 641, 642, der mit diesem Argument allerdings hier generell die Einordnung von Mitwirkungshandlungen als Nebenpflichten ablehnt, was wie gezeigt so nicht richtig sein dürfte).

- **Bereitstellung des Baugrundstücks**
Nichts anderes gilt für die Bereitstellung des baureifen Grundstücks, also u. U. auch den vorherigen Abbruch des Altgebäudes, die Ausschachtung der Baugrube, die Fertigstellung der Gründungsarbeiten, der Fundamente oder des Kellers für ein Fertighaus, wenn diese nicht zum Leistungsumfang der vom Auftragnehmer vertraglich geschuldeten Bauleistung gehören. Dabei dürfte es sich aber ebenfalls um keine vertragliche Hauptpflicht handeln, wenn auch unstreitig eine Nebenpflicht vorliegt (OLG München, Urt. v. 09.11.1990 – 23 U 4090/90, BauR 1992, 74, 75 = NJW-RR 1992, 348; ebenso: Ingenstau/Korbion/Döring, VOB/B, § 6 Abs. 2 Rn. 9; Ingenstau/Korbion/Vygen, VOB/B § 9 Abs. 1 Rn. 6; Kapellmann/Messerschmidt/von Rintelen, VOB/B § 9 Rn. 9; Beck'scher VOB-Kommentar/Hofmann, VOB/B, vor § 3 Rn. 5; ders./Berger/Motzke, § 9 Nr. 1 Rn. 17). Kapellmann hat hier das Beispiel gebildet, dass der Dachdecker schließlich nicht decken könne, wenn kein Haus da sei (Kapellmann/Schiffers, Bd. 1, Rn. 1296). Ob dieser Beispielfall allerdings ohne Weiteres verfängt, ist zweifelhaft: Denn diese Unentbehrlichkeit der Mitwirkungshandlung besagt für sich genommen wiederum wenig zu deren rechtlichen Einordnung: So sind ganz viele Mitwirkungshandlungen dadurch geprägt, dass ohne deren Vornahme die Baumaßnahme nicht vorangehen kann (s. o. Rdn. 1076). Entscheidend ist daher weniger die Unentbehrlichkeit als solche als erneut die Auslegung des Vertrages und der ihn prägenden Willenserklärungen. Nach diesen ist zumindest all das in der Regel als Nebenpflicht anzusehen, was erforderlich ist, damit der auf dem Papier bestehende Vertag überhaupt erst einmal in Vollzug gesetzt wird – so schwierig dann die Abwicklung sein mag. Dazu gehört als elementare Voraussetzung nicht nur der Abruf der Leistung, der von der Rechtsprechung zweifellos als Vertragspflicht eingeordnet wurde (s. o.), sondern wenigstens aufgrund seiner ebenso und gleichwertigen Voraussetzung auch, dass der Auftraggeber das Grundstück irgendwann einmal (baureif) zur Verfügung stellt.

In diesem Sinne hat ebenso der Bundesgerichtshof die Bereitstellung des Baugrundstücks durch den Besteller bereits in aller Deutlichkeit als **Mitwirkungspflicht** angesehen (BGH, Urt. v. 19.12.2002 – VII ZR 440/01, BauR 2003, 531 = NJW 2003, 1601 = NZBau 2003, 325). Allerdings gibt es dagegen gerade zu den sog. **Vorunternehmerfällen** auch Sachverhalte, in denen er sich in einem bestimmten Sinne vorsichtiger ausdrückt.

> **Beispiel**
>
> Der Parkettleger soll am Montag früh anfangen. Der Estrichleger ist nicht rechtzeitig fertig geworden. Der Parkettleger erscheint pünktlich und kann nicht beginnen. Wegen der ihm entstandenen Mehrkosten möchte er dafür den Auftraggeber in Anspruch nehmen.

Welche Ansprüche hier dem Nachfolgeunternehmer zur Verfügung stehen, ist äußerst umstritten; hierauf soll später eingegangen werden (s. dazu Rdn. 1997 ff.). Klargestellt hat der BGH in solchen Fällen aber immerhin, dass der Auftraggeber – vorbehaltlich einer anderweitigen Vereinbarung – keine Pflicht zur Bereitstellung einer mangelfreien Vorleistung übernommen habe und ihm deswegen eine Schlecht- oder verzögerte Leistung des Vorunternehmers über § 278 BGB in seinem Vertragsverhältnis zum Nachfolgeunternehmer nicht zuzurechnen sei (BGH,

Urt. v. 27.06.1985 – VII ZR 23/84, BGHZ 95, 128, 130 f. = BauR 1985, 561, 562 = NJW 1985, 2475). Damit der Nachfolgeunternehmer im Verhältnis zum Auftraggeber nunmehr aber nicht leer ausgehe, hat der BGH in einer Folgeentscheidung weiter angenommen, dass es zumindest zu den Obliegenheiten des Auftraggebers gehöre, dem Nachfolgeunternehmer rechtzeitig ein baureifes Grundstück zur Verfügung zu stellen. Tue er das nicht, habe der Nachfolgeunternehmer einen Entschädigungsanspruch nach § 642 BGB (BGH, Urt. v. 21.10.1999 – VII ZR 185/98, BGHZ 143, 32 = BauR 2000, 722, 725 = NJW 2000, 1336 = NZBau 2000, 187). Ob die Zurverfügungstellung des Baugrundstücks zugleich eine Nebenpflicht des Auftraggebers darstellt, hat er dagegen nicht angesprochen – was er dann aber unter Bezugnahme auf diese Entscheidung immerhin in seinem späteren Urteil vom 19.12.2002 (VII ZR 440/01, a. a. O.) klarstellte.

1082 Ein Sonderfall liegt immerhin vor, wenn der Auftraggeber das Baugrundstück nicht herausgeben kann.

> **▶ Beispiel**
>
> Der Hauptunternehmer erhält das Grundstück nicht vom Bauherrn. Hier kann er das Grundstück auch seinem Subunternehmer nicht zur Verfügung stellen – wobei insoweit die Besonderheit besteht, dass ihn daran nicht einmal ein Verschulden treffen dürfte.

Die damit verbundenen Rechtsfragen sind vielfältig (vgl. zu den Rechtsfolgen Rdn. 2740 ff.). Vorstehender Beispielfall soll dies verdeutlichen. Denn erhält der Hauptunternehmer das Grundstück (endgültig) nicht vom Bauherrn, ist es ihm unmöglich, dieses seinem Subunternehmer zu überlassen. Dann aber führt dies in dem beschriebenen Beispielfall im Verhältnis zu seinem Subunternehmer dazu, dass der Hauptunternehmer nicht in Annahmeverzug geraten kann, selbst wenn der Subunternehmer seine Leistungen anbietet. Denn die **Unmöglichkeit einer dem Gläubiger obliegenden Leistung** (Herausgabe des Grundstücks) **schließt dessen Annahmeverzug aus** (RGZ 106, 272, 276; BGH, Urt. v. 11.04.1957 – VII ZR 280/56, BGHZ 24, 91, 96 = NJW 1957, 989, 990). Dementsprechend wäre auch eine Vertragskündigung des Subunternehmers nach § 9 Abs. 1 Nr. 1 VOB/B schon tatbestandlich ausgeschlossen. Während in einer solchen Fallgestaltung der Subunternehmer wegen einer ihm nicht möglichen Leistungsausführung nach § 275 Abs. 1 BGB von seiner Leistungspflicht frei wird, richtet sich das Schicksal der ihm zustehenden Vergütung nach § 645 Abs. 1 S. 1 BGB. Wegen der weiteren Einzelheiten und zu den damit verbundenen Rechtsfolgen wird auf Rdn. 2107 ff. verwiesen.

1083 Zusammengefasst bleibt es ansonsten dabei, dass mit Ausnahme der vorgenannten Sonderfälle vor allem im BGB-Vertrag – ggf. je nach Vertragsauslegung ergänzt noch um wenige weitere Sachverhalte – in der Regel rechtlich bei den für die Werkherstellung erforderlichen Mitwirkungshandlungen nur von Obliegenheiten auszugehen ist. Im Ergebnis heißt das jedoch nicht, dass der Auftraggeber bei unterbleibenden notwendigen Mitwirkungshandlungen abschließend keinem Schadensersatzanspruch ausgesetzt ist. Denn genauso gut ist es denkbar, dass der Auftraggeber bei der **Vernachlässigung von Mitwirkungshandlungen** bei einer gewissen Schwere ausnahmsweise auch seine allgemeine Pflicht verletzt, den Vertragszweck in dem erforderlichen Umfang zu fördern. Somit kann der Auftragnehmer je nach Schwere der ausbleibenden Mitwirkungshandlung, die allein noch keine Nebenpflicht darstellt und deswegen nach §§ 642 f. BGB (nur) einen Entschädigungsanspruch oder eine Kündigungsmöglichkeit auslösen würde, unabhängig davon darüber hinaus Ersatz der ihm dann z. B. entstehenden Zusatzkosten wegen **Verletzung der allgemeinen Vertragsförderungspflicht** (schwerwiegende Gefährdung des Vertragszwecks) verlangen. Denn es wäre ein unerträgliches und mit Treu und Glauben nicht zu vereinbarendes Ergebnis, wenn es dem Besteller freistehen würde, durch eine fast willkürliche Nichterfüllung seiner Gläubigerobliegenheiten den Unternehmer zur Kündigung des Vertrags zu zwingen oder ihn auf einen reinen Entschädigungsanspruch zu verweisen. Die dann bestehenden Ansprüche (z. B. auf Schadensersatz) folgen jedoch in diesem Fall nicht aus einem Schuldnerverzug nach einer ausbleibenden Mitwirkungshandlung, sondern aus §§ 280 Abs. 1, 281 BGB wegen der Verletzung der allgemeinen Leistungstreuepflicht bzw. Pflicht zur Förderung des Vertragszwecks (BGH, Urt. v. 13.11.1953 – I ZR 140/52, BGHZ 11, 80, 84; BGH, Urt. v. 16.05.1968 – VII ZR 40/66, BGHZ 50, 175, 178 f.; Heiermann/

Riedl/Rusam/Kuffer, VOB/B § 9 Rn. 9; Kniffka/Koeble, 8. Teil Rn. 18; Palandt/Grüneberg, § 280 Rn. 24 ff., 29; Palandt/Sprau § 642 Rn. 3; s. dazu weiter unten Rdn. 2808 ff.).

▶ **Beispiel**

Der Auftraggeber muss für die Ausführung der Bauleistung eine öffentlich-rechtliche Genehmigung einholen. Dies unterlässt er. Zunächst stellt dies wie erläutert eine reine Obliegenheitsverletzung dar (vgl. auch BGH, Urt. v. 21.03.1974 – VII ZR 139/71, BauR 1974, 274, 275 = NJW 1974, 1080, 1081), die bei dem Auftragnehmer nur zu den Rechten der §§ 642 ff. BGB führt. Unterlässt der Auftraggeber aber die Beantragung der Genehmigung insgesamt, liegt hierin gleichzeitig eine Verletzung seiner allgemeinen Vertragsförderungspflicht, die dann eigenständige Schadensersatzansprüche auslöst.

5.6.3 Rechtsfolgen bei Verletzung der Mitwirkungspflichten/Obliegenheiten des Auftraggebers

Ausführungen dazu finden sich, soweit der Vertrag aufrechterhalten bleiben soll, einheitlich im Kapitel 8 (Rdn. 1747 ff. zur Bauzeitverlängerung und Rdn. 1885 ff. zu Mehrkostenansprüchen). Soll der Vertrag wegen der ausbleibenden Mitwirkungshandlung vorzeitig beendet werden, ist dazu auf die nachfolgenden Ausführungen in Kapitel 11 (Rdn. 2711 ff.) zu verweisen.

1084

5.7 Zusammenfassung in Leitsätzen

1. Die VOB/B kann für Bauleistungen jeder Art vereinbart werden. Hierzu gehören echte Bauwerksleistungen, aber auch Arbeiten an einem Grundstück. Abzugrenzen sind vor allem Architektenleistungen, Leistungen der Werklieferungsunternehmer und der Baubetreuer (Bauträger).
2. Der richtigen Bestimmung der geschuldeten Leistung bzw. des Bausolls kommt eine überragende Bedeutung zu, und zwar sowohl hinsichtlich der Frage der Gewährleistung, nämlich ob ein Mangel besteht, als auch hinsichtlich etwaiger Nachträge, nämlich wann eine ggf. zusätzliche Leistung vorliegt, die gesondert zu vergüten ist.
3. Die geschuldete Bauleistung bzw. das Bausoll sind in erster Linie anhand der vorliegenden Willenserklärungen durch Auslegung zu ermitteln. Vor allem bei Pauschalierungen ist zu prüfen, ob davon nur die Massen und Mengen oder auch die zu erbringende Leistung selbst bzw. die dafür zu zahlende Vergütung erfasst wird. Sodann gibt es keinen Grundsatz, dass verbleibende Lücken stets zulasten einer Partei (z. B. des Auftraggebers als Ersteller der Leistungsbeschreibung) gehen. Bei der Auslegung selbst kommt vor allem dem Wortlaut sowie dem objektiven Empfängerhorizont eine maßgebliche Bedeutung zu. Soweit notwendig kann ergänzend auf die anerkannten Regeln der Technik und die einschlägige DIN zurückgegriffen werden. Dies gilt insbesondere für den jeweiligen Abschnitt 4.1 (von der Vergütung erfasste Nebenleistungen) und Abschnitt 4.2 (vergütungspflichtige Besondere Leistungen). Kommt es zu Widersprüchen zwischen DIN und anerkannten Regeln der Technik, gehen Letztere vor.
4. Vorstehende Grundsätze gelten auch bei einer öffentlichen Ausschreibung. Insoweit sind aber bei der Auslegung der einer Ausschreibung zugrunde liegenden Leistungsbeschreibung bei der Ermittlung des objektiven Empfängerhorizonts maßgeblich auch die Grundsätze des § 7 VOB/A heranzuziehen.
5. Bei einem VOB-Vertrag ist der Auftraggeber berechtigt, nach Vertragsschluss den Bauentwurf zu ändern. Dabei handelt es sich um ein einseitiges Leistungsbestimmungsrecht, dem der Auftragnehmer bis zur Grenze der Zumutbarkeit Folge zu leisten hat. Hierfür erhält er im Gegenzug nach § 2 Abs. 5 VOB/B eine (in der Regel) zusätzliche Vergütung. Zum Bauentwurf selbst, den der Auftraggeber ändern kann, gehört nach bestrittener Ansicht auch die Bauzeit.
6. Soweit während der Bauausführung Zusatzleistungen notwendig werden, kann der Auftraggeber diese ebenfalls verlangen. Abzugrenzen davon sind die nicht notwendigen Zusatzleis-

1085

tungen, deren Ausführung der Auftragnehmer von seinem Einverständnis (mit einer höheren Vergütung in beliebiger Höhe) abhängig machen kann. Geht es um notwendige Zusatzleistungen, steht dem Auftragnehmer nach § 2 Abs. 6 VOB/B (nur) ein zusätzlicher Vergütungsanspruch in Anlehnung an seine Urkalkulation zu.

7. Den Auftragnehmer treffen vor und während der Bauausführung bei einem VOB-Vertrag zahlreiche Pflichten. Zu nennen ist vor allem seine Pflicht zur mangelfreien Herstellung der Bauleistung. Kommt es während der Bauausführung zu Baumängeln, kann der Auftraggeber bereits vor Abnahme deren Beseitigung und Schadensersatz verlangen. Schlimmstenfalls kann er den Vertrag nach einer Androhung kündigen. Erst anschließend darf er die aufgetretenen Mängel durch einen Ersatzunternehmer auf Kosten des Erstunternehmers beseitigen lassen.

8. Neben der Pflicht zur mangelfreien Herstellung der Bauleistung steht die Pflicht des Auftragnehmers zur Einhaltung der zugesagten Termine. Einzelheiten dazu werden im Kapitel 8 behandelt.

9. Anders gestaltet sich die Rechtslage bei einem BGB-Werkvertrag: Hier stehen dem Auftraggeber grundsätzlich keine Mängelrechte vor der Abnahme zu. Stattdessen ist er auf die Rechte aus dem allgemeinen Schuldrecht angewiesen. Ein danach ggf. denkbarer Rücktritt vom Vertrag oder Schadensersatzansprüche kann der Auftraggeber jedoch zumindest in der Regel nicht wegen schon während der Bauausführung auftretender Mängel geltend machen. Vielmehr ist dies nur möglich, wenn der Mangel gleichzeitig Ausdruck eines Verstoßes des Auftragnehmers gegen seine allgemeine Leistungstreuepflicht ist oder es um Mängel geht, die der Auftragnehmer bis zur Abnahme ohnehin nicht mehr beseitigen kann.

10. Den Auftraggeber treffen bei der Realisierung eines Bauvorhabens Mitwirkungspflichten. Im VOB-Vertragsrecht finden sich Regelungen hierzu vor allem in den §§ 3 und 4 VOB/B, teilweise auch in den zugrunde liegenden DIN. Hierbei handelt es sich nach bestrittener Sicht um echte einklagbare Vertragspflichten.

11. Das BGB-Werkvertragsrecht kennt keinen vergleichbaren Pflichtenkatalog für den Auftraggeber. Gleichwohl ist unbestritten, dass in gleicher Weise entsprechende Mitwirkungshandlungen für die Durchführung eines Bauvorhabens unumgänglich sind. Bei zahlreichen dieser Mitwirkungshandlungen handelt es sich jedoch außerhalb der VOB nur um reine Obliegenheiten. Bei deren Ausbleiben steht dem Auftragnehmer allenfalls ein Entschädigungsanspruch nach § 642 BGB sowie ein Recht zur Vertragskündigung nach § 643 BGB zu. Nur bei wenigen Mitwirkungshandlungen, die nach dem Verständnis beider Bauvertragsparteien von überragender Bedeutung sind (wie etwa die der Planlieferung), kann sich aus der Parteivereinbarung ergeben, dass es sich dabei um echte Mitwirkungspflichten handelt. Mit diesen kann der Auftraggeber dann z. B. auch in Schuldnerverzug geraten.

6 Die Abnahme der Bauleistung

Übersicht

	Rdn.
6.1 Begriff und Wesen der Abnahme	1089
6.2 Die verschiedenen Arten der Abnahme nach BGB und VOB	1099
6.2.1 Die förmliche Abnahme (§ 12 Abs. 4 VOB/B)	1105
6.2.1.1 Verlangen der förmlichen Abnahme	1106
6.2.1.2 Durchführung des Abnahmetermins	1111
6.2.1.3 Erstellung eines Abnahmeprotokolls	1113
6.2.1.4 Einseitige förmliche Abnahme	1120
6.2.2 Die ausdrücklich erklärte Abnahme/Abnahme auf Verlangen (§ 12 Abs. 1 VOB/B)	1123
6.2.3 Die konkludente (stillschweigende) Abnahme	1125
6.2.4 Die fiktive Abnahme (§ 12 Abs. 5 Nr. 1 und 2 VOB/B)	1131
6.2.4.1 Schriftliche Mitteilung von der Fertigstellung der Leistung (§ 12 Abs. 5 Nr. 1 VOB/B)	1137
6.2.4.2 Inbenutzungnahme der Leistung (§ 12 Abs. 5 Nr. 2 VOB/B)	1140
6.2.4.3 Fiktive Abnahme als echte Abnahme/Vorbehalt bei der fiktiven Abnahme	1144
6.3 Die Teilabnahme (§ 12 Abs. 2 VOB/B)	1149
6.3.1 Verlangen der Teilabnahme	1150
6.3.2 Abnahmefähige Teilleistung	1151
6.3.3 Arten der Teilabnahme	1154
6.3.4 »Unechte Technische Teilabnahme« (§ 4 Abs. 10 VOB/B)	1156
6.4 Die Abnahmeverweigerung (§ 12 Abs. 3 VOB/B, § 640 Abs. 1 BGB)	1159
6.4.1 Recht zur Abnahmeverweigerung	1160
6.4.2 Folgen der berechtigten und unberechtigten Abnahmeverweigerung	1167
6.4.2.1 Annahme-/Schuldnerverzug	1168
6.4.2.2 Abnahmewirkung gemäß § 640 Abs. 1 S. 3 BGB	1169
6.4.2.3 Abnahmeklage	1173
6.4.3 Abwicklungsverhältnis ohne Abnahme/endgültig verweigerte Abnahme	1175
6.5 Abnahme nach gekündigtem Vertrag	1178
6.5.1 Praktische Probleme bei der Vertragsabwicklung	1180
6.5.2 Denkbare Ersatzkonstruktionen der Fälligkeit	1185
6.5.3 Rückkehr zum »Abrechnungsverhältnis« bei verbleibendem Recht auf Abnahme	1190
6.6 Die Wirkungen und Rechtsfolgen der Abnahme	1193
6.6.1 Gewährleistungs- statt Erfüllungsanspruch	1194
6.6.2 Gefahrübergang	1200
6.6.3 Umkehr der Beweislast	1203
6.6.4 Verlust nicht vorbehaltener Ansprüche	1206
6.6.5 Fälligkeit des Vergütungsanspruchs	1217
6.6.6 Verjährung des Vergütungsanspruchs	1221
6.6.7 Beginn der Verjährungsfrist für Mängelansprüche des Auftraggebers	1224
6.6.8 Verzinsung des Vergütungsanspruchs	1226
6.7 Zusammenfassung in Leitsätzen	1229

Im Zuge der Bauausführung und der Abwicklung des Bauvertrages kommt der Abnahme als einer weiteren Mitwirkungspflicht des Auftraggebers eine besondere Bedeutung zu. Die Verpflichtung dazu ist allerdings im Gegensatz zu den übrigen Mitwirkungspflichten eine **Hauptpflicht**. Sie steht neben seiner Verpflichtung zur Zahlung der vereinbarten Vergütung. Der Anspruch des Auftragnehmers auf Abnahme seiner Leistung ist deshalb auch selbstständig einklagbar (BGH, Urt. v. 27.02.1996 – X ZR 3/94, BGHZ 132, 96, 98 = BauR 1996, 386, 387 = NJW 1996, 1749). Dabei kann mit der Klage auf Abnahme (s. dazu auch unten Rdn. 1173) zugleich eine Klage auf Zahlung der Vergütung verbunden werden bzw. ist in der Vergütungsklage bei fehlender Abnahme die Klage auf Abnahme enthalten (BGH, Urt. v. 26.02.1981 – VII ZR 287/79, BauR 1981, 284, 286 f. = NJW 1981, 1448, 1449). 1086

1087 Der Abnahme kommt beim Werk- und damit beim Bauvertrag eine zentrale Funktion zu; sie ist der **Dreh- und Angelpunkt des Bauvertrages** (Jagenburg, NJW 1974, 2264, 2265 und Jagenburg, BauR 1980, 406, 407), da von ihr in vielfältiger Hinsicht entscheidende **Wirkungen** ausgehen: Die Vergütung ist bei der Abnahme zu entrichten (§ 641 BGB); die Abnahme ist zumindest auch Voraussetzung für die **Fälligkeit des Vergütungsanspruchs** bei einem VOB-Vertrag nach § 16 Abs. 3 VOB/B (so BGH, Urt. v. 18.12.1980 – VII ZR 43/80, BGHZ 79, 180, 182 = BauR 1981, 201, 202 = NJW 1981, 822). Daraus ergibt sich zugleich, dass mit der Abnahme die **Vorleistungspflicht** des Unternehmers endet. Gleichzeitig geht die Gefahr auf den Auftraggeber über und die Beweislast für das Vorhandensein von Mängeln der Werkleistung kehrt sich um. Daher hat jetzt nicht mehr der Auftragnehmer die Mangelfreiheit, sondern der Auftraggeber die Mangelhaftigkeit der Leistung zu beweisen. Mit der Abnahme beginnt gleichzeitig der **Lauf der Verjährungsfristen für den Vergütungsanspruch und für die Gewährleistungsansprüche** des Auftraggebers. Schließlich können bei der Abnahme nicht vorbehaltene Ansprüche auf Nachbesserung oder Minderung wegen bekannter Mängel sowie auf Zahlung einer an sich verwirkten Vertragsstrafe nicht mehr geltend gemacht werden (§ 640 Abs. 2 BGB und § 12 Abs. 5 Nr. 3 VOB/B; § 341 Abs. 3 BGB und § 11 Abs. 4 VOB/B). Die einschneidende Bedeutung der Abnahme ist beim VOB-Vertrag zudem daraus ersichtlich, dass sich die **Ansprüche wegen bestehender Mängel** an der Werkleistung **vor und nach der Abnahme nach unterschiedlichen Vorschriften** richten (vgl. § 4 Abs. 6 und 7 bzw. § 13 Abs. 5–7 VOB/B). Dies hat konkret zur Folge, dass sich ein zunächst nach § 4 Abs. 7 S. 1 VOB/B bestehender Mangelbeseitigungsanspruch mit der Abnahme automatisch in einen solchen nach § 13 Abs. 5 Nr. 1 VOB/B umwandelt. Entsprechendes gilt für einen Schadensersatzanspruch nach § 4 Abs. 7 S. 3 VOB/B, der nach der Abnahme als Schadensersatzanspruch nach § 13 Abs. 7 VOB/B fortbesteht (BGH, Urt. v. 19.12.2002 – VII ZR 103/00, BGHZ 153, 244, 249 = BauR 2003, 689, 691 = NJW 2003, 1450, 1451). Bei einem **BGB-Vertrag** ist der Unterschied noch deutlicher: Denn hier **entstehen die Nacherfüllungsrechte** der §§ 634 ff. BGB **überhaupt erst mit der Abnahme**. Demgegenüber kann der Auftraggeber vorher etwa bei Baumängeln allenfalls – und dies auch nur unter eingeschränkten Voraussetzungen – auf das allgemeine Rücktritts- und Schadensersatzrecht (§§ 280 f., 323 BGB) zurückgreifen (OLG Koblenz, Urt. v. 18.10.2007 – 5 U 521/07, IBR 2008, 81; Joussen, BauR 2009, 39; Voit, BauR 2011, 1053; s. auch oben Rdn. 1030 ff.).

1088 Diese Aufzählung der mit der Abnahme verbundenen Auswirkungen auf die Rechte und Pflichten der Bauvertragsparteien macht deutlich, welche zentrale Bedeutung der Abnahme zukommt. Deshalb bedarf es im Folgenden einer eingehenden Untersuchung des Wesens der Abnahme, der verschiedenen Abnahmearten beim BGB- und beim VOB-Bauvertrag sowie der Voraussetzungen einer Abnahmeverweigerung und schließlich der Abnahmefolgen.

6.1 Begriff und Wesen der Abnahme

1089 Die Abnahme hat ihre gesetzliche Grundlage in § 640 Abs. 1 BGB. Danach ist der Besteller verpflichtet, das vertragsgemäß hergestellte Werk abzunehmen, sofern nicht nach der Beschaffenheit des Werkes die Abnahme ausgeschlossen ist, was nur sehr selten der Fall sein wird. Weder diese Bestimmung des § 640 BGB noch die VOB/B enthält jedoch eine Definition der Abnahme. Sie kann auch nicht aus anderen Rechtsgebieten entnommen werden; sie darf insbesondere nicht mit den öffentlichen Bauabnahmen, also der **Gebrauchsabnahme** oder Schlussabnahme verwechselt werden. Diese richten sich allein nach **öffentlichem Recht** und haben keine Auswirkungen auf das Vertragsverhältnis der Bauvertragsparteien.

1090 Die **Abnahmepflicht** des Auftraggebers ist vielmehr eine Besonderheit des Werkvertragsrechts. Bei anderen Vertragstypen des Schuldrechts genügt die Annahme der Leistung durch den Gläubiger als äußeres Zeichen für die erfolgte vertragliche Erfüllung des Schuldners. Sie liegt z. B. beim Kauf in der Übergabe einer Sache; diese allein genügt beim Werkvertrag nicht, weil es hier auch auf die Feststellung der ordnungs- bzw. vertragsgemäßen Herstellung des Werkes ankommt. Da die Leistung beim Werkvertrag nach Vertragsabschluss erst hergestellt wird, weiß man zu diesem Zeitpunkt auch noch nicht, ob das nach dem Vertrag vom Unternehmer geschuldete Werk nach seiner Fertigstellung den

6.1 Begriff und Wesen der Abnahme

Vorstellungen des Auftraggebers und den vertraglichen Vorgaben, also der geschuldeten Soll-Leistung gerecht wird. Deshalb muss der Besteller im Einzelnen überprüfen, ob es mit seinem beim Vertragsabschluss erklärten Bestellerwillen übereinstimmt. Gerade deswegen spricht man auch von der **Billigung des hergestellten Werkes durch den Besteller**, die zu der eigentlichen Übergabe des Werkes hinzukommen muss. Die Billigung ist grundsätzlich eine einseitige Willenserklärung. Allerdings genügt ein tatsächliches Verhalten, aus dem der Auftragnehmer unzweideutig zu erkennen vermag, dass der Besteller das Werk als im Wesentlichen vertragsgerecht ansieht; dabei muss die Billigung gegenüber dem Auftragnehmer wenigstens schlüssig zum Ausdruck kommen. Allerdings handelt es sich um keine **empfangsbedürftige Willenserklärung** gemäß § 130 BGB (vgl. i. E. etwa auch BGH, Urt. v. 20.09.1984 – VII ZR 377/83, BauR 1985, 200, 201 f. = NJW 1985, 731, 732). Deswegen kann es im Einzelfall auch genügen, wenn die Abnahme vorrangig gegenüber dem die Leistung ausführenden Subunternehmer erklärt wird.

> **Beispiel (ähnlich OLG Stuttgart, Urt. v. 08.12.2010 – 4 U 67/10, BauR 2011, 1056 [Ls.] = NJW-RR 2011, 669, 671 = NZBau 2011, 297, 299)**
>
> Ein Generalunternehmer setzt für die Arbeiten einen Subunternehmer ein, was dem Bauherrn bekannt ist. Letzterer unterzeichnet gegenüber dem Subunternehmer ein Abnahmeprotokoll, wobei dieser zuvor erläutert hatte, dass er ohne diese Unterschrift vom GU kein Geld bekomme. Hierin liegt zugleich eine Abnahme der Leistung des GU, weil der Bauherr wusste, dass das von ihm unterschriebene Abnahmeprotokoll gerade an den GU als seinen Auftragnehmer gelangen sollte.

Unter Berücksichtigung vorstehender Erläuterungen besteht die Abnahme beim Werkvertrag somit stets aus zwei Elementen, nämlich 1091
- der körperlichen Entgegennahme der geschuldeten Leistung und
- der **Billigung des Werkes als der Hauptsache nach vertragsgemäße Leistungserfüllung,** ohne dass es etwa darauf ankommt, ob der Auftraggeber die Leistung zuvor auf Mangelfreiheit geprüft hat (vgl. BGH, Urt. v. 24.11.1969 – VII ZR 177/67, BauR 1970, 48, 49 = NJW 1970, 421, 422; BGH, Urt. v. 15.11.1973 – VII ZR 110/71, BauR 1974, 67, 68 = NJW 1974, 95 f.).

Dieser klassische zweigliedrige Abnahmebegriff gilt für BGB- und VOB-Vertrag dem Grundsatz nach in gleicher Weise (vgl. dazu etwa Ingenstau/Korbion/Oppler, B § 12 Rn. 7). Er ist im Baugeschehen vor allem im **Bauträgergeschäft** von Bedeutung, bei dem tatsächlich eine herzustellende Bauleistung übergeben wird (wobei hier die VOB wiederum gar nicht ohne Weiteres vereinbart werden kann, s. dazu Rdn. 458 ff.). 1092

> **Beispiel (ähnlich BGH, Urt. v. 30.06.1983 – VII ZR 185/81, BauR 1983, 573, 575)**
>
> Der Bauträger stellt das Sonder- und Gemeinschaftseigentum her. Hier setzt eine Abnahme neben der Billigung als vertragsgemäß tatsächlich dessen vorherige Übergabe sowohl des Sonder- als auch des Gemeinschaftseigentums voraus.

Lässt man den Sonderfall des Bauträgergeschäfts außer vor, ist es dagegen gerade im Baugeschehen üblich, dass eine **körperliche Entgegennahme** im eigentlichen Sinne gar nicht stattfindet. Denn der Auftragnehmer baut vielfach unmittelbar auf dem Grundstück des Auftraggebers, sodass dieser bereits sofort die Sachherrschaft über die auszuführende Bauleistung erwirbt. In diesen Fällen reduziert sich die Abnahme somit auf die bloße Billigung der Leistung als vertragsgemäß. Sie kann verweigert werden, wenn der Leistung noch wesentliche Mängel anhaften (s. dazu unten Rdn. 1159 ff.). Sodann muss die Leistung natürlich **fertiggestellt** sein. Dies ist jedoch nicht zwingend. Vielmehr sind dazu vor allem zwei Ausnahmen zu nennen:
- Zunächst ist eine Abnahme – auch eine stillschweigende – schon möglich und kann verlangt werden, wenn bestimmte, für die abschließende Beurteilung nicht unbedingt wichtige Einzelleistungen noch ausstehen. Daher genügt es, wenn die Bauleistung fast fertig ist und die fehlenden Leistungsteile so unbedeutend sind, dass sie eine ordnungsgemäße Abnahme der Gesamtleistung nicht ausschließen. Jedoch muss die Bauleistung **funktionell fertig sein**, d. h. sie muss ungehin- 1093

dert in den bestimmungsgemäßen Gebrauch übernommen werden können (vgl. Ingenstau/Korbion/Oppler, VOB/B § 12 Rn. 34).

> **Beispiel**
>
> Bei der Sanierung einer Altbauwohnung fehlen einzelne Steckdosen. Eine solche Wohnung ist gleichwohl funktional fertig. Etwas anderes gilt, wenn bei einem Einfamilienhaus große Teile des Putzes fehlen. Eine solche Bauleistung ist dann noch nicht fertig.

Auch kann etwa trotz Fertigstellung der Leistung an sich das Fehlen einer ausreichenden **Dokumentation** die Abnahmefähigkeit der Leistung ausschließen, wenn diese für den funktionsgerechten Betrieb erforderlich ist (OLG Bamberg, Urt. v. 08.12.2010 – 3 U 93/09, BauR 2011, 1864 [Ls.]). Dasselbe kann das für Revisionspläne gelten, wenn nach dem Bauvertrag deren Vorlage Voraussetzung für die Abnahme sein sollte (OLG Hamm, Urt. v. 17.06.2008 – 19 U 152/04, Nichtzul.-Beschw. zurückgew. BGH, Beschl. v. 18.06.2009 – VII ZR 184/08, BauR 2009, 1600 [Ls.]).

1094 • Der zweite bedeutende Ausnahmefall der Abnahme bei einer nicht fertiggestellten Leistung besteht ggf. **bei vorzeitig beendeten Verträgen.**

> **Beispiel**
>
> Der Auftragnehmer ist mit verschiedenen Leistungen zur Haustechnik beauftragt. Bei der Verlegung der Heizungsrohre kommt es immer wieder zu Verzögerungen und Mängeln. Der Auftraggeber kündigt deswegen den Vertrag.

Auch bei vorzeitig beendeten Verträgen wird – so die Rechtsprechung – die Vergütung des Auftragnehmers nur nach Abnahme seiner bis dahin erbrachten Leistungen fällig (vgl. auch § 8 Abs. 6 VOB/B – s. so vor allem BGH, Urt. v. 11.05.2006 – VII ZR 146/04, BGHZ 167, 345, 349 f. = BauR 2006, 1294, 1295 f. = NJW 2006, 2475, 2476). Dabei soll für die Frage der Abnahmereife allein die Leistung zu beurteilen sein, die zum Zeitpunkt der Kündigung insgesamt (ggf. als Teilleistung) zu erbringen war. Die dann nach dem Vertrag geschuldete Leistung soll sich auf diesen Leistungsteil reduzieren, der insoweit abnahmefähig sei (BGH a. a. O., s. auch schon BGH, Urt. v. 19.12.2002 – VII ZR 103/00, BGHZ 153, 244, 250 = BauR 2003, 689, 691 f. = NJW 2003, 1450, 1452). Dies ist äußerst zweifelhaft, wobei Einzelheiten dazu nachfolgend unter Rdn. 1178 ff. erläutert werden.

1095 Bestritten ist, ob eine einmal erklärte Abnahme **angefochten** werden kann.

> **Beispiel**
>
> Der Auftraggeber wird über die Mangelfreiheit bewusst getäuscht. In einem anderen Fall wird ihm sogar widerrechtlich gedroht, wenn er die Bauleistung nicht abnimmt.

In Fällen wie diesen wird man nicht sagen können, dass die **Anfechtung einer einmal erteilten Abnahme** generell ausgeschlossen ist. Entscheidend ist vielmehr, dass eine Anfechtung nur dann nicht in Betracht kommen kann, wenn es um (versteckte oder verschwiegene) Mängel geht. Denn hier gehen die **spezialgesetzlichen Regelungen der Gewährleistung** einer Anfechtung – sei es wegen Irrtums, sei es wegen arglistiger Täuschung – vor (i. E. ebenso: OLG München, Urt. v. 13.12.2011 – 9 U 2533/11, BauR 2012, 813, 814 = NJW 2012, 397, 398 = NZBau 2012, 238, 239). Daneben stehen jedoch sonstige Fälle außerhalb des Gewährleistungsrechts. So wäre z. B. nicht einzusehen, warum die einer Abnahme immanente Willenserklärung zur Billigung der Werkleistung nicht angefochten werden könnte, wenn sie durch widerrechtliche Drohung zustande gekommen ist (vgl. dazu ähnlich BGH, Urt. v. 04.11.1982 – VII ZR 11/82, BauR 1983, 77, 78 f. = NJW 1983, 384 f., der eine Anfechtung allerdings aus dem Sachverhalt heraus, nicht aus Rechtsgründen ablehnte).

1096 Hervorzuheben ist, dass die **Erteilung einer Abnahme in jedem Vertrag gesondert** geprüft werden muss. Dies wirft gerade unter der Beteiligung von Subunternehmern immer wieder Probleme auf (s. dazu ausführlich Joussen/Vygen, Subunternehmervertrag, Rn. 423 ff.).

6.1 Begriff und Wesen der Abnahme

▶ **Beispiel**

Der zuletzt im Haus arbeitende Malermeister hatte vom Generalunternehmer noch keine Abnahme beantragt. Jetzt wird die GU-Leistung vom Bauherrn abgenommen. Der Malermeister ist der Auffassung, dass damit auch seine Leistung als abgenommen gelte.

Entsprechendes wird teilweise angenommen (OLG Köln, Urt. v. 23.02.1996 – 19 U 231/95, SFH § 640 BGB Nr. 26; ebenso: OLG Jena, Urt. v. 17.06.1998 – 2 U 997/97, IBR 1998, 520; wohl auch Frikell/Frikell, S. 75 f.). Vermeintlich ähnlich deutlich liest sich eine Entscheidung des OLG Düsseldorf. Danach könne eine Abnahme der Subunternehmerleistung auch durch schlüssiges Handeln des Hauptunternehmers erfolgen. Ein solches sei anzunehmen, wenn dieser selbst gegenüber dem Bauherrn entweder die Abnahmereife behaupte oder – was die Erklärung der Abnahmereife beinhalte – seine Werkleistung gegenüber dem Bauherrn abrechne. Dies ergebe sich schon daraus, dass die Abnahme der Werkleistung des Subunternehmers zeitlich vor der Abnahme der Werkleistung des Hauptunternehmers durch den Bauherrn liege. Erst wenn der Hauptunternehmer die Mangelfreiheit des Werkes des Subunternehmers geprüft und festgestellt habe, könne er seine Werkleistung gegenüber dem Bauherrn zur Abnahme anbieten. Daher setze die Abnahme des Werkes des Subunternehmers durch den Bauherrn zwingend die vorherige Abnahme der Werkleistung des Subunternehmers durch den Hauptunternehmer voraus (OLG Düsseldorf, Urt. v. 16.11.1995 – 5 U 49/95, OLGR 1996, 1).

Diese Rechtsauffassung ist in dieser **Absolutheit kaum zu halten** (wie hier ebenso sehr eindeutig Beck'scher Komm. zur VOB/B/Hofmann, § 4 Nr. 8 Rn. 30). Zwar sind natürlich Situationen vorstellbar, in denen tatsächlich die Abnahme der Hauptunternehmer- mit der der Subunternehmerleistung gleichzusetzen ist. Nur gibt es eben **nicht diesen Automatismus**; denn auch hier müssen wie sonst die rechtlich verschiedenen Vertragsverhältnisse zwischen Bauherrn/Generalunternehmer einerseits und General- und Subunternehmer andererseits auseinander gehalten werden. So müssen schon die Leistungsanforderungen im Sub- und Generalunternehmerverhältnis nicht übereinstimmen: Hat etwa der GU von seinem Subunternehmer mehr verlangt als der Bauherr vom GU, liegt auf der Hand, dass auch für die Abnahme unterschiedliche Maßstäbe gelten müssen. Doch zeigen sich auch weitere Unterschiede.

1097

▶ **Beispiel**

Der Generalunternehmer wird mit der schlüsselfertigen Erstellung eines Hotels beauftragt. Die Anstricharbeiten in der Tiefgarage werden an B übertragen. Die aufgebrachte Farbe deckt an zahlreichen Stellen nicht.

Nach § 640 Abs. 1 S. 2 BGB kann eine Abnahme wegen unwesentlicher Mängel nicht verweigert werden. Der vorstehende Beispielfall zeigt nunmehr anschaulich, dass ein noch bestehender Mangel im Rahmen einer rechtlich selbstständig zu betrachtenden Subunternehmerleistung (Anstrichleistung des B) wesentlich sein und somit eine Abnahme ausschließen kann, er aber für die Beurteilung der Gesamtleistung des Generalunternehmers nicht wesentlich ins Gewicht fallen muss.

Gibt es somit rechtlich keinen Automatismus für die Gleichsetzung der Abnahme der General- mit der der Subunternehmerleistung, ist es umgekehrt aber natürlich nicht so, dass die Abnahme der Generalunternehmerleistung überhaupt keine Bedeutung für die Subunternehmerleistung hätte. Nur muss diese eigenständig geprüft werden. In diesem Rahmen kann man dann allerdings auch das Verhalten des Generalunternehmers etwa gegenüber dem Bauherrn durchaus bei der Beurteilung der Frage, ob damit zugleich die Subunternehmerleistung abgenommen werden soll, mit berücksichtigen. Dies vorausgeschickt ist wie schon erläutert unbestritten, dass die Abnahme nicht ausdrücklich erklärt zu werden braucht. Vielmehr genügt **jedes schlüssige Verhalten**, das eine **Billigung der Werkleistung kennzeichnet**. Ein ganz typisches Beispiel einer solchen schlüssigen Billigung ist etwa die widerspruchslose Entgegennahme der Bauleistung, deren vertragsgerechte Nutzung und die daraufhin erfolgende Bezahlung der Rechnung. In jedem Fall ist aber Voraussetzung für eine solche schlüssige Abnahmehandlung, dass diese gerade im Verhältnis des Generalunternehmers zum Sub-

1098

unternehmer zum Ausdruck gebracht wird. Diesem gegenüber muss die Abnahme erklärt werden, nicht gegenüber einem Dritten (BGH, Urt. v. 15.11.1973 – VII ZR 110/71, NJW 1974, 95, 96). Daher genügt etwa das Abnahmeverlangen des Generalunternehmers, das allein an den Bauherrn gerichtet und gerade nicht dem Subunternehmer bekannt gemacht wird, für eine Abnahme der Subunternehmerleistung nicht (so zu Recht OLG Oldenburg, Urt. v. 01.11.1995 – 2 U 129/95, OLGR 1996, 51). Erst wenn sich aus dem Verhalten des Generalunternehmers gegenüber dem Bauherrn gleichzeitig ergäbe, dass dieser damit mittelbar auch die Vertragsgemäßheit der Leistung des Subunternehmers zum einen billigt und zum anderen zumindest in Kauf nimmt, dass dem Subunternehmer diese Billigung zur Kenntnis gelangt, mag man hier anders entscheiden.

▶ **Beispiel**

Der Bauherr lädt zu einer Abnahmebegehung ein, an der der Subunternehmer teilnimmt. Wird hier die förmliche Abnahme seitens des Bauherrn erteilt, ohne dass substanziell Mängel der Subunternehmerleistung bemängelt werden, wird der Generalunternehmer sich nicht darauf berufen können, dass es noch an einer ebenso vereinbarten eigenständigen förmlichen Abnahme der Subunternehmerleistung durch ihn fehle. Will er dies verhindern, müsste er dies schon vor einer Abnahme des Bauherrn klarstellen.

6.2 Die verschiedenen Arten der Abnahme nach BGB und VOB

1099 Die Abnahme der Werkleistung kann in verschiedenen Formen erfolgen, wie sich an nachfolgendem Schaubild verdeutlichen lässt:

1100

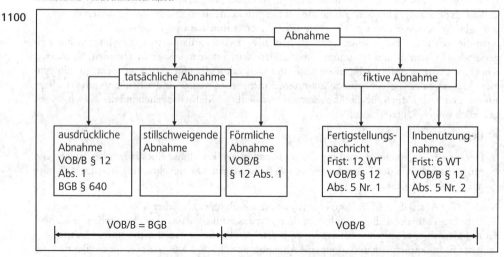

Neben diesen Abnahmeformen steht noch das Recht auf Teilabnahme, das es nur bei einem VOB-Vertrag gibt (§ 12 Abs. 2 VOB/B). Sie ist auf Verlangen des Auftragnehmers für in sich abgeschlossene Teilleistungen durchzuführen (Rdn. 1149 ff.). Sie ist von der »technischen Teilabnahme« nach § 4 Abs. 10 VOB/B zu unterscheiden, bei der es nur um die Feststellung des Zustands von Teilen einer Leistung geht, die durch den Baufortschritt einer weiteren Prüfung entzogen wären (Rdn. 1156 ff.).

1101 Ansonsten zeigt die vorstehende Übersicht, dass es mit der ausdrücklich erklärten und der stillschweigenden Abnahme zwei sich überschneidende Abnahmearten im BGB- und VOB-Werkvertragsrecht gibt. Theoretisch könnte man noch die förmliche Abnahme dazu zählen: Denn selbstverständlich ist es nicht ausgeschlossen, dass auch Parteien eines BGB-Werkvertrages die Bauleistung förmlich abnehmen. Demgegenüber existiert vor allem die **fiktive Abnahme nur als Sonderform des VOB-Vertrages**. Sie setzt – um wirksam vollzogen werden zu können – die Vereinbarung der VOB/B als Vertragsgrundlage voraus, und zwar als Ganzes ohne Änderungen. Andernfalls entfällt die Privilegierung der VOB/B (s. o. dazu Rdn. 481 ff.). Eine fiktive Abnahme würde danach an einer AGB-Inhaltskontrolle (§§ 308 Nr. 5 und § 307 BGB) scheitern, sofern die VOB/B vom Unternehmer gestellt worden ist.

Um einen möglichen und durchaus nicht seltenen Streit über die Frage der Abnahme und vor allem des Abnahmedatums zu vermeiden, ist eine **vertragliche Festlegung der Abnahmeform** in jedem Fall zu empfehlen. Allerdings ist dann auch darauf zu achten, dass eine solche Abnahme – dies wird meist die förmliche Abnahme sein – wirklich durchgeführt wird. Dies ist in der Praxis allzu oft nicht der Fall und führt schon deswegen immer wieder zu Schwierigkeiten. 1102

Ist im Vertrag oder in Zusätzlichen oder Besonderen Vertragsbedingungen die **förmliche Abnahme** ausdrücklich vorgesehen, dann aber doch nicht durchgeführt worden, so folgt daraus noch nicht unbedingt, dass eine Abnahme nicht vorliegt. Stattdessen kann in einem solchen Fall eine vor allem stillschweigende Abnahme verbunden mit einem **Verzicht auf eine vorgesehene förmliche Abnahme** erfolgt sein, wenn keiner der beiden Vertragspartner auf die förmliche Abnahme zurückgekommen ist, diese also verlangt hat (vgl. BGH, Urt. v. 21.04.1977 – VII ZR 108/76, BauR 1977, 344, 345). 1103

▶ **Beispiel (nach BGH, a. a. O.)**

Das Bauvorhaben ist fertiggestellt. Im Bauvertrag ist eine förmliche Abnahme vereinbart, die aber nicht durchgeführt wird. Im März 2010 stellt der Auftragnehmer seine Schlussrechnung, zu der sich der Auftraggeber fünf Monate nicht rührt. Nunmehr behauptet der Auftraggeber, die Leistung sei noch nicht abgenommen. Hiermit kann er nicht mehr gehört werden. Lag ihm bereits mehrere Monate die Schlussrechnung vor, ohne dass er seinerseits die förmliche Abnahme verlangte, hat er damit zum Ausdruck gebracht, dass es ihm mit der förmlichen Abnahme nicht so wichtig und er wohl auch mit einer stillschweigenden Abnahme einverstanden war.

Unerheblich ist, ob die Parteien sich der Tatsache bewusst waren, dass eine förmliche Abnahme im Vertrag vorgesehen war oder ob sie dies vergessen haben (vgl. BGH, Urt. v. 21.04.1977 – VII ZR 108/76, BauR 1977, 344, 346). Ebenso wenig kommt es darauf an, dass der Vertrag für Änderungen die Schriftform vorsieht. Denn selbst dann ist allein entscheidend, dass die Parteien trotzdem bereit waren, auf eine förmliche Abnahme zu verzichten (BGH, Urt. v. 12.10.1978 – VII ZR 139/75, BGHZ 72, 222, 224 = BauR 1979, 56, 57 = NJW 1979, 212). Eine konkludente bzw. stillschweigende Abnahme ist aber in Fällen wie vorstehendem zumeist **ausgeschlossen** bzw. nur bei Vorliegen gewichtiger Umstände anzunehmen, wenn die **werkvertragliche Leistung noch nicht vollständig** oder erkennbar vertragswidrig erbracht ist (s. dazu sogleich Rdn. 1125). Ansonsten kann es aber gegen **Treu und Glauben** verstoßen, wenn die Parteien eine förmliche Abnahme unter Ausschluss der Abnahme durch Ingebrauchnahme vereinbart haben, der Auftraggeber dann jedoch innerhalb der Frist des § 12 Abs. 1 und § 12 Abs. 5 Nr. 1 VOB/B nach Erhalt der Schlussrechnung keinen Termin für die förmliche Abnahme anberaumt und trotzdem später noch auf der vereinbarten förmlichen Abnahme besteht (BGH, Urt. v. 13.07.1989 – VII ZR 82/88, BauR 1989, 727 f. = NJW 1990, 43 f.). 1104

6.2.1 Die förmliche Abnahme (§ 12 Abs. 4 VOB/B)

Die förmliche Abnahme ist dem gesetzlichen **Werkvertragsrecht des BGB unbekannt**. Jedoch kann sie auch dort zwischen den Vertragsparteien in gleicher oder ähnlicher Form vereinbart werden; sie vollzieht sich dann so, wie es in der VOB/B vorgesehen ist. 1105

6.2.1.1 Verlangen der förmlichen Abnahme

Beim **VOB-Bauvertrag** besteht eine Verpflichtung des Auftraggebers zur förmlichen Abnahme, wenn eine Vertragspartei sie verlangt. Es genügt somit das **einseitige Verlangen** im Sinne einer empfangsbedürftigen Willenserklärung. Einer weiteren Regelung dazu in Besonderen oder Zusätzlichen 1106

Vertragsbedingungen bedarf es dagegen nicht. Ist in solchen Vertragsbedingungen eine **schriftliche Abnahme** vorgesehen, so ist damit die förmliche Abnahme nach § 12 Abs. 4 VOB/B gemeint.

1107 Eine **besondere Form** ist für das Verlangen nach förmlicher Abnahme nicht vorgeschrieben; es kann mündlich gestellt werden. Es empfiehlt sich aber auch hier, zu Beweiszwecken die Schriftform zu wählen. Grundsätzlich kann die Abnahme schon verlangt werden, ohne dass ein Recht zur Verweigerung der Abnahme gegeben ist, wenn die Leistung bis auf geringfügige und für das Leistungsziel unwesentliche Restarbeiten fertiggestellt ist (vgl. § 12 Abs. 3 VOB/B).

1108 Eine **förmliche Abnahme** kann insbesondere vom Auftraggeber **nicht zeitlich unbegrenzt gefordert werden.** Ist die VOB/B als Vertragsgrundlage vereinbart, ohne dass im Vertrag eine besondere Abnahmeart festgelegt worden ist, so kann eine förmliche Abnahme nur so lange verlangt werden, wie noch keine Abnahme auf andere Weise erfolgt ist. Danach ist also insbesondere eine förmliche Abnahme ausgeschlossen, wenn es zuvor schon zu einer fiktiven Abnahme nach § 12 Abs. 5 Nr. 1 oder 2 VOB/B gekommen ist.

> ▶ **Beispiel**
>
> Die Schlussrechnung zu einem VOB-Vertrag ist eingereicht worden; der Auftragnehmer teilt gleichzeitig mit, dass er fertig ist. Jetzt kann der Auftraggeber noch innerhalb von 12 Werktagen die förmliche Abnahme verlangen. Nach Ablauf dieser Frist gilt die Werkleistung als abgenommen (§ 12 Abs. 5 Nr. 1 VOB/B), sodass eine nochmalige – jetzt förmliche – Abnahme ausgeschlossen ist.

1109 Anders liegt der Fall, wenn die Vertragspartner in dem Bauvertrag oder **in ZVB oder BVB ausdrücklich eine förmliche Abnahme festgelegt** und evtl. sogar andere Abnahmearten, vor allem die fiktive Abnahme, abbedungen haben. Dann kann jeder Vertragspartner innerhalb der in § 12 Abs. 1 VOB/B festgelegten Frist von 12 Werktagen oder ggf. innerhalb der im Vertrag abweichend davon vereinbarten Frist (eine Verlängerung der Abnahmefrist auf 24 Werktage ist zulässig, vgl. BGH, Urt. v. 16.12.1982 – VII ZR 92/82, BauR 1983, 161, 164 = NJW 1983, 816, 818; s. dazu Rdn. 726 f.) die Durchführung einer förmlichen Abnahme verlangen. Geschieht dies jedoch mehrere Monate lang nach Fertigstellung der Arbeiten und nach Erteilung der Schlussrechnung von beiden Vertragspartnern nicht, so hat die Rechtsprechung darin einen **Verzicht auf eine förmliche Abnahme** gesehen. Es kommen dann die anderen Abnahmearten doch wieder zum Zuge, und zwar vor allem eine stillschweigende Abnahme (vgl. BGH, Urt. v. 21.04.1977 – VII ZR 108/76, BauR 1977, 344, 346). Dabei kann allerdings auch ein fortdauerndes Bestehen des Auftraggebers auf förmlicher Abnahme, ohne einen Termin dazu innerhalb der Frist des § 12 Abs. 1 VOB/B anberaumt zu haben, als **Verstoß gegen Treu und Glauben** anzusehen sein (BGH, Urt. v. 13.07.1989 – VII ZR 82/88, BauR 1989, 727 f. = NJW 1990, 43 f.).

1110 Ist das von einer Partei gestellte Verlangen nach förmlicher Abnahme berechtigt, so bedarf es dazu der **Festlegung eines Abnahmetermins.** Die in § 12 Abs. 4 VOB/B geregelte förmliche Abnahme setzt ihrem Wesen nach nämlich schon die Anwesenheit beider Vertragspartner oder jedenfalls die hinreichende Gelegenheit hierzu durch rechtzeitige Kenntnis von dem Termin voraus. Denn gerade bei der Abnahme geht es neben der objektiv hinreichend sicheren Feststellung des Befundes vor allem darum, möglichst Einigkeit beider Vertragspartner über die Einzelheiten und das Ergebnis dieses Befundes zu erzielen. Die **Bestimmung des Abnahmetermins** kann auf zwei Arten erfolgen:
- Er kann mit dem anderen Vertragspartner **vereinbart** werden. Diesen Weg sollte man, wenn eben möglich, wählen.
- Alternativ reicht es aus, dem Auftragnehmer (oder seitens des Auftragnehmers dem Auftraggeber) eine **Einladung zum Termin** zuzuleiten, wobei die Vorschriften der §§ 130 ff. BGB zu wahren sind: Die Einladung muss eindeutig angeben, welche Leistung abgenommen werden soll; sie muss ferner genaue Angaben über Ort und Zeit enthalten. Außerdem muss sie dem anderen Vertragspartner rechtzeitig zugehen. Voraussetzung ist deshalb, dass der Termin zur Abnahme so angesetzt wird, dass zwischen der Einladung und dem Terminstag für den Vertragspartner hinreichend Gelegenheit besteht, sich auf diesen Termin einzustellen und ihn vorzubereiten. Dabei

wird man allgemein die in § 12 Abs. 1 VOB/B bezeichnete Frist von 12 Werktagen als angemessen ansehen können (vgl. Ingenstau/Korbion/Oppler, VOB/B § 12 Abs. 4 Rn. 10).

6.2.1.2 Durchführung des Abnahmetermins

Bei der Durchführung des förmlichen Abnahmetermins ist jede Vertragspartei gemäß § 12 Abs. 4 Nr. 1 S. 2 VOB/B berechtigt, **auf ihre Kosten einen Sachverständigen hinzuziehen.** Das ist besonders dem Auftraggeber zu empfehlen, wenn er selbst oder sein Architekt oder Ingenieur als Sonderfachmann bei Zweifeln nicht die notwendige Sachkunde besitzt, um in technischer Hinsicht die Bauleistung ordnungsgemäß beurteilen zu können. Die festgelegte Verpflichtung des jeweiligen Vertragspartners, die Kosten der Hinzuziehung des Sachverständigen selbst zu tragen, bezieht sich nur auf die Tätigkeit eines Sachverständigen zwecks Feststellung des Befundes der zur Abnahme anstehenden Leistung.

Davon zu unterscheiden ist die Hinzuziehung eines Sachverständigen zum Zwecke der Feststellung bereits aufgetretener und gerügter Mängel. Hier kann sich hinsichtlich der Sachverständigenkosten ein Schadensersatzanspruch des Auftraggebers gegen den Auftragnehmer ergeben, welcher vor der Abnahme nach § 4 Abs. 7 S. 2 VOB/B und nach der Abnahme nach § 13 Abs. 7 Nr. 3 S. 2 VOB/B entsprechend den dafür jeweils maßgebenden Voraussetzungen zu beurteilen ist (vgl. Ingenstau/Korbion/Oppler VOB/B § 12 Abs. 4 Rn. 12).

6.2.1.3 Erstellung eines Abnahmeprotokolls

Über eine erfolgte förmliche Abnahme ist ein sog. **Abnahmeprotokoll** zu erstellen. Deshalb wird diese Abnahmeart auch häufig als **schriftliche Abnahme** bezeichnet. Die Erstellung des Protokolls ist Bestandteil der förmlichen Abnahme gemäß § 12 Abs. 4 VOB/B; sie ist erst abgeschlossen, wenn das Abnahmeprotokoll von beiden Vertragspartnern oder ihren dazu ausdrücklich bevollmächtigten Vertretern unterzeichnet worden ist.

Die Unterzeichnung des Abnahmeprotokolls erfolgt nicht selten durch den bauleitenden Architekten. Hier ist insbesondere zweifelhaft und von der Rechtsprechung noch nicht abschließend entschieden worden, ob der **Architekt schon aufgrund seiner Stellung als Sachwalter des Bauherrn zur Abnahme generell als bevollmächtigt** angesehen werden kann, was aber eher zu verneinen sein wird (vgl. dazu BGH, Urt. v. 15.02.1960 – VII ZR 10/59, NJW 1960, 859 f.; BGH, Urt. v. 10.11.1977 – VII ZR 252/75, BauR 1978, 139, 140 f. = NJW 1978, 995 f. und BGH, Urt. v. 26.04.1979 – VII ZR 190/78, BGHZ 74, 235 ff. = BauR 1979, 345 ff. = NJW 1979, 1499 f.). Eindeutig ist dies jedoch nicht. Denn bei den **Grundleistungen des Architekten** wird in § 33 S. 2 Nr. 8 HOAI i. V. m. Anl. 11, Lph. 8 lit. h) die »**Abnahme der Bauleistungen**« ausdrücklich erwähnt. Daher könnte man daraus schon eine entsprechende Vollmacht des Architekten zur Abnahme bzw. Unterzeichnung des Abnahmeprotokolls als Bestandteil der förmlichen Abnahme herleiten. Richtig dürfte dazu aber wohl sein, in dieser Beschreibung nur die Verpflichtung des Architekten zur **technischen Abnahme** im Sinne einer Befundfeststellung zu sehen, wozu die h. M. neigt (vgl. Korbion/ Mantscheff/Vygen/Korbion, § 15, Rn. 178).

Jedenfalls ist aber eine Abnahme nach der Unterzeichnung des Abnahmeprotokolls dann anzunehmen, wenn z. B. der Bauherr den Architekten zu einer mit dem Auftragnehmer gemeinsam anberaumten Abnahmeverhandlung entsendet. In einer solchen Entsendung liegt zumindest eine konkludente Vollmachtserteilung, die Abnahme dann auch zu vollziehen (Ingenstau/Korbion/Oppler, VOB/B, § 12 Rn. 13). Zweifelhaft könnte dies hingegen sein, wenn ein Architekt oder **Sachverständiger** das Bauwerk nur zur **Vorbereitung der Abnahme** oder »zwecks Abnahme« in Augenschein nimmt und sodann den Bauvertragspartnern, insbesondere dem Auftraggeber schriftlich mitteilt, dass die Leistungen »vorbehaltlich geringfügiger Mängel mangelfrei sind und als abgenommen gelten« können. Hierin wird man mangels Vollmacht des Architekten oder Sachverständigen noch **keine rechtsgeschäftliche Abnahme** zu sehen haben. Eine Abnahme dürfte dann jedoch jedenfalls nach Ablauf von 12 Werktagen nach Zugang dieser »Abnahmeerklärung« des Sachverständigen beim Auftraggeber eintreten, wenn dieser nicht unverzüglich widerspricht, da dann von einer darauf gerichteten **Duldungsvollmacht** auszugehen ist (BGH, Urt. v. 24.10.1991 – VII ZR 54/90, BauR 1992, 232, 233).

1116 Der Abnahmebefund ist in **gemeinsamer Verhandlung schriftlich niederzulegen**. Das betrifft zum einen den Befund selbst, der angetroffen wird. Zum anderen ist das Ergebnis der Prüfung schriftlich festzuhalten. Beides hat in gemeinschaftlicher Verhandlung, also in Anwesenheit des Auftraggebers und des Auftragnehmers oder ihrer bevollmächtigten Vertreter, zu geschehen. Beide Vertragspartner haben das Recht, sowohl beim eigentlichen Prüfungsvorgang als auch bei der schriftlichen Niederlegung gleichberechtigt zu Wort zu kommen. Der Auftraggeber ist gehalten, in Streitpunkten den Auftragnehmer anzuhören und dessen Auffassung nicht nur anzuhören, sondern sie auch ins Protokoll aufzunehmen (vgl. Ingenstau/Korbion/Oppler, VOB/B § 12 Abs. 4 Rn. 13).

1117 Nach § 12 Abs. 4 Nr. 1 S. 4 VOB/B sind **im Abnahmeprotokoll sodann zwingend Vorbehalte** festzuhalten, ohne deren Aufnahme es zu einem Rechtsverlust aufseiten des Auftraggebers kommen kann (s. dazu später Rdn. 1206 ff.):
- Zunächst geht es um den **Vorbehalt bekannter Mängel**. Hierunter sind solche Mängel zu verstehen, die im Sinne positiver Kenntnis dem Auftraggeber tatsächlich bekannt geworden sind. Der Auftraggeber soll weiter Mängel aufnehmen, die er für solche hält (vgl. § 640 Abs. 2 BGB).
- Ebenso muss der Auftraggeber im Abnahmeprotokoll einen **Vorbehalt** hinsichtlich des Anspruchs auf eine ggf. verwirkte **Vertragsstrafe** erklären (vgl. auch §§ 11 Abs. 4, 12 Abs. 4 Nr. 1 S. 3. VOB/B). Denn auch diese verliert er, wenn sie bei Abnahme nicht vorbehalten wird.

1118 Die erforderlichen Vorbehalte (bekannte Mängel und Vertragsstrafe) müssen **im Abnahmeprotokoll** selbst festgehalten werden, da sie **sonst nicht wirksam** sind. Wird über das Ergebnis der Abnahme vereinbarungsgemäß eine Niederschrift gefertigt, die von beiden Vertragspartnern unterzeichnet werden muss, so ist das Erfordernis eines Vorbehaltes nur gewahrt, wenn der Auftraggeber dieses vor der Unterzeichnung in der Niederschrift vermerkt. Dabei ist die Unterschriftsleistung jedenfalls dann noch Teil der Abnahme, wenn Baustellenbesichtigung und Fertigung der Niederschrift in engem zeitlichen Zusammenhang stehen (vgl. BGH, Urt. v. 29.11.1973 – VII ZR 205/71, BauR 1974, 206, 207). Mit dieser Maßgabe bedeutet die bloße **Mitunterzeichnung des Abnahmeprotokolls** durch den Auftragnehmer aber noch **kein Anerkenntnis eines Vertragsstrafenanspruchs** des Auftraggebers; vielmehr wird dadurch lediglich die Tatsache bestätigt, dass der Auftraggeber den Vorbehalt gemacht hat, ohne dass damit weiter gehende Wirkungen zulasten des Auftragnehmers verbunden sind. Entsprechendes gilt für den Vorbehalt von Mängeln in Bezug auf Gewährleistungsansprüche.

1119 Jede Bauvertragspartei hat eine **Ausfertigung der Niederschrift** zu erhalten (vgl. § 12 Abs. 4 Nr. 1 S. 4 VOB/B). Diese Bestimmung fußt auf dem Grundsatz der Gleichberechtigung der Vertragspartner. Keiner soll ohne Grund einen Vorteil gegenüber dem anderen bekommen. Das gilt insbesondere, weil die Niederschrift nicht nur eine eingehende Prüfung und Begutachtung der Leistung herbeiführen soll, sondern darüber hinaus auch ein wichtiges Beweismittel für den erklärten Vorbehalt bekannter Mängel und verwirkter Vertragsstrafenansprüche ist.

6.2.1.4 Einseitige förmliche Abnahme

1120 Eine Ausnahme von dem Grundsatz, dass an der förmlichen Abnahme der Bauleistung grundsätzlich beide Vertragspartner zu beteiligen sind, kommt zum Zuge, wenn der Auftragnehmer entweder zum vereinbarten oder zu einem ihm rechtzeitig mitgeteilten Termin (in der angemessenen Frist von 12 Werktagen) zur Abnahme nicht erscheint. **Der Auftraggeber kann dann die förmliche Abnahme allein vornehmen.** Diese Ausnahme gilt nicht, wenn der Auftragnehmer durch einen später – nach Vereinbarung des Termins oder der Einladung – eingetretenen wichtigen Grund am Erscheinen verhindert ist und er seine **Verhinderung unverzüglich mitgeteilt** hat. Ein solcher kann in seiner Erkrankung, in ähnlichen persönlichen Umständen oder in objektiv vorrangigen geschäftlichen Angelegenheiten des Auftragnehmers liegen, wofür er die Beweislast trägt. Bei der Beurteilung solcher Ausnahmesachverhalte ist aber ein strenger Maßstab anzulegen. Liegt ein anerkennenswerter Hinderungsgrund vor, wird man dem Auftragnehmer das Recht zugestehen müssen, vom Auftraggeber die Verschiebung des förmlichen Abnahmetermins zu verlangen (vgl. Ingenstau/Korbion/Oppler, VOB/B § 12 Abs. 4 Rn. 21).

Soweit der Auftraggeber befugt ist, die förmliche Abnahme ohne den Auftragnehmer vorzunehmen, ist er von der Verpflichtung zur Anfertigung einer Niederschrift nach Maßgabe des § 12 Abs. 4 Nr. 1 VOB/B befreit. Das ergibt sich aus § 12 Abs. 4 Nr. 2 S. 2 VOB/B, wonach dem Auftragnehmer nunmehr lediglich das Ergebnis der Abnahme mitzuteilen ist. Auch in diesem Fall bleibt die Abnahme aber vertragliche Hauptpflicht, so dass die Mitteilung des Abnahmeergebnisses deren Bestandteil ist; sie müsste wie die Abnahme selbst binnen der Frist von 12 Werktagen nach Abnahme (vgl. § 12 Abs. 1) zugehen (Ingenstau/Korbion/Oppeler VOB/B § 12 Abs. 4 Rn. 24). Erst mit deren Zugang ist dann die Abnahme erfolgt. Das aber bedeutet weiter, dass der Auftragnehmer gleichzeitig mit dieser Mitteilung dem Auftragnehmer gegenüber einen **Vorbehalt** erklären muss, wenn er seine **Gewährleistungsansprüche wegen positiv bekannter Mängel und seinen Anspruch auf eine verwirkte Vertragsstrafe** behalten will. 1121

Dagegen kann der **Auftragnehmer die förmliche Abnahme nicht ohne den Auftraggeber** bzw. einen von ihm bevollmächtigten Vertreter durchführen, da die Abnahme eine Hauptpflicht des Auftraggebers ist. Der Auftragnehmer kann allerdings dem Auftraggeber bei dessen Nichterscheinen eine angemessene Frist setzen. Läuft auch diese fruchtlos ab, gilt die Leistung damit als abgenommen, wenn der Auftraggeber zur Abnahme verpflichtet gewesen wäre (§ 640 Abs. 1 S. 3 BGB – s. auch nachfolgend Rdn. 1169 ff.). 1122

6.2.2 Die ausdrücklich erklärte Abnahme/Abnahme auf Verlangen (§ 12 Abs. 1 VOB/B)

Gemäß § 12 Abs. 1 VOB/B kann der Auftragnehmer nach der Fertigstellung seiner Leistung – gegebenenfalls auch schon vor Ablauf der vereinbarten Ausführungsfrist – die Abnahme der Leistung durch den Auftraggeber verlangen. Geschieht dies, so hat der Auftraggeber binnen 12 Werktagen oder einer evtl. im Vertrag vereinbarten anderen Frist (vgl. dazu aber Rdn. 726 ff.) die Abnahme vorzunehmen, also die Abnahme zu erklären. Die Aufforderung dazu kann formlos erfolgen; die Frist beginnt mit dem Zugang der Aufforderung (§ 130 BGB). 1123

Auch das **gesetzliche Werkvertragsrecht** geht in § 640 Abs. 1 BGB von der erklärten Abnahme aus, ohne allerdings dafür eine Aufforderung seitens des Auftragnehmers und eine bestimmte Frist vorzusehen. Daraus folgt, dass der Auftraggeber beim BGB-Werkvertrag nach allgemeinen schuldrechtlichen Grundsätzen verpflichtet ist, die Werkleistung des Unternehmens **sofort nach Fertigstellung abzunehmen** (vgl. § 271 BGB). 1124

6.2.3 Die konkludente (stillschweigende) Abnahme

Unter einer stillschweigenden oder auch konkludenten Abnahme versteht man allgemein die **Abnahme durch schlüssiges Verhalten des Auftraggebers**, aus dem der Auftragnehmer dessen Einverständnis mit der erbrachten Leistung erkennen kann. Diese stillschweigende Abnahme ist neben der ausdrücklich erklärten Abnahme ohne besondere Vorschrift sowohl beim VOB-Bauvertrag als auch beim BGB-Werkvertrag nach allgemeinen Grundsätzen zulässig (BGH, Urt. v. 24.11.1969 – VII ZR 177/67, BauR 1970, 48, 49 = NJW 1970, 421, 422). Sie setzt ein **Verhalten** des Auftraggebers voraus, aus dem – für den Auftragnehmer erkennbar (BGH, Urt. v. 15.11.1973 – VII ZR 110/71, BauR 1974, 67, 68 = NJW 1974, 95 f.) – **objektiv auf die Billigung der Leistung als der Hauptsache nach vertragsgemäß geschlossen** werden kann. Sie ist zumeist ausgeschlossen bzw. nur bei Vorliegen gewichtiger Umstände anzunehmen, wenn die werkvertragliche Leistung noch nicht vollständig erbracht ist (BGH, Urt. v. 18.02.2003 – X ZR 245/00, BauR 2004, 337, 339), d. h. noch wesentliche Leistungen fehlen (BGH, Beschl. v. 27.01.2011 – VII ZR 175/09, BauR 2011, 876, 877). Sie ist selbst bei Inbenutzungnahme der Leistung ausgeschlossen, wenn die Leistung erkennbar vertragswidrig ist (OLG Stuttgart, Urt. v. 16.11.2010 – 10 U 77/10, BauR 2011, 566 [Ls.] = NJW-RR 2011, 527, 529 = NZBau 2011, 167, 169) oder gleichzeitig oder zeitnah Mängel gerügt 1125 werden, die zur Verneinung der Abnahmereife führen, wenn ihr Vorliegen unterstellt wird (OLG Brandenburg, Urt. v. 16.02.2005 – 4 U 129/04, BauR 2005, 1067 = IBR 2005, 372; OLG Hamm, Urt. v. 11.06.2008 – 12 U 22/08, Nichtzul.-Beschw. zurückgew., BGH, Beschl. v. 23.10.2008 – VII ZR 136/08, BauR 2009, 699). Das Gleiche gilt, wenn zuvor sogar eine vereinbarte förmliche Abnahme wegen Mängeln verweigert (OLG Hamm, Urt. v. 12.12.2006 – 26 U 49/04, BauR 2007, 1617 = IBR 2007, 477) oder klargestellt wurde, dass die Leistung nicht abnahmefähig ist (OLG Stuttgart, Urt. v. 19.04.2011 – 10 U 116/10, BauR 2011, 1824). In allen diesen Fällen scheidet eine konkludente Abnahme selbst bei Inbenutzungnahme der Leistung aus (anschaulich auch OLG Bamberg, Urt. v. 08.12.2010 – 3 U 93/09, BauR 2011, 1864 zu einer sechsmonatigen Nutzung, die aufgrund der fehlenden Fertigstellung rechtlich gar nicht zulässig war: das ist keine Abnahme).

1126 Die stillschweigende Abnahme wird in der Praxis häufig mit der **fiktiven Abnahme** verwechselt oder gleichgesetzt; sie muss aber von dieser **streng unterschieden** werden (BGH, Urt. v. 15.01.1968 – VII ZR 84/65, Schäfer/Finnern Z 2.50 Bl. 24). Zwar gibt es durchaus Überschneidungen, wie z. B. bei der Inbenutzungnahme der Leistung durch den Auftraggeber. Der wesentliche Unterschied liegt jedoch darin, dass bei der **fiktiven Abnahme** gerade **kein Abnahmewille** des Auftraggebers vorliegt; die Abnahme wird vielmehr fingiert. Bei der konkludenten Abnahme hingegen muss ein (stillschweigender) Abnahmewille des Auftraggebers positiv festgestellt werden (BGH, Urt. v. 12.06.1975 – VII ZR 55/73, BauR 1975, 344, 345 = NJW 1701, 1702).

1127 **Eine konkludente oder stillschweigende Abnahme** wurde von der Rechtsprechung bisher etwa angenommen
- bei **beanstandungslosem Einzug** in ein fertiggestelltes Haus (OLG Celle, Urt. v. 27.11.1961 – 1 U 100/61, NJW 1962, 494, 495; s. dazu allerdings sogleich Rdn. 1128).
- bei **vorbehaltloser Zahlung** der Vergütung (BGH, Urt. v. 24.11.1969 – VII ZR 177/67, BauR 1970, 48, 49 = NJW 1970, 421, 422), insbesondere bei gleichzeitiger Benutzung der Leistung (BGH, Urt. v. 28.01.1971 – VII ZR 173/69, BauR 1971, 128, 129), wobei eine Rechnungskürzung um einen Sicherheitseinbehalt oder wegen ggf. unbedeutender Mängel, die ansonsten einer Abnahme nicht entgegen stünden, unschädlich ist (OLG Stuttgart, Urt. v. 21.04.2009 – 10 U 9/09, Nichtzul.-Beschw. zurückgew., BGH, Beschl. v. 08.04.2010 – VII ZR 88/09, BauR 2010, 1083 [Ls.]). Soweit dagegen für die Annahme einer konkludenten Abnahme zwingend eine vollständige Zahlung einschließlich Sicherheitsbeinbehalt gefordert wird (Ingenstau/Korbion/Oppler, B § 12 Abs. 4 Rn. 2), überzeugt das nicht: Denn das wäre bei einer ausdrücklichen Abnahme auch nicht erforderlich.
- bei der **vorbehaltlosen Geltendmachung von Gewährleistungsrechten** (OLG Düsseldorf, Urt. v. 11.06.1992 – 5 U 231/91, BauR 1993, 124 = OLGR Düsseldorf 1992, 268, 270).
- wohl auch bei **Auszahlung des vollen Sicherheitsbetrages** (BGH, Urt. v. 13.12.1962 – VII ZR 193/61, Schäfer/Finnern Z 2.50 Bl. 9).

1128 Gerade in Fällen der stillschweigenden Abnahme durch Ingebrauchnahme der Bauleistung fällt es allerdings nicht immer leicht, den richtigen **Abnahmezeitpunkt** zu bestimmen. Denn kommt es auf die Entgegennahme der Werkleistung und deren Billigung als vertragsgemäß an (s. o. Rdn. 1090 f.), kann die Abnahme **noch nicht mit der ersten feststellbaren Nutzungshandlung**, d. h. mit dem Einzug vorliegen. Dies ist nur die Entgegennahme der Bauleistung. Entscheidend ist für die Billigung der Bauleistung vielmehr die sich erst anschließende **bestimmungsgemäße Ingebrauchnahme**. Dafür ist, gerechnet von der Aufnahme der Nutzung, eine gewisse Nutzungszeit erforderlich, vor deren Ablauf die Billigung des Werks redlicherweise nicht zu erwarten ist. Die Ingebrauchnahme eines Werkes ist als ein sich zeitlich erstreckender Vorgang und nicht als Zeitpunkt etwa des bloßen Nutzungsbeginns zu verstehen. Die Abnahme tritt somit erst dann ein, wenn diese Nutzungszeit seit der Entgegennahme der Bauleistung, also dem Einzug, abgelaufen ist (OLG Düsseldorf, Urt. v. 10.11.1981 – 23 U 127/81, Schäfer/Finnern/Hochstein, Nr. 9 zu § 640 BGB und BGH, Urt. v. 20.09.1984 – VII ZR 377/83, BauR 1985, 200, 201 f. = NJW 1985, 731, 732), soweit nicht gleichzeitig oder zeitnah Mängel gerügt werden, die zur Verneinung der Abnahmereife führen, wenn ihr Vorliegen unterstellt wird (OLG Brandenburg, Urt. v. 16.02.2005 – 4 U 129/04, BauR 2005,

1067 = IBR 2005, 372). Die **Dauer der angemessenen Frist** ist im Einzelfall zu bestimmen; sie dürfte realistischerweise etwa bei Wohnhäusern einige Wochen betragen (vgl. OLG Jena, Urt. v. 14.07.2009 – 5 U 736/06, Nichtzul.-Beschw. zurückgew., BGH, Beschl. v. 23.02.2012 – VII ZR 143/09, BauR 2012, 993 [Ls.] m. w. N. für 6–8 Wochen). Demgegenüber lässt es das Kammergericht – bedenklich weit – bereits genügen, dass die Abnahme nicht innerhalb der Fristen des § 12 Abs. 5 VOB/B, d. h. zwischen 6 und 12 Tagen nach Mitteilung der Fertigstellung bzw. eine Inbenutzungnahme verweigert oder vorbehalten wird (KG, Urt. v. 04.04.2006 – 7 U 247/05, BauR 2006, 1475, 1476 = NZBau 2006, 436, 437). Dies überzeugt nicht, weil die kurzen Fristen des § 12 Abs. 5 VOB/B gerade Bestandteil einer Abnahmefiktion sind, während es hier um die Ermittlung des wahren Willens des Auftraggebers geht. Eine starre Anknüpfung an die knappen Fristen des § 12 Abs. 5 VOB/B ist dafür kaum geeignet (in diesem Sinne auch deutlich vorsichtiger KG, Urt. v. 29.06.2007 – 7 U 165/06, KGR 2007, 805 = IBR 2007, 476). Dies gilt umso mehr, als gerade eine stillschweigende Abnahme abzulehnen ist, wenn eine Entgegennahme der Bauleistung, so z. B. ein Einzug in das Haus, nur unter dem **Zwang der Verhältnisse** erfolgt (BGH, Urt. v. 12.06.1975 – VII ZR 55/73, BauR 1975, 344, 345 = NJW 1975, 1701, 1702) oder dies der allgemeinen Schadensminderungspflicht des Auftraggebers entspricht (OLG Stuttgart, Urt. v. 16.11.2010 – 10 U 77/10, BauR 2011, 566 [Ls.] = NJW-RR 2011, 527, 530 = NZBau 2011, 167, 169).

> **Beispiel**
>
> Das neue Haus ist noch nicht vollständig fertiggestellt. Der Bauherr muss aber einziehen, weil die alte Wohnung bereits gekündigt ist. Er moniert auch regelmäßig die mangelhafte Fertigstellung. Hier kann von keiner stillschweigenden Abnahme ausgegangen werden.

In diesem Sinne erscheint es auch nur wenig nachvollziehbar, dass in einer nach Kündigung vorgenommenen Bautenstandsfeststellung schon eine stillschweigende Abnahme liegen soll (so aber OLG Brandenburg, Urt. v. 10.06.2010 – 12 U 198/09, BauR 2010, 1969, 1974).

Allein in dem **Prüfvermerk des Architekten** auf der Schlussrechnung des Unternehmers kann ebenfalls keine Abnahme der Werkleistung gesehen werden (AG Lörrach, Urt. v. 08.01.1975 – 3 C 30/74, Schäfer/Finnern/Hochstein, Nr. 6 zu § 633 BGB; Hochstein, BauR 1973, 333 f). Von einer Abnahme ist dann aber auszugehen, wenn der Auftraggeber daraufhin vorbehaltlos eine Schlusszahlung leistet (OLG Stuttgart, Urt. v. 21.04.2009 – 10 U 9/09, Nichtzul.-Beschw. zurückgew., BGH, Beschl. v. 08.04.2010 – VII ZR 88/09, BauR 2010, 1083 [Ls.]). 1129

Vorstehend wurde schon erläutert, dass streng zwischen der stillschweigenden und der fiktiven Abnahme zu unterscheiden ist (Rdn. 1126). Unterschiede zeigen sich auch bei den notwendigen **Vorbehalten von bekannten Mängeln und Vertragsstrafenansprüchen**, die bei der stillschweigenden Abnahme zugleich mit dieser zum richtigen Zeitpunkt erklärt werden müssen (BGH, Urt. v. 25.02.2010 – VII ZR 64/09, BauR 2010, 795, 797 = NJW-RR 2010, 748, 749 = NZBau 2010, 318, 319). Dagegen sind sie bei der fiktiven Abnahme innerhalb der dafür vorgesehenen Frist zu erklären, wie § 12 Abs. 5 Nr. 3 VOB/B ausdrücklich bestimmt (s. dazu unten Rdn. 1144 ff.). 1130

6.2.4 Die fiktive Abnahme (§ 12 Abs. 5 Nr. 1 und 2 VOB/B)

Die Regelung in § 12 Abs. 5 VOB/B wird vielfach als stillschweigende Abnahme bezeichnet oder mit dieser verwechselt. Rechtlich ist diese Gleichsetzung irreführend. Denn während der Auftraggeber bei der stillschweigenden Abnahme eine tatsächliche Willenserklärung zur Billigung des Bauwerks – wenn auch nur stillschweigend – abgibt, existiert eine solche Erklärung des Auftraggebers bei der fiktiven Abnahme gerade nicht. Vielmehr wird in den beiden Fällen des § 12 Abs. 5 VOB/B über den Rahmen des § 640 BGB hinaus die Wirkung der Abnahme **unabhängig vom wirklichen Willen** des Auftraggebers fingiert, falls dieser nicht die Abnahme gemäß § 12 Abs. 3 VOB/B verweigert. Daher ist die fiktive Abnahme streng von einer stillschweigenden Billigung des Bauwerkes durch eine entsprechende konkludente Handlung des Auftraggebers zu trennen. Anknüpfungspunkt für die Fiktion der Abnahme sind stattdessen ungeachtet des Willens des Auftraggebers gewisse äu- 1131 ßere Ereignisse, bei denen die innere Einstellung des Auftraggebers, ob er die Leistung billigen will, keine Rolle spielt.

1132 Anzumerken ist, dass nach § 308 Nr. 5 BGB Klauseln über fingierte Erklärungen im Rahmen einer AGB-Inhaltskontrolle grundsätzlich keinen Bestand haben. Dies gilt ganz maßgeblich zunächst für die in § 12 Abs. 5 VOB/B vorgesehenen Abnahmefiktionen – die AGB-rechtlich nur dann unbedenklich sind, wenn die VOB/B entweder vom Auftraggeber selbst in den Vertrag eingeführt wurde (s. dazu oben Rdn. 468) oder die VOB/B als Ganzes vereinbart ist, so dass keine gesonderte AGB-Kontrolle stattfindet (s. o. Rdn. 481 ff.). Einer AGB-Kontrolle ebenfalls nicht Stand halten des Weiteren Klauseln, aus denen sich in Verbindung mit einer Abnahmefiktion ganz generell die vermeintliche Verpflichtung des Auftraggebers ergeben könnte, eine Werkleistung entgegen § 640 Abs. 1 BGB abnehmen zu müssen, obwohl sie nicht im Wesentlichen mangelfrei ist.

▶ **Beispiel (nach OLG Celle, Urt. v. 03.07.2008 – 13 U 68/08, BauR 2009, 103)**

Keinen Bestand hat danach etwa folgende Regelung:

»Das Unternehmen teilt dem Bauherrn rechtzeitig, d. h. mindestens 12 Werktage zuvor mit, ab welchem Zeitpunkt das Haus vertragsgemäß errichtet ist und übergeben werden kann. Der Bauherr ist verpflichtet, zu diesem Zeitpunkt das Bauwerk abzunehmen. Im Übrigen gelten für die Abnahme die Bestimmungen des BGB zum Werkvertragsrecht.

Falls eine förmliche Abnahme aus Gründen, die der Bauherr zu vertreten hat, unterbleibt, gelten die Leistungen des Unternehmens als abgenommen mit Ablauf von 12 Tagen nach schriftlicher Mitteilung über die Fertigstellung der Leistung. Hat der Bauherr das Haus oder einzelne Räume in Benutzung genommen, so gilt die Abnahme nach Ablauf von sechs Tagen nach Beginn der Benutzung als erfolgt, sofern nichts anderes schriftlich vereinbart ist. Die vorstehenden Abnahmefiktionen gelten nur, wenn das Unternehmen dem Bauherrn eine angemessene Frist zur Abnahme eingeräumt und den Bauherrn bei Einräumung der Frist auf die vorstehend beschriebenen Abnahmefiktionen besonders hingewiesen hat.«

1133

Voraussetzungen für eine fiktive Abnahme		
① fertig gestellte Leistung ohne wesentliche Mängel ② kein vorheriges Abnahmeverlangen ③ keine Abnahmeverweigerung		
④ Anzeige der Fertigstellung ⑤ Ablauf einer Frist von 12 Werktagen ohne Vorbehalt	oder	④ Inbenutzungnahme der Werkleistung ⑤ kein Vorbehalt binnen 6 Werktagen

Es gibt verschiedene **Voraussetzungen** für eine fiktive Abnahme. Hierzu gehören in jedem Fall alternativ zwei verschiedene Fristen, auf die nachfolgend gesondert zu Rdn. 1137 ff. eingegangen wird. Daneben kommt eine fiktive Abnahme nach § 12 Abs. 5 nur unter Einhaltung der folgenden allgemeinen Bedingungen in Betracht:

1134 • Die Leistung muss **fertiggestellt** sein, wobei es hier auf den Fertigstellungsbegriff in § 12 Abs. 3 VOB/B ankommt, d. h.: Entscheidend ist die **Abnahmereife**, weswegen keine wesentlichen Mängel mehr vorliegen dürfen (Heiermann/Riedl/Rusam, VOB/B, § 12 Rn. 124; Ingenstau/Korbion/Oppler, VOB/B, § 12 Abs. 5 Rn. 6, a. A. Kapellmann/Messerschmidt/Havers, VOB/B § 12 Rn. 106). Schon deswegen kommt insbesondere bei vorzeitig beendeten Verträgen eine fiktive Abnahme nicht in Betracht (BGH, Urt. v. 19.12.2002 – VII ZR 103/00, BGHZ 153, 244,

251 = BauR 2003, 689, 692 = NJW 2003, 1450, 1452; BGH, Urt. v. 11.05.2006 – VII ZR 146/04, BGHZ 167, 345, 351 = BauR 2006, 1294, 1296 = NJW 2006, 2475, 2476).

▸ Beispiel

Der Auftragnehmer wurde wegen der nicht erfolgten Beseitigung von Mängeln während der Bauausführung nach §§ 4 Abs. 7 S. 2, 8 Abs. 3 VOB/B gekündigt. Diese Leistung ist nicht funktionell fertig, sodass schon deswegen in der Regel eine fiktive Abnahme ausscheidet.

- Zum Zeitpunkt des Eintritts der fiktiven Abnahme darf **keine** Partei eine **Abnahme verlangt** haben. Auch aus diesem Grund scheidet in aller Regel eine fiktive Abnahme bei gekündigten Verträgen aus, weil hier eine Abnahme nach § 8 Abs. 6 VOB/B im Zweifel nur auf Verlangen durchgeführt wird (BGH, a. a. O.).
- Die Abnahme darf bis dahin, d. h. bis zum Ablauf der in § 12 Abs. 5 VOB/B gesetzten Fristen **nicht verweigert** worden sein (KG, Urt. v. 28.04.1987 – 21 U 6140/86, BauR 1988, 230, 231; OLG Celle, Urt. v. 26.03.1997 – 6 U 144/95, BauR 1997, 1049), und zwar insbesondere nicht wegen fehlender Abnahmereife.

Problematisch sind immer wieder Sachverhalte, in denen nach dem Bauvertrag eine **förmliche Abnahme vorgesehen** ist und diese später **nicht durchgeführt** wird. 1135

▸ Beispiel

Der Auftragnehmer errichtet ein Seniorenstift. Die VOB/B ist vereinbart, ebenso eine förmliche Abnahme. Die Arbeiten sind fertig, die Schlussrechnung gestellt und das Gebäude bezogen. Ein Jahr nach Bezug reklamiert der Auftraggeber eine bisher nicht erfolgte förmliche Abnahme.

In der Rechtsprechung und Literatur wird in derartigen Fällen teilweise ebenfalls eine fiktive Abnahme nach § 12 Abs. 5 VOB/B für möglich gehalten. Vermittelnd heißt es dazu allenfalls, dass man den Eintritt der Abnahmewirkung nicht schon mit dem bloßen Ablauf der in § 12 Abs. 5 VOB/B geregelten Fristen annehmen dürfe, insbesondere nicht im Fall einer ursprünglich vereinbarten förmlichen Abnahme. Vielmehr werde der Ablauf einer weiteren angemessenen Frist zu fordern und im Übrigen aus den Umständen, insbesondere dem zwischenzeitlichen Verhalten des Auftraggebers, zu beurteilen sein, ob nach Treu und Glauben die Abnahmewirkungen im Einzelfall eingetreten sind. Entsprechendes sei bei objektiver Betrachtung aus den Umständen zu entnehmen, wenn keine Partei, insbesondere der Auftraggeber, auf die vereinbarte andere Abnahmeform zurückkomme (vgl. Ingenstau/Korbion/Oppler, VOB/B § 12 Abs. 5 Rn. 4; BGH, Urt. v. 13.07.1989 – VII ZR 82/88, BauR 1989, 727, 728 = NJW 1990, 43 f.). Im Ergebnis ist dies richtig, in der Begründung jedoch falsch: Denn wenn die Parteien eine **förmliche Abnahme** vereinbart haben, ist damit gleichzeitig die **fiktive Abnahmeform ausgeschlossen** (BGH, Urt. v. 10.11.1983 – VII ZR 373/82, BauR 1984, 166, 167 = NJW 1984, 725, 726). Dies ist ohne Weiteres zulässig, zumal von Gesetzes wegen ohnehin keine fiktive Abnahme vorgesehen ist. In diesen Fällen bedarf es dann aber keines Rückgriffs auf die Grundsätze von Treu und Glauben. Vielmehr kann sich der **Abnahmewille** bei einer »vergessenen« (förmlichen) Abnahme auch **konkludent aus dem Verhalten des Auftraggebers** ergeben (so schon zu verstehen BGH, Urt. v. 03.11.1992 – X ZR 83/90, NJW 1993, 1063, 1064; ebenso OLG Düsseldorf, Urt. v. 23.04.2009 – 5 U 142/08, BauR 2011, 118, 120). Mit dieser Maßgabe ist somit auch verständlich, dass es für die Rechtfertigung eines Abnahmewillens nicht allein auf die (kurzen) Fristen des § 12 Abs. 5 VOB/B ankommen kann. Vielmehr muss man aus den Gesamtumständen heraus prüfen und ermitteln, ob sich der Auftraggeber mit der von ihm wissentlich entgegen genommenen Leistung einverstanden erklärt hat, auch wenn er dies (ggf. versehentlich) nicht mehr ausdrücklich nach außen artikuliert hat – wobei für eine solche Annahme im Hinblick auf die immerhin vereinbarte förmliche Abnahme eine zurückhaltende Betrachtung geboten ist (OLG Düsseldorf, a. a. O.). Allein danach ist es nachvollziehbar, dass von einem solchen Abnahmewillen trotz vereinbarter förmlicher Abnahme z. B. auszugehen ist, wenn der Auftraggeber ein Haus ein Jahr ohne Beanstandung bewohnt. Mit einer fiktiven Abnahme hat dies nichts zu tun, weil es hier allein auf den wirklichen (notwendigerweise in diesen Fällen zu ermittelnden) Willen des Auftraggebers ankommt (so auch Kapellmann/Messerschmidt/Havers, VOB/B, § 12 Rn. 104).

1136 Liegen die vorgenannten Voraussetzungen vor, tritt die **Abnahmefiktion gemäß § 12 Abs. 5 VOB/B** in zwei Fällen nach Ablauf der dort vorgesehenen Fristen ein, wenn kein entsprechender Vorbehalt erklärt wird:

6.2.4.1 Schriftliche Mitteilung von der Fertigstellung der Leistung (§ 12 Abs. 5 Nr. 1 VOB/B)

1137 Wird keine Abnahme verlangt, so gilt die Leistung mit dem **Ablauf von 12 Werktagen nach der schriftlichen Mitteilung über die Fertigstellung** als abgenommen. Die Einhaltung der **Schriftform** der Mitteilung des Auftragnehmers an den Auftraggeber oder dessen für die Abnahme bevollmächtigten Vertreter ist **Wirksamkeitsvoraussetzung** für den Beginn der 12-Werktage-Frist und damit für den Eintritt der Abnahmewirkung nach deren Ablauf. Sie ist daher zwingend. Die Frist beginnt mit Zugang der Fertigstellungsanzeige.

1138 Hervorzuheben ist, dass diese Alternative der fiktiven Abnahme nur eingreift, wenn tatsächlich eine **fertige, abnahmereife Leistung** vorliegt (OLG Düsseldorf, Urt. v. 01.06.1976 – 21 U 224/74, BauR 1976, 433). Nicht erforderlich ist es hingegen, dass der Auftragnehmer in seiner schriftlichen Mitteilung ausdrücklich auf die Beendigung und Abnahmereife seiner Leistung hinweist. Dies ist zwar sinnvoll, um etwaige Unklarheiten zu vermeiden. Es genügt aber auch jede **andere Art der Mitteilung** zur Fertigstellung, z. B. die Zusendung der Schlussrechnung (BGH, Urt. v. 10.02.1977 – VII ZR 17/75, BauR 1977, 280 = NJW 1977, 897 f.), die Erklärung zu der erfolgten Räumung der Baustelle usw. Auch eine übergebene Rechnung zu »ausgeführten Dachdeckerarbeiten« kann als schriftliche Mitteilung über die Fertigstellung einer Leistung ausreichen (vgl. BGH, Urt. v. 22.02.1971 – VII ZR 243/69, BGHZ 55, 354, 356 = BauR 1971, 126 f.), um nach Ablauf von 12 Werktagen die Abnahme zu bewirken.

1139 Wurde nach Vorstehendem eine wirksame schriftliche Fertigstellungsanzeige versandt, gilt die Leistung unabhängig vom Willen des Auftraggebers als abgenommen, wenn
- dieser nicht binnen einer Frist von **12 Werktagen** seit Erhalt der Mitteilung über die Fertigstellung der Leistung die Abnahme (ausdrücklich) verweigert oder
- eine ausdrücklich erklärte, insbesondere **förmliche Abnahme verlangt**.

6.2.4.2 Inbenutzungnahme der Leistung (§ 12 Abs. 5 Nr. 2 VOB/B)

1140 Hat der Auftraggeber die Leistung oder einen Teil derselben in Benutzung genommen, gilt die Abnahme nach dem **Ablauf von 6 Werktagen nach Beginn der Benutzung** als erfolgt, wenn nichts anderes vereinbart ist. Die Benutzung von Teilen einer baulichen Anlage zur Weiterführung des Baus gilt nicht als Abnahme (vgl. § 12 Abs. 5 Nr. 2 VOB/B). Im Einzelnen heißt das:

1141 Entscheidend für eine fiktive Abnahme nach dieser Alternative ist die Benutzung der Leistung oder eines Teiles derselben durch den Auftraggeber, ohne dass ausdrücklich eine Abnahme verlangt oder diese verweigert worden ist.

> **Beispiele für eine Inbenutzungnahme einer Bauleistung**
> - Einzug in ein neu errichtetes bzw. um- oder ausgebautes Bauwerk
> - Freigabe einer Brücke für den Verkehr
> - Inbetriebnahme eines Kraftwerkes
> - Aufnahme der Fabrikation
> - Inbetriebnahme und Bezahlung einer nach dem Vertrag zu verlegenden Lichtleitung
> - Eröffnung eines Ladenlokals für den Geschäftsverkehr

Geht es um die **Leistung eines Subunternehmers**, so liegt die Benutzung durch den Auftraggeber (hier Hauptunternehmer bzw. Generalunternehmer) darin, dass dieser die Leistung dem Bauherrn zur Benutzung überlässt und der Bauherr sie nutzt (vgl. Ingenstau/Korbion/Oppler, VOB/B § 12

Abs. 5 Rn. 19 ff. m. w. N. und Beispielen aus der Rechtsprechung; KG Berlin, Urt. v. 08.01.1973 – 16 U 1124/72, BauR 1973, 244, 245; s. dazu auch ausführlich Joussen/Vygen, Subunternehmervertrag, Rn. 429 ff).

Die Benutzung kann sich entweder auf die gesamte vertragliche Leistung des Auftragnehmers oder nur auf einen Teil derselben beziehen. Dabei kommen nur solche Teile der Gesamtleistung in Betracht, die für eine eigene Abnahme geeignet sind. Es muss sich also um Teilleistungen handeln, die im Sinne des § 12 Abs. 2 VOB/B als »**in sich abgeschlossene Teile der Leistung**« anzusehen sind. Allerdings müssen auch diese für sich genommen funktional fertig und gebrauchsfähig sein. Nicht ausreichend sind dagegen bloße »technische Teilabnahmen« im Sinne des § 4 Abs. 10 VOB/B, bei denen lediglich ein aktueller Bauzustand festgestellt wird. Ebenso wenig genügt es für eine fiktive Abnahme, wenn Teile der baulichen Anlage nur deswegen »in Benutzung genommen werden«, um damit die Arbeiten weiterzuführen (§ 12 Abs. 5 Nr. 2 S. 2 VOB/B). Vielmehr setzt eine Benutzung als Grundlage einer fiktiven Abnahme eine Ingebrauchnahme der Bauleistung insoweit voraus, als es um den Endzweck der bestimmungsgemäßen Bauwerkserrichtung geht. 1142

▶ **Beispiel**

Der Auftragnehmer hat den Rohbau errichtet. Der Auftraggeber lässt dort schon Innenausbauarbeiten durchführen. Hier ist der Rohbau keine für sich genommen funktional fertige Teilleistung, die der Auftraggeber durch die Fortsetzung der Arbeiten in Benutzung nimmt.

Zur Verhinderung einer fiktiven Abnahme ist dagegen nicht entscheidend, dass der Auftraggeber bei Inbenutzungnahme Mängel beanstandet. Stattdessen geht es vorrangig darum, dass er mit seiner durch die Benutzung zum Ausdruck gekommenen Haltung die Leistung bei objektiver Betrachtung **als im Wesentlichen vertragsgemäße Erfüllung** behandelt. Hiervon wird nicht auszugehen sein können, wenn die Leistung noch nicht fertiggestellt ist, wesentliche Leistungen fehlen oder die erstellten Leistungsteile sogar grobe Mängel aufweisen (Ingenstau/Korbion/Oppler, VOB/B, § 12 Abs. 5 Rn. 25). 1143

▶ **Beispiel (nach BGH, Urt. v. 23.11.1978 – VII ZR 29/78, BauR 1979, 152 = NJW 1979, 549, 550)**

Der Auftraggeber lässt ein Einfamilienhaus errichten. Wegen wesentlicher mehrfach gerügter Mängel kommt zurzeit eine Abnahme nicht in Betracht. Der Auftraggeber zieht gleichwohl ein, weil er seine bisherige Wohnung schon gekündigt hat. In einer solchen Notsituation scheidet eine fiktive Abnahme aus. Dasselbe gilt, soweit ein Einzug weiter gehende Schäden (z. B. drohende Mietausfallschäden) abwenden soll.

Auch wenn hier im Zweifel keine fiktive Abnahme anzunehmen sein wird, ist ein Auftraggeber immerhin gut beraten, die Abnahme gleichwohl eindeutig gemäß § 12 Abs. 3 VOB/B zu verweigern.

6.2.4.3 Fiktive Abnahme als echte Abnahme/Vorbehalt bei der fiktiven Abnahme

Die fiktive Abnahme ist eine echte Abnahme mit all ihren Rechtsfolgen (s. dazu nachfolgend Rdn. 1193 ff.). Diese können nur vermieden werden, wenn der Auftraggeber rechtzeitig, d. h. spätestens binnen der vorgenannten **Fristen** von sechs bzw. zwölf Tagen einen entsprechenden **Vorbehalt gegen die sonst drohende Abnahmefiktion** ausspricht. Nur wenn dieser Vorbehalt so erklärt wird, wird die Abnahmefiktion durch Inbenutzungnahme bzw. infolge einer Fertigstellungsanzeige vermieden. 1144

Handelt es sich bei der fiktiven Abnahme um eine vollwertige Abnahme, gelten auch die weiteren damit verbundenen Folgen hinsichtlich eines ggf. **notwendigen Vorbehalts zu bekannten Mängeln oder einer verwirkten Vertragsstrafe**. Diese Vorbehalte haben nichts mit einem Vorbehalt oder einem Widerspruch zu der Abnahme selbst zu tun. Denn Letzterer verhindert die Abnahme insgesamt. Demgegenüber ist Zweck des Vorbehalts zu bekannten Mängeln bzw. zu einer verwirkten Vertragsstrafe, dass mit der fiktiven Abnahme nicht die auch sonst mit einer vorbehaltlosen Abnahme dem Auftraggeber zustehenden verschuldensunabhängigen Mängelrechte oder Ansprüche auf Vertragsstrafe verloren gehen (vgl. § 12 Abs. 3 VOB/B i. V. m. § 11 Abs. 4 VOB/B, §§ 341 Abs. 3, 640 Abs. 2 BGB).

1145 Für den Erhalt der vorstehend beschriebenen Mängelrechte zu bekannten Mängeln oder schon verwirkten Vertragsstrafenansprüchen ist es notwendig, dass ein Vorbehalt dazu ebenfalls **innerhalb der 6- bzw. 12-tägigen Frist erklärt wird.** Die vor Beginn oder nach Ablauf dieser Frist ausgesprochenen Vorbehalte haben dagegen grundsätzlich keine Wirkung (OLG Düsseldorf, Urt. v. 12.11.1993 – 22 U 91/93, 22 U 95/93, BauR 1994, 148 = NJW-RR 1994, 408). Auf diese Rechtsfolge ist unbedingt hinzuweisen, weil sie sich nämlich nicht aus dem Wortlaut des § 12 Abs. 5 Nr. 3 VOB/B ergibt. Nach der VOB-Regelung müsste der Vorbehalt stattdessen »spätestens« bei Ablauf der zu einer fiktiven Abnahme führenden Fristen erklärt werden. Hieraus könnte man schließen, dass der Vorbehalt auch schon vor dem Fristbeginn erklärt werden kann. Eine solche Auslegung widerspräche jedoch Sinn und Zweck der Regelung zur fiktiven Abnahme. Wenn nämlich anstelle einer echten Willenserklärung zur Abnahme das Verstreichenlassen einer Frist tritt (vgl. BGH, Urt. v. 03.11.1960 – VII ZR 150/59, BGHZ 33, 236, 239), hat ein Gleichlauf auch insoweit stattzufinden, als es um notwendige Vorbehaltserklärungen geht, d. h.: Auch eine rechtsgeschäftlich erklärte Abnahme würde einen entsprechenden Vorbehalt im Zeitpunkt der Abnahme erfordern. Dann aber kann in Bezug auf den Zeitpunkt notwendiger Vorbehalte nichts anderes gelten, wenn anstelle der Abnahmeerklärung ein Fristenlauf tritt. Der einzige Unterschied besteht darin, dass der Vorbehalt nicht zu einem bestimmten Zeitpunkt, nämlich dem der Abnahme geltend gemacht werden muss, sondern innerhalb der die Abnahme ersetzenden Frist (vgl. BGH, Urt. v. 22.10.1970 – VII ZR 71/69, BGHZ 54, 352b, 355 f. = BauR 1971, 51, 52 = NJW 1971, 99, 100).

1146 Von Vorstehendem ist allerdings eine **Ausnahme** zu machen: Nicht selten hat ein Auftraggeber schon **vor Abnahme mehrfach und nachhaltig Mängel gerügt** oder gar erklärt, die so erbrachte Leistung nicht hinzunehmen. Soweit ein solches Verhalten nicht schon allgemein eine fiktive Abnahme verhindert (s. dazu oben Rdn. 1133 ff.), kann daraus aber ggf. geschlossen werden, dass sich seine Haltung innerhalb der maßgeblichen Fristen nicht geändert hat. Allein deswegen kann dann ausnahmsweise doch auf einen weiter gehenden Vorbehalt zu schon bekannten Mängeln verzichtet werden (vgl. BGH, Urt. v. 12.06.1975 – VII ZR 55/73, BauR 1975, 344, 345 f. = NJW 1975, 1701, 1702). Hervorzuheben ist jedoch, dass es sich dabei um absolute Ausnahmefälle handelt, die eng auszulegen sind. Tatsächlich müssen eindeutige Anhaltspunkte für die unveränderte Haltung des Auftraggebers innerhalb der Frist vorliegen. Außerdem müssen die Mängel bei der Abnahme noch bestehen und ohne Weiteres zu bestimmen sein. Schließlich dürfen diese Mängel nicht zwischenzeitlich beseitigt oder ihre Beseitigung versucht worden sein. Die Voraussetzungen dieses Ausnahmetatbestandes hat der Auftraggeber zu beweisen (vgl. Ingenstau/Korbion/Oppler, VOB/B § 12 Abs. 5 Rn. 15 ff.).

1147 Dagegen gilt die vorangehend für den Fall einer schon vor Fristbeginn geltend gemachten Mängelrüge erwähnte Ausnahme nur mit **Einschränkungen auch für die Vertragsstrafe:** Dies wiederum beruht darauf, dass bei schon eingetretener Verzögerung eine pünktliche Leistungserbringung im Zeitpunkt der fiktiven Abnahme ohnehin nicht mehr erreichbar ist. Immerhin wird man es aber bei einer fiktiven Abnahme der Bauleistung durch Inbenutzungnahme für die Annahme eines wirksamen Vorbehalts der Vertragsstrafe genügen lassen können, wenn der Auftraggeber wenige Tage vor seinem Einzug und der Fertigstellung der Leistung die Geltendmachung der Vertragsstrafe dem Auftragnehmer gegenüber schriftlich und unmissverständlich angekündigt hat (vgl. OLG Düsseldorf, Urt. v. 25.10.1983 – 23 U 61/83, BauR 1985, 327, 329; a. A. aber wohl OLG Düsseldorf, Urt. v. 07.12.1976 – 20 U 40/76, BauR 1977, 281 und wohl auch BGH, Urt. v. 25.01.1973 – VII ZR 149/72, BauR 1973, 192, 193 und BGH, Urt. v. 10.02.1977 – VII ZR 17/75, BauR 1977, 280 = NJW 1977, 897, 898).

1148 Hat der Auftraggeber den **Vorbehalt** wegen bekannter Mängel oder verwirkter Vertragsstrafenansprüche **nicht rechtzeitig erklärt**, ist er mit den auf diese Mängel gestützten Gewährleistungsrechten (§ 640 Abs. 2 BGB und § 12 VOB/B) und mit Vertragsstrafenansprüchen **ausgeschlossen** (§ 341 Abs. 3 BGB und § 11 Abs. 4 VOB/B – s. dazu im Einzelnen unten Rdn. 1206 ff.).

6.3 Die Teilabnahme (§ 12 Abs. 2 VOB/B)

Als Ausnahme von dem in § 12 Abs. 1 VOB/B erfassten Grundsatz der einheitlichen Gesamtabnahme legt § 12 Abs. 2 VOB/B unter bestimmten Voraussetzungen eine Verpflichtung des Auftraggebers zur **Abnahme von Teilleistungen** fest. Dabei handelt es sich um eine auf die Belange des Bauvertrages zugeschnittene Ausgestaltung des § 641 Abs. 1 S. 2 BGB. Diese gesetzliche Regelung eröffnet ausdrücklich die Möglichkeit zur Vereinbarung von Teilabnahmen und knüpft daran die Folge der Fälligkeit des auf diesen Teil der Leistung entfallenden Vergütungsanspruchs. Während also die Teilabnahme beim BGB-Werkvertrag eine entsprechende Vereinbarung der Parteien voraussetzt, kann sie der Auftragnehmer beim **VOB-Bauvertrag** unter bestimmten Voraussetzungen **einseitig fordern**.

1149

6.3.1 Verlangen der Teilabnahme

Die **Verpflichtung des Auftraggebers zur Abnahme von Teilleistungen** besteht, wenn der Auftragnehmer sie für in sich abgeschlossene Teile der vertraglichen Leistung verlangt. Von einer Teilabnahme kann aber nur die Rede sein, wenn es sich um **Teile aus demselben Auftrag** handelt; werden dagegen Leistungen in getrennten Aufträgen vergeben, kann die Abnahme der Leistung des einen Auftrages nicht als Teilabnahme im Verhältnis zu den Leistungen des anderen Auftrages gewertet werden; vielmehr handelt es sich jeweils um eine abschließende Gesamtabnahme (vgl. BGH, Urt. v. 25.10.1973 – VII ZR 181/72, BauR 1974, 63).

1150

▶ **Beispiel**

Der Auftraggeber vergibt in zwei getrennten Aufträgen an einen Unternehmer die Rohbau- und Innenputzarbeiten. Wenn jetzt die Rohbauarbeiten fertiggestellt sind und der Auftragnehmer Abnahme verlangt, handelt es sich um eine Gesamtabnahme der vollständig zu diesem ersten Auftrag erbrachten Leistung, nicht um eine Teilabnahme im Sinne des § 12 Abs. 2 VOB/B.

Die Teilabnahme ist auf Verlangen vorzunehmen. In der Regel geht es dabei um ein **Verlangen des Auftragnehmers**. Doch auch der **Auftraggeber** hat das Recht, eine Teilabnahme zu fordern (vgl. Ingenstau/Korbion/Oppler, VOB/B § 12 Abs. 5, Rn. 5).

6.3.2 Abnahmefähige Teilleistung

Die **Teilabnahme im Sinne des § 12 Abs. 2 VOB/B** erfasst in sich **abgeschlossene Teile der Leistung**, die nach allgemeiner Verkehrsauffassung als selbstständig und von den übrigen Teilleistungen aus demselben Bauvertrag unabhängig anzusehen sind; sie müssen sich also in ihrer Gebrauchsfähigkeit abschließend beurteilen lassen. Bei diesen kommt eine Teilabnahme in Betracht, wenn sie **für sich genommen funktionell fertiggestellt** sind, d. h. die Teilleistung der vertraglich vorgesehenen Nutzung zugeführt werden kann und insoweit frei von wesentlichen Mängeln ist.

1151

▶ **Beispiele für teilabnahmefähige Leistungen**
- Vertragsgemäßer Einbau einer Heizungsanlage, obwohl der Auftragnehmer nach demselben Bauvertrag noch weitere sanitäre Installationsarbeiten durchzuführen hat, oder umgekehrt (BGH, Urt. v. 10.07.1975 – VII ZR 64/73, BauR 1975, 423; BGH, Urt. v. 21.12.1978 – VII ZR 269/77, BauR 1979, 159, 160 = NJW 1979, 650)
- Fertigstellung eines Hauses oder einer Brücke, obwohl mehrere Häuser oder Brücken nach demselben Vertrag zu errichten sind.

In vorstehenden Fällen ist eine Teilabnahme wegen der funktionellen Trennbarkeit der einzelnen vertraglichen Leistungsgegenstände möglich.

Losgelöst von dieser theoretischen Definition ist der **Begriff** der **in sich abgeschlossenen Teile der Leistung** aber in jedem Fall **eng auszulegen**, um Schwierigkeiten und Überschneidungen hinsichtlich der Gewährleistung zu vermeiden. Die bloße Vergabe mehrerer Fachlose an einen Auftragnehmer genügt als solche noch nicht, um allein damit in sich abgeschlossene Teilleistungen nach § 12

1152

Abs. 2 VOB/B anzunehmen (vgl. Ingenstau/Korbion/Oppler, VOB/B § 12 Abs. 2 Rn. 7); sie kann aber durchaus ein Anhaltspunkt für eine in sich abgeschlossene Teilleistung sein. Als teilabnahmefähig wird man deshalb auch bestimmte Streckenabschnitte einer Autobahn oder einer Gesamtkanalisation ansehen können, nicht dagegen Teilleistungen übertragener gewerkeeinheitlicher Leistungen an einem Bauwerk, selbst wenn sie in verschiedene Bauabschnitte unterteilt sind (BGH, Urt. v. 20.08.2009 – VII ZR 212/07, BauR 2009, 1736, 1739 = NJW 2009, 3717, 3718 = NZBau 2010, 47, 48). Diese Abgrenzungskriterien gelten im Grundsatz auch für eine **Teilkündigung** nach § 6 Abs. 7 und nach § 8 Abs. 3 Nr. 1 S. 2 VOB/B.

▶ **Beispiel (nach BGH, Urt. v. 20.08.2009, a. a. O.)**

Eine Teilabnahme (und damit auch eine Teilkündigung) scheidet etwa in Bezug auf Wärmedämmarbeiten in Bezug auf einzelne Fassadenteile aus, selbst wenn die Fassade in verschiedene Bauabschnitte unterteilt war.

Vor diesem Hintergrund sind auch nicht **teilabnahmefähig** z. B. die Betondecke oder die verschiedenen Stockwerke eines Rohbaus (BGH, Urt. v. 06.05.1968 – VII ZR 33/66, BGHZ 50, 160, 162 f. = NJW 1968, 1524, 1525). Denn eine solche Abnahme könnte ihrem Sinn und Zweck nach ordnungsgemäß nur hinsichtlich des gesamten Rohbaus durchgeführt werden. Entsprechendes gilt für verschiedene Abdichtungsarbeiten an demselben Objekt, wenn sie letztlich dem gleichen Erfolgsziel dienen sollen (a. A., d. h. für einen deutlich weiteren Begriff der Teilabnahme in Anlehnung an eine vermeintlich sich bildende Verkehrssitte: Kapellmann, Festschrift Thode, S. 29 ff., 35). Dies kann auch zu unterschiedlichen Abnahmezeitpunkten von Subunternehmer- und Generalunternehmerleistungen führen.

▶ **Beispiel (nach OLG Düsseldorf, Urt. v. 13.03.1990 – 23 U 162/89, Sch-F–H Nr. 14 zu § 12 VOB/B)**

Dem Generalunternehmer sind die gesamten Rohbauarbeiten, bestehend aus den Losen Erd-, Kanalisations-, Maurer-, Beton- und Stahlbetonfertigteilarbeiten übertragen worden. Die Stahlbetonskelettkonstruktion hat er isoliert an einen Subunternehmer weiter vergeben. Nach deren Fertigstellung ist der Generalunternehmer gegenüber seinem Subunternehmer gemäß § 12 Abs. 1 VOB/B zur Abnahme verpflichtet. Von seinem Auftraggeber kann er hingegen noch keine Teilabnahme gemäß § 12 Abs. 2 VOB/B verlangen. Denn die Stahlbetonfertigteilkonstruktion stellt als Teil des Rohbaus keine in sich abgeschlossene Teilleistung dar und ist deshalb grundsätzlich nicht teilabnahmefähig.

1153 Soweit vorstehend auf die funktionelle Selbstständigkeit der abnahmefähigen Teilleistung verwiesen wurde, hat dies vorrangig nur Bedeutung insoweit, als der Auftragnehmer eines VOB-Vertrages die Abnahme von Teilleistungen verlangen kann. Unabhängig davon sind die Parteien aber nicht gehindert, daneben auch sonst funktionell nicht selbstständige Teilleistungen abzunehmen. Dies wird man jedoch nur im Einzelfall prüfen können (ähnlich BGH, Urt. v. 20.08.2009 – VII ZR 205/07, BGHZ 182, 158, 173 = BauR 2009, 1724, 1730 = NJW 2010, 227, 230 = NZBau 2009, 707, 711).

▶ **Beispiel**

Der Auftragnehmer wird mit Asbestsanierungsarbeiten in einer Lagerhalle mit fünf Teilbereichen beauftragt. Nachdem vier Bereiche saniert sind, geraten die Parteien in Bezug auf den fünften Bereich in Streit, der nicht komplett ausgeführt wird. Der Auftraggeber nimmt ohne weiteren Kommentar die Leistungen ab.

Hier erscheint es fernliegend, dass diese Abnahme auch den kritischen fünften Bereich erfassen sollte. Obwohl eine einheitliche Abnahme zu »den Vertragsleistungen« erklärt wurde, lag in Wahrheit nur eine Teilabnahme der vier fertiggestellten Bereiche vor. Mit § 12 Abs. 2 VOB/B hat das nichts zu tun.

6.3 Die Teilabnahme (§ 12 Abs. 2 VOB/B)

6.3.3 Arten der Teilabnahme

Besteht nach § 12 Abs. 2 VOB/B ein Anspruch auf Teilabnahme, so kann diese in den gleichen Arten wie die Gesamtabnahme erfolgen. Als Regelfall wird man dabei von der ausdrücklich erklärten Teilabnahme gemäß § 12 Abs. 1 VOB/B oder der **förmlichen Teilabnahme** gemäß § 12 Abs. 4 VOB/B auszugehen haben. Daneben kann die Teilabnahme **stillschweigend oder konkludent** erfolgen. Schließlich ist sogar eine **fiktive Abnahme** von selbstständigen Teilleistungen **durch Inbenutzungnahme möglich**, wie sich schon aus dem Wortlaut des § 12 Abs. 5 Nr. 2 VOB/B ergibt. Demgegenüber ist eine **fiktive Teilabnahme nach Fertigstellungsanzeige** gemäß § 12 Abs. 5 Nr. 1 VOB/B (d. h. 12 Werktage nach Mitteilung von der Fertigstellung) **nicht möglich**. Dies ergibt sich zum einen aus dem unterschiedlichen Wortlaut von § 12 Abs. 5 Nr. 1 und 2 VOB/B. Zum anderen würde eine fiktive Abnahme infolge einer Fertigstellungsanzeige schon materiell daran scheitern, dass eben von einer Fertigstellung der Leistung bei einer Teilabnahme keine Rede sein kann. 1154

Erfolgt eine Teilabnahme nach § 12 Abs. 2 VOB/B, so muss sich der Auftraggeber auf das abgenommene Teilwerk entfallende, ihm **bekannte Mängel vorbehalten**, um nicht seinen Nachbesserungs- oder Minderungsanspruch zu verlieren. Gleiches gilt für eine angefallene **Vertragsstrafe**, sofern sich diese hinsichtlich ihres Verfalls auf den abgenommenen Teil für sich bezieht. Entsprechendes kann durchaus in Besonderen oder Zusätzlichen Vertragsbedingungen ausdrücklich geregelt sein oder aber sich aus den Gesamtumständen ergeben (vgl. OLG Düsseldorf, Urt. v. 26.02.1982 – 23 U 246/81, Sch-F-H Nr. 6 zu § 11 VOB/B). Hier gilt nichts anderes als vorstehend beschrieben (Rdn. 1117 ff.). 1155

6.3.4 »Unechte Technische Teilabnahme« (§ 4 Abs. 10 VOB/B)

Streng zu unterscheiden von der Teilabnahme des § 12 Abs. 2 VOB/B ist die vielfach so bezeichnete »unechte Teilabnahme«. Hier kommt es immer wieder zu Missverständnissen. Sie beruhen z. T. darauf, dass ehemals auch die unechte Teilabnahme in § 12 Abs. 2 VOB/B geregelt war, obwohl es dabei nie um eine echte rechtsgeschäftliche Teilabnahme gegangen ist. Stattdessen betrifft die sog. **unechte Teilabnahme gemäß § 4 Abs. 10 VOB/B** in der Regel in sich nicht abgeschlossene Leistungsteile. Sie können bereits »technisch abgenommen« werden, weswegen die unechte Teilabnahme z. T. auch als »**technische Teilabnahme**« bezeichnet wird. Sie kommt in Betracht, wenn Leistungsteile durch die weitere Bauausführung der Nachprüfung entzogen werden oder sonstige notwendige Feststellungen im Rahmen einer späteren Abnahme nicht mehr getroffen werden können. Die Regelung in § 4 Abs. 10 VOB/B entspricht somit reinen Zweckmäßigkeitserwägungen. Sie hat allein die Feststellung eines Leistungs-Ists als Bauzwischenzustand vor Augen, der für sich genommen noch nicht abnahmefähig ist. Daher sollen zu diesem frühen Zeitpunkt schon erstellte unselbstständige Leistungsteile auf ihre ordnungsgemäße Beschaffenheit hin überprüft werden. Hierdurch wiederum sollen spätere Schwierigkeiten vermieden werden, wenn Leistungsteile bei Gesamtfertigstellung der Leistung entweder überhaupt nicht mehr oder nur unter erschwerten, vor allem kostenmäßig weit mehr ins Gewicht fallenden Umständen überprüfbar sind (vgl. Ingenstau/Korbion/Oppler, VOB/B § 4 Abs. 10 Rn. 2 ff.). 1156

> **Beispiele für eine »unechte Abnahme« vor dem Hintergrund, dass anderweitig später die Leistungserbringung kaum mehr festzustellen ist**
> - Überprüfung von Betondecken vor Aufbringen des Estrichs und des Oberbodens
> - Zustandsfeststellung einer Kelleraußenwandisolierung vor Verfüllung der Arbeitsräume
> - Prüfung der Verlegung von Leitungen vor Verschließen der Wände

Schon aus der jeweils andersartigen Natur und den verschiedenen Gründen für die Teilabnahme nach § 12 Abs. 2 VOB/B einerseits und die Leistungsfeststellung im Rahmen einer »unechten« Teilabnahme nach § 4 Abs. 10 VOB/B andererseits ergibt sich sodann auch ihre **unterschiedliche Bedeutung**. Während die Abnahme selbstständiger und damit in sich abgeschlossener Teilleistungen nach § 12 Abs. 2 VOB/B eine echte Abnahme mit allen rechtlichen Folgen der Abnahme darstellt, ist das bei der technischen Teilabnahme auf der Grundlage von § 4 Abs. 10 VOB/B nicht der Fall, 1157 sofern ihr die Parteien keine weiter gehende Bedeutung beimessen. Letzteres kann in Besonderen oder Zusätzlichen Vertragsbedingungen geschehen (vgl. BGH, Urt. v. 06.05.1968 – VII ZR 33/66, Schäfer/Finnern Z 2.510 Bl. 32). Fehlt es daran, treten in den Fällen des § 4 Abs. 10 VOB/B die rechtlichen Wirkungen der Abnahme grundsätzlich erst ein, wenn entweder nach § 12 Abs. 1 VOB/B das Gesamtwerk oder nach § 12 Abs. 2 VOB/B eine selbstständige Teilleistung, in welcher der vorzeitig technisch abgenommene Leistungsteil enthalten ist, abgenommen worden ist. Das gilt nicht nur für den Beginn der Gewährleistungsfrist, sondern auch für die Fälligkeit des Vergütungsanspruches, den Gefahrübergang sowie die erforderlichen Vorbehalte sowie die übrigen Abnahmefolgen (vgl. Rdn. 1193 ff.).

Im Fall der **Weigerung des Auftraggebers**, an einer vom Auftragnehmer zu Recht verlangten technischen Teilabnahme nach § 4 Abs. 10 VOB/B mitzuwirken, können sich für ihn später durchaus Nachteile ergeben. Dies gilt vor allem, wenn er Mängel an diesem Teil der Werkleistung des Auftragnehmers geltend machen will:

1158
- Zunächst handelt es sich bei der **technischen Teilabnahme** nach § 4 Abs. 10 VOB/B um eine **Vertragspflicht des Auftraggebers**. Deren unberechtigte Verweigerung kann Schadensersatzansprüche nach §§ 280 Abs. 1, 241 Abs. 2 BGB auslösen. Gegenstand eines solchen Anspruchs können etwaige Mehrkosten sein, die nur deswegen entstehen, weil später eine notwendige Feststellung der Mängel gegenüber einer zuvor leichter möglichen Feststellung einen größeren Aufwand verursacht.

  > **Beispiel**
  >
  > Der Auftraggeber hat trotz Verlangens nicht den Zustand der Kellerisolierung geprüft. Bei der späteren rechtsgeschäftlichen Abnahme zeigen sich Feuchtigkeitsmängel. Nunmehr sind umfangreiche Ausschachtungsarbeiten notwendig, um allein die undichte Stelle zu finden. Die damit verbundenen Mehrkosten hätten ggf. bei einer früheren Leistungsfeststellung zu einem Zeitpunkt, als das Erdreich noch nicht verfüllt war, vermieden werden können.

- Neben Schadensersatzansprüchen wird man darüber hinaus sagen können, dass der Auftraggeber alle mit einer verweigerten technischen Teilabnahme verbundenen sonstigen nachteilhaften Folgen zu tragen hat. Dies könnte insbesondere auch die **Beweislast** bezüglich etwaiger Mängel der diesbezüglich erbrachten Teilleistung betreffen. Vor einer zu schnellen **Annahme einer Beweislastumkehr ist** allerdings zu warnen. Denn zunächst einmal geht es bei der Mitwirkung an einer gemeinsamen Leistungsfeststellung nach § 4 Abs. 10 VOB/B nur um eine **Nebenpflicht des Auftraggebers**. Ähnlich wie bei der Mitwirkung an einem gemeinsamen Aufmaß lässt die unterlassene Mitwirkung daran die Verteilung der Beweislast unverändert, solange sonst noch die Leistungen anderweitig festgestellt werden können (BGH, Urt. v. 22.05.2003 – VII ZR 143/02, BauR 2003, 1207, 1208 = NJW 2003, 2678). Nur wenn tatsächlich eine solche Leistungsfeststellung später nicht mehr möglich oder mit einem vertretbaren Aufwand zumutbar ist, kann es zu einer Beweislastumkehr kommen, d. h.: Nach Verweigerung einer technischen Teilabnahme im Sinne des § 4 Abs. 10 VOB/B hat dann der Auftraggeber von ihm behauptete Mängel an der betreffenden Teilleistung zu beweisen, auch wenn eine rechtsgeschäftliche Gesamtabnahme oder eine ebensolche Teilabnahme nach § 12 Abs. 2 VOB/B noch nicht erfolgt ist (so insbesondere: Ingenstau/Korbion/Oppler, VOB/B § 4 Abs. 10 Rn. 9 f.; Heiermann/Riedl/Rusam, VOB/B § 4 Rn. 127).
- In besonderen Fällen kann die Verweigerung oder die unberechtigte Verzögerung der technischen Teilabnahme durch den Auftraggeber auch eine **Behinderung** oder Unterbrechung der weiteren Leistungsausführung zur Folge haben. Infolgedessen können dem Unternehmer Ansprüche auf Verlängerung der Ausführungsfrist oder auf Schadensersatz gemäß § 6 Abs. 6 VOB/B zustehen (vgl. dazu Rdn. 1747 ff., 1975 ff.).

6.4 Die Abnahmeverweigerung (§ 12 Abs. 3 VOB/B, § 640 Abs. 1 BGB)

1159 Nach § 12 Abs. 3 VOB/B kann der Auftraggeber die Abnahme der fertiggestellten Bauleistung wegen wesentlicher Mängel bis zu deren Beseitigung verweigern. Daraus folgt, dass ihm die Befugnis

6.4 Die Abnahmeverweigerung (§ 12 Abs. 3 VOB/B, § 640 Abs. 1 BGB)

zur Abnahmeverweigerung nicht zusteht, wenn die Werkleistung lediglich unwesentliche Mängel aufweist. Dies entspricht zugleich der gesetzlichen Regelung in § 640 Abs. 1 S. 2 BGB.

6.4.1 Recht zur Abnahmeverweigerung

Der Auftraggeber **kann (nicht muss) die Abnahme einer Bauleistung verweigern,** wenn sie mit **wesentlichen Mängeln** behaftet ist. Die Bestimmung in § 12 Abs. 3 VOB/B bzw. § 640 Abs. 1 S. 2 BGB mit einer Anlehnung an einen wesentlichen Mangel als Grund für die Verweigerung der Abnahme soll einen angemessenen Ausgleich der widerstreitenden Interessen der Vertragsparteien bewirken. Der Auftraggeber ist an einer möglichst vollständigen vertragsgerechten Erfüllung der geschuldeten Leistung vor Zahlung des Werklohnes interessiert. Dem Auftragnehmer ist daran gelegen, möglichst bald die mit der Abnahme verbundenen Rechtsfolgen herbeizuführen (Fälligkeit der Vergütung, Übergang der Gefahr, Umkehr der Beweislast, Beginn der Gewährleistungsfrist usw.). Wenn nun § 12 Abs. 3 VOB/B die Abnahmeverweigerung daran knüpft, dass der vorher noch zu beseitigende Mangel wesentlich sein muss, so wird damit letztlich auf den Gesichtspunkt der Zumutbarkeit abgehoben. Tritt der Mangel an Bedeutung so weit zurück, dass es unter Abwägung der beiderseitigen Interessen für den Auftraggeber hinzunehmen ist, eine zügige Abwicklung des gesamten Vertragsverhältnisses nicht länger aufzuhalten und deshalb nicht mehr auf den Vorteilen zu bestehen, die sich ihm vor vollzogener Abnahme bieten, dann darf er die Abnahme nicht verweigern (BGH, Urt. v. 26.02.1981 – VII ZR 287/79, BauR 1981, 284, 286 = NJW 1981, 1448 f. und BGH, Urt. v. 30.04.1992 – VII ZR 185/90, BauR 1992, 627, 628 = NJW 1992, 2481 f.). Dies gilt umso mehr, als der Auftraggeber damit seine Sachmängelansprüche nicht aufgibt, sondern ihm gerade auch in Bezug auf die Vergütung des Auftragnehmers sogar noch das **Leistungsverweigerungsrecht** gemäß §§ 320, 641 Abs. 3 BGB nach wie vor zusteht. Dies bedeutet, dass es nach erfolgter Abnahme bei vorbehaltenen Mängeln lediglich nicht mehr zu einer Klageabweisung bezüglich des Vergütungsanspruchs mangels Fälligkeit kommt. Stattdessen muss dann der Auftraggeber den restlichen Werklohn nur Zug um Zug gegen Beseitigung dieser unwesentlichen Mängel zahlen, weswegen er insoweit hinreichend gesichert ist (BGH, Urt. v. 04.06.1973 – VII ZR 112/71, BGHZ 61, 42, 43 ff. = BauR 1973, 313, 315; BGH, Urt. v. 21.12.1978 – VII ZR 269/77, BGHZ 73, 140, 144 f. = BauR 1979, 159, 161 f. = NJW 1979, 650, 651; BGH, Urt. v. 28.04.1980 – VII ZR 109/79, BauR 1980, 357, 358 f.; BGH, Urt. v. 26.02.1981 – VII ZR 287/79, BauR 1981, 284, 287 f. = NJW 1981, 1448 f.). Je nach Art, Umfang und Auswirkung der jeweiligen Mängel ist ihm das zuzumuten; daran lässt sich zugleich messen, wie wesentlich die Mängel sein müssen, um eine Abnahmeverweigerung zu rechtfertigen (BGH, Urt. v. 26.02.1981 – VII ZR 287/79, BauR 1981, 284, 287 = NJW 1981, 1448 f.). Dabei wäre auch daran zu denken, für die **Beurteilung der Wesentlichkeit eines Mangels** auf die Regelung des § 13 Abs. 7 Nr. 3 S. 1 VOB/B zurückzugreifen, da dort dieser Begriff als Voraussetzung für den Schadensersatzanspruch wiederkehrt.

Die Abnahmeverweigerung setzt einen wesentlichen Mangel voraus; sie ist dagegen nicht von dem Nachweis abhängig, dass der Auftraggeber an der Ingebrauchnahme des mangelhaften Werkes deswegen kein Interesse hat (BGH, Urt. v. 05.05.1958 – VII ZR 130/57, BGHZ 27, 215, 219 = NJW 1958, 1284, 1285). Ebenso unbeachtlich ist, ob sich bereits ein Schaden gezeigt hat. Ein **wesentlicher Mangel,** der zur Abnahmeverweigerung berechtigt, liegt z. B. in den folgenden Fällen vor (s. dazu weitere Beispielfälle bei Ingenstau/Korbion/Oppler, VOB/B, § 12 Abs. 3 Rn. 2; Heiermann/Riedl/Rusam, VOB/B, § 12 Rn. 77):
- Die Bauleistung verstößt gegen die anerkannten Regeln der Technik oder entspricht nicht den zugesicherten Eigenschaften.
- Es wurde eine andere als die vereinbarte Materialbeschaffenheit verwendet (vgl. zu einer abweichenden Verwendung einer Holzart: BGH, Urt. v. 24.05.1962 – VII ZR 23/61, Schäfer/Finnern Z 3.01 Bl. 177).
- Es wurden Baumaterialien, die statische Aufgaben übernehmen, ohne die nach der DIN erforderlichen Bauproduktekennzeichnung oder sonst einen Eignungsnachweis eingesetzt (OLG Düsseldorf, Urt. v. 29.03.2011 – 21 U 6/07, BauR 2011, 1351, 1353).

- Die Leistung ist mit beachtlichen Fehlern behaftet, die den Wert oder die Tauglichkeit zu dem gewöhnlichen oder dem nach dem Vertrag vorausgesetzten Gebrauch aufheben oder wesentlich mindern.

▶ **Beispiele**

In einer Lagerhalle, in der Textilien lagern, fehlt am Dach eine Dampfsperre, sodass es dort zu einer Tropfenbildung kommt (OLG Düsseldorf, Urt. v. 06.10.1995 – 22 U 62/95, NJW-RR 1997, 976 f.).

- Für den funktionsgerechten Betrieb fehlt die erforderliche Dokumentation (OLG Bamberg, Urt. v. 08.12.2010 – 3 U 93/09, BauR 2011, 1864 [Ls.]) oder auch vorgesehene Revisionspläne (OLG Hamm, Urt. v. 17.06.2008 – 19 U 152/04, Nichtzul.-Beschw. zurückgew., BGH, Beschl. v. 18.06.2009 – VII ZR 184/08, BauR 2009, 1600 [Ls.]).
- Die Leistung ist funktionell nicht fertig.

▶ **Beispiel (nach OLG Dresden, Urt. v. 18.02.1999 – 7 U 2222/98, IBR 2001, 358 f.)**

An einem Wohnhaus fehlen noch der Sockelputz und die Trittstufen am Eingangspodest.

1162 Auch die **Addition zahlreicher kleinerer Mängel**, die für sich genommen jeweils keinen wesentlichen Mangel begründen, können in ihrer Gesamtheit einen wesentlichen Mangel darstellen, der zur Abnahmeverweigerung berechtigt (OLG Hamburg, Urt. v. 10.06.2003 – 9 U 121/00, BauR 2003, 1590; OLG Koblenz, Urt. v. 08.12.2008 – 12 U 1676/08, Nichtzul.-Beschw. zurückgew., BGH, Beschl. v. 19.05.2011 – VII ZR 8/09, BauR 2011, 1863 [Ls.]).

▶ **Beispiel**

Bei einem Haus sind mehrere Kleinmängel anzutreffen. So sind die Anstricharbeiten an den Fenstern nicht ordentlich ausgeführt, es fehlt der Anschluss der Fußleisten u. a. Die Gesamtheit der Mängel übersteigt 10 % der Baukosten. Hier liegt ein wesentlicher Mangel vor, obwohl der Einzelmangel (z. B. der Nichtanschluss der Fußleisten) diese Mangelintensität nicht erreicht.

Nicht ausreichend sind hingegen Mängel, die hinter der vertraglich vereinbarten Leistung nur unwesentlich zurückbleiben, sodass es zumutbar ist, diese Leistung abzunehmen.

▶ **Beispiele**
- Montagefehler an der Brandschutzverkleidung von Stützen in einem Dachgeschoss, die leicht behoben werden können (BGH, Urt. v. 13.12.2001 – VII ZR 28/00, BauR 2002, 618, 619 = NJW 2002, 1492, 1493)
- Marginale Farbabweichungen bei einem Industriefußboden
- Fehlende Bescheinigungen entsprechend den Vorschriften der BauO u. a. bei genehmigungsfreien Vorhaben (OLG Stuttgart, Beschl. v. 25.10.2010 – 10 U 119/09, BauR 2010, 1642 [Ls.])

1163 Zu beachten ist, dass hinsichtlich der Frage der Wesentlichkeit eines Mangels **nicht allein auf den Umfang potenzieller Mangelbeseitigungskosten** abgestellt werden kann. Dies gilt in beide Richtungen: So liegt es zwar wie im vorgenannten Beispielfall mit den erreichten 10 % der Mangelbeseitigungskosten in Bezug auf die Gesamtvergütung nahe, von einem wesentlichen Mangel auszugehen (ähnlich auch OLG Bamberg, Beschl. v. 18.09.2008 – 8 W 60/08, BauR 2009, 284 [Ls.]); doch darf man **keinesfalls dem Irrtum** unterliegen, dass solche Größenordnung zwingend erreicht sein müssten. Sie sind allenfalls ein Maßstab dafür, dass ab einem bestimmten Umfang (z. B. ab 10 %) umso mehr begründet werden muss, warum gleichwohl noch eine insgesamt abnahmefähige Leistung ohne wesentliche Mängel vorliegen soll. Umgekehrt ist es jedoch nicht so, dass man bei geschätzten Mangelbeseitigungskosten von z. B. 3 000 € bei einem Bauvolumen von 10 Mio. € einen wesentlichen Mangel stets verneinen könnte (so auch OLG Dresden, Urt. v. 08.02.2001 – 16 U 2057/00, BauR 2001, 949, 951). Von Bedeutung bleiben nämlich ebenso **subjektive Anknüpfungspunkte**, wie z. B. der Zweck der Bauleistung. So kann selbst bei nur geringen Mangelbeseitigungskosten

6.4 Die Abnahmeverweigerung (§ 12 Abs. 3 VOB/B, § 640 Abs. 1 BGB)

ein wesentlicher Mangel vorliegen, wenn es dem Auftraggeber gerade auf eine bestimmte Ausführungsart ankam.

▶ **Beispiel (ähnlich OLG Stuttgart, Urt. v. 19.04.2011 – 10 U 116/10, BauR 2011, 1824, 1826)**

Bei einem Designladengeschäft stimmt die Farbgebung nicht. Dies kann ein durchaus wesentlicher Mangel sein, auch wenn die Beseitigungskosten ggf. gering sind

Eine **Abnahmepflicht** des Auftraggebers besteht im Übrigen auch dann, wenn dieser den **Vertrag nach § 8 Abs. 3 VOB/B gekündigt** hat. In diesem Fall ist die bis dahin ausgeführte Leistung vom Auftraggeber gemäß § 8 Abs. 6 VOB/B abzunehmen, was nach Auffassung des BGH auch Voraussetzung für die Fälligkeit des Vergütungsanspruchs des Auftragnehmers sein soll (BGH, Urt. v. 11.05.2006 – VII ZR 146/04, BGHZ 167, 345, 349 f. = BauR 2006, 1294, 1295 f. = NJW 2006, 2475, 2476). Unklar bleibt aber, wie hier der wesentliche Mangel, der zur Abnahmeverweigerung berechtigt, zu definieren ist. 1164

▶ **Beispiel**

Der Auftragnehmer leistet schlecht, weil er mehrfach gegen die anerkannten Regeln der Technik verstößt. Wegen dieser Mängel wird er rechtmäßig außerordentlich gekündigt.

Nach der Rechtsprechung ist Maßstab der Abnahmefähigkeit nach einer Kündigung die Teilleistung, die der Auftragnehmer zum Zeitpunkt der Kündigung erbracht hat. Doch zweifelhaft ist, wie hier mit **den die Kündigung verursachenden unstreitig vorliegenden wesentlichen Mängeln** umzugehen ist. Würden auch diese den Auftraggeber berechtigen, die Abnahme zu verweigern, würde der Auftragnehmer sein Geld nie erhalten. Denn unbestritten ist, dass der Auftraggeber den Auftragnehmer zu diesen mangelhaften Teilleistungen, deretwegen er gerade den Bauvertrag gekündigt hat, nicht mehr auf die Baustelle lassen muss. Sonst wäre der berechtigten Kündigung, die genau das verhindern will, der Boden entzogen. Der diesbezügliche Widerspruch ist durch die Rechtsprechung nicht auflösbar, zumindest soweit es um die an sich geforderte Abnahme geht (s. dazu sogleich Rdn. 1178 ff.).

Die **Abnahmeverweigerung** muss mit der erforderlichen Klarheit, also möglichst schriftlich erfolgen. Sie ist – auch wegen wesentlicher Mängel – nur möglich, solange nicht schon eine förmliche, ausdrückliche, stillschweigende oder fiktive Abnahme erfolgt ist (BGH, Urt. 28.04.1980 – VII ZR 109/79, BauR 1980, 357, 358). **Bloße Mängelrügen sind im Allgemeinen nicht als Abnahmeverweigerung anzusehen** (OLG Hamm, Urt. v. 23.08.1994 – 26 U 60/94, NJW-RR 1995, 1233 f.; OLG Düsseldorf, Urt. v. 11.06.1992 – 5 U 231/91, BauR 1993, 124 = OLGR Düsseldorf 1992, 268, 270). Dies gilt ebenso wenig bei einer ausdrücklich, z. B. in einer Niederschrift erklärten Abnahme, selbst wenn es sich um schwerwiegende Mängel handelt. Denn es ist heute unstreitig, dass ein Auftraggeber zumindest im Einverständnis mit dem Auftragnehmer auch vor der Abnahmereife, d. h. selbst bei fehlenden ggf. bedeutenden Teilleistungen, gleichwohl eine Abnahme erklären kann (s. sogleich Rdn. 1166). Dies vorausgeschickt haben diese Mängelrügen, wenn ihretwegen nicht die Abnahme erkennbar verweigert wird, nur die Bedeutung des Vorbehalts bekannter Mängel gemäß § 640 Abs. 2 BGB bzw. § 12 Abs. 4 Nr. 1 S. 4 und Abs. 5 Nr. 3 VOB/B. Daraus hergeleitete Gewährleistungsansprüche gehen durch die Abnahme zwar nicht verloren; auch verbleibt es bei der ursprünglichen Beweislastverteilung, sodass der Auftragnehmer noch die Mangelfreiheit bzw. die Nichtexistenz der vorbehaltenen Mängel nach Abnahme nachweisen muss (BGH, Urt. v. 24.10.1996 – VII ZR 98/94, BauR 1997, 129, 130 = NJW-RR 1997, 339). Jedoch beginnt auch für diesen vorbehaltenen Mangel bereits mit der Abnahme die Verjährungsfrist für die sich daraus ergebenden Gewährleistungsansprüche. 1165

▶ **Beispiel**

Der Auftragnehmer deckt ein Dach neu ein. Bei den Dachrinnen zeigen sich Mängel, da sie nicht ordnungsgemäß befestigt sind. Außerdem sind zwei Fenster nicht abgedichtet. Hier kann der

Bauherr wegen wesentlicher Mängel die Abnahme verweigern. Die Bauleistung ist somit nicht erfüllt. Es bestehen weiter die Erfüllungsansprüche auf Herstellung einer mangelfreien Bauleistung. Oder der Bauherr nimmt ab und behält sich die Mängel vor. Jetzt kann der Bauherr die aufgetretenen Mängel nur noch nach Gewährleistungsrecht weiterverfolgen. Die Verjährung läuft, wobei der Bauherr wegen des Vorbehalts den Mangel aber nicht nachweisen muss.

Gerade dieses Beispiel zeigt weiter, dass sich der Bauherr bei einer »**Abnahmebegehung**« deutlich **erklären** sollte, ob er die Abnahme verweigert oder unter Vorbehalt abnimmt. Ansonsten droht zu seinen Lasten dann, wenn er die Abnahme der Leistung insbesondere nur wegen einzelner konkreter Mängel verweigert, dass eine solche Erklärung letztlich doch als Abnahmeerklärung verstanden wird, die nur unter Vorbehalt erklärt wird (OLG Schleswig, Urt. v. 10.03.2006 – 14 U 47/05, BauR 2008, 360, 361).

▶ Beispiel

Im Abnahmeprotokoll heißt es, dass die Teilleistung zur Horizontalsperre nicht abgenommen werde. In der gleichwohl erfolgenden Unterzeichnung liegt trotzdem eine Abnahme, bei der lediglich zur vorgenannten Teilleistung die Rechte nach Abnahme vorbehalten werden.

1166 Soweit nach Vorstehendem erläutert wurde, dass der Auftraggeber bei wesentlichen Mängeln zu Recht die Abnahme verweigern kann, bleibt es ihm dagegen unbenommen, unabhängig davon, d. h. trotz sogar schwerster Mängel oder einer noch fehlenden Fertigstellung, positiv eine Abnahme (unter dem Vorbehalt seiner Rechte) zu erklären (ebenso: OLG München, Urt. v. 13.12.2011 – 9 U 2533/11, BauR 2012, 813 = NJW 2012, 397 = NZBau 2012, 238; Ingenstau/Korbion/Oppler, § 12 Rn. 35). Dafür kann es sogar gewichtige Gründe geben.

▶ Beispiel

Im Zuge des Konjunkturpakets II mussten Leistungen, die darüber gefördert werden sollten, bis zum 31. Dezember 2011 abgeschlossen, d. h. nach den Förderbedingungen abgenommen sein. Wegen baulicher Verzögerungen kommt der Auftragnehmer in Zeitverzug. Hier kann der Bauherr selbst eine noch nicht vollständig fertiggestellte Leistung unter dem Vorbehalt offener Rechte abnehmen.

Eine andere Frage ist, ob eine solche **vorzeitige Abnahme auch gegen den Willen des Auftragnehmers** erfolgen kann (so etwa Kapellmann/Messerschmidt/Havers, § 12 Rn. 35; Beckscher VOB-Komm./Jagenburg, Vor § 12 Rn. 94). Dafür kann es Gründe geben: Sie können etwa bestehen, weil sich der Auftraggeber bei einem BGB-Vertrag damit erstmals die Mängelrechte nach den §§ 634 ff. BGB einschließlich der Möglichkeit der Selbstvornahme eröffnen will (s. dazu Rdn. 1030 ff.). In der Regel jedoch wird eine solche **aufgedrängte Abnahme** gegen den Willen des Auftragnehmers bei nicht abnahmefähigen Werken abzulehnen sein (ebenso: Hildebrandt, BauR 2005, 788): Dabei nützt es allerdings weniger, auf die Doppelvoraussetzung der Abnahme (Übergabe der Leistung und Billigung als vertragsgemäß) zurückzugreifen (Handbuch des priv. BauR/Merl, § 14 Rn. 18). Denn gerade bei Bauverträgen wird zumeist die Übergabe der Leistung als Element der Abnahme entbehrlich sein (s. dazu oben Rdn. 1091); daher hilft auch nicht ein allgemeiner Rückgriff auf die Rechtsprechung des BGH zu den Bauträgerverträgen, bei der genau dies thematisiert wurde (BGH, Urt. v. 30.06.1983 – VII ZR 185/81, BauR 1983, 573, 575). Denn besonders im Bauträgergeschäft findet eine körperliche Übergabe der Bauleistung anders als sonst im Baugeschehen üblich ja ausnahmsweise statt. Ebenso geht es weniger um die Tatsache, dass dem Auftragnehmer nicht eine gegen seinen Willen eine dann als mangelhaft zu bezeichnende Leistung zuzumuten ist (so aber Heiermann/Riedl/Rusam, § 12 Rn. 23). Vielmehr beantwortet sich die Frage der Zulässigkeit einer vorzeitigen (aufgedrängten) Abnahme schon aus dem Gesetz: Denn nach § 640 Abs. 1 BGB ist der Besteller verpflichtet, das vertragsgemäß hergestellte Werk abzunehmen; dies korrespondiert mit dem Recht des Auftragnehmers, in diesem Fall eine Abnahme verlangen zu können. Von einer Abnahme eines nicht vertragsgemäß hergestellten Werks ist dagegen im Gesetz nicht die Rede. Hierzu gibt es also weder eine Pflicht des Auftraggebers noch ein damit kor-

6.4 Die Abnahmeverweigerung (§ 12 Abs. 3 VOB/B, § 640 Abs. 1 BGB)

respondierendes Recht des Auftragnehmers. Dieser Fall ist im Gesetz schlicht gar nicht vorgesehen. Dies schließt zwar nicht aus, dass sich beide Parteien im Rahmen der Privatautonomie trotzdem auf eine solche vorzeitige Abnahme verständigen. Nur kann keine Vertragspartei einseitig ein solches im Gesetz nicht vorgesehenes Recht gegen den Willen des anderen durchsetzen.

6.4.2 Folgen der berechtigten und unberechtigten Abnahmeverweigerung

Liegt nach Vorstehendem ein schwerer Mangel vor, muss der Auftraggeber nach § 640 Abs. 1 S. 2 BGB bzw. § 12 Abs. 3 VOB/B die Leistung nicht abnehmen. Die Abnahmewirkungen (s. dazu Rdn. 1193 ff.) treten dann nicht ein, d. h. vor allem: Die **Vergütung des Auftragnehmers wird nicht fällig**, die Verjährung für die Mängelansprüche beginnt (zunächst) nicht. Allerdings kann eine (berechtigte oder unberechtigte) Abnahmeverweigerung zugleich bedeuten, dass der Auftraggeber nunmehr endgültig keine weitere Vertragserfüllung mehr will. Dies kann er in vielfacher Hinsicht zum Ausdruck bringen. Mit einem solchen Verhalten kommt es nunmehr zu einem reinen Abwicklungs- und Abrechnungsverhältnis, und zwar jetzt ohne Abnahme (s. dazu sogleich Rdn. 1175 ff.). Dies führt in der Regel dann doch auch zu einer Fälligkeit von Vergütungs- und Mängelansprüchen, obwohl es zu einer Abnahme nie gekommen ist.

1167

Lässt man diesen Ausnahmefall einer endgültigen Abnahmeverweigerung zunächst einmal außer Betracht, ergeben sich wie schon erläutert bei einer (**einstweilen berechtigten**) **Abnahmeverweigerung** keine Besonderheiten: Die Abnahmewirkungen treten zunächst nicht ein: Weder wird die Vergütung des Auftragnehmers fällig noch entstehen die Mängelansprüche des Auftraggebers bzw. wandeln sich diese von den Erfüllungs- in Gewährleistungsansprüche um (s. dazu Rdn 1196). Dies gilt auch dann, wenn der Auftraggeber sein Recht bereits vor längerer Zeit einmal geltend gemacht hatte; er ist hier nicht verpflichtet, dieses Recht zu seinem Erhalt immer wieder vorzutragen (BGH, Urt. v. 10.06.1999 – VII ZR 170/98, BauR 1999, 1186, 1188 = NJW-RR 1999, 1246, 1247; BGH, Urt. v. 08.01.2004 – VII ZR 198/02, BauR 2004, 670, 671 = NJW-RR 2004, 591 = NZBau 2004, 210, 211). Etwas anderes gilt bei der **unberechtigten Abnahmeverweigerung**.

6.4.2.1 Annahme-/Schuldnerverzug

Wird die Abnahme (bis auf Weiteres/vorläufig) zu Unrecht verweigert, ist damit zugleich jede Form der fiktiven Abnahme (vor allem in Form des § 12 Abs. 5 VOB/B) ausgeschlossen: Denn diese Abnahmeform setzt mit ihren Fristen voraus, dass gerade keine Abnahme vorher verlangt oder verweigert wurde (KG, Urt. v. 28.04.1987 – 21 U 6140/86, BauR 1988, 230, 231; OLG Celle, Urt. v. 26.03.1997 – 6 U 144/95, BauR 1997, 1049 sowie oben Rdn. 1131 ff., 1134). Stattdessen gilt:

1168

- Nimmt der Auftraggeber die Bauleistung unberechtigt nicht ab, gerät er in **Annahmeverzug**, d. h. vor allem: Mit der unberechtigten Abnahmeverweigerung geht gemäß § 644 Abs. 1 S. 2 BGB die Vergütungsgefahr auf ihn über. Geht jetzt die Bauleistung unter, haftet er somit gleichwohl auf Zahlung der Vergütung. Daneben steht eine Haftungsbeschränkung des Auftragnehmers auf vorsätzliches Handeln und grobe Fahrlässigkeit (§ 300 BGB). Ferner steht dem Auftragnehmer wegen der unberechtigten Abnahmeverweigerung ein Ersatzanspruch wegen ihm insoweit entstehender Mehrkosten zu (§ 304 BGB).
- Da es sich bei der Abnahme der Bauleistung um eine Hauptpflicht des Auftraggebers handelt, kann er damit gleichzeitig in **Schuldnerverzug** geraten. Hierfür ist jedoch in der Regel weiter erforderlich, dass er die unberechtigte Abnahmeverweigerung zu vertreten und der Auftragnehmer ihm dann eine angemessene Nachfrist gesetzt hat (§ 286 Abs. 1 und 4 BGB). Infolgedessen steht dem Auftragnehmer dann ein Anspruch vor allem auf Ersatz des Verzögerungsschadens zu.

6.4.2.2 Abnahmewirkung gemäß § 640 Abs. 1 S. 3 BGB

Die **wichtigste Rechtsfolge** der unberechtigten Abnahmeverweigerung ergibt sich jedoch nicht aus dem allgemeinen Schuldrecht, **sondern aus § 640 Abs. 1 S. 3 BGB**: Sie steht neben den Rechtsfolgen des Schuldner- und Gläubigerverzugs, weil davon die an sich bestehende Abnahmeverpflichtung unberührt bleibt. Sie ist besonders für die Auftraggeber von Bedeutung, die sich in Bezug auf ein

1169

Abnahmeverlangen des Auftragnehmers passiv verhalten. Denn einer Abnahme steht es nach § 640 Abs. 1 S. 3 BGB gleich, wenn der Auftraggeber die Werkleistung nicht innerhalb einer vom Auftragnehmer gesetzten angemessenen Frist abnimmt, obwohl er dazu verpflichtet ist. Diese gesetzliche Regelung gilt auch für den VOB-Vertrag (i. E. ebenso: Kapellmann/Messerschmidt/Havers, § 12 Rn. 89). Sie löst weitgehend die Probleme in der Praxis bei unberechtigter Abnahmeverweigerung des Auftraggebers. Die beiden folgenden Voraussetzungen müssen vorliegen:

- Zunächst muss die Leistung tatsächlich **abnahmereif**, d. h. frei von wesentlichen Mängeln sein. Andernfalls wäre der Auftraggeber nicht zur Abnahme verpflichtet.
- Des Weiteren muss der Auftragnehmer dem Auftraggeber eine **angemessene Frist** zur Abnahme gesetzt haben, die fruchtlos verstrichen ist. Angemessenheit bedeutet hier, dass die Frist so lange bemessen sein muss, dass der Auftraggeber Zeit hat, die Leistung prüfen zu können. Die in § 12 Abs. 5 VOB/B vorgesehenen Fristen dürften dazu in der Regel zu kurz sein, wobei die genaue Bestimmung vom Einzelfall abhängt. So dürfte etwa bei dem Bezug eines Einfamilienhauses eine Frist von sicherlich einem Monat notwendig sein.

1170 Anzumerken ist, dass die Fristsetzung nach § 640 Abs. 1 S. 3 BGB – anders als etwa in zahlreichen sonstigen Fällen (vgl. etwa §§ 281 Abs. 2 oder 323 Abs. 2 BGB) – **nicht schon deshalb entbehrlich ist, weil der Auftraggeber zuvor angekündigt hat, die Abnahme ohnehin zu verweigern.** Dies folgt aus der Rechtskonstruktion des § 640 Abs. 1 S. 3 BGB: Die Abnahmefiktion beruht hier gerade auf dem fruchtlosen Fristablauf, der die sonst erforderliche Abnahmeerklärung ersetzt. Daher kann auf diesen als Grundlage des rechtsgestaltenden Aktes der Abnahme (Übergang des Bauvertrages vom Erfüllungs- in das Gewährleistungsstadium) nicht verzichtet werden (Palandt/Sprau, § 640 Rn. 10; MünchKomm/Busche, BGB, § 640 Rn. 27 – a. A. Kapellmann/Messerschmidt/Havers, § 12 Rn. 89). Dies ist auch richtig, weil selbst einem die Abnahme zunächst ablehnenden Auftraggeber danach ggf. doch noch eine letzte Chance eingeräumt werden soll, seine Meinung zu ändern. Zu unterscheiden von dieser Abnahmefiktion, die eine Fristsetzung erfordert, ist dagegen der Sachverhalt einer schon endgültig verweigerten Abnahme. Hier treten bereits – ohne dass eine Abnahme erteilt oder fingiert wird – nach allgemeiner Rechtsprechung verschiedene Abnahmewirkungen wie etwa die Fälligkeit der Vergütung ein. Dafür ist dann folglich auch eine gesonderte Fristsetzung nach § 640 Abs. 1 S. 3 BGB entbehrlich (BGH, Urt. v. 08.11.2007 – VII ZR 183/05, BGHZ 174, 110, 123 = NJW 2008, 511, 514 = NZBau 2008, 109, 112; BGH, Beschl. v. 18.05.2010 – VII ZR 158/09, NZBau 2010, 557, 558).

1171 Eine wichtige Frage im Anwendungsbereich des § 640 Abs. 1 S. 3 BGB geht im Übrigen dahin, ob es für die unberechtigte Abnahmeverweigerung auf die **objektiv fehlende Abnahmefähigkeit der Werkleistung** oder auf die subjektive Kenntnis des Auftraggebers davon zum Zeitpunkt der Abnahmeverweigerung ankommt.

▶ **Beispiel**

Der Auftragnehmer fordert den Auftraggeber binnen einer angemessenen Frist zur Abnahme auf. Dieser rügt keine bzw. nur unwesentliche Mängel. Der Auftragnehmer geht von einer unberechtigten Abnahmeverweigerung aus und klagt auf Vergütung. Jetzt erfährt der Auftraggeber von einem schwerwiegenden Mangel und wendet ein, dass er zur Abnahmeverweigerung berechtigt gewesen sei.

Oppler (Ingenstau/Korbion, VOB/B, § 12 Abs. 3 Rn. 5) würde hier einen Fall der **unberechtigten Abnahmeverweigerung** erkennen. Denn seiner Auffassung nach ist eine Abnahmeverweigerung nur berechtigt, wenn diese auch ordnungsgemäß und ausreichend begründet wird, d. h. konkret die Mängel benannt sind, deretwegen die Abnahme verweigert wird (ebenso: Halfmeier/Leupertz, § 640 Rn. A12; ähnlich Kniffka/Koeble, 4. Teil Rn. 26, die es als zumutbar ansehen, binnen der gesetzten Frist bekannte Mängel zu rügen). Man kann diesen Gedanken noch weiter entwickeln: Denn kennt der Auftraggeber bei der pflichtwidrig unterbleibenden Annahme den schweren Mangel nicht, könnte man daraus schließen, dass er zumindest zu diesem Zeitpunkt unberechtigt handelt,

6.4 Die Abnahmeverweigerung (§ 12 Abs. 3 VOB/B, § 640 Abs. 1 BGB)

was dann die Abnahmefiktion des § 640 Abs. 1 S. 3 BGB auslösen könnte. Im Ergebnis kann das aber nicht richtig sein:

Eine Abnahmeverweigerung nach § 640 Abs. 1 S. 1 BGB muss nämlich gar nicht begründet werden. Dann aber kann aus dem Fehlen einer gesetzlich gar nicht geforderten Begründung dem Auftraggeber kein Nachteil entstehen – zumal sich das aus § 640 Abs. 1 S. 3 BGB auch ansonsten nicht ergibt: Denn hiernach wird die Abnahmewirkung allein an die Tatsache geknüpft, dass der Auftraggeber die Leistung nicht abnimmt, obwohl er dazu verpflichtet ist. Eine Verpflichtung zur Abnahme besteht jedoch nur, wenn die Leistung abnahmefähig, d. h. frei von wesentlichen Mängeln ist. Ist die Bauleistung hingegen mangelhaft, ist der Auftraggeber berechtigt, die Abnahme zu verweigern. Ob er erst später von der Mangelhaftigkeit erfahren hat, ist unbeachtlich (sowohl auch zu verstehen OLG Stuttgart, Urt. v. 22.12.1999 – 4 U 105/99, IBR 2001, 167; i. E. ebenso: OLG Schleswig, Urt. v. 10.03.2006 – 14 U 47/05, BauR 2008, 360, 362). Dabei kann die Auffassung Opplers, dass nur berechtigt vorgetragene Abnahmemängel die Rechtsfolge des § 640 Abs. 1 S. 3 BGB verhindern könnten, schon deshalb nicht richtig sein, da es dann für einen Auftraggeber allemal besser wäre zu schweigen, als ggf. nicht ausreichende Mängel ins Feld zu führen.

Liegen die Voraussetzungen nach § 640 Abs. 1 S. 3 BGB wie vorbeschrieben vor, stehe dies – so heißt es im Gesetz – der **Abnahme gleich**. Dies klingt ähnlich der in § 12 Abs. 5 VOB/B vorgesehenen Rechtsfolge nach einer **Abnahmefiktion**; dieser Begriff wird landläufig auch in den meisten Kommentaren im Zusammenhang mit § 640 Abs. 1 S. 3 BGB verwendet (vgl. etwa Palandt/Sprau, § 640 Rn. 10; Kniffka/Pause/Vogel, § 640 Rn. 61; Halfmeier/Leupertz, § 640 Rn. A12). Das ist jedoch zumindest missverständlich und mag seinen Ursprung darin haben, dass erst im Laufe des Gesetzgebungsvorhabens nicht richtig nachvollziehbar der Begriff der Abnahmefiktion dort auf einmal auftaucht (s. dazu den Bericht des Rechtsausschusses BT-Ds. 14/2752, S. 12, während er in der Erstfassung noch fehlte: BT-Ds. 14/1246, S. 7). Diese Begrifflichkeiten schaffen nur Verwirrung. Denn tatsächlich wird lediglich das Ergebnis eines Abnahmebegehrens nach fruchtlosem Fristablauf hinsichtlich der Rechtsfolgen – und hier nicht einmal aller – einer Abnahme gleichgestellt. Das aber bedeutet zugleich, dass selbst dann im Einzelfall, obwohl schon einzelne Rechtsfolgen wie nach einer Abnahme eingetreten sind (wie etwa die Fälligkeit der Vergütung), **gleichwohl noch keine Abnahme** vorliegt. Das hat ganz praktische Konsequenzen:

1172

- Bekanntermaßen müssen zum Zeitpunkt der Abnahme alle bekannten **Mängel vorbehalten** werden, damit der Auftraggeber insoweit nicht seine verschuldensabhängigen Mängelrechte verliert. Dies ergibt sich aus § 640 Abs. 2 BGB. § 640 Abs. 2 BGB verweist jedoch ausdrücklich nur auf die Abnahmeregelung in § 640 Abs. 1 S. 1 BGB, d. h. gerade nicht auf die Sonderregelung in § 640 Abs. 1 S. 3 BGB. Hieraus aber folgt: Anders als sonst – etwa auch bei der fingierten Abnahme nach § 12 Abs. 5 Nr. 3 VOB/B – müssen zum Erhalt aller Mängelrechte mit Fristablauf positiv bekannte Mängel nicht vorbehalten werden. Gerade daran zeigt sich somit ein ganz entscheidender Unterschied zu einer echten (fingierten) Abnahme. Entsprechendes gilt für den **Vorbehalt der Vertragsstrafe**. Denn § 341 Abs. 3 BGB verlangt für deren Verlust gerade die Leistungsannahme als Erfüllung. Gemeint ist damit nach ganz herrschender Meinung die rechtsgeschäftliche Abnahme (BGH, Urt. v. 3.11.1960 – VII ZR 150/59, BGHZ 33, 236, 237 m. w. N.), an der es bei § 641 Abs. 1 S. 3 BGB – wenn auch sonst verschiedene Abnahmefolgen eintreten mögen – fehlt (wie hier: Palandt/Sprau, § 640 Rn. 11; Münch. Komm./Gottwald, § 341 Rn. 15; a. A. Kniffka/Pause/Vogel, § 640 Rn. 52; Zeitler, ZfBR 2007, 216).

- Ebenso wenig vermag die Abnahmewirkung des § 640 Abs. 1 S. 3 BGB etwas an der sonst die Abnahme prägenden **Verteilung der Darlegungs- und Beweislast** zu ändern: Denn ob die Voraussetzungen, d. h. die Mangelfreiheit zum Zeitpunkt des Eintritts der Abnahmewirkung vorgelegen hat, hat nach wie vor der Auftragnehmer vorzutragen und zu beweisen. Dies bleibt eine tatbestandliche Voraussetzung für den Eintritt der Abnahmewirkung. Dies hatte der Gesetzgeber ausdrücklich auch so gewollt (BT-Ds. 14/2752, S. 12; ebenso: Staudinger/Peters/Jacoby, § 640 Rn. 48).

- Schließlich könnte der Auftragnehmer auch weiterhin noch eine **Abnahmeklage** erheben. Ob dies sinnvoll ist, mag dahinstehen, weil Abnahmeklagen generell in der Baupraxis zweifelhaft sind. Nur wird sie landläufig teilweise empfohlen. Ihr würde schlicht das Rechtsschutzbedürfnis fehlen, wenn schon nach Fristablauf zuvor eine fingierte Abnahme vorläge.

6.4.2.3 Abnahmeklage

1173 Als weiterer Rechtsbehelf bei unberechtigter Abnahmeverweigerung wird immer wieder die **Klage auf Abnahme** diskutiert und vorgeschlagen. Dabei ist unbenommen, dass der Auftragnehmer darauf klagen kann. Rechtlich handelt es sich dabei um eine Leistungsklage, die Leistungen eines Auftragnehmers rechtsgeschäftlich abzunehmen. Abnehmen bedeutet grundsätzlich – wie eingangs schon erläutert (Rdn. 1091) – die körperliche Hinnahme im Rahmen der Besitzübertragung verbunden mit der Anerkennung des Werks als in der Hauptsache vertragsgemäß. Soweit der Auftraggeber (etwa der Bauherr) wie nicht selten das Werk bereits körperlich hingenommen hat, verbleibt von der rechtsgeschäftlichen Abnahme nur noch die Erklärung der Anerkennung der vertragsgerechten Leistung. Eine solche Anerkenntniserklärung würde bei einem rechtskräftig obsiegenden Urteil fingiert (§ 894 Abs. 1 ZPO). Allerdings sollte nicht verkannt werden, dass damit nicht positiv festgestellt wird, dass das Bauvorhaben nicht schon anderweitig vorher abgenommen oder gar die Vergütung fällig geworden ist. Denn ob eine solche Abnahmeerklärung in dem konkreten Einzelfall noch erforderlich war, um z. B. die Fälligkeit der Vergütung herbeizuführen, wird durch eine solche Abnahmeklage nicht entschieden (OLG Stuttgart, Urt. v. 24.05.2011 – 10 U 147/10, BauR 2011, 1830 = NJW 2011, 3172 = NZBau 2011, 619).

> **Beispiel**
>
> Nach Abschluss der Arbeiten und kommentarloser Inbezugnahme kommt es wirksam nach § 12 Abs. 5 Nr. 2 VOB/B am 12.5.2006 zu einer fiktiven Abnahme; der Auftragnehmer legt gleichzeitig seine Schlussrechnung vor. In einer späteren Auseinandersetzung bestreitet der Auftraggeber die Abnahme und lehnt deshalb die Zahlung der Vergütung mangels Fälligkeit ab. Deswegen erhebt der Auftragnehmer 2007 eine Klage auf Abnahme. Hierzu erlangt er 2010 ein rechtskräftiges Urteil. Nunmehr verlangt er gestützt darauf seine Vergütung. Der Auftraggeber wendet Verjährung ein. Zu Recht: Denn mit dem positiven Abnahmeurteil 2010 ist nicht gesagt, dass nicht zuvor schon eine Abnahme vorlag und die Vergütung deswegen fällig geworden war.

Fälle wie diese zeigen, dass eine Abnahmeklage in aller Regel sinnlos ist. Denn gerade mit § 640 Abs. 1 S. 3 BGB steht dem Auftragnehmer ein Rechtsbehelf zur Verfügung, der dem Grunde nach jede Abnahmeklage **überflüssig** macht (ebenso Leitzke, BauR 2009, 146, 150). Dies liegt auf der Hand:
- Entweder ist die Leistung abnahmereif: Dann bedarf es keiner Klage auf Abnahme, da die Abnahmewirkung nach § 640 Abs. 1 S. 3 BGB auch ohne einen Rechtsstreit eintritt. Insoweit kann man schon berechtigt am Rechtsschutzbedürfnis einer solchen Leistungsklage zweifeln.
- Oder die Leistung ist nicht abnahmereif: Dann aber wäre eine auf Abnahme gerichtete Klage ohnehin unbegründet.

1174 In der Praxis werden sich diese Fragen zumeist nicht stellen: Denn wenn der Auftragnehmer seine Vergütung einklagt, wird die Abnahme als Fälligkeitsvoraussetzung dort inzident mitgeprüft. Ohnehin würde es – ohne eine gesonderte Klage darauf – ebenfalls ausreichen, dass der Auftragnehmer vorträgt, dem Auftraggeber zuvor eine Frist zur Abnahme gesetzt zu haben, die dieser fruchtlos hat verstreichen lassen. Die Frage der Berechtigung des Vergütungsanspruchs schließt hier automatisch die Frage ein, ob der Auftraggeber im Rahmen dieser Fristsetzung die Abnahme zu Recht oder zu Unrecht verweigert hat, wobei im letzteren Fall dann gleichzeitig positiv die Abnahme bestätigt würde.

6.4.3 Abwicklungsverhältnis ohne Abnahme/endgültig verweigerte Abnahme

1175 Gesondert behandelt werden in der Rechtsprechung die Sachverhalte, in denen auch ohne Abnahme keine Erfüllung des Bauvertrages mehr in Betracht kommt. Dies wird in aller Regel vom Auftraggeber ausgehen, kann aber auch von beiden Parteien gewollt sein.

6.4 Die Abnahmeverweigerung (§ 12 Abs. 3 VOB/B, § 640 Abs. 1 BGB)

▶ **Beispiel (nach BGH, Urt. v. 11.07.1974 – VII ZR 160/72, Schäfer/Finnern Z 3.010 Bl. 20)**

Beide Parteien sind stillschweigend übereingekommen, den Bauvertrag nicht fortzusetzen. Mit der Beendigung der Leistung des Auftragnehmers wird dann sein Vergütungsanspruch auch fällig, ohne dass es jetzt noch einer Abnahme bedarf.

Vor allem die Fälle, in denen der Auftraggeber (ohne Abnahme und Kündigung) nur noch Gewährleistungsrechte oder Schadensersatzansprüche statt der Leistung geltend macht, gehören hierher; sie führen sämtlichst zur Fälligkeit der gegenseitigen Ansprüche (s. dazu auch zu Vergütungsansprüchen sogleich Rdn. 1219 f.). Im Zusammenhang mit diesem Kapitel sind zugleich Sachverhalte zu nennen, in denen der Auftraggeber die **Abnahme endgültig** verweigert hat. Gerade dann nämlich lässt die Rechtsprechung ein sog. endgültiges Abwicklungs- und Abrechnungsverhältnis entstehen, in dem es für die Fälligkeit (und somit auch für die Verjährung) der gegenseitigen Ansprüche auf Vergütung und Gewährleistung auf die Abnahme als solche nicht mehr ankommt (s. dazu auch ausführlich Koeble, BauR 2012, 1153). Ob die endgültige Abnahmeverweigerung dabei zu Recht erfolgte, spielt keine Rolle (BGH, Urt. v. 08.07.2010 – VII ZR 171/08, BauR 2010, 1778, 1781 = NJW 2010, 3573, 3574 = NZBau 2010, 768, 770; BGH Urt. v. 30.09.1999 – VII ZR 162/97, BauR 2000, 128, 129 = NJW 2000, 133, 134 = NZBau 2000, 22, 23; vgl. aber unklar hier OLG Düsseldorf, Urt. v. 29.03.2011 – 21 U 6/07, BauR 2011, 1351, das dieses Problem scheinbar nicht sieht und deswegen wohl zu Unrecht dem Auftragnehmer den Vergütungsanspruch versagt). Dies muss insbesondere auch der Auftraggeber vor Augen haben. Denn andernfalls kann er – obwohl er möglicherweise wegen schwerster Mängel zu Recht der Abnahme verweigert hat – in eine Verjährungsfalle laufen.

▶ **Beispiel**

Am 24. November 2006 erklärt der Auftraggeber endgültig, die Abnahme zu verweigern und macht nur noch Mängelansprüche geltend. Ab diesem Zeitpunkt beginnt die Verjährung. Eine erst Ende 2011 erhobene Mängelklage z. B. auf Vorschuss wäre verspätet. Sein Argument, es sei nie zu einer Abnahme gekommen, zählt insoweit nicht.

Kommt es somit zu einem **Abwicklungs- und Abrechnungsverhältnis**, heißt das aber nicht, dass damit nunmehr auch eine Abnahme vorläge. Dies ist deshalb hervorzuheben, weil trotz Bestimmung eines solchen Zeitpunktes der (endgültigen) Abnahmeverweigerung zum Erhalt der verschuldensunabhängigen Mängelrechte **kein Vorbehalt nach § 640 Abs. 2 BGB** bzw. für eine Vertragsstrafe nach § 341 Abs. 3 BGB erklärt zu werden braucht. Diese Rechte bleiben dem Auftraggeber also auch bei einer endgültigen Abnahmeverweigerung selbst ohne Vorbehalt erhalten (Rdn. 1172). Dies folgt für den Fall der unberechtigten Abnahmeverweigerung schon aus § 640 Abs. 2 BGB, der in Bezug auf den Verlust der verschuldensunabhängigen Mängelrechte nur auf die Abnahme nach § 640 Abs. 1 S. 1 BGB verweist, nicht hingegen auf die pflichtwidrig unterlassene Abnahme nach Fristsetzung in § 640 Abs. 1 S. 3 BGB. Erst recht muss dies bei der berechtigten – auch endgültigen – Abnahmeverweigerung gelten, weil das Werk insoweit gerade nicht als Erfüllung angenommen wird (sehr pauschal dagegen ohne weiter gehende Begründung: OLG Schleswig, Urt. v. 12.06.2009 – 17 U 15/09, Nichtzul.-Beschw. nicht angenommen, BGH, Beschl. v. 24.06.2010 – VII ZR 124/09, BauR 2010, 1640 [Ls.]).

Das Hauptproblem einer solchen »**endgültigen Abnahmeverweigerung**« besteht allerdings weniger in der Bestimmung dieser Rechtsfolge als vielmehr darin, dass vielfach gar nicht klar ist, ob der Auftraggeber tatsächlich »endgültig« die Abnahme verweigert. Letztere wird zwar in der Praxis als Tatbestandsvoraussetzung immer wieder beschrieben, ohne dass aber erläutert wird, was genau darunter zu verstehen ist. Deren Annahme mag nämlich allenfalls dann unproblematisch sein, wenn der Auftraggeber dies eindeutig erklärt; auch mag sich dies sonst aus den Umständen des Einzelfalls ergeben (Leitzke, BauR 2009, 146).

1176

▶ **Beispiel 1 (ähnlich BGH, Urt. v. 08.07.2010 – VII ZR 171/08, BauR 2010, 1778, 1781 = NJW 2010, 3573, 3574 = NZBau 2010, 768, 770)**

Der Auftraggeber setzt dem Auftragnehmer eine Frist zur Beseitigung wesentlicher Mängel und kündigt an, die weitere Vertragserfüllung danach ablehnen zu wollen. Die Frist verstreicht fruchtlos. An einer solchen aufschiebend bedingten Ablehnungserklärung wird sich – ob sinnvoll oder nicht – der Auftraggeber festhalten lassen müssen.

▶ **Beispiel 2 (ähnlich OLG Düsseldorf, Urt. v. 08.02.2007 – 5 U 95/06 mit begründetem Nichtannahmebeschl. des BGH, VII ZR 39/07, BauR 2010, 480)**

Der Auftraggeber setzt den alten Unternehmer wegen Mängeln vor die Tür und beauftragt einen Ersatzunternehmer mit der Mitteilung an den Erstunternehmer, dass dessen Leistung untauglich sei und er die Mehrkosten von dessen Vergütungsanspruch abziehe. Ob der Hinauswurf rechtlich eine Teilkündigung war, mag dahinstehen; jedenfalls hat der Auftraggeber damit zumindest schlüssig erklärt, dessen Vertragsleistungen nicht mehr annehmen zu wollen.

1177 Doch sind die Sachverhalte keineswegs so selbstverständlich. Denn ebenso – und in der Praxis häufiger anzutreffen – sind Fallgestaltungen, in denen der Auftraggeber wegen der schweren Mängel (erst einmal) die Abnahme verweigert – und das ggf. sogar zu Recht, aber in der Regel auch nur vorläufig. Man wird sogar zumeist sagen müssen, dass die **endgültige Abnahmeverweigerung** im Baugeschehen eher die **Ausnahme** sein wird.

▶ **Beispiel**

Bei einem sehr schweren Ausführungsmangel erklärt der Auftraggeber, dass er damit die Leistung niemals abnehmen werde. Das bedeutet keinesfalls eine endgültige Abnahmeverweigerung. Vielmehr liegt darin allein nur die Erklärung, dass er berechtigt die Abnahme wegen dieses Mangels verweigert – bis der Auftragnehmer vielleicht doch bereit ist, den Mangel zu beseitigen.

In diesen Fällen liegt also kein die Fälligkeit der gegenseitigen Ansprüche begründendes Abwicklungsverhältnis vor; stattdessen macht der Auftraggeber nur sein Recht geltend, die Abnahme bei wesentlichen Mängeln verweigern zu dürfen. Entscheidend ist gerade hier, dass der Auftraggeber noch die Erfüllung des Bauvertrages fordert und weiterhin fordern kann. Dieses Recht geht ihm nicht dadurch verloren, dass sich die Mangelbeseitigung ggf. sogar durch ein passives Verhalten des Auftragnehmers hinzieht (BGH, Urt. v. 10.06.1999 – VII ZR 170/98, BauR 1999, 1186, 1188 = NJW-RR 1999, 1246, 1247; BGH, Urt. v. 08.01.2004 – VII ZR 198/02, BauR 2004, 670, 671 = NJW-RR 2004, 591 = NZBau 2004, 210, 211). Dagegen wird man nur dann von einer insoweit dann auch ein Abwicklungsverhältnis begründenden »endgültigen Abnahmeverweigerung« ausgehen können, wenn der Auftraggeber seine Abnahmeverweigerung mit der weiteren endgültigen Aussage verbindet, dem Auftragnehmer keine Gelegenheit mehr zur Mangelbeseitigung geben zu wollen.

6.5 Abnahme nach gekündigtem Vertrag

1178 Im engen Zusammenhang mit einer Abnahmeverweigerung stellt sich die Frage der Notwendigkeit einer Abnahme bei einem vorzeitig gekündigten Vertrag (s. dazu ausführlich Joussen, Festschrift Koeble, S. 15 ff.). Abzunehmen ist wie eingangs erläutert und aus dem Gesetz ersichtlich (vgl. § 640 Abs. 1 S. 2 BGB) die Leistung nur dann, wenn keine wesentlichen Mängel vorliegen (so auch § 12 Abs. 3 VOB/B). Die Vergütung wird erst mit der Abnahme fällig, was sich wiederum aus § 641 Abs. 1 BGB ergibt. Sonderregelungen für vorzeitig insbesondere nach Kündigung beendete Verträge kennt das BGB nicht. Dies spricht dafür, dass scheinbar auch hier eine Abnahme zu erfolgen hat, um die Fälligkeit der Vergütungsansprüche auszulösen. Doch gerade bei außerordentlichen Kündigungen wegen schwerer Mängel, die allerdings so bei BGB-Verträgen auch gar nicht vorgesehen sind, im Baugeschehen aber nicht selten vorkommen, ist schnell erkennbar, wie wenig dieser Grundsatz trägt. Denn besonders wegen schwerwiegender Mängel kann ja wie gezeigt berechtigt eine Abnahme

6.5 Abnahme nach gekündigtem Vertrag

(einstweilen) verweigert werden. Kommt danach aber eine Abnahme nicht in Betracht, könnte die Vergütung des Auftragnehmers nicht einmal für den Teil der Leistungen fällig werden, den der Auftragnehmer ggf. mangelfrei erbracht hat – was nicht sein kann. Die VOB/B löst das Problem nur auf den ersten Blick, indem sie dem Auftragnehmer selbst im Fall der außerordentlichen Kündigung nach § 8 Abs. 6 einen Anspruch auf Abnahme gewährt. Weiter hilft diese Regelung in der Praxis jedoch nicht: Denn es geht nicht um den rechtlichen Anspruch als solchen als vielmehr um dessen **fehlende Voraussetzung einer funktionell fertigen im Wesentlichen mangelfreien Leistung** (Joussen, Festschrift Koeble, a. a. O.).

Die Rechtsprechung hat zur Lösung dieser Fälle früher die Abnahme als Fälligkeitsvoraussetzung für den Vergütungsanspruch eines gekündigten Auftragnehmers als entbehrlich angesehen (vgl. etwa BGH, Urt. v. 09.10.1986 – VII ZR 249/85, BauR 1987, 95). Dies war ein pragmatischer Weg, obwohl er sich – dies ist richtig – zumindest in Widerspruch zu der vorbeschriebenen eigentlich im Gesetz vorgesehenen Regelung setzte. Infolgedessen hat die Rechtsprechung von diesem Weg bereits vor einiger Zeit Abstand genommen. So nimmt sie zwischenzeitlich an, dass auch bei **vorzeitig beendeten Verträgen die Vergütung des Auftragnehmers nur nach Abnahme seiner bis dahin erbrachten Leistungen fällig** werde (so vor allem BGH, Urt. v. 11.05.2006 – VII ZR 146/04, BGHZ 167, 345, 349 f. = BauR 2006, 1294, 1295 f. = NJW 2006, 2475, 2476; s. dazu auch anschaulich Jansen, BauR 2011, 371 ff.). Dabei soll für die Frage der Abnahmereife allein die Leistung zu beurteilen sein, die zum Zeitpunkt der Kündigung insgesamt (ggf. als Teilleistung) zu erbringen war. Die dann nach dem Vertrag geschuldete Leistung soll sich **auf diesen Leistungsteil reduzieren**, der insoweit **abnahmefähig** sei (BGH a. a. O., s. auch schon BGH, Urt. v. 19.12.2002 – VII ZR 103/00, BGHZ 153, 244, 250 = BauR 2003, 689, 691 f. = NJW 2003, 1450, 1452). Diese Rechtsprechung ist – man wird dies in aller Deutlichkeit sagen müssen – ein Irrweg. Denn tatsächlich löst sie kein Problem; sie wirft stattdessen sogar viele neue rein praktische Fragen auf, die bis heute nicht geklärt sind. Dabei wird natürlich nicht unterschlagen, dass es in Einzelfällen auch klare Sachverhalte gibt.

1179

> **Beispiel**
>
> Ein Maurer soll vier Wände eines Hauses verklinkern. Nach zwei Wänden wird er zu Recht gekündigt. Hier kann man natürlich die erbrachten Teilleistungen im Rahmen einer Abnahme bewerten. Diese müssen auch nicht mangelhaft sein, nur weil er die weiteren Leistungen nicht erbringt.

Diese Fälle sind von der Abwicklung her unproblematisch: Ist die danach erbrachte reduzierte Sollbauleistung mangelfrei, mag sie abnahmefähig sein. Eine solche Abnahme kann der Auftragnehmer verlangen. Wird sie zu Unrecht verweigert, kann dem Auftragnehmer ggf. nach Fristsetzung sogar die Abnahmefiktion des § 640 Abs. 1 S. 3 BGB zugutekommen (Jansen, BauR 2011, 371, 373). In diese unproblematische Fallgruppe mag man in einem Überblick ferner all die **Kündigungen** einordnen, die nicht wegen Mängeln erfolgt sind, sondern **wegen Terminverzugs**. Dazu könnte man tatsächlich ohne Weiteres sagen, dass eine lediglich verspätet erbrachte Leistung zumindest im Grundsatz nach mangelfrei sein kann und für eine Abnahme sein muss. In gleicher Weise kommt der Kerngrundsatz des BGH zu der zu vermeidenden Besserbehandlung eines gekündigten Unternehmers in vollem Umfang zum Tragen: Denn in der Tat wäre nicht ersichtlich, wieso ein mit Verzug arbeitender Auftragnehmer, der seine Leistung wenn auch verspätet fertigstellt, zur Erlangung der Fälligkeit seiner Vergütung die Mangelfreiheit der Leistung nachweisen muss, während der gekündigte dies nicht müsste.

6.5.1 Praktische Probleme bei der Vertragsabwicklung

Diese Bestandsaufnahme ist aber keineswegs zwingend, und zwar auch bei einer Kündigung wegen Verzugs, erst recht aber nicht bei einer Kündigung wegen Mängeln. Gerade bei Letzterer wird nämlich häufig völlig unklar und selbst mit dem Ansatz des BGH zur Reduzierung des Bausolls als neue Bezugsgrundlage kaum zu klären sein, wie eine Abnahme überhaupt durchgeführt werden kann. Die folgenden Punkte sollen dies verdeutlichen (Joussen, Festschrift Koeble, S. 15, 19):

1180

1181 • Zu nennen sind zunächst die Sachverhalte, in denen dem Auftragnehmer wegen (**wesentlicher**) **Mängel gekündigt** wurde. Wie soll hier eine **Teilleistung definiert** werden vor dem Hintergrund, dass der Auftraggeber sicherlich keine mangelhafte Bauleistung abzunehmen hat? Eine gesonderte Fristsetzung zur Beseitigung dieser Kündigungsmängel erscheint ebenfalls fernliegend, weil man den Auftragnehmer gerade wegen dieser Mängel gekündigt hat. Dabei ist zumindest bis heute unstreitig, dass dem Auftragnehmer für diese Kündigungsmängel kein Mangelbeseitigungsrecht mehr zusteht (s. Rdn. 2930; Ingenstau/Korbion/Vygen, § 8 Abs. 3 Rn. 50; ähnlich auch OLG Dresden, Beschl. v. 1.3.2000, Az. 11 U 2968/98, BauR 2001, 809, 811). Sie ändern jedoch nichts daran, dass diese bis zur Kündigung erbrachte Teilleistung schwere Mängel aufweist, die nach allgemeinem Verständnis eine Abnahme definitiv ausschließen.

1182 • Ein Weiteres kommt hinzu: Geht es um die Billigung der Leistung – und sei es auch nur zu einer im Hinblick auf die Kündigung reduzierten Teilleistung unter Außerachtlassung der Kündigungsmängel – als im Wesentlichen vertragsgemäß, muss der Auftraggeber wenigstens in der **Lage sein, die Vertragsgemäßheit dieser (Teil)leistung beurteilen** zu können. Vielfach ist aber genau das nach einer Kündigung – vor allem einer solchen wegen Mängeln – gar **nicht möglich** (ähnlich Buscher BauR 2006, 1297).

▶ Beispiel

Der Auftragnehmer ist mit verschiedenen Leistungen zur Haustechnik (Heizung, Wasser, Regelungstechnik u. a.) beauftragt. Bei der Verlegung der Heizungsrohre kommt es immer wieder zu Verzögerungen und Mängeln. Der Auftraggeber kündigt den Vertrag zu Recht vorzeitig wegen dieser Mängel und Verzögerungen.

Wenn in diesem Beispielfall der Auftragnehmer die Erstellung der Heizung einschließlich der Verlegung der Rohre übernommen hat, kommt es dem Auftraggeber zur Beurteilung der Vertragsgemäßheit der zum Kündigungszeitpunkt erbrachten Teilleistung nicht darauf an, ob ein Teil der Rohre fachgerecht verlegt wurde. Für ihn ist allein entscheidend, ob die von ihm beauftragte Heizung mit Rohren funktioniert, wobei selbst die Funktionstauglichkeit der lediglich teilweise verlegten Rohre zumindest zum Zeitpunkt der Kündigung mangels Druckprüfung nicht einmal geprüft werden kann. Ähnliches gilt z. B. für das Gewerk Regelungstechnik, dessen Funktion immer erst nach vollständiger Herstellung, d. h. mit Inbetriebnahme beurteilt werden kann. Hier ist unverständlich, was der Auftraggeber mit einer ggf. vorzunehmenden Abnahme billigen soll. Richtigerweise wird es in solchen Fällen die Regel sein, die Abnahme trotz einer dagegen stehenden Pflicht im Einzelfall (vorläufig) zu verweigern. Dabei ist nicht einmal ersichtlich, dass eine solche Abnahmeverweigerung zu Unrecht erfolgt. Ebenso ist nicht erkennbar, dass eine Abnahme später noch erfolgen könnte, da ja die Leistung nach der Kündigung wegen der schweren Mängel nicht mehr nachgebessert werden kann, wenn sich gerade die Kündigung auf diese Mängel bezog.

1183 • Ergänzend zu vorstehenden Erläuterungen soll darauf hingewiesen werden, dass die hier aufgeworfenen Probleme bei Lichte betrachtet nicht neu sind. Vielmehr geht es um relativ ähnliche Überlegungen zu einer rechtsgeschäftlichen Teilabnahme, die ihren Niederschlag in § 12 Abs. 2 VOB/B gefunden haben. Während das BGB kein eigenständiges Recht auf Teilabnahme kennt, sieht § 12 Abs. 2 VOB/B zwar ein solches vor, beschränkt es aber richtigerweise auf »in sich abgeschlossene Teilleistungen«. Wie schon erläutert (s. dazu oben Rdn. 1151 ff.) geht es dabei um selbstständig und von den übrigen Teilleistungen aus demselben Bauvertrag unabhängig anzusehende Leistungen, die sich in ihrer Gebrauchstauglichkeit abschließend beurteilen lassen müssen. Diese Voraussetzung kommt nicht von ungefähr: Denn wenn dem Auftragnehmer abweichend von der gesetzlichen Regelung schon vorzeitig ein Anspruch auf Abnahme, d. h. Bestätigung der Vertragsgemäßheit seiner Leistung, eingeräumt werden soll, dann soll dieses Recht richtigerweise nur dann bestehen, wenn diese Leistung auch für sich genommen vertragsgemäß (eigenständig) Bestand haben kann – was wiederum voraussetzt, dass sie als solche überhaupt isoliert beurteilt werden kann. All das sind eigentlich Selbstverständlichkeiten vor dem Hintergrund, dass die Abnahme als Bestätigung der Vertragsgemäßheit nach dem Verständnis des Werkvertrages eigentlich am Ende der Werkleistung des Auftragnehmers steht. Deren zeitliche Vorverlagerung ist daher nur geboten, wenn zumindest **sichergestellt** ist, dass die zur **Teilabnahme anstehende Teilleistung auch wirklich eine am Vertragssoll gemessene und messbare einwandfreie Qualität** aufweist. Dies ist nur bei abgrenzbaren Teilleistungen möglich.

Der Verweis auf § 12 Abs. 2 VOB/B kommt dabei an dieser Stelle nicht von ungefähr: So argumentiert der BGH in seiner Entscheidung mit seinem Verlangen nach einer Abnahme als Fälligkeitsvoraussetzung für die Vergütung u. a. auch bei einem gekündigten Vertrag nämlich damit, dass nicht einzusehen sei, wieso der gekündigte Unternehmer vermeintlich besser gestellt sein solle als der ordnungsgemäß erfüllende, für den ohne die Abnahme ebenfalls keine Vergütung fällig werde. Dieses Argument mag man zumindest bei einem VOB-Vertrag an den BGH zurückgeben: Denn scheinbar hat der ordnungsgemäß leistende Auftragnehmer bei einem VOB-Vertrag nur unter ganz eingeschränkten Voraussetzungen, nämlich bei Vorlage einer abgrenzbaren selbstständig beurteilbaren Teilleistung das Recht, vor der Fertigstellung der Gesamtleistungen eine Teilabnahme zu verlangen. Anders gestaltet sich nunmehr anscheinend die Rechtslage bezogen auf die übernommene Gesamtleistung nach der Rechtsprechung des BGH für den wegen Pflichtwidrigkeiten gekündigten Auftragnehmer: Dieser wird nämlich nunmehr dadurch **besser gestellt**, dass er durch die infolge der Kündigung erfolgte Reduzierung des Leistungssolls mit unterstellter Mangelfreiheit für **jede Art von Teilleistung eine Abnahme berechtigt fordern** kann – und zwar mit dem erhöhten Risiko zulasten des Auftraggebers, dass dieser unter Umständen nicht einmal beurteilen kann, ob die zur Abnahme nach der Kündigung anstehende Teilleistung mangelfrei oder für sich genommen funktionstauglich nutzbar ist.

- Man könnte gegen vorstehendes Argument einwenden, dass man eine Regelung der VOB nicht zum Maßstab aller Dinge machen könne. Dies ist richtig, wobei natürlich zunächst zu berücksichtigen ist, dass das BGB-Werkvertragsrecht dem Grunde nach das hier aufgeworfene Problem der vorzeitigen Vertragsbeendigung durch außerordentliche Kündigung mangels entsprechender Regelung in § 8 Abs. 3 VOB/B auch gar nicht kennt. Doch mag dies dahinstehen. Denn auch im BGB-Werkvertragsrecht gibt es in §§ 645, 648a, 649 und 650 BGB Tatbestände einer vorzeitigen Vertragsbeendigung. Bezeichnend ist bei diesen in gleicher Weise, dass diese **sämtlichst** – weder zur Begründung der Fälligkeit einer Vergütung noch sonst – **eine Abnahme der bis dahin erbrachten Leistungen verlangen**. Bei § 645 Abs. 1 BGB liegt dies schon deshalb auf der Hand, da es hier sogar um ein unausführbar gewordenes (d. h. nicht abnahmefähiges) Werk geht. Konkret heißt das aber nichts anderes, als auch das BGB durchaus Vergütungsregelungen im Werkvertragsrecht nach einer vorzeitigen Vertragsbeendigung kennt, die eine Fälligkeit dieser Ansprüche ohne Abnahme vorzeichnen.

1184

6.5.2 Denkbare Ersatzkonstruktionen der Fälligkeit

Nach Vorstehendem bleibt somit das Problem bestehen, wie insbesondere in den kritischen Kündigungsfällen nach Baumängeln die Vergütung des Auftragnehmers fällig werden kann – wobei unbestritten sein soll, dass zumindest im Ergebnis ein solcher Weg gefunden werden muss: Denn trotz der Versäumnisse des Auftragnehmers kann es nicht sein, dass man dem Auftraggeber letztlich ungerechtfertigt den Mehrwert für eine von ihm auch nutzbare Teilbauleistung kostenlos überlässt. Der BGH hat in seiner Entscheidung vom 11. Mai 2006 (VII ZR 146/04, BGHZ 167, 345, 349 f. = BauR 2006, 1294, 1296 = NJW 2006, 2475, 2476) immerhin zwei **Auffangkonstruktionen** angesprochen, die ggf. doch eine Abnahme entbehrlich machen könnten:

1185

- Zunächst heißt es, dass für die Fälligkeit der Vergütung auf eine **Abnahme verzichtet** werden könne, wenn der Auftraggeber gar **nicht mehr Erfüllung verlange, sondern Minderung oder Schadensersatz**. Ob dieser allgemeine Hinweis heute noch weiterhilft, mag bezweifelt werden. Denn zumindest nach neuem Recht setzt eine Minderung als Nacherfüllungsrecht eine Abnahme voraus (s. dazu Rdn. 1030 ff.). Der danach erfolgte Verweis etwa auch in dem vom BGH zitierten Urteil vom 16. Mai 2002 (VII ZR 479/00, BauR 2002, 1399) mag da nicht hilfreich sein, weil diese Rechtsprechung noch das alte Recht betraf. Nach neuem Recht ist eine Minderung ohne Abnahme (eigentlich) nicht mehr vorgesehen. Nichts anderes gilt für den VOB-Vertrag: Denn auch § 13 Abs. 6 VOB/B ist Bestandteil der Mängelrechte nach der Abnahme. Entsprechendes

1186

wäre dem Grunde nach für einen Schadensersatzanspruch anzunehmen, soweit dieser als Gewährleistungsrecht geltend gemacht wird. Um vorstehende rechtliche Hürde zu umgehen, bestände als Ausweg nur der Rückgriff auf einen dazu ergangenen Hinweis in der Literatur: Danach habe ein Auftraggeber, der in diesen Fällen nach einer Kündigung z. B. eine Minderung verfolge, damit gleichzeitig die Leistungen unter dem Vorbehalt seiner Mängelrechte zumindest konkludent abgenommen; dies führe gleichzeitig zur Fälligkeit des Vergütungsanspruchs (Hartmann, ZfBR 2006, 737, 739). Diese Rechtsauffassung kann nicht überzeugen. Wieso sollte der Auftraggeber eine solche konkludente Erklärung abgeben? Zumindest kann sein Verlangen nach Minderung ebenso seiner Rechtsunkenntnis geschuldet sein, nämlich dass es ein solches Recht vor der Abnahme überhaupt nicht gibt. Gerade im Fall einer vom Auftraggeber ausgesprochenen Kündigung z. B. infolge von Mängeln wird man stattdessen richtigerweise umso weniger von einer konkludenten Abnahmeerklärung ausgehen können. Denn dagegen spricht bereits, dass der Auftraggeber ja gerade das Vertragsverhältnis wegen im Zweifel schwerer nicht beseitigter Mängel vorzeitig beenden wollte. Somit würde es recht kurios erscheinen, ihm trotz dieser Mängel jetzt einen konkludenten Abnahmewillen mit einer Billigung der Leistung als im Wesentlichen vertragsgemäß unterzuschieben (s. hierzu u. a. OLG Koblenz, Urt. v. 29.05.2008, Az. 6 U 1042/07, IBR 2009, 34; zuvor im selben Sinne wohl zu verstehen u. a. BGH, Urt. v. 22.12.2000 VII ZR 310/99, BauR 2001, 391, 395; BGH, Urt. v. 18.2.2003, Az. X ZR 245/00, BauR 2004, 337, 339).

1187 • Weiter heißt es sodann ebenso in der hier diskutierten Grundsatzentscheidung des BGH vom 11.5.2006 (VII ZR 146/04, BGHZ 167, 345, 349 f. = BauR 2006, 1294, 1295 f. = NJW 2006, 2475, 2476; so auch schon: BGH, Urt. v. 03.03.1998 – X ZR 4/95, NJW-RR 1998, 1027 f.), dass die **Fälligkeit des Vergütungsanspruchs** auch schon b**ei einer** »**ernsthaften und endgültigen Ablehnung der Abnahme**« eintrete. Dieser Verweis entspricht der ständigen Rechtsprechung, wonach eine endgültig verweigerte (berechtigte oder unberechtigte) Abnahmeverweigerung in ein endgültiges Abrechnungsverhältnis und somit stets zu einer Fälligkeit des Vergütungsanspruchs führt (BGH, Urt. 03.03.1998 – VII ZR 4/95, NJW-RR 1998, 1027, 1028; BGH, Urt. 30.09.1999 – VII ZR 162/97, BauR 2000, 128, 129 = NJW 2000, 133, 134 = NZBau 2000, 22, 23; s. auch Rdn. 1175 ff.). Er überrascht im Zusammenhang mit der Kündigungsthematik gleichwohl. Denn tatsächlich könnte er die allgemeine Forderung nach Abnahme als Fälligkeitsvoraussetzung für die Vergütung vollständig untergraben, wenn man auf der einen Seite verlangt, dass der Vergütungsanspruch nach § 641 Abs. 1 BGB nur bei Abnahme (der gekündigten Leistung) fällig werden kann, es auf der anderen Seite für dessen Fälligkeit aber dann doch nicht darauf ankommen lassen will, wenn die Abnahme (endgültig) nicht erklärt wird. Das Verlangen nach Abnahme nach der Kündigung als Fälligkeitsvoraussetzung würde danach dem Grunde nach nur Sinn ergeben, wenn man darauf **nur im Fall der unberechtigten Abnahmeverweigerung** verzichten würde, nicht dagegen auch bei der berechtigten (in diesem Sinne auch BGH, Urt. v. 08.11.2007 – VII ZR 183/05, BauR 2008, 344, 349 f. = NJW 2008, 511, 514 f.). Ob das der BGH aber wirklich vor Augen hatte, erscheint zweifelhaft, zumal auch die neue Rechtsprechung nicht gerade den Anschein hat, dass sie von diesem allgemeinen Grundsatz ablässt.

1188 Wenn nunmehr jedoch **jede Form der endgültigen Abnahmeverweigerung** – ob zu Recht oder zu Unrecht – den Bauvertrag in ein Abrechnungsverhältnis und somit zur Fälligkeit der Vergütungsansprüche überführt (so etwa zuletzt BGH, Urt. v. 08.07.2010 – VII ZR 171/08, BauR 2010, 1778, 1779 = NJW 2010, 3573 = NZBau 2010, 768, 769 mit einem Verweis auf BGH, Urt. 30.09.1999 – VII ZR 162/97, BauR 2000, 128, 129 = NJW 2000, 133, 134 = NZBau 2000, 22, 23), mag der vom BGH aufgestellte Leitsatz, dass die Vergütung beim gekündigten Bauvertrag erst nach der Abnahme fällig werde, eine Scheinthese ohne praktische Bedeutung zu sein – allerdings mit **fatalen Folgen für den Auftragnehmer** (Joussen, Festschrift Koeble, S. 15, 24):

1189 • Einem Auftraggeber ist bei einer derartigen Rechtsprechung in der Praxis immerhin zu **empfehlen**, nach einer Kündigung grundsätzlich die Abnahme zwar **nicht (endgültig) zu verweigern**: Denn dies würde im Zweifel ja wieder zur Fälligkeit des Vergütungsanspruchs führen. Stattdessen sollte er unter Hinweis auf die schweren Mängel schlichtweg **keine Abnahme erklären bzw. sich**

passiv verhalten – wobei ja schon gezeigt wurde, dass die endgültige Abnahmeverweigerung in der Baupraxis ohnehin nicht allzu häufig vorkommen dürfte s. dazu Rdn. 1177). Für eine (vorläufige) Abnahmeverweigerung, d. h. ohne diese endgültig auszusprechen, werden sich schon im Ausführungsstadium genügend Baumängel finden lassen. Doch selbst wenn das Verhalten zweifelhaft ist: Es ist für den Auftraggeber völlig risikolos – was einmal mehr zeigt, dass hier die Rechte nicht ebenbürtig verteilt sind und stattdessen die Rechtsstellung des Auftraggebers durch diese Rechtsprechung um ein Vielfaches gstärkt wurde (so auch Thode, ZfBR 2006, 638, 640): Denn das einzige Risiko, dass der Auftraggeber läuft, besteht darin, dass er die Abnahme zu Unrecht verweigert. Dies wiederum löst lediglich die Abnahmewirkung des § 640 Abs. 1 S. 3 BGB aus bzw. begründet die Fälligkeit des Vergütungsanspruchs des Auftragnehmers. Diese Rechtsfolge ist für ihn mit keinen Nachteilen verbunden, weil sie auch dann einträte, wenn er die Leistung bei Abnahmefähigkeit pflichtgemäß abgenommen hätte – oder ansonsten endgültig verweigert. In jedem Fall verfügt der Besteller mit der fehlenden Abnahme über ein Schwert in der Hand wird, mit dem er mit durchaus guter Aussicht auf Erfolg die Leistungen des Auftragnehmers einstweilen längerfristig nicht vergüten muss (Peters, NZBau 2006, 559, 561).

- Noch deutlicher wird seine Besserstellung, wenn der **Auftragnehmer zwischenzeitlich insolvent** wird. Besteht der Auftraggeber hier auf die Mängelbeseitigung und macht keine Schadensersatzansprüche nach § 103 Abs. 2 S. 1 InsO geltend, kann der Verwalter die Fälligkeit des gesamten Vergütungsanspruchs nur noch erreichen, wenn er tatsächlich die noch verbleibenden Restmängel beseitigen lässt. Dies führt für den Auftraggeber gegenüber anderen Insolvenzgläubigern zu einer ungeahnten Besserstellung, weil er durch sein Zurückbehaltungsrecht an der Gesamtvergütung über ein Druckmittel verfügt, das der Insolvenzverwalter nicht auflösen kann (Thode, a. a. O.).
- Doch selbst für den vertragstreuen mangelfrei arbeitenden Auftragnehmer ergeben sich gravierende (nachteilhafte) Folgen, der sich nicht selten vertragsuntreuen Auftraggebern gegenübersieht. So wird auch ein Auftragnehmer je nach Bedarf daran denken, einen Vertrag z. B. bei Zahlungsverzug nach § 9 Abs. 1 Nr. 2 VOB/B zu kündigen. Wenn bisher schon zumeist von solchen Kündigungen abzuraten war, dann gilt dies im Hinblick auf die vorzitierte Rechtsprechung zu dem Abnahmeerfordernis jetzt erst recht. Denn wenn die Kündigung gegenüber einem bisher z. B. zahlungsunwilligen Auftraggeber erfolgt, mag man nur erahnen, wie sehr dieser nach einer Kündigung die »Waffe« dieser neuen Rechtsprechung nutzen und mit tausenden Argumenten zu Recht oder zu Unrecht, in jedem Fall aber für ihn ohne Risiko und für den Auftragnehmer unkalkulierbar die Abnahme unterlassen und damit die Fälligkeit einer ggf. schon teilweise verdienten Vergütung dem Grunde nach bestritten wird.

6.5.3 Rückkehr zum »Abrechnungsverhältnis« bei verbleibendem Recht auf Abnahme

Die vorstehenden Ersatz- oder Auffanglösungen befriedigen kaum. Vorzugswürdig dürfte stattdessen ein Mittelweg sein, der die jetzige Rechtsprechung zwar aufnimmt, aber anhand der bisherigen Grundsätze weiterentwickelt. Er dürfte gleichzeitig den Interessen der beteiligten Bauvertragsparteien Rechnung tragen. Konkret bedeutet das: An dem plakativen Leitsatz der Abnahme als Voraussetzung für die Fälligkeit der Vergütung eines gekündigten Vertrages wird nicht festgehalten. Stattdessen ist der früheren Rechtsprechung (BGH, Urt. v. 09.10.1986 – VII ZR 249/85, BauR 1987, 95) zu folgen (Joussen, Festschrift Koeble, S. 15, 25): Wenn der Auftraggeber ernsthaft und endgültig zu erkennen gibt, dass er an der Vertragsdurchführung kein Interesse mehr hat, ist damit das Ausführungsstadium beendet und der Vertrag abzurechnen (st. Rspr., vgl. nur BGH, Urt. v. 03.03.1998 – X ZR 4/95, NJW-RR 1998, 1027 f.; BGH, Urt. v. 08.07.2010 – VII ZR 171/08, BauR 2010, 1778, 1781 = NJW 2010, 3573, 3574 = NZBau 2010, 768, 770; s. auch schon oben Rdn. 1175 ff.). Dieses **ernsthafte nach außen tretende Verhalten bzgl. der Beendigung des Ausführungsstadiums** ist jedoch in den Kündigungsfällen nicht an einer Abnahmeverweigerung festzumachen, sondern bereits an der **ausgesprochenen Kündigung**. Denn damit gibt der Auftraggeber deutlich zu verstehen, dass er die weitere Vertragsdurchführung nicht mehr will, sondern letztlich nur noch eine gegenseitige Abrechnung der beiderseitigen Ansprüche (so auch anschaulich OLG Düsseldorf, Urt. v. 02.07.2009 – 5 U 170/08, BauR 2010, 799, 801 = NJW-RR 2010, 528 = NZBau 2010, 177).

Es entsteht ein Abrechnungsverhältnis, in das auf der Seite des Auftragnehmers die ihm für die mangelfrei erbrachten Leistungen zustehende anteilige Vergütung einzustellen ist. Auf der anderen Seite stehen Gegenansprüche des Auftraggebers. Dies können Schadensersatzansprüche sein, aber auch Mehrkosten- oder Vorschussansprüche. Die vom BGH in seiner Grundsatzentscheidung vom 11. Mai 2006 (VII ZR 146/04, BGHZ 167, 345, 349 = BauR 2006, 1294, 1296 = NJW 2006, 2475, 2476 = NZBau 2006, 569, 570) angesprochene »Besserstellung« des eines wegen Mängeln gekündigten Auftragnehmers gegenüber dem bis zum Ende ohne Kündigung arbeitenden Auftragnehmers, der ja auch eine Abnahme für die Fälligkeit seiner Vergütung benötige, mag dabei ohnehin zu relativieren sein: Denn Kennzeichen eine solchen Abrechnungsverhältnisses ist es auch, dass nach der Beendigung des Ausführungsstadiums ein Schlussstrich unter die verbleibenden gegenseitigen Ansprüche gezogen und diese ausgeglichen werden sollen. Für den Auftragnehmer bedeutet dies wirtschaftlich sicherlich keine Besserstellung, weil er nur die Leistungen bezahlt bekommt, die er nachweisbar mangelfrei erbracht hat bzw. zu denen er keine Mangelbeseitigungsarbeiten mehr schuldet (s. dazu sogleich). Sodann wird er sich in der Regel auch erheblichen Gegenansprüchen des Auftraggebers ausgesetzt sehen, die er gleichfalls bedienen muss.

1191 Demzufolge sollte man mit vorgenannter Rechtsprechung aber immerhin noch auf drei Gesichtspunkte hinweisen:
- Zunächst ist vorstellbar, dass es nach einer Kündigung um die **Abnahme selbstständig beurteilbarer Teilleistungen** geht. Zurückkommend auf vorstehendes Beispiel (Rdn. 1182) mit der Übertragung mehrerer Gewerke der Haustechnik kann zum Zeitpunkt der Kündigung z. B. die Teilleistung Heizungsanlage fertig sein. Hier bestehen keine Bedenken, dem Auftragnehmer entsprechend der Rechtsprechung des BGH zu diesen schon erbrachten Leistungen auch einen Anspruch auf (Teil)abnahme (i. S. d. § 12 Abs. 2 VOB/B) einzuräumen. Im Folgenden mag der Auftraggeber dann verpflichtet sein, eine solche zu erklären. Entscheidend ist jedoch, dass diese Teilleistung für sich genommen abnahmefähig, d. h. insoweit funktionell fertig und gebrauchstauglich sein muss (vgl. § 12 Abs. 2 VOB/B). Dies ist bei einer teilweise fertiggestellten Leistung aber keinesfalls die Regel (s. dazu oben Rdn. 1151), auch wenn sich die Leistungsverpflichtung ggf. nach Kündigung auf die bis zur Kündigung erbrachten Leistungen reduziert. Gleichwohl mögen diese Fälle in der Praxis vorkommen – und dann besteht tatsächlich ein Recht des Auftragnehmers zunächst eines VOB-Vertrages, für diese Leistungen eine Abnahme zu fordern.

  In konsequenter Weiterentwicklung der Rechtsprechung des BGH, wonach sich das Vertragssoll nach einer Kündigung auf die bis dahin zu erbringenden Leistungen reduziert, bestünden darüber hinausgehend aber nicht einmal Bedenken dagegen, dem Auftragnehmer auch dann ein Recht auf Abnahme seiner Leistungen einzuräumen. Dabei würde es sich nunmehr allerdings um keine Teilabnahme mehr handeln (so aber Buscher, BauR 2006, 1297), dessen Recht sich entweder aus § 12 Abs. 2 VOB/B ergibt oder die gesondert zu vereinbaren wäre (vgl. § 641 Abs. 1 S. 2 BGB), handeln, sondern um eine Vollabnahme der bis zur Kündigung als (reduziertes) Vertragssoll geschuldeten Leistung (a. A. auch Peters NZBau 2006, 669 für eine Teilabnahme). Sie käme somit auch bei einem BGB-Vertrag in Betracht. Dieses Abnahmerecht mag nach einer Kündigung auch seine Berechtigung haben, da damit gleichzeitig Gewährleistungsrechte für sonstige Baumängel laufen, die nicht Gegenstand der Kündigung waren. Dasselbe gilt für die weiteren positiven Folgen, die mit einer Abnahme verbunden sind und dem Auftragnehmer zugutekommen, wie z. B. die Umkehr der Beweislast für Mängel, der Verlust des Vertragsstrafenanspruchs und der primären Mängelbeseitigungsrechte bei nicht erfolgtem Vorbehalt u. a. Dieses Recht sollte aber nicht darüber hinwegtäuschen, dass richtigerweise die Abnahme keine eigenständige Voraussetzung für die Fälligkeit des Vergütungsanspruchs sein und nur verlangt werden kann, wenn diese **reduzierte Leistung abnahmefähig, d. h. vor allem frei von wesentlichen Mängeln** ist.

1192 - Eine weitere nicht zu unterschätzende Bedeutung kann die Abnahme von Leistungen vorzeitig beendeter Verträge bei etwaigen Mängelansprüchen haben. Denn eins ist sicher: Die **Kündigung eines Bauvertrages ersetzt keine Abnahme**; dies ist unstreitig (BGH, Urt. v. 19.12.2002 – VII ZR 103/00, BGHZ 153, 244, 250 = BauR 2003, 689, 691 = NJW 2003, 1450, 1451, s. dazu auch

6.6 Die Wirkungen und Rechtsfolgen der Abnahme

Rdn. 1178 f.). Solange demzufolge die Leistung nicht abgenommen ist (obwohl eine solche ggf. geschuldet wäre), richten sich die Ansprüche des Auftraggebers wegen Mängeln bei einem VOB-Vertrag allein nach § 4 Abs. 7 VOB/B. Noch deutlicher ist der Unterschied bei einem BGB-Vertrag: Denn dort entstehen die Rechte des Auftraggebers nach §§ 634 ff. BGB (so auch das Recht der Selbstvornahme nach § 637 BGB) überhaupt erst mit Abnahme, sodass der Auftraggeber vor Abnahme nur auf das allgemeine Rücktritts- und Schadensersatzrecht nach §§ 280 f., 323 BGB angewiesen ist (s. dazu Rdn. 1030 ff.; Joussen BauR 2009, 319; Voit, BauR 2011, 1063).

- Auch wenn mit der Kündigung der Vergütungsanspruch des Auftragnehmers ohne Abnahme fällig werden kann, ändert sich im Übrigen an der Rechtslage zu seinen Lasten vor der Abnahme nichts, d. h.: Er muss für seinen Vergütungsanspruch die Mangelfreiheit seiner Leistungen nachweisen, die er bezahlt verlangt. Der Auftraggeber kann bei Mängeln nach §§ 641 Abs. 3, 320 BGB entsprechende Einbehalte vornehmen; dagegen steht allerdings das Recht des Auftragnehmers, noch die Mängel beseitigen zu dürfen, die nicht Anlass der Kündigung gewesen sind.

6.6 Die Wirkungen und Rechtsfolgen der Abnahme

Die Abnahme ist der Dreh- und Angelpunkt des Bauvertrages und des Werkvertrages schlechthin (Jagenburg, NJW 1974, 2264, 2265 und Jagenburg, BauR 1980, 406, 407). Ihre Bedeutung ergibt sich aus ihren Wirkungen und Rechtsfolgen. 1193

▶ **Überblick über die wesentlichen Wirkungen der Abnahme**
- Übergang des Bauvertrages in das Gewährleistungsstadium i. V. m. einer Umwandlung der Erfüllungs- in Gewährleistungsansprüche
- Gefahrübergang
- Umkehr der Beweislast
- Verlust nicht vorbehaltener Ansprüche zu bekannten Mängeln und Vertragsstrafen
- Fälligkeit der Vergütung
- Verjährung des Vergütungsanspruchs
- Beginn der Verjährungsfrist für Mängelansprüche
- Verzinsungspflicht (nur beim BGB-Werkvertrag)

Im Einzelnen ergeben sich folgende **Wirkungen der Abnahme:**

6.6.1 Gewährleistungs- statt Erfüllungsanspruch

Mit der Abnahme geht der Bauvertrag vom Stadium der Erfüllung oder der Bauausführung in das der Gewährleistung über. An dieser Feststellung wird hier festgehalten, auch wenn weder das BGB noch die VOB/B den Begriff der Gewährleistung seit der jeweiligen Änderung im Zusammenhang mit der Schuldrechtsmodernisierung im Jahr 2002 mehr verwenden. Denn die Begriffsbildung selbst hat sich nicht verändert; auch in der Praxis wird weiterhin von der Gewährleistung (für die Mängelansprüche nach der Abnahme) gesprochen, sodass hier auf die früher mit diesem Begriff verbundene Abgrenzung der Rechte und Pflichten vor bzw. nach der Abnahme zurückgegriffen werden soll (und kann). 1194

Geht danach der Bauvertrag vom Erfüllungs- in das Gewährleistungsstadium über, bedeutet dies vor allem:
- Mit erfolgter Abnahme beschränkt und konkretisiert sich der Erfüllungsanspruch auf das hergestellte Werk. Der **Anspruch auf Neuherstellung** ist damit im Allgemeinen ausgeschlossen; der Auftraggeber kann die Mängelbeseitigung und damit die eigentliche Erfüllung der vertragsgemäßen Leistung nur noch durch Nacherfüllung verlangen. Etwas anderes gilt ausschließlich dann, wenn eine **nachhaltige Mängelbeseitigung allein durch Neuherstellung des gesamten Werkes zu erreichen ist** (BGH, Urt. v. 10.10.1985 – VII ZR 303/84, BGHZ 96, 111, 117 f. = BauR 1986, 93, 95 = NJW 1986, 711, 712). Selbst der Nacherfüllungsanspruch kann entfallen, wenn der Auftragnehmer die Nachbesserung wegen unverhältnismäßigen Aufwandes verweigert (vgl. § 635 Abs. 3, 275 Abs. 2 und 3 BGB und § 13 Abs. 6 VOB/B), sodass dem Auftraggeber im 1195

Anschluss dran im Wesentlichen lediglich ein Minderungs- und Schadensersatzanspruch verbleibt.

1196 • Ein Übergang in das Gewährleistungsstadium bedeutet gleichzeitig, dass bei VOB-Verträgen **Mängelansprüche nicht mehr aus § 4 Abs. 7, sondern nur noch aus § 13 VOB/B** geltend gemacht werden können. Selbst wenn zunächst ein Mangelanspruch nach § 4 Abs. 7 VOB/B entstanden war, wandelt sich dieser mit der Abnahme in einen Gewährleistungsanspruch nach § 13 Abs. 5 ff. VOB/B um (BGH, Urt. v. 19.12.2002 – VII ZR 103/00, BGHZ 153, 244, 249 = BauR 2003, 689, 691 = NJW 2003, 1450, 1451). Dies gilt sowohl für den Mangelbeseitigungsanspruch nach § 4 Abs. 7 S. 1 VOB/B, der sich in einem solchen nach § 13 Abs. 5 S. 1 VOB/B fortsetzt, als auch für einen Schadensersatzanspruch nach § 4 Abs. 7 S. 2 VOB/B: Dieser wandelt sich nach Abnahme in einen Schadensersatzanspruch nach § 13 Abs. 7 Nr. 3 VOB/B um.

▶ **Beispiel**

Der Auftragnehmer ist mit verschiedenen Malerarbeiten beauftragt. Es sind noch einzelne Mängel zu beseitigen. Dieser Mangelbeseitigungsanspruch besteht nach § 4 Abs. 7 S. 1 VOB/B. Jetzt wird die Leistung unter Vorbehalt abgenommen. Dadurch wandelt sich der Mangelbeseitigungsanspruch in einen Gewährleistungsanspruch um, der sich jetzt nach § 13 Abs. 5 Nr. 1 VOB/B richtet.

1197 Die vorstehend beschriebene **Umwandlung der Ansprüche** nach § 4 Abs. 7 VOB/B in Gewährleistungsansprüche hat auch **weiter gehende Folgen**: So kann der Auftraggeber nunmehr selbst – anders als noch vor Abnahme – den Mangel nach Fristsetzung ohne Kündigung auf Kosten des Auftragnehmers beseitigen lassen. Vor der Abnahme gibt es einen solchen Anspruch nicht ohne Weiteres. Vielmehr wäre dafür eine vorherige Kündigung des Auftragnehmers erforderlich (§ 4 Abs. 7 S. 3, § 8 Abs. 3 VOB/B – s. dazu Rdn. 981 ff.). Erst anschließend bestände dann ein entsprechender Anspruch nach § 8 Abs. 3 Nr. 2 S. 1 VOB/B (BGH, Urt. v. 12.01.2012 – VII ZR 76/11, BauR 2012, 643, 644 = NZBau 2012, 157; s. auch Rdn. 2930). Weitere Folgen zeigen sich bei der **Anspruchsverjährung**: Zwar könnte man bei den auf Erfüllung ausgerichteten Ansprüchen nach § 4 Abs. 7 VOB/B zu Baumängeln annehmen, dass diese wie die Erfüllungsansprüche selbst der (verkürzten) dreijährigen Regelverjährung nach §§ 195, 199 Abs. 1 BGB unterliegen. Dem ist jedoch nicht so: Zwar werden die Mängelansprüche in der VOB/B vor und nach der Abnahme in unterschiedlichen Vorschriften geregelt. Dies ändert jedoch nichts daran, dass es sich inhaltlich um denselben Anspruch handelt, der sich lediglich mit der Abnahme von einem Erfüllungs- in einen Gewährleistungsanspruch umgestaltet. Daher kommt es für die Verjährung – so auch schon der BGH zu der vergleichbaren Rechtslage zu der entsprechenden Verjährungsregelung im BGB zu § 638 a. F. (BGH, Urt. v. 24.02.2011 – VII ZR 61/10 BauR 2011, 1032, 1033 = NJW 2011, 1224, 1225 = NZBau 2011, 310, 311; BGH; Urt. v. 08.07.2010 – VII ZR 171/08 BauR 2010, 1778, 1779 = NJW 2010, 3573 = NZBau 2010, 768, 769), dessen Struktur die VOB/B hier folgt – nicht darauf an, dass die Mängelrechte vor und nach der Abnahme in unterschiedlichen Vorschriften verankert sind. Stattdessen gilt, dass die Gewährleistungsfrist nach § 13 Abs. 4 VOB/B zu den schon vor Abnahme entstandenen und nach der Abnahme gleichartig geregelten Mängelansprüchen nicht beginnt, bevor die Abnahme nicht erklärt worden ist. Dasselbe gilt, wenn wie sonst auch eine Abnahme entbehrlich ist, weil die Erfüllung des Vertrages nicht mehr in Betracht kommt (BGH, Urt. v. 12.01.2012 – VII ZR 76/11, BauR 2012, 643, 644 = NZBau 2012, 157; Locher, § 15 Rn. 207).

1198 • Mit dem Ende des Erfüllungsstadiums durch die Abnahme **endet sodann des Weiteren die Vorleistungspflicht** des Auftragnehmers für seine Werkleistung. Sie besteht allerdings in Bezug auf noch bestehende Mängel fort (BGH, Urt. v. 04.06.1973 – VII ZR 112/71, BGHZ 61, 42, 47 = BauR 1973, 313, 317).

1199 • Schließlich kommt **eine Kündigung** des Bauvorhabens – gleich aus welchem Rechtsgrund – nach Abnahme **nicht mehr in Betracht.**

6.6 Die Wirkungen und Rechtsfolgen der Abnahme

6.6.2 Gefahrübergang

Die Gefahr für die abgenommene Leistung geht auf den Auftraggeber über. Dies ergibt sich mittelbar aus § 644 Abs. 1 BGB, wonach der Unternehmer die Gefahr bis zur Abnahme des Werkes trägt. Nach § 12 Abs. 6 VOB/B geht die Gefahr mit der Abnahme auf den Auftraggeber über, soweit er sie nicht schon nach § 7 VOB/B zu tragen hat.

Der Begriff der Gefahrtragung ist rechtlicher Natur. In der Sache geht es darum, wer z. B. bei Beschädigung oder Zerstörung der bereits fertiggestellten Leistungsteile das Risiko einer Neuherstellung sowie das der Zahlung der Vergütung zu tragen hat. Deshalb unterscheidet man einerseits die **Leistungsgefahr** und andererseits die **Vergütungsgefahr**:

- Die **Leistungsgefahr** entscheidet darüber, ob der Auftragnehmer zur Neuherstellung verpflichtet bleibt, wenn seine Leistung untergegangen oder ganz oder teilweise beschädigt worden ist.
- Die **Vergütungsgefahr** bestimmt, ob der Auftraggeber die vereinbarte Vergütung bei vorzeitigem Untergang der Leistung zu zahlen hat.

Sowohl § 12 Abs. 6 VOB/B als auch § 7 VOB/B regeln die Verteilung der Vergütungs- oder Preisgefahr zwischen Auftraggeber und Auftragnehmer, sodass für diese die Abnahme die entscheidende Zäsur bedeutet. Konkret heißt das: Beim Bauvertrag als Werkvertrag wird stets ein Erfolg geschuldet. Daher ist auch die **Leistungsgefahr** nach den Grundsätzen des allgemeinen Schuldrechts so verteilt, dass der Auftragnehmer, solange die versprochene Leistung als solche zu erbringen ist, auch ohne Verschulden **zur Neuherstellung verpflichtet** bleibt. Das gilt bis zur Abnahme. Nach erfolgter Abnahme, aber auch bei **Annahmeverzug** des Auftraggebers (vgl. § 644 Abs. 1 S. 2 BGB), wird der Auftragnehmer von seiner Herstellungspflicht befreit, wenn das Werk ohne sein Verschulden ganz oder teilweise untergeht. Diese Frage wird von § 7 VOB/B, der lediglich den Vergütungsanspruch behandelt, nicht berührt. Somit verbleibt es bei den allgemeinen Grundsätzen, wonach eine Verpflichtung des Auftragnehmers zur Neuherstellung seiner Leistung bei zufälligem Untergang nur bis zur Abnahme besteht. Dementsprechend ist der Unternehmer auch nur bis zur Abnahme gemäß § 4 Abs. 5 VOB/B verpflichtet, seine Leistung vor Beschädigung und Diebstahl zu schützen, allerdings mit der Einschränkung, dass ihm dies zumutbar ist.

> **Beispiel**
>
> Der Auftragnehmer ist mit der Errichtung einer Scheune beauftragt. Hier verteilen sich die Gefahren wie folgt:
> - Bis zur Abnahme trägt allein der Auftragnehmer das Risiko der Leistungsausführung, d. h.: Wird die Scheune vor Ausführung beschädigt, bleibt der Auftragnehmer zur Neuherstellung verpflichtet (Leistungsgefahr). Geht sie vor Abnahme unter, hat der Auftraggeber keine Vergütung zu zahlen (Vergütungsgefahr). Hiervon macht lediglich § 7 VOB/B bei Bauverträgen auf der Grundlage der VOB/B eine Ausnahme, nämlich dass der Auftraggeber ausnahmsweise doch schon einen Teil der Vergütungsgefahr trägt, wenn die Leistung wegen höherer Gewalt vor Abnahme untergeht: Hier muss er die schon erbrachten Leistungen bezahlen, obwohl er die Leistung nicht erhält – ein Risiko, das üblicherweise mit der Bauleistungsversicherung abgedeckt wird.
> - Nach der Abnahme (bzw. im Fall des Annahmeverzugs des Auftraggebers) geht die Leistungsgefahr auf den Auftraggeber über: Wird jetzt die Scheune beschädigt, muss der Auftragnehmer nicht nochmals leisten. Dasselbe gilt für die Vergütungsgefahr. Auch diese geht auf den Auftraggeber über, soweit er sie nach § 7 VOB/B nicht ohnehin schon trägt, d. h.: Der Auftraggeber muss nunmehr eine Vergütung auch bezahlen, selbst wenn die Leistung untergeht.

6.6.3 Umkehr der Beweislast

Insbesondere bei einem VOB-Vertrag (§ 4 Abs. 7 S. 1 VOB/B) ist der Auftragnehmer schon vor der Abnahme der Werkleistung verpflichtet, Mängel seiner Werkleistung zu beseitigen. Im Streitfall über das Bestehen eines Mangels hat **bis zur Abnahme der Unternehmer die Mangelfreiheit** und Vertragsmäßigkeit seiner Leistung zu beweisen (BGH, Urt. v. 04.06.1973 – VII ZR 112/71, BGHZ 61, 42,

46 f. = BauR 1973, 313, 316.). Dies bedeutet etwa auch im Fall einer außerordentlichen Kündigung wegen Mängeln vor Abnahme nach §§ 4 Abs. 7 S. 3, § 8 Abs. 3 VOB/B, dass nicht der Auftraggeber die Existenz der Mängel zur Rechtfertigung der Kündigung nachweisen muss, sondern der Auftragnehmer die Nicht-Existenz eines Mangels zum Zeitpunkt der Kündigung (BGH, Urt. v. 23.10.1958 – VII ZR 22/58, BGHZ 28, 251, 254; OLG Zweibrücken, Urt. v. 30.01.2006 – 7 U 74/05, BauR 2007, 1249, 1250).

1204 Diese Beweislast kehrt sich durch die Abnahme um. Nach der Abnahme braucht also nicht mehr der Unternehmer die Mangelfreiheit zu beweisen. Stattdessen liegt die **Beweislast für behauptete Mängel von dem Zeitpunkt der Abnahme an beim Auftraggeber.** Daher ist auch er es, der im Rechtsstreit etwa den Vorschuss für eine Beweiserhebung über das Vorhandensein von Mängeln zahlen muss. Diese Umkehr der Beweislast beruht letztlich auf dem Wesen der Abnahme, mit der die erbrachte Leistung als in der Hauptsache vertragsgemäß vom Auftraggeber anerkannt worden ist. Infolgedessen ist es richtig, dass es von dieser Beweislastumkehr eine **Ausnahme** gibt: Sie gilt für die bei Abnahme nach § 640 Abs. 2 BGB **vorbehaltenen Mängel.** Hier bleibt es dabei, dass der Auftragnehmer für diese auch nach Abnahme noch darlegen und ggf. beweisen muss, dass die Leistung insoweit mangelfrei erbracht wurde (BGH, Urt. v. 24.10.1996 – VII ZR 98/94, BauR 1997, 129, 130 = NJW-RR 1997, 339). Dies gilt unabhängig von der Tatsache, dass der Auftraggeber diese vorbehaltenen Mängel nach Abnahme zwischenzeitlich berechtigterweise durch einen **Dritten hat beseitigen** lassen. Damit geht zwar insoweit der noch verbleibende Erfüllungsanspruch unter; mit einer Veränderung der Beweislast hat das jedoch nichts zu tun. Denn selbst wenn zuvor bei einer Mangelbeseitigungsaufforderung nur die Mangelerscheinung als solche genannt wurde, reicht das aus. Der Auftragnehmer wäre daraufhin verpflichtet, die Mangelursache zu ermitteln und den Mangel zu beseitigen. Kommt er dieser Pflicht nicht nach, hat er die damit verbundenen Nachteile zu tragen, wenn er später einen Beweis zu seiner Entlastung nicht mehr führen kann. Dies kann allenfalls dann anders zu beurteilen sein, wenn weitere Umstände hinzutreten, die der Auftragnehmer zunächst nicht kennen konnte (BGH, Urt. v. 23.10.2008 – VII ZR 64/07, BauR 2009, 237, 239 = NJW 2009, 360, 361 = NZBau 2009, 117, 119).

1205 Unabhängig davon gilt jedoch selbst für diese unter Vorbehalt abgenommenen Mängel, dass sich trotz der beim Auftragnehmer verbleibenden Beweislast die Rechte an sich nicht mehr nach § 4 Abs. 7 VOB/B, sondern allein nach § 13 Abs. 5 ff. VOB/B richten (BGH, Urt. v. 19.12.2002 – VII ZR 103/00, BGHZ 153, 244, 249 ff. = BauR 2003, 689, 691 ff. = NJW 2003, 1450, 1451 f.). Denn auch eine unter Vorbehalt erklärte Abnahme stellt eine vollwertige Abnahme dar (OLG Brandenburg, Urt. v. 20.03.2003 – 12 U 14/02, BauR 2003, 1054, 1055).

> **Beispiel**
>
> Der Auftraggeber nimmt Arbeiten zur Erstellung eines Gartenzauns ab. Die Gründung eines Pfahls ist nicht ordnungsgemäß, was er sich bei Abnahme vorbehält. Später stellt sich heraus, dass auch zwei weitere Pfähle nicht ordnungsgemäß gegründet sind. Wegen der Abnahme richten sich alle Rechte des Auftraggebers einheitlich nach Gewährleistungsrecht. Hinsichtlich des vorbehaltenen Pfahls muss dabei allerdings der Auftragnehmer nachweisen, dass ggf. doch kein Mangel vorlag bzw. dieser zwischenzeitlich beseitigt wurde. Bei den anderen Pfählen muss dagegen der Auftraggeber eine mangelhafte Ausführung nachweisen.

Diese Grundsätze über die Umkehr der Beweislast gelten **gleichermaßen für den BGB-Werkvertrag** und für den VOB-Bauvertrag.

6.6.4 Verlust nicht vorbehaltener Ansprüche

1206 Durch die Abnahme kann der Auftraggeber einen an sich verwirkten **Vertragsstrafenanspruch oder auch Mängelansprüche** verlieren, soweit er sich diese Rechte bei Abnahme nicht vorbehält. Dabei ändert ein solcher Mängelvorbehalt nichts daran, dass in jedem Fall eine vollwertige Abnahme vorliegt, und zwar auch zu den vorbehaltenen Mängeln (OLG Brandenburg, Urt. v. 20.03.2003 – 12 U 14/02, BauR 2003, 1054, 1055). Hierzu im Einzelnen:

6.6 Die Wirkungen und Rechtsfolgen der Abnahme

- **Vertragsstrafenanspruch**
Der Auftraggeber kann eine verwirkte Vertragsstrafe nur verlangen, wenn er sich diese **bei der Abnahme ausdrücklich vorbehalten** hat. Dies folgt aus § 341 Abs. 3 BGB und § 11 Abs. 4 VOB/B sowie § 12 Abs. 4 Nr. 1 S. 4 und Abs. 5 Nr. 3 VOB/B. Andernfalls geht sie endgültig verloren. Insoweit ist der Auftraggeber allerdings nicht daran gehindert, gegen den Auftragnehmer einen aus demselben Sachverhalt hergeleiteten **Schadensersatzanspruch**, welcher ganz oder zum Teil auch durch die Vertragsstrafenvereinbarung abgedeckt war, geltend zu machen. Dies erfordert aber im Gegensatz zum Vertragsstrafenanspruch den Nachweis eines konkreten Schadens, an den von den Gerichten meist strenge Anforderungen gestellt werden (vgl. Vygen/Joussen/Schubert/Lang, Bauverzögerung und Leistungsänderung, Teil A, Rn. 640 ff.). 1207

- **Mängelansprüche**
Durch die Abnahme kann der Auftraggeber auch **Gewährleistungsansprüche** verlieren. Der Auftraggeber kann nämlich, wenn er ein mangelhaftes Werk trotz Kenntnis des Mangels abgenommen hat, nach § 640 Abs. 2 BGB beim BGB-Werkvertrag die sich aus § 634 Nr. 1 bis 3 BGB ergebenden Rechte (Mängelbeseitigungs-/Nacherfüllungsanspruch, Selbstvornahme und Kostenerstattungsanspruch sowie Recht auf Rücktritt und Minderung) nur geltend machen, wenn er sich diese bei der Abnahme vorbehalten hat. Das Gleiche gilt für den VOB-Bauvertrag. Dies ergibt sich daraus, dass § 12 Abs. 4 Nr. 1 S. 4 VOB/B und ebenso § 12 Abs. 5 Nr. 3 VOB/B den Vorbehalt für bekannte Mängel ausdrücklich verlangen und die **Anwendung des § 640 Abs. 2 BGB in der VOB/B nicht ausgeschlossen** oder durch eine andere Regelung ersetzt worden ist. 1208

Liegen die Voraussetzungen des § 640 Abs. 2 BGB vor, so werden aber nur wie angesprochen die in den § 634 Nr. 1–3 BGB genannten verschuldensunabhängigen Gewährleistungsansprüche ausgeschlossen, also der Anspruch auf Nacherfüllung, Kostenerstattung bzw. Vorschuss bezüglich der Nachbesserungskosten und der Anspruch auf Rücktritt und Minderung. Dagegen bleiben dem Auftraggeber die **Schadensersatzansprüche** gemäß § 13 Abs. 7 VOB/B beim VOB-Vertrag bzw. gemäß § 634 Nr. 4 i. V. m. §§ 636, 280, 281, 283 und 311a beim BGB-Vertrag und dort auch der Aufwendungsersatzanspruch nach § 284 BGB erhalten (so BGH, Urt. v. 08.11.1973 – VII ZR 86/73, BGHZ 61, 369, 371 = BauR 1974, 59, 60 = NJW 1874, 143, 144 und BGH, Urt. v. 12.05.1980 – VII ZR 228/79, BGHZ 77, 134, 135 f. = BauR 1980, 460, 461 = NJW 1980, 1952 sowie die ganz herrschende Meinung im Schrifttum: Ingenstau/Korbion/Oppler, VOB/B § 12 Rn. 51; Kapellmann/Messerschmidt/Havers, VOB/B § 12 Rn. 46 ff.; Heiermann/Riedl/Rusam, VOB/B § 12 Rn. 38 f.). 1209

Über diesen Schadensersatzanspruch kann der Auftraggeber nunmehr aber – selbst wenn er eine Bauleistung in Kenntnis vorhandener Mängel vorbehaltlos abgenommen hat – bei Vorliegen der verschärften Anforderungen an den Schadensersatzanspruch (d. h. insbesondere bei Verschulden des Auftragnehmers) **als Schaden auch die erforderlichen oder bereits aufgewandten Mängelbeseitigungskosten** ersetzt verlangen (BGH, Urt. v. 12.05.1980 – VII ZR 228/79, BGHZ 77, 134, 135 f. = BauR 1980, 460, 461 = NJW 1980, 1952). Dies ist zwar vereinzelt auf Kritik gestoßen (Jagenburg, BauR 1974, 361). Doch ist der Wortlaut des Gesetzes eindeutig, der die Schadensersatzansprüche gerade nicht erfasst. Auch gibt es keinen Anlass, den Auftragnehmer, der schuldhaft einen Mangel verursacht hat, von einem darauf gestützten Schadensersatzanspruch zu entlasten, nur weil der Auftraggeber sich einen ihm bekannten Mangel bei Abnahme nicht vorbehalten hat. Allerdings wird man den Auftraggeber für verpflichtet halten müssen, eine ihm trotz vorbehaltloser Abnahme der Bauleistung vom Unternehmer angebotene Nachbesserung anstelle des an sich nur noch bestehenden Schadensersatzanspruchs in Geld entgegenzunehmen. Andernfalls könnte der Auftraggeber vom Unternehmer nach einer rügelosen Abnahme unmittelbar Schadensersatz verlangen, wodurch dem Unternehmer sein ihm an sich ja zustehendes **Recht auf Nachbesserung** (s. dazu Rdn. 1325) abgeschnitten und die Möglichkeit genommen würde, die Mängel zum Selbstkostenpreis kostengünstig zu beseitigen (Ingenstau/Korbion/Oppler, VOB/B, § 12 Rn. 51). Folglich bleibt dem Unternehmer dieses **Nachbesserungsrecht erhalten; nur der Nachbesserungsanspruch des Auftraggebers entfällt** wegen der vorbehaltlosen Abnahme. Dabei ergibt sich bei einem BGB-Vertrag die Verpflichtung des Auftraggebers, die vom Unternehmer angebotene 1210

Nachbesserung anzunehmen bzw. sie vorher zu verlangen, auch schon daraus, dass der Schadensersatzanspruch des Bestellers statt der Leistung nach § 634 Nr. 4 i. V. m. § 281 BGB ebenfalls bei Mängelschäden eine Fristsetzung erfordert. Diese Voraussetzung ging ins Leere, wenn der Unternehmer bei rügeloser Abnahme der Werkleistung durch den Auftraggeber gemäß § 640 Abs. 2 BGB kein **Nachbesserungsrecht** mehr haben würde (so im Ergebnis auch: Ingenstau/Korbion/Oppler, VOB/B § 12 Rn. 51 und OLG Köln, Urt. v. 05.04.1977 – 15 U 143/76, Schäfer/Finnern Z 2.414.1 Bl. 17 mit zustimmender Anmerkung von Hochstein; Kapellmann/Messerschmidt/Havers, VOB/B, § 12 Rn. 52 – a. A. Heiermann/Riedl/Rusam, VOB/B, § 12 Rn. 39). Das aber bedeutet: Der Auftraggeber muss bei einer Abrechnung von etwaigen Ersatzunternehmerkosten über den Schadensersatzanspruch unbeschadet eines ggf. schon eingetretenen Verlustes der Nacherfüllungs- oder Minderungsrechte über § 640 Abs. 2 BGB gleichwohl für die Einhaltung der weiteren Voraussetzungen des § 637 BGB bzw. § 13 Abs. 5 bzw. 6 VOB/B Sorge tragen, und zwar obwohl eigentlich nur ein Schadensersatzanspruch geltend gemacht wird. Ersatzunternehmerkosten oder ein Minderwert können somit nicht als Schadensersatzanspruch abgerechnet werden, wenn der Auftraggeber dem Auftragnehmer **zuvor keine Frist zur Nacherfüllung gesetzt** hat (BGH, Urt. v. 09.04.1981 – VII ZR 263/79, BauR 1981, 395, 398; s. dazu auch Rdn. 1458 f.).

1211 Die vorangehenden Erörterungen gelten nur für den Fall, dass der Auftraggeber in **Kenntnis eines Mangels** die Werkleistung abgenommen hat. Dazu gehört das positive Wissen des Auftraggebers. **Bloßes Kennenmüssen von Mängeln, also selbst fahrlässige Unkenntnis vom Vorhandensein eines Mangels,** z. B. aufgrund der vorliegenden Pläne oder einschlägigen bauordnungsrechtlichen Bestimmungen, reicht somit nicht für den Ausschluss der genannten Gewährleistungsansprüche gemäß § 640 Abs. 2 BGB. Es genügt auch nicht, wenn der Auftraggeber nur die äußere Erscheinungsform des Mangels kennt (BGH, Urt. v. 22.10.1969 – VIII ZR 196/67, NJW 1970, 383, 385; BGH, Urt. v. 13.05.1981 – VIII ZR 113/80, NJW 1981, 2640, 2641). Vielmehr bedarf es zusätzlich eines Bewusstseins der Fehlerhaftigkeit.

> ▶ Beispiel (nach OLG Karlsruhe, Urt. v. 29.5.2009 – 4 U 160/08, Nichtzul.-Beschw. zurückgew., BGH, Beschl. v. 22.12.2011 – VII ZR 120/09, IBR 2012, 195)
>
> In einem Seniorenstift sind Zugänge nicht barrierefrei ausgeführt. Dieser Zustand wird bei Abnahme nicht gerügt. Selbst wenn der Auftraggeber die fehlende Barrierefreiheit wahrgenommen hat, ist ein fehlender Vorbehalt unschädlich, wenn er nicht wusste, dass deswegen ein Baumangel vorliegt.

Insoweit kommt auch **kein Mitverschulden nach § 254 BGB** in Betracht (BGH, Urt. v. 28.06.1978 – VIII ZR 112/77, NJW 1978, 2240). Die **Beweislast für die positive Kenntnis** des Auftraggebers hinsichtlich des Mangels obliegt dem Unternehmer. Dabei kann insbesondere bei einem sachkundigen Auftraggeber aber der Nachweis genügen, dass der Mangel so klar und gravierend in Erscheinung getreten ist, dass der Auftraggeber ihn bei der Abnahme einfach nicht übersehen haben kann (vgl. Ingenstau/Korbion/Oppler, VOB/B § 12 Rn. 52 f.).

- **Notwendige Vorbehaltserklärung bei Abnahme**

1212 Die verschuldensunabhängigen Mängelrechte und schon verwirkte Vertragsstrafenansprüche gehen verloren, wenn sie nicht **bei Abnahme vorbehalten** werden, also **nicht vorher** (BGH, Urt. v. 08.06.1967 – VII ZR 311/64, Schäfer/Finnern Z 2.411 Nr. 34) oder nachher. Der Vorbehalt sollte aus Nachweisgründen auch schriftlich erklärt werden. Hervorzuheben ist, dass vor allem vor Abnahme schon erklärte Vorbehalte in der Regel nicht ausreichen, um den Rechtsverlust zu verhindern. Ausnahmsweise gilt dies nur dann, wenn der Auftraggeber einen schon vor Abnahme erklärten Vorbehalt zum Zeitpunkt der Abnahme noch erkennbar aufrechterhält. Dies gilt aber nur, wenn zwischen dem vor Abnahme erklärten Vorbehalt und der Abnahme selbst ein enger zeitlicher Zusammenhang besteht und sich zwischenzeitlich an dem den Vorbehalt begründenden Sachverhalt nichts geändert hat (BGH, Urt. v. 12.06.1975 – VII ZR 55/73, BauR 1975, 344, 345 f. = NJW 1975, 1701, 1702; BGH, Urt. v. 08.06.1967 – VII ZR 311/64, Schäfer/Finnern Z 2.411 Nr. 34).

6.6 Die Wirkungen und Rechtsfolgen der Abnahme

▶ **Beispiel (ähnlich OLG Düsseldorf, Urt. v. 08.09.2000 – 22 U 34/00, BauR 2001, 112, 114 = NJW-RR 2000, 1688)**

Der Auftraggeber moniert mehrfach Risse in einem verlegten Fußboden, zuletzt zwei Tage vor der geplanten Abnahme. In diesem Schreiben erklärt er wiederholt, dass er sich diese Mängel vorbehalten und nach Abnahme weiterverfolgen werde. Entsprechendes gelte für eine verwirkte Vertragsstrafe. Gleichwohl nimmt er zwei Tage die Leistung ohne Vorbehalt ab. In einem solchen Ausnahmefall dürfte es für den Erhalt der verschuldensunabhängigen Mängelrechte nicht darauf ankommen, dass er sich diese bei Abnahme nicht erneut vorbehalten hat. Denn für den Auftragnehmer war hinreichend klar, dass der Auftraggeber seine Rechte auch noch nach Abnahme verfolgen will.

Entsprechendes gilt, wenn der Auftraggeber zu den verwirkten **Mängelansprüchen bereits einen Prozess** führt: Hier wäre es nur unnötige Förmelei, wenn dieser Vorbehalt jetzt bei Abnahme nochmals erklärt werden müsste (BGH, Urt. v. 24.05.1974 – V ZR 193/72, BGHZ 62, 328, 329 f. = BauR 1975, 55, 56 = NJW 1974, 1324, 1325). Entsprechendes ist anzunehmen, wenn zu diesen Mängeln parallel vom Auftraggeber ein selbstständiges Beweisverfahren eingeleitet wurde (OLG Köln, Urt. v. 17.09.1982 – 20 U 56/82, BauR 1983, 463, 464). 1213

Die Notwendigkeit der Vorbehaltserklärungen gilt für alle Formen der Abnahme, also insbesondere auch für die konkludente (s. dazu BGH, Urt. v. 25.02.2010 – VII ZR 64/09, BauR 2010, 795, 797 = NJW-RR 2010, 748, 749 = NZBau 2010, 318, 319) und die fiktive Abnahme (s. dazu § 12 Abs. 5 Nr. 3 VOB/B). Dies ist deshalb hervorzuheben, weil dem Auftraggeber bei diesen Abnahmeformen möglicherweise das konkrete Bewusstsein einer rechtsgeschäftlich verbindlichen Abnahmeerklärung fehlen wird. Dies gilt für die Abnahmefiktion erst recht. Dabei mag allenfalls zu prüfen sein, wann bei diesen Sonderformen genau der Abnahmezeitpunkt zu bestimmen ist, zu dem die entsprechenden Vorbehalte zu erklären sind, was vor allem bei der konkludenten Abnahme schwer fallen mag. Bei der **fiktiven Abnahme** immerhin muss der Vorbehalt innerhalb der in § 12 Abs. 5 VOB/B vorgesehenen dafür notwendigen Fristen erklärt werden (§ 12 Abs. 5 Nr. 3 VOB/B – s. o. auch Rdn. 1144 ff.). Keine Vorbehalte müssen dagegen erklärt werden, soweit es nur um den Eintritt der abnahmegleichen Folgen nach fruchtlosem Ablauf der Frist nach § 640 Abs. 1 S. 3 BGB geht. Dies ergibt sich eindeutig aus § 640 Abs. 2 BGB, der bei der Vorbehaltserklärung nur auf § 640 Abs. 1 S. 1 BGB verweist (s. o. Rdn. 1172). 1214

Die **Beweislast für den erklärten Vorbehalt** obliegt dem Auftraggeber. Er kann im Allgemeinen mündlich erklärt werden; bei der förmlichen Abnahme muss er dagegen in die Niederschrift aufgenommen werden. Die Niederschrift ist dabei Teil der Abnahme selbst, wenn sie in engem zeitlichen Zusammenhang mit der eigentlichen Abnahme steht (vgl. BGH, Urt. v. 29.11.1973 – VII ZR 205/71, BauR 1974, 206, 207). 1215

- **Verschiebung des Vorbehaltszeitpunktes**

Im Hinblick auf den sehr weitgehenden Rechtsverlust bei einem vergessenen Vorbehalt zum Zeitpunkt der Abnahme sind in der Praxis vielfach Klauseln anzutreffen, wonach der Vorbehalt auch noch im Rahmen der Schlussrechnungsprüfung erklärt werden kann. Gegen eine solche Verschiebung bestehen rechtlich keine Bedenken, selbst wenn diese Verschiebung in den AGB des Auftraggebers vorgesehen ist (BGH, Urt. v. 12.10.1978 – VII ZR 139/75, BGHZ 72, 222, 225 f. = BauR 1979, 56, 57 f. = NJW 1979, 212 f.; BGH, Beschl. v. 13.07.2000 – VII ZR 249/99, BauR 2000, 1758 = NJW-RR 2000, 1468 – s. zu einer noch weiteren Verschiebung des Vorbehaltszeitpunktes bis zur Schlusszahlung Rdn. 1709 ff. sowie zu gebräuchlichen Klauseln Rdn. 721 f.). 1216

6.6.5 Fälligkeit des Vergütungsanspruchs

Das gesetzliche Werkvertragsrecht knüpft die Fälligkeit des Werklohnanspruchs in § 641 Abs. 1 BGB unmittelbar an die Abnahme. Danach ist die Vergütung bei der Abnahme zu entrichten. **Abnahme- und Fälligkeitszeitpunkt werden im BGB-Werkvertragsrecht somit** gleichgesetzt, ohne dass die Fälligkeit von weiteren Voraussetzungen (etwa der Erteilung einer Rechnung) abhängig gemacht 1217 wird (vgl. BGH, Urt. v. 18.12.1980 – VII ZR 41/80, BGHZ 79, 176, 178 f. = BauR 1981, 199, 200 = NJW 1981, 814). Letztere ist allenfalls in einem Prozess für die Schlüssigkeit eines Sachvortrages vorzulegen (und ggf. zu erstellen), hat aber nichts mit der Fälligkeit der Vergütung zu tun (s. dazu auch Rdn. 2582 f.).

1218 Im **VOB-Vertragsrecht** bedarf es dagegen für den Eintritt der Fälligkeit gemäß § 16 Abs. 3 Nr. 1 VOB/B vor allem der **Erteilung einer Schlussrechnung,** ohne das Erfordernis der Abnahme zu erwähnen. Aus der Stellung der Abrechnungs- und Fälligkeitsvorschriften (§§ 14 und 16 VOB/B) nach der Abnahmeregelung (§ 12 VOB/B) wird jedoch zu Recht gefolgert, dass der Vergütungsanspruch auch beim VOB-Vertrag nur fällig werden kann, wenn die Werkleistung des Unternehmers vom Auftraggeber zuvor abgenommen worden ist (BGH, Urt. v. 18.12.1980 – VII ZR 43/80, BGHZ 79, 180 f. = BauR 1981, 201, 202 = NJW 1981, 822). Der Abnahme kommt daher auch hier eine zentrale Bedeutung zu.

1219 Dasselbe gilt bei einer **vorzeitigen Vertragsbeendigung** insbesondere nach Kündigung des Bauvertrages oder einer einverständlichen Vertragsaufhebung: Dies hat der Bundesgerichtshof zwischenzeitlich für den Fall einer Kündigung entschieden verbunden mit dem Grundsatz, dass auch in diesem Fall die Fälligkeit der Vergütung – wie auch sonst entsprechend der gesetzlichen Regelung in § 641 Abs. 1 BGB – von der vorherigen Abnahme abhängt (BGH, Urt. v. 11.05.2006 – VII ZR 146/04, BGHZ 167, 345, 349 f.= BauR 2006, 1294, 1295 f. = NJW 2006, 2475, 2476 – s. dazu allerdings auch oben Rdn. 1178 ff.). Nichts anderes dürfte mit derselben Argumentation für Fälle einer **einvernehmlichen Vertragsaufhebung** gelten – wobei es in beiden Fällen darauf ankommt, dass die Leistungen tatsächlich abnahmefähig sind (BGH a. a. O. – s. dazu auch Rdn. 2705 ff.).

1220 Kommt eine Abnahme nicht in Betracht, wird alternativ jeweils zu prüfen sein, ob eine solche für die Fälligkeit des Vergütungsanspruchs **ausnahmsweise entbehrlich** ist (s. zu den hier insoweit einschlägigen **Abnahmesurrogaten:** Koeble, BauR 2012, 1153). Dies ist vor allem der Fall, wenn nicht mehr Erfüllung des Vertrags verlangt wird, sondern nur noch Ansprüche, die das Abwicklungsverhältnis betreffen (vgl. dazu grundlegend BGH, Urt. v. 11.05.2006 – VII ZR 146/04, BGHZ 167, 345 = BauR 2006, 1294 = NJW 2006, 2475). Hierbei geht es vor allem – was der Bundesgerichtshof in vorgenannter Entscheidung teilweise auch so erwähnt – um Sachverhalte, in denen
- der Auftraggeber Minderung (BGH, Urt. v. 16.05.2002 – VII ZR 479/00, BGH, BauR 2002, 1399, 1400 = NJW 2002, 3019, 3020) oder
- Schadensersatz (BGH, Urt. v. 22.09.2005 – VII ZR 117/03, BGHZ 164, 159, 162 = NJW 2005, 3574, 3575) fordert oder
- die Abnahme des Werkes ernsthaft und endgültig (zu Recht oder zu Unrecht) abgelehnt wurde (BGH, Urt. v. 03.03.1998 – X ZR 4/95, NJW-RR 1998, 1027, 1028; BGH, Urt. v. 30.09.1999 – VII ZR 162/97, BauR 2000, 128, 129 = NJW 2000, 133, 134 = NZBau 2000, 22, 23; s. dazu auch vorstehend Rdn. 1175 ff.). Ob insoweit noch eine gesonderte Frist zur Abnahme nach § 640 Abs. 1 S. 3 BGB gesetzt wurde, spielt keine Rolle (BGH, Urt. v. 08.11.2007 – VII ZR 183/05, BGHZ 174, 110, 123 = NJW 2008, 511, 514 = NZBau 2008, 109, 112; BGH, Beschl. v. 18.05.2010 – VII ZR 158/09, NZBau 2010, 557, 558).
- zumindest nach der hier vertretenen Auffassung der Vertrag vorzeitig gekündigt wurde und es um eine ggf. noch offene überschüssige Vergütung für diejenigen Leistungen geht, deretwegen wegen Mängeln gekündigt wurde (s. dazu oben Rdn. 1190 ff.)
- eine Abnahme als Fälligkeitsvoraussetzung schon deswegen nicht mehr in Betracht kommt, weil der Auftraggeber nach einer vorzeitigen Kündigung sogleich zur Ersatzvornahme geschritten ist und die Arbeiten durch einen Nachfolgeunternehmer fertiggestellt wurden, ohne dass zuvor eine Leistungsabgrenzung erfolgt ist (OLG Celle, Urt. v. 14.02.2007 – 7 U 165/06, BauR 2008, 103, 106). Dasselbe gilt, wenn die Mängel sonst anderweitig behoben werden (OLG Karlsruhe, Urt. v. 06.04.2010 – 4 U 129/08, NJW-RR 2010, 1609, 1612 = NZBau 2011, 31, 33).
- im vorgenannten Fall nach einer Kündigung sämtliche Mängel beseitigt sind und die Parteien jetzt nur noch erkennbar den Vertrag abrechnen wollen (OLG München, Urt. v. 10.10.2006 – 13 U 4639/03, BauR 2007, 1938 = IBR 2007, 543).

Dabei soll allenfalls am Rande angemerkt werden, dass es für die Fälligkeit noch das weitere Abnahmesurrogat der sog. **Durchgriffsfälligkeit** gemäß § 641 Abs. 2 BGB gibt. Hierauf soll an anderer Stelle eingegangen werden (Rdn. 2566 ff.) – verbunden bereits an dieser Stelle mit dem Hinweis, dass diesem in der Praxis keinerlei Bedeutung zukommt. Daher bleibt es im BGB-Werkvertragsrecht bei der ganz zentralen Bedeutung der Abnahme für die Fälligkeit der Vergütung.

6.6.6 Verjährung des Vergütungsanspruchs

Die Abnahme ist der entscheidende Zeitpunkt für die Fälligkeit des Vergütungsanspruchs des Unternehmers sowie dessen Verjährung. Letztere beginnt gemäß §§ 199 Abs. 1 BGB am Schluss des Jahres zu laufen, in dem die **Fälligkeit des Vergütungsanspruches** eingetreten ist (BGH, Urt. v. 08.07.1968 – VII ZR 65/66, NJW 1968, 1962 = Schäfer/Finnern Z 2.331 Bl. 69), d. h.: 1221

- Die Fälligkeit des Vergütungsanspruchs tritt wie vorstehend erläutert beim BGB-Werkvertrag mit der Abnahme ein (§ 641 BGB), ohne dass es dazu noch der Erteilung einer Schlussrechnung bedarf (BGH, Urt. v. 18.12.1980 – VII ZR 41/80, BGHZ 79, 176, 178 f. = BauR 1981, 199, 200 = NJW 1981, 814). Beim BGB-Werkvertrag ist also die Abnahme das entscheidende Kriterium auch für den Beginn der Verjährungsfrist. Sie ist – wie soeben ebenfalls erläutert (Rdn. 1220) – nur in Ausnahmefällen entbehrlich, nämlich wenn sich das Vertragsverhältnis unabhängig von der Abnahme aus anderen Gründen in eines Abrechnungs- oder Abwicklungsverhältnis umgestaltet hat. Hauptfall ist hier sicherlich die endgültig (berechtigt oder unberechtigt) verweigerte Abnahme (BGH, Urt. v. 03.03.1998 – X ZR 4/95, NJW-RR 1998, 1027, 1028; BGH, Urt. v. 30.09.1999 – VII ZR 162/97, BauR 2000, 128, 129 = NJW 2000, 133, 134 = NZBau 2000, 22, 23; s. dazu auch oben Rdn. 1175 ff.). Auf eine gesonderte Fristsetzung nach § 640 Abs. 1 S. 3 BGB kommt es dabei nicht an (BGH, Beschl. v. 18.05.2010 – VII ZR 158/09, NZBau 2010, 557, 558). All das löst die Fälligkeit des Vergütungsanspruchs und damit den Beginn der Verjährungsfrist aus. 1222

- Beim VOB-Vertrag bedarf es zur Fälligkeit des Vergütungsanspruchs gemäß § 16 Abs. 3 Nr. 1 VOB/B der **Erteilung einer prüfbaren Schlussrechnung** sowie des **Ablaufs einer Prüfungszeit von bis zu 30 Tagen für die Rechnungsprüfung** (vgl. dazu im Einzelnen Rdn. 2525 ff., vor allem 2540 ff.). Trotzdem hat die Abnahme auch beim VOB-Vertrag auf den Verjährungsbeginn Einfluss; denn die Fälligkeit des Vergütungsanspruchs setzt neben der Erteilung einer Schlussrechnung und deren Prüfung auch die Abnahme der Werkleistung voraus (BGH, Urt. v. 18.12.1980 – VII ZR 43/80, BGHZ 79, 180 f. = BauR 1981, 201, 202 = NJW 1981, 822). 1223

6.6.7 Beginn der Verjährungsfrist für Mängelansprüche des Auftraggebers

Mit der Abnahme beginnt gleichzeitig die Gewährleistungsfrist für die Mängelansprüche des Auftraggebers und damit der Lauf der für diese maßgeblichen Verjährungsfrist. Dies gilt gleichermaßen für den BGB-Werkvertrag (§ 634a Abs. 2 BGB) und VOB-Bauvertrag (§ 13 Abs. 4 Nr. 3 VOB/B). Bei einer **Teilabnahme** tritt diese Wirkung jedoch gemäß § 13 Abs. 4 Nr. 3 Halbs. 2 VOB/B nur ein, wenn es sich um die Abnahme in sich abgeschlossener Teile der Leistung gemäß § 12 Abs. 2 VOB/B handelt. Keine Verjährung beginnt dagegen bei der ohne besondere Vereinbarung nur als technische Teilabnahme anzusehenden Abnahme anderer Teile der Leistung gemäß § 4 Abs. 10 VOB/B (vgl. BGH, Urt. v. 06.05.1968 – VII ZR 33/66, BGHZ 50, 160, 162 f. = NJW 1968, 1524, 1525). 1224

Erfolgt ausnahmsweise keine Abnahme, so **beginnt die Gewährleistungsfrist hilfsweise** dann, wenn der Auftraggeber die Entgegennahme des Werkes als Erfüllung der Vertragsleistung endgültig ablehnt (BGH, Urt. v. 08.07.2010 – VII ZR 171/08, BauR 2010, 1778, 1781 = NJW 2010, 3573, 3574 = NZBau 2010, 768, 770). Dies betrifft einheitlich alle Fälle, in denen der Auftraggeber keine Erfüllung des Vertrags mehr verlangt oder das vertragliche Erfüllungsverhältnis aus anderen Gründen in ein Abwicklungs- und Abrechnungsverhältnis umgewandelt wird (Abnahmesurogate – BGH, Urt. v. 24.02.2011 – VII ZR 61/10, BauR 2011, 1032, 1033 = NJW 2011, 1224, 1225 = NZBau 2011, 310). Dies ist etwa der Fall, 1225

- wenn der Auftraggeber erkennbar – soweit das vor Abnahme überhaupt möglich ist – anstatt der Vertragserfüllung nur noch sekundäre Gewährleistungsrechte wie Minderung (BGH, Urt. v. 16.05.2002 – VII ZR 479/00, BauR 2002, 1399, 1400 = NJW 2002, 3019, 3020) oder Schadensersatz (BGH, Urt. v. 22.09.2005 – VII ZR 117/03, BGHZ 164, 159, 162 = NJW 2005, 3574, 3575) geltend macht oder
- wenn der Auftraggeber die Abnahme des Werkes ernsthaft und endgültig abgelehnt hat (st. Rspr., vgl. nur RGZ 165, 41, 54; BGH, Urt. v. 03.03.1998 – X ZR 4/95, NJW-RR 1998, 1027, 1028; BGH, Urt. v. 08.07.2010 – VII ZR 171/08, BauR 2010, 1778, 1781 = NJW 2010, 3573, 3574 = NZBau 2010, 768, 770; s. oben Rdn. 1175 ff.). Ob allerdings bei vorhandenen Mängeln im Einzelfall jeweils eine solche endgültige Abnahmeverweigerung vorliegt, ist jeweils im Einzelfall zu prüfen (s. o. Rdn. 1176).

6.6.8 Verzinsung des Vergütungsanspruchs

1226 Nur beim BGB-Vertrag hat der Auftraggeber mit der Abnahme nach § 641 Abs. 4 BGB eine danach zu entrichtende Vergütung zu verzinsen. Diese Zinsregelung gilt ausschließlich für die **Schlusszahlung** (nach Abnahme), nicht für Abschlagszahlungen. Die Verzinsung entfällt, wenn die Vergütung aus sonstigen Gründen außerhalb der Abnahme nicht fällig ist oder dem Auftraggeber nach §§ 320, 641 Abs. 3 BGB ein Zurückbehaltungsrecht an der Vergütung wegen Mängeln zusteht. Sie entfällt ebenso, wenn der Vergütungsanspruch gestundet ist. Dies wird – obwohl es sich dabei um keine eigene Fälligkeitsvoraussetzung handelt – im BGB-Werkvertragsrecht für den Zeitraum zwischen Abnahme und Mitteilung der Werklohnforderung an den Besteller (i. d. R. in Form einer Rechnung) angenommen (OLG Frankfurt, Urt. v. 31.03.1999 – 7 U 113/90, BauR 2000, 1239 = NJW-RR 2000, 755; s. dazu auch Rdn. 2586).

1227 Die **Höhe des Zinssatzes** beläuft sich gemäß § 246 BGB auf 4 %, bei Handelsgeschäften unter Beteiligung von Kaufleuten auf 5 %. Kommt der Auftraggeber mit der Bezahlung unabhängig von den Fälligkeitszinsen nach § 286 BGB in Verzug, hat er ab diesem Zeitpunkt gemäß § 288 BGB die dort geregelten höheren Verzugszinsen zu zahlen.

1228 Bei einem **VOB-Vertrag** werden grundsätzlich **keine Fälligkeitszinsen** geschuldet; insoweit sind die Zinsregelungen in § 16 Abs. 5 VOB/B abschließend (BGH, Urt. v. 19.02.1964 – Ib ZR 203/62, NJW 1964, 1223, 1224).

6.7 Zusammenfassung in Leitsätzen

1229
1. Die Abnahme ist der Dreh- und Angelpunkt des Bauvertrages. Mit ihr enden das Erfüllungsstadium und damit die Vorleistungspflicht des Auftragnehmers.
2. Abnahme bedeutet grundsätzlich Übergabe der Werkleistung an den Auftraggeber und dessen Billigung der erhaltenen Leistungen als im Wesentlichen vertragsgemäß. Bei Bauverträgen entfällt in der Regel das Teilmerkmal der Übergabe.
3. Eine Abnahme setzt grundsätzlich voraus, dass die Bauwerksleistung funktionell fertig und frei von wesentlichen Mängeln ist.
4. Es gibt verschiedene Formen der Abnahme, und zwar im BGB-Werkvertragsrecht die ausdrücklich erklärte und stillschweigende/konkludente Abnahme. Im VOB-Vertragsrecht kommen die förmliche, fiktive sowie die Teilabnahme hinzu.
5. Die förmliche Abnahme hat auf Verlangen nach Fertigstellung der Leistung stattzufinden. Anlässlich eines gemeinsamen Termins vor Ort prüfen Auftraggeber und Auftragnehmer den Bauzustand. Das Ergebnis wird in einem gemeinsam zu unterzeichnenden Abnahmeprotokoll festgehalten. Dabei ist darauf zu achten, dass dort gleichzeitig etwaige Vorbehalte wegen ggf. verwirkter Vertragsstrafen oder positiv bekannter Mängel aufgenommen werden, da dies andernfalls zu Rechtsverlusten führt. Die förmliche Abnahme kann in Abwesenheit des Auftragnehmers stattfinden, wenn dieser unentschuldigt fehlt. Wird die förmliche Abnahme trotz Vereinbarung im Vertrag vergessen, kommt hilfsweise eine stillschweigende Abnahme in Betracht.

6.7 Zusammenfassung in Leitsätzen

6. Der förmlichen Abnahme nahestehend ist die sog. ausdrücklich erklärte Abnahme. Sie ist in § 12 Abs. 1 VOB/B geregelt und hat binnen 12 Werktagen nach Verlangen stattzufinden. Im BGB-Werkvertragsrecht gilt nichts anderes, wobei hier die Abnahme auf Verlangen sofort durchzuführen ist.
7. Bei der stillschweigenden Abnahme wird die ausdrückliche Erklärung des Auftraggebers durch sein schlüssiges Verhalten ersetzt, das auf seine Billigung der Leistung als vertragsgerecht schließen lässt.
8. Im Gegensatz zur stillschweigenden Abnahme, bei der immerhin noch eine Abnahmeerklärung des Auftraggebers vorliegt, fehlt es daran bei der sog. fiktiven Abnahme. Hier wird die Abnahmeerklärung fingiert, wenn der Auftraggeber bei einer fertig stellten Leistung und einer Fertigstellungsanzeige nicht binnen 12 Werktagen bzw. nach Inbenutzungnahme binnen 6 Werktagen widerspricht. Die fiktive Abnahme ist eine Sonderform der Abnahme ausschließlich beim VOB-Vertrag. Die dazu in der VOB enthaltenen Regelungen scheitern an einer AGB-Inhaltskontrolle, soweit die auf Vorschlag des Auftragnehmers in den Vertrag eingeführte VOB nicht als Ganzes vereinbart ist und deswegen die AGB-rechtliche Privilegierung entfällt.
9. Im Gegensatz zum BGB gibt es beim VOB-Vertrag die Möglichkeit der Teilabnahme. Sie setzt die Fertigstellung in sich abgeschlossener Teilleistungen voraus. Auch bei dieser Abnahme müssen ggf. schon bekannte Mängel und verwirkte Vertragsstrafen vorbehalten werden. Sie ist von der sog. technischen Teilabnahme zu unterscheiden.
10. Der Auftraggeber kann die Abnahme bei wesentlichen Mängeln verweigern. Verweigert er die Abnahme allerdings zu Unrecht, kann der Auftragnehmer dem Auftraggeber eine Frist dazu setzen. Verstreicht diese fruchtlos, gilt die Abnahme als eingetreten. Gleichzeitig gerät der Auftraggeber in Annahmeverzug und – im Fall schuldhafter Verweigerung – auch in Schuldnerverzug. Eine gleichzeitig erhobene Leistungsklage dürfte im Zweifel ohne eigenen Mehrwert sein.
11. Auch bei vorzeitig gekündigten Verträgen steht dem Auftragnehmer hinsichtlich der erbrachten Leistungen grundsätzlich ein Anspruch auf Abnahme zu. Soweit die Rechtsprechung allerdings weiter gehend die Auffassung vertritt, dass ohne eine solche Abnahme der Vergütungsanspruch des Auftragnehmers nicht fällig werde, trifft dies nicht zu. Unabhängig davon ist der Auftraggeber wie auch sonst jederzeit berechtigt, die Abnahme wegen wesentlicher Mängel oder ausstehender Leistungen zu verweigern.
12. Mit der Abnahme endet das Erfüllungsstadium des Bauvertrages. Folglich kann dieser jetzt nicht mehr gekündigt werden. Etwaige Ansprüche beschränken sich auf das konkret hergestellte Werk. Noch offene Erfüllungsansprüche wandeln sich in Gewährleistungsansprüche um; die Vorleistungspflicht des Auftragnehmers endet ebenfalls. Ferner geht die Gefahr der Bauleistung auf den Auftraggeber über. Nunmehr muss der Auftraggeber bei etwaigen Mängeln deren Existenz darlegen und beweisen, soweit er sie sich bei Abnahme nicht vorbehalten hat. Ansprüche wegen nicht vorbehaltener bekannter Mängel (hier mit Ausnahme des Schadensersatzanspruches) oder Vertragsstrafen gehen verloren. Mit Abnahme wird der Vergütungsanspruch des Auftragnehmers fällig und ist – insoweit aber nur beim BGB-Vertrag – zu verzinsen. Schließlich beginnt mit der Abnahme die Gewährleistungsfrist für Mängel.

7 Die Baumängel in der Gewährleistung/Mängelansprüche des Auftraggebers

Übersicht

	Rdn.
7.1 Die mangelhafte Bauleistung (§ 13 Abs. 1 VOB/B und § 633 Abs. 1 BGB)	1234
7.1.1 Vereinbarte Beschaffenheit	1238
7.1.1.1 Bedeutung der funktionsgerechten Herstellung bei Fremdverschulden	1243
7.1.1.2 Fehlen einer zugesicherten Eigenschaft	1244
7.1.1.3 Verstoß gegen die anerkannten Regeln der Technik	1247
7.1.1.4 Bedeutung von Herstellerangaben	1264
7.1.1.5 Mangel bei Verstoß gegen öffentlich-rechtliche Baunormen u. a.	1266
7.1.2 Hilfsweise: Eignung der Bauleistung für vorausgesetzte bzw. gewöhnliche Verwendung	1267
7.1.2.1 Nach dem Vertrag vorausgesetzter Gebrauch der Werkleistung	1268
7.1.2.2 Hilfsweise: Nach dem Vertrag gewöhnliche Verwendung	1271
7.1.3 Lieferung eines anderen als das bestellte Werk	1274
7.1.4 Minderleistung	1275
7.1.5 Sonderfälle im Umfeld eines Sachmangels	1276
7.1.5.1 Verletzung von Aufklärungspflichten	1277
7.1.5.2 Qualitativ höherwertige Leistung	1278
7.1.6 Leistung nach Probe (§ 13 Abs. 2 VOB/B)	1279
7.1.7 Maßgeblicher Zeitpunkt der Fehlerfreiheit: Abnahme	1282
7.1.7.1 Anknüpfungspunkt: rechtsgeschäftliche Abnahme	1283
7.1.7.2 Bedeutung bei Änderungen der Regeln der Technik	1284
7.2 Gewährleistungs-/Mängelrechte des Auftraggebers nach VOB und BGB	1292
7.2.1 Überblick zu den Mängelansprüchen	1295
7.2.2 Zurückbehaltungsrecht an der Vergütung (§§ 320, 641 Abs. 3 BGB)	1297
7.2.2.1 Bedeutung des Zurückbehaltungsrechts nach §§ 320, 641 Abs. 3 BGB	1298
7.2.2.2 Höhe zulässiger Einbehalte	1301
7.2.2.3 Verlust des Zurückbehaltungsrechts	1303
7.2.3 Nacherfüllungspflicht des Auftragnehmers (§ 13 Abs. 5 Nr. 1 VOB/B, §§ 634 Nr. 1, 635 BGB)	1307
7.2.3.1 Voraussetzungen	1308
7.2.3.2 Bedeutung der Fristsetzung mit Ablehnungsandrohung	1335
7.2.3.3 Inhalt und Umfang der Nacherfüllung	1336
7.2.3.4 Folgen einer unberechtigten Mangelbeseitigungsaufforderung	1344
7.2.3.5 Klage auf Nacherfüllung	1346
7.2.4 Kostenerstattungsanspruch bei Selbstvornahme (§ 13 Abs. 5 Nr. 2 VOB/B; §§ 634 Nr. 2, 637 BGB)	1347
7.2.4.1 Voraussetzungen	1348
7.2.4.2 Inhalt und Umfang des Kostenerstattungsanspruchs	1364
7.2.4.3 Klage auf Kostenerstattung/Aufrechnung	1375
7.2.5 Vorschuss- bzw. Befreiungsanspruch des Auftraggebers (Rechtsgedanke aus § 13 Abs. 5 Nr. 2 VOB/B; §§ 634 Nr. 2, 637 Abs. 3 BGB)	1377
7.2.5.1 Voraussetzungen	1379
7.2.5.2 Abrechnung des Vorschusses	1386
7.2.6 Minderung der Vergütung (§ 13 Abs. 6 VOB/B, §§ 634 Nr. 3, 638 BGB)	1390
7.2.6.1 Voraussetzungen der Minderung bei einem VOB-Vertrag (§ 13 Abs. 6 VOB/B)	1392
7.2.6.2 Voraussetzungen der Minderung bei einem BGB-Werkvertrag (§§ 634 Nr. 3, 638 BGB)	1401
7.2.6.3 Vollzug der Minderung	1403
7.2.6.4 Berechnung der Minderung	1405
7.2.7 Rücktritt vom Bauvertrag (§§ 634 Nr. 3, 636, 323, 326 Abs. 5 BGB)	1413
7.2.7.1 Voraussetzungen	1414
7.2.7.2 Abwicklung nach erklärtem Rücktritt	1419
7.2.7.3 Ausschluss des Rücktrittsrechts/VOB-Vertrag	1421
7.2.8 Schadensersatz bei BGB-Werkvertrag (§§ 634 Nr. 4, 636, 280 ff. BGB)	1423
7.2.8.1 Abgrenzung der Schadensersatzansprüche nach §§ 280, 281, 283 BGB	1424
7.2.8.2 Voraussetzung des Schadensersatzanspruchs gemäß § 280 Abs. 1 BGB	1435

	Rdn.
7.2.8.3 Voraussetzung des Schadensersatzanspruchs statt der Leistung gemäß §§ 281, 283 BGB	1436
7.2.8.4 Schadensersatzanspruch nach §§ 311a, 283, 280 BGB	1447
7.2.8.5 Aufwendungsersatzanspruch nach § 284 BGB	1448
7.2.9 Anspruch auf Schadensersatz bei VOB-Vertrag (§ 13 Abs. 7 VOB/B)	1450
7.2.9.1 Uneingeschränkte Haftung für Personenschäden und Vorsatz/Grobe Fahrlässigkeit (§ 13 Abs. 7 Nr. 1 und 2 VOB/B)	1451
7.2.9.2 Kleiner Schadensersatzanspruch (§ 13 Abs. 7 Nr. 3 S. 1 VOB/B)	1452
7.2.9.3 Großer Schadensersatzanspruch (§ 13 Abs. 7 Nr. 3 S. 2 VOB/B)	1463
7.2.10 Verhältnis der einzelnen Gewährleistungsrechte untereinander	1466
7.2.10.1 Anspruchskonkurrenzen bei VOB-Vertrag	1467
7.2.10.2 Anspruchskonkurrenzen bei BGB-Vertrag	1474
7.2.11 Darlegungs- und Beweislast zu Mängeln	1478
7.3 Beschränkung (und Erweiterung) von Gewährleistungsrechten	1484
7.3.1 Vertragliche Haftungsbegrenzung (und Erweiterungen)	1485
7.3.1.1 Freizeichnungsklauseln	1486
7.3.1.2 Übernahme einer Garantie	1497
7.3.2 Gewährleistungsausschluss wegen Verantwortlichkeit des Auftraggebers	1503
7.3.2.1 Tatbestandliche Voraussetzungen des § 13 Abs. 3 VOB/B	1504
7.3.2.2 Bedeutung der Prüfungs- und Hinweispflicht	1521
7.3.3 Mitwirkendes Verschulden (§ 254 BGB)	1528
7.3.3.1 Einbeziehung aller Gewährleistungsrechte in den Anwendungsbereich des § 254 BGB	1531
7.3.3.2 Eigenverschulden/Mitverschulden Dritter	1534
7.3.4 Gewährleistungsausschluss nach § 640 Abs. 2 BGB	1544
7.3.5 Kürzung bei Sowieso-Kosten/Ohnehin-Kosten/Vorteilsausgleichung	1545
7.3.6 Enthaftung trotz mangelhafter Bauleistung in mehrgliedrigen Auftragnehmerverhältnissen	1552
7.3.6.1 Enthaftung bei verjährten Ansprüchen im GU-Verhältnis	1553
7.3.6.2 Enthaftung bei sonst ausgeschlossener Mängelhaftung des GU	1556
7.4 Gewährleistungsfristen	1559
7.4.1 Gewährleistungsfristen nach der VOB/B	1560
7.4.1.1 Richtige Einstufung als Bauwerksleistung	1563
7.4.1.2 Verjährung außerhalb des § 13 Abs. 4 VOB/B	1565
7.4.1.3 Verjährung der Mängelrechte für Mangelbeseitigungsarbeiten	1566
7.4.2 Gewährleistungsfristen beim BGB-Werkvertrag	1567
7.4.2.1 Gewährleistungsfristen	1568
7.4.2.2 Sonderregelung für Rücktritt und Minderung	1570
7.4.3 Verlängerung der Gewährleistung auf 30 Jahre	1573
7.4.3.1 Schadensersatzansprüche gemäß § 280 Abs. 1 BGB	1574
7.4.3.2 Arglistiges Verschweigen eines Mangels	1575
7.4.3.3 Organisationspflichtverletzung	1578
7.4.4 Verlängerung/Verkürzung der Gewährleistungsfristen aus anderen Gründen	1583
7.4.4.1 Hemmung der Verjährung	1585
7.4.4.2 Neubeginn der Verjährung	1595
7.4.4.3 Einbeziehung parallel bestehender Ansprüche in die Verlängerung der Verjährung (§ 213 BGB)	1599
7.4.4.4 Vereinbarung zur Verlängerung oder Verkürzung der Verjährung	1604
7.5 Rechte des Auftraggebers nach Ablauf der Verjährung	1607
7.6 Zusammenfassung in Leitsätzen	1608

Mit der Abnahme der Bauleistung durch den Auftraggeber ist die Leistungspflicht des Auftragnehmers keineswegs in jedem Fall beendet; denn eine Abnahme kann und wird häufig trotz vorhandener und schon gerügter Mängel erfolgen. Auch treten gerade bei Bauarbeiten Mängel der Werkleistung erst nach Jahren in Erscheinung, ohne dass diese bei der Abnahme schon erkennbar waren, z. B. **1230**

Feuchtigkeitsschäden an den Kelleraußenwänden infolge unzureichender Vertikalisolierung. Aus diesen Gründen dauert die Leistungspflicht des Unternehmers über die Abnahme hinaus an. Er hat die aufgetretenen und vom Auftraggeber gerügten Mängel zu beseitigen oder muss den Auftraggeber auf andere Weise schadlos halten. Diesem Ziel, das letztlich eine Folge des auf den Leistungserfolg ausgerichteten Werkvertrages ist, dienen die Gewährleistungsvorschriften des gesetzlichen Werkvertragsrechts des BGB (§§ 633 ff. BGB) und die entsprechenden Vorschriften der VOB/B (§ 13 VOB/B). Letztere sind den gesetzlichen Bestimmungen nachgebildet; sie weisen aber auch einige Besonderheiten und Abweichungen auf, die sich aus den besonderen Eigenarten des Bauvertrages erklären.

1231 Unter dem **Begriff der Gewährleistung** selbst versteht man das Einstehenmüssen des Auftragnehmers für die ordnungsgemäße und vertragsgerechte Erfüllung seiner Leistungspflichten aus dem Bauvertrag, und zwar auch noch für die Zeit nach erfolgter Abnahme. Zu beachten immerhin ist, dass das Gesetz und die VOB seit Inkrafttreten des Schuldrechtsmodernisierungsgesetzes im Jahr 2002 eigentlich nicht mehr von Gewährleistung oder Gewährleistungsansprüchen, sondern nur noch allgemein von »**Mängelansprüchen**« sprechen. Man mag diese sprachliche Unterscheidung darauf zurückführen, dass insbesondere nach dem BGB die Mängelansprüche (wie allerdings auch schon früher) als modifizierte Erfüllungsansprüche angesehen werden. Hinzu kommt, dass das heute geltende Gewährleistungsrecht nicht mehr zwischen Rechts- und Sachmängeln unterscheidet und man nach altem Recht Ansprüche bei Rechtsmängeln seit jeher zu den Erfüllungsansprüchen gezählt hat. Wesentliche Rechtsfolgen aus dieser einheitlichen Verwendung des Begriffs Mängelansprüche anstatt Gewährleistungsansprüchen dürften sich jedoch nicht ergeben. Ohnehin ist davon auszugehen, dass auch zukünftig allein aufgrund der hohen Praxisdurchdringung der Begriff »Gewährleistungsansprüche« für die Rechte des Auftraggebers nach der Abnahme weiter verwendet werden wird.

1232 Vor einer Prüfung von Mängelbeseitigungs- und Gewährleistungsansprüchen sind stets zwei Ausgangsvoraussetzungen zu prüfen:
- Zunächst kommt es darauf an, dass das zugrunde liegende Vertragsverhältnis der Parteien rechtlich als **Werkvertrag** einzuordnen ist. Dies ist beim Bauvertrag ohne Weiteres der Fall. Ansonsten wird wegen der Abgrenzung zu anderen Vertragstypen, hier vor allem zum Kauf- und Werklieferungsvertrag, oben auf die Erläuterungen zu Rdn. 392 ff. verwiesen.
- Weitere Voraussetzung für die Anwendung von Gewährleistungsregelungen ist sodann, dass die Leistungen abgenommen sind. **Ohne Abnahme** gibt es **weder** im BGB- noch im VOB-Vertrag **Gewährleistungsansprüche**. Dies gewinnt bei beiden Vertragstypen erhebliche Bedeutung, weil sich die Rechte vor und nach Abnahme z. T. erheblich unterscheiden: So gibt es insbesondere bei VOB-Verträgen bei vor der Abnahme auftretenden Mängeln ebenfalls schon Mängelansprüche. Diese richten sich jedoch allein nach § 4 Abs. 6 und 7 VOB/B; hierbei handelt es sich um reine Erfüllungsansprüche, auf die nicht einmal hilfsweise die z. T. weiter gehenden Rechte des § 13 VOB/B (z. B. mit der dort vorgesehen Ersatzvornahme) anwendbar sind (siehe dazu im Einzelnen oben Rdn. 968 ff.). Konkret heißt das z. B., dass ein Auftraggeber bei Baumängeln letztlich dem Auftragnehmer zwar eine Mangelbeseitigungsfrist setzen kann. Sodann kann er ihn auch kündigen. Vor einer Kündigung kann er diese Mängel jedoch nicht auf Kosten des Auftragnehmers durch Dritte beseitigen lassen.

1233 Auch im BGB-Vertragsrecht unterscheidet sich die Rechtslage zu Baumängeln vor der Abnahme grundlegend von der nach der Abnahme. Denn tatsächlich gibt es im **BGB-Werkvertragsrecht vor der Abnahme** – von wenigen Ausnahmen abgesehen – überhaupt **keine Mängelansprüche**. Der Auftragnehmer schuldet stattdessen – ohne gesonderte Regelungen für das Ausführungsstadium – (nur) eine mangelfreie Leistung zum Zeitpunkt der Abnahme, nicht vorher. Alle im Gesetz geregelten Mängelansprüche sind Sonderregelungen zur »Nacherfüllung«, die zuvor eine Erfüllung der Leistungsverpflichtung des Auftragnehmers, d. h. die Abnahme seiner Leistungen voraussetzen (vgl. dazu oben Rdn. 1030 ff.).

7.1 Die mangelhafte Bauleistung (§ 13 Abs. 1 VOB/B und § 633 Abs. 1 BGB)

Dem Auftraggeber stehen Mängelansprüche zu, wenn die vom Auftragnehmer erbrachte Bauleistung »mangelhaft« ist. Anknüpfungspunkt für die Definition eines Mangels ist im BGB-Werkvertragsrecht § 633 Abs. 1 BGB, bei einem VOB-Vertrag § 13 Abs. 1 VOB/B. Während § 13 Abs. 1 VOB/B sich ausschließlich auf die Ansprüche des Auftraggebers bei Sachmängeln beschränkt, enthält § 633 Abs. 1 BGB eine einheitliche Gesamtregelung für den Auftraggeber bei auftretenden **Sach- und Rechtsmängeln** der Leistung. Zwischen dieser Art der Ansprüche wird nach der Abnahme nicht mehr unterschieden; sie führen einheitlich zu einer »mangelhaften« Leistung und somit zu den Mängelansprüchen der §§ 634 ff. BGB. 1234

Die Darstellung in diesem Buch beschränkt sich auf den für die Bauleistungen besonders relevanten Sachmangel. Insoweit enthalten § 633 Abs. 2 BGB und § 13 Abs. 1 VOB/B trotz ihres zum Teil unterschiedlichen Wortlauts einen im Wesentlichen **identischen Mangelbegriff**. Hiernach liegt in folgenden Fällen eine mangelhafte Bauleistung vor: 1235
- Nichterreichen der vereinbarten Beschaffenheit (s. nachfolgend Rdn. 1238 ff.) oder – insoweit allein in § 13 Abs. 1 VOB/B geregelt – Verstoß gegen die anerkannten Regeln der Technik (s. Rdn. 1247 ff.)
- Soweit keine Beschaffenheit vereinbart ist: Keine Eignung der Bauleistung
  - für die nach dem Vertrag vorausgesetzte (s. Rdn. 1267 ff.), sonst
  - für die gewöhnliche Verwendung, oder eine fehlende Beschaffenheit der Bauleistung, die bei Werken der gleichen Art üblich ist und die der Besteller nach der Art des Werks erwarten kann (s. Rdn. 1271 ff.).

§ 633 Abs. 2 S. 3 BGB enthält darüber hinaus folgende zusätzliche Mangeldefinitionen, die in der **VOB nicht geregelt** sind: 1236
- Lieferung eines anderen als das bestellte Werk (s. Rdn. 1274)
- Lieferung einer Werkleistung in zu geringer Menge (s. Rdn. 1275)

Gesondert zu beachten ist sodann die Übereinstimmung mit **öffentlich-rechtlichen Baunormen**, Auflagen u. a., bei deren Verstoß ebenfalls ein Werkmangel vorliegen kann (Rdn. 1266).

Entscheidender **Zeitpunkt** für die Beurteilung einer Bauleistung unter dem Gesichtspunkt der Mangelhaftigkeit ist die **Abnahme**. 1237

7.1.1 Vereinbarte Beschaffenheit

Sowohl § 13 Abs. 1 VOB/B als auch § 633 Abs. 2 BGB knüpfen für die Bestimmung des Werkmangels in erster Linie an die im Bauvertrag vereinbarte Beschaffenheit an. Somit ist Maßstab für die Feststellung eines Sachmangels maßgeblich die im Vertrag zwischen den Parteien **vereinbarte Soll-Leistung**. Hierbei handelt es sich um die »vereinbarte Beschaffenheit«, die der Auftragnehmer erreichen muss. Zu unterscheiden von dieser geschuldeten Beschaffenheit sind ggf. sonstige (Neben)pflichten des Auftragnehmers, die er anlässlich der Bauausführung verletzt haben könnte, ohne allerdings einen Baumangel zu verursachen. Diese können im Einzelfall zu einer Schadensersatzpflicht u. a. führen, haben jedoch mit dem Gewährleistungsrecht nichts zu tun. 1238

> ▶ **Beispiel (ähnlich OLG Hamm, Urt. v. 08.02.2011 – 21 U 88/10, BauR 2011, 1168, 1169 = NJW-RR 2011, 672, 673)**
>
> Der Auftragnehmer unterlässt es, baubegleitend ein Baubuch zu führen. Dies schließt nicht aus, dass er trotzdem ein mangelfreies Bauwerk abliefert.

Ob sich ein Mangel schon ausgewirkt hat, ist für dessen Prüfung ebenso unbeachtlich wie die Tatsache, dass sich dieser erst bei Hinzutreten weiterer Umstände zeigt (BGH, Urt. v. 15.02.2005 – X ZR 43/02, BauR 2005, 871, 872 f. = NJW-RR 2005, 607, 609). Auch liegt ein Baumangel schon dann vor, wenn eine **Ungewissheit über die Risiken des Gebrauchs** oder einer nachhaltigen Funktionsbeeinträchtigung besteht (BGH, Urt. v. 10.11.2005 – VII ZR 137/04, BauR 2006, 382, 383 =

NJW-RR 2006, 453; OLG Düsseldorf, Urt. v. 14.07.1995 – 22 U 46/95, NJW-RR 1996, 146, 147). Denn der Auftraggeber schuldet ein dauerhaft mangelfreies und zweckgerechtes Werk (OLG Köln, Urt. v. 22.09.2004 – 11 U 93/01, BauR 2005, 389, 390 = NJW-RR 2005, 1042, 1043). Allerdings: Ist Gegenstand der Werkleistung die Entwicklung eines neuartigen Bauverfahrens, lässt der Umstand, dass der Auftragnehmer hierbei zunächst Wege beschreitet, die sich im Nachhinein nicht als gangbar erweisen, nicht ohne Weiteres den Schluss auf eine mangelhafte Leistung zu (BGH, Urt. v. 13.06.2006 – X ZR 167/04, BauR 2006, 1488, 1490 = NJW-RR 2006, 1309, 1310).

1239 In der Regel wird sich die Soll-Beschaffenheit des Bauwerkes unmittelbar aus dem Vertrag bzw. dessen Anlagen ergeben (Leistungsbeschreibung, Architektenpläne u. a.). Dabei ist es selbstverständlich möglich, als Bausoll einen **über die anerkannten Regeln der Technik hinausgehenden Standard** zu vereinbaren, der dann für die Fehlerbestimmung maßgeblich ist (BGH, Urt. v. 14.05.1998 – VII ZR 184/97, BGHZ 139, 16, 18 = BauR 1998, 872, 873 = NJW 1998, 2814, 2815). Fehlt eine ausdrückliche Bestimmung der Beschaffenheit, ist – bevor auf die weiteren Varianten des Mangelbegriffs des § 633 Abs. 2 BGB zurückgegriffen wird – zu prüfen, ob sich die **Soll-Beschaffenheit nicht unter Heranziehung des Vertragszwecks**, der Funktion des Bauwerks oder sonstiger Umstände ermitteln lässt und insoweit konkludent vereinbart wurde. Zwar ist der Gesetzeswortlaut dazu in § 633 BGB leicht missglückt: Denn die Eignung der Werkleistung für die gewöhnliche Verwendung findet erst bei der dritten Tatbestandsvariante des Mangelbegriffs Erwähnung für den Fall, dass keine gesonderte Beschaffenheitsvereinbarung getroffen wurde. Die Aufnahme der Zweckorientierung in dieser dritten Ebene ändert jedoch nichts daran, dass auch bei Vorliegen einer konkreten, wenn auch unklaren Beschaffenheitsvereinbarung die vom Auftragnehmer geschuldete Werkleistung in der Regel **den von beiden Seiten vorausgesetzten Zweck erreichen muss** (BGH, Urt. v. 08.11.2007 – VII ZR 183/05, BGHZ 174, 110, 114 = BauR 2008, 344, 346 = NJW 2008, 511, 512 = NZBau 2008, 109, 110, hier auch m. w. N. zur früheren Rechtsprechung nach alter Rechtslage; zuletzt etwa BGH, Urt. v. 29.09.2011 – VII ZR 87/11, BauR 2012, 115, 117 = NJW 2011, 3780 = NZBau 2011, 746, 747; dagegen allerdings kritisch Gartz, NZBau 2012, 90 sowie Voit, NJW 2011, 3782, der die Erfolgsverpflichtung eigenständig neben die Beschaffenheitsvereinbarung stellt).

▶ **Beispiel (ähnlich, BGH, Urt. v. 11.11.1999 – VII ZR 403/98, BauR 2000, 411, 412 = NJW-RR 2000, 465 f. = NZBau 2000, 74, 75)**

Gegenstand des Bauvertrages ist die Abdichtung eines Dachs. Nach Abnahme zeigt sich, dass dieses bei Starkregen nicht dicht ist. Der Auftragnehmer wendet eine »billigere Ausführungsvariante« ein. Dieser Einwand ist untauglich. Denn wenn das Leistungsziel (Abdichtung des Dachs) nicht erreicht wird, liegt ein Werkmangel vor, und zwar unabhängig davon, welche technischen Vorgaben im Werkvertrag beschrieben sind (ähnlich OLG Karlsruhe, Urt. v. 06.04.2010 – 4 U 129/08, NJW-RR 2010, 1609, 1610 = NZBau 2011, 31, 32 zur Funktionstauglichkeit eines Kellers, der so errichtet werden muss, dass übliches Niederschlags- und Grundwasser nicht eintritt).

1240 Aufgrund der vorrangigen Anknüpfung an die vereinbarte Beschaffenheit ist zwar die objektive Erfolgshaftung des Werkunternehmers von erheblicher Bedeutung; daneben steht jedoch gleichrangig die **subjektive Seite des Fehlerbegriffs**, die anhand der konkreten Parteivereinbarung zu ermitteln ist. Diese ist umso wichtiger, wenn es dem Auftraggeber bei der Ausführung der Bauleistung um Beschaffenheitsmerkmale geht, die in keiner Weise den technischen Wert der Leistung oder deren Lebensdauer tangieren und eine ästhetische Beeinträchtigung nicht ins Gewicht fällt. Hierzu zählen auch rein **optische Mängel** (ausdrücklich dazu etwa OLG Stuttgart, Urt. v. 19.04.2011 – 10 U 116/10, BauR 2011, 1824, 1826 zu der Farbabweichung eines Fußbodens in einem Restaurant). Dasselbe gilt bei einer Bauausführung abweichend vom Leistungsverzeichnis, die sich innerhalb der Toleranznormen bewegt, soweit es bei den Toleranzen nicht um notwendige Sicherheitsmargen geht. Anders als noch in der früheren Rechtsprechung zur alten Rechtslage ist insoweit für die Prüfung von Mängeln ein Rückgriff auf § 242 BGB versperrt, d. h.: Ein Mangel liegt in der Regel auch dann vor, wenn das Werk zwar funktionstauglich ist, aber ansonsten in welchem Umfang auch immer von der ver-

7.1 Die mangelhafte Bauleistung (§ 13 Abs. 1 VOB/B und § 633 Abs. 1 BGB)

traglich vereinbarten Beschaffenheit abweicht (BGH, Urt. v. 21.09.2004 – X ZR 244/01, BauR 2004, 1941, 1942 = NZBau 2004, 672, 673). Allerdings wird man in Extremfällen zu prüfen haben, ob eine Beschaffenheitsvereinbarung nach §§ 133, 157 BGB trotz eines ggf. eindeutigen Wortlauts in der einen oder anderen Weise einschränkend auszulegen ist, um insbesondere eher willkürliche Vorgehensweisen des Auftraggebers zu beschränken.

> **Beispiel**
>
> Gegenstand des Bauvertrages ist die Verlegung eines Industriefußbodens in einer Lagerhalle. Der Farbton wurde konkret mit einer bestimmten Farbbezeichnung vorgegeben. Versehentlich wird nicht diese Farbe aufgebracht, sondern eine andere kaum im Ton zu unterscheidende Farbe. Hier liegt ein Werkmangel vor, weil der Auftragnehmer die vereinbarte Beschaffenheit nicht erreicht hat (ähnlich OLG Celle, Urt. v. 11.10.2007, Nichtzul.-Beschw. zurückgew, BGH, Beschl. v. 10.07.2008 – VII ZR 199/07, BauR 2009, 111 zu einem nicht vertragsgemäßen Verblendmauerwerk anderen Typs, das weder technisch noch optisch minderwertig war).

Nicht selten beruht die fehlende Gebrauchstauglichkeit einer Werkleistung auf einem **Planungs(mit)verschulden des Auftraggebers** bzw. des von ihm beauftragten Architekten. An der Existenz eines Werkmangels ändert dieser Umstand nichts (BGH, Urt. v. 16.07.1998 – VII ZR 350/96, BGHZ 139, 244, 247 f. = BauR 1999, 37, 38 f. = NJW 1998, 3707, 3708; OLG Dresden, Urt. v. 29.11.1999 – 17 U 1606/99, BauR 2000, 1341 f. = NZBau 2000, 333, 334). Hiervon zu trennen ist allerdings die Frage, inwieweit der Auftragnehmer infolge der Mitverursachung des Auftraggebers »trotz« der Existenz eines Werkmangels von seiner Gewährleistung frei wird. Dies wiederum hängt maßgeblich davon ab, ob und in welchem Umfang er den ihn in diesem Fall treffenden Prüfungs- und Hinweispflichten nachgekommen ist (siehe hierzu unten Rdn. 1503 ff., 1521 ff.).

1241

> **Beispiel**
>
> Der Bauunternehmer bringt entsprechend den Vorgaben des Leistungsverzeichnisses einen ungeeigneten Putz auf. Bei gewissenhafter Prüfung hätte er als Fachunternehmer die fehlende Eignung vielleicht erkennen können. Nach Abnahme blättert der Putz ab. Hier liegt zunächst ein Werkmangel vor. Denn die vereinbarte Beschaffenheit war ein an der Wand verbleibender Putz, nicht ein abblätternder. Eine andere Frage ist es, ob der Auftragnehmer wegen der falschen Vorgaben im Leistungsverzeichnis gleichwohl von seiner Haftung frei wird. Dies hängt davon ab, ob er ordnungsgemäß seinen Prüf- und Hinweispflichten nachgekommen ist.

Bei der Beschreibung eines Sachmangels im Zusammenhang mit der vereinbarten Beschaffenheit ist auf **fünf Sonderfälle** hinzuweisen, und zwar auf die Mangelverursachung durch mangelhafte Vorleistungen, die Einhaltung der anerkannten Regeln der Technik, das etwaige Fehlen einer zugesicherten Eigenschaft, die Bedeutung von Herstellerangaben sowie einen Verstoß gegen öffentlich-rechtliche Baunormen:

1242

7.1.1.1 Bedeutung der funktionsgerechten Herstellung bei Fremdverschulden

Soweit soeben darauf hingewiesen wurde, dass das Planungsverschulden des Architekten einen Werkmangel nicht ausschließt, gilt das in gleicher Weise, wenn sonstige Fremdeinflüsse die funktionsgerechte Herstellung der Vertragsleistung verhindern. Gemeint sind hiermit Sachverhalte, bei denen die eigentliche Ursache für den Mangel auf Umständen beruht, die zunächst gar nicht in den vom Auftragnehmer unmittelbar bearbeiteten Leistungsteil fallen.

1243

> **Beispiel 1 (ähnlich BGH, Urt. v. 30.06.2011 – VII ZR 109/10, BauR 2011, 1652, 1653 = NJW 2011, 2644, 2645 = NZBau 2011, 612)**
>
> Ein Installateur wird beauftragt, Abwasserleitungen anzuschließen. Der Tiefbauer hatte diese vorgerichtet, aber nur bei einer Grundleitung ein Rückstauventil eingebaut. Der Installateur schließt die Leitungen für eine Souterrain-Wohnung an die näher bei der Wohnung liegende Leitung ohne

Ventil an. Es kommt zu einem Wassereinbruch. Hier kommt es für einen Mangel nicht darauf an, dass möglicherweise eine Leitung fehlerhaft ohne Rückstauventil verlegt war. Vielmehr wäre funktionsgerecht die Leistung des Auftragnehmers nur mangelfrei gewesen, wenn er den Anschluss an eine Leitung mit Rückstauventil vorgenommen hätte.

▶ **Beispiel 2 (ähnlich BGH, Urt. v. 10.06.2010 – Xa ZR 3/07, BauR 2011, 517, 518)**

Der Auftragnehmer soll eine komplette Schotteraufbereitungsanlage errichten. Der dafür notwendige Einschütttrichter soll vom Auftraggeber geliefert und montiert werden. Dieser ist fehlerhaft. Funktioniert deswegen die Anlage später nicht, ist die Werkleistung mangelhaft.

▶ **Beispiel 3 (ähnlich OLG Hamm, Urt. v. 18.09.2008 – 24 U 48/07, Nichtzul.Beschw. zurückgew., BGH, Beschl. v. 18.05.2010 – VII ZR 214/08, BauR 2010, 2123)**

Der Heizungsbauer übernimmt die Herstellung und den Anschluss einer funktionsfähigen Heizungsanlage. Tatsächlich wird die Anlage später durch einen Dritten an einen ungeeigneten Kaminzug angeschlossen. Nach der Abnahme kommt es deswegen zu einer Explosion. Auch hier lag ein Mangel vor: Denn für die funktionsgerechte Herstellung der Heizung hätte der Auftragnehmer zuvor auch die Geeignetheit der Kaminzüge prüfen, zumindest aber darauf hinweisen müssen, dass der Kaminzug zuvor auf seine Geeignetheit zu prüfen ist (vgl. dazu auch Rdn. 1277).

Wie schon zuvor erläutert, kommt es für die Annahme eines Werkmangels unter Berücksichtigung der Verpflichtung zur Herstellung eines funktionstauglichen Werks (s. auch Rdn. 1239) zunächst nicht darauf an, warum der Werkerfolg nicht eingetreten ist. Einer Mängelhaftung kann der Auftragnehmer somit gerade bei Sachverhalten, bei denen die Mangelursache auf Dritteinflüssen beruht, (nur) entgehen, wenn er wie in den vorgenannten Beispielfällen diese Vorleistungen, auf denen er als Fachunternehmer aufbauen will, vorher auf ihre Eignung im Rahmen des Erforderlichen und ihm Zumutbaren geprüft hat (s. zur Prüf- und Hinweispflicht Rdn. 1503 ff., 1521 ff.). Insoweit gilt nichts anderes, als oben schon zu einem Planungs(mit)verschulden des Architekten des Auftraggebers erläutert (Rdn. 1241). Das heißt:

- Zunächst ist stets zu prüfen, ob ein Werkmangel vorliegt. Dies entscheidet sich allein anhand der vertraglich vereinbarten Beschaffenheit in Verbindung mit der danach zugleich bestehenden Verpflichtung zur funktionsgerechten Herstellung.
- Nur wenn danach ein Werkmangel bejaht wird, kommt es in einem zweiten Schritt auf die Prüf- und Hinweispflichten an, die im Folgenden zu einer Entlastung des an sich wegen eines Mangels haftenden Auftragnehmers führt.

Diese **Zweistufigkeit in der Mangelprüfung** darf keinesfalls verkannt werden (was in der Praxis allzu häufig geschieht, vgl. etwa OLG Koblenz, Urt. v. 10.03.2011 – 5 U 1113/10, BauR 2011, 1378 [Ls.] = NJW-RR 2011, 1100, das nach ausreichend erteilten Hinweisen bereits den Mangel verneinte).

7.1.1.2 Fehlen einer zugesicherten Eigenschaft

1244 Nach § 633 Abs. 1 BGB, § 13 Abs. 1 VOB/B in der Fassung vor Inkrafttreten des SchuldRModG war das Werk unter anderem so herzustellen, dass es die im Vertrag zugesicherten Eigenschaften aufweist. Diese Eigenschaftszusicherung hat sich in der Baupraxis gehalten, obwohl es diese Mängelvariante in § 633 Abs. 2 BGB, § 13 Abs. 1 VOB/B gar nicht mehr gibt. Eine Beschränkung der Rechte des Auftraggebers dürfte damit aber nicht verbunden sein: Denn was nach altem Recht eine Eigenschaftszusicherung war, stellt heute jedenfalls eine **Beschaffenheitsvereinbarung** dar, die zu den Mängelansprüchen führt.

1245 Trotz der im heutigen Recht nicht mehr existierenden Sonderform der »zugesicherten Eigenschaft« kann einer Eigenschaftszusicherung gleichwohl noch eine Bedeutung zukommen. Dies gilt vor allem, wenn es um eine darauf aufbauende Schadensersatzhaftung geht. So bleibt es einem Auftragneh-

7.1 Die mangelhafte Bauleistung (§ 13 Abs. 1 VOB/B und § 633 Abs. 1 BGB)

mer nämlich unbenommen, im Bauvertrag eine besondere Werkleistung oder deren Eigenschaft zuzusichern mit der Maßgabe, für deren Vorliegen einstehen zu wollen. Hierin könnte man die Vereinbarung eines verschärften Verschuldensmaßstabes im Sinne des § 276 Abs. 1 BGB sehen. Folglich könnte der Auftragnehmer in diesem Fall garantieähnlich und **verschuldensunabhängig für die von ihm zugesagte Eigenschaft** auf Schadensersatz haften (s. dazu etwa BGH, Urt. v. 29.11.2006 – VIII ZR 92/06, BGHZ 170, 86 = NJW 2007, 1346, 1348 f. mit einer entsprechenden Abgrenzung im Kaufrecht; s. dazu auch Rdn. 1497 ff.). Übernimmt er danach eine verschuldensunabhängige Garantie für die Beschaffenheit, sind Vereinbarungen zu einem dagegen stehenden Haftungsausschluss unwirksam (§ 639 BGB). Wegen dieser Haftungsfolge sollte zumindest der Auftragnehmer bei der Gestaltung von Bauverträgen darauf achten, nicht ohne Not Eigenschaftszusicherungen abzugeben, dies zumindest dann, wenn sie in Form einer Garantie erteilt werden.

▸ Beispiele
- Der Auftragnehmer sichert im Bauvertrag zu, dass das Bauvorhaben bestimmte dort näher vorgesehene Wärmedämmwerte einhält. Hier haftet der Auftragnehmer verschuldensunabängig für deren Einhaltung.
- Ähnliches gilt für einen Generalübernehmer, soweit er im Rahmen einer funktionalen Vergabe die komplette Bauleistung und Planung nebst der Einholung der Baugenehmigung übernommen und insoweit die Bebaubarkeit zusichert. Hiermit übernimmt er verschuldensunabhängig eine Haftung dafür, dass das Grundstück tatsächlich so bebaut werden kann, wie es im Bauvertrag vorgesehen ist.

1246 Unbeschadet dieses denkbaren Rückgriffs auf § 639 BGB ist im Werkvertragsrecht aber zu beachten, dass eine zu großzügige Annahme einer Garantiezusage bei zugesicherten Eigenschaften zweifelhaft erscheint (so aber Werner/Pastor, Rn. 1943). Dies wiederum beruht auf der ehemals anderen Funktion der zugesicherten Eigenschaft als eigene Mangelvariante, an die sonst keine besonderen Rechtsfolgen geknüpft wurden. Vielmehr begründete das Fehlen einer zugesicherten Eigenschaft nur die üblichen Mängelansprüche. Dies galt umso mehr, als eine Eigenschaftszusicherung nicht einmal ausdrücklich erfolgen musste; vielmehr konnte sie auch konkludent abgegeben werden. Voraussetzung hierfür war lediglich, dass das besondere Interesse des Auftraggebers am Vorhandensein oder Nichtvorhandensein (z. B. keine Geruchsbelästigung, kein Asbest usw.) einer bestimmten Eigenschaft beim Vertragsabschluss unzweideutig erkennbar wurde, vom Auftragnehmer als solches erkannt und von ihm gebilligt oder zumindest nicht beanstandet wurde. Mit einer Garantiehaftung hat dies alles nichts zu tun. Deswegen ist wohl zumindest Vorsicht walten zu lassen, nunmehr allein durch die Vereinbarung einer zugesicherten Eigenschaft mit einem Automatismus eine verschärfte Garantiehaftung zu bejahen. Dies kann so sein, muss aber nicht. Stattdessen ist jeweils der **echte Vertragswille des Auftragnehmers** zu ermitteln, ob er – dies ist klarzustellen – mit einem erweiterten Haftungsmaßstab als früher tatsächlich mit seiner Eigenschaftszusicherung eine **verschuldensunabhängige Garantiehaftung übernehmen** wollte.

▸ Beispiel (nach BGH, Urt. v. 10.10.1985 – VII ZR 303/84, BGHZ 96, 111 = BauR 1986, 93 = NJW 1986, 711)

Der Auftragnehmer hat im Bauvertrag für die Fenster und Türrahmen einen K-Wert von 2,4 bis 2,6 vertraglich zugesichert. Hier bleibt zweifelhaft, ob er damit wirklich verschuldensunabhängig haften will, wenn die Fenster diese Werte nicht erreichen. So nahm der BGH seinerzeit an, dass es für die Annahme einer zugesicherten Eigenschaft nicht erforderlich sei, dass der Auftragnehmer gleichzeitig für alle Folgen einzustehen hat, wenn die vorgenannte Eigenschaft nicht erreicht werde (ähnlich BGH, Urt. v. 05.12.1995 – X ZR 14/93, BauR 1996, 436 = NJW-RR 1996, 783, 784). Nimmt der BGH hier aber eine solche fehlende Einstandspflicht an, scheidet damit gleichzeitig eine Garantiehaftung aus.

7.1.1.3 Verstoß gegen die anerkannten Regeln der Technik

1247 Hat der Auftragnehmer seine Bauleistung zwar entsprechend den anerkannten Regeln der Technik gebaut, sich im Übrigen aber nicht an die vereinbarte Beschaffenheit gehalten, erbringt er aus diesem Grund eine mangelhafte Bauleistung (BGH, Urt. v. 09.07.2002 – X ZR 242/99, NJW-RR 2002, 1533, 1534 = NZBau 2002, 611, 612). Denn mit der vereinbarten Beschaffenheit übernimmt er auch eine werkvertragliche Erfolgshaftung, dass er das vereinbarte Leistungsziel erreicht. Gelingt ihm dies **trotz Einhaltung der anerkannten Regeln der Technik nicht**, so ist seine Leistung mangelhaft (so noch zum alten Recht: BGH, Urt. v. 19.01.1995 – VII ZR 131/93, BauR 1995, 230 = NJW-RR 1995, 472).

▶ **Beispiel**

Der Auftragnehmer wird beauftragt, eine Kellerwand abzudichten. Nach Abschluss der Arbeiten zeigen sich weitere Durchfeuchtungen. Der Auftragnehmer kann nachweisen, dass er die anerkannten Regeln der Technik eingehalten hat. An der Existenz eines Mangels ändert dieser Umstand nichts: Denn Gegenstand der vereinbarten Beschaffenheit war erfolgsbezogen die Abdichtung der Kellerwand, die nicht vorliegt.

1248 Die Verpflichtung des Auftragnehmers zur Einhaltung der anerkannten Regeln der Technik ergibt sich nicht erst aus der Gewährleistungsregelung des § 13 Abs. 1 VOB/B, sondern bei einem VOB-Vertrag auch schon aus § 4 Abs. 2 Nr. 1 S. 1 und 2 VOB/B: Danach ist der Auftragnehmer verpflichtet, die Leistung unter eigener Verantwortung nach dem Vertrag auszuführen und dabei die anerkannten Regeln der Technik einzuhalten.

1249 Eine mangelhafte Werkleistung liegt aber auch im umgekehrten Fall vor, d. h. bei einem Verstoß gegen die anerkannten Regeln der Technik **trotz Einhaltung der Beschaffenheitsvereinbarung**. Hierin liegt in der Regel ebenfalls ein Mangel der Werkleistung.

▶ **Beispiel**

Der Auftragnehmer fliest einen Terrassenboden. Er hält sich an die vereinbarte Beschaffenheit, allerdings weist der Fußboden anschließend kein ausreichendes Gefälle auf. Diese Leistung ist mangelhaft. Zwar entspricht die Leistung ggf. der vereinbarten Beschaffenheit; ein Werkmangel liegt aber unabhängig davon vor, wenn die Leistung nicht die anerkannten Regeln der Technik einhält. Dabei könnte man in solchen Fällen allerdings richtigerweise schon diskutieren, ob die Beschaffenheitsvereinbarung nicht auch die Einhaltung der anerkannten Regeln der Technik einschließt.

7.1.1.3.1 Anerkannte Regeln der Technik bei VOB- und BGB-Werkvertrag

1250 Von ihrem Wortlaut her verweist nur die Gewährleistungsregelung des § 13 Abs. 1 VOB/B auf die anerkannten Regeln der Technik. Demgegenüber fehlt ein entsprechender Hinweis in § 633 Abs. 2 BGB. Dies beruht darauf, dass den anerkannten Regeln der Technik in erster Linie bei Bauleistungen eine Bedeutung zukommt. Bei § 633 Abs. 2 BGB handelt es sich hingegen um eine Regelung des allgemeinen Werkvertragsrechts, die nicht nur für Bauverträge und somit für technische Leistungen gilt. Sind allerdings Bauleistungen Gegenstand eines BGB-Werkvertrages, werden die **anerkannten Regeln der Technik bei einem BGB-Bauvertrag** zumindest im Wege der Auslegung und Gewerbeüblichkeit in gleicher Weise Inhalt der Herstellungsverpflichtung des Unternehmers wie bei einem VOB-Vertrag (BGH, Urt. v. 14.05.1998 – VII ZR 184/97, BGHZ 139, 16, 18 f. = BauR 1998, 872, 873 = NJW 1998, 2814, 2815; BGH, Urt. v. 24.04.1997 – VII ZR 110/96, BauR 1997, 638, 639 = NJW-RR 1997, 1106; BGH, Urt. v. 19.01.1995 – VII ZR 131/93, BauR 1995, 230 = NJW-RR 1995, 472; Ingenstau/Korbion/Wirth, B § 13 Abs. 1 Rn. 89; Staudinger/Peters/Jacoby, § 633 Rn. 177; vgl. auch die Gesetzesbegründung zu der Neufassung des § 633 BGB, die bei der Mangelfreiheit der Leistung von der Einhaltung der anerkannten Regeln der Technik ausgeht – a. A. sehr viel skeptischer: Busche, in: Münch. Komm., § 633 Rn. 20 f.).

7.1 Die mangelhafte Bauleistung (§ 13 Abs. 1 VOB/B und § 633 Abs. 1 BGB)

7.1.1.3.2 Definition der »anerkannten Regeln der Technik«/Bedeutung der Regelwerke

Bei den »anerkannten Regeln der Technik« (vgl. umfassend: Werner/Pastor, Rn. 1966 ff.) handelt es sich um einen unbestimmten Rechtsbegriff. Sie stellen die Summe der im Bauwesen existenten wissenschaftlichen, technischen und handwerklichen Erfahrungen dar, die durchweg bekannt und als richtig und notwendig anerkannt sind. **Kennzeichen einer anerkannten Regel der Technik** ist es somit, dass

- sie theoretisch richtig ist **und**
- sich in der Praxis bewährt hat. In der Praxis bewährt hat sich eine anerkannte Regel der Technik, wenn sie von der großen Masse der Bauschaffenden angewandt wird. Es genügt nicht, dass einige fortschrittliche Ingenieure sich einer bestimmten Regel widmen.

1251

Die anerkannten Regeln der Technik werden in diversen technischen Normen und Regelwerken konkretisiert. Zu den wichtigsten Regelwerken gehören die DIN-Vorschriften, die Einheitlichen Technische Baubestimmungen (ETB), die Bestimmungen des Verbandes Deutscher Elektrotechniker (VDE), die Eurocodes und viele mehr (s. dazu im Einzelnen oben Rdn. 888 ff.).

Verhältnis DIN/anerkannte Regeln der Technik

⊃ Vorrang der anerkannten Regeln der Technik

⊃ Verschuldensvermutung und Verursachungsvermutung bei DIN-Verstoß

⊃ Enthaftung bei DIN-gerechter Ausführung

⊃ Bezugspunkt: Abnahme

Regelwerke können niemals vollständig sein. Häufig enthalten insbesondere die **DIN-Normen des Teils C der VOB nur Mindestanforderungen** an eine vertraglich vereinbarte Bauleistung, ohne den Willen der Bauvertragsparteien hinreichend genau widerzuspiegeln (s. dazu oben Rdn. 890 ff.).

1252

▶ **Beispiel**

In Abschnitt 3.2.10.6 der DIN 18338 (Dachdeckungs- und Dachdeckungsabdichtungsarbeiten) heißt es: »Ortgang und Traufe sind mit einem Überstand von mindestens 15 cm zu decken.« Hierbei handelt es sich um die übliche Ausführungsweise; ob sie auch dem konkreten objektbezogenen Leistungsverzeichnis und den Anforderungen vor Ort entspricht, ist eine andere Frage.

Gerade in diesen Fällen gilt vielfach, dass die vereinbarte Beschaffenheit mit den anerkannten Regeln der Technik nach einer Auslegung der einem Vertrag zugrunde liegenden Willenserklärungen deutlich über die in einer DIN enthaltenen Mindestanforderungen hinausgehen kann (vgl. dazu etwa BGH, Urt. v. 14.06.2007 – VII ZR 45/06, BGHZ 172, 346, 351 = BauR 2007, 1570, 1571 = NJW 2007, 2983, 2984 = NZBau 2007, 574, 575). Ob die Parteien insoweit im Vertrag eine ggf. bestimmte DIN in Bezug genommen haben, ändert daran nichts (BGH, Urt. v. 04.06.2009 – VII ZR 54/07, BGHZ 181, 225, 228 = BauR 2009, 1288, 1289 = NJW 2009, 2439, 2440 = NZBau 2009, 648, 649 zum Schallschutz; s. dazu allerdings auch die dagegen stehende Rechtsprechung im Mietrecht: BGH, Urt. v. 07.07.2010 – VIII ZR 85/09, BauR 2010, 1756, 1757 = NJW 2010, 3088 = NZBau 2010, 701).

▶ **Beispiel (ähnlich BGH, Urt. v. 04.06.2009, a. a. O.)**

Ein Käufer erwirbt eine noch zu errichtende Doppelhaushälfte mit üblichem Qualitäts- und Komfortstandard. Im Vertrag wird bezüglich des Schallschutzes allgemein auf die einschlägige DIN 4109 Bezug genommen. Diese Werte werden eingehalten; der Sachverständige stellt jedoch fest, dass bei diesem Bauvorhaben bei einer ordnungsgemäßen Bauweise ein deutlich höherer Schallschutz möglich gewesen wäre, der auch sonst in Häusern gleicher Ausstattung erreicht wird. Hier liegt ein Verstoß gegen die anerkannten Regeln der Technik vor, weil es auf die Einhaltung der DIN alleine nicht ankommt.

1253 Auch geben Regelwerke immer nur einen **bestimmten ggf. überholten Stand der anerkannten Regeln der Technik** wieder; die für einen Bauvertrag geltenden Regeln der Technik können demgegenüber über dieses normierte Maß hinausgehen oder wegen einer neueren technischen Entwicklung veraltet sein. In diesem Fall sind die aktuelleren technischen (ggf. schriftlich nicht niedergelegten) Entwicklungen maßgebend (vgl. auch § 4 Abs. 2 Nr. 1 S. 2 VOB/B; BGH, Urt. v. 14.05.1998 – VII ZR 184/97, BGHZ 139, 16, 19 = BauR 1998, 872, 873 = NJW 1998, 2814, 2815).

▶ **Beispiel (OLG Schleswig, Urt. v. 19.02.1998 – 5 U 81/94, BauR 1998, 1100 = NJW-RR 1998, 1711 – Revision durch BGH nicht angenommen: BauR 2000, 1060 m. Anm. Jagenburg)**

Erneut geht es um eine Kellerabdichtung. Der Auftragnehmer dichtet die Wände entsprechend DIN 18195 Teil 5 Ziff. 7.2 mit Bitumenbahn ab, obwohl die Abdichtung mit einer Bitumen-Dickbeschichtung bei nichtdrückendem Wasser – mäßige Beanspruchung i. S. der DIN 18195 Teil 5 Ziff. 6.2 – bereits seit Jahren den anerkannten Regeln der Technik entspricht und auch die Anforderungen der DIN 18195 erfüllt. Hier kommt es für eine mangelfreie Leistung demnach nicht auf die DIN-Regelung an, sondern allein auf die Einhaltung der anerkannten Regeln der Technik.

1254 Es ist jedoch auch der umgekehrte Fall vorstellbar, dass eine DIN geändert wird, obwohl nach verbreiteter Auffassung die in der **geänderten DIN vorgegebene Ausführungsweise als nicht sachgerecht** eingestuft wird. Auch insoweit kann auf die DIN zur Bestimmung der anerkannten Regeln der Technik als Kriterium der Mangelfreiheit nicht zurückgegriffen werden. Denn eine anerkannte Regel der Technik liegt nur vor, wenn eine **echte Anerkennung in Theorie und Praxis** vorhanden ist (OLG Hamm, Urt. v. 17.02.1998 – 7 U 5/96, NJW-RR 1998, 668, 669 – s. dazu im Einzelnen auch oben Rdn. 890 ff.)

1255 Vor diesem Hintergrund sollte bei der Anwendung der technischen Regelwerke in Verbindung mit den anerkannten Regeln der Technik im Zusammenhang mit der Prüfung eines Werkmangels Folgendes beachtet werden (s. dazu auch schon oben Rdn. 897 ff.):

1256
- In erster Linie führt die Einhaltung von technischen Regelwerken zu einer Beweiserleichterung für den Auftragnehmer: Es besteht die **Vermutung einer technisch fehlerfreien Leistung**. Umgekehrt muss der Auftraggeber beweisen, dass der Unternehmer trotz Einhaltung eines Regelwerks anerkannte Regeln der Technik verletzt hat (OLG Stuttgart, Urt. v. 26.08.1976 – 10 U 35/76, BauR 1977, 129; OLG Hamm, Urt. v. 17.02.1998 – 7 U 5/96, NJW-RR 1998, 668, 669).
- Bei Einhaltung einer technischen Norm, die nicht den anerkannten Regeln der Technik entspricht, ist die Bauleistung zwar mangelhaft: Zumeist wird dem Auftragnehmer jedoch **kein Verschulden an dem Mangel** zur Last gelegt werden können. Demnach scheidet auch eine Schadensersatzhaftung infolge seiner mangelhaften Bauleistung grundsätzlich aus (Busche, in: Münch. Komm., § 633 Rn. 23).
- Umgekehrt gilt: Verstößt der Auftragnehmer gegen eine technische Norm, beachtet sie nicht oder weicht von ihr ab, erbringt er aus diesem Grund in der Regel eine **mangelhafte Bauleistung**, soweit diese im Zusammenhang mit dem Leistungserfolg steht (BGH, Urt. v. 09.07.2002 – X ZR 242/99, NJW-RR 2002, 1533, 1534 = NZBau 2002, 611, 612). Auf einen schon erfolgten Schadenseintritt kommt es nicht an.

▶ **Beispiel**

Es fehlt eine Abdichtung gegen drückendes Wasser; bisher ist noch kein Wasser eingetreten. Hier liegt gleichwohl ein Mangel vor.

Allerdings ist zu beachten, dass nicht jede Verletzung einer technischen Norm zwingend zu einem Mangel führt (ähnlich OLG Celle, Urt. v. 02.11.2011 – 14 U 52/11, BauR 2012, 509, 512).

7.1 Die mangelhafte Bauleistung (§ 13 Abs. 1 VOB/B und § 633 Abs. 1 BGB)

▶ **Beispiel**

Die Ausführung von Dachabdichtungsarbeiten bei unter 5 °C oder bei Regen (Verstoß gegen die DIN-Norm und die Flachdach-Richtlinien), die unterlassene oder unzureichende Nachbehandlung von Beton (Verstoß gegen DIN 1045) oder die Aufbringung eines DIN-widrigen Oberputzes auf einer Wärmedämmung besagen noch nichts darüber, ob die so erstellte Leistung des Unternehmers gegen die anerkannten Regeln der Technik verstößt. Denn beim Werkvertrag ist letztlich entscheidend auf den Erfolg, also das Ergebnis der Werkleistung, abzustellen.

- Im Zusammenhang mit einem Verstoß gegen technische Regelwerke besteht dann allerdings im Rahmen der Schadensersatzhaftung nach §§ 634 Nr. 4, 636, 280 ff. BGB, § 13 Abs. 7 VOB/B die **widerlegbare Vermutung** zum einen dafür, dass ein im zeitlichen und örtlichen Zusammenhang aufgetretener Mangel auf der Verletzung der betroffenen allgemein anerkannten Regel der Technik beruht (BGH, Urt. v. 19.04.1991 – V ZR 349/89, BGHZ 114, 273, 275 f. = NJW 1991, 2021, 2022). Neben dieser Kausalität wird zum anderen vermutet, dass der Auftragnehmer schuldhaft gehandelt hat (Busche, in: Münch. Komm., § 633 Rn. 23). Dabei ist unbeachtlich, ob bereits ein konkreter Schaden eingetreten ist.

7.1.1.3.3 Verstoß gegen die anerkannten Regeln der Technik

Ein Verstoß gegen anerkannte Regeln der Technik führt in der Regel zu einem Werkmangel (BGH, Urt. v. 20.03.1975 – VII ZR 221/73, BauR 1975, 341, 342; BGH, Urt. v. 09.07.1981 – VII ZR 40/80, BauR 1981, 577, 579 = NJW 1981, 2801; BGH, Urt. v. 14.05.1998 – VII ZR 184/97, BGHZ 139, 16, 19 = BauR 1998, 872, 273 = NJW 1998, 2814, 2815; BGH, Urt. v. 09.07.2002 – X ZR 242/99, NJW-RR 2002, 1533, 1534 = NZBau 2002, 611, 612). Dies gilt auch dann, wenn sich die anerkannten Regeln der Technik während der Bauphase ändern. Hier kommt es allein auf die **zum Zeitpunkt der Abnahme bestehenden Regeln der Technik** an (ständige Rechtsprechung, vgl. etwa: BGH, Urt. v. 14.05.1998 – VII ZR 184/97, BGHZ 139, 16, 19 = BauR 1998, 872, 873 = NJW 1998, 2814, 2815). **1257**

▶ **Beispiel**

Das Bauvorhaben wird auf der Grundlage einer noch geltenden Fassung der Wärmeschutzverordnung geplant; der Bauvertrag wird abgeschlossen. Während der Bauphase werden die Wärmedämmwerte verschärft; dies entspricht auch (dies wird hier unterstellt) den anerkannten Regeln der Technik. Für die Frage der Mangelhaftigkeit kommt es nun allein darauf an, dass das Bauvorhaben zum Zeitpunkt der Abnahme den anerkannten Regeln der Technik, d. h. jetzt den verschärften Werten der Wärmeschutzverordnung entspricht.

In der Folge ist der Auftragnehmer also gezwungen, eine Mehrleistung zu erbringen, die so in dem Ursprungsvertrag nicht vereinbart war oder ggf. sein konnte. Im Gegenzug steht ihm dafür aber auch eine erhöhte Vergütung zu (vgl. dazu sogleich Rdn. 1284 ff.).

Ein Verstoß gegen die anerkannten Regeln der Technik kann jedoch ausnahmsweise unbeachtlich sein. Folgende Grenzfälle gewinnen an Bedeutung: **1258**
- Im Bauvertrag wurde (ausdrücklich) eine **von den anerkannten Regeln der Technik abweichende Ausführung** vereinbart (OLG Hamm, Urt. v. 13.04.1994 – 12 U 171/93, BauR 1994, 767, 768 = NJW-RR 1995, 17, 18). **1259**

▶ **Beispiel**

Der Auftragnehmer baut eine Treppe ein. Die Auftrittsbreiten unterschreiten die Mindestwerte der einschlägigen DIN 18065. Sie beruhen jedoch auf einer Detailplanung des fachkundig beratenen Auftraggebers, der genau diese Auftrittsbreiten so vorgegeben und mit dem Auftragnehmer zuvor besprochen hatte.

In Fällen wie diesen wird der Auftragnehmer von seiner Haftung frei; denn aus der gesetzlichen Regelung des § 633 Abs. 2 BGB ergibt sich eindeutig, dass in erster Linie auf die Beschaffenheitsvereinbarung abzustellen ist; dies dürfte trotz des davon leicht abweichenden Wortlauts auch für VOB-Verträge gelten. Diese Fallgruppe ist besonders bei der **Sanierung von Altbauten** anzutreffen: Bei diesen können nämlich schon häufig aus der Natur des Bauvorhabens heraus die anerkannten Regeln der Technik nicht eingehalten werden (OLG Hamm, Urt. v. 04.05.1995 – 17 U 25/94, BauR 1995, 846, 847 = NJW-RR 1996, 213).

1260 • Zu beachten ist allerdings, dass eine von den anerkannten Regeln der Technik abweichende Beschaffenheitsvereinbarung nach § 307 BGB keinen Bestand hat, wenn sie **Bestandteil der Allgemeinen Geschäftsbedingungen des Auftragnehmers** ist (OLG Koblenz, Urt. v. 22.02.1995 – 7 U 141/94, BauR 1995, 554, 555 = NJW-RR 1995, 787, 788).

▶ Beispiel

In einem Bauvertrag wird auf Veranlassung des Auftragnehmers folgende Klausel vorgesehen: »Die Verwendung von Baustoffen und Bauteilen, für die keine DIN-Normen bestehen und keine amtliche Zulassung vorgeschrieben ist, ist ohne gesonderte Zustimmung des Auftraggebers zulässig.«

Eine solche Klausel hat keinen Bestand, weil sie formelmäßig die Hauptleistungsverpflichtung des Auftragnehmers zur mangelfreien Leistung, wozu die Einhaltung der anerkannten Regeln der Technik gehört, einschränken soll. Notwendig ist stattdessen in der Regel eine **Individualvereinbarung**. Mit dieser muss das Risiko, das mit einer unter Verstoß gegen die allgemein anerkannten Regeln der Technik vorgesehenen Ausführung verbunden ist, vom Auftraggeber übernommen werden (BGH, Urt. v. 17.05.1984 – VII ZR 169/82, BGHZ 91, 206, 213 = BauR 1984, 510, 512 ff. = NJW 1984, 2457, 2459; BGH, Urt. v. 11.11.1999 – VII ZR 403/98, BauR 2000, 411, 413 = NJW-RR 2000, 465, 466 = NZBau 2000, 74, 75). Eine solche Vereinbarung hat dann jedoch zunächst den Nachteil, dass dadurch die VOB/B nicht mehr als Ganzes vereinbart ist, sodass deren Einzelregelungen deswegen einer AGB-Inhaltskontrolle unterworfen werden (s. dazu Rdn. 481 ff.). Auch ist eine solche Vereinbarung nur wirksam, wenn der Auftragnehmer den Auftraggeber **über die Nichteinhaltung der anerkannten Regeln der Technik zumindest nicht im Unklaren** gelassen hat (OLG München, Urt. v. 03.02.1998 – 9 U 3922/97, BauR 1999, 399, 400).

▶ Beispiel (ähnlich BGH, Urt. v. 04.06.2009 – VII ZR 54/07, BGHZ 181, 225, 230 = BauR 2009, 1288, 1290 = NJW 2009, 2439, 2440 = NZBau 2009, 648, 649)

In der Baubeschreibung zu einem Wohngebäude heißt es, dass für alle Geschossdecken (...) ein Schallschutz nach DIN 4109 zur Ausführung kommt. Nach der Abnahme reklamiert der Bauherr einen mangelhaften Schallschutz, der zwar die Grenzen der DIN 4109 einhält, nicht aber die heute anerkannten Regeln der Technik mit einem Schalldämmmaß nach Schallschutzstufen II und III der VDI-Richtlinie 4100 oder dem Beiblatt 2 der DIN 4109. Zu Recht! Hier genügt die bloße Vereinbarung der DIN 4109 nicht. Stattdessen hätte der Auftragnehmer mit einer Verbindlichkeit der DIN 4109 einen Baumangel nur vermeiden können, wenn er den Auftraggeber auf die damit verbundene Unterschreitung der anerkannten Regeln der Technik deutlich aufgeklärt hätte.

1261 Allerdings: Ist streitig, ob zwischen den Bauvertragsparteien eine Unterschreitung des gewöhnlichen Standards vereinbart ist, so hat der für das Leistungssoll auch ansonsten beweispflichtige Auftraggeber zu beweisen, weder ein minderwertiges noch ein minderbrauchbares Werk in Auftrag gegeben zu haben (OLG Saarbrücken, Urt. v. 25.10.2000 – 1 U 111/00 – 25, 1 U 111/00, IBR 2001, 176 = NZBau 2001, 329, 330; a. A., d. h. für eine Darlegungs- und Beweislast des Auftragnehmers: OLG Brandenburg, Urt. v. 30.03.2011 – 13 U 16/10, BauR 2011, 1341, 1345; offen gelassen dagegen in der Revisionsentscheidung des BGH dazu, Urt. v. 29.09.2011 – VII ZR 87/11, BauR 2012, 115, 117 = NJW 2011, 3780, 3781 = NZBau 2011, 746, 747).

7.1 Die mangelhafte Bauleistung (§ 13 Abs. 1 VOB/B und § 633 Abs. 1 BGB)

▶ **Beispiel**

Die Auftragnehmer soll ein Dach reparieren. Nach Fertigstellung zeigen sich Mängel. Die nunmehr anfallenden Kosten übersteigen den vereinbarten Werklohn um mindestens das Dreifache. Der Auftragnehmer wendet ein, es sei nur eine »Notreparatur« vereinbart gewesen; er habe es nur insoweit richten sollen, dass es »einigermaßen aussieht«. Hier muss der Auftraggeber zunächst vortragen, was eigentlich vereinbart war.

Insgesamt sollte diesem Fragenkreis aber keine zu große Bedeutung beigemessen werden: Denn in aller Regel kommt es bei dazu geführten Mangeldiskussionen nicht darauf an, ob eine Vereinbarung unterhalb eines üblichen Standards, d. h. z. B. auch konkret mit einer niedrigeren Funktionalität getroffen wurde. Dies mag in Ausnahmefällen so sein (vgl. vorstehend im Beispielfall mit der Beauftragung nur einer Notreparatur). Im Vordergrund steht stattdessen zumeist die Frage, ob mit einer im Vertrag vorgesehenen ggf. unbrauchbaren Ausführungsart die vereinbarte oder nach dem Vertrag vorausgesetzte Funktion der beauftragten Werkleistung erreicht werden kann (BGH, Urt. v. 29.09.2011 – VII ZR 87/11, a. a. O.).

- Unbeachtlich könnte ein Verstoß gegen die anerkannten Regeln der Technik sein, wenn die **Bauleistung unabhängig davon mangelfrei** ist (und der vereinbarten Beschaffenheit entspricht). 1262

▶ **Beispiel**

Bei Dachabdichtungsarbeiten ist das Ergebnis der Werkleistung (Dachabdichtung) trotz eines Verstoßes gegen die Flachdachrichtlinie ohne Einschränkung erreicht worden.

Eine Gewährleistungshaftung des Auftragnehmers könnte entfallen, weil es in erster Linie auf den Erfolg der Werkleistung ankommt (BGH, Urt. v. 17.05.1984 – VII ZR 169/82, BGHZ 91, 206, 211 = BauR 1984, 510, 512 = NJW 1984, 2457, 2458; BGH, Urt. v. 19.01.1995 – VII ZR 131/93, BauR 1995, 230 = NJW-RR 1995, 472; OLG Hamm, Urt. v. 04.05.1995 – 17 U 25/94, BauR 1995, 846, 848 = NJW-RR 1996, 213 f. – vgl. auch OLG Nürnberg, Urt. v. 25.07.2002 – 13 U 979/02, NJW-RR 2002, 1538 = NZBau 2002, 673 f. für einen Fall, in dem sich nach einem Verstoß gegen die anerkannten Regeln der Technik kein tatsächlich nachweisbares Risiko oder Gebrauchsnachteile nachweisen ließen). In diesen Fällen wird man allerdings danach zu differenzieren haben, ob und in welchem Umfang die Einhaltung der allgemein anerkannten Regeln der Technik in die Beschaffenheitsvereinbarung (konkludent) mit aufgenommen wurde. Hiervon dürfte aus Sicht des Auftraggebers in der Regel auszugehen sein. Die Beweislast für das gegenteilige Ergebnis trägt allein der Auftragnehmer. Dies gilt auch insoweit, als er beweisen muss, dass **seine regelwidrige Ausführung nicht schon aus diesem Grund eine minderwertige Werkleistung** darstellt. Die Minderwertigkeit könnte darin bestehen, dass allein deswegen erhöhte technische Risiken nicht auszuschließen sind (BGH, Urt. v. 09.07.1981 – VII ZR 40/80, BauR 1981, 577, 579 = NJW 1981, 2801; in diesem Sinne auch zu verstehen für einen ähnlich gelagerten Fall: BGH, Urt. v. 09.01.2003 – VII ZR 181/00, BGHZ 153, 279, 283 = BauR 2003, 533, 534 = NJW 2003, 1188, 1189 = NZBau 2003, 214, 215). Dies gilt vor allem dann, wenn die vom Auftragnehmer gewählte Ausführung des Werkes das Risiko eines Schadens in sich birgt. Keinesfalls muss in diesen Fällen nämlich der Auftraggeber warten, bis der Schaden eintritt (BGH, Urt. v. 28.09.1972 – VII ZR 121/71, BauR 1973, 51, 52; BGH, Urt. v. 15.05.1975 – VII ZR 179/74, BauR 1975, 346, 347; BGH, Urt. v. 09.07.1981 – VII ZR 40/80, BauR 1981, 577, 579).

▶ **Beispiel**

Der Auftragnehmer dichtet eine Schaufensterwand unter Verstoß gegen die anerkannten Regeln der Technik gegen Regen ab. Es ist bisher zu keinem Schaden gekommen. Darauf muss der Auftraggeber auch nicht warten, um seine Mängelrechte geltend zu machen.

Liegen andererseits überhaupt keine gesonderten Risiken vor und ist auch sonst die Gebrauchstauglichkeit der Werkleistung nicht beeinträchtigt, kann in solchen Fällen ausnahmsweise von einer **mangelfreien Leistung** ausgegangen werden (OLG Nürnberg, Urt. v. 25.07.2002 – 13 U 979/02, NJW-RR 2002, 1538 = NZBau 2002, 673, 674).

7.1.1.3.4 Fehlen von anerkannten Regeln der Technik oder DIN

1263 Nicht für alle Werkleistungen oder Ausführungsweisen existieren anerkannte Regeln der Technik. Hierüber muss der **Auftragnehmer den Bauherrn aufklären** (§ 4 Abs. 3 VOB/B). Führt ein Bauunternehmer seine Arbeiten ohne eine solche Aufklärung aus, stellen allein die objektiv bestehenden erhöhten Risiken des Gebrauchs einen Mangel der Bauleistung dar (OLG München, Urt. v. 19.09.1983 – 28 U 3317/82, BauR 1984, 637, 638).

▶ **Beispiel**

Der Auftragnehmer baut eine neuartige Wärmepumpen-Heizanlage ein, für die zum Zeitpunkt des Einbaus keine anerkannten Regeln der Technik existieren. Hier liegt ein Werkmangel vor: Denn bereits die Ungewissheit, ob die neu eingebaute Heizanlage einer herkömmlichen Anlage, für die anerkannte Regeln der Technik bestehen, gleichwertig ist, stellt ein Minus gegenüber der vereinbarten Beschaffenheit dar. Dieses Minus könnte nur behoben werden, wenn der Auftragnehmer den Auftraggeber bei Vertragsabschluss darüber aufgeklärt hätte. Hätte der Auftraggeber dann das damit verbundene Risiko gleichwohl übernommen, wäre dieses Minus infolge des Fehlens allgemein anerkannter Regeln der Technik Bestandteil der vereinbarten Beschaffenheit geworden.

Zu unterscheiden von fehlenden anerkannten Regeln der Technik ist dagegen der Sachverhalt, dass es für das betreffende Gewerk (nur) keine passende DIN gibt. Dies führt nicht zwingend zu einem Mangel. So kann es je nach Ausführungsart z. B. ausreichen, ggf. nur eine **Zustimmung im Einzelfall** zu beantragen. Jedenfalls gibt es keine anerkannte Regel der Technik, dass eine Baumaßnahme nur dann zulässig wäre, wenn für die angewendeten Verfahren eine DIN existiert (ähnlich: OLG Karlsruhe, Beschl. v. 31.05.2010 – 4 W 17/10, BauR 2010, 1643 [Ls.] = NJW-RR 2011, 22, 23 = NZBau 2010, 703, 704).

7.1.1.4 Bedeutung von Herstellerangaben

1264 Ähnlich wie DIN-Regelungen sind im Mängelrecht Herstellerangaben zu sehen.

▶ **Beispiel**

Kunststofffenster werden entsprechend den Herstellerangaben mit Entwässerungsöffnungen von 7 mm eingebaut. Diese Öffnungen sind im konkreten Fall zu klein.

In Fällen wie diesen genügt es für die Mangelfreiheit nicht, dass sich der Auftragnehmer auf die Herstellerangaben verlässt. Denn wenn die Entwässerungsöffnungen im konkreten Bauvorhaben nicht ausreichen, sind die Fenster **nicht funktionsgerecht** nutzbar. Sie sind allein deswegen mangelhaft. Dass es zunächst noch nicht zu einem Schaden (z. B. zu einem Wassereintritt) gekommen ist, ändert an dem Mangel als solchem nichts (OLG Brandenburg, Urt. v. 02.08.2006 – 4 U 132/99, BauR 2008, 93, 94; i.E ebenso: OLG Frankfurt, Urt. v. 25.04.2007 – 13 U 103/06, BauR 2008, 847). Dies gilt natürlich erst recht für die Fälle, in denen ein Verstoß gegen die Herstellerangaben die Nutzbarkeit der Bauleistung insgesamt beeinträchtigt (s. dazu auch Seibel, BauR 2012, 1025, 1029 f.).

▶ **Beispiel (nach BGH, Urt. v. 23.07.2009 – VII ZR 164/08, BauR 2009, 1589, 1590 = NJW-RR 2009, 1467 = NZBau 2009, 647, 648)**

Der Auftragnehmer ist mit der Grundüberholung eines Blockheizkraftwerkes beauftragt. Hierbei beachtet er zwar die anerkannten Regeln der Technik, nicht aber die zugleich (darüber hinausgehenden) Vorgaben des Herstellers. Eine solche Leistung ist mangelhaft, soweit diese darüber hinausgehenden Herstellerangaben den Betrieb der Anlage betreffen.

7.1 Die mangelhafte Bauleistung (§ 13 Abs. 1 VOB/B und § 633 Abs. 1 BGB)

Allerdings dürfte auch hier ggf. das Verschulden entfallen, wenn der Auftragnehmer sich auf die Herstellerangaben berechtigterweise verlassen durfte.

Doch auch der umgekehrte Fall ist unter Mängelgesichtspunkten von Bedeutung.

1265

▶ **Beispiel**

Der Parkettleger weicht von den Herstellerrichtlinien bei der Verlegung des Parketts ab. Ein Schaden bleibt jedoch aus.

In Fällen wie diesen kommt es für die Mangelhaftigkeit allein darauf an, ob die Parkettleistung der vereinbarten Beschaffenheit und den anerkannten Regeln der Technik entspricht. Die **Herstellerrichtlinien stellen keine solchen Regeln der Technik** dar. Daher könnte allenfalls dann ein Mangel anzunehmen sein, wenn durch die Abweichung der Auftraggeber eine ggf. sonst bestehende **Herstellergarantie** verliert (OLG Brandenburg, Urt. v. 15.06.2011 – 4 U 144/10, BauR 2011, 1705 [Ls.]; ebenso Seibel, a. a. O.) oder allein deswegen eine Risikoungewissheit hinsichtlich eines zukünftigen Schadenseintritts besteht (OLG Schleswig, Urt. v. 31.07.2009 – 3 U 80/08, Nichtzul.-Beschw. zurückgew., BGH, Beschl. v. 08.04.2010 – VII ZR 149/09, IBR 2010, 321). Für eine solche Risikoungewissheit spricht zunächst auch eine Vermutung. Sie ist jedoch ohne Weiteres widerlegbar.

▶ **Beispiel (nach OLG Jena, Urt. v. 27.06.2007 – Nichtzul.Beschw. zurückgew., BGH, Beschl. v. 13.11.2008 – VII ZR 173/06, BauR 2009, 669, 671):**

Der Auftragnehmer soll eine Fassade streichen und zuvor spachteln, damit eine glatte Oberfläche entsteht. Nach den Herstellerrichtlinien bedarf es dafür einer Spachtelschichtdicke von 3–5 mm. Angetroffen werden nur 0–2 mm. Diese Leistung muss nicht mangelhaft sein, wenn auch mit einer dünneren Schicht eine glatte Oberfläche entstanden ist. Insoweit ist auch die ansonsten ggf. bestehende Risikoungewissheit widerlegbar.

Ohnehin dürfte allein bei einer angenommenen Risikoungewissheit eine solche umso unwahrscheinlicher sein, je länger die Werkleistung (z. B. der Parkettboden) ohne Schäden bleibt (vgl. auch OLG Köln, Urt. v. 20.07.2005 – 11 U 96/04, BauR 2005, 1681 = OLGR Köln 2005, 559). Daneben stehen natürlich sonstige mit einem Verstoß zugleich verbundene Baumängel.

▶ **Beispiel (nach OLG Brandenburg, Urt. v. 15.06.2011 – 4 U 144/10, BauR 2011, 1705 [Ls.])**

Ein Schwimmsteg wird nicht nach den Herstellerangaben verlegt. Dadurch ist das Fugenbild nicht so einheitlich, wie dies sonst der Fall gewesen wäre. Hier gehörte das (unter Einhaltung der Herstellerangaben) erreichbare einheitliche Fugenbild zur vereinbarten Beschaffenheit, sodass ein Baumangel vorliegt.

7.1.1.5 Mangel bei Verstoß gegen öffentlich-rechtliche Baunormen u. a.

Eine besondere Fragestellung im Zusammenhang mit mangelhaften Bauleistungen soll abschließend behandelt werden: So fehlt nämlich erstaunlicherweise sowohl im BGB als auch in der VOB/B eine Regelung dahin gehend, dass eine Bauleistung nicht nur den anerkannten Regeln der Technik entsprechen, sondern darüber hinaus auch mit den öffentlich-rechtlichen Vorschriften bzw. den Vorgaben einer Baugenehmigung übereinstimmen muss. Die Mangeldefinition des § 633 Abs. 2 bzw. § 13 Abs. 1 VOB/B schweigt sich dazu aus – was aber in der Baupraxis von erheblicher Bedeutung ist.

1266

▶ **Beispiel**

Ein neu errichtetes Haus verstößt gegen die Vorgaben der Energieeinsparverordnung (EnEV).

Auf eine Diskussion, ob es sich bei den Vorgaben der EnEV um **anerkannte Regeln der Technik** handelt, kommt es nicht an. Für eine solche Annahme gibt es im Übrigen auch keinen Grund (ebenso Vogel, BauR 2009, 1196, 1200): Denn nur weil öffentlich-rechtlich wünschenswerte Klimaschutzziele in einem Gesetz oder einer Rechtsverordnung aufgestellt werden, stellen die dortigen Vorgaben sicherlich noch keine anerkannten Regeln der Technik dar (a. A. aber scheinbar OLG Brandenburg, Urt. v. 02.10.2008 – 12 U 92/08, IBR 2008, 724 zu dem Einbau von Thermostatventilen als Verstoß gegen die EnEV 2007). Jedenfalls liegt das nicht auf der Hand, wenn etwa die Praxisbewährung dazu oder die theoretische Anerkennung einer solchen Bauweise fehlt (s. zu den Anforderungen an eine anerkannte Regel der Technik: Rdn. 1251). Gleichwohl wird ein Haus diese Vorgaben einhalten müssen. Nichts anders gilt für sonstige Anforderungen aus öffentlich-rechtlicher Sicht wie etwa

- Auflagen aus einer Baugenehmigung (BGH, Urt. v. 05.02.1998 – VII ZR 170/96, BauR 1998, 397 = NJW-RR 1998, 738)
- überhaupt die Einholung einer Baugenehmigung, selbst wenn das Bauvorhaben genehmigungsfähig ist (OLG Hamm, Urt. v. 21.02.2008 – 22 U 145/07, BauR 2008, 1468, 1469 = NJW-RR 2009, 68, 69).
- Vorgaben der Tiefgaragenverordnung bei Tiefgaragenzufahrten (OLG Hamburg, Beschl. v. 09.01.2008 – 6 U 197/07, IBR 2008, 331).

Die entscheidende Frage ist jedoch, wie diese von öffentlich-rechtlichen Vorgaben abweichenden Bauweisen mit dem Mangelbegriff in Einklang gebracht werden können. Richtiger Anknüpfungspunkt ist erneut die **vereinbarte Beschaffenheit**. Denn wenn dies nicht schon ausdrücklich vereinbart ist, entspricht es jedoch zumindest der konkludenten Vereinbarung der Bauvertragsparteien, dass eine Bauleistung zum **Zeitpunkt der Abnahme** den verbindlich geltenden Baunormen, Geboten aus dem sonstigen öffentlichen Recht u. a. zu entsprechen hat. Für die VOB/B findet sich dazu bereits im Ausführungsstadium in § 4 Abs. 2 Nr. 1 S. 2 VOB/B eine entsprechende Regelung: Danach hat der Auftragnehmer bei der Bauausführung die gesetzlichen und behördlichen Bestimmungen zu beachten; für den BGB-Vertrag gilt nichts anderes. Der Mangelbegriff des BGB bzw. der VOB/B ist somit in der Weise zu verstehen, dass eine mangelfreie Bauleistung als Mindestmaß stets voraussetzt, dass sie sich im Rahmen des öffentlich-rechtlich Zulässigen bewegt. Verstößt der Bauunternehmer dagegen, baut er also mangelhaft (i. E. wohl auch OLG Hamburg, a. a. O.; wohl ebenso: OLG Düsseldorf, Urt. v. 23.12.2005 – 22 U 32/04, BauR 2006, 996, 999 zu der Einhaltung der Wärmeschutzverordnung).

7.1.2 Hilfsweise: Eignung der Bauleistung für vorausgesetzte bzw. gewöhnliche Verwendung

1267 Wurde im Bauvertrag keine Beschaffenheitsvereinbarung getroffen, ist nach § 633 Abs. 2 S. 2 BGB, § 13 Abs. 1 S. 3 VOB/B die Leistung nur dann frei von Werkmängeln, wenn sie sich für die nach dem Vertrag vorausgesetzte, sonst für die gewöhnliche Verwendung eignet. Im letzteren Fall muss sie ferner eine Beschaffenheit aufweisen, die bei Werken der gleichen Art üblich ist und die der Besteller nach der Art des Werks erwarten darf. In der Praxis heißt das:

7.1.2.1 Nach dem Vertrag vorausgesetzter Gebrauch der Werkleistung

1268 Soweit sich dies aus der Beschaffenheitsvereinbarung nicht ergibt, ist für die Mangelfreiheit der Werkleistung der unter Berücksichtigung der vertraglichen Vereinbarungen und der Sichtweise des Auftraggebers objektiv **ermittelte Nutzungszweck** der Bauleistung festzustellen. Sodann kommt es für die Mangelfreiheit darauf an, ob die Werkleistung diesen vertraglich vorausgesetzten Nutzungszweck erreicht (§ 633 Abs. 2 S. 2 Nr. 1 BGB, § 13 Abs. 1 S. 3 Nr. 1 VOB/B). Mit dieser Maßgabe kann ein und derselbe Mangel etwa je nach Art der zu erbringenden Bauleistung unterschiedlich zu beurteilen sein.

▶ **Beispiel (vgl. OLG Hamburg, Urt. v. 02.08.1994 – 7 U 40/93, NJW-RR 1995, 536)**

Geruchsbelästigende Baustoffe (z. B. teerölgetränktes Holz) können im Außenbereich (z. B. als Gartenbegrenzungsmauer) unproblematisch sein, während die Verwendung derselben Stoffe innerhalb eines Gebäudes zu einem Werkmangel der Leistung führt.

Zu der **Gebrauchstauglichkeit** kann auch die Verkäuflichkeit gehören, so etwa der **Verkehrswert** (BGH, Urt. v. 14.01.1971 – VII ZR 3/69, BGHZ 55, 198, 199 f. = BauR 1971, 124, 125). Wird dieser gemindert, liegt hierin bereits eine Beeinträchtigung der Gebrauchstauglichkeit.

▶ **Beispiel (nach BGH, Urt. v. 09.01.2003 – VII ZR 181/00, BGHZ 153, 279 = BauR 2003, 533 = NJW 2003, 1188)**

Der Auftragnehmer erbringt anstatt der vereinbarten Betongüte B 35 in der Tiefgarage nur B 25. Dies stellt einen Werkmangel dar, und zwar unbeschadet des Verstoßes gegen die vereinbarte Beschaffenheit: Denn gleichzeitig liegt eine Beeinträchtigung des nach dem Vertrag vorausgesetzten Gebrauchs vor. Dies wiederum beruht darauf, dass infolge der geringeren Betongüte im Zweifel von einer geringeren Haltbarkeit und Nutzungsdauer sowie erhöhten Betriebs- oder Instandsetzungskosten auszugehen ist. Allein dadurch ist der nach dem Vertrag vorausgesetzte Gebrauch gemindert. Auf eine konkrete schon sichtbare Beeinträchtigung kommt es dagegen nicht an.

Der hilfsweise hier vorgestellten Mangelvariante »Nichterreichen des nach dem Vertrag vorausgesetzten Gebrauchs der Werkleistung« wird im Bauvertragsrecht kaum eine Bedeutung zukommen. Denn zumeist wird aufgrund der Erfolgsbezogenheit der relevante Nutzungszweck schon ausdrücklich, zumindest aber konkludent Bestandteil der vereinbarten Beschaffenheit sein. Dann aber liegt bereits ein Mangel nach der ersten Variante des § 13 Abs. 1 VOB/B bzw. § 633 Abs. 2 S. 1 BGB vor. 1269

▶ **Beispiel**

Der Auftragnehmer soll ein Dach decken. Die Beschaffenheit wurde im Einzelnen nicht vereinbart. Unterstellt werden soll, dass auch kein Verstoß gegen die anerkannten Regeln der Technik vorliegt. Gleichwohl regnet es durch. Hier müsste nunmehr auf die Hilfsvariante zurückgegriffen werden, wonach es für die Mangelhaftigkeit darauf ankommt, dass die erbrachte Bauleistung sich nicht für die nach dem Vertrag vorausgesetzte Verwendung eignet. Dies ist zweifellos der Fall: Ein Dach, das tropft, ist für seine (mit dem Dach) vorausgesetzte Verwendung untauglich. Richtigerweise wird man hier allerdings nicht den Umweg über diese Hilfsvariante machen müssen. Denn selbstverständlich gehört es zumindest konkludent zu der vereinbarten Beschaffenheit, dass das Dach dicht sein soll, wenn ein Auftraggeber einen Dachdecker mit einem Dachbau beauftragt.

Auch bei dieser Fallvariante stellt sich wiederum die Frage, ob die **anerkannten Regeln der Technik** für die Beurteilung der Mangelfreiheit einzubeziehen sind. Hiervon dürfte auszugehen sein. Denn zu einer nach dem Vertrag vorausgesetzten Verwendung gehört in aller Regel die Einhaltung der technisch anerkannten Standards. § 13 Abs. 1 VOB/B wird man daher wie folgt lesen müssen: Bei der hilfsweisen Mangelbeschreibung in § 13 Abs. 1 S. 3 Nr. 1 VOB/B wird lediglich die Beschaffenheitsvereinbarung durch das Tatbestandsmerkmal »vorausgesetzte Verwendung« ersetzt, während das alternativ geltende **Merkmal der Einhaltung der anerkannten Regeln der Technik auch für diese Variante** gilt. Nichts anderes gilt selbstverständlich insoweit, als der Auftragnehmer für eine mangelfreie Leistung auch hier die **öffentlich-rechtlichen Normen einhalten** muss (Rdn. 1266). Im Übrigen ist nicht auszuschließen, dass der Auftragnehmer zwar die anerkannten Regeln der Technik bzw. öffentlich-rechtlichen Normen einhält, er allerdings auf deren Grundlage die nach dem Vertrag vorausgesetzte Verwendung der Leistung falsch eingeschätzt hat. Dieser Umstand dürfte jedoch an seiner Haftung nichts ändern; denn in diesem Fall beruht diese allein auf seiner Fehleinschätzung, die er regelmäßig zu vertreten hat. 1270

7.1.2.2 Hilfsweise: Nach dem Vertrag gewöhnliche Verwendung

Kann nicht einmal eine nach dem Vertrag vorausgesetzte Verwendung ermittelt werden, ist zur Beurteilung der Mangelfreiheit auf die gewöhnliche Verwendung der Werkleistung abzustellen. Diese hat eine Beschaffenheit aufzuweisen, die bei Werken der gleichen Art üblich ist und die der Besteller nach der Art des Werks erwarten darf (§ 633 Abs. 2 S. 2 Nr. 2 BGB, § 13 Abs. 1 S. 3 Nr. 2 VOB/B). 1271

1272 Zur Beurteilung dieser Frage kommt es auf den gewöhnlichen bzw. üblichen Gebrauch der Bauleistung an, wie er nach der **Verkehrsauffassung unter Berücksichtigung der örtlichen Gegebenheiten** erfolgt. Kann dieser übliche Gebrauch mit der vertraglichen Vereinbarung zur Ausführungsart nicht erreicht werden, führt allein dieser Umstand bei Fehlen einer Beschaffenheitsvereinbarung zu einem Werkmangel. Dies gilt selbst dann, wenn die Vertragsparteien einen für die Bauleistung sehr »günstigen« Preis vereinbart haben: Dieser schränkt das zu erbringende Bausoll nicht ein. Auch eine billige Bauleistung muss mangelfrei erbracht werden – es sei denn, es ergeben sich umgekehrt Anhaltspunkte dafür, dass der Auftraggeber im Hinblick auf den unter den Marktverhältnissen liegenden niedrigen Preis mit einer technisch minderwertigen Leistung einverstanden war (BGH, Urt. v. 11.11.1999 – VII ZR 403/98, BauR 2000, 411, 412 ff. = NJW-RR 2000, 465, 466 = NZBau 2000, 74, 75).

1273 Im Übrigen gilt dann dasselbe, was zuvor zu der Fallvariante »vorausgesetzte Verwendung« gesagt wurde:
- In der Regel wird sich auch bei diesem Mangeltatbestand die Vorgabe, wonach sich die Werkleistung für die »**gewöhnliche Verwendung eignen**« und eine Beschaffenheit aufweisen muss, die bei Werken der gleichen Art üblich ist und die der Besteller nach der Art des Werkes erwarten darf, schon konkludent der **vereinbarten Beschaffenheit** entnehmen lassen. Daher kommt erneut dieser Mangelvariante in der Bauvertragspraxis praktisch keine Bedeutung zu.
- Sollte es auf sie gleichwohl einmal ausnahmsweise ankommen, gilt erneut, dass dann wiederum nur das Tatbestandsmerkmal der Grundvariante »vereinbarte Beschaffenheit« durch »Eignung zur gewöhnlichen Verwendung« ausgetauscht wird. Dies aber heißt wie schon zuvor, dass die Notwendigkeit der **Einhaltung der anerkannten Regeln der Technik** danebensteht und deren eigenständige Verletzung nach dieser Tatbestandsvariante ebenso einen Werkmangel begründet. Nichts anderes gilt für die Notwendigkeit der Einhaltung sonst geltender öffentlich-rechtlicher Normen (s. o. Rdn. 1266).

7.1.3 Lieferung eines anderen als das bestellte Werk

1274 Nach § 633 Abs. 2 S. 3 BGB liegt auch ein Werkmangel vor, wenn der Unternehmer ein anderes als das bestellte Werk liefert (»**aliud-Lieferung**«). Besonderheiten ergeben sich daraus nicht. Allerdings ist der Anwendungsbereich dieser Regelung im Baurecht beschränkt. Denn es ist kaum vorstellbar, dass der Auftragnehmer eine andere Leistung erbringt, als vertraglich vereinbart. Kommt es ausnahmsweise dazu, ist der Auftraggeber selbstverständlich nicht gezwungen, diese Werkleistung abzunehmen. Folglich bleiben ihm zunächst im vollen Umfang sämtliche Erfüllungsansprüche erhalten. Liegt dagegen tatsächlich einmal eine aliud-Lieferung vor und hat der Auftraggeber diese in Verkennung der Andersartigkeit abgenommen, so ist in diesem Ausnahmefall ein Anwendungsfall des § 633 Abs. 2 S. 3 BGB gegeben. Er führt zugunsten des Auftraggebers zu den üblichen Mängelansprüchen. Davon zu unterscheiden ist der Fall, dass der Auftraggeber die Bauleistung **in Kenntnis der Andersartigkeit** abgenommen hat. Hier wird er gut beraten sein, bei der Abnahme entsprechende Mängelvorbehalte zu erklären, so er denn seine Mängelrechte später noch geltend machen will (vgl. § 640 Abs. 2 BGB). Denn andernfalls könnte man in Verdrängung von § 633 Abs. 2 S. 3 BGB vertreten, dass der Auftraggeber diese andere Werkleistung durch die Abnahme als im Wesentlichen vertragsgemäß anerkannt hat (§ 364 Abs. 1 BGB), was dann zu einem Ausschluss seiner Mängelrechte wegen der Andersartigkeit führt.

7.1.4 Minderleistung

1275 Ein Sachmangel liegt nach § 633 Abs. 2 S. 3 BGB schließlich vor, wenn der Auftragnehmer zu wenig liefert.

▶ Beispiel

Es werden anstatt geschuldeter fünf nur vier Türen eingebaut.

7.1 Die mangelhafte Bauleistung (§ 13 Abs. 1 VOB/B und § 633 Abs. 1 BGB)　　　　**7**

So einfach sich diese Mangelvariante anhört, so sehr kann sie in der Praxis Probleme aufwerfen. Denn liefert ein Auftragnehmer zu wenig, hat er eigentlich in diesem Umfang seine geschuldete Leistung bisher überhaupt nicht erfüllt. Folglich geht es richtigerweise um eine **Nichtleistung**, nicht um eine mangelhafte Leistung. Diese Unschärfe ist hinzunehmen, wobei dies allerdings auch Folgen haben kann. So stellt sich z. B. die Frage, ob der Auftraggeber bei einer Lieferung in zu geringer Menge die Gesamtleistung abnehmen muss, obwohl teilweise unstreitig noch keine Leistungserfüllung vorliegt. Hier kann es eigentlich nicht richtig sein, den Auftraggeber nach § 640 Abs. 1 S. 2 BGB, § 12 Abs. 3 VOB/B als schon zur Abnahme verpflichtet anzusehen, selbst wenn die ggf. fehlenden Leistungen nicht vertragswesentlich sind.

In jedem Fall bleibt festzuhalten, dass für den VOB-Vertrag im Hinblick auf die den Mangelbegriff ebenfalls prägende Beschaffenheitsvereinbarung nichts anderes gilt.

7.1.5 Sonderfälle im Umfeld eines Sachmangels

Im Umfeld des Mangelbegriffs ist auf zwei Sonderfälle hinzuweisen:　　　　1276

7.1.5.1 Verletzung von Aufklärungspflichten

Eine Gewährleistungshaftung des Auftragnehmers kann sich auch aus der Verletzung von Nebenpflichten ergeben. Dabei geht es vor allem um die **Pflicht des Auftragnehmers zu einer ordnungsgemäßen Beratung** des Bauherrn, die über die ohnehin geltenden Pflichten nach §§ 3 Abs. 3 S. 2, 4 Abs. 3 und 13 Abs. 3 VOB/B hinausgeht. Nicht selten wirkt sich ein solches Beratungsverschulden direkt oder indirekt nachteilhaft auf die zu erbringende Bauleistung, hier insbesondere auf deren Gebrauchstauglichkeit, aus.　　　　1277

▶ **Beispiel**

Der Auftragnehmer soll eine neue Heizung einbauen. Diese baut er wie bestellt fachgerecht ein. Allerdings hat er den Auftraggeber nicht darüber aufgeklärt, dass für den eingebauten Heizkessel des ausgewählten Typs kein ausreichender Abzug vorhanden ist. Später funktioniert die Heizung nicht richtig.

Es liegt auf der Hand, dass eine solche (hier unterbliebene) Beratung ganz erheblich den Erfolg der Werkleistung beeinflussen kann. Die entscheidende Frage ist jedoch, auf welcher Grundlage der Auftragnehmer bei der Verletzung dieser Beratungspflichten haftet. So ließe sich vertreten, dass die Leistung ja so erbracht wurde wie bestellt. Auf die Funktionstauglichkeit käme es nicht an, weil diese zumindest nach dem Gesetz erst nachrangig zu der getroffenen Beschaffenheitsvereinbarung zu prüfen ist. Daher könnte die Verletzung von gesonderten Beratungspflichten in den Vordergrund treten, die aber keine Gewährleistungsrechte, sondern nur einen Schadensersatzanspruch nach § 280 Abs. 1 BGB auslöst. Dies ist auf den ersten Blick logisch, im Ergebnis aber falsch: Denn **zu der vereinbarten Beschaffenheit gehört** selbstverständlich **auch die Funktionstauglichkeit** der Leistung (BGH, Urt. v. 08.11.2007 – VII ZR 183/05, BGHZ 174, 110, 116 = BauR 2008, 344, 346 = NJW 2008, 511, 512 = NZBau 2008, 109, 110). Einem Auftraggeber ist die Art der Leistungserbringung einschließlich des Wortlauts der Beschreibung im Zweifel sogar egal, wenn die von ihm bestellte Leistung nicht in Ordnung ist, d. h. z. B. die Heizung das Haus nicht heizt. Gerade bei Fällen wie diesem zeigt sich, dass die Funktionstauglichkeit der Anlage als solche genauso die vereinbarte Beschaffenheit prägt wie alle anderen Merkmale, so etwa die anerkannten Regeln der Technik. Folglich bestehen insoweit auch die üblichen Gewährleistungsansprüche, d. h. vor allem ein Recht zur Selbstvornahme.

7.1.5.2 Qualitativ höherwertige Leistung

Erbringt der Auftragnehmer eine qualitativ bessere Leistung als vereinbart (z. B. höhere Materialqualität), genießt auch hier die Beschaffenheitsvereinbarung Vorrang. Dies gilt in jedem Fall dann, wenn　　　　1278

489

die an sich höherwertige Bauleistung aus welchen Gründen auch immer nicht mit dem Bausoll übereinstimmt.

▶ **Beispiel**

Es wird eine vom Bauvertrag abweichende, aber höherwertige Farbe verwendet.

In diesem Fall kann der Auftraggeber Mängelrechte geltend machen, selbst wenn die tatsächlich erbrachte Leistung ggf. sogar wirtschaftlich und technisch besser ist (BGH, Urt. v. 07.03.2002 – VII ZR 1/00, BauR 2002, 1536, 1538 = NJW 2002, 3543 f. = NZBau 2002, 571 f.; BGH, Urt. v. 21.09.2004 – X ZR 244/01, BauR 2004, 1941, 1942 f. = NZBau 2004, 672, 673).

7.1.6 Leistung nach Probe (§ 13 Abs. 2 VOB/B)

1279 Das gesetzliche Werkvertragsrecht sieht keine besondere Regelung für eine Leistung oder Herstellung nach Probe vor. Lediglich das Kaufrecht enthielt früher eine Bestimmung über den **Kauf nach Probe**: Danach galten bei einem Kauf nach Probe oder nach Muster die **Eigenschaften der Probe oder des Musters als zugesichert**. Diese Regelung, die es heute im BGB so nicht mehr gibt, findet sich in ähnlicher Form aber weiterhin in § 13 Abs. 2 VOB/B. Im praktischen Baugeschehen kommt ihr jedoch kaum eine Bedeutung zu.

Kennzeichen der **Werkleistung nach Probe** ist es, dass deren Eigenschaften als vereinbarte Beschaffenheit anzusehen sind. Dabei ist jedoch eine genaue Festlegung des Rahmens erforderlich, für die die Probe maßgeblich sein soll. Es muss also erkennbar sein, ob die Probe für alle ihre Eigenschaften oder nur für einzelne (z. B. Holzart oder Färbung oder Oberflächenstruktur usw.) herangezogen werden soll (vgl. BGH, Betrieb 1966, 415). Daneben steht die Regelung in § 13 Abs. 2 S. 2 VOB/B, wonach die Eigenschaften der Probe auch dann als zugesichert gelten, wenn die Probe erst nach Vertragsabschluss als solche anerkannt wird.

1280 Für die Vereinbarung einer Leistung nach Probe und die Probewidrigkeit der ausgeführten Leistung hat nach erfolgter Abnahme ebenso wie bei anderen Mängeln der Auftraggeber die **Beweislast**. Dabei ist aber im Gegensatz zu § 13 Abs. 1 VOB/B zu beachten, dass geringfügige Abweichungen, die nach der Verkehrssitte als bedeutungslos anzusehen sind (z. B. Farbabweichungen bei Natursteinen), vom Auftraggeber hingenommen werden müssen, ohne dass er Gewährleistungsansprüche geltend machen kann.

1281 Akzeptiert der Auftraggeber eine für ihn erkennbar fehlerhafte Probe des Auftragnehmers, so stehen ihm keine Gewährleistungsansprüche zu, wenn die spätere Leistung ebenfalls diese **Mängel der Probe** aufweist (BGH, DB 1957, 66). Weist die Probe oder das Muster dagegen einen versteckten, also einen objektiv nicht ohne Weiteres erkennbaren Mangel auf, und wird dieser entsprechend auf die Leistung übertragen, so ist der Auftragnehmer nur dann gewährleistungspflichtig, wenn die Probe von ihm, also dem Auftragnehmer stammt. Hat dagegen der Auftraggeber die Probe mit dem versteckten Mangel zur Verfügung gestellt, so richtet sich die Frage der Gewährleistungspflicht des Auftragnehmers nach § 13 Abs. 3 VOB/B in Verbindung mit § 4 Abs. 3 VOB/B; der Auftragnehmer hat demzufolge nur dann für die Mängel einzustehen, wenn er diese erkannt hat oder hätte erkennen können und seiner **Hinweispflicht** nicht nachgekommen ist (vgl. Ingenstau/Korbion/Wirth, VOB/B § 13 Abs. 2 Rn. 8; Kapellmann/Messerschmidt/Weyer, VOB/B, § 13 Rn. 59).

7.1.7 Maßgeblicher Zeitpunkt der Fehlerfreiheit: Abnahme

1282 Nach § 13 Abs. 1 VOB/B muss die Mangelfreiheit zum Zeitpunkt der Abnahme bestehen. Nichts anderes gilt für den BGB-Bauvertrag. Zwar enthält § 633 Abs. 1 BGB anders als § 13 Abs. 1 VOB/B keine Zeitbestimmung, sondern lediglich die Pflicht, das Werk frei von Sach- und Rechtsmängeln zu verschaffen: Diese Verschaffungspflicht ist jedoch in Verbindung mit § 640 Abs. 1 BGB zu lesen. Danach muss die **vereinbarte Bauleistung** (erst) **zum Zeitpunkt der Abnahme** mangelfrei sein; vorhandene Mängel sind (erst) bei Abnahme vorzubehalten. Hinsichtlich dieser zeitlichen Anknüpfung an die Abnahme sind folgende Besonderheiten zu beachten:

7.1 Die mangelhafte Bauleistung (§ 13 Abs. 1 VOB/B und § 633 Abs. 1 BGB)

7.1.7.1 Anknüpfungspunkt: rechtsgeschäftliche Abnahme

Es kommt allein auf die rechtsgeschäftliche Abnahme (bei einem VOB-Vertrag im Sinne des § 12 VOB/B) an. Denn die Abnahme ist nun einmal der Dreh- und Angelpunkt des Werkvertrages schlechthin. Mit ihr erklärt der Auftraggeber – ausdrücklich oder stillschweigend –, dass die Leistung im Wesentlichen vertragsgerecht erbracht worden ist. Abnahmen nach öffentlichem Recht, technische Abnahmen (vgl. § 4 Abs. 10 VOB/B) u. a. haben für die Beurteilung der Gewährleistungshaftung keine Bedeutung (vgl. dazu auch schon Rdn. 1156 ff.). **1283**

7.1.7.2 Bedeutung bei Änderungen der Regeln der Technik

Die starre Anbindung der Beurteilung der Mangelfreiheit einer Bauleistung an den Zeitpunkt der Abnahme hat im Gewährleistungsrecht weitreichende Konsequenzen. Dies gilt weniger für die Beurteilung eines Mangels; ein für die Prüfung der Erfüllung der Beschaffenheitsvereinbarung notwendiger Vergleich zwischen Soll- und Ist-Beschaffenheit dürfte bei Vertragsschluss oder während der Bauphase nicht anders ausfallen als bei der Abnahme. Anders jedoch bei den anerkannten Regeln der Technik: Gerade bei größeren Bauvorhaben ist es durchaus möglich, dass eine bestimmte Regel der Technik zum Zeitpunkt der Abnahme in völlig anderer Form existiert als zu dem Zeitpunkt, als der Vertrag geschlossen und kalkuliert wurde. Unbeschadet dessen ist jedoch anerkannt, dass das Bauwerk auch in diesen Fällen **die zum Zeitpunkt der Abnahme geltenden, anerkannten Regeln der Technik einhalten** muss (st. Rspr.: vgl. nur BGH, Urt. v. 14.05.1998 – VII ZR 184/97, BGHZ 139, 16, 19 = BauR 1998, 872, 873 = NJW 1998, 2814, 2815; Kniffka/Kniffka, § 633 Rn. 21). **1284**

▶ **Beispiel (vgl. auch OLG Düsseldorf, Urt. v. 23.12.2005 – I-22 U 32/04, 22 U 32/04, BauR 2006, 996)**

Der Architekt hatte für die Außenwände eine bestimmte Wärmedämmung geplant und ausgeschrieben, die zur Zeit der Ausschreibung den anerkannten Regeln der Technik entsprach. Auch bei Abschluss des Bauvertrages mit dem Bauunternehmer war das der Fall. Nach Vertragsabschluss und nach Fertigstellung der Außenwände, aber noch vor Abnahme der Bauleistung ändern sich die anerkannten Regeln der Technik. Insbesondere werden die Anforderungen an die Wärmedämmung in der neu gefassten DIN 4108 erhöht, wobei diese erhöhten Werte den anerkannten Regeln der Technik entsprechen.

Bei diesem Beispiel wird deutlich, in welche Schwierigkeiten der Bauunternehmer dadurch gerät, dass **für die Beurteilung seiner Leistung als mangelfrei oder mangelhaft der Zeitpunkt der Abnahme** und nicht der Zeitpunkt der Planung, des Vertragsschlusses oder der tatsächlichen Ausführung der jeweiligen Bauleistung maßgeblich ist. In der Sache wird der Auftragnehmer daher zu beachten haben, wobei hier unterschieden werden soll, ob sich eine anerkannte Regel der Technik vor oder nach der Abnahme geändert hat:

- **Änderungen der Regeln der Technik vor der Abnahme**
  Ändert sich eine Regel der Technik während der Bauausführung, hat der Auftragnehmer zur Vermeidung einer Mängelhaftung folgenden Weg zu beschreiten: **1285**
  – Der Auftragnehmer hat während der Bauphase ständig die Entwicklung der anerkannten Regeln der Technik einschließlich aller für ihn geltenden Normen in seinem Tätigkeitsgebiet zeitnah zu verfolgen. Auf eine **Änderung** hat er **den Auftraggeber unverzüglich hinzuweisen** (§ 4 Abs. 3 VOB/B). Gleichzeitig muss er klarstellen, in welchem Umfang die Änderung der anerkannten Regeln der Technik Einfluss auf die Mangelfreiheit seiner Werkleistung hat.
  – In Erwiderung hierauf hat nunmehr der **Auftraggeber zu prüfen**, ob er die **Bauausführung modifiziert und Änderungen des Bauentwurfs anordnet** (§ 1 Abs. 3 VOB/B). Ggf. ist auch die Beauftragung einer zusätzlichen Leistung erforderlich (§ 1 Abs. 4 S. 1 VOB/B). Für diese geänderte bzw. zusätzlich beauftragte Leistung kann der Auftragnehmer eine gesonderte Vergütung verlangen (§§ 2 Abs. 5 oder 2 Abs. 6 VOB/B). Verzichtet der Auftraggeber auf eine Änderung des Bauentwurfs oder die zusätzliche Beauftragung von Leistungen, wird der Auftragnehmer von seiner Gewährleistungshaftung frei (§§ 13 Abs. 3, 4 Abs. 3 VOB/B).

- **Änderung der Regeln der Technik nach der Abnahme**

1286 Zu unterscheiden von vorstehenden Sachverhalten ist die Haftung eines Auftragnehmers, wenn sich erst nach der Abnahme aufgrund neuer Erkenntnisse der Bautechnik die anerkannten Regeln der Bautechnik ändern. Hier ist zu differenzieren:

1287 – Hat ein Auftragnehmer entsprechend den für ihn geltenden anerkannten Regeln der Technik gebaut und ändern sich diese aufgrund neuer Erkenntnisse nach der Abnahme, aber noch während der Gewährleistungsfrist, liegt zumindest insoweit **kein Werkmangel** vor. Eine nachträgliche Änderung der Regeln der Technik, die bereits zum Zeitpunkt der Abnahme bekannte oder erkennbare Fehler korrigiert, ändert nichts daran, dass der Auftragnehmer entsprechend den für ihn während der Bauphase geltenden Regeln der Technik gebaut hat und **zum Zeitpunkt der Abnahme eine mangelfreie Leistung** vorlag. Daher kommt es auch nicht darauf an, ob diese Leistung den anerkannten Regeln der Technik im Zeitpunkt der späteren Beurteilung durch einen Sachverständigen oder gar durch das Gericht, das darüber in einem Baumängelprozess erst Jahre später entscheidet, entspricht. Missverständlich sind deswegen immerhin vor allem die beiden bekannten Flachdachurteile des BGH (Urt. v. 12.10.1967 – VII ZR 8/65, BGHZ 48, 310 = NJW 1968, 43 und Urt. v. 22.10.1970 – VII ZR 90/68, NJW 1971, 92): Der Bundesgerichtshof beschäftigte sich nämlich genau mit diesem Fall und bejahte eine Haftung, dies allerdings nicht aufgrund eines Verstoßes gegen die anerkannten Regeln der Technik, sondern wegen einer im Übrigen mangelhaften Bauleistung. Dies lag auf der Hand: Denn für die Beurteilung der Mangelhaftigkeit kommt es nicht auf einen Verstoß gegen die anerkannten Regeln der Technik an, wenn es unabhängig davon durchregnet (s. dazu sogleich Rdn. 1289).

1288 – Nicht zu verwechseln mit den Regeln der Technik ist eine nach Abnahme erfolgte Änderung einer den anerkannten Regeln der Technik zugrunde liegenden technischen Norm. Dasselbe gilt für den »Stand der Technik« – ein Begriff, der sich ebenfalls nicht mit den anerkannten Regeln der Technik deckt (vgl. hierzu auch: OLG Düsseldorf, Urt. v. 13.05.1998 – 22 U 245/96, BauR 1999, 787 = NJW-RR 1998, 1710, 1711 – s. dazu auch oben Rdn. 911 ff.). Deren Einhaltung führt für den Auftragnehmer nur zu einer **Beweiserleichterung** dahin gehend, dass die in der Norm niedergelegte technische Regel oder eine dem »Stand der Technik« folgende Ausführungsweise den allgemein anerkannten Regeln der Technik entspricht (Busche, in: Münch. Komm., § 633 Rn. 23 m. w. N.). Demgegenüber sagt sie nichts darüber aus, ob tatsächlich anhand einer anerkannten Regel der Technik gebaut wurde.

1289 – Soweit sich nach der Abnahme eine anerkannte Regel der Technik ändert, gewinnt an Bedeutung, dass nach § 13 Abs. 1 VOB/B und wohl auch nach § 633 Abs. 2 BGB die **Anforderung zur Einhaltung der Regeln der Technik neben der Beschaffenheitsvereinbarung** bzw. den weiteren Tatbestandsmerkmalen für einen Sachmangel steht (siehe auch in diesem Zusammenhang: OLG Frankfurt, Urt. v. 27.05.1981 – 17 U 82/80, BauR 1983, 156, 157 = NJW 1983, 456, 457 [Spannbetonbrücke]; ähnlich BGH, Urt. v. 19.01.1995 – VII ZR 131/93, BauR 1995, 230 = NJW-RR 1995, 472). Somit kann zum einen ein zum Zeitpunkt der **Abnahme nicht den anerkannten Regeln der Technik entsprechendes Werk** während der Nacherfüllung anders zu beurteilen sein, weil zwischenzeitlich z. B. eine Regel der Technik entfallen ist, sodass nunmehr keine Bedenken mehr gegen die Ausführung bestehen.

> ▶ **Beispiel (nach OLG Celle, Urt. v. 02.11.2011 – 14 U 52/11, BauR 2012, 509, 512)**
>
> Das von dem Auftragnehmer verwendete Wärmedämmverbundsystem entspricht zum Zeitpunkt der Ausführung und Abnahme nicht den geltenden Brandschutzvorgaben. Dies ist ein Mangel. Während der Gewährleistung und vor Mangelbeseitigung werden die Vorgaben geändert; die strengere Zulassungsnorm entfällt, sodass das ausgeführte System jetzt regelkonform ist.

Geht es allein um den hier beschriebenen Mangel, kann **keine Nacherfüllung** mehr verlangt werden. Denn die Nacherfüllung ist kein Selbstzweck. Vielmehr hat sich der allein vorliegende Mangel mit der Änderung der Regel der Technik schlicht erledigt. Etwas anderes würde nur dann gelten, wenn der Auftraggeber den Mangel schon repariert hätte. Dann könnte er noch Ersatz der Kosten verlangen.

Doch ist auch der umgekehrte Fall denkbar, nämlich dass **nach Abnahme eine Regel der Technik verschärft** wird. Hier ist zu beachten, dass eine Werkleistung trotz der zum Zeitpunkt der Abnahme erfolgten Einhaltung der anerkannten Regeln der Technik (aufgrund erst später gewonnener Erkenntnisse) gleichwohl bereits mit Fehlern behaftet sein kann, die der getroffenen Beschaffenheitsvereinbarung widersprechen oder hilfsweise die nach dem Vertrag vorausgesetzte oder hilfsweise gewöhnliche Verwendung aufheben oder mindern. Anschauliches Beispiel dafür sind die bekannt gewordenen vom Bundesgerichtshof entschiedenen Flachdachfälle (BGH, Urt. v. 12.10.1967 – VII ZR 8/65, BGHZ 48, 310, 311 f. = NJW 1968, 43 (Flachdach I) und BGH, Urt. v. 22.10.1970 – VII ZR 90/68, NJW 1971, 92 f. (Flachdach II); ähnlich OLG Frankfurt, a. a. O.; BGH, Urt. v. 20.11.1986 – VII ZR 360/85, BauR 1987, 207, 208; BGH, Urt. v. 19.01.1995 – VII ZR 131/93, BauR 1995, 230 f. = NJW-RR 1995, 472 f.). 1290

▶ **Beispiel**

Ein Dach, das trotz Einhaltung der anerkannten Regeln der Technik durchtropft, ist eindeutig mit einem Mangel behaftet, der aus Sicht aller Beteiligten einer getroffenen Beschaffenheitsvereinbarung widerspricht. Fehlt es an der Dichtigkeit, dürfte weiter gelten, dass dieser Umstand die Eignung des Dachs für die nach dem Vertrag vorausgesetzte, hilfsweise gewöhnliche Verwendung (Dichtigkeit ohne Wassereintritt) mindert oder aufhebt.

Allerdings: Bedeutung hat die Einhaltung der zum Zeitpunkt der Abnahme geltenden Regeln der Technik auch in diesen Fällen. Denn ein **Verschulden des Auftragnehmers** wird im Hinblick auf eine Schadensersatzhaftung (§§ 634 Nr. 4, 280 Abs. 1 S. 2 BGB, § 13 Abs. 7 VOB/B), ähnlich wie bei der Einhaltung der den anerkannten Regeln der Technik zugrunde liegenden technischen Regelwerke, nicht in Betracht kommen.

Problemfälle aufgrund einer nach der Abnahme erfolgten Änderung der anerkannten Regeln der Technik sind in der Baupraxis selten. Denn hierauf kommt es zumeist nicht an: Fast alle Gewährleistungsdiskussionen zwischen Auftraggeber und Auftragnehmer beruhen nämlich darauf, dass die Bauleistung während der Gewährleistungsfrist **Mängel(symptome)** aufweist. Diese allein führen bereits zu einer Haftung des Auftragnehmers (BGH, Urt. v. 20.11.1986 – VII ZR 360/85, BauR 1987, 207, 208; ebenso OLG Köln, Urt. v. 06.05.1991 – 12 U 130/88, BauR 1991, 759, 762 = NJW-RR 1991, 1077, 1078). Bedeutung hat die Frage des Zeitpunktes der Änderung einer anerkannten Regel der Technik allenfalls für den Auftragnehmer, wenn er sich im Rahmen der Schadensersatzhaftung von einem Verschulden freizeichnen will (so auch die Flachdachurteile des BGH: Urt. v. 12.10.1967 – VII ZR 8/65, BGHZ 48, 310, 312 = NJW 1968, 43, 44 und Urt. v. 22.10.1970 – VII ZR 90/68, NJW 1971, 92 f.). 1291

7.2 Gewährleistungs-/Mängelrechte des Auftraggebers nach VOB und BGB

Die Gewährleistungsrechte bei einem VOB-Vertrag richten sich nach § 13 VOB/B, bei einem BGB-Vertrag nach den §§ 633 ff. BGB. Daneben gelten die Grundsätze des allgemeinen Schuldrechts. Dies vorausgeschickt ist jeweils zu prüfen, mit welcher Zielrichtung ein Auftraggeber Mängelrechte geltend macht. 1292

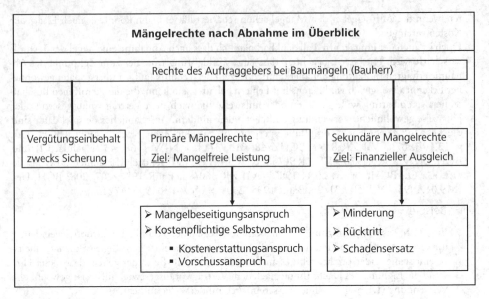

1293 Folgende Fragen muss er sich stellen:
- Will er den Auftragnehmer (lediglich) unter Druck setzen, den Mangel zu beseitigen? Dann wird er einen Vergütungsanteil einbehalten.
- Ist er vorrangig an der Mangelbeseitigung durch den Auftragnehmer interessiert? Dann wird er seine **primären Mangelbeseitigungsrechte** geltend machen. Diese verfolgen sämtlichst das Ziel, dass nach deren Durchsetzung der Mangel beseitigt ist. Hier geht es rechtlich um die Durchsetzung des Nacherfüllungsanspruchs bzw. um eine eigene Mangelbeseitigung auf Kosten des Auftragnehmers (Selbstvornahme). Dazu kann er dann für die ihm entstandenen Kosten einen Vorschuss- oder Kostenerstattungsanspruch geltend machen.
- Oder will er ggf. den Mangel hinnehmen und stattdessen (nur) einen finanziellen Ausgleich bzw. ergänzend dazu die Leistung zurückgeben? Dann wird er vorrangig **sekundäre Mängelrechte** geltend machen. Hierbei geht es vorrangig um das Recht auf Minderung und Schadensersatz wegen Mängeln und Mangelfolgeschäden, beim BGB-Vertrag zusätzlich um einen zumindest theoretischen Rücktritt vom Vertrag.

1294 Daneben ist an Schadensersatzansprüche wegen einer allgemeinen Pflichtverletzung (z. B. aus einem Beratungsverschulden) zu denken (s. dazu oben Rdn. 1277 ff.). Kommt es allerdings dadurch oder auch aus anderen Gründen zu einem Mangel der Bauleistung, werden alle sonstigen Ansprüche des Auftraggebers konkret wegen dieser Mängel durch die speziellen Mängelrechte der §§ 633 ff. BGB/§ 13 VOB/B verdrängt. Dies betrifft auch die teilweise an sich parallel in Betracht zu ziehenden Schadensersatzansprüche wegen **Aufklärungspflichtverletzung vor Vertragsschluss** nach §§ 311 Abs. 2, 241 Abs. 2, 280 Abs. 1 BGB. Etwas anderes gilt nur, wenn der Auftragnehmer arglistig bzw. vorsätzlich handelte. Zwar hat der Gesetzgeber an sich auch diese Verhaltensweisen durchaus im Gewährleistungsrecht gesehen. Dies zeigt schon die Sonderregelung zur Verjährung in § 634a Abs. 3 S. 1 BGB. Eine Exklusivität ergibt sich daraus aber nicht zwingend. Dies gilt zum Nachteil des vorsätzlich Täuschenden umso mehr, als dieser insoweit keinesfalls schutzbedürftig ist (so auch BGH, Urt. v. 27.03.2009 – V ZR 30/08, BGHZ 180, 205, 214 = BauR 2009, 1143, 1146 = NJW 2009, 2120, 2122 = NZBau 2009, 510, 512 zum Kaufrecht – a. A. aber etwa Palandt/Sprau, Vor § 633 Rn. 14).

▶ Beispiel

Ein Bauunternehmer soll einen Keller trocken legen. Im Rahmen einer vorherigen Beratung täuscht er den Bauherrn aus Kostengründen über die Eignung des gewählten Produktes. Später kommt es deswegen zu erheblichen Bauwerksschäden. Soweit dem Unternehmer hier ein vorsätzliches Handeln anzulasten ist, ständen dem Bauherrn nunmehr wahlweise Gewährleistungsrechte und Schadensersatzansprüche aus der Verletzung einer vorvertraglichen Aufklärungspflicht zu.

7.2.1 Überblick zu den Mängelansprüchen

Aus Vorstehendem ergibt sich, dass sich ein Auftraggeber im Klaren sein muss, mit welchem Ziel er Mängel verfolgt. Davon hängt auch die Wahl des richtigen Mangelrechts ab. Allerdings steht ihm nicht zu jedem Zeitpunkt jedes Mangelrecht zur Verfügung. Die verschiedenen Voraussetzungen ergeben sich vielmehr im Einzelnen aus § 13 VOB/B, bei einem BGB-Vertrag aus §§ 633 ff. BGB. BGB- und VOB-Rechte werden begleitet von Rechten des Auftraggebers nach dem allgemeinen Schuldrecht. 1295

	VOB-Vertrag	BGB-Werkvertrag
Vergütungseinbehalt	§§ 320, 641 Abs. 3 BGB	
Mangelbeseitigung/Nachbesserung/Nacherfüllung	§ 13 Abs. 5 Nr. 1 S. 1 VOB/B	§§ 634 Nr. 1, 635 BGB
Kostenpflichtige Ersatzvornahme mit Kostenerstattungsanspruch Vorschussanspruch	§ 13 Abs. 5 Nr. 2 VOB/B	§§ 634 Nr. 2, 637 BGB
Minderung	§ 13 Abs. 6 VOB/B	§§ 634 Nr. 3, 638 BGB
Rücktritt	nicht möglich	§§ 634 Nr. 3, 636, 323, 326 Abs. 5 BGB
Schadensersatz	(1) § 13 Abs. 7 VOB/B (2) § 280 Abs. 1 BGB	§§ 634 Nr. 4, 636, 280, 281, 283, 311a BGB

Vorrangig wird ein Auftraggeber bei Baumängeln prüfen, ob er Vergütungsanteile zurückbehalten kann (siehe dazu sogleich Rdn. 1297 ff.). Ein solcher Einbehalt dient seinem Sicherungsinteresse. Der Mangel ist damit aber noch nicht beseitigt. Hierzu kommt es erst, wenn der Auftraggeber auch die weiter gehenden Mängelrechte geltend macht. Diese sich aus § 13 VOB/B bzw. §§ 633 ff. BGB ergebenden Rechte werden nachfolgend dargestellt. Da diese nahezu identisch sind, werden die primären Mängelrechte Nacherfüllungs- (s. Rdn. 1307 ff.), Kostenerstattungs- (s. Rdn. 1347 ff.) und Vorschussanspruch (s. Rdn. 1377 ff.) einheitlich beschrieben. Ähnlich wird bei der Minderung verfahren, auch wenn es dort tatbestandliche Unterschiede zwischen VOB-und BGB-Vertrag gibt (s. Rdn. 1390 ff.). Aufgrund ihrer Unterschiedlichkeit gesondert erläutert werden jeweils für den VOB- und BGB-Vertrag der Anspruch auf Schadensersatz (Rdn. 1423 ff. bei einem BGB-Vertrag und Rdn. 1450 ff. bei einem VOB-Vertrag) sowie das allein beim BGB-Vertrag bestehende Recht auf Rücktritt – ein Recht, das es beim VOB-Vertrag nicht gibt (Rdn. 1413 ff.). 1296

7.2.2 Zurückbehaltungsrecht an der Vergütung (§§ 320, 641 Abs. 3 BGB)

Bei Mängeln an der Werkleistung kann der Auftraggeber sowohl bei einem VOB- als auch bei einem BGB-Werkvertrag die geschuldete Vergütung oder Teile davon zurückbehalten. Rechtsgrundlage hierfür ist § 320 BGB in Verbindung mit § 641 Abs. 3 BGB. 1297

7.2.2.1 Bedeutung des Zurückbehaltungsrechts nach §§ 320, 641 Abs. 3 BGB

Das Zurückbehaltungsrecht wird in einer rechtlichen Auseinandersetzung wegen Baumängeln typischerweise zu einem sehr frühen Zeitpunkt geltend gemacht. Es hat neben der Sicherungsfunktion für den Auftraggeber den Vorteil, dass er mit seiner Vergütungszahlung **ab Bestehen des Leistungsverweigerungsrechts nicht mehr in Verzug** geraten kann (BGH, Urt. v. 07.05.1982 – V ZR 90/81, BGHZ 84, 42, 44 = NJW 1982, 2242; BGH, Urt. v. 06.12.1991 – V ZR 229/90, BGHZ 116, 244, 1298

249 = NJW 1992, 556, 557) – und zwar unabhängig davon, ob das Zurückbehaltungsrecht (zunächst) geltend gemacht wird oder nicht. Auch Fälligkeitszinsen (vgl. § 641 Abs. 4 BGB) sind für die Dauer des Bestehens des Zurückbehaltungsrechts ausgeschlossen (BGH, Urt. v. 14.01.1971 – VII ZR 3/69, BGHZ 55, 198, 200 = NJW 1971, 615; BGH, Urt.v. 04.06.1973 – VII ZR 112/71, BGHZ 61, 42, 46 = NJW 1973, 1792).

▶ **Beispiel**

Der Auftragnehmer verlangt seine offene Vergütung von 30 000 € und mahnt diese mehrmals. Der Auftraggeber schweigt. Infolgedessen klagt der Auftragnehmer diese Vergütung nebst Fälligkeits- und Verzugszinsen ein; der Auftraggeber reklamiert jetzt erstmals eine mangelhafte Leistung, die in der Tat von den Mangelbeseitigungskosten her die Vergütungssumme übersteigt. Hier stehen dem Auftragnehmer keinerlei Zinsansprüche zu, obwohl der Einwand erst später erhoben wurde.

1299 Unbeschadet eines nicht mehr eintretenden Verzugs bereits ab Bestehen des Zurückbehaltungsrechts nach §§ 320, 641 Abs. 3 BGB bleibt es auf der anderen Seite dabei, dass es sich dabei doch (nur) um eine **Einrede** handelt. Sie muss also erstens tatsächlich erhoben werden, damit sie etwa in einem Prozess berücksichtigt werden kann. Zweitens ändert auch diese Einrede nichts an dem ja dagegen bestehenden Vergütungsanspruch des Auftragnehmers. Sie nimmt diesem nur seine Durchsetzbarkeit mit der Folge, dass ihr sogar stattgegeben wird – dies allerdings nur

Zug-um-Zug gegen Beseitigung der dagegen vorgebrachten Mängel. Nicht erforderlich ist es, dass ein Auftraggeber bereits in der Klageerwiderung selbst eine solche Zug-um-Zug-Verurteilung beantragt. Stattdessen genügt es, wenn sich sonst aus seinem Vorbringen ergibt, dass er sich auf ein solches Zurückbehaltungsrecht beruft (BGH, Urt. v. 07.10.1998 – VIII ZR 100/97, BauR 1999, 69, 70 = NJW 1999, 53). Weitere Voraussetzungen für diese Einrede bestehen ansonsten nicht. Insbesondere bedarf es für deren wirksamen Erhebung nicht der gleichzeitigen Geltendmachung von Mängelrechten, z. B. vorbereitender Fristsetzungen u. a. (BGH, Urt. v. 08.07.2004 – VII ZR 317/02, BauR 2004, 1616 f. = NJW-RR 2004, 1461, 1462 = NZBau 2004, 611). Ansonsten kommt es in einem **mehrstufigen Unternehmerverhältnis** für die Geltendmachung eines Zurückbehaltungsrechts nicht darauf an, dass jeder ein solches geltend macht.

▶ **Beispiel**

Der Bauherr hat bereits nach Abnahme die volle Vergütung an den Generalunternehmer bezahlt. Im Subunternehmerverhältnis sind noch Vergütungszahlungen offen. Jetzt treten Mängel auf, von denen der Bauherr zurzeit gar nichts weiß.

Hier kann der Generalunternehmer ohne Weiteres Vergütungsanteile nach §§ 320, 641 Abs. 3 BGB einbehalten. Die Tatsache, dass der Generalunternehmer schon seine Vergütung erhalten hat, ändert daran nichts. Auch die Regelung zur sog. Durchgriffsfälligkeit in § 641 Abs. 2 BGB, die vermeintlich diesen Fall regelt (s. dazu Rdn. 2578 ff.), führt nicht weiter. Denn diese schließt Leistungsverweigerungsrechte zur Vergütung nach §§ 320, 641 Abs. 3 BGB bei Mängeln nicht aus. (OLG Nürnberg, BauR 2004, 516, 517 = NJW-RR 2003, 1526 f. = NZBau 2004, 47; OLG Bamberg, Urt. v. 27.03.2008 – 1 U 164/07, BauR 2009, 113, 115 = NJW-RR 2008, 1471, 1472 = NZBau 2009, 41, 42). Dies gilt selbst in Anbetracht der Rechtsprechung des BGH zum Anspruchsausschluss unter dem Gesichtspunkt des Vorteilsausgleichs, wenn feststünde, dass der Generalunternehmer seinerseits wegen Mängeln von seinem Auftraggeber nicht mehr in Anspruch genommen wird (BGH, Urt. v. 28.09.2007 – VII ZR 81/06, BGHZ 173, 83, 86 = BauR 2007, 1564, 1565 f. = NJW 2007, 2695, 2696, s. dazu auch Rdn. 1553 ff.). Denn jedenfalls bei der Geltendmachung eines Anspruchs auf Nachbesserung im Wege eines Zurückbehaltungsrechtes kann beim zwischen geschalteten Generalunternehmer keine finanzielle Bereicherung eintreten, weil die Nachbesserung unmittelbar wiederum seinem eigenen Auftraggeber (Bauherrn) zugutekommt (OLG Frankfurt, Urt. v. 01.02.2008 – 4 U 15/07, BauR 2009, 547 [Ls.]).

7.2 Gewährleistungs-/Mängelrechte des Auftraggebers nach VOB und BGB

Ist der **Nacherfüllungsanspruch zwischenzeitlich verjährt**, ist aus Sicht des Auftraggebers bei der Geltendmachung eines Zurückbehaltungsrechts nach §§ 320, 641 Abs. 3 BGB zu unterscheiden: 1300
- Ist der Gewährleistungsmangel während der Gewährleistungsfrist aufgetreten, kann der Auftraggeber auch noch nach Ablauf der Verjährung eine Vergütung einbehalten (§ 215 BGB). Auf eine rechtzeitige Anzeige des Mangels kommt es demgegenüber nicht an.
- Etwas anderes gilt, wenn der Mangel erst nach Ablauf der Verjährung auftritt: Hier scheidet die Erhebung eines Zurückbehaltungsrechts nach §§ 320, 641 Abs. 3 BGB aus.

7.2.2.2 Höhe zulässiger Einbehalte

Der Auftraggeber kann bei bestehenden Mängeln zunächst ohne Risiko die **gesamte ausstehende Vergütung** einbehalten (BGH, Urt. v. 04.07.1996 – VII ZR 125/95, BauR 1997, 133, 134 = NJW-RR 1997, 18 ff.; BGH, Urt. v. 06.12.2007 – VII ZR 125/06, BauR 2008, 510, 511 = NJW-RR 2008, 401, 402). § 641 Abs. 3 BGB steht dem nicht entgegen, der einen Vergütungseinbehalt »**in der Regel**« **in der Höhe des Doppelten** der voraussichtlichen Mängelbeseitigungskosten zulässt (Gesetzesbegründung S. 7 zu § 641 BGB-E, BT-Drs. 14/1246). Stattdessen obliegt es dem Auftragnehmer darzulegen, dass der einbehaltene Betrag unverhältnismäßig hoch und deshalb unbillig ist (BGH, Urt. v. 04.07.1996 – VII ZR 125/95, BauR 1997, 133, 134 = NJW-RR 1997, 18 f.; BGH, Urt. v. 06.12.2007 – VII ZR 125/06, BauR 2008, 510, 511 = NJW-RR 2008, 401, 402). Hierbei hat er das **Durchsetzungsinteresse** (»**Druckzuschlag**«) des Auftraggebers an der Mängelbeseitigung zu berücksichtigen. Das heißt: Der Auftragnehmer muss substanziiert vortragen, ob und inwieweit eine nur teilweise Zurückbehaltung des Werklohnes als Druckmittel ausreicht, um ihn zur Mängelbeseitigung anzuhalten. Ob ein solcher Vortrag Erfolg hat, wird vom Einzelfall abhängen und maßgeblich durch den Grundsatz aus Treu und Glauben beeinflusst (BGH, Urt. v. 08.07.1982 – VII ZR 96/81, BauR 1982, 579, 580 = NJW 1982, 2494; BGH, Urt. v. 16.01.1992 – VII ZR 85/90, BauR 1992, 401, 402 = NJW 1992, 1632, 1633; Ingenstau/Korbion/Wirth, B § 13 Abs. 5 Rn. 247). Ergänzend hierzu gewinnt § 641 Abs. 3 BGB insoweit an Bedeutung, als **von Gesetzes wegen einem Einbehalt des Doppelten** der voraussichtlichen Mängelbeseitigungskosten als **Regel** angesehen wird, um den erforderlichen Druck zur Mängelbeseitigung aufzubauen. Selbst danach kann jedoch der Werklohn bei nur geringen Mängeln (ausnahmsweise) vollständig zurückbehalten werden, wenn z. B. mehrere Nachbesserungsversuche in der Vergangenheit gescheitert sind (OLG Oldenburg, Urt. v. 21.06.1995 – 2 U 93/94, NJW-RR 1996, 817) oder das Mängelbeseitigungsinteresse dies aus anderen Gründen rechtfertigt. 1301

▶ **Beispiel**

Der Auftragnehmer verlangt seine Vergütung von 12 000 €. Der Auftraggeber wendet Mängel ein, kann etwaige Mängelbeseitigungskosten aber schwer abschätzen. Er hält eine Spannbreite zwischen 2 000 und 7 000 € für möglich, ggf. auch mehr. Hier kann er zunächst alles einbehalten. Denn mit 7 000 € läge er unter Berücksichtigung des Druckzuschlages in jedem Fall über der offenen Restvergütung. Insoweit wäre es nunmehr am Auftragnehmer darzulegen, dass ein geringerer Einbehalt mit Druckzuschlag ausreicht, ihn zur Beseitigung der gerügten Mängel anzuhalten. Hierfür trägt er die Darlegungs- und Beweislast.

Fordert der Auftragnehmer von Anfang an nur einen **Teil seiner Vergütung**, ändert dies nichts an dem Zurückbehaltungsrecht des Auftraggebers an diesem Vergütungsteil. Dies gilt auch dann, wenn die Mängelbeseitigungskosten niedriger liegen als der noch nicht geltend gemachte Teil. Etwas anderes dürfte nur gelten, wenn der von Anfang an nicht geltend gemachte Vergütungsteil erstens unstreitig ist und zweitens nach den soeben dargestellten Grundsätzen ausreicht, um dem Sicherungsinteresse des Auftraggebers hinreichend Rechnung zu tragen (BGH, Urt. v. 01.07.1971 – VII ZR 224/69, BGHZ 56, 312, 314 f. = BauR 1971, 260, 261; Ingenstau/Korbion/Wirth, B § 13 Abs. 5 Rn. 265 f. m. w. N.). Keinesfalls beschränkt sich dagegen der Höhe nach der Einbehalt auf eine ggf. nach Abnahme nach einem Zahlungsplan nur noch fällige Schlusszahlung. 1302

▶ **Beispiel**

Nach einem Zahlungsplan sollen bis zu Abnahme 96,5 % der vereinbarten Vergütung (100 T€) zu zahlen sein, nach Beseitigung der Abnahmemängel der Rest (= 3.500 €). Bei Abnahme ist die dazu fällige vorletzte Rate von 12.000 € noch nicht bezahlt. Nunmehr treten weitere Mängel im Wert von 8.000 € auf.

In Fällen wie diesen kann der Auftraggeber unter Berücksichtigung des Druckzuschlages nach §§ 320 Abs. 1, 641 Abs. 3 BGB alles einbehalten. Eine Beschränkung etwa auf die zuletzt nach Abnahme noch fällige Rate findet nicht statt. Dies ergibt sich schon nicht aus dem Gesetz; doch auch die Vereinbarung eines Zahlungsplans stellt keine Abbedingung des gesetzlich vorgesehenen Zurückbehaltungsrechts im Hinblick auf eine nicht (ordnungsgemäß) erfüllte Leistung bei einem gegenseitigen Vertrag dar (vgl. auch BGH, Urt. v. 27.10.2011 – VII ZR 84/09, BauR 2012, 241, 243 = NJW 2012, 56, 57 = NZBau 2012, 34, 35, insoweit allerdings entschieden zu Ratenzahlungen bei einem Bauträgervertrag vor Abnahme).

7.2.2.3 Verlust des Zurückbehaltungsrechts

1303 Das Recht zum Einbehalt der Vergütung sichert den primären Erfüllungsanspruch des Auftraggebers, d. h. sein Interesse, dass er vom vorleistungspflichtigen Bauunternehmer eine mangelfreie Bauleistung erhält. Deswegen ist es für dessen Geltendmachung unbeachtlich, ob die Aufklärung der das Zurückbehaltungsrecht begründenden Mängel schwierig und zeitraubend ist (BGH, Urt. v. 31.03.2005 – VII ZR 369/02, BauR 2005, 1012, 1013 = NJW-RR 2005, 969). Ebenso ist **unbeachtlich, dass der Auftraggeber seine Gewährleistungsansprüche zwischenzeitlich an einen Dritten abgetreten** hat; für die Geltendmachung des Zurückbehaltungsrechts bedarf es insoweit nicht einmal einer gesonderten Ermächtigung dazu des dann Berechtigten (BGH, Urt. v. 26.07.2007 – VII ZR 262/05, BauR 2007, 1727, 1729 = NJW-RR 2007, 1612, 1613 = NZBau 2007, 639).

1304 Auf der anderen Seite **scheidet** in folgenden Fällen ein **Einbehalt der Vergütung nach § 320 BGB aus:**

1305 • Die Nacherfüllung bzw. Mängelbeseitigung ist ordnungsgemäß erfolgt.
• Dem Unternehmer wurde keine (ausreichende) Gelegenheit zur Nacherfüllung gewährt. Hauptfall ist, dass der Auftraggeber die Nacherfüllung endgültig verweigert (OLG Köln, Urt. v. 25.11.1975 – 15 U 43/75, BauR 1977, 275 276). Demgegenüber bleibt das Zurückbehaltungsrecht **erhalten**, wenn der Auftraggeber im Hinblick auf die angebotene Mängelbeseitigung (**zunächst nur**) in **Annahmeverzug** kommt (OLG Düsseldorf, Urt. v. 25.07.2003 – 23 U 78/02, I-23 U 78/02, BauR 2004, 514, 516).

▶ **Beispiel (nach BGH, Urt. v. 08.07.2004 – VII ZR 317/02, BauR 2004, 1616 = NJW-RR 2004, 1461 = NZBau 2004, 611)**

Der Auftraggeber kündigt den Auftragnehmer vorzeitig, fordert ihn zur Räumung der Baustelle auf und erteilt ein Baustellenverbot. Der Auftragnehmer stellt seine Schlussrechnung von 270 000 €, der Auftraggeber behält wegen Mängeln 150 000 € ein. Hier kommt der Auftraggeber wegen des Baustellenverbots allenfalls in Annahmeverzug, verliert aber nicht sein Mangelbeseitigungsrecht.

In Fällen wie vorstehendem beschränkt sich die Höhe des Zurückbehaltungsrechts während des Annahmeverzugs des Auftraggebers allerdings auf die Mängelbeseitigungskosten in einfacher Höhe, d. h.: Der Druckzuschlag kann für die Dauer des Annahmeverzugs nicht erhoben werden (BGH, Beschl. v. 04.04.2002 – VII ZR 252/01, BauR 2002, 1403 = NJW-RR 2002, 1025 = NZBau 2002, 383; BGH, Urt. v. 22.07.2010 – VII ZR 117/08, BauR 2010, 1935, 1936 = NJW-RR 2011, 21, 22 = NZBau 2010, 748, 749). Das **Zurückbehaltungsrecht** ginge dagegen vollständig **verloren**, wenn der Auftraggeber jetzt zu Unrecht die **Nacherfüllung endgültig ablehnt** (BGH, Urt. v. 22.03.1984 – VII ZR 286/82, BGHZ 90, 354, 358 f. = NJW 1984, 1679,

7.2 Gewährleistungs-/Mängelrechte des Auftraggebers nach VOB und BGB

1680; BGH, Urt. v. 06.12.1991 – V ZR 229/90, BGHZ 116, 244, 249 = NJW 1992, 556, 557; OLG Düsseldorf, Urt. v. 28.06.1991 – 22 U 1/91, BauR 1992, 72, 73 = NJW 1991, 3040; OLG Köln, Urt. v. 30.11.1994 – 13 U 64/94, NJW-RR 1995, 1393; OLG Hamm, Urt. v. 23.06.1995 – 12 U 25/95, BauR 1996, 123, 126 = NJW-RR 1996, 86 ff.; OLG Köln, Urt. v. 12.06.1995 – 19 U 295/94, NJW-RR 1996, 499, 500; a. A. aus der Rechsprechung: OLG Hamm, Urt. v. 05.11.1993 – 12 U 183/92, OLGR 1994, 194, 195, sowie eine verbreitete Ansicht in der Literatur, vgl. statt vieler nur: Ingenstau/Korbion/Wirth, B § 13 Abs. 5 Rn. 279).

- Der Auftraggeber verlangt nicht mehr Mängelbeseitigung, sondern nur noch Schadensersatz (etwa nach erfolgter Fristsetzung mit Ablehnungsandrohung – vgl. BGH, Urt. v. 23.11.1978 – VII ZR 29/78, BauR 1979, 152 f. = NJW 1979, 549, 550).
- Problematisch sind Fälle, in denen der Auftraggeber bereits über eine **anderweitige Absicherung der Gewährleistung** verfügt (z. B. einen Sicherheitseinbehalt). Hier kann er zwar ebenfalls eine an sich fällige Vergütungszahlung des Bauunternehmers einbehalten. In die sich anschließende Berechnung der Höhe des Vergütungseinbehaltes ist diese anderweitige Sicherung jedoch entsprechend dem verbleibenden Sicherungsinteresse des Auftraggebers unter Berücksichtigung des Druckzuschlags einzubeziehen (BGH, Urt. v. 09.07.1981 – VII ZR 40/80, BauR 1981, 577, 580 = NJW 1981, 2801; BGH, Urt. v. 08.07.1982 – VII ZR 96/81, BauR 1982, 579, 580 = NJW 1982, 2494).

Eine **Abbedingung des Rechts zum Einbehalt** von Vergütung in Individualvereinbarungen ist wirksam. Dasselbe gilt in Allgemeinen Geschäftsbedingungen gegenüber Gewerbetreibenden – es sei denn, dass der Ausschluss auch bei entscheidungsreifen Gegenansprüchen gelten soll (BGH, Urt. v. 16.10.1984 – X ZR 97/83, BGHZ 92, 312, 316 = NJW 1985, 219 f.; Dammann, in: Wolf/Lindacher/Pfeiffer, § 309 Nr. 2 Rn. 78 f.). Letzteres gilt vor allem bei unbestrittenen oder rechtskräftig festgestellten Forderungen. Für diese muss dem Auftraggeber ein Leistungsverweigerungsrecht zur Vergütung vorbehalten bleiben (BGH, Urt. v. 31.03.2005 – VII ZR 180/04, BauR 2005, 1010, 1012 = NJW-RR 2005, 919, 920). Unzulässig ist demgegenüber ein Ausschluss des Zurückbehaltungsrechts in Allgemeinen Geschäftsbedingungen gegenüber Privatpersonen (§ 309 Nr. 2a BGB). 1306

7.2.3 Nacherfüllungspflicht des Auftragnehmers (§ 13 Abs. 5 Nr. 1 VOB/B, §§ 634 Nr. 1, 635 BGB)

Der Auftragnehmer muss alle in der Gewährleistungsfrist auftretenden Mängel beseitigen, wenn es der Auftraggeber vor Ablauf der Frist verlangt. Dies ergibt sich für den VOB-Vertrag aus § 13 Abs. 5 Nr. 1 VOB/B, beim BGB-Werkvertrag aus §§ 634 Nr. 1, 635 BGB. Folgende Grundsätze sind zu beachten: 1307

7.2.3.1 Voraussetzungen

Für den Nacherfüllungsanspruch des Auftraggebers bestehen im Wesentlichen sieben Voraussetzungen: 1308

	VOB-Vertrag	BGB-Werkvertrag
Rechtsgrundlage	§ 13 Abs. 5 Nr. 1 S. 1 VOB/B	§§ 634 Nr. 1, 635 BGB
Voraussetzungen	(1) Existenz eines Mangels (2) Vorbehalt eines bekannten Mangels bei Abnahme (3) Kein Ablauf der Gewährleistungsfrist (4) (Schriftliche) Aufforderung des Auftragnehmers zur Beseitigung eines konkret zu beschreibenden Mangels, sinnvollerweise verbunden mit einer angemessenen Fristsetzung (keine Ablehnungsandrohung!) (5) Kein Beginn der Mangelbeseitigungsmaßnahmen durch den Auftraggeber (6) Mangelbeseitigung muss objektiv möglich sein/Keine Verweigerung wegen Unverhältnismäßigkeit (7) Kein Erlöschen aus sonstigen Gründen (insbesondere bei BGB-Vertrag nach geltend gemachtem Schadensersatz statt der Leistung, Rücktritt oder Minderung)	
Rechtsfolgen	• Pflicht des Auftragnehmers zur Beseitigung der Mängel einschließlich Erbringung von dafür erforderlichen Nebenleistungen und Schaffung eines vertragsgemäßen Zustandes auf eigene Kosten • Auswahl der Mangelbeseitigungsmaßnahme liegt bei Auftragnehmer	

7.2.3.1.1 Mangelhafte Bauleistung

1309 Die Bauleistung muss einen Mangel aufweisen. Zu Einzelheiten des Mangelbegriffs wurde oben Stellung genommen (siehe Rdn. 1234 ff.). Dieser Mangel muss zum Zeitpunkt des Nacherfüllungsverlangens auch noch vorhanden sein. Dies ist deshalb erheblich, weil sich z. T. Baumängel – sei es aus tatsächlichen, sei es aus technischen Gründen – von selbst erledigen können.

▶ **Beispiel (nach OLG Celle, Urt. v. 02.11.2011 – 14 U 52/11, BauR 2012, 509, 512)**

Das von dem Auftragnehmer verwendete Wärmedämmverbundsystem entspricht zum Zeitpunkt der Ausführung und Abnahme nicht den geltenden Brandschutzvorgaben. Dies ist ein Mangel. Während der Gewährleistung und vor Mangelbeseitigung werden die Vorgaben geändert; die strengere Zulassungsnorm entfällt, sodass das ausgeführte System jetzt regelkonform ist. Hier scheidet ein Nacherfüllungsanspruch aufgrund eines nicht mehr bestehenden Mangels aus.

Ergänzt sei immerhin, dass der Nacherfüllungsanspruch dem Grunde nach auch bei **unwesentlichen Mängeln** besteht (s. o. Rdn. 1240). Ob der Auftragnehmer den Mangel verschuldet hat, spielt für den Nacherfüllungsanspruch keine Rolle (BGH, Urt. v. 10.11.2005 – VII ZR 147/04, BauR 2006, 375, 376 = NJW-RR 2006, 240, 241). Vielmehr haftet er erfolgsabhängig auch dann, wenn ihn an einem Mangel – z. B. bei Einhaltung der DIN, der anerkannten Regeln der Technik oder etwaiger Herstellerangaben – **kein Verschulden** trifft (s. oben schon Rdn. 1251 ff.).

▶ **Beispiel**
(1) Auch bei einer regelgerechten Ausführung haftet ein Dachdecker auf Nacherfüllung, wenn nach seinen Arbeiten das Dach undicht ist. Auf eine Feststellung der Ursachen der Undichtigkeit des Dachs kommt es nicht an.
(2) Ebenso ist der Unternehmer, der eine Spannbetonbrücke herzustellen hat, gewährleistungspflichtig, wenn die Brücke Risse aufweist. Insoweit ist unerheblich, ob die Brücke nach den damals anerkannten Regeln der Technik erstellt worden ist (vgl. OLG Frankfurt, Urt. v. 27.05.1981 – 17 U 82/80, BauR 1983, 156, 157 = NJW 1983, 456, 457).

1310 Haben **mehrere gleichberechtigt** (also nicht im Subunternehmerverhältnis) arbeitende **Auftragnehmer einen Baumangel verursacht**, trägt jeder die alleinige Verantwortung für den gesamten Mangel. Ob ein daraufhin entstandener Schaden auf den (feststehenden) Mangel des einen oder anderen Unternehmers zurückgeht, spielt in entsprechender Anwendung des § 830 Abs. 1 S. 2 BGB keine Rolle

7.2 Gewährleistungs-/Mängelrechte des Auftraggebers nach VOB und BGB

– es sei denn, ein Unternehmer kann sich entsprechend entlasten (OLG Hamm, Urt. v. 23.10.2008 – 21 U 62/08, BauR 2009, 510, 511 = NZBau 2009, 315, 316; OLG Düsseldorf, Urt. v. 07.12.2010 – 21 U 156/09, BauR 2012, 1244, 1246; s. dazu auch Langen, BauR 2011, 381, 383).

▶ **Beispiel (nach OLG Hamm, a. a. O.)**

Ein Sanitärunternehmer erstellt einen undichten Ablauf einer Dusche. Auch der Bodenleger arbeitet an dem Wasserablauf mangelhaft. Es kommt zu einem Wasserschaden, der sowohl auf die eine als auch auf die andere Mangelursache zurückgehen kann. Hier haften beide für den Schaden, wenn sich der in Anspruch Genommene nicht entlasten kann.

In jedem Fall haften beide Unternehmer, wenn einer der Fehler allein genügt hätte, den Schaden herbeizuführen (vgl. OLG Hamm, Urt. v. 30.03.1995 – 17 U 205/93, BauR 1995, 852, 853 f. = NJW-RR 1996, 273, 274; OLG Düsseldorf, Urt. v. 28.10.1994 – 22 U 28/93, NJW-RR 1995, 339 f.; OLG Düsseldorf, Urt. v. 07.12.2010, a. a. O.).

Trotz dieser Doppelhaftung sind beide Unternehmer zumindest nicht ohne Weiteres **Gesamtschuldner**. Dies gilt vor allem dann, wenn deren Leistungen untereinander abgrenzbar sind. Hier ist das Leistungsinteresse auch aus Sicht des Auftraggebers nicht identisch; vielmehr haftet jeder Bauunternehmer nur für seine Leistung. 1311

▶ **Beispiel (nach OLG Düsseldorf, Urt. v. 12.12.1997 – 22 U 18/97, NJW-RR 1998, 527, 528)**

Bei der Errichtung einer Terrasse beauftragte der Bauherr einen Tiefbauer für die Bodenarbeiten und anschließend einen Pflasterleger. Später sackte die Terrasse ab. Der Sachverständige stellte fest, dass der Tiefbauer mangelhaftes Füllmaterial eingebaut hat; außerdem war die Pflasterung mit einem zu geringem Gefälle ausgeführt. Hier haftet jeder nur für seinen Fehler.

Man muss mit aller Deutlichkeit sagen, dass vorstehender Fall wohl an der Grenze zur Gesamtschuldnerstellung liegt und man dies möglicherweise auch hätte anders sehen können. Denn es gibt von dem vorgenannten Grundsatz, dass bei der Beauftragung von zwei Bauunternehmern in der Regel kein Gesamtschuldverhältnis vorliegt und demzufolge der Auftraggeber nicht von jedem der Baubeteiligten die Beseitigung des gesamten Mangels verlangen kann, wichtige Ausnahmen, die in der Praxis sehr weit reichen:

- Zu nennen sind zunächst Sachverhalte, in denen zwar unterschiedliche Leistungen an Unternehmer beauftragt werden, diese aber hinsichtlich ihrer Ausführung doch eine **innere Verknüpfung** aufweisen. Besonders bedeutsam ist die Annahme einer gesamtschuldnerischen Haftung der verschiedenen Bauunternehmer somit bei Baumängeln, bei denen der Erste mangelhaft leistet und der Folgeunternehmer in diesem Zusammenhang seine ihm **obliegende Prüf- und Hinweispflicht** (§ 4 Abs. 3 VOB/B) **verletzt** (BGH, Urt. v. 07.06.2001 – VII ZR 471/99, BauR 2001, 1414 = NJW-RR 2001, 1102 = NZBau 2001, 495). 1312

▶ **Beispiel (nach BGH, Urt. v. 07.06.2001, a. a. O.)**

Ein Estrichleger verlegt Estrich mit einem zu geringen Gefälle. Der Fliesenleger hätte dies merken müssen, was aber nicht geschieht. Deshalb verlegt er ebenfalls mit einem zu geringen Gefälle seine Fliesen. In einem solchen Fall liegt ein echtes Gesamtschuldverhältnis vor. Denn das zu geringe Gefälle des Bodens haben beide Unternehmer in gleicher Weise verschuldet. Aus Sicht des Auftraggebers bedeutet das im Hinblick auf die bestehende Gesamtschuldnerstellung:
- Er kann zunächst den Fliesenleger in Anspruch nehmen mit dem Ziel, dass dieser Fliesen mit einem ausreichenden Gefälle aufbringt. Zerstört er dadurch den Estrich, muss er diesen ebenfalls auf eigene Kosten erneuern.
- Der Auftraggeber kann aber auch den Estrichleger in Anspruch nehmen. Dass dieser später neue Fliesen aufbringen muss, gehört zu den nach § 635 Abs. 2 BGB notwendigen Nacharbeiten (s. dazu Rdn. 1338).

1313 • Gleichfalls ist bei der Beteiligung zweier Unternehmer von einem Gesamtschuldverhältnis auszugehen, wenn auftretende **Mängel letztlich nur einheitlich beseitigt** werden können (BGH, Urt. v. 26.06.2003 – VII ZR 126/02, BGHZ 155, 265, 268 f. = BauR 2003, 1379 f. = NJW 2003, 2980 f. = NZBau 2003, 557).

> ▶ Beispiel
>
> Bei einem Bauvorhaben zeigen sich Risse im Putz. Der Sachverständige stellt fest, dass diese sowohl auf einen Mangel des Rohbauers als auch auf einen mangelhaft aufgebrachten Putz zurückgehen. Hier ist die Mangelbeseitigung nur einheitlich möglich, weswegen ebenfalls ein Gesamtschuldverhältnis anzunehmen ist.

Zu unterscheiden von dieser Fallgruppe sind dagegen die Sachverhalte, in denen letzten Endes bei zwei aufeinanderfolgenden Gewerken die Mängel doch wieder getrennt zu beheben sind, wenn dies auch koordiniert werden muss. Die Mangelbehebung würde dann so erfolgen, wie sie bereits nach der Verteilung der unterschiedlichen Leistungspflichten in den Ursprungsverträgen beabsichtigt war (OLG Celle, Urt. v. 02.06.2010 – 14 U 205/03, BauR 2010, 1613, 1618).

> ▶ Beispiel (nach OLG Celle, a. a. O.)
>
> Bei der Errichtung eines Baumarktes schuldet Unternehmer 1 den Bau der gesamten Halle, Unternehmer 2 Lieferung und Installation der Lichtkuppeln. Später stellt sich heraus, dass das Dach undicht ist, was sowohl auf Schlechtleistungen des Unternehmers 1 als auch des Unternehmers 2 beruht.

Hier liegt keine gesamtschuldnerische Haftung vor; vielmehr schuldet jeder eine eigene Mangelbeseitigung an dem von ihm erbrachten Gewerk. Es ist jedoch ersichtlich, dass die genaue Abgrenzung zu den vorgenannten Fällen in der Praxis schwierig und möglicherweise auch nicht immer konsequent durchzuführen ist.

1314 Neben der Existenz eines Mangels stellt zumindest die VOB ferner klar, dass der Mangel auf eine **vertragswidrige Leistung des Auftragnehmers** zurückzuführen sein muss. Dies ist zumeist unproblematisch: Denn der Mangel einer Werkleistung indiziert die Vertragswidrigkeit, weil die erbrachte Leistung in der Regel gleichzeitig einer dazu getroffenen Beschaffenheitsvereinbarung widersprechen oder sich – insbesondere wenn eine solche fehlt – nicht für die nach dem Vertrag vorausgesetzte oder hilfsweise für die gewöhnliche Verwendung eignen dürfte. Etwas anderes könnte bei **Verschleißteilen** einer zunächst vertragsgerecht erbrachten Leistung gelten. Weisen diese einen Defekt auf, schuldet der Auftragnehmer nur dann eine Nacherfüllung, wenn dieser Defekt eine Folgeerscheinung einer an sich mangelhaften Leistung ist. Dies ist bei Verschleißteilen oder bei anderen der Abnutzung unterliegenden Bauteilen keineswegs zwingend.

> ▶ Beispiel
>
> Brennt nach einer zweijährigen Funktion eine Glühbirne durch, dürfte dieser Defekt mit einer Vertragswidrigkeit der Leistung des Auftragnehmers in aller Regel nichts zu tun haben. Ein Nacherfüllungsanspruch des Auftraggebers scheidet aus. Beruht der Defekt hingegen auf einer vom Auftragnehmer nicht fachgerecht hergestellten Stromversorgung, läge ein Werkmangel vor. Die sich daraus ergebende Nacherfüllungspflicht des Auftragnehmers würde den Ersatz der defekten Glühbirne einschließen.

Obwohl nur in der VOB ausdrücklich geregelt, gilt für den BGB-Werkvertrag insoweit nichts anderes.

7.2.3.1.2 Mangel während Verjährungsfrist/Mangelvorbehalt bei Abnahme

1315 Der Mangel muss während der Verjährungsfrist auftreten. Diese Voraussetzung ist so zu lesen, dass der Mangel »spätestens« während der Verjährungsfrist in Erscheinung treten muss. Selbstverständlich sind auch Mängelansprüche gegeben, wenn der Mangel schon bei Abnahme vorhanden war (In-

7.2 Gewährleistungs-/Mängelrechte des Auftraggebers nach VOB und BGB

genstau/Korbion/Wirth, B § 13 Abs. 5 Rn. 29). Allerdings: Hatte der Auftraggeber von solchen Mängeln bei Abnahme positive Kenntnis, muss er sie sich bei Abnahme vorbehalten, um seinen Nacherfüllungsanspruch nicht zu verlieren (Umkehrschluss aus § 12 Abs. 4 Nr. 1 S. 4 und Nr. 5 Abs. 3 VOB/B; § 640 Abs. 2 BGB – s. dazu auch ausführlich Rdn. 1206 ff.).

7.2.3.1.3 Mangelbeseitigungsaufforderung

Der Auftraggeber muss den Auftragnehmer zur Beseitigung des Mangels aufgefordert haben. Dies erfordert eine **eindeutige und inhaltlich zweifelsfreie empfangsbedürftige Willenserklärung** des Auftraggebers an den Auftragnehmer. Der Auftraggeber muss genau angeben, welcher Mangel aufgetreten ist und beseitigt werden soll. Diese **Konkretisierung der Mängelrüge** ist unerlässlich, damit der Auftragnehmer Art und Umfang der von ihm geforderten Nachbesserung erkennen und der Auftraggeber später nicht weitere Mängel nachschieben kann, ohne dass diese innerhalb der Gewährleistungsfrist gerügt worden waren. Anderseits muss es als ausreichend angesehen werden, wenn der Bauherr den Mangel seinem äußeren Erscheinungsbild nach genau bezeichnet und die genaue Lage des Mangels angibt, während eine Angabe der Ursachen nicht erforderlich ist. Mit einer solchen Mängelrüge sind dann alle Ursachen für dieses äußere Erscheinungsbild (z. B. Feuchtigkeit an einer bestimmten Stelle) gerügt (sog. **Symptom-Theorie** – s. dazu BGH, Urt. v. 09.10.1986 – VII ZR 184/85, BauR 1987, 84, 85 = NJW 1987, 381, 382; BGH, Urt. v. 26.02.1987 – VII ZR 64/86, BauR 1987, 443, 444 = NJW-RR 1987, 798; BGH, Urt. v. 06.10.1988 – VII ZR 227/87, BauR 1989, 79, 81 = NJW-RR 1989, 148, 149; BGH, Urt. v. 10.11.1988 – VII ZR 140/87, BauR 1989, 81, 82 = NJW-RR 1989, 208). Allerdings ist es nicht immer möglich, alle äußeren Erscheinungen eines Mangels im Detail und vollständig zu beschreiben.

1316

> **Beispiel (ähnlich OLG Hamm, Urt. v. 17.07.2008 – 21 U 145/05, BauR 2009, 137)**
>
> Auf einem Straßenbelag zeigen sich Spurrinnen in dem km-Bereich 3,2 bis 3,4. Der Bauherr fordert den Auftragnehmer, der einheitlich den km-Bereich 3,0 bis 4,0 bearbeitet hatte, unter Verweis auf die Spurrinnen auf, die Straße in Ordnung zu bringen. Später zeigen sich auch noch Schäden im km-Bereich km 3,6.

Hier erfasst die erste Mängelrüge auch die später auftretenden Schäden. Denn wenn mit einer Mängelrüge alle einem gerügten äußeren Erscheinungsbild zuzuordnenden Mängelursachen (z. B. eine unzulängliche Asphaltschicht) abgedeckt werden, geht es dabei gerade nicht um einzelne Km-Bereiche, sondern um die schadhafte Ursache insgesamt. Also ist dazu eine erneute Rüge nicht erforderlich (i. E. wohl ähnlich KG, Urt. v. 09.03.2009 – 10 U 61/04, Nichtzul.-Beschw. zurückgew., BGH, Beschl. v. 05.08.2010 – VII ZR 66/09, BauR 2011, 149).

> Beispiel für eine Mangelbeseitigungsaufforderung (s. dazu auch weiter gehende Erläuterungen unten Rdn. 1350 ff.)
>
> Bauvorhaben Bernburger Straße – Unser Bauvertrag
>
> vom 16.06.2009 zum Gewerk RLT
>
> Fristsetzung wegen aufgetretener Mängel
>
> Sehr geehrte Damen und Herren,
>
> nach Abnahme Ihrer Leistungen sind zahlreiche Mängel aufgetreten. Betroffen sind vor allem Leistungen im dritten und vierten Obergeschoss. Hierbei geht es vor allem um folgende Mängel:
> - 3. OG – Serviceraum: Drallauslässe nicht angeschlossen
> - 3. OG – Raum 3553: Schlitzschienen nicht angeschlossen
> - (...)
> - Wir fordern Sie auf, diese Mängel auf Ihre Kosten zu beseitigen. Hierzu gilt:
> 1. Für die Mangelbeseitigung setzen wir Ihnen eine Frist bis zum
>   (...) [**angemessene Frist**].

1317

Sollten Sie dieser Frist nicht nachkommen, werden wir die Beseitigung der Mängel auf Ihre Kosten veranlassen.
2. Sollten Sie der Ansicht sein, dass Ihnen eine Mangelbeseitigung bis zu vorgenanntem Datum nicht möglich ist, fordern wir Sie auf, uns bis zum (...) mitzuteilen, bis zu welchem Zeitpunkt die Mangelbehebung erfolgen kann. Gleichzeitig fordern wir Sie auf, spätestens bis zum (...) mit der Mangelbeseitigung zu beginnen.

Mit freundlichen Grüßen

Unterschrift des Auftraggebers

Von einer Mangelbeseitigungsaufforderung kann der Auftraggeber lediglich **absehen**, wenn der Auftragnehmer **zweifelsfrei und ernstlich** zu erkennen gibt, dass er einer solchen Aufforderung ohnehin nicht nachkommen wird (BGH, Urt. v. 12.06.1980 – VII ZR 198/79, BauR 1980, 465, 466; BGH, Urt. v. 15.03.1990 – VII ZR 311/88, BauR 1990, 466 = NJW-RR 1990, 786 f.).

Bei der ansonsten erforderlichen Mangelbeseitigungsaufforderung werden in der Praxis die meisten Fehler begangen. Daher sei zusammengefasst auf folgende wesentliche Punkte hingewiesen:

1318 • **Allgemeinfloskeln zur Mangelbeseitigung** reichen nicht. Auch wenn die Anforderungen an eine Mangelbeseitigungsaufforderung nicht zu streng sind, muss nach Vorstehendem stets geprüft werden, ob hinreichend deutlich wird, welcher Mangel beanstandet bzw. welche Nachbesserung vom Auftragnehmer erwartet wird (BGH, Urt. v. 27.04.1972 – VII ZR 144/70, BauR 1972, 311, 312 = NJW 1972, 1280, 1281; BGH, Urt. v. 29.04.1974 – VII ZR 29/73, BGHZ 62, 293, 295 = BauR 1974, 280, 281). Dabei genügt es für das Nachbesserungsverlangen, wenn die Mängel in Listen detailliert beschrieben werden, mit denen ein Sachverständiger vor Ort eindeutige Feststellungen treffen könnte (BGH, Urt. v. 12.06.1980 – VII ZR 270/79, BauR 1980, 574, 576; ebenso BGH, Urt. v. 27.02.2003 – VII ZR 338/01, BGHZ 154, 119, 122 = BauR 2003, 693, 694 = NJW 2003, 1526 = NZBau 2003, 267; BGH, Urt. v. 27.11.2003 – VII ZR 93/01, BauR 2004, 501, 503 = NJW-RR 2004, 303, 304 = NZBau 2004, 153, 154).

▶ Beispiel

Der Auftragnehmer wird aufgefordert, die Feuchteschäden im Raum x an der oberen Decke links zu beseitigen. Dies genügt, weil ein Dritter den Mangel anhand dieser Beschreibung ohne Weiteres identifizieren kann.

Erst recht genügt eine Bezugnahme auf Mängel gemäß einem dem Auftragnehmer bekannten Gutachten aus einem zuvor durchgeführten selbstständigen Beweisverfahren (BGH, Urt. v. 09.10.2008 – VII ZR 80/07, BauR 2009, 99, 100 = NJW 2009, 354, 355 = NZBau 2009, 173, 174). Nicht ausreichend ist es hingegen, die Bauleistung schlechthin als mangelhaft zu bezeichnen. Daher hilft es auch nichts, neben der konkreten Rüge eines Mangels eine Rüge für weitere vorhandene, noch nicht sichtbare und nicht erkennbare Mängel abzugeben. Unzulänglich ist auch die Rüge »An einigen Fenstern blättert die Farbe ab« (vgl. KG, Urt. v. 23.10.1973 – 7 U 871/73, BauR 1974, 345).

1319 • Der Auftraggeber muss **konkret die Mangelbeseitigung verlangen** (BGH, Urt. v. 29.04.1974 – VII ZR 29/73, BGHZ 62, 293, 295 = BauR 1974, 280, 281; BGH, Urt. v. 20.03.1975 – VII ZR 221/73, BauR 1975, 341, 343). Ausreichend ist, dass der Auftragnehmer erkennt, dass sich der Auftraggeber mit einer Mangelerscheinung nicht zufriedengibt und die Beseitigung erwartet.

▶ Beispiel

Es genügt durchaus eine Aufforderung an den Auftragnehmer, sich wegen der Mangelbeseitigung mit dem Architekten in Verbindung zu setzen (BGH, Urt. v. 29.04.1974 – VII ZR 29/73, BGHZ 62, 293, 295 = BauR 1974, 280, 281)

7.2 Gewährleistungs-/Mängelrechte des Auftraggebers nach VOB und BGB

Untauglich ist dagegen die Forderung an den Auftragnehmer nach Abgabe einer Erklärung, dass er zur Mangelbeseitigung bereit ist. Denn auf eine solche Erklärung hat der Auftraggeber keinen Anspruch. Dasselbe gilt für die Aufforderung zur Übergabe irgendwelcher Unterlagen oder Nachweise (soweit das nicht gesondert vereinbart ist).

▶ **Beispiel (ähnlich OLG Düsseldorf, Urt. v. 18.11.2008 – 23 U 164/07, IBR 2009, 378)**

Streitig ist, ob das Bauvorhaben die Brandschutzbestimmungen einhält. Der Auftraggeber fordert den Auftragnehmer zur Übergabe entsprechender Nachweise auf, was so nicht im Vertrag vorgesehen war. Das ist keine taugliche Mangelbeseitigungsaufforderung.

Die Mangelbeseitigungsaufforderung muss stattdessen jeweils erkennen lassen, was genau konkret erwartet wird. Daher reicht es in der Regel auch nicht aus, einfach **Schreiben Dritter kommentarlos an seinen Auftragnehmer weiterzuleiten** – was vor allem im Subunternehmerverhältnis vorkommt (s. dazu Joussen/Vygen, Subunternehmervertrag, Rn. 446 ff.).

▶ **Beispiel (ähnlich OLG Stuttgart, Urt. v. 21.04.2009 – 10 U 9/09, IBR 2010, 327)**

Der Generalunternehmer sendet eine Mangelrüge des Bauherrn mit einer dort enthaltenen Frist aus »Zeitgründen« kommentarlos an den Subunternehmer per Fax weiter. Diese Vorgehensweise stellt keine ausreichende Mangelbeseitigungsaufforderung des GU an den Subunternehmer dar. Vielmehr müsste sich der GU diese Mängelrüge des Bauherrn zumindest etwa in einem Begleitschreiben zu eigen machen und auch den Subunternehmer zu einer Mangelbeseitigung auffordern.

- Die Mangelbeseitigungsaufforderung muss **nachweisbar zugegangen** sein. 1320
- Die Mangelbeseitigungsaufforderung sollte praktischerweise eine **Fristsetzung** enthalten. Dies ist zwar für den eigentlichen Nacherfüllungsanspruch nicht erforderlich. Sie ist jedoch Voraussetzung für die nach einer Mangelbeseitigungsaufforderung entstehenden Folgeansprüche. Daher ist es sinnvoll, diese Ansprüche bereits mit der ersten Mangelbeseitigungsaufforderung vorzubereiten. Hinzu kommt, dass der (fruchtlose) Ablauf der Frist Rechtsklarheit schafft: Denn anschließend ist der Auftraggeber nicht verpflichtet, ein weiteres Angebot des Auftragnehmers zur Mängelbeseitigung anzunehmen (BGH, Urt. v. 27.02.2003 – VII ZR 338/01, BGHZ 154, 119, 122 = BauR 2003, 693, 694 = NJW 2003, 1526 = NZBau 2003, 267; BGH, Urt. v. 27.11.2003 – VII ZR 93/01, BauR 2004, 501, 503 = NJW-RR 2004, 303, 304 = NZBau 2004, 153, 154 – s. dazu auch Rdn. 1354). 1321
- Bei VOB-Verträgen im Besonderen bedarf die Mangelbeseitigungsaufforderung für die Entstehung des Nacherfüllungsanspruchs entgegen dem Wortlaut des § 13 Abs. 5 Nr. 1 VOB/B **nicht der Schriftform**. Stattdessen kann sie mündlich erfolgen (BGH, Urt. v. 27.04.1972 – VII ZR 144/70, BGHZ 58, 332, 334 = BauR 1972, 311 = NJW 1972, 1280; BGH, Beschl. v. 25.01.2007 – VII ZR 41/06, BauR 2007, 700, 703 = NJW-RR 2007, 597, 598 f.). Hiervon ist jedoch aus Nachweisgründen dringend abzuraten. Auch gewinnt die Einhaltung der Schriftform insoweit an Bedeutung, als nur eine schriftliche Mangelbeseitigungsaufforderung bei VOB-Verträgen (nicht bei BGB-Verträgen!) eine gesonderte Verjährung der Mängelansprüche auslöst (§ 13 Nr. 5 Abs. 1 S. 2 VOB/B – BGH, Urt. v. 19.09.1985 – IX ZR 16/85, BGHZ 95, 375, 383 = NJW 1986, 310, 312; s. dazu auch unten Rdn. 1596). 1322
- Schließlich kann und sollte der Auftraggeber in seiner Mangelbeseitigungsaufforderung davon absehen, dem Auftragnehmer vorzuschreiben, wie der Mangel zu beseitigen ist. Hierauf hat er keinen Einfluss. Stattdessen hat der Auftragnehmer die **Wahlfreiheit hinsichtlich der Methode der Mangelbeseitigung** (§ 635 Abs. 1 BGB) (vgl. schon so zum alten Recht: BGH, Urt. v. 04.06.1973 – VII ZR 112/71, BauR 1973, 313, 317; OLG Hamm, Urt. v. 30.03.1995 – 17 U 205/93, BauR 1995, 852, 853 = NJW-RR 1996, 273 f.). Insoweit trägt er allerdings auch das volle Risiko des Erfolgs. Dies gilt auch dann, wenn sich der Auftraggeber mit einer bestimmten **Mangelbeseitigung** »einverstanden« erklärt hat (OLG Celle, Urt. v. 02.06.2010 – 14 U 205/03, BauR 2010, 1613, 1616; OLG Brandenburg, Urt. v. 15.06.2011 – 4 U 144/10, BauR 2011, 1705, [Ls.]). Das aber heißt weiter, dass ein Auftraggeber in aller Regel angebotene 1323

Mangelbeseitigungsmaßnahmen nicht zurückweisen darf. Er gerät dadurch in Annahmeverzug. Eine Zurückweisung wäre nur dann zulässig, wenn die Mangelbeseitigung nur auf eine bestimmte Art und Weise erfolgen kann und die angebotene Mangelbeseitigung untauglich ist (BGH, Urt. v. 05.05.2011 – VII ZR 28/10, BauR 2011, 1336, 1337 = NJW 2011, 1872, 1873 = NZBau 2011, 413, 414).

▶ **Beispiel (nach BGH, a. a. O.)**

Der Auftragnehmer baut eine Treppe ein, deren Mängel nach sachverständiger Feststellung ausschließlich im ausgebauten Zustand zu beheben sind. Wenn dies so eindeutig feststeht, kann der Auftraggeber zu Recht jede andere Mangelbeseitigung (Herumdoktern im eingebauten Zustand) ablehnen.

Allerdings: Ein Annahmeverzug wäre nicht schon dann ausgeschlossen, wenn der Auftraggeber über die Geeignetheit einer Mangelbeseitigung irrt und meint, dass dadurch keine mangelfreie Leistung zu erreichen ist. Insoweit könnte es allenfalls an einem Verschulden des Auftraggebers fehlen, was aber für einen Annahmeverzug keine Rolle spielt (BGH, Urt. v. 22.07.2010 – VII ZR 117/08, BauR 2010, 1935, 1936 = NJW-RR 2011, 21, 22 = NZBau 2010, 748, 749).

1324 Zu beachten ist, dass eine Mangelbeseitigungsaufforderung vor allem dann, wenn sie **völlig überzogen** ist, zu deren **Unwirksamkeit** führen kann (BGH, Urt. v. 05.10.2005 – X ZR 276/02, BauR 2006, 524, 526 f. = NJW 2006, 769, 771).

▶ **Beispiel**

An einer Treppenhauswand zeigen sich kleinere Schwindrisse, die sich offensichtlich durch Nachspachteln und malermäßiger Ausbesserung beseitigen lassen. Der Auftraggeber besteht auf die Anbringung eines neuen Putzes. Dies ist eine völlig überzogene Mangelbeseitigungsaufforderung, die ggf. sogar zu deren Unwirksamkeit führen kann.

Bedeutung hat dies vor allem dann, wenn der Auftraggeber nach Ablauf einer gleichzeitig gesetzten Frist vermeintlich dann entstandene Vorschussansprüche geltend machen will. Hiermit dringt er in diesem Fall nicht durch: Denn diese Ansprüche bedingen eine zuvor gesetzte wirksame Geltendmachung eines Mangelbeseitigungsanspruchs unter Setzen einer Frist.

7.2.3.1.4 Noch kein Beginn mit der Mangelbeseitigung

1325 Negative Voraussetzung für den Nacherfüllungsanspruch ist, dass der Auftraggeber vor der ausgesprochenen Aufforderung nicht mit der Mangelbeseitigung begonnen hat. Der **Auftragnehmer** hat nicht nur eine Pflicht, sondern auch ein »**Recht zur Mangelbeseitigung**« (BGH, Urt. v. 22.03.1984 – VII ZR 50/82, BGHZ 90, 344, 350 = BauR 1984, 395, 399 = NJW 1984, 1676, 1678). Dabei sollte man aber sinnvollerweise weniger von einem Recht des Auftragnehmers zur Mangelbeseitigung als richtigerweise von der **Obliegenheit des Auftraggebers** sprechen, im Hinblick auf die gesetzlichen Regelungen bzw. die Regelungen der VOB/B dem Auftragnehmer vor einer Selbstvornahme die Gelegenheit zur Mangelbeseitigung zu geben. Denn selbstverständlich kann der Auftragnehmer nicht aktiv die Mangelbeseitigung verlangen; vielmehr erleidet nur der Auftraggeber in Form des Verlusts seiner Kostenerstattungsansprüche Rechtsnachteile, wenn er dem Auftragnehmer diese vorrangige Möglichkeit der Selbstbeseitigung nicht gewährt (vgl. auch zu der vergleichbaren Rechtslage im Kaufrecht BGH, Urt. v. 21.12.2005 – VIII ZR 49/05, NJW 2006, 1195, 1196 f.).

1326 Das »Recht« des Auftragnehmers zur Beseitigung der von ihm verursachten Mängel korrespondiert mit der **Verpflichtung des Auftraggebers**, dem Auftragnehmer **die Werkleistung zum Zwecke der Mangelbeseitigung zur Verfügung zu stellen.** Diese Pflicht besteht selbstverständlich erst dann, wenn der Auftraggeber den Auftragnehmer zur Mangelbeseitigung aufgefordert hat. Folglich ist beispielsweise ein Baustellenverbot nach einer Kündigung vor einer Mangelbeseitigungsaufforderung für den Nacherfüllungsanspruch des Auftraggebers unschädlich. Besteht hingegen ein Nacherfüllungsanspruch, führt ein Baustellenverbot bei einer Leistungsbereitschaft des Auftragnehmers

7.2 Gewährleistungs-/Mängelrechte des Auftraggebers nach VOB und BGB

zum Annahmeverzug des Auftraggebers (BGH, Urt. v. 08.07.2004 – VII ZR 317/02, BauR 2004, 1616 = NJW-RR 2004, 1461, 1462), nicht jedoch zum Verlust des Nacherfüllungsanspruchs. Dasselbe gilt, wenn der Auftraggeber eine angebotene Mangelbeseitigung zurückweist, weil er sie schuldlos für ungeeignet hält (BGH, Urt. v. 22.07.2010 – VII ZR 117/08, BauR 2010, 1935, 1936 = NJW-RR 2011, 21, 22 = NZBau 2010, 748, 749; s. oben Rdn. 1323).

Die bisher gezeigte Qualität der Werkleistungen stellt in der Regel keinen Grund dar, dem Auftragnehmer das Recht zur Mangelbeseitigung abzusprechen. Selbst wenn die zunächst erbrachte **Bauleistung unbrauchbar** ist und sich der Werkunternehmer damit als fachlich unqualifiziert erwiesen hat, ist ihm Gelegenheit zur Nacherfüllung zu geben. Denn es ist nicht ausgeschlossen, dass er sich zur sachgerechten Nacherfüllung erforderlichenfalls fremder Hilfe bedient (OLG Koblenz, Urt. v. 19.07.2001 – 5 U 443/01, BauR 2002, 1110, 1111 = NJW-RR 2002, 669). **1327**

Vorstehendes **Recht des Auftragnehmers auf Mangelbeseitigung** wird immerhin in wenigen **Ausnahmefällen durchbrochen**. Für diese trägt der Auftraggeber jeweils die Beweislast. Zu nennen sind vor allem folgende Sachverhalte: **1328**

- Es ist **Gefahr im Verzug** (OLG Düsseldorf, Urt. v. 16.10.1992 – 22 U 63/92, NJW-RR 1993, 477, 478).
- Das Verhalten des Auftragnehmers lässt eindeutig erkennen, dass er **endgültig und ernstlich keine Mangelbeseitigung** vornehmen wird (BGH, Urt. v. 12.06.1980 – VII ZR 198/79, BauR 1980, 465, 466; BGH, Urt. v. 15.03.1990 – VII ZR 311/88, BauR 1990, 466 = NJW-RR 1990, 786 f.; BGH, Urt. v. 24.02.1983 – VII ZR 210/82, BauR 1983, 258, 259 = NJW 1983, 1731, 1732). Dies ist aber nicht anzunehmen, wenn sich der Auftragnehmer »nur aus Kulanz« zur Mängelbeseitigung bereit erklärt (OLG Koblenz, Beschl. v. 16.07.2009 – 5 U 605/09, BauR 2009, 1633 [Ls.]).
- Entsprechendes gilt, wenn der Auftragnehmer einen Mangel bei der Abnahme **arglistig verschwiegen** hat (BGH, Urt. v. 09.01.2008 – VIII ZR 210/06, NJW 2008, 1371, 1372 f. zu der vergleichbaren Rechtslage im Kaufrecht): Auch hier ist dem Auftraggeber nicht zuzumuten, nunmehr erneut den Auftragnehmer »im Rahmen einer zweiten Chance« mit der Werkleistung zu befassen.
- Der Auftragnehmer hat sich fachlich oder aus sonstigen Gründen (z. B. terminlich) **derart unzuverlässig gezeigt**, dass dem Auftraggeber aus Treu und Glauben nicht mehr zuzumuten ist, den Auftragnehmer mit der Nachbesserung zu beauftragen (OLG Düsseldorf, Urt. v. 30.08.1995 – 22 U 11/95, BauR 1996, 260 = NJW-RR 1996, 401; Ingenstau/Korbion/Wirth, B § 13 Abs. 5 Rn. 54 m. w. N.) – ein Ausnahmetatbestand, der gerade im Hinblick auf die zuvor zitierte Rechtsprechung etwa des OLG Koblenz (Urt. v. 19.07.2001 – 5 U 443/01, BauR 2002, 1110, 1111 = NJW-RR 2002, 669) in der Praxis für den Auftraggeber nur schwer zu beweisen sein wird.

> ▶ **Beispiel**
>
> Der Auftragnehmer begeht gröbste Mängel. Der Auftragnehmer hält ihn für derart unzuverlässig, dass er ihn nicht nochmals an die Baustelle lassen will. Dies ist zwar an sich nicht abwegig. Allerdings trägt der Auftraggeber hier die Beweislast, dass eine Mangelbeseitigungsaufforderung möglicherweise den Auftragnehmer nicht doch veranlasst hätte, nunmehr zuverlässiges Personal zu schicken.

Die bloße Insolvenz des Auftragnehmers reicht dagegen nicht für die Begründung der Unzuverlässigkeit mit der Rechtfertigung einer unterbleibenden Mangelbeseitigungsaufforderung aus (OLG Düsseldorf, Urt. v. 17.12.2009 – 5 U 57/09, BauR 2011, 121, 125).

- Der Auftragnehmer hat sein Recht auf Mangelbeseitigung (endgültig) verloren, weil er eine **angemessene Frist zur Mangelbeseitigung hat fruchtlos verstreichen** lassen. In diesem Fall ist der Auftragnehmer ohne Zustimmung des Auftraggebers gehindert, seine Leistung nunmehr verspätet nachzubessern (s. dazu auch Rdn. 1354). Umgekehrt ist der Auftraggeber nicht verpflichtet, eine vom Auftragnehmer jetzt noch angebotene Nacherfüllung anzunehmen (BGH, Urt. v. 27.02.2003 – VII ZR 338/01, BGHZ 154, 119, 122 = BauR 2003, 693, 694 = NJW 2003,

1526 = NZBau 2003, 267; BGH, Urt. v. 27.11.2003 – VII ZR 93/01, BauR 2004, 501, 503 = NJW-RR 2004, 303, 305 = NZBau 2004, 153, 154 f. – a. A. OLG Hamm, Urt. v. 03.12.2004 – 19 U 93/04, BauR 2005, 1190, 1191 f.). Stattdessen stehen ihm wahlweise die verschiedenen vom Fristablauf abhängenden Mängelrechte zu. Dies wiederum soll – so eine im Ergebnis wenig überzeugende Entscheidung des OLG Celle (Urt. v. 05.02.2009 – 6 U 96/07, OLGR Celle 2009, 717) – den Auftragnehmer in die Lage versetzen, nunmehr seinerseits den Auftraggeber mit der Auswahl eines Mangelrechts in Verzug zu setzen und ihm dazu eine Frist zu setzen. Übe dieser jetzt sein Wahlrecht zur Art und Weise der Mangelbeseitigung nicht aus, gehe es gemäß § 269 Abs. 2 S. 2 BGB wieder auf den Auftragnehmer über. Dies erscheint geradezu fernliegend (i. E. ebenso: Messerschmidt/Voit/Moufang, § 635 Rn. 19; Münch. Komm./Busche, § 635 Rn. 2): Anschaulich zeigt sich das schon an § 263 Abs. 2 BGB: Denn anders als dort vorgesehen steht es dem Auftraggeber ja im Mängelrecht gerade frei, zwischen den verschiedenen Mängelrechten zu wählen, ohne dass eines dieser Rechte konkret von ihm geschuldet wäre. Insoweit ist es dem Auftraggeber sogar erlaubt, im Bedarfsfall später von dem einen Recht zum anderen zu wechseln (etwa vom Recht der Selbstvornahme auf Schadensersatz – s. dazu auch Kapellmann/Messerschmidt/Weyer, B § 13 Rn. 272). Dieses Wahlrecht geht nicht dadurch verloren, dass er es fallbezogen erst zu einem späteren (ggf. geeigneten) Zeitpunkt ausübt.

7.2.3.1.5 Keine Unmöglichkeit der Mangelbeseitigung/Unverhältnismäßiger Kostenaufwand

1329 Die Mangelbeseitigung muss objektiv zumindest möglich sein. Ist sie unmöglich, entfällt der Anspruch des Auftraggebers auf Nacherfüllung (§ 275 Abs. 1 BGB). Eine Unmöglichkeit der Leistungserfüllung liegt auch vor, wenn die **Mangelbeseitigung einen Aufwand** erfordern würde, der unter Beachtung des Inhalts des Schuldverhältnisses und dem Gebot von Treu und Glauben in einem groben **Missverhältnis zum Leistungsinteresse des Gläubigers** (Auftraggebers) stünde (§ 275 Abs. 2 BGB). Ist dies der Fall, erlischt die Leistungsverpflichtung des Auftragnehmers insgesamt, d. h. es kommen dann auch die sonstigen Mängelrechte wie etwa eine Minderung o. ä. nicht mehr in Betracht (s. näher zur technischen Unmöglichkeit auch unten Rdn. 1397). Somit bedarf es dafür ganz außerordentlicher Sachverhalte und Aufwendungen, die im Hinblick auf das Leistungsinteresse des Auftraggebers schlicht nicht mehr als annehmbar angesehen werden können. Unterhalb der Unmöglichkeit, d. h. des völligen Freiwerdens von jeglicher Leistungspflicht steht das sehr ähnlich ausgestaltete Recht des Auftragnehmers nach § 635 Abs. 3 BGB. Danach kann er die **Nacherfüllung verweigern**, wenn sie nur mit unverhältnismäßigen Kosten verbunden wäre. Hierbei handelt es sich um eine **Einrede**, auf die der Auftragnehmer sich berufen muss; sie gilt bei einem **VOB-Vertrag** in gleicher Weise (OLG Jena, Urt. v. 27.07.2006 – 1 U 897/04, BauR 2009, 669, 672). Die Abgrenzung zu § 275 Abs. 2 BGB mag im Einzelfall schwer fallen. Doch ergibt sie sich gerade daraus, dass für § 635 Abs. 3 BGB bereits im Rahmen einer Abwägung zwischen Nutzen und Vorteil eine Unverhältnismäßigkeit ausreicht; dagegen muss der Aufwand im Rahmen des § 275 Abs. 2 BGB mit der Konsequenz des Wegfalls der Leistungsverpflichtung noch darüber hinaus gehen. Auch geht es bei § 275 Abs. 2 BGB um das Leistungsinteresse des Auftraggebers insgesamt; dagegen ist Maßstab einer bei § 635 Abs. 3 BGB anzustellenden objektiven Verhältnismäßigkeitprüfung der Unterschied zwischen Mangelbeseitigungsaufwand und dem objektiv dadurch erzielbaren Mehrwert der Bauleistung im mangelfreien Zustand (s. dazu auch Kniffka/Krause-Allenstein, § 635 Rn 44 ff.).

1330 Greift nach Vorstehendem die **Einrede der Unverhältnismäßigkeit**, bedeutet das, dass der Auftraggeber die Nacherfüllung verweigern darf. Der Einwand ist gerechtfertigt, wenn einem **objektiv geringen Interesse des Bestellers** an einer mangelfreien Vertragsleistung unter Abwägung aller Umstände ein ganz erheblicher und deshalb vergleichsweise unangemessener Aufwand gegenübersteht, sodass die **Forderung auf ordnungsgemäße Vertragserfüllung gegen Treu und Glauben** verstößt (BGH, Urt. v. 26.10.1972 – VII ZR 181/71, BGHZ 59, 365, 367 f. = BauR 1973, 112, 113 = NJW 1973, 138, 139; BGH, Urt. v. 04.07.1996 – VI ZR 24/95, BauR 1996, 858 f. = NJW 1996, 3269 f.; BGH, Urt. v. 10.11.2005 – VII ZR 64/04, BauR 2006, 377, 378 = NJW-RR 2006, 304, 305). Alleiniger Maßstab für das objektiv berechtigte Interesse des Bestellers an der Nacherfüllung ist in der Regel der vereinbarte oder nach dem Vertrag vorausgesetzte Gebrauch bzw. die Funktions-

7.2 Gewährleistungs-/Mängelrechte des Auftraggebers nach VOB und BGB

tauglichkeit des Werkes (BGH, Urt. v. 29.06.2006 – VII ZR 86/05, BauR 2006, 1736, 1739 = NJW 2006, 2912, 2915). Bei wesentlichen (Kardinal)Mängeln kann sich der Auftragnehmer aber danach selbst bei einem außerordentlich hohen Beseitigungsaufwand grundsätzlich nicht auf eine Unverhältnismäßigkeit der Nachbesserung berufen. Ähnliches gilt bei Verstößen gegen die anerkannten Regeln der Technik (OLG Köln, Urt. v. 16.09.2010 – 7 U 158/08, BauR 2010, 1980 [Ls.] zu einem mangelhaften Schallschutz). Ebenso ist von einem objektiven Interesse des Auftraggebers an einer Mangelbeseitigung auszugehen, wenn die ausgeführte Leistung bereits das Risiko einer nachhaltigen Funktionsbeeinträchtigung in sich birgt. Etwas anderes gilt nur, wenn der Auftragnehmer nachweist, dass sich dieses Risiko aller Voraussicht nach nicht vor einem Zeitpunkt auswirken wird, der kurz vor Ende der üblichen Nutzungsdauer liegt (BGH, Urt. v. 10.11.2005 – VII ZR 137/04, BauR 2006, 382, 383 = NJW-RR 2006, 453).

▶ **Beispiel**

Der Auftragnehmer errichtet eine Straße; der Belag weist nicht die richtige Körnung auf. Die Warnwerte werden jedoch nicht erreicht. Hier besteht trotz erheblichen Aufwands grundsätzlich ein Anspruch auf Mangelbeseitigung, selbst wenn ungewiss ist, ob die Warnwerte jemals erreicht werden. Demgegenüber könnte der Auftragnehmer eine Mangelbeseitigung wegen Unverhältnismäßigkeit nur ablehnen und auf eine Minderung drängen, wenn er nachweist, dass die Warnwerte voraussichtlich nicht vor Ablauf einer ohnehin anstehenden Sanierung erreicht werden.

Die Frage der Unverhältnismäßigkeit stellt sich somit vorrangig bei **geringwertigen Mängeln**, deren Beseitigung der Auftraggeber wünscht (BGH, Urt. v. 04.07.1996 – VI ZR 24/95, BauR 1996, 858 f. = NJW 1996, 3269 f.; BGH, Urt. v. 06.12.2001 – VII ZR 241/00, BauR 2002, 613, 616 = NJW-RR 2002, 661, 663 = NZBau 2002, 338, 340. Augenscheinlich betrifft dies vor allem **Schönheitsmängel**. Doch gilt auch hier: Hat der Besteller ein objektiv berechtigtes Interesse an einer aufwendigen Beseitigung nur geringfügiger Schäden, kann ihm der Auftragnehmer auch dazu regelmäßig nicht wegen zu hoher Kosten die Nachbesserung verweigern (BGH, Urt. v. 04.07.1996 – VI ZR 24/95, BauR 1996, 858 f. = NJW 1996, 3269 f.; BGH, Urt. v. 24.04.1997 – VII ZR 110/96, BauR 1997, 638, 639 = NJW-RR 1997, 1106; BGH, Urt. v. 06.12.2001 – VII ZR 241/00, BauR 2002, 613, 616 = NJW-RR 2002, 661, 663 = NZBau 2002, 338, 340).

1331

▶ **Beispiel (ähnlich OLG Köln, Urt. v. 23.10.2001 – 3 U 21/01, BauR 2002, 801 f.)**

Die Parteien vereinbaren die Verlegung von Pflaster mit der Farbe Anthrazit. Die Steine bleichen nach Abnahme überdurchschnittlich schnell aus. Hier bestände durchaus ein Anspruch auf Austausch.

Der Einwand der Unverhältnismäßigkeit wäre hingegen vorstellbar, wenn die geringfügigen Schäden bei einem Wirtschaftgebäude (OLG Celle, Urt. v. 29.06.1995 – 14 U 132/94, BauR 1996, 259, 260) oder in einem Treppenhaus auftreten und diese nur »bei genauem Hinsehen« erkennbar sind (OLG Celle, Urt. v. 08.10.1997 – 6 U 85/96, BauR 1998, 401, 402; ähnlich: OLG Düsseldorf, Urt. v. 18.02.2000 – 22 U 166/99, BauR 2000, 1383 = OLGR Düsseldorf 2000, 161, 162).

▶ **Beispiele**
- Der Farbton in einer Lagerhalle weicht nur geringfügig und kaum sehbar von den Vorgaben des Leistungsverzeichnisses ab.
- Es geht um geringfügige Kratzer an einer Fensterscheibe.
- Unebenheiten im Putz außerhalb der Maßtoleranzen lassen sich nur durch komplettes Abschlagen und Neuaufbringen des Putzes beseitigen.
- Ein Verblendmauerwerk wurde mit einem nicht vereinbarten, aber technisch und optisch gleichwertigen Typ ausgeführt (OLG Celle, Urt. v. 11.10.2007 – 6 U 40/07, BauR 2009, 111, 112).

Bei Prüfung der Unverhältnismäßigkeit der Mangelbeseitigung kann es auch eine Rolle spielen, ob der Auftragnehmer den **Mangel schuldhaft** verursacht hat (BGH, Urt. v. 10.11.2005 – VII ZR 64/04, BauR 2006, 377, 378 = NJW-RR 2006, 304, 305). Allerdings schließt allein der Umstand,

1332

dass der Auftragnehmer den Mangel grob fahrlässig oder gar vorsätzlich verursacht hat, seinen nachträglichen Einwand zur Unverhältnismäßigkeit der Mangelbeseitigung nach § 635 Abs. 3 BGB nicht aus (BGH, Urt. v. 16.04.2009 – VII ZR 177/07, BauR 2009, 1151, 1152 = NJW 2009, 2123 = NZBau 2009, 441, 442). Demgegenüber kommt es auf eine Verhältnismäßigkeit des Nachbesserungsaufwandes zu den vereinbarten Vertragspreisen nicht an (BGH, Urt. v. 06.12.2001 – VII ZR 241/00, BauR 2002, 613, 616 = NJW-RR 2002, 661, 663 = NZBau 2002, 338, 340), d. h.: Selbst wenn die Erstattung eines Minderwerts deutlich günstiger wäre als die Übernahme von Mangelbeseitigungskosten, ist dies kein Grund, die Mangelbeseitigung abzulehnen (BGH, Urt. v. 10.03.2005 – VII ZR 321/03, BauR 2005, 1014 f.= NJW-RR 2005, 1039). Ebenso zu verweisen ist auf Sachverhalte, in denen die Parteien im Bauvertrag einen **höheren Standard als nach den anerkannten Regeln der Technik** vorgesehen hatten.

▶ **Beispiel (in Anlehnung an BGH, Urt. v. 10.04.2008 – VII ZR 214/06, BauR 2008, 1140, 1141 = NJW-RR 2008, 971, 972 = NZBau 2008, 575, 576)**

Im Bauvertrag zu Trockenbauarbeiten sollten Trennwände aus doppelt beplankten imprägnierten Gipskartonplatten hergestellt werden. Tatsächlich führt der Auftragnehmer die Arbeiten nur mit einer imprägnierten und einer unimprägnierten Wand aus (was auch den anerkannten Regeln der Technik entspricht). Bei einem späteren Wasserschaden fällt das auf. Der Auftraggeber fordert Mangelbeseitigung.

Ob von einer Unverhältnismäßigkeit auszugehen ist, mag im Einzelfall geprüft werden. Jedenfalls stellt es kein Argument dar, dass die ggf. geringere Anforderungen stellenden anerkannten Regeln der Technik mit einer ausreichenden Aussicht auf die Nichtentstehung von Schäden eingehalten sind. Denn wenn die Parteien einen höheren Standard vereinbaren (z. B. zum Zwecke der Risikominimierung), ist Maßstab der Verhältnismäßigkeitsprüfung nicht der dann niedrigere Standard der anerkannten Regeln der Technik, sondern allein das, was die Parteien vereinbart haben (BGH, a. a. O.). Sähe man das anders, wären praktisch Vereinbarungen mit einer Festlegung eines höheren Standards nicht durchsetzbar. Hierdurch würde zugleich der in der Regel vorrangig zu berücksichtigende Parteiwillen nahezu vollständig aufgehoben.

1333 Zu beachten ist, dass der Einwand der **Unverhältnismäßigkeit** ohnehin **nur den Aufwand im Zusammenhang mit einer Nacherfüllung** betreffen kann. Etwaige **Folgekosten**, die auf einer mangelhaften Werkleistung beruhen, stehen daneben und sind unabhängig von ihrer Höhe zu ersetzen (BGH, Urt. v. 07.03.2002 – VII ZR 1/00, BauR 2002, 1536, 1540 = NJW 2002, 3543, 3545 = NZBau 2002, 571, 573 zu einem Mangelfolgeschaden bei einem Planungsmangel eines Architekten – vgl. dazu auch unter Rdn. 1428 ff. bei einem BGB-Vertrag und Rdn. 1456 ff. bei einem VOB-Vertrag).

7.2.3.1.6 Kein Erlöschen des Mangelbeseitigungsanspruchs

1334 Der Anspruch auf Mangelbeseitigung darf nicht erloschen sein. Dies ist vor allem der Fall, wenn der Auftraggeber bereits zu Recht Schadensersatz statt der Leistung (§ 281 Abs. 4 BGB) oder Minderung verlangt oder vom Vertrag zurückgetreten ist (siehe zu den Konkurrenzen der einzelnen Mängelrechte untereinander unter Rdn. 1467 ff.).

7.2.3.2 Bedeutung der Fristsetzung mit Ablehnungsandrohung

1335 Das Mangelbeseitigungsrecht des Auftraggebers ist ausgeschlossen, wenn er dem Auftragnehmer eine Frist gesetzt hat mit der Erklärung, dass er die Beseitigung des Mangels nach deren Ablauf ablehne, und diese Frist fruchtlos verstreicht. Diese Art der Fristsetzung ist vor allem bei einem BGB-Bauvertrag häufig zu beobachten; denn nur diese ermöglichte – anders als bei einem VOB-Vertrag – nach früherem Recht nach Fristablauf die Geltendmachung eines Minderungs- oder Schadensersatzanspruches (§ 634 Abs. 1 BGB a. F.). Ging der Auftraggeber aber auf diese Weise vor, verlor er bei fruchtlosem Ablauf der Frist sein (verschuldensunabhängiges) Nachbesserungsrecht einschließlich aller damit verbundenen Begleitrechte (insbesondere den Vorschussanspruch).

7.2 Gewährleistungs-/Mängelrechte des Auftraggebers nach VOB und BGB

Nach heutigem Recht sowie seit jeher bei einem VOB-Vertrag sollte von **Fristsetzungen mit Ablehnungsandrohungen abgesehen** werden. Sie sind für die Geltendmachung von Mängelrechten nicht notwendig und schaden sogar wegen des Verlustes der verschuldensunabhängigen Mängelansprüche. Nicht mit dem Gesetz daher zu vereinbaren ist eine jüngere Entscheidung des OLG Köln: Nach dieser müsse der Besteller auch nach heutigem Recht für eine wirksame Nachfristsetzung unmissverständlich zum Ausdruck bringen, dass der Auftragnehmer mit ihr eine »letzte Gelegenheit zur Erbringung der vertraglichen Leistung« erhält (OLG Köln, Beschl. v. 01.09.2003 – 19 U 80/03, IBR 2004, 131). Eine andere Frage ist allenfalls, ob eine solche Fristsetzung mit Ablehnungsandrohung, die in Unkenntnis der Rechtslage gesetzt wird, insoweit schadet, als bei deren Ablauf wie nach früherem Recht die Erfüllungsansprüche (d. h. vor allem der verschuldensunabhängige Vorschuss- und Kostenerstattungsanspruch) ausgeschlossen sind. Hiervon wird im Zweifel auszugehen sein (a. A. OLG Brandenburg, Urt. v. 20.09.2007 – 12 U 86/06, IBR 2007, 609 = BauR 2007, 1940, das sich allerdings im Wesentlichen auf Fehlzitate stützt). Denn richtigerweise handelt es sich bei einer ernsthaften Ablehnungsandrohung um die bei fruchtlosem Fristablauf erfolgende Aufkündigung des Vertrages in Bezug auf die weitere Akzeptanz noch gegenseitig bestehender Erfüllungsansprüche. Der Gläubiger erklärt damit, dass er den Vertrag nach fruchtlosem Fristablauf nicht mehr erfüllen will. Daran muss er sich festhalten lassen (s. dazu auch die maßgebliche Rechtsauffassung des BGH, Urt. v. 08.07.2010 – VII ZR 171/08, BauR 2010, 1778, 1781 = NJW 2010, 3573, 3574 = NZBau 2010, 768, 770, dass spätestens ab diesem Zeitpunkt z. B. deswegen auch die Anspruchsverjährung läuft). Dass insoweit die entsprechende dazu etwa in § 326 Abs. 1 BGB a. F. ehemals vorgesehene gesetzliche Grundlage entfallen ist, ändert an diesem Ergebnis nichts. Denn auch in § 326 Abs. 1 BGB a. F. war nur dieser allgemeine Rechtsgedanke der Vertragsaufkündigung geregelt. Demgegenüber fehlte z. B. eine vergleichbare Regelung in dem früheren § 634 Abs. 1 BGB, der für eine Minderung nach altem Recht aber ebenfalls eine Ablehnungsandrohung forderte, ohne hier allerdings einen gesonderten Ausschluss der Erfüllungsrechte für den Fall des fruchtlosen Fristablaufs zu regeln. Daher bleibt es auch zukünftig dabei, dass eine Ablehnungsandrohung dann, wenn sie ausgesprochen wird und die damit verbundene Frist fruchtlos abgelaufen ist, **zwingend zum Verlust der verschuldensunabhängigen Nacherfüllungsrechte** führt; demgegenüber bleiben die Schadensersatzansprüche erhalten.

7.2.3.3 Inhalt und Umfang der Nacherfüllung

Hat der Auftraggeber die vorgenannten Voraussetzungen eingehalten, besteht ein Nacherfüllungsanspruch. Der Auftragnehmer ist zu all denjenigen Handlungen verpflichtet und berechtigt, die erforderlich sind, um für den Auftraggeber ein vertrags-, d. h. vor allem qualitätsgerechtes Werk herzustellen. Das bedeutet: 1336

- Die **Auswahl des Mittels** der Mangelbeseitigung **obliegt allein dem Auftragnehmer**, der das Risiko für den Erfolg der Mangelbeseitigung trägt (§ 635 Abs. 1 BGB – so auch schon nach altem Recht: BGH, Urt. v. 04.06.1973 – VII ZR 112/71, BauR 1973, 313, 317; BGH, Urt. v. 27.05.2010 – VII ZR 182/09, BauR 2010, 1583, 1584 = NJW 2010, 2571, 2572 = NZBau 2010, 556; Ingenstau/Korbion/Wirth, B § 13 Abs. 5 Rn. 59 ff.). Verbindet der Auftraggeber eine Zahlungsverweigerung mit der Forderung nach einer ungeeigneten Nachbesserungsmaßnahme, so entlastet das den Auftragnehmer nicht von seiner Verpflichtung zu geeigneten Maßnahmen (BGH, Urt. v. 16.10.1997 – VII ZR 249/96, BauR 1998, 123, 124 = NJW-RR 1998, 233). Ist allerdings die **Mangelbeseitigung nur auf eine bestimmte Weise** möglich, hat er diese auch zu erbringen. Dass er möglicherweise sogar schuldlos die richtige Methode nicht erkennt, geht im Rahmen des verschuldensunabhängigen Nacherfüllungsanspruchs des Auftraggebers zu seinen Lasten. Andere untaugliche Methoden kann der Auftraggeber dann zurückweisen (BGH, Urt. v. 05.05.2011 – VII ZR 28/10, BauR 2011, 1336, 1337 = NJW 2011, 1872, 1873 = NZBau 2011, 413, 414). 1337

▶ **Beispiel (ähnlich OLG Stuttgart, Urt. v. 30.12.2009 – 9 U 18/09, Nichtzul.-Beschw. zurückgew., BGH, Beschl. v. 9.2.2012 – VII ZR 15/10, IBR 2012, 258)**

Ein Dachdecker leistet mangelhaft. Im Rahmen eines selbstständigen Beweisverfahrens empfiehlt der Gutachter eine Innensanierung. Der fachlich beratene Auftraggeber entscheidet sich dagegen im Rahmen einer späteren Ersatzvornahme für eine deutlich teurere Außensanierung vor, die sich auch als allein richtig herausstellt. Hier wäre auch der Auftragnehmer schon zu dieser Außensanierung verpflichtet gewesen, sodass der Auftraggeber die zunächst angebotene Innensanierung zu Recht ablehnen durfte.

Hat sich der Auftraggeber dagegen auf Vorschlag des Auftragnehmers mit einer bestimmten Art der Mängelbeseitigung einverstanden erklärt, umfasst dies in der Regel **keinen Verzicht** auf sonst bestehende Mängelansprüche (BGH, Urt. v. 26.09.1996 – VII ZR 63/95, BauR 1997, 131, 132 = NJW-RR 1997, 148, 149; BGH, Urt. v. 06.12.2001 – VII ZR 19/00, BauR 2002, 472, 473 = NJW 2002, 748 f. = NZBau 2002, 149 f.).

▶ **Beispiel**

Der Auftraggeber beauftragt den Auftragnehmer mit dem Einbau von Haustüren. Nach Abnahme zeigen sich Mängel. Eigentlich ist ein Austausch notwendig. Der Auftragnehmer bietet vorab die Nachbearbeitung an; der Auftraggeber ist einverstanden. Dies stellt keinen Verzicht auf die ansonsten geschuldete Nacherfüllung in Form des Komplettaustauschs dar.

Allerdings kann sich im Einzelfall auch anderes ergeben, wenn die Parteien wirklich eine bestimmte Form der Mangelbeseitigung vereinbart haben.

▶ **Beispiel (ähnlich BGH, Urt. v. 04.08.2010 – VII ZR 207/08, BauR 2010, 1967, 1968 = NJW 2010, 3299, 3300 = NZBau 2010, 749, 750)**

Eine Bodenplatte weist wegen fehlender Bewehrung Risse auf. Der Auftraggeber schlägt selbst nach Vorlage eines Sachverständigengutachtens als Mangelbeseitigung deren Verdübeln und Vergießen vor, was auch erfolgt. Jetzt kann der Auftraggeber nicht mehr über Zerstörung der hier schon erfolgten Sanierung später doch noch eine neue bewehrte Bodenplatte verlangen.

1338 • Neben der eigentlichen Mangelbeseitigung hat der Auftragnehmer nach § 635 Abs. 2 BGB alle im **Zusammenhang mit der Mangelbeseitigung entstehenden zusätzlichen Aufwendungen** zu übernehmen (s. zu etwaigen Abzügen wegen Sowieso-Kosten u. a. Rdn. 1545 ff.). Dies gilt ohne Weiteres auch für den VOB-Vertrag. Zu nennen sind hier zunächst die in § 635 Abs. 2 BGB unmittelbar genannten Transport-, Wege-, Material- und Arbeitskosten (BGH, Urt. v. 07.11.1985 – VII ZR 270/83, BGHZ 96, 221, 224 f. = BauR 1986, 211, 212 f. = NJW 1986, 922, 923; KG, Urt. v. 12.11.1979 – 16 U 3065/76, BauR 1981, 380, 381; OLG Bamberg, Urt. v. 04.04.1986 – 1 U 224/85, BauR 1987, 211, 212). Allerdings geht es dabei immer nur um die für die Nacherfüllung zu den eigenen Leistungen erforderlichen Vor- und Nacharbeiten, die der Auftragnehmer mit allen Nebenkosten zu erbringen hat. Liegt dagegen die Ursache für den Mangel in der Vorleistung eines anderen Unternehmers, hat der Auftraggeber dafür Sorge zu tragen, dass der ursächlich gewordene Mangel beseitigt wird (BGH, Urt. v. 08.11.2007 – VII ZR 183/05, BGHZ 174, 110, 124 = BauR 2008, 344, 350 = NJW 2008, 511, 515 = NZBau 2008, 109, 110) – bzw. hat er dann mit dem Auftragnehmer insoweit zusammenzuwirken (s. dazu sogleich Rdn. 1341).

Ansonsten handelt es sich bei den in § 635 Abs. 2 BGB genannten Kosten nur um Beispiele. Erfasst werden von der Übernahmepflicht des Unternehmers im Rahmen der geschuldeten **Nacherfüllung vielmehr auch alle andere Aufwendungen**, die zum Zwecke der Nacherfüllung erforderlich werden, wie etwa Maler- und Putz- oder Aufstemmarbeiten als werkfremde Vor- bzw. Nacharbeiten (KG, Urt. v. 12.12.2000 – 27 U 10281/99, IBR 2002, 604 – Revision durch BGH nicht angenommen, Beschl. v. 11.07.2002 – VII ZR 69/01). Notfalls muss der Auftragnehmer Drittunternehmer einschalten, wenn anders die Mängel nicht beseitigt werden können (OLG Köln, Urt. v. 27.01.1971 – 2 U 79/69, BauR 1971, 129, 130; Busche, in: Münch. Komm., § 635 Rn. 13). Dies ist vielfach erforderlich, wenn ein Auftragnehmer fachfremde Leistungen erbringen muss, um seine eigenen Leistungen nachzubessern.

> **Beispiel**
>
> Ein Installateur muss mangelhafte Rohre neu verlegen. Hier schuldet er im Rahmen der Nacherfüllung auch die dazu gehörenden Malerarbeiten, die er ggf. durch einen Dritten ausführen lassen muss.

In die Kostenübernahmepflicht des § 635 Abs. 2 BGB gehören ebenso die im Zusammenhang mit der Nacherfüllung anfallenden **Aufwendungen**, die nicht beim Auftragnehmer, sondern ggf. unmittelbar beim **Auftraggeber** anfallen (Münch. Komm./Busche, § 635 Rn. 16; Staudinger/Peters/Jacoby, § 635 Rn. 3). So könnte etwa im vorgenannten Beispielfall für die erforderlichen Nebenarbeiten (Malerarbeiten) entweder der Auftragnehmer selbst einen Dritten beauftragen – oder der Besteller erteilt einen entsprechenden Auftrag. Er kann dann aber über § 635 Abs. 2 BGB vom Auftragnehmer die Kosten ersetzt verlangen. Allerdings ist bei letzteren Kosten zu beachten, dass damit nicht das vorrangige Recht des Auftragnehmers zur von ihm selbst vorzunehmenden Beseitigung der Mängel aufgehoben wird, was gerade bei den Begleitarbeiten vielfach der Fall sein wird (s. dazu Rdn. 1347 ff.). Somit dürfte gerade in Bezug auf diese Kosten also erst ein Ersatzanspruch bestehen, wenn dafür auch die notwendigen Voraussetzungen einer Selbstvornahme des Auftraggebers nach § 637 BGB vorliegen, d. h. zuvor eine entsprechende Mangelbeseitigungsfrist fruchtlos verstrichen ist (s. dazu sogleich Rdn. 1348 ff.).

- In den Nachbesserungsanspruch fällt ferner die Behebung von **Bauschäden an sonstigem Eigentum des Auftraggebers** (BGH, Urt. v. 13.12.1962 – II ZR 196/60, NJW 1963, 805, 806). Nicht erfasst werden dagegen Schäden an anderen als von dem Auftragnehmer bearbeiteten Gewerken; sie können als Mangelfolgeschäden nur über einen Schadensersatzanspruch abgerechnet werden. 1339

> **Beispiel**
>
> Der Auftragnehmer wird mit Erdarbeiten beauftragt. In deren Zuge zerstört er fahrlässig schon gesetzte Spundwände eines Drittunternehmers. Hier geht es nicht um Schäden an der eigenen Bauleistung, sondern um eine Schlechtleistung des Auftragnehmers mit danach entstandenen Schäden an einem Drittgewerk. Folglich wäre eine Mangelbeseitigungsverpflichtung nicht das richtige Mittel, sondern ggf. ein sich daraus ergebender Schadensersatzanspruch.

- Der Auftragnehmer ist berechtigt und kann im Ausnahmefall sogar verpflichtet sein, im Rahmen der »Nacherfüllung« seine Werkleistung trotz erfolgter Abnahme **völlig neu zu erbringen**. Dabei ist zunächst aber klarzustellen, dass es sich nicht um eine Neuherstellung handelt, wenn nur ein Teil der Gesamtleistung dieses Unternehmers erneuert werden muss. 1340

> **Beispiel**
>
> Hat der Unternehmer die schlüsselfertige Erstellung eines Bauvorhabens übernommen, dann ist die notwendige Neueindeckung des gesamten Daches keine Neuherstellung, sodass der Unternehmer dazu im Rahmen der Nachbesserung verpflichtet ist. Anders ist es aber, wenn der Dachdecker nur die Lieferung und Verlegung der Dachpfannen schuldete und diese wegen eines Materialfehlers erneuert werden müssen. Dies ist ein Fall der Neuherstellung.

Ansonsten handelt es sich bei der Pflicht zur Neuherstellung aber um eine **absolute Ausnahme**. Denn mit der Abnahme hat der Auftragnehmer seine Leistungspflicht erfüllt und sich die Leistungsverpflichtung auf die konkret erbrachte Werkleistung konzentriert (BGH, Urt. v. 24.05.1962 – VII ZR 23/61, NJW 1962, 1569). Deswegen verlangt die Nacherfüllung schon vom Begriff her, dass die Bauleistung bei den Nachbesserungsarbeiten in der Hauptsache bestehen bleibt. Voraussetzung für eine Neuherstellungsverpflichtung ist es daher, dass die Werkleistung des Auftragnehmers für den Auftraggeber völlig unbrauchbar ist und der Leistungserfolg nur durch Neuherstellung der gesamten Leistung erzielt werden kann (BGH, Urt. v. 10.10.1985 – VII ZR 303/84, BGHZ 96, 111, 117 f. = BauR 1986, 93, 95 = NJW 1986, 711, 712). Dies gilt einheitlich bei BGB- und VOB-Vertrag. Mit dieser Maßgabe ist davon aber die Frage zu unterscheiden, ob der Unternehmer zu einer solchen Neuherstellung im Rahmen der Nachbesserung ggf. auch berechtigt ist. Hiervon wird man ausgehen können, wenn dies letztlich einfacher und billiger ist.

Kommt es zu einer Neuherstellung, kann der Auftragnehmer vom Auftraggeber die Rückgewähr des mangelhaften Werkes nach Maßgabe der §§ 346 bis 348 BGB verlangen (§ 635 Abs. 4 BGB).

1341 Der Auftraggeber darf seinerseits eine **angebotene Nacherfüllung nicht vereiteln**. Vor allem hat er auf Anforderung die mangelhafte Bauleistung unverzüglich zur Verfügung zu stellen, damit die Nachbesserung durchgeführt werden kann. Denn auch insoweit gilt: Der Auftragnehmer ist nicht nur zur Nacherfüllung verpflichtet, sondern auch dazu berechtigt (vgl. dazu oben Rdn. 1325). Lässt der Auftraggeber den Mangel hingegen selbst beseitigen, ohne vorher den Auftragnehmer unter Fristsetzung hierzu aufgefordert zu haben, so spricht man von **voreiliger Selbsthilfe**. Dies führt zu einem Rechtsverlust bzgl. aller ihm ggf. sonst zustehender Mangelansprüche (s. auch unten Rdn. 1363). Das allerdings heißt weiter: Kann der Auftraggeber die Bauleistung für eine Mängelbeseitigung nicht mehr zur Verfügung stellen, weil er selbst darüber (z. B. bei einem Bauträger nach einem Verkauf) nicht mehr verfügt, laufen die Nacherfüllungsrechte nebst der damit zusammenhängenden Vorschussrechte u. a. leer. Der Dritte (z. B. ein Erwerber) jedenfalls ist nicht ohne Weiteres zu einer Zurverfügungstellung verpflichtet. Das aber heißt, dass der Auftraggeber dann etwaige Baumängel nur noch über einen Schadensersatzanspruch liquidieren kann (s. dazu sogleich Rdn. 1423 ff.).

Das Gebot der Ermöglichung einer Nacherfüllung gilt allerdings auch insoweit, als der **Auftraggeber ggf. sogar verpflichtet** ist, für eine **Nacherfüllung notwendige Vorleistungen in mangelfreier Form zur Verfügung zu stellen**. Das bedeutet zwar nicht, dass damit der Auftragnehmer von seiner umfassenden Mangelbeseitigungspflicht unter Einschluss aller Nebenleistungen, die zur Beseitigung des Mangels erforderlich sind, entlastet würde. Jedoch darf nicht verkannt werden, dass es doch immer nur um die Leistung des Auftragnehmers selbst geht, zu der er eine Nacherfüllung schuldet, nicht um andere Leistungen.

▶ **Beispiel (ähnlich BGH, Urt. v. 08.11.2007 – VII ZR 183/05, BGHZ 174, 110, 124 = BauR 2008, 344, 350 = NJW 2008, 511, 515 = NZBau 2008, 109, 110)**

Der Auftragnehmer hatte ein Blockheizkraftwerk herzustellen und anzuschließen. Der gewählte Typ ist untauglich, was der Auftragnehmer hätte erkennen müssen. Ein Hinweis ist unterblieben. Später wendet er ein, das Heizkraftwerk sei für andere Wärmequellen durchaus geeignet. Der Auftraggeber tritt dem entgegen: Es sei der Anschluss an das bestehende Kraftwerk vereinbart gewesen.

Dieser Einwand ist falsch. Dies zeigt schon ein Verweis auf die gebotene Reaktion eines Auftraggebers für den Fall, dass der Auftragnehmer im Ausführungsstadium seiner Prüf- und Hinweispflicht nachgekommen wäre: Dann nämlich hätte er wie auch bei ungeeigneten Vorleistungen anderer Unternehmer durch eine ggf. notwendige Änderung der Vorleistung in der Weise reagieren müssen, dass dem Unternehmer die Erfüllung des Vertrages möglich wird. Konkret bedeutet das, dass ein Auftraggeber in diesen Fällen im Rahmen seiner Mitwirkungsobliegenheit auf eigene Kosten ggf. die Vorleistungen schlicht zu ändern oder anzupassen hat (s. anschaulich auch OLG Celle, Urt. v. 18.06.2008 – 14 U 147/07, BauR 2008, 2046). Sieht er davon ab, wird dem Auftragnehmer dadurch unter Umständen seine Nacherfüllung – durch Erreichung eines mangelfreien Zustandes – unmöglich. Er würde hierdurch von seiner Leistungspflicht frei. In diesem Fall könnte dem Auftragnehmer also – trotz des Mangels – ein Anspruch auf die Vergütung nach § 326 Abs. 2 S. 1 BGB (abzüglich ersparter Aufwendungen) zustehen. Er würde somit so gestellt, als hätte der Auftraggeber bei einem rechtzeitigen Hinweis von der Durchführung des Vertrages wegen der Ungeeignetheit der Vorleistung Abstand genommen, dem Unternehmer also nach § 649 S. 1 BGB mit der identischen Vergütungsfolge des § 649 S. 2 BGB gekündigt (BGH, a. a. O.).

7.2 Gewährleistungs-/Mängelrechte des Auftraggebers nach VOB und BGB

Aus dieser Anpassungspflicht des Auftraggebers zur ggf. mangelhaft geplanten Vorleistung wird immerhin in der Praxis teilweise der Schluss gezogen, dass er nunmehr vor einer Mangelbeseitigung auch noch eine ausreichende **Mangelbeseitigungsplanung** zu übergeben hätte (Oberhauser, Festschrift Koeble, S. 167, 173 ff.; Sienz, BauR 2010, 840, 842). Das ist jedoch von einem Ausnahmefall abgesehen falsch (s. dazu auch ausführlich Motzke, BauR 2011, 153). Dabei ist zwar unbestritten, dass in Einzelfällen eine solche Planung erforderlich ist und diese sogar sehr aufwendig sein kann. Nur wird übersehen, dass es bei der danach verlangten Planung gerade nicht um eine Anpassung der Ausgangsplanung geht, sondern um eine ggf. vollkommen neu zu erstellende Planung auf der Basis der mangelhaften Leistung. Dies ist etwas vollkommen anderes als die ggf. notwendige Anpassung einer Vorleistung, damit der Auftragnehmer überhaupt erstmals seine Vertragsleistung mangelfrei erbringen konnte.

1342

▶ **Beispiel**

Der Planer hat bei einem Flachdach die Lage eines Wasserablaufs falsch geplant. Der Auftragnehmer bemerkt das nicht und baut danach. Es kommt zu Feuchteschäden. Die Korrektur der falschen Ursprungsplanung ist einfach: Es muss nur die richtige Lage im Plan eingezeichnet werden. Mit einer Mangelbeseitigungsplanung hat das nichts zu tun.

Wie der Auftragnehmer auf dieser Grundlage die Arbeiten ausführt und welche technischen, d. h. planerischen Vorüberlegungen er anstellt, ist seine Sache. Ihm allein obliegt die Entscheidung für die aus seiner Sicht richtige Art und Weise der Mangelbeseitigung – weswegen er dann dafür aber auch die planerischen Begleitkosten zu tragen hat. Dies ist im Grundsatz unbestritten (BGH, Urt. v. 22.07.2008 – VII ZR 77/08, BauR 2010, 1959, 1965 = NJW-RR 2010, 1604, 1608 = NZBau 2010, 763, 767; s. dazu auch R. und J. Jochem, Festschrift Franke, 157), gilt aber auch dann, wenn die ursprüngliche vom Auftraggeber stammende Planung mangelhaft war (so wohl auch zu verstehen etwa BGH, Urt. 27.05.2010 – VII ZR 182/09, BauR 2010, 1583, 1584 = NJW 2010, 2571, 2572 = NZBau 2010, 556). Insoweit darf auch nicht verkannt werden, dass die Mängelhaftung des Unternehmers mit seiner sich aus dem Gesetz ergebenden Nacherfüllungspflicht gerade nicht ausgeschlossen ist, wenn der Mangel auch auf einem Planungsverschulden des Auftraggebers beruht und der Auftragnehmer (nur) seiner Prüf- und Hinweispflicht nicht nachgekommen ist (was anschaulich § 13 Abs. 3 VOB/B zeigt, s. dazu sogleich Rdn. 1504 ff.). Dieser Umstand kann stattdessen allein dazu führen, dass die Ansprüche des Auftraggebers der Höhe nach gekürzt werden bzw. er sich an den anfallenden Kosten im Rahmen eines Mitverschuldens zu beteiligen hat (s. dazu Rdn. 1527). Dass **vor der Abnahme etwas anderes** gilt, d. h. dass hier der Auftraggeber bei einem ausreichenden Hinweis zu einer Umplanung verpflichtet sein kann, ändert daran nichts (s. dazu auch OLG Hamm, Urt. v. 16.02.2011 – 12 U 82/10, IBR 2011, 260, das zwar von einer Sanierungsplanung spricht, der aber ein Sachverhalt vor Abnahme zugrunde lag). Denn bei dieser Umplanung geht es noch um die Bestimmung der Bauleistung vor Erfüllung, damit es erst zu überhaupt keinem Mangel kommt. Mit einer nachträglichen Mangelbeseitigungsplanung hat diese Umplanung nichts zu tun. Dies ist auch insoweit beachtlich, als es in Einzelfällen sogar umgekehrt dem Interesse des Auftraggebers entsprechen kann, eine eigene Sanierungsplanung vorzulegen: Denn gerade bei aufwendigen Sanierungen kann es schon so sein, dass der Auftraggeber vielleicht auch gestalterische Erwägungen in eine Mangelbeseitigung einfließen lassen (Oberhauser, a. a. O., S. 167, 174 f.). Dieses Interesse kann jedoch nicht darüber hinwegtäuschen, dass es darauf – nach Erfüllung und Abnahme – nicht mehr ankommt. Diese vom Auftraggeber ggf. gewollten Umplanungen treten hinter die Verantwortung des Auftragnehmers zur Nacherfüllung zurück – von einer **Ausnahme** abgesehen: Entscheidet sich der Auftragnehmer im Rahmen der **Nacherfüllung zu einer Neuherstellung der Leistung**, läge es dann am Auftraggeber, für diese komplett neu herzustellende Leistung auch eine genügende Planung zur Verfügung zu stellen. Doch hat auch dies mit einer Mangelbeseitigungsplanung nichts zu tun, weil es hier schlicht um die nochmalige Erbringung derselben Leistung geht. Für diese gilt nichts anderes als bei deren erstmaligen Erbringung (Motzke a. a. O.).

Zu beachten ist, dass sich insoweit die Haftung der **reinen Werklieferanten** (z. B. Fensterbauer – s. dazu Rdn. 396 ff.) ggf. von Vorstehendem unterscheidet. Hier hatte nämlich der BGH zwischenzeit-

1343

lich entschieden, dass dieser bei Mängeln nach § 439 Abs. 1 BGB nur eine Nacherfüllung durch Ersatzlieferung schuldet, nicht aber für Aus- und Einbaukosten, für die er allenfalls aus Schadensersatz hafte (§§ 437 Nr. 3, 280 Abs. 1 S. 2, 281 BGB – BGH, Urt. v. 15.07.2008 – VIII ZR 211/07, BGHZ 177, 224, 227 = BauR 2008, 1609, 1610 = NJW 2008, 2837). Zumindest für Verbraucher hat der BGH nach einer vorherigen Grundlagenentscheidung des EuGH (Urt. v. 16.06.2011 – C-65/09 und C-87/09, BauR 2011, 1490 = NJW 2011, 2269, 2271 = NZBau 2011, 547, 549) diese Rechtsprechung inzwischen aufgegeben und klargestellt, dass nach der Verbrauchsgüterrichtlinie 1999/44/EG auch diese Folgekosten von der Nacherfüllung umfasst sein müssten bzw. der Auftragnehmer nach seiner Wahl selbst den Ein- und Ausbau auf seine Kosten zu übernehmen habe (BGH, Urt. v. 21.12.2012 – VIII ZR 70/08, BauR 2012, 793, 795). Im Werkvertragsrecht war diese Frage dagegen nie streitig.

7.2.3.4 Folgen einer unberechtigten Mangelbeseitigungsaufforderung

1344 Nicht selten ist es in der Praxis anzutreffen, dass ein Auftraggeber einen falschen Auftragnehmer zur Mangelbeseitigung auffordert.

> **Beispiel**
>
> Im Dach eines Neubaus zeigen sich Durchfeuchtungsschäden. Der Bauherr fordert den Dachdecker zur Nachbesserung auf. Dieser bestreitet seine Mangelverantwortung. Er kündigt an, nur dann auf die Baustelle zu fahren, wenn er den damit verbundenen Aufwand bezahlt bekommt. Dies lehnt der Bauherr ab. In der Folgezeit erscheint der Dachdecker trotzdem und repariert den Mangel. Dieser fiel jedoch in die Verantwortung des Rohbauunternehmers.

Bei derartigen Sachverhalten kommt es zu einer ganzen Reihe von Rechtsfragen, die nicht einfach zu lösen sind. Sie führen im Ergebnis allerdings dazu, dass dem **Auftragnehmer im Zweifel keine Vergütung zusteht** (vgl. auch OLG Düsseldorf, Urt. v. 19.06.2007 – 21 U 164/06, BauR 2007, 1902 ff. = NJW-RR 2008, 331 ff.; ähnlich OLG Brandenburg, Urt. v. 16.01.2008 – 4 U 49/07, IBR 2008, 208; OLG Frankfurt, Urt. v. 16.06.2011 – 18 U 35/10, BauR 2012, 250, 252 = NJW 2012, 863, 865 = NZBau 2012, 106, 108):

- Zunächst mag zu prüfen sein, ob Bauherr und Dachdecker eine gesonderte vertragliche Vereinbarung zur Mangelbeseitigung für den Fall getroffen haben, dass der Mangel nicht in den Verantwortungsbereich des Auftragnehmers fällt. Dies ist auszuschließen. Denn dafür **fehlt es an sich insoweit deckenden Willenserklärungen**: Während nämlich der Auftraggeber den Auftragnehmer nur mit einer Mangelbeseitigung im Rahmen seiner Gewährleistung beauftragen wollte, ging die Willenserklärung des Auftragnehmers auf den Abschluss einer gesonderten Vergütungsvereinbarung.
- Sodann könnte der Auftraggeber dem Auftragnehmer nach § 280 Abs. 1 BGB möglicherweise **schadensersatzpflichtig** sein. Dies wäre denkbar, wenn er den Auftragnehmer unberechtigt zur Mangelbeseitigung aufgefordert hat (vgl. dazu etwa BGH, Urt. v. 23.01.2008 – VIII ZR 246/06, BauR 2008, 671, 672 f. = NJW 2008, 1147 f. zum Kaufrecht; ebenso für ein Zahlungsverlangen BGH, Urt. v. 16.01.2009 – V ZR 133/08, BGHZ 179, 238, 241 = BauR 2009, 1147, 1148 = NJW 2009, 1262 = NZBau 2009, 237). In der Regel wird es hier aber an einem Verschulden des Auftraggebers fehlen, wenn er berechtigt davon ausgehen durfte, dass der Auftragnehmer für den Mangel verantwortlich war. Denn insoweit besteht bei auftretenden Baumängeln grundsätzlich keine Pflicht des Auftraggebers zu klären, ob dieser auf einen konkreten Auftragnehmer überhaupt zurückgeht (BGH, Urt. v. 02.09.2010 – VII ZR 110/09, NJW 2010, 3649, 3650 = NZBau 2011, 27, 28).
- Fraglich könnte dann immerhin sein, ob die entstandenen Kosten dem Auftragnehmer wenigstens über eine **Geschäftsführung ohne Auftrag** nach den §§ 670, 673, 677 BGB zu erstatten sind. Auch dieser Anspruch dürfte jedoch ausgeschlossen sein. Denn dieser würde voraussetzen, dass der Auftragnehmer eine berechtigte Fremdgeschäftsführung, d. h. im Interesse und entsprechend dem Willen des Auftraggebers vorgenommen hat. Daran fehlt es jedoch ebenfalls: Denn war der Auftragnehmer nicht gewährleistungspflichtig, hätte es allein dem Willen des Auftraggebers ent-

sprochen, den dann richtigen Gewährleistungspflichtigen in Anspruch zu nehmen, der den Mangel ohne Kosten für ihn beseitigt hätte.
- Mit denselben Gründen **entfällt schließlich ein Bereicherungsanspruch**: Zwar ist auch dieser grundsätzlich vorstellbar. Der Auftraggeber dürfte insoweit aber nicht mehr bereichert sein, weil er sich zu seiner Entlastung auf § 818 Abs. 3 BGB berufen kann. Dies wiederum beruht darauf, dass die ausgeführte Mangelbeseitigungsleistung an sich nicht herausgabefähig ist, weswegen der Auftraggeber grundsätzlich nur Wertersatz zu leisten hat (§ 818 Abs. 2 BGB). Die Höhe des Wertes bemisst sich an den ersparten Aufwendungen, d. h. nach der angemessenen Vergütung bei Durchführung der Arbeiten durch eine vom Auftraggeber beauftragte Drittfirma. Der Auftraggeber hätte im vorliegenden Fall aber keine Drittfirma beauftragen müssen, sondern (nur) den gewährleistungspflichtigen Auftragnehmer, der dann die Mängel ohne Kosten für ihn hätte beseitigen müssen.

Das Ergebnis ist sicherlich misslich für den Auftragnehmer. Denn auf der anderen Seite nimmt gerade die Rechtsprechung bei geltend gemachten **Mängeln zu Bauleistungen eine Prüf- und Erkundungspflicht des Auftragnehmers** (gemeint ist wohl eher eine darauf gerichtete Obliegenheit) dahin gehend an, dass er zu untersuchen habe, ob der gerügte Mangel besteht und in seinem Verantwortungsbereich fällt, soweit ihm das zumutbar und möglich ist. Macht er davon keinen Gebrauch, kann dies etwa in einem Prozess zu seinen Lasten gehen, weil er gerade bei einem substanziierten Mangelvortrag Mängel nicht einfach mit Nichtwissen bestreiten kann (vgl. etwa OLG Brandenburg, Urt. v. 03.04.2008 – 12 U 162/07, BauR 2009, 1005, 1006; ähnlich auch schon BGH, Urt. v. 20.11.1986 – VII ZR 360/85, BauR 1987, 207, 208). Trotz allem kann der in Anspruch genommene Auftragnehmer aber nicht von seinem Auftraggeber eine Erklärung verlangen, wonach dieser wenigstens die Kosten übernimmt, wenn er nicht für den Mangel verantwortlich ist (BGH, Urt. v. 02.09.2010 – VII ZR 110/09, NJW 2010, 3649, 3651 = NZBau 2011, 27, 28). Dies heißt für ihn aber nur, dass er in derartigen Fällen vor jeder Leistungsausführung klären sollte, unter welchen Vorzeichen er tatsächlich tätig wird. Beseitigt er hingegen Mängel, weil er ohnehin auf der Baustelle ist, wird er zumindest in der Regel keinen Vergütungs- oder sonst geldwerten Anspruch durchsetzen können.

1345

7.2.3.5 Klage auf Nacherfüllung

Kommt der Auftragnehmer dem Nachbesserungsverlangen nicht nach, kann der Auftraggeber es einklagen. In der Praxis wird eine solche Klage nur selten erhoben. Denn die Vollstreckung eines positiven Urteils ist mühsam; bei vertretbaren Leistungen würde sie über § 887 ZPO ohnehin nur zu einem **Vorschussanspruch** führen. Daher stellt die Erhebung einer Vorschussklage zumindest in der Regel den sehr viel einfacheren Rechtsbehelf dar, der auch schneller zum Erfolg führt. Es sind jedoch Ausnahmefälle denkbar, bei deren Vorliegen eine Nachbesserungsklage vorzugswürdig erscheint. Dies wird besonders dann der Fall sein, wenn der Auftraggeber ein **Interesse an der persönlichen Leistungserbringung** eines Fachunternehmers hat (z. B. bei der Sanierung von Altbauten). Aber auch im Wohnungseigentumsrecht kann sich eine Klage auf Nacherfüllung anbieten, vor allem wenn Mängel im Sondereigentum gleichzeitig mit Mängeln am Gemeinschaftseigentum geltend gemacht werden und eine Abgrenzung schwierig ist. Diese Abgrenzungsschwierigkeiten könnten bei einer Vorschussklage Probleme aufwerfen, weil der Erwerber wegen Mängeln am Gemeinschaftseigentum nur eine Klage auf Zahlung an die Gemeinschaft erheben kann. Bei einer Klage auf Nacherfüllung muss er sich insoweit nicht festlegen, weil ihm hier in jedem Fall ein entsprechender Anspruch zusteht (s. schon Rdn. 106 ff.).

1346

▶ Beispiel

Im Sondereigentum zeigen sich Schäden an den Türen, Fenstern und Rohren. Hier ist vielfach unklar, welche dieser Bauteile (zum Teil) dem Gemeinschaftseigentum unterfallen. Wäre dies so, könnte der Erwerber nur einen Vorschussanspruch an die Gemeinschaft fordern. Droht hingegen eine Verjährung der Ansprüche, ohne dass er dies klären kann, kann er zunächst eine Nacherfüllungsklage erheben, und zwar gerichtet auf Beseitigung aller gerügten Mängel. Dieses Recht steht ihm in jedem Fall als Erwerber eines Bauträgervorhabens zu.

Macht der Erwerber tatsächlich seine Ansprüche im Rahmen einer Klage geltend, gibt es aus der Natur der Mangelbeseitigungsverpflichtung Besonderheiten, mit denen er sich auseinandersetzen muss:
- Entsprechend dem o. g. Grundsatz, dass der Auftragnehmer die Methode der Mangelbeseitigung frei wählen kann, kann der Auftraggeber mit seiner Klage dem Auftragnehmer **keine Verpflichtung zu einer konkreten Mangelbeseitigungsmaßnahme** auferlegen lassen. Stattdessen kann bzw. darf er lediglich den konkreten Mangel bzw. seine Symptome (siehe oben Rdn. 1316 ff.) beschreiben mit der Verpflichtung für den Auftragnehmer, diese zu beseitigen. Ein allgemein gehaltener Antrag gerichtet auf Verurteilung, »eine mangelhafte Ausführung der Verputzarbeiten« zu beheben, genügt hierfür nicht. Abweichend von Vorstehendem kann ausnahmsweise auch schon im Klageantrag eine konkrete Mangelbeseitigungsmaßnahme vorgegeben werden, wenn der Mangel ausschließlich mit dem angegebenen Weg beseitigt werden kann (BGH, Urt. v. 24.04.1997 – VII ZR 110/96, BauR 1997, 638, 639 = NJW-RR 1997, 1106).
- Ist der Auftragnehmer zur Nacherfüllung verurteilt worden, kann er später nicht mehr einwenden, dass die Nacherfüllung mit zu großen Schwierigkeiten verbunden oder gar unmöglich sei (OLG Düsseldorf, Urt. v. 13.11.1998 – 22 U 96/98, BauR 1999, 918 = NJW-RR 1999, 894, 895).

7.2.4 Kostenerstattungsanspruch bei Selbstvornahme (§ 13 Abs. 5 Nr. 2 VOB/B; §§ 634 Nr. 2, 637 BGB)

1347 Kommt der Auftragnehmer einer vom Auftraggeber zur Nacherfüllung gesetzten angemessenen Frist nicht nach, kann der Auftraggeber den Mangel selbst beseitigen. Gleichzeitig kann er Ersatz der dafür erforderlichen Aufwendungen verlangen, wenn nicht der Auftragnehmer die Nacherfüllung zu Recht verweigert. Grundlage bei einem VOB-Vertrag ist § 13 Abs. 5 Nr. 2 VOB/B, bei einem BGB-Vertrag §§ 634 Nr. 2, 637 BGB.

7.2.4.1 Voraussetzungen

1348 In erster Linie muss dem Auftraggeber ein fälliger und einredefreier Anspruch auf Mangelbeseitigung zustehen; dieser Anspruch auf Nacherfüllung darf nicht gemäß § 635 Abs. 3 BGB ausgeschlossen sein. Dies ist der Fall, wenn der Auftragnehmer zu Recht die Nacherfüllung wegen unverhältnismäßiger Kosten, nach § 275 Abs. 2 BGB (wegen groben Missverhältnisses) oder nach § 275 Abs. 3 BGB (wegen Unzumutbarkeit) verweigert. Wegen der Einzelheiten wird auf vorstehende Ausführungen zu Rdn. 1329 f. verwiesen. Des Weiteren muss der Auftragnehmer eine vom Auftraggeber **gesetzte angemessene Frist** haben verstreichen lassen, ohne die Mängel beseitigt zu haben. Dabei muss der Auftraggeber dem Auftragnehmer aber die Möglichkeit eingeräumt haben, die Mängel zu beseitigen; lehnt er hingegen objektiv geeignete Mängelbeseitigungsmaßnahmen innerhalb einer gesetzten Frist ab, verhält er sich widersprüchlich. Dies kann schlimmstenfalls zu einem Ausschluss seines Kostenerstattungsanspruchs führen (BGH, Urt. v. 27.11.2003 – VII ZR 93/01, BauR 2004, 501, 503 = NJW-RR 2004, 303, 305 = NZBau 2004, 153, 155). Zumindest gerät er – selbst wenn er schuldlos handelt – in Annahmeverzug (BGH, Urt. v. 22.07.2010 – VII ZR 117/08, BauR 2010, 1935, 1936 = NJW-RR 2011, 21, 22 = NZBau 2010, 748, 749; auch schon BGH, Urt. v. VII ZR 317/02, BauR 2004, 1616 = NJW-RR 2004, 1461, 1462 = NZBau 2004, 611 zu einem Annahmeverzug nach einem verhängten Baustellenverbot). Ähnliches gilt, wenn der Auftraggeber etwa für die Mangelbeseitigung notwendige Mitwirkungshandlungen unterlässt (BGH, Urt. v. 08.11.2007 – VII ZR 183/05, BGHZ 174, 110, 125 = BauR 2008, 344, 350 = NJW 2008, 511, 513 = NZBau 2008, 109, 113, anschaulich auch OLG Celle, Urt. v. 18.06.2008 – 14 U 147/07, BauR 2008, 2046, 2048).

7.2 Gewährleistungs-/Mängelrechte des Auftraggebers nach VOB und BGB

Rechtsgrundlage	§ 13 Abs. 5 Nr. 2 VOB/B	§§ 634 Nr. 2, 637 Abs. 1 BGB
Voraussetzungen	(1) Fälliger und einredefreier Mangelbeseitigungsanspruch (s. o.) (2) (Beim VOB-Vertrag schriftliche) Mangelbeseitigungsaufforderung (3) I. d. R.: Setzen einer angemessenen Frist zur Mangelbeseitigung (Ausnahme vgl. §§ 637 Abs. 2, 323 Abs. 2 BGB) (4) Fruchtloses Verstreichen vorgenannter Frist	
Rechtsfolgen	Auftraggeber kann Mängel selbst oder durch Dritte auf Kosten des Auftragnehmers beseitigen lassen, d. h.: • Erstattungsanspruch in Höhe der entstandenen und erforderlichen Mangelbeseitigungs- und insoweit entstandener Begleitkosten • Bei Vorsteuerabzugsberechtigten Beschränkung auf den Netto-Betrag	

1349

Die für die Entstehung eines Kostenerstattungsanspruchs erforderliche Fristsetzung wird – worauf schon hingewiesen wurde (siehe oben Rdn. 1321) – sinnvollerweise mit der Mangelbeseitigungsaufforderung verbunden. Bei der **Fristbestimmung** selbst sind folgende **Voraussetzungen** zu berücksichtigen:

(1) Die Frist zur Mangelbeseitigung muss aus Sicht des Auftragnehmers **eindeutig und bestimmt** sein. Das Verlangen, die Bereitschaft zur Mangelbeseitigung anzuzeigen, genügt bei der Fristsetzung nicht (BGH, Urt. v. 16.09.1999 – VII ZR 456/98, BGHZ 142, 278, 283 = BauR 2000, 98, 100 = NJW 2000, 3710, 3711 = NZBau 2000, 23, 24; OLG Düsseldorf, Urt. v. 17.12.2009 – 5 U 57/09, BauR 2011, 121, 123). Erst recht reicht das Verlangen nicht aus, die Mängelverursachung binnen einer Frist anzuerkennen, da der Auftraggeber auf ein solches Anerkenntnis keinen Anspruch hat. Genügend ist jedoch eine Aufforderung zur »unverzüglichen« Mangelbeseitigung. Eine solche Fristbestimmung bedeutet, dass die Mangelbeseitigung zumindest binnen einer angemessenen Frist zu erfolgen hat (BGH, Urt. v. 13.12.2001 – VII ZR 432/00, BGHZ 149, 283, 286 = BauR 2002, 782, 783 = NJW 2002, 1274, 1275 = NZBau 2002, 265, 266; BGH, Urt. v. 12.08.2009 – VIII ZR 254/08, NJW 2009, 3153, 3154 zum Kaufrecht; a. A. zu § 637 BGB, KG, Urt. v. 26.03.2010 – 7 U 123/09, IBR 2010, 562, ohne sich allerdings mit vorgenanntem Urteil des BGH auseinanderzusetzen). **1350**

(2) Die Frist muss für die Mangelbeseitigung **angemessen** sein. Angemessen bedeutet, dass die Frist mindestens so lange zu bemessen ist, dass sie für die erforderliche Mangelbeseitigung ausreicht. Gegebenenfalls ist die Frist geräumiger festzusetzen, wenn sich der Besteller zum Zeitpunkt der Fristsetzung im Annahmeverzug befand. Denn es ist dem Unternehmer nicht zuzumuten, sich dauernd zur Erbringung der noch restlichen Werkleistung bereitzuhalten (BGH, Urt. v. 03.04.2007 – X ZR 104/04, BauR 2007, 1410, 1411 = NJW 2007, 2761, 2762). Äußere Umstände wie Witterung, Behinderung der Nachbesserung wegen der Benutzung des Bauwerks u. a. sind zu berücksichtigen. Eine zu kurze Frist ist zwar nicht wirkungslos, sondern setzt eine angemessene Frist in Gang (BGH, WM 1986, 255; Kohler, in: Beck'scher VOB-Kommentar, Teil B, § 13 Nr. 6 Rn. 86 m. w. N.). Insoweit verbleibt dem Auftraggeber aber ein Restrisiko. Denn der **Kostenerstattungsanspruch entsteht** überhaupt **erst nach Ablauf** einer angemessenen Frist. **1351**

▶ **Beispiel**

Der Auftraggeber hat das Dach mangelhaft abgedichtet. Für eine Mangelbeseitigung benötigt er realistisch sechs Wochen. Der Auftraggeber setzt eine Frist von vier Wochen und lässt anschließend die Mängel durch eine Drittfirma beseitigen. Hier setzt sich der Auftraggeber einem hohen Risiko aus: Denn wenn die Frist nicht angemessen war, läuft zwar eine angemessene Frist. Wird aber vor deren Ablauf der Mangel beseitigt, ist der Kostenerstattungsanspruch noch nicht entstanden. Daher kann der Auftraggeber von dem Auftragnehmer nichts verlangen – wobei nur etwas anderes gelten würde, wenn Letzterer zuvor die Mangelbeseitigung verweigert hätte.

Aus diesem Grund sollte der Auftraggeber in jedem Fall neben der eigentlichen Frist zur Mangelbeseitigung gleichzeitig eine Frist setzen, innerhalb derer mit der Mangelbeseitigung zu beginnen ist. Reagiert der Auftragnehmer nicht einmal hierauf und war die Frist tatsächlich schwer abschätzbar, lässt die Rechtsprechung eine solche Fristsetzung für den Kostenerstattungsanspruch ausnahmsweise genügen (BGH, Urt. v. 08.07.1982 – VII ZR 301/80, BauR 1982, 496 f. – s. dazu auch das Muster oben Rdn. 1317).

1352 Ist die Bestimmung der richtigen Länge einer angemessenen Frist für den Auftraggeber nicht immer einfach, muss er sich doch nachhaltig darum bemühen, die angemessene Dauer zu ermitteln. Zwar führt wie erläutert eine zu kurze Frist zu dem Beginn des Laufs einer angemessenen Frist; dies gilt jedoch nicht, wenn der Auftraggeber die **Frist offenbar nur zum Schein** gesetzt hat. Dies ist vor allem dann der Fall, wenn der Auftragnehmer binnen der gesetzten Frist überhaupt keine realistische Chance hatte, den gerügten Mangel zu beseitigen. Dasselbe gilt, wenn der Auftraggeber anderweitig zu erkennen gibt, dass er die Nachbesserung des Auftragnehmers ohnehin nicht akzeptieren werde, selbst wenn dieser fristgemäß leistet (OLG Hamm, Urt. v. 31.05.2007 – 24 U 150/04, BauR 2007, 1737, 1738 = NZBau 2007, 709 f.).

1353 (3) Nicht erforderlich ist es, den Auftragnehmer auf die Folgen einer Fristversäumung, d. h. auf die Möglichkeit der kostenpflichtigen Ersatzvornahme im Zusammenhang mit der Fristsetzung hinzuweisen. Dies ergibt sich bereits aus dem Gesetz (§ 637 Abs. 1 BGB) bzw. dem vertraglich vereinbarten § 13 Abs. 5 Nr. 2 VOB/B.

1354 (4) Die Frist muss **ergebnislos verstrichen** sein. Dies ist in der Regel der Fall, wenn der Auftragnehmer die Mängel bis zum Ablauf der Frist **nicht vollständig behoben** hat. Hat er binnen der Frist nur mit der Mangelbeseitigung begonnen, sie aber nicht vollendet, geht dies zu seinen Lasten, wenn die gesetzte Frist angemessen war. Allerdings: Der Auftraggeber ist zur Vermeidung von unnötigen Streitigkeiten gut beraten, einem Auftragnehmer vor allem bei einer weit fortgeschrittenen Mangelbeseitigung geringe Restarbeiten auch nach Fristablauf zu ermöglichen. Hierzu kann sogar in Extremfällen eine Pflicht aus Treu und Glauben bestehen. Erscheint hingegen der Auftragnehmer erst nach Ablauf einer gesetzten (angemessenen) Frist, muss der Auftragnehmer dieses Angebot zur Mängelbeseitigung nicht mehr annehmen. Stattdessen kann er die Mängel durch einen Dritten beseitigen lassen und die ihm entstehenden Kosten über einen Kostenerstattungsanspruch durchsetzen (BGH, Urt. v. 27.02.2003 – VII ZR 338/01, BGHZ 154, 119, 122 = BauR 2003, 693, 694 = NJW 2003, 1526 = NZBau 2003, 267 – a. A. OLG Hamm, Urt. v. 03.12.2004 – 19 U 93/04, BauR 2005, 1190, 1191 f.).

> ▶ **Beispiel**
>
> Kurz vor Weihnachten ist an der neu eingebauten Heizung ein Mangel aufgetreten; die Heizung fällt aus. Der Bauherr setzt dem Heizungsbauer eine kurze, aber angemessene Frist bis zum kommenden Montag. Diese verstreicht; er beauftragt einen Ersatzunternehmer. Am Dienstagmorgen klingelt es; der Erstunternehmer will die Heizung reparieren. Hier muss der Bauherr diesen nicht mehr die Arbeiten ausführen lassen, sondern kann sich auf den Ersatzunternehmer verlassen. Im Zweifel muss er das auch. Denn lässt er den Erstunternehmer doch noch arbeiten, müsste er nun den Zweitunternehmer kündigen, was nicht in seinem Sinne sein kann.

1355 (5) Die Fristsetzung muss noch Bestand haben, d. h.: Ist eine zur Nacherfüllung gesetzte Frist abgelaufen und haben die Parteien sodann zu der Art und Weise der Mangelbeseitigung eine Absprache getroffen, ist eine neue Fristsetzung erforderlich, wenn sich der Auftragnehmer an diese Absprache nicht hält (OLG Köln, Urt. v. 09.05.2003 – 19 U 170/96, Nichtzulassungsbeschwerde vom BGH zurückgewiesen, BauR 2005, 439). Etwas anderes gilt hingegen, wenn der Auftraggeber nach Fristablauf weiterhin Erfüllung verlangt. Ein solches **zwischenzeitliches Erfüllungsverlangen** lässt ein einmal entstandenes **Recht auf Kostenerstattung nicht mehr entfallen** (BGH, Urt. v. 20.01.2006 – V ZR 124/05, BauR 2006, 1134, 1136 = NJW 2006, 1198 zum Rücktrittsrecht).

(6) Der Auftraggeber ist ohne Setzen einer angemessenen Frist nicht zur Selbstvornahme berechtigt 1356
und kann demnach für gleichwohl ausgeführte Arbeiten **keine Kostenerstattung** verlangen.
Hiervon bestehen in Anlehnung an §§ 637 Abs. 2, 323 Abs. 2 BGB im Wesentlichen fünf Ausnahmen, für die der Auftraggeber jeweils die Beweislast trägt:
- Der Auftragnehmer hat **ernsthaft und endgültig die Nacherfüllung verweigert** bzw. sein Verhalten lässt eindeutig erkennen, dass er endgültig und ernstlich keine Mangelbeseitigung vornehmen wird (BGH, Urt. v. 20.03.1975 – VII ZR 65/74, BauR 1976, 285, 286; BGH, Urt. v. 24.02.1983 – VII ZR 210/82, BauR 1983, 258, 259 = NJW 1983, 1731, 1732; s. ausführlich dazu Ingenstau/Korbion/Wirth, B § 13 Abs. 5 Rn. 142 ff.). Dies kann auch mittelbar erfolgen. Allerdings kommt es darauf an, dass die Leistungsverweigerung vorlag, **bevor** der Auftraggeber die Mängel beseitigt hat. Ein späteres Verhalten des Auftragnehmers nach der Mangelbeseitigung (z. B. in einem Prozess) ist nur dann von Bedeutung, wenn es den sicheren Rückschluss zulässt, dass schon vor der Mangelbeseitigung diese ernsthaft und endgültig verweigert war (BGH, Urt. v. 20.01.2009 – X ZR 45/07, BauR 2009, 976, 977 = NJW-RR 2009, 667 = NZBau 2009, 377, 378). 1357

▶ **Beispiele für eine ernsthafte und endgültige Verweigerung der Nacherfüllung**
- Der Auftragnehmer erhebt eine ungekürzte Vergütungsklage mit der Behauptung, die Leistung sei mangelfrei (OLG Düsseldorf, Urt. v. 07.02.1992 – 22 U 184/91, OLGR Düsseldorf 1992, 170).
- Der Auftragnehmer bestreitet nachhaltig, dass der Mangel auf seine eigene Leistung zurückgehe (OLG Düsseldorf, Urt. v. 19.07.2011 – 21 U 76/09, BauR 2012, 244 [insoweit dort nicht abgedruckt] = NJW-RR 2011, 1530, 1531 = NZBau 2011, 692, 693). Dies gilt umso mehr, wenn die Mängel mit seiner Verursachung zuvor in einem Beweisverfahren sogar festgestellt worden sind.
- Der Auftragnehmer verweigert nachhaltig und wiederholt die Leistung (BGH, Urt. v. 09.07.2002 – X ZR 242/99, NJW-RR 2002, 1533, 1534 = NZBau 2002, 611, 613), etwa nach einer sofort nach Aufforderung zur Mangelbeseitigung erhobenen Verjährungseinrede (BGH, Urt. v. 05.12.2002 – VII ZR 360/01, BauR 2003, 386, 387 = NJW 2003, 580, 581 = NZBau 2003, 149, 150), aufgrund fehlender Reaktion auf jegliche Fristsetzungen (BGH, Urt. v. 08.07.1982 – VII ZR 301/80, BauR 1982, 496, 497) oder durch ein schlicht passives Verhalten während eines jahrelang andauernden Zeitraums trotz geführter Mangeldiskussionen (BGH, Beschl. v. 28.10.2010 – VII ZR 82/09, BauR 2011, 263, 265 = NJW-RR 2011, 98, 99).
- Der Unternehmer erklärt sich zu Unrecht nur unter der Voraussetzung zur Mangelbeseitigung bereit, wenn der Auftraggeber die Hälfte der Kosten übernimmt (BGH, Urt. v. 12.06.1969 – VII ZR 73/67, SFZ 2 414 Bl. 227).
- Der Auftragnehmer erklärt sich bei Diskussionen zu dem Mangel nur bereit, die sichtbaren Symptome zu kaschieren (»Risse auszuspachteln«), ohne sich aber zugleich den eigentlichen Mangelursachen widmen zu wollen (OLG Düsseldorf, Urt. v. 17.12.2009 – 5 U 57/09, BauR 2011, 121, 123).
- Der Unternehmer hat seinen Betrieb wegen Zahlungsunfähigkeit und Überschuldung eingestellt; auch sonst gibt es keinen Anhaltspunkt mehr dafür, dass der Auftragnehmer noch Mängel beseitigen wird (KG, Urt. v. 21.05.2010 – 6 U 153/08, IBR 2011, 135). Etwas anderes gilt dagegen bei der bloßen Eröffnung des Insolvenzverfahrens (OLG Düsseldorf, Urt. v. 17.12.2009 – 5 U 57/09, BauR 2011, 121, 123).

Keine ernsthafte und endgültige Erfüllungsverweigerung liegt hingegen vor, wenn der Subunternehmer als Streithelfer des Generalunternehmers lediglich dessen Behauptung im Prozess mit dem Bauherrn übernimmt, es lägen keine Mängel im Auftragsbereich des Subunternehmers vor (OLG Schleswig, Urt. v. 23.06.2005 – 16 U 41/04, BauR 2005, 1970 = OLGR Schleswig 2005, 566 f.). Selbst das bloße Bestreiten eines Mangels des Auftragnehmers unmittelbar in einem Mangelprozess seines Auftraggebers stellt für sich genommen noch keine ernsthafte und endgültige Erfüllungsverweigerung dar (BGH, Urt. v. 29.06.2011 – VIII ZR 202/10, 1358

BauR 2011, 1817, 1818 = NJW 2011, 2872, 2873) – es sei denn, seine Einlassungen lassen genau eine solche Ablehnung erkennen (BGH, Urt. v. 05.12.2002 – VII ZR 360/01, BauR 2003, 386, 387 = NJW 2003, 580, 581 = NZBau 2003, 149, 150). Daran wird es jedoch vielfach fehlen, wenn dieses Bestreiten erst im Nachhinein, d. h. z. B. nach einer schon erfolgten Mangelbeseitigung erfolgt. Hieraus lässt sich nicht ohne Weiteres der Rückschluss ziehen, dass darin auch schon eine ernsthafte und endgültige Ablehnung der Mangelbeseitigung vor Beseitigung der Mängel gelegen hat (BGH, Urt. v. 20.01.2009 – X ZR 45/07, BauR 2009, 976, 978 = NJW-RR 2009, 667, 668 = NZBau 2009, 377, 378). Keine ernsthafte und endgültige Erfüllungsverweigerung liegt ebenso vor, wenn sich der Auftragnehmer nur bereit erklärt, einen Mangel »aus Kulanz« zu beseitigen. Er schuldet nur den Erfolg, d. h. die Mangelfreiheit. Mit welchem Motiv er diesen Erfolg herbeiführt, ist rechtlich ohne Bedeutung (ähnlich OLG Koblenz, Beschl. v. 16.07.2009 – 5 U 605/09, BauR 2009, 1633 [Ls.]).

1359 – Eine kostenpflichtige Selbstvornahme ohne vorherige Fristsetzung ist des Weiteren möglich, wenn die **Nacherfüllung fehlgeschlagen ist**. Zu beachten ist allerdings, dass die parallele Vorschrift aus dem Kaufrecht in § 440 S. 2 BGB nicht für den Werkvertrag gilt, d. h.: Es gibt keine Regelvermutung, dass die Nacherfüllung nach dem erfolglosen zweiten Versuch als fehlgeschlagen gilt. Insoweit ist stets zu empfehlen, in der Vertragsgestaltung eine entsprechende Klarstellung aufzunehmen. Dabei genügt der Auftraggeber in der Regel seiner Darlegungs- und Beweislast zum Fehlschlagen der Nachbesserung durch einen Nachweis, dass das Mangelsymptom weiterhin auftritt. Dass möglicherweise jetzt eine zweite oder andere Mangelursache hinzukommt, ist unbeachtlich. Denn zu den Ursachen muss der Auftraggeber nie etwas darlegen, soweit der Mangel nicht auf ihn selbst zurückgeht (vgl. BGH, Urt. v. 09.03.2011 – VIII ZR 266/09, NJW 2011, 1664 zum Kaufrecht). Jedenfalls kann aber auch unabhängig davon ab einer bestimmten Anzahl von Mangelbeseitigungsversuchen von einem Fehlschlagen der Nachbesserung ausgegangen werden. Infolgedessen wäre dann dem Auftraggeber die Hinnahme weiterer Mangelbeseitigungsversuche nicht mehr zumutbar. Dies macht zugleich weitere Fristsetzungen entbehrlich (vgl. BGH, Urt. v. 16.10.1984 – X ZR 86/83, BGHZ 92, 308, 311 = BauR 1985, 83, 84 = NJW 1985, 381, 382 zu einem achtmaligen Scheitern).

1360 – Es ist Gefahr im Verzug (OLG Düsseldorf, Urt. v. 16.10.1992 – 22 U 63/92, NJW-RR 1993, 477, 478). Ebenso gehört dazu die Fallgestaltung, dass die Mangelbeseitigung keine aufschiebende Wirkung duldet, weil sie nach Fristablauf für den Auftraggeber ohne Wert ist.

▶ **Beispiel (nach BGH, Urt. v. 15.01.2002 – X ZR 233/00, BauR 2002, 940, 944 = NJW-RR 2002, 666, 668 = NZBau 2002, 332, 335)**

Der Auftraggeber lässt in seiner Gaststätte Geruchsbelästigungen beseitigen, nachdem die Ordnungsbehörden andernfalls eine kurzfristige Schließung angedroht hatten.

1361 – Der Auftragnehmer hat sich **fachlich oder aus sonstigen Gründen** (z. B. terminlich) derart **unzuverlässig gezeigt**, dass dem Auftraggeber aus Treu und Glauben nicht mehr zuzumuten ist, den Auftragnehmer mit der Nachbesserung zu beauftragen (OLG Düsseldorf, Urt. v. 30.08.1995 – 22 U 11/95, BauR 1996, 260 = NJW-RR 1996, 401). Hierbei handelt es sich allerdings um einen Ausnahmetatbestand, der in der Praxis für den Auftraggeber schwer zu beweisen sein wird. Denn der Auftraggeber hat bei dieser Entscheidung zu berücksichtigen, dass sich der Auftragnehmer für eine sachgemäße Nacherfüllung ggf. auch fremder Hilfe bedienen kann (vgl. dazu OLG Koblenz, Urt. v. 19.07.2001 – 5 U 443/01, BauR 2002, 1110, 1111 = NJW-RR 2002, 669).

1362 – Es liegen »sonstige Gründe« vor, die unter Abwägung der beiderseitigen Interessen im Hinblick auf den zu beseitigenden Werkmangel zu einem vollständigen Vertrauensverlust führen (vgl. auch § 323 Abs. 2 Nr. 3 BGB). Dies ist etwa der Fall, wenn der Auftragnehmer einen Mangel bei der Abnahme **arglistig verschwiegen** hat (BGH, Urt. v. 09.01.2008 – VIII ZR 210/06, NJW 2008, 1371, 1372 f. zu der vergleichbaren Rechtslage im Kaufrecht): Auch hier ist dem Auftraggeber nicht zuzumuten, nunmehr erneut den Auftragnehmer »im Rahmen einer zweiten Chance« mit der Werkleistung zu befassen. Ähnliches gilt bei sonstigen Verhaltensweisen, die das gegenseitige Vertrauen nachhaltig beeinträchtigen können.

▶ **Beispiel (nach OLG Düsseldorf, Urt. v. 17.12.2009 – 5 U 57/09, BauR 2011, 121, 126)**

Zur Abwendung einer Mangelhaftung vermittelt der Auftragnehmer wahrheitswidrig den Eindruck, das von ihm betriebene Geschäft sei praktisch nicht mehr existent und insolvent.

Trotz der grundsätzlichen Möglichkeit, in Ausnahmefällen von einer Fristsetzung abzusehen, sollte der Auftraggeber mit einem solchen Verzicht vorsichtig sein: Die Voraussetzungen werden in der Rechtsprechung sehr **restriktiv gehandhabt**; außerdem trägt der Auftraggeber hierfür das volle Beweisrisiko. Hat er zu Unrecht von der Fristsetzung abgesehen und gleichwohl die Mängel beseitigt, ist er **mit sämtlichen Ersatzansprüchen ausgeschlossen**, d. h.: Er kann nicht einmal die Aufwendungen ersetzt verlangen, die der Auftragnehmer durch die von ihm nicht vorgenommene Mängelbeseitigung erspart (vgl. zum Kaufrecht BGH, Urt. v. 23.02.2005 – VIII ZR 100/04, BGHZ 162, 219, 225 = BauR 2005, 1021, 1022 = NJW 2005, 1348, 1349).

7.2.4.2 Inhalt und Umfang des Kostenerstattungsanspruchs

Nach Fristablauf steht dem Auftraggeber ein Selbstvornahmerecht zu. Diese Selbstvornahme kann auf Kosten des Auftragnehmers durch Dritte erfolgen. Alternativ kommt eine Selbstbeseitigung in Betracht:

7.2.4.2.1 Drittvornahme

Der Auftraggeber kann den Mangel (durch Dritte) beseitigen lassen und hierfür Kostenersatz verlangen.

▶ **Eckpunkte beim Kostenerstattungsanspruch bei Beauftragung eines Ersatzunternehmers**
- Beachtung des Interesses des Auftragnehmers, die Nachbesserungskosten möglichst gering zu halten
- Verletzung der Schadensminderungspflicht bei erkennbar und vermeidbar unangemessen hohen Ersatzvornahmekosten
- keine Pflicht zur Beauftragung des billigsten Bieters (möglich ist ein Unternehmer seines Vertrauens) oder zur vorherigen Ausschreibung
- Recht bei mehreren möglichen Arten, die Mängel zu beseitigen, die sicherste Art auszuwählen

Folgende Punkte sind zu beachten:
- Dem Auftraggeber steht nur Ersatz der **für die Mangelbeseitigung erforderlichen Kosten** zu. Im Hinblick auf die Vertragsuntreue des Auftragnehmers, der nach Erbringen einer mangelhaften (vertragswidrigen) Leistung diese nach Aufforderung nicht einmal beseitigt (Ingenstau/Korbion/Wirth, B § 13 Abs. 5 Rn. 179; Locher, Das private Baurecht, Rn. 263), ist diese allgemeine Vorgabe aus der Schadensminderungspflicht des Auftraggebers jedoch zu relativieren: Hiernach muss der Auftraggeber nicht unbedingt den billigsten Ersatzunternehmer beauftragen (OLG Düsseldorf, Urt. v. 07.06.1988 – 23 U 189/87, BauR 1989, 329, 331). Insbesondere ist der Auftraggeber – wenn dies zur Vermeidung von Streitigkeiten allerdings auch ratsam ist – nicht gezwungen, im Interesse des vertragsuntreuen Auftragnehmers besondere Anstrengungen zu unternehmen, den preisgünstigsten Drittunternehmer zu finden. Er muss nicht mehrere Angebote einholen oder gar eine Ausschreibung durchführen (OLG Dresden, Urt. v. 29.11.1999 – 17 U 1606/99, BauR 2000, 1341, 1343 f. = NZBau 2000, 333, 336). Stattdessen kann er einen Unternehmer seines Vertrauens auswählen oder z. B. auch auf einem deutlich nachrangig Platzierten aus einem ursprünglich durchgeführten Vergabeverfahren zurückgreifen, soweit dieser immer noch marktübliche Preise anbietet (OLG Schleswig, Urt. v. 10.09.2010 – 14 U 184/06, BauR 2010, 2164 [Ls.] zu einem Ersatzunternehmer, der nach der ursprünglichen Vergabe auf dem 10. Platz lag).

Entscheidend ist, was der Auftraggeber zum Zeitpunkt der Mangelbeseitigung als **vernünftiger, wirtschaftlich handelnder Bauherr aufgrund sachkundiger Beratung zur Beseitigung** und Feststellung des Umfanges der Mängel (OLG München, Urt. v. 11.10.1988 – 9 U 1681/88, BauR 1990, 362, 363 f.) **aufwenden konnte** und musste (BGH, Urt. v. 31.01.1991 – VII ZR 63/90, BauR 1991, 329, 330 = NJW-RR 1991, 789; BGH, Urt. v. 27.03.2003 – VII ZR 443/01, BGHZ 154, 301, 304 = BauR 2003, 1209, 1210 = NJW-RR 2003, 1021) – und zwar gerichtet auf das Ziel, eine vertragsgemäße Leistung zu erhalten. Dabei muss sich der Auftraggeber in der Regel nicht aus Gründen der Verhältnismäßigkeit mit einer minderwertigen Leistung zzgl. eines finanziellen Ausgleichs zufriedengeben (BGH, Urt. v. 27.03.2003 – VII ZR 443/01, BGHZ 154, 301, 304 = BauR 2003, 1209, 1210 = NJW-RR 2003, 1021, 1022).

▶ **Beispiel**

Der Bauherr erteilte im Zuge der Renovierung einer Scheune einem Dachdecker den Auftrag, Dachunterschalung und Dach neu zu erstellen. Der Dachdecker verwendete dafür zu feuchtes Holz. Infolgedessen war es zu erheblicher Fäulnis- und Schimmelbildung gekommen. Der Dachdecker erklärt sich bereit, den Schimmelbefall an den sichtbaren Hölzern durch Abwaschen oder Abbürsten zu beseitigen. Richtigerweise hätten aber die Schalungsbretter ausgetauscht werden müssen, was der Dachdecker für unverhältnismäßig hält; insoweit bietet er ergänzend eine Minderung an. Der Bauherr lässt die Bretter nunmehr durch einen Ersatzunternehmer beseitigen und verlangt dafür Kostenerstattung. Zu Recht! Denn ein Auftraggeber muss in der Regel keine Mangelbeseitigung akzeptieren, die den Mangel nicht beseitigt; eine gleichzeitige Minderung genügt hier nicht.

1367 Unter mehreren Nachbesserungsmethoden kann der Auftraggeber **die sicherste wählen**.

▶ **Beispiel (nach OLG Düsseldorf, Urt. v. 07.66.2011 – 21 U 100/10, BauR 2012, 960))**

Der Auftraggeber bemängelt zu Recht die Befestigung von Abdichtungsbahnen eines Daches. Der ihn beratende Sachverständige empfiehlt eine Komplettsanierung, während der Auftragnehmer meint, nur eine Einzelnachbesserung sei geboten gewesen. Hier kommt es – wenn es gegen die Feststellungen des Sachverständigen keine stichhaltigen Bedenken gibt – für die Höhe des Kostenerstattungsanspruchs nur darauf an, welche Mängelbeseitigungsmaßnahmen der Auftraggeber bei verständiger Würdigung des Sachverhaltes – zumal hier nach sachverständiger Beratung – zum Zeitpunkt der Mangelbeseitigung für erforderlich halten durfte

Der Auftraggeber kann also nicht nur angemessene, durchschnittliche oder übliche Kosten ersetzt verlangen; vielmehr ist sein Erstattungsanspruch erst gemindert, wenn die Grenzen der Erforderlichkeit eindeutig überschritten sind oder er bei der Auswahl des Drittunternehmers seine **Schadensminderungspflicht verletzt** hat (OLG Köln, Urt. v. 19.09.1980 – 20 U 54/80, SFH Nr. 27 zu § 633 BGB; OLG Dresden, Urt. v. 29.11.1999 – 17 U 1606/99, BauR 2000, 1341, 1343 f. = NZBau 2000, 333, 336). Hält das Gericht eine kostengünstigere Maßnahme allerdings für ausreichend, hat es zwingend dazu im Rahmen der Beweisaufnahme Feststellungen zu treffen (BGH, Urt. v. 07.07.2005 – VII ZR 59/04, BauR 2005, 1626, 1627 = NJW-RR 2005, 1474, 1475). Wählt der Auftraggeber allerdings einen Drittunternehmer auf dem freien Markt aus, spricht aus der Erfahrung der täglichen Baupraxis der erste Anschein dafür, dass die von diesem abgerechneten Kosten zur Beseitigung der Mängel erforderlich waren. Dem Auftragnehmer obliegt demgegenüber der Gegenbeweis (OLG Dresden, a. a. O.; OLG Düsseldorf, Urt. v. 06.11.2007 – 21 U 172/06, IBR 2011, 261; Ingenstau/Korbion/Wirth, B § 13 Abs. 5 Rn. 176, 182, 186). Umgekehrt hat der Auftraggeber erkennbar überhöhte Ersatzunternehmerkosten zu vermeiden. Ob diesbezügliche Aufwendungen unverhältnismäßig sind, richtet sich nach den Grundsätzen des § 251 Abs. 2 S. 1 BGB, d. h.: **Unverhältnismäßig** sind die Aufwendungen ausnahmsweise nur dann, wenn ein zu erzielender **Mangelbeseitigungserfolg bei Abwägung aller Umstände des Einzelfalls in keinem vernünftigen Verhältnis zur Höhe des dafür angefallenen Geldaufwands** steht (BGH, Urt. v. 27.03.2003 – VII ZR 443/01, BGHZ 154, 301, 305 = BauR 2003, 1209, 1211 =

7.2 Gewährleistungs-/Mängelrechte des Auftraggebers nach VOB und BGB

NJW-RR 2003, 1021, 1022). Auf die Höhe der ursprünglich vereinbarten Vergütung kommt es hingegen nicht an (OLG Karlsruhe, Urt. v. 02.09.2004 – 12 U 144/04, BauR 2005, 109, 110 zum Kaufrecht). Ebenso wenig ist von Bedeutung, ob die Erstattung eines ggf. angemessenen Minderwertes deutlich günstiger wäre als die Kosten für eine Mangelbeseitigung (BGH, Urt. v. 10.03.2005 – VII ZR 321/03, BauR 2005, 1014 f. = NJW-RR 2005, 1039).

- Ersatzfähig sind neben den originären Mangelbeseitigungskosten auch **sämtliche Begleitkosten**, die im Zusammenhang mit der Mangelbeseitigung entstehen und für diese erforderlich sind. Hierzu zählen etwaige Material- und Transportkosten, Kosten für den Ein- und Ausbau von bereits fertiggestellten Bauteilen sowie Untersuchungskosten zur Mangelbeseitigung (BGH, Urt. v. 22.03.1979 – VII ZR 142/78, BauR 1979, 333, 334 = NJW 1979, 2095, 2096; BGH, Urt. v. 17.2.1999 – X ZR 40/96, NJW-RR 1999, 813, 814 – vgl. auch § 635 Abs. 2 BGB für den dem Kostenerstattungsanspruch zugrunde liegenden Nacherfüllungsanspruch). Ebenso fallen hierunter alle sonstigen Begleitkosten wie z. B. Hotelkosten bei einer externen Unterbringung während der Mangelbeseitigung (OLG Köln, Urt. v. 03.11.2010 – 11 U 54/10, BauR 2011, 304). Erstattungsfähig sind ebenso je nach Gegebenheiten des Einzelfalls die dem Auftraggeber durch die Nacherfüllung entstehenden **Architektenkosten** – es sei denn, der das Bauvorhaben betreuende Architekt war von Beginn an mit den Leistungsphasen 8 und 9 gem. Anl. 11 zu § 33 HOAI beauftragt: In diesem Fall wären dem Auftraggeber die Architektenkosten auch ohne einen Werkmangel des Auftragnehmers entstanden (OLG Düsseldorf, Urt. v. 17.03.2000 – 22 U 64/99, BauR 2000, 1383). Vom Umfang des Kostenerstattungsanspruchs abgedeckt sind ferner Kosten für die Beauftragung sonstiger Unternehmer, wenn der Auftragnehmer z. B. aufgetretene Begleitschäden nicht beseitigen kann. 1368

▸ **Beispiel**

Der Bauherr lässt ein mangelhaft unter Putz verlegtes Rohr durch einen Ersatzunternehmer austauschen. Hier kann er in den Kostenerstattungsanspruch auch die Maler- und Verputzarbeiten einbeziehen.

Erstattungsfähig sind außerdem Kosten für die Behebung von **Bauschäden an sonstigem Eigentum des Auftraggebers** (BGH, Urt. v. 13.12.1962 – II ZR 196/60, NJW 1963, 805, 806), nicht aber Schäden an anderen als vom Auftragnehmer bearbeiteten Gewerken: Diese können nur über einen Schadensersatzanspruch abgerechnet werden (BGH, Urt. v. 07.11.1985 – VII ZR 270/83, BGHZ 96, 221, 224 ff. = BauR 1986, 211, 212 ff. = NJW 1986, 922, 923 f.). Allerdings: Zu den erstattungsfähigen Kosten gehören wiederum Aufwendungen für Begleitarbeiten, soweit durch Letztere gleichzeitig Mängel am Gewerk eines Nachfolgeunternehmers behoben werden; eine Kürzung des Erstattungsanspruchs nach den Grundsätzen der Vorteilsausgleichung findet insoweit nicht statt (OLG Karlsruhe, Urt. v. 01.03.2005 – 17 U 114/04, BauR 2005, 1485, 1487).

- Zu prüfen ist bei einem hiernach geltend zu machenden Kostenanspruch jedoch, ob darin wirklich eine Ersatzvornahme liegt. 1369

▸ **Beispiel (BGH, Urt. 07.05.2009 – VII ZR 15/08, BauR 2009, 1295, 1297 = NJW-RR 2009, 1175, 1176 = NZBau 2009, 507, 508)**

Ein Estrichleger legt den Estrich 3 cm zu tief. Die Kosten für die Mangelbeseitigung belaufen sich auf ca. 21.000 €. Auf Vorschlag des Estrichlegers lässt der Bauherr unter Aufrechterhaltung seiner Mängelrechte die Türen mit Kosten von 1.691,65 € gegen solche mit passenden Sondermaßen austauschen, damit die Wohnungen bezogen werden können.

Diese Behelfsmaßnahme stellt noch keine Mangelbeseitigung dar, sodass diese Kosten auch nicht über einen Kostenerstattungsanspruch ersetzbar sind. Vielmehr sollten damit nur die negativen Auswirkungen des Mangels gemindert werden (a. a. O.). Erstattungsfähig wären danach die Austauschkosten zu den Türen nur über einen gesonderten Schadensersatzanspruch nach § 634 Nr. 4 i. V. m. § 280 Abs. 1 BGB. Ausgangspunkt ist hier die Überlegung, dass dem Auftraggeber wegen der Baumängel ja allgemein ein diesbezüglicher Schadensersatzanspruch zugestanden hätte (so etwa auf Ersatz der Mietausfallschäden). Dazu trifft ihn zugleich aus § 254 BGB die **allgemeine Pflicht zur Schadensminderung**. Kommt der Auftraggeber als Geschädigter dieser Abwendungs- und Minderungspflicht nach, so sind die Aufwendungen hierfür letztlich ebenfalls adäquat kausal durch den vom Auftragnehmer verschuldeten Baumangel verursacht und demgemäß zu ersetzen (ähnlich: BGH, Urt. v. 01.04.1993 – I ZR 70/91, BGHZ 122, 172, 179 = NJW 1993, 2685, 2687; Palandt/Grüneberg, § 254 Rn. 36).

1370 • Nicht erstattungsfähig sind sog. **Ohnehin-Kosten bzw. Sowieso-Kosten**. Hierbei handelt es sich um solche Kosten, die der Auftraggeber bei von vornherein ordnungsgemäßer Erbringung der Bauleistung ohnehin hätte zahlen müssen (s. dazu im Einzelnen Rdn. 1545 ff.)

> ▶ **Beispiel**
>
> Der Auftragnehmer baut im Treppenhaus fälschlicherweise eine Einfachverglasung ein, die er auch nur vergütet erhält. Dies ist mangelhaft; er verweigert gleichwohl trotz Fristsetzung die Nachbesserung. Jetzt lässt der Auftraggeber die Verglasung austauschen. Den Mehrpreis des Verbundsicherheitsglases gegenüber der Einfachverglasung kann er über den Kostenerstattungsanspruch nicht ersetzt verlangen, da er diese Mehrkosten bei einer von Anfang an einwandfreien Leistung auch hätte zahlen müssen.

1371 • Scheitert eine vom Auftraggeber zum Zwecke der Ersatzvornahme beauftragte Mangelbeseitigungsmaßnahme, kann er die insoweit entstehenden Mehrkosten nicht über die Kostenerstattung ersetzt verlangen (OLG Düsseldorf, Urt. v. 12.12.1997 – 22 U 18/97, NJW-RR 1998, 527, 528). Das **Risiko dieser Nachbesserungsmaßnahme trägt** stattdessen allein der **Auftraggeber**. Etwas anderes gilt jedoch, wenn der Auftraggeber die betroffene (nicht taugliche) Nachbesserungsmaßnahme bei verständiger Würdigung für erforderlich halten durfte – dies etwa dann, wenn er die Art und Weise der Mangelbeseitigung hat zuvor sachverständig prüfen lassen. Hier hat der Auftragnehmer auch die Kosten des gescheiterten Versuchs der Nachbesserung zu tragen (OLG Bamberg, Urt. v. 01.04.2005 – 6 U 42/04, BauR 2005, 1219 = OLGR Bamberg 2005, 408, 409; BGH, Urt. v. 27.03.2003 – VII ZR 443/01, BGHZ 154, 301, 305 = BauR 2003, 1209, 1211 = NJW-RR 2003, 1021, 1022; ähnlich BGH, Urt. v. 29.09.1988 – VII ZR 182/87, BauR 1989, 97, 101 = NJW-RR 1989, 86, 88; OLG Düsseldorf, Urt. v. 07.06.2011 – 21 U 100/10, BauR 2012, 960, 963), wobei ein etwaiger zur Mangelbeseitigung eingesetzter Dritter (auch ein Sachverständiger) kein Erfüllungsgehilfe des Auftraggebers in seinem Verhältnis zum Auftragnehmer ist (OLG Karlsruhe, Urt. v. 19.10.2004 – 17 U 107/04, BauR 2005, 879, 881 f. = NJW-RR 2005, 248, 250). Dasselbe gilt, wenn der Auftraggeber ohne Auswahlverschulden einen Ersatzunternehmer beauftragt hat und dieser im Zuge der Beseitigungsmaßnahmen unnötige Arbeiten ausführt oder überhöhte Arbeitszeiten in Ansatz bringt (OLG Karlsruhe, a. a. O.). In einem solchen Fall ist der Erstattungsanspruch nur ausgeschlossen, wenn der Auftraggeber diese überhöhten Kosten hätte erkennen und unterbinden können.

1372 • Ist der Auftraggeber **vorsteuerabzugsberechtigt**, beschränkt sich sein Kostenerstattungsanspruch auf den **Netto-Betrag** (OLG Düsseldorf, Urt. v. 16.08.1995 – 22 U 256/93, BauR 1996, 396, 398 = NJW-RR 1996, 532, 533). Umsatzsteuer kann er insoweit nicht verlangen.

1373 • Bei der Abrechnung der Ersatzunternehmerkosten hat der Auftraggeber die entstandenen Kosten plausibel darzulegen (und ggf. zu beweisen). Eine **prüfbare Abrechnung** dieser Kosten in Anlehnung an § 14 VOB/B ist allerdings **nicht erforderlich** (BGH, Beschl. v. 16.09.1999 – VII ZR 419/98, NJW-RR 2000, 19 = NZBau 2000, 24).

7.2.4.2.2 Selbstvornahme

1374 Alternativ zur Einschaltung eines Ersatzunternehmers kann der Auftraggeber die Mängel selbst beseitigen. In diesem Fall steht ihm ein Anspruch auf eine **angemessene Vergütung der erbrachten Leistung** zu. Anhaltspunkt für deren Höhe ist der Lohn eines ausreichend Qualifizierten (Geselle, Meister u. a.), der für die Mangelbeseitigung hätte eingesetzt werden müssen. Darüber hinausgehende Gewinne und Gemeinkosten des Unternehmers bleiben außer Betracht (BGH, Urt. v. 12.10.1972 – VII ZR 51/72, BGHZ 59, 328, 332 = NJW 1973, 46, 47) – es sei denn, der Auftraggeber lässt die Arbeiten in seinem Betrieb durchführen. In diesem Fall steht ihm ein Ersatz zumindest der Gemeinkosten zu. Bauseits gestellte Materialien sind dabei zum Einstandspreis des Auftraggebers anzusetzen (BGH, Urt. v. 15.02.1973 – VII ZR 31/72, BauR 1973, 197 = NJW 1973, 757).

7.2.4.3 Klage auf Kostenerstattung/Aufrechnung

Der Auftraggeber kann seinen Kostenerstattungsanspruch einklagen. Alternativ kann er mit diesem gegen ggf. noch offene Vergütungsansprüche des Auftragnehmers **aufrechnen**. Individualvertraglich kann eine solche Aufrechnung ausgeschlossen werden. In **Allgemeinen Geschäftsbedingungen** des Auftragnehmers hat dagegen ein solches Aufrechnungsverbot keinen Bestand. Dabei ist es einerlei, ob es davon unbestrittene oder rechtskräftig festgestellte Forderungen ausnimmt (vgl. § 309 Nr. 3 BGB). Denn wie sich schon aus § 309 Nr. 2a BGB ergibt, kann etwa auch ein Leistungsverweigerungsrecht nach § 320 Abs. 1 BGB nicht in der Weise ausgeschlossen werden, dass nunmehr eine Werklohnforderung trotz dagegen stehender Mängel durchsetzbar wird. Dann aber wäre es nicht nachvollziehbar, bei vergleichbaren Sachverhalten den Ausschluss einer Aufrechnung zuzulassen. Denn auch das würde dazu führen, dass der Auftragnehmer bei einer streitigen Mangelforderung im Ergebnis zunächst gleichwohl eine Forderung durchsetzen könnte, obwohl diese materiell möglicherweise gerade wegen Mängeln nach erklärter Aufrechnung gar nicht mehr besteht. Damit würde das Gegenseitigkeitsverhältnis zwischen Leistung und Gegenleistung weitgehend zum Nachteil des Auftraggebers unangemessen aufgehoben (BGH, Urt. v. 07.04.2011 – VII ZR 209/07, BauR 2011, 1185, 1186 = NJW 2011, 1729 = NZBau 2011, 428, 429). Folglich werden Aufrechnungsverbote in AGB des Auftragnehmers nur Bestand haben, wenn sie neben unstreitigen und rechtskräftig festgestellten Forderungen zugleich auch sämtliche Gegenrechte des Auftraggebers auf mangelfreie Erfüllung ausnehmen (offen gelassen in BGH, a. a. O.). Soweit dagegen **individualvertraglich ein Aufrechnungsverbot** wirksam ist, ist dieses ebenfalls aber im vorgenannten Sinne auszulegen, d. h.: Mangels anderer Anhaltspunkte wird man davon auszugehen haben, dass davon nach seinem Sinn und Zweck keine Gegenansprüche unmittelbar aus einem Gegenseitigkeitsverhältnis (d. h. vor allem geldwerte Ansprüche aus der Gewährleistung) erfasst sind. Das bedeutet, dass auch hier der Auftraggeber trotz des Aufrechnungsverbots mit seinen Mängelansprüchen gegen dagegen stehende Vergütungsansprüchen aufrechnen kann (OLG Frankfurt, Urt. v. 11.05.2007 – 2 U 195/06, BauR 2008, 568 = IBR 2008, 93; OLG Hamburg, Beschl. v. 13.02.2009 – 11 U 41/08, IBR 2009, 330).

1375

Eine Aufrechnung ist ebenfalls noch möglich, wenn der **Auftragnehmer** zwischenzeitlich, d. h. vor Entstehung des Kostenerstattungsanspruchs (d. h. hier vor allem vor Ablauf einer zur Mangelbeseitigung gesetzten Frist), **insolvent** geworden ist. § 95 Abs. 1 S. 3 InsO schließt eine solche Aufrechnung nicht aus (BGH, Urt. v. 22.09.2005 – II ZR 117/03, BGHZ 164, 159, 166 = BauR 2005, 1913, 1916 = NJW 2005, 3574, 3576).

1376

▶ **Beispiel**

Der Auftragnehmer verlangt eine noch offene Vergütung. Gleichzeitig fordert der Auftraggeber den Auftragnehmer zur Mangelbeseitigung auf. Er setzt dazu eine Frist bis zum 31. März. Am 23. März wird der Auftragnehmer insolvent. Zu diesem Zeitpunkt stehen sich keine aufrechenbaren Ansprüche (Vergütungsanspruch und Kostenerstattungs- oder Vorschussanspruch) gegenüber, weil die für den Vorschussanspruch zu setzende Frist noch nicht abgelaufen ist. Nach dem Wortlaut des § 95 Abs. 1 S. 3 InsO wäre deswegen eine Aufrechnung ausgeschlossen. Denn diese wäre nur zulässig, wenn die Aufrechnungslage mit sich gegenüber stehenden fälligen Ansprüchen schon bei Insolvenzeröffnung bestanden hätte. Gleichwohl wird in diesen Fällen eine Aufrechnung mit noch später fällig werdenden geldwerten Mängelansprüchen zugelassen.

7.2.5 Vorschuss- bzw. Befreiungsanspruch des Auftraggebers (Rechtsgedanke aus § 13 Abs. 5 Nr. 2 VOB/B; §§ 634 Nr. 2, 637 Abs. 3 BGB)

1377 Der Auftraggeber kann Erstattung seiner Kosten verlangen, nachdem er sie bereits verauslagt hat. Zur Schonung der eigenen Liquidität kommt alternativ eine Aufrechnung mit dagegen stehenden Vergütungsansprüchen des Auftragnehmers in Betracht. Nicht immer jedoch stehen offene Vergütungsansprüche für eine Aufrechnung zur Verfügung, vor allem dann, wenn sich der Werkmangel erst Jahre nach der Abnahme und Bezahlung zeigt. Mit Vorschuss- und Befreiungsanspruch kann der Auftraggeber auf zwei weitere liquiditätsschonende Varianten zur Durchsetzung der eigenen Kostenerstattungsansprüche zurückgreifen. Der **Befreiungsanspruch** ergibt sich aus dem allgemeinen Schuldrecht (§ 257 BGB). Hiernach kann der Auftraggeber verlangen, dass der Auftragnehmer die Kosten des Ersatzunternehmers direkt an diesen bezahlt. Ist die Vergütung des Ersatzunternehmers während der Mangelbeseitigungsarbeiten noch nicht fällig, hat der Auftragnehmer stattdessen Sicherheit zu leisten (§ 257 S. 2 BGB). Diese Sicherheitsleistung kann eigenständig eingeklagt werden.

1378 Alternativ dazu steht in der Praxis der **Vorschussanspruch** des Auftraggebers sicherlich im Vordergrund. Im Gegensatz zu dem später zu behandelnden Schadensersatzanspruch setzt der Vorschussanspruch **kein Verschulden** des Unternehmers an der mangelhaften Werkleistung voraus.

7.2.5.1 Voraussetzungen

1379 Für den BGB-Werkvertrag ergibt sich ein Vorschussanspruch unmittelbar aus § 637 Abs. 3 BGB. Insoweit fehlt zwar eine vergleichbare Regelung in § 13 Abs. 5 Nr. 2 VOB/B; gleichwohl ist auch bei einem VOB-Vertrag anerkannt, dass der Auftraggeber in Höhe der voraussichtlich für die Mangelbeseitigung erforderlichen Kosten einen Vorschuss fordern kann (BGH, Urt. v. 02.03.1967 – VII ZR 215/64, BGHZ 47, 272, 273 f.; BGH, Urt. v. 13.07.1970 – VII ZR 176/68, BGHZ 54, 244, 247 = BauR 1970, 237, 238; BGH, Urt. v. 18.03.1976 – VII ZR 41/74, BGHZ 66, 138, 140 f. = BauR 1976, 205, 206 = NJW 1976, 956 f.; BGH, Urt. v. 18.03.1976 – VII ZR 35/75, BGHZ 66, 142, 149 = BauR 1976, 202, 205 = NJW 1976, 960, 962; BGH, Urt. v. 05.05.1977 – VII ZR 36/76, BGHZ 68, 372, 378 = BauR 1977, 271, 274 = NJW 1977, 1336, 1338; BGH, Urt. v. 14.04.1983 – VII ZR 258/82, BauR 1983, 365 = NJW 1983, 2191). Dieser ist notfalls im ordentlichen Klagewege durchzusetzen, während eine einstweilige Verfügung als Rechtsbehelf zur Durchsetzung eines Vorschusses ausscheidet (OLG Düsseldorf, Beschl. v. 30.06.1972 – 5 W 14/72, BauR 1972, 323, 324; Kapellmann/Messerschmidt/Weyer, VOB/B, § 13 Rn. 285).

1380

Rechtsgrundlage	Rechtsgedanke aus § 13 Abs. 5 Nr. 2 VOB/B	§§ 634 Nr. 2, 637 Abs. 3 BGB
Voraussetzungen	(1) Voraussetzungen wie Kostenerstattungsanspruch (2) Absicht des Auftraggebers zur Mangelbeseitigung und Fähigkeit dazu (3) Nachweis zur Höhe des Vorschusses (substanziierte Schätzung) (4) Keine anderweitige Möglichkeit des Auftraggebers, Mangelbeseitigungskosten unter Schonung seiner Liquidität abzurechnen	
Rechtsfolgen	• Vorschussanspruch in Höhe der erforderlichen Mangelbeseitigungskosten • Beschränkung bei Vorsteuerabzugsberechtigten auf Netto-Betrag • Abrechnung des Vorschusses nach erfolgter Mangelbeseitigung	

Folgende **Bedingungen** müssen für den Vorschussanspruch vorliegen:

1381 (1) Zunächst müssen alle Voraussetzungen erfüllt sein, die auch für einen Kostenerstattungsanspruch bestehen, d. h.: Die Werkleistung ist mangelhaft. Der Auftragnehmer muss zur Mangelbeseitigung unter Setzen einer angemessenen Frist aufgefordert worden sein, die er hat fruchtlos verstreichen lassen (s. oben Rdn. 1348 ff.).

1382 (2) Der Auftraggeber muss **beabsichtigen, die Mängel zu beseitigen** (BGH, Urt. v. 02.03.1967 – VII ZR 215/64, BGHZ 47, 272, 274 f. = NJW 1967, 1366, 1367; BGH, Urt. v. 10.05.1979 – VII ZR 30/78, BGHZ 74, 258, 265 = BauR 1979, 420, 422 f. = NJW 1979, 2207 ff.), wozu er in überschau-

7.2 Gewährleistungs-/Mängelrechte des Auftraggebers nach VOB und BGB

barer Zeit in der Lage sein muss (OLG Nürnberg, Urt. v. 27.06.2003 – 6 U 3219/01, NJW-RR 2003, 1601 = NZBau 2003, 614). Macht er nur einen Bruchteil der voraussichtlichen Forderung geltend (z. B. unter 10 %), spricht dies gegen die Ernsthaftigkeit des Mangelbeseitigungswillens (OLG Celle, Urt. v. 09.05.2001 – 7 U 109/00, BauR 2001, 1753 f.). Dasselbe gilt, wenn der Auftraggeber das Bauvorhaben kurzfristig verkaufen will (OLG Düsseldorf, Urt. v. 29.04.2004 – I-5 U 60/01, BauR 2004, 1630, 1631 = NJW-RR 2004, 1540, 1542 f.). Besteht dagegen die ernsthafte Absicht zur Mangelbeseitigung, ist weitere Voraussetzung für den Vorschussanspruch, dass der Auftraggeber mit der Beseitigung der Mängel noch nicht begonnen haben darf (BGH, Urt. v. 02.03.1967 – VII ZR 215/64, BGHZ 47, 272, 273). All das gilt auch im **Subunternehmerverhältnis** (s. dazu ausführlich: Joussen/Vygen, Subunternehmervertrag, Rn. 457 ff.).

▶ **Beispiel**

> Der Subunternehmer hat einen Mangel verursacht. Eine Mangelbeseitigung lehnt dieser genauso ab wie der Generalunternehmer gegenüber dem Bauherrn. Daraufhin fordert der Bauherr vom Generalunternehmer einen Vorschuss für die Mangelbeseitigung; dieser wiederum wendet sich mit demselben Anliegen an den Subunternehmer.

Der Subunternehmer ist hier zur Vorschusszahlung verpflichtet. Dabei entlastet es ihn nicht, dass der Generalunternehmer in seinem Verhältnis zum Bauherrn ebenfalls nicht zur Nachbesserung bereit war. Dass der Generalunternehmer einen dann erhaltenen Vorschuss nicht selbst zur Mangelbeseitigung einsetzt, sondern diesen lediglich an seinen Auftraggeber (Bauherrn) weiterleitet, ist ebenso unbeachtlich. Denn letztlich wird damit nur die Vermögenslage hergestellt, die bestehen würde, wenn der Subunternehmer seine mangelhafte Leistung selbst unverzüglich nachgebessert oder zumindest den dazu notwendigen Vorschuss rechtzeitig geleistet hätte (BGH, Urt. v 01.02.1990 – VII ZR 150/89, BauR 1990, 358, 359).

(3) Entsprechend dem Sicherungsinteresse muss der Auftraggeber die **Höhe eines von ihm geltend gemachten Vorschussanspruches schätzen** und im Prozess darlegen. Im Bestreitensfall hat er diese Schätzungen etwa durch vorliegende Unternehmerangebote oder besser durch das Ergebnis eines bereits durchgeführten selbstständigen Beweisverfahrens zu beweisen (BGH, Urt. v. 14.01.1999 – VII ZR 19/98, BauR 1999, 631, 632 = NJW-RR 1999, 813). Es genügt allerdings, wenn er für seine Kostenschätzungen für den Fall des Bestreitens ein Sachverständigengutachten als Beweismittel anbietet (BGH, Urt. v. 28.11.2002 – VII ZR 136/00, BauR 2003, 385, 386 = NJW 2003, 1038 = NZBau 2003, 152, 153). Allzu strenge Anforderungen an die diesbezüglich erforderlichen Darlegungen des Auftraggebers sind im Übrigen nicht zu stellen, zumal hier ein Gericht ohne Weiteres auf § 287 ZPO zurückgreifen kann: Denn anders als bei der Kostenerstattung geht es bei der Vorschussklage nur um eine **vorläufige Zahlung**, über die später ohnehin abzurechnen ist. Insoweit handelt es sich nur um eine vorläufige Regelung. Daher ist es zumeist entbehrlich, dass der Auftraggeber zur näheren Berechnung eines Vorschussanspruchs ein vorprozessuales Sachverständigengutachten einholt. Eine substanziierte Schätzung der voraussichtlichen oder mutmaßlichen Kosten genügt (BGH, Urt. v. 22.02.2001 – VII ZR 115/99, BauR 2001, 789, 790 = NJW-RR 2001, 739 = NZBau 2001, 313, 314). Ist der Auftraggeber vorsteuerabzugsberechtigt, kann er wie beim Kostenerstattungsanspruch nur den **Netto-Betrag** ohne Umsatzsteuer geltend machen (OLG Düsseldorf, Urt. v. 16.08.1995 – 22 U 256/93, BauR 1996, 396, 398 = NJW-RR 1996, 532, 533).

(4) Negativ dürfen keine anderweitigen Möglichkeiten bestehen, die es dem Auftraggeber unter Schonung seiner Liquidität ermöglichen, etwaige Mangelbeseitigungskosten zulasten des Auftragnehmers abzurechnen. Demnach sind Vorschussansprüche insbesondere **ausgeschlossen**
- bei einem möglichen **Einbehalt eines ausreichenden Teils der Vergütung** (OLG Hamm, Urt. v. 03.12.1997 – 12 U 125/97, NJW-RR 1998, 885, 886), ggf. verbunden mit der Möglichkeit der Aufrechnung oder Verrechnung hiergegen (OLG Oldenburg, Urt. v. 02.02.1994 – 2 U 216/93, BauR 1994, 371 = NJW-RR 1994, 529 f.) oder
- bei einem **ausreichenden Sicherheitseinbehalt** nach § 17 VOB/B (BGH, Urt. v. 02.03.1967 – VII ZR 215/64, BGHZ 47, 272, 273 – a. A. Werner/Pastor, Rn. 2116). Dabei können al-

1383

1384

lerdings ggf. weitere zu sichernde Gewährleistungsansprüche ein anderes Ergebnis rechtfertigen. Denn grundsätzlich ist der Auftraggeber nicht verpflichtet, vorfristig einen Sicherheitseinbehalt zu verbrauchen.

> **Beispiel**
>
> Der Auftraggeber verfügt über eine Gewährleistungsbürgschaft von 10 000 €. Die Gewährleistungsfrist läuft noch vier Jahre. Tritt jetzt ein Mangel auf, kann er die Sicherheitsleistung auch behalten und die üblichen Mängelrechte (d. h. einen Vorschussanspruch) geltend machen. Denn die Sicherheitsleistung soll ihn nach der Sicherungsabrede während der gesamten Dauer der Gewährleistung absichern, sodass er darauf nicht zurückgreifen muss. Etwas anderes könnte gelten, wenn die Gewährleistungsfrist ohnehin sehr zeitnah ablaufen würde.

1385 Der Auftragnehmer kann mit der **Zahlung des Vorschussanspruchs in Verzug** geraten. Dieser Verzug ist nicht identisch mit einem gleichzeitig bestehenden Verzug mit der Mangelbeseitigung. Der Auftragnehmer gerät nach § 284 Abs. 3 BGB mit der Vorschusszahlung in Verzug, wenn der Auftraggeber nachweisbar einen Kostenvorschuss angefordert und der Auftragnehmer diesen trotz Mahnung nicht geleistet hat (§ 286 Abs. 1 BGB – BGH, Urt. v. 27.03.1980 – VII ZR 214/79, BGHZ 77, 60, 64 = BauR 1980, 359, 360 = NJW 1980, 1955, 1956; BGH, Urt. v. 20.05.1985 – VII ZR 266/84, BGHZ 94, 330, 334 f. = BauR 1985, 569, 570 = NJW 1985, 2325, 2326; Ingenstau/Korbion/Wirth, B § 13 Abs. 5 Rn. 223; Kapellmann/Messerschmidt/Weyer, VOB/B, § 13 Rn. 292; a. A. Kniffka/Koeble, 6. Teil Rn. 141, die nur einen gesetzlichen Zinssatz gewähren wollen). Ein automatischer Verzugseintritt mit fruchtlosem Ablauf der 30-Tage-Frist nach Anforderung des Vorschusses gemäß § 286 Abs. 3 BGB scheidet hingegen aus, da es sich bei einem Vorschussanspruch nicht um eine Entgeltforderung handelt. Die Höhe des Verzugszinssatzes beträgt abschließend fünf Prozentpunkte über dem Basiszinssatz (§ 288 Abs. 1 S. 2 BGB); eine Erhöhung auf acht Prozentpunkte über dem Basiszinssatz nach § 288 Abs. 2 BGB kommt nicht in Betracht, weil es auch insoweit an der tatbestandlichen Voraussetzung einer Entgeltforderung fehlt.

7.2.5.2 Abrechnung des Vorschusses

1386 Nach Vorschusszahlung muss der Auftraggeber die **Mangelbeseitigung in angemessener Zeit durchführen**. Insoweit ist der Vorschuss zweckgebunden. Ist der Auftraggeber dagegen zur Mangelbeseitigung nicht mehr bereit, hat er den Vorschuss zurück zu zahlen. Ob er allerdings diese Absicht aufgegeben hat, muss im Zweifel vom Auftragnehmer bewiesen werden. Für eine solche Aufgabeabsicht kann aber eine widerlegbare Vermutung sprechen, wenn der Auftraggeber die Mangelbeseitigung mit dem erhaltenen Vorschuss nicht in angemessener Zeit durchführt. Doch auch unabhängig davon ist der Auftraggeber verpflichtet, den zweckgebunden erhaltenen Vorschuss in **angemessener Zeit für die Mangelbeseitigung zu verwenden**. Was angemessen ist, hängt vom Einzelfall ab. So ist der Auftraggeber zwar gehalten, nach Erhalt des Vorschusses die Mangelbeseitigung unverzüglich, d. h. ohne schuldhaftes Zögern anzugehen. Es kann aber umgekehrt nicht darauf abgestellt werden, welche Zeit ein Bauunternehmer für die Mangelbeseitigung gebraucht hätte. Vielmehr sind hier auch die persönlichen Verhältnisse des Auftraggebers sowie die Einzelheiten des Sachverhaltes zu berücksichtigen (Schwere des Mangels, Unerfahrenheit des Bauherrn zu Baumängeln, persönliche Lebensverhältnisse u. a.). Hier wird man im Hinblick auf den ja pflichtwidrig verursachten Mangel eher einen großzügigen Maßstab anzulegen haben. Jedenfalls verbieten sich dazu feste Größenordnungen (BGH, Urt. v. 14.01.2010 – VII ZR 108/08, BGHZ 183, 366, 371 = BauR 2010, 614, 616 = NJW 2010, 1192, 1193 = NZBau 2010, 233, 234 zu einem Zeitraum von 1,5 Jahren; BGH, Urt. v. 14.01.2010 – VII ZR 213/07, BauR 2010, 618, 619 = NJW 2010, 1195, 1196 = NZBau 2010, 236); Zeiträume von zwei Jahren und mehr dürften aber vielfach zu lang sein. Selbst wenn dieser Zeitraum verstrichen ist, könnte der Auftraggeber den Vorschuss aber gleichwohl noch abrechnen, solange ein etwaiger Rückforderungsprozess (letzte mündliche Verhandlung) nicht abgeschlossen ist. Denn andernfalls käme es zu dem sonderbaren Ergebnis, dass er zwar zunächst den Vorschuss zurückzahlen müsste, sofort anschließend aber wegen der ihm entstandenen Kosten einen Kostenerstattungsanspruch geltend machen könnte (BGH, a. a. O.).

Für die Abrechnung des Vorschusses genügt die **Vorlage der Schlussrechnung des Ersatzunternehmers**. Gezahlte Verzugszinsen wegen verspäteter Vorschusszahlung sind nicht zu berücksichtigen (BGH, Urt. v. 20.05.1985 – VII ZR 266/84, BGHZ 94, 330, 334 f. = BauR 1985, 569, 570 = NJW 1985, 2325, 2326). Reichte der Vorschuss nicht aus, kann der Auftraggeber in Höhe der Differenz einen **Kostenerstattungsanspruch** geltend machen. Im umgekehrten Fall ist ein überhöht bezahlter Vorschuss einschließlich etwaiger darauf entfallender Zinsen (BGH, Urt. v. 20.05.1985 – VII ZR 266/84, BGHZ 94, 330, 335 = BauR 1985, 569, 570 = NJW 1985, 2325, 2326) zurückzugewähren. Dasselbe gilt bei einem zweckwidrig nicht zur Mangelbeseitigung eingesetzten Vorschuss. Hier allerdings kann der Auftraggeber von seinem ursprünglichen Vorschussanspruch in Höhe der Mangelbeseitigungskosten z. B. auf einen Schadensersatzanspruch wechseln. Mit diesem kann er sodann gegen die Rückzahlungsverpflichtung des Vorschusses aufrechnen, soweit die übrigen Voraussetzungen eines Schadensersatzanspruches vorliegen (BGH, Urt. v. 07.07.1988 – VII ZR 320/87, BGHZ 105, 103, 106 f. = BauR 1988, 592, 593 f. = NJW 1988, 2728; BGH, Urt. v. 24.11.1988 – VII ZR 112/88, BauR 1989, 201, 202 = NJW-RR 1989, 405, 406; BGH, Urt. v. 14.01.2010 – VII ZR 108/08, BGHZ 183, 366, 371 = BauR 2010, 614, 616 = NJW 2010, 1192, 1194 = NZBau 2010, 233, 234). Der Rückforderungsanspruch selbst wird mit **Vorlage der Abrechnung fällig**; ab dann kann er auch verjähren. Die Fälligkeit tritt ebenso ein, wenn dem Auftraggeber eine solche Abrechnung möglich und zumutbar ist (BGH, Urt. v. 14.01.2010, a. a. O.). Für die Verjährung selbst gilt die **regelmäßige Verjährungsfrist von drei Jahren**. Voraussetzung ist dafür eine positive Kenntnis oder grob fahrlässige Unkenntnis des Auftragnehmers von der nicht ordnungsgemäßen Verwendung des Vorschusses in angemessener Zeit. Hierfür darf kein zu enger Maßstab angelegt werden. Regelmäßige Nachfragen, ob der Vorschuss schon verwendet worden ist, sind zumindest zunächst entbehrlich bzw. erst dann geboten, wenn es dafür Anhaltspunkte gibt oder eine sich am normalen Bauablauf orientierende Frist deutlich überschritten ist (BGH, Urt. v. 14.01.2010 – VII ZR 213/07, BauR 2010, 618, 619 = NJW 2010, 1195, 1196 = NZBau 2010, 236, 237 zu einer Zeit von 1,25 Jahren bei Mängeln am Dach, Treppenanlage und Verblendmauerwerk)

Zu beachten ist, dass eine erfolgte Vorschusszahlung dazu dient, zur Mangelbeseitigung eingesetzt zu werden. Bessert der Auftragnehmer zwischenzeitlich selbst nach, soll dieser Umstand nach OLG Nürnberg (Urt. v. 18.04.2002 – 13 U 4136/01, NJW-RR 2002, 1239) eine **auflösende Bedingung des werkvertraglichen Vorschussanspruchs** darstellen. Folglich soll der Auftragnehmer seinen bereits gezahlten Vorschuss wieder herausverlangen können. Dies soll auch dann gelten, wenn der Auftraggeber seinen Vorschussanspruch zunächst gegen einen Werklohnanspruch des Auftragnehmers aufgerechnet hat; Letzterer lebe mit erfolgreicher Nachbesserung des Auftragnehmers wieder auf (OLG Nürnberg, a. a. O.).

Hat der Auftraggeber zunächst eine Kostenvorschussklage erhoben, auf die der Auftragnehmer nicht zahlt, ist der Auftraggeber zu keinem Zeitpunkt gehindert, bei Vorlage der Voraussetzungen die Mängelbeseitigung doch selbst vorzunehmen. Er muss dann lediglich seine zunächst erhobene Klage auf Vorschuss auf eine solche auf Kostenerstattung umstellen. Dies ist auch noch ohne Weiteres im Berufungsverfahren möglich (BGH, Urt. v. 12.01.2006 – VII ZR 73/04, BauR 2006, 717, 718 = NJW-RR 2006, 669 f.). Denn hierbei handelt es sich um keine Klageänderung, sondern nur um eine Anpassung der Klage an die geänderten Abrechnungsverhältnisse (BGH, Beschl. v. 26.11.2009 – VII ZR 133/08, BauR 2010, 494, 495). Entsprechendes gilt für einen Übergang auf einen Schadensersatzanspruch (OLG Karlsruhe, Urt. v. 28.10.2004 – 17 U 19/01, BauR 2006, 540).

7.2.6 Minderung der Vergütung (§ 13 Abs. 6 VOB/B, §§ 634 Nr. 3, 638 BGB)

Als weiteres Mangelrecht kommt die Minderung der Vergütung in Betracht. Hierbei handelt es sich um ein Gestaltungsrecht, das mit dessen Ausübung erst entsteht und selbstständig verjährt. Anders als die Verfolgung von Mangelbeseitigungskosten bezweckt die Minderung allein die Herabsetzung der (geschuldeten) Vergütung. Sie ist aus Sicht des Auftraggebers daher zumeist nur von Interesse, wenn die Mangelbeseitigungskosten die vereinbarte Vergütung nicht übersteigen. Dies gilt bei einem BGB-Vertrag zumindest dann, wenn man die Minderung richtigerweise bzgl. anfallender Mangelbeseitigungskosten als **abschließenden Rechtsbehelf** ansieht, sodass daneben – in Bezug auf die Erstattung von Mangelbeseitigungskosten – keine weiteren Schadensersatzansprüche (insbesondere Schadensersatz statt der Leistung) mehr geltend gemacht werden können (vgl. dazu unten Rdn. 1475). Bestehen bleiben neben einer geltend gemachten Minderung selbstverständlich Schadensersatzansprüche auf Ersatz sonstiger Schäden (§ 280 BGB, § 13 Abs. 7 Nr. 3 VOB/B).

1391 Bezüglich der Voraussetzungen einer Minderung, die ebenfalls **kein Verschulden** des Auftragnehmers an dem Mangel voraussetzt, ist zwischen VOB- und BGB-Werkvertrag zu unterscheiden. Denn anders als beim BGB-Vertrag ist die Minderung beim VOB-Vertrag nur ausnahmsweise möglich.

	VOB-Vertrag	**BGB-Werkvertrag**
Rechtsgrundlage	§ 13 Abs. 6 VOB/B (nur Minderung)	§ 634 Nr. 3 i. V. m. §§ 636, 323, 326 Abs. 5 BGB (Rücktritt) oder § 638 BGB (Minderung)
Voraussetzungen	(1) Existenz eines Mangels (2) Vorbehalt eines bekannten Mangels bei Abnahme (3) Kein Ablauf der Gewährleistungsfrist (4) Verlangen der Minderung	
	(5) Alternativ: – Unzumutbarkeit weiterer Mangelbeseitigung für Auftraggeber oder – Unmöglichkeit der Mangelbeseitigung oder – Verweigerung der Mangelbeseitigung durch Auftragnehmer wegen unverhältnismäßig hohem Aufwand	(5) Alternativ: – I. d. R. Fruchtloser Ablauf einer zur Mangelbeseitigung gesetzten angemessenen Frist (Ausnahme: §§ 638, 636, 323 Abs. 2 BGB), – Unmöglichkeit der Nacherfüllung – Verweigerung der Nacherfüllung durch AN wegen Unverhältnismäßigkeit oder unverhältnismäßig hoher Kosten – Fehlschlagen der Nacherfüllung – Unzumutbarkeit der Nacherfüllung für den Auftraggeber
Rechtsfolgen	• Vollzug der Minderung durch einseitige Erklärung des Auftraggebers • Höhe der Minderung (jeweils berechnet auf Zeitpunkt des Vertragsabschlusses): $$\frac{\text{Wert der mangelhaften Leistung} \times \text{vereinbarte Vergütung}}{\text{Wert der mangelfreien Leistung}}$$ • Minderung nach Ablauf der Gewährleistungsfrist unwirksam insoweit allerdings zugunsten des Auftraggebers Erhalt der Mängeleinrede bzgl. noch nicht gezahlter Vergütung	
Besonderheiten bei Rücktritt	VOB kennt keinen Rücktritt	(1) Voraussetzungen – wie bei Minderung – zusätzlich: keine nur unerhebliche Pflichtverletzung (2) Vollzug durch einseitige Erklärung des Auftraggebers, in Bezug auf Gesamtvertrag nach bewirkter Teilleistung nur möglich, wenn AG an Teilleistung kein Interesse hat (3) Folgen: – Grundsätzlich: Rückgewähr der Leistungen – Bei Unmöglichkeit: reiner Wertausgleich

7.2.6.1 Voraussetzungen der Minderung bei einem VOB-Vertrag (§ 13 Abs. 6 VOB/B)

Nach § 13 Abs. 6 VOB/B kann der Auftraggeber vom Auftragnehmer Minderung der Vergütung verlangen, wenn
- die Beseitigung des Mangels für den Auftraggeber unzumutbar (Variante 1),
- sie unmöglich ist (Variante 2) oder
- einen unverhältnismäßig hohen Aufwand erfordern würde und deshalb vom Auftragnehmer verweigert wird (Variante 3).

1392

Es zeigt sich, dass die VOB/B primär dem Grundsatz anhängt, dass ein Baumangel im Rahmen der Nacherfüllung beseitigt werden soll. Die **Vergütungsminderung** stellt demgegenüber ein **Notbehelf** dar; er wird nur unter den soeben genannten gegenüber dem BGB-Werkvertragsrecht erhöhten Voraussetzungen gewährt. Dabei ist zu beachten:

7.2.6.1.1 Variante 1: Unzumutbarkeit der Mangelbeseitigung aus Sicht des Auftraggebers

Der Auftraggeber kann Minderung der Vergütung verlangen, wenn die Mangelbeseitigung für ihn unzumutbar ist. In der Sache geht es dabei somit um eine **eigentlich mögliche Mangelbeseitigung**, die er aber wegen besonderer persönlicher oder wirtschaftlicher Opfer **nicht mehr hinnehmen** will. Hierbei handelt es sich um ein restriktiv zu handhabendes Ausnahmerecht (Ingenstau/Korbion/Wirth, B § 13 Abs. 6 Rn. 17; Kapellmann/Messerschmidt/Weyer, B § 13 Rn. 314). Entscheidend sind objektive oder subjektive Umstände, die es rechtfertigen, den Auftraggeber nicht auf die an sich vorrangige Nacherfüllung zu verweisen.

1393

▶ **Beispiele für eine Unzumutbarkeit der Mangelbeseitigung**
- Nur eingeschränkte Belastbarkeit des Auftraggebers durch hohes Alter oder Krankheit (Ingenstau/Korbion/Wirth, B § 13 Abs. 6 Rn. 18 m. w. N.).
- Veräußerung des Bauvorhabens mit einem Preisabschlag wegen der aufgetretenen Baumängel (OLG Frankfurt, Urt. v. 06.12.1990 – 3 U 270/89, BauR 1991, 516 = NJW-RR 1991, 665, 666)
- Bereits mehrere erfolglose Nachbesserungsversuche des Auftragnehmers bzw. seiner Ersatzunternehmer (BGH, Urt. v. 22.10.1969 – VIII ZR 196/67, NJW 1970, 383, 384).

Dasselbe gilt im **Subunternehmerverhältnis** (s. dazu auch Joussen/Vygen, Subunternehmervertrag, Rn. 460). Allerdings überrascht das zunächst.

1394

▶ **Beispiel**

Der Bauherr rügt bei einem VOB-Vertrag zu Recht Mängel und setzt dem Generalunternehmer dafür eine Frist. Dieser hat faktisch seinen Geschäftsbetrieb schon eingestellt; er lässt den Subunternehmer unbehelligt. Jetzt wird der GU insolvent. Der Insolvenzverwalter verlangt daraufhin vom Subunternehmer keine Nachbesserung mehr, sondern direkt eine Minderung.

Eigentlich hätte der Insolvenzverwalter keine Chance, soweit man die unterschiedlichen Vertragsverhältnisse beachtet. Denn wenn er nicht zuvor dem (leistungsbereiten) Subunternehmer eine Chance zur Nacherfüllung gibt (was ja noch möglich wäre), ist nicht ersichtlich, wieso er jetzt unmittelbar eine Minderung verlangen könnte. Die Voraussetzungen des § 13 Abs. 6 VOB/B lägen somit nicht vor. Dies ist dem Grunde nach auch richtig; denn der Insolvenzverwalter kann prinzipiell nicht mehr Rechte haben als der insolvente Generalunternehmer. Hatte dieser mangels Fristsetzung keinen Minderungsanspruch, kann für den Insolvenzverwalter nichts anderes gelten. Die Rechtsprechung geht gleichwohl einen anderen Weg und lässt die **Minderung ausnahmsweise** zu. Denn die **Mängelbeseitigung** sei dem **Insolvenzverwalter hier »unzumutbar«**. Dies wiederum beruhe darauf, dass er auch gegenüber seinem Auftraggeber (Bauherrn) keine gesonderten Pflichten mehr habe. Vielmehr habe Letzterer wegen der Mängel (nur) eine Insolvenzforderung. Einen Mangelbeseitigungsanspruch könne er jedenfalls nicht mehr durchsetzen. Würde nunmehr der Insolvenzverwalter gleichwohl die Mängel noch durch den Subunternehmer beseitigen lassen (müssen), liefe dies auf eine Bevorzugung des Bauherrn gegenüber anderen Insolvenzgläubigern hinaus, weil jetzt dessen Vertrag dann doch noch abgewickelt würde; dies wäre sogar mit dem Risiko verbunden, dass ein solches Verhalten als von der Masse zu leistende Mangelbeseitigung zu verstehen ist. Der Subunternehmer werde dagegen nicht benachteiligt, weil die Minderung in § 13 Abs. 6 VOB/B ausdrücklich auch im Fall der Unzumutbarkeit der Mangelbeseitigung vorgesehen sei (BGH, Urt. v. 10.08.2006 – IX ZR 28/05, BGHZ 169, 43 = BauR 2006, 1884, 1886 f. = NJW 2006, 2919).

1395 In jedem Fall trägt der **Auftraggeber** für all diese Umstände die **Beweislast**.

7.2.6.1.2 Variante 2: Unmöglichkeit der Nachbesserung

1396 In der zweiten Variante kann der Auftraggeber eine Minderung der Vergütung verlangen, wenn die Nacherfüllung **technisch oder wirtschaftlich unmöglich** ist:

1397 (1) **Technische Unmöglichkeit**, für die der Auftraggeber die Beweislast trägt (Werner/Pastor, Rn. 2239 (str.)) bedeutet, dass die Nacherfüllung weder durch den Auftragnehmer noch durch sonst irgendjemanden durchgeführt werden kann (Werner/Pastor, Rn. 2234; Ingenstau/Korbion/Wirth, B § 13 Abs. 6 Rn. 24).

> ▶ Beispiel (nach BGH, Urt. v. 24.03.1977 – VII ZR 220/75, BGHZ 68, 208 = BauR 1977, 203 = NJW 1977, 1146)
>
> Ein Wohnhaus wird mit einer falschen Fundamenttiefe errichtet. Ein solcher Mangel kann im Nachhinein technisch nicht mehr behoben werden. Nichts anderes gilt, wenn der ursprünglich vereinbarte Oberboden infolge der Beschaffenheit des zuvor verlegten Unterbodens nicht ausgeführt werden kann (OLG Düsseldorf, Urt. v. 31.03.1995 – 22 U 162/94, BauR 1995, 848, 849 = NJW-RR 1996, 305 f.).
>
> Kann die Mangelfreiheit bei Erhaltung der Bausubstanz nur auf einem anderen Weg erreicht werden als im Vertrag vorgesehen, liegt **keine Unmöglichkeit** vor (BGH, Urt. v. 26.02.1981 – VII ZR 287/79, BauR 1981, 284 = NJW 1981, 1448; ebenso OLG Düsseldorf, Urt. v. 07.12.2010 – 21 U 156/09. BauR 2012, 1244, 1248).
>
> ▶ Beispiel (nach BGH, a. a. O.)
>
> Eine fehlerhaft gebaute Decke kann durch zusätzliche Unterzüge tragfähig gemacht werden (ebenso: OLG Düsseldorf, Urt. v. 04.08.1992 – 23 U 236/91, BauR 1993, 82, 84). Hier kommt keine Minderung kommt in Betracht.

1398 (2) »Unmöglichkeit« der Nachbesserung kann nicht nur aus technischer Sicht, sondern auch **aus anderen Gründen** zu bejahen sein. Auf folgende Grenzfälle ist hinzuweisen:
- Wichtigster Unterfall ist neben der technischen die **rechtliche Unmöglichkeit der Nachbesserung** (z. B. Fehlen der erforderlichen Baugenehmigung, vgl. OLG Düsseldorf, Urt. v. 22.02.1983 – 23 U 127/82, SFH Nr. 4 zu § 13 Nr. 1 VOB/B = BauR 1984, 294, 295 f.; OLG Düsseldorf, Urt. v. 23.12.1980 – 23 U 193/79, BauR 1981, 475, 476 = NJW 1981, 1455).
- Die Unmöglichkeit der Leistungserbringung kann theoretisch auch auf einem **subjektiven Leistungsunvermögen** des Auftragnehmers, besonders auf dessen Zahlungsunfähigkeit oder fehlender Fachkunde, beruhen. Zu einer Minderung berechtigen diese Sachverhalte jedoch in der Regel nicht. Stattdessen ist der Auftragnehmer z. B. bei fehlender eigener Fachkunde im Rahmen seiner Nachbesserungspflicht gehalten, einen geeigneten Ersatzunternehmer einzusetzen.
- Vorstellbar ist, dass ein Baumangel nur teilweise beseitigt werden kann. In diesem Fall kommt es zu einer Teilung der Mängelansprüche des Auftraggebers: Soweit technisch möglich, muss er Nacherfüllung verlangen; im Übrigen kann er die Vergütung mindern (Ingenstau/Korbion/Wirth B § 13 Abs. 6 Rn. 30).

7.2 Gewährleistungs-/Mängelrechte des Auftraggebers nach VOB und BGB

7.2.6.1.3 Variante 3: Unverhältnismäßigkeit der Mangelbeseitigung

Minderung der Vergütung kommt weiter in Betracht, wenn der Auftragnehmer eine an sich (technisch) mögliche Mangelbeseitigung wegen eines unverhältnismäßigen Aufwandes verweigert. Unverhältnismäßigkeit bedeutet, dass der durch die **Mangelbeseitigung erzielbare Erfolg** (Mangelfreiheit der Leistung) bei Abwägung aller Umstände des Einzelfalls und Interessen der Beteiligten **in keinem vernünftigen Verhältnis zur Höhe des dafür erforderlichen Aufwandes** steht. Vorstellbar ist das vor allem bei Kleinst- oder rein optischen Mängeln zu ansonsten sogar technisch einwandfreien Leistungen (s. dazu oben im Einzelnen Rdn. 1329 ff.). 1399

▶ **Beispiele**
- Der Farbton in einer Lagerhalle weicht nur geringfügig und kaum wahrnehmbar von den Vorgaben des Leistungsverzeichnisses ab (a. A. erstaunlicherweise KG, Urt. v. 15.09.2009 – 7 U 120/08, BauR 2010, 634 = NJW-RR 2010, 65, das zwar einen geringfügigen kaum wahrnehmbaren Mangel annimmt, diesen aber aus nicht erfindlichen Gründen einer Minderung entzieht).
- Es geht um geringfügige Kratzer an einer Fensterscheibe.
- Unebenheiten im Putz außerhalb der Maßtoleranzen lassen sich nur durch komplettes Abschlagen und Neuaufbringen des Putzes beseitigen.
- Ausführung eines Verblendmauerwerks mit einem nicht vereinbarten, aber technisch und optisch gleichwertigen Typ (OLG Celle, Urt. v. 11.10.2007 – 6 U 40/07, BauR 2009, 111, 112).

Anders als bei der Unmöglichkeit muss sich der **Auftragnehmer** bei Ablehnung der Nacherfüllung **auf die Unverhältnismäßigkeit berufen**. Für deren Voraussetzung ist er darlegungs- und beweispflichtig (Ingenstau/Korbion/Wirth, B § 13 Abs. 6 Rn. 51). Eine Ablehnung der Nacherfüllung aus anderem Grund genügt nicht (OLG Düsseldorf, Urt. v. 24.02.1987 – 23 U 183/86, BauR 1987, 572, 573 = NJW-RR 1987, 1167). 1400

7.2.6.2 Voraussetzungen der Minderung bei einem BGB-Werkvertrag (§§ 634 Nr. 3, 638 BGB)

Die Minderung der Vergütung bei einem BGB-Werkvertrag ist zwar wie beim VOB-Vertrag **verschuldensunabhängig**; abgesehen davon ist sie jedoch gegenüber einem VOB-Vertrag unter erleichterten Umständen möglich. Gemäß § 638 Abs. 1 BGB gelten für die Minderung nämlich **dieselben Voraussetzungen wie für einen Rücktritt** (vgl. §§ 636, 323 BGB sowie nachfolgend Rdn. 1414 ff.). Praktisch heißt das, dass der Auftraggeber den Auftragnehmer unter Fristsetzung zur Nacherfüllung aufgefordert haben muss und diese Frist fruchtlos verstrichen ist. Alternativ kommt nach §§ 638, 636 BGB eine Minderung (ohne Fristsetzung) in Betracht, wenn 1401
- die Nacherfüllung unmöglich ist (§§ 326 Abs. 5, 275 Abs. 1 BGB) oder
- der Auftragnehmer sie wegen Unverhältnismäßigkeit (§ 275 Abs. 2 BGB), Unzumutbarkeit (§ 275 Abs. 3 BGB) oder unverhältnismäßig hoher Kosten (§§ 636, 635 Abs. 3 BGB) verweigert.

Eine Vergütungsminderung (ohne ggf. weitere Fristsetzung) ist gemäß §§ 638, 636 BGB ebenfalls möglich, wenn die Nacherfüllung fehlgeschlagen oder dem Auftraggeber unzumutbar ist. Weitere Voraussetzungen bestehen nicht. Auf zwei Punkte ist allerdings gesondert hinzuweisen:
- Nach altem Recht musste für die Minderung die vorhergehende Fristsetzung mit einer Ablehnungsandrohung verbunden werden. Dieses Erfordernis besteht heute nicht mehr. Sie sollte auch unterbleiben (vgl. dazu schon oben Rdn. 1335). 1402
- Über den Verweis auf die Rücktrittsregeln kommen auch §§ 636, 323 Abs. 2 BGB zur Anwendung. Zu beachten sind vor allem die gesetzlichen Vorschriften, in denen eine Fristsetzung entbehrlich ist (insbesondere bei ernsthafter und endgültiger Erfüllungsverweigerung – vgl. dazu schon die o. g. Fälle zum Absehen von der Fristsetzung bei der Selbstvornahme: Rdn. 1356 ff.). Nicht anwendbar ist hingegen § 323 Abs. 5 S. 2 BGB. Dies führt dazu, dass eine **Minderung** – anders als bei einem Rücktritt – **auch bei unerheblichen Mängeln** verlangt werden kann.

7.2.6.3 Vollzug der Minderung

1403 Liegen die Voraussetzungen für die Minderung vor, muss sie vom Auftraggeber erklärt werden (§ 13 Abs. 6 VOB/B, § 634 Nr. 3 i. V. m. § 638 BGB). Hierbei handelt es sich um ein Gestaltungsrecht, das **mit keiner Bedingung** versehen werden darf und **unwiderruflich** ist. Es entsteht mit seiner Ausübung und unterliegt erst ab diesem Zeitpunkt einer Verjährung. Auf folgende Punkte ist gesondert hinzuweisen:
- Sind aufseiten des Bestellers oder des Unternehmers mehrere beteiligt, so kann die Minderung nur von allen oder gegen alle erklärt werden (§ 638 Abs. 2 BGB).
- Die nachhaltige Verweigerung der Nacherfüllung gibt dem Auftraggeber nur das Recht, ohne Fristsetzung Minderung zu verlangen (§§ 638, 323 Abs. 2 BGB). Er muss sein Minderungsrecht aber dann noch ausüben und dem Auftragnehmer mitteilen. Erst die **Mitteilung des Minderungsverlangens führt zu dem Erlöschen** des vorrangig bestehenden Nacherfüllungsrechts (BGH, Urt. v. 16.09.1999 – VII ZR 456/98, BGHZ 142, 278, 283 = BauR 2000, 98, 100 = NJW 1999, 3710, 3711 = NZBau 2000, 23, 24).

1404 Hat der Auftraggeber nach erklärter Minderung bereits mehr als die geminderte Vergütung bezahlt, kann er den bezahlten Mehrbetrag vom Auftragnehmer erstattet verlangen (§ 638 Abs. 4 BGB). Es ist sodann allerdings – trotz der Ausübung eines Gestaltungsrechts – nicht daran gehindert, ggf. später noch auf einen Schadensersatzanspruch überzugehen (z. B. weil er ihm günstiger erscheint – s. dazu unten Rdn. 1476).

7.2.6.4 Berechnung der Minderung

1405 Die Höhe der Minderung wird gemäß § 638 Abs. 3 BGB, § 13 Abs. 6 VOB/B danach ermittelt, welchen Wert die Leistung im mangelfreien Zustand gehabt hätte. In einem zweiten Schritt ist die Vergütung in dem Verhältnis herabzusetzen, in dem der Wert der Bauleistung im mangelfreien Zustand zu ihrem tatsächlichen Wert steht. Auf eine wichtige Besonderheit ist hinzuweisen: Denn anders als nach früherem Recht (BGH, Urt. v. 29.10.1964 – VII ZR 52/63, BGHZ 42, 232, 234) kommt es für die Wertbestimmung nicht auf den Zeitpunkt der Abnahme an; stattdessen stellt das Gesetz in § 638 Abs. 3 BGB **auf den Vertragsschluss** ab. Hiermit sind für die Praxis nicht unerhebliche Schwierigkeiten verbunden, weil sich dieser Wert am Anfang eines Bauvertrages vielfach nicht abschätzen lässt

> **Beispiel**
>
> Während einer Baumaßnahme erteilt der Auftraggeber diverse Änderungsanordnungen, wodurch sich das Bauvorhaben gegenüber der ursprünglichen Planung erheblich verändert (Flachdach statt Satteldach, hochwertigere Ausstattung u. a.). Hier ist praktisch ausgeschlossen, einen für die Minderung relevanten Wert auf den Zeitpunkt des Vertragsschlusses zu ermitteln. Zumindest ist der Wert, den man ermitteln kann, kaum von Bedeutung.

Wegen dieser Schwierigkeiten erwägt etwa Kapellmann/Messerschmidt/Weyer (VOB/B, § 13 Rn. 335 f.), auch jetzt noch entgegen dem Wortlaut des Gesetzes daran festzuhalten, als Vergleichswert für die Minderung den Wert der mangelfreien Leistung bezogen auf den Zeitpunkt der Abnahme heranzuziehen. Dies klingt vernünftig, wird aber kaum gehen, da sich hier eindeutig aus dem Gesetz etwas anderes ergibt (so auch Ingenstau/Korbion/Wirth, VOB/B, § 13 Nr. 6 Rn. 57).

1406 Unbeschadet dessen lässt sich der gesetzlichen Vorgabe in § 638 Abs. 3 BGB folgende Berechnungsformel entnehmen:

$$\frac{\text{Wert der mangelhaften Leistung} \times \text{vereinbarte Vergütung}}{\text{Wert der mangelfreien Leistung}} = \text{geminderte Vergütung}$$

7.2 Gewährleistungs-/Mängelrechte des Auftraggebers nach VOB und BGB

Rein praktisch bedeutet das: 1407

▶ **Beispiel**

Für die Bauleistung ist eine Vergütung von 80.000 € vereinbart. Tatsächlich hat sie einen Marktwert von 92.000 €. Mit dem festgestellten Mangel hat sie dagegen nur einen Wert von 46.000 €.

Mit der vorgenannten Berechnungsformel soll nun sichergestellt werden, dass das ursprüngliche Verhältnis zwischen Vergütung und tatsächlichem marktüblicher Vergütung auch bei der Minderung erhalten bleibt, d. h.: Hier wäre die vertragliche Vergütung entsprechend dem Verhältnis marktübliche Vergütung/mangelbedingter Wert (50 %) auf 40.000 € zu mindern. Aus dieser einfachen Berechnung ergibt sich dann aber auch, dass es für die Minderwertberechnung nicht darauf ankommt, ob die zu mindernde Vergütung ggf. sogar schon von Beginn an unter dem tatsächlichen Verkehrswert für eine vergleichbare Leistung gelegen hat. Denn Ziel der Minderung ist es gerade nicht, die werkvertragliche Vergütung an die marktübliche Vergütung der Bauleistung anzupassen, sondern dem Auftraggeber einen Ausgleich für die Mängel unter Aufrechterhaltung des vereinbarten Preis-/Leistungsverhältnisses zu gewähren (so ausdrücklich entschieden für das Kaufrecht: BGH, Urt. v. 27.05.2011 – V ZR 122/10, NJW 2011, 2953, 2954).

Trotz dieser Formel wird die Bestimmung des Wertes einer mangelhaften Leistung oft auf Schwierigkeiten stoßen. Folgerichtig sieht § 638 Abs. 3 S. 2 BGB bereits vor, die **Vergütungsminderung soweit erforderlich durch Schätzung** zu ermitteln. In diesem Zusammenhang wird man als Auftraggeber vielfach nicht umhin kommen, die für die Berechnung einer Minderung erforderlichen Grundlagen in Vorbereitung eines Prozesses sinnvollerweise vorab zu klären oder zum Gegenstand eines selbstständigen Beweisverfahrens zu machen. Dies vorausgeschickt sollen zumindest im Überblick folgende Erläuterungen zur Berechnung der Minderung gegeben werden:

- Relativ einfach ist die Berechnung der Minderung bei einem VOB-Vertrag, wenn der Auftraggeber die Nacherfüllung wegen Unzumutbarkeit verweigert (vgl. vorstehende Variante 1: Rdn. 1393 ff.). Unterstellt man, dass regelmäßig der Wert der mangelfreien Leistung der vereinbarten Vergütung entspricht, so kann zur Abschätzung des zu mindernden Betrages ohne Weiteres **auf die voraussichtlichen Mangelbeseitigungskosten** als Anhaltspunkt zurückgegriffen werden. Denn diese sind erforderlich, um eine mangelfreie Leistung zu erzielen (BGH, Urt. v. 23.02.1995 – VI ZR 235/93, BauR 1995, 540, 541 = NJW 1995, 1836, 1837). Der Minderungsbetrag erhöht sich dann ggf. um einen nach der Mangelbeseitigung **verbleibenden technischen oder merkantilen Minderwert ganz allgemein** der Bauleistung. Dabei versteht man unter einem **technischen Minderwert** den Minderwert, der durch die vertragswidrige Ausführung im Vergleich zur geschuldeten verursacht worden ist. Maßstab für dessen Berechnung ist die Beeinträchtigung der Nutzbarkeit und damit des Ertrags- und Veräußerungswertes des Gebäudes. Bei einer Gewerbeimmobilie sind so z. B. alle Nutzungsmöglichkeiten in Betracht zu ziehen, die bei einem vertragsgemäßen Zustand des Gebäudes infrage kommen, während es auf die konkrete Nutzung des Gebäudes insoweit nicht ankommt. Dagegen bedeutet **merkantiler Minderwert**, dass die erbrachte Bauleistung im Unterschied zum technischen Minderwert trotz einer theoretisch möglichen Mangelbeseitigung letztlich nicht den Verkehrswert erreicht, den die Parteien mit dem Erbringen einer von Anfang an mangelfreien Leistung erzielen wollten, d. h.: Die vertragswidrige Ausführung des Auftragnehmers hat eine verringerte Verwertbarkeit zur Folge, weil die maßgeblichen Verkehrskreise ein im Vergleich zur vertragsgemäßen Ausführung geringeres Vertrauen in die Qualität des Bauwerks haben (BGH, Urt. v. 09.01.2003 – VII ZR 181/00, BGHZ 153, 279, 285 = BauR 2003, 533, 535 = NJW-RR 2003, 1188, 1189 f. = NZBau 2003, 214, 215 – kritisch dazu Dahmen, BauR 2012, 24).

1408

▶ **Beispiel (ähnlich OLG Stuttgart, Urt. v. 08.02.2011 – 12 U 74/10, BauR 2011, 894 [Ls.] = NJW-RR 2011, 457)**

Das Flachdach eines Neubaus ist undicht. Dieses wird ordnungsgemäß repariert. Hier kommt es fast typischerweise zu einem gleichwohl verbleibenden merkantilen Minderwert. Denn weder in Bezug auf den Bestand (d. h. die zunächst scheinbar mangelfreie Fläche) noch in Bezug auf die Sanierungsarbeiten kann mit hinreichender Sicherheit angenommen werden, dass die Wahrscheinlichkeit des Ausschlusses weiterer Schäden genauso hoch ist – als wenn die Erstschäden nie aufgetreten wären. Jeder Käufer einer solchen Immobilie wird deswegen Wertabschläge zu Risiken wegen dazu ggf. verborgen gebliebener Mängel vornehmen.

Dies gilt selbst dann, wenn dieses geringere Vertrauen unbegründet ist – z. B. allein wegen der Sorge, das Bauwerk könne noch weitere verborgene Mängel aufweisen (OLG Hamm, Urt. v. 10.05.2010 – 17 U 92/09, BauR 2010, 1954 = NJW-RR 2010, 1392 = NZBau 2011, 29). Ebenso ist merkantiler Minderwert häufig anzutreffen, wenn die Mängel nur durch Veränderung der ursprünglich geplanten Ausführungsweise beseitigt werden können (OLG Nürnberg, Urt. v. 29.12.1988 – 2 U 2064/88, BauR 1989, 740, 742).

1409 • Bei der Berechnung der Minderung kann nicht auf voraussichtliche Mangelbeseitigungskosten zurückgegriffen werden, wenn der Unternehmer die Mangelbeseitigung wegen **Unverhältnismäßigkeit der Kosten** verweigert. Dasselbe gilt selbstverständlich, wenn die Mangelbeseitigung nicht möglich ist (BGH, Urt. v. 09.01.2003 – VII ZR 181/00, BGHZ 153, 279, 284 = BauR 2003, 533, 534 = NJW-RR 2003, 1188, 1189 = NZBau 2003, 214, 215). In diesen Fällen ist die Minderung anders zu berechnen, wobei ggf. auch schrittweise vorzugehen ist: So kann es z. B. angezeigt sein, bei der Berechnung der Minderung einen Differenzwert einzubeziehen, wenn minderwertiges Material eingebaut wurde. Dieser so ermittelte Betrag wäre dann allerdings noch um einen Zuschlag wegen eines ggf. verbleibenden technischen und merkantilen Minderwertes zu erhöhen (BGH, a. a. O.). Verbreitet ist hier auch das sog. »**Aurnhammersche Zielbaumverfahren**« (Aurnhammer, BauR 1978, 356 ff. – Tabellarische Übersicht hierzu bei Kamphausen: Anm. zu OLG Stuttgart, BauR 1989, 611, 615). Eine solche Berechnung ist praktisch ohne ein **Sachverständigengutachten** nicht möglich.

1410 • Ein besonderes Augenmerk ist auf die **Vergütungsminderung bei Pauschalpreisverträgen** zu richten. Vor allem im Schlüsselfertigbau entstehen Probleme, wenn lediglich einzelne Teilleistungen mangelhaft sind und die Mängel z. B. nur mit einem unverhältnismäßigen Aufwand beseitigt werden können. In diesem Fall ist die Minderung in der Weise zu berechnen, dass der gesamte Pauschalpreis im Verhältnis der Wertminderung herabzusetzen ist. Dagegen kann nicht auf den Wert einer Einzelleistung zurückgegriffen werden, selbst wenn, wie bei GU-Verträgen üblich, nur ein an sich abgrenzbares Teilgewerk von der mangelhaften Leistung betroffen ist (Ingenstau/Korbion/Wirth, B § 13 Abs. 6 Rn. 65).

▶ Beispiel

Einem Pauschalvertrag liegt ein losbezogenes Leistungsverzeichnis zugrunde, wobei die dortigen Preise später pauschaliert wurden. Jetzt kommt es im Los Tiefbau zu nicht mehr beseitigungsfähigen Mängeln. Bei der Minderung darf diese jetzt nicht isoliert zunächst in diesem Los berechnet werden. Vielmehr ist der Minderwert einheitlich bezogen auf den Gesamtwert der Bauleistung über alle Lose zu ermitteln.

1411 • Ausnahmsweise kann der Auftraggeber die **Vergütung »auf Null« mindern**. Faktisch führt dieses Begehren gerade bei einem VOB-Vertrag zu einem ansonsten dort ausgeschlossenen Rücktritt vom Vertrag. Eine Wertminderung auf Null ist möglich, wenn die erbrachten Bauleistungen bei Vorliegen der Voraussetzungen der Minderung für den Auftraggeber gänzlich ohne Wert sind (BGH, Urt. v. 29.10.1964 – VII ZR 52/63, BGHZ 42, 232, 234; OLG Düsseldorf, Urt. v. 22.12.2011 – 23 U 218/09, BauR 2011, 1980, 1983).

▶ Beispiel (nach OLG Düsseldorf, Urt. v. 20.07.1994 – 21 U 47/94, BauR 1994, 762, 763)

Der Auftragnehmer bringt eine mangelhafte Beschichtung auf mit der Folge, dass entgegen dem Vertragszweck in dem betreffenden Bereich der Lagerhalle Farben und Lacke wegen Verstoßes gegen Vorschriften des Gewässerschutzes nicht eingelagert werden können.

Kommt es in solchen Fällen zu einer Minderung auf Null, darf der Auftragnehmer im Gegenzug die von ihm erbrachten Bauleistungen beseitigen, vor allem die Materialien wieder ausbauen, soweit dies dem Auftraggeber zuzumuten ist.

Wird nach Vorstehendem die Minderung berechnet, ist einem Minderungsbetrag nur dann die **Umsatzsteuer hinzuzurechnen**, wenn sich der Minderungsbetrag am Wert der Mangelbeseitigungskosten orientiert (OLG München, Urt. v. 08.06.2004 – 13 U 5690/03, BauR 2004, 1806 f.; KG, Urt. v. 15.09.2009 – 7 U 120/08, BauR 2010, 634, 635 = NJW-RR 2010, 65, 66) und der Auftraggeber nicht vorsteuerabzugsberechtigt ist. Andernfalls fehlt ein umsatzsteuerpflichtiger Vorgang. Losgelöst von der Frage, ob die Umsatzsteuer bei der Berechnung der Minderung einem Minderungsbetrag zuzuschlagen ist, ist allerdings zu beachten, dass sich mit einer Minderung der Vergütung zugleich die **Bemessungsgrundlage für den für die Bauleistung zu zahlenden Vergütungsanspruch ändert**, d. h. sinkt. Ein Auftraggeber hat daher eine etwaige schon gezogene Umsatzsteuer zu berichtigen (§ 17 Abs. 1 S. 1 UStG). Hierauf ist bei Mängeldiskussionen zu achten bzw. vor allem ein entsprechender Vorbehalt zu vereinbaren.

1412

▸ **Beispiel (ähnlich BFH, Urt. v. 17.12.2009 – V R 1/09, IBR 2011, 637)**

Nach schon gezahlter Vergütung von 2,4 Mio. € brutto stellt der Sachverständige einen Schaden von 250 T€ fest. Die Beseitigung der Mängel ist unverhältnismäßig. In einem späteren Vergleich vereinbaren Auftraggeber und Auftragnehmer zum Ausgleich aller Ansprüche eine Zahlung des Auftragnehmers von 150 T€.

Diese Ausgleichszahlung führt umsatzsteuerrechtlich – egal, ob sie als Minderung oder Schadensersatz deklariert wird – zu einer Absenkung der Bemessungsgrundlage für den steuerpflichtigen Umsatz. Umsteuerrechtlich hat der Auftraggeber also jetzt für seine Leistung nicht 2,4 Mio. € gezahlt, sondern nur 2,25 Mio. €. Folglich kann er im Ergebnis auch nur darauf die Umsatzsteuer (= 359.243 €) ziehen und muss seine zunächst erfolgte Anmeldung bezogen auf den ursprünglichen Betrag von 2,4 Mio. € (enthaltene Umsatzsteuer: 383.193 €) berichtigen. Von den 150 T€ muss er folglich die Differenz von 23.950 € (383.243 € – 359.243 €) an das Finanzamt abführen. Einen Ausgleich erhält er dafür vom Auftragnehmer wegen des abschließenden Vergleichs nicht mehr (s. dazu auch Zahn, BauR 2011, 1401 ff.), wenn er dazu keinen Vorbehalt vereinbart hat.

7.2.7 Rücktritt vom Bauvertrag (§§ 634 Nr. 3, 636, 323, 326 Abs. 5 BGB)

Eine praxisfremde Besonderheit des BGB-Werkvertragsrechts stellt das Recht des Auftraggebers dar, bei einer gescheiterten Gewährleistung vom Bauvertrag zurückzutreten.

1413

7.2.7.1 Voraussetzungen

Das Rücktrittsrecht folgt aus §§ 634 Nr. 3, 636, 323, 326 Nr. 5 BGB. Hiernach gelten die allgemeinen Voraussetzungen, wie sie oben schon bei der Minderung beschrieben wurden (siehe oben Rdn. 1401 ff. sowie die Gesamtübersicht zu Rdn. 1391). So kann der Auftraggeber vor allem vom Vertrag zurücktreten, wenn der Auftragnehmer eine zur Nacherfüllung gesetzte Frist fruchtlos verstreichen lässt (§ 323 Abs. 1 BGB). Ein Rücktrittsrecht besteht ferner, wenn der Auftragnehmer wegen Unmöglichkeit der Leistung von seiner Vertragspflicht frei wird oder seine Leistung wegen Unverhältnismäßigkeit oder Unzumutbarkeit verweigert (§§ 326 Abs. 5, 275 Abs. 1–3 BGB). Ein Rücktritt ist jedoch im Gegensatz zur Minderung **ausgeschlossen**, soweit die **Pflichtverletzung unerheblich** ist (§ 323 Abs. 5 S. 2 BGB). Dabei wird zumindest in der Regel die Erheblichkeit des Mangels die Erheblichkeit einer Pflichtverletzung indizieren, während dies umgekehrt nicht zwingend ist.

1414

▸ **Beispiel**

Bei der Errichtung eines Einfamilienhauses wird das Haus mit einer falschen Farbzusammensetzung gestrichen, die jedoch mit bloßem Auge kaum sichtbar ist. Der Sachverständige weist darauf hin, dass sich allenfalls mit Mühe feststellbare Farbunterschiede nach dem Ablauf von drei bis vier

Jahren nicht mehr wahrnehmen lassen. Hier wäre ein Rücktritt ausgeschlossen, obwohl ein Mangel vorliegt.

1415 Gibt es danach keinen Automatismus, ist es aber doch oft so, dass umso mehr von einer unerheblichen Pflichtverletzung auszugehen sein wird, je geringfügiger der Mangel ist.

> **Beispiel (nach OLG Frankfurt, Urt. v. 28.03.2007 – 1 U 71/05, Nichtzul.Beschw. zurückgew., BGH, Beschl. v. 24.01.2008 – VII ZR 91/07, BauR 2008, 1322, 1323)**
>
> Der Außentemperaturfühler der witterungsgeführten Regelung einer neu eingebauten Heizung ist defekt. Manuell konnte die Heizung nach telefonischer Anweisung bedient werden. Für die Mangelbeseitigung selbst mussten nur unwesentliche Kleinteile ausgetauscht werden. Dies rechtfertigt keinen Rücktritt, zumal die Heizung auch in ihrer Funktion nie beeinträchtigt war.

Bezugsgrundlage für die Bewertung der Erheblichkeit wird vielfach das Verhältnis zwischen vertraglich vereinbarter Vergütung und Kosten für die Mangelbehebung sein. Allerdings kann man dazu keine festen Wertgrenzen benennen, die zwingend zu einer Überschreitung der Erheblichkeitsschwelle führen (a. A. etwa OLG Bamberg, Beschl. v. 18.09.2009 – 8 W 60/08, BauR 2009, 284 mit einem Verweis auf 10 %). Stattdessen kommt es stets auf den Einzelfall und die Vereinbarung der Parteien an. Wenn also keine feste Wertgrenzen bestehen, mag man allerdings doch häufig davon ausgehen, dass jedenfalls Mängel, die mit einem Aufwand von z. B. weniger als 1 % der vereinbarten Vergütung vollständig behoben werden können, im Zweifel als unerheblich anzusehen sein werden (so etwa entschieden für das Kaufrecht: BGH, Urt. v. 14.09.2005 – VIII ZR 363/04, NJW 2005, 3490, 3493; BGH, Urt. v. 29.06.2011 – VIII ZR 202/10, BauR 2011, 1817, 1819 = NJW 2011, 2872, 2874; s. allerdings auch OLG Düsseldorf, Urt. v. Urt. v. 14.01.2011 – 22 U 128/10, BauR 2012, 545 [Ls.], das noch einen Ausschluss des Rücktrittsrechts bei einem Mangel mit Mangelbeseitigungskosten von 10 % der vereinbarten Vergütung annahm, der damit problemlos und vollständig behoben werden konnte: Hier wird man aber wohl sehr genau zu prüfen haben, ob nicht eine schon erhebliche Pflichtverletzung vorliegt). Für die Beurteilung, ob ein Mangel als geringfügig im Sinne des § 323 Abs. 5 S. 2 BGB einzustufen ist, ist allein auf den **Zeitpunkt der Rücktrittserklärung** abzustellen. Ein zu diesem Zeitpunkt als erheblich anzusehender Mangel wird also nicht dadurch unerheblich, dass sich später »bessere Erkenntnisse« ergeben dahin gehend, dass letzten Endes doch ein unerheblicher Mangel vorgelegen hat (BGH, Urt. v. 15.06.2011 – VIII ZR 139/09, NJW 2011, 3708, 3709 m. w. N.). Liegt allerdings zunächst ein unerheblicher Mangel mit einer danach anzusehenden unerheblichen Pflichtverletzung vor, wird dieser nicht dadurch erheblich und berechtigt etwa zum Rücktritt, dass der Auftragnehmer sich weigert, diesen (unerheblichen) Mangel zu beseitigen. Denn insoweit kommt es für den Rücktritt nicht auf die spätere Erheblichkeit einer Pflichtverletzung im Nacherfüllungsstadium an.

1416 Zu beachten immerhin ist, dass eine Pflichtverletzung selbst bei geringfügigen Mängeln in der Regel erheblich ist und deshalb zum Rücktritt berechtigt, wenn der Auftragnehmer den Auftraggeber bei Abnahme über das **Vorhandensein des Mangels arglistig getäuscht** hat (BGH, Urt. v. 24.03.2006 – V ZR 173/05, BGHZ 167, 19, 21 f. = BauR 2006, 1137, 1138 = NJW 2006, 1960, 1961). Ein Rücktritt ist hier nur ausgeschlossen, wenn der Auftragnehmer – trotz Arglist – den Mangel inzwischen nach gleichwohl erfolgter Fristsetzung beseitigt hat (BGH, Urt. v. 12.03.2010 – V ZR 147/09, BauR 2010, 1074, 1075 = NJW 2010, 1805 – s. allerdings zu diesen Fällen einer nicht erforderlichen Fristsetzung oben Rdn. 1356 ff., 1362).

1417 Vorstehend beschriebenes Rücktrittsrecht nach den Regelungen des allgemeinen Schuldrechts wird im Werkvertragsrecht gemäß § 636 BGB ergänzt. Gemeinsam mit § 323 Abs. 2 BGB finden sich dort weitere **Ausnahmeregelungen**, wann eine **Fristsetzung für einen zu erklärenden Rücktritt** unterbleiben kann. Hierbei handelt es sich vor allem um folgende Fälle:

1418 • Der Auftragnehmer hat die **Leistung endgültig und ernsthaft verweigert** (BGH, Urt. v. 20.03.1975 – VII ZR 65/74, BauR 1976, 285, 286; BGH, Urt. v. 24.02.1983 – VII ZR 210/82, BauR 1983, 258, 259 = NJW 1983, 1731, 1732; BGH, Urt. v. 05.07.1990 – VI ZR 352/89,

BauR 1990, 725, 726 = NJW-RR 1990, 1300, 1301 (noch zum alten Recht) – s. dazu oben ausführlich Rdn. 1356 ff. – vgl. auch § 323 Abs. 2 BGB und die dort geregelten weiteren Fälle).
- Der Auftragnehmer verweigert die Nacherfüllung wegen **unverhältnismäßig hoher Kosten** (§§ 636, 635 Abs. 3 BGB, s. dazu oben Rdn. 1329 ff. sowie zu der vglb. Regelung in § 13 Abs. 6 VOB/B: Rdn. 1399 ff.).
- Die **Nacherfüllung ist fehlgeschlagen** (siehe zum »Fehlschlagen der Nachbesserung« oben Rdn. 1359) oder für den **Auftraggeber unzumutbar** (vgl. oben Rdn. 1393 ff.) (§ 636 BGB). Ist bereits während der Fristsetzung erkennbar, dass die Nacherfüllung fehlschlägt, kann der Auftraggeber – soweit dieser Umstand sicher hervortritt – schon vor Ablauf der für die Mangelbeseitigung gesetzten Frist zurücktreten (so schon zum alten Recht: BGH, Versäumnisurt. v. 12.09.2002 – VII ZR 344/01, BauR 2002, 1847, 1848 = NJW-RR 2003, 13 = NZBau 2002, 668).

7.2.7.2 Abwicklung nach erklärtem Rücktritt

Der Rücktritt ist wie die Minderung ein **Gestaltungsrecht**. Er ist gegenüber dem Auftragnehmer zu erklären und kann nicht mit einer Bedingung versehen werden. Wurde der Rücktritt erklärt, ist der Vertrag rückabzuwickeln (§§ 346 ff. BGB). Gleichzeitig kann der Auftraggeber Schadensersatz verlangen (§ 325 BGB). Dies schließt insbesondere auch einen Nutzungsausfall ein, der allein (und häufig naheliegenderweise) deswegen eintritt, weil der Auftraggeber zurückgetreten ist (BGH, Urt. v. 28.11.2007 – VIII ZR 16/07, BGHZ 174, 290, 292 = NJW 2008, 911). 1419

Trotz dieser klaren rechtlichen Eckdaten kommt es bei der Durchführung des Rücktritts bei Bauverträgen häufig zu Fragen. Diese betreffen zunächst die Voraussetzungen; denn nach § 323 Abs. 5 S. 1 BGB ist der Rücktritt vom ganzen Vertrag bei einer bereits bewirkten Teilleistung des Auftragnehmers nur möglich, wenn der Auftraggeber an dieser Teilleistung kein Interesse hat. Allein diese Regelung wird in den allermeisten Fällen einen **Totalrücktritt vom Bauvertrag ausschließen**. Dasselbe gilt, wenn ein Teilrücktritt schon tatsächlich nicht möglich ist.

> **Beispiel (ähnlich: BGH, Urt. v. 16.10.2009 – V ZR 203/08, BauR 2010, 222, 224 = NJW 2010, 146, 147)**
>
> Der Verkäufer verkauft eine Eigentumswohnung. Der Käufer soll als Gegenwert 16 T€ zahlen und für weitere 20 T€ Bauleistungen erbringen. Der Geldbetrag ist bezahlt; auch von den Bauleistungen sind diverse Arbeiten schon erbracht. Gleichwohl ist hier ein vollständiger Rücktritt bei Einhaltung der weiteren Voraussetzungen nicht ausgeschlossen. Mit dem ggf. fortbestehenden Interesse an den schon erbrachten Bauleistungen hat das nichts zu tun. Vielmehr ist ein Teilrücktritt schon deshalb ausgeschlossen, weil die Leistung des Verkäufers (Übergabe der Wohnung) gar nicht teilbar ist.

Hinzu kommen Probleme bei der Rückabwicklung: § 346 Abs. 1 BGB sieht eine Rückgabe der empfangenen Leistungen in Natur vor. Dies wird bei Bauleistungen nur in Ausnahmefällen möglich sein, so z. B., wenn ein eingebautes Bauteil zurückgenommen werden kann (Abbau einer Leuchtreklame: OLG Hamm, Urt. v. 27.06.1994 – 17 U 53/93, BauR 1995, 240). Dabei schließt in diesen Fällen das Rücktrittsrecht nicht das Recht des Auftraggebers ein, den **Ausbau der mangelhaften Leistung** zu verlangen (Busche, in: MünchKomm., § 634 Rn. 27). Dieses Verlangen bzw. die damit verbundenen Kosten können stattdessen nur Gegenstand eines Schadensersatzanspruchs sein (§ 281 BGB). Ist eine Rückgewähr der Leistungen, wie bei Bauverträgen üblich, unmöglich, findet bei dem Rücktritt faktisch nur ein Wertausgleich statt (§ 346 Abs. 2 BGB – s. dazu auch Rdn. 2972 ff.). Dessen Höhe bemisst sich nach § 346 Abs. 2 S. 2 BGB an der im Vertrag vorgesehenen Vergütung. Auf einen ggf. höheren tatsächlichen Wert der eigentlich zurückzugebenden Bauleistung kommt es dagegen nicht an (BGH, Urt. v. 14.07.2011 – VII ZR 113/10, BauR 2011, 1654 = NJW 2011, 3085 = NZBau 2011, 613). Praktisch bedeutet das, dass dann doch eine Vergütung für die beim Auftraggeber verbleibende Bauleistung zu zahlen ist. Der Bauleistung anhaftende Mängel reduzieren allerdings den Wertersatz (ebenso: OLG Düsseldorf, Urt. v. 14.01.2011 – 22 U 198/07, NJW 2011, 1420

1081, 1082). Auch dieser Wertabschlag bezieht sich aber nur auf die an sich vereinbarte Vergütung, d. h.: Faktisch ist dieser also ebenso zu ermitteln wie im **Rahmen einer Minderung** nach § 638 Abs. 3 BGB (BGH, a. a. O.; s. zu der Berechnung der Minderung: Rdn. 1405 ff.).

▶ Beispiel

Der Auftragnehmer hat bis zu dem Rücktritt Bauleistungen in einem Wert von 4.000 € erbracht, für die nach dem Vertrag nur eine Vergütung von 3.700 € zu zahlen war. Diese Leistung ist mangelhaft; der Minderwert ist mit 500 € zu veranschlagen. Ausgangspunkt des bei einem Rücktritt zu veranschlagenden Wertersatzes ist die vertragliche Vergütung von 3.700 €. Hiervon ist der Minderwert in Abzug zu bringen. Es verbleibt demnach für den Wertersatz noch ein Betrag von 3.200 €.

7.2.7.3 Ausschluss des Rücktrittsrechts/VOB-Vertrag

1421 Bei einem VOB-Vertrag kommt kein Rücktritt infolge mangelhafter Leistungen in Betracht. Die VOB kennt kein solches Rücktrittsrecht; aufgrund der Nichterwähnung gilt es vielmehr als zumindest **konkludent ausgeschlossen** (so etwa einheitlich die Rspr.: OLG Koblenz, Urt. v. 03.01.1962 – 4 U 39/61, NJW 1962, 741; OLG Karlsruhe, Urt. v. 15.07.1970 – 7 U 1/70, BauR 1971, 55; OLG Hamm, Urt. v. 15.01.2004 – 17 U 68/02, BauR 2005, 909, wobei der BGH diese Rechtsfrage noch nicht abschließend entscheiden musste: BGH, Urt. v. 29.10.1964 – VII ZR 52/63, BGHZ 42, 232; ebenso die Literatur: Kratzenberg, NZBau 2002, 177, 183; Ingenstau/Korbion/Wirth, B § 13 Abs. 6 Rn. 73 f.; Kapellmann/Messerschmidt/Weyer, VOB/B, § 13 Rn. 346). Dies ist praxisgerecht, weil die meisten mit einem Gewährleistungsmangel verbundenen Probleme in der Regel besser über die sonstigen Mängelansprüche gelöst werden können. Im Gegenteil ist der Rücktritt bei einem Bauvertrag aufgrund der bestehenden Rückabwicklungsverpflichtung vielfach mit der Zerstörung wirtschaftlicher Werte verbunden. Dies kann weder im Interesse des Auftragnehmers noch des Auftraggebers liegen. Insoweit spricht vielmehr umgekehrt sogar einiges dafür, dass die vertragliche Vereinbarung eines Rücktrittsrechts mit diesem Ergebnis gegen Treu und Glauben verstößt (Ingenstau/Korbion/Vygen, VOB/B Vor §§ 8 und 9 Rn. 40).

1422 Der Ausschluss des Rücktrittsrechts in der VOB ist vor diesem Hintergrund rechtlich unbedenklich; er ist sogar als sachgerecht anzusehen. Dementsprechend sollte – wenn möglich – auch in BGB-Werkverträgen das Rücktrittsrecht ausgeschlossen werden, was in AGB vereinbart werden kann (§ 309 Nr. 8 lit. b, bb BGB – Ingenstau/Korbion/Wirth, B § 13 Abs. 6 Rn. 77). Dies gilt schon deshalb, weil es ein Auftraggeber in besonders krassen Fällen, in denen für ihn die Leistung unbrauchbar ist, seine Vergütung immerhin auf Null mindern kann (s. dazu oben Rdn. 1411), was zumindest wirtschaftlich einem Rücktrittsrecht entspricht (so auch Kapellmann/Messerschmidt/Weyer, VOB/B, § 13 Rn. 347).

7.2.8 Schadensersatz bei BGB-Werkvertrag (§§ 634 Nr. 4, 636, 280 ff. BGB)

1423 Im BGB-Werkvertragsrecht kommt bei Mängeln dem Schadensersatzanspruch eine große Bedeutung zu. Er findet seine Grundlage in den allgemeinen Schadensersatzregelungen des Schuldrechts in §§ 280, 281, 283 und 311a BGB, auf die das Werkvertragsrecht verweist (§§ 634 Nr. 4, 636 BGB). Einbezogen in die Verweisung wird der Aufwendungsersatzanspruch in § 284 BGB.

7.2.8.1 Abgrenzung der Schadensersatzansprüche nach §§ 280, 281, 283 BGB

1424 Die Grundnorm für die Schadensersatzverpflichtung des Auftragnehmers bei mangelhaften Bauleistungen bildet § 280 BGB. Sie gewährt dem Gläubiger (Auftraggeber) einen Schadensersatzanspruch, soweit der Schuldner (Auftragnehmer) eine Pflicht aus dem Schuldverhältnis verletzt und der Schuldner diese Pflichtverletzung zu vertreten hat. Für mangelhafte Bauleistungen heißt das: Weist die Bauleistung einen Mangel auf, liegt eine Pflichtverletzung vor. Hat der Auftragnehmer diese zu vertreten, ist er nach § 280 Abs. 1 BGB zum Schadensersatz verpflichtet. Verlangt der Auftraggeber Schadensersatz statt der Leistung, sind die weiter gehenden Regelungen der §§ 281, 283 BGB zu beachten

(§ 280 Abs. 3 BGB). Die Abgrenzung beider Schadensersatzansprüche ist nicht unumstritten. Richtigerweise kann man wie folgt verfahren:

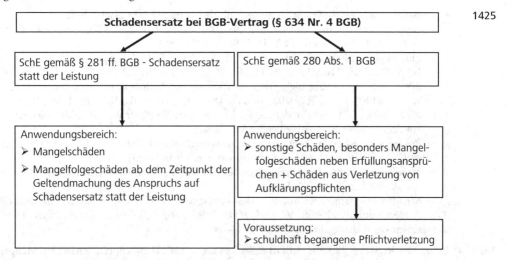

1425

7.2.8.1.1 Schadensersatz statt der Leistung (§§ 281 ff. BGB)

Schadensersatz statt der Leistung kann der Auftraggeber nur unter Einhaltung der neben § 280 Abs. 1 BGB bestehenden weiteren Voraussetzungen der §§ 281 ff. BGB verlangen (§ 280 Abs. 3 BGB). Hierfür bedarf es einer klaren Grenzziehung. Diese fällt zumindest teilweise nicht schwer, wenn man die zusätzlichen Tatbestandsvoraussetzungen des § 281 Abs. 1 BGB berücksichtigt: Danach schuldet der Auftragnehmer bei einer mangelhaften Bauleistung, die er zu vertreten hat, nur dann Schadensersatz, wenn er **eine ihm zuvor gesetzte angemessene Frist zur Nacherfüllung** hat fruchtlos verstreichen lassen. Somit geht es bei dem Schadensersatzanspruch statt der Leistung in erster Linie um den **echten Mangelschaden**, der zumindest dem Grundsatz nach einer Nacherfüllung, die über diese Fristsetzung erreicht werden soll, zugänglich ist. Diese Forderung nach einer Fristsetzung ist – und zwar auch in Bezug auf den Mangelschaden – wiederum neben den im Gesetz ohnehin geregelten Fällen des § 281 Abs. 2 BGB entbehrlich, wenn eine damit bezweckte Nachholung einer ordnungsgemäßen Erfüllungshandlung gar nicht mehr möglich ist (s. sogleich Rdn. 1437). Der Schadensersatzanspruch statt der Leistung ist jedoch nicht auf den Mangelschaden begrenzt. Dies wiederum beruht darauf, dass nach einem entsprechenden Verlangen auf Schadensersatz statt der Leistung der Anspruch des Auftraggebers auf die Leistung selbst ausgeschlossen ist (§ 281 Abs. 4 BGB). Damit erledigt sich ab diesem Zeitpunkt auch die Pflicht des Auftragnehmers, mangelfrei zu leisten. Entfällt diese primäre Leistungspflicht, gilt dies gleichzeitig für die Schadensersatzverpflichtung aus § 280 Abs. 1 BGB für Schäden, die nur mittelbar auf einer Verletzung dieser primären Erfüllungspflicht beruhen. Diese Mangelfolgeschäden werden somit ab dem berechtigten Verlangen eines Schadensersatzes statt der Leistung nicht mehr über § 280 Abs. 1 BGB, sondern einheitlich über § 281 BGB ersetzt.

1426

7.2.8.1.2 Weiterer Schadensersatz

Abzugrenzen davon sind alle **sonstigen Ersatzansprüche**, die infolge einer Pflichtverletzung des Auftragnehmers (hier wegen einer mangelhaften Bauleistung) entstehen, soweit der Auftraggeber noch Erfüllung verlangen kann. Sie werden einheitlich über § 280 Abs. 1 BGB abgedeckt, d. h.:

1427

- Unter § 280 Abs. 1 BGB fallen alle **Mangelfolgeschäden**, die – ohne dass bisher Schadensersatz statt der Leistung verlangt wurde – von der Natur der Sache **einer Nacherfüllung nicht zugänglich** sind. Schon allein deswegen würde eine nach § 281 Abs. 1 BGB gebotene Mangelbeseitigungs-

1428

aufforderung mit Fristsetzung keinen Sinn ergeben. Vielmehr hat der Auftragnehmer diese Schäden sofort und umfassend zu ersetzen.

▶ **Beispiele für weitere Schäden außerhalb des echten Mangelschadens**
- entgangener Gewinn (BGH, Urt. v. 27.04.1961 – VII ZR 9/60, BGHZ 35, 130, 133; BGH, Urt. v. 28.09.1978 – VII ZR 254/77, BauR 1979, 159)
- Nutzungsausfall (BGH, Urt. v. 27.04.1995 – VII ZR 14/94, BauR 1995, 692, 693 = NJW-RR 1995, 1169, 1970; BGH, Urt. 20.12.1973 – VII ZR 153/71, BauR 1974, 205, 206) – und zwar unabhängig von einem Verzug des Auftragnehmers (ebenso BGH, Urt. v. 19.06.2009 – V ZR 93/08, BGHZ 181, 317, 319 = BauR 2009, 1585, 1586 f. = NJW 2009, 2674, 2675 zu der vergleichbaren Frage im Kaufrecht mit zahlr. Nachw.).
- ein dem Bauvorhaben verbleibender Minderwert
- Privatgutachterkosten zur Feststellung von Baumängeln (BGH, Urt. v. 03.03.1998 – X ZR 4/95, NJW-RR 1998, 1027 – s. dazu auch unten Rdn. 1457)
- Mehrkosten, die durch die Beseitigung des Baumangels verursacht werden (Demontagekosten, Architektenkosten u. a.)
- Schäden an sonstigen Rechtsgütern des Auftraggebers (BGH, Urt. v. 15.03.1990 – VII ZR 311/88, BauR 1990, 466, 467 = NJW-RR 1990, 786, 787) oder an Rechtsgütern Dritter, soweit der Auftraggeber hierfür selbst haftet.

1429 • Erfasst werden von § 280 Abs. 1 BGB außerdem die früher so bezeichneten **entfernten Mangelfolgeschäden**, die an außerhalb der Werkleistung liegenden selbstständigen Rechtsgütern des Auftraggebers eingetreten sind.

▶ **Beispiele für sog. entfernte Mangelfolgeschäden:**
- Durch Baumängel verursachte Körperverletzungen (BGH, Urt. v. 20.01.1972 – VII ZR 148/70, BGHZ 58, 85, 91 = NJW 1972, 625, 626 f.)
- Schäden von in Mitleidenschaft gezogenen Einrichtungsgegenständen (z. B. Wasserschaden wegen Montage eines zu dünnwandigen Heizkörpers – BGH, VersR 1962, 480)
- Vermögenseinbußen etwa wegen der Kosten eines selbstständigen Beweisverfahrens (BGH, Urt. v. 20.12.1984 – VII ZR 13/83, BauR 1985, 232, 233)

Zu dieser Fallgruppe gehört auch der **Ersatz eines Nutzungsausfalls**, soweit es um einen Ausgleich für den (zeitweisen) Entzug eines Wirtschaftsgutes von zentraler Bedeutung geht (BGH, Beschl. v. 09.07.1986 – GSZ 1/86, BGHZ 98, 212, 216 f. = BauR 1987, 312, 314 = NJW 1987, 50, 51). Dazu zählt etwa die verspätete Fertigstellung eines selbst genutzten Hauses, wobei es hier darauf ankommt, dass der Eigentümer dieses Haus einstweilen überhaupt nicht nutzen kann (BGH, Urt. v. 05.03.1993 – V ZR 87/91, NJW 1993, 1793, 1794; s. dazu im Einzelnen Rdn. 1852 ff.). Nicht zu der Fallgruppe eines zu ersetzenden Nutzungsausfalls gehört hingegen die verspätete Herstellung eines Mietshauses (BGH, Urt. v. 31.10.1986 – V ZR 140/85, BauR 1987, 318, 321 = NJW 1987, 771, 772); insoweit kommt aber selbstverständlich die Geltendmachung eines unmittelbaren Mietausfallschadens in Betracht.

1430 Außerhalb des Gewährleistungsrechts fällt unter § 280 Abs. 1 BGB ferner die **Verletzung von Nebenpflichten**, die neben der Pflicht zur mangelfreien Leistung stehen. Hierzu zählen vor allem im Zusammenhang mit der Werkerstellung bestehende Obhuts-, Beratungs- und Aufklärungspflichten (siehe dazu auch oben Rdn. 1027 ff. sowie 1042).

1431 Kommt es allerdings infolge solcher Nebenpflichtverletzungen (vor allem bei der Verletzung von Aufklärungspflichten) zu einer Fehlfunktion der Bauleistung, ist stets zu prüfen, ob die deswegen ausbleibende Funktionstauglichkeit nicht **gleichzeitig von der vertraglich vereinbarten Beschaffenheit** erfasst wird. Hiervon wird regelmäßig auszugehen sein. Denn grundsätzlich beauftragt ein Bauherr nicht einen Auftragnehmer mit einer Bauleistung, (nur) um die textlich fixierte (ausdrücklich vereinbarte) Beschaffenheit zu erreichen. Vielmehr liegt zumindest in der Regel konkludent in einer **Beschaffenheitsvereinbarung** gleichzeitig die **Zusage der Funktionstauglichkeit**. Aus diesem Grund geht es dann bei den Rechten des Auftraggebers nicht um einen unmittelbar greifenden Schadensersatzanspruch wegen Verletzung der Aufklärungspflichten nach § 280 Abs. 1 BGB, sondern allein um seine Mängelrechte nach §§ 634 ff. BGB (BGH, Urt. v. 08.11.2007 – VII ZR 183/05, BauR 2008, 344, 346 f. = NJW 2008, 511, 512; s. o. Rdn. 1277 ff.). Dies hat für den Auftraggeber zugleich den Vorteil, dass diese Ansprüche erst binnen der gesetzlichen Gewährleistung verjähren (nicht innerhalb der regelmäßigen Verjährung nach §§ 195, 199 Abs. 1 BGB). Ferner stehen dem Auftraggeber insoweit die verschuldensunabhängigen Mängelrechte wie etwa das Recht auf Selbstvornahme (§ 637 BGB) zu.

▶ **Beispiel**

Der Auftragnehmer errichtet eine Heizung entsprechend dem vereinbarten Leistungsverzeichnis. Sie funktioniert nicht, weil die Stromversorgung nicht ausreichend ist. Dies hatte der Auftragnehmer vor Leistungsausführung nicht geprüft. In diesem Fall liegt zwar der Mangel vorrangig (eigentlich) in einer Verletzung der Prüf- und Hinweispflicht als Nebenpflicht. Tatsächlich bestehen aber gleichwohl Gewährleistungsrechte. Denn der Auftraggeber hatte eine funktionierende Heizung bestellt. Dieser Leistungserfolg ist nicht eingetreten. Deswegen ist die Leistung mangelhaft – wobei rechtlich dieses Ergebnis nur dadurch gestützt wird, dass die Funktionstauglichkeit der Heizung zumindest konkludent Teil der vereinbarten Beschaffenheit ist.

Unter Berücksichtigung vorstehenden Beispiels kann allerdings nicht gesagt werden, dass die Verletzung von Aufklärungspflichten immer zu Mängelansprüchen führen muss. Dies ist keineswegs zwingend. Denn vorstellbar ist ebenfalls, dass dem Auftraggeber wegen der Verletzung von Aufklärungspflichten **Schäden** entstehen, **obwohl die Bauleistung an sich mangelfrei und funktionstauglich** errichtet wurde. Hier immerhin verbleibt es bei einem Schadensersatzanspruch nach § 280 Abs. 1 BGB. 1432

▶ **Beispiel (nach BGH, Urt. v. 08.07.1982 – VII ZR 314/81, BauR 1983, 70 = NJW 1983, 875)**

Der Auftragnehmer wird neben anderen Leistungen beauftragt, eine Drainage zu verlegen. Diese ist offensichtlich untauglich ausgeschrieben. Noch vor Leistungsausführung nimmt der Auftraggeber diese Teilleistung wieder aus dem Leistungsumfang heraus und beauftragt sie an einen Dritten. Später funktioniert die Drainage nicht. Der Auftraggeber macht gegen den Erstunternehmer Mängelansprüche geltend, weil dieser ihn nach Auftragserteilung nicht über die offensichtliche Ungeeignetheit der Leistungen aufgeklärt habe. Mit diesem Anspruch hat er keinen Erfolg: Denn mit Herausnahme der Leistungen entfielen endgültig jegliche Mängelansprüche. In Betracht kommt hier allenfalls noch ein allgemeiner Schadensersatzanspruch nach § 280 Abs. 1 BGB.

7.2.8.1.3 Schadensersatz aus Delikt

Neben einem vertraglichen Schadensersatzanspruch wegen Mängeln kommt teilweise auch ein deliktischer Schadensersatzanspruch nach § 823 Abs. 1 BGB wegen der fahrlässigen Verletzung des Eigentums des Auftraggebers in Betracht. Dies ist in Fällen bedeutsam, in denen der Schaden an Eigentum eintritt, das durch die Bauleistung nicht betroffen ist (BGH, Urt. v. 24.04.1974 – VII ZR 114/73, BauR 1975, 286, 287 = NJW 1975, 1315, 1316; BGH, Urt. v. 09.03.2004 – X ZR 67/01, BauR 2004, 1798, 1799 = NJW-RR 2004, 1163; BGH, Urt. v. 19.10.2004 – X ZR 142/03, BauR 2005, 96, 97 = NJW-RR 2005, 172). 1433

▶ **Beispiel**

Im Rahmen der Bauleistung werden in das Bauwerk eingebrachte Sachen oder das Grundstück beschädigt. Dasselbe gilt, wenn die Bauleistungen zu Schäden an anderen, durch die Baumaßnahme nicht berührten Bauteilen führen.

Ein Anspruch aus § 823 Abs. 1 BGB besteht hingegen nicht, wenn der geltend gemachte Schaden lediglich den auf der Mangelhaftigkeit beruhenden Unwert der Sache für das Nutzungs- und Äqui- 1434 valenzinteresse des Erwerbers ausdrückt. Denn dann liegt nichts anderes als eine mangelhafte Leistung vor, die über die Mängelrechte abzuwickeln ist. Dass es dabei ggf. auch um eine beschädigte Bausubstanz geht, ist unbeachtlich (BGH, Urt. v. 27.01.2005 – VII ZR 158/03, BGHZ 162, 86, 94 = BauR 2005, 705, 708 = NJW 2005, 1423, 1425).

▶ **Beispiel**

Infolge einer Sanierungs- oder Reparaturmaßnahme wird bereits vorhandenes Eigentum an der Bausubstanz beschädigt. Dies ist bei einer Sanierung immer der Fall. Daher kommt es für den deliktischen Anspruch aus § 823 Abs. 1 BGB nicht allein darauf an, ob vor der Sanierung unbeschädigtes Eigentum vorhanden war. Stattdessen besteht ein solcher Anspruch nur, wenn es um eine Beschädigung der Bausubstanz geht, die nicht Gegenstand des Werkvertrages war.

7.2.8.2 Voraussetzung des Schadensersatzanspruchs gemäß § 280 Abs. 1 BGB

1435 Ist der Anwendungsbereich des § 280 Abs. 1 BGB eröffnet und hat der Auftragnehmer infolge einer von ihm zu vertretenden Pflichtverletzung (mangelhafte Bauleistung) einen Schaden verursacht, hat er diesen ohne Einschränkung zu ersetzen.

	BGB-Werkvertrag
Voraussetzungen	(1) Keine speziellere Regelung, d. h.: besonders Nichtanwendbarkeit von §§ 634 Nr. 4, 280 ff. BGB bzw. § 13 Abs. 7 VOB/B (2) Schuldhafte Vertragspflichtverletzung des Auftragnehmers (hier außerhalb der Mangelhaftigkeit der Leistung) (3) Dadurch: Schaden beim Auftraggeber (unabhängig von einer ggf. mangelhaften oder mangelfreien Leistung)
Anwendungsbereich und Umfang des Schadensersatzanspruchs	Ersatz von Schäden insbesondere aus der Verletzung vertraglicher Nebenpflichten (z. B. Fürsorge-, Schutz-, Beratungs-, und Auskunftspflichten)
	Ausnahmsweise auch Schadensersatz statt der Leistung gemäß § 282 BGB, wenn AG die Leistung nicht mehr zuzumuten ist

Der Schadensersatzanspruch nach § 280 Abs. 1 BGB tritt dabei **neben den Erfüllungsanspruch aus dem Bauvertrag** (bei Baumängeln vor allem neben den Mangelbeseitigungsanspruch). Dieser muss weiter fortbestehen und darf nicht etwa deshalb, weil der Auftraggeber zwischenzeitlich Schadensersatz statt der Leistung verlangt hat, erloschen sein. Der Schadensersatzanspruch gemäß § 280 Abs. 1 BGB erfasst alle unmittelbaren und mittelbaren Nachteile des schädigenden Verhaltens (mit Ausnahme des Mangelschadens selbst, der unter §§ 281 ff. BGB fällt – siehe vorstehend Rdn. 1424 ff.).

7.2.8.3 Voraussetzung des Schadensersatzanspruchs statt der Leistung gemäß §§ 281, 283 BGB

1436 Will der Auftraggeber Ersatz für den unmittelbaren Mangelschaden geltend machen (und verzichtet er auf seinen originären verschuldensunabhängigen Nacherfüllungsanspruch), kann er Schadensersatz statt der Leistung fordern.

7.2 Gewährleistungs-/Mängelrechte des Auftraggebers nach VOB und BGB

	Allgemeiner Schadensersatz	Schadensersatz statt der Leistung
Rechtsgrundlage	§ 634 Nr. 4 i. V. m.	
	§ 280 Abs. 1 BGB	§§ 636, 281 BGB
Voraussetzungen	(1) Mangelhafte Bauleistung (2) Verschulden des Auftragnehmers an dem Mangel (3) Schaden, der auf dem Werkmangel beruht (4) Kein Ablauf der Gewährleistungsfrist	
	(5) Pflichtverletzung, die keiner Nacherfüllung zugänglich ist	(1) Pflichtverletzung, die einer Nacherfüllung zugänglich ist (i. d. R. Mangelschaden) (2) Alternativ: – Fruchtloser Ablauf einer angemessenen zur Nacherfüllung gesetzten Frist (Ausnahme § 281 Abs. 2 BGB) – Ernsthafte und endgültige Verweigerung der Nacherfüllung durch AN (u. a. wg. unverhältnismäßig hoher Kosten) – Fehlschlagen der Nacherfüllung – Unzumutbarkeit der Nacherfüllung für den Auftraggeber
Inhalt und Umfang des Schadensersatzanspruchs	• Sämtliche Mangelfolgeschäden, die einer Fristsetzung nicht zugänglich sind (steht in der Regel neben den anderen Mängelrechten des Auftraggebers) – zeitlich befristet, bis der AG Schadensersatz statt der Leistung verlangt • Schäden aus Nebenpflichtverletzungen, die nicht zu einem Werkmangel führen	• Kleiner Schadensersatz: – Behalten der Werkleistung und Abrechnung der tatsächlichen Mangelschäden einschließlich Nebenkosten – Mangelfolgeschäden, die ab dem Zeitpunkt des Verlangens auf Schadensersatz statt der Leistung entstehen • Großer Schadensersatz: Ausnahmsweise Rückgabe der gesamten Werkleistung und Schadensersatz statt der Leistung, wenn eine bereits bewirkte Teilleistung ohne Interesse für AG (§ 281 Abs. 2 S. 2 und 3 BGB)
Weitere (Schadens)ersatz-regelungen zugunsten des Auftraggebers	§ 634 Nr. 4 i. V. m. • § 282 BGB: Schadensersatz statt der Leistung wg. Nebenpflichtverletzungen (ohne vorherige Fristsetzung) • §§ 311a, 283, 280 BGB: Schadensersatz statt der Leistung bei Unmöglichkeit der Nacherfüllung, soweit AN das Leistungshindernis bei Vertragsschluss kannte oder Unkenntnis zu vertreten hat • § 284 BGB: Im Alternativverhältnis zum Schadensersatzanspruch statt der Leistung stehender Aufwendungsersatzanspruch des AG gegen den AN insbesondere bei frustrierten Aufwendungen	

7.2.8.3.1 Voraussetzungen

Die **Voraussetzungen** des Schadensersatzanspruchs statt der Leistung decken sich im Wesentlichen mit denen des **Rücktrittsrechts** (vgl. dazu schon oben Rdn. 1413 ff.), d. h.: 1437
- Der Auftraggeber muss dem Auftragnehmer zur Nacherfüllung eine **angemessene Frist** gesetzt haben, die fruchtlos verstrichen ist (s. zu den Einzelheiten einer Fristsetzung oben Rdn. 1349 ff.). Auf die Fristsetzung kann nur unter den folgenden Voraussetzungen verzichtet werden:

- Der Schuldner hat die Leistung ernsthaft und endgültig verweigert oder es liegen besondere Umstände vor, die unter Abwägung der beiderseitigen Interessen die sofortige Geltendmachung von Schadensersatzansprüchen rechtfertigen (§ 281 Abs. 2 BGB – vgl. auch oben die Fälle, in denen bei der Selbstvornahme auf die Fristsetzung verzichtet werden kann: Rdn. 1356 ff.).
- Der Auftragnehmer verweigert die Nacherfüllung wegen unverhältnismäßig hoher Kosten (§§ 636, 635 Abs. 3 BGB).
- Die Nacherfüllung ist fehlgeschlagen oder für den Auftraggeber unzumutbar (§ 636 BGB).

Neben diesen im Gesetz geregelten Ausnahmefällen ist selbst bei Mangelschäden eine Fristsetzung entbehrlich, wenn eine damit bezweckte Nachholung einer ordnungsgemäßen Erfüllungshandlung gar nicht mehr möglich ist.

▶ **Beispiel (ähnlich BGH, Urt. v. 08.12.2011 – VII ZR 198/10, BauR 2012, 494, 495 = NJW-RR 2012, 268, 269 = NZBau 2012, 104, 105)**

Nach einem Wasserschaden führt der Auftragnehmer Trocknungsarbeiten an einem Fußbodenaufbau durch. Zu diesem Zweck schnitt er regelwidrig Silikonfugen und eine dahinter liegende Dichtungsschicht auf. Die Trocknung war zwar erfolgreich; der Auftraggeber rechnet nunmehr aber als Mangelschaden gegen offene Vergütungsansprüche mit den Kosten für die Wiederherstellung des Bodens auf.

Zu Recht! Denn der Schaden des Auftraggebers, der durch die Pflichtverletzung des Auftragnehmers (unsachgemäße Öffnung des Bodens) entstanden war, konnte durch eine Nacherfüllung (nachträgliche ordnungsgemäße Öffnung des Bodens) nicht mehr beseitigt werden. Der Zweck der Fristsetzung, dem Unternehmer eine letzte Gelegenheit einzuräumen, das noch mit Mängeln behaftete Werk in einen vertragsgemäßen Zustand zu versetzen, ehe an deren Stelle die ihn finanziell regelmäßig mehr belastenden anderen Mängelansprüche treten, war hier also nicht mehr zu erreichen. Dann aber kommt es auf eine solche Fristsetzung auch nicht mehr an (BGH, a. a. O.).

- Will der Auftraggeber Schadensersatz statt der ganzen Leistung verlangen, besteht ein diesbezüglicher Anspruch nur, wenn eine bereits bewirkte Teilleistung für ihn ohne Interesse und die Pflichtverletzung nicht unerheblich ist (§ 281 Abs. 1 S. 2 und 3 BGB).

1438 Zu beachten ist, dass es mit § 282 BGB noch einen weiteren Schadensersatzanspruch statt der Leistung gibt. Tatbestandsvoraussetzung hierfür ist die **Verletzung einer Nebenpflicht** im Sinne des § 241 Abs. 2 BGB.

▶ **Beispiel**

Der Handwerker zerstört bei seiner Arbeit die Inneneinrichtung.

Dieser Schaden hat mit einem Mangel der Bauleistung, wie er über § 634 BGB abgedeckt wird, jedoch zumeist nichts zu tun. Schadensersatz statt der Leistung kann der Auftraggeber in diesen Fällen gleichwohl (ohne Fristsetzung) stets dann verlangen, wenn ihm die Leistungserbringung durch den Auftragnehmer infolge dieser Nebenpflichtverletzung nicht mehr zuzumuten ist.

7.2.8.3.2 Inhalt und Umfang des Schadensersatzanspruchs

1439 Begehrt der Auftraggeber wegen eines Mangels Schadensersatz statt der Leistung, **erlischt sein Anspruch auf die (Nach)erfüllung** des Bauvertrages (§ 281 Abs. 4 BGB). Der Auftragnehmer seinerseits kann das bereits Geleistete zurückfordern (§§ 281 Abs. 5, 346 ff. BGB).

1440 Inhaltlich ist der Schadensersatzanspruch abweichend von § 249 S. 1 BGB auf Geldzahlung gerichtet (zuletzt BGH, Urt. v. 22.07.2010 – VII ZR 176/09, BGHZ 186, 330, 332 = BauR 2010, 1752, 1753 = NJW 2010, 3085, 3086 = NZBau 2010, 690). Dabei ist zwischen dem sog. kleinen und großen Schadensersatzanspruch zu unterscheiden:

- **Kleiner Schadensersatz** 1441
Ausgangspunkt des hier im Mängelrecht bestehenden Schadensersatzanspruchs ist zunächst die Tatsache, dass dem Auftraggeber überhaupt ein Schaden entstanden sein muss. Dies ist bei einer mangelhaften Bauleistung unproblematisch. Der Schaden besteht insoweit nämlich unmittelbar in dem damit verbundenen Minderwert. Ausgehend davon hat der Auftraggeber zunächst das Recht, diese mangelhafte Bauleistung gleichwohl zu behalten und für den ihm wegen des Mangels entstandenen Schaden einen finanziellen Ausgleich zu verlangen (kleiner Schadensersatz). In diesem Fall erlischt der Anspruch auf (Nach)erfüllung entsprechend § 281 Abs. 4 BGB nur insoweit, als der Auftraggeber für diesen konkreten Mangel einen Schadensersatz begehrt. Die Berechnung dieses Schadens beläuft sich nach Wahl des Auftraggebers entweder nach dem mangelbedingten Minderwert des Werkes oder nach den Kosten, die für eine ordnungsgemäße Herstellung erforderlich sind (st. Rspr., vgl. nur BGH, Urt. v. 22.07.2010 – VII ZR 176/09, BGHZ 186, 330, 332 = BauR 2010, 1752, 1753 = NJW 2010, 3085, 3086 = NZBau 2010, 690). Umfasst sind von einem solchen Schadensersatzanspruch im letzteren Fall **sämtliche zum Zeitpunkt der Mangelbehebung hierfür anfallenden Kosten** einschließlich aller Nebenkosten (vgl. dazu auch die Ausführungen zu § 637 BGB – s. oben Rdn. 1364 ff.). Allerdings muss sich der Auftraggeber nicht auf etwaige geringere Kosten einer Ersatzlösung, die den vertraglich geschuldeten Erfolg nicht herbeiführt, einlassen. Auch muss er sich nicht darauf verweisen lassen, dass der durch eine nicht vertragsgemäße Nacherfüllung **verbleibende Minderwert durch einen Minderungsbetrag** abgegolten wird (BGH, Urt. v. 27.03.2003 – VII ZR 443/01, BGHZ 154, 301, 304 = BauR 2003, 1209, 1210 = NJW-RR 2003, 1021, 1022 = NZBau 2003, 433, 434). Die Einrede des § 635 Abs. 3 BGB mit einem Leistungsverweigerungsrecht **wegen unverhältnismäßig hoher Kosten** (s. dazu oben Rdn. 1329 ff.) gilt hier nicht. Denn insoweit unterscheidet sich gerade der verschuldensunabhängige Nacherfüllungsanspruch – ggf. mit dem Risiko, bei Unverhältnismäßigkeit auf eine Minderung verwiesen zu werden – von einem verschuldensabhängigen Schadensersatzanspruch. Dieser tritt an die Stelle des ursprünglichen Erfüllungsanspruchs und ist auf Ausgleich aller Schäden gerichtet (BGH, Urt. v. 10.03.2005 – VII ZR 321/03, BauR 2005, 1014 = NJW-RR 2005, 1039 = NZBau 2005, 390) – es sei denn, etwaige Nachbesserungskosten ständen in entsprechender Anwendung des § 251 Abs. 2 BGB in keinerlei Verhältnis mehr zu dem zu erzielenden Mehrwert (so auch nochmals BGH, Urt. v. 29.06.2006 – VII ZR 86/05, BauR 2006, 1736, 1738 = NJW 2006, 2912, 2913 – a. A. OLG München, Urt. v. 03.08.2010 – 13 U 4520/07, Nichtzul.-Beschw. Zurückgew., BGH, Beschl. v. 14.06.2012 – VII ZR 144/10, IBR 2012, 465, das vorstehende Rechtsprechung des BGH aber offensichtlich falsch zitiert).

> **Beispiel (nach OLG Düsseldorf, Urt. v. 24.11.2000 – 22 U 7/00, BauR 2001, 445, 446 f. = NJW-RR 2001, 522, 523 = NZBau 2001, 328)**
>
> Mit einer Nachbesserung einer Fußbodenheizung könnten dauerhaft Betriebskosten von ca. 8,– € im Jahr erspart werden, während ein ansonsten nur verbleibender Gesamtaustausch 20 000,– € kosten würde. Hier wäre auch ein entsprechender Schadensersatzanspruch in Höhe der Austauschkosten ausgeschlossen (ähnlich OLG Düsseldorf, Urt. v. 22.11.2011 – 21 U 9/11, insoweit aber nicht veröffentl., zu einem vergleichbaren Fall, dass eine technisch nicht zwingende Wärmedämmung vereinbart war, die fehlte: Deren Beseitigung hätte fast 64 T€ gekostet bei einer Energieersparnis von max. 140 € pro Jahr).

Erfasst wird von dem Schadensersatzanspruch ferner der nach einer Mangelbeseitigung einem Werk ggf. noch anhaftende **technische oder merkantile Minderwert** (BGH, Urt. v. 11.07.1991 – VII ZR 301/90, BauR 1991, 744 f. = NJW-RR 1991, 1429, s. dazu oben Rdn. 1408), wobei ein solcher auch alleine geltend gemacht werden kann (BGH, Urt. v. 15.12.1994 – VII ZR 246/93, BauR 1995, 388, 389 = NJW-RR 1995, 591, 592). Ebenso ausgleichspflichtig sind sonstige Vermögensschäden, etwa in dem Fall, dass zunächst eine Minderung geltend gemacht wurde, die dann aber nicht plausibel anhand der tatsächlichen Voraussetzungen ermittelt werden konnte (BGH, Urt. v. 05.11.2010 – V ZR 228/09, BauR 2011, 897 [Ls.] = NJW 2011, 1217, 1219 zum Kaufrecht; s. auch Rdn. 1476).

1442 Neben dem unmittelbaren Mangelschaden werden im Rahmen des kleinen Schadensersatzes des Weiteren sämtliche **Mangelfolgeschäden**, die bei einer Nacherfüllung über § 280 Abs. 1 BGB zu ersetzen wären (vgl. dazu oben Rdn. 1424 ff.) – abgedeckt, und zwar insoweit **unabhängig von jeder Verhältnismäßigkeit eines Aufwandes** für die Nachbesserung (BGH, Urt. v. 07.03.2002 – VII ZR 1/00, BauR 2002, 1536, 1540 = NJW 2002, 3543, 3544 f. = NZBau 2002, 571, 572 f.). Hat der Auftraggeber hingegen zunächst Nacherfüllung verlangt und geht später auf einen Schadensersatzanspruch statt der Leistung über, wird bezüglich des Ersatzes von Mangelfolgeschäden zu unterscheiden sein: Mangelfolgeschäden, die neben der Nacherfüllung verlangt werden und zu diesem Zeitpunkt schon entstanden waren, werden über § 280 Abs. 1 BGB ersetzt. Ab dem berechtigten Verlangen auf Schadensersatz statt der Leistung erlischt sodann der Nacherfüllungsanspruch (§ 281 Abs. 4 BGB) und mit ihm die Schadensersatzpflicht für Mängelfolgeschäden aus § 280 Abs. 1 BGB. Mangelfolgeschäden, die ab diesem Zeitpunkt entstehen, sind nunmehr einheitlich über § 281 BGB zu ersetzen (s. hierzu schon oben Rdn. 1426).

1443 Hat der Auftraggeber den Mangel beseitigen lassen, kann er auf dieser Grundlage ohne Weiteres den ihm entstandenen Schaden nachweisen. Doch können auch Kosten einer erst noch in der Zukunft liegenden Mangelbeseitigung zum Gegenstand eines Schadensersatzanspruchs gemacht werden. Je nach Sachvortrag – z. B. nach einem durchgeführten selbstständigen Beweisverfahren – wäre ein **Schaden dann nach § 287 ZPO zu schätzen**. Allerdings ist zu beachten, dass solche Schätzungen teilweise sehr grob sind. Deswegen stellt sich die Frage, wie hoch ein Schaden zu veranschlagen ist, wenn sich später die tatsächlichen Mängelbeseitigungskosten deutlich niedriger herausstellen.

▶ Beispiel

Wegen Ausblühungen in einem Klinkermauerwerk weist ein Sachverständigengutachten einen Schaden von 5.000 € aus. Tatsächlich kann der Auftraggeber später den Mangel für 3.500 € fachgerecht beseitigen lassen – dies auch deshalb, weil er mit dem Ersatzunternehmer einen sehr guten Preis ausgehandelt hat.

Außerhalb des Bauvertragsrechts kommt es auf solche Sonderentwicklungen nicht an; hier kann der Geschädigte an den vorherigen gutachterlich unterlegten Schadensschätzungen festhalten (BGH, Urt. v. 20.06.1989 – VI ZR 334/88, NJW 1989, 3009 zu Pkw-Schäden). Ähnlich wird dies teilweise im Bauvertragsrecht gesehen (OLG Düsseldorf, Urt. v. 24.2.2011 – 5 U 17/10, BauR 2012, 516; OLG Hamm, Urt. v. 06.12.2005 – 21 U 66/05, BauR 2006, 704, 705). Überzeugend ist das nicht. Denn ein Schadensersatzanspruch soll einen Vermögensnachteil ausgleichen, und zwar in Höhe der Differenz zwischen dem Wert des Vermögens, wie es sich ohne das schädigende Ereignis darstellen würde (d. h. die Bauleistung im mangelfreien Zustand), und dem durch das schädigende Ereignis verminderten Wert. Wie schon der BGH an anderer Stelle zu dem Umgang mit der Umsatzsteuer entschieden hat, ist es gerade im Schadensersatzrecht und hier vor allem bei den z. T. nur sehr groben Schätzungen im Bauvertragsrecht zu vermeiden, dass dem geschädigten Auftraggeber Schadensposten ersetzt werden, die ihm so oder in dieser Höhe gar nicht entstehen (s. zu einer Streichung der ggf. nicht anfallenden Umsatzsteuer: BGH, Urt. v. 22.07.2010 – VII ZR 176/09, BauR 2010, 1752, 1753 = NJW 2010, 3085, 3086 = NZBau 2010, 690, 691). Dies ist eigentlich selbstverständlich: Denn wo es **keinen Schaden gibt, ist auch keiner zu ersetzen**. Eine zwischenzeitliche Fehleinschätzung ändert daran nichts – was gerade gilt, wenn man später nach der Beseitigung der Mängel über bessere Erkenntnisse verfügt. Dies spricht nicht gegen die gesetzlich vorgesehene Möglichkeit einer Schadensschätzung nach § 287 ZPO. Daher muss z. B. auch geprüft werden, warum die tatsächlichen Mangelbeseitigungskosten ggf. niedriger lagen als die zunächst geschätzten. Wenn der Auftraggeber etwa nicht alle Mängel vollständig oder fachgerecht hat beseitigen lassen, ist natürlich für eine Kürzung insoweit kein Raum. Wenn er aber nur »gut mit Auftragnehmern verhandelt« hat (was im Übrigen aus seiner Schadensminderungspflicht sogar geboten sein kann), dann ist ihm eben in dieser Höhe – soweit dies noch in einem Schadensersatzprozess bekannt wird –

7.2 Gewährleistungs-/Mängelrechte des Auftraggebers nach VOB und BGB

kein Schaden entstanden. Dann aber kann er dafür über einen Schadensersatzanspruch auch keine Kompensation mehr verlangen (kritisch auch Kniffka/Koeble, 6. Teil Rn. 164).

Nach Zahlung des Schadensersatzes ist der Auftraggeber nicht gehalten, einen so berechneten Schaden tatsächlich zur Mangelbeseitigung einzusetzen. Ggf. ist ihm das auch gar nicht mehr möglich, weil er etwa das Grundstück mit der mangelhaften Bauleistung längst verkauft hat; einen Schadensersatzanspruch schließt das nicht aus (OLG Frankfurt, Urt. v. 04.11.2011 – 10 U 264/07, BauR 2012, 507, 508 = NJW 2012, 1153, 1154 = NZBau 2012, 171, 172; s. auch zur Vorteilsausgleichung sogleich Rdn. 1553 ff.). Der Auftraggeber kann vielmehr auf die **Mangelbeseitigung verzichten und das Geld behalten** (BGH, Urt. v. 24.05.1973 – VII ZR 92/71, BGHZ 61, 28, 30 = BauR 1973, 321, 322 = NJW 1973, 1457). Dies gilt selbst dann, wenn einzelne Zusatzkosten infolge einer unterbleibenden Mangelbeseitigung nicht anfallen; diese sind gleichwohl ersatzfähig (BGH, Urt. v. 10.04.2003 – VII ZR 251/02, BauR 2003, 1211, 1212 f. = NJW-RR 2003, 878, 879 = NZBau 2003, 375, 376).

1444

▶ **Beispiel**

Dem Auftraggeber werden für die Dauer der Bauarbeiten Hotelkosten für eine Ersatzunterbringung zugesprochen. Jetzt lässt er den Schaden nicht beseitigen. Hier kann er die Hotelkosten trotzdem behalten.

In diesem Fall steht dem Auftraggeber jedoch **nur der Nettoschadensbetrag ohne Umsatzsteuer** zu. § 249 Abs. 2 S. 2 BGB, der im Fall einer unterbleibenden Reparatur einen Ersatz der Umsatzsteuer ausschließt, gilt in diesen Fällen zwar nicht unmittelbar; denn tatsächlich geht es in den hiesigen Vertragsverhältnissen nicht um die Beschädigung einer Sache. Die Rechtsprechung wendet diese Regelung aber bei Schadensersatzansprüchen zu Bauverträgen entsprechend an. Denn nur so könne eine Schadensüberkompensation vermieden werden (BGH, Urt. v. 22.07.2010 – VII ZR 176/09, BGHZ 186, 330, 333 = BauR 2010, 1752, 1753 = NJW 2010, 3085, 3086 = NZBau 2010, 690). Ob das überzeugt, mag man diskutieren. Denn der Schaden ist ja gleichwohl entstanden, und zwar hinsichtlich potenzieller Mangelbeseitigungskosten natürlich auch einschließlich eines darauf entfallenden Umsatzsteueranteils. Jedenfalls bedeutet das in Fällen, in denen der Auftraggeber noch nicht weiß, ob er die Mängel wirklich beseitigen lassen will, dass er in einem Klageverfahren die Schäden als solche nur auf Netto-Basis geltend machen kann. Wegen einer im Fall der Mängelbeseitigung doch noch zusätzlich anfallenden **Umsatzsteuer muss er sodann eine Feststellungsklage** erheben.

Im Zusammenhang mit der Umsatzsteuer ist wie schon oben bei der Minderung außerdem darauf hinzuweisen, dass auch bei der Kompensation des Bestellers durch einen kleinen Schadensersatzanspruch wegen einer mangelhaften Bauleistung **steuerlich sich die Bemessungsgrundlage seiner Vergütung** für die erhaltene Bauleistung **ändert**. Hat er bereits nach einer zunächst gezahlten Vergütung einen Vorsteuerabzug geltend gemacht, muss er diesen berichtigen (BFH, Urt. v. 17.12.2009, Az.: V R 1/09, IBR 2011, 637). Die landläufige These, dass Schadensersatzzahlungen stets »Nettozahlungen« sind, ist daher nur richtig, soweit es nicht um eine Kompensation für eine mangelhaft erbrachte Leistung geht (z. B. für Mangelfolgeschäden). Dies ist vor allem bei Vergleichsvereinbarungen mit dem Auftragnehmer zu berücksichtigen (s. o. Rdn. 1412).

- **Großer Schadensersatz**
Alternativ zum kleinen Schadensersatz kann der Auftraggeber die Bauleistung insgesamt zurückweisen und den Gesamtschaden liquidieren (großer Schadensersatz). Hierzu gehören unter Umständen auch die Kosten eines Ersatzbaus (BGH, Urt. v. 29.06.2006 – VII ZR 86/05, BauR 2006, 1736, 1739 = NJW 2006, 2912, 2914 f.) oder aufgewendete Finanzierungskosten (BGH, Urt. v. 12.3.2009 – VII ZR 26/06, BauR 2009, 1140, 1142 = NJW 2009, 1870, 1871 = NZBau 2009, 376, 377). Zwar kann sich nach § 251 Abs. 2 BGB ergeben, dass eine Mangelbeseitigung unverhältnismäßig ist. Vor einer zu schnellen Annahme der Unverhältnismäßigkeit ist jedoch zu warnen. Denn bei einem großen Schadensersatzanspruch kommt es stets zu Härten infolge der Rücknahme einer Bauleistung. Entscheidend ist daher vorrangig das **Interesse des Auftraggebers an einem mangelfreien Werk** und dessen zwecksentsprechender Nutzung. Demgegenüber tritt das

1445

Interesse des Auftragnehmers an einer Rücknahme zurück – weswegen etwa unbeachtlich ist, ob die Erstattung eines objektiven Minderwerts einer mangelhaften Leistung deutlich günstiger ist als die für die Mangelbeseitigung erforderlichen Kosten (BGH, Urt. v. 10.03.2005 – VII ZR 321/03, BauR 2005, 1014, 1015 = NJW-RR 2005, 1039).

▶ Beispiel

Der Auftraggeber beauftragt den Auftragnehmer mit der Errichtung einer Lagerhalle. Diese wird nicht maßgerecht gebaut, weswegen sie nicht ohne Weiteres nutzbar ist. Der Auftragnehmer verweigert einen Neubau und bietet an, den Schaden nach den Kosten eines ggf. dann notwendigen Anbaus zu berechnen. Hierauf muss sich der Auftraggeber nicht einlassen: Er hat keine untaugliche Halle mit Anbau bestellt, sondern eine funktionsgerecht nutzbare Halle.

1446 Ein großer Schadensersatz setzt jedoch weiter voraus, dass die **Pflichtverletzung erheblich und eine schon bewirkte Teilleistung für den Auftraggeber ohne Interesse** ist (§ 281 Abs. 1 S. 2 und 3 BGB). Dies bedarf im Einzelfall einer vertiefenden Prüfung, wobei der Nachweis des fehlenden Interesses an einer schon bewirkten Teilleistung zumindest in der Regel schwer zu führen ist.

Ebenso kann ein großer Schadensersatz nach § 242 BGB ausgeschlossen sein – was in der Praxis gar nicht so selten vorkommt.

▶ Beispiel (ähnlich OLG Stuttgart, Urt. v. 17.11.2010 – 3 U 101/10, Nichtzul.-Beschw. zurückgew., BGH, Beschl. v. 24.05.2012 – VII ZR 216/10, IBR 2012, 508)

Ein Haus wird in der falschen Höhe gegründet; der Bauherr erhebt zunächst gegen die genehmigungsfähige Umplanung keine Bedenken – in der Annahme, dass später auch eine erhöhte Terrasse angeschüttet werden kann, die dann aber nicht genehmigt wird. Das Haus ist trotzdem nutzbar.

Hier kommt ein großer Schadensersatz nicht in Betracht. Denn wenn sich der Bauherr hier sogar in Kenntnis des Problems mit einem Weiterbau einverstanden erklärt, kann er sich nicht im nachhinein wegen des offensichtlich vorhandenen Mangels auf einen großen Schadensersatz berufen (s. dazu aber auch BGH, Urt. v. 07.03.2002 – VII ZR 1/00, BauR 2002, 1536, 1540 = NJW 2002, 3543, 3544 f. = NZBau 2002, 571, 572 f., der einen großen Schadensersatz zusprach in einem Fall, in dem der Bauherr den Bau sofort nach Bekanntwerden der falschen Gründung gestoppt hatte).

Besteht unbeschadet dessen danach ein Anspruch auf den großen Schadensersatz, muss der Auftraggeber eine noch offene Vergütung des Bauunternehmers nicht mehr zahlen (BGH, Urt. v. 09.12.1971 – VII ZR 211/69, BauR 1972, 185, 187). Ferner kann er sich seine Entscheidung, welche Art des Schadensersatzes er geltend macht, so lange vorbehalten, bis sich die Parteien (ggf. erst in einem Prozess) über die Art des Schadens geeinigt haben (BGH, Urt. v. 27.02.1996 – X ZR 3/94, BGHZ 132, 96, 102 f. = BauR 1996, 386, 389 = NJW 1996, 1749, 1750). Der große Schadensersatz entspricht **wirtschaftlich den Rechtsfolgen eines Rücktritts** (vgl. auch § 281 Abs. 5 BGB) und führt zum vollständigen Erlöschen der Erfüllungsansprüche. Er kann auch dann verlangt werden, wenn nach dem Bauvertrag das Recht auf Rücktritt wirksam ausgeschlossen wurde (OLG Hamm, Urt. v. 16.01.1998 – 12 U 66/97, NJW-RR 1998, 1031).

7.2.8.4 Schadensersatzanspruch nach §§ 311a, 283, 280 BGB

1447 § 634 Nr. 4 verweist bei den Schadensersatzansprüchen gleichzeitig auf § 311a BGB. Geregelt sind danach Fallgestaltungen, in denen **bei Vertragsschluss ein Leistungshindernis** bestand, weswegen der Auftragnehmer gemäß § 275 BGB von der Leistung frei wird (§ 283 BGB).

7.2 Gewährleistungs-/Mängelrechte des Auftraggebers nach VOB und BGB

▶ **Beispiel**

Der Bauvertrag wird geschlossen. Kurz zuvor war die Baugenehmigung widerrufen worden, wovon beide Parteien bei Vertragsschluss aber keine Kenntnis hatten. Hier ist die Durchführung des Bauvorhabens schon bei Vertragsschluss (rechtlich) nicht möglich gewesen.

In Fällen wie diesen haftet der Auftragnehmer auf Schadensersatz statt der Leistung – es sei denn, dass er das Leistungshindernis bei Vertragsschluss nicht kannte und seine Unkenntnis nicht zu vertreten hat (§ 311a Abs. 2 S. 2 BGB). Diese Regelung dürfte bei Mängelansprüchen nur selten greifen. Etwas anderes gilt im Fall der nachträglichen Unmöglichkeit: Hier ist § 311a BGB ohne Bedeutung. Folglich haftet der Auftragnehmer ohne Einschränkung nach § 283 BGB in Verbindung mit § 281 BGB, wenn seine Werkleistung (hier die Mangelbeseitigung) aus einem Grund unmöglich wird, den er zu vertreten hat.

7.2.8.5 Aufwendungsersatzanspruch nach § 284 BGB

Schließlich verweist § 634 Nr. 4 BGB bei Baumängeln auf § 284 BGB. Dem Auftraggeber steht danach anstelle eines Schadensersatzanspruchs statt der Leistung ein **Anspruch auf Ersatz vergeblicher Aufwendungen** zu. Tritt dieser Anspruch »anstelle« des Schadensersatzanspruches statt der Leistung müssen auch dessen tatbestandliche Voraussetzungen vorliegen. Nicht hingegen ist diese Regelung in der Weise zu verstehen, dass sich der Auftraggeber zwischen einem Schadensersatz- und einem Aufwendungsersatzanspruch entscheiden muss; vielmehr kann er **beide Rechte nebeneinander** geltend machen (vgl. dazu zum Kaufrecht: BGH, Urt. v. 20.07.2005 – VIII ZR 275/04, BGHZ 163, 381, 384 f. = NJW 2005, 2848, 2849). 1448

Vergebliche Aufwendungen sind **freiwillige Vermögensopfer**, die der Auftraggeber im Vertrauen auf den Erhalt der Leistung erbracht hat, die sich aber wegen der nicht vertragsgerechten Leistung des Auftragnehmers **als nutzlos erweisen**. Dies ist etwa der Fall, wenn er die Bauleistung später nach einem Rücktritt zurückgibt oder sie jedenfalls nicht bestimmungsgemäß nutzen kann und deshalb die Aufwendungen nutzlos sind (BGH, a. a. O.). 1449

▶ **Beispiel**

Der Bauherr tritt von dem Bauvertrag zur Errichtung eines Einfamilienhauses wegen Mängeln zurück. Zuvor hatte er dafür schon einen Carport gekauft. Dieser ist für ihn nach dem Rücktritt nutzlos. Hierfür kann er einen Aufwendungsersatz verlangen.

Derartige Aufwendungen sind teilweise einem echten Schadensersatzanspruch nur schwer zugänglich – wobei im Übrigen unbeachtlich ist, ob sie aus kommerziellen oder nicht kommerziellen Gründen erfolgten (BGH a. a. O.). Begrenzt wird dieser Ersatzanspruch immerhin auf die Erstattung von Aufwendungen insoweit, als der Auftraggeber diese im Vertrauen auf den Erhalt der Leistung gemacht hat und billigerweise machen durfte. Ausgeschlossen ist der Aufwendungsersatzanspruch, wenn der mit den Aufwendungen verfolgte Zweck auch ohne die Pflichtverletzung des Auftragnehmers nicht erreicht worden wäre.

7.2.9 Anspruch auf Schadensersatz bei VOB-Vertrag (§ 13 Abs. 7 VOB/B)

Die VOB enthält in § 13 Abs. 7 verschiedene Schadensersatzansprüche. Sie unterscheiden sich in ihren tatbestandlichen Voraussetzungen von denen des BGB-Werkvertragsrechts. Sie werden ergänzt durch die allgemeine Schadensersatzregelung des § 280 Abs. 1 BGB. 1450

Art	Allgemeiner Schadensersatz	Kleiner Schadensersatzanspruch	Großer Schadensersatzanspruch
Rechtsgrundlage	§ 13 Abs. 7 Nr. 1 und 2 VOB	§ 13 Abs. 7 Nr. 3 S. 1 VOB/B	§ 13 Abs. 7 Nr. 3 S. 2 VOB/B
Voraussetzungen	Vorsatz, grobe Fahrlässigkeit, Körperschäden	(1) Wesentlicher Werkmangel (2) Erhebliche Gebrauchsbeeinträchtigung (3) Verschulden des Auftragnehmers (4) Schaden, der auf dem Werkmangel beruht	Zusätzlich: (5) Über den an der baulichen Anlage hinausgehender Schaden (6) Alternativ: – Verstoß gegen die anerkannten Regeln der Technik oder – Fehlen einer vertraglich vereinbarten Beschaffenheit oder – versicherter oder versicherbarer Schaden
Inhalt und Umfang des Schadensersatzanspruchs	Uneingeschränkte Haftung für alle Schäden	• Alle Schäden am Bauwerk einschließlich technischem und merkantilem Minderwert • Mangelbeseitigungskosten • Nahe Mangelfolgeschäden (z. B. Mietausfall, Zinsverluste)	Alle weiteren, insbesondere entferntere Mangelfolgeschäden des Auftraggebers, vor allem: • Schäden an Einrichtungsgegenständen • Sonstige Vermögensschäden

7.2.9.1 Uneingeschränkte Haftung für Personenschäden und Vorsatz/Grobe Fahrlässigkeit (§ 13 Abs. 7 Nr. 1 und 2 VOB/B)

1451 Nach § 13 Abs. 7 Nr. 1 und 2 VOB/B haftet der Auftragnehmer bei Mangelschäden unbeschränkt, soweit es um Körperschäden geht oder dem Auftragnehmer Vorsatz oder grobe Fahrlässigkeit zur Last gelegt werden kann. Diese Haftungsregelungen beachten somit die Grenze, wie sie § 309 Nr. 7 lit. a und b BGB auch für sonstige Allgemeine Geschäftsbedingungen vorgibt.

7.2.9.2 Kleiner Schadensersatzanspruch (§ 13 Abs. 7 Nr. 3 S. 1 VOB/B)

1452 Über die vorgenannten Schäden hinaus erhält der Auftraggeber im Rahmen des kleinen Schadensersatzanspruchs einen Ausgleich für Schäden, die **trotz erfolgter Nacherfüllung oder Minderung an der baulichen Anlage verbleiben**. Der Schadensersatzanspruch nach der VOB/B steht somit neben den anderen Mängelrechten. Für den kleinen Schadensersatzanspruch müssen zusammengefasst vier Voraussetzungen vorliegen:

7.2.9.2.1 Wesentlicher Mangel

1453 Der beim Auftraggeber aufgetretene Schaden muss auf einen »wesentlichen« Baumangel zurückgehen. Dies ist der Fall, wenn der Mangel nach allgemeiner Verkehrsauffassung unter Berücksichtigung der (dem Auftragnehmer bekannten) besonderen Interessen des Auftraggebers nicht nur zu einer unbedeutenden Abweichung vom vertraglichen Leistungsziel führt, sondern **erheblich ins Gewicht fällt** (Ingenstau/Korbion/Wirth, B § 13 Abs. 7 Rn. 59 ff.).

▶ Beispiele
- Das Bauvorhaben wurde mit einem unzureichenden Schallschutz ausgeführt.
- Es wurden für das Bauvorhaben ungeeignete Baumaterialien (etwa eine ungeeignete Holzsorte) eingebaut (BGH, Urt. v. 24.05.1962 – VII ZR 23/61, NJW 1962, 1569).

Umgekehrt kann bei einer nur geringen Abweichung von der vereinbarten Beschaffenheit bzw. sonst vom Leistungssoll nicht geschlossen werden, dass kein wesentlicher Mangel vorliegt. Vielmehr ist im Einzelfall zu beurteilen, inwieweit selbst eine nur geringe Abweichung sich wesentlich auf die vertraglich vereinbarte Nutzbarkeit der Bauleistung auswirkt (BGH, Urt. v. 19.11.1998 – VII ZR 371/96, BauR 1999, 254, 256 = NJW-RR 1999, 381, 382).

7.2.9.2.2 Erhebliche Beeinträchtigung der Gebrauchsfähigkeit

Der wesentliche Baumangel muss die Gebrauchsfähigkeit der erbrachten Bauleistung erheblich beeinträchtigen, d. h.: **1454**
- Zunächst muss die Gebrauchsfähigkeit beeinträchtigt sein. Hier kann auf § 13 Abs. 1 VOB/B zurückgegriffen werden. Danach muss der Wert oder die Tauglichkeit der Leistung zu dem vorausgesetzten oder nach dem Vertrag gewöhnlichen Gebrauch gemindert oder aufgehoben sein (vgl. oben Rdn. 1267 ff.). Ein **merkantiler Minderwert genügt** (BGH, Urt. v. 15.12.1994 – VII ZR 246/93, BauR 1995, 388, 389 = NJW-RR 1995, 388, 389; BGH, Urt. v. 14.01.1971 – VII ZR 3/69, BGHZ 55, 198, 199 f. = BauR 1971, 124, 125).
- Die Beeinträchtigung allein reicht allerdings nicht; sie muss **erheblich** sein, d. h. einen **gewissen Schweregrad** erreichen. Unproblematisch ist dies, wenn die Gebrauchstauglichkeit vollständig aufgehoben ist. Ist die Gebrauchsfähigkeit hingegen nur gemindert, kommt es auf die Tragweite des Eingriffs an. Folgende Faustformel mag hilfreich sein: Immer dann, wenn die Mangelbeseitigung oder eine Vergütungsminderung aus Sicht des Auftraggebers zu keinem ausreichenden Ausgleich seines Interesses an einer mangelfreien Bauleistung führt, ist die Gebrauchsfähigkeit der erbrachten Leistung »erheblich« beeinträchtigt (Ingenstau/Korbion/Wirth, B § 13 Abs. 7 Rn. 78; Kapellmann/Messerschmidt/Weyer, B § 13 Rn. 359 f.).

7.2.9.2.3 Verschulden des Auftragnehmers

Der Mangel muss auf einem Verschulden, d. h. auf Vorsatz oder Fahrlässigkeit, des Auftragnehmers **1455**
beruhen. Verschulden der vom Auftragnehmer zur Vertragserfüllung eingesetzten Personen, z. B. Subunternehmer (BGH, Urt. v. 15.01.1976 – VII ZR 96/74, BGHZ 66, 43, 46 = BauR 1976, 131, 132 = NJW 1976, 516 f.), wird ihm zugerechnet (§ 278 BGB – s. ausführlich Joussen/Vygen, Subunternehmervertrag, Rn. 436 ff.). Zur **Darlegungs- und Beweislast** hinsichtlich des Verschuldens gelten die allgemeinen Regeln: Der Auftraggeber hat die objektive Pflichtverletzung, einen darauf beruhenden Schaden sowie seinen Umfang zu beweisen. Der Auftragnehmer hat zu beweisen, dass ihn bei Vorliegen einer objektiv mangelhaften Leistung kein Verschulden trifft (BGH, Urt. v. 25.05.1964 – VII ZR 239/62, BGHZ 42, 16, 18 f.; BGH, Urt. v. 12.10.1967 – VII ZR 8/65, BGHZ 48, 310, 312 = NJW 1968, 43; BGH, Urt. v. 28.09.1978 – VII ZR 254/77, BauR 1979, 159; vgl. auch § 280 Abs. 1 S. 2 BGB). Insoweit gewinnt besonders an Bedeutung, ob der Auftragnehmer mit seiner Leistung gegen anerkannte Regeln der Technik oder technische Regelwerke verstoßen hat oder nicht (vgl. dazu im Einzelnen oben Rdn. 1257 ff.).

7.2.9.2.4 Inhalt und Umfang des Schadensersatzanspruchs

Ausgleichspflichtig nach § 13 Abs. 7 Nr. 3 S. 1 VOB/B ist der Schaden an der baulichen Anlage, zu **1456**
deren Herstellung, Instandhaltung oder Änderung die Leistung des Auftragnehmers diente. Erfasst werden somit Schäden an der von dem Auftragnehmer erbrachten Bauleistung sowie Schäden, die mit dieser Bauleistung im Zusammenhang stehen (sog. »unmittelbare Mangelfolgeschäden«). Hier gilt im Überblick:
- Ersatzpflichtig sind alle durch die mangelhafte Bauleistung **am Bauwerk entstandenen Schäden**. **1457**

▶ **Beispiele**
- geminderter Nutzungs- oder Verkehrswert
- dauerhafte Mehraufwendungen wegen erhöhten Energieverbrauchs
- Kosten zur Schadensminderung

1458 • Der Schadensersatzanspruch ist des Weiteren nicht auf die Schäden unmittelbar an der vom Auftragnehmer erbrachten Bauleistung beschränkt. Erfasst werden vielmehr auch Schäden, die in einem adäquat-kausalen Zusammenhang mit der (mangelhaften) Bauleistung stehen (s. dazu auch Ingenstau/Korbion/Wirth, VOB/B, § 13 Abs. 7 Rn. 82 ff.).

▶ **Beispiele**
- Rissschäden an dem Gesamtgebäude infolge unsachgemäßer Erdarbeiten
- Außergerichtliche Rechtsanwaltkosten des Auftraggebers im Zusammenhang mit der Mangelverfolgung und unabhängig von einem Verzug des Auftragnehmers (OLG Düsseldorf, Urt. v. 17.12.2009 – 5 U 57/09, BauR 2011, 121, 126; OLG Hamm, Urt. v. 8.3.2012 – 24 U 148/10, BauR 2012, 1109, 1113 = NZBau 2012, 500, 502)
- etwaige Hotelkosten für eine Ersatzunterbringung (vgl. zu Letzteren etwa BGH, Urt. v. 10.04.2003 – VII ZR 251/02, BauR 2003, 1211, 1212 f. = NJW-RR 2003, 878, 879 = NZBau 2003, 375 f.)
- (hypothetische) Miet- und Umzugskosten, wenn die Wohnung während der Mangelbeseitigung nicht bewohnbar ist (OLG Schleswig, Urt. v. 07.12.2007 – 4 U 51/07, Nichtzul.-Beschw. zurückgew., BGH, Beschl. v. 14.08.2008 – VII ZR 224/07, BauR 2009, 827, 829).

Ersatzfähig sind ebenso Gutachterkosten zur Schadensfeststellung (BGH, Urt. v. 22.10.1970 – VII ZR 71/69, BauR 1971, 51, 52 = NJW 1971, 99, 100). Dies gilt auch dann, wenn sich einzelne Feststellungen im Gutachten später als falsch herausstellen; denn selbst in diesem Fall wären sie trotzdem durch den Baumangel verursacht (OLG Stuttgart, Urt. v. 25.05.2011 – 9 U 122/10, BauR 2011, 1862 [Ls.] = NJW-RR 2011, 1242, 1243 = NZBau 2011, 617, 618 m. w. N.), es sei denn, mit dem Privatgutachten hat sich der Mangel erst gar nicht bestätigt. Dann besteht natürlich auch kein Schadensersatzanspruch bzw. sind die Privatgutachterkosten ggf. anteilig zu kürzen (OLG Düsseldorf, Urt. v. 27.04.2010 – 21 U 122/09, BauR 2010, 1248). Der Verweis auf die Durchführung eines rechtlich bei Mangelstreitigkeiten wegen seiner Verbindlichkeit vorzuziehenden selbständigen Beweisverfahrens schließt die Ersatzfähigkeit von Privatgutachterkosten nicht aus (OLG Düsseldorf, Urt. v. 28.05.2008 – 5 U 92/07, BauR 2010, 232, 234). Allerdings kann die selbständige Verfolgung dieser Kosten in einem Mangelprozess scheitern, wenn diese zur Vorbereitung eines Prozesses angefallen sind und daher auch im Wege der Kostenfestsetzung hätten berücksichtigt werden können (s. dazu BGH, Urt. v. 11.02.2010 – VII ZR 153/08, BauR 2010, 778, 779 = NJW-RR 2010, 674, 675 m. w. N.). Nicht erstattungsfähig sind dagegen allgemeine Gutachterkosten, um den Auftraggeber vorbeugend gegen Mängel zu beraten, selbst wenn später ein Mangel auftritt (OLG Düsseldorf, Urt. v. 12.10.2010 – 21 U 194/09, BauR 2011, 1183).

1459 • In den Schadensersatzanspruch fallen ferner die **Mangelbeseitigungskosten einschließlich aller Nebenarbeiten** (Demontage, Schuttbeseitigung u. a. – vgl. dazu die parallelen Erläuterungen zum Kostenerstattungsanspruch oben Rdn. 1364 ff.). Dies ist deshalb wichtig, da diese Kosten über den Schadensersatzanspruch auch dann abgerechnet werden können, wenn der verschuldensunabhängige Nacherfüllungs- oder Minderungsanspruch z. B. wegen fehlenden Vorbehalts bei der Abnahme ausgeschlossen ist (BGH, Urt. v. 12.05.1980 – VII ZR 228/79, BGHZ 77, 134, 136 f. = BauR 1980, 460, 461 f. = NJW 1980, 1952 – s. dazu oben Rdn. 1206 ff.). Dasselbe gilt, wenn der Auftraggeber das Grundstück zwischenzeitlich veräußert hat (BGH, Urt. v. 22.07.2004 – VII ZR 275/03, BauR 2004, 1617, 1618 = NJW-RR 2004, 1462, 1463).
Bei einer Abrechnung von solchen Kosten über den Schadensersatzanspruch ist allerdings zu beachten, dass unbeschadet eines ggf. schon eingetretenen Verlustes des Nacherfüllungsrechts gleichwohl die weiteren Voraussetzungen des § 13 Abs. 5 VOB/B vorliegen müssen. **Ersatzunternehmerkosten** können somit **nicht als Schadensersatzanspruch** abgerechnet werden, **wenn der Auftraggeber zuvor keine Frist zur Nacherfüllung gesetzt hat** (BGH, Urt. v. 20.04.1978 – VII

ZR 94/77, ZfBR 1978, 77, 78; BGH, Urt. v. 09.04.1981 – VII ZR 263/79, BauR 1981, 395, 398; BGH, Urt. v. 25.02.1982 – VII ZR 161/80, BauR 1982, 277, 279 = NJW 1982, 1524 f.). Die diesbezügliche Fristsetzung zur Mangelbeseitigung im Rahmen des Schadensersatzanspruchs ist trotz eines ggf. schon eingetretenen Verlustes der verschuldensunabhängigen Nachbesserungsrechte keine Formalie: Sie beruht vielmehr auf dem Gedanken, dass auch in diesen Fällen, in denen dem Auftraggeber (nur) ein Schadensersatzanspruch zusteht, der Auftragnehmer weiterhin sein Recht behält, die von ihm verursachten Mängel vorrangig selbst zu beseitigen (BGH, Urt. v. 07.11.1985 – VII ZR 270/83, BGHZ 96, 221, 223 = BauR 1986, 211, 212 = NJW 1986, 922). Dieses Recht würde vereitelt, wenn der Auftraggeber über seinen Schadensersatzanspruch Mangelbeseitigungskosten abrechnen könnte, ohne dem Auftragnehmer zuvor eine Gelegenheit zur Mangelbeseitigung gegeben zu haben. Eine entsprechende Fristsetzung ist daher nur entbehrlich, wenn der Auftragnehmer ohnehin die Mangelbeseitigung endgültig und bestimmt verweigert (so etwa OLG Düsseldorf, Urt. v. 13.08.1996 – 22 U 42/96, BauR 1997, 312, 313 = NJW-RR 1997, 20, 21) oder wenn es auf eine Fristsetzung sonst nicht ankommt. Dies ist vor allem der Fall, wenn die Mängel nicht beseitigt werden können (BGH, Urt. v. 16.10.1984 – X ZR 86/83, BGHZ 92, 308, 311 = BauR 1985, 83, 84 = NJW 1985, 381, 382; ähnlich BGH, Urt. v. 08.12.2011 – VII ZR 198/10, BauR 2012, 494, 495 = NJW-RR 2012, 268, 269 = NZBau 2012, 104, 105 zu der vergleichbaren Rechtsfrage bei der Fristsetzung gemäß § 281 Abs. 1 BGB) oder die Schäden an einem anderen Bauwerksteil auftreten, zu dem dem Auftragnehmer ohnehin kein Nacherfüllungsrecht zusteht (BGH, Urt. v. 07.11.1985 – VII ZR 270/83, BGHZ 96, 221, 224 = BauR 1986, 211, 212 = NJW 1986, 922). Ist die Mangelbeseitigung zunächst ohne an sich erforderliche Fristsetzung erfolgt, kommt es später nicht mehr darauf an, ob sich der Auftragnehmer einer Mangelbeseitigung nunmehr ernsthaft und endgültig – z. B. durch Erhebung einer Verjährungseinrede – verweigert. Dies kann allenfalls dann anders sein, wenn sich daraus Rückschlüsse auf eine vor Mangelbeseitigung bestehende Verweigerungshaltung ergeben (BGH, Urt. v. 20.01.2009 – X ZR 45/07, BauR 2009, 976, 978 = NJW-RR 2009, 667, 668 = NZBau 2009, 377, 378). Ansonsten kann in den Fällen wegen der unterlassenen Fristsetzung auch kein Schadensersatzanspruch mehr entstehen (OLG Stuttgart, Urt. v. 21.04.2009, BauR 2010, 1083, 1084).

- Schließlich werden vom Schadensersatzanspruch **alle übrigen Schäden** erfasst, die durch die Nachbesserung nicht behoben werden können. Hierzu zählen besonders Mietausfälle, Zinsverluste u. a., die auf den Mangel der Bauleistung zurückgehen (BGH, Urt. v. 12.03.1992 – VII ZR 266/90, BauR 1992, 504, 505 = NJW-RR 1992, 788; BGH, Urt. v. 12.07.1973 – VII ZR 177/72, BauR 1973, 381, 382 – a. A.: Werner/Pastor, Rn. 1731).   1460

Der Schadensersatzanspruch ist **ausschließlich auf Geldzahlung** gerichtet. Naturalherstellung kann   1461
nicht verlangt werden (BGH, Urt. v. 26.10.1972 – VII ZR 181/71, BGHZ 59, 365, 367 = BauR 1973, 112, 113 = NJW 1973, 138, 139; BGH, Urt. v. 06.11.1986 – VII ZR 97/85, BGHZ 99, 81, 84 = BauR 1987, 89 f. = NJW 1987, 645, 646). Hat der Auftraggeber einen Schadensersatz erhalten, muss er diesen aber nicht zur Mangelbeseitigung verwenden (s. hierzu auch schon die parallelen Ausführungen zum Schadensersatzanspruch bei einem BGB-Werkvertrag oben Rdn. 1444). **Umsatzsteuer** kann der Auftraggeber wie beim BGB-Vertrag nur geltend machen, soweit er selbst nicht zum Abzug der Vorsteuer berechtigt ist. Ferner ist die Geltendmachung von Umsatzsteuer auch für Nicht-Vorsteuerabzugsberechtigte ausgeschlossen, soweit sie den Schaden nicht beseitigen lassen (§ 249 Abs. 2 S. 2 BGB – s. o. Rdn. 1444).

Steht die Höhe des Schadens zum Zeitpunkt der Geltendmachung oder gar bis zum Ablauf der Ge-   1462
währleistungsfrist nicht fest, muss der Auftraggeber **Feststellungsklage** erheben, die ggf. mit einer Leistungsklage bzgl. der bereits feststehenden Schäden zu kombinieren ist (BGH, Urt. v. 30.03.1983 – VIII ZR 3/82, NJW 1984, 1552, 1554). Dabei ist darauf zu achten, dass in einem solchen Feststellungsprozess die vertraglichen Beziehungen der Parteien einschließlich der Mängel, aus denen konkret Ansprüche hergeleitet werden, präzise vorgetragen werden (OLG Düsseldorf, Urt. v. 16.04.1999 – 22 U 27/94, NJW-RR 1999, 1400, 1401; vgl. hierzu auch ausführlich oben Rdn. 1316 ff. m. w. N.).

7.2.9.3 Großer Schadensersatzanspruch (§ 13 Abs. 7 Nr. 3 S. 2 VOB/B)

1463 Über den vorgenannten Kreis **hinausgehende Schäden** kann der Auftraggeber nur unter den zusätzlichen Voraussetzungen des § 13 Abs. 7 Nr. 3 S. 2 VOB/B ersetzt verlangen. Dies sind besonders Schäden, die nicht mehr die bauliche Anlage betreffen, wohl aber eine adäquate Folge des Werkmangels darstellen. Hierzu zählen u. a.:
- Schäden an Einrichtungsgegenständen Dritter (Mobiliar – LG Koblenz, Urt. v. 22.01.1988 – 2 U 1681/86, NJW-RR 1988, 532, 533 f.).
- Reine Vermögensschäden, die nicht schon unmittelbare Mangelfolgeschäden im Sinne des § 13 Abs. 7 Nr. 3 S. 1 VOB/B darstellen. Genannt werden können z. B. ein entgangener Gewinn und Nachteile infolge eines Nutzungsausfalls, die teilweise nur als Schaden im Sinne des § 13 Abs. 7 Nr. 3 S. 2 VOB/B anerkannt werden (so besonders: Werner/Pastor, Rn. 2253, 2258).
- Kosten eines Vorprozesses, die dem Auftraggeber gegenüber Dritten (z. B. anderen Auftragnehmern) entstanden sind, weil der mangelverursachende Auftragnehmer seine Einstandspflicht zunächst geleugnet hatte (BGH, Urt. v. 30.06.1983 – VII ZR 185/81, BauR 1983, 573, 576; KG, Urt. v. 07.11.1986 – 21 U 2681/86, BauR 1988, 229 f.).

1464 Zur Erlangung dieses weiteren Schadensersatzanspruches müssen die **beiden folgenden Voraussetzungen** erfüllt sein:
(1) Es müssen sämtliche o. g. Tatbestandsvoraussetzungen des § 13 Abs. 7 Nr. 3 S. 1 VOB/B vorliegen.
(2) Ferner muss zusätzlich eine der in § 13 Abs. 7 Nr. 3 S. 2 VOB/B genannten Tatbestandsvarianten erfüllt sein, d. h.:
– Der Mangel beruht auf einem Verstoß gegen die anerkannten Regeln der Technik. Dabei muss sich das für den Schadensersatzanspruch erforderliche Verschulden auch auf den Verstoß gegen die anerkannten Regeln der Technik beziehen; einfache Fahrlässigkeit reicht insoweit allerdings aus (BGH, Urt. v. 16.05.1974 – VII ZR 35/72, BauR 1975, 130, 132).
– Der Mangel besteht in dem Fehlen einer vertraglich vereinbarten Beschaffenheit. Auch hier ist es erforderlich, dass dem Auftragnehmer hinsichtlich des Fehlens der Beschaffenheit wenigstens Fahrlässigkeit zur Last fällt und daneben ein wesentlicher Mangel vorliegt, der die Gebrauchstauglichkeit der Bauleistung erheblich einschränkt (BGH, Urt. v. 24.05.1962 – VII ZR 23/61, NJW 1962, 1569, 1570).
– Der Auftragnehmer hat den Schaden im Rahmen seiner Haftpflichtversicherung gedeckt oder hätte ihn zumindest zu marktüblichen Konditionen decken können.

1465 Zusammengefasst kann mit der heutigen Formulierung des § 13 Abs. 7 Nr. 3 S. 2 VOB/B festgehalten werden: Der Unterscheidung zwischen einem großen Schadensersatzanspruch nach § 13 Abs. 7 Nr. 3 S. 2 VOB/B und einem kleinen Schadensersatzanspruch nach § 13 Abs. 7 Nr. 3 S. 1 VOB/B dürfte **keine allzu große Bedeutung mehr zukommen**. Denn liegen die Voraussetzungen eines »wesentlichen Mangels« im Sinne des § 13 Abs. 7 Nr. 3 S. 1 VOB/B vor, dürfte dieser zumindest gleichzeitig entweder gegen die anerkannten Regeln der Technik oder gegen die vereinbarte Beschaffenheit verstoßen. Insoweit unterscheidet sich diese Rechtslage gegenüber der früheren Fassung des VOB/B: Denn § 13 Abs. 7 Nr. 3 VOB/B a. F. verlangte noch als gesonderte Voraussetzung für einen großen Schadensersatzanspruch anstatt eines Verstoßes gegen die vereinbarte Beschaffenheit wenigstens das Fehlen einer vertraglich zugesicherten Eigenschaft.

7.2.10 Verhältnis der einzelnen Gewährleistungsrechte untereinander

1466 Die einem Auftraggeber zustehenden Gewährleistungsrechte können teilweise gleichzeitig, teilweise aber auch nur einzeln geltend gemacht werden. Hier ist vor allem im Prozess große Sorgfalt angeraten. Dabei gilt für VOB- und BGB-Vertrag einheitlich, dass dem Auftraggeber **in erster Linie ein Nacherfüllungsrecht** zusteht. Sodann ist bei der Anspruchskonkurrenz aufgrund ihrer jeweiligen unterschiedlichen Voraussetzungen zwischen VOB- und BGB-Werkvertrag zu unterscheiden:

7.2 Gewährleistungs-/Mängelrechte des Auftraggebers nach VOB und BGB

7.2.10.1 Anspruchskonkurrenzen bei VOB-Vertrag

Bei einem VOB-Vertrag gilt:

1467

7.2.10.1.1 Grundsatz: Vorrang der Nacherfüllung

Lässt sich ein Mangel ohne Weiteres beseitigen, kommen für den Auftraggeber grundsätzlich **nur Mangelbeseitigungsansprüche** in Betracht, d. h.: Er kann Nacherfüllung verlangen oder unter den o. g. weiteren Voraussetzungen die Mängel auf Kosten des Auftragnehmers beseitigen lassen (siehe oben Rdn. 1347 ff.). Hierfür steht ihm ein Vorschussanspruch zu (vgl. oben Rdn. 1377 ff.). Sind ihm neben dem Mangel weitere einer Nachbesserung nicht zugängliche Schäden entstanden, kann er diese als Schadensersatz verfolgen (§ 13 Abs. 7 VOB/B). Ein solcher Schadensersatzanspruch setzt allerdings gesondert voraus, dass die Schäden auf schuldhaft vom Auftragnehmer verursachten Mängeln beruhen.

1468

7.2.10.1.2 Nacherfüllung im Verhältnis zur Minderung

Bei einem VOB-Vertrag **schließen sich Minderung und Nacherfüllung wegen eines konkreten Mangels grundsätzlich aus:** Kann ein Mangel beseitigt werden, hat dies zu erfolgen. Etwas anderes gilt nur in zwei Fällen:

1469

- Trotz Mangelbeseitigung verbleiben Schäden an der Bauleistung. Hier kann der Auftraggeber neben der Nacherfüllung zusätzlich Minderung verlangen (BGH, Urt. v. 09.03.1972 – VII ZR 202/70, BGHZ 58, 225, 228 ff. = NJW 1972, 901, 902).

1470

- Die Mangelbeseitigung ist dem Auftraggeber nicht zumutbar bzw. der Auftragnehmer verweigert sie wegen Unverhältnismäßigkeit. In diesem Fall ist eine Nachbesserung zwar möglich, sie tritt jedoch aus Rechtsgründen zugunsten der Minderung zurück (siehe oben Rdn. 1393 ff.). Stellt sich dieser Umstand erst während eines Prozesses heraus und hat der Auftraggeber bereits einen Kostenvorschuss erhalten, kann er nunmehr die Minderung erklären und den schon erhaltenen Kostenvorschuss dazu verwenden (Ingenstau/Korbion/Wirth, B § 13 Abs. 5 Rn. 217). Ist die Minderung erklärt, kann der Auftraggeber allerdings nicht mehr zurück und wieder Mangelbeseitigung, d. h. insbesondere einen Kostenerstattungs- oder Vorschussanspruch, geltend machen. Dies beruht darauf, dass in der Vergütungsminderung die Ausübung eines Gestaltungsrechts liegt; mit ihrer Erklärung erlischt das dem Auftraggeber zustehende Recht auf Nacherfüllung einschließlich damit einhergehender Kostenerstattungs- und Vorschussansprüche.

Ist unklar, welche Rechte der Auftraggeber verfolgt, ist seinem richtig verstandenen Anliegen ausreichend Rechnung zu tragen. Verlangt er etwa wegen eines Werkmangels zunächst Minderung und rechnet in einem Prozess hilfsweise mit einem Kostenvorschussanspruch auf, gibt er deutlich zu verstehen, dass er die Mängel noch beseitigen lassen will. Demnach stehen ihm seine verschuldensunabhängigen Mangelbeseitigungsrechte einschließlich des Vorschussanspruchs weiterhin zu (BGH, Urt. v. 14.01.1999 – VII ZR 19/98, BauR 1999, 631, 632 = NJW-RR 1999, 813). Dies galt bereits zum alten Recht, dürfte sich aber im Ergebnis nicht geändert haben. Denn auch wenn es sich bei der Minderung nunmehr um ein einseitig unbedingt auszuübendes Gestaltungsrecht handelt, geht es tatsächlich nur um die Auslegung dessen, was der Auftraggeber mit seinem Vortrag tatsächlich will.

1471

7.2.10.1.3 Nacherfüllung und Schadensersatz

Nacherfüllung und Schadensersatz können **grundsätzlich nebeneinander stehen**. Dabei erlangt besondere Bedeutung, dass der Auftraggeber in der Regel sämtliche Mangelbeseitigungskosten sowohl über den verschuldensunabhängigen Kostenerstattungs-/Vorschussanspruch als auch über den schuldabhängigen Schadensersatzanspruch (sog. kleiner Schadensersatz) liquidieren kann. Letzteres setzt allerdings voraus, dass der Auftraggeber den Auftragnehmer (auch bei einem Schadensersatzanspruch) zuvor jeweils erfolglos zur Mangelbeseitigung aufgefordert hat (siehe oben Rdn. 1459). Der Auftraggeber ist nach der Rechtsprechung des Bundesgerichtshofs im Übrigen nicht einmal daran gehindert, **von einem Vorschuss- auf einen Schadensersatzanspruch nach bereits erfolgter Vor-**

1472

schusszahlung zu wechseln, was bei einer Abrechnung von Vorschussansprüchen vorteilhaft ist. Dabei ist allerdings zu beachten:
- Der Übergang von einer Vorschuss- auf eine Schadensersatzklage stellt immer eine Klageänderung dar (BGH, Urt. v. 13.11.1997 – VII ZR 100/97, BauR 1998, 369, 370 = NJW-RR 1998, 1006, 1007; ebenso: Busche, in: Münch. Komm., § 637 Rn. 25).
- Ist der Vorschuss bereits gezahlt und verzichtet der Auftraggeber später auf die Mangelbeseitigung, ist er zur Rückzahlung des Vorschusses verpflichtet. Unter den weiteren Voraussetzungen des § 13 Abs. 7 VOB/B kann er wegen der ihm infolge des Baumangels entstandenen Schäden nunmehr jedoch Schadensersatz fordern und insoweit gegen die Rückzahlungsverpflichtung aus der Vorschussleistung aufrechnen (BGH, Urt. v. 24.11.1988 – VII ZR 112/88, BauR 1989, 201, 202 = NJW-RR 1989, 405, 406; BGH, Urt. v. 14.01.2010 – VII ZR 108/08, BGHZ 183, 366, 371 = BauR 2010, 614, 616 = NJW 2010, 1192, 1194 = NZBau 2010, 233, 234).

7.2.10.1.4 Minderung und Schadensersatz

1473 Minderung und Schadensersatz stehen nebeneinander. Unproblematisch ist dies, wenn dem Auftraggeber Schäden entstanden sind, die nicht über die Minderung abgedeckt sind. Führt der Auftraggeber zum Ersatz seiner Schäden ausschließlich einen Schadensersatzprozess, kann er sodann unter den weiteren Voraussetzungen des § 13 Abs. 7 VOB/B auch den Minderwert als Schadensposition einbeziehen. Eine genaue Kennzeichnung, in welchem Umfang er seine Ansprüche auf Schadensersatz oder auf Minderung stützt, ist nicht erforderlich (BGH, Urt. v. 05.05.1977 – VII ZR 191/75, BauR 1977, 346, 348). Dies ist von Vorteil, wenn die besonderen Voraussetzungen der Minderung zweifelhaft sind oder der erforderliche Vorbehalt wegen bekannter Mängel bei der Abnahme unterblieben ist.

7.2.10.2 Anspruchskonkurrenzen bei BGB-Vertrag

1474 Das Verhältnis der Rechte des Auftraggebers eines BGB-Vertrages nach der Abnahme ist mit dem eines VOB-Vertrages nicht deckungsgleich. Im **Vordergrund** steht allerdings auch hier zunächst **der Nacherfüllungsanspruch**. Hierbei handelt es sich um einen Naturalanspruch gerichtet auf die Beseitigung der Mängel. Sind daneben bereits wegen der vorhandenen und vom Auftragnehmer verschuldeten Mängel Schäden entstanden, kann der Auftraggeber diese als Schadensersatz über § 280 Abs. 1 BGB abrechnen. Alle weiteren Mängelrechte (Kostenerstattungs-, Vorschuss- und Schadensersatzanspruch statt der Leistung sowie Minderung und Rücktritt) setzen – lässt man die bekannten Ausnahmefälle außer Betracht – grundsätzlich voraus, dass eine dem Auftragnehmer **zur Nacherfüllung gesetzte angemessene Frist fruchtlos verstrichen** ist. Ist dies der Fall, stehen dem Auftraggeber abweichend von einem VOB-Vertrag **wahlweise sämtliche Mängelrechte zur Verfügung**. Allenfalls beim Rücktrittsrecht und beim Schadensersatzanspruch statt der Leistung bestehen Einschränkungen, soweit es um geringfügige Mängel oder schon bewirkte Teilleistungen geht (§§ 281 Abs. 5, 323 Abs. 5 S. 1 BGB). Kann danach der Auftraggeber frei entscheiden, welches Mängelrecht er ergreift, hat er gleichwohl zu beachten, dass diese untereinander nicht beliebig kombinierbar sind.

7.2.10.2.1 Nacherfüllung (Kostenerstattung/Vorschuss) im Verhältnis zu Minderung, Rücktritt und Schadensersatz statt der Leistung

1475 Solange der Auftraggeber über einen Kostenerstattungs- oder Vorschussanspruch seine primären Erfüllungsansprüche geltend macht, ist er nicht gehindert, im weiteren Verlauf auf andere Mängelrechte überzugehen. Zu diskutieren ist allenfalls, ob er nach einem geltend gemachten Vorschussanspruch für den Fall, dass er nunmehr zurücktreten will, nochmals eine gesonderte Frist setzen muss. Dies ist in der Regel nicht erforderlich: Denn **Rechte**, die einmal entstanden sind, gehen **nicht dadurch verloren**, dass **der Auftraggeber sie zunächst nicht geltend macht** oder z. B. nach einer (erfolglosen) Leistungsklage auf Erfüllung doch noch ausübt (BGH, Urt. v. 20.01.2006 – V ZR 124/05, BauR 2006, 1134, 1136 = NJW 2006, 1198 – s. auch Rdn. 2972 i. V. m. 2797).

7.2 Gewährleistungs-/Mängelrechte des Auftraggebers nach VOB und BGB

▶ **Beispiel**

Der Auftraggeber hat dem Auftragnehmer wegen Mängeln eine Frist gesetzt. Diese ist fruchtlos verstrichen. Nunmehr verlangt er zunächst doch noch Erfüllung und klagt darauf. Später nimmt er von der Klage Abstand und tritt vom Vertrag zurück. Dies ist zulässig. Denn das Rücktrittsrecht war nach dem Ablauf der Frist gemäß § 323 Abs. 1 BGB entstanden; es ist nicht dadurch untergegangen, dass der Auftraggeber zwischenzeitlich Erfüllung verlangte.

Hat der Auftraggeber demgegenüber von seinen Gestaltungsrechten der Minderung oder des Rücktritts Gebrauch gemacht, erlischt der Erfüllungsanspruch. Folglich kann der Auftraggeber dann keine Kostenerstattung oder einen Vorschuss mehr verlangen (Busche, in: Münch. Komm., § 634 Rn. 14.; Palandt/Sprau, § 634 Rn. 5). Dasselbe gilt, soweit der Auftraggeber Schadensersatz statt der Leistung fordert (§ 281 Abs. 4 BGB).

7.2.10.2.2 Minderung im Verhältnis zum Schadensersatz statt der Leistung

Hat der Auftraggeber die Vergütung gemindert, kann er daneben für denselben Mangel noch einen weiter gehenden Schadensersatz statt der Leistung verlangen oder aber auch **von einer zunächst erklärten Minderung auf einen Schadensersatzanspruch übergehen** (z. B. weil er ihm günstiger erscheint). Das ist in der Praxis von erheblicher Bedeutung. Denn viele Auftraggeber kennen gar nicht die Bedeutung einer ggf. zu einem sehr frühen Zeitpunkt erklärten Minderung oder können dies aus Unwissenheit abschätzen. Allerdings versteht sich ein solcher Übergang nicht von selbst; auch wird dies teilweise anders vertreten. Denn wenn es sich bei der Minderung um ein Gestaltungsrecht handele, werde dadurch ja bereits der Minderwert ausgeglichen. Einem darüber hinausgehenden Schadensersatzanspruch statt der Leistung, der gemäß § 281 Abs. 4 BGB sogar zu einem Erlöschen des Erfüllungsanspruchs führt, sei somit die Grundlage entzogen (so etwa Palandt/Sprau, § 634 Rn. 5; Erman/Schwenker, § 638 Rn. 6; Münch. Komm./Busche, § 634 Rn. 34; Bamberger/Roth/Voit, § 634 Rn. 26). Allenfalls ließe sich danach immerhin noch eine Parallelität zwischen Minderung und sog. kleinem Schadensersatzanspruch vertreten, bei dem nur die Schäden unter Beibehaltung der sonstigen Leistungspflicht ausgeglichen werden (Halfmeier/Leupertz, § 634 A 6; wohl auch Teichmann, ZfBR 2002, 13, 17). Das Gesetz ist dazu nicht eindeutig. Ganz offenbar wollte der Gesetzgeber allerdings einen anderen Weg gehen. Dies hat er aber nur eindeutig für den Rücktritt in § 325 BGB geregelt. Dazu nämlich hat er vorgesehen, dass der Schadensersatzanspruch durch den Rücktritt nicht ausgeschlossen wird. Wenn nunmehr aber der Auftraggeber nach § 638 Abs. 1 BGB – anstatt zu zurückzutreten – die Vergütung mindern kann, spricht doch einiges dafür, dass das Gesetz gerade die sich nicht ausschließende Möglichkeit der Verfolgung von Minderung und Schadensersatz ebenfalls zulassen wollte (so auch ausdrücklich die Gesetzesbegründung, BR-Ds. 338/01, S. 622). Der BGH hat das bisher offen gelassen. Er hat lediglich klargestellt, dass zumindest dann, wenn eine Minderwertberechnung aus tatsächlichen Gründen scheitert, ein Übergang auf einen Schadensersatzanspruch möglich sein muss. Denn andernfalls würde der Zweck der Gewährleistungsvorschriften verfehlt, wenn der Auftragnehmer die volle Vergütung erhalte, obwohl er seine Verpflichtung zur mangelfreien Leistung nicht erfüllt hat – und der Auftraggeber dagegen keinen Ausgleich bekäme, obwohl er durch den Mangel eine Vermögenseinbuße erlitten hat (so ausdrücklich entschieden für das Kaufrecht: BGH, Urt. v. 5.11.2010 – V ZR 228/09, BauR 2011, 897 [Ls.] = NJW 2011, 1217, 1219 zu einem kleinen Schadensersatzanspruch). Dieser Hinweis mag dann wohl auch so verstanden werden, dass ein solcher Übergang immer möglich ist, wenn die Minderung insgesamt keinen adäquaten Ausgleich schafft. Das aber spricht ebenso dafür, einen solchen Übergang wie hier vertreten generell zuzulassen (ebenso Staudinger/Peters/Jacoby, § 634 Rn. 111; Derleder, NJW 2003, 998, 1001 f.; vgl. auch so zum Kaufrecht: OLG Stuttgart, Urt. v. 1.2.2006 – 3 U 106/05, ZGS 479, 480). Mit dieser weiteren Zulassung wird die Minderung als Gestaltungsrecht auch nicht ausgehöhlt. Denn ansonsten bleibt es etwa dabei, dass mit Ausnahme des Schadensersatzes sonstige Mängelrechte in Bezug auf den konkreten Schaden nicht mehr verfolgt werden können: So ist es etwa ausgeschlossen, dass der Auftraggeber nach einer schon erklärten Minderung später doch noch zurücktritt.

1476

7.2.10.2.3 Rücktritt im Verhältnis zum Schadensersatz statt der Leistung

1477 Ist der Auftraggeber nach Fristablauf zurückgetreten, erlöschen sämtliche Erfüllungsansprüche (Recht des Auftraggebers auf Nacherfüllung, Kostenerstattung und Vorschuss). Auch eine Minderung entfällt, weil dieses Recht gleichfalls von einer Fortdauer der Erfüllungspflichten ausgeht. Das Rechtsverhältnis wird stattdessen in ein **reines Abwicklungs- und Abrechnungsverhältnis** umgewandelt. Unbeschadet dessen können jedoch daneben noch sämtliche Schadensersatzansprüche geltend gemacht werden, und zwar auch konkret wegen der Mängel, die den Rücktritt ausgelöst haben (§ 325 BGB). Erhalten bleiben somit vor allem die Schadensersatzansprüche statt der Leistung (§§ 281, 283, 311a BGB) sowie ein etwaiger Aufwendungsersatzanspruch (§ 284 BGB – Busche, in: Münch. Komm. § 634 Rn. 31).

7.2.11 Darlegungs- und Beweislast zu Mängeln

1478 Macht der Auftraggeber Mängelansprüche im Rahmen der Gewährleistung geltend, muss er zunächst die einzelnen Anspruchsvoraussetzungen sowie die Grundlagen des Bauvertrages darlegen. Ferner hat er zwingend darzulegen und im Bestreitensfall zu **beweisen**, dass die **Bauleistung abgenommen** ist, sodass überhaupt der Anwendungsbereich der §§ 634 ff. BGB, § 13 VOB/B eröffnet ist. Ausreichend sind allerdings auch Abnahmesurrogate, wie etwa die unberechtigte Abnahmeverweigerung (§ 640 Abs. 1 S. 3 BGB). Sodann gilt abhängig von einzelnen Mängelrechten:

1479 • **Nacherfüllungsanspruch/Kostenerstattungs- und Vorschussanspruch**
Einen Mangel hat der Auftraggeber zu beweisen, wenn er ihn sich nicht bei Abnahme vorbehalten hat (§ 640 Abs. 2 BGB; § 12 Abs. 4 und 5 VOB/B – BGH, Urt. v. 24.10.1996 – VII ZR 98/94, BauR 1997, 129, 130 = NJW-RR 1997, 339) oder der Mangel z. B. durch Nachbesserungsversuche anerkannt wurde (BGH, Urt. v. 03.03.1998 – X ZR 14/95, NJW-RR 1998, 1268, 1269). Macht er sodann Kostenerstattung und Vorschuss geltend, ist er auch für alle weiteren tatbestandlichen Voraussetzungen dieser Ansprüche **darlegungs- und beweisbelastet**, d. h. vor allem:
– Der Auftraggeber muss darlegen und ggf. beweisen, dass er dem Auftragnehmer **eine angemessene Frist zur Mangelbeseitigung** gesetzt hat und diese fruchtlos verstrichen ist. Ist eine Fristsetzung ausnahmsweise entbehrlich, hat er gleichfalls die Gründe dafür darzulegen und ggf. zu beweisen (BGH, Urt. v. 24.11.1998 – X ZR 21/96, NJW-RR 1999, 347, 349). Umgekehrt hat der Auftragnehmer zu beweisen, dass ein Mangel fristgerecht behoben wurde (BGH, Urt. v. 03.03.1998 – X ZR 14/95, NJW-RR 1998, 1268, 1269).
– Bei einem Kostenerstattungsanspruch muss der Auftraggeber sodann vor allem den Umfang der für die Mangelbeseitigung **entstandenen Kosten darlegen** und beweisen. Umgekehrt muss der Auftragnehmer ggf. beweisen, dass die geltend gemachten Mangelbeseitigungskosten unverhältnismäßig sind.
– Einen Vorschussanspruch kann der Auftraggeber nur geltend machen, wenn er die **Absicht hat und in der Lage dazu ist, die Mängel zu beseitigen**. Für das Gegenteil trägt der Auftragnehmer die Beweislast (i. E. ebenso: Busche, in: Münch. Komm. § 637 Rn. 20). Zur **Höhe eines Vorschusses** genügt in der Regel eine **substanziierte Schätzung** der voraussichtlichen oder mutmaßlichen Kosten der Mangelbeseitigung (BGH, Urt. v. 22.02.2001 – VII ZR 115/99, BauR 2001, 789, 790 = NJW-RR 2001, 739 = NZBau 2001, 313, 314). In jedem Fall reicht es, wenn der Auftraggeber für die Höhe der geschätzten Kosten für den Fall des Bestreitens ein Sachverständigengutachten als Beweis anbietet (BGH, Urt. v. 28.11.2002 – VII ZR 136/00, BauR 2003, 385, 386 = NJW 2003, 1038 = NZBau 2003, 152, 153). Allerdings: Macht der Auftraggeber einen überhöhten Kostenvorschussanspruch geltend, weil er mit seinen Schätzungen falsch liegt, geht dies in einem Prozess zu seinen Lasten.

• **Minderung**
1480 Bei einem Minderungsbegehren trägt der Auftraggeber die Beweislast für die Höhe der Minderung. Geht es um eine Minderung bei einem VOB-Vertrag, hat er zusätzlich die Unmöglichkeit der Mangelbeseitigung zu beweisen, falls er sich darauf beruft (Werner/Pastor, Rn. 2239). Verlangt der Auftraggeber Minderung, weil der Auftragnehmer die Nachbesserung wegen Unmög-

lichkeit oder Unverhältnismäßigkeit verweigert (§ 13 Abs. 6 Alt. 2 oder 3 VOB/B), trifft den Auftragnehmer hierfür die Beweislast (Ingenstau/Korbion/Wirth, B § 13 Abs. 6 Rn. 51 m. w. N.).

- **Schadensersatzanspruch bei BGB-Vertrag**
Bei Schadensersatzansprüchen wegen mangelhafter Bauleistungen aus §§ 634 Nr. 4, 636, 280 ff. BGB gelten keine Besonderheiten. Der Auftraggeber muss die objektive Pflichtverletzung des Auftragnehmers (Baumangel), den Schaden (auch der Höhe nach) sowie die Ursächlichkeit der Pflichtverletzung für den Schaden beweisen. Demgegenüber hat der Auftragnehmer sein fehlendes Verschulden zu beweisen (BGH, Urt. v. 12.10.1967 – VII ZR 8/65, BGHZ 48, 310, 312 = NJW 1968, 43). Zu berücksichtigen sind hierbei gesondert die **Beweiserleichterungen bei einer Verletzung der anerkannten Regeln der Technik,** wonach ein **Anscheinsbeweis** für die Pflichtverletzung des Auftragnehmers besteht (BGH, Urt. v. 21.11.1996 – VII ZR 25/96, BauR 1997, 306 f. = NJW-RR 1997, 338 f.; s. hierzu auch oben Rdn. 1255). Bei einem Verstoß gegen DIN-Vorschriften wird gesondert vermutet, dass hiermit im zeitlichen und örtlichen Zusammenhang auftretende Schäden auf die Normverletzung zurückgehen (BGH, Urt. v. 19.04.1991 – V ZR 349/89, BGHZ 114, 273, 275 f. = NJW 1991, 2021, 2022, siehe hierzu auch oben Rdn. 906).

1481

- **Schadensersatzanspruch bei VOB-Vertrag**
Bei Schadensersatzansprüchen aus § 13 Abs. 7 Nr. 3 S. 1 VOB/B gelten vorstehende Grundsätze entsprechend: Der Auftraggeber hat einen Baumangel im Sinne dieser Vorschrift sowie einen hierdurch kausal verursachten Schaden (einschließlich dessen Höhe) zu beweisen. Ggf. muss er zusätzlich beweisen, dass der geltend gemachte Schaden durch Nachbesserung oder Minderung nicht ausgeglichen ist oder werden kann. Umgekehrt hat der Auftragnehmer sein fehlendes Verschulden zu beweisen (BGH, Urt. v. 25.05.1964 – VII ZR 239/62, BGHZ 42, 16, 18; Urt. v. 12.10.1967 – VII ZR 8/65, BGHZ 48, 310, 312 = NJW 1968, 43), wobei dieselben Beweiserleichterungen gelten wie vorstehend zum BGB-Vertrag beschrieben.

1482

Bei einem Schadensersatzanspruch aus § 13 Abs. 7 Nr. 3 S. 2 VOB/B muss der Auftraggeber neben den Voraussetzungen für den Ersatzanspruch gemäß Nr. 3 S. 1 zusätzlich die weiteren in Satz 2 genannten Voraussetzungen beweisen. Zu beweisen hat er insoweit insbesondere, ob ein Verstoß gegen die anerkannten Regeln der Technik vorliegt oder von der vereinbarten Beschaffenheit abgewichen wurde.

1483

7.3 Beschränkung (und Erweiterung) von Gewährleistungsrechten

Sowohl bei einem VOB- als auch bei einem BGB-Bauvertrag sind vor allem sechs Fälle zu berücksichtigen, die die Gewährleistungsrechte des Auftraggebers zum Teil deutlich verkürzen oder gar ausschließen können.

1484

▶ **Beschränkung von Gewährleistungsrechten – Übersicht**
- Vertragliche Haftungsbegrenzung (Rdn. 1485 ff.)
- Gewährleistungsausschluss wegen Verantwortlichkeit des Auftraggebers (Rdn. 1503 ff.)
- Mitwirkendes Verschulden (Rdn. 1528 ff.)
- Gewährleistungsausschluss nach § 640 Abs. 2 BGB (Rdn. 1544)
- Sowieso-/Ohnehinkosten; Vorteilsausgleichung (Rdn. 1545 ff.)
- Enthaftung trotz mangelhafter Bauleistung in mehrgliedrigen Auftragnehmerverhältnissen (Rdn. 1552 ff.)

7.3.1 Vertragliche Haftungsbegrenzung (und Erweiterungen)

Wie sich aus § 639 BGB und aus § 13 Abs. 7 Nr. 4 VOB/B ergibt, kann die Gewährleistungspflicht des Unternehmers durch vertragliche Vereinbarungen eingeschränkt, aber auch erweitert werden. Dies geschieht in der Praxis meist zugunsten desjenigen Vertragspartners, der den Bauvertrag vorbereitet oder die Ausschreibung erstellt. Nach § 13 Abs. 7 Nr. 5 VOB/B bedarf es dazu aber eines begründeten Sonderfalls. Ein solcher ist im Hinblick auf die insgesamt ausgewogene Regelung der VOB nur dann zu bejahen, wenn die Haftungsvereinbarung in Anbetracht der besonderen Umstände der zu erbringenden Bauleistung (z. B. bei Bauten im Grundwasser oder bei besonderen Spezialbau-

1485

maßnahmen) eine **atypische Risikoverschiebung** zuungunsten des Auftraggebers oder Auftragnehmers vermeiden soll, die eintreten würde, wenn die Regelungen der VOB/B unverändert blieben (Nicklisch/Weick, VOB/B § 13 Rn. 278; Heiermann/Riedl/Rusam, VOB/B § 13 Rn. 212).

Solche besonderen vertraglichen Regelungen der Gewährleistung und Haftung sind insbesondere in den sog. **Freizeichnungsklauseln** oder in der Übernahme besonderer **Garantien** enthalten.

7.3.1.1 Freizeichnungsklauseln

1486 Freizeichnungsklauseln kommen in Bauverträgen und ganz besonders in **Bauträgerverträgen** in unterschiedlichster Art und mit durchaus verschiedenem Umfang vor. Grenzen dafür finden sich zum einen in § 639 BGB sowie zum anderen in den Vorschriften der AGB-Inhaltskontrolle gemäß §§ 307 ff. BGB. Beschränkt sind sie darüber hinaus durch das Gebot von Treu und Glauben.

1487 Mit dieser Maßgabe sind Freizeichnungsklauseln **individualvertraglich weitgehend zulässig**. Allerdings sind nach § 639 BGB Gewährleistungsausschlüsse und -beschränkungen selbst in Individualvereinbarungen nichtig, wenn der Auftragnehmer einen Mangel **arglistig verschwiegen** hat (vgl. dazu auch BGH, Urt. v. 12.03.1992 – VII ZR 5/91, BGHZ 117, 318, 319 f. = BauR 1992, 500 = NJW 1992, 1754).

1488 Ein besonderes Augenmerk ist sodann auf **Haftungsbeschränkungen in Allgemeinen Geschäftsbedingungen** (in der Regel auf der Seite des Auftragnehmers) zu werfen. Hier greift zugunsten des anderen Vertragspartners eine AGB-rechtliche Inhaltskontrolle ein, aufgrund der zahlreiche in der Praxis gebräuchliche Haftungsbeschränkungen unwirksam sind (siehe hierzu oben Rdn. 774 ff.). Maßstab ist hier vor allem § 309 Nr. 8 lit. b BGB. Danach sind vor allem Klauseln unzulässig, durch die bei Verträgen über Lieferungen neu hergestellter Sachen und Leistungen

- (**Ausschluss und Verweisung auf Dritte**) die Ansprüche gegen den Verwender wegen eines Mangels insgesamt oder bezüglich einzelner Teile ausgeschlossen, auf die Einräumung von Ansprüchen gegen Dritte beschränkt oder von der vorherigen gerichtlichen Inanspruchnahme Dritter abhängig gemacht werden;
- (**Beschränkung auf Nacherfüllung**) die Ansprüche gegen den Verwender insgesamt oder bezüglich einzelner Teile auf ein Recht auf Nacherfüllung beschränkt werden, sofern dem anderen Vertragsteil nicht ausdrücklich das Recht vorbehalten wird, bei Fehlschlagen der Nacherfüllung Herabsetzung der Vergütung oder, wenn nicht eine Bauleistung Gegenstand der Gewährleistung ist, nach seiner Wahl Rückgängigmachung des Vertrags zu verlangen;
- (**Aufwendungen bei Nacherfüllung**) die Verpflichtung des Verwenders ausgeschlossen oder beschränkt wird, die zum Zwecke der Nacherfüllung erforderlichen Aufwendungen, insbesondere Transport-, Wege-, Arbeits- und Materialkosten zu tragen;
- (**Vorenthalten der Nacherfüllung**) der Verwender die Nacherfüllung von der vorherigen Zahlung des vollständigen Entgelts oder eines unter Berücksichtigung des Mangels unverhältnismäßig hohen Teils des Entgelts abhängig macht;
- (**Ausschlussfrist für Mängelanzeige**) der Verwender dem anderen Vertragsteil für die Anzeige nicht offensichtlicher Mängel eine Ausschlussfrist setzt, die kürzer ist als die Verjährungsfrist für den gesetzlichen Gewährleistungsanspruch;
- (**Verkürzung von Gewährleistungsfristen**) die gesetzlichen Gewährleistungsfristen verkürzt werden.

1489 Ist vorstehender Katalog im Gesetz relativ klar zu greifen, treten Freizeichnungsklauseln in der Praxis jedoch in zahlreichen Subvarianten auf. Es ist jeweils im Einzelfall zu prüfen, ob darin – ausgehend von vorstehenden Hauptgruppen – eine **unangemessene Risikoverschiebung zulasten des Auftraggebers** liegt. In diesem Fall haben sie schon allein deswegen nach § 307 Abs. 1 BGB keinen Bestand. Doch auch Individualvereinbarungen können aus dem Rechtsgedanken des § 242 BGB an einer danach gebotenen Inhaltskontrolle scheitern. Folgende Fallgruppen können unterschieden werden:

- **Vollständiger Ausschluss der Gewährleistung**

7.3 Beschränkung (und Erweiterung) von Gewährleistungsrechten

Ein vollständiger Haftungsausschluss ist bei Bauverträgen selten. Kaum ein Auftraggeber wird sich darauf einlassen. **Individualvertraglich** ist ein solcher zwar weitgehend möglich. Nur eingeschränkt zulässig ist er jedoch bei der **Veräußerung neu erstellter bzw. umfassend sanierter Immobilien**. Hier ist ein vollständiger Haftungsausschluss nur wirksam, wenn der Notar dessen Bedeutung und Reichweite mit dem Erwerber umfassend erörtert hat (BGH, Urt. v. 17.09.1987 – VII ZR 153/86, BGHZ 101, 350, 353 = BauR 1987, 686, 687 = NJW 1988, 135; BGH, Urt. v. 06.10.2005 – VII ZR 117/04, BGHZ 164, 225, 230 = BauR 2006, 99, 101 = NJW 2006, 214, 215).

1490

In **Allgemeinen Geschäftsbedingungen** scheitert ein solcher Haftungsausschluss bei neu hergestellten Sachen (s. dazu Rdn. 774 ff.) schon an § 309 Nr. 8 lit. b BGB, im Übrigen aber auch an § 309 Nr. 7 BGB (vgl. dazu oben zu dem Haftungsausschluss bei einem Bauträgererwerb Rdn. 103 ff.). Dies gilt nach § 307 BGB auch gegenüber Unternehmern (BGH, Urt. v. 11.10.2001 – VII ZR 475/00, BGHZ 149, 57, 62 = BauR 2002, 315, 317 = NJW 2002, 749, 750). Sodann ist selbst bei ggf. sogar materiell zulässigen Freizeichnungsklauseln auf das **Transparenzgebot** zu achten, d. h.: Selbst wenn ein Haftungsausschluss an sich denkbar wäre, ist er nur wirksam, wenn er klar genug formuliert ist (§ 307 Abs. 1 S. 2 BGB).

1491

In der Praxis gibt es sodann gewisse Unterarten des Haftungsausschlusses, die ebenfalls an einer AGB-Inhaltskontrolle scheitern, so vor allem:

1492

– Unwirksam ist nicht nur ein vollständiger, sondern auch ein **auf ein Bauteil begrenzter Haftungsausschluss**. Dasselbe gilt, wenn die Haftung für konkret genannte Mangelursachen ausgeschlossen wird (OLG Karlsruhe, Urt. v. 29.07.1983 – 15 U 85/83, ZIP 1983, 1091).
– Die Haftung des Auftragnehmers wird **auf den Fall eines schuldhaft verursachten Mangels beschränkt**. Diese Klausel ist unwirksam, weil damit die verschuldensunabhängigen Mängelrechte ausgeschlossen werden (BGH, Urt. v. 16.05.1974 – VII ZR 214/72, BGHZ 62, 323, 325 f. = BauR 1974, 276, 277). Ähnliches gilt im umgekehrten Fall, wenn Schadensersatzansprüche selbst im Fall des Verschuldens entfallen sollen.
– Die Mängelhaftung wird auf die im Abnahmeprotokoll aufgenommenen Mängel beschränkt (BGH, Urt. v. 13.01.1975 – VII ZR 194/73, BauR 1975, 206, 207).
– Die Haftung wird insoweit ausgeschlossen, als Drittunternehmer Nacharbeiten an der Bauleistung ausführen (OLG Karlsruhe, Urt. v. 29.07.1983 – 15 U 85/83, ZIP 1983, 1091).
– Ebenso hat eine Klausel nach § 307 BGB keinen Bestand, wonach Gewährleistungsansprüche des Auftraggebers wegen bei Abnahme erkennbarer Mängel ausgeschlossen sind, wenn diese nicht binnen einer Frist von zwei Wochen seit Abnahme schriftlich vorgebracht werden. Dasselbe gilt für eine Regelung, nach der Gewährleistungsansprüche wegen Mängeln, die bei der Abnahme nicht erkennbar waren, ausgeschlossen sind, wenn sie vom Auftraggeber nicht binnen einer Frist von zwei Wochen nach Erkennbarkeit schriftlich angezeigt werden. Eine solche Klausel ist somit auch bei Verwendung im kaufmännischen Bereich unwirksam (BGH, Versäumnisurt. v. 28.10.2004 – VII ZR 385/02, BauR 2005, 383, 384 = NJW-RR 2005, 247, 248).
– Unwirksam ist ebenfalls der Ausschluss einer weiter gehenden Haftung auf Nacherfüllung oder Schadensersatz, soweit die erste Nachbesserung scheitert (BGH, Urt. v. 10.01.1974 – VII ZR 28/72, BGHZ 62, 83, 90 = BauR 1974, 199, 201 = NJW 1974, 551, 553).

Ein Ausschluss der Mangelansprüche ist jedoch nicht immer in vollem Umfang unwirksam. Vielmehr kann eine **teilweise Beschränkung Bestand haben**, wenn dem Besteller

1493

– ein Mängelbeseitigungsanspruch **sowie**
– für den Fall verzögerter, verweigerter oder misslungener Nachbesserung ein Recht auf Rücktritt oder Minderung eingeräumt ist (BGH, Urt. v. 10.01.1974 – VII ZR 28/72, BGHZ 62, 83, 86 ff. = BauR 1974, 199, 200 f. = NJW 1974, 551, 552 f.; BGH, Urt. v. 16.05.1974 – VII ZR 214/72, BGHZ 62, 323, 325 f. = BauR 1974, 276, 277; BGH, Urt. v. 22.03.1979 – VII ZR 142/78, BauR 1979, 333, 334 = NJW 1979, 2095 f.). Als mit Treu und Glauben vereinbar werden ferner Klauseln angesehen, wonach jedenfalls die Schadensersatzansprüche nicht abbedungen worden sind, die dem Besteller gegenüber dem Unternehmer aus schuldhaf-

ter Verletzung der Nachbesserungspflicht zustehen (BGH, Urt. v. 18.09.1967 – VII ZR 52/65, BGHZ 48, 264, 267).

1494 Selbst vorstehende Ausnahmeregelungen genügen zur Rechtfertigung eines Ausschlusses von Schadensersatzansprüchen bei schuldhaft versäumter Nacherfüllung aber nicht, wenn die Ausübung eines sogar vorbehaltenen Rücktrittsrechts wegen damit verbundener unabsehbarer Schwierigkeiten oder Risiken für den Besteller nach den Umständen praktisch nicht in Betracht kommt (BGH, Urt. v. 18.06.1979 – II ZR 65/78, BauR 1980, 73, 74 f.).

- **Abtretungs-/Subsidiaritätsklauseln**

1495 Eine besondere Form der Freizeichnungsklauseln liegt in sog. Abtretungsklauseln. Hiermit versucht der Auftragnehmer (oft ein Bauträger), den Auftraggeber primär an einen seiner Subunternehmer zu verweisen; zu diesem Zweck tritt er ihm seine Mängelrechte gegen die bauausführenden Firmen ab verbunden mit der Verpflichtung, vor einer Inanspruchnahme des Hauptauftragnehmers (Bauträgers) zunächst die bauausführenden Firmen in Anspruch zu nehmen (sog. **Subsidiaritätsklausel**). Solche Klauseln halten **einer AGB-Inhaltskontrolle** vielfach **nicht stand**. Dies beruht in einer mehrgliedrigen Auftragnehmerkette schon darauf, dass der Auftraggeber bei Mängeln ggf. das zusätzliche Risiko übernehmen müsste, überhaupt erst einmal den richtigen Auftragnehmer für den aufgetretenen Mangel zu finden (BGH, Urt. v. 21.03.2002 – VII ZR 493/00, BGHZ 150, 226, 231 ff. = BauR 2002, 1385, 1388 = NJW 2002, 2470, 2471 f. zum Bauträgererwerb – wobei nicht ersichtlich ist, warum sonst bei mehrgliedrigen Auftragnehmerketten anderes gelten sollte). Doch selbst wenn das klar wäre, scheitern Subsidiaritätsklauseln häufig an § 309 Nr. 8 lit. b, aa BGB. Danach sind nämlich solche **Verweisungsklauseln unwirksam**, wenn die Inanspruchnahme des Auftragnehmers von der vorherigen gerichtlichen Inanspruchnahme eines Dritten abhängig gemacht wird. Dies versteht sich von selbst, weil damit die Durchsetzung von Gewährleistungsansprüchen gegen den ebenfalls einen Mangel verursachenden Auftragnehmer erheblich erschwert, wenn nicht sogar faktisch ausgeschlossen würde. Selbst eine Klausel, die schon einen falschen Eindruck dahin gehend vermittelt, dass solche vorherigen gerichtlichen Inanspruchnahmen erfasst sein könnten, hat somit zu Recht keinen Bestand (BGH, Urt. v. 06.04.1995 – VII ZR 73/94, BauR 1995, 542, 543 = NJW 1995, 1675, 1676). Umgekehrt heißt das, dass Verweisungsklauseln nur zulässig sind, wenn die tatsächlichen Rahmendaten klar gefasst sind und sie vor allem **ausdrücklich die gerichtliche Inanspruchnahme ausnehmen** (s. insoweit dann allerdings zu dem verschobenen Verjährungsbeginn Rdn. 1560). Nichts anderes gilt für Klauseln zur Regeln einer **gesamtschuldnerischen Haftung**, wenn mehrere Auftragnehmer gleichrangig einen Mangel verursacht haben (s. dazu oben Rdn. 1311 ff.). Hier wäre noch eine Klauseln allenfalls zulässig, nach der eine Auftragnehmer dem Auftraggeber für die außergerichtliche Anspruchsgeltendmachung auferlegt, sich ggf. zunächst an den unmittelbaren Schadensverursacher zu wenden (OLG Schleswig, Urt. v. 31.01.2007 – 9 U 43/06, BauR 2009, 1770). Weder darf allerdings auch hier die gerichtliche Geltendmachung einbezogen sein oder ein darauf gerichteter Eindruck entstehen (OLG Hamm, Urt. v. 06.12.2005 – 21 U 66/05, BauR 2006, 704, 706 = NZBau 2006, 324, 326) noch darf es sonst dazu kommen, dass damit in welcher Form auch immer die Haftung eines Gesamtschuldners beschränkt wird. Denn damit würde die eigentlich bestehende gesamtschuldnerische Haftung aufgehoben und die Ergebnisse eines Regressprozesses zulasten des Geschädigten vorweggenommen (anschaulich dazu OLG Oldenburg, Urt. v. 03.07.2007 – 2 U 137/05, Nichtzul.-Beschw. zurückgew., BGH; Beschl. v. 19.06.2008 – VII ZR 142/07, OLGR 2008, 767, 768; OLG München, Urt. v. 19.11.1987 – 24 U 831/36, NJW-RR 1988, 336, 338, wonach die Haftung eines Gesamtschuldners auf seine Haftungsquote beschränkt wurde).

- **Beschränkung auf einzelne Mängelrechte**

1496 Von einem vollständigen Haftungsausschluss sind zu unterscheiden Klauseln, mit denen der Auftraggeber auf einzelne Mängelrechte beschränkt wird. Hier ist zu unterscheiden:

– Eine **Beschränkung der Mängelrechte auf die Nacherfüllung** ist auch in AGB des Auftragnehmers **zulässig** (vgl. schon § 309 Nr. 8 lit. b, bb BGB). Allerdings muss dem Auftraggeber bei Fehlschlagen der Nacherfüllung zumindest das Recht eingeräumt werden, die Vergütung zu mindern. Dieses Recht muss im Bauvertrag auch ausdrücklich vorgesehen werden. Dem-

7.3 Beschränkung (und Erweiterung) von Gewährleistungsrechten

zufolge kann das **Rücktrittsrecht** aber immerhin gänzlich **ausgeschlossen** werden. Dies ist auch angemessen, da damit sinnvollerweise die Zerstörung wirtschaftlicher Werte verhindert werden soll. Etwas anderes gilt lediglich bei **Bauträgerverkäufen**. Hier kann das Recht auf Rücktritt nicht ausgeschlossen werden, weil insoweit gerade keine Zerstörung wirtschaftlicher Werte droht. Stattdessen geht es alleine darum, dass die Wohnung zurückgegeben wird und der Verkäufer dann an die Stelle des Erwerbers tritt (BGH, Urt. v. 27.07.2006 – VII ZR 276/05, BGHZ 169, 1 = BauR 2006, 1747, 1752 = NJW 2006, 3275, 3278). Werden im Übrigen aber die Rechte auf Nacherfüllung beschränkt und demzufolge Schadensersatzansprüche ausgeschlossen, gilt dies nicht für Schadensersatzansprüche wegen einer schuldhaften Schlechtleistung der Nacherfüllung (BGH, Urt. v. 18.09.1967 – VII ZR 52/65, BGHZ 48, 264, 266 f.; BGH, Urt. v. 19.01.1978 – VI ZR 175/75, BGHZ 70, 240, 243 = BauR 1978, 224, 225 = NJW 1978, 814, 815).

– Die gesetzliche **Gewährleistungsfrist** beträgt nach § 634a Abs. 1 Nr. 2 BGB bei Bauwerksleistungen fünf Jahre. Diese Frist kann in Individualverträgen verkürzt werden. Eine Verkürzung in AGB scheitert hingegen an § 309 Nr. 8b ff. BGB. Auch mittelbare Umgehungen wie die **Vorverlegung des Abnahmezeitpunktes** halten keiner AGB-Inhaltskontrolle stand (BGH, Urt. v. 09.10.1986 – VII ZR 245/86, BauR 1987, 113, 115 f.). Eine Ausnahme zu der Verkürzung der gesetzlichen Gewährleistungsfrist findet sich immerhin in § 13 Abs. 4 VOB/B. Diese Verkürzung ist unter Beachtung der weiteren Voraussetzungen des § 310 Abs. 1 S. 3 BGB wirksam, wenn die VOB/B insgesamt ohne Abweichung vereinbart wurde (vgl. dazu oben Rdn. 481 ff.).

– Bedeutende Freizeichnungsklauseln finden sich schließlich im Bereich der sog. **Beweislastverteilung**.

> ▶ **Beispiel**
>
> In einer Bauvertragsklausel heißt es: »Der Auftragnehmer haftet nur für nachweisbar schuldhaft verursachte Schäden.« Mit einer solchen Regelung wird dem Auftraggeber zusätzlich die Beweislast auferlegt, auch ein Verschulden des Auftragnehmers nachzuweisen, wobei sich sonst der Auftragnehmer entlasten müsste.

Derartige Beweislastregeln zulasten des Bauherrn verstoßen gegen § 309 Nr. 12 BGB. Erfasst werden davon auch Klauseln, die die Beweismittel beschränken.

7.3.1.2 Übernahme einer Garantie

Durch die Übernahme einer selbstständigen Garantie können die Mängelansprüche des Auftraggebers auf der anderen Seite auch verstärkt werden. Dabei ist dem Wort »Garantie« aber mit besonderer Vorsicht zu begegnen, da dieses mehrdeutig ist. Es kann z. B. auch im Sinne einer ehemals so verstandenen **zugesicherten Eigenschaft** zu verstehen sein (s. dazu oben Rdn. 1244 ff.).

1497

> ▶ **Beispiel**
>
> Im Bauvertrag heißt es, dass garantiert Naturschiefer verbaut werde.

Hierin liegt tatsächlich nichts anders als eine **vereinbarte Beschaffenheit**. Daneben kann unter einer Garantie aber auch die Vereinbarung verstanden werden, dass der Auftragnehmer ohne Verschulden für einen bestimmten Leistungserfolg einstehen will.

> ▶ **Beispiel (nach BGH, Urt. v. 29.06.1981 – VII ZR 299/80, BauR 1981, 575 = NJW 1981, 2403)**
>
> Der Auftragnehmer sagt bei dem Neueinbau einer Heizung eine bestimmte Heizkostenersparnis zu.

Die richtige Auslegung der »Garantieerklärung« hat eine weitreichende Bedeutung auf der Rechtsfolgenseite:

1498

7 Die Baumängel in der Gewährleistung/Mängelansprüche des Auftraggebers

1499 • Ergibt die Auslegung der zugrunde liegenden Willenserklärung, dass eine »garantierte« Eigenschaft letztlich nur Teil der vereinbarten Beschaffenheit sein soll, kommen bei deren Nichteinhaltung wie auch sonst nur die normalen Gewährleistungsansprüche im Sinne des § 13 VOB/B bzw. § 634 ff. BGB zur Anwendung (vgl. oben Rdn. 1292 ff.).

1500 • Handelt es sich dagegen um eine **qualifizierte Zusicherung** in dem Sinne, dass der Unternehmer bindend erklärt, dass er das Vorhandensein dieser Eigenschaft garantiere und somit die Verpflichtung oder Gewähr übernehme, für alle Folgen einzustehen, wenn diese Eigenschaft fehlt, so spricht man von einer **unselbstständigen Garantie** (s. o. den Fall der Einsparung von Energie). Tritt jetzt der zugesagte Erfolg nicht ein, haftet der Unternehmer ebenfalls nach allgemeinem Mangelrecht gemäß §§ 634 ff. BGB bzw. § 13 Abs. 5 ff. VOB/B. Abweichend davon hat er aber für die garantierte Zusage der konkreten Beschaffenheit darüber hinausgehend auch dann Schadensersatz nach §§ 280, 281 und 311a BGB zu leisten, wenn ihm daran kein Verschulden anzulasten ist.

1501 • Abzugrenzen von vorstehenden Sachverhalten ist ein **selbstständiges Garantieversprechen**. Ein solches liegt vor, wenn der Unternehmer die Gewähr für einen über die Vertragsgemäßheit des Werkes hinausgehenden Erfolg übernommen hat.

> **Beispiel**
>
> Ein Baubetreuer garantiert einen festen jährlichen Mietertrag für das von ihm errichtete Gebäude (sog. Mietgarantie).

Bei Nichteinhaltung eines solchen selbstständigen Garantieversprechens kommen weder die Gewährleistungsvorschriften des BGB-Werkvertragsrechts noch die der VOB/B zur Anwendung. Vielmehr ergibt sich daraus ein Erfüllungsanspruch des Auftraggebers, der im Allgemeinen auf Geld gerichtet sein wird und der regelmäßigen Verjährung (§§ 195, 199 Abs. 1 BGB) unterliegt (BGH, Urt. v. 12.02.1981 – IVa ZR 103/80, NJW 1981, 2295; BGH, Urt. v. 19.02.1982 – V ZR 251/80, BauR 1982, 398, 399 = NJW 1982, 1809, 1810). Es ist allerdings stets sehr sorgfältig zu prüfen, ob der Auftragnehmer tatsächlich eine solche über die vertragsgemäße Herstellung hinausgehende Erfolgshaftung übernehmen wollte. Dies wird in der Regel nur ganz **ausnahmsweise** der Fall sein. Lehnt man einen solchen Verpflichtungswillen ab, liegt in der Regel dann aber auch keine unselbstständige Garantie vor, sondern nur eine reine Beschaffenheitsvereinbarung (BGH, Urt. v. 19.10.1999 – X ZR 26/97, ZfBR 2000, 98, 99).

1502 • Von diesem selbstständigen Garantieversprechen des Unternehmers ist der Fall zu unterscheiden, bei dem durch Vertrag des Herstellers mit dem Unternehmer dem Endabnehmer, also meist dem Bauherrn oder Auftraggeber, im Rahmen des Bauvertrages eine **Herstellergarantie** eingeräumt wird.

> **Beispiel**
>
> Der Hersteller der Dachziegel sagt eine zehnjährige Haltbarkeit der Ziegel zu. Der Dachdecker baut diese ein. Nach sieben Jahren zeigen sich Mängel.

In Fällen wie diesen könnten Gewährleistungsrechte gegen den unmittelbaren Auftragnehmer verjährt sein. Daneben steht jedoch die Herstellergarantie. Aus dieser kann der Auftraggeber dann – unbeschadet etwaiger Mängelansprüche gegen seinen Vertragspartner – nach § 443 BGB den Hersteller in Anspruch nehmen. Dieser haftet **verschuldensunabhängig** entsprechend den Angaben seiner Garantieerklärung. Soweit der Bauherr allerdings Rechte gegen den Hersteller der Baumaterialien (s. o. den Hersteller der Dachziegel) geltend macht, ist zu beachten, dass **in diesem Verhältnis kein Vertrag** besteht. Daher scheiden insoweit etwaige Rücktritts- oder Minderungsrechte aus. Das Recht des Bauherrn beschränkt sich vielmehr auf einen Anspruch auf Ersatzlieferung. Die Verjährung unterliegt der regelmäßigen Verjährungsfrist des § 195 BGB.

7.3.2 Gewährleistungsausschluss wegen Verantwortlichkeit des Auftraggebers

Trotz eines Baumangels kann die Gewährleistungspflicht des Auftragnehmers entfallen, wenn die Ursache für den Mangel (allein) in den Verantwortungsbereich des Auftraggebers fällt. Wesentliche Bedeutung kommt hier § 13 Abs. 3 VOB/B zu. Seinem Grundgedanken nach ist diese Regelung auch bei einem BGB-Werkvertrag anwendbar (BGH, Urt. v. 08.07.1982 – VII ZR 314/81, BauR 1983, 70, 71 = NJW 1983, 875 f.; BGH, Urt. v. 23.10.1986 – VII ZR 48/85, BauR 1987, 79, 80 = NJW 1987, 643 f.). 1503

	VOB-Vertrag	BGB-Werkvertrag
Rechtsgrundlage	§ 13 Abs. 3 VOB/B	Im Rahmen der Auslegung entsprechend anwendbar
Fallgruppen	(1) Mangel beruht auf fehlerhafter Leistungsbeschreibung des Auftraggebers (2) Mangel geht auf fehlerhafte Anordnung des Auftraggebers zurück (3) Mangel beruht auf vom Auftraggeber gelieferten oder vorgeschriebenen Baustoffen (4) Mangel geht (ausschließlich) auf mangelhafte Vorleistung zurück	
Grenze	Gewährleistungsausschluss entfällt ganz oder teilweise, wenn Auftragnehmer seine Prüf- und Hinweispflicht verletzt hat	

7.3.2.1 Tatbestandliche Voraussetzungen des § 13 Abs. 3 VOB/B

In den folgenden vier Fällen wird ein Auftragnehmer von der Gewährleistung für einen Baumangel frei: 1504
- Der Mangel beruht auf einer fehlerhaften Leistungsbeschreibung des Auftraggebers, die Gegenstand des Bauvertrages geworden ist (Rdn. 1509 ff.).
- Der Mangel geht auf eine fehlerhafte Anordnung des Auftraggebers zurück (Rdn. 1513 ff.)
- Der Mangel beruht auf vom Auftraggeber gelieferten oder vorgeschriebenen Stoffen oder Bauteilen (Rdn. 1515 ff.)
- Der Mangel geht (ausschließlich) auf fehlerhafte Vorleistungen anderer Unternehmer zurück (Rdn. 1519 ff.)

§ 13 Abs. 3 VOB/B kann zunächst als **konkrete Ausprägung des allgemeinen Verbots der unzulässigen Rechtsausübung** (§ 242 BGB) angesehen werden; denn die Geltendmachung von Gewährleistungsansprüchen wegen Mängeln, die ihre Ursache allein im Verantwortungsbereich des Anspruchstellers, also des Auftraggebers, haben, verstößt letztlich gegen das Gebot von Treu und Glauben. Vor diesem Hintergrund bestehen gegen diese Regelung nicht nur keine AGB-rechtlichen Bedenken (ausführlich und überzeugend Weyer BauR 2009, 1204); es ist vielmehr auch verständlich, dass die in § 13 Abs. 3 VOB/B festgelegten Grundsätze für eine Haftungsbefreiung des Auftragnehmers ebenso im **BGB-Werkvertragsrecht** heranzuziehen sind. Das gesetzliche Werkvertragsrecht kennt nämlich keine vergleichbare Regelung, wie sie in § 13 Abs. 3 VOB/B vorgesehen ist. Gleichwohl haben die Rechtsprechung (RGZ 64, 294; BGH, Urt. v. 29.09.1977 – VII ZR 134/75, BauR 1978, 54; BGH, Urt. v. 28.02.1961 – VII ZR 197/59, BB 1961, 430; BGH, Urt. v. 08.07.1982 – VII ZR 314/81, BauR 1983, 70, 72 = NJW 1983, 875, 876; BGH, Urt. v. 23.10.1986 – VII ZR 48/85, BauR 1987, 79, 80 = NJW 1987, 643) und ihr folgend das Schrifttum (Ingenstau/Korbion/Wirth, VOB/B § 13 Abs. 3 Rn. 12, Nicklisch/Weick, VOB/B § 13 Rn. 43; Kapellmann/Messerschmidt/Weyer, VOB/B § 13 Rn. 97) im Wesentlichen **die Grundzüge des § 13 Abs. 3 VOB/B auf den BGB-Vertrag für anwendbar erklärt**, wobei allerdings im Einzelfall die Grenzziehung streitig ist. Im Ergebnis jedenfalls ist aber auch beim BGB-Werkvertrag anerkannt, dass der Unternehmer nicht haftet, wenn die Mangelhaftigkeit seiner Werkleistung auf Anordnungen des Bestellers, auf von diesem gelieferten Materialien oder auf der Vorleistung eines anderen Unternehmers beruht. Voraussetzung dieser Haftungsbefreiung ist allerdings sowohl beim VOB- als auch beim BGB-Vertrag, dass der Unternehmer seine Pflicht erfüllt hat, die Anordnungen des Bestellers 1505 oder die ihm zur Verfügung gestellten Baustoffe bzw. die Vorleistungen anderer Unternehmer aufgrund seiner eigenen Sachkunde zu überprüfen und den Besteller auf etwaige Bedenken hinzuweisen (Rdn. 1521 ff.).

1506 Die in § 13 Abs. 3 VOB/B im Einzelnen aufgeführten Haftungsbefreiungstatbestände zugunsten des Auftragnehmers sind **abschließend** und keiner ausdehnenden Auslegung zugänglich (BGH, Urt. v. 22.05.1975 – VII ZR 204/74, BauR 1975, 421, 422; Ingenstau/Korbion/Wirth, VOB/B § 13 Abs. 3 Rn. 9; Kapellmann/Messerschmidt/Weyer, VOB/B, § 13 Rn. 66).

1507 Die Beweislast dafür, dass der **Baumangel seine Ursache im Verantwortungsbereich des Auftraggebers** hat, also einer der befreienden Tatbestände des § 13 Abs. 3 VOB/B vorliegt, **trägt stets der Auftragnehmer.** Denn er will sich von seiner grundsätzlichen Gewährleistungspflicht gemäß § 13 Abs. 1 VOB/B entlasten. Dazu gehört auch der **Beweis der Kausalität zwischen Anordnung des Auftraggebers und dem Mangel** sowie der Erfüllung der ihm obliegenden **Prüfungs- und Hinweispflicht** gemäß § 4 Abs. 3 VOB/B (vgl. BGH, Urt. v. 04.06.1973 – VII ZR 112/71, BauR 1973, 313, 315; BGH, Urt. v. 22.05.1975 – VII ZR 204/74, BauR 1975, 421 f.; BGH, Urt. v. 08.11.007 – VII ZR 183/05, BGHZ 174, 110, 123 = BauR 2008, 344, 349 = NJW 2008, 511, 514 = NZBau 2008, 109, 110; BGH, Urt. v. 29.0.2011 – VII ZR 87/11, BauR 2012, 115, 118, = NJW 2011, 3780, 3781 = NZBau 2011, 746, 747).

1508 Insgesamt enthält § 13 Abs. 3 VOB/B vier Fallgruppen, in denen der Unternehmer von seiner Gewährleistungspflicht befreit sein kann:

7.3.2.1.1 Mangel aufgrund der Leistungsbeschreibung des Auftraggebers

1509 Beruht der Mangel der Werkleistung des Auftragnehmers auf einer fehlerhaften Leistungsbeschreibung, so kommt eine Befreiung von der Gewährleistungspflicht nur in Betracht, wenn es sich um eine vom Auftraggeber bzw. seinem Erfüllungsgehilfen (z. B. seinem Architekten) aufgestellte Leistungsbeschreibung handelt, welche zum Gegenstand des Bauvertrages gemacht worden ist. Hat dagegen der Auftragnehmer das Leistungsverzeichnis aufgestellt oder hat er sonstige Bauunterlagen angefertigt oder sich von dritter Seite beschafft und führt er die Leistung danach aus, so ist er selbst für deren Ordnungsmäßigkeit verantwortlich. Dies gilt vor allem bei einer **Leistungsbeschreibung mit Leistungsprogramm** gemäß § 7 Abs. 13–15 VOB/A und bei **Sondervorschlägen oder Nebenangeboten** (§ 18 Abs. 2 Nr. 3 VOB/A). In diesen Fällen greift § 13 Abs. 3 VOB/B daher nicht ein. Die Risikoverlagerung tritt auch dann nicht ein, wenn die Beschreibung im Leistungsverzeichnis das Ergebnis einer gemeinsamen Erörterung der Vertragspartner gewesen ist (Nicklisch/Weick, VOB/B § 13 Rn. 52).

1510 Dagegen erfordert die **Risikoverlagerung** auf den Auftraggeber entgegen der Ansicht des OLG Frankfurt (Urt. v. 27.05.1981 – 17 U 82/80, BauR 1983, 156 = NJW 1983, 456) keine Anknüpfung an die rechtsgeschäftliche Willensbildung der Vertragspartner und insbesondere **keine ausdrückliche oder stillschweigende rechtsgeschäftliche Risikoübernahme seitens des Auftraggebers** (vgl. Siegburg, Festschrift Korbion 1986, S. 411, 417 ff.; Medicus ZfBR 1984, 155; Jagenburg, NJW 1982, 2415; Marbach, ZfBR 1984, 9 ff; a. A. Nicklisch, in: Festschrift für Bosch 1976, S. 745). In diesem entscheidenden Punkt kann dem OLG Frankfurt nicht gefolgt werden, da § 13 Abs. 3 VOB/B nur die Ursächlichkeit der Leistungsbeschreibung als solche und darüber hinaus nicht eine rechtsgeschäftliche Risikoübernahme verlangt, die in der Praxis ohnehin nie zu erreichen wäre. Daher scheidet z. B. auch eine Haftungsbefreiung grundsätzlich aus, wenn die Parteien den Leistungsinhalt gemeinsam erörtert haben und der Auftragnehmer dann keinen Vorbehalt macht (Ingenstau/Korbion/Wirth, VOB/B, § 13 Abs. 3 Rn. 22).

1511 Gerade **bei einer fehlerhaften Leistungsbeschreibung ist aber die Prüfungspflicht des Auftragnehmers von Bedeutung** (Rdn. 1521). Er muss nämlich nachprüfen, ob die Angaben in der Leistungsbeschreibung in ihren Einzelheiten und nach ihrem Gesamtbild technisch einwandfrei und zur Erreichung des Bauziels geeignet sind, ob sie insbesondere den anerkannten Regeln der Technik, vor allem dabei auch den Anforderungen in den DIN-Normen entsprechen. Diese Prüfungspflicht hat jedoch ihre Grenze in der Fachkenntnis, die von einem ordnungsgemäßen und pflichtbewussten Auftragnehmer des jeweiligen Berufszweiges oder Gewerkes verlangt werden kann. Aus der Prüfungspflicht folgt dann gegebenenfalls die **Hinweispflicht**, wie sich aus § 4 Abs. 3 VOB/B im Einzelnen ergibt, wobei sich diese Hinweispflicht vor allem auf die zu befürchtenden Mängel erstreckt (vgl. § 13 Abs. 3 VOB/B).

Wichtig ist aber dabei in jedem Fall der **Kausalitätsnachweis zwischen fehlerhafter Leistungsbeschreibung und Mangel**. Ursache des Mangels muss die fehlerhafte Leistungsbeschreibung sein, zumal dann der Auftraggeber den für das Leistungsverzeichnis verantwortlichen Planer in Anspruch nehmen kann. Anderenfalls liegt kein Fall des § 13 Abs. 3 VOB/B vor. 1512

7.3.2.1.2 Mangel aufgrund fehlerhafter Anordnung des Auftraggebers

Der Mangel der Werkleistung des Auftragnehmers kann auch auf fehlerhaften Anordnungen des Auftraggebers beruhen. In diesem Fall ist die Risikoverlagerung eine Folge des in § 4 Abs. 1 Nr. 3 VOB/B festgelegten Anordnungsrechts des Auftraggebers und der in § 4 Abs. 1 Nr. 4 VOB/B enthaltenen grundsätzlichen Pflicht des Auftragnehmers, diese Anordnungen zu befolgen (Nicklisch/Weick, VOB/B § 13 Rn. 53). 1513

Eine **risikoverlagernde Anordnung im Sinne des § 13 Abs. 3 VOB/B** kann nur bei einer eindeutigen zwingenden Anweisung des Auftraggebers oder seines Architekten, die Baumaßnahme in ganz bestimmter Weise auszuführen, angenommen werden (BGH, Urt. v. 22.05.1975 – VII ZR 204/74, BauR 1975, 421). Häufig wird es sich bei diesen Anordnungen um solche handeln, die auf **fehlerhafter Planung des Auftraggebers** bzw. des Architekten als seines Erfüllungsgehilfen beruhen. Auch hier hat aber der Auftragnehmer die bereits erwähnte **Prüfungs- und Hinweispflicht** wahrzunehmen (Rdn. 1521 ff.). Ist die Planung aufgrund geäußerter Bedenken des Auftragnehmers geändert worden, so muss dieser erneut prüfen, ob die geänderte Planung nun eine mangelfreie Leistung erwarten lässt. Hat er auch jetzt noch Bedenken oder muss er solche aufgrund der von ihm zu verlangenden Fachkenntnisse haben, so muss er erneut den Auftraggeber darauf hinweisen, um seiner Prüfungs- und Hinweispflicht gemäß § 4 Abs. 3 VOB/B zu genügen und eine Befreiung von der Gewährleistungspflicht zu erreichen (vgl. BGH, Urt. v. 15.06.1972 – VII ZR 64/71, Schäfer/Finnern Z 2.414 Bl. 288; BGH, Urt. v. 29.11.1973 – VII ZR 179/71, NJW 1974, 188).

Eine fehlerhafte Anordnung des Auftraggebers kann auch darin gesehen werden, dass dieser den Auftragnehmer zur **Ausführung bestimmter Arbeiten bei ungeeigneten Witterungsverhältnissen** drängt und anweist und darauf später ein Mangel der Werkleistung zurückzuführen ist. Schließlich kann eine solche Anordnung im Sinne des § 13 Abs. 3 VOB/B vorliegen, wenn der Auftraggeber dem Auftragnehmer die **Einschaltung eines bestimmten Subunternehmers** vorschreibt; denn dadurch kann eine Erhöhung des unternehmerischen Risikos eintreten, wenn der benannte Subunternehmer nicht hinreichend zuverlässig ist und der Auftraggeber trotz entsprechender Hinweise des Auftragnehmers auf dessen Einsatz besteht (Nicklisch/Weick, VOB/B § 13 Rn. 55; Joussen/Vygen, Subunternehmervertrag, Rn. 470). 1514

> **Beispiel**
>
> Der Auftraggeber gibt den Einsatz des Subunternehmers X vor. Ist dieser dem Auftragnehmer als nicht zuverlässig bekannt, muss er dies anzeigen. Andernfalls kann er sich später nicht darauf berufen, dass dieser vorgegeben gewesen sei. Zeigt er aber die Unzuverlässigkeit an und besteht der Auftraggeber gleichwohl auf dessen Beauftragung, trägt der Auftraggeber allein die Mehrrisiken, die die angezeigte Unzuverlässigkeit begründen. Daneben bleibt allerdings die übliche Haftung des Auftragnehmers für Mängel bestehen, wobei ihm auch ein Verschulden des Subunternehmers nach § 278 BGB zugerechnet wird.

7.3.2.1.3 Mangel aufgrund vom Auftraggeber gelieferter oder vorgeschriebener Stoffe oder Bauteile

1515 Eine Haftungsbefreiung des Auftragnehmers kommt ebenso in Betracht, wenn die Mängel der Werkleistung durch vom Auftraggeber **vorgeschriebene Stoffe oder Bauteile** verursacht worden sind. Der Begriff »**Vorschreiben**« setzt ein **eindeutiges, Befolgung erheischendes Verlangen des Auftraggebers** voraus, das dem Auftragnehmer keine Wahl mehr lässt (vgl. Ingenstau/Korbion/Wirth, VOB/B § 13 Abs. 3 Rn. 36; BGH, Urt. v. 17.05.1984 – VII ZR 169/82, BGHZ 91, 206, 213 f. = BauR 1984, 510, 513 = NJW 1984, 2457, 2459). Das bloße Einverständnis des Auftraggebers mit einem bestimmten Baustoff genügt dafür allein noch nicht (vgl. BGH, Urt. v. 22.05.1975 – VII ZR 204/74, BauR 1975, 421, 422; BGH, Urt. v. 12.05.2005 – VII ZR 45/04, BauR 2005, 1314, 1317 = NZBau 2005, 456, 457). Vielmehr muss der Auftraggeber ganz bestimmte Baustoffe, Bauteile oder Bezugsquellen vorgeschrieben haben.

> **Beispiel (nach OLG Stuttgart, Urt. v. 21.07.1988 – 12 U 276/87, BauR 1989, 475)**
>
> Im Vertrag heißt es, dass das ausgeschriebene Material vom Bauherren bei und mit der Firma (...) Natursteine (...) ausgesucht und von dort zu beziehen ist.

1516 Die Forderung nach einem Werkstoff als solchem (z. B. Hartfaserplatten, Zement, Schieferdeckung usw.) reicht dagegen im Allgemeinen für eine Haftungsbefreiung nach § 13 Abs. 3 VOB/B nicht aus. Die Voraussetzungen sind in der Regel erst gegeben, wenn eine ganz **bestimmte Materialmarke** oder ein für sich alleinstehendes Fabrikat oder eine bestimmte Bezugsquelle verlangt wird und **der später aufgetretene Mangel darauf ursächlich zurückzuführen** ist. Dies wird nur dann der Fall sein, wenn das so **vorgeschriebene Material für dieses konkrete Bauvorhaben generell ungeeignet** ist. Demgegenüber genügt es nicht, wenn das vorgeschriebene und dann auch tatsächlich eingebaute Material »nur« einen **Materialfehler** im Sinne eines Ausreißers aufweist. Denn in letzterem Fall war das Vorschreiben des Materials für den Mangel nicht ursächlich (BGH, Urt. v. 14.03.1996 – VII ZR 34/95, BGHZ 132, 189, 193 f. = BauR 1996, 702, 703 = NJW 1996, 2372, 2373).

1517 Von einer Haftung wird der Auftragnehmer auch bei der Variante des vorgeschriebenen Baustoffs oder Materials nur frei, wenn er erneut seiner gebotenen Prüfungspflicht nachkommt (Rdn. 1521 ff.) nachkommt. Allerdings geht diese im Allgemeinen dazu in ihrem Umfang nicht über eine **Prüfung durch Besichtigung, Betasten usw.** hinaus, es sei denn, es ergeben sich im Einzelfall konkrete Anhaltspunkte für die Notwendigkeit einer genaueren Prüfung (BGH, Urt. v. 28.02.1961 – VII ZR 197/59, VersR 1961, 405 = BB 1961, 430). Der Auftragnehmer braucht also im Allgemeinen kein »Taschenlabor« mit sich zu führen (vgl. Ingenstau/Korbion/Wirth, VOB/B § 13 Abs. 3 Rn. 34).

7.3.2.1.4 Mangel aufgrund fehlerhafter Vorleistungen anderer Unternehmer

1518 Schließlich kann der Mangel durch Vorleistungen anderer Unternehmer verursacht worden sein. Der hier verwendete Begriff der Vorleistung bezieht sich auf Vorarbeiten eines anderen Auftragnehmers, wobei ein **Sachzusammenhang zwischen der Vorleistung und der Vertragsleistung des Auftragnehmers** bestehen muss. Einbezogen in die Vorleistungen sind auch **Eigenleistungen des Auftraggebers** (BGH, Urt. v. 10.06.2010 – Xa ZR 3/07, BauR 2011, 517, 518).

1519 Die Vorleistung muss mangelhaft sein, und die Folgen dieser Mangelhaftigkeit müssen sich auf die spätere Leistung des Auftragnehmers in dem Sinne auswirken, dass diese dadurch selbst mangelhaft wird.

> **Beispiel**
>
> Das Betonfundament ist nicht ordnungsgemäß hergestellt. Deswegen bietet es keinen ausreichenden Halt, weshalb später Risse an dem von einem anderen Unternehmer erstellten Mauerwerk auftreten. Wegen der Risse ist das Mauerwerk mangelhaft; ob der das Mauerwerk ausführende Unternehmer haftet, hängt davon ab, inwieweit er seinen Prüf- und Hinweispflichten zu der Ordnungsgemäßheit der Vorleistung nachgekommen ist.

7.3 Beschränkung (und Erweiterung) von Gewährleistungsrechten

Die Haftungsbefreiung des Nachfolgeunternehmers entfällt auch hier, wenn er die Vorleistung nicht im erforderlichen Rahmen geprüft hat und er als Fachmann den Mangel der Vorleistung hätte erkennen können (s. sogleich Rdn. 1521 ff.).

▶ **Beispiel**

Der Estrichleger muss die vorher gegossene Betondecke daraufhin untersuchen, ob sie – im Rahmen der Toleranzen – hinreichend waagerecht und gleichmäßig angelegt und auch sonst so beschaffen ist, dass der Estrich ordnungsgemäß und haltbar darauf aufgebracht werden kann. Der nachfolgende Fußbodenleger muss wiederum den vorher verlegten Estrich auf seine Ordnungsmäßigkeit, insbesondere seine ausreichende Abbindung, überprüfen. Ist später der Fußboden z. B. schief oder uneben verlegt, weil schon der Estrich oder die Betondecke schief war, so kann sich der Fußbodenleger nicht damit gemäß § 13 Nr. 3 VOB/B entlasten, dass seine Arbeit – der Oberboden – für sich genommen ordnungsgemäß und mangelfrei erbracht worden, die Vorleistungen der anderen Unternehmer aber mit Mängel behaftet gewesen seien.

7.3.2.2 Bedeutung der Prüfungs- und Hinweispflicht

Die Haftungsbefreiung nach § 13 Abs. 3 VOB/B tritt nicht ein, wenn der Auftragnehmer seine ihn nach § 4 Abs. 3 VOB/B bzw. in entsprechender Anwendung auch bei einem BGB-Werkvertrag (BGH, Urt. v. 26.03.1992 – VII ZR 195/91, BauR 1992, 627 = NJW-RR 1992, 1104 f.; BGH, Urt. v. 08.11.2007 – VII ZR 183/05, BauR 2008, 344, 348 = NJW 2008, 511, 513 f.) treffende Prüfungs- und Hinweispflicht verletzt hat (s. dazu oben ausführlich Rdn. 956 ff.). Diese Verbindung zwischen § 13 Abs. 3 VOB/B einerseits und § 4 Abs. 3 VOB/B andererseits ist mit aller Deutlichkeit hervorzuheben. Denn damit wird klargestellt, dass die **Verletzung der Prüf- und Hinweispflichten nicht für sich betrachtet schon zu einem Mangel** führt (BGH, Urt. v. 08.11.2007 – VII ZR 183/05, BGHZ 174, 110, 120 = BauR 2008, 344, 348 = NJW 2008, 511, 513 f.). Sie gewinnt stattdessen – neben ggf. einer allgemeinen Schadensersatzhaftung nach § 280 Abs. 1 BGB wegen einer Verletzung von Nebenpflichten – (nur) an Bedeutung, wenn es um eine vom Auftragnehmer angestrebte Enthaftung im Rahmen der Gewährleistung geht. Dies ergibt sich bereits deutlich aus § 13 Abs. 3 VOB/B, wobei hier für den BGB-Vertrag nichts anderes gilt. Danach kommt es immer erst auf die Frage, ob der Auftragnehmer seiner Prüf- und Hinweispflicht genügt hat, an, wenn man zuvor die Existenz einer mangelhaften Bauleistung bejaht hat (dagegen eher unverständlich: OLG Koblenz, Urt. v. 10.03.2011 – 5 U 1113/10, BauR 2011, 1378 [Ls.] = NJW-RR 2011, 1100, das in diesen Fällen offenbar einen Mangel ganz ablehnt, wenn der Auftragnehmer seiner Prüf- und Hinweispflicht nachgekommen ist).

Liegt danach der Zweck der ordnungsgemäßen Erfüllung der Prüf- und Hinweispflicht allein in einer Haftungsbefreiung zu an sich bestehenden Gewährleistungsansprüchen bei Baumängeln, folgt allerdings daraus weiter: Wenn eine an sich **gebotene Prüfung und Bedenkenmitteilung an einem Baumangel ohnehin nichts geändert** hätte, ist deren Unterbleiben für eine angestrebte Haftungsbefreiung des Auftragnehmers unbeachtlich, d. h.: Hier ist die von dem Auftragnehmer erbrachte Bauleistung zwar möglicherweise mangelhaft; die Ursache dafür verbleibt jedoch dann im Anwendungsbereich des § 13 Abs. 3 VOB/B allein beim Auftraggeber, weswegen eine Haftung des Auftragnehmers ebenfalls ausscheidet (BGH, Urt. v. 19.05.2011 – VII ZR 24/08, BauR 2011, 1494, 1497 = NJW 2011, 3291, 3292 = NZBau 2011, 483, 484; BGH, Urt. v. 08.11.2007 – VII ZR 183/05, BGHZ 174, 110, 125 = BauR 2008, 344, 350 = NJW 2008, 511, 515 = NZBau 2008, 109, 110).

▶ **Beispiel (ähnlich BGH, Urt. v. 08.11.2007 – VII ZR 183/05, a. a. O.)**

Der Auftragnehmer ist mit der Errichtung eines Blockheizkraftwerks beauftragt, das ein Gebäude mit 25 kW versorgen soll. Bei einer gebotenen fachlichen Prüfung hätte der Auftragnehmer erkennen müssen, dass aufgrund unzureichender Stromabnahme dieses Ziel mit der vorgegebenen Planung nicht zu erreichen war. Baut er die Anlage trotzdem, ist sie mangelhaft. Hiervon kann er sich dem Grundsatz nach nur entlasten, wenn er den Auftraggeber zuvor auf diese Problematik hingewiesen hätte. Auf diesen Hinweis kommt es für eine Haftungsfreistellung jedoch nicht an, wenn feststeht, dass der Auftraggeber auch unabhängig davon die Anlage so hätte errichten lassen. Dann nämlich war der unterbliebene Hinweis für den Mangel nicht kausal, sodass der Auftragnehmer von seiner Haftung ebenfalls frei wird.

1523 Abgesehen von diesem Ausnahmefall kommt der Prüf- und Hinweispflicht aber in allen vorgenannten Fallgruppen des § 13 Abs. 3 VOB/B eine zentrale Bedeutung zu. Bei deren richtiger Wahrnehmung wirkt sie sich dabei zum einen für die Frage aus, ob der Auftragnehmer überhaupt einer Mängelhaftung unterliegt. Sie kann zum anderen im Rahmen einer angenommenen Gewährleistungshaftung zugleich einen Entlastungsbeweis für ein **vermutetes Verschulden des Auftragnehmers** nach § 280 Abs. 1 S. 2 BGB bei Schadensersatzansprüchen ausschließen (BGH, Urt. v. 30.06.2011 – VII ZR 109/10, BauR 2011, 1652, 1654 = NJW 2011, 2644, 2646 = NZBau 2011, 612, 613). **Voraussetzung** für das Bestehen der Prüf- und Hinweispflicht ist sodann, dass der Auftragnehmer überhaupt **Bedenken bezüglich der Leistungsbeschreibung, der Anordnung des Auftraggebers, der von diesem gelieferten Stoffe oder der Vorleistungen anderer Unternehmer** hat oder bei ordnungsgemäßer Prüfung hätte bekommen müssen. Das ist die erste Stufe für die Auslösung der Mitteilungspflicht. Wenn also der Auftragnehmer keine Bedenken hat und diese dem Auftraggeber deswegen auch nicht mitgeteilt hat, oder wenn er zwar Bedenken gehabt hat, diese aber nicht ordnungsgemäß an den Auftraggeber weitergegeben hat, so kommt, falls aufgrund des bei ihm vorauszusetzenden Fachwissens eine Erkennungsmöglichkeit und demzufolge eine Mitteilungspflicht bestand, eine Befreiung des Auftragnehmers von der Gewährleistung nicht zum Zuge (vgl. dazu im Einzelnen oben Rdn. 956 ff.).

1524 Wenn der Auftragnehmer Bedenken, insbesondere gegen die Anordnungen des bauplanenden oder bauleitenden Architekten oder Ingenieurs als Erfüllungsgehilfen des Auftraggebers bekommen hat, hat er durchweg eine **Hinweispflicht,** die auch in einem Teil der DIN-Normen noch einmal ausdrücklich erwähnt wird. Er darf in diesem Fall also nicht schweigen und sich darauf verlassen, dass ein beratender Ingenieur oder ein Architekt vorhanden ist. Darüber hinaus gibt es Fälle, in welchen der Auftragnehmer sich nicht einmal durch die bloße Mitteilung seiner Bedenken an den Auftraggeber oder dessen Erfüllungsgehilfen entlasten kann. Dies ist z. B. der Fall, wenn er die sichere Erkenntnis hat, dass sich der Auftraggeber und sein Erfüllungsgehilfe den berechtigten Bedenken verschließen und die geforderte Art der Bauausführung nach seinen Erfahrungen zu erheblichen Mängeln oder sonstigen Schäden führen wird (s. dazu oben im Einzelnen Rdn. 950 f.). Dann muss (kann) der Auftragnehmer letztlich die **Leistung verweigern,** um die Befreiung nicht nur von der Gewährleistung, sondern von einer ihn etwaig treffenden Haftung ganz allgemein zu erlangen (BGH, Urt. v. 20.12.1957 – VI ZR 8/57, Schäfer/Finnern Z 2.40 Bl. 1 ff.; ähnlich BGH, Urt. v. 04.10.1984 – VII ZR 65/83, BGHZ 92, 244, 247 = BauR 1985, 77, 78 = NJW 1985, 631).

> **Beispiel (ähnlich KG, Urt. v. 23.04.2010 – 6 U 30/09, BauR 2010, 2129, 2130 = NJW-RR 2010, 1677)**
>
> Der Auftragnehmer erkennt, dass er mit der Ausführung gegen zwingende öffentlich rechtliche Vorschriften (hier wegen Fehlens eines bauaufsichtlich geprüften Standsicherheitsnachweises) verstoßen würde. In einem solchen Fall muss der Auftragnehmer sogar von einer Leistungsausführung absehen, worauf er den Auftraggeber zuvor selbstverständlich hinzuweisen hat.

Insofern tritt eine Haftungsbefreiung erst ein, wenn der Auftragnehmer einen Verzicht des Auftraggebers auf Ansprüche aus dem Auftreten solcher Schäden erwirkt hat (OLG Düsseldorf, Urt. v. 26.07.1957 – 5 U 103/56, Schäfer/Finnern Z 2.414 Bl. 31 ff.; Ingenstau/Korbion, VOB/B § 13 Abs. 3 Rn. 54).

1525 Inhaltlich hängt die Prüf- und Hinweispflicht von der bei dem betroffenen **Unternehmer vorauszusetzenden Fachkenntnis** ab. Handelt es sich bei diesem um einen Fachunternehmer, gehen Fehler demzufolge in der Regel zu seinen Lasten (BGH, Urt. v. 11.10.1990 – VII ZR 228/89, BauR 1991, 79, 80 = NJW-RR 1991, 276; BGH, Urt. v. 08.11.2007 – VII ZR 183/05, BauR 2008, 344, 349 = NJW 2008, 511, 514; Ingenstau/Korbion/Oppler, B § 4 Abs. 3 Rn. 12).

7.3 Beschränkung (und Erweiterung) von Gewährleistungsrechten

▶ **Beispiel**

Der Auftragnehmer soll auf einer Terrasse einen Wintergarten bauen. Nach Fertigstellung in Anlehnung an die Konstruktionspläne stellt sich heraus, dass das Wasser über die vorhandenen Entwässerungsanschlüsse nicht ausreichend ablaufen kann. Der Auftragnehmer beruft sich darauf, nach den Plänen gebaut zu haben. Dies reicht nicht: Nach seinem ihm zu unterstellenden Fachwissen hätte er auch die Entwässerung prüfen müssen.

Doch selbst wenn es sich bei dem Auftragnehmer nicht um einen Fachunternehmer handelt, entlastet ihn dies zumeist nicht. Denn auch dann hat er eine Leistung zu erbringen, die der gemäß § 13 Abs. 1 VOB/B übernommenen Gewähr genügt (OLG Düsseldorf, Urt. v. 17.03.2000 – 22 U 64/99, BauR 2000, 1383). Aus diesem Grund dürfte die Gewährleistung nach § 13 Abs. 3 VOB/B bei einem unterbleibenden Hinweis des Auftragnehmers nur in seltenen Fällen ausgeschlossen sein (s. dazu auch Rdn. 959 ff.).

1526 Die Haftungsbefreiung zugunsten des Auftragnehmers nach § 13 Abs. 3 VOB/B ist ferner nur einschlägig, wenn der Auftragnehmer seine Prüf- und vor allem Hinweispflicht »**richtig**« erfüllt hat. Das heißt: Die Mitteilung muss **inhaltlich klar, vollständig und an den richtigen Adressaten gerichtet** sein. Richtiger Adressat ist in der Regel allein der **Vertragspartner**, der Architekt nur dann, wenn es nicht um Bedenken geht, die auf dessen Tätigkeit zurückgehen (BGH, Urt. v. 18.01.1973 – VII ZR 88/70, BauR 1973, 190, 191 = NJW 1973, 518 – s. dazu im Einzelnen oben Rdn. 964). Die Bedenkenmitteilung hat **unverzüglich nach Auftreten der Bedenken** zu erfolgen. Bei einem VOB-Vertrag bedarf sie der **Schriftform**. Ist streitig, ob der Auftragnehmer der ihm obliegenden Prüf- und Hinweispflicht nachgekommen ist, trifft allein ihn die entsprechende **Darlegungs- und Beweislast** (BGH, Urt. v. 08.11.2007 – VII ZR 183/05, BGHZ 174, 110, 123 = BauR 2008, 344, 349 = NJW 2008, 511, 514 = NZBau 2008, 109, 110; BGH, Urt. v. 29.09.2011 – VII ZR 87/11, BauR 2012, 115, 118). Denn insoweit geht es allein um einen Tatbestand, der dazu führen soll, dass er von einer Haftung befreit ist.

1527 In vielen Fällen fehlt es an einer ausreichenden oder formgerechten Erfüllung der Prüf- und Hinweispflichten. Daher kommt § 13 Abs. 3 VOB/B mit einem völligen Ausschluss der Gewährleistungsrechte des Auftraggebers nicht zur Anwendung. Die gleichwohl bestehende Mangelmitverursachung durch den Auftraggeber wird dann aber entsprechend § 254 BGB berücksichtigt, was zu einer **Verkürzung seiner Gewährleistungsrechte** führen kann (OLG Koblenz, Urt. v. 10.04.2003 – 5 U 1687/01, BauR 2003, 1728, 1729 = NJW-RR 2003, 1671 = NZBau 2003, 681, 682; BGH, Urt. v. 10.04.1975 – VII ZR 183/74, BauR 1975, 278, 279 = NJW 1975, 1217; BGH, Urt. v. 10.11.1977 – VII ZR 252/75, BauR 1978, 139, 142 – vgl. auch nachfolgend Rdn. 1528 ff.). Dabei ist es allerdings keineswegs so, dass selbst bei eindeutigen Planungsfehlern des Auftraggebers die Verletzung von Prüf- und Hinweispflichten etwa bagatellisiert werden kann, weil diese ggf. keine gewichtige Ursache für den Schaden am Bauwerk darstellen. Stattdessen ist das Gegenteil richtig: Denn ein Mangel könnte ja gerade verhindert werden, wenn der Auftragnehmer ordnungsgemäß seiner Prüf- und Hinweispflicht nachgekommen wäre (ähnlich BGH, Urt. v. 24.02.2005 – VII ZR 328/03, BauR 2005, 1016, 1018 = NJW-RR 2005, 891, 893 = NZBau 2005, 400, 401; BGH, Urt. v. 27.11.2008 – VII ZR 206/06, BGHZ 179, 55, 70 = BauR 2009, 515, 520 = NJW 2009, 582, 586 = NZBau 2009, 185, 189). Die Bestimmung fester Quoten verbietet sich hier zwar, weil die **Verursachungsbeiträge** stets **vom Einzelfall** abhängen. Es ist aber nicht fernliegend, selbst bei einer »normalen« Verletzung der Prüf- und Hinweispflicht eine Haftungsquotelung von z. B. 50 % anzunehmen (vgl. etwa OLG München, Urt. v. 09.06.2011 – 9 U 502/11, BauR 2011, 1832, 1834 = NJW-RR 2011, 1312, 1314 = NZBau 2011, 683, 187; s. zu weiteren Fällen auch Rdn. 1535 ff.).

7.3.3 Mitwirkendes Verschulden (§ 254 BGB)

1528 Bauschäden und Baumängel können viele Ursachen haben, die im Einzelfall auch im Verantwortungsbereich des Auftraggebers liegen. Dies zeigt sich schon an der Regelung des § 13 Abs. 3

VOB/B oder § 645 BGB. Gerade bei § 13 Abs. 3 VOB/B (vgl. oben Rdn. 1503 ff.) kommt aber, wenn die Anwendung dieser Vorschrift nicht schon zu einer völligen Befreiung des Unternehmers von seiner Gewährleistungspflicht führt, jedenfalls ein Mitverschulden des Auftraggebers in Betracht. Zu nennen sind vor allem Sachverhalte, bei denen der Auftraggeber nur eine Mitursache für einen Mangel gesetzt oder der Unternehmer etwa seine Prüfungs- und Hinweispflicht gemäß § 4 Abs. 3 VOB/B ganz oder teilweise verletzt hat. Dieser Grundsatz gilt zunächst für das eigene Verschulden des Auftraggebers als dem durch den Mangel Geschädigten. Baumängel und Bauschäden haben aber nicht nur häufig mehrere Ursachen, sondern oft auch mehrere Verursacher.

▶ **Beispiel**
Starke Rissbildungen im Mauerwerk können vom Bauunternehmer, daneben aber auch vom Architekten oder vom Statiker mit verursacht worden sein.

1529 Aus Vorstehendem folgt, dass alle Gewährleistungsrechte unter dem Vorbehalt stehen, dass sie bei einem Mitverschulden des Auftraggebers an dem Mangel anteilig zu kürzen sind. Das Mitverschulden kann
- die Schadensentstehung betreffen (§ 254 Abs. 1 BGB)
- darauf zurückzuführen sein, dass der Auftraggeber den Auftragnehmer nicht auf die Gefahr eines ungewöhnlich hohen Schadens aufmerksam gemacht hat oder
- auf eine Verletzung der Pflicht des Auftraggebers zurückgehen, drohende Schäden abzuwenden oder zu mindern (§ 254 Abs. 2 BGB).

▶ **Beispiel 1 (nach BGH, Urt. v. 27.09.2007 – VII ZR 80/05, BauR 2007, 2052 = NJW-RR 2008, 31)**
Bei der Errichtung einer Wohnungsanlage hat der Auftragnehmer mangelhaft geleistet. Infolgedessen mindern die Mieter dieses Objektes ihre Miete. Diese Mietminderung ist ein Schaden, den der Auftraggeber ersetzt verlangen kann (vgl. oben Rdn. 1460 sowie gesondert Rdn. 996). Allerdings darf der Auftraggeber die der Mietminderung zugrunde liegenden Mängel nicht über Jahre hinnehmen, sondern muss sich im Rahmen seiner Schadensminderungspflicht zeitnah um deren Beseitigung kümmern. Unterlässt er dies, wäre ein Schadensersatzanspruch gegen den Auftragnehmer in Höhe dieser unnötig anfallenden Mietminderungen wegen Mitverschuldens des Auftraggebers (§ 254 Abs. 2 BGB) zu kürzen.

▶ **Beispiel 2 (nach OLG München, Urt. v. 10.05.2011 – 9 U 4794/10, BauR 2011, 1706 [Ls.] = NJW-RR 2011, 1039)**
Der Auftragnehmer ist mit Elektroarbeiten beauftragt. Es kommt zu einem Stromausfall mit der Folge, dass für ihn nicht erkennbar in Laborkühlschränken gelagerte Chemikalien im Wert von fast 200.000 Euro unbrauchbar werden. Das OLG München kürzte den Schadensersatzanspruch wegen Mitverschuldens des Auftraggebers um 50 %. Denn dieser hätte den Auftragnehmer auf die hohe Schadensgefahr aufmerksam machen müssen. Dieser Hinweis hätte den Auftragnehmer ggf. veranlasst, bei der Bauausführung besondere Schutzvorkehrungen zu ergreifen (s. dazu auch die Hinweispflicht bei hohen Vertragsstrafen im Subunternehmerverhältnis Rdn. 1843).

Soweit eine Kürzung des Schadensersatzanspruchs wegen Mitverschuldens in Betracht kommt, trägt der Auftragnehmer aber die volle Beweislast für ein solches mitwirkendes Verschulden.

1530 Der danach zu berücksichtigende Ausgleichsanspruch besteht in **Höhe des quotalen eigenen Haftungsanteils** des Bestellers an den erforderlichen Aufwendungen, die der Unternehmer gemäß § 635 Abs. 2 BGB bzw. gemäß § 13 Abs. 5 Nr. 1 Satz 1 VOB/B im Rahmen seiner als Sachleistung zu erbringenden Nachbesserung zu tragen hat. Entscheidend ist dabei der **Zeitpunkt der Ausführung der Nachbesserung**, d. h. der tatsächlich angefallenen (Selbst-) Kosten der Mängelbeseitigung. Dagegen bietet sich weder ein Rückgriff auf Marktpreise oder gar die Vertragspreise an. Denn diese preisbestimmenden Faktoren haben mit der geschuldeten Sachleistung des Auftragnehmers zur Behebung des Mangels in Verbindung mit den deswegen entstehenden Kosten, an denen sich der Auftraggeber zu beteiligen hat, nichts zu tun.

	VOB-Vertrag	BGB-Werkvertrag
Rechtsgrundlage	• § 254 BGB für Schadensersatzansprüche; Rechtsgedanke anwendbar für alle Mängel-/Gewährleistungsrechte • Ggf. über § 278 Zurechnung eines Drittverschuldens, vor allem eines Planungsverschuldens des vom Auftraggeber eingesetzten Architekten	
Inhalt und Umfang der Anspruchskürzung	(1) Bei Schadensersatzansprüchen (2) Bei Nacherfüllungs-, Vorschussansprüchen u. a. Vorprozessual: Zurückbehaltungsrecht für Auftragnehmer an der Nacherfüllung bis zur Sicherheitsleistung in Höhe der Mitverschuldensquote des Auftraggebers Im Prozess: • Bei Klage auf Nacherfüllung: Verurteilung des Auftragnehmers Zug um Zug gegen Zuschusszahlung durch den Auftraggeber • Bei Klage auf Zahlung (Kostenerstattung, Vorschuss, Minderung): Anteilige Kürzung in Höhe der Mitverschuldensquote des Auftraggebers • Bei Abwehr einer Vergütungsklage des Auftragnehmers: Doppelte Zug-um-Zug-Verurteilung, d. h. Verurteilung zur Vergütungszahlung Zug um Zug gegen Mangelbeseitigung durch den Auftragnehmer, insoweit allerdings nur Zug um Zug gegen Zuschusszahlung durch den Auftraggeber	

Die nachfolgenden Grundsätze sind zu beachten.

7.3.3.1 Einbeziehung aller Gewährleistungsrechte in den Anwendungsbereich des § 254 BGB

§ 254 BGB ist eine Vorschrift des Schadensersatzrechts. Daher gilt diese Norm unmittelbar nur für Schadensersatzansprüche des Bauherrn gegen den Auftragnehmer aus §§ 634 Nr. 4, 636, 280 ff., 311a BGB, § 13 Abs. 7 VOB/B. In der Regel wird der Auftraggeber gegen einen Auftragnehmer aber zunächst Ansprüche auf Nachbesserung bzw. Vorschuss geltend machen. Hier findet § 254 BGB keine direkte Anwendung; gleichwohl ist der dort genannte **Rechtsgedanke über § 242 BGB aus dem Grundsatz von Treu und Glauben** zu berücksichtigen: Daraus folgt, dass sich der Auftraggeber bei einem Mitverschulden an einem Mangel anteilig an den Mangelbeseitigungskosten durch Zahlung eines Zuschusses zu beteiligen hat (BGH, Urt. v. 04.03.1971 – VII ZR 204/69, BauR 1971, 265, 269; BGH, Urt. v. 26.02.1981 – VII ZR 287/79, BauR 1981, 284, 287 f. = NJW 1981, 1448, 1449; BGH, Urt. v. 22.03.1984 – VII ZR 50/82, BGHZ 90, 344, 347 = BauR 1984, 395, 397 = NJW 1984, 1676, 1677). Dieser ist davon abhängig, ob bereits ein Gewährleistungsprozess des Auftraggebers läuft.

1531

7.3.3.1.1 Vorprozessuale Geltendmachung

Beruft sich der Auftragnehmer vorprozessual auf ein Mitverschulden des Auftraggebers, kann er die Nachbesserung nicht bis zur Zahlung eines Kostenvorschusses, einer entsprechenden Zahlungszusage oder gar eines anteiligen Anerkenntnisses (in Höhe der Mitverursachungsquote) verweigern. Stattdessen kann er lediglich eine **ausreichende Sicherheitsleistung** verlangen (BGH, Urt. v. 22.03.1984 – VII ZR 50/82, BGHZ 90, 344, 350 = BauR 1984, 395, 399 = NJW 1984, 1676, 1678). Bis zur Stellung dieser Sicherheit kann er die Nachbesserung zurückhalten. Allerdings muss der Auftragnehmer die Höhe der voraussichtlichen Beseitigungskosten einschließlich des vom Auftraggeber geschuldeten Anteils – notfalls durch ein Sachverständigengutachten untermauert (BGH, Urt. v. 10.11.1983 – VII ZR 373/82, BauR 1984, 166, 168 = NJW 1984, 725, 727) – substanziiert darlegen. Andernfalls erfolgt die Verweigerung der Nachbesserung zu Unrecht. Dies be-

1532

rechtigt den Auftraggeber ohne weitere Voraussetzungen (Fristsetzung u. a.) zur Eigennachbesserung (Ingenstau/Korbion/Wirth, B § 13 Abs. 5 Rn. 285). Lehnt der Auftraggeber dagegen eine Sicherheitsleistung ab, verliert er seinen Aufwendungsersatzanspruch und das diesen sichernde Zurückbehaltungsrecht am Werklohn (BGH, Urt. v. 22.03.1984 – VII ZR 50/82, BGHZ 90, 344, 352 f. = BauR 1984, 395, 400 = NJW 1984, 1676, 1679).

▶ **Beispiel**

Der Auftragnehmer hat eine Kellerabdichtung übernommen. Eine gesonderte Isolierung war – dies stellt sich später als Planungsverschulden heraus – vom Bauherrn aus dem Vertrag genommen worden. Der Auftraggeber fordert den Auftragnehmer zur Mangelbeseitigung auf, wobei er lediglich zusagt, die Mehrkosten für die Isolierung zu übernehmen, nicht aber Kosten für die bisher mangelhaft erbrachten Arbeiten. Der Auftragnehmer verweigert eine Nacherfüllung, weil der Auftraggeber keine Kostenbeteiligung dafür angeboten habe. Jetzt beauftragt der Auftraggeber einen Ersatzunternehmer und verlangt Kostenersatz. Zu Recht: Denn der Auftragnehmer hätte die Nacherfüllung nicht von einer Zahlungszusage oder Kostenbeteiligung abhängig machen dürfen. Er hätte lediglich in Höhe der voraussichtlichen Kostenbeteiligungsquote die Stellung einer Sicherheit verlangen können.

7.3.3.1.2 Prozessuale Geltendmachung

1533 Beruft sich der Auftragnehmer erst in einer prozessualen Auseinandersetzung auf ein Mitverschulden des Auftraggebers, gilt für den von dem Auftraggeber entsprechend seiner Mitverursachungsquote zu tragenden Zuschuss:
- Bei einer **Klage auf Nachbesserung** ist der Auftragnehmer Zug um Zug gegen Zahlung des erforderlichen Zuschusses zu verurteilen (BGH, Urt. v. 22.03.1984 – VII ZR 50/82, BGHZ 90, 344, 349 = BauR 1984, 395, 399 = NJW 1984, 1676, 1678).
- Bei einer **Klage auf Zahlung** (sei es auf Vorschuss, auf Minderung oder Schadensersatz) ist der Zahlungsanspruch des Auftraggebers um den von ihm zu tragenden Zuschuss vorweg zu kürzen. Dies ist von Amts wegen zu prüfen. Ein Feststellungsurteil etwa zu einer Haftung dem Grunde nach unter dem Vorbehalt eines noch später zu bestimmenden Mitverschuldens ist dagegen unzulässig (BGH, Beschl. v. 04.08.2010 – VII ZR 207/08, BauR 2010, 1967, 1968 = NJW 2010, 3299, 3300 = NZBau 2010, 749, 750).
- **Klagt** umgekehrt der **Auftragnehmer seine Vergütung** ein, kommt es bei einem Mitverschulden des Auftraggebers in entsprechender Anwendung des § 274 BGB zu einer **doppelten Zug-um-Zug-Verurteilung**, d. h.: Der Auftraggeber wird verurteilt, die offene Vergütung Zug um Zug gegen Mangelbeseitigung durch den Auftragnehmer zu bezahlen. Der Auftragnehmer seinerseits schuldet die Mangelbeseitigung wiederum nur Zug um Zug gegen Zuschusszahlung des Auftraggebers (BGH, Urt. v. 22.03.1984 – VII ZR 286/82, BGHZ 90, 354, 355 f. = BauR 1984, 401, 403 = NJW 1984, 1679).

▶ **Beispiel**

Der Auftragnehmer klagt eine offene Vergütung von 20 000 € ein. Es liegen Mängel im Wert von 15 000 € vor; der Sachverständige stellt eine Mitverschuldensquote des Auftraggebers von 1/3 fest. Hier wird der Auftraggeber, der sich wegen der Mängel auf ein Zurückbehaltungsrecht beruft, verurteilt, die 20 000 € an den Auftragnehmer zu zahlen Zug um Zug gegen Beseitigung der Mängel. Diese Mangelbeseitigung kann der Auftragnehmer seinerseits wieder abhängig machen von einem vom Auftraggeber zu zahlenden Zuschuss von 5 000 €.

Eine solche doppelte Zug-um-Zug-Verurteilung führt praktisch dazu, dass der Auftragnehmer mit den Mangelbeseitigungsarbeiten zwar vorleistungspflichtig bleibt. Den vom Auftraggeber zu leistenden Zuschuss erhält er nämlich erst, wenn die Mängel beseitigt sind. Allerdings trägt er in diesem Fall kein Ausfallrisiko: Denn der Auftraggeber muss – um eine Vollstreckung des Vergütungsanspruchs zu verhindern – seinen Zuschuss anbieten und sodann zugunsten des nachbessernden Auftragnehmers hinterlegen (BGH, Urt. v. 22.03.1984 – VII ZR 286/82, BGHZ 90, 354, 360 f. = BauR 1984, 401, 405 f. = NJW 1984, 1679, 1680).

7.3.3.2 Eigenverschulden/Mitverschulden Dritter

Ein Mitverschulden kann dem Auftraggeber anzulasten sein, wenn er den Mangel selbst mitverursacht. 1534

▶ **Beispiel**

Der Auftraggeber ist als bauausführender Unternehmer an der Bauwerkserstellung beteiligt und übernimmt ungeprüft mangelhafte Vorarbeiten eines Vorunternehmers. Deswegen kommt es später auch zu Mängeln eines Nachfolgeunternehmers.

Hier verletzt der Auftraggeber eine ihm in eigenen Angelegenheiten obliegende Sorgfaltspflicht, die nach § 254 BGB zu einer Kürzung seiner Mängelrechte führen kann (BGH, Urt. v. 08.05.2003 – VII ZR 205/02, BauR 2003, 1213, 1214 f. = NJW-RR 2003, 1238 = NZBau 2003, 495). Neben diesem Eigenverschulden kann ein Mangel aber auch auf Fehlern von vom Auftraggeber eingesetzten Dritten beruhen. Hier kann ihm das Verschulden dieser Dritten über § 278 BGB zugerechnet werden mit der Folge, dass evtl. bestehende Gewährleistungsrechte zu kürzen sind. Allerdings geht nicht jedes **Mitverschulden von vom Auftraggeber eingesetzten Dritten** zu seinen Lasten. Die beiden Hauptgruppen sollen erwähnt werden.

7.3.3.2.1 Mangelmitverursachung durch Architekten u. a.

Ins Gewicht fallen kann zunächst ein Mitverschulden des vom Bauherrn eingesetzten Architekten, Ingenieurs u. a. Dies gilt jedoch nur dann, wenn die Schlechtleistung des Architekten die Vertragspflichten des Auftraggebers aus seinem Bauvertrag mit dem Auftragnehmer betrifft. Dies ist bei einer **mangelhaften Objektüberwachung** (Leistungsphase 8) oder Bauleitung grundsätzlich **nicht der Fall**. Daher kann ein Auftragnehmer bei Gewährleistungsansprüchen des Auftraggebers nicht einwenden, nicht ordnungsgemäß überwacht worden zu sein (BGH, Urt. v. 29.11.1971 – VII ZR 101/70, BauR 1972, 112 f. = NJW 1972, 447; BGH, Urt. v. 18.01.1973 – VII ZR 88/70, BauR 1973, 190, 191 = NJW 1973, 518, 519; BGH, Urt. v. 20.12.1973 – VII ZR 153/71, BauR 1974, 205; BGH, Urt. v. 18.04.2002 – VII ZR 70/01, NJW-RR 2002, 1175 f. = NZBau 2002, 514). Vielmehr ist er zur eigenverantwortlichen Leistungsausführung verpflichtet (§ 4 Abs. 2 Nr. 1 VOB/B). Einen Anspruch auf Überwachung hat er nicht. Stellt der Auftraggeber gleichwohl einen Bauüberwacher, entlastet dies den Auftragnehmer nicht von seiner Haftung. Hiervon gibt es lediglich eine Ausnahme, die dann doch zu einer Mithaftung des Auftraggebers führen kann. Denn vorstellbar ist, dass eine mangelhafte Bauleitung des Architekten dazu führt, dass deswegen dem Auftragnehmer eine mangelhafte Vorleistung zur Verfügung gestellt wird. Hier kann es zu einer Mithaftung des Auftraggebers kommen – dies aber nicht originär wegen einer mangelhaften Bauüberwachung im Verhältnis des Bauherrn/Architekten zum Unternehmen, sondern wegen der gesonderten Fallgruppe gemäß § 13 Abs. 3 VOB/B im Zusammenhang mit der Zurverfügungstellung einer mangelhaften Vorleistung (OLG Frankfurt, Urt. v. 22.06.2004 – 14 U 76/99, BauR 2004, 1669 – s. dazu auch oben Rdn. 1518 ff.). 1535

Losgelöst von diesem Sonderfall bleibt es jedoch dabei, dass eine mangelhafte Bauüberwachung des Architekten keine Mithaftung des Auftraggebers auslöst. Etwas anderes gilt hingegen, wenn der vom Auftragnehmer verursachte Baumangel auf einem **Planungs- oder Koordinierungsverschulden des Architekten** beruht. Hier kommt es zu einer Kürzung von Gewährleistungsansprüchen, und zwar nach folgenden Grundsätzen:

- Nach der ständigen Rechtsprechung gehört es zu den Pflichten des Auftraggebers, dem Auftragnehmer – unbeschadet etwaiger anderer vertraglicher Regelungen – **einwandfreie Pläne und Unterlagen zur Verfügung zu stellen**. Sind die Pläne mangelhaft, kommt es zu einer anteiligen Kürzung der Gewährleistungsansprüche wegen eines Mitverschuldens des Auftraggebers (s. dazu auch BGH, Urt. v. 24.02.2005 – VII ZR 328/03, BauR 2005, 1016, 1018 = NJW-RR 2005, 1536

891, 892 f.). **Dessen Rechte können insoweit sogar völlig ausgeschlossen** sein. Dies ist der Fall, wenn das dem Auftraggeber zuzurechnende Planungsverschulden des Architekten in so großem Ausmaß das Verschulden des Auftragnehmers übersteigt, dass Letzteres gerade im Hinblick auf eine Verletzung einer ansonsten gebotenen Prüf- und Hinweispflicht des Auftragnehmers vollständig hinter das Planungsverschulden des Architekten zurücktritt (OLG Brandenburg, Urt. v. 20.03.2003 – 12 U 14/02, BauR 2003, 1054, 1056; Ingenstau/Korbion/Wirth, B Vor § 13 Rn. 256 f.; OLG Karlsruhe, Urt. v. 12.09.2007 – 6 U 120/06, BauR 2008, 1027: Dabei ist allenfalls aufzupassen, dass mit dieser Argumentation nicht die in diesen Fällen gleichwohl dem Auftragnehmer verbleibende Hinweispflicht mit der ihn treffenden Haftung bei Unterbleiben des Hinweises ausgehöhlt wird (BGH, Urt. v. 24.02.2005 – VII ZR 328/03, BauR 2005, 1016, 1019 = NJW-RR 2005, 891, 893).

▶ **Beispiel (vgl. ähnlich OLG Brandenburg, Urt. v. 20.03.2003 – 12 U 14/02, BauR 2003, 1054)**

Der Auftragnehmer baut an einem Haus Balkone an. Die Baupläne, die vom Architekten des Bauherrn zur Verfügung gestellt wurden, sind mangelhaft. Dies erkennt der Auftragnehmer und stellt – damit es zu keinen Schäden kommt – ein Nachtragsangebot für zusätzliche Wasserauslässe. Diesen Nachtrag lehnt der Auftraggeber ab. Hier mag man zwar fragen, ob der Auftragnehmer neben seinem Nachtrag noch gesondert auf die Mangelhaftigkeit der Planung hätte hinweisen müssen. Im Rahmen der Festlegung einer Mitverschuldensquote dürfte dieser Gesichtspunkt aber zurücktreten. Denn der Auftraggeber war fachkundig beraten, sodass das Architektenverschulden, das aus dem Nachtrag nicht die notwendigen Schlüsse gezogen hat, das Verschulden des Auftragnehmers wegen einer ggf. weiter gehenden Verletzung der Prüf- und Hinweispflicht zurückdrängt.

Umgekehrt können dem Auftraggeber aber auch **trotz eines Planungsverschuldens die vollen Mängelrechte** – hier aus dem Grundsatz von Treu und Glauben – **verbleiben** (BGH, Urt. v. 18.01.1973 – VII ZR 88/70, BauR 1973, 190, 191 = NJW 1973, 518; BGH, Urt. v. 10.07.1975 – VII ZR 243/73, BauR 1975, 420, 421; BGH, Urt. v. 09.02.1978 – VII ZR 122/77, BauR 1978, 222, 224; BGH, Urt. v. 11.10.1990 – VII ZR 228/89, BauR 1991, 79, 80 = NJW-RR 1991, 276). Dies gilt vor allem, wenn der Auftragnehmer treuwidrig eine Mangelverursachung in Kauf nimmt oder es auf ein etwaiges Mitverschulden des Architekten nicht ankommt. Dabei hängt letztere Fallgruppe auch eng mit der Pflicht des Auftragnehmers zusammen, die Planungsunterlagen auf ggf. weitere Mängel zu untersuchen (BGH, Urt. v. 09.02.1978 – VII ZR 122/77, BauR 1978, 222, 224; BGH, Urt. v. 11.10.1990 – VII ZR 228/89, BauR 1991, 79, 80 = NJW-RR 1991, 276).

▶ **Beispiele**

Der Auftragnehmer hat positiv erkannt, dass ein Planungsfehler vorliegt und dieser zum Mangel des Bauwerks führen wird. Gleichwohl weist er auf diesen Umstand nicht schriftlich hin. Bei einem solchen Handeln wider positiver Kenntnis trifft den Auftragnehmer im Rahmen einer Schadensquotierung eine alleinige Haftung – trotz des Planungsverschuldens des Auftraggebers (vgl. auch OLG Brandenburg, Urt. v. 18.01.2007 – 12 U 120/06, BauR 2007, 929).

In der Planung für eine Dachsanierung fehlen Regeldetails, deren fachgerechte Ausführung Architekt und Bauherr als selbstverständlich voraussetzen können. Hier kommt es zu keiner Kürzung der Ansprüche wegen eines etwaigen Mitverschuldens des Auftraggebers infolge der mangelhaften Pläne, weil Dachdecker auch ohne Detailpläne des Architekten die allgemein üblichen und in Fachkreisen bekannten Regeln der Technik beachten müssen (vgl. OLG Köln, Urt. v. 02.06.2004 – 17 U 121/99, IBR 2005, 476).

1537 • Im Subunternehmerverhältnis verschärft sich die Problematik falscher Pläne.

> **Beispiel**
>
> Der Bauherr bzw. sein Architekt erstellt die (falsche) Planung. Er gibt sie seinem GU, der sie ungeprüft an den Subunternehmer weiterreicht. Die Bauleistung ist mangelhaft. Der GU nimmt den Subunternehmer in Anspruch. Dieser beruft sich auf die falschen Pläne; der GU wiederum wendet ein, er habe dazu überhaupt keine Fachkunde besessen und die Fehlerhaftigkeit nicht feststellen können.

In Fällen wie diesen stellt sich die Frage, ob auch hier die Mängelansprüche des Generalunternehmers gegen seinen Subunternehmer wegen der mangelhaften Pläne zu kürzen sind. Dagegen spricht, dass der den Mangel verursachende Planer anders als im Normalfall nicht vom Generalunternehmer beauftragt wurde, sondern vom Bauherrn. Folglich kann dieser mit seinen falschen Planungsleistungen nicht Erfüllungsgehilfe des Generalunternehmers in dessen Verhältnis zum Subunternehmer gewesen sein; § 278 BGB ist somit nicht direkt anwendbar. Allerdings kommt es darauf nicht an. Denn unabhängig davon **schuldet in einem Bauvertrag der Auftraggeber eine mangelfreie Planung**. Woher in dem Subunternehmerverhältnis also der Generalunternehmer diese Planung bezieht, ist zweitrangig. Entscheidend ist allein, dass diese ggf. mangelhaft ist und in der Pflichtenabgrenzung ein deswegen entstandener Baumangel zumindest auch auf ein Ereignis zurückgeht, das in seinen Verantwortungsbereich gehört, d. h.: So wie der Bauherr ihm eine richtige Bauplanung schuldet, schuldet der Generalunternehmer diese seinem Subunternehmer. Das Planungsverschulden des Architekten schlägt in einem solchen Fall nach dem Rechtsgedanken des § 278 BGB über den eigentlich verantwortlichen Bauherrn und den Generalunternehmer bis auf den Subunternehmer haftungsmindernd durch (BGH, Urt. v. 23.10.1986 – VII ZR 267/85, BauR 1987, 86, 88 = NJW 1987, 644, 645; ihm folgend: Frikell/Frikell, S. 68).

- Dem Fall der fehlerhaften Planung ist der Sachverhalt gleichzustellen, bei dem der Architekt für die Ausführung der dem Unternehmer übertragenen Arbeiten **überhaupt keine Planung** erstellt und er auch anstelle der erforderlichen Planung nicht die notwendigen Anweisungen erteilt. Eine solche »Nichtplanung« führt wie ein Planungsfehler dazu, dass sich der Bauherr das Unterlassen des Architekten als Mitverschulden anrechnen lassen muss (BGH, Urt. v. 13.12.1973 – VII ZFI 89/71, BauR 1974, 125, 126). Zweifelhaft ist in diesem Rahmen nur, ob dies auch dann gilt, wenn der Bauherr erst gar keinen Architekten einschaltet. Die Beurteilung dieses Verhaltens wird letztlich vom Einzelfall, insbesondere vom Umfang und der Schwierigkeit der auszuführenden Arbeiten, von der Fachkenntnis des Bauherrn selbst und der Kenntnis des Bauunternehmers zu der Bedeutung einer fehlenden Planung abhängen. Denn umgekehrt kann sich gerade auch ein Bauunternehmer verpflichten, zugleich mit der Bauausführung eine entsprechende Planungsverantwortung zu übernehmen (OLG Frankfurt, Urt. v. 14.03.2011 – 1 U 55/10, BauR 2011, 1506 = NJW 2011, 1609, 1610).

- Eine Kürzung der Mängelrechte des Auftraggebers wegen eines Mitverschuldens des von ihm eingesetzten Architekten ist ebenfalls angezeigt, wenn der Architekt seine **Koordinierungspflicht verletzt** hat und der Werkmangel darauf beruht. Allerdings kann dem Auftraggeber nicht schon jede fahrlässige Koordinierungspflichtverletzung des Architekten zur Last gelegt werden; dies gilt vor allem dann, wenn die Pflichtverletzung des Architekten letztlich nicht mehr darstellt als eine Verletzung der Bauaufsicht. Eine zulasten des Auftraggebers wirkende Koordinierungspflichtverletzung des Architekten liegt daher erst vor, wenn diese Pflichtverletzung faktisch einem Planungsfehler nahe kommt (BGH, Urt. v. 15.12.1969 – VII ZR 8/68, BauR 1970, 57, 59; BGH, Urt. v. 29.11.1971 – VII ZR 101/70, BauR 1972, 112 f. = NJW 1972, 447, 448). Hierzu zählen u. a. vom Architekten zu treffende Entscheidungen, die für die reibungslose Ausführung des Baus unentbehrlich sind.

> **Beispiele**
>
> Der Architekt stellt keinen ordentlichen Bauzeitenplan auf oder versäumt es, die Leistungen der einzelnen Unternehmer untereinander während der Bauausführung in technischer und

zeitlicher Hinsicht abzustimmen. Dieses Koordinationsverschulden ist einem Planungsverschulden gleichzustellen.

Der Auftragnehmer liefert mangelhaften Beton. Wegen der späteren Mängel wendet er ein Mitverschulden des Auftraggebers ein. Dessen Architekt habe seine Koordinationspflichten verletzt, weil er den Ablauf der Baustelle nicht so organisiert habe, dass Fehler dazu auffallen. Dieser Einwand ist unerheblich: Denn bei der hier monierten Koordinationspflichtverletzung handelt es sich tatsächlich um ein nicht den Auftragnehmer entlastendes Bauüberwachungsverschulden.

Ähnliches gilt, wenn es um **konkrete Anweisungen des Architekten** geht, die im unmittelbaren Zusammenhang mit der Planung stehen.

▶ Beispiel

Abweichend von der genehmigten Planung weist der Architekt des Auftraggebers den Auftragnehmer an, das Gebäude höher zu gründen.

Diese abweichende Plananordnung war – ob sie zulässig war oder nicht – Bestandteil der Planungsverantwortung des Auftraggebers. Daher ist sie ihm gemäß § 278 BGB zuzurechnen. Ob der Architekt zu einer solchen Anweisung berechtigt war, ist dafür ohne Bedeutung. Dies spielt nur eine Rolle für die Abwägung der beiderseitigen Verursachungsbeiträge (BGH, Urt. v. 24.02.2005 – VII ZR 328/03, BauR 2005, 1016, 1018 = NJW-RR 2005, 891, 892 = NZBau 2005, 400, 401). Allerdings: Ist die Planung an sich richtig und (nur) die Anweisung falsch (vertragswidrig), hätte sich der Auftragnehmer in einem solchen Fall nicht einmal durch einen Bedenkenhinweis entlasten können. Denn weder der Architekt konnte die vertraglich vereinbarte Planung ohne besondere Vollmacht ändern noch durfte der Auftragnehmer eigenmächtig davon abweichen (BGH, Urt. v. 19.12.2002 – VII ZR 103/00, BGHZ 153, 244, 253 = BauR 2003, 689, 693 = NJW 2003, 1450, 1452 = NZBau 2003, 265, 267).

7.3.3.2.2 Mangelmitverursachung durch Vorunternehmer

1540 Sehr umstritten ist, ob auch ein vorleistender Unternehmer Erfüllungsgehilfe des Auftraggebers in dessen Verhältnis zu einem Nachunternehmer ist. In diesem Fall nämlich wären die Gewährleistungsrechte des Auftraggebers gegenüber einem Nachunternehmer zu kürzen, wenn der zugrunde liegende Mangel sowohl auf einer Schlechtleistung des Vor- als auch des Nachunternehmers beruht.

▶ Beispiel

Nach einer Altbausanierung zeigt sich, dass der Parkettboden wellig ist. Ein Sachverständiger stellt fest, dass der Mangel auf einem fehlerhaft verlegten Estrich beruht. Dies hätte der Parkettleger bei einer ihm obliegenden Prüfung ohne Weiteres erkennen können, zumal ein Teil der Mängel auch ihn treffe. Eine Mangelbeseitigung komme nur durch Austausch sowohl des Parketts als auch des Estrichs in Betracht. Der Auftraggeber nimmt den Parkettleger in Anspruch, weil der Estrichleger insolvent ist. Der Parkettleger beruft sich auf ein Mitverschulden des Auftraggebers, weil dieser sich die Schlechtleistung des Vorunternehmers (Estrichlegers) zurechnen lassen müsse.

Der Bundesgerichtshof hat dazu bisher in ständiger Rechtsprechung die Auffassung vertreten, dass der **Vorunternehmer kein Erfüllungsgehilfe des Auftraggebers** in seinem Verhältnis zum Nachunternehmer sei (BGH, Urt. v. 27.06.1985 – VII ZR 23/84, BGHZ 95, 128, 130 f. = BauR 1985, 561, 562 = NJW 1985, 2475). Diese Rechtsprechung ist zunächst unabhängig von der dazu ergangenen weiter gehenden Rechtsprechung zu sehen, die dem Nachunternehmer bei auf den Vorunternehmer zurückgehenden Bauverzögerungen gegen den Auftraggeber wenigstens einen Entschädigungsanspruch aus § 642 BGB gewährt (BGH, Urt. v. 21.10.1999 – VII ZR 185/98, BGHZ 143, 32, 38 f. = BauR 2000, 722, 724 f. = NJW 2000, 1336, 1338 = NZBau 2000, 187, 188; BGH, Urt. v. 13.01.2000 – VII ZR 38/99, BauR 2000, 1481, 1482 = NJW-RR 2000, 970, 971 = NZBau 2000, 247, 248 – dazu Rdn. 1997 ff.). Überzeugend war dieses Ergebnis nie: Denn warum sollte den Auftraggeber für selbst erbrachte mangelhafte Vorleistungen den Einwand des Mitverschuldens treffen –

nicht aber dann, wenn er mit denselben Vorleistungen einen anderen Unternehmer beauftragt (vgl. ausführlich zu der damit verbundenen Problematik Rdn. 1997 ff. sowie zuvor schon Vygen, BauR 1989, 387 ff. m. w. N.). Dies hat ganz offenbar auch der BGH zwischenzeitlich erkannt. So hat er insbesondere in einem neueren Urteil allerdings zum Architektenrecht eine Weichenstellung zu diesem Themenkomplex korrigiert, von der allerdings noch nicht sicher ist, ob und wenn ja in welchem Umfang sie auf die hier behandelte Vorunternehmerproblematik übertragen wird (BGH, Urt. v. 27.11.2008 – VII ZR 206/06, BGHZ 179, 55 = BauR 2009, 515 = NJW 2009, 582 = NZBau 2009, 185 – **Glasfassadenurteil**). In der Sache ging es vordergründig um eine ähnliche Gemengelage, nämlich der Frage der Zurechnung des Verschuldens eines planenden Architekten zulasten des Bauherrn gegenüber einem selbstständig eingeschalteten Bauüberwacher.

> **Beispiel (nach BGH, Urt. v. 27.11.2008, a. a. O.)**
>
> Der AG lässt ein Bauwerk mit einer aufwendigen Glasfassade errichten. Mit der Planung beauftragt er den Architekten A, mit der Bauüberwachung den B. Die von A erstellten Pläne sind mangelhaft, was der B nicht erkennt, aber bei einer pflichtgemäßen Prüfung hätte erkennen können. Der AG nimmt den B in Anspruch. B wendet ein Mitverschulden des AG ein. Die von A erstellte mangelhafte Planung müsse sich der AG nach §§ 254, 278 BGB zurechnen lassen.

Hätte man hier die vorstehend zitierte restriktive Haltung des BGH herangezogen, wäre eine Anspruchskürzung ausgeschlossen gewesen. Denn dann hätte der Auftraggeber keine Pflicht gehabt, dem nachfolgenden Bauüberwacher mangelfreie Pläne zur Verfügung zu stellen. Eine Verschuldenszurechnung des mangelhaft arbeitenden Planers (Vorunternehmer) wäre ausgeschieden. In dem vorgenannten Verfahren beließ es der BGH aber nicht bei diesem Ergebnis. Vielmehr verwies er nunmehr darauf, dass es – entsprechend dem Rechtsgedanken des § 642 BGB – der **Obliegenheit des Auftraggebers** entsprochen hätte, dem Bauüberwacher **mangelfreie Pläne zur Verfügung zu stellen**. Und im Rahmen dieser Obliegenheit müsse sich der Auftraggeber nunmehr ein Verschulden des von ihm eingesetzten Planers zurechnen lassen. Folglich kam er damit dann doch zu einem Mitverschulden des Auftraggebers gegenüber dem Bauüberwacher, weswegen dessen Schadensersatzanspruch zu kürzen ist (BGH, a. a. O.).

Bevor man diese Rechtsprechung nun aber auf die Bauausführungsseite überträgt, bedarf es dazu einiger Vorüberlegungen (s. dazu überzeugend Leupertz, BauR 2010, 1999; ders. Festschrift Koeble, S. 139):

1541

- Es entspricht seit jeher der Rechtsprechung, dass der Mitverschuldenseinwand nach § 254 BGB nicht nur echte Vertragspflichten betrifft. Denn es gibt schon keine Pflicht, sich nicht selbst zu schädigen. Es gibt auch keine Pflicht eines potenziell Geschädigten gegenüber dem Schädiger, einen Schaden abzuwenden und für dessen Begrenzung zu sorgen. Stattdessen liegt § 254 BGB als Ausdruck des allgemeinen Grundsatzes von Treu und Glauben mit einer sich anschließenden Anspruchskürzung ein anderer Mitverschuldensbegriff zugrunde. Insoweit reicht nämlich losgelöst von vertraglichen Pflichten bereits jedes Verschulden aus. Eingeschlossen ist damit vor allem die Verletzung von Obliegenheiten. Letztere sind zwar nicht einklagbar, können jedoch zu Nachteilen für den Betroffenen führen, wenn er sich nicht daran hält (so auch schon BGH, Urt. v. 03.07.1951 – I ZR 44/50, BGHZ 3, 46, 47; BGH, Urt. v. 18.04.1997 – V ZR 28/96, BGHZ 135, 235, 240 = BauR 1997, 890 [Ls.] = NJW 1997, 2234, 2235; s. zu dem Begriff der Obliegenheit auch oben Rdn. 1072 ff.), d. h.: Es kommt nicht darauf an, dass es um die Verletzung einer vertraglichen Pflicht geht.
- Natürlich kann es nicht um jede einen Schaden auslösende Obliegenheitsverletzung gehen, sondern nur um solche, die zum einen eine Ursache für die Schadensentstehung gesetzt haben. Zum anderen muss sich der **Schutzzweck der Obliegenheit** gerade darauf richten, den dann eingetretenen Schaden zu verhindern. Auch das entspricht seit Langem der Rechtsprechung (vgl. nur BGH, Urt. 14.03.2006 – X ZR 46/04, NJW-RR 2006, 965; Münch. Komm./Oetker, § 254 Rn. 33 m. w. N.; anschaulich auch Gartz, BauR 2010, 703, 705).
- Und schließlich muss entschieden werden, inwieweit dem Auftraggeber, der nicht selbst handelt bzw. eine Obliegenheit verletzt, das **Handeln eines Dritten** selbst im Fall einer bloßen Obliegen-

heit **zugerechnet werden** kann. Grundlage einer solchen Zurechnung ist § 278 BGB, den § 254 Abs. 2 S. 2 BGB für entsprechend anwendbar erklärt. Zugerechnet wird danach das Verschulden der Personen, derer sich der Schuldner zur Erfüllung seiner Verbindlichkeit bedient. Mit Verbindlichkeit ist – § 278 BGB wird ja nur entsprechend angewendet – allerdings wie erläutert gerade nicht zwingend eine vertragliche Pflicht gemeint; vielmehr genügt auch hier jedes Verhalten eines vom Schuldner eingesetzten Dritten, d. h. derjenigen, die vom Schuldner im Rahmen der ihn treffenden Obliegenheiten eingesetzt werden (so schon BGH, Urt. v. 08.03.1951 – III ZR 65/50, BGHZ 3, 46, 50; so auch BGH, Urt. v. 27.11.2008 – VII ZR 206/06, BauR 2009, 515, 519 m. w. N.). Zwar sieht die Rechtsprechung in Ergänzung dazu in § 278 BGB eine sog. Rechtsgrundverweisung (BGH, Urt. v. 20.05.1980 – VI ZR 185/78, NJW 1980, 2080; BGH; Urt. v. 01.03.1988 – VI ZR 190/87, BGHZ 103, 338, 342 = NJW 1988, 2667, 2668): Doch ist das in den Nachunternehmerfällen kein Problem, weil es hier schon zum Zeitpunkt des Schadenseintritts ein Schuldverhältnis zwischen Schädiger (Nachfolgeunternehmer) und Geschädigtem (Auftraggeber) gibt.

1542 Auf der Grundlage dieser Vorüberlegungen kommt man in der Tat bei Mängeln in der Planung und einem sich anschließenden Verschulden eines separat beauftragten Bauüberwachers zu adäquaten Lösungen (Leupertz, a. a. O.): Natürlich obliegt es dem Auftraggeber, dem Bauüberwacher mangelfreie Pläne zu übergeben. Dessen Einschaltung erfolgt – so der BGH ausdrücklich (Urt. v. 27.11.2008 – VII ZR 206/06, BGHZ 179, 55, 65 = BauR 2009, 515, 519 = NJW 2009, 582, 585 = NZBau 2009, 185, 187) – vor allem zur Risikominimierung und der Vermeidung von Schäden. Hierin liegt zugleich der besondere Schutzzweck der Obliegenheit. Diese Aufgabe kann der Bauüberwacher nämlich nur wahrnehmen, wenn die ihm übergebenen Pläne mangelfrei sind. Daher liegt die **Übergabe mangelfreier Pläne im ureigenen Interesse des Auftraggebers** – losgelöst von der Verpflichtung des Bauüberwachers, diese ihm überlassenen Pläne zu prüfen. Denn diese Prüfungspflicht ändert nichts daran, dass der Auftraggeber bei der Übergabe mangelhafter Pläne dieses eigene Interesse an der Erstellung eines mangelfreien Bauwerks mit einem Verschulden gegen sich selbst verletzen kann. Insoweit muss er sich dann, wenn er sich für die Erstellung der Planunterlagen Dritter (eigenständiger Planer) bedient hatte, deren Verschulden über §§ 254, 278 BGB zurechnen lassen, was automatisch zu einer Kürzung seiner Schadensersatzansprüche gegen den Nachfolgeunternehmer führt (BGH, a. a. O.; s. dazu auch Leupertz, BauR 2010, 1999; ders. in Festschrift Koeble, S. 139).

1543 Ob diese Rechtsprechung allerdings auf den **mangelhaft arbeitenden Vorunternehmer übertragen** werden kann, ist keineswegs zwingend (so etwa Sohn/Holtmann, BauR 2010, 1480; kritisch Gartz, BauR 2010, 703; eher vorsichtig Leupertz, BauR 2010, 1999, 2008). Dabei geht es weniger darum, dass auch im Ausführungsbereich den Auftraggeber eine Obliegenheit treffen kann, dem Nachfolgeunternehmer eine mangelfreie Vorleistung zur Verfügung zu stellen (wenn man nicht sogar von einer darauf gerichteten Pflicht sprechen kann, s. dazu Rdn. 1080 f.). Diese mangelhafte Vorleistung kann auch kausal den späteren Mangel mit verursacht haben. Entscheidend wird jedoch sein, ob insoweit der **Schutzzweck der hier ggf. verletzten Obliegenheit** betroffen ist. Selbstverständlich ist das nicht: Denn während sich der Bauüberwacher an den ihm übergebenen Plänen orientieren muss (er erhält sie ja, um danach vertragsgerecht zu arbeiten), ist dies beim Nachfolgeunternehmer im Ausführungsbereich zunächst nicht so. Dieser erhält vom Auftraggeber die Arbeiten des Vorunternehmers, um anschließend mit einer anderen Leistung eigenständig darauf aufzubauen. Oder um es plakativ zu sagen: Der Auftraggeber übergibt dem Nachfolgeunternehmer die Vorleistung nicht deshalb, damit dieser mangelfrei leistet. Somit gibt es doch einen erheblichen Unterschied, ob man eine einheitliche Teilleistung (Architektenleistung) aufsplittet und verschiedene Personen daran arbeiten lässt – oder ob es um die Vergabe selbstständiger Werkleistungen geht. Wie der Bundesgerichtshof diesen Sachverhalt entscheidet, bleibt abzuwarten. Im Ergebnis spricht jedoch einiges dafür, **trotz dieser Unterschiede von einem Mitverschulden** auszugehen. Denn letzten Endes geht es gerade auch aus Sicht des Auftraggebers – trotz der Selbstständigkeit der Werkleistung des Nachfolgeunternehmers – doch darum, dass dieser eine mangelfreie Leistung erbringt. Das aber kann er möglicherweise nicht, weil er vom Auftraggeber keine mangelfreie Vorleistung erhalten hat. Genau das zu verhindern kennzeichnet wiederum die Obliegenheit des Auftraggebers, um die es hier geht.

7.3.4 Gewährleistungsausschluss nach § 640 Abs. 2 BGB

Nach § 640 Abs. 2 BGB stehen dem Besteller, der ein mangelhaftes Werk abgenommen hat, obwohl er den Mangel kannte, die in § 634 Nr. 1 bis 3 BGB bestimmten Ansprüche auf Mängelbeseitigung, Rücktritt und Minderung nur zu, wenn er sich seine **Rechte wegen des Mangels bei der Abnahme vorbehalten** hat. Diese gesetzliche Vorschrift gilt in gleicher Weise im Anwendungsbereich der VOB/B. Dies ergibt sich mit aller Deutlichkeit aus dem Sinn und Zweck der Bestimmungen in § 12 Abs. 4 Nr. 1 S. 4 VOB/B und in § 12 Abs. 5 Nr. 3 VOB/B, da der in diesen Vorschriften vorgesehene **Vorbehalt bekannter Mängel bei der Abnahme** ersichtlich auf die in § 640 Abs. 2 BGB festgelegte Rechtsfolge abgestellt ist. Auf Einzelheiten dazu wurde schon im Kapitel 6 eingegangen, auf das verwiesen wird (Rdn. 1208 ff.).

1544

7.3.5 Kürzung bei Sowieso-Kosten/Ohnehin-Kosten/Vorteilsausgleichung

Gewährleistungsrechte des Auftraggebers sind schließlich im Rahmen der Vorteilsausgleichung (BGH, Urt. v. 17.05.1984 – VII ZR 169/82, BGHZ 91, 206, 211 = BauR 1984, 510, 512 = NJW 1984, 2457, 2458) um die sog. **Sowieso- oder Ohnehin-Kosten** zu kürzen. Dies gilt sowohl für Schadensersatzansprüche als auch für alle anderen Gewährleistungsrechte (vor allem Vorschuss- und Kostenerstattungsanspruch sowie Minderung – BGH, Urt. v. 17.05.1984 – VII ZR 169/82, BGHZ 91, 206, 209 ff. = BauR 1984, 510, 511 f. = NJW 1984, 2457, 2458). Unter Sowieso-Kosten versteht man die (Mehr-)Kosten, um die die **Bauleistung bei einer ordnungsgemäßen Ausführung von vornherein teurer** gewesen wäre. In deren Höhe sind die geldwerten Mängelansprüche des Auftraggebers zu kürzen. Dabei kommt es allein auf die Preise zum Zeitpunkt des Vertragsschlusses an, während Mehrkosten von danach eingetretenen Preiserhöhungen nur über einen Schadensersatzanspruch abgerechnet werden können (BGH, Urt. v. 17.05.1983 – VII ZR 169/82, BGHZ 91, 206, 209 f. = BauR 1984, 510, 511 = NJW 1984, 2457, 2458; BGH, Urt. v. 12.10.1989 – VI ZR 140/88, BauR 1990, 84, 85 = NJW-RR 1990, 89; BGH, Urt. v. 08.07.1993 – VII ZR 176/91, BauR 1993, 722, 723 = NJW-RR 1994, 148, 149).

1545

In der Praxis kommt es häufig zu einer Anspruchsreduzierung durch Sowieso-Kosten, wenn die vom Auftraggeber geforderte und notwendige Nachbesserung nicht der ursprünglich im Bauvertrag vereinbarten Soll-Leistung entspricht. Sowieso-Kosten fallen hierbei vor allem an, wenn die Parteien im Bauvertrag eine bestimmte Ausführungsart vereinbart haben, mit der die Funktionstauglichkeit der Bauleistung nicht erreicht werden kann. Für insoweit nicht zu vermeidende Werkmängel ist der Auftragnehmer zwar gewährleistungspflichtig, weil er erfolgsbezogen eine mangelfreie, das heißt funktionstaugliche Leistung schuldet. Erbringt er jedoch im Rahmen der Gewährleistung **eine nicht im Ausgangsvertrag vorgesehene Mehrleistung**, kann er den ihm hierfür entstehenden Mehraufwand, für den er während der Bauphase einen Nachtrag hätte stellen können, als »Sowieso-Kosten« anspruchsverkürzend geltend machen (BGH, Urt. v. 16.07.1998 – VII ZR 350/96, BGHZ 139, 244, 247 f. = BauR 1999, 37, 39 = NJW 1998, 3707, 3708).

1546

▶ **Beispiel**

Im Bauvertrag wird bei einem Vordach die Ausschreibung eines Regenablaufs vergessen. Dieser ist aber notwendig, weil sonst das Wasser nicht ordnungsgemäß ablaufen kann. Der Auftragnehmer baut entsprechend der Planung. Diese Bauleistung ist wegen der fehlenden Entwässerungsmöglichkeit mangelhaft. Im Rahmen der Gewährleistung muss der Auftragnehmer nachbessern. Allerdings: Die zusätzlichen Kosten für den Regenablauf stellen Sowieso-Kosten dar, die der Auftraggeber tragen muss. Denn wenn der Auftragnehmer sich pflichtgemäß verhalten hätte, hätte er auf diesen fehlenden Ablauf schon während der Bauausführung hingewiesen. Dann hätte der Auftraggeber diesen nachbeauftragen und bezahlen müssen. Insoweit wäre bei einer korrekten Ausschreibung das Bauvorhaben von vornherein um die Kosten für diesen Regenablauf teurer geworden. Diese hat der Auftraggeber auch zu tragen, wenn die Leistung erstmals in der Gewährleistung erbracht wird.

Allerdings: Hätte der Auftraggeber bei einem rechtzeitigen Hinweis des Auftragnehmers die durch Planänderung anfallenden Mehrkosten z. B. durch die Erhöhung eines Weiterverkaufspreises an Dritte weitergeben können, was er im Nachhinein nicht mehr kann (z. B. bei Bauträgerverträgen), kommt eine spätere Anspruchskürzung wegen Sowieso-Kosten nicht in Betracht (OLG Hamm, Urt. v. 09.11.2010 – 19 U 38/10, BauR 2011, 269, 270 = NJW-RR 2011, 237, 238).

1547 Die Kürzung der Mängelansprüche um Sowieso-Kosten beruht auf dem **Rechtsgedanken der Vorteilsausgleichung**. In diesem Zusammenhang stellt sich regelmäßig die Frage, inwieweit der Auftragnehmer dem Auftraggeber neben den Sowieso-Kosten sonstige im Rahmen der Mangelbeseitigung zufließende Vorteile anspruchsmindernd entgegenhalten kann. Dies ist grundsätzlich möglich, wenn der dem Auftraggeber zufließende Vorteil adäquat kausal auf dem gleichzeitig entstandenen Schaden beruht. Weiter muss die Anrechnung des Vorteils aus Sicht des Auftraggebers (Geschädigten) zumutbar sein, darf dem Zweck der zugrunde liegenden Anspruchsnorm nicht widersprechen und den Auftragnehmer (Schädiger) nicht unbillig entlasten (vgl. dazu Palandt/Grünberg, Rn. 68 vor § 249 BGB m. w. N.; Oetker, in: Münch. Komm., § 249 Rn. 222 ff.). Für die Vorlage der diesbezüglichen Voraussetzungen trägt der Auftragnehmer die Beweislast (BGH, Urt. v. 24.04.1985 – VIII ZR 95/84, BGHZ 94, 195, 217 = NJW 1985, 1539, 1544; BGH, Urt. v. 11.06.1992 – VII ZR 333/90, BauR 1992, 758 = NJW-RR 1992, 1300, 1301).

▶ **Beispiele**
- Auszugleichen sind danach etwa ersparte Darlehenszinsen, wenn der Auftraggeber wegen Mängeleinbehalten nicht mit sonst fälligen Kreditkosten belastet wird (BGH, Urt. v. 15.04.1983 – V ZR 152/82, BauR 1983, 465, 466 f. = NJW 1983, 2137 f.).
- Ebenso auszugleichen sind bei der Geltendmachung des großen Schadensersatzanspruches mit der Rückgabe der Bauleistung (z. B. einer Wohnung) für die Nutzungszeit erzielte Mieteinnahmen (BGH, Urt. v. 12.03.2009 – VII ZR 26/06, BauR 2009, 1140, 1142 = NJW 2009, 1870, 1871 = NZBau 2009, 376, 377) bzw. bei einer Eigennutzung ein linear am Einheitspreis zu bemessender Nutzungsanteil (BGH, Urt. v. 06.10.2005 – VII ZR 325/03, BGHZ 164, 235, 238 = BauR 2006, 103, 104 = NJW 2006, 53; BGH, Urt. v. 31.03.2006 – V ZR 51/05, BGHZ 167, 108, 111 = BauR 2006, 983 = NJW 2006, 1582, 1583).

Ausgleichspflichtig sind unter dem Gesichtspunkt des Vorteilsausgleichs ebenso dem Auftraggeber durch die Mangelhaftigkeit der Werkleistung **unmittelbar zufließende Steuervorteile**. Dies gilt aber nur dann, wenn nicht die im Zuge der Rückabwicklung fließende Zahlung ihrerseits einer Besteuerung unterliegt, durch die dem Auftraggeber die erzielten Steuervorteile wieder genommen werden (st. Rspr., vgl. nur BGH, Urt. v. 19.06.2008 – VII ZR 215/06, BauR 2008, 1450, 1451 = NJW 2008, 2773, 2774).

▶ **Beispiel (ähnlich BGH, a. a. O.)**

Ein Bauträgervertrag wird wegen Mängeln im Wege des großen Schadensersatzes rückabgewickelt. Bei der Bemessung des Schadens sind seinerzeit durch die erhöhte AfA gezogene Steuervorteile nicht schadensmindernd. Denn tatsächlich werden bei der Rückzahlung der Anschaffungskosten als Werbungskosten geltend gemachte Aufwendungen erstattet, die der Erwerber nunmehr als Einnahmen aus Vermietung und Verpachtung zu versteuern hat.

Abweichend davon kann es im Zusammenhang mit gezogenen Steuervorteilen nur dann zu einer Vorteilsausgleichung kommen, wenn umgekehrt Anhaltspunkte dafür bestehen, dass dem Geschädigten unter Berücksichtigung der Steuerbarkeit der Ersatzleistung **außergewöhnliche Vorteile** entstehen. Sähe man das anders und würde sogar von dem Geschädigten eine vielfach im Vorhinein im Übrigen gar nicht mögliche Detailberechnung verlangen, würde die Durchsetzung eines Schadensersatzanspruchs unzumutbar erschwert. Zumindest die Tatsache allein, dass dem Geschädigten Vorteile aus einer späteren Absenkung der Steuersätze zugutekommen, sind somit unbeachtlich. Dass es

7.3 Beschränkung (und Erweiterung) von Gewährleistungsrechten

ansonsten solche besonderen Umstände für außergewöhnliche Steuervorteile gibt, hat der Schädiger darzulegen und zu beweisen (BGH, Urt. v. 15.07.2010 – III ZR 336/08, BGHZ 186, 205, 213 = BauR 2010, 2111, 2115). Dabei kann eine Bestimmung der Schadenshöhe auch unter Berücksichtigung etwaiger tatsächlich anrechenbarer Steuervorteile nach § 287 ZPO erfolgen (BGH, Urt. v. 01.03.2011 – XI ZR 96/09, BauR 2011, 1164, 1165 = NJW-RR 2011, 986, 987). Genaue Feststellungen müssen dazu nicht getroffen werden; erst recht müssen keine bestandskräftigen Steuerbescheide abgewartet werden (BGH, Urt. v. 26.01.2012 – VII ZR 154/10, BauR 2012, 648, 650).

Nicht ausgleichspflichtig sind hingegen **Vorteile**, die dem Auftraggeber allein dadurch entstehen, dass ein **Vorunternehmer** seine eigenen Mängel beseitigt, wodurch er **gleichzeitig auch Mängel des Nachunternehmers behebt** (OLG Karlsruhe, Urt. v. 01.03.2005 – 17 U 114/04, BauR 2005, 1485, 1487). 1548

▶ **Beispiel**

Verlegte Rohre weisen Korrosionen auf. Festgestellt wird, dass diese sowohl auf einen mangelhaften Korrosionsschutz des Erstunternehmers als auch auf eine von einem anderen Unternehmer angebrachte nicht genügende Kälteschutzisolierung zurückgehen. Die Korrosion wäre jedoch unterblieben, wenn wenigstens der Korrosionsschutz richtig angebracht worden wäre. Hier hat der Erstunternehmer im Rahmen seiner Mangelbeseitigung den Korrosionsschutz zu erneuern, und zwar einschließlich aller Nebenarbeiten (vgl. § 635 Abs. 2 BGB). Dazu gehört ggf. auch die vorher abzumontierende (mangelhafte) Kälteschutzisolierung, die er anschließend (mangelfrei) wieder anzubauen hat. Eine Vorteilsausgleichung wegen Sowieso-Kosten findet nicht statt: Denn hätte der Erstunternehmer mangelfrei geleistet, wäre der Auftraggeber in seiner Entscheidung frei gewesen, ob er die mangelhafte Isolierung belässt oder erneuert. Diese Freiheit ist ihm genommen. Ebenso ist ihm die Freiheit genommen, die Mängel an der Kälteschutzisolierung durch andere Maßnahmen als eine vollständige Neumontage zu beseitigen. Daher führt die bloße Montage einer neuen, mangelfreien Kälteschutzisolierung noch nicht zu einem von dem Auftraggeber auszugleichenden Vorteil. Dies wäre erst der Fall, wenn der Auftraggeber infolge der Neumontage der Isolierung eine insgesamt bessere und wertvollere Leistung erhält als er sie bei einer von vornherein mangelfreien Leistung des Erstunternehmers erhalten hätte. Dazu kommt es jedoch nicht, soweit der Auftragnehmer im Rahmen seiner eigenen Mangelbeseitigung nur (notwendigerweise) mangelhafte Drittleistungen mit beseitigt.

Zweifelhaft ist dagegen der Ansatz von Sowieso-Kosten, wenn in der **Zeit zwischen Abnahme und Nacherfüllung die gesetzlichen oder technischen Anforderungen gestiegen** sind. 1549

▶ **Beispiel (nach OLG Stuttgart, Beschl. v. 14.09.2011 – 10 W 9/11, NJW-RR 2011, 1589, 1590 = NZBau 2012, 42, 43)**

Der Auftragnehmer stellt eine mangelhafte Fassade her. Zum Zeitpunkt der Nacherfüllung haben sich die technischen Anforderungen an die Verankerungen verschärft. Diese müsste er bei der Mangelbeseitigung berücksichtigen.

Zumindest für einen VOB-Vertrag gilt, dass der Auftraggeber auch die Mangelbeseitigungsleistung abzunehmen hat (§ 13 Abs. 5 Nr. 1 S. 3 VOB/B). Genügt diese zum Zeitpunkt einer solchen Abnahme nicht den (dann geltenden) anerkannten Regeln der Technik, kann er eine solche Abnahme verweigern. Dies liegt im Übrigen schon auf der Hand, wenn im vorgenannten Fall etwa die Bauaufsicht die erneuerte Fassade so nicht abnehmen würde. Hier kann kein Zweifel daran bestehen, dass der Auftragnehmer im Rahmen der Nacherfüllung diese höherwertige Leistung auszuführen hat. Dass es zu diesen Mehrleistungen mit dem höheren Standard gekommen ist, beruht dabei allein auf dem vorherigen Baumangel. Ein Kostenausgleich unter dem Gesichtspunkt von Sowieso-Kosten dürfte dagegen in aller Regel ausscheiden. Denn anders als sonst wäre hier die Leistung bei einer ordnungsgemäßen Erstausführung gerade nicht um diesen Betrag teurer geworden. Allenfalls wäre an einen sonstigen Vorteilsausgleich zu denken. Dann aber müsste es auch einen solchen Vorteil geben (z. B. eine deswegen verlängerte Nutzungsdauer). Allein eine höhere Materialqualität genügt für die

Annahme eines Vorteils nicht (OLG Stuttgart, a. a. O.; dagegen kritisch Miernik, BauR 2012, 151). In einem ähnlich gelagerten Fall hatte zwar einmal das OLG Hamm (Urt. v. 29.01.2009 – 12 U 47/06, BauR 2009, 861) anders entschieden. Selbst wenn keine Sowieso-Kosten unter dem Gesichtspunkt »neu für alt« vorlägen, gäbe es für solche Mehrkosten zu Mehrarbeiten wegen nach Abnahme gestiegener Anforderungen als Modernisierung dem Grundsatz nach keinen Ersatz. Warum das aber der Fall sein soll, wenn dem Auftraggeber dadurch möglicherweise sogar tatsächlich ein Vorteil zufließt (das prüfte das OLG Hamm gar nicht), bleibt unklar.

1550 Bedeutung gewinnen auszugleichende Vorteile ebenso in Fällen, in denen die Mangelbeseitigung erst zu einem relativ späten Zeitpunkt der Gewährleistungsfrist erfolgt und der Auftraggeber hierdurch in den Genuss einer **verlängerten Lebensdauer einer nunmehr verbesserten Leistung** kommt (z. B. durch Ersparnis von zeitgemäßen Reparaturaufwendungen). Dies gilt umso mehr, wenn der Auftragnehmer die Mängel entsprechend § 635 Abs. 4 BGB durch Neuherstellung der Leistung beseitigt hat. Hier wird man zu unterscheiden haben:

- Zu betrachten ist der Fall, dass sich der Mangel erst zu einem sehr späten Zeitpunkt innerhalb der Gewährleistungsfrist zeigt und der Auftraggeber bis dahin keine Gebrauchsnachteile der betroffenen Werkleistung hinnehmen musste. Hier wird er unter dem Gesichtspunkt der Vorteilsausgleichung (»**Abzug neu für alt**«) eine Kürzung seiner Gewährleistungsansprüche aufgrund der nach einer Mangelbeseitigung verlängerten Nutzungsdauer der neu erstellten oder zumindest reparierten Werkleistung hinzunehmen haben (in diesem Sinne zu verstehen: BGH, Urt. v. 13.09.2001 – VII ZR 392/00, BauR 2002, 86, 88 = NJW 2002, 141, 142 = NZBau 2002, 31, 32; BGH, Urt. v. 22.01.2004 – VII ZR 426/02, BauR 2004, 869, 871 = NJW-RR 2004, 739, 740; OLG Düsseldorf, Urt. v. 11.12.2001 – 21 U 92/01, BauR 2002, 802, 805). Dieser seit jeher anerkannte Rechtsgedanke ergibt sich zumindest für den Nacherfüllungsanspruch bereits aus § 635 Abs. 4 BGB: Kommt es nämlich im Rahmen der Nacherfüllung zu einer Neuerstellung der Werkleistung, verweist § 635 Abs. 4 BGB bzgl. der weiteren Rechtsfolgen auf die Regelungen des Rücktritts nach §§ 346–348 BGB. Der nachbessernde Auftragnehmer hat danach das Recht auf Rückgewähr des mangelhaften Werks einschließlich der gezogenen Nutzungen. Hierzu gehören nach § 100 BGB auch die **Gebrauchsvorteile der (mangelhaften) Leistung**. Diese können, wie schon erläutert, darin bestehen, dass der Auftraggeber zu einem späten Zeitpunkt der Gewährleistung eine neue Leistung erhält. Damit fließen ihm zugleich **ausgleichungspflichtige Vorteile einer verlängerten Lebensdauer der ursprünglichen Vertragsleistung** zu (gewöhnliche Lebensdauer zzgl. der Lebensdauer, die nach Übergabe der Bauleistung bis zur Mangelbeseitigung schon verstrichen ist). Nichts anderes gilt für die auf der Nacherfüllung beruhenden weiteren Mängelrechte wie Kostenerstattungs- oder Vorschussanspruch. Für den Schadensersatzanspruch statt der Leistung ergibt sich dies bereits aus § 281 Abs. 5 BGB. Soweit der Auftraggeber dem in der Sache entgegen treten will, weil ihm vermeintlich doch kein Vorteil entstanden sei, trifft ihn dafür die Darlegungs- und Beweislast (OLG Koblenz, Urt. v. 08.01.2009 – 5 U 1597/07, NJW-RR 2009, 1318, 1319 = NZBau 2009, 654).
- Beruhte die **Verzögerung der Mangelbeseitigung** hingegen auf dem **Unwillen des Auftragnehmers**, kommt eine Vorteilsausgleichung für eine danach verlängerte Nutzungsdauer der Werkleistung nicht in Betracht (OLG Dresden, Urt. v. 21.03.2007 – 6 U 219/03, BauR 2008, 693; OLG Koblenz, Urt. v. 08.01.2009 – 5 U 1597/07, NJW-RR 2009, 1318, 1319 = NZBau 2009, 654, 655; Ingenstau/Korbion/Wirth, B Vor § 13 Rn. 287). Zwar könnte auch hier § 635 Abs. 4 BGB ein anderes Ergebnis rechtfertigen. Dies kann jedoch nicht richtig sein: Denn müsste der Auftraggeber selbst in diesen Fällen etwaige Vorteile im Zusammenhang mit einer verlängerten Lebensdauer der Werkleistung an den Auftragnehmer herausgeben oder zumindest wertmäßig ausgleichen, stünde ein Auftragnehmer, der nicht einmal willens ist, seine mangelhafte Leistung nachzubessern, finanziell besser als ein Auftragnehmer, der auf erste Anforderung die von ihm verursachten Mängel beseitigt (BGH, Urt. v. 17.05.1984 – VII ZR 169/82, BGHZ 91, 206, 215 f. = BauR 1984, 510, 513 f. = NJW 1984, 2457, 2459; BGH, Urt. v. 15.06.1989 – VII ZR 14/88, BauR 1989, 606, 609 = NJW 1989, 2753, 2755). Dabei mag man dieses Ergebnis mit dem Grundsatz aus Treu und Glauben bzw. aus Gründen der Billigkeit (OLG Düsseldorf, Urt. v. 04.03.1974

7.3 Beschränkung (und Erweiterung) von Gewährleistungsrechten

– 5 U 108/73, BauR 1974, 413) oder mit dem Zweck der gesetzlichen Regelung der Mängelrechte (so etwa BGH, Urt. v. 17.05.1984 – VII ZR 169/82, BGHZ 91, 206, 215 = BauR 1984, 510, 513 = NJW 1984, 2457, 2459) rechtfertigen. Hilfreich ist auch ein Rückgriff auf andere verwandte Rechtsinstitute, so vor allem der Ausschluss eines Anspruchs bei einer aufgedrängten Bereicherung (vgl. zu dieser umstrittenen Rechtsfigur, die ihren Hauptanwendungsbereich eher bei der hier nicht einschlägigen Verwendungskondiktion entfaltet: Schwab, in: Münch. Komm. § 812 Rn. 194 ff.): Denn auf der einen Seite tritt die ggf. herauszugebende Vermögensmehrung beim Auftraggeber (Nutzungsvorteil durch verlängerte Lebensdauer) ein, ohne dass dieser diese Mehrung will; er will stattdessen kurzfristig ein mangelfreies Werk. Auf der anderen Seite handelt der Auftragnehmer bewusst ohne Rechtsgrund, weil er eine objektiv geschuldete Nacherfüllung zumindest vorsätzlich zeitweise nicht vornimmt.

Bei der **Abrechnung der Vorteilsausgleichung** bzw. der Sowieso-Kosten bestehen keine Besonderheiten gegenüber der vergleichbaren Kostenbeteiligung bei einem Mitverschulden des Auftraggebers (s. o. Rdn. 1532 ff.), d. h.: 1551
- Stehen sich bereits geldwerte Ansprüche gegenüber, was bei der Vorteilsausgleichung bzw. Sowieso-Kosten zumeist der Fall ist, findet einfach eine Verrechnung statt.
- Besteht noch ein Anspruch auf Nacherfüllung, kommt außerhalb eines Prozesses ein Leistungsverweigerungsrecht in Betracht, bis der Auftraggeber in Höhe des auszugleichenden Vorteils eine Sicherheit stellt (BGH, Urt. v. 22.03.1984 – VII ZR 50/82, BGHZ 90, 344, 350 = BauR 1984, 395, 399 = NJW 1984, 1676, 1678). In einem Vergütungsprozess müsste eine doppelte Zug-um-Zug-Verurteilung erfolgen (BGH, Urt. v. 22.03.1984 – VII ZR 286/82, BGHZ 90, 354, 355 f. = BauR 1984, 401, 403 = NJW 1984, 1679; OLG Celle, Urt. v. 03.07.2002 – 7 U 123/01, BauR 2003, 730, 732), d. h.: Der Bauherr wird zur Vergütungszahlung verurteilt Zug um Zug gegen Mangelbeseitigung durch den Auftragnehmer, wobei der Auftragnehmer die Mangelbeseitigung nur Zug um Zug erbringen muss gegen einen Ausgleich in Höhe der Vorteilsausgleichung/Sowieso-Kosten.

7.3.6 Enthaftung trotz mangelhafter Bauleistung in mehrgliedrigen Auftragnehmerverhältnissen

Zu einem Sonderfall des Vorteilsausgleichs kann es nach der Rechtsprechung vor allem bei den im Bauvertragsgeschehen typischen mehrgliedrigen Auftragnehmerketten kommen. Gemeint sind damit Sachverhalte, in denen z. B. ein Generalunternehmer trotz eines von einem Subunternehmer verursachten Mangels nicht durch seinen Auftraggeber (Bauherrn) in Anspruch genommen wird. Dies kann unter dem Gesichtspunkt des Vorteilsausgleichs zugleich zu einer Enthaftung des Subunternehmers führen, obwohl eigentlich ein Mangel vorhanden ist (s. dazu auch Joussen/Vygen, Subunternehmervertrag, Rn. 471 ff.). 1552

7.3.6.1 Enthaftung bei verjährten Ansprüchen im GU-Verhältnis

Eine Enthaftung des Subunternehmers trotz von ihm verursachter Baumängel gegenüber dem Generalunternehmer kommt zunächst in Betracht, wenn im Generalunternehmerverhältnis bereits die deswegen bestehenden Mängelansprüche verjährt sind. 1553

> **Beispiel**
>
> Im Verhältnis Bauherr/Generalunternehmer ist nach der VOB (wirksam) eine vierjährige Gewährleistungsfrist vereinbart, im Verhältnis GU/Subunternehmer eine Frist von fünf Jahren. Viereinhalb nach Abnahme treten Mängel auf. Der GU will deswegen die schon erhaltene Vergütung nicht an den Subunternehmer weiterleiten. Der Bauherr seinerseits scheitert gegenüber dem GU endgültig mit der Geltendmachung von Mängelrechten wegen Verjährung.

In Beispielfällen wie dem vorstehenden ist es dem Generalunternehmer verwehrt, die Vergütung weiter zurückzubehalten. Zwar betont der Bundesgerichtshof grundsätzlich die Selbstständigkeit der Vertragsbeziehungen Bauherr/Generalunternehmer einerseits und General- und Subunternehmer andererseits. Diese **Selbstständigkeit** werde aber mit dem **Gedanken des Vorteilsausgleichs durchbrochen**, wenn sich die wirtschaftlichen Folgen des Mangels definitiv nicht mehr auswirken können (BGH, Urt. v. 28.09.2007 – VII ZR 81/06, BauR 2007, 1564, 1565 f. und BGH, Urt. v. 28.06.2007 – VII ZR 8/06, BauR 2007, 1567, 1568 f.). Dies gilt für alle Mängelansprüche, so etwa auch für eine wegen Mängeln begehrte Minderung (BGH, Beschl. v. 20.12.2010 – VII ZR 95/10, BauR 2011, 683; ebenso BGH, Beschl. v. 20.12.2010 – VII ZR 100/10, NZBau 2011, 232 = NJW-RR 2011, 377; dazu kritisch Peters, NZBau 2012, 209).

1554 Dieses Ergebnis mag in Einzelfällen richtig sein und mit dem Grundsatz von Treu und Glauben (§ 242 BGB) begründet werden. Der Rückgriff auf das Prinzip des Vorteilsausgleichs überzeugt jedoch nicht (kritisch auch Aengenvoort, BauR 2008, 16 ff.): Denn ein Rechtsverlust aus dem Gedanken des Vorteilsausgleichs verlangt in der Regel, dass der Vorteil spiegelbildlich **auf demselben Lebenssachverhalt** beruht, nicht auf Sachverhalten aus Verträgen mit Dritten (RG JW 1919, 932 sowie ausdrücklich auch BGH, Urt. v. 24.03.1977 – VII ZR 319/75, BauR 1977, 277, 278). Bei einem identischen Lebenssachverhalt wäre es in der Tat grob unbillig, dem Gläubiger noch einen Ersatzanspruch zuzubilligen, ohne dass er sich gleichzeitig erhaltene Vorteile anrechnen lassen muss. In den Subunternehmerfällen ist die Fallgestaltung jedoch eine völlig andere, weil der Vorteil erst des Generalunternehmers durch eine zweite unabhängig davon laufende Geschehenskette (keine fristgerechte Geltendmachung von Gewährleistungsrechten durch den Bauherrn innerhalb der Gewährleistungsfrist eines anderen Vertrages) eintritt. Insoweit ist eine Vorteilsausgleichung z. B. schon deswegen äußerst problematisch, weil ja vielfach gar nicht sicher (mit Rechtskraft) feststehen wird, wie sich der zweite Geschehensablauf, der den Vorteilsausgleich begründen soll, endgültig entwickelt. Nimmt man vorstehendes Beispiel, mag ja zunächst von einer Verjährung im Generalunternehmerverhältnis auszugehen sein. Was aber passiert, wenn dem Bauherrn später »einfällt«, den Generalunternehmer wegen einer Organisationspflichtverletzung mit einer verlängerten Gewährleistung von bis zu 30 Jahren in Anspruch zu nehmen? Allein daran zeigt sich, dass für die Annahme einer Vorteilsausgleichung zwingend daran festzuhalten ist, dass diese auf **demselben Lebenssachverhalt beruhen muss wie der eingetretene Schaden**.

1555 Wenn man dies aber nunmehr wie die Rechtsprechung etwas »großzügiger« sieht und das Prinzip des Vorteilsausgleichs auch in solchen Fällen im Subunternehmerverhältnis eingreifen lässt, müssen zumindest die dafür bestehenden Grenzen zwingend beachtet werden. Dies gilt vor allem dann, wenn nicht mit Sicherheit gesagt werden kann, dass in dem Verhältnis Bauherr/Generalunternehmer Ansprüche ausgeschlossen sind. Die damit verbundenen rechtlichen Unsicherheiten können auch nicht abschließend im Subunternehmerverhältnis geklärt werden, weil an etwaigen dazu geführten Rechtsstreitigkeiten der Bauherr nicht beteiligt ist. Daher wird man tatsächlich einen **Anspruchsausschluss** wegen eines Vorteilsausgleichs **nach Treu und Glauben** nur **als absoluten Ausnahmefall (§ 242 BGB)** zu betrachten haben. Er kommt nur zum Tragen, wenn mit Sicherheit feststeht, dass es im Oberverhältnis Bauherr/Generalunternehmer zu keiner Haftung mehr kommen kann (so auch BGH, Urt. v. 10.07.2008 – VII ZR 16/07, BauR 2008, 1877, 1878 = NJW 2008, 3359, 3360 = NZBau 2009, 34, 35). Dies muss vom Auftragnehmer auch konkret dargelegt werden (OLG Brandenburg, Urt. v. 12.10.2011 – 13 U 86/07, NJW-RR 2012, 564, 566 = NZBau 2012, 165, 166). Ist dies wie vielfach nicht sicher festzustellen, weil etwa in dem Generalunternehmerverhältnis noch keine abschließende Erklärung des Bauherrn oder ein rechtskräftiges Urteil vorliegt, bleibt es dabei, dass der Generalunternehmer noch alle Mängelrechte in seinem Verhältnis zu seinem Subunternehmer geltend machen kann.

▸ Beispiel (ähnlich BGH, Urt. v. 10.07.2008, a. a. O.)

Ein Bauträger hat wegen Mängeln den Erwerbern einen Kostenvorschuss gezahlt. Diesen kann er wegen Nichtbeseitigung der Mängel jetzt zurück fordern. Diesen Rückforderungsanspruch muss er sich nicht in Bezug auf seine Mängelansprüche gegen den Bauunternehmer anrechnen lassen. Denn weder ist klar, ob er nicht ggf. im Nachhinein doch noch von den Erwerbern wegen dieser Mängel in Anspruch genommen wird, noch ist sicher gestellt, dass er seinen Rückforderungsanspruch überhaupt realisieren kann.

7.3 Beschränkung (und Erweiterung) von Gewährleistungsrechten

Nichts anderes gilt, wenn es aus anderen Gründen durch die Ausübung der Mängelrechte nicht zu einer finanziellen Bereicherung kommt.

▶ **Beispiel (ähnlich OLG Frankfurt, Urt. v. 01.02.2008 – 4 U 15/07, BauR 2009, 547 [Ls.])**

Der Subunternehmer hat mangelhaft gearbeitet; der Generalunternehmer will deswegen die offen stehende Vergütung nur Zug um Zug gegen Mangelbeseitigung zahlen. Im Verhältnis zum Bauherrn sind die Ansprüche des GU voraussichtlich verjährt; der GU möchte trotzdem eine vernünftige Leistung abliefern.

Mit der Rechtsprechung zur Vorteilsausgleichung hat das nichts zu tun. Denn bei der bloßen Ausübung eines Zurückbehaltungsrechtes an der Vergütung kann beim Auftraggeber keine finanzielle Bereicherung eintreten, weil die damit bezweckte Nachbesserung unmittelbar seinem Auftraggeber zugutekommt.

7.3.6.2 Enthaftung bei sonst ausgeschlossener Mängelhaftung des GU

Beruht der Ausschluss der Mängelhaftung des Subunternehmers in den vorliegenden Fällen auf dem Gedanken der Vorteilsausgleichung, geht dieser wie erläutert auf den allgemein anerkannten Grundsatz von Treu und Glauben zurück. Somit sind konsequenterweise auch weitere Fälle denkbar, die zu dem gleichen Ergebnis führen. Denn es macht keinen Unterschied, ob die Haftung des Generalunternehmers aus Rechtsgründen (z. B. Verjährung) oder aus anderen Gründen (nur reduzierte Anspruchsgeltendmachung durch den Bauherrn) **endgültig ausgeschlossen** ist. Entscheidend ist in all diesen Fällen, dass der Generalunternehmer in der Auftragnehmerkette nur eine Zwischenstation darstellt, über den die gegenseitigen Rechte abgewickelt werden sollen, ohne dass dieser die mangelhafte Bauleistung behalten soll. Folglich sollen ihm dann aber auch umgekehrt keine Vorteile entstehen, nur weil der Geschädigte seine Rechte nicht ausreichend geltend macht. Dieser Vorteil steht vielmehr allein dem Subunternehmer zu, der für die Entstehung der Werkleistung letztlich verantwortlich ist. Ansonsten gilt allerdings auch hier, dass diese Zuordnung eines entstehenden Vorteils zugunsten des Subunternehmers jeweils im Einzelfall zu prüfen ist (OLG Saarbrücken, Urt. v. 29.06.2010 – 4 U 250/05, NJW 2010, 3662, 3665 = NZBau 2010, 752, 755). Denn stets kann es nur um die **Verhinderung einer wirklich (endgültigen) einseitigen Bevorzugung des Generalunternehmers** gehen; Zweifelsfälle schließen hingegen auch hier eine Vorteilsanrechnung aus. Die drei folgenden Sachverhalte mögen das verdeutlichen:

1556

- **Mängelverzicht des Bauherrn**
Vorstellbar ist zunächst ein gesonderter Mängelverzicht des Bauherrn gegenüber dem Generalunternehmer. Hier wäre es in Anlehnung an vorstehende Rechtsprechung mit Treu und Glauben kaum zu vereinbaren, wenn jetzt der Generalunternehmer gleichwohl noch Mängelrechte gegen den den Mangel verursachenden Subunternehmer geltend machen könnte (OLG Düsseldorf, Beschl. v. 29.11.1996 – 22 U 83/96, NJW-RR 1998, 776, 777). Insoweit kann der Generalunternehmer auch nicht einwenden, dass die Vergütung des Auftragnehmers aufgrund dieses Mangels (berechtigt) verweigerter Abnahme noch nicht fällig sei (OLG Hamm, Urt. v. 22.02.2010 – 17 U 67/09, Nichtzul.-Beschw. zurückgew., BGH, Beschl. v. 24.05.2012 – VII ZR 47/10, IBR 2012, 449).

1557

- **Abschließende Regelung Bauherr/Generalunternehmer**
Ähnlich zu beurteilen ist die Rechtslage, wenn im Oberverhältnis weiter gehende Ansprüche des Bauherrn deswegen nicht mehr drohen, weil dazu bereits eine **rechtskräftige Entscheidung** vorliegt (OLG Saarbrücken, Urt. v. 29.06.2010 – 4 U 250/05, NJW 2010, 3662 = NZBau 2010, 752). Nichts anderes gilt bei einer **abschließenden vergleichsweisen Regelung** zwischen GU und Bauherrn.

▶ **Beispiele**
1. Der Bauherr akzeptiert zu einem vom Subunternehmer verursachten Baumangel eine Minderung von 2.000 €, während die tatsächlichen Beseitigungskosten bei 3.000 € liegen.

> 2. Im Rahmen einer vergleichsweisen Abschlussvereinbarung zwischen Bauherrn und GU wird der Mangel des Subunternehmers niedriger als die tatsächlichen Mangelbeseitigungskosten bewertet.

In beiden Fällen kann der Generalunternehmer gegen den Subunternehmer nur noch diese ermäßigten Ansprüche durchsetzen. Allerdings sind auch andere Fälle denkbar, die wiederum mit dem Grundsatz, dass Zweifelsfälle zulasten des Subunternehmers gehen, dessen Haftung bestehen lassen

▶ **Beispiel**

> Bei einem Großbauvorhaben beauftragte der Generalunternehmer sechs Subunternehmer mit Leistungsanteilen zwischen 10 T€ und 80 T€. Zu allen Leistungen behauptet der Bauherr Mängel, und zwar in einem Gesamtumfang von 95.000 €. Jetzt schließen Bauherr und GU eine Abschlussvereinbarung. Wegen der Mängel wird ein pauschaler Abzug von 60.000 € vorgesehen. Eine Aufteilung auf verschiedene Subunternehmergewerke unterbleibt. Ferner kommen die Parteien überein, dass noch eine weitere ebenfalls keiner konkreten Leistung zuzuordnende Pauschale zur Gesamtvergütung in Höhe von 15.000 € in Abzug gebracht wird. Selbst wenn es (auch) um mangelhafte Einzelleistungen eines konkreten Subunternehmers ging, sind solche Vereinbarungen mangels Zuordnung zu den Gewerken kaum geeignet, einen Subunternehmer im Wege der Vorteilsausgleichung zu entlasten. Zumindest dürfte einem Subunternehmer in einem Prozess kaum der Nachweis einer ungebührlichen Übervorteilung des GU gelingen mit dem Argument, dass er als Schadensverursacher nicht für die vollen eigentlich angefallenen Mängelbeseitigungskosten einzustehen hat.

- **Vereinbarung Bauherr/Subunternehmer**
  Nicht anders als vorstehend zu beurteilen ist schließlich der Sachverhalt, in dem der Subunternehmer wegen unstreitig vorhandener Mängel eine **Direktvereinbarung mit dem Bauherrn** schließt und daraufhin der Subunternehmer zum Ausgleich der Schäden eine Zahlung leistet, was nach der Vereinbarung auch zugunsten des Generalunternehmers wirken soll. Durch eine solche Vereinbarung wird der Generalunternehmer einerseits unmittelbar berechtigt, weil er jetzt nicht mehr gegenüber dem Bauherrn für die Mängel seines Subunternehmers haftet. Dies schließt andererseits aber auch weiter gehende Mängelansprüche des Generalunternehmers gegen den Subunternehmer aus (OLG Koblenz, Urt. v. 01.07.1997 – 3 U 692/96, BauR 1997, 1054, 1055).

1558 Kein Vorteilsausgleich findet dagegen nach ständiger Rechtsprechung in Fällen statt, in denen ein Auftraggeber später das **mangelhafte Bauwerk** ggf. sogar ohne Preisabschläge (oder sogar gewinnbringend) **verkaufen** kann. Hier fehlt es ganz offensichtlich an der unmittelbaren spiegelbildlichen Verknüpfung zwischen schadensstiftendem Ereignis (mangelhafte Bauleistung) und dadurch erzieltem adäquaten Vorteil (Erlös aus Grundstücksverkauf – vgl. dazu BGH, Urt. v. 10.07.2008 – VII ZR 16/07, BauR 2008, 1877, 1878 = NJW 2008, 3359, 3360 = NZBau 2009, 34, 35; anschaulich auch OLG Frankfurt, Urt. v. 04.10.2011 – 10 U 264/07, BauR 2012, 507, 508 = NJW 2012, 1153, 1154 = NZBau 2012, 171, 172).

7.4 Gewährleistungsfristen

1559 Gewährleistungsrechte können erst ab Abnahme geltend gemacht werden (vgl. auch § 13 Abs. 4 Nr. 3 VOB/B). Sie sind an in der VOB bzw. im BGB geregelte Fristen gebunden, die sog. Gewährleistungsfristen (Kurzform für **Verjährungsfrist für Gewährleistungsansprüche**). Hierunter versteht man den Zeitraum, innerhalb dessen der Auftragnehmer dem Auftraggeber gegenüber zur Gewährleistung, d. h. zur Nacherfüllung, Minderung oder zum Schadensersatz verpflichtet ist, ohne sich auf die Verjährung dieser Ansprüche berufen zu können. Es geht also entscheidend um die Frage, innerhalb welcher Fristen die Gewährleistungsansprüche des Auftraggebers verjähren. Diese sind in VOB und BGB unterschiedlich geregelt. Sie werden in Ausnahmefällen auf bis zu 30 Jahre verlängert.

7.4 Gewährleistungsfristen

7.4.1 Gewährleistungsfristen nach der VOB/B

Die Gewährleistungsfristen **beginnen mit der Abnahme** der Leistung (§ 13 Abs. 4 Nr. 3 VOB/B) 1560
bzw. hilfsweise zu einem davon vereinbarten abweichenden Zeitpunkt. Individualvertraglich mögen solche Verschiebungen denkbar sein; in AGB des Auftraggebers scheitern sie dagegen zumeist an einer AGB-Inhaltskontrolle (s. o. Rdn. 732 ff.). Von Interesse sind daher allenfalls Verschiebungen, die der Auftragnehmer selbst in seinen AGB vorgesehen hat. Dies gilt vor allem bei sog. **Verweisungs- bzw. Subsidiaritätsklauseln** mit dem Inhalt, dass der Auftraggeber wegen eines Mangels zunächst einen Dritten (z. B. einen Subunternehmer) in Anspruch zu nehmen habe.

▶ **Beispiel für eine Subsidiaritätsklausel (ähnlich OLG Hamm, Urt. v. 06.12.2005 – 21 U 66/05, BauR 2006, 704, 706 = NZBau 2006, 324, 326)**

»Die Behebung der im Abnahmeprotokoll festgehaltenen Beanstandungen ist Sache des Auftraggebers. Der Auftragnehmer tritt dem Auftraggeber bereits jetzt die ihm gegen seine Subunternehmer zustehenden Ansprüche auf ordnungsgemäße Vertragserfüllung und Gewährleistung für die Bauausführung ab. Der Auftraggeber nimmt die Abtretung an. Sofern und soweit der Auftraggeber die ihm abgetretenen Ansprüche aus tatsächlichen Gründen (z. B. Insolvenz oder Geschäftsaufgabe des Drittschuldners) nicht durchsetzen kann, haftet der Auftragnehmer dem Auftraggeber hilfsweise auf Gewährleistung. Der Auftragnehmer haftet aber nur dann und insoweit, als die abgetretenen Gewährleistungsansprüche nicht ihrerseits bereits verjährt sind.«

Solche Regelungen haben in aller Regel schon keinen Bestand (s. dazu oben Rdn. 1495). Sollte das ausnahmsweise doch der Fall sein, ist damit zugleich zum Nachteil des Auftragnehmers eine **Verschiebung des Beginns der Verjährung der Mängelansprüche** verbunden – nämlich auf den Eintritt der in dieser Klausel vorgesehenen Bedingung des Ausfalls des Subunternehmers (BGH, Urt. v. 22.01.1987 – VII ZR 88/85, BauR 1987, 343, 345 = NJW 1987, 2743, 2744). Denkbar wäre alternativ immerhin auch eine Hemmung, soweit die Klausel nicht eine automatische Verweisung auf einen Subunternehmer vorsieht, sondern nur ein darauf gerichtetes Verweisungsrecht des zwischengeschalteten Unternehmers; die Hemmung würde dann mit der Ausübung dieses Rechts beginnen (OLG Köln, Beschl. v. 21.03.2011 – 11 U 214/10, BauR 2011, 1844, 1845 = NJW-RR 2011, 958, 959 = NZBau 2011, 430, 431).

Losgelöst von diesen Sonderfällen beginnt die Verjährung der Mängelansprüche auch dann, wenn 1561
der Auftraggeber die Entgegennahme des Werkes als Erfüllung der Vertragsleistung endgültig ablehnt (BGH, Urt. v. 8.7.2010 – VII ZR 171/08, BauR 2010, 1778, 1781 = NJW 2010, 3573, 3574 = NZBau 2010, 768, 770). Dies betrifft einheitlich alle Fälle, in denen der Auftraggeber keine Erfüllung des Vertrages mehr verlangt oder das vertragliche Erfüllungsverhältnis aus anderen Gründen in ein Abwicklungs- und Abrechnungsverhältnis umgewandelt wird (BGH, Urt. v. 24.02.2011 – VII ZR 61/10, BauR 2011, 1032, 1033 = NJW 2011, 1224, 1225 = NZBau 2011, 310). Dies ist etwa der Fall mit der Folge, dass damit zugleich jeweils die Gewährleistungsfrist beginnt, wenn als **Abnahmesurrogat**

- der Auftraggeber erkennbar – soweit das vor Abnahme überhaupt möglich ist – anstatt Vertragserfüllung nur noch sekundäre Gewährleistungsrechte wie Minderung (BGH, Urt. v. 16.05.2002 – VII ZR 479/00, BauR 2002, 1399, 1400 = NJW 2002, 3019, 3020) oder Schadensersatz (BGH, Urt. v. 22.09.2005 – VII ZR 117/03, BGHZ 164, 159, 162 = NJW 2005, 3574, 3575) geltend macht, oder
- der Auftraggeber die Abnahme des Werkes ernsthaft und endgültig abgelehnt hat (st. Rspr., vgl. nur: RGZ 41. 54; BGH, Urt. v. 03.03.1998 – X ZR 4/95, NJW-RR 1998, 1027, 1028). Ob die Abnahmeverweigerung zu Recht oder zu Unrecht erfolgte, spielt insoweit keine Rolle (BGH Urt. v. 30.09.1999 – VII ZR 162/97, BauR 2000, 128, 129 = NJW 2000, 133, 134 = NZBau 2000, 22, 23; BGH, Urt. v. 08.07.2010 – VII ZR 171/08, BauR 2010, 1778, 1781 = NJW 2010, 3573, 3574 = NZBau 2010, 768, 770). Zu unterscheiden davon sind allerdings Sachverhalte, in denen eine Abnahme nur wegen bestehender Mängel (einstweilen) unterbleibt (BGH, Urt. v. 30.09.1999 – VII ZR 162/97, BauR 2000, 128, 129 = NJW 2000, 133, 134 = NZBau

2000, 22, 23). Dies ist unschädlich und führt nicht zum Beginn der Verjährungsfrist – wobei die Abgrenzung zwischen vorläufiger und endgültiger Abnahmeverweigerung in der Praxis z. T. sehr schwierig sein kann (s. dazu Rdn. 1177; ähnlich BGH, Urt. v. 10.06.1999 – VII ZR 170/98, BauR 1999, 1186, 1188 = NJW-RR 1999, 1246, 1247; BGH, Urt. v. 08.01.2004 – VII ZR 198/02, BauR 2004, 670, 671 = NJW-RR 2004, 591 = NZBau 2004, 210, 211 für den umgekehrten Fall des Beginns der Verjährung des Vergütungsanspruchs)

Eine Abnahme der Leistungen (bzw. endgültige Abnahmeverweigerung) ist für den Beginn der Gewährleistungsfristen **auch bei einer vorzeitigen Beendigung des Vorhabens** erforderlich: Sind demnach dem Auftraggeber etwa während der Ausführungsphase Schadensersatzansprüche nach § 4 Abs. 7 S. 2 VOB/B entstanden, wandeln sich diese erst mit Abnahme in Gewährleistungsansprüche (hier nach § 13 Abs. 7 VOB/B) um mit der Folge, dass auch ab diesem Zeitpunkt erst die Verjährungsfrist des § 13 Abs. 4 VOB/B läuft (BGH, Urt. v. 19.12.2002 – VII ZR 103/00, BGHZ 153, 244, 251 = BauR 2003, 689, 691 f. = NJW 2003, 1450, 1452 = NZBau 2003, 265, 266). Ohne eine Abnahme handelt es sich bei den Mängelansprüchen nach § 4 Abs. 7 VOB/B selbst bei einem vorzeitigen Abbruch des Bauvorhabens weiterhin um Erfüllungsansprüche. Wegen ihres einheitlichen Charakters mit den Mängelansprüchen besteht allerdings die Besonderheit, dass auch für diese die Verjährung nicht vor der Abnahme bzw. dem Eintritt eines der Abnahmesurrogate beginnt (BGH, Urt. v. 12.01.2012 – VII ZR 76/11, NZBau 2012, 157, 158; s. dazu näher Rdn. 1197).

	Grundlage des Anspruchs	Verjährungsfrist und Grundlage	Beginn	Besonderheiten
Mangelbeseitigungsanspruch	§ 13 Abs. 5 Nr. 1 VOB/B	(1) Grundsatz: – Bauwerke: 4 Jahre – Andere Werke, deren Erfolg in der Herstellung, Wartung oder Veränderung einer Sache besteht, und für die vom Feuer berührten Teile einer Feuerungsanlage: 2 Jahre – Feuerungsberührte und abgasdämmende Teile von industriellen Feuerungsanlagen: 1 Jahr – Maschinelle und elektrotechnische/elektronische Anlagenteile ohne Wartung: 2 Jahre gemäß § 13 Abs. 4 VOB/B (2) Geltung der regelmäßigen Verjährung (ggf. bis zu 30 Jahren) mit Mindestlaufzeit der nach VOB/B geltenden Regelfrist (vgl. Rechtsgedanke § 634a Abs. 2 BGB) bei – arglistigem Verschweigen eines Mangels oder	Abnahme der Werkleistung bzw. der in sich abgeschlossenen Teilleistung	Einmalige Verlängerung der Verjährung durch schriftliches Mängelbeseitigungsverlangen um 2 Jahre (§ 13 Abs. 5 Nr. 1 S. 2 VOB/B)
Kostenerstattungs- und Vorschussanspruch	§ 13 Abs. 5 Nr. 2 VOB/B			
Anspruch auf Minderung	§ 13 Abs. 6 VOB/B			Verjährung des Anspruchs nach erklärter Minderung innerhalb der regelmäßigen Verjährung gemäß §§ 195, 199 BGB (i. d. R. 3 Jahre)

7.4 Gewährleistungsfristen

	Grundlage des Anspruchs	Verjährungsfrist und Grundlage	Beginn	Besonderheiten
		– Organisationspflichtverletzung des Auftragnehmers		
Schadensersatzansprüche	§ 13 Abs. 7 VOB/B	Wie vorstehend, allerdings abweichend davon Geltung der gesetzlichen Verjährungsfristen (§§ 195, 634a BGB) bei versicherten oder versicherbaren Schäden, gemäß § 13 Nr. 7 Abs. 4 VOB/B		
Mangelbeseitigungsleistung	§ 13 Abs. 5 Nr. 1 S. 3 VOB/B	2 Jahre, jedoch kein Ablauf vor der für die Gesamtleistung geltenden Regelfrist	Abnahme der Mangelbeseitigungsleistung	

Die durch Abnahme in Gang gesetzten Fristen ergeben sich aus § 13 Abs. 4 Nr. 1 und 2 VOB/B. Sie betragen mangels anderweitiger Vereinbarung
- für Bauwerke vier Jahre,
- für andere Werke, deren Erfolg in der Herstellung, Wartung oder Veränderung einer Sache sowie für die vom Feuer berührten Teile von Feuerungsanlagen zwei Jahre,
- für feuerungsberührte und abgasdämmende Teile von industriellen Feuerungsanlagen ein Jahr,
- bei maschinellen und elektrotechnischen/elektronischen Anlagen oder Teilen davon, bei denen die Wartung Einfluss auf die Sicherheit und Funktionsfähigkeit hat, zwei Jahre, wenn der Auftraggeber sich dafür entschieden hat, dem Auftragnehmer die Wartung für die Dauer der Verjährungsfrist nicht zu übertragen.

Bei dem Umgang mit diesen Gewährleistungsfristen sind folgende Grundsätze zu beachten:

7.4.1.1 Richtige Einstufung als Bauwerksleistung

Die längste Verjährungsfrist (vier Jahre) gilt für Bauwerksleistungen. Hierzu zählen alle vertraglichen Leistungspflichten, welche sich auf **die Herstellung, Instandhaltung, Veränderung oder Beseitigung einer baulichen Anlage** beziehen (§ 1 VOB/A). Der Bauwerksbegriff wird in der Rechtsprechung weit gefasst (s. dazu oben Rdn. 857 ff., 859 ff.). Dabei macht es keinen Unterschied, ob ein Bau einheitlich in Auftrag gegeben worden ist oder ob die zur Gesamtherstellung erforderlichen einzelnen Werkleistungen verschiedenen Unternehmen und Handwerkern übertragen wurden. Voraussetzung ist nur, dass die Arbeiten mit dem Gebäude fest verbunden sind (siehe dazu oben Rdn. 859 ff. sowie mit zahlreichen Nachweisen: Werner/Pastor, Rn. 2848 ff.). Demnach gehören etwa zu den Bauwerksleistungen u. a. auch die Herstellung einzelner Bauteile und Bauglieder, wie z. B. der Korkestrich auf einem Dach, der Fußbodenbelag, der Anstrich einer Hausfassade, der Einbau von Schaufensterrahmen, der Verputz, der Dachstuhl, die Gesamtheit der eingesetzten Türen und Fenster usw. Dasselbe gilt für die für die Bauwerkserrichtung erforderlichen Ausschachtungsarbeiten (BGH, Urt. v. 24.03.1977 – VII ZR 220/75, BGHZ 68, 208, 211 = BauR 1977, 203, 205 = NJW 1977, 1146).

Neben den Bauwerksleistungen zu nennen sind die bereits in zwei Jahren verjährenden Arbeiten bei »anderen Werken, deren Erfolg in der Herstellung, Wartung oder Veränderung einer Sache besteht«. Wie in § 634a Abs. 1 Nr. 1 BGB zählen dazu vor allem die früher gesondert geregelten **Arbeiten an einem Grundstück**. Erfasst werden hiervon vor allem reine Erdarbeiten, die kein Bauwerk betreffen.

▶ **Beispiel**

Isoliert vergebene Arbeiten an Außenanlagen sind Arbeiten an einem Grundstück, die ebenfalls in § 13 Abs. 4 VOB/B geregelt sind.

Allerdings ist zu beachten: Stehen die Grundstücksarbeiten im Zusammenhang mit einer Bauwerkserrichtung, handelt es sich dabei um Bauwerksarbeiten, die der längeren vierjährigen Gewährleistungsfrist unterfallen.

▶ **Beispiel (nach BGH, Urt. v. 24.03.1977 – VII ZR 220/75, BGHZ 68, 208 = BauR 1977, 203 = NJW 1977, 1146)**

Abbruch- oder Ausschachtungsarbeiten gehören schon zu den Bauwerksarbeiten, wenn diese in Vorbereitung der Erstellung des Bauwerks erfolgen.

Dasselbe gilt, wenn in einem einheitlichen Bauvertrag sowohl Arbeiten an einem Bauwerk als auch Arbeiten an einem Grundstück erfasst werden.

▶ **Beispiel (nach OLG Düsseldorf, Urt. v. 15.05.2012 – 23 U 118/11, BauR 2012, 1429)**

Gegenstand eines Bauvertrages sind Kunststoffrasenflächen sowohl In- als auch Outdoor. Diese sind mangelhaft.

Bei solchen Verträgen ist in Bezug auf die Verjährung keine Aufteilung in der Weise vorzunehmen, dass die mit dem Bauwerk nicht zusammenhängenden Leistungen als Arbeiten am Grundstück (bzw. nunmehr »andere Werke«) und die übrigen Leistungen als »Arbeiten an einem Bauwerk« einzuordnen sind; vielmehr handelt es sich in einem solchen Fall für den beide Bereiche umfassenden (gemischten) Gesamtauftrag insgesamt um Arbeiten an einem Bauwerk mit der dann verlängerten Gewährleistung.

Losgelöst von der richtigen Einstufung einer Vertragsleistung als Bauwerksleistung lässt der Wortlaut des § 13 Abs. 4 VOB/B im Übrigen erkennen, dass eine **abweichende Vereinbarung von Gewährleistungsfristen** durchaus möglich ist. Denn § 13 Abs. 4 VOB/B kommt nur dann zum Zuge, wenn einerseits die VOB/B vereinbart, andererseits aber eine Verjährungsfrist für die Gewährleistungsansprüche im Vertrag nicht gesondert festgelegt worden ist. Demzufolge ist es insbesondere bei VOB-Verträgen häufig anzutreffen, dass die Gewährleistungsfristen auf die gesetzliche Frist von fünf Jahren verlängert werden – wogegen rechtlich nichts einzuwenden ist (vgl. zu den weiteren denkbaren Varianten der Vereinbarung einer veränderten Gewährleistungsfrist gesondert unter Rdn. 613). Insoweit dürfte in einer solchen Verlängerung der Gewährleistungsfrist auch noch keine Abweichung von der VOB/B liegen mit der Folge, dass allein damit die gesamte VOB einer AGB-Inhaltskontrolle unterworfen wäre. Denn gerade bei der Gewährleistung eröffnet die VOB selbst die Möglichkeit einer solchen abweichenden Regelung (s. dazu oben Rdn. 488 ff.).

7.4.1.2 Verjährung außerhalb des § 13 Abs. 4 VOB/B

1565 Im Hinblick auf einzelne in § 13 VOB/B geregelte Mängelrechte ist bzgl. der Verjährung auf folgende Besonderheiten hinzuweisen:
- **Recht zur Minderung**
  Anders als § 634a BGB erfasst § 13 Abs. 4 VOB/B alle »Mängelansprüche«. Einbezogen ist auch das Recht des Auftraggebers auf Vergütungsminderung nach § 13 Abs. 6 VOB/B. Diese kann somit bezogen auf mangelhafte Bauleistungen ebenfalls nur binnen vier Jahren ab Abnahme erklärt werden. Ist die Minderung erklärt, unterliegt der dann durch die Ausübung entstehende Minderungsanspruch allerdings einer eigenständigen, nämlich der regelmäßigen Verjährung von drei Jahren (§ 195 BGB).

7.4 Gewährleistungsfristen

▶ **Beispiel**

Die Bauleistung wird am 16. November 2007 abgenommen. Es schließt sich jetzt die vierjährige Verjährung gemäß § 13 Abs. 4 Nr. 1 VOB/B an; diese liefe am 16. November 2011 ab. Bis dahin könnte die Minderung erklärt werden. Wird diese am 10. November 2011 erklärt, würde der nunmehr entstehende Minderungsanspruch erst innerhalb der regelmäßigen Verjährung, beginnend am Ende des laufenden Jahres (§§ 195, 199 Abs. 1 BGB), d. h. am 31. Dezember 2014, verjähren.

- **Schadensersatzanspruch**
Nach § 13 Abs. 7 Nr. 4 VOB/B richtet sich die Verjährung bei versicherten bzw. versicherbaren Schäden nach den gesetzlichen Verjährungsfristen (§§ 195, 634a BGB), nicht nach § 13 Abs. 4 VOB/B.

7.4.1.3 Verjährung der Mängelrechte für Mangelbeseitigungsarbeiten

Durch den Auftragnehmer erbrachte Mangelbeseitigungsleistungen unterliegen nach § 13 Abs. 5 Nr. 1 S. 3 VOB/B einer eigenständigen Verjährung. Sie beginnt, wie die Vertragsleistung, **mit der Abnahme der Mangelbeseitigung** durch den Auftraggeber (BGH, Urt. v. 11.07.1985 – VII ZR 14/84, NJW-RR 1986, 98) – unabhängig davon, ob der Auftragnehmer diese z. B. wegen einer bereits abgelaufenen Gewährleistung überhaupt noch schuldete (BGH, Urt. v. 15.06.1989 – VII ZR 14/88, BGHZ 108, 65, 70 f. = BauR 1989, 606, 607 = NJW 1989, 2753, 2754). In der Sache genügt dafür mangels abweichender Regelung jede Form der Abnahme, selbst wenn im Bauvertrag ansonsten eine förmliche Abnahme vorgesehen war (BGH. Urt. v. 25.09.2008 – VII ZR 32/07, BGHZ 178, 123, 128 = BauR 2008, 2039, 2041 = NJW 2009, 985, 986 = NZBau 2008, 764, 765). Die diesbezügliche Verjährungsfrist beträgt jedoch abweichend von den Regelfristen des § 13 Abs. 4 VOB/B nur **zwei Jahre**; sie endet keinesfalls vor Ablauf der für die Gesamtleistung geltenden Regelfrist bzw. einer davon vereinbarten abweichenden Frist. 1566

▶ **Beispiel**

Die Leistung wird am 6. März 2007 abgenommen. Die Gewährleistung endet nach § 13 Abs. 4 Nr. 1 VOB/B am 6. März 2011. Am 14. Februar 2011 teilt der Auftragnehmer mit, zuvor gerügte Mängel an einer Wasserleitung beseitigt zu haben, woraufhin am selben Tag eine Abnahme dieser Mangelbeseitigungsleistung erfolgt. Nunmehr beginnt für diese Arbeiten an der Wasserleitung eine neue zweijährige Gewährleistungsfrist, die am 14. Februar 2013 endet (s. dazu auch unten Rdn. 1588).

Führte die Mangelbeseitigungsmaßnahme trotz einer bereits durchgeführten Abnahme nicht zum Erfolg, kann der Auftraggeber in der ab Abnahme der Mangelbeseitigungsmaßnahme neu laufenden Gewährleistungsfrist wiederum alle Mängelrechte geltend machen. Diese Systematik gilt für jede erneute Nachbesserungshandlung des Auftragnehmers – es sei denn, der Auftragnehmer verweigert weitere Nachbesserungshandlungen wegen Unmöglichkeit oder unverhältnismäßigen Aufwandes, oder der Auftraggeber weist die Nachbesserung wegen Unzumutbarkeit zurück (§ 13 Abs. 6 VOB/B).

7.4.2 Gewährleistungsfristen beim BGB-Werkvertrag

Die Verjährungsfristen zur Geltendmachung von Mängelrechten sind bei einem BGB-Vertrag deutlich einfacher geregelt als bei einem VOB-Vertrag. 1567

	Grundlage des Anspruchs	Verjährungsfrist und Grundlage	Beginn	Besonderheiten
Mangelbeseitigungs-/ Nacherfüllungsanspruch	§ 634 Nr. 1 i. V. m. § 635 BGB	(1) Grundsatz: 5 Jahre gemäß § 634a Abs. 1 Nr. 2 BGB (2) Geltung der regelmäßigen Verjährung (u. U. bis 30 Jahren) gemäß §§ 195, 199 BGB mit Mindestlaufzeit 5 Jahren gemäß § 634a Abs. 2 BGB bei – arglistigem Verschweigen eines Mangels oder – Organisationspflichtverletzungen des Auftragnehmers	Abnahme der Werkleistung	Verjährung für durchgeführte Mängelbeseitigungsleistungen richtet sich nach den allgemeinen Vorschriften
Kostenerstattungs- und Vorschussanspruch	§ 634 Nr. 2 i. V. m. § 637 BGB			
Anspruch auf Schadensersatz und Aufwendungsersatz	§ 634 Nr. 4 i. V. m. §§ 636, 280, 281, 283, 311a sowie § 284 BGB			
Minderung und Rücktritt	§ 634 Nr. 3 i. V. m. §§ 636, 323, 326 Abs. 5 BGB (Rücktritt) und § 638 BGB (Minderung)	Keine unmittelbare Verjährungsregelungen, allerdings unwirksam, soweit parallel bestehendes Nacherfüllungsrecht verjährt ist (§§ 634a Abs. 4, 218 Abs. 1 BGB)		(1) Auch bei Unwirksamkeit des Rücktritts oder der Minderung Einbehalt von ausstehender Vergütung wegen eines Mangels weiterhin möglich (§ 634a Abs. 4 S. 2, Abs. 5 BGB) (2) Ansprüche aus erklärter wirksamer Minderung/Rücktritt verjähren innerhalb der regelmäßigen Verjährungsfrist ab Entstehung des Anspruchs (Erklärung des Rücktritts/der Minderung) gemäß §§ 195, 199 BGB (i. d. R. 3 Jahre)

7.4.2.1 Gewährleistungsfristen

Die Gewährleistungsfrist ist einheitlich in § 634a BGB geregelt. Sie beträgt nach § 634a Abs. 1 Nr. 2 BGB für **sämtliche Bauwerksarbeiten einschließlich der dazu gehörigen Grundstücksarbeiten fünf Jahre**. Hiervon erfasst werden alle in § 634 BGB genannten Mängelansprüche, d. h. der Nacherfüllungsanspruch einschließlich der damit verbundenen Vorschuss- und Kostenerstattungsansprüche. Erfasst werden ferner alle im Zusammenhang mit einem Mangel bestehenden Schadensersatzansprüche, insoweit auch für sämtliche Mangelfolgekosten. **Nicht** unter § 634a BGB fällt hingegen das **Recht zum Rücktritt und zur Minderung**. 1568

Die Verjährungsfristen beginnen wie beim VOB-Vertrag **mit der Abnahme** der Bauleistung (§ 634a Abs. 2 BGB). Sie laufen gleichfalls, wenn die Abnahme endgültig und ernsthaft verweigert (RGZ 165, 41, 54; BGH, Urt. v. 03.03.1998 – X ZR 4/95, NJW-RR 1998, 1027, 1028) oder sonst die Entgegennahme des Werkes als Erfüllung endgültig ablehnt wird (BGH, Urt. v. 08.07.2010 – VII ZR 171/08, BauR 2010, 1778, 1781 = NJW 2010, 3573, 3574 = NZBau 2010, 768, 770). Dies betrifft wie schon oben zum VOB-Vertrag näher erläutert (Rdn. 1561) einheitlich alle Sachverhalte, in denen der Auftraggeber keine Erfüllung des Vertrages mehr verlangt oder das vertragliche Erfüllungsverhältnis aus anderen Gründen in ein Abwicklungs- und Abrechnungsverhältnis umgewandelt wird (BGH, Urt. v. 24.02.2011 – VII ZR 61/10, BauR 2011, 1032, 1033 = NJW 2011, 1224, 1225 = NZBau 2011, 310). 1569

7.4.2.2 Sonderregelung für Rücktritt und Minderung

Zu beachten ist, dass der Rücktritt lediglich ein **Gestaltungsrecht, kein Mängelrecht** im engeren Sinne ist. Daher unterliegt er nach dem Verständnis des BGB auch nicht der allgemeinen Verjährungsregelung des § 634a Abs. 1 BGB. Ein Gleichlauf wird aber im Wesentlichen über § 634a Abs. 4 BGB erzielt. Danach kann zwar rechtlich ein Rücktritt noch nach der Verjährung der zugrunde liegenden Nacherfüllungsansprüche erklärt werden; ein diesbezüglich erklärter Rücktritt ist jedoch nach § 218 Abs. 1 BGB unwirksam, soweit zu dem Zeitpunkt der Rücktrittserklärung ein Nacherfüllungsanspruch verjährt ist (vgl. auch BGH, Urt. v. 15.11.2006 – VIII ZR 3/06, BGHZ 170, 31 = NJW 2007, 674, 677). Ist der Rücktritt danach unwirksam, besteht der Werklohnanspruch des Auftragnehmers fort. Insoweit ist der Auftraggeber nach § 634a Abs. 4 S. 2 BGB allerdings berechtigt, die Zahlung zu verweigern, soweit er dazu aufgrund eines Rücktritts berechtigt gewesen wäre (**Erhalt der Mängeleinrede**). Auf die rechtzeitige Anzeige eines Mangels (vor Abnahme) kommt es anders als früher nach § 478 BGB a. F. nicht an. Eine Vergütung zurückfordern kann der Auftraggeber jedoch nicht (§§ 218 Abs. 2, 214 Abs. 2 BGB). Macht der Auftraggeber von diesem Einbehaltsrecht zur Vergütung nach § 634a Abs. 4 BGB Gebrauch, kann nunmehr der Auftragnehmer seinerseits vom Vertrag zurücktreten, um wenigstens seine eigene (nicht bezahlte) Leistung zurückzuerhalten. 1570

Bei der **Minderung** handelt es sich nach § 638 BGB ebenfalls um ein Gestaltungsrecht. Hier gelten nach § 634a Abs. 5 BGB dieselben Grundsätze wie beim Rücktrittsrecht – allerdings mit einer Abweichung: Eine etwaige Mängeleinrede berechtigt den Auftraggeber nur zum Einbehalt des zu mindernden Betrags. Daher bedarf es keines sich anschließenden Rücktrittsrechts des Auftragnehmers. 1571

Sind Rücktritt oder Minderung erklärt worden, unterliegen die danach bestehenden geldwerten Ansprüche (so auch die des Rückgewährschuldverhältnisses) nicht der werkvertraglichen Verjährung des § 634a Abs. 1 Nr. 2 BGB, sondern der **regelmäßigen Verjährung** nach §§ 195, 199 BGB von drei Jahren (vgl. auch BGH, Urt. v. 15.11.2006 – VIII ZR 3/06, BGHZ 170, 31 = NJW 2007, 674, 677 zum Kaufrecht). 1572

▶ **Beispiel**

Die Abnahme der Bauleistung erfolgte zum 01.06.2004; es gilt die gesetzliche Gewährleistungsfrist. Danach verjähren Mängelansprüche zum 01.06.2009. Am 20.05.2009 tritt der Auftraggeber nach Fristsetzung vom Vertrag zurück. Die Ansprüche aus diesem Rückgewährschuldverhältnis verjähren dann zum 31.12.2012 (3 Jahre gem. § 195 BGB, beginnend gem. § 199 Abs. 1 BGB am Ende des laufenden Jahres).

7.4.3 Verlängerung der Gewährleistung auf 30 Jahre

1573 Die soeben erläuterten Fristen gelten dem Grundsatz nach für alle Gewährleistungsansprüche – mit den folgenden wesentlichen Ausnahmen:

7.4.3.1 Schadensersatzansprüche gemäß § 280 Abs. 1 BGB

1574 Abweichend von § 13 Abs. 4 VOB/B, § 634a Abs. 1 Nr. 2 BGB unterliegen **alle weiteren Schadensersatzansprüche** aus § 280 Abs. 1 BGB, die nicht im Zusammenhang mit einem Werkmangel stehen, **der regelmäßigen Verjährung** von drei Jahren (§§ 195, 199 BGB). Hierbei geht es vor allem um die Verletzung von Nebenpflichten des Auftragnehmers aus seinem Vertrag, die zwar nicht zu einer mangelfreien Bauleistung führen, gleichwohl aber Schäden beim Auftraggeber auslösen (z. B. Verletzung von Beratungs-, Schutz- oder Obhutspflichten – s. dazu etwa unter Rdn. 1027 und 1042).

7.4.3.2 Arglistiges Verschweigen eines Mangels

1575 Abweichend von der gesetzlichen Fünfjahresfrist richtet sich die Verjährung von Ansprüchen des Auftraggebers nach der regelmäßigen **Verjährungsfrist von bis zu 30 Jahren** (§§ 195, 199 BGB), wenn der Auftragnehmer einen Mangel arglistig verschwiegen hat (§ 634a Abs. 3 BGB); dabei gilt die in § 634a Abs. 1 Nr. 2 BGB geregelte Frist von fünf Jahren als Mindestfrist.

1576 Ein arglistiges Verschweigen liegt vor, wenn der Unternehmer sich bewusst ist, dass der ihm bekannte Mangel für den Besteller erheblich ist und diesen unter Umständen von der Abnahme abhalten würde und er gleichwohl diesen Umstand nicht offenbart. Ein **arglistiges Handeln** setzt sich somit immer aus zwei Elementen zusammen, nämlich das **Wissen und Wollen**; ein bloß nachlässiges Verhalten (OLG Celle, Urt. v. 07.12.2006 – 13 U 145/06, BauR 2007, 2074, 2075) oder eine grob fahrlässige Unkenntnis (OLG Dresden, Urt. v. 25.06.2009 – 10 U 1559/07, BauR 2010, 1785, 1788) genügen dagegen nicht. Arglist liegt danach z. B. vor, wenn der Auftragnehmer
- zu Mangelerscheinungen ins Blaue hinein unrichtige Angaben macht (BGH, Urt. v. 19.12.1980 – V ZR 185/79, NJW 1981, 864 f.).
- bewusst abweichend vom Bauvertrag einen nicht erprobten Baustoff verwendet und den Auftraggeber (treuwidrig) nicht auf die damit verbundenen Risiken hinweist (BGH, Urt. v. 23.05.2002 – VII ZR 219/01, BauR 2002, 1401, 1402 f. = NJW 2002, 2776 = NZBau 2002, 503, 504).
- einen Mangel als solchen und seine Bedeutung als erheblich für den Bestand oder die Benutzung des Bauwerks positiv erkannt, ihn aber dem Auftraggeber nicht mitgeteilt hat (BGH, Urt. v. 05.12.1985 – VII ZR 5/85, BauR 1986, 215, 216 = NJW 1986, 980 f.).
- für die Standsicherheit des Gebäudes notwendige Bodenuntersuchungen nicht vorgenommen hat, obwohl ihm die unterschiedlichen Bodenverhältnisse bekannt waren, und dies bzw. die hier bestehenden Risiken dem Auftraggeber bei Abnahme verschweigt. Dass er darauf vertraut, dass es schon gut gehen werde, ist eine Hoffnung, die die Arglist nicht beseitigt (BGH, Urt. v. 08.03.2012 – VII ZR 116/10, BauR 2012, 942, 944 = NJW 2012, 1653, 1655 = NZBau 2012, 359, 360).

Umgekehrt entfällt allerdings eine Arglist, wenn der Mangel vom Auftragnehmer als solcher gar nicht wahrgenommen wurde (BGH, Urt. v. 22.07.2010 – VII ZR 77/08, BauR 2010, 1959, 1961 = NJW-RR 2010, 1604, 1606 = NZBau 2010, 763, 765). Dabei kommt es auf ein **Verschweigen zum Zeitpunkt der Abnahme** an, nicht auf eine nachträglich erworbene Kenntnis (OLG Düsseldorf, Beschl. v. 20.10.2006 – 23 U 76/06, BauR 2007, 157).

7.4 Gewährleistungsfristen

▶ **Beispiel (ähnlich BGH, Urt. v. 05.12.1985 – VII ZR 5/85, BauR 1986, 215 = NJW 1986, 980)**

Entgegen den Planungen und den vom Bauamt erfolgten Vorgaben unterlässt der Bauunternehmer eine Kellerabdichtung. Er ist der Auffassung, dass diese nicht notwendig sei. Später (nach Ablauf der vierjährigen Verjährung) kommt es zu Feuchteschäden. Hier handelt der Unternehmer arglistig, wenn er dem Besteller die Planabweichung bei Abnahme verschwiegen hat.

Ausreichend ist, dass nur ein **Erfüllungsgehilfe den Mangel positiv gekannt** und ihn **arglistig verschwiegen** hat. Dieser Erfüllungsgehilfe muss jedoch im Zusammenhang mit der Überwachung oder Übergabe der Bauleistung an den Auftraggeber tätig geworden sein, weil nur insoweit die Offenbarungspflicht für diesen Mangel besteht (BGH, Urt. v. 20.12.1973 – VII ZR 184/72, BGHZ 62, 63, 68 = BauR 1974, 130, 131; BGH, Urt. v. 15.01.1976 – VII ZR 96/74, BGHZ 66, 43, 44 f. = BauR 1976, 131 = NJW 1976, 516; OLG München, Urt. v. 17.09.1997 – 27 U 872/96, BauR 1998, 129, 130 = NJW-RR 1998, 529). Aus diesem Grund reicht im Rahmen des § 278 BGB nicht jeder Erfüllungsgehilfe; stattdessen erfolgt eine Zurechnung nur bei einem **verantwortlich auftretenden oder sonst handelnden Bauleiter**, der mit der Ablieferung der Sache an den Besteller betraut ist oder dabei mitwirkt (BGH, Urt. v. 12.10.2006 – VII ZR 272/05, BGHZ 169, 255 = BauR 2007, 114, 115 = NJW 2007, 366, 367). Ferner muss dieser Erfüllungsgehilfe natürlich dann auch die erforderliche positive Kenntnis zu der Wesentlichkeit des Mangels besessen haben – was nicht bei jedem auf der Baustelle herumlaufenden Polier anzunehmen ist. Doch auch die **Kenntnis eines Subunternehmers**, den der Auftraggeber mit wesentlichen Teilen der Werkleistung beauftragt hat, ohne selbst daran mitzuwirken oder ihn zu beaufsichtigen, kann ihm als eigene Kenntnis zuzurechnen sein (BGH, Urt. v. 30.11.2004 – X ZR 43/03, BauR 2005, 550, 551 = NJW 2005, 893; OLG Köln, Beschl. v. 07.06.2001 – 3 W 33/01, BauR 2002, 136 = OLGR Köln 2001, 357 f.; Joussen/Vygen, Subunternehmervertrag Rn. 440 ff.). Ob der Auftragnehmer oder sein Erfüllungsgehilfe darüber hinaus mit **Schädigungsabsicht** gehandelt haben, ist für die Annahme der Arglist unbeachtlich (BGH, Urt. v. 23.05.2002 – VII ZR 219/01, BauR 2002, 1401, 1402 = NJW 2002, 2776 = NZBau 2002, 503, 504; BGH, Urt. v. 15.01.1976 – VII ZR 96/74, BGHZ 66, 43, 44 f. = BauR 1976, 131 = NJW 1976, 516).

1577

▶ **Beispiel**

Der Bauherr beauftragt einen Generalunternehmer mit der Erstellung eines Einfamilienhauses. Nach Ablauf der Gewährleistungsfrist zeigen sich Risse. Der Subunternehmer des GU hatte Kenntnis von der ursächlichen mangelhaften Erstellung von Fugen, hatte dies aber nicht offengelegt. Der Bauleiter des GU wiederum konnte diesen Mangel trotz ordnungsgemäßer Überwachung nicht wahrnehmen. Hier genügt für die positive Kenntnis des GU und seine daraus resultierende Arglisthaftung die positive Kenntnis des Subunternehmers, die ihm als eigene Kenntnis zugerechnet wird.

Allerdings: War der Auftraggeber bei Abnahme der Bauleistung gar nicht mehr arglos, weil er schon aus den zahlreichen Mängeln während der Bauphase jedes Vertrauen in die Leistungsfähigkeit des Auftragnehmers verloren hatte, kommt keine verlängerte Haftung wegen des arglistigen Verschweigens selbst schwerer Mängel in Betracht. Ob er danach noch einzelne konkrete Mängel kannte oder nicht, ist unerheblich (OLG München, Urt. v. 08.02.2011 – 9 U 1758/10, BauR 2011, 1177, 1178 = NJW 2011, 2524, 2525).

7.4.3.3 Organisationspflichtverletzung

Dieselben Grundsätze wie bei der Arglisthaftung gelten bei einer Verletzung der Organisationspflicht des Auftragnehmers (BGH, Urt. v. 12.03.1992 – VII ZR 5/91, BGHZ 117, 318, 321 = BauR 1992, 500, 501 = NJW 1992, 1754, 1755). Diese kommt zum Tragen, wenn der Auftragnehmer das Bauwerk arbeitsteilig herstellen lässt und der Mangel auf einer unzureichenden Organisation beruht. Das aber heißt zunächst: Der Einsatz von Subunternehmern allein bringt noch **keine gestei-**

1578

gerte **Haftung** mit sich (KG, Urt. v. 10.07.2009 – 7 U 204/08, BauR 2010, 477, 478). Je mehr Subunternehmer allerdings eingesetzt werden, desto mehr steigen die Anforderungen an den Generalunternehmer an die Organisation der Baustelle. Der Auftragnehmer muss insoweit nämlich neben einer fachlich einwandfreien Ausführung auch die **organisatorischen Voraussetzungen dafür schaffen**, um beurteilen zu können, dass das Werk bei Ablieferung mangelfrei ist. Konkret bedeutet das, dass er bei einer arbeitsteiligen Bauwerkserstellung den Herstellungsprozess angemessen zu überwachen und das Werk vor Abnahme auf seine Mangelfreiheit zu überprüfen hat (BGH, Urt. v. 27.11.2008 – VII ZR 206/06, BGHZ 179, 55, 60 = BauR 2009, 515, 516 f. = NJW 2009, 582, 583 = NZBau 2009, 185, 186). Verstößt er hiergegen und kommt es deshalb zu einer mangelhaften Bauleistung verbunden mit Schäden beim Auftraggeber, haftet der Auftragnehmer dafür nach der regelmäßigen Verjährung. Infolgedessen ist insoweit ein bis zu dreißigjähriger Verjährungszeitraum denkbar (§§ 195, 199 BGB) – wobei erneut die Frist nicht vor Ablauf der fünfjährigen Mindestfrist endet (§ 634a Abs. 3 S. 2 BGB).

1579 Der Anwendungsbereich der Fallgruppe »Haftung aus Organisationspflichtverletzung« steht in einer **engen Beziehung zur Arglisthaftung**. Denn bei Letzterer beruht die verlängerte Haftung wie erläutert auf der tragenden Erwägung, dass ein einzelner Unternehmer bedeutende aus Treu und Glauben zu offenbarende Sachmängel verschweigt, obwohl sie ihm bekannt sind und er damit rechnet, dass sie für die Willensbildung des Bestellers von erheblicher Bedeutung sind (z. B. im Rahmen der Abnahme). Dies vorausgeschickt macht es dann aus Sicht des Bestellers keinen Unterschied, dass der Unternehmer über das positive Wissen mit einem sich anschließenden Verstoß gegen seine Offenbarungspflichten persönlich verfügt, sondern sich dieses im Zuge einer arbeitsteiligen Herstellung in seinem Betrieb erst aus einer Addition des Einzelwissens von maßgeblich von ihm mit der Herstellung der Bauleistung befassten Personen ergibt. Wäre dies anders, würde derjenige, der sich aufgrund einer größeren Arbeitsorganisation »bewusst unwissend« hält, alleine dadurch eine bessere Rechtsposition einnehmen als der Einzelunternehmer, was nicht richtig sein kann (BGH a. a. O., vgl. auch sehr anschaulich OLG Düsseldorf, Urt. v. 04.08.2006 – I-22 U 32/06, 22 U 32/06, BauR 2007, 1748, 1750 f.).

1580 Bei dieser Ausgangslage wird aber ebesno erkennbar, dass es sich bei der Vorgabe an den Auftragnehmer, die Arbeitsabläufe so zu organisieren, dass schwere Mängel erkannt werden, nicht um eine wie auch geartete Rechtspflicht handelt. Vielmehr liegt darin allein eine **Obliegenheit**, deren Unterlassen zu einer verlängerten Verjährung führen kann (BGH, Urt. v. 11.10.2007 – VII ZR 99/06, BauR 2008, 87, 88 = NJW 2008, 145; BGH, Urt. v. 22.07.2010 – VII ZR 206/06, BGHZ 179, 55, 60 = BauR 2009, 515, 516 f. = NJW 2009, 582, 583 = NZBau 2009, 185, 186). Mit diesem Verständnis ist es dann aber z. B. auch nicht möglich, dem Auftragnehmer etwa die Organisationspflichtverletzung eines eingeschalteten Subunternehmers über § 278 BGB zuzurechnen. Denn der Auftragnehmer bedient sich regelmäßig nicht seines Nachunternehmers zur Erfüllung seiner eigenen Organisationsobliegenheiten gegenüber seinem Auftraggeber. Daher genügt ein zwischengeschalteter Auftragnehmer zumindest in diesen Fällen seinen Organisationspflichten, wenn er zu Leistungen, die er selbst mangels Fachkunde nicht erbringen kann, einen Subunternehmer **sorgfältig aussucht** (BGH, a. a. O.). Weitere Pflichten etwa zu einer verstärkten Überwachung würden ihn dagegen nur treffen, wenn er eine ausreichende eigene Fachkunde besäße, die Leistungen des Subunternehmers zu beurteilen.

▶ Beispiel

Der Generalunternehmer überträgt einen komplizierten Dachaufbau dem darauf spezialisierten Subunternehmer S. S errichtet das Dach unter Verstoß gegen die Statik; das Dach stürzt später ein. Die Gewährleistungsfrist war abgelaufen. Der Bauherr nimmt den GU wegen Verletzung seiner Organisationspflicht in Haftung.

Hier haftet der GU nur, wenn er die Bauerrichtung nicht selbst ordnungsgemäß überwacht hat, d. h. z. B. auch, wenn er wegen des Einsatzes von Subunternehmern keine ausreichende verstärkte Bauleitung eingesetzt hatte. Hat er dies getan, entfällt seine Haftung – es sei denn, der Subunternehmer selbst handelte arglistig und diese Arglist würde dem Generalunternehmer zugerechnet (BGH, Urt. v. 12.10.2006 – VII ZR 272/05, BGHZ 169, 255 = BauR 2007, 114, 115 = NJW 2007, 366, 367 – s. o. Rdn. 1577). Unbeachtlich ist hingegen, dass auch der **Subunternehmer intern** den **Arbeitsprozess mangelhaft organisiert** hatte. Dieses Fehlverhalten wird haftungsrechtlich nicht dem Generalunternehmer zugerechnet, weil dieser sich nicht um die Organisation des Herstellungsprozesses innerhalb des Subunternehmers kümmern musste.

Eine Gleichsetzung mit einem arglistigen Verhalten, das zu einer entsprechend verlängerten Verjährung führt, kommt jedoch nicht bei jedem Fehler des Unternehmers bei der Verletzung seiner Organisationsobliegenheiten (z. B. in Bezug auf die Auswahl seines Personals, deren Einsetzung oder Überwachung) in Betracht. Vielmehr geht es ja wie erläutert darum, dass dem Unternehmer der Vorwurf gemacht werden soll, er habe infolge der Mängel seiner Organisation (indem er sich bewusst unwissend halten wollte) eine Arglisthaftung vermeiden wollen. Das aber bedeutet, dass nicht jeder Mangel schon eine solche Gleichstellung mit einer Arglisthaftung begründen kann. Denn allen Unternehmern können Fehler unterlaufen, die selbst bei bester Organisation nicht unbedingt bemerkt werden. Folglich kann es nur um Mängel **mit einem erheblichen Gewicht** gehen, die entsprechend der Arglisthaftung bei positiver Kenntnis auch offenbarungspflichtig gewesen wären. Der einer Arglisthaftung vergleichbare Vorwurf bestände dann darin, dass der Auftragnehmer Personal zur Erfüllung dieser Offenbarungspflicht einsetzte, von dem er wusste, dass es dieser nicht nachkommen wird oder kann. Gleiches gilt, wenn er zwar ein entsprechendes Wissen nicht hat, er aber die Augen vor dieser Erkenntnis verschließt (BGH, Urt. v. 27.11.2008 – VII ZR 206/06, BGHZ 179, 55, 63 = BauR 2009, 515, 518 = NJW 2009, 582, 584 = NZBau 2009, 185, 187; BGH, Urt. v. 22.07.2010 – VII ZR 77/08, BauR 2010, 1959, 1961 = NJW-RR 2010, 1604, 1606 = NZBau 2010, 763, 765).

Steht eine Verjährung wegen einer Organisationspflichtverletzung zur Diskussion, trägt der Auftraggeber für deren Voraussetzungen die **Darlegungs- und Beweislast**. Entgegen der früher verbreiteten Auffassung heißt das allerdings nicht, dass schon allein die Schwere des Mangels – von extremen Ausnahmefällen einmal abgesehen – für sich genommen den Anschein einer Verletzung der Organisationsobliegenheit begründet. Denn wie soeben erläutert unterlaufen auch sorgfältig ausgesuchten oder auf der Baustelle eingesetzten Auftragnehmern immer wieder Fehler in der Ausführung, die mit einer mangelhaften Organisation nichts zu tun haben müssen. Gerade Fehleinschätzungen von technischen Notwendigkeiten führen oft zu schwersten Mängeln, ohne dass darin allerdings einem der Baubeteiligten ein – über seine damit verbundene allgemeine Mängelhaftung – hinausgehender Vorwurf einer Organisationsverpflichtverletzung mit einer verlängerten Gewährleistungshaftung zu machen sein muss (BGH, a. a. O.). Folglich wird diese Fallgruppe einer Verlängerung der Verjährung wegen Organisationspflichtverletzung in der Praxis nur selten zum Zuge kommen: Der Auftraggeber müsste vielmehr schon darlegen können, worin – neben der Existenz eines schweren Mangels – nun genau die Verletzung der dem Auftragnehmer obliegenden Organisationspflicht gelegen haben könnte, die einer Arglisthaftung vergleichbar sein soll. Das wird ihm in der Regel schon mangels detaillierter Kenntnis der Bauabläufe des Unternehmers kaum gelingen (vgl. dazu anschaulich OLG Hamburg, Urt. v. 26.11.2010 – 1 U 163/09, BauR 2011, 1017 = NJW 2011, 2663). Vorstellbar wäre dies aber immerhin, wenn er bei schweren Mängeln selbst bei einem Einsatz von qualifizierten Subunternehmern darlegen könnte, dass diese von seinem Auftragnehmer überhaupt nicht, d. h. nicht einmal stichprobenhaft überprüft wurden (OLG Düsseldorf, Urt. v. 17.05.2011 – 23 U 106/10, NJW 2011, 2817, 2818 = NZBau 2011, 492, 493).

7.4.4 Verlängerung/Verkürzung der Gewährleistungsfristen aus anderen Gründen

Die Verjährungsfristen können auch aus anderen Gründen verlängert werden. In Betracht kommt vor allem eine **Hemmung oder ein Neubeginn der Verjährung**. Hierbei handelt es sich um zwei Rechtsinstitute aus dem allgemeinen Verjährungsrecht des BGB, die auch auf das Recht des Bauvertrages nach der VOB/B Anwendung finden, zumal in den Allgemeinen Vertragsbedingungen der VOB/B entgegenstehende Regeln nicht enthalten sind. Hemmung oder Neubeginn der Verjährung haben aber keine Wirkung auf die Verjährung mehr, wenn diese bereits vollendet, also die Gewährleistungsfrist schon abgelaufen war (i. E. ebenso OLG Celle, Urt. v. 15.09.2010 – 7 U 53/10, BauR 2011, 265, 269).

Meist werden Mängel nicht an der Gesamtheit der nach dem Bauvertrag geschuldeten und errichteten Leistung auftreten und geltend gemacht, sondern nur wegen bestimmter Teile dieser Leistung. Macht der Auftraggeber in diesem Fall nur insoweit Gewährleistungsrechte geltend und bewirkt er damit eine Hemmung oder den Neubeginn der Verjährung, so treten diese Folgen auch **nur für den gerügten mangelhaften Leistungsteil** ein, nicht aber für die gesamte übrige Bauleistung. Bezüglich anderer nicht gerügter Mängel der vertraglichen Bauleistung läuft die Verjährungsfrist also ungehindert weiter (Kapellmann/Messerschmidt/Weyer, VOB/B, § 13 Rn. 152).

1584		VOB-Vertrag	BGB-Werkvertrag	Anmerkungen
	Hemmung	Anhalten der Verjährung in den folgenden Fällen: (1) Verhandlungen zwischen Auftraggeber und Auftragnehmer zu einem konkreten Mangel (§ 203 BGB) mit einer Beendigung der Hemmungswirkung frühestens 3 Monate nach Beendigung der Verhandlungen (2) Hemmung wegen Rechtsverfolgung u. a. (§ 204 BGB), besonders durch Klageerhebung, selbstständiges Beweisverfahren, Mahnbescheid, Streitverkündung, Schiedsverfahren, jeweils zzgl. 6 Monate nach Abschluss des Verfahrens		Soweit Hemmung oder Neubeginn der Verjährung vorliegt: Einbeziehung aller sonstigen Ansprüche, die neben dem zunächst geltendend gemachten Anspruch oder an seine Stelle treten (§ 213 BGB)
	Neubeginn der Verjährung (Unterbrechung)	Neue Verjährungsfrist beginnt von vorne nach folgenden Ereignissen (§ 212 BGB): (1) Anerkenntnis des Mängel-/Gewährleistungsanspruchs (2) Gerichtliche oder behördliche Vollstreckungshandlung		
		(3) Schriftliche Mängelrüge gemäß § 13 Abs. 5 Nr. 1 S. 2 VOB/B mit einer einmaligen Verlängerung von 2 Jahren		
	Einredeverzicht (Verlängerung der Verjährung)	Vertragliche Vereinbarung, nach der für einen bestimmten Zeitraum auf die Geltendmachung der Einrede der Verjährung verzichtet wird		

7.4.4.1 Hemmung der Verjährung

1585 Hemmung der Verjährung bedeutet, dass die **Verjährungsfrist** für einen bestimmten Zeitraum **angehalten** wird. Endet der die Hemmung begründende Umstand, läuft die Verjährungsfrist weiter, die bei Beginn der Hemmung noch nicht beendet war (§ 209 BGB).

Die Hemmung ist der Normalfall der Verlängerung der Verjährung. Sie kommt bei fast allen bekannten Umständen in Betracht, die die Klärung von Mängelansprüchen berechtigterweise verzögern können. Einzelheiten dazu finden sich in §§ 203 bis 211 BGB. Zu den wichtigsten Fällen der Hemmung im Baugeschehen gehören:

7.4.4.1.1 Anspruchshemmung bei Verhandlungen (§ 203 BGB)

1586 Die Verjährung von Mängelansprüchen ist bei Verhandlungen zwischen Auftraggeber und Auftragnehmer zu Mängeln für deren Dauer gehemmt, bis eine Vertragspartei die Fortsetzung der Verhand-

7.4 Gewährleistungsfristen

lungen verweigert. In diesem Fall tritt eine Verjährung allerdings frühestens drei Monate nach Ende der Hemmung (z. B. Abbruch der Verhandlungen) ein (§ 203 BGB).

Der Begriff der »**Verhandlungen**« im Sinne des § 203 BGB wird **sehr weit** verstanden. Danach kann allgemein festgehalten werden: Immer dann, wenn der Auftragnehmer durch seine Erklärungen beim Auftraggeber den Eindruck erweckt, dass er sich mit den gegen ihn erhobenen Ansprüchen auseinandersetzen wird, wird von Verhandlungen im Sinne des § 203 BGB auszugehen sein (so etwa auch: Niedenführ, in: Soergel, § 203 Rn. 4). Auf eine etwaige Vergleichsbereitschaft o. ä. kommt es nicht an (BGH, Urt. v. 26.10.2006 – VII ZR 194/05, BauR 2007, 380, 381 = NJW 2007, 587). Ebenso wenig ist erforderlich, dass sonst eine Bereitschaft zum Entgegenkommen signalisiert wird oder eine Erfolgsaussicht besteht (BGH, Beschl. v. 8.12.2011 – V ZR 110/11, IBR 2012, 177). Stattdessen genügt **jeder Meinungsaustausch betreffend den Mangel**, bei dem der Auftragnehmer nicht sofort und eindeutig jeden Ersatz ablehnt (BGH, Beschl. v. 28.10.2010 – VII ZR 82/09, BauR 2011, 263, 265 = NJW-RR 2011, 98, 99). Verhandelt aufseiten einer Partei ein Vertreter, ist entscheidend, dass dieser dafür eine Vollmacht besitzt (so z. B. die Haftpflichtversicherung mit einer Regulierungsvollmacht nach § 5 Nr. 2 AHB – BGH, Urt. v. 27.01.2005 – VII ZR 158/03, BGHZ 162, 86, 92 = BauR 2005, 705, 707 = NJW 2005, 1423, 1425). Auch die Verhandlung mit einem Subunternehmen kann ausreichen, wenn der Hauptunternehmer den Auftraggeber wegen Mängeln an diesen verwiesen hatte (OLG Oldenburg, Urt. v. 12.02.2008 – 12 U 42/07, BauR 2009, 260; ähnlich: OLG Schleswig, Beschl. v. 22.8.2011 – 3 U 101/10, BauR 2012, 815, 817). Demgegenüber wird nach einmal aufgenommenen Verhandlungen deren Fortsetzung erst verweigert, wenn der Vertragspartner tatsächlich zu verstehen gibt, dass er den Anspruch des Gegners nicht anerkennt und im Übrigen zu einer Fortsetzung der Verhandlungen nicht bereit ist (**doppeltes Nein** – s. dazu BGH, Urt. v. 30.06.1998 – VI ZR 260/97, NJW 1998, 2819, 2820; OLG Oldenburg, Urt. v. 23.08.2006 – 5 U 31/06, IBR 2007, 674). Ebenso kann von einem Abbruch der Verhandlungen auch ohne ausdrückliche Erklärung ausgegangen werden, wenn die **Verhandlungen einschlafen**. Dies ist anzunehmen, wenn der ersatzberechtigte Auftraggeber den Zeitpunkt versäumt, zu dem eine Antwort auf die letzte Anfrage des Ersatzpflichtigen spätestens zu erwarten gewesen wäre, falls die Verhandlungen mit verjährungshemmender Wirkung hätten fortgesetzt werden sollen (BGH, Urt. v. 06.11.2008 – IX ZR 158/07, BauR 2009, 551 [Ls.] = NJW 2009, 1806, 1807). Auch wenn sich feste Fristen dazu verbieten, wird man danach doch für den Regelfall nach einer ca. einmonatigen Untätigkeit auf beiden Seiten zu einer zuletzt erwarteten Reaktion (z. B. einer gesetzten Frist) von einem solchen Verhandlungsende ausgehen können, sodass dann die verbleibende Verjährungsfrist weiterläuft.

1587

Zu dieser Fallgruppe der Verjährungshemmung zählt im Übrigen auch der früher von § 639 Abs. 2 BGB a. F. erfasste im Baurecht wichtige Hemmungstatbestand der »**Prüfung und/oder Beseitigung des Mangels im Einverständnis mit dem Auftraggeber**« (BGH, Urt. v. 26.10.2006 – VII ZR 194/05, BauR 2007, 380, 381 = NJW 2007, 587; BGH, Beschl. v. 28.10.2010 – VII ZR 82/09, BauR 2011, 263, 265 = NJW-RR 2011, 98, 99). Dabei sind erbrachte Mangelbeseitigungsmaßnahmen als Sinnvolles Ganzes zu sehen.

1588

▶ **Beispiel (ähnlich OLG Oldenburg, Urt. v. 12.02.2008 – 12 U 42/07, BauR 2009, 260)**

Der Auftragnehmer moniert eine mangelhafte Solaranlage. Der Auftragnehmer kommt mit zeitlichen Abständen fünf Mal und wechselt nach und nach die Sonnenkollektoren aus: Hier liegen unter Verjährungsgesichtspunkten nicht fünf Teilsachverhalte vor, die jeweils separat eine Hemmung auslösen, sondern eine einzige nach der Mangelrüge vorgenommene Mangelbeseitigungshandlung.

Ansonsten kommt es nicht darauf an, dass die Mangelursachen richtig beschrieben sind, soweit nur klar ist, um welches Mangelsymptom es geht, das zwischen den Parteien diskutiert wird (BGH, Urt. v. 30.10.2007 – X ZR 101/06, BauR 2008, 514, 517 = NJW 2008, 576, 577 = NZBau 2008, 177, 178). Allerdings verbleiben auch Grenzfälle, weil insbesondere die Beseitigung eines Mangels nicht unbedingt gleichzusetzen ist mit dazu geführten Verhandlungen.

> **Beispiel**
>
> Der Auftragnehmer beseitigt den Mangel aus Kulanz. Hier ist unklar, wieso es zu einer Verjährungshemmung kommen sollte. Dies gilt erst recht, wenn der Auftragnehmer die Beseitigung eines gerügten vermeintlichen Mangelsymptoms zusagt, um einen ggf. weiteren Auftrag zu erhalten (s. zu einem ähnlichen Fall auch OLG Naumburg, Urt. v. 28.03.2007 – 6 U 83/06, BauR 2008, 111.).

1589 In diesen **Kulanzfällen** mag ansonsten zu unterscheiden sein:
- **Gehemmt** sind die Ansprüche, wenn der Auftragnehmer nicht nur eine Besichtigung, sondern **auch eine Prüfung der Mängel** oder gar deren Beseitigung zusagt, ohne gleichzeitig eine etwa fehlende Verantwortung dafür herauszustellen (vgl. dazu allerdings noch zum alten Recht: BGH, Urt. v. 27.09.2001 – VII ZR 320/00, BauR 2002, 108, 110 = NJW 2002, 288, 289 = NZBau 2002, 42 f. – zum neuen Recht ebenso: Grothe, in: Münch. Komm. § 203 Rn. 6). Etwas anderes dürfte hingegen gelten, wenn der Auftragnehmer die **Mängel (nur) aus Kulanz** beseitigt und er dabei gleichzeitig klarstellt, dass er dazu nicht verpflichtet sei. In diesem Fall sind keine Ansprüche gehemmt (anders noch der BGH zur allerdings alten Rechtslage, die jetzt nicht mehr gelten dürfte: BGH, Urt. v. 21.04.1977 – VII ZR 135/76, BauR 1977, 348, 349 – vgl. dazu nicht ganz eindeutig BGH, Urt. v. 30.10.2007 – X ZR 101/06, BauR 2008, 514 ff. = NJW 2008, 576 ff. = NZBau 2008, 177 ff.). Denn insoweit ist wirklich unklar, worin ein Verhandeln liegen soll.
- Hat der Auftragnehmer aber erst einmal zu den gerügten Mängeln Diskussionen mit dem Auftraggeber geführt (und dabei die Mängel auch untersucht), ist es nicht selten, dass sich dieser dann doch einer Mangelbeseitigung unterzieht und gleichwohl erklärt, dies nur aus Kulanz zu erledigen, ohne dazu verpflichtet zu sein. Verjährungsrechtlich stellt dieses Verhalten zumindest **keinen Abbruch einmal aufgenommener Verhandlungen** dar. Denn auch nach dem früheren § 639 Abs. 2 BGB a. F. kam es für die Hemmung nicht darauf an, aus welchen Beweggründen der Auftragnehmer den Mangel beseitigt (so jetzt auch zum neuen Recht: BGH, Urt. v. 30.10.2007 – X ZR 101/06, BauR 2008, 514, 518 = NJW 2008, 576, 578 = NZBau 2008, 177, 178 f.).

1590 Liegt eine Verjährungshemmung wegen Mangelbeseitigungsmaßnahmen vor, endet die Hemmung bei einem VOB-Vertrag nicht schon mit der Erklärung des Auftragnehmers, dass jetzt alles erledigt sei, sondern erst mit der **Abnahme der Mangelbeseitigungsleistung** (vgl. auch § 13 Abs. 5 Nr. 1 S. 3 VOB/B – OLG Dresden, Urt. v. 31.8.2010 – 5 U 923/06, Nichtzul.-Beschw. zurückgew., BGH; Beschl. v. 22.12.2011 – VII ZR 157/10, IBR 2012, 198). Etwas anderes dürfte dagegen beim BGB-Vertrag gelten, der keine gesonderte Abnahme der Mangelbeseitigungsleistung kennt. Ansonsten ist darauf hinzuweisen, dass von dieser Fallgruppe **nur Verhandlungen zu den Mängeln** erfasst werden. Zu keiner Hemmung kommt es daher, wenn etwa nur über den Abschluss einer Schiedsvereinbarung verhandelt wird (OLG Saarbrücken, Urt. v. 17.04.2002 – 1 U 758/01 – 175, 1 U 758/01, NJW-RR 2002, 1025, 1027 = NZBau 2002, 452, 453).

7.4.4.1.2 Hemmung wegen Rechtsverfolgung (§ 204 BGB)

1591 Mängelansprüche werden gehemmt, soweit der Auftraggeber diese mit prozessualen Maßnahmen durchsetzen will. Hierzu gehören im Baurecht vor allem:
- **Erhebung einer Klage**
  Seit jeher ist anerkannt, dass auch eine unzulässige Klage die Verjährung hemmt (vgl. zum alten Recht: BGH, Urt. v. 03.07.1980 – Iva ZR 38/80, BGHZ 78, 1, 5 = NJW 1980, 2461, 2462; zum neuen Recht: BGH, Urt. v. 06.12.2007 – IX ZR 143/06, BauR 2008, 711, 713 = NJW 2008, 519, 521).
- **Zustellung eines Mahnbescheides**
  Zu beachten ist, dass bereits die Zustellung eines Mahnbescheides die Verjährung hemmt, selbst wenn zum Zeitpunkt der Zustellung – von der Sachbefugnis abgesehen – noch nicht sämtliche Anspruchsvoraussetzungen vorliegen (BGH, Urt. v. 27.02.2003 – VII ZR 48/01, BauR 2003,

1035, 1036 = NJW-RR 2003, 784; BGH, Urt. v. 12.04.2007 – VII ZR 236/05, BGHZ 172, 42 = BauR 2007, 1221, 1227 = NJW 2007, 1952, 1956).

> **Beispiel**
>
> Der Auftraggeber rügt kurz vor Ablauf der Gewährleistung einen Mangel und setzt eine angemessene Frist zur Mangelbeseitigung. Das Fristende liegt nach Ablauf der Gewährleistung. Noch vorher beantragt er einen Mahnbescheid in Höhe eines voraussichtlichen Vorschussanspruchs. Ein solcher geldwerter Anspruch wäre zum Zeitpunkt der Beantragung des Mahnbescheides eigentlich noch nicht entstanden, weil dieser den Ablauf der zur Mangelbeseitigung erforderlichen angemessenen Frist voraussetzt (vgl. § 637 Abs. 1 BGB). Dies ist für die Hemmung der Verjährung bei Beantragung eines Mahnbescheides unbeachtlich.

Allerdings greift auch und gerade bei einem Mahnbescheid die verjährungshemmende Wirkung nur soweit, wie sich unmittelbar aus dem Mahnbescheid ergibt, für welchen Mangel welcher Geldanspruch geltend gemacht wird (BGH, Urt. v. 12.04.2007 – VII ZR 236/05, BGHZ 172, 42 = BauR 2007, 1221, 1227 = NJW 2007, 1952, 1956): Dies ist bei einem Mahnbescheid deshalb hervorzuheben, weil dort üblicherweise – zumal im elektronischen Verfahren – nur ein Geldbetrag angegeben wird, ohne zu kennzeichnen, um welche Mängel es geht. Für eine Verjährungshemmung genügt dies nicht.

- **Aufrechnung eines Anspruchs im Prozess**
- **Zustellung der Streitverkündung**

Mit der Streitverkündung ist eine Verjährungshemmung verbunden, wenn diese an sich zulässig ist. Dies ist eine Besonderheit gegenüber der Verjährungshemmung etwa bei Klageerhebung, weil auch eine unzulässige Klage die Verjährung hemmt (BGH, Urt. v. 06.12.2007 – IX ZR 143/06, BauR 2008, 711, 714 = NJW 2008, 519, 521). Für eine zulässige Streitverkündung ist z. B. erforderlich, dass die Streitverkündungsschrift den (richtigen) Grund der Streitverkündung angibt. Dagegen muss die Anspruchshöhe nicht genannt werden, was vielfach auch gar nicht ohne Weiteres möglich ist (BGH, Urt. v. 08.12.2011 – IX ZR 204/09, NJW 2012, 674, 675 = NZBau 2012, 159, 160 m. w. N.). All das ist für die Verjährungshemmung jedenfalls sehr misslich, weil die Zulässigkeit der Streitverkündung regelmäßig erst im Folgeprozess geprüft wird.

- **Zustellung eines Antrags auf Durchführung eines selbstständigen Beweisverfahrens**

Hier gilt dasselbe wie bei einer Klage: Auch ein unzulässiger Antrag auf Durchführung eines selbstständigen Beweisverfahrens hemmt die Verjährung – es sei denn, der Antrag wurde als unstatthaft zurückgewiesen (BGH, Urt. v. 22.01.1998 – VII ZR 204/96, BauR 1998, 390 = NJW 1998, 1305, 1306; BGH, Urt. v. 20.01.1983 – VII ZR 210/81, BauR 1983, 255, 256 = NJW 1983, 1091 =; BGH, Urt. v. 04.03.1993 – VII ZR 148/92, BauR 1993, 473, 474 = NJW 1993, 1916). Bezüglich des Beginns der Hemmung kann sodann aber festgehalten werden, dass nach der gesetzlichen Regelung zwar die **Zustellung der Antragsschrift** erforderlich ist. Zu einer Hemmung kommt es aber bereits nach § 189 ZPO auch dann, wenn unabhängig davon dem Betroffenen die Antragsschrift tatsächlich zugegangen ist (BGH, Urt. v. 27.01.2011 – VII ZR 186/09, BGHZ 188, 128, 133 = BauR 2011, 669, 672 = NJW 2011, 1965, 1967 = NZBau 2011, 303, 305).

- **Beginn eines schiedsrichterlichen Verfahrens**
- **Anmeldung der Mangelansprüche im Insolvenzverfahren über das Vermögen des Auftragnehmers**
- **Veranlassung der Bekanntgabe des erstmaligen Antrags auf Gewährung von Prozesskostenhilfe**

Für alle vorgenannten Verfahrenshandlungen ist es zum Zwecke der Hemmung der Verjährung zwingend erforderlich, dass jeweils der **richtige Anspruchsinhaber das Verfahren betreibt**, d. h. Klage erhebt, den Mahnbescheid beantragt u. a. Wird demgegenüber der Kläger oder Antragsteller erst nach Einleitung der vorgenannten Verfahren z. B. nach einer Abtretung Anspruchsinhaber oder erlangt erst dann eine Befugnis zur Verfügung über die geltend gemachten Rechte (etwa über eine Einziehungsermächtigung), tritt die Hemmungswirkung erst zu dem Zeitpunkt ein, zu dem er den An-

1592

spruch erwirbt (BGH, Urt. v. 29.10.2009 – I ZR 191/07, NJW 2010, 2270, 2271 m. w. N.; Niedenführ, in: Soergel, § 204 Rn. 17 ff.).

1593 Soweit es für die Verjährungshemmung in den vorgenannten Fällen auf die **Zustellung eines Schriftsatzes** u. a. ankommt, tritt die verjährungshemmende Wirkung bereits mit Eingang des Schriftsatzes u. a. beim Gericht ein, wenn dessen Zustellung demnächst erfolgt (§ 167 ZPO). Diese Rückwirkung gilt auch dann, wenn der Anspruch zum Zeitpunkt der Zustellung noch nicht verjährt war (BGH, Urt. v. 17.12.2009 – IX ZR 4/08, BauR 2010, 626, 627 = NJW 2010, 856, 857).

1594 Die Hemmung von Ansprüchen aufgrund vorgenannter Ereignisse **endet** nach § 204 Abs. 2 S. 1 BGB **sechs Monate** nach der rechtskräftigen Entscheidung oder anderweitigen Beendigung des Verfahrens. Gerät das Verfahren dadurch in Stillstand, dass die Parteien es nicht betreiben, so tritt an die Stelle der Beendigung des Verfahrens die letzte Verfahrenshandlung der Parteien, des Gerichts oder der sonst mit dem Verfahren befassten Stelle. In Bezug auf die Hemmung nach der Anmeldung von Mängelansprüchen im Insolvenzverfahren ist ergänzend anzumerken, dass hier die Hemmung nicht schon sechs Monate, nachdem der Insolvenzverwalter die angemeldete Forderung bestritten hat, sondern erst sechs Monate nach Beendigung des Insolvenzverfahrens insgesamt endet (BGH, Urt. v. 08.12.2009 – XI ZR 181/08, BauR 2010, 765, 771 = NJW 2010, 1284, 1288 = NZBau 2010, 426, 430).

7.4.4.2 Neubeginn der Verjährung

1595 Abweichend von der Hemmung gibt es Fälle, in denen die Verjährung aufgrund eines konkreten Ereignisses neu beginnt (ehemals »**Unterbrechung der Verjährung**«). Sie gilt jedoch nur ausnahmsweise, und zwar nach § 212 BGB bei einer gerichtlichen oder behördlichen **Vollstreckungshandlung** oder bei einem **Anerkenntnis** des Anspruchs, insbesondere durch Erbringung einer Abschlags- oder Zinszahlung oder durch Sicherheitsleistung (vgl. aber dagegen auch BGH, Urt. v. 11.11.2008 – VIII ZR 265/07, NJW 2009, 580, 581, wonach außerhalb des Verjährungsrechts eine vorbehaltlose Zahlung weder die Annahme eines deklaratorischen noch eines tatsächlichen Anerkenntnisses rechtfertigt). Ein solches ggf. auch nur **konkludentes Anerkenntnis** ist im Zusammenhang mit der Verjährung von Mängelansprüchen durchaus denkbar. Voraussetzung dafür ist allerdings, dass sich aus seinem tatsächlichen Handeln zugleich auch das Bewusstsein des Auftragnehmers über das Bestehen des Anspruchs des Auftraggebers ergibt (BGH, Urt. v. 22.12.1977 – VII ZR 134/76, BauR 1978, 143, 144 f. = BauR 1978, 307, 208 = NJW 1978, 537, 538; BGH, Urt. v. 23.06.1981 – VI ZR 42/80, BauR 1981, 591, 592 = NJW 1981, 2741, 2742). Das heißt: Wer im Bewusstsein der Mangelhaftigkeit der Bauleistung Mangelbeseitigungsmaßnahmen ohne weiteren Kommentar unternimmt, erkennt damit in der Regel den zugrunde liegenden Anspruch an (ähnlich BGH, Urt. v. 05.10.2005 – VIII ZR 16/05, BGHZ 164, 196, 204 = BauR 2006, 158 [Ls.] = NJW 2006, 47, 48). Dagegen bedeutet nicht schon jede Beseitigung von Mängeln ein Anerkenntnis und führt somit zu einem Neubeginn der Verjährung; erst recht gehört hierzu nicht die Aufnahme von Verhandlungen zu Mängeln (Umkehrschluss aus § 203 BGB, wonach dieser Umstand nur zur Anspruchshemmung führt). Ein Neubeginn der Verjährung scheidet ebenfalls aus, wenn der Auftragnehmer **Mangelbeseitigungsarbeiten im Wege der Kulanz** oder zur Vermeidung eines Rechtsstreits bzw. in Fällen ausführt, in denen der Auftragnehmer die Arbeiten unter dem Vorbehalt von Gegenansprüchen vornimmt (BGH, Urt. v. 03.12.1987 – VII ZR 363/86, BauR 1988, 465, 467 = NJW 1988, 1259, 1260 = NJW-RR 1988, 684, 685). Zur Vermeidung eines Anerkenntnisses wird ein Auftragnehmer das aber vorsorglich klarzustellen haben (so zu Recht OLG Naumburg, Urt. v. 21.03.2011 – 10 U 31/10, BauR 2011, 1655, 1657 = NJW-RR 2011, 1101, 1102 = NZBau 2011, 489, 490).

1596 Neben dem Neubeginn der Verjährung nach § 212 BGB steht ausschließlich bei einem VOB-Vertrag die **Verlängerung der Verjährung durch schriftliche Mängelrüge** (§ 13 Abs. 5 Nr. 1 S. 2 VOB/B): Nach dieser Regelung wird die Verjährung unterbrochen, wenn der Auftraggeber die Beseitigung eines konkret bezeichneten Mangels schriftlich verlangt. Ob ebenso eine Mangelbeseitigungsaufforderung per E-Mail ausreicht (in diesem Sinne sehr großzügig Palandt/Ellenberger

7.4 Gewährleistungsfristen

§ 127 Rn. 2), erscheint dagegen zweifelhaft (so etwa OLG Frankfurt, Beschl. v. 30.04.2012 – 2 U 269/11, NJW 2012, 2206 = NZBau 2012, 503): Dafür spräche immerhin die Sonderregelung in § 127 Abs. 2 BGB, wonach bei der gewillkürten Schriftform auch eine telekommunikative Übermittlung genügt. Damit sollte immerhin das sonst bestehende Erfordernis eigenhändiger Unterzeichnung im Sinne des § 126 BGB gelockert werden. Wenn bei einer Übermittlung per E-Mail gleichwohl Zweifel verbleiben, dann deshalb, weil mit § 127 S. 2 BGB nicht die Unterzeichnung als solche als verzichtbar angesehen wurde (BT-Ds. 14/4987, S. 43). Daher dürfte eine Mangelbeseitigungsaufforderung per E-Mail nur dann eine Verjährung verlängern, wenn sie etwa mit Unterschrift eingescannt und dieses Dokument per E-Mail versandt wird. Ist die Form gewahrt, beginnt mit deren Zugang – beschränkt auf den gerügten Mangel – eine **erneute Verjährungsfrist von zwei Jahren**. Erfasst werden von der Verjährungsverlängerung alle Ursachen, die den gerügten Mangelsymptomen zugrunde liegen (BGH, Urt. v. 06.10.1988 – VII ZR 227/87, BauR 1989, 79, 80 = NJW-RR 1989, 148, 149; s. zu der Symptomtheorie auch oben Rdn. 1316). Dies ist deshalb hervorzuheben, weil Mangelsymptome ggf. zunächst nur an einzelnen Stellen auftreten, während sich der zugrunde liegende Mangel in Wahrheit auf das ganze Bauwerk erstreckt. Hier also wird die Gewährleistung für diesen zugrunde liegenden Mangel insgesamt verlängert.

> **Beispiele**
> - Der Auftraggeber rügt an einzelnen Stellen im Gebäude Wasserschäden, die auf konstruktive Mängel bei der Dacheindeckung zurückzuführen sind. Hier ist die Gewährleistung für alle diesen Schäden zugrunde liegenden Ursachen unterbrochen, selbst wenn an anderen Stellen bisher kein Wasser eingetreten ist (BGH, a. a. O.).
> - Der Auftraggeber rügt Spurrinnen auf einem Teilstück von 485 m eines Straßenabschnitts. Diese Rüge betrifft die gesamte Strecke, wenn die Ursache der Spurrinnen dort insgesamt anzutreffen ist, sodass eine Gesamtsanierung erforderlich wird (OLG Hamm, Urt. v. 17.07.2009 – 21 U 145/05, BauR 2009, 1913, insoweit dort aber nicht veröffentlicht).

Im Ergebnis ist es somit für eine ordnungsgemäße Mängelrüge auch mit dem Ziel der Verlängerung der Verjährung nicht erforderlich, dass der Auftraggeber bezogen auf einen schon gerügten Mangel immer wieder bei neu auftretenden Einzelsymptomen (»weitere feuchte Stelle«) eine Mängelrüge hinterher schiebt. Wichtig ist nur, dass er negativ seine Mängelrüge nicht erkennbar auf einen einzelnen gerügten Mangel beschränkt hat. Dabei mag es letztlich einerlei sein, ob man dann eine hinter einem gerügten Mangelsymptom liegende Mangelursache als sog. **Systemmangel** bezeichnet (so etwa KG, Urt. v. 09.03.2009 – 10 U 61/04, BauR 2011, 149). Gemeint ist damit nichts anderes.

Wurde nach Vorstehendem ein Mangel gerügt, läuft allein für diesen Mangel gemäß § 13 Abs. 5 Nr. 1 S. 2 VOB/B eine neue zweijährige Verjährung der Mängelansprüche. Die Mängelrechte des Auftraggebers insgesamt verjähren jedoch unabhängig von dem Zeitpunkt der Mängelrüge und der sich anschließenden zweijährigen Frist nicht vor Ablauf der Regelverjährung von vier Jahren (§ 13 Abs. 4 VOB/B) bzw. der vereinbarten Frist. Wurde allerdings die Verjährungsfrist durch schriftliche Mängelrüge einmal unterbrochen, ist die Unterbrechungsfunktion der schriftlichen Mängelrüge »**verbraucht**« (BGH, Urt. v. 05.07.1990 – VIL ZR 164/89, BauR 1990, 723, 725 = NJW-RR 1990, 1240). 1597

> **Beispiel**
> Eineinhalb Jahre nach Abnahme rügt der Auftraggeber schriftlich einen Mangel. Eine erneute schriftliche Mängelrüge desselben Mangels knapp vier Jahre nach Abnahme würde jetzt nicht nochmals die Verjährung verlängern.

Etwas anderes gilt hingegen für die nach Abnahme einer Mangelbeseitigungsleistung nach § 13 Abs. 5 Nr. 1 S. 3 VOB/B neu laufende eigenständige Verjährung für diese Mangelbeseitigungsleistung: Hier gilt wiederum § 13 Abs. 5 Nr. 1 S. 2 VOB/B. Folglich kann diese verkürzte Verjährungsfrist für die erfolgte Mangelbeseitigung binnen zwei Jahren nach Abnahme durch eine **schriftliche Mangelbeseitigungsaufforderung** (OLG Hamm, Urt. v. 23.06.1992 – 26 U 132/91, BauR 1993, 86, 87 f. = NJW-RR 1993, 287) **erneut in Gang gesetzt** werden. Sodann ist darauf hinzuweisen ist darauf, dass nach einer Entscheidung des OLG Koblenz (Urt. v. 24.11.2004 – 1 U 532/04, BauR 2005, 1068 = NZBau 2005, 463) die Unterbrechungswirkung einer schriftlichen Mängelrüge nach § 13 Abs. 5 Nr. 1 S. 2 VOB/B deren Erhebung zwingend während der Regelfristen des § 13 Abs. 4 Nr. 1 VOB/B (i. d. R. 4 Jahre) voraussetzen soll, selbst wenn im Übrigen eine längere (z. B. 5-jährige) Frist vereinbart ist. Überzeugend ist diese Rechtsprechung nicht. Denn § 13 Abs. 4 Nr. 1 VOB/B stellt die Dauer der Verjährung ausdrücklich in die Disposition der Parteien. Folglich ist kein Grund ersichtlich, wieso eine schriftliche Mängelrüge z. B. nach viereinhalb Jahren bei einer fünfjährigen Gewährleistungsdauer nicht nach dem weiter unabhängig davon geltenden § 13 Abs. 5 Nr. 1 S. 2 VOB/B zu einer Verlängerung der Verjährung um zwei Jahre – bezogen auf den Zeitpunkt der Erhebung der Mängelrüge – führen soll (wie hier: OLG Hamm, Urt. v. 17.07.2009 – 21 U 145/08, BauR 1913, 1916).

1598 § 13 Abs. 5 Nr. 2 VOB/B selbst hält einer **isolierten AGB-Inhaltskontrolle** stand (BGH, Urt. v. 23.02.1998 – VII ZR 89/87, BGHZ 107, 75, 82 = BauR 1989, 322, 325 = NJW 1989, 1602, 1604; OLG Hamm, a. a. O.; OLG Düsseldorf, Urt. v. 09.03.2010 – 21 U 46/09, BauR 2011, 834). Eine entgegenstehende Vereinbarung in Allgemeinen Geschäftsbedingungen etwa des Inhalts, dass eine auf fünf Jahre verlängerte Gewährleistungsfrist immer wieder durch eine vor ihrem Ablauf erhobene Mängelrüge neu beginnt, verstößt hingegen gegen § 307 BGB (OLG Düsseldorf, Urt. v. 12.12.1997 – 22 U 58/97, BauR 1998, 549, 550 f. = NJW-RR 1998, 1028, 1029).

7.4.4.3 Einbeziehung parallel bestehender Ansprüche in die Verlängerung der Verjährung (§ 213 BGB)

1599 Wird ein Anspruch gehemmt oder beginnt für diesen eine neue Verjährung, gelten die damit einhergehenden Rechtswirkungen mit einer Verjährungsverlängerung auch zugunsten aller sonstigen Ansprüche, die **aus demselben Grunde wahlweise neben den Anspruch oder an seine Stelle treten** (§ 213 BGB). Im Gewährleistungsrecht kommt dieser Regelung eine große Bedeutung zu. So hemmt etwa eine Nacherfüllungsklage gleichzeitig die Verjährung sonstiger Ansprüche, die in Bezug auf denselben Mangel geltend gemacht werden könnten (Vorschuss, Kostenerstattung, Minderung, Schadensersatz). Dies vorausgeschickt sind allerdings folgende Besonderheiten zu beachten:

- **Kostenerstattungsanspruch**

1600 Steht dieser nach ordnungsgemäßer Mangelbeseitigungsaufforderung mit Fristsetzung und anschließender Ersatzvornahme nicht innerhalb der Gewährleistungsfrist fest, muss (kann) der Auftraggeber hinsichtlich des nicht feststehenden Teils **Klage auf Feststellung** des weiteren Anspruchs auf Kostenerstattung erheben (Locher, Das private Baurecht, Rn. 799) oder (soweit sich dies nach Mangelbeseitigung überhaupt noch anbietet) ein verjährungshemmendes selbstständiges Beweisverfahren einleiten. Denn rechtlich gesehen stellt die Klage auf Kostenerstattung in dem Fall, in dem noch weitere Kosten für die Beseitigung eines konkreten Mangels entstehen können, nur eine **Teilklage auf Erstattung der insgesamt anfallenden Mangelbeseitigungskosten** dar. Eine Teilklage hemmt die Verjährung aber nur in dem Umfang des jeweils eingeklagten Betrages (BGH, Urt. v. 18.03.1976 – VII ZR 35/75, BGHZ 66, 142, 148 = BauR 1976, 202, 204 f. = NJW 1976, 960, 961 f.).

> ▶ Beispiel
>
> Der Mangel wird vermeintlich beseitigt. Hierfür wurde auch eine Kostenerstattungsklage erhoben. Nunmehr (nach Ablauf der Gewährleistung) sollen weitere Kosten erstattet werden für Mangelbeseitigungsmaßnahmen, die ursprünglich nicht Gegenstand des ersten Verfahrens waren. Diese Ansprüche wären jetzt verjährt.

1601 Etwas anderes gilt, wenn der Auftraggeber nicht auf eine Erstattung von bereits angefallenen und im einzelnen berechneten Kosten klagt, sondern mit seiner Zahlungsklage seinen infolge eines bestimmten Baumangels bestehenden **Anspruch in voller Höhe geltend** macht und sich dies seiner Klage eindeutig entnehmen lässt. Hier erstreckt sich die mit der Klage eingetretene Hemmung auch auf weiter gehende Ansprüche, die im Zusammenhang mit seinem Klagebegehren stehen:

(BGH, Urt. v. 19.02.1982 – V ZR 251/80, BauR 1982, 398, 399 = NJW 1982, 1809, 1810; BGH, Urt. v. 02.05.2002 – III ZR 135/01, BGHZ 151, 1, 2 = NJW 2002, 2167, 2168).

> **Beispiel**
>
> Der Ersatzunternehmer erhöht seine Rechnung aufgrund eines Rechenfehlers nach Ablauf der Verjährung. Diese Mehrkosten sind nicht verjährt, wenn erkennbar ist, dass der Auftraggeber auch diese Kosten dem Grunde nach mit seiner Klage ersetzt verlangte.

Dasselbe gilt bei **Schadensersatzansprüchen** zu Mangelschäden: Verlangt der Auftraggeber erkennbar mit seiner Schadensersatzklage einen Geldbetrag, der nach einem Sachverständigengutachten zur Behebung der Mängel erforderlich ist, erstreckt sich die Hemmung auch auf ggf. entstehende Zusatzkosten (z. B. aus Baukostensteigerungen), wenn der Sachverständige die Kosten zunächst zu niedrig angesetzt hatte.

- **Mangelbeseitigungsklage/Vorschussanspruch**
Eine Mangelbeseitigungsklage bzw. eine Klage auf Vorschuss **hemmt die Verjährung** hinsichtlich des zugrunde liegenden **Werkmangels insgesamt** (nicht nur hinsichtlich der einzelnen Mangelsymptome). Reicht ein gezahlter Vorschuss später nicht aus, kann die fehlende Differenz noch nach Ablauf der Verjährung geltend gemacht werden (BGH, Urt. v. 18.03.1976 – VII ZR 41/74, BGHZ 66, 138, 140 f. = BauR 1976, 205, 206 = NJW 1976, 956 f.; BGH, Urt. v. 10.11.1988 – VII ZR 140/87, BauR 1989, 81, 82 f. = NJW-RR 1989, 208; BGH, Urt. v. 25.09.2009 – VII ZR 204/07, BauR 2008, 2041, 2042 = NJW 2009, 60, 61 = NZBau 2009, 120, 121; Ingenstau/Korbion/Wirth, B § 13 Abs. 4 Rn. 228). Eine **Feststellungsklage** wie bei einem zum Ablauf der Gewährleistungsfrist nicht abrechenbaren Kostenerstattungsanspruch muss nicht erhoben werden (BGH, Urt. v. 10.11.1988 – VII ZR 140/87, BauR 1989, 81, 83 = NJW-RR 1989, 208 f.). Deren Erhebung ist jedoch zulässig (BGH, Urt. v. 20.02.1986 – VII ZR 318/84, BauR 1986, 345, 346 f. = NJW-RR 1986, 1026, 1027 f.; BGH, Urt. v. 10.11.1988 – VII ZR 140/87, BauR 1989, 81, 83 = NJW-RR 1989, 208 f.; BGH, Urt. v. 06.12.2001 – VII ZR 440/00, BauR 2002, 471 f. = NJW 2002, 681) und vielfach sogar **empfehlenswert**: Denn gerade unter dem Gesichtspunkt der Verjährung ist zu berücksichtigen, dass eine Vorschussklage hinsichtlich des nicht eingeklagten Teils nur die Verjährung hemmt (§ 204 Abs. 1 Nr. 1 BGB). Steht danach eine aufwendige Selbstvornahme an, kann es im Hinblick auf eine ggf. verbleibende restliche Verjährungsdauer sinnvoll sein, auch diese Ansprüche durch ein Urteil zu sichern.

- **Schäden außerhalb des Mangels**
Kommt es infolge eines Baumangels zu Schäden, die nicht auf Mangelbeseitigung gerichtet sind (z. B. Verzugsschaden), ist § 213 BGB nicht anwendbar, soweit lediglich Nacherfüllungs-, Kostenerstattungs- oder Vorschussansprüche geltend gemacht werden. Denn diese Schäden stehen neben den vorgenannten Ansprüchen. Aus diesem Grund müssen sie jeweils gesondert eingeklagt werden, um eine drohende Verjährung abzuwenden. Notfalls muss dazu, wenn sie noch nicht feststehen, eine Feststellungsklage erhoben werden (i. E. ebenso OLG Stuttgart, Urt. v. 30.03.2010 – 10 U 87/09, BauR 2010, 1240, 1245).

7.4.4.4 Vereinbarung zur Verlängerung oder Verkürzung der Verjährung

Wie schon vorstehend erläutert, lässt der Wortlaut des § 13 Abs. 4 VOB/B erkennen, dass eine abweichende Vereinbarung von Gewährleistungsfristen im Rahmen der VOB/B durchaus möglich ist. Entsprechendes gilt für die gesetzliche Gewährleistungsfrist (vgl. auch § 202 Abs. 2 BGB) – wobei zunächst gilt: Die **Verlängerung der Regelgewährleistungsfrist** für Bauwerksleistungen von den in § 13 Abs. 4 Nr. 1 VOB/B verkürzten vier Jahren auf die gesetzliche Gewährleistung **auf fünf Jahre** ist in der Regel **unproblematisch**. Denn was das Gesetz regelt, kann nicht unwirksam sein. Dasselbe gilt – abgesehen von Fällen eines Verstoßes gegen Treu und Glauben – für Individualvereinbarungen zur Gewährleistungsdauer, die dementsprechend sowohl verkürzt als auch verlängert werden können.

Alternativ bleibt es den Bauvertragsparteien unbenommen, bei Bedarf jeweils auf die Erhebung der **Einrede der Verjährung zu verzichten**. Wird dieser ohne einen Endtermin erklärt, ist er regelmäßig dahin gehend zu verstehen, dass er auf die dreißigjährige Maximalfrist des § 202 Abs. 2 BGB beschränkt sein soll (BGH, Urt. v. 18.09.2007 – XI ZR 447/06, BauR 2008, 138 [Ls.]).

1605 Demgegenüber scheidet in Allgemeinen Geschäftsbedingungen des Auftragnehmers eine **Verkürzung der Gewährleistungsfrist** – außerhalb der VOB/B – unter die gesetzliche Regelwährleistungsfrist von fünf Jahren aus (vgl. § 309 Nr. 8 lit. b, ff. BGB). Dies gilt wegen eines Verstoßes gegen § 307 BGB auch im kaufmännischen Verkehr (BGH, Urt. v. 09.04.1981 – VII ZR 194/80, BauR 1981, 378 = NJW 1981, 1510; BGH, Urt. v. 08.03.1984 – VII ZR 349/82, BGHZ 90, 273, 279 = BauR 1984, 390, 392 = NJW 1984, 1750, 1751). Dementsprechend kann in Bauverträgen, die ansonsten dem BGB unterfallen, isoliert keine »Gewährleistung nach VOB« vereinbart werden. In diesen Fällen gilt dann vielmehr die gesetzliche fünfjährige Frist (s. dazu auch oben Rdn. 774 ff.). Die in § 13 Abs. 4 Nr. 1 VOB/B vorgesehene Verkürzung der Gewährleistungsfrist auf vier Jahre ist stattdessen **nur wirksam**, wenn die **VOB/B** im gewerblichen Bereich (d. h. nicht gegenüber Privatpersonen) **tatsächlich als Ganzes ohne Abweichungen vereinbart** ist, sodass allein damit die VOB von einer AGB-Inhaltskontrolle freigestellt wird (vgl. § 310 Abs. 1 S. 3 BGB sowie oben Rdn. 481 ff.). Dabei ist allerdings nochmals darauf hinzuweisen, dass dies nur für AGB-Klauseln des Auftragnehmers gilt: Stellt der Auftraggeber die VOB, kann er sich nicht auf §§ 309 Nr. 8 lit. b, bb, 307 BGB berufen, weil eine AGB-Kontrolle nur zulasten des Verwenders, nicht zu seinen Gunsten stattfindet (BGH, Urt. v. 04.12.1986 – VII ZR 354/85, BGHZ 99, 160, 161 = BauR 1987, 205, 206 = NJW 1987, 837, 838 sowie oben ausführlich Rdn. 468 ff., 644).

1606 Scheitert in der Regel die Verkürzung der Gewährleistung an einer AGB-Inhaltskontrolle, gilt etwas anderes für **vertragliche Vereinbarungen über eine Verlängerung der Gewährleistungsfrist**. Diese sind abhängig von den Voraussetzungen z. T. auch in AGB (hier in der Regel des Auftraggebers) zulässig (s. dazu auch oben Rdn. 732 ff.) und in der Praxis durchaus häufig anzutreffen.

▶ **Beispiele**
- 7 Jahre für Dachabdichtungsarbeiten (vgl. OLG Köln, Urt. v. 29.04.1988 – 19 U 298/87, BauR 1989, 376 = Sch.-F.-H. Nr. 17 zu § 13 Nr. 4 VOB/B)
- 10 Jahre und 1 Monat für Flachdacharbeiten (BGH, Urt. v. 09.05.1996 – VII ZR 259/94, BGHZ 132, 383 = BauR 1996, 707 = NJW 1996, 2155)

Dementsprechend kann z. B. ohne Weiteres in einem BGB-Werkvertrag die Gewährleistungsregelung des § 13 VOB/B vereinbart werden mit der Maßgabe, dass eine fünfjährige Gewährleistungsfrist gelten soll. Dies ist ebenso in AGB unproblematisch, obwohl dem Auftraggeber dann nach § 13 Abs. 5 Nr. 1 S. 2 VOB/B auch in einem BGB-Werkvertrag die Möglichkeit zustände, die Gewährleistung durch eine einfache schriftliche Mängelrüge ohne Weiteres zu verlängern (vgl. bereits zum alten Recht BGH, Urt. v. 23.02.1989 – VII ZR 89/87, BGHZ 107, 75, 85 f. = BauR 1989, 322, 326 = NJW 1989, 1602, 1605). Bedenken bestehen dagegen nicht, zumal auch ein Auftraggeber eines BGB-Vertrages sonst die Möglichkeit hat, im überschaubaren Rahmen eine verlängerte Gewährleistung zu vereinbaren (s. dazu etwa OLG Naumburg, Urt. v. 27.04.2006 – 2 U 138/05, BauR 2007, 551, 554).

7.5 Rechte des Auftraggebers nach Ablauf der Verjährung

1607 Sind die Gewährleistungsrechte verjährt, kann der Auftraggeber diese nicht mehr gerichtlich durchsetzen. Dem Auftragnehmer steht eine darauf gerichtete **Einrede** zu (§ 214 Abs. 1 BGB). Spätere Verhandlungen zu den Mängeln können keine (erneute) Hemmung oder einen Neubeginn der Verjährung auslösen (BGH, Urt. v. 21.11.1996 – IX ZR 159/95, NJW 1997, 516, 517). Auch aus Treu und Glauben kann sich hier zumindest in der Regel kein Anspruch mehr ergeben (a. A. allerdings kaum nachvollziehbar KG, Urt. v. 28.02.2005 – 26 U 186/03, IBR 2006, 328, wonach sich ein Generalunternehmer gegenüber dem Bauherrn nicht auf die Verjährung berufen können soll, wenn ihm noch Mangelbeseitigungsansprüche gegen den Subunternehmer zustehen). Allerdings ist der **Auf-**

traggeber nicht völlig rechtlos gestellt. Denn trotz Verjährung wird er zumindest eine bisher nicht ausbezahlte Vergütung nicht mehr bezahlen müssen:
- Zum einen ergibt sich dies aus §§ 320, 641 Abs. 3 BGB in Verbindung mit § 215 BGB: Steht dem Auftraggeber hier ein Zurückbehaltungsrecht wegen Mängeln zu, geht ihm dieses nicht deshalb verloren, weil der zugrunde liegende Mangelanspruch zwischenzeitlich verjährt ist. Vielmehr kann er auch noch nachträglich die Aufrechnung mit etwa dagegen stehenden Schadensersatzansprüchen erklären (ähnlich: OLG München, Urt. v. 6.12.2011 – 9 U 424/11, BauR 2012, 663, 664 = NZBau 2012, 241, 242). Dabei ist unbeachtlich, dass der Auftraggeber das Zurückbehaltungsrecht überhaupt erstmals nach Ablauf der Gewährleistungsfrist erhoben hat (BGH, Urt. v. 19.05.2006 – V ZR 40/05, BauR 2006, 1464, 1467 = NJW 2006, 2773, 2775). Allerdings kommt insoweit ein **erhöhter Einbehalt wegen eines Druckzuschlages nicht** mehr in Betracht.
- Zum anderen kann der Auftraggeber nach § 634a Abs. 4 S. 2 BGB eine Vergütungszahlung dann verweigern, wenn er nach § 218 Abs. 1 BGB wegen der Verjährung des Nacherfüllungsanspruchs vom Vertrag nicht mehr zurücktreten könnte. Auch hier kommt es auf eine rechtzeitige Mangelanzeige nicht an (Münch. Komm./Busche, § 634a Rn. 56).

7.6 Zusammenfassung in Leitsätzen

1. Mit der Abnahme der Bauleistung ist die Leistungspflicht des Auftragnehmers nicht erloschen. Vielmehr hat er jetzt im Rahmen der Gewährleistung etwaige auftretende Baumängel zu beseitigen. Rechtsgrundlage im BGB-Werkvertragsrecht sind die §§ 633 ff. BGB, im VOB-Vertrag § 13 VOB/B.
2. Sowohl das BGB- als auch das VOB-Werkvertragsrecht gehen von einem im Wesentlichen dreigestaltigen Mangelbegriff aus: Hiernach ist eine Bauleistung mangelhaft, wenn sie von der vereinbarten Beschaffenheit abweicht (oder nicht den anerkannten Regeln der Technik entspricht). Ist keine Beschaffenheit vereinbart, ist die Werkleistung nur frei von Mängeln, wenn sie sich für die nach dem Vertrag vorausgesetzte, sonst für die gewöhnliche Verwendung eignet und eine Beschaffenheit aufweist, die bei Werken gleicher Art üblich ist und die der Auftraggeber nach der Art der Leistung erwarten kann. Auch insoweit müssen grundsätzlich die anerkannten Regeln der Technik eingehalten werden.
3. Ein Mangel liegt ebenso bei Minderleistungen und einer Aliud-Leistung vor.
4. Für die Beurteilung der Mangelfreiheit kommt es allein auf den Zeitpunkt der Abnahme an. Dies gilt auch bei einer nachträglichen Änderung der anerkannten Regeln der Technik.
5. Bei den Mängelansprüchen ist zwischen dem Sicherungsrecht des Auftraggebers (Einbehalt der Vergütung) und den Mängelrechten zu differenzieren. Bei Letzteren kann zwischen primären und sekundären Mängelrechten unterschieden werden. Die primären Rechte sind auf die Mangelbeseitigung gerichtet. Hierzu gehört der Nacherfüllungs-, der Kostenerstattungs- und der Vorschussanspruch. Die sekundären Mängelrechte bezwecken einen finanziellen Ausgleich. Hierzu gehören Minderung, Rücktritt und Schadensersatzansprüche.
6. Liegen Baumängel vor, kann der Auftraggeber zunächst einen angemessenen Teil der Vergütung einbehalten. Der Höhe nach beläuft sich der Einbehalt in der Regel auf das Doppelte der voraussichtlichen Mangelbeseitigungskosten (Druckzuschlag). Dieses erhöhte Zurückbehaltungsrecht geht nur verloren, wenn eine Mangelerhebung nicht mehr in Betracht kommt. Soweit ein solches Einbehaltsrecht besteht, kann der Auftraggeber mit der Bezahlung einer ggf. offenen Vergütung nicht in Verzug geraten.
7. Bei jedem Werkmangel besteht bei VOB- und BGB-Vertrag vorrangig ein Nacherfüllungsrecht des Auftraggebers. Es setzt neben einem Werkmangel ein entsprechendes Verlangen gegenüber dem Auftragnehmer voraus. Ferner muss sich der Auftraggeber einen ggf. bekannten Mangel bei Abnahme vorbehalten; mit einer eigenen Mangelbeseitigung darf er noch nicht begonnen haben. In diesem Fall ist nunmehr der Auftragnehmer verpflichtet, die Mängel auf eigene Kosten zu beseitigen, wozu auch etwaige dafür notwendige Begleitarbeiten gehören. Die Wahl der richtigen Art der Mangelbeseitigung obliegt alleine ihm.

1608

8. Kommt der Auftragnehmer dem Nacherfüllungsverlangen des Auftraggebers nicht nach, kann der Auftraggeber den Mangel auf dessen Kosten selbst beseitigen lassen. Hierfür ist neben dem Mangelbeseitigungsanspruch als solchem weitere Voraussetzung, dass er dem Auftragnehmer zuvor eine angemessene Frist gesetzt hat, die fruchtlos verstrichen ist. Von dieser Fristsetzung kann nur in Ausnahmefällen abgesehen werden. Der Erstattungsanspruch besteht in Höhe der entstandenen und erforderlichen Kosten für die Mangelbeseitigung einschließlich aller Begleitkosten, die im Zusammenhang mit der Mangelbeseitigung anfallen. Bei Vorsteuerabzugsberechtigten beschränkt sich der Erstattungsanspruch auf den Netto-Betrag.

9. Der Auftraggeber kann für die Mangelbeseitigung anstatt der nachträglichen Kostenerstattung vorab einen Vorschuss verlangen. Allerdings muss er auch willens und in der Lage sein, die Mängel zeitnah zu beseitigen. Die Höhe des Vorschusses hat er vorab zu schätzen; sodann darf dem Auftraggeber keine anderweitige liquiditätsschonende Maßnahme zur Verfügung stehen, mit der er ohne Einsatz von Kapital die Mängel beseitigen kann. Bei Anforderung des Vorschusses kann der Auftragnehmer damit in Verzug geraten. Nach erhaltenem Vorschuss hat der Auftraggeber darüber abzurechnen.

10. Alle vorgenannten Rechte stehen unter der Voraussetzung, dass der originäre Erfüllungsanspruch noch besteht, d. h. vor allem nicht durch eine nach altem Recht für einen BGB-Vertrag zum Teil gebotene Fristsetzung mit Ablehnungsandrohung untergegangen ist.

11. Beim BGB-Werkvertrag kann der Auftraggeber nach Ablauf einer zur Mangelbeseitigung gesetzten Frist neben den primären Mängelansprüchen wahlweise Minderung, Rücktritt oder Schadensersatz verlangen. Bei einem VOB-Vertrag besteht ein Minderungsrecht nur unter eingeschränkten Voraussetzungen, nämlich bei Unzumutbarkeit oder Unmöglichkeit der Mangelbeseitigung bzw. bei Verweigerung der Mangelbeseitigung durch den Auftragnehmer wegen eines unverhältnismäßigen Aufwandes. Die Minderung selbst wird bei BGB- und VOB-Vertrag durch eine einseitige Gestaltungserklärung des Auftraggebers vollzogen. Deren Höhe wird im Verhältnis des Wertes der tatsächlich mängelbehafteten Leistung zum Wert der Leistung im mangelfreien Zustand ermittelt. Maßgeblicher Zeitpunkt ist der des Vertragsschlusses. Die genaue Berechnung einer Minderung ist zumeist ohne Sachverständigengutachten kaum möglich.

12. Das Recht zum Rücktritt ist beim VOB-Vertrag ausgeschlossen. Beim BGB-Vertrag besteht es zwar, hat praktisch aber keine Bedeutung.

13. Bei Baumängeln kann dem Auftraggeber auch ein Schadensersatzanspruch zustehen. Im BGB-Werkvertragsrecht ist dabei zu unterscheiden zwischen dem Schadensersatzanspruch statt der Leistung und dem gewöhnlichen Schadensersatzanspruch. Letzterer besteht in der Regel bei Mangelfolgeschäden, soweit der Auftraggeber weiterhin an der Erfüllung des Vertrages festhält. Mit einer etwaigen Fristsetzung können diese Schäden nicht behoben werden. Mit dem Schadensersatzanspruch statt der Leistung begehrt der Auftraggeber hingegen einen Ersatz für den unmittelbaren Mangelschaden ggf. verbunden mit weiteren Schäden. Demzufolge setzt auch dieser Schadensersatzanspruch grundsätzlich eine vorherige Fristsetzung zur Beseitigung des Mangels voraus. Er ist in Bezug auf die ganze Leistung bei unerheblichen Pflichtverletzungen ausgeschlossen. Besteht der Schadensersatzanspruch, kann der Auftraggeber wählen zwischen dem sog. kleinen und großen Schadensersatz. Bei Letzterem weist er die Bauleistung zurück und liquidiert den gesamten Schaden; demgegenüber behält er beim kleinen Schadensersatz die Bauleistung und rechnet nur den verbleibenden Schaden ab. Soweit der Auftraggeber vorsteuerabzugsberechtigt ist oder den Schadensersatz nicht zur Mangelbeseitigung einsetzen will, kann er nur den Netto-Betrag geltend machen.

14. Im Anwendungsbereich der VOB steht dem Auftraggeber zunächst ein uneingeschränkter Schadensersatz bei vorsätzlichem und grob fahrlässigem Handeln des Auftragnehmers zu, ebenso bei Körperschäden. Ansonsten kann der Auftraggeber Schadensersatz verlangen, soweit ihm trotz Nacherfüllung oder Minderung ein wesentlicher Schaden an der baulichen Anlage verbleibt, den der Auftragnehmer zu vertreten hat. Hierbei geht es also stets um

7.6 Zusammenfassung in Leitsätzen

die echten Mangelschäden nebst naher Mangelfolgeschäden. Weitergehende Schäden kann er vor allem ersetzt verlangen, soweit der Auftragnehmer schuldhaft gegen die anerkannten Regeln der Technik oder die vereinbarte Beschaffenheit verstoßen hat.

15. Gewährleistungsansprüche können aus verschiedenen Gründen gekürzt werden. Hierzu zählen vertragliche Haftungsbegrenzungen, ein Gewährleistungsausschluss wegen (Mit)verantwortlichkeit des Auftraggebers am Mangel bzw. ein ihm insoweit anzulastendes Mitverschulden, ein Gewährleistungsausschluss wegen eines fehlenden Vorbehalts zu bekannten Mängeln bei Abnahme oder eine Anspruchskürzung wegen anfallender Sowieso-Kosten bzw. unter dem Gesichtspunkt der Vorteilsausgleichung.

16. Geht es um einen Gewährleistungsausschluss wegen Verantwortlichkeit des Auftraggebers, kommt dieser nur zum Tragen, soweit der Auftragnehmer seiner ihm obliegenden Prüf- und Hinweispflicht ordnungsgemäß nachgekommen ist. Bei einem Gewährleistungsausschluss wegen fehlenden Vorbehalts bekannter Mängel bei Abnahme bleiben dem Auftraggeber immerhin Schadensersatzansprüche erhalten, über die dann auch unter der weiteren Voraussetzung einer vorherigen Fristsetzung etwaige Mangelbeseitigungskosten ersetzt werden können.

17. Die Gewährleistungsfrist für Mängel beträgt im BGB bei Bauwerksarbeiten fünf, bei einem VOB-Vertrag vier und bei reinen Grundstücksarbeiten zwei Jahre. Die Frist beginnt mit der Abnahme; sie kann in Einzelfällen – ggf. auch in AGB – verlängert werden. Der Lauf der Verjährungsfristen wird vor allem durch Verhandlungen und prozessuale Handlungen (Klage, Beweisverfahren u. a.) gehemmt. Bei einem VOB-Vertrag beginnt nach der schriftlichen Mangelanzeige einmalig eine neue zweijährige Gewährleistungsfrist für den konkret gerügten Mangel. In Fällen der Arglist und von Organisationspflichtverletzungen können Verjährungsfristen bis zu 30 Jahren betragen.

8 Die Bauzeit und Bauablaufstörungen

Übersicht

		Rdn.
8.1	Die Bedeutung der Bauzeit – Grundlagen	1610
8.1.1	Die baubetriebliche Bedeutung der Bauzeit	1614
8.1.2	Die Bedeutung der Bauzeit für den Auftraggeber	1616
8.1.3	Die Bedeutung der Bauzeit für den Auftragnehmer	1618
8.1.4	Schlussfolgerung: Aufstellung eines Bauzeitenplanes	1619
8.2	Bauzeitregelungen in BGB und VOB im Überblick	1623
8.2.1	Die Bauzeitregelung im BGB	1624
8.2.1.1	Fälligkeit der Leistungsverpflichtung	1627
8.2.1.2	Rechte des Auftraggebers	1628
8.2.1.3	Rechte des Auftragnehmers bei Behinderungen	1632
8.2.2	Die Bauzeitregelung in der VOB Teil A und B	1643
8.2.2.1	Ausführungsfristen im Vergabeverfahren (§ 9 Abs. 1 bis 4 VOB/A)	1644
8.2.2.2	Ausführungsfristen während der Bauphase (§ 5 VOB/B)	1648
8.2.2.3	Behinderung und Unterbrechung der Bauleistung (§ 6 VOB/B)	1655
8.2.2.4	Vertragsstrafe (§ 9 Abs. 5 VOB/A/§ 11 VOB/B)/Beschleunigungsvergütung	1658
8.2.3	Die Anwendbarkeit der VOB-Regelungen auf den BGB-Werkvertrag	1659
8.3	Die Vereinbarung von Ausführungsfristen als verbindliche Vertragsfristen	1664
8.3.1	Die Bauausführung bei fehlender Vereinbarung von Ausführungsfristen	1665
8.3.2	Die Vereinbarung verbindlicher Vertragsfristen im Sinne des § 5 Abs. 1 VOB/B	1672
8.3.2.1	Der Ausführungsbeginn	1677
8.3.2.2	Die Einzelfristen	1683
8.3.2.3	Die Ausführungsfrist oder Bauzeit	1689
8.3.3	Die Festlegung und Berechnung der Ausführungsfristen	1690
8.3.4	Änderung und Verschiebung von Vertragsfristen	1693
8.4	Vereinbarungen zur Vertragsstrafe im Zusammenhang mit Bauzeitverzögerungen	1694
8.4.1	Vertragsstrafenklauseln in Individualvereinbarungen	1696
8.4.2	Vertragsstrafen in Allgemeinen Geschäftsbedingungen	1697
8.4.2.1	Verzugs(un)abhängige Vertragsstrafe	1700
8.4.2.2	Höhe der Vertragsstrafe	1703
8.4.2.3	Vertragsstrafe bei Zwischenterminen	1708
8.4.2.4	Regelungen zum Vorbehalt der Vertragsstrafe	1709
8.4.2.5	Vereinbarungen zur kumulativen Geltendmachung von Vertragsstrafen	1713
8.5	Ausführung der Leistungen zu den vereinbarten Terminen/Verzug des Auftragnehmers bei Überschreitung der Ausführungsfristen	1714
8.5.1	Rechtzeitiger Beginn der Bauausführung	1715
8.5.2	Baufortschritt und dessen angemessen Förderung	1730
8.5.3	Termingerechte Fertigstellung der Bauleistung	1734
8.5.4	Bauverzögerung/Verzug des Auftragnehmers	1738
8.6	Verlängerung verbindlich vereinbarter Ausführungsfristen infolge von Behinderungen gemäß § 6 Abs. 2 VOB/B	1747
8.6.1	Behinderung durch Streik oder Aussperrung	1752
8.6.2	Behinderung durch höhere Gewalt oder andere unabwendbare Umstände	1755
8.6.3	Behinderung durch Witterungsverhältnisse	1760
8.6.4	Behinderung durch Umstände aus dem Risikobereich des Auftraggebers	1764
8.6.4.1	Bauzeitverlängerung bei Verkehrsbehinderungen	1768
8.6.4.2	Bauzeitverlängerung durch zusätzliche oder geänderte Leistungen	1770
8.6.4.3	Bauzeitverlängerung durch Mehrmengen und Baugrundrisiko	1773
8.6.4.4	Bauzeitverlängerung durch verspätete oder mangelhafte Fertigstellung von Vorunternehmerleistungen	1782
8.6.4.5	Bauzeitverlängerung durch verzögerte Zuschlagserteilung in Vergabeverfahren	1788
8.6.5	Die Behinderungsanzeige oder Offenkundigkeit der Behinderung (§ 6 Abs. 1 VOB/B)	1793
8.6.6	Automatische Fristverlängerung und deren Berechnung gemäß § 6 Abs. 4 VOB/B	1800
8.6.7	Weitere Folgen der Bauzeitverlängerung	1808
8.6.7.1	Wegfall eines Vertragstermins/Vertragsstrafenanspruchs	1809

			Rdn.
		8.6.7.2 Pflichten des Auftragnehmers bei Behinderung	1811
8.7	Ansprüche des Auftraggebers bei verzögerter Bauausführung		1814
	8.7.1	Ansprüche des Bestellers nach der gesetzlichen Regelung des BGB-Werkvertragsrechts	1815
		8.7.1.1 Schadensersatzanspruch aus Verzug	1816
		8.7.1.2 Rücktritt vom Vertrag	1818
		8.7.1.3 Schadensersatzanspruch statt der Leistung	1822
		8.7.1.4 Anspruch auf Vertragsstrafe	1828
	8.7.2	Ansprüche des Auftraggebers nach der VOB/B	1829
		8.7.2.1 Der Schadensersatzanspruch des Auftraggebers nach §§ 5 Abs. 4, 6 Abs. 6 VOB/B	1833
		8.7.2.2 Das Kündigungsrecht des Auftraggebers nach §§ 5 Abs. 4, 8 Abs. 3 VOB/B	1858
		8.7.2.3 Der Vertragsstrafenanspruch des Auftraggebers nach § 11 VOB/B	1879
8.8	Rechte/Mehrkostenanspruch des Auftragnehmers bei Behinderungen – Überblick		1885
8.9	Mehrkostenanspruch des Auftragnehmers bei Behinderungen in einem VOB-Vertrag – Grundlagen und Abgrenzung		1893
	8.9.1	Grundlagen/Abgrenzung der Anspruchsgrundlagen	1894
8.10	Mehrvergütungsanspruch nach § 2 Abs. 5 VOB/B		1901
	8.10.1	Änderung der Grundlagen des Preises	1905
	8.10.2	Anordnung des Auftraggebers im Sinne des § 2 Abs. 5	1907
	8.10.3	Auffangtatbestand des § 2 Abs. 8 Nr. 2 und 3 VOB/B, vor allem für Beschleunigungsmaßnahmen	1915
	8.10.4	Wichtige Fallgruppen	1917
		8.10.4.1 Nachträglich Leistungskonkretisierung	1918
		8.10.4.2 Mehrvergütungsansprüche bei unklarer Leistungsbeschreibung und korrespondierende Schadensersatzansprüche	1920
		8.10.4.3 Leistungsänderungen wegen Erschwernissen, vor allem Baugrundrisiko	1929
		8.10.4.4 Entfallende Mengen mit einer Vergütung nach § 645 BGB	1948
		8.10.4.5 Leistungsänderungen infolge »anderer Anordnungen des Auftraggebers«, vor allem Änderungen zur Bauzeit	1949
		8.10.4.6 Leistungsänderungen infolge Anordnungen Dritter	1954
		8.10.4.7 Leistungsänderungen vor Vertragsabschluss	1957
	8.10.5	Reichweite einer Nachtragsvereinbarung wegen veränderter Bauzeit (Bauzeitennachträge)	1966
8.11	Schadensersatzanspruch nach § 6 Abs. 6 VOB/B		1975
	8.11.1	Anspruchsvoraussetzungen	1977
		8.11.1.1 Behinderung/Behinderungsanzeige	1978
		8.11.1.2 Schuldhaftes Handeln des Auftraggebers	1979
		8.11.1.3 Schaden	1982
		8.11.1.4 Schlüssige Darlegung von Behinderung, Verschulden und Schaden	1983
	8.11.2	Verschulden des Auftraggebers und Mitverschulden des Auftragnehmers	1993
	8.11.3	Sonderfall: Behinderung des Auftragnehmers durch mangelhafte oder verspätete Vorunternehmerleistungen	1997
		8.11.3.1 Vergütungs-/Kostenanspruch des Auftragnehmers	1998
		8.11.3.2 Schadensersatzanspruch bei mangelhaften Vorleistungen	2005
	8.11.4	Der zu ersetzende Behinderungsschaden und sein Nachweis	2020
		8.11.4.1 Rechtliche Grundlagen der Schadensberechnung	2024
		8.11.4.2 Grundlage der baubetrieblichen Kostenermittlung	2032
		8.11.4.3 Die abstrakte Schadensberechnung und das Äquivalenzkostenverfahren	2037
		8.11.4.4 Die konkrete Schadensberechnung	2049
		8.11.4.5 Schadensschätzung nach § 287 ZPO	2063
		8.11.4.6 Schadensnachweis unter besonderer Berücksichtigung von Mehrkosten bei verlängerter Gerätevorhaltung	2066
		8.11.4.7 Keine Mehrwertsteuer auf die Mehrkosten im Rahmen des Behinderungsschadens	2074
	8.11.5	Abschlagszahlungen auf den Mehrkostenerstattungsanspruch nach § 6 Abs. 6 VOB/B	2075
	8.11.6	Die Verjährung des Schadensersatzanspruches	2078
	8.11.7	Die Einrede der vorbehaltlosen Annahme der Schlusszahlung (§ 16 Abs. 3 Nr. 2 VOB/B)	2080
8.12	Entschädigungsanspruch des Auftragnehmers nach § 642 BGB		2082

	Rdn.
8.12.1 Mitwirkungspflichten des Auftraggebers	2085
8.12.2 Annahme- oder Gläubigerverzug des Auftraggebers	2088
8.12.3 Behinderungsanzeige gemäß § 6 Abs. 1 VOB/B	2096
8.12.4 Art und Höhe der Entschädigung	2097
8.12.5 Umsatzsteuer auf Entschädigungsanspruch	2104
8.12.6 Kürzung bei Mitverschulden	2105
8.13 Rechtsfolgen bei unmöglicher Mitwirkungshandlung	2107
8.13.1 Freiwerden von Leistungspflicht	2109
8.13.2 Vergütungsfolgen	2110
8.13.3 Sonderfall: Rechtsfolgen bei nicht erteilter Baugenehmigung	2115
8.14 Mehrkostenanspruch des Auftragnehmers bei Behinderungen in einem BGB-Vertrag	2123
8.14.1 Entschädigung nach § 642 BGB	2125
8.14.2 Schuldnerverzug	2126
8.14.3 Mehrkostenerstattungsanspruch nach § 304 BGB	2128
8.15 Zusammenfassung in Leitsätzen	2129

1609 Dieser Teil befasst sich mit der Bedeutung der Bauzeit und den im BGB und in der VOB/B vorgesehenen Regelungen bei Bauzeitüberschreitungen und sonstigen Bauablaufstörungen sowie ihren Ursachen und ihren rechtlichen Folgen. Mehr als ein fundierter Überblick ist an dieser Stelle jedoch kaum möglich. Deswegen soll insbesondere zu Einzelheiten gesondert verwiesen werden auf die weiter gehenden Ausführungen dazu bei Vygen/Joussen/Schubert/Lang, Bauverzögerung und Leistungsänderung, 6. Aufl. 2011.

8.1 Die Bedeutung der Bauzeit – Grundlagen

1610 Der rechtzeitigen, d. h., termingerechten Erfüllung der Leistungspflicht des Unternehmers kommt bei nahezu jedem Bauvorhaben eine besondere Bedeutung zu. So wird ein Bauherr, der sich mit der Durchführung eines bestimmten Bauwerks befasst, meist konkrete Vorstellungen hinsichtlich der Zeit der Bauausführung entwickeln. Dabei lässt er sich im Allgemeinen von einem frühesten Termin für den Baubeginn und einem Fertigstellungstermin, zu dem er das Bauwerk nutzen will, leiten. Aber auch für den Bieter und Auftragnehmer spielt die Bauzeit eine bedeutende Rolle, da Jahreszeit und Länge der Bauzeit wesentliche Kalkulationsfaktoren sind.

1611 Die zeitlichen Vorgaben des Bauherrn zur Bauzeit werden häufig von seinem fachkundigen Berater, dem Architekten, Ingenieur oder Projektsteuerer, im Rahmen der Planung präzisiert oder aber auch korrigiert. Berücksichtigt werden (sollten) dabei neben den zeitlichen Vorgaben des Bauherrn auch die notwendigen Bauvorbereitungsfristen, insbesondere die Planungszeit, die Dauer des Baugenehmigungsverfahrens und des Ausschreibungs- und Vergabeverfahrens sowie nicht zuletzt eines etwaigen Vergabenachprüfungsverfahrens nach §§ 102 ff. GWB. Daraus ergibt sich zunächst ein grober Terminplan. Er wird im Laufe der Planung ständig weiterentwickelt und bildet dann schließlich die Grundlage für die Ausschreibung. Er findet oder sollte zumindest Eingang in die in den Verdingungsunterlagen angegebenen **Ausführungsfristen und Termine** finden (vgl. § 8 Abs. 6 Nr. 1 lit. d und § 9 Abs. 1–3 VOB/A).

1612 Mit der Ausschreibung werden die Bieter zumeist aufgefordert, diese Angaben zum zeitlichen Ablauf des Bauvorhabens bzw. des jeweiligen Gewerks ausdrücklich anzuerkennen bzw. einen entsprechenden Baufristen- oder **Bauzeitenplan** einzureichen; dieser wird in der Regel auch Bestandteil des abzuschließenden Bauvertrages.

1613 Der Unternehmer schuldet dann dem Auftraggeber aufgrund dieses Bauvertrages nicht nur die mangelfreie Herstellung des Bauwerks oder seiner Bauleistung, sondern gleichrangig daneben deren fristgerechte Fertigstellung. Diesen beiden gleichrangigen Leistungsverpflichtungen des Unternehmers steht als Gegenleistung die Verpflichtung des Auftraggebers gegenüber, die vertragsgemäß erbrachte Bauleistung abzunehmen und die dafür vereinbarte Vergütung zu zahlen. Diese **Gleichrangigkeit von mangelfreier und fristgerechter Leistungserfüllung** zeigt sich bei den Rechtsfolgen anders als

8.1 Die Bedeutung der Bauzeit – Grundlagen

im gesetzlichen Werkvertragsrecht besonders anschaulich bei den Vorschriften der VOB. So geben sie nämlich dem Auftraggeber in § 4 Abs. 7 VOB/B im Fall mangelhafter Ausführung der Bauleistung genauso wie in § 5 Abs. 4 VOB/B **im Fall verzögerter Bauausführung** jeweils einen **Schadensersatzanspruch** und ein **Kündigungsrecht**. Das gesetzliche Werkvertragsrecht hält demgegenüber keine besonderen Regelungen für Verzögerungen der Werkherstellung bereit. Hier muss man sich mit den allgemeinen Vorschriften des Verzugs sowie ggf. hilfsweise mit den §§ 642 ff. BGB begnügen.

8.1.1 Die baubetriebliche Bedeutung der Bauzeit

Ausgehend von vorstehenden einführenden Erläuterungen ist die Einhaltung der Bauzeit gerade auch aus baubetrieblichen Gründen zunehmend von Bedeutung. Bei Bauleistungen handelt es sich durchweg um Einzelanfertigungen (Unikate). Deren Leistungsumfang einschließlich der zu verwendenden Baustoffe und der Baustoffmengen ergeben sich aus der Planung und deren Randbedingungen der Herstellung; sie hängen ebenfalls ab von den Standortverhältnissen der Baustelle und den meist vom Auftraggeber gestellten Vertragsbedingungen. All das ist vom Unternehmer nicht oder kaum beeinflussbar, weshalb Einzelheiten dazu vom Auftraggeber in der Leistungsbeschreibung auch anzugeben sind (vgl. § 7 Abs. 1 Nr. 3 und Nr. 6 VOB/A).

Die Dispositionsfreiheit und damit auch der finanzielle Spielraum des Unternehmers liegen deshalb allein oder doch vorwiegend in der Wahl eines bis ins letzte Detail überlegten, auf die jeweils zu erbringende Bauleistung an diesem Standort zugeschnittenen Fertigungsverfahrens und im optimalen Einsatz des dafür erforderlichen Potenzials an Geräten, Maschinen, Produktionsverfahren, Arbeitskräften und Betriebsmitteln. Der verschärfte Wettbewerb auf dem Baumarkt zwingt die Bauunternehmen zu ständiger Rationalisierung des Bauablaufs. Dabei kann diese Rationalisierung nicht mehr nur im Einsatz noch leistungsfähigerer Geräte und Maschinen bestehen, sondern erfordert auch die Anwendung besserer Planungs- und Bauverfahren und verfeinerter Organisationsformen. Dem dient eine genaue Arbeitsvorbereitung in Form einer **optimalen Bauablaufplanung**, wozu vor allem die verfeinerte **Netzplantechnik** einen wesentlichen Beitrag leistet.

Das dazu erforderliche, aus Arbeitskräften verschiedener Qualifikation, Maschinen, Geräten und weiteren Hilfsmitteln zur rationellen Fertigung (z. B. Schalung und Rüstung im Stahl- und Spannbetonbau) sowie dem entsprechenden Führungspersonal und dessen Erfahrungen bestehende Potenzial eines Bauunternehmens verursacht aber auch bei optimalem, weitgehend störungsfreiem Einsatz hohe laufende **zeitabhängige Kosten**. Deshalb kann es nicht kurzfristig und vor allem nicht kostenneutral an eine – aus welchem Grunde auch immer – gegenüber dem vorgeplanten Bauablauf veränderte Arbeitsgeschwindigkeit angepasst oder bei Behinderungen gar stillgelegt werden. Folglich werden **jede Behinderung** und **Bauzeitverlängerungen fast zwangsläufig zu Mehrkosten** führen. Teure Arbeitskräfte und Maschinen können deshalb gerade bei knappen Preisen ihre Kosten nur erwirtschaften, wenn sie weitgehend ungestört eingesetzt werden und damit produzieren können.

Dies zeigt die baubetriebliche Bedeutung der Bauzeit.

8.1.2 Die Bedeutung der Bauzeit für den Auftraggeber

Der Einhaltung der Bauzeit kommt aus vorgenannten Gründen für den Auftraggeber eine entscheidende Bedeutung zu. Dies liegt z. B. bei Olympiabauten, beim Messebau, bei der Errichtung von Einkaufszentren und vielen gewerblichen Bauobjekten auf der Hand, da diese meist zu bestimmten Zeitpunkten fertig sein müssen. Häufig hat sich auch der Auftraggeber verpflichtet, das Bauwerk schlüsselfertig bis zu einem festgelegten Fertigstellungstermin zu übergeben, wie dies z. B. bei Bauträgern und Generalunternehmern die Regel ist. In diesen Fällen erlangt die Bauzeit und deren Einhaltung nicht nur für den Bauherrn, sondern auch für den Generalunternehmer oder den Bauträger zentrale Bedeutung. Dies gilt umso mehr, als Letzteren meist hohe **Vertragsstrafen** oder **Schadensersatzansprüche** drohen, wenn das Bauwerk nicht in der vertraglich vereinbarten Bauzeit fertiggestellt wird. Die Bauzeit kann des Weiteren ein entscheidender Faktor für die gesamte Finanzierung des Objekts durch einen Investor sein.

1617 Schließlich kann der Einhaltung der Bauzeit eine besondere Bedeutung zukommen, wenn der Bauherr und Auftraggeber aus **haushaltsrechtlichen oder steuerlichen Gründen** das zu erstellende Bauwerk noch vor Jahresende beziehen bzw. dieses bezugsfertig erstellt sein muss.

8.1.3 Die Bedeutung der Bauzeit für den Auftragnehmer

1618 Die Bauzeit spielt jedoch nicht nur für den Auftraggeber, sondern auch für den Unternehmer eine ausschlaggebende Rolle. Denn davon hängen maßgeblich seine **Kalkulation** und seine wirtschaftlichen Dispositionen, nicht zuletzt hinsichtlich der Beschaffung entsprechender **Anschlussaufträge**, ab. Die meist vom Bauherrn bzw. seinem Architekten vorgegebene Bauzeit wird vom Unternehmer im Allgemeinen als wesentlicher Faktor in die Kalkulation einbezogen (vgl. dazu: Jebe, Preisermittlung für Bauleistungen, S. 31 ff.). Dies wird schon daraus ohne Weiteres deutlich, dass die Einsatzzeiten für Baumaschinen und Geräte in die Einheitspreise der einzelnen zugehörigen Leistungspositionen einkalkuliert werden und es sich dabei – wie auch bei anderen Kosten – um **zeitabhängige Kosten** handelt. Eine Verlängerung der Bauzeit schlägt somit unmittelbar auf die Kosten durch. Außerdem erfordert die Kalkulation der Angebotspreise als Ausgangspunkt und Grundlage eine bestimmte Bauzeit, sei es eine vom Auftraggeber in der Ausschreibung vorgegebene, sei es eine vom Bieter angenommene Bauzeit. Die Bauzeit ist in gleicher Weise auch für die Kosten der **Baustellenvorhaltung**, des **Bauleitungspersonals**, der Vorhaltung von Schalung und Rüstung und natürlich für die Lohnkosten von ausschlaggebender Bedeutung.

8.1.4 Schlussfolgerung: Aufstellung eines Bauzeitenplanes

1619 Wegen dieser großen Bedeutung für Auftraggeber und Bieter/Auftragnehmer sollte der Bauzeit schon bei der Ausschreibung von Bauleistungen gebührend Rechnung getragen werden. So bestimmen § 7 Abs. 1 Nr. 1 und 3 VOB/A, dass die **Bauleistung eindeutig und erschöpfend zu beschreiben** ist, damit alle Bewerber ihre Preise sicher und ohne umfangreiche Vorarbeiten berechnen können. Den Auftragnehmern soll kein ungewöhnliches Wagnis aufgebürdet werden für Umstände und Ereignisse, auf die sie keinen Einfluss haben und deren Einwirkung auf die Preise und Fristen sie nicht im Voraus schätzen können. Dem tragen auch die Richtlinien zur VOB/A im **Vergabehandbuch** für die Durchführung von Bauaufgaben des Bundes im Zuständigkeitsbereich der Finanzbauverwaltungen (VHB) Rechnung (abrufbar im Internet unter www.bmvbs.de, dort unter »Bauen und Wohnen«, »Bauwesen«, »Bauauftragsvergabe«, »Vergabehandbuch«). Denn diese regeln im Einzelnen etwa in den Richtlinien zum Formblatt 214 (dort Nr. 1 und 2) die Festlegung der **Ausführungsfristen** und deren Bemessung, da dies für die Kalkulation der zeitabhängigen Kosten wichtig ist.

1620 Um diese zeitabhängigen Kosten einer Baustelle möglichst gering zu halten und damit Bauleistungen möglichst kostengünstig anbieten und durchführen zu können, bedarf es einer genauen Festlegung und Koordination der zeitlichen Abfolge der einzelnen Teilleistungen der Gesamtbauleistung auf Unternehmerseite. Denn nur ein **rationeller** und damit **kostengünstiger Bauablauf** ermöglicht es, die immer umfangreicher und komplizierter gewordenen Bauvorhaben in immer kürzeren Bauzeiten durchzuführen und dabei angesichts des verschärften Wettbewerbs auf dem Baumarkt und der nicht immer auskömmlichen Preise noch die erforderlichen Gewinne zu erwirtschaften. Damit wird letztlich den wohlverstandenen Interessen beider Vertragspartner Rechnung getragen. Zu keinem Zeitpunkt war deshalb eine ins Einzelne gehende Bauablaufplanung so wichtig wie heute. Eine solche **exakte Bauablaufplanung** erfordert allerdings die Aufstellung eines Bauzeitenplanes in verschiedenen Stufen und damit in unterschiedlichen Graden der Verfeinerung. Im Angebotsverfahren bedarf es dabei meist nur einer groben Ablaufplanung zur Kalkulation der Preise im Rahmen der vorgegebenen Bauzeit. Im Stadium der Arbeitsvorbereitung wird dann zumeist ein möglichst exakter und umfassender **Bauzeitenplan** erforderlich. Ein solcher Terminplan kann nun je nach Umfang und Schwierigkeitsgrad des Bauvorhabens in Form eines **Balkenplanes**, eines **Netzplanes** und etwa bei Linienbaustellen auch in Gestalt eines **Zeit-Wege-Diagrammes** erstellt werden (s. dazu im Einzelnen

Vygen/Joussen/Schubert/Lang, Bauzeitverzögerung und Leistungsänderung Teil B Rn. 17 ff. mit verschiedenen Beispielen).

Nur mit einer solch **sorgfältigen Terminplanung** wird der Bauunternehmer der Bedeutung der Einhaltung der vorgegebenen oder vereinbarten Bauzeit in seinem eigenen wirtschaftlichen Interesse, aber auch im Interesse seines Auftraggebers gerecht. Gleichzeitig schafft er damit die Voraussetzungen für die Erfüllung seiner Leistungspflicht zur fristgerechten Fertigstellung der Bauleistung und minimiert das Risiko gegen ihn gerichteter Vertragsstrafen- und/oder Schadensersatzansprüche. Eine sorgfältige Terminplanung ist außerdem Voraussetzung dafür, im Fall von Behinderungen durch Maßnahmen oder Unterlassungen des Auftraggebers den **Nachweis für dadurch eingetretene Bauverzögerungen** und dadurch bedingte **Mehrkosten** führen zu können.

Dies alles zeigt die herausragende Bedeutung der Bauzeit neben der Verpflichtung zu mangelfreier Erstellung der Bauleistung auf. Probleme und Streitigkeiten im Zusammenhang mit Bauverzögerungen nehmen gerade in den letzten Jahren infolge eines verschärften Wettbewerbs und des hohen Rationalisierungsgrades stark zu, sodass beide Vertragspartner diesen Fragen der **Bauzeit schon bei der Ausschreibung und Kalkulation**, vor allem aber beim **Vertragsabschluss** und natürlich bei der Ausführung der Bauleistung und der Vertragsabwicklung ihre besondere Aufmerksamkeit widmen sollten.

8.2 Bauzeitregelungen in BGB und VOB im Überblick

Wie sich aus den Eingangsbemerkungen ergeben hat, ist das Problem der Bauzeit in BGB und VOB höchst unterschiedlich geregelt. Hier soll zunächst ein Blick auf das Werkvertragsrecht des BGB und anschließend auf das der VOB geworfen werden. Dabei kann festgestellt werden, dass einzelne in der VOB geregelte Grundsätze auch im BGB-Werkvertragsrecht zur Anwendung kommen. Diese sollen der nachfolgenden Betrachtung vorausgestellt werden. Eine Detailbefassung damit unter dem Gesichtspunkt etwaiger Ansprüche u. a. findet sich nachfolgend zu Ziff. 8.3 ff. (Rdn. 1664 ff.).

8.2.1 Die Bauzeitregelung im BGB

Der herausragenden Bedeutung der Bauzeit wird ihre gesetzliche Regelung im BGB und hier insbesondere im Werkvertragsrecht der §§ 631 ff. BGB in keiner Weise gerecht. Die einzige Bestimmung, die sich mit der Bauzeit überhaupt befasste, war bis zur Neufassung des BGB im Zuge der Schuldrechtsmodernisierung der in der Bauvertragspraxis eher untaugliche § 636 BGB a. F. Danach konnte der Besteller vom Vertrag zurückzutreten, wenn der Unternehmer das Werk ganz oder teilweise (verschuldensunabhängig) nicht rechtzeitig herstellte. Diese Vorschrift ist heute mehr oder weniger in dem allgemeinen Rücktrittsrecht des § 323 BGB aufgegangen. Tauglicher ist diese Regelung dadurch nicht geworden.

Wenn man demzufolge im **BGB-Werkvertrag** mit Bauzeitenfragen zu tun hat, wird man zunächst feststellen, dass sich spezielle Regelungen **zur Bestimmung der Bauzeit dort gar nicht finden**. Stattdessen muss man sich die diesbezüglichen Vorschriften an verschiedenen Stellen zusammensuchen. Ansonsten mag man bei diesem Überblick unterscheiden zwischen den Rechten des Auftragnehmers und Auftraggebers.

1626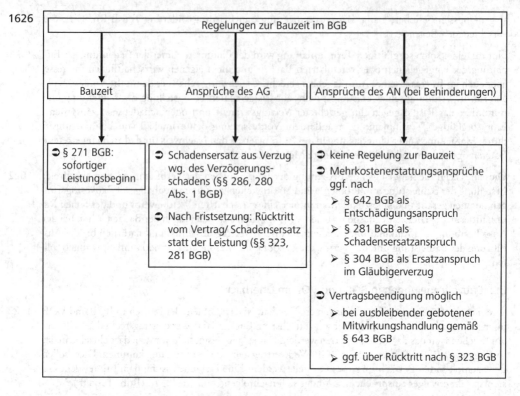

8.2.1.1 Fälligkeit der Leistungsverpflichtung

1627 Zu der Bauzeit selbst ist nichts weiter geregelt. Infolgedessen kommt hier § 271 BGB uneingeschränkt zur Anwendung, d. h.: Der Auftraggeber kann die Leistungsausführung **sofort verlangen** (s. dazu näher auch Rdn. 1666 f.).

8.2.1.2 Rechte des Auftraggebers

1628 Stellt der Auftragnehmer die Bauleistung wegen eines von ihm zu vertretenden Umstandes nicht rechtzeitig her, gerät er mit der **Herstellung in Verzug**, wenn der Auftraggeber ihn zuvor gemahnt hat (§ 286 Abs. 1 BGB). Einer solchen Mahnung bedarf es für den Verzugseintritt nicht, wenn für die Fertigstellung ein bestimmter Termin vereinbart ist bzw. sich dieser errechnen lässt oder der Auftragnehmer die Leistungsausführung ernsthaft oder endgültig verweigert (§ 286 Abs. 2 BGB; s. dazu im Einzelnen Rdn. 1738 ff.). Ist der Auftragnehmer in Verzug, hat er alle deswegen entstehenden Schäden zu ersetzen (§ 280 Abs. 1 BGB – s. dazu unten Rdn. 1816 f.).

1629 Soweit der Auftragnehmer seine geschuldete Leistung nicht vertragsgemäß, d. h. z. B. auch nicht rechtzeitig erbringt, kann der Auftraggeber ebenfalls nach einer Fristsetzung vom **Vertrag zurücktreten** (§ 323 BGB – s. dazu Rdn. 1818 ff.). Dabei kann die Fristsetzung im Wesentlichen aus denselben Gründen entfallen wie beim Verzug (vgl. § 323 Abs. 2 BGB). Neben dem Recht zum Rücktritt steht schließlich die weitere Möglichkeit, **Schadensersatz statt der Leistung** zu verlangen (§ 281 BGB – s. dazu im Einzelnen Rdn. 1822 ff.).

1630 Bemerkenswert ist bei den vorstehenden Rechten sowohl des Verzugs als auch des Rücktritts, dass diese immer von einer **fälligen Leistungsverpflichtung** ausgehen. Fällig wird die Verpflichtung zur Herstellung einer (mangelfreien) Bauleistung beim BGB-Werkvertrag aber immer erst zum vorgesehenen **Zeitpunkt der Abnahme**. Dies steht zwar nicht im Gesetz, ergibt sich jedoch aus der Systematik der werkvertraglichen Vorschriften: Denn die Werkleistung ist auf die Herstellung, d. h. auf

8.2 Bauzeitregelungen in BGB und VOB im Überblick

den Zustand gerichtet, der zu dem Zeitpunkt der Abnahme erreicht werden soll. Auf diesen Zeitpunkt hin hat der Auftragnehmer zu leisten. Daher hat der Auftraggeber abgesehen von krassen Ausreißern **während der Baudurchführung** vor dem vereinbarten Fertigstellungstermin nach dem **BGB-Werkvertragsrecht praktisch keine Möglichkeit**, seine vorstehend beschriebenen Rechte geltend zu machen. Allenfalls bezüglich des Beginns der Bauleistung könnte man noch vertreten, dass diese geregelt ist, nämlich in § 271 Abs. 1 BGB, wonach der Auftragnehmer sofort anzufangen hat. Ansonsten aber könnte der Auftragnehmer stets einwenden, dass er die Herstellung der Bauleistung in der vereinbarten Zeit – ggf. noch mit erhöhtem Personal- oder Materialeinsatz – schafft.

Nur dann, wenn dies **völlig aussichtslos** ist, bestände nach § 323 Abs. 4 BGB zumindest das **Rücktrittsrecht schon vor dem Zeitpunkt der fälligen Leistungserbringung**. Dies gilt also vor allem bei Sachverhalten, bei denen es zu einer vom Auftragnehmer zu vertretenden ganz beträchtlichen Verzögerung des Bauvorhabens (schon) gekommen ist und es dem Auftraggeber insgesamt nicht zugemutet werden kann, eine weitere Nachfristsetzung hinzunehmen bzw. eine solche Nachfristsetzung von vornherein keine Aussicht auf Erfolg hat (BGH, Urt. v. 08.03.2012 – VII ZR 118/10, BauR 2012, 949, 951 = NJW-RR 2012, 596, 598 = NZBau 2012, 357, 358). Dabei geht das Risiko der richtigen Einschätzung allein zulasten des Auftraggebers. Insoweit genügt hier nämlich nicht einmal die Glaubhaftmachung der Voraussetzungen für die Geltendmachung dieses vorzeitigen Rücktrittsrechts: Vielmehr muss für diesen vorzeitigen Rücktritt aus Sicht eines objektiven Betrachters **mit an Sicherheit grenzender Wahrscheinlichkeit** feststehen, dass die Voraussetzungen für einen Rücktritt zum späteren Fälligkeitszeitpunkt vorliegen werden (OLG Köln, Urt. v. 28.02.2006 – 11 U 48/04, BauR 2008, 1145, 1146) – eine Hürde, die praktisch relevant nur selten zu nehmen sein wird und z. B. auch von diversen Einzelheiten der Baumaßnahme und des Auftragnehmers (Betriebsgröße, Leistungsfähigkeit) abhängen kann (s. dazu auch Leineweber, Festschrift Koeble, S. 125, 131). Dabei beruht diese Regelung vor allem auf dem Gedanken, dass es einem Auftraggeber in der Regel nicht zuzumuten ist, die Vertragsverletzung abzuwarten, um dann erst die rechtlichen Konsequenzen daraus zu ziehen (BGH, Beschl. v. 08.05.2008 – VII ZR 201/07, NJW-RR 2008, 1052 = NZBau 2008, 576 sowie ebenso BGH, Urt. v. 04.05.2000 – VII ZR 53/99, BauR 2000, 1182, 1185 = NJW 2000, 2988, 2990 = NZBau 2000, 375, 376; BGH, Urt. v. 28.01.2003 – X ZR 151/00, NJW 2003, 1600, 1601 = NZBau 2003, 274, 275 jeweils zu der vergleichbaren Frage einer Kündigung aus wichtigem Grund; s. dazu auch Rdn. 2980 ff.).

▶ **Beispiel**

Der Auftragnehmer soll eine Lagerhalle bauen. Als Bauzeit sind realistische fünf Monate vereinbart. Nach zwei Monaten hat der Auftragnehmer trotz mehrerer Mahnungen zwar angefangen, die Baustelle aber noch nicht substanziell gefördert. Der Auftragnehmer erläutert regelmäßig, dass er die Errichtung schon schaffe; er wolle aber zunächst eine andere Baustelle abschließen, um dann mit mehr Personal auf der Baustelle zu erscheinen. Dies wäre ein wohl zulässiger Einwand – solange der Auftragnehmer seriöserweise es theoretisch noch schaffen kann, die Halle in der verbleibenden Zeit zu errichten. Der Auftraggeber kann in einem solchen Fall tatsächlich nur abwarten – bis es vielleicht zu spät ist.

Ergänzend anzumerken immerhin, dass ein **Rücktritt nach § 323 Abs. 4 BGB ausgeschossen** ist, wenn die Leistung zwischenzeitlich fällig geworden ist. Dann kommt nur noch ein Rücktritt nach § 323 Abs. 1 BGB in Betracht, der zuvor eine Fristsetzung erfordert. Diese kann nur in den bekannten Fällen des § 323 Abs. 2 BGB entfallen, so insbesondere wenn feststeht, dass der Schuldner (Auftraggeber) eine ihm gesetzte Frist ohnehin nicht einhalten wird (BGH, Urt. v. 14.06.2012 – VII ZR 148/10, BauR 2012, 1386, 1387).

8.2.1.3 Rechte des Auftragnehmers bei Behinderungen

Vorstehende Regelungen betreffen nur die Rechte des Auftraggebers bei verspäteter Herstellung. Daneben stehen die Rechte des Unternehmers bei einer Behinderung der Bauausführung. Diese kann aus diversen tatsächlichen oder rechtlichen Gründen auftreten; sie mündet schlimmstenfalls in einer Unterbrechung oder sogar endgültigen Beendigung des Bauvorhabens. Derartige Behinderungen können auf ein Fehlverhalten des Auftraggebers zurückgehen, müssen es aber nicht.

> **Beispiel**
>
> An einer Hanglage soll ein Haus gebaut werden. Es kommt – ohne dass dies absehbar war – zu einem Erdrutsch; das Bauvorhaben kann deswegen nicht fortgeführt werden. Ebenso kann es zu Bauverzögerungen kommen, weil der Auftraggeber dem Auftragnehmer nicht die erforderlichen Planunterlagen zur Verfügung stellt.

Hier ist bei den gesetzlichen Regelungen zu unterscheiden (vgl. dazu auch Übersicht Rdn. 1626):

8.2.1.3.1 Behinderungssachverhalt

1633 Eine Behinderung führt in zahlreichen Fällen zu einem gestörten Bauablauf mit der Folge, dass ein vereinbarter Bauzeitenplan nicht eingehalten werden kann. Das BGB regelt dazu gar nichts. Hier immerhin behilft man sich teilweise mit einem Rückgriff auf allgemeine Rechtsgrundsätze, die auch in der VOB geregelt sind (s. sogleich Rdn. 1659 ff.; 1749 ff.).

8.2.1.3.2 Mehrkostenansprüche

1634 Entsprechend knapp sieht es bei der Regelung etwaiger Ersatzansprüche für Kosten aus, die dem Auftragnehmer entstehen können. In Betracht kommen allenfalls die drei folgenden Ansprüche:
- **Entschädigungsanspruch gemäß § 642 BGB**

1635 Ist bei der Herstellung der Werkleistung eine Handlung des Bestellers/Auftraggebers notwendig, so kann der Auftragnehmer eine angemessene Entschädigung verlangen, wenn der Auftraggeber durch das Unterlassen seiner gebotenen Mitwirkungshandlung in Annahmeverzug gerät. Dieser **Entschädigungsanspruch** erfordert **kein Verschulden des Auftraggebers**. Vielmehr reicht es aus, dass der Auftragnehmer zur Bauausführung berechtigt und imstande ist, dass er seine Leistungsbereitschaft unter Aufforderung des Auftraggebers zur Mitwirkung anbietet und dass schließlich Letzterer seine **Mitwirkungspflicht nicht erfüllt** (vgl. dazu ausführlich nachfolgend Rdn. 2082 ff.).
- **Schadensersatzanspruch aus Verzug gemäß §§ 280 Abs. 1, Abs. 2, 286 BGB**

1636 Verletzt der Auftraggeber eine ihm obliegende Nebenpflicht und treten deswegen Schäden auf, steht dem Auftragnehmer ein Schadensersatzanspruch nach § 280 Abs. 1 BGB zu. Das Kernproblem dieses Anspruchs besteht jedoch darin, dass bei BGB-Verträgen die meisten Mitwirkungshandlungen des Auftraggebers, die für die Werkherstellung erforderlich sind, gerade **keine Nebenpflichten** darstellen, sondern **nur reine Obliegenheiten** (s. zu der Unterscheidung im Einzelnen Rdn. 1072 ff.).

> **Beispiel**
>
> Das Abstecken der Hauptachse durch den Auftraggeber ist für die Baudurchführung erforderlich, stellt aber für sich genommen keine Nebenpflicht dar.

Schadensersatzansprüche scheiden daher mangels Pflichtverletzung aus. Daher ist der Anwendungsbereich dieser Vorschrift bei Baubehinderungen nur begrenzt (s. dazu im Einzelnen nachfolgend Rdn. 2126 f.).
- **Mehrkostenerstattungsanspruch gemäß § 304 BGB**

1637 Kommt der Auftraggeber einer gebotenen Mitwirkungshandlung nicht nach und bietet der Auftragnehmer seine Leistung gleichwohl an, gerät der Auftraggeber in Annahmeverzug (§§ 293 ff. BGB). Aus diesem Grund steht dem Auftragnehmer nach § 304 BGB ein Anspruch auf Ersatz der ihm insoweit entstehenden erforderlichen Mehraufwendungen zu. Dieser Anspruch hat jedoch in der Praxis kaum eine Bedeutung. Denn der speziellere Entschädigungsanspruch aus § 642 BGB in Anlehnung an die vereinbarte Vergütung geht in der Summe zumeist über den reinen Aufwendungsersatzanspruch nach § 304 BGB hinaus (Sprau, in: Palandt, § 642 Rn. 5; Koeble/Kniffka, 8. Teil, Rn. 33; s. auch unten Rdn. 2128).

Auf Einzelheiten der bestehenden Ansprüche soll nachfolgend unter Rdn. 2123 ff. eingegangen werden. Im Überblick setzen sie jedoch zumindest voraus, dass die **Baubehinderung dem Einflussbereich des Auftraggebers** zuzurechnen ist. Damit ist gleichzeitig mit der in der Praxis immer wieder behaupteten These aufzuräumen, dass dem Auftragnehmer für jede Baubehinderung (zwingend) ein Ausgleichsanspruch zustehe. Dies ist mitnichten der Fall und gesetzlich schon gar nicht vorgesehen. Einen solchen **allgemeinen Ausgleichsanspruch gibt es nicht**. Ansprüche bestehen vielmehr nur dann, wenn die dazu erforderlichen Voraussetzungen vorliegen.

8.2.1.3.3 Beendigung des Vorhabens

Baubehinderungen können aus Sicht des Auftragnehmers auch dazu führen, dass er das Vorhaben gerne beenden möchte. Auch dazu gibt es dazu im BGB nur rudimentäre Rechte. Sie orientieren sich in etwa an vorstehenden Rechten zu den Mehrkosten:

- **Kündigung gemäß § 643 BGB**
  Unterbleibt eine gebotene Mitwirkungshandlung des Auftraggebers nachhaltig, kann der Auftragnehmer den Vertrag nach § 643 BGB kündigen. In diesem Fall muss er dem Auftraggeber eine abschließende angemessene Frist zur Erfüllung der gebotenen Mitwirkungshandlung setzen. Diese Fristsetzung muss mit der Erklärung verbunden werden, dass er nach fruchtlosem Fristablauf den Vertrag kündigen werde. Nach Fristablauf muss der Auftragnehmer dann allerdings keine Kündigung mehr aussprechen. Vielmehr »**gilt**« **der Vertrag nach § 643 S. 2 BGB nunmehr als aufgehoben**. Dem Auftragnehmer steht in dessen Folge für die Zeit bis zur Kündigung ein Anspruch auf angemessene Entschädigung nach § 642 BGB zu. Mit Wirksamwerden der Kündigung kann er darüber hinaus gemäß §§ 645 Abs. 1, 643 BGB einen der geleisteten Arbeit entsprechenden Teil seiner Vergütung und Ersatz der in der Vergütung nicht enthaltenen Auslagen verlangen. Weitergehende Ansprüche des Auftragnehmers sind nicht ausgeschlossen (§ 643 S. 2 i. V. m. § 645 Abs. 2 BGB – s. dazu im Einzelnen Rdn. 2804 ff.).

- **Rücktritt oder Kündigung des Vertrages aus anderen Gründen**
  Neben dem vorgenannten Kündigungsrecht besteht bei der einer unterbleibenden Mitwirkung des Auftraggebers ggf. noch ein zweiter Weg, sich vom Vertrag zu lösen. So wäre es durchaus denkbar, dass die unterbleibende Mitwirkungshandlung des Auftraggebers tatsächlich eine **Nebenpflicht zum Vertrag** darstellt (z. B. die fehlende Planübergabe – s. dazu im Einzelnen Rdn. 1076 ff.). Dann stände dem Auftragnehmer bei einem Ausbleiben nicht nur ein Schadensersatzanspruch zu (s. Rdn. 2126); vielmehr könnte er nach entsprechender Fristsetzung auch vom Vertrag zurücktreten (§ 323 BGB). Insoweit würde dann nichts anderes gelten als im umgekehrten Verhältnis – nur dass diesmal der Auftragnehmer derjenige wäre, der ein Rücktrittsrecht ausübt (s. dazu oben Rdn. 1629 ff. sowie nachfolgend Rdn. 2786 ff.). Daneben steht ggf. noch ein gesondertes Kündigungsrecht nach § 314 BGB (s. dazu Rdn. 2808 ff.).

Mit vorstehenden vorwiegend aus dem allgemeinen Schuldrecht zusammengesuchten Regelungen sind die Vorschriften über die Bauzeit und die Folgen von Bauverzögerungen im BGB-Werkvertragsrecht erschöpft. Trotz dieser nur wenigen Bestimmungen ist aber auch für das BGB-Werkvertragsrecht davon auszugehen, dass durch den Werkvertrag der Unternehmer zur Herstellung des versprochenen Werkes (§ 631 Abs. 1 BGB), d. h. zur mangelfreien Herstellung und fristgemäßen Fertigstellung, verpflichtet ist und diese beiden Verpflichtungen in ihrer **Bedeutung gleichrangig** sind. Sie stehen dann in einem Gegenseitigkeits- und Äquivalenzverhältnis zu der Verpflichtung des Bestellers in Bezug auf die Bezahlung der Vergütung. Hierbei handelt es sich deshalb auch jeweils um **Hauptpflichten** aus dem Werkvertrag, deren Verletzung jeweils Schadensersatzansprüche des anderen Vertragspartners auslösen kann.

8.2.2 Die Bauzeitregelung in der VOB Teil A und B

Während das BGB der Bauzeit – wie vorstehend ersichtlich – im Werkvertragsrecht überhaupt keine Vorschrift widmet, enthält die VOB dazu verschiedene Sonderregelungen.

§ 9 Abs. 1 bis 4 VOB/A	Vorgaben zur Vereinbarung von Vertragsfristen
§ 5 VOB/B	Regelungen zur Einhaltung von Vertragsfristen und Folgen bei deren Nichteinhaltung
§ 6 VOB/B	Umgang mit Behinderungen im Bauablauf einschließlich Unterbrechung und die sich daraus ergebenden Rechtsfolgen
§ 8 Abs. 3 Nr. 1 und 2 VOB/B	Kündigung des Bauvertrages bei nicht fristgerechter Leistung und Regelung der diesbezüglichen Folgen
§ 11 VOB/B	Regelungen zur Vertragsstrafe (insoweit auch in Verbindung mit § 9 Abs. 5 VOB/A)

Die vorstehende Übersicht zeigt bereits, dass die VOB insgesamt, d. h. sowohl in ihrem Teil A als auch in Teil B, das Problem einer Bauablaufstörung durchaus gesehen hat. Hierzu gilt im Überblick:

8.2.2.1 Ausführungsfristen im Vergabeverfahren (§ 9 Abs. 1 bis 4 VOB/A)

1644 Ausgangspunkt vieler Diskussionen bei Bauzeiten ist die Bestimmung der richtigen Bauzeit. Gerade bei Großprojekten, aber auch mehr und mehr bei kleineren Bauvorhaben, spielen die dazu vereinbarten **Ausführungsfristen** eine besondere Rolle. Deshalb bestimmt schon Teil A der VOB, also die Allgemeinen Bestimmungen für die Vergabe von Bauleistungen, in § 9 Abs. 1 Nr. 1, dass die Ausführungsfristen unter Berücksichtigung von Jahreszeit, Arbeitsverhältnissen und etwaigen besonderen Schwierigkeiten des Bauvorhabens **ausreichend zu bemessen** sind; außergewöhnlich kurze Fristen sind demgegenüber nur bei besonderer Dringlichkeit vorzusehen (§ 9 Abs. 1 Nr. 2 VOB/A). Dabei soll dem Auftragnehmer auch für die Bauvorbereitung genügend Zeit gewährt werden. Darüber hinaus enthält § 9 VOB/A ins Einzelne gehende Regelungen für die Festlegung des Ausführungsbeginns (§ 9 Abs. 1 Nr. 3 VOB/A) und die Bestimmung von **Einzelfristen für in sich abgeschlossene Teile der Leistung. Solche sollen** nur dann **verbindlich festgelegt** werden, wenn es ein **erhebliches Interesse** des Auftraggebers erfordert (§ 9 Abs. 2 Nr. 1 VOB/A).

1645 In der Praxis des Baugeschehens wird häufig ein **Bauzeitenplan** aufgestellt und zum Vertragsinhalt gemacht. Vor diesem Hintergrund bestimmt § 9 Abs. 2 Nr. 2 VOB/A, dass nur die für den Fortgang der Gesamtarbeiten und das sichere Ineinandergreifen der Leistungen aller Unternehmer besonders wichtigen **Einzelfristen** als vertraglich verbindliche Fristen (Vertragsfristen) bezeichnet werden sollen. Diese Vorgabe ist nicht selbstverständlich, weil ein Bauzeitenplan zahlreiche Terminvorgaben enthält, die aber vielfach nur von informatorischer Bedeutung sind.

> ▶ **Beispiel**
>
> Der Fertigstellungstermin wird in der Regel zu einem verbindlichen Vertragstermin bestimmt werden, weil es hier dem Auftraggeber um die Möglichkeit der Ingebrauchnahme der Bauleistung geht. Bei Zwischenterminen liegt dies nicht ohne Weiteres nahe. So mag es aus Sicht aller Parteien unbeachtlich sein, wann der Generalunternehmer genau mit den Erdarbeiten fertig wird und mit dem Rohbau beginnt. Auch Zwischentermine können jedoch als verbindliche Fristen vorgesehen werden, wenn sie auf dem kritischen Weg liegen, d. h., wenn Anschlussgewerke wie etwa der Innenausbau folgen und dieser ebenfalls eine feste Bauzeit benötigt, ohne die das Bauvorhaben nicht fertig wird.

Schließlich trägt § 9 Abs. 3 VOB/A der Erkenntnis Rechnung, dass für die Durchführung eines Bauvorhabens und die Einhaltung von Ausführungsfristen häufig die Übergabe von Zeichnungen und anderer Unterlagen wichtig ist. Deshalb soll hierfür ebenfalls eine Frist festgelegt werden, was zweckmäßigerweise in **Planlieferlisten** geschehen sollte (s. dazu näher Vygen/Joussen/Schubert/Lang, Bauverzögerung und Leistungsänderung Teil B Rn. 177 ff.).

8.2 Bauzeitregelungen in BGB und VOB im Überblick

Anzumerken ist, dass vorstehende Regelungen des § 9 VOB/A in erster Linie und insoweit auch verbindlich **nur für das Vergabeverfahren des öffentlichen Auftraggebers** gelten. Für den privaten Auftraggeber ergeben sich daraus nur Folgen, wenn dieser seine Ausschreibung ausnahmsweise nach der VOB/A durchführt (s. dazu Rdn. 419 ff.), was er keinesfalls muss. Was danach allerdings die Bestimmung des Leistungsumfangs angeht, ergeben sich keine großen Unterschiede zwischen privaten und öffentlichen Auftraggebern: Denn auch bei einem öffentlichen Auftraggeber enden die Vorgaben der VOB/A als ein Regelwerk für die Vergabe von Bauleistungen im Zeitpunkt des Vertragsabschlusses. Bei der Vertragsabwicklung kommt es demzufolge allein auf die vertraglichen Vereinbarungen an, nicht auf die VOB/A. Aus diesem Grund kann sich ein Auftragnehmer auch eines öffentlichen Auftraggebers **nach Abschluss des Vertrages grundsätzlich nicht darauf berufen**, dass die im Vertrag festgelegten Fristen mit § 9 Abs. 1 VOB/A nicht in Einklang stehen (vgl. zu der vergleichbaren Vorgabe für die Einführung von Vertragsstrafen: BGH, Urt. v. 30.03.2006 – VII ZR 44/05, BGHZ 167, 75, 81 = BauR 2006, 1128, 1130 = NJW 2006, 2555, 2556). Denn grundsätzlich geben die Vorschriften des Teiles A im Nachhinein (nach Vertragsabschluss) **keinen durchsetzbaren**, d. h. nötigenfalls einklagbaren **Anspruch** auf ihre Beachtung und Einhaltung, zumal es sich teilweise sogar nur um **Soll-Vorschriften** handelt. Dies gilt trotz der Tatsache, dass etwa für den öffentlichen Auftraggeber die Einhaltung der VOB/A verbindlich ist (s. o. Rdn. 213 ff.). Gleichwohl muss hier streng zwischen der Vorgabe für die Durchführung eines Vergabeverfahrens und den späteren vertraglichen Regelungen unterschieden werden.

1646

Scheidet danach bei Vergaben nach der VOB/A nach Vertragsschluss ein späterer unmittelbarer Rückgriff auf die dortigen Vorschriften aus, ist ein Auftragnehmer aber nicht schutzlos. Denn es ist durchaus denkbar, dass ihm in diesen Fällen zumindest ein **Schadensersatzanspruch** nach § 280 Abs. 1 i. V. m. §§ 311 Abs. 2, 241 Abs. 2 BGB zusteht, wenn ihm durch die Verletzung der Vorgaben der VOB/A ein Schaden entstanden ist. Dies hatte der BGH zwar früher ausgeschlossen, weil ein Auftragnehmer in Kenntnis der Ausschreibungsbedingungen nicht auf die Einhaltung der VOB/A vertraut hat oder berechtigterweise darauf vertrauen durfte (BGH, a. a. O.). Diese Rechtsprechung ist aber überholt, da es heute auf ein solches Vertrauen als Tatbestandsvoraussetzung eine solchen Schadensersatzanspruchs nicht mehr ankommt (BGH, Urt. v. 09.06.2011 – X ZR 143/10, BGHZ 190, 89 = BauR 2011, 1813, 1815 = NZBau 2011, 498, 500 = VergabeR 2011, 703, 705, s. o. auch Rdn. 332 ff., 334). Erleidet demnach der Auftragnehmer einen Schaden deshalb, weil der Auftraggeber sich bei der Bestimmung der Ausführungsfristen nicht an § 9 Abs. 1 ff. VOB/A gehalten hat, dürfte ihm ein Schadensersatzanspruch dem Grunde nach zustehen. Allerdings wäre dieser aller Voraussicht nach gemäß § 254 BGB wegen eines Mitverschuldens zu kürzen, wenn er diesen Pflichtverstoß gesehen oder zumindest im Rahmen pflichtgemäßer Prüfung hätte erkennen können und ihn daraufhin nicht bei der Vergabestelle gerügt hat. Denn es dürfte davon auszugehen sein, dass sich eine Vergabestelle einer solchen Rüge aufgeschlossen gegenüber gezeigt und die Vorgaben der VOB/A ggf. doch noch – z. B. nach einer daraufhin zu erfolgenden Konkretisierung des Leistungsbeschreibung – eingehalten hätte. Ohnehin wäre natürlich gesondert zu prüfen, ob sich davon abweichend wie konkret ein etwaiger Schaden entwickelt hätte (s. dazu auch oben Rdn. 342 f.).

1647

8.2.2.2 Ausführungsfristen während der Bauphase (§ 5 VOB/B)

Ganz anders verhält es sich mit den Bestimmungen des Teiles B der VOB, also hier insbesondere mit § 5 VOB/B. Die darin vorgesehenen Regelungen werden mit Vereinbarung der **VOB/B** als Vertragsgrundlage **Vertragsbestandteil des Bauvertrages** und können daher im Fall der Nichtbeachtung bedeutsame Rechtsfolgen nach sich ziehen.

1648

Während § 9 Abs. 1 ff. VOB/A den am Vergabeverfahren Beteiligten Auskunft darüber gibt, ob, unter welchen Voraussetzungen und in welcher Art und Weise der Auftraggeber mit dem Auftragnehmer Ausführungsfristen vereinbaren soll, regelt § 5 VOB/B die **Rechte und Pflichten der Vertragspartner im Hinblick auf die vereinbarte Bauzeit** auf der Grundlage des abgeschlossenen Bauvertrages. § 5 VOB/B setzt also eine konkrete Vereinbarung über die Bauzeit (Ausführungsbeginn, Einzelfristen und/oder Ausführungsfrist/Fertigstellungstermin) voraus. Beide Bestimmungen sind

1649

unabhängig voneinander; allerdings sind sie so aufeinander abgestimmt, dass sie sich gegenseitig ergänzen und in ihrer Verbindung unter Einbeziehung des § 6 VOB/B das Problem der Bauzeit so erschöpfend und ausgewogen wie möglich regeln. Deshalb erscheint es auch geboten, die Hinweise des § 9 Abs. 1 bis 4 VOB/A zur vertraglichen Gestaltung der Bauzeit bei der Auslegung der tatsächlich getroffenen Vereinbarungen im Bauvertrag und bei der Frage heranzuziehen, ob diese Vereinbarungen der allgemeinen Inhaltskontrolle nach § 242 BGB und der **Inhaltskontrolle** nach den §§ 305 ff. BGB standhalten (vgl. Bartsch ZfBR 1984, 1 ff.; s. o. Rdn. 488 ff.).

1650 § 5 enthält verschiedene Einzelregelungen, die hier im Überblick wie folgt zusammengefasst werden sollen:

1651 • In § 5 Abs. 1 S. 1 VOB/B findet sich zunächst die Grundregel, dass die Ausführung der geschuldeten Leistung nach den verbindlichen Fristen (Vertragsfristen) zu beginnen, angemessen zu fördern und zu vollenden ist. Dabei gelten die in einem Bauzeitenplan enthaltenen **Einzelfristen** aber nur dann als Vertragsfristen, wenn dies im Vertrag ausdrücklich vereinbart ist (S. 2). Mit diesem Grundsatz geht die VOB/B gleichsam als selbstverständlich davon aus, dass im Bauvertrag eine **Ausführungsfrist** vereinbart worden ist, aus der sich dann meist auch der Zeitpunkt für den Beginn der Ausführung ergeben wird.

1652 • § 5 Abs. 2 VOB/B legt genau fest, wann der Unternehmer mit der Ausführung seiner Bauleistungen zu beginnen hat, wenn insoweit im Vertrag nichts vereinbart worden ist. In diesem Fall muss der Unternehmer **innerhalb von 12 Werktagen nach Aufforderung mit der Ausführung beginnen**, kann aber vorher vom Auftraggeber **Auskunft über den voraussichtlichen Baubeginn** verlangen, wovon in der Praxis viel zu wenig Gebrauch gemacht wird (vgl. dazu unten Rdn. 1677 ff.).

1653 • § 5 Abs. 3 VOB/B befasst sich mit dem zügigen **Baufortschritt**. Er verpflichtet den Unternehmer, wenn Arbeitskräfte, Geräte, Gerüste, Stoffe und Bauteile so unzureichend sind, dass die festgelegten Ausführungsfristen offenbar nicht eingehalten werden können, auf Verlangen des Auftraggebers zur unverzüglichen Abhilfe.

1654 • Kommt der Auftragnehmer seinen in § 5 Abs. 1–3 VOB/B genannten Pflichten zum rechtzeitigen Baubeginn, zur angemessenen Förderung der Bauarbeiten oder zur termingerechten Fertigstellung des Werkes nicht nach, so kann der Auftraggeber nach § 5 Abs. 4 VOB/B bei Aufrechterhaltung des Vertrages **Schadensersatz** gemäß § 6 Abs. 6 VOB/B verlangen. Außerdem kann er dem Auftragnehmer eine angemessene Frist zur Vertragserfüllung setzen und erklären, dass er ihm nach fruchtlosem Ablauf der Frist den **Auftrag gemäß § 8 Abs. 3 VOB/B entziehen** werde.

8.2.2.3 Behinderung und Unterbrechung der Bauleistung (§ 6 VOB/B)

1655 Die gesamte Regelung des § 5 VOB/B kann als eine auf die speziellen Bedürfnisse des Bauablaufs ausgerichtete Fortentwicklung der allgemein gehaltenen Bestimmungen im BGB-Werkvertragsrecht angesehen werden. Dagegen enthält § 6 VOB/B ins Einzelne gehende **Rechte und Pflichten der Bauvertragspartner für den Fall von Behinderungen und Unterbrechungen** bei der Ausführung. Sie sind ohne Vorbild im gesetzlichen Werkvertragsrecht, obwohl sie für die Erbringung einer fristgerechten Bauleistung wegen des komplexen Langzeitcharakters der Bauverträge unverzichtbar sind. Sie entsprechen insoweit auch der Konzeption der VOB, für die einzelnen Phasen im zeitlichen Ablauf der Vertragsdurchführung den Parteien spezielle Regelungen zur Verfügung zu stellen (Nicklisch in Nicklisch/Weick, VOB/B § 6 Rn. 1).

1656 In diesem Sinne stellen die Einzelregelungen des § 6 VOB/B eine notwendige und ausgewogene Ergänzung zu § 5 VOB/B dar. Sie sollen dazu beitragen, vorrangig das Ziel der fristgerechten Fertigstellung des Bauwerks zu erreichen. Hilfsweise geht es um einen angemessenen Ausgleich für die im Fall einer Bauverzögerung auftretenden Nachteile des einen oder anderen Vertragspartners. Dies geschieht durch
  • Ansprüche des Unternehmers auf Fristverlängerung (§ 6 Abs. 2 VOB/B – s. Rdn. 1747 ff.),
  • ggf. Schadensersatz (§ 6 Abs. 6 VOB/B), wenn die Bauverzögerung vom Auftraggeber zu vertreten ist (s. Rdn. 1975 ff.), oder

- einen Schadensersatzanspruch des Auftraggebers, wenn die Verzögerung vom Unternehmer zu vertreten ist (§ 6 Abs. 6 VOB/B – s. Rdn. 1833 ff.).

Ergänzt wird § 6 Abs. 6 VOB/B durch den **Entschädigungsanspruch** des Auftragnehmers gemäß § 642 BGB (vgl. dazu Rdn. 2082 ff.), der neben dem Schadensersatzanspruch anwendbar ist (vgl. § 6 Abs. 6 S. 2 VOB/B). 1657

8.2.2.4 Vertragsstrafe (§ 9 Abs. 5 VOB/A/§ 11 VOB/B)/Beschleunigungsvergütung

Der Erreichung des Ziels einer termingerechten Fertigstellung der jeweils geschuldeten Bauleistung dient zudem die Vereinbarung von **Vertragsstrafen** und **Beschleunigungsvergütungen**. Dazu stellt § 9 Abs. 5 VOB/A für das Vergabeverfahren bestimmte Richtlinien auf: Vertragsstrafen für die Überschreitung von Vertragsfristen sind nur vorzusehen, wenn die Überschreitung **erhebliche Nachteile** verursachen kann, wobei die **Strafe in angemessenen Grenzen** zu halten ist. Weitere Einschränkungen ergeben sich insbesondere aus §§ 305 ff. BGB (vgl. dazu eingehend unten Rdn. 1697 ff.). Beschleunigungsvergütungen (Prämien) sollen nur vorgesehen werden, wenn die Fertigstellung vor Ablauf der Vertragsfristen erhebliche Vorteile bringt (§ 9 Abs. 5 S. 3 VOB/A). 1658

Diese Empfehlungen für die Vertragsgestaltung finden ihre notwendige Ergänzung für die Vertragsdurchführung in § 11 VOB/B. Dort ist geregelt, ob und unter welchen Voraussetzungen eine vereinbarte Vertragsstrafe vom Auftraggeber geltend gemacht werden kann (vgl. dazu oben Rdn. 572 ff., 719 ff. sowie nachfolgend 1697 ff.).

8.2.3 Die Anwendbarkeit der VOB-Regelungen auf den BGB-Werkvertrag

Erläutert wurde schon, dass gerade die Regelung zum Entschädigungsanspruch des Auftragnehmers nach § 642 BGB bei einer ausbleibenden Mitwirkungshandlung des Auftraggebers ebenso bei einem VOB-Vertrag gilt (vgl. § 6 Abs. 6 S. 2 VOB/B sowie grundlegend zuvor schon BGH, Urt. v. 21.10.1999 – VII ZR 185/98, BGHZ 143, 32, 38 f. = BauR 2000, 722, 725 = NJW 2000, 1336, 1337 f.). Die umgekehrte Übertragung von Regelungen der VOB/B in das BGB-Werkvertragsrecht ist dagegen dogmatisch zunächst nicht zu begründen: Denn wie schon an anderer Stelle ausführlich dargelegt (vgl. Rdn. 426 ff., 463 ff.) handelt es sich bei der VOB/B (nur) um Allgemeine Vertragsbedingungen für die Ausführung von Bauleistungen. Sie können somit schon von ihrem Regelungsgehalt her **nicht analog auf BGB-Werkverträge angewandt** werden, selbst wenn das Gesetz bzgl. der Bauzeit anerkanntermaßen lückenhaft ist. 1659

Gleichwohl bleibt es bei dem Befund: Das BGB-Werkvertragsrecht enthält praktisch keine Vorschriften zur Bauzeit und zu den Rechtsfolgen von Bauverzögerungen, während die VOB eine ausgewogene, detaillierte und den besonderen Bedürfnissen des Baugeschehens Rechnung tragende Gesamtkonzeption zur Verfügung stellt. Scheidet jedoch eine Analogie aus, wird nicht selten die Frage aufgeworfen, ob die VOB-Vorschriften nicht wenigstens als allgemeine Grundsätze für einen nach Treu und Glauben (§ 242 BGB) vorzunehmenden Leistungsaustausch oder im Wege der ergänzenden Vertragsauslegung nach §§ 133, 157 BGB auch beim **BGB-Werkvertrag**, also ohne ausdrückliche Vereinbarung der VOB/B, angewandt werden können. Dies wird man bezüglich der allgemeinen Grundsätze durchaus bejahen können. 1660

▶ **Beispiel**

Ein Bauunternehmer wird vom Auftraggeber wegen Überschreitung der vertraglich vereinbarten Ausführungsfrist auf Zahlung einer vereinbarten Vertragsstrafe oder auf Schadensersatz in Anspruch genommen. Er beruft sich darauf, dass die Vorleistung nicht rechtzeitig fertig war.

Bei einem VOB-Bauvertrag kann sich der Auftragnehmer unter bestimmten Voraussetzungen (vgl. §§ 6 Abs. 1 und 6 Abs. 2 VOB/B) auf eine Behinderung und einen sich daraus ergebenden **Anspruch auf Bauzeitverlängerung** berufen; dies gilt u. a. wie in vorstehendem Beispielfall bei Behinderungen, die wie eine nicht fertige Vorleistung in den Risikobereich des Auftraggebers fallen (vgl. § 6 Abs. 2 Nr. 1 lit. a) VOB/B). Im BGB-Werkvertragsrecht ist ein solcher Anspruch auf Bauzeit- 1661 verlängerung nicht ausdrücklich geregelt. Trotzdem kann sich auch der Unternehmer eines BGB-Vertrages darauf stützen. Dies ergibt sich schon daraus, dass sowohl der Schadensersatz- als auch der Vertragsstrafenanspruch des Auftraggebers einen Verzug des Unternehmers und dessen Verschulden voraussetzen (§§ 286 Abs. 4 BGB und §§ 339, 341 BGB), und ein solches Verschulden des Unternehmers in den in § 6 Abs. 2 Nr. 1 lit. a)–c) VOB/B genannten Fällen der Bauzeitverlängerung regelmäßig nicht vorliegen wird.

1662 Diese Überlegungen zeigen, dass eine Anwendung der Grundsätze der VOB/B im Einzelfall auch bei Werkverträgen nach dem BGB in Betracht zu ziehen ist. Dies gilt aber nicht uneingeschränkt für alle Bestimmungen der VOB/B. So finden in Bezug auf die Bauzeit VOB-Regelungen bei BGB-Verträgen **keine Anwendung** (s. dazu oben ausführlich Rdn. 428 ff.), die den Vertragspartnern besondere Rechte gewähren oder bestimmte Fristen vorsehen (vgl. z. B. § 5 Abs. 2 S. 2 VOB/B jeweils zum Baubeginn), ihnen besondere Pflichten auferlegen (s. etwa zur Behinderungsanzeige in § 6 Abs. 1 VOB/B) oder auch die Ansprüche abweichend vom BGB begrenzen (vgl. etwa § 6 Abs. 6 VOB/B zu einem Schadensersatzanspruch).

1663 Mit diesen Einschränkungen wird man aber die **Regelungen der VOB/B zur Bauzeit und zu den Folgen einer Bauverzögerung** durchweg als **allgemeine Grundsätze des Bauvertragsrechts** ansehen und damit ihre Anwendung oder zumindest ihre Heranziehung bei der Festlegung der beiderseitigen Rechte und Pflichten aus dem Bauvertrag **auch im Rahmen des BGB-Werkvertragsrechts** bejahen können (Keldungs/Bück, Rn. 41; Roquette/Viering/Leupertz, Teil 1 Rn. 186 ff.; BGH, Urt. v. 24.02.1954 – II ZR 74/53, Schäfer/Finnern/Hochstein Z 2.0 Bl. 3). Aus diesem Grunde soll die VOB/B im Nachfolgenden als Grundlage im Mittelpunkt der weiteren Überlegungen stehen. In einem anhängenden Kapitel werden jeweils Besonderheiten des BGB-Werkvertrages behandelt.

8.3 Die Vereinbarung von Ausführungsfristen als verbindliche Vertragsfristen

1664 Die VOB geht in § 9 Abs. 1–4 VOB/A und in § 5 VOB/B als selbstverständlich davon aus, dass die Partner eines Bauvertrages die für die Ausführung der jeweils geschuldeten Bauleistung erforderliche oder zur Verfügung stehende Bauzeit vereinbaren und in Ausführungsfristen festlegen. Folgerichtig schreibt § 8 Abs. 6 Nr. 1 lit. d) VOB/A vor, dass in den **Zusätzlichen oder Besonderen Vertragsbedingungen** u. a. Ausführungsfristen geregelt werden sollen, soweit dies erforderlich ist. Zwar ist es bei Abschluss der Bauverträge häufig schwierig, die Bauausführung auf bestimmte Termine festzulegen; es wird aber doch im Allgemeinen möglich sein, die für die Bauausführung erforderliche Zeitspanne als **Ausführungsfrist** vorzugeben oder sich darauf zu verständigen. Trotzdem bleiben Fälle, in denen auch die Festlegung einer Ausführungsfrist bei Abschluss des Bauvertrages nicht möglich ist und deshalb unterbleibt oder aus anderen Gründen eine Ausführungsfrist nicht vereinbart wird.

8.3.1 Die Bauausführung bei fehlender Vereinbarung von Ausführungsfristen

1665 Ist keine Frist vereinbart, ist der Unternehmer **in der zeitlichen Gestaltung der Bauwerkserrichtung keineswegs völlig frei**. Es bereitet lediglich größere Schwierigkeiten, den Termin für eine rechtzeitige Erbringung zu bestimmen. Sowohl beim VOB- als auch beim BGB-Werkvertrag ist die Zeitspanne, innerhalb derer der Unternehmer mit der Ausführung beginnen und die geschuldete Bauleistung fertigstellen muss, dann wie folgt zu ermitteln:
- **Allgemeiner Grundsatz**

1666 Allgemeine Grundlage für die Bestimmung der Bauzeit ist zunächst § 271 Abs. 1 BGB. Danach kann der Gläubiger – hier also der Auftraggeber – in den Fällen, in denen eine Zeit weder vertraglich bestimmt noch aus den Umständen zu entnehmen ist, die Leistung **sofort verlangen**, während der Schuldner – hier also der Unternehmer – sie **sofort bewirken muss**. Aus diesem Grund ist zunächst zu fragen, ob sich aus den Umständen entnehmen lässt, wann mit der Ausführung zu beginnen und wann die Bauleistung fertigzustellen ist. Ergeben sich dazu keine Anhaltspunkte, so hat der Unternehmer **unverzüglich nach Vertragsabschluss** (BGH, Urt. v. 08.03.2001 – VII ZR 470/99, BauR 2001, 946 = NJW-RR 2001, 806) – jedoch unter Berücksichtigung einer gewissen Vorbereitungszeit – mit der Ausführung anzufangen und die Arbeiten zügig in angemessener Zeit

8.3 Die Vereinbarung von Ausführungsfristen als verbindliche Vertragsfristen

bis zur Vollendung und Abnahme des Werkes durchzuführen. Als vereinbarte Bauzeit gilt dann der Zeitraum, der für die »zügige Herstellung der Bauleistung« notwendig ist (BGH, Urt. v. 10.11.1977 – VII ZR 252/75, BauR 1978, 139, 141 f.; BGH, Urt. v. 08.03.2001 – VII ZR 470/99, BauR 2001, 946 = NJW-RR 2001, 806; BGH, Urt. v. 21.10.2003 – X ZR 218/01, BauR 2004, 331, 332 f. = NJW-RR 2004, 209, 210).

▶ **Beispiel**

Im Bauvertrag ist keine Frist vereinbart; für die Herstellung ist jedoch bei einer ordnungsgemäßen und zügigen Bauweise eine Zeit von drei Monaten erforderlich. Dieses ist dann die vertragsgemäße Bauzeit, die allerdings – bezogen auf den Vertragszeitpunkt – um eine angemessene Bauvorbereitungszeit zu verlängern ist.

Hält der Unternehmer sich nicht an die so berechnete Bauzeit, so kann er **auch ohne Vereinbarung einer bestimmten Bauzeit** mit der Erbringung seiner Leistung in **Verzug** geraten, wenn der Auftraggeber nach Ablauf einer für diese Leistung angemessenen Frist den Unternehmer mahnt oder ihm eine Nachfrist setzt und diese ergebnislos abgelaufen ist (BGH, Urt. v. 08.03.2001 – VII ZR 470/99, BauR 2001, 946 f. = NJW-RR 2001, 806; Vygen, BauR 1983, 211).

Ist streitig, welche »richtige« Bauzeit sich aus § 271 BGB ergibt, ist es nicht der Auftraggeber, sondern **allein der Auftragnehmer, der dazu etwas vortragen** muss. Dies beruht auf der Systematik des § 271 BGB: Denn eigentlich muss der Auftragnehmer als Schuldner sofort leisten. Diese sofortige Leistungspflicht wird im Werkvertragsrecht an die Umstände des Vertrages angepasst mit der Maßgabe, dass eine für die Herstellung des Werks angemessene Zeit als vereinbart gilt. Dies aber heißt nichts anderes, als dass der Auftraggeber als Gläubiger die Fälligkeit der herzustellenden Werkleistung nicht besonders zu begründen hat; es ist vielmehr Sache des Schuldners (Auftragnehmers) darzulegen, warum die sofortige Leistungspflicht hier überhaupt und dann um welchen Zeitraum nach hinten verschoben ist (BGH, Urt. v. 21.10.2003 – X ZR 218/01, BauR 2004, 331, 332 f. = NJW-RR 2004, 209, 210).

1667

- **Vereinbarung der VOB/B**
Bei Vereinbarung der VOB/B lässt sich auch ohne Festlegung der nach Treu und Glauben zu ermittelnden Bauzeit deren Beginn und damit die erforderliche **Frist zur Arbeitsvorbereitung** aus § 5 Abs. 2 S. 2 VOB/B entnehmen. Danach hat der Unternehmer **binnen 12 Werktagen** nach Aufforderung durch den Auftraggeber mit den Arbeiten zu beginnen. Diese Regelung wird man – auch wenn dies bestritten ist – als branchenübliche und damit als Treu und Glauben entsprechend **angemessene Frist zum Baubeginn** ansehen können. Dies gilt somit auch, wenn die VOB/B nicht vereinbart ist, sodass ein BGB-Werkvertrag vorliegt. Bereitet dem Auftragnehmer ein solcher Ausführungsbeginn innerhalb von 12 Werktagen Schwierigkeiten, ist er gut beraten, dies bereits bei Abschluss des Bauvertrages durch eine anderweitige Festlegung des Ausführungsbeginns abzuändern. Zumindest sollte er nach Vertragsabschluss von seinem **Auskunftsanspruch über den voraussichtlichen Baubeginn** gemäß § 5 Abs. 2 S. 1 VOB/B Gebrauch zu machen.

1668

Von diesem **Baubeginn** an hat dann der Unternehmer die Ausführung dauerhaft **angemessen zu fördern** und zügig zu vollenden, wozu er insbesondere auch und vor allem Arbeitskräfte, Geräte, Gerüste, Stoffe und Bauteile in angemessenem Umfang vorhalten und einsetzen muss (vgl. § 5 Abs. 1 VOB/B). Für die **Bestimmung der Bauzeit** selbst gilt wiederum – mangels anderer Vereinbarung – die vorstehend zu § 271 BGB erläuterten Grundsätze (Rdn. 1666 f.).

1669

- **Nachträgliche Bestimmung der Bauzeit**
Nicht selten legen die Vertragspartner zunächst keine Ausführungsfrist im Vertrag fest oder verschieben deren Vereinbarung auf später.

1670

▶ **Beispiel**

Im Bauvertrag ist geregelt, dass der Unternehmer (oder der Auftraggeber) berechtigt oder verpflichtet wird, nach Vertragsabschluss einen Bauzeitenplan aufzustellen, und dieser von beiden Vertragspartnern dann als verbindlich anerkannt wird.

Empfehlenswert sind solche Regelungen natürlich nicht; denn damit sind vielfach Streitigkeiten vorprogrammiert, auch wenn eine nachträgliche Aufstellung eines Bauzeitenplans je nach Planungsstand nicht immer zu vermeiden ist (s. dazu Vygen/Joussen/Schubert/Lang, Bauverzögerung und Leistungsänderung Teil A Rn. 84 ff.). Dies gilt zunächst für den Fall, dass dem **Auftragnehmer ein entsprechendes Aufstellungsrecht** eingeräumt ist. Hier steht dem Auftraggeber praktisch keinerlei Zwangsmittel zur Verfügung, wenn der Auftragnehmer entweder keinen oder noch problematischer nur einen Bauzeitenplan überlässt, der nicht den Vorstellungen des Auftraggebers entspricht (s. dazu näher Vygen/Joussen/Schubert/Lang, a. a. O. Teil A Rn. 87 ff.). Doch selbst in dem umgekehrten Fall, also bei einem **nachträglichen Aufstellungsrecht für den Auftraggeber**, ist es kaum besser, wenn der Auftragnehmer diesen nicht akzeptiert. Zwar gehört es nach § 4 Abs. 1 Nr. 1 S. 1 VOB/B einerseits zu den Pflichten (und Rechten) des Auftraggebers, das Baugeschehen zu koordinieren (s. dazu Ingenstau/Korbion/Oppler, VOB/B § 4 Abs. 1 Rn. 13). Dies schließt die Aufstellung eines Bauzeitenplans mit ein, was durchaus auch nach Vertragsschluss erfolgen kann. Andererseits steht dem die eigenverantwortliche Leistungsausführung des Auftragnehmers nach § 4 Abs. 2 VOB/B gegenüber. Dies schließt die Entscheidung ein, wann er welche Produktionsfaktoren in welchem Umfang auf der Baustelle einsetzt, um damit das vereinbarte Leistungsziel zu erreichen. Gerade die zeitliche Bestimmung bei der Disposition seiner Leistungen ist hier ein ganz wesentlicher Faktor. Daher ist ein Auftragnehmer im Rahmen der ihm gesetzten Termine frei, seine Ablaufplanung unabhängig von sonstigen Vorgaben des Auftraggebers zu gestalten und z. B. nach seinem Belieben für vorgesehene Teilleistungen gesonderte Pufferzeiten einzuplanen u. a. (Beck'scher VOB/B-Komm./Motzke, Vor § 5 Rn. 107 ff.). Dies gilt im VOB- und BGB-Vertrag in gleicher Weise. Soll demnach ein erst nach Vertragsschluss vom Auftraggeber aufgestellter Bauzeitenplan (mit oder ohne verbindliche Vertragsfristen) auch für den Auftragnehmer verbindlich werden, geht dies in der Regel nur mit dessen Zustimmung. **Etwas anderes** gilt nur dann, wenn dem Auftraggeber im Vertrag in Bezug auf die Bauzeit ausdrücklich ein (nachträgliches) darauf gerichtetes Leistungsbestimmungsrecht eingeräumt wurde. Dies ist möglich, und zwar auch in seinen Allgemeinen Geschäftsbedingungen. Voraussetzung dafür ist allerdings, dass dieses Leistungsbestimmungsrecht zur nachträglichen Festlegung der **Bauzeit ausdrücklich nur nach einem billigen Ermessen nach § 315 BGB ausgeübt** werden kann und die Bauzeit dann auch nach diesem Maßstab festgelegt wird (§ 315 Abs. 1 und 3 BGB). Entspricht deren Festlegung nicht der Billigkeit, ist die Bauzeit notfalls durch das Gericht zu bestimmen (§ 315 Abs. 3 S. 2 BGB). Soll hingegen der Auftraggeber unabhängig davon in seinem Belieben (z. B. durch nachträgliches Einführen von Bauzeitenplänen) die Bauzeit bestimmen können, ggf. sogar mit der Maßgabe, dass dort enthaltene Termine echte Vertragsfristen sein sollen, hätte eine darauf gerichtete Klausel nach § 307 Abs. 1 S. 2 und Abs. 2 Nr. 1 BGB keinen Bestand (OLG Frankfurt, Urt. v. 3.6.2002 – 1 U 26/01, BauR 2003, 269, 272; Beck'scher-VOB/B-Komm./Motzke, § 5 Nr. 1 Rn. 34; Leinemann/Jansen, § 5 Rn. 31; s. allerdings hier auch die Möglichkeit für den Auftraggeber, im Nachhinein geänderte Leistungen aus zeitlicher Sicht nach § 1 Abs. 3 VOB/B anzuordnen: oben Rdn. 923 ff.).

1671 Die Vertragspartner können alternativ vereinbaren, dass die **Bauzeit durch einen Dritten**, also z. B. durch den bauleitenden Architekten, ein Ingenieurbüro, einen Bausachverständigen oder ggf. durch einen **Schlichter nach der SOBau** (vgl. dazu unten Rdn. 3351 ff.) festgelegt wird. Auch insoweit hat dieser Dritte die Bauzeit im Zweifel nach billigem Ermessen zu bestimmen. Dessen Bestimmung ist unwirksam, wenn sie offenbar unbillig ist (§§ 317–319 BGB). In diesem letzteren Fall erfolgt die Festlegung wiederum durch Urteil, wobei aber an die offenbare Unbilligkeit höhere Anforderungen als an die bloße Unangemessenheit zu stellen sind. Die Unrichtigkeit oder Unbilligkeit der so festgelegten Bauzeit muss sich dem sachkundigen und unbefangenen Beobachter, wenn auch möglicherweise erst nach gründlicher Prüfung, aufdrängen (BGH, Urt. v. 09.06.1983 – IX ZR 41/82, NJW 1983, 2244, 2245). Dabei gelten die Grundsätze über die Anfechtung eines Schiedsgutachtens entsprechend (vgl. BGH, Urt. v. 16.11.1987 – II ZR 111/87, NJW-RR 1988, 506).

8.3.2 Die Vereinbarung verbindlicher Vertragsfristen im Sinne des § 5 Abs. 1 VOB/B

Da die VOB/B die wesentlich detailliertere Regelung für Bauverzögerungen vorsieht und ihre Grundzüge häufig über § 242 BGB auch für das BGB-Werkvertragsrecht gelten, soll diese hier im Mittelpunkt der weiteren Überlegungen stehen.

Unterstellt man mit dieser Maßgabe den Abschluss eines VOB-Bauvertrages, so greift zunächst die Grundregel in § 5 Abs. 1 VOB/B. Danach ist die Ausführung der Bauleistung nach den verbindlichen Fristen, den sog. **Vertragsfristen**, zu beginnen, angemessen zu fördern und zu vollenden. **Verbindliche Fristen** sind hiernach nur diejenigen Fristen, die im Vertrag ausdrücklich als solche vereinbart sind oder deren Verbindlichkeit sich im Wege der Vertragsauslegung zweifelsfrei ermitteln lässt.

▶ **Beispiele für verbindliche Vertragsfristen sind etwa folgende Klauseln**
- »Ausführungszeitraum ab 10. Juni bis 15. Dezember« (OLG Koblenz, Urt. v. 18.03.1988 – 8 U 345/87, NJW-RR 1988, 851).
- »Die Ausführungsfrist beträgt 20 Tage beginnend ab dem 20. Mai« (OLG Koblenz, Urt. v. 08.12.1988 – 5 U 705/88, BauR 1989, 729 = NJW-RR 1989, 1503).
- »Die Bauzeit beträgt drei Monate nach dem Fertigstellungstermin beginnend vom 1.11.2002« (OLG Köln, Urt. v. 12.04.1995 – 19 U 169/94, BauR 1995, 708, 709).
- »Baubeginn ist spätestens 21 Werktage nach Erteilung der Baugenehmigung« (KG, Urt. v. 15.07.2008 – 21 U 40/07, IBR 2009, 317).

Nicht ausreichend für die Annahme verbindlicher Vertragsfristen sind **ca.-Angaben** oder Ergänzungen der Fertigstellungsdaten mit »etwa« oder »voraussichtlich«. Dasselbe gilt für materielle Zusätze, die eine feste Terminvorgabe ausschließen.

▶ **Beispiel (nach OLG Düsseldorf, Urt. v. 07.03.1997 – 22 U 213/96, BauR 1997, 851 = NJW-RR 1998, 89)**

Im Bauvertrag ist geregelt, dass die Bauleistung zu erbringen ist vom 30.11.2010 bis 24.02.2011 – abhängig von der Witterung.

Legt also der Auftraggeber Wert auf eine Fertigstellung des Bauwerkes zu einem bestimmten Zeitpunkt, so ist beim Vertragsabschluss auf die Festlegung von **Vertrags-** oder **Ausführungsfristen** besonders zu achten. Dabei sollte dies wegen der Auswirkung auf die Kalkulation schon in den **Verdingungsunterlagen** geschehen, deren Abfassung und Zusammenstellung Sache des planenden Architekten oder Ingenieurs ist (vgl. § 33 S. 2 Nr. 6 i. V. m. Anl. 11 HOAI und § 8 Abs. 6 Nr. 1 lit. d) VOB/A). Dem Auftraggeber bzw. seinem Planer obliegt sodann ergänzend gemäß § 4 Abs. 1 VOB/B die sog. **Koordinierungspflicht**, also die Pflicht, das Zusammenwirken der verschiedenen Unternehmer zu regeln, was im Allgemeinen durch **Aufstellen und Überwachen eines Bauzeitenplans** geschieht (vgl. § 33 S. 2 Nr. 8 i. V. m. Anl. 11 HOAI).

Soweit es um die **Vereinbarung einer Bauzeit** unmittelbar geht, bestimmt § 9 Abs. 1 Nr. 1 VOB/A, dass die Ausführungsfristen ausreichend zu bemessen sind; Jahreszeit, Arbeitsverhältnisse und besondere Schwierigkeiten des Bauvorhabens sind dabei zu berücksichtigen. Mit dieser allgemeinen Regelung ist jedoch noch nicht gesagt, bei welcher Frist denn tatsächlich eine verbindliche Vertragsfrist im Sinne des § 5 Abs. 1 VOB/B vorliegt (so auch Roquette/Viering/Leupertz, Teil 1, Rn. 221). Hierzu lässt sich – vorbehaltlich einer anderweitigen Formulierung im Bauvertrag – zunächst klarstellen, dass schon nach § 5 Abs. 1 VOB/B nicht jeder Einzeltermin zu einer verbindlichen Vertragsfrist führt. Vielmehr erfordert die ausdrückliche **Vereinbarung von verbindlichen Vertragsfristen** zunächst eine Klärung der Frage, welche Fristen dazu überhaupt in Betracht kommen. Die VOB/B unterscheidet dazu in § 5 VOB/B für die Durchführung eines Bauvorhabens.
- die Frist für den **Ausführungsbeginn**,
- die in einem **Bauzeitenplan** enthaltenen **Einzelfristen**,
- die **Fertigstellungsfrist** oder auch Ausführungsfrist oder Bauzeit.

8.3.2.1 Der Ausführungsbeginn

1677 Ist im Bauvertrag ein Zeitpunkt für den **Baubeginn** genannt, so gilt dieser und zwar in der Regel sogar **als verbindliche Vertragsfrist**. Meist ist jedoch ein solcher Anfangstermin nicht oder jedenfalls nicht genau und verbindlich festgelegt, sondern nur von den Vertragsparteien in Aussicht genommen worden. Denn häufig fehlt es bei Vertragsabschluss noch an der für den Baubeginn erforderlichen Baugenehmigung oder sonstigen Voraussetzungen, insbesondere der Fertigstellung notwendiger **Vorunternehmerleistungen** (vgl. dazu im Einzelnen unten Rdn. 1782 ff. und 1997 ff.) oder auch der erforderlichen Ausführungspläne.

Dies kann für den Auftragnehmer bei großen Objekten sehr gefährlich werden. Denn für diesen Fall schreibt die VOB/B in § 5 Abs. 2 auf der einen Seite zwar vor, dass der Auftraggeber dem Auftragnehmer auf Verlangen **Auskunft über den voraussichtlichen Beginn** zu erteilen hat; auf der anderen Seite hat der Auftragnehmer dann aber innerhalb von 12 Werktagen nach Aufforderung zu beginnen, sodass nunmehr auch die Frist für die vereinbarte Bauzeit zu laufen beginnt.

Kommt der Unternehmer seiner Verpflichtung, binnen 12 Werktagen nach Aufforderung mit der Bauausführung zu beginnen, nicht nach, so kann der Auftraggeber ihn in **Verzug setzen**. Gleichzeitig kann er ihm eine angemessene Nachfrist setzen, wozu eine Woche ausreichend sein dürfte (vgl. OLG Koblenz, Urt. v. 08.12.1988 – 5 U 705/88, BauR 1989, 729 = NJW-RR 1989, 1503). Auf dieser Grundlage kann er ihm sogar jetzt schon nach einer Kündigungsandrohung den **Auftrag entziehen** und die durch Einschaltung eines Ersatzunternehmers entstehenden Mehrkosten ersetzt verlangen (vgl. dazu unten Rdn. 1858 ff. sowie unten Rdn. 2916 ff. und Ingenstau/Korbion/Vygen, VOB/B § 8 Abs. 3 Rn. 37 ff.).

1678 Haben die Parteien dagegen im Vertrag einen Termin für den Ausführungsbeginn vereinbart, wird regelmäßig zu prüfen und ggf. der Vertrag auszulegen sein, was sie genau darunter verstanden haben. Ergibt sich nichts anderes, bedeutet Ausführungs- bzw. Baubeginn, dass es mit dem **Bauarbeiten** wirklich »**los geht**« (s. dazu unten Rdn. 1715, 1727 f). Hiermit verbunden sind vielfach zwei Problemfälle, die gesondert zu diskutieren sind.

1679 • Nicht selten ist dem eigentlichen Baubeginn eine notwendige Bauvorbereitungszeit vorgeschaltet. Diese stellt noch keinen Baubeginn dar (vgl. auch § 9 Abs. 1 Nr. 1 S. 2 VOB/A sowie unten Rdn. 1727).

1680 • Sodann können sich für den Unternehmer insbesondere auch bei dem nach § 5 Abs. 2 S. 3 VOB/B geforderten Baubeginn binnen 12 Werktagen nach Abruf Schwierigkeiten ergeben, wenn er neben der eigentlichen Bauleistung zugleich in größerem Umfang Planungsleistungen schuldet, insbesondere die vollständige **Ausführungsplanung** und diese dann noch vor dem Baubeginn vom Auftraggeber und evtl. noch von Dritten freigegeben werden muss.

> ▶ Beispiel
> Die Planung muss vor Baubeginn noch vom Prüfstatiker oder bei der Deutschen Bahn AG vom Eisenbahnbundesamt (EBA) freigegeben werden.

Diese Vorgaben verlangen eine **längere Vorlaufzeit als 12 Werktage**. Folglich bedarf es hier im **Vertrag unbedingt** einer abweichenden Vereinbarung von § 5 Abs. 2 VOB/B. Dadurch entfällt allerdings nicht die **Privilegierung der VOB/B** als Ganzes (s. dazu oben Rdn. 481 ff.), weswegen auch dann eine **isolierte Inhaltskontrolle** unterbleibt (vgl. dazu Vygen, Festschrift für Ganten 2007).

1681 In der Baupraxis kommt daneben bei der »richtigen Bestimmung« des Ausführungsbeginns ein weiteres Problem hinzu. Es beruht darauf, dass nicht selten **Ausführungsfristen an den Zuschlagstermin geknüpft** sind.

> ▶ Beispiel
> In einem vorgeschalteten Vergabeverfahren ist eine Zuschlags- und Bindefrist bis zum 31. März 2011 vorgesehen. Weiter heißt es, dass der Auftragnehmer unverzüglich nach Auftragserteilung

8.3 Die Vereinbarung von Ausführungsfristen als verbindliche Vertragsfristen   8

zu beginnen hat; es ist eine Bauzeit von fünf Monaten angegeben. Der Zuschlag wird nach Verzögerungen im Vergabeverfahren am 31. Oktober 2011 erteilt.

Diese Klauseln werfen diverse Folgeprobleme auf (s. dazu Rdn. 1788 ff., 1957 ff.). Für die Bestimmung der »richtigen« Bauzeit stellt sich immerhin eine vorgelagerte Frage: Unklar ist nämlich, **wann diese hier genau beginnt**. Vorstellbar wäre es, sie tatsächlich an die Auftragserteilung zu knüpfen. Dies kann jedoch vor allem dann, wenn es um die richtige Auslegung der abgegebenen Erklärungen nach einem vorgeschalteten formalisierten Vergabeverfahren und einem danach vorrangig relevanten objektiven Bieterhorizont geht (s. dazu Rdn. 912), nicht richtig sein. Denn nach § 7 Abs. 1 Nr. 3 VOB/A darf einem Bieter **kein ungewöhnliches Wagnis** für Umstände und Ereignisse aufgebürdet werden, auf die er keinen Einfluss hat und deren Einwirkung auf die Preise und Fristen er nicht im Voraus einschätzen kann. Ein solches ungewöhnliches Wagnis würde ihm aber abverlangt, wenn ihm nicht sämtliche zur Preiskalkulation erforderlichen Informationen vollständig und richtig zur Verfügung gestellt würden, er sich die notwendigen Kenntnisse nicht selbst verschaffen könnte und er damit nicht in der Lage wäre, verlässliche Vorstellungen zur Preisbildung zu entwickeln. All diese Risiken beständen, wenn die vertraglich an den Zuschlag gekoppelte Ausführungszeit über den vorgesehenen Zuschlagstermin hinaus völlig offenbliebe. Denn mangels sicherer Kenntnis über den Zuschlagstermin könnte ein Auftragnehmer überhaupt nicht abschätzen, wann und in welchem Zeitraum die eigentlich vorgesehene vertragliche Bauzeit liegen wird. Folglich könnte er seine Preiskalkulation nicht mehr auf eine vom Auftraggeber zu stellende, den Anforderungen des § 7 Abs. 1 Nr. 1 VOB/A gerecht werdende, d. h. für alle Bieter eindeutige und erschöpfende Leistungsbeschreibung stützen. Stattdessen könnten die Bieter nur mutmaßen, wann im Hinblick auf ein eventuelles Vergabenachprüfungsverfahren oder wegen sonstiger verzögernder Umstände ein Zuschlag erfolgen werde, und aufgrund dieser Mutmaßungen ein Preisangebot erstellen. Eine solche Auslegung kommt nach einem richtigen VOB/A-konformen Verständnis der Ausschreibungsbedingungen nicht in Betracht. Stattdessen kann eine solche Regelung in den Ausschreibungsbedingungen mit der Anknüpfung des Ausführungsbeginns an den Zuschlagstermin nur mit der Maßgabe aufrechterhalten werden, dass die **vertraglich vereinbarte Bauzeit** zunächst **mit Ablauf der im Zeitpunkt der Angebotsabgabe bekannt gemachten Zuschlagsfrist bereits beginnt** (BGH, Urt. v. 10.09.2009 – VII ZR 152/08, BauR 2009, 1901, 1904 = NJW 2010, 522, 524 = NZBau 2009, 771, 772 f.). Dass diese wegen der Verzögerungen im Vergabeverfahren im Nachhinein, d. h. nach Vertragsschluss, ggf. neu festzulegen und anzupassen ist (s. dazu Rdn. 1788 ff.) bzw. sich auch Mehrkostenansprüche des Auftragnehmers anschließen können (Rdn. 1957 ff.), ist eine Folgefrage; sie setzt voraus, dass die Bauzeit sowie der vertraglich vorgesehene Baubeginn zuvor eindeutig bestimmt wurden.

Die vorstehenden Anmerkungen gelten selbst dann, wenn der Bauvertrag **nicht nach einem Vergabeverfahren unter Geltung der VOB/A geschlossen** wurde: Liegen insoweit Allgemeine Geschäftsbedingungen vor, ergibt sich dies bereits wegen der Unklarheit dieser Regelung aus einer kundenfreundlichen Auslegung nach § 305c Abs. 2 BGB. Sie würde in gleicher Weise zu dem Ergebnis führen, dass mit der Formulierung »nach Beauftragung« nicht der Zeitpunkt der verzögerten Zuschlagserteilung, sondern der Ablauf der den Bietern mitgeteilten Zuschlagsfrist gemeint war. Nichts anderes würde aus einer Auslegung folgen, wenn diese Regelung ggf. individualvertraglich vereinbart worden wäre (OLG Düsseldorf, Urt. v. 20.07.2011 – VI-U (Kart) 11/11, BauR 2011, 1969, 1971 = NZBau 2011, 674, 677). 1682

8.3.2.2 Die Einzelfristen

Bei den im Vertrag vorgesehenen Einzelfristen handelt es sich **keineswegs** immer um **wirklich verbindliche Vertragsfristen**, auch wenn sie im Vertrag oder einem **Bauzeitenplan**, der meist Bestandteil des Bauvertrages ist, aufgeführt sind. 1683

635

▶ **Beispiel**

In einem Bauzeitenplan oder Netzplan ist für die Ausführung der Elektroarbeiten ein Ausführungszeitraum vom 12. bis zum 25. Februar vorgesehen.

Derartige Ausführungsfristen für Einzelgewerke gelten im Allgemeinen nicht als Vertragsfristen (vgl. § 5 Abs. 1 S. 2 VOB/B); sie dienen vielmehr in erster Linie der **Terminüberwachung**, um sicherzustellen, dass die echten Vertragsfristen und vertraglich festgelegten Termine eingehalten werden. Sie engen aber den Auftragnehmer in seiner **Dispositionsfreiheit** innerhalb der übergreifenden Ausführungsfrist nicht ein. Deshalb kann der Umfang, wie groß eine Bauzeitverzögerung im Einzelfall wirklich ist, zweifelsfrei erst nach Beendigung des gesamten Projekts festgestellt werden. Denn es können durchaus einzelne Teilabschnitte schneller oder langsamer abgewickelt werden (z. B. als Folge der zunächst erforderlichen Einarbeitungszeit bei sich wiederholenden gleichartigen Arbeiten), als es die Planung oder der Bauzeitenplan vorsah. Außerdem können evtl. **eingebaute Reserven (Pufferzeiten)** erst nach Überschreitung bestimmter Einzelfristen des Bauzeitenplanes sichtbar werden oder doch noch zur insgesamt rechtzeitigen Fertigstellung des Bauwerkes führen (Vygen, BauR 1983, 211).

1684 Sind die Einzelfristen nach alledem im Allgemeinen nur als zeitliche Richtlinien zur Kontrolle ohne nachteilige Rechtsfolgen bei ihrer Nichteinhaltung anzusehen, so kann im Einzelfall die Sachlage aber auch anders sein. So können z. B. selbst Einzelfristen ausnahmsweise rechtlich **als echte verbindliche Vertragsfristen** gelten mit allen sich daraus ergebenden rechtlichen Konsequenzen (vgl. § 5 Abs. 1 S. 2 VOB/B), wenn dies im Bauvertrag **ausdrücklich so vorgesehen** ist (BGH, Urt. v. 14.01.1999 – VII ZR 73/98, BauR 1999, 645, 646 = NJW 1999, 1108 f.). Es wäre nicht einmal ausgeschlossen, dass sämtliche Einzelfristen gleichzeitig als echte Vertragsfristen vereinbart werden (vgl. auch BGH, a. a. O.; ähnlich OLG Düsseldorf, Urt. v. 09.05.2008 – I 22 U 191/07, BauR 2009, 1445, 1446).

▶ **Beispiel**

Die Besonderen Vertragsbedingungen enthalten unter der Überschrift »Ausführungsfristen/bindende Vertragsfristen« verschiedene Fristbestimmungen, so zunächst zum Ausführungsbeginn, sodann zur Fertigstellung und sowie schließlich zu Einzelfristen, die jeweils als Vertragsfristen beschrieben werden. In Bezug genommen wird ein Bauzeitenplan mit insgesamt 11 Einzelfristen für Teile des Gesamtgewerkes. Mit dieser Regelung werden auch die Einzelfristen zu Vertragsfristen.

Ob eine solche Beschränkung der Dispositionsfreiheit des Auftragnehmers baubetrieblich sinnvoll ist, ist eine andere Frage.

1685 Unbeschadet dieser vorrangigen vertraglichen Regelung stellt § 9 VOB/A für die Vereinbarung verbindlicher Einzelfristen gewisse **Grundsätze** auf. Danach sind etwa gemäß § 9 Abs. 2 Nr. 1 VOB/A **Einzelfristen für in sich abgeschlossene Teile der Leistung** zu bestimmen, wenn es ein **erhebliches Interesse des Auftraggebers** erfordert. Damit sieht zumindest die VOB/A eine Einschränkung für die Vereinbarung solcher Einzelfristen als Vertragsfristen insoweit vor, als der Begriff der in sich abgeschlossenen Leistungsteile in der VOB/B an verschiedenen Stellen auftaucht (§ 8 Abs. 3 Nr. 1 S. 2 VOB/B, § 12 Abs. 2 VOB/B und § 16 Abs. 4 VOB/B) und durchweg eng ausgelegt wird (s. dazu etwa Rdn. 1151 ff. sowie Rdn. 2893). § 9 Abs. 2 Nr. 1 VOB/A eröffnet darüber hinaus die Möglichkeit, einen **Bauzeitenplan** aufzustellen. Dieser verfolgt den Zweck, dass die Leistungen aller Unternehmer sicher ineinander greifen. Gerade hierin können dann selbstverständlich auch die **für den Fortgang der Gesamtbauleistung besonders wichtigen Einzelfristen** als **verbindliche Vertragsfristen** festgelegt werden, ohne dass diese sich auf in sich abgeschlossene Teile der Leistung beziehen müssen (Beck'scher VOB-Komm./Motzke, B § 5 Nr. 1 Rn. 27 ff.).

1686 Die Regelungen in § 9 VOB/A haben zunächst nur **Empfehlungscharakter**. Sie können also auch vom öffentlichen Auftraggeber im Vertrag anderweitig vereinbart werden, d. h.: Wenn der öffentliche Auftraggeber eine Einzelfrist als Vertragsfrist bezeichnet, ist diese Vorgabe wirksam, selbst

8.3 Die Vereinbarung von Ausführungsfristen als verbindliche Vertragsfristen

wenn damit gegen § 9 VOB/A verstoßen wird. Auch hier zeigt sich einmal mehr, dass es Verstöße gegen die VOB/A als Regelwerk zur Gestaltung von Vergabeverfahren nicht vermögen, die Wirksamkeit davon abweichend getroffener Vereinbarungen zu verhindern (s. dazu schon Rdn. 573 sowie zu ggf. deshalb bestehenden Schadensersatzansprüchen: Rdn. 332 ff., Rdn. 1646 f.). Losgelöst davon bleibt es aber bei der weiteren Regelung gemäß § 5 Abs. 1 VOB/B, dass es gerade im Hinblick auf die allgemeine Vorschrift in § 9 VOB/A einer klaren ausdrücklichen Vereinbarung bedarf, wenn Einzelfristen davon abweichend **verbindliche Vertragsfristen** sein sollen. Dabei sind an den Nachweis, dass eine **Einzelfrist als verbindliche Vertragsfrist** gelten soll, strenge Anforderungen zu stellen.

Fehlt es an einer solchen Vereinbarung, handelt es sich bei den Einzelfristen nur um sog. **Kontrollfristen** (so Beck'scher VOB-Komm./Motzke, B § 5 Nr. 1 Rn. 31; Roquette/Viering/Leupertz, Teil 1, Rn. 199). Sie dienen vor allem der Überprüfung, ob sich der Auftragnehmer mit seiner Bauleistung im Zeitrahmen hält oder ob er gegen seine **Baustellenförderungspflicht** gemäß § 5 Abs. 3 VOB/B verstößt, sodass der Auftraggeber unverzügliche Abhilfe verlangen kann (vgl. auch § 323 Abs. 4 BGB). 1687

Die ausdrückliche – nicht nur konkludente – Vereinbarung von Einzelfristen als verbindliche Vertragsfristen kann individuell, sie kann aber auch in **Allgemeinen Geschäftsbedingungen** des Auftraggebers getroffen werden. Voraussetzung dafür ist lediglich, dass dies hinreichend klar im Vertrag zum Ausdruck kommt (Korbion/Locher/Sienz, III, Rn. 76). 1688

8.3.2.3 Die Ausführungsfrist oder Bauzeit

Eine feste Ausführungsfrist oder Gesamtbauzeit bedarf stets einer klaren vertraglichen Vereinbarung, um sie als **echte Vertragsfrist** im Sinne des § 5 Abs. 1 VOB/B ansehen zu können. 1689

> **Beispiel**
>
> Für die Annahme einer Vertragsfrist genügt es nicht, wenn bei den Vertragsverhandlungen auf die Frage des Auftraggebers nach der Dauer der Bauzeit zu einem Einfamilienhaus vom Auftragnehmer eine bestimmte Dauer von z. B. 9 Monaten genannt wird.

Etwas anderes gilt, wenn die Vertragsfrist im Vertrag eindeutig angegeben ist.

> **Beispiel**
>
> In den Vorbemerkungen zum Leistungsverzeichnis oder an einer anderen Stelle in den Verdingungsunterlagen ist eine Gesamtbauzeit von 30 Monaten festgelegt. Unter dem Stichwort ›Ausführungsfristen‹ ist geregelt: ›Die angegebene Gesamtbauzeit darf nicht überschritten werden‹. Hierin liegt die Festschreibung einer Ausführungsfrist als echte Vertragsfrist im Sinne des § 5 Abs. 1 VOB/B.

Wie schon bei den Einzelterminen wird man den Sachverhalt aber vielfach anders zu beurteilen haben, wenn nur die **Gesamtbauzeit** von 30 Monaten angegeben wird ohne den Zusatz, dass diese nicht überschritten werden darf. Dasselbe gilt, wenn die Bauzeit mit Zusätzen wie ›ca.‹, ›etwa‹ oder ›je nach Witterung‹ versehen wird (s. o. Rdn. 1672 ff.). Zweckmäßigerweise sollte im Vertrag stets eindeutig festgelegt sein, ob es sich bei der vorgesehenen Bauzeit um eine **Vertragsfrist** im Sinne des § 5 Abs. 1 VOB/B handelt oder nicht.

8.3.3 Die Festlegung und Berechnung der Ausführungsfristen

Ist eine Ausführungsfrist als verbindliche Vertragsfrist vereinbart, berechnet sich deren Lauf nach §§ 187 ff. BGB. Dabei ist von erheblicher Bedeutung, dass bei allen Fristen, die nach **Werktagen** (nicht Arbeitstagen) bemessen sind, grundsätzlich der **Samstag** und ebenso die **Schlechtwettertage** als Werktage zählen, es sei denn, im Vertrag ist etwas anderes ausdrücklich vereinbart worden. 1690

Ansonsten bestehen bei der Ermittlung festgelegter Bauzeiten keine Besonderheiten. 1691

▶ **Beispiel**

Im Vertrag heißt es: »Es gilt eine Bauzeit von 30 Monaten.«

In Fällen wie diesem ist die Berechnung unproblematisch, sobald der **Beginn der Bauleistungen** durch Aufnahme der Arbeiten feststeht. Ist als Bauzeit kein Endtermin oder eben nur eine Bauzeit als verbindliche Vertragsfrist vereinbart worden, so hängt die Frage nach dem Fertigstellungstermin und seiner Berechnung zunächst vom Beginn der Ausführung der Bauleistung ab; denn erst von diesem Zeitpunkt an, und nicht etwa vom Zeitpunkt des Vertragsschlusses, berechnet sich die Ausführungsfrist von 30 Monaten. Als Beginn der Ausführung gilt dabei schon die Einrichtung der Baustelle oder die Herstellung von Fertigteilen oder ganzen Bauteilen im Werk des Auftragnehmers (vgl. dazu unten Rdn. 1727 ff.). Dieser Beginn ist dem Auftraggeber anzuzeigen (§ 5 Abs. 2 S. 3 VOB/B), wodurch er für die spätere Berechnung feststeht.

1692 Schwieriger wird die Berechnung, wenn neben einer bestimmten Ausführungsfrist oder einem Fertigstellungstermin im Bauvertrag entgegen der Regelung des § 6 Abs. 2 Nr. 2 VOB/B vereinbart worden ist, dass sich die vereinbarte Bauzeit um die vom Arbeitsamt anerkannten oder durch das Wetteramt bestätigten **Schlechtwettertage** verlängert. Diese Verlängerung greift auch dann ein, wenn der Bauunternehmer trotzdem weiterarbeitet, um sich einen **Puffer für Unvorhergesehenes** oder Bauablaufstörungen aus seinem Verantwortungsbereich zu schaffen. Bei all solchen Verlängerungen verliert ein vereinbarter **Fertigstellungstermin** zugleich seine Bestimmbarkeit nach dem Kalender i. S. des § 286 Abs. 2 BGB. Dies ist insbesondere für einen Verzug von Bedeutung (Rdn. 1738 ff.), sodass es dann doch wieder der **Mahnung** für die Inverzugsetzung bedarf (s. dazu sowie zum Verzugsantritt mit und ohne Mahnung unten Rdn. 1738 ff.).

8.3.4 Änderung und Verschiebung von Vertragsfristen

1693 In der Baupraxis kommt es immer wieder vor, dass die im Bauvertrag zunächst vereinbarten Vertragsfristen, insbesondere wenn diese terminlich nach dem Kalender bestimmt sind, nicht eingehalten werden können.

▶ **Beispiel**

Notwendige aber nicht rechtzeitig fertig gestellte oder erbrachte Vorleistungen des Auftraggebers (rechtzeitige Beschaffung der Baugenehmigung und anderer Genehmigungen, rechtzeitige und mangelfreie Planlieferung usw.) oder anderer Unternehmer machen eine Verschiebung der Bauzeit erforderlich.

Derartige Verschiebungen sind in ganz besonderem Maße beim **Schlüsselfertigbau** im Verhältnis des Generalunternehmers zu seinen **Subunternehmern anzutreffen**. In diesen Fällen ist besonders darauf zu achten, dass die **vereinbarten Ausführungsfristen außerhalb von Leistungsänderungsanordnungen** nach § 1 Abs. 3 VOB/B grundsätzlich nur einvernehmlich geändert und neu festgelegt werden können (so auch Ingenstau/Korbion/Döring, VOB/B § 5 Abs. 1–3 Rn. 26). Dabei ist der Architekt oder Ingenieur ohne besondere Vollmacht nicht befugt, für den Auftraggeber eine solche Verschiebung der Bauzeit oder deren Verlängerung zu vereinbaren, da es sich dabei um eine **Vertragsänderung** handelt (s. zur Vollmacht des Architekten oben Rdn. 202 ff.). Etwas anderes gilt nur bei auf eine **Änderung der Bauzeit abzielenden Anordnungen** des Auftraggebers nach § 1 Abs. 3 VOB/B (Rdn. 423 ff.). Diese können zwar abweichend von Vorstehendem einseitig erteilt werden; der dem Auftragnehmer damit entstehende Mehraufwand ist ihm dann aber auch nach § 2 Abs. 5 VOB/B zu vergüten. Außerhalb dieser Leistungsänderungsanordnungen sind dagegen **einseitige Änderungen** und Verschiebungen von Vertragsfristen rechtlich wirkungslos, da sie nicht von dem Überwachungs- und Leitungs- oder dem Koordinierungsrecht des Auftraggebers nach § 4 Abs. 1 Nr. 1–3 VOB/B abgedeckt werden (so insbesondere Beck'scher VOB-Komm./Motzke, § 5 Nr. 1 Rn. 72). Daher bedarf es also für die Verschiebung der Vertragsfristen stets der – später auch nachweisbaren – Zustimmung der jeweils anderen Vertragspartei. Aus diesem Grund sollten vor allem neue Bauzeitenpläne von den betroffenen Auftragnehmern und insbesondere den

Subunternehmern unterschrieben oder sonst ausdrücklich z. B. in einem unterzeichneten **Baustellenbesprechungsprotokoll** gebilligt werden. Dabei sollten gerade im Nachgang zu Baubesprechungen die Parteien beachten, dass es möglicherweise auch dann zu der verbindlichen Geltung neuer Bauzeitenpläne kommt, selbst wenn diese zuvor nicht im Einzelnen ausdrücklich besprochen wurden.

> **Beispiel (nach BGH, Urt. v. 27.01.2011 – VII ZR 186/09, BGHZ 188, 128, 133 = BauR 2011, 669, 671 = NJW 2011, 1965, 1966)**
>
> Der Auftragnehmer schickt zu einer Baubesprechung seinen nicht vertretungsbefugten Polier P. Dieser »vereinbart« mit dem Auftraggebervertreter veränderte Bauzeiten. Diese werden in einem Baubesprechungsprotokoll festgehalten, allseits unterschrieben und an die Vertragsparteien versandt. Später beruft sich der Auftragnehmer darauf, dass diese geänderten Bauzeiten mangels seiner Zustimmung bzw. der fehlenden Vertretungsmacht seines Poliers nicht verbindlich wären.

Hiermit dringt er nicht durch. Zwar würde an sich die fehlende Vertretungsmacht des entsandten Poliers eine wirksame Änderungsvereinbarung zu den zunächst geltenden Bauzeiten ausschließen. Durch das nachträglich versandte Protokoll gilt jedoch etwas anderes; denn diesem kommt die **Eigenschaft eines kaufmännischen Bestätigungsschreibens** zu. Dessen Grundsätze gelten zwar nicht unmittelbar, wohl aber entsprechend mit der Folge, dass der Auftragnehmer nunmehr diesem ihm überlassenen und von seinem entsandten Mitarbeiter unterschriebenen Protokoll hätte widersprechen müssen (BGH, Urt. v. 27.01.2011 – VII ZR 186/09, a. a. O.; s. dazu ausführlich auch oben Rdn. 185).

8.4 Vereinbarungen zur Vertragsstrafe im Zusammenhang mit Bauzeitverzögerungen

In einer Vielzahl von Bauverträgen wird neben einer bestimmten Bauzeit oder einem genauen Fertigstellungstermin auch noch eine Vertragsstrafe für den Fall des Verzuges des Unternehmers mit der rechtzeitigen Erbringung seiner Leistung vereinbart. Damit soll ein entsprechender Druck auf den Auftragnehmer ausgeübt werden, den vereinbarten Termin wirklich einzuhalten (vgl. dazu im Einzelnen: Knacke, Die Vertragsstrafe im Baurecht; Oberhauser, Vertragsstrafe – ihre Durchsetzung und Abwehr; Bschorr/Zanner, Die Vertragsstrafe im Bauwesen). Die VOB/B selbst sieht in § 11 Abs. 1 VOB/B ausdrücklich die Möglichkeit für die Vereinbarung solcher Vertragsstrafen, die auch in §§ 339 ff. BGB ihren Niederschlag gefunden haben, vor. Flankierend heißt es in § 9 Abs. 5 S. 1 VOB/A, dass bei Auftragsvergaben der öffentlichen Hand Vertragsstrafen nur auszubedingen sind, wenn die **Überschreitung von Vertragsfristen erhebliche Nachteile** verursachen kann; dabei ist dann allerdings die **Vertragsstrafe noch in angemessenen Grenzen** zu halten. Umgekehrt sollen **Beschleunigungsvergütungen** (Prämien) nur vorgesehen werden, wenn die Fertigstellung vor Ablauf der Vertragsfristen erhebliche Vorteile bringt (§ 9 Abs. 5 S. 3 VOB/A). Wie schon an anderer Stelle erläutert, betreffen diese Vorgaben nur das Vergabeverfahren (s. o. Rdn. 327). Konkret heißt das: Ein Verstoß gegen die vergaberechtliche Regelung des § 9 Abs. 5 VOB/A allein führt nicht schon zu der Unwirksamkeit einer gleichwohl vereinbarten Vertragsstrafenklausel. Denn § 9 Abs. 5 VOB/A besitzt selbst keine Rechtssatzqualität. Daher ist zumindest bei Vergaben unterhalb der Schwellenwerte eine Vertragsstrafenklausel nicht schon deshalb unwirksam, weil feststeht, dass keine erheblichen Nachteile zu befürchten sind (BGH, Urt. v. 30.03.2006 – VII ZR 44/05, BGHZ 167, 75, 81 = BauR 2006, 1128, 1130 = NJW 2006, 2555, 2556).

Allerdings kann dem Auftragnehmer gegen eine zunächst als wirksam aufgenommene Klausel jetzt ein **Schadensersatzanspruch** aus § 280 Abs. 1 i. V. m. §§ 311 Abs. 2, 241 Abs. 2 BGB zustehen. Dies hatte die Rechtsprechung zunächst abgelehnt mit dem Argument, dass der Auftragnehmer, der in Kenntnis einer ggf. zu Unrecht geforderten Vertragsstrafe ein Angebot abgegeben habe, nicht in seinem schutzwürdigen Vertrauen auf die Einhaltung des § 9 Abs. 5 VOB/A enttäuscht worden sein könne (BGH, a. a. O.). Dieses Argument ist mit der neueren Rechtsprechung überholt. Denn danach kommt es für die Schadensersatzhaftung nach § 280 Abs. 1 BGB vor allem bei Verstößen gegen die VOB/A nicht mehr auf ein solches enttäuschtes Vertrauen an; es genügt vielmehr die

Pflichtverletzung als solche (BGH, Urt. v. 09.06.2011 – X ZR 143/10, BGHZ 190, 89 = BauR 2011, 1813, 1815 = NZBau 2011, 498, 500 = VergabeR 2011, 703, 705, s. o. auch Rdn. 332 ff., 334). Das aber heißt, dass ein Schadensersatzanspruch des Auftragnehmers hier darauf gerichtet sein dürfte, von der insoweit wirksam, aber eben pflichtwidrig begründeten Vertragsstrafenverpflichtung befreit zu werden. **Fragen des Mitverschuldens** stellen sich in aller Regel anders als ggf. bei anderen Verstößen nicht. Denn ein Auftragnehmer wird während eines Vergabeverfahrens kaum realistisch ersehen können, dass dem Auftraggeber bei einer Terminüberschreitung negativ kein erheblicher Schaden droht. Allerdings ist es natürlich nicht ausgeschlossen, dass es sich anders verhält. Dann wäre ihm möglicherweise nach § 254 BGB tatsächlich ein eigener Mitverursachungsanteil anzulasten (s. dazu auch schon oben Rdn. 342 f.).

▶ **Beispiel**

Der Auftraggeber fordert eine Vertragsstrafe, obwohl offensichtlich erkennbar eine Terminüberschreitung keinerlei Nachteile auslöst, also die Voraussetzungen nach § 9 Abs. 5 S. 1 VOB/A nicht vorliegen. Der Zuschlag wird erteilt. Hier ist die Vertragsstrafenvereinbarung wirksam, weil es auf Verstöße gegen die Vergaberegelungen der VOB/A nicht ankommt. Hat der Auftragnehmer danach bei einer Fristüberschreitung z. B. eine Vertragsstrafe von 25.000 € verwirkt, stellt dies seinen Schaden dar. Wäre dem Auftragnehmer kein Mitverschulden anzulasten, könnte er vom Auftraggeber verlangen, jetzt so gestellt zu werden, als wenn die Vertragsstrafenvereinbarung bei einem pflichtgemäßen Verhalten unterblieben wäre. Dies würde zu einer vollständigen Beseitigung seiner eigentlich wirksam verwirkten Vertragsstrafe führen. Etwas anderes gilt, wenn der Auftragnehmer die fehlende Berechtigung der Vertragsstrafenforderung positiv erkannt und er den Auftraggeber nicht auf diese VOB/A-widrige Forderung aufmerksam gemacht hatte mit dem Ziel, dass eine Vertragsstrafenforderung im Vertrag vollkommen unterblieben wäre. Folglich wäre sein Schadensersatzanspruch gegen den Auftraggeber (Befreiung von der verwirkten Vertragsstrafe) um seinen eigenen Mitverursachungsanteil zu kürzen.

Was das konkret heißt, muss allerdings im Einzelfall entschieden werden: Wenn etwa feststeht, dass der Auftraggeber von seiner Vertragsstrafenforderung trotz eines Hinweises gar nicht abgesehen hätte, käme eine Anspruchskürzung infolge eines Mitverschulden wiederum nicht in Betracht, weil hier die **Pflichtverletzung des Auftragnehmers** gar **nicht kausal** geworden wäre.

Losgelöst von dieser besonderen vergaberechtlichen Fragestellung ist bezüglich der Wirksamkeit von Vertragsstrafeklauseln zu unterscheiden.

8.4.1 Vertragsstrafenklauseln in Individualvereinbarungen

1696   Vertragsstrafen können zunächst in Individualvereinbarungen vorgesehen werden. Hinsichtlich deren Wirksamkeit ergeben sich vor allem folgende **Grenzen**:
- Zu nennen sind zunächst die **allgemeinen Schranken** gemäß § 138 BGB (Verstoß gegen die guten Sitten) oder aus § 242 BGB (Verstoß gegen Treu und Glauben). Hier gelten keine Besonderheiten.
- Ein Rückgriff auf die vorstehenden allgemeinen Schranken wird sich in der Regel aber nicht anbieten. Denn gerade dafür genügt eine überhöhte Vertragsstrafe für sich genommen nicht; vielmehr müssen dazu noch gesonderte Umstände hinzutreten, wie etwa Knebelungsverträge, Ausnutzung einer Notlage u. a. Gegen die reine Überhöhung kann sich der Auftragnehmer hingegen mit dem gesetzlich zwingenden § 343 BGB zur Wehr setzen. Danach kann eine verwirkte (und noch nicht bezahlte) **überhöhte Vertragsstrafe durch das Gericht herabgesetzt** werden. Diese Vorschrift findet zwar gemäß § 348 HGB bei beiderseitigen Handelsgeschäften keine Anwendung. Soweit es allerdings um eine individualvertraglich vereinbarte Vertragsstrafe bei einem VOB-Vertrag geht, greift diese Ausschlussregelung nicht: Denn § 348 HGB ist dispositiv mit der Maßgabe, dass § 11 Abs. 1 VOB/B § 343 BGB ausdrücklich für anwendbar erklärt (Daub/Piel/Soergel/Steffani, ErlZ B 11.7; Wolfenberger/Langhain BauR 1982, 20 ff; a. A. wohl die überwiegende Auffassung: etwa Beck'scher VOB/B-Komm./Bewersdorf § 11 Nr. 1 Rn. 72 f. m. w. N., ähnlich

Ingenstau/Korbion/Sienz, VOB/A, § 9 Rn. 46). Dies gilt erst recht, wenn der Auftraggeber neben der individuell vereinbarten Vertragsstrafe die VOB/B in den Vertrag eingeführt hat, weil dann nämlich etwaige Zweifel bei der Auslegung zu seinen Lasten gehen (§ 305c Abs. 2 BGB).

8.4.2 Vertragsstrafen in Allgemeinen Geschäftsbedingungen

Eine Vertragsstrafenklausel in Individualvereinbarungen ist zwar anzutreffen. Verbreiteter ist in der Praxis aber die Vertragsstrafenvereinbarung in Allgemeinen Geschäftsbedingungen des Auftraggebers. Aufgrund dieser Verbreitung wird man daher **schlechterdings behaupten können**, dass eine darauf gerichtete Klausel in Besonderen oder Zusätzlichen Vertragsbedingungen des Auftraggebers **überraschend** wäre. § 305c Abs. 1 BGB ist daher in der Regel keine Hürde (vgl. auch BGH, Urt. v. 18.11.1982 – VII ZR 305/81, BGHZ 85, 305, 307 = BauR 1983, 80, 81 = NJW 1983, 385, 386). 1697

Etwas anderes gilt für deren inhaltliche Ausgestaltung. Hier gilt, dass diese Klauseln einer **AGB-Inhaltskontrolle** standhalten müssen (vgl. dazu im Einzelnen oben Rdn. 572 ff., 719 ff., s. dort auch verschiedene Musterklauseln mit Erläuterungen zu deren Zulässigkeit bzw. Unzulässigkeit). Unwirksam sind danach 1698

- Klauseln, durch die der Verwender von der gesetzlichen Obliegenheit freigestellt wird, den anderen Vertragsteil zu mahnen oder ihm eine Nachfrist zu setzen (§ 309 Nr. 4 BGB) sowie
- Klauseln, die den Vertragspartner des Verwenders entgegen den Geboten von Treu und Glauben unangemessen benachteiligen, weil sie mit wesentlichen Grundgedanken der gesetzlichen Regelung, von der abgewichen wird, nicht zu vereinbaren sind. Dasselbe gilt, wenn wesentliche Rechte oder Pflichten, die sich aus der Natur des Vertrages ergeben, so eingeschränkt werden, dass die Erreichung des Vertragszwecks gefährdet ist (§ 307 Abs. 1 BGB).

> **Eckpunkte für wirksame Vertragsstrafenklauseln bei Bauzeitverzögerungen in AGB:**
> - Verwirkung der Vertragsstrafe nur bei verschuldeter Bauzeitverzögerung
> - Maximaler Tagessatz bei prozentualer Bemessung der Vertragsstrafe von ca. 0,2 bis 0,3 % je Werktag bezogen auf die (Brutto- oder Netto-) Auftragssumme
> - Festlegung einer Obergrenze bei der insgesamt verwirkten Vertragsstrafe auf 5 % der zugrunde liegenden Brutto-Auftragssumme

Daneben muss eine Vertragsstrafenklausel wie jede andere AGB-Regelung dem allgemeinen **Transparenzgebot** des § 307 Abs. 1 S. 2 BGB genügen; andernfalls ist sie allein deshalb unwirksam. Voraussetzung ist demnach vor allem, dass zum einen die sich ergebenden Rechte und Pflichten aus einer AGB-Klausel möglichst klar und durchschaubar dargestellt werden; zum anderen müssen stets deren tatbestandlichen Voraussetzungen und Rechtsfolgen so genau beschrieben werden, dass sich für den Klauselverwender keine ungerechtfertigten Bewertungsspielräume ergeben. Diesem Gebot trägt der Verwender nur Rechnung, wenn er die Rechte und Pflichten seines Vertragspartners so klar und präzise wie möglich umschreibt (BGH, Urt. v. 06.12.2007 – VII ZR 28/07, BauR 2008, 508, 509 = NJW-RR 2008, 615, 616 = NZBau 2008, 376). Für Vertragsstrafenregelungen gewinnt dieses Transparenzgebot vor allem deshalb eine große Bedeutung, weil vielfach durch dort vorgesehene Bezugnahmen Unklarheiten entstehen, die allein deswegen – losgelöst von ihren Inhalten – zu deren Unwirksamkeit führen. 1699

> **Beispiel (nach BGH, Urt. v. 06.12.2007, a. a.O).**
>
> In den AGB des Auftraggebers heißt es, dass der Auftragnehmer je Werktag des Verzuges eine Vertragsstrafe von 0,3 % der Auftragssumme schuldet. Hier bleibt unklar, ob mit Auftragssumme der Auftragswert bei Vertragsschluss oder nach Durchführung der Arbeiten (= Schlussrechnungssumme) gemeint ist. Allein daran scheiterte die Vertragsstrafenklausel im konkreten Fall.

Neben dem allgemeinen Transparenzgrundsatz gelten sodann zu den inhaltlichen Anforderungen an die Wirksamkeit einer Vertragsstrafenregelung in Allgemeinen Geschäftsbedingungen des Auftraggebers folgende Grenzen.

8.4.2.1 Verzugs(un)abhängige Vertragsstrafe

1700 AGB-rechtlich keinen Bestand hat eine häufig anzutreffende verzugsunabhängige Vertragsstrafenvereinbarung etwa des Inhalts, dass die Vertragsstrafe schon **bei bloßer Überschreitung vereinbarter Vertragsfristen** oder bei Verspätung fällig wird.

▶ **Beispiele**
- ›Bei Überschreitung der Ausführungsfrist gerät der Auftragnehmer ohne Mahnung in Verzug‹.
- ›Die Vertragsstrafe wird bei bloßer Verspätung oder Überschreitung der Ausführungsfrist fällig‹.

Derartige Vertragsbedingungen mögen ausnahmsweise in **Individualvereinbarungen** zulässig und wirksam sein (so Beck'scher VOB-Komm./Bewersdorf, B § 11 Nr. 1 Rn. 35 ff.; Knacke a. a. O. S. 31). In Allgemeinen Geschäftsbedingungen wie ZVB oder BVB dagegen verstoßen sie gegen § 309 Nr. 4 BGB. Danach sind Klauseln unwirksam, durch die der Verwender von der gesetzlichen Obliegenheit freigestellt wird, den anderen Vertragsteil zu mahnen oder ihm eine Nachfrist zu setzen. Diese Klauseln haben zugleich nach § 307 Abs. 1 BGB keinen Bestand, sind also auch gegenüber Kaufleuten **unwirksam** (vgl. § 310 Abs. 1 BGB). Denn nach § 339 S. 1 BGB (vgl. ebenso § 11 Abs. 2 VOB/B) gilt ganz allgemein, dass eine Vertragsstrafe nur bei Verzug des Unternehmers verwirkt wird. Dies ist ein **Grundgedanke mit Leitbildfunktion**. Dessen Abbedingung stellt somit eine **unangemessene Benachteiligung des Auftragnehmers** dar (OLG Düsseldorf, Urt. v. 25.10.1983 – 23 U 61/83, BauR 1985, 327, 329; OLG Düsseldorf, Urt. v. 14.02.1992 – 22 U 155/91, BauR 1992, 677; Knacke a. a. O., S. 31). Dadurch soll nämlich im Ergebnis die Ausnahmebestimmung des § 286 Abs. 2 Nr. 1–4 BGB mit einem Verzugseintritt ohne Mahnung zur Regel erhoben werden, ohne dass die dort genannten Voraussetzungen für die Ausnahme vorliegen. Damit erhält die Vertragsstrafe eine faktisch **garantieähnliche Funktion** – was AGB-rechtlich in der Regel so nicht vereinbart werden kann (BGH, Urt. v. 11.03.1971 – VII ZR 112/69, BauR 1971, 122 = NJW 1971, 883). Die gleichen Grundsätze gelten demzufolge für das Erfordernis des **Verschuldens** als Voraussetzung für einen Vertragsstrafenanspruch; auch dieses kann in AGB nicht abbedungen werden, soweit dafür nicht in ganz wenigen Ausnahmefällen gewichtige Gründe vorliegen, die im Baurecht aber kaum anzutreffen sein dürften (vgl. dazu sowie zu einem Ausnahmefall im Seefrachtrecht BGH, Urt. v. 28.9.1978 – II ZR 10/77, BGHZ 72, 174, 179 = NJW 1979, 105, 106; wie hier Beck'scher Komm., Bewersdorf, B § 11 Nr. 1, Rn. 36 f.; Heiermann/Riedl/Rusam/Kuffer, § 11 Rn. 45).

1701 Dieselben Grundsätze gelten für Klauseln, bei denen vom Wortlaut her das Verschuldenserfordernis zwar erhalten bleibt, dieses im Hinblick auf die Fristenbestimmung aber faktisch dann doch abbedungen wird.

▶ **Beispiel**
Im Zusammenhang mit einer verschuldensabhängigen Vertragsstrafenregelung heißt es zu dem der Vertragsstrafe zugrunde liegenden Fertigstellungstermin: »Die Frist gilt als verbindlich und verlängert sich auch nicht durch witterungsbedingte Beeinträchtigungen«.

Mit einer solchen Klausel wird das Verschuldenserfordernis beseitigt: Denn wäre die Vertragsstrafenregelung wirksam, könnte eine Vertragsstrafe verwirkt sein, selbst wenn der Auftragnehmer die Fristenüberschreitung aufgrund von witterungsbedingten Beeinträchtigungen nicht zu vertreten hat. Folglich haben auch solche Klauseln keinen Bestand (BGH, Urt. v. 06.12.2007 – VII ZR 28/07, BauR 2008, 508, 509 = NZBau 2008, 376).

1702 Teilweise wird immerhin in einer Vertragsstrafenklausel – sei es in der Überschrift, sei es in sonstiger Weise – auf § 11 VOB/B Bezug genommen. Gegebenenfalls kann sich auch sonst im Wege der Vertragsauslegung ergeben, dass der Verzug nicht abbedungen werden soll, weil die VOB/B ergänzend vereinbart ist (so BGH, Urt. v. 13.12.2001 – VII ZR 432/00, BGHZ 149, 283, 287 = BauR 2002, 782, 783 = NJW 2002, 1274, 1275). In diesen Fällen verstößt eine solche Klausel nicht gegen § 309 Nr. 4 BGB, weil dadurch der **Verzug** als Tatbestandsvoraussetzung erhalten bleibt (BGH, Urt.

v. 25.09.1986 – VII ZR 276/84, BauR 1987, 92, 93 = NJW 1987, 380, konkret dazu Leinemann/ Hafkesbrink, § 11 Rn. 29).

8.4.2.2 Höhe der Vertragsstrafe

Zu klären ist, in welcher bzw. bis zu welcher Höhe vorformulierte Vertragsstrafenklauseln einer AGB-Inhaltskontrolle standhalten. Diese Frage ist deshalb von herausragender Bedeutung, weil die Rechtsprechung des BGH ganz allgemein AGB-rechtlich eine so genannte **geltungserhaltende Reduktion** bzw. die **geltungserhaltende Auslegung unzulässiger Klauseln** ablehnt. Daher ist eine vereinbarte Vertragsstrafe, die **der Höhe nach den zulässigen Rahmen überschreitet**, insgesamt unwirksam. Folglich erhält der Auftraggeber in diesen Fällen auch nicht die Vertragsstrafe in der gerade noch zulässigen geringeren Höhe, sondern geht leer aus (BGH, Urt. v. 18.11.1982 – VII ZR 305/81, BGHZ 85, 305, 314 = BauR 1983, 80, 83 = NJW 1983, 385, 387; Knacke a. a. O. S. 52, 53). Selbst § 343 BGB hilft hier nicht weiter. Denn diese Vorschrift ist allein auf Individualvereinbarungen zugeschnitten (Rdn. 1696) und betrifft ohnehin nicht die im Rahmen einer AGB-Kontrolle vorrangig interessierende Beurteilung der Wirksamkeit der zugrunde liegenden Vereinbarung. Stattdessen geht es allein um die Befugnis des Gerichts, eine bereits verwirkte Vertragsstrafe herabzusetzen, soweit dies nach einem Antrag des Schuldners die Umstände des Einzelfalls gebieten (BGH, Urt. v. 18.11.1982 – VII ZR 305/81, BGHZ 85, 305, 313 = BauR 1983, 80, 83 = NJW 1983, 385, 387; Beckscher VOB/B-Komm./Bewersdorf, § 11 Nr. 1 Rn. 52). Dieser strengen AGB-Rechtsprechung entgeht der Auftraggeber ebenso wenig, wenn er zunächst in seinen AGB die Höhe der Vertragsstrafe je Tag und/oder auch die Obergrenze in einer vorformulierten Klausel offen lässt, diese dann aber später vor oder bei Vertragsabschluss (z. B. in einer **Vergabeverhandlung**) einsetzt, ohne diese wirklich mit dem Auftragnehmer im Einzelnen auszuhandeln, also insbesondere auch die Bereitschaft zu erklären, sie geringer anzusetzen (so vor allem Korbion/Locher/Sienz, A Rn. 23, die zu Recht verlangen, dass der Auftraggeber in der Verhandlung die Höhe inhaltlich zur Disposition stellen muss; s. auch oben Rdn. 638).

1703

Dies vorausgeschickt ist bei Vertragsstrafenvereinbarungen in vorformulierten Vertragsbedingungen (d. h. vor allem in **ZVB** und **BVB**) nach der inzwischen dazu ergangenen Rechtsprechung bzgl. der Höhe auf zweierlei zu achten:

1704

- Zum einen halten Vertragsstrafen, die in Bezug auf einen **Tagessatz** nach prozentualen Anteilen der Auftrags- bzw. Abrechnungssumme bemessen werden, nur in einem sehr begrenzten Rahmen von max. 0,3 % je Werktag einer AGB-Inhaltskontrolle stand (BGH, Urt. v. 06.12.2007 – VII ZR 28/07, BauR 2008, 508, 509 = NJW-RR 2008, 615, 616 = NZBau 2008, 376). Gegebenenfalls erscheint auch noch ein Satz maximal **0,3 % je Arbeitstag** denkbar (BGH, Urt. v. 20.01.2000 – VII ZR 46/98, BauR 2000, 1049, 1050 = NJW 2000, 2106, 2107; BGH, Urt. v. 18.11.1982 – VII ZR 305/81, BGHZ 85, 305, 313 = BauR 1983, 80, 83 = NJW 1983, 385, 387; BGH, Urt. v. 01.04.1976 – VII ZR 122/74, BauR 1976, 279). Unwirksam sind hingegen Vertragsstrafenklauseln mit 0,5 % der Auftragssumme oder ein entsprechender Betrag in Euro pro Arbeitstag und insbesondere Kalendertag (0,5 % x 7 Tage = 3,5 % pro Woche = 0,7 % pro Arbeitstag (BGH, Urt. v. 20.01.2000 – VII ZR 46/98, BauR 2000, 1049, 1050 = NJW 2000, 2106, 2107; BGH, Urt. v. 18.11.1982 – VII ZR 305/81, BGHZ 85, 305, 313 = BauR 1983, 80, 83 = NJW 1983, 385, 387 und BGH, Urt. v. 17.01.2002 – VII ZR 198/00, BauR 2002, 790, 792 = NJW-RR 2002, 806, 807).

1705

- Zum anderen muss für die insgesamt verwirkte Vertragsstrafe eine **Obergrenze** festgelegt sein. Andernfalls ist die Vertragsstrafenvereinbarung unwirksam, selbst wenn sie bei der Fertigstellung nur in einer geringen Höhe z. B. von 3 % tatsächlich angefallen ist. Die danach unbedingt festzulegende Obergrenze darf einen Betrag **von maximal 5 % der Auftragssumme** nicht überschreiten (vgl. BGH, Urt. v. 20.01.2000 – VII ZR 46/98, BauR 2000, 1049 = NJW 2000, 2106, 2107; OLG Dresden, Urt. v. 01.09.1999 – 11 U 498/99, BauR 2000, 1881, 1882; BGH, Urt. v. 23.01.2003 – VII ZR 210/01, BGHZ 153, 311, 324 ff. = BauR 2003, 870, 875 f. = NJW 2003, 1805, 1808 f. sowie Oberhauser a. a. O. Rn. 246 ff.), auch wenn die Vertragsstrafe selbst verhältnismäßig gering ist (z. B. 0,15 % je Werktag). Dabei muss allerdings klar geregelt sein, welche Bezugsgröße gelten soll. Anderenfalls scheitert die Vertragsstrafe schon am allgemeinen Transparenzgebot (s. o. Rdn. 1699; BGH, Urt. v. 06.12.2007 – VII ZR 28/07, BauR 2008, 508, 509 = NJW-RR 2008, 615, 616 = NZBau 2008, 376).

1706 Wird nur gegen einen der beiden vorgenannten Punkte verstoßen, ist die Vertragsstrafenklausel insgesamt unwirksam. Dies gilt auch dann, wenn etwa nur hinsichtlich eines Teils der Klausel tatsächlich Verhandlungen geführt wurden, sodass insoweit keine AGB vorlägen.

▶ **Beispiel (ähnlich OLG Bremen, Urt. v. 30.12.2010 – 1 U 51/08, Nichtzul.-Beschw. zurückgew., BGH, Beschl. v. 12.4.2012 – VII ZR 28/11)**

In einem Bauvertrag wird vom Auftraggeber eine Vertragsstrafenklausel »gestellt«, die für jeden Tag der schuldhaften Fristüberschreitung eine Vertragsstrafe von 0,7 % vorsieht, aber keine Begrenzung nach oben. Verhandelt wird nur dieser Tagessatz auf 0,5 %, nicht dagegen die fehlende Obergrenze.

Die hiernach gestellte Klausel bleibt unwirksam: Zwar liegt hinsichtlich des ausgehandelten Tagessatzes keine AGB vor, sodass dessen Höhe mit 0,5 % AGB-rechtlich nicht zu prüfen ist. Nicht verhandelt wurde dagegen die Vertragsstrafenregelung insoweit, als es um die ebenfalls notwendige Festlegung der Obergrenze geht.

1707 Unbeschadet dieser festen Obergrenzen besteht aber auch die Möglichkeit, statt der starren Anbindung an die Auftragssumme einen bestimmten Geldbetrag von z. B. 1 000 € je Arbeitstag oder 2 000 € je Monat der Verzögerung festzulegen. Dabei sollte allerdings dieser Betrag in einem erkennbaren Zusammenhang zu den Verzugsauswirkungen, also z. B. zu einem **Mietausfallschaden** des Auftraggebers, stehen. Darüber hinaus kann eine Erhöhung der Schwelle, bei deren Überschreitung die **Inhaltskontrolle** zur Unwirksamkeit der Vertragsstrafenvereinbarung führt, in geeigneten Fällen auch dadurch erreicht werden, dass man in der entsprechenden Klausel nicht nur eine Vertragsstrafe, sondern in gleicher Höhe eine **Beschleunigungsvergütung** vorsieht (vgl. dazu auch Vygen, BauR 1984, 245). Dazu liegen allerdings bisher keine Gerichtsentscheidungen vor.

8.4.2.3 Vertragsstrafe bei Zwischenterminen

1708 Besondere Vorsicht ist bei der Vereinbarung von Vertragsstrafen im Fall der Überschreitung von Zwischenfristen geboten.

▶ **Beispiel**

Im Bauvertrag wird gegenüber dem Generalunternehmer eine Fertigstellungsfrist für die Gesamtmaßnahme zum 31. Oktober 2011 vereinbart. Damit der Innenausbau rechtzeitig beginnen kann, wird als Frist für die Fertigstellung des Rohbaus der 31. Mai 2012 vorgesehen. Im Fall des schuldhaften Überschreitens des einen oder anderen Termins wird eine Vertragsstrafe von 0,3 % je Werktag vereinbart, begrenzt auf maximal 5 %.

Es ist anerkannt, dass auch **Zwischenfristen/-termine als echte Vertragsfristen** im Sinne des § 5 Abs. 1 Nr. 1 VOB/B vorgesehen werden können (s. dazu auch Berger, Jahrbuch BauR 2012, 77). Dies ist sogar – dies zeigt das Beispiel – sachgerecht, wenn deren Einhaltung für den Fortgang der Baustelle (z. B. weil sie auf dem kritischen Weg für Nachfolgegewerke liegen) von großer Bedeutung sind. In jedem Fall muss eine dazu vereinbarte Vertragsstrafe jedoch in ihrer Höhe niedriger sein als eine für die Überschreitung des Endtermins ausbedungene Vertragsstrafe (OLG Jena, Urt. v. 10.04.2002 – 7 U 938/01, BauR 2003, 1416, 1417 = NJW-RR 2002, 1178, 1179; OLG Celle, Urt. v. 13.07.2005 – 7 U 17/05, BauR 2005, 1780, 1781; OLG Naumburg, Urt. v. 15.11.2011 – 1 U 51/11, NJW-RR 2012, 463, 465 = NZBau 2012, 237, 238, das den Tageshöchstsatz bei Zwischenterminen bei 0,15 % ansetzt; wohl auch Roquette/Viering/Leupertz, Teil 2, Rn. 1036). Ferner dürften sich **prozentual bemessene Vertragsstrafen keinesfalls auf die Höhe der Endabrechnung** beziehen, sondern nur auf den jeweils anteiligen mit der Vertragsfrist belegten Wert der bis dahin zu erbringenden Bauleistung (OLG Celle, Urt.

v. 13.07.2005 – 7 U 17/05, BauR 2005, 1780, 1781 f.; a. A. Berger, a. a. O., S. 84, 89). Denn nur bezogen darauf soll mit der Vertragsstrafe ja eine Druckfunktion aufgebaut werden. Weiter ist zwingend darauf zu achten, dass es zu **keiner unzulässigen Kumulierung** von Vertragsstrafen (für die Überschreitung von Zwischen- und Endterminen) kommt (ebenso Roquette/Viering/Leupertz, Teil 2 Rn. 1034f), d. h.: Selbst wenn der Vertragsstrafensatz zur Absicherung des Endtermins in Höhe von z. B. 0,3 % bezogen auf die Nettoauftragssumme AGB-rechtlich unbedenklich ist (s. o. Rdn. 1705), wird eine darauf gerichtete Klausel unwirksam, wenn zugleich ohne Anrechnung eine weitere Vertragsstrafe für einen verschuldet nicht eingehaltenen Zwischentermin verwirkt sein soll (i. E. ebenso OLG Nürnberg, Beschl. v. 24.03.2010 – 13 U 201/10 = BauR 2010, 1591, 1592 f. = NZBau 2010, 566, 567 zu einer Vertragsstrafe von 0,2 % für jeden Werktag bei Verzug mit Beginn der Fertigstellung). Auch ist es dem Grunde nach **unzulässig**, eine Vertragsstrafe bei Überschreitung von Zwischenfristen vorzusehen, wenn **gleichzeitig der Endtermin eingehalten wird** (BGH, Urt. v. 18.01.2001 – VII ZR 238/00, BauR 2001, 791, 792 = NJW-RR 2001, 738; OLG Hamm, Urt. v. 10.02.2000 – 21 U 85/98, BauR 2000, 1202, 1203 f.). Etwas anderes gilt nur dann, wenn wie in vorstehendem Beispielfall wegen unmittelbar ansetzender Folgegewerke zu weiteren Teilleistungen es zwingend auf die Einhaltung eines Zwischentermins ankommt.

8.4.2.4 Regelungen zum Vorbehalt der Vertragsstrafe

Bei der Abfassung von Vertragsstrafenvereinbarungen in vorformulierten Bauvertragsklauseln ist ferner zu bedenken, ob es zweckmäßig und inwieweit es zulässig ist, den grundsätzlich erforderlichen **Vorbehalt der Vertragsstrafe bei der Abnahme** auszuschließen. Hintergrund dieses Vorbehalts ist die Regelung des § 11 Abs. 4 VOB/B bzw. § 341 Abs. 3 BGB. Danach entfällt ein Vertragsstrafenanspruch des Auftraggebers, wenn dieser sich die Vertragsstrafe nicht **bei der Abnahme** vorbehalten hat (s. dazu auch oben Rdn. 1206 ff.). Folglich wird von Auftraggeberseite immer wieder versucht, das **Erfordernis des Vorbehalts der Vertragsstrafe entweder ganz abzubedingen oder aber zumindest den Zeitpunkt bis zur Schlusszahlung** hinauszuschieben. Dadurch lassen sich vor allem die Schwierigkeiten für den **Vorbehalt bei der fiktiven Abnahme** gemäß § 12 Abs. 5 Nr. 1 und 2 VOB/B vermeiden: Denn in diesen Fällen müsste der Vorbehalt innerhalb der Fristen von 12 bzw. 6 Werktagen nach **Fertigstellungsanzeige** bzw. nach **Inbenutzungnahme** der Leistung erhoben werden (vgl. § 12 Abs. 5 Nr. 3 VOB/B). Etwas anderes gilt dagegen bei dem in § 640 Abs. 1 S. 3 BGB vorgesehenen Eintritt der Abnahmefolgen: Hier ist ein Vorbehalt zum Zeitpunkt des angenommenen Eintritts der Abnahmefolgen, also bei Fristablauf, entbehrlich (s. o. Rdn. 1172).

1709

An einer weitgehenden Abbedingung eines Vertragsstrafenvorbehalts hat neben dem Auftraggeber auch dessen Architekt ein besonderes Interesse. Dieser macht sich nämlich gegenüber seinem Bauherrn schadensersatzpflichtig, wenn er ihn nicht eindringlich darauf hinweist und dafür Sorge trägt, dass der **Bauherr diesen Vertragsstrafenvorbehalt auch tatsächlich bei der Abnahme geltend macht** (so BGH, Urt. v. 26.04.1979 – VII ZR 190/78, BGHZ 74, 235, 238 f. = BauR 1979, 345, 346 = NJW 1979, 1499 f. = Schäfer/Finnern/Hochstein Nr. 3 zu § 341 BGB; kritisch dazu: Ganten, NJW 1979, 2513; vgl. auch Vygen, BauR 1984, 245 ff., 255). Die Regelungen des § 341 Abs. 3 BGB und des § 11 Abs. 4 VOB/B verlangen im Übrigen eine enge Auslegung, sodass vorherige und insbesondere nachträgliche Vorbehaltserklärungen nicht ausreichen, um den Anspruchsverlust zu verhindern (BGH, Urt. v. 20.02.1997 – VII ZR 288/94, BauR 1997, 640 = NJW 1997, 1982, 1983; OLG Düsseldorf, Urt. v. 08.09.2000 – 22 U 34/00, BauR 2001, 112, 114 = NJW-RR 2000, 1688, 1689 sowie Oberhauser a. a. O. Rn. 149). Dies kann nur dann anders zu beurteilen sein, wenn dieser Zeitpunkt für den Vorbehalt im Vertrag abweichend vom Gesetz und der VOB/B geregelt ist (Oberhauser a. a. O. Rn. 267 ff.).

1710

Zu den vorstehend diskutierten Fragen der **Abbedingung des Vertragsstrafenvorbehaltes** oder der Hinausschiebung des Zeitpunkts für den Vorbehalt in AGB hat der BGH bereits Stellung genommen. Er hat zu Recht das **vollständige Abbedingen des Vertragsstrafenvorbehalts** für unwirksam erklärt, weil sich eine solche Regelung allzu sehr vom Leitbild des § 341 Abs. 3 BGB entfernt (BGH, Urt. v. 18.11.1982 – VII ZR 305/81, BGHZ 85, 305, 310 = BauR 1983, 80, 82 = NJW 1983, 385,

1711

386). Zulässig ist hingegen eine Klausel, wonach der Auftraggeber sich die Vertragsstrafe nicht bei der Abnahme vorzubehalten braucht, sondern den Vorbehalt noch bis zur **Schlusszahlung** hinauszögern kann, ohne dass diese Rechtsauffassung vom BGH überzeugend begründet wird (vgl. BGH, Urt. v. 13.07.2000 – VII ZR 249/99, BauR 2000, 1758 = NJW-RR 2000, 1468). Dies mag allenfalls dann angemessen sein, wenn man mit dem Begriff ›bis zur Schlusszahlung‹ den Zeitpunkt der ›**Fälligkeit der Schlusszahlung**‹ bzw. der Verweigerung der Schlusszahlung meint (so auch Ingenstau/Korbion/Döring, VOB/B § 11 Abs. 1 Rn. 15; KG, Urt. v. 23.03.1999 – 4 U 1635/97, BauR 2000, 575, 578; Beck'scher VOB-Komm./Bewersdorf, § 11 Nr. 4 VOB/B, Rn. 40 sowie Oberhauser a. a. O. Rn. 269). Deshalb erscheint bei der Formulierung einer solchen Klausel in AGB Vorsicht geboten; denn nach der Begründung der vorgenannten Entscheidung des BGH (Urt. v. 13.07.2000 – VII ZR 249/99, BauR 2000, 1758 = NJW-RR 2000, 1468) bestehen doch Zweifel, ob ein solches **Hinausschieben des Vertragsstrafenvorbehalts bis zur Schlusszahlung in AGB** wirklich zulässig ist (so aber wohl die h. M., z. B. Heiermann/Riedl/Rusam/Kuffer VOB/B § 11 Rn. 78; Roquette/Viering/Leupertz Teil 2 Rn. 1038; a. A. aber zutreffend: Ingenstau/Korbion/Döring, VOB/B § 11 Abs. 1 Rn. 15; Knacke S. 70; Beckscher VOB/B-Komm./Bewersdorf § 11 Nr. 4 Rn. 40; Oberhauser a. a. O. Rn. 269). Diese Zweifel beruhen auf der Tatsache, dass der Zeitpunkt, wann die Schlusszahlung geleistet wird, allein der Auftraggeber in der Hand hat. Kommt es z. B. wegen der Schlusszahlung zum Rechtsstreit, so könnte damit der Auftraggeber u. U. noch nach Jahren in diesem Prozess den **Vorbehalt der Vertragsstrafe** erklären und dann die Vertragsstrafe der Schlusszahlungsforderung des Auftragnehmers entgegenhalten und mit dieser die Aufrechnung erklären. Damit ergibt sich aber für den Auftragnehmer nahezu die gleiche Situation, wie sie **bei völliger Abbedingung** des an sich notwendigen Vorbehalts der Vertragsstrafe gegeben ist und die den BGH gerade veranlasst hat, eine völlige Abbedingung in AGB für unwirksam zu erklären.

1712 Aus diesen Gründen sollte der Zeitpunkt für den **Vorbehalt der Vertragsstrafe in AGB**, wenn man sicher gehen will, **nicht bis zur Schlusszahlung**, sondern, wenn überhaupt (vgl. dazu Knacke a. a. O. S. 70), dann allenfalls bis zur **Fälligkeit der Schlusszahlung** beim VOB-Vertrag (30 Tage nach Zugang der Schlussrechnung) oder beim BGB-Vertrag bis zu 2 Wochen nach Zugang der Schlussrechnung hinausgeschoben werden. Mit einer solchen Klausel wird den Interessen beider Vertragspartner angemessen Rechnung getragen (so insbesondere auch Ingenstau/Korbion/Döring, VOB/B § 11 Abs. 1 Rn. 15 und Beckscher VOB/B-Komm./Bewersdorf § 11 Nr. 1 Rn. 40; vgl. dazu ebenfalls Vygen, BauR 1984, 245).

8.4.2.5 Vereinbarungen zur kumulativen Geltendmachung von Vertragsstrafen

1713 In Bauverträgen sind häufig Vereinbarungen zu finden, nach denen Vertragsstrafen- und Schadensersatzansprüche nebeneinander und kumulativ vom Auftraggeber geltend gemacht werden können. Eine solche Vertragsbestimmung steht im Widerspruch zu § 340 Abs. 2 BGB, der eine **Anrechnungsregel** folgenden Wortlauts vorsieht: ›Steht dem Gläubiger (hier also dem Auftraggeber) ein Anspruch auf Schadensersatz wegen Nichterfüllung zu, so kann er die verwirkte (Vertrags-)Strafe als Mindestbetrag des Schadens verlangen. Die Geltendmachung eines weiteren Schadens ist nicht ausgeschlossen‹. Das bedeutet, dass sich der Auftraggeber die **Vertragsstrafe stets auf seinen Schadensersatzanspruch anrechnen** lassen muss. Eine **Addition von Vertragsstrafe einerseits und Schadensersatz andererseits** ist dagegen ausgeschlossen. Diese Regelung im Gesetz gilt gemäß § 11 Abs. 1 VOB/B auch bei Vereinbarung der VOB/B; sie ist allerdings nicht zwingendes Recht. Sie kann also in Individualvereinbarungen abgeändert werden, nicht jedoch in **Allgemeinen Geschäftsbedingungen** wie **ZVB** und **BVB** (BGH, Urt. v. 11.05.1989 – VII ZR 305/87, BauR 1989, 459, 460 = NJW-RR 1989, 916; OLG Düsseldorf, Urt. v. 22.03.2002 – 5 U 85/01, BauR 2003, 94, 95; Ingenstau/Korbion/Döring, VOB/B § 11 Abs. 1 Rn. 10, Roquette/Viering/Leupertz, Teil 2 Rn. 1026).

Zu beachten immerhin ist, dass die Anrechnung der Vertragsstrafe auf einen parallel verwirkten Schadensersatzanspruch nur dann zu erfolgen hat, wenn sie auf dasselbe Interesse gerichtet ist. Andernfalls können beide Ansprüche auch nebeneinander geltend gemacht werden (BGH, Urt. v. 8.5.2008 – I ZR 88/06, BauR 2008, 1620, 1621 = NJW 2008, 2849).

8.5 Ausführung der Leistungen zu den vereinbarten Terminen ...

▶ **Beispiel**

Der Auftragnehmer hat wegen einer Bauverzögerung eine Vertragsstrafe verwirkt, die dieser nicht zahlt. Der Auftraggeber beauftragt einen Anwalt mit der Beitreibung, wodurch weitere Kosten entstehen. Hierbei handelt es sich um übliche Verzugskosten, die als Schadensersatz vom Auftragnehmer zu tragen sind. Sie sind – da hier Schadensersatz und Vertragsstrafe nicht auf dasselbe Interesse (= Entschädigung für Verzögerungszeitraum) gerichtet sind – ohne Anrechnungsmöglichkeit zu zahlen.

8.5 Ausführung der Leistungen zu den vereinbarten Terminen/Verzug des Auftragnehmers bei Überschreitung der Ausführungsfristen

Ist die Bauzeit und sind – insbesondere mit der Vertragsstrafe – ausreichende Sanktionen geregelt, ist damit noch nicht geklärt, wie die Bauleistungen unter Berücksichtigung der vereinbarten Termine genau auszuführen sind. Dabei ist vor allem offen, wann eine Überschreitung von Ausführungsfristen bzw. sonst ein Verzug vorliegen. Anknüpfungspunkt ist erneut § 5 Abs. 1 VOB/B. Danach hat der Auftragnehmer die Ausführung der Bauleistungen nach den verbindlichen Fristen zu beginnen, angemessen zu fördern und zu vollenden. 1714

8.5.1 Rechtzeitiger Beginn der Bauausführung

Haben die Vertragspartner im Bauvertrag oder in dem zum Vertragsbestandteil erklärten **Bauzeitenplan** den Ausführungsbeginn zeitlich durch einen kalendermäßig bestimmten Termin (vgl. oben Rdn. 1672 ff.) festgelegt (sog. **Kalenderfrist**), so bedarf es keiner Aufforderung durch den Auftraggeber mehr. Der Unternehmer hat vielmehr an dem festgelegten Datum mit der Ausführung seiner Bauleistung zu beginnen, wenn er nicht schon mit dem Beginn der Ausführung in **Verzug** geraten will (s. weitere Erläuterungen dazu unten Rdn. 1738 ff.). 1715

▶ **Beispiel**

Im Bauvertrag ist als Ausführungsbeginn der 1. August 2011, der August 2011 oder die 11. Kalenderwoche festgelegt. Hier hat der Auftragnehmer an diesen Daten bzw. in dem festgelegten Zeitraum die Arbeiten aufzunehmen.

Nichts anderes gilt, wenn der **Ausführungsbeginn** nicht datumsmäßig festgelegt ist, sondern sich (nur) durch eine Frist nach einem bestimmten feststehenden Ereignis bestimmen lässt (**Ereignisfrist**). Auch hier führt das Verstreichenlassen dieser nach dem Kalender berechenbaren Frist automatisch zum Verzug (§ 286 Abs. 2 Nr. 2 BGB). 1716

▶ **Beispiel**

Im Vertrag ist als Baubeginn eine Frist von einem Monat nach Vertragsabschluss oder nach Vorlage der Baugenehmigung vorgesehen. Hier gerät der Auftragnehmer automatisch in Verzug, wenn er nicht binnen dieser Frist die Arbeiten aufnimmt.

Ist dagegen der **Ausführungsbeginn** im Vertrag überhaupt nicht verbindlich festgelegt, ist zwischen BGB- und VOB-Vertrag zu unterscheiden: 1717
- Bei einem **BGB-Vertrag** hat der Auftragnehmer gemäß § 271 BGB mit der Ausführung grundsätzlich **unverzüglich zu beginnen**. Er gerät nach einer Mahnung unmittelbar in Verzug (vgl. BGH, Urt. v. 08.03.2001 – VII ZR 470/99, BauR 2001, 946 f. = NJW-RR 2001, 806).
- Bei der **VOB** bedarf es demgegenüber zunächst des **Abrufs der Leistung**. Der Auftragnehmer hat darauf gemäß § 5 Abs. 2 S. 2 VOB/B **binnen 12 Werktagen** mit der Ausführung der Bauleistung zu beginnen. Dabei stellt dieser Abruf seinerseits ein Ereignis im Sinne des § 286 Abs. 2 Nr. 2 BGB dar, sodass der Auftragnehmer bei Verstreichenlassen der jetzt laufenden 12-Werktage-Frist automatisch in Verzug gerät.

1718 Anzumerken ist, dass diesem Abrufrecht des Auftraggebers ein Auskunftsanspruch des Unternehmers und eine Auskunftspflicht des Auftraggebers vorgeschaltet ist. Danach hat der Auftraggeber bei einem entsprechenden Verlangen des Unternehmers diesen **über den voraussichtlichen Baubeginn** zu informieren. Diese Verpflichtung gehört zu den **Mitwirkungspflichten des Auftraggebers**. Deren Verletzung kann dazu führen, dass der Unternehmer auch bei Überschreitung der Frist von 12 Werktagen nicht in Verzug gerät, wenn er schuldlos nicht in der Lage war, sich auf den rechtzeitigen Ausführungsbeginn einzurichten. Gleichzeitig kann hierin bereits ein eigenständiger Grund im Sinne des § 6 Abs. 2 Nr. 1 lit. a VOB/B für die Verlängerung der Bauzeit liegen, soweit der Auftragnehmer die Behinderung ordnungsgemäß angezeigt hat (s. dazu Rdn. 1747 ff; vgl. Ingenstau/Korbion/Döring, VOB/B § 5 Abs. 1–3 Rn. 10, 11).

1719 Neben dieser Verpflichtung zur Auskunftserteilung über den voraussichtlichen Baubeginn obliegt dem Auftraggeber allerdings umgekehrt auch eine **Abrufpflicht**, d. h.: Er ist innerhalb einer vertraglich vorgesehenen oder einer nach Treu und Glauben zu bemessenden angemessenen Frist **zum Abruf der Vertragsleistung verpflichtet** (OLG Düsseldorf, Urt. v. 06.09.2006 – I-23 U 35/06, BauR 2006, 1908, 1911; s. dazu auch oben Rdn. 1078). Anhaltspunkte für diese angemessene Frist zum Abruf ergeben sich häufig aber nur dann, wenn der Auftragnehmer zuvor von dem Auftraggeber Auskunft über den voraussichtlichen Baubeginn verlangt und erhalten hat. Schon deshalb ist dem Auftragnehmer dringend anzuraten, von diesem Auskunftsanspruch gemäß § 5 Abs. 2 VOB/B alsbald nach Vertragsabschluss Gebrauch zu machen. Daraus folgt zugleich die Pflicht des Auftraggebers, die Leistung zeitnah zu diesem von ihm genannten Baubeginn abzurufen. Die Verletzung dieser vertraglichen **Nebenpflicht** (so auch Ingenstau/Korbion/Döring § 5 Abs. 1 Rn. 15; BGH, Urt. v. 30.09.1971 – VII ZR 20/70, NJW 1972, 99 f.; OLG Düsseldorf, a. a. O.; OLG Düsseldorf, Urt. v. 29.10.2010 – 22 U 135/08, Nichtzul.-Beschw. zurückgew., BGH, Beschl. v. 08.03.2012 – VII ZR 185/10, BauR 2012, 1286 [Ls.]; vgl. dazu aber auch Beck'scher VOB-Komm./Hofmann, VOB/B Vor § 3 Rn. 26 ff.) kann zu verschiedenen Ansprüchen des Auftragnehmers führen (s. dazu vor allem OLG Düsseldorf, a. a. O.). Liegt ein **BGB-Vertrag** vor, lassen sich diese wie folgt beschreiben:

1720 • Der Auftragnehmer kann den **Leistungsabruf selbstständig einklagen**. Dabei wird ohne eine Vereinbarung dazu von der Fälligkeit der Leistung auszugehen sein, wenn eine nach Treu und Glauben zu bestimmende Frist für den Leistungsabruf abgelaufen ist. Welche Frist angemessen ist, ist zwar Sache des Einzelfalls. In der Regel wird jedoch ein Auftragnehmer ohne gesonderte Fristvereinbarung davon ausgehen können, dass die Leistungen innerhalb von ca. **vier Wochen nach Vertragsschluss** abgerufen werden.

1721 • Kommt der Auftraggeber mit dem **Leistungsabruf** trotz Fälligkeit und Mahnung **schuldhaft in Verzug**, kann der Auftragnehmer neben seinem Vergütungsanspruch Ersatz der ihm durch die Verzögerung entstehenden Schäden verlangen (§§ 280 Abs. 1, 2 i. V. m. 286 BGB). Abgedeckt werden hiervon vor allem zwischenzeitlich eintretende Lohn- und Materialpreiserhöhungen, die den Unternehmergewinn verringern.

1722 • Des Weiteren kann der Auftragnehmer dem Auftraggeber zu dem Abruf der Leistung eine Frist setzen und nach deren fruchtlosem Ablauf **vom Vertrag zurücktreten** (§ 323 Abs. 1 BGB). Von der Frist kann in den bekannten Fällen, insbesondere bei einer Erfüllungsverweigerung des Auftraggebers, abgesehen werden (§ 323 Abs. 2 BGB). Gleichzeitig kann der Auftragnehmer nach einem Rücktritt **Schadensersatz statt der Leistung** verlangen (§ 281 BGB).

1723 • Schließlich kann der Auftragnehmer sämtliche Rechte aus §§ 642, 643 BGB geltend machen (vgl. im Einzelnen oben Rdn. 1635, 1640). Somit erhält er – neben seinem Vergütungsanspruch – schon unter den geringeren Voraussetzungen des Gläubigerverzugs (§§ 293 ff. BGB), d. h. vor allem auch **ohne Verschulden des Auftraggebers** als Gegenleistung für die Vorhaltung seiner Werkleistung eine **angemessene Entschädigung** (§ 642 BGB). Daneben kann er den **Werkvertrag** unter den weiteren Voraussetzungen des § 643 BGB **beenden** (MünchKomm./Busche § 642 Rn. 19). Die Vergütung richtet sich in diesem Fall nach § 645 BGB (vgl. § 645 Abs. 1 S. 2 BGB), d. h.: Zunächst steht dem Auftragnehmer neben einem Entschädigungsanspruch zusätzlich ein der geleisteten Arbeit entsprechender Teil seiner Vergütung und Ersatz der in der Ver-

8.5 Ausführung der Leistungen zu den vereinbarten Terminen ...

gütung nicht enthaltenen Auslagen zu. Da auch bei dieser Fallgestaltung der nicht die Leistung abrufende Auftraggeber nicht besser gestellt sein darf als bei einer ansonsten gebotenen freien Kündigung des Bauvertrages, steht dem Auftragnehmer zusätzlich über § 326 Abs. 2 BGB der volle Vergütungsanspruch abzüglich ersparter Aufwendungen zu.

Bei einem **VOB-Vertrag** gelten im Wesentlichen dieselben Rechte, d. h., auch hier kann der Auftragnehmer den Leistungsabruf einklagen. Sodann gilt dazu gesondert: **1724**

- Bei schuldhafter Verzögerung des Leistungsabrufs steht dem Auftragnehmer ein **Schadensersatzanspruch** unter gleichzeitiger Verlängerung der Ausführungsfrist zu (§ 6 Abs. 6, § 6 Abs. 1 und Abs. 2 Nr. 1 lit. a) VOB/B). Des Weiteren kommt ein **Kündigungsrecht nach § 6 Abs. 7 VOB/B** in Betracht, da der dort geregelte Fall der Leistungsunterbrechung von mehr als drei Monaten dem fehlenden Beginn der Arbeiten nach dem hierfür festgelegten (eindeutigen) Zeitpunkt gleichgestellt wird (OLG Düsseldorf, Urt. v. 25.04.1995 – 21 U 192/94, BauR 1995, 706, 707 = NJW 1995, 3323; Ingenstau/Korbion/Döring, VOB/B, § 6 Abs. 7 Rn. 3). **1725**
- Schließlich kann der Auftragnehmer den Vertrag unter Einhaltung der weiteren Voraussetzungen des § 9 VOB/B **kündigen** (so auch ausdrücklich: OLG Düsseldorf, Urt. v. 25.04.1995 – 21 U 192/94, BauR 1995, 706, 707 = NJW 1995, 3323; ebenso OLG Düsseldorf, Urt. v. 29.10.2010 – 22 U 135/08, Nichtzul.-Beschw. zurückgew., BGH, Beschl. v. 08.03.2012 – VII ZR 185/10, BauR 2012, 1286 [Ls.]). Anschließend ist das Vorhaben abzurechnen. Zusätzlich erhält der Auftragnehmer eine angemessene Entschädigung – wobei diese ggf. zu kürzen ist, wenn der Auftragnehmer wusste, dass die Leistungsausführung nicht sicher ist (OLG Celle, Urt. v. 01.04.2003 – 16 U 129/02, OLGR 2003, 343, 344 f. mit einer Kürzung der Vergütung in einem solchen Fall auf 50 %).

Haben die Vertragspartner im Bauvertrag einen festen Termin als Baubeginn vereinbart oder hat der Auftraggeber später dem Auftragnehmer gemäß § 5 Abs. 2 S. 1 VOB/B einen solchen Termin oder auch nur einen ungefähren Zeitpunkt für den Baubeginn mitgeteilt, so ist es nicht selten anzutreffen, dass der Auftraggeber diesen Termin noch einmal verschiebt. Eine solche **Verschiebung** kann gemäß § 2 Abs. 5 VOB/B zu einem **Mehrvergütungsanspruch** des Auftragnehmers führen, da es sich dabei um eine **Bauentwurfsänderung** im Sinne des § 1 Abs. 3 VOB/B handelt (s. dazu Rdn. 923). Denn zur Planung eines Bauvorhabens gehört auch eine **Terminplanung**; jedenfalls handelt es sich um eine andere Anordnung im Sinne des § 2 Abs. 5 VOB/B (s. dazu unten ausführlich Rdn. 1949 ff.). Zweifelhaft mag allenfalls sein, ob der Auftraggeber überhaupt zu einer einseitigen Verschiebung des Baubeginns berechtigt ist (so Vygen, BauR 2006, 166 ff.) oder ob er dazu der Einwilligung des Auftragnehmers bedarf, der dann seine Zustimmung von einer Vergütungsanpassung abhängig machen kann (s. dazu ausführlich oben Rdn. 923 ff. m. zahlr. Nachw). **1726**

Zeigen die vorstehenden Erläuterungen die Bedeutung des Baubeginns auf, bleibt zu klären, was eigentlich unter einem Baubeginn zu verstehen ist. Tatsächlich geht es dabei um den Sachverhalt, dass es »mit den Bauarbeiten losgeht«. Schwierigkeiten kann es in der Praxis aber immerhin geben, eine ggf. erforderliche **Bauvorbereitungszeit** von dem tatsächlichen Baubeginn abzugrenzen. Im Ausgangspunkt ist dazu zunächst festzustellen, dass Bauvorbereitungsmaßnahmen im Sinne von § 9 Abs. 1 Nr. 1 S. 2 VOB/A noch nicht als **Baubeginn** anzusehen sind. Diese sind vielmehr gerade innerhalb der dem Auftragnehmer in § 5 Abs. 2 S. 2 VOB/B zugebilligten Frist von 12 Werktagen zu treffen (Beck'scher VOB-Komm./Motzke, B § 5 Nr. 1 Rn. 62, § 5 Nr. 2 Rn. 32; Roquette/Viering/Leupertz, Teil 1 Rn. 206). **1727**

> **Beispiel**
>
> Die Aufstellung eines Bauzauns, eines Baucontainers oder der Antransport eines ausgedienten Baggers zählen noch nicht zum Baubeginn. Vielmehr wird man insbesondere die Baustelleneinrichtung nur dann als baubeginnende Maßnahme ansehen können, wenn im unmittelbaren Anschluss daran auch die tatsächlichen Arbeiten ausgeführt werden.

Selbst wenn auf der Baustelle noch nichts zu sehen ist, können bestimmte Arbeiten dagegen durchaus schon als **Baubeginn** anzusehen sein. **1728**

> **Beispiel**
>
> Der Auftragnehmer beginnt in seinem Werk mit der Herstellung von Fertigteilen, Betonfertigelementen, von Maßtüren und -fenstern, von Treppen, Dachgauben oder eines Dachstuhls oder Brückenteilen usw.

In diesen Fällen kann man deshalb von einem Baubeginn i. S. des § 5 Abs. 2 S. 2 VOB/B sprechen, weil der Auftraggeber bereits sein **Überwachungsrecht** gemäß § 4 Abs. 1 Nr. 2 VOB/B ausüben und die Leistungen koordinieren kann. Dies kann nämlich auch schon im Betrieb des Auftragnehmers erfolgen (so insbesondere Beck'scher VOB-Komm./Motzke, B § 5 Nr. 1 Rn. 63 ff.). Allerdings kann es auch zu erheblichen Abgrenzungsproblemen kommen, ob bestimmte Arbeiten noch der Bauvorbereitung oder schon der Bauausführung zuzurechnen sind. Allein deswegen ist den Vertragspartnern dringend anzuraten, im Einzelnen festzulegen, ob unter Baubeginn der **Beginn der Fertigung im Werk des Auftragnehmers oder der Beginn der Montage auf der Baustelle** zu verstehen ist (so auch Beck'scher VOB-Komm./Motzke, B § 5 Nr. 1 Rn. 66). Die Bestellung von Bauteilen bei Baustofflieferanten oder Subunternehmern und dabei auftretende Lieferfristen (z. B. Lieferung von Marmorplatten und deren Herstellung durch den Lieferanten) sind dagegen stets Bauvorbereitungsmaßnahmen, sodass sie rechtzeitig vor Baubeginn vorzunehmen sind.

1729 Kommt der Auftragnehmer seiner Pflicht zur Aufnahme der Arbeiten nicht nach, kann er bereits mit dem Baubeginn in **Verzug** geraten, wie sich schon aus § 5 Abs. 4 VOB/B ergibt. Allein dies kann dann die schwerwiegenden Folgen der **Kündigung** des Bauvertrages, des Schadensersatzanspruchs und evtl. auch einer **Vertragsstrafe** auslösen (vgl. dazu Rdn. 1694 ff.). Folgerichtig kann aber dann auch der Auftragnehmer schon bezüglich des Ausführungsbeginns behindert sein oder der Auftraggeber in Annahmeverzug geraten. Hierzu kann es kommen, wenn z. B. die **Baugenehmigung** oder die erforderlichen **Ausführungszeichnungen** oder **Bewehrungspläne** nicht rechtzeitig vor dem vorgesehenen Baubeginn vorliegen. In diesen Fällen kann der Unternehmer somit bereits zu diesem frühen Zeitpunkt eine Verlängerung der Ausführungsfrist bzw. eine Verschiebung des Termins für den Ausführungsbeginn und auch des Fertigstellungstermins gemäß § 6 Abs. 2 VOB/B sowie Schadensersatz oder Entschädigung verlangen, sofern er die Behinderung angezeigt hat. Insgesamt greifen also bei nicht rechtzeitigem Beginn mit der Bauausführung grundsätzlich dieselben Rechtsfolgen wie bei verspäteter Fertigstellung ein.

8.5.2 Baufortschritt und dessen angemessen Förderung

1730 Die Verpflichtung des Auftragnehmers, die von ihm geschuldete Bauleistung nach den verbindlichen Vertragsfristen zu vollenden, schließt grundsätzlich die Verpflichtung ein, die Bauausführung angemessen zu fördern. Diese selbstverständliche Pflicht wird in § 5 Abs. 1 VOB/B ausdrücklich hervorgehoben. Darüber hinaus legt § 5 Abs. 3 VOB/B fest, dass der **Einsatz von Arbeitskräften, Geräten, Gerüsten, Baustoffen und Bauteilen** in ausreichendem Maße zu erfolgen hat. Unzureichend ist dieser Einsatz immer dann, wenn die vereinbarte Ausführungsfrist offenbar nicht eingehalten werden kann. In diesem Fall gewährt § 5 Abs. 3 VOB/B dem Auftraggeber schon bei Gefahr der nicht rechtzeitigen Fertigstellung ein **Eingriffsrecht**. Dieses steht in deutlichem Gegensatz zu dem sonst herrschenden Grundsatz der Eigenverantwortlichkeit des Unternehmers für die Erbringung der Bauleistung. Mit diesem Eingriffsrecht kann der Auftraggeber eine unverzügliche Abhilfe verlangen, also insbesondere einen nachhaltigeren und **verstärkten Arbeits- und/oder Geräteeinsatz**. Voraussetzung dafür ist allerdings stets, dass der Baustelleneinsatz des Auftragnehmers offenbar unzureichend ist; Bedenken, dass die Ausführungsfristen nicht eingehalten werden könnten, reichen dazu nicht aus. Es muss sich vielmehr bei Beurteilung des derzeitigen Baustelleneinsatzes und der bereits verstrichenen bzw. der restlichen Ausführungszeit ein solches Missverhältnis zwischen Leistung und Zeit ergeben, dass nach allgemeiner Erfahrung eines Sachkundigen mit hoher Wahrscheinlichkeit die rechtzeitige Gesamtfertigstellung der Leistung innerhalb der noch verbleibenden Zeitspanne nicht zu erwarten ist (vgl. dazu auch § 323 Abs. 4 BGB).

8.5 Ausführung der Leistungen zu den vereinbarten Terminen ... 8

▶ **Beispiel (nach BGH, Urt. v. 04.05.2000 – VII ZR 53/99, BGHZ 144, 242 = BauR 2000, 1182 = NJW 2000, 2988)**

Im Vertrag ist eine Bauzeit von angemessenen 13 Monaten vorgesehen. Der Auftragnehmer übergibt dazu im Oktober nach Vertragsabschluss einen Bauzeitenplan. Im März teilt er ohne Gründe mit, dass er den Termin voraussichtlich nicht halten wird und übergibt dazu einen aktualisierten Plan. In einem solchen Fall ist eine Kündigung des Vertrages bereits möglich, weil absehbar ist, dass das Vorhaben nicht rechtzeitig fertig wird.

Die Beurteilung, ob eine solche offenbare Nichteinhaltung von Ausführungsfristen droht, mag im Einzelfall schwierig sein. Hilfreich ist daher z. B. eine vertragliche Vereinbarung über die **vom Auftragnehmer vorzuhaltende Personaleinsatzstärke je Arbeitstag**, die meist als Mindestmannschaftsstärke vorgesehen wird. In diesem Fall hat der Auftraggeber eine klare Handhabe, wenn die eingesetzten Arbeitskräfte geringer sind als vereinbart und deshalb die Einhaltung von Zwischenterminen oder gar des Endtermins gefährdet wird (Beck'scher VOB-Komm./Motzke, B § 5 Nr. 3 Rn. 18). Das Recht des Auftraggebers beschränkt sich ansonsten auf das Abhilfeverlangen, ohne die Dispositionsfreiheit des Auftragnehmers, wie er dem nachkommt, im Übrigen einzuschränken. Das Verlangen kann der bauleitende Architekt für den Bauherrn aussprechen (Beck'scher VOB-Komm./Motzke, B § 5 Nr. 3 Rn. 2 ff.). 1731

Bei der Beurteilung, ob die Voraussetzungen des § 5 Abs. 3 VOB/B vorliegen, ist allerdings immer zu prüfen, ob es überhaupt um eine ungenügende Förderung der Baustelle vor dem Hintergrund geht, dass eine **im Vertrag vereinbarte Ausführungsfrist** (s. dazu Rd. 1672 ff.) nicht eingehalten wird. Ist eine solche Frist nicht vorgesehen, hat § 5 Abs. 3 VOB/B **keine eigenständige Bedeutung**. Dies wird zwar teilweise anders vertreten. So heißt es etwa, dass § 5 Abs. 3 VOB/B einen allgemeinen Charakter aufweise. Er komme entgegen seinem Wortlaut auch dann zur Anwendung, wenn für die Ausführung der Leistung keine Frist vereinbart sei, sodass diese dann nach allgemeinen Grundsätzen (§§ 271, 242 BGB) zu bestimmen sei (so etwa OLG Hamm, Urt. v. 11.11.2009 – 12 U 49/09, BauR 2011, 1169, 1172; ebenso Ingenstau/Korbion/Döring, VOB/B § 5 Abs. 1–3 Rn. 22). Dies trifft aber nicht zu: Denn der Wortlaut von § 5 Abs. 3 VOB/B ist eindeutig. Er spricht klar nur den Schutz von Ausführungsfristen an. Für eine vermeintliche Auslegung entgegen dem Wortlaut zumal bei einer AGB-Regelung gibt es keinen Anlass. Ebenso wenig kommt eine entsprechende oder analoge Anwendung in Betracht. Klauseln der VOB sind keine gesetzliche Regelung, sondern Vertragsklauseln, die im Fall von Gesetzeslücken nicht entsprechend oder analog angewendet werden können (s. o. Rdn. 428 ff.). Vor diesem Hintergrund können auch sonst nicht in einem Bauzeitenplan aufgeführte Einzelfristen für die verschiedenen Teilleistungen automatisch zur Beurteilung der in § 5 Abs. 3 VOB/B vorgesehenen Bauförderungspflicht herangezogen werden; denn dies würde die Unterscheidung zwischen verbindlicher Vertragsfrist und unverbindlicher Einzelfrist zum Nachteil der jenseits der Vertragsfristen bestehenden Dispositionsfreiheit des Auftragnehmers nach § 4 Abs. 2 VOB/B verwischen (ähnlich Ingenstau/Korbion/Döring, VOB/B § 5 Abs. 1–3 Rn. 15). Wenn § 5 Abs. 3 VOB/B demzufolge bei bloßen (unverbindlichen) Einzelfristen nicht anwendbar ist, geben diese gleichwohl wichtige Anhaltspunkte dafür, welcher Leistungsstand zu bestimmten Zeitpunkten erreicht sein soll, wenn die Gesamtleistung oder bestimmte Teile von ihr innerhalb der verbindlichen Vertragsfrist fertiggestellt sein sollen. Dies gilt in besonderem Maße für die Teilleistungen, die sich in einem **Bauablaufplan** auf dem so genannten **kritischen Weg** befinden. Hierbei geht es um Teilleistungen, die nur ausgeführt werden können, wenn andere Vorleistungen fertiggestellt sind oder diese selbst Voraussetzung für die Erbringung sich anschließender Leistungen sind. Dabei ist allerdings auch zu beachten, dass bestimmte, sich mehrfach in gleicher Weise wiederholende Bauleistungen nicht stets die gleiche Zeitspanne erfordern, sondern aufgrund des **Einarbeitungseffekts** immer schneller ausgeführt werden können, obwohl in einem Bauzeitenplan dafür häufig gleiche Fristen vorgesehen sind. Eine ansonsten offenbar unzureichende Förderung der Bauausführung durch **ungenügenden Baustelleneinsatz** lässt sich insoweit am ehesten anhand eines SOLL-IST-Vergleichs in einem Balken- oder Netzplan ermitteln; dabei sind allerdings auch die vom Unternehmer möglicherweise eingebauten **Pufferzeiten** zu berücksichtigen. Zudem muss die 1732

651

Ursache für die zu erwartende Verzögerung im unzureichenden Baustelleneinsatz und nicht im Verantwortungsbereich des Auftraggebers liegen.

1733 Kommt der Unternehmer einem berechtigten Abhilfeverlangen des Auftraggebers nach verstärktem Arbeits- und Geräteeinsatz nicht nach, so verstößt er gegen seine Vertragspflichten und eröffnet dem Auftraggeber den Weg zu Schadensersatzansprüchen und Kündigungsrechten, wie sich aus § 5 Abs. 4 VOB/B ergibt (vgl. dazu unten Rdn. 1829 ff.). Deshalb muss der Auftraggeber mit der außerordentlichen **Kündigung aus wichtigem Grunde** nicht warten, bis der Auftragnehmer eine Vertragsfrist tatsächlich und endgültig versäumt hat bzw. sie zu versäumen droht.

8.5.3 Termingerechte Fertigstellung der Bauleistung

1734 Von entscheidender Bedeutung für beide Vertragspartner ist sodann die rechtzeitige Fertigstellung der geschuldeten Bauleistung. Beim Ablauf der für die Gesamtleistung vereinbarten Ausführungsfrist muss die bauliche Anlage erstellt sein. Ebenso müssen bei Ablauf der für Teile der Leistung als Vertragsfristen vereinbarten Einzelfristen diese Teilleistungen erbracht sein. Dies gilt gleichfalls für **vertraglich vereinbarte verbindliche Zwischentermine** (s. o. Rdn. 1645, 1683 f.), soweit es sich dabei – ggf. nach Rückgriff auf einen Bauzeitenplan – um echte Vertragsfristen handelt. Auch diese fallen unter § 5 Abs. 1 VOB/B und sind eigenständig zu beachten, d. h.: Insbesondere für etwaige Sanktionen (z. B. eine Vertragskündigung) nach § 5 Abs. 4 VOB/B spielt es bei Verzug mit einem verbindlichen Zwischentermin als Kündigungsgrund keine Rolle mehr, ob ggf. später der vertragliche Endtermin doch noch gehalten werden kann (OLG Düsseldorf, Urt. v. 9.05.2008 – 22 U 191/07, BauR 2009, 1445, 1446). Der Ablauf der jeweiligen Frist kennzeichnet den Zeitpunkt der Fälligkeit der geschuldeten Leistung.

1735 Ergibt sich nun aus diesen Grundsätzen für die Fertigstellung der Bauleistung ein bestimmter Endtermin, sei es als im Vertrag festgelegter, nach dem Kalender bestimmter **Fertigstellungstermin**, sei es als Endtermin aufgrund einer verbindlichen **Ausführungsfrist** nach erfolgtem Baubeginn, so ist zu klären, was zur Fertigstellung der Bauleistung gehört. Richtigerweise zählt dazu nicht die völlig mangelfreie und in jeder Beziehung erfolgende Fertigstellung und insbesondere die **Räumung der Baustelle**. Vielmehr genügt es, dass die **Leistung abnahmereif** ist. Die Baustelle selbst muss also noch nicht beräumt sein; allerdings muss die Räumung unmittelbar im Anschluss an die Vollendung der Ausführung stattfinden (Ingenstau/Korbion/Döring, VOB/B § 5 Abs. 1–3 Rn. 23; Heiermann/Riedl/Rusam, § 5 VOB/B Rn. 7; Nicklisch/Weick, VOB/B § 5 Rn. 15). Die Anknüpfung an die abnahmereife Leistung hängt mit der Erfüllung der Leistungsverpflichtung des Auftragnehmers zusammen. Diese tritt im Werkvertragsrecht mit der Abnahme ein (§ 640 BGB – s. dazu oben Rdn. 1086 ff., 1193 ff.), weswegen man dann ja auch bzgl. der sich anschließenden Mängelrechte von der »Nacherfüllung« spricht. Demzufolge kann es für die Einhaltung der Vertragsfristen aus Sicht des Auftragnehmers nur auf eine solche Abnahmereife ankommen. Der tatsächlichen Durchführung der Abnahme selbst bedarf es hingegen für die Fertigstellung nicht. Dies beruht schon darauf, dass die Abnahme häufig erst wesentlich später stattfindet, weil der Auftraggeber sie bewusst hinauszögert oder gar verweigert. Insoweit muss die Abnahme für die Einhaltung der Vertragsfrist nicht einmal verlangt oder die Fertigstellung der Leistung angezeigt worden sein (BGH, Urt. v. 14.01.1999 – VII ZR 73/98, BauR 1999, 645, 648 = NJW 1999, 1108, 1110).

1736 Die Frage der vollständigen Fertigstellung der Bauleistung zur Einhaltung der Vertragsfristen gewinnt vor allem im **Schlüsselfertigbau** an Bedeutung. Hier gilt jedoch nichts anderes als vorstehend beschrieben.

▶ **Beispiel**

Der Auftragnehmer sagt bis zum 31. März die schlüsselfertige Errichtung eines Wohnhauses zu. An diesem Datum ist das Haus bezugsfertig; allerdings sind noch Mängel vorhanden.

Konkret bedeutet das: Auch im Schlüsselfertigbau kommt es auf die Bezugsfertigkeit an, die häufig mit der Abnahmereife einhergeht – und zwar mit der Maßgabe der ungehinderten Nutzungsmöglichkeit. Es ist also ebenfalls nicht entscheidend, dass keine Mängel mehr vorhanden sind (Beckscher VOB/B-Komm./Motzke, § 5 Nr. 1 Rn. 2). Denn da es in der Praxis keine Baumaßnahme ohne Mängel gibt, könnte ein Auftragnehmer andernfalls eine Vertragsfrist nie einhalten (KG, Urt. v. 28.05.2002 – 15 U 4/01, BauR 2003, 1568, 1569 f.).

Ansonsten steht es den Parteien natürlich frei zu **vereinbaren**, was sie unter einer Fertigstellung im Sinne eines Fertigstellungstermins verstehen. Dies ist teilweise sogar sehr sinnvoll, weil bei einzelnen Gewerken, vor allem bei Zwischenterminen eine genaue Bestimmung der bis zu einem Termin ggf. zu erbringenden Leistung nicht immer einfach ist. 1737

▶ **Beispiel**

Bei einem Rohbauunternehmer ist oft nicht klar, was mit der Fertigstellung seiner Leistung gemeint ist. So kann er in der Regel das Bauwerk zunächst nicht fertig erstellen und kann/muss erst später nach verschiedenen Ausbauarbeiten Dritter noch Restarbeiten, wie Putzarbeiten, Schließen von Schlitzen usw., ausführen. Hier wäre eine Vereinbarung mehr als geboten, was unter der Fertigstellung seiner Leistungen zu verstehen ist.

8.5.4 Bauverzögerung/Verzug des Auftragnehmers

Nachdem damit die grundlegenden Voraussetzungen für die Feststellung des Ausführungsbeginns, der Ausführungsfrist als echte Vertragsfrist und der Einzelfristen als meist unverbindliche zeitliche Richtlinien herausgearbeitet sind, lässt sich für den jeweiligen konkreten Einzelfall feststellen, ob eine **Bauzeitverzögerung**, also eine nicht rechtzeitige Leistungserfüllung seitens des Auftragnehmers vorliegt oder nicht. 1738

Zu unterscheiden von einer Bauzeitverzögerung als solche ist sodann allerdings vielfach die Frage, ob der Auftragnehmer mit seiner **Leistungsverpflichtung in Verzug** gerät. Dies bestimmt sich allein nach § 286 BGB. Dabei ist es unbeachtlich, ob sich der Verzug auf die Fertigstellung der Leistung bezieht, auf deren Beginn oder auf eine ggf. gesondert vereinbarte Zwischenfrist. Ob der Auftragnehmer nach § 286 BGB in Verzug kommt, hängt zunächst maßgeblich davon ab, in welcher Weise die verbindliche Vertragsfrist vereinbart wurde: 1739
- Zum einen kann eine Ausführungsfrist oder eine Bauzeit nach Jahren, Monaten, Wochen oder Tagen (Werk-, Arbeits- oder Kalendertagen) festgelegt werden.
- Zum anderen kann auch ein fester Termin z. B. für die Fertigstellung vereinbart sein.

Diese beiden Möglichkeiten der Festlegung von Ausführungsfristen unterscheiden sich bzgl. des Verzugseintritts ganz erheblich in ihrer rechtlichen Bedeutung. Denn der **nach dem Kalender bestimmte Fertigstellungstermin** hat zur Folge, dass der Unternehmer ohne Weiteres in Verzug gerät, wenn er seine Leistungen an diesem Termin nicht vollendet hat. Der Verzug erfordert also **keine zusätzliche Mahnung** seitens des Auftraggebers (§ 286 Abs. 2 Nr. 1 BGB).

▶ **Beispiel**

Vereinbart ist eine Fertigstellung der Bauleistung zum 1. Dezember 2010. Hier gerät der Auftragnehmer in Verzug, wenn er diese Frist nicht einhält.

Ganz anders ist die Situation, wenn die Parteien lediglich eine **Ausführungszeit** oder eine **Bauzeit** von z. B. 30 Monaten festgelegt haben. In diesem Fall ist für den Verzugseintritt zu unterscheiden, ob ein VOB- oder BGB-Werkvertrag vorliegt: 1740
- Beim **BGB-Werkvertrag** liegt jetzt **keine nach dem Kalender bestimmte oder bestimmbare Zeit** vor. Denn der sich aus der Zeitangabe im Bauvertrag ergebende Fertigstellungstermin ist abhängig vom Beginn der Ausführung, der nicht feststeht. Insoweit ist es auch unbeachtlich, dass der Auftraggeber den Auftragnehmer auffordert, an einem bestimmten Tag zu beginnen; denn für eine solche taggenaue Leistungsaufforderung gibt es keine vertragliche Grundlage. Dies gilt auch für alle anderen einseitigen Leistungsaufforderungen etwa des Architekten o. ä. – es sei denn, der Auftragnehmer hat sich damit einverstanden erklärt. Liegt ein solches Einverständnis 1741

aber nicht vor, heißt das, dass der Auftragnehmer nach Ablauf einer danach vereinbarten Bauzeit nicht automatisch in Verzug gerät; vielmehr bedarf es dafür noch einer Mahnung (§ 286 Abs. 1 BGB).

1742 • Anders ist dies beim **VOB-Vertrag:** Hier hat der Auftragnehmer mit seiner Leistung nach § 5 Abs. 2 S. 2 VOB/B binnen zwölf Werktagen nach Leistungsabruf zu beginnen. Spätestens von da an läuft die soeben beispielhaft genannte 30-Monatsfrist, sodass sich mit diesem Ereignis der Endtermin eindeutig berechnen lässt. Folglich gerät der Auftragnehmer spätestens mit Ablauf der 30 Monate zzgl. 12 Tage nach Leistungsabruf in Verzug. Fängt der Auftragnehmer nach Leistungsabruf vorher an, gilt in der Sache nichts anderes: Der **Ereignistermin ist dann der Starttermin** der Bauleistungen, den der Auftragnehmer gemäß § 5 Abs. 2 S. 3 VOB/B dem Auftraggeber anzuzeigen hat.

1743 Ist für den Verzugseintritt nach § 286 Abs. 1 BGB noch eine Mahnung erforderlich, genügt bereits deren Zugang, ohne dass es zusätzlich einer Fristsetzung oder der Androhung bestimmter Folgen bedarf. Gerade an dieser Mahnung aber fehlt es in der Praxis häufig bei der Geltendmachung von **Vertragsstrafen-** oder **Schadensersatzansprüchen** wegen Bauverzögerungen.

1744 Das Erfordernis der **Mahnung** als Voraussetzung für den Eintritt des Verzuges kann nicht durch vorformulierte **Allgemeine Geschäftsbedingungen** über den Rahmen des § 286 Abs. 2 Nr. 1–4 BGB hinaus abbedungen werden. Denn eine solche vertragliche Regelung verstößt gegen § 309 Nr. 4 BGB. Danach ist eine Klausel unwirksam, durch die der Verwender von der gesetzlichen Obliegenheit freigestellt wird, den anderen Vertragsteil zu mahnen oder ihm eine Nachfrist zu setzen. Dies gilt gemäß § 307 BGB auch gegenüber einem Kaufmann, da eine solche Regelung mit wesentlichen Grundgedanken des Schadensersatzrechtes und des Verzuges nicht zu vereinbaren ist (vgl. OLG Düsseldorf, Urt. v. 22.02.1983 – 23 U 157/82 in Vygen, BauR 1983, 210, 212; s. auch oben Rdn. 707 ff.).

1745 Aus allem folgt für den Auftraggeber, dass es in der Regel zweckmäßig sein wird, bereits im Vertrag oder aber nachher für die Fertigstellung der Bauleistung **eine Zeit nach dem Kalender zu vereinbaren** (vgl. § 286 Abs. 2 Nr. 1 BGB). Dies ist jedoch bei einem Vertragsabschluss nicht immer möglich, wenn z. B. die Baugenehmigung noch nicht vorliegt, weshalb der Baubeginn ebenfalls noch nicht feststeht. In solchen Fällen ist es vorstellbar, in Besonderen Vertragsbedingungen festzulegen, dass der Auftraggeber sich bei Vereinbarung bloßer Ausführungsfristen nach Werktagen, Wochen oder Monaten die datumsmäßige Festlegung des Fertigstellungstermins im Auftragsschreiben (so etwa Ziffer 1.2 der Richtlinien zu Formblatt 214 des VHB und Ziffer 6.4 der BVB des Bauvertragsmusters der Bundesarchitektenkammer) oder in dem Aufforderungsschreiben an den Auftragnehmer, mit der Ausführung seiner Leistung zu beginnen, vorbehält. Eine solche datumsmäßige Festlegung im Sinne des § 286 Abs. 2 Nr. 1 BGB kann auch schon dann bejaht werden, wenn ein **bestimmter Tag für den Ausführungsbeginn und eine Ausführungsfrist** oder wenn für die Ausführung oder für die Fertigstellung eine **bestimmte Kalenderwoche oder ein Monat** vorgesehen ist.

▸ Beispiel

Im Vertrag ist eine Bauzeit von 12 Wochen vorgesehen. Der Auftraggeber hat sich im Vertrag das Recht zum Abruf der Leistungen zu einem noch festzulegenden Termin nach Erteilung der Baugenehmigung vorbehalten. Infolgedessen fordert er den Auftragnehmer rechtzeitig auf, die Arbeiten in der 10. Woche aufzunehmen. Hier gilt dann als Fertigstellungstermin der Samstag in der 22. Kalenderwoche, nach dessen fruchtlosen Verstreichen der Auftragnehmer nach § 286 Abs. 2 Nr. 2 BGB in Verzug gerät.

1746 Liegt nach vorstehendem eine Fristüberschreitung vor, kommt der Auftragnehmer allerdings nicht in Verzug, solange die Leistung infolge eines Umstandes unterbleibt, den er **nicht zu vertreten** (verschuldet) hat (§ 286 Abs. 4 BGB). Die **Beweislast** für ein etwaiges fehlendes Verschulden trifft allein den **Auftragnehmer**. Vorstellbar ist z. B. der Entfall eines Verschuldens wegen höherer Gewalt (z. B. nicht absehbares Hochwasser – s. dazu näher Rdn. 1835 ff.).

8.6 Verlängerung verbindlich vereinbarter Ausführungsfristen infolge von Behinderungen gemäß § 6 Abs. 2 VOB/B

Ergibt sich eine Überschreitung der verbindlich vereinbarten Vertragsfrist, insbesondere des Fertigstellungstermins, so stellt sich für den Auftraggeber die Frage, welche Ansprüche er daraus herleiten kann (Kündigungsrecht, Schadensersatz- und/oder Vertragsstrafenansprüche – s. dazu Rdn. 1814 ff.). **Vorrangig** ist aber stets zu prüfen, ob es zugunsten des Auftragnehmers nicht zu einer Verlängerung der zunächst vereinbarten Ausführungsfristen kommt. Denn damit erledigen sich die zeitlich früher vereinbarten Fristen, weswegen gleichzeitig schon im Kern etwaige negative Folgen einer Fristüberschreitung ausgeschlossen sind. Demzufolge kann ein Auftraggeber trotz Überschreitung von verbindlichen Vertragsfristen nicht ohne Weiteres daraus Rechte herleiten, da sich gerade bei der Durchführung von Bauvorhaben in vielen Fällen Bauzeitverlängerungen unabweisbar ergeben und deshalb dem Unternehmer ein Anspruch auf Verlängerung der verbindlich vereinbarten Fristen in bestimmten Fällen gewährt werden muss. Dem trägt § 6 Abs. 2 VOB/B Rechnung. Danach werden Ausführungsfristen verlängert, soweit die Behinderung verursacht ist

- durch einen Umstand aus dem Risikobereich des Auftraggebers,
- durch Streik, Aussperrung u. a., oder
- durch höhere Gewalt oder andere für den Auftragnehmer unabwendbare Umstände.

Witterungseinflüsse zählen jedoch nur dann zu den unabwendbaren Umständen, wenn mit ihnen bei Abgabe des Angebotes nicht gerechnet werden konnte.

Liegt eine dieser Voraussetzungen vor, kann der Auftragnehmer eine sich daraus ergebende Verlängerung der Bauzeit verlangen. Er muss allerdings eine etwaige Behinderung, mit der er die Verlängerung der Bauzeit begründet, zuvor angezeigt haben, es sei denn, dass diese offenkundig war (§ 6 Abs. 1 VOB/B).

Die Regelung in § 6 Abs. 2 VOB/B mit ihren Tatbeständen zur Bauzeitverlängerung besagt nicht anderes, als dass die Bauvertragsparteien schon im Bauvertrag ausdrücklich eine Bauzeitverlängerung für diese drei vorgenannten Fälle verbindlich vereinbart haben. Im Zweifel bedürfte es aber wohl nicht einmal einer solchen ausdrücklichen Vereinbarung. Denn bei einem richtigen Verständnis der einem Bauvertrag zugrunde liegenden Willenserklärungen wird man im Normalfall – soweit nicht etwas anderes ausdrücklich geregelt ist – davon auszugehen haben, dass die Parteien eine **Fristverlängerung** aus diesen in der VOB/B ersichtlichen Gründen auch **konkludent** zum Gegenstand ihrer dem Vertrag zugrunde liegenden **Willenserklärungen** gemacht haben. Dies aber hat zur Folge, dass damit auch bei einem **BGB-Werkvertrag** im Rahmen einer ergänzenden Vertragsauslegung (§§ 133, 157 BGB) zumindest in aller Regel diese in § 6 Abs. 2 VOB/B vorgesehenen tatbestandlichen Voraussetzungen ebenso **zu einer Bauzeitverlängerung** führen. Wie gesagt dürfte sich dieses Ergebnis richtigerweise schon aus einer Auslegung der einem Bauvertrag zugrunde liegenden Willenserklärungen ergeben. Selbst wenn diese Auslegung so aber nicht möglich sein sollte, ergäbe sich bei den drei in der VOB/B vorgesehenen Verlängerungstatbeständen nichts anderes, wenn stattdessen auf § 313 BGB (Störung der Geschäftsgrundlage) oder notfalls sogar auf § 242 BGB zurückgegriffen wird (in diesem Sinne wohl zu verstehen BGH, Urt. v. 24.02.1954 – II ZR 74/53, SFH Z 2.0 Bl. 3). So ist nämlich anerkannt, dass unter die eine Vertragsanpassung fallenden schwerwiegenden Umstände auch nachträglich auftretende bei Vertragsabschluss nicht absehbare Leistungserschwerungen fallen. Hierzu zählen sicherlich die in § 6 Abs. 2 VOB/B genannten Umstände, was bei Fällen von Streik oder der so genannten höheren Gewalt auf der Hand liegt. Anschaulich gilt dies auch für Witterungseinflüsse, zumal gerade hier die Witterungseinflüsse außen vor bleiben, mit denen bei Vertragsabschluss gerechnet werden konnte (vgl. § 6 Abs. 2 VOB/B).

Gelten somit die Grundsätze zur Bauzeitverlängerung im Wesentlichen auch bei BGB-Werkverträgen (i. E. auch Roquette/Viering/Leupertz, Teil 2 Rn. 487), ist auf zwei Punkte hinzuweisen:
- Liegen eine Bauzeitverlängerung rechtfertigende Umstände vor, schließen diese gleichzeitig in jedem Fall einen **Verzug des Auftragnehmers für die Dauer der Bauzeitverlängerung** mangels Ver-

schulden **aus** (vgl. § 286 Abs. 4 BGB). Damit entfallen zugleich Schadensersatzansprüche, die nur bei Verzug bestehen.

- Die Übernahme des Rechtsgedankens aus § 6 VOB/B in das BGB-Werkvertragsrecht gilt nur insoweit, als durch Behinderungen Fristen verlängert werden. **Nicht entsprechend anwendbar** sind die weiteren Regelungen der VOB, mit denen **einer Partei besondere Pflichten** auferlegt werden (z. B. Anzeigepflicht in Bezug auf die Behinderung – s. dazu auch schon Rdn. 1659 ff., 1662). Hier ist vielmehr zu unterscheiden: Auch den Auftragnehmer eines BGB-Werkvertrages kann zwar aus Treu und Glauben die **Nebenpflicht** treffen, **eine Behinderung unverzüglich anzuzeigen**. Verstößt er hiergegen, kann er Schadensersatzansprüchen des Auftraggebers aus § 280 Abs. 1 BGB ausgesetzt sein (Mai, in: Handbuch des Baurechts, § 16 Rn. 426). Die Verletzung einer solchen Nebenpflicht kann jedoch nicht dazu führen, dass der Auftragnehmer sein Recht auf Bauzeitverlängerung verliert (Staudinger/Peters/Jacoby, § 642 Rn. 49).

1751 Ausgehend von diesen allgemeinen Vorbemerkungen gilt sodann zu den einzelnen Verlängerungstatbeständen, zu den Anforderungen an eine Behinderungsanzeige sowie zu den weiteren Folgen einer Behinderung.

	VOB-Vertrag	BGB-Werkvertrag
Rechtsgrundlage	§ 6 Abs. 2 Nr. 1 VOB/B	• konkludente Vertragsauslegung oder • § 313 bzw. § 242 BGB in Verbindung mit dem Rechtsgedanken aus § 6 Abs. 2 Nr. 1 VOB/B
Voraussetzungen	(1) Behinderungstatbestand – Streik oder Aussperrung u. a. – Fälle höherer Gewalt – Umstände aus dem Risikobereich des Auftraggebers (2) Unverzügliche schriftliche Behinderungsanzeige mit Kennzeichnung der betroffenen Leistung, Angabe der betroffenen Termine sowie einer Einschätzung zum Umfang der Behinderung **Ausnahme:** Offenkundigkeit der Behinderung aus Sicht des Auftraggebers	Behinderung aus dem Risikobereich des Auftraggebers, mit der der Auftragnehmer bei Vertragsschluss nicht rechnen musste
Rechtsfolgen	• Verlängerung von Ausführungsfristen abhängig von der Dauer der Behinderung • Unter Umständen: Wegfall einer Vertragsstrafenverpflichtung	
Weitere Folgen	§ 6 Abs. 3 VOB/B: (1) Verpflichtung des Auftragnehmers zu Vorsorgemaßnahmen, dass Arbeiten nach Behinderung (zügig) fortgeführt werden können (2) Unverzügliche Wiederaufnahme der Arbeiten nach Wegfall der Behinderung im Rahmen der betrieblichen Möglichkeiten (3) Anzeigepflicht des Auftragnehmers nach Wegfall der Behinderung	Je nach Sachverhalt: Nebenpflicht des Auftragnehmers zur Anzeige der Behinderung

8.6.1 Behinderung durch Streik oder Aussperrung

1752 Gemäß § 6 Abs. 2 Nr. 1 lit. b) VOB/B werden Ausführungsfristen verlängert, soweit eine Behinderung des Unternehmers durch Streik oder eine von der Berufsvertretung der Arbeitgeber angeordnete Aussperrung im Betrieb des Auftragnehmers oder in einem unmittelbar für ihn arbeitenden Betrieb verursacht ist. Grund für die in diesen Fällen zu gewährende Fristverlängerung ist letztlich das Rechtsinstitut der **Störung der Geschäftsgrundlage** ohne Zuordnung zum Verantwortungsbereich eines der beiden Vertragspartner.

Bei dem Streik kommt es nicht darauf an, ob dieser rechtmäßig oder rechtswidrig ist, während es bei der Aussperrung einer Anordnung des Arbeitgeberverbandes bedarf. Ausreichend ist auch ein Streik oder eine **Aussperrung bei einem Subunternehmer** des Auftragnehmers. Dies setzt allerdings voraus, dass es sich um einen zulässigen Subunternehmereinsatz seitens des Auftragnehmers handelt. Gemäß § 4 Abs. 8 VOB/B hat nämlich der Bauunternehmer die geschuldete Bauleistung grundsätzlich im eigenen Betrieb zu erbringen (s. dazu Rdn. 68 ff.; s. dazu auch Joussen/Vygen, Subunternehmervertrag, Rn. 171 ff.), sodass er durch einen Streik oder eine Aussperrung in einem anderen Betrieb nicht behindert sein kann (zu weitgehend Roquette/Viering/Leupertz, Teil 2 Rn. 498, die jeden Streik beim Subunternehmer ausreichen lassen wollen, ohne auf die Frage der Zulässigkeit des Subunternehmereinsatzes einzugehen). 1753

Ob auch ein Streik oder eine Aussperrung bei einem **Zuliefererbetrieb** als **Behinderung** des Unternehmers mit der Folge der Fristverlängerung angesehen werden kann, erscheint zweifelhaft und ist heftig umstritten (verneinend: Nicklisch/Weick, § 6 Rn. 27 mit der Begründung, dass der Unternehmer für die Materialbeschaffung eine Art Garantiestellung einnehme; teilweise bejahend Ingenstau/Korbion/Döring, VOB/B, § 6 Abs. 2 Rn. 13). Man wird dem Unternehmer aber auch hier in bestimmten Fällen eine Fristverlängerung nicht versagen können (Heinemann/Riedl/Rusam/Kuffer, VOB/B § 6 Rn. 13; s. dazu auch Joussen/Vygen, Subunternehmervertrag Rn. 408 ff.). Denn letztlich ist der Zuliefererbetrieb ein für den Auftragnehmer arbeitender Betrieb, wenn er die notwendigen **Baustoffe** oder Einbauteile herzustellen hat. Dies gilt jedenfalls dann, wenn der Auftraggeber ein **bestimmtes Material** einer bestimmten Firma oder **Bezugsquelle vorgeschrieben** hatte und dieser Betrieb bestreikt wird. Dasselbe gilt, wenn der bestreikte Zulieferant ein Monopolbetrieb ist, sodass der Auftragnehmer keine Ausweichmöglichkeiten hat und die anderweitige Beschaffung seiner Disposition entzogen ist. Ähnliche Probleme können sich bei einem Streik in einer vom Auftraggeber vorgeschriebenen **Deponie** oder in den notwendigen Transportbetrieben ergeben, wenn dem Auftragnehmer keine zumutbaren Ausweichmöglichkeiten zur Verfügung stehen. 1754

> **Beispiel**
>
> Es kommt zum Streik im Transportgewerbe, sodass der Auftragnehmer nicht die geplanten Lkw einsetzen kann.

Keinesfalls entlastet es dagegen den Auftragnehmer, wenn vor Vertragsschluss schon absehbar ist, dass die Materialbeschaffung schwierig wird und der Auftragnehmer dann den Vertrag trotzdem ohne einen entsprechenden Vorbehalt geschlossen hat (so zu Recht OLG Koblenz, Urt. v. 15.2.2012 – 5 U 816/11, BauR 2012, 841 [Ls.]).

8.6.2 Behinderung durch höhere Gewalt oder andere unabwendbare Umstände

Die Begriffe der höheren Gewalt und des unabwendbaren Umstandes lehnen sich eng an die Regelung des § 7 Abs. 1 VOB/B und insbesondere der §§ 1 ff. Haftpflichtgesetz an, sodass deren Auslegungskriterien herangezogen werden können. Danach **schließt jedes**, auch das geringste **Verschulden** des Auftragnehmers die **Annahme höherer Gewalt** oder eines unabwendbaren Umstandes **aus**. 1755

Höhere Gewalt ist in diesem Sinne ein ›betriebsfremdes, von außen durch elementare Naturkräfte oder durch Handlungen dritter Personen herbeigeführtes Ereignis, das nach menschlicher Einsicht und Erfahrung unvorhersehbar ist, mit wirtschaftlich vertretbaren Mitteln auch durch die äußerste, nach der Sachlage vernünftigerweise zu erwartende Sorgfalt nicht verhütet oder unschädlich gemacht werden kann und auch nicht wegen seiner Häufigkeit vom Betriebsunternehmer in Kauf zu nehmen ist‹ (so BGH, Urt. v. 23.10.1952 – III ZR 364/51, BGHZ 7, 338, 339). 1756

▶ **Beispiele**

Unter höhere Gewalt fallen Behinderungen im Bauablauf durch Erdbeben, Blitzeinschlag, orkanartige Stürme, ganz außergewöhnliche Hochwasser- und Überschwemmungssituationen wie etwa im Oderbruch 1997. Auch politische Unruhen können höhere Gewalt darstellen (BGH, Urt. v. 11.03.1982 – VII ZR 357/80, BGHZ 83, 197, 200 f. = BauR 1982, 273, 274 f. = NJW 1982, 1458 f.).

1757 **Unabwendbare Umstände** sind demgegenüber Ereignisse, die zwar nicht als höhere Gewalt eingestuft werden können, die aber ›nach menschlicher Einsicht und Erfahrung in dem Sinne unvorhersehbar sind, dass ihr Eintritt und ihre Folgen unter Einsatz wirtschaftlich vertretbarer Mittel auch bei äußerster Sorgfalt nicht verhindert oder ihre Wirkungen bis auf ein erträgliches Maß unschädlich gemacht werden können‹ (so BGH, Urt. v. 12.07.1973 – VII ZR 196/72, BGHZ 61, 144, 145 = BauR 1973, 317, 318 = NJW 1973, 1698; BGH, Urt. v. 21.08.1997 – VII ZR 17/96, BGHZ 136, 303, 305 f. = BauR 1997, 1019, 1020 = NJW 1997, 3018).

▶ **Beispiel**

Ganz außerordentliche Hochwasser können für einen Auftragnehmer unabwendbare Umstände darstellen, wenn sie bei objektiver Sichtweise nicht vorhersehbar waren und dem Auftragnehmer auch ansonsten kein Verschulden hinsichtlich etwa fehlender Schutzmaßnahmen vorzuwerfen ist.

1758 Die Hürde für unabwendbare Umstände liegt im Ergebnis sehr hoch, um nicht zu sagen, dass sie praktisch kaum zu nehmen sein wird. Dies beruht vor allem darauf, dass nach der Rechtsprechung es nicht auf die subjektive Sichtweise des betroffenen Auftragnehmers ankommt. Entscheidend ist vielmehr, dass das **Ereignis objektiv unabhängig von der konkreten Situation des betroffenen Auftragnehmers unvorhersehbar und unvermeidbar war** (BGH, Urt. v. 21.08.1997 – VII ZR 17/96, BGHZ 136, 303, 306 = BauR 1997, 1019, 1020 = NJW 1997, 3018 und BGH, Urt. v. 16.10.1997 – VII ZR 64/96, BGHZ 137, 35, 38 = BauR 1997, 1021, 1023 = NJW 1998, 456, 457 betreffend die Fälle zum Kölner Rheinhochwasser) – eine Anforderung, die in der Praxis kaum vorliegen dürfte und ihren Niederschlag heute auch in der allgemeinen Gefahrtragungsregelung in § 7 Abs. 1 VOB/B findet. Ob dieser vom BGH vorgezeichnete Weg besonders »glücklich« ist, mag hingegen bezweifelt werden (kritisch auch Leinemann/Leinemann, § 6 Rn. 43). Denn insbesondere in dem entschiedenen Fall zum Rheinhochwasser musste der BGH schließlich doch eine Lösung finden, um ein allein tragbares und Recht und Billigkeit entsprechendes Ergebnis zu erreichen, indem er dem Unternehmer schließlich einen (Teil)vergütungsanspruch zuerkannte. Hierzu griff der BGH (a. a.O) auf § 645 Abs. 1 BGB (analog) zurück, eine äußerst gekünstelt wirkende und wenig nachzuvollziehende Lösung. Im Rahmen der Fristverlängerung wird sich damit aber letztlich kein anderes Ergebnis zeigen: Denn mit der Anwendung von § 645 Abs. 1 BGB in diesen Grenzbereichen scheidet zwar möglicherweise eine Fristverlängerung nach § 6 Abs. 2 Nr. 1 lit. c VOB/B aus; es kommt nunmehr aber eine solche nach § 6 Abs. 2 Nr. 1 lit. a VOB/B in Betracht, weil der **Risikobereich des Auftraggebers** betroffen ist, wie die Heranziehung des § 645 Abs. 1 BGB durch den BGH zeigt (vgl. dazu unten Rdn. 1764 ff.).

1759 Im Zusammenhang mit etwaigen unabwendbaren Umständen werden ferner wieder auch Fälle des **Diebstahls** und der **Beschädigung von Teilen der Bauleistung** des Auftragnehmers **vor der Abnahme** diskutiert.

▶ **Beispiel**

Am Wochenende werden Heizkörper gestohlen, nachdem diese zum Zwecke des Anstriches abgenommen wurden. Während der Baumaßnahme werden von Unbekannten Fensterscheiben zerstört oder die Fassade mit Graffiti besprüht.

In diesen Fällen bleibt der Unternehmer zur Neuherstellung verpflichtet (vgl. zu den Graffiti-Fällen Köhler BauR 2002, 27, der diese Sachverhalte aber zu Unrecht als ein unabwendbares Ereignis einstufen will, was wohl – da solche Fälle ohne Weiteres vorhersehbar sind – kaum zutreffen dürfte).

8.6 Verlängerung verbindlich vereinbarter Ausführungsfristen infolge von Behinderungen

Denn er trägt die Gefahr des Untergangs und der Beschädigung der Bauleistung bis zur Abnahme und ist gemäß § 4 Abs. 5 VOB/B und den Regelungen in den einschlägigen DIN-Vorschriften verpflichtet, seine Bauleistungen **bis zur Abnahme vor Diebstahl und Beschädigung zu schützen**. Diese in § 4 Abs. 5 VOB/B ausdrücklich festgehaltene **Schutzpflicht** wird durch die DIN 18299 z. B. in Ziffern 4.2.5 und 4.2.15 näher umrissen. Sie wird dort gleichzeitig insofern eingeschränkt, als bestimmte **Schutzmaßnahmen als Besondere Leistungen** aufgeführt sind mit der Folge, dass sie vom Auftragnehmer nur geschuldet sind, wenn sie ihm vertraglich übertragen worden sind (s. zu den Besonderen Leistungen oben Rdn. 893). Doch auch dies ist kein Freibrief für den Auftragnehmer: Denn selbst wenn eine Beauftragung mit solchen besonderen Schutzmaßnahmen (z. B. Schutz vor Winterschäden und Grundwasser, Beseitigung von Eis und Schnee) nicht erfolgt ist, liegt nur dann für den Auftragnehmer ein unabwendbarer Umstand vor, wenn er zuvor auf deren Notwendigkeit unter **Hervorhebung der bestehenden Gefahren hingewiesen** hat (§ 4 Abs. 3 VOB/B). Dagegen gehört der Schutz gegen Niederschlagswasser im normalen Rahmen zu den **Nebenleistungen** gemäß DIN 18299 Ziffer 4.1.10. Deshalb stellen selbst wolkenbruchartige Regenfälle bei einem Aushub von Gräben für den Rohrleitungsbau im offenen Gelände noch keinen unabwendbaren Umstand dar. Die **Schutzpflicht** des Auftragnehmers vor Diebstahl und Beschädigung der Bauleistung gemäß § 4 Abs. 5 VOB/B erfasst sodann allerdings nur **zumutbare Schutzmaßnahmen**, nicht aber den Schutz gegen gewaltsame Anschläge (Beckscher VOB-Komm./Motzke B § 6 Nr. 2 Rn. 79; Kapellmann/Schiffers, Bd. 1, Rn. 1247). Deshalb kann ein vorhersehbarer oder vermeidbarer Diebstahl oder eine solche Beschädigung im Allgemeinen nicht als höhere Gewalt oder unabwendbarer Umstand im Sinne des § 7 VOB/B (OLG Düsseldorf, Urt. v. 22.10.1985 – 23 U 61/85, BauR 1985, 728; BGH, Urt. v. 24.06.1968 – VII ZR 43/66, MDR 1968, 833) oder auch im Sinne des § 6 Abs. 2 Nr. 1 lit. c) VOB/B angesehen werden. Folglich steht dem Unternehmer in diesen Fällen auch kein Anspruch auf Bewilligung einer Fristverlängerung gemäß § 6 Abs. 2 VOB/B zu. Dies kann aber im Einzelfall auch anders sein, da man von dem Unternehmer keine unzumutbaren Schutzmaßnahmen mit nicht mehr tragbarem wirtschaftlichen Aufwand verlangen kann (Heiermann/Riedl/Rusam/Kuffer, VOB, § 6 Rn. 14).

8.6.3 Behinderung durch Witterungsverhältnisse

Einer besonderen Behandlung bedürfen in diesem Rahmen die Witterungseinflüsse. Denn auch sie können unter bestimmten Voraussetzungen zu einer Verlängerung der Ausführungszeit wegen höherer Gewalt oder unabwendbarer Umstände führen. Dazu bestimmt § 6 Abs. 2 Nr. 2 VOB/B allerdings: ›Witterungseinflüsse während der Ausführungszeit, mit denen bei Abgabe des Angebotes normalerweise gerechnet werden musste, gelten nicht als Behinderung‹. 1760

Aus dieser Regelung folgt: **Außergewöhnliche Witterungsverhältnisse** können im Einzelfall ausnahmsweise unter dem Gesichtspunkt der höheren Gewalt oder der unabwendbaren Umstände eine **Verlängerung der Ausführungsfrist** bewirken. Dagegen folgt aus § 6 Abs. 2 Nr. 2 VOB/B, dass Witterungseinflüsse, mit denen bei Abgabe des Angebotes gerechnet werden musste, nicht als Behinderung gelten. Denn diese kann und muss der Auftragnehmer vorhersehen und damit einkalkulieren. Ohne besondere vertragliche Vereinbarung rechtfertigen deshalb **Schlechtwettertage** grundsätzlich keine **Bauzeitverlängerung**, solange es sich nicht um ganz außergewöhnliche Witterungsverhältnisse handelt.

▶ **Beispiel**

> Wer eine Bauleistung in der Zeit vom 10. Januar bis zum 10. März anbietet, muss in Rechnung stellen, dass es in dieser Zeit eine durchschnittliche hohe Anzahl von Frosttagen gibt. Treten diese tatsächlich auf, kann sich der Auftragnehmer auf die schlechte Witterung nicht berufen. Etwas anderes gilt für eine Bauzeit vom 10. Mai bis 31. Mai. Kommt es hier zu ungewöhnlichen Frostphasen, wird dies eine Bauzeitverlängerung rechtfertigen.

Entscheidend sind dabei allein die Witterungseinflüsse, die unmittelbar auf das Grundstück der Bauausführung einwirken (BGH, Urt. v. 12.07.1973 – VII ZR 196/72, BGHZ 61, 144, 145 = 1761

BauR 1973, 317, 318 = NJW 1973, 1698; Ingenstau/Korbion/Döring VOB/B § 6 Abs. 2 Rn. 22 f.). Zu den **außergewöhnlichen Witterungsverhältnissen** können gerechnet werden, z. B. eine lang anhaltende, ungewöhnliche Kältewelle, so etwa im Winter 1978/79 in Norddeutschland und im Winter 1995/96 mit fast 3-monatigem Dauerfrost, aber auch u. U. ein wolkenbruchartiger Regen, der so stark und so selten ist, dass damit an der Baustelle im Durchschnitt nur alle zwanzig Jahre einmal zu rechnen ist (OLG Koblenz, Urt. v. 14.06.1978 – 1 U 830/77, Schäfer/Finnern/Hochstein, Nr. 1 zu § 6 Nr. 2 VOB/B).

1762 Bei **Unklarheiten** in solchen Fällen empfiehlt es sich, die Erkenntnisse des Wetterdienstes zurate zu ziehen und sich insbesondere die Mittelwerte der vergangenen 10 oder gar 20 Jahre für die jeweilige Baustelle geben zu lassen. Bei größeren Bauvorhaben und besonders von Witterungseinflüssen abhängigen Arbeiten (z. B. bei Arbeiten an Gewässern, die vom jeweiligen **Wasserstand** des Flusses beeinflusst oder bei bestimmten hohen Wasserständen gar unmöglich werden) ist den Vertragspartnern anzuraten, je nach Lage der Baustelle und deren Anfälligkeit gegen bestimmte Witterungseinflüsse besondere **Regelungen für Ausfalltage** in den Besonderen Vertragsbedingungen zu treffen. Dabei kann in vielen Fällen der (heute leider ersatzlos weggefallene) Vorschlag der Bundesanstalt für Gewässerkunde vom 6. Oktober 1951 als Anhaltspunkt dienen (vgl. dazu: Ingenstau/Korbion/Döring, VOB/B, § 6 Abs. 2 Rn. 27 ff.).

1763 Bei der Beurteilung der Frage, ob bestimmte Witterungseinflüsse zu einer Verlängerung der Ausführungsfrist führen, kommt es häufig aber auf den konkreten Einzelfall und dabei auch auf die **Art der auszuführenden Bauarbeiten** an.

▶ Beispiel

Einem Bauunternehmer ist eine genau bestimmte, vertraglich bindend festgelegte Frist zur Ausführung einer Baumaßnahme vom 10. bis 20. August gesetzt worden, die nach den einschlägigen DIN-Vorschriften nur bei trockenem Wetter ausgeführt werden kann (z. B. Dachabdichtungen). Nunmehr regnet es an diesen Tagen ununterbrochen.

In Fällen wie diesen wird man dem Unternehmer eine Verlängerung der Ausführungsfrist zubilligen müssen. Zwar ist ein solcher Dauerregen im August nicht außergewöhnlich (vgl. Ingenstau/Korbion/Döring, VOB/B, § 6 Abs. 2 Rn. 26; Leinemann/Leinemann, 3 6 Rn. 43); gleichwohl handelt es sich für den Unternehmer und letztlich auch objektiv für die konkreten Arbeiten um einen objektiv **unabwendbaren Umstand**, der jedenfalls ein Verschulden des Unternehmens und damit Schadensersatz- und Vertragsstrafenansprüche ausschließt.

8.6.4 Behinderung durch Umstände aus dem Risikobereich des Auftraggebers

1764 Außer den in § 6 Abs. 2 Nr. 1 lit. b) und c) VOB/B geregelten, meist klaren Behinderungsfällen kommt für eine Bauzeitverlängerung vor allem die erste Variante gem. § 6 Abs. 2 Nr. 1 lit. a) VOB/B in Betracht. Denn für eine Bauablaufstörung sind in der Praxis meist nicht Streik oder Aussperrung oder höhere Gewalt, sondern ganz andere Ursachen ausschlaggebend: So wirken sich während der Bauausführung vor allem **Änderungen der Planung und/oder des zu erbringenden Leistungsumfanges** und die **Verletzung oder verzögerte Erfüllung von Mitwirkungspflichten** durch den Auftraggeber auf die Einhaltung der verbindlich festgelegten Bauzeit aus. Dabei lässt sich der zweite Fall, also die verzögerte Erfüllung der Mitwirkungspflichten durch den Auftraggeber, meist unschwer unter § 6 Abs. 2 Nr. 1 lit. a) VOB/B subsumieren mit der Folge, dass diese jedenfalls bei **Verschulden des Auftraggebers** zur Verlängerung der Bauzeit führt. Auf ein solches Verschulden kommt es in § 6 Abs. 2 Nr. 1 lit. a) VOB/B aber nicht einmal an. Vielmehr wird die Bauzeit zugunsten des Unternehmers schon dann verlängert, wenn der die Bauzeit verlängernde Umstand aus dem **Risikobereich des Auftraggebers**, d. h. aus dessen Einflussbereich oder noch allgemeiner aus dessen Sphäre stammt (s. zu den Folgen, wenn gleichzeitig eine Störung beim Auftragnehmer vorliegt: Rdn. 1807)

8.6 Verlängerung verbindlich vereinbarter Ausführungsfristen infolge von Behinderungen 8

In Anbetracht dieser Regelung in der VOB/B zur Bauzeitverlängerung ist es somit **erforderlich**, die **beiderseitigen Risikobereiche von Auftraggeber und Auftragnehmer gegeneinander abzugrenzen**. Richtigerweise kann man dazu wiederum weitgehend auf die Regelungen in §§ 3 und 4 VOB/B (s. dazu Rdn. 940 ff.), aber auch in anderen Bestimmungen der VOB in Teil A und B sowie in dem konkreten Bauvertrag der Parteien und den DIN-Normen, vor allem der DIN 18299 zurückgreifen. Diese Abgrenzung führt dazu, dass z. B. folgende Behinderungen des Unternehmers in den **Risiko- oder Einflussbereich des Auftraggebers** fallen und deshalb einen Anspruch auf Verlängerung vereinbarter Ausführungsfristen rechtfertigen bzw. zur **Verlängerung der Ausführungsfristen führen**: 1765

- Verspätete Bereitstellung der **Baugenehmigung** oder anderer öffentlich-rechtlicher Genehmigungen und Erlaubnisse gemäß § 4 Abs. 1 Nr. 1 S. 2 VOB/B, 1766
- Verspätete oder jedenfalls nicht rechtzeitige Übergabe der für die Ausführung der Bauleistungen nötigen Unterlagen, also **Pläne, Ausführungszeichnungen, Statik, Schal- und Bewehrungspläne** usw. gemäß § 3 Abs. 1 VOB/B,
- Verspätete **Bereitstellung des baureifen Grundstückes** einschließlich des Absteckens der Hauptachsen der baulichen Anlagen, der Grenzen des Geländes, des Schaffens der notwendigen Höhenfestpunkte und der Überlassung der notwendigen Lager- und Arbeitsplätze gemäß § 3 Abs. 2 VOB/B und § 4 Abs. 4 VOB/B,
- Unzureichende **Aufrechterhaltung der allgemeinen Ordnung auf der Baustelle** oder durch eine mangelhafte oder unterlassene Regelung des Zusammenwirkens der verschiedenen Unternehmer gemäß § 4 Abs. 1 Nr. 1 S. 1 VOB/B,
- Von einem **Nachbarn erwirkter Baustopp** (Kapellmann/Schiffers Bd. 1 Rn. 1348),
- Unvorhersehbare Schließung einer öffentlichen **Zufahrtsstraße** mit Folgen für die Abfuhr (vgl. OLG Düsseldorf, Urt. v. 09.05.1990 – 19 U 16/89, BauR 1991, 337, 339 f.),
- **Verspätete Entscheidungen** nach **Bemusterungen**, nach **Hinweisen gemäß § 4 Abs. 3 VOB/B**, über Alternativen oder verspätete Anordnung zur Ausführung von Bedarfspositionen (Beachtung von Lieferfristen),
- Verspätete **Anlieferung bauseits zu stellender Baustoffe**, Baumaterialien oder auch verspätete Bereitstellung von Gerüsten oder notwendigen Vorleistungen wie **Eigenleistungen** oder Keller oder Fundamente für ein Fertighaus.

Neben diesen allgemeinen Erwägungen zur Abgrenzung der Risikobereiche von Auftraggeber und Auftragnehmer sollen nachfolgend einzelne im Baugeschehen besonders bedeutende Sachverhalte betrachtet werden, die ganz typischerweise zu Bauablaufstörungen führen. Gerade bei diesen fällt es jedoch oft schwer zu entscheiden, ob die damit verbundenen Störungsursachen dem Risikobereich des Auftraggebers zuzuordnen sind. Nur dann würden sie nämlich gem. § 6 Abs. 2 Nr. 1 lit. a) VOB/B zu einer Bauzeitverlängerung führen. 1767

8.6.4.1 Bauzeitverlängerung bei Verkehrsbehinderungen

Diskutiert wird immer wieder, inwieweit Verkehrsbehinderungen zu dem Risikobereich des Auftraggebers gehören, die zu einer Bauzeitverlängerung führen. 1768

> **Beispiel**
>
> Bei einer größeren Baustelle müssen erhebliche Massen transportiert werden. Im Bauvertrag ist zu den Wegen nichts weiter vorgesehen. Der Auftragnehmer plant eine Route auf öffentlichen Straßen durch eine nahe gelegene Gemeinde. Nach den ersten Transporten verbietet die Gemeinde die Durchfahrt, weswegen jetzt erhebliche Umwegfahrten notwendig werden.

Soweit im Bauvertrag zu den zu benutzenden Wegen nichts weiter geregelt ist, ist **nicht ersichtlich**, dass eine solche **Verkehrsbeeinträchtigung »in den Risikobereich des Auftraggebers« fällt**. Denn der Auftraggeber steht einer solchen Verkehrsbeeinträchtigung nicht näher als der Auftragnehmer, wobei Letzterer sogar im Zweifel eher beurteilen kann, welche Route denn sinnvollerweise für Massentransporte zu nutzen ist (ähnlich Kapellmann/Messerschmidt/Kapellmann, § 6 Rn. 19, der auch nur dann eine Behinderung aus dem Risikobereich des Auftraggebers anerkennen will, wenn dies entsprechend so im Bauvertrag geregelt ist, was aber die Ausnahme sein dürfte; vgl. auch OLG Brandenburg, Urt. v. 17.10.2007 – 4 U 48/07, BauR 2009, 821, 822, dass eine solche Verkehrsbehinderung sogar ausschließlich dem Risikobereich des Auftragnehmers zuordnet). Hieran ändert § 4 Abs. 1 Nr. 1 S. 3 VOB/B nichts (in diesem Sinne aber wohl zu verstehen: OLG Zweibrücken, Urt. v. 15.02.2002 – 2 U 30/01, BauR 2002, 972, 973; Ingenstau/Korbion/Oppler, § 4 Abs. 1 Rn. 7): Zwar ist danach der Auftraggeber für die Einholung der erforderlichen öffentlichen Genehmigungen verantwortlich. Hierbei geht es jedoch richtigerweise nur um Genehmigungen betreffend die Baumaßnahme selber, nicht um Genehmigungen für die Tätigkeit des Auftragnehmers außerhalb der Baustelle. Zu überlegen wäre in diesen Fällen allenfalls, ob bei Verkehrsbehinderungen ggf. ersatzweise ein für einen Auftragnehmer unabwendbarer Umstand vorliegt, der aber allein aus diesem Gesichtspunkt heraus eine Bauzeitverlängerung nach § 6 Abs. 2 Nr. 1 lit. c) VOB/B rechtfertigen könnte. Dies gilt richtigerweise ebenso, wenn es um Verkehrsbehinderungen durch **Bürgerinitiativen** und **Demonstrationen** geht.

1769 Abzugrenzen sind von den Verkehrsbeschränkungen außerhalb der Baustelle Störungen im Bauablauf durch eine **Behinderung der unmittelbaren Zuwegung im Baustellenbereich**: Denn diese fällt unstreitig in den **Risikobereich des Auftraggebers**. Dies wiederum beruht darauf, dass der Auftraggeber im Rahmen seiner bauvertraglichen Mitwirkungspflichten gehalten ist, dem Unternehmer ein baureifes Grundstück zur Verfügung zu stellen (s. dazu Rdn. 1080) und für die Aufrechterhaltung der allgemeinen Ordnung auf der Baustelle zu sorgen (Rdn. 1055 ff.). Hierzu gehört es auch, dem Unternehmer im Baustellenbereich die vorhandenen Zufahrtswege zur Benutzung zu überlassen.

8.6.4.2 Bauzeitverlängerung durch zusätzliche oder geänderte Leistungen

1770 Viel diskutiert ist neben den Verkehrsbehinderungen die Frage, ob auch eine **nachträgliche Änderung des Bauentwurfs und/oder des Leistungsumfanges** zu einer Verlängerung der vereinbarten Ausführungsfrist führen kann. Gerade dies ist für die Praxis von erheblicher Bedeutung, da bei nahezu jedem Bauvorhaben während der Bauausführung **Leistungsänderungen und zusätzliche Leistungen** notwendig oder angeordnet werden. Dabei können die Ursachen für solche Änderungen des vom Unternehmer zu erbringenden Leistungsumfanges durchaus unterschiedlich sein.

▶ **Beispiele**
- Die **Baugrundverhältnisse** werden abweichend angetroffen, als dies von den Vertragspartnern ursprünglich angenommen oder vom Auftraggeber ausgeschrieben worden war. Dies macht den Einsatz von zusätzlichen und/oder anderen Geräten und Maschinen und deswegen auch eine Umstellung der Bauablaufplanung für die Erdarbeiten unausweichlich.
- Der Auftraggeber hatte in den Ausschreibungsunterlagen Angaben über die **Bodenverhältnisse** und den **Wasserandrang** gemacht und der Unternehmer darauf aufbauend die Wasserhaltungsanlage bemessen und eingerichtet. Im Zuge der Bauausführung stellt sich heraus, dass der Wasserandrang und die zu pumpende Wassermenge erheblich höher sind als nach den Vorgaben des Auftraggebers zu erwarten war. Auch dies führt in aller Regel zu erheblichen Verzögerungen bei der Bauausführung.
- Der Unternehmer hat gemäß der Ausschreibung für einen U-Bahn-Bau Teile des Verbaues als Berliner Verbau und Teile als Bohrpfahl-Wand angeboten; der Auftraggeber ordnet im Zuge der Bauausführung als dritte Verbauart für Teilbereiche das Schlitzwandverfahren an. Erneut kann es dadurch zu einer Veränderung der vorgesehenen Bauablaufplanung und damit zu Terminverschiebungen kommen.

1771 In allen diesen Fällen wird teilweise vertreten, dass die **Auswirkungen auf die vereinbarte Ausführungsfrist** auch über § 2 Abs. 5 und 6 VOB/B abgedeckt werden (Leinemann/Leinemann, § 6 Rn. 34). Das ist jedoch falsch, da § 2 Abs. 5 und 6 VOB/B nur die Ermittlung der Vergütung – ggf. unter Einbeziehung bauzeitabhängiger Kosten – regelt, nicht aber die Bauzeit selbst (Ingenstau/Korbion/Döring, VOB/B § 6 Rn. 8). Richtigerweise wird man stattdessen davon auszugehen haben,

8.6 Verlängerung verbindlich vereinbarter Ausführungsfristen infolge von Behinderungen

dass sich die Ausführungsfrist nur auf den im Bauvertrag vorgesehenen Leistungsumfang beziehen kann (vgl. dazu oben Rdn. 1610 ff.). Daraus aber wirddeutlich, dass veränderte oder zusätzliche Leistungen eine Verzögerung des Bauablaufs und dann zwangsläufig auch eine Verlängerung der vorgesehenen Bauzeit zur Folge haben können (nicht müssen). Denn gerade hier zeigt sich, dass die Bauzeitverlängerung im Sinne des § 6 Abs. 2 Nr. 1 lit. a) VOB/B nicht irgendein Unwerturteil o. ä. über das Handeln des Auftraggebers mit sich bringt, sondern allein verlangt, dass der **bauzeitverlängernde Umstand »aus dem Risikobereich des Auftraggebers stammt«**. Dies ist bei angeordneten Zusatzleistungen oder Leistungsänderungen unproblematisch und versteht sich eigentlich von selbst (Vygen, BauR 1983, 210, 218). So kann der Auftraggeber, der berechtigt nach § 1 Abs. 3 oder 4 VOB/B zusätzliche oder geänderte Leistungen mit einer z. B. angenommenen Erhöhung des Leistungsvolumens von 100 % anordnen darf, nicht erwarten, dass – losgelöst von einem dafür anfallenden Mehrvergütungsanspruch – diese vermehrte Leistung in derselben Leistungszeit erbracht wird – es sei denn, die Parteien hatten dazu etwas anderes vereinbart. Dies ist jedoch genau zu prüfen.

▶ **Beispiel (in Anlehnung an BGH, Beschl. v. 15.10.2009 – VII ZR 237/08, nicht veröffentl.)**

Der Auftraggeber diskutiert mit dem Auftragnehmer bei Vertragsabschluss über ggf. später vorzunehmende Umplanungen, die er nach Vertragsschluss auch anordnet. Dies kann einen Bauzeitverlängerungsanspruch begründen. Denn der Auftragnehmer konnte (und musste) bei seinem Zeitplan trotz der geführten Diskussionen diesen bei Vertragsschluss nicht feststehenden Änderungswunsch nicht berücksichtigen.

Zusammengefasst gilt danach, dass ein Auftragnehmer bei einem VOB-Bauvertrag aufgrund späterer Leistungsänderungen durchaus eine Verlängerung der Bauzeit verlangen kann, wenn er dafür die weiteren Voraussetzungen (vgl. vor allem § 6 Abs. 1 VOB/B) einhält und die geänderte oder zusätzliche Leistung überhaupt zu einer verlängerten Bauzeit führt. Letzteres ist jedoch keinesfalls zwingend. Denn genauso gut kann eine **angeordnete Leistungsänderung die Bauzeit verkürzen** oder diese unverändert lassen. Dann kann der Auftragnehmer daraus natürlich auch keinen Anspruch ableiten.

Bei einem **BGB-Werkvertrag** gilt nichts anderes, wobei sich die Fragen hier nicht so stellen. Denn verlangt der Besteller eines Bauvorhabens bei einem BGB-Vertrag eine zusätzliche oder geänderte Leistung, ist der Unternehmer mangels vergleichbarer Regelungen in § 1 Abs. 3 oder Abs. 4 VOB/B zunächst nicht verpflichtet, diese zu erbringen. Er schuldet sie demzufolge nur, wenn Besteller und Unternehmer eine Zusatzvereinbarung zu dieser gesonderten Leistung schließen (Vygen, BauR 1983, 210, 217). Dann aber kann der Unternehmer seine **Zustimmung zu dieser Zusatzvereinbarung** nicht nur von einer zusätzlichen Vergütung abhängig machen, sondern auch **von einer angepassten Bauzeit**. Dies gilt in gleicher Weise bei Sonderwünschen des Bauherrn gegenüber einem Bauträger, der einen festen Fertigstellungstermin zugesagt hat.

8.6.4.3 Bauzeitverlängerung durch Mehrmengen und Baugrundrisiko

Schwierigkeiten bereiten des Weiteren die Fälle, in denen sich bei der Bauausführung **höhere Mengen** gegenüber den Vordersätzen des Leistungsverzeichnisses ergeben. Dasselbe gilt bei veränderten oder zusätzlichen Leistungen infolge anders als erwartet angetroffener **Boden- oder Wasserverhältnisse** ohne besondere Anordnungen des Auftraggebers.

▶ **Beispiel**

Im vom Auftraggeber aufgestellten Leistungsverzeichnis ist ein Austausch von 2 000 m^3 ungeeigneten Bodens vorgesehen. Bei den Arbeiten stellt sich heraus, dass tatsächlich 12 000 m^3 auszutauschen sind.

Eine Bauzeitverlängerung versteht sich hier zunächst nicht von selbst, weil sich ja das **Vertragssoll**, d. h. der Umfang der vertraglich geschuldeten Leistung (s. dazu oben Rdn. 869 ff.) **nicht geändert** hat; nur sind anders als im Leistungsverzeichnis angegeben mehr Mengen auszuführen, um das identisch gebliebene Vertragssoll zu erreichen. Gleichwohl kann in diesen Fällen ohne Weiteres begrifflich von einer **Behinderung des Unternehmers** ausgegangen werden. Fraglich ist aber aufgrund der Identität des Vertragssolls, ob auch die Ursachen dafür in den Risikobereich des Auftraggebers fallen und deshalb gemäß § 6 Abs. 2 Nr. 1a) VOB/B eine **Verlängerung der Bauzeit** rechtfertigen. Dies wird letztlich zu bejahen sein. Denn nach dem Gesamtsystem der VOB trägt der Auftraggeber die Verantwortung und das Risiko einer fehlerfreien, den tatsächlichen Verhältnissen entsprechenden Leistungsbeschreibung. Dies folgt in erster Linie aus § 7 VOB/A, der im Einzelnen festlegt, dass der Auftraggeber die geforderte Leistung eindeutig und erschöpfend zu beschreiben hat. Dasselbe lässt sich § 7 Abs. 1 Nr. 3 VOB/A entnehmen, wonach dem Bieter und Auftragnehmer kein ungewöhnliches Wagnis aufgebürdet werden darf.

1774 Gesondert hinzuweisen ist außerdem auf § 7 Abs. 1 Nr. 6 VOB/A: Danach sind auch die Boden- und Wasserverhältnisse so zu beschreiben, dass der Bewerber den Baugrund, seine Tragfähigkeit und die Grundwasserverhältnisse hinreichend beurteilen kann. Gerade diese Regelung zeigt mit aller Deutlichkeit, dass die VOB im Rahmen der Risikoverteilung auch beim **Baugrundrisiko** grundsätzlich dem **Auftraggeber** die **Verantwortung für die zutreffende Ermittlung der Mengen im Leistungsverzeichnis** zuweist (vgl. Ingenstau/Korbion/Keldungs, VOB/B § 2 Abs. 5 Rn. 14 ff., Ingenstau/Korbion/Döring § 6 Abs. 2 Rn. 8 sowie Ingenstau/Korbion/Kratzenberg VOB/A § 7 Rn. 54 ff.; BGH, Urt. v. 30.10.1975 – VII ZR 239/73, Schäfer/Finnern, Z 2.414.0 Bl. 8; Heiermann/Riedl/Rusam, VOB/A § 7 Rn. 20; ebenso vor allem auch Englert/Grauvogl/Maurer, Rn. 2022 ff., 2144 ff., die sich sehr eingehend mit der Gesamtproblematik des Baugrundrisikos befassen). Diese Risikoverteilung beruht letztlich darauf, dass der Boden in der Regel Eigentum des Auftraggebers, zumindest aber von ihm als **Baustoff**
i. S. des § 645 BGB (vgl. Kapellmann im Jahrbuch Baurecht 1999, S. 7 ff.) dem Unternehmer zur Bearbeitung zur Verfügung zu stellen ist. Deshalb hat auch der Auftraggeber in erster Linie die Möglichkeit, den Baugrund zu erforschen und zu beschreiben. Dies gehört grundsätzlich wie die Erstellung des Leistungsverzeichnisses und damit die Ermittlung der Mengen in den Bereich der **Planung**. Letztere obliegt aber gleichfalls dem Auftraggeber und ist von diesem dem Unternehmer zur Verfügung zu stellen, sofern die Parteien in dem konkreten Bauvertrag nicht etwas anderes vereinbart haben (vgl. dazu im Einzelnen und mit Vorschlägen für entsprechende Individualvereinbarungen: Englert/Grauvogl/Maurer, a. a. O., Rn. 2223 ff.). Dies gilt entsprechend für **Sanierungsobjekte**, die ebenfalls vom Auftraggeber dem Auftragnehmer zur Bearbeitung zu überlassen sind und deshalb so beschrieben werden müssen, dass der Auftragnehmer die dazu erforderliche Bauzeit und den erforderlichen Bauablauf kalkulieren kann.

> ▶ **Beispiel**
>
> Bei der Bauausführung stellt sich heraus, dass die Betonqualität eines Sanierungsobjekts nicht B 25 wie ausgeschrieben, sondern nur B 5 ist. Dies rechtfertigt einen Anspruch auf Bauzeitverlängerung gemäß § 6 Abs. 2 Nr. 1 lit. a VOB/B, wenn sich dadurch die geplante Ausführungsdauer verlängert oder verschiebt.

1775 Aus Vorstehendem folgt gleichzeitig, dass auch gegenüber der Ausschreibung verändert angetroffene **Boden- oder Wasserverhältnisse und Mehrmengen** bei den auszuführenden Leistungen in den **Einfluss- und Risikobereich des Auftraggebers** fallen und deshalb gemäß § 6 Abs. 2 Nr. 1 lit. a) VOB/B zu einer Verlängerung der vereinbarten Bauzeit führen können (Ingenstau/Korbion/Döring, VOB/B § 6 Abs. 2 Rn. 8).

1776 Allerdings kann vor Verallgemeinerungen dieser Grundsätze auf der anderen Seite nur gewarnt werden. So führen nämlich etwa **Mehrmengen** nicht zu einem Anspruch auf Fristverlängerung, wenn im Einzelfall ein damit **verbundenes Risiko vom Auftragnehmer übernommen** wurde. Dies kann ausdrücklich geschehen, aber auch konkludent, was vorrangig anhand einer Auslegung der dem Vertrag zugrunde liegenden Willenserklärungen zu ermitteln ist (s. dazu allgemein Rdn. 873 ff.). Dies kann unter Berücksichtigung der oben aufgestellten Kriterien letztlich nur im Einzelfall entschieden werden. Losgelöst von dieser stets vorrangig durchzuführenden Auslegung des Vertrages gibt es aber gerade im Bereich reiner Mehrmengen bei VOB-Verträgen über den dann anwendbaren § 2 Abs. 3

8.6 Verlängerung verbindlich vereinbarter Ausführungsfristen infolge von Behinderungen

VOB/B wenige typische Fallgruppen, die entweder in die eine oder andere Richtung Ansprüche auf Bauzeitverlängerung mit sich bringen oder ausschließen:

- Treten Mehrmengen auf, kann nach § 2 Abs. 3 VOB/B eine Änderung des vereinbarten Einheitspreises nur verlangt werden, wenn die tatsächlich ausgeführte Menge einer bestimmten Leistungsposition um mehr als **10 % von der ausgeschriebenen Menge** abweicht. Bis zu 10 % muss daher der Unternehmer Mehr- und Mindermengen einkalkulieren, ohne einen neuen Einheitspreis verlangen zu können. Dies wird man **auf die Frage einer Verlängerung der Ausführungsfrist übertragen** müssen. Denn solche verhältnismäßig geringen Mengenabweichungen sind üblich und vorhersehbar und kommen nahezu bei jedem Bauvorhaben vor; deshalb sind sie auch bezüglich der zeitabhängigen Kosten einzukalkulieren (so auch Kapellmann/Schiffers, Bd. 1 Rn. 566 f. und 1202; Beck'scher VOB-Komm./Motzke, B § 6 Nr. 2 Rn. 51); nichts anderes gilt für die Bauzeit selbst. Eine Ausnahme wird man nur dann zu machen haben, wenn die zu niedrigen Mengenangaben auf **Fahrlässigkeit des Auftraggebers oder seines Erfüllungsgehilfen** beruhen, zumal dem Unternehmer dann auch ein Schadensersatzanspruch aus Verschulden bei Vertragsabschluss (§§ 311 Abs. 2, 241 Abs. 2, 280 BGB) zustehen kann. — 1777

- Eine Verlängerung der Ausführungsfrist kommt ebenso wenig infrage, wenn der Unternehmer zwar über 10 % hinausgehende Mehrmengen bei einzelnen Positionen erbringen muss, er aber durch Mindermengen bei anderen Positionen einen **entsprechenden Ausgleich auch in zeitlicher Hinsicht** erhält und dadurch letztlich eine Behinderung des Bauablaufs nicht festgestellt werden kann (vgl. § 2 Abs. 3 Nr. 2 VOB/B; so auch Kapellmann/Schiffers a. a. O.). — 1778

- Des Weiteren entfällt ein Anspruch des Unternehmers auf Fristverlängerung wegen erheblicher Mehrmengen, wenn die **Planung bzw. das Leistungsverzeichnis von ihm selbst** stammt. — 1779

> ▸ **Beispiel**
>
> Eine Sanitärfirma soll eine neue Heizung einbauen. Sie hat hierfür im Leistungsverzeichnis 50 Kernbohrungen vorgesehen. Erforderlich sind tatsächlich 150. Hier steht ihr zwar – weil ein Einheitspreisvertrag vorliegt – eine Vergütung für die 150 Kernbohrungen zu. Demgegenüber verlängert sich allein dadurch die Bauzeit nicht, weil das Leistungsverzeichnis mit den zu niedrigen Mengenangaben, die ursächlich für die Bauzeitverlängerung sein sollen, gerade nicht aus dem Risikobereich des Auftragnehmers stammt.

Aus denselben Gründen scheidet eine Bauzeitverlängerung bei Mehrmengen aus, wenn dem Auftragnehmer der Auftrag als Pauschalvertrag oder aufgrund eines **Nebenangebotes** oder eines **Sondervorschlags** erteilt worden ist oder er aus anderen Gründen das Leistungsverzeichnis aufgestellt und damit die Mengen selbst ermittelt hat. In diesen Fällen liegt das **Mengenrisiko** somit auch im Rahmen seiner Verpflichtung zur Einhaltung der vereinbarten Bauzeit allein bei dem Auftragnehmer.

Zu beachten ist aber stets, dass unter § 2 Abs. 3 VOB/B nur solche Mehrmengen fallen, deren Ursache allein in einer ungenauen Mengenermittlung bei der Aufstellung des Leistungsverzeichnisses liegt. Beruht dagegen die Mengenmehrung auf **Planungsänderungen oder anderen Anordnungen des Auftraggebers**, so kommt § 2 Abs. 3 VOB/B weder für die Bestimmung der Vergütung noch für die Bauzeitverlängerung zur Anwendung (so auch Kapellmann/Schiffers, Bd. 1, Rn. 505 ff.). Stattdessen kann es dann durchaus zu einer berücksichtigungsfähigen Bauzeitverlängerung kommen (s. vorstehend Rdn. 1770 ff.). — 1780

> ▸ **Beispiel**
>
> Beruhen die Mehrmengen der Kernbohrungen in vorgenanntem Beispielfall auf einer Umplanung des Auftraggebers, liegt kein Fall des § 2 Abs. 3 VOB/B vor, weil sich das Leistungssoll geändert hat. Vielmehr gehen sie dann auf eine Leistungsänderungsanordnung nach § 1 Abs. 3 VOB/B zurück, sodass jetzt die bauzeitverlängernden Umstände unproblematisch aus dem Risikobereich des Auftraggebers stammen.

1781 Diese vorbeschriebenen Grundsätze gelten in allen Fällen, in denen die VOB/B zur Vertragsgrundlage gemacht worden ist und der konkrete Bauvertrag der Parteien keine andere **Risikoverteilung** erkennen lässt, die mit §§ 307 ff. BGB bzw. dem Grundsatz von Treu und Glauben vereinbar sein muss. Besonders bedeutend ist dies bei der Abwälzung des Baugrundrisikos auf den Unternehmer, die in der Regel einer AGB-Inhaltskontrolle nicht standhält. (vgl. zu der Möglichkeit von Individualvereinbarungen: Englert/Grauvogl/Maurer, Rn. 2223 ff.).

8.6.4.4 Bauzeitverlängerung durch verspätete oder mangelhafte Fertigstellung von Voruntenehmerleistungen

1782 Eine besondere Problematik für die Einhaltung einer fest vereinbarten Bauzeit ergibt sich für den Unternehmer in den sog. Vorunternehmerfällen. Hierbei geht es um Sachverhalte, in denen der Unternehmer mit seiner Bauleistung nicht zu dem vorgesehenen Termin beginnen kann, weil **Vorunternehmer** nicht rechtzeitig fertig geworden oder deren Leistungen mängelbehaftet sind und zunächst nachgebessert werden müssen:

> **Beispiel (nach BGH, (Urt. v. 27.06.1985 – VII ZR 23/84, BGHZ 95, 128 = BauR 1985, 561 = NJW 1985, 2475)**
>
> Der Bauherr hatte einen Vorunternehmer mit den Gründungsarbeiten und eine ARGE mit den anschließenden Rohbauarbeiten beauftragt. Jeweils waren feste Ausführungsfristen nach entsprechenden Bauzeitenplänen vereinbart. Die Gründungsarbeiten waren zwar von dem Vorunternehmer rechtzeitig fertiggestellt und von dem Bauherrn abgenommen worden. Als die ARGE mit ihren Rohbauarbeiten beginnen wollte, stellte sie bei ihrer Überprüfung der Gründungsarbeiten (vgl. § 4 Abs. 3 VOB/B) aber deren Mangelhaftigkeit fest und teilte dies dem Bauherrn mit. Dieser verlangte von dem Vorunternehmer die Nachbesserung, was zu einer mehrmonatigen Verschiebung des Baubeginns der ARGE führte, der dadurch ein Schaden infolge von eingetretenen Lohnerhöhungen usw. entstand.

1783 Bei Fällen wie diesen wird man streng die Frage zu trennen haben, ob dem Folgeunternehmer ein Anspruch auf Ersatz der Mehrkosten zusteht (s. dazu Rdn. 1997 ff.) und es ggf. unabhängig davon zu einer Bauzeitverlängerung kommt. An Letzterem kann ernstlich kein Zweifel bestehen. Denn die ARGE als Nachfolgeunternehmer war unstreitig in der ordnungsgemäßen Ausführung ihrer Bauleistung behindert; diese Behinderung beruhte ebenso unstreitig auf einem Umstand, der in den **Risikobereich des Auftraggebers** fällt. Daher ist seit jeher unbestritten, dass **Bauzeitverzögerungen infolge mangelhafter bzw. nicht fertiggestellter Vorunternehmerleistungen** bei dem Nachfolgeunternehmer einen **Anspruch auf Bauzeitverlängerung** begründen. Dabei ist völlig unbeachtlich, ob diese Verzögerungen vom Auftraggeber oder dem Vorunternehmer verschuldet waren oder nicht (BGH, Urt. v. 21.12.1989 – VII ZR 132/88, BauR 1990, 210, 211 = NJW-RR 1990, 403; Ingenstau/Korbion/Döring, VOB/B § 6 Abs. 2 Rn. 9; Kapellmann/Messerschmidt/Kapellmann, VOB/B, § 6 Rn. 18). Dass der Risikobereich des Auftraggebers unstreitig betroffen ist, ergibt sich dabei zusammengefasst aus folgenden Überlegungen:

1784 • Der Auftraggeber legt selbst oder durch seine Bauleitung den **Ausführungsbeginn** fest und bestimmt den **Fertigstellungstermin**. Dies gehört zu seiner ihmnach § 4 Abs. 1 VOB/B obliegenden **Koordinierungspflicht. Diese wiederum überträgt** er im Allgemeinen im Architektenvertrag seinem Architekten, da dieser gemäß § 33 Nr. 8 i. V. m. Anl. 11 HOAI im Rahmen der von ihm zu erbringenden Objektüberwachung auch die Aufstellung und Überwachung eines Zeitplanes für die Bauausführung schuldet. Damit hat allein der Auftraggeber die Möglichkeit, für den Fall möglicher von ihm zu vertretender bzw. verursachter Bauablaufstörungen Pufferzeiten oder Reserven im Bauablaufplan einzubauen. Wenn er dies unterlässt, so ist dies letztlich sein Risiko.

1785 • Das Risiko einer verspäteten Fertigstellung von Vorunternehmerleistungen geht auch deshalb zulasten des Auftraggebers, weil er im Rahmen seiner **Mitwirkungspflichten** dem Nachfolgeunternehmer ein **baureifes Grundstück** zur Verfügung zu stellen hat (§§ 3 Abs. 1, 4 Abs. 1 und 4 VOB/B; s. auch oben Rdn. 1080) und dazu sowohl die **rechtliche als auch die tatsächliche Be-**

bauungsfähigkeit im Sinne der **Baufreiheit** gehört. Gerade die tatsächliche Bebauungsfähigkeit setzt aber zumeist notwendig die vollständige und rechtzeitige Fertigstellung von Vorunternehmerleistungen voraus, wie besonders an dem vorgenannten Fall des BGH deutlich wird: Denn die ARGE kann mit ihren Rohbauarbeiten erst beginnen, wenn die Gründungsarbeiten ordnungsgemäß fertiggestellt sind. Erst damit wird das Grundstück für die Rohbaufirma tatsächlich bebauungsfähig und die erforderliche Baufreiheit für den nachfolgenden Rohbau geschaffen (so auch Kraus, BauR 1986, 17 ff. und Kapellmann/Schiffers, Bd. 1, Rn. 1369 ff.).

- Ebenso wie die rechtzeitige Fertigstellung der Vorunternehmerleistung gehört deren **mangelfreie Erstellung** zur Schaffung der Baufreiheit und somit zum **Risikobereich des Auftraggebers** (vgl. dazu auch BGH, Urt. v. 21.08.1997 – VII ZR 17/96, BGHZ 136, 303, 308 f. = BauR 1997, 1019, 1021 = NJW 1997, 3018, 3019; BGH, Urt. v. 16.10.1997 – VII ZR 64/96, BGHZ 137, 35, 38 = BauR 1997, 1021, 1023 = NJW 1998, 456, 457). Denn nur der Auftraggeber bzw. sein Architekt haben es in der Hand, solche Mängel schon vor der Fertigstellung festzustellen, durch entsprechende Anordnungen für deren umgehende Beseitigung zu sorgen (Überwachungsrecht des Auftraggebers gemäß § 4 Abs. 1 Nr. 2 und Abs. 6 und 7 VOB/B) und gegebenenfalls bei der Bauablaufplanung und Koordination der verschiedenen Unternehmer wiederum **Pufferzeiten für die Mängelbeseitigung** einzubauen.

1786

Ohnehin ist zu berücksichtigen, dass dem Auftraggeber auch seinerseits im Fall mangelhafter oder verspäteter Fertigstellung von Vorleistungen entsprechende **Schadensersatzansprüche gegen den Vorunternehmer** aus § 4 Abs. 7 S. 2 VOB/B bzw. § 6 Abs. 6 VOB/B zustehen. Folglich ist der Auftraggeber insoweit nicht einmal schutzbedürftig. Unbeschadet dessen ist es aber in jedem Fall sinnvoll, zur Vermeidung etwaiger Risiken im Zusammenhang mit einer verspäteten oder mangelhaften Erbringung von Vorunternehmerleistungen **in den Bauvertrag eine entsprechende Regelung dazu aufzunehmen**. Vereinbart werden könnte etwa, dass der Auftraggeber für die rechtzeitige Baufreiheit Sorge zu tragen hat und die notwendigen Vorleistungen bauseits zu erbringen sind und Folgen mangelhafter und/oder verspäteter Vorleistungen zulasten des Auftraggebers gehen (ähnlich Kleine-Möller/Merl/Oelmaier, Handbuch des privaten Baurechts, Rn. 365 zu § 2). Allerdings scheitern diese denkbaren vertraglichen Regelungen meist daran, dass die Auftraggeber die Vertragsbedingungen vorgeben bzw. stellen und deshalb zu einer solchen Vereinbarung kaum bereit sind. Deshalb bedarf es dringend einer angemessenen Berücksichtigung dieses Problems durch Änderung der VOB/B, wie sie insbesondere Kraus überzeugend vorgeschlagen hat (Kraus, Beilage BauR 4/1997, S. 5 ff., 7, 8).

1787

8.6.4.5 Bauzeitverlängerung durch verzögerte Zuschlagserteilung in Vergabeverfahren

Bis zu diversen Grundsatzentscheidungen des BGH viel diskutiert war die Frage, inwieweit Bauverzögerungen aus der Zeit zwischen Angebotsabgabe und Zuschlagserteilung eine Bauzeitverlängerung rechtfertigen. Diese Frage stellt sich vor allem bei Vergabeverfahren der öffentlichen Hand, soweit dort ein Nachprüfungsverfahren durchgeführt wird. Denn dieses verhindert nach § 115 Abs. 1 GWB für die Dauer des Verfahrens die Zuschlagserteilung; die aufschiebende Wirkung bleibt selbst über einen Zeitraum von zwei Wochen hinaus im Beschwerdeverfahren erhalten, soweit das Beschwerdegericht das auf Antrag des unterlegenen Bieters nach § 118 Abs. 1. S. 3, Abs. 2 GWB gesondert anordnet (s. dazu im Einzelnen Rdn. 371 f.). Wird später ein Nachprüfungsantrag des vermeintlich unterlegenen Bieters zurückgewiesen und will die Vergabestelle jetzt dem zunächst auf Platz 1 gelegenen Bewerber den Zuschlag erteilen, können schnell bereits sämtliche im Vertrag vorgesehenen Termine überholt sein.

1788

▶ Beispiel

Die Vergabestelle schreibt im Februar im Rahmen eines offenen Verfahrens (öffentlichen Ausschreibung) eine Bauleistung aus. Als Bauzeit sind die Monate Juli bis September vorgesehen. Ein unterlegener Bieter reicht einen Nachprüfungsantrag ein. Anfang September wird der Nachprüfungsantrag bzw. die dagegen eingelegte Beschwerde zurückgewiesen.

1789 In Fällen wie diesen, die aber durchaus auch für andere den Zuschlag einstweilen verhindernde Sachverhalte zutreffen können (z. B. eine verzögerte Planfeststellung – BGH, Urt. v. 25.11.2010 – VII ZR 201/08, BauR 2011, 503 = NZBau 2011, 97), sind in der Regel zwei Punkte zu klären: Zum einen will der Auftragnehmer, der jetzt den Zuschlag erhält (wobei dies durchaus auch der Zweitplatzierte sein kann, wenn er sich mit seiner Beschwerde durchsetzt), ggf. eine Mehrvergütung, weil sich die Ausführung der Bauleistung z. B. in eine ungünstigere Jahreszeit verschiebt. Hierauf soll später eingegangen werden (Rdn. 1957 ff.). Zum anderen wird der Auftragnehmer eine **Bauzeitverlängerung** fordern. Die Frage danach stellt sich umso dringlicher, wenn eine in der Ausschreibung vorgesehene Bauzeit aufgrund der Verfahrensdauer schon teilweise (oder sogar ganz) verbraucht ist. Entsprechendes gilt, wenn die Bauzeit aufgrund der Verschiebung in eine ungünstigere Jahreszeit nicht mehr zu halten ist.

1790 In all diesen Fällen wäre immerhin daran zu denken, dass ein Bieter im Vergabeverfahren einen **entsprechenden Vorbehalt** zur Bauzeit erklärt. Empfehlenswert ist dies jedoch nicht; denn rechtlich ist ein solcher Vorbehalt überhaupt nur möglich, wenn dieser außerhalb der Bindefrist erklärt wird. Auch wäre insbesondere bei einer öffentlichen Ausschreibung bzw. einem offenen Verfahren ein Bieter nicht gut beraten, im Nachhinein sein Angebot mit irgendwelchen Vorbehalten zu versehen. Denn diese würden auf unzulässige Nachverhandlungen im Sinne des § 15 Abs. 3 VOB/A hinauslaufen mit der Folge, dass derartige Angebote zwingend auszuschließen wären (§ 16 Abs. 1 Nr. 1 lit. b VOB/A). Infolgedessen scheidet dieser Weg als Grundlage für eine Bauzeitverlängerung in aller Regel aus. Das aber heißt weiter, dass der **Vertrag bei Zuschlagserteilung zunächst mit den in der Ausschreibung vorgesehenen** (ggf. schon abgelaufenen) **Terminen zustande** kommt. Entsprechendes gilt, wenn in der Ausschreibung keine festen Termine angegeben waren, sondern die vertraglich vorgesehene Bauzeit sich an den Zuschlag anschließen sollte. Dies bedeutet nach einem richtigen Verständnis der wechselseitig vorliegenden Willenserklärungen, dass richtiger Anknüpfungspunkt für den Beginn der Bauzeit nicht der tatsächlich (wegen Verzögerungen verspätet erteilte) Zuschlag ist, sondern der sich aus den Ausschreibungsunterlagen ergebende späteste Zuschlagstermin (s. dazu oben Rdn. 1681; so ausdrücklich BGH, Urt. v. 10.09.2009 – VII ZR 152/08, BauR 2009, 1901, 1904 = NJW 2010, 522, 524 = NZBau 2009, 771, 772 f.; OLG Düsseldorf, Urt. v. 20.07.2011 – VI-U(Kart) 11/11, BauR 2011, 1969, 1971 = NZBau 2011, 674, 677).

1791 Mit diesem Zwischenergebnis liegt aber auf der Hand, dass eine **Bauzeitverlängerung gleichwohl unabdingbar** sein kann. Dies hat weniger damit zu tun, einer Vertragspartei einseitig das Risiko einer Zuschlagsverzögerung im Vergabeverfahren zuzuweisen (BGH, Beschl. v. 23.09.2010 – VII ZR 213/08, NZBau 2010, 748), als vielmehr mit der Tatsache, dass das, was vereinbart wurde, im Zweifel gegenstandslos geworden ist. Dies führt allerdings nicht dazu, dass jetzt gar keine Fristen mehr gelten würden; denn dies dürfte kaum dem Willen der Parteien entsprechen (BGH, Urt. v. 11.05.2009 – VII ZR 11/08, BGHZ 181, 47, 56 = BauR 2009, 1131, 1135 = NJW 2009, 2443, 2445 = NZBau 2009, 370, 374). Auch wird man nicht auf § 6 Abs. 2 VOB/B zurückgreifen können. Denn diese Klausel setzt eine schon vereinbarte Bauzeit voraus, die dann mit der vertraglichen Regelung des § 6 Abs. 2 VOB/B als Bestandteil der VOB/B verlängert wird. Hier jedoch geht es um **Verzögerungen aus der Zeit vor Vertragsabschluss**, in der die VOB/B noch nicht gilt. Bedeutung dürfte somit stattdessen richtigerweise den schon eingangs erläuterten Grundsätzen zukommen, wonach die in § 6 Abs. 2 VOB/B niedergelegten Umstände auch bei einem BGB-Werkvertrag gelten, und zwar vorrangig über die **Grundsätze der ergänzenden Vertragsauslegung**, hilfsweise über § 242 BGB (s. o. Rdn. 1747 ff.). Mit deren Anwendung kommt man zu durchaus zufrieden stellenden Ergebnissen. Denn in aller Regel kann man berechtigt davon ausgehen, dass die Parteien mit der Zuschlagserteilung zwar einen verbindlichen Vertrag schließen, über neue, dem Zeitablauf Rechnung tragende Fristen im Nachhinein aber noch eine abschließende Einigung herbeiführen wollen, wobei dann für die Berechnung wiederum auf die Grundsätze des § 6 Abs. 3 und 4 VOB/B zurückgegriffen werden kann (BGH, Urt. v. 11.05.2009 – VII ZR 11/08, BGHZ 181, 47, 56 = BauR 2009, 1131, 1135 f. = NJW 2009, 2443, 2445; BGH, Urt. v. 26.11.2009 – VII ZR 131/08, BauR 2010, 455, 456 = NZBau 2010, 102, 103).

8.6 Verlängerung verbindlich vereinbarter Ausführungsfristen infolge von Behinderungen

Vorstehendes soll selbst dann gelten, wenn der Auftraggeber im **Zuschlagsschreiben von sich aus eine neue (angepasste) Bauzeit** erwähnt. Aus dem Sinn und Zweck eines öffentlichen Vergabeverfahrens, das auf den Abschluss eines Vertrages gerichtet sei, werde man nämlich – so der BGH – selbst ein derart gefasstes Zuschlagsschreiben in der Regel so verstehen müssen, dass der Bauvertrag zunächst gleichwohl unbedingt nur zu den in den Ausschreibungsbedingungen genannten (ggf. schon überholten) Terminen zustande kommen solle. Eine solche Auslegung in seinem Sinne sei schon deshalb geboten, weil nicht davon ausgegangen werden könne, dass der Auftraggeber tatsächlich durch die veränderte Angabe von Fristen von sich aus gegen das auch für ihn geltende Nachverhandlungsgebot gemäß § 15 Abs. 3 VOB/A verstoßen wolle. Vielmehr werde zumindest in der Regel selbst in diesen Fällen ein unbedingter Vertragsabschluss gewollt sein verbunden mit der weiteren Vorgabe, dass über die tatsächlich offen gebliebenen Termine noch eine abschließende Einigung (im o. g. Sinne) zu erzielen sei (BGH, Urt. v. 22.07.2010 – VII ZR 129/09, BauR 2010, 1929, 1931 = NJW 2010, 3436, 3437 = NZBau 2010, 628, 629; ähnlich: BGH, Urt. v. 22.07.2010 – VII ZR 213/08, BGHZ 186, 295, 302 = BauR 2010, 1921, 1924 = NZBau 2010, 622, 624, insoweit auch zur europarechtlichen Zulässigkeit dieser Vorgehensweise;BGH, Urt. v. 25.11.2010 – VII ZR 201/08, BauR 2011, 503, 505 = NZBau 2011, 97, 98). An diesem Ergebnis mögen aber doch ernsthaft Zweifel bestehen. Denn wenn ein Auftraggeber im Zuschlagsschreiben, bei dem es sich rechtlich um die Annahme des Angebots des Bieters handelt, ein klares Datum angibt, überzeugt nicht, dass er dieses Datum als Fertigstellungstermin der Bauleistung gar nicht gemeint habe. Richtigerweise dürfte in diesen Fällen mangels übereinstimmender Willenserklärungen zu dem Gewollten stattdessen ein **Dissens vorliegen**, der zunächst einen Vertragsschluss verhindert. In dem Zuschlagsschreiben liegt sodann rechtlich nach § 150 Abs. 2 BGB ein neues Angebot zu dem Abschluss des Bauvertrages zu neuen Terminen, das nunmehr der Auftragnehmer annehmen kann (s. o. Rdn. 308 ff.). Dass dies vergaberechtlich ggf. erhebliche Folgeprobleme (z. B. wegen der dann möglicherweise notwendigen erneuten Beteiligung anderer Bieter) aufwerfen kann, ist dagegen keine Frage des hier anwendbaren allgemeinen Vertragsrechts, sondern folgt aus dem BGB. Die Probleme können ohnehin wie gezeigt vermieden werden, wenn der Auftraggeber von solchen modifizierten Zuschlagsschreiben absieht.

1792

8.6.5 Die Behinderungsanzeige oder Offenkundigkeit der Behinderung (§ 6 Abs. 1 VOB/B)

Weitere Voraussetzung für einen Anspruch des Unternehmers auf eine Bauzeitverlängerung nach § 6 Abs. 2 VOB/B ist – neben den vorgenannten Voraussetzungen – stets, dass der Unternehmer die Behinderung **schriftlich angezeigt** hat oder dem Auftraggeber offenkundig die hindernden Umstände und deren hindernde Wirkung bekannt waren (§ 6 Abs. 1 VOB/B).

1793

Gerade an einer Behinderungsanzeige scheitern viele Auftragnehmer mit ihren Ansprüchen, die sie später zu Bauzeitverlängerungen geltend machen. Dies gilt sowohl hinsichtlich ihres Inhalts als auch in Bezug auf die Form:

1794

- Zweck der Behinderungsanzeige ist es, den Auftraggeber in die Lage zu versetzen, bzgl. etwaiger behindernder Umstände unverzüglich Abhilfe schaffen zu können. Insoweit kommt der Behinderungsanzeige eine **Informations-, Warn- und Schutzfunktion zugunsten des Auftraggebers** zu (BGH, Urt. v. 21.03.2002 – VII ZR 224/00, BauR 2002, 1249, 1252 = NJW 2002, 2716, 2717). Um diese erfüllen zu können, hat der Auftragnehmer in einer Behinderungsanzeige anzugeben, ob und wann seine Arbeiten, die nach dem Bauablauf nunmehr ausgeführt werden müssten, nicht oder nicht wie vorgesehen ausgeführt werden können (BGH, Urt. v. 21.10.1999 – VII ZR 185/98, BGHZ 143, 32, 35 = BauR 2000, 722, 723 = NJW 2000, 1336, 1337). Ferner hat die Behinderungsanzeige alle Tatsachen zu enthalten, aus denen sich für den Auftraggeber mit hinreichender Klarheit und erschöpfend die Hinderungsgründe ergeben, wobei in der Regel eine konkrete bauablaufbezogene Darstellung erforderlich ist. Dagegen gehört es nicht zum notwendigen Inhalt einer Behinderungsanzeige, bereits den **Umfang der Bauzeitverlängerung** gemäß § 6 Abs. 2 VOB/B oder gar die Höhe möglicher **Mehrkosten** anzugeben (BGH, Urt. v. 21.12.1989 – VII ZR 132/88, BauR 1990, 210, 212 = NJW-RR 1990, 403 und Beck'scher VOB-Komm./Motzke, B § 6 Nr. 1 Rn. 32 ff.). Der Auftragnehmer hat aber Angaben zu machen,

1795

ob und warum seine Arbeiten, die nach dem Bauablauf nunmehr ausgeführt werden müssten, nicht oder nicht wie vorgesehen ausgeführt werden können (BGH, Urt. v. 21.10.1999 – VII ZR 185/98, BGHZ 143, 32, 35 = BauR 2000, 722, 723 = NJW 2000, 1336, 1337).

1796 ▶ **Beispiel für eine Behinderungsanzeige**

Name des Auftraggebers

(...)

[Datum]

Bauvorhaben (...) – Bauvertrag vom (...)

hier: Behinderungsanzeige gemäß § 6 Abs. 1 VOB/B

Sehr geehrte Damen und Herren,

hiermit zeigen wir an, dass wir in der ordnungsgemäßen Ausführung unserer folgenden Leistungen behindert sind:

(...)

Die Behinderung beruht auf folgenden Gründen:

( ) Umstand aus dem Risikobereich des Auftraggebers, und zwar:

(...)

( ) Streik/Aussperrung

(...)

( ) Höhere Gewalt bzw. andere für uns unabwendbare Umstände, und zwar:

(...)

Wegen der vorbezeichneten Behinderung(en) stellen wir gemäß § 6 Abs. 2 VOB/B klar, dass sich hierdurch die vertraglich vereinbarten Ausführungsfristen verlängern. Dabei gehen wir gegenwärtig davon aus, dass die Fristverschiebung für die oben zu Ziff. 1 genannte Leistung insgesamt (...) Arbeitstage, für die zu Ziff. 2 genannte Leistung (...) Arbeitstage und für die zu Ziff. (...) genannte Leistung (...) Arbeitstage beträgt.

[Optional, soweit die Voraussetzungen vorliegen:]

Gleichzeitig möchten wir darauf hinweisen,
– dass uns durch die Behinderung Mehrkosten in Folge längerer Baustelleneinrichtung, Materialdisposition (...) entstanden sind. Diese werden wir gesondert in Rechnung stellen.
– dass wir uns im Hinblick auf die jetzt schon absehbaren Terminverschiebungen an die vereinbarte Vertragsstrafe nicht mehr gebunden fühlen.

Mit freundlichen Grüßen

1797 • § 6 Abs. 1 VOB/B verlangt für die Behinderungsanzeige die **Einhaltung der Schriftform**. Diese Vorgabe dient jedoch nur zu Beweiszwecken und ist für sich kein Wirksamkeitserfordernis (OLG Köln, Urt. v. 1.12.1980 – 22 U 73/80, BauR 1981, 472, 474; OLG Koblenz, Urt. v. 18.03.1988 – 8 U 345/87, NJW-RR 1988, 851, 852; Kniffka/Koeble, 7. Teil Rn. 30; Ingenstau/Korbion/Döring, B § 6 Abs. 1 Rn. 5; a. A. Kapellmann/Messerschmidt/Kapellmann, B § 6 Rn. 7). Allzu große Bedeutung dürfte diesem Streit nicht zukommen: Denn auch eine mündliche Behinderungsanzeige müsste im Detail die vorstehend beschriebenen Einzelelemente (Rdn. 1795) enthalten, was im Zweifel nicht der Fall, zumindest aber nach Jahren einer Auseinandersetzung kaum verlässlich nachweisbar ist (ebenso Bruns, ZfIR 2006, 153, 171) – es sei denn, es geht um Fälle der Offenkundigkeit, in denen aber eine Anzeige ohnehin unterbleiben kann (s. sogleich Rdn. 1798).

Die Bedeutung einer mündlichen Anzeige erscheint daher in der Praxis gering, weswegen hier dem Auftragnehmer schon aus eigenem Interesse heraus die Einhaltung der Schriftform dringend empfohlen ist.
- Die Behinderungsanzeige selbst ist an den **Vertragspartner, also den Auftraggeber**, zu richten. Nur in Ausnahmefällen wird eine **Anzeige an den bauleitenden Architekten** genügen (vgl. dazu: Ingenstau/Korbion/Döring, a. a. O., VOB/B § 6 Abs. 1 Rn. 8 f.; Werner/Pastor, Rn. 2335; OLG Köln, Urt. v. 01.12.1980 – 22 U 73/80, BauR 1981, 472). In diesem Fall sollte aber stets zumindest auch eine Kopie an den Auftraggeber gehen. Denn nur dieser ist der richtige Adressat, wenn die Ursache der **Behinderung im Planungs- und/oder Koordinierungsbereich** des bauleitenden Architekten oder Ingenieurs liegt. Dies gilt erst recht, wenn sich Letzterer den Gründen der Behinderungsanzeige verschließt und diese erst gar nicht an den Auftraggeber weiterleitet (so auch Beck'scher VOB-Komm./Motzke, B § 6 Nr. 1 Rn. 42 ff.). Ansonsten wird man es auch ausreichen lassen können, dass die **Behinderungen in das Baubesprechungsprotokoll** oder in Bautagesberichte aufgenommen und diese dem Vertragspartner zugeleitet bzw. von ihm unterschrieben werden. Dem steht gleich die Aufnahme der Behinderung in das Bautagebuch, wenn der Bauherr die Kenntnisnahme durch seine Unterschrift bestätigt.

Hat der Unternehmer die schriftliche Anzeige unterlassen oder nicht an den richtigen Adressaten gesandt, so stellt sich die Frage nach der **Offenkundigkeit der hindernden Umstände und deren hindernden Wirkung**. Denn liegt eine solche Offenkundigkeit vor, ist eine Behinderungsanzeige entbehrlich (§ 6 Abs. 1 S. 2 VOB/B). An die Offenkundigkeit sind jedoch strenge Anforderungen zu stellen sind (vgl. OLG Düsseldorf, Urt. v. 26.01.1962 – 5 U 9/58, Schäfer/Finnern, Z 2.300 Bl. 14; OLG Düsseldorf, Urt. v. 23.06.1981 – 23 U 31/81, Schäfer/Finnern/Hochstein, Nr. 2 zu § 6 Nr. 1 VOB/B; OLG Köln, Urt. v. 01.12.1980 – 22 U 73/80, BauR 1981, 472 = Schäfer/Finnern/Hochstein, Nr. 1 zu § 6 Nr. 1 VOB/B). Die Voraussetzungen dafür ergeben sich aus dem vorstehend schon beschriebenen Zweck der regelmäßig erforderlichen Behinderungsanzeige, die dem **Schutz des Auftraggebers** dient, insbesondere seiner **Information über die Störung**. Der Auftraggeber soll mit ihr gewarnt und ihm die Möglichkeit eröffnet werden, Behinderungen abzustellen. Er soll zugleich vor unberechtigten Behinderungsansprüchen geschützt werden. Die rechtzeitige und korrekte Behinderungsanzeige erlaubt ihm nämlich, Beweise für eine in Wahrheit nicht oder nicht im geltend gemachten Umfang bestehende Behinderung zu sichern. Nur wenn die **Informations-, Warn- und Schutzfunktion im Einzelfall keine Anzeige erfordert**, weil der Auftraggeber auch ohne sie die vorstehend beschriebenen Tätigkeiten kraft seines schon bekannten Wissens ergreifen kann, ist die **Behinderungsanzeige wegen Offenkundigkeit** entbehrlich (BGH, Urt. v. 21.10.1999 – VII ZR 185/98, BGHZ 143, 32, 35 f. = BauR 2000, 722, 723 = NJW 2000, 1336, 1337).

1798

▶ Beispiel

Der Auftragnehmer verlangt unter Fristsetzung zu Recht eine Sicherheitsleistung nach § 648a BGB. Der Auftraggeber lässt die Frist verstreichen. Nunmehr macht der Auftragnehmer von seinem Leistungsverweigerungsrecht Gebrauch (§ 648a Abs. 5 S. 1 BGB). Hierdurch verlängern sich selbstverständlich auch ohne gesonderte Behinderungsanzeige die Fristen. Denn diese Bauverzögerung ist für den Auftraggeber infolge seines ganz offenbar pflichtwidrigen Verhaltens offenkundig.

Immerhin kann es genügen, dass der bauleitende Architekt die hindernden Umstände und deren hindernde Wirkung erkannt hat, da dessen Kenntnis bei entsprechender Vollmacht im Rahmen der Objektüberwachung, solange wegen Selbstverursachung kein Interessenkonflikt vorliegt (vgl. dazu vor allem: Beck'scher VOB-Komm./Motzke, B § 6 Nr. 1 Rn. 42 und 57–59), dem Auftraggeber gemäß § 166 BGB zuzurechnen ist (vgl. Keldungs/Brück, VOB-Vertrag, Rn. 233; OLG Köln, Urt. v. 01.12.1980 – 22 U 73/80, BauR 1981, 472 = Schäfer/Finnern/Hochstein, Nr. 1 zu § 6 Nr. 1 VOB/B; a. A. Kaiser, NJW 1974, 447).

1799 **Unterbleibt eine erforderliche Behinderungsanzeige**, verliert der Auftragnehmer zwar sein Recht auf Bauzeitverlängerung oder bei Verschulden des Auftraggebers auf Schadensersatz. Er verliert bei einem VOB-Vertrag ferner sein Recht auf Entschädigungsleistung gemäß § 642 BGB (vgl. § 6 Abs. 6 S. 2 VOB/B), wenn der Auftraggeber mit einer für die Herstellung des Bauwerkes erforderlichen Mitwirkungshandlung in Verzug gerät (BGH, Urt. v. 21.10.1999 – VII ZR 185/98, BGHZ 143, 32, 41 = BauR 2000, 722, 725 = NJW 2000, 1336, 1338; Heiermann/Riedl/Rusam/Kuffer, B § 6 Rn. 55; Koeble/Kniffka, 8. Teil, Rn. 29; sehr kritisch dazu Kapellmann/Messerschmidt/Kapellmann, § 6 Rn. 10) – es sei denn, die Behinderungsanzeige ist in diesem Fall wegen Offenkundigkeit etwa aufgrund der Tatsache, dass der Auftragnehmer seine Mitarbeiter auf der Baustelle zur Verfügung hält und zu erkennen gibt, dass er bereit und in der Lage ist, seine Leistung zu erbringen, entbehrlich (BGH, Urt. v. 19.12.2002 – VII ZR 440/01, BauR 2003, 531, 532 = NJW 2003, 1601, 1602 = NZBau 2003, 325, 326; Ingenstau/Korbion/Döring, § 6 Abs. 6 Rn. 3 ff.; Koeble/Kniffka, 8. Teil, Rn. 29). Umgekehrt ist es dem Auftragnehmer bei einer unterbliebenen Behinderungsanzeige aber nicht verwehrt, etwa bei Schadensersatzansprüchen des Auftraggebers wegen Nichteinhaltung von Terminen (§§ 5 Abs. 4, 6 Abs. 6 VOB/B) vorzutragen, dass er die Behinderung nicht zu vertreten gehabt habe (BGH, Urt. v. 14.01.1999 – VII ZR 73/98, BauR 1999, 645, 648 = NJW 1999, 1108, 1109; OLG Saarbrücken, Urt. v. 31.03.1998 – 4 U 1014/96 – 211, 4 U 1014/96, BauR 1998, 1010, 1011 = NJW-RR 1999, 460, 461; ebenso Ingenstau/Korbion/Döring, B § 6 Abs. 1 Rn. 2).

8.6.6 Automatische Fristverlängerung und deren Berechnung gemäß § 6 Abs. 4 VOB/B

1800 Steht eine Behinderung des Unternehmers in der ordnungsgemäßen Ausführung seiner Leistung fest und liegt die Behinderungsanzeige oder Offenkundigkeit vor, so werden die **Ausführungsfristen** nach dem Wortlaut des § 6 Abs. 2 VOB/B unmittelbar, also **automatisch kraft Vereinbarung der VOB/B als Vertragsgrundlage verlängert** (so zutreffend im Grundsatz Beck'scher VOB-Kommentar/Motzke, B § 6 Nr. 2 Rn. 13 ff.). Es bedarf also **keiner Vereinbarung** über die Verlängerung der Ausführungsfristen und deshalb nicht zwingend der Geltendmachung eines entsprechenden Anspruchs. Dennoch sollte und wird in der Praxis der Auftragnehmer eine solche Verlängerung der fest vereinbarten Ausführungsfrist gemäß § 6 Abs. 2 VOB/B verlangen. Nach allgemeinen Grundsätzen ist allerdings der Unternehmer auch verpflichtet zu prüfen, ob er nicht durch geeignete und ihm **zumutbare Umplanungen** die Auswirkungen der Behinderungen auf den Bauablauf ausräumen und dadurch eine Bauverzögerung vermeiden kann. Dies ist besonders häufig in den Fällen möglich, in denen bestimmte **Ausführungspläne** nicht rechtzeitig bereitgestellt werden, der Unternehmer aber stattdessen eine andere Bauleistung vorziehen kann. Dazu ist er schon wegen der ihm obliegenden **Schadensminderungspflicht** gemäß §§ 242, 254 BGB verpflichtet (vgl. auch § 6 Abs. 3 VOB/B).

> ▶ **Beispiel**
>
> Der Auftragnehmer hat drei Stadthäuser zu errichten. Bei den Fundamentarbeiten eines Stadthauses werden Bodendenkmäler gefunden, weswegen sich die Ausschachtungsarbeiten dort um vier Wochen verzögern. Hier wäre der Auftragnehmer allein unter dem Gesichtspunkt der Frage einer Bauzeitverlängerung gehalten zu prüfen, ob er deswegen frei werdende Kapazitäten zunächst bei der Errichtung der anderen beiden Stadthäuser einsetzen kann, um hier einen zeitlichen Vorsprung zu erreichen. Nur dann, wenn selbst nach solchen Umplanungen eine Behinderung verbleibt, kommt eine Bauzeitverlängerung in Betracht.

1801 Steht nach alledem dem Unternehmer aber aufgrund der aufgetretenen Behinderungen ein Anspruch auf Verlängerung der vereinbarten Ausführungsfristen gemäß § 6 Abs. 2 VOB/B zu, so berechnet sich gemäß § 6 Abs. 4 VOB/B die Fristverlängerung nach der Dauer der Behinderung mit einem **Zuschlag für die Wiederaufnahme der Arbeiten und deren etwaige Verschiebung in eine ungünstigere Jahreszeit** (s. ausführlich dazu Vygen/Joussen/Schubert/Lang, Bauverzögerung und Leistungsänderung, Teil B Rn. 63 ff.). Zu unterscheiden bei der Berechnung der Verlängerung von Ausführungsfristen sind danach zunächst die Dauer der eigentlichen Behinderung als **Primärverzöge-**

8.6 Verlängerung verbindlich vereinbarter Ausführungsfristen infolge von Behinderungen

rung und die Zuschläge für sog. **Sekundärverzögerungen** (vgl. Beck'scher VOB-Kommentar/Motzke, B § 6 Nr. 4 Rn. 17 ff., 20 ff.).

- **Primärverzögerung**
Verhältnismäßig einfach nachzuvollziehen ist die Dauer der Behinderung als Primärverzögerung bei **Unterbrechungen des Bauablaufs**, also Stillstand der Baustelle oder behinderungsbedingter Verschiebung des Baubeginns (z. B. wegen fehlender Baugenehmigung). Die Dauer einer bloßen Behinderung bei reinen Verzögerungen (z. B. verlangsamter Bauausführung) ist demgegenüber wesentlich schwieriger zu berechnen. Dies gilt umso mehr, wenn sogar mehrere Behinderungen gleichzeitig anfallen. Erst recht verkompliziert sich die Situation, wenn **verschiedene Behinderungen** teilweise in den Risiko- oder Einflussbereich des Auftraggebers und teilweise in den des Unternehmers fallen (s. dazu sogleich Rdn. 1807). 1802

Ein besonderes Problem bei der Berechnung von Behinderungen werfen sog. **Pufferzeiten** auf. Hierbei handelt es sich tatsächlich um vom Auftragnehmer vorsorglich eingebaute **Reserven im Bauablauf**. Zu diesen wäre es sicherlich verfehlt, ganz allgemein zu sagen, dass sie bei der Berechnung der Primärverzögerung außen vor zu bleiben hätten. Dies würde schon § 6 Abs. 3 VOB/B sowie ganz allgemein den Grundsätzen des Schadensminderungsrechts widersprechen, wonach der Auftragnehmer verpflichtet ist, alles zu tun, um die Weiterführung der Arbeiten zu ermöglichen. Dazu gehört im Einzelfall auch die Umstellung des Bauablaufs (s. dazu sogleich Rdn. 1812; ähnlich Roquette/Viering/Leupertz, Rn. 645; Kniffka/Koeble, 8. Teil Rn. 57). Allerdings ändert diese grundsätzliche Betrachtung nichts daran, dass es sich bei diesen Reserven um solche des Auftragnehmers handelt, d. h.: Er ist nicht verpflichtet, einen Bauablauf so umzustellen, um dadurch alle »ihm gehörenden Puffer« zu verbrauchen mit der Folge, dass er sich dann sogar selbst bei weiteren Verzögerungen Ansprüchen wegen Nichteinhaltung der Bauzeit ausgesetzt sähe. Folglich ist ein Auftragnehmer im Fall von Behinderungen zunächst allein über von ihm vorgesehene Pufferzeiten verfügungsberechtigt und hat ein **Recht** darauf, sich diese bei einer ggf. **notwendigen Umgestaltung des Bauablaufs zu erhalten** (OLG Düsseldorf, Urt. v. 20.07.2011 – VI U (Kart) 11/11, BauR 2011, 1969, 1974 = NJW 2012, 85, 88 = NZBau 2011, 674, 680). Etwas anderes gilt nur – und im Folgenden sind sie dann auch bei der Berechnung einer Bauzeitverzögerung zu berücksichtigen – wenn die Pufferzeiten entweder zweckgebunden für bestimmte Fälle vorgesehen waren, ein Puffer sonst ungenutzt verfiele (z. B. im Fall eines Dispositionsfehlers), sie sich im Bauablauf aus tatsächlichen Gründen neu ergeben (z. B. bei Mindermengen) oder sich der Auftragnehmer ohnehin am Ende der Bauzeit bewegt, sodass ein Zugriff darauf für ihn nicht von Nachteil ist (so überzeugend Lang, Jahrbuch BauR 2011, S. 41, 54 ff. sowie ausführlich Vygen/Joussen/Schubert/Lang, Bauverzögerung und Leistungsänderung, Teil B Rdn. 99 ff.; ähnlich Fuchs/Schottke, Jahrbuch BauR 2011, S. 63, 74 ff.; Kapellmann/Schiffers, Bd. 1, Rn. 1483 f.; Drittler, Rn. 816 ff., 830). 1803

- **Sekundärverzögerung**
Neben der Dauer der Unterbrechung oder Behinderung als Primärverzögerung sind bei der Berechnung der dem Auftragnehmer zuzubilligenden Verlängerung der Ausführungsfristen sog. **Sekundärverzögerungen** zu beachten. Sie führen gem. § 6 Abs. 4 VOB/B zu einem **Zuschlag bei der Berechnung der neuen verlängerten Ausführungsfrist**. Dazu gehören vor allem zwei Sachverhalte: 1804

– Zum einen geht es um einen **Zuschlag für die Wiederaufnahme** der Arbeiten, der in erster Linie nach einer Unterbrechung des Bauablaufs in Betracht kommt. Dieser Zuschlag hat seine Ursache in baubetrieblichen Erkenntnissen; er dient der Berücksichtigung von sog. **Einarbeitungsverlusten** nach einer Unterbrechung durch den sog. **Wiedereinarbeitungseffekt**. Dieser führt sowohl bei dem eingesetzten Personal als auch bei Geräten erfahrungsgemäß zu nicht unerheblichen Minderleistungen in der Anfangsphase einer Baustelle und vergleichbar in der Wiedereinarbeitungsphase. Diese **Minderleistungen** lassen sich baubetrieblich anhand von Kennzahlen erfassen und bewerten (vgl. dazu Vygen/Joussen/Schubert/Lang, a. a. O. Teil B Rn. 79 ff.). Dieser Zuschlag wird zwar vorrangig nach einer Unterbrechung des Bauablaufs in Betracht kommen; er ist aber auch bei bloßen behinderungsbedingten Verzögerungen nicht 1805 von vornherein ausgeschlossen. Denn eine Baustelle kann auch nur teilweise zum Stillstand kommen, während ein anderer Teil fortgeführt werden kann.

> **Beispiel**
>
> Es fehlen nur für einen bestimmten Teilbereich notwendige vom Auftraggeber zu stellende Pläne, weswegen die Baustelle auch nur für diesen Bereich stillsteht.

Kommt es in diesen Fällen zum Abzug einer bestimmten Baukolonne, so kann sich bei ihrem späteren Wiedereinsatz durchaus ein negativer Wiedereinarbeitungseffekt ergeben, der einen Zuschlag gemäß § 6 Abs. 4 VOB/B rechtfertigt.
– Zum anderen kann ein Zuschlag bei der Berechnung der Fristverlängerung in Betracht kommen, wenn die Behinderung oder Unterbrechung zu einer **Verschiebung der Bauzeit in eine ungünstigere Jahreszeit** führt. Dies liegt auf der Hand, soweit darunter die Arbeitsproduktivität leidet, wie sich im Einzelnen aus entsprechenden baubetrieblichen Erfahrungswerten mit prozentualen Minderleistungskennzahlen ersehen lässt (vgl. dazu die ausführlichen Erläuterungen bei Vygen/Joussen/Schubert/Lang, Bauverzögerung und LeistungsänderungTeil B Rn. 80 ff. und Beck'scher VOB-Kommentar/Motzke, B § 6 Nr. 4 Rn. 22).

1806 In der Praxis bereitet es häufig schon Schwierigkeiten, die genaue Dauer der Behinderung nachzuweisen. Dazu bedarf es dringend einer genauen **Dokumentation auf der Baustelle** (s. dazu ausführlich Vygen/Joussen/Schubert/Lang, a. a. O., Teil B, Rn. 166 ff.).

> **Beispiel**
>
> In einer solchen Dokumentation sollte etwa festgehalten werden, wann bestimmte Pläne vom Auftraggeber zur Verfügung gestellt werden müssen (vgl. dazu auch § 9 Abs. 3 VOB/A), wann dies dem Auftraggeber mitgeteilt worden ist (meist in Form einer Planlieferliste mit Sollterminen), wann diese Pläne tatsächlich auf der Baustelle eingegangen sind und welche konkreten Arbeiten durch die Verspätung nicht, warum nicht und wie lange nicht ausgeführt werden konnten bzw. welche Arbeiten stattdessen ausgeführt wurden.

Um eine solche gebotene Dokumentation zu erstellen, bedarf es in der Regel einer sorgfältigen Führung des Bautagebuches und der Baustellenberichte (vgl. Vygen/Joussen/Schubert/Lang, a. a. O., Teil B Rn. 183 ff.; Schubert/Lang, Bauwirtschaft, 1985, 1011 ff. und 1045 f.; Olshausen in Festschrift für Korbion, S. 323 ff.).

1807 Gesondert zu betrachten sind abschließend Sachverhalte, in denen **während des Behinderungszeitraums der Auftragnehmer selbst verhindert war, also gar nicht leisten** konnte.

> **Beispiel**
>
> Es ist eine Bauzeit vom 1. Juni bis 31. Oktober vereinbart. Wegen offener Planungsfragen gelingt es dem Auftraggeber, erst am 1. September die Baugenehmigung beizubringen. In dieser Zeit hätte der Auftragnehmer aber wegen eigener Lieferprobleme ohnehin nicht anfangen können.

In diesen Fällen wird vielfach vertreten, dass sich die Bauzeit gleichwohl um zwei Monate verlängere. Dass der Auftragnehmer ebenfalls nicht leistungsfähig gewesen sei, ändere an den tatbestandlichen Voraussetzungen des § 6 Abs. 2 Nr. 1 lit. a VOB/B nichts (Beckscher VOB-Komm./Motzke, VOB/B § 6 Rn. 2 Rn. 28; Duve/Richer, BauR 2006, 608, 618; Kapellmann/Schiffers, Bd. 1, Rn. 1357; Roquette/Viering/Leupertz, Teil 2 Rn. 638 f.). Dies erscheint nicht richtig. Zwar trägt der Auftraggeber auch in anderen Fällen fehlender Leistungsmöglichkeit das Risiko der Verlängerung einer Bauzeit (Vygen, BauR 1983, 210, 214 f.); nur kann dies dann nicht gelten, wenn es um eine Bauzeitverlängerung für einen Zeitraum geht, in dem der Auftragnehmer ohnehin nicht hätte leisten können, sodass er schon tatsächlich gar nicht behindert ist. Dieser Fall wird auch nicht von § 6 Abs. 2 Nr. 1 lit. a VOB/B geregelt, der nur die Ausführungsfristverlängerung bei Umständen aus dem Risikobereich des Auftragnehmers anspricht. Überzeugender ist stattdessen, dass die **Doppelverursachung der Störung** wie bei dem Ausgleich finanzieller Schäden (s. dazu Rdn. 1996) entsprechend dem **Rechtsgedanken des § 254 BGB beiden Parteien zuzurechnen** ist, sodass die Folgen zu quoteln sind (s. auch Vygen/Joussen/Schubert/Lang, Bauverzögerung und Leistungsänderung, Teil B, Rdn. 92 ff., 97; dagegen aber Langen, BauR 2011, 381, 389, der jeglichen Fristverlängerungsanspruch ausschließt). Dasselbe gilt unbestritten, wenn eine Bauzeitverzögerung erst durch das Zusammenwirken von Umständen verursacht wird, die Auftraggeber und Auftragnehmer gemeinschaftlich anzulasten sind (Planungsfehler des AG, Verletzung der Prüf- und Hinweispflicht des AN). Hier wird man unstreitig je nach Verursachungsanteilen die Dauer einer Bauzeitverlängerung unter Heranziehung der Grundsätze des § 254 BGB und ggf. einer Schätzung nach § 287 ZPO aufzuteilen haben (i. E. ähnlich Heiermann/Riedl/Rusam/Kuffer, B § 6 Rn. 12; Vygen, BauR 1983, 210, 219; Roquette/Fußy, BauR 2009, 1506, 1509, s. mit Beispielen dazu: Diederichs/Streckel, NZBau 2009, 1).

8.6.7 Weitere Folgen der Bauzeitverlängerung

Liegt eine nachhaltige Behinderung vor, ist immerhin noch auf zwei weitere Folgen hinzuweisen: 1808

8.6.7.1 Wegfall eines Vertragstermins/Vertragsstrafenanspruchs

Wegen der aufgezeigten Schwierigkeiten sollte die Verlängerung der Ausführungszeit unter den Beteiligten einvernehmlich festgelegt und die **neue Ausführungsfrist vereinbart** werden, um spätere Streitigkeiten dazu zu vermeiden. Nicht selten wird in der Praxis vor allem bei Großbauvorhaben eine nachträgliche Berechnung der Fristverlängerung durch das Gericht, insbesondere bei mehreren Behinderungen im Verlauf der Bauausführung, nur schwer oder gar nicht möglich sein. Dies gilt umso mehr, wenn der **gesamte Zeitplan des Unternehmers durch die Behinderungen umgeworfen** und nur eine **durchgreifende Neuordnung der Bauablaufplanung** möglich war. In diesen Fällen hat die Rechtsprechung vor allem auch deswegen eine ggf. vorliegende **Vertragsstrafenvereinbarung für hinfällig erklärt** (BGH, Urt. v. 13.01.1966 – VII ZR 262/63, NJW 1966, 971; BGH, Urt. v. 29.11.1973 – VII ZR 205/71, BauR 1974, 206, 207; BGH, Urt. v. 14.01.1993 – VII ZR 185/91, BauR 1993, 600, 601 = NJW 1993, 2674; s. dazu auch Schwenker, BauR 2008, 175, 177). 1809

▶ **Beispiel**

> Es ist ein fester Endtermin für die Fertigstellung der Leistungen vorgesehen; für den Fall der schuldhaften Terminüberschreitung ist eine Vertragsstrafe vereinbart. Zunächst kommt es zu einem verzögerten Beginn wegen einer verspätet erteilten Baugenehmigung. Sodann ordnet der Auftraggeber diverse Planänderungen und Zusatzaufträge an. Der Auftragnehmer zeigt jeweils Behinderung an. Durch solche wechselseitig auch aus dem Einflussbereich des Auftraggebers stammende Behinderungen liegt auf der Hand, dass der ursprünglich vereinbarte Endtermin nicht mehr realistisch und eine vollständige Neuordnung der Vertragstermine erforderlich ist. Hierdurch entfällt gleichzeitig die Vertragsstrafenregelung.

Vorstehendes gilt allerdings nicht nur im Fall von Behinderungen z. B. in Folge von verzögerten Mitwirkungshandlungen des Auftraggebers. Vielmehr ist das auch anzunehmen, wenn infolge äußerer Umstände und der dadurch bedingten Verzögerungen die Parteien einverständlich neue Vertragstermine vereinbaren. Für diese neuen Vertragstermine gilt die ursprüngliche Vertragsstrafenzusage nur dann, wenn dies auch so vereinbart ist oder sich sonst aus den Umständen im Einzelfall ergibt. Dies kann auch davon abhängen, inwieweit eine terminsneutrale Vertragsstrafenvereinbarung vorlag (BGH, Urt. v. 30.03.2006 – VII ZR 44/05, BGHZ 167, 75, 79 = BauR 2006, 1128, 1129 = NJW 2006, 2555, 2556; s. auch OLG Köln, Urteil vom 30.08.2000 – 11 U 25/99, BauR 2001, 1105, 1107, wonach bei verändert vereinbarten Terminen ansonsten alle Vereinbarungen aufrecht erhalten bleiben sollten). Je gewichtiger die Terminverschiebung jedoch ist, umso weniger ist davon auszugehen, dass die frühere Vereinbarung der Vertragsstrafe noch Bestand hat (OLG Düsseldorf, Urt. v. 19.04.2012 23 U 1508/11, BauR 2012, 1421, 1422 f.; wohl ebenso schon OLG Celle, Urt. v. 13.7.2005 – 7 U 17/05, BauR 2005, 1780; OLG Celle, Urt. v. 21.09.2004 – 16 U 111/04, Nichtzul.-Beschw. zurückgew., BGH, Beschl. v. 23.02.2006 – VII ZR 250/04, BauR 2006, 1780).

1810 Eine **umfassende Änderung des Zeitplanes** wird aber richtigerweise nicht nur unmittelbar zum Fortfall der Vertragsstrafenzusage, sondern auch zum gänzlichen **Fortfall der vereinbarten Ausführungsfrist** als verbindlicher Vertragsfrist führen müssen. Denn die gesamte vom Unternehmer vorgesehene Bauablaufplanung ist grundlegend gestört. Daher kann im Zweifel davon ausgegangen werden, dass dieser sich unter diesen Umständen und bei entsprechender Kenntnis zur Einhaltung einer festen Ausführungsfrist überhaupt nicht verpflichtet hätte (vgl. Vygen, BauR 1983, 219). Dies hat zur weiteren Rechtsfolge, dass damit auch ein etwaiger fest vereinbarter **Fertigstellungstermin** entfällt (in diesem Sinne wohl zu verstehen BGH, Versäumnisurteil v. 22.05.2003 – VII ZR 469/01, BauR 2003, 1215, 1216 = NJW-RR 2003, 1238, 1239). Infolgedessen gerät der Unternehmer bei Überschreitung des zunächst vorgesehenen Termins nicht mehr automatisch nach § 286 Nr. 1 und 2 BGB in Verzug (vgl. oben Rdn. 1714 ff., 1738 ff.), da die Bauzeit nicht mehr allein nach dem Kalender bestimmt ist. Es bedarf jetzt vielmehr einer **Mahnung oder Inverzugsetzung** seitens des Auftraggebers nach Ablauf der verlängerten Ausführungsfrist, um den Verzug des Unternehmers auszulösen. Dies gilt nur dann nicht, wenn die Vertragspartner einvernehmlich einen neuen nach dem Kalender bestimmten Fertigstellungstermin vereinbart haben. Ist danach infolge von Behinderungen ein fester Fertigstellungstermin entfallen, entlastet dies zugleich einen Bürgen, der den ursprünglich vereinbarten Vertragstermin mit einer **Vertragserfüllungsbürgschaft** abgesichert hatte. Denn mangels jetzt noch geltendem Vertragstermin wird dieser insoweit von seiner Haftung frei (so auch Leinemann/Jansen, § 5 Rn. 14).

8.6.7.2 Pflichten des Auftragnehmers bei Behinderung

1811 Liegt eine Behinderung vor, die auf der einen Seite zugunsten des Auftragnehmers zu einer Bauzeitverlängerung führt, treffen ihn auf der anderen Seite aber auch Pflichten, und zwar:

1812 • Der Auftragnehmer hat **alles zu tun**, was ihm billigerweise zugemutet werden kann, um die **Weiterführung der Arbeiten zu ermöglichen** (§ 6 Abs. 3 VOB/B).

> ▶ **Beispiel**
>
> Für die Dauer der Behinderung muss der Auftragnehmer die Baustelle in Ordnung halten, damit die Arbeiten nach der Behinderung zügig fortgesetzt werden können.

Eingegangen wurde oben auch schon darauf, dass er ggf. sogar verpflichtet ist, den Bauablauf an die vorhandene Behinderung anzupassen und zu optimieren. So ist er etwa im Rahmen des vertraglichen Leistungsumfangs (wenn auch abweichend von einem zunächst geplanten Bauablauf) verpflichtet, Personal oder Geräte umzusetzen oder den Arbeitstakt zu ändern (s. o. Rdn. 1803). Dies folgt ebenfalls aus § 6 Abs. 3 VOB/B bzw. dem allgemeinen **Gesichtspunkt der Schadensminderung** nach §§ 254, 242 BGB (s. dazu Ingenstau/Korbion/Döring, § 6 Abs. 3 Rn. 6; Beckscher VOB-Komm./Motzke, B § 6 Nr. 2 Rn. 32; Leinemann/Leinemann, § 6 Rn. 60 f.). Der Auftragnehmer hat also keinen Anspruch darauf, bei jeder Behinderung seine Arbeiten einzustellen, solange die Fortführung der geschuldeten und vertraglich übernommenen Leistung möglich ist (Heiermann/Riedl/Rusam/Kuffer, § 6 Rn. 16). **Zusätzliche Leistungen** über das vereinbarte Leistungssoll hinaus (**Personalverstärkung**, zusätzlicher Einsatz von Subunternehmern u. a.) muss er hingegen bei nicht von ihm verschuldeten Bauverzögerungen ohne eine Anordnung des Auftraggebers nicht erbringen (s. auch Tomic, BauR 2011, 1234, 1237 m. w. N.); erst recht darf/sollte er die Arbeiten nicht von sich aus beschleunigen verbunden mit einem dann vermeintlich zusätzlichen Vergütungsanspruch (ebenso OLG Düsseldorf, Urt. v. 20.07.2011 – VII-U Kart 11/11 BauR 2011, 1969, 1974; dazu Rdn. 1915 ff.). **Pufferzeiten** hingegen muss er bei der Anpassung des Bauablaufs nur ganz ausnahmsweise berücksichtigen (s. dazu oben Rdn. 1803). Ob ihm bei einer Anpassung des Bauablaufs Kosten entstehen und ihm deswegen ein Ersatzanspruch zusteht, ist eine von § 6 Abs. 3 VOB/B zu trennende Frage und gesondert zu prüfen (s. dazu Rdn. 1885 ff.).

1813 • Entfällt die Behinderung oder kommt der Auftraggeber nach einer Behinderungsanzeige z. B. seiner Mitwirkungspflicht wenn auch verspätet nach (und übergibt etwa fehlende Baupläne), hat der Auftragnehmer die Arbeiten **unverzüglich wieder aufzunehmen** und dem Auftraggeber die Wiederaufnahme anzuzeigen (§ 6 Abs. 3 S. 2 VOB/B). Unverzügliche Wiederaufnahme der Tätigkeit bedeutet ohne schuldhaftes Zögern. Dabei ist dem Auftragnehmer allerdings abhängig vom Einzelfall eine angemessene Frist einzuräumen, um unter Berücksichtigung weiterer Aufträge die Fortführung und Erledigung seiner Arbeiten einzuplanen (OLG Köln, Urt. v. 06.06.2003 – 19 U 217/02, BauR 2003, 1613 = BauR 2004, 135 = NJW-RR 2004, 18, 19).

8.7 Ansprüche des Auftraggebers bei verzögerter Bauausführung

Wird der vereinbarte, der sich aus § 5 Abs. 2 S. 2 VOB/B ergebende, der gemäß § 271 BGB unverzügliche Ausführungsbeginn, eine als Vertragsfrist verbindlich vereinbarte Einzelfrist (Zwischentermin), die vereinbarte Ausführungsfrist oder die angemessene Leistungszeit vom Auftragnehmer nicht eingehalten, so ist auf der Rechtsfolgenseite bei den sich dann ergebenden Ansprüchen des Auftraggebers zwischen gesetzlichem Werkvertragsrecht und VOB-Vertragsrecht zu unterscheiden. 1814

8.7.1 Ansprüche des Bestellers nach der gesetzlichen Regelung des BGB-Werkvertragsrechts

Eine spezielle Vorschrift zu Terminüberschreitungen fehlt im BGB. Stattdessen ist bei der nicht rechtzeitigen Herstellung der Werkleistung auf die Regelungen des allgemeinen Schuldrechts zurückzugreifen. 1815

▶ **Überblick über die Rechte des Auftraggebers bei einem BGB-Werkvertrag**
- Schadensersatzanspruch aus Verzug (§§ 280 Abs. 1 und 2, 286 BGB)
- Rücktritt oder Schadensersatz (§§ 281 ff., § 323 Abs. 1 BGB)
- Vertragsstrafe

8.7.1.1 Schadensersatzanspruch aus Verzug

In erster Linie steht dem Auftraggeber wegen der **schuldhaften Überschreitung eines Fertigstellungstermins** (oder eines sonst vereinbarten Termins) ein Schadensersatzanspruch aus Verzug zu. Verzug liegt vor, wenn der Auftragnehmer trotz Mahnung die fällige Bauleistung nicht erbringt oder fertigstellt (§ 286 Abs. 1 BGB). Einer Mahnung bedarf es nicht, wenn hierfür, insbesondere für die Fertigstellung ein fester Termin vereinbart ist oder sich dieser auf der Grundlage eines festen Ereignisses anhand einer vereinbarten Frist berechnen lässt (§ 286 Abs. 2 BGB – s. dazu auch oben Rdn. 1715 ff., 1738 ff.). 1816

▶ **Beispiel**

Die Parteien vereinbaren eine Fertigstellungsfrist von drei Monaten nach Zugang der Baugenehmigung. Hier gerät der Auftragnehmer mit Ablauf der drei Monate nach Zugang der Baugenehmigung ohne Weiteres in Verzug, ohne dass es noch einer Mahnung bedarf.

Ebenso bedarf es **keiner Mahnung**, wenn der Auftragnehmer **die Erfüllung der Leistung ernsthaft und endgültig verweigert** (§ 286 Abs. 2 Nr. 3 BGB). In all diesen Fällen setzt der Verzug des Auftragnehmers jedoch immer noch dessen Verschulden voraus (s. dazu sogleich mehr Rdn. 1834 ff.). Fehlt es daran, scheidet ein Verzug aus (§ 286 Abs. 4 BGB). Allerdings ist der Auftragnehmer bzgl. eines fehlenden Verschuldens darlegungs- und beweisbelastet.

Befindet sich der Auftragnehmer in Verzug, kann der Auftraggeber nach §§ 280 Abs. 1 und 2, 286 BGB den gesamten **Verzögerungsschaden** geltend machen. Eine Beschränkung bei einem **entgangenen Gewinn** findet nicht statt. § 6 Abs. 6 VOB/B, der eine solche Beschränkung enthält, findet bei einem BGB-Werkvertrag. 1817

8.7.1.2 Rücktritt vom Vertrag

Der Auftraggeber kann bei verzögerter Fertigstellung oder bei der Nichteinhaltung von (Zwischen) Terminen neben der Geltendmachung eines Verzögerungsschadens nach § 323 Abs. 1 BGB ggf. 1818 auch vom Vertrag zurücktreten (Rdn. 1628 ff. sowie unten Rdn. 2966 ff.; s. zum Rücktritt in dem Fall, in dem der vereinbarten Frist ausnahmsweise ein absolutes Fixgeschäft zugrunde liegt: Rdn. 2971). Dieses dem Besteller eingeräumte **Rücktrittsrecht** ist **verschuldensunabhängig** (so schon zum alten Recht: BGH, Urt. v. 05.05.1992 – X ZR 115/90, NJW-RR 1992, 1141, 1143). Allerdings müssen hierfür folgende Voraussetzungen vorliegen:

- Der Auftragnehmer hat einen vereinbarten Termin nicht eingehalten. Dazu gehört auch, dass er nicht unverzüglich im Sinne des § 271 Abs. 1 BGB mit seiner Leistung begonnen hat. Hierin liegt dann jeweils eine nichtvertragsgemäße Leistung im Sinne des § 323 Abs. 1 BGB.
- Der Auftraggeber muss dem Auftragnehmer eine **Nachfrist** gesetzt haben. Eine solche Nachfristsetzung setzt allerdings zunächst eine **fällige Leistungsverpflichtung** voraus, d. h.: Bezogen auf die Gesamtfertigstellung kann grundsätzlich eine Nachfrist zur Vorbereitung eines Rücktritts erst **nach dem fruchtlosen Verstreichen** des vertraglich vereinbarten Fertigstellungszeitpunktes gesetzt werden; vorherige Fristsetzungen genügen nicht (vgl.nur BGH, Urt. v. 14.06.2012 – VII ZR 148/10, BauR 2012, 1386, 1388 m. zahlr. Nachw.). Sodann muss die Frist angemessen sein. **Angemessen** bedeutet, dass sie dem Auftragnehmer noch eine **letzte Gelegenheit zur Vertragserfüllung** eröffnet. Die Frist muss also nicht in der Weise bemessen werden, dass der Schuldner jetzt überhaupt erst mit der geschuldeten Leistung beginnt. Sie soll dem Auftragnehmer nur die Gelegenheit zur Vollendung geben (st. Rspr., vgl. nur BGH, Urt. v. 10.02.1982 – VIII ZR 27/81, NJW 1982, 1279, 1280; BGH, Urt. v. 06.12.1984 – VII ZR 227/83, BauR 1985, 192, 194 = NJW 1985, 855, 857; BGH, Urt. v. 23.02.2006 – VII ZR 84/05 BauR 2006, 979, 983 = NJW 2006, 2254, 2257 = NZBau 2006, 371, 374) – und zwar auch unter Berücksichtigung der Tatsache, dass von ihm nach dem bereits versäumten vertraglichen Fertigstellungstermin nunmehr außerordentliche Anstrengungen erwartet werden können. Ausflüchte, er sei selbst von Lieferanten o. ä. im Stich gelassen worden, zählen dagegen nicht (anschaulich: OLG Hamburg, Urt. v. 29.10.2009 – 6 U 253/08 – Nichtzul.-Beschw. zurückgew., BGH, Beschl. v. 09.09.2011 – VII ZR 180/09 – BauR 2012, 300 [Ls.]; Münch.Komm./Ernst, § 323 Rn. 71 f.). Die Nachfrist ist immerhin entbehrlich, wenn der Auftragnehmer die Leistungsfortführung ohnehin ernsthaft und endgültig verweigert hat oder sonst besondere Umstände im Sinne des § 323 Abs. 2 BGB vorliegen (s. dazu Rdn. 2971). Insoweit reicht es aber nicht aus, dass der Auftragnehmer lediglich erklärt, er werde zum Fälligkeitszeitpunkt nicht leisten können. Denn hier bliebe gerade offen, ob er dann wenigstens in einer angemessenen Nachfrist leisten wird (BGH, Urt. v. 14.06.2012 – VII ZR 148/10 BauR 2012, 1386, 1389).

In vorgenannten Fällen kann der Auftraggeber dann **nach fruchtlosem Ablauf der Nachfrist zurücktreten**. Dabei ist ausnahmsweise ein Rücktritt schon vor des an sich vereinbarten Fälligkeitszeitpunktes möglich, wenn offensichtlich ist, dass die Voraussetzungen des Rücktritts eintreten werden (§ 323 Abs. 4 BGB) – wobei hier das Risiko der richtigen Einschätzung allein zulasten des Auftraggebers geht (s. dazu oben Rdn. 1631).

1819 Die Wirkung des **Rücktritts vom Vertrag** geht zumindest theoretisch dahin, dass der Vertrag nicht wie bei der **Kündigung** für die Zukunft aufgelöst, sondern das Vertragsverhältnis rückwirkend aufgehoben und so umgestaltet wird, dass beide Vertragspartner zur **Rückgewähr der bereits empfangenen Leistungen** verpflichtet werden (s. mehr Rdn. 2972 ff.). Beim Bauvertrag ist diese Rechtsfolge unpraktikabel und häufig überhaupt nicht durchführbar. Daher kommt der Rücktritt nur selten zum Zuge. Ist nämlich im Zeitpunkt der Fälligkeit der geschuldeten Bauleistung das Bauwerk schon teilweise errichtet, so kommt nach § 323 Abs. 5 BGB ein Rücktritt vom gesamten Vertrag nur noch in Betracht, wenn der Auftraggeber auch an der schon erbrachten Bauleistung kein Interesse hat. Hiervon wird man in der Regel nicht ausgehen können (s. zu der vergleichbaren Rechtslage beim Schadensersatzanspruch: OLG Celle, Urt. v. 16.11.2006 – 6 U 71/06, BauR 2007, 729, 730).

▶ Beispiel

Der Tiefbauunternehmer soll bis zum 15. März eine Grube ausschachten. Er hat damit begonnen, ist aber selbst nach abgelaufener Nachfrist bis zum 25. März nur zu zwei Drittel fertig. Hier wird sich ein Rücktritt nur auf die restliche Vertragsleistung erstrecken können. Denn der Auftraggeber wird kaum einwenden können, dass er an der schon teilweise ausgehobenen Baugrube kein Interesse mehr hat – abgesehen einmal von dem ungewöhnlichen Fall, dass er die Verzögerungen nunmehr zum Anlass nähme, vom Bauvorhaben insgesamt Abstand zu nehmen.

Allein wegen § 323 Abs. 5 BGB wird daher praktisch das Rücktrittsrecht auch bei einem BGB-Vertrag in vielen Fällen gerade nach einer Bauverzögerung letztlich **in den Auswirkungen einer Kündigung**, also der Beendigung des Vertrages vom Zeitpunkt des Wirksamwerdens der Kündigung (Zugang der Kündigung) an für die Zukunft, gleichstehen. Deshalb bleibt der Vertrag trotz des erklärten Rücktritts bezüglich des erfüllten Teils der geschuldeten Bauleistung bestehen; insoweit ist das teilweise fertiggestellte Werk auch vom Besteller abzunehmen und zu vergüten (s. zu der vergleichbaren Rechtsfolge nach einer Kündigung: BGH, Urt. v. 19.12.2002 – VII ZR 103/00, BGHZ 153, 244, 250 = BauR 2003, 689, 691 f. = NJW 2003, 1450, 1452; BGH, Urt. v. 11.05.2006 – VII ZR 146/04, BGHZ 167, 345, 349 f. = BauR 2006, 1294, 1295 f. = NJW 2006, 2475, 2476). Bezüglich dieses ausgeführten Leistungsteils bleiben auch die **Gewährleistungsansprüche des Bestellers** (Mängelansprüche) und das Nacherfüllungsrecht des Unternehmers erhalten (BGH, Urt. v. 25.06.1987 – VII ZR 251/86, BauR 1987, 689, 690 = NJW 1988, 140, 141). 1820

Das Rücktrittsrecht ist immerhin **ausgeschlossen**, wenn neben den Bauverzögerungen des Auftragnehmers die Terminverzögerungen zu einem überwiegenden Anteil auch vom Auftraggeber verursacht wurden (§ 323 Abs. 6 BGB). 1821

8.7.1.3 Schadensersatzanspruch statt der Leistung

Neben dem **Rücktritts- bzw. Kündigungsrecht** gewährt die gesetzliche Regelung dem Besteller bei nicht rechtzeitiger Fertigstellung des Werkes auch noch Schadensersatzansprüche. Erwähnt wurde schon der Ersatzanspruch bezüglich des Verzögerungsschadens gemäß §§ 280 Abs. 1 und 2, 286 BGB. Dieser besteht unabhängig davon, ob der Vertrag aufrechterhalten und damit der Erfüllungsanspruch daneben bestehen bleibt oder ob der Vertrag durch Rücktritt oder Kündigung beendet wird. Ergänzend kann der Auftraggeber gem. § 281 Abs. 1 BGB auch bei Terminüberschreitungen Schadensersatz statt der Leistung verlangen (s. dazu auch Rdn. 1628 ff. sowie 2977 ff.). 1822

Dieser Schadensersatzanspruch, der **neben dem Rücktritt geltend** gemacht werden kann (§ 325 BGB), steht unter folgenden Voraussetzungen: 1823
- Der Auftragnehmer erbringt die fällige Leistung nicht termingerecht (§ 281 Abs. 1 BGB).
- Der Auftraggeber hat dem Auftragnehmer eine angemessene Nachfrist gesetzt. Auch hier muss in der Regel die Fälligkeit der Leistungsverpflichtung, d. h. der vereinbarte Fertigstellungszeitpunkt, abgewartet werden (Münch.Komm./Ernst, § 281 Rn. 27). Eine vorherige Fristsetzung ist also rechtlich bedeutungslos. Wiederum kann wie beim Rücktritt eine Nachfristsetzung vor allem entfallen, wenn der Auftragnehmer die Leistungserfüllung ohnehin ernsthaft und endgültig verweigert hat (§ 281 Abs. 2 BGB). Ferner kann entsprechend dem Rechtsgedanken des § 323 Abs. 4 BGB eine Fristsetzung entfallen und Schadenersatzanspruch statt der Leistung sofort gefordert werden, wenn offensichtlich ist, dass zum Fälligkeitszeitpunkt die Voraussetzungen für einen Schadensersatzanspruch vorliegen werden. Somit muss auch in diesem Ausnahmefall nicht erst der Fälligkeitszeitpunkt abgewartet werden, um nach einer sich dann erst anschließend gesetzten Frist Schadensersatz zu erhalten (s. dazu mehr Rdn. 2977). Demgegenüber reicht der bloße Verzugseintritt, der etwa bei Überschreitung eines kalendarisch vereinbarten Termins eintritt, nicht aus.
- Der Auftragnehmer hat die Terminverzögerung verschuldet. Im Streitfall hat hier ebenfalls der Auftragnehmer zu beweisen, dass ihn ggf. kein Verschulden trifft (vgl. § 280 Abs. 1 S. 2 BGB). Dabei wird ihm allerdings das Verschulden der von ihm zur Leistungserfüllung eingesetzten Gehilfen, vor allem seiner Subunternehmer, zugerechnet (§ 278 BGB).

Liegen die Voraussetzungen des Schadensersatzanspruchs statt der Leistung vor und entscheidet sich der Auftraggeber dafür, liegt hierin gleichzeitig die **Ausübung einer entsprechenden Gestaltungserklärung**, d. h. vor allem: 1824

- Der **Anspruch auf Vertragserfüllung erlischt**. Der Auftraggeber kann nicht mehr Erfüllung verlangen (§ 281 Abs. 4 BGB).
- Etwaige schon gewährte Leistungen hat der Auftraggeber bei einem geltend gemachten Schadensersatz statt der ganzen Leistung auf Verlangen nach den Regelungen des Rücktritts gemäß §§ 346–348 BGB herauszugeben.

1825 Summenmäßig unterscheidet sich immerhin der hier wegen Terminüberschreitung bestehende Schadensersatzanspruch statt der Leistung nicht von dem Anspruch, der auch bei Mängelrechten besteht. Insoweit kann dazu auf die entsprechenden Erläuterungen oben verwiesen werden (s. Rdn. 1439 ff.). Der einzige ggf. wesentliche Unterschied dürfte in der Praxis allenfalls die Reichweite der Beschränkung des § 281 Abs. 1 S. 2 BGB betreffen: Denn ähnlich wie beim Rücktrittsrecht kann der Auftraggeber **Schadensersatz** statt der Leistung auch hinsichtlich einer schon **bewirkten Teilleistung** nur verlangen, wenn er an dieser kein Interesse mehr hat. Bei reinen Terminüberschreitungen wird es danach einen großen Schadensersatzanspruch mit einer Rückgabe der schon bewirkten Teilleistung Zug um Zug gegen Ersatz sämtlicher Schäden kaum geben (im Erg. ebenso OLG Celle, Urt. v. 16.11.2006 – 6 U 71/06, BauR 2007, 729, 730; s. schon oben zu dem vergleichbaren Fall des Rücktritts Rdn. 1819 f.) bzw. allenfalls in Ausnahmefällen (z. B. bei Fixgeschäften) in Betracht kommen.

▶ **Beispiel**

Gegenstand des Bauvertrages ist die Errichtung eines Messestandes. Wird dieser nicht rechtzeitig fertiggestellt, könnte auf der Hand liegen, dass dieser teilfertig gestellte Bau nach Abschluss der Messe für den Auftraggeber nicht mehr von Interesse ist.

1826 Dies heißt aber nichts anderes, als dass sich ein Schadensersatzanspruch statt der Leistung in aller Regel auf einen reinen **Ersatzanspruch zur Erstattung etwaiger Mehrkosten zur Fertigstellung der Bauleistung** beschränkt.

1827 Anzumerken ist, dass bei dem Schadensersatzanspruch in § 281 BGB eine **Mitverschuldensregelung** fehlt. Dies ist unbeachtlich, d. h.: Beruht die Terminverzögerung neben Pflichtverletzungen des Auftragnehmers gleichzeitig auf einem (überwiegenden) Verschulden des Auftraggebers, ist damit ein Schadensersatzanspruch des Auftraggebers nicht ausgeschlossen. Vielmehr besteht dieser, ist aber nach § 254 BGB um den eigenen Mitverschuldensanteil des Auftraggebers zu kürzen.

8.7.1.4 Anspruch auf Vertragsstrafe

1828 Bei Bauverzögerungen steht dem Auftraggeber schließlich – soweit wirksam vereinbart – ein Anspruch auf Vertragsstrafe zu. Hierzu wird auf die einheitlichen Erläuterungen oben unter Rdn. 1694 ff. verwiesen.

8.7.2 Ansprüche des Auftraggebers nach der VOB/B

1829 Nach § 5 Abs. 4 VOB/B kann der Auftraggeber, wenn der Unternehmer den Beginn der Ausführung verzögert, er mit der Vollendung in Verzug gerät oder er seiner Verpflichtung zur angemessenen Förderung des Baufortschritts gemäß § 5 Abs. 3 VOB/B nicht nachkommt, wahlweise entweder unter Aufrechterhaltung des Vertrages **Schadensersatz nach § 6 Abs. 6 VOB/B** verlangen oder dem Unternehmer eine angemessene Frist zur Vertragserfüllung setzen und erklären, dass er ihm nach fruchtlosem Ablauf der Frist **den Auftrag entziehen** werde (§ 8 Abs. 3 VOB/B). Darüber hinaus kann sich bei entsprechender Vereinbarung im Bauvertrag zugunsten des Auftraggebers **ein Vertragsstrafenanspruch gemäß § 11 VOB/B** ergeben.

8.7 Ansprüche des Auftraggebers bei verzögerter Bauausführung

1830

Rechte des AG bei Terminverzögerungen (VOB/B)	
Verzögerungstatbestände: (§ 5 Abs. 4 VOB/B)	⇨ Verzögerter Ausführungsbeginn ⇨ Verzug mit Vollendung ⇨ Verletzung der Abhilfepflicht
Folgen	⇨ Schadensersatz gem. § 6 Abs. 6 VOB/B (Verschulden!) ⇨ A.o. Kündigung (§ 8 Abs. 3 VOB/B) => Fertigstellung durch Ersatzunternehmer ⇨ Verwirkung einer Vertragsstrafe ⇨ bei Erfüllungsverweigerung: Rücktritt/SchE aus allgemeinen Regelungen (§§ 281, 323, 324 BGB) – ehemals pVV

Alle diese Rechtsfolgen zulasten des Unternehmers setzen voraus, dass die objektiv eingetretene **Bauverzögerung** durch den Unternehmer herbeigeführt worden ist, also ihre Ursache in dem von ihm zu verantwortenden Leistungsbereich hat. Auszuschalten sind daher von vornherein diejenigen Fälle, in denen z. B. der Ausführungsbeginn durch Umstände verzögert worden ist, die dem Aufgabenbereich des Auftraggebers zuzuordnen sind. Dazu zählen u. a. das Fehlen der Baugenehmigung oder der notwendigen Pläne oder deren Freigabe, die Verletzung sonstiger **Mitwirkungspflichten** des Auftraggebers oder die nicht rechtzeitige Fertigstellung notwendiger Vorarbeiten anderer Unternehmer (Ausschachtung der Baugrube für Rohbau, Fertigstellung des Rohbaus für Ausbaugewerke usw.). Denn in all diesen Fällen der **Behinderung** des Auftragnehmers kann diesem gemäß § 6 Abs. 2 Nr. 1 lit. a–c VOB/B ein Anspruch auf Verlängerung der vereinbarten Vertragsfristen zustehen (vgl. dazu im Einzelnen Rdn. 1747 ff.). Werden aber danach die Ausführungsfristen verlängert, scheiden schon deswegen den Auftragnehmer belastende Rechtsfolgen wegen der Überschreitung des ursprünglichen Vertragstermins aus.

Die Rechte zulasten des Unternehmers können aber auch dann vom Auftraggeber **nicht mit Erfolg geltend** gemacht werden, wenn der Unternehmer
- gemäß § 9 Abs. 1 VOB/B zur **Kündigung** des Bauvertrages oder
- gemäß § 16 Abs. 5 Nr. 4 VOB/B zur Einstellung der Arbeiten wegen **Zahlungsverzugs** des Auftraggebers (vgl. BGH, Urt. v. 05.05.1992 – X ZR 115/90, NJW-RR 1992, 1141, 1143) oder
- gemäß **§ 648a Abs. 5 BGB** zur **Einstellung der Arbeiten** wegen einer verlangten, aber nicht zur Verfügung gestellten Sicherheit für seinen Vergütungsanspruch (s. dazu Rdn. 3199 ff.).

berechtigt ist. In den aufgeführten Fällen erscheint es nach **Treu und Glauben** nicht gerechtfertigt, dem Auftraggeber die Rechte aus § 5 Abs. 4 VOB/B zu gewähren, da er sich seinerseits nicht vertragstreu verhalten hat und der Unternehmer deshalb nicht in Verzug geraten ist (vgl. auch OLG Düsseldorf, Urt. v. 25.04.1995 – 21 U 192/94, BauR 1995, 706, 707 = NJW 1995, 3323 f.; OLG Düsseldorf, Urt. v. 07.11.1995 – 21 U 12/95, NJW-RR 1996, 1419, 1420 und OLG Düsseldorf, Urt. v. 27.06.1995 – 21 U 219/94, BauR 1996, 115, 116 = NJW-RR 1996, 730, 731). Dies kann unter besonderen Umständen auch bei nur **geringfügiger Fristüberschreitung** und der Bereitschaft des Unternehmers, zügig weiterzuarbeiten, gelten. Anzunehmen ist das vor allem bei Sachverhalten, in denen die geringfügigen Überschreitungen sich nicht nachteilhaft für den Auftraggeber auswirken oder sonst der Verzug nur unbedeutend ist.

▶ **Beispiel**

Bei einem Straßenbauvorhaben ist die Lieferung und Montage einer Leitplanke nach angemessener abgelaufener Nachfrist von zwei Wochen per 31. März fest für den 4. April zugesagt. Hier wäre eine außerordentliche Kündigung trotz Fristablaufs – bei unterstellter Leistungsbereitschaft des Auftragnehmers – unverhältnismäßig.

Auf dieser Grundlage gilt im Einzelnen:

8.7.2.1 Der Schadensersatzanspruch des Auftraggebers nach §§ 5 Abs. 4, 6 Abs. 6 VOB/B

1833 Als erstes und am häufigsten genutztes Recht bei Leistungsverzug des Auftragnehmers kann der Auftraggeber am Vertrag festhalten und vom Unternehmer nach § 6 Abs. 6 VOB/B Schadensersatz verlangen. Diese Möglichkeit wird er wählen, wenn es nach einer theoretisch auch möglichen Kündigung aufgrund des Verzugs schwierig wäre, für die noch ausstehenden Restarbeiten einen geeigneten anderen Unternehmer zu finden, der die Arbeiten letztlich schneller fertigstellt. Auch bieten sich vorrangig Schadensersatzansprüche an, wenn schon ein Großteil der Leistungen erbracht ist. Gerät der Auftragnehmer dagegen bereits mit dem Beginn der Arbeiten in Verzug, so wird der Auftraggeber häufiger von seinem Kündigungsrecht Gebrauch machen.

8.7.2.1.1 Voraussetzungen

1834 Für einen Schadensersatzanspruch des Auftraggebers wegen Terminüberschreitungen müssen sowohl die Voraussetzungen des § 5 Abs. 4 VOB/B als auch die des § 6 Abs. 6 VOB/B vorliegen, d. h.: Der Unternehmer muss sich zunächst in Verzug befinden. Dies erfordert
- Fälligkeit der jeweiligen Leistung,
- Mahnung nach Fälligkeit, soweit kein fester Termin vereinbart ist, und
- Verschulden des Auftragnehmers.

1835 Zu den ersten beiden Voraussetzungen wurde oben schon ausführlich Stellung genommen (Rdn. 1714 ff.). Ergänzend bedarf es für einen Verzugseintritt des Auftragnehmers als Voraussetzung eines Schadensersatzanspruches für alle drei Varianten nicht rechtzeitiger Vertragserfüllung gemäß § 5 Abs. 1 und 4 VOB/B eines **Verschuldens**, d. h.: Schadensersatzansprüche des Auftraggebers bestehen nur dann, wenn der Auftragnehmer den verzögerten Beginn der Ausführung, das Unterlassen unverzüglicher Abhilfe hinsichtlich des gerügten unzureichenden Baustelleneinsatzes oder die verspätete Vollendung der Leistung zu vertreten hat. Für ein **fehlendes Verschulden** trägt er die **Beweislast**, wobei ein solcher Beweis durchaus erfolgreich sein kann.

▶ **Beispiel (nach BGH, Urt. v. 10.05.2007 – VII ZR 226/05, BauR 2007, 1404, 1407 = NJW-RR 2007, 1317, 1318)**

Der Auftraggeber verlangt von dem Auftragnehmer die Errichtung eines Bauvorhabens, dessen Ausführung ordnungswidrig ist. Verzögert nunmehr der Auftragnehmer den Ausführungsbeginn, weil berechtigte Zweifel hinsichtlich der Zulässigkeit der Ausführung nicht geklärt sind, entfällt dessen Verschulden.

Ähnliches gilt, wenn die Verzögerungen auf zuvor nicht bekannte Baugrundrisiken zurückgehen. Losgelöst von der Frage, wer die damit verbundenen Mehrkosten zu tragen hat (Rdn. 1929 ff.), beruhen deswegen eintretende Bauverzögerungen sicherlich nicht auf einem Verschulden des Auftragnehmers (BGH, Beschl. v. 15.10.2009 – VII ZR 237/08, IBR 2010, 242, dort allerdings nur verkürzt dargestellt).

▶ **Beispiel (ähnlich BGH, a. a. O.)**

In einem Bauvertrag war ein mit einer Vertragsstrafe belegter Fertigstellungstermin vorgesehen. Wegen Bodenkontaminationen verzögert sich die Maßnahme. Diese Verzögerungen haben mit einem Verschulden des Auftragnehmers nichts zu tun.

1836 Auf das umfassende Verschuldenserfordernis ist deshalb hinzuweisen, weil § 5 Abs. 4 VOB/B selbst nur bezüglich der Vollendung der Bauleistung dieses Verschulden erwähnt, nicht aber bezüglich des

Beginns der Ausführung und der Abhilfe bei unzureichendem Baustelleneinsatz. Gleichwohl bestehen auch hier nur Schadensersatzansprüche, wenn dem Auftragnehmer ein Verschulden anzulasten ist (Ingenstau/Korbion/Döring, VOB/B § 5 Abs. 4 Rn. 6 ff.).

> **Beispiel**
>
> Als Termin für die Aufnahme der Bauleistungen ist der 1. März vorgesehen. Mit Überschreitung dieses Termins wäre bereits der Verzögerungstatbestand des § 5 Abs. 4 VOB/B erfüllt. Nach dessen Wortlaut würde dies auch theoretisch für einen Schadensersatzanspruch genügen. Dem ist jedoch nicht so, weil zusätzlich noch die Voraussetzungen des § 6 Abs. 6 VOB/B vorliegen müssen, d. h.: Der Schadensersatzanspruch besteht nur, wenn der Auftragnehmer den verzögerten Beginn zu vertreten hat.

Unbeachtlich ist, ob der Unternehmer selbst schuldhaft gehandelt oder er für das Verschulden seiner **Erfüllungsgehilfen** (z. B. Subunternehmer) gem. § 278 BGB einzustehen hat. 1837

Zu beachten ist, dass der Auftraggeber nicht auf den Schadensersatzanspruch nach § 6 Abs. 6 VOB/B beschränkt ist, wenn zugleich die Voraussetzungen eines Schadensersatzspruches des Auftraggebers nach § 4 Abs. 7 S. 2 VOB/B vorliegen. Hierbei geht es vor allem um Fälle, in denen die **Bauverzögerung auf einer mangelhaften Bauausführung** und der deshalb notwendig gewordenen Mängelbeseitigung beruht (vgl. BGH, Urt. v. 29.06.1961 – VII ZR 174/60, Schäfer/Finnern, Z 2.414 Bl. 92; BGH, Urt. v. 11.12.1975 – VII ZR 37/74, BGHZ 65, 372, 375 f. = BauR 1976, 126, 127 = NJW 1976, 517, 518). Dies ist von Bedeutung, weil bei dem Schadensersatzanspruch nach § 4 Abs. 7 S. 2 VOB/B auch der **entgangene Gewinn** zu ersetzen ist (BGH, Urt. v. 01.12.2001 – VII ZR 201/99, BauR 2001, 1577, 1578). Dagegen besteht ein solcher Anspruch im Rahmen des § 6 Abs. 6 VOB/B nur bei Vorsatz oder grober Fahrlässigkeit. Liegen demnach die tatbestandlichen Voraussetzungen sowohl von § 4 Abs. 7 S. 2 als auch von § 6 Abs. 6 VOB/B parallel vor, kann der Auftraggeber wählen, welche Rechte er geltend macht (s. auch oben Rdn. 996). 1838

> **Beispiel**
>
> Der Auftragnehmer gerät mit der Fertigstellung in Verzug, weil die Bauleistung mangelhaft ist. Vorsätzliches Handeln ist ihm nicht nachzuweisen. Einen Mietausfallschaden als entgangenen Gewinn würde der Auftraggeber dann über den Verzugsschadensersatzanspruch nach § 6 Abs. 6 VOB/B nicht ohne Weiteres ersetzt bekommen (s. dazu sogleich Rdn. 1848 ff.), weil hier der entgangene Gewinn nur bei Vorsatz oder grober Fahrlässigkeit abgedeckt ist. Da die Verzögerung aber gleichzeitig auf einer mangelhaften Bauleistung beruht, wird der Mietausfallschaden jedenfalls von § 4 Abs. 7 S. 2 BGB erfasst.

8.7.2.1.2 Umfang des Schadensersatzanspruchs

Der Schadensersatzanspruch gemäß §§ 5 Abs. 4, 6 Abs. 6 VOB/B richtet sich auf **Ersatz des dem Auftraggeber nachweislich entstandenen Schadens**, bei Vorsatz oder grober Fahrlässigkeit des Unternehmers einschließlich des entgangenen Gewinns. 1839

Die Schadensersatzpflicht des Auftragnehmers erfasst somit zunächst jeden Schaden, der adäquat kausal, also ursächlich, auf die Vertragsverletzung, die zu der Bauverzögerung geführt hat, zurückzuführen ist. Abzugrenzen von diesem nach § 6 Abs. 6 VOB/B ersatzfähigen Verzögerungsschaden sind die **Schäden wegen Nichterfüllung**. 1840

> **Beispiel (ähnlich OLG Schleswig, Urt. v. 29.06.2010 – 3 U 92/09, BauR 2010, 1937, 1942)**
>
> Der Auftragnehmer verzögert die Arbeiten schuldhaft. Der Auftraggeber mahnt ihn mehrfach fruchtlos. Um den knappen Bautermin einzuhalten, setzt der Auftraggeber nunmehr zur Unterstützung für Teile der Bauleistung einen anderen Unternehmer ein. Die deswegen entstehenden Mehrkosten verlangt er vom Auftragnehmer.

Hiermit hat er keinen Erfolg. Zwar beruhen diese Mehrkosten auf der Verzögerung des Auftragnehmers. Anspruch auf einen diesbezüglichen Schadensersatz hat ein Auftraggeber aber nur **nach einer Kündigung** des Vertragsverhältnisses gemäß § 5 Abs. 4 VOB/B. Diese Regelung verweist ausdrücklich auf § 8 Abs. 3 VOB/B. In dessen zweiten Absatz findet sich das Recht des Auftraggebers, nach einer Kündigung (nicht vorher) den noch nicht vollendeten Teil der Leistung zulasten des Auftragnehmers durch einen Dritten ausführen zu lassen (s. dazu sogleich Rdn. 1858 ff.). Geht es also bei § 6 Abs. 6 VOB/B nicht um den echten Erfüllungsschaden, zählen zu den von § 6 Abs. 6 VOB/B erfassten Schäden **allein** die **durch die Bauverzögerung entstandenen Vermögensschäden.**

▶ **Beispiele für Vermögensschäden des Auftraggebers**
- Aufwendungen für eine länger in Anspruch genommene Mietwohnung
- längere Gerüstvorhaltekosten bei bauseits gestellten Gerüsten
- Aufwendungen für eine anderweitige Unterbringung im Hotel
- Kosten für die Anmietung anderer Räume zur vorübergehenden Lagerung von Gegenständen wie z. B. Möbeln oder Waren, für eine verlängerte Zwischenfinanzierung oder Bereitstellungszinsen
- entgangene Fördermittel oder Steuervergünstigungen wie z. B. Sonderabschreibungen für Baumaßnahmen in den neuen Bundesländern usw.

1841 Neben diesen allgemeinen Erläuterungen sollen wenige **wichtige Schadenspositionen** gesondert betrachtet werden, die ebenfalls von dem Schadensersatzanspruch nach § 6 Abs. 6 VOB/B erfasst werden:
- **Architektenleistungen u. a.**

1842 Der Schadensersatzanspruch nach § 6 Abs. 6 VOB/B erfasst dem Grunde nach auch Mehrkosten für **Architekten- und Ingenieurleistungen** bei verlängerter Bauzeit und damit verlängerter Objektüberwachung gemäß Leistungsphase 8 des § 33 HOAI (vgl. auch § 7 Abs. 4 HOAI). Ein darauf gerichteter Schadensersatzanspruch dürfte aber oft daran scheitern, dass einem Auftraggeber bei einer reinen Bauzeitverlängerung kein Schaden entsteht, weil auch dem Architekt aus diesem Grund allein vielfach kein zusätzlicher Honoraranspruch zusteht. Eher unproblematisch ersatzfähig sind dagegen Aufwendungen für einen **Sachverständigen**, um den Leistungsverzug des Auftragnehmers und seine Auswirkungen feststellen zu lassen (BGH, Urt. v. 22.10.1970 – VII ZR 71/69, BGHZ 54, 352b, 358 f. = BauR 1971, 51, 52 f. = NJW 1971, 99, 100 f.; ebenso Ingenstau/Korbion/Döring VOB/B § 6 Abs. 6 Rn. 41 mit Verweis auf BGH, BauR 1986, 347, wobei dieser Verweis in der Sache allerdings nicht zutrifft).

- **Vertragsstrafe als Schadensersatz**

1843 Ebenso erfasst werden von § 6 Abs. 6 VOB/B Schadensersatzansprüche des General- bzw. Hauptunternehmers, soweit dieser wegen einer Bauzeitverzögerung des Subunternehmers seinerseits eine **Vertragsstrafe in seinem Verhältnis zum Bauherrn** verwirkt.

▶ **Beispiel**

Der Bauherr beauftragt den Generalunternehmer mit der Errichtung eines Seniorenstifts. Das Auftragsvolumen beläuft sich auf 8 Mio. €. Zur Absicherung der Vertragstermine sieht der Bauvertrag eine Vertragsstrafe vor, die auf 5 % der Auftragssumme (400 000 €) beschränkt wird. Der Generalunternehmer vergibt die Gründungsarbeiten zu einem Pauschalpreis von 500.000 € an ein Tiefbauunternehmen. Auch in diesem Verhältnis wird eine Vertragsstrafe mit entsprechenden Fristen vorgesehen, wiederum beschränkt der Höhe nach auf 5 % (25 000 €). Wegen schuldhafter Verzögerungen des Tiefbauunternehmens kann dieses zunächst seinen eigenen Termin gegenüber dem Generalunternehmer und infolgedessen der Generalunternehmer seinen Termin nicht gegenüber dem Bauherrn einhalten. Der Bauherr zieht berechtigterweise in voller Höhe die Vertragsstrafe von 400 000 €. Der Generalunternehmer seinerseits macht gegen den Subunternehmer die Vertragsstrafe von 25 000 € geltend. Darüber hinausgehend verlangt er Schadensersatz wegen der in seinem Verhältnis zum Bauherrn weiter gehend verwirkten Vertragsstrafe von 375 000 €.

8.7 Ansprüche des Auftraggebers bei verzögerter Bauausführung

Diese weiter gehenden Schadensersatzansprüche bestehen. Zwar bedarf eine Vertragsstrafenvereinbarungen in AGB zu ihrer Wirksamkeit einer Obergrenze von 5 % bezogen auf die jeweilige Auftragssumme (vgl. 1703 ff.). Hierauf kommt es im vorliegenden Beispielfall jedoch nicht an. Denn unabhängig von der deutlichen höheren Vertragsstrafe im Verhältnis zum Bauherrn kann der Generalunternehmer die im dortigen Verhältnis verwirkte Vertragsstrafe im Wege des Schadensersatzes nach § 6 Abs. 6 VOB/B vom Subunternehmer ersetzt verlangen – wobei dafür allerdings noch zwei Voraussetzungen zu beachten sind:

– Zunächst kommt es darauf an, dass der Generalunternehmer den Subunternehmer (nahe liegenderweise in dem Subunternehmervertrag) auf dieses erhöhte Vertragsstrafeversprechen **in seinem eigenen Auftragsverhältnis hingewiesen** hat (BGH, Urt. v. 18.12.1997 – VII ZR 342/96, BauR 1998, 330, 332 = NJW 1998, 1493, 1494; s. dazu Formulierung bei Joussen/Vygen, Subunternehmervertrag, Rn. 299). Erfolgt dieser Hinweis nicht oder war er nicht hinreichend klar gefasst, schließt dies die Belastung des Subunternehmers mit der den Generalunternehmer betreffenden höheren Vertragsstrafe nicht aus. In diesem Fall allerdings ist der Schadensersatzanspruch aufgrund des fehlenden oder nicht ausreichenden Hinweises auf die wirtschaftlichen Risiken vor Vertragsabschluss oder bei Durchführung der Arbeiten wegen mitwirkenden Verschuldens des Generalunternehmers (§ 254 Abs. 2 S. 1 BGB) zu mindern (BGH, Urt. v. 25.01.2000 – X ZR 197/97, BauR 2000, 1050, 1052). 1844

– Ebenso ist es notwendig, dass der Generalunternehmer im Rechtsstreit mit dem Subunternehmer ggf. auch darlegen und beweisen muss, dass er die **Vertragsstrafe an seinen Auftraggeber zu Recht gezahlt** hat, also zahlen musste. Dies setzt voraus, dass der Generalunternehmer sich bezüglich des Verzugs selbst belastet und die **wirksame Vertragsstrafenvereinbarung** gegenüber seinem Auftraggeber nachweist, jedenfalls aber für die Zahlung ein rechtfertigender Anlass bestand (vgl. BGH, Urt. v. 07.03.2002 – VII ZR 41/01, BauR 2002, 1086, 1088 = NJW 2002, 2322, 2323 = NZBau 2002, 383, 384). Dies ist aber an sich nichts Besonderes und entspricht ebenfalls nur der üblichen Schadensminderungspflicht.

Liegen diese Voraussetzungen vor, kann der Auftraggeber gegen den Subunternehmer eine in seinem Verhältnis zum Bauherrn verwirkte Vertragsstrafe dem Grunde nach als Schadensersatz weiterreichen. Allerdings muss er dafür natürlich noch zusätzlich die Kausalität der Verzögerung der Werkleistungen des Subunternehmers für die im Oberverhältnis verwirkte Vertragsstrafe darlegen und ggf. beweisen. Hierzu gehört auch eine diesbezügliche Darlegung der Identität der Werkleistungen der beiden Vertragsverhältnisse sowie der etwaigen Behinderungstatbestände. Dabei wäre ggf. auch zu belegen, inwieweit ggf. berechtigte Behinderungen im Subunternehmerverhältnis nicht auch zu berechtigten Behinderungen im Oberverhältnis geführt haben (OLG Düsseldorf, Urt. v. 19.04.2012 – 23 U 150/11, BauR 2012, 1421, 1425). 1845

- **Entgangener Gewinn**
Wie schon erläutert wird nach § 6 Abs. 6 VOB/B ein entgangener Gewinn **nur bei Vorsatz und grober Fahrlässigkeit** abgedeckt. In der Praxis immerhin dürfte vorsätzliches Handeln und grobe Fahrlässigkeit aber die Ausnahme sein. Dies liegt für den Vorsatz auf der Hand; doch auch der **Ausnahmefall der groben Fahrlässigkeit** ist kaum anzutreffen. Er setzt voraus, dass der Auftragnehmer die im Verkehr erforderliche Sorgfalt in besonders schwerem Maße verletzt hat. Dabei geht es zumeist um eine objektiv schlechterdings unvertretbare und subjektiv unentschuldbare Fehleinschätzung – eine Situation, die zumindest bei der Abwicklung von Bauvorhaben kaum anzutreffen sein wird. 1846

  ▶ **Beispiel (nach OLG Schleswig, Urt. v. 31.03.2006 – 1 U 162/03, BauR 2007, 598)**

  Der Auftragnehmer kalkuliert seinen Personaleinsatz um bis zu 50 % zu niedrig bzw. verlegt sogar noch trotz Abhilfeverlangens Personal an eine andere Baustelle. Dies muss mit Vorsatz oder grober Fahrlässigkeit nichts zu tun haben, sondern kann darauf beruhen, dass der Auftragnehmer den Arbeitsanfall (lediglich fahrlässig) falsch eingeschätzt hat.

Die Beschränkung des Schadensersatzes mit **Ausschluss des entgangenen Gewinns** greift nicht ein, wenn der Unternehmer ernsthaft und endgültig die Erfüllung des Bauvertrages verweigert, 1847 ohne hierzu berechtigt zu sein. Dabei handelt es sich um eine **positive Vertragsverletzung**, die eine Beschränkung des Schadensersatzanspruchs des Auftraggebers nach Treu und Glauben nicht rechtfertigt (vgl. BGH, Urt. v. 11.12.1975 – VII ZR 37/74, BGHZ 65, 372, 376 f. = BauR 1976, 126, 127 f. = NJW 1976, 517; BGH, Urt. v. 12.06.1980 – VII ZR 198/79, BauR 1980, 465, 466). Diese Rechtsfolge ergibt sich auch schon daraus, dass dem Unternehmer in einem solchen Fall der zu Unrecht erfolgten Erfüllungsverweigerung meist bedingter Vorsatz oder jedenfalls grobe Fahrlässigkeit bezüglich der Verzögerung anzulasten sein wird und deshalb die Beschränkung des Schadensersatzanspruchs und der Ausschluss des entgangenen Gewinns entfällt.

- **Mietausfallschaden u. a.**

1848 Gerade wegen des Ausschlusses des entgangenen Gewinns bei leichter und mittlerer Fahrlässigkeit stellt sich vielfach die Frage, ob zum **entgangenen Gewinn** auch der **Mietausfall** des Auftraggebers wegen verspäteter Fertigstellung gehört.

> **Beispiel**
>
> Der Auftraggeber lässt ein Einfamilienhaus bauen, das er später vermieten will. Das Haus wird nicht fertig. Hierdurch entgeht ihm eine monatliche Nettomiete von 2 400 € bzw. unter Berücksichtigung der Nebenkosten eine Bruttomiete von 3 500 €. Gleichzeitig hat er Finanzierungskosten von 2 600 €.

In Fällen wie diesen ist hinsichtlich des Umfangs des Schadensersatzanspruchs nach § 6 Abs. 6 VOB/B zu unterscheiden (vgl. BGH, Urt. v. 29.03.1990 – VII ZR 324/88, BauR 1990, 464, 465 = NJW-RR 1990, 980 f.; BGH, Urt. v. 14.01.1993 – VII ZR 185/91, BGHZ 121, 210, 213 f. = BauR 1993, 600, 603 = NJW 1993, 2674, 2675 f.; BGH, Urt. v. 04.05.2000 – VII ZR 203/98, BauR 2000, 1188 = NJW-RR 2000, 1186):

1849 – Der Auftraggeber kann über § 6 Abs. 6 VOB/B zum einen die **regelmäßigen Finanzierungskosten** in Gestalt des auf die Verzugszeit entfallenden gesamten Zinsaufwands ersetzt verlangen. Die regelmäßigen Finanzierungskosten sind allerdings nur höchstens bis zum Betrag der entgangenen Nettomiete ersatzfähig (d. h. im Beispielfall maximal 2 400 €). Entgangener Gewinn ist demzufolge nur das, was vom Rohmietertrag nach Abzug der Kosten der Regelfinanzierung sowie weiterer Kosten verbleibt. Die in der Zeit des Verzugs anfallenden Finanzierungskosten sind demnach kein entgangener Gewinn. Diese im Rahmen des § 286 Abs. 1 BGB entwickelten Grundsätze gelten bei § 6 Abs. 6 VOB/B entsprechend. Im vorstehenden Beispielfall fällt demzufolge kein entgangener Gewinn an; die Kosten können somit als Schadensersatz verlangt werden. Ein (teilweise) entgangener Gewinn läge immerhin vor, wenn die Nettomiete die Finanzierungskosten übersteigen würde, wobei dann der entgangene Gewinn sich auf die Differenz zwischen Nettomiete und niedrigeren Finanzierungskosten beliefe.

1850 – Zum anderen könnte der Auftraggeber seinen Schaden nach dem **reinen Mietausfallschaden** berechnen. Dies wäre dann der echte **entgangene Gewinn**, der allerdings über § 6 Abs. 6 VOB/B nur eingeschränkt, nämlich bei Vorsatz und grober Fahrlässigkeit, zu ersetzen wäre. Soweit sich der Auftraggeber darauf stützt, ist allerdings auch hier nur von der Nettomiete auszugehen. Berechnet der Gläubiger seinen Schaden in dieser Weise aufgrund der entgangenen Mieteinnahmen, kann er daneben den regelmäßigen Finanzierungsaufwand nicht ersetzt verlangen. Denn diesen Aufwand hätte er bei Vermietung des Gebäudes aus den Mieterträgen decken müssen; sein »Gewinn« aus den Mieteinnahmen wäre folglich um die Kosten der Regelfinanzierung vermindert. Auf der Grundlage einer Abrechnung mit für die Verzugszeit entgangenen Mieteinnahmen sind die zugehörigen Finanzierungskosten somit nicht verzugsbedingt (BGH, Urt. v. 29.03.1990 – VII ZR 324/88, BauR 1990, 464, 465 = NJW-RR 1990, 980, 981).

- **Vorteilsanrechnung/Steuerersparnisse**

1851 In jedem Fall aber muss sich der Auftraggeber im Rahmen eines Schadensersatzanspruches auch die **Vorteile anrechnen** lassen, die sich aus der verspäteten Fertigstellung ergeben.

▶ **Beispiel (ähnlich BGH, Urt. v. 15.04.1983 – V ZR 152/82, BauR 1983, 465 = NJW 1983, 2137)**

Erspart der Auftraggeber wegen des Leistungsverzugs und der deswegen nur verzögerten Vergütungszahlung Kreditzinsen, handelt es sich bei diesen ersparten Finanzierungskosten um ersparte Vorteile, die schadensmindernd anzurechnen sind.

Eingeschränkt gilt vorstehender Grundsatz immerhin bei **Steuerersparnissen**, die infolge einer verspäteten Fertigstellung eintreten (zu weitgehend Beckscher VOB/B-Komm/Motzke/Berger, § 6 Nr. 6 Rn. 85). Hier entfällt dann eine Anrechnung, wenn der Auftraggeber einen Ertrag nur zu einem späteren Zeitpunkt versteuern muss (BGH, Urt. v. 25.02.1988 – VII ZR 152/87, BauR 1988, 347, 348 = NJW-RR 1988, 788, 789). Dies betrifft die meisten Fälle der reinen Verzögerungsschäden. Doch selbst wenn der Auftraggeber über einen Schadensersatzanspruch für eine schon geltend gemachte Abschreibung später eine Ersatzleistung erhält, wäre im Zweifel diese steuerpflichtig. Eine Anrechnung wird daher allenfalls in Betracht kommen, wenn selbst nach einer solchen Anrechnung und entsprechenden Darlegungen des Schädigers (Auftragnehmers) sich besonders hohe Steuervorteile abzeichnen würden (BGH, Urt. v. 19.06.2008 – VII ZR 215/06, BauR 2008, 1450, 1451 = NJW 2008, 2773, 2774). Hierfür müssen aber konkrete Anhaltspunkte bestehen; eine bloße Ermäßigung der Steuersätze genügt dafür nicht (BGH, Urt. v. 15.07.2010 – III ZR 336/08, BGHZ 186, 205, BGHZ 186, 205, 213 = BauR 2010, 2111, 2115; BGH, Urt. v. 01.03.2011 – XI ZR 96/09, BauR 2011, 1164, 1165 = NJW-RR 986, 987; s. dazu auch Rdn. 1547).

- **Nutzungsausfall/Nutzungsentschädigung**

Im Zusammenhang mit dem entgangenen Gewinn stellt sich weiter die Frage, ob der Auftraggeber auch einen **Nutzungsausfall oder entgangene Gebrauchsvorteile als Vermögensschaden** ersetzt verlangen kann. Ein solcher Nutzungsausfall kann beim Auftraggeber als Eigentümer eines selbst genutzten oder nach Fertigstellung zur Eigennutzung vorgesehenen Bauwerks eintreten, wenn das Bauwerk wegen Überschreitung der vereinbarten Ausführungsfrist vorübergehend nicht genutzt werden kann. Dies ist seit der Entscheidung des Großen Senats des BGH vom 9. Juli 1986 (GSZ 1/86, BGHZ 98, 212 = BauR 1987, 314 = NJW 1987, 50) anerkannt, soweit der Eigentümer eine von ihm selbst genutzte Sache, jedenfalls ein von ihm selbst bewohntes Hauses, infolge eines deliktischen Eingriffs in das Eigentum vorübergehend nicht benutzen kann, ohne dass ihm hierdurch zusätzliche Kosten entstehen oder Einnahmen entgehen. Nichts anderes gilt bei einer Gebrauchsentziehung die ihren Ursprung auf vertraglicher Grundlage hat (BGH, Urt. v. 10.10.1985 – VII ZR 292/84, BGHZ 96, 124, 127 = BauR 1986, 105, 106 = NJW 1986, 427, 428; BGH, Urt. v. 16.09.1987 – IVb ZR 27/86, BGHZ 101, 325, 330 = BauR 1988, 251 [Ls.] = NJW 1988, 251, 252 = NJW-RR 1988, 150). Aus vorstehenden Entscheidungen folgt richtigerweise, dass damit stets die **Ersatzfähigkeit von Gebrauchsverlusten** bei Sachen, die für die private Lebensführung von zentraler Bedeutung sind, angenommen werden kann, sodass dies auch bei verspäteter Fertigstellung von Bauvorhaben in Betracht zu ziehen ist. Entscheidend ist insoweit aber jeweils eine **fühlbare und damit vermögenswerte Beeinträchtigung**; kurzfristige und durch zumutbare Umdispositionen auffangbare Nachteile des Gebrauchs genügen somit anders als die vollständige Unbewohnbarkeit nicht (BGH, Urt. v. 05.03.1993 – V ZR 87/91, NJW 1993, 1793, 1794). Während eine solche Nutzungsausfallentschädigung danach für den verzögerten Bezug von selbst genutzten Einfamilienhäusern oder Wohnungen bejaht wurde, wurde dagegen ein solcher Anspruch bei der vorübergehenden Nichtbenutzbarkeit eines Hobbyraumes (vgl. LG München, Urt. v. 05.02.1993 – 18 O 19526/92, IBR 1993, 329 = BauR 1993, 640) oder eines Ferienhauses abgelehnt (OLG Frankfurt, Urt. v. 06.04.2009 – 25 U 78/06, Nichtzul.-Beschw. zurückgew., BGH, Beschl. v. 14.01.2010 – VII ZR 91/09, IBR 2010, 319). Ebenfalls soll eine Nutzungsausfallentschädigung ausscheiden, wenn dem Geschädigten für die Zeitdauer der Bauverzögerung gleich aus welchem Grund ein angemessener (Ersatz) Wohnraum zur Verfügung stand, sodass er auf die ständige Verfügbarkeit der verzögert hergestellten Neubauwohnung nicht angewiesen war (OLG Stuttgart, Urt. v. 30.03.2010 – 10 U 87/09, BauR 2010,

1240, 1241). Diese Sichtweise ist allerdings sehr zweifelhaft und verkennt wohl die Bedeutung der Nutzungsausfallentschädigung. Denn diese stellt ja gerade einen Ausgleich für die entgangene eigenwirtschaftliche Nutzungsmöglichkeit der eigenen Wohnung, die der Bauherr ab einem zugesagten Termin nutzen wollte, dar. Mit welchem Aufwand er wegen der fehlenden Fertigstellung wo auch sonst wohnt, spielt dafür keine Rolle (kritisch auch Weyer IBR 2010, 393). Zu unterscheiden davon sind aber **tatsächliche Ersatzansprüche**: Sie sind relevant, wenn der Bauherr eine zuvor genutzte Wohnung wegen der Bauverzögerung länger nutzen und dann dafür Miete zahlen muss. Dies ist ein echter Schaden, der vom Auftragnehmer ggf. unter weiterer Berücksichtigung der Nutzungsausfallentschädigung zu zahlen ist. Abhängig vom Einzelfall ist er aber aufeinander anzurechnen; denn infolge der Verzögerung darf der Geschädigte insoweit nicht besser stehen, als wenn die Wohnung oder das Haus rechtzeitig fertiggestellt worden wäre (überzeugend: OLG Brandenburg, Urt. v. 23.11.2011 – 4 U 91/10, IBR 2012, 205 = BauR 2012, 545 [Ls.]).

1853   Offengelassen wurde in dem vorstehend beschriebenen Beschluss des Großen Senats für Zivilsachen allerdings die für die Praxis bedeutsame Frage, wie eine solche **Nutzungsentschädigung zu berechnen** ist. Denn zu entschädigen ist nur der Gebrauchsverlust für eine eigenwirtschaftliche Verwendungsplanung; nicht erstattungsfähig ist hingegen der **entgangene Gewinn** aus einer möglichen entgeltlichen Gebrauchsüberlassung an einen Dritten, die der Eigentümer gar nicht beabsichtigt hatte. Ebenso wenig kann die Erstattung abstrakter Kosten einer Ersatzanmietung verlangt werden, die der Eigentümer nicht vorgenommen hat. Fiktive Ersatzanmietkosten kämen als Berechnungsgrundlage nur in Betracht, wenn diese um die spezifisch die erwerbswirtschaftliche Nutzung betreffenden Wertfaktoren (Gewinnanteile u. a.) zuverlässig bereinigt würden. Alternativ wäre denkbar, die anteiligen Vorhaltekosten für den entzogenen Gebrauch (angemessene Verzinsung des für die Beschaffung der Sache eingesetzten Kapitals, weiterlaufende Aufwendungen für die Einsatzfähigkeit der Sache, Alterungsminderwert für die gebrauchsunabhängige Entwertung der Sache in der Zeit ihres Ausfalls) heranzuziehen. Gemeint sind damit vor allem die weiter laufenden einen Geschädigten anteilig treffenden Erwerbs- und Bewirtschaftungskosten (Kapitaldienst u. a.) sowie die gleichzeitig anfallende Wertminderung in Anlehnung etwa an die lineare Abschreibung (BGH, Urt. v. 09.07.1986 – GSZ 1/86, BGHZ 98, 212, 225 = BauR 1986, 732 [Ls.] = NJW 1987, 50, 53). In der Sache wird all das letztlich auf eine **Schätzung nach § 287 ZPO** unter Zugrundelegung aller objektiven Bewertungsmaßstäbe hinauslaufen. Dabei wird die Bewertung sicherlich auch durch den erzielbaren **Mietzins** oder den **Mietwert einer vergleichbaren Wohnung** oder eines vergleichbaren Hauses zumindest mitbestimmt (BGH, Urt. v. 10.10.1985 – VII ZR 292/84, BGHZ 96, 124, 127 = BauR 1986, 105, 106 f. = NJW 1986, 427, 428).

- **Umsatzsteuer**

1854   Umsatzsteuer kann der Auftraggeber auf den Schadensersatz nach § 6 Abs. 6 VOB/B **nicht verlangen**, weil den abgerechneten Kosten keine umsatzsteuerpflichtige Mehrleistung zugrunde liegt. Vielmehr handelt es sich dabei nur um den Gegenwert für einen infolge einer zu vertretenden Bauverzögerung eingetretenen Schaden. Ansonsten bleiben anders als etwa im Fall des § 2 Abs. 5 VOB/B die Pflichten des Auftragnehmers und damit auch die Vergütung als Bemessungsgrundlage für die Umsatzsteuer unverändert (so auch BGH, Urt. v. 24.01.2008 – VII ZR 280/05, BGHZ 175, 118, 122 = BauR 2008, 821, 822 f. = NJW 2008, 1523, 1524 = NZBau 2008, 318, 319).

8.7.2.1.3 Darlegungs- und Beweislast

1855   In Schadensersatzprozessen wegen Verzugs des Auftragnehmers ist meist streitig, ob der Auftragnehmer mit dem **Beginn der Ausführung**, mit seiner **Förderungspflicht** gemäß § 5 Abs. 3 VOB/B oder auch mit der **Vollendung** tatsächlich in **Verzug** geraten ist. Deswegen hängt der Ausgang solcher Streitigkeiten nicht selten von der Frage ab, wem die **Darlegungs- und Beweislast** obliegt. Grundsätzlich ist der Anspruchsteller – hier also der Auftraggeber – für die anspruchsbegründenden Tatsachen darlegungs- und beweispflichtig. Daher hat er auch darzulegen und im Streitfall zu beweisen, wann der Auftragnehmer mit der Ausführung zu beginnen und wann er die geschuldete Bauleistung zu vollenden hatte. Dasselbe gilt für die Frage einer etwaigen **Baustellenförderungspflicht**, also z. B. welcher Personal- oder Geräteeinsatz vertraglich vereinbart oder als erforderlich und deshalb geschuldet anzusehen ist. Im Anschluss daran obliegt es dem Auftragnehmer, darzulegen und zu beweisen, dass er seinen vertraglichen Erfüllungspflichten auch in Bezug auf die vereinbarte Bauzeit nachgekommen ist, so etwa dahin gehend, dass er die Baustelle ordnungsgemäß besetzt hat.

Soweit dann allerdings der Auftraggeber seinerseits weiter gehende Ansprüche wegen entgangenen Gewinns verlangt und es hierfür eines **vorsätzlichen oder grob fahrlässigen Handelns** des Auftragnehmers bedarf, ist dafür wiederum der **Auftraggeber darlegungs- und beweisbelastet**. Die zugunsten des Auftraggebers bestehende Verschuldensvermutung greift hier nicht, weil es um eine Haftungsverschärfung gegenüber dem sonst einfachen Verschulden geht (OLG Düsseldorf, Urt. v. 18.02.2000 – 22 U 140/99, BauR 2001, 812, 813 = NJW-RR 2001, 1028; Ingenstau/Korbion/Döring, VOB/B, § 6 Abs. 6 Rn. 23, 29). 1856

8.7.2.1.4 Verjährung

Der Schadensersatzanspruch des Auftraggebers aus § 6 Abs. 6 VOB/B verjährt bis zur Abnahme in der Regelfrist von 3 Jahren ab Entstehung und Kenntnis gemäß §§ 195, 199 BGB. **Nach Abnahme** gilt für ihn die auch für Gewährleistungsansprüche geltende Verjährungsfrist von 4 Jahren gemäß § 13 Abs. 4 VOB/B oder eine im Vertrag an deren Stelle vereinbarte längere Gewährleistungsfrist. Ist diese z. B. aus AGB-rechtlichen Gründen (vgl. §§ 307, 309 Nr. 8 lit. b) BGB) unwirksam, gilt nach § 634a Abs. 1 Nr. 2 BGB eine Frist von fünf Jahren. Die Anlehnung an die Mängelgewährleistungsfrist nach Abnahme für den Schadensersatzanspruch nach § 6 Abs. 6 VOB/B beruht darauf, dass auch der Schadensersatzanspruch nach § 6 Abs. 6 VOB/B einen Ausgleich für die nicht rechtzeitige Erfüllung der Leistung schaffen soll (Nicklisch/Weick, VOB/B § 6 Rn. 68; Ingenstau/Korbion/Döring, VOB/B § 6 Abs. 6 Rn. 52; a. A. Beck'scher VOB-Komm./Motzke, B § 6 Rn. 110). Somit macht es nach Abnahme keinen Unterschied, ob die fehlende Vertragsgemäßheit (nur) auf vorhandenen Mängeln oder (auch) darauf beruht, dass lediglich einzelne Arbeiten nicht rechtzeitig fertiggestellt bzw. Mängel beseitigt sind. 1857

8.7.2.2 Das Kündigungsrecht des Auftraggebers nach §§ 5 Abs. 4, 8 Abs. 3 VOB/B

Die Vorschrift des § 5 Abs. 4 VOB/B gewährt dem Auftraggeber wahlweise neben dem Anspruch auf Schadensersatz ein Kündigungsrecht. Dessen Voraussetzungen sind jedoch nicht mit denen des Schadensersatzanspruches bei Aufrechterhaltung des Vertrages identisch. Zwar greift das **Kündigungsrecht auch bei allen drei Varianten des § 5 Abs. 4 VOB/B** ein, also bei verzögertem Beginn mit der Ausführung, bei Verzug mit der Vollendung der Bauleistung und bei nicht erfolgter Abhilfe des unzureichenden Baustelleneinsatzes; ein Verschulden ist aber nur bei verspäteter Fertigstellung erforderlich. Dies wiederum beruht darauf, dass nur bei dieser Kündigungsvoraussetzung von Verzug die Rede ist und dieser **Verzug** stets **Verschulden** erfordert (vgl. § 286 Abs. 4 BGB). Demgegenüber ist das Kündigungsrecht bei den beiden anderen Varianten **verschuldensunabhängig**. Es reicht demzufolge die Nichtbeachtung der Nachfrist mit Kündigungsandrohung (vgl. auch Ingenstau/Korbion/Döring, B. § 5 Abs. 4 Rn. 4; Heiermann/Riedl/Rusam, VOB/B § 5 Rn. 26). Dazu gilt: 1858

8.7.2.2.1 Voraussetzungen

Das Kündigungsrecht besteht wie der Schadensersatzanspruch nur unter Einhaltung verschiedener Voraussetzungen: 1859

- Zunächst muss der Auftragnehmer **einen der drei Verzögerungstatbestände** des § 5 Abs. 4 VOB/B erfüllen, d. h.: 1860
  - Die erste Variante setzt eine Überschreitung des vertraglich festgelegten Beginns der Ausführungsfrist voraus. Diese Regelung ist allerdings nicht mehr anwendbar, wenn der Auftragnehmer bereits mit der Ausführung der ihm übertragenen Bauarbeiten begonnen hat (OLG Dresden, Urt. v. 02.04.2003 – 11 U 452/02, OLGR 2003, 342, 343; OLG Celle, Beschl. v. 22.05.2009 – 14 U 45/09, IBR 2009, 132).

- Nach der zweiten Variante kann der Auftraggeber den Vertrag außerordentlich kündigen, wenn der Auftragnehmer mit der Ausführung des Gesamtwerks in Verzug ist. Nicht hierunter fällt die Nichteinhaltung einer Einzelfrist (Rdn. 1683 ff.).
- Die dritte Variante sieht eine außerordentliche Kündigung im Fall eines unzureichenden Arbeitskräfteeinsatzes u. a. vor. Dieser allein genügt allerdings nicht. Vielmehr ist dieser mit § 5 Abs. 3 VOB/B zu lesen. Danach muss zu befürchten sein, dass infolgedessen die Ausführungsfristen offenbar nicht eingehalten werden können.

Umgekehrt gilt natürlich, dass der Auftragnehmer nicht seinerseits berechtigt war, die Leistungen zurückzuhalten oder einzustellen.

> ▶ Beispiel (ähnlich OLG Dresden, Urt. v. 27.03.2008 – 4 U 1478/09, Nichtzul. Beschw. zurückgew., BGH, Beschl. v. 10.9.2009 – VII ZR 93/08, BauR 2001, 96)
>
> Der Auftraggeber kürzt zu Unrecht Abschlagszahlungen. Trotz Nachfrist bleiben weitere Zahlungen aus. Soweit der Auftragnehmer jetzt zu Recht nach § 16 Abs. 5 Nr. 4 VOB/B die Arbeiten einstellt (s. dazu Rdn. 2626), kommt er natürlich nicht damit in Verzug. Dies schließt umgekehrt ein Kündigungsrecht des Auftraggebers nach §§ 5 Abs. 4, 8 Abs. 3 aus.

1861 • Wegen des Verzugs der Fertigstellung gilt § 286 BGB. Dabei kann Verzug auch ohne Mahnung eintreten, wenn für die Fertigstellung vor allem ein nach dem Kalender bestimmter oder sich abhängig von einem Ereignis nach dem Kalender berechenbarer Termin bestimmen lässt (s. dazu oben Rdn. 1715 ff., 1738 ff.). In jedem Fall bedarf es wie vorstehend erläutert (Rdn. 1858) aber eines Verschuldens des Auftragnehmers (vgl. § 286 Abs. 4 BGB), auf das es bei den weiteren alternativen Kündigungsgründen des § 5 Abs. 4 VOB/B nicht ankommt.

1862 • Der Auftraggeber muss dem Unternehmer sodann eine **angemessene Frist zur Vertragserfüllung** setzen. Bei der Fristsetzung muss die ausstehende Leistung des Unternehmers so genau bezeichnet werden, dass dieser zweifelsfrei ersehen kann, was im Einzelnen beanstandet und welche Leistung von ihm in der gesetzten Frist verlangt wird (OLG Köln, Urt. v. 21.09.1981 – 12 U 7/81, Schäfer/Finnern/Hochstein, Nr. 4 zu § 8 VOB/B).

1863 **Angemessene Frist** bedeutet, dass die Frist so bemessen sein muss, dass ein zuverlässiger Unternehmer innerhalb dieser Frist die noch offene Leistung fertigstellen kann. Bezieht sich die Frist auf den Leistungsbeginn oder die Verstärkung des Baustelleneinsatzes, kann sie äußerst kurz bemessen sein. Denn dabei geht es (nur) um Abhilfemaßnahmen, die vom Auftragnehmer sofort erwartet werden können. Hier muss nicht einmal eine kalendarische Frist gesetzt werden; vielmehr genügt es, wenn eine »unverzügliche« Abhilfe verlangt wird (BGH, Urt. v. 13.12.2001 – VII ZR 432/00, BGHZ 149, 283, 286 = BauR 2002, 782, 783 = NJW 2002, 1274, 1275).

1864 Eine **zu kurze Frist** setzt wie üblich eine angemessene Frist in Gang (BGH, Urt. v. 21.06.1985 – V ZR 134/84, BauR 1985, 688, 689 = NJW 1985, 2640) – es sei denn, diese wurde nur »**zum Schein gesetzt**«. Dies ist vor allem dann der Fall, wenn die Frist so kurz ist, dass der Auftragnehmer offensichtlich keine realistische Chance hat, die ausstehenden Leistungen in dieser Frist zu schaffen. Dasselbe gilt, wenn der Auftraggeber trotz Fristsetzung zu erkennen gibt, dass er die Leistung ohnehin nicht annehmen werde, selbst wenn sie innerhalb einer angemessenen Frist erbracht wird. Solche Fristsetzungen sind rechtlich wirkungslos (OLG Hamm, Urt. v. 31.05.2007 – 24 U 150/04, BauR 2007, 1737, 1738 = NZBau 2007, 709). Ansonsten aber verbleibt es dabei, dass eine **zu kurze Frist** eine **angemessene Frist in Gang setzt** – wobei dies dem Auftraggeber im Fall des Leistungsverzugs oft nicht hilft. Denn das außerordentliche Kündigungsrecht entsteht überhaupt erst mit Ablauf der angemessenen Frist. War demnach die Frist zu kurz und läuft eine angemessene Frist, wäre gleichwohl eine Kündigung nach Ablauf der zu kurzen Frist verfrüht bzw. nicht berechtigt (vgl. auch OLG Köln, Urt. v. 10.11.2006 – 20 U 18/06, BauR 2008, 129, 132) – was fatale Folgen für den Auftraggeber haben kann: Denn zumindest in der Regel wird eine unberechtigte Kündigung in der Weise zu verstehen sein, dass hilfsweise eine freie Kündigung gewollt ist, was dann aus Sicht des Auftraggebers die negative Vergütungsfolge des § 649 BGB/§ 8 Abs. 1 VOB/B auslöst (s. allerdings auch die Fälle der einvernehmlichen Vertragsaufhebung Rdn. 1876 ff. sowie ausführlich Rdn. 2705 ff.).

8.7 Ansprüche des Auftraggebers bei verzögerter Bauausführung

▶ **Beispiel**

Der Auftraggeber setzt eine (zu kurze) Frist von acht Tagen. Angemessen wären 20 Tage. Jetzt läuft zwar mit der ersten Fristsetzung automatisch die 20-Tage-Frist. Kündigt der Auftraggeber aber schon am 9. Tag und setzt sogleich einen Ersatzunternehmer ein, ist diese Kündigung mangels Ablauf einer angemessenen Frist unberechtigt, was auch für die Beauftragung der Ersatzunternehmer gilt. Allein deswegen dürfte ihm kein Anspruch auf Kostenersatz zustehen. Umgekehrt würde man eine solche Kündigung ggf. als freie Kündigung zu verstehen haben, weswegen er sogar jetzt die volle Vergütung des Auftragnehmers abzüglich ersparter Aufwendungen schuldet.

- Im Übrigen kann die Frist aber auf das **absolut erforderliche Maß beschränkt** werden, wenn sich der Auftragnehmer bereits in Verzug befand. Denn es ist dem Auftragnehmer durchaus zuzumuten, die Fertigstellung der Leistung unter größtmöglicher Anstrengung in Angriff zu nehmen (ständige Rspr., vgl. nur BGH, Urt. v. 10.02.1982 – VII ZR 27/81 NJW 1982, 1279, 1280; BGH, Urt. v. 06.12.1984 – VII ZR 227/83 BauR 1985, 192, 194 = NJW 1985, 855, 857; BGH, Urt. v. 23.02.2006 – VII ZR 84/05 BauR 2006, 979, 983 = NJW 2006, 2254, 2257 = NZBau 2006, 371, 374).

1865

▶ **Beispiel**

Befindet sich der Auftragnehmer bereits in Verzug, wäre es durchaus angemessen, dass bei der Bemessung der Frist auch die Möglichkeit der Sonntagsarbeit einbezogen wird.

Größtmögliche Anstrengung bedeutet für den Auftragnehmer neben Personalerhöhung, Sonntagsarbeit u. a. auch eine erhöhte Koordination des Bauablaufs, um das Bauvorhaben fertigzustellen. Dies kann die Pflicht mit sich bringen, dass der Auftragnehmer unter dem Druck der Fristsetzung einen detaillierten angepassten Bauzeitenplan erstellt und diesen unverzüglich umsetzt. Insoweit kann sich aus diesem Bauzeitenplan auch ergeben, dass die Frist zu kurz ist. Dann allerdings ist der Auftragnehmer seinerseits aus der ihn treffenden **Kooperationspflicht** heraus verpflichtet, den Auftraggeber unverzüglich über eine angemessene Dauer der Frist zu informieren, indem er ihm den Bauzeitenplan mit einer nachvollziehbaren substanziierten Erläuterung vorlegt. Versäumt er das, kann er sich später – jedenfalls gegenüber einem nicht fachkundigen Auftraggeber – nicht mehr darauf berufen, dass die Frist zu kurz gewesen sei. Verhält sich der Auftragnehmer allerdings so, muss sich nunmehr der Auftraggeber seinerseits unverzüglich erklären, ob er mit der aus dem Bauzeitenplan ersichtlichen veränderten Frist einverstanden ist (OLG Hamm, Urt. v. 31.05.2007 – 24 U 150/04, BauR 2007, 1737, 1740 = NZBau 2007, 709, 711).

- Der Auftraggeber muss dem Auftragnehmer für den Fall des fruchtlosen Fristablaufs schließlich die **Kündigung des Bauvertrages androhen**. Dabei muss die Fristsetzung mit der Kündigungsandrohung verbunden werden. Andernfalls entfällt das Kündigungsrecht und der Auftragnehmer gerät nur in Verzug. Dadurch wird lediglich der Schadensersatzanspruch gemäß § 6 Abs. 6 VOB/B, nicht aber das Kündigungsrecht eröffnet (BGH, Urt. v. 29.02.1968 – VII ZR 154/65, Schäfer/Finnern, Z 2.510 Bl. 29).

1866

Liegen die vorstehenden Voraussetzungen nicht vor, so ist eine gleichwohl ausgesprochene Kündigung zumindest in der Regel als **grundlose Kündigung** gemäß § 8 Abs. 1 VOB/B anzusehen. Dies führt dann zu weitreichenden Folgen: Denn nunmehr stände dem Unternehmer nach § 8 Abs. 1 Nr. 2 VOB/B die vereinbarte Vergütung abzüglich ersparter Aufwendungen für die infolge der Kündigung nicht mehr erbrachten Leistungen zu (h. M. vgl. BGH, Versäumnisurt. v. 24.07.2003 – VII ZR 218/02, BGHZ 156, 82, 86 f. = BauR 2003, 1889, 1890 = NJW 2003, 3474; BGH, Urt. v. 26.07.2001 – X ZR 162/99, NZBau 2001, 621, 622; Ingenstau/Korbion/Vygen, VOB/B § 8 Abs. 1 Rn. 7, 8; OLG Frankfurt, Urt. v. 11.03.1986 – 5 U 35/83, BauR 1988, 599, 600 f.; a. A. Beck'scher VOB-Komm./Motzke, B § Rn. 62 – s. dazu auch Rdn. 2816). Dies zeigt mit aller Deutlichkeit, dass gerade bei der Auftragsentziehung besondere Vorsicht geboten ist und die Anforderun-

1867

gen für eine wirksame und berechtigte Kündigung nach §§ 5 Abs. 4, 8 Abs. 3 VOB/B unbedingt eingehalten werden müssen.

8.7.2.2.2 Ausnahme: Entbehrlichkeit der Fristsetzung

1868 Das außerordentliche Kündigungsrecht entsteht erst nach Fristablauf. Hier sind zwei Sonderfälle zu beachten:

1869 • Teilweise ist die **Bestimmung einer angemessenen Frist nicht einfach**. Dies kann wie vorstehend schon erläutert bei einer ausgesprochenen außerordentlichen Kündigung dramatisch sein, weil das Kündigungsrecht nach § 5 Abs. 4 VOB/B erst mit Fristablauf überhaupt entsteht. Die Tatsache allein, dass bei einer zu kurzen Frist hilfsweise eine angemessene Frist läuft, hilft wie ebenfalls dargestellt nicht weiter, wenn diese angemessene Frist noch nicht abgelaufen ist. Ausnahmsweise genügt immerhin eine **gestaffelte Fristsetzung**, wenn der Auftraggeber eine Frist zum Ausführungsbeginn, zur Fertigstellung und zusätzlich eine Frist gesetzt hat, vorab per Telefax seine Bereitschaft zur ordnungsgemäßen Leistungserbringung verbindlich zu bestätigen oder sonst die Erfüllbarkeit des Bauvertrages nachzuweisen. In einem solchen Fall ist die Kündigung aus wichtigem Grund schon nach fruchtlosem Ablauf der Erklärungsfrist zur termingerechten Leistungsbereitschaft gerechtfertigt, wenn das vorangegangene Verhalten des Auftragnehmers ernsthafte Zweifel an seiner Leistungsbereitschaft hat aufkommen lassen (so wohl zu verstehen: BGH Urt. v. 26.06.1969 VII ZR 91/67 Schäfer/Finnern Z 2.414 Bl. 224; ebenso: OLG Stuttgart, Urt. v. 23.11.2006 – 13 U 53/06, BauR 2007, 1417, 1418 zu einem Sachverhalt, in dem der Auftraggeber selbst vertraglich zur termingerechten Leistungserbringung gegenüber seinem Auftraggeber verpflichtet war; ähnlich OLG Hamburg, Urt. v. 29.10.2009 – 6 U 253/08, Nichtzul.-Beschw. zurückgewiesen, BGH, Beschl. v. 08.09.2011 – VII ZR 180/09, IBR 2011, 691 = BauR 2012, 300 [Ls.]). Ähnliches kann gelten, wenn die rechtzeitige Erfüllung des Bauvertrages durch Hindernisse ernsthaft in Frage gestellt ist, die allein im Verantwortungsbereich des Auftragnehmers liegen (BGH Urt. v. 21.10.1982 VII ZR 51/82 BauR 1983, 73, 75 f. = NJW 1983, 989, 990; ebenso OLG Stuttgart, a. a. O.). Diese Möglichkeit der gestaffelten Fristsetzung besteht mit dem heutigen § 323 Abs. 4 BGB in verstärktem Maße, da der Gläubiger danach bereits vor dem Eintritt der Fälligkeit der Leistung zurücktreten kann, wenn offensichtlich ist, dass die Voraussetzungen des Rücktritts eintreten werden (s. dazu oben Rdn. 1631). Damit hat sich das BGB stark an die Regelung in § 5 Abs. 3 VOB/B angelehnt. Insoweit ist es auch gerechtfertigt, bei erheblichen Bedenken bezüglich der Termineinhaltung vom Auftragnehmer zu verlangen, dass er die Einhaltung des vereinbarten Termins trotz erheblicher Verzögerungen nachweist, um einen Rücktritt nach dem BGB oder eine Kündigung gemäß § 5 Abs. 3 und 4, § 8 Abs. 3 VOB/B zu vermeiden.

1870 • Fristsetzung und Kündigungsandrohung sind ausnahmsweise entbehrlich, wenn der Unternehmer **ernsthaft und endgültig die weitere Vertragserfüllung verweigert** oder dem Auftraggeber angesichts der Schlechterfüllung durch den Unternehmer ein Festhalten am Vertrag nicht mehr zuzumuten ist (OLG Düsseldorf, Urt. v. 28.07.1993 – 22 U 38/93, BauR 1993, 775, 776 = NJW-RR 1994, 149 f.), so dass die Nachfristsetzung ohnehin nur eine Förmelei wäre (BGH Urt. v. 21.3.1974 VII ZR 139/71 BauR 1974, 274, 275 = NJW 1974, 1080; BGH Urt. v. 10.06.1974 VII ZR 30/73 BauR 1975, 136 = NJW 1974, 1467 [für eine Auftragnehmerkündigung bei ausbleibender Zahlung]; BGH Urt. v. 25.03.1993 X ZR 17/92 BauR 1993, 469, 471 = NJW 1993, 1972, 1973; BGH Urt. v. 23.05.1996 VII ZR 140/95 BauR 1995, 704, 705 = NJW-RR 1995, 1108 f; vgl. auch § 286 Abs. 2 Nr. 3 und 4 BGB). Dasselbe gilt, wenn der Auftragnehmer seine Leistungen zwischenzeitlich offensichtlich eingestellt hat (BGH, Urt. v. 23.06.2005 – VII ZR 197/03, BGHZ 163, 274, 277 = BauR 2005, 1477, 1478 = NJW 2005, 2771, 2772). Insoweit kann ergänzend auch auf die zum Rücktritt in § 323 Abs. 2 BGB geregelten Ausnahmefälle zurückgegriffen werden, die bereits nach altem Recht zu § 326 BGB a. F. hinsichtlich der Entbehrlichkeit der Nachfristsetzung mit Ablehnungsandrohung entwickelt worden waren (vgl. dazu BGH, Urt. v. 12.12.1991 – IX ZR 178/91, BGHZ 116, 319, 331 = NJW 1992, 967, 971; BGH, Urt. v. 06.05.1968 – VII ZR 33/66, BGHZ 50, 160, 166 f.; Ingenstau/Korbion/Döring, VOB/B § 5 Abs. 4 Rn. 19, 20; Beck'scher VOB-Komm./Motzke, B

§ 5 Abs. 4 Rn. 71). Ebenso ist ein weiteres Mal auf § 323 Abs. 4 BGB zu verweisen, wonach der Auftraggeber (Gläubiger) bereits vor dem Eintritt der Fälligkeit der Leistung zurücktreten kann, wenn offensichtlich ist, dass die Voraussetzungen des Rücktritts eintreten werden (s. o. Rdn. 1631). Diese Grundsätze des BGB gelten gleichermaßen für den VOB-Bauvertrag zur Rechtfertigung einer Kündigung ohne vorherige Fristsetzung (so auch BGH, Urt. v. 04.05.2000 – VII ZR 53/99, BauR 2000, 1182, 1185 = NJW 2000, 2988, 2990; BGH, Urt. v. 23.05.1996 – VII ZR 140/95, BauR 1996, 704, 705 = NJW-RR 1996, 1108; ebenso mit Bezugname auf § 323 Abs. 4 BGB: BGH, Urt. v. 08.03.2012 – VII ZR 118/10, BauR 2012, 949, 951 = NJW 2012, 596, 598 = NZBau 2012, 357, 358 f.). Dabei hat allerdings der Auftraggeber diesen **Ausnahmetatbestand** zu beweisen (BGH, Urt. v. 25.03.1993 – X ZR 17/92, BauR 1993, 469, 471 = NJW 1993, 1972, 1973).

8.7.2.2.3 Kündigungserklärung

Liegen die Voraussetzungen dafür vor, kann der Auftraggeber den Vertrag kündigen. Auch hierzu gelten Besonderheiten:

- Die Kündigung nach § 5 Abs. 4 VOB/B i. V. m. § 8 Abs. 3 VOB/B bedarf der **Schriftform** (§ 8 Abs. 5 VOB/B); auch dies hat eine Warnfunktion im Sinne des Auftraggebers, der diesen Schritt nur gut überlegt gehen soll. Die Schriftform bei der Kündigung eines VOB-Vertrages ist im Gegensatz zum BGB-Werkvertrag selbst dann einzuhalten, wenn der Unternehmer die weitere Erfüllung des Bauvertrages bereits ernsthaft und endgültig verweigert hat (OLG Celle, Urt. v. 04.10.1972 – 13 U 14/72, BauR 1973, 49, 50). Dabei ist die **Schriftform Wirksamkeitsvoraussetzung für die Kündigung** (OLG Köln, Urt. v. 21.09.1981 – 12 U 7/81, Schäfer/Finnern/Hochstein, Nr. 4 zu § 8 VOB/B). Demgegenüber gewährt allerdings der BGH entgegen § 8 Abs. 3 VOB/B in inzwischen ständiger Rechtsprechung dem Auftraggeber z. B. einen Mehrkostenanspruch auch ohne vorherige Kündigung, wenn der Auftragnehmer zuvor die vertragsgemäße Fertigstellung endgültig verweigert hat (BGH, Urt. v. 20.04.2000 – VII ZR 164/99, BauR 2000, 1479, 1481 = NJW 2000, 2997, 2998; BGH, Urt. v. 05.07.2001 – VII ZR 01/99, BauR 2011, 1577 = NZBau 2001, 623, 624; BGH, Urt. v. 09.10.2008 – VII ZR 80/07, BauR 2009, 99, 100 = NJW 2009, 354, 355 = NZBau 2009, 173, 174). Überzeugend ist diese Rechtsprechung nicht, weil die Kündigungserklärung eine Gestaltungserklärung ist und das Vertragsverhältnis erst dadurch beendet wird (vgl. auch zu Folgeproblemen bei der Anspruchsverjährung Rdn. 2934 ff.).

- Die Tatsache, dass die Kündigung erst nach Ablauf der angemessenen Fristsetzung ausgesprochen werden kann, führt dazu, dass die Auftragsentziehung nicht schon – bedingt – mit der Fristsetzung verbunden werden kann. Vielmehr muss sie tatsächlich erst **nach fruchtlosem Fristablauf ausgesprochen** werden (BGH, Urt. v. 04.06.1973 – VII ZR 113/71, BauR 1973, 319, 320 = NJW 1973, 1463; Keldungs/Brück, VOB-Vertrag, Rn. 221).

- Die Kündigung kann auf einen abtrennbaren Teil des Bauvertrages beschränkt werden (sog. **Teilkündigung**). Danach findet nur der gekündigte Teil des Bauvertrages sein vorzeitiges Ende, während der Bauvertrag im Übrigen unverändert fortgesetzt wird (vgl. BGH, Urt. v. 06.02.1975 – VII ZR 244/73, BauR 1975, 280, 281 = NJW 1975, 825, 826 und BGH, Urt. v. 15.05.1986 – VII ZR 176/85, BauR 1986, 573, 574 f. = NJW-RR 1986, 1148, 1149). Eine solche Teilkündigung setzt allerdings voraus, dass sie sich **auf einen in sich abgeschlossenen Teil der nach dem Vertrag geschuldeten Gesamtleistung** bezieht, wie dies in § 8 Abs. 3 Nr. 1 S. 2 VOB/B ausdrücklich bestimmt ist. Damit wird das Ziel verfolgt, eine klare Trennung der beiden Leistungsbereiche zwischen gekündigtem und nicht gekündigtem Teil, insbesondere auch für mögliche spätere Gewährleistungsansprüche und deren Verjährungsbeginn, sicherzustellen. Folgerichtig wird man bei der Frage, ob eine in sich funktional abgeschlossene Teilleistung vorliegt und deshalb eine darauf beschränkte Kündigung zulässig ist, auf die für die **Zulässigkeit der Teilabnahme** gemäß § 12 Abs. 2 VOB/B entwickelten Grundsätze (s. dazu oben Rdn. 1151 ff.) zurückgreifen können und müssen (BGH, Urt. v. 20.08.2009 – VII ZR 212/07, BauR 2009, 1736, 1737 = NJW 2009,

3717, 3728 = NZBau 2010, 47,48). Auf weitere Einzelheiten soll in Kapitel 11 eingegangen werden, auf das hier verwiesen wird (s. Rdn. 2892).

1875 Zu beachten ist, dass der Auftraggeber sein durch Ablauf der gesetzten Frist mit Kündigungsandrohung entstandenes **Kündigungsrecht verliert bzw. verwirkt**, wenn er die Kündigung zwar ordnungsgemäß angedroht, dann aber trotz fruchtlosen Fristablaufs eine gewisse Zeit lang nicht ausgesprochen hat, sondern den Unternehmer hat weiterarbeiten lassen (s. dazu im Einzelnen Rdn. 2891). Hierauf ist deshalb besonders hinzuweisen, weil etwa im Anwendungsbereich des § 323 BGB etwas anderes gilt: Ist dort einmal nach Fristsetzung ein Rücktrittsrecht entstanden, geht dieses nicht deshalb unter, weil der Auftraggeber nunmehr zeitweise doch noch Erfüllung verlangt (BGH, Urt. v. 20.01.2006 – V ZR 124/05, BauR 2006, 1134, 1136 = NJW 2006, 1198). Allerdings kommt ein hiernach denkbarer Verlust des Kündigungsrechts nicht in Betracht, wenn die Voraussetzungen einmal vorgelegen haben und z. B. ein Verzug des Auftragnehmers erst anschließend wegen anderer Umstände endet. Hier bleibt es dem Auftraggeber unbenommen, noch eine Kündigung auszusprechen.

> ▶ Beispiel (in Anlehnung an BGH, Urt. v. 08.03.2012 – VII ZR 118/10, BauR 2012, 949, 950 = NJW-RR 2012, 596, 598)
>
> Der Auftragnehmer war in Verzug; der Auftraggeber hatte wirksam eine Nachfrist gesetzt und die Kündigung angedroht. Nach Fristablauf kommt es zu schlechtem Wetter, in der keine weiteren Arbeiten möglich sind. Dies schließt jetzt eine Kündigung nicht aus.

1876 Liegt eine wirksame Kündigung des Bauvertrages z. B. mangels Einhaltung der nach § 8 Abs. 5 VOB/B geforderten Schriftform nicht vor, so kann es doch zu einer vorzeitigen Vertragsbeendigung auch durch eine **einverständliche Vertragsaufhebung** kommen (OLG Köln, Urt. v. 28.05.2003 – 11 U 150/01, BauR 2003, 1578).

> ▶ Beispiel (vgl. OLG Karlsruhe, Urt. v. 16.01.1992 – 9 U 209/90, BauR 1994, 116 = NJW-RR 1993, 1368)
>
> Eine wirksame Kündigung liegt mangels Voraussetzungen nicht vor. Gleichwohl haben sich die Vertragspartner übereinstimmend auf eine Vertragsbeendigung eingestellt, also der Auftragnehmer seine Arbeiten eingestellt und die Baustelle geräumt und der Auftraggeber einen Ersatzunternehmer beauftragt.

1877 Gerade in kritischen Fällen, in denen nicht klar ist, ob eine Kündigung wirksam ist, ist wenn möglich stets eine einvernehmliche Regelung zu empfehlen, etwa in dem Sinne, dass der Unternehmer die bis zur Vertragsbeendigung erbrachten Bauleistungen bezahlt erhält, beiderseits aber keine weiter gehenden Ansprüche geltend gemacht werden. Die einvernehmliche Vertragsaufhebung ist an keine Form gebunden; sie kann und wird häufig **durch schlüssiges Verhalten der Vertragspartner erfolgen**. Allerdings führt dies meist zu Beweisschwierigkeiten, da derjenige, der daraus Rechte herleiten will, die einverständliche Vertragsbeendigung und ggf. auch die Gründe, die dazu geführt haben, beweisen muss (OLG Celle, Urt. v. 04.10.1972 – 13 U 14/72, BauR 1973, 49, 50). Fehlt es sodann an einer Vereinbarung über die **Folgen der einvernehmlichen Vertragsbeendigung**, so wird in Rechtsprechung und Schrifttum letztlich doch wieder auf die Kündigungsfolgenregelungen in §§ 8, 9 VOB/B bzw. – soweit die Voraussetzungen dafür vorliegen – auf § 645 BGB zurückgegriffen (vgl. BGH, Urt. v. 04.06.1973 – VII ZR 113/71, BauR 1973, 319, 320 = NJW 1973, 1463; OLG Karlsruhe, Urt. v. 16.01.1992 – 9 U 209/90, BauR 1994, 116, 118 = NJW-RR 1993, 1368, 1369 sowie Ingenstau/Korbion/Vygen, VOB/B Vor §§ 8, 9 Rn. 28; s. dazu Rdn. 2705 ff.). So kann sich auch in einem solchen Fall ergeben, dass dem Auftraggeber Ersatzansprüche nach §§ 5 Abs. 4, 8 Abs. 3 Nr. 2 VOB/B zustehen, wenn sich der Auftragnehmer im Verzug der Fertigstellung befand (s. dazu auch OLG Köln, Urt. v. 28.05.2003 – 11 U 150/01, BauR 2003, 1578, 1579). Ebenso ist es denkbar, dass die Aufhebungsvereinbarung darauf zurückzuführen ist, dass die Ausführung der Werkleistung auf einem von dem Besteller gelieferten Stoff beruht, sodass sich in diesem Fall die Vergütung des Auftragnehmers mangels anderweitiger Vereinbarung nach § 645 BGB richtet (BGH,

Urt. v. 16.12.2004 – VII ZR 16/03, BauR 2005, 735, 736 = NJW-RR 2005, 669, 670; s. dazu auch unten Rdn. 2110 ff.).

8.7.2.2.4 Rechtsfolgen der Kündigung

Die Rechtsfolgen einer außerordentlichen Kündigung des Auftraggebers richten sich nach § 8 Abs. 3 ff. VOB/B. Hierauf wird im Detail im Kapitel 11 eingegangen, worauf an dieser Stelle verwiesen wird. Zusammengefasst gilt immerhin, dass der Auftragnehmer seine bisher erbrachten Leistungen prüfbar abzurechnen hat. Hierzu ist sinnvollerweise ein gemeinsames Aufmaß zu erstellen. Gleichzeitig hat – soweit die Voraussetzungen dafür vorliegen – der Auftragnehmer einen Anspruch auf Abnahme seiner teilfertig gestellten Leistungen. Der Auftraggeber kann seinerseits die Leistungen auf Kosten des gekündigten Unternehmers durch einen Ersatzunternehmer fertigstellen lassen (Rdn. 2916 ff.). **1878**

8.7.2.3 Der Vertragsstrafenanspruch des Auftraggebers nach § 11 VOB/B

Neben dem Schadensersatzanspruch und dem Kündigungsrecht kann dem Auftraggeber bei nicht fristgerechter Fertigstellung der Bauleistung ein **Vertragsstrafenanspruch** zustehen, wenn die Parteien für den Fall der Überschreitung der verbindlichen Ausführungsfrist und des Verzuges eine Vertragsstrafe vereinbart haben. Erforderlich ist also zunächst eine ausdrückliche Vereinbarung von **Grund und Höhe der Vertragsstrafe in Besonderen oder Zusätzlichen Vertragsbedingungen** (vgl. dazu oben Rdn. 1697 ff.). Verwirkt ist die Vertragsstrafe wegen nicht gehöriger Erfüllung gemäß § 11 Abs. 2 VOB/B im Fall des Verzuges des Unternehmers, der neben der Fälligkeit der Leistung gemäß § 286 Abs. 1 BGB in der Regel eine Mahnung und Verschulden (§ 286 Abs. 4 BGB) voraussetzt. Die Mahnung kann gemäß § 286 Abs. 2 BGB u. a. bei Überschreitung eines nach dem Kalender bestimmten Fertigstellungstermins im Bauvertrag ausnahmsweise entbehrlich sein (vgl. auch die sonstigen Fälle der Entbehrlichkeit der Mahnung oben Rdn. 1738 ff.). **1879**

Die Berechnung der Vertragsstrafe erfolgt je nach der Regelung des Vertrages nach **Arbeitstagen, Werktagen, Kalendertagen oder Wochen**, wobei bei den Werktagen die Samstage mitzurechnen sind (BGH, Urt. v. 25.09.1978 – VII ZR 263/77, BauR 1978, 485 = NJW 1978, 2594). Im Fall der Kündigung des Bauvertrages endet die Berechnung der Vertragsstrafe am Tag der **Kündigung** (§ 8 Abs. 7 VOB/B), also des Zugangs des Kündigungsschreibens. **1880**

Schließlich ist bei der Vertragsstrafe § 11 Abs. 4 VOB/B bzw. § 341 Abs. 3 BGB zu beachten, dass der Auftraggeber die Vertragsstrafe nur verlangen kann, wenn er sich diese **bei der Abnahme ausdrücklich vorbehalten** hat. Dies gehört auch zum schlüssigen Sachvortrag bei der Geltendmachung einer Vertragsstrafe im Prozess (BGH, Urt. v. 10.02.1977 – VII ZR 17/75, BauR 1977, 280 = NJW 1977, 897, 898). Bei **förmlicher Abnahme** muss der **Vorbehalt** in das **Abnahmeprotokoll** aufgenommen werden (vgl. § 12 Abs. 4 Nr. 1 S. 3 VOB/B). Bei fiktiver Abnahme gemäß § 12 Abs. 5 VOB/B muss der Vorbehalt innerhalb der dort für die Abnahme vorgesehenen Fristen gemäß § 12 Abs. 5 Nr. 3 VOB/B erklärt werden (vgl. dazu oben Rdn. 1206 ff.). Etwas anderes gilt dagegen bei Eintritt der Abnahmewirkungen nach § 640 Abs. 1 S. 3 BGB: Hier sind etwaige Vorbehaltserklärungen ausnahmsweise entbehrlich (s. o. Rdn. 1172). **1881**

Der bauleitende **Architekt** ist ggf. verpflichtet, den Bauherrn auf die Notwendigkeit des Vorbehalts bei der Abnahme hinzuweisen; dies gilt jedenfalls dann, wenn der Architekt im Rahmen seiner **Mitwirkung bei der Vergabe** die Vertragsstrafenvereinbarung getroffen hat oder sie ihm bekannt ist (so jedenfalls BGH, Urt. v. 26.04.1979 – VII ZR 190/78, BGHZ 74, 235, 238 f. = BauR 1979, 345, 346 = NJW 1979, 1499 f.). Dagegen dürfte es nicht genügen, wenn ihm die Vertragsstrafenvereinbarung lediglich hätte bekannt sein müssen (Vygen, BauR 1984, 245 ff.), was der BGH allerdings als ausreichend angesehen hat (BGH, Urt. v. 26.04.1979 – VII ZR 190/78, BGHZ 74, 235, 238 f. = BauR 1979, 345, 346 = NJW 1979, 1499 f.; so wohl auch Knacke, Vertragsstrafe im Baurecht, S. 59 ff., 61). **1882**

1883 **Vertragsstrafe und Schadensersatz** können grundsätzlich **nicht nebeneinander**, d. h. also kumulativ geltend gemacht werden (§§ 341, 340 Abs. 2 BGB), soweit sie dasselbe Leistungsinteresse betreffen, also etwa beides im Zusammenhang mit der Überschreitung der Bauzeit geltend gemacht wird (zu Ausnahmen s. Rdn. 1713). Denn in der Sache dienen sie demselben Schadensausgleichsinteresse des Auftraggebers bei Bauverzögerungen. Die Vertragsstrafe hat dabei gegenüber dem Schadensersatzanspruch für den Auftraggeber lediglich den großen Vorteil, dass es hier eines **Schadensnachweises** nicht bedarf. Die **Vertragsstrafe kann somit auch ohne jeden Schaden** geltend gemacht werden. Die Grenze kann allenfalls der Grundsatz von Treu und Glauben (§ 242 BGB) sein. Hat ansonsten der Auftraggeber einerseits einen Vertragsstrafenanspruch, andererseits aber durch den Verzug des Auftragnehmers auch einen Schaden erlitten, so ist er nicht gehindert, neben der Vertragsstrafe noch seinen darüber hinausgehenden Schaden im Wege des Schadensersatzanspruchs ersetzt zu verlangen, sofern er **einen die Vertragsstrafe übersteigenden Schaden nachweisen** kann. Dieser Fall tritt in der Baupraxis besonders häufig auf, wenn ein Generalunternehmer mit der Gesamtfertigstellung des Bauwerks infolge des **Verzugs eines Subunternehmers** in Verzug gerät, der Bauherr dem Generalunternehmer deshalb die vereinbarte Vertragsstrafe in Höhe der vereinbarten Obergrenze von maximal 5 % des vereinbarten Pauschalpreises von der Schlussrechnung abzieht und der Generalunternehmer mit dem Subunternehmer in gleicher Weise verfährt. Im Ergebnis ist dann die Vertragsstrafe des Generalunternehmers in der Regel deutlich höher als die des Subunternehmers, da dessen für die Vertragsstrafenvereinbarung in Bezug genommener Vertragspreis erheblich niedriger ist. Als Folge davon decken sich die Vertragsstrafen nicht. Somit verbleibt bei dem **Generalunternehmer über die vom Subunternehmer geschuldete Vertragsstrafe hinaus noch ein erheblicher Schaden in Höhe der übersteigenden Vertragsstrafe** seines Auftraggebers. Diesen Differenzschaden kann er vom Subunternehmer gemäß §§ 5 Abs. 4, 6 Abs. 6 VOB/B als Schadensersatz geltend machen (s. o. Rdn. 1843 ff.).

1884 Die vereinbarte Vertragsstrafe wird zumeist **als Prozentsatz der Gesamtauftrags- oder Gesamtabrechnungssumme von dem Brutto- oder von dem Nettobetrag** vereinbart. In Einzelfällen kann es jedoch gerechtfertigt sein, die Vertragsstrafe nur von dem Vergütungsteil, der der nicht rechtzeitig fertiggestellten Teilleistung entspricht, zu berechnen und dadurch zu begrenzen. Dies kann aber nur in Betracht kommen, wenn der Auftragnehmer **eine in sich abgeschlossene Teilleistung** (vgl. dazu § 12 Abs. 2 VOB/B für die **Teilabnahme**) rechtzeitig fertiggestellt hat und diese in Funktion gehen, also in Benutzung genommen werden konnte, ohne dass auch die übrige in sich abgeschlossene Teilleistung rechtzeitig fertig war und sein musste.

▶ **Beispiel**

Ein Einfamilienhaus ist zwar rechtzeitig bezugsfertig, nicht jedoch die auch geschuldete Garage oder die Außenanlagen.

In diesen Fällen erscheint es angezeigt, die Vertragsstrafe mit dem vereinbarten Prozentsatz nur vom Vergütungsanteil der ausstehenden verzögerten Teilleistung, der notfalls gemäß § 287 ZPO zu schätzen ist, zu berechnen (so auch OLG München, Urt. v. 17.09.1973 – 21 U 1241/72, Sch.-F. Z 2.411 Bl. 59; Vygen/Joussen/Schubert/Lang, Teil A Rn. 269).

8.8 Rechte/Mehrkostenanspruch des Auftragnehmers bei Behinderungen – Überblick

1885 Die Auswirkungen von Behinderungen auf die vereinbarte Ausführungsfrist wurden bereits vorstehend untersucht (vgl. oben Rdn. 1747 ff.). Es bedarf jetzt noch einer Behandlung der Frage, ob und unter welchen Voraussetzungen der Unternehmer im Fall von Behinderungen oder Bauablaufstörungen **zusätzliche Vergütungs- oder Schadensersatzansprüche gegenüber seinem Auftraggeber** geltend machen kann (vgl. dazu im Einzelnen Vygen, BauR 1983, 414 ff.). Auch ein eventuelles Recht zur Vertragsbeendigung gewinnt an Bedeutung, wobei die damit verbundenen Fragen allerdings zusammengefasst im Kapitel 11 behandelt werden (Rdn. 2692 ff.). Ein etwaiger Mehrkostenanspruch ist für den Unternehmer deshalb von so großer Bedeutung, weil nahezu mit jeder Bauzeitverlängerung ein erheblicher Mehraufwand verbunden ist. Aber auch dann, wenn die durch Behin-

8.8 Rechte/Mehrkostenanspruch des Auftragnehmers bei Behinderungen – Überblick 8

derungen verloren gegangene Zeit vom Unternehmer wieder aufgeholt wird oder werden soll, ist dies meist nur durch den Einsatz zusätzlicher Arbeitskräfte oder Maschinen und Geräte möglich; auch deswegen entstehen durchweg Mehrkosten.

Die Durchsetzbarkeit eines solchen **Mehrkostenanspruchs** hängt ebenso wie die Verlängerung der vereinbarten Ausführungsfrist von den **Ursachen der Bauablaufstörung** ab. 1886

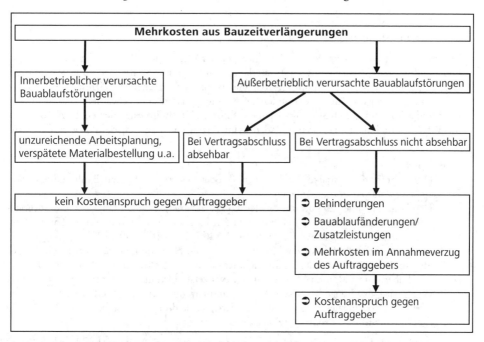

Ein **gestörter Bauablauf** ist im Ausgangspunkt ein innerbetriebliches Problem des Unternehmers; er liegt deshalb grundsätzlich im Bereich des Unternehmerrisikos. Er kann aber zu einem außerbetrieblichen Problem werden, wenn die Behinderung nicht vom Betrieb des Auftragnehmers ausgeht, sondern vom Auftraggeber oder Dritten verursacht worden und möglicherweise sogar zu vertreten ist.

Bei den Ursachen, die zu Behinderungen und damit zu Verzögerungen oder gar Unterbrechungen im Bauablauf führen, müssen deshalb auf der einen Seite **innerbetrieblich im Risikobereich des Auftragnehmers** verursachte Störungen und äußere Einflüsse, die bei Vertragsabschluss bekannt sind und deshalb einkalkuliert werden konnten und mussten, auf der anderen Seite von **äußeren Einflüssen**, die erst nach Baubeginn erkennbar werden, unterschieden werden. Je nach dem, welcher Gruppe die Ursachen zuzurechnen sind, ergeben sich **Anspruchsgrundlagen für die Erstattung von Mehrkosten** des Auftragnehmers: 1887

- **Innerbetrieblich verursachte Bauablaufstörungen**, die sich aus der unzureichenden Organisation des Baubetriebs ergeben, liegen im Bereich des Unternehmerrisikos. Sie können bei dadurch bedingten Bauverzögerungen in finanzieller Hinsicht gegebenenfalls einen Schadensersatzanspruch des Auftraggebers gemäß § 5 Abs. 4 VOB/B in Verbindung mit § 6 Abs. 6 VOB/B auslösen. Hierauf wurde oben schon eingegangen (Rdn. 1833 ff.). 1888

  ▶ **Beispiele für innerbetriebliche Bauablaufstörungen**
  - Fehlendes, zu spät angeliefertes oder ungeeignetes Gerät
  - Unzureichende Arbeitsvorbereitung und Ablaufplanung
  - Unzureichende Personalplanung
  - Verspätete Materiallieferungen, Transportprobleme usw.

1889 • Zu unterscheiden von vorgenannter Gruppe sind **außerbetrieblich verursachte Bauablaufstörungen**, die **zum Zeitpunkt des Vertragsabschlusses** bekannt oder für den Auftragnehmer zumindest unschwer erkennbar waren.

> **Beispiele**
> – Ausführung von Umbauarbeiten bei fortlaufendem Geschäftsbetrieb einer Bank oder eines Geschäfts
> – Normale Witterungseinflüsse
> – Standortbedingungen einer Baustelle

1890 Informationen hierüber – wie z. B. Aufzeichnungen der Wetterämter über Niederschlagsmengen und -häufigkeiten, Wasserstände an Wasserläufen und Grundwasserbeobachtungen – müssen vom Unternehmer bei der Planung des Bauablaufs durch ausreichende **Zeitreserven (Puffer –** s. dazu auch oben Rdn. 1803) oder andere Maßnahmen berücksichtigt werden. Geschieht dies nicht und werden hierdurch Störungen herbeigeführt, ist hierfür im Allgemeinen der Auftragnehmer verantwortlich. Denkbar ist aber auch, dass im Vertrag eine Regelung darüber getroffen wird, wer bestimmte Risiken zu tragen hat.

> **Beispiele**
> – Das Kontaminationsrisiko des Baugrundes oder des zu sanierenden Baubestandes wird einer Vertragspartei zugeschieden.
> – Der Auftragnehmer übernimmt das Risiko des erforderlichen Umfangs der Bewehrungsstärke einer zu sanierenden Schleusenwand nach statischen Anforderungen (BGH, Urt. v. 27.06.1996 – VII ZR 59/95, BauR 1997, 126, 128 = NJW 1997, 61 f.)
> – Im Vertrag wird das Risiko von Hochwasser verteilt. Hier empfiehlt sich häufig eine Regelung in dem Sinne, dass der Auftragnehmer das Risiko bis zu einem bestimmten Wasserstand übernimmt, während es bei höherem Wasserstand vom Auftraggeber getragen wird. Dabei wird als Grenze häufig der Wasserstand gewählt, der zur Unterbrechung der Bauarbeiten führt. In diesem Fall sollte zur Streitvermeidung auch zugleich die Vergütung für etwaige Stillstandszeiten vereinbart werden.

1891 • **Außerbetrieblich verursachte Bauablaufstörungen**, die **erst nach Vertragsabschluss** bzw. nach Baubeginn **auftreten** oder zu erkennen sind, sind in der Preisermittlung des Auftragnehmers und bei der Festlegung der Ausführungsfrist nicht berücksichtigt und konnten es auch nicht; sie waren somit insgesamt der Dispositionsmöglichkeit und damit der Kalkulation des Unternehmers entzogen.

> **Beispiele für nach Vertragsabschluss auftretende außerbetrieblich verursachte Bauablaufstörungen**
> – Abweichungen vom Vertrag durch fehlerhafte oder unvollständige Leistungsbeschreibungen
> – Nicht termingemäße Freigabe der Baustelle nebst Arbeits- und Lagerplätzen
> – Verspätet erteilte Baugenehmigungen oder sonstige Genehmigungen oder Erlaubnisse
> – Mengenänderungen, die über die vereinbarte Toleranzgrenze von 10 % (vgl. auch § 2 Abs. 3 VOB/B) hinausgehen
> – Planungsänderungen bzw. Umplanungen während des Bauablaufs
> – Verspätete Planbeistellung
> – Veränderte Baugrundverhältnisse die von den Angaben der Ausschreibung ungünstig abweichen
> – Vom Auftraggeber geforderte Zusatzleistungen und Sonderwünsche

1892 Nur diese letzte Gruppe der Ursachen von Bauablaufstörungen kommt als Grundlage für berechtigte **Nachforderungen des Unternehmers** in Betracht. Dabei stellt sich aber die entscheidende Frage, auf welche Bestimmung ein solcher Anspruch des Unternehmers auf Erstattung der Mehrkosten infolge von Behinderungen aus der Sphäre oder dem Einflussbereich des Auftraggebers gestützt werden kann. Die diesbezüglichen Rechte des Auftragnehmers bei entstehenden Behinderungen sind im

BGB und in der VOB/B zum Teil grundlegend unterschiedlich geregelt. Dem soll hier auch in einer getrennten Darstellung Rechnung getragen werden.

8.9 Mehrkostenanspruch des Auftragnehmers bei Behinderungen in einem VOB-Vertrag – Grundlagen und Abgrenzung

Im Nachfolgenden sollen zunächst Ansprüche des Auftragnehmers auf Ersatz von Mehrkosten infolge von Bauablaufstörungen in einem VOB-Vertrag betrachtet werden. Hierzu bedarf es vorab der Klärung einiger Grundlagen, bevor in den Folgekapiteln zu Ziff. 8.10 ff. (Rdn. 1901 ff.) auf die Ansprüche im Einzelnen eingegangen wird.   1893

8.9.1 Grundlagen/Abgrenzung der Anspruchsgrundlagen

Der Auftragnehmer kann die ihm infolge einer Behinderung des Auftraggebers entstehenden Mehrkosten (insbesondere Stillstandskosten) als Schadensersatz nach § 6 Abs. 6 VOB/B ersetzen verlangen. Auch Mehrkostenerstattungsansprüche aus § 2 Abs. 5 und 6 VOB/B sowie ein Entschädigungsanspruch aus § 642 BGB sind nicht ausgeschlossen (vgl. dazu nachfolgend Rdn. 1901 ff. sowie die ausführlich begründete Entscheidung des OLG Braunschweig, Urt. v. 02.11.2000 – 8 U 201/99, BauR 2001, 1739 ff., die sich in einem Überblick sehr anschaulich mit den verschiedenen Zielrichtungen dieser parallel bestehenden Ansprüche befasst).   1894

Rechtsgrundlage	§ 6 Abs. 6 VOB/B
Voraussetzungen	(1) Behinderung aus dem Risikobereich des Auftraggebers (2) Ordnungsgemäße Behinderungsanzeige (3) Auf der Behinderung beruhender Schaden (4) Konkrete Berechnung des Schadens (5) Verschulden des Auftraggebers an der Behinderung
Inhalt und Umfang des Anspruchs	• Alle dem Auftragnehmer entstandenen Schäden • Entgangener Gewinn jedoch nur bei Vorsatz und grober Fahrlässigkeit des Auftraggebers Notwendig: prüfbare Abrechnung nach § 14 Abs. 1 VOB/B
Weitere Ansprüche	(1) Mehrvergütungsanspruch nach § 2 Abs. 5 VOB/B, wenn durch die Behinderung verursachte Mehrkosten auf Anordnung des Auftraggebers beruhen, ggf. hilfsweise Rückgriff auf § 2 Abs. 8 Nr. 2 und 3 VOB/B. (2) Entschädigungsanspruch nach § 642 BGB: gilt vor allem, wenn Auftraggeber an der Behinderung kein Verschulden trifft

1895

Auf welche Ansprüche der Auftragnehmer auch immer zurückgreift, wird im Einzelfall genau zu prüfen sein, inwieweit die jeweilige Anspruchsgrundlage passt: 1896

- In Betracht kommt zunächst ein **Mehrkostenanspruch nach § 2 Abs. 5 VOB/B**. Hierbei handelt es sich um einen echten **Vergütungsanspruch** (s. dazu sogleich ausführlich Rdn. 1901 ff.). Er ist Ausfluss der in der VOB/B bestehenden Möglichkeit des Auftraggebers, Anordnungen zur Änderung des Bauentwurfs zu erteilen (vgl. vor allem § 1 Abs. 3 VOB/B – s. dazu oben Rdn. 919 ff.). Diese können sich in einer veränderten Bauzeit niederschlagen, weswegen die damit verbundenen Kosten stets in einen Vergütungsanspruch einzurechnen sind. Geprägt wird dieser Mehrkostenanspruch somit gerade dadurch, dass er auf einem **vertragsgemäß ausgeübten Recht des Auftraggebers** beruht, das zu Mehrkosten aufseiten des Auftragnehmers führt. Es bedarf hierfür dann aber eben auch einer entsprechenden positiven Anordnung des Auftraggebers als Grundlage des Mehrvergütungsanspruchs. Fehlt es daran, kann in Ausnahmefällen allenfalls auf die Vergütungsregelungen in § 2 Abs. 8 Nr. 2 und 3 VOB/B zurückgegriffen werden (Rdn. 1915 ff.).   1897
- Zu unterscheiden von einem Vergütungsanspruch ist der **Schadensersatzanspruch** des Auftragnehmers nach § 6 Abs. 6 VOB/B (s. dazu ausführlich Rdn. 1975 ff.). Wie jeder sonstige Schadensersatzanspruch setzt er neben einem **pflichtwidrigen Verhalten** ein **Verschulden des Auftrag-**

gebers voraus. Dieser Schadenersatzanspruch ist somit im Gegensatz zum Mehrvergütungsanspruch des Auftragnehmers durch eben diese pflichtwidrige Handlung geprägt. Allenfalls mag hier hilfsweise auf Ansprüche nach § 642 BGB zurückgegriffen werden, soweit sich der Auftraggeber zwar nicht pflichtwidrig verhält, aber im Annahmeverzug befindet (Rdn. 2082 ff.).

1898 Die vorstehende Grobgliederung macht deutlich: Der Mehrvergütungsanspruch des Auftragnehmers auf der einen Seite ist Folge einer im Rahmen des Vertrages erlaubten und dort auch vorgesehenen Anordnung des Auftraggebers. Dagegen beruht auf der anderen Seite der Schadensersatzanspruch auf einer Pflichtwidrigkeit des Auftraggebers (s. dazu grundlegend Thode, ZfBR 2004, 214, 218 ff). Das eine Verhalten (Anordnung im Rahmen des vertragsrechtlich Zulässigen) schließt das andere (Pflichtwidrigkeit) aus. Daher müssen bei der Frage, auf welche Rechtsgrundlage sich ein Auftragnehmer bei Mehrkosten im Zusammenhang mit Behinderungen stützt, **diese Anspruchsgrundlagen in jedem Fall streng auseinandergehalten** werden (so zu Recht OLG Hamm, Urt. v. 14.04.2005 – 21 U 133/04, BauR 2005, 1480, 1481 ff.; im Ergebnis ebenso: OLG Brandenburg, Urt. v. 17.10.2007 – 4 U 48/07, BauR 2008, 141; wohl auch KG, Beschl. v. 13.02.2009 – 7 U 86/08, BauR 2011, 1202, 1204 f.; Werner/Pastor, Rn. 2339; Thode, ZfBR 2004, 214 ff.). Keinesfalls sind diese Anspruchsgrundlagen austauschbar mit dem Inhalt, dass das eine ein Auffangtatbestand des anderen wäre oder umgekehrt. Dies zeigt sich schon daran, dass bei den Mehrvergütungsansprüchen etwa Umsatzsteuer anfällt, was bei Schadensersatzansprüchen in der Regel nicht der Fall ist (BGH, Urt. v. 24.01.2008 – VII ZR 280/05, BauR 2008, 821, 822 f.) – oder dass sich Mehrvergütungs- und Entschädigungsansprüche an der Höhe der kalkulierten Vergütung (bei Letzterem allerdings ohne Anteile für Wagnis und Gewinn) errechnen (s. dazu Rdn. 2097 ff.). Demgegenüber wird der Schadensersatzanspruch nach § 6 VOB/B aus den tatsächlich entstandenen Mehrkosten ermittelt (Rdn. 2020 ff.).

1899 Allenfalls ist vorstellbar, dass sich die jeweils einen Schadensersatzanspruch einerseits bzw. einen Mehrvergütungsanspruch andererseits **auslösenden Sachverhalte überschneiden**.

▶ **Beispiel**

> Die Baubehörde verfügt wegen einer mangelhaften Planung des Auftraggebers einen Baustopp. Der Auftragnehmer fragt an, ob es bald weitergehe oder ob er bis auf Weiteres seine Maschinen abziehen könne. Daraufhin »ordnet« der Auftraggeber an, dass diese einstweilen auf der Baustelle verbleiben sollen, damit sie bei Wiederaufnahme der Arbeiten sofort zur Verfügung stehen.

Solche Gemengelagen sind typisch. Doch bleibt es auch hier dabei, dass die Ursachen für einen Anspruch des Auftragnehmers nicht austauschbar sind, obwohl es natürlich Wechselwirkungen gibt: Geht es im vorgenannten Beispiel etwa um die Folgen des Baustopps, kann dem Auftragnehmer neben einem Entschädigungsanspruch nach § 642 BGB bei einem Verschulden des Auftraggebers wegen der mangelhaften Planung ein Schadensersatzanspruch nach § 6 Abs. 6 VOB/B zustehen. Zu dem danach ersatzfähigen Schaden gehört z. B. ein Mehraufwand für die verlängerte Maschinenvorhaltung. Erfasst werden aber auch Mietkosten für eine Ersatzmaschine, soweit der Auftragnehmer seine eigene Maschine nach der vereinbarten Bauzeit nicht an einer anderen Baustelle einsetzen konnte. Mit der nach dem Vertrag zulässigen Anordnung des Auftraggebers, die Maschine länger auf der Baustelle zu lassen, hat das zunächst nichts zu tun. Diese Anordnung löst aber nunmehr ihrerseits einen Mehrvergütungsanspruch nach § 2 Abs. 5 VOB/B aus. Dieser erfasst ab dem Zeitpunkt der Anordnung auf der Basis seiner Kalkulation eine Vergütung für die Dauer der angeordneten verlängerten Vorhaltung. Soweit dem Auftragnehmer nunmehr ein solcher Mehrvergütungsanspruch zusteht, scheidet nachvollziehbarerweise ein paralleler Schadensersatzanspruch aus. Denn wenn er eine Vergütung für die Vorhaltung erhält, entfällt in diesem Umfang ein Schaden. Etwas anderes gilt für eine mögliche Differenz zwischen seiner ihm nach der Anordnung zustehenden Vergütung für die verlängerte Vorhaltung und den ggf. höheren Anmietkosten der Ersatzmaschine. Diese könnte er allein über den weiter bestehenden Schadensersatzanspruch ersetzt verlangen. Auch diese Fälle zeigen aber anschaulich, dass trotz der sich überschneidenden Sachverhalte **die Ursachen für den Anspruchsgrund** (verhängter Baustopp infolge mangelhafter Planung als Pflichtverletzung und Grundlage für den Schadenersatzanspruch sowie vertragsgemäße Anordnung als Grundlage für den Mehrvergütungsanspruch) **streng auseinandergehalten** werden können (und müssen). Dies gilt im Übrigen auch im umgekehrten Fall, in dem ggf. – trotz Behinderung – überhaupt kein Anspruch besteht.

> **Beispiel (nach OLG Brandenburg, Urt. v. 17.10.2007 – 4 U 48/07, BauR 2009, 821)**
>
> Der Auftragnehmer möchte für Baustellentransporte eine bestimmte Straße benutzen. Diese wird gesperrt, weswegen der Auftragnehmer längere Fahrstrecken zurücklegen muss. Hierin liegt eine Behinderung. Ein pflichtwidriges Verhalten des Auftraggebers steht jedoch nicht zur Diskussion, weswegen Schadensersatzansprüche ausscheiden. Ein Mehrvergütungsanspruch stände dem Auftragnehmer nunmehr nur zu, wenn der Auftraggeber daraufhin seinerseits eine bestimmte neue Fahrtroute anordnet, die der Auftragnehmer nutzen soll. Unterbleibt diese Anordnung und ist auch ansonsten nichts geregelt, entfällt ein Anspruch auf Mehrvergütung.

Beispiele wie vorstehendes mögen zunächst befremden. Dieses Befremden beruht aber letztlich auf der irrtümlichen Annahme, dass bei jedem Risiko auf einer Baustelle auf eine einschlägige Mehrkostenregelung zurückgegriffen werden könnte. Dem ist nicht so. Deswegen gibt es eben auch Sachverhalte, die unter finanziellen Gesichtspunkten nicht ausgleichspflichtig sind, sodass sie dann wie vorstehend z. B. in das Risiko des Auftragnehmers fallen.

Mit dieser Maßgabe ist darauf hinzuweisen, dass insbesondere in zahlreichen baubetrieblichen Gutachten diese grundsätzliche Weichenstellung nicht oder nicht genügend beachtet wird: Stattdessen werden Ansprüche des Auftragnehmers ohne Unterscheidung nach § 2 Abs. 5 (bzw. ersatzweise § 2 Abs. 8 Nr. 2 und 3) bzw. § 6 Abs. 6 VOB/B, am besten sogar noch mit einem gemeinsamen Obersatz geprüft. Dies ist nicht nur falsch, sondern macht eine darauf gerichtete Klage sogar richtigerweise unschlüssig. Denn es ist Aufgabe des Auftragnehmers, die Voraussetzungen seines Klagebegehrens – ggf. auch in Abgrenzung zu anderen Ansprüchen – darzulegen (OLG Hamm, Urt. v. 14.04.2005 – 21 U 133/04, BauR 2005, 1480, 1481 f.; KG, Beschl. v. 13.02.2009 – 7 U 86/08, BauR 2011, 1202, 1204 f.).

Hat man vorstehenden Grundsatz verinnerlicht, mag man sich im Folgenden den einzelnen Anspruchsgrundlagen zuwenden.

8.10 Mehrvergütungsanspruch nach § 2 Abs. 5 VOB/B

Im Unterschied zum BGB-Werkvertragsrecht enthält § 2 VOB/B eine umfassende Regelung der Vergütungsansprüche des Unternehmers. Danach bestehen verschiedene Möglichkeiten, nachträglich unter bestimmten Voraussetzungen eine Anpassung des oder der vereinbarten Preise (Pauschalpreis bzw. Einheitspreise) zu verlangen. Darin liegt einer der ganz großen Vorteile des VOB/B-Bauvertrages gegenüber dem BGB-Werkvertrag. Dadurch wird zugleich eine wesentlich größere Transparenz geschaffen und das Gleichgewicht von Leistung auf der einen und Vergütung auf der anderen Seite bei Leistungsänderungen wieder hergestellt.

Das allgemeine **Vertragsrecht des BGB** benötigt diese Preisanpassungsregelungen allerdings auch nicht. Denn das Werkvertragsrecht der §§ 631 ff. BGB geht davon aus, dass der übereinstimmend im Bauvertrag festgelegte Leistungsinhalt einseitig nicht abgeändert werden kann, wenn man von zwingenden Ausnahmen nach Treu und Glauben absieht (vgl. Ingenstau/Korbion/Keldungs, VOB/B § 1 Abs. 3 Rn. 1 ff., der ein Recht zur einseitigen Änderung des Bau-Solls in den Grenzen des § 1 Abs. 4 Satz 1 VOB/B, also weiter gehend bejaht; zu weitgehend aber Enders, VOB/B und BGB-Bauvertrag im Rechtsvergleich, S. 48). Als Folge davon bedarf es beim BGB-Werkvertrag nach dem Grundsatz des Vertragsrechts (pacta sunt servanda = Vertragsänderungen erfordern die Zustimmung beider Vertragspartner) in der Regel einer entsprechenden Vereinbarung der Bauvertragspartner über die Leistungsänderung. Folglich hat es der Auftragnehmer in der Hand, seine Zustimmung von einer Einigung über eine geänderte Vergütung abhängig zu machen, die dann auch **seine durch die Leistungsänderung verursachten behinderungsbedingten zeitabhängigen Mehr-**

kosten abdecken kann und wird. Fehlt es trotz Einverständnisses mit der Leistungsänderung an einer entsprechenden Vergütungsvereinbarung, so regelt sich diese nach § 632 Abs. 2 BGB. Dem Unternehmer stände danach dann im Zweifel die **übliche (Mehr-) Vergütung** zu.

1903 Ganz anders geht die VOB/B an das Problem der Leistungsänderungen heran. Sie gewährt dem Auftraggeber auch noch nach Vertragsschluss ein **einseitiges Recht, den Bauentwurf zu ändern** (§ 1 Abs. 3 VOB/B), wodurch sich in aller Regel die vom Auftragnehmer nach dem Vertrag geschuldete Leistung nach Art und/oder Umfang ändert (s. o. Rdn. 919 ff.). Dieser dem Auftraggeber durch die Vereinbarung der VOB/B als Vertragsgrundlage zugestandene **einseitige Änderungsvorbehalt** entspricht den Bedürfnissen der Praxis und gewährleistet die beim Bauen notwendige Flexibilität der Planung und sollte auch Eingang ins BGB finden (vgl. dazu: Kraus/Vygen/Oppler, BauR 1999, 964 und Sonderheft zu BauR 4/2001 sowie BauR 2006, 258 ff.). Er stellt ein in der VOB/B seit mehr als 100 Jahren verankertes Privileg dar, das gar nicht hoch genug veranschlagt werden kann.

1904 Macht also der Auftraggeber von seinem in § 1 Abs. 3 VOB/B geregelten Recht Gebrauch, den Bauentwurf noch nach Vertragsabschluss einseitig zu ändern, führt dies gemäß § 2 Abs. 5 VOB/B dazu, dass auf Verlangen die vereinbarte Vergütung anzupassen ist, und zwar durch **Vereinbarung eines neuen Preises unter Berücksichtigung der Mehr- und/oder Minderkosten**. Die Regelungen der Vergütungsanpassung des § 2 Abs. 4–6 VOB/B gelten nach § 2 Abs. 7 Nr. 2 VOB/B uneingeschränkt auch für den Pauschalpreisvertrag (Ingenstau/Korbion/Keldungs, VOB/B § 2 Nr. 7 Rn. 21 ff.; ebenso BGH, Beschl. v. 12.09.2002 – VII ZR 81/01, BauR 2002, 1847 = NJW-RR 2003, 14), sofern sich die Grundlagen des Preises (Einheitspreis oder eben Pauschalpreis) geändert haben (s. auch Rdn. 2332 ff.)

Soweit also die Abdeckung von Mehrkosten einer Bauablaufstörung über einen Mehrvergütungsanspruch nach § 2 Abs. 5 VOB/B in Betracht kommen soll, ist jeweils sorgfältig zu prüfen, ob die dafür erforderlichen **Voraussetzungen** vorliegen. Dies sind im Wesentlichen zweierlei: So bedarf es zunächst einer Änderung der Grundlagen des Preises, die sodann auf einer Änderung oder anderen Anordnung des Auftraggebers zurückgehen muss.

8.10.1 Änderung der Grundlagen des Preises

1905 § 2 Abs. 5 VOB/B setzt in erster Linie eine **Änderung der Grundlagen des Preises** für eine im Vertrag vorgesehene Leistung voraus. Dies wird zumeist einfach zu prüfen sein (vgl. allerdings zu Sonderfällen sogleich Rdn. 1917 ff.). Denn durch Leistungsänderungen seitens des Auftraggebers verursachte, bei Vertragsabschluss unbekannte Behinderungen oder Bauablaufstörungen führen in aller Regel zu erheblichen Mehrkosten des Unternehmers. Dadurch werden seine **Kalkulation** und somit die **Grundlagen des Preises** berührt. Probleme bestehen sodann aber sicher im tatsächlichen Bereich, d. h. bei der Frage, ob es dem Auftragnehmer gelingt, seine Mehrkosten plausibel darzulegen, zumal er insoweit an seine bisherige Kalkulation gebunden ist (s. dazu Rdn. 1966 ff., 2417 ff.).

Bevor im Zusammenhang mit der Bauzeit auf verschiedene Hauptfallgruppen einzugehen ist (Rdn. 1917 ff.), soll allerdings hervorgehoben werden, dass nicht jede Anordnung des Auftraggebers automatisch eine für § 2 Abs. 5 VOB/B vorausgesetzte Änderung der Grundlagen des Preises begründet:

1906 • Keinesfalls unter § 2 Abs. 5 VOB/B fallen **Anordnungen des Auftraggebers**, die sich darauf beschränken, den Auftragnehmer zur Erbringung der vertraglich geschuldeten Leistung oder zur Einhaltung von – z. B. technischen – Vorschriften, die in den Vertrag einbezogen worden sind, anzuhalten. Dasselbe gilt für »Anordnungen« zur Einhaltung der vertraglich vereinbarten Fälligkeitstermine (s. dazu im Einzelnen Rdn. 1953) oder auch **zur Konkretisierung der Leistungspflichten** nach § 4 Abs. 1 Nr. 3 und 4 VOB/B. All diese Anordnungen beziehen sich allein auf das bestehende Vertragssoll und ändern nicht die Grundlagen des Preises. Der Auftragnehmer hat demzufolge diese Anordnung zwar zu befolgen. Hierbei geht es jedoch nicht um eine geänderte Leistungspflicht, sondern um die schon geschuldete (BGH, Urt. v. 09.04.1992 – VII ZR 129/91, BauR 1992, 759 = NJW-RR 1992, 1046; Nicklisch/Weick, § 2 Rn. 61).

▶ **Beispiel (nach BGH, a. a. O. – Wasserhaltung)**

Gegenstand des zu einem Pauschalpreis geschlossenen Bauvertrages ist der Bau einer Schleuse. Nach dem Leistungsverzeichnis ist eine Wasserhaltung vereinbart, ohne dass dazu nähere Angaben gemacht werden. Im Laufe der Baumaßnahme wird vom Auftraggeber eine externe Wasserhaltung »angeordnet«, die sich im Wesentlichen als einzig technisch vertretbare Maßnahme herausstellt. Dagegen ist die zunächst vom Auftragnehmer geplante interne (preiswertere) Wasserhaltung nicht praktikabel. Eine solche Anordnung stellt keine Anordnung zu einer Leistungsänderung dar, weil mit ihr nur das angeordnet wird, was der Auftragnehmer ohnehin schuldete. Folglich handelt es sich um eine Anordnung nach § 4 Abs. 1 Nr. 3 VOB/B.

- Ebenfalls keine die Preisgrundlagen ändernde Anordnung nach § 2 Abs. 5 VOB/B liegt vor, wenn der Auftraggeber von einem ihm im Vertrag eingeräumten **Wahlrecht** Gebrauch macht (i. E. auch Ingenstau/Korbion/Keldungs, B § 2 Abs. 5 Rn. 28).

▶ **Beispiel (nach BGH, Urt. v. 22.04.1993 – VII ZR 118/92, BauR 1993, 595, 596 = NJW-RR 1993, 1109, 1110)**

Im Bauvertrag ist dem Bauherrn das Recht eingeräumt worden, den Farbtyp zu wählen zwischen einer Standard- und einer teureren Sonderfarbe. Der Bauherr entscheidet sich für die teurere Sonderfarbe. Hierbei handelt es sich weiterhin um eine Entscheidung im Rahmen der übernommenen Leistungsverpflichtung (wobei das OLG Köln, Urt. v. 15.09.1995 – 20 U 259/90, BauR 1998, 1096, das Leistungsverzeichnis später doch anders auslegte und meinte, die Sonderfarben seien nicht geschuldet gewesen, worauf es hier aber nicht ankommt).

Nichts anderes gilt für Anordnungen des Auftraggebers mit dem Inhalt, wonach eine im Leistungsverzeichnis und Angebot des Auftragnehmers ausdrücklich vorgesehene **Alternativ- oder Eventualposition** zur Ausführung kommen soll (vgl. dazu Vygen/Joussen/Schubert/Lang, Bauverzögerung und Leistungsänderung, Teil A Rn. 425). Allerdings muss der Auftraggeber diese Entscheidung rechtzeitig vor der Ausführung treffen. Anderenfalls kann eine Anordnung, zu der der Auftraggeber gemäß § 3 Abs. 1 VOB/B verpflichtet ist, im Fall ihrer verspäteten Erteilung zu einer Behinderung des Auftragnehmers und damit zu einem Schadensersatzanspruch gemäß § 6 Abs. 6 VOB/B oder einem **Entschädigungsanspruch** gemäß § 642 BGB führen.

8.10.2 Anordnung des Auftraggebers im Sinne des § 2 Abs. 5

§ 2 Abs. 5 VOB/B setzt als weitere Tatbestandsvoraussetzung voraus, dass sich die Grundlagen des Preises für die im Vertrag schon vorgesehene Leistung durch **Änderung des Bauentwurfs oder andere Anordnungen des Auftraggebers** geändert haben müssen. Soweit Behinderungskosten über einen Mehrvergütungsanspruch abgedeckt werden sollen, ist dies rechtlich oft die entscheidende Hürde, die der Auftragnehmer nehmen muss. Dabei sei an dieser Stelle nochmals erläutert: Bei der Abdeckung von Behinderungskosten geht es um Mehrkosten des Auftragnehmers, die allein deshalb entstehen, weil dieser nicht so bauen konnte, wie er dies zunächst geplant hatte. Die Entstehung dieser Mehrkosten mag unstreitig sein. Im Anwendungsbereich des § 2 Abs. 5 VOB/B ist jedoch unabhängig davon zu prüfen, ob dessen Voraussetzungen vorliegen. Folglich geht es hier **nicht um eine Bewertung oder Zuscheidung von Risiken**, ob allgemein Bauablaufstörungen von der einen oder anderen Seite oder ob der Auftraggeber sogar etwaige Mehrkosten pflichtwidrig verursacht hat. Im Vordergrund steht stattdessen allein die Frage, ob bauablaufbedingte Mehrkosten auf eine Änderung des Bauentwurfs oder andere Anordnungen **des Auftraggebers** zurückgehen. Nur dies ist für einen Mehrvergütungsanspruch nach § 2 Abs. 5 VOB/B von Interesse und somit eindeutig von allen anderen ebenfalls denkbaren Störungsursachen und Anspruchsgrundlagen abzugrenzen (s. o. Rdn. 1894 ff.). Infolgedessen ist bei allen bauablaufbedingten Mehrkosten vorrangig zu untersuchen, ob sich diese auf **eine solche Anordnung des Auftraggebers** bzw. einem eindeutig seinem Willen entstammenden zurechenbaren Verhalten **zurückführen** lassen. Es geht also stets um eine **Handlung oder sonst einseitige Maßnahme des Auftraggebers**. Dabei stehen sich die Alternativen des § 2 Abs. 5 VOB/B mit

»Änderung des Bauentwurfs« und »andere Anordnungen des Auftraggebers« nicht isoliert gegenüber etwa mit der Folge, dass es bei der Änderung des Bauentwurfs nicht auf ein Handeln des Auftraggebers ankäme. Dies ist falsch: Denn gerade der Verweis auf »andere« Anordnungen des Auftraggebers verdeutlicht, dass auch die Änderung des Bauentwurfs vom Auftraggeber veranlasst sein muss (so auch Heiermann/Riedl/Rusam, § 2 Rn. 158; ebenso Ingenstau/Korbion/Keldungs, § 2 Abs. 5 Rn. 11; dagegen nicht überzeugend OLG Celle, Urt. v. 22.07.2009 – 14 U 166/08, BauR 2009, 1591, 1593, das bereits eine aus dem Risikobereich des Auftraggebers stammende Behinderung als Anordnung des Auftraggebers ansehen will, was eindeutig § 2 Abs. 5 VOB/B widerspricht).

1908 Inhalt dieser danach zu prüfenden einseitigen Maßnahme ist entweder die **Vorgabe zur Änderung des Bauentwurfs** oder eben sonst eine die eindeutige Befolgung durch den Auftragnehmer heischende Aufforderung des Auftraggebers, eine Baumaßnahme in bestimmter Weise auszuführen (OLG Düsseldorf, Urt. v. 27.06.1995 – 21 U 219/94, BauR 1996, 115, 116 = NJW-RR 1996, 730, 731). Der Auftraggeber muss klar zum Ausdruck bringen, dass es sich dabei um eine verpflichtende Vertragserklärung handelt (BGH, Urt. v. 09.04.1992 – VII ZR 129/91, BauR 1992, 759 = NJW-RR 1992, 1046; Ingenstau/Korbion/Keldungs, VOB/B § 2 Abs. 5 Rn. 26). Infolgedessen geht es jeweils um klar und deutlich verständliche – unter Umständen auch konkludente (stillschweigende) – Weisungen. Abzugrenzen sind davon reine **Wünsche des Auftraggebers**, deren Befolgung durch den Auftragnehmer nicht zwingend erwartet wird oder diesen lediglich zu einer Überprüfung seiner Verfahrensweise veranlassen sollen (BGH a. a. O.). Sie sind ebenso von weiteren Erklärungen des Auftraggebers abzugrenzen, die mit einer Anordnung nichts zu tun haben.

▶ Beispiel (in Anlehnung an OLG Dresden, Urt. v. 31.08.2011 – 1 U 1682/10, IBR 2012, 9)
> Der Auftragnehmer erstellt eine Ausführungsplanung. Diese weicht in Teilen von den Planvorgaben des Vertrages ab. Der Auftragnehmer reicht diese beim Auftraggeber zur Freigabe ein mit dem Vermerk, dass Nachtragsangebote nachgereicht würden, falls sich im Plan Änderungen befinden. Nachtragsangebote werden jedoch zunächst nicht eingereicht. Eine daraufhin erteilte Freigabe stellt nunmehr keine Anordnung dar. Denn es fehlt insoweit an dem Bewusstsein, mit der Freigabe zugleich eine kostenpflichtige Leistungsänderung beauftragt zu haben.

Dieser einschränkenden Auslegung des Begriffs der Anordnung bedarf es insbesondere deshalb, weil § 2 Abs. 5 VOB/B für den Anspruch auf Vergütungsänderung neben dieser Anordnung nach bisher herrschender Auffassung (Beck'scher VOB-Komm./Jansen, § 2 Nr. 5, Rn. 73; s. dazu allerdings auch unten Rdn. 2261) weder eine vorherige Ankündigung dieses Anspruchs (wie etwa in § 2 Abs. 6 VOB/B) noch eine Behinderungsanzeige oder gar ein Verschulden des Auftraggebers (wie bei § 6 Abs. 1 und. 6 VOB/B) verlangt, obwohl die Folgen einer solchen Anordnung im Sinne des § 2 Abs. 5 VOB/B ähnlich weitreichend sind.

Hat man vorstehende Erläuterungen verinnerlicht, sollen zum besseren Verständnis einer Anordnung im Sinne des § 2 Abs. 5 VOB/B noch wenige Eckpunkte ergänzt werden:

1909 • Soweit ein Mehrvergütungsanspruch eine Anordnung des Auftraggebers voraussetzt, liegt auf der Hand, dass diese in jedem Fall seinem Verantwortungsbereich entstammen muss (BGH, Urt. v. 27.06.1985 – VII ZR 23/84, BGHZ 95, 128, 135 = BauR 1985, 561, 564 = NJW 1985, 2475, 2476; a. A. Ingenstau/Korbion/Keldungs,VOB/B, § 2 Abs. 5 Rn. 27). Mit dieser Abgrenzung ist allerdings nicht gemeint, dass es bereits entsprechend den Regelungen zur Bauzeitverlängerung in § 6 Abs. 2 Nr. 1 lit. a) VOB/B ausreicht, dass die Anordnung seinem Risikobereich zuzurechnen ist (dies verkennt etwa OLG Celle, Urt. v. 22.07.2009 – 14 U 166/08, BauR 2009, 1591, 1593). Vielmehr kommt es entscheidend darauf an, dass die Anordnung auch unmittelbar vom Auftraggeber bzw. einem seiner Vertreter ausgeht. **Anordnungen Dritter** (z. B. von Behörden, Prüfstatiker) scheiden für sich genommen danach genauso aus (s. dazu Rdn. 1954 ff.) wie etwa nicht fertig gewordene Vorunternehmerleistungen, die zu Verzögerungen im Bauablauf führen (s. dazu Rdn. 1997).

8.10 Mehrvergütungsanspruch nach § 2 Abs. 5 VOB/B

- Ebenfalls abzugrenzen und kein Fall einer Anordnung sind Sachverhalte, in denen der Auftraggeber (lediglich) **seinen Mitwirkungspflichten** (vgl. § 3 und 4 VOB/B) **nicht nachkommt**.   1910

  ▶ **Beispiel**

  > Der Auftraggeber übergibt nicht die für die Baurealisierung notwendigen Ausführungspläne. Der Auftragnehmer kann deswegen nicht beginnen. Dies ist keine Anordnung, sondern allein Folge des pflichtwidrigen Verhaltens des Auftraggebers, das sich nach § 6 VOB/B bemisst.

  Dasselbe gilt, wenn der Auftraggeber die notwendige Baugenehmigung (zeitweise) nicht beibringt oder es zu Verzögerungen infolge eines Nachbarwiderspruchs kommt. All dies sind **keine Anordnungen des Auftraggebers**. Dies wäre allerdings anders, wenn der Auftraggeber die vorstehenden Ereignisse zum Anlass nähme, nunmehr gesonderte Anordnungen gegenüber dem Bauunternehmer zum weiteren Bauablauf zu erteilen.

- Entsprechendes gilt für Fälle, in denen der Auftraggeber eine Anordnung hätte erteilen müssen, dies aber nicht getan hat und es dadurch zu Behinderungen und damit verbundenen Mehrkosten kommt (s. dazu auch sogleich Rdn. 1913).   1911

  ▶ **Beispiel**

  > Der Auftragnehmer verweist darauf, dass die geplante Bauweise nicht durchführbar ist. Der Auftraggeber reagiert nicht, weswegen die Baustelle stillsteht.

  Auch dies sind ausschließlich **Fälle der Behinderung** und somit des § 6 VOB/B (Ingenstau/Korbion/Keldungs, VOB/B, § 2 Abs. 5 Rn. 28) oder § 642 BGB, nicht aber des § 2 Abs. 5 VOB/B, da es hier an einer Anordnung fehlt (so auch Clemm DB 1985, 2597, a. A. Daub/Piel/Soergel/Steffani, VOB/B, ErlZB 2.104).

- Demgegenüber kann eine Anordnung im Sinne des § 2 Abs. 5 VOB/B durchaus vorliegen, selbst wenn diese »**einvernehmlich**« mit dem **Auftragnehmer abgestimmt** wurde.   1912

  ▶ **Beispiel**

  > In einem vertraglichen Bauzeitenplan sind verschiedene Bautermine vorgegeben. Aufgrund von Verzögerungen übergibt der Auftraggeber dem Auftragnehmer einen neuen Bauzeitenplan, den er in einer Baubesprechung mit dem Auftragnehmer »abspricht«.

  Eine solche Abstimmung schließt nicht für sich genommen eine Anordnung im Sinne des § 2 Abs. 5 VOB/B aus. Vielmehr ist im Einzelfall zu prüfen, inwieweit darin zugleich eine einseitige Vorgabe des Auftraggebers liegt. Dies muss nicht automatisch der Fall sein (so aber sehr weitgehend KG, Urt. v. 12.12.2008 – 21 U 155/05, BauR 2009, 650, 653). Umgekehrt ist jedoch auch zu beachten, dass der Auftragnehmer nicht nur deshalb – um eine Anordnung zu dokumentieren – gehalten wäre, jede dem Bauablauf geschuldete vom Auftraggeber vorgegebene Anpassung der Planung zunächst abzulehnen, damit dieser eine solche im Anschluss daran ausdrücklich anordnet. Dies würde nicht nur gegen das im Baurecht geltende Kooperationsgebot verstoßen (vgl. BGH, Urt. v. 28.10.1999 – VII ZR 393/98, BGHZ 143, 89, 93 = BauR 2000, 409, 410 = NJW 2000, 807, 808; s. auch oben Rdn. 1067), sondern erschiene auch als überflüssige Förmelei, nur um hier eine Anordnung anzunehmen (so zumindest i. E. zu Recht, KG, a. a. O.; s. allerdings dagegen wenig verständlich OLG Karlsruhe, Urt. v. 13.7.2010 – 19 U 109/09, Nichtzul.-Beschw. zurückgew., BGH, Beschl. v. 26.1.2012 – VII ZR 124/10, BauR 2012, 992 [Ls.], das im Fall einer einvernehmlichen Abstimmung einer geänderten Leistung stets den Anwendungsbereich des § 2 Abs. 5 VOB/B ausschließt).

Der vorstehende Katalog macht deutlich, dass Mehrkostenansprüche des Auftragnehmers wegen bauablaufbedingter Störungen immer eine **Anordnung aus dem Verantwortungsbereich des Auftraggebers** voraussetzen. Dies wäre nicht einmal schwer zu beurteilen, wenn in der Praxis der Begriff der Anordnung nicht in einer Weise weit ausgelegt würde, wie dies nur noch mit Mühe vertretbar ist (s. dazu auch unten Rdn. 1954 ff.). Wurde demnach aber abgegrenzt, dass es um ein echtes positives Einwirken des Auftraggebers auf den Vertrag gehen muss, folgt hieraus im Umkehrschluss: Ein rein   1913 passives Verhalten ersetzt in der Regel keine Anordnung, selbst wenn ggf. sogar eine Pflicht zum Handeln bestände. Das Argument, dass der pflichtwidrig handelnde Auftraggeber, der eine gebotene Anordnung unterlässt, nicht besser stehen dürfe als derjenige, der eine solche Anordnung erteilt (so etwa Nicklisch/Weick, VOB/B Einl. §§ 4–13 Rn. 51 f.), ist zwar nachvollziehbar, ersetzt aber nicht die Anspruchsvoraussetzung, dass es für einen Mehrvergütungsanspruch nun einmal einer solchen Anordnung bedarf (OLG Düsseldorf, Urt. v. 20.01.2009 – 23 U 47/08, IBR 2009, 255). Aus vorstehendem Argument folgt vielmehr, dass in einer pflichtwidrig unterbleibenden Anordnung richtigerweise eine Behinderung liegen könnte, die ggf. zu Schadensersatzansprüchen nach § 6 Abs. 6 VOB/B führt (ebenso Kapellmann/Messerschmidt/Kapellmann, VOB/B, § 2 Rn. 197).

1914 Abzugrenzen von den Fällen der unterbleibenden Anordnung sind jedoch die sog. konkludenten (stillschweigenden) Anordnungen. Denn wie bei allen anderen Willenserklärungen muss natürlich eine Anordnung nicht ausdrücklich erteilt werden, sondern kann auch konkludent erfolgen. Entscheidend ist allein, dass sie – neben ihrer Existenz – dann auch nachweisbar ist und zu einer Änderung der Preisgrundlage geführt hat. So können (stillschweigende) Anordnungen des Auftraggebers zum Bauentwurf mit einem Anspruch auf Vergütungsanpassung etwa darin liegen, dass der Auftraggeber nach Vertragsabschluss geänderte Pläne übergibt, auf deren Grundlage nun gebaut werden soll. Das allerdings ist an sich nichts besonderes, weil hier immer noch eine im Zweifel sogar ausdrückliche Anordnung vorliegt. Ausgehend davon kann aber eine solche Anordnung gleichfalls dann angenommen werden, wenn sich die Vertragspartner nach übergebenen Plänen stillschweigend auf eine tatsächlich veränderte Situation einstellen (BGH, Urt. v. 27.06.1985 – VII ZR 23/84, BGHZ 95, 128, 135 f. = BauR 1985, 561, 564 = NJW 1985, 2475, 2476 f.), wie dies bei technisch notwendig gewordenen Änderungen in der Praxis häufig der Fall ist (vgl. auch BGH, Urt. v. 11.03.1999 – VII ZR 179/98, BauR 1999, 897, 899 = NJW 1999, 2432, 2433 f.; ebenso für die Möglichkeit einer stillschweigenden Anordnung: Ingenstau/Korbion/Keldungs, VOB/B § 2 Abs. 5 Rn. 26; Nicklisch/Weick § 2 Rn. 61). Die stillschweigende Anordnung kann also durchaus auch das Ergebnis einer Abstimmung der Vertragspartner bei einem Baustellengespräch sein (Piel, Festschrift Korbion S. 357).

▶ Beispiel

Die Baustellensicherung gehört zur Aufgabe des Auftraggebers. Dieser erhält die Auflage der Behörde, eine Baustellenampel aufzustellen. Mit deren Kenntnis stellt der Auftragnehmer die Ampel auf, was der Auftraggeber weiß und worauf unwidersprochen etwa in Baubesprechungen hingewiesen wurde.

8.10.3 Auffangtatbestand des § 2 Abs. 8 Nr. 2 und 3 VOB/B, vor allem für Beschleunigungsmaßnahmen

1915 Fehlt es nach Vorstehendem an einer Anordnung, ist in der Praxis selbstverständlich nicht zu verkennen, dass der Auftragnehmer ggf. auch ohne eine solche Anordnung im Zusammenhang mit Bauablaufstörungen eine Zusatzleistung erbringt. Ein Vergütungsanspruch nach § 2 Abs. 5 VOB/B scheidet dann allerdings aus; ebenso liegen vielfach die Voraussetzungen des § 6 Abs. 6 VOB/B nicht vor, weil der Auftragnehmer letztlich (nur) eine Vergütung verlangt. Gerade dies ist herauszustreichen: Denn auch ein Rückgriff auf § 2 Abs. 8 VOB/B beruht stets auf der Ausgangsunterscheidung, dass der Auftragnehmer allein (Vergütungs)ansprüche für die Erbringung einer vertraglich zunächst nicht geschuldeten Mehrleistung geltend macht (s. dazu ausführlich Rdn. 2368 ff.). Dies soll folgender Beispielfall veranschaulichen.

▶ Beispiel

Der Auftragnehmer soll die Bauleistung bis zum 31. Juli erbringen. Wegen verspäteter Planübergabe kommt es zu einer Behinderung von einem Monat. Der Auftragnehmer beschleunigt nunmehr die Arbeiten und schafft den Termin zum 31. Juli. Für diese Beschleunigungsmaßnahmen, die der Auftraggeber nicht angeordnet hatte, verlangt er eine Mehrvergütung.

8.10 Mehrvergütungsanspruch nach § 2 Abs. 5 VOB/B

Bei Fällen wie diesen ist zu unterscheiden:
- Zunächst liegt eine **Behinderung** vor. Diese führt dazu, dass sich die Bauzeit – soweit die Behinderung angezeigt wurde – nach § 6 Abs. 2 Nr. 1 lit. a) VOB/B um einen Monat (automatisch) verlängert (s. o. Rdn. 1800 ff.). Wäre der Fall jetzt zu Ende, hätte der Auftragnehmer ggf. für die verlängerte Bauzeit nach § 6 Abs. 6 VOB/B einen Schadensersatzanspruch geltend machen können. Dieser wäre wohl auch begründet gewesen, soweit der Auftraggeber die Bauzeitverlängerung wegen der verspäteten Planübergabe zu vertreten hatte.
- Nun macht der Auftragnehmer hier aber keinen Behinderungsschaden, sondern **Kosten für die Baubeschleunigung** geltend. Zu dieser ist er vertraglich nicht verpflichtet, weil sie nach der bereits eingetretenen Bauzeitverlängerung nicht zu der vertraglich übernommenen Leistung gehört. Die Anpassungspflicht zu den eigenen Leistungen aus § 6 Abs. 3 VOB/B ändert daran nichts, weil die dort geforderten Maßnahmen nur im Rahmen der übernommenen Vertragsleistungen stattzufinden haben (s. o. Rdn. 1812; Roquette/Viering/Leupertz, Teil 2 Rn. 802; Kapellmann/Messerschmidt/Kapellmann § 6 Rn. 30; Beck'scher VOB-Komm./Motzke, § 6 Abs. 3 Rn. 26), d. h. jetzt innerhalb der verlängerten Ausführungsfrist. Mit dieser Maßgabe entfällt dann aber ein **Mehrvergütungsanspruch für diese (eigenmächtig) ausgeführten Beschleunigungsmaßnahmen** zur Einhaltung des alten (nicht mehr gültigen) Vertragstermins nach § 2 Abs. 5 VOB/B, weil diese Beschleunigung unstreitig nicht angeordnet wurde. Jetzt bleibt jedoch die Frage, ob der Auftragnehmer gleichwohl diese Kosten ersetzt verlangen kann. Vertreten wird hier teilweise, dass es sich bei diesen Kosten dann doch um einen Behinderungsschaden handele, der kausal auf die Pflichtverletzung des Auftraggebers bzgl. seiner Mitwirkungspflichten zurückgehe (so vor allem Ingenstau/Korbion/Döring, VOB/B, § 6 Abs. 6 Rn. 42; in diesem Sinne wohl auch OLG Koblenz, Urt. v. 12.01.2007 – 10 U 423/06, NZBau 2007, 517, 519 = NJW 2007, 2925, 2927 f.; ebenso: Kniffka/Koeble, 8. Teil Rn. 47; scheinbar auch Leinemann/Leinemann § 6 Rn. 155). Überzeugend ist dies nicht: Denn die Beschleunigung wurde erst durch einen neuen Kausalverlauf in Gang gesetzt, an dem der Auftraggeber überhaupt nicht beteiligt war. Richtigerweise nämlich war die Bauzeit wegen der Baubehinderung um einen Monat verlängert (s. o.). Dies stellte somit das modifizierte (neue) Vertragssoll dar, von dem zur Beurteilung der gegenseitigen Rechte und Pflichten auszugehen ist. Die Tatsache nunmehr, dass der Auftragnehmer beschleunigt, lässt rechtlich diese neue vertragliche Ausgangslage unverändert. Hieraus folgt aber: Ergreift der Auftragnehmer auf Basis dieser neuen verlängerten Frist Beschleunigungsmaßnahmen, um die alte aber nicht mehr vertraglich geltende Bauzeit einzuhalten, geht es nicht mehr um Behinderungsschäden. Stattdessen ist zu prüfen, ob ihm auf der Basis der verlängerten Bauzeit infolge einer nicht angeordneten Beschleunigung eine Zusatzvergütung zusteht. Da § 2 Abs. 5 VOB/B mangels Anordnung ausscheidet, kommt dafür allenfalls noch ein Vergütungsanspruch nach § 2 Abs. 8 Nr. 2 oder 3 VOB/B in Betracht (ähnlich wie hier: Ingenstau/Korbion/Döring VOB/B § 6 Abs. 3 Rn. 6; Kapellmann/Messerschmidt/Kapellmann, B § 6 Rn. 33; Roquette/Viering/ Leupertz, Teil 2 Rn. 816 ff.).

In Fällen von solchen (eigenmächtig ergriffenen) Zusatzleistungen, die nur noch mittelbar auf Behinderungen zurückgehen, ist es somit natürlich nicht ausgeschlossen, dass dem Auftragnehmer selbst ohne Anordnung des Auftraggebers eine Vergütung zusteht (s. zu den dann allerdings notwendigen Dokumentationen Vygen/Joussen/Schubert/Lang, Bauverzögerung und Leistungsänderung, Teil B Rn. 88 ff.). Nur beruht dieser **Vergütungsanspruch** – dies ist mit aller Deutlichkeit hervorzuheben – eben **nicht mehr unmittelbar auf einer bauablaufbedingten Verzögerung**, die dem Auftraggeber zuzurechnen ist. Vielmehr geht es jetzt um einen Anspruch nach einem **dazu gefassten neuen kausalen Entschluss des Auftragnehmers**, ggf. ausgehend von einer Verzögerung ohne Abstimmung mit dem Auftraggeber Zusatzleistungen zu erbringen. Diese erhält er vergütet wie in allen anderen Fällen des § 2 Abs. 8 Nr. 2 und 3 VOB/B (s. dazu auch Rdn. 2376 ff.), d. h.:

- Ihm steht ein Vergütungsanspruch (insoweit auch in Anlehnung an § 2 Abs. 5 VOB/B) zu, wenn der Auftraggeber die **Zusatzleistung** (wie im o. g. Beispielfall die Beschleunigungsmaßnahme) **anerkennt** (§ 2 Abs. 8 Nr. 2 S. 1 VOB/B).

1916

- Eine Vergütungspflicht besteht ebenfalls, wenn die ergriffenen Maßnahmen des Auftragnehmers **für die Erfüllung des Vertrages notwendig** waren, dem mutmaßlichen Willen des Auftraggebers entsprachen und ihm unverzüglich angezeigt wurden (§ 2 Abs. 8 Nr. 2 S. 2 VOB/B) – sämtlichst Voraussetzungen, an denen hier ein Vergütungsanspruch möglicherweise scheitern könnte und dürfte: Denn gerade (eigenmächtig) ergriffene Beschleunigungsmaßnahmen werden dem Auftraggeber zumeist (zunächst) nicht angezeigt (s. allerdings zu der AGB-Widrigkeit dieser Regelung, wenn die VOB/B nicht als Ganzes vereinbart ist: Rdn. 2383). Auch dürften viele Auftraggeber einwenden, dass sie mit einer verlängerten Bauzeit deutlich besser hätten leben können als mit einer Beschleunigung (ähnlich: Kapellmann, NZBau 2009, 538, 540; dagegen zu weitgehend Kimmich, BauR 2008, 263, 270, der davon ausgeht, dass eine Beschleunigung in der Regel im Interesse des Auftraggebers liege).
- Infolgedessen bleibt es schließlich bei einem Anspruch des Auftragnehmers nach § 2 Abs. 8 Nr. 3 VOB/B in Verbindung mit den **Grundsätzen der Geschäftsführung ohne Auftrag**. Dabei könnte auch hier zweifelhaft sein, ob der Auftragnehmer im Interesse und entsprechend dem mutmaßlichen Willen des Auftraggebers gehandelt hat (s. dazu Rdn. 2388 ff. sowie Leupertz, BauR 2005, 775). Vorstellbar wäre dies immerhin mit der Argumentation, dass bei einer unterbliebenen Beschleunigung den Auftraggeber dann wegen der Stillstandskosten u. a. Schadensersatzansprüche nach § 6 Abs. 6 VOB/B getroffen hätten und dass die eigenmächtig ergriffene Beschleunigung für ihn günstiger war. Ein solches Ergebnis erscheint sachgerecht, wäre aber vom Auftragnehmer erst einmal schlüssig darzulegen und zu beweisen (s. zu den damit verbundenen Beweisschwierigkeiten bei einem Schadensersatzanspruch nach § 6 Abs. 6 VOB/B nachfolgend Rdn. 2020 ff.). In jedem Fall führt dieses Ergebnis aber zwingend dazu, dass der Anspruch des Auftragnehmers wegen der Beschleunigungskosten unter keinem Gesichtspunkt über den jetzt fiktiv zu berechnenden Schadensersatzanspruch nach § 6 Abs. 6 VOB/B hinausgehen kann. Das aber heißt weiter: Lagen erst gar nicht die Voraussetzungen für einen Schadensersatzanspruch nach § 6 Abs. 6 VOB/B vor (z. B. weil eine Behinderungsanzeige unterblieben war), könnte selbst dieser Weg über die Geschäftsführung ohne Auftrag verbaut sein. Denkbarerweise könnte ein Auftragnehmer dann leer ausgehen – was aber an sich nichts Besonderes ist, wenn er eigenmächtig Leistungen erbringt (Kapellmann/Messerschmidt/Kapellmann, B § 6 Rn. 33).

8.10.4 Wichtige Fallgruppen

1917 Bedarf es für einen Vergütungsanspruch nach § 2 Abs. 5 VOB/B somit stets einer leistungsändernden Anordnung des Auftraggebers, sollen nachfolgend verschiedene Fallgruppen erläutert werden, bei denen es im Zusammenhang mit Störungen im Bauablauf zu Mehrkosten kommen kann.

> ▶ **Übersicht wichtiger Fallgruppen**
> - Nachträgliche Leistungskonkretisierung (Rdn. 1918 ff.)
> - Mehrvergütungsansprüche bei unklarer Leistungsbeschreibung und korrespondierende Schadensersatzansprüche (Rdn. 1920 ff.)
> - Leistungsänderungen wegen Erschwernissen, vor allem Baugrundrisiko (Rdn. 1929 ff.)
> - Entfallende Mengen mit einer Vergütung nach § 645 BGB (Rdn. 1948)
> - Leistungsänderungen infolge »anderer Anordnungen des Auftraggebers«, vor allem Änderungen zur Bauzeit (Rdn. 1949 ff.)
> - Leistungsänderungen infolge Anordnungen Dritter (Rdn. 1954 ff.)
> - Leistungsänderungen vor Vertragsabschluss (Rdn. 1957 ff.)

8.10.4.1 Nachträglich Leistungskonkretisierung

1918 Ergibt die Feststellung des Bau-Solls, dass das später angeordnete und so auch ausgeführte Bau-Ist davon abweicht, so ist bei dadurch bedingten Mehrkosten ein Mehrvergütungsanspruch des Auftragnehmers dem Grunde nach gerechtfertigt. Somit kann es infolge von Anordnungen des Auftraggebers vor allem dann zu einer Änderung der Preisgrundlagen im Sinne des § 2 Abs. 5 VOB/B

8.10 Mehrvergütungsanspruch nach § 2 Abs. 5 VOB/B

bei Bauverzögerungen kommen, wenn die Leistungsbeschreibung unklar oder sogar unvollständig war und jetzt **erstmals mit der Anordnung konkretisiert** wird.

▶ **Beispiel**

> Im Leistungsverzeichnis ist keine bestimmte Art von Sanitärarmaturen festgelegt. Hier schuldet der Auftragnehmer einen »üblichen Standard«. Im Nachhinein legt der Auftraggeber eine Sorte fest. Dies ist eine Anordnung, die auch die Grundlagen des Preises nach dem vorgesehenen Vertrag ändern kann, der bisher eben keine Festlegung auf eine bestimmte Armatur vorsah. Infolgedessen schuldet der Auftraggeber dafür ggf. auch eine Mehrvergütung. Dies liegt auf der Hand, wenn der Auftraggeber jetzt Armaturen mit einem höherwertigen Standard verlangt. Doch auch die Festlegung auf eine bestimmte Armatur üblichen Standards kann Mehrvergütungsansprüche auslösen, wenn der Auftragnehmer etwa einwendet, dass er einen anderen Typ üblichen Standards einbauen wollte, den er z. B. besonders günstig einkaufen konnte.

Von diesen nachträglichen Konkretisierungen zu unterscheiden sind **nachträgliche Korrekturen der Entwurfsplanung** oder sonstige Lücken, mit denen der Auftragnehmer noch rechnen musste oder die sogar vorbehalten waren. Diese haben mit einer Änderung des Leistungssolls nichts zu tun – wobei auf weitere Einzelheiten unten zu Rdn. 2242 ff. eingegangen werden soll. 1919

8.10.4.2 Mehrvergütungsansprüche bei unklarer Leistungsbeschreibung und korrespondierende Schadensersatzansprüche

Eine der Hauptursachen von Diskussionen zu Mehrvergütungsansprüchen bei Störungen im Bauablauf geht – dies zeigen schon die Eingangserläuterungen der soeben dargestellten ersten Fallgruppe – auf unklar gefasste Leistungsbeschreibungen zurück. Je nach **Auslegung des dazu geschlossenen Vertrages** kann sich nunmehr ergeben, dass eine vom Auftraggeber geforderte Leistung bereits zu der vom Auftragnehmer vertraglich geschuldeten und von der Vergütung abgedeckten Leistung gehört: Dann liegt dem dazu anfallenden Aufwand keine Leistungsänderung zugrunde; ein Mehrvergütungsanspruch nach § 2 Abs. 5 VOB/B entfällt. Genauso gut kann sich aus der Auslegung aber das Gegenteil ergeben, d. h.: Der Auftragnehmer hatte die geforderte Leistung nach dem Vertrag noch nicht zu erbringen bzw. diese Leistung war von der vertraglich vereinbarten Vergütung nicht abgedeckt, sodass jetzt die Leistung geändert wird und Mehrvergütungsansprüche bestehen. Grundlagen einer danach entscheidenden Auslegung des Vertrages wurden im Kapitel 5 erläutert (Rdn. 873 ff.). Doch damit ist die rechtliche Prüfung von Ansprüchen bei Störungen im Bauablauf nicht erschöpft. In Betracht kommen nämlich parallel dazu bestehende Schadensersatzansprüche jeweils der Partei, die infolge der Unklarheiten der Leistungsbeschreibung einen Nachteil erleidet. Danach ist zu unterscheiden: 1920

8.10.4.2.1 Schadensersatzanspruch des Auftraggebers bei unklarer Leistungsbeschreibung

Zu nennen sind zunächst Sachverhalte, bei denen wie üblich die Leistungsbeschreibung vom Auftraggeber stammt. Angenommen werden soll, dass diese unklar gefasst ist. Gleichwohl kann sich nach einer Auslegung im Einzelfall ergeben, dass der Auftragnehmer sich daraus ergebende Risiken doch nicht übernommen hat. Folglich wäre nunmehr ein Mehrvergütungsanspruch möglich. 1921

▶ **Beispiel**

> Der Auftraggeber will ein asbestbelastetes Gebäude sanieren. Hierzu hat er zuvor ein Schadstoffgutachten erstellen lassen. Auf dieser Grundlage wird der Auftrag erteilt und die Vergütung pauschaliert. Später stellt sich heraus, dass die Annahmen des Gutachters, dem aufgrund knapper Finanzen auch nur ein beschränkter Auftrag erteilt worden war, falsch waren. Dies hätte der Auftragnehmer bei einer gewissenhaften Prüfung, die er aber bei Vertragsschluss unterlassen hatte, erkennen können. Ungeachtet dessen kann eine Auslegung des Vertrages ergeben, dass der mit dem Vertrag übernommene Leistungsumfang des Auftragnehmers durch dieses Gutachten konkretisiert und beschränkt wurde (s. dazu auch Rdn. 1937). Folglich wäre ein später für die Sanie-

rung zu betreibender Mehraufwand nicht mehr von der zunächst übernommenen Leistungspflicht und der dazu vereinbarten Vergütung umfasst. Eine darauf gerichtete Anordnung würde somit eine Leistungsänderung darstellen und Mehrvergütungsansprüche auslösen.

Dagegen kann dem Auftraggeber nunmehr seinerseits abhängig von der Fallgestaltung ein **aufrechenbarer Schadensersatzanspruch** aus §§ 311 Abs. 2 Nr. 1, 241 Abs. 2, 280 BGB (ehemals sog. culpa in contrahendo/Verschulden bei den Vertragshandlungen oder bei Vertragsabschluss) zustehen. Zwar stammt der Ausschreibungsfehler (Ungenauigkeit der Ausschreibung als Grundlage des Mehrvergütungsanspruchs) von ihm selbst oder seinem Architekten oder Ingenieur. Allerdings hätte der Bieter als Fachunternehmer diesen erkennen können und müssen, weil die Leistungsbeschreibung (im Beispielfall auf der Grundlage des Gutachtens) unvollständig, unrichtig oder unklar war. Insoweit hätte er den Auftraggeber bei einem pflichtgemäßen Handeln auch darauf hinweisen und um Klarstellung bitten (vgl. § 12 Abs. 7 VOB/A) oder dies im Angebotsschreiben klarstellen müssen (vgl. Vygen, Festschrift Soergel 1993, S. 286). Die **Darlegungs- und Beweislast** für die tatbestandlichen Voraussetzungen eines solchen Schadensersatzanspruches liegen bei dem Auftraggeber. Dessen Schaden kann darin liegen,

- dass er diese Unklarheit bei entsprechendem Hinweis des Bieters noch vor der Vergabe ohne oder mit geringerem Mehrpreis hätte klären können.
- dass er bei Kenntnis der Unklarheit oder Unvollständigkeit die Ausschreibung wegen wesentlicher Änderung der Grundlagen gemäß § 17 VOB/A sogar ganz aufgehoben hätte (vgl. BGH, Urt. v. 25.11.1992 – VIII ZR 170/91, BGHZ 120, 281, 286 f. = BauR 1993, 214, 216 = NJW 1993, 520, 521). Ebenso kann sich der Auftraggeber ggf. darauf berufen, dass er den Zuschlag einem anderen Bieter erteilt hätte, der die entsprechende Leistungsposition niedriger angeboten hat, weil die Preisermittlungsgrundlagen bei der Nachtragskalkulation erhalten bleiben müssen.

Ein danach bestehender Schadensersatzanspruch des Auftraggebers kann aber keinesfalls den gesamten Mehrvergütungsanspruch des Auftragnehmers gemäß § 2 Abs. 5 oder 6 VOB/B zu Fall bringen. Denn dem Auftraggeber ist **wegen seiner fehlerhaften Ausschreibung** stets ein **erhebliches Mitverschulden** oder sogar die entscheidende **Mitverursachung** anzulasten, sodass sich meist eine **Quotelung** ergeben wird (vgl. § 254 BGB). Diese Möglichkeit der Kürzung des Mehrvergütungsanspruchs des Auftragnehmers durch einen dagegen stehenden **Schadensersatzanspruch des Auftraggebers aus Verschulden bei den Vertragsverhandlungen** gemäß §§ 311 Abs. 2 Nr. 1, 241 Abs. 2 BGB unter Anwendung der Grundsätze des Mitverschuldens und des Ausgleichs bei beiderseitiger Verursachung (§ 254 BGB) führt gerade bei **Nachträgen aufgrund von erkennbar unrichtigen, unvollständigen oder unklaren Leistungsbeschreibungen** zu sachgerechten Ergebnissen. Dieses für beide Bauvertragspartner bestehende Risiko kann auch dazu beitragen, dass Auftraggeber eine noch größere Sorgfalt bei der Abfassung von Leistungsbeschreibungen aufwenden und Bieter bei dennoch vorkommenden Unklarheiten darauf hinweisen und so beide ihre **vorvertraglichen Kooperationspflichten** mit dem Ziel fairer Bauverträge erfüllen.

8.10.4.2.2 Schadensersatzanspruch des Auftragnehmers bei unklarer Leistungsbeschreibung

1922 Rechtlich schwieriger ist der umgekehrte Fall: So kann nämlich die **Ermittlung des geschuldeten Leistungsumfangs** bei erkennbar unvollständigen, unrichtigen oder unklaren Leistungsverzeichnissen genauso gut ergeben, dass die nachträglich vom Auftraggeber oder seinem Architekten geforderte oder **angeordnete Leistung vom Auftragnehmer schon nach dem Vertrag geschuldet** war. In diesem Fall liegt selbst bei einem darauf gerichteten Leistungsverlangen des Auftraggebers weder eine Bauentwurfsänderung noch eine andere leistungsändernde Anordnung des Auftraggebers im Sinne des § 2 Abs. 5 VOB/B vor. Vielmehr geht es dann wie schon eingangs erläutert allein um eine **Anordnung im Sinne des § 4 Abs. 1 Nr. 3 S. 1 VOB/B**, sodass dem Auftragnehmer auch kein Mehrvergütungsanspruch nach § 2 Abs. 5 VOB/B zustehen kann (vgl. den Fall des BGH, Urt. v. 09.04.1992 – VII ZR 129/91, BauR 1992, 759 = NJW-RR 1992, 1046 sowie oben ausführlich Rdn. 873 ff.).

8.10 Mehrvergütungsanspruch nach § 2 Abs. 5 VOB/B — 8

▶ **Beispiel**

Ein öffentlicher Auftraggeber beschreibt bei einem Tiefbauvorhaben die Bodenverhältnisse unter Verstoß gegen § 7 Abs. 1 Nr. 6 VOB/B für einen Fachunternehmer erkennbar unzureichend. Zugleich ist vorgesehen, dass der Auftragnehmer alle erforderlichen Arbeiten zu der vorgesehenen Pauschale zu übernehmen hat und dafür keine Mehrkosten geltend machen kann. Fällt jetzt doch ein aufwendigerer Boden an, sodass der Auftragnehmer z. B. schwereres Gerät einsetzen muss als von beiden Parteien angenommen, kann sich infolge der erkennbaren Unklarheit im Leistungsverzeichnis gleichwohl ergeben, dass der Auftragnehmer dieses Risiko übernommen hat. Ein Mehrvergütungsanspruch wäre dann ausgeschlossen (s. dazu auch näher Rdn. 1940).

In diesen Fällen kann aber nunmehr dem Bieter und Auftragnehmer seinerseits anstatt eines Mehrvergütungsanspruchs aus § 2 VOB/B ggf. ein **Schadensersatzanspruch** zustehen. Anspruchsgrundlage ist zunächst wiederum §§ 280 Abs. 1, 311 Abs. 2, § 241 Abs. 2 BGB. Denkbar wäre auch ein Schadensersatzanspruch nach § 823 Abs. 2 BGB in Verbindung mit § 7 VOB/A, wenn den Vorschriften der VOB/A bei Vergaben oberhalb der Schwellenwerte im Anwendungsbereich des GWB und der Vergabeverordnung der **Rang eines Schutzgesetzes** zukommt. Hiervon ist auszugehen (s. dazu oben näher Rdn. 389), sodass allein die Verletzung dieser Regelungen des § 7 VOB/A einen solchen bieterschützenden Schadensersatzanspruch auslösen kann.

Lässt man diesen Sonderfall der Vergaben oberhalb der Schwellenwerte aber einmal außer Betracht, wird man zu fragen haben, inwieweit daneben eine **allgemeine Pflicht des Auftraggebers** besteht, **Leistungsverzeichnisse klar und eindeutig aufzustellen**, sodass es zu den vorgenannten negativen Folgen für einen Auftragnehmer gar nicht erst kommt. Anzunehmen ist dies in jedem Fall bei Vergaben der öffentlichen Hand nach der VOB/A auch unterhalb der Schwellenwerte (und sonstiger privater Auftraggeber, die ihren Vergaben die VOB/A freiwillig zugrunde gelegt haben): Denn wenn man sich selbst im Vorfeld eines Vertragsverhältnisses zu dessen Anbahnung auf die VOB/A (freiwillig oder kraft interner Verwaltungsanweisung unfreiwillig) stützt, muss man sich daran halten (s. dazu Rdn. 213 ff., 332 ff.; anschaulich auch OLG Stuttgart, Urt. v. 09.02.2010 – 10 U 76/09, VergabeR 2011, 144, 151). Dies schließt die Beschreibungspflichten zu den zu erbringenden Leistungen gemäß § 7 Abs. 1 und 2 VOB/A ein. Dazu gehören auch die dortigen Teilpflichten zur eindeutigen und erschöpfenden Leistungsbeschreibung mit dem Verbot der Übertragung eines ungebührlichen Wagnisses sowie dem Gebot der genauen Beschreibung der Bodenverhältnisse ggf. mit der dafür erforderlichen Einholung von Baugrundgutachten u.a (s. o. Rdn. 912 f.; OLG Schleswig, Urt. v. 25.09.2009 – 1 U 42/08, ZfBR 2010, 597, 599; von Craushaar, Festschrift Locher, S. 9; dagegen allerdings sehr kritisch Quack, BauR 1998, 381). Angaben haben dazu in einer öffentlichen Ausschreibung zu erfolgen, soweit der Auftraggeber zu einer solchen Beschreibung in der Lage und diese zumutbar ist (BGH, Urt. v. 21.12.2011 – VII ZR 67/11, BauR 2012, 490, 492 = NJW 2012, 518, 520 = NZBau 2012, 102, 103). Doch kommt es nicht einmal darauf an (s. dazu schon Vygen, Jahrbuch BauR 1999, 46, 50): Denn bei Unklarheiten bei der Aufstellung von Leistungsverzeichnissen geht es weniger um eine Beschreibungspflicht des Auftraggebers, die er verletzt haben könnte; im Vordergrund steht vielmehr die Tatsache, dass derjenige, der vorvertraglich die Leistung beschrieben hat und weiß, wie wichtig diese Leistungsbeschreibung für sein Gegenüber (Auftragnehmer) als Grundlage seines Angebots und seiner Kalkulation ist, verpflichtet ist, diese – ggf. freiwillig von ihm übernommene – **Aufgabe der Leistungsbeschreibung auch ordnungsgemäß, d. h. vollständig, richtig und eindeutig zu erfüllen**. Verletzt er diese vorvertragliche Pflicht schuldhaft (ggf. auch nur fahrlässig) und erleidet der Auftragnehmer infolgedessen Nachteile (etwa weil er eine aus einer unklaren Leistungsbeschreibung von ihm tatsächlich nicht erkannte Leistung auszuführen hat, obwohl er die dafür erforderlichen und geschuldeten Leistungen oder Kosten nicht einkalkuliert hat), kann dies bereits für sich genommen einen damit korrespondierenden Schadensersatzanspruch aus der Verletzung einer vorvertraglichen Rücksichtnahmepflicht nach §§ 311 Abs. 2 Nr. 1, 241 Abs. 2, 280 Abs. 1 BGB auslösen (vgl. OLG Stuttgart, Urt. v. 9.03.1992 – 5 U 164/91, BauR 1992, 639 f. = IBR 1992, 487 mit Anmerkung Vygen).

1923

1924 Nichts anderes gilt bei **sonstigen Ausschreibungsfehlern**, ggf. auch **außerhalb der VOB/A**. Macht ein privater Auftraggeber konkrete Angaben im Leistungsverzeichnis, können diese zwar einerseits die Leistungspflichten des Auftragnehmers bestimmen und demzufolge Mehrvergütungsansprüche ausschließen. Gleichwohl können diese Angaben falsch oder unzureichend erhoben worden sein. Hierfür kann der Auftraggeber dann – etwa wenn es um ein Planungsverschulden seines Architekten geht – ebenso haften. Denn es versteht sich von selbst, dass die Angaben zur Anbahnung eines Vertragsverhältnisses auch außerhalb der VOB/A richtig und vollständig sein müssen. Sind sie es nicht und hat der Auftraggeber dies zu vertreten (wobei ihm ein Verschulden seiner Planer nach § 278 BGB zuzurechnen ist), kann auch das eine Schadensersatzhaftung nach §§ 311 Abs. 2 Nr. 1, 241 Abs. 2, 280 Abs. 1 BGB wegen Verletzung einer vorvertraglichen Pflicht begründen, wenn der Auftragnehmer deswegen einen Schaden erleidet.

1925 Klarzustellen ist an dieser Stelle, dass die Rechtsprechung des BGH solche Schadensersatzansprüche dem Grunde nach schon seit Langem – vor allem sehr deutlich in seinen Urteilen zur Wasserhaltung I (BGH, Urt. v. 09.04.1992 – VII ZR 129/91, BauR 1992, 759, 760 = NJW-RR 1992, 1046) und Doppelschleuse (BGH, Urt. v. 27.06.1996 – VII ZR 59/95, BauR 1997, 126, 128 = NJW 1997, 61, 62) – anerkannt hat (zuvor schon BGH, Urt. v. 21.11.1991 – VII ZR 203/90, BGHZ 116, 149, 152 = BauR 1992, 221, 222 = NJW 1992, 827), sie dann aber doch jeweils ablehnte. Dies galt vor allem bei Verletzung der Ausschreibungsgrundsätze des § 7 VOB/A bzw. ehemals § 9 VOB/A a. F. (s. ausführlich dazu von Craushaar, Festschrift Locher, S. 9, 14): Dies wiederum beruhte darauf, dass die frühere Haftungsgrundlage gesetzlich nicht kodifiziert war, sondern sich aus dem gewohnheitsrechtlichen Institut der sog. culpa in contrahendo (Verschulden bei Vertragsschluss) ergab. Hierbei handelte es sich um eine reine **Vertrauenshaftung**: Derjenige, der Schadensersatz verlangte, musste berechtigt auf die Ordnungsgemäßheit des Vergabeverfahrens vertraut haben. Diese Enttäuschung des schutzwürdigen Vertrauens war nach altem Rechtsverständnis nicht erst im Rahmen eines gegenseitigen Mitverschuldens gemäß § 254 BGB zu berücksichtigen; vielmehr handelte es sich um eine echte Tatbestandsvoraussetzung. Fehlte dieses berechtigte Vertrauen, schied somit ein Schadensersatzanspruch hier des Auftragnehmers schon dem Grunde nach aus (BGH, a. a. O.; ausdrücklich dazu sodann BGH, Urt. v. 11.11.1993 – VII ZR 47/93 – Wasserhaltung II, BGHZ 124, 64, 69 = BauR 1994, 236, 238 = NJW 1994, 850, 851, s. dazu auch OLG Jena, Urt. v. 19.12.2001 – 7 U 614/98, BauR 2003, 714, 716; anschaulich ebenso OLG Bamberg, Urt. v. 03.03.2010, Urt. v. 03.03.2010 – 3 U 230/08, IBR 2011, 4 = BauR 2011, 562 [Ls.], was sich allerdings nicht aus dem Leitsatz ergibt). Damit war aber dieser eigentlich bestehende Schadensersatzanspruch in der Praxis ohne Wert (ähnlich Kapellmann, Jahrbuch BauR 1999, 1, 37): Denn eine Schadensersatzhaftung wurde ja überhaupt nur relevant, wenn die Lückenhaftigkeit der Ausschreibung, d. h. der Verstoß gegen die Vorgaben des § 7 VOB/A für den Auftragnehmer erkennbar war – mit der Folge, dass er ja deswegen das hier erkennbare Risiko mit übernommen und etwaige Mehrleistungen ohne Zusatzvergütung auszuführen hatte. Hierin bestand gerade sein Schaden, den es wegen der fehlerhaften Ausschreibung zu ersetzen galt. Wenn diese Erkennbarkeit aber zugleich automatisch sein schutzwürdiges Vertrauen auf die Ordnungsgemäßheit der Ausschreibung ausschloss, konnte es für die Schadensersatzhaftung keinen praktischen Anwendungsbereich geben (weswegen eine Schadensersatzhaftung von dem BGH – a. a. O. – mit diesem Argument stets abgelehnt wurde).

1926 Diese Rechtsprechung dürfte jedoch überholt sein. Denn anders als früher ist die vorvertragliche Schadensersatzhaftung nach der gesetzlichen Aufnahme in das BGB **nicht mehr als reine Vertrauenshaftung** ausgestaltet. Stattdessen folgt sie jetzt einer sich aus dem (vorvertraglichen) Schuldverhältnis ergebenden **Rücksichtnahmepflicht** (so ausdrücklich entschieden für die Verletzung vergaberechtlicher Vorschriften: BGH, Urt. v. 09.06.2011 – X ZR 143/10, BGHZ 190, 89 = BauR 2011, 1813, 1815 = NZBau 2011, 498, 500 = VergabeR 2011, 703, 705). Das aber heißt, dass damit nach heutigem Recht **jeder Verstoß** gegen die einen öffentlichen Auftraggeber bindenden vergaberechtlichen Vorgaben, denen er sich – sei es bei Vergaben oberhalb der Schwellenwerte von Gesetzes wegen, sei es sonst aus haushaltsrechtlichen Gründen (s. dazu Rdn. 213, 222 ff.) – unterwirft, Schadensersatzansprüche des späteren Auftragnehmers auslösen kann, wenn ihm wegen dieses Verstoßes

8.10 Mehrvergütungsanspruch nach § 2 Abs. 5 VOB/B

ein Schaden entstanden ist. Dabei sind darauf gerichtete Schadensersatzansprüche nicht einmal ausgeschlossen. All dies gilt umso mehr, als die Rechtsprechung heute solche Schadensersatzansprüche auch dann anerkennt, wenn der betreffende Bieter in einem fehlerhaften Vergabeverfahren den Zuschlag erhalten hat, ihm aber gleichwohl durch die Verletzung der VOB/A ein Schaden entstanden ist (BGH, Urt. v. 26.01.2010 – X ZR 86/08, NZBau 2010, 387, 388). Folglich liegt gerade darin eine taugliche Grundlage für Schadensersatzansprüche bei unklar gebliebenen Ausschreibungen, bei denen der Auftraggeber schuldhaft gegen die Vorgaben der VOB/A verstoßen hat und die der Auftragnehmer seinerseits zwar hätte erkennen können, jedoch nicht erkannt hat. Dasselbe gilt aber wie gesagt auch bei Vergaben außerhalb der VOB/A, soweit im Vorfeld dazu gegenüber dem Auftraggeber vorwerfbar falsche oder unvollständige Angaben gemacht wurden. Festzustellen ist danach lediglich, dass die Ausschreibung wirklich z. B. mit einem Verstoß gegen § 7 VOB/A gefasst war. Ob dies der Fall ist, kann ebenfalls nur im Einzelfall entschieden werden.

▶ **Beispiel (nach BGH, Urt. v. 21.12.2011 – VII ZR 67/11, BauR 2012, 490, 493 = NJW 2012, 518, 521 = NZBau 2012, 102, 104)**

Bei einem beauftragten Straßenaufbruch ist üblicherweise unterhalb der Deckschicht mit kontaminierten Böden zu rechnen, was auch jeder Fachunternehmer weiß. In dem zu einem Pauschalpreis geschlossenen Bauvertrag war dazu nichts konkret beschrieben. Ein Mehrvergütungsanspruch ist danach trotzdem nicht gegeben: Denn wenn sich aus den tatsächlichen Umständen klar ergibt, dass solche Leistungen anfallen werden, kann der Auftragnehmer später nicht einwenden, dass diese nicht zur übernommenen Leistung gehörten. Auch ein Schadensersatzanspruch aus § 280 Abs. 1 BGB entfällt hier, weil das Leistungsverzeichnis trotz des fehlenden Hinweises auf Kontaminationen wegen des insoweit üblichen Aufbaus einer Straße nicht unklar gefasst war.

Für den Schadensersatzanspruch selbst muss dann natürlich als weitere Voraussetzung beim Auftragnehmer wegen dieses Ausschreibungsfehlers ein **Schaden** entstanden sein. Dieser besteht nach Vorstehendem in dem **Mehraufwand**, den er infolge der unklar beschriebenen Leistung betreiben musste, ohne dafür einen finanziellen Ausgleich zu erhalten. Allerdings kann insoweit ein Schaden auch entfallen, wenn ein Ausgleich dafür aus anderen Gründen erfolgt, so z. B. durch eine doch nachträgliche Anpassung der Vergütung – trotz übernommener Vertragsleistung – etwa nach den Grundsätzen des Wegfalls der Geschäftsgrundlage (s. dazu Rdn. 2345 ff.). Dies ist dann jeweils im Einzelfall zu prüfen. Jedenfalls muss ein solcher Schadenersatzanspruch im Bedarfsfall auch geltend gemacht werden (BGH, Beschl. v. 22.12.2010 – VII ZR 77/10, BauR 2011, 530 = NJW-RR 2011, 378 = NZBau 2011, 160). Sodann obliegt dem Auftragnehmer dafür die **Darlegungs- und Beweislast**. Diesem Schadensersatzanspruch kann indes wiederum der Auftraggeber ein **Mitverschulden** oder eine **Mitverursachung** des Auftragnehmers entgegenhalten (§ 254 BGB) mit der Begründung, dass dieser die **Unklarheit oder Unvollständigkeit des Leistungsverzeichnisses** habe erkennen können und diese dementsprechend klarstellen oder darauf hinweisen müssen. Folglich wird auch bei solchen Sachverhalten eine Quotelung ermöglicht (Vygen, Festschrift Soergel S. 287).

Diese Möglichkeit des Schadensersatzanspruches aus §§ 280 Abs. 1, 241 Abs. 2, 311 Abs. 2 BGB oder aus § 823 Abs. 2 BGB i. V. m. § 7 VOB/A für den Auftragnehmer unter Berücksichtigung des Mitverschuldens gemäß § 254 BGB führt mithin auch in diesen Fällen zu sachgerechten Ergebnissen.

Diese insgesamt vorstehend aufgezeigten Lösungsansätze stellen einen tragbaren Interessenausgleich für beide Bauvertragspartner dar. Sie führen vor allem dazu, dass einerseits den Ausschreibungen und Leistungsverzeichnissen aufseiten der Auftraggeber und der von ihnen beauftragten Architekten und Ingenieure größte Aufmerksamkeit und Sorgfalt gewidmet wird. Deutlich wird auch, dass **fehlerhaft erstellte, d. h. unklare, unvollständige oder unrichtige Leistungsbeschreibungen für den Auftraggeber mit erheblichen Risiken verbunden** sind und jedenfalls keine Vorteile bringen. Andererseits halten sie ebenso die Bieter an, das Leistungsverzeichnis und die dazu gehörenden Unterlagen sorgfältig durchzuarbeiten und Unklarheiten nicht einfach hinzunehmen. Außerdem werden sie dann nicht einfach ins Blaue hinein kalkulieren und eventuell sogar darauf spekulieren, sich nachträglich mit Nachtragsforderungen schadlos zu halten oder gar Vorteile zu verschaffen, weil sie die Unklarheit in Wahrheit erkannt und dadurch bedingte Mehrkosten in anderen Positionen wie z. B. der Baustelleneinrichtung schon berücksichtigt haben.

8.10.4.3 Leistungsänderungen wegen Erschwernissen, vor allem Baugrundrisiko

1929 Problematisch sind des Weiteren Störungen im Bauablauf infolge auftretender Leistungserschwernisse vor allem im Baugrund. Diesen soll, weil hier vermeintlich zahlreiche Sonderprobleme auftauchen, ein eigener Unterpunkt gewidmet werden.

> ▶ **Beispiel**
>
> In dem der Ausschreibung zugrunde liegenden Leistungsverzeichnis waren die Bodenverhältnisse unzutreffend beschrieben worden. Statt ausgeschriebenem leichten Fels wurde vom Auftragnehmer bei den Erdarbeiten in großem Umfang schwerer Fels angetroffen.

Hier stellt sich die entscheidende Frage, ob und wenn ja unter welchen Voraussetzungen der Auftragnehmer einen damit verbundenen (Mehr)aufwand vom Auftraggeber ersetzt verlangen kann. Allzu schnell wird hier in der Praxis auf das allgemeine **Baugrundrisiko** verwiesen – verbunden mit der mehr oder minder pauschalen Aussage, dass dieses vom Auftraggeber zu tragen sei (vgl. etwa KG, Urt. v. 13.12.2004 – 24 U 354/02, BauR 2006, 111, 112). Unter dem Baugrundrisiko versteht man – so eine sehr einprägsame **Definition** – die Gefahr, dass bei jeder, auch noch so geringfügigen Inanspruchnahme von Baugrund trotz vorhergehender, den Regeln der Technik entsprechender bestmöglicher Untersuchung und Beschreibung der Boden- und Wasserverhältnisse unvorhersehbare Erschwernisse trotz einer Leistungserbringung nach den Regeln der Technik auftreten können (Englert/Grauvogl/Maurer, Rn. 2087). Dabei wird das vom Auftraggeber dem Auftragnehmer zur Verfügung gestellte Grundstück zugleich als »Stoff« im Sinne des §§ 644, 645 BGB angesehen. Hieraus folgt, dass man danach ähnlich § 645 BGB Mängel dieses Stoffes (d. h. des Baugrundstücks) – z. B. wegen nicht erwarteter Hindernisse im Boden – dem Auftraggeber anzulasten habe. Dies bedeute, dass damit ein etwaiger Mehraufwand wegen dieses Baugrundrisikos nicht vom Umfang der geschuldeten Leistung des Auftragnehmers umfasst, d. h. in der Folge je nach Vorliegen der weiteren Voraussetzungen nach §§ 2 Abs. 5 oder 8 VOB/B zu vergüten sei.

Diese **Sichtweise** ist jedoch so schlicht **falsch**. Dabei ist ernsthaft fraglich, ob dem Baugrundrisiko bei der Bestimmung der Leistungspflichten überhaupt eine so tief greifende Bedeutung zukommt, wie das vielfach behauptet wird. Denn, was geschuldet ist oder nicht, ergibt sich allein aus den vertraglichen Regelungen. Sind diese **unklar, müssen sie ausgelegt** werden (s. dazu ausführlich oben Rdn. 869 ff., 873 ff.). Dabei ist unter Berücksichtigung der werkvertraglichen Erfolgshaftung des Auftragnehmers genau zu bestimmen, welche Leistungen er unter Berücksichtigung der Auslegung der von ihm bei Vertragsschluss abgegebenen Willenserklärungen als Leistungsrisiko mit übernommen hat. Allenfalls bei nicht auflösbaren Unklarheiten kann dann im Rahmen der Auslegung eine Wertung angestellt werden, wie sie auch § 645 BGB zugrunde liegt. Nur folgt selbst in diesem Fall die Bestimmung des Leistungsumfangs des Auftragnehmers nicht aus einer pauschalen Verweisung auf § 645 BGB, sondern beruht allein eben auf dieser angestellten Auslegung. Erst wenn sich daraus ergibt, dass vom Auftragnehmer infolge des angetroffenen Baugrunds eine **andere Leistung** erwartet wird bzw. er sie auch ausführt, als er sie nach dem Vertrag zu der dort vorgesehenen Vergütung zu erbringen hatte, liegt eine Leistungsänderung und somit eine Grundlage für Mehrvergütungsansprüche nach § 2 Abs. 5 oder 8 VOB/B vor. Genau das ist jeweils im Einzelfall zu prüfen. Folgende Untergruppen können dazu gebildet werden.

8.10.4.3.1 Keine Leistungsänderung

1930 Bevor eine Änderung der vom Auftragnehmer geschuldeten Leistung geprüft wird, sollen zunächst wenige Eckpunkte herausgestellt werden, bei denen eine **Leistungsänderung in aller Regel nicht** vorliegt:

- Zu nennen sind zunächst bloße **Leistungserschwernisse**, welche bei der bisher schon vorgesehenen Leistung ohne Einwirkung der Auftraggeberseite auftreten. Hierzu zählen z. B. bloße Erschwernisse bei der Ausführung infolge der Bodenbeschaffenheit (bei unveränderter Bodenklasse gemäß Leistungsverzeichnis). Dieses Risiko geht ausschließlich zulasten des Auftragnehmers (BGH, Urt. v. 20.03.1969 – VII ZR 29/67, Schäfer/Finnern, Z 2.311 Bl. 31; Ingenstau/Korbion/Keldungs, VOB/B § 2 Abs. 5 Rn. 11, Heiermann/Riedl/Rusam/Kuffer, VOB, § 2 VOB/B Rn. 152, 163, 200). Dies gilt auch dann, wenn der Auftragnehmer ein an sich geeignetes Verfahren einsetzen wollte, das ausgerechnet an diesem Bauvorhaben aber nicht funktioniert. Dies fällt bei unverändert gebliebenem Leistungsziel und Baugrund allein in sein Risiko, weil er den Erfolg seiner Werkleistung schuldet und der dafür anzustellende Aufwand unbeachtlich ist.

- Nicht jede Anordnung des Auftraggebers bei angetroffenen Hindernissen im Baugrund führt zu einer geänderten Leistung. Eine Anordnung ist zwar zwingende Voraussetzung für einen Mehrvergütungsanspruch nach § 2 Abs. 5 VOB/B (s. o. 1907 ff.); sie ist aber stets abzugrenzen von weiteren **Anordnungen des Auftraggebers nach § 4 Abs. 1 Nr. 3 S. 1 VOB/B** zu Leistungen, zu deren Ausführung der Auftragnehmer im Rahmen seiner vertraglichen Pflichten – z. B. nach den einschlägigen DIN-Normen wie etwa den Technischen Vorschriften für die Ausführung von Erdarbeiten (TVE) – ohnehin vertraglich verpflichtet war (vgl. BGH, Urt. v. 09.04.1992 – VII ZR 129/91, BauR 1992, 759 = NJW-RR 1992, 1046; Ingenstau/Korbion/Keldungs, B § 2 Abs. 5 VOB/B Rn. 26). In diesem Fall entfällt ebenfalls ein Anspruch des Unternehmers auf Preisänderung nach § 2 Abs. 5 VOB/B.

- Ebenso scheidet eine Leistungsänderung im Sinne des § 2 Abs. 5 VOB/B aus, wenn die **Ausschreibung nach dem objektiven Bieterhorizont richtig** war und **vom Bieter nur falsch verstanden** wurde (Vygen, Jahrbuch Baurecht 1999, S. 53; s. auch OLG Düsseldorf, Urt. v. 18.11.2003 – 23 U 27/03, BauR 2004, 504, 505, sowie oben Rdn. 877 ff.).

8.10.4.3.2 Mengenverschiebungen § 2 Abs. 3 VOB/B

Wenig Probleme werfen sodann Fallgestaltungen auf, in denen das Leistungsverzeichnis nur mit fehlerhaften Mengen zum Baugrund »falsch« aufgestellt wurde.

> **Beispiel**
>
> Der Auftraggeber oder sein Architekt haben die Bodenverhältnisse nach bestimmten Bodenklassen ausgeschrieben. Bei der Ausführung der Leistungen zeigt sich, dass die Böden teilweise anderen Bodenklassen zuzuordnen sind als zunächst angenommen, ohne dass allerdings eine Bodenklasse entfällt.

Bei solchen bloßen Mengenverschiebungen zwischen verschiedenen Leistungspositionen oder falschen Mengenangaben infolge falscher Planung (bei gleich bleibendem Leistungsziel) wird man eine **Preisanpassung nach § 2 Abs. 3 VOB/B** vornehmen können. Denn hier haben sich nur die Mengen der einzelnen Positionen, also die Vordersätze des Leistungsverzeichnisses, verändert. Dabei müssen **Mehrmengen bei höheren Bodenklassen** keineswegs immer zu einer Herabsetzung des vereinbarten Einheitspreises für diese Bodenklassen führen; denn derartige Mehrmengen können auch höhere Kosten des Unternehmers etwa bei Einsatz anderer, insbesondere größerer Geräte und anderen Personals bewirken (vgl. Olshausen, VDI-Bericht, a. a. O., S. 51; Ingenstau/Korbion/Keldungs, VOB/B, § 2 Abs. 3 Rn. 30). Erhöhte Mengen können ebenso zu einer Verlängerung der vorgesehenen Bauzeit und somit zu **höheren zeitabhängigen Kosten** durch **verlängerten Geräte- und Maschineneinsatz** und durch **verlängerten Einsatz des Bauleitungspersonals** führen. All diese dem Auftragnehmer entstehenden Mehrkosten sind bei einer Anpassung des vereinbarten Einheitspreises nach § 2 Abs. 3 Nr. 2 VOB/B zu berücksichtigen. Denn dabei handelt es sich um echte durch die Mengenverschiebung verursachte Mehrkosten; sie hätten bei vorheriger, d. h. im Zeitpunkt der Kalkulation und Angebotsabgabe vorhandener Kenntnis dieser Mengenverschiebung berücksichtigt werden können und müssen.

Problematisch wird aber eine **Mengenverschiebung** innerhalb mehrerer Bodenpositionen **beim Pauschalvertrag**, bei dem § 2 Abs. 3 VOB/B keine Anwendung findet. Dieselben Probleme stellen sich beim Einheitspreisvertrag mit wirksamem **Ausschluss des § 2 Abs. 3 VOB/B** (vgl. BGH, Urt.

v. 8.07.1993 – VII ZR 79/92, BauR 1993, 723, 725 = NJW 1993, 2738, 2739; s. dazu Rdn. 681). In diesen beiden Fällen (Pauschalvertrag und Einheitspreisvertrag mit Ausschluss von § 2 Abs. 3 VOB/B) ist den Bietern und Auftragnehmern dringend anzuraten, die Erdarbeiten von der Pauschalierung auszunehmen und sich die Abrechnung nach Einheitspreisen unter Anwendung des § 2 Abs. 3 VOB/B vorzubehalten. Zumindest aber sollten sie vom Auftraggeber möglichst **genaue Angaben über die Bodenverhältnisse** verlangen und diese Angaben überprüfen und ggf. entsprechende **Risikozuschläge kalkulieren**. In besonders schwerwiegenden Fällen von Mengenverschiebungen ist es immerhin denkbar, einen sich danach ergebenden Preis noch mit den Grundsätzen des Wegfalls der Geschäftsgrundlage § 313 BGB zu anzupassen (s. Rdn. 1946). Dies gilt ganz einheitlich für alle Verträge.

8.10.4.3.3 Nicht erfasste Zusatzleistung als Grundlage eines Mehrvergütungsanspruchs

1932 Schwieriger als reine Mengenverschiebungen sind Sachverhalte, in denen sich die Bodenverhältnisse schlicht anders darstellen als im Vertrag angenommen. Dies kann im vorgenannten Beispielfall (Rdn. 1929) auch schon angenommen werden, wenn anstatt etwa der ausgeschriebenen Leistung »leichter Fels« nunmehr »schwerer Fels« auftritt. Denn dieser Sachverhalt wird von § 2 Abs. 3 VOB/B nicht erfasst, sondern allenfalls von § 2 Abs. 5 VOB/B.

Eine Differenzierung kann in der Praxis sehr bedeutsam sein. Denn nicht nur bei den Voraussetzungen, sondern auch bei der Preisberechnung ergeben sich signifikante Unterschiede. So ist nämlich bei § 2 Abs. 3 VOB/B nur für Mehrmengen über 110 % ein neuer Preis zu vereinbaren, während der neue Preis bei § 2 Abs. 5 VOB/B die gesamte Menge erfasst.

▶ **Beispiel (nach OLG Stuttgart, Urt. vom 15.07.1966 – 2 U 12/66, Schäfer/Finnern Z 2.310 Bl. 15)**

Der Auftragnehmer hatte zu Rohbauarbeiten einen Erdaushub von 300 m^3 mit einem Einheitspreis von 7,75 DM/m^3 angeboten und so den Auftrag erhalten. Nach Auftragserteilung wurde die Planung geändert und die Achse des im Hang liegenden Gebäudes um 50 Grad gedreht mit der Folge, dass nun 1.950 m^3 Erdaushub anfielen. Hier liegt zwar im Ergebnis eine Mehrmenge vor; diese hat aber ihre Ursache in einem Eingriff des Auftraggebers, nämlich in seiner Bauentwurfsänderung. Deswegen ist der neue Einheitspreis nach § 2 Abs. 5 VOB/B zu berechnen, wobei aber zugleich erhebliche Minderkosten durch Einsatz anderer Geräte und Maschinen entstanden und zu berücksichtigen waren. Der neue Einheitspreis ist sodann in Anwendung des § 2 Abs. 5 VOB/B für die gesamte Erdaushubmenge und nicht, wie dies bei Anwendung des § 2 Abs. 3 Nr. 2 VOB/B der Fall wäre, nur für die über 110 % der ausgeschriebenen Menge hinausgehende Menge heranzuziehen. Im konkreten vom OLG Stuttgart entschiedenen Fall wurde ein neuer Einheitspreis für die gesamte Menge von 3,75 DM/m^3 festgelegt.

Ein weiterer sehr bedeutsamer Unterschied besteht darin, dass anders als § 2 Abs. 3 VOB/B (s. dazu Rdn. 681) die Anwendung des § 2 Abs. 5 VOB/B durch Allgemeine Geschäftsbedingungen nicht ausgeschlossen werden kann (Rdn. 687) und **§ 2 Abs. 5 VOB/B** gemäß § 2 Abs. 7 Nr. 2 VOB/B auch beim Pauschalvertrag uneingeschränkt anwendbar ist (Vygen, Festschrift Locher, S. 271).

8.10.4.3.4 Änderungsanordnung des Auftraggebers nach § 2 Abs. 5 VOB/B

1933 Will der Auftragnehmer bei einem Mehraufwand aufgrund (vermeintlich) verändert angetroffener Bodenverhältnisse auf § 2 Abs. 5 VOB/B zurückgreifen, bedarf es wie schon an anderer Stelle erläutert (Rdn. 1905 ff.) für die Neubestimmung des Preises in jedem Fall einer **Änderung des Bauentwurfs** oder einer anderen **Anordnung des Auftraggebers** als Ursache der Preisgrundlagenänderung. Dabei wird die Bauentwurfsänderung als solche bei infolge abweichend vom Leistungsverzeichnis angetroffener Bodenverhältnisse und einer danach bei der **Baudurchführung anzupassenden Bauweise zu einer gegenüber dem Vertrag geänderten Ausführung** zumeist einfach festzustellen sein (s. dazu aber auch sogleich Rdn. 1937 ff.). Denn wenn z. B. das Leistungsverzeichnis fälschlicherweise den Abbruch von leichtem Fels vorsah, stattdessen aber schwerer Fels abzubrechen ist, stellt

8.10 Mehrvergütungsanspruch nach § 2 Abs. 5 VOB/B

dies unstreitig eine Leistungsänderung dar gegenüber dem, was zunächst vereinbart war. In diesem Fall ist der Bauentwurf, wozu auch die Ausschreibung und damit der Leistungsbeschrieb gehört, also nicht unverändert geblieben, sodass zumindest insoweit die Voraussetzungen des § 2 Abs. 5 VOB/B erfüllt sind. Dies ist in gleicher Weise zu bejahen, wenn nicht ausgeschriebene höhere statt der ausgeschriebenen niedrigeren Bodenklassen oder umgekehrt angefallen sind. Ähnliches gilt, wenn sich das Leistungsverzeichnis in Bezug auf den Boden aus anderen Gründen als falsch herausstellt (OLG Düsseldorf, Urt. v. 13.03.1990 – 23 U 138/89, BauR 1991, 219, 220 f.).

▶ **Beispiel (nach OLG Düsseldorf a. a. O.)**

Im Leistungsverzeichnis zu Straßenbauarbeiten wird eine Erdaushubtiefe von 50 cm angegeben. Mangels Tragfähigkeit ist der Boden aber bis zu einer Tiefe von 1,60 m auszutauschen. Hier stellen die weiteren 90 cm eine Änderung der ursprünglichen Leistungsverpflichtung dar.

Neben der Änderung des Bauentwurfs ist sodann für einen Vergütungsanspruch nach § 2 Abs. 5 VOB/B aber auch wieder die zweite Frage zu prüfen, nämlich ob diese Leistungsänderung auf eine **Anordnung des Auftraggebers** zurückgeht (OLG Schleswig, Urt. v. 23.08.2005 – 3 U 76/03, BauR 2007, 599; s. allgemein oben Rdn. 1907 ff.). Dies kann völlig unproblematisch sein, was insbesondere bei der Übergabe **nachträglich geänderter Ausführungspläne** gilt. Hier ist § 2 Abs. 5 VOB/B stets anwendbar (vgl. auch Marbach, ZfBR 1989, 5).

1934

▶ **Beispiel**

Nach der ursprünglichen Planung sollten 120 Gründungspfähle mit einem Durchmesser von 1.200 mm, nach geänderter Planung nur 60 Pfähle mit einem Durchmesser von 1.200 mm und zusätzlich 80 Pfähle mit einem Durchmesser von 900 mm auszuführen sein (s. weitere Beispiele bei Englert/Grauvogl/Maurer, Rn. 1393).

Doch auch sonst wird bei einer **verändert angetroffenen/erschwerten Bodenbeschaffenheit** in aller Regel von einer Änderungsanordnung des Auftraggebers auszugehen sein.

▶ **Beispiel**

Zur Überwindung von Erschwernissen im Boden ordnet der Auftraggeber an, schwereres Gerät oder zusätzliches Personal einzusetzen oder gar Sprengungen vorzunehmen.

Fehlt es dagegen an einer Anordnung, scheidet trotz einer ggf. unstreitigen Leistungsänderung ein Vergütungsanspruch nach § 2 Abs. 5 VOB/B selbst in den vorgenannten Baugrundfällen aus. Allerdings wird man vor allem hier oft mit einer **stillschweigenden Anordnung** arbeiten können. Denn eine an die Bodenverhältnisse angepasste Bauweise wird üblicherweise zwischen allen Beteiligten abgestimmt sein mit der Maßgabe, dass trotz des vorgefundenen Bauzustandes die Arbeiten fortzusetzen sind. Hiermit dürfte gleichzeitig eine stillschweigende Anordnung des Auftraggebers getroffen worden sein (s. BGH, Urt. v. 20.08.2009 – VII ZR 205/07, BGHZ, 182, 158, 182 = BauR 2009, 1724, 1734 = NJW 2010, 227, 233; dazu auch OLG Koblenz, Urt. v. 27.01.1999 – 1 U 420/96, BauR 2001, 1442, 1445 = NJW-RR 2001, 1671, 1672; ebenso OLG Jena, Urt. v. 11.10.2005 – 8 U 849/04, NZBau 2006, 510, 514). Dies folgt nicht zuletzt aus der DIN 18 300 Ziffer 3.5.3. Danach sind nämlich immer dann, wenn bei Erdarbeiten etwa beim Abtrag von der Leistungsbeschreibung abweichende Bodenverhältnisse angetroffen werden oder Umstände eintreten, durch die die vereinbarten Abtragsquerschnitte nicht eingehalten werden können, die erforderlichen **Maßnahmen gemeinsam festzulegen**. Dabei handelt es sich um nichts anderes als einen Ausfluss der im Bauvertragsrecht geltenden **Kooperationspflicht**. Deren Verletzung kann einerseits Schadensersatzansprüche oder Kündigungsrechte auslösen (BGH, Urt. v. 28.10.1999 – VII ZR 393/98, BGHZ 143, 89 = BauR 2000, 409 = NJW 2000, 807; Kapellmann, Jahrbuch BauR 1999, 1, 30; s. o. Rdn. 1067). Andererseits wird in einer solchen »gemeinsamen Festlegung« zugleich regelmäßig eine Anordnung im Sinne des § 2 Abs. 5 VOB/B liegen (s. allerdings auch oben weiter gehend zu kritischen Stimmen bei einvernehmlich abgestimmten Bauentwurfsänderungen: Rdn. 1912).

1935 Doch selbst wenn man die gemeinsame Festlegung oder eine ausdrückliche Anordnung nicht in den Vordergrund der Betrachtung stellt: Gerade bei geändert angetroffenen Baugrundverhältnissen ist es zumeist gerechtfertigt, an die Annahme einer zumindest **stillschweigenden Anordnung** des Auftraggebers zur geänderten Ausführung infolge der anders als vorgesehen angetroffenen Bodenverhältnisse **einen großzügigen Maßstab anzulegen**. Denn wenn in der Leistungsbeschreibung ggf. mit einem Rückgriff auf ein Baugrundgutachten die Bodenverhältnisse falsch beschrieben waren, darf nicht ohne Bedeutung sein, dass deren Erstellung als Bestandteil der Planungsleistung gemäß § 33 Nr. 6 i. V. m. Anl. 11 HOAI im Verantwortungsbereich des Auftraggebers liegt. Aus dieser Erstellungsverantwortung folgt zwar nicht automatisch, dass abweichend davon angetroffene Bodenverhältnisse zugleich eine Anordnung im Sinne des § 2 Abs. 5 VOB/B begründen oder ersetzen, sodass darauf gänzlich verzichtet werden könnte (von Craushaar, BauR 1984, 314, 319; Marbach ZfBR 1989, 2, 8 und Vygen, Festschrift Locher, S. 270). Denn auch bei dieser nach § 2 Abs. 5 VOB/B geforderten Anordnung handelt es sich um eine **Willenserklärung, die objektiv einen Erklärungsakt und subjektiv ein Erklärungsbewusstsein** voraussetzt; an beidem fehlt es, wenn es dazu mit Ausnahme der Erstellungsverantwortung nichts gibt. Die Erstellungsverantwortung führt aber dazu, dass zumindest dann, wenn der Auftraggeber in welcher Form auch immer Kenntnis von den geänderten (von ihm geplanten) Bodenverhältnissen erlangt und er jetzt (widerspruchslos) weiter bauen lässt, als er geplant hat, zumindest darin in aller Regel von einer entsprechenden (stillschweigenden) Anordnung mit einem darauf gerichteten Erklärungsbewusstsein auszugehen sein wird.

Allenfalls dann, wenn der Auftraggeber nicht einmal Kenntnis von den geänderten Bodenverhältnissen hat und der Auftragnehmer von sich aus seine Arbeiten daran anpasst, wird es definitiv an einer Anordnung fehlen. In diesem Fall scheidet tatsächlich ein Mehrvergütungsanspruch nach § 2 Abs. 5 VOB/B aus. Dies gilt ebenso in Fällen, in denen der Auftraggeber zwar Kenntnis von den veränderten Verhältnissen erlangt, einer geänderten Ausführung aber (ausdrücklich) widersprochen hat (OLG Düsseldorf, Urt. v. 20.01.2009 – 23 U 47/08, IBR 2009 255).

▶ Beispiel (nach OLG Düsseldorf, Urt. v. 20.01.2009)

Die Bodenverhältnisse gestalten sich anders als erwartet. Der Auftragnehmer stellt einen Nachtrag. Der Auftraggeber widerspricht und sagt, er müsse den Vorgang prüfen. Der Auftragnehmer baut gleichwohl weiter auf der Grundlage seiner im Nachtrag angebotenen Leistung. Später verweigert der Auftraggeber die Bezahlung des Nachtrags mangels Anordnung. Dies ist richtig, weil er keine auf eine Leistungsänderung gerichtete Anordnung erteilt hat.

1936 In Fällen, in denen ein Anspruch nach § 2 Abs. 5 VOB/B ausscheidet, verbliebe immerhin ein **Rückgriff auf § 2 Abs. 8 Nr. 2 und 3 VOB/B** (ebenso Englert/Grauvogl/Maurer, Rn. 1391). Ansprüche danach sind zumeist erfolgreich, wenn es ohnehin keine Alternative zu der Weiterführung der Arbeiten mit den geänderten Bodenverhältnissen gab in der Form, wie der Auftragnehmer vorgegangen ist (s. allgemein zu den Anforderungen zu § 2 Abs. 8 Nr. 2 und 3 VOB/B: unten Rdn. 2368 ff.). Doch das ist nicht zwingend. Dabei mag noch vernachlässigt werden, dass nach § 2 Abs. 8 Nr. 2 und ggf. 3 VOB/B (Letzterer in Verbindung mit einem Aufwendungsersatzanspruch aus einer Geschäftsführung ohne Auftrag) zunächst sogar eine Anzeigepflicht zu der geänderten Leistung besteht, der oft nicht Rechnung getragen wird (s. dazu gesondert Rdn. 2383). Darüber hinaus besteht für die Durchsetzung eines solchen Anspruchs aber die allgemeine Schwierigkeit, dass der Auftragnehmer ggf. nicht in der Lage ist, Einzelheiten des tatsächlich angetroffenen Ist-Zustandes (in Abweichung von der Leistungsbeschreibung) im Nachhinein als Grundlage seines zusätzlichen Kostenanspruchs darzulegen und im Bestreitensfall zu beweisen (OLG Düsseldorf, Urt. v. 20.01.2009 – 23 U 47/08, IBR 2009 255). Dies erfordert jedenfalls im Einzelfall eine **nicht unerhebliche Dokumentation**. Auch wird nicht selten der Auftraggeber einwenden, dass er dann, wenn er von den abweichenden Bodenverhältnissen gewusst hätte, eher ein anderes Verfahren als das vom Auftragnehmer gewählte bevorzugt hätte. Dies ist im Nachhinein, wenn die Kosten der Bauweise des Auftragnehmers feststehen, natürlich immer einfach zu behaupten, wenn eine alternative Bauweise theoretisch billiger hätte sein können. Es bleibt aber in diesen Fällen der Auftragnehmer, der als Anspruchsteller darlegen und beweisen muss, dass die von ihm ausgeführte Bauweise tatsächlich so und nicht anders notwendig

8.10 Mehrvergütungsanspruch nach § 2 Abs. 5 VOB/B

gewesen ist bzw. keine kostengünstigere Alternative zur Verfügung stand. Verbleiben **Zweifel, gehen diese zu seinen Lasten**. Doch hat dies nichts mehr mit einem ggf. mangelhaften Leistungsverzeichnis zu tun, sondern beruht darauf, dass der Auftragnehmer nicht eigenmächtig Leistungen abweichend von der von ihm übernommenen Leistungsverpflichtung erbringen darf. Sind die Bauverhältnisse andere als im Vertrag angenommen, steht stattdessen – wie sich aus § 1 Abs. 3 VOB/B ergibt – allein dem Auftraggeber das Recht zu zu entscheiden, wie nunmehr tatsächlich gebaut werden soll.

8.10.4.3.5 Baugrundrisiko und Vertragsauslegung

Die bisher klar formulierten Eckpunkte zeigen deutlich, dass das Baugrundrisiko als solches zunächst keine Probleme aufwirft. Bei einem richtigen Verständnis der allgemeinen Rechtsgeschäftslehre des BGB gilt dies aber auch für zahlreiche weitere Fallgestaltungen mit (vermeintlich) nicht geregelten Sachverhalten. Hierfür ist es (lediglich) notwendig, die dem Vertrag zugrunde liegenden Willenserklärungen – und zwar auch und gerade unter Bezug auf den zu bearbeitenden Baugrund – auszulegen (s. zu der Bedeutung der Auslegung schon oben Rdn. 873 ff.). Dies gilt ganz maßgeblich für die Willenserklärung des Auftragnehmers, soweit das Leistungsverzeichnis mit den Ausschreibungsbedingungen wie üblich vom Auftraggeber stammt. Denn auch hier ist im Rahmen der Auslegung nach der **objektiven Empfängersicht** nur zu ermitteln, wie diese Ausschreibungsunterlagen für einen verständigen Empfänger unter Berücksichtigung von Verkehrssitte und Treu und Glauben (hier in Bezug auf den Baugrund) zu verstehen waren (s. dazu im Einzelnen oben Rdn. 876 ff.). Dies kann zu folgenden Ergebnissen führen: 1937

- **Konkretisierung durch Baugrundgutachten oder andere Angaben im Leistungsverzeichnis**
Nicht selten legt die Ausschreibung schon ein untaugliches Verfahren fest (s. dazu schon oben Rdn. 869 ff.). 1938

  ▶ **Beispiel (ähnlich OLG Hamm, Urt. v. 22.2.2011 – 19 U 106/10, BauR 2012, 248)**

  Der Auftraggeber schreibt funktional Leitungsarbeiten für eine Ruhrunterquerung aus. Angegeben war im Leistungsverzeichnis allein das HDD-Verfahren. Dieses ist – wie sich später herausstellt – wegen der angetroffenen Bodenverhältnisse nicht geeignet; notwendig wäre eine Unterquerung im deutlich teureren HDI-Verfahren gewesen. Hier schuldete der Auftragnehmer zwar gleichwohl eine funktionsgerechte Leistung, d. h. das HDI-Verfahren. Der durch die Vergütung abgedeckte Leistungsumfang beschränkte sich dagegen auf das günstigere HDD-Verfahren, weswegen insoweit eine Änderung der vertraglich vorgesehenen Leistung vorlag. Hierfür stand dem Auftragnehmer ein Mehrvergütungsanspruch zu.

  Eine Konkretisierung der geschuldeten Leistung in Bezug auf das Baugrundrisiko kann in ähnlicher Weise stattfinden, wenn der Ausschreibung ein **Baugrundgutachten** zugrunde liegt.

  ▶ **Beispiel (ähnlich BGH, Urt. v. 20.08.2009 – VII ZR 205/07, BGHZ 182,158 = BauR 2009, 1724)**

  Der Bauherr legt seiner Ausschreibung ein Baugrundgutachten bei. Im Folgenden bot der Auftragnehmer alternativ zu der im Leistungsbeschrieb vorgesehenen Ausführungsart eine HDI-Sohle an. Ergänzend sagt er zu, einen ggf. mit dieser Alternative verbundenen Mehraufwand zu übernehmen. Später stellen sich die Bodenverhältnisse anders dar als aus dem Baugrundgutachten ersichtlich. Gerade deswegen entstehen bei der alternativ beauftragten Ausführungsweise Zusatzkosten.

  Der Verweis auf das allgemeine Baugrundrisiko führt hier nicht weiter. Denn dagegen steht die Zusage des Auftragnehmers, alle notwendig werdenden Aufwendungen mit seiner Leistung im Rahmen des funktional ausgestalteten Nebenangebotes zu übernehmen. Entscheidend ist stattdessen die **konkrete Bestimmung der vertraglich geschuldeten Leistungsverpflichtung**. Diese ist unter Berücksichtigung aller maßgeblichen Umstände durch eine am objektiven Empfängerhorizont orientierten Auslegung der vom Auftraggeber verfassten Leistungsbeschreibung zu ermitteln (s. o. Rdn. 877 ff.). Ein gewichtiger Gesichtspunkt ist dabei, inwieweit die Bodenverhältnisse für die Leistung des Auftragnehmers und damit die Kalkulation seines Preises erheblich sind. Ist dies der Fall, wird regelmäßig davon auszugehen sein, dass die ggf. mit Rückgriff auf ein Baugrundgutachten beschriebenen Bodenverhältnisse zum Leistungsinhalt erhoben wurden. Stellen sich diese dann anders heraus, ist die Weiterführung der Leistungen eine geänderte Leistung. Wurde sie angeordnet, begründet dies einen Mehrvergütungsanspruch nach § 2 Abs. 5 VOB/B. Die pauschale Zusage des Auftragnehmers in seinem Nebenangebot zur Übernahme von Mehrkosten ändert daran nichts. Zwar kann ein Auftragnehmer auch unkalkulierbare Risiken übernehmen (BGH, Urt. v. 13.03.2008 – VII ZR 194/06, BGHZ 176, 23, 29 = BauR 2008, 1131, 1135 = NJW 2008, 2106, 2108; Heiermann/Riedl/Rusam/Kuffer, VOB/B § 2 Rn. 201). Wurden solche Erklärungen jedoch auf der **Grundlage einer präzise durch Baugrundgutachten beschriebenen Leistungsverpflichtung** abgegeben, sind diese in der Regel in der Weise auszulegen, dass davon nur Mehrkosten erfasst sein sollten, die zu dieser Leistungsverpflichtung (auf der Grundlage des beigefügten Baugrundgutachtens) passen (BGH, Urt. v. 20.08.2009 – VII ZR 205/07, BGHZ 182, 158, 181 = BauR 2009, 1724, 1733 = NJW 2010, 227, 232 = NZBau 2009, 707, 713). Davon zu unterscheiden ist deswegen der Mehraufwand, der entsteht, weil von dem Baugrundgutachten abweichende Bodenverhältnisse auftreten. Dieser gehört dann nicht mehr zu der geschuldeten Vertragsleistung – es sei denn, im Vertrag ist etwas anderes geregelt.

▶ **Beispiel (in Anlehnung an KG, Urt. v. 26.11.2010 – 21 U 57/10, IBR 2012, 10)**

Der Auftragnehmer ist mit der Herstellung eines Tunnels beauftragt. Dem Vertrag liegt ein Bodengutachten zugrunde. Ausdrücklich ist nunmehr vorgesehen, dass der Auftragnehmer auch jene Risiken zu übernehmen hat, die eintreten, soweit Böden und Vortriebsklassen abweichend von dem Bodengutachten angetroffen werden. Treten jetzt vom Bodengutachten abweichende Mengen auf, steht dem Auftragnehmer mangels Leistungsänderung kein Mehrvergütungsanspruch zu.

1939 Ebenso wenig liegt eine Leistungsänderung vor, wenn etwa zu einem Pauschalvertrag enthaltene Angaben nicht den Umfang der Leistungsverpflichtung des Auftragnehmers begrenzen, sondern **lediglich als Information** dienen sollten, wovon der Auftraggeber bei der Ausschreibung ausgegangen ist. Es geht dabei also weniger um die nach dem Vertrag geschuldete Leistung, sondern um die Grundlagen der dafür geschuldeten Vergütung (BGH, Urt. v. 30.06.2011 – VII ZR 13/10 BauR 2011, 1646, 1648 = NJW 2011, 3287, 3288 = NZBau 2011, 553, 554).

▶ **Beispiel (nach BGH, a. a. O.)**

Der Auftragnehmer wird im Rahmen einer funktionalen Vergabe mit Abbrucharbeiten beauftragt. Die Vergütung setzt sich zusammen aus verschiedenen Pauschalen für die einzelnen Bauteile sowie aus gesonderten ebenfalls pauschalen Zulagepositionen. In diesen wird die Estrichstärke mit 3 cm angegeben, während später Mehrstärken von 4 cm und mehr (d. h. über 7 cm) angetroffen werden. Der Auftragnehmer macht dafür einen Mehrvergütungsanspruch geltend. Dieser Anspruch wäre berechtigt, wenn nach dem objektiven Empfängerhorizont die Angabe der Estrichstärke so zu verstehen gewesen wäre, dass sie bereits den Leistungsinhalt der vom Auftragnehmer zu erbringenden Leistung bzw. den Umfang der für die vereinbarte Leistung zu zahlenden Pauschalvergütung beschränkt. Das hielt der BGH für möglich, nahm es aber letzten Endes in diesem konkreten Fall nicht an. Stattdessen räumte er aus dem Gesamtzusammenhang des Vertrages dem damit verfolgten Zweck (insgesamt beauftragter Abriss zu einem abschließend vereinbarten Preis) einen Vorrang ein; der Estrichstärke maß er hier allein eine »Information« des Auftraggebers bei, ohne dass diese Vertragsinhalt wurde.

Das vorstehende Beispiel soll wie gesagt vor allem zeigen, dass **nicht jede Detailangabe** im Leistungsverzeichnis **automatisch zu einer Begrenzung der Leistung** und damit der Vergütung führt (wobei der BGH in vorgenanntem Fall doch eine Mehrvergütung zusprach, insoweit aber nur nach einer Preisanpassung wegen Störung der Geschäftsgrundlage, s. dazu näher Rdn. 2345 ff.; ähnlich Kapellmann, NZBau 2012, 275). Allerdings wird man ansonsten bei der Bestimmung der Leistungspflichten des Auftragnehmers auf der Grundlage von einer Leistungsbeschreibung beigefügten Baugrundgutachten zu einem anderen Ergebnis kommen: Hier wird – soweit keine Besonderheiten bestehen – eine darauf gerichtete Prüfung in aller Regel in der Weise ausfallen, dass die dortigen Angaben zugleich auch Vertragsinhalt werden, d. h. zugleich die von der vereinbarten Vergütung abgedeckte Leistung des Auftragnehmers prägen. Denn anders als vielleicht Begleitangaben in einem Leistungsverzeichnis werden vor allem **Baugrundgutachten** nicht »zum Spaß« erstellt und einer Leistungsbeschreibung beigefügt; vielmehr erwartet der Auftraggeber umgekehrt sogar **zwingend deren Berücksichtigung**. Ebenso weiß er, dass die dortigen Angaben dann für die Leistungserbringung des Auftragnehmers und dessen Kalkulation erheblich sind. Dies genügt für die Maßgeblichkeit der Leistungsbestimmung (BGH, Urt. v. 20.08.2009 – VII ZR 205/0, BGHZ 182, 158, 182 = BauR 2009, 1724, 1733 = NJW 2010, 227, 233 = NZBau 2009, 707, 714)

- **Unklar gehaltene/lückenhafte Ausschreibung – Risikoübernahme durch AN**
In Weiterentwicklung der vorgenannten Fallgestaltung ist aber jeweils eigenständig zu prüfen, inwieweit der Auftragnehmer zum Baugrund ein Risiko übernommen hat. Hiervon wird regelmäßig auszugehen sein, wenn er im Bauvertrag selbst für die Planung und Prüfung der Bodenverhältnisse verantwortlich war. Dies kann sich ausdrücklich aus dem Vertrag ergeben, aber auch mittelbar aus der Gesamtgestaltung des Vertrages.

1940

▶ **Beispiel (nach OLG Karlsruhe, Urt. v. 06.04.2010 – 4 U 129/08, BauR 2011, 305 [Ls.] = NJW-RR 2010, 1609, 1610 = NZBau 2011, 31, 32)**

> Der Auftragnehmer wird mit der Erstellung eines Kellers beauftragt. Die zusätzliche Einschaltung eines Architekten ist nicht vorgesehen. Hier schuldet der Auftragnehmer die mangelfreie Erstellung. Dazu gehört die Prüfung der örtlichen Bodenverhältnisse, weswegen er dann auch die damit verbundenen Aufwendungen (und Folgen bei problematischen Böden) zu tragen hat.

Stammt das **Leistungsverzeichnis dagegen vom Auftraggeber**, ist zunächst hervorzuheben, dass nicht jede vermeintlich lückenhafte Leistungsbeschreibung auch tatsächlich eine Unklarheit bei den Leistungen des Auftragnehmers begründet.

▶ **Beispiel (nach BGH, Urt. v. 21.12.2011 – VII ZR 67/11, BauR 2012, 490, 491 = NJW 2012, 518, 519 = NZBau 2012, 102, 103**

> Bei einem beauftragten Straßenaufbruch ist üblicherweise unterhalb der Deckschicht mit kontaminierten Böden zu rechnen. In dem zu einem Pauschalpreis geschlossenen Bauvertrag war dazu nichts konkret beschrieben. Dies stellt trotz der Beschreibungspflichten zum Baugrund nach § 7 Abs. 1 Nr. 6 VOB/A kein lückenhaftes Leistungsverzeichnis dar: Denn wenn sich aus den tatsächlichen Umständen klar ergibt, dass solche Leistungen anfallen werden, kann der Auftragnehmer später nicht einwenden, dass diese nicht zur übernommenen Leistung gehörten.

Doch selbst wenn eine vom Auftraggeber aufgestellte Leistungsbeschreibung tatsächlich lückenhaft ist, ist gesondert zu prüfen, inwieweit der Auftragnehmer etwaige sich daraus ergebende **Risiken zum Baugrund ggf. stillschweigend** übernommen hat. Auch das kann Ergebnis einer Auslegung sein (s. dazu schon oben Rdn. 883. ff.) – und hat mit einem speziellen Baugrundrisiko nichts zu tun.

▶ **Beispiel (nach OLG Jena, Urt. v. 19.12.2001 – 7 U 614/98, BauR 2003, 714)**

> Im Leistungsverzeichnis ist die Art des Verbaus nicht ausgeschrieben. Nunmehr kommt es zu Erschwernissen aus dem Baugrund, weswegen ein aufwendigerer Verbau notwendig wird, als er textlich nach dem Leistungsverzeichnis erforderlich gewesen wäre. Der Auftragnehmer macht Mehrkosten geltend gegenüber der Normalausführung.

Mit einer solchen Mehrkostenforderung wird der Auftragnehmer nicht durchdringen. Denn die Unklarheiten der Verbaumaßnahmen waren im Leistungsverzeichnis offensichtlich (OLG Jena,

a. a. O.; ebenso: OLG Köln, Urt. v. 03.03.2000 – 11 U 46/98, IBR 2002, 347; OLG München, Urt. v. 10.06.2009 – 9 U 2192/07, Nichtzul.-Beschw. zurückgew.: BGH, Beschl. v. 12.02.2009 – VII ZR 145/08, BauR 2009, 1156, 1157; OLG Brandenburg, Urt. v. 16.07.2008 – 4 U 187/07, BauR 2008, 1938 [Ls.]) = NZBau 2008, 181, 182; OLG München, Urt. v. 14.04.2011 – 9 U 2907/10, BauR 2011, 1215 [Ls.]). Insoweit darf ein Auftragnehmer nicht **bewusst das Risiko einer Unterkalkulation** eingehen, das er dann vermeintlich später berechtigt auf den Auftraggeber abwälzen will (BGH, Urt. v. 25.06.1987 – VII ZR 107/86, BauR 1987, 683, 684 = NJW-RR 1987, 1306, 1307; BGH, Urt. v. 22.11.1965 – VII ZR 191/63, NJW 1966, 498). Konkret bedeutet das zwar nicht, dass der Auftragnehmer zur Vermeidung eines eigenen Risikos gezwungen wäre, im Vorfeld des Vertragsschlusses eigene Baugrunduntersuchungen vorzunehmen (BGH, Urt. v. 16.05.1968 – VII ZR 27/66, SFH Z 2.414 Bl. 205), die ihm vielfach auch schon tatsächlich gar nicht möglich sind. Bei einer Ausschreibung nach der VOB/A ergibt sich dies bereits aus § 7 Abs. 1 Nr. 6 VOB/A: Danach sollen die Bodenverhältnisse nämlich so klar beschrieben sein, dass der Auftragnehmer diese auf der Grundlage der Ausschreibung (nicht noch vorzunehmender Untersuchungen) hinreichend bestimmen und danach sein Angebot abgeben kann. Ein solch **erkennbar lückenhaftes Leistungsverzeichnis** darf der Auftragnehmer aber gleichwohl nicht einfach hinnehmen, sondern muss sich daraus ergebende Zweifelsfragen vorher klären. Ähnliches gilt, wenn sich für ihn aus dem Leistungsverzeichnis und den ihm überlassenen Unterlagen die Bauausführung in bestimmter Weise nicht mit hinreichender Klarheit ergibt, er darauf bei seiner Kalkulation aber abstellen will (BGH, Urt. v. 25.06.1987 – VII ZR 107/86, a. a. O.). Sieht er von einer solchen Klärung ab, geht dies zu seinen Lasten mit der Folge, dass nunmehr diese Ausführung unter Einschluss der Risiken auch zur geschuldeten (und von der Vergütung abgedeckten) Leistung gehören. Insoweit kann der Auftragnehmer nicht später eine Korrektur seiner für ihn nachteiligen Vertragsentscheidung erwarten (BGH, Urt. v. 13.03.2008 – VII ZR 194/06, BGHZ 176, 23, 31 = BauR 2008, 1131, 1136 = NJW 2008, 2106, 2109 = NZBau 2008, 437, 439; vgl. allerdings auch zu der ausnahmsweisen Preisanpassungsmöglichkeit wegen Wegfalls der Geschäftsgrundlage Rdn. 2345 ff.).

- **(Öffentliche) Ausschreibung nach VOB/A**

1941 Eine Besonderheit besteht immerhin, wenn dem Vertrag – vor allem nach einer öffentlichen Ausschreibung – die VOB/A zugrunde gelegen hat. Losgelöst von möglicherweise eigenständigen Schadensersatzpflichten bei Verstößen dagegen (s. dazu Rdn. 1922 ff.) ist hier bei der Auslegung der danach einem Bauvertrag zugrunde liegenden Willenserklärungen in Bezug auf etwaige Leistungspflichten eines Auftragnehmers zu später angetroffenen Hindernissen im Baugrund eine weitere Weichenstellung zu beachten (s. dazu schon oben Rdn. 912 ff.); Denn hat wie bei der öffentlichen Ausschreibung in der Regel der Auftraggeber die Leistungsbeschreibung erstellt, so hatte er dafür die in § 7 Abs. 1 und 2 VOB/A enthaltenen Vorgaben zu beachten. Er hätte danach die Leistung im Rahmen des ihm Möglichen und Zumutbaren eindeutig und so erschöpfend beschreiben müssen, dass alle Bewerber die Beschreibung im gleichen Sinne verstehen und ihre Preise sicher und ohne umfangreiche Vorarbeiten berechnen können. Ein ungewöhnliches Wagnis dürfte ihnen nicht aufgebürdet werden. Gerade zu dem Baugrund heißt es weiter, dass hier die diesbezüglichen Verhältnisse so zu beschreiben sind, dass der Bewerber deren Auswirkungen auf die bauliche Anlage und die Bauausführung hinreichend beurteilen kann (vgl. dazu besonders § 7 Abs. 1 Nr. 6). Zugleich hat der Auftraggeber die Hinweise für das Aufstellen der Leistungsbeschreibung in Abschnitt 0 der jeweiligen DIN 18299 ff. zu beachten (§ 7 Abs. 1 Nr. 7 VOB/A). Für den Baugrund heißt das im Besonderen, dass ein Auftraggeber gezwungen ist, im Rahmen einer ordnungsgemäßen Ausschreibung die danach sich aus den einschlägigen DIN-Vorschriften vor allem zum Tiefbau für anwendbar erklärte DIN 4020 und DIN EN 1997 – 2 zu berücksichtigen (s. dazu näher und ausführlich Englert/Fuchs, BauR 2011, 1725; Englert/Grauvogl/Maurer, Rn. 468 ff.; Ingenstau/Korbion/Kratzenberg, VOB/A § 7 Rn. 54).

> ▶ Beispiel
>
> In der DIN 18300 Erdarbeiten heißt es in Abschnitt 0.2.2, dass in der Leistungsbeschreibung Boden und Fels hinsichtlich ihrer Eigenschaften und Zustände nach Abschnitt 2.2 sowie Ein-

stufung in Klassen nach Abschnitt 2.3 zu beschreiben sind. In Abschnitt 2.2 wiederum wird genau etwa auf die Geltung der DIN 4020 verwiesen.

Sind somit die Bodenverhältnisse richtig und vollständig in Anlehnung an die einschlägige DIN anzugeben, heißt das zunächst, dass der **Auftraggeber diese so genau** und erschöpfend **beschreiben muss**, wie er dazu nach den jeweiligen Umständen in der Lage und ihm dies zumutbar ist (BGH, Urt. v. 21.11.2011 – VII ZR 67/11, BauR 2012, 490, 492 = NJW 2012, 518, 520 = NZBau 2012, 102, 103). Hieraus folgt zwar nicht, dass nunmehr für jedes Bauvorhaben zwingend z. B. ein Baugrundgutachten einzuholen ist. Auch finden diese Vorschriften aus dem Vergaberecht keine unmittelbare Anwendung bei einem schon geschlossenen Bauvertrag. Allerdings gilt gerade in Bezug auf den Baugrund der schon an anderer Stelle erwähnte Grundsatz (Rdn. 912 ff.), dass ein in einem Vergabeverfahren nach seinem **objektiven Bieterhorizont** ein in Anlehnung an die VOB/A aufgestelltes Leistungsverzeichnis so verstehen darf, dass der Auftraggeber sich bei dessen Erstellung an eben diese Vorgaben der VOB/A gehalten hat, d. h.: Soweit sich aus der Ausschreibung für ihn keine anderen Anhaltspunkte ergeben, darf er berechtigt darauf vertrauen, dass die Bodenverhältnisse dort tatsächlich richtig und vollständig mit einer Anlehnung an die einschlägig geltenden DIN-Regelungen beschrieben sind (BGH, Urt. v. 21.11.1991 – VII ZR 203/90, BGHZ 116, 149, 151 = BauR 1992, 221 = NJW 1992, 827; BGH, Urt. v. 27.06.1196 – VII ZR 59/95, BauR 1997, 126, 128 = NJW 61; BGH, Urt. v. 23.06.1994 – VII ZR 163/93, BauR 1994, 625, 626 = NJW-RR 1994, 1108, 1109; BGH, Urt. v. 11.11.1993 – VII ZR 47/93, BGHZ 124, 64, 69 f. = BauR 1994, 236, 238 = NJW 1994, 850, 851; BGH, Urt. v. 22.04.1993 – VII ZR 118/92, BauR 1993, 595, 596 = NJW-RR 1993, 1109, 1110; s. dazu auch schon oben Rdn. 912 ff.). Er darf weiter unterstellen, dass je nach Bedarf und Angaben im Einzelfall auch die nach der einschlägigen DIN 4020 bzw. DIN EN 1997 – 2 vorgesehenen Baugrunduntersuchungen sogar stattgefunden haben, wo sie notwendig sind. Umgekehrt wird der Auftraggeber gehalten sein, etwaige Erschwernisse, mit denen der Auftragnehmer nicht rechnen musste, im Leistungsverzeichnis ausdrücklich zu kennzeichnen (BGH, Urt. v. 21.12.2011 – VII ZR 67/11, BauR 2012, 490, 492 = NJW 2012, 518, 520 = NZBau 2012, 102, 103). Das aber bedeutet, dass darauf beruhende Versäumnisse dann in aller Regel doch zulasten des Auftraggebers gehen werden (Vygen, Jahrbuch BauR 1999, 46, 53).

8.10.4.3.6 Vorrangige Auslegung auch bei objektiv unklaren Leistungsverzeichnissen zum Baugrund (Rechtsgedanke § 645 BGB)

In der Baupraxis sind nunmehr aber Sachverhalte vorstellbar, bei denen der Auftraggeber bei der Erstellung der Leistungsbeschreibung **tatsächlich alles richtig** gemacht und – soweit dies nach den einschlägigen technischen Vorgaben bzw. DIN geboten war – das Vorhaben ordnungsgemäß vorab untersucht hat. Gleichwohl kann sich dann immer noch ein weiter gehendes zunächst nicht bekanntes Hindernis im Boden zeigen. Hier bleibt es dann bei der entscheidenden Frage, ob der nunmehr deswegen anfallende Mehraufwand noch zu der vom Auftragnehmer übernommenen und von seiner Vergütung abgedeckten Leistungsverpflichtung gehört. Dabei ist allerdings mit aller Deutlichkeit hervorzuheben, dass solche **Sachverhalte ausgesprochen selten** sein dürften. Denn nimmt man das Kriterium bei der Bestimmung des objektiven Empfängerhorizonts ernst, müssten sich unter Berücksichtigung vorstehender Erläuterungen die meisten Zweifelsfälle bereits im Rahmen der Auslegung erledigen lassen. Dies gilt auf der einen Seite zulasten des Auftraggebers dann, wenn die Leistungsverpflichtung des Auftragnehmers begrenzt wurde durch eindeutige Baugrundbeschreibungen unter der Beifügung von Gutachten (Rdn. 1938) oder durch ein richtiges Verständnis der Leistungsbeschreibung am Maßstab eines objektiven Bieterhorizonts in Anlehnung an § 7 Abs. 1 und 2 VOB/A (Rdn. 1941). Dies gilt im Hinblick auf seine Erfolgshaftung bei der Übernahme von Arbeiten aber genauso zulasten des Auftragnehmers auf der anderen Seite, wenn dieser ein erkennbar unklares Leistungsverzeichnis hingenommen und auf dieser Grundlage sein Angebot abgegeben sowie anschließend der Vertrag geschlossen wurde (Rdn. 1940).

1944 Was bleibt sind Fälle, in denen **Bodenhindernisse auftreten**, mit denen **weder Auftraggeber noch Auftragnehmer erstens gerechnet** haben noch zweitens selbst bei Beachtung ihrer **geforderten Sorgfalt hätten rechnen können**.

▶ Beispiele
1. Der Auftragnehmer übernimmt die schlüsselfertige Errichtung eines Bauvorhabens. Bei den von ihm ebenfalls übernommenen Gründungsarbeiten findet sich überraschend alte Munition.
2. Bei einem Tunnelvorhaben stößt der Auftragnehmer für alle überraschend auf eine Gesteinsschicht, mit der nicht zu rechnen war und die einen veränderten (aufwändigeren) Maschineneinsatz auslöst.

Das Problem besteht hier zulasten des Auftragnehmers einerseits darin, dass er eigentlich im Rahmen seiner erfolgsbezogen übernommenen Leistungsverpflichtung das Bauvorhaben zu errichten hätte. Hierzu würde auch die Bearbeitung des Baugrunds gehören. Andererseits ist zu fragen, ob man die verbleibenden **Risiken des Baugrunds** ggf. über **§ 645 BGB analog auf den Auftraggeber verlagern** kann (so immerhin die überwiegende Meinung, vgl. nur Ingenstau/Korbion/Keldungs, VOB/B § 2 Abs. 1 Rn. 13; von Craushaar, Festschrift Locher, S. 9, 19, Nicklisch/Weick, Einl. 4 – 13 Rn. 72; Englert/Grauvogl/Maurer, Rn. 2274; Englert, BauR 1991, 537). Dies erscheint mehr als **zweifelhaft**:

§ 645 BGB stellt eine Risikoregelung dahin gehend dar, dass abweichend von den sonst geltenden Regelungen dem Auftragnehmer schon dann ein Vergütungsanspruch zumindest teilweise zustehen soll, wenn das Werk (Bauleistung) vor der Abnahme infolge eines Mangels des von dem Besteller gelieferten Stoffes oder infolge einer von dem Besteller für die Ausführung erteilten Anweisung untergegangen ist. Dabei geht es weniger darum, dass man das vom Auftraggeber dem Auftragnehmer zur Verfügung gestellte Baugrundstück bzw. die von ihm zur Verarbeitung gestellte Bausubstanz noch als »Stoff« anzusehen hat (so zu Recht die ganz herrschende Meinung: BGH, Urt. v. 16.12.2004 – VII ZR 16/03, BauR 2005, 735, 737 = NJW-RR 2005, 669, 670 = NZBau 2005, 285; Münch.Komm./Busche, BGB § 645 Rn. 7 m. w. N.; Halfmeier/Leupertz, § 645 Rn. A 9). Ebenso wäre eine Analogie insoweit verständlich, als es um die Abgrenzung der Verantwortungsbereiche geht: Denn wenn schon dem Auftragnehmer ein Vergütungsanspruch (vor Abnahme) bei einer vollständigen Zerstörung der Bauleistung infolge eines Mangels des vom Auftraggeber zur Verfügung gestellten Baugrundstücks oder einer vom Auftraggeber erteilten Anweisung zustehen soll, liegt es nahe, den Untergang oder die Zerstörung nicht erst abwarten zu müssen; stattdessen könnte man dieses Problem schon im Vorfeld lösen, indem man ebenfalls auf Kosten des Auftraggebers für eine deswegen nur verändert auszuführende Leistung dem Auftragnehmer einen zusätzlichen Vergütungsanspruch zugesteht (Kapellmann/Schiffers, Bd. 2, Rn. 712; Kapellmann, Jahrbuch BauR 1999, 1, 4).

1945 Doch bleibt eine solche **Analogie rechtlich angreifbar**. Dies beruht bereits darauf, dass es dem Grunde nach ja bei den tatsächlich angetroffenen **Baugrundverhältnissen nicht um einen »Mangel« des Stoffes** bzw. des Grundstücks geht. Dieses ist vielleicht einwandfrei; allenfalls die Angaben im Vertrag oder die Vorstellungen der Parteien dazu sind falsch (Staudinger/Peters/Jacoby, § 645 Rn. 12). Hält man sich dies vor Augen, wird man weiter feststellen, dass es eines solchen Rückgriffs auf Schlagwörter wie »allgemeines Baugrundrisiko« oder einer Analogie zu § 645 BGB in diesen Fällen gar nicht bedarf (i. E. ähnlich Kapellmann, Jahrbuch BauR 1999, S. 1, 7, der dann allerdings mehr mit der Abweichung des Beschaffenheitsists vom Beschaffenheitssoll des Baugrundstücks argumentiert). Auch der BGH hat allenfalls auf das Baugrundrisiko als solches verwiesen, ohne daraus allerdings einen eigenen Erkenntniswert zu ziehen (vgl. dazu vor allem BGH, Urt. v. 20.08.2009 – VII ZR 205/07, BGHZ 182, 158, 181 = BauR 2009, 1724, 1733 = NJW 2010, 227, 232 = NZBau 2009, 707, 713; anders allerdings die Rechtsprechung der Oberlandesgerichte wie etwa: OLG Zweibrücken, Urt. v. 28.07.2004 – 1 U 1/04, OLGR 2005, 73, 74 = BauR 2004, 1669 [Ls.]; OLG Jena, Urt. v. 19.12.2001 – 7 U 614/98, BauR 2003, 714; OLG Brandenburg, Urt. v. 16.07.2008 – 4 U 187/07, BauR 2008, 1938 [Ls.]) = NZBau 2008, 181, 182). Ein solcher Rückgriff ist auch gar nicht erforderlich, weil man selbst hier noch in aller Regel mithilfe **der Auslegung** zu zufrieden stellenden

Ergebnissen kommt (für einen Vorrang der Auslegung ähnlich Kniffka, CBTR Jahresband 2002, 21; sehr zurückhaltend auch Kuffer, NZBau 2006, 1, 6, der am Ende allerdings doch auf § 645 BGB zurückgreift): Denn legt man die dem Bauvertrag zugrunde liegenden Willenserklärungen aus, wird sich schon allein daraus ergeben, dass gerade unvertretbar **unbekannt gebliebene Bauhindernisse** (z. B. Ausreißer o. ä.) nach dem weiter für die Auslegung maßgeblichen **objektiven Empfängerhorizont** gar **nicht vom Auftragnehmer** als Teil der vereinbarten Beschaffenheit bzw. seiner von der Vergütung abgedeckten Leistungspflicht **übernommen** wurden. Zwar wäre dies theoretisch denkbar, da ja ein Auftragnehmer nie daran gehindert ist, mit einem Bauvertrag auch ihm völlig unbekannte Risiken zu übernehmen; nur müsste sich eine solche Risikoübernahme, die selbst völlig unbekannte und unabsehbare Bodenverhältnisse einschließen sollte, hinreichend deutlich aus dem Bauvertrag ergeben, wenn sie die Baukosten erheblich beeinflussen können (BGH, Urt. v. 20.08.2009 – VII ZR 205/07, BGHZ 182, 158, 182 = BauR 2009, 1724, 1734 = NJW 2010, 227, 233 = NZBau 2009, 707, 714; BGH, Urt. v. 13.03.2008 – VII ZR 194/06, BGHZ 176, 23, 31 = BauR 2008, 1131, 1136 = NJW 2008, 2106, 2109 = NZBau 2008, 437, 439). Gerade dann aber kommt man ganz zwanglos zu einem Ergebnis, das zwar einerseits dem § 645 BGB zugrunde liegenden Rechtsgedanken entspricht, aber richtigerweise rechtlich zweifelhafte Analogieschlüsse vermeidet. Stattdessen greift man allein auf allgemeine Auslegungskriterien bzw. die allgemeine Rechtsgeschäftslehre des allgemeinen Teils des BGB zurück (ähnlich Peters/Jacoby, a. a. O.).

8.10.4.3.7 Verbleibende Ergebniskorrektur im Vertrag

Nach Vorstehendem ist allerdings nicht auszuschließen, dass das Ergebnis auch einer Auslegung in extremen Einzelfällen zu einer Schieflage im Verhältnis der Vertragsparteien führt. Hierzu kann es kommen, wenn vor allem Detailangaben im Leistungsverzeichnis anders als vom Auftragnehmer angenommen und seiner Kalkulation zugrunde gelegt doch nicht zum Vertragsinhalt geworden sind (s. dazu auch Kapellmann, NZBau 2012, 275). 1946

▶ **Beispiel (in Anlehnung an BGH, Urt. v. 30.06.2011 – VII ZR 13/10, BauR 2011, 1646, 1648)**

Der Auftragnehmer wird im Rahmen einer funktionalen Vergabe mit der Herstellung eines Hauses zu einem Pauschalpreis beauftragt. Zu den Bodenverhältnissen heißt es im Leistungsverzeichnis, dass voraussichtlich mit einer Bodenklasse 3 (leicht lösbarer Boden) zu rechnen sei. Später wird teilweise auch Bodenklasse 4 (mittelschwer lösbarer Boden) angetroffen (vgl. dazu Abschnitt 2.3 der DIN 18300). Der Auftragnehmer macht dafür einen Mehrvergütungsanspruch geltend.

Es soll an dieser Stelle einmal unterstellt werden, dass diese Angaben trotz ihrer Aufnahme im Leistungsverzeichnis nicht zum Leistungsinhalt erhoben wurden, sondern nach der Ausschreibung lediglich als Information für den Auftragnehmer dienten, wovon der Auftraggeber ausgegangen ist (s. o. Rdn. 1938 f.). Dies würde zunächst bedeuten, dass der Auftragnehmer für einen jetzt entstandenen Mehraufwand zu den Mengen mit der höheren Bodenklasse keine Zusatzvergütung für eine Mehrleistung verlangen könnte. Denn er erbrächte ja nur eine Leistung, zu der er vertraglich verpflichtet und die von der vereinbarten Vergütung abgedeckt war. Andererseits kann auch diese dann bloß gewährte »**Information« des Auftraggebers zu der Bodenklasse nicht ignoriert** werden. Dies gilt vor allem dann, wenn die später ausgeführte Leistung (Boden bis Bodenklasse 4) in einem ganz erheblichen Umfang von der danach einvernehmlich vorgesehenen Leistung (Boden auch mit Bodenklasse 3) abweicht, sodass dem Auftragnehmer ein Festhalten an seiner Pauschalvergütung nicht mehr zuzumuten wäre. Hiervon wird man vor allem auszugehen haben, wenn der Auftraggeber zu den Mengen oder die Leistung ansonsten bestimmenden Faktoren detaillierte Angaben macht, die für die Kalkulation, also die Angebotserklärung des Auftragnehmers, erkennbar von erheblicher Bedeutung sind. Es geht hier somit nicht um eine erkennbar falsche Kalkulation des Auftragnehmers, sondern um den beiderseitigen Irrtum über vertragswesentliche Umstände. Dies ist nichts anderes als die Geschäftsgrundlage des Vertrages. Das bedeutet, dass bei deren Änderung (abweichend angetroffene Bodenklasse) nunmehr auch der Vertrag bzw. die dort vorgesehene Vergütung nach den **Grundsätzen über den Wegfall der Geschäftsgrundlage** nach § 313 BGB anzupassen sein kann. Dass dabei diese Umstände selbst nur als Schätzgrundlage (oder mit Zusätzen wie »ca.«, »ungefähr« u. a.) angegeben werden, mag zwar einen gewissen Toleranzspielraum eröffnen, den der Auftragnehmer auch als Risiko übernommen hat. Weicht jedoch die tatsächliche Menge darüber hinausgehend ganz erheblich ab, wird ein solcher Risikorahmen jedenfalls überschritten sein. Dies gilt zumindest dann, wenn sich die verändert angetroffenen Umstände derart auf die Vergütung des Auftragnehmers auswirken, dass das finanzielle Gesamtergebnis nicht nur den Gewinn des Auftragnehmers aufzehrt, sondern auch noch zu (ggf. erheblichen) Verlusten führt (BGH, Urt. v. 30.06.2011 – VII ZR 13/10, BauR 2011, 1646, 1649 f = NJW 2011, 3287, 3289 = NZBau 2011, 553, 555; ähnlich auch zu einem Einheitspreisvertrag: BGH, Beschl. v. 23.03.2011 – VII ZR 216/08, BauR 2011, 1162, 1163 = NJW-RR 2011, 886, 887 = NZBau 2011, 353, 354; dem BGH folgend Kapellmann, NZbau 2012, 275; s. dazu weiter Rdn. 2345 ff.).

8.10.4.3.8 Schadensersatz aus §§ 311 Abs. 2, 241 Abs. 2, 280 Abs. 1 BGB

1947 Die vorgenannten Fallgestaltungen waren dadurch geprägt, dass man nach einer vorrangig anzustellenden Auslegung zu einer klaren Bestimmung der vom Auftragnehmer zu erbringenden und von der Vergütung abgedeckten Leistung kommt. Damit erschöpfen sich aber nicht die gegenseitigen Rechte und Pflichten. Dies gilt vor allem bei Sachverhalten, bei denen der Auftragnehmer nach der Auslegung des Vertrages zwar für ihn nachteilhaft zunächst nicht geplante Leistungen aus dem Vertrag zu übernehmen hat, ohne jedoch dafür eine gesonderte Vergütung zu erhalten. Die Ursache dafür kann – trotz einer Leistungsverpflichtung dazu – z. B. darin liegen, dass der Auftraggeber die Leistung tatsächlich unter Verstoß gegen die Vorgaben der VOB/A falsch oder nicht eindeutig (genug) ausgeschrieben hat oder sich sonst Fehler in der Ausschreibung finden.

▶ **Beispiel**

Im Leistungsverzeichnis sind entgegen § 7 Abs. 1 Nr. 6 VOB/A dem Auftraggeber auch vorwerfbar die Bodenverhältnisse nicht ausreichend beschrieben; diese Unklarheit hätte von dem Auftragnehmer erkannt werden können. Nunmehr kommt es zu Erschwernissen aus dem Baugrund, weswegen ein aufwendigerer Verbau notwendig wird. Der Auftragnehmer macht Mehrkosten geltend gegenüber der Normalausführung.

Wie schon dargestellt wird er mit einem Vergütungsanspruch nach der Auslegung des Vertrages im Zweifel scheitern; denn wenn die Unklarheiten für ihn erkennbar waren und er nicht weiter nachgefragt hat, mag im Einzelfall davon ausgegangen werden, dass er damit zugleich konkludent die damit verbundenen Risiken übernommen hat (Rdn. 1940). Ebenso kann eine Vergütungsanpassung über den Ausnahmebehelf des Wegfalls der Geschäftsgrundlage (Rdn. 1946) scheitern, weil dessen Voraussetzungen (und sei es nur mangels Erheblichkeit) nicht vorliegen. Nichtsdestotrotz ist es allerdings doch so, dass dem Auftraggeber je nach Prüfung im Einzelfall ein Versäumnis vorzuwerfen sein kann, weil er z. B. unter Verstoß gegen die Vorgaben der VOB/A in § 7 Abs. 1 und 2 die Leistungen nicht erschöpfend ausgeschrieben, d. h. hier kein Bodengutachten eingeholt hat, obwohl es erforderlich war usw. Ähnliches kann gelten, wenn sich sonst – auch unabhängig von § 7 VOB/A – Fehler oder Ungenauigkeiten/Widersprüche in der Leistungsbeschreibung finden. In all diesen Fällen käme dann immerhin ein dagegen stehender **Schadensersatzanspruch des Auftragnehmers** wegen Verletzung einer vorvertraglichen Pflicht des Auftraggebers nach § 311 Abs. 2 Nr. 1, 241 Abs. 2, 280 Abs. 1 BGB in Betracht, der möglicherweise aber wegen eines **Mitverschuldens nach § 254 BGB zu kürzen** ist. Hierauf wurde oben schon näher eingegangen, weswegen darauf zu verweisen ist (Rdn. 1922 ff.). Danach können vor allem im Rahmen einer Schadensersatzhaftung im Zusammenhang mit einem Mehraufwand bei Behinderungen durch den Baugrund folgende Pflichtverletzungen einen solchen Schadensersatzanspruch des Auftragnehmers begründen (s. dazu auch schon Vygen, Jahrbuch BauR 1999, 46, 53):

- Die Ursache liegt in einer fehlenden, aber nach der DIN 4020 bzw. EN 1997 – 2 notwendigen geotechnischen Untersuchung, die ja in der Regel der Auftraggeber als Ersteller der Leistungsbeschreibung vorzunehmen hat – es sei denn, in Ausnahmefällen hat der Auftragnehmer seiner-

seits z.B bei Nebenangeboten das Risiko dafür übernommen (s. auch zur Notwendigkeit von Baugrunduntersuchungen im Einzelfall von Craushaar, Festschrift Locher, S. 9, 10).
- Die stattgefundene geotechnische Untersuchung war unzureichend bzw. die Ergebnisse beruhen auf einer Fehleinschätzung des Gutachters – wobei sich der Auftraggeber als Ersteller der Planung und der Leistungsbeschreibung die Pflichtverletzungen seines Gutachters bzw. Planers zurechnen lassen muss.
- Die richtigen Vorgaben aus einem geotechnischen Gutachten hat der Auftraggeber falsch in die Leistungsbeschreibung übernommen.

Dagegen stehen dem Auftragnehmer später **keine Rechte** zu, wenn die Ursachen für einen Mehraufwand auf der Abweichung der Bauausführung von der Planung, d. h. auf einem echten Ausführungsfehler beruhen – oder er sogar selbst für die Baugrunduntersuchung verantwortlich war (anschaulich dafür etwa OLG Karlsruhe, Urt. v. 06.04.2010 – 4 U 129/08, BauR 2011, 305 [Ls.] = NJW-RR 2010, 1609, 1610 = NZBau 2011, 31, 32). Ebenso sind natürlich Schadenersatzansprüche des Auftragnehmers im Rahmen eines Mitverschuldens nach § 254 BGB zu kürzen, wenn für ihn die Fehler der Ausschreibung erkennbar waren (Rdn. 1927).

8.10.4.4 Entfallende Mengen mit einer Vergütung nach § 645 BGB

Die soeben behandelten Leistungserschwernisse im Zusammenhang mit dem Baugrund führen über zu einer weiteren Fallgruppe. Gemeint ist der genau entgegen gesetzte Sachverhalt, nämlich dass eine zunächst im Leistungsverzeichnis vorgesehene **Erschwerung entfällt**, die Massen aber an sich ausgeführt werden. 1948

> **Beispiel (nach OLG Rostock, Urt. v. 13.09.2007 – 7 U 128/05, NZBau 2008, 116, 117 = NJW-RR 2008, 403)**
>
> Ausgeschrieben in einem Einheitspreisvertrag ist die Demontage einer Fassadenverkleidung, und zwar unter Einschluss einer sonst üblichen Mineraldämmung und PE-Dichtfolie vorgesehen. Bei der Demontage zeigt sich, dass hier ausnahmsweise eine solche Folie nicht angebracht ist. Der Auftragnehmer verlangt gleichwohl den vereinbarten Einheitspreis.

Der vereinbarte Einheitspreis steht dem Auftragnehmer sicherlich nicht zu. Denn tatsächlich ist die Leistung nicht so erbracht worden, wie vereinbart. Richtigerweise ist in diesen Fällen des Entfalls von Erschwernissen auf § 645 Abs. 1 S. 1 BGB zurückzugreifen (OLG Rostock, a. a. O.). Diese Vorschrift gilt auch, wenn die VOB/B vereinbart ist (BGH, Urt. v. 21.08.1997 – VII ZR 17/96, BGHZ 136, 303, 308 = BauR 1997, 1019, 1021 = NJW 1997, 3018, 3019). In seinem Anwendungsbereich schließt § 645 Abs. 1 S. 1 BGB als Sonderbestimmung die allgemeinen Unmöglichkeitsregeln aus (vgl. BGH, Urt. v. 30.11.1972 – VII ZR 239/71, BGHZ 60, 14, 17 f.; BGH, Urt. v. 21.08.1997 a. a. O.). Der Auftragnehmer kann danach **einen der geleisteten Arbeit entsprechenden Teil der Vergütung verlangen** sowie Ersatz der in der Vergütung nicht inbegriffenen Auslagen, weil das Werk infolge der Eigenschaften des von dem Auftraggeber »gelieferten« Gebäudes teilweise unausführbar geworden ist. Im Verhältnis zwischen den Parteien war der Auftraggeber für den Zustand des Gebäudes auch verantwortlich, da dieser dem Auftragnehmer das Gebäude für die vertragsgegenständlichen Arbeiten zur Verfügung gestellt hat. Ein Verschulden ist für die Anwendung des § 645 Abs. 1 S. 1 BGB nicht erforderlich (vgl. BGH a. a. O.; Staudinger/Peters/Jacoby, § 645 Rn. 22).

Die dem Auftragnehmer danach zustehende Vergütung ist nach dem **Verhältnis zu bemessen, in dem der Aufwand für die tatsächlich erbrachte Leistung zu dem – hypothetischen – Aufwand für die Gesamtleistung steht**. Dabei sind auch Vorbereitungszeiten einzubeziehen. Maßgeblich ist insbesondere die aufgewendete Arbeitszeit (vgl. Staudinger/Peters/Jacoby, Rn. 24 ff.; Erman/Schwenker, BGB, § 645 Rn. 6). Im vorgenannten Beispielfall kommt es also darauf an, welchen Anteil des für die Entfernung einer Fassade mit Dämmung und PE-Folie erforderlichen Aufwandes der Auftragnehmer unter Berücksichtigung seiner Kalkulation erbringen musste, um die tatsächlich vorhandene Fassade, ohne Dämmung und PE-Folie, aber unter Berücksichtigung eines eventuellen Mehraufwandes, zu entfernen. Ein entsprechender Anteil der vereinbarten Vergütung steht ihm zu.

8.10.4.5 Leistungsänderungen infolge »anderer Anordnungen des Auftraggebers«, vor allem Änderungen zur Bauzeit

1949 Eine weitere hier zu behandelnde Fallgruppe im Zusammenhang mit Bauablaufstörungen betreffen Anordnungen des Auftraggebers, die keine Änderung des Bauentwurfs und damit **keine Änderung der gegenständlichen Leistung** des Auftragnehmers auslösen, sondern **andere Anordnungen** betreffen. Vor allem geht es hier um Anordnungen zum **zeitlichen Ablauf**. Die Befassung damit ist zunächst streng von der Frage zu trennen, ob diese zeitlichen Anordnungen (etwa zur Ergreifung von Beschleunigungsmaßnahmen) zugleich Änderungen des Bauentwurfs im Sinne des § 1 Abs. 3 VOB/B darstellen, sodass sie dann vom Auftragnehmer zwingend zu befolgen wären. Dies wird zu bejahen sein, soweit dies dem Auftragnehmer zumutbar ist (s. dazu oben Rdn. 923 ff.). Diese Diskussion kann bei dem Mehrvergütungsanspruch nach § 2 Abs. 5 VOB/B offen bleiben: Zwar wird man entsprechend dem identischen Wortlaut davon ausgehen können, dass vom Auftraggeber angeordnete Änderungen zur Bauzeit mit einer Befolgungspflicht des Auftragnehmers nach § 1 Abs. 3 VOB/B zugleich eine Änderung des Bauentwurfs im Sinne des § 2 Abs. 5 VOB/B darstellen. Der Mehrvergütungsanspruch des Auftragnehmers korrespondiert hier also mit der von ihm hier zulässigerweise verlangten Leistungsänderung, was ja auch sachgerecht ist (Ingenstau/Korbion/Keldungs, VOB/B, § 2 Abs. 5 Rn. 20 f.). In jedem Fall aber umfasst § 2 Abs. 5 VOB/B – unabhängig davon, ob der Auftraggeber sie im Rahmen seines einseitigen Leistungsbestimmungsrechts nach § 1 Abs. 3 VOB/B anordnen kann – ausdrücklich auch **andere Anordnungen des Auftraggebers**, die eine Änderung der bisherigen Preisgrundlagen herbeiführen. **Änderungen zur Bauzeit** gehören zweifellos dazu (KG, Urt. v. 12.02.2008 – 21 U 155/06, BauR 2009, 650, 652; OLG Naumburg, Urt. v. 23.06.2011 – 2 U 113/09, BauR 2012, 255, 258 = NJW-RR 2011, 1389, 1391 = NZBau 2011, 750, 752 m. Anm. Jansen; Kapellmann/Messerschmidt/Kapellmann, VOB/B, § 2 Rn. 185; Piel in Festschrift für Korbion S. 351; Daub/Piel/Soergel/Steffani, VOB, Erl Z 2.102 zu § 2 VOB/B; kritisch Tomic BauR 2011, 1234, 1240). Allerdings sind die Grundlagen dazu umstritten:

1950 • So regelt § 2 Abs. 5 VOB/B die Voraussetzungen für eine Anpassung der vereinbarten Vergütung beim **Leistungsvertrag**, also beim **Einheitspreis-** und **Pauschalvertrag** (vgl. § 4 Abs. 1 VOB/A). Bei diesen Vertragsformen stehen auf der einen Seite die zu erbringende Leistung auf der anderen Seite der dafür zu zahlenden Vergütung als Synallagma im Sinne einer ausgewogenen Gegenleistung gegenüber. Solange die zu erbringende Leistung unverändert bleibt, ist das Gleichgewicht gewahrt und deshalb kein Raum für eine Änderung der Vergütung. Bei dieser Ausgangsbetrachtung ist allerdings zu berücksichtigen, dass die Erstellung einer Bauleistung und insbesondere die **Kalkulation des dafür zu zahlenden Preises ganz wesentlich von einer vom Auftraggeber vorgegebenen oder vom Auftragnehmer zugrunde gelegten Zeitdauer abhängen**. Deshalb besteht ein erheblicher Teil des zu kalkulierenden Aufwandes aus so genannten **zeitabhängigen Kosten** (Olshausen, Planung und Steuerung, S. 331). Aus dem Vertragstyp des Leistungsvertrages folgt also nicht zwingend, dass das Zeitmoment völlig ausgeschaltet ist. Vielmehr ergibt sich daraus im Gegensatz zum **Stundenlohnvertrag** nur, dass eine gegenüber der Kalkulation längere Dauer der Bauausführung keine Änderung der Vergütung bewirkt. Das heißt aber nicht im Umkehrschluss, dass eine **vom Auftraggeber angeordnete Bauzeitverlängerung oder Bauzeitverschiebung** keinen Anspruch des Auftragnehmers auf Anpassung der vereinbarten Vergütung auslösen kann, wenn die Voraussetzungen des § 2 Abs. 5 VOB/B erfüllt sind. In diesem Sinne hat auch der BGH stets die Frage geprüft, ob dem Auftragnehmer ein Anspruch auf eine höhere Vergütung gemäß § 2 Abs. 5 VOB/B wegen einer Anordnung des Auftraggebers zusteht, die den zeitlichen Ablauf der Erstellung des Bauwerks betraf. Allerdings hat er diese bisher stets an einer darauf gerichteten Anordnung scheitern lassen (BGH, Urt. v. 21.03.1968 – VII ZR 84/67, BGHZ 50, 25, 30 = NJW 1968, 1234, 1235; BGH, Urt. v. 27.06.1985 – VII ZR 23/84, BGHZ 95, 128, 135 f. = BauR 1985, 561, 564 = NJW 1985, 2475, 2476 f.; Kemper, NZBau 2001, 238 f. m. w. N.). Das aber ändert nichts an der grundsätzlichen Befürwortung solcher Mehrvergütungsansprüche nach

Anordnungen allein zum zeitlichen Ablauf, sofern nur **eine den zeitlichen Bauablauf betreffende Anordnung des Auftraggebers** festgestellt, d. h. im Streitfall vom Auftragnehmer bewiesen werden kann. In diesem Sinne ist so auch die weiter gehende Rechtsprechung des BGH zu Mehrvergütungsansprüchen bei allein zeitlichen Verschiebungen der Baumaßnahme vor Vertragsschluss verständlich. So hält er hier nämlich die Anwendung von § 2 Abs. 5 VOB/B im Wege der ergänzenden Vertragsauslegung für möglich. Diese Verschiebungen seien mit einer vom Auftraggeber veranlassten Änderung des Bauentwurfs vergleichbar. Denn in beiden Fällen bestehe nach Treu und Glauben keine Veranlassung, das Risiko von Änderungen der Grundlagen des Preises allein dem Auftragnehmer zuzuweisen (BGH, Urt. v. 11.05.2009 – VII ZR 11/08, BGHZ 181, 47, 61 = BauR 2009, 1131, 1136 = NJW 2009, 2443, 2447 = NZBau 2009, 370, 374; s. dazu ausführlich Rdn. 1957 ff.). Das aber heißt nichts anderes, als dass der BGH gerade damit auch die Anwendung des § 2 Abs. 5 VOB/B in den Fällen anerkannt hat, in denen sich die Anordnung des Auftraggebers nach Vertragsschluss allein auf die Bauzeit bezieht. Denn sonst würde diese These, dass eine Preisgrundlagenänderung durch Verschiebung der Bauzeit vor Vertragsschluss einer angeordneten Leistungsänderung nach Vertragsschluss vergleichbar sei, überhaupt keinen Sinn ergeben.

- Abweichend davon hat allerdings Thode (ZfBR 2004, 214 ff., 225) vertreten, dass § 2 Abs. 5 VOB/B keine selbstständige Anspruchsgrundlage sei; vielmehr handele es sich um eine Rechtsfolgenverweisung zu dem Anordnungsrecht des § 1 Abs. 3 VOB/B. Überzeugend ist diese Argumentation nicht, zumal sich dies nicht einmal § 1 Abs. 3 VOB/B entnehmen lässt. Vielmehr regelt § 1 VOB/B nach seiner Überschrift ›Art und Umfang der (geschuldeten und auszuführenden) Leistung‹ mit den Änderungs- und Erweiterungsmöglichkeiten; § 2 VOB/B enthält dagegen Vorschriften zur Vergütung mit den einzelnen Änderungsmöglichkeiten für beide Vertragspartner. § 1 Abs. 3 VOB/B bestimmt demzufolge nur, dass der Auftraggeber Änderungen des Bauentwurfs auch nach Vertragsabschluss überhaupt anordnen darf, sagt aber nichts über die Auswirkungen auf die Vergütung und die Voraussetzungen für eine Vergütungsänderung. Dafür schafft **allein § 2 Abs. 5 VOB/B die Anspruchsgrundlage.** Dies folgt schon daraus, dass § 1 Abs. 3 VOB/B nur dem Auftraggeber ein Recht gibt, den Bauentwurf zu ändern, während § 2 Abs. 5 VOB/B **beiden Vertragspartnern** die Möglichkeit eines Anspruchs auf Vergütungsanpassung unter den dort genannten Voraussetzungen eröffnet, also auch dem Auftraggeber.

> ▶ **Beispiele**
>
> Nach dem Vertrag ist eine Handausschachtung vorgesehen. Wegen geändert angetroffener Bodenverhältnisse oder eines neu entwickelten Gerätes ist doch eine Ausschachtung per Maschine möglich, die angeordnet wird. Oder: Statt einer zunächst vertraglich vereinbarten mehrfachen Einzelschalung ist eine Großflächenschalung möglich und wird vom Auftraggeber nach Vertragsschluss so vorgegeben.

In diesen Fällen geht es zunächst nicht um eine Leistungsänderung, sondern (nur) um eine **Änderung der Grundlagen** des Preises für eine im Vertrag vorgesehene Leistung. Folglich kann aber auch hier der Auftraggeber nach § 2 Abs. 5 VOB/B grundsätzlich eine Anpassung (= Herabsetzung) der Vergütung verlangen.

Besteht danach das Preisanpassungsrecht des § 2 Abs. 5 VOB/B für beide Parteien sowohl bei Änderungsanordnungen zum Bauentwurf als auch zu anderen Anordnungen, die die Grundlagen des Preises betreffen, gilt dies natürlich auch **für Anordnungen zeitlicher Art.** So kann eine Verschiebung des Baubeginns für Erdarbeiten vom Winter in das nächste Frühjahr durchaus zu einer geringeren Vergütung führen, wenn etwa bei einer deswegen kürzeren Bauzeit die Voraussetzungen des § 2 Abs. 5 VOB/B vorliegen. Die Anforderungen an eine Vergütungsänderung sind also in § 2 Abs. 5 VOB/B geregelt. In diesem Sinne hat z. B. auch die VOB-Stelle Niedersachsen in dem Fall Nr. 1080 am 9.05.1996 (IBR 1996, 424) entschieden, dass eine **Verschiebung des Baubeginns um 4 Monate** wegen nicht rechtzeitiger Überlassung der erforderlichen Schal- und Bewehrungspläne und der geprüften Statik einen Mehrkostenerstattungsanspruch auslöst. Noch deutlicher liegt der vom OLG Düsseldorf entschiedene Fall (Urt. v. 25.04.1995 – 21 U 192/94, BauR 1995, 706, 708 = NJW 1995, 3323, 3324), in dem der öffentliche Auftraggeber in seinen Ausschreibungsunterlagen und im Bauvertrag als Baubeginn November 1990 vorgesehen hatte. Aus in seinem Risikobereich liegenden Gründen hatte er den Auftragnehmer aber erst im Mai 1992 zum Beginn mit den Bauarbeiten aufgefordert, woraus sich ein Mehrvergütungsanspruch gemäß § 2 Abs. 5 VOB/B ergab. Dies wird im Grundsatz auch vom BGH bejaht (vgl. BGH, Urt. v. 27.06.1985 – VII ZR 23/84, BGHZ 95, 128, 135 = BauR 1985, 561, 564 = NJW 1985, 2475, 2476; BGH, Urt. v. 20.03.1969 – VII ZR 29/67, MDR 1969, 655), wenngleich in den bisher entschiedenen Fällen dann doch jeweils eine solche darauf gerichtete Anordnung verneint worden ist.

▶ **Beispiele für Anordnungen zur Bauzeit, die zu einem Mehrvergütungsanspruch nach § 2 Abs. 5 VOB/B führen:**
- Der Auftraggeber ordnet nach Abschluss des Bauvertrages – etwa aus steuerlichen Gründen oder zur Überwindung finanzieller Engpässe – einen späteren Baubeginn (vgl. dazu auch Vygen, BauR 2006, 166 ff.), einen vorübergehenden Baustopp, eine spätere oder frühere Fertigstellung mit entsprechend schleppendem oder beschleunigtem Bauablauf ausdrücklich an.
- Der Auftraggeber gibt im Vertrag über Straßenbauarbeiten keinerlei Hinweis auf eine abschnittsweise Bauausführung. Auf Befragen des Bieters im Vergabeprotokoll sagt er sogar die Bauausführung in einem Zuge zu. Dann aber ordnet die Straßenverkehrsbehörde unter Zustimmung des Auftraggebers in der vertragsgemäß vom Auftragnehmer einzuholenden verkehrsrechtlichen Genehmigung die Bauausführung in zwei oder mehr Bauabschnitten an. Kommt es dadurch zu einer Bauzeitverlängerung und zu Mehrkosten, so sind diese vom Auftraggeber gemäß § 2 Abs. 5 VOB/B zu vergüten (so zu Recht VOB-Stelle Sachsen-Anhalt, Fall-Nr. 173, IBR 1995, 509).
- Der Auftraggeber hatte den Abbruch von Brücken im Leistungsverzeichnis pauschal beschrieben. In den Vorbemerkungen zum Leistungsverzeichnis fanden sich sodann detailliert Hinweise, die aber technisch nicht umsetzbar waren. Infolgedessen musste der Auftraggeber eine davon abweichende Ausführungsart mit zusätzlichen Abstützmaßnahmen anordnen, die zu Mehrkosten führte. Auch hierin lag eine Änderungsanordnung im Sinne des § 2 Abs. 5 VOB/B, obwohl sich eigentlich die herzustellende Leistung als solche nicht änderte (BGH, Urt. v. 11.03.1999 – VII ZR 179/98, BauR 1999, 897, 898 f. = NJW 1999, 2432, 2433).
- Der Auftraggeber plant bei Tunnelbauwerken die Errichtung zweier Tunnel zeitlich nacheinander; darauf ist der Bauablauf abgestellt. Jetzt ordnet der Auftraggeber die Errichtung beider Tunnelbauten zeitgleich an, weil bei dem ersten Tunnel geologische Probleme auftreten, die den Fertigstellungstermin für die gesamte Tunnelstrecke gefährden. Daraus können sich für den Auftragnehmer erhebliche Mehrkosten ergeben, wenn dieser z. B. nicht, wie bei der ursprünglichen Bauablaufplanung vorgesehen, den zweiten Tunnel mit Baustoffen im Wege der Durchfahrt durch den fertig gestellten ersten Tunnel beliefern kann, weil dieser eben noch nicht fertig gestellt ist. Dies kann von großer Bedeutung für die Anlieferung von Transportbeton, Maschinen und Geräten sein.

1952 Setzt sich danach also die Kalkulation des Bauunternehmers grundsätzlich aus **leistungs- und zeitabhängigen Kosten** zusammen, gewährt § 2 Abs. 5 VOB/B einen Anspruch auf Vereinbarung eines neuen Preises sowohl bei Leistungsänderungen als auch bei anderen Änderungen der Grundlagen des vereinbarten Preises, sofern diese durch Anordnungen des Auftraggebers verursacht worden sind. Nach alledem wird man daher dem Auftragnehmer einen Mehrvergütungsanspruch aus § 2 Abs. 5 VOB/B auch dann zubilligen müssen, wenn seine Mehrkosten ihre Ursache in einer **Anordnung des Auftraggebers** haben, die ggf. **nur den zeitlichen Bauablauf ändert** oder verschiebt (so BGH, Urt. v. 21.03.1968 – VII ZR 84/67, BGHZ 50, 25, 50 = NJW 1968, 1234, 1235; BGH, Urt. v. 27.06.1985 – VII ZR 23/84, BGHZ 95, 128, 135 = BauR 1985, 561, 564 = NJW 1985, 2475, 2476; Piel in Festschrift für Korbion, 1986, S. 349 ff., 351; Kraus BauR 1986, 18 f., Kapellmann/Messerschmidt/Kapellmann, VOB/B § 2 Rn. 185; Ingenstau/Korbion/Keldungs, VOB/B § 2 Abs. 5 Rn. 20 f.).

Soweit man dem Grundsatz nach angeordnete Änderungen zur Bauzeit als mehrvergütungspflichtig im Sinne des § 2 Abs. 5 VOB/B anerkennt, bereitet in der Praxis allerdings immer wieder die Feststellung und der Beweis einer **Anordnung zur Änderung des zeitlichen Bauablaufs Schwierigkeiten**. Dazu bedarf es nämlich zunächst der Ermittlung, welcher zeitliche Bauablauf vertraglich vereinbart war, um dann feststellen zu können, ob dieser durch eine Anordnung des Auftraggebers geändert worden ist. Der vertraglich vorgesehene Bauablauf kann sich dabei aus einem fest vereinbarten Bauzeitenplan oder aus einem vom Unternehmer seiner Kalkulation zugrunde gelegten und vom Auftraggeber widerspruchslos zur Kenntnis genommenen Bauablaufplan ergeben. Dieser ist dann Vertragsgrundlage. Er kann nicht einseitig vom Auftraggeber durch entsprechende Anordnungen geändert werden, ohne die Folgen für den Vergütungsanspruch gemäß § 2 Abs. 5 VOB/B auszulösen, wie z. B. bei einer Verschiebung der Bauzeit vom Sommer auf den Herbst und Winter (s. o. Rdn. 1693). Gibt auf dieser Grundlage der Auftraggeber einen neuen Bauzeitenplan vor, der die Bauzeit des ersten (vertraglichen) Bauzeitenplans ändert, liegt darin eine Anordnung im Sinne des § 2 Abs. 5 VOB/B (KG, Urt. v. 12.02.2008 – 21 U 155/06, BauR 2009, 650, 653).

Besonders problematisch ist die Feststellung einer zeitlichen Anordnung immer dann, wenn eine ursprünglich im Vertrag vereinbarte Bauzeit wegen streitiger Bauentwurfsänderungen und Behinderungen seitens des Auftraggebers nicht mehr einzuhalten ist, dieser eine Bauzeitverlängerung ablehnt und zugleich auf der Einhaltung der Vertragsfristen besteht. Darin kann je nach den Umständen des Einzelfalls auch eine **Beschleunigungsanordnung** des Auftraggebers zu sehen sein (a. A. OLG Koblenz, Urt. v. 12.01.2007 – 10 U 423/06, BauR 2007, 763 = NJW 2007, 2925, 2927 = NZBau 2007, 517, 519). Denn gemäß § 6 Abs. 2 Nr. 1 VOB/B werden Ausführungsfristen verlängert, soweit eine Behinderung durch einen der dort aufgeführten Umstände verursacht worden ist. Liegen also diese Voraussetzungen des § 6 Abs. 2 Nr. 1 lit. a)–c) VOB/B und eine Behinderungsanzeige gemäß § 6 Abs. 1 VOB/B vor, so verlängert sich die Ausführungsfrist automatisch (Rdn. 1800 ff.). Ein Bestehen des Auftraggebers auf der Einhaltung der vereinbarten Vertragsfrist kann vom Auftragnehmer dann nur als Beschleunigungsanordnung verstanden werden. Noch schwieriger wird ansonsten eine solche die Bauzeit ändernde Anordnung festzustellen sein, wenn nur ein vom Auftragnehmer vorgesehener **Bauzeitenplan** vorliegt und dieser dem Auftraggeber nicht zur Kenntnis gegeben worden ist, also auch erst später erstellt worden sein kann. Hier wird eine Abweichung vom Soll-Bauablauf kaum zu beweisen sein.

8.10.4.6 Leistungsänderungen infolge Anordnungen Dritter

Viel diskutiert wird immer wieder die Frage, ob auch von Dritten veranlasste Leistungsänderungen Mehrvergütungsansprüche im Sinne des § 2 Abs. 5 VOB/B auslösen können. Dritte können hier sein Straßenverkehrsbehörden, Baugenehmigungsbehörden, Prüfstatiker u. a.

▶ **Beispiele**
- Der Prüfstatiker fordert eine zusätzliche Bewehrung.
- Die Straßenverkehrsbehörde fordert eine zusätzliche Ampelanlage.

Der Auftragnehmer führt diese Leistungen jeweils aus und verlangt eine zusätzliche Vergütung.

Soweit die diesbezügliche Leistung nicht vom Vertragssoll erfasst war, kann es sich bei den von Dritten angeordneten Leistungen zwar um **Leistungsänderungen** im Sinne des § 2 Abs. 5 VOB/B handeln, die sich auch auf die Grundlagen des Preises auswirken. Dies ist in den vorgenannten Fällen unbestritten. Keinesfalls genügt es aber für einen Mehrvergütungsanspruch des Auftragnehmers, dass diese Anordnung von einem Dritten stammt. Hier ist schlichtweg nicht ersichtlich, mit welcher Kompetenz dieser Dritte in der Lage sein sollte, durch Willenserklärungen rechtsgestaltend auf den Vertrag Auftragnehmer/Auftraggeber einzuwirken (so aber etwa Ingenstau/Korbion/Keldungs, VOB/B § 2 Abs. 5 Rn. 25). Dabei ist völlig unbeachtlich, ob dieser Dritte eine berechtigte Anordnung erteilt. Das **Recht zur Vertragsänderung** obliegt vielmehr **allein dem Auftraggeber**, weswegen § 2 Abs. 5 VOB/B auch von Leistungsänderungen oder anderen Anordnungen **des Auftraggebers** spricht. Somit besteht ein Mehrvergütungsanspruch nur dann, wenn der Auftraggeber z. B. infolge eines Anstoßes von außen daraufhin auch tätig wird, d. h. seinerseits eine Anordnung erteilt (was etwa OLG Zweibrücken, Urt. v. 15.02.2002 – 2 U 30/01, BauR 2002, 972, 973 verkennt; stattdessen richtig: OLG Brandenburg, Urt. v. 17.10.2007 – 4 U 48/07, BauR 2009, 821 sowie vor allem OLG Düsseldorf, Urt. v. 24.10.1995 – 21 U 8/95, BauR 1996, 267 f., das gerade darauf abstellt, dass dann noch eine entsprechende Vereinbarung geschlossen wird).

▶ **Beispiel**

Die Verkehrsbehörde ordnet während der Baumaßnahme zur Baustellensicherung die Aufstellung einer Verkehrsampel an, die der Auftragnehmer (ohne Kenntnis des Auftraggebers) aufstellt. Hier scheidet mangels Anordnung des Auftraggebers ein Mehrvergütungsanspruch nach § 2 Abs. 5 VOB/B aus. Etwas anderes gälte, wenn der Auftraggeber daraufhin die Aufstellung einer Ampelanlage angeordnet hätte. Selbst eine zwingende Auflage der Verkehrsbehörden an den Auftraggeber beträfe nur das Verhältnis Behörde/Auftraggeber und würde eine Anordnung gegenüber dem Auftragnehmer im Sinne des § 2 Abs. 5 VOB/B nicht ersetzen.

Nichts anderes gilt vielfach im **Subunternehmerverhältnis**.

▶ **Beispiel (nach OLG Brandenburg, Urt. v. 01.04.2010 – 12 U 1/10, BauR 2010, 1639 [Ls.] = NJW-RR 2010, 898 = NZBau 2010, 433)**

Der Bauherr beauftragt den Generalunternehmer mit der Errichtung eines Einfamilienhauses. Dieser wiederum beauftragt mit diversen Elektroleistungen einen Subunternehmer. Nach dem ursprünglichen Vertrag, den der GU so auch an seinen Sub weiter gegeben hatte, war ein bestimmter Fertigstellungstermin angegeben. Der Bauherr wünscht nunmehr bereits eine vorzeitige Aufschaltung der Alarmanlage, was er so auch mit dem GU bespricht und in Baubesprechungsprotokollen festgehalten wird. Diese erhält der Subunternehmer in Kopie.

In Fällen wie diesen genügt es für eine Anordnung des Generalunternehmers an den Subunternehmer nicht, einfach die Baubesprechungsprotokolle (kommentarlos) weiterzuleiten. Denn dies ersetzt nicht eine eigene Leistungsänderungsanordnung. Der Subunternehmer darf daher zunächst von seinen alten Fristen ausgehen – oder annehmen, dass der Generalunternehmer für die Zusatzleistung ggf. einen Dritten beauftragen will. Der Generalunternehmer ist daher gut beraten, hier für Klarheit zu sorgen und gesondert die Leistungsänderung gegenüber dem Subunternehmer auch in dessen Vertragsverhältnis anzuordnen (OLG Brandenburg, a. a. O.).

1955 Dass man teilweise Anordnungen Dritter als Leistungsänderungen i. S. d. § 2 Abs. 5 VOB/B ausreichen lässt, geht auf den Umstand zurück, dass die (ggf. von einem Dritten angeordnete) Leistungsänderung wenigstens dem **Verantwortungsbereich des Auftraggebers** zuzuordnen ist. In der Tat finden sich dazu auch Hinweise in der Rechtsprechung. Dies betrifft vornehmlich die Fälle der nachträglichen Auflagen von Straßenverkehrsbehörden mit dem regelmäßigen Verweis darauf, dass nach § 4 Abs. 1 Nr. 1 VOB/B behördliche Auflagen und Anordnungen in den Verantwortungs- und Risikobereich des Auftraggebers fielen (OLG Düsseldorf, Urt. v. 24.10.1995 – 21 U 8/95, BauR 1996, 267, 268; OLG Zweibrücken, Urt. v. 15.02.2002 – 2 U 30/01, BauR 2002, 972, 973). Dies ist zwar vordergründig nicht falsch, bei einem richtigen Verständnis jedoch nur die »halbe Miete«. Denn die Kennzeichnung des Verantwortungsbereichs betrifft nur die Frage der Leistungsänderung als solche, d. h., ob überhaupt eine mehrkostenrelevante Abweichung der Bauausführung vom Bausoll vorliegt, die dem Einflussbereich des Auftraggebers zuzuordnen ist.

▶ **Beispiel**

Geht man von dem vorgenannten Sachverhalt zur angeordneten Ampelanlage aus, würde § 2 Abs. 5 VOB/B schon dem Grunde nach keine Rolle spielen, wenn die Verkehrssicherung vom Auftragnehmer vertraglich übernommen, d. h. seinem Verantwortungsbereich zuzuordnen ist. Geht es hingegen um den Verantwortungsbereich des Auftraggebers, könnte in der gleichwohl vom Auftragnehmer erfolgenden Aufstellung der Ampel eine Leistungsänderung im Sinne des § 2 Abs. 5 VOB/B liegen, ggf. auch eine zusätzliche Leistung im Sinne des § 2 Abs. 6 VOB/B.

Dies vorausgeschickt **ersetzt** die Diskussion zum Verantwortungsbereich aber **nicht die weitere Tatbestandsvoraussetzung** des § 2 Abs. 5 (oder Abs. 6) VOB/B, nämlich dass die Leistungsänderung auf **eine Anordnung des Auftraggebers** zurückgehen muss. Liegt eine solche nicht vor, scheidet allein deswegen ein Mehrvergütungsanspruch nach § 2 Abs. 5 VOB/B aus (OLG Brandenburg, Urt. v. 17.10.2007 – 4 U 48/07, BauR 2009, 821; ähnlich OLG Saarbrücken, Urt. v. 22.07.2008 – 4 U 627/07 – OLGR 2008, 871 = IBR 2009, 69; ebenso Bruns, ZfIR 2006, 158).

Auf vier Erwägungen ist an dieser Stelle allerdings hinzuweisen:
- Auch wenn dem Grunde nach ein Mehrvergütungsanspruch bei einer fehlenden Anordnung ausscheidet, kommt ein solcher ggf. doch in Betracht, wenn die Parteien dazu eine entsprechende **Vergütungsvereinbarung getroffen** haben (so vor allem in der Entscheidung des OLG Düsseldorf, Urt. v. 24.10.1995 – 21 U 8/95, BauR 1996, 267, 268; wohl auch OLG Zweibrücken, Urt. v. 15.02.2002 – 2 U 30/01, BauR 2002, 972, 973). 1956
- Bei einer Anordnung Dritter als Tatbestandsvoraussetzung des § 2 Abs. 5 VOB/B ist stets ergänzend zu prüfen, ob eine solche nicht auch als eigene vom Auftraggeber (stillschweigend) übernommen wurde. Dies gilt vor allem bei **zwingenden Auflagen öffentlicher Behörden**, wenn der Auftraggeber ohnehin keine andere Wahl hat, als diese zu befolgen. Nimmt er hier die Befolgung einer solchen Anweisung in Kenntnis der Umstände sehenden Auges in Kauf, dürfte in diesem Verhalten ggf. eine konkludente (stillschweigende) Anordnung liegen (insoweit immerhin zu Recht: Ingenstau/Korbion/Keldungs, VOB/B, § 2 Abs. 5 Rn. 12; Kapellmann/Schiffers Bd. I, Rn. 834 ff.; s. dazu auch oben Rdn. 1914).

▶ Beispiel (nach OLG Naumburg, Urt. v. 23.06.2011 – 2 U 113/09, BauR 2012, 255 = NJW-RR 2011, 1389 = NZBau 2011, 750)

Nach einem gerichtlichen Baustopp gegenüber dem Auftraggeber schickt dieser dem Auftragnehmer eine entsprechende Nachricht dazu verbunden mit der Information, dass aus diesem Grund die Arbeiten einzustellen sind. Hier teilt er dem Auftragnehmer nicht nur eine »interessante« Neuigkeit mit, sondern erteilt dazu zumindest eine stillschweigende Anordnung.

- Vorstehender Weg über eine **stillschweigende Anordnung** des Auftraggebers ist aber dann verbaut, wenn der Auftragnehmer den Auftraggeber über die Weisungen des Dritten erst gar nicht informiert.

▶ Beispiel

Der Auftragnehmer nimmt an den Abstimmungsgesprächen mit der Verkehrsbehörde teil, wo die zusätzliche Ampelanlage besprochen wird. Diese führt er aus, ohne den Auftraggeber davon in Kenntnis zu setzen. Später verlangt er dafür eine Vergütung.

In Fällen wie diesen scheidet mangels Anordnung des Auftraggebers ein Mehrvergütungsanspruch nach § 2 Abs. 5 VOB/B definitiv aus. Da aber möglicherweise doch eine Leistungsänderung vorliegt, die in den Verantwortungsbereich des Auftraggebers fällt und ggf. sogar notwendig ist, wäre immerhin noch an einen **Vergütungsanspruch nach § 2 Abs. 8 Nr. 2 oder 3 VOB/B** zu denken (s. o. Rdn. 1915 ff. sowie im Einzelnen Rdn. 2368 ff.).
- Bei zwingenden Anweisungen Dritter, insbesondere bei verkehrsbeschränkenden Anordnungen kommt schließlich noch – zumindest theoretisch – ein Schadensersatzanspruch gemäß § 6 Abs. 6 VOB/B in Betracht, soweit dafür die Voraussetzungen vorliegen. Hiervon kann aber in der Regel nicht ausgegangen werden.

▶ Beispiel

Eine Gemeinde sperrt für Schwerlasttransporte eine Ortsdurchfahrt, weswegen der Auftragnehmer nunmehr einen Umweg fahren muss.

Man könnte auch hier vertreten, dass die Sperrung der Straße gemäß § 4 Abs. 1 Nr. 1 S. 2 VOB/B der Risikosphäre des Auftraggebers zuzurechnen ist – was bei der Sperrung einer Straße im öffentlichen Straßenland allerdings schon zweifelhaft sein dürfte: Denn wieso soll die Sperrung einer öffentlichen Straße in den Risikobereich des Auftraggebers fallen? Mit der Beschaffung öffentlicher Genehmigungen für das Bauvorhaben hat diese Sperrung ebenfalls nichts zu tun – anders als der Fall der Auflage zur zusätzlichen Baustellensicherung durch eine Ampel. Diese Bedenken sollen hier aber einmal dahinstehen. Nähme man nämlich an, dass der Verantwortungsbereich des Auftraggebers betroffen ist, könnte sich aus einer solchen Sperrung dann zwar nach § 6 Abs. 2 Nr. 1 lit. a) VOB/B eine Behinderung mit einer Verlängerung der Bauzeit ergeben (s. auch oben Rdn. 1768). Für einen Schadensersatzanspruch nach § 6 Abs. 6 VOB/B fehlt jedoch jeglicher Anhaltspunkt, da ein wie auch geartetes Verschulden des Auftraggebers im Hinblick auf die Sperrung der Ortsdurchfahrt nicht erkennbar ist (OLG Brandenburg, Urt. v. 17.10.2007 – 4 U 48/07, BauR 2009, 821).

8.10.4.7 Leistungsänderungen vor Vertragsabschluss

1957 Durch zahlreiche Urteile des Bundesgerichtshofs zumindest dem Grundsatz nach geklärt sind zwischenzeitlich die Rechtsfolgen in einer letzten hier zu behandelnden Fallgruppe, nämlich wenn es bereits zu Verzögerungen in der Vergabephase, d. h. vor Vertragsabschluss kommt.

▶ **Beispiel**

Die Vergabestelle schreibt im Februar in einem offenen Verfahren (öffentliche Ausschreibung) eine Bauleistung aus. Als Bauzeit sind die Monate Juli bis September vorgesehen. Ein unterlegener Bieter reicht einen Nachprüfungsantrag ein. Anfang September wird dieser bzw. die dagegen eingelegte Beschwerde zurückgewiesen. Der Zuschlag wird erteilt. Nunmehr macht der Auftragnehmer wegen zwischenzeitlich gestiegener Baukosten einen Mehrvergütungsanspruch geltend.

Das Problem wurde schon im Zusammenhang mit der Verlängerung der Bauzeit diskutiert. Es besteht darin, dass für die Dauer eines Vergabenachprüfungsverfahrens nach § 115 Abs. 1 GWB die Zuschlagserteilung zu unterbleiben hat; die aufschiebende Wirkung bleibt selbst über einen Zeitraum von zwei Wochen hinaus im Beschwerdeverfahren erhalten, soweit dies das Beschwerdegericht nach § 118 Abs. 2 GWB auf einen Antrag des unterlegenen Bieters hin entsprechend verfügt (Rdn. 372). Hier können schnell sämtliche vorgesehenen Termine überschritten werden (s. dazu oben Rdn. 1788 ff.); gleichzeitig kann es zu erheblichen Mehrkosten des späteren Auftragnehmers kommen (s. dazu auch die Empfehlung des 2. Baugerichtstages, Arbeitskreis II, diese Fragen gesetzlich zu regeln, BauR 2008, 1712). Dies ist etwa denkbar, weil sich die Bauleistung durch den verzögerten Zuschlag in eine ungünstigere Jahreszeit verschiebt, dem Auftragnehmer ein günstiger Subunternehmer abspringt oder sich seine Einkaufspreise anderweitig erhöhen – wobei es letztlich einerlei ist, warum sich der Zuschlag verzögert, d. h.: Die nachfolgenden Ausführungen gelten auch dann, wenn z. B. die **Zuschlagsverzögerung** auf einem noch **nicht abgeschlossenen Planfeststellungsverfahren** beruht (BGH, Urt. v. 25.11.2010 – VII ZR 201/08, BauR 2011, 503 = NZBau 2011, 97).

1958 Schon zu der Frage einer anzupassenden Bauzeit in diesen Fällen wurde erläutert, dass es als tauglicher Weg für den Bieter zur Wahrung seiner Rechte in der Regel ausscheidet, bereits während des Vergabeverfahrens – sei es zeitlich, sei es preislich – einen Vorbehalt zu erklären. Er wäre ohnehin nur außerhalb der Bindefrist relevant. Auch würde ein solcher **Vorbehalt** insbesondere bei einer öffentlichen Ausschreibung bzw. bei einem offenen Verfahren auf **unzulässige Nachverhandlungen** im Sinne des § 15 Abs. 3 VOB/A hinauslaufen mit der weiteren Folge, dass derartige Angebote zwingend auszuschließen wären (§ 16 Abs. 1 Nr. 1 lit. b VOB/A). Ggf. wegen der Verzögerung erteilte Bindefristverlängerungen sind hier als Argument ebenso unergiebig: Denn mit diesen wird lediglich das ursprüngliche Angebot konserviert und die rechtsgeschäftliche Bindefrist an das Angebot gemäß § 148 BGB, zugleich Bindefrist nach § 10 Abs. 7 VOB/A verlängert (BGH, Urt. v 11.05.2009 – VII ZR 11/08, BGHZ 181, 47, 53 = BauR 2009, 1131, 1133 = NJW 2009, 2443, 2444 = NZBau 2009, 370, 372; BGH, Urt. v. 10.09.2009 – VII ZR 152/08, BauR 2009, 1901, 1904 = NJW 2010, 522, 524 = NZBau 2009, 771, 773). Mehr ergibt sich daraus nicht.

1959 Der Weg zu einer ggf. erhöhten Vergütung des Auftragnehmers ist indes derselbe wie bei der Gewährung einer infolge der verzögerten Zuschlagserteilung deshalb erforderlichen zusätzlichen Bauzeit bzw. Bauzeitverschiebung: Wird der Zuschlag auf ein Angebot in einem öffentlichen Vergabeverfahren erteilt, erfolgt dieser unbedingt, und zwar zu den Konditionen, wie der Bieter sein Angebot (zu dem Angebotspreis) abgegeben hatte. Ähnlich wie die Bauzeit ist allerdings in gleicher Weise auch der **Vergütungsanspruch anzupassen**, und zwar erneut im Rahmen einer nach Treu und Glauben anzustellenden **ergänzenden Vertragsauslegung**. Maßstab der **Anpassung ist § 2 Abs. 5 VOB/B**. Zwar gilt diese Regelung nicht unmittelbar; denn sie setzt als Allgemeine Geschäftsbedingung zunächst einen schon geschlossenen Vertrag voraus, mit dem deren Geltung erstmals vereinbart würde. Gleichwohl zeigt der Vertragsschluss auf der Grundlage der VOB/B, dass die Parteien gerade auch diese Preisanpassungsregelung als angemessene Vorgehensweise bei durch den Auftraggeber veranlassten Änderungen angesehen haben. Hierauf ist bei Verzögerungen in einem Vergabeverfahren zurückzugreifen; denn es ist davon auszugehen, dass sich die Parteien in Kenntnis der Umstände der Verzögerungen in gleicher Weise wie bei § 2 Abs. 5 VOB/B auf eine danach angepasste Vergütung verständigt hätten (BGH, Urt. v. 11.05.2009 – VII ZR 11/08, BGHZ 181, 47, 61 = BauR 2009, 1131, 1136 = NJW 2009, 2443, 2447 = NZBau 2009, 370, 374; dazu Dobmann, VergabeR 2009, 602; s. auch BGH, Urt. v. 22.07.2010 – VII ZR 213/08, BGHZ 186, 295, 304 = BauR 2010, 1921, 1924 = NZBau 2010, 622, 624 mit einer ausführlichen Befassung mit der europarechtlichen Zulässigkeit dieser Lösung; dagegen Leinemann, NJW 2010, 471, 474).

Allerdings mag man zu Recht die Frage stellen, ob mit dieser Lösung des BGH mit Rückgriff auf § 2 Abs. 5 VOB/B das Mehrkostenrisiko infolge einer Zuschlagsverzögerung nicht zu Unrecht einseitig auf den Auftraggeber verlagert wird; denn dieser kann gerade bei unberechtigten Nachprüfungsverfahren daran genauso unschuldig sein wie der Auftragnehmer. Indes geht es nicht um eine Frage des Verschuldens oder einer sonst dem Auftraggeber zuzuweisenden Verantwortung. Stattdessen ist nach Treu und Glauben im Rahmen einer ergänzenden Vertragsauslegung die **Risikosphäre** zu bestimmen, **wer bei der Gesamtabwicklung eines Vergabeverfahrens** solche **unverschuldeten Verzögerungen eher zu tragen** hat. Dies ist – wie im Übrigen auch in anderen unverschuldeten Fällen z. B. eines nicht erhaltenen Baugrundstücks (BGH, Urt. v. 21.10.1999 – VII ZR 185/98, BGHZ 143, 32, 39 = BauR 2000, 722, 725 = NJW 2000, 1336, 1338 = NZBau 2000, 187, 188 f.) – der Bauherr als dessen Initiator. Auch würde der Rechtsschutz eines Bieters ausgehöhlt, sähe er sich im Fall von ihm nicht steuerbarer Verzögerungen in der Bieterphase damit konfrontiert, dass er ggf. zwischenzeitlich entstandene Verzögerungskosten zu tragen hätte. Dies würde entgegen der gesetzlichen Intention nicht zu einer Verstärkung seines Rechtsschutzes führen, sondern zu einer Schwächung, weil er – obwohl bester Bieter – möglicherweise später schlechter dastände als vorher. Als Alternative käme für ihn somit nur noch in Betracht, sich bei Verzögerungen in einem Wettbewerb frühzeitig zurückzuziehen, was auch aus Sicht des Auftraggebers entgegen dem Wettbewerbsprinzip zu ungewünschten Verzerrungen führen dürfte. Ohnehin geht es bei der nunmehr gebotenen ergänzenden Vertragsauslegung nur um die Ermittlung des Willens, was die Parteien vereinbart hätten, wenn sie die im Vergabeverfahren eingetretene Verzögerung bedacht hätten. Allein deswegen wird der Auftraggeber nicht einmal unbillig belastet. Denn auch bei einer zeitnah zur tatsächlichen Ausführung erfolgten Ausschreibung hätte er diese Mehrkosten tragen müssen (BGH, Urt. v. 11.05.2009, a.a.O., BauR 2009, 1131, 1137).

Stehen diese Grundsätze fest, ergeben sich danach aber die **beiden folgenden Voraussetzungen** für Mehrvergütungsansprüche nach Vergabeverzögerungen:

- Erstens muss es tatsächlich zu einer Bauzeitverschiebung gegenüber den ausgeschriebenen Terminen gekommen sein (BGH, Urt. v. 10.09.2009 – VII ZR 82/08, BGHZ 182, 218, 223 = BauR 2009, 1897, 1898 = NJW 2010, 519, 520 = NZBau 2009, 777, 778; anschaulich auch BGH, Urt. v. 08.03.2012 – VII ZR 202/09, BauR 2012, 939, 940 = NZBau 2012, 287, dazu Markus, NZBau 2012, 414); bleiben die Zeiten unverändert, ist für eine Vergütungsanpassung kein Raum.

> ▶ **Beispiel (nach BGH, Urt. v. 10.09.2009 – VII ZR 82/08, a. a. O.)**
>
> Der Zuschlag war für den 26. September 2009, als Ausführungsfrist der Zeitraum vom 01.01. bis 31.12.2010 vorgesehen. Infolge eines Vergabenachprüfungsverfahrens wird der Zuschlag erst am 20. November 2009 erteilt. Zu diesem Zeitpunkt kann der Auftragnehmer nicht

mehr auf ein ihm zuvor noch vorliegendes günstiges Angebot seines Energielieferanten zurückgreifen, weil dieser einer Bindefristverlängerung nicht zugestimmt hatte. Wegen der unverändert gebliebenen Ausführungsfrist schied gleichwohl ein zusätzlicher Vergütungsanspruch aus.

Wie und in welchem Umfang eine Bauzeitverschiebung eintritt, ist dagegen ohne Bedeutung.

▶ **Beispiel (nach BGH, Urt. v. 10.09.2009 – VII ZR 152/08, BauR 2009, 1901, 1904 = NJW 2010, 522, 524 = NZBau 2009, 771, 772)**

Der Auftraggeber schreibt eine Bauleistung aus. Mit den Arbeiten ist zwölf Werktage nach Zuschlagserteilung zu beginnen; es gilt eine Bauzeit von 300 Tagen. Der ursprünglich vorgesehene Zuschlagstermin am 10. Oktober 2009 kann nicht eingehalten werden; er verschiebt sich auf den 10. Mai 2010. Der Auftragnehmer fordert nunmehr eine Mehrvergütung, weil sich seine Subunternehmerkosten in der Zwischenzeit erhöht hätten.

Hier hat sich die Bauzeit verschoben. Zwar mag es den ersten Anschein haben, dass dies nicht der Fall ist, weil es tatsächlich bei einer Ausführungszeit von 300 Tagen beginnend vom 12. Tag des Zuschlages verblieben sein könnte. Ein solches Verständnis lässt sich jedoch nicht mit den anerkannten Auslegungsgrundsätzen von Willenserklärungen im Rahmen eines formalisierten Vergabeverfahrens verbunden mit einem objektiven Bieterhorizont in Einklang bringen (BGH, Urt. v. 11.11.1993 – VII ZR 47/93, BGHZ 124, 64, 69 f. = BauR 1994, 236, 238 = NJW 1994, 850, 851; s. dazu auch Rdn. 912 ff.). Die völlige Freistellung bei der zeitlichen Festlegung abhängig vom Zuschlag würde dem Bieter nämlich entgegen § 7 Abs. 1 Abs. 3 VOB/A ein ungebührliches Wagnis auferlegen. Denn der Bieter könnte dann seine Preiskalkulation nicht mehr anhand des ihm vorliegenden Leistungsverzeichnisses aufstellen, sondern müsste mutmaßen, welche Bauzeit wohl gewollt ist. Also bleibt es auch hier zur Bestimmung der Bauzeit als Grundlage eines Mehrvergütungsanspruchs nach § 2 Abs. 5 VOB/B bei der Ausführungszeit, die sich aus dem Vertrag – wenn auch nur mittelbar – bestimmen lässt (BGH, Urt. v. 10.09.2009 – VII ZR 152/08, a. a. O.).

Ist nach Vorstehendem dem Grunde nach eine Bauzeitverschiebung zwingend, dürfte – auch wenn bisher nicht entschieden – für eine Vergütungsanpassung in Anlehnung an § 2 Abs. 5 VOB/B ebenso ausreichen, dass durch die Verschiebung des Zuschlagstermins der Zeitraum zwischen Vertragsschluss und vorgesehenem Bautermin in einer Weise verkürzt wird, dass nach der vorgesehenen und kalkulierten Bauablaufplanung nicht **mehr genug Zeit für ausreichende Bauvorbereitungsmaßnahmen** bleibt bzw. insoweit ein deutlich erhöhter Aufwand anfällt, um den vorgesehenen Baubeginn halten zu können.

1962 • Eine reine Bauzeitverschiebung reicht für einen Mehrkostenanspruch in Anlehnung an § 2 Abs. 5 VOB/B jedoch nicht aus. Vielmehr müssen zweitens dem Auftragnehmer Zusatzkosten entstanden sein, die kausal auf dieser Bauzeitverschiebung beruhen (BGH, Urt. 10.09.2007 – VII ZR 152/08, BauR 2009, 1901, 1907 f. = NJW 2010, 522, 527 = NZBau 2009, 771, 775; BGH, Urt. v. 08.03.2012 – VII ZR 202/09. BauR 2012, 939, 940 = NJW 2012, 1436, 1437 = NZBau 2012, 287 f.; dazu Markus NZBau 2012, 414). Denn ersatzfähig sind nur die **effektiv konkret infolge einer Bauverzögerung anfallenden Mehrkosten**, die der Auftragnehmer gegenüber seinem ursprünglichen Angebot darzulegen hat (s. dazu sogleich Rdn. 1963). Dies ist im Einzelfall zu prüfen.

▶ **Beispiel (in Anlehnung an BGH, Urt. v. 08.03.2012 – VII ZR 202/09, a. a. O.)**

Der Auftragnehmer kalkuliert für die in der Ausschreibung vorgesehene Bauzeit mit Subunternehmerkosten von 1,4 Mio. €. Die Zuschlagserteilung und infolgedessen auch die Bauzeit verschieben sich. Während der Auftragnehmer eine Bindefristverlängerung abgibt, ist sein Subunternehmer dazu nicht bereit. Nach dem späteren Zuschlag muss der Auftragnehmer deswegen auf einen um ca. 260 T€ teureren Subunternehmer zurückgreifen.

Hier ist es sowohl zu einer Verzögerung der Bauzeit als auch infolgedessen zu gestiegenen Subunternehmerkosten gekommen. Diese können auch konkret belegt werden. Dabei kommt es maßgeblich darauf an, ob der Auftragnehmer das preisgebundene Angebot des Subunternehmers angenommen hätte bzw. hätte annehmen können, wenn die ursprüngliche Bauzeit unverändert geblieben wäre. Insoweit besteht dann ein Mehrvergütungsanspruch in Anlehnung an § 2 Abs. 5 VOB/B (BGH, Urt. v. 08.03.2012, a. a. O.). Etwas anderes gilt dagegen, wenn der Auftragnehmer über die Dauer der Preisbindung des Subunternehmers hinaus zunächst einer Verlängerung der Bindefrist bis zu einem Zeitpunkt zustimmt, in dem der Zuschlag ohne Einfluss auf die Bauzeit hätte erteilt werden können, der Zuschlag infolge weiterer Bindefristverlängerungen dann jedoch erst so spät erteilt wird, dass die Bauzeit nunmehr doch nicht mehr eingehalten werden kann. In solchen Fällen fehlt es bereits an der **Kausalität der Bauzeitverschiebung** für die ggf. effektiv anfallenden Mehrkosten: Denn zum Zeitpunkt des Ausscheidens des ersten Subunternehmers war die Bauzeit ja noch unverändert, sodass sich der Hauptunternehmer auch nach der hier relevanten ersten Bindefristverlängerung noch mit unveränderter Bauzeit einen neuen Subunternehmer hätte suchen müssen (BGH, Urt. v. 08.03.2012, a. a. O.).

▶ **Beispiel**

In der Ausschreibung ist eine Bauzeit vom 01.01. bis zum 31.05.2012 vorgesehen. Die Bieter geben die Angebote mit einer Binde- und Zuschlagsfrist per 15. April 2011 ab. Der Bieter B stützte sich dabei auf ein Subunternehmerangebot des S, der eine Bindefrist bis zum 22. April 2011 zugesagt hatte. Wegen Verzögerungen im Vergabeverfahren bittet der Auftraggeber die Bieter um eine Bindefristverlängerung bis zum 15. Mai, die diese auch erteilen. S ist zu einer solchen Verlängerung dagegen nicht bereit und springt ab. Das Vergabeverfahren verzögert sich; es folgen weitere Bindefristverlängerungen. Letztlich muss sogar die Bauzeit auf den 01.03. bis zum 31.07.2012 verschoben werden. B muss nach Zuschlagserteilung (nachdem ihm S abhanden gekommen war) einen teureren Subunternehmer einschalten. Diese Mehrkosten sind nicht erstattungsfähig. Denn hier hätte trotz Bindefristverlängerung des B immer noch ein Zuschlag an ihn ohne Auswirkung auf die Bauzeit erteilt werden können. Die gestiegenen Subunternehmerkosten gingen somit nicht ursächlich auf die Bauzeitverschiebung zurück.

Nichts anderes dürfte natürlich für sonstige Kostensteigerungen gelten, die aus demselben Grund kausal auf eine Bauzeitverschiebung zurückgehen (wie z. B. sonst gestiegene Einkaufspreise für Baustoffe, Material u. a.).

Die vorstehenden Erläuterungen zeigen anschaulich, dass die **reine Kalkulation bei einem unveränderten Leistungssoll des Auftragnehmers nicht geschützt** ist und keine Mehrkostenansprüche auslöst – zumal der Auftraggeber diese Kalkulationsgrundlagen im Zweifel nicht einmal kennt. Aus diesem Grund **entfällt zugleich eine Preisanpassung über das Institut des Wegfalls der Geschäftsgrundlage** nach § 313 BGB (BGH, Urt. v. 10.09.2009 – VII ZR 82/08, BGHZ 182, 218, 224 = BauR 2009, 1897, 1899 = NJW 2010, 519, 520 = NZBau 2009, 777, 779; sehr kritisch dazu Leinemann, NJW 2010, 471, 472; Tomic, BauR 2010, 845, 851). Der Wettbewerb wird dadurch, insbesondere auch nach einer verlangten Bindefristverlängerung, nicht verfälscht. Denn der Bieter kann – ggf. vorbehaltlich einer nicht zu kurzfristig verlangten Zustimmung zu einer Bindefristverlängerung – selbst überlegen, ob er im Wettbewerb bleibt oder nicht (was er seinerseits möglicherweise von Bindefristverlängerungen seiner Subunternehmer abhängig machen wird – BGH, a. a. O.). Ersatzfähig sind stattdessen (nur) die **effektiv infolge einer Bauverzögerung anfallenden Mehrkosten**, die der Auftragnehmer gegenüber seinem ursprünglichen Angebot darzulegen hat. Diese kann er **konkret berechnen** – was etwa denkbar ist, wenn ihm (wie im vorgenannten Beispiel – Rdn. 1962) wegen der Bauzeitverschiebung ein bestimmter Subunternehmer abspringt und er später bei Zuschlagserteilung einen teureren Subunternehmer einschalten muss (BGH, Urt. v. 8.3.2012 – VII ZR 202/09, BauR 2012, 939, 940 = NJW 2012, 1436, 1437 = NZBau 2012, 287 f.). Oder ihm sind diese konkreten Darlegungen nicht möglich – was nahe liegen kann, weil nicht für jeden Wert unbedingt schon im Vorfeld ein fester Preis bekannt ist. Dann kann hilfsweise auch auf z. B. zwischenzeitlich gestiegene Marktpreise zurückgegriffen werden (BGH, Urt. v. 10.09.2009 – VII ZR 152/08, BauR 2009, 1901, 1907 = NJW 2010, 522, 526 = NZBau 2009, 771, 775; BGH, Urt. v. 22.07.2010 – VII ZR 129/09, BauR 2010, 1929, 1935 = NJW 2010, 3436, 3439 = NZBau 2010,

628, 632). Mit dieser Maßgabe unterscheidet sich somit der hier mögliche zusätzliche Vergütungsanspruch nach Vergabeverzögerungen von sonstigen auf der Basis der Urkalkulation fortzuschreibenden Mehrkostenansprüchen (s. dazu Rdn. 2273 und 2417 ff.) nach bauzeitlichen Änderungsanordnungen im Anwendungsbereich des § 2 Abs. 5 VOB/B (s. dazu sehr deutlich auch OLG Düsseldorf, Urt. v. 23.11.2011 – VI U 12/11, BauR 2012, 651, 653 f.): Denn tatsächlich werden wie gezeigt nur die **effektiv durch die Zuschlagsverzögerung entstehenden Selbstkosten** erstattet (dies kritisiert etwa Drittler, BauR 2010, 143, 147). Dies mag aber ausnahmsweise hinzunehmen sein, weil mit der Preisanpassung in den vorliegenden Fällen nicht ein zusätzlicher Vergütungsanspruch auf der Grundlage einer Kalkulation gewährt wird; vielmehr soll nur das Risiko ausgeglichen werden, das sich zulasten des Auftragnehmers wegen der (unverschuldeten) Zuschlagsverzögerung ergeben hat. Dieses hängt nun einmal nicht von seinen kalkulatorischen Annahmen ab, sondern von den einen Auftragnehmer ggf. treffenden effektiven Mehrkosten (BGH, Urt. v. 10.09.2009 – VII ZR 152/08, BauR 2009, 1901, 1908 = NJW 2010, 522, 527 = NZBau 2009, 771, 775). Das aber bedeutet später im Bauverlauf, dass ein Auftragnehmer bei der Geltendmachung von Mehrkosten aus Bauzeitverzögerungen jeweils **genau danach differenzieren** muss, ob die Verzögerungen aus dem Stadium vor Vertragsschluss resultieren (hier stehen ihm nur die tatsächlich gestiegenen Kosten zu) oder nach Vertragsschluss mit einer Verfolgung von Kostensteigerungen gegenüber seinen kalkulierten Preisen. Unterlässt er diese Unterscheidung, wäre eine gleichwohl erhobenen Klage unschlüssig (OLG Düsseldorf, Urt. v. 23.11.2011 – VI U 12/11, BauR 2012, 651, 654).

1964 Ein **Preisanpassungsanspruch scheidet dagegen aus**, wenn die Parteien im Vorfeld der Vergabe dazu eine Absprache getroffen haben oder dieser Punkt sonst in den Verhandlungen berücksichtigt wurde. Vorstellbar ist dies etwa, wenn zwar nicht in einem förmlichen Vergabeverfahren, wohl aber in einem **Verhandlungsverfahren** (freihändigen Vergabe) bereits Zeit- und Preisdiskussionen geführt wurden.

▶ Beispiel (nach BGH, Urt. v. 10.09.2009 – VII ZR 255/08, a. a. O.)

In einem Verhandlungsverfahren kommt es zu Zuschlagsverzögerungen. Der Bieter kündigt Mehrvergütungsansprüche wegen zwischenzeitlich gestiegener Stahlpreise an. Eine Vereinbarung wird dazu nicht geschlossen. Der Zuschlag wird erteilt.

In einem solchen Fall steht dem Bieter trotz Zuschlagsverzögerung und ggf. gestiegener Einstandspreise keine erhöhte Vergütung zu. Denn hier haben die Parteien – was ja wegen des Nachverhandlungsverbots im förmlichen Vergabeverfahren gerade nicht möglich ist (s. o. Rdn. 1958) – über diese Preissteigerungen gesprochen; eine Preisanpassung aus diesem Grund wäre somit möglich gewesen. Lässt es dann aber der Bieter lediglich bei der Ankündigung einer Mehrvergütung und schließt den Vertrag zu den ausgeschriebenen Konditionen, bleibt es dabei (BGH, Urt. v. 10.09.2009 – VII ZR 255/08, BauR 2009, 1909, 1911 = NJW 2010, 527, 529).

1965 Noch nicht entschieden, aber wohl in gleicher Weise zu verfahren wäre in Fällen, in denen der Mehrvergütungsanspruch bereits preislich **in der Ausschreibung angelegt** ist. Dies ist in jedem Fall zu empfehlen, weil sich andernfalls aus diesen Verzögerungen für den Auftraggeber teilweise sogar unkalkulierbare Risiken ergeben können. Selbst der BGH hat zumindest in einer seiner Entscheidungen angedeutet, dass er auf die vorstehend beschriebenen Grundsätze einer ergänzenden Vertragsauslegung nur bei einer sonst verbleibenden Lücke im Vertrag zurückgreifen würde, d. h. in dem Fall, dass sich im Vertrag keine Regelung für diese Fälle der Zuschlagsverzögerung findet (BGH, Urt. v. 10.09.2009 – VII ZR 152/08, BauR 2009, 1901, 1906 = NJW 2010, 522, 525 = NZBau 2009, 771, 774). Folglich erscheint dem Grundsatz nach eine **Preisregelung dazu in den Ausschreibungsunterlagen** denkbar. Sie sollte allerdings nicht als Bedarfs- bzw. Eventualposition ausgestaltet werden. Denn abgesehen davon, dass deren Aufnahme in einer öffentlichen Ausschreibung nach § 7 Abs. 1 Nr. 4 VOB/A ohnehin nicht zulässig wäre, ist sie schon deshalb nicht zu empfehlen, weil deren Wertung gar nicht eindeutig zu bewerkstelligen ist (s. zu den damit verbundenen Problemen bei der Wertung: Vygen/Joussen/Schubert/Lang, Bauverzögerung und Leistungsänderung, Teil A Rn. 437). Der Auftraggeber könnte stattdessen aber – je nach Vorbereitung der Vergabe – von sich aus für dieses Mehrkostenrisiko einen festen Preis vorgeben. Die Angemessenheit des Preises vorausgesetzt wäre damit einer Preisanpassung durch eine ergänzende Vertragsauslegung die Grundlage entzogen (i. E. ebenso Ingenstau/Korbion/Sienz, VOB/A § 9 Rn. 115, der insoweit auf § 9 Abs. 9 VOB/B zurückgreifen will; offen gelassen in KG, Urt. v. 05.10.2007 – 21 U 52/07, NZBau 2008, 180, 182, wobei der BGH später mit seinem Grundlagenurteil vom 11.05.2010 – VII ZR 11/08, BGHZ 181, 47, oben Rdn. 1959, nicht mehr darauf einging; kritisch zu einem Rückgriff auf § 9 Abs. 9 VOB/A (§ 15 VOB/A a. F.) immerhin Verfürth, NZBau 2010, 1, 3).

8.10.5 Reichweite einer Nachtragsvereinbarung wegen veränderter Bauzeit (Bauzeitennachträge)

Liegen die Voraussetzungen des § 2 Abs. 5 VOB/B vor, so ist ein neuer Preis für die verändert (leistungsbezogen, bezüglich der Art der Ausführung oder in zeitlicher Hinsicht) ausgeführte oder richtiger noch auszuführende Leistung unter Berücksichtigung der Mehr- und Minderkosten, d. h. **aller durch die Änderung verursachten kalkulativen Mehr- oder Minderkosten** zu vereinbaren (s. dazu mehr Rdn. 2273 ff., 2417 ff.). Dieses zunächst als zwingend formulierte **Vereinbarungserfordernis** wird im Nachsatz wieder dahin relativiert, dass eine Vereinbarung vor der Ausführung getroffen werden soll. Dabei ist der Auftragnehmer im Rahmen seiner Kooperationspflicht aber gehalten, geltend gemachte Mehrkosten aus einer erteilten Anordnung zur Bauzeit nachvollziehbar und auf der Grundlage der VOB/B, d. h. vor allem in Anlehnung an seine Kalkulation, zu erläutern (KG, Urt. v. 21.01.2011 – 7 U 74/10, BauR 2011, 1498, 1500 = NJW-RR 2011, 818, 819 = NZBau 2011, 424, 425). 1966

Ist demnach der zu vereinbarende Preis insbesondere bei einem Mehraufwand im Zusammenhang mit Änderungsanordnungen, die sich auf die Bauzeit auswirken, **an den kalkulativ fortzuschreibenden Mehrkosten** zu bemessen, zeigt sich auch insoweit ein ganz erheblicher **Unterschied zu einem Schadensersatzanspruch** nach § 6 Abs. 6 VOB/B: Denn Letzterer beruht nicht auf den kalkulativen, sondern den **tatsächlichen Mehrkosten** (s. zu dieser grundsätzlichen Unterscheidung oben Rdn. 1885 ff. sowie Rdn. 2020 ff.). 1967

Gesondert stellt sich sodann bei einem Mehrvergütungsanspruch nach § 2 Abs. 5 VOB/B bzw. einem darauf gerichteten Nachtrag die Frage, ob hierin sämtliche Mehrkosten des Unternehmers zu erfassen sind. Dies ist vor allem bei solchen Mehrkosten unklar, die durch die infolge der Leistungsänderung zusätzlich ausgelöste oder durch die Anordnung allein ohne Leistungsänderung verursachte **Verlängerung der Bauzeit** bzw. eine dadurch verursachte Bauablaufstörung entstanden sind. Das ist eindeutig zu bejahen. Denn § 2 Abs. 5 VOB/B soll einen **Ausgleich schaffen für die Mehr- und Minderkosten**, die durch nachträgliche Änderungen der Leistung oder der Ausführungsart bzw. des Bauablaufes entstehen und bei der **Kalkulation der Angebotspreise** durch den Unternehmer nicht berücksichtigt werden konnten. Dies aber trifft nicht nur für die leistungsbezogenen und unmittelbar durch Leistungsänderungen bedingten Mehrkosten bei den **Einzelkosten der Teilleistung** zu, sondern auch für die **zeitabhängigen Mehrkosten**. Diese werden zwar nicht unmittelbar durch die Leistungsänderung, wohl aber mittelbar durch die als Folge der Leistungsänderung ausgelöste Bauzeitverlängerung oder Bauablaufstörung verursacht. Dies wiederum beruht darauf, dass auch diese zeitabhängigen Mehrkosten auf die Änderung des Bauentwurfs oder andere Anordnungen des Auftraggebers zurückgehen. Sie führen sodann zu einer Änderung der Grundlagen des oder der vereinbarten Preise für eine im Vertrag vorgesehene Leistung, da jede Preiskalkulation entscheidend auch durch Zeitfaktoren bestimmt wird (vgl. Piel, in: Festschrift für Korbion S. 352). 1968

Nicht selten immerhin versuchen Auftragnehmer, dieser Betrachtungsweise der notwendigen Einheitlichkeit einer Nachtragsforderung zu entgehen. Sie stellen danach zunächst einen eigenständigen Nachtrag für die infolge einer erteilten Anordnung gesondert angefallenen »Sachleistungen«; gleichzeitig erklären sie einen Vorbehalt, dass sie etwaige zeitabhängige Kosten später (im Rahmen eines eigenständigen **Bauzeitennachtrages**) gesondert abrechnen wollen. Hauptgrund dafür ist, dass sie vielfach noch nicht abschätzen können, welche Zusatzkosten nach einer Leistungsänderung unter dem Gesichtspunkt der Bauzeit überhaupt anfallen. Eine solche Vorgehensweise – so verbreitet sie zumindest bei einigen Auftragnehmern in der Praxis ist – zeugt jedoch von einem weitgehenden 1969

»Fehlverständnis« der VOB/B zu dem Umfang einer Nachtragsvergütung (s. dazu auch Joussen, BauR 2010, 518, 524):

- Mehrvergütungsforderungen des Auftragnehmers sind gemäß § 2 Abs. 5 und 6 VOB/B unter Berücksichtigung der Mehr- und Minderkosten zu vereinbaren. Sie bestimmen sich somit nach den Grundlagen der Preisermittlung für die ursprüngliche vertragliche Leistung. Danach muss also das Nachtragsangebot vom Auftragnehmer auf der Basis des Hauptangebots kalkuliert werden (Rdn. 2417 ff.). Aus dieser Vorgabe heraus lässt sich zugleich der Grundsatz herleiten, dass es für eine Mehrvergütungsforderung nach § 2 Abs. 5 und 6 VOB/B – anders als etwa bei Schadensersatzansprüchen nach § 6 Abs. 6 VOB/B – gerade nicht auf die tatsächlichen Ist-Kosten einer Zusatz- oder geänderten Leistung ankommt; entscheidend sind stattdessen dafür allein die kalkulierten Kosten mit einer Blickrichtung in die Zukunft hinein. Diese müssen vom Auftragnehmer plausibel dargelegt werden. Maßstab sind insoweit die Kriterien Ausgangsvertrag mit Urkalkulation, Darstellung der Leistungsänderung/Zusatzleistung und Kalkulation dieser Zusatzleistung in Abgleich zu der vereinbarten (kalkulierten) Hauptleistung. Hieraus können sich für die Baupraxis gewaltige Unterschiede ergeben gegenüber einer Schadensbetrachtung. Denn bei dieser wird die tatsächlich eingetretene Vermögenslage des Auftragnehmers mit derjenigen verglichen, die ohne die Behinderung und die dadurch bedingte Bauablaufstörung eingetreten wäre. Der Vergleich wird dazu also nicht mit der Lage des Auftragnehmers, die bei Kenntnis der Bauablaufstörung bei Vertragsabschluss bestanden hätte, vorgenommen, sondern auf der Basis der Ist-Kosten aus dem Bauablauf heraus. Sie ist – anders als eine Vergütungsabrechnung nach § 2 Abs. 5 VOB/B – immer erst **im Nachhinein** abschließend möglich (s. dazu auch Rdn. 2027 ff.).
- Ohnehin ist es eine ganz andere Frage, ob das Nachtragsangebot eines Auftragnehmers mit dem **Vorbehalt einer Nachforderung von Mehrkosten z. B. wegen einer vermeintlichen Bauzeitverlängerung überhaupt schlüssig** aufgestellt werden kann. In aller Regel wird dies nicht möglich sein. Denn dies hieße ja, dass der Auftragnehmer (einstweilen) diese Kosten aus seinem Angebot ausklammern und nur bestimmte Kosten einzelner Elemente der Preisgrundlagen geltend machen würde. Hiermit stände dann aber letztlich gar nicht fest, ob der neue Preis (gegenüber dem alten) wirklich (wenn ja, in welchem Umfang) höher ist – verbunden mit der Verpflichtung des Auftraggebers, die sich daraus ergebende Differenz ausgleichen zu müssen (in diesem Sinne deutlich auch zu verstehen: BGH, Urt. v. 20.08.2009 – VII ZR 205/07, BGHZ 182, 158, 176 = BauR 2009, 1724, 1731 = NJW 2010, 227, 231 = NZBau 2009, 707, 712; Vygen, BauR 2006, 166, 167). Diese Rechtsprechung wird hoffentlich dazu beitragen, der vermehrt anzutreffenden **Unsitte gesonderter »Bauzeitnachträge«** – neben den eigentlichen Sachkosten – Einhalt zu gebieten.

1970 Zusammengefasst heißt das also in aller Regel: Wäre die gegenständliche Leistungsänderung bereits vor Vertragsabschluss oder Angebotsabgabe dem Auftragnehmer bekannt gewesen, so hätte er sowohl die **leistungsbezogenen** als auch die **zeitabhängigen Mehrkosten** in seiner Kalkulation der Angebotspreise oder bei Vereinbarung der Vertragspreise berücksichtigt. Da dem Unternehmer dies nicht möglich war, erfolgt der **Ausgleich über die vorgesehene Preisanpassung gemäß § 2 Abs. 5 VOB/B**. Dabei kann sich auch ergeben, dass sich diese Leistungsänderung nicht nur auf die jeweils betroffene Leistungsposition, sondern auch auf andere Positionen oder sogar auf den gesamten Bauablauf auswirkt.

> **Beispiel**
>
> Durch eine Leistungsänderung kommt es zu einer verlängerten Bauzeit. Dies führt mittelbar auch zu der Notwendigkeit einer verlängerten Baustellen- und/oder Gerätevorhaltung. Dies wiederum kann zu einer anteiligen Erhöhung einer ggf. gesondert ausgewiesenen Position ›Baustelleneinrichtung‹ führen, soweit dort entsprechende Kostenanteile enthalten sind.

Auch diese Mehrkosten sind durch die Leistungsänderung verursachte Mehrkosten und deshalb bei der Bildung des neuen Preises gemäß § 2 Abs. 5 VOB/B zu berücksichtigen.

1971 Auf der anderen Seite können aber Änderungen des Bauentwurfs und andere Anordnungen des Auftraggebers bezüglich der auszuführenden Leistung die Grundlagen der Preisermittlung auch in der

8.10 Mehrvergütungsanspruch nach § 2 Abs. 5 VOB/B

Weise beeinflussen, dass eine **Herabsetzung des oder der vereinbarten Vertragspreise geboten** ist, weil sich die **Kosten verringert** haben.

▶ Beispiel

Ausgeschrieben, angeboten und dementsprechend vertraglich vereinbart war die Errichtung u. a. einer Garage in herkömmlicher Bauweise aus Mauerwerk einschließlich Verklinkerung und Flachdach. Nach Vertragsabschluss änderte der Auftraggeber den Bauentwurf und ließ die Garage aus Fertigteilen oder insgesamt als Fertiggarage erstellen. Daraus ergaben sich eine gegenständliche Leistungsänderung und als weitere Folge Minderkosten und eine Verkürzung der insgesamt für das Bauvorhaben vorgesehenen Bauzeit. Aus diesem Grund fielen bei dem Auftragnehmer leistungsbezogene und auch zeitabhängige Minderkosten an. Denn einerseits ist der Material- und Zeitaufwand für die Garagenerrichtung geringer; andererseits konnte die Bauzeit verkürzt werden, was zu Minderkosten bei der Baustelleneinrichtungs- und Gerätevorhaltung führte.

Dieser Fall zeigt deutlich, dass § 2 Abs. 5 VOB/B zu Recht **beiden Vertragspartnern die Möglichkeit eröffnet, eine Anpassung des oder der vereinbarten Preise zu verlangen**. Denn in dem geschilderten Fall hat der Auftraggeber einen Anspruch auf Herabsetzung der die Garagenerrichtung betreffenden Vertragspreise unter Berücksichtigung auch der zeitabhängigen Minderkosten.

Der Anspruch auf Vergütungsanpassung aus § 2 Abs. 5 VOB/B kann auch dazu führen, dass bei der Bemessung des oder der neuen Preise **nur die zeitabhängigen Mehrkosten** (in Ausnahmefällen auch Minderkosten) zu berücksichtigen sind. Das wird immer dann der Fall sein, wenn der Anspruch seine Grundlage in Anordnungen des Auftraggebers hat, die nicht zu einer Änderung der gegenständlichen Leistung und nicht zu einer Änderung der Ausführungsart, sondern nur zu einer Änderung des ursprünglich vorgesehenen zeitlichen Bauablaufs führen (vgl. dazu auch oben die Beispiele zu den Änderungsanordnungen nach § 1 Abs. 3 VOB/B allein betreffend die Bauzeit: Rdn. 1949 ff.). 1972

Sind nach Vorstehendem in einem Nachtragsangebot **alle** die aus einer Leistungsänderung resultierenden **Kosten**, d. h. einschließlich der bauzeitabhängigen Kosten, einzubeziehen, werden diese dann bei Beauftragung auch Gegenstand einer zu schließenden Nachtragsvereinbarung. Somit liegt auf der Hand, dass damit verbundene Kosten nicht später nochmals Gegenstand eines Schadensersatzanspruchs nach § 6 Abs. 6 VOB/B sein können. Auch insoweit zeigt sich ein weiteres Mal die grundsätzlich unterschiedliche Systematik der Ansprüche nach § 2 Abs. 5 VOB/B als Vergütungsanspruch für eine an sich zulässige (vertragsgemäße) Änderungsanordnung des Auftraggebers und § 6 Abs. 6 VOB/B als Folgeanspruch eines verschuldeten pflichtwidrigen Handelns (s. o. Rdn. 1894 ff.). Konkret bedeutet dies aber ebenso: Berücksichtigt ein Auftragnehmer solche Mehrkosten in seinem Nachtrag nicht und kommt es auf dessen Grundlage zu einer **Nachtragsvereinbarung**, so kann er nicht später noch Mehrkosten wegen einer auf gleicher Ursache beruhenden Bauablaufstörung geltend machen kann (OLG Düsseldorf, Urt. v. 24.10.1995 – 21 U 8/95, BauR 1996, 267, 269; OLG Brandenburg, Beschl. v. 18.08.2009 – 11 W 25/08, IBR 2011, 395; ebenso Kues/Steffen, BauR 2010, 10, 17, a. A. Roquette/Schweiger, BauR 2008, 734). Etwas anderes kann nur ausnahmsweise dann in Betracht kommen, wenn der Auftragnehmer in seinem Nachtragsangebot einen entsprechenden **Vorbehalt der Nachberechnung** gemacht hatte (s. dazu allerdings oben Rdn. 1968 f. sowie zu einer Formulierung eines solchen Vorbehalts Bruns, ZfIR 2006, 153, 156). Dasselbe gilt, wenn das Nachtragsangebot vom Auftraggeber noch nicht angenommen worden war und der Unternehmer an sein Nachtragsangebot – z. B. wegen Ablaufs einer ausdrücklich genannten oder angemessenen **Bindefrist** (vgl. §§ 145 ff. BGB und § 10 Abs. 7 VOB/A) – nicht mehr gebunden ist, er dieses also noch ändern kann. 1973

Was die übrigen Voraussetzungen an ein Nachtragsangebot nach § 2 Abs. 5 VOB/B angeht, bestehen keine Besonderheiten gegenüber »normalen Nachtragsangeboten« des Auftragnehmers. Insoweit wird dazu auf die weiter gehenden allgemeinen Erläuterungen unten bei Rdn. 2212 ff. verwiesen. 1974

8.11 Schadensersatzanspruch nach § 6 Abs. 6 VOB/B

1975 Neben einem zusätzlichen Vergütungsanspruch nach § 2 Abs. 5 VOB/B stehen bei bauablaufbedingten dem Auftraggeber zuzurechnender Behinderungen Schadensersatzansprüche nach § 6 Abs. 6 VOB/B. Wie schon erläutert (Rdn. 1894 ff.) sind diese jedoch streng von den Vergütungsansprüchen nach § 2 Abs. 5 VOB/B zu trennen; wegen ein und desselben Lebenssachverhaltes können sie aufgrund ihrer unterschiedlichen Tatbestandsvoraussetzungen **nicht parallel anwendbar** sein.

1976 Hintergrund dieses Befundes ist die Tatsache, dass Schadensersatzansprüche des Auftragnehmers nach § 6 Abs. 6 VOB/B im Zusammenhang mit einer verlängerten Bauzeit oder Bauablaufstörungen jeweils ein **pflichtwidriges verschuldetes Handeln des Auftraggebers** voraussetzen. Ein solches wird in aller Regel nur vorliegen, wenn es um ausbleibende vom Auftraggeber zu erbringende Mitwirkungshandlungen geht, die für die Ausführung der Bauleistung erforderlich sind (s. dazu auch schon ausführlich Rdn. 1043 ff.). Hierin liegt der eigentliche Anwendungsbereich dieser Regelung. Denn durch eine solche Verletzung von Mitwirkungspflichten (z. B. unterbleibende Planübergabe) kann es nicht nur gemäß § 6 Abs. 2 Nr. 1 lit. a) VOB/B zu einer Verlängerung der Ausführungsfristen kommen (s. dazu Rdn. 1764 ff.), sondern auch zu Erstattungsansprüchen des Auftragnehmers wegen der ihm aufgrund der Behinderung entstehenden Mehrkosten. Diese sind durchaus vielfältiger Art. So geht es natürlich vorrangig um Mehrkosten, die unmittelbar durch die Behinderung auf der Baustelle entstehen (z. B. erhöhte Personalkosten wegen einer verlängert laufenden Baustelle). Doch auch mittelbare Folgekosten sind denkbar.

▶ **Beispiel**

Durch die vom Auftraggeber verschuldete Behinderung verlängert sich die Bauzeit. Der Auftragnehmer kann nunmehr nicht fristgerecht bei einem Anschlussauftrag beginnen. Deswegen macht der dortige Auftraggeber seinerseits Schadensersatz oder eine Vertragsstrafe geltend. Auch diese Kosten kann der Auftragnehmer vom Auftraggeber des ersten Bauvertrages als Schadensersatz ersetzt verlangen.

Die wichtige Weichenstellung, die hier zu beachten ist, besteht allenfalls darin, dass der Anwendungsbereich des Schadensersatzanspruchs nach § 6 Abs. 6 VOB/B bei der Verletzung von Mitwirkungspflichten ein Verschulden des Auftraggebers voraussetzt. Andernfalls kommt allenfalls ein Entschädigungsanspruch nach § 642 BGB in Betracht (s. dazu nachfolgend Rdn. 2082 ff.). Daneben stehen etwaige weitere Schadensersatzansprüche aus sonstigen Pflichtverletzungen gemäß § 280 Abs. 1 BGB. Dazu zählen auch vorvertragliche Pflichtverletzungen insbesondere bei Schäden des Auftragnehmers wegen unklar gebliebener Leistungsbeschreibungen. Darauf wurde oben schon gesondert eingegangen (s. Rdn. 1922 ff.).

8.11.1 Anspruchsvoraussetzungen

1977 Die Anspruchsvoraussetzungen des § 6 Abs. 6 VOB/B sind überschaubar. Sie bereiten in der Praxis auch wenig Probleme. Etwas anderes gilt dagegen für die konkrete Darlegung eines Behinderungsschadens, worauf gesondert unter Rdn. 2020 ff. eingegangen wird.

▶ **Voraussetzungen für einen Schadensersatzanspruch nach § 6 Abs. 6 VOB/B**
(1) Behinderung aus dem Risikobereich des Auftraggebers
(2) Ordnungsgemäße Behinderungsanzeige
(3) Schuldhaftes Handeln des Auftraggebers
(4) Auf der Behinderung beruhender Schaden
(5) Schlüssige Darlegung

Zu den Voraussetzungen im Einzelnen gilt:

8.11.1.1 Behinderung/Behinderungsanzeige

Zu den nach § 6 Abs. 6 VOB/B zu berücksichtigenden Behinderungen gehören zunächst Umstände aus der **Sphäre und dem Risikobereich des Auftraggebers**, also insbesondere die **Verletzung von Mitwirkungspflichten**, die dem Auftraggeber nach der VOB (vgl. §§ 3, 4 VOB/B) oder nach dem konkreten Bauvertrag obliegen (vgl. oben Rdn. 1043 ff.). Voraussetzung für einen Schadensersatzanspruch des Auftragnehmers nach § 6 Abs. 6 VOB/B ist sodann, dass der Auftragnehmer die Behinderung – soweit erforderlich – ordnungsgemäß angezeigt hat (s. dazu Rdn. 1793 ff.).

1978

8.11.1.2 Schuldhaftes Handeln des Auftraggebers

Die Behinderung muss sodann auf den Auftraggeber zurückgehen und von ihm zu vertreten sein. Vertreten heißt hier, dass der Auftraggeber die Behinderung **vorsätzlich oder fahrlässig** verursacht hat (§ 276 BGB). Dies wird bei einer Verletzung von Mitwirkungspflichten vielfach unproblematisch sein.

1979

Hinzuweisen ist immerhin darauf, dass sich das Vertretenmüssen im Sinne des § 6 Abs. 6 VOB/B deutlich von der Voraussetzung für eine Bauzeitverlängerung nach § 6 Abs. 2 Nr. 1 lit. a) VOB/B unterscheidet, die bereits einen »Umstand aus dem Risikobereich des Auftraggebers« genügen lässt. Diese Sphärenzuordnung eines Behinderungsumstandes zulasten des Auftraggebers reicht für einen Schadensersatzanspruch nicht aus. Dies folgt schon aus den Grundregeln des Vertragsrechts: Denn ein vertraglicher Schadensersatzanspruch setzt in der Regel ein **Verschulden des anderen Vertragspartners** voraus (vgl. §§ 280 Abs. 1 S. 2, 286 Abs. 4 BGB). Dies ist auch wegen der weitreichenden Folgen eines Schadensersatzanspruches geboten und muss in gleicher Weise im Fall des Gläubigerverzuges, also bei der Verletzung von Mitwirkungspflichten seitens des Auftraggebers gelten, wenn der Auftragnehmer daraus einen Schadensersatzanspruch gemäß § 6 Abs. 6 VOB/B herleiten will (Ingenstau/Korbion/Döring, § 6 Abs. 6 VOB/B, Rn. 13 ff.). Auch beim Gläubigerverzug kennt nämlich das allgemeine Vertragsrecht keinen Schadensersatzanspruch des Schuldners ohne Verschulden des Gläubigers; es lässt lediglich den Gläubiger ohne Verschulden in **Annahmeverzug** geraten und gewährt dann ggf. den Entschädigungsanspruch des § 642 BGB.

1980

Dies vorausgeschickt ist jedoch selbst bei der Verletzung von Mitwirkungspflichten ein **Verschulden** selbstverständlich nicht zwingend.

1981

> **Beispiel**
>
> Der Hauptunternehmer stellt dem Subunternehmer nicht das Baugrundstück zur Verfügung, weil es ihm selbst für die Ausführung nicht vom Bauherrn überlassen wird. Hier fehlt es an einem Verschulden des Hauptunternehmers, weil ihm die pflichtwidrige Nichtüberlassung des Baugrundstücks durch den Bauherrn nicht zugerechnet wird. Denn der Bauherr ist kein Erfüllungsgehilfe des Hauptunternehmers (§ 278 BGB) in seinem Verhältnis zum Subunternehmer.

Ebenso fehlt es an einem Verschulden des Auftraggebers bei Bauverzögerungen, wenn der Auftragnehmer seine **Leistung vorfällig** erbracht hat, sodass er nun wegen z. B. nicht fertig gestellter anderer Leistungen nicht weiterarbeiten kann (OLG Düsseldorf, Urt. v. 30.04.2002 – 21 U 189/01, BauR 2002, 1551). Auch in den bekannten Vorunternehmerfällen, bei denen der Nachunternehmer nicht anfangen kann, weil der Vorunternehmer nicht rechtzeitig fertig geworden ist, entfällt in der Regel ein Schadensersatzanspruch nach § 6 Abs. 6 VOB/B mangels Verschulden des Auftraggebers. Hierauf wird einheitlich unten unter Rdn. 1997 ff. eingegangen.

8.11.1.3 Schaden

Dem Auftragnehmer muss ein Schaden entstanden sein. Diesen muss er **konkret berechnen** (BGH, Urt. v. 20.02.1986 – VII ZR 286/84, BGHZ 97, 163, 165 = BauR 1986, 347, 348 = NJW 1986, 1684, 1685). Erfasst werden vor allem Stillstandskosten (Mehrkosten bei Löhnen, Gehältern, Geräten, verlängerte Versicherungszeiten u. a.) und Mehrkosten wegen verlängerter Bauzeit (Zusatzkosten wegen verlängerter Baustellenvorhaltung, Lohnerhöhungskosten, Materialkostensteigerungen,

1982

Finanzierungskosten, Transport- und Montagekosten für Zusatzkapazitäten, Überstundenzuschläge u. a.). Ein **Verzögerungsschaden** kann auch darin bestehen, dass sich infolge der vom Auftraggeber zu vertretenden Verzögerung die Grundlagen der Vergütung des Auftragnehmers verändert haben (OLG Düsseldorf, Urt. v. 29.08.1997 – 22 U 22/97, BauR 1998, 340). Der genaue Nachweis stößt aber vielfach auf Schwierigkeiten. Deswegen ist es unter Einhaltung weiterer Voraussetzungen teilweise auch zulässig, einen solchen Schaden nach § 287 ZPO zu schätzen (vgl. dazu umfassend BGH, Urt. v. 24.02.2005 – VII ZR 141/03, BGHZ 162, 259, 263 f. = BauR 2005, 857, 858 f. = NJW 2005, 1653, 1654; BGH, Urt. v. 24.02.2005 – VII ZR 225/03, BauR 2005, 861, 864 f. = NJW 2005, 1650, 1652). Zu weiteren Einzelheiten soll auf die gesonderte Darstellung nachfolgend zu Rdn. 2020 ff. verwiesen werden.

8.11.1.4 Schlüssige Darlegung von Behinderung, Verschulden und Schaden

1983 Die sich aus dem Erfordernis des Verschuldens ergebenden Schwierigkeiten bei der Durchsetzung des Schadensersatzanspruches nach § 6 Abs. 6 VOB/B werden zumindest teilweise über- und teilweise unterschätzt. Der **Unternehmer**, der die Erstattung von Mehrkosten infolge von Bauzeitverlängerungen gemäß § 6 Abs. 6 VOB/B geltend machen will, muss zunächst einmal nur im Einzelnen **darlegen**,
- dass er in der Ausführung seiner Leistung behindert worden ist,
- dass er die Behinderung angezeigt hat oder diese offenkundig war,
- dass die Behinderung ihre Ursache im Einflussbereich oder der Sphäre des Auftraggebers hat und
- welche konkreten Mehrkosten ihm ursächlich durch die Behinderungen tatsächlich entstanden sind.

Sache des Auftraggebers ist es dann, im Einzelnen darzulegen und nachzuweisen, dass ihn an der eingetretenen Behinderung, deren **Ursachen in seinem Einfluss- oder Risikobereich** liegen, ggf. kein Verschulden trifft (vgl. Ingenstau/Korbion/Döring, VOB/B § 6 Abs. 6, Rn. 23; Vygen, BauR 1983, 414 ff., 420; OLG Düsseldorf, Urt. v. 28.04.1987 – 23 U 151/86, BauR 1988, 487, 488 = SFH Nr. 5 zu § 6 Nr. 6 VOB/B; BGH, Urt. v. 24.02.2005 – VII ZR 225/03, BauR 2005, 861, 864 f. = NJW 2005, 1650, 1652 und Urt. v. 24.02.2005 – VII ZR 141/03, BGHZ 162, 259, 262 f. = BauR 2005, 857, 858 = NJW 2005, 1653, 1654). Diese **Beweislastverteilung** folgt aus § 280 Abs. 1 S. 2 BGB als allgemeinem Grundsatz des Schadensersatzrechts, wonach der Entlastungsbeweis zum eigenen Verschulden jeweils dem Schuldner obliegt. Im Verzugsrecht gilt nichts anderes (vgl. § 286 Abs. 4 BGB), was seit jeher anerkannt ist (BGH, Urt. v. 21.12.1970 – VII ZR 184/69, BauR 1971, 202; Clemm, Betrieb 1985, 2598 m. w. N.; Beck'scher VOB-Komm./Motzke, § 6 Nr. 6 VOB/B, Rn. 125; Heiermann/Riedl/Rusam/Kuffer, VOB/B § 6 Rn. 67; Kapellmann/Schiffers, Bd. 1, Rn. 1359 – z. T. noch zur alten Rechtslage mit einer Berufung auf den Rechtsgedanken des § 282 BGB a. F.). Dieser **Entlastungsbeweis** wird dem Auftraggeber aber nur in seltenen Fällen gelingen; denn für seinen Einflussbereich trägt er grundsätzlich die Verantwortung.

> **Beispiele**
> - Die Darlegung von Finanzierungsschwierigkeiten kann den Auftraggeber schon nach allgemeinen Grundsätzen nicht von seinem Schuldvorwurf entlasten, wenn dadurch der Unternehmer in der Ausführung seiner Bauleistung behindert worden ist (BGH, Urt. v. 28.02.1989 – IX ZR 130/88, BGHZ 107, 92, 102 = BauR 1989, 352, 356 = NJW 1989, 1276, 1278; Palandt/Grüneberg, § 275 Rn. 3).
> - Nichts anderes gilt bei einer verspäteten Planbeistellung des Architekten. Denn dessen Verschulden muss sich der Auftraggeber gemäß § 278 BGB zurechnen lassen, da dieser im Rahmen des Bauvertrages sein Erfüllungsgehilfe ist.
> - Bei verspäteter Erteilung der Baugenehmigung wird die Ursache häufig darin liegen, dass der Auftraggeber diese zu spät beantragt oder die erforderlichen Unterlagen nicht vollständig eingereicht hat. Auch dies ist dem Auftraggeber als Verschulden zuzurechnen (Vygen, BauR 1983, 420; ähnlich OLG Düsseldorf, Urt. v. 27.11.2011 – 23 U 137/10, BauR 2012, 965, 966).

8.11 Schadensersatzanspruch nach § 6 Abs. 6 VOB/B

- Dagegen wird man ein Verschulden des Auftraggebers nicht bejahen können, wenn die im Einvernehmen mit dem Liegenschaftsamt für die Abfuhr des Erdaushubs vorgesehene und vom Unternehmer zunächst dafür benutzte öffentliche Straße nach Einschaltung der Presse durch die Anlieger von der Behörde gesperrt wird und dadurch eine Behinderung des Unternehmers eintritt (OLG Düsseldorf, Urt. v. 9.05.1990 – 19 U 16/89, BauR 1991, 337, 339; Ingenstau/Korbion/Döring, VOB/B § 6 Abs. 6, Rn. 20).

1984 Ist die Behinderung möglicherweise noch einfach zu dokumentieren, gilt zumeist anderes bei der ebenfalls erforderlichen Darlegung, dass ein dem Auftragnehmer ggf. entstandener **Schaden auch tatsächlich auf der vorgetragenen Behinderung beruht**, was er im Streitfall zu beweisen hat (BGH, Urt. v. 21.03.2002 – VII ZR 224/00, BauR 2002, 1249, 1251 = NJW 2002, 2716, 2717). Dabei genügt ein einfacher Vergleich zwischen geplantem und tatsächlichem Bauverlauf in der Regel nicht (OLG Düsseldorf, Urt. v. 06.02.1998 – 22 U 73/97, BauR 1998, 410 = NJW-RR 1998, 670, 671). Denn eine Zeitverzögerung kann viele Ursachen haben. Daher muss ein Auftragnehmer auf der Grundlage eines solchen Vergleichs zusätzlich darlegen, inwieweit die **Verletzung** einer oder mehrerer konkreter nach dem Vertrag zu diesem Zeitpunkt geschuldeter **Mitwirkungshandlungen für die Schadensentstehung tatsächlich ursächlich** geworden ist (BGH, Urt. v. 20.02.1986 – VII ZR 286/84, BGHZ 97, 163, 166 = BauR 1986, 347, 348 = NJW 1986, 1684, 1685; umfassend auch BGH, Urt. v. 24.02.2005 – VII ZR 141/03, BGHZ 162, 259, 263 f. = BauR 2005, 857, 858 f. = NJW 2005, 1653, 1654; BGH, Urt. v. 24.02.2005 – VII ZR 225/03, BauR 2005, 861, 864 f. = NJW 2005, 1650, 1652). Gegen eine Ursächlichkeit könnte z. B. sprechen, dass ein Auftragnehmer nach § 6 Abs. 3 VOB/B seine Bautätigkeit den hindernden Umständen anzupassen hat mit der Folge, dass Mehrkosten vermieden werden. Denn gerade bei Großbaustellen besteht vielfach eine anderweitige Einsatzmöglichkeit von Personal und Gerät (Rdn. 1812). Daher muss **nicht jede Verletzung einer Mitwirkungshandlung zu einer Verzögerung** des Bauvorhabens oder zu wirtschaftlichen Nachteilen des Auftragnehmers führen (BGH a. a. O.). Auch könnte es etwa sein, dass sich eine unstreitig vorliegende Behinderung überhaupt nicht ausgewirkt hat.

▶ **Beispiel (nach BGH, Urt. v. 15.01.1976 – VII ZR 52/74, BauR 1976, 128)**

Die Baugenehmigung wird erst drei Monate nach Baubeginn erteilt; der Unternehmer hatte aber trotzdem mit der Bauleistung begonnen und hätte auch bei früherer Erteilung der Baugenehmigung nicht anders (früher, mehr, schneller) gearbeitet, als er es tatsächlich getan hat.

1985 Erforderlich ist daher zur Darlegung eines Behinderungsschadens in der Regel die **Vorlage einer konkreten bauablaufbezogenen Darstellung** der jeweiligen Behinderungen. Dies gilt selbst dann, wenn aufgrund einer ggf. unstreitig verletzten Mitwirkungspflicht des Auftraggebers (z. B. bei einer verspäteten Planübergabe) ein allgemeiner Erfahrungssatz dafür spricht, dass es dadurch zu einer Behinderung kommt. Dabei muss eine solche bauablaufbezogene Darstellung auch diejenigen unstreitigen Umstände berücksichtigen, die gegen eine Behinderung sprechen (BGH, Urt. v. 21.03.2002 – VII ZR 224/00, BauR 2002, 1249, 1251 = NJW 2002, 2716, 2717 = NZBau 2002, 381, 382 – s. dazu auch sogleich Rdn. 2020 ff.).

▶ **Beispiel**

Besteht etwa im Rahmen einer Behinderung die Möglichkeit, zunächst einen anderen Bauabschnitt vorzuziehen, wäre dies dort ebenfalls zu vermerken.

1986 Liegen **mehrere Behinderungen gleichzeitig** vor, die zu Mehrkosten führen, muss der Auftragnehmer im Rahmen seiner Darlegungspflichten zu jeder einzelnen Behinderung die vermeintlich darauf beruhenden Zusatzkosten anhand einer konkreten bauablaufbezogenen Planung belegen (vgl. dazu anschaulich OLG Celle, Urt. v. 01.11.2001 – 13 U 148/00, OLGR 2002, 28: Das Urteil wurde zwar später durch den BGH aufgehoben (Urt. v. 19.12.2002 – VII ZR 440/01, BauR 2003, 531 = NJW 2003, 1601), nicht jedoch zu den diesbezüglichen Ausführungen).

1987 Doch auch mit vorstehenden Grundsätzen bleibt die Darlegung und Beweisführung vielfach schwierig. Insoweit wird in der Praxis z. T. relativ großzügig darüber hinweggegangen – z. T. mit dem Argument, dass man einen Behinderungsschaden aufgrund allgemeiner Erfahrungssätze bei eingetretenen Verzögerungen nach § 287 ZPO schätzen könne. Dies ist in dieser Allgemeinheit grundlegend falsch, was der BGH mehrfach mit der gebotenen Deutlichkeit klargestellt hat (BGH, Urt. v. 24.02.2005 – VII ZR 141/03, BGHZ 162, 259, 263 f. = BauR 2005, 857, 858 f. = NJW 2005, 1653, 1654; BGH, Urt. v. 24.02.2005 – VII ZR 225/03, BauR 2005, 861, 864 f. = NJW 2005, 1650, 1652). Denn einer Schadensschätzung zugänglich ist nur die Höhe des Schadens, wenn zuvor die **tatbestandlichen Voraussetzungen im Einzelnen (ohne Rückgriff auf § 287 ZPO) nachgewiesen** sind. Hieraus folgt konkret für die Geltendmachung eines Schadensersatzanspruchs nach § 6 Abs. 6 VOB/B:

1988 • Der Auftragnehmer hat schlüssig darzulegen, dass er durch eine Pflichtverletzung des Auftraggebers behindert worden ist. Wie schon erläutert, reicht es dafür gerade nicht aus, eine oder mehrere Pflichtverletzungen zu beschreiben. Der Auftragnehmer muss vielmehr substanziiert zu den dadurch entstandenen Behinderungen seiner Leistung vortragen. Dazu ist i. d. R. eine **konkrete, bauablaufbezogene Darstellung der jeweiligen Behinderung unumgänglich**.

> ▶ **Beispiel**
>
> Nicht ausreichend ist es z. B., dass der Auftragnehmer als Bezugsgrundlage für Mehrkosten infolge einer verspäteten Planübergabe angibt, dass er einen »optimalen Einsatz seines Personals und der Arbeitsmittel geplant und dieser Plan auch dem Vertrag zugrunde gelegen habe«. Eine solche abstrakte Darstellung, dass eine optimale Planung durch die verspätete Planübergabe gestört gewesen sei, hat keinen Aussagewert. Notwendig wäre stattdessen die konkrete Angabe, aufgrund welcher Planverzögerungen welche vorgesehenen Arbeiten nicht durchgeführt werden konnten und wie sich die Planverzögerungen konkret auf die Baustelle ausgewirkt haben.

1989 Ist ein Auftragnehmer mangels einer ausreichenden Dokumentation der Behinderungstatbestände und der sich daraus ergebenden Verzögerungen zu einer den Anforderungen entsprechenden Darstellung nicht in der Lage, geht das grundsätzlich nicht zulasten des Auftraggebers (BGH, Urt. v. 21.03.2002 – VII ZR 224/00, BauR 2002, 1249, 1251 f. = NJW 2002, 2716, 2717 = NZBau 2002, 381, 382). Das aber bedeutet weiter, dass weder der Umstand, dass überhaupt eine Behinderung vorliegt, **noch die Ursächlichkeit der Pflichtverletzung für die Behinderung einer einschätzenden Bewertung im Sinne des § 287 ZPO zugänglich** sind (BGH, Urt. v. 24.02.2005 – VII ZR 141/03, BGHZ 162, 259, 263 f. = BauR 2005, 857, 858 f. = NJW 2005, 1653, 1654). Dies ist auch nicht sachgerecht. Denn erst der möglichst konkrete Vortrag zur Behinderung und deren Auswirkungen auf den Bauablauf erlaubt die Beurteilung, inwieweit z. B. eine Behinderungsanzeige erforderlich oder wegen Offenkundigkeit entbehrlich war. Denn regelmäßig lässt sich nur daraus ableiten, inwieweit der Auftraggeber informationsbedürftig gewesen ist. Die Behinderungsanzeige muss die Tatsachen enthalten, aus denen sich für ihn mit hinreichender Klarheit die Gründe der Behinderung ergeben. Der Auftragnehmer hat die Angaben zu machen, ob und wann seine Arbeiten, die nach dem Bauablauf nunmehr ausgeführt werden müssten, nicht oder nicht wie vorgesehen ausgeführt werden können (BGH, Urt. v. 21.10.1999 – VII ZR 185/98, BGHZ 143, 32, 35 = BauR 2000, 722, 723 = NJW 2000, 1336, 1337 – s. dazu auch oben Rdn. 1793 ff.). Die von der Rechtsprechung entwickelten Anforderungen an die Anzeige einer Behinderung würden sinnentleert, wenn letztlich in einem Prozess nunmehr geringere Anforderungen an die Darlegung der einzelnen Behinderungen selbst gestellt würden. Schließlich kann in aller Regel nur aufgrund einer genauen Beschreibung der Behinderung beurteilt werden, inwieweit für den Auftragnehmer auf sie zurückzuführende Schäden entstanden sind (BGH, Urt. v. 24.02.2005 – VII ZR 141/03, BGHZ 162, 259, 264 f. = BauR 2005, 857, 859 = NJW 2005, 1653, 1654).

1990 Diese Forderung nach einer konkreten Darstellung ist im Übrigen auch bei Großbaustellen nicht überhöht. Denn einem Auftragnehmer ist gerade in einem Fall, in dem er sich behindert fühlt, zuzumuten, eine **aussagekräftige Dokumentation** zu erstellen, aus der sich die Behinderung sowie

8.11 Schadensersatzanspruch nach § 6 Abs. 6 VOB/B

deren Dauer und Umfang und deren Folgen ergeben (BGH, Urt. v. 20.02.1986 – VII ZR 286/84, BGHZ 97, 163, 166 = BauR 1986, 347, 348 = NJW 1986, 1684, 1685).

- Abweichend von der konkreten Darlegung kommen dem Auftragnehmer **Darlegungs- und Beweislasterleichterungen** mit einer Schätzmöglichkeit des Gerichts nur bei den nicht mehr dem Haftgrund zuzuordnenden **Folgen einer Behinderung** zugute, so z. B. in Bezug auf den zukünftigen Bauablauf. Hier geht es demzufolge um die Bewertung der Tatsachen, inwieweit z. B. eine bestimmte Behinderung mit einer angegebenen Dauer zu einer Verzögerung von Anschlussgewerken und somit zu einer Verlängerung der gesamten Bauzeit geführt hat. Auch ist § 287 ZPO anwendbar, soweit es um die Frage geht, inwieweit verschiedene Behinderungen Einfluss auf eine festgestellte Verlängerung der Gesamtbauzeit genommen haben (BGH, Urt. v. 24.02.2005 – VII ZR 225/03, BauR 2005, 861, 864 f. = NJW 2005, 1650, 1652 – s. dazu ausführlich sogleich Rdn. 2020 ff.).

1991

Die **Darlegungserleichterung aus § 287 ZPO** führt allerdings nicht dazu, dass der Auftragnehmer eine aus einer oder mehreren Behinderungen abgeleitete Bauzeitverlängerung nicht möglichst konkret darlegen muss. Vielmehr ist auch insoweit eine **baustellenbezogene Darstellung der Ist- und Sollabläufe** notwendig, die die Bauzeitverlängerung nachvollziehbar macht. Zu diesem Zweck kann sich der Auftragnehmer der Hilfe grafischer Darstellungen durch Balken- oder Netzpläne bedienen, die ggf. erläutert werden. Eine nachvollziehbare Darstellung einer Verlängerung der Gesamtbauzeit ist jedoch nicht deshalb unschlüssig, weil einzelne Teile dieser Darstellung unklar oder fehlerhaft sind. Denn trotz der Unklarheit oder Fehlerhaftigkeit bleibt sie dann möglicherweise in anderen Teilen eine geeignete Grundlage, eine Bauzeitverlängerung ggf. mithilfe eines Sachverständigen zu schätzen (BGH a. a. O. – s. dazu auch sogleich Rdn. 2020 ff., 2064 ff.).

1992

▶ **Beispiel**

Der Auftragnehmer trägt vor, dass er wegen der Behinderungen 16 Arbeiter an fünf Tagen nicht anderweitig hätte einsetzen können. Hierdurch sei es konkret bezogen auf die Behinderung zu einem Produktivitätsverlust von 1 500 Stunden gekommen. Ob diese Berechnung im Einzelnen zutrifft oder teilweise unklar ist, mag dahinstehen. Denn hier geht es allein um die Höhe des Schadens. Nachgewiesen werden müssten nur die Behinderung selbst sowie die Tatsache, dass deswegen die konkret genannten Arbeiten nicht ausgeführt werden konnten, weswegen es dann zu welchen Auswirkungen auf der Baustelle kam.

8.11.2 Verschulden des Auftraggebers und Mitverschulden des Auftragnehmers

Der Schadensersatzanspruch des Auftragnehmers aus § 6 Abs. 6 VOB/B setzt in jedem Fall ein Verschulden des Auftraggebers voraus. Nun kann es in der Praxis vorkommen, dass **beide Vertragspartner die hindernden Umstände zu vertreten haben**. Dies ist der Fall, wenn verschiedene hindernde Umstände den Bauablauf gestört haben und ein Teil dieser Behinderungen vom Auftraggeber und ein anderer Teil der Behinderungen vom Auftragnehmer zu vertreten ist.

1993

▶ **Beispiel**

Es kommt zu erheblichen Terminverzögerungen. Ein Teil davon beruht auf einer verspäteten Planübergabe durch den Auftraggeber, ein anderer auf einem unzureichenden Personal- und Geräteeinsatz.

Bei solchen Sachverhalten können sich zunächst für beide Vertragspartner jeweils gegen den anderen gerichtete Schadensersatzansprüche aus § 6 Abs. 6 VOB/B ergeben. Dabei kann jeder nur den Schaden ersetzt verlangen, der seine Ursache in den vom anderen Vertragspartner zu vertretenden Umständen hat. Diese wechselseitig durch Behinderungen verursachten Schäden sind aber in der Praxis vor allem hinsichtlich der Kausalität nur schwer zu beweisen.

Es kann außerdem der Fall eintreten, dass zwar der Auftraggeber im Ausgangspunkt die hindernden Umstände zu vertreten hat, er also dem Auftragnehmer den dadurch verursachten Schaden zu ersetzen

1994

hat. Dagegen kann aber möglicherweise dem Auftragnehmer entweder an den hindernden Umständen selbst, deren hindernder Wirkung oder aber an der Höhe des entstandenen Schadens ein **Mitverschulden gemäß § 254 BGB** anzulasten sein.

▶ Beispiel

Der Auftraggeber hat notwendige Pläne nicht rechtzeitig übergeben. Der Auftragnehmer hat den Auftraggeber nicht rechtzeitig auf die Notwendigkeit der Planlieferung zu einem bestimmten Zeitpunkt hingewiesen oder die Behinderung nicht sofort gegenüber dem richtigen Adressaten angezeigt.

1995 Zu nennen ist bzgl. eines etwaigen Mitverschuldens auch ein Verstoß des Auftragnehmers gegen seine Pflicht, nach Kenntnis der Behinderung den **Bauablauf unverzüglich im Rahmen des Zumutbaren umzustellen**. Die Verpflichtung dazu ergibt sich für den Auftragnehmer schon aus § 6 Abs. 3 VOB/B. Danach hat er alles zu tun, was ihm billigerweise zugemutet werden kann, um die Weiterführung der Arbeiten zu ermöglichen (s. o. Rdn. 1812). Auch sonst ist der Auftragnehmer nach allgemeinen Rechtsgrundsätzen verpflichtet, den Schaden seines Vertragspartners möglichst gering zu halten (**Schadensminderungspflicht** gemäß § 254 BGB).

1996 Haben in einem solchen Fall **beide Vertragspartner die hindernden Umstände zu vertreten**, so wird unter Heranziehung des für das Vertragsrecht geltenden allgemeinen Rechtsgedankens in § 254 BGB eine auf den Einzelfall abzustellende **angemessene Haftungsverteilung** geboten sein (Keldungs/Brück, Rn. 266; s. vor allem auch BGH, Urt. v. 14.01.1993 – VII ZR 185/91, BGHZ 121, 210, 214 f. = BauR 1993, 600, 603 f. = NJW 1993, 2674, 2676 mit der Möglichkeit der Schätzung der beiderseitigen Verschuldens- und Verursachungsbeiträge gemäß § 287 ZPO). Dabei wird man allerdings zunächst untersuchen müssen, ob der jeweils eingetretene Schaden von dem einen oder dem anderen Vertragspartner verursacht wurde. Wenn eine solche klare Abgrenzung ausscheidet, und das wird in der Praxis häufig der Fall sein, bleibt nur die Möglichkeit, nach dem Grad der jeweiligen Verursachung und des jeweiligen Verschuldens eine **angemessene Haftungsverteilung nach Quoten** vorzunehmen (§§ 242, 254 BGB). In diesem Rahmen ist dem jeweiligen Vertragspartner auch das Mitverschulden seiner **Erfüllungsgehilfen**, also aufseiten des Auftraggebers des oder der Planer und ggf. der Vorunternehmer (vgl. dazu sogleich Rdn. 1997 ff.), und aufseiten des Auftragnehmers der Subunternehmer und Baustofflieferanten, gemäß § 278 BGB zuzurechnen.

8.11.3 Sonderfall: Behinderung des Auftragnehmers durch mangelhafte oder verspätete Vorunternehmerleistungen

1997 Bei der Durchführung größerer Bauvorhaben ergibt sich neben der verspäteten oder fehlerhaften Planlieferung häufig eine Bauablaufstörung durch die **verspätete Beistellung von bauseits zu liefernden Stoffen oder Bauteilen oder von bauseits zu erbringenden Vorleistungen**. Ebenso kommt es dazu bei einer **verspäteten Fertigstellung** oder durch **mangelhaft erbrachte Vorunternehmerleistungen**. Wenn in diesen Fällen der Auftragnehmer mit der Ausführung seiner geschuldeten Bauleistung nicht zu dem vorgesehenen Termin beginnen oder jedenfalls nicht ungestört entsprechend seinem geplanten Bauablauf arbeiten kann oder es während der Bauausführung zu Störungen kommt, ergibt sich meist eine Verzögerung bei der Bauausführung. Sie gefährdet oder verschiebt einerseits den vorgegebenen Terminplan und kann andererseits zu **Mehrkosten des Auftragnehmers** führen.

▶ Beispiel

Die Gründungsarbeiten werden an die Firma A vergeben, der Rohbau an die Firma B. B soll am 1. April mit dem Rohbau beginnen, wobei A für die Gründung ein Termin als Vertragsfrist bis zum 25. März gesetzt worden war. A wird nicht fertig. Der Rohbau kann erst am 15. Juni beginnen. Wegen dieser Bauverzögerung macht B Mehrkosten beim Auftraggeber geltend.

In Fällen wie diesen kann der Auftragnehmer in erster Linie eine Verlängerung der Bauzeit fordern, soweit er die Behinderung ordnungsgemäß angezeigt hat. Die Verzögerungen infolge einer mangelhaften Vorunternehmerleistung stammen eindeutig aus dem Risikobereich des Auftraggebers (§ 6

Abs. 2 Nr. 1 lit. a) VOB/B – Ingenstau/Korbion/Döring, VOB/B, § 6 Nr. 2 Rn. 9 – s. dazu oben auch Rdn. 1782 ff.).

8.11.3.1 Vergütungs-/Kostenanspruch des Auftragnehmers

Von der Bauzeitverlängerung zu unterscheiden ist die Frage, ob der Auftragnehmer darüber hinaus auch Ersatz der ihm infolge der Verzögerung entstehenden Mehrkosten verlangen kann. Anknüpfungspunkt für einen VOB-Vertrag wäre in erster Linie § 6 Abs. 6 VOB/B. Dieser gewährt aber nur einen Schadensersatzanspruch, wenn der Auftraggeber die Verzögerung zu vertreten hat. Vertreten heißt hier, dass ihm ein Verschulden im Sinne des § 276 BGB (Vorsatz oder Fahrlässigkeit) zur Last fallen muss (s. oben Rdn. 1979 ff.). Ein Verschulden dürfte bei einer mangelhaften Vorleistung jedoch regelmäßig nur den Vorunternehmer treffen. Somit stellt sich aus Sicht des Auftragnehmers (Nachfolgeunternehmers) die Frage, ob dem Auftraggeber das Verschulden des Vorunternehmers zugerechnet werden kann (§ 278 BGB). Hier ist zu unterscheiden: 1998

- Kein Zweifel an der **Zurechnung einer mangelhaften Vorunternehmerleistung** zulasten des Auftraggebers besteht, wenn im Bauvertrag als **Nebenpflicht** vereinbart ist, dass der Auftraggeber das Bauobjekt in einem mangelfreien, bearbeitungsfähigen Zustand zu einem bestimmten Termin zur Verfügung zu stellen hat (v. Craushaar, Festschrift Vygen, S. 154, 155; so wohl auch: BGH, Urt. v. 27.06.1985 – VII ZR 23/84, BGHZ 95, 128, 133 f. = BauR 1985, 561, 563 = NJW 1985, 2475, 2476). 1999

- An einer solchen Vereinbarung wird es jedoch oft fehlen, wobei es dafür nicht genügt, dass im Verhältnis Auftraggeber/Vorunternehmer ggf. ein fester Fertigstellungstermin als Vertragsfrist vereinbart war (BGH, Urt. v. 21.10.1999 – VII ZR 185/98, BGHZ 143, 32, 37 f. = BauR 2000, 722, 724 = NJW 2000, 1336, 1337). Dann scheidet eine Zurechnung des Verschuldens des mangelhaft arbeitenden Vorunternehmers zulasten des Auftraggebers nach der Rechtsprechung grundsätzlich aus: Denn zumindest nach Auffassung des Bundesgerichtshofes gibt es **keine Pflicht des Auftraggebers** im Verhältnis zum Nachunternehmer, **Vorarbeiten rechtzeitig und frei von Mängeln bereitzustellen** (so die Leitentscheidung hierzu: BGH, Urt. v. 27.06.1985 – VII ZR 23/84, BGHZ 95, 128, 130 f. = BauR 1985, 561, 562 = NJW 1985, 2475 f.).

- Liegt kein Verschulden im Sinne des § 6 Abs. 6 VOB/B vor und entfallen aus diesem Grunde Schadensersatzansprüche, kann dann aber immerhin auf die **verschuldensunabhängige Haftungsnorm des § 642 BGB** zurückgegriffen werden (vgl. dazu näher Rdn. 2082 ff). Diese Regelung ist auch bei einem VOB-Vertrag anwendbar (vgl. § 6 Abs. 6 S. 2 VOB/B). Insoweit ist der Auftraggeber zumindest im Rahmen seiner Mitwirkungspflicht gehalten, dem Auftragnehmer eine mangelfreie Vorunternehmerleistung zur Verfügung zu stellen. Kommt er dieser Obliegenheit nicht nach, kann er dadurch in Annahmeverzug geraten, wofür kein Verschulden erforderlich ist. Der Auftraggeber wäre somit dem Nachfolgeunternehmer gegenüber wenigstens einem Entschädigungsanspruch ausgesetzt. Dabei bestimmt sich dessen Höhe nach § 642 Abs. 2 BGB einerseits nach der Dauer des Verzugs und der Höhe der vereinbarten Vergütung, andererseits nach demjenigen, was der Unternehmer infolge des Verzugs an Aufwendungen erspart oder durch anderweitige Verwendung seiner Arbeitskraft erwerben kann. Ein **Ersatz von Wagnis und entgangenem Gewinn** ist allerdings **ausgeschlossen** (BGH, Urt. v. 21.10.1999 – VII ZR 185/98, BGHZ 143, 32, 39 f. = BauR 2000, 722, 725 = NJW 2000, 1336, 1338; BGH, Urt. v. 21.10.1999 – VII ZR 185/98, BGHZ 143, 32, 39 f. = BauR 2000, 722, 725 = NJW 2000, 1336, 1338 = NZBau 2000, 187, 188 f. – vgl. dazu ausführlich unten Rdn. 2099 ff.).

Ausgehend von dieser Rechtsprechung des Bundesgerichtshofs, bei der mit einer zeitnahen Änderung nicht zu rechnen ist, stellt sich gleichwohl die Frage, ob das **Ergebnis richtig und abschließend** ist: 2000

- So könnte man z. B. durchaus überlegen, ob nicht auch § 2 Abs. 5 VOB/B als Anspruchsgrundlage in Betracht kommt. Dies könnte davon abhängen, ob man in diesen Fällen von einer **Anordnung des Auftraggebers** sprechen kann, die ihre Ursache in seinem Verantwortungsbereich hat. Das wird man möglicherweise in einigen Fällen bejahen können. 2001

▶ **Beispiel**

Der Auftraggeber stellt bestimmte Baustoffe bauseits bei oder hat für ein zu errichtendes Fertighaus den Keller bauseits zu erstellen. Diese Lieferungen oder Arbeiten verzögern sich; daraufhin »ordnet« der Auftraggeber an, dass der Nachfolgeunternehmer erst zu einem späteren als dem vorgesehenen Zeitpunkt mit seinen Arbeiten beginnen soll.

Eine solche Anordnung kann auch erfolgen, wenn ein Vorunternehmer nicht rechtzeitig fertig geworden ist oder seine Arbeiten mangelhaft sind und die Mängel zunächst behoben werden müssen. Diese Anordnungen des Auftraggebers können, wie bereits oben im Einzelnen dargelegt worden ist (Rdn. 1914), auch stillschweigend erfolgen. Dies kommt häufig dadurch zum Ausdruck, dass die Vertragspartner sich auf die neue Situation einstellen und in einer Baustellenbesprechung z. B. **den neuen Beginn für die Arbeiten des Nachfolgeunternehmers festlegen**. Damit ist aber das Problem des **Mehrkostenerstattungsanspruchs** des Auftragnehmers nicht erschöpft, zumal es in vielen praktischen Fällen an einer solchen – ggf. stillschweigenden – Anordnung fehlen wird.

2002 • Ebenso könnte zu fragen sein, ob das zuletzt die Vorunternehmerproblematik betreffende sog. **Glasfassadenurteil** des BGH bei der Zurechnung von durch den Vorunternehmer zu vertretenden Behinderungen zulasten des Auftraggebers ein anderes Ergebnis rechtfertigt (BGH, Urt. v. 27.11.2008 – VII ZR 206/06, BGHZ 179, 55 = BauR 2009, 515 = NJW 2009, 582 = NZBau 2009, 185).

▶ **Beispiel (nach BGH, Urt. v. 27.11.2008, a. a.O)**

Der Auftraggeber hatte zu einem Bauwerk mit einer Glasfassade Planungs- und Bauüberwachungsleistungen getrennt vergeben. Die erstellten Pläne waren falsch. Der Bauüberwacher hatte das nicht erkannt, weswegen die Fassade Mängel aufwies. Der Auftraggeber nahm daraufhin den Bauüberwacher in Anspruch. Dieser wiederum erhob wegen der mangelhaften Pläne den Einwand des Mitverschuldens, weil sich der Auftraggeber die Schlechtleistung des Planers über §§ 254, 278 BGB zurechnen lassen müsse.

Der BGH gab dem Bauüberwacher recht. Für die Zurechnung ließ er es genügen, dass losgelöst von einer etwaigen vertraglichen Verpflichtung des Auftraggebers zur Übergabe mangelfreier Pläne an den Bauüberwacher, in deren Rahmen ggf. eine Zurechnung des Planungsverschuldens unproblematisch wäre, in jedem Fall eine darauf gerichtete (nicht einklagbare) Obliegenheit bestehe. Schalte der Auftraggeber **nunmehr zu deren Erfüllung im eigenen Interesse** eine Hilfsperson ein, die die erforderlichen Sorgfaltspflichten verletze, die nach der Sachlage im Interesse des Auftraggebers geboten waren, müsse er sich eine solche Pflichtverletzung dieser Hilfsperson bei der Inanspruchnahme eines Nachfolgeunternehmers über §§ 254, 278 BGB zurechnen lassen.

2003 Es ist allerdings schon fraglich, ob diese Rechtsprechung aus dem Architektenrecht überhaupt auf die mangelhaft arbeitenden Vorunternehmer übertragen werden kann (so etwa Sohn/Holtmann, BauR 2010, 1480, 1482; kritisch Gartz, BauR 2010, 703; eher vorsichtig Leupertz, BauR 2010, 1999, 2008; s. dazu oben ausführlich Rdn. 1540 ff.). Selbstverständlich ist das nicht: Denn während sich der Bauüberwacher an den ihm übergebenen Plänen orientieren muss (er erhält sie ja, um danach vertragsgerecht arbeiten zu lassen), ist dies bei einem Nachfolgebauunternehmer in Bezug auf die Vorleistung zunächst nicht so. Dieser nimmt die Leistungen des Vorunternehmers nur hin und baut darauf seine Arbeiten auf. Andererseits ist aber doch zu beachten, dass er sich letzten Endes – zur Erreichung einer mangelfreien Leistung, die auch im Eigeninteresse des Auftraggebers liegt – auf diese Mangelfreiheit ähnlich wie der Bauüberwacher in Bezug auf die Pläne verlassen wird und weitgehend muss (oben Rdn. 1543; vgl. auch Leupertz a. a. O.). Daher wird man hier in Bezug auf die Baumängel tatsächlich von einer entsprechenden Zurechnung einer Schlechtleistung des Vorunternehmers zulasten des Auftraggebers gegenüber einem Nachfolgeunternehmer ausgehen können.

2004 Für die an dieser Stelle interessierenden **Behinderungsfälle** wird man mit dieser Rechtsprechung dagegen nicht weiterkommen. Dabei mag noch unbestritten sein, dass es sich sowohl bei der mangelfreien als auch der **termingerechten Herstellung der Bauleistung** jeweils um eine Obliegenheit des Bestellers im Verhältnis zu einem Nachfolgeunternehmer handelt (BGH, Urt. v. 21.10.1999 – VII ZR 185/98, BGHZ 143, 32, 39 f. = BauR 2000, 722, 725 = NJW 2000, 1336, 1338). Doch hat die bloße vom Vorunternehmer verschuldete Bauverzögerung nichts mit dem Schutzzweck dieser Obliegenheit des Bestellers in dessen Verhältnis zum Nachfolgeunternehmer zu tun. Denn keinesfalls setzt ja der Auftraggeber den Vorunternehmer deswegen ein, um seiner Obliegenheit einer termingerechten Übergabe der Bauleistung an den Nachfolgeunternehmer nachzukommen. Oder anders ausgedrückt: Nur weil der Vorunternehmer schuldhaft verspätet eine Leistung übergibt, heißt das noch lange nicht, dass auch der Nachfolgeunternehmer ebenfalls verspätet oder gar mangelhaft arbeitet. All diese Fragen spielen isoliert in dem Verhältnis Auftraggeber/Nachfolgeunternehmer in Bezug auf die **Einhaltung der Bauzeit keine Rolle**. Stattdessen bleibt allein die Frage bestehen, ob bei eigenständig geltend gemachten Ansprüchen des Nachfolgeunternehmers wegen einer Bauverzögerung gegenüber dem Auftraggeber diesem die schuldhafte Verzögerung des Vorunternehmers über §§ 254, 278 BGB im Rahmen eines Schadens- oder Entschädigungsanspruches zuzurechnen ist. Dafür bietet die Rechtsprechung nach dem Glasfassadenurteil keinen Anhaltspunkt. Somit bleibt es (einstweilen) dabei, dass in diesen Fällen dem Nachfolgeunternehmer allenfalls ein Entschädigungsanspruch nach § 642 BGB zusteht (s. o. Rdn. 1999).

8.11.3.2 Schadensersatzanspruch bei mangelhaften Vorleistungen

Unter Berücksichtigung vorstehender Erläuterungen sollte zumindest auch zukünftig darüber nachgedacht werden, ob der von der Rechtsprechung eingeschlagene Weg über § 642 BGB überzeugt. Denn richtigerweise spricht wohl doch einiges dafür, dass eine nicht fertig gestellte Subunternehmerleistung **eine vom Auftraggeber zu vertretende Behinderung** mit der Folge eines Schadensersatzanspruchs des Auftragnehmers aus § 6 Abs. 6 VOB/B begründet – und zwar mit folgenden Überlegungen:

- **Keine Unterscheidung zwischen verzögerten Eigenleistungen und verspäteter Vorunternehmerleistung**
  Ausgangspunkt der nachfolgenden Betrachtung könnte z. B. folgender Sachverhalt sein.

> **Beispiel**
>
> Bei der Ausführung von Rohbauarbeiten durch den Auftragnehmer kommt es zu einer Unterbrechung, weil die bauseits zu liefernden, also beizustellenden Baustoffe – z. B. Klinker – nicht rechtzeitig angeliefert werden oder die angelieferten Baustoffe mangelhaft sind und deshalb durch mangelfreie ersetzt werden müssen.

In derartigen Fällen kann es kaum zweifelhaft sein, dass diese – dem Rohbauunternehmer aufgezwungene – Unterbrechung seiner Bauausführung ihre Ursache im Verantwortungsbereich des Auftraggebers hat und ihm im Sinne eines Verschuldens zuzurechnen ist. Dies gilt dann aber gleichermaßen, wenn es nicht zu einer Unterbrechung, also zu einem **völligen Stillstand der Bauarbeiten**, sondern »nur« zu einer **Behinderung des Auftragnehmers** in der Weise kommt, dass dieser nicht wie geplant zügig weiterarbeiten kann. Die so verursachte **Bauablaufstörung** ist allein schon deshalb durch Umstände aus dem Verantwortungsbereich des Auftraggebers ausgelöst worden, weil er diese Leistung (Lieferung von Baustoffen) **als eigene Leistungsverpflichtung im Vertrag** gegenüber dem Auftragnehmer übernommen hatte und er diese nicht vertragsgemäß – d. h. rechtzeitig und mangelfrei – erbracht hat.

Die Zurechenbarkeit zum Verantwortungsbereich des Auftraggebers ergibt sich in diesem Fall auch ohne Weiteres aus § 13 Abs. 3 VOB/B und § 642 bzw. § 645 BGB. In all diesen Vorschriften erfolgt letztlich eine **Risikoverlagerung zugunsten des Auftragnehmers und zulasten des Auftraggebers**. Denn der Auftragnehmer wird jeweils von seiner Gewährleistungspflicht freigestellt, wenn ein Mangel auf die vom Auftraggeber gelieferten Baustoffe zurückzuführen ist (§ 13 Abs. 3 VOB/B). Auf der anderen Seite wird dem Auftragnehmer ein Entschädigungsanspruch zuerkannt, wenn der Auftraggeber ihm obliegende Handlungen unterlässt und dadurch in **Annahmeverzug** gerät (§ 642 BGB). Darin kommt klar zum Ausdruck, dass der **Auftraggeber die Verantwortung für die von ihm nach dem Vertrag beizustellenden Stoffe und Bauteile trägt, und zwar sowohl für deren rechtzeitige als auch für deren mangelfreie Anlieferung. Dabei kann es nicht darauf ankommen, aus welchem Grund die Anlieferung verspätet erfolgt ist. Hat der Auftraggeber die Baustoffe selbst zu liefern, weil er einen Baustoffhandel betreibt, so ist ihm die verspätete Lieferung als Eigenverschulden zuzurechnen. Nichts anderes gilt, wenn er die – bauseits zu liefernden – Baustoffe anderweitig bezieht. Auch hier ist ihm die verspätete bzw. mangelhafte Anlieferung als **Fremdverschulden** gemäß § 278 BGB zuzurechnen. Dies wiederum beruht darauf, dass sich der Auftraggeber zur Erfüllung seiner vertraglich gegenüber dem Auftragnehmer übernommenen Verpflichtung des Baustofflieferanten als seines **Erfüllungsgehilfen** bedient und dem Auftraggeber gegebenenfalls aus einer Schlechterfüllung dieses Vertrages seitens des Lieferanten Regressansprüche gegen diesen (Gewährleistungs- oder Schadensersatzansprüche) zustehen.

2008　Nichts anders ist die Sach- und Rechtslage bei Sachverhalten, in denen der Auftraggeber sich nicht nur zur Beistellung von Baustoffen, sondern **zur bauseitigen Ausführung von Bauleistungen verpflichtet.**

▶ Beispiel

In dem Vertrag zur Errichtung eines Fertighauses verpflichtet sich der Bauherr binnen einer bestimmten Frist oder jedenfalls rechtzeitig vor Ausführungsbeginn des Fertighausherstellers zur Herstellung der Fundamente oder des Kellers.

Auch in diesen Fällen kommt es vor, dass der Auftraggeber diese Arbeiten bzw. **Bauleistungen in echter Eigenleistung** erbringt oder sie seinerseits einem anderen Unternehmer in Auftrag gibt. Kommt es zu einer **verspäteten Fertigstellung der bauseits zu erbringenden notwendigen Vorleistungen** und wird dadurch der Auftragnehmer gehindert, zu dem vereinbarten Termin mit seinen Bauleistungen zu beginnen, muss er seine bereits begonnenen Arbeiten unterbrechen oder ist er in der weiteren Ausführung gegenüber dem geplanten Bauablauf behindert, so entstehen ihm dadurch häufig **Mehrkosten. Diese hat nunmehr** der Auftraggeber entweder gemäß § 6 Abs. 6 VOB/B oder aber gemäß § 642 BGB zu tragen. Denn diese **Störung des Bauablaufes hat allein ihre Ursache in seinem Verantwortungsbereich, nämlich der bauseits zu erbringenden Leistung.** Auch in diesem Fall kann es keinen Unterschied machen, ob der Bauherr diese Bauleistungen als Eigenleistung selbst erbringt oder ob er sich zur Erfüllung seiner im Vertrag übernommenen Leistungsverpflichtung eines anderen Unternehmers bedient und dieser die Verzögerung oder die Mängel und damit die durch deren Beseitigung bedingte Verzögerung zu vertreten hat. In beiden Fällen liegt die Ursache der Bauablaufstörung im Verantwortungsbereich des Auftraggebers.

2009　Gerade hier zeigt sich auch, dass bei Bauablaufstörungen der Unterscheidung zwischen **Ursachen aus dem Planungs- und dem Ausführungsbereich** bezüglich eines **Mehrkostenerstattungsanspruchs** infolge von Bauverzögerungen keine entscheidende Bedeutung zukommen kann. Entscheidendes Kriterium für die Abgrenzung der beiderseitigen Verantwortungsbereiche kann nur die jeweils im Vertrag übernommene Verpflichtung der beiden Vertragspartner sein. Ebenso wie häufig in der Praxis der Auftragnehmer im Vertrag mit dem Auftraggeber Planungsleistungen übernimmt (vgl. dazu auch: Vygen, Festschrift Korbion S. 439 ff.), so kann auch der Auftraggeber Ausführungsleistungen vertraglich übernehmen, sei es als echte **Eigenleistung**, sei es als bauseits und dann meist von anderen Unternehmern zu erbringende Vorleistungen. Dies kann natürlich auch stillschweigend geschehen oder sich aus der Natur der Sache von selbst ergeben. Dann aber muss der Auftraggeber – ebenso wie der Auftragnehmer für die von ihm übernommenen Planungsleistungen – für deren rechtzeitige und vertragsgerechte Erfüllung einstehen und sich dabei das **Verschulden** der von ihm beauftragten Drittunternehmer gemäß § 278 BGB zurechnen lassen, da er sich dieser zur **Erfüllung seiner vertraglichen Leistungspflicht** bedient (so wohl auch Nicklisch/Weick VOB/B § 10, Rn. 16; Kapellmann/Schiffers, Bd. 1, Rn. 1367 ff.; Ingenstau/Korbion/Döring § 6 Abs. 6 VOB/B, Rn. 16 ff.).

2010　In diesem Sinne hat auch der BGH – allerdings nicht der Bausenat, sondern der X. Zivilsenat – einen Fall zu folgendem Sachverhalt entschieden:

8.11 Schadensersatzanspruch nach § 6 Abs. 6 VOB/B

▶ **Beispiel (nach BGH, Urt. v. 01.10.1991 – X ZR 128/89, ZfBR 1992, 31)**

Der Besteller, der für den vom Unternehmer geschuldeten Abtransport von Erdaushub (hier: entwässertem Schlamm) eine Deponie bereitzuhalten hatte, hatte mit der Stadt einen Vertrag über die Gestattung der Deponierung der anfallenden Schlämme nach Aufbereitung geschlossen. Nach Auffassung des BGH gerate der Besteller in Annahmeverzug, wenn die Deponieverwaltung sich grundlos weigere, den vom Unternehmer angelieferten Aushub abzunehmen. Denn die dem Besteller nicht unterstehende Deponieverwaltung sei dennoch seine Erfüllungsgehilfin. Danach sei ihm deren Verschulden gemäß § 278 BGB auch zuzurechnen. Folglich stehe dem Unternehmer ein Entschädigungsanspruch gemäß § 642 BGB zu.

Von den zuvor behandelten Fällen der bauseits übernommenen Lieferungs- oder Leistungspflichten unterscheidet sich der vom **BGH in seinem ersten grundlegenden Urteil vom 27. Juni 1985** (VII ZR 23/84, BGHZ 95, 128 ff. = BauR 1985, 561 ff. = NJW 1985, 2475 ff.) entschiedene Fall zu den Vorunternehmersachverhalten letztlich nur so geringfügig, dass eine abweichende rechtliche Beurteilung nicht gerechtfertigt ist. 2011

▶ **Beispiel (nach BGH, Urt. v. 27.06.1985 – VII ZR 23/84, BGHZ 95, 128 ff. = BauR 1985, 561 ff. = NJW 1985, 2475 ff.)**

Der Auftraggeber hatte die Rohbauarbeiten einer ARGE übertragen und die zuvor auszuführenden Gründungsarbeiten einer anderen Firma in Auftrag gegeben. Die Gründungsarbeiten wurden termingerecht ausgeführt und vom Auftraggeber abgenommen. Die als Nachfolgeunternehmerin mit den Rohbauarbeiten beauftragte Arge wollte mit ihren Arbeiten termingerecht beginnen, stellte aber bei der gebotenen Überprüfung der Gründungsarbeiten (§ 4 Abs. 3 VOB/B) deren mangelhafte Ausführung fest. Wegen deshalb notwendiger Nachbesserungsarbeiten des Vorunternehmers konnte die ARGE erst mehrere Monate später als vorgesehen und vereinbart mit ihren Rohbauarbeiten starten. Wegen dieser Verzögerungen machte die ARGE Mehrkosten geltend, die ihr unter anderem durch eine inzwischen erfolgte Lohnerhöhung entstanden waren.

Dieser in der Baupraxis häufig anzutreffende Fall zeigt die Problematik deutlich auf. Der ARGE kann ein **Mehrkostenerstattungsanspruch** gegen den Auftraggeber aus § 2 Abs. 5 VOB/B oder aus § 6 Abs. 6 VOB/B nur dann zustehen, wenn die Ursache der Bauverzögerung ihren Ausgangspunkt im Verantwortungsbereich des Auftraggebers hatte, also durch Umstände ausgelöst wurde, die dem Auftraggeber zuzurechnen sind (so zutreffend BGH, Urt. v. 27.06.1985 – VII ZR 23/84, BGHZ 95, 128, 135 = BauR 1985, 561, 564 = NJW 1985, 2475, 2476 f.; a. A. Kraus, BauR 1986, 20 f.). Dies ist aber keineswegs – anders als die Auffassung des BGH – fern liegend. Denn der Auftraggeber ist aufgrund des mit der ARGE abgeschlossenen VOB-Bauvertrages zur Mitwirkung nicht nur insoweit verpflichtet, als er den Auftrag für die Vorleistungen (z. B. die Gründungsarbeiten) an eine hierfür fachlich qualifizierte Firma rechtzeitig vergeben und für einen geordneten zeitlichen Ablauf sorgen muss. Die Mitwirkungspflichten des Auftraggebers gehen vielmehr erheblich darüber hinaus. Der **Auftraggeber** ist umfassend verpflichtet, **für die rechtzeitige und vertragsgemäße Ausführung von notwendigen Vorunternehmerleistungen**, auf die der Nachfolgeunternehmer zur Erbringung seiner Vertragsleistung angewiesen ist, **Sorge zu tragen** (so auch OLG Köln, Urt. v. 14.06.1985 – 20 U 164/84, BauR 1986, 582, 583 = NJW 1986, 71), da dies in seinen, durch die gesamte Vertragsgestaltung selbst gewählten Verantwortungsbereich fällt. 2012

- **Bedeutung der Koordinations- und Planungsverpflichtung**
Unter Berücksichtigung vorstehender Erwägungen gewinnt gleichzeitig die Koordinationsverpflichtung des Auftraggebers an Bedeutung. So hat dieser durch die Vergabe der verschiedenen zur Errichtung des Bauwerks notwendigen Gewerke an verschiedene Unternehmer und **nicht an einen Generalunternehmer** zugleich eine **Koordinierungspflicht** übernommen, wie sich auch aus § 4 Abs. 1 Nr. 1 VOB/B ergibt. Danach hat der Auftraggeber das Zusammenwirken der verschiedenen Unternehmer zu regeln. Zudem hat er gemäß § 4 Abs. 1 Nr. 2 VOB/B das Recht, die vertragsgemäße Ausführung der Leistung zu überwachen. Nach § 4 Abs. 1 2013

Nr. 3 VOB/B ist er befugt, Anordnungen zu treffen, die zur vertragsgemäßen Ausführung der Leistungen notwendig sind. Damit ist dem Auftraggeber die Möglichkeit eröffnet, schon während der Bauausführung auf eine rechtzeitige (vgl. auch § 5 Abs. 2 und 3 VOB/B) und mangelfreie Erstellung (vgl. § 4 Abs. 6 und 7 VOB/B) der geschuldeten Leistung hinzuwirken. Diese Möglichkeiten stehen nur dem Auftraggeber gegenüber dem von ihm beauftragten Vorunternehmer, nicht aber dem Nachfolgeunternehmer zur Verfügung. Zu einer danach möglichen Koordinierung ist der Auftraggeber aber auch aus seinem Vertragsverhältnis zum Nachfolgeunternehmer immer dann verpflichtet, wenn dessen **Leistungsverpflichtung von der rechtzeitigen und ordnungsgemäßen Ausführung der Vorunternehmerleistung abhängt**. Die dem Auftraggeber obliegende Regelung des Zusammenwirkens verschiedener Unternehmer berührt nämlich nicht nur den rein zeitlichen Ablauf, sondern auch das fachliche Ineinandergreifen der verschiedenen Unternehmerleistungen. Im Rahmen der vom Auftraggeber vorzunehmenden Koordinierung ist es ihm auch möglich, die Risiken verspäteter oder mangelhafter Vorleistungen und damit die Behinderungswirkungen für Nachfolgeunternehmer weitgehend zu vermeiden. Denn der Auftraggeber legt im Ausgangspunkt die Termine für die von den verschiedenen Unternehmern auszuführenden Leistungen fest. Vor allem dieser **Terminplan** ist in den meisten Fällen die primäre Ursache für derartige Bauablaufstörungen wegen verspäteter Fertigstellung von Vorunternehmerleistungen, weil es an den gerade für solche Fälle notwendigen **Pufferzeiten im Bauzeitenplan** fehlt. Schon beim Aufstellen eines solchen Zeitplans muss der Auftraggeber bzw. sein Architekt (vgl. § 33 Nr. 8 i. V. m. Anl. 11 HOAI) aber mögliche Verzögerungen wegen der schwerwiegenden Auswirkungen auf Nachfolgegewerke berücksichtigen. Deshalb schreibt § 9 Abs. 1 VOB/A auch ausdrücklich vor, dass die in den Verdingungsunterlagen (§ 10 Abs. 4 Nr. 1 lit. d) VOB/A) festzulegenden Ausführungsfristen ausreichend zu bemessen und besondere Schwierigkeiten zu berücksichtigen sind. Zu dem Pflichtenkreis des Auftraggebers im Rahmen der Koordination gehören dabei auch die ständige Überwachung und gegebenenfalls die rechtzeitige Anpassung des Bauzeitplans für die verschiedenen Unternehmer.

2014   Schon aus dieser **Koordinierungspflicht** folgt damit die Verantwortlichkeit des Auftraggebers, **für die rechtzeitige und mangelfreie Fertigstellung von notwendigen Vorunternehmerleistungen Sorge zu tragen** und dabei gegebenenfalls Pufferzeiten für Nachbesserungsarbeiten vorzusehen (so auch OLG Köln, Urt. v. 14.06.1985 – 20 U 164/84, BauR 1986, 582, 583 = NJW 1986, 71). Dabei geht es entgegen der Ansicht des BGH (Urt. v. 27.06.1985 – VII ZR 23/84, BGHZ 95, 128, 134 = BauR 1985, 561, 563 = NJW 1985, 2475, 2476) auch weniger um die Frage, ob Einzelfristen überhaupt verbindlich sind (§ 5 Abs. 1 S. 2 VOB/B). Im Vordergrund steht vielmehr die Festlegung und Überwachung von verbindlichen Anfangs- und Endterminen für die verschiedenen Gewerke oder jedenfalls die Einhaltung der für den Fortgang der Gesamtarbeit besonders wichtigen Einzelfristen (vgl. § 9 Abs. 2 Nr. 2 VOB/A), deren Festlegung als verbindliche Vertragsfristen ohne Weiteres möglich und Sache des Auftraggebers ist.

- **Verpflichtung zur Bereitstellung eines baureifen Grundstücks**

2015   Die Verpflichtung des Auftraggebers zur rechtzeitigen und mangelfreien **Bereitstellung der notwendigen Vorunternehmerleistungen** folgt aber auch noch aus den weiter in der VOB/B festgelegten und sich letztlich aus der Sache selbst ergebenden **Mitwirkungspflichten des Auftraggebers**. So ist der Auftraggeber gemäß §§ 3 Abs. 2, 4 Abs. 1 und 4 VOB/B verpflichtet, dem Auftragnehmer rechtzeitig zu dem vereinbarten Baubeginn ein **baureifes Grundstück** zur Verfügung zu stellen (BGH, Urt. v. 19.12.2002 – VII ZR 440/01, BauR 2003, 531, 531 = NJW 2003, 1601 = NZBau 2003, 325, s. auch oben Rdn. 1043 ff., 1080 ff.), und zwar mit den erforderlichen Höhenfestpunkten (vgl. BGH, Urt. v. 05.12.1985 – VII ZR 156/85, BauR 1986, 203, 204), den abgesteckten Hauptachsen der baulichen Anlagen (§ 3 Abs. 2 VOB/B), den Geländegrenzen (§ 3 Abs. 2 VOB/B), den erforderlichen öffentlich-rechtlichen Genehmigungen und Erlaubnissen (§ 4 Abs. 1 VOB/B), den notwendigen Lager- und Arbeitsplätzen (§ 4 Abs. 4 VOB/B), aber auch mit den **notwendigen Vorleistungen anderer Unternehmer** zum Zwecke der vorgesehenen Bebauung in der für eine unbehinderte Leistung nötigen Art und Weise (Ingenstau/Korbion/Keldungs § 2 Abs. 5 VOB/B, Rn. 12; OLG München, Urt. v. 09.11.1990 – 23 U 4090/90, BauR 1992, 74, 75 f. = NJW-RR 1992, 348 f.).

8.11 Schadensersatzanspruch nach § 6 Abs. 6 VOB/B

Die Pflicht, ein baureifes Grundstück zur Verfügung zu stellen, umfasst die **rechtliche und tatsächliche Bebauungsfähigkeit des Grundstücks**. Ohne Grundstück kann der beauftragte Bauunternehmer nicht bauen. Ohne Abriss des alten Gebäudes kann der Rohbauunternehmer keinen Neubau errichten und selbst der beste Dachdecker kann das Dach nicht eindecken, wenn kein Haus vorhanden ist (Kapellmann/Schiffers, Bd. 1, Rn. 1369). Die Baustelle muss frei von irgendwelchen Hindernissen oder Behinderungen sein, die der Verwirklichung der im Bauvertrag vorgesehenen Bauleistung entgegenstehen (Ingenstau/Korbion/Oppler, § 4 VOB/B, Rn. 1 und § 4 Abs. 1 VOB/B, Rn. 1–5). Diese Verpflichtung beinhaltet zwangsläufig die **Mitwirkungspflicht** des Auftraggebers, dem Auftragnehmer, der Nachfolgegewerke auszuführen hat, ein **Grundstück mit den notwendigen Vorleistungen anderer Gewerke zur Verfügung zu stellen**. Er allein ist in der Lage, für ihre rechtzeitige und mangelfreie Erbringung Sorge zu tragen. Insoweit ist Grundlage eines jeden Bauvertrages, dass notwendige Vorleistungen, die dem Auftragnehmer nicht übertragen worden sind, **bauseits zu erbringen** und demzufolge unter der Verantwortung des Auftraggebers rechtzeitig und mangelfrei bereitzustellen sind. Dazu bedarf es deshalb auch keiner ausdrücklichen Vereinbarung im Bauvertrag, wie dies bei **Eigenleistungen, bauseits zu liefernden Baustoffen** und vielfach etwa bei den Gewerken Heizungs-, Sanitär-, Klimaanlagen- und Elektroinstallationen bezüglich der Schlitze und Durchbrüche häufig anzutreffen ist. Diese besondere Regelung **bauseits zu erbringender Leistungen** hat ihre Ursache allein darin, dass bei diesen Gewerken und ebenso bei den Eigenleistungen sich häufig Zweifel ergeben, ob diese Leistungen vom jeweiligen Auftragnehmer mit auszuführen sind oder nicht. Diese Problematik stellt sich aber nicht in den Fällen, in denen klar ist, dass z. B. die Ausschachtung der Baugrube, die Gründungsarbeiten, der gesamte Rohbau oder auch nur die **Gerüstgestellung für Dachdeckerarbeiten** (vgl. OLG Rostock, Urt. v. 24.09.1997 – 5 U 20/96, BauR 1999, 402; IBR – Leinemann 1999, 253) von anderen Vorunternehmern zu erbringen ist. 2016

Dieser Abgrenzung der Verantwortungsbereiche dahin gehend, dass die **vertragsgemäße Ausführung von notwendigen Vorunternehmerleistungen dem Auftraggeber zuzurechnen** ist, trägt – wie schon an anderer Stelle erläutert – auch § 13 Abs. 3 VOB/B Rechnung. Diese Regelung stellt den Auftragnehmer von seiner Gewährleistungspflicht für Mängel frei, die ihre Ursache in den vom Auftraggeber gelieferten Stoffen oder Bauteilen, aber auch in der Beschaffenheit von Vorleistungen anderer Unternehmer haben (s. auch schon oben Rdn. 1518 ff.). Diese Gleichstellung zeigt, dass die VOB/B diese Fälle ebenso dem Verantwortungsbereich des Auftraggebers zuordnet. Dies aber muss in noch stärkerem Maße bei **Störungen des Bauablaufs durch verspätete Vorunternehmerleistungen** gelten, da der Auftraggeber aufgrund seines Koordinierungsrechts und seiner Koordinierungspflicht noch wesentlich stärkere Einflussmöglichkeiten hat. Diese Abgrenzung der Verantwortungsbereiche führt auch insgesamt zu sach- und interessengerechten Ergebnissen. Denn der Auftraggeber, dem eine verspätete Vorunternehmerleistung zugerechnet wird und der deshalb dem Nachfolgeunternehmer die dadurch bedingten Mehrkosten erstatten muss, kann seinerseits diese **Mehrkosten als Schadensersatz wegen Verzuges oder bei mängelbedingter Verzögerung nach § 4 Abs. 7 S. 2 VOB/B** wieder von dem Vorunternehmer als dem eigentlich für die Verzögerung oder Störung des Bauablaufs Verantwortlichen ersetzt verlangen. Folglich werden dann diese Mehrkosten von dem getragen, der sie durch seine zögerliche oder mangelhafte Arbeit verursacht hat. Demgegenüber sollen sie nach dem bereits erwähnten Urteil des BGH (Urt. v. 27.06.1985 – VII ZR 23/84, BGHZ 95, 128 = BauR 1985, 561 = NJW 1985, 2475; ebenso BGH, Urt. v. 21.10.1999 – VII ZR 185/98, BGHZ 143, 32 = BauR 2000, 722 = NJW 2000, 1336) bei dem Nachfolgeunternehmer hängen bleiben, der diese Mehrkosten nicht verschuldet und nicht einmal verursacht hat und auch bei allergrößter Sorgfalt schlechterdings nicht einmal vermeiden konnte. Faktisch läuft damit diese Rechtsprechung letztlich auf eine Garantiehaftung des Nachfolgeunternehmens für Fremdverschulden hinaus (vgl. zu alledem auch: Kapellmann/Schiffers, Bd. 1, Rn. 1367 ff., 1374; Dähne, BauR 1994, 518 und Kraus, Beilage BauR 1997, Heft 4), die allenfalls durch den in diesen Fällen gewährten Entschädigungsanspruch nach § 642 BGB gemindert, keinesfalls aber beseitigt wird. 2017

2018 Angesichts der Rechtsprechung des BGH wird es allerdings in der Praxis schwer sein, diese **Ansprüche wegen Behinderungen infolge verspäteter oder mangelhafter Vorunternehmerleistungen im Streitfall über einen Schadensersatzanspruch nach § 6 Abs. 6 VOB/B gerichtlich durchzusetzen.** Denn der BGH hat seine Rechtsprechung trotz der fast einhelligen Ablehnung im Schrifttum beibehalten, sodass der Ruf nach einer Änderung der VOB/B weiter aktuell ist (so vor allem Kraus, Die VOB/B – ein nachbesserungsbedürftiges Werk, BauR Heft 4/97 – Beilage, S. 5 ff. und Dähne, BauR 1994, 518 sowie auch schon in den Vorauflagen dieses Buches seit der 1. Auflage 1988). Diese Änderung ist bis heute unterblieben. Dabei ist immerhin wie schon erläutert eine gewisse Entschärfung dadurch eingetreten, dass der Nachfolgeunternehmer bei einzelnen Verzögerungen vom Auftraggeber zumindest eine Entschädigung nach § 642 BGB verlangen kann (vgl. auch § 6 Abs. 6 S. 2 VOB/B).

2019 Gleichwohl erscheint es aber auch unabhängig davon ratsam, dieses Problem sachgerecht durch eine entsprechende **Vertragsgestaltung** zu lösen. Hierbei geht es um eine Vereinbarung des Inhalts, dass sich der Auftraggeber verpflichtet, die notwendigen Vorleistungen (Fundamente für Fertighaus, Schlitze für Heizungs- und Wasserleitungen, Ausschachtung und/oder Gründung der Baugrube für Rohbauarbeiten, Rohbau für Ausbaugewerke, Estrich für Parkettboden, Gerüstgestellung für Dacharbeiten usw.) **bauseits rechtzeitig** zu erbringen, wie dies eigentlich bei getrennter Vergabe der Einzelgewerke selbstverständlich sein sollte. Bei einer entsprechenden Vertragsbestimmung wird auch der BGH dann an der **Erfüllungsgehilfeneigenschaft des Vorunternehmers** nicht mehr vorbeikommen können, sodass dem Auftraggeber nunmehr ein etwaiges Verschulden des Vorunternehmers auch gemäß § 278 BGB zuzurechnen ist (vgl. auch BGH, Urt. v. 01.10.1991 – X ZR 128/89, ZfBR 1992, 31, 32).

8.11.4 Der zu ersetzende Behinderungsschaden und sein Nachweis

2020 Gemäß § 6 Abs. 6 VOB/B hat der Auftragnehmer, wenn die hindernden Umstände vom Auftraggeber zu vertreten sind, **Anspruch auf Ersatz des nachweislich entstandenen Schadens**, des entgangenen Gewinns aber nur bei **Vorsatz oder grober Fahrlässigkeit**. Mit dieser Regelung wird zunächst für den Normalfall leicht fahrlässigen Verhaltens der Schadensersatzanspruch dahin eingeschränkt, dass der **entgangene Gewinn** (vgl. § 252 BGB) nicht ersetzt verlangt werden kann. Damit wird gleichzeitig der Haftungsumfang gegenüber der gesetzlichen Schadensersatzregelung in §§ 249 ff. BGB eingeschränkt. Diese durch Vereinbarung der VOB/B eingreifende **Haftungsbeschränkung gilt zugunsten beider Vertragspartner**, also auch für die Schadensersatzansprüche des Auftraggebers. Daher bestehen gegen diese Regelung auch AGB-rechtlich keine Bedenken (vgl. auch § 309 Nr. 7 lit. a) und b) BGB).

2021 Zu beachten ist, dass diese Haftungsbeschränkung dann nicht gilt, wenn im Bauvertrag die Geltung der VOB/B nur nachrangig nach dem BGB vereinbart worden ist (BGH, Urt. v. 27.10.1977 – VII ZR 298/75, Schäfer/Finnern/Hochstein, Nr. 1 zu § 284 BGB; Ingenstau/Korbion/Döring, § 6 Abs. 6 VOB/B, Rn. 34). Sodann kann eine über § 6 Abs. 6 VOB/B hinausgehende Beschränkung des Haftungsumfangs oder überhaupt des Schadensersatzanspruchs bei **verschuldeten Bauverzögerungen** in **Allgemeinen Geschäftsbedingungen**, insbesondere also in Zusätzlichen Vertragsbedingungen, nicht erfolgen. Denn diese verstößt entweder gegen § 309 Nr. 7 lit. a) und b) BGB oder jedenfalls gegen § 307 BGB (vgl. auch oben Rdn. 710 ff.). Selbstverständlich ist es aber zulässig, in Allgemeinen Geschäftsbedingungen die Haftungsbegrenzung aus § 6 Abs. 6 VOB/B wieder aufzuheben. Demzufolge kann also auch bei bloß **fahrlässig verursachter Behinderung** durch den Auftraggeber und **fahrlässig verursachter Bauverzögerung** durch den Auftragnehmer dem jeweils anderen Vertragspartner ein Schadensersatzanspruch einschließlich des nachgewiesenen **entgangenen Gewinns** eingeräumt werden, wie dies nach dem BGB-Werkvertragsrecht ohnehin der Fall ist. Allerdings erscheint die Beschränkung des Schadensersatzanspruches in § 6 Abs. 6 VOB/B durchaus sachgerecht, zumal der Nachweis eines entgangenen Gewinns als Folge von Behinderungen oder Bauverzögerungen in der Praxis ohnehin große Schwierigkeiten bereitet.

8.11 Schadensersatzanspruch nach § 6 Abs. 6 VOB/B

Will nun der Auftragnehmer wegen vom Auftraggeber zu vertretender Behinderungen auch den entgangenen Gewinn ersetzt verlangen, so trifft ihn im Rahmen des § 6 Abs. 6 VOB/B für eine vorsätzliche oder **grob fahrlässige Behinderung** des Bauablaufs durch den Auftraggeber die **Darlegungs- und Beweislast** (so auch OLG Düsseldorf, Urt. v. 04.06.1991 – 23 U 173/90, BauR 1991, 774, 776; BGH, Urt. v. 24.02.2005 – VII ZR 141/03, BGHZ 162, 259, 262 f. = BauR 2005, 857, 858 = NJW 2005, 1653, 1654). Etwas Anderes gilt für den Nachweis der leichten Fahrlässigkeit als Grundvoraussetzung für den Schadensersatzanspruch aus § 6 Abs. 6 VOB/B. Hier muss sich nach dem allgemeinen Grundsatz des Schadensersatzrechts der Auftraggeber als Schuldner des Schadensersatzanspruchs vom Vorwurf des Verschuldens entlasten, wenn feststeht, dass die Behinderung des Auftragnehmers ihre Ursache im **Verantwortungs- oder Risikobereich** des Auftraggebers hat (so schon BGH, Urt. v. 21.12.1970 – VII ZR 184/69, BauR 1971, 202 f.; s. schon oben Rdn. 1982 ff.). 2022

Zu beachten ist, dass der Auftragnehmer auch die **Ursächlichkeit**, also den adäquat-kausalen Zusammenhang **zwischen dem geltend gemachten Schaden und den hindernden Umständen**, die dem Auftraggeber anzulasten sind, darlegen und beweisen muss (so auch BGH, Urt. v. 24.02.2005 – VII ZR 141/03, BGHZ 162, 259, 262 ff. = BauR 2005, 857, 858 f. = NJW 2005, 1653, 1654; BGH, Urt. v. 24.02.2005 – VII ZR 225/03, BauR 2005, 861, 864 f. = NJW 2005, 1650, 1652). 2023

▶ **Beispiel (nach BGH, Urt. v. 15.01.1976 – VII ZR 52/74, BauR 1976, 128)**
An der Ursächlichkeit etwa fehlt es, wenn der Auftraggeber die Baugenehmigung zwar zu spät beigebracht hat, der Auftragnehmer aber auch bei rechtzeitiger Baugenehmigung nicht anders (früher, mehr, schneller) gearbeitet hätte bzw. hätte bauen können, als er es tatsächlich getan hat.

8.11.4.1 Rechtliche Grundlagen der Schadensberechnung

Der Umfang des vom Auftraggeber zu ersetzenden Schadens bestimmt sich zunächst nach den allgemeinen Grundsätzen der §§ 249 ff. BGB. Danach ist als Schaden jeder Nachteil zu ersetzen, den der Anspruchsteller durch ein bestimmtes Ereignis – hier: die Behinderung des Bauablaufs durch den Auftraggeber – an seinem Vermögen oder an seinen sonst rechtlich geschützten Gütern erleidet (Nicklisch in Nicklisch/Weick, § 6 VOB/B, Rn. 60). Nach der in diesen Fällen anzuwendenden **Differenztheorie** besteht der Schaden in dem **Unterschied zwischen zwei Vermögenslagen des Geschädigten** (s. dazu BGH, Urt. v. 20.02.1986 – VII ZR 286/84, BGHZ 97, 163, 167 = BauR 1986, 347, 348 f. = NJW 1986, 1684, 1685; Kniffka/Koeble, Teil 8, Rn. 44 ff.; Ingenstau/Korbion/Döring, VOB/B § 6 Abs. 6, Rn. 26 ff.; Heiermann/Riedl/Rusam/Kuffer, § 6 VOB/B, Rn. 68), nämlich 2024

- auf der einen Seite der Vermögenslage, wie sie sich infolge der Behinderung als dem schadensstiftenden Ereignis tatsächlich gestaltet hat und
- auf der anderen Seite seiner – letztlich hypothetischen – Vermögenslage, wie sie ohne dieses Ereignis bestehen würde.

Damit kommen hauptsächlich die **Mehraufwendungen** des Auftragnehmers in Betracht, die zurückgehend auf die vom Auftraggeber zu vertretende Behinderung deswegen angefallen sind, um die vertraglich geschuldete gegenständliche Bauleistung in einem längeren Zeitraum (bei Verzögerungen während der Bauausführung) oder in einer später liegenden Zeitspanne (bei Verschiebung des vertraglich vereinbarten Baubeginns) zu erbringen. Abzugrenzen davon sind vor allem **Beschleunigungsaufwendungen** zur Einhaltung des Fertigstellungstermins (s. oben Rdn. 1915 ff.). Dies vorausgeschickt können bei der Durchsetzung des Schadensersatzanspruchs gemäß § 6 Abs. 6 VOB/B zwei verschiedene Schadensvarianten unterschieden werden (vgl. Kniffka/Koeble, Teil 8, Rn. 45–47):

- **Zeitliche Verschiebung der Bauausführung**
Zunächst geht es um eine zeitliche Verschiebung der Bauausführung. 2025

> **Beispiel**
>
> Statt einer vereinbarten Bauzeit April bis November werden die Arbeiten aus vom Auftraggeber zu vertretenden Gründen in der Zeit von November bis Juni des folgenden Jahres ausgeführt.

In diesem Fall sind die Mehrkosten als Schaden zu ersetzen, die durch diese zeitliche Verschiebung entstanden sind, also z. B. Materialpreis- und Lohnerhöhungen, Mehraufwand durch die Arbeit in der schlechteren Jahreszeit, Kosten eines Baustopps durch Frost usw.

- Verlängerung der vereinbarten oder vom Auftragnehmer geplanten und dem Auftraggeber bekannt gemachten Bauzeit

2026 Daneben stehen Mehrkosten aus der bloßen Verlängerung der Bauzeit, die vom Auftraggeber zu vertreten ist.

> **Beispiel**
>
> Die Bauzeit verlängert sich, weil der Auftraggeber die notwendigen Ausführungspläne nicht übergibt.

In diesen Fällen sind die durch diese Verlängerung entstandenen Mehrkosten als Schaden zu ersetzen, also z. B. Mehraufwendungen für Personal, Geräte, Subunternehmer, Vorhalte- und Unterhaltungskosten für die Baustelleneinrichtung, das Bauleitungspersonal, erhöhte Gemeinkosten, zeitabhängige Gemeinkosten der Baustelle, Vorhaltekosten für Baustoffe sowie zeitabhängige Allgemeine Geschäftskosten u. a. (so auch Kniffka/Koeble, Teil 8, Rn. 46; s. im Einzelnen auch unten Rdn. 2049 ff. sowie Vygen/Joussen/Schubert/Lang, Bauverzögerung und Leistungsänderung Teil B Rn. 194 ff.). Da zudem jede Verlängerung der Bauzeit gleichzeitig eine Verschiebung des Fertigstellungstermins zur Folge hat, kommen auch die allein deswegen entstehenden Mehrkosten zusätzlich als Schaden in Betracht.

2027 Es ist nicht zu verkennen, dass sich der Schadensersatzanspruch aus § 6 Abs. 6 VOB/B zumindest in einigen Fällen zwar nicht von den Voraussetzungen her, wohl aber von seiner Zielrichtung her mit dem Anspruch aus § 2 Abs. 5 VOB/B decken kann. Dies verwundert nicht: Denn auch bei Letzterem soll der neu festzulegende Vergütungsanspruch die **Mehrkosten** des Auftragnehmers infolge einer angeordneten Bauzeitverschiebung oder einer auf einer Anordnung des Auftraggebers beruhenden Bauzeitverlängerung berücksichtigen (vgl. Vygen, BauR 1983, 421). Allerdings besteht sodann zunächst ein wesentlicher Unterschied darin, dass der Schadensersatzanspruch nach § 6 Abs. 6 VOB/B allenfalls in Ausnahmefällen einen entgangenen Gewinn abdeckt (s. o. Rdn. 1846 ff.). Auch ist bei Ansprüchen aus § 6 Abs. 6 VOB/B und § 2 Abs. 5 VOB/B der **Vergleichsmaßstab** ein anderer (s. dazu auch Joussen, BauR 2010, 518, 524):

2028
- Bei der Neufestlegung der Vergütung gemäß § 2 Abs. 5 VOB/B kann der Auftragnehmer in die Berechnung des neuen Preises alle Mehrkosten einbeziehen, die ihm aufgrund der nachträglichen Änderungsanordnung entstehen. Hierzu gehören zum einen die Mehrkosten, die er von Anfang an einkalkuliert hätte, wenn ihm diese veränderte Leistung schon bei Angebotsabgabe oder Vertragsabschluss bekannt gewesen wäre. Zum anderen zählen dazu die Mehrkosten, die erst durch die nachträgliche Änderungsanordnung zusätzlich verursacht werden. **Vergleichsmaßstab ist also bei Ansprüchen aus § 2 Abs. 5 VOB/B die ursprüngliche Kalkulation** des Auftragnehmers. Sie wird einer neuen Kalkulation auf der Grundlage der veränderten Bauzeit gegenübergestellt (s. dazu Rdn. 2273 ff., 2417 ff.).
- Anders liegt der **Vergleichsmaßstab bei der Schadensberechnung nach § 6 Abs. 6 VOB/B**. Hier wird die **tatsächlich eingetretene Vermögenslage** des Auftragnehmers mit derjenigen verglichen, die ohne die Behinderung und die dadurch bedingte Bauablaufstörung eingetreten wäre. Der Vergleich wird also hier nicht mit der Lage des Auftragnehmers, die bei Kenntnis der Bauablaufstörung bei Vertragsabschluss bestanden hätte, vorgenommen, sondern auf der Basis der Ist-Kosten aus dem Bauablauf heraus. Sie ist – anders als eine Vergütungsberechnung nach § 2 Abs. 5 VOB/B – immer erst **im Nachhinein** möglich.

Dieser **Unterschied in der Berechnungsgrundlage** kann für den Auftragnehmer im Einzelfall günstiger oder ungünstiger sein. Dabei wird eine exakte und absolut sichere Feststellung der tatsächlich entstandenen Mehrkosten im Rahmen eines Schadensersatzanspruchs bei Zugrundelegung beider Vermögenslagen (vorher/nachher) in der Praxis vielfach kaum möglich sein. Stattdessen kann es regelmäßig nur um eine annähernde, dabei aber möglichst nahe an die Wirklichkeit herankommende Berechnung gehen. Der Grund dafür liegt schon in der Sache selbst begründet. Denn die **Differenztheorie zur Schadensermittlung verlangt die Gegenüberstellung zweier Vermögenslagen**, von denen eine **zwangsläufig hypothetisch** sein muss, also immer nur durch **Schätzung gemäß § 287 ZPO** ermittelt werden kann. Davon geht auch § 249 BGB als Grundlage jeder Schadensberechnung aus. Daran wollte und hat § 6 Abs. 6 VOB/B durch die Regelung, dass nur der **nachweislich entstandene Schaden** zu ersetzen ist, nichts geändert. 2029

Neben den durch die Behinderungen bedingten Mehraufwendungen des Auftragnehmers zur Herstellung der geschuldeten Bauleistung können dem Auftragnehmer aber auch noch weitere Schäden entstehen, die ihre Ursache in den vom Auftraggeber zu vertretenden Behinderungen haben. So können dadurch z. B. finanziell bewertbare, sonst nicht eingetretene **Verluste** im Rahmen des Gewerbebetriebes ausgelöst werden (Ingenstau/Korbion/Döring, § 6 Abs. 6 VOB/B, Rn. 39 f.). 2030

▸ Beispiel

Wegen der Behinderung müssen schon gelieferte Bauteile eingelagert werden. Folglich fallen Lagerkosten an.

Ebenso können **Vertragsstrafenansprüche** von § 6 Abs. 6 VOB/B erfasst werden. 2031

▸ Beispiel

Die durch die Behinderung bedingte Bauverzögerung führt dazu, dass der Auftragnehmer mit einem Anschlussauftrag nicht rechtzeitig entsprechend dem vereinbarten Ausführungsbeginn anfangen kann. Deswegen wird er von dem Auftraggeber des Anschlussauftrages mit einer dafür vereinbarten Vertragsstrafe belastet oder ihm wird sogar der Anschlussauftrag entzogen und/oder Schadensersatz verlangt.

Dagegen wird von diesem Schadensersatzanspruch im Allgemeinen nicht der Fall erfasst, dass der Auftragnehmer infolge der Bauverzögerung einen anderen gewinnbringenden Auftrag nicht hat übernehmen können. Denn hierbei geht es um den **Ersatz entgangenen Gewinns**, der von § 6 Abs. 6 VOB/B bei leicht fahrlässiger Verursachung der Bauablaufstörung nicht abgedeckt ist (Nicklisch in Nicklisch/Weick, § 6 VOB/B, Rn. 62). Vielmehr erfordert dieser den Nachweis grober Fahrlässigkeit oder Vorsatzes, der aber in der Praxis kaum zu erbringen ist (s. o. Rdn. 1846 ff.).

8.11.4.2 Grundlage der baubetrieblichen Kostenermittlung

Um nun die ersatzfähigen Mehraufwendungen des Auftragnehmers zur Herstellung der vertraglich geschuldeten Bauleistung berechnen zu können, bedarf es zunächst einer Untersuchung der dabei in Betracht zu ziehenden **Kostenarten**. Dies ist nur auf der **Grundlage einer baubetrieblichen Kostenermittlung** möglich (vgl. dazu vor allem Vygen/Joussen/Schubert/Lang, Bauverzögerung und Leistungsänderung Teil B Rn. 194 ff.). 2032

Bei einer durch Behinderungen verursachten Bauzeitverschiebung (z. B. Bauausführung erfolgt 1 Jahr später als geplant und vereinbart, weil die Baugenehmigung fehlte oder die Finanzierung nicht gesichert war) können vor allem folgende zusätzliche Kosten entstehen: 2033
- **Lohnkosten** und erhöhte **Materialpreise**, wenn insoweit im Bauvertrag keine entsprechenden **Lohn- und Materialpreisgleitklauseln** (vgl. zu deren Formulierung und Auslegung BGH, Urt. v. 22.11.2001 – VII ZR 150/01, BauR 2002, 467 f. = NJW 2002, 441 f.) enthalten sind oder diese den Mehraufwand nicht voll abdecken (Selbstbeteiligungs- oder Bagatellklausel; s. dazu Rdn. 2147 ff.).

- Folgekosten, weil der Auftragnehmer bereits Baustoffe und Materialien eingekauft (Lagerkosten) und bezahlt hat (Vorfinanzierungsmehrkosten)
- Gesonderte Personalkosten, weil der Auftragnehmer für dieses konkrete Bauvorhaben Personal eingestellt hat, das er nicht sogleich anderweitig beschäftigen kann, oder
- **Geräte und Maschinenkosten**, die gesondert für diesen Auftrag angemietet wurden, ohne diese jetzt anderweitig einsetzen zu können.

2034 Durch Behinderungen während der Bauausführung und eine dadurch bedingte Bauzeitverlängerung werden in der Regel eine **Vielzahl von Kostenfaktoren der baubetrieblichen Kalkulation von Mehraufwendungen betroffen**, die als einzelne Schadensposten bei der Schadensberechnung zu berücksichtigen sind. Dazu gehören u. a. die Kosten
- der Vorhaltung und Unterhaltung der Baustelleneinrichtung
- der Sicherungsmaßnahmen
- der Beaufsichtigung der Baustelle und damit die zusätzlich entstandenen Lohn- und Gehaltsaufwendungen für das Bauleitungspersonal,
- ferner die zeitabhängigen erhöhten Gemeinkosten der Baustelle einschließlich der durch verlängerte Vorhaltung und Einsatzzeiten von Geräten, Maschinen und Baustoffen, wie Schalung und Rüstung, bedingten Mehrkosten,
- die durch Lohnerhöhungen oder Materialpreissteigerungen bedingten Mehrkosten sowie Preiserhöhungen bei Nachunternehmerleistungen,
- die zeitabhängigen Allgemeinen Geschäftskosten einschließlich verlängerter Versicherungskosten, Lizenzgebühren, Mieten usw. sowie
- möglicherweise ein Mehraufwand aus verzögerungsbedingten Produktivitätsverlusten gegenüber dem vom Auftragnehmer geplanten Bauablauf.

2035 Mehraufwendungen bei den verschiedenen Kostenarten können durch Bauablaufstörungen aber auch dann eintreten, wenn der Auftragnehmer die dadurch ausgelöste **Bauverzögerung durch Beschleunigungsmaßnahmen ganz oder teilweise ausgleicht**. In diesem Fall kann es zu Mehrkosten des Auftragnehmers kommen insbesondere durch Überstunden, durch Einrichtung eines Mehrschichtenbetriebes, durch Einsatz zusätzlicher Geräte und Maschinen, durch zusätzliche Energiekosten, durch Umstellungskosten auf ein anderes Bauverfahren oder durch den zusätzlichen Einsatz von Nachunternehmern. Dabei ist an dieser Stelle allerdings nochmals darauf hinzuweisen, dass derartige **Beschleunigungskosten in der Regel nicht über einen Schadensersatzanspruch** nach § 6 Abs. 6 VOB/B ausgeglichen werden können, sondern nur nach einer entsprechenden Anordnung gemäß § 2 Abs. 5 VOB/B (s. o. Rdn. 1915 ff.).

2036 Bei allen aufgeführten Kostenarten können Mehraufwendungen entstehen. Sie müssen im Rahmen des Schadensersatzanspruches nach § 6 Abs. 6 VOB/B, aber auch im Rahmen der Neuberechnung der Vergütung nach § 2 Abs. 5 VOB/B (insoweit allerdings nur bei angeordneten Leistungsänderungen) Berücksichtigung finden, sofern sie vom Auftragnehmer dargelegt und nachgewiesen werden. Gerade dieser **Nachweis** führt aber in der Praxis immer wieder zu großen Problemen. Dabei ist vor allem umstritten, inwieweit der **durch Bauverzögerungen bedingte Schaden konkret nachgewiesen** werden muss oder ob er nicht – zumindest in Teilbereichen – **abstrakt berechnet** werden kann.

8.11.4.3 Die abstrakte Schadensberechnung und das Äquivalenzkostenverfahren

2037 Eine Art abstrakter Schadensberechnung zur Feststellung des dem Auftragnehmer nach § 6 Abs. 6 VOB/B zu ersetzenden Behinderungsschadens wurde erstmals vom Kammergericht in seinem Urteil vom 18.09.1984 – 21/18 U 2677/76 (BauR 1985, 243) angewandt. Dabei stützte sich das Kammergericht auf ein Sachverständigengutachten, das den Schaden nach dem sogenannten Äquivalenzkostenverfahren berechnete (vgl. dazu im Einzelnen: Gutsche, Bauwirtschaft 1984, 1123 ff., 1163 ff.). Diesem **Äquivalenzkostenverfahren** liegen im Kern folgende Überlegungen zugrunde:

2038 - Der Auftragnehmer legt seiner auszuführenden Bauleistung einen internen, auf die vom Auftraggeber vorgegebenen Baufristen abgestimmten **Bauzeitenplan** mit darin vorgesehenen **Planlieferungsterminen** und **Einzelfristen** für einzelne Bauteile und das jeweilige Kapazitäts-Soll zugrun-

8.11 Schadensersatzanspruch nach § 6 Abs. 6 VOB/B

de. Dabei handelt es sich zwangsläufig, da mit der Bauausführung noch nicht begonnen worden ist, um einen geplanten **SOLL-Bauablauf**, und zwar den sog. störungsfreien SOLL-1-Bauablauf. Kommt es nun zu Behinderungen, so haben diese notwendiger- oder jedenfalls typischerweise bestimmte Auswirkungen auf den Bauablauf, z. B. Leistungsabfall und/oder Unterbrechung der Bauausführung und dadurch bedingt eine Bauzeitverlängerung, die zu Mehrkosten führt (Kapellmann/Schiffers, BauR 1986, 615 ff., 617). Jetzt wird sachverständig im Wege einer Vorwärtsrechnung des SOLL-1-Bauablaufs unter Berücksichtigung der eingetretenen Bauablaufstörungen ermittelt, welche Verzögerungen und damit Bauzeitverlängerung sich durch diese Behinderungen ergeben mussten, d. h., die **Verzögerungsdauer** wird **hypothetisch** ermittelt. Dazu werden ein Bauablaufplan aufgestellt und eine sich daraus ergebende Gesamtbauzeit unter Einbeziehung der Störungen berechnet, zu deren Einhaltung der Auftragnehmer bei gleich bleibendem Personal- und Geräteeinsatz hätte verpflichtet werden können, bzw. aufgrund des Bauvertrages verpflichtet war (Kapellmann/Schiffers, BauR 1986, 617), da ihm insoweit ein Anspruch auf **Bauzeitverlängerung** gemäß § 6 Abs. 2 Nr. 1a)–c) und Nr. 3 VOB/B zusteht.

Bei dem so ermittelten Ergebnis handelt es sich dann um die Gesamtbauzeit, in der das Bauvorhaben unter Berücksichtigung der Behinderungen fertiggestellt werden musste und wohl worden wäre, wenn der Auftragnehmer ›nach Vorschrift‹ weiter gearbeitet hätte (Kapellmann/Schiffers, a. a. O.). Auch dieser zeitlich verlängerte Bauablaufplan ist ein **hypothetischer Zeitplan**, der sog. **SOLL-2-Bauablauf**.

- Dieser Ablaufplan bedarf dann einer weiteren Fortschreibung zur Vermeidung von bautechnisch undurchführbaren Überlappungen oder unwirtschaftlicher Durchführung unter Berücksichtigung der ursprünglich vorgesehenen Ablauffolge. Das Ergebnis ist schließlich ein endgültiger störungsmodifizierter, aber ebenfalls hypothetischer **SOLL-3-Bauablaufplan. Aus diesem ergibt sich die durch Behinderungen bedingte theoretische Bauzeitverlängerung** durch Gegenüberstellung mit dem ursprünglich geplanten SOLL-1-Bauablauf. Diese theoretische Bauzeit ist in der Regel länger als die wirkliche Bauzeit, die **IST-Bauzeit**, die bei Anwendung des Äquivalenzkostenverfahrens unberücksichtigt bleibt (Heiermann, VOB-Praxis, Bauwirtschaft 1986, 1095; Kapellmann/Schiffers, BauR 1986, 617).

- Als **Schaden** werden nunmehr jene Mehrkosten definiert, die sich auf der **Basis der Angebotskalkulation** aus dem **Kostenvergleich SOLL-3-Bauablauf gegenüber SOLL-1-Bauablauf** und den dafür aufzuwendenden zusätzlichen Kosten ergeben (Gutsche, Bauwirtschaft 1984, 1166). Bei dieser Schadensermittlung wird folglich keine Rücksicht auf die tatsächliche Bauzeit und damit auch nicht auf die tatsächlich entstandenen Mehrkosten genommen. Dies wird von den Verfechtern des Äquivalenzkostenverfahrens (Gutsche, a. a. O., S. 1123 ff., 1163 ff.; Clemm, Betrieb 1985, 2597 ff., 2599; Grieger, BauR 1985, 524 f.) damit gerechtfertigt, dass bei kürzerer IST-Bauzeit als der errechneten SOLL-3-Bauzeit der Auftragnehmer überpflichtmäßig, also eben nicht ›nach Vorschrift‹, wie es seiner Verpflichtung nach dem Bauvertrag entsprach, gearbeitet habe. Deswegen sei diese – ihm nach dem Vertrag nicht obliegende – **Beschleunigung** vergütungspflichtig bzw. müsse als Schaden Berücksichtigung finden. Denn insoweit habe der Auftragnehmer mehr Kapazitäten eingesetzt, als er nach dem Vertrag ohne Behinderung einzusetzen verpflichtet war. Die dem Auftragnehmer **durch diese Beschleunigung entstandenen Mehrkosten** werden dann den Kosten gleichgesetzt, die ihm bei verlängerter Bauzeit entsprechend dem SOLL-3-Bauablauf entstanden wären; sie werden als **äquivalent** behandelt.

Ist ausnahmsweise die IST-Bauzeit länger als die sich aus dem SOLL-3-Bauablauf ergebende theoretische Bauzeit, so ist davon auszugehen, dass es zu weiteren Behinderungen und Bauablaufstörungen aus dem Verantwortungsbereich des Auftragnehmers gekommen ist. Diese müssen dann aber im Rahmen des Schadensersatzanspruchs des Auftragnehmers unberücksichtigt bleiben.

Dieses Urteil des Kammergerichts (a. a. O.) ist in der Folgezeit im Schrifttum (Grieger, BauR 1985, 524, Clemm, Betrieb 1985, 2599 ff.) und vor allem von der Bauwirtschaft begrüßt worden, weil es erstmals eine **Berechnungsgrundlage für den Behinderungsschaden** und insbesondere für **Beschleunigungsmehrkosten** schuf; es wurden aber auch andere Berechnungsmethoden zur verursachungsgerechten Erfassung und kostengerechten Bewertung von Verzögerungen entwickelt (vgl. Schubert/Lang, Bauwirtschaft 1985, 1011 ff.; Olshausen, Festschrift Korbion S. 323 ff.), wie sie insbesondere bei Vygen/Joussen/Schubert/Lang (dort Teil B) dargestellt werden.

2044 Zu Recht ist das Urteil des Kammergerichts vom BGH aufgehoben worden (BGH, Urt. v. 20.02.1986 – VII ZR 286/84, BGHZ 97, 163 = BauR 1986, 347 = NJW 1986, 1684). Im Anschluss daran wurde die Diskussion um die richtige – **baubetrieblich mögliche und rechtlich zulässige** – **Schadensberechnung** neu entfacht (vgl. Kapellmann/Schiffers, BauR 1986, 615 ff.; Olshausen, Festschrift Korbion S. 323 ff.; Bauer, Seminar Bauverzögerung S. 138 ff.; Schubert, Seminar Bauverzögerung S. 77 ff. und vor allem Kapellmann/Schiffers, Bd. 1, Rn. 1419 ff.). In seinem Urteil vom 20.02.1986 gelangte der BGH (Az.: VII ZR 286/84, BGHZ 97, 163 = BauR 1986, 347 = NJW 1986, 1684) zu folgenden Erkenntnissen:

2045 ▶ 1. Nach § 6 Nr. 5 Abs. 2 VOB/B (1952) = § 6 Nr. 6 VOB/B (1979) ist der nachweislich entstandene unmittelbare Schaden zu ersetzen, nicht aber der entgangene Gewinn (dieser nur bei Vorsatz oder grober Fahrlässigkeit). Schon der Wortlaut der Vorschrift spricht mithin für eine Schadensberechnung, bei der der Geschädigte im Einzelnen darlegen muss, welche konkreten Mehrkosten ihm durch die Behinderung tatsächlich entstanden sind.
Auch der Umstand, dass der entgangene Gewinn (grundsätzlich) nicht zu ersetzen ist, legt diese Auslegung nahe. Zwar soll für Verzögerungsschäden an sich gehaftet werden, das Risiko des Ersatzpflichtigen soll jedoch in überschaubaren Grenzen gehalten werden (BGH, Urt. v. 11.12.1975 – VII ZR 37/74, BGHZ 65, 372, 376 = BauR 1976, 126, 127 = NJW 1976, 517, 518). Hiermit lässt sich eine Schadensberechnung nur schwer vereinbaren, die einen von dem jeweiligen Fall weitgehend losgelösten, letztlich nur an allgemeinen Erfahrungssätzen orientierten und mithin unter Umständen gar nicht eingetretenen Schaden ermittelt. Zu ersetzen ist vielmehr nur der dem Geschädigten wirklich entstandene Schaden. Dementsprechend haben auch der Senat und das Schrifttum bisher immer gefordert, dass der Schaden im Einzelnen dargelegt und unter Beweis gestellt werden muss (vgl. BGH, Urt. v. 15.01.1976 – VII ZR 52/74, BauR 1976, 128, 130; Vygen, Bauvertragsrecht, Rn. 665; Ingenstau/Korbion, § 6 VOB/B, Rn. 48; a. A. Grieger, BauR 1985, 526; Clemm, Betrieb 1985, 2597). (...)
Auch die Verhältnisse auf Großbaustellen machen es nicht von vornherein unmöglich, einen Behinderungsschaden konkret darzulegen. Im Rahmen der dort ohnehin üblichen Dokumentation des Bauablaufs in Form von Tagesberichten und dergleichen können die Behinderungen und die sich hieraus ergebenden Folgen, wie etwa ›Leerarbeit‹ und ›Leerkosten‹, mit festgehalten werden. Etwaige hierdurch entstehende Mehrkosten sind als Teil des Schadens vom Schädiger zu ersetzen. Gerade auf Großbaustellen kommt hinzu, dass dort häufig noch andere Einsatzmöglichkeiten für Personal und Gerät bestehen, weshalb nicht jede Behinderung zwangsläufig zu entsprechenden Produktivitätseinbußen führen muss.
Schließlich erleichtert auch die Vorschrift des § 287 ZPO die Darlegungslast des Geschädigten.
Nach alledem besteht auch bei Verzögerungen auf Großbaustellen kein Anlass, im Rahmen des § 6 Nr. 5 Abs. 2 VOB/B (1952) = § 6 Nr. 6 VOB/B (1979) von dem Grundsatz abzuweichen, dass der Schaden konkret zu berechnen ist.
2. Den sich daraus ergebenden Anforderungen an ihre Darlegungslast haben die Klägerinnen genügt. (...) Entgegen der Ansicht der Revision ergeben sich auch daraus keine höheren Anforderungen an die Darlegungslast, dass die Bauzeit von den Klägerinnen letztlich eingehalten worden ist. Auch dann, wenn die durch Behinderungen verloren gegangene Zeit wieder aufgeholt wird, ist dies meist nur durch Einsatz zusätzlicher Arbeitskräfte, Maschinen und Geräte möglich. Wird dies von einem Auftragnehmer behauptet, dann ist damit grundsätzlich auch ein entsprechender Schaden schlüssig dargetan. Denn es spricht eine überwiegende Wahrscheinlichkeit (§ 287 ZPO) dafür, dass ein Arbeitgeber darauf bedacht ist, sein Personal rentabel einzusetzen und es je nach den gegebenen Verhältnissen zu verringern oder zu vergrößern (vgl. BGH, Urt. v. 19.09.1978 – VI ZR 201/77, VersR 1979, 179, 180; KG Berlin, Urt. v. 19.09.1983 – 10 U 4493/82, ZfBR 1984, 129, 131). Ein gegenüber dem kalkulierten –

als angemessen anzusehender – erhöhter Aufwand beeinflusst demnach das Gesamtbetriebsergebnis und kann einen entsprechenden Schaden bewirken. (...)
3. Zu Recht wendet sich die Revision jedoch dagegen, dass sich das Berufungsgericht bei seiner Schätzung einseitig an dem sogenannten **Äquivalenzkostenverfahren** orientiert hat, das von dem gerichtlichen Sachverständigen, einem Professor für Baubetriebswirtschaft, als Lehrmeinung vertreten wird. (...)
Bei dem Äquivalenzkostenverfahren handelt es sich um eine sehr verallgemeinernde, vom Einzelfall losgelöste, weitgehend auf fiktiven Elementen beruhende Berechnungsmethode. Sie ist nur bedingt geeignet, dem Tatrichter die notwendige Überzeugung von dem Vorliegen eines Schadens zu vermitteln, der grundsätzlich konkret zu berechnen ist. Denn wenn auch eine **Schätzung nach § 287 ZPO** – notgedrungen – in gewissem Maß pauschalieren muss und deshalb mit der Wirklichkeit vielfach nicht ganz genau übereinstimmt, so soll sie doch möglichst nahe an diese heranführen. Diesem Erfordernis wird eine Schätzung, die sich allein auf das Äquivalenzkostenverfahren stützt, jedenfalls im vorliegenden Fall nicht gerecht.
Unstreitig wurden die Bauarbeiten termingerecht Ende 1971 abgeschlossen. Gleichwohl enthalten die von dem Sachverständigen anhand der fiktiven Bauzeitverlängerung von knapp 6 Monaten errechneten Äquivalenzkosten einen Betrag für die – tarifbedingten – Lohn- und Gehaltserhöhungen im Frühjahr 1972. Diesen Betrag hat das Berufungsgericht zu Recht nicht berücksichtigt, denn es handelt sich hierbei um Kosten, die der Klägerin mit Sicherheit nicht entstanden sind. Das Berufungsgericht hat dabei jedoch übersehen, dass dieselbe Überlegung noch auf weitere Kosten zutrifft, die der Sachverständige in seine Berechnungen miteinbezogen hat, wie etwa die Erhöhung der Lohnnebenkosten durch die Lohn- und Gehaltserhöhungen vom Frühjahr 1972, die Vorhaltekosten für Großgeräte und Baubuden, die Lohnmehrkosten durch Leistungsminderungen im Winter 1971/72 und die Kosten für Heizung und Beleuchtung.
Es erscheint überhaupt zweifelhaft, ob die von dem Sachverständigen errechnete fiktive Bauzeitverlängerung von rund 6 Monaten im vorliegenden Fall eine taugliche Schätzungsgrundlage abgibt. (...)«

Mit diesem grundlegenden Urteil des BGH (v. 20.02.1986 – VII ZR 286/84, BGHZ 97, 163 = BauR 1986, 347 = NJW 1986, 1684) ist klar gestellt, dass der Behinderungsschaden in seiner Gesamtheit nicht abstrakt berechnet werden und das Äquivalenzkostenverfahren auch **keine alleinige Grundlage für eine grundsätzlich zulässige Schadensschätzung nach § 287 ZPO** sein kann. Dem ist weitgehend zuzustimmen. Denn die zur Schadensermittlung nach allgemeinen Grundsätzen heranzuziehende Differenztheorie verbietet schon eine so weitgehende abstrakte Schadensberechnung, wie sie dem Äquivalenzkostenverfahren zu eigen ist. Zwar geht auch die Differenztheorie vom Vergleich zweier Vermögenslagen aus und bestimmt den Schaden aus deren Differenz. Im Unterschied zum Äquivalenzkostenverfahren, das sich auf zwei hypothetische SOLL-Bauabläufe und folglich auch auf zwei hypothetische SOLL-Vermögenslagen des Auftragnehmers stützt, stellt die Differenztheorie der tatsächlichen, störungsbedingten IST-Vermögenslage die hypothetische SOLL-Vermögenslage gegenüber, die ohne die Bauablaufstörung eingetreten wäre. Sie berechnet sodann aus dieser Differenz den Schaden des Auftragnehmers. Daraus wird deutlich, dass das Äquivalenzkostenverfahren den Boden der tatsächlichen Schadensermittlung weitgehend verlassen und deshalb als alleinige oder auch nur maßgebliche Berechnungsmethode auszuscheiden hat.

2046

Damit ist indes auch auf der Grundlage des BGH-Urteils nicht gesagt, dass das Äquivalenzkostenverfahren völlig ohne Bedeutung ist. Zu Recht hat nämlich der BGH ausgeführt, dass ›eine **Schadensschätzung nach § 287 ZPO notgedrungen in gewissem Maße pauschalieren muss** und deshalb mit der Wirklichkeit vielfach nicht genau übereinstimmt. Sie soll aber doch möglichst nahe an diese heranführen, wobei eine **Schätzung, die sich allein auf das Äquivalenzkostenverfahren** stützt‹, diesem Erfordernis nicht gerecht wird (BGH, Urt. v. 20.02.1986 – VII ZR 286/84, BGHZ 97, 163, 169 f. = BauR 1986, 347, 350 = NJW 1986, 1684, 1686).

2047

2048 Damit aber behält das Äquivalenzkostenverfahren durchaus eine – wenn auch erheblich geringere – Bedeutung. Denn der mit dieser Berechnungsmethode ermittelte **Behinderungsschaden** auf der Grundlage eines störungsmodifizierten SOLL-Bauablaufs, der sich bei Weiterarbeiten ›nach Vorschrift‹ ergibt, stellt jedenfalls die **Obergrenze des nach § 6 Abs. 6 VOB/B vom Auftraggeber zu ersetzenden Schadens** dar. Er steckt gleichzeitig den **Rahmen der notwendigen Schadensschätzung gemäß § 287 ZPO** ab. Vorrangig und in erster Linie muss aber der zu ersetzende Behinderungsschaden so weit wie möglich konkret berechnet und nachgewiesen werden.

8.11.4.4 Die konkrete Schadensberechnung

2049 Der so weit wie möglich konkrete Schadensnachweis muss zunächst bei der konkreten Ermittlung der **tatsächlichen Bauzeitverlängerung** ansetzen, die durch die vom Auftraggeber zu vertretende Behinderung verursacht wurde. Gerade hieran fehlt es schon im Ausgangspunkt bei dem Äquivalenzkostenverfahren, weil dort von einer fiktiven und damit theoretischen Bauzeitverlängerung ausgegangen wird. Einer **Ermittlung der tatsächlichen behinderungsbedingten Bauzeitverlängerung** bedarf es als Grundlage der Berechnung des Behinderungsschadens auch dann, wenn es dem Auftragnehmer gelungen ist, einen Teil der Bauablaufstörungen durch beschleunigten Ablauf wieder auszugleichen.

Die **Feststellung der tatsächlichen behinderungsbedingten Bauzeitverlängerung** erfolgt grundsätzlich, ebenso wie die eigentliche Schadensberechnung, nach der Differenztheorie, d. h. durch Gegenüberstellung der tatsächlichen **IST-Bauzeit** und der vereinbarten und geplanten, ohne die aufgetretenen Behinderungen vorgesehenen **SOLL-Bauzeit**. Dieser Grundsatz bedarf jedoch einiger Klarstellungen einschränkender Art (s. dazu ausführlich mit Beispielen Vygen/Joussen/Schubert/Lang, Bauverzögerung und Leistungsänderung Teil B Rn. 63 ff.):

- **Erste Bezugsgröße: SOLL-Ablaufplan**

2050 Zunächst muss der geplante SOLL-Bauablauf ermittelt werden. Dies setzt einen **aussagekräftigen und plausiblen Bauzeitenplan** voraus (vgl. dazu: Vygen/Joussen/Schubert/Lang, a. a. O., Teil B, Rn. 17 ff.). Dieser – im Allgemeinen von den Vertragspartnern als Vertragsbestandteil fest vereinbarte oder jedenfalls gemeinsam zugrunde gelegte – Bauzeitenplan kann als **Balkenplan** oder bei größeren und schwierigen Bauvorhaben besser als **Netzplan** ausgestaltet sein. Er muss nun bei Auftreten von Behinderungen oder jedenfalls bei der Ermittlung der Grundlagen einer Berechnung des Behinderungsschadens von sachverständiger Seite (und hier wird meist die Baubetriebswissenschaft gefordert sein) daraufhin überprüft werden, ob er als **geplanter SOLL-Bauablauf überhaupt realistisch**, d. h. **bei störungsfreiem Bauablauf realisierbar** war. Dabei werden sich entscheidende Anhaltspunkte daraus entnehmen lassen, wie sich der bisherige, also bis zum Beginn der Behinderung, tatsächliche IST-Bauablauf gegenüber dem geplanten SOLL-Bauablauf verhalten hat. Wurde der geplante Bauablauf im Wesentlichen eingehalten, so spricht dies für einen plausiblen und realisierbaren Bauzeitenplan. Er kann folglich in der Regel, wenn er nicht im späteren Verlauf erkennbare Fehler (z. B. vergessene, aber notwendige Arbeiten, bautechnisch nicht durchführbare Überlappungen, falsche Verknüpfungen und Abhängigkeiten) aufweist, als **Maßstab für die Ermittlung der SOLL-Bauzeit ohne die vom Auftraggeber zu vertretenden Behinderungen** dienen. Damit ist die entscheidende Bezugsgröße gegeben. Diese kann umso leichter und besser festgestellt werden, je genauer der Bauzeitenplan und die **Dokumentation des IST-Bauablaufs** auf der Baustelle erfolgt sind (vgl. Schubert/Lang, Bauwirtschaft 1985, 1011 ff. und 1045 ff.).

- **Zweite Bezugsgröße: Ermittlung der IST-Bauzeit**

2051 Die zweite Bezugsgröße zur Ermittlung der konkreten, behinderungsbedingten Bauzeitverlängerung ist die tatsächliche IST-Bauzeit. Dabei sind alle Faktoren auszuschließen, die aus dem Verantwortungsbereich des Auftragnehmers zu einer – weiteren – Bauzeitverlängerung geführt haben. Auch diese Feststellungen werden wesentlich erleichtert durch möglichst genaue **Aufzeichnungen über den tatsächlichen Bauablauf**, was gerade bei Großbaustellen selbstverständliche Aufgabe der Bauleitung sein sollte. Die für die Schadensberechnung maßgebliche Bauzeitverlängerung wird also ermittelt auf der einen Seite durch die geplante und so auch realisierbare (andernfalls entsprechend zu korrigierende) SOLL-Bauzeit und auf der anderen Seite durch die tat-

8.11 Schadensersatzanspruch nach § 6 Abs. 6 VOB/B

sächliche IST-Bauzeit. Dies gilt nur dann nicht, wenn diese IST-Bauzeit länger gewesen ist als die theoretisch ermittelte, **störungsmodifizierte SOLL-Bauzeit**. Denn in diesem letzten Fall ist die weitere Bauverzögerung, die über den störungsbedingten fiktiven SOLL-Bauablauf hinausgeht, offensichtlich nicht mehr auf die vom Auftraggeber zu vertretenden Behinderungen zurückzuführen. Vielmehr dürfte diese dann auf hinzu gekommenen Störungen aus dem Verantwortungsbereich des Auftragnehmers beruhen, sodass sie nicht berücksichtigt werden können. Ist auf der anderen Seite die IST-Bauzeit kürzer als die störungsbedingte, theoretisch ermittelte SOLL-Bauzeit, so ist dies ein starkes Indiz für vom Auftragnehmer vorgenommenen **Beschleunigungsmaßnahmen**.

Auf der Grundlage der so ermittelten, durch die Behinderungen des Auftraggebers ausgelösten **Bauzeitverlängerung**, die auch die sog. Sekundärfolgen des **Wiederanlaufens der Baustelle** und der **Verschiebung der Bauarbeiten in eine ungünstigere Jahreszeit** gemäß § 6 Abs. 3 und 4 VOB/B berücksichtigen muss (s. dazu oben Rdn. 1804), hat dann die eigentliche Berechnung des dem Auftragnehmer entstandenen und vom Auftraggeber gemäß § 6 Abs. 6 VOB/B zu ersetzenden Schadens zu erfolgen. Dieser Behinderungsschaden umfasst vor allem die Mehrkosten, die dem Auftragnehmer durch den verlängerten Bauablauf entstanden sind. Hierzu zählten vor allem: 2052

- **Stillstandskosten**
  Bei Stillstandskosten handelt es sich um all diejenigen Kosten, die dem Auftragnehmer durch eine Unterbrechung der Bauarbeiten und deren völligen Stillstand entstehen. Hierunter fallen vor allem **Mehrkosten bei Löhnen, Gehältern und Geräten** sowie bei den **zeitabhängigen Gemeinkosten der Baustelle**. Dabei ergeben sich besondere Schwierigkeiten bei der Berechnung des Schadens für die **Gerätevorhaltung** (vgl. dazu: OLG Düsseldorf, Urt. v. 28.04.1987 – 23 U 151/86, BauR 1988, 487, 489 f. = SFH Nr. 5 zu § 6 Nr. 6 VOB/B – Revision durch Beschluss des BGH vom 10.03.1988 – VII ZR 170/87 – nicht angenommen). Da sich die gleichen Probleme auch bei den anderen Kostengruppen ergeben, wird darauf weiter unten eingegangen (vgl. Rdn. 2066 ff.). Neben diesen üblichen Stillstandskosten können sich sodann im Einzelfall noch sonstige Mehrkosten des Auftragnehmers durch einen vorübergehenden Stillstand der Baustelle ergeben. 2053

> ▶ **Beispiele für Stillstandskosten: Kosten**
> – für verlängerte Mietzeiten von Geräten und Maschinen,
> – für verlängerte Versicherungszeiten,
> – für eine verlängerte Inanspruchnahme von Lizenzen und
> – für besondere Maßnahmen zum Schutz der stillgelegten Baustelle und der bereits ausgeführten Bauleistung und deren Instandhaltung.

- **Mehrkosten wegen verlängerter Bauzeit**
  Zu den Mehrkosten wegen verlängerter Bauzeit zählen vor allem die Veränderungen bei den **zeitvariablen Kostenanteilen**. 2054

> ▶ **Beispiele für Mehrkosten wegen verlängerter Bauzeit**
> – Mehrkosten durch verlängerte Vorhaltung der gesamten Baustelleneinrichtung und des Bauleitungspersonals
> – zusätzlich zeitabhängige Gemeinkosten der Baustelle
> – zusätzliche Gerätekosten
> – Lohnerhöhungskosten
> – Materialkostensteigerungen
> – Kostenerhöhungen für Nachunternehmerleistungen
> – zeitabhängige zusätzliche Allgemeine Geschäftskosten
> – erhöhte Wagniskosten
> – Mehrkosten durch Leistungsverschiebungen in eine ungünstigere Jahreszeit

Alle diese Mehrkosten lassen sich bei entsprechenden Vorgaben aus der Bauablaufplanung, der **Angebotskalkulation** und einer ordnungsgemäßen Dokumentation im Wege einer Zuordnung der verschiedenen Kosten zum Bauablauf ermitteln und mit den Hilfsmitteln der Baubetriebswissenschaft nachweisen (vgl. Olshausen, Festschrift Korbion, S. 323 ff. sowie ausführlich Vygen/Joussen/Schubert/Lang, Bauverzögerung und Leistungsänderung Teil B Rn. 194 ff.).

2055 • **Finanzielle Nachteile aus Produktivitätsverlusten**
Bei einem Schadensersatzanspruch aus Behinderung dürfen keinesfalls deswegen anfallende **Produktivitätsverluste** vernachlässigt werden (s. dazu auch Roquette/Viering/Leupertz, Teil 2 Rn. 867; Kapellmann/Schiffers, Bd. 1, Rn. 1629 ff.).

▶ Beispiele für finanzielle Nachteile aus Produktivitätsverlusten
  – Verschiebung der Baumaßnahme in eine ungünstigere Jahreszeit (»Bei Hitze arbeitet man ggf. langsamer als bei Normaltemperaturen«)
  – Wiederholt notwendig werdende Wiedereinarbeitung bzw. Verlust des Einarbeitungseffektes
  – Verzögerungsbedingtes häufigeres Umsetzen von Personal und Gerät auf der Baustelle
  – Veränderungen der optimalen Abschnittsgrößen (z. B. durch Veränderungen von Stundenansätzen für Ein- und Ausschalen, des Rüstzeitanteils bei Beton- oder Bewehrungsarbeiten)
  – Nicht optimale Kolonnenbesetzung oder deren nicht optimale Auslastung
  – Vermehrt anfallende Überstunden
  – Motivationsverluste

2056 Das Problem gerade dieser baubetrieblich unstreitig vorhandenen Produktivitätsverluste besteht allerdings in aller Regel in deren **Darlegung**. Ganz augenscheinlich zeigt sich das bei den sog. **Motivationsverlusten**, die teilweise mit geschätzten Pauschalansätzen von z. B. 3 % angegeben werden. Dies ist zumeist untauglich. Zwar mag der Schadensumfang an sich einer Schätzung zugänglich sein. Indes geht es hier vielfach vorrangig um Fragen der Schadenskausalität, d. h. ob vom Auftragnehmer behauptete Mehrkosten im Zusammenhang mit Produktivitätsverlusten überhaupt auf einer konkreten Behinderung beruhen. Dies muss der Auftragnehmer zuvor im Einzelnen belegen (s. o. Rdn. 1982 ff.). Dabei ist Vergleichsmaßstab wiederum nicht der optimale oder geplante, sondern der tatsächliche Bauablauf, wie er sich ohne die Störung tatsächlich abgespielt hätte (so zu Recht Keldungs, Jahrbuch BauR 2011, S. 1, 16 ff.). Dies setzt somit nicht nur eine Darlegung des geplanten Bauablaufs mit einem Vergleich zum Ist-Ablauf voraus, sondern auch einen Vergleich des Ist-Ablaufs mit dem Bauzustand, wie er sich bis zur Störungsursache tatsächlich zugetragen hat (BGH, Urt. v. 24.02.2005 – VII ZR 141/03, BGHZ 162, 259, 264 f. = BauR 2005, 857, 859 = NJW 2005, 1653, 1654). Dies kann gerade im Umfeld der Produktivitätsverluste zu ganz erheblichen Unterschieden führen.

2057 ▶ **Beispiele**
  – Der Auftragnehmer macht nach einer unstreitig vorhandenen Behinderung geltend, dass er seine Baukolonne vor Ort nicht optimal einsetzen konnte. 2 Leute hätten immer herumgestanden. Hier muss der Auftragnehmer zunächst darlegen, wie die Kolonne mit ihrem Personal tatsächlich ohne die Störung eingesetzt worden wäre. Standen z. B. immer zwei Leute herum oder war die Kolonne von Anfang überbesetzt, kann der Auftragnehmer natürlich nicht diese beiden Leute (trotz Behinderung) als Behinderungsschaden abrechnen. Auch reine Erfahrungswerte, dass z. B. vergrößerte Kolonnen automatisch zu Produktivitätsverlusten in einem bestimmten Umfang führen (Reister, S. 483, ermittelt etwa bei einer Verdoppelung der Kolonnengröße einen Produktivitätsverlust von ca. 50 %) führen ohne einen konkreten Bezug zur Baustelle nicht weiter. Nichts anderes gilt, wenn z. B. eine andere Störungsursache (beispielhaft schlechtes Wetter) ebenfalls Produktivitätsverluste ausgelöst hätte. Auch diese Anteile muss der Auftragnehmer berücksichtigen bzw. herausrechnen.
  – Wegen Behinderungen kann der Auftragnehmer sein Personal nicht optimal entsprechend seiner Qualifikationen einsetzen. Reister (S. 481) hat hier dargelegt, dass dies für sich genommen zu Produktivitätsverlusten führen kann. Denn jeder Baubetrieb werde im Zweifel sein Personal auf einer Baustelle optimal entsprechend der vorhandenen Qualifikationen einsetzen. Wenn dies wegen einer Behinderung nicht möglich sei, könne es zu Schäden des Auftragnehmers kommen. Ähnliches gelte, wenn ein Arbeiter anstatt geplanter 8 Stunden nunmehr Überstunden mache (Reister, S. 486). All das mag richtig sein. Indes ist damit

für sich genommen in Bezug auf eine konkrete Baustelle ohne nähere Darlegungen erstens zum tatsächlich geplanten Bauablauf und Personaleinsatz und zweitens zu dem aus einer konkreten Behinderung entstehenden Schaden nichts gesagt. Hier müsste der Auftragnehmer stattdessen darlegen, wieso infolge der Behinderung der Arbeiter A schlechter gearbeitet hat als der Arbeiter B, wieso welches Fachpersonal überhaupt tätig war bzw. tätig sein musste bzw. welcher Arbeiter wegen einer oder zwei Überstunden gegenüber welchen Planwerten konkret schlechter gearbeitet hat usw. Die Berufung auf ggf. sogar wissenschaftlich unterlegte Erfahrungswerte genügt alleine – ohne konkreten Bezug zur Baustelle – für die Darstellung der Schadensverursachung nichts.

Zu beachten immerhin ist, dass die Prüfung der Produktivität gerade im Zusammenhang mit Bauzeitverschiebungen **keine Einbahnstraße** zugunsten des Auftragnehmers sein muss. Vielmehr kann sie sogar zu Kostenersparnissen führen, die der Auftragnehmer im Rahmen seines Schadensersatzanspruchs ebenfalls darzulegen hat. 2058

▶ Beispiel

Die Baumaßnahme kann wegen einer Behinderung anstatt im Winter erst im Frühjahr durchgeführt werden. In diesem Fall müsste es nach aller Erfahrung eigentlich zu einer gesteigerten Produktivität kommen.

Festgehalten werden kann hier, dass **ohne eine Detaildokumentation finanzielle Nachteile eines Produktivitätsverlustes praktisch nicht plausibel darzulegen sind** (ebenso Keldungs, a. a. O., S. 16; Reister, S. 489 ff.). Grundlage dieser Dokumentation sind vor allem gut geführte Bautagesberichte, Behinderungsanzeigen, sonstiger Schriftverkehr sowie vor allem jeweils fortgeschriebene Soll- und Ist-Terminpläne (s. dazu ausführlich Vygen/Joussen/Schubert/Lang, Bauverzögerung und Leistungsänderung Teil B Rdn. 166 ff.). Ebenso gehört hierher eine Darstellung zu den geleisteten und geplanten Stunden und dem Personaleinsatz – jeweils mit Abgrenzung zu einer jeden angefallenen Behinderung. Dies gilt natürlich erst recht insoweit, als nur die Produktivitätsverluste eine Rolle spielen können, die auf vom Auftraggeber zu vertretende Behinderungen zurückgehen. Keinesfalls spielen dagegen **Verzögerungen** eine Rolle, die **der Auftragnehmer selbst verursacht** hat. Ebenso auszuscheiden haben Mehrkosten, die auf gesonderte Anordnungen des Auftraggebers nach § 1 Abs. 3 VOB/B zurückgehen (z. B. einen geänderten Bauablauf, Beschleunigungen). Denn die damit verbundenen Kosten erhält der Auftragnehmer bereits nach § 2 Abs. 5 VOB/B gesondert vergütet. All das sind an sich Selbstverständlichkeiten, begründen aber zugleich einen ganz erheblich erhöhten Aufwand für den Auftragnehmer bei der Darlegung der ggf. entstandenen Kosten, weil dann nämlich diese **verschiedenen Verzögerungsursachen auseinander gehalten werden müssen** (Havers, Jahrbuch BauR 2011, S. 21, 31). Der Schadensschätzung ist all dies zunächst nicht zugänglich, weil es hier um Fragen der Kausalität, d. h. der Prüfung des Zusammenhangs von Kosten und Behinderungsursache geht. Erst wenn dieser Zusammenhang feststeht, könnte auch der Umfang von Produktivitätsverlusten – ggf. unter ergänzendem Rückgriff auf wissenschaftliche Erfahrungswerte – geschätzt werden (ebenso Havers, a. a. O. S. 32 f.). 2059

▶ Beispiel

Es steht fest, dass sich eine bestimmte Leistung von August in den November verschiebt. Wegen vielfachen Rauhreifs ist das Gerüst jetzt rutschiger, weswegen sich die Arbeiter nur langsamer bewegen können. Ein solcher Mehraufwand könnte nunmehr auf der Grundlage einer substanziierten Darlegung geschätzt werden.

- **Sachverständigenkosten**
Auch notwendige **Sachverständigenkosten** gehören zu dem vom Auftraggeber nach § 6 Abs. 6 VOB/B zu ersetzenden Behinderungsschaden. Dies entspricht allgemeinen Grundsätzen des Schadensersatzrechts (BGH, Urt. v. 22.10.1970 – VII ZR 71/69, BGHZ 54, 352b, 358 f. = BauR 1971, 51, 52 f. = NJW 1971, 99, 100 f.; ebenso Ingenstau/Korbion/Döring VOB/B § 6 2060

Abs. 6 Rn. 41 mit Verweis auf BGH, BauR 1986, 347, wobei dieser Verweis in der Sache allerdings nicht zutrifft). In der gleichen Weise sind sonstige Mehrkosten erstattungsfähig, die zur **Feststellung der behinderungsbedingten Kosten** über die ohnehin übliche Dokumentation des Bauablaufes hinaus entstehen (BGH, a. a. O.).

2061 Anzumerken bleibt, dass es bei den vorstehenden Kostengruppen durchaus auch zu Überschneidungen kommen kann. Dies gilt vor allem dann, wenn der Auftragnehmer gleichzeitig **Beschleunigungsmaßnahmen** ergreift. All dies kann den Nachweis im Einzelfall erschweren, muss diesen aber nicht unmöglich machen; dies gilt auch bei Großbaustellen, wie der BGH zutreffend festgestellt hat (BGH, Urt. v. 20.02.1986 – VII ZR 286/84, BGHZ 97, 163, 166 = BauR 1986, 347, 348 = NJW 1986, 1684, 1685 gegen KG, Urt. v. 18.09.1984 – 21/18 U 2677/76, BauR 1985, 243). Zu beachten bleibt allerdings, dass **Mehrkosten durch Beschleunigungsmaßnahmen**, die der Auftraggeber im Zusammenhang mit der Behinderung anordnet oder die der Auftragnehmer ohne Anordnung ausführt, wie an anderer Stelle dargelegt (Rdn. 1915 ff.) nicht zu den ersatzfähigen Schäden nach § 6 Abs. 6 VOB/B gehören. Diese Kosten werden vielmehr über einen Vergütungsanspruch nach § 2 Abs. 5 bzw. Abs. 8 VOB/B abgedeckt. Dies gilt ebenso, wenn Beschleunigungsmaßnahmen in Kenntnis der zu erwartenden Mehrkosten mit dem Auftraggeber abgestimmt, also **vereinbart** worden sind.

2062 Hierauf ist deshalb abschließend hinzuweisen, weil gerade insoweit Kosten anfallen können, die sich von ihrem Charakter her durchaus mit denen aus einem Schadensersatzanspruch überschneiden können (s. auch oben Rdn. 2027 ff.). Gleichwohl kommt der Auftragnehmer nicht umhin, als diese Kosten aufgrund ihrer grundsätzlich unterschiedlichen Struktur strikt zu trennen und sie unabhängig von ihrem Anspruch entweder als Vergütung oder als Schadensersatz zu verfolgen. Jede Vermengung dieser Ansprüche oder auch der Kosten führt zu einer Unschlüssigkeit der geltend gemachten Ansprüche insgesamt.

> **Beispiele für Mehrkosten einer Beschleunigung, die theoretisch auch Positionen eines Schadensersatzes sein können**
> - Transport- und Montagekosten für zusätzliche Kapazitäten
> - Überstundenzuschläge
> - Mehrkosten für einen Mehrschichtenbetrieb
> - Zusätzliche Geräte- und Energiekosten wegen Einsatzes eines weiteren Krans und Umstellungskosten auf ein anderes Bauverfahren
> - Höhere Abschreibungskosten durch geringere Einsatzhäufigkeiten von Schalungen oder schlechtere Auslastung von zusätzlichen Geräten oder Personal (Schubert/Lang, Bauwirtschaft 1985, 1047).

8.11.4.5 Schadensschätzung nach § 287 ZPO

2063 Alle im Wege des Schadensersatzes verfolgten Mehrkosten müssen im Rahmen des § 6 Abs. 6 VOB/B weitgehend belegt und nachgewiesen werden, soweit dies baubetriebswirtschaftlich überhaupt möglich ist. Dabei ist unter Anwendung der für die Schadensberechnung maßgeblichen Differenztheorie stets zu beachten, dass sich der Schaden des Auftragnehmers aus einem **Vergleich seiner Vermögenslage bei störungsfreier Bauausführung mit seiner jetzt eingetretenen Vermögenslage bei gestörtem Bauablauf** ergibt. Grundlage der Schadensberechnung sind also stets die bei den verschiedenen Kostenbestandteilen **störungsbedingten Mehrkosten** gegenüber den dafür angefallenen oder nachvollziehbar kalkulierten **Kosten bei störungsfreier Ausführung**. Letztere aber lassen sich nicht exakt feststellen, da sie immer nur **fiktiv zu ermittelnde Kosten** sein können; denn zu dieser störungsfreien Bauausführung ist es ja gerade nicht gekommen. Deshalb müssen diese fiktiven oder hypothetischen Kosten auf der **Grundlage der Angebotskalkulation** und der Vertragspreise unter Zuordnung zu dem geplanten und so auch realisierbaren Ablauf ermittelt werden, um auf diese Weise die richtige Bezugsgröße für die Berechnung der Mehrkosten zu erhalten. Dabei sind insbesondere solche Mehrkosten auszuscheiden, die dem Auftragnehmer ohnehin auch ohne die vom Auftraggeber zu vertre-

8.11 Schadensersatzanspruch nach § 6 Abs. 6 VOB/B

tenden Behinderungen – z. B. infolge eines Kalkulationsfehlers oder **wegen nicht berücksichtigter Kostensteigerungen** (z. B. Stahlpreiserhöhungen) – entstanden wären.

Liegen diese Erkenntnisse vor, bleibt aber festzustellen, dass ein **konkreter Schadensnachweis** für den nach § 6 Abs. 6 VOB/B zu ersetzenden Behinderungsschaden nicht in jedem Fall möglich und deshalb nicht verlangt werden kann, sondern nur in den Grenzen zumutbarer Möglichkeiten. Wird diese Grenze überschritten, so ist heute in der Rechtsprechung ebenso anerkannt, dass dann im Rahmen einer zulässigen **Schadensschätzung** auch ein abstrakt berechneter Schaden ersetzt verlangt werden kann (s. dazu vor allem BGH, Urt. v. 20.02.1986 – VII ZR 286/84, BGHZ 97, 163, 167 = BauR 1986, 347, 348 ff. = NJW 1986, 1684, 1685; BGH, Urt. v. 24.02.2005 – VII ZR 141/03, BGHZ 162, 259, 263 f. = BauR 2005, 857, 858 f. = NJW 2005, 1653, 1654; BGH, Urt. v. 24.02.2005 – VII ZR 225/03, BauR 2005, 861, 864 f. = NJW 2005, 1650, 1652). Ganz augenscheinlich an Bedeutung gewinnt diese Vorgehensweise bei der Schadensberechnung im Zusammenhang mit Mehrkosten aus einer verlängerten Gerätevorhaltung (s. sogleich Rdn. 2066 ff.). Wichtig und entscheidend ist hier allgemein lediglich, aber auch zwingend, dass erstens der Schadenseintritt überhaupt wahrscheinlich und zweitens **greifbare Anhaltspunkte** konkret vorgetragen werden, auf deren Grundlage eine Schadensschätzung möglich und zumindest ein Mindestschaden festgestellt werden kann. Auf den so gefundenen Grundlagen einer teils konkreten Schadensfeststellung und einer ggf. teils nur abstrakt möglichen Schadensermittlung mag dann vom Tatrichter gemäß § 287 ZPO eine ihm überlassene **Schadensschätzung** erfolgen. Eine solche hat der BGH in seinem grundlegenden Urteil zur Schadensberechnung gemäß § 6 Abs. 6 VOB/B in weiterem Maße nicht nur zugelassen, sondern sogar verlangt (BGH, Urt. v. 20.02.1986 – VII ZR 286/84, BGHZ 97, 163, 168 ff. = BauR 1986, 347, 348 f. = NJW 1986, 1684, 1685). 2064

Diese Rechtsprechung hat der BGH in der Folgezeit beibehalten (vor allem BGH, Urt. v. 24.02.2005 – VII ZR 141/03, BGHZ 162, 259, 263 f. = BauR 2005, 857, 858 f. = NJW 2005, 1653, 1654; BGH, Urt. v. 24.02.2005 – VII ZR 225/03, BauR 2005, 861, 864 f. = NJW 2005, 1650, 1652). Dabei wird durch diese weitgehend eröffnete Möglichkeit der Schadensschätzung die **Darlegungs- und Beweislast für den Auftragnehmer zu Recht erheblich erleichtert**, da ein umfassender exakter Nachweis des entstandenen Schadens häufig nicht möglich sein wird. Deshalb bedarf es insoweit auch zur Begründung nicht einer Klageschrift von mehreren Hundert Seiten, wie dies immer häufiger – auch in Schiedsgerichtsverfahren – zu beobachten ist, sondern der präzisen **Darstellung, welche konkrete Behinderung welche Mehrkosten bei Ansprüchen aus § 2 VOB/B oder welchen Schaden bei Ansprüchen aus § 6 Abs. 6 VOB/B verursacht** hat (so vor allem Kniffka/Koeble, 8. Teil, Rn. 45 ff.). 2065

8.11.4.6 Schadensnachweis unter besonderer Berücksichtigung von Mehrkosten bei verlängerter Gerätevorhaltung

Um die vorstehende Kombination aus konkreter Schadensberechnung und teilweise zugelassener abstrakter Schadenschätzung näher zu illustrieren, soll hier gesondert auf die **Problematik eines Schadensnachweises bei verlängerter Baustellenvorhaltung und verlängertem Geräte- und Maschineneinsatz eingegangen werden**. In beiden Fällen entstehen zweifellos Mehrkosten; nur deren Höhe nachzuweisen, stößt häufig auf Schwierigkeiten. Diese treten bei der verlängerten Baustellenvorhaltung und ebenso bei verlängerter Vorhaltung von Wasserhaltungs- oder Grundwasserabsenkungsanlagen oder z. B. von Gerüsten nur dann nicht auf, wenn im Vertrag dafür bereits eine Regelung über die Vergütung von Vorhaltemaßnahmen nach Zeit (also nach Vorhaltedauer und Betriebsstunden) getroffen worden ist. Ist dies geschehen, ist zumindest dann die Ermittlung der Mehrkosten bei Stillstand der Baustelle oder bei einer vom Auftraggeber zu vertretenden Bauzeitverlängerung unproblematisch. 2066

Größere Probleme beim Schadensnachweis im Rahmen des § 6 Abs. 6 VOB/B bereiten hingegen die **Mehrkosten durch verlängerte Vorhaltung von Geräten und Maschinen**, da hier ein konkreter Schadensnachweis nur in seltenen Ausnahmefällen möglich erscheint. Dieser Ausnahmefall ist gegeben, wenn es sich bei den vom Auftragnehmer eingesetzten und nun infolge der Behinderungen län- 2067 ger vorzuhaltenden und länger einzusetzenden Geräte und Maschinen um angemietete handelt. In diesem Fall ist nämlich der zu zahlende **Mietzins für die verlängerte Vorhalte- und Einsatzzeit** der nachweislich entstandene Schaden des Auftragnehmers, der vom Auftraggeber zu ersetzen ist. Problematisch ist dagegen der **Schadensnachweis bei dem Einsatz von Eigengeräten**, wie er der Regelfall ist und aus Kostengründen sein sollte. Einzubeziehen sind dabei auch die Grenzfälle des Leasings solcher Geräte und Maschinen, da diese nicht ohne Weiteres den Mietgeräten zugerechnet werden können. Die **tatsächlichen Kosten für Stillstands- oder verlängerte Vorhaltezeiten bei solchen eigenen Geräten und Maschinen lassen sich nicht exakt feststellen und belegen**. Zu deren Ermittlung gibt es immerhin verschiedene Möglichkeiten:

- Denkbar ist zunächst ein Vergleich mit den Mietkosten für diese oder vergleichbare Geräte und Maschinen.
- Daneben steht ein Rückgriff auf die Werte aus der sog. Baugeräteliste.

2068 Beide Möglichkeiten geben jedoch keine Auskunft über die tatsächlichen Mehrkosten für die einzelne vom Auftragnehmer eingesetzte Maschine. Denn sowohl die Mieten als auch die Baugeräteliste können nur allgemeine Anhaltspunkte über die Einsatzkosten vergleichbarer Geräte vermitteln, nicht aber für den tatsächlich eingesetzten Kran, der beispielsweise schon vollständig abgeschrieben sein kann. Auch die Ermittlung der für das jeweils eingesetzte Gerät des geschädigten Auftragnehmers entstandenen Kosten durch **Rückgriff auf die innerbetriebliche Betriebsbuchhaltung und Betriebsabrechnung** (Kaufpreis, Schuldendienst, Wartungs- und Reparaturkosten, Abschreibung) führt zu keinem exakten Schadensnachweis. Denn die Abschreibungs- und internen Verrechnungssätze beruhen stets auf einer – nicht näher zu belegenden – Prognose für die bei Anschaffung erwartete Lebensdauer und Einsatzhäufigkeit (Kapellmann/Schiffers, BauR 1986, 620 f.; Clemm, Betrieb 1985, 2599; Heiermann, BB 1981, 876 ff., 882; Dähne, BauR 1978, 429). Aus diesen zwingenden Gründen wird bei der Berechnung der dem Auftragnehmer entstandenen Mehrkosten für eine verlängerte Vorhaltung von Geräten nichts anderes übrig bleiben, als diese **auf der Grundlage der Baugeräteliste gemäß § 287 ZPO zu schätzen** und in diesem Rahmen auch eine – in gewisser Weise – abstrakte Schadensermittlung zuzulassen (so auch OLG Düsseldorf, Urt. v. 28.04.1987 – 23 U 151/86, BauR 1988, 487, 489 f. = SFH Nr. 5 zu § 6 Nr. 6 VOB/B – Revision vom BGH durch Beschluss vom 10.03.1988 – VII ZR 170/87 – nicht angenommen; ebenso OLG Düsseldorf, Urt. v. 25.02.2003 – 21 U 80/02, BauR 2003, 892, 894). Dagegen würde der alleinige Verweis auf eine konkrete Schadensberechnung lediglich dazu führen, dass der Auftragnehmer, der nur und ausschließlich **mit gemieteten Geräten** arbeitet, seine durch den Mietzins nachweisbaren Mehrkosten ersetzt erhielte, während der Auftragnehmer, der ganz oder überwiegend **mit Eigengeräten** arbeitet, im Rahmen des Schadensersatzanspruchs aus § 6 Abs. 6 VOB/B leer ausginge. Dies würde und müsste auf die Dauer zur Folge haben, dass sich die Bauausführenden gegenseitig die Baumaschinen und -geräte vermieten, bzw. eigene Tochterfirmen gründen, die Eigentümer der Geräte und Maschinen sind und diese jeweils an ihre Konzernfirmen vermieten. Das aber kann und darf nicht das Ergebnis einer zu engen Auslegung des Begriffs des ›nachweislich entstandenen Schadens‹ in § 6 Abs. 6 VOB/B sein. Folgerichtig hatte schon das OLG Düsseldorf in dem rechtskräftigen Urteil vom 28.04.1987 – 23 U 151/86 (BauR 1988, 487, 489 f. = SFH Nr. 5 zu § 6 Nr. 6 VOB/B) entschieden, dass sich der **Schaden des Unternehmers durch verlängerte Vorhaltung von Geräten und Maschinen bei Eigengeräten nur gemäß § 287 ZPO schätzen lasse**. Dabei könne die Baugeräteliste als Grundlage, wenn auch nicht mit den vollen Sätzen, herangezogen werden.

2069 Soweit damit in diesem Teilbereich und im Rahmen der Schadensschätzung eine letztlich abstrakte Schadensberechnung zugelassen wird, steht dies auch im Einklang mit der Rechtsprechung des BGH. Dieser hat eine **abstrakte Schadensberechnung** in vergleichbaren Fällen stets angenommen, zumal sie teilweise im Gesetz in anderen Fällen sogar ausdrücklich vorgesehen ist. Dies gilt etwa für § 288 BGB mit verschiedenen abstrakten Verzugszinssätzen. Zu nennen ist ferner § 376 Abs. 2 HGB, wonach beim Handelskauf als Schadensersatz wegen Nichterfüllung die Differenz zwischen dem Kaufpreis und dem Börsen- oder Marktpreis verlangt werden kann (vgl. Clemm, Betrieb 1985, 2599). Die Rechtsprechung hat darüber hinaus die Möglichkeit einer abstrakten Schadensermittlung bei der Gewährung einer Nutzungsentschädigung für die Entziehung der Gebrauchsmöglichkeit

8.11 Schadensersatzanspruch nach § 6 Abs. 6 VOB/B

eines PKW (BGH, Urt. v. 30.09.1963 – III ZR 137/62, BGHZ 40, 345, 354 f. = NJW 1964, 542, 545 und BGH, Urt. v. 15.04.1966 – VI ZR 271/64, BGHZ 45, 212, 220 f. = NJW 1966, 1260, 1262) oder bei Ersatzansprüchen wegen fehlgeschlagenen Urlaubs (BGH, Urt. v. 10.10.1974 – VII ZR 231/73, BGHZ 63, 98, 105 ff.; vgl. auch § 651 f. Abs. 2 BGB) eröffnet; dabei wird in diesen Fällen nicht nur die Schadenshöhe, sondern sogar der Schaden selbst abstrakt ermittelt. Von besonderer Bedeutung zur Rechtfertigung der auf Teilbereiche beschränkten abstrakten Schadensermittlung für **Gerätevorhaltekosten** sind aber in diesem Zusammenhang besonders Sachverhalte, in denen der BGH umgekehrt dem Auftraggeber im Rahmen seines Schadensersatzanspruchs wegen einer vom Auftragnehmer zu vertretenden Mangelhaftigkeit oder Bauverzögerung und dadurch verspäteter Nutzbarkeit der Bauleistung einen **abstrakt berechneten Schaden** als ersatzfähig zuerkannt hat (s. o. Rdn. 1852 f.):

- So hat der BGH dem Erwerber eines Hauses mit Kraftfahrzeugabstellplatz in einer Tiefgarage als Schadensersatz eine Entschädigung für den **Nutzungsausfall** zugesprochen, wenn der Erwerber die Garage mängelbedingt längere Zeit nicht nutzen konnte (BGH, Urt. v. 10.10.1985 – VII ZR 292/84, BGHZ 96, 124, 128 = BauR 1986, 105, 107 = NJW 1986, 427, 428).
- In die gleiche Richtung geht der Beschluss des Großen Senats für Zivilsachen des BGH vom 9.07.1986 – GSZ 1/86 (BGHZ 98, 212 ff. = BauR 1987, 312 ff. = NJW 1987, 50 ff.). Hier wurde ein **ersatzfähiger Vermögensschaden** angenommen, wenn der Eigentümer eine von ihm selbst genutzte Sache, jedenfalls ein von ihm selbst bewohntes Haus vorübergehend nicht benutzen kann, ohne dass ihm dadurch ein konkret nachweisbarer Schaden entstanden ist.

Diese Sachverhalte liegen letztlich nicht entscheidend anders als die Fälle **verlängerter Gerätevorhaltung** durch den Auftragnehmer infolge von Behinderungen, die vom Auftraggeber zu vertreten sind. Denn auch insoweit wird dem Auftragnehmer durch die verlängerte Vorhaltung eine anderweitige Nutzungsmöglichkeit dieser Geräte im Rahmen eines Anschlussauftrages entzogen und dadurch der Schaden ausgelöst. Gerade dieser **Nutzungsausfall** ist aber als Schaden anzusehen. Denn wie für Personal, das bei einer Bauzeitverlängerung oder bei Beschleunigungsmaßnahmen zusätzlich eingesetzt wird (so BGH, Urt. v. 20.02.1986 – VII ZR 286/84, BGHZ 97, 163, 167 f. = BauR 1986, 347, 349 = NJW 1986, 1684, 1685), wird man auch für **Geräte, Maschinen, Gerüste** und die **Baustelleneinrichtung** grundsätzlich von einer **Rentabilitätsvermutung** auszugehen haben. Gerade deswegen kann auch vom Auftragnehmer nicht der Nachweis verlangt werden, ob und wo mit welchem wirtschaftlichen Ergebnis er dieses Gerät bei nicht eingetretener Bauzeitverlängerung eingesetzt hätte (so aber OLG Braunschweig, Urt. v. 18.03.1994 – 4 U 51/93, BauR 1994, 667 = OLGR 1994, 195, 196; wie hier dagegen zu Recht i. E. ebenso OLG Düsseldorf, Urt. v. 25.02.2003 – 21 U 80/02, BauR 2003, 892, 894; Roquette/Viering/Leupertz, Teil 2 Rn. 949 ff.). Eine solche Rentabilitätsvermutung mag dann vom Auftraggeber ggf. widerlegt werden.

2070

Auf dieser Grundlage werden nunmehr bei der **Schadensschätzung** für eine abstrakte Schadensermittlung unter Zuhilfenahme der **Baugeräteliste 2007** deren Sätze uneingeschränkt angewendet (so Heiermann, BB 1981, 882; anders aber zu Recht Ingenstau/Korbion/Döring § 6 Abs. 6 VOB/B, Rn. 43; VHB 2008, Stand 2010, RiLi 400 Ziff. 5.1.4 Nr. 3.2 zu § 6 VOB/B; Kapellmann/Schiffers Bd. 1., Rn. 1518 ff.; KG, Urt. v. 19.09.1983 – 10 U 4493/82, ZfBR 1984, 129, 130 f.; Heiermann/Riedl/Rusam/Kuffer, § 6 VOB/B, Rn. 70). Andere nehmen immerhin einzelne Kostenfaktoren wie etwa der Kapitalverzinsung als Bestandteil des nicht zu ersetzenden entgangenen Gewinns heraus (vgl. Ingenstau/Korbion/Döring § 6 Abs. 6 VOB/B, Rn. 35 und Dähne, BauR 1978, 429). Dies bedarf noch einer Klärung. Denn trotz der soeben beschriebenen Rentabilitätsvermutung stellen **nicht unbedingt alle Kostenbestandteile aus der Baugeräteliste einen ersatzfähigen Schaden** im Sinne des § 6 Abs. 6 VOB/B dar (vgl. zur Berechnung von Gerätestillstandskosten auch Hager, BauR 1991, 284 ff. und Bauer, Bauwirtschaft 1987, 334 ff.), sodass sie keine Berücksichtigung finden können (vgl. Roquette/Viering/Leupertz, Teil 2 Rn. 951). Dies wiederum beruht darauf, dass zwar viele Unternehmen auf der Basis der Baugeräteliste kalkulieren, es sich bei dieser Liste tatsächlich aber in erster Linie um ein Hilfsmittel zur innerbetrieblichen Gerätekostenverrechnung handelt. Ihre Angaben können daher nicht ohne Weiteres mit den innerbetrieblichen Abschreibungs- und Re-

2071

paraturkosten gleichgesetzt werden. Auch gibt es weitere Kostenpositionen, die bei Stillstandszeiten herauszurechnen sind. Hierzu zählen vor allem:
- **Kosten für Betriebs- und Schmierstoffe**
Diese Kosten stellen keinen Schadensposten dar, da sie bei Stillstand in der Regel nicht anfallen.
- **Reparaturkosten**
Reparaturkosten fallen bei Stillstand zumindest in geringerer Höhe an.
- **Anteilige Abschreibungssätze**
Insbesondere der Stillstand einer Maschine hat jedenfalls bei längerer Stillstandsdauer auch Auswirkungen auf die Lebensdauer und damit auf den Abschreibungszeitraum, was wiederum die Sätze für Abschreibung und Verzinsung beeinflusst.

2072 Wegen dieser nur eingeschränkten Berücksichtigungsfähigkeit von Kostenbestandteilen hat etwa das OLG Düsseldorf zuletzt in seinem Urteil zwar für eine **Berechnung von Vorhaltekosten bei Stillstandszeiten** die Baugerätelistenwerte herangezogen, sie aber pauschal um 30 % gekürzt (OLG Düsseldorf, Urt. v. 25.02.2003 – 21 U 80/02, BauR 2003, 892, 894). Angemessener wäre es wohl aber, **bei Stillstandszeiten nach folgendem Schema vorzugehen** (vgl. Jebe, Preisermittlung für Bauleistungen, S. 72):
- Für die ersten 10 Kalendertage des Stillstandes gelten die vollen Sätze der Baugeräteliste für Abschreibung, Verzinsung und Reparaturkosten.
- Vom 11. Kalendertag an werden 75 % der vollen Beträge für Abschreibung und Verzinsung und darüber hinaus für Wartung und Pflege ein Zuschlag von 8 % berechnet, während Reparaturkosten entfallen (so auch OLG Düsseldorf, Urt. v. 28.04.1987 – 23 U 151/86, BauR 1988, 487, 489 f.).

2073 Unabhängig davon, ob die Sätze für die Abschreibung nicht schon wegen des Stillstands abzusenken sind, kann darüber hinausgehend auch in vielen Fällen zweifelhaft sein, ob die **Abschreibungssätze der Baugeräteliste** der Schadensermittlung zugrunde gelegt werden können oder ob diese teilweise überhöht sind. Dies wird letztlich von einer baubetrieblichen Beurteilung abhängen müssen. Dabei bleibt als Kontrolle im Rahmen einer abstrakten Schadensberechnung und einer darauf aufbauenden **Schadensschätzung** letztlich der Vergleich mit den Kosten für die Anmietung von entsprechenden Fremdgeräten möglich. Bei dieser Vergleichsrechnung muss allerdings der im Mietzins enthaltene Gewinn des Vermieters herausgerechnet werden (Kapellmann/Schiffers, BauR 1986, 624). Außerdem kann häufig auch **auf die Kalkulation des Auftragnehmers und die darin enthaltenen Sätze** zurückgegriffen werden. Insoweit wird aber nicht unbedingt auf die Kalkulation dieses konkreten Auftrags, sondern richtigerweise wohl auf eine **marktgerechte Kalkulation von Bauleistungen im Zeitpunkt der behinderungsbedingten Bauzeitverlängerung** abzustellen sein (vgl. dazu auch Hager, BauR 1991, 284; ähnlich auch **Vergabehandbuch des Bundes** (VHB) Ausgabe 2008 – Stand Mai 2010, Allgemeine Richtlinien 400 zu § 6 VOB/B in Ziffer 5.1.4.).

8.11.4.7 Keine Mehrwertsteuer auf die Mehrkosten im Rahmen des Behinderungsschadens

2074 Lange Zeit umstritten war, ob der Auftragnehmer gemäß § 6 Abs. 6 VOB/B neben dem eigentlichen und im Einzelnen nachgewiesenen Behinderungsschaden zusätzlich eine darauf zu berechnende Umsatzsteuer ersetzt verlangen kann. Die Beantwortung dieser Frage hängt allein davon ab, ob derartige Schadensersatzzahlungen nach § 1 Abs. 1 Nr. 1 UStG der Umsatzsteuerpflicht unterliegen. Dies ist **nicht der Fall** (BGH, Urt. v. 24.01.2008 – VII ZR 280/05, BGHZ 175, 118, 122 = BauR 2008, 821, 822 f. = NJW 2008, 1523, 1524, NZBau 2008, 318, 319). Denn bei dem Anspruch nach § 6 Abs. 6 VOB/B handelt es sich um einen Schadensersatzanspruch auf der Grundlage behinderungsbedingter Mehrkosten. Diesem liegt **kein echter Leistungsaustausch** zugrunde, wie er von § 1 Abs. 1 Nr. 1 UStG als Besteuerungsgrundlage gefordert wird (Ingenstau/Korbion/Döring, VOB/B § 6 Abs. 6, Rn. 44). Ebenso wenig steht dem vom Auftraggeber zu ersetzenden Schaden im Fall des § 6 Abs. 6 VOB/B **ein echter Mehrwert der vom Auftragnehmer erbrachten Leistung** gegenüber. Ursache für den Schadensersatzanspruch sind stattdessen nur erhöhte Kosten des Auftragnehmers bei unverändert bleibender Werkleistung (so auch Heiermann/Riedl/Rusam/Kuffer § 6 VOB/B, Rn. 76).

8.11.5 Abschlagszahlungen auf den Mehrkostenerstattungsanspruch nach § 6 Abs. 6 VOB/B

Diskutiert wird ebenso, ob ein Auftragnehmer im Fall eines Schadensersatzanspruches aus § 6 Abs. 6 VOB/B wegen vom Auftraggeber zu vertretender Behinderungen gemäß § 16 Abs. 1 VOB/B eine Abschlagszahlung verlangen kann. Bedeutsam ist dies besonders bei Behinderungen in einem frühen Stadium eines großen Bauvorhabens mit ggf. sogar erheblichen Mehraufwendungen des Auftragnehmers, deren Vorfinanzierung für ihn kaum zumutbar sein kann. 2075

Das OLG Frankfurt (Teil-Urt. v. 26.09.1979 – 17 U 179/78, BauR 1980, 570 ff.) hat einen solchen Anspruch verneint, weil es sich dabei nicht um einen Werklohnanspruch, auf den allein die besonderen Regelungen des § 16 Abs. 1 und 2 VOB/B zugeschnitten seien, handele. In diesem Punkt kann dem OLG Frankfurt nicht gefolgt werden. Denn trotz Schadensersatzanspruchs weist dieser doch zumindest einen **vergütungsgleichen oder zumindest vergütungsähnlichen Charakter** auf. Er stellt einen Ausgleich für Mehraufwendungen dar, die dem Auftragnehmer durch Behinderungen des Auftraggebers entstanden sind. Schon die oben aufgezeigten Abgrenzungsschwierigkeiten zu dem Anspruch aus § 2 Abs. 5 VOB/B auf Anpassung der Vergütung (Rdn. 1894 ff., 2027 ff.), aber auch die ehemals intensiv geführte (wenn auch jetzt geklärte) Diskussion hinsichtlich der Umsatzsteuerpflicht zeigen, dass beide Ansprüche miteinander verwandt sind und sich bzgl. einzelner Kostengruppen sogar überschneiden und ergänzen können. Dann aber erscheint es auch gerechtfertigt, bezüglich der Ansprüche aus § 6 Abs. 6 VOB/B wegen Mehrkosten aus Behinderung ebenso wie bei den Ansprüchen aus § 2 Abs. 5 und 6 VOB/B die gesamten Regelungen für Vergütungsansprüche in §§ 14 und 16 VOB/B anzuwenden, weswegen er richtigerweise auch in die Schlussrechnung aufzunehmen ist (so auch etwa OLG Stuttgart, Urt. v. 14.07.2011 – 10 U 59/10, BauR 2011, 1862 [Ls.]). Demzufolge stände dem Auftragnehmer auch insoweit ein **Anspruch auf Abschlagszahlungen** gemäß § 16 Abs. 1 VOB/B oder gemäß § 632a BGB jedenfalls im Wege einer ergänzenden Vertragsauslegung zu (so auch Kapellmann/Messerschmidt/Kapellmann, VOB/B, § 6 Rn. 87; Ingenstau/Korbion/Döring, § 6 Abs. 6 VOB/B, Rn. 51 sowie Kapellmann, BauR 1985, 123, 128). Voraussetzung dafür ist aber, dass der Auftragnehmer den Nachweis erbracht hat, vertragsgemäße Leistungen in dem geltend gemachten Umfang ausgeführt zu haben. Das ist aber auch bezüglich der Mehraufwendungen aufgrund von Behinderungen der Fall, da es sich bei diesen ebenso um vertragsgemäße Leistungen des Auftragnehmers handelt. Denn der Auftragnehmer muss diese Mehraufwendungen zur Erfüllung seiner vertraglichen Leistungspflicht erbringen. Diese Auffassung lässt sich schließlich auch damit begründen, dass der Auftragnehmer im Fall einer **vorbehaltlosen Annahme einer Schlusszahlung** gemäß § 16 Abs. 3 Nr. 2 VOB/B mit sämtlichen Nachforderungen einschließlich der hier behandelten Schadensersatzansprüche wegen Behinderungen aus § 6 Abs. 6 VOB/B ausgeschlossen ist (vgl. Ingenstau/Korbion/Locher, VOB/B § 16 Abs. 1 Rn. 87 ff.; s. dazu sogleich Rdn. 2080 sowie allgemein Rdn. 2643 ff.). Dieser anerkannte Ausschluss zum Nachteil des Auftragnehmers rechtfertigt es aber auf der anderen Seite auch, diese Ansprüche in die ebenfalls in § 16 VOB/B verankerten Ansprüche auf Abschlagszahlung einzubeziehen. 2076

Losgelöst von vorstehenden Argumenten ist aber ohnehin kaum einzusehen, warum der für den Auftragnehmer so wichtige **Anspruch auf Abschlagszahlungen** letztlich davon abhängen sollte, ob sein Mehrkostenerstattungsanspruch aus § 2 Abs. 5 VOB/B, bei dem zweifellos Abschlagszahlungen zu leisten sind, oder aus § 6 Abs. 6 VOB/B hergeleitet wird. 2077

▶ **Beispiel**

Es kommt zu einer Behinderung bei der Baustellenzufahrt, die der Auftraggeber verschuldet hat. Jetzt »ordnet« er eine Umwegfahrt an. In solchen Fällen liegt die Nähe zwischen Mehrvergütungsanspruch nach § 2 Abs. 5 VOB/B und Schadensersatzanspruch nach § 6 Abs. 6 VOB/B auf der Hand. Die richtige Wahl könnte dann nämlich z. B. von den örtlichen Verhältnissen der Baustelle

> abhängen: Wäre etwa die angeordnete Fahrtroute ohnehin die einzige Ausweichstrecke, könnte die Anordnung eher als Hinweis zu verstehen sein, diese Ausweichroute zu nehmen. Dann ginge es wohl richtigerweise um Schadensersatzansprüche, soweit dem Auftragnehmer Mehrkosten entstehen. Aber auch Mehrvergütungsansprüche nach § 2 Abs. 5 VOB/B erscheinen nicht fern liegend, weil der Auftraggeber unstreitig eine bestimmte Art der Leistungsausführung angeordnet hat.

Vorstehendes Beispiel zeigt die Nähe der beiden Ansprüche. Steht dem Auftragnehmer aber bei einem Mehrvergütungsanspruch unstreitig ein Anspruch auf Abschlagszahlung zu, müsste dies folgerichtig auch bei dem Anspruch aus § 6 Abs. 6 VOB/B bei einer Behinderung aus dem Verantwortungsbereich des Auftraggebers gelten. Dies gilt umso mehr, als der Auftraggeber hier sogar als Voraussetzung des Ersatzanspruchs diese Behinderung zu vertreten haben muss. Dann aber ist kein Grund ersichtlich, den Auftragnehmer gerade wegen dieses sogar zusätzlichen Verschuldenserfordernisses bei einem Schadensersatzanspruch nach § 6 Abs. 6 VOB/B insoweit schlechter zu stellen. Verneint man indes einen Anspruch auf Abschlagszahlungen, so hat der Auftragnehmer aber jedenfalls im Rahmen des Schadensersatzanspruches einen **Anspruch auf Erstattung der Vorfinanzierungskosten bezüglich des Mehraufwandes**, da diese auch durch die Behinderung adäquat kausal verursacht worden sind.

8.11.6 Die Verjährung des Schadensersatzanspruches

2078 Die Verjährung von Schadensersatz- oder Mehrkostenerstattungsanspruch nach § 6 Abs. 6 VOB/B bzw. § 2 Abs. 5 VOB/B war ehemals nicht einfach zu lösen. Durch die Neufassung des BGB mit Wirkung für alle nach dem 1.1.2002 abgeschlossenen Bauverträge hat sich diese Streitfrage erledigt. Nunmehr gilt einheitlich für Vergütungs- und für Schadensersatzansprüche die **regelmäßige Verjährungsfrist von 3 Jahren** (vgl. § 195 BGB). Diese Frist beginnt gemäß § 199 Abs. 1 BGB zu laufen mit dem Schluss des Jahres, in dem der Anspruch entstanden ist und der Gläubiger von den den Anspruch begründenden Umständen und der Person des Schuldners Kenntnis erlangt oder ohne grobe Fahrlässigkeit erlangen könnte. Unabhängig davon endet die Verjährungsfrist jedenfalls nach 10 Jahren (§ 199 Abs. 3 und 4 BGB).

2079 Was die **Kenntnis der anspruchsbegründenden Tatsachen** angeht, dürften bzgl. des Beginns der Verjährung kaum Zweifel bestehen. Denn ein Auftragnehmer, der Schadensersatzansprüche wegen Behinderung geltend macht, weiß natürlich von den zugrunde liegenden Umständen. Diskussionen hinsichtlich der Verjährung dürfte allerdings eine ganz andere Frage auslösen. Denn verjähren können nur **fällige Forderungen**. Demzufolge könnte es gerade für Schadensersatzansprüche nach § 6 Abs. 6 VOB/B darauf ankommen, ob für diese auch die Regelungen in §§ 14 und 16 VOB/B gelten, d. h. vor allem, ob es für deren Fälligkeit der Aufstellung einer prüfbaren Abrechnung bedarf. Im Hinblick auf den vergütungsgleichen Charakter der Schadensersatzansprüche nach § 6 Abs. 6 VOB/B wird man davon auszugehen haben (s. schon vorstehend Rdn. 2075 ff.), d. h.: Der Anspruch wegen eines Behinderungsschadens entsteht zwar schon mit der Behinderung bzw. dem darauf beruhenden Schadenseintritt; haben aber die Vertragspartner die VOB/B als Vertragsgrundlage vereinbart, so kommt § 14 VOB/B zur Anwendung. Dies hat zur Folge, dass die **Verjährungsfrist erst am Ende des Jahres** zu laufen beginnt, in dem der **Behinderungsschaden vom Auftragnehmer prüfbar abgerechnet** worden und die 30-Tage-Frist des § 16 Abs. 3 Nr. 1 VOB/B abgelaufen ist (vgl. BGH, Urt. v. 06.12.1973 – VII ZR 37/73, BGHZ 62, 15, 16 f. = BauR 1974, 132, 133; BGH, Urt. v. 16.06.1977 – VII ZR 66/76, BauR 1977, 354, 356; ausführlich auch: BGH, Urt. v. 09.10.1986 – VII ZR 249/85, BauR 1987, 95, 96 = NJW 1987, 382, 383; wie hier Ingenstau/Korbion/Döring, VOB/B, § 6 Abs. 6 Rn. 51; Heiermann/Riedl/Rusam/Kuffer, B § 6 Rn. 79 f.). Da diese Auffassung aber nicht unumstritten ist, sollte der Auftragnehmer darauf bedacht sein, den Behinderungsschaden möglichst schnell abzurechnen und geltend zu machen, um nicht an der Verjährung zu scheitern. So hat nämlich etwa das OLG Frankfurt (Teil-Urt. v. 26.09.1979 – 17 U 179/78, BauR 1980, 570, 571 f.) entschieden, dass der Schadensersatzanspruch aus § 6 Abs. 6 VOB/B im Unterschied zum Werklohnanspruch, auf den allein die besonderen Regelungen des § 16 Abs. 1 und 3 VOB/B zugeschnitten seien, bereits mit der Entstehung des Schadens fällig werde. Dem kann jedoch nicht gefolgt werden (vgl. auch Ingenstau/Korbion/Döring, § 6 Abs. 6 VOB/B, Rn. 48 ff.). Dies ergibt sich für den VOB-Vertrag schon daraus, dass § 16 Abs. 3 Nr. 2 VOB/B ausdrücklich alle Nachforderungen ausschließt, falls eine vorbehaltlose Annahme der Schlusszahlung erfolgt oder der Vorbehalt nicht rechtzeitig begründet worden ist. Zu diesen ausgeschlossenen Nachforderungen kann aber auch der Schadensersatzanspruch gemäß § 6 Abs. 6 VOB/B gehören (vgl. dazu auch Rdn. 2643 sowie nachfolgend Rdn. 2080).

8.11.7 Die Einrede der vorbehaltlosen Annahme der Schlusszahlung (§ 16 Abs. 3 Nr. 2 VOB/B)

Für den Auftragnehmer stellt sich neben der Verjährungsfrage die Problematik, ob er ggf. mit seinem Schadensersatzanspruch aus § 6 Abs. 6 VOB/B auf **Erstattung der behinderungsbedingten Mehrkosten ausgeschlossen** ist. Dies wäre denkbar, wenn der Auftraggeber nach Erhalt der Schlussrechnung eine Schlusszahlung geleistet und der Auftragnehmer sich seine Ansprüche aus § 6 Abs. 6 VOB/B daraufhin nicht oder nicht rechtzeitig vorbehalten hat (vgl. § 16 Abs. 3 Nr. 2–6 VOB/B – s. dazu auch Rdn. 2629 ff.). 2080

Nach den vorstehenden Ausführungen zur Verjährungsfrist ist davon auszugehen, dass die gesamten Vorschriften des Vergütungsrechts, also insbesondere auch die §§ 14 und 16 VOB/B, auf den Schadensersatzanspruch uneingeschränkte Anwendung finden. Daraus folgt zugleich die Geltung des § 16 Abs. 3 Nr. 2 VOB/B. Danach ist der Auftragnehmer mit allen Nachforderungen ausgeschlossen, wenn 2081

- der Auftraggeber **eine als Schlusszahlung gekennzeichnete Zahlung geleistet hat**,
- der Auftragnehmer über die Schlusszahlung schriftlich unterrichtet und **auf die Ausschlusswirkung hingewiesen** wurde und
- der Auftragnehmer sich daraufhin nicht binnen 24 Werktagen nach Zugang der Mitteilung über die Schlusszahlung seine Ansprüche auf Ersatz des Behinderungsschadens vorbehalten oder diese Ansprüche nicht binnen weiterer 24 Werktage prüfbar abgerechnet hat (vgl. dazu im Einzelnen nachfolgend Rdn. 2638 ff. sowie vor allem Ingenstau/Korbion/Locher, § 16 Abs. 3 VOB/B, Rn. 87 ff. m. w. N.).

Auch dies zeigt, wie wichtig es ist, die Mehraufwendungen bzw. Schäden aus Behinderungen so schnell wie möglich zu erfassen, zu dokumentieren und abzurechnen.

8.12 Entschädigungsanspruch des Auftragnehmers nach § 642 BGB

Neben den bereits oben eingehend behandelten Ansprüchen des Auftragnehmers infolge von Bauablaufstörungen aus § 2 Abs. 5 VOB/B und aus § 6 Abs. 6 VOB/B kommt auch beim VOB-Bauvertrag gemäß § 6 Abs. 6 S. 2 VOB/B ein Entschädigungsanspruch gemäß § 642 BGB in Betracht (vgl. dazu schon umfassend BGH, Urt. v. 21.10.1999 – VII ZR 185/98, BGHZ 143, 32, 38 f. = BauR 2000, 722, 725 = NJW 2000, 1336, 1337 f.). Dabei lassen sich gerade durch den Rückgriff auf § 642 BGB die Fälle der **Behinderung des Auftragnehmers durch verspätete oder mangelhafte Vorunternehmerleistungen**, auf die der Nachfolgeunternehmer bei seiner Bauausführung angewiesen ist, wenigstens teilweise angemessen und gerecht lösen (vgl. oben Rdn. 1997 ff.). 2082

Die Anwendung des § 642 BGB und der sich daraus ergebende Entschädigungsanspruch gehen jedoch deutlich über diese Sachverhalte hinaus. § 642 BGB kann nämlich generell schon dann herangezogen werden, wenn der Schadensersatzanspruch aus § 6 Abs. 6 VOB/B am fehlenden **Verschulden** des Auftraggebers scheitert. Denn der Entschädigungsanspruch gemäß § 642 BGB ist **verschuldensunabhängig**. 2083

§ 642 Abs. 1 BGB selbst behandelt die **Mitwirkung des Bestellers** beim Werkvertrag. Er billigt dem Unternehmer eine angemessene Entschädigung zu, wenn bei der Herstellung des Werkes eine Handlung des Bestellers erforderlich ist dieser Besteller durch das Unterlassen der Handlung in **Verzug der** 2084

Annahme kommt. Beim VOB-Vertrag bedarf es zusätzlich noch der in § 6 Abs. 1 VOB/B vorgesehenen Behinderungsanzeige (§ 6 Abs. 6 S. 2 VOB/B).

▶ Voraussetzungen für Entschädigungsanspruch nach § 642 VOB/B im VOB-Vertrag
  - Verletzung einer Mitwirkungspflicht/-obliegenheit
  - Annahmeverzug des Auftraggebers
  - Behinderungsanzeige

8.12.1 Mitwirkungspflichten des Auftraggebers

2085 Welche Mitwirkungspflichten bzw. -handlungen des Auftraggebers im Einzelnen von § 642 BGB erfasst werden, wird man beim VOB-Bauvertrag vorrangig aus §§ 3 und 4 VOB/B entnehmen können (s. o. Rdn. 1043 ff.). Doch auch ohne Geltung der VOB/B lassen sich entsprechend §§ 242, 631 BGB die Pflichten eines Auftraggebers gut beschreiben. Dabei kann – bei VOB-Verträgen ohnehin – auch auf die jeweiligen DIN-Regelungen zurückgegriffen werden (vgl. dazu vor allem oben Rdn. 889 ff.; Ingenstau/Korbion/Oppler, VOB/B § 3 Abs. 1, Rn. 6 ff. und § 4 Abs. 1, Rn. 1 ff.). Im Rahmen des § 642 BGB und des sich daraus ergebenden Entschädigungsanspruchs sind vor allem die nachfolgenden **Mitwirkungspflichten des Auftraggebers** von Bedeutung:
- rechtzeitige und mangelfreie Lieferung der bauseits zu stellenden Baumaterialien;
- rechtzeitige und mangelfreie Erstellung von bauseits zu erbringenden Bauleistungen, z. B. Fundamenterstellung für Fertighaus oder Gerüsterstellung für Dachdeckerarbeiten, Fassadenanstrich usw.;
- rechtzeitige und mangelfreie Fertigstellung von Vorunternehmerleistungen, die Voraussetzung für Leistungen des Nachfolgeunternehmers sind, z. B. Estrich für Parkettleger;
- rechtzeitige und mangelfreie Lieferung der jeweils notwendigen Pläne und Zeichnungen (§ 3 Abs. 1 VOB/B);
- Erfüllung der Koordinierungspflicht des Auftraggebers (§ 4 Abs. 1 S. 1 VOB/B);
- rechtzeitige Bereitstellung des baureifen Grundstücks mit rechtlicher und tatsächlicher Bebauungsfähigkeit der jeweils zu erbringenden Bauleistung;
- rechtzeitige Überlassung der Baugenehmigung und aller sonst erforderlichen öffentlich-rechtlichen Genehmigungen (§ 4 Abs. 1 S. 2 VOB/B).

2086 Bei all diesen Mitwirkungspflichten, zu denen die VOB/B (hier vor allem in §§ 3 oder 4 VOB/B) Einzelheiten vorgibt, handelt es sich um **echte Vertragspflichten** (s. o. Rdn. 1066 ff.). Etwas anderes gilt für vom Auftraggeber zu treffende Entscheidungen und gebotene Mitwirkungshandlungen außerhalb der Regelungen der VOB/B oder insgesamt bei BGB-Werkverträgen.

▶ Beispiel

Der Auftraggeber soll über Alternativen und Bemusterungen entscheiden.

Vielfach dürfte es sich dabei – wobei dies auch vom Einzelfall abhängt – nur um **Obliegenheiten** handeln (vgl. BGH, Urt. v. 21.10.1999 – VII ZR 185/98, BGHZ 143, 32, 39 f. = BauR 2000, 722, 725 = NJW 2000, 1336, 1338 unter Bezugnahme auf Urt. v. 16.05.1968 – VII ZR 40/66, BGHZ 50, 175, 178), nicht um **Haupt-** oder **Nebenpflichten** des Auftraggebers (s. o. ausführlich Rdn. 1072 ff.; dagegen wenig überzeugend OLG Dresden, Urt. v. 31.08.2011 – 1 U 1682/10, BauR 2012, 301 [Ls.] = IBR 2012, 12, das ohne weitere Begründung bei einer verzögerten Bemusterung einen Schadensersatzanspruch nach § 6 Abs. 6 VOB/B, d. h. wegen einer Pflichtverletzung gewähren will).

2087 Die Besonderheit einer Obliegenheit besteht darin, dass der Auftraggeber – falls er dieser nicht nachkommt – zwar Nachteilen ausgesetzt sein kann, indem er z. B. in Annahmeverzug gerät, Rechte verliert o. ä.; er ist zu deren Erfüllung aber nicht im Rechtssinne verpflichtet in der Weise, dass die Vertragsgegenseite (hier der Auftragnehmer) sie selbstständig einklagen könnte (so vor allem BGH, Urt. v. 13.11.1953 – I ZR 140/52, BGHZ 11, 80, 83; BGH, Urt. v. 13.06.1957 – II ZR 35/57, BGHZ, 24, 378, 382; Münch.Komm./Kramer, BGB Bd. 2 Einl. 50 ff.; s. dazu auch oben ausführlich

Rdn. 1073 sowie zuletzt Leupertz BauR 2010, 1999 ff.). Vor diesem Hintergrund entfallen dann aber auch Schadensersatzansprüche; hingegen verbleibt ein **Entschädigungsanspruch** gemäß § 642 BGB. Ob eine für die Leistungserfüllung erforderliche Mitwirkungshandlung (z. B. Planübergabe) nicht nur eine Obliegenheit, sondern richtigerweise eine Vertragspflicht darstellt, ändert an der Anwendbarkeit von § 642 BGB nichts (kritisch Kapellmann, NZBau 2011, 193). Denn diese Regelung stellt als Sondervorschrift des Gläubigerverzugs nicht darauf ab, ob die gebotene Mitwirkungshandlung bereits den Charakter einer Rechtspflicht hat – oder eben nur wie beim BGB-Vertrag typisch Obliegenheit ist. Daher kann die Frage, ob eine dem Auftraggeber obliegende Handlung von ihm auch geschuldet ist, sogar bei der Prüfung des Anwendungsbereichs des § 642 BGB offenbleiben (s. dazu schon oben Rdn. 1072 ff.).

▶ **Beispiel**

Der Auftraggeber muss dem Auftragnehmer die für die Baudurchführung notwendigen Pläne übergeben. Dies ist nachvollziehbarerweise eine gebotene Mitwirkungshandlung, ohne die die Bauleistung nicht ausgeführt werden kann. Unterbleibt diese, obwohl der Auftragnehmer die Leistungen anbietet, kann der Auftraggeber dadurch in Annahmeverzug geraten, d. h.: In jedem Fall stellt die Planübergabe eine Obliegenheit dar, die zur Anwendung des § 642 BGB führt. Ob es sich dabei wegen der allgemeinen Bedeutung für die Durchführung der Baumaßnahme insgesamt aber nicht doch schon um eine Vertragspflicht handelt (so immerhin BGH, Urt. v. 27.06.1985 – VII ZR 23/84, BGHZ 95, 128, 130 f. = BauR 1985, 561, 562 = NJW 1985, 2475; BGH, Urt. v. 21.10.1999 – VII ZR 185/98, BGHZ 143, 32, 37 = BauR 2000, 722, 724 = NJW 2000, 1336, 1337; ausdrücklich hingegen offen gelassen in BGH, Urt. v. 27.11.2008 – VII ZR 206/06, BGHZ, 179, 55, 68 = BauR 2009, 515, 520 = NJW 2009, 582, 586 = NZBau 2009, 185, 188), deren Verletzung auch Schadensersatzansprüche aus einem Schuldnerverzug auslösen kann, mag unabhängig davon entschieden werden (s. dazu oben Rdn. 1079 sowie Leupertz BauR 2010, 1999, 2002).

8.12.2 Annahme- oder Gläubigerverzug des Auftraggebers

Der Entschädigungsanspruch nach § 642 BGB setzt einen **Annahme- oder Gläubigerverzug** aufseiten des Auftraggebers voraus. Dessen Voraussetzungen ergeben sich aus §§ 293 ff. BGB. Danach kommt der Auftraggeber in Verzug der Annahme, wenn er die ihm angebotene Leistung nicht annimmt. Notwendig ist also, dass ihm die jeweils zu erbringende Bauleistung auch tatsächlich angeboten wird, weswegen der Auftragnehmer versuchen muss, mit der Arbeit zu beginnen (§ 294 BGB). Gemäß § 295 BGB genügt hierfür aber auch ein **wörtliches Angebot**,
- wenn der Auftraggeber bereits erklärt hat, dass er die Leistung nicht annehmen werde, oder
- wenn zur Bewirkung der Leistung eine Handlung des Auftraggebers erforderlich ist. Gerade Letzteres gewinnt bei unterbleibenden Mitwirkungshandlungen an Bedeutung.

▶ **Beispiel**

Der Auftraggeber bringt die Baugenehmigung nicht bei, hat die erforderlichen Pläne für die Bauausführung nicht vorgelegt oder das bebauungsfähige Grundstück nicht zur Verfügung gestellt.

An die **Stelle des wörtlichen Angebots** der Leistung können gerade im Baugeschehen auch andere Aufforderungen, Verhaltensweisen u. a. treten, die den Auftraggeber in Annahmeverzug setzen:
- **Aufforderung nach § 295 S. 2 BGB**
  Statt eines wörtlichen Angebots kann der Auftragnehmer gemäß § 295 S. 2 BGB die **Aufforderung** an den Auftraggeber richten, die erforderliche Mitwirkungshandlung vorzunehmen. Eine solche Aufforderung seitens des Auftragnehmers kann durchaus auch in der beim VOB-Bauvertrag ohnehin notwendigen und hinreichend konkretisierten **Behinderungsanzeige** gemäß § 6 Abs. 1 VOB/B gesehen oder jedenfalls mit dieser inhaltlich verbunden werden. Denn die Behinderungsanzeige soll gerade dem Auftraggeber verdeutlichen, dass und wodurch der Auftragnehmer in der ordnungsgemäßen Ausführung seiner Arbeiten behindert ist. Gleichzeitig soll sie dem

Auftraggeber die Möglichkeit geben, die **Behinderung abzustellen**, also die erforderliche Mitwirkungshandlung vorzunehmen (vgl. BGH, Urt. v. 21.10.1999 – VII ZR 185/98, BGHZ 143, 32, 35 f. = BauR 2000, 722, 723 = NJW 2000, 1336, 1337). Eine vorübergehende Nichtannahme der Leistung führt dagegen nur dann zum Annahmeverzug, wenn der Auftragnehmer sie angemessene Zeit vorher angekündigt hat (§ 299 BGB).

▶ **Beispiel**

Die zum Weiterbau erforderlichen Pläne liegen nicht rechtzeitig vor. Hier kommt der Auftraggeber trotz Aufforderung des Auftragnehmers nur in Annahmeverzug, wenn der Auftragnehmer seine Leistungsbereitschaft oder Leistungsabsicht angemessene Zeit vorher angekündigt hat.

- **Bereithaltung der eigenen Arbeitskraft auf der Baustelle**

2090 Ein wörtliches Angebot der Leistung kann auch dadurch zum Ausdruck gebracht werden, dass der Auftragnehmer seine Mitarbeiter auf der Baustelle zur Verfügung hält und zu erkennen gibt, dass er bereit und in der Lage ist, seine Leistung zu erbringen (BGH, Urt. v. 19.12.2002 – VII ZR 440/01, BauR 2003, 531, 532 = NJW 2003, 1601, 1602 = NZBau 2003, 325, 326).

- **Annahmeverzug bei kalendarisch festliegendem Termin**

2091 Schließlich ist nach § 296 BGB das Angebot der Leistung seitens des Auftragnehmers entbehrlich,
– wenn für die von dem Auftraggeber als Gläubiger vorzunehmende, aber ausbleibende Mitwirkungshandlung eine Zeit nach dem Kalender bestimmt ist (vgl. § 286 Abs. 2 Nr. 1 BGB für den Schuldnerverzug) oder
– der erforderlichen Mitwirkungshandlung des Auftraggebers ein Ereignis vorauszugehen hat und eine angemessene Zeit für die Handlung in der Weise bestimmt ist, dass sie sich von dem Ereignis an nach dem Kalender berechnen lässt (in Anlehnung an § 286 Abs. 2 Nr. 2 BGB für den Schuldnerverzug).

2092 Um diese Voraussetzungen für den **Annahmeverzug** des Auftraggebers nachweisen zu können, ist dringend zu empfehlen, in Bauverträgen, **Bauzeitenplänen** oder späteren Vereinbarungen in Baustellenbesprechungen **Planliefertermine** und Termine für die Erbringung der vereinbarten oder sich aus der VOB/B ergebenden **Mitwirkungshandlungen** nach dem Kalender (sog. Kalenderfrist) festzulegen. Möglich ist auch die Vereinbarung von angemessenen Fristen nach Baugenehmigung, nach Baubeginn, nach Rohbauabnahme oder ähnlichen nachweisbaren Ereignissen (sog. Ereignisfrist). Denn nur in diesen Fällen ist bei nicht rechtzeitiger Bereitstellung der Mitwirkungshandlung ein tatsächliches oder wörtliches Angebot der Leistung entbehrlich (vgl. § 296 S. 1 und 2 BGB). Dies ist besonders wichtig bei **notwendigen Vorunternehmerleistungen**, die der Auftraggeber zu bestimmten Terminen zur **Baufreigabe** zur Verfügung stellen muss, um den Bauablauf für den Nachfolgeunternehmer nicht zu behindern.

2093 Der Annahmeverzug setzt **kein Verschulden** voraus. Daher kommt es nicht darauf an, ob dem Planer, der die Pläne nicht rechtzeitig liefert, ein Verschulden anzulasten ist, das dem Auftraggeber gemäß § 278 BGB zuzurechnen wäre. Ebenso gilt dies, wenn der Auftraggeber bei Verletzung anderer Mitwirkungshandlungen sich vom Vorwurf des Verschuldens entlasten kann (§ 280 Abs. 1 S. 2 BGB).

▶ **Beispiel**

Die Baugenehmigung wird nicht rechtzeitig erteilt. Hieran trifft den Auftraggeber kein Eigenverschulden, soweit er diese rechtzeitig beantragt hat. Gleichwohl kann er nunmehr in Annahmeverzug geraten.

Zu nennen sind außerdem die Sachverhalte unter Beteiligung eines **Vorunternehmers**, der seine Leistung nicht rechtzeitig oder nur mangelhaft herstellt und dadurch den Nachfolgeunternehmer behindert (BGH, Urt. v. 27.06.1985 – VII ZR 23/84, BGHZ 95, 128, 131 = BauR 1985, 561, 562 = NJW 1985, 2475, 2476; bestätigt durch BGH, Urt. v. 21.10.1999 – VII ZR 185/98, BGHZ 143, 32, 37 f. = BauR 2000, 722, 724 = NJW 2000, 1336, 1337; s. o. Rdn. 1997 ff.). Schadensersatzansprüche aus § 6 Abs. 6 VOB/B entfallen hier einheitlich wegen eines dem Auftraggeber nicht anzulastenden Verschuldens, sodass nur ein Rückgriff auf den verschuldensunabhängigen Entschädigungsanspruch nach § 642 BGB verbleibt.

Nicht zu verwechseln mit dem für einen Entschädigungsanspruch des Auftragnehmers entbehrlichen Verschulden des Auftraggebers ist der Sachverhalt, dass die dem **Auftraggeber obliegende Handlung** unmöglich (geworden) ist. Dies schließt bereits einen Annahmeverzug und somit einen Entschädigungsanspruch des Auftragnehmers gänzlich aus (s. dazu sogleich Rdn. 2107 ff.). 2094

Ein Annahmeverzug des Auftraggebers entfällt gleichfalls, wenn der **Auftragnehmer selbst nicht in der Lage oder nicht bereit** ist, seine Leistung zu erbringen. Dabei kommt es auf den Zeitpunkt des tatsächlichen oder wörtlichen Angebots der Leistung bzw. im Fall des § 296 BGB auf den für die Mitwirkungshandlung bestimmten Zeitpunkt an (§ 297 BGB).

> **Beispiel (nach OLG Saarbrücken, Urteil vom 7.12.1999 – 4 U 869/98, Revision nicht angenommen durch BGH-Beschluss vom 23.05.2001 – VII ZR 38/00, IBR 2001, 353)**
>
> Der Auftragnehmer ist außerstande, seine Leistung zu bewirken, weil ein behördlicher Baustopp wegen eines Nachbar-Widerspruchs verfügt worden ist.

Dasselbe gilt, wenn die Bauarbeiten wegen **unvorhergesehen schlechten Wetters** unterbrochen werden. Dies begründet auf der einen Seite zwar nach § 6 Abs. 2 Nr. 2 VOB/B einen Anspruch des Auftragnehmers auf Bauzeitverlängerung (s. o. Rdn. 1760 ff.). Ein Entschädigungsanspruch nach § 642 BGB ist dagegen wegen eigener (vorübergehender) Leistungsunfähigkeit des Auftragnehmers für die Dauer des schlechten Wetters ausgeschlossen (a. A. und kaum überzeugend Wilhelm/Götze, NZBau 2010, 721; Diehr, ZfBR 2011, 627, 628).

Zusammenfassend ist festzustellen, dass Auftragnehmer in der Regel gut beraten sind, **Behinderungskosten** infolge unterlassener Mitwirkungspflichten des Auftraggebers als **Entschädigungsanspruch gemäß § 642 BGB** geltend zu machen. Denn dessen großer Vorteil besteht darin, dass er kein Verschulden des Auftraggebers erfordert und der Anspruch dem Grunde und der Höhe nach vielfach einfacher darzulegen ist. Damit wird der Schadensersatzanspruch gemäß § 6 Abs. 6 VOB/B zumindest insoweit obsolet. Allerdings verbleiben auch gravierende Unterschiede, die in der Praxis nicht hinreichend beachtet werden (ebenso Boldt, BauR 2006, 185). Diese betreffen vor allem den vollständig unterschiedlichen Berechnungsansatz vor dem Hintergrund, dass ein Schadensersatzanspruch immer auf der Ist-Kosten-Basis ex post ermittelt wird, während der Entschädigungsanspruch auf der Grundlage der Auftragskalkulation zu berechnen ist (s. dazu sogleich Rdn. 2098 ff.). Durch diese unterschiedliche Berechnungsweise wird der Entschädigungsanspruch somit tatsächlich zu einem vergütungsgleichen Anspruch, weswegen – anders als bei einem Schadensersatzanspruch (Rdn. 2074) – auch Umsatzsteuer anfällt (Rdn. 2104). 2095

8.12.3 Behinderungsanzeige gemäß § 6 Abs. 1 VOB/B

Soweit der Auftragnehmer eines VOB-Vertrages einen Entschädigungsanspruch nach § 642 BGB begehrt, muss er dafür nach der ausdrücklichen Regelung in § 6 Abs. 6 S. 2 VOB/B zuvor die **Behinderung angezeigt** haben. Die Anzeige kann wie in § 6 Abs. 1 S. 2 VOB/B unterbleiben, wenn die Behinderung offenkundig ist (vgl. dazu auch BGH, Urt. v. 21.10.1999 – VII ZR 185/98, BGHZ 143, 32, 35 f. = BauR 2000, 722, 723 = NJW 2000, 1336, 1337). Insoweit gilt hier nichts anderes als schon zuvor allgemein zur Behinderungsanzeige erläutert. Dies gilt auch für die Fragen der Entbehrlichkeit im Fall der Offenkundigkeit der Behinderung (s. dazu im Einzelnen Rdn. 1793 ff.). 2096

8.12.4 Art und Höhe der Entschädigung

Gemäß § 642 Abs. 1 BGB kann der Unternehmer, wenn die oben im Einzelnen dargelegten Voraussetzungen erfüllt sind, eine **angemessene Entschädigung** verlangen. Deren Höhe bestimmt sich einerseits nach der Dauer des Verzugs und der Höhe der vereinbarten Vergütung, andererseits nach demjenigen, was der Unternehmer infolge des Verzugs an Aufwendungen erspart oder durch ander- 2097 weitige Verwendung seiner Arbeitskraft erwerben kann (§ 642 Abs. 2 BGB). Diese Formulierung des Gesetzes wirft die Frage auf, ob der Entschädigungsanspruch eher dem **Schadensersatzanspruch** des § 6 Abs. 6 VOB/B (Schadensberechnung nach der Differenztheorie bzw. Schätzung gemäß § 287 ZPO) oder dem **Vergütungsanspruch** des § 2 Abs. 5 und 6 VOB/B angelehnt ist. Soweit § 642 BGB den Entschädigungsanspruch von der **Dauer des Verzugs** abhängig macht, könnte dies für eine Anbindung an den Schadensersatzanspruch sprechen. Allerdings geht es bei dem hier angesprochenen Verzug um den Annahme- und nicht den Schuldnerverzug. Gerade beim Annahmeverzug, der verschuldensunabhängig ist, sieht das Gesetz jedoch keinen Schadensersatz vor, sondern nur einen **Anspruch auf Ersatz von Mehraufwendungen** (§ 304 BGB). Der weitere Wortlaut des § 642 Abs. 2 BGB weist denn auch deutlich auf den Entschädigungsanspruch als **vergütungsähnlichen Anspruch** hin. Denn die Höhe der Entschädigung bestimmt sich neben der Dauer des Verzuges nach der Höhe der vereinbarten Vergütung sowie danach, was der Unternehmer infolge des Verzuges an **Aufwendungen erspart**. Damit lehnt sich der Entschädigungsanspruch zugleich eng an § 649 S. 2 BGB bei grundloser Kündigung des Bauvertrages durch den Auftraggeber an, wenn auch nicht mit exakt gleicher Formulierung.

2098 Dies zusammen mit der abweichenden Bezeichnung des Anspruchs (angemessene Entschädigung statt Schadensersatz) und den unterschiedlichen Voraussetzungen (verschuldensunabhängig und verschuldensabhängig) spricht entscheidend dafür, dass der Entschädigungsanspruch einen vergütungsähnlichen oder gar **vergütungsgleichen Charakter** aufweist. Daher ist der Anknüpfungspunkt für die Berechnung der Entschädigung einerseits zwar die Dauer der Behinderung, andererseits aber der **Vertragspreis** als **Kalkulationsgrundlage** (so vor allem: Kapellmann/Schiffers, a.a.O. Bd. 1, Rn. 1649 f. unter Hinweis auf die Motive zum BGB, vgl. Mugdan, § 575 E I, S. 276; BGH, Urt. v. 11.07.1966 – VII ZR 256/64, Schäfer/Finnern, Z 2.511 Bl. 8 und OLG Celle, Urt. v. 24.02.1999 – 14a (6) U 4/98, BauR 2000, 416, 419 = NJW-RR 2000, 234; Staudinger/Peters/Jacoby, BGB § 642, Rn. 24). Daraus folgt, dass die **Entschädigung** mit anfallenden **zeitabhängigen Kosten** auf der **Basis der Auftragskalkulation** zu berechnen ist. Anzusetzen sind danach etwa zusätzliche Mietkosten für Geräte, Container usw., zusätzliche Kosten für die längere Vorhaltung der Baustelleneinrichtung und des Bauleitungspersonals, und zwar jeweils auf der Grundlage der Kalkulation und nicht der tatsächlich angefallenen Mehrkosten, wie dies beim Schadensersatzanspruch der Fall ist. Auf der anderen Seite muss sich aber der Auftragnehmer bei der Berechnung des Entschädigungsanspruchs die Kosten aus der Kalkulation entgegenhalten lassen, die er infolge des Annahmeverzuges erspart bzw. in der Zeit des Annahmeverzuges anderweitig erwerben kann. Insoweit sind die von der Rechtsprechung entwickelten Grundsätze zu § 649 S. 2 BGB entsprechend anzuwenden (vgl. dazu Kniffka/Koeble Teil 8, Rn. 33). Somit muss der Auftragnehmer, der den Entschädigungsanspruch gemäß § 642 BGB geltend macht, jeweils auch zu etwaigen ersparten Aufwendungen und einem anderweitigen Erwerb Stellung nehmen.

2099 Da § 642 Abs. 2 BGB die Berechnung nach der Dauer des Verzugs und der Höhe der Vergütung vorschreibt, sind grundsätzlich alle Bestandteile der Vergütung zu berücksichtigen, soweit sie nicht durch den Verzug erspart werden, also insbesondere auch Baustellengemein- oder Allgemeine Geschäftskosten, die durch die Restleistung erwirtschaftet worden wären. Etwas anderes gilt hingegen für **Wagnis und Gewinn** (BGH, Urt. v. 21.10.1999 – VII ZR 185/98, BGHZ 143, 32, 39 f. = BauR 2000, 722, 725 = NJW 2000, 1336, 1338; anders noch BGH, Urt. v. 11.07.1966 – VII ZR 256/64, SFH Z 2.511 Bl. 8). Dies erschließt sich nicht ohne Weiteres aus dem Wortlaut des § 642 Abs. 2 BGB, gerade weil sich die Höhe der Entschädigung an der vereinbarten Vergütung orientiert. Dies genauso wie der Umstand, dass die Rechtsprechung auch sonst die Kalkulation des Auftragnehmers heranzieht und sogar die Leistung als umsatzsteuerpflichtig einstuft (BGH, Urt. v. 24.01.2008 – VII ZR 280/05, BGHZ 175, 118, 121 = BauR 2008, 821, 822 = NJW 2008, 1523, 1525; s. Rdn. 2104), könnte sogar eher umgekehrt dafür sprechen, dass vor allem Anteile für Wagnis und Gewinn bei der Bemessung der Entschädigung einzubeziehen sind. Selbst die Materialien zum BGB scheinen dies nahe zu legen: Denn wörtlich heißt es dort, dass diese Bestimmungen vor Augen haben einen »Anspruch auf einen bereits den geleisteten Arbeiten entsprechenden Teil des bedungenen Lohnes und Ersatz der nicht schon im Lohne begriffenen Auslagen und auf Vergütung des durch

8.12 Entschädigungsanspruch des Auftragnehmers nach § 642 BGB

die Nichtausführung entgangenen Gewinns« (Mugdan, Bd. 2, S. 496 zu E § 575). Dies vorausgeschickt wird der von der Rechtsprechung verfolgte Ausschluss des entgangenen Gewinns aus dem Anwendungsbereich des § 642 BGB kritisiert und deutlich auch das Gegenteil gefordert (Staudinger/Peters/Jacoby, § 642 Rn. 25; Boldt, BauR 2006, 185, 198; Kapellmann/Schiffers, Bd. 1, Rn. 1650; Bruns, ZfIR 2006, 153, 168).

Doch letzten Endes überzeugt diese Gegenauffassung nicht. Vielmehr ist hier dem BGH zu folgen, 2100 der die Anteile für Wagnis und Gewinn unberücksichtigt lässt. Zwar mag zutreffen, dass es sich bei Wagnis und Gewinn sogar im Regelfall nach der Kalkulation um Bestandteile der vereinbarten Vergütung handelt. Doch besteht gerade darin – trotz der Anlehnung an die Vergütungsberechnung – auch der entscheidende **Unterschied gegenüber einem klassischen Vergütungsanspruch**. Denn der Entschädigungsanspruch nach § 642 BGB steht zunächst neben einem ohnehin ja noch weiter existierenden Vergütungsanspruch, der schon die Anteile für Wagnis und Gewinn entsprechend dem Vertrag enthält. Somit erleidet der Auftragnehmer durch den Ausschluss von Wagnis und Gewinn aus dem Entschädigungsanspruch nicht einmal einen finanziellen Nachteil; umgekehrt wird vielmehr sichergestellt, dass er durch den neben dem fortbestehenden Vergütungsanspruch gesondert geltend zu machenden Entschädigungsanspruch (anders als bei zusätzlichen Vergütungsansprüchen) nicht noch zusätzlich daran verdient. Auch dies entspricht der gesetzlichen Wertung, da bei dem Entschädigungsanspruch nach § 642 BGB der Auftraggeber bereits Zahlungen schuldet, obwohl ihn ggf. an den zugrunde liegenden Behinderungstatbeständen nicht einmal ein Verschulden trifft. Wieso hier dem Auftragnehmer noch ein Ersatzanspruch für Gewinn zustehen sollte, wäre nicht ersichtlich.

Tatsächlich nähert sich der Entschädigungsanspruch des § 642 BGB damit doch auch einem Schadensersatzanspruch des § 6 Abs. 6 VOB/B an (wie hier Messerschmidt/Voit/Stickler, § 642 Rn. 43; Münch.Komm./Busche, § 642 Rn. 17; wohl auch Kniffka/Koeble, 8. Teil Rn. 33). Dabei sei nur am Rande bemerkt, dass das gleiche Verständnis ganz offenbar § 6 Abs. 6 VOB/B zugrunde liegt. Denn für den dort vorgesehenen Schadensersatzanspruch haftet der Auftraggeber bei einer Behinderung nur dann, wenn er diese verschuldet hat; selbst hier muss er allerdings nur Wagnis und entgangenen Gewinn ersetzen, wenn ihm gesondert noch Vorsatz und grobe Fahrlässigkeit zur Last fällt. Also würde es doch einigermaßen **überraschen**, wenn der vom BGH gerade für die Fälle der Vorunternehmerhaftung herangezogene verschuldensunabhängige Entschädigungsanspruch nach § 642 BGB einen weiteren Haftungsumfang unter Einschluss von Wagnis und Gewinn hätte: Denn dann würde der Auftraggeber, dem ein Verschulden zur Last fiele, über § 6 Abs. 6 VOB/B besser dastehen als derjenige, der verschuldensunabhängig nach § 642 BGB haftet. Zwar mag dieser Vergleich mit der Rechtslage nach der VOB/B kein eigenes Argument darstellen, da die VOB/B als Allgemeine Geschäftsbedingung selbstständig bestehende gesetzliche Folgeansprüche nicht von sich aus ausschließen kann. Dies ändert jedoch nichts daran, dass der BGH insoweit immerhin eine stringente und auch letzten Endes überzeugende Linie zu dem Umfang der Haftung eines im Annahmeverzug befindlichen Auftraggebers verfolgt. Dabei sei nur abschließend angemerkt, dass losgelöst von vorgenannter Diskussion keinesfalls ersatzfähig ist ein **entgangener Gewinn aus anderen Bauaufträgen**.

Handelt es sich bei dem Entschädigungsanspruch ganz allgemein um einen eher vergütungsähnlichen Anspruch, wird umgekehrt aber auch deutlich, dass davon im Zweifel materiellrechtlich keine Kosten erfasst werden können, die sonst eher typischerweise dem Schadensersatzanspruch zuzuordnen sind. Hierzu gehört vor allem ein **Kostenersatz für die Erstellung baubetrieblicher Gutachten**; dies versteht sich eigentlich von selbst. Eine materiell-rechliche Anspruchsgrundlage dafür ist nicht ersichtlich – zumal es wie bei sonstigen Zusatzkosten im Rahmen von Nachträgen zumeist nur darum geht, aus seiner Urkalkulation in Abgrenzung zum ohnehin geschuldeten und kalkulierten Bauablauf anfallende Zusatzkosten zu ermitteln (i. E. ähnlich OLG Karlsruhe, Urt. 27.02.2007 – 8 U 47/06, IBR 2007, 300; Boldt, BauR 2006, 185, 202; a. A. insoweit aber ohne Begründung: Bruns, ZfIR 2006, 153, 173). Eine Ersatzfähigkeit käme danach allenfalls über einen prozessualen Kostenerstattungsanspruch zur Vorbereitung eines Prozesses in Betracht, soweit das Gutachten prozess- 2101 bezogen eingeholt wurde, d. h.: Es müsste mit einem konkreten unmittelbar bevorstehenden Rechtsstreit in Beziehung stehe, für die Prozessführung erforderlich sein und eine verständige und wirtschaftlich vernünftig denkende Partei müsste diese die Kosten auslösende Maßnahme ex ante als sachdienlich ansehen dürfen (BGH, Urt. v. 23.05.2006 – VI ZB 7/05, BauR 2006, 1505, 1506 = NJW 2006, 2415). Ob dies der Fall ist, wird man nur im Einzelfall entscheiden können. Ausgeschlossen ist dies im Hinblick auf die doch sehr umfangreichen Anforderungen an die Substanziierung von Verzögerungen/Behinderungen und der Kosten nicht unbedingt; allerdings dürfte es vielfach an der konkreten Prozessbezogenheit fehlen. Denn für die Erstattungsfähigkeit reicht es gerade nicht aus, dass das Gutachten irgendwann einmal in einem Prozess verwendet wird (BGH, Beschl. v. 4.03.2008 – VI ZB 72/06, BauR 2008, 1180 = NJW 2008, 1597; Werner/Pastor, Rn. 166 ff.)

2102 Der Auftragnehmer muss im Streitfall die Voraussetzungen des **Entschädigungsanspruchs darlegen und beweisen**. Teilweise heißt es hierzu nur verkürzt, dass dafür lediglich die Voraussetzungen des § 642 Abs. 1 BGB, die Dauer des Verzugs, die vereinbarte Vergütung und evtl. ersparte Aufwendungen dargelegt werden müssten, nicht aber ein Schaden. Dieser könne vielmehr nach § 287 ZPO geschätzt werden (Münch.Komm./Busche, BGB § 642 Rn. 20; Erman/Schwenker § 642 Rn. 5). Eine solche verkürzte Darstellung ist zumindest missverständlich; sie könnte die Bauvertragsparteien dazu verleiten, mit ihren Darlegungen allzu großzügig umzugehen. Dabei ist zwar richtig, dass es auf einen Schaden nicht ankommt (a. A. aber offenbar OLG Dresden, Urt. v. 6.1.2012 – 1 U 13/10, BauR 2012, 1286 [Ls.], das regelmäßig von einem darauf gerichteten Schadensnachweis spricht); dies überrascht allerdings nicht, da mit § 642 BGB auch kein Schadensersatzanspruch geltend gemacht wird. Genauso wenig reicht aber umgekehrt ein Verweis auf chaotische Zustände auf der Baustelle und einen deswegen eingetretenen Annahmeverzug und vermeintlich deswegen entstandene Mehrkosten mit der Annahme, dass nunmehr eine Schätzung zu erfolgen habe (anschaulich OLG München, Urt. v. 20.11.2007 – 9 U 2741/07, BauR IBR 2009, 10). Richtigerweise gelten stattdessen dem Grunde nach **dieselben Anforderungen wie bei § 6 Abs. 6 VOB/B** (so ganz eindeutig zu Recht KG, Beschl. v. 13.02.2009 – 7 U 86/08, BauR 2011, 1202, 1023 ff.; KG, Urt. v. 19.04.2011 – 21 U 55/07, BauR 2012, 951, 955; ebenso: Kniffka, ibr-online-Komm., Stand 26.05.2009, § 642 Rn. 62). Dies bedeutet, dass der **Auftragnehmer vortragen** muss, dass der Auftraggeber eine bestimmte nach dem Vertrag geschuldete und für die Bauausführung notwendige Mitwirkungshandlung nicht erbracht und diese sich wie konkret mit welcher Dauer verzögernd auf die Baustelle ausgewirkt hat. All das sind Fragen der Haftungsgrundlagen, die keiner Schätzung nach § 287 ZPO zugänglich sind. Insoweit kann dann dazu oben auf die entsprechenden Ausführungen zu § 6 Abs. 6 VOB/B verwiesen werden (s. o. Rdn. 2020 ff.).

2103 Neben diesen Haftungsgrundlagen muss der Auftragnehmer ferner zumindest zu den Grundlagen seines begehrten Entschädigungsanspruchs vortragen, d. h. wieso eine bestimmte Behinderung welchen konkreten Entschädigungsanspruch im Sinne des § 642 BGB auslösen soll. Hierzu gehört gleichfalls eine konkrete **baustellenbezogene Darlegung**, welche Mehrkosten genau in Anlehnung an die eigene (kalkulierte) Vergütung (s. o. Rdn. 2098) durch den zuvor dargestellten Annahmeverzug entstanden sind bzw. Aufwendungen deswegen erspart wurden. Ferner muss der Auftragnehmer zu den sonstigen ersparten Aufwendungen und dem anderweitigen Erwerb votragen.

▶ **Beispiel**

Es muss etwa dargelegt werden, welche Maschine oder welches Personal erstens von der Verletzung der Mitwirkungshandlung in welchem Umfang/welcher Dauer betroffen ist, warum diese Maschine bzw. das Personal zweitens nicht anderweitig eingesetzt werden konnten und drittens welche anteilige Vergütung dafür angefallen ist bzw. ggf. erspart werden konnte.

All das ist schon deshalb notwendig, um vor allem abzugrenzen, welche Kostenanteile vom Auftragnehmer hier überhaupt geltend gemacht werden – oder um es negativ zu sagen: Für eine schlüssige Darlegung des Auftragnehmers muss sich eindeutig ebenso ergeben, dass insbesondere nicht (verdeckt) echte Vergütungsansprüche nach § 2 Abs. 5 und 6 VOB/B, Schadensersatzansprüche nach § 6 Abs. 6 VOB/B auf Ist-Kostenbasis oder ganz allgemein etwa nicht erstattungsfähige Anteile für Wagnis und Gewinn (s. o. Rdn. 2099) berücksichtigt wurden. Dabei ist allerdings richtig, dass wie schon bei § 6 Abs. 6 VOB/B zumindest dann, wenn zu den Haftungsgrundlagen ausreichend vorgetragen wurde, insoweit, d. h. für die Bestimmung der richtigen Höhe, die ›angemessene‹ Entschädigung letztes Endes nach § 287 ZPO wieder geschätzt werden kann (KG, a. a. O.).

8.12.5 Umsatzsteuer auf Entschädigungsanspruch

Lange Zeit war umstritten, ob auf den Entschädigungsanspruch nach § 642 BGB Umsatzsteuer zu berechnen ist. Dies wurde teilweise verneint, da diesem vermeintlich kein Leistungsaustausch zugrunde liege (OLG Koblenz, Urt. v. 20.09.2001 – 5 U 1453/00, BauR 2002, 811 = NJW-RR 2002, 809; Beck'scher VOB-Kommentar/Berger/Motzke, B § 9 Nr. 3 Rn. 16). Dies ist falsch; vielmehr ist auf den **Entschädigungsanspruch Umsatzsteuer zu zahlen** (BGH, Urt. v. 24.01.2008 – VII ZR 280/05, BGHZ 175, 118, 121 = BauR 2008, 821, 822 = NJW 2008, 1523, 1525). Denn wie vorstehend erläutert ist dieser einem echten Vergütungsanspruch sehr ähnlich (Rdn. 2097 ff.). Dies gilt auch aus steuerlicher Hinsicht, weil bei dem Entschädigungsanspruch mit einem Schwerpunkt ein Entgelt für Leistungen des Unternehmers gezahlt wird. Dies ergibt sich schon aus § 642 Abs. 2 BGB, der die Höhe der Entschädigung sogar an die Höhe der vereinbarten Vergütung anlehnt. Zwar hat der Europäische Gerichtshof mit Urteil vom 18. Juli 2007 (Az. C-277/05, EuZW 2007, 706 ff.) eine vermeintlich gegenläufige Entscheidung getroffen. Diese Entscheidung kann jedoch nicht auf den Entschädigungsanspruch nach § 642 BGB übertragen werden. Der Fall des EuGH betraf nämlich die vermeintliche Umsatzsteuerpflicht für ein Angeld, das im Fall einer Hotelstornierung in jedem Fall zu zahlen war. Infolgedessen geht es dabei nicht um eine Zahlung für eine zusätzliche Leistung, sondern nur um eine Leistung, die der Hotelbetreiber bei Durchführung des Vertrages ohnehin hätte erbringen müssen. Demgegenüber muss der Auftragnehmer im Fall des § 642 BGB über das bei der Vereinbarung der Vergütung angenommene Maß hinaus noch zusätzlich seine Leistung bereithalten. Insoweit steht der Entschädigungsanspruch aus § 642 BGB für diese zusätzliche Leistungsvorhaltung auch neben dem eigentlichen Vergütungsanspruch (BGH, a. a. O.).

2104

8.12.6 Kürzung bei Mitverschulden

Fällt dem Auftragnehmer im Zusammenhang mit der Verletzung einer Mitwirkungshandlung des Auftraggebers ein eigenes Verschulden zur Last, kann der Anspruch aus § 642 BGB in **entsprechender Anwendung von § 254 BGB zu kürzen** sein (OLG Hamm, Urt. v. 21.02.2002 – 21 U 23/01, BauR 2003, 1042, 1043 – Revision durch den BGH nicht angenommen: Beschl. v. 27.03.2003 – VII ZR 140/02; ebenso Staudinger/Peters/Jacoby, § 642 Rn. 13; Messerschmidt/Voit/Strickler, § 642 Rn. 49; Hoffmann, in: Beck'scher VOB-Komm., VOB/B vor § 3 Rn. 84; offen gelassen in BGH, Urt. v. 11.07.1966 – VII ZR 256/64 SFH Z 2.511 Bl. 8). Dabei wird vor allem eine Kürzung in Betracht kommen, wenn es der Auftragnehmer versäumt, seine Kosten bei einer Verletzung der Mitwirkungshandlung gering zu halten.

2105

▶ Beispiel

Der Auftragnehmer bemüht sich während des Annahmeverzuges des Auftraggebers nicht um Ersatzaufträge.

Auch bei der **Anspruchsentstehung** kann es zu einer Kürzung kommen.

2106

▶ Beispiel

Der Auftragnehmer weiß, dass es an der für die Errichtung des Bauvorhabens erforderlichen Baugenehmigung einstweilen fehlt. Das Bauvorhaben wird aus diesem Grund stillgelegt.

In Fällen wie diesen mag der Auftraggeber zwar in Annahmeverzug geraten. Ein sich daraus ergebender Entschädigungsanspruch des Auftragnehmers gemäß § 642 BGB dürfte jedoch zu kürzen sein, soweit sich der Auftragnehmer wissentlich in diese Gefahrenlage begeben, d. h. trotz Kenntnis der fehlenden Baugenehmigung mit den Arbeiten begonnen hatte (OLG Hamm, Urt. v. 21.02.2002 – 21 U 23/01, BauR 2003, 1042, 1043 – Revision durch den BGH nicht angenommen: Beschl.

v. 27.03.2003 – VII ZR 140/02; vgl. auch BGH, Urt. v. 05.02.1998 – VII ZR 170/96, BauR 1998, 397 f. = NJW-RR 1998, 738 f. zu der Mithaftung des Auftragnehmers aus dem Grund, dass er sich bei der Bauausführung nicht an die Baugenehmigung hält). Falls die beiderseitigen Verursachungsbeiträge nicht genau festgestellt werden können, kommt auch insoweit eine Schätzung gemäß § 287 ZPO in Betracht.

8.13 Rechtsfolgen bei unmöglicher Mitwirkungshandlung

2107 Die gesamten bisherigen Ausführungen zu den Rechten des Auftragnehmers, insbesondere zu den hier behandelten Schadensersatzansprüchen, standen unter der Voraussetzung, dass der Auftraggeber die Behinderung verschuldet hat. Davon zu trennen ist jedoch die Fallgestaltung, dass die vom Auftraggeber geschuldete Mitwirkungshandlung (dauerhaft) nicht (mehr) möglich ist.

> **Beispiel**
>
> Einem Hauptunternehmer wird vom Bauherrn das Baugrundstück (dauerhaft) nicht zur Verfügung gestellt. Bietet nunmehr der Subunternehmer seine Leistungen an, kann der Hauptunternehmer seiner Mitwirkungsverpflichtung (Zurverfügungstellung des Baugrundstücks) nicht nachkommen.

2108 In diesen Fällen der (dauerhaften) **Unmöglichkeit scheidet ein Annahmeverzug des Gläubigers/Auftraggebers aus**: Denn dieser setzt zwar kein Verschulden, wohl aber das Können voraus (BGH, Urt. v. 30.11.1972 – VII ZR 239/71, BGHZ 60, 14, 16 f. = NJW 1973, 318, 319; ebenso: OLG Karlsruhe, Urt. v. 25.11.2008 – 8 U 61/08, BauR 2009, 547 [Ls.]; Palandt/Grüneberg, § 293 Rn. 5; Ernst, in: Münch.Komm. z. BGB, § 293 Rn. 7; J. Hager, in: Erman, § 293 Rn. 3 – ebenso Ingenstau/Korbion/Vygen, VOB/B § 9 Abs. 1 Rn. 31, der in diesem Zusammenhang von der Erfüllbarkeit der Mitwirkungshandlung spricht; dagegen sehr zweifelhaft OLG Karlsruhe, Urt. v. 16.06.2008 – 19 U 179/06, BauR 2008, 1494 [Ls.], das in einem dem Beispielfall sehr ähnlichen Sachverhalt nicht präzise zwischen Vertretern und Unmöglichkeit trennt). Entfällt demnach ein Annahmeverzug des Auftraggebers, sind damit gleichzeitig Ansprüche des Auftragnehmers nach § 642 BGB ausgeschlossen, weil auch für diese ein Annahmeverzug erforderlich ist. Dasselbe gilt für eine Kündigung des Bauvertrages nach § 9 Abs. 1 Nr. 1 VOB/B (s. dazu Rdn. 2730). Ebenso entfallen die Rechte nach § 6 VOB/B, weil diese Vorschriften gleichfalls die Erfüllbarkeit, d. h. eine noch mögliche Leistungsverpflichtung bedingen (Ingenstau/Korbion/Döring, VOB/B § 6 Rn. 4). Stattdessen gilt in diesen Fällen, in denen der Auftragnehmer zwar leistungsbereit ist, aber nicht leisten kann, weil es an der vom Auftraggeber erforderlichen nicht (mehr) möglichen Mitwirkungshandlung fehlt:

Abwicklung des Vertrages bei nicht mehr möglicher Mitwirkungshandlung des Auftraggebers			
	Ohne Verschulden des Auftraggebers		Mit Verschulden des Auftraggebers
	Unmöglichkeit beruht in Person oder auf Handlung des Auftraggebers	Unmöglichkeit beruht auf sonstigen Umständen, die nicht auf die Person oder auf Handlung des Auftraggebers zurückgehen	
Leistungspflicht des Auftragnehmers	entfällt nach § 275 Abs. 1 BGB		
Vergütungsfolgen			
Rechtsgrundlage	§ 645 BGB analog	§ 326 Abs. 1 BGB	§ 326 Abs. 2 BGB

8.13 Rechtsfolgen bei unmöglicher Mitwirkungshandlung

Abwicklung des Vertrages bei nicht mehr möglicher Mitwirkungshandlung des Auftraggebers			
	Ohne Verschulden des Auftraggebers		Mit Verschulden des Auftraggebers
Umfang	• Vergütung für erbrachte Leistungen • Auslagenersatz für in dieser Vergütung nicht enthaltene Kosten	Anspruch auf Vergütung des Auftragnehmers erlischt	Voller Vergütungsanspruch abzüglich ersparter Aufwendungen

8.13.1 Freiwerden von Leistungspflicht

Der leistungsbereite Auftragnehmer kann wegen der unterbleibenden Mitwirkungshandlung seine Leistung objektiv, ggf. auch nur subjektiv nicht mehr erbringen. Sie ist bzw. ist ihm persönlich unmöglich. Folglich wird er nach § 275 Abs. 1 BGB von seiner Leistungsverpflichtung frei. 2109

8.13.2 Vergütungsfolgen

Ist die Mitwirkungshandlung des Auftraggebers einerseits und infolgedessen die Werkleistung des Auftragnehmers andererseits unmöglich, wodurch letzterer von seiner Leistungsverpflichtung frei wird, stellt sich für ihn mit besonderer Schärfe die Frage nach der Vergütung. Hier gilt: 2110

- Zu betrachten ist zunächst die Fallgestaltung, dass die Unmöglichkeit der Werkleistung vor der Abnahme »infolge eines Mangels des vom Besteller gelieferten Stoffes oder infolge einer von dem Besteller für die Ausführung erteilten Anweisung« eintritt. 2111

▶ Beispiel (BGH, Urt. v. 16.12.2004 – VII ZR 16/03, BauR 2005, 735 = NJW-RR 2005, 669)

Die Parteien schließen einen Vertrag zur Sanierung eines Altbaus. Nach Vertragsschluss stellt sich heraus, dass dieser nicht erhalten werden kann und abgerissen werden muss.

In Fällen wie diesen ist die vereinbarte Bauleistung unausführbar geworden, und zwar aufgrund der vom Besteller zur Verfügung zu stellenden Bausubstanz. Insoweit ergibt sich der Vergütungsanspruch des Auftragnehmers unabhängig von einem weiter gehenden Verschulden des Auftraggebers vorrangig aus § 645 Abs. 1 S. 1 BGB (Palandt/Grüneberg, § 275 Rn. 19). Hiernach erhält der Auftragnehmer **einen der geleisteten Arbeit entsprechenden Teil der Vergütung und Ersatz der nicht in der Vergütung enthaltenen Auslagen.** Dabei orientiert sich die genaue Berechnung des Anspruchs aus § 645 Abs. 1 BGB an den Grundsätzen, die die Rechtsprechung für den Anspruch auf Vergütung der erbrachten Leistungen nach einem gekündigten Werkvertrag entwickelt hat (BGH, Urt. v. 11.02.1999 – VII ZR 91/98, BauR 1999, 632, 633 = NJW 1999, 2036). Die Vorschrift des § 645 BGB kann im Übrigen analog auf Fälle angewendet werden, bei denen die Unmöglichkeit der Leistungserbringung auf die Person oder auf Handlungen des Bestellers in allgemeiner Art zurückgeht, ohne dass den Besteller hieran ein Verschulden trifft. Dies gilt auch bei einem VOB-Vertrag (BGH, Urt. v. 21.08.1997 – VII ZR 17/96, BGHZ 136, 303, 308 = BauR 1997, 1019, 1021 = NJW 1997, 3018, 3019; BGH, Urt. v. 16.10.1997 – VII ZR 64/96, BGHZ 137, 35, 38 = BauR 1997, 1021, 1023 = NJW 1998, 456, 457).

▶ Beispiel (ähnlich OLG München, Urt. v. 09.11.1990 – 23 U 4090/90, BauR 1992, 74, 75 ff. = NJW-RR 1992, 348 f.)

Erneut soll auf vorgenannten Beispielfall (Rdn. 2107) zurückgegriffen werden, in dem der Hauptunternehmer dem Subunternehmer nicht das Baugrundstück übergibt, weil er es selbst nicht erhält. Eine direkte Anwendung von § 645 BGB scheidet aus, da die Unausführbarkeit des Bauwerkes nicht auf einem Mangel des von dem Auftraggeber (Hauptunternehmer) gelieferten Stoffes oder auf seiner Anweisung beruht. Zwar könnte man das Baugrundstück noch als »Stoff« im Sinne des § 645 BGB ansehen, da dieser Begriff weit auszulegen ist. Bei Nicht-Übergabe des Baugrundstücks liegt jedoch kein Mangel dieses »Stoffes« vor. Die Nichtausführung beruht vielmehr darauf, dass das Baugrundstück überhaupt nicht zur Verfügung gestellt wird. Insoweit ist jedoch eine analoge Anwendung des § 645 Abs. 1 BGB geboten (s. dazu auch ausführlich Rdn. 2740 ff.).

2112 Ebenso kann § 645 BGB entsprechend angewandt werden, wenn nur **Teile einer einheitlichen Leistung unmöglich** werden.

▶ Beispiel

Ausgeschrieben ist mit einem Einheitspreis die Demontage einer asbestverseuchten Wandverkleidung. Später stellt sich heraus, dass diese Wand nur in ganz wenigen Teilen asbesthaltig ist. Der Auftragnehmer verlangt gleichwohl den vollen Einheitspreis.

Dies ist falsch. Denn die Leistung hat der Auftragnehmer so, wie sie ausgeschrieben war, nicht erbracht. Vielmehr ist sie hinsichtlich ihrer Leistungserschwerung gar nicht angefallen. Falls die Parteien dazu nichts anderes vereinbart haben, gilt dann für den Vergütungsanspruch des Auftragnehmers insoweit erneut § 645 Abs. 1 S. 1 BGB. Er verdrängt wie vorstehend schon erläutert als Sonderbestimmung die allgemeinen Unmöglichkeitsregeln. Dies gilt auch in Fällen wie diesen, bei denen die Kalkulation des Einheitspreises auf einem vertraglich vorausgesetzten **Leistungserschwernis beruht, das tatsächlich aber nicht vorliegt** (OLG Rostock, Urt. v. 13.09.2007 – 7 U 128/05, NZBau 2008, 116, 117 = NJW-RR 2008, 403, 404). Konkret heißt das, dass der Auftragnehmer einen der geleisteten Arbeit entsprechenden Teil der Vergütung sowie Ersatz der in der Vergütung nicht inbegriffenen Auslagen verlangen kann, weil das Werk infolge der Eigenschaften des vom Auftraggeber »gelieferten« Bauwerks (teilweise) unausführbar geworden ist. Danach ist die dem Auftragnehmer zustehende Vergütung nach dem Verhältnis zu bemessen, in dem der Aufwand für die tatsächlich erbrachte Leistung zu dem – hypothetischen – Aufwand für die Gesamtleistung steht. Etwaige Vorbereitungszeiten sind einzubeziehen. Es kommt also darauf an, welchen Anteil des für den Abbruch der asbestverseuchten Wandverkleidung erforderlichen Aufwandes der Auftragnehmer unter Berücksichtigung seiner Kalkulation erbringen musste, um die tatsächlich vorhandene Wandverkleidung ohne Asbestbelastung unter Berücksichtigung eines sonstigen Mehraufwandes abzubrechen (OLG Rostock, a. a.O).

2113 • Erlischt die Verpflichtung zur Bauleistung des Auftragnehmers aufgrund von Umständen, die keine Partei zu vertreten hat und die weder auf die Person noch auf eine Handlung des Bestellers zurückgehen, ist § 645 BGB nicht – auch nicht analog – anwendbar.

▶ **Beispiel (BGH, Urt. v. 06.11.1980 – VII ZR 47/80, BGHZ 78, 352 = BauR 1981, 71 = NJW 1981, 391)**

Das Bauvorhaben geht aufgrund eines nicht verschuldeten Brandes unter.

In diesen Fällen verbleibt es bei den allgemeinen Regelungen des Unmöglichkeitsrechts, d. h.: Der Anspruch des Auftragnehmers auf Gegenleistung erlischt (§ 326 Abs. 1 BGB), der Auftraggeber kann vom Vertrag zurücktreten, ohne dass es einer besonderen Fristsetzung bedarf (§§ 326 Abs. 5, 323 BGB).

2114 • Ist der **Auftraggeber hingegen für die Unmöglichkeit der Leistungsausführung verantwortlich**, hat er sie insbesondere wegen einer schuldhaften Verletzung seiner Mitwirkungspflichten zu vertreten, so behält der Auftragnehmer seinen **Vergütungsanspruch**, wobei hier der Nettobetrag anzusetzen ist (so wohl BGH, Urt. v. 08.11.2007 – VII ZR 183/05, BauR 2008, 344, 350 f. = NJW 2008, 511, 515). Er muss sich jedoch dasjenige anrechnen lassen, was er infolge der Befreiung von der Leistung erspart oder durch anderweitige Verwendung seiner Arbeitskraft erwirbt oder zu erwerben böswillig unterlässt (§ 326 Abs. 2 BGB). Ein Rücktritt vom Vertrag ist für den Auftraggeber in diesem Fall ausgeschlossen (§§ 326 Abs. 5, 323 Abs. 6 BGB).

8.13.3 Sonderfall: Rechtsfolgen bei nicht erteilter Baugenehmigung

Einer gesonderten Betrachtung unter dem Gesichtspunkt der Unmöglichkeit bedarf es, wenn die Baugenehmigung auf sich warten lässt. Hier ist zu unterscheiden: 2115

- **Behinderung im Sinne des § 6 VOB/B**
  Die Nichterteilung der Baugenehmigung stammt in der Regel aus der **Risikosphäre des Auftraggebers** (BGH, Urt. v. 21.03.1974 – VII ZR 139/71, BauR 1974, 274, 276 = NJW 1974, 1080; BGH, Urt. v. 15.01.1976 – VII ZR 52/74, BauR 1976, 128, 129; Ingenstau/Korbion/Oppler, VOB/B, § 4 Abs. 1 Rn. 17). Daher verlängern sich zunächst bei einer ordnungsgemäßen Anzeige etwa vereinbarte Ausführungsfristen (§ 6 Abs. 2 Nr. 1 lit. a) VOB/B). Dies gilt zumindest so lange, wie die Baugenehmigung noch erteilt werden kann: Denn bis dahin ist die Mitwirkungshandlung als möglich anzusehen (so etwa OLG Hamm, Urt. v. 21.02.2002 – 21 U 23/01, BauR 2003, 1042, 1043 – Revision nicht angenommen: BGH, Beschl. v. 27.03.2003 – VII ZR 140/02; ebenso OLG Naumburg, Urt. v. 14.09.1999 – 1 U 78/99 [auszugsweise IBR 2000, 532]; in diesem Sinne auch zu verstehen: Ingenstau/Korbion/Oppler, VOB/B, § 4 Abs. 1 Rn. 36, der bei einer Versagung der Baugenehmigung von einer nachträglichen Unmöglichkeit spricht; ebenso Hofmann, in: Beck'scher VOB/B-Komm., § 4 Nr. 1 Rn. 72.; wohl auch: BGH, Urt. v. 20.06.1962 – V ZR 219/60, BGHZ 37, 233, 235 = NJW 1962, 1715, 1716 – a. A. offenbar OLG München, Urt. v. 14.02.1978 – 9 U 2388/77, BauR 1980, 274). Eine Behinderung ist außerdem anzunehmen, wenn der Auftraggeber nicht der Grundstückseigentümer ist und z. B. eine Baugenehmigung überhaupt nicht beantragen kann. In diesem Fall ist es immerhin seine Pflicht, den eigentlich berechtigten Dritten zur Beantragung der Genehmigung zu veranlassen. 2116

Von der Terminverschiebung zu unterscheiden ist die Frage, ob der Auftraggeber nach § 6 Abs. 6 VOB/B bei einer **nicht erteilten Baugenehmigung schadensersatzpflichtig** ist. Anders als bei der Verlängerung der Ausführungsfristen kommt es hier darauf an, dass er die Terminverschiebung im Sinne des § 276 BGB zu vertreten hat (s. o. Rdn. 1979 ff.), d. h., dass ihm Vorsatz oder Fahrlässigkeit in Bezug auf die Nichterteilung der Baugenehmigung zur Last fällt. Hierzu gilt: 2117

- § 4 Abs. 1 Nr. 1 S. 2 VOB/B beschreibt nur die Vertragspflicht des Auftraggebers, sich um die Baugenehmigung rechtzeitig zu bemühen und ggf. mit Rechtsmitteln zu erstreiten. Selbstverständlich muss der Auftraggeber **ohne eine gesonderte Vereinbarung nicht für deren Erteilung einstehen**. Eine Haftung nach § 6 Abs. 6 VOB/B kommt daher von vornherein nur in Betracht, wenn es der Auftraggeber **unterlassen hat, die Baugenehmigung rechtzeitig zu beantragen**. Sieht er demgegenüber insgesamt davon ab, eine Baugenehmigung zu beantragen und wird deswegen das Bauvorhaben nicht durchgeführt, ergeben sich keine Besonderheiten: Wäre die Mitwirkungshandlung (Einholung der Baugenehmigung) möglich, stehen dem Auftragnehmer alle Rechte aus der schuldhaften Verletzung der Mitwirkungshandlung des Auftraggebers zu (Rdn. 1885 ff.). Insbesondere kann er in diesen Fällen unter Einhaltung der entsprechenden Voraussetzungen den Bauvertrag nach § 9 Abs. 1 Nr. 1 VOB/B kündigen und neben dem Entschädigungsanspruch aus § 642 BGB die volle Vergütung (abzüglich ersparter Aufwendungen) verlangen (OLG Naumburg, Urt. v. 14.09.1999 – 1 U 78/99, IBR 2000, 532 – s. auch Rdn. 2747 ff.). 2118

- Ein möglicher Schaden des Auftragnehmers muss sodann aber auch tatsächlich auf der nicht erteilten Baugenehmigung beruhen. Demnach scheidet ein Schadensersatzanspruch gemäß § 6 Abs. 6 VOB/B aus, wenn der Auftragnehmer selbst bei rechtzeitiger Erteilung der Baugenehmigung nicht anders, vor allem schneller hätte arbeiten können (BGH, Urt. v. 15.01.1976 – VII ZR 52/74, BauR 1976, 128, 129). 2119

- **Weiterer Schadensersatz**
  Die Nichtwahrnehmung der vorgenannten Mitwirkungspflichten aus § 4 Abs. 1 VOB/B kann bei dem Auftragnehmer Schäden verursachen, die nicht unmittelbar auf der Behinderung oder Unterbrechung der Ausführung beruhen. In diesem Fall kann die schuldhafte Verletzung der in § 4 Abs. 1 VOB/B geregelten Pflichten, vor allem der Koordinierungspflichten, **zu Schadensersatzansprüchen des Auftragnehmers gegen den Auftraggeber aus § 280 Abs. 1 BGB** (ehemals 2120

positive Vertragsverletzung) führen (OLG Köln, Urt. v. 04.02.1994 – 19 U 162/93, BauR 1995, 243 = NJW-RR 1995, 19, 20).

- **Rechtsfolgen bei dauerhaft nicht erteilter Baugenehmigung**

2121 Wird eine Baugenehmigung voraussichtlich dauerhaft nicht erteilt und wurde sie bisher nicht endgültig versagt, kann der Auftragnehmer **den Bauvertrag kündigen**. Kündigungsgrund ist entweder § 6 Abs. 7 VOB/B (OLG Frankfurt, 21.10.1997 – 8 U 129/97, BauR 1999, 774, 775) oder § 9 Abs. 1 Nr. 1 VOB/B. Im zweiten Fall steht dem Auftragnehmer neben dem Recht auf Teilvergütung für die bereits erbrachten Leistungen nach § 9 Abs. 3 VOB/B auch der Entschädigungsanspruch gemäß § 642 BGB zu. Auf ein Verschulden des Auftragnehmers an der Verzögerung bei der Erteilung der Baugenehmigung kommt es insoweit – da es um eine Folge des Annahmeverzuges geht, der kein Verschulden voraussetzt – nicht an.

2122 Etwas anderes gilt, wenn die **Baugenehmigung endgültig** versagt wird. In diesem Fall kommt es zu einer **nachträglichen Unmöglichkeit der** Bauleistung (BGH, Urt. v. 07.10.1977 – V ZR 131/75, NJW 1978, 1262, 1263 – so auch zu verstehen OLG Hamm, Urt. v. 21.02.2002 – 21 U 23/01, BauR 2003, 1042, 1043 – Revision nicht angenommen: BGH, Beschl. v. 27.03.2003 – VII ZR 140/02; ebenso Hofmann, in: Beck'scher VOB/B-Komm., § 4 Nr. 1 Rn. 72; Ingenstau/Korbion/Oppler, VOB/B, § 4 Abs. 1 Rn. 36). § 9 VOB/B findet infolgedessen keine Anwendung (siehe Rdn. 2730 ff.). Stattdessen wird der Auftragnehmer von seiner Leistungspflicht nach § 275 BGB frei (s. Rdn. 2753). Der Anspruch auf Gegenleistung richtet sich sodann zumeist nach § 645 Abs. 1 S. 1 BGB analog. Auf Einzelheiten dazu soll im Kapitel 11 eingegangen werden, das sich gesondert der Kündigung des Bauvertrages und den Folgen der vorzeitigen Beendigung widmet (s. zu dem gesonderten Problem der endgültig nicht erteilten Baugenehmigung: Rdn. 2747 ff.).

8.14 Mehrkostenanspruch des Auftragnehmers bei Behinderungen in einem BGB-Vertrag

2123 Bei einem BGB-Werkvertrag sind die Rechte des Auftragnehmers auf Erstattung von Mehrkosten bei Weitem nicht so detailliert geregelt wie bei einem VOB-Vertrag (s. zu dem Recht des Auftragnehmers, bei Behinderungen einen Vertrag zu beenden: Rdn. 2784 ff.). Stattdessen kann nur auf allgemeine Regelungen zurückgegriffen werden, d. h. vor allem auf einen Entschädigungsanspruch bzw. einen Mehrkostenerstattungsanspruch aus § 304 BGB sowie hilfsweise auf die allgemeinen Rechte aus Schuldnerverzug.

2124

Rechtsgrundlage	§ 642 BGB
Voraussetzungen	Verletzung einer erforderlichen Mitwirkungshandlung des Auftraggebers, aufgrund derer der Auftragnehmer seine Werkleistung nicht erbringen kann
Inhalt und Umfang des Anspruchs	Entschädigungsanspruch des Auftragnehmers als Gegenleistung für seine nutzlose Vorhaltung von Arbeitskraft, Kapital und Durchkreuzung seiner zeitlichen Disposition auf der Grundlage der Urkalkulation, abhängig von (1) Höhe der vereinbarten Vergütung (2) Dauer des Verzugs (3) Ausgleich für entgangene Erwerbschancen – kein Ersatz von Wagnis und Gewinn

8.14 Mehrkostenanspruch des Auftragnehmers bei Behinderungen in einem BGB-Vertrag

Rechtsgrundlage	§ 642 BGB
Weitere Ansprüche	(1) Schadensersatz aus Schuldnerverzug, wenn es sich bei der unterlassenen Mitwirkungshandlung um Nebenpflicht des Bauvertrages handelt – bei BGB-Verträgen sehr problematisch, da zahlreiche Mitwirkungshandlungen nur Obliegenheiten darstellen (2) Schadensersatzanspruch aus § 280 Abs. 1 BGB, wenn Auftraggeber wegen Verletzung von Mitwirkungshandlungen ernsthaft den Vertragszweck gefährdet (3) Mehrkostenerstattungsanspruch aus § 304 BGB – tritt in der Regel vom Umfang hinter § 642 BGB zurück

8.14.1 Entschädigung nach § 642 BGB

Soweit der Auftraggeber eine für die Baudurchführung notwendige Mitwirkungshandlung unterlässt und der Auftragnehmer deswegen behindert ist, besteht zunächst der Entschädigungsanspruch nach § 642 BGB. Insoweit gilt hier nichts anderes als zuvor zu § 642 BGB im Anwendungsbereich eines VOB-Vertrages beschrieben – mit einer Ausnahme: Dem Auftragnehmer steht auch dann eine Entschädigung zu, wenn er die **Behinderung nicht angezeigt** hat. Denn diese Beschränkung ergibt sich lediglich aus § 6 Abs. 6 S. 2 VOB/B, der im BGB-Werkvertragsrecht nicht gilt.

2125

8.14.2 Schuldnerverzug

Bei einem BGB-Vertrag besteht vielfach das Problem, dass nicht alle Mitwirkungshandlungen, die der Auftraggeber zu erbringen hat, Nebenpflichten sind. Teilweise stellen sie nur **Obliegenheiten** dar, deren Verletzung zwar für den Auftraggeber Nachteile mit sich bringen, aufgrund derer er aber nicht in Schuldnerverzug geraten kann. Dies ist im Einzelfall zu prüfen und letztlich nur eindeutig, wenn dies im Vertrag so geregelt ist (s. o. Rdn. 1072 ff.; s. dazu auch Leupertz, BauR 2010, 1999, 2000). Ohne eine solche Regelung wird man allenfalls von einer **Vertragspflicht** ausgehen können, wenn es um **bedeutende Mitwirkungshandlungen** geht, die die Parteien auch ohne Vereinbarung hierzu schon von der Sache her konkludent als Nebenpflicht angesehen haben (s. dazu im Einzelnen oben Rdn. 1076 ff.). Bedeutende Mitwirkungspflichten können danach z. B. die Übergabe des Baugrundstücks oder die Zurverfügungstellung der Baupläne darstellen.

2126

Liegt eine Nebenpflicht vor, kann der Auftragnehmer bei Verzug des Auftraggebers ihm entstehende Mehrkosten als Verzugsschaden nach §§ 280 Abs. 1, 2 i. V. m. 286 BGB ersetzt verlangen. Handelt es sich jedoch nur um eine reine Obliegenheit, entfällt naturgemäß ein Schadensersatz aus Schuldnerverzug (BGH, Urt. v. 23.01.1996 – X ZR 105/93, NJW 1996, 1745, 1746; Ernst, in: Münch-Komm. z. BGB, § 280 Rn. 131 ff.). Dies heißt jedoch nicht, dass der Auftraggeber bei dem Ausbleiben solcher Mitwirkungshandlungen überhaupt keinem Schadensersatzanspruch ausgesetzt wäre. Denn die Vernachlässigung von Mitwirkungshandlungen kann bei einer gewissen Schwere ausnahmsweise auch die allgemeine Pflicht eines Vertragspartners verletzen, den Vertragszweck in dem erforderlichen Umfang zu fördern. Somit kann der Auftragnehmer je nach Schwere der Verletzung einer Mitwirkungshandlung, die allein noch keine Nebenpflicht darstellt, Ersatz der ihm entstehenden Zusatzkosten wegen **Verletzung der allgemeinen Vertragsförderungspflicht** verlangen (s. dazu auch Rdn. 2808 ff.). Der Anspruch folgt dabei jedoch nicht aus einem Schuldnerverzug wegen der Verletzung von Nebenpflichten, sondern aus § 280 Abs. 1 BGB wegen der Verletzung der allgemeinen Leistungstreuepflicht (BGH, Urt. v. 13.11.1953 – I ZR 140/52, BGHZ 11, 80, 84 noch zum alten Recht, hier zum Schadensersatz aus positiver Vertragsverletzung; Palandt/Grüneberg, § 242 Rn. 27 ff.).

2127

8.14.3 Mehrkostenerstattungsanspruch nach § 304 BGB

2128 Kommt der Auftraggeber einer gebotenen Mitwirkungshandlung nicht nach und bietet der Auftragnehmer seine Leistung gleichwohl an, gerät der Auftraggeber in Annahmeverzug (§§ 293 ff. BGB – s. dazu näher oben Rdn. 2088 ff.). Aus diesem Grund steht dem Auftragnehmer nach § 304 BGB ein Anspruch auf Ersatz der ihm insoweit entstehenden erforderlichen Mehraufwendungen zu, die ihm für das erfolglose Angebot sowie für **die Aufbewahrung und Erhaltung des geschuldeten Gegenstandes** entstanden sind. Gemeint sind damit Kosten für eine wiederholte Anfahrt zur Baustelle, Transport- oder Lagerkosten, oder auch Kosten zum Schutz der schon erbrachten Bauleistung, und zwar auf der Basis der Ist-Kosten (Erman/Hager, § 304 Rn. 2). **Nicht abgedeckt** sind hingegen z. B. **Vorhaltekosten** für Personal, Gerät oder Material. Denn hierbei handelt es sich nicht um den geschuldeten Gegenstand; geschuldet ist stattdessen nur die Werkleistung. Letztere Kosten fallen vielmehr unter § 642 BGB. Mit dieser Maßgabe hat der Aufwendungsersatzanspruch nach § 304 BGB in der Praxis kaum eine Bedeutung, weil der speziellere Entschädigungsanspruch aus § 642 BGB in Anlehnung an die vereinbarte Vergütung in der Summe zumeist über den reinen Aufwendungsersatzanspruch nach § 304 BGB hinausgeht (Palandt/Sprau, § 642 Rn. 5; Koeble/Kniffka, 8. Teil, Rn. 33).

8.15 Zusammenfassung in Leitsätzen

2129
1. Die Bauzeit ist für Auftraggeber und Auftragnehmer von entscheidender Bedeutung. Für den Auftraggeber steht in der Regel die von ihm zu einem bestimmten Zeitpunkt fest eingeplante Nutzung im Vordergrund, wobei darauf dann auch seine Finanzierung aufbaut. Für den Auftragnehmer hängt von der Einhaltung der Bauzeit seine Kalkulation ab, und zwar sowohl hinsichtlich der Dauer der Baustelle als auch hinsichtlich der Anfangs- und Endtermine. Aus diesem Grunde sind beide Parteien gut beraten, sich frühzeitig zu der Bauzeit (z. B. durch Aufstellung eines Bauzeitenplans) ausdrücklich zu verständigen.
2. Im BGB gibt es praktisch keine Sonderregelungen zur Bauzeit. Vielmehr müssen die Parteien hier im Wesentlichen auf das allgemeine Schuldrecht zurückgreifen. Anders ist dies bei VOB-Verträgen: Die VOB/B regelt sowohl Einzelheiten zur Bauzeit, zu Behinderungen als auch zu den Rechtsfolgen bei Störungen des Bauablaufs. Teilweise ist es möglich, diese Detailregelungen aus dem Grundsatz von Treu und Glauben oder im Wege der ergänzenden Vertragsauslegung auch bei BGB-Werkverträgen entsprechend heranzuziehen.
3. Geht es um die Bauzeit, ist in erster Linie zu fragen, ob die Parteien konkrete Vereinbarungen zu Ausführungsfristen getroffen haben. Möglich sind hier feste Termine und Fristen (Vertragsfristen), bei deren Ablauf der Auftragnehmer ohne weitere Mahnung in Verzug gerät. Zu beachten ist, dass es sich nicht bei jedem Einzeltermin eines Bauzeitenplans bereits um eine Vertragsfrist handelt; vielmehr liegt eine solche nur vor, wenn sie ausdrücklich als Vertragsfrist vereinbart ist oder sich eine solche aus den Umständen ergibt.
4. Wurden keine festen Termine vereinbart, hat der Auftragnehmer eines BGB-Werkvertrages mit den Leistungen unverzüglich nach Vertragsschluss zu beginnen. Als vereinbarte Bauzeit gilt dann der Zeitraum, der für die zügige Herstellung der Bauleistung notwendig ist. Insoweit kann der Auftragnehmer sowohl in Bezug auf den Baubeginn als auch hinsichtlich des Fertigstellungstermins jeweils nach einer Mahnung in Verzug geraten. Bei einem VOB-Vertrag hat der Auftragnehmer binnen 12 Werktagen nach Aufforderung zu beginnen. Hier tritt Verzug bereits mit Ablauf der 12-Werktage-Frist ein, ohne dass es einer weiteren Mahnung bedarf. Soweit ein solcher Leistungsabruf vereinbart ist, ist der Auftraggeber nicht nur zu einem solchen berechtigt, sondern innerhalb eines überschaubaren Zeitraums auch verpflichtet.
5. Bei einem VOB-Vertrag besteht neben der Pflicht zum rechtzeitigen Beginn der Bauleistungen und zu deren Fertigstellung zum vereinbarten Termin außerdem die Pflicht des Auftragnehmers, die Baustelle angemessen zu fördern.
6. Zur Sicherung der Vertragsfristen können Bauverträge Vertragsstrafenregelungen vorsehen. Sie sind in AGB nur wirksam, wenn sie verschuldensabhängig vereinbart sind, die Höhe der

Vertragsstrafe im Tagessatz auf maximal 0,3 % je Werktag und insgesamt auf 5 % der Auftragssumme begrenzt ist. Werden Vertragsstrafen für Zwischentermine vorgesehen, sind sie in Bezug auf ihre Höhe nur anteilig in Bezug auf die zum Zwischentermin geschuldete Bausumme zu bemessen.

7. Die Leistung ist unter dem Gesichtspunkt einer vereinbarten Bauzeit fertig, wenn sie abnahmereif erstellt wurde. Eine vollständige mangelfreie Fertigstellung ist nicht notwendig.
8. Vor der Prüfung etwaiger Sanktionen wegen Fristüberschreitungen u. a. ist vorrangig zu prüfen, ob sich die Ausführungsfristen verlängert haben. Dies kommt sowohl beim VOB- als auch beim BGB-Werkvertrag in Betracht, wenn Fälle höherer Gewalt, für den Auftragnehmer unanwendbare Umstände oder sonstige Umstände aus dem Risikobereich des Auftraggebers die Einhaltung der zunächst vereinbarten Frist ausschließen. Auf ein Verschulden des Auftraggebers kommt es insoweit nicht an. Allerdings muss der Auftragnehmer eines VOB-Vertrages zuvor eine Behinderung angezeigt haben, soweit diese nicht offenkundig ist. Abhängig von der Dauer und der Anzahl von Behinderungen können ggf. ein vereinbarter Fertigstellungstermin oder auch ein Vertragsstrafenversprechen entfallen.
9. Überschreitet der Auftragnehmer schuldhaft die vereinbarten Fristen, hat er bei einem BGB-Vertrag dem Auftraggeber den entstandenen Verzögerungsschaden zu ersetzen. Darüber hinaus kann der Auftraggeber nach einer Nachfrist vom Vertrag zurücktreten oder Schadensersatz statt der Leistung verlangen. Diese Rechte stehen dem Auftraggeber vor dem vereinbarten Fertigstellungstermin aber nur zu, wenn offensichtlich ist, dass der Auftragnehmer die Vertragsfristen nicht einhalten wird.
10. Bei einem VOB-Vertrag hat der Auftraggeber zunächst einen Anspruch gegen den Auftragnehmer auf Einhaltung des vereinbarten Ausführungsbeginns, einer angemessenen Förderung der Baustelle sowie schließlich der fristgerechten Fertigstellung. Kommt der Auftragnehmer diesen Pflichten nicht nach und hat er dies zu vertreten, hat der Auftraggeber einen Schadensersatzanspruch hinsichtlich etwaiger Verzögerungsschäden. Entgangenen Gewinn kann er aber nur verlangen, wenn dem Auftragnehmer Vorsatz oder grobe Fahrlässigkeit zur Last fällt. Beruht die Bauverzögerung auf einer mangelhaften Bauleistung, kann der Auftraggeber diese Beschränkung umgehen. Neben einem Schadensersatzanspruch kann der Auftraggeber den Bauvertrag schriftlich kündigen, wenn er zuvor eine angemessene Frist zur Einhaltung der Vertragstermine bzw. zur Förderung der Baustelle gesetzt hat, diese Frist fruchtlos verstrichen und er zuvor die Kündigung angedroht hat. Auch eine Teilkündigung ist möglich. Anschließend kann der Auftraggeber die Bauleistung auf Kosten des Auftragnehmers durch Dritte fertigstellen lassen und im Übrigen Schadensersatz wegen Nichterfüllung verlangen.
11. Sowohl beim BGB- als auch beim VOB-Vertrag kann der Auftraggeber gesondert vom Auftragnehmer bei schuldhaft überschrittenen Vertragsfristen eine Vertragsstrafe ziehen, soweit eine solche wirksam vereinbart ist. Eine solche muss bei Abnahme aber vorbehalten sein. Dieser Vorbehalt kann abhängig von den vertraglichen Vereinbarungen zumindest nach der Rechtsprechung bis zur Schlusszahlung hinausgezögert werden. Eine verwirkte Vertragsstrafe ist auf einen Schadensersatz anzurechnen, wobei Letzterer durchaus über den Umfang einer Vertragsstrafe hinausgehen kann.
12. Ein Auftragnehmer kann infolge der Verletzung von Mitwirkungshandlungen des Auftraggebers an der Bauausführung behindert sein. Hierdurch kann es zunächst – soweit er dies anzeigt – zu einer Verlängerung der Bauzeit kommen.
13. Geht es um Mehrkosten einer Behinderung, kann der Auftragnehmer hierfür in der Regel einen Ausgleich verlangen. Allerdings ist bei den zugrunde liegenden Ansprüchen jeweils zu unterscheiden, ob der Auftragnehmer einen Mehrvergütungsanspruch wegen zusätzlicher/geänderter Leistungen oder einen Schadensersatzanspruch wegen einer Pflichtverletzung des Auftraggebers geltend macht. Diese Ansprüche dürfen nicht miteinander vermengt werden.

14. Geht es um Mehrvergütungsansprüche, bestehen diese nur, wenn die Mehrkosten auf eine vom Auftraggeber angeordnete Leistungsänderung zurückgehen. Anordnungen Dritter genügen nicht, wenn der Auftraggeber sich diese nicht zueigen gemacht hat. Auch bloße Leistungserschwernisse führen in der Regel nicht zu einem vertraglichen Mehrvergütungsanspruch.
15. Neben einem Mehrvergütungsanspruch steht dem Auftragnehmer eines VOB-Vertrages bei vom Auftraggeber zu vertretenden Behinderungen ein Schadensersatzanspruch zu. Eine solche Behinderung muss der Auftragnehmer aber vorab angezeigt haben. Er hat ferner sämtliche Voraussetzungen eines solchen Schadensersatzanspruches konkret unter Bezugnahme auf jede einzelne Störungsursache und die dadurch vermeintlich entstandene Bauablaufverzögerung darzulegen und ggf. zu beweisen. Eine Zusammenfassung von verschiedenen Störungsursachen ist nicht möglich. Eine Darlegungserleichterung mithilfe von Schätzwerten u. a. kommt ihm hier nicht zugute. Eine solche kann nur hinsichtlich der Schadenshöhe erfolgen, wenn die Voraussetzungen eines Schadensersatzanspruches festgestellt sind. Allerdings muss der Auftragnehmer auch insoweit seinen diesbezüglichen Schaden zunächst konkret berechnen. Abstrakte Berechnungsmethoden scheiden aus. Ersatzfähig ist danach bei einem VOB-Vertrag der gesamte Behinderungsschaden, ein entgangener Gewinn jedoch nur bei Vorsatz und grober Fahrlässigkeit. Umsatzsteuer kann hinsichtlich dieses Schadensersatzanspruches nicht geltend werden. Soweit ein Schadensersatzanspruch besteht, kann der Auftragnehmer darauf Abschläge verlangen.
16. Neben dem Schadensersatzanspruch kommt im Rahmen von Behinderungen auch bei einem VOB-Vertrag ein Entschädigungsanspruch nach § 642 BGB in Betracht. Dieser setzt gleichfalls eine Behinderungsanzeige voraus. Er steht dem Auftragnehmer vor allem bei Behinderungen zu, wenn der Auftraggeber bzgl. einer gebotenen Mitwirkungshandlung ggf. sogar verschuldensunabhängig in Annahmeverzug gerät. Bedeutung gewinnt dieser Anspruch u. a. in den sog. Vorunternehmerfällen, wenn dem Nachfolgeunternehmer Mehrkosten alleine deswegen entstehen, weil der Vorunternehmer nicht rechtzeitig fertig geworden ist. Die Höhe des Entschädigungsanspruchs bemisst sich zum einen anhand des Verzugs des Auftraggebers sowie der vereinbarten Vergütung, zum anderen danach, was der Unternehmer infolge des Verzugs an Aufwendungen erspart oder durch anderweitige Verwendung seiner Arbeitskraft ersparen kann. Ein Anspruch auf Ersatz des entgangenen Gewinns entfällt. Allerdings erhöht sich eine zu zahlende Entschädigung um die Umsatzsteuer.
17. Alle vorgenannten Rechte des Auftragnehmers, vor allem die aus Behinderung, setzen einheitlich voraus, dass die Mitwirkungshandlung des Auftraggebers noch möglich ist. Ist sie unmöglich (geworden), gelten diese Rechte nicht mehr. Stattdessen wird der Auftragnehmer von seiner Leistungsverpflichtung frei. Er hat nunmehr abhängig davon, ob der Auftraggeber die Unmöglichkeit zu vertreten hat, ggf. noch Anspruch auf Bezahlung seiner Vergütung oder zumindest Teilen davon.
18. Im BGB-Werkvertragsrecht steht dem Auftragnehmer zur Erstattung von Mehrkosten bei Behinderungen wie im VOB-Vertrag ggf. ein Entschädigungsanspruch zu. Weitergehende Schadensersatzansprüche sind hingegen vielfach ausgeschlossen, weil es sich bei den Mitwirkungshandlungen des Auftraggebers im BGB-Vertragsrecht zumeist nicht um Vertragspflichten handelt, sondern nur um Obliegenheiten.

9 Die Vergütung des Bauunternehmers/Nachträge und Vergütungsänderungen

Übersicht

	Rdn.
9.1 Allgemeine Grundsätze	2131
9.1.1 Schuldner der Vergütung	2132
9.1.2 Vergütung bei unklarer Vergütungsvereinbarung	2133
9.1.3 Umsatzsteuer	2140
9.2 Die Bauvertragstypen nach den verschiedenen Vergütungsarten	2143
9.2.1 Festpreisvertrag	2145
9.2.2 Preisgleitklauseln	2147
9.2.3 Der Einheitspreisvertrag	2150
9.2.4 Der Pauschalvertrag	2154
9.2.5 Der Stundenlohnvertrag	2158
9.2.6 Der Selbstkostenerstattungsvertrag	2164
9.2.7 Abgrenzung von Einheitspreisvertrag und Pauschalvertrag	2168
9.3 Berechnung des Vergütungsanspruches/Mengengarantie	2171
9.4 Nachträge und Preisänderungsmöglichkeiten nach der VOB/B (§ 2 Abs. 3–10 VOB/B) – Überblick	2180
9.5 Die Änderung des Einheitspreises nach § 2 Abs. 3 VOB/B	2184
9.5.1 Preisänderungen bei Mehr- und Mindermengen bei gleichem Leistungsziel	2185
9.5.2 Ergänzende Preisanpassung vor allem bei Mengensteigerungen	2194
9.5.2.1 Sittenwidrig überhöhter Einheitspreis	2195
9.5.2.2 Weitere Anpassung über Wegfall der Geschäftsgrundlage	2197
9.5.3 Vertraglicher Ausschluss/Geltung bei Pauschalverträgen	2201
9.5.4 Rechtslage beim BGB-Werkvertrag	2204
9.6 Die Preisänderung gemäß § 2 Abs. 4 VOB/B	2206
9.6.1 Preisanpassung bei der Selbstübernahme von Leistungen gemäß § 2 Abs. 4 VOB/B	2207
9.6.2 Rechtslage beim BGB-Werkvertrag	2211
9.7 Die Preisänderung gemäß § 2 Abs. 5 VOB/B bei Leistungsänderungen	2212
9.7.1 Voraussetzungen des Mehrvergütungsanspruchs nach § 2 Abs. 5 VOB/B	2217
9.7.1.1 Ausgangslage: vertraglich vereinbarte Leistung	2218
9.7.1.2 Änderung des Bauentwurfs oder andere Anordnung des Auftraggebers	2224
9.7.1.3 Hierdurch: Änderung der Preisgrundlage	2258
9.7.1.4 Ankündigungserfordernis für Mehrvergütungsanspruch nach § 2 Abs. 5 VOB/B?	2261
9.7.1.5 Abgrenzung zu anderen Mehrvergütungsansprüchen	2263
9.7.2 Vergütungsanpassung unter Berücksichtigung der Mehr- und Minderkosten (§ 2 Abs. 5 VOB/B)	2272
9.7.2.1 Berechnung der Nachtragsvergütung in Anlehnung an den Vertragspreis	2273
9.7.2.2 Rechtliche Wirksamkeit von § 2 Abs. 5 VOB/B und ortsüblicher Preis	2278
9.7.2.3 Preisanpassung aus anderen Gründen: Sittenwidriger Preis oder Wegfall der Geschäftsgrundlage	2282
9.7.3 Rechtslage beim BGB-Vertrag	2285
9.8 Die Preisänderung gemäß § 2 Abs. 6 VOB/B bei Zusatzleistungen	2286
9.8.1 Voraussetzungen eines zusätzlichen Vergütungsanspruchs nach § 2 Abs. 6 VOB/B	2287
9.8.1.1 Zusatzleistung zum Vertrag	2288
9.8.1.2 Grund für die Zusatzleistung: Erforderliche Leistung im Sinne des § 1 Abs. 4 S. 1 VOB/B	2291
9.8.1.3 Verlangen des Auftraggebers	2299
9.8.1.4 Ankündigung des zusätzlichen Vergütungsanspruchs	2300
9.8.1.5 Abgrenzung zu anderen Ansprüchen	2307
9.8.2 Berechnung der zusätzlichen Vergütung	2309
9.8.3 Rechtslage beim BGB-Vertrag	2314
9.9 Preisänderungsmöglichkeiten der VOB/B beim Pauschalvertrag (§ 2 Abs. 7 VOB/B)	2316
9.9.1 Grundsatz der Unabänderbarkeit des Pauschalpreises	2318
9.9.2 Möglichkeiten zur Änderung des Pauschalpreises	2327
9.9.3 Wegfall einzelner Leistungen (§ 2 Abs. 4 VOB/B)	2330
9.9.4 Änderungen des Bauentwurfs (§ 2 Abs. 5 VOB/B)	2332

		Rdn.
9.9.5	Zusatzleistungen (§ 2 Abs. 6 VOB/B)	2341
9.9.6	Änderung des Pauschalpreises wegen Störung/Wegfall der Geschäftsgrundlage (§ 2 Abs. 7 Nr. 1 S. 2 VOB/B i. V. m. § 313 BGB)	2345
9.9.7	Risiko- und Beweislastverteilung bei unklaren und/oder lückenhaften Leistungsverzeichnissen	2351
9.9.8	Berechnung des neuen Pauschalpreises	2364
9.10	**Die Vergütung bei nicht beauftragten Leistungen (§ 2 Abs. 8 VOB/B)**	**2368**
9.10.1	Anwendungsbereich von § 2 Abs. 8 VOB/B und die Beseitigungspflicht	2370
9.10.2	Vergütungsanspruch des Auftragnehmers nach § 2 Abs. 8 Nr. 2 VOB/B	2376
9.10.2.1	Nachträgliches Anerkenntnis	2377
9.10.2.2	Notwendigkeit der Zusatzleistungen	2379
9.10.2.3	Vergütungsanspruch des Auftragnehmers	2387
9.10.3	Verbleibende Ansprüche aus Geschäftsführung ohne Auftrag	2388
9.10.4	Bereicherungsrechtliche Ansprüche	2393
9.10.5	Rechtslage beim BGB-Vertrag	2394
9.11	**Die Vergütung bei besonderen planerischen Leistungen (§ 2 Abs. 9 VOB/B)**	**2395**
9.12	**Die Vergütung von Stundenlohnarbeiten (§ 2 Abs. 10 VOB/B)**	**2398**
9.12.1	Vergütungsvereinbarung bei VOB-Vertrag	2399
9.12.2	Rechtslage bei BGB-Vertrag	2407
9.13	**Nachtragsangebote: Anforderungen an ihre Erstellung, Bearbeitung und Beauftragung**	**2408**
9.13.1	Anforderung an das Nachtragsangebot	2411
9.13.1	Planungsverantwortung des Auftraggebers	2412
9.13.1.2	Anlehnung an die Kalkulation des Hauptvertrages	2417
9.13.1.3	Einbeziehung aller Kosten in den Nachtrag	2431
9.13.2	Nachtragsprüfung durch den Auftraggeber	2433
9.13.3	Abschluss der Nachtragsvereinbarung	2438
9.13.4	Leistungseinstellung bei Unterbleiben der Vereinbarung zum Nachtrag	2443
9.14	**Zusammenfassung in Leitsätzen**	**2451**

2130 Gegenstand dieses Kapitels ist zunächst die Betrachtung des Vergütungsanspruchs und seiner Anpassung. In dem sich anschließenden Kapitel 10 werden sodann Einzelheiten der Abrechnung und Bezahlung erläutert.

9.1 Allgemeine Grundsätze

2131 Der Verpflichtung des Unternehmers zur mangelfreien und fristgerechten Herstellung der Bauleistung auf der einen Seite entspricht auf der anderen Seite die Verpflichtung des Auftraggebers zur Entrichtung der vereinbarten Vergütung. Dies gilt im Grundsatz gleichermaßen beim BGB-Werkvertrag (§§ 631 Abs. 1 BGB) wie beim VOB-Bauvertrag (§ 2 Abs. 1 VOB/B). Zu Letzterem regelt § 2 Abs. 1 VOB/B, dass durch die vereinbarten Preise alle Leistungen abgegolten werden, die nach der Leistungsbeschreibung, den Besonderen Vertragsbedingungen, den Zusätzlichen Vertragsbedingungen, den Allgemeinen Technischen Vertragsbedingungen für Bauleistungen und der gewerblichen Verkehrssitte zur vertraglichen Leistung gehören. Diese Aufzählung ist allerdings nicht exklusiv zu verstehen: Denn was zu der vertraglichen und damit von der Vergütung abgedeckten Leistung gehört, bestimmt primär der Vertrag und dessen Auslegung. Dies ergibt sich schon aus § 1 Abs. 1 VOB/B (s. zu der Bedeutung der Auslegung auch oben Rdn. 873 ff.). Gemeint ist mit dieser Aufzählung in § 2 Abs. 1 VOB/B vielmehr, dass sich gerade bei einem Bauvertrag die von der Vergütung abgedeckten Leistungen eben nicht nur aus dem geschriebenen Text des schriftlich vorliegenden Vertrages ergeben können, sondern auch und ggf. sogar vor allem aus einer sonstigen Vielzahl von Technischen und Besonderen Vertragsbedingungen (so schon Daub/Piel/Soergel/Steffani, ErlZ B. 2.38 ff., 2.44; Kniffka, Festschrift Iwan, S. 207, der aus diesem Grund diese Regelung aber auch eher kritisch sieht; ders.: BauR 2012, 411, 412). Dieser gesonderte Hinweis mag bei einem im Massenvertrag vorkommenden Werkvertrag, den das BGB vor Augen hat, verfehlt sein. Im Bauvertragsrecht zeigt diese Aufzählung dagegen, wo sich typischerweise **außerhalb des geschriebenen Textes** des Vertrages unmittelbar sonst noch **Leistungen** finden, die **üblicherweise von der Ver-**

gütung abgedeckt sind. Vor diesem Hintergrund ist der in § 2 Abs. 1 VOB/B gewählte Katalog schon relativ vollständig. Er wird ergänzt durch detaillierte Bestimmungen über die Berechnung und Anpassung der Vergütung (§ 2 Abs. 3–10 VOB/B). Gerade diese Bestimmungen spielen in der Baupraxis eine erhebliche Rolle. Denn oft können Bauvorhaben als Unikat nicht so realisiert werden, wie dies zunächst geplant oder sonst im Vertrag vorgesehen war. Hier schafft die VOB/B vorrangig in Anlehnung an die vereinbarten Vertragspreise auf der Vergütungsseite einen weitgehend vernünftigen Ausgleich. Zwar mögen diese Regelungen in der ein oder anderen Form nicht immer ganz vollkommen sein (s. dazu kritisch Kniffka, a. a. O.). Sie sind aber erstens allemal besser als das Gesetz, das solche Regelungen überhaupt nicht kennt; zweitens mag manche Kritik auch überzogen klingen: Denn die meisten Bauvertragsparteien kommen damit in der täglichen Baupraxis trotz des ein oder anderen Einzelproblems, das in gerichtlichen Entscheidungen zum Tragen kommt, doch sehr gut zu Recht – was natürlich nicht heißt, dass ein Appell an den DVA als Herausgeber der VOB/B bestehen bleibt, auch diese Bestimmungen in § 2 VOB/B ggf. in Randbereichen klarer zu fassen (Kniffka, a. a. O.).

9.1.1 Schuldner der Vergütung

Schuldner des Vergütungsanspruchs des Unternehmers ist stets der Auftraggeber, also sein Vertragspartner. Handelt es sich um mehrere Auftraggeber, z. B. Eheleute, so haften diese gemäß § 427 BGB für den Vergütungsanspruch grundsätzlich als Gesamtschuldner. Folglich schuldet jeder von ihnen die **Vergütung in voller Höhe**. Eine Ausnahme davon gilt, wenn mehrere Wohnungseigentümer oder Bauherren gemeinschaftlich, also als **Bauherrengemeinschaft**, eine Wohnungseigentumsanlage errichten und daran Teileigentum in Form des Wohnungseigentums nach dem WEG haben oder erlangen sollen: Diese haften dann entgegen § 427 BGB für die Herstellungskosten in der Regel nicht gesamtschuldnerisch, sondern nur anteilig entsprechend ihren Anteilen am Gesamtobjekt (BGH, Urt. v. 18.06.1979 – VII ZR 187/78, BGHZ 75, 26, 28 = BauR 1979, 440 f. = NJW 1979, 2101; BGH, Urt. v. 21.02.2002 – II ZR 2/00, BGHZ 150, 1, 6 = BauR 2002, 1262, 1264 = NJW 2002, 1642, 1643; ebenso für eine Bauherrengemeinschaft, die nur aus zwei Personen besteht: OLG Stuttgart, Urt. v. 16.11.2010 – 10 U 77/10, BauR 2011, 566 [Ls.] = NJW-RR 2011, 527, 528 = NZBau 2011, 167, 168). Anders gestaltet sich allerdings auch hier die Haftung für die späteren Verwaltungskosten, also insbesondere für einen etwaigen Reparaturaufwand: Hier ist die **Wohnungseigentümergemeinschaft als eigener Rechtsträger Schuldner der Vergütung**, nicht die Wohnungseigentümer (§ 10 Abs. 6 WEG; s. zuvor schon BGH, Beschl. v. 02.06.2005 – V ZB 32/05, BGHZ 163, 154 = BauR 2005, 1462 = NJW 2005, 2061).

▶ Beispiel

Die WEG-Verwaltung beauftragt für die Wohnungseigentümergemeinschaft einen Handwerker. Vertragspartner des Handwerkers wird hier die Wohnungseigentümergemeinschaft, nicht die hinter dieser stehenden Wohnungseigentümer.

9.1.2 Vergütung bei unklarer Vergütungsvereinbarung

Sowohl das BGB als auch die VOB/B gehen davon aus, dass zwischen den Vertragsparteien die Vergütung der Höhe nach im Vertrag vereinbart worden ist. Dies ist jedoch nicht immer der Fall. Fehlt es daran, bestimmt § 632 Abs. 1 BGB zunächst, dass eine Vergütung als stillschweigend vereinbart gilt, wenn die Herstellung des Werkes den Umständen nach nur gegen eine Vergütung zu erwarten ist. Davon ist beim Bauvertrag grundsätzlich auszugehen. Denn die Ausführung von Bauleistungen erfolgt vom Auftragnehmer im Rahmen seines gewerblichen Betriebes; dies vorausgeschickt pflegt ein gewerblich tätiger Unternehmer Leistungen üblicherweise auch nur gegen Bezahlung zu erbringen. Dabei ist diese Vermutung jedoch widerlegbar, d. h. § 632 BGB kommt mit seiner Regelung zur Bestimmung zur Vergütungshöhe tatsächlich nur zur Anwendung, wenn feststeht, dass für die vermeintlich vergütungspflichtige Leistung überhaupt eine Vergütung zu zahlen war (BGH, Urt. v. 08.06.2004 – X ZR 211/02, NJW-RR 2005, 19, 20 = NZBau 2004, 498, 499).

2134 Fehlt es im Bauvertrag an einer Vereinbarung zur **Höhe des zu zahlenden Werklohnes**, ist allerdings vorrangig zu prüfen, ob insoweit ggf. überhaupt keine Einigung dazu erzielt wurde, also ein **Dissens** vorliegt. Dann wäre der Vertrag deswegen nichtig; § 632 Abs. 2 BGB ändert daran nichts (OLG Bremen, Urt. v. 29.10.2008 – 1 U 47/08, BauR 2009, 700 = NJW-RR 2009, 668, 669; Staudinger/Peters/Jacoby, § 632 Rn. 46; Palandt/Sprau, § 632 Rn. 13; Münch.Komm/Busche, § 632 Rn. 6, 19 – a. A. aber etwa Halfmeier/Leupertz, § 631 BGB A2).

> ▶ **Beispiel (nach OLG Bremen, Urt. v. 29.10.2008 – 1 U 47/08, a. a. O.)**
>
> Der Auftragnehmer klagt eine Vergütung für erbrachte Leistungen ein. Der Auftraggeber verteidigt sich damit, dass kein Vertrag zustande gekommen sei, weil man zwar über die Höhe der Vergütung diskutiert, insoweit aber keine Einigung erzielt habe.

§ 632 Abs. 2 BGB kommt somit nur zur Anwendung, wenn die Festlegung der Vergütungshöhe offengeblieben ist: Dann ist nach dieser Vorschrift die übliche Vergütung als vereinbart anzusehen und demgemäß zu bezahlen. Kann eine übliche Vergütung ausnahmsweise nicht ermittelt werden, ist die Höhe des zu zahlenden Werklohnes gemäß §§ 315, 316 BGB vom Unternehmer unter angemessener Berücksichtigung der Interessenlage beider Vertragspartner zu bestimmen (BGH, Urt. v. 19.12.1953 – II ZR 189/52, Schäfer/Finnern Z 2.30 Bl. 1).

2135 Unter Einbeziehung dieser Grundsätze kann der Unternehmer allerdings **keine Bezahlung der ihm für die Bearbeitung und Abgabe eines Angebots entstandenen Kosten** verlangen, wenn er nach einer Ausschreibung den Auftrag nicht erhält: Denn in diesen Fällen kommt zwischen dem Ausschreibenden und dem Bieter in der Regel kein entgeltlicher Werkvertrag über die Erstellung der Ausschreibungsunterlagen zustande, sodass auch kein Fall des § 632 Abs. 2 BGB vorliegt (vgl. BGH, Urt. v. 12.07.1979 – VII ZR 154/78, BauR 1979, 509, 510 = NJW 1979, 2202; OLG Hamm, Urt. v. 28.10.1974 – 17 U 169/74, BauR 1975, 418; vgl. dazu kritisch Vygen, Festschrift Korbion, S. 439 ff. – s. ausführlich auch oben Rdn. 176 ff.).

2136 Beim VOB-Vertrag wird man mangels vorliegender Vergütungsvereinbarung als **übliche Vergütung** sodann eine **Berechnung nach Einheitspreisen** vornehmen müssen. Dies wiederum beruht darauf, dass die VOB/B den Einheitspreisvertrag als üblichen Bauvertragstyp ansieht, wie sich im Einzelnen aus § 4 Abs. 1 Nr. 1 VOB/A und § 2 Abs. 2 VOB/B ergibt (so vor allem: Ingenstau/Korbion/Keldungs, VOB/B § 2 Abs. 2 Rn. 1; sowie oben Rdn. 809 – a. A. BGH, Urt. v. 09.04.1981 – VII ZR 262/80, BGHZ 80, 257, 261 = BauR 1981, 388, 389 = NJW 1981, 1442, 1443). In diesem Rahmen findet nunmehr aber auch die Bestimmung des § 632 BGB auf VOB-Bauverträge Anwendung. Denn die VOB/B enthält keine Sonderregelung für den Fall, dass eine Vergütung in bestimmter Höhe nicht vereinbart worden ist. Deshalb ist auch bei VOB-Bauverträgen als »übliche Vergütung« im Sinne des § 632 Abs. 2 BGB die in § 2 Abs. 1 Nr. 1 VOB/A und in § 16 Abs. 6 Nr. 2 VOB/A näher umrissene »angemessene Vergütung« anzusehen, die gemäß § 2 Abs. 2 VOB/B grundsätzlich nach Einheitspreisen und den tatsächlich ausgeführten Leistungen zu berechnen ist (vgl. Locher, Das private Baurecht, Rn. 290; Kapellmann/Messerschmidt/Kapellmann, § 2 VOB/B Rn. 131).

2137 Besteht zwischen den Vertragsparteien **Streit über die Höhe** der vereinbarten Vergütung, so hat grundsätzlich der **Unternehmer zu beweisen**, in welcher Art und in welcher Höhe eine Vergütung vereinbart worden ist.

> ▶ **Beispiel**
>
> Der Auftragnehmer verlangt als vereinbarte Vergütung einen Betrag von 10 000 €. In diesem Fall muss er im Bestreitensfall auch beweisen, dass eine solche Vereinbarung mit dieser Vergütung zustande gekommen ist.

2138 Dies gilt auch, wenn der Unternehmer nach § 632 Abs. 2 BGB die Zahlung der üblichen Vergütung verlangt. Behauptet der Auftraggeber dagegen die Vereinbarung eines (niedrigeren) Fest- oder besser Pauschalpreises, so bleibt es selbst in diesen Fällen bei der **Beweislast des Auftragnehmers**, dass ein **solcher Pauschalpreis nicht vereinbart** worden ist. Dabei dürfen an einen solchen Negativbeweis aber keine überspannten Anforderungen gestellt werden, d. h. vor allem, dass der Auftraggeber, der eine bestimmte Vergütungsabrede behauptet, diese Vereinbarung zunächst nach Ort, Zeit und Höhe der Vergütung substanziiert darlegen muss (BGH, Urt. v. 23.01.1975 – VII ZR 192/73, BauR 1975, 281, 282; BGH, Urt. v. 12.07.1984 – VII ZR 123/83, BauR 1984, 667, 668 = NJW 1984, 2888, 2889 = ZfBR 1984, 289, 290 und BGH, Urt. v. 26.03.1992 – VII ZR 180/91, BauR 1992, 505, 506 = NJW-RR 1992, 848 – s. dazu auch oben Rdn. 809).

Haben sich die Vertragspartner auf die VOB/B als Vertragsgrundlage verständigt, so ist die **Vergütung nach den vertraglichen Einheitspreisen** zu berechnen, sofern keine andere Berechnungsart vereinbart ist (§ 2 Abs. 2 VOB/B). Für die Frage der **Beweislast** folgt daraus, dass der Vertragspartner, der eine andere Berechnungsart als vereinbart behauptet, für diese Behauptung auch beweispflichtig ist (so Kapellmann/Messerschmidt/Kapellmann, § 2 VOB/B Rn. 132 ff.; a. A. allerdings BGH, Urt. v. 09.04.1981 – VII ZR 262/80, BGHZ 80, 257, 262 = BauR 1981, 388, 390 = NJW 1981, 1442, 1443 = SFH Nr. 1 zu § 2 Nr. 2 VOB/B mit abl. Anmerkung Hochstein; BGH, Urt. v. 14.04.1983 – VII ZR 198/82, BauR 1983, 366, 367 = NJW 1983, 1782; BGH, Urt. v. 26.03.1992 – VII ZR 180/91, BauR 1992, 505, 506 = ZfBR 1992, 173 f. = NJW-RR 1992, 848). 2139

9.1.3 Umsatzsteuer

Zu zahlen ist jeweils die »vereinbarte« Vergütung. Vielfach ist auch klar geregelt, ob es sich bei der vereinbarten Vergütung um Netto- oder Bruttopreise handelt. Dies ist jedoch nicht immer der Fall – dies vor allem dann, wenn Verbraucher an dem Vertrag beteiligt sind. 2140

▶ **Beispiel**

> Der Bauunternehmer bietet für die Terrassensanierung einen Preis von 5 600 €. Der Bauherr erteilt den Auftrag. Der Auftragnehmer hat (wie üblich) sein Angebot zzgl. Umsatzsteuer verstanden.

Fehlt es an einer solchen Klarstellung, ist zu unterscheiden:
- Grundsätzlich sind vereinbarte Preise Bruttopreise (**Grundsatz des Bruttopreisprinzips**). Demnach kann ein Auftragnehmer auf die vereinbarte Vergütung nur dann gesondert Mehrwertsteuer erheben, wenn er darlegen und beweisen kann, dass es sich bei der Vergütung ausnahmsweise um einen Netto-Preis handelte (OLG Bremen, Urt. v. 25.03.1971 – 2 U 125/70, BB 1971, 1384, 1385). Auch ohne gesonderte Vereinbarung hierzu fordern Auftragnehmer aber vor allem bei gewerblichen Auftraggebern häufig die Mehrwertsteuer auf die Vergütung zusätzlich ein; dabei stützen sie sich auf eine angeblich bestehende **Verkehrssitte**, wonach unter vorsteuerabzugsberechtigten Kaufleuten das **Netto-Prinzip** gelte mit der Folge, dass Mehrwertsteuer gesondert zu zahlen sei. Dieser Einwand ist falsch: Ob das »Netto-Prinzip« beim Verkehr unter Kaufleuten eine Verkehrssitte darstellt (so mit guten Argumenten: Ingenstau/Korbion/Keldungs, B § 2 Abs. 1 Rn. 21), mag dahinstehen. Die Frage nämlich, ob Mehrwertsteuer gesondert abgerechnet werden kann, ist allein anhand der Preisvereinbarung zu entscheiden, die mit der Vorsteuerabzugsberechtigung einer oder beider Vertragsparteien nichts zu tun hat. 2141
- Sieht der Vertrag nur einen **Vertragsnettopreis zzgl. Umsatzsteuer** vor, ohne einen Prozentsatz zu nennen, kann der Auftragnehmer den zum Zeitpunkt der Abnahme der Bauleistung geltenden Prozentsatz fordern (OLG Düsseldorf, Urt. v. 28.06.1996 – 22 U 256/95, BauR 1997, 337, 339 = NJW-RR 1996, 1485, 1486). Ist dagegen ein bestimmter Prozentsatz vereinbart und erhöht sich der Mehrwertsteuersatz während der Bauausführung, kann der Auftragnehmer für alle nach der Änderung fällig werdenden Zahlungen den höheren Prozentsatz verlangen (OLG Celle, Urt. v. 19.03.1998 – 14 U 248/95, OLGR 1999, 269; wohl auch OLG Stuttgart, Urt. v. 23.12.1997 – 10 U 146/97, BauR 1998, 559, 560 f.; zweifelnd: Werner/Pastor, Rn. 1680). 2142

9.2 Die Bauvertragstypen nach den verschiedenen Vergütungsarten

2143 Ausgangspunkt bei allen Fragen, die den Vergütungsanspruch des Auftragnehmers betreffen, ist zunächst die richtige Bestimmung des Vertragstyps. Anders als das gesetzliche Werkvertragsrecht des BGB, das nur den Begriff der »vereinbarten Vergütung« ohne nähere Unterscheidung kennt, differenziert die VOB schon im Stadium der Vergabe je nach Art der späteren Berechnung der Vergütung zwischen **drei verschiedenen Bauvertragstypen**. Deren Wesensmerkmale sind in § 4 VOB/A im Einzelnen dargestellt. Ihre Grundzüge lassen sich auch auf den BGB-Werkvertrag übertragen (vgl. dazu im Einzelnen oben Rdn. 785 ff.). Es handelt sich um:

- den Einheitspreisvertrag
- den Pauschalvertrag
- den Stundenlohnvertrag

Diese drei Abrechnungsarten für den Vergütungsanspruch des Auftragnehmers werden auch in § 2 Abs. 2 VOB/B (neben einer früher ebenfalls noch in der VOB/A vorgesehenen Abrechnung nach Selbstkosten) als Maßstab für die Berechnung der vereinbarten Vergütung erwähnt.

2144 Zusätzlich zu diesen drei Bauvertragstypen gibt es in der Praxis immer wieder neue Vertragstypen, die in der VOB nicht geregelt sind. Zu nennen ist etwa der GMP-Vertrag (**Garantierter-Maximal-Preis-Vertrag**), bei dem der Auftragnehmer sehr früh in die Planung eingeschaltet wird. Er bietet dann bei einem annähernd konkretisierten Planungsstand einen Maximalpreis, der nach der vertraglichen Vereinbarung mit weiteren Optimierungen in der Planung und bei Vergaben unterschritten werden soll (s. o. Rdn. 821 f. sowie u. a. Oberhauser, BauR 2000, 1397 ff.). Da es sich beim GMP-Vertrag um einen sehr speziellen Vertragstyp vor allem für außerordentliche Großprojekte handelt, kommt er in der Praxis des allgemeinen Baugeschehens eher selten vor. Die nachfolgenden Ausführungen sollen daher auf die auch in der VOB geregelten vorgenannten Vertragstypen beschränkt werden.

9.2.1 Festpreisvertrag

2145 Losgelöst von den einzelnen Vertragstypen taucht in der Praxis immer wieder der Begriff des Festpreises oder des Festpreisvertrages auf. Hierbei handelt es sich aber keineswegs um einen zusätzlichen Vertragstyp. Der Festpreisvertrag ist auch nicht mit dem Pauschalvertrag gleichzusetzen. Im Ausgangspunkt ist vielmehr festzuhalten, dass die Bezeichnung als Festpreis nur bedeutet, dass der vereinbarte Preis, also **die vereinbarte Vergütung, fest und damit unabänderlich** ist. Das aber ist im Vertragsrecht ohnehin selbstverständlich, weil jeder vereinbarte Preis ein fester Preis ist (vgl. Vygen, ZfBR 1979, 133, 135). Dies gilt sowohl für den BGB- als auch für den VOB-Bauvertrag (i. E. ebenso OLG Koblenz, Urt. v. 30.05.2008 – 10 U 652/07, BauR 2008, 2092 [Ls.] = NJW-RR 2009, 163, 164 = NZBau 2009, 382, 383). Daraus folgt, dass Festpreise bei jedem der genannten Vertragstypen vorkommen und mangels anderweitiger Vereinbarung die Regel sind. »Festpreis« besagt dann nur, dass der vereinbarte Einheitspreis, Pauschalpreis oder Stundenlohn fest, also unabänderlich sein soll. Auch ohne ausdrückliche Bezeichnung als Festpreis liegt ein solcher nur dann ausnahmsweise nicht vor, wenn im Bauvertrag in irgendeiner Form Preisanpassungsklauseln, also z. B. Lohn- und/oder Materialpreisgleitklauseln enthalten sind oder eine Preisanpassung für den Fall der Bauzeitverlängerung vorgesehen ist.

2146 Neben diesem »Normalfall« kann aber immerhin eine Auslegung des als Festpreis bezeichneten Preises dazu führen, dass damit **in Wirklichkeit ein Pauschalpreis** gemeint und der Vertrag deshalb als Pauschalvertrag anzusehen ist. Auch kann im Einzelfall sogar eine Preisgarantie gemeint sein (zu weitgehend allerdings OLG Düsseldorf, Urt. v. 19.12.2008 – 23 U 48/08, IBR 2009, 256, das eine Festpreisabrede ohne Weiteres mit einer Preisgarantie gleich setzt). Umgekehrt kann die Bezeichnung als Festpreis im Allgemeinen nicht so verstanden werden, dass damit bei einem Einheitspreis- oder Pauschalvertrag die in § 2 Abs. 3–7 VOB/B vorgesehenen Möglichkeiten für eine nachträgliche Änderung des vereinbarten Preises ausgeschlossen werden sollen. Dazu bedarf es vielmehr einer

9.2 Die Bauvertragstypen nach den verschiedenen Vergütungsarten

ausdrücklichen Regelung, was aber in vorformulierten Vertragsbedingungen einer AGB-Inhaltskontrolle nicht standhält (vgl. oben Rdn. 674 ff., 687 ff.).

9.2.2 Preisgleitklauseln

Handelt es sich somit bei den im Bauvertrag vereinbarten Preisen für die Dauer der Bauzeit typischerweise um **Festpreise**, liegt jedoch wie soeben schon angedeutet eine Ausnahme vor, wenn der Bauvertrag eine sogenannte **Preisgleitklausel** enthält. Diese Möglichkeit wird in § 9 Abs. 9 VOB/A sogar ausdrücklich angesprochen. Danach kann in den Verdingungsunterlagen des – meist öffentlichen – Auftraggebers eine angemessene Änderung der Vergütung vorgesehen werden, wenn wesentliche Änderungen der Preisermittlungsgrundlagen zu erwarten sind, deren Eintritt oder Ausmaß ungewiss ist. 2147

▶ **Beispiel**

Sind etwa aufgrund der Laufzeit des Vertrages über mehrere Jahre Tariferhöhungen zu erwarten, liegt es nahe, dafür bereits im Ursprungsvertrag entsprechende Preisanpassungsklauseln zu vereinbaren.

Entsprechendes gilt nicht nur für Lohnanpassungen, sondern auch für ggf. zu erwartende Preiserhöhungen von Material- und Baustoffen. Wenn der Auftragnehmer hier nicht auf eine Preisanpassung wegen Störung der Geschäftsgrundlage nach § 313 BGB angewiesen sein will (und damit meist scheitern wird), muss er versuchen, mit dem Auftraggeber im Bauvertrag eine entsprechende **Stoffpreisgleitklausel** zu verhandeln. Dabei sind die Einzelheiten der Preisänderungen, also die Voraussetzungen und Berechnungsarten, im Einzelnen im Bauvertrag festzulegen (vgl. dazu auch Reitz, BauR 2001, 1513 ff.). 2148

▶ **Beispiel für Lohngleitklausel entsprechend dem Vergabehandbuch des Bundes (vgl. dort Formular 224, Ausgabe 2008 – Stand Mai 2010).**

»Maßgebender Lohn ist der Lohn der Lohngruppe X. Bei einer Änderung des maßgebenden Lohns um 0,01 €/Stunde ändert sich die Vergütung für die noch nicht ausgeführten Leistungen nach den einzelnen Abschnitten des Leistungsverzeichnisses wie folgt:
- Abschnitt 1: _____ um x %
- (...)«

Preisgleitklauseln finden sich meist in Bauverträgen mit besonders langen Bauzeiten. Dementsprechend sieht etwa das Vergabehandbuch des Bundes in den Richtlinien zu Formblatt Nr. 211 (dort Ziff. 2) vor, dass Gleitklauseln ggf. bei Verträgen mit einer Laufzeit von mehr als 10 Monaten vereinbart werden können. In der Regel wird man dann bei diesen Verträgen sowohl Lohn- als auch Materialpreisgleitklauseln antreffen. Diese Gleitklauseln können so ausgestaltet sein, dass Lohn- und Materialpreissteigerungen sich erst ab einem bestimmten Prozentsatz auswirken, dann aber voll (sogenannte **Bagatellklausel**). Vorstellbar ist aber auch, dass sich Unternehmer bei Lohn- und Materialpreissteigerungen mit einem bestimmten Prozentsatz selbst daran beteiligen und erst der darüber hinausgehende Prozentsatz eine Erhöhung der vereinbarten Vergütung auslöst (sogenannte **Selbstbeteiligungsklausel**). 2149

9.2.3 Der Einheitspreisvertrag

Der im Bauwesen allgemein übliche Preistyp ist der Einheitspreisvertrag. Er ist dem Oberbegriff des Leistungsvertrages zuzurechnen, da sich die vom Auftraggeber zu zahlende Vergütung nach dem Umfang der tatsächlich ausgeführten Leistungen berechnet (s. dazu oben Rdn. 791 ff.). Im Gegensatz dazu steht der Aufwandsvertrag, bei dem sich die Vergütung unabhängig von der erbrachten Leistung nach dem Aufwand des Unternehmers richtet (vgl. § 4 Abs. 1 VOB/A). 2150

Der Einheitspreisvertrag ist dadurch gekennzeichnet, dass die endgültig zu zahlende Vergütung auf der Grundlage der erbrachten Leistungen nach den vereinbarten Einheitspreisen berechnet wird. Der Einheitspreis wird, wie sich aus § 4 Abs. 1 Nr. 1 VOB/A ergibt, vereinbart für technisch und 2151 wirtschaftlich einheitliche **Teilleistungen**, deren Mengen nach Maß, Gewicht oder Stückzahl vom Auftraggeber in den Verdingungsunterlagen anzugeben ist. Diese Teilleistungen entsprechen den einzelnen Positionen des Leistungsverzeichnisses. Durch Multiplikation der Einheitspreise mit den vom Auftraggeber angegebenen Mengenansätzen ergibt sich der jeweilige **Positionspreis**. Durch Addition der einzelnen Positionspreise lässt sich dann der sogenannte **Angebotsendpreis** ermitteln.

▶ **Beispiel**

Pos.-Nr.	Menge	Pos-Beschreibung	EP (Einheitspreis)	Positionspreis
01	100 m²	Pflaster aufnehmen	9,50 €/m²	950,00 €
02	20 m³	Boden ausschachten (…)	23,00 €/m³	460,00 €
03	25 m	Kabel aufnehmen mit Hand	15,00 €/m	375,00 €
04	…	…	…	…
		Summe netto		14 650,00 €
		zzgl. USt.		2 783,50 €
		Angebotsendpreis		**17 433,50 €**

2152 Dieser Angebotsendpreis ist aber nun keineswegs identisch mit dem vom Bauherrn zu zahlenden Werklohn; denn beim Einheitspreisvertrag wird die Vergütung gemäß § 2 Abs. 2 VOB/B nach den vertraglich ausgeführten und nicht nach den angebotenen Leistungen berechnet. Weder der Angebotsendpreis noch die in der letzten Spalte des Leistungsverzeichnisses aufgeführten Positionspreise stellen daher die vertraglich vereinbarte Vergütung dar. **Vertragspreis ist vielmehr allein der Einheitspreis**, also der für jede einzelne Position eingetragene Stück-, Quadratmeter-, Kubikmeter- oder Kilogrammpreis oder der Preis je laufenden Meter. Der Angebotsendpreis ist nach alledem in keiner Weise verbindlich. Er stellt für den Bauherrn nur einen Anhaltspunkt dar, mit welchen Kosten er in etwa zu rechnen hat. Nur die Beschreibung der einzelnen Positionen, also der Leistungsbeschrieb, und der Einheitspreis im Leistungsverzeichnis sind beim Einheitspreisvertrag verbindlicher Inhalt des Bauvertrages, an den die Vertragspartner gebunden sind. Das gilt dagegen nicht für die Mengenansätze und schon gar nicht für die Positionspreise oder den Angebotsendpreis und auch nicht für die – letztlich nur vorläufige – Auftragssumme.

2153 Aus alledem folgt somit für die **Höhe der zu zahlenden Vergütung** bei einem Einheitspreisvertrag, dass sich diese erst aus der Multiplikation der vereinbarten Einheitspreise mit den **tatsächlich ausgeführten Mengen** errechnet. Grundlage dafür ist das nach Fertigstellung der Arbeiten zu jeder Einzelposition zu nehmende **Aufmaß** (§ 14 Abs. 2 VOB/B). Mengenänderungen werden somit im Einheitspreisvertrag zwangsläufig bei der Abrechnung berücksichtigt. Versteht man in dieser Weise das Wesen des Einheitspreisvertrages, liegt es auf der Hand, dass etwa dagegen stehende Klauseln eines Auftraggebers, wonach Preisobergrenzen vorgesehen werden, als überraschend anzusehen sind und deswegen nach § 305c Abs. 1 BGB nicht Vertragsbestandteil werden (BGH, Urt. v. 14.10.2004 – VII ZR 190/03, BauR 2005, 94, 95 = NJW-RR 2005, 246 f.).

9.2.4 Der Pauschalvertrag

2154 Ganz anders ist dies beim Pauschalvertrag. Zwar zählt auch dieser zu den Leistungsverträgen im Sinne des § 4 Abs. 1 VOB/A. Im Gegensatz zum Einheitspreisvertrag sind beim Pauschalvertrag aber nicht nachträglich die tatsächlich erbrachten Leistungen (besser: Mengen), sondern bereits im Voraus die künftig zu erbringenden Leistungen (besser: Mengen) Grundlage für die Berechnung der Vergütung. Als Vertragspreis maßgebend ist daher nicht der Einheitspreis, auch nicht der Positionspreis des zum Vertrag gewordenen Leistungsverzeichnisses, sondern allein und ausschließlich der **vertraglich vereinbarte Pauschalpreis**.

9.2 Die Bauvertragstypen nach den verschiedenen Vergütungsarten

▶ **Beispiel**

Vereinbart wird für die Errichtung eines bestimmten Zauns um ein Haus eine Vergütung von 12.000 €. Hier ist unbeachtlich, ob bei Nachmessung der Zaun 80 oder 85 m lang ist.

Grundsätzlich ist also der Pauschalpreis unabhängig von der tatsächlich erbrachten Gesamtleistung, insbesondere von den tatsächlich ausgeführten Mengen und den Einheitspreisen, zu zahlen, auch wenn der Unternehmer tatsächlich geringere oder größere Mengen in den einzelnen Positionen erbracht hat, als im Leistungsverzeichnis vorgesehen war.

Gerade der Abschluss eines solchen Pauschalvertrages bedarf daher einer besonders sorgfältigen Kalkulation und einer möglichst genauen Beschreibung des Leistungsumfanges, der mit diesem Pauschalpreis abgegolten werden soll. Deshalb bestimmt § 4 Abs. 1 Nr. 2 VOB/A auch, dass eine Pauschalpreisvereinbarung nur getroffen werden soll, wenn die **Leistung nach Ausführungsart und Umfang genau bestimmt** und mit einer Änderung bei der Ausführung nicht zu rechnen ist. Dies ist für beide Vertragspartner von entscheidender Bedeutung; denn durch den vereinbarten Pauschalpreis werden auf der einen Seite alle Leistungen abgegolten, die im Vertrag vorgesehen und die zur ordnungsgemäßen Erstellung der geschuldeten Werkleistung notwendig sind. Auf der anderen Seite erfasst die Pauschalpreisvereinbarung aber nur solche Leistungen des Auftragnehmers, die bei Vertragsabschluss feststehen und als notwendig vorhersehbar sind (vgl. dazu im Einzelnen: Vygen, ZfBR 1979, 133 und BauR 1979, 375 ff. sowie Vygen, Festschrift Locher, S. 263 ff.). Vor Abschluss eines Pauschalvertrages sollte daher der Auftragnehmer stets die Mengen der einzelnen – zumindest der wichtigen – Positionen des Leistungsverzeichnisses anhand der Pläne überprüfen, um das Risiko von Mehrmengen zu begrenzen und die Pläne, die Grundlage der Überprüfung waren, zum Vertragsinhalt machen (vgl. dazu auch oben Rdn. 795 ff.). **2155**

Diese aufgezeigten Grundsätze gelten indes nur für den in der VOB/A und VOB/B angesprochenen sog. **Detail-Pauschalvertrag**. Hierbei handelt es sich um den Typ eines Pauschalvertrages, der nach detaillierter Ausschreibung mittels Leistungsverzeichnis zustande kommt, sodass die geschuldeten und mit dem Pauschalpreis abgegoltenen Leistungen in allen Einzelheiten (im Detail) festgelegt sind (vgl. BGH, Urt. v. 15.12.1994 – VII ZR 140/93, BauR 1995, 237, 238 = NJW-RR 1995, 722, 723). **2156**

▶ **Beispiel**

Wie im Beispielfall oben zum Einheitspreisvertrag (Rdn. 2151) hat der Auftragnehmer auf der Grundlage eines detaillierten Leistungsverzeichnisses zunächst ein Angebot von 17 433,50 € abgegeben. Nunmehr pauschalieren Auftraggeber und Auftragnehmer diesen Preis und vereinbaren für die Gesamtleistung eine Vergütung von 16 500 €.

Davon zu unterscheiden ist der in der Praxis ebenfalls vor allem bei großen Vorhaben anzutreffende sog. **Global-Pauschalvertrag** (vgl. zu den Begriffen und zu den Einzelheiten und Problemen vor allem: Kapellmann/Schiffers, Bd. 2, Rn. 11 ff.). Ein Global-Pauschalvertrag kommt in der Regel auf der Grundlage einer funktionalen Leistungsbeschreibung gemäß § 7 Abs. 13–15 VOB/A zustande. Er zeichnet sich dadurch aus, dass anders als bei einem Detailpauschalvertrag nicht nur die Massen und Mengen pauschaliert werden. Vielmehr geht es hier um eine Pauschalierung der Leistung als solche. Von einer Vergütung abgedeckt werden nunmehr all die Leistungen, die für die Erreichung eines im Vertrag funktional vorgegebenen Leistungsziels erforderlich sind, selbst wenn einzelne Teilleistungen im Vertrag nicht genau beschrieben sind (s. o. Rdn. 799 f.). Gerade diese teilweise fehlende Beschreibung im Vertrag hat aber oft zur Folge, dass es darüber unter den Vertragspartnern zu Streit kommt (vgl. dazu unten Rdn. 2351 ff.). **2157**

▶ **Beispiel**

Der Auftraggeber beauftragt den Auftragnehmer auf der Grundlage einer 10-seitigen Baubeschreibung mit der schlüsselfertigen Errichtung einer Appartementanlage zu einem Gesamtpreis von 8 500 000 €. Eine Ausführungsplanung ist noch nicht erstellt; sie gehört zum Leistungsumfang des Auftragnehmers. Offensichtlich ist, dass hier noch zahlreiche Details der Bauausführung nicht festliegen.

9.2.5 Der Stundenlohnvertrag

2158 Neben den beiden Vertragstypen des Einheitspreis- und des Pauschalvertrages kennt die VOB/A noch den Stundenlohnvertrag (§ 4 Abs. 2 VOB/A). Er soll **nur für Bauleistungen geringeren Umfangs** vereinbart werden, die überwiegend Lohnkosten verursachen. Dies ist meist bei Reparatur- und Nachbesserungsarbeiten und sog. angehängten Stundenlohnarbeiten der Fall (vgl. zu Letzteren: Rdn. 820 sowie Kapellmann/Messerschmidt/Kapellmann, § 4 VOB/A Rn. 38).

▶ Beispiel

Am Ende des Bauvertrages mit zahlreichen Einheitspositionen findet sich eine Sonderposition zu Stundenlohnarbeiten mit dem Inhalt »50 Stunden eines Baufacharbeiters oder Bauhelfers nach Anordnung der Bauleitung«. Diese Arbeiten können dann insbesondere für Nebenarbeiten u. a. verwendet werden, die nicht über die Einheitspreispositionen abgedeckt sind.

2159 Da sich beim Stundenlohnvertrag die Vergütung nach dem Aufwand des Unternehmers richtet, d. h. insbesondere nach den Lohnkosten unabhängig von dem Leistungswert, ergibt sich für den Auftraggeber meist ein erhebliches Risiko: Die zu zahlende Vergütung hängt entscheidend vom Fleiß und der Arbeitslust sowie vom Können und der Geschicklichkeit der vom Auftragnehmer eingesetzten Arbeitskräfte ab. Wegen dieses hohen Risikos für den Auftraggeber sieht die VOB/B auf der Vergütungsseite weitgehende **Kontrollmöglichkeiten** vor.

2160 • Zunächst bedarf es stets einer besonderen Vereinbarung der Vertragspartner, dass bestimmte Bauleistungen nach Stundenlöhnen abgerechnet werden (§ 2 Abs. 10 VOB/B); diese **Vereinbarung muss vor dem Beginn dieser Arbeiten** getroffen werden und sich auf ganz bestimmte Leistungsteile beziehen (s. dazu im Einzelnen nachfolgend Rdn. 2398 ff.).

2161 • Erst wenn diese Voraussetzung nach § 2 Abs. 10 VOB/B erfüllt ist und damit der Vergütungsanspruch auf Stundenlohnbasis dem Grunde nach besteht, kommt die Vorschrift des § 15 Abs. 1 VOB/B für die **Höhe des Vergütungsanspruchs** zur Anwendung (s. dazu auch Rdn. 2493 f.).

2162 • Nach § 15 Abs. 3 S. 1 VOB/B hat der Unternehmer dem Auftraggeber schließlich die Ausführung von Stundenlohnarbeiten vor deren Beginn anzuzeigen, um diesem eine **Kontrolle des Umfangs bzw. der Dauer** zu ermöglichen. Gemäß § 15 Abs. 3 S. 2 VOB/B hat er außerdem über die geleisteten Arbeitsstunden und den besonders zu vergütenden Aufwand z. B. an Material und Baustoffen werktäglich oder wöchentlich Stundenlohnzettel einzureichen. Konkret heißt das, dass er dem Auftraggeber oder seinem Vertreter, z. B. dem mit der Objektüberwachung beauftragten Architekten oder Ingenieur diese Stundenlohnzettel zu übergeben bzw. diesem zuzuschicken hat. Der Auftraggeber wiederum hat sie dann zu unterschreiben und binnen 6 Werktagen zurückzugeben, wobei er Einwendungen auf dem Stundenlohnzettel oder gesondert schriftlich vermerken kann. Gemäß § 15 Abs. 3 S. 5 VOB/B gelten **nicht innerhalb von 6 Werktagen zurückgegebene Stundenlohnzettel als anerkannt** mit der Folge, dass deren Inhalt feststeht, wobei dieses Anerkenntnis aber nicht die gemäß § 2 Abs. 10 VOB/B erforderliche Stundenlohnvereinbarung ersetzt (vgl. BGH, Urt. v. 14.07.1994 – VII ZR 186/93, BauR 1994, 760, 761 f. = NJW-RR 1995, 80, 81; s. dazu im Einzelnen Rdn. 2494 ff.).

2163 Fehlt es schon an der vorherigen Vereinbarung von Stundenlohnarbeiten, so kann der Unternehmer eine Bezahlung der ausgeführten Arbeiten nur nach Einheitspreisen verlangen (BGH, Urt. v. 13.07.1961 – VII ZR 65/60, Schäfer/Finnern Z 2 300 Bl. 11), sofern die Voraussetzungen des § 632 Abs. 1 und 2 BGB bzw. des § 2 Abs. 2 und 6 VOB/B erfüllt sind (Ingenstau/Korbion/Keldungs, VOB/B § 2 Abs. 10 Rn. 10).

9.2 Die Bauvertragstypen nach den verschiedenen Vergütungsarten

9.2.6 Der Selbstkostenerstattungsvertrag

Die heute nur noch in § 2 Abs. 1 VOB/B vorgesehene Vergütungsberechnung nach Selbstkosten kommt in der Praxis kaum vor. Dies beruht darauf, dass die damit verbundenen Risiken noch größer sind als beim Stundenlohnvertrag. Denn bei diesem Vertrag muss der Besteller dem Unternehmer sämtliche bei der Ausführung der Leistung entstandenen Selbstkosten bezahlen zzgl. eines Zuschlags für seinen Gewinn. 2164

Wie hoch die Selbstkosten, d. h. der Gesamtaufwand des Unternehmers ist, ist so gut wie nicht vorhersehbar. Auch sind die einzelnen Kostenbestandteile, auf deren Grundlage die Selbstkosten ermittelt werden, bei jedem Auftragnehmer verschieden. Sie hängen nämlich maßgeblich von der konkreten Unternehmensorganisation und Führung des Betriebs ab. Eine objektive Festlegung von »Selbstkosten« gibt es nicht, zumal es nicht einmal ausgeschlossen ist, dass sich in den einzelnen Selbstkosten auch (versteckte) Gewinnbestandteile finden. 2165

Losgelöst von diesen Zweifelsfällen gehören zu diesen Selbstkosten aber immerhin in der Regel Löhne einschließlich Lohnnebenkosten, Kosten für Baustoffe, Materialien, Geräte- und Maschinenvorhaltung sowie alle anderen Kosten einschließlich Gemeinkosten, die dann um einen Gewinnzuschlag erhöht werden.

Die VOB/A sah ehemals den Selbstkostenerstattungsvertrag immer nur als **Ausnahme für Bauleistungen größeren Umfangs** vor, wenn diese Leistungen bei Vertragsabschluss nicht eindeutig und erschöpfend bestimmt werden können und deshalb eine einwandfreie Preisermittlung (Kalkulation) nicht möglich ist. 2166

▶ Beispiel

Nach dem verheerenden Oder-Hochwasser 1997 mussten kurzfristig erhebliche Reparaturen bei Straßen, Schienen, u. a. erfolgen. Die Erstellung ordnungsgemäßer Leistungsverzeichnisse war in der Kürze der Zeit praktisch ausgeschlossen. Hier hätte sich möglicherweise der Abschluss von Selbstkostenerstattungsverträgen angeboten, wobei allerdings selbst in diesen Fällen darauf nicht zurückgegriffen wurde.

Tatsächlich hat sich der Vertragstyp in der Praxis nie durchgesetzt, weswegen er zuletzt mit der VOB 2009 vollständig aus der VOB/A herausgenommen wurde. 2167

9.2.7 Abgrenzung von Einheitspreisvertrag und Pauschalvertrag

Im Allgemeinen wird der Bauvertrag als Einheitspreisvertrag abgeschlossen; dies sollte jedenfalls die Regel sein, wovon auch die VOB in § 4 Abs. 1 Nr. 1 VOB/A und in § 2 Abs. 2 VOB/B ausgeht (s. dazu Rdn. 809 ff.). 2168

Teilweise ergeben sich jedoch Schwierigkeiten bei der Frage, ob nun ein Pauschal- oder Einheitspreisvertrag vorliegt, wobei die Bezeichnung des Vertrages oder des vereinbarten Preises nicht immer maßgebend ist. 2169

▶ Beispiel

Der Bauvertrag wird zwar als Pauschalvertrag bezeichnet. Zugleich ist aber vorgesehen, dass die Abrechnung nach den tatsächlich ausgeführten Mengen erfolgen soll, Mehr- und Minderleistungen zu berücksichtigen sind und ein gemeinsames Aufmaß nach Fertigstellung zu nehmen ist.

Klauseln der vorstehenden Art stehen grundsätzlich in Widerspruch zu dem Wesen des Pauschalvertrages. Denn bei diesem bedarf es gar keines Aufmaßes, weil Mehr- oder Mindermengen bei einzelnen Positionen gerade keine Berücksichtigung finden.

Derartige Widersprüche finden sich vor allem in nicht sorgfältig ausgearbeiteten Formularverträgen. Um eine Auslegung des tatsächlich Gewollten wird man hier nicht umhinkommen. Im Zweifelsfall werden solche Bauverträge von der Rechtsprechung als Einheitspreisverträge behandelt, weil es sich 2170 beim Einheitspreisvertrag um den üblichen Vertragstyp handelt (vgl. dazu: Vygen, ZfBR 1979, 133 ff. sowie oben Rdn. 809 f.). Etwas anderes gilt selbstverständlich, wenn sich sonst aus den Umständen des Vertragsschlusses ergibt, dass die Parteien (trotz einer z. B. an sich widersprüchlichen Auftragsregelung) eigentlich einen Pauschalvertrag schließen wollten (so zu Recht: OLG Brandenburg, Urt. v. 21.02.2008 – 12 U 104/07, IBR 2008, 255).

9.3 Berechnung des Vergütungsanspruches/Mengengarantie

2171 Liegt ein Einheitspreisvertrag vor, hängt die Berechnung der dem Unternehmer insgesamt zustehenden Vergütung zunächst von den durch Aufmaß festzustellenden tatsächlich erbrachten Mengen der einzelnen Leistungsteile (Positionen) ab. Zu diesem Zweck sollte von beiden Vertragspartnern besonderer Wert auf ein **gemeinsames Aufmaß** gelegt werden, wie dies auch in § 14 Abs. 2 VOB/B vorgesehen ist (s. dazu im Einzelnen Rdn. 2454 ff.). Allzu häufig ist zwar im Vertrag ein solches gemeinsames Aufmaß vereinbart, wird dann aber vergessen oder aus anderen Gründen unterlassen. Gerade das gemeinsame Aufmaß, das von beiden Vertragspartnern unterschrieben ist, vermeidet jedoch nachträgliche Streitigkeiten über die Abrechnung, die oft zu sehr langwierigen Prozessen führen. Solche Prozesse sind besonders für den Unternehmer mit dem Nachteil verbunden, dass ihm die Beweislast für den Umfang der ausgeführten Leistungen obliegt und ein Beweis dazu nachträglich oft schwer zu führen ist (s. dazu auch Rdn. 2464 ff.).

2172 Liegt ein gemeinsames oder einseitiges Aufmaß vor, wird gemäß § 2 Abs. 2 VOB/B die dem Auftragnehmer zustehende Vergütung nach den vertraglichen Einheitspreisen und den tatsächlich ausgeführten Leistungen berechnet, indem beide Rechnungseinheiten in jeder Position miteinander multipliziert werden. Vom Auftraggeber zu bezahlen sind danach die **tatsächlich erbrachten Abrechnungsmengen** und nicht die im Angebot bzw. im Leistungsverzeichnis vorgesehenen Mengen.

> **Beispiel**
>
> Im Angebotsleistungsverzeichnis, auf dessen Grundlage der Vertrag geschlossen wurde, findet sich eine Position zum Anstreichen einer Wand. Vereinbart worden war ein Einheitspreis von 7 €/m² bei einer prognostizierten Menge von 25 m². Dies ergab einen Positionspreis von 175 €. Tatsächlich angestrichen werden nach Aufmaß 26,7 m². Diese sind dann auch zu bezahlen. Der in der Schlussrechnung dazu ausgewiesene Preis beträgt demnach 186,90 € (7,– €/m² × 26,7 €).

Diese Abrechnungssystematik gilt nicht nur in den Fällen, in denen der Auftraggeber bzw. sein Architekt das Leistungsverzeichnis einschließlich der Mengen in den Vordersätzen zusammengestellt hat, sondern auch dann, wenn ausnahmsweise der Auftragnehmer bei der Angebotsbearbeitung die Mengen selbst ermittelt und seinem Angebot zugrunde gelegt hat.

2173 Besonderheiten bestehen allerdings, wenn der Auftragnehmer nicht nur die Mengen der einzelnen Leistungspositionen bei der Angebotsbearbeitung selbst ermittelt, sondern darüber hinaus im Bauvertrag eine **Mengengarantie** übernommen hat, wie dies teilweise in Besonderen Vertragsbedingungen geschieht. Derartige Mengengarantien lassen meist nicht erkennen, welche rechtlichen Folgen damit verbunden sein sollen. Dabei gibt es verschiedene Möglichkeiten:

2174 • Der Auftragnehmer bestätigt nur seine ohnehin bestehende Verpflichtung, die voraussichtlich anfallenden Mengen ordnungsgemäß und gewissenhaft ermittelt zu haben; dann kann sich zugunsten des Auftraggebers bei schuldhaft unrichtiger Ermittlung zwar theoretisch ein Schadensersatzanspruch gemäß § 280 Abs. 1 (Verschulden bei Vertragsabschluss) ergeben. Rein praktisch scheidet ein solcher aber zumeist aus, weil dem Auftraggeber kein Schaden entstanden ist. Denn immerhin erhält er ja eine Mehrleistung, sodass es sich bei den Mehrkosten zu den Mehrmengen um reine **Ohnehin- oder Sowieso-Kosten** handelt (vgl. dazu BGH, Urt. v. 17.05.1983 – VII ZR 169/82, BGHZ 91, 206, 211 = BauR 1984, 510, 512 = NJW 1984, 2457, 2458 – s. dazu auch oben Rdn. 1545 ff.).

2175 Ein **Schadensersatzanspruch** ist aber auch nicht ausgeschlossen. Dies gilt vor allem in den Fällen, in denen ein etwa zwischengeschalteter Generalunternehmer wegen des Planungsmangels seinerseits im Verhältnis zu seinem Bauherrn keinen Ersatz erhält (vgl. dazu BGH, Urt. v. 12.10.1989 – VII ZR 140/88, BauR 1990, 84, 85 = NJW-RR 1990, 89).

▶ **Beispiel**

Der Bauherr beauftragt einen Generalunternehmer mit der schlüsselfertigen Errichtung einer Wohnanlage zu einem Pauschalfestpreis auf der Basis einer funktionalen Leistungsbeschreibung. Im Rahmen der Angebotserstellung lässt der Generalunternehmer einen Subunternehmer ein Leistungsverzeichnis zu Lüftungsanlagen erstellen und diese von ihm planen. Dieses Leistungsverzeichnis wird Grundlage des Angebots des Generalunternehmers gegenüber dem Bauherrn. Im späteren Verlauf stellt sich heraus, dass der Subunternehmer schuldhaft einzelne Lüftungsauslässe vergessen hat, weswegen er nunmehr Mehrleistungen erbringen muss. Hier steht ihm zwar dem Grunde nach ein Mehrvergütungsanspruch gegen den Generalunternehmer zu. Der Generalunternehmer seinerseits kann jedoch dagegen mit Schadensersatzansprüchen aufrechnen. Diese Schadensersatzansprüche sind nicht ausgeschlossen, weil er selbst die damit verbundenen Mehrkosten aufgrund der geschuldeten schlüsselfertigen Erstellung der Wohnanlage, von der der Subunternehmer wusste, nicht vom Bauherrn ersetzt bekommt. Dabei ist davon auszugehen, dass der Generalunternehmer möglicherweise doch einen höheren Baupreis beim Bauherrn hätte durchsetzen können, wenn er in der Angebotsphase die richtigen Mengen gekannt hätte.

- Die Übernahme einer Garantie für die ermittelten Mengen kann aber auch die Erklärung beinhalten, für die **Richtigkeit der Mengen ohne Verschulden einstehen** zu wollen. Dann ist der Auftragnehmer bei unrichtig ermittelten Mengen dem Auftraggeber auch verschuldensunabhängig zum Ersatz des diesem entstandenen Schadens verpflichtet. In diesem Fall spricht man auch von der Übernahme einer **unselbstständigen Garantie**.
- Schließlich kann die Übernahme einer Mengengarantie bedeuten, dass der Auftragnehmer sich endgültig an die von ihm ermittelten Mengen bindet und nach diesen abzurechnen bereit ist, unabhängig davon, worauf etwaige Änderungen der ermittelten Mengen beruhen. In diesem Fall kommt die Übernahme der Mengengarantie in ihren Wirkungen einem **Pauschalvertrag** sehr nahe, da es letztlich für die Vergütung des Unternehmers nicht mehr auf die tatsächlich ausgeführten Mengen ankommt.

Dieser zuletzt genannte Fall wird jedoch nur selten zu bejahen sein; denn grundsätzlich sind Klauseln mit einer Mengengarantie eng und im Zweifel zulasten des Verwenders von meist vorformulierten Vertragsbedingungen auszulegen (vgl. § 305c Abs. 2 BGB). Immerhin kommt eine solche echte **Mengen- oder auch Höchstmengengarantie** aber bei Einheitspreisverträgen im Zusammenhang mit Sondervorschlägen im Rahmen eines Nebenangebotes des Auftragnehmers in Betracht, wenn man in diesen Fällen nicht einen Pauschalvertrag abschließt.

Daraus folgt zusammengefasst: Der Auftragnehmer kann im Allgemeinen trotz der Mengengarantie seine **Vergütung nach den tatsächlich ausgeführten Mengen** berechnen; er ist jedoch dem Auftraggeber möglicherweise nach § 280 Abs. 1 BGB zum Ersatz des Schadens verpflichtet, der diesem durch die bei der Angebotsbearbeitung falsch ermittelten Mengen entstanden ist, sofern dem Auftragnehmer insoweit ein Verschulden anzulasten ist. Ein solcher Schaden des Auftraggebers besteht aber nicht in den Kosten für diese höheren Mengen; denn diese wären auch bei richtiger Mengenermittlung entstanden (sog. Ohnehin- oder Sowieso-Kosten), sodass ein Schadensersatzanspruch zumeist an der Existenz eines Schadens scheitern wird.

9.4 Nachträge und Preisänderungsmöglichkeiten nach der VOB/B (§ 2 Abs. 3–10 VOB/B) – Überblick

Im Unterschied zum BGB-Werkvertragsrecht enthält § 2 VOB/B eine umfassende Regelung der Vergütungsansprüche des Unternehmers. Sie stellt den Vertragspartnern insbesondere verschiedene Möglichkeiten zur Verfügung, nachträglich unter bestimmten Voraussetzungen eine Anpassung des oder der vereinbarten Preise (Pauschalpreis bzw. Einheitspreise) zu verlangen. Gleichzeitig handelt es sich bei der Preisanpassungsmöglichkeit des § 2 Abs. 5 VOB/B z. B. um den notwendigen Ausgleich für das Anordnungsrecht des Auftraggebers gemäß § 1 Abs. 3 VOB/B, der es dem Auftraggeber ermöglicht, die vom Auftragnehmer auszuführende Leistung nach Vertragsabschluss einseitig durch Änderung des Bauentwurfs zu modifizieren (vgl. Piel, in: Festschrift für Korbion S. 349). Daneben schafft § 2 Abs. 6 VOB/B den finanziellen Ausgleich für die Befugnis des Auftraggebers gemäß § 1 Abs. 4 VOB/B, die Ausführung zusätzlicher Leistungen, die zur Ausführung der vertraglichen Leistung erforderlich werden, einseitig anzuordnen.

2181 Vor einer endgültigen Berechnung des dem Unternehmer zustehenden Vergütungsanspruchs muss also jeweils geprüft werden, inwieweit der Vertragspreis nach § 2 Abs. 3–10 VOB/B anzupassen ist. Die dort vorgesehenen Preisanpassungsmöglichkeiten sind in der Bauvertragspraxis von überragender Bedeutung. Vor diesem Hintergrund sollen im Nachfolgenden die einzelnen Anspruchsgrundlagen für solche Preisänderungen und deren Probleme dargestellt werden. Dazu bedarf es aus rechtlicher Sicht einer scharfen **Trennung dieser Anspruchsgrundlagen**. Denn sie unterscheiden sich sowohl nach ihren Voraussetzungen als auch nach ihren Folgen, wobei aber die Einordnung in der Praxis immer wieder Schwierigkeiten bereitet.

2182

Anspruchsgrundlagen für Preisänderungen/Nachträge				
Bezeichnung	Grundlage	Voraussetzung	Folgen	Erläuterungen dazu bei Rdn.
Lohn- und/oder Materialpreisgleitklausel	Vertragliche Vereinbarung als Bagatell- oder Selbstbeteiligungsklausel		Anpassung des Einheitspreises	2147 ff.
Mindermengen > 10 %	§ 2 Abs. 3 Nr. 3 VOB/B	Mengenminderung ohne Eingriff des AG	Einheitspreiserhöhung auf Verlangen	2190 ff.
Mengenmehrungen > 10 %	§ 2 Abs. 3 Nr. 2 VOB/B	Mengenmehrung ohne Eingriff des AG	Einheitspreisänderung auf Verlangen	2189 ff.
Wegfall von Leistungen und Nullmengen	§ 2 Abs. 4 bzw. § 8 Abs. 1 VOB/B	Selbstübernahme von Leistungen oder Teilkündigung, evtl. auch stillschweigend (Nullmengen)	Vereinbarte Vergütung abzgl. ersparter Aufwendungen	2206 ff.
Leistungsänderung	§§ 1 Abs. 3, 2 Abs. 5 VOB/B	Änderung des Bauentwurfs oder des Leistungsbeschriebs einschl. dadurch bedingter Mengenänderungen oder andere Anordnungen des AG (bzgl. Bauzeit oder Ausführungsart)	Änderung des Einheits- oder Pauschalpreises (vgl. auch § 2 Abs. 7 Nr. 2 VOB/B)	2217 ff., 2332 ff.
Angeordnete notwendige Zusatzleistungen	§§ 1 Abs. 4 S. 1, 2 Abs. 6 VOB/B	Vom AG angeordnete echte, notwendige Zusatzleistung (ggf. Besondere Leistung nach DIN, nicht Nebenleistung) und Ankündigung des zusätzlichen Vergütungsanspruchs durch den AN	Zusätzlicher Vergütungsanspruch (vgl. auch § 2 Abs. 7 Nr. 2 VOB/B)	2286 ff., 2341 ff.

9.4 Nachträge und Preisänderungsmöglichkeiten nach der VOB/B

Anspruchsgrundlagen für Preisänderungen/Nachträge				
Bezeichnung	Grundlage	Voraussetzung	Folgen	Erläuterungen dazu bei Rdn.
Zusatzleistungen ohne Anordnung	§ 2 Abs. 8 Nr. 2 VOB/B	Nachträgliches Anerkenntnis der Zusatzleistung durch den AG oder Notwendigkeit der Leistung und unverzügliche Anzeige	Zusätzlicher Vergütungsanspruch (§ 2 Abs. 5 oder 6 VOB/B), ggf. über Aufwendungsersatzanspruch nach den Regeln der Geschäftsführung ohne Auftrag gem. §§ 683, 670 BGB	2376 ff.
Planungsleistungen des AN	§ 2 Abs. 9 VOB/B i. V. m. § 632 Abs. 2 BGB und HOAI	Erstellung von Zeichnungen, Berechnungen, Unterlagen oder Überprüfung technischer Berechnungen durch den AN nach Verlangen des AG und nicht bereits geschuldete Soll-Leistung nach Vertrag, DIN oder Verkehrssitte	Vergütungsanspruch des AN in Höhe der üblichen Vergütung, also Mindestsätze der HOAI	2395 ff.
Stundenlohnarbeiten	§§ 2 Abs. 10, 15 Abs. 3 und 4 VOB/B	Stundenlohnvereinbarung, evtl. auch angehängte Stundenlohnarbeiten, und unterschriebene oder eingereichte Stundenlohnzettel	Vergütungsanspruch (§ 15 VOB/B)	2398 ff.
Anschlussaufträge bei nicht notwendigen Zusatzleistungen	§ 1 Abs. 4 S. 2 VOB/B i. V. m. §§ 631, 632 BGB	Keine Anordungsbefugnis für AG, stattdessen Zustimmungserfordernis des AN, der diese in seinem Belieben von einer Vergütungsvereinbarung abhängig machen kann, andernfalls übliche Vergütung gern. § 632 Abs. 2 BGB	• Vereinbarte oder übliche Vergütung • Keine Bindung an Kalkulationsgrundlagen	2286 ff.
Schadensersatzanspruch wegen fehlerhafter Ausschreibung	§ 280 Abs. 1 BGB i. V. m. §§ 241 Abs. 2, 311 Abs. 2 BGB (Verschulden bei Vertragsabschluss)	Schuldhaft fehlerhafte Ausschreibung des AG oder seines Planers und Schaden des AN	Schadensersatz in Höhe nicht gedeckter Gemeinkosten	s. dazu vor allem Rdn. 1922 ff.

Anspruchsgrundlagen für Preisänderungen/Nachträge				
Bezeichnung	Grundlage	Voraussetzung	Folgen	Erläuterungen dazu bei Rdn.
Schadensersatzanspruch bei Behinderungen	§ 6 Abs. 6 VOB/B	Behinderung bzw. Störung des Bauablaufs bei AN durch vom AG zu vertretenden Umstand, Behinderungsanzeige gem. § 6 Abs. 1 VOB/B an den AG und Nachweis eines dadurch verursachten Schadens	Schadensersatzanspruch mit Schätzung (§ 287 ZPO)	1975 ff.
Entschädigungsanspruch	§ 642 BGB	Unterbleiben einer geschuldeten Mitwirkungshandlung, so dass AG in Annahmeverzug gerät (Bsp. Mangelhafte Vorunternehmerleistung) sowie bei VOB-Vertrag Behinderungsanzeige (§ 6 Abs. 6 S. 2 VOB/B)	Entschädigungsanspruch des AN ohne Berücksichtigung von Wagnis und Gewinn	2082 ff.

2183 Im vorliegenden Kapitel behandelt werden lediglich die echten Vergütungsnachträge im Sinne des § 2 VOB/B. **Mehrkosten** des Auftraggebers **wegen Behinderungen** wurden demgegenüber schon in Kapitel 8 erörtert, auf das hier verwiesen wird. Dies betrifft auch in diesem Zusammenhang bestehende Mehrvergütungsansprüche nach § 2 Abs. 5 VOB/B (Rdn. 1901 ff.).

Erläutert wird jeweils zugleich die **Rechtslage zum BGB-Vertrag**. Denn dort kann es ebenso zu Mehrvergütungsansprüchen infolge von Mehrleistungen, Leistungsänderungen oder Leistungen ohne Auftrag kommen. Der Umgang damit ist einerseits einfacher, da mangels gesetzlicher Regelung keine Einordnung in Fallgruppen entsprechend den Regelungen der VOB erforderlich ist. Andererseits zeigt sich gerade bei Leistungsabweichungen gegenüber dem Ausgangsvertrag in Verbindung mit zusätzlichen Vergütungsansprüchen des Auftragnehmers die Stärke der VOB: Denn infolge fehlender einschlägiger Regelungen muss bei den vorgenannten Fallgruppen auf das allgemeine, für die Baubeteiligten nur schwer greifbare Rechtsinstitut der **Störung der Geschäftsgrundlage**, die Geschäftsführung ohne Auftrag oder das Bereicherungsrecht zurückgegriffen werden.

9.5 Die Änderung des Einheitspreises nach § 2 Abs. 3 VOB/B

2184 Die Bestimmung des § 2 Abs. 3 VOB/B gilt nur für den Einheitspreisvertrag und nur bei Vereinbarung der VOB/B als Vertragsgrundlage. Sie gibt die Möglichkeit, eine Änderung des vereinbarten Einheitspreises zu verlangen, wenn sich die im Vertrag, also in der Regel im Leistungsverzeichnis, vorgesehenen Mengenansätze bei der Bauausführung um mehr als 10 % nach oben oder unten verschieben. Dabei gilt § 2 Abs. 3 VOB/B aber nur dann, wenn das **Leistungsziel unverändert**, also ohne jeden Eingriff des Auftraggebers geblieben ist. Beim **BGB-Werkvertrag** findet § 2 Abs. 3 VOB/B **keine Anwendung**.

9.5 Die Änderung des Einheitspreises nach § 2 Abs. 3 VOB/B

9.5.1 Preisänderungen bei Mehr- und Mindermengen bei gleichem Leistungsziel

§ 2 Abs. 3 VOB/B beruht auf der Erkenntnis, dass die Kalkulation des Auftragnehmers von einem bestimmten, durch das Leistungsverzeichnis umrissenen Rahmen des Leistungsumfanges bei den einzelnen Positionen ausgeht. Dabei werden die Baustelleneinrichtungs- und die Baustellengemeinkosten sowie sonstige Allgemeinkosten als Fixkosten auf die einzelnen Positionen umverteilt und in die Einheitspreise eingerechnet. Es liegt deshalb auf der Hand, dass dann, wenn sich die Mengenansätze bei den Einzelpositionen in größerem Umfang nach oben oder unten verändern, diese Kalkulation nicht mehr stimmen kann. Bei spürbar größeren Mengen als im Vertrag vorgesehen würde der Auftragnehmer häufig unangemessen besser gestellt; dagegen müsste er bei erheblich kleineren Mengen Nachteile hinnehmen (Kapellmann/Messerschmidt/Kapellmann, § 2 VOB/B Rn. 141). Dies berührt bei einer entsprechenden Größenordnung der Mengenänderungen letztlich die Geschäftsgrundlage des Vertrages. Deswegen stellt sich die Regelung des § 2 Abs. 3 VOB/B als eine genauere Ausgestaltung des sich sonst aus § 242 BGB (Treu und Glauben) bzw. § 313 BGB ergebenden Anspruchs der Vertragspartner auf **Vergütungsanpassung wegen Wegfalls oder Änderung der Geschäftsgrundlage** dar. Vor diesem Hintergrund wird nur die Grenze, von der an eine solche Störung der Geschäftsgrundlage vorliegt, durch die Vereinbarung der VOB/B auf 10 % festgelegt: Denn § 2 Abs. 3 Nr. 1 VOB/B bestimmt zunächst als Grundsatz, dass der vertraglich vereinbarte Einheitspreis unverändert bleibt, wenn die ausgeführte Menge der unter einem Einheitspreis erfassten Leistung oder Teilleistung um nicht mehr als 10 % von dem im Vertrag vorgesehenen Umfang abweicht. Versteht man danach, dass § 2 Abs. 3 VOB/B letztlich eine besondere vertragliche Ausgestaltung des Anpassungsanspruchs wegen der Störung der Geschäftsgrundlage ist, ist verständlich, dass eine weiter gehende Preisanpassung wegen Störung der Geschäftsgrundlage infolge von Mengenänderungen bei gleich bleibendem Leistungsziel in einem VOB-Vertrag in aller Regel (s. zu Ausnahmen sogleich Rdn. 2197 ff.) nicht mehr in Betracht kommt (BGH, Urt. v. 18.12.1986 – VII ZR 39/86, BauR 1987, 217, 218 = NJW 1987, 1820; OLG Nürnberg, Urt. v. 24.11.2006 – 2 U 1723/06, BauR 2007, 882).

Mit der Möglichkeit, unter bestimmten Voraussetzungen bei veränderten Mengen den Einheitspreis nachträglich zu ändern, trägt § 2 Abs. 3 VOB/B zugleich der Tatsache Rechnung, dass die Mengenangaben im Leistungsverzeichnis nicht verbindlich sind, sodass stets mit solchen Veränderungen gerechnet werden muss.

> **Beispiel**
>
> 500 m² Pflasterarbeiten sind ausgeschrieben. Der Auftragnehmer kalkuliert die Einzelkosten der Teilleistung (EKT) mit 60 €/m² und berechnet die Baustelleneinrichtungs-, Baustellengemeinkosten und die Allgemeinen Geschäftskosten als Fixkosten mit 5 000 €. Er bietet die Leistung zu einem Einheitspreis von 70,- €/m² an. Dies ergibt einen Positionspreis von 35 000 € (70 €/m² × 500 m² mit Gemeinkosten von fix 5 000 € und 60 €/m² × 500 m² für die EKT). Nach Auftragserteilung stellt sich bei der Ausführung heraus, dass die Fläche nicht 500 m², sondern 600 m² groß ist. Der Unternehmer würde jetzt 42 000 € verlangen können (70 €/m² × 600 m²). Dabei hätte er einen zusätzlichen Gewinn von 1 000 €, wenn sich die Allgemeinkosten nicht erhöht haben. Wäre die ausgeführte Fläche nur 250 m², so hätte er einen entsprechenden Verlust. Denn nunmehr müsste er die Allgemeinkosten eigentlich mit 20 €/m² umlegen, nicht wie ursprünglich kalkuliert mit nur 10 €/m².

Die durch diese Mehr- oder Mindermengen bei gleich bleibendem Leistungsziel entstehenden Unbilligkeiten aus Kostenüber- oder -unterdeckung versucht § 2 Abs. 3 VOB/B auszugleichen (vgl. dazu Olshausen, VDI-Bericht Nr. 458, S. 49 ff.) – mit folgender Systematik:

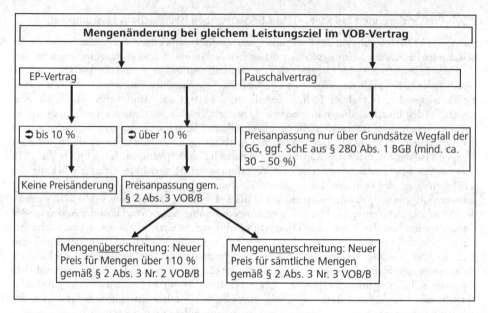

- **Keine Preisanpassung für Mengenänderungen unter 10 %**

2187 Zunächst legt § 2 Abs. 3 Nr. 1 VOB/B eine Grenze von 10 % fest, bis zu deren Erreichen sich Veränderungen der Mengen auf den Einheitspreis nicht auswirken, dieser also unverändert bleibt. Nur dann, wenn diese Grenze überschritten wird, greift § 2 Abs. 3 Nr. 2 oder 3 VOB/B ein.

- **Rechtzeitiges Verlangen nach EP-Änderung**

2188 Wird die 10 %-Grenze überschritten, muss einer der beiden Vertragspartner bzw. bei Mindermengen der Auftragnehmer die Änderung des Einheitspreises verlangen. Eine zeitliche Grenze gibt es für dieses Verlangen nicht, wenn man von Fällen der Verwirkung absieht (BGH, Urt. v. 14.04.2005 – VII ZR 14/04, BauR 2005, 1152, 1154 = NJW-RR 2005, 1041, 1042). Richtigerweise wird dieses Verlangen aber wohl spätestens **mit der Abrechnung der betroffenen Teilleistung** zu erfolgen haben.

- **Preisanpassung bei Mehrmengen (§ 2 Abs. 3 Nr. 2 VOB/B)**

2189 Kommt es zu Mehrmengen von über 10 %, kann nach § 2 Abs. 3 Nr. 2 VOB/B ein dann berechtigtes Preisanpassungsverlangen nicht für sämtliche Restmengen geltend gemacht werden. Vielmehr kann eine **Preisanpassung nur für die über 110 % hinausgehenden Mengen** gefordert werden, während es für die Mengen bis zu 110 % bei dem ursprünglichen Einheitspreis bleibt (§ 2 Abs. 3 Nr. 2 VOB/B). Ansonsten ist es aber ein Irrtum, dass bei Mehrmengen (nur) der Auftraggeber ein Preisanpassungsverlangen aussprechen könnte. Dies wird zwar die Regel sein, weil bei Mengenüberschreitungen bezüglich der Mehrmengen zumindest vielfach keine weiteren über die Ursprungsmengen schon abgedeckten fixen Baustellengemeinkosten anfallen werden.

> **Beispiel**
>
> Die Baustelleneinrichtung, die anteilig in den verschiedenen Einheitspreisen berücksichtigt ist, muss nicht deswegen teurer werden, weil statt 20 nunmehr 40 Kernbohrungen erfolgen müssen. Folglich wären bei 18 Kernbohrungen (2 Stück fallen unter die 10 %-Grenze) der Anteil von Baustellengemeinkosten herauszurechnen, wodurch sich eine Absenkung des Einheitspreises ergibt.
>
> Zwingend ist dies aber keinesfalls. Im Gegenteil: Auch der Auftragnehmer kann z. B. bei reinen Mehrmengen (und gleich bleibendem Leistungsziel) ein ganz erhebliches Interesse an dem Preisanpassungsverlangen des § 2 Abs. 3 Nr. 2 VOB/B haben. Dies gilt vor allem, wenn sich seine

9.5 Die Änderung des Einheitspreises nach § 2 Abs. 3 VOB/B

Kalkulation gerade auf die ausgeschriebenen Massen bezog und Mehrmengen dort nicht mehr abgedeckt werden können.

▶ **Beispiel**

Gegenstand des Bauvertrages ist der Aushub von 25 000 m³ Boden. Hierfür kann der Auftragnehmer eine Deponie nutzen, die sich ca. 300 m vom Baufeld entfernt befindet. Während der Baumaßnahme stellt sich heraus, dass tatsächlich 34 000 m³ anfallen. Die in der Nähe befindliche Deponie hat aber keine weiteren Lagerflächen mehr, weswegen der Auftragnehmer eine weitere Deponie in 3 km Entfernung nutzen muss. Auch hier muss der Auftragnehmer 27 500 m³ (Grundmenge von 25 000 m³ zzgl. 10 %) zum alten Preis abrechnen. Für die verbleibende Mehrmenge kann er dann aber einen neuen Preis unter Berücksichtigung der ihn treffenden Mehrkosten (weitere Fahrt, ggf. höhere Deponiekosten) verlangen. Demgegenüber fallen in einem solchen Fall preissenkende Faktoren wie etwa fixe Baustellengemeinkosten kaum ins Gewicht.

- **Preisanpassung bei Mindermengen (§ 2 Abs. 3 Nr. 3 VOB/B)**
Bei der Mengenunterschreitung um mehr als 10 % ist es fast ausschließlich der Auftragnehmer, der ein entsprechendes Preisverlangen äußert. Denn dieses beruht darauf, dass seine in den Ausschreibungsmengen kalkulierten Gemeinkosten jetzt wegen der Mindermengen nicht mehr abgedeckt sind. Infolgedessen ist verständlich, dass – soweit die Freimenge von 10 % überschritten wird – die **gesamte tatsächlich ausgeführte Leistung nach dem neu zu bestimmenden Einheitspreis** berechnet wird (§ 2 Abs. 3 Nr. 3 VOB/B), ohne dass der Unternehmer einen Eigenanteil der Allgemeinkosten tragen muss (vgl. OLG Hamm, Urt. v. 17.11.1983 – 24 U 118/83, BauR 1984, 211). Die Erhöhung des Einheitspreises soll dann in der Regel dem Mehrbetrag entsprechen, der sich durch die Verteilung der insgesamt anfallenden Kosten auf die nunmehr verringerte Menge ergibt. Folglich erscheint es auch sachgerecht, obwohl nicht ausdrücklich in § 2 Abs. 3 Nr. 2 VOB/B erwähnt, den ausfallenden **Gewinnanteil** der nicht ausgeführten Menge ebenfalls mit einzubeziehen (Ingenstau/Korbion/Keldungs, VOB/B § 2 Abs. 3 Rn. 42). **Nicht hingegen gilt das für das Wagnis**, da sich dieses durch die nicht erbrachte Menge insoweit nicht erhöht. Sodann sieht § 2 Abs. 3 Nr. 3 S. 1 VOB/B eine Erhöhung des Einheitspreises wegen Mengenunterschreitung allerdings nur vor, soweit der Auftragnehmer nicht durch **Erhöhung der Mengen bei anderen Positionen** oder in anderer Weise **einen Ausgleich erhalten** hat. Zu ersteren zählen allerdings nur Mengenüberschreitungen bei anderen Positionen, die ihrerseits über 10 % hinausgehen und für die nicht bereits nach § 2 Abs. 3 Nr. 3 VOB/B ein neuer Einheitspreis vereinbart worden ist (BGH, Urt. v 18.12.1986 – VII ZR 39/86, BauR 1987, 217 f. = NJW 1987, 1820). Eine Kompensation »in anderer Weise« findet dagegen etwa statt, soweit der Auftragnehmer einen Ausgleich für nicht gedeckte Gemeinkosten durch zusätzliche Vergütungsansprüche nach geänderten oder zusätzlichen Leistungen gemäß § 2 Abs. 5 und 6 VOB/B erhält (BGH, Urt. v. 26.01.2012 – VII ZR 19/11, BauR 2012, 640, 642 = NJW 2012, 1348, 1349 m. kritischer Anm. Kandel = NZBau 2012, 226, 228).

Ein Sonderfall der Mengenreduzierung stellt die Situation dar, dass eine in der Ausschreibung angenommene **Position gar nicht anfällt**, also – ohne Zutun des Auftraggebers (sonst geht es um Fälle der Vergütungsanpassung des § 2 Abs. 4 ff. VOB/B) – sich auf Null reduziert.

▶ **Beispiel**

Bei der Herstellung einer Bundesautobahn fallen ausgeschriebene Abdichtungsarbeiten nicht an. Der Auftragnehmer möchte insoweit einen Ersatz für ihm entstandene Baustellengemeinkosten, AGK u. a., die er anteilig in diese Position einkalkuliert hatte.

Hätte sich die Menge auf z. B. 10 % reduziert, hätte der Auftragnehmer diese ihm verbleibenden Kosten wie gezeigt nach § 2 Abs. 3 Nr. 3 VOB/B auf den Einheitspreis der verbliebenen Menge umlegen können. Bei einer **Mengenreduzierung auf Null** funktioniert das nicht. Denn ist der Mengenansatz Null, kann man ihn mit einem beliebig erhöhten Einheitspreis multiplizieren: Das Ergebnis bleibt dann Null. § 2 Abs. 3 Nr. 3 VOB/B läuft also in diesen Fällen leer. Zur Lösung dieses Problems wird teilweise vorgeschlagen, diese Sachverhalte des Wegfalls einer Position aus tatsächlichen Gründen als eine Teilkündigung nach § 8 Abs. 1 VOB/B/§ 649 BGB anzusehen. Dies hätte zur Folge, dass dem Auftragnehmer bezogen auf diese Position der volle Vergütungsanspruch abzüglich ersparter Aufwendungen zustände (Kapellmann/Messerschmidt/Lederer, VOB/B § 8 Rn. 22). Ein direkter Rückgriff auf § 8 Abs. 1 VOB/B scheidet jedoch aus, da der Auftraggeber überhaupt nicht gekündigt hat und eine Kündigung stets eine bewusste Handlung voraussetzt. Da dieser Fall jedoch ansonsten nicht geregelt ist, ist es geboten, den **Vertrag ergänzend auszulegen**. Es ist darauf abzustellen, was die Parteien bei einer angemessenen Abwägung ihrer Interessen nach Treu und Glauben als redliche Vertragspartner vereinbart hätten, wenn sie den nicht geregelten Fall bedacht hätten (Palandt/Ellenberger, § 157 Rn. 7 m. w. N.). Allein insoweit ist es dann richtig, dass dem Auftragnehmer auch in diesem Ausnahmefall die von ihm für die entfallenen Leistungen kalkulierten Deckungsanteile u. a. nicht versagt werden, die ihm bei einer verbleibenden Restmenge etwa von 1 % noch voll erstattet würden. Dies führt dazu, dass dem Auftragnehmer in **entsprechender Anwendung des § 2 Abs. 3 Nr. 3 VOB/B** auch für solche Nullmengen eine Vergütung zusteht. Das aber heißt zugleich, dass der Auftragnehmer wie schon zuvor nach § 2 Abs. 3 Nr. 3 S. 1 VOB/B keinen Ausgleich verlangen kann, wenn er durch die Erhöhung von Mengen anderer Positionen (dort mit Mehrmengen von über 110 %) oder in anderer Weise (z. B. wegen Vergütungsansprüchen zu Nachträgen) einen Ausgleich erhält (BGH, Urt. v. 26.1.2012 – VII ZR 19/11, BauR 2012, 640, 641 f. = NJW 2012, 1348, 1349 m. kritischer Anm. Kandel = NZBau 2012, 226, 228; eher zustimmend dagegen Jansen, NZBau 2012, 345; ebenso Wagner, ZfBR 2012, 321).

- **Mittelbare Anpassung für abhängigen Pauschalpreis (§ 2 Abs. 3 Nr. 4 VOB/B)**

2192 Nicht selten hängen von Einheitspreispositionen Folgeleistungen ab, für die dann eine Pauschale gebildet wurde. Auch insoweit können sich Mengenänderungen der zugrunde liegenden Einheitspreispositionen auf diese Pauschale auswirken.

> **Beispiel**
>
> Für Ausbesserungsarbeiten an einer Wand sind Putzarbeiten erforderlich. Hierfür wurde ein Einheitspreis vereinbart. Die so ausgebesserten Stellen sollen anschließend noch gestrichen werden. Hierfür ist eine Pauschale vorgesehen. Wenn jetzt die auszubessernden Flächen um ein Mehrfaches gegenüber der Ausschreibung höher liegen als zunächst angenommen, erhält der Auftragnehmer für die Putzarbeiten natürlich die Mehrmengen bezahlt. Bei der Pauschale hingegen ginge er leer aus, wenn er jetzt nicht nach § 2 Abs. 3 Nr. 4 VOB/B eine Anpassung verlangen könnte. Denn es liegt auf der Hand, dass der vereinbarte Preis auch für diese Bezugsmenge wegen Erhöhung der Grundmenge nicht mehr gelten kann.

- **Vereinbarungserfordernis in Anlehnung an die Preise der Urkalkulation**

2193 § 2 Abs. 3 Nr. 2 und 3 VOB/B sieht vor, dass die Parteien einen neuen Einheitspreis zu vereinbaren haben. Dabei ist von den Preisermittlungsgrundlagen des bisherigen Einheitspreises auszugehen. Dies folgt schon daraus, dass der neue Preis unter Berücksichtigung der Mehr- oder Minderkosten zu vereinbaren ist (vgl. § 2 Abs. 3 Nr. 2 VOB/B). Hieraus ergibt sich, dass also jenseits dieser wegen Mehrmengen entstehenden Mehr- oder Minderkosten der Vertrag im Übrigen einschließlich seiner Grundlagen, d. h. auch seiner Kalkulationsgrundlagen, unverändert bleiben soll. Folglich bleibt der Auftragnehmer in allen Fällen der Preisanpassung an die von ihm **ursprünglich zugrunde gelegte Kalkulation gebunden** (BGH, Urt. v. 20.03.1969 – VII ZR 29/67, SFZ 2.311 Bl. 31), die er im Zweifel offenzulegen hat (OLG München, Urt. v. 14.07.1993 – 27 U 191/92, BauR 1993, 726, 727). Das heißt: Es ist ihm nicht möglich, über die Preisanpassung nach § 2 Abs. 3 VOB/B aus einem schlechten einen guten Preis zu machen (i. E. ebenso Ingenstau/Korbion/Keldungs, VOB/B § 2 Abs. 3 Rn. 18 ff.; Heiermann/Riedl/Rusam/Kuffer, B § 2 Rn. 118).

Kommt eine solche Einigung über den neuen Einheitspreis nicht zustande, so könnte man annehmen, dass eine etwaige Klage auf Abschluss einer diesbezüglichen Vereinbarung gerichtet sein muss. Dies ist jedoch nicht so: Stattdessen kann der **neue Preis bereits unmittelbar zum Gegen-**

stand eines Rechtsstreits gemacht werden (BGH, Urt. v. 14.04.2005 – VII ZR 14/04, BauR 2005, 1152, 1153 f. = NJW-RR 2005, 1041, 1042). Allerdings ist das in § 2 Abs. 3 vorgesehene Vereinbarungserfordernis nicht gänzlich ohne Bedeutung: Denn hieran zeigt sich deutlich, dass ganz offenbar den Parteien dazu auch ein gewisser Spielraum eingeräumt werden soll. Das aber heißt, dass der sich aus den Mehr- und Minderkosten ergebende neue Einheitspreis bei reinen Mengenveränderungen nicht von vornherein festzustehen braucht. Wenn sich also die Parteien über einen neuen anzupassenden Einheitspreis nicht verständigen können, die Vergütungsklage aber zugleich auf den neuen Preis gestützt werden kann, wird dessen **Festlegung letztlich durch das Gericht nach billigem Ermessen** (§ 315 BGB) zu erfolgen haben (OLG Celle, Urt. v. 22.07.1980 – 14 U 44/80, BauR 1982, 381, 382; OLG München, Urt. v. 14.7.1993 – 27 U 191/92, BauR 1993, 726, 727; ebenso: Ingenstau/Korbion/Keldungs, VOB/B § 2 Abs. 3 Rn. 32; Heiermann/Riedl/Rusam/Kuffer, VOB/B § 2 Rn. 117, a. A. Kapellmann/Schiffers, Bd. 1, Rn. 1000, die meinen, dass der neue Preis auf der Basis der Urkalkulation von vornherein feststünde und in einem Vergütungsprozess »nur« gefunden werden müsste).

9.5.2 Ergänzende Preisanpassung vor allem bei Mengensteigerungen

Vorstehende Systematik wird nicht in allen Fällen zu rechtlich tragfähigen Ergebnissen führen. Dies gilt jeweils dann, wenn sich durch den Rückgriff auf die vertraglich vereinbarten Preisgrundlagen ein **grobes Missverhältnis zwischen Leistung** und sich dann rechnerisch ergebender **Vergütung** zeigen würde. Zwei Fälle sollen hier betrachtet werden:

2194

9.5.2.1 Sittenwidrig überhöhter Einheitspreis

Die Anknüpfung an einen zunächst kalkulierten Einheitspreis für Mehrmengen – selbst mit einer Anpassung nach § 2 Abs. 3 Nr. 2 VOB/B – ist selbstverständlich auch an allen sonstigen rechtsgeschäftlichen Grenzen zu messen. Dies gilt erst recht und ganz maßgeblich, wenn der Auftragnehmer möglicherweise sogar **vorsätzlich auf Lücken oder Fehler in der Leistungsbeschreibung spekuliert** und dadurch versucht hat, bis weithin in ganz und gar unverhältnismäßigen Größenordnungen einen Preisvorteil zu erlangen. Solche Mengenspekulationen mögen zwar nicht verboten sein; sie können aber unter Anwendung der ansonsten vertraglich vereinbarten Regelungen nunmehr zu einer Vergütung führen, die wegen ihrer Höhe zu den anfallenden Mehrmengen in keinerlei Verhältnis mehr steht.

2195

> ▶ **Beispiel (nach BGH, Urt. v. 18.12.2008 – VII ZR 201/06, BGHZ 179, 213 = BauR 2009, 491 = NJW 2009, 835 = NZBau 2009, 232)**
>
> Der Auftraggeber beauftragte die Klägerin mit Tiefbauleistungen. Gegenstand war die Lieferung und Verlegung von 200 kg Betonstahl zu einem Einheitspreis von 2.210 DM/kg. Tatsächlich fällt eine Gesamtmenge von 1.429 kg an. Der Auftragnehmer (der vermutlich den kg- mit dem Tonnenpreis verwechselt hatte; angemessen waren nämlich Preise für diese Leistung von etwa 2,50 DM/kg) verlangte nunmehr den mit gewissen Abschlägen für Gemeinkosten erhöhten Gesamtpreis von 1.429 kg × 2.210 DM/kg.

Der BGH lehnte dies ab. Unterstellt, dass tatsächlich ein reiner Fall der Mengenmehrung vorgelegen hat (das allerdings dürfte in dem vorgenannten Fall mehr als zweifelhaft gewesen sein, s. dazu näher Rdn. 2282 ff.), kann auch die **Vereinbarung eines einzelnen Einheitspreises schlicht sittenwidrig und nichtig** sein (a. A. Kapellmann, NJW 2009, 1380; ebenso: Kapellmann/Schiffers, Bd. 1 Rn. 1049/608). Zwar reicht die Überhöhung für sich zur Annahme der Sittenwidrigkeit nicht aus; bei einem Bauvertrag gilt jedoch dann etwas anderes, wenn wie in dem entschiedenen Sachverhalt der Auftragnehmer bei einer über 800 fachen Überschreitung des vereinbarten gegenüber einem angemessenen Preis ganz offensichtlich in sittenwidrig verwerflicher Weise auf Mehrmengen zu dieser Position einseitig zum Nachteil des Auftraggebers spekuliert oder dazu sogar Gewissheit hat. Insoweit verstößt er dann nämlich gegen die ihn treffende **Kooperationspflicht**, wenn er ggf. sogar ihm bekannte schwere Ausschreibungsmängel dazu ausnutzt, unverhältnismäßige (exorbitante) Preisvorteile zu erzielen. Ob damit niedrige Preise in anderen Positionen ausgeglichen werden, ist unbeachtlich (BGH, Urt. v. 18.12.2008 – VII ZR 201/06, BGHZ 179, 213, 216 = BauR 2009, 491, 492 = NJW 2009, 835, 836 = NZBau 2009, 232, 233).

2196 Ist die danach dazu vorliegende Preisvereinbarung zu dem völlig überzogenen Einheitspreis nichtig, ist die Vergütung abweichend von den vertraglichen Regelungen nicht in dem gerade noch zulässigen Höchstmaß festzusetzen: Dafür gibt es infolge der Nichtigkeit der entsprechenden Preisregelung keinen Anhaltspunkt. Stattdessen bleibt nur ein **Rückgriff auf den üblichen Preis in Anlehnung an § 632 Abs. 2 BGB** (BGH, a. a. O.). Dies betrifft aber nur den Preis für die Mehrmengen, weil nur in Bezug auf diese das spekulative Element eine Rolle spielt; demgegenüber bleibt der ggf. überhöhte, aber eben vereinbarte Einheitspreis für die ausgeschriebene Menge zumindest insoweit zunächst erhalten (es sei denn, er ist für sich genommen ebenfalls sittenwidrig; nur hat das dann mit der Mehrmenge und der Spekulation des Auftragnehmers darauf nichts zu tun). Dabei mag allerdings davor gewarnt werden, dass jetzt jeder höhere (als der ortsübliche) Preis gleich als sittenwidrig angesehen wird. Auch die Bestimmung fester Quoten (z. B. ab dem 10 fach überhöhten Preis) führt nicht weiter. Denn Gegenstand der Rechtsprechung ist es nicht, die Freiheit des Auftragnehmers zu seiner Preiskalkulation über Gebühr einzuschränken. Vielmehr geht es allein um die Verwerfung von Preisvereinbarungen, die erst in **Ausnutzung erkannter Ausschreibungsmängel** zustande gekommen sind und dabei das **angemessene/erträgliche Maß** deutlich überschreiten (was bei einem Faktor 800, aber auch schon bei einem Faktor 200 zu bedeutenden Positionen mit Sicherheit der Fall ist). Nur das ist das Prüfkriterium, nicht aber für sich genommen erhöhte Preisansätze (vgl. aber etwa OLG München, Urt. v. 20.7.2010 – 13 U 4489/08, BauR 2011, 684, 686, das eine 6,87 fache Überhöhung prüft). Diese können (wie in dem vom BGH entschiedenen Fall mit einer 800 fachen Überhöhung und Millionenmehrforderungen) allenfalls ein Indiz für die Sittenwidrigkeit sein; es kann aber z. B. widerlegt werden, wenn der Auftragnehmer darlegt, dass es um keinen Ausschreibungsmangel gegangen ist, er seriös kalkuliert hat u. a. (s. dazu auch BGH, Beschl. v. 25.03.2010 – VII ZR 160/09, BauR 2010, 1227 = NZBau 2010, 367, 368) oder sonst Sonderfaktoren für die Preisbildung (z. B. Winterbaumaßnahmen) vorlagen – wobei eine solche Widerlegung bei einer 800 fachen Überhöhung wohl in der Praxis kaum möglich sein dürfte (sehr zweifelnd auch BGH, a. a. O. entgegen OLG Jena, Urt. v. 11.08.2009 – 5 U 899/05, BauR 2010, 1224, 1226 = NZBau 2010, 376, 379). Ebenso dürfte die Indizwirkung entfallen z. B. für Centpositionen zu wirtschaftlich auch nach der Leistungsänderung unbedeutenden Nebenleistungen in umfangreichen Vertragswerken, die ggf. nur aus Nachlässigkeit mit dem Faktor x über dem angemessenen Preis liegen, aber insgesamt den Gesamtpreis nicht prägen (s. aber etwa OLG Nürnberg, Beschl. v. 08.03.2010 – 2 U 1709/09, BauR 2010, 1638, das bei einer 8 fachen Überhöhung und der Tatsache, dass es infolge dieser Mehrmengenposition zu einer Gesamtpreissteigerung von 13 % kam, von einer Sittenwidrigkeit ausging).

9.5.2.2 Weitere Anpassung über Wegfall der Geschäftsgrundlage

2197 Liegt danach im Fall erheblicher Mengensteigerungen kein Fall der Sittenwidrigkeit vor, ist weiter stets zu prüfen, ob nicht – gerade im Fall reiner Mengenmehrungen – der Einheitspreis nicht aus sonstigen Gründen, und zwar vor allem über das Institut des Wegfalls/der Änderung der Geschäftsgrundlage – anzupassen ist.

> ▶ Beispiel (in Anlehnung an BGH, Beschl. v. 23.03.2011 – VII ZR 216/08, BauR 2011, 1162 = NJW-RR 2011, 886 = NZBau 2011, 353):
>
> Für die Abfallentsorgung einer Großbaustelle war bei einem VOB-Vertrag für eine Menge gemäß LV von 5 to ein Einheitspreis von 2.413 €/t vereinbart worden. Der AN kann später die Mengen für 62,10 €/t entsorgen. Tatsächlich fallen 610 t an. Hierfür verlangt der AN den vereinbarten Einheitspreis.

Der BGH widerspricht dem. Losgelöst von vorgenannter Rechtsprechung zur Sittenwidrigkeit sei in solchen Fällen der vereinbarte Einheitspreis wegen Wegfalls/Änderung der Geschäftsgrundlage infolge der exorbitant gestiegenen Mengen anzupassen (BGH, Beschl. v. 23.03.2011 – VII ZR 216/08,

9.5 Die Änderung des Einheitspreises nach § 2 Abs. 3 VOB/B

BauR 2011, 1162, 1163 = NJW-RR 2011, 886, 887 = NZBau 2011, 353; dazu auch Steffen/Hofmann, BauR 2012, 1). Diese Vorgehensweise überrascht zunächst. Denn bisher hatten Rechtsprechung und Literatur einhellig vertreten, dass bereits die Preisanpassungsregelung des § 2 Abs. 3 VOB/B für Mengensteigerungen eine besondere Ausgestaltung des sich aus §§ 242, 313 BGB ergebenden Anspruchs auf Vergütungsanpassung wegen Änderung der Geschäftsgrundlage darstelle und deswegen eine weitere Anpassung aus diesem Grunde ausscheide (vgl. etwa BGH, Urt. v. 20.03.1969 – VII ZR 29/67, WM 1969, 1019, 1020, zuletzt BGH, Urt. v. 18.12.2008 – VII ZR 201/06, BGH, Urt. v. 18.12.2008 – VII ZR 201/06, BGHZ 179, 213, 228 = BauR 2009, 491, 497 = NJW 2009, 835, 839 = NZBau 2009, 232, 233; s. auch zuvor Rdn. 2185). Jetzt also scheint dieser Grundsatz aufgegeben zu werden. Doch dürfte dies in dieser Allgemeinheit nicht zutreffen. Auch der BGH stellt in vorgenannter Entscheidung ausdrücklich klar, dass eine **Vertragsanpassung über die Grundsätze des Wegfalls der Geschäftsgrundlage** nicht in Betracht kommt, soweit die Frage der Preisgestaltung bei Massenüberschreitungen wie im VOB-Vertrag nach § 2 Abs. 3 VOB/B geregelt sei (BGH, Beschl. v. 23.03.2011 – VII ZR 216/08, BauR 2011, 1162, 1163 = NJW-RR 2011, 886, 887 = NZBau 2011, 353). Gemeint ist stattdessen etwas anderes. Denn auch unabhängig von § 2 Abs. 3 VOB/B und der danach für einen Einheitspreisvertrag typischen Vergütungsanpassung nach Mengenänderungen ist es denkbar, dass die Bauvertragsparteien bei Vertragsschluss ihrem Vertrag mit einem konkret vereinbarten außerordentlich hohen (oder niedrigem) Preis eine bestimmte Menge oder Größenordnung zugrunde gelegt haben. Eine solche Vorgehensweise unterliegt der freien Preisvereinbarung und ist – soweit nicht Fälle der zuvor geschilderten Sittenwidrigkeit vorliegen (Rdn. 2195) – nicht zu beanstanden. In solchen Ausnahmefällen kann nunmehr aber erstens der ungewöhnlich hohe oder niedrige Preis zweitens aufgrund von gegenüber dem Leistungsverzeichnis angegebener ganz außerordentlicher Mengenverschiebungen in die ein oder andere Richtung – und zwar unabhängig von § 2 Abs. 3 VOB/B – drittens zu einer nachhaltigen Störung des Äquivalenzverhältnisses zwischen Leistung und Gegenleistung führen. Allein in diesem Fall wird man somit unter **Einhaltung dieser drei Voraussetzungen (außergewöhnlicher Einheitspreis/ganz erhebliche Mengenabweichung/Äquivalenzstörung Leistung/Vergütung)** letztlich doch nicht umhin kommen, als jetzt diesen außerordentlich überhöhten (oder niedrigen) **Einheitspreis** über das danach noch anwendbare Institut des Wegfalls/der **Änderung der Geschäftsgrundlage** anzupassen. Denn nur dadurch wird das Gleichgewicht zwischen Leistung und Gegenleistung wieder hergestellt werden können. Dies ist ein ganz allgemeiner Grundsatz des Zivilrechts, der in einem VOB-Vertrag mit oder ohne § 2 Abs. 3 VOB/B genauso eingreift wie in sonstigen Vertragsverhältnissen (a. A. immerhin Franz/Kues, BauR 2010, 678, 687, die hier eine unbedingte Festhaltung am vereinbarten Preis fordern).

Die vorstehende Rechtsprechung ist also einerseits zu beachten, weil losgelöst von der zuvor erläuterten Sittenwidrigkeitsrechtsprechung des BGH es dabei auf ein sittlich verwerfliches Gewinnstreben des Auftragnehmers nicht ankommt. Andererseits ist es natürlich denkbar, dass ein Einheitspreis losgelöst von § 2 Abs. 3 VOB/B auch deutlich nach oben anzupassen ist. Allerdings wird man ebenso wie bei der Sittenwidrigkeitsrechtsprechung beachten müssen, dass diese Rechtsprechung gleichfalls nur einen **ganz engen Anwendungsbereich** haben wird. Denn **keinesfalls** fallen hierunter die **üblichen Abweichungen** von ausgeführter Ist-Menge zu angenommener Schätzmenge gemäß Leistungsverzeichnis bei einigermaßen nachvollziehbaren Preisen. Auch muss der ermittelte Positionspreis infolge der Mengenänderung schon signifikant von einer real zu ermittelnden angemessenen Vergütung abweichen – oder, wie es der BGH ausdrückt, zu einer außergewöhnlichen Preisbildung führen (BGH, Beschl. v. 23.03.2011 – VII ZR 216/08, BauR 2011, 1162, 1163 = NJW-RR 2011, 886, 887 = NZBau 2011, 353). Nur dann kann nämlich mit hinreichender Sicherheit angenommen werden, dass sich die Parteien in Kenntnis dieser Umstände (geänderte Mengen) beidseitig auf einen anderen (angemessenen) Preis als Grundlage ihrer Vergütung eingelassen hätten. Somit wird man davon auszugehen haben, dass die Differenz zwischen Positionspreis mit Mengenänderung und Vertragspreis einerseits und angemessener Vergütung für diese Position unter Berücksichtigung der geänderten Mengen (nur darauf kommt es nach Auffassung des BGH an) andererseits **jedes erträgliche Maß übersteigen** muss. Auch wenn sich dazu eine Festlegung auf feste Grenzen verbietet, können

2198

Bagatellabweichungen bei den Mengen oder dem Preis für eine solche Anpassung keine Rolle spielen. Stattdessen gilt zweierlei:

2199
- Zum einen muss überhaupt eine **signifikante Mengenabweichung** gegenüber der als Geschäftsgrundlage angenommenen Ausschreibungsmenge vorliegen. Was signifikant heißt, wird im Einzelfall auch anhand der Bedeutung der entsprechenden Leistungsposition zu prüfen sein. Dabei wird man gerade unter Zumutbarkeitserwägungen einen deutlichen »Sicherheitsabstand« zu der im Rahmen der Privatautonomie zulässig vereinbarten Grenze des § 2 Abs. 3 VOB/B mit der dort vorgesehenen Preisanpassung für Mehrmengen über 110 % einzuhalten haben. Denn immerhin hat der Auftraggeber ja zu der in der Ausschreibung vorgesehenen Menge den ggf. überhöhten Einheitspreis akzeptiert. Aus dem Wesen des Einheitspreisvertrages folgt weiter, dass auch deutliche Massenmehrungen im Bereich des Möglichen liegen und von den Parteien – mit der begrenzten Anpassungsmöglichkeit des § 2 Abs. 3 VOB/B – im Rahmen des darin liegenden Risikos zunächst hinzunehmen sind. Entscheidend ist somit die Frage, welche Massenmehrung noch im Rahmen der Risikobestimmung dieser Vertragsstruktur liegt und wann diese überschritten wird (OLG Schleswig, Urt. v. 10.10.2008 – 17 U 6/08, BauR 2011, 1819, 1822 als Grundlagenentscheidung zu der eingangs zitierten Rechtsprechung des BGH v. 23.03.2011, Rdn. 2197, das eine Überschreitung erst ab dem Faktor 3 als relevant ansah).
- Zum anderen muss es durch die Mengensteigerung zu der **Störung des preislichen Gleichgewichts** in Bezug auf die Mehrmengen gekommen sein. Inwieweit man danach etwa zu fordern hat, dass allein der Mehrpreis für die anfallenden Mehrmengen z. B. eine bestimmte Quote des gesamten Vertragspreises ausmachen muss, ist mehr als zweifelhaft. Denn jeder Einzelfall ist gesondert zu betrachten. Allenfalls mag man als Richtschnur vor Augen haben, dass zumindest dann, wenn der relevante Mehrmengenpreis allein bereits eine Größenordnung von z. B. 30 bis 50 % der gesamten vertraglichen Vergütung einnimmt, eine sehr kritische Prüfung nach vorstehender Rechtsprechung nach sich ziehen dürfte (vgl. etwa dazu OLG Schleswig, Urt. v. 08.07.2011 – 17 U 49/10, NZBau 2011, 756, 758, das 30 % genügen lässt).

Liegt danach aber eine Fallgestaltung vor, nach der für die Mehrmengen ein neuer Preis zu vereinbaren ist, muss der Auftragnehmer zu einer Anpassung seiner Preise bereit sein. Verweigert er dies oder lehnt sogar darauf gerichtete Verhandlungen ab, kann dies grob vertragswidrig sein und letztlich sogar den Auftraggeber zu einer **außerordentlichen Vertragskündigung** berechtigen. Denn wenn die Preisgestaltung zu den Mehrmengen nach dem Vorstehendem in einem groben und nicht mehr hinzunehmenden Missverhältnis steht, wird es dem Auftraggeber auch nicht mehr zuzumuten sein, zunächst den erhöhten Preis für die Mehrmengen vorläufig zu akzeptieren und den Vertrag unter diesen unzumutbaren Bedingungen fortzuführen (i. E. richtig OLG Schleswig, a. a. O., das dann allerdings wenig nachvollziehbar eine Kündigung der betroffenen Teilposition zulassen will: Dies ist mit § 8 Abs. 3 Nr. 1 S. 2 VOB/B kaum zu vereinbaren, s. dazu Rdn. 2892 f.).

2200 Abschließend sei angemerkt, dass im Übrigen noch in jedem Einzelfall zu prüfen ist, ob nicht **sonstige Umstände** die Anwendung einer **Preisanpassung** über die Grundsätze des Wegfalls der Geschäftsgrundlage **ausschließen**. Zu denken wäre daran, dass die betroffene Partei von beidem (unzureichende Mengenschätzung, ungewöhnlicher Preis) bei Vertragsschluss wusste und insoweit das **Risiko** falscher Mengen und eines überhöhten Preises **in Kauf genommen** hat. Dies ist auf Auftraggeberseite deshalb von Bedeutung, weil dieser sich das Wissen etwa seiner Planer zurechnen lassen muss.

> ▶ Beispiel
>
> Der Auftraggeber möchte eine Asbestsanierung vornehmen. Er unterlässt an sich notwendige Proben und schätzt daher die Mengen einer Stützensanierung viel zu niedrig. Der Auftragnehmer bietet dafür einen sehr hohen Preis an. Später kommt es zu ganz außerordentlichen Mehrmengen, die bei einer ausreichenden Beprobung erkennbar gewesen wären.

Ist nach Vorstehendem von einer **positiven Kenntnis des Auftraggebers** auszugehen, schließt dies eine Preisanpassung aus. Problematischer ist dies dagegen, wenn das betreffende Risiko lediglich vor-

9.5 Die Änderung des Einheitspreises nach § 2 Abs. 3 VOB/B

hersehbar war. Eine solche »**Vorhersehbarkeit**« kann zwar ebenfalls eine Preisanpassung nach § 313 BGB verhindern; hier käme es aber noch zusätzlich darauf an festzustellen, inwieweit die später tatsächlich entstanden Risiken der geänderten Geschäftsgrundlage bewusst von einer Partei in Kauf genommen wurden (BGH, Urt. v. 28.09.1990 – V ZR 109/89, BGHZ 112, 259, 261 f. = NJW 1991, 830, 831). Eine solche Inkaufnahme wird entweder nicht vorliegen, zumindest aber kaum zu beweisen sein.

9.5.3 Vertraglicher Ausschluss/Geltung bei Pauschalverträgen

Ob die Bestimmung des § 2 Abs. 3 VOB/B durch **AGB vertraglich ausgeschlossen** werden kann, wie dies häufig in Besonderen Vertragsbedingungen geschieht, war lange Zeit zweifelhaft. Dagegen wird man rechtlich aber nichts einzuwenden haben. Denn tatsächlich wird mit einem solchen Ausschluss nur die Rechtslage des Werkvertragsrechts des BGB wiederhergestellt, das eine solche Preisanpassung bei Mengenänderungen nicht kennt (BGH, Urt. v. 08.07.1993 – VII ZR 79/92, BauR 1993, 723, 725 = NJW 1993, 2738, 2739). Zulässig ist demnach eine Klausel z. B. mit folgendem Inhalt (vgl. dazu Knacke, Festschrift von Craushaar. S. 249 ff. sowie oben Rdn. 681): 2201

»Die Einheitspreise sind Festpreise für die Dauer der Bauzeit und behalten auch dann ihre Gültigkeit, wenn Massenänderungen im Sinne von § 2 Abs. 3 VOB/B eintreten.«

Keine Bedenken dürfte aus AGB-rechtlicher Sicht auch gegen **moderate Anpassungen des Prozentsatzes der Freigrenzen** von 10 % auf z. B. 20 % bestehen; denn hier nähert man sich eher der gesetzlichen Ausgangslage an, die ein solches Preisanpassungsrecht nicht kennt. Dasselbe gilt für den umgekehrten Fall, so z. B., wenn schon Mengenänderungen von unter 10 % zu Preisanpassungen berechtigen sollen (KG, Urt. v. 29.09.2005 – 27 U 120/04, IBR 2006, 537). Dagegen wird man noch weiter gehende AGB-Klauseln, wie z. B. »Mengenänderungen berechtigen in keinem Falle zu Mehrforderungen« nicht für wirksam erachten können. Denn damit würden nicht nur Ansprüche aus § 2 Abs. 3 VOB/B, sondern auch wegen Störung der Geschäftsgrundlage (§ 313 BGB) und Schadensersatzansprüche aus § 280 Abs. 1 BGB (culpa in contrahendo, also wegen Verschuldens bei den Vertragsverhandlungen), insbesondere wegen fahrlässig fehlerhafter Mengenausschreibung ausgeschlossen (Ingenstau/Korbion/Keldungs, VOB/B, § 2 Abs. 3 Rn. 10). Erst gar nicht Vertragsbestandteil werden Klauseln in Einheitspreisverträgen, die die **Auftragssumme nach oben limitieren** sollen. Denn diese passen nicht zum Wesen des Einheitspreisvertrages und sind daher als überraschend anzusehen (BGH, Urt. v. 14.10.2004 – VII ZR 190/03, BauR 2005, 94, 95 = NJW-RR 2005, 246 f.).

Kann § 2 Abs. 3 VOB/B demnach auch in AGB wirksam ausgeschlossen werden, ist allerdings darauf zu achten, dass die **VOB/B nicht mehr als Ganzes** vereinbart ist. Infolgedessen führt dieser Ausschluss dazu, dass allein dadurch die Einzelregelungen der VOB/B einer AGB-Inhaltskontrolle unterliegen (s. dazu oben Rdn. 481 ff.).

§ 2 Abs. 3 VOB/B findet auch beim **Pauschalvertrag keine Anwendung**. Dies ergibt sich mittelbar schon § 2 Abs. 7 Nr. 2 VOB/B, der in Bezug auf ein Preisanpassungsverlangen konkret nur die Abs. 4, 5 und 6 für anwendbar erklärt. Inwieweit es allerdings auch bei Pauschalverträgen wegen erheblicher Mengenänderungen (vor allem bei Mengensteigerungen) zu einer Preisanpassung kommen kann, ist eine andere Frage. Dies soll später behandelt werden (Rdn. 2345 ff.). 2202

Aufgrund seiner Bedeutung soll abschließend nochmals festgehalten werden: Gerade dann, wenn eine Preisanpassungsmöglichkeit nach § 2 Abs. 3 VOB/B wegen eines wirksamen Ausschlusses dieser Regelung oder beim Pauschalvertrag nicht anwendbar ist, ist in besonderem Maße darauf zu achten, dass § 2 Abs. 3 VOB/B nur die Fälle erfasst, in denen sich bei **unverändertem Leistungsziel, also ohne Eingriff des Auftraggebers**, die Mengen verändert haben. Dagegen liegt kein Anwendungsfall des § 2 Abs. 3 VOB/B vor, wenn die Mengenänderungen, insbesondere erhebliche Mengenmehrungen ihre Ursache darin haben, dass der Auftraggeber nach Vertragsabschluss den Bauentwurf ändert. 2203

> **Beispiel**
>
> Bei einem Hotelneubau ordnet der Auftraggeber nachträglich an, dass sämtliche Bäder nicht 2 m hoch wie ausgeschrieben, sondern bis zur Decke, also 2,70 m hoch zu fliesen sind.

Die dadurch entstehenden Mehrmengen lösen keine Ansprüche auf Vergütungsanpassung nach § 2 Abs. 3 Nr. 2 VOB/B, sondern nach § 2 Abs. 5 VOB/B aus. Demzufolge besteht ein Mehrvergütungsanspruch auch dann, wenn ein Pauschalvertrag vorliegt oder § 2 Abs. 3 VOB/B durch AGB-Klauseln ausgeschlossen worden ist (vgl. dazu auch OLG Düsseldorf, Urt. v. 13.03.1990 – 23 U 138/89, BauR 1991, 219, 221). Dies ergibt sich für den Pauschalvertrag unmittelbar aus § 2 Abs. 7 Nr. 2 VOB/B, wonach bei einem Pauschalvertrag § 2 Abs. 5 VOB/B anwendbar bleibt.

9.5.4 Rechtslage beim BGB-Werkvertrag

2204 Das BGB kennt keine § 2 Abs. 3 VOB/B vergleichbare Regelung. Daher können zumindest dem Grundsatz nach Mengenabweichungen gegenüber dem Leistungsverzeichnis bei BGB-Einheitspreisverträgen **keine Preisanpassung rechtfertigen**. Eine Anpassung kommt somit allenfalls unter Heranziehung von § 313 BGB (Störung der Geschäftsgrundlage) in Betracht. Zwar wird dies in der Rechtsprechung teilweise anders gesehen mit dem Argument, dass es nur um die rechnerischen Grundlagen des Einheitspreises gehe, der nicht zur gemeinsamen Geschäftsgrundlage erhoben werde (OLG Nürnberg, Urt. v. 24.11.2006 – 2 U 1723/06, BauR 2007, 882 f.). Dies dürfte jedoch nicht zutreffen. Denn Geschäftsgrundlage bei einem BGB-Einheitspreisvertrag ist nicht nur der Einheitspreis als solches, sondern der diesbezügliche Preis, der auf Basis einer bestimmten Menge im Leistungsverzeichnis angeboten wurde. Dann aber gilt nichts anderes als soeben schon zum VOB-Vertrag erläutert (Rdn. 2198): Ändert sich diese Menge erheblich mit der Folge, dass einer Vertragspartei ein Festhalten an dem Preis nicht mehr zuzumuten ist, ist nicht erkennbar, warum dieses allgemeine Rechtsinstitut der Störung der Geschäftsgrundlage nicht auch bei einem BGB-Einheitspreisvertrag anwendbar sein sollte (so wohl auch nicht anders zu verstehen BGH, Urt. v. 08.07.1993 – VII ZR 79/92, BauR 1993, 723, 725 = NJW 1993, 2738, 2739). Entscheidend ist daher eher die Schwelle, bei deren Überschreitung eine Anpassung des Einheitspreises verlangt werden kann. Diese muss wie schon beim VOB-Vertrag sehr hoch liegen, weil es um **keinen Billigkeitsausgleich für Mehr- oder Minderkosten** geht. Feste Quoten scheiden jedoch bei einem BGB-Vertrag genauso aus wie bei einem VOB-Vertrag; denn erneut kommt es auf eine Einzelfallbetrachtung an. Sie wird aber ggf. – wenn auch mit offenem Ergebnis – angezeigt sein, wenn der allein rechnerische Preis für die Mehrmengen eine Größenordnung von 30–50 % des Vertragspreises insgesamt erreicht (s. oben Rdn. 2199).

2205 Aufgrund dieser Ausgangslage gewinnt somit gerade bei einem BGB-Werkvertrag der **Schadensersatzanspruch** aus §§ 280 Abs. 1 i. V. m. 311 Abs. 2 BGB (Verschulden bei Vertragsschluss) an Bedeutung. Dieser greift vor allem, wenn die Ansätze im Leistungsverzeichnis mit deutlichen Fehlern behaftet waren und der Auftraggeber bzw. der von ihm eingeschaltete Architekt (§ 278 BGB) dies zu vertreten hat (s. dazu auch schon oben Rdn. 1922 ff.). In diesem Fall kann nämlich ein Auftragnehmer nach Vorstehendem **keine Anpassung des Einheitspreises** verlangen; wohl aber kann ihm dann dazu als Schaden ggf. ein Ersatz derjenigen Einbußen zustehen, die ihm gerade dadurch entstanden sind, dass er nach seiner Kalkulation auf die kostensenkende Wirkung der in der Ausschreibung vorgesehenen Massen vertrauend einen niedrigen Einheitspreis zugesagt hat und nunmehr bei der tatsächlichen Ausführung geringerer Massen entsprechende kostensenkende Effekte nicht realisieren kann (vgl. auch OLG Nürnberg, Urt. v. 24.11.2006 – 2 U 1723/06, BauR 2007, 882, 883). Diese Rechtsprechung kommt zumindest der finanziellen Auswirkung von § 2 Abs. 3 Nr. 3 VOB/B in diesem Ausnahmefall sehr nahe, wenn auch die Voraussetzungen unterschiedlich sind. Denn bei § 2 Abs. 3 VOB/B geht es um einen angepassten Vergütungsanspruch, bei § 280 Abs. 1 BGB um einen Schadensersatzanspruch wegen pflichtwidrigen Handelns.

9.6 Die Preisänderung gemäß § 2 Abs. 4 VOB/B

Einen Sonderfall der Mengenänderung stellt die Mengenreduzierung auf Null infolge der Selbstübernahme von Leistungen dar (s. zu der Mengenreduzierung auf Null, weil die Leistung tatsächlich ohne Zutun des Auftraggebers nicht anfällt, oben Rdn. 2191). Dieser Sachverhalt wird bei einem VOB-Vertrag nicht von § 2 Abs. 3 VOB/B, sondern von § 2 Abs. 4 VOB/B erfasst. 2206

9.6.1 Preisanpassung bei der Selbstübernahme von Leistungen gemäß § 2 Abs. 4 VOB/B

Nach § 2 Abs. 4 VOB/B kann der Auftraggeber im Vertrag ursprünglich vorgesehene Leistungen später selbst übernehmen. In diesem Fall muss er jedoch in preislicher Hinsicht die Folgen tragen und dem Auftragnehmer dafür die **volle vereinbarte Vergütung abzüglich ersparter Aufwendungen** zahlen. In der Praxis läuft dies im Allgemeinen darauf hinaus, dass der Auftraggeber dem Auftragnehmer den ihm für den entzogenen Teil kalkulierten, aber durch die grundlose (»freie«) Kündigung seitens des Auftraggebers entgangenen Gewinn bezahlen muss. Rechtlich stellt sich der Fall des § 2 Abs. 4 VOB/B somit als eine Art **Teilkündigung des Bauvertrages** dar, die gemäß § 649 BGB bzw. § 8 Abs. 1 VOB/B mit den gleichen Folgen ohnehin stets möglich ist. 2207

§ 2 Abs. 4 VOB/B gilt zunächst nur für – entgegen dem ursprünglichen Vertragsinhalt – **bauseits gelieferte Baustoffe und selbst ausgeführte Bauleistungen**. Erfasst wird von § 2 Abs. 4 VOB/B auch die Herausnahme von Baustoffen zum Zwecke der Beistellung, z. B. weil sich der Auftraggeber anderweitig eindeckt (Ingenstau/Korbion/Keldungs, VOB/B, § 2 Abs. 4 Rn. 8). Ebenso fällt unter § 2 Abs. 4 VOB/B der Sachverhalt, dass der Auftraggeber die Leistung zunächst zum Zwecke der Selbstübernahme herausnimmt und sie später doch an Dritte vergibt. Denn es kommt allein auf die rechtsgestaltende Erklärung der Herausnahme der Leistung an; ein **späterer Motivwechsel** ändert **an der einmal berechtigten Herausnahme** nichts mehr. Nicht anwendbar ist § 2 Abs. 4 VOB/B hingegen für solche Bauleistungen, die der Auftraggeber einseitig nach Vertragsabschluss aus dem Leistungsumfang herausnimmt, um sie jetzt direkt einem Dritten zu übertragen. Hier gilt vielmehr § 8 Abs. 1 VOB/B unmittelbar. Deswegen bedarf eine solche Leistungsherausnahme zum Zwecke der Übertragung an einen Dritten gemäß § 8 Abs. 5 VOB/B einer **schriftlichen Kündigung**. 2208

Hinsichtlich der Rechtsfolgen einer Leistungsherausnahme nach § 2 Abs. 4 VOB/B gilt zunächst nichts anderes als im Fall einer direkten (Teil)Kündigung des Auftragnehmers nach § 649 S. 1 BGB bzw. § 8 Abs. 1 S. 1 VOB/B. Dies wiederum beruht darauf, dass für die Vergütung der herausgenommenen Leistungen § 2 Abs. 4 VOB/B auf § 8 Abs. 1 Nr. 2 VOB/B verweist. Danach hat der Werkunternehmer sowohl im Fall der (Teil)Kündigung im Sinne des § 649 S. 1 BGB bzw. § 8 Abs. 1 Nr. 2 S. 1 VOB/B ohne wichtigen Grund als auch im Fall des § 2 Abs. 4 VOB/B einen **Anspruch auf die vertraglich vereinbarte Vergütung**. Er muss sich aber darauf unter anderem anrechnen lassen, was er durch die Kündigung bzw. hier die Teilherausnahme von Leistungen an Aufwendungen erspart. Als erspart anrechnungspflichtig sind die Aufwendungen, die der Unternehmer bei Ausführung des Vertrages hätte machen müssen und die er wegen der Teilherausnahme nicht mehr machen muss. Dabei ist auf die Aufwendungen abzustellen, die durch die Nichtausführung des konkreten Vertrages entfallen sind. Was er sich in diesem Sinne als Aufwendungen anrechnen lässt, hat der Unternehmer vorzutragen und zu beziffern; denn in der Regel ist nur er dazu in der Lage. Dabei sind Einheitspreisverträge nach den einzelnen Positionen des Leistungsverzeichnisses jeweils getrennt abzurechnen (BGH, Urt. v. 21.12.1995 – VII ZR 198/94, BGHZ 131, 362, 365 = BauR 1996, 382, 383 = NJW 1996, 1282; ferner dazu: Quack, Festschrift von Craushaar. S. 309 ff.). Der Unternehmer muss sich aber nicht gefallen lassen, dass die Abrechnung ihm Vorteile aus dem geschlossenen Vertrag nimmt. Andererseits darf er keinen Vorteil daraus ziehen, dass ein für ihn ungünstiger Vertrag gekündigt bzw. einer Kündigung vergleichbar durch die Teilherausnahme von Leistungen reduziert worden ist. Ungünstige und günstige Positionen sind dabei nicht untereinander verrechenbar (BGH, Urt. v. 21.12.1995 – VII ZR 198/94, BGHZ 131, 362, 366 = BauR 1996, 382, 383 = NJW 1996, 1282). 2209

2210 Auch wenn die rechtlichen Folgen hinsichtlich der Vergütung zwischen einer (Teil-) Kündigung gemäß § 8 Abs. 1 Nr. 1 VOB/B und § 2 Abs. 4 VOB/B identisch sind, gibt es doch zumindest einen **wichtigen Unterschied:** Wie schon vorstehend erläutert, bedarf die freie Kündigung nach § 8 Abs. 1 Nr. 1 VOB/B gemäß § 8 Abs. 5 VOB/B der **Schriftform**, d. h.: Eine mündlich ausgesprochene Kündigung wäre nicht wirksam; der Vertrag bestände insoweit fort. Ließe nunmehr der Auftraggeber das Werk durch einen Dritten fertigstellen, könnte er neben der Vergütungsfolge nach § 8 Abs. 1 Nr. 2 VOB/B **möglicherweise auch Schadensersatzansprüchen** ausgesetzt sein. Denn in diesem Fall würde die Leistungsfortführung durch den Dritten die Leistungserfüllung des noch bestehenden Erstvertrages unmöglich machen. Ob neben einem offenen Vergütungsanspruch die weiter gehenden Schadensersatzansprüche aber tatsächlich werthaltig sind, mag allenfalls in Ausnahmefällen anzunehmen sein.

9.6.2 Rechtslage beim BGB-Werkvertrag

2211 Beim BGB-Vertrag bestehen keine Besonderheiten: Die nachträgliche Herausnahme von Leistungen, sei es zum Zweck der Selbstübernahme, sei es zum Zweck der Drittvergabe, stellt im BGB-Werkvertragsrecht immer einen Fall der grundsätzlich zulässigen Teilkündigung im Sinne des § 649 BGB dar: Der Auftraggeber schuldet dann anteilig die jeweils vereinbarte Vergütung abzüglich ersparter Aufwendungen.

9.7 Die Preisänderung gemäß § 2 Abs. 5 VOB/B bei Leistungsänderungen

2212 Bei der Durchführung eines Bauvorhabens kommt es häufig zu Leistungsänderungen. Sie haben nicht zuletzt ihre Ursache darin, dass der Auftraggeber nach Abschluss des Bauvertrages es sich hinsichtlich eines Teils der auszuführenden Leistung anders überlegt und eine veränderte Ausführung vom Auftragnehmer verlangt. Doch auch aus technischen Gründen (z. B. Statik) kann eine Änderung des Bauentwurfs notwendig werden.

▶ **Beispiel**

> Der Auftraggeber wünscht statt der Ausführung eines Granitbodens einen Boden in Marmorqualität. Des Weiteren muss aufgrund von Vorgaben des Prüfstatikers eine stärkere Bewehrung eingebaut werden.

2213 Beim **BGB-Vertrag** ist der Auftragnehmer nicht verpflichtet, auf Verlangen des Auftraggebers eine andere Leistung zu erbringen als im Vertrag vorgesehen. Besteht aber eine solche Verpflichtung nicht, kann der Auftragnehmer deren Ausführung von einer Änderung der vereinbarten Vergütung abhängig machen oder, falls eine vorherige Einigung nicht erfolgt ist, gemäß § 632 Abs. 2 BGB die übliche Vergütung verlangen.

2214 Ganz anders verhält sich hier der **VOB-Bauvertrag**. Nach § 1 Abs. 3 VOB/B ist der **Auftragnehmer verpflichtet**, einem Änderungswunsch des Auftraggebers Folge zu leisten, wenn dieser sich in einem vertretbaren Rahmen hält (s. dazu im Einzelnen oben Rdn. 919 ff.). Der Auftraggeber kann also nach Abschluss des Bauvertrages einseitig eine Änderung des Bauentwurfs und damit eine geänderte Ausführung der Leistung anordnen. Hierbei handelt es sich um ein einseitiges Leistungsbestimmungsrecht des Auftraggebers (vgl. dazu BGH, Urt. v. 27.11.2003 – VII ZR 346/01, BauR 2004, 495 = NJW-RR 2004, 449 = NZBau 2004, 207 betreffend das insoweit vergleichbare Anordnungsrecht nach § 1 Abs. 4 S. 1 VOB/B). Mit dessen Ausübung gilt dann die Leistung als geändert.

2215 Diesem sehr bedeutenden Recht des Auftraggebers zur Änderung des Leistungsbeschriebs und damit der vom Unternehmer zu erbringenden Bauleistung entspricht auf der Vergütungsseite das Recht des Auftragnehmers in § 2 Abs. 5 VOB/B, unter bestimmten Voraussetzungen die Vereinbarung eines neuen Preises für die geänderte Leistung zu verlangen. Danach ist, wenn durch die Änderung des Bauentwurfs oder andere Anordnungen des Auftraggebers die Grundlagen des Preises für eine im Vertrag vorgesehene Leistung geändert werden, ein neuer Preis unter Berücksichtigung der Mehr- oder Minderkosten zu vereinbaren. Diese Vereinbarung soll vor der Ausführung getroffen werden.

9.7 Die Preisänderung gemäß § 2 Abs. 5 VOB/B bei Leistungsänderungen

Mit dieser Maßgabe steht der Anspruch aus § 2 Abs. 5 VOB/B auf Vereinbarung eines neuen Preises aber grundsätzlich **beiden Vertragspartnern** zu: Denn die geänderte Leistung kann zu einem höheren, aber durchaus auch zu einem niedrigeren Einheitspreis führen, wenn die Änderung des Bauentwurfs mit Minderkosten verbunden ist.

▶ **Beispiel**

Nach dem Leistungsverzeichnis sollte die Fassade (nur) verputzt werden. Nunmehr ordnet der Auftraggeber die Ausführung einer Klinkerfassade an. Hier liegt auf der Hand, dass deswegen Mehrkosten anfallen werden. Vorstellbar ist aber auch der umgekehrte Fall: Im Leistungsverzeichnis war zunächst eine Klinkerfassade vorgesehen; nunmehr ordnet der Auftraggeber an, dass die Fassade (nur) verputzt wird. Hier kann es zu Minderkosten kommen.

Das Preisanpassungsrecht gemäß § 2 Abs. 5 VOB/B hat in zahlreichen Fällen eine sehr große **Nähe zu den Behinderungssachverhalten**. Deswegen wurde auf zahlreiche Aspekte des § 2 Abs. 5 VOB/B bereits im Zusammenhang mit Erstattungsansprüchen des Auftragnehmers im Zusammenhang mit Bauablaufstörungen, die aus dem Einflussbereich des Auftraggebers stammen, eingegangen (vgl. dazu oben Rdn. 1901 ff. im Kapitel 8). Hierauf kann und soll umfassend verwiesen werden. Dies gilt vor allem insoweit, als es um Leistungsänderungsanordnungen geht, die sich unmittelbar auf die Bauzeit oder den Bauablauf auswirken. Demgegenüber beschränken sich die nachfolgenden Ausführungen vor allem auf die Voraussetzungen des § 2 Abs. 5 VOB/B im engeren Sinne. 2216

9.7.1 Voraussetzungen des Mehrvergütungsanspruchs nach § 2 Abs. 5 VOB/B

Werden durch eine Änderung des Bauentwurfs oder andere Anordnungen des Auftraggebers die Grundlagen für eine im Vertrag vorgesehene Leistung geändert, so ist ein neuer Preis unter Berücksichtigung der Mehr- oder Minderkosten zu vereinbaren. 2217

▶ **Voraussetzung für eine Preisanpassung nach § 2 Abs. 5 VOB/B**
- Änderung des Bauentwurfs oder andere Anordnung des Auftraggebers
- Änderung der Grundlagen der im Vertrag vorgesehenen Leistung

9.7.1.1 Ausgangslage: vertraglich vereinbarte Leistung

Ausgangspunkt jeder Prüfung eines veränderten Preises im Anwendungsbereich des § 2 Abs. 5 VOB/B ist die **im Vertrag vorgesehene Leistung**. Diese ist vorrangig zu bestimmen (s. dazu oben Rdn. 869 ff.). Hier ist vor allem zu untersuchen, ob die Leistung, die der Auftraggeber anordnet, nicht schon vom Leistungssoll bzw. der dazu vereinbarten Vergütung umfasst ist, d. h. vor allem (s. zu weiteren Sonderfällen sogleich Rdn. 2237 ff.): 2218

- Denkbar ist u. a., dass die Leistung, zu der eine Anordnung erteilt wird, bereits ausdrücklich als solche geregelt ist. Dann ordnet der Auftraggeber nur eine **Vertragsleistung** an, die keine Mehrvergütungsansprüche auslöst. Mit § 2 Abs. 5 VOB/B hat dies nichts zu tun. 2219

▶ **Beispiel**

Der Auftraggeber fordert den Auftragnehmer zur Herstellung des Weges in einem bestimmten Klinkermuster an. Dieses war ohnehin im Vertrag vorgesehen. Nachvollziehbar ist, dass hier kein Mehrvergütungsanspruch anfällt.

- Bei der Bestimmung des Vertragssolls geht es jedoch nicht immer nur um ausdrücklich vereinbarte Leistungen. Auch Leistungen, die für die Einhaltung der anerkannten Regeln der Technik selbstverständlich sind, sind bereits von der Vertragsleistung umfasst und lösen – selbst wenn sie angeordnet werden – keine Mehrvergütungsansprüche nach § 2 Abs. 5 VOB/B aus. Dasselbe gilt für **Nebenleistungen** gemäß dem jeweiligen Abschnitt 4.1 der zu dem Gewerk gehörenden DIN (vgl. dazu oben Rdn. 893 ff.). Falls eine Leistung dort verzeichnet ist, gehört sie vorbehaltlich einer anderweitigen Sonderregelung im Vertrag bereits zur vom Auftragnehmer geschuldeten Leistung und ist damit von der vertraglichen Vergütung abgedeckt. Umgekehrt gilt allerdings, 2220 dass die jeweiligen in Abschnitt 4.2 genannten **Besonderen Leistungen** gerade nicht zur Vertragsleistung gehören und deshalb – abhängig von ihrer Ausführung und der Anordnung dazu – vergütungspflichtig sind.

> **Beispiel**
>
> Der Auftraggeber eines VOB-Vertrages »beauftragt« den Auftragnehmer, seine Arbeiten gegen Regen zu schützen. Obwohl ein »Auftrag« vorliegt, schuldet der Auftraggeber dafür keine zusätzliche Vergütung (soweit sich aus den Vertragserklärungen nichts anderes ergibt). Denn das Sichern der eigenen Arbeiten gegen Niederschlagswasser stellt eine allgemeine Nebenleistung dar, die nach Abschnitt 4.1.10 der DIN 18299 bereits ohne Erwähnung im Vertrag zur vertraglichen Hauptleistung gehört. Etwas anderes würde für eine Anordnung des Auftraggebers gelten, gesonderte Schutzmaßnahmen gegen Witterungsschäden, Hochwasser oder Grundwasser zu ergreifen, soweit es über das übliche Niederschlagswasser hinausgeht. Derartige Leistungen wären als »Besondere Leistungen« nach Abschnitt 4.2.6 der DIN 18299 gesondert zu vergüten.

2221 • Des Weiteren gibt es **Anordnungen nach § 4 Abs. 1 Nr. 3 VOB/B**: Diese ändern nicht das Leistungssoll, sondern dienen nur als erforderliche Anweisung zur vertragsgemäßen Ausführung der Leistung oder zur Einhaltung von z. B. technischen Vorschriften, die in den Vertrag einbezogen sind (BGH, Urt. v. 20.03.1969 – VII ZR 59/68, Schäfer/Finnern, Z 2.11 Bl. 8; Weick in Nicklisch/Weick, § 2 VOB/B, Rn. 61). Hierzu zählt insbesondere der große Kreis der **üblichen technischen Anordnungen der Bauleiter**, die tagtäglich auf deutschen Baustellen im Rahmen des Vertrages zu dessen Umsetzung erteilt werden, ohne dass dadurch aber der Vertrag geändert wird.

> **Beispiel (in Anlehnung an OLG Koblenz, Beschl. v. 11.8.2011 – 2 U 140/10, IBR 2012, 260, wobei die dortige Darstellung das Verfahrensergebnis falsch wiedergibt)**
>
> Der Auftragnehmer war zur Herstellung einer Müllladestation einschließlich der dafür erforderlichen Statik beauftragt. Während der Baumaßnahme gibt der Bauleiter dem Auftragnehmer die technischen Anforderungen für die Müllmengen durch. Diese Vorgaben stellen keine Vertragsänderungen dar, sondern sollen den Auftragnehmer nur in die Lage versetzen, die Baumaßnahme umzusetzen.

Doch können diese Anordnungen bei Großbaustellen auch komplexerer Art sein.

> **Beispiel (nach BGH, Urt. v. 09.04.1992 – VII ZR 129/91, BauR 1992, 759 = NJW-RR 1992, 1046, ZfBR 1992, 211)**
>
> Gegenstand des zu einem Pauschalpreis geschlossenen Bauvertrages ist der Bau einer Schleuse. Nach dem Leistungsverzeichnis ist eine Wasserhaltung geschuldet, ohne dass dazu nähere Angaben gemacht werden. Auf Anordnung des Auftraggebers wird im Laufe der Baumaßnahme eine externe Wasserhaltung »angeordnet«, die sich im Wesentlichen als einzig technisch vertretbare Maßnahme herausstellt. Dagegen stellt sich die zunächst vom Auftragnehmer geplante interne (preiswertere) Wasserhaltung als nicht praktikabel dar. Eine solche Anordnung des Auftraggebers stellt keine Anordnung zu einer Leistungsänderung dar, weil mit ihr nur das angeordnet wird, was der Auftragnehmer ohnehin schuldete. Folglich liegt eine Anordnung nach § 4 Abs. 1 Nr. 3 VOB/B vor.

2222 Dies gilt erst recht, wenn der Auftragnehmer in **Verkennung des Leistungssolls** die Leistungen bereits nicht vertragsgerecht ausführt und nunmehr der Auftraggeber dazu eine Anordnung erteilt.

9.7 Die Preisänderung gemäß § 2 Abs. 5 VOB/B bei Leistungsänderungen

▶ **Beispiel**

Der Auftragnehmer hat unter falscher Einschätzung seiner künftigen vertraglichen Pflichten seine Angebotspreise in der Weise kalkuliert, dass er eine Großflächenschalung oder bestimmte Geräte und Maschinen einsetzen kann. Dies ist nicht möglich. Nunmehr »ordnet« der Auftraggeber an, eine normale Schalung oder mehrere kleinere Maschinen einzusetzen. Hierin liegt ebenfalls nur eine Anordnung des Auftraggebers zu einer vertragsgerechten Ausführung. Daher kann der Auftragnehmer, selbst wenn jetzt aus vorhersehbaren Gründen die geplante Ausführungsart (Großflächenschalung, Maschineneinsatz) nicht möglich ist, keine Vergütungsanpassung nach § 2 Abs. 5 VOB/B verlangen. Denn hier ist allein der Risikobereich des Auftragnehmers betroffen, der den Erfolg seiner Leistung schuldet.

- Nichts anderes gilt, wenn der Auftraggeber den Auftragnehmer nach einer Behinderungsanzeige und deren Zurückweisung lediglich zur **Einhaltung der vereinbarten Vertragsfristen** drängt. Denn auch insoweit fehlt es an einer für § 2 Abs. 5 VOB/B notwendigen Anordnung des Auftraggebers zur Änderung der ursprünglich beauftragten Leistung, wenn er lediglich die Einhaltung des Vertragssolls anmahnt (OLG Koblenz, Urt. v. 12.01.2007 – 10 U 423/06, BauR 2007, 763 [Ls.] = NJW 2007, 2925, 2927 = NZBau 2007, 517, 518). 2223

9.7.1.2 Änderung des Bauentwurfs oder andere Anordnung des Auftraggebers

Die mit Abstand am schwierigsten zu prüfende Voraussetzung eines Mehrvergütungsanspruchs nach § 2 Abs. 5 VOB/B liegt in der Änderung des Bauentwurfs oder der anderen Anordnung des Auftraggebers (vgl. dazu schon oben ausführlich im Zusammenhang mit Bauablaufstörungen Rdn. 1907 ff.). 2224

9.7.1.2.1 Ausgangspunkt: Handlung des Auftraggebers

§ 2 Abs. 5 VOB/B verlangt als Ausgangspunkt stets eine Handlung des Auftraggebers. **Bloße Erschwernisse**, die bei der bisher schon vorgesehenen Leistung ohne dessen Einwirkung eintreten, sind kein Fall des § 2 Abs. 5 VOB/B (OLG Düsseldorf, Urt. v. 04.06.1991 – 23 U 173/90, BauR 1991, 774, 775; OLG Schleswig, Urt. v. 23.08.2005 – 3 U 76/03, BauR 2007, 599; Ingenstau/Korbion/Keldungs, VOB/B, § 2 Abs. 5 Rn. 11 sowie Rn. 12, der ausdrücklich darauf hinweist, dass der Auftraggeber das Leistungssoll verändert, wobei dann allerdings der diesbezügliche Zurechnungsbereich auch mit Anordnungen Dritter zulasten des Auftraggebers zu weit gezogen wird). Mit dieser Maßgabe geht es bei dem Vergütungsanspruch des § 2 Abs. 5 VOB/B also stets um eine Handlung des Auftraggebers. Dies gilt für beide Alternativen des § 2 Abs. 5 VOB/B mit »Änderung des Bauentwurfs« und »andere Anordnungen des Auftraggebers« (s. o. Rdn. 1906 ff.). Jeweils muss die Änderung oder Anordnung also **vom Auftraggeber veranlasst** sein (so auch Heiermann/Riedl/Rusam/Kuffer, § 2 Rn. 152 ff.; wohl auch Ingenstau/Korbion/Keldungs, § 2 Abs. 5 Rn. 11; dagegen nicht überzeugend OLG Celle, Urt. v. 22.07.2009 – 14 U 166/08, BauR 2009, 1591, 1593, das bereits eine aus dem Risikobereich des Auftraggebers stammende Behinderung als dessen Anordnung ansehen will, was eindeutig § 2 Abs. 5 VOB/B widerspricht). Dies vorausgeschickt geht es somit sowohl bei der Änderung des Bauentwurfs als auch bei der anderen Anordnung stets um eine einseitige Maßnahme des Auftraggebers oder seines berechtigten Vertreters. Inhalt dieser einseitigen Maßnahme ist entweder die **Vorgabe zur Änderung des Bauentwurfs** oder eben sonst eine die eindeutige Befolgung durch den Auftragnehmer heischende Aufforderung des Auftraggebers, eine Baumaßnahme in bestimmter Weise auszuführen (OLG Düsseldorf, Urt. v. 27.06.1995 – 21 U 219/94, BauR 1996, 115, 116 = NJW-RR 1996, 730, 731). Dabei muss der Auftraggeber eindeutig zum Ausdruck bringen, dass es sich um eine verpflichtende Vertragserklärung handelt (BGH, Urt. v. 09.04.1992 – VII ZR 129/91, BauR 1992, 759 = NJW-RR 1992, 1046; Ingenstau/Korbion/Keldungs, VOB/B § 2 Abs. 5 Rn. 26). Infolgedessen geht es jeweils um klar und deutlich verständliche – unter Umständen auch stillschweigende – Weisungen des Auftraggebers und nicht nur um dessen Wünsche, deren Befolgung durch den Auftragnehmer nicht zwingend erwartet wird oder diesen le- 2225 diglich zu einer Überprüfung seiner Verfahrensweise veranlassen sollen (BGH a. a. O.). Sie sind daneben auch von weiteren Erklärungen des Auftraggebers abzugrenzen, die mit einer Anordnung nichts zu tun haben.

▸ **Beispiel (in Anlehnung an OLG Dresden, Urt. v. 31.08.2011 – 1 U 1682/10, IBR 2012, 9)**

Der Auftragnehmer erstellt eine Ausführungsplanung. Diese weicht in Teilen von den Planvorgaben des Vertrages ab. Der Auftragnehmer reicht diese beim Auftraggeber zur Freigabe ein mit dem Vermerk, dass Nachtragsangebote nachgereicht würden, falls sich im Plan Änderungen befinden. Nachtragsangebote werden jedoch zunächst nicht eingereicht. Eine daraufhin erteilte Freigabe der Planung stellt nunmehr keine Anordnung dar. Denn es fehlt insoweit an dem Bewusstsein, mit der Freigabe zugleich eine kostenpflichtige Leistungsänderung beauftragt zu haben.

Dieser einschränkenden Auslegung des Begriffs der Anordnung bedarf es insbesondere deshalb, weil § 2 Abs. 5 VOB/B für den Anspruch auf Vergütungsänderung ansonsten nach bisher herrschender Auffassung (Beck'scher VOB-Komm./Jansen, § 2 Nr. 5, Rn. 73; s. dazu allerdings auch unten Rdn. 2300) weder eine vorherige Ankündigung dieses Anspruchs (wie etwa in § 2 Abs. 6 VOB/B) noch eine Behinderungsanzeige oder gar ein Verschulden des Auftraggebers (wie in § 6 Abs. 1 und Abs. 6 VOB/B) verlangt, obwohl die Folgen einer solchen Anordnung im Sinne des § 2 Abs. 5 VOB/B ähnlich weitreichend sind.

2226 Auf folgende Grenzfälle soll immerhin zusammenfassend hingewiesen werden:
- **Anordnungen Dritter**

2227 Unbeachtlich ist, ob die **Anordnung des Auftraggebers von einem Dritten (z. B. Behörden, Prüfstatiker) veranlasst** oder vorgegeben wurde und ggf. auch keine Alternative zu deren Erlass bestand.

▸ **Beispiel (nach OLG Naumburg, Urt. v. 23.06.2011 – 2 U 113/09, BauR 2012, 255 = NZBau 2011, 750)**

Nach einem Nachbarwiderspruch ordnet die Baubehörde gegenüber dem Bauherrn einen Baustopp an. Dieser leitet die Verfügung an den Auftragnehmer weiter verbunden mit der Aufforderung, ihr Folge zu leisten. Hierin liegt zweifelsfrei eine Anordnung des Auftraggebers nach § 2 Abs. 5 VOB/B, wenn diese auch durch einen Dritten (Baubehörde) veranlasst war.

Entscheidend ist allein, dass daraufhin die Anordnung vom Auftraggeber erteilt wurde. Demgegenüber reichen die Anordnungen Dritter allein nicht aus (was etwa OLG Zweibrücken, Urt. v. 15.02.2002 – 2 U 30/01, BauR 2002, 972, 973 verkennt; stattdessen richtig: OLG Brandenburg, Urt. v. 17.10.2007 – 4 U 48/07, BauR 2009, 821 sowie vor allem OLG Düsseldorf, Urt. v. 24.10.1995 – 21 U 8/95, BauR 1996, 267, 268, das gerade darauf abstellt, dass dann noch eine entsprechende Vereinbarung geschlossen wurde – s. o. ausführlich Rdn. 1954 ff.).

▸ **Beispiel**

Die Verkehrsbehörde ordnet während der Baumaßnahme zur Baustellensicherung die Aufstellung einer Verkehrsampel an, die der Auftragnehmer (ohne Kenntnis des Auftraggebers) aufstellt. Diese Anordnung allein stammt nicht vom Auftraggeber, der davon nicht einmal etwas weiß. Demzufolge entfällt ein Mehrvergütungsanspruch nach § 2 Abs. 5 VOB/B. Etwas anderes gälte, wenn der Auftraggeber daraufhin die Aufstellung einer Ampelanlage anordnet. Selbst eine zwingende Auflage der Verkehrsbehörden an den Auftraggeber würde daran nichts ändern, sondern beträfe nur das Verhältnis Behörde/Auftraggeber (s. dazu sogleich auch Rdn. 2229).

Das Ergebnis ist auch richtig (dazu ausführlich Rdn. 1954 ff.). Zwar hat nach § 4 Abs. 1 Nr. 1 S. 2 VOB/B der Auftraggeber die öffentlichen Genehmigungen zu beschaffen. Dies beschreibt jedoch nur, in wessen Verantwortungsbereich ggf. eine Leistungsänderung fällt. Für den Vergütungsanspruch genügt dies nicht; vielmehr bedarf es zusätzlich immer noch einer darauf **gerich-**

9.7 Die Preisänderung gemäß § 2 Abs. 5 VOB/B bei Leistungsänderungen

teten **Anordnung des Auftraggebers** (ggf. infolge der Vorgabe eines Dritten). Solange diese fehlt, entfällt auch ein Vergütungsanspruch des Auftragnehmers nach § 2 Abs. 5 VOB/B. Insoweit ist auch nicht ersichtlich, mit welcher Kompetenz im Übrigen ein Dritter in der Lage sein sollte, durch Willenserklärungen rechtsgestaltend auf den Vertrag Auftragnehmer/Auftraggeber einzuwirken (so aber etwa Ingenstau/Korbion/Keldungs, VOB/B § 2 Abs. 5 Rn. 25) – zumal insbesondere Behörden eher aufgrund eigener Kompetenz handeln (ähnlich OLG Saarbrücken, Urt. v. 22.07.2008 – 4 U 627/07, OLGR 2008, 871 = IBR 2009, 69). Dabei ist völlig unbeachtlich, ob dieser Dritte eine berechtigte Anordnung erteilt. Das **Recht zur Vertragsänderung** im Verhältnis zum Auftragnehmer **obliegt allein dem Auftraggeber**, weswegen § 2 Abs. 5 VOB/B auch von Leistungsänderungen oder anderen Anordnungen des Auftraggebers spricht. Dies gilt einheitlich für alle Anordnungen Dritter, was gerade auch in **Subunternehmerverhältnissen von Bedeutung** ist (s. dazu auch Joussen/Vygen, Subunternehmervertrag, Rn. 545 f. sowie oben Rdn. 1954). Hier stellen vor allem Forderungen des Bauherrn keineswegs selbstverständlich eine Leistungsänderungsanordnung auch des Generalunternehmers gegenüber seinem Subunternehmer dar (OLG Brandenburg, Urt. v. 01.04.2010 – 12 U 1/10, BauR 2010, 1639 [Ls.] = NJW-RR 2010, 898, 899 = NZBau 2010, 433, 435).

Besonders zu prüfen ist in diesen Fällen aber stets, ob der Auftraggeber nicht ggf. eine **stillschweigende Anordnung** getroffen hat. Dies gilt vor allem dann, wenn er von der zwingenden Anordnung des Dritten weiß und den Auftragnehmer die Leistungen ausführen lässt (s. dazu sogleich Rdn. 2234 f.). Ebenso kann es natürlich zu einem Vergütungsanspruch kommen, wenn die Parteien losgelöst von einer einseitig erteilten Anordnung eine entsprechende **Vereinbarung** dazu getroffen haben (so vor allem in der Entscheidung des OLG Düsseldorf, Urt. v. 24.10.1995 – 21 U 8/95, BauR 1996, 267, 268; wohl auch OLG Zweibrücken, Urt. v. 15.02.2002 – 2 U 30/01, BauR 2002, 972 f.; s. dazu auch Rdn. 2234). 2228

- **Nicht erteilte notwendige Anordnung**

Entsprechendes gilt für Fälle, in denen der Auftraggeber eine Anordnung hätte erteilen müssen, dies aber nicht getan hat und es hierdurch zu Behinderungen und damit verbundenen Mehrkosten kommt. 2229

> ▶ **Beispiel**
>
> Der Auftragnehmer verweist darauf, dass die geplante Bauweise nicht durchführbar ist. Der Auftraggeber reagiert nicht, weswegen die Baustelle stillsteht.

Ein ähnlicher Fall liegt vor, wenn sich während der Bauphase öffentlich-rechtliche Vorschriften ändern, die dazu führen, dass das Bauvorhaben mit der im Vertrag vorgesehenen Bauweise nicht mangelfrei errichtet werden kann. Denn auch hier kommt es jeweils darauf an, dass das Bauvorhaben zum Zeitpunkt der Abnahme den anerkannten Regeln der Technik, d. h. den technischen Vorschriften entspricht (s. dazu Rdn. 1284 ff.).

> ▶ **Beispiel**
>
> Während der Baumaßnahme wird die Wärmeschutzverordnung verschärft. Hier muss das Bauvorhaben entsprechend angepasst werden.

Bei diesen Fällen ist in der Rechtsfolge jedoch jeweils streng zu trennen:
- In erster Linie muss der Auftragnehmer etwaige **Probleme bei der Ausführung nach § 4 Abs. 3 VOB/B anzeigen**. Dies betrifft sowohl Fragen der Mangelhaftigkeit der Leistung wegen inzwischen verschärfter technischer Normen als auch ggf. deren Undurchführbarkeit. Anschließend ist es dann Sache des Auftraggebers, über § 1 Abs. 3 VOB/B die Änderungen so anzuordnen, so dass die Leistung wieder durchführbar wird oder auch eine mangelfreie Leistung erreicht werden kann (s. zum Anordnungsrecht oben Rdn. 919 ff.). Dann aber liegt unproblematisch (aber eben auch erst dann) eine Anordnung des Auftraggebers vor, die zu dem zusätzlichen Vergütungsanspruch des § 2 Abs. 5 VOB/B führt. 2230
- Solange dagegen eine solche Anordnung unterbleibt, ist selbst in diesen Fällen einer wegen externer Einflüsse notwendig werdenden Änderung des Bauentwurfs der Weg über § 2 Abs. 5 2231

VOB/B versperrt. Kann der Auftragnehmer deswegen nicht weiterbauen bzw. nur eine mangelbehaftete Bauleistung erbringen, würde er schlimmstenfalls sogar gegen ein gesetzliches Verbot verstoßen, wäre er nunmehr in seiner **Ausführung behindert**. Hierdurch würden sich zunächst nach § 6 Abs. 2 Nr. 1 lit. a) VOB/B die Bauzeiten verlängern, weil diese Störungsursachen unzweifelhaft aus dem Risikobereich des Auftraggebers stammen (s. o. Rdn. 1764 ff.). Er könnte des Weiteren **Schadensersatz nach § 6 Abs. 6 VOB/B** verlangen, soweit die Behinderungsursache vom Auftraggeber zu vertreten ist (s. o. Rdn. 1975 ff.). Er kann schließlich, wenn wegen des außerbetrieblichen Einflusses das Bauvorhaben einstweilen nicht weitergeführt werden kann, nach § 6 Abs. 7 VOB/B den Vertrag kündigen und abrechnen (s. dazu Rdn. 2717 ff.).

2232 Zusammengefasst gilt jedoch: Das rein **passive Verhalten des Auftraggebers ersetzt in der Regel keine Anordnung**, selbst wenn ggf. sogar eine Pflicht zum Handeln bestände. Das Argument, dass der pflichtwidrig handelnde Auftraggeber, der eine gebotene Anordnung unterlässt, nicht besser stehen dürfe als derjenige, der eine solche Anordnung erteilt (Nicklisch/Weick, Einl. §§ 4–13, Rn. 51 f.), ist zwar nachvollziehbar; es ersetzt aber nicht die Anspruchsvoraussetzung, dass es für einen Mehrvergütungsanspruch nun einmal einer solchen Anordnung bedarf (vgl. auch OLG Düsseldorf, Urt. v. 20.01.2009 – 23 U 47/09, IBR 2009, 253). Hieraus folgt vielmehr, dass in einer pflichtwidrig unterbliebenen Anordnung eine Behinderung liegen kann, die dann einen Behinderungsschaden auslösen bzw. einen damit im Zusammenhang stehenden Kündigungsgrund schaffen könnte. Insoweit ist es für die rechtliche Betrachtung einerlei, ob der Auftraggeber notwendige Planunterlagen nicht übergibt oder ggf. eine (notwendige) Änderungsanordnung nicht erteilt. Mit dieser Maßgabe ist der Auftraggeber – anders als Übrigens bei der vertraglichen Verpflichtung nach § 3 Abs. 1 VOB/B bzgl. der Planübergabe – nicht gezwungen, wegen etwaiger externer Einflüsse eine Änderungsanordnung im Sinne des § 1 Abs. 3 VOB/B zu erteilen, damit dann dem Auftragnehmer ein Vergütungsanspruch nach § 2 Abs. 5 VOB/B zusteht. Hierfür gibt es rechtlich keine Grundlage: Denn weder das BGB noch die VOB/B sehen einen solchen Zwang vor, wobei die VOB/B hierfür sogar über die Vorschrift zur Behinderung nach § 6 VOB/B andere Lösungsmöglichkeiten anbietet.

- **Leistungserschwernis keine Anordnung**

2233 Nochmals soll an dieser Stelle klargestellt werden, dass reine Erschwernisse – und stammen sie noch so sehr aus dem Verantwortungsbereich des Auftraggebers – keine Anordnung im Sinne des § 2 Abs. 5 VOB/B begründen (s. sehr deutlich u. a. OLG Schleswig, Urt. v. 23.08.2005 – 3 U 76/03, BauR 2007, 599 sowie oben ausführlich Rdn. 1930 ff. betreffend die Sonderproblematik bei erschwertem Baugrund). Diese können zwar Änderungsanordnungen des Auftraggebers nach sich ziehen und werden dies auch häufig, weil ggf. andernfalls der Auftragnehmer bei der Weiterführung der Arbeiten behindert ist (s. o. Rdn. 2229). Eine Anordnung ersetzen diese Sachzwänge aber nicht. Dabei ist einerlei, ob die Erschwernisse tatsächlich darauf beruhen, dass der Auftraggeber die zu erbringende Leistung falsch oder unvollständig ausgeschrieben hatte und sich dadurch nun Leistungsänderungen mit verlängerter Bauzeit und erhöhten Kosten ergeben.

> **Beispiel**
>
> In dem der Ausschreibung zugrunde liegenden Leistungsverzeichnis waren die Bodenverhältnisse unzutreffend beschrieben worden. Statt ausgeschriebenem leichten Fels wurde vom Unternehmer bei den Erdarbeiten in großem Umfang schwerer Fels angetroffen.

In Fällen wie diesen ist es oft missverständlich, wenn es heißt, dass das **Baugrundrisiko** zulasten des Auftraggebers geht. Solche Allgemeinaussagen sind an sich schon zweifelhaft; im Rahmen des § 2 Abs. 5 VOB/B spielt das jedoch zunächst nur eine Rolle für die Frage, ob und unter welchen Voraussetzungen überhaupt eine Leistungsänderung vorliegt und wer – wenn die Leistung nicht eindeutig beschrieben ist – welches Restrisiko trägt. Allein das wird im Bereich des Baugrunds vielfach dem Bauherrn zugeschrieben, wenn die Risiken nicht absehbar waren (s. o.

9.7 Die Preisänderung gemäß § 2 Abs. 5 VOB/B bei Leistungsänderungen

Rdn. 1929 ff.). Davon zu unterscheiden bleibt jedoch die Frage, ob der Auftraggeber eine Leistungsänderung angeordnet hat, was gesondert zu prüfen ist.

- **Stillschweigende Anordnung**   2234
Eine Anordnung muss allerdings nicht ausdrücklich erfolgen, sondern kann – worauf soeben schon hingewiesen wurde – auch **stillschweigend erteilt** werden. Dies entspricht der ganz herrschenden Auffassung in der Rechtsprechung (BGH, Urt. v. 21.03.1968 – VII ZR 84/67, BGHZ 50, 25, 30 = NJW 1968, 1234, 1235; BGH, Urt. v. 21.12.1970 – VII ZR 184/69, BauR 1971, 202; BGH, Urt. v. 27.06.1985 – VII ZR 23/84, BGHZ 95, 128, 135 = BauR 1985, 561, 564 = NJW 1985, 2475, 2476 f.; OLG Düsseldorf, Urt. v. 25.04.1995 – 21 U 192/94, BauR 1995, 706, 707 = NJW 1995, 3323 f.) und im Schrifttum (Ingenstau/Korbion/Keldungs, VOB/B, § 2 Abs. 5 Rn. 26; Weick in Nicklisch/Weick, § 2 VOB/B, Rn. 61: Vygen/Joussen/Schubert/Lang, Bauverzögerung und Leistungsänderung Teil A Rn. 365; Piel in Festschrift für Korbion, S, 357). Dies ist im Ergebnis richtig: Denn nach § 2 Abs. 5 VOB/B genügt jede Anordnung, sofern diese zu einer Änderung der Preisgrundlagen geführt hat. Hierzu gehören selbstverständlich auch stillschweigende Anordnungen.

Ob eine stillschweigende Anordnung vorliegt, ist wie bei jeder anderen Willenserklärung durch   2235
Auslegung zu ermitteln. Von einer solchen ist immerhin auszugehen, wenn sich die Vertragspartner stillschweigend auf eine tatsächlich veränderte Situation einstellen (BGH, Urt. v. 27.06.1985 – VII ZR 23/84, BGHZ 95, 128, 135 = BauR 1985, 561, 564 = NJW 1985, 2475, 2476 f., in diesem Sinne auch OLG Brandenburg, Urt. v. 09.07.2002 – 11 U 187/01, BauR 2003, 716, 717 f.), wie dies bei technisch notwendig gewordenen Änderungen in der Praxis häufig der Fall sein wird. Die stillschweigende Anordnung kann also durchaus auch das Ergebnis einer Abstimmung der Vertragspartner bei einem Baustellengespräch sein (Piel, Festschrift Korbion, S. 357; Vygen/Joussen/Schubert/Lang, Bauverzögerung und Leistungsänderung Teil A, Rn. 365). Auch eine »**Einigung**« mit dem Auftraggeber kann Grundlage einer solchen Anordnung sein (s. etwa aus zeitlicher Sicht sehr eindeutig: KG, Urt. v. 12.12.2008 – 21 U 155/05, BauR 2009, 650, 653 – a. A. OLG Karlsruhe, Urt. v. 13.07.2010 – 19 U 109/09, Nichtzul.-Beschw. zurückgew., BGH, Beschl. v. 26.01.2012 – VII ZR 124/10, BauR 2012, 992 [Ls.]; s. dazu aber auch Rdn. 1912). Dasselbe gilt, wenn der Auftraggeber die diesbezüglich als Nachtrag angebotenen Leistungen in Kenntnis der Umstände widerspruchslos ausführen lässt (OLG Jena, Urt. v. 12.01.2006 – 1 U 921/04, BauR 2006, 1897; OLG Brandenburg, Urt. v. 09.07.2002 – 11 U 187/01, BauR 2003, 716, 717; Ingenstau/Korbion/Keldungs, B § 2 Abs. 5 Rn. 12).

> **Beispiel**
>
> Die Baustellensicherung gehört zur Aufgabe des Auftraggebers. Dieser erhält die Auflage der Behörde, eine Baustellenampel aufzustellen. In Kenntnis dieser Auflage stellt der Auftragnehmer diese Ampel auf, was der Auftraggeber weiß und worauf unwidersprochen etwa in Baubesprechungen hingewiesen wurde. Hier ist von einer stillschweigenden Anordnung des Auftraggebers auszugehen.

Allerdings: Allein die Mitteilung des Auftragnehmers etwa an den Auftraggeber, es lägen veränderte Umstände vor, rechtfertigt die Annahme einer vertragsändernden Anordnung nicht.   2236
Auch hier bedarf es vielmehr jetzt einer Reaktion des Auftraggeber, aus der sich eine rechtsgeschäftliche Anordnung ableiten lässt. Ein rein **passives Verhalten** genügt dafür nicht (s. o. Rdn. 1913, wie hier OLG Düsseldorf, Urt. v. 20.01.2009 – 23 U 47/08, IBR 2009, 255), und zwar wie soeben dargestellt auch dann nicht, wenn eine Pflicht zum Einschreiten bestände. Eine stillschweigende Anordnung scheidet danach ohnehin aus, wenn der Auftraggeber nicht einmal Kenntnis von den geänderten Leistungen hat und der Auftragnehmer von sich aus seine Arbeiten ändert: Hier wird es definitiv an einer Anordnung fehlen. In diesem Fall scheidet tatsächlich ein Mehrvergütungsanspruch nach § 2 Abs. 5 VOB/B aus. Dies gilt ebenso in Fällen, in denen der Auftraggeber zwar Kenntnis von den veränderten Verhältnissen erlangt, einer geänderten Ausführung aber (ausdrücklich) widersprochen hat (OLG Düsseldorf, a. a. O.).

▶ **Beispiel (nach OLG Düsseldorf, Urt. v. 20.01.2009, a. a. O.)**

Die Bodenverhältnisse gestalten sich anders als erwartet. Der Auftragnehmer stellt einen Nachtrag. Der Auftraggeber widerspricht und sagt, er müsse den Vorgang prüfen. Der Auftragnehmer baut gleichwohl weiter auf der Grundlage seiner im Nachtrag angebotenen Leistung. Später verweigert der Auftraggeber die Bezahlung des Nachtrags mangels Anordnung. Dies ist richtig, weil er keine auf eine Leistungsänderung gerichtete Anordnung erteilt hat.

In diesen Fällen verbliebe aber wohl noch ein Anspruch nach § 2 Abs. 8 Nr. 3 VOB/B: Dieser wäre vor allem im Fall fehlender Kenntnis zumeist auch erfolgreich, wenn es zu der selbstständig ausgeführten Bauweise ohnehin keine ernsthafte Alternative gegeben hätte (s. dazu auch unten Rdn. 2376 ff.)

9.7.1.2.2 Leistungsänderung

2237   Die Handlung des Auftraggebers muss auf eine Änderung des Bauentwurfs gerichtet sein. Zu dem Bauentwurf gehört praktisch alles, was die vertragsgegenständliche Leistung beschreibt. Dies betrifft die gesamte vertraglich vereinbarte Leistung (**Leistungssoll**), die unterlegt ist mit dem Vertrag und der dort vorgesehenen textlichen Beschreibung, Plänen, Zeichnungen und sämtlichen weiteren Anlagen (vgl. auch § 7 VOB/A; s. dazu oben ausführlich Rdn. 869 ff.). Immer dann, wenn die danach festliegende Leistung infolge der Anordnung des Auftraggebers anders ausgeführt wird, ändert sich der Bauentwurf. Auf folgende Fallgruppen einer Bauentwurfsänderung soll im Überblick hingewiesen werden:

- **Anderes Material**

2238   Der Auftraggeber verlangt ein anderes Material.

▶ **Beispiel**

Es ist anstatt eines Holzzaunes ein Maschendrahtzaun zu bauen. Wände sind abweichend vom Ausführungsplan zu setzen.

- **Andere Ausführung**

2239   Der Auftraggeber ordnet eine veränderte Ausführung an, was ggf. zu einer Besonderen Leistung im Sinne des Abschnittes 4.2 der dazu gehörigen DIN führt (s. dazu oben Rdn. 893). Hierin kann eine geänderte Leistung im Sinne des § 2 Abs. 5 VOB/B liegen; vorstellbar ist aber auch eine Zusatzleistung nach § 2 Abs. 6 VOB/B (s. zu der Abgrenzung unten Rdn. 2265).

- **Leistungsänderung bei Baugrundabweichung**

2240   Der Boden weist andere Verhältnisse auf als aus der Ausschreibung erkennbar. Hier findet sich eine bedeutende Quelle von Streitigkeiten. Die entscheidende Frage, die dabei zu klären ist, liegt vorrangig darin, von welchen genauen Bodenverhältnissen als Grundlage der darauf aufbauenden Leistung des Auftragnehmers auszugehen ist. Erst wenn das feststeht, kann entschieden werden, inwieweit es überhaupt zu einer Änderung des Bauentwurfs kommt (s. dazu ausführlich Rdn. 869 ff., 2218 ff.). Auf Einzelheiten dazu wurde oben ausführlich im Kapitel 8 eingegangen. Auf die dortigen Ausführungen wird an dieser Stelle verwiesen (Rdn. 1929 ff.).

- **Anordnungen Dritter**

2241   Unproblematisch ist in der Regel zu beurteilen, ob sich bei zwingenden Anordnungen Dritter zur Bauausführung gleichzeitig der Bauentwurf ändert (so auch Ingenstau/Korbion/Keldungs, VOB/B, § 2 Abs. 5 Rn. 12). Das Problem der Anwendbarkeit von § 2 Abs. 5 VOB/B nach Leistungsänderungsanordnungen Dritter liegt daher weniger in der Änderung des Bauentwurfs als in der Frage, ob diese Änderung dem Auftraggeber zuzurechnen ist (s. dazu oben Rdn. 2227).

▶ **Beispiel**

Der Prüfstatiker fordert eine stärkere Bewehrung, die der Auftragnehmer ausführt. Hier ändert sich zweifellos der Bauentwurf. Diese Änderung ist auch eindeutig dem Verantwortungsbereich des Auftraggebers zuzuordnen. Damit bleibt aber das Problem, dass diese Anordnung ggf. nicht vom Auftraggeber erteilt wird.

9.7 Die Preisänderung gemäß § 2 Abs. 5 VOB/B bei Leistungsänderungen

- **Nachträgliche Leistungskonkretisierung**
Eine Änderung des Bauentwurfs kann auch darin liegen, dass die Leistung im Nachhinein konkretisiert wird. Demzufolge kann es infolge von Anordnungen des Auftraggebers vor allem zu einer Änderung der Preisgrundlagen im Sinne des § 2 Abs. 5 VOB/B kommen, wenn die **Leistungsbeschreibung unklar oder sogar unvollständig** war und jetzt erstmals mit der Anordnung eine Festlegung dazu erfolgt (s. dazu auch Vygen/Joussen/Schubert/Lang, Bauverzögerung und Leistungsänderung, Teil A, Rn. 373; Kapellmann/Messerschmidt/Kapellmann, VOB/B, § 2 Rn. 188).

2242

▶ **Beispiel**

Im Leistungsverzeichnis ist keine Vorgabe zu Sanitärarmaturen enthalten. Hier schuldet der Auftragnehmer einen »üblichen Standard«. Im Nachhinein legt der Auftraggeber einen bestimmten Typ fest. Dies ist eine Anordnung, die auch die Grundlagen des Preises nach dem vorgesehenen Vertrag ändern kann, der bisher eben keine Festlegung auf eine bestimmte Armatur üblichen Standards vorsah. Infolgedessen schuldet der Auftraggeber nunmehr eine Mehrvergütung, wenn der Auftraggeber Armaturen mit einem höherwertigen Standard verlangt. Doch auch die Festlegung auf eine bestimmte Armatur üblichen Standards kann Mehrvergütungsansprüche auslösen, wenn der Auftragnehmer etwa einwendet, dass er einen anderen Typ üblichen Standards einbauen wollte, den er z. B. besonders günstig einkaufen konnte.

Entsprechendes gilt, wenn der Auftraggeber im Leistungsverzeichnis ein bestimmtes Produkt vorgegeben hat verbunden mit dem Zusatz »**oder gleichwertig**«. »Ordnet« er jetzt die Verwendung des in der Ausschreibung genannten Produktes an, obwohl der Auftragnehmer eigentlich ein »gleichwertiges« einbauen wollte, liegt in dieser Konkretisierung ebenfalls eine Anordnung im Sinne des § 2 Abs. 5 VOB/B (OLG Dresden, Urt. v. 06.12.2005 – 14 U 1523/05, BauR 2008, 364, 365 f.).

Noch deutlicher wird dies bei **Pauschalverträgen auf der Grundlage einer funktionalen Vergabe**.

2243

▶ **Beispiel (in Anlehnung an BGH, Urt. v. 13.03.2008 – VII ZR 194/06, BGHZ 176, 23 = BauR 2008, 1131)**

Nach einer schon vorliegenden Bauwerksplanung zu der Errichtung eines Bistros fordert der Auftraggeber vom Auftragnehmer ein funktionales Angebot unter anderem mit dem Zusatz »Lieferung und Einbau einer Lüftungsanlage je nach Erfordernis für Bistro und Bistroküche«. Daraufhin wird der Vertrag geschlossen. Im Nachhinein ändert der Auftraggeber die Bauwerksplanung für das Bistro, sodass nunmehr die Lüftungsanlage deutlich aufwendiger herzustellen ist. Hierfür verlangt der Auftragnehmer eine Mehrvergütung.

Ein Anspruch ist unproblematisch gegeben. An einer Anordnung kann kein Zweifel bestehen. Doch auch die Leistungsänderung gegenüber der vertraglich übernommenen Leistung ist eindeutig: Ermittelt man nämlich die geschuldete Leistung anhand der vorliegenden Vertragsunterlagen unter Auslegung der vorliegenden Erklärungen, hatte der Auftragnehmer zwar pauschal die Herstellung einer Lüftungsanlage übernommen, aber natürlich nur insoweit, als diese zum Zeitpunkt des Vertragsschlusses auf der Grundlage der vorhandenen Planung zu errichten war. Wurde diese **Grundlagenplanung geändert**, bedingte dies hier **verändert zu erbringende Folgeleistungen**. Dies ist ein Anwendungsfall des § 2 Abs. 5 VOB/B; mit der funktional übernommenen Leistung hat dies nichts zu tun (BGH, Urt. v. 13.03.2008 – VII ZR 194/06, BGHZ 176, 23, 28 = BauR 2008, 1131, 1135 = NJW 2008, 2106, 2108 = NZBau 2008, 437, 439).

Doch nicht nur die Konkretisierung einer unvollständigen bzw. offenen, sondern auch die **Verfeinerung einer Planung** kann zu einer Leistungsänderung im Sinne des § 2 Abs. 5 VOB/B führen. Dies ist etwa der Fall, wenn sich im Übergangsstadium von der Entwurfsplanung (1:100) zur Ausführungs- und/oder Detailplanung (1:50, 1:10 usw.) Änderungen seitens des Auftraggebers ergeben.

2244

▶ **Beispiel**

Die vom Auftraggeber oder seinem Architekten erstellte Entwurfsplanung 1:100 und dementsprechend die Ausschreibung, die der Auftragnehmer seiner Kalkulation zugrunde legt, sehen einheitlich 50 Stützen oder Pfeiler gleicher Art und Größe (Umfang und Höhe) vor. Folgerichtig hat der Auftragnehmer seinen Angebotspreis unter Berücksichtigung der Mehrfachverwendung ein und derselben Schalung kalkuliert. Nach Vertragsabschluss wird dem Auftragnehmer die Detailplanung der Stützen und Pfeiler zugeleitet. Diese sieht (aus statischen oder gestalterischen Gründen) insgesamt 20 verschiedene Typen mit völlig unterschiedlichen Formen und Maßen vor.

Eine solche Abweichung in der Detailplanung und damit in der vom Auftragnehmer auszuführenden Leistung bewirkt zwar keine Änderung des Leistungsbeschriebs. Denn dort waren nur Stützen einer bestimmten Länge und eines bestimmten Volumens, die unverändert bleiben, angegeben. Zweifellos führt diese Planungsverfeinerung aber zu einer Änderung der Preisgrundlagen des vereinbarten Einheitspreises (Mehrkosten durch zusätzliche Schalungen) und ggf. sogar zu einer Verlängerung der vorgesehenen Bauzeit. Folglich kann auch hier der Auftragnehmer eine Preisanpassung gemäß § 2 Abs. 5 VOB/B verlangen. Denn Grundlage der Kalkulation und damit vertraglich geschuldetes Bau-Soll waren 50 gleiche Stützen, wie sich aus dem Leistungsverzeichnis und der zunächst vorhandenen Entwurfsplanung 1:100 ergab, sodass die Vorlage der geänderten Ausführungsplanung eine Änderung des Bauentwurfs darstellt. Um derartige Änderungen aber überhaupt und rechtzeitig erkennen zu können, sollte an der Baustelle stets der der Angebotsbearbeitung zugrunde liegende Plan vorhanden sein.

2245 Die gleichen Grundsätze wie vorstehend müssen gelten, wenn sich sonst Angaben in der Planung ändern, die Auswirkungen auf den Bauentwurf entfalten.

▶ **Beispiel (OLG Düsseldorf, Urt. v. 13.11.2007 – 21 U 256/06, BauR 2008, 1902, 1903)**

In der Ausschreibung bzw. den beigefügten (oder in zumutbarer Weise einsehbaren) Planungsunterlagen (Statik, Detailplanung) war dem Bieter die Möglichkeit eröffnet worden, seine Preise auf der Grundlage des Einsatzes von Großflächenschalungen zu kalkulieren. Nach Vertragsschluss entfällt diese Möglichkeit, weil die Detailplanung oder insbesondere die Bewehrungspläne deren Einsatz ausschließen oder in anderer Hinsicht zum Nachteil des Auftragnehmers einschränken.

Auch in diesem Fall wird man in der Regel von einer Änderung des Bauentwurfs ausgehen können, wobei hier die Anordnung dann in der vom Auftraggeber stammenden geänderten Planung liegt (vgl. dazu aber BGH, Urt. v. 25.06.1987 – VII ZR 107/86, BauR 1987, 683 f. = NJW-RR 1987, 1306 f.).

2246 Von vorstehenden Sachverhalten zu unterscheiden sind dagegen **Korrekturen der Entwurfsplanung oder sonstige Lücken**, mit denen der Auftragnehmer noch rechnen musste, die er bei einer gewissenhaften Prüfung hätte feststellen können oder die sogar vorbehalten waren.

▶ **Beispiel (ähnlich OLG Oldenburg, Urt. v. 16.02.2010 – 12 U 18/07, Nichtzul.-Beschw. zurückgew., BGH, Beschl. v. 19.05.2011 – VII ZR 36/10, BauR 2012, 500)**

Der Auftragnehmer soll 160 Fenster herstellen und einbauen. In der Leistungsbeschreibung sind vier Fenstergrößen mit ca.-Maßen angegeben. Später stellt sich heraus, dass die Größen der Rohbaumaße deutlich häufiger von den Angaben im Leistungsverzeichnis abweichen. Eine Leistungsänderung liegt hier gleichwohl nicht vor. Denn abgesehen davon, dass die Werte ohnehin nur mit ca.-Maßen angegeben waren, kann ein Fachunternehmer gewerkespezifisch gerade nicht erwarten, dass entsprechend dem Leistungsverzeichnis exakt nur vier Größenangaben anzutreffen sind. Stattdessen gehört die individuelle Anpassung an ein vorher genommenes Aufmaß im Rahmen bestimmter Toleranzen zu der von einem Fensterbauer zu erbringenden Leistung (ähnlich OLG Dresden, Urt. v. 20.03.2012 – 5 U 765/11, IBR 2012, 500 zu ca.-Maßen bei Pfahllängen).

9.7 Die Preisänderung gemäß § 2 Abs. 5 VOB/B bei Leistungsänderungen

Ähnliches gilt, wenn in der Ausschreibung für die Kalkulation notwendige Angaben fehlen.

> **Beispiel**
>
> Schon nach den Angebotsunterlagen hätten dem Auftragnehmer Zweifel an dem Einsatz einer Großflächenschalung kommen müssen. Wenn er diese gleichwohl (ggf. ohne Rückfragen beim Auftraggeber) kalkuliert, kann er etwaige Mehrkosten wegen des nicht möglichen Einsatzes einer solchen Schalung beim Auftraggeber als Mehrvergütungsanspruch nach § 2 Abs. 5 VOB/B nicht geltend machen.

Diese aus Sicht des Auftragnehmers »veränderte« Ausführung hat mit einer Änderung des Leistungssolls nichts zu tun. Denn in diesem Fall geht der Auftragnehmer bewusst das **Risiko einer Unterkalkulation** ein, das er nicht nachträglich auf den Auftraggeber abwälzen kann (BGH, Urt. v. 25.06.1987 – VII ZR 107/86, a. a. O.). Insoweit darf ein Auftragnehmer auch ein **erkennbar lückenhaftes Leistungsverzeichnis** nicht einfach hinnehmen, sondern muss sich daraus ergebende Zweifelsfragen vorher klären. Sieht er davon ab, geht dies zu seinen Lasten.

Eine danach ggf. erfolgende Risikoübernahme darf aber wiederum **nicht** mit einer unabhängig davon **notwendigen Auslegung des Vertrages verwechselt** werden (so oben Rdn. 873 ff. sowie u. a. BGH, Urt. v. 13.03.2008 – VII ZR 194/06, BGHZ 176, 23, 31 = BauR 2008, 1131, 1136 = NJW 2008, 2106, 2109 = NZBau 2008, 437, 440; BGH, Beschl. v. 20.12.2010 – VII ZR 77/10, BauR 2011, 530 = NJW-RR 2011, 378 = NZBau 2011, 160), d. h.: Zuerst ist immer anhand einer am **objektiven Empfängerhorizont orientierten Auslegung** festzustellen, ob es die vorgenannten Lücken überhaupt gibt (s. dazu auch Rdn. 877 ff.). Dabei ist auch zu berücksichtigen, dass der Auftraggeber zumindest dem Grunde nach für die eindeutige und erschöpfende Leistungsbeschreibung verantwortlich ist (§ 7 Abs. 1 VOB/A) und dem Auftragnehmer kein ungewöhnliches Wagnis aufgebürdet werden darf. Der Auftragnehmer darf also grundsätzlich von einer erschöpfenden Ausschreibung der von ihm zu erbringenden Leistung ausgehen, wobei dem Wortlaut der jeweiligen Ausschreibung eine erhebliche Bedeutung zukommt (BGH, Urt. v. 09.01.1997 – VII ZR 259/95, BGHZ 134, 245, 247 = BauR 1997, 466 = NJW 1997, 1577). Ist danach die Leistungsbeschreibung z. B. infolge einer Bezugnahme auf eine konkrete Planung nicht lückenhaft, ist nunmehr jede Änderung dieser Planung mehrvergütungspflichtig (§ 2 Abs. 5 VOB/B). Ergibt dagegen die Auslegung, dass die Leistungsbeschreibung lückenhaft war, wäre in einem zweiten Schritt zu fragen, ob der Auftragnehmer die damit verbundenen Risiken einer ggf. anschließend notwendigen Leistungskonkretisierung mit übernommen hat. Hat er dies nicht, käme auch insoweit ein Mehrvergütungsanspruch in Betracht. Ergänzend dazu wird immerhin teilweise vertreten, dass einem Auftragnehmer wenigstens dann, wenn er fahrlässig die Unklarheit des Leistungsverzeichnisses nicht erkannt habe, ihm allenfalls anzulasten sein könnte, dass er auf diese Unklarheit hätte zuvor hinweisen müssen. Dies hätte dazu geführt, dass der Auftraggeber dann das Bausoll ggf. mit der Anordnung einer mehrvergütungspflichtigen Leistung klargestellt hätte. Wenigstens diese **Mehrkosten** könne der Auftragnehmer nach § 2 Abs. 5 VOB/B nunmehr als »**Sowiesokosten**« verlangen (OLG Koblenz, Urt. v. 27.01.1999 – 1 U 420/96, BauR 2001, 1442, 1444 f. = NJW-RR 2001, 1671, 1672; Kapellmann/Messerschmidt/Kapellmann, § 2 Rn. 127). Dies überzeugt nicht – und verkennt bereits die Grundsätze der Vertragsauslegung: Denn was zum vom Auftragnehmer zu erbringenden Vertragssoll gehört, ist allein durch Auslegung zu ermitteln (so auch BGH, Beschl. v. 20.12.2010 – VII ZR 77/10, BauR 2011, 530 = NJW-RR 2011, 378 = NZBau 2011, 160). Steht dieses Ergebnis in dem einen oder anderen Sinne fest, ergibt sich daraus zugleich die Antwort, ob ein Mehrvergütungsanspruch besteht. Andernfalls gibt es eben keinen Anspruch.

- **Ausübung eines Wahlrechts/Bedarfspositionen**
Keine Leistungsänderung im Sinne des § 2 Abs. 5 VOB/B liegt vor, wenn der Auftraggeber von einem ihm im Vertrag eingeräumten Wahlrecht Gebrauch macht.

▶ **Beispiel (nach BGH, Urt. v. 22.04.1993 – VII ZR 118/92, BauR 1993, 595, 596 = NJW-RR 1993, 1109, 1110)**

Im Bauvertrag ist dem Bauherrn das Recht eingeräumt worden, den Farbtyp zu wählen zwischen einer Standard- und einer teureren Sonderfarbe. Der Bauherr entscheidet sich für die teurere Sonderfarbe. Hierbei handelt es sich weiterhin um eine Entscheidung im Rahmen der übernommenen Leistungsverpflichtung (wobei das OLG Köln, Urt. v. 15.09.1995 – 20 U 259/90, BauR 1998, 1096, das Leistungsverzeichnis später doch anders auslegte und meinte, die Sonderfarben seien nicht geschuldet gewesen, worauf es hier aber nicht ankommt).

Nichts anderes gilt für Anordnungen des Auftraggebers mit dem Inhalt, wonach eine im Leistungsverzeichnis und Angebot des Auftragnehmers ausdrücklich vorgesehene **Alternativ- oder Eventualposition** zur Ausführung kommen soll (vgl. dazu näher Vygen/Joussen/Schubert/Lang, Bauverzögerung und Leistungsänderung, Teil A Rn. 425 ff.).

2249 Um hier Mehrvergütungsansprüche nach § 2 Abs. 5 VOB/B auszuschließen, ist es somit geboten, dass sich der Auftraggeber im Vertrag eine später noch erfolgende Entscheidung über die **Alternativen vorbehält** sollte (s. dazu Vygen/Joussen/Schubert/Lang, a. a. O., Teil A Rn. 444 ff.). Sodann muss er diese **Entscheidung rechtzeitig** vor der Ausführung treffen, da eine verspätete Anordnung zu einer Behinderung des Auftragnehmers und damit zu einem Schadensersatzanspruch gemäß § 6 Abs. 6 VOB/B führen kann. Im Einzelfall kann die Ausübung des Wahlrechts oder die Anordnung des Auftraggebers, eine bestimmte – ursprünglich im Angebot vorgesehene – Alternative auszuführen, allerdings auch ins Leere gehen. Dies ist der Fall, wenn der Auftraggeber sich bei Zuschlagserteilung bereits für die mit einer Alternative angebotene Bauweise entschieden hatte. Mit dieser Entscheidung war der Auftragnehmer aus der Bindung an sein Angebot bezüglich der später verlangten (anderen) Alternative entlassen worden, sodass nunmehr doch eine Änderungsanordnung im Sinne des § 2 Abs. 5 VOB/B vorliegt (KG, Urt. v. 21.11.2002 – 4 U 7233/00, BauR 2004, 1779, 1780).

▶ **Beispiel**

In der Ausschreibung war alternativ die Materiallieferung durch den Auftragnehmer oder bauseits vorgesehen. Der Auftraggeber erteilte den Zuschlag mit bauseitiger Materiallieferung. Diese scheiterte aber später, weil das Material vom Auftragnehmer zu Recht als ungeeignet beanstandet wurde. Das Verlangen des Auftraggebers gegenüber dem Auftragnehmer, nun doch das Material zu liefern, ist ein Fall des § 2 Abs. 5 VOB/B, sodass der Auftragnehmer die ihm dadurch entstehenden Mehrkosten (höhere Subunternehmer- oder Materialpreise) bezahlt verlangen kann.

2250 Zu unterscheiden von den Wahlpositionen sind sog. Bedarf- oder Eventualpositionen. Mit diesen werden Leistungen ausgeschrieben, deren Ausführung bei Erstellung des Leistungsverzeichnisses noch nicht feststeht. Bei der Zuschlagserteilung werden sie demzufolge noch nicht uneingeschränkt beauftragt. Vielmehr stellt der Vertragsschluss dazu – soweit nichts anderes vereinbart ist – nur eine **bedingte Auftragserteilung** dar. Anders als bei Alternativpositionen hängt somit deren Aktivierung jetzt nicht mehr von der subjektiven Entscheidung des Auftraggebers, sondern von dem **objektiv eintretenden Bedarf** zur Erfüllung der vertraglichen Leistung ab (ausführlich dazu Vygen/Joussen/Schubert/Lang, Bauverzögerung und Leistungsänderung, Teil A 452 ff.; wie hier Ingenstau/Korbion, B § 2 Abs. 5 Rn. 35; Franke/Kemper/Zanner/Grünhagen, § 2 Rn. 22 – a. A. Kapellmann/Schiffers, Bd. 1, Rn. 581, 586, die dies als fatalistisch bezeichnen, andererseits aber Eventualpositionen wegen der weit nach Vertragsschluss dauernden Bindefristen überhaupt nur sehr eingeschränkt für zulässig halten; ebenso: OLG Oldenburg, Urt. v. 03.05.2007 – 8 U 254/06, BauR 2008, 1630, 1632, das für eine ggf. danach auftragslos erbrachte Leistung allenfalls eine Vergütung nach § 2 Abs. 8 Nr. 2 VOB/B zusprechen will; offen gelassen in OLG Naumburg, Urt. v. 30.9.2011 – 12 U 12/11, IBR 2012, 68). Das aber zeigt, dass all das mit Leistungsänderungen nach § 2 Abs. 5 VOB/B wenig zu tun hat.

9.7 Die Preisänderung gemäß § 2 Abs. 5 VOB/B bei Leistungsänderungen

▶ **Beispiel**

Bei einer Straßenbaumaßnahme war eine Bedarfsposition mit Mengen für den Austausch ungeeigneter Böden vorgesehen. Trifft der Auftragnehmer jetzt auf einen solchen ungeeigneten Boden, der objektiv notwendig für die Baumaßnahme auszutauschen ist, erhält er im Rahmen der schon beauftragten Bedarfsposition diese Leistung danach vergütet – und zwar unabhängig davon, ob der Auftraggeber sie noch anordnet oder nicht.

Zu unterscheiden von vorstehendem Sachverhalt sind Bedarfspositionen im Leistungsverzeichnis, die **ausdrücklich in der Weise gekennzeichnet** sind, dass **noch eine gesonderte Anordnung dazu erteilt** werden muss. Unterbleibt diese und führt der Auftragnehmer diese Leistung gleichwohl aus, handelt es sich dabei – trotz der Eventualposition, die aber nicht ausgelöst wurde – nunmehr um eine **auftragslos erbrachte Leistung**, für die auch der Preis aus der Eventualposition zunächst nicht gilt. Stattdessen richtet sich der Vergütungsanspruch des Auftragnehmers nach § 2 Abs. 8 Nr. 2 und 3 VOB/B – wie im Übrigen sonst bei auftragslos erbrachten Leistungen auch (unklar hierzu OLG Dresden, Urt. v. 10.1.2007 – 6 U 519/04, BauR 2008, 518, 519, das diesen Unterschied nicht erwähnt).

- **Leistungsausführung nach Abruf**
Keine Leistungsänderung liegt – im engen Zusammenhang mit vorstehenden Sachverhalten – vor, wenn der Bauvertrag eine Leistungsausführung nach Abruf vorsieht und der Auftraggeber schon Leistungen relativ früh abruft, was für die Einhaltung der Gesamtbauzeit nicht notwendig wäre. Auch hier bleibt der Auftraggeber im Rahmen des vereinbarten Vertragssolls (KG, Urt. v. 15.03.1999 – 24 U 5157/98, BauR 2001, 407 f. = NJW-RR 2000, 1618, 1619), sodass eine Vergütungsänderung nach § 2 Abs. 5 VOB/B nicht in Betracht kommt.

2251

9.7.1.2.3 Andere Anordnungen des Auftraggebers

Nicht nur Anordnungen des Auftraggebers zum Bauentwurf selbst, sondern auch »andere Anordnungen« können – soweit sie die Grundlagen des Preises ändern – einen Mehrvergütungsanspruch auslösen. Mit dieser Unterscheidung könnte fraglich sein, welche Anordnungen die VOB/B vor Augen hat, die nicht schon zum Bauentwurf der ersten Alternative gehören. Dazu soll Folgendes erläutert werden, wobei auch ein Rückgriff auf § 1 Abs. 3 VOB/B erfolgen muss:

2252

- Nach § 1 Abs. 3 VOB/B kann der Auftraggeber einseitig **Änderungen des Bauentwurfs** anordnen. Dieses sehr weitgehende Anordnungsrecht ist auf der einen Seite praxisgerecht, verlangt auf der anderen Seite aber zwingend einen **finanziellen Ausgleich** des Auftragnehmers im Fall von Mehraufwendungen. Diese Vergütungsregelung findet sich in § 2 Abs. 5 VOB/B, d. h.: Alle Änderungsanordnungen des § 1 Abs. 3 VOB/B führen – soweit sie sich preislich auswirken – automatisch, ohne dass dies gesondert verlangt werden muss, zu einem angepassten Preis.
- Richtigerweise geht § 2 Abs. 5 VOB/B aber darüber hinaus. Er unterwirft praktisch **alle Anordnungen des Auftraggebers zu einem Bauvorhaben**, die die Grundlagen des Preises ändern, dem Anwendungsbereich dieser Vorschrift. Hierzu gehören somit auch die Änderungsanordnungen, die nicht den Bauentwurf im Sinne des § 1 Abs. 3 VOB/B betreffen und somit eigentlich nicht vom Auftragnehmer beachtet werden müssten. Beachtet er sie aber trotzdem und hält sich an eine solche »andere« Anordnung, richtet sich dann sein Vergütungsanspruch nach § 2 Abs. 5 VOB/B.

In der Praxis wird der Anwendungsbereich zu der »anderen Anordnung« im Sinne des § 2 Abs. 5 VOB/B fast ausschließlich im **Zusammenhang mit der Bauzeit** diskutiert.

2253

▶ **Beispiel**

Der Auftraggeber ordnet eine Verschiebung der Baumaßnahme von den Sommer- in die Wintermonate an. Hierdurch entstehen nachvollziehbarerweise Mehrkosten, die der Auftragnehmer ersetzt verlangt.

Die diesbezügliche Diskussion ist müßig zu führen, weil vielfach zwei Dinge miteinander vermengt werden, die man unterschiedlich behandeln und vor allem beantworten kann (s. dazu ausführlich oben Rdn. 1949 ff.):

2254
- Die erste Frage ist diejenige, ob **Anordnungen des Auftraggebers zur Bauzeit** von § 1 Abs. 3 VOB/B erfasst werden, d. h. vor allem, ob sie zu dem dort geregelten Bauentwurf zählen. Dies ist richtigerweise zu bejahen, wobei dies allerdings sehr umstritten ist (s. o. ausführlich dazu Rdn. 923 ff.). Wenn man dies aber annimmt, ist eindeutig, dass dann die Anordnung einer veränderten Bauzeit als Änderungsanordnung zum Bauentwurf vergütungsrechtlich bereits von der ersten Alternative des § 2 Abs. 5 VOB/B erfasst wird. Denn danach würde man den Bauentwurf nicht nur technisch definieren, sondern als **Gesamtheit des Leistungssolls** ansehen.

2255
- Ggf. mag man den Bauentwurf aber auch deutlich enger verstehen, nämlich dahin gehend, dass damit nur der eigentliche Leistungsbeschrieb gemeint ist, während die Festlegung der Bauumstände nicht dazu gehört. Dies hätte zur Folge, dass der Auftraggeber Änderungen der Bauzeit nach § 1 Abs. 3 VOB/B nicht einseitig anordnen könnte. Auch dies ist eigentlich missverständlich: Anordnen könnte er die Leistungsänderung schon; nur wird sie nicht von dem Leistungsänderungsrecht nach § 1 Abs. 3 VOB/B erfasst, sodass der Auftragnehmer diese Änderungsanordnung zur Bauzeit nicht befolgen muss (bzw. deren Befolgung von einer Anpassung der Vergütung in seinem Sinne abhängig machen kann). Indes: Befolgt der Auftragnehmer diese Anordnung, obwohl er dies nicht muss, und macht er die Befolgung nicht von einem Preisvorbehalt abhängig, läge dann darin in jedem Fall eine »andere Anordnung« im Sinne des § 2 Abs. 5 VOB/B. Somit kommt es im Vergütungsbereich, wenn sich die Bauzeit infolge der Anordnung des Auftraggebers geändert hat, dem Grunde nach nicht darauf an, ob diese Anordnung noch von § 1 Abs. 3 VOB/B gedeckt ist oder nicht. Stattdessen ist es zu Recht heute unbestritten, dass **Bauzeitänderungen auf Anordnung des Auftraggebers** in jedem Fall **von § 2 Abs. 5 VOB/B erfasst** werden (OLG Düsseldorf, Urt. v. 25.04.1995 – 21 U 192/94, BauR 1995, 706, 707 = NJW 1995, 3323 f.; KG, Urt. v. 12.02.2008 – 21 U 155/06, BauR 2009, 650, 652; ebenso Ingenstau/Korbion/Keldungs, VOB/B, § 2 Abs. 5 Rn. 20 f.; Kapellmann/Messerschmidt/Kapellmann, VOB/B, § 2 Rn. 185; Heiermann/Riedl/Rusam/Kuffer, VOB/B, § 2 Rn. 157 f.), wenn auch die voran stehende Differenzierung in ihren Grundlagen vielfach nicht klar beachtet wird.

2256 Zu diesem Ergebnis dürfte auch der BGH heute kommen. Schon an anderer Stelle wurde erläutert, dass er allein bei **zeitlichen Verschiebungen der Baumaßnahme** vor Vertragsschluss die Anwendung von § 2 Abs. 5 VOB/B im Wege der ergänzenden Vertragsauslegung für möglich hält. Diese Verschiebungen seien mit einer vom Auftraggeber veranlassten Änderung des Bauentwurfs vergleichbar. Denn in beiden Fällen bestehe nach Treu und Glauben keine Veranlassung, das Risiko von Änderungen der Grundlagen des Preises allein dem Auftragnehmer zuzuweisen (BGH, Urt. v. 11.05.2009 – VII ZR 11/08, BGHZ 181, 47, 61 = BauR 2009, 1131, 1136 = NJW 2009, 2443, 2447 = NZBau 2009, 370, 374; s. dazu ausführlich Rdn. 1957 ff.). Das aber heißt nichts anderes, als dass der BGH gerade damit auch die Anwendung des § 2 Abs. 5 VOB/B in den Fällen anerkannt hat, in denen sich die Anordnung des Auftraggebers nach Vertragsschluss allein auf die Bauzeit bezieht. Andernfalls würde dieser Vergleich, dass eine Preisgrundlagenänderung durch Verschiebung der Bauzeit vor Vertragsschluss einer angeordneten Leistungsänderung nach Vertragsschluss vergleichbar sei, überhaupt keinen Sinn ergeben. Fallen somit angeordnete Änderungen zur Bauzeit in jedem Fall in den Anwendungsbereich von § 2 Abs. 5 VOB/B, gilt dies auch für sämtliche damit im Zusammenhang stehende Anordnungen. Dazu zählen vor allem **Anordnungen zu einem verspäteten Baubeginn** bzw. zu einer Bauverschiebung sowie insbesondere die besonders kostenträchtigen Beschleunigungsanordnungen (vgl. dazu auch im Einzelnen oben Rdn. 1907 ff. und 1949 ff., wie hier ebenso: Ingenstau/Korbion/Keldungs, VOB/B, § 2 Abs. 5 Rn. 20).

2257 Unter Berücksichtigung vorstehender Ausführungen kann man natürlich diskutieren, welche anderen Anordnungen unter § 2 Abs. 5 VOB/B fallen sollen, soweit es nicht um die Bauzeit geht. Hiervon gibt es im Baugeschehen jedoch viele. Entscheidend ist für diese lediglich (in Abgrenzung zum Anwendungsbereich des § 1 Abs. 3 VOB/B), dass sie nicht auch dem Bauentwurf im weiteren Sinne zuzurechnen sind. So kann ein Bauentwurf aber durchaus unverändert bleiben und gleichwohl eine Anordnung erteilt werden, wie z. B. die schon mehrfach angesprochenen Umwegfahrten.

▶ **Beispiele**

Die Ortsgemeinde bittet die Immobilien-Bauträger-GmbH, Massentransporte aus einem größeren Baufeld nicht durch die Ortsdurchfahrt fahren zu lassen. Der Bauträger ordnet dies gegenüber dem Auftragnehmer an, der sich daran hält. Hier bleibt der Bauentwurf unverändert. Gleichwohl liegt eine Anordnung des Auftraggebers vor, die der Auftragnehmer befolgt und die somit zu einer Änderung der Preisgrundlage führt.

9.7.1.3 Hierdurch: Änderung der Preisgrundlage

Weitere Voraussetzung für einen Mehrvergütungsanspruch des Auftragnehmers nach § 2 Abs. 5 VOB/B ist der Umstand, dass die Änderungsanordnung des Auftraggebers **gleichzeitig die Grundlagen des Preises für eine im Vertrag vorgesehene Leistung ändert**. Zu den Grundlagen des Preises gehören die zu einem Preis gehörenden Einzelkosten bzw. Preisermittlungsgrundlagen, so vor allem Lohn- und Materialkosten, Allgemeinkosten u. a. 2258

Bei einem Einheitspreisvertrag ist eine Änderung einer Preisgrundlage relativ einfach zu prüfen. Denn hier ergibt sich die konkrete Leistung aus dem Langtext (Spalte 2 des Leistungsverzeichnisses). **Ändert sich dieser Leistungsbeschrieb** oder die Ausführungsart, wirkt sich dies in aller Regel auch auf die Preisermittlungsgrundlage aus, sodass insoweit diese Voraussetzung nach § 2 Abs. 5 VOB/B vorliegt. Dies gilt in jedem Fall bei Leistungsänderungsanordnungen aufgrund außerbetrieblich verursachter, bei Vertragsabschluss unbekannter Änderungen der Leistungen, der Ausführungsart oder auch des Bauablaufs. Dies liegt auf der Hand, da außerbetrieblich veranlassten Änderungen zumindest im Normalfall bei Vertragsabschluss nicht absehbar sind und daher im Einheitspreis nicht berücksichtigt sein können. 2259

▶ **Beispiel**

Im Vertrag war vorgesehen, eine Decke in Beton B 15 auszuführen. Aus statischen Gründen soll diese Decke jetzt in B 25 erstellt werden oder umgekehrt. Der Auftraggeber erteilt dazu eine entsprechende Anordnung. Diese wirkt sich zwingend auf die Preisermittlungsgrundlage aus, weil die Parteien ja zunächst bei der Festlegung des Einheitspreises von einer Decke in Beton B 15 ausgingen.

Sodann genügt es, dass sich diese Preisgrundlage infolge der Anordnung ggf. nur mittelbar ändert. Ein direkter Einfluss auf eine Leistungsposition ist nicht erforderlich.

Anzumerken ist, dass die Prüfung des § 2 Abs. 5 VOB/B in aller Regel nur **positionsbezogen** erfolgt. Ein Ausgleich analog § 2 Abs. 3 Nr. 3 VOB/B zwischen verschiedenen Positionen findet **nicht** statt. Ansonsten sind andere Leistungspositionen als die unmittelbar geänderte Leistung bei einer Änderungsanordnung des Auftraggebers nur anzupassen, wenn sich dort wenigstens noch mittelbar Auswirkungen ergeben. 2260

▶ **Beispiel**

Der Auftraggeber verlangt eine andere Verbauart als ausgeschrieben. Hierdurch greift er selbstverständlich zunächst in die konkrete Leistungsposition ein, die preislich anzupassen ist. Ggf. ist die geänderte Leistung aber auch aufwendiger und führt zu einer längeren Bauzeit, weswegen dann z. B. Folgepositionen wie die Baustellenvorhaltung anzupassen sind. Insoweit wirkt sich die Änderungsanordnung auch dort aus.

9.7.1.4 Ankündigungserfordernis für Mehrvergütungsanspruch nach § 2 Abs. 5 VOB/B?

Bei Ansprüchen auf Vergütungsanpassung gemäß § 2 Abs. 5 VOB/B stellt sich die Frage, ob diese vor der Ausführung angekündigt werden müssen, wie dies in § 2 Abs. 6 VOB/B ausdrücklich vor- 2261 gesehen ist. Eine solche **Ankündigungspflicht** wird bei Ansprüchen aus § 2 Abs. 5 VOB/B von der **h. M. verneint** (vgl. etwa Kappellmann/Messerschmidt/Kapellmann VOB/B § 2 Rn. 180 f.; Heiermann/Riedl/Rusam/Kuffer, B § 2 Rn. 172). Dies mag **zweifelhaft** sein (für ein Ankündigungserfordernis zumindest bei konkludenten Änderungsanordnungen: Nicklisch/Weick, Einl. §§ 4–13 Rn. 40). Denn sicherlich ließe sich eine solche Ankündigungspflicht schon aus dem Wortlaut, insbesondere aber aus dem Sinn und Zweck des § 2 Abs. 5 VOB/B herleiten. So wird in § 2 Abs. 5 S. 2 VOB/B immerhin vorgeschrieben, dass die Vereinbarung des neuen Preises vor der Ausführung der geänderten Leistung getroffen werden soll. Diese Forderung kann letztlich nur erfüllt werden, wenn derjenige Vertragspartner, der eine Vertragspreisanpassung will, dies auch kundtut, also seinen Anspruch auf Vereinbarung eines neuen Preises anmeldet und doch ankündigt. Die Annahme einer solchen Ankündigungspflicht hätte zudem den großen Vorteil, dass es in den meisten Fällen nicht mehr der schwierigen Abgrenzung und Unterscheidung zwischen Ansprüchen aus § 2 Abs. 5 und 6 VOB/B bedürfte (s. dazu nachfolgend Rdn. 2265). Auch wäre das Erfordernis der Ankündigung bei Ansprüchen aus § 2 Abs. 5 VOB/B keinesfalls unangemessen, da der BGH die Bedeutung der Ankündigungspflicht auch im Anwendungsbereich des § 2 Abs. 6 VOB/B durch Urteil vom 23.05.1996 stark abgemildert hat. So hat er es für entbehrlich angesehen, wenn dem Auftraggeber klar war oder sein musste, dass die zusätzliche Leistung nur gegen zusätzliche Vergütung zu erwarten ist. Ebenso wenig ist eine Ankündigung erforderlich, wenn dem Auftraggeber letztlich ohnehin keine andere Wahl blieb, als die Zusatzleistung ausführen zu lassen und ihm sonst keine Alternative zur Verfügung stand. In all diesen Fällen erfordert der Schutzzweck für den Auftraggeber, den die Ankündigungspflicht verfolgt, eine solche Ankündigung nicht (BGH, Urt. v. 23.05.1996 – VII ZR 245/94, BGHZ 133, 44, 47 f. = BauR 1996, 542, 543 = NJW 1996, 2158, 2159). Diese vom BGH aufgestellten Grundsätze gelten gleichermaßen für eine Ankündigungspflicht bei Ansprüchen aus § 2 Abs. 5 VOB/B oder eigentlich dort noch mehr; denn gerade Bauentwurfsänderungen sind häufig nicht notwendig und würden bei Kenntnis der Mehrkosten im Fall einer Ankündigung zurückgenommen oder es würde nach Alternativen gesucht; diesem Schutz dient am ehesten die Ankündigungspflicht.

2262 Wenn demnach gute Gründe dafür sprechen, auch bei § 2 Abs. 5 VOB/B ein Ankündigungserfordernis als tatbestandliche Voraussetzung anzunehmen, wird man sich doch damit abzufinden haben, dass die herrschende Meinung gerade wegen der unterschiedlichen Regelung gegenüber § 2 Abs. 6 VOB/B bei § 2 Abs. 5 VOB/B die Ankündigung eines zusätzlichen Vergütungsanspruchs als nicht erforderlich ansieht. Dem mag man folgen. In jedem Fall bleibt es aber dann zur Vermeidung unnötigen Streits eine **dringende Empfehlung** an beide Parteien, entsprechend der Regelung des § 2 Abs. 5 S. 2 VOB/B eine **Vergütungsvereinbarung** wenn irgendmöglich **vor Ausführung der geänderten Leistung zu schließen**. Vor allem zum Zwecke der Streitvermeidung ist ein Auftragnehmer daher auch gut beraten, sein Nachtragsangebot ebenfalls kurzfristig nach der Änderungsanordnung einzureichen, zumindest aber einen zusätzlichen Vergütungsanspruch unverzüglich anzukündigen. Dies gilt besonders, wenn der Auftraggeber bei seiner Änderungsanordnung offensichtlich erkennbar davon ausgeht, dass diese kostenmäßig nicht ins Gewicht fällt oder er seine Entscheidung davon abhängig macht, dass mit seiner Leistungsänderung keine Zusatzkosten anfallen. Hier spielen u. a. Änderungsanordnungen zur Bauzeit eine große Rolle. Zumindest in diesen Fällen wird man dann, wenn der Auftraggeber nicht z. B. durch einen Architekten fachlich beraten ist, aus seiner **allgemeinen Kooperationspflicht** heraus (s. dazu BGH, Urt. v. 28.10.1999 – VII ZR 393/98, BGHZ 143, 89, 93 f. = BauR 2000, 409, 410 = NJW 2000, 807, 808; s. o. Rdn. 1067 f.) den Auftragnehmer als verpflichtet anzusehen haben, den Auftraggeber über diese falsche Vorstellung vor Leistungsausführung aufzuklären, d. h. seine Mehrforderung doch anzukündigen. Dies ist dann aber keine tatbestandliche Voraussetzung des § 2 Abs. 5 VOB/B. Vielmehr stellt eine unterlassene Ankündigung insoweit (nur) eine allgemeine Pflichtverletzung dar, die zu einem Schadensersatzanspruch des Auftraggebers nach § 280 Abs. 1 BGB führen kann (ähnlich Beck'scher VOB/B-Kommentar/W. Jagenburg, § 2 Nr. 5 Rn. 73; s. zu diesem Gedanken einer Schadensersatzverpflichtung auch im Anwendungsbereich des § 2 Abs. 6 VOB/B sogleich Rdn. 2300).

9.7.1.5 Abgrenzung zu anderen Mehrvergütungsansprüchen

Liegen die vorgenannten Voraussetzungen vor, soll noch ein Blick auf verwandte »Anordnungen« des Auftraggebers geworfen werden, die allerdings nicht unter § 2 Abs. 5 VOB/B fallen: 2263

- **Mengenänderung nach § 2 Abs. 3 VOB/B**
In allererster Linie sind die Fälle der Mengenänderung nach § 2 Abs. 3 VOB/B zu unterscheiden. Mengenänderungen können sich zum einen ergeben, weil die Mengen falsch eingeschätzt wurden, das Bauvorhaben an sich aber unverändert durchgeführt wird. Dies ist ein Fall des § 2 Abs. 3 VOB/B. Mengenänderungen können sich zum anderen aber auch ergeben, weil der Auftraggeber eine veränderte Ausführung angeordnet hat. Dies gehört in den Anwendungsbereich des § 2 Abs. 5 VOB/B. Im Einzelfall kann die Abgrenzung schwierig sein. Ein wichtiges Abgrenzungskriterium für eine Anwendung des § 2 Abs. 5 VOB/B ist aber immerhin neben einer Anordnung des Auftraggebers die Veränderung des Leistungsbeschriebs im Leistungsverzeichnis. Während sich also bei § 2 Abs. 3 VOB/B nur die Leistungsmengen/Vordersätze (Spalte 1 des Leistungsverzeichnisses) verändern, kommt eine Anwendung des § 2 Abs. 5 VOB/B in erster Linie bei einer Veränderung im Leistungsbeschrieb selbst (Spalte 2 des Leistungsverzeichnisses) in Betracht (s. dazu Vygen, BauR 1983, 414, 416). 2264

> **Beispiel (nach OLG Koblenz, Urt. v. 13.04.2005 – 1 U 530/04, BauR 2006, 853)**
>
> Der Auftragnehmer soll partiell Boden austauschen. Während der Baumaßnahme stellt sich heraus, dass deutlich mehr Boden geschädigt ist, als angenommen. Jetzt ordnet der Auftraggeber den vollständigen Bodenaustausch an. Diese Anordnung ändert das ursprüngliche Leistungssoll, sodass nicht § 2 Abs. 3, sondern § 2 Abs. 5 VOB/B anwendbar ist.

Der bedeutendste Unterschied zwischen den Regelungen der §§ 2 Abs. 3 und Abs. 5 VOB/B liegt darin, dass bei § 2 Abs. 5 VOB/B für die geänderten Leistungen **insgesamt ein neuer Preis** zu vereinbaren ist. Eine Freimenge wie bei § 2 Abs. 3 VOB/B in Höhe von 10 % gibt es hier nicht. Ebenso findet bei Mehrmengen keine nach § 2 Abs. 3 Nr. 3 VOB/B vorgesehene Ausgleichsberechnung bei Mengensteigerungen anderer Positionen statt. Dabei zeigen aber auch vorstehende Erläuterungen, dass es dem Grunde nach keine Überschneidungen von § 2 Abs. 5 und Abs. 3 VOB/B geben kann.

- **Mehrvergütungsanspruch nach § 2 Abs. 6 VOB/B**
Zu nennen ist des Weiteren ein entstehender Mehraufwand infolge der Anordnung einer Zusatzleistung gemäß § 1 Abs. 4 S. 1 VOB/B. Die diesbezügliche Vergütungsregelung findet sich abschließend in § 2 Abs. 6 VOB/B (siehe sogleich Rdn. 2286 ff). Der wesentliche Unterschied besteht darin, dass § 2 Abs. 6 VOB/B den Vergütungsanspruch regelt, soweit der Auftraggeber vom Auftragnehmer eine **neue, vom bisherigen Vertragsinhalt überhaupt noch nicht erfasste Zusatzleistung** verlangt. Demgegenüber betrifft § 2 Abs. 5 VOB/B die Änderung einer schon beauftragten Hauptleistung, die nicht neu zu den Vertragsleistungen hinzukommt. 2265

Die Abgrenzung zwischen beiden Anspruchsgrundlagen ist nicht immer einfach. Denn selbstverständlich können sich auch bei Änderungsanordnungen im Sinne des § 2 Abs. 5 VOB/B notwendigerweise zu erbringende Zusatzleistungen ergeben. 2266

> **Beispiel**
>
> Im Bauvertrag ist vorgesehen, dass eine Tunnelwand 2 m hoch mit Fliesen zu versehen ist. Der Auftraggeber ordnet jetzt an, dass die Fliesen bis zur Decke, d. h. 3,50 m hoch anzubringen sind. Einerseits liegt hier eine Anordnung zur Änderung des Bauentwurfs vor (Fliesenhöhe 3,50 m statt 2,00 m); andererseits geht es um eine zusätzliche Leistung (zusätzliche Fliesen mit 1,50 m Höhe).

Die Unterscheidung hat im Einzelfall zu erfolgen (s. dazu auch Ingenstau/Korbion/Keldungs, VOB/B, § 2 Abs. 5 Rn. 8; Kapellmann/Messerschmidt/Kapellmann, VOB/B § 2 Rn. 182 ff.; v. Craushaar, BauR 1984, 311, 313 ff.). Richtig dürfte in der Grundlinie jedoch sein, dass eine geänderte Leistung nach § 2 Abs. 5 VOB/B immer einen konkreten Bezugspunkt zum Leistungsverzeichnis und einer dort schon enthaltenen Leistung aufweist in der Form, dass sie nunmehr **an deren Stelle** tritt. Dagegen handelt es sich bei einer Zusatzleistung im Sinne des § 2 Abs. 6 VOB/B um eine **selbstständige neue Leistung**, die gerade **nicht im Zusammenhang mit der angeordneten Änderung einer schon beauftragten Leistung** steht. Unter den bisherigen Vertragsleistungen findet sich also keinerlei Bezugsposition, deren Teilleistung noch als sinnvoller Anhaltspunkt für eine Nachtragskalkulation herangezogen werden könnte (OLG München, Urt. v. 20.07.2010 – 13 U 4489/08, BauR 2011, 684, 685; OLG Koblenz, Urt. v. 24.05.2006 – 6 U 1273/03, Nichtzul.-Beschw. zurückgew., BGH, Beschl. v. 19.06.2008 – VII ZR 128/06, BauR 2008, 1893, 1897). Dabei wird man vielfach auch auf die in § 2 Abs. 6 VOB/B vorgesehene zusätzliche Anspruchsvoraussetzung für den Vergütungsanspruch zurückgreifen können. Denn danach besteht ein solcher Anspruch für die angeordnete Zusatzleistung nur, wenn dieser Anspruch vor Leistungsausführung angekündigt wurde. Dies ist eine Schutzvorschrift für den Auftraggeber, der gewarnt sein soll, wenn er Anordnungen erteilt und meint, dass der Auftragnehmer sie umsonst mitausführe. Hiervon kann er zumeist nicht ausgehen, wenn er schon beauftragte (vergütungspflichtige) Leistungen ändert. Besteht insoweit eine Vergütungspflicht, weiß er auch bzw. sollte er zumindest wissen, dass eine geänderte Ausführung zu einer geänderten Vergütung führen kann. Bei der **Anordnung zusätzlicher Leistungen** liegt dies dagegen teilweise nicht auf der Hand. Dies zeigt etwa der gesamte Katalog der sog. Nebenleistungen bzw. Besonderen Leistungen nach dem jeweiligen Abschnitt 4.1 bzw. 4.2 der VOB/C (s. o. Rdn. 893 ff.). Hier hängt es teilweise vom Einzelfall ab, ob der Auftraggeber eine danach angeordnete »Zusatzleistung« als Besondere Leistung bezahlen muss oder ob sie schon als Nebenleistung von der Vergütung abgedeckt ist. Damit verbundene Missverständnisse kann es bei der Leistungsänderung kaum geben.

Bezogen auf vorgenannten Beispielfall geht es somit eindeutig um die Änderung einer schon beauftragten Leistung, obwohl nunmehr zusätzliche Fliesen anzubringen sind. Der Vergütungsanspruch richtet sich demzufolge allein nach § 2 Abs. 5 VOB/B. Dies würde auch gelten, wenn vorher überhaupt keine Fliesen vorgesehen waren, sondern die Ausführung einer verputzten Wand, und der Auftraggeber jetzt eine Ausführung mit Fliesen anordnet (im Ergebnis wie hier Ingenstau/Korbion/Keldungs, VOB/B, § 2 Abs. 5 Rn. 8). Demgegenüber läge ein Fall des § 2 Abs. 6 VOB/B vor, wenn bei dem Bauvorhaben zunächst vorgesehen war, die Wand unsaniert zu belassen und jetzt der Auftraggeber die Anbringung von Fliesen fordert. In diesem Fall handelt es sich um eine völlig neue, bisher nicht im Vertrag vorgesehene Leistung.

- **Selbstübernahme/Teilkündigung von Leistungen**

2267 Zu unterscheiden ist des Weiteren eine Leistungsänderung in der Weise, dass eine Leistung/Teilleistung völlig entfallen soll: Diese Anordnung fällt unter § 2 Abs. 4 VOB/B (Selbstübernahme von Leistungen – s. o. Rdn. 2206 ff.) oder § 8 Abs. 1 VOB/B (Teilkündigung). Demgegenüber ist § 2 Abs. 5 VOB/B dadurch geprägt, dass die Vertragsleistung erhalten bleibt und sie nur anders als vereinbart ausgeführt werden soll.

> ▶ **Beispiel**
>
> Der Auftraggeber möchte in einem Geschäftshaus keine Klimaanlage mehr bauen. Auch dies stellt zwar eine Änderung des Bauentwurfs dar, führt aber richtigerweise dazu, dass der Auftraggeber diese (Teil)leistung teilkündigen müsste. Demgegenüber läge ein Fall des § 2 Abs. 5 VOB/B, wenn anstatt des einen Typs einer Klimaanlage ein anderer eingebaut werden soll.

- **Veränderte Leistungsausführung ohne Einfluss des Auftraggebers**

2268 Abzugrenzen sind ebenso sonstige ggf. notwendige Modifikationen bei der Ausführung der Bauleistung gegenüber der ursprünglich geplanten Vorgehensweise, die nicht auf eine Änderungsanordnung des Auftraggebers zurückgehen (z. B. reine Erschwernisse der Leistungsausführung). Auch diese führen zu keinem Mehrvergütungsanspruch nach § 2 Abs. 5 VOB/B. Mehrkosten können insoweit allenfalls über § 6 Abs. 6 VOB/B oder § 642 BGB abgedeckt werden (OLG Schleswig, Urt. v. 23.08.2005 – 3 U 76/03, BauR 2007, 599 – s. dazu Rdn. 2233).

9.7 Die Preisänderung gemäß § 2 Abs. 5 VOB/B bei Leistungsänderungen

- **Passives Verhalten des Auftraggebers**
  Dasselbe gilt wie schon vorstehend erläutert (s. Rdn. 2236 ff.) für ein rein passives Verhalten des Auftraggebers, das zu Mehrkosten führt. Hierzu gehört weiter gehend insbesondere die Verletzung von etwaigen Mitwirkungshandlungen durch den Auftraggeber, die für die Leistungsausführung erforderlich sind. 2269

> **Beispiel**
>
> Der Auftraggeber übergibt nicht – unter Verstoß gegen § 3 Abs. 1 VOB/B – die für die Bauausführung notwendigen Unterlagen.

Soweit dadurch Mehrkosten entstehen, können diese zunächst über einen **Schadensersatzanspruch** abgedeckt werden, soweit der Auftraggeber die Behinderung zu vertreten hat und die Behinderung angezeigt wurde (§ 6 Abs. 6 VOB/B). Dies wird bei einer schuldhaft verzögerten Planübergabe regelmäßig der Fall sein (s. zu den dann bestehenden Schadensersatzansprüchen oben Rdn. 1975 ff.). Daneben kann, soweit die Voraussetzungen für einen Annahmeverzug vorliegen, ein Entschädigungsanspruch nach § 642 BGB treten (s. dazu oben Rdn. 2086).

> **Beispiel**
>
> An einer Baumaßnahme sollen zunächst der Estrichleger und sodann der Parkettleger arbeiten. Der Estrichleger wird nicht rechtzeitig fertig, sodass der Parkettleger nicht zum vereinbarten Termin beginnen kann.

Die hier anzutreffende Behinderung des Nachfolgeunternehmers hat der Auftraggeber nicht zu vertreten, weil ihm ein Verschulden des Vorunternehmers nach heute immer noch herrschender Meinung nicht zugerechnet wird (s. o. Rdn. 1997 ff.). In diesem Fall verbleibt dem Nachunternehmer aber – soweit er seine Leistungen angeboten hat und der Auftraggeber in Annahmeverzug geraten ist – noch ein **Entschädigungsanspruch nach § 642 BGB**. Dieser Anspruch besteht verschuldensunabhängig und ist gemäß § 6 Abs. 6 S. 2 VOB/B auch bei einem VOB-Vertrag anwendbar (s. o. Rdn. 2082 ff.). Mit einem Mehrvergütungsanspruch nach § 2 Abs. 5 VOB/B hat dies alles nichts zu tun.

- **Leistungsänderung vor Vertragsschluss**
  Schließlich werden von § 2 Abs. 5 VOB/B zunächst unmittelbar keine Fälle erfasst, in denen es bereits vor Vertragsabschluss (etwa infolge eines durchgeführten vergaberechtlichen Nachprüfungsverfahrens) zu Verzögerungen gekommen ist und dem Auftragnehmer allein deswegen später Mehrkosten entstehen. § 2 Abs. 5 VOB/B kann hier schon nicht direkt anwendbar sein, weil die Verzögerung aus der Zeit vor Vertragsabschluss stammt, d. h. § 2 Abs. 5 VOB/B noch gar nicht gilt; auch fehlt es an einer wie auch gearteten Anordnung des Auftraggebers als Ursache für etwaige Mehrkosten. Gleichwohl verhält es sich in vielen Fällen so, dass die Rechtsprechung doch zu einem Mehrvergütungsanspruch des Auftragnehmers in Anlehnung an § 2 Abs. 5 VOB/B kommt. Dabei unterstellt sie, dass der Vertrag zunächst trotz der Verzögerungen zu den ursprünglichen Konditionen zustande kommt. Die dem Vertrag zugrunde liegenden Willenserklärungen seien nunmehr aber ergänzend dahin auszulegen, dass in einem zweiten Schritt die Vergütung ggf. an die geänderte Ausführung infolge der schon vor Vertragsschluss eingetretenen Verzögerung anzupassen sei. Dabei zeige der Vertragsschluss auf der Grundlage der VOB/B, dass die Parteien gerade auch diese Preisanpassungsregelung als angemessene Vorgehensweise bei durch den Auftraggeber veranlassten Änderungen angesehen haben. Hierauf sei bei Verzögerungen in einem Vergabeverfahren zurückzugreifen; denn es sei davon auszugehen, dass sich die Parteien in Kenntnis der Umstände der Verzögerungen in gleicher Weise wie bei § 2 Abs. 5 VOB/B auf eine danach angepasste Vergütung verständigt hätten (s. dazu ausführlich oben Rdn. 1957 ff. sowie BGH, Urt. v. 11.05.2009 – VII ZR 11/08, BGHZ 181, 47, 61 = BauR 2009, 1131, 1136 = NJW 2009, 2443, 2447 = NZBau 2009, 370, 374). 2270

2271 Die vorstehenden Erläuterungen belegen zusammengefasst deutlich, dass es insbesondere zwischen der Anspruchsgrundlage für einen Mehrvergütungsanspruch nach § 2 Abs. 5 VOB/B und dem des Schadensersatzanspruchs nach § 6 Abs. 6 VOB/B **keine Anspruchskonkurrenz** gibt bzw. geben kann (s. dazu oben ausführlich Rdn. 1894 ff.): Denn bei dem Mehrvergütungsanspruch des Auftragnehmers im Sinne des § 2 Abs. 5 VOB/B handelt es sich um die Folge einer im Rahmen des Vertrages erlaubten und dort auch vorgesehenen Anordnung des Auftraggebers; demgegenüber handelt es sich bei dem Schadensersatzanspruch nach § 6 Abs. 6 VOB/B um die Folge einer Pflichtwidrigkeit des Auftraggebers (s. dazu grundlegend Thode, ZfBR 2004, 214, 218 ff.). Das eine Verhalten (Anordnung im Rahmen des vertragsrechtlich Zulässigen) schließt das andere (Pflichtwidrigkeit) aus – was sich auch schon daran zeigt, dass bei dem Mehrvergütungsanspruch nach § 2 Abs. 5 VOB/B Umsatzsteuer anfällt, was bei dem Schadensersatzanspruch nach § 6 Abs. 6 VOB/B nicht der Fall ist (BGH, Urt. v. 24.01.2008 – VII ZR 280/05, BauR 2008, 821, 822 f.; s. dazu oben Rdn. 1854). Daher müssen bei der Frage, auf welche Rechtsgrundlage sich ein Auftragnehmer bei Mehrkosten stützt, diese **Anspruchsgrundlagen in jedem Fall streng auseinandergehalten** werden (so auch zu Recht OLG Hamm, Urt. v. 14.04.2005 – 21 U 133/04, BauR 2005, 1480, 1481 ff.; im Ergebnis ebenso: KG, Beschl. v. 13.03.2009 – 7 U 86/08, BauR 2011, 1203, 1205; OLG Brandenburg, Urt. v. 17.10.2007 – 4 U 48/07, BauR 2008, 141; Werner/Pastor, Rn. 2339; Thode, ZfBR 2005, 214 ff.). Keinesfalls sind diese Anspruchsgrundlagen austauschbar mit dem Inhalt, dass das eine Auffangtatbestand des anderen wäre oder umgekehrt. Allenfalls ist vorstellbar, dass ein Auftraggeber bei auftretenden Behinderungen gleichzeitig eine Anordnung erteilt, die dann zu Mehrvergütungsansprüchen führen kann. Diese müsste dann aber jeweils auch geprüft werden.

9.7.2 Vergütungsanpassung unter Berücksichtigung der Mehr- und Minderkosten (§ 2 Abs. 5 VOB/B)

2272 Liegen die Voraussetzungen des § 2 Abs. 5 VOB/B vor, ist ein neuer Preis für die verändert (leistungsbezogen oder bezüglich der Art der Ausführung oder in zeitlicher Hinsicht) ausgeführte oder richtiger noch auszuführende Leistung zu vereinbaren. Dabei sind sämtliche Mehr- und Minderkosten, d. h. **alle durch die Änderung verursachten kalkulativen Mehr- oder Minderkosten** zu berücksichtigen. Dieses zunächst als zwingend formulierte **Vereinbarungserfordernis** wird im Nachsatz wieder dahin relativiert, dass eine Vereinbarung vor der Ausführung getroffen werden soll. Das aber bedeutet nicht, dass ein Mehrvergütungsanspruch des Auftragnehmers ausgeschlossen ist, wenn sich der Auftraggeber nachhaltig dem Abschluss einer solchen Vereinbarung verweigert. Vielmehr kann der Auftragnehmer dann unmittelbar seine nach § 2 Abs. 5 VOB/B zu bildende Vergütung einklagen, deren Höhe gegebenenfalls durch eine gerichtliche Entscheidung festzusetzen ist. Er muss also wie schon bei § 2 Abs. 3 VOB/B (s. dazu oben Rdn. 2193) nicht zunächst auf Abschluss der Vereinbarung klagen, sondern kann seine **Klage unmittelbar auf Zahlung** richten (BGH, Urt. v. 18.12.2008 – VII ZR 201/06, BGHZ 179, 213, 216 = BauR 2009, 492 = NJW 2009, 835 = NZBau 2009, 232; BGH, Urt. v. 20.08.2009 – VII ZR 205/07, BGHZ 182, 158, 176 = BauR 2009, 1724, 1731 = NJW 2010, 227, 231 = NZBau 2009, 707, 712). Dabei kann einer solchen Klage allerdings ebenso eine dazu zuvor gestellte Abschlagrechnung zugrunde liegen (BGH, Beschl. v. 24.05.2012 – VII ZR 34/11, BauR 2012, 1395, 1396 = NJW-RR 2012, 981, 982 = NZBau 2012, 493; s. dazu Rdn. 2505). Hierbei kann das Gericht die geschuldete Vergütung notfalls auch unter Berücksichtigung des § 287 ZPO schätzen (OLG Saarbrücken, Urt. v. 29.03.2011 – 4 U 242/10, BauR 2011, 1215 [Ls.] = NJW-RR 2011, 745 = NZBau 2011, 422; OLG Celle, Urt. v. 22.07.1980 – 14 U 44/80, BauR 1982, 381, 382; Ingenstau/Korbion/Keldungs, § 2 Abs. 5 Rn. 31; Heiermann/Riedl/Rusam/Kuffer, B § 2 Rn. 171.). Zur Höhe des Preises gilt sodann Folgendes:

9.7.2.1 Berechnung der Nachtragsvergütung in Anlehnung an den Vertragspreis

2273 Grundlage für die Festlegung des oder der neuen Preise ist stets der **vereinbarte Preis** (vgl. dazu aber Stemmer, BauR 2008, 182). Diesem werden die vorauskalkulierten bzw. im Voraus zu kalkulierenden Mehrkosten im Zeitpunkt der Kalkulation des Nachtragsangebots nach erfolgter Bauentwurfs-

9.7 Die Preisänderung gemäß § 2 Abs. 5 VOB/B bei Leistungsänderungen

änderung hinzugerechnet bzw. von dem werden die entsprechenden Minderkosten abgezogen (a. A. Ingenstau/Korbion/Keldungs, VOB/B § 2 Abs. 5 Rn. 32, der auf den Zeitpunkt des Beginns der Ausführung der geänderten Leistung abstellen will, wodurch aber entgegen § 2 Abs. 5 S. 2 VOB/B die Preisvereinbarung vor der Bauausführung unmöglich gemacht wird). Dies erfordert seitens des Auftragnehmers, der eine Mehrvergütung verlangt, die Vorlage der ursprünglichen **Angebotskalkulation** (s. dazu sogleich auch Rdn. 2417 ff.). Bei Fehlen einer solchen ist nachträglich eine plausible Kalkulation für die vereinbarten Vertragspreise zu erstellen (vgl. BGH, Urt. v. 7.11.1996 – VII ZR 82/95, BauR 1997, 304 f. = NJW 1997, 733, 734). Andernfalls, d. h. ohne eine Darlegung der Preisgrundlagen auf der Grundlage einer Kalkulation ist ein dazu geltend gemachter Mehrvergütungsanspruch bei Nachträgen **unschlüssig** (Keldungs, Jahrbuch BauR 2012, S. 59, 75; nicht nachvollziehbar hier dagegen OLG Jena, Urt. v. 11.8.2009 – 5 U 899/05, BauR 2010, 1224, 1227 = NZBau 2010, 376, 380, das nunmehr auf einmal entgegen § 2 Abs. 5 VOB/B auf den ortsüblichen Preis zurückgreifen will). Dieser ursprünglichen Kalkulation ist eine neue, im Einzelnen nachvollziehbare Preiskalkulation für den geforderten Nachtragspreis gegenüberzustellen (vgl. dazu im Einzelnen, Vygen/Joussen/Schubert/Lang, Bauverzögerung und Leistungsänderung, Teil B Rn 194 ff. sowie nachfolgend Rdn. 2408 ff. und eingehend Kapellmann/Schiffers, Bd. 1, Rn. 1000 ff.). Dazu wird es in aller Regel erforderlich sein, ebenso darzulegen, welche tatsächlichen Mehr- oder Minderkosten entstehen (OLG München, Urt. v. 14.07.2009 – 28 U 3805/08, Nichzul.-Besch. zurückgew., BGH, Beschl. v. 28.07.2011 – VII ZR 140/09, IBR 2012, 11). Denn es ist ja keineswegs zwingend, dass und in einem welchen Umfang durch eine Leistungsänderungsanordnung überhaupt Mehrkosten anfallen – was aber Voraussetzung für einen Mehrvergütungsanspruch ist.

▶ **Beispiel (ähnlich OLG München, a. a. O.)**

Nach Leistungsänderungsanordnungen des Auftraggebers verzögert sich die Bauausführung zu Kabelverlegungsarbeiten. Hierfür verlangt der Auftragnehmer die Erstattung von Mehrkosten. Für die Durchsetzung seines Anspruchs müsste er aber in jedem Fall belegen, dass solche Kosten entstehen. Sie könnten etwa ausgeschlossen sein, wenn ein Subunternehmer, der mit den Leistungen beauftragt war, ggf. keine zusätzlichen Forderungen erhebt. Dann kann auch der Auftraggeber keine Mehrvergütung verlangen.

Nach Vorstehendem mag immerhin zu fragen sein, wie mit Leistungen umzugehen ist, die nach einer **Leistungsänderung neu hinzukommen**, d. h. für die es bisher keine Preisermittlungsgrundlagen gegeben hat. 2274

▶ **Beispiele**
1. Der Auftraggeber ordnet nach Vertragsschluss an, dass anstatt eines Holzfußbodens ein Marmorfußboden verlegt werden soll.
2. Der Auftraggeber ordnet eine Beschleunigung an. Hiernach wird eine Umorganisation der gesamten Baustelle erforderlich, die bisher nicht von der Kalkulation erfasst gewesen sein kann. So müssen z. B. zusätzliche Geräte und Maschinen herangeschafft werden, deren Einsatz bisher auf der Baustelle ansonsten gar nicht vorgesehen war.

Ernsthaft problematisch sind diese Fälle im Anwendungsbereich des § 2 Abs. 5 VOB/B allerdings nicht: Denn zunächst einmal gilt auch für die neu hinzu kommenden Leistungen, dass die Kalkulationsbestandteile erhalten werden, die schon den bestehenden Preisgrundlagen entnommen werden können (wie z. B. der Ansatz für AGK, Wagnis oder Gewinn). Aber natürlich ist richtig, dass dies nicht für die gesamte Leistung gelten muss. In diesem Fall kann eben eine Preisgrundlage für diese neue Leistung (ggf. insoweit) nicht fortgeschrieben werden. Stattdessen muss sie dann tatsächlich – unter Beibehaltung der Preiskomponenten, die fortschreibbar sind – (**erstmals**) **neu kalkuliert** werden. Dies gilt im Besonderen etwa für nachträglich angeordnete **Beschleunigungsmaßnahmen**. In der Tat nähert sich in diesen Fällen also die Nachtragsberechnung einer Ist-Kostenbetrachtung an (ähnlich Keldungs, Jahrbuch BauR 2012, S. 59, 72). Dies verstößt allerdings nicht gegen die Systematik des § 2 Abs. 5 VOB/B, sondern trägt nur dem Umstand Rechnung, dass nicht etwas fortgeschrieben kann, was es bisher nicht gab.

2275 Hervorzuheben ist des Weiteren, dass Änderungen des Bauentwurfs und andere Anordnungen des Auftraggebers bezüglich der auszuführenden Leistung die Grundlagen der Preisermittlung auch in der Weise beeinflussen können, dass eine **Herabsetzung des oder der vereinbarten Vertragspreise geboten** erscheint, weil sich die **Kosten verringert** haben.

▶ Beispiel

Ausgeschrieben, angeboten und dementsprechend vertraglich vereinbart war die Errichtung einer Garage in herkömmlicher Bauweise aus Mauerwerk einschließlich Verklinkerung und Flachdach. Nach Vertragsabschluss änderte der Auftraggeber den Bauentwurf und ließ die Garage aus Fertigteilen oder insgesamt als Fertiggarage erstellen. Aus diesem Grund ergaben sich eine gegenständliche Leistungsänderung und als weitere Folge Minderkosten und eine Verkürzung der insgesamt für das Bauvorhaben vorgesehenen Bauzeit. Dadurch bedingt fielen bei dem Auftragnehmer leistungsbezogene und auch zeitabhängige Minderkosten an. Denn einerseits ist der Material- und Zeitaufwand für die Garagenerrichtung geringer; andererseits konnte die Bauzeit verkürzt werden, was zu Minderkosten bei der Baustelleneinrichtungs- und Gerätevorhaltung führte.

Dieser Fall zeigt deutlich, dass § 2 Abs. 5 VOB/B zu Recht **beiden Vertragspartnern die Möglichkeit eröffnet, eine Anpassung des oder der vereinbarten Preise zu verlangen**. Dies vorausgeschickt hatte in dem geschilderten Fall etwa der Auftraggeber einen Anspruch auf Herabsetzung der die Garagenerrichtung betreffenden Vertragspreise unter Berücksichtigung auch der zeitabhängigen Minderkosten.

2276 Stehen diese Eckdaten fest, sind in allen Fällen der Neufestsetzung des oder der vereinbarten Preise **alle durch die Änderungsanordnung adäquat kausal verursachten Mehr- und Minderkosten** zu berücksichtigen. Dies gilt sowohl für den Pauschal- als auch für den Einheitspreisvertrag (s. zum Pauschalvertrag nachfolgend Rdn. 2316 ff.). Konkret heißt das:

- Bei **Einheitspreisverträgen** hat die Neufestlegung des Preises für jede einzelne durch die Änderungsanordnung betroffene Position bei dem für die jeweilige Position maßgeblichen vertraglich vereinbarten Einheitspreis zu erfolgen (Ingenstau/Korbion/Keldungs, § 2 Abs. 5 VOB/B Rn. 34). Es genügt, dass einzelne Positionen durch die Änderungsanordnung nur mittelbar betroffen sind (vgl. Heiermann/Riedl/Rusam/Kuffer, § 2 VOB/B, Rn. 154). Dies wird bei der **zeitabhängigen Vorhaltung der Baustelleneinrichtung** sogar fast die Regel sein, sofern diese gesondert ausgewiesen ist.
- Das bisherige Preisgefüge bleibt bestehen, soweit es durch die Änderung nicht berührt wird. Dies hat zur Folge, dass der vom Auftragnehmer eingeplante und seiner zur Vertragsgrundlage gewordenen Preiskalkulation zugrunde gelegte **Gewinn** bei der Festsetzung des neuen Preises nicht geschmälert, aber auch nicht aufgebessert werden kann.
- Ein Preisausgleich wgn Mengenänderungen (vor allem Mengensteigerungen) findet nicht statt. § 2 Abs. 3 Nr. 3 VOB/B, der Entsprechendes bei reinen Mengenveränderungen ohne Leistungsänderungsanordnung vorsieht, gilt hier nicht (s. schon oben Rdn. 2260).
- Die Beibehaltung des bisherigen Preisgerüsts bedeutet auch, dass **vereinbarte Nachlässe** auf die Kalkulation der Nachträge durchschlagen (so OLG Düsseldorf, Urt. v. 22.09.1992 – 23 U 224/91, BauR 1993, 479, 480 = OLGR 1993, 118; OLG Hamm, Urt. v. 13.01.1995 – 12 U 84/94, BauR 1995, 564 f. = NJW-RR 1995, 593; streitig, s. dazu näher Rdn. 2427).
- Schließlich können **Kalkulationsfehler** bei der Neufestsetzung eines Preises im Rahmen des § 2 Abs. 5 VOB/B nicht berücksichtigt, also nachträglich nicht ausgeglichen werden, soweit dies nicht aus anderen Gründen gerechtfertigt erscheint (s. dazu sogleich Rdn. 2282 ff.).

2277 Das Gebot zur **Einbeziehung aller Mehrkosten** in eine geänderte Vergütungsforderung nach § 2 Abs. 5 VOB/B gilt auch insoweit, als es um einen Ausgleich für eine infolge der Leistungsänderung zusätzlich ausgelöste oder durch die Anordnung allein ohne technische Leistungsänderung verursachte **Verlängerung der Bauzeit** bzw. eine dadurch verursachte Bauablaufstörung geht. Denn

§ 2 Abs. 5 VOB/B soll einen **Ausgleich schaffen für die Mehr- und Minderkosten**, die durch nachträgliche Änderungen der Leistung oder der Ausführungsart bzw. des Bauablaufes anfallen und bei der **Kalkulation der Angebotpreise** durch den Unternehmer nicht berücksichtigt werden konnten. Dies aber trifft nicht nur für die leistungsbezogenen und unmittelbar durch Leistungsänderungen bedingten Mehrkosten bei den **Einzelkosten der Teilleistung** zu, sondern auch für die **zeitabhängigen Mehrkosten**. Diese werden zwar nicht unmittelbar durch die Leistungsänderung, wohl aber mittelbar durch die als Folge der Leistungsänderung ausgelöste Bauzeitverlängerung oder Bauablaufstörung verursacht. Dies wiederum beruht darauf, dass auch diese zeitabhängigen Mehrkosten auf die Änderung des Bauentwurfs oder andere Anordnungen des Auftraggebers zurückgehen. Sie führen sodann zu einer Änderung der Grundlagen des oder der vereinbarten Preise für eine im Vertrag vorgesehene Leistung, da jede Preiskalkulation entscheidend auch durch Zeitfaktoren bestimmt wird (vgl. Piel, in Festschrift für Korbion S. 352). Auf Einzelheiten wurde oben schon im Kapitel 8 bei der Behandlung der Bauzeit eingegangen, weswegen auf die dortigen Ausführungen verwiesen wird (Rdn. 1966 ff.). Vor diesem Hintergrund erscheint aber immerhin die doch verbreitete **Praxis mehr als zweifelhaft**, dass Auftragnehmer zumindest in einigen Branchen immer mehr dazu übergehen, ihre Mehrkosten aufzuteilen in Sach- und später gesondert zu stellende sog. **Bauzeitennachträge**. Im Hinblick auf die Einheitlichkeit der Nachtragsvergütung im Anwendungsbereich des § 2 Abs. 5 VOB/B dürften solche Nachträge **kaum schlüssig aufgestellt** und dann verfolgt werden können (s. dazu im Einzelnen oben Rdn. 1969). Denn dies hieße ja, dass der Auftragnehmer (einstweilen) diese Kosten aus seinem Angebot ausklammern und nur bestimmte Kosten einzelner Elemente der Preisgrundlagen geltend machen würde. Hiermit stände dann aber letztlich gar nicht fest, ob der neue Preis (gegenüber dem alten) wirklich (wenn ja, in welchem Umfang) höher ist – verbunden mit der Verpflichtung des Auftraggebers, die sich daraus ergebende Differenz ausgleichen zu müssen (in diesem Sinne deutlich auch zu verstehen: BGH, Urt. v. 20.8.2009 – VII ZR 205/07, BGHZ 182, 158, 176 = BauR 2009, 1724, 1731 = NJW 2010, 227, 231 = NZBau 2009, 707, 712; Vygen, BauR 2006, 166, 167).

9.7.2.2 Rechtliche Wirksamkeit von § 2 Abs. 5 VOB/B und ortsüblicher Preis

Die nach Vorstehendem eigentlich klare Regelung des § 2 Abs. 5 VOB/B ist in der **Vergangenheit teilweise infrage gestellt** worden. Es sei nicht klar, auf welcher Grundlage etwaige Mehr- oder Minderkosten zu ermitteln seien. So wird vor allem kritisiert, dass die Mehrkosten anhand der ursprünglichen Kalkulation des Auftragnehmers zu berechnen seien; stattdessen seien diese in Anlehnung an § 632 Abs. 2 BGB mit einer ortsüblichen Vergütung zu ermitteln (Franz/Kues, BauR 2010, 678 ff.; ähnlich Leitzke, Festschrift Koeble, S. 37, 44; s. auch Oberhauser, BauR 2011, 1547, die die bisher herrschende Meinung zwar akzeptiert, aber offen über Alternativen nachdenkt; Oberhauser, BauR 2010, 308, 314 ff.). Letzteres wurde vor allem auch auf dem 3. Baugerichtstag 2010 diskutiert. Überzeugend ist diese Sichtweise nicht, wobei die herrschende Meinung bisher keinen Zweifel daran gelassen hat, dass sich die Berechnung einer geänderten Vergütung im Anwendungsbereich des § 2 Abs. 5 VOB/B an der Kalkulation des Ursprungspreises orientiert. Insoweit gilt richtigerweise weiterhin der vor allem von Korbion geprägte Grundsatz für die Nachtragsleistung: »**Guter Preis bleibt guter Preis, schlechter Preis bleibt schlechter Preis**«. Oder anders ausgedrückt: Hat sich der Bieter bei der Ursprungskalkulation verkalkuliert, soll es ihm zumindest nach dem Verständnis der VOB dem Grunde nach nicht gelingen, bei einem Nachtrag etwaige Verluste durch bessere Preise auszugleichen. Auf der anderen Seite soll ihm ein guter Preis bei Nachträgen nicht genommen werden.

Zwar könnte man noch daran denken, dass der Wortlaut der VOB/B dies gar nicht so eindeutig sagt. Denn der zweite Halbsatz von § 2 Abs. 5 VOB/B spricht nur von auszugleichenden Mehr- oder Minderkosten (so etwa Oberhauser BauR 2011, 1547, 1550). Allerdings steht diese Ausgleichspflichtigkeit nicht isoliert in § 2 Abs. 5 VOB/B, sondern bezieht sich auf den ersten Teil des Satzes, d. h.: Der neue Preis ist zu bilden unter Berücksichtigung der Mehr- und Minderkosten, soweit sich durch eine Anordnung des Auftraggebers die Grundlagen des Preises geändert haben. Diese vergleichende Betrachtung mit einem Bezug auf die **Grundlagen des Preises** (= Kalkulation des Auftragnehmers) ginge verloren, wenn man stattdessen die Mehr- oder Minderkosten nunmehr abstrakt, d. h. losgelöst von den (vertraglichen) Grundlagen des Preises anhand anderer Parameter (z. B. einer ortsüblichen Vergütung) vereinbaren müsste. Dies ist erkennbar von § 2 Abs. 5 VOB/B nicht gewollt – was im Übrigen auch in der vergleichbaren Regelung des § 2 Abs. 6 VOB/B zu den Zusatzleistungen zum Ausdruck kommt. Ein anderes Auslegungsergebnis erscheint nicht nur nicht überzeugend; zu berücksichtigen wäre vielmehr auch, dass offenbar von wenigen Ausnahmen abgesehen alle beteiligten Verkehrskreise in den letzten ca. 100 Jahren nicht einmal auf den Gedanken gekommen sind, dieser VOB-Regelung ein anderes Verständnis zugrunde zu legen (s. dazu völlig selbstverständlich: BGH, Urt. v. 25.1.1996 – VII ZR 233/94, BGHZ 131, 392, 399 = BauR 1996, 378, 381 = NJW 1996, 1346, 1348; BGH, Urt. v. 20.10.2005 – VII ZR 190/02, BauR 2006, 371, 373 f. = NZBau 2006, 108; 110; Werner/Pastor, Rn. 1464; Ingenstau/Korbion/Keldungs, B § 2 Abs. 5 Rn. 43; Kapellmann/Schiffers, Bd. 1, Rn. 1000 ff., 1049; Kniffka/Koeble, 5. Teil Rn. 91 – jeweils m. w.N). Dies soll deshalb hervorgehoben werden, weil selbstverständlich auch Allgemeine Geschäftsbedingungen, zu denen die VOB/B gehören, in Zweifelsfällen einer Auslegung zugänglich sind, wenn auch dafür ggf. über § 305c BGB oder den allgemeinen Transparenzgrundsatz Schranken bestehen. Maßstab ist aber jedenfalls eine **objektive Auslegung** dahin gehend, was nach dem **typischen Verständnis redlicher Vertragspartner** unter Abwägung der Interessen der an Geschäften dieser Art **üblicherweise beteiligten Kreise unter einer AGB-Regelung verstanden** wird (st. Rspr., vgl. nur BGH, Urt. v. 19.01.2005 – XII ZR 107/01, BGHZ, 162, 39, 44 = NJW 2005, 1183, 1184; Ulmer/Brandner/Hensen, § 305c Rn. 74; Wolf/Lindacher/Pfeiffer, § 305c Rn. 112 f.). Hieraus ergibt sich aber eindeutig, dass Korbion in seinem berühmten Spruch »Guter Preis bleibt guter Preis, schlechter Preis bleibt schlechter Preis« nicht etwa Neues erfunden hat. Stattdessen hat er nur das prägnant zusammengefasst, was die beteiligten Verkehrskreise bis heute und ganz einheitlich unter den Preisanpassungsregelungen des § 2 Abs. 5 und 6 VOB/B verstehen. Zwar trifft zu, dass sich die Formulierungen des § 2 Abs. 5 und 6 VOB/B voneinander unterscheiden. Deswegen wird mit Verweis auf die Rechtsprechung des BGH (Urt. v. 20.08.2009 – VII ZR 212/07, BauR 2009, 1736, 1738 = NJW 2009, 3717, 3718 = NZBau 2010, 47, 48) die Auffassung vertreten, dass hier gegen das Prinzip verstoßen werde, dass AGB-Klauseln mit einem identischen Wortlaut in der Regel einheitlich auszulegen seien (Oberhauser, BauR 2011, 1547, 1553). Doch trifft auch das nicht zu: Denn vorstehende Rechtsprechung besagt umgekehrt nicht, dass AGB-Klauseln mit einem unterschiedlich Text (hier § 2 Abs. 5 und 6 VOB/B) nicht trotzdem ein einheitliches Verständnis in Bezug auf die Preisbildung zugrunde gelegt werden kann, wie dies in der Baupraxis nahezu einheitlich so gesehen wird. Gerade daran hat sich auch in den letzten Jahren nicht deswegen etwas geändert, nur weil einzelne Autoren heute meinen, dies sei anders – zumal mit der geänderten Argumentation ja auch wie gezeigt die Vergleichsgrundlage für die Preisfestlegung der verändert ausgeführten Leistung verloren ginge. Ungeachtet dessen soll allerdings noch auf wenige Punkte hingewiesen werden:

2280
- Erstaunlicherweise wird nur gefordert, dass sich die Mehrkosten eines Nachtrages an den ortsüblichen oder angemessenen Kosten orientieren sollen. Schon dies ist wenig konsequent: Denn genauso gut können bei geänderten Leistungen **Minderkosten** anfallen, weswegen § 2 Abs. 5 VOB/B bewusst beiden Parteien ein Preisanpassungsrecht einräumt (oben Rdn. 2275). Wie sollte – wenn § 2 Abs. 5 VOB/B wirklich etwas anderes meinen sollte als eine Anlehnung an die Ursprungskalkulation – ein solcher Minderwert auf Basis ortsüblicher Kosten für die geänderte Leistung berechnet werden? Es ist bezeichnend, dass diese Frage seitens derjenigen, die den ortsüblichen Preis als Grundlage heranziehen wollen, nicht einmal thematisiert wird.
- Genauso wenig wird eine Aufgabe der ursprünglichen Preise zur Berechnung der Vergütung der geänderten Leistung auch nur angesprochen, wenn der Auftragnehmer einen guten Preis vereinbart hatte, der oberhalb des ortsüblichen Preises lag. Hier müsste ja genauso gelten, dass dann bei einer geänderten Leistung dieser gute Preis nicht mehr gelten sollte, sondern nur ein verringerter ortsüblicher Preis. Dies kann zu ganz kuriosen Ergebnissen führen, weil der Auftragnehmer, der vielleicht vorher aufgrund hoher Eigenkosten auskömmlich kalkuliert hatte, jetzt auf einmal einen niedrigeren nicht auskömmlichen Preis akzeptieren müsste.

9.7 Die Preisänderung gemäß § 2 Abs. 5 VOB/B bei Leistungsänderungen

▶ **Beispiel**

Der Auftragnehmer kalkuliert für eine Bodenaustauschleistung, die er mit einer kleinen Maschine ausführen will, 80.000 €. Es kommt zu einer Leistungsänderung, nachdem ein anderer Boden mit vermehrtem Felsanteil angetroffen wird. Sowohl die Ursprungs- als auch die geänderte Leistung hätte man mit einem stärkeren Gerät kostengünstiger ausführen können, nämlich die Ursprungsleistung insgesamt nach ortsüblichen Preisen zu 62.000 €, die geänderte (erschwerte) Leistung immerhin noch zu 73.000 €. Welcher Preis soll jetzt gelten, wenn man für die geänderte Leistung auf den ortsüblichen Preis zurückzugreifen hätte?

- Der Rückgriff auf einen ortsüblichen oder angemessenen Preis erscheint im Übrigen bei einem Bauvertrag auch nur wenig durchdacht. Keldungs hat zu Recht darauf hingewiesen, dass schon unklar sei, welcher ortsübliche Preis überhaupt gemeint sei (der am Ort des Vertragsschlusses, am Ort der Bauleistung u. a.); ebenso könne ein solcher Preis, der nach § 2 Abs. 5 VOB/B vor Ausführung der Leistung vereinbart werden solle, doch gar nicht so schnell (ohne Sachverständige) während eines Bauablaufs ermittelt werden (s. dazu Vortrag beim Darmstädter Baubetriebsseminar 2010/2011, S. 8). Diese Argumentation lässt sich – zumal ja nach der VOB vereinbarte Preise vorliegen, die schon deswegen einen Rückgriff auf eine übliche oder angemessene Vergütung ausschließen – nicht vom Tisch wischen. Denn wenn sich Auftragnehmer vielfach (und teilweise zu Recht) über eine schleppende Nachtragsbearbeitung beschweren, ist doch der Rückgriff auf die ortsübliche Vergütung geradezu kontraproduktiv. Wer sollte diese auf welcher Grundlage im Streitfall in der Kürze der Zeit ermitteln? Letztlich würde dies doch zwingend auf eine gerichtliche Auseinandersetzung hinauslaufen, womit keinem geholfen wäre (so zu Recht Keldungs, Jahrbuch BauR 2012, S. 59, 75). Umgekehrt ist es gerade eines der großen Vorzüge der Regelung der VOB/B, dass man bei einem Vertrag auch im Zusammenhang mit Änderungen auf schon vorliegende sogar vereinbarte Preisgrundlagen zurückgreifen kann.
- Ohnehin wird bei einem Rückgriff auf die übliche Vergütung verkannt, dass ein Preis nicht allein aus den reinen Herstellkosten der Bauleistung besteht, die man schlimmstenfalls noch anhand eines ortsüblichen Preises ermitteln könnte. Vielmehr enthält ein Preis auch immer **zeitabhängige Kosten**; diese hängen stets von einem Gesamtpreis- und Leistungsgefüge eines Vertrages ab. So kann der ortsübliche Preis für eine geänderte Leistungsausführung allgemein ganz anders ausfallen als zu einem konkreten Vertrag, bei dem vielleicht ohnehin schon hohe Zuschlagssätze für eine beschleunigte Ausführung vorgesehen waren. Mit einem Rückgriff auf eine ortsübliche Vergütung würden alle Faktoren verloren gehen, die ein solches individuelles Vertragsverhältnis etwa (aber nicht nur) zur Bauzeit prägen. Nichts anderes gilt für sonstige Preisbestandteile wie AGK u. a. Auch diese sind ja fest vereinbart. Es wäre wenig überzeugend, wieso auf einmal dann, wenn der Auftraggeber von seinem Leistungsänderungsrecht Gebrauch macht, diese Zuschlagssätze nicht mehr gelten sollten.
- Ebenso wenig verfängt in diesem Zusammenhang ein Rückgriff auf die Rechtsprechung des BGH (so aber Franz/Kues, BauR 2010, 678, 686; ähnlich Oberhauser BauR 2011, 1547, 1560). Gemeint ist das Urteil des BGH vom 10. September 2009 (BGH, Urt. v. 10.09.2009 – VII ZR 152/08, BauR 1901 = NJW 2010, 522 = NZBau 2009, 771) zu der Möglichkeit des Auftragnehmers, bei Zuschlagsverzögerungen ggf. Mehrkosten geltend zu machen. Diese hatte der BGH in Anlehnung an § 2 Abs. 5 VOB/B auf der Basis einer Ist-Kostenbetrachtung ermittelt. Der Verweis darauf ist jedoch schon deswegen nicht zielführend, weil der BGH § 2 Abs. 5 VOB/B gar nicht direkt anwendet. Stattdessen hat er sogar klargestellt, dass der Fall der vorvertraglichen Verzögerung (dort infolge einer Bindefristverlängerung) von § 2 Abs. 5 VOB/B gar nicht geregelt sei (so ausdrücklich BGH, a. a. O., BauR 2009, 1901, 1906; ebenso: BGH, Urt. v. 10.09.2009 – VII ZR 82/08, BGHZ 182, 218, 224 = BauR 2009, 1897, 1898 = NJW 2010, 519, 520 = NZBau 2009, 777, 778; s. dazu auch im Einzelnen oben Rdn. 1957 ff.). Darüber hinaus wird verkannt, dass sich die Preiskalkulation in diesen Fällen nur auf die ursprünglich beabsichtigte Bauzeit beziehen kann, während es für die Zeit der Verzögerung vor Vertragsschluss überhaupt keine Kalkulation gibt, die fortgeschrieben werden kann (Keldungs, Jahrbuch BauR 2012, S. 59, 74).

2281 Überraschenderweise wird teilweise sogar in diesem Zusammenhang behauptet, § 2 Abs. 5 VOB/B halte mit einer Anknüpfung an das ursprüngliche Preisniveau einer **AGB-Kontrolle** nicht stand. Dies beruhe auf der ungleichen Ausgangslage, dass der Auftraggeber zwar über § 1 Abs. 3 VOB/B die Möglichkeit habe, dann eine Leistungsänderung anzuordnen, wenn ein aus seiner Sicht günstiger Preis vereinbart sei, aber darauf zu verzichten, wenn der Preis zu hoch liege. Stattdessen könne er im letzteren Fall durch eine Teilkündigung einen anderen günstigeren Unternehmer mit der geänderten Leistung beauftragen (Franz/Kues, BauR 2010, 678, 684; i. E. ebenso kritisch: Oberhauser, BauR 2010, 308, 313 ff.; wohl auch Stemmer, BauR 2008, 182, 188; Büchner/Gralla/Kattenbusch/Sundermeier, BauR 2010, 688, 689). Dies erscheint ganz und gar fern liegend. So hat der BGH bereits ausdrücklich festgestellt, dass die Preisanpassungsregelung des § 2 Abs. 5 VOB/B AGB-rechtlich unbedenklich sei (BGH, Urt. v. 25.01.1996 – VII ZR 233/94, BGHZ 131, 392, 399 = BauR 1996, 378, 381 = NJW 1996, 1346, 1348). Dies ist richtig: Denn dass eine Preisanpassungsregelung für die Leistungsänderungsbefugnis des Auftraggebers notwendig ist, ist unbestritten. Dies vorausgeschickt weiß der unternehmerisch handelnde Auftragnehmer aber bei Vertragsschluss bzw. vorher bei Abgabe seines Preisangebotes, dass es zu Änderungen des Bauentwurfs kommen kann. Somit liegt es in seiner eigenen Verantwortung, für diesen vertraglich vorgesehenen Fall seine Preise auskömmlich zu kalkulieren (BGH, a. a. O.). Dass im Übrigen ein Auftraggeber in Ausnutzung ggf. eines ihm günstigen Preises vermeintlich willkürlich Leistungsänderungen anordnet, um einen günstigeren Preis zu nutzen, erscheint bei der Abwicklung einer Baustelle lebensfern (Keldungs, Jahrbuch BauR 2012, S. 59, 68); denn bezahlen muss er diese Leistungsänderung ja in jedem Fall. Doch auch die vermeintlich freie Teilkündigung einer Leistung dürfte in der Baupraxis allenfalls in Extremfällen anzutreffen sein (so z. B., wenn nach Leistungsänderungen außerordentlich hohe Subunternehmerkosten anfallen, s. dazu Joussen/Vygen, Subunternehmervertrag, Rn. 554 ff.). Dies gilt schon deshalb, da der Auftraggeber dann ja die gekündigte Ursprungsleistung auf dem aus seiner Sicht zu hohen Preisniveau ebenfalls nach § 649 BGB vergüten müsste.

9.7.2.3 Preisanpassung aus anderen Gründen: Sittenwidriger Preis oder Wegfall der Geschäftsgrundlage

2282 Ist nach § 2 Abs. 5 VOB/B der Preis der geänderten Leistung unter Berücksichtigung von Mehr- oder Minderkosten auf der Basis der vertraglich vorgesehenen Grundlagen des Preises zu vereinbaren, ist allerdings abschließend anzumerken, dass ein Rückgriff auf die vertraglichen Preisgrundlagen selbst im Anwendungsbereich des § 2 Abs. 5 VOB/B ausnahmsweise entfällt, wenn der danach zu **vereinbarende Einheitspreis** in einem **wucherähnlichen Missverhältnis** zur Bauleistung steht und deshalb **sittenwidrig** ist (BGH, Urt. v. 18.12.2009 – VII ZR 201/06, BGHZ 179, 213, 216 = BauR 2009, 491, 492 = NJW 2009, 835 = NZBau 2009, 232; s. auch zu dem Sonderfall, dass beide Parteien gemeinsam wissentlich einen überhöhten Preis vereinbaren: Rdn. 2439). Darauf wurde oben schon im Anwendungsbereich des § 2 Abs. 3 VOB/B eingegangen (Rdn. 2195 ff.), doch stellen sich hier vergleichbare Probleme.

▶ **Beispiel (nach BGH, a. a. O.)**

Der Auftraggeber beauftragte einen Auftragnehmer mit Tiefbauleistungen. Gegenstand war die Lieferung und Verlegung von 200 kg Betonstahl zu einem Einheitspreis von 2.210 DM/kg. Später erstellte der Auftraggeber eine Statik, wodurch sich eine Gesamtmenge von 1.429 kg ergab. Der Auftragnehmer (der vermutlich den kg- mit dem Tonnenpreis verwechselt hatte; angemessen waren nämlich Preise für diese Leistung von etwa 2,50 DM/kg) verlangte nunmehr den mit gewissen Abschlägen für Gemeinkosten erhöhten Gesamtpreis von 1.429 kg × 2.210 DM/kg.

Der BGH lehnte dies – im Ergebnis wohl zu Recht – nachhaltig ab. Einheitlich für § 2 Abs. 3 und § 2 Abs. 5 VOB/B (im vorgenannten Fall lag wegen der später erstellten Statik eindeutig ein Fall des § 2 Abs. 5 VOB/B vor) könne auch die Vereinbarung eines einzelnen Einheitspreises in einem Gesamtvertrag sittenwidrig und nichtig sein (a. A. Kapellmann; NJW 2009, 1380; ebenso Kapellmann/Schiffers, Bd. 1, Rn. 1049, 608). Zwar reiche die Überhöhung für sich zur Annahme der Sittenwidrigkeit nicht aus; bei einem Bauvertrag gelte jedoch dann etwas anderes, wenn wie in dem

9.7 Die Preisänderung gemäß § 2 Abs. 5 VOB/B bei Leistungsänderungen

entschiedenen Sachverhalt der Auftragnehmer bei einer über 800 fachen Überschreitung ganz offensichtlich in sittenwidrig verwerflicher Weise auf Mehrmengen zu dieser Position einseitig zum Nachteil des Auftraggebers spekuliere oder dazu sogar Gewissheit habe. Dies verstoße gegen die **Kooperationspflicht der Bauvertragspartner**, wenn der Auftragnehmer ggf. sogar ihm bekannte schwere Ausschreibungsmängel dazu ausnutze, unverhältnismäßige (exorbitante) Preisvorteile zu erzielen. Ob damit niedrige Preise in anderen Positionen ausgeglichen würden, sei unbeachtlich (BGH, a. a.O).

Gegen diese Rechtsprechung ist im Ergebnis wie schon vorstehend zu § 2 Abs. 3 VOB/B erläutert (Rdn. 2195 f.) nichts einzuwenden. Soweit es allerdings um die Beurteilung der Sittenwidrigkeit der für eine Nachtragsleistung nach § 2 Abs. 5 VOB/B geltenden Preisvereinbarung geht, enthält das vorgenannte Urteil des BGH in seiner **Begründung eine gravierende Lücke**, die doch zu einem ganz anderen Ergebnis hätte führen können. Denn für die Beurteilung der Sittenwidrigkeit bzw. einer verwerflichen Haltung in Bezug auf die Preisbildung des Ausgangsvertrages kann es richtigerweise nur **auf den Zeitpunkt des Vertragsschlusses** ankommen. In dem vom BGH entschiedenen Sachverhalt wirkten sich die überhöhten Preise aber erst aus, als **nach Vertragsschluss** die Statik erstellt wurde, weswegen wie schon erläutert ein Fall der geänderten Preisbildung nach § 2 Abs. 5 VOB/B vorlag. Es ist nichts dafür ersichtlich – zumindest enthält das Urteil dazu keine weiteren Ausführungen –, dass diese nachträgliche Vertragsänderung für den Auftragnehmer, dem in Bezug auf den Preis ein verwerfliches Verhalten vorgeworfen wurde, bereits bei Vertragsabschluss erkennbar war. Das Urteil hätte daher mit dieser Begründung allenfalls dann richtig sein können, wenn es um den Fall der reinen Mengenmehrung, also um eine Preisbildung nach § 2 Abs. 3 VOB/B bei gleichem Vertragssoll gegangen wäre. Im Anwendungsbereich des § 2 Abs. 5 VOB/B dürfte es dagegen darauf ankommen, dass **erstens** vom Auftragnehmer aufgrund eines erkannten und nicht offengelegten Ausschreibungsfehlers ein völlig **überzogener Preis** angeboten/vereinbart wurde, bei dem er **zweitens bei Vertragsschluss schon absehen konnte**/musste, dass sich dieser (überzogene) Preis bei Mehrmengen nach (notwendigen) Leistungsänderungen realisieren werde.

▶ Beispiel

Der Auftragnehmer bot 800-fache überzogene Preise zu Betonstahl an. Er hatte erkannt, dass die vorliegende Planung lückenhaft und noch eine (geänderte) Statik zu erstellen war, die zu erheblichen Mehrmengen gerade zu dieser überzogenen Preisposition führt.

Es steht zu vermuten, dass der Anwendungsbereich dieser Entscheidung in zukünftigen Fällen später geänderter Leistungen allein aus vorgenannter Überlegung heraus nicht allzu groß sein wird.

Lässt man diesen ganz und gar wichtigen Gesichtspunkt einmal außer Betracht und nimmt tatsächlich eine Sittenwidrigkeit und damit Nichtigkeit der insoweit zu der konkreten Position erzielten Preisvereinbarung an, ist richtig, dass dann abweichend von § 2 Abs. 5 VOB/B tatsächlich in Anlehnung an § 632 Abs. 2 BGB auf die übliche Vergütung zurückzugreifen ist. Eine andere Bezugsgrundlage gibt es dann ja nicht mehr, weil die vertragliche weggefallen ist. Allerdings ist davor zu warnen, dass selbst unter vorgenannter Prämisse (im Zweifel also vor allem bei § 2 Abs. 3 VOB/B) jetzt jeder höhere (als der ortsübliche) Preis gleich als sittenwidrig angesehen wird. Auf Einzelheiten dazu wurde oben schon eingegangen, weswegen auf die dortigen Ausführungen verwiesen werden soll. Dies gilt auch insoweit, als möglicherweise in Extremfällen ebenso bei einer Nachtragspreisbildung im Anwendungsbereich des § 2 Abs. 5 VOB/B eine Anpassung der Nachtragsvergütung über **die Grundsätze des Wegfalls der Geschäftsgrundlage** erfolgen kann (s. dazu Rdn. 2197 ff.). Dies ist vor allem angezeigt, wenn der sich aus § 2 Abs. 5 VOB/B abzuleitende Preis unter keinem denkbaren Gesichtspunkt mehr in einem angemessenen Verhältnis zu der dazu zu erbringenden Leistung steht und ein Festhalten der einen oder anderen Partei an dem so gebildeten Preis nicht zumutbar ist.

9.7.3 Rechtslage beim BGB-Vertrag

Wird eine Leistung gegenüber dem Ausgangsvertrag verändert durchgeführt, bedarf es bei einem BGB-Werkvertrag nicht eines so ausgefeilten Schutzes der Beteiligten wie bei einem VOB-Vertrag.

Dies beruht darauf, dass nur der Auftraggeber eines VOB-Vertrages nach § 1 Abs. 3 VOB/B jederzeit Änderungen anordnen kann, die der Auftragnehmer auszuführen hat. Wegen dieser Folgepflicht ist es daher notwendig, dass die VOB (in § 2 Abs. 5 VOB/B) dem Auftragnehmer wenigstens automatisch einen zusätzlichen Vergütungsanspruch zuspricht. Beim BGB-Werkvertrag gibt es dieses einseitige Leistungsänderungsrecht des Auftraggebers – von ganz unbedeutenden Änderungen abgesehen – nicht; der Auftragnehmer kann somit eine **Leistungsänderung ohne Angabe von Gründen** (bis zur Zusage einer auskömmlichen Zusatzvergütung) **verweigern**. Daher wird es zu einer Änderung der Bauausführung in der Regel ohnehin nur kommen, wenn sich beide Parteien einvernehmlich hierüber verständigt haben. Eine solche Verständigung wird zumeist eine Einigung über die Höhe der Vergütung einschließen. Ist dies nicht der Fall, ist für eine etwaige Mehrleistung des Auftragnehmers eine »übliche« Vergütung im Sinne des § 632 Abs. 2 BGB zu zahlen.

9.8 Die Preisänderung gemäß § 2 Abs. 6 VOB/B bei Zusatzleistungen

2286 Für die Berechnung des endgültigen Vergütungsanspruchs des Auftragnehmers ist des Weiteren die Bestimmung des § 2 Abs. 6 VOB/B von Bedeutung. Danach hat der Auftragnehmer einen Anspruch auf eine zusätzliche Vergütung, wenn eine im Vertrag nicht vorgesehene Leistung, also eine Zusatzleistung, gefordert wird und er den Vergütungsanspruch vor der Ausführung der Leistung dem Auftraggeber angekündigt hat. Mit dieser Regelung schafft die VOB/B einen Ausgleich auf der Vergütungsseite für die von ihr – abweichend vom Vertragsrecht des BGB – geschaffene Verpflichtung des Auftragnehmers, auf einseitiges Verlangen des Auftraggebers in gewissen Grenzen Zusatzleistungen mit auszuführen.

9.8.1 Voraussetzungen eines zusätzlichen Vergütungsanspruchs nach § 2 Abs. 6 VOB/B

2287 Gemäß § 1 Abs. 4 S. 1 VOB/B hat der Auftragnehmer – anders als beim BGB-Vertrag – auf Verlangen des Auftraggebers auch nicht vereinbarte Leistungen mit auszuführen, wenn sie zur Erstellung der vertraglichen Leistung erforderlich werden. Für diese Zusatzleistungen, gewährt § 2 Abs. 6 VOB/B dem Auftragnehmer einen zusätzlichen Vergütungsanspruch.

▶ **Voraussetzungen für einen Mehrvergütungsanspruch**
- Zusatzleistung zum Vertrag
- Grund für die Zusatzleistung: Erforderliche (Neben)leistung im Sinne des § 1 Abs. 4 S. 1 VOB/B
- Verlangen des Auftraggebers
- Ankündigung des zusätzlichen Vergütungsanspruchs

9.8.1.1 Zusatzleistung zum Vertrag

2288 Unter die Vergütungspflicht fallen von Anfang an nur Leistungen, die der Auftragnehmer nicht ohnehin schon nach dem Vertrag und der danach vereinbarten Vergütung zu erbringen hat. Wie im Anwendungsbereich des § 1 Abs. 4 S. 1 VOB/B (s. dazu oben Rdn. 929) bedarf diese Voraussetzung einer ergänzenden Erläuterung: Denn wenn der Auftragnehmer bereits nach dem Vertrag einen Leistungserfolg und insoweit alle dafür notwendigen Teilleistungen schuldet (s. o. Rdn. 869 f.), kann es eigentlich keine weiteren Leistungen geben, die jetzt nicht schon vertraglich vereinbart sind. Gerade an dieser Stelle tritt aber erneut der **Unterschied** zwischen der zum **Abnahmezeitpunkt geschuldeten Leistung** einerseits und der **von der Vergütung abgedeckten Leistung** andererseits zutage (s. o. Rdn. 870). Das bedeutet, dass bei einem richtigen Verständnis zu § 1 Abs. 4 S. 1 VOB/B mit den dort beschriebenen bisher nicht vereinbarten Leistungen nur die Teilleistungen gemeint sein können, die in der Ausschreibung als Grundlage des vereinbarten Preises nicht genannt, gleichwohl aber für den geschuldeten Leistungserfolg erforderlich sind (i. E. Leupertz, BauR 2010, 273, 282 f.). Diese soll der Auftraggeber jetzt noch anordnen können – mit der Folge, dass er sie dann auch nach § 2 Abs. 6 VOB/B später zu vergüten hat. Das aber bedeutet, dass jeweils zu prüfen ist, welche Leistungen im Vertrag bereits bisher vorgesehen und vom Auftragnehmer unter diesem Gesichtspunkt zu erbringen sind – und welche eben nicht, obwohl sie für den geschuldeten Erfolg trotzdem erforder-

9.8 Die Preisänderung gemäß § 2 Abs. 6 VOB/B bei Zusatzleistungen

lich sind. Nur für Letztere ist – soweit sie dann noch gefordert werden – nach § 2 Abs. 6 VOB/B eine zusätzliche Vergütung zu zahlen. Um welche Leistungen es hier jeweils geht, beantwortet entweder der Vertrag direkt oder dessen Anlagen. Hilfsweise kann auch auf die Bestimmungen der VOB/C zurückgegriffen werden, und zwar vor allem auf die Vorschriften zu den **Nebenleistungen und Besonderen Leistungen in den jeweiligen Abschnitten 4.1 und 4.2** (s. dazu oben Rdn. 893 ff.). Dort immerhin sind einzelne Leistungen aufgeführt, die als nicht vergütungspflichtige Nebenleistungen gelten; demgegenüber stehen andere Leistungen, die keine Nebenleistungen darstellen und deshalb vergütungspflichtig sind und als »Besondere Leistungen« bezeichnet werden (vgl. Ziffer 4.1 und 4.2 der DIN 18299). Diese Bestimmungen sind somit insbesondere zu beachten, wenn es um die Geltendmachung von Vergütungsansprüchen des Unternehmers für **Zusatzleistungen** gemäß § 2 Abs. 6 VOB/B geht. Denn immer dann, wenn der Auftragnehmer eine Leistung als schon geschuldete Nebenleistung nach dem jeweiligen Abschnitt 4.1 zu erbringen hat, fehlt es bereits an einer diesbezüglichen Zusatzleistung und somit an einer Tatbestandsvoraussetzung des § 2 Abs. 6 VOB/B.

Trotz der klaren Regelungen in der jeweiligen DIN verbietet sich allerdings eine alleinige Anlehnung an deren Aufteilung entsprechend der jeweiligen Abschnitte 4.1 und 4.2; denn selbstverständlich **gehen sonstige vertragliche Regelungen des Vertrages** vor. Dabei ist vorrangig der Vertrag auszulegen und zu prüfen, ob eine bestimmte Leistung nicht schon kraft anderweitiger ausdrücklicher Vereinbarung (s. dazu etwa OLG Köln, Urt. v. 22.02.2011 – 15 U 147/10, Nichtzul.-Beschw. zurückgew., BGH, Beschl. v. 22.03.2012 – VII ZR 61/11, IBR 2012, 378) oder aus sonstigen Gründen von der im Hauptvertrag vereinbarten Vergütung erfasst ist. 2289

> ▶ **Beispiel (BGH, Urt. v. 28.02.2002 – VII ZR 376/00, BauR 2002, 935 = NJW 2002, 1954) – Konsoltraggerüst**
>
> Der Auftragnehmer verlangt vom Auftraggeber eine zusätzliche Vergütung für ein Konsoltraggerüst bei einem Brückenbau. Dieses war – anders als weitere Konsoltraggerüste in derselben Ausschreibung – nicht mit ausgeschrieben worden. Dies wäre nach den DIN-Vorschriften dem Grunde nach erforderlich gewesen. Gleichwohl versagte der BGH eine Vergütung. Denn nach der Auslegung des Bauvertrages ergab sich vorrangig vor den Vorschriften der technischen Vertragsbedingungen, dass auch dieses sehr teure Konsoltraggerüst von der vertraglich vereinbarten Leistung umfasst war, da es um eine notwendige Abstützung der Gesamtbaumaßnahme ging.

Vorstehendes Beispiel mag im Einzelfall richtig sein. Vielfach wird die unmittelbare **Auslegung der Vertragsbedingungen** jedoch kein eindeutiges Ergebnis bringen. Dann aber wird man zumindest in der Regel doch davon auszugehen haben, dass bei der Bestimmung der geschuldeten und von der Vergütung bereits abgedeckten Leistung das gesamte Vertragswerk zugrunde zu legen ist. Haben die Parteien die Geltung der VOB/B vereinbart, gehören hierzu auch die Allgemeinen Technischen Bestimmungen für Bauleistungen (VOB/C). Damit wird gleichzeitig Abschnitt 4 der Allgemeinen Technischen Vertragsbestimmungen Vertragsbestandteil und ist bei der Auslegung der geschuldeten Leistung zu berücksichtigen. Dies führt dann eben genau dazu, dass der Unterscheidung zwischen den von der Vergütung abgedeckten Nebenleistungen in Abschnitt 4.1 bzw. den nicht abgedeckten Besonderen Leistungen in dem jeweiligen Abschnitt 4.2 eine erhebliche Bedeutung zukommt (so auch ausdrücklich die spätere Entscheidung BGH, Urt. v. 27.07.2006 – VII ZR 202/04, BGHZ 168, 368 = BauR 2006, 2040, 2042 = NJW 2006, 3413, 3414). Letztere sind dann auch unter den weiteren Voraussetzungen des § 2 Abs. 6 VOB/B oder § 2 Abs. 8 VOB/B zusätzlich zu vergüten. 2290

9.8.1.2 Grund für die Zusatzleistung: Erforderliche Leistung im Sinne des § 1 Abs. 4 S. 1 VOB/B

Die Tatsache allein, dass eine Zusatzleistung vorliegt, genügt für die Anwendung des § 2 Abs. 6 VOB/B nicht. Denn auch hier gilt zunächst, dass § 2 Abs. 6 VOB/B einen Ausgleich auf der Vergütungsseite für das einseitige Recht des Auftraggebers darstellt, gemäß § 1 Abs. 4 S. 1 VOB/B vom Auftragnehmer auf der Leistungsseite die Ausführung zusätzlicher Leistungen zu verlangen. Da- 2291 raus folgt gleichzeitig die **notwendige Einschränkung des Anwendungsbereichs** des § 2 Abs. 6 VOB/B. Denn nach § 1 Abs. 4 S. 1 VOB/B kann der Auftraggeber einseitig vom Auftragnehmer nur die Ausführung solcher nicht vereinbarter Leistungen verlangen, die **zur Ausführung der vertraglichen Leistung erforderlich** werden, also zur Erreichung des Vertragsziels und damit der mangelfreien Herstellung des geschuldeten Werkes notwendig sind. Dies stellt auch § 1 Abs. 4 S. 2 VOB/B klar. Danach nämlich können andere Leistungen, also zur Erreichung des Vertragsziels nicht notwendige Leistungen, dem Auftragnehmer nur mit seiner Zustimmung übertragen werden. Diese Einschränkung ist sachgerecht, da für das einseitige Verlangen solcher nicht notwendigen Zusatzleistungen kein Bedürfnis besteht und eine weiter gehende Auslegung auch wegen § 308 Nr. 4 BGB AGB-rechtlich bedenklich wäre.

▶ **Beispiel**

Der Auftraggeber kann nicht etwa nach Vertragsabschluss die zusätzliche Erstellung einer Garage verlangen. Eine solche Forderung wäre von der Ausführungspflicht des § 1 Abs. 4 S. 1 VOB/B nicht gedeckt. Vielmehr bedarf es dazu der Zustimmung des Auftragnehmers.

2292 Vorstehendes gilt gleichermaßen für **alle anderen Zusatzleistungen**, die zur Ausführung der vertraglichen Leistung nicht erforderlich sind, deren Ausführung durch den Auftragnehmer aber **zweckmäßig** erscheint oder vom Auftraggeber als Sonderwunsch erbeten wird. Diese Zusatzleistungen bedürfen mithin **der Zustimmung des Auftragnehmers**, die dieser wiederum von einer entsprechenden – vorherigen – Vergütungsvereinbarung abhängig machen kann. Insoweit handelt es sich dann aber auch richtigerweise nicht um eine Nachtragsvereinbarung auf der Grundlage des § 2 Abs. 6 VOB/B. Stattdessen liegt ein **Anschlussauftrag** vor, den auch der öffentliche Auftraggeber unter den Voraussetzungen des § 3 Abs. 5 VOB/A freihändig an den Auftragnehmer vergeben kann. Kommt es in diesem Fall bei einem solchen Anschlussauftrag nicht zu einer Preisvereinbarung, so greift nicht § 2 Abs. 6 VOB/B, sondern richtigerweise § 632 Abs. 1 und 2 BGB ein. Demzufolge kann der Auftragnehmer für diese nicht notwendige Zusatzleistung die **übliche Vergütung** verlangen, **ohne an die Preisgrundlagen des Hauptauftrages gebunden** zu sein (s. auch VHB, Richtlinie 510, Leitfaden zur Vergütung von Nachträgen, dort Ziff. 2.6). In diesen Fällen ist somit ebenso ein für den Hauptvertrag vereinbarter Nachlass nicht zu berücksichtigen (so insbesondere OLG Düsseldorf, Urt. v. 22.09.1992 – 23 U 224/91, BauR 1993, 479, 480).

2293 Diese von der VOB/B vorgenommene, zunächst klar erscheinende Abgrenzung kann aber in der praktischen Anwendung doch Probleme aufwerfen. Denn nicht immer ist eindeutig festzustellen, welche Leistungen im Sinne des § 1 Abs. 4 S. 1 VOB/B »zur Ausführung der vertraglichen Leistungen erforderlich werden«. Schon dieser Begriff wird im Schrifttum durchaus unterschiedlich gesehen. So geht Locher (Festschrift für Korbion, S. 283) davon aus, dass darunter alle Zusatzleistungen fallen, für die eine in technischer Hinsicht oder von der Nutzung her gegebene unmittelbare Abhängigkeit zur bisher vereinbarten Leistung besteht. Demgegenüber unterscheidet Busche im Münch.Komm. (§ 631 Rn. 169 f.) drei **verschiedene Arten von Zusatzleistungen** (ähnlich Ingenstau/Korbion/Keldungs, VOB/B, § 2 Abs. 6 Rn. 8):
- Zunächst kann es sich um Zusatzleistungen handeln, die **unabhängig von der Vertragsleistung** und damit völlig selbstständig sind.

▶ **Beispiel**

Im Bauvertrag ist die Errichtung des Rohbaus für ein Einfamilienhaus vorgesehen. Zusätzlich soll jetzt eine Garage gebaut werden.

In diesen Fällen besteht kein innerer Zusammenhang zu der Vertragsleistung, sodass diese Zusatzleistung weder unter § 1 Abs. 4 S. 1 VOB/B noch unter § 2 Abs. 6 VOB/B einzuordnen ist.
- Neben diesen selbstständigen Zusatzleistungen gibt es solche, die in einer **Abhängigkeit zur Hauptleistung** stehen. Diese Gruppe lässt sich nochmals unterteilen zum einen in solche, die zur Ausführung der Vertragsleistungen **erforderlich** sind und die deshalb vom Auftragnehmer nach § 1 Abs. 4 S. 1 VOB/B auf Verlangen des Auftraggebers mit auszuführen sind.

9.8 Die Preisänderung gemäß § 2 Abs. 6 VOB/B bei Zusatzleistungen

- Daneben stehen zum anderen Leistungen, die zwar zur Ausführung der Vertragsleistung **nicht erforderlich** sind, die aber zu dieser Vertragsleistung doch in einer **gewissen Abhängigkeit** stehen. Diese auszuführen ist der Auftragnehmer nicht verpflichtet (vgl. § 1 Abs. 4 S. 2 VOB/B); er kann sich zu deren Ausführung jedoch freiwillig bereitfinden.

Unbestritten ist, dass die zur Ausführung der Vertragsleistung **notwendigen Zusatzleistungen unter § 2 Abs. 6 VOB/B fallen**; sie sind nach dieser Vorschrift auch beim Pauschalvertrag zusätzlich zu vergüten. Die zweite Gruppe von Zusatzleistungen, die nur in Abhängigkeit zur Vertragsleistung stehen, wird im Schrifttum und in der Rechtsprechung überwiegend – meist aber ohne stichhaltige Begründung – ebenfalls der Regelung des § 2 Abs. 6 VOB/B unterworfen (so insbesondere Münch.Komm./Busche § 631 Rn. 170; Nicklisch/Weick, § 2, Rn. 68; Beck'scher VOB/B-Komm./Jansen, § 2 Nr. 6 Rn. 25 f.; von Craushaar, BauR 1984, 311, 319; OLG Hamm, Urt. v. 12.03.2009 – 21 U 60/08, IBR 2010, 14). 2294

Dies lässt sich mit dem Wortlaut und dem Sinngehalt der §§ 1 Abs. 4 und 2 Abs. 6 VOB/B nicht in Einklang bringen. Denn § 2 Abs. 6 VOB/B regelt den Vergütungsanspruch des Auftragnehmers nur für den Fall, dass eine im Vertrag nicht vorgesehene Leistung »gefordert« wird und legt außerdem in diesem Fall die Ankündigungspflicht des Auftragnehmers bezüglich seines zusätzlichen Vergütungsanspruchs fest. Damit können aber **nur die Fälle** gemeint sein, in denen der **Auftragnehmer bei einer entsprechenden »Forderung« des Auftraggebers auch zur Ausführung der zusätzlichen Leistung verpflichtet ist**. Dies ergibt sich sehr anschaulich aus der Entscheidung des BGH vom 27.11.2003 (VII ZR 346/01, BauR 2004, 495, 497 = NJW-RR 2004, 449, 451). Denn gerade dort hatte der BGH auf die Wechselwirkung des Anordnungsrechts nach § 1 Abs. 4 VOB/B und § 2 Abs. 6 VOB/B wie folgt verwiesen: Mit der Vereinbarung der VOB/B werde – so der BGH – dem Auftraggeber das Leistungsbestimmungsrecht eingeräumt, unter den Voraussetzungen des § 1 Abs. 4 VOB/B durch einseitige empfangsbedürftige rechtsgeschäftliche Willenserklärung den Leistungsumfang zu ändern. Der Anspruch des Auftragnehmers auf Vergütung gemäß § 2 Abs. 6 VOB/B und die diesem Anspruch entsprechende Verpflichtung des Auftragnehmers würden für die zusätzliche Leistung erst durch das Verlangen der zusätzlichen Leistung begründet. Wenn dies aber so zutrifft, kann dies nur und **ausschließlich für das verbindliche Anordnungsrecht** in § 1 Abs. 4 S. 1 VOB/B gelten. Denn die Anordnung einer zusätzlichen Leistung nach § 1 Abs. 4 S. 2 VOB/B kann nach dem ausdrücklichen Wortlaut dieser Regelung gerade nur mit Zustimmung des Auftragnehmers, d. h. nicht einseitig erteilt werden. Steht aber somit die Übernahme dieser weiteren Leistungen im Belieben des Auftragnehmers, kann er folglich deren Übernahme von einer besonders vereinbarten Vergütung abhängig machen, ohne dabei an die Grundlagen der Preisermittlung für die vertragliche Hauptleistung gebunden zu sein (so überzeugend Daub/Piel/Soergel/Steffani Erl Z B 2.115; OLG Düsseldorf, Urt. v. 22.09.1992 – 23 U 224/91, BauR 1993, 479, 480). Auch die in § 2 Abs. 6 VOB/B vorgesehene vorherige Ankündigungspflicht des zusätzlichen Vergütungsanspruchs passt in diesen Fällen nicht: Denn es bedarf ja gerade der Zustimmung des Auftragnehmers und damit letztlich eines Vertrages über diese Zusatzleistung. Folglich ist damit die nochmalige Ankündigung in der Regel entbehrlich, da ein Anschlussauftrag zu erfüllen und damit gleichzeitig eine Vergütungsvereinbarung verbunden ist oder aber § 632 Abs. 1 und 2 BGB eingreifen (Vygen, Festschrift Locher 1990, S. 278 ff.). 2295

Wollte man dagegen mit der wohl eher überwiegenden Meinung in den Anwendungsbereich des § 2 Abs. 6 VOB/B auch die Zusatzleistungen einbeziehen, die der Auftragnehmer nur mit seiner Zustimmung auszuführen verpflichtet ist, bedürfte es dazu einer Änderung des Wortlauts des § 1 Abs. 4 VOB/B. Dabei wäre aber der Auftragnehmer immer noch berechtigt, seine Zustimmung zu verweigern, wenn die nach § 2 Abs. 6 Nr. 2 VOB/B zu berechnende zusätzliche Vergütung für ihn nicht auskömmlich ist, sei es wegen eines Kalkulationsfehlers, sei es wegen eines absichtlich mit geringem oder ohne Gewinn kalkulierten Hauptangebots. 2296

Nach alledem erfasst § 2 Abs. 6 VOB/B bei richtiger Anwendung nur die Sachverhalte, bei denen der Auftragnehmer nach § 1 Abs. 4 S. 1 VOB/B zusätzliche Leistungen auf Verlangen des Auftraggebers ausführen muss (wie hier ebenso Heiermann/Riedl/Rusam/Kuffer, B § 2 Rn. 181; Leine- 2297 mann/Schoofs, § 2 Rn. 268; jetzt auch Keldungs, Jahrbuch BauR 2012, S. 59, 65). Dazu gehören auch (aber selbstverständlich nicht nur) die Besonderen Leistungen in dem Abschnitt 4.2 der jeweils einschlägigen DIN der VOB/C. Demgegenüber kann der Auftragnehmer in den sonstigen darüber hinausgehenden Fällen seine Zustimmung zur Ausführung derartiger zusätzlicher Leistungen von der **Vereinbarung einer zusätzlichen Vergütung ohne Bindung an § 2 Abs. 6 Nr. 2 VOB/B** abhängig machen. Bei Fehlen einer Vergütungsvereinbarung greift § 632 Abs. 1 und 2 BGB ein, sodass hier die übliche Vergütung als vereinbart gilt.

2298 Diese enge, aber vom Wortlaut her gebotene Auslegung des § 2 Abs. 6 VOB/B gibt auf der anderen Seite Veranlassung, den **Begriff der zur vertraglichen Leistung erforderlichen Leistungen** in § 1 Abs. 4 S. 1 VOB/B **weit auszulegen**. Dies ist insbesondere beim Pauschalvertrag häufig geboten ist, weil damit eine Gesamtleistung und deren erfolgreiche Erbringung als Ganzes geschuldet wird, wobei sich allerdings immer wieder Abgrenzungsprobleme ergeben.

9.8.1.3 Verlangen des Auftraggebers

2299 Für eine Vergütungspflicht nach § 2 Abs. 6 VOB/B muss die betroffene Zusatzleistung vom Auftraggeber verlangt worden sein. Dieses Verlangen muss auf die Erbringung einer zusätzlichen Leistung gerichtet sein. Daran könnte es immerhin fehlen, wenn der Auftraggeber tatsächlich nur die Beseitigung eines von ihm vermeintlich als mangelhaft angesehenen Bauzustandes verlangt.

> ▶ **Beispiel (in Anlehnung an OLG Frankfurt, Urt. v. 16.06.2011 – 18 U 35/10, BauR 2012, 250, 251)**
>
> Der Auftraggeber verlangt den Austausch von ihm als mangelhaft anerkannter Stahlträger. Hierbei handelt es sich um kein Verlangen nach einer zusätzlichen Leistung, selbst wenn die Stahlträger in Ordnung waren und der Auftragnehmer daraufhin tatsächlich zusätzlich eine Leistung erbringt (s. auch zu den Folgen einer unberechtigten Mangelbeseitigungsaufforderung Rdn. 1344).

Es genügt das Verlangen eines bevollmächtigten Vertreters. Über derartige **Vollmachten verfügen Architekten** aber in der Regel **nicht**, soweit es nicht nur um geringfügigste Nebenleistungen (BGH, Urt. v. 20.04.1978 – VII ZR 67/77, BauR 1978, 314, 316) oder Notmaßnahmen geht (s. dazu oben Rdn. 202 ff.). Das Verlangen selbst muss der Auftraggeber an den Auftragnehmer richten. Hinsichtlich des Inhalts des Verlangens gelten keine bedeutenden Unterschiede zu der Anordnung des Auftraggebers bei der Vergütungsregelung des § 2 Abs. 5 VOB/B (s. o. Rdn. 2225 ff.). Dies gilt insbesondere auch für eine mögliche **stillschweigende Anordnung** (s. o. Rdn. 2234) sowie den Umstand, dass bei zwingenden Vorgaben Dritter im Anwendungsbereich des § 2 Abs. 6 VOB/B das einseitige Leistungsverlangen des Auftraggebers wie bei § 2 Abs. 5 VOB/B Tatbestandsvoraussetzung ist. Es kann durch **Anordnungen Dritter**, die dem Leistungsbereich des Auftraggebers als zugehörig zu betrachten sind, **nicht ersetzt** werden (s. o. Rdn. 2227).

9.8.1.4 Ankündigung des zusätzlichen Vergütungsanspruchs

2300 Voraussetzung einer zusätzlichen Vergütung für eine nach § 1 Abs. 4 S. 1 VOB/B erforderliche Zusatzleistung ist nach § 2 Abs. 6 Nr. 1 S. 2 VOB/B, dass der Auftragnehmer den **zusätzlichen Vergütungsanspruch** (**nicht dessen Höhe** und nicht die vorgenannte Zusatzleistung) **vor der Ausführung** der Zusatzleistung **ankündigt** (Nachtrag). Nicht ganz eindeutig ist die Qualität dieses Ankündigungserfordernisses. Man könnte es als eine reine Rechtspflicht verstehen – mit der Folge, dass dessen Verletzung lediglich Schadensersatzansprüche nach § 280 Abs. 1 BGB auslöst. Würde also der Auftragnehmer danach einen Mehrvergütungsanspruch pflichtwidrig nicht vor Leistungsausführung ankündigen, würde dies zwar nicht seinen Mehrvergütungsanspruch zu Fall bringen; der Auftraggeber könnte dagegen allerdings einen Schadensersatzanspruch erheben, wenn er durch die fehlende Ankündigung einen Schaden erlitten hat. Dies wäre ein durchaus sachgerechtes Ergebnis; dies gilt vor allem in Fällen, in denen eine frühzeitige Ankündigung des Mehrvergütungsanspruchs die Situation des Auftraggebers nur teilweise verbessert hätte (s. dazu sogleich Rdn. 2303). Die herrschende Meinung verfolgt hier allerdings einen anderen Weg. Sie sieht in dem Ankündigungserfordernis eine **echte Tatbestandsvoraussetzung** für den Mehrvergütungsanspruch (BGH, Urt. v. 23.05.1996 – VII ZR 245/94, BGHZ 133, 44, 46 = BauR 1996, 542 = NJW 1996, 2158; Heiermann/Riedl/Rusam/Kuffer, VOB/B, § 2 Rn. 193; Ingenstau/Korbion/Keldungs, VOB/B, § 2 Nr. 6 Rn. 13). Dies erscheint in Anlehnung an den Wortlaut des § 2 Abs. 6 VOB/B wohl auch überzeugender: Denn gerade das Wort »jedoch« im Satz 2 des § 2 Abs. 6 Nr. 1 VOB/B zeigt, dass es sich dabei um eine tatbestandliche Einschränkung des zuvor geregelten Mehrvergütungsanspruchs handelt. Dagegen ist eine in § 2 Abs. 6 Nr. 2 S. 2 VOB/B vorgesehene Preisvereinbarung hierzu ist nicht erforderlich.

Das in § 2 Abs. 6 VOB/B vorgesehene Ankündigungserfordernis zum zusätzlichen Vergütungsanspruch stellt – wie zahlreiche andere einschlägige Hinweispflichten in der VOB/B (vgl. etwa auch die Behinderungsanzeige in § 6 Abs. 1 VOB/B, s. dazu oben Rdn. 1793 ff.) – ein **Schutzinstrument zugunsten des Auftraggebers** dar. Denn der Auftraggeber kann bei der Durchführung einer Baumaßnahme häufig nicht überblicken, ob eine bestimmte Anordnung zu Mehrkosten führt. Infolgedessen bezweckt die Regelung in § 2 Abs. 6 VOB/B, dass der Auftraggeber über drohende Kostensteigerungen infolge von ihm erteilter Anordnungen rechtzeitig informiert wird, um ggf. danach umdisponieren zu können. Es soll ihm vor allem möglich sein, eine kostenträchtige Anordnung zu überdenken und/oder billigere Alternativen zu wählen. Gleichzeitig soll er sich auf nicht vermeidbare Kostenerhöhungen so früh wie möglich einrichten können. Denn selbstverständlich ist es nicht ausgeschlossen, dass er diese z. B. durch Einsparungen an anderer Stelle wieder ausgleichen kann. Auch ist es für die Abwicklung einer Baumaßnahme für ihn elementar, dass er in die Lage versetzt wird, möglicherweise hinsichtlich zusätzlicher Kosten wirtschaftliche Dispositionen zu treffen. Schließlich dient das Ankündigungserfordernis einer frühzeitigen Klärung der Frage, ob insbesondere eine vom Auftraggeber angeordnete Leistung überhaupt eine Zusatzleistung im Sinne von § 1 Abs. 4 VOB/B darstellt oder nicht (vgl. dazu ausführlich BGH, Urt. v. 23.05.1996 – VII ZR 245/94, BGHZ 133, 44, 47 = BauR 1996, 542, 543 = NJW 1996, 2158 f.). 2301

Mit dieser Schutzrichtung ist allerdings gleichzeitig vorgezeichnet, dass von dem in § 2 Abs. 6 Nr. 2 VOB/B vorgesehenen **Ankündigungserfordernis** im Einzelfall **abgesehen** werden kann. Dies gilt zusammengefasst immer dann, wenn der Auftraggeber im konkreten Einzelfall aus **objektiver Sicht eines solchen Schutzes nicht bedarf**. In der Sache geht es dabei vor allem um die folgenden Fälle (vgl. BGH, a. a. O.), wobei jede Beispielsvariante für sich ausreicht, um auf das Ankündigungserfordernis zu verzichten: 2302

- Es besteht kein Zweifel daran, dass eine zusätzliche Leistung nur gegen Vergütung erbracht wird.
- Beide Parteien sind von der Entgeltlichkeit der Zusatzleistung ausgegangen.
- Der Auftragnehmer hatte ohnehin keine Alternative zur sofortigen Ausführung dieser Leistung.
- Eine Ankündigung der Zusatzleistung hätte die Rechtsstellung des Auftraggebers nicht verbessert.
- Der Auftragnehmer hat die Ankündigung schuldlos versäumt.

Soweit eine der vorgenannten Ausnahmen vom Ankündigungserfordernis vorliegt, kann selbst in diesen Fällen aber nicht übersehen werden, dass das Ankündigungserfordernis dem Grunde nach gleichwohl eine Tatbestandsvoraussetzung des Vergütungsanspruchs nach § 2 Abs. 6 VOB/B bleibt. Demzufolge ist der Auftragnehmer, wenn er sich ausnahmsweise auf die Entbehrlichkeit der Ankündigung des zusätzlichen Vergütungsanspruchs beruft, für die diesbezügliche **Ausnahmevoraussetzung in vollem Umfang darlegungs- und beweispflichtig** (BGH, Urt. v. 23.05.1996 – VII ZR 245/94, BGHZ 133, 44, 47 f. = BauR 1996, 542, 543 = NJW 1996, 2158, 2159). An diese Nachweispflichten sind hohe Anforderungen zu stellen, weil das Ankündigungserfordernis wie erläutert ein elementares Schutzrecht zugunsten des Auftraggebers darstellt. Außerdem darf nicht verkannt werden, dass nach § 2 Abs. 6 VOB/B das Ankündigungserfordernis die Regel, nicht die Ausnahme ist. Ein allzu großzügiger Maßstab im Sinne des Auftragnehmers ist somit nicht angezeigt. So sind durchaus Fälle vorstellbar, die richtigerweise uneingeschränkt das Ankündigungserfordernis unabdingbar machen. 2303

▶ **Beispiel (nach OLG Nürnberg, Urt. v. 24.10.2002 – 2 U 2369/99, IBR 2003, 120)**

In einem Subunternehmerverhältnis versäumt es der Subunternehmer, seinen Mehrvergütungsanspruch wegen einer zusätzlichen Leistung anzukündigen. Dementsprechend macht auch der Hauptunternehmer keinen entsprechenden Vergütungsanspruch in seinem Verhältnis zum Bauherrn geltend. Der Subunternehmer rechnet später gleichwohl seine Zusatzleistung ab. Eine Weiterleitung dieses Vergütungsanspruchs gegenüber dem Bauherrn ist dagegen nicht mehr möglich, weil dort das Vorhaben bereits schlussgerechnet und im Rahmen einer Abschlussvereinbarung abgeschlossen ist. In einem solchen Fall wird man auf das Ankündigungserfordernis nach § 2 Abs. 6 VOB/B im Subunternehmerverhältnis kaum verzichten können, weil sich gerade hier das Schutzbedürfnis des Auftraggebers (d. h. des Generalunternehmers) zeigt. Denn wäre der Generalunternehmer frühzeitig über den zusätzlichen Vergütungsanspruch aufgeklärt worden, hätte er diesen auch gegenüber seinem Bauherrn durchsetzen können, was allein wegen dieses Versäumnisses nicht mehr möglich ist.

Sollte dem Auftragnehmer der Gegenbeweis der Entbehrlichkeit im Einzelfall nicht gelingen, kann aber selbst dann – trotz Ausgestaltung von § 2 Abs. 6 VOB/B als Anspruchsgrundlage – ein **vollständiger Verlust jeden Anspruchs auf Mehrvergütung unangemessen** und zur Wahrung der Funktion des § 2 Abs. 6 Nr. 1 S. 2 VOB/B unnötig sein. Dies gilt vor allem dann, wenn eine rechtzeitige Ankündigung des Vergütungsanspruchs die Lage des Auftraggebers nur partiell verbessert hätte, etwa weil er die zusätzliche Leistung benötigte, aber eine preiswertere Alternative bestand. Dann ist es erforderlich, aber auch ausreichend, den Vergütungsanspruch des Auftragnehmers entsprechend zu kürzen (BGH, Urt. v. 23.05.1996 – VII ZR 245/94, BGHZ 133, 44, 48 = BauR 1996, 542, 543 = NJW 1996, 2158, 2159).

▶ **Beispiel (nach OLG Köln, Urt. v. 28.01.2009 – 11 U 228/05, BauR 2011, 1000)**

Es soll eine Kanaltrasse verlegt werden. Unstreitig ordnet der Auftraggeber zur Umgehung auf der Trasse liegender Grundstücke eine sog. Kurvenfahrt an. Der Auftragnehmer macht hierfür Mehrkosten von 1,9 Mio. € geltend, wobei er diesen Mehrvergütungsanspruch nicht ankündigt. Tatsächlich hätte der Auftraggeber die problematischen Grundstücke erwerben können. Einschließlich Nebenkosten für Vermessung u. a. wären dafür nur ca. 115 T€ angefallen. In diesem Fall ist der Mehrvergütungsanspruch auf diesen Betrag beschränkt.

2304 Trägt die Darlegungs- und Beweislast zu den vorstehenden Ausnahmefällen von dem Ankündigungserfordernis grundsätzlich der Auftragnehmer, kann es allerdings gleichwohl dem Auftraggeber obliegen, wenigstens darzulegen, dass ihm bei rechtzeitiger Ankündigung **preiswertere Alternativen zur Verfügung gestanden** hätten (BGH, Urt. v. 08.11.2001 – VII ZR 111/00, BauR 2002, 312, 313 = NJW 2002, 750, 751). Dasselbe gilt für vergleichbare Darlegungen, dass er insbesondere bei einer ordnungsgemäßen Ankündigung des Mehrvergütungsanspruchs z. B. von der Zusatzleistung abgesehen hätte. Legt der Auftraggeber aber insoweit entsprechende Einzelheiten dar, verbleibt es bei der zuvor schon beschriebenen Verteilung der Darlegungs- und Beweislast, d. h.: Im Folgenden muss nunmehr der Auftragnehmer nachweisen, dass immer noch ein entsprechender Ausnahmefall vorliegt (vgl. BGH, Urt. v. 08.11.2001 – VII ZR 111/00, BauR 2002, 312, 313 = NJW 2002, 750, 751).

2305 Unter Berücksichtigung der so interessengerechten Auslegung hält § 2 Abs. 6 Nr. 1 S. 2 VOB/B zu dem **Ankündigungserfordernis einer AGB-Inhaltskontrolle stand** (BGH, Urt. v. 23.05.1996 – VII ZR 245/94, BGHZ 133, 44, 48 f. = BauR 1996, 542, 543 = NJW 1996, 2158, 2159). Dies gilt vor allem, wenn die VOB nicht als Ganzes vereinbart ist, sodass dann sämtliche Einzelklauseln einer Inhaltskontrolle unterzogen werden. Eine Kollision von § 2 Abs. 6 Nr. 1 S. 2 VOB/B mit § 307 BGB droht hier nicht (BGH, a. a. O.; a. A. OLG Frankfurt, Urt. v. 27.07.2005 – 7 U 93/98, BauR 2007, 929 – s. zu der AGB-Kontrolle von VOB-Klauseln oben Rdn. 494 ff.).

2306 Aufgrund der insoweit aber sicherlich nicht eindeutigen Rechtslage ist dem Auftragnehmer wie bei § 2 Abs. 5 VOB/B immerhin **dringend anzuraten**, schon vor der Ausführung zusätzlicher Leistungen – unabhängig von § 2 Abs. 6 Nr. 1 S. 2 VOB/B – auf eine Vereinbarung der dafür zu zahlenden Vergütung zu dringen oder zumindest seinen geänderten oder zusätzlichen **Vergütungsanspruch durch Einreichung eines Nachtragsangebotes anzukündigen**. Häufig ist in Vertragsbedingungen sogar vorgesehen, dass der Auftragnehmer mit Zusatzleistungen nicht beginnen darf, bevor sein Nachtragsangebot akzeptiert worden ist, was im Einzelfall durchaus stillschweigend geschehen kann. Darin liegt allerdings auch für den Auftraggeber eine Gefahr. Denn kommt es zu Verzögerungen bei der Annahme eines Nachtragsangebotes, kann darin eine Behinderung des Unternehmers im Sinne des § 6 VOB/B liegen (vgl. OLG Düsseldorf, Urt. v. 26.06.1984 – 23 U 181/81, BauR 1984, 671 = Sch.-F.-H. Nr. 6 zu § 5 VOB/B; Vygen/Joussen/Schubert/Lang, Bauverzögerung und Leistungsänderung, Teil A, Rn. 526).

9.8.1.5 Abgrenzung zu anderen Ansprüchen

Bei der einem Mehrvergütungsanspruch nach § 2 Abs. 6 VOB/B zugrunde liegenden Leistung handelt sich um eine echte im Vertrag bisher nicht enthaltene Zusatzleistung. Für die Abgrenzung zu anderen Mehrvergütungsansprüchen kann im Wesentlichen auf vorstehende Ausführungen zu § 2 Abs. 5 VOB/B verwiesen werden, die bei § 2 Abs. 6 VOB/B als Sonderform eines Mehrvergütungsanspruchs infolge einer Anordnung bzw. eines Verlangens des Auftraggebers entsprechend gelten (oben Rdn. 2263 ff.). Dies betrifft insbesondere die Abgrenzung zu den Mehrvergütungsansprüchen nach § 2 Abs. 3 VOB/B: Hier besteht der wesentliche Unterschied darin, dass die zu vergütenden Mehrmengen im Anwendungsbereich des § 2 Abs. 3 VOB/B **ohne jede Einwirkung oder Anordnung zusätzlicher Leistungen durch den Auftraggeber** anfallen, während dies gerade bei § 2 Abs. 6 Voraussetzung ist. 2307

▸ **Beispiel**

> Nach dem Vertrag sollen in einem Bauwerk 6 (von 10) Flächen á 30 m² abgedichtet werden. Im Bauverlauf stellt sich heraus, dass jede Einzelfläche tatsächlich 35 m² groß ist. Die jetzt zu erbringenden Mehrmassen von 30 m² (6 × 5 m²) fallen unter § 2 Abs. 3 Nr. 2 VOB/B: Denn die geschuldete Leistung (Abdichtung von sechs Flächen) bleibt identisch (§ 2 Abs. 3 VOB/B); allerdings ist der Leistungsumfang größer als zunächst gedacht. Ordnet hingegen der Auftraggeber die sich erst während der Baumaßnahme abzeichnende notwendige Abdichtung einer siebten Fläche an, erhöht sich die Ausführungsmenge zwar ebenfalls um 30 m². Nur ist jetzt noch eine neue Teilleistung gegenüber den zunächst vereinbarten hinzugekommen. Folglich liegt ein Fall des § 1 Abs. 4 S. 1 VOB/B vor, nicht mehr des § 2 Abs. 3 VOB/B. Somit wäre die Mehrvergütung für die siebte Fläche über § 2 Abs. 6 VOB/B zu zahlen.

Die Abgrenzung von § 2 Abs. 3 und Abs. 6 VOB/B wird in der Praxis oft noch leicht fallen; sehr viel komplizierter ist hingegen die **Abgrenzung zu dem doch sehr ähnlichen § 2 Abs. 5 VOB/B** – und zwar vor allem in Fällen, in denen die Anordnung zur Leistungsänderung gleichzeitig zu Mehrmengen führt. Insoweit wird aber ebenfalls auf die vorstehenden Ausführungen zu § 2 Abs. 5 VOB/B verwiesen (Rdn. 2266). 2308

9.8.2 Berechnung der zusätzlichen Vergütung

Die Höhe der Zusatzvergütung orientiert sich nach § 2 Abs. 6 Nr. 2 S. 1 VOB/B entsprechend § 2 Abs. 5 VOB/B an den **Grundlagen der Preisermittlung für die vertragliche Leistung** und den besonderen Kosten der geforderten Leistung. Dabei kann erneut auf vorstehende Ausführungen verwiesen werden (Rdn. 2273 ff.) – mit folgenden ergänzenden Anmerkungen: 2309

- Ein Rückgriff auf die Preisbestandteile des Hauptauftrages ist nur möglich, wenn es diese Preisbestandteile im Hauptauftrag überhaupt gibt. Dies versteht sich bei der Vergütungspflicht nach § 2 Abs. 6 VOB/B nicht von selbst. Denn verständlicherweise gibt es **Zusatzleistungen**, die bisher **keinen Niederschlag im Hauptauftrag** gefunden haben (vgl. dazu schon oben zu dem ähnlichen Problem bei § 2 Abs. 5 VOB/B: Rdn. 2274). 2310

> **Beispiel**
>
> Bei den Gründungsarbeiten für ein Bauvorhaben stellt sich heraus, dass der Boden nicht tragfähig ist. Deswegen muss umfangreich Boden ausgetauscht werden, was bisher im Bauvertrag nicht vorgesehen war.

In Fällen wie diesen entfällt zunächst ein Rückgriff auf Preisgrundlagen des Hauptvertrages insoweit, als es für die diesbezüglichen Bauleistungen an einer entsprechenden Preisgrundlage fehlt. Hier läuft die Preisanpassungsregelung des § 2 Abs. 6 Nr. 2 S. 1 VOB/B zumindest in Bezug auf die Bestimmung der Vergütungshöhe der Nachtragsleistung ins Leere. Folglich verbleibt dann nur ein Rückgriff auf § 632 Abs. 1 und 2 BGB. Allerdings gilt das nicht ausnahmslos: Zwar mag die eigentliche Nachtragsleistung keinen Niederschlag im bisherigen Bauvertrag gefunden haben; etwas anderes kann aber selbstverständlich für **weitere Kalkulationsansätze** gelten, die möglicherweise in Einheitspreise eingerechnet wurden, wie etwa Zuschläge für Wagnis und Gewinn, Baustelleneinrichtung u. a. Diese Sätze sind nach § 2 Abs. 6 Nr. 2 VOB/B auch bei diesen neuen Zusatzleistungen verbindlich.

2311 • Eine Anknüpfung an die Preisermittlungsgrundlagen bedeutet ferner, dass auch ein im Vertrag vereinbarter **Nachlass bei erforderlich werdenden Zusatzleistungen zu gewähren** ist. Denn dieser gehört ebenso zu den Preisermittlungsgrundlagen (vgl. OLG Düsseldorf, Urt. v. 22.09.1992 – 23 U 224/91, BauR 1993, 479, 480; OLG Hamm, Urt. v. 13.01.1995 – 12 U 84/94, BauR 1995, 564 f. = NJW-RR 1995, 593, str., s. dazu unten näher Rdn. 2427).

2312 Nach § 2 Abs. 6 Nr. 2 S. 2 VOB/B soll die Nachtragsvereinbarung **vor Beginn der Ausführung der zusätzlichen Leistung geschlossen** werden. Hierbei handelt es sich um eine reine **Sollbestimmung** (Werner/Pastor, Rn. 1482). Dies ergibt sich schon aus der Formulierung des § 2 Abs. 6 Nr. 2 S. 2 VOB/B, nämlich dass die zusätzliche Vergütung »möglichst« vor Beginn der Ausführung zu vereinbaren ist. Selbst wenn man (so etwa Ingenstau/Korbion/Keldungs, VOB/B, § 2 Abs. 6 Rn. 29) die Regelung in § 2 Abs. 6 Nr. 2 S. 2 VOB/B als vertragliche Verpflichtung ansähe, ergäbe sich daraus keine andere Rechtsfolge. Denn die Einschränkung aufgrund des Wortes »möglichst« lässt etwaige Ansprüche deswegen, weil eine solche vorherige Vereinbarung vor Ausführung der Nachtragsleistung nicht zustande kommt, nicht entfallen (Ingenstau/Korbion/Keldungs, a. a. O.).

2313 Zu beachten ist allerdings, dass dann, wenn eine Vergütungsvereinbarung zu einer Zusatzleistung gem. § 2 Abs. 6 Nr. 2 S. 2 VOB/B geschlossen wurde, diese nicht endgültig einen Vergütungsanspruch zementiert. Bedeutung gewinnt dies vor allem, wenn sich im Laufe des Bauvorhabens herausstellt, dass die Leistung des Nachtrages, zu dem schon eine Vereinbarung geschlossen wurde, doch Bestandteil des Hauptvertrages war (BGH, Urt. v. 26.04.2005 – X ZR 166/04, BauR 2005, 1317, 1319 = NJW-RR 2005, 1179, 1180). Hier muss die Leistung in der Regel nicht zweimal bezahlt werden (s. dazu ausführlich Rdn. 2442).

9.8.3 Rechtslage beim BGB-Vertrag

2314 Ähnlich wie die Preisanpassung im Zuge von Leistungsänderungen stellt die Preiserhöhung infolge von Zusatzleistungen bei einem BGB-Werkvertrag in der Regel keinen Diskussionspunkt dar: Der Auftragnehmer ist zu der Erbringung von **Zusatzleistungen** – selbst wenn sie erforderlich sind – ohne eine gesonderte, für ihn auskömmliche Preisvereinbarung **nicht verpflichtet**. Denn eine § 1 Abs. 4 S. 1 VOB/B vergleichbare Regelung fehlt im BGB-Werkvertragsrecht.

2315 Erbringt der Auftragnehmer gleichwohl eine im Ausgangsvertrag nicht geregelte Zusatzleistung, wird er daher im Zweifel mit dem Auftraggeber **zuvor eine Vereinbarung zur Vergütung getroffen** haben. Denn niemand arbeitet ohne Vergütung. Fehlt ausnahmsweise eine Vereinbarung zur Höhe der Vergütung, wird der Auftragnehmer auf § 632 Abs. 2 BGB zurückgreifen können mit der Folge, dass er für diese Zusatzleistung eine übliche Vergütung verlangen kann. Auf eine gesonderte Ankündigung des zusätzlichen Vergütungsanspruchs kommt es nicht an. Mit dieser Maßgabe gilt dann aber nichts anderes als zu den Leistungsänderungen (s. o. Rdn. 2285).

9.9 Preisänderungsmöglichkeiten der VOB/B beim Pauschalvertrag (§ 2 Abs. 7 VOB/B)

Der Pauschalvertrag hat in der baurechtlichen Praxis eine große Bedeutung. Allein deswegen erscheint eine gesonderte Behandlung der Möglichkeiten für eine Änderung des vereinbarten Pauschalpreises sinnvoll, zumal auch die VOB/B in § 2 Abs. 7 dem Pauschalvertrag und der Änderung des Pauschalpreises eine eigenständige Regelung widmet. Während es beim **BGB-Werkvertrag** mit der Vereinbarung eines Pauschalpreises bei Leistungsänderungen im Allgemeinen einer einverständlichen Vertragsänderung bedarf, ist dies beim **VOB-Bauvertrag** – wie beim Einheitspreisvertrag – grundlegend anders. Zwar geht zunächst § 4 Abs. 1 Nr. 2 VOB/A davon aus, dass Änderungen beim Pauschalvertrag nicht vorkommen: Denn nach den dort vorgesehenen Vergabegrundsätzen sollen Bauleistungen grundsätzlich so vergeben werden, dass die Vergütung nach Leistung bemessen wird (Leistungsvertrag), und zwar in der Regel zu Einheitspreisen (Einheitspreisvertrag). Lediglich in geeigneten Fällen soll eine Pauschalsumme vereinbart werden, nämlich dann, wenn die Leistung nach Ausführungsart und Umfang genau bestimmt ist und mit einer Änderung bei der Ausführung nicht zu rechnen ist (Pauschalvertrag).

2316

Damit ist im Ausgangspunkt klargestellt, dass ein Pauschalvertrag nur abgeschlossen werden soll, wenn eine exakte Leistungsbeschreibung vorliegt und Änderungen nicht zu erwarten sind. Anderenfalls sollen die Bauleistungen nach dem Verständnis der VOB/A zu Einheitspreisen vergeben werden. Gegen diese Vergabegrundsätze wird allerdings in der Praxis ständig verstoßen. Daher stellt sich gerade bei Pauschalverträgen häufig die Frage, ob eine Leistungsänderung vorliegt, ob diese vom Auftraggeber einseitig verlangt bzw. angeordnet werden kann, welche Auswirkung sie auf den vereinbarten Pauschalpreis hat und wie der neue Pauschalpreis zu bemessen ist.

Während beim BGB-Werkvertrag eine solche Leistungsänderung wie dargestellt nur im Einvernehmen beider Vertragspartner erfolgen kann, da es sich letztlich um eine Änderung des abgeschlossenen Vertrages handelt, gibt die VOB/B dem Auftraggeber auch beim Pauschalvertrag in § 1 Abs. 3 VOB/B ausdrücklich das Recht, Änderungen des Bauentwurfs anzuordnen. Daneben steht das Recht in § 1 Abs. 4 S. 1 VOB/B, notwendige Zusatzleistungen zu verlangen. Diese **einseitigen Anordnungsrechte des Auftraggebers** werfen zwangsläufig die Frage auf, welche Auswirkungen sich daraus auf den vereinbarten Pauschalpreis ergeben.

2317

9.9.1 Grundsatz der Unabänderbarkeit des Pauschalpreises

§ 2 Abs. 7 Nr. 1 S. 1 VOB/B stellt zunächst den sich schon aus der Rechtsnatur des Pauschalvertrages ergebenden Grundsatz auf, dass die vereinbarte Vergütung unverändert bleibt. Demgemäß ist die vertraglich vorgesehene und im Vertrag im Einzelnen festgelegte Leistung zu dem vereinbarten Pauschalpreis zu erbringen. Dabei ist im Prinzip unbeachtlich, welchen tatsächlichen Aufwand sie beim Auftragnehmer verursacht hat (BGH, VersR 1965, 803) und welche Mengen bei den einzelnen Positionen auszuführen sind. Daraus ergibt sich zwangsläufig, dass eine Änderung des Pauschalpreises bei Vorliegen der Voraussetzungen des § 2 Abs. 3 VOB/B in der Regel nicht in Betracht kommen kann. Denn diese Bestimmung ermöglicht lediglich eine Änderung der Einheitspreise, wenn die vertraglich vorgesehenen Mengen um mehr als 10 % unter- oder überschritten werden. Gerade die **ausgeführten Mengen** haben aber **auf den Pauschalpreis keine Auswirkung**. § 2 Abs. 3 VOB/B findet also auf den Pauschalvertrag keine Anwendung – es sei denn, die Parteien haben etwas anderes vereinbart.

2318

> ▶ Beispiel (nach BGH, Urt. v. 11.09.2003 – VII ZR 116/02, BauR 2004, 78 = NJW-RR 2004, 305)
>
> Die Parteien haben auf der Grundlage eines detaillierten Leistungsverzeichnisses mit Mengenangaben einen Detailpauschalvertrag geschlossen. Vorgesehen ist dort, dass »Mehr- und Mindermassen von 5 % als vereinbart« gelten.

Eine solche Vereinbarung regelt das Pauschalierungsrisiko hinsichtlich der Mengen. Sie ist jedenfalls in einem Pauschalvertrag, der auf Grundlage eines mit Mengenangaben versehenen detaillierten

2319

Leistungsverzeichnisses geschlossen wird, wie folgt zu verstehen (vgl. auch BGH, Urt. v. 11.09.2003 – VII ZR 116/02, BauR 2004, 78, 82 = NJW-RR 2004, 305, 307):

- Zum einen wird damit vereinbart, dass bei einer nicht durch Planänderungen bedingten Mengenabweichung in den einzelnen Positionen, die über 5 % hinausgeht, auf Verlangen nach Maßgabe des § 2 Abs. 7 Nr. 1 S. 2 und 3 VOB/B ein neuer Preis gebildet wird. Folglich kommt es nicht darauf an, ob die Gesamtsumme der Mehr- oder Mindermengen einem Wert entspricht, der 5 % von der Pauschalsumme abweicht.
- Soweit danach zum anderen ein neuer Preis gebildet wird, ist weiter entscheidend, dass die Parteien das Risiko von 5 % Mehr- und Mindermassen jeweils übernommen haben. Ein neuer Preis darf diese Risikoverteilung nicht abändern. Etwaige Mehr- oder Mindermassen finden bei der Bildung des neuen Preises deshalb nur insoweit Berücksichtigung, als sie 5 % der geschätzten Massen über- oder unterschreiten.

2320 Abgesehen von solchen vorgehenden vertraglichen Vereinbarungen bleibt es aber bei dem Grundsatz der **Unabänderbarkeit des Pauschalpreises** für die vertraglich vereinbarte Leistung. Dieser beruht auf dem Wesen des Pauschalvertrages, bei dem auf der einen Seite der Preis, auf der anderen Seite die Mengen oder der Umfang der Einzelleistungen, die für den vereinbarten Pauschalpreis erbracht werden sollen, pauschaliert werden. Es wird also der mengenmäßige Leistungsumfang pauschaliert und für diese Leistung ein fester Pauschalpreis vereinbart. Dieser ist von der Anzahl und dem Umfang der Einzelleistungen, die erforderlich sind, um das Leistungsziel zu erreichen, unabhängig (Vygen, BauR 1979, 375, 376). Bestätigt wird dieser Grundsatz durch die Rechtsprechung, wonach der Bindung des Unternehmers an den vereinbarten Pauschalpreis bei Mehrmengen die Bindung des Bauherrn an eben diesen Pauschalpreis bei Mindermengen gegenübersteht. So heißt es in einem Urteil des OLG Düsseldorf vom 13. Mai 1966 (5 U 151/65): »Dem Unternehmer wird kein einseitiges Risiko aufgebürdet. Auch der Bauherr unterliegt einem solchen Risiko. Stellt sich umgekehrt heraus, dass das vom Unternehmer übernommene Gesamtwerk mit geringeren Massen herzustellen ist, als dies ursprünglich angenommen worden war, so bleibt er dennoch an den vereinbarten Pauschalpreis gebunden und kann nicht wegen Mindermengen Abzüge vornehmen.«

Auch der Bundesgerichtshof hat in einem Urteil vom 17. Mai 1965 (VersR 1965, 803) ausgeführt, dass bei einem Pauschalpreis das **Risiko etwaiger Fehlberechnungen** der Mengen im Leistungsverzeichnis beiderseits, also für den Bauherrn und für den Unternehmer gilt, selbst wenn dies nicht ausdrücklich im Vertrag bestimmt worden ist (in diesem Sinne auch BGH, Urt. v. 16.12.1971 – VII ZR 215/69, BauR 1972, 118, 119).

2321 Als Grundsatz lässt sich also festhalten, dass die mit einem Pauschalvertrag verbundenen Risiken für beide Vertragspartner in gleicher Weise bestehen, wenn im Bauvertrag selbst nichts anderes vereinbart worden ist. Vom Unternehmer ausgeführte Mindermengen führen demnach bei gleich bleibendem Leistungsziel im Allgemeinen nicht zu einer Kürzung und vom Unternehmer erbrachte Mehrmengen nicht zu einer Erhöhung des Pauschalpreises. Demzufolge kommt eine Abänderung des Pauschalpreises auch in folgenden Fällen in aller Regel nicht in Betracht (s. allerdings zu den Ausnahmen sogleich Rdn. 2327 ff.; insoweit auch zu einer ausnahmsweisen Preisanpassung unter dem Gesichtspunkt der Störung der Geschäftsgrundlage Rdn. 2345 ff.):

2322 - Der Auftragnehmer hat sich **bei der Berechnung** des Pauschalpreises **vertan, verrechnet oder verkalkuliert**.

▶ Beispiel

Die in einem Angebot für einen Einheitspreis enthaltene Position für Kosten der Baustelleneinrichtung wird versehentlich nicht in den Angebotspreis aufgenommen; dieser Fehler wird bei den zu einer Pauschalpreisabrede führenden Verhandlungen der Parteien nicht behoben.

Hier kann dem Unternehmer nicht im Wege einer ergänzenden Vertragsauslegung diese Position zusätzlich zuerkannt werden. Dies gilt auch in allen anderen Fällen, in denen sich ggf. für den Unternehmer nicht vorhersehbar seine Einkaufspreise nach oben entwickelt haben (so etwa bei den extremen Stahlpreissteigerungen in den Jahren 2003–2005 – s. dazu ausführlich OLG Ham-

9.9 Preisänderungsmöglichkeiten der VOB/B beim Pauschalvertrag (§ 2 Abs. 7 VOB/B)

burg, Urt. v. 28.12.2005 – 14 U 124/05, BauR 2006, 680, 681). Dagegen kommt unter dem rechtlichen Gesichtspunkt des **externen Kalkulationsirrtums** eine Anpassung nur in besonders gelagerten Fällen in Betracht, hier aber nicht (BGH, Urt. v. 13.07.1995 – VII ZR 142/95, BauR 1995, 842, 843 f. = NJW-RR 1995, 1360 = ZfBR 1995, 302, 303).

- Der Unternehmer hat die ihm überlassenen Unterlagen vor Vertragsabschluss nicht genau nachgerechnet und den Pauschalpreis aufgrund einer bloß überschlägigen Kalkulation vereinbart. Auch insoweit bleibt es bei dem vereinbarten Pauschalpreis, wenn sich durch Nachrechnungen andere Mengen, ggf. sogar bedeutenderen Umfangs ergeben. — 2323
- Der Pauschalpreis bleibt ebenso unverändert, wenn der Unternehmer die erforderlichen Berechnungen (z. B. Feststellung der Vordersätze, also der Mengen im Leistungsverzeichnis) für die Ermittlung des Angebotsendpreises selbst vorzunehmen hat. Auch hier kommt bei **falschen Mengenberechnungen** im Allgemeinen eine Änderung des Pauschalpreises nicht in Betracht. — 2324
- Nichts anderes gilt, wenn der Pauschalpreis nur aufgrund einer statischen Berechnung ermittelt werden kann und der Unternehmer diese unterlässt oder nicht vorher vom Auftraggeber anfordert (vgl. Ingenstau/Korbion/Keldungs VOB/B, § 2 Abs. 7 Rn. 13 f.). — 2325

> **Beispiel**
>
> Der Auftragnehmer berechnet die Massen für eine zu errichtende Stahlkonstruktion aufgrund von statischen Konstruktionsplänen. Nachträglich stellt sich heraus, dass die tatsächlich benötigte Stahlmenge weit größer ist als von ihm bei Angebotsabgabe und bei Vertragsabschluss angenommen worden war.

In Fällen wie diesen ist **nicht einmal eine Irrtumsanfechtung** nach § 119 BGB möglich, da die von dem Auftragnehmer selbst angestellte Kalkulation üblicherweise nicht Vertragsbestandteil wird. Ebenso entfällt zumeist eine Vertragsanpassung nach § 313 BGB wegen einer Störung der Geschäftsgrundlage. Denn Grundvoraussetzung dafür wäre, dass beide Parteien von einer diesbezüglich falschen Geschäftsgrundlage (falsche Mengen) ausgegangen sind. Der einseitige Irrtum über die Ausgewogenheit der Mengen reicht hierfür in der Regel nicht (vgl. dazu auch Ingenstau/Korbion/Keldungs, VOB/B, § 2 Abs. 7 Rn. 15; s. allerdings auch zu den Ausnahmen sogleich Rdn. 2345 ff.).

Im Ergebnis nimmt der Auftragnehmer somit mit der Vereinbarung eines Pauschalpreises – ebenso wie der Auftraggeber bei geringeren Mengen – das **Risiko etwaiger Fehlberechnungen im Leistungsverzeichnis bewusst in Kauf** (vgl. BGH, Urt. v. 16.12.1971 – VII ZR 215/69, BauR 1972, 118, 119; OLG Köln, Urt. v. 27.01.1959 – 9 U 107/58, Schäfer/Finnern Z. 2.300 Bl. 8). Deshalb bedarf es gerade seitens des Auftragnehmers vor Abschluss eines Pauschalvertrages grundsätzlich einer gründlichen Überprüfung des Mengengerüstes eines Leistungsverzeichnisses, um das mit dem Pauschalpreis verbundene Risiko von Mehrmengen möglichst gering zu halten. Denn der Auftraggeber, der das Leistungsverzeichnis erstellt und die Mengen eingesetzt hat, kann durchweg besser übersehen, ob die angesetzten Mengen im Leistungsverzeichnis letztlich eher zu niedrig oder zu hoch sein werden, während dies dem Auftragnehmer nur nach gründlicher Überprüfung der Planung möglich ist. — 2326

9.9.2 Möglichkeiten zur Änderung des Pauschalpreises

Sieht man von diesen Fällen bloßer Mehr- oder Mindermengen ab, die ohne jede Einwirkung des Auftraggebers auftreten (nur diesen Fall regelt § 2 Abs. 3 VOB/B), so stehen daneben die echten Leistungsänderungen. Dabei ist entgegen einer weitverbreiteten und immer wieder in Urteilen der Instanzgerichte anzutreffenden Ansicht die Änderungsmöglichkeit nicht auf die Störung der Geschäftsgrundlage (§ 313 BGB) beschränkt. Eine solche kommt zwar bei Pauschalverträgen in Betracht (§ 2 Abs. 7 Nr. 1 S. 2 und 3 VOB/B). Daneben stellt jedoch § 2 Abs. 7 Nr. 2 VOB/B **ausdrücklich klar**, dass die für den Einheitspreisvertrag vorrangig vorgesehenen **Preisänderungsregelungen des § 2 Abs. 4 bis 6 VOB/B in gleicher Weise wie beim Pauschalvertrag gelten** (Locher, Das — 2327 private Baurecht, Rn. 298; s. auch BGH, Urt. v. 29.06.2000 – VII ZR 186/99, BauR 2000, 1754, 1755 = NJW 2000, 3277).

2328 Zuzugeben ist allerdings, dass § 2 Abs. 7 insoweit unglücklich gefasst ist, als er im Anschluss an den aus § 2 Abs. 7 Nr. 1 S. 1 VOB/B ersichtlichen Grundsatz der Unabänderbarkeit des Pauschalpreises vorrangig die Möglichkeit der Änderung des Pauschalpreises wegen **Störung der Geschäftsgrundlage** erwähnt, obwohl dies immer nur der **letzte Ausweg** sein kann. Vorweg sind nämlich stets die Möglichkeiten einer Änderung des Pauschalpreises nach § 2 Abs. 7 Nr. 2 VOB/B in Verbindung mit § 2 Abs. 4 bis 6 VOB/B zu prüfen. Schon deswegen stellt es immerhin eine »Errungenschaft« dar, dass mit der VOB 2006 der Verweis auf die anwendbaren Sonderregelungen zur Vergütungsanpassung nach § 2 Abs. 4 bis 6 VOB/B aus dem ursprünglich nur angehängten S. 4 des § 2 Abs. 7 S. 1 VOB/B herausgenommen und in eine eigenständige Nr. 2 des § 2 Abs. 7 VOB/B aufgenommen wurden. Unglücklich bleibt allerdings auch weiter, dass zunächst auf eine Preisanpassung des Pauschalvertrages aus den Grundsätzen der Störung der Geschäftsgrundlage (§ 313 BGB) verwiesen wird und erst anschließend auf die eigentlich vorrangig zu prüfenden § 2 Abs. 4 bis 6 VOB/B.

2329 Diese Reihenfolge mag dahinstehen. Denn in jedem Fall kommt eine Änderung des Pauschalpreises in den nachfolgend zu behandelnden Fällen des § 2 Abs. 4 bis 6 VOB/B in Betracht.

▶ **Möglichkeiten zur Änderung des Pauschalpreises nach § 2 Abs. 7 Nr. 2 VOB/B**

- Herausnahme von Leistungen gem. § 2 Abs. 4 VOB/B (Rdn. 2330)
- Änderungen des Bauentwurfs oder andere Anordnungen des Auftraggebers gemäß § 2 Abs. 5 VOB/B (Rdn. 2332)
- Anordnung zusätzlicher Leistungen gemäß § 2 Abs. 6 VOB/B (Rdn. 2341)

Damit werden drei Möglichkeiten zur Änderung des Pauschalpreises infolge von Leistungsänderungen eröffnet, die im Folgenden kurz dargestellt werden sollen. Im Anschluss daran wird noch als ultima ratio die Anpassung des Pauschalpreises bei einer Störung der Geschäftsgrundlage erläutert (Rdn. 2345).

9.9.3 Wegfall einzelner Leistungen (§ 2 Abs. 4 VOB/B)

2330 Ein vereinbarter Pauschalpreis kann sich zunächst gemäß § 2 Abs. 4 VOB/B verändern, wenn der Auftraggeber im Vertrag vorgesehene Leistungen des Auftragnehmers nachträglich selbst übernimmt.

▶ **Beispiel**

Der Auftraggeber baut die neben dem Wohnhaus vorgesehene Garage selbst oder lässt sie in Form einer Fertigteilgarage von einem Dritten aufstellen.

Ebenso gehört hierzu, dass der Auftraggeber bestimmte Baustoffe selbst liefert (so Rdn. 2207 ff.). Da diese Fälle rechtlich einer **Teilkündigung des abgeschlossenen Pauschalvertrages** gleich stehen, die gemäß § 8 Abs. 1 VOB/B bis zur Vollendung des Werkes jederzeit zulässig ist, erklärt § 2 Abs. 4 VOB/B folgerichtig die Bestimmungen des § 8 Abs. 1 Nr. 2 VOB/B für entsprechend anwendbar. Daraus folgt, dass dem Auftragnehmer für diese herausgenommene bzw. (teilweise) gekündigte Leistung die vereinbarte Vergütung zusteht. Er muss sich jedoch anrechnen lassen, was er infolge der (Teil-) Aufhebung des Vertrags an Kosten erspart oder durch anderweitige Verwendung seiner Arbeitskraft oder seines Betriebes erwirbt oder zu erwerben böswillig unterlässt (§ 649 BGB). Dabei ist immerhin seitens des Auftragnehmers eine genaue Darlegung der ersparten Aufwendungen erforderlich (vgl. BGH, Urt. v. 29.06.1995 – VII ZR 184/94, BauR 1995, 691, 692 = NJW 1995, 2712, 2713 und OLG Düsseldorf, Urt. v. 30.05.1995 – 21 U 120/94, BauR 1995, 712, 713 = NJW-RR 1995, 1170 f.).

2331 Diese **Rechtsfolgen** können im Allgemeinen **nicht** durch entsprechende Klauseln mit AGB-Charakter **ausgeschlossen** werden (BGH, Urt. v. 04.10.1984 – VII ZR 65/83, BGHZ 92, 244, 249 = BauR 1985, 77, 79 = NJW 1985, 631 f.; OLG München, Urt. v. 15.01.1987 – 29 U 4348/86,

BauR 1987, 554, 559 f. = NJW-RR 1987, 661, 664; OLG Frankfurt, Urt. v. 07.06.1985 – 6 U 148/84, NJW-RR 1986, 245 f. und OLG Düsseldorf, Urt. v. 22.07.1982 – 6 U 220/81, BauR 1984, 95).

9.9.4 Änderungen des Bauentwurfs (§ 2 Abs. 5 VOB/B)

Eine Änderung des Pauschalpreises kommt auch nach § 2 Abs. 5 VOB/B in Betracht, wenn durch eine Änderung des Bauentwurfs oder durch andere Anordnungen des Auftraggebers die Grundlagen des Preises für eine im Vertrag vorgesehene Leistung geändert werden. Diese Bestimmung enthält u. a. die Vergütungsfolge für die Regelung des § 1 Abs. 3 VOB/B, die es dem Auftraggeber ermöglicht, auch nach Vertragsabschluss einseitig Änderungen des Bauentwurfs anzuordnen (s. dazu oben Rdn. 2212 ff.). Nicht gedeckt wird dadurch allerdings die Anordnung einer völlig neuen Bauleistung, d. h. eines ALIUD (s. dazu oben Rdn. 921). 2332

▶ **Beispiel**

Der Auftraggeber ordnet an, anstatt einer Fabrikhalle ein Einfamilienhaus zu bauen.

Fraglich ist, ob die Anwendung des § 2 Abs. 5 VOB/B auf den Pauschalvertrag voraussetzt, dass die vertraglich vereinbarten Bauleistungen in einem wesentlichen Umfang anders als ursprünglich vorgesehen ausgeführt werden und es dadurch zu erheblichen Veränderungen des Leistungsinhalts gegenüber dem abgeschlossenen Pauschalvertrag kommen muss. Alternativ ist vorstellbar, dass die gleichen Voraussetzungen wie beim Einheitspreisvertrag gelten, also **jede anordnungsbedingte Leistungsänderung mit Auswirkungen auf die Preisgrundlage eine Preisanpassung nach § 2 Abs. 5 VOB/B ermöglicht**. Die Rechtsprechung hierzu ist nicht ganz einheitlich. So ist unter anderem zu verweisen etwa auf die Entscheidung des 10. Senats des Bundesgerichtshofs. Dieser hatte mit Urteil vom 8. Januar 2002 (X ZR 6/00, BauR 2002, 787, 790 = NJW-RR 2002, 740, 742) unter Bezugnahme auf die Entscheidung des BGH (Urt. v. 24.06.1974 – VII ZR 41/73, BauR 1974, 416, 417 = NJW 1974, 1864, 1865) eher im erstgenannten Sinne entschieden, d. h.: Auch bei angeordneten Leistungsänderungen verlangte der BGH als Voraussetzung für eine Anpassung des Pauschalpreises, dass es um »erhebliche, zunächst nicht vorgesehene Leistungen auf Veranlassung des Bestellers« gehe. Anders ist die Rechtsprechung des 7. Senats zu lesen (BGH, Urt. v. 29.06.2000 – VII ZR 186/99, BauR 2000, 1754, 1755 = NJW 2000, 3277 f. sowie vor allem BGH, Nichtannahme-Beschl. v. 12.09.2002 – VII ZR 81/01, BauR 2002, 1847 = NJW-RR 2003, 14). Insbesondere mit dem letztgenannten Nichtannahmebeschluss stellte der BGH klar, dass Leistungsänderungsanordnungen des Auftraggebers nach § 2 Abs. 5 VOB/B bei einem Pauschalpreisvertrag auch dann eine veränderte Vergütung rechtfertigen, wenn die geändert ausgeführte Leistung zu keiner wesentlichen Abweichung vom vereinbarten Preis führe. In dem zugrunde liegenden Sachverhalt ging es um einen Mehrpreis von 2,48 % auf die Auftragssumme (BGH, a. a. O.). 2333

Im Ergebnis ist der Rechtsprechung des 7. Senats zu folgen. Dies beruht nicht nur darauf, dass die Entscheidung des 10. Senats zu dieser Rechtsfrage kaum begründet ist; sie nimmt vielmehr auch kommentarlos Bezug auf die schon genannte ältere Entscheidung aus dem Jahr 1974. Zu diesem Zeitpunkt gab es zwar schon die Vorgängerregelung des heutigen § 2 Abs. 7 Nr. 2 VOB/B, die jedoch bei dem dortigen Vertragsverhältnis noch nicht anwendbar war. Allein deswegen konnte damals der BGH nur auf die dann noch verbleibenden Grundsätze des Wegfalls der Geschäftsgrundlage zurückgreifen, die eben die Erheblichkeitsschwelle mit sich bringt. 2334

Dies vorausgeschickt, ist allerdings zu unterscheiden:
- **Anwendbarkeit von § 2 Abs. 5 VOB/B dem Grunde nach**
  § 2 Abs. 7 Nr. 2 VOB/B erklärt die Vorschrift des § 2 Abs. 5 VOB/B für anwendbar. Entsprechend der vorzitierten Rechtsprechung des 7. Senats des BGH (vgl. vor allem BGH, Nichtannahme-Beschl. v. 12.09.2002 – VII ZR 81/01, BauR 2002, 1847 = NJW-RR 2003, 14) kann dies nur bedeuten, dass beim Pauschalvertrag ansonsten keine zusätzlichen Voraussetzungen vorliegen müssen. Dies gilt umso mehr, als bei dem Erfordernis wesentlicher Änderungen die Grenze zur Störung der Geschäftsgrundlage (§ 313 BGB) kaum noch zu ziehen wäre, obwohl es sich hier 2335

um zwei grundsätzlich verschiedene Anspruchsgrundlagen zur Vergütungsanpassung handelt, die nichts miteinander zu tun haben. Denn § 2 Abs. 5 VOB/B ist kein Unterfall der Änderung oder des Wegfalls der Geschäftsgrundlage. Vielmehr stellt diese Regelung nur das Äquivalent auf der Vergütungsebene für das Recht des Bauherrn dar, auf der Leistungsebene durch Änderung des Bauentwurfs oder durch andere Anordnungen den Leistungsumfang einseitig zu ändern. Daraus folgt: Liegen die Voraussetzungen des § 2 Abs. 5 VOB/B vor, sind also durch Änderungen des Bauentwurfs oder andere Anordnungen des Bauherrn die Grundlagen des Preises – hier des Pauschalpreises – für die im Vertrag vorgesehene Leistung geändert, so ist **immer**, d. h. **auch bei unerheblichen Änderungen ein neuer Preis** unter Berücksichtigung der Mehr- oder Minderkosten zu vereinbaren (so auch BGH, Nichtannahme-Beschl. v. 12.09.2002 – VII ZR 81/01, BauR 2002, 1847 = NJW-RR 2003, 14; anders aber BGH, Urt. v. 08.01.2002 – X ZR 6/00, BauR 2002, 787, 790 = NJW-RR 2002, 740, 742).

- **Rechtsfolge: Änderung der Vergütung bei Änderung der Preisermittlungsgrundlagen**

2336 Ist somit entschieden, dass schon bei lediglich unerheblichen Leistungsänderungsanordnungen dem Grundsatz nach § 2 Abs. 5 VOB/B bei einem Pauschalvertrag anwendbar ist, handelt es sich dabei allerdings nur um eine Voraussetzung für die Anpassung der Vergütung nach § 2 Abs. 5 VOB/B. In einem zweiten Schritt müssen der Inhalt und der Umfang der ursprünglich vereinbarten vertraglichen Leistung ermittelt werden, um so das Ausmaß der Leistungsänderung und der sich daraus ergebenden Auswirkungen auf die Grundlage des Pauschalpreises ermitteln zu können. Denn die Anwendung des § 2 Abs. 5 VOB/B **setzt voraus**, dass **durch diese Änderung der Leistung die Grundlagen des Preises geändert** werden. Dies ist beim Einheitspreisvertrag unproblematisch, da sich jede Änderung im Leistungsbeschrieb oder in der Ausführungsart meist auch auf die Kalkulationsgrundlage für diesen Einheitspreis für diese Teilleistung auswirken wird. Beim Pauschalvertrag ist dies zumindest nicht selbstverständlich: Denn hier muss sich die Änderung der Leistung nicht auf einen isolierten Einzelpreis, sondern auf die Grundlagen des Pauschalpreises auswirken. Nur dieser Pauschalpreis ist nämlich der eigentliche Vertragspreis geworden – unabhängig davon, ob der Pauschalpreis-Vereinbarung ein Einheitspreisangebot vorausgegangen war oder nicht. Auf die Grundlagen des Pauschalpreises wirken sich aber ganz geringfügige Leistungsänderungen möglicherweise doch nicht (zwingend) aus.

▶ **Beispiel**

Bei einem vereinbarten Pauschalpreis von 2 Mio. € wird eine Leistungsänderung, die zu Mehr- oder Minderkosten von nur 1 000 € führt, kaum Einfluss auf die Grundlagen des Pauschalpreises haben. Vielmehr kann davon ausgegangen werden, dass die Parteien diesen Pauschalpreis auch bei vorheriger Kenntnis der veränderten Leistung so vereinbart hätten.

2337 Von vorstehender Vermutung wird man aber schon bei Mehr- oder Minderkosten von 1 % des Pauschalpreises und mehr nicht mehr ohne Weiteres ausgehen können (vgl. BGH, Nichtannahme-Beschluss v. 12.09.2002 – VII ZR 81/01, BauR 2002, 1847 = NJW-RR 2003, 14 mit einem Mehrpreis von 2,48 %), wobei sich allerdings starre Prozentsätze nicht festlegen lassen. Vielmehr ist zwingend jeder Einzelfall daraufhin zu prüfen. Maßgeblich ist auf den jeweiligen Umfang der Änderungen im Rahmen des Gesamtauftrages abzustellen (wie hier Ingenstau/Korbion/Keldungs, B, § 2 Abs. 7, Rn. 22 f.). Dabei ist auch zu beachten, dass **mehrere kleinere Änderungen**, die für sich genommen nicht zu einer Änderung des Pauschalpreises führen würden, in ihrer Gesamtsumme doch die Grundlagen des vereinbarten Pauschalpreises berühren und deshalb einen Anspruch auf Änderung des Pauschalpreises rechtfertigen können. Entgegen der Ansicht des OLG Nürnberg (Urt. v. 27.11.1986 – 2 U 870/86, ZfBR 1987, 155) und des OLG Frankfurt (Urt. v. 31.01.1986 – 22 U 103/85, NJW-RR 1986, 572) kommt eine Änderung des Pauschalpreises, sei es nun eine Herabsetzung oder eine Erhöhung, somit nicht erst dann in Betracht, wenn diese Änderungen mehr als 5 % oder 20 % des Pauschalpreises ausmachen; denn diese Ansicht, die auch sonst vereinzelt in der Rechtsprechung anklingt (BGH, Urt. v. 24.06.1974 – VII ZR 41/73, BauR 1974, 416, 417 = NJW 1974, 1864, 1865; BGH, Urt. v. 16.12.1971 – VII ZR 215/69, BauR 1972, 118, 119), würde im Ergebnis dazu führen, dass der Auftraggeber bei einem

Pauschalvertrag nachträglich Änderungen der vom Auftragnehmer auszuführenden Leistungen anordnen könnte, ohne dass sich der Pauschalpreis verändert, solange die dadurch bedingten Mehrkosten bestimmte Prozentsätze von 5 oder 20 % nicht überschreiten. Dieses Risiko wird jedoch weder vom Auftragnehmer noch vom Auftraggeber durch den Abschluss eines Pauschalvertrages übernommen. Genau dies ergibt sich eben mit aller Deutlichkeit daraus, dass § 2 Abs. 7 Nr. 2 VOB/B die Anwendung des § 2 Abs. 5 VOB/B beim Pauschalvertrag ausdrücklich unberührt lässt.

Im Ergebnis bedarf es also der **Darlegung und des Beweises**, dass die jeweilige Leistungsänderung die Grundlagen des vereinbarten Pauschalpreises berührt. Gelingt dieser Beweis, so hat der Auftragnehmer oder – im Fall des Nachweises einer Leistungsänderung mit Minderkosten und entsprechender Auswirkung auf die Grundlagen des Pauschalpreises der Auftraggeber – Anspruch darauf, dass ein neuer Pauschalpreis unter Berücksichtigung der durch die Änderung veranlassten Mehr- oder Minderkosten mit ihm vereinbart wird (Vygen, Festschrift Locher 1990, S. 270 ff.). Kann zu einer solchen Vereinbarung eines neuen Pauschalpreises kein Einvernehmen erzielt werden, so ist dieser **neue Pauschalpreis** unter Berücksichtigung der Mehr- und Minderkosten **im Streitfall durch das Gericht festzusetzen** (s. schon oben Rdn. 2272). Dazu bedarf es aber zunächst der schlüssigen Darlegung eines solchen Anspruchs durch den Auftragnehmer, der einen höheren Pauschalpreis verlangt, oder durch den Auftraggeber, der einen niedrigeren Pauschalpreis erstrebt. Dies wird im Allgemeinen die Offenlegung der ursprünglichen Kalkulation erfordern, da grundsätzlich das ursprüngliche Preisgefüge einschließlich des eingeplanten Gewinns erhalten bleiben soll.

2338

2339

Besonderheiten bei der Feststellung von Leistungsänderungen beim Pauschalvertrag ergeben sich in der Praxis aber vor allem durch die **Schwierigkeit**, das nach dem Vertrag geschuldete und **mit dem Pauschalpreis abgegoltene Bau-Soll zu ermitteln**. Denn eine Leistungsänderung setzt stets voraus, dass sich dieses Bau-Soll nachträglich geändert hat. Dieses geschuldete und mit der Vergütung abgegoltene Bau-Soll ist beim Detail-Pauschalvertrag im Allgemeinen unschwer dem zugrunde liegenden Leistungsverzeichnis zu entnehmen. Erhebliche Schwierigkeiten ergeben sich dagegen beim Global-Pauschalvertrag. Hier fehlt es meist an einer exakten (detaillierten) Leistungsbeschreibung. Dies gilt vor allem, wenn nur eine funktionale Leistungsbeschreibung vorliegt, sodass alle Leistungen geschuldet sind, die zur funktionsgerechten Leistung erforderlich sind (s. dazu oben Rdn. 799). Dann aber ist die für eine Änderung des Pauschalpreises notwendige Feststellung einer Leistungsänderung davon abhängig, dass der Auftraggeber dieses letztlich durch Auslegung zu ermittelnde Bau-Soll (s. dazu ausführlich Rdn. 873 ff.) nachträglich ändert (s. sogleich auch zur Verteilung der Darlegungs- und Beweislast Rdn. 2351 ff.).

2340

9.9.5 Zusatzleistungen (§ 2 Abs. 6 VOB/B)

Eine Änderung des Pauschalpreises kann außerdem gemäß § 2 Abs. 6 VOB/B erfolgen, wenn der Auftragnehmer im Einvernehmen mit dem Bauherrn oder auf dessen einseitiges Verlangen gemäß § 1 Abs. 4 VOB/B über die ursprünglich im Vertrag vorgesehene Leistung hinaus zusätzliche Leistungen erbringt, die bei Vertragsabschluss noch nicht Gegenstand der Pauschalpreisabrede waren. Ebenso wie beim Einheitspreisvertrag muss der Auftragnehmer auch beim Pauschalvertrag diesen Anspruch vor Beginn mit der Ausführung dieser Zusatzleistung ankündigen, sei es durch Einreichung eines Nachtragsangebots, sei es durch die bloße Ankündigung, diese Zusatzleistung zusätzlich berechnen zu wollen (vgl. aber zu den Grenzen dieser Ankündigungspflicht BGH, Urt. v. 23.05.1996 – VII ZR 245/94, BGHZ 133, 44, 47 f. = BauR 1996, 542, 543 = NJW 1996, 2158, 2159 und oben Rdn. 2300 ff.).

2341

Stets bedarf es für eine zusätzliche Vergütungspflicht aber der Feststellung, dass es sich bei den Leistungen, für die der Auftragnehmer eine zusätzliche Vergütung verlangt, tatsächlich um **Zusatzleistungen** im Sinne des § 2 Abs. 6 VOB/B handelt (vgl. dazu im Einzelnen Locher, Festschrift für Korbion, S. 283 ff.). Hierfür ist der Vertrag auszulegen. Denn gerade bei Pauschalverträgen ist nicht immer klar, was genau Gegenstand der Pauschale ist (s. dazu oben Rdn. 871). Das aber entscheidet konkret darüber, ob eine auf Anordnung erbrachte Leistung schon von der Vergütung abgedeckt ist –

2342

oder nicht, sodass sie nach § 2 Abs. 6 VOB/B zu vergüten ist. Gerade bei Pauschalverträgen ist danach, auch unter dem Gesichtspunkt der Vergütung zu unterscheiden:
- Zum einen werden lediglich die **Mengen und Massen pauschaliert**. Das bedeutet, dass es nach dem Willen der Bauvertragsparteien später für die Höhe der Vergütung auf die tatsächlich ausgeführten Mengen nicht ankommen soll. Diese Art der Pauschalierung findet sich besonders häufig bei sog. Detailpauschalverträgen auf der Grundlage von zunächst noch aufgestellten Leistungsverzeichnissen (Rdn. 798). Kommt es hier zu Massenerhöhungen, hat das mit § 2 Abs. 6 VOB/B nichts zu tun. Etwaige Mehrmengen (z. B. gegenüber Schätzmengen aus dem Ursprungs-Leistungsverzeichnis) gehören dann gerade infolge der Pauschalierung zu der geschuldeten Leistung, soweit diese ansonsten unangetastet geblieben ist.
- Zum anderen wird in Pauschalverträgen teilweise **aber auch die zu erbringende Leistung** selbst pauschaliert. Dies sind üblicherweise Verträge auf der Grundlage einer funktionalen Leistungsbeschreibung. Bei diesen ist dann aber abhängig von der Auslegung tatsächlich zu dem vereinbarten Preis **alles geschuldet**, was für die funktionsgerechte Herstellung der Leistung erforderlich ist (Rdn. 799). Fehlt jetzt in der ggf. dem Bauvertrag zugrunde liegenden Leistungsbeschreibung eine für den Leistungserfolg notwendige Teilleistung, ist sie gleichwohl schon Vertragsleistung (soweit die Pauschalierungsabrede wirksam ist). Folglich liegt auch darin keine Zusatzleistung, die einen Mehrvergütungsanspruch nach § 2 Abs. 6 VOB/B auslösen könnte.

▶ **Beispiel**

Der Auftragnehmer übernimmt auf der Basis einer funktionalen Leistungsbeschreibung die schlüsselfertige Errichtung eines Hotelneubaus zu einem Festpreis. Ist dort der Einbau einer gesetzlich vorgesehenen Sprinkleranlage nicht vorgesehen, gehört sie gleichwohl zu der vom Auftragnehmer geschuldeten und von seinem Preis abgedeckten Leistungsverpflichtung.

2343 Jenseits dieser grundsätzlich unterschiedlichen Struktur der Pauschalverträge, die aber weitgehend über die Einstufung einer nachträglich angeordneten Leistung als vergütungspflichtige Zusatzleistung im Sinne des § 2 Abs. 6 VOB/B mit entscheidet, ergeben sich ansonsten **keine Besonderheiten**. Das heißt: Ob eine bestimmte Leistung schon vom Auftragnehmer geschuldet und insofern auch von dem vereinbarten Vertragspreis mit abgedeckt ist, entscheidet sich maßgeblich nach der Auslegung des Gesamtvertrages. Bedeutung erlangen dafür vor allem die Leistungsbeschreibung (Leistungsverzeichnis), die Besonderen und Zusätzlichen Vertragsbedingungen, die Zusätzlichen Technischen Vertragsbedingungen, die Allgemeinen Technischen Vertragsbedingungen für Bauleistungen und die gewerbliche Verkehrssitte (vgl. § 2 Abs. 1 VOB/B). Dabei sind neben dem Leistungsverzeichnis vor allem die Allgemeinen Technischen Vertragsbedingungen für Bauleistungen (ATV oder VOB/C oder DIN-Norm) zu beachten. Denn sie enthalten wie schon an anderer Stelle allgemein erläutert in der allgemeinen DIN 18299 oder den DIN-Normen für die jeweiligen Gewerke in ihrem jeweiligen Abschnitt 4.1 Nebenleistungen, die nicht gesondert zu vergüten sind (vgl. dazu oben Rdn. 893 ff.). Demzufolge sind auch bei einem Pauschalvertrag derartige Nebenleistung nicht als Zusatzleistungen im Sinne des § 2 Abs. 6 BGB anzuerkennen. Sie sind vielmehr durch den vereinbarten Pauschalpreis mit abgegolten (Vygen, BauR 1979, 375, 381 m. w. N.), während anderes für die in den jeweiligen Abschnitten 4.2 vorgesehenen Leistungen gilt: Diese gehören – soweit sich aus den vertraglichen Vereinbarungen bzw. deren Auslegung nicht etwas anderes ergibt – nicht mehr zu den von der Vergütung abgedeckten vertraglichen Leistungen und sind, soweit sie anfallen und dann auch angeordnet werden, gesondert zu bezahlen. Dies vorausgeschickt soll jedoch noch auf folgende Grenzfälle hingewiesen werden:

2344 - Wie schon bei einem Einheitspreisvertrag (siehe dazu oben Rdn. 2291 ff.) werden auch bei einem Pauschalpreisvertrag von § 2 Abs. 6 VOB/B nicht die Leistungen erfasst, die mit der bisherigen Vertragsleistung überhaupt nichts zu haben und damit in keinerlei Zusammenhang stehen.

▶ **Beispiel**

Im Vertrag ist die Errichtung eines Wohnhauses vorgesehen. Nach Vertragsabschluss verlangt der Bauherr zusätzlich die Errichtung einer danebenliegenden Werkstatt oder einer Garage.

Hier liegt eine **völlig neue Bauleistung** vor. Diese ist mangels Vereinbarung nach § 632 BGB vergütungspflichtig, und zwar entweder mit der üblichen Vergütung gemäß § 632 Abs. 2 BGB oder aber unter Bestimmung angemessener Einheitspreise durch den Auftragnehmer gemäß § 316 BGB (vgl. dazu: Ingenstau/Korbion/Keldungs, VOB/B § 2 Abs. 6 Rn. 8).

- Ausgenommen sind beim Pauschalvertrag von § 2 Abs. 6 VOB/B ebenfalls wie beim Einheitspreisvertrag sämtliche weiteren Leistungen, die auf einer Anordnung des Auftraggebers gemäß § 1 Abs. 4 S. 2 VOB/B beruhen. Auch beim Pauschalpreisvertrag besteht kein Bedürfnis, diese Leistungen, die dem Auftragnehmer nur mit seinem Einverständnis übertragen werden können, der Vergütungsregelung des § 2 Abs. 6 VOB/B zu unterwerfen. Infolgedessen kann der Auftragnehmer für diese **nicht notwendigen Zusatzleistungen ebenfalls eine übliche Vergütung** verlangen, die sich nach § 632 Abs. 1 und 2 BGB bemisst. Hier ist der Auftragnehmer also nicht an die Grundlagen der Preisermittlung für den Hauptauftrag gebunden (vgl. auch OLG Düsseldorf, Urt. v. 22.09.1992 – 23 U 224/91, BauR 1993, 479, 480; Vygen, Festschrift Locher 1990, 278 ff.; s. oben Rdn. 2291 ff.). Konkret folgt daraus, dass wie beim Einheitspreisvertrag ebenso bei einem Pauschalpreisvertrag lediglich die Zusatzleistungen von § 2 Abs. 6 VOB/B erfasst werden, die unter § 1 Abs. 4 S. 1 VOB/B fallen, d. h. die Leistungen, die zur Ausführung der vertraglichen Leistungen tatsächlich erforderlich werden.

- Abschließend sei nochmals erwähnt, dass gerade bei Mengenmehrungen im Umfeld von Pauschalverträgen zu unterscheiden ist, worauf diese zurückgehen: Geht es um **reine Mengenmehrungen bei unverändertem Leistungsziel**, sind diese allein nach § 2 Abs. 3 VOB/B zu beurteilen. Für diese kann der Auftragnehmer keine zusätzliche Vergütung nach § 2 Abs. 6 VOB/B verlangen; denn es liegt keine Zusatzleistung im Sinne dieser Bestimmung vor. Stattdessen handelt es sich, auch soweit die im Leistungsverzeichnis angeführten Mengen überschritten werden, um die vertraglich vorgesehenen Leistungen auf der Basis des vereinbarten Pauschalpreises. Andererseits liegt aber eine vergütungspflichtige Zusatzleistung vor, wenn sich die Mengen durch eine nachträgliche Anordnung erhöhen.

▶ **Beispiel**

Bei einem Pauschalvertrag ordnet der Auftraggeber nachträglich den Ausbau des Dachgeschosses an.

9.9.6 Änderung des Pauschalpreises wegen Störung/Wegfall der Geschäftsgrundlage (§ 2 Abs. 7 Nr. 1 S. 2 VOB/B i. V. m. § 313 BGB)

Betreffend die Änderung eines Pauschalpreises sind in erster Linie die vorangehend behandelten Möglichkeiten für zusätzliche oder geänderte Vergütungsansprüche gemäß § 2 Abs. 4–6 VOB/B zu prüfen (s. o. Rdn. 2327 ff.). Liegen die Voraussetzungen dafür nicht vor, kann trotzdem die ausgeführte Leistung von der nach dem Vertrag vorgesehenen Leistung so erheblich abweichen, dass es zu einem groben Missverhältnis zwischen Leistung und Gegenleistung kommt und ein Festhalten an der Pauschalsumme daher nicht mehr zumutbar ist (§ 313 BGB). § 2 Abs. 7 Nr. 1 S. 2 VOB/B sieht in diesem Fall gesondert vor, einen Ausgleich unter Berücksichtigung der Mehr- und Minderkosten verlangen zu können. Anzumerken ist, dass ein allzu **leichtfertiger Rückgriff auf diese Ausnahmeregelung** in der Praxis entweder schon nicht nötig oder aber auch nicht möglich ist (Vygen, BauR 1979, 375 ff.). Dies gilt vor allem dann, wenn sich bei der Vertragsdurchführung ein Risiko verwirklicht hat, das dem vom Auftragnehmer übernommenen Einfluss- und Risikobereich unterfällt – sei es, weil er es ausdrücklich, sei es, weil er es ggf. auch nur vom Wesen des Vertrages her zumindest konkludent übernommen hat (s. dazu Rdn. 883 ff.). Bei einem Pauschalvertrag zählen danach vor allem die **Grundlagen der Preisbildung** nicht zur Geschäftsgrundlage. Dies schließt das Mehrmengenrisiko ein, das bei einem Pauschalvertrag ja gerade beim Auftragnehmer liegt (s. dazu oben Rdn. 2318 ff.). Es ist daher vorrangig Sache des Unternehmers, wie er seinen Preis kalkuliert. Allein er trägt somit das Risiko einer deswegen unauskömmlichen Kalkulation. Mengenmehrungen, die auf einer bloßen Fehlkalkulation beruhen, haben daher mit einer Störung der Geschäfts-

2345

grundlage nichts zu tun (anschaulich: BGH, Urt. v. 30.6.2011 – VII ZR 13/10, BauR 2011, 1646, 1649 = NJW 2011, 3287, 3289 = NZBau 2011, 553, 555). Doch gilt das nicht ausnahmslos:

2346
- Denn zunächst einmal ist auch unabhängig davon gerade bei Mengenmehrungen in einem Pauschalvertrag zumindest doch vorstellbar, dass im Sinne des § 2 Abs. 7 Nr. 1 S. 2 VOB/B die »ausgeführte Leistung« von der vertraglich vorgesehenen (erheblich) abweicht. Mit dieser tatbestandlichen Voraussetzung ist natürlich nicht gemeint, dass der Auftragnehmer bei seiner Leistungsausführung von der vertraglich vorgesehenen Leistung abweicht. Die VOB ist hier nicht ganz richtig formuliert (s. auch Kniffka, Festschrift Iwan, S. 207; ders. BauR 2012, 411, 418). Gemeint ist stattdessen, dass sich der Aufwand für die vertraglich vorgesehene Leistung ganz anders darstellt, als es im Vertrag beschrieben ist oder sich sonst daraus ergibt. Es geht also um den ganz klassischen Fall der **Störung der Geschäftsgrundlage** (§ 313 BGB), sodass allein deswegen ein Festhalten an dem vereinbarten Preis unzumutbar ist.
- Diese wichtige Klarstellung führt sodann zu einer zweiten ganz wesentlichen Einschränkung des Anwendungsbereichs dieser Regelung: Denn gerade in den Fällen, in denen sich der Aufwand zu der vertraglich übernommenen Leistung erheblich anders darstellt, als er sich aus dem Vertrag entnehmen ließ, ist dies meist ein dringender Anlass für eine weitere **vorrangige Prüfung**. Hiernach nämlich ist zu untersuchen, ob diese Mehrleistung überhaupt noch zu der von dem Auftragnehmer übernommenen, d. h. **vertraglich geschuldeten** und von der Vergütung **abgedeckten Leistung** gehört (s. dazu ausführlich Rdn. 877 ff.). Dies kann so sein, muss es aber nicht.

▶ Beispiel (nach BGH, BGH, Urt. v. 30.06.2011 – VII ZR 13/10, BauR 2011, 1646, 1647 = NJW 2011, 3287 = NZBau 2011, 553)

Der Auftragnehmer wird im Rahmen einer funktionalen Vergabe mit Abbrucharbeiten beauftragt. Die Vergütung setzt sich zusammen aus verschiedenen Pauschalen für die einzelnen Bauteile sowie aus gesonderten ebenfalls pauschalen Zulagepositionen. In diesen wird die Estrichstärke mit 3 cm angegeben, während später Mehrstärken von 4 cm und mehr (d. h. über 7 cm) angetroffen werden. Der Auftragnehmer macht dafür einen Mehrvergütungsanspruch geltend. Dieser Anspruch wäre berechtigt, wenn nach dem objektiven Empfängerhorizont die Angabe der Estrichstärke so zu verstehen gewesen wäre, dass sie bereits den Leistungsinhalt der vom Auftragnehmer zu erbringenden Leistung bzw. richtigerweise den Umfang der dafür vereinbarten Vergütung beschränkt. Das hielt der BGH im konkreten Fall immerhin für möglich (wenn er es letzten Endes dann doch nicht annahm).

Wenn man aber einmal unterstellt, dass diese Angaben im Leistungsverzeichnis tatsächlich den Leistungsinhalt bzw. die dafür vereinbarte Vergütung mit bestimmen, wäre dann die Leistung bzw. der dazu zu treibende (Mehr)aufwand schon nicht mehr Vertrags-, sondern eine zusätzliche Leistung. Dies würde weiter heißen, dass in diesem Fall eine Anpassung des Pauschalpreises bereits nach §§ 2 Abs. 7 Nr. 2, 2 Abs. 6 VOB/B zu erfolgen hätte.

2347
- Erst wenn auch diese Prüfung negativ ausfällt, kann in einer letzten Stufe auf die Preisanpassungsregelung des § 2 Abs. 7 Nr. 1 VOB/B zurückgegriffen werden. Dies nahm der BGH in dem vorgenannten Beispielfall an. So räumte er nämlich aus dem Gesamtzusammenhang des Vertrages dem damit verfolgten Zweck (beauftragter Abriss zu einer abschließend vereinbarten Vergütung) einen Vorrang ein; dagegen handele es sich bei der Estrichstärke allein um eine »Information« des Auftraggebers, ohne dass diese Vertragsinhalt geworden sei. Daraus aber folgte, dass der Auftragnehmer für einen jetzt entstandenen Mehraufwand zu den erhöhten Mengen keine Zusatzvergütung für eine Mehrleistung verlangen konnte. Denn er erbrachte nur eine Leistung, zu der er vertraglich verpflichtet und die von der vereinbarten Vergütung abgedeckt war. Andererseits kann in diesen Fällen auch diese dann bloß gewährte »Information« des Auftraggebers nicht ignoriert werden. Dies gilt vor allem, wenn die später ausgeführte Leistung in einem ganz erheblichen Umfang von der danach einvernehmlich vorgesehenen Leistung bzw. dieser Grundlageninformation abweicht, sodass dem Auftragnehmer ein Festhalten an seiner Pauschalvergütung nicht mehr zuzumuten wäre. Hiervon wird man vor allem auszugehen haben, wenn der Auftraggeber zu den Mengen oder die Leistung ansonsten bestimmende Faktoren detaillierte Angaben macht, die für

die Kalkulation, also die Angebotserklärung des Auftragnehmers erkennbar von erheblicher Bedeutung sind. Es geht somit also nicht um eine erkennbar falsche Kalkulation des Auftragnehmers, sondern um den **beiderseitigen Irrtum über vertragswesentliche Umstände**. Genau diese sind nichts anderes als die Geschäftsgrundlage des Vertrages. Das bedeutet, dass bei deren Änderung, d. h. bei Änderung eben dieser vertragswesentlichen Umstände nunmehr auch der Vertrag nach den Grundsätzen über den Wegfall der Geschäftsgrundlage nach § 313 BGB anzupassen ist. Dass dabei im Vertrag wie häufig diese Umstände selbst nur als **Schätzgrundlage** (oder mit Zusätzen wie ca., ungefähr u. a.) angegeben werden, mag insoweit zwar einen gewissen Toleranzspielraum eröffnen, den der Auftragnehmer auch als Risiko übernommen hat. Weicht jedoch – so auch der BGH in dem vorgenannten Beispielfall – die tatsächliche Menge um mehr als das Doppelte ab, wird ein solcher Risikorahmen jedenfalls überschritten sein. Hieran ändern auch sonstige Einschränkungen im Vertrag nichts: Dies gilt zum einen für vielfach in diesem Zusammenhang anzutreffende **Komplettheitsklauseln** (s. dazu Rdn. 885); diese indizieren zwar möglicherweise eine erweiterte Risikoübernahme, schließen aber eine Störung der Geschäftsgrundlage bei falschen Angaben in der Leistungsbeschreibung nicht aus. Zum anderen gilt das für Vorgaben, nach denen der Auftragnehmer vor der Leistungsausführung den Bauzustand zu prüfen hat. Denn abgesehen davon, dass solche Prüfungen in der Praxis zumeist technisch gar nicht ohne Weiteres möglich sind (ohne die Leistung schon auszuführen), ändert selbst diese Prüfungsobliegenheit nichts an falschen Angaben in der Leistungsbeschreibung, auf die sich offenbar beide Seiten verlassen haben. Das aber bedeutet, dass gerade wegen der **falschen oder auch nur irreführenden Angaben des Auftraggebers** im Vertrag, die zu einer Fehlkalkulation des Auftragnehmers beigetragen haben, ein danach vereinbarter Preis anzupassen ist. Dies gilt zumindest dann, wenn sich die verändert angetroffenen Umstände derart auf die Vergütung des Auftragnehmers auswirken, dass das finanzielle Gesamtergebnis nicht nur den Gewinn des Auftragnehmers aufzehrt, sondern auch **noch zu Verlusten** führt (BGH, Urt. v. 30.06.2011 – VII ZR 13/10, BauR 2011, 1646, 1649 f. = NJW 2011, 3287, 3289 = NZBau 2011, 553, 555; ähnlich auch schon zu einem Einheitspreisvertrag: BGH, Beschl. v. 23.03.2011 – VII ZR 216/08, BauR 2011, 1162, 1163 = NJW-RR 2011, 886, 887 = NZBau 2011, 353, 354).

Die vorstehende Rechtsprechung ist deshalb beachtlich, weil damit anschaulich auch bei Pauschalverträgen demonstriert wird, dass die Behauptung, die ausgeführten Mengen hätten auf die Höhe der Vergütung keinen Einfluss, so nicht stimmt. Ansonsten bleibt es aber dabei, dass es sich bei der hier vorgesehenen Anpassung des Pauschalpreises wegen Wegfalls der Geschäftsgrundlage (§ 313 BGB) um einen Anwendungsfall des § 242 BGB, also von **Treu und Glauben** handelt. Daher sind an eine solche Änderung des Pauschalpreises äußerst strenge Anforderungen zu stellen (vgl. Vygen, BauR 1979, 375 ff.). Es muss wie erläutert ein **objektiv festzustellendes Missverhältnis zwischen Leistung und Gegenleistung** eintreten, das für einen Vertragspartner unerträglich und für ihn nicht vorhersehbar war (Störung der Geschäftsgrundlage). Dabei kommt es insbesondere bei Pauschalverträgen aber nicht auf ein Missverhältnis einer Einzelposition an, was vor allem für etwaige Mengenmehrungen entscheidend ist. Denn diese Einzelpositionen sind preislich im Pauschalvertrag gerade nicht Vertragsbestandteil. Entscheidend abzustellen ist vielmehr auf das **Missverhältnis des Gesamtpreises** und einer sich möglicherweise daraus ergebenden unzumutbaren Belastung einer Vertragspartei wegen nachträglicher Störungen des Vertragsverhältnisses. 2348

Wann genau ein solches **Missverhältnis** anzunehmen ist, lässt sich nicht generell sagen (Vygen, BauR 1979, 375, 383 ff.). Vielfach werden Kostengrenzen von 20 % genannt (Werner/Pastor, Rn. 1546 m. w. N.). Auch der BGH gab in früheren Entscheidungen an, dass Kostensteigerungen von 20 % noch im vertraglichen Risikobereich lägen (BGH, Urt. v. 20.10.1960 – VII ZR 126/59, Schäfer/Finnern Z 2.311 Bl. 5). **Starre Grenzen** sind jedoch bei der Beurteilung eines Missverhältnisses **wenig hilfreich**. Dies entspricht auch der weiteren Rechtsprechung des BGH (Urt. v. 02.11.1995 – VII ZR 29/95, BauR 1996, 250, 251 = NJW-RR 1996, 401; so auch schon Vygen, BauR 1979, 375, 386). Vielmehr kommt es jeweils auf den Einzelfall an. So wird man ein grobes Missverhältnis (ggf. auch unterhalb der 20 %-Grenze) z. B. eher annehmen können, wenn die Ausschreibung mit den Angaben, die zur Geschäftsgrundlage wurden, vom Auftraggeber stammen 2349 und diese möglicherweise auch nicht ganz klar gewesen sind (BGH, Urt. v. 30.06.2011 – VII ZR 13/10, BauR 2011, 1646, 1651 f. = NJW 2011, 3287, 3290 = NZBau 2011, 553, 556). Auch wird man zu berücksichtigen haben, inwieweit etwa die Störung der Geschäftsgrundlage sich in der Weise auf das Gesamtergebnis auswirkt, dass nicht nur ein erwarteter Gewinn des Auftragnehmers aufgezehrt wird, sondern nunmehr sogar auch zu massiven Verlusten führt. Zu berücksichtigen sein können auch außerhalb des Baugewerbes liegende Ursachen mit deswegen zu verzeichnenden völlig unvorhersehbaren außergewöhnlichen Kostensteigerungen, sodass dem Bauunternehmer nicht zugemutet werden kann, derartige Preiserhöhungen selbst zu tragen. Zu denken ist in diesem Zusammenhang insbesondere an die Kostenentwicklung für Baustahl in den letzten Jahren (ähnlich schon Vygen, BauR 1979, 375, 383 ff.).

2350 Wird immerhin eine Störung der Geschäftsgrundlage festgestellt, ist nach § 2 Abs. 7 Nr. 1 S. 3 VOB/B der Preis anzupassen. Die Preisanpassung kann jedoch **nur in dem Umfang** erfolgen, wie damit die **Störung der Geschäftsgrundlage beseitigt** wird. Weitere Vertragsregelungen oder Vergütungsklauseln, die auf die Störung der Geschäftsgrundlage keinen Einfluss haben, bleiben demgegenüber unverändert. Dabei gilt allerdings auch hier, dass es bei einem Pauschalvertrag jeweils um den Gesamtpreis geht, sodass ohnehin vorrangig zunächst etwaige Mehr- und Minderkosten miteinander zu saldieren sind. Im Übrigen bleibt es aber wie bei allen anderen Preisanpassungsregelungen des § 2 VOB/B bei den Preisermittlungsgrundlagen des Hauptvertrages.

9.9.7 Risiko- und Beweislastverteilung bei unklaren und/oder lückenhaften Leistungsverzeichnissen

2351 In der täglichen Praxis der Gerichte bereitet gerade beim Pauschalvertrag immer wieder große Schwierigkeiten die Feststellung, ob eine unstreitig vom Auftragnehmer ausgeführte Leistung schon zum Vertragssoll gehörte oder nicht. Dies erfordert wie soeben erläutert (Rdn. 2340) **vorrangig die Klärung des geschuldeten und mit dem Pauschalpreis abgegoltenen Leistungsinhalts** oder der mit dem Pauschalpreis abgegoltenen Ausführungsart. Denn nur und erst dann, wenn das Leistungssoll klar umrissen ist, kann beurteilt werden, ob überhaupt eine vergütungspflichtige Zusatz- oder geänderte Leistung vorliegt.

> **Beispiel (nach OLG Schleswig, Urt. v. 31.03.2006 – 1 U 162/03, BauR 2007, 598)**
>
> Das Leistungsverzeichnis zu einem Pauschalvertrag ist missverständlich vom Auftraggeber aufgestellt. Eine Änderungsanordnung ist nicht nachweisbar; es fallen Mehrkosten von ca. 2 % an, um die Leistung mangelfrei auszuführen. Das OLG lehnt Mehrvergütungsansprüche ab, da Kosten dieses Umfangs keine Störung der Geschäftsgrundlage bedeuteten.

Dies ist eine eindeutig falsche Herangehensweise. Denn zunächst ist der Umfang der geschuldeten Leistung, d. h. der Arbeiten, die von der vertraglich vereinbarten Leistung erfasst sind, zu ermitteln (vgl. zuletzt BGH, Urt. v. 13.03.2008 – VII ZR 194/06, BGHZ 176, 23, 28 = BauR 2008, 1131, 1135 = NJW 2008, 2106, 2108 = NZBau 2008, 437, 439). Dies ist allein eine Frage der **Auslegung des Vertrages** (s. dazu ausführlich Rdn. 873 ff.). Ist danach die Mehrleistung dort nicht erfasst, ist dies kein Fall einer Vertragsanpassung wegen Störung der Geschäftsgrundlage. Stattdessen geht es darum, dass ein vertraglich nicht geschuldeter Mehraufwand angefallen ist, der ggf. zu vergüten ist (s. Rdn. 2327 f.). Auf den Umfang der Mehrleistung käme es dabei nicht an (BGH, Nichtannahme-Beschluss v. 12.09.2002 – VII ZR 81/01, BauR 2002, 1847 = NJW-RR 2003, 14) – wobei immerhin, wenn es lediglich an der Änderungsanordnung des Auftraggebers fehlt, auch eine Vergütung nach § 2 Abs. 8 Nr. 2 VOB/B in Betracht zu ziehen wäre (s. dazu später Rdn. 2376 ff.).

2352 Selbstverständlich könnte die Auslegung im vorgenannten Beispielfall aber auch mit einem anderen Ergebnis abschließen, nämlich dass der Auftragnehmer **im Rahmen eines Pauschalvertrages die Risiken übernommen hat**, die nicht ohne Weiteres aus der Leistungsbeschreibung erkennbar waren bzw. sich überhaupt erst durch ggf. noch zu erlassende behördliche Auflagen verwirklicht haben (KG, Urt. v. 14.02.2006 – 21 U 5/03, BauR 2006, 836, 837 – Olympiastadion; OLG Düsseldorf, Urt. v. 06.07.2006 – I-5 U 89/05, 5 U 89/05, BauR 2006, 1887, 1890).

▶ **Beispiel (nach KG, Urt. v. 14.02.2006 – 21 U 5/03, BauR 2006, 836, 837)**
In der Leistungsbeschreibung zur Ausschreibung des Berliner Olympiastadions heißt es, dass »die frei bewitterten Gehflächen auf den Tribünen derzeit eine Beschichtung haben, die abzutragen ist«. Später wird eine kontaminierte Beschichtung angetroffen, die zu erheblichen Mehrkosten führt. Die Auslegung ergibt hier, dass der Auftragnehmer das volle Risiko für alle erforderlichen Maßnahmen übernommen hat, die – welche auch immer – zur Beseitigung der Beschichtung durchzuführen sind. Die Kontamination hat darauf keinen Einfluss. Auch § 7 VOB/A ändert daran nichts. Zwar verlangt diese Regelung vom Ausschreibenden eine eindeutige Risikobeschreibung; ebenso verbietet es § 7 Abs. 1 Nr. 3 VOB/A, in der Ausschreibung dem Auftragnehmer unbekannte Risiken zu übertragen. Doch verhindern diese Regelungen nicht, dass der Auftragnehmer abweichend davon umfassende Risiken übernehmen kann und ggf. auch übernimmt.

Mit dieser Maßgabe wäre im Übrigen sogar eine Vereinbarung vorstellbar, nach der der Auftragnehmer solche Mehrleistungen ohne Anspruch auf Mehrvergütung auszuführen hat, die dadurch entstehen, dass der Auftraggeber **nach Vertragsschluss die dem Vertrag zugrunde liegende Planung** ändert. Eine solche Vereinbarung wäre zwar ungewöhnlich, weil der Auftragnehmer in keiner Weise beherrschbare Risiken übernähme. Der Grundsatz der Vertragsfreiheit lässt sie in den Grenzen der §§ 138, 242 BGB jedoch zu – wobei an ein solches Auslegungsergebnis nachvollziehbarerweise strenge Anforderungen zu stellen sind (BGH, Urt. v. 13.03.2008 – VII ZR 194/06, BGHZ 176, 23, 29 = BauR 2008, 1131, 1135 = NJW 2008, 2106, 2108 = NZBau 2008, 437, 439; BGH, Urt. v. 20.08.2009 – VII ZR 205/07, BGHZ 182, 158, 182 = BauR 2009, 1724, 1734 = NJW 2010, 227, 233 = NZBau 2009, 707, 714).

Liegt aber danach eine wie auch gestaltete **Risikoübernahmevereinbarung** vor, sind die Sachverhalte geklärt. Oft kann jedoch eine solche Risikoübernahme durch den Auftragnehmer nicht festgestellt werden. Dann aber bleibt zu entscheiden, wie mit Fällen umzugehen ist, in denen entweder das Leistungsverzeichnis, sofern bei Pauschalverträgen überhaupt ein solches vorliegt, oder die Leistungs- oder Baubeschreibung unklar oder unvollständig sind und aus ihnen heraus der Leistungsumfang bzw. der Leistungsinhalt nicht präzise zu ermitteln ist. Hier wird es dann im Rahmen eines Rechtsstreits auf die richtige **Verteilung der Darlegungs- und Beweislast** ankommen.

Der Ausgangsfall dieses Problemkreises stellt sich im Allgemeinen so dar, dass der Auftragnehmer in seiner Schlussrechnung eine zusätzliche oder eine geänderte Vergütung für eine unstreitig erbrachte Leistung berechnet. Diese begründet er damit, dass sie nicht oder nicht so nach dem Pauschalvertrag von ihm geschuldet gewesen sei und sie deswegen zu Mehrkosten geführt habe. Das damit angesprochene Beweislastproblem ist in Rechtsprechung und Schrifttum umstritten (vgl. dazu Baumgärtel, ZfBR 1989, 231, 233 f. mit weiteren Nachweisen; Werner/Pastor, Der Bauprozess, Rn. 1539; Ingenstau/Korbion/Keldungs VOB/B § 2 Abs. 7, Rn. 12; Vygen, BauR 1979, 375, 382; Heyers, BauR 1983, 297, 311). Denn häufig lässt sich im Prozess auch nach Ausschöpfung aller Auslegungsmöglichkeiten, insbesondere der §§ 133, 157 BGB, aber auch der einschlägigen DIN-Normen nicht mehr feststellen, ob eine bestimmte Leistung bereits zum ursprünglichen Leistungsumfang des Pauschalvertrages gehörte, also mit dem Pauschalpreis abgegolten war. Demgegenüber kommt alternativ in Betracht, dass es sich um eine Zusatzleistung handelt, die nach § 2 Abs. 6 VOB/B zusätzlich zu vergüten ist, oder aber um eine geänderte Leistung, die nach § 2 Abs. 5 VOB/B einen neuen Pauschalpreis rechtfertigt. Die Ursache für eine solche Unaufklärbarkeit ist meist darin zu sehen, dass die Voraussetzungen, bei deren Vorliegen ein Pauschalvertrag nur abgeschlossen werden sollte (vgl. § 4 Abs. 1 Nr. 2 VOB/A), nicht gegeben waren (s. o. Rdn. 2154 f.). Dies mag daran liegen, dass die zu erbringende Bauleistung nicht exakt beschrieben, das Leistungsverzeichnis also unvollständig war oder bei Vertragsabschluss Pläne oder Statik noch nicht vorgelegen haben. Dieser in der Praxis leider sehr häufige Fall wirft somit die Frage auf, wer die **Beweislast für den Umfang der mit dem Pauschalpreis abgegoltenen Leistung trägt**. Man könnte hier daran denken, dem Unternehmer die Beweislast dafür aufzuerlegen, da er eine über den vereinbarten Pauschalpreis hinausgehende Vergütung verlangt und im Allgemeinen dazu die anspruchsbegründenden Tatsachen darlegen und beweisen muss.

Die Folge davon aber wäre, dass der Unternehmer den negativen Beweis führen müsste, dass eine bestimmte Einzelleistung vom Pauschalvertrag nicht erfasst war. Aus diesem Grunde wird in Rechtsprechung und Schrifttum teilweise vertreten, dass es Sache des Bauherrn sei, nachzuweisen, dass der vom Unternehmer tatsächlich erbrachte Leistungsumfang mit dem vereinbarten Pauschalpreis abgegolten sein sollte (BGH, Urt. v. 14.01.1971 – VII ZR 3/69, BauR 1971, 124; OLG Düsseldorf, Urt. v. 04.06.1991 – 23 U 173/90, BauR 1991, 774; Kroppen, Pauschalpreis und Vertragsbruch, S. 8 unter Hinweis auf ein Urteil des OLG Düsseldorf vom 13.07.1971 – 20 U 108/70; Heiermann BB 1975, 992; Baumgärtel, ZfBR 1989, 231, 234). Umgekehrt sei dagegen im Zweifel anzunehmen, dass vorher nicht eindeutig festgelegte Leistungen eben auch nicht von dem Pauschalpreis abgedeckt seien (BGH, a. a. O.; Vygen, BauR 1979, 375, 382). Dies mache deutlich, dass gerade der Bauherr ein besonderes Interesse daran haben müsste, bei Abschluss eines Pauschalvertrages den Leistungsumfang genau in allen Einzelheiten festzulegen.

2354 In Rechtsprechung (vgl. OLG Brandenburg, Urt. v. 09.07.2002 – 11 U 187/01, BauR 2003, 716, 718; OLG Köln, Urt. v. 05.12.1986 – 20 U 134/86, BauR 1987, 575, 576; BGH, Urt. v. 24.03.1988 – VII ZR 46/87, BauR 1988, 501, 502 = ZfBR 1988, 184, 185) und Schrifttum (vgl. Werner/Pastor, Rn. 1539) wird allerdings auch die gegenteilige Ansicht vertreten. Dabei wird das **Risiko für die Unklarheit des geschuldeten Leistungsumfangs** dem Auftragnehmer aufgebürdet, weswegen er damit auch als beweisbelastet angesehen wird. Dabei werden allenfalls dem Auftraggeber noch ergänzende Darlegungslasten auferlegt mit der Maßgabe, dass zunächst der Auftragnehmer lediglich vorzutragen habe, dass die von ihm erbrachte vermeintliche Zusatzleistung nicht von Positionen des Leistungsverzeichnisses umfasst sei. Der Auftraggeber müsste dann erläutern, warum der Vertrag, namentlich welche Position des Leistungsverzeichnisses, die vom Auftragnehmer zusätzlich vergütet verlangte Leistung umfasst haben soll, während der Auftragnehmer wiederum darzulegen und zu beweisen habe, dass dies nicht der Fall sei (OLG Brandenburg, Urt. v. 09.07.2002 – 11 U 187/01, BauR 2003, 716, 718).

2355 Beide Ansichten berufen sich auf das Urteil des BGH vom 14. Januar 1971 (VII ZR 3/69, BauR 1971, 124). Dies führt nicht unbedingt weiter. Denn darin heißt es nur, dass alle nicht vorher festgelegten Leistungen im Zweifelsfall mit dem Pauschalpreis nicht abgegolten sind. Demgegenüber hat der BGH in seinem Urteil vom 24. März 1988 (VII ZR 46/87, BauR 1988, 501, 502 = ZfBR 1988, 184, 185) bei einem unklaren Pauschalvertrag den Unternehmer für beweispflichtig erklärt, dass eine streitige Leistung nicht vom Pauschalpreis umfasst sei.

2356 Neben diesen beiden Extremvarianten wurde sodann auf folgende Unterscheidung zurückgegriffen, die sich mittelbar dann auch auf die Darlegungs- und Beweislast auswirkte:
- In die eine Gruppe sortiert wurden zunächst Pauschalverträge, die auf einem vollständigen Leistungsverzeichnis, einer vollständigen Leistungsbeschreibung oder Baubeschreibung oder aber jedenfalls auf einem Leistungsverzeichnis oder einer Leistungsbeschreibung beruhten, die nicht als unvollständig, lückenhaft oder unklar zu erkennen waren.
- Alternativ zu betrachten waren Sachverhalte, in denen ein erkennbar lückenhaftes oder unklares Leistungsverzeichnis oder eine entsprechende Leistungs- oder Baubeschreibung vorlagen.

Rein tatsächlich schien der BGH lange Zeit eine solche Abgrenzung vor Augen zu haben, wie aus einer Reihe von Entscheidungen zu ersehen war (vgl. BGH, Urt. v. 25.06.1987 – VII ZR 107/86, BauR 1987, 683 ff. = NJW-RR 1987, 1306 f.; BGH, Urt. v. 22.11.1965 – VII ZR 191/63, NJW 1966, 498, 499 = Schäfer/Firnern Z 2.11 Bl. 4; BGH, Urt. v. 25.02.1988 – VII ZR 310/86, BauR 1988, 338, 340 = NJW-RR 1988, 785 f.; siehe auch die Rechtsprechung zu der vergleichbaren Risikoverteilung bei offen gebliebenen für den Auftragnehmer nicht aus der Leistungsbeschreibung zu entnehmenden Baugrundrisiken: OLG Jena, Urt. v. 19.12.2001 – 7 U 614/98, BauR 2003, 714, 715 f. sowie oben Rdn. 1929 ff.). In Anwendung dieser Unterscheidungskriterien sollte dann ein zusätzlicher Vergütungsanspruch des Auftragnehmers gemäß § 2 Abs. 6 VOB/B oder ein Anspruch auf geänderte höhere Vergütung gemäß § 2 Abs. 5 VOB/B beim Pauschalvertrag immer dann entfallen, wenn die Vereinbarung des Pauschalpreises auf einem **erkennbar lückenhaften oder unklaren Leistungsverzeichnis** beruht. Demgegenüber sollte der Anspruch begründet sein, wenn die zusätz-

9.9 Preisänderungsmöglichkeiten der VOB/B beim Pauschalvertrag (§ 2 Abs. 7 VOB/B)   9

lich ausgeführten oder geänderten Leistungen in dem Leistungsverzeichnis nicht enthalten waren und dieses für den Bieter auch nicht erkennbar lückenhaft oder unklar war (vgl. dazu auch BGH, Urt. v. 11.11.1993 – VII ZR 47/93, BGHZ 124, 64, 68 = BauR 1994, 236, 238 = NJW 1994, 850; KG, Urt. v. 16.06.2003 – 26 U 188/02, BauR 2003, 1903, 1905 = NZBau 2004, 100, 101).

Doch auch diese Unterscheidungsmerkmale vermochten **nicht zu überzeugen**. Daher ist es zu begrüßen, dass der BGH von diesem vermeintlich klaren Rechtsgrundsatz, wonach erkennbar unklare Leistungsverzeichnisse stets zulasten des Auftragnehmers auszulegen seien, zwischenzeitlich wieder Abstand genommen hat (BGH, Urt. v. 13.03.2008 – VII ZR 194/06, BGHZ 176, 23, 31 = BauR 2008, 1131, 1136 = NJW 2008, 2106, 2109 = NZBau 2008, 437, 440). Zum einen wird die Beweislast nämlich nur verschoben; denn jetzt stellt sich die – kaum einfacher zu beantwortende – Frage, ob das Leistungsverzeichnis »erkennbar lückenhaft oder unklar« war und damit die Folgefrage, wer dies wiederum zu beweisen hat. Zum anderen – und das wiegt noch wesentlich schwerer – hat vorstehende Unterscheidung auf Dauer **schwerwiegende Folgen für die Aufgabenverteilung unter den Baubeteiligten** bei der Planung und Ausführung eines Bauvorhabens. Denn tatsächlich wäre bei dieser Rechtsauffassung ein Bauherr gut beraten, seiner Ausschreibung regelmäßig ein erkennbar lückenhaftes oder unklares Leistungsverzeichnis zugrunde zu legen. Sodann sollte er die Abgabe eines Pauschalangebotes fordern oder nach Abgabe eines Einheitspreisangebotes auf Abschluss eines Pauschalvertrages drängen. In diesem Fall könnte der Auftragnehmer von Vornherein keine zusätzlichen Vergütungsansprüche erfolgreich geltend machen, obwohl der Auftraggeber damit gegen seine Pflicht zur vollständigen und eindeutigen Leistungsbeschreibung gemäß § 7 Abs. 1 und 2 VOB/A verstößt. Diese Schlussfolgerung muss vermieden werden, wenn nicht die in der VOB/B zugrunde gelegte Aufgabenverteilung zwischen Planer, Ausschreibendem, Bieter, Auftragnehmer und Auftraggeber aus den Angeln gehoben werden soll. Deshalb ist für die meist entscheidende Frage der Risiko- und Beweislastverteilung für den geschuldeten und mit dem Pauschalpreis abgegoltenen Leistungsumfang oder Leistungsinhalt beim Pauschalvertrag auf eine andere Unterscheidung abzustellen, die auch allgemeinen Rechtsgrundsätzen entspricht. **Ausgangspunkt** dafür soll und muss die **übliche Aufgabenverteilung unter den Baubeteiligten** sein, d. h.:   2357

- Der ausschreibende und spätere Auftraggeber ist für die eindeutige und erschöpfende Beschreibung der Leistung verantwortlich, wobei er sich zur Erfüllung dieser Verpflichtung des Architekten oder Ingenieurs bedient.
- Der Bieter und spätere Auftragnehmer ist für die Kalkulation der Angebotspreise auf der Basis dieser Ausschreibung verantwortlich.

Auf dieser Grundlage bietet sich als entscheidendes Abgrenzungskriterium bei der Frage der Risiko- und Beweislastverteilung für den geschuldeten Leistungsumfang beim Pauschalvertrag an: Der **Auftraggeber trägt das Risiko einer unklaren oder unvollständigen Leistungsbeschreibung**; folglich obliegt ihm somit auch im Streitfall die Beweislast dafür, ob eine Leistung mit dem Pauschalpreis abgegolten ist oder nicht, wenn das Leistungsverzeichnis, die Leistungs- oder Baubeschreibung von ihm erstellt worden ist (so auch Ingenstau/Korbion/Keldungs, VOB/B, § 2 Abs. 7 Rn. 12, ebenso: OLG Bremen, Urt. v. 02.03.2009 – 3 U 38/08, OLGR 2009, 353 = BauR 2009, 1338 [Ls.] zumindest für den Fall, dass das Leistungsverzeichnis auf Auftraggeberseite von einem Architekten erstellt wurde). Denn der Auftraggeber – und nur er – hat es in der Hand, diese Leistungsbeschreibung entsprechend seinen Pflichten gemäß § 7 VOB/A vollständig und eindeutig zu erstellen. Dagegen kann der Auftragnehmer darauf keinen Einfluss nehmen. Etwas anderes gilt dagegen dann – und insoweit trägt der **Auftragnehmer dieses Risiko und damit die Beweislast** –, wenn das Leistungsverzeichnis von ihm erstellt worden ist. Dies gilt besonders bei der **Abgabe von Nebenangeboten oder Sondervorschlägen** (ähnlich Acker/Roquette, BauR 2010, 293, 305). Aber auch **Bauträger** sind hier zu nennen, die von sich aus die schlüsselfertige Erstellung von Häusern oder Eigentumswohnungen zum Pauschalpreis anbieten und die dazu gehörende Baubeschreibung selbst erstellt haben. In diesen Fällen hat es eben der Auftragnehmer in der Hand, für eine vollständige und klare Leistungsbeschreibung Sorge zu tragen, ohne dass der Erwerber in der Regel darauf entscheidend Einfluss nehmen kann.   2358

2359 Dieses Unterscheidungsmerkmal führt zu klar abgrenzbaren Verantwortungs- und Risikobereichen zwischen Auftragnehmer und Auftraggeber, je nachdem wer von beiden das Leistungsverzeichnis oder die Leistungsbeschreibung erstellt hat. Damit wird zugleich erreicht, dass jeder Urheber, der ein Leistungsverzeichnis verfasst, ein besonderes Interesse daran hat, dieses eindeutig und erschöpfend zu erstellen, wie es auch § 7 VOB/A vorsieht. Dieses Abgrenzungskriterium steht zudem in **Einklang mit allgemeinen Rechtsgrundsätzen und Auslegungskriterien**. Denn auch hier gehen Unklarheiten stets zulasten desjenigen, der die Unklarheit verursacht hat, also des Verwenders, wie § 305c Abs. 2 BGB etwa bei der AGB-Kontrolle bestimmt, oder des Erstellers einer Urkunde oder eines Leistungskataloges, den er zum Vertragsinhalt machen will.

2360 Eine **Ausnahme** von vorgenanntem Grundsatz kommt allerdings dann in Betracht, wenn zwar das Leistungsverzeichnis zur Abgabe eines Angebots vom Auftraggeber erstellt worden ist, der Auftragnehmer nunmehr aber neben oder anstatt des verlangten Einheitspreisangebots von sich aus als Nebenangebot ein Pauschalpreisangebot abgibt.

▸ **Beispiel**

Im Bauvertrag wird auf Einheitspreisbasis eine Bohrpfahlgründung ausgeschrieben. In einem Nebenangebot bietet der Auftragnehmer eine Rammrohrgründung mit Stahlstützen an und pauschaliert diese Leistungsposition.

In einem solchen Fall übernimmt jetzt der Auftragnehmer freiwillig und aus eigenem Entschluss das **Risiko für sein Pauschalangebot** und damit für den damit abgegoltenen Leistungsumfang. Dadurch macht er sich letztlich das vom Auftraggeber erstellte Leistungsverzeichnis oder die Leistungsbeschreibung zu Eigen und bedarf deshalb keines Schutzes, wenn dieses sich nachträglich als unvollständig oder unklar herausstellt.

2361 Geht man von diesen klaren Abgrenzungskriterien aus, so steht dem Auftragnehmer in verbleibenden Zweifelsfragen ein zusätzlicher oder erhöhter Vergütungsanspruch gemäß § 2 Abs. 7 Nr. 2 VOB/B in Verbindung mit § 2 Abs. 5 oder 6 VOB/B immer unter folgenden Voraussetzungen zu:
- Das zur Grundlage des Pauschalvertrages gemachte Leistungsverzeichnis ist vom Auftraggeber erstellt worden.
- Die zusätzliche oder geänderte Leistung, für die der Auftragnehmer eine Vergütung verlangt, ist in diesem Leistungsverzeichnis nicht oder so nicht enthalten. Ein etwaiges Risiko für offen gebliebene Risiken hat er im Bauvertrag nicht übernommen.
- Auch aus anderen Gründen lässt sich nicht feststellen, dass dies von Vornherein zum vertraglich geschuldeten und mit dem Pauschalpreis abgegoltenen Leistungsumfang des Auftragnehmers gehörte.

2362 Dies muss folgerichtig auch dann gelten, wenn Grundlage des Pauschalvertrages ein **erkennbar lückenhaftes oder unklares Leistungsverzeichnis** war. In diesem letzten Fall wird allerdings in krassen Fällen, in denen der Auftragnehmer die Lückenhaftigkeit erkannt hat oder er diese ohne Weiteres als Fachunternehmer hätte erkennen können, dieser Umstand möglicherweise vorrangig auch ein Kriterium bei der Auslegung des Vertrages sein (s. o. Rdn. 883). Hierbei geht es um das schon eingangs beschriebene Risiko, das ein Unternehmer bei der Kalkulation einer unklaren Leistungsbeschreibung eingeht, wenn er keine Aufklärung betreibt. Dann muss er es ggf. hinnehmen, dass die Auslegung des Vertrages zu einem anderen Ergebnis kommt, als er es seiner Kalkulation zugrunde gelegt hat (BGH, Urt. v. 13.03.2008 – VII ZR 194/06, BGHZ 176, 23, 30 = BauR 2008, 1131, 1135 = NJW 2008, 2106, 2109 = NZBau 2008, 437, 439).

2363 Ein zusätzlicher Vergütungsanspruch ist danach ausgeschlossen. Allerdings kann dem Auftragnehmer dann ggf. anstatt eines Mehrvergütungsanspruchs aus § 2 VOB/B immerhin ein **Schadensersatzanspruch** zustehen. Hierauf wurde oben schon umfassend eingegangen, worauf verwiesen wird (Rdn. 1922 ff.). Anspruchsgrundlage ist §§ 280 Abs. 1, 311 Abs. 2, § 241 Abs. 2 BGB. Denkbar wäre auch ein Schadensersatzanspruch nach § 823 Abs. 2 BGB in Verbindung mit § 7 VOB/A, wenn es um Aufträge oberhalb der Schwellenwerte im Anwendungsbereich des GWB und der Vergabeverordnung geht und der VOB/A der **Rang eines Schutzgesetzes** zukommt (s. dazu Rdn. 389). Die Existenz dieser Schadensersatzansprüche ist seit Langem anerkannt (BGH, Urt. v. 09.04.1992 – VII ZR 129/91, BauR 1992, 759, 760 = NJW-RR 1992, 1046 = ZfBR 1992, 211, 212; BGH, Urt. v. 27.06.1996 – VII ZR 59/95, BauR 1997, 126, 128 = NJW 1997, 61, 62; BGH, Urt. v. 21.11.1991 – VII ZR 203/90, BGHZ 116, 149, 152 = BauR 1992, 221, 222 = NJW 1992, 827). Losgelöst von der konkreten Anspruchsgrundlage entspricht es nämlich einer vorvertraglichen Pflicht des Auftraggebers, dass er dann, wenn er die Leistung im Vorhinein beschreibt wohlwissend, dass diese Leistungsbeschreibung u. a. später maßgebliche Grundlage des Angebots des Auftragnehmers ist, er dafür Sorge tragen muss, dass diese Leistungsbeschreibung, Planung u. a. richtig und vollständig sind. Für den öffentlichen Auftraggeber folgt dies bereits aus § 7 Abs. 1 und 2 VOB/A (vgl. OLG Stuttgart, Urt. v. 09.03.1992 – 5 U 164/91, BauR 1992, 639 f. = IBR 1992, 487 mit Anmerkung Vygen). Auf ein wie auch geartetes schützenswertes Vertrauen des Auftragnehmers in die Richtigkeit der Ausschreibung kommt es für einen solchen Schadensersatzanspruch entgegen früherer Auffassung nicht mehr an (BGH, Urt. v. 09.06.2011 – X ZR 143/10, BGHZ 190, 89 = BauR 2011, 1813, 1815 = NZBau 2011, 498, 500; s. dazu oben Rdn. 1926). Diesem Schadensersatzanspruch des Auftragnehmers aus §§ 280 Abs. 1, 241 Abs. 2, 311 Abs. 2 BGB oder auch § 823 Abs. 2 BGB i. V. m. § 7 VOB/A, der im Bedarfsfall aber ausdrücklich geltend gemacht werden muss (BGH, Beschl. v. 22.12.2010 – VII ZR 77/10, BauR 2011, 530 = NJW-RR 2011, 378 = NZBau 2011, 160), kann indes der Auftraggeber auf der anderen Seite ein **Mitverschulden** oder eine **Mitverursachung** des Bieters entgegenhalten (§ 254 BGB) mit der Begründung, dieser habe die **Unklarheit oder Unvollständigkeit des Leistungsverzeichnisses** erkennen können. Folglich können in diesen Sachverhalten die Folgen einer unklaren oder lückenhaften Leistungsbeschreibung, an der letztlich beide Bauvertragsparteien ihren Anteil haben, angemessen im Rahmen einer Quotelung verteilt werden (Vygen, Festschrift Soergel S. 287). Diese Lösung ist deshalb angemessen, weil sie genauso gut auch im umgekehrten Fall zu plausiblen Ergebnissen führt, wenn die unklare Leistungsbeschreibung vom Auftragnehmer stammt (s. dazu oben Rdn. 1928).

9.9.8 Berechnung des neuen Pauschalpreises

Je nachdem, ob es sich um eine Leistungsänderung im Sinne des § 2 Abs. 5 VOB/B oder um eine Zusatzleistung nach § 2 Abs. 6 VOB/B handelt, berechnet sich der Vergütungsanspruch des Auftragnehmers. In ersterem Fall bedarf es der Vereinbarung eines neuen Preises, also beim Pauschalvertrag eines neuen Pauschalpreises, unter Berücksichtigung der Mehr- oder Minderkosten. Dabei soll die Vereinbarung möglichst, aber nicht zwingend, vor der Ausführung der geänderten Leistung getroffen werden. Im zweiten Fall der Zusatzleistung bestimmt sich die zusätzlich zum vereinbarten Pauschalpreis zu zahlende Vergütung gemäß § 2 Abs. 6 Nr. 2 VOB/B nach den Grundlagen der Preisermittlung für die vertragliche Leistung und den besonderen Kosten der geforderten zusätzlichen Leistung. Auch diese soll möglichst vor Beginn der Ausführung vereinbart werden. 2364

Beiden Fällen ist gemeinsam, dass die dem Auftragnehmer durch die Leistungsänderung oder durch die Zusatzleistung entstehenden »Kosten«, seien es die »Mehrkosten«, seien es die »besonderen Kosten«, bei der Berechnung des neuen Pauschalpreises oder der zusätzlichen Vergütung zum Pauschalpreis zu berücksichtigen sind. 2365

Damit sind zunächst die Einzelkosten der Teilleistung für die geänderte oder zusätzliche Leistung gemeint (vgl. dazu im Einzelnen: Vygen/Joussen/Schubert/Lang, Bauverzögerung und Leistungsänderung, Teil B, Rn. 455 ff.). Darüber hinaus stellt sich aber die Frage, ob hier **sämtliche Mehrkosten des Unternehmers zu erfassen** sind. Dies betrifft insbesondere solche Mehrkosten, die durch die infolge der Leistungsänderung zusätzlich ausgelöste oder durch die Anordnung allein ohne Leistungsänderung verursachte Verlängerung der Bauzeit bzw. eine Bauablaufstörung entstanden sind. Das ist wie beim Einheitspreisvertrag grundsätzlich zu bejahen. Denn § 2 Abs. 5 und 6 VOB/B wollen einen Ausgleich schaffen für die Mehr- und Minderkosten, die durch nachträgliche Änderungen der Leistung oder Ausführungsart bzw. des Bauablaufes entstehen und bei der Kalkulation des Angebotspreises, hier also des Pauschalpreises, durch den Unternehmer nicht berücksichtigt werden 2366 konnten. Dies aber betrifft nicht nur die leistungsbezogenen und unmittelbar durch die Leistungsänderung bedingten, sondern auch die **zeitabhängigen Mehrkosten.** Diese werden zwar nicht unmittelbar durch die Leistungsänderung, wohl aber mittelbar durch die als Folge der Leistungsänderung ausgelöste Bauzeitverlängerung oder Bauablaufstörung verursacht. Daher werden auch diese zeitabhängigen Mehrkosten durch die Änderung des Bauentwurfs oder andere Anordnungen des Auftraggebers ausgelöst. Sie führen somit ebenfalls zu einer Änderung der Grundlage des oder der vereinbarten Preise für eine im Vertrag vorgesehene Leistung, da jede Preiskalkulation entscheidend auch durch Zeitfaktoren bestimmt wird (s. dazu oben schon Rdn. 1966 f.).

2367 Auf einen wichtigen Punkt ist abschließend in Bezug auf die Neuberechnung der Vergütung im Zusammenhang mit zusätzlichen Leistungen hinzuweisen: So ist nämlich nicht auszuschließen, dass je nach Umfang der Zusatzaufträge das gesamte Leistungs- und Preisgefüge eines ursprünglich geschlossenen Pauschalvertrages – z. B. aufgrund von Umplanungen oder einer veränderten Ausführung der Bauleistungen – in erheblicher Weise verändert wird. In diesen Fällen ist jeweils zu prüfen, inwieweit die Parteien infolge der geänderten Bauausführung eine **ursprünglich getroffene Pauschalpreisabrede insgesamt konkludent aufgehoben** haben. Dies ist keinesfalls ausgeschlossen und hätte zur Folge, dass der Auftragnehmer nunmehr berechtigt ist, seine Gesamtleistungen (auch die des Ausgangsauftrags) oder zumindest seine Zusatzleistungen auf Einheitspreisbasis abzurechnen (BGH, Urt. v. 16.12.1971 – VII ZR 215/69, BauR 1972, 118, 119 bei einer gleichzeitigen Leistungsmehrung und -minderung von je 25 % gegenüber dem ursprünglichen Pauschalpreis; ähnlich OLG Brandenburg, Urt. v. 16.03.2000 – 8 U 66/99, NJW-RR 2000, 1338, 1339 bei Leistungsmehrungen gegenüber dem Ursprungspauschalvertrag von ca. 60 %).

9.10 Die Vergütung bei nicht beauftragten Leistungen (§ 2 Abs. 8 VOB/B)

2368 § 2 Abs. 8 VOB/B behandelt die Vergütung für nicht vom Auftraggeber beauftragte Leistungen, also Leistungen, die der Auftragnehmer ohne Auftrag oder in eigenmächtiger Abweichung vom Vertrag zusätzlich zum vertraglichen Leistungsumfang erbracht hat. Diese sind grundsätzlich nicht zu vergüten. Sie sind vielmehr auf Verlangen des Auftraggebers innerhalb angemessener Frist vom Auftragnehmer zu beseitigen (§ 2 Abs. 8 Nr. 1 VOB/B).

2369 Nur in Ausnahmefällen besteht davon abweichend ein Vergütungsanspruch gemäß § 2 Abs. 8 Nr. 2 S. 1 und 2 VOB/B, wenn der Auftraggeber die Leistungen nachträglich anerkannt hat. Dasselbe gilt, wenn die Leistungen für die Erfüllung des Vertrages notwendig waren, dem mutmaßlichen Willen des Auftraggebers entsprachen und ihm unverzüglich angezeigt wurden. Liegen selbst diese Voraussetzungen nicht vor, kommt ein Vergütungsanspruch nicht in Betracht. Es bleiben dann allerdings die Regeln der Geschäftsführung ohne Auftrag (§§ 677 ff. BGB) anwendbar. Auch bereicherungsrechtliche Ansprüche nach §§ 812 ff. BGB sind nicht ausgeschlossen.

9.10 Die Vergütung bei nicht beauftragten Leistungen (§ 2 Abs. 8 VOB/B)

Vergütung bei nicht beauftragten Leistungen (§ 2 Abs. 8 VOB/B)	
§ 2 Abs. 8 Nr. 1	Beseitigungspflicht
§ 2 Abs. 8 Nr. 2	Vergütungspflicht ➢ bei nachträglichem Anerkenntnis ➢ bei Leistungen, die notwendig waren, dem mutmaßlichen Willen des AG entsprachen und ihm unverzüglich angezeigt wurden
§ 2 Abs. 8 Nr. 3	nach den Regeln der Geschäftsführung ohne Auftrag (§§ 677 ff. BGB)
Zusätzlich zumeist	Ausgleich nach Bereicherungsrecht

9.10.1 Anwendungsbereich von § 2 Abs. 8 VOB/B und die Beseitigungspflicht

Erfasst werden von § 2 Abs. 8 VOB/B zwei Fälle nicht bestellter Leistungen: 2370
- Zum einen geht es um Leistungen, die **vollständig ohne Auftrag** ausgeführt werden. 2371

▶ **Beispiel**

Der Auftragnehmer erneuert über die Ausschreibung hinausgehend weitere während der Bauausführung als nicht mehr funktionstauglich erkannte Heizungsrohre, ohne den Auftraggeber zuvor zu informieren. Hierbei handelt es sich um eine Leistung ohne Auftrag. Dabei ist unbeachtlich, ob die Leistung erforderlich war oder nicht.

Zu den Leistungen ohne Auftrag gehören auch die Leistungen, die z. B. der **Architekt ohne Vollmacht** des Bauherrn **vom Unternehmer verlangt** (vgl. dazu etwa auch BGH, Urt. v. 27.11.2003 – VII ZR 346/01, BauR 2004, 495 = NJW-RR 2004, 449 = NZBau 2004, 207 zu einem Sachverhalt, bei dem der Auftragnehmer Absprachen mit seinem allerdings nicht bevollmächtigten technischen Gesprächspartner des Auftraggebers getroffen hatte). Ebenso gehören hierher zusätzliche Leistungen, sofern die Voraussetzungen nach § 2 Abs. 6 VOB/B mangels eines Verlangens des Auftraggebers nicht vorliegen.

▶ **Beispiel**

Im Bauvertrag ist für zusätzliche Bodenaustauscharbeiten eine Bedarfsposition vorgesehen. Sie ist in der Weise gekennzeichnet, dass vor deren Ausführung noch eine gesonderte Anordnung erforderlich ist. Notwendiger Bodenaustausch wird erforderlich; der Auftragnehmer aber holt keine Anordnung des Auftraggebers dazu ein.

Hier liegt eine Leistungsausführung ohne Auftrag vor, da diese Leistung mangels Aktivierung der Bedarfsposition nicht verlangt worden war (zweifelhaft dagegen OLG Dresden, Urt. v. 10.01.2007 – 6 U 519/04, BauR 2008, 518, 519, das eine Bedarfsposition stets als auftragslos erbracht ansieht, wenn sie ohne Anordnung ausgeführt wird; ähnlich OLG Oldenburg, Urt. v. 03.05.2007 – 8 U 254/06, BauR 2008, 1630, 1632: Das dürfte aber – soweit nicht wie im vorgenannten Beispielfall anders vorgesehen – nicht richtig sein. Denn diese Position ist bereits als Bedarfsposition, d. h. unter der aufschiebenden Bedingung des Anfalls der dazu gehörenden Arbeiten, beauftragt, s. dazu Vygen/Joussen/Schubert/Lang, Bauverzögerung und Leistungsänderung, Teil A Rn. 456 f.).

2372 In gleicher Weise sind Sachverhalte zu beurteilen, bei denen eine Anordnung unterbleibt, weil der **Auftragnehmer seiner Hinweispflicht nicht nachgekommen ist.**

▶ Beispiel

Bei einer Dacheindeckung war eine Unterspannbahn nicht ausgeschrieben, die aber für die mangelfreie Erstellung der Dacheindeckung erforderlich war.

Um hier eine mangelfreie Leistung zu erbringen, müsste der Auftragnehmer den Auftraggeber nach § 4 Abs. 3 VOB/B auf diese fehlende Teilleistung hinweisen. Der Auftraggeber müsste dann nach § 1 Abs. 4 S. 1 VOB/B eine entsprechende Anordnung erteilen, woraus sich die zusätzliche Vergütungspflicht nach § 2 Abs. 6 VOB/B ergibt. Fehlt es nachvollziehbarerweise wegen der schon verletzten Hinweispflicht an dieser Anordnung, handelt der Auftragnehmer ohne Auftrag (s. dazu auch oben Rdn. 869 f., 929), d. h. konkret: Er darf jetzt nicht eigenmächtig diese Ergänzungsleistung in Abweichung des geschlossenen Vertrages gleichwohl ausführen und meinen, dass er diese zwingend bezahlt bekommt. Auch dies ist stattdessen ein Fall des § 2 Abs. 8 VOB/B (ähnlich Orthmann, BauR 2009, 1059, 1062 f.; dagegen sehr kritisch Putzier, BauR 2008, 160).

2373 • Zum anderen fallen unter § 2 Abs. 8 VOB/B Fälle, bei denen der Auftragnehmer **eigenmächtig vom Vertrag abweicht.** Hier ist die Leistung zwar im Vertrag beschrieben; der Auftragnehmer führt sie allerdings anders aus.

▶ Beispiel

Der Auftragnehmer verlegt einen Fußboden mit anderen als im Bauvertrag vorgesehenen Dielen.

2374 Welcher der beiden Fälle auch vorliegt, gilt zunächst der allgemeine Grundsatz des § 2 Abs. 8 Nr. 1 VOB/B: Der Auftragnehmer hat diese nicht bestellten oder unter eigenmächtiger Abweichung ausgeführten Arbeiten **auf Verlangen des Auftraggebers innerhalb einer angemessenen Frist zu beseitigen.** Der Auftraggeber kann sein Beseitigungsrecht dadurch ausüben, dass er dem Auftragnehmer eine Beseitigungsfrist setzt. Diese kann im Hinblick auf die vertragswidrige Ausführung des Auftragnehmers sehr kurz bemessen sein; sie muss allerdings ausreichen, damit die Beseitigung tatsächlich durchgeführt werden kann. Dabei ist auch zu berücksichtigen, dass die Beseitigungspflicht des Auftragnehmers deshalb von großer Bedeutung ist, weil ggf. anderenfalls das Bauvorhaben nicht weiter geführt werden kann, bevor nicht die vertragswidrige Leistung des Auftragnehmers beseitigt ist.

2375 Kommt der Auftragnehmer dieser Beseitigungspflicht nicht nach, kann der Auftraggeber die **vertragswidrig ausgeführten Leistungen auf Kosten des Auftragnehmers beseitigen** lassen. Eine Androhung dieser Eigenbeseitigung ist nicht erforderlich; diese Rechtsfolge ergibt sich bereits aus § 2 Abs. 8 Nr. 1 VOB/B. Insoweit ist der Auftragnehmer auch nicht schutzbedürftig, da er selbst diese Situation verursacht hat. Für etwaige Ersatzansprüche zu den Beseitigungskosten kann der Auftraggeber einen **Vorschuss** verlangen (Heiermann/Riedel/Rusam/Kuffer, VOB/B, § 2 Rn. 268). Soweit § 2 Abs. 8 Nr. 1 VOB/B als Rechtsfolge der unterbleibenden Beseitigung vorsieht, dass der Auftraggeber diese vertragswidrig ausgeführten Leistungen auf Kosten des Auftragnehmers beseitigen kann, folgt hieraus nicht, dass er dies auch muss. Es handelt sich dabei nicht einmal um die einzige Sanktion. Vielmehr kann der Auftraggeber entsprechend § 2 Abs. 8 Nr. 1 S. 2, Hs. 1 VOB/B auch **auf Beseitigung der vertragswidrig ausgeführten Leistung klagen.** Im Übrigen haftet der Auftragnehmer für sämtliche weiteren durch diese vertragswidrig ausgeführte Leistung entstandenen Schäden (§ 2 Abs. 8 Nr. 1 S. 3 VOB/B).

9.10.2 Vergütungsanspruch des Auftragnehmers nach § 2 Abs. 8 Nr. 2 VOB/B

2376 Die VOB/B belässt es nicht bei der allgemeinen Beseitigungspflicht vertragswidrig ausgeführter Bauleistungen. Dies wäre in vielen Fällen auch nicht interessengerecht. Stattdessen sieht § 2 Abs. 8

9.10 Die Vergütung bei nicht beauftragten Leistungen (§ 2 Abs. 8 VOB/B)

Nr. 2 VOB/B umgekehrt sogar die Möglichkeit für den Auftragnehmer vor, für diese **vertragswidrig ausgeführten Leistungen eine Vergütung** zu erhalten, und zwar unter den beiden folgenden Voraussetzungen:
- Zum einen erkennt der Auftraggeber die vertragswidrig ausgeführte Leistung im Nachhinein an.
- Zum anderen ist die nachträglich ausgeführte Leistung für den Auftraggeber erforderlich und entspricht seinem mutmaßlichen Willen.

9.10.2.1 Nachträgliches Anerkenntnis

Eine Vergütungspflicht für die vertragswidrig ausgeführte Leistung besteht nach § 2 Abs. 8 Nr. 2 S. 1 VOB/B, wenn der Auftraggeber die diesbezüglichen Leistungen im Nachhinein anerkennt (vgl. dazu auch OLG Stuttgart, Urt. v. 26.05.1993 – 9 U 12/93, BauR 1993, 743 f.). Unter einem Anerkenntnis versteht man das **eindeutige und klare Verhalten des Auftraggebers**, dass er sich mit der zunächst vertragswidrig erbrachten Zusatzleistung einverstanden erklärt und diese billigt. Eine bestimmte Form ist für dieses Anerkenntnis nicht erforderlich; vielmehr kann es auch mündlich oder sogar stillschweigend abgegeben werden (BGH, Urt. v. 06.12.2001 – VII ZR 452/00, BauR 2002, 465, 466 = NJW 2002, 895). Die **Unterzeichnung etwa eines gemeinsamen Aufmaßes** zu der vertragswidrig ausgeführten Leistung stellt allerdings noch **kein Anerkenntnis** im Sinne von § 2 Abs. 8 Nr. 2 S. 1 VOB/B dar. Denn mit diesem werden lediglich die ausgeführten Leistungen bestätigt, ohne dass damit irgendwelche rechtlichen Erklärungen verbunden sind. Dies kann schon vielfach nicht der Fall sein, weil diejenigen, die an der Erstellung des Aufmaßes beteiligt sind, häufig nicht diejenigen sind, die überhaupt vertragsrelevante Erklärungen abgeben können (wie hier im Ergebnis ebenso Ingenstau/Korbion/Keldungs, VOB/B, § 2 Abs. 8 Rn. 25; Heiermann/Riedel/Rusam/Kuffer, VOB/B, § 2 Rn. 275). Ebenso wenig handelt es sich um ein Anerkenntnis, wenn der Auftraggeber eine ihm vorliegende Nachtragsforderung seines Subunternehmers zu einer ohne Anordnung ausgeführten Leistung an seinen Auftraggeber weiterreicht. Denn wie schon an anderer Stelle erläutert sind die Vertragsverhältnisse im Sub- und Hauptunternehmerverhältnis streng zu trennen (Rdn. 43 f.; s. ausführlich dazu Joussen/Vygen, Subunternehmervertrag Rn. 30 ff.). Im Übrigen wäre schon gar nicht klar, ob und inwieweit mit der Weiterreichung an den Hauptauftraggeber überhaupt eine Billigungsfunktion im Verhältnis zum Subunternehmer verbunden ist oder auch nur sein soll (ähnlich OLG Dresden, Urt. v. 20.03.2012 – 5 U 765/11, IBR 2012, 500).

2377

Problematisch immerhin ist, wenn die **Anerkenntniserklärung** nicht durch den Auftraggeber selbst, sondern durch einen Vertreter, insbesondere **durch seinen Architekten** abgegeben wird.

2378

▶ Beispiel

Der Auftragnehmer reicht zu den erbrachten Leistungen eine Schlussrechnung ein, die unter anderem die eigenmächtigen Zusatzleistungen enthält. Der Architekt prüft diese Rechnung und stellt den Rechnungsbetrag fest.

Mit aller Deutlichkeit ist klarzustellen, dass es sich bei derartigen **Rechnungsprüfungen um kein Anerkenntnis** im Sinne des § 2 Abs. 8 Nr. 2 S. 1 VOB/B handelt. Denn der Architekt prüft die Baurechnung ausschließlich im Auftrag seines Auftraggebers und gibt auch nur in diesem Verhältnis etwaige Erklärungen ab. Eine weiter gehende Vollmacht besitzt er nicht, erst recht nicht zum Anerkenntnis irgendwelcher Leistungen im Sinne des § 2 Abs. 8 Nr. 2 S. 1 VOB/B (BGH, Urt. v. 06.12.2001 – VII ZR 452/00, BauR 2002, 465, 466 = NJW 2002, 895 f.). Ungeachtet dessen ist jedoch gerade im Zusammenhang mit dem Auftreten und der zunächst vollmachtlosen Auslösung von Zusatzleistungen durch Architekten daran zu denken, dass ein Anerkenntnis im Sinne des § 2 Abs. 8 Nr. 1 VOB/B **auch konkludent** erfolgen kann.

▶ Beispiel

Der Architekt erteilt Zusatzaufträge, die der Auftragnehmer ausführt. Er stellt daraufhin eine Abschlagsrechnung unter Kennzeichnung dieser Positionen, die der Auftraggeber anstandslos bezahlt.

In einem solchen Verhalten des Auftraggebers kann einmal eine **Genehmigung des Handelns** (§ 177 BGB) des an sich vollmachtlosen Architekten liegen. Infolgedessen würde die zunächst unwirksame Nachtragsbeauftragung für ihn verbindlich. Es liegt dann eine vollwertige Anordnung im Sinne des § 2 Abs. 5 oder 6 VOB/B vor. Mit § 2 Abs. 8 Nr. 1 S. 1 VOB/B hat das nichts zu tun. Oder der Auftraggeber erkennt die Leistungen nur an und nimmt sie als **gewollt entgegen,** wobei er sich möglicherweise über die Vergütungspflicht gar keine oder falsche Gedanken macht. Letzteres wäre allerdings nur eine sich anschließende Rechtsfrage, die auf das Anerkenntnis der Leistung keinen Einfluss hat (so zu Recht auch OLG Schleswig, Urt. v. 29.06.2010 – 3 U 92/09, BauR 2010, 1937, 1940; ähnlich OLG Naumburg, Urt. v. 30.9.2011 – 12 U 12/11, IBR 2012, 68).

Ein solches **konkludentes Anerkenntnis** kann wie in dem Beispielfall durch Bezahlung einer Rechnung erfolgen, die die entsprechende Leistung kennzeichnet (so wohl auch zu verstehen: BGH, Urt. v. 06.12.2001 – VII ZR 452/00, BauR 2002, 465, 467 = NJW 2002, 895, 896; ebenso: Kapellmann/Schiffers, Bd. 1, Rn. 1170). Die bloße Entgegennahme der Leistung reicht dagegen zwar nicht aus; gleichwohl ist aber gerade hier ein konkludentes Anerkenntnis anzunehmen, wenn sich aus dem tatsächlichen Verhalten des Auftraggebers sonst ergibt, dass er mit der zusätzlich oder geändert ausgeführten Leistung doch einverstanden ist. Dies kann neben der Bezahlung einer Rechnung unter Ausweis dieser Leistung auch aus jedem anderen Verhalten des Auftraggebers geschlossen werden, wenn er die Leistung positiv wahrnimmt und in deren Kenntnis ohne Beanstandung weiter bauen lässt (OLG Schleswig, a. a. O.; OLG Naumburg, a. a. O.; Beckscher VOB/B-Komm./Jansen, § 2 Nr. 1 Rn. 53 f.; wohl auch Ingenstau/Korbion/Keldungs, B § 2 Abs. 8 Rn 22). Gerade dazu gewinnt die **Rolle der Architekten dann doch eine erhebliche Bedeutung**. Denn für die Kenntnisnahme muss sich der Bauherr nach § 166 Abs. 1 BGB das positive Wissen eines von ihm entsandten Vertreters zurechnen lassen. Danach mag er sich zwar möglicherweise damit durchsetzen, dass er seinem hier für ihn auftretenden Architekten keine Vollmacht zum Abschluss von Verträgen erteilt hat. Es ist aber anerkannt, dass **Wissensvertreter** im Sine des § 166 Abs. 1 BGB auch diejenigen sind, die ohne Vertretungsmacht eigenverantwortlich für den Geschäftsherrn auftreten, d. h.: Zu den Wissensvertretern gehören vor allem diejenigen, die nach der Organisation des Geschäftsherrn dazu berufen sind, im Rechtsverkehr als dessen Repräsentanten bestimmte Aufgaben in eigener Verantwortung zu erledigen und die dabei anfallenden Informationen zur Kenntnis zu nehmen und ggf. weiter zu geben (vgl. dazu etwa Palandt/Ellenberger, § 166 Rdn. 6 m. w. N.). Architekten dürften üblicherweise von ihrem Aufgabenbereich dazugehören, zumal sie den Bauherrn nicht nur intern beraten (ebenso: BGH, Urt. v. 10.12.1976 – V ZR 235/75, NJW 1977, 375; OLG Köln, Urt. v. 16.01.2007 – 3 U 214/05, BauR 2007, 931 [Ls.] = NJW-RR 2007, 821, 822). Dann aber kommt es für das positive Wissen zu dem Charakter der Zusatzleistung im Zweifel auf die positive Kenntnis des Architekten an – weswegen ein solches stillschweigendes Anerkenntnis auf diesem Weg in vielen Fällen nicht allzu schwer zu begründen sein wird.

9.10.2.2 Notwendigkeit der Zusatzleistungen

2379 Ein Vergütungsanspruch des Auftragnehmers besteht nach § 2 Abs. 8 Nr. 2 S. 2 VOB/B ferner, wenn
- die bisher nicht im Vertrag vorgesehene Leistung für die Erfüllung des Vertrages notwendig war,
- dem mutmaßlichen Willen des Auftraggebers entsprach und
- ihm unverzüglich angezeigt wurde.

Zusammengefasst geht es somit um drei Voraussetzungen, die kumulativ vorliegen müssen:
- **Notwendigkeit der Zusatzleistung**

2380 Zunächst muss die nicht im Vertrag vorgesehene Leistung für die Erfüllung des geschlossenen Bauvertrages erforderlich gewesen sein. Zurückgegriffen werden kann insoweit auf die entsprechende Abgrenzung in § 1 Abs. 4 S. 1 bzw. S. 2 VOB/B (s. dazu oben Rdn. 932), dem § 2 Abs. 8 VOB/B erkennbar nachgebildet ist. Die VOB verfolgt in beiden Vorschriften das Ziel, sicher zu stellen, dass für die Leistungserfüllung notwendig werdende Zusatzleistungen tatsächlich ausgeführt werden, wozu dann eine Ausführungspflicht besteht (vgl. § 1 Abs. 4 S. 1 VOB/B). Damit wird zugleich ein Gleichlauf mit dem Mängelrecht und der Gewährleistungsphase erreicht. Einmal mehr tritt an dieser Stelle somit zutage, dass der Auftragnehmer mit seiner im Bauvertrag übernommenen Leistungsverpflichtung eine funktionsgerechte mangelfreie Leistungserbringung schuldet, auch wenn einzelne Teilleistungen dazu im Bauvertrag bzw. Leistungsverzeichnis bisher nicht angegeben sind (s. dazu auch oben Rdn. 869).

> **Beispiel**
>
> Der Auftragnehmer ist mit Trockenbauarbeiten beauftragt. In den Planunterlagen und dem darauf Bezug nehmenden Leistungsverzeichnis fehlen teilweise nach Brandschutzgesichtspunkten zwingend einzubauende Revisionsklappen. Der Auftragnehmer baut sie ohne Rücksprache mit dem Auftraggeber ein und verlangt dafür eine Vergütung.

Bei Sachverhalten wie diesen ist zunächst festzustellen, dass der Auftragnehmer auch diese notwendigen Zusatzleistungen schuldet. Erbringt er sie nicht, ist die Gesamtleistung mangelhaft. Würde dieser Mangel erst nach Abnahme bemerkt, müsste er diese Brandschutzklappen noch einbauen, soweit der Auftraggeber dies verlangt. Allerdings könnte er im Wege des **Vorteilsausgleichs als sog. Sowieso-Kosten** einen Ausgleich für die Mehrkosten verlangen, um die die Bauleistung von Anfang an in Bezug auf diese fehlende Teilleistung ohnehin teurer gewesen wäre (s. dazu Rdn. 1545 ff.). **Nichts anderes kann vergütungsrechtlich vor der Abnahme gelten:** Der richtige Weg wäre zwar gewesen, dass der Auftragnehmer den Auftraggeber nach § 4 Abs. 3 VOB/B auf diese Lücke im Leistungsverzeichnis aufmerksam gemacht hätte. Der Auftraggeber hätte dann reagieren und diese fehlende Teilleistung nach § 1 Abs. 4 S. 1 VOB/B anordnen müssen. Der Auftragnehmer hätte nunmehr aber diese Teilleistung nach § 2 Abs. 6 VOB/B bezahlt bekommen. Unterbleibt dieser Vorabhinweis, sodass der Auftraggeber nichts anordnen kann, kann aber bei ohnehin notwendigen Zusatzleistungen unter dem Gesichtspunkt des Vorteilsausgleichs nichts anderes gelten. Umgekehrt wäre es sonderbar, wenn der Auftragnehmer in der Gewährleistungsphase mit einem Kostenausgleich unter dem Gesichtspunkt der Sowieso-Kosten besser stände als im Ausführungsstadium: Zumindest ist kein Unterschied erkennbar, wenn der Auftraggeber vor oder nach Abnahme nunmehr noch diese notwendige Zusatzleistung fordert: Dann muss er sie auch bezahlen.

Wenn man sich diesen Gleichlauf vor Augen hält, wird auch verständlich, dass es bei der **Beurteilung der Erforderlichkeit der Leistungen** in § 1 Abs. 4 S. 1 und § 2 Abs. 8 S. 2 VOB/B jeweils um dasselbe geht: Gemeint ist stets eine Leistung, die erstens für das Gelingen der Mangelfreiheit zwingend und zu der zweitens auf Anforderung des Auftraggebers (deswegen) eine Ausführungspflicht besteht bzw. bestanden hätte. Folglich sind diese Leistungen von anderen im Zusammenhang mit der Bauleistung stehenden (nicht notwendigen) Zusatzleistungen nach § 1 Abs. 4 S. 2 VOB/B abzugrenzen (Rdn. 932). Stattdessen heißt Notwendigkeit der Leistungsausführung im Anwendungsbereich des § 2 Abs. 8 S. 2 VOB/B, dass diese **tatsächlich technisch oder vom Bauablauf gegeben sein muss**. Rein zweckmäßige oder nützliche Zusatzleistungen, die nicht erforderlich sind, fallen nicht hierunter (OLG Stuttgart, Urt. v. 26.05.1993 – 9 U 12/93, BauR 1993, 743, 744).

2381

> **Beispiele**
> 1. Eine notwendige Zusatzleistung liegt etwa vor, wenn sie auf zwingende Vorgaben der Baugenehmigungsbehörden hin oder des Prüfstatikers ausgeführt wird, der z. B. eine verstärkte Gründung verlangt.
> 2. Die Ausführung einer erhöhten Dämmung bei dem Dachausbau mag zwar zweckmäßig und nützlich sein, genügt aber für § 2 Abs. 8 Nr. 2 VOB/B nicht.

- **Mutmaßlicher Wille des Auftraggebers**
Als weitere Voraussetzung für die Vergütungspflicht muss die außervertraglich erbrachte Leistung dem mutmaßlichen Willen des Auftraggebers entsprechen (vgl. dazu BGH, Urt. v. 20.04.1967 – VII ZR 326/64, BGHZ 47, 370, 371 f. = NJW 1967, 1959, 1960). Entscheidend kommt es darauf an, dass der Auftraggeber, der zu der Zusatzleistung keine Anordnung erteilt hat, **unter einem**

2382

objektiven Gesichtspunkt als verständiger Bauherr unter Berücksichtigung aller Umstände und vernünftiger Überlegung einen entsprechenden Zusatzauftrag erteilt hätte, wenn er damit befasst gewesen wäre (vgl. auch BGH, Urt. v. 04.04.1974 – VII ZR 222/72, Schäfer/Finnern, Z 2.310 Bl. 28 = NJW 1974, 1241; OLG Stuttgart, Urt. v. 24.11.1976 – 6 U 65/75, BauR 1977, 292). Entscheidend ist der **Zeitpunkt der Auftragsausführung**; sich erst später zeigende nur theoretisch denkbare Alternativen spielen dagegen keine Rolle (BGH, Urt. v. 27.11.2003 – VII ZR 346/01, BauR 2004, 495, 498 = NJW-RR 2004, 449, 451 = NZBau 2004, 207, 209). Genügt für einen Vergütungsanspruch bereits der mutmaßliche Wille, besteht dieser selbstverständlich auch dann, wenn die zusätzliche Leistung dem **tatsächlichen Willen des Auftraggebers** entspricht. Dabei kann ergänzend auf § 679 BGB zurückgegriffen werden (Ingenstau/Korbion/Keldungs, VOB/B, § 2 Abs. 8 Rn. 32): Danach wäre ein etwaiger entgegen stehenden Wille des Auftraggebers unbeachtlich, wenn ohne die Ausführung der Zusatzleistung eine Pflicht des Auftraggebers, deren Erfüllung im öffentlichen Interesse liegt, nicht rechtzeitig erfüllt würde. Hierbei geht es vor allem um die Ausführung etwaiger Zusatzleistungen unter dem Gesichtspunkt des Bauordnungsrechts oder die Gefahrenabwehr.

- **Unverzügliche Anzeige des Auftragnehmers**

2383 Schließlich besteht eine Vergütungspflicht nach § 2 Abs. 8 Nr. 2 VOB/B nur dann, wenn der Auftragnehmer die nicht beauftragte Leistung unverzüglich angezeigt hat. Diese unverzügliche Anzeige ist eine **echte Anspruchsvoraussetzung** (BGH, Urt. v. 31.01.1991 – VII ZR 291/88, BGHZ 113, 315, 321 f. = BauR 1991, 331, 333 f. = NJW 1991, 1812, 1813; Heiermann/Riedel/Rusam/Kuffer, VOB/B, § 2 Rn. 279). Damit wird erneut ein Gleichlauf mit den notwendigen Zusatzleistungen nach § 1 Abs. 4 S. 1 VOB/B hergestellt (s. dazu vorstehend Rdn. 2380); deren Vergütungspflicht bemisst sich nach § 2 Abs. 6 VOB/B, bei dem die vorherige Ankündigung des Mehrvergütungsanspruchs ebenfalls als Tatbestandsvoraussetzung ausgestaltet ist (s. o. Rdn. 2300). Vor diesem Hintergrund ist es allerdings nur konsequent, diese zusätzliche Voraussetzung der Ankündigung des Vergütungsanspruchs gleichfalls wie bei § 2 Abs. 6 VOB/B als entbehrlich anzusehen, wenn der Auftraggeber durch eine solche **Ankündigung ohnehin keinen Vorteil** erzielt (s. oben Rdn. 2301 f.), d. h. vor allem, wenn es keine Alternative zu der Leistungsausführung des Auftragnehmers gegeben hätte. Dies allerdings hat der Auftragnehmer zu beweisen. Dabei mag ein solcher Beweis im Nachhinein bei Leistungen, zu denen nicht einmal eine Anordnung des Auftraggebers vorliegt, nur schwer zu führen sein; doch liegt das im Risikobereich des Auftragnehmers, der eben nicht eigenmächtig von der an sich vereinbarten Leistung abweichen soll. Die Rechtsprechung geht diesen Weg soweit ersichtlich zwar nicht, sondern hält sehr streng an diesem Ankündigungserfordernis im Anwendungsbereich des § 2 Abs. 8 Nr. 2 S. 2 VOB/B als Tatbestandsvoraussetzung für einen zusätzlichen Vergütungsanspruch fest (BGH, a. a. O.; OLG Schleswig, Urt. 29.06.2010 – 3 U 92/09, BauR 2010, 1937, 1941). Indes kommt sie dann doch häufig zu demselben Ergebnis. Denn es ist ebenso anerkannt, dass § 2 Abs. 8 Nr. 2 S. 2 VOB/B mit diesem als Anspruchsvoraussetzung ausgestaltetem Anzeigeerfordernis einer **isolierten AGB-Kontrolle nicht standhält** (BGH, Urt. v. 27.11.2003 – VII ZR 346/01, BauR 2004, 495, 499 = NJW-RR 2004, 449, 452 = NZBau 2004, 207, 209; BGH, Beschl. v. 26.02.2004 – VII ZR 96/03, BauR 2004, 994 = NJW-RR 2004, 880 = NZBau 2004, 324). Daher gewinnt diese Regelung in der Praxis überhaupt nur eine Bedeutung, wenn der Auftraggeber die VOB/B in den Vertrag eingeführt hat (s. dazu Rdn. 468 ff.) und sich im Vertrag selbst keine abweichenden Regelungen von der VOB/B finden, sodass dann eine AGB-Kontrolle unterbleibt (s. dazu Rdn. 481 ff.).

2384 In welcher **Form die Anzeige** erfolgt, ist unbeachtlich. So kann eine solche Anzeige in der Einreichung eines entsprechenden (schriftlichen) Nachtragsangebotes liegen. Entscheidend ist allerdings, dass dieses **Nachtragsangebot an den Auftraggeber** geht, nicht an dessen Vertreter (z. B. den Architekten). Denn nur dann kann die in § 2 Abs. 8 Nr. 2 S. 2 VOB/B vorgesehene Anzeigepflicht ihren Zweck erfüllen, nämlich die Dispositionsfreiheit des Auftraggebers zu erhalten und ihn gleichzeitig zu warnen, dass möglicherweise wegen einer nicht im Vertrag vorgesehenen Leistung noch weitere Vergütungsforderungen auf ihn zukommen können (vgl. dazu auch BGH, Urt. v. 31.01.1991 – VII ZR 291/88, BGHZ 113, 315, 324 = BauR 1991, 331, 334 = NJW 1991, 1812,

1814). Selbstverständlich würde etwas anderes gelten, wenn der Auftraggeber den Architekten ausdrücklich als empfangsbefugt für etwaige Nachträge und vergleichbare Anzeigen im Sinne des § 2 Abs. 8 VOB/B bestellt hat. Im Ergebnis ist der Auftragnehmer aber gut beraten, die Anzeige ausschließlich an den Auftraggeber zu schicken. Dies gilt umso mehr, wenn es um zusätzliche Leistungen vor allem deswegen geht, weil die Planung des vom Auftraggeber eingesetzten Architekten mangelhaft war.

Der Anzeigepflicht nach § 2 Abs. 8 Nr. 2 S. 2 VOB/B ist nur genüge getan, wenn die **Anzeige unverzüglich** erfolgt. Unverzüglich bedeutet wie sonst ohne schuldhaftes Zögern (§ 121 BGB). Mit dieser Maßgabe ist der Auftragnehmer aber durchaus berechtigt, bei etwaigen Zusatzleistungen zunächst den zugrunde liegenden Sachverhalt zu prüfen. Danach genügt er seiner unverzüglichen Anzeigepflicht, wenn er die Anzeige erst nach der für die Prüfung und Begründung der außervertraglichen Leistung in etwa erforderlichen Zeit an den Auftraggeber weiterleitet (BGH, Urt. v. 23.06.1994 – VII ZR 163/93, BauR 1994, 625, 627 = NJW-RR 1994, 1108, 1109). 2385

Losgelöst von der eingangs diskutierten Reichweite des Anzeigeerfordernisses als echte Tatbestandsvoraussetzung (s. Rdn. 2383) kann eine diesbezügliche **Anzeige** aber jedenfalls dann **entbehrlich** sein, wenn der **Auftraggeber bereits Kenntnis von der außervertraglichen Leistung** hat. Hier kann die Anzeige die mit ihr bezweckte Schutzfunktion nicht mehr erfüllen (OLG Düsseldorf, Urt. v. 23.08.2002 – 22 U 25/02, Nichtzul.-Beschw. zurückgew.; BGH Beschl. v. 30.09.2004 – VII ZR 165/02, BauR 2005, 438 [Ls.]; Ingenstau/Korbion/Keldungs, VOB/B, § 2 Abs. 8 Rn. 37). Auch für diesen Ausnahmefall trägt der Auftragnehmer die Darlegungs- und Beweislast. 2386

9.10.2.3 Vergütungsanspruch des Auftragnehmers

Liegen die vorgenannten Voraussetzungen vor, steht dem Auftragnehmer ein Vergütungsanspruch zu. Dabei handelt es sich um einen vertraglichen Vergütungsanspruch, wie sich dies unmittelbar aus § 2 Abs. 8 Nr. 2 VOB/B ergibt. Die Höhe der Vergütung richtet sich nach § 2 Abs. 5 und Abs. 6 VOB/B (siehe dazu im Einzelnen oben Rdn. 2212 ff.). Folglich ist dann der Vertrag nicht anders zu beurteilen, als wenn bereits unmittelbare Ansprüche nach § 2 Abs. 5 VOB/B oder Abs. 6 VOB/B nach einer erteilten Anordnung zur Leistungsänderung oder nach dem Verlangen einer Zusatzleistung beständen. 2387

9.10.3 Verbleibende Ansprüche aus Geschäftsführung ohne Auftrag

Insbesondere bei einem fehlenden Leistungsanerkenntnis scheitern Vergütungsansprüche nach § 2 Abs. 8 Nr. 2 VOB/B nicht selten an der erforderlichen Anzeige der Zusatzleistung. In diesen wie in allen anderen Fällen, in denen **die Voraussetzungen für eine zusätzliche Vergütung nach § 2 Abs. 8 Nr. 2 VOB/B nicht vorliegen**, verweist § 2 Abs. 8 Nr. 3 VOB/B auf die dann noch anwendbaren Regeln zur Geschäftsführung ohne Auftrag (§§ 677 ff. BGB). Grundlage dieser klaren Verweisung in § 2 Abs. 8 VOB/B war die damalige Rechtsprechung des Bundesgerichtshofs, wonach die Regelungen der VOB/B (in einem Fall, als die VOB nicht als Ganzes vereinbart war) nicht gesetzliche Ansprüche bei einer Geschäftsführung ohne Auftrag ausschließen könnten. Dies verstoße gegen den seinerzeit geltenden § 9 AGBG (heute § 307 BGB – s. dazu BGH, Urt. v. 31.01.1991 – VII ZR 291/88, BGHZ 113, 315, 323 = BauR 1991, 331, 334 = NJW 1991, 1812, 1814). Infolgedessen wurde in § 2 Abs. 8 Nr. 3 VOB/B ein entsprechender Vorbehalt zugunsten der Ansprüche aus Geschäftsführung ohne Auftrag aufgenommen. Dies vorausgeschickt müssen dann allerdings auch die diesbezüglichen Voraussetzungen dafür vorliegen. Danach besteht für auftragslos erbrachte Leistungen ein **Aufwendungsersatzanspruch zugunsten des Auftragnehmers** nach §§ 683, 670 BGB (mehr geben die Vorschriften der Geschäftsführung ohne Auftrag nicht her), wenn die Leistungserbringung dem Interesse und dem wirklichen oder dem mutmaßlichen Willen des Auftraggebers entspricht. Im Einzelnen bedeutet das vor allem: 2388

- Sowohl hinsichtlich des **Interesses des Auftraggebers** als auch bei der Prüfung seines wirklichen oder mutmaßlichen Willens hat wie schon bei § 2 Abs. 8 Nr. 2 S. 2 VOB/B eine **objektive Prüfung** stattzufinden. Auf eine Notwendigkeit dieser Leistung kommt es dagegen nicht an. Viel- 2389 mehr genügt es bereits, dass dem Auftraggeber die Leistung als solche nützlich war (BGH, Urt. v. 28.10.1992 – VIII ZR 210/91, BauR 1993, 98, 99 = NJW-RR 1993, 200; BGH, Urt. v. 20.01.1993 – VIII ZR 22/92, NJW-RR 1993, 522, 523; Palandt/Sprau, § 683 Rn. 4; Kapellmann/Messerschmidt/Kapellmann, VOB-Komm., § 2 Rn. 309). Der Maßstab ist hier also ein deutlich niedrigerer als bei der Erforderlichkeitsprüfung gemäß § 2 Abs. 8 Nr. 2 S. 2 VOB/B. Sodann ist aber noch jeweils weiter zu prüfen, ob die betroffene Leistung in gleicher Weise zumindest dem **mutmaßlichen Willen des Auftraggebers** entsprochen hat. Dabei bemisst sich der mutmaßliche Wille danach, was der Auftraggeber in Kenntnis der Sachlage vernünftigerweise entschieden bzw. ob er sich in Kenntnis der Umstände mit dieser Zusatzleistung einverstanden erklärt hätte. Bei notwendigen Zusatzleistungen mag das, soweit sie nicht ohnehin schon nach § 2 Abs. 8 Nr. 2 S. 2 VOB/B vergütungspflichtig sind, unproblematisch sein. Ansonsten kommt es auf den insoweit geforderten mutmaßlichen Willen nach §§ 683 S. 2, 679 BGB nicht an, soweit der Auftraggeber aus öffentlichem Interesse eine entsprechende Zusatzleistung hätte beauftragen müssen (s. schon oben Rdn. 2382). Dasselbe gilt im Bauvertragsgeschehen – ebenfalls sehr beachtlich – für plötzlich ergriffene Maßnahmen zur Gefahrenabwehr (vgl. § 680 BGB).

Von einer ansonsten zu großzügigen Annahme dieser Tatbestandsvoraussetzungen mag nur zurückhaltend Gebrauch gemacht werden. Dies gilt insbesondere für sämtliche Leistungen, die der Auftragnehmer eigenmächtig **anders als im Vertrag vorgesehen** ausführt. Zumindest ist bei diesen besonders kritisch zu prüfen, ob hier ein entsprechendes Interesse des Auftraggebers daran wirklich festgestellt werden kann.

2390 • Zu beachten ist hinsichtlich der weiteren Voraussetzung einer Geschäftsführung ohne Auftrag gesondert § 681 BGB: Danach hat der Auftragnehmer die **Ausführung der nicht beauftragten Zusatzleistung dem Auftraggeber anzuzeigen, sobald dies tunlich ist**. Danach reicht es also in der Regel nicht, zunächst einmal die Zusatzleistung auszuführen, um sie später abzurechnen. Verstößt der Auftragnehmer gegen diese Anzeigeobliegenheit und wendet der Auftraggeber später ein, dass er bei Kenntnis der Umstände nicht den Auftragnehmer mit dieser Zusatzleistung beauftragt hätte, wird es vielfach für den Auftragnehmer schwierig werden, das Gegenteil darzulegen und zu beweisen.

2391 Liegen die Voraussetzungen für eine Geschäftsführung ohne Auftrag vor, steht dem Auftragnehmer nach §§ 683, 670 BGB ein **Aufwendungsersatzanspruch** zu. Dessen Höhe ist allerdings bestritten. Sowohl in Rechtsprechung als auch im Schrifttum wird nämlich vielfach vertreten, dass der Auftraggeber dem Auftragnehmer dessen gewerbliche Leistungen mit den dafür **üblichen Preisen zu vergüten** habe (BGH, Urt. v. 21.10.1999 – III ZR 319/98, BGHZ 143, 9, 16 = NJW 2000, 422, 424; BGH, Urt. v. 24.02.1983 – VII ZR 87/82, BGHZ 87, 43, 50 = BauR 1983, 277, 280 = NJW 1983, 1556, 1557 f.; Ingenstau/Korbion/Keldungs, VOB/B, § 2 Abs. 8 Rn. 19; Kapellmann/Messerschmidt/Kapellmann, VOB/B, § 2 Rn. 312). Dabei sei die Höhe nach oben durch den Vertragspreis begrenzt sei (BGH, Urt. v. 11.06.1992 – VII ZR 110/91, BauR 1992, 761, 762 = NJW-RR 1992, 1435, 1436). Dieser Rechtsprechung wiederum ist zu entnehmen, dass der BGH auch insoweit die Vertragskalkulation fortschreiben will (Ingenstau/Korbion/Keldungs, § 2 Abs. 8 Rn. 19; Kapellmann/Messerschmidt/Kapellmann, B § 2 Rn. 312). Die dürfte einschließlich der Begrenzung nach oben zunächst richtig sein: Denn das Interesse des Auftraggebers an der auftragslos erbrachten Leistung kann nicht weitergehen als dahin gehend, dass er diese im Rahmen des geltenden Bauvertrages zu den dort vereinbarten Preisen auch beauftragt hätte. Folglich hätte er nach § 2 Abs. 5 oder 6 VOB/B niemals mehr als den nach der Urkalkulation fortgeschriebenen Preis bezahlt.

2392 Dass ansonsten aber auch im Anwendungsbereich des § 683 BGB der übliche Preis ohne Abstriche gezahlt werden soll, ggf. auch in Anlehnung an die Urkalkulation, erscheint dagegen weitgehend unreflektiert. Denn diese Rechtsauffassung trägt nicht der Tatsache Rechnung, dass es bei §§ 683, 670 BGB gerade **nicht um einen vertraglichen Vergütungsanspruch** geht, sondern (nur) um einen **Aufwendungsersatzanspruch**. Dies ist bei einer wertenden Betrachtung unter Hinzunahme der mit dem Aufwendungsersatzanspruch abgedeckten Gegenleistung nicht dasselbe.

9.10 Die Vergütung bei nicht beauftragten Leistungen (§ 2 Abs. 8 VOB/B)

▶ **Beispiel**

Der Auftragnehmer führt eine im Vertrag nicht vorgesehene Zusatzleistung aus. Die Voraussetzungen nach § 2 Abs. 8 VOB/B liegen nicht vor.

Geht man von diesem einfachen Beispielfall aus, ist zunächst festzuhalten, dass diese eigenmächtig erbrachte Zusatzleistung unter keinem denkbaren Gesichtspunkt in den Status einer Vertragsleistung erhoben wird. Sie bleibt stets **außerhalb des Vertrages**. Infolgedessen ergibt sich schon daraus, dass der Auftraggeber in Bezug auf diese Zusatzleistung weniger erhält als bei den sonstigen Vertragsleistungen. Augenscheinlich zeigt sich dies bei den Gewährleistungsbestimmungen: Denn bleibt diese Leistung außerhalb des Vertrages, ist offensichtlich, dass der Auftragnehmer dafür keine Gewährleistung schuldet. Allein diese Parallelbetrachtung zwischen außerhalb des Vertrages bleibenden eigenmächtig ausgeführten Zusatzleistungen und den vertraglich abgedeckten Hauptleistungen führt zwingend dazu, dass für beide nicht derselbe Preis gezahlt werden kann und darf. Nähme man dies nämlich an, stände sich der Auftragnehmer einer eigenmächtig ausgeführten Leistung sogar besser: Denn dann würde er den vollen Preis bekommen, ohne die volle sonst geschuldete vertragliche Leistung erbringen zu müssen (z. B. weil er von der Gewährleistung frei ist). Infolgedessen ist es richtig, den **Aufwendungsersatzanspruch auf die dem Auftragnehmer entstandenen Aufwendungen für die Kosten zu beschränken**, die diese eigenmächtig ausgeführten Zusatzleistungen tatsächlich verursacht haben. Hierzu zählen – worauf Leupertz eindringlich hingewiesen hat (BauR 2005, 775, 781) – vor allem folgende Kosten:

- Kosten für Baustoffe und Material, soweit tatsächlich verwendet oder ohne anderweitige Verwendungsmöglichkeit besonders beschafft wurden.
- Kosten für die Einrichtung und den Betrieb von Gerät
- Gerätevorhaltekosten, nur soweit das Gerät während der Bauzeit nachweisbar anderweitig hätte eingesetzt werden können.
- Kosten für (ausschließlich) baustellenbezogen beschäftigtes Personal
- Baustellengemeinkosten, Kosten der Baustelleneinrichtung, allgemeine Baukosten u. a.

Nicht ersatzfähig sind hingegen allgemeine Geschäftskosten, **Gewinn** und Wagnis (so zu Recht Leupertz, a. a. O.).

9.10.4 Bereicherungsrechtliche Ansprüche

Stehen dem Auftragnehmer nach Vorstehendem bei vertraglich nicht angeordneten Zusatzleistungen weder Ansprüche nach § 2 Abs. 8 VOB/B noch nach Geschäftsführung ohne Auftrag zu, stellt sich abschließend die Frage, ob für den dem Auftraggeber zufließenden Mehrwert nicht wenigstens ein bereicherungsrechtlicher Ausgleich nach § 812 Abs. 1 S. 1 Nr. 1 BGB in Betracht zu kommen hat. Dies ist jedoch zunächst nicht der Fall. Denn § 2 Abs. 8 Nr. 3 VOB/B verweist bei diesen auftragslos erbrachten Leistungen nur auf die Regelungen der Geschäftsführung ohne Auftrag, nicht aber auf weiter gehende bereicherungsrechtliche Ansprüche. Diese sind demzufolge ausgeschlossen. Allerdings ist klarzustellen, dass dieser in § 2 Abs. 8 Nr. 3 VOB/B vorgesehene Ausschluss von immerhin gesetzlichen Ansprüchen des Bereicherungsrechts einer **isolierten AGB-Inhaltskontrolle nicht standhält** (s. dazu oben Rdn. 481 ff.), d. h.: Wenn der Auftraggeber die VOB/B in den Vertrag eingeführt und sodann davon abweichende Regelungen vorgesehen hat, entfällt damit zugleich die in § 2 Abs. 8 Nr. 3 VOB/B vorgesehene Beschränkung auf die hilfsweise gegebenen Ansprüche aus Geschäftsführung ohne Auftrag. Es ist damit auch für zusätzlich ohne Anordnungen erbrachte Leistungen ein Bereicherungsanspruch nach § 812 Abs. 1 S. 1 Nr. 1 BGB möglich (vgl. etwa BGH, Urt. v. 31.01.1991 – VII ZR 291/88, BGHZ 113, 315, 323 = BauR 1991, 331, 334 = NJW 1991, 1812, 1814; BGH, Urt. v. 24.07.2003 – VII ZR 79/02, BauR 2004, 1893, 1897 = NJW-RR 2004, 92, 94 = NZBau 2004, 31, 33; ausdrücklich auch BGH, Beschl. v. 09.12.2004 – VII ZR 357/03, ebenso Ingenstau/Korbion/Keldungs, § 2 Abs. 8 Rn. 42). Konkret folgt daraus:

- Zu prüfen ist, ob der Auftraggeber um die erbrachten Zusatzleistungen bereichert ist, weil er diese Leistungen entgegen genommen, d. h. erlangt hat, nutzt und ihm somit auch zugutekommen (s.

dazu auch Beckscher VOB/B-Kommentar/Jansen, § 2 Nr. 8 Rn. 85), ohne dass es dafür mangels Auftrag einen Rechtsgrund gibt.
- Soweit man dies bejaht, hat der Auftraggeber das dadurch Erlangte herauszugeben. Da dies nicht möglich ist, hat er hilfsweise Wertersatz zu leisten (§ 818 Abs. 2 BGB). Der Höhe nach entspricht dies dem üblichen Vergütungsanspruch, den der Auftraggeber für die erhaltene Leistung auf dem Markt hätte aufwenden müssen (BGH, Urt. v. 07.01.1971 – VII ZR 9/70, BGHZ 55, 128, 130 = NJW 1971, 609, 610; Kapellmann/Messerschmidt/Kapellmann, § 2 Rn. 314). Der Auftragnehmer erhält also auch insoweit seine vertragsgemäße Vergütung, soweit diese nicht höher ist als die marktübliche Vergütung (s. dazu schon oben Rdn. 2391). Dabei erscheint es allerdings erneut richtig, davon wie bei dem Aufwendungsersatzanspruch einer Geschäftsführung ohne Auftrag einen angemessenen Abschlag vorzunehmen (s. o. Rdn. 2392).

9.10.5 Rechtslage beim BGB-Vertrag

2394 Grundsätzlich muss der Auftraggeber nur bestellte Leistungen bezahlen. Dasselbe gilt für (Mehr-)Leistungen, bei denen der Auftragnehmer unberechtigt vom Bauvertrag abgewichen ist. Weitergehende Vergütungsregelungen finden sich im BGB nicht. Insbesondere gibt es keine § 2 Abs. 8 VOB/B entsprechende Vorschrift. Nachhaltig wirkt sich dies allerdings alleine hinsichtlich der fehlenden Vergütungsvorschrift des § 2 Abs. 8 Nr. 2 S. 2 VOB/B aus. Ansonsten dürfte die Rechtslage beim BGB-Werkvertrag identisch sein:
- Soweit § 2 Abs. 8 Nr. 1 VOB/B eine **Beseitigungspflicht** des Auftragnehmers zu den außervertraglichen Leistungen vorsieht, ergibt sich eine entsprechende Rechtspflicht schon aus dem BGB-Werkvertrag als Nebenpflicht, hilfsweise aus § 1004 BGB.
- Eine Vergütungspflicht besteht auch bei einem BGB-Werkvertrag, soweit der Auftraggeber die außervertragliche Leistung im Nachhinein **anerkannt**, d. h., genehmigt hat (vgl. insoweit § 2 Abs. 8 Nr. 2 S. 1 VOB/B).
- Ohnehin gelten im BGB-Werkvertragsrecht sodann die Regelungen zur **Geschäftsführung ohne Auftrag** (vgl. § 2 Abs. 8 Nr. 3 VOB/B) und zum Bereicherungsrecht, sodass hier auf vorstehende Erläuterungen verwiesen werden kann (Rdn. 2388 ff.).

9.11 Die Vergütung bei besonderen planerischen Leistungen (§ 2 Abs. 9 VOB/B)

2395 Der Auftraggeber kann vom Auftragnehmer gemäß § 1 Abs. 4 VOB/B Zeichnungen, Berechnungen oder andere Unterlagen, die der Unternehmer nicht schon nach den DIN-Normen, der Verkehrssitte oder den vertraglichen Bestimmungen zu beschaffen hat, verlangen, wenn sie mit der auszuführenden Leistung im Zusammenhang stehen (so Kapellmann/Messerschmidt/Kapellmann, § 2 VOB/B Rn. 315; Ingenstau/Korbion/Keldungs, VOB/B § 2 Abs. 9 Rn. 1). Daraus ergibt sich ein **zusätzlicher Vergütungsanspruch** gemäß § 2 Abs. 9 Nr. 1 VOB/B, der in Allgemeinen Geschäftsbedingungen wie ZVB oder BVB nicht ausgeschlossen werden kann.

2396 Die **Höhe** dieses zusätzlichen Vergütungsanspruchs ist nach § 2 Abs. 6 VOB/B, also nach den besonderen Kosten dieser zusätzlichen Planungsleistungen zu ermitteln. Dabei stellt sich allerdings die Frage, ob diese besonderen **Kosten der Planungsleistungen nach der HOAI** zu berechnen sind. Denn die HOAI knüpft nicht an die Berufseigenschaft des Architekten oder Ingenieurs an. Stattdessen gilt sie leistungsbezogen für alle, die in der HOAI geregelte Leistungen erbringen, also grundsätzlich auch für Unternehmen (grundlegend dazu BGH, Urt. v. 22.05.1997 – VII ZR 290/95, BGHZ 136, 1, 3 = BauR 1997, 677, 678 = NJW 1997, 2329, 2329 = ZfBR 1997, 250, 251; so insbesondere Vygen, in: Korbion/Mantscheff/Vygen, HOAI, § 1 Rn. 23 ff.; a. A. Locher/Koeble/Frik, HOAI, § 1, Rn. 18). Mit dieser Maßgabe schreibt die HOAI für diese Leistungen Mindestsätze als zwingendes Preisrecht vor und stellt damit zugleich die übliche Vergütung im Sinne des § 632 Abs. 2 BGB dar (vgl. dazu auch Vygen, Festschrift Korbion, S. 387 ff.).

2397 Diese Vergütungspflicht erstreckt sich nach § 2 Abs. 9 Nr. 2 VOB/B auch auf die Nachprüfung von technischen Berechnungen und Unterlagen, die nicht vom Auftragnehmer erstellt worden sind (Ingenstau/Korbion/Keldungs, VOB/B § 2 Abs. 8 Rn. 7). Zweckmäßig ist es aber, vorher eine Vereinbarung über die Höhe der Vergütung zu treffen (vgl. dazu im Einzelnen: Korbion, Festschrift Locher, S. 127 ff.).

9.12 Die Vergütung von Stundenlohnarbeiten (§ 2 Abs. 10 VOB/B)

In § 4 Abs. 2 VOB/A ist eine Vergabe auf Stundenlohnbasis nur für Bauleistungen geringen Umfanges, die überwiegend Lohnkosten verursachen, vorgesehen. Das sollte unbedingt in der Praxis beachtet werden. Darunter fallen:
- kleinere Reparaturarbeiten
- Mängelbeseitigungsarbeiten durch Drittunternehmer
- sog. angehängte Stundenlohnarbeiten, die möglicherweise bei der Ausführung des Bauvorhabens zusätzlich zu den nach Einheits- oder Pauschalpreisen abzurechnenden Arbeiten anfallen.

2398

Ein Stundenlohnvertrag beinhaltet für den Auftraggeber ein großes Risiko. Denn die Vergütung erfolgt nicht leistungsbezogen und hängt somit entscheidend von Arbeitslust, Können und Geschicklichkeit der eingesetzten Arbeitskräfte ab.

9.12.1 Vergütungsvereinbarung bei VOB-Vertrag

Wegen des vorstehend bezeichneten Risikos sieht die VOB/B für die Abrechnung der Vergütung nach Stundenlohn **strenge Voraussetzungen** und weitgehende Kontrollmöglichkeiten vor.
- **Notwendigkeit einer besonderen Vereinbarung**
Zunächst bedarf diese Abrechnungsart – wie jeder andere Vertragstyp schon nach § 2 Abs. 2 VOB/B – einer besonderen Vereinbarung. Dieses Erfordernis wird in § 2 Abs. 10 VOB/B noch einmal hervorgehoben. Danach werden Stundenlohnarbeiten nur vergütet, wenn sie als solche vor ihrem Beginn ausdrücklich vereinbart worden sind.
Diese Vereinbarung muss **unmissverständlich** sein. Die Leistungsteile, die im Stundenlohn ausgeführt werden sollen, müssen dabei genau und eindeutig beschrieben werden. § 2 Abs. 10 VOB/B regelt also den Anspruch auf eine Stundenlohnabrechnung dem Grunde nach, während § 15 VOB/B die Höhe bzw. deren Kontrolle betrifft (s. dazu Rdn. 2493 ff.).
Bei der Abrechnung von Stundenlohnarbeiten ist also stets vorab festzustellen, ob überhaupt eine Stundenlohnvereinbarung getroffen wurde. Diese kann aber immerhin schon bei den so genannten **angehängten Stundenlohnarbeiten** im Einheitspreis- oder Pauschalvertrag selbst liegen. Hierbei handelt es sich im Sinne einer Bedarfsposition um eine bedingte Beauftragung, wobei als Bedingung in der Regel die Anordnung der Bauleitung erforderlich ist (Vygen/Joussen/Schubert/Lang, Bauverzögerung und Leistungsänderung, Teil A Rdn. 471 f.).
An dem Nachweis der Stundenlohnvereinbarung scheitert eine Vielzahl von Stundenlohnabrechnungen schon dem Grunde nach. Dies gilt vor allem deshalb, weil selbst die **Unterzeichnung der Stundenlohnzettel** eine nach § 2 Abs. 10 VOB/B erforderliche **Vereinbarung** zumindest in der Regel **nicht ersetzt**. Denn damit bekundet der Auftraggeber nur, welche Arbeiten wann durch wen ausgeführt wurden; dagegen liegt hierin keine Bestätigung einer entsprechenden vertraglichen Vereinbarung, soweit sich dies nicht aus den konkreten Umständen des Einzelfalls ergibt (BGH, Urt. v. 24.07.2003 – VII ZR 79/02, BauR 2004, 1893, 1897 = NJW-RR 2004, 92, 94 = NZBau 2004, 31, 33). Dies gilt erst recht, soweit die Stundenlohnzettel durch den bauleitenden Architekten unterzeichnet wurden. Diese taugen schon deshalb nicht als Vereinbarung zu Stundenlohnarbeiten, da es dazu in der Regel an der erforderlichen Vollmacht des Architekten fehlen wird (so BGH, Urt. v. 14.07.1994 – VII ZR 186/93, BauR 1994, 760, 762 = NJW-RR 1995, 80, 81; BGH, Urt. v. 24.07.2003 – BauR 2004, 1893, 1897 = NJW-RR 2004, 92, 94 = NZBau 2004, 31, 33).
Entsprechende Grundsätze gelten insoweit, als es um die Annahme einer **stillschweigenden Stundenlohnvereinbarung** geht. Eine solche scheidet schon nach dem Wortlaut des § 2 Abs. 10 VOB/B aus. Dies entspricht auch Sinn und Zweck dieser Regelung. Denn wenn Bauarbeiter auf einer Baustelle arbeiten, wird man es ihnen kaum ansehen können, auf der Grundlage welcher Vergütung sie tätig sind. Hat die VOB/B aber als Normalvertrag den Einheitspreisvertrag vor Au-

2399

2400

2401

2402

2403

gen, darf der Auftraggeber davon ausgehen, dass auf der Baustelle sich befindliche Arbeiter eben im Rahmen eines Einheitspreisvertrages arbeiten. Allerdings ist es natürlich vorstellbar, dass gleichwohl – ggf. auch im Nachhinein – eine solche stillschweigende Vereinbarung zustande kommt.

> **Beispiel (ähnlich OLG Brandenburg, Urt. v. 01.04.2010 – 12 U 1/10, BauR 2010, 1639 [Ls.] = NJW-RR 2010, 898 = NZBau 2010, 433, 434)**
>
> Ohne eine zunächst getroffene Vereinbarung rechnet der Auftragnehmer von dem Auftraggeber in Stundenlohnzetteln bestätigte Stundenlohnarbeiten ab. Bei der Rechnungsprüfung moniert der Auftraggeber das nicht, sondern bestreitet nur die Höhe der Stundensätze. Spätestens in diesem Verhalten dürfte eine konkludente Vereinbarung zur Abrechnung von Stundenlohnarbeiten liegen.

- **Vereinbarung vor Ausführungsbeginn**

2404 Die Stundenlohnvereinbarung muss nach § 2 Abs. 10 VOB/B spätestens **vor Beginn der auszuführenden Stundenlohnarbeiten** geschlossen worden sein. Diese zeitliche Grenze dient allein dem Zweck, jeglichen Streit hinsichtlich der Vergütungspflicht für Stundenlohnarbeiten zu vermeiden (vgl. Heiermann/Riedel/Rusam/Kuffer, VOB/B, § 2 Rn. 309). Dabei ist es selbstverständlich ohne Weiteres möglich, dass auch während einer laufenden Baumaßnahme eine entsprechende ergänzende Vereinbarung geschlossen wird. Dies ist sogar im Baugeschehen üblich, da sich teilweise erst nach Vertragsschluss die Notwendigkeit etwaiger im Stundenlohn auszuführender Zusatzarbeiten zeigt.

2405 Kann eine Stundenlohnabrede nicht festgestellt werden, so ist eine Vergütungspflicht für die erbrachten Leistungen nicht ausgeschlossen. Sie können dann aber nicht über einen Stundenlohn, sondern nur als Zusatzleistungen gemäß § 2 Abs. 6 VOB/B bzw. ggf. nach § 2 Abs. 8 Nr. 2 oder 3 VOB/B nach Einheitspreisen entsprechend den besonderen Kosten für diese Leistungen auf der Grundlage der Kalkulation der Vertragspreise abgerechnet werden, sofern die Voraussetzungen des § 2 Abs. 6 bzw. § 2 Abs. 8 Nr. 2 oder 3 VOB/B erfüllt sind. Dies muss ein Auftragnehmer vor allem in einem Klageverfahren berücksichtigen, d. h.: Ein Auftragnehmer sollte hier in Zweifelsfällen parallel zu seiner Stundenlohnabrechnung hilfsweise eine solche nach der ansonsten geltenden vertraglichen Abrechnungsweise (z. B. nach Einheitspreisen) vorsehen. Andernfalls riskiert er eine Abweisung seiner Werklohnforderung als endgültig unbegründet (OLG Düsseldorf, Urt. v. 09.05.2008 – 23 U 14/08, Nichtzul.-Beschw. zurückgew., BGH, Beschl. v. 12.02.2009 – VII ZR 123/08, BauR 2009, 860 [Ls.]).

2406 Erst wenn eine Stundenlohnvereinbarung festgestellt ist, mag man sich der Frage nach der **Höhe der Stundenlohnvergütung** widmen. Diese beurteilt sich nach § 15 VOB/B und setzt vor allem unterschriebene oder als anerkannt geltende Stundenlohnzettel gemäß § 15 Abs. 3 VOB/B voraus (vgl. dazu unten Rdn. 2493 ff.).

9.12.2 Rechtslage bei BGB-Vertrag

2407 Die Regelung gemäß § 2 Abs. 10 VOB/B findet nur bei VOB-Verträgen Anwendung. Bei BGB-Werkverträgen können Stundenlohnvereinbarungen auch ohne gesonderte oder ausdrückliche Vereinbarung dazu getroffen werden. Die Vergütung richtet sich dann nach § 632 Abs. 2 BGB.

9.13 Nachtragsangebote: Anforderungen an ihre Erstellung, Bearbeitung und Beauftragung

2408 In der bauvertragsrechtlichen Praxis spielen Nachträge eine herausragende Rolle. Kaum ein Bauvorhaben wird ohne solche Nachträge abgewickelt. Dennoch bereitet der Umgang damit beiden Bauvertragspartnern immer wieder erhebliche Schwierigkeiten. Dies hat häufig zur Folge, dass Nachtragsvereinbarungen, also die Vereinbarungen über neue – geänderte oder zusätzliche – Einheitspreise nicht vor der Ausführung der geänderten oder zusätzlichen Leistungen getroffen werden, sondern allzu oft erst nach der Ausführung und manchmal sogar erst nach Fertigstellung des Gesamtbauvorhabens. Dies führt zum einen zur langfristigen Vorfinanzierung dieses Mehrvergütungsanspruchs durch den Auftragnehmer und zum anderen in zahlreichen Fällen zu späteren Streitigkeiten und gerichtlichen Auseinandersetzungen über Grund und Höhe der Nachtragsforderungen.

Diese für alle Baubeteiligten äußerst unerfreuliche Rechtstatsache steht in Widerspruch zu den Zielen der VOB/B, die insgesamt auf eine **schnelle Klärung** angelegt ist. Gerade deshalb schreibt sie nämlich bei den Ansprüchen auf geänderte Vergütung vor, dass die neue – geänderte – Vergütung grundsätzlich vor der Ausführung der geänderten oder zusätzlichen Leistung vereinbart werden soll. Dies gilt sowohl für § 2 Abs. 5 VOB/B, wonach ein neuer Preis zu vereinbaren ist und die Vereinbarung vor der Ausführung getroffen werden soll, als auch für § 2 Abs. 6 VOB/B, wonach die Vergütung möglichst vor Beginn der Ausführung zu vereinbaren ist. 2409

Um nun das Ziel der VOB/B, Nachtragsvereinbarungen möglichst vor der Ausführung zu treffen, erreichen zu können und ein Hinausschieben dieser Vereinbarung über Grund und Höhe eines Nachtrages zu vermeiden, bedarf es dringend der **Schaffung eines gewissen Verfahrensablaufs** und der Klärung der Rechte und Pflichten der Bauvertragspartner, um zu einer solchen Nachtragsvereinbarung zu gelangen. Daran fehlt es in der VOB/B, aber vor allem in der praktischen Abwicklung der Nachtragsproblematik. Darin liegt eine der Hauptursachen für spätere Meinungsverschiedenheiten und sich häufig daraus ergebende Streitigkeiten vor den staatlichen Gerichten oder Schiedsgerichten. Deshalb soll im Folgenden näher untersucht werden, wie man zu einer angemessenen Aufgabenverteilung zwischen Auftragnehmer und Auftraggeber bei der Schaffung der Voraussetzungen für eine Nachtragsvereinbarung gelangen kann und welche Anforderungen an die Erstellung von Nachtragsangeboten zu stellen sind. 2410

9.13.1 Anforderung an das Nachtragsangebot

In den Fällen der Änderung des Bauentwurfs oder der anderen Anordnungen des Auftraggebers im Sinne des § 2 Abs. 5 VOB/B wird in der Regel der Auftragnehmer ein Nachtragsangebot einreichen, sei es von sich aus zum Zwecke der möglichst schnellen Herbeiführung einer neuen Vergütungsvereinbarung, sei es, weil er aufgrund vereinbarter – und insoweit auch wirksamer – Bauvertragsklauseln zur unverzüglichen Vorlage eines Nachtragsangebots verpflichtet ist. Vor diesem Hintergrund sollen zunächst die **Anforderungen an ein solches Nachtragsangebot** und dessen mögliche Rechtsfolgen angesprochen werden. 2411

9.13.1 Planungsverantwortung des Auftraggebers

In der Praxis ist es allgemein üblich, und es ist auch im Vergabehandbuch (VHB) der öffentlichen Hand (vgl. dort Leitfaden zu Berechnung der Vergütung für Nachträge, Abschnitt 510, dort Ziff. 3.2) so vorgesehen, dass bei Änderungen der vorgesehenen Leistung oder bei zusätzlichen Leistungen rechtzeitig, d. h. im Allgemeinen **vor der Ausführung, ein schriftliches Nachtragsangebot** einzuholen ist. Diese Einholung eines Nachtragsangebots hat nun aber ebenso wie die Einholung eines Hauptangebotes gemäß § 4 Abs. 3 und § 7 Abs. 9 VOB/A eigentlich in der Weise zu erfolgen, dass der Auftraggeber die Leistung, hier also die geänderte oder zusätzlich geforderte Leistung beschreibt, und zwar durch ein in Teilleistungen gegliedertes Leistungsverzeichnis. Der Auftragnehmer hätte anschließend nur die Preise für die geänderte Leistung im Leistungsverzeichnis anzugeben und so ein Nachtragsangebot einzureichen, d. h.: Die **Einholung des Nachtragsangebots muss danach vom Auftraggeber ausgehen.** Er ist es, der wie bei der Einholung des Hauptangebots verpflichtet ist, den Leistungsbeschrieb für die geänderte oder zusätzliche Leistung zu erstellen, damit der Auftragnehmer dann ordnungsgemäß seine Preise kalkulieren bzw. berechnen kann. Die Erstellung des Leistungsbeschriebs für Nachträge gehört somit nach der klaren Aufgabenverteilung der VOB (vgl. §§ 4 Abs. 3, 7 VOB/A) zur Planungspflicht des Auftraggebers, auch wenn in der Praxis des Baugeschehens die gegenteilige Handhabung üblich ist. Schon darin liegt eine wesentliche Ursache für die vielen und häufig langwierigen Streitigkeiten der Bauvertragspartner über Grund und Höhe von Nachtragsforderungen. 2412

2413 Zur Vermeidung solcher Auseinandersetzungen erscheint es dringend geboten, im Fall von Änderungen des Bauentwurfs oder anderen Anordnungen des Auftraggebers im Sinne von § 2 Abs. 5 VOB/B von dem Auftraggeber bzw. seinem Architekten oder Ingenieur zunächst dafür ein entsprechendes Leistungsverzeichnis mit klarem, d. h. eindeutigem und vollständigem Leistungsbeschrieb (§ 7 VOB/A) zu verlangen. Dasselbe gilt bei Anordnungen von Zusatzleistungen gemäß §§ 1 Abs. 4 S. 1, 2 Abs. 6 VOB/B oder Sonderwünschen und Anschlussaufträgen gemäß § 1 Abs. 4 S. 2 VOB/B. Diese Vorgehensweise hat für den Auftragnehmer den großen Vorteil, dass die Leistungsänderung oder Zusatzleistung als solche und damit der Anspruch auf eine geänderte oder zusätzliche Vergütung dem Grunde nach feststeht bzw. unschwer im Streitfall zu beweisen ist. Zugleich wird damit die **Planungsverantwortung des Auftraggebers für diese Änderung** aufrechterhalten. Übernimmt dagegen der Auftragnehmer von sich aus oder auf Wunsch oder Verlangen des Auftraggebers die Erstellung des Leistungsbeschriebs für das Nachtragsangebot, so wird der Auftragnehmer in diesem Teilbereich zum Planer, wie dies auch bei funktionalen Leistungsbeschreibungen gemäß § 7 Abs. 13–15 VOB/A oder bei Sondervorschlägen und Nebenangeboten der Fall ist. Daraus folgt dann seine Planungsverantwortung und die Haftung für evtl. Planungsfehler; jedenfalls würde eine **Verwässerung der Planungshoheit** drohen. Dies hätte zur Folge, dass letztlich meist beide (Auftraggeber und Auftragnehmer) für Planungsfehler bei Erstellung des Leistungsbeschriebs für geänderte oder zusätzliche Leistungen verantwortlich sind (§ 254 BGB). Dies dürfte zumindest anzunehmen sein, wenn den **Auftraggeber insoweit ein Mitverschulden trifft**, d. h. wenn er ein Nachtragsangebot nach Prüfung und Billigung durch seinen Architekten bzw. Ingenieur beauftragt hat.

2414 Ungeachtet dessen bleibt es ansonsten aber gerade auch bei sich abzeichnenden geänderten oder zusätzlichen Leistungen bei der **Planungsverantwortung des Auftraggebers**; dies schließt die Erstellung eines Leistungsbeschriebs für die geänderte oder zusätzliche Leistung ein, wobei dies wiederum dann in den Aufgabenbereich der von ihm beauftragten Architekten oder Ingenieure gehört (§ 33 Nr. 6 HOAI i. V. m. Anl. 11). Der Auftraggeber hat seinerseits dann diese Unterlagen dem Auftragnehmer rechtzeitig zur Verfügung zu stellen. Da der Auftragnehmer somit im Allgemeinen einen Anspruch auf Erstellung des Leistungsbeschriebs durch den Auftraggeber als Teil von dessen Planungsaufgaben hat, sollte er von diesem Recht gerade bei Änderungen und Zusatzleistungen auch Gebrauch machen. Mit dieser Maßgabe spricht zumindest einiges dafür, dass der Auftragnehmer **bis dahin die Ausführung** der angeordneten Leistungsänderung oder der geforderten zusätzlichen Leistung **verweigern** kann (so Kapellmann im Baumarkt 1996, 41 f. im Anschluss an BGH-Urteil vom 25.01.1996 – VII ZR 233/94, BGHZ 131, 392 = BauR 1996, 378 = NJW 1996, 1346).

2415 Verlangt davon abweichend allerdings der Auftraggeber vom Auftragnehmer die komplette Erstellung des Nachtragsangebots einschließlich des Leistungsbeschriebs, so kann dies eine **weitere Nachtragsforderung des Auftragnehmers** auf der Grundlage des § 2 Abs. 9 VOB/B auslösen, wenn die Erstellung des Leistungsbeschriebs Zeichnungen, Berechnungen oder andere Unterlagen, also Planungsleistungen des Auftragnehmers erfordert.

▶ Beispiel

Gegenstand eines Nachtragsangebotes ist die Errichtung einer zusätzlichen Klimaanlage oder einer geänderten Heizung. Hierfür bedarf es in der Regel weiterer Planungen, für die ggf. nach § 2 Abs. 9 VOB/B eine Vergütung verlangt werden kann.

2416 Hinzuweisen ist immerhin auf die Entscheidung des OLG Köln (Urt. v. 12.07.1994 – 22 U 266/93, IBR 1996, 358). Nach dessen Leitsatz stellt es abweichend von vorstehenden Erläuterungen klar, dass der Auftragnehmer für etwaige **Vorarbeiten zur Erlangung eines Nachtragsauftrages** (z. B. für die Erstellung eines Leistungsverzeichnisses) **regelmäßig keine Vergütung** verlangen könne. Diese klare Aussage wird dann allerdings durch den zweiten Leitsatz desselben Urteils in ihr Gegenteil verkehrt. Denn es wird gleichzeitig festgestellt, dass in solche Vorarbeiten durchaus die Preise der Nachtragsaufträge einkalkuliert werden bzw. der Auftragnehmer diese Planungsleistung auch gesondert anbieten könne. Damit wird letztlich nichts anderes gesagt, als dass dem Auftragnehmer für diese Planungsleistungen doch eine Vergütung zusteht.

9.13.1.2 Anlehnung an die Kalkulation des Hauptvertrages

Hat der Auftraggeber nun die geänderten und/oder zusätzlichen Leistungen ausgeschrieben und dem Auftragnehmer zur Abgabe seines Nachtragsangebots überlassen, oder will der Auftragnehmer von sich aus ohne Leistungsbeschrieb des Auftraggebers ein Nachtragsangebot vorlegen, so muss er sich bei der Kalkulation der Preise für diese Nachtragsleistungen streng an die Kalkulation seines Hauptangebotes anlehnen. Wie schon zuvor erläutert ist nämlich nach § 2 Abs. 5 VOB/B der neue Preis unter Berücksichtigung der Mehr- und/oder Minderkosten zu vereinbaren. Soweit dagegen Stemmer meint (u. a. VergabeR 2004, 549, 560; BauR 2008, 182, 190; BauR 2007, 458, 462), dass für die Mehr- und Minderkosten nur auf die effektiv anfallenden Kosten bzw. Ersparnisse abzustellen sei, trifft dies nicht zu, weil die Parteien mit der Geltung von § 2 Abs. 5 VOB/B etwas anderes vereinbart haben (s. dazu oben Rdn. 2273 ff. sowie kritisch auch Luz, BauR 2008, 196; s. allerdings auch zu dem Sonderfall bei Vergabegewinnen/-verlusten im Zusammenhang mit Subunternehmerverträgen: Joussen/Vygen, Subunternehmervertrag, Rn. 554 ff.). Gleiches gilt für die Vergütung notwendiger Zusatzleistungen gemäß § 2 Abs. 6 Nr. 2 VOB/B. Sie bestimmt sich nach der Grundlage der Preisermittlung für die ursprüngliche vertragliche Leistung und den besonderen Kosten der zusätzlich geforderten Leistung. Danach muss also das **Nachtragsangebot vom Auftragnehmer auf der Basis des Hauptangebots kalkuliert** werden, d. h.: Ein guter Preis im Hauptangebot bleibt auch beim Nachtrag ein guter Preis, während ein schlechter Preis beim Nachtrag schlecht bleibt und nicht aufgebessert werden kann (Vygen, BauR 2006, 894). 2417

▸ Beispiel

> Bei den Lohnkosten kommt eine Änderung des Mittellohnes gegenüber dem Hauptauftrag ausnahmsweise nur dann in Betracht, wenn für die geänderte oder zusätzliche Leistung eine andere Zusammensetzung des Personals (z. B. andere Kolonne) auf der Baustelle notwendig oder eine Lohnerhöhung wirksam wird, die den Auftragnehmer bei unverändertem und ungestörtem Bauablauf nicht oder nicht in diesem Ausmaß getroffen hätte (vgl. Leitfaden für die Berechnung der Vergütung bei Nachtragsvereinbarungen, Abschnitt 510 im VHB, Ziff. 4.1.1).

Ist ausnahmsweise eine **Lohngleitklausel** im Hauptvertrag vereinbart, so gilt diese vorrangig auch für die Nachtragsvereinbarung.

Auf dieser Grundlage muss der **Auftragnehmer also seine Mehrkosten plausibel herleiten**: Er kann und darf somit nicht einfach pauschal eine Mehrvergütung verlangen, sondern ist nicht zuletzt aus seiner Kooperationspflicht (s. o. Rdn. 1067) heraus verpflichtet, diese sogar im Bedarfsfall nachvollziehbar auf der Grundlage seiner Kalkulation und der insoweit geltenden VOB/B zu erläutern (KG; Urt. v. 21.01.2011 – 7 U 74/10, BauR 2011, 1498, 1499 = NJW-RR 2011, 818, 819 = NZBau 2011, 424, 425, das bei einem groben Verstoß dagegen sogar ein Recht des Auftraggebers zur Vertragskündigung annahm). Dabei dürfte es aber genügen, sich auf die Positionen des Hauptvertrages zu beschränken, die für die Nachtragsvergütung relevant sind. Allerdings muss aus der Darstellung ersichtlich sein, dass infolge der Leistungsänderung überhaupt Mehrkosten entstehen, weshalb auch dazu im Bedarfsfall im Nachtrag Erläuterungen zu erfolgen haben (OLG München, Urt. v. 14.07.2009 – 28 U 3805/08, Nichtzul.-Beschw. zurückgew., BGH, Beschl. v. 28.07.2011 – VII ZR 140/09, IBR 2011, 11). Denn es ist ja keineswegs zwingend, dass durch eine Leistungsänderungsanordnung überhaupt und wenn ja in welchem Umfang Mehrkosten (oder flankierend Minderkosten) anfallen. 2418

▸ Beispiel

> Der Bauherr ordnet eine Leistungsänderung an. Der Auftragnehmer hatte für diese Teilleistung eine Subunternehmerleistung kalkuliert, der seinerseits keine Mehrkosten geltend macht. Dann kann auch der Auftragnehmer – mangels Mehrkosten – keine Mehrvergütung vom Bauherrn verlangen.

Stehen diese Eckpunkte fest, stellt immerhin der zuvor schon erwähnte Leitfaden (dort Ziffer 4) des Vergabehandbuchs des Bundes (VHB – hier Ausgabe 2008, Stand Mai 2010) weitere Grundsätze für die Vereinbarung der Nachtragspreise auf. Daraus lassen sich u. a. folgende Kriterien herleiten, die im Zweifel auch allgemeine Bedeutung für die Aufstellung von Nachträgen haben dürften:

- **Lohnkosten**

2419 Bezüglich der Lohnkosten wird zunächst mit einem konstanten Mittellohn kalkuliert. Dessen Änderung ist bei einem Nachtrag zu berücksichtigen, wenn für die geänderte oder zusätzliche Leistung eine andere Zusammensetzung des Personals der Baustelle erforderlich und eine Lohnerhöhung wirksam geworden ist, die den Auftragnehmer bei einem den erteilten Auftrag entsprechenden Ablauf nicht oder nicht in diesem Umfang betroffen hätte und eine Lohngleitklausel nicht vereinbart ist. Sodann müssen die Zeitmengenansätze denen vergleichbarer Leistungen des Hauptauftrages bzw. – wenn solche nicht vorliegen – Erfahrungswerten, Akkordtabellen u. a. entsprechen. Änderungen der lohngebundenen und lohnunabhängigen Kosten sowie der Lohnnebenkosten dürfen nur berücksichtigt werden, wenn sie nicht ohnehin bereits im Mittellohn enthalten sind, zum Zeitpunkt der Angebotsabgabe kalkulatorisch nicht erfasst werden konnten und nicht durch eine Lohngleitklausel abgedeckt sind.

- **Stoff- und Materialkosten**

2420 Bei den Stoff- bzw. Materialkosten ist der Einstandspreis aus dem Angebot, d. h. aus der Preisermittlung des Hauptauftrages heranzuziehen. Ein anderer Einstandspreis darf nur angesetzt werden, wenn wegen der Änderung des Bedarfs an Stoffen andere Voraussetzungen für die Beschaffung vorliegen (z. B. andere Bezugsquellen). Dies ist in geeigneter Weise (z. B. durch Listenpreise, vom Auftragnehmer vorzulegende Rechnungen oder durch Mittelpreise aus Angeboten einschlägiger Lieferer) nachzuweisen. Abweichende Materialkosten können sich allerdings auch aus zwischenzeitlich erfolgten Materialpreissteigerungen, aus geringeren Mengenrabatten für Nachbestellungen oder Lieferschwierigkeiten ergeben.

2421 Die in der Preisermittlung des beauftragten Hauptauftrages enthaltenen Zuschlagssätze auf Stoffe gelten auch für die Berechnung des neuen Preises.

- **Gerätekosten**

2422 Besondere Schwierigkeiten bereiten häufig die Gerätekosten, für die nach dem Vergabehandbuch folgende Grundsätze zur Anwendung kommen:
  - Die in der Preisermittlung des Hauptauftrages enthaltenen Ansätze für die einzelnen Geräte gelten grundsätzlich auch für die Bildung des neuen Preises. Sind wegen der Änderung oder Ergänzung der Leistung zusätzliche oder andere Geräte einzusetzen, sind die Kosten hierfür entsprechend den Ansätzen in der Preisermittlung des Hauptauftrages zu berechnen.
  - Mindert sich der Geräteeinsatz, so ist der Preis entsprechend zu verringern.
  - Soweit die Kosten der Vorhaltung (kalkulatorische Abschreibung, Verzinsung und kalkulatorische Reparaturkosten) bereits mit den Einheitspreisen abgegolten sind, wird keine zusätzliche Vergütung für die Vorhaltung gewährt.
  - Ist die Vorhaltung in einer Position gesondert als Teilleistung vereinbart worden, so ist der Preis entsprechend den für den Hauptauftrag maßgebenden Ermittlungsgrundlagen zu ändern; bei einem Pauschalpreis gilt auch insoweit § 2 Abs. 3 Nr. 4 VOB/B.
  - Die Bereitstellungskosten (für Auf- und Abladen, An- und Abtransport und evtl. Auf- und Abbau) von zusätzlichen Geräten können im neuen Preis berücksichtigt werden.

- **Baustellengemeinkosten**

2423 Für die Gemeinkosten der Baustelle, also z. B. lohngebundene und lohnunabhängige Kosten wie Soziallöhne und Sozialkosten, Lohn- und Gehaltsnebenkosten, Baustelleneinrichtungskosten, Gerätekosten oder Kosten für Bauhilfs- und Betriebsstoffe, bedarf es bei der Ermittlung der Nachtragspreise zunächst der Feststellung, ob diese Gemeinkosten ausschließlich in besonderen Positionen des Leistungsverzeichnisses (Baustelleneinrichtungsposition) oder aber teilweise in einer besonderen Position und teilweise als Zuschlag auf die Einzelkosten kalkuliert worden sind. Im letzteren Fall greifen die entsprechenden Regelungen für die Lohn- und Stoffkosten auch hier.

9.13 Nachtragsangebote: Anforderungen an ihre Erstellung, Bearbeitung und Beauftragung

Eine **Änderung der Baustellengemeinkosten** kommt nur in Betracht, wenn durch Mengenänderungen, geänderte oder zusätzliche Leistungen bzw. Bauzeitenveränderung auch die Höhe der Gemeinkosten beeinflusst wird. 2424

▶ **Beispiel**

Infolge einer Nachtragsleistung wird eine geänderte Baustelleneinrichtung erforderlich. Oder es fallen zwischenzeitlich wegen geänderter gesetzlicher oder tarifvertraglicher Regelungen andere als die dem Hauptauftrag zugrunde liegenden Sozialkosten an.

- **Nachunternehmerleistungen**
Bei Nach- bzw. Subunternehmerleistungen gilt der dem Hauptauftrag zugrunde liegende **Zuschlagssatz** auch für die Kalkulation der neuen Preise. Hier stellen sich allerdings vor allem zwei Fragen: 2425
  - Zunächst ist offen, ob der Auftragnehmer verpflichtet ist, die **Kalkulation auch des Subunternehmers für die geänderte oder zusätzliche Leistung dem Auftraggeber gegenüber offenzulegen** oder ob es genügt, wenn er den ursprünglichen Angebotspreis des Subunternehmers und dessen neuen Angebotspreis für die geänderten oder zusätzlichen Leistungen vorlegt, also dessen Nachtragsangebot. Diese Problematik wird man in letzterem Sinne beantworten müssen (s. dazu Joussen/Vygen, Subunternehmervertrag, Rn. 550 ff.). Denn der Auftragnehmer ist nicht einmal ohne Weiteres berechtigt, die Kalkulationsunterlagen seines Subunternehmers, bei denen es sich immerhin um Geschäftsgeheimnisse handelt, an Dritte weiterzureichen, sodass der Auftraggeber schon deshalb die Vorlage nicht verlangen kann. Ohnehin ist unklar, ob die Kalkulation des Subunternehmers bei Diskussionen zur Nachtragshöhe zwischen Bauherrn und Generalunternehmer überhaupt weiterhilft. Denn gerade bei Abweichungen von der geschuldeten Soll-Leistung in den verschiedenen Verträgen muss eine solche keinesfalls aussagekräftig sein; auch können die **Kalkulationen von General- und Subunternehmer auf völlig verschiedenen Annahmen** beruhen. Im Extremfall ist es sogar denkbar, dass dem Subunternehmer gegenüber dem Hauptunternehmer keine Nachtragsforderung zusteht, während sich für den Hauptunternehmer sehr wohl eine begründete Nachtragsforderung ergeben kann und umgekehrt.

▶ **Beispiel**

Im Generalunternehmerverhältnis ist ein Einheitspreisvertrag geschlossen, während der Generalunternehmer mit dem Subunternehmer einen Pauschalvertrag vereinbart hat. Kommt es jetzt zu Mengenmehrungen, liegt auf der Hand, dass die Kalkulation des Nachunternehmers keinen Einfluss auf die Preisgestaltung im Generalunternehmerverhältnis haben kann. Dasselbe gilt, wenn etwa der Subunternehmer im Rahmen seines Pauschalpreises bereits Leistungen übernommen hat, die im Verhältnis zwischen Bauherrn und Generalunternehmer noch nicht im Vertrag enthalten sind und deswegen dort Zusatzleistungen darstellen.

  - Weitere Probleme ergeben sich, wenn eine ausgeschriebene Leistung **zunächst als Eigenleistung vorgesehen** und kalkuliert war, diese dann durch den Auftraggeber erheblich geändert und/oder erweitert wird und der Auftragnehmer **zur Ausführung jetzt** – von sich aus oder aus notwendigen zeitlichen Gründen – **Subunternehmer heranzieht** (s. dazu näher Joussen/Vygen, Subunternehmervertrag, Rn. 338 ff.). Hier stellt sich die Frage, ob der Auftragnehmer sein Nachtragsangebot auf der Basis des Hauptangebots als Eigenleistung kalkulieren kann und muss. Alternativ käme in Betracht, seiner Nachtragskalkulation die möglicherweise niedrigeren oder auch höheren Subunternehmerkosten zugrunde zu legen. In der Regel wird man der ersten Alternative den Vorzug geben müssen, sodass es auf die tatsächlichen Kosten – höher oder niedriger – nicht ankommt. Grund hierfür ist der sich aus § 2 Abs. 5 und 6 VOB/B ergebende allgemeine Grundsatz für Nachtragspreise, wonach **stets die kalkulatorischen Kosten**, nicht aber die tatsächlich entstehenden Mehr- oder Minderkosten maßgeblich sein sollen und sind. Dies wiederum zeigt sich schon anschaulich daran, dass zumindest nach dem Verständnis von § 2 Abs. 5 und Abs. 6 VOB/B die Nachtragspreisvereinbarungen bereits vor der Ausführung der Leistungen getroffen werden (sollen).

2426 Im Ergebnis ist die strikte Trennung zwischen der Kalkulation des Sub- und der des Generalunternehmers auch richtig: Sie folgt der schon an anderer Stelle beschriebenen rechtlichen Selbstständigkeit der verschiedenen Vertragsverhältnisse zwischen Auftraggeber und General- oder Hauptunternehmer einerseits und General- oder Hauptunternehmer und Subunternehmer andererseits, die grundsätzlich keine Durchlässigkeit kennt (s. dazu oben Rdn. 44 ff.). Dies gilt auch für die Kalkulation: Denn die **Kalkulation des Generalunternehmers** für eine an einen Subunternehmer vergebene Leistung setzt sich **nicht** etwa **aus den kalkulierten Einzelwerten des Subunternehmers** zusammen; das nämlich ist nicht seine Kalkulation, sondern die eines anderen Vertrages. Die Kalkulation des Generalunternehmers besteht vielmehr in aller Regel aus einem vorab für eine Teilleistung fest vereinbarten Gesamtpreis (ggf. auch Teil- oder Einheitspreisen) und dem GU-Zuschlag. Nur diese beiden Preiskomponenten muss er dann bei einem Nachtrag offen legen. Folglich gilt hier nichts anderes, als wenn der Generalunternehmer Baustoffe über den Großhandel bezieht. Auch hier müsste er nur den Bezugspreis für die Ware offen legen, nicht hingegen bei einer veränderten Ausführung eine Einkaufskalkulation zu dem neu zu beziehenden Baustoff. Insoweit ist es eben unbeachtlich, welche Fremdleistung (Baustoff oder Subunternehmer) hier nachgewiesen werden soll.

- **Allgemeine Geschäftskosten, Wagnis, Gewinn, Nachlass**

2427 Schließlich sind bei der Kalkulation des Nachtragsangebots die Zuschlagssätze für Allgemeine Geschäftskosten, Wagnis und Gewinn aus dem Hauptauftrag zu übernehmen. Daraus folgt zugleich, dass **Nachlässe**, die der Auftragnehmer im Hauptauftrag auf seine Angebotspreise gewährt hat und die entsprechend vertraglich vereinbart wurden, **auch bei der Kalkulation der Nachtragsangebote zu berücksichtigen** sind (OLG Düsseldorf, Urt. v. 22.09.1992 – 23 U 224/91, BauR 1993, 479, 480 = OLGR 1993, 118; OLG Hamm, Urt. v. 13.01.1995 – 12 U 84/94, BauR 1995, 564 f. = NJW-RR 1995, 593; ausführlich Rohrmüller, BauR 2008, 9 ff.). Zwar wird hier teilweise eine andere Auffassung vertreten – verbunden mit der wesentlichen Argumentation, dass in dem Nachlass ein rein akquisitorisches Instrument liege, das lediglich zur Erlangung des Auftrages gewährt werde (so Kapellmann, NZBau 2000, 57, 59). Dies gilt jedoch für die gesamte Preisgestaltung: Daher ist nicht ersichtlich, dass die Reduktion eines Vertragspreises bei Gewährung eines Nachlasses aus anderen Motiven erfolgt, als die Stellung eines günstigen Preises von Anfang an. Natürlich ersetzt dieser Grundsatz nicht eine vorrangige Auslegung des Vertrages (so auch OLG Köln, Urt. v. 08.10.2002 – 24 U 67/02, NJW-RR 2003, 667, 668). Danach kann sich z. B. ergeben, dass ein Nachlass wirklich nur für die Hauptvertragssumme gelten sollte, nicht etwa für Zusatzleistungen im Anwendungsbereich des § 2 Abs. 6 VOB/B. In diesem Fall wäre dann aber schon nach der Auslegung der dem Bauvertrag zugrunde liegenden Willenserklärungen der Nachlass inhaltlich beschränkt. Im Allgemeinen bleibt es jedoch dabei, dass ein Nachlass auf den Vertragspreis genauso zu einer Gewinnschmälerung des Unternehmers führt wie der vergleichbare Tatbestand, dass der Unternehmer sogleich einen günstigeren Preis angeboten hätte (ebenso Beck'scher VOB/B-Komm./Jansen § 2 Nr. 5 Rn. 58; Leinemann/Schoofs, § 2 Rn. 217). Beides stellt kalkulative Ansätze dar, die bei den Nachträgen erhalten bleiben (vgl. auch kritisch Ingenstau/Korbion/Keldungs, VOB/B, § 2 Abs. 5 Rn. 39).

2428 Berücksichtigung finden bei der Nachtragskalkulation in jedem Fall auch **Kalkulationsfehler des Auftragnehmers**, die bei Nachträgen grundsätzlich nicht auszugleichen sind, ebenso wenig wie spekulativ besonders hohe Einheitspreise bei Leistungsänderungen gerade dieser Positionen. Ausnahmsweise gilt allerdings anderes, wenn der für die geänderte Leistung heranzuziehende Preis sich mit Wissen und Wollen des Auftragnehmers in einem **wucherähnlichen Missverhältnis** befindet und deswegen keinen Bestand haben kann (BGH, Urt. v. 18.12.2009 – VII ZR 201/06, BGHZ 179, 213, 216 = BauR 2009, 491, 492 = NJW 2009, 835 = NZBau 2009, 232; s. oben Rdn. 2195 f.). Ebenso ist außerhalb einer danach sittenwidrigen Preisgestaltung denkbar, dass infolge einer Leistungsänderung und der jetzt notwendigen Neuberechnung der Preise das Äquivalenzverhältnis zwischen Leistung und Preis so tief gehend gestört ist, dass den Parteien ein Festhalten an dem so gefundenen Preis

9.13 Nachtragsangebote: Anforderungen an ihre Erstellung, Bearbeitung und Beauftragung   9

nicht mehr zuzumuten ist. Er könnte dann über die Grundsätze der **Störung der Geschäftsgrundlage** anzupassen sein (s. dazu grundsätzlich BGH, Beschl. v. 23.03.2011 – VII ZR 216/08, BauR 2011, 1162, 1163 = NJW-RR 2011, 886, 887 = NZBau 2011, 353, hier zu § 2 Abs. 3 VOB/B sowie BGH, Urt. v. 30.06.2011 – VII ZR 13/10, BauR 2011, 1646, 1649 = NJW 2011, 3287, 3289 = NZBau 2011, 553, 559 zur Preisanpassung bei Pauschalverträgen; s. dazu auch Kapellmann NZBau 2012, 275). Auf Einzelheiten wurde oben schon näher eingegangen. Darauf wird verwiesen (Rdn. 2197 f., 2345 ff.). In aller Regel wird es sich hierbei um eine Korrektur von krassen und eben im Ergebnis nicht mehr zumutbaren Einzelfällen handeln, die nicht verallgemeinerungsfähig sind. Denn auch diese Ausnahmefälle können nicht verdecken, dass die **Kalkulation der Angebotspreise vorrangig im alleinigen Risikobereich des Auftragnehmers liegt**, und zwar sowohl bezüglich zu niedriger als auch zu hoher Einheitspreise.

In den meisten derartigen Fällen setzt die diesbezügliche Korrektur aber nicht erst bei der Preisbildung an. Vielmehr wird der Auftraggeber die Ausführung solcher erheblicher Zusatzleistungen oder Mehrmengen schon gar nicht einseitig vom Auftragnehmer verlangen können, weil es sich nicht um Fälle des § 1 Abs. 3 VOB/B bzw. § 1 Abs. 4 S. 1 VOB/B handelt oder die Zumutbarkeitsschwelle überschritten ist (s. dazu Rdn. 926). Stattdessen wird es vorrangig um Sonderwünsche des Auftraggebers gehen, die dieser gemäß § 1 Abs. 4 S. 2 VOB/B dem Auftragnehmer ohnehin nur mit dessen Zustimmung übertragen kann (sog. Anschlussaufträge). Schon deshalb kann der Unternehmer seine diesbezügliche Zustimmung von einer angemessenen bzw. üblichen Vergütung abhängig machen. Diese steht ihm allerdings gemäß § 632 Abs. 2 BGB ohne Vereinbarung zu, da kein Fall des § 2 VOB/B vorliegt. Dementsprechend geht in gleicher Weise auch der Leitfaden des Vergabehandbuches des Bundes (dort Ziff. 1.4.1 i. V. m. Ziff. 2.6, Abschnitt 510) davon aus, dass in diesen Fällen die Preise für solche nicht notwendigen Zusatzleistungen im Sinne des § 1 Abs. 4 S. 2 VOB/B unabhängig von der Preisermittlung des Hauptauftrages frei vereinbart werden können (vgl. oben Rdn. 929 ff.). 2429

Sollte nach allem der Auftragnehmer mit einem finanziellen Ausgleich bei einem nach Anordnung des Auftraggebers entstehenden Mehraufwand ausfallen, so bleibt ggf. noch ein **Schadensersatzanspruch** aus §§ 280 Abs. 1, 311 Abs. 2, 241 Abs. 2 BGB wegen eines Verschuldens bei Vertragsverhandlungen bzw. beim Vertragsabschluss. Dieser könnte darauf beruhen, dass der Auftraggeber die Mengen fahrlässig falsch (zu niedrig) oder notwendige Zusatzleistungen gar nicht ausgeschrieben hat. Hat der Auftragnehmer in diesen Fällen zu Unrecht auf die Richtigkeit der ausgeschriebenen Mengen und die Vollständigkeit der ausgeschriebenen Leistungen zur Erreichung des geschuldeten Werkerfolges vertraut, könnte das zwar dazu führen, dass er allein deswegen wegen der zu Unrecht nicht ausgeschriebenen Mengen u. a. gleichwohl ein entsprechendes Risiko übernommen hat. Infolgedessen könnte er bei deren Anfall und einer darauf gerichteten Anordnung mangels Leistungsänderung keinen Mehrvergütungsanspruch nach § 2 Abs. 5 oder 6 VOB/B geltend machen (Rdn. 883 f.). All das ändert aber nichts an der gleichwohl bestehenden vorherigen Pflichtverletzung des Auftraggebers bei der Erstellung der Vertragsunterlagen, die für sich genommen eben auch einen Schadensersatzanspruch auslösen kann (s. oben ausführlich Rdn. 1922 ff.). Diese Möglichkeiten sind auch dann von besonderer Bedeutung, wenn sich erhebliche Mehrmengen bei der Ausführung gegenüber den ausgeschriebenen Mengen und dadurch bedingte Mehrkosten für den Auftragnehmer ergeben, § 2 Abs. 3 VOB/B ausgeschlossen ist (was in AGB zulässig ist: BGH, Urt. v. 08.07.1993 – VII ZR 79/92, BauR 1993, 723, 724 f. = NJW 1993, 2738 f., s. dazu oben Rdn. 681 ff.) und nicht eine Preisanpassung aus sonstigen Gründen (z. B. über die Grundsätze des Wegfalls der Geschäftsgrundlage: BGH, Beschl. v. 23.03.2011 – VII ZR 216/08, BauR 2011, 1162, 1163 = NJW-RR 2011, 886, 887 = NZBau 2011, 353) einen Ausgleich schafft. Allerdings bedarf es auch in diesen Fällen vorrangig der Prüfung, ob diese Mehrmengen nicht ihre Ursache in einer Bauentwurfsänderung (§ 2 Abs. 5 VOB/B) oder in einer fahrlässig fehlerhaften Mengenermittlung durch den Auftraggeber bzw. seinen Planer haben. 2430

9.13.1.3 Einbeziehung aller Kosten in den Nachtrag

2431 Das Nachtragsangebot des Unternehmers muss grundsätzlich **alle durch die Änderung** (Mehrmengen, Leistungsänderung, Änderung der Ausführungsart oder der Bauzeit, Zusatzleistungen) **verursachten Mehrkosten berücksichtigen**. Hierzu zählen insbesondere auch die Mehrkosten, die ggf. durch eine dadurch bedingte Bauzeitverlängerung oder Bauablaufstörung entstehen (s. zu den in der Praxis sehr zweifelhaften sog. **Bauzeitennachträgen**, mit denen die zeitabhängigen Kosten nach Leistungsänderungen separat abgerechnet werden sollen: oben Rdn. 1966 ff.). Berücksichtigt der Unternehmer solche Mehrkosten bei Abgabe des Nachtragsangebotes nicht und kommt es auf dessen Grundlage zu einer Nachtragsvereinbarung, so kann er nicht später noch Mehrkosten wegen einer auf der gleichen Ursache beruhenden Bauzeitverlängerung oder Bauablaufstörung geltend machen (OLG Düsseldorf, Urt. v. 24.10.1995 – 21 U 8/95, BauR 1996, 267, 269; OLG Brandenburg, Beschl. v. 18.08.2009 – 11 W 25/08, IBR 2011, 395; ebenso Kues/Steffen, BauR 2010, 10, 17; a.A. Roquette/Schweiger, BauR 2008, 734 f.), und zwar auch nicht auf der Grundlage eines Schadensersatzanspruchs nach § 6 Abs. 6 VOB/B (s. zu dem Verhältnis zwischen § 2 Abs. 5 VOB/B und § 6 Abs. 6 VOB/B oben Rdn. 1894 ff.). Etwas anderes kann nur ausnahmsweise in Betracht kommen, wenn der Auftragnehmer in seinem Nachtragsangebot einen entsprechenden Vorbehalt gemacht hatte (s. dazu Bruns ZfIR 2006, 153, 156). Dasselbe gilt, wenn das Nachtragsangebot vom Auftraggeber noch nicht angenommen worden war oder der Unternehmer an sein Nachtragsangebot – z. B. wegen Ablaufs einer ausdrücklich genannten oder der angemessenen Bindefrist (§§ 145 ff. BGB und § 10 Abs. 7 VOB/A) – nicht mehr gebunden ist, er dieses also ändern kann.

2432 Wie vorstehend ist im Übrigen auch im Vergabehandbuch (dort im »Leitfaden zur Vergütung bei Nachträgen«, Abschnitt 510, Ziff. 3.2.4) festgehalten, dass in der Nachtragsvereinbarung »alle durch die Änderung bzw. Ergänzung des Vertrages bedingten Auswirkungen zu regeln« sind. Insbesondere gilt dies danach auch für eine notwendig werdende **Änderung vertraglich vereinbarter Einzelfristen** oder der Ausführungsfrist bzw. des Fertigstellungstermins, also auch für dadurch bedingte Mehrkosten.

9.13.2 Nachtragsprüfung durch den Auftraggeber

2433 Ist nun ein Nachtragsangebot vom Unternehmer eingereicht worden, so ist der **Auftraggeber** gehalten, dieses **unverzüglich zu prüfen**. Nur dann können die notwendigen Preisvereinbarungen möglichst noch vor der Ausführung der geänderten oder zusätzlichen Leistung, für die das Nachtragsangebot vorgelegt worden ist, getroffen werden. Dies ist in § 2 Abs. 5 und Abs. 6 VOB/B ausdrücklich so vorgesehen. Hierzu sind die Vertragspartner im Rahmen ihrer **beiderseitigen Kooperationspflicht** (s. dazu BGH, Urt. v. 28.10.1999 – VII ZR 393/98, BGHZ 143, 89, 93 = BauR 2000, 409, 410 = NJW 2000, 807, 808) auch grundsätzlich verpflichtet. Dementsprechend sieht ebenso das Vergabehandbuch des Bundes (VHB – Leitfaden zur Vergütung von Nachträgen, Abschnitt 510) für die öffentlichen Auftraggeber im Rahmen der Verpflichtung zur unverzüglichen Prüfung des Nachtragsangebots vor, dass sofort nach Eingang festzustellen ist, ob das Nachtragsangebot vollständig (dies entfällt im Allgemeinen, wenn der Leistungsbeschrieb gemäß obigen Ausführungen vom Auftraggeber erstellt worden ist) und prüfbar ist. Dabei sind nicht prüfbare Nachtragsangebote zur Ergänzung unter Angabe der Beanstandung zurückzugeben.

2434 Ergänzend dazu sieht der soeben erwähnte Leitfaden zur Vergütung von Nachträgen des VHB unter Ziffer 2 die genaue Vorgehensweise bei Nachträgen vor, an die sich der öffentliche Auftraggeber zu halten hat. So werden zunächst Fälle aufgeführt, bei denen eine Nachtragsvereinbarung zur Vergütungsanpassung nicht erforderlich ist, dann aber auch, wann es einer solchen Nachtragsvereinbarung bedarf. All diese Festlegungen im VHB sind von großer praktischer Bedeutung für Nachtragsstreitigkeiten mit öffentlichen Auftraggebern, selbst wenn einzelne Festlegungen darin bestritten sein mögen.

Bei der inhaltlichen Prüfung der Nachtragsangebote durch den Auftraggeber geht es sodann nicht 2435
darum, pauschal die Preisansätze des Auftragnehmers zu bestreiten oder gar ein günstigeres Angebot
eines anderen Unternehmers vorzulegen (OLG Saarbrücken, Urt. v. 29.03.2011 – 4 U 242/10,
BauR 2011, 1215 [Ls.] = NJW-RR 2011, 745 = NZBau 2011, 422; Ingenstau/Korbion/Keldungs,
B § 2 Abs. 5 Rn. 42). Vielmehr ist zunächst festzustellen, ob die **Forderung aus § 2 VOB/B hergeleitet werden** kann. Davon abzugrenzen sind dagegen Leistungen, die

- bereits in der **Leistungsbeschreibung des Hauptauftrages** – evtl. auch in den Vorbemerkungen dazu – **enthalten** sind,
- von dem Leistungsbeschrieb des Hauptauftrages bei entsprechender Auslegung aus Sicht der Bieter (vgl. BGH, Urt. v. 22.04.1993 – VII ZR 118/92, BauR 1993, 595, 596 = NJW-RR 1993, 1109, 1110 = ZfBR 1993, 219, 220) noch erfasst werden und sich deshalb die Anordnung des Auftraggebers nicht als eine solche im Sinne des § 2 Abs. 5 VOB/B, sondern als Anordnung zur vertragsmäßigen Ausführung der geschuldeten Leistung gemäß § 4 Abs. 1 Nr. 3 S. 1 VOB/B darstellt (vgl. BGH, Urt. v. 09.04.1992 – VII ZR 129/91, BauR 1992, 759 = NJW-RR 1992, 1046 sowie oben Rdn. 2221),
- als Nebenleistung nach den jeweiligen Allgemeinen Technischen Vertragsbedingungen, der DIN 18299 oder aufgrund konkret vereinbarter und AGB-rechtlich unbedenklicher wirksamer Vertragsbedingungen (BVB, ZVB, ZTV, VOB/B) mit den vereinbarten Preisen abgegolten sind (§ 2 Abs. 1 VOB/B),
- der Auftragnehmer ohne Auftrag oder unter eigenmächtiger Abweichung vom Vertrag ausgeführt hat und bei denen die Voraussetzungen zur Anerkennung nach § 2 Abs. 8 Nr. 2 VOB/B oder § 2 Abs. 8 Nr. 3 VOB/B i. V. m. §§ 683, 670 BGB nicht vorliegen.

Ist diese Vorprüfung für den Auftragnehmer positiv abgeschlossen, so bedarf es der weiteren Prüfung 2436
und **Feststellung, welche der möglichen Anspruchsgrundlagen** des § 2 VOB/B für den konkreten
Fall heranzuziehen ist (vgl. dazu oben Rdn. 2180 ff.). Insoweit wird auf vorstehende Darstellung verwiesen.

Ist danach die richtige Einordnung der Nachtragsforderung zu einer der Nachtragsansprüche nach 2437
§ 2 Abs. 3 ff. VOB/B erfolgt, bleibt abschließend die **Prüfung der Höhe der Forderung**. Dazu gehört insbesondere die Untersuchung, ob der Auftragnehmer sein Nachtragsangebot entsprechend
den Regeln des § 2 Abs. 3–9 VOB/B auf der Grundlage der Kalkulation des Hauptauftrages berechnet und alle Bedingungen des Hauptauftrages einschließlich etwaiger vereinbarter Nachlässe berücksichtigt hat. Um die Höhe der Nachtragsangebote überprüfen zu können, bedarf es im Allgemeinen
der **Vorlage der Kalkulation des Hauptauftrages**, entsprechender Erläuterungen zu dieser Kalkulation und der jeweils geänderten Position und desgleichen der daraus entwickelten und fortgeschriebenen Kalkulation des Nachtragsangebotes (s. dazu vor allem Vygen/Joussen/Schubert/Lang, Bauverzögerung und Leistungsänderung, Teil B, Rn. 194 ff.; Kapellmann/Schiffers, Bd. 1, Rn. 1000 ff.). Diese Anforderungen werden durchweg auch von den Gerichten gestellt, wenn es
nicht zu einer Nachtragsvereinbarung gekommen ist (s. auch oben Rdn. 2418). Denn nur durch
einen Vergleich dieser beiden Kalkulationen lässt sich – im Prozess ggf. mithilfe eines baubetrieblich
ausgerichteten Sachverständigen – feststellen, ob das Nachtragsangebot auf der Basis des Hauptangebotes unter Berücksichtigung der Mehr- und Minderkosten kalkuliert worden ist, wobei eine hinterlegte Urkalkulation natürlich sehr hilfreich sein kann.

9.13.3 Abschluss der Nachtragsvereinbarung

Beide Vertragspartner sollten um eine unverzügliche Nachtragsvereinbarung, möglichst noch vor 2438
der Ausführung der entsprechenden Leistung bemüht sein. Der Auftragnehmer kann eine zügige Bearbeitung des Nachtragsangebotes durch den Auftraggeber und dessen Annahme häufig dadurch beschleunigen, dass er sein Nachtragsangebot mit einer **Bindefrist** versieht, also einer Frist, bis zu deren
Ablauf er sich an das Nachtragsangebot gebunden hält (vgl. §§ 145 ff. BGB und § 10 Abs. 7
VOB/A). Fehlt es an einer solchen Bindefrist, so gilt eine **angemessene Frist für die Bindung an
das Nachtragsangebot**. Nur mit deren Annahme lässt sich die weitverbreitete Unsitte vermeiden,

dass Nachtragsangebote zwar vom Unternehmer unverzüglich eingereicht werden, dann aber beim Auftraggeber unbearbeitet liegen bleiben und erst nach Ausführung der Leistungen verhandelt werden. Darin liegt ebenso eine **Verletzung der Kooperationspflicht** wie in dem vom BGH entschiedenen Fall der Weigerung des Auftragnehmers, sein Nachtragsangebot zumindest auf Nachfrage näher zu begründen und die behaupteten Mehrkosten im Einzelnen darzulegen (BGH, Urt. v. 28.10.1999 – VII ZR 393/98, BGHZ 143, 89, 94 = BauR 2000, 409, 410 = NJW 2000, 807, 808; s. auch oben Rdn. 2418). Eine solche Verletzung der Kooperationspflicht führt aufseiten des anderen Vertragspartners möglicherweise sogar zu einem Kündigungsrecht (BGH, Urt. v. 28.10.1999 – VII ZR 393/98, BGHZ 143, 89, 94 = BauR 2000, 409, 410 = NJW 2000, 807, 808). Gleichfalls sind in diesen Fällen erhebliche Auseinandersetzungen über die Höhe der Nachtragsforderungen und in der Folge Rechtsstreitigkeiten kaum zu vermeiden. Denn vielfach glaubt jetzt der Auftraggeber oder weiß es tatsächlich, dass die wirklichen Mehrkosten des Unternehmers für die verändert oder zusätzlich ausgeführte Leistung viel geringer waren als dieser in seinem Nachtragsangebot kalkuliert hat. Abgesehen davon, dass dies auch durchaus umgekehrt sein kann, also die tatsächlichen Kosten höher liegen können als die im Nachtragsangebot vor der Ausführung kalkulierten Mehrkosten, geht diese Argumentation des Auftraggebers aber ohnehin in die falsche Richtung. Sie verstößt nämlich gegen die Grundsätze des § 2 VOB/B, der **bei Nachtragsvereinbarungen** gerade nicht auf die tatsächlich entstandenen Mehrkosten, sondern auf die **kalkulativen Kosten** abstellt. Vor allem dazu unterscheiden sich die Nachträge gemäß § 2 VOB/B als Vergütungsanspruch zugleich von dem Schadensersatzanspruch nach § 6 Abs. 6 VOB/B (vgl. dazu oben Rdn. 1894 ff.). Dies wird im Übrigen schon dadurch deutlich, dass eine Nachtragsvereinbarung nach § 2 Abs. 5 und 6 VOB/B grundsätzlich vor der Ausführung getroffen werden soll, also zu einem Zeitpunkt, in dem nur die kalkulativen Kosten, nicht aber die tatsächlichen Mehr- oder Minderkosten überhaupt bekannt sind.

2439 Für den Abschluss der Nachtragsvereinbarung bestehen ansonsten keine Besonderheiten. Hier gelten die **allgemeinen Regeln des BGB**, d. h.: Für eine wirksame Nachtragsvereinbarung bedarf es **zweier sich deckender Willenserklärungen**. Wird der Auftraggeber durch einen Dritten, vor allem seinen Architekten vertreten, bindet dies den Auftraggeber nur dann, wenn der Architekt über eine ausreichende Vollmacht verfügt (s. dazu Rdn. 202 ff.). Sodann ist eine Nachtragsvereinbarung auch an den sonstigen allgemeinen Grenzen der Zulässigkeit von Rechtsgeschäften zu messen. Dies gilt vor allem dann, wenn die Nachtragsvereinbarung als solche gegen gesetzliche Gebote verstößt oder sittenwidrig ist (s. dazu oben allgemein Rdn. 126 ff. sowie konkret zu dem sittenwidrigen Verlangen eines wucherähnlichen überhöhten Einheitspreises Rdn. 2282 ff.).

▶ **Beispiel (nach OLG Jena, Urt. v. 17.01.2007 – 2 U 1091/05, Nichtzul.-Beschw. zurückgew., BGH, Beschl. v. 19.06.2008 – VII ZR 22/07, BauR 2008, 1901)**

Auf einer Baustelle fällt zusätzlicher Bodenaustausch an. Der Auftragnehmer bietet einen minderwertigen Boden für einen dann sogar noch um 100 % überhöhten Preis an. Der Vertreter des öffentlichen Auftraggebers, der offenbar Kenntnis davon hatte, beauftragt den Nachtrag. Dies sah das OLG als sittenwidrig und die Nachtragsvereinbarung damit als nichtig an.

2440 Nicht selten stellt sich allerdings gerade in den Vertretungsfällen die Frage, ob nicht schon durch die Duldung und Entgegennahme der Ausführung der in einem Nachtragsangebot aufgeführten Leistungen seitens des Auftraggebers dessen **stillschweigende oder konkludente Annahme** erfolgt und damit eine Nachtragsvereinbarung zustande gekommen ist. Dies wird man bei **öffentlichen Auftraggebern** in der Regel verneinen müssen. Denn für diese sind in Gesetzen strenge Formvorschriften verankert, wonach es durchweg der Einhaltung der Schriftform und bestimmter Vertretungsregeln bedarf (vgl. auch BGH, Urt. v. 11.06.1992 – VII ZR 110/91, BauR 1992, 761, 762 = NJW-RR 1992, 1435, 1436; BGH, Urt. v. 27.11.2003 – VII ZR 346/01, BauR 2004, 495 = NJW-RR 2004, 449 = NZBau 2004, 207; s. dazu auch Rdn. 148). Jedoch sind davon Ausnahmefälle denkbar.

▶ **Beispiel (nach KG, Urt. v. 12.02.2008 – 21 U 155/06, BauR 2009, 650)**

Der Auftragnehmer stellt einen Nachtrag. Nach langen Verhandlungen, bei denen zumindest kein ausdrückliches Ergebnis erzielt wird, stellt der Auftragnehmer seine mit dem Nachtrag berechtigten Mehrkosten in eine Abschlagsrechnung ein, die der (öffentliche) Auftraggeber widerspruchslos bezahlt. Hierin liegt zugleich die Annahme des Nachtragsangebotes.

Großzügiger wird man dies ggf. bei **privaten Auftraggebern** zu beurteilen haben, bei denen durchaus eine konkludente Annahme eines Nachtragsangebotes vorliegen kann und wird. Dies gilt vor allem, wenn sie die Ausführung der im Nachtragsangebot aufgeführten Leistung erkennen und dulden, ohne einen Vorbehalt **gegen das Nachtragsangebot**, sei es dem Grunde, sei es der Höhe nach geltend zu machen (ebenso KG, Urt. v. 31.10.2008 – 7 U 169/07, IBR 2009, 7; ähnlich schon OLG Jena, Urt. v. 12.01.2006 – 1 U 921/04, BauR 1006, 1897; Kues/Steffen, BauR 2010, 10, 19). Allerdings: Die bloße stillschweigende Entgegennahme der Nachtragsleistungen als solche genügt für die konkludente Annahme einer Nachtragsvereinbarung nicht – was umso mehr gilt, wenn ggf. nicht einmal zuvor ein Nachtragsangebot vorgelegt wurde (i. E. ebenso OLG Frankfurt, Urt. v. 01.10.2010 – 19 U 209/09, BauR 2011, 565 [Ls.])

Unbeschadet dessen ist aber festzuhalten, dass es selbstverständlich vorrangiges Ziel beider Vertragspartner sein sollte, unverzüglich nach Kenntnis von einer Leistungsänderung oder Zusatzleistung sich auch über die Mehrkosten zu einigen und eine entsprechende Nachtragsvereinbarung schriftlich zu treffen. Dazu können die bauleitenden Architekten und Ingenieure einen entscheidenden Beitrag leisten, obwohl sie in der Regel keine Vollmacht zum Abschluss solcher Nachtragsvereinbarungen haben werden. Ebenso dürfte es vielfach sinnvoll sein, bereits im Vertrag eine konkrete Vorgehensweise für den Fall vorzusehen, dass eine einvernehmliche Vereinbarung zur Nachtragsvergütung (zeitnah) nach Stellung des Nachtragsangebotes scheitert. Vorstellbar wäre etwa in diesem Fall eine abschließende **Entscheidung zu Grund und Höhe eines Nachtrages durch einen vorab bestimmten Schiedsgutachter**. Die Vorteile für beide Seiten sind hier erheblich. Für den Auftragnehmer liegt dies schon deshalb auf der Hand, weil er relativ schnell eine Gewissheit zu der von ihm für eine Nachtragsleistung zu beanspruchenden Vergütung erlangt. Doch auch für den Auftraggeber zeigen sich – abgesehen von der Reduzierung eines Streitpotenzials – Vorteile insoweit, als die Nachtragsvergütung zu einem sehr frühen Zeitpunkt prospektiv festgelegt wird, sodass vor allem später höhere Kostenentwicklungen außen vor bleiben (s. dazu ausführlich Joussen, BauR 2010, 518 – dort auch mit dem Entwurf einer entsprechenden Schiedsgutachtenvereinbarung). 2441

Abschließend mag zu beachten sein, dass dann, wenn eine Vergütungsvereinbarung zu einer Zusatz- oder geänderten Leistung gemäß § 2 Abs. 5 oder 6 VOB/B geschlossen wurde, diese **nicht endgültig einen Vergütungsanspruch** zementiert. Bedeutung gewinnt dies vor allem, wenn sich im Laufe des Bauvorhabens herausstellt, dass die Leistung des Nachtrages, zu dem schon eine Vereinbarung geschlossen wurde, dem Grunde nach doch Bestandteil des Hauptvertrages war (BGH, Urt. v. 26.04.2005 – X ZR 166/04, BauR 2005, 1317, 1319 = NJW-RR 2005, 1179, 1180). 2442

▶ **Beispiel**

Nach den technischen Montagebedingungen, die Vertragsbestandteil sind, gehören einzelne dort näher beschriebene Montageleistungen zum Leistungsumfang des Hauptvertrages. Aufgrund eines personellen Wechsels beim Auftraggeber verkennt der jetzt zuständige Mitarbeiter diese technischen Montagebedingungen. Der Auftragnehmer stellt konkret dazu einen Nachtrag, der beauftragt wird.

Ein solcher **Nachtrag zu einer Hauptvertragsleistung** löst **keinerlei zusätzliche Vergütungsansprüche** aus, weil – sei es mit dem Nachtrag, sei es mit dem Hauptauftrag – die Leistungen als Vertragsleistung nur einmal erbracht werden. Die Tatsache allein, dass dazu im Nachhinein eine Nachtragsvereinbarung geschlossen wird, ändert daran nichts – es sei denn, der Auftraggeber hätte unüblicherweise dazu eine gesonderte Vergütungspflicht selbstständig anerkannt oder die Vertragsparteien hätten sich gerade in Ansehung dieser Frage dazu verglichen (BGH, a. a. O.; kritisch dazu

Kues/Steffen, BauR 2010, 10, 14). Die Nachtragsvereinbarung selbst regelt stattdessen in diesen Fällen nur die Höhe der Vergütung unter der Voraussetzung, dass überhaupt eine nachtragsfähige Leistung vorliegt. Das bedeutet, dass nach Abschluss einer solchen Vereinbarung der Auftragnehmer keine weiteren Kosten mehr nachschieben kann, wenn er sie sich nicht ausdrücklich vorbehalten hat (s. dazu oben Rdn. 2431). Eine abweichende Betrachtung zu diesen **Sachverhalten der Doppelbeauftragung** davon ist aber natürlich auch nicht ausgeschlossen, wenn sich dies aus der Beauftragung des Nachtrages ausdrücklich so ergibt oder sonst eindeutig entnehmen lässt.

▶ Beispiel (in Anlehnung an BGH, Urt. v. 08.03.2012 – VII ZR 177/11, BauR 2012, 946, 947 = NJW 2012, 2105, 2106 = NZBau 2012, 432, 433)

> Der Auftragnehmer hat Bodenbelagsarbeiten auszuführen. Noch vor Abnahme führt ein Drittunternehmen Reinigungsarbeiten durch und setzt dabei das gesamte Geschoss unter Wasser. Der Boden wird beschädigt. Der Auftraggeber beauftragt daraufhin den Auftragnehmer in einem gesonderten Nachtrag mit Reparaturarbeiten. Er weigert sich später, die Rechnung dafür zu bezahlen, weil der Auftragnehmer noch vor der Abnahme die Gefahr für die mangelfreie Herstellung getragen habe.

Dieser Einwand ist zwar dem Grunde nach richtig. Auch ist es tatsächlich so, dass nach vorstehend erläuterten Grundsätzen dem Auftragnehmer im Fall solcher Drittbeschädigungen dafür kein Ersatz- oder gesonderter Vergütungsanspruch zusteht (s. dazu schon Rdn. 980). Wenn aber der Auftraggeber diese Reparaturleistungen in Kenntnis aller Umstände nochmals gesondert beauftragt, wird er sie auch bezahlen müssen. Dies gilt umso mehr, als er damit ja üblicherweise den Eindruck erwecken wird, dass er sich in Höhe der damit entstandenen Mehrkosten bei dem schädigenden Zweitunternehmer schadlos halten will (BGH, a. a. O.).

9.13.4 Leistungseinstellung bei Unterbleiben der Vereinbarung zum Nachtrag

2443 Häufig stellt sich in der Praxis die Frage, ob der Auftragnehmer die Ausführung der angeordneten Leistungsänderungen und/oder Zusatzleistungen bis zur Vereinbarung der geänderten oder zusätzlichen Vergütung verweigern kann. Ein solches Leistungsverweigerungsrecht scheitert zunächst nicht an § 18 Abs. 5 VOB/B, da diese Regelung **kein eigenes Recht zur Leistungsverweigerung** vorsieht. Vielmehr wird dort nur klargestellt, dass ansonsten bestehende Leistungsverweigerungsrechte erhalten bleiben (BGH, Urt. v. 25.01.1996 – VII ZR 233/94, BGHZ 131, 392, 401 f. = BauR 1996, 378, 381 = NJW 1996, 1346, 1348; Ingenstau/Korbion/Joussen, B § 18 Abs. 5 Rn. 1).

Doch stellt sich das Problem in ganz anderer Sicht: Denn welches Leistungsverweigerungsrecht sollte der Auftragnehmer eigentlich bei einer unterbleibenden Nachtragsvereinbarung geltend machen? Er hat zwar bei geändert angeordneten Leistungen nach § 2 Abs. 5 und 6 VOB/B einen ggf. zusätzlichen Vergütungsanspruch. Ungeachtet dessen bleibt er aber auch in **Bezug auf diese Leistungserweiterungen vorleistungspflichtig**. Ein wie auch geartetes Leistungsverweigerungsrecht ist hier gar nicht ohne Weiteres erkennbar (ebenso: Kuffer, ZfBR 2004, 110 ff.; kritisch auch Pauly, BauR 2012, 851, 854). Dies gilt umso mehr, als nach § 2 Abs. 5 und 6 VOB/B die dazu gehörende Vergütungsvereinbarung nur möglichst vor Leistungsausführung getroffen werden soll. Folglich gibt es nicht einmal aus der VOB/B ein zwingendes Erfordernis, dass eine Einigung zur Vergütungshöhe vor Leistungsausführung getroffen werden muss. Vielmehr kann diese Vereinbarung nach den Regelungen der VOB auch später, d. h. im Wege der Abrechnung erfolgen.

2444 Wenn man also gleichwohl an ein Leistungsverweigerungsrecht des Auftragnehmers denkt, kann sich dies **allenfalls aus Treu und Glauben** (§ 242 BGB) ergeben. Grundlage dafür ist auf der einen Seite der Befund, dass wie erläutert § 2 Abs. 5 oder Abs. 6 VOB/B zwar keine Pflicht zum Abschluss einer Nachtragsvereinbarung schon vor Leistungsausführung enthalten. § 2 Abs. 5 und Abs. 6 VOB/B kann aber zumindest entnommen werden, dass sich der Auftraggeber hinsichtlich eingereichter Nachtragsangebote – insoweit auch im Rahmen seiner **Kooperationspflicht** (s. dazu vor allem BGH, Urt. v. 28.10.1999 – VII ZR 393/98, BGHZ 143, 89, 93 = BauR 2000, 409, 410 = NJW 2000, 807, 808 sowie oben Rdn. 1067) – nicht vollständig passiv verhalten darf. Erst mit dieser Maßgabe ist dann aber auch ein **Leistungsverweigerungsrecht des Auftragnehmers** vorstellbar: Denn einerseits kann ihm nicht zugemutet werden, Anordnungen des Auftraggebers gemäß § 1 Abs. 3 oder Abs. 4 S. 1 VOB/B befolgen zu müssen, ohne auf der anderen Seite Klarheit über die ihm dafür zustehende Vergütung zu erhalten, zumal insbesondere die Leistungserweiterung, die den Vergütungsanspruch auslöst, allein im wohlverstandenen Interesse des Auftraggebers liegt (OLG Celle, Urt. v. 04.11.1998 – 14a (6) U 195/97, BauR 1999, 262).

Konkret bedeutet das, dass jeweils im Einzelfall zu prüfen sein wird, ob und inwieweit es dem Auftragnehmer auch bei einem sich verzögernden Abschluss einer Nachtragsvereinbarung noch **zumutbar** ist, zunächst die Nachtragsleistungen ohne Nachtragsvereinbarung zu erbringen. In diesem Sinne wird man im Zweifel von einem Leistungsverweigerungsrecht, d. h. von einer Unzumutbarkeit ausgehen können, wenn der Auftraggeber den Abschluss einer ergänzenden (berechtigten) Nachtragsvereinbarung zu einer von ihm angeordneten Zusatzleistung **endgültig verweigert** hat (BGH, Urt. v. 24.06.2004 – VII ZR 271/01, BauR 2004, 1613, 1615 = NJW-RR 2004, 1539, 1540; Kniffka/Jansen/von Rintelen, § 631 Rn. 918 m. w. N.). Anderes wird allenfalls gelten können, wenn insbesondere bei einer geänderten Leistung die neue Vergütung nur unwesentlich von der alten abweicht (BGH, Urt. v. 13.03.2008 – VII ZR 194/06, BGHZ 176, 23, 34 = BauR 2008, 1131, 1137 = NJW 2008, 2106, 2110 = NZBau 2008, 437, 440). Losgelöst von diesem Sonderfall ist es ansonsten aber möglicherweise sogar unerheblich, dass der Auftragnehmer nicht einmal ein prüfbares Nachtragsangebot vorgelegt hat; dies gilt zumindest dann, wenn der Auftraggeber bereits erklärt hat, dass er ohnehin jede Vergütungszahlung ablehnen wird (OLG Brandenburg, Urt. v. 23.04.2009 – 12 U 111/04, BauR 2009, 1312, 1314 = NJW-RR 2010, 92, 94 = NZBau 2010, 51, 53). Besteht danach ein Leistungsverweigerungsrecht kann der Auftragnehmer aber umgekehrt gehalten sein, dieses auf die streitige Nachtragsleistung zu beschränken, soweit die ansonsten nach dem Vertrag auszuführende Leistung im Übrigen klar und eindeutig abgrenzbar ist (OLG Frankfurt, Urt. v. 21.9.2011 – 1 U 154/10, BauR 2012, 262, 263 = NJW-RR 2011, 1655, 1656 = NZBau 2012, 110, 111; OLG Hamm, Urt. v. 22.12.2011 – 21 U 111/10, BauR 2012, 1406, 1407; Vygen, BauR 2005, 431, 432; Kimmich, BauR 2009, 1494, 1503; Pauly, BauR 2012, 851, 856).

2445

Das Kernproblem bezüglich etwaiger Leistungsverweigerungsrechte besteht in der Praxis allerdings vielfach darin, dass Auftraggeber solche Erklärungen im Sinne der vorzitierten Rechtsprechung mit einer endgültigen Ablehnung eines Nachtrages kaum abgeben. Vielmehr zeichnen sich Sachverhalte in der Weise aus, dass Nachtragsangebote über Wochen, Monate und zum Teil Jahre einfach liegen bleiben. Sodann entsteht vielfach Streit darüber, ob die behauptete Nachtragsleistung im ursprünglichen Hauptvertrag schon enthalten war und ob die Nachtragshöhe berechtigt ist.

2446

▶ Beispiel

Der Auftragnehmer hat sein Nachtragsangebot zutreffend berechnet und vollständig unter Vorlage der Kalkulation und aller erforderlichen oder zu Recht vom Auftraggeber geforderten Unterlagen belegt. Der Auftraggeber äußert sich zu der Annahme oder zu dem Inhalt des Nachtragsangebotes trotz hinreichender Prüfungszeit nicht.

In derartigen Zweifelsfällen kann der **Auftragnehmer nur nachhaltig davor gewarnt** werden, **seine Leistung zu verweigern**. Denn das Risiko, dass er hier rechtmäßig handelt, d. h. einen Ausnahmefall im Sinne des § 242 BGB nachweisen kann, ist als außerordentlich hoch einzustufen. Hier wird man eine Entscheidung aber nur im Einzelfall treffen können. Geht es zum Beispiel um einen Mehraufwand von über 25 % der Gesamtvergütung, erscheint es für ihn umso weniger zumutbar, ohne eine Reaktion des Auftraggebers zu seinem Nachtragsangebot weiter vorleisten zu müssen (vgl. dazu auch OLG Zweibrücken, Urt. v. 20.09.1994 – 8 U 214/93, BauR 1995, 251, 252; Kniffka/Jansen/von Rintelen, § 631 Rn. 918). In einem solchen Fall dürfte wohl von einem Leistungsverweigerungsrecht auszugehen sein.

Kann der Auftragnehmer danach seine Leistung zu Recht verweigern, dürfte zugleich in der unterbleibenden Reaktion auf das Nachtragsangebot auch die **Verletzung einer dem Auftraggeber obliegenden Handlung** im Sinne des § 9 Abs. 1 Nr. 1 VOB/B liegen. Dies dürfte den Auftragnehmer

2447

unter den dort weiteren Voraussetzungen (insbesondere Nachfristsetzung) zugleich zu einer **Kündigung des Gesamtvertrages** berechtigen (OLG Düsseldorf, Urt. v. 27.06.1995 – 21 U 219/94, BauR 1996, 115, 116 = NJW-RR 1996, 730, 731).

2448 Sind diese eindeutigen Sachverhalte, die ausnahmsweise ein Leistungsverweigerungsrecht des Auftragnehmers bei einer unterbleibenden Nachtragsvereinbarung auslösen können, angesprochen, sind umgekehrt aber auch die Fallgestaltungen zu nennen, in denen ein **solches Leistungsverweigerungsrecht nicht besteht**. Dies ist die ganz überwiegende Zahl der Sachverhalte, so vor allem (s. auch Kimmich, BauR 2009, 1494):

- Die Nachtragsforderung ist unberechtigt (BGH, Urt. v. 24.06.2004 – VII ZR 271/01, BauR 2004, 1613, 1615 = NJW-RR 2004, 1539, 1540; BGH, Urt. v. 13.03.2008 – VII ZR 194/06, BGHZ 176, 23, 34 = BauR 2008, 1131, 1137 = NJW 2008, 2106, 2110 = NZBau 2008, 437, 440).
- Das Nachtragsangebot war nicht ordnungsgemäß oder prüfbar aufgestellt, sodass der Auftraggeber die Mehrforderung gar nicht prüfen konnte (OLG Frankfurt, Urt. v. 21.9.2011 – 1 U 154/10, BauR 2012, 262, 264 = NJW-RR 2011, 1655, 1656 = NZBau 2012, 110, 111; Beckscher VOB-Komm./Jansen, § 2 Nr. 5 Rn. 78). Etwas anderes kann aber gelten, wenn der Auftraggeber zuvor erklärt hatte, dass er ohnehin jede Mehrforderung dem Grunde nach ablehnen werde (OLG Brandenburg, Urt. v. 23.04.2009 – 12 U 111/04, BauR 2009, 1312, 1314 = NJW-RR 2010, 92, 94 = NZBau 2010, 51, 53).
- Der Auftraggeber konnte sich bisher noch nicht mit der Nachtragsforderung in angemessener Frist auseinandersetzen (OLG Frankfurt, a. a. O.; Jansen, a. a. O.).

2449 In all diesen Fällen darf ein Auftragnehmer die Leistung nicht einstellen. Tut er dies dennoch, liegt darin zunächst eine ernsthafte und endgültige Erfüllungsverweigerung, die seinerseits den Auftraggeber zur **Kündigung des Vertrages** berechtigt (BGH, a. a. O.; OLG Brandenburg, Urt. v. 09.02.2005 – 4 U 128/04, BauR 2005, 764). Wurde aufgrund des Verhaltens des Auftragnehmers aber dann doch die Nachtragsvereinbarung geschlossen, könnte hierin sogar eine **widerrechtliche Drohung** gelegen haben. Der Auftraggeber könnte danach die Rückabwicklung einschließlich Rückzahlung einer ggf. schon gezahlten Vergütung verlangen (BGH, Urt. v. 13.09.2001 – VII ZR 415/99, BauR 2002, 89 f. = NJW 2001, 3779).

2450 Sind diese Grundlinien klar, liegt auch auf der Hand, dass eine Leistungseinstellung des Auftragnehmers in Zweifelsfällen zu unterbleiben hat, d. h. vor allem: Lässt sich der **Auftraggeber z. B. auf Verhandlungen ein**, gibt er damit mittelbar zu erkennen, dass er den Nachtrag dem Grunde nach möglicherweise doch vergüten wird. Daher kommt in diesen Fällen zumindest in der Regel kaum ein Recht zur Leistungseinstellung oder ein Kündigungsrecht in Betracht (ähnlich wie hier Ingenstau/Korbion/Keldungs, VOB/B, § 2 Abs. 5 Rn. 47 f.; Kniffka/Jansen/von Rintelen, § 631 Rn. 918 f.; deutlich weiter gehend für umfassende Leistungseinstellungsrechte: Kapellmann/Schiffers, Band 1, Rn. 975 ff.; Kues/Kaminsky, BauR 2008, 1368, 1372). Dies ergibt sich bereits aus der allgemeinen **Kooperationsverpflichtung der Bauvertragsparteien** untereinander (s. dazu BGH, Urt. v. 28.10.1999 – VII ZR 393/98, BGHZ 143, 89, 93 = BauR 2000, 409, 410 = NJW 2000, 807, 808 sowie oben Rdn. 1067). Daneben bleibt natürlich stets weiter zu berücksichtigen, dass die Parteien gerade entsprechend ihrem Kooperationsgedanken eine Einigung in der Sache suchen, d. h. sich bemühen sollten, unverzüglich nach Kenntnis von einer Leistungsänderung oder Zusatzleistung sich auch über die Mehrkosten zu einigen und eine Nachtragsvereinbarung schriftlich zu treffen. Falls dies nicht gelingt, sollte den Vertragspartnern dann zumindest empfohlen werden, ggf. ein **Schlichtungsverfahren** etwa nach der SOBau der Arge Baurecht im Deutschen Anwalt-Verein durchzuführen (s. dazu Rdn. 3351 ff.), um den **Stillstand der Bauausführung** oder gar eine **Kündigung** zu vermeiden. Ebenso käme zumindest für den Einzelfall die Durchführung eines **Schiedsgutachtenverfahrens** in Betracht (s. dazu ausführlich Joussen, BauR 2010, 514).

9.14 Zusammenfassung in Leitsätzen

1. Der Verpflichtung des Auftragnehmers zur Erbringung der Bauleistung steht die Verpflichtung des Auftraggebers zur Zahlung der vereinbarten Vergütung gegenüber. Deren Höhe ergibt sich aus dem Vertrag. Wurde dazu ausnahmsweise keine Regelung getroffen, ist der Vertrag gleichwohl wirksam. Danach ist eine für die Bauleistung übliche Vergütung zu zahlen. Beim VOB-Vertrag ist diese auf Einheitspreisbasis zu berechnen. Sie erhöht sich in der Regel um die Umsatzsteuer.
2. Ausgehend von der vertraglichen Vereinbarung hängt die Höhe der zu zahlenden Vergütung u. a. von dem dem Bauvertrag zugrunde liegenden Vertragstyp ab. In Betracht kommen vor allem Einheitspreis-, Pauschalpreis- und Stundenlohnvertrag. Bei dem in der Praxis besonders verbreiteten Einheitspreisvertrag steht nur der positionsbezogene jeweilige Einheitspreis je Leistung fest. Demgegenüber hängen der Positions- und damit der am Ende zu zahlende Endpreis von den mit einem Aufmaß zu ermittelnden Einzelmengen ab. Beim Pauschalpreisvertrag ist der vereinbarte Pauschalpreis zu zahlen. Dabei ist unbeachtlich, ob ein Detailpauschal- oder Globalpauschalvertrag vorliegt. Ein Pauschalvertrag ist von einer beim Einheitspreisvertrag möglichen (ggf. verschuldensunabhängigen) Mengengarantie abzugrenzen.
3. Kommt es gegenüber der Ausschreibung zu veränderten Mengen bei einem ansonsten gleich bleibenden Leistungsziel, bleibt davon ein vereinbarter Pauschalpreis unberührt, soweit keine Störung der Geschäftsgrundlage vorliegt. Bei einem Einheitspreisvertrag auf der Grundlage der VOB/B können Mehr- oder Mindermengen den vertraglichen Einheitspreis verändern. Allerdings bleibt auch hier der Einheitspreis bei Mengenveränderungen bis zu ± 10 % unverändert. Steigen die Mengen über 10 %, kann jede Vertragspartei eine Anpassung des Einheitspreises für die Mehrmengen über 110 % verlangen. Ganz ausnahmsweise kann auch eine Preisanpassung über die Grundsätze der Störung der Geschäftsgrundlage in Betracht kommen; ebenso sind die vereinbarten Preise auf ihre Sittenwidrigkeit hin zu überprüfen. Sinkt die im Vertrag prognostizierte Menge um mehr als 10 %, kann vor allem der Auftragnehmer eine Anpassung des Einheitspreises fordern, der dann für sämtliche noch verbleibenden Mengen gilt. Ein neuer Preis hat sich in jedem Fall an der Urkalkulation zu orientieren. Beim Einheitspreisvertrag auf der Grundlage des BGB gibt es keine vergleichbaren Regelungen.
4. Der Auftraggeber kann jederzeit (Teil)leistungen aus dem Vertrag herausnehmen und selbst ausführen. Bei einem VOB-Vertrag kann dies sogar formfrei erfolgen, während sonst eine Kündigung der Schriftform bedarf. Für derartige herausgenommene Leistungen hat der Auftraggeber die vereinbarte Vergütung abzüglich ersparter Aufwendungen zu zahlen.
5. Beide Bauvertragsparteien können nach § 2 Abs. 5 VOB/B eine Vergütungsanspassung verlangen, wenn der Auftraggeber eine gegenüber dem Leistungssoll veränderte Leistung anordnet und sich diese auf die Grundlagen des Preises auswirkt. Anordnungen Dritter oder bloße Erschwernisse bei der Leistungsausführung genügen nicht. Erfasst werden dagegen Anordnungen des Auftraggebers zur Bauzeit. Dabei reicht jeweils eine stillschweigende Anordnung aus. Im Übrigen muss ein Mehrvergütungsanspruch nach § 2 Abs. 5 VOB/B im Gegensatz zu dem nach § 2 Abs. 6 VOB/B nicht vor Leistungsausführung angekündigt werden. Ein Mehrvergütungsanspruch nach § 2 Abs. 5 VOB/B entfällt, wenn der Auftraggeber eine schon vertraglich geschuldete Leistung anordnet. Die Vergütungsanspassung selbst erfolgt erneut auf der Grundlage der Urkalkulation. All diese Regelungen sind bei einem BGB-Vertrag nicht anwendbar.
6. Verlangt der Auftraggeber während der Bauausführung zusätzliche Leistungen, die für die vertragliche Leistung erforderlich sind (vgl. § 1 Abs. 4 S. 1 VOB/B), ist hierfür nach § 2 Abs. 6 VOB/B eine Zusatzvergütung zu gewähren. Allerdings muss ein insoweit bestehender Mehrvergütungsanspruch vor Leistungsausführung angekündigt werden. Von diesem Ankündigungserfordernis kann nur in Ausnahmefällen abgesehen werden. Eine danach zusätzlich zu zahlende Vergütung hat sich ebenfalls an der Urkalkulation zu orientieren. Von den für die Vertragsdurchführung notwendigen Zusatzleistungen sind zu unterscheiden zum

einen Leistungen, die zwar im Zusammenhang mit der vertraglichen Bauleistung stehen, für diese aber nicht erforderlich sind (§ 1 Abs. 4 S. 2 VOB/B). Zum anderen geht es um Leistungen, die keinen Zusammenhang mit der Bauausführung aufweisen. Diese Sachverhalte fallen nicht unter § 2 Abs. 6 VOB/B. Beim BGB-Vertrag sind diese Regelungen der VOB/B wiederum nicht anwendbar.

7. Vorstehende VOB-Regelungen gelten auch bei Abschluss eines Pauschalvertrages. Ggf. kann zusätzlich noch als ultima ratio auf die Grundsätze zur Störung der Geschäftsgrundlage zurückgegriffen werden. Kann der Umfang der vertraglich geschuldeten Leistung selbst nach einer Auslegung nicht klar ermittelt werden, trägt die damit verbundene Darlegungs- und Beweislast bestrittenermaßen vorbehaltlich einer vorrangig anderweitigen Auslegung derjenige, der das konkrete (unklare) Leistungsverzeichnis aufgestellt hat.

8. Führt der Auftragnehmer eigenmächtig eine vom Vertrag nicht vorgesehene Leistung aus oder weicht von einer vorgesehenen Leistungsbeschreibung ab, so hat der Auftraggeber zunächst das Recht, vom Auftragnehmer die Beseitigung dieser vertragswidrig ausgeführten Leistung zu verlangen. Demgegenüber besteht ein Vergütungsanspruch, wenn der Auftraggeber diese Leistung nachträglich anerkennt. Dasselbe gilt bei einem VOB-Vertrag, wenn diese Zusatzleistung für den Auftraggeber erforderlich war und seinem mutmaßlichen Willen entsprach. Fehlt es auch an diesen Voraussetzungen, kann hilfsweise noch auf den Aufwendungsersatzanspruch einer Geschäftsführung ohne Auftrag und teilweise auf bereicherungsrechtliche Ansprüche zurückgegriffen werden. Diese Ansprüche bleiben aber bestrittenermaßen hinter dem eigentlichen Vergütungsanspruch zurück.

9. Verlangt der Auftraggeber vom Auftragnehmer die Erstellung besonderer planerischer Leistungen, sind diese ebenfalls zu vergüten.

10. Stundenlohnarbeiten werden bei VOB-Verträgen nur vergütet, wenn sie dem Grunde nach vor Leistungsausführung ausdrücklich vereinbart werden. Bei einem BGB-Vertrag besteht diese Beschränkung nicht.

11. Ist nach allem bei einer Zusatzleistung ein Nachtrag zu stellen, läge es eigentlich am Auftraggeber, dazu ein Leistungsverzeichnis zu entwerfen. Dieser trägt dafür dann auch die Planungsverantwortung. Allerdings kann und wird die Erstellungshoheit zum Nachtragsleistungsverzeichnis vielfach vom Auftragnehmer übernommen, der die Nachtragsleistung anbietet. Hierfür trifft ihn dann aber gleichzeitig eine Haftung für die Richtigkeit der diesem Leistungsverzeichnis zugrunde liegenden Angaben und ggf. der Planung. Preislich hat sich ein Nachtragsangebot an den Sätzen der Urkalkulation zu orientieren. Liegt dieses vor, hat in einem zweiten Schritt der Auftraggeber das Nachtrags-LV zu prüfen und abhängig von seiner Berechtigung zu beauftragen.

12. Verweigert der Auftraggeber grundlos den Abschluss einer Nachtragsvereinbarung, kann der Auftragnehmer notfalls seine Arbeiten einstellen. Hierbei handelt es sich jedoch nur um das letzte Mittel, da sich daran in aller Regel eine ganz erhebliche rechtliche Auseinandersetzung anschließen wird. Auch kann eine grundlose Leistungseinstellung dazu führen, dass im Gegenzug nunmehr der Auftraggeber zur fristlosen Kündigung des Bauvertrages berechtigt ist.

10 Abrechnung, Zahlung, Verjährung

Übersicht

	Rdn.
10.1 Das Aufmaß als Grundlage der Abrechnung	2454
10.1.1 Anwendungsbereich	2456
10.1.2 Art und Weise sowie Zeitpunkt der Feststellungen	2461
10.1.3 Rechtsfolgen und Bedeutung des (gemeinsamen) Aufmaßes	2467
10.2 Abrechnung der Bauleistung (ohne Stundenlohnarbeiten)	2473
10.2.1 Aufstellen einer prüfbaren Rechnung (§ 14 Abs. 1 VOB/B)	2474
10.2.2 Fristen zur Aufstellung einer Schlussrechnung (§ 14 Abs. 3 VOB/B)	2478
10.2.3 Aufstellung der Schlussrechnung durch den Auftraggeber (§ 14 Abs. 4 VOB/B)	2479
10.2.4 Keine Bindungswirkung an Schlussrechnung und weitere Folgen	2483
10.3 Abrechnung von Stundenlohnarbeiten	2484
10.3.1 Stundenlohnarbeiten im BGB-Vertrag	2485
10.3.2 Stundenlohnarbeiten bei einem VOB-Vertrag	2490
10.3.2.1 Vertragliche Vereinbarung	2491
10.3.2.2 Höhe der Vergütung	2493
10.3.2.3 Kontrolle der Vergütung	2494
10.3.2.4 Stundenlohnrechnung	2499
10.3.2.5 Zweifel am Umfang von Stundenlohnarbeiten bei verspätet eingereichten fehlenden Stundenlohnzetteln	2500
10.4 Fälligkeit der Vergütung beim VOB-Vertrag	2501
10.4.1 Abschlagszahlungen (§ 16 Abs. 1 VOB/B)	2503
10.4.1.1 Voraussetzungen für Abschlagszahlungen	2504
10.4.1.2 Fälligkeit von Abschlagszahlungen	2512
10.4.1.3 Einbehalte von Abschlagszahlungen	2514
10.4.1.4 Ausschluss bei Schlussrechnungsreife	2517
10.4.1.5 Rückzahlung bei Überzahlung	2519
10.4.2 Vorauszahlungen (§ 16 Abs. 2 VOB/B)	2520
10.4.3 Schlusszahlung (§ 16 Abs. 3 VOB/B)	2525
10.4.3.1 Begrifflichkeiten	2526
10.4.3.2 Voraussetzungen für Schlusszahlung	2531
10.4.3.3 AGB-rechtliche Vereinbarkeit der Fälligkeitsregelung in § 16 Abs. 3 Nr. 1 VOB/B	2547
10.4.4 Teilschlusszahlung (§ 16 Abs. 4 VOB/B)	2552
10.5 Fälligkeit der Vergütung beim BGB-Vertrag	2555
10.5.1 Abschlagszahlungen (§ 632a BGB)	2556
10.5.1.1 Vertragsgemäß erbrachte Leistung	2558
10.5.1.2 Höhe der Abschlagszahlung	2561
10.5.1.3 Stoffe und Bauteile	2562
10.5.1.4 Nachweis durch nachvollziehbare Aufstellung	2563
10.5.1.5 Bauträgerklausel	2565
10.5.1.6 Sicherheitsleistung für Verbraucher	2566
10.5.1.7 Verlust von Abschlagszahlungsansprüchen und abweichende Vereinbarungen	2571
10.5.2 Vorauszahlungen	2575
10.5.3 Schlusszahlung	2576
10.5.3.1 Abnahme als Fälligkeitsvoraussetzung	2577
10.5.3.2 Durchgriffsfälligkeit	2578
10.5.3.3 Bedeutung einer Schlussrechnung	2582
10.6 Zahlung der Vergütung	2587
10.6.1 Vorabzahlung der Bauabzugsteuer	2588
10.6.2 Steuerschuldumkehr bei Bauleistungen	2598
10.6.2.1 Bauleistungen	2600
10.6.2.2 Steuerschuldner	2602
10.6.2.3 Ergänzende Hinweise	2603
10.6.3 Rechtzeitige Zahlung/Skonto (§ 16 Abs. 5 Nr. 1 und 2 VOB/B)	2605
10.6.3.1 Wirksame Skontovereinbarung	2607

	Rdn.
10.6.3.2 Rechtzeitige Zahlung	2611
10.6.4 Rechte des Auftragnehmers bei verspäteter Zahlung	2616
10.6.4.1 BGB-Vertrag	2617
10.6.4.2 VOB-Vertrag	2623
10.6.5 Schlusszahlung und Ausschluss von Nachforderungen des Auftragnehmers bei vorbehaltloser Annahme der Schlusszahlung (§ 16 Abs. 3 Nr. 2 bis 6 VOB/B)	2629
10.6.5.1 Voraussetzungen der Ausschlusswirkungen	2630
10.6.5.2 Notwendige Vorbehalte des Auftragnehmers	2638
10.6.5.3 Folge der Ausschlusswirkung	2643
10.7 Rückforderungsanspruch zu geleisteten (Schluss) Zahlungen	**2646**
10.7.1 Kein deklaratorisches Schuldanerkenntnis bei Schlusszahlung	2647
10.7.2 Rechtsgrund für Rückforderungsansprüche	2648
10.7.3 Rückzahlungsansprüche öffentlicher Auftraggeber	2655
10.8 Direktzahlung der Vergütung an Subunternehmer des Auftragnehmers (§ 16 Abs. 6 VOB/B)	**2659**
10.8.1 Voraussetzungen	2660
10.8.2 Risiken	2662
10.9 Verjährung von Vergütungsansprüchen	**2666**
10.9.1 Regelmäßige Verjährungsfrist	2667
10.9.1.1 Verjährung des Vergütungsanspruchs beim BGB-Vertrag	2671
10.9.1.2 Verjährung eines Vergütungsanspruchs beim VOB-Vertrag	2675
10.9.2 Wirkung der Verjährung	2684
10.9.3 Verlängerung der Verjährung	2686
10.9.3.1 Verjährungshemmung	2687
10.9.3.2 Neubeginn der Verjährung (§ 212 BGB)	2690
10.10 Zusammenfassung in Leitsätzen	**2691**

2452 Der Abrechnung der vom Unternehmer erbrachten Bauleistungen kommt eine besondere Bedeutung zu. Denn gerade beim Einheitspreisvertrag, der nach § 2 Abs. 2 VOB/B die Regel für die Vergütungsberechnung ist, steht die Vergütung in ihrer endgültigen Höhe nicht schon bei Abschluss des Bauvertrages fest, sondern kann erst nach vollständiger Ausführung der Bauleistungen errechnet werden. Nach § 2 Abs. 2 VOB/B bestimmt sich die Vergütung nämlich nach den vereinbarten Einheitspreisen und den tatsächlich erbrachten Leistungen (Mengen) jeder einzelnen Position des Leistungsverzeichnisses (s. dazu oben Rdn. 2153).

▶ **Beispiel**

Im Einheitspreisvertrag wird die Leistung »Anstrich einer Wand« angeboten. Der Einheitspreis beträgt 7 €/m², im Leistungsverzeichnis ist eine Menge von 60 m² angegeben. Dies ergibt einen den Positionspreis von 420 €. Dies ist jedoch nur der Angebotspreis. Einzige fest vereinbarte Größe ist der Einheitspreis von 7 €/m². Hat sich der Planer verkalkuliert, d. h. beträgt die Fläche der anzustreichenden Wand tatsächlich 70 m², sind auch die 70 m², d. h. 490 € zu bezahlen.

Bei der Abrechnung ist zudem ein besonderes Augenmerk auf die verschiedenen Möglichkeiten einer Vergütungsänderung zu richten. Diese sind im Einzelnen in § 2 Abs. 3 bis 9 VOB/B geregelt; sie werden in der Praxis oft viel zu wenig beachtet (vgl. dazu ausführlich Rdn. 2180 ff.).

2453 Während das BGB keine konkreten Vorgaben an die Abrechnung aufstellt, enthält § 14 Abs. 1 VOB/B das Gebot, dass die **Abrechnung eines VOB-Vertrages prüfbar** sein muss. Hierzu muss bei einem Einheitspreisvertrag ein Aufmaß erstellt werden (§ 14 Abs. 2 VOB/B). Dies ist die Basis der Abrechnung. Auf dessen Grundlage werden die Rechnungen erstellt, zu deren Bezahlung Einzelheiten in § 16 geregelt sind.

10.1 Das Aufmaß als Grundlage der Abrechnung

2454 Unter einem Aufmaß versteht man die Feststellung aller Umstände der Leistung, die für eine ordnungsgemäße Abrechnung erforderlich sind. Hierzu gehört insbesondere eine **Überprüfung der tat-**

10.1 Das Aufmaß als Grundlage der Abrechnung

sächlich ausgeführten **Leistungen vor Ort,** nicht eine Ermittlung der Leistung etwa anhand von Plänen. Dieses bietet sich allenfalls dann an, wenn genau nach einem bestimmten Ausführungsplan gebaut wurde. In diesem Fall werden die Ausführungspläne teilweise als Abrechnungsplan gestempelt, und soweit geboten mit Korrekturen versehen. Dies ist in der Baupraxis aber die Ausnahme bzw. kommt nur bei wenigen Vorhaben (z. B. beim Brückenbau) in Betracht.

In der Aufmaßfeststellung selbst sind im Hinblick auf die vereinbarte Vergütung und den dort vorgesehenen Abrechnungseinheiten die erbrachten Leistungen nach Zahl, Maß und Gewicht zu dokumentieren. Die Addition der Einzelsätze führt dann zu den Vordersätzen des Einheitspreisvertrages. Diese werden mit den Einheitspreisen multipliziert, sodass sich hiernach der Abrechnungspreis für die konkrete Position ergibt (s. dazu auch BGH, Urt. v. 29.04.1999 – VII ZR 127/98, BauR 1999, 1185 f. = NJW-RR 1999, 1180). 2455

Nach § 14 Abs. 2 VOB/B sind diese Leistungsfeststellungen als Grundlage der Abrechnung möglichst gemeinsam vorzunehmen.

10.1.1 Anwendungsbereich

Bereits die vorstehenden Erläuterungen machen deutlich: Ein Aufmaß wird grundsätzlich **nur bei einem Einheitspreisvertrag** erstellt. Hier allein kommt es auf die verbauten Mengen und Massen an. Demgegenüber ist es im Hinblick auf den vereinbarten Endpreis bei einem Pauschalvertrag unüblich,. Dies gilt auch für einen Detailpauschalvertrag. Denn Kennzeichen des Pauschalvertrages ist es gerade, dass es bei bloßen Mengenveränderungen gegenüber der Ausschreibung (soweit solche dort überhaupt angegeben sind) keine Preisanpassung geben soll (s. o. Rdn. 2318 ff.). Dann aber kommt es auf die tatsächlich verbauten Mengen auch nicht an. 2456

▶ **Beispiel**

> Der Auftragnehmer bietet für den Ausbau eines Dachgeschosses einen Einheitspreisvertrag an. Dieses schließt für die dort vorgesehenen Leistungen mit einem Angebotswert von 45 320,33 €. Auftraggeber und Auftragnehmer einigen sich auf eine Pauschale für alle ausgeschriebenen Leistungen von 40 000 €. Jetzt ist es unbeachtlich, ob die nach dem Vertrag zu deckende Dachfläche 300 oder 320 m² beträgt.

Entsprechendes gilt bei **Nachträgen.** 2457

▶ **Beispiel**

> Die Parteien haben einen Pauschalvertrag zu einem Einkaufszentrum geschlossen. Der Auftraggeber beauftragt nachträglich den Einbau einer weiteren WC-Anlage. Der Auftragnehmer möchte diese zusätzlichen Leistungen auf Einheitspreisbasis abrechnen und legt dafür ein Aufmaß vor.

Eine solche Leistungsänderung kann der Auftraggeber nach § 1 Abs. 3 VOB/B anordnen. Dafür steht dem Auftragnehmer nach § 2 Abs. 7 Nr. 2, § 2 Abs. 5 VOB/B auch bei einem Pauschalvertrag ein zusätzlicher Vergütungsanspruch zu (s. Rdn. 2332 ff.). Dieser richtet sich nach den Preisermittlungsgrundlagen des Hauptvertrages. Auf eine Abrechnung nach Aufmaß kommt es insoweit aber nicht an, erst recht nicht auf eine sich darauf aufbauende Abrechnung zu Einheitspreisen. Vielmehr muss der Auftragnehmer seine zusätzliche Vergütung wegen der Nachtragsleistung in Fortschreibung des vereinbarten Pauschalpreises abrechnen (s. o. Rdn. 2364 ff.). Belässt er es hingegen bei einer Abrechnung nach Einheitspreisen, könnte eine dazu gestellte Rechnung mangels Prüfbarkeit zurückgewiesen werden (OLG Dresden, Urt. v. 27.01.2006 – 12 U 2705/99, BauR 2008, 139).

Gerade die Vereinbarung einer Pauschale nach einem zuvor erfolgten Einheitspreisangebot ist in der Praxis nicht selten vor dem Hintergrund zu sehen, dass sich der Auftragnehmer die z. T. nicht unerhebliche Mühe eines Aufmaßes, d. h. eines detaillierten Leistungsnachweises, sparen will. Hierfür ist er nicht selten bereit, nochmals einen deutlichen Preisabschlag zu akzeptieren. 2458

2459 Allenfalls in **Ausnahmefällen** kann sich ein **Aufmaß aber ggf.** doch auch **bei Detailpauschalverträgen** anbieten. Dies gilt besonders im Fall einer vorzeitigen Vertragsbeendigung, z. B. nach einer fristlosen Kündigung (vgl. § 8 Abs. 6 VOB/B), oder für etwaige Zusatzleistungen, soweit diese im Einzelfall auf Einheitspreisbasis vergütet werden sollen.

> ▶ **Beispiel**
>
> Der Auftragnehmer wird bei einem Detailpauschalvertrag vorzeitig gekündigt. Er nimmt jetzt ein Aufmaß und stellt damit die tatsächlich ausgeführten Leistungen fest.

Ein solches Aufmaß ist dann zwar keine unmittelbare Abrechnungsgrundlage. Denn die Höhe der Vergütung für einen gekündigten Pauschalvertrag für die bis zur Kündigung erbrachte Leistung ist aus dem Verhältnis zwischen erbrachter und der nach dem Pauschalvertrag geschuldeten Gesamtleistung zu ermitteln (BGH, Urt. v. 29.06.1995 – VII ZR 184/94, BauR 1995, 691, 692 = NJW 1995, 2712, 2713). Allein zur Bestimmung des richtigen Verhältnisses mag aber ein dazu vorliegendes Aufmaß, das ja weiterhin in das Verhältnis zu der ursprünglich angebotenen Gesamtleistung gesetzt werden kann, ein guter Anhaltspunkt sein (s. zur Abrechnung eines gekündigten Pauschalvertrages unten Rdn. 2835 ff.).

2460 Die Grundsätze zur Erstellung eines Aufmaßes gelten **kraft Verkehrssitte** auch für Einheitspreisverträge auf der Grundlage des **BGB-Werkvertragsrechts**.

10.1.2 Art und Weise sowie Zeitpunkt der Feststellungen

2461 Zu der Vornahme der Feststellungen bzw. der Erstellung des Aufmaßes sollen folgende Grundzüge erläutert werden:
- **Art und Weise der Feststellungen**

2462 Ziel der Feststellungen im Rahmen eines Aufmaßes ist es ausschließlich, eine Grundlage für die Abrechnung der Bauleistung zu schaffen. Eine solche Feststellung kann daher selbst dann erfolgen, wenn die **Leistung mangelhaft** ist. Ein Anerkenntnis in welcher Form auch immer zu der Mangelfreiheit oder Mangelbehaftung ist mit einem Aufmaß nicht verbunden (Heiermann/Riedl/Rusam, VOB/B, § 14 Rn. 77).

> ▶ **Beispiel**
>
> Am Bauvorhaben sind verschiedene Mängel vorhanden. Auftraggeber und Auftragnehmer erstellen ein gemeinsames Aufmaß. Hier kann der Auftraggeber das Aufmaß trotzdem unterzeichnen Denn mit dem Aufmaß wird nur die Leistungsausführung als solche dokumentiert. Mit Mängeln hat dies nichts zu tun – wobei es dem Auftraggeber aber selbstverständlich unbenommen bleibt, einen Vorbehalt auf dem Aufmaß anzubringen. Dieses wiederum kann der Auftragnehmer unterzeichnen, weil auch der Vorbehalt an der Dokumentation der ausgeführten Leistung nichts ändert und erst recht zu keinem Mangelanerkenntnis führt.

2463 Die Art und Weise der Feststellung im Rahmen eines Aufmaßes ergibt sich je nach Gewerk zumeist aus dem jeweiligen **Abschnitt 5 der zugehörigen DIN-Vorschrift** (vgl. auch § 14 Abs. 2 S. 2 VOB/B). Diese DIN-Normen werden einschließlich der Abrechnungsvorschriften durch Vereinbarung der VOB/B gemäß § 1 Abs. 1 S. 2 VOB/B Vertragsbestandteil (s. o. Rdn. 432 ff. sowie weiter gehend zu der Geltung der DIN: Ingenstau/Korbion/U. Locher, VOB/B, § 14 Abs. 2 Rn. 17).

> ▶ **Beispiel**
>
> Im Abschnitt 5 der DIN 18350 Putz- und Stuckarbeiten ist etwa in Ziff. 5.2.1 vorgesehen, dass bei der Abrechnung nach Flächenmaß (m²) abgezogen werden u. a. Öffnungen, Aussparungen und Nischen über 2,5 m² Einzelgröße, in Böden über 0,5 m² Einzelgröße. In Ziff. 5.1.3 heißt es etwa, dass die Wandhöhen überwölbter Räume bis zum Gewölbeanschnitt, die Wandhöhe der Schildwände bis zu 2/3 des Gewölbestichs gerechnet werden.

10.1 Das Aufmaß als Grundlage der Abrechnung

Haben die Parteien hingegen andere Abrechnungsregeln vereinbart als in der einschlägigen DIN vorgesehen, gehen diese vertraglichen Vereinbarungen selbstverständlich vor.

- **Gemeinsame Feststellung**
Wie sich aus § 14 Abs. 2 S. 1 VOB/B ergibt, sieht die VOB beim Aufmaß eine gemeinsame Feststellung von Auftragnehmer und Auftraggeber vor. Gemeinsam heißt, dass die Bauvertragsparteien zusammen das Objekt begehen und sinnvollerweise ein schriftliches Aufmaßprotokoll erstellen. Dieses sollte von beiden unterschrieben werden. Die Erstellung eines Aufmaßes ist jedoch **keine Vertragspflicht** (so aber Nicklisch/Weick, VOB/B, § 14 Rn. 17; Kapellmann/Messerschmidt, B § 14 Rn. 61). Dies ergibt sich schon aus der Formulierung des § 14 Abs. 2 VOB/B, wonach das Aufmaß »möglichst« gemeinsam zu nehmen ist. Richtigerweise führt diese Formulierung (nur) zu einer **beidseitigen Obliegenheit** (so wohl die herrschende Meinung, vgl. nur Ingenstau/Korbion/U. Locher, VOB/B, § 14 Abs. 2 Rn. 4; Beck'scher VOB/B-Komm./Voit, § 14 Nr. 2 Rn. 42; unklar hier BGH, Urt. v. 22.05.2003 – VII ZR 143/02, BauR 2003, 1207, 1208 = NJW 2003, 2678, der zwar von einer Teilnahmeverpflichtung an einem gemeinsamen Aufmaßtermin spricht, auf der Rechtsfolgeseite einen Verstoß dagegen aber nur wie eine Obliegenheitsverletzung, nämlich mit der Sanktion einer Beweislastumkehr, behandelt). Dabei kann selbstverständlich im Vertrag eine entsprechende Pflicht für ein gemeinsames Aufmaß vereinbart werden (BGH, Urt. v. 29.04.1999 – VII ZR 127/98, BauR 1999, 1185 f. = NJW-RR 1999, 1180). Gibt es aber keine solche Vereinbarung und fehlt eine Partei an einem Aufmaßtermin, ergeben sich daraus noch keine negativen Folgen, wenn zeitnah ein neuer Termin vereinbart werden kann. Verweigert sich eine Partei aber insgesamt der gemeinsamen Feststellung, kann die **Mitwirkung demnach nicht eingeklagt** werden. Die sich verweigernde Partei hat jedoch die mit ihrem Verhalten verbundenen ggf. für sie nachteilhaften Folgen zu tragen, d. h.: Bleibt z. B. der Auftraggeber dem Termin zum gemeinsamen Aufmaß fern und ist ein neues Aufmaß oder eine Überprüfung des einseitig vorgenommenen Aufmaßes nicht mehr möglich, hat er im Vergütungsprozess des Auftragnehmers vorzutragen und zu beweisen, welche Maße zutreffen, oder dass und warum die vom Auftragnehmer angesetzten Maße unzutreffend sind (BGH, Urt. v. 22.05.2003 – VII ZR 143/02, BauR 2003, 1207, 1208 f. = NJW 2003, 2678).
Selbstverständlich kann sich der Auftraggeber bei dem gemeinsamen Aufmaß von seinem **Architekten vertreten** lassen. Anders als sonst (s. zur Architektenvollmacht oben Rdn. 202 ff.) bedarf der Architekt hierfür keiner gesonderten Vollmacht, wenn er ohnehin mit der Bauüberwachung (Leistungsphase 8) beauftragt ist (BGH, Urt. v. 24.01.1974 – VII ZR 73/73, BauR 1974, 210, 211 = NJW 1974, 646; BGH, Urt. v. 15.02.1960 – VII ZR 10/59, NJW 1960, 859).

- **Zeitpunkt der Feststellung**
Gemeinsame Feststellungen haben vor allem **vor der Abrechnung** stattzufinden (§ 14 Abs. 2 S. 1 VOB/B). Dies liegt auf der Hand. Denn mit einem Aufmaß sollen die für die Abrechnung notwendigen Grundlagen geschaffen werden. Feststellungen zum Umfang der Bauleistungen sind jedoch auch schon während der Bauphase durchzuführen, wenn einzelne Leistungen aufgrund des Baufortschritts später nicht mehr feststellbar wären (§ 14 Abs. 2 S. 3 VOB/B).

> ▶ **Beispiel**
>
> Unter Putz verlegte Elektroleitungen können nach Verschließen der Wände nicht mehr aufgemessen werden. Hier muss ein Aufmaß vorher erfolgen.

Insoweit hat der **Auftragnehmer** darauf zu achten, diese gemeinsamen Feststellungen **rechtzeitig anzumelden**. Etwaige Bauverzögerungen, die infolge verspätet angemeldeter Feststellungen eintreten, gehen ausschließlich zu seinen Lasten. Dasselbe gilt, wenn deswegen spätere Leistungsfeststellungen ggf. überhaupt nicht mehr möglich sind.

> ▶ **Beispiel (ähnlich OLG Stuttgart, Urt. v. 30.12.2009 – 9 U 18/09, Nichtzul.-Beschw. zurückgew., BGH, Beschl. v. 9.2.2012 – VII ZR 15/10, IBR 2012, 251)**
>
> Ein Dachdecker leistet mangelhaft. Nach einem Beweisverfahren lassen die Bauherren das Dach sanieren. Später verlangt der Dachdecker wenigstens zu den teilweise mangelfrei erbrach-

ten Leistungen seine Vergütung. Kann er hier den Umfang der erbrachten Leistungen (nach der Sanierung und des damit erfolgten Umbaus) mangels Aufmaßes nicht nachweisen, geht dies zu seinen Lasten.

10.1.3 Rechtsfolgen und Bedeutung des (gemeinsamen) Aufmaßes

2467 Wie soeben erläutert, soll nach § 14 Abs. 2 S. 1 VOB/B das Aufmaß von Auftraggeber und Auftragnehmer möglichst gemeinsam genommen werden. Diese von der VOB/B favorisierte Form des sog. gemeinsamen Aufmaßes hat nämlich rechtlich eine besondere (befriedigende) Wirkung, da es sich dabei nach herrschender Meinung um ein **deklaratorisches Schuldanerkenntnis** im Sinne des § 782 BGB handelt (BGH, Urt. v. 24.01.1974 – VII ZR 73/73, BauR 1974, 210, 211 = NJW 1974, 646; BGH, Urt. v. 24.10.1966 – VII ZR 92/64, SFH Z 2.302 Bl. 22), d. h.:

2468 • Bekannte Einwendungen sind durch ein gemeinsames Aufmaß ausgeschlossen. Es findet eine **Umkehr der Beweislast hinsichtlich der Richtigkeit der erbrachten Leistungen** statt. Derjenige, der eine andere als die im Aufmaß festgehaltene Leistung behauptet, muss nunmehr diese auch beweisen. Zuvor muss er aber die ggf. abweichenden Mengen überhaupt erst einmal substanziiert darlegen; hierzu muss zumindest der Rechenweg offengelegt bzw. im Zweifelsfall sogar eine Alternativberechnung angestellt werden (KG, Urt. v. 01.06.2007 – 7 U 190/06, BauR 2007, 1752, 1753). Diese Rechtswirkungen gelten auch für die öffentliche Hand als Auftraggeber, selbst wenn im Nachhinein die Rechnungsprüfungsbehörden ggf. zu anderen Ergebnissen kommen (BGH, Urt. v. 30.01.1975 – VII ZR 206/73, BauR 1975, 211, 213).

2469 • Eine **Anfechtung einer einem (gemeinsamen) Aufmaß zugrunde liegenden Willenserklärung** etwa wegen Irrtums nach § 119 BGB ist zwar möglich (vgl. etwa OLG Braunschweig, Urt. v. 18.11.1999 – 8 U 136/99, BauR 2001, 412, 414 = NJW-RR 2000, 1334, 1335; OLG Nürnberg, Urt. v. 17.03.1972 – 1 U 119/70, BauR 1972, 318, 319; Kapellmann/Messerschmidt, VOB/B, § 14 Rn. 46). Zumeist dürfte es aber schon an der Einhaltung der nach § 121 BGB geltenden Anfechtungsfrist (»Unverzüglichkeit«) fehlen. Sodann dürfte sich der relevante Irrtum allenfalls auf etwaige Mess- oder Berechnungsfehler beschränken (BGH, Urt. v. 24.10.1966 – VII ZR 92/64, SFH Z 2.302 Bl. 22). Bei der im Zweifel bedeutenderen Erklärung zum Leistungs-Ist sind dagegen **Irrtumsfälle kaum denkbar**. Denn im Aufmaß wird ja nur das festgestellt, was die Parteien vor Ort persönlich wahrgenommen haben (s. dazu auch OLG Braunschweig, a. a. O.).

2470 • Die Bindungswirkung eines gemeinsamen Aufmaßes besteht jedoch nur in tatsächlicher Hinsicht, nämlich dass die Leistung wie aufgemessen ausgeführt wurde. **Keinesfalls abgeschnitten** sind mit einem Aufmaß **rechtliche Einwände** gegen eine etwaige Vergütung der aufgemessenen Leistung, so z. B., dass sie Gegenstand einer anderen LV-Position, nicht zu vergüten oder überhaupt nicht Vertragsgegenstand ist. Denn Sinn und Zweck des gemeinsamen Aufmaßes bleibt allein die Leistungsfeststellung vor Ort, um Streitigkeiten darüber später zu vermeiden. Deswegen liegt in einem gemeinsamen Aufmaß auch grundsätzlich keine Änderungsanordnung nach § 2 Abs. 5 VOB/B, ein Verlangen nach einer Zusatzleistung mit der Vergütungspflicht nach §§ 1 Abs. 4, 2 Abs. 6 VOB/B oder ein Leistungsanerkenntnis nach § 2 Abs. 8 Nr. 2 S. 1 VOB/B (BGH, Urt. v. 24.01.1974 – VII ZR 73/73, BauR 1974, 210, 211 = NJW 1974, 646).

2471 Findet nur ein **getrenntes Aufmaß** statt, liegt hierin zumeist die Grundlage erheblichen Streitpotenzials. Dies beruht vor allem darauf, dass mit einem solchen einfachen Aufmaß der Nachweis der Leistungserbringung für den Auftragnehmer als Grundlage seiner späteren Vergütungsforderung noch nicht erbracht ist (BGH, Urt. v. 29.04.1999 – VII ZR 127/98, BauR 1999, 1185 f. = NJW-RR 1999, 1180; BGH, Urt. v. 09.10.2001 – X ZR 153/99, BauR 2002, 775, 778). Vielmehr handelt es sich dabei um die bloße Behauptung, die Leistungen so ausgeführt zu haben, wie von ihm in dem einseitigen Aufmaß angegeben. Deren Richtigkeit muss der Auftragnehmer im Bestreitensfall (d. h. bei vom Auftraggeber vorgenommenen Kürzungen) in vollem Umfang beweisen. Doch auch für den Auftraggeber ist ein einseitiges Aufmaß nicht gerade von Vorteil. Denn mit einem solchen muss er sich ebenfalls beschäftigen, wenn es zum Nachweis der Leistungserbringung mit der Schlussrechnung vorgelegt wird. Um hier keine Rechte, und zwar insbesondere seinen Einwand der fehlenden

Prüfbarkeit (s. dazu BGH, Urt. v. 27.11.2003 – VII ZR 288/02, BGHZ 157, 118, 126 = BauR 2004, 316, 319 = NJW-RR 2004, 445, 447; BGH, Urt. v. 23.09.2004 – VII ZR 173/03, BauR 2004, 1937, 1939 = NJW-RR 2005, 167, 168) zu verlieren (s. dazu unten Rdn. 2540 ff.), muss er dann eben ein einseitiges Aufmaß prüfen und detaillierte Einwendungen vorbringen. Dann aber kann er gleich mit dem Auftragnehmer ein gemeinsames Aufmaß nehmen, wodurch er viel Streit und Aufwand vermeidet. Immerhin: Bestätigt der Auftraggeber später die vom Auftragnehmer einseitig ermittelten Massen, kommt es ebenso wie bei einem gemeinsamen Aufmaß zu einer Umkehr der Beweislast (BGH, Urt. v. 24.07.2003 – VII ZR 79/02, BauR 2003, 1892, 1897 = NJW-RR 2004, 92, 95).

In **AGB des Auftraggebers** ist es immerhin möglich, die Wirkungen des gemeinsamen Aufmaßes einzuschränken, etwa dahin gehend, dass die spätere Berichtigung von Aufmaßfehlern zugelassen wird (vgl. etwa Ziff. 12.3.2 zum Vergabehandbuch des Bundes, Allgemeine Richtlinie zur Baudurchführung 400: Hier heißt es, dass ein gemeinsames Aufmaß kein Anerkenntnis der Feststellungen über den Leistungsumfang darstellt). Gegen deren Zulässigkeit bestehen schon deswegen keine Bedenken, weil auch das dispositive Gesetzesrecht kein gemeinsames Aufmaß kennt und somit eine grundsätzliche Korrekturmöglichkeit von Abrechnungsfehlern besteht. 2472

10.2 Abrechnung der Bauleistung (ohne Stundenlohnarbeiten)

Die Grundzüge der Abrechnung eines Bauvorhabens sind mit Ausnahme der Stundenlohnarbeiten, auf die sogleich gesondert eingegangen wird (Rdn. 2484 ff.), in § 14 VOB/B geregelt. Sie gelten im Wesentlichen auch für den BGB-Vertrag, soweit es in einem solchen Vertrag z. B. nach einer entsprechenden Vereinbarung auf die Vorlage einer prüfbaren Abrechnung ankommt. Allerdings sind dort die Voraussetzungen für die Aufstellung einer prüfbaren Schlussrechnung eingeschränkt: Vor allem kann sich **bei einem BGB-Werkvertrag** die Prüfbarkeit einer Schlussrechnung auch aus anderen Unterlagen als den in § 14 Abs. 1 VOB/B genannten ergeben (vgl. dazu etwa BGH, Urt. v. 21.09.2004 – X ZR 244/01, BauR 2004, 1941, 1942 = NZBau 2004, 672, 673). Zu der Abrechnung eines VOB-Vorhabens gilt: 2473

10.2.1 Aufstellen einer prüfbaren Rechnung (§ 14 Abs. 1 VOB/B)

Rechnungen eines VOB-Vertrages müssen prüfbar sein. Hierdurch soll dem Auftraggeber möglichst zügig eine Grundlage für die Prüfung der Vergütungsansprüche des Auftragnehmers an die Hand gegeben werden. Dabei handelt es sich in Bezug auf das Gebot zur Aufstellung einer prüfbaren Abrechnung um eine **Nebenpflicht des Auftragnehmers**, auf die der Auftraggeber einen Anspruch hat (OLG Dresden, Urt. v. 23.08.1999 – 2 U 1731/99, BauR 2000, 103; OLG Jena, Urt. v. 26.01.1999 – 8 U 1273/98, BauR 1999, 1333 = OLGR Jena 1999, 193, 194; Ingenstau/Korbion/U. Locher, VOB/B, § 14 Abs. 1 Rn. 2). Der Charakter der Nebenpflicht zeigt sich schon an der Regelung in § 14 Abs. 4 VOB/B, nach der bei Ausbleiben einer Rechnung sogar eine kostenpflichtige Ersatzvornahme möglich ist (s. unten Rdn. 2484 ff.). Allerdings ist die Folge einer unterbleibenden Schlussrechnung nicht auf die Ersatzvornahme in § 14 Abs. 4 VOB/B beschränkt; vielmehr macht sich der Auftragnehmer ggf. auch schadensersatzpflichtig (z. B. wegen entgangener Fördermittel). 2474

> **Prüfbarkeit der VOB-Schlussrechnung (§ 14 Abs. 1 VOB/B)**
>
> Abrechnungsgrundsätze
> ① Übersichtlich, klar und verständlich
> ② Orientierung am Vertrag
> ③ Beifügung von Unterlagen (bei EP-Vertrag)
> ④ Auf Anforderung: Kenntlichmachung von Änderungen
>
> > ➤ Prüffähigkeit ist nach objektiven Kriterien zu beurteilen
> > ➤ Ggf. ist AG versagt, sich auf fehlende Prüffähigkeit zu berufen

2475 Für die Prüfbarkeit der Rechnungen selbst gelten die folgenden vier **Abrechnungsgrundsätze**, wobei wegen weiterer Einzelheiten zu der Prüfbarkeit einer Rechnung nach einer Vertragskündigung gesondert unten auf Rdn. 2829 ff. verwiesen wird:

- Die Rechnung muss **übersichtlich, klar und verständlich** aufgestellt sein. Bauübliche Bezeichnungen wie etwa »EP« oder »LV« können verwendet werden.
- Die Rechnung muss sich grundsätzlich an der **Struktur des Bauvertrages orientieren**, hier vor allem – soweit dies möglich ist – an den Positionsnummern des Leistungsverzeichnisses. Dies gilt insbesondere bei der Abrechnung eines Einheitspreisvertrages. Davon kann allenfalls dann abgesehen werden, wenn sich die Positionen einer abweichend aufgebauten Rechnung ohne Weiteres dem Leistungsverzeichnis zuordnen lassen (OLG Brandenburg, Urt. v. 02.11.1999 – 11 U 3/99, BauR 2000, 583, 584 = NZBau 2000, 511).
- Einer Schlussrechnung sind die zum Nachweis der einzelnen Positionen **erforderlichen Unterlagen beizufügen** (z. B. Mengenberechnungen, Zeichnungen). Einzelheiten ergeben sich zumeist aus der jeweils anwendbaren DIN (dort vor allem aus dem Abschnitt 5). Die Gewährung der Möglichkeit zur Einsichtnahme in Unterlagen beim Auftragnehmer genügt in der Regel nicht (OLG Brandenburg, Urt. v. 16.03.1999 – 11 U 107/98, BauR 2001, 1450, 1453). Andererseits sind aber Fallgestaltungen denkbar, in denen Abrechnungszeichnungen zur Klärung oder zum Nachweis der Rechnungspositionen der Schlussrechnung nicht erforderlich sind. Dann kann auch die Pflicht des Auftragnehmers zu deren Vorlage entfallen (BGH, Urt. v. 10.05.1990 – VII ZR 257/89, BauR 1990, 605, 607 = NJW-RR 1990, 1170, 1171; BGH, Urt. v. 22.12.2005 – VII ZR 316/03, BauR 2006, 678, 680 = NJW-RR 2006, 455, 456). Im Übrigen ist bei der Übergabe von Unterlagen zu unterscheiden, ob deren Beifügung tatsächlich für die Prüfbarkeit der Rechnung erforderlich ist; allein darum geht es bei § 14 Abs. 1 VOB/B. Abzugrenzen davon sind Fälle, in denen die Unterlagen zwar zu übergeben sind, sie aber mit der Prüfbarkeit der Rechnung nichts zu tun haben.

▶ **Beispiel**

Revisionsunterlagen beschreiben die erbrachten Leistungen und können vertraglich geschuldet sein. Mit der Prüfbarkeit der Rechnung stehen sie aber zumeist in keinem Zusammenhang.

- Der Auftragnehmer hat in der Schlussrechnung auf Anforderung des Auftraggebers Änderungen und Ergänzungen (**Nachträge**) zum Ursprungsauftrag **gesondert kenntlich** zu machen.

2476 Zu beachten ist, dass die vorgenannten vier Abrechnungsgrundsätze nach der Rechtsprechung **keinen Selbstzweck** darstellen, sondern nur die Rechte des Auftraggebers wahren sollen. Vor diesem Hintergrund bestehen diese nur eingeschränkt, wenn der Auftraggeber z. B. durch einen Architekten fachlich beraten wird oder selbst qualifizierte Kenntnisse in Bezug auf die Abrechnung eines Bauvorhabens besitzt. Demzufolge muss die **Schlussrechnung nicht allgemein verständlich** aufgestellt werden; vielmehr soll sie nur den jeweils im Einzelfall gegebenen Prüfbarkeitsanforderungen des konkret tätigen Auftraggebers Rechnung tragen (BGH, Urt. v. 11.02.1999 – VII ZR 399/97, BGHZ 140, 365, 369 = BauR 1999, 635, 637 m. w. N. = NJW 1999, 1867 f.). Mit der Prüfbarkeit einer Rechnung verwechselt werden darf auch **nicht deren Richtigkeit**, d. h.: Eine falsche Rechnung kann durchaus prüfbar sein. Dies gilt auch insoweit, als etwa in einer Rechnung falsche Angaben enthalten oder die Berechnungen falsch aufgestellt sind (vgl. nur BGH, Urt. v. 8.10.1998 – VII ZR 296/97, BauR 1999, 63, 64 = NJW-RR 1999, 95, 96; BGH, Urt. v. 24.06.1999 – VII ZR 229/98, BauR 1999, 1318, 1319 = NJW 2000, 207 = NJW-RR 1999, 1541, 1542).

▶ **Beispiele**
- Die Rechnung enthält einen (Rechen)fehler.
- In einer Subunternehmerrechnung wurde entgegen § 13b UStG (s. dazu Rdn. 2598 ff.) die Umsatzsteuer hinzugesetzt.
- Der Auftraggeber wurde nach steuerrechtlichen Gesichtspunkten (§ 14 Abs. 4 Nr. 2 UStG) nicht eindeutig in der Rechnung bezeichnet (OLG Düsseldorf, Urt. v. 15.5.2008 – 5 U 68/07, BauR 2009, 1616)

Ist eine Rechnung nicht prüfbar, wird sie zunächst **nicht fällig**. Insoweit wird an dieser Stelle allerdings wegen der weiteren Rechtsfolgen dazu unten auf Rdn. 2540 ff., 2551 verwiesen. 2477

10.2.2 Fristen zur Aufstellung einer Schlussrechnung (§ 14 Abs. 3 VOB/B)

Für die Aufstellung einer Schlussrechnung (nicht von Abschlagsrechnungen) bestehen Fristen: Sie 2478 betragen bei Bauvorhaben mit einer vertraglichen Ausführungsfrist von höchstens drei Monaten mangels abweichender Vereinbarung maximal zwölf Werktage. Sie verlängert sich um je sechs Werktage für je weitere drei Monate Ausführungsfrist. Voraussetzung für den Beginn des Fristenlaufs ist die Fertigstellung der Bauleistung, deren Ablauf sich nach §§ 186 ff. BGB bestimmt. **Fertigstellung der Leistung bedeutet**, dass der Auftragnehmer die vertraglichen Leistungen erbracht hat. Dasselbe gilt, wenn der Auftragnehmer weitere Vertragsleistungen, die in eine Schlussrechnung einzustellen wären, nicht mehr erbringen muss, etwa weil der Vertrag gekündigt, die Leistung unmöglich geworden ist, der Auftragnehmer keine weiteren Leistungen mehr erbringen will oder der Auftraggeber keine weiteren Leistungen mehr verlangt, sodass ein Abrechnungsverhältnis entsteht. Die Abnahme der Leistung ist dafür ein Indiz, und zwar selbst dann, wenn noch einzelne Restleistungen fehlen. Der Auftragnehmer kann in diesem Fall also die gesamte abgenommene Leistung abrechnen. Fehlen dagegen wesentliche Teilleistungen, kann sich aus deren Umständen im Einzelfall ergeben, dass die Gesamtleistung noch nicht fertiggestellt ist. Eine ggf. gleichwohl erklärte Abnahme wäre dann losgelöst von den Voraussetzungen des § 12 Abs. 2 VOB/B (s. dazu Rdn. 1153) als Teilabnahme in Bezug auf die fertig gestellten Teilleistungen anzusehen. Folglich kann dann der Auftragnehmer auch nur zu diesen Teilleistungen eine Teilschlussrechnung stellen (BGH, Urt. v. 20.08.2009 – VII ZR 205/07, BGHZ 182, 158, 173 = BauR 2009, 1724, 1730 = NJW 2010, 227, 230 = NZBau 2009, 707, 711)

10.2.3 Aufstellung der Schlussrechnung durch den Auftraggeber (§ 14 Abs. 4 VOB/B)

Der Auftraggeber kann ein erhöhtes Interesse daran haben, dass kurzfristig eine Schlussrechnung erstellt wird. 2479

▶ **Beispiel**
Der Auftraggeber hat Fördermittel für das Bauvorhaben beantragt, die aber nur ausgezahlt werden, wenn er bis zum Jahresende die Schlussrechnung vorlegen kann.

Ähnliche Interessen ergeben sich teilweise, wenn der Auftraggeber für die Finanzierung des Vorhabens Fremdmittel in Anspruch nimmt oder die öffentliche Hand bestimmte Gelder im laufenden Rechnungsjahr auszugeben hat.

Kommt der Auftragnehmer seiner Pflicht zur Aufstellung einer Schlussrechnung nicht (rechtzeitig) 2480 nach, sieht § 14 Abs. 4 VOB/B ein Abhilferecht in der Weise vor, dass nunmehr der Auftraggeber selbst die Schlussrechnung aufstellen darf. Voraussetzung hierfür ist, dass der Auftraggeber dem Auftragnehmer zur Aufstellung der Schlussrechnung eine angemessene Frist gesetzt und der Auftragnehmer innerhalb dieser Frist keine oder zumindest keine prüfbare Rechnung vorgelegt hat. Der Auftraggeber darf dann auf Kosten des Auftragnehmers die Schlussrechnung erstellen. Bei einer so aufgestellten Schlussrechnung handelt es sich um eine **vollwertige Schlussrechnung** mit allen daran anknüpfenden Konsequenzen. Dies gilt sowohl für den Beginn der Verjährung des Vergütungsanspruchs (BGH, Urt. v. 22.12.1983 – VII ZR 213/82, BauR 1984, 182, 184 = NJW 1984, 1757, 1758) als auch hinsichtlich der Vorgabe, dass eine vom Auftraggeber aufgestellte Rechnung alle Voraussetzungen für die Prüfbarkeit einer Schlussrechnung einhalten muss. Will der Auftraggeber z. B. die Schlussrechnung für einen Einheitspreisvertrag selbst aufstellen und liegt noch kein Aufmaß vor, muss er das Aufmaß vor Abrechnung selbst nehmen, wobei die damit verbundenen Kosten nach § 14 Abs. 4 VOB/B aber dem Auftragnehmer zur Last fallen (BGH, Urt. v. 08.11.2001 – VII ZR 480/00, BauR 2002, 313, 314 = NJW 2002, 676, 677).

2481 Die Regelung des § 14 Abs. 4 VOB/B gilt nach einer überwiegenden Auffassung im **BGB-Werkvertragsrecht entsprechend** (OLG Düsseldorf, Urt. v. 26.06.1998 – 22 U 207/97, BauR 1999, 655 = NJW-RR 1999, 527; streitig).

2482 Gesondert anzumerken ist, dass das Abhilferecht in § 14 Abs. 4 VOB/B nicht der einzige Rechtsbehelf des Auftraggebers darstellt, wenn der Auftragnehmer seine Rechnung nicht einreicht. Hinzu kommen vielmehr noch folgende Rechte:
- Handelt es sich wie gezeigt bei der Aufstellung einer prüfbaren Rechnung um eine Vertragspflicht, kann der Auftragnehmer damit in **Verzug** geraten und sich deshalb nach § 280 Abs. 1 BGB **schadensersatzpflichtig** machen. Insoweit sind dann insbesondere die Schäden zu ersetzen, die durch die verspätete Rechnungsstellung entstehen (ähnlich: Kapellmann/Messerschmidt/Messerschmidt, VOB/B, § 14 Rn. 76).

  ▶ Beispiel

  Der Auftraggeber muss für einen Kreditantrag die Schlussrechnung vorlegen. Diese bleibt trotz Mahnung aus. Als sie vorgelegt wird, sind zwischenzeitlich die Zinsen gestiegen. Die damit verbundenen Mehrkosten hat der Auftragnehmer zu ersetzen.

- Der Auftraggeber kann das Recht auf Erteilung einer Schlussrechnung auch **einklagen** (OLG Dresden, Urt. v. 23.08.1999 – 2 U 1731/99, BauR 2000, 103; OLG Köln, Urt. v. 22.06.2001 – 2 W 107/01, BauR 2001, 1788, 1789; OLG Frankfurt, Urt. v. 10.02.2009 – 3 U 247/07, NJW-RR 2009, 1676, 1677 = NZBau 2009, 719, 720).

10.2.4 Keine Bindungswirkung an Schlussrechnung und weitere Folgen

2483 Hinzuweisen ist darauf, dass ein Auftragnehmer – anders als teilweise im Architektenrecht (s. dazu BGH, Urt. v. 05.11.1992 – VII ZR 52/91, BGHZ 120, 133, 135 ff. = BauR 1993, 492 f. = BauR 1993, 236, 237 f. = NJW 1993, 659 f.) – nicht an eine einmal aufgestellte Schlussrechnung gebunden ist.

▶ Beispiel

Der Auftragnehmer rechnet die Bauleistung ab. Er vergisst, zwei Nachtragsleistungen in seine Schlussrechnung einzustellen.

Solche zunächst »vergessenen« Leistungen kann er später nachfordern. Zwar erklärt der Auftragnehmer mit der Erteilung einer Schlussrechnung, seine Forderungen abschließend zusammengestellt zu haben. Ein **weiter gehender Verzicht** auf etwaige vergessene Forderungen ist jedoch allein **mit der Erstellung einer Schlussrechnung nicht verbunden**. Stattdessen gibt es eine solche Ausschlusswirkung von Nachforderungen ausschließlich aufgrund der Sonderregelung in § 16 Abs. 3 Nr. 2 ff. VOB/B infolge vorbehaltlos angenommener Schlusszahlungen (BGH, Urt. v. 17.12.1987 – VII

ZR 16/87, BGHZ 102, 392, 396 = BauR 1988, 217, 219 = NJW 1988, 910, 911; s. dazu Rdn. 2629 ff.).

10.3 Abrechnung von Stundenlohnarbeiten

Einer der häufigsten Streitpunkte bei der Abrechnung von Bauvorhaben beruht auf in Rechnung gestellten Stundenlohnarbeiten. Für den VOB-Vertrag enthält § 15 VOB/B dazu konkrete Vorgaben, wie diese abzurechnen sind; ergänzt wird diese Regelung durch § 2 Abs. 10 VOB/B, der für die Abrechenbarkeit von Stundenlohnarbeiten eine darauf gerichtete vertragliche Vereinbarung verlangt. 2484

10.3.1 Stundenlohnarbeiten im BGB-Vertrag

Außerhalb eines VOB-Vertrages gibt es kaum Anforderungen, die bei einer Stundenlohnabrechnung zu berücksichtigen sind. Ein Rückgriff auf die Vorgaben des § 15 VOB/B ist nicht ohne Weiteres oder zumindest nur eingeschränkt möglich. Denn diese Vorschrift enthält allenfalls im ersten Absatz verallgemeinerungsfähige Vorgaben, die es nach allgemeiner Verkehrssitte angezeigt erscheinen ließen, diese im Wege der Vertragsauslegung auch bei einem BGB-Vertrag anzuwenden (s. zu dieser Übertragung von VOB-Regelungen in einen BGB-Vertrag allgemein: Rdn. 426 ff.). Somit ist für die Abrechenbarkeit von Stundenlohnarbeiten bei einem BGB-Vertrag zumindest in der Regel insbesondere nicht erforderlich, dass der Gesamtaufwand nach einzelnen Tätigkeiten und dazu dann jeweils die damit befassten Mitarbeiter gar mit einem bestimmten Zeitpunkt benannt werden. Stattdessen genügt es, wenn der **Auftragnehmer angibt und im Bestreitensfall auch beweist,** wie viele Stunden für die Erbringung der Vertragsleistungen mit welchen Stundensätzen angefallen sind (BGH, Urt. v. 17.04.2009 – VII ZR 164/07, BGHZ 180, 235, 247 = BauR 2009, 1162, 1166 = NJW 2009, 2199, 2202 = NZBau 2009, 450, 453; BGH, Urt. v. 28.05.2009 – VII ZR 74/06, BauR 2009, 1291, 1293 = NJW 2009, 3426 = NZBau 2009, 504). Die Vorlage von Stundenzetteln ist dafür natürlich hilfreich, aber keineswegs zwingend. 2485

Diese Grundsätze bedürfen allerdings einer ganz **erheblichen Einschränkung.** Denn wenn es auf der einen Seite zumindest bei einem BGB-Vertrag genügt, dass der Auftragnehmer seine erbrachten Stunden insgesamt nennt, besteht für ihn wie für jeden anderen Auftragnehmer (so auch den eines VOB-Vertrages) eine **(Neben)pflicht zu einer wirtschaftlichen Betriebsführung.** Diese begrenzt also nicht den Umfang der Stundenlohnvergütung nach oben auf ein noch zulässiges Maß für einen ggf. noch gerade vertretbaren Aufwand. Vielmehr begründet eine Verletzung dieser Pflicht, d. h. eine Überschreitung des erforderlichen Maßes einen Schadensersatzanspruch des Auftraggebers nach § 280 Abs. 1 BGB, den er dann dem Auftragnehmer entgegenhalten kann (BGH, jeweils a. a. O.; sehr kritisch dagegen Peters, NZBau 2009, 673, 674). 2486

▶ **Beispiel**

Für Pflasterarbeiten, die auf Stundenlohnbasis ausgeführt werden, benötigt der Auftragnehmer 350 Stunden; angemessen wären bei einer plausiblen Arbeitsorganisation allenfalls 130 Stunden. In Höhe des danach nicht plausiblen Aufwands steht dem Auftraggeber jetzt gegenüber dem Vergütungsanspruch des Auftragnehmers ein aufrechenbarer Schadensersatzanspruch zu.

Für eine solche Unwirtschaftlichkeit ist der **Auftraggeber beweispflichtig.** Zwar erkennt die Rechtsprechung an, dass er in der Regel keine konkrete Kenntnis von Umständen besitzt, unter denen der Auftragnehmer die Leistung erbracht hat. Diese Sondersituation berechtigt ihn allerdings nicht zu Behauptungen zu einer Unwirtschaftlichkeit ins Blaue hinein; stattdessen muss er **zumindest konkrete Tatsachen vortragen,** die einen überhöhten und nicht mehr wirtschaftlich nachvollziehbaren Stundenaufwand rechtfertigen (BGH, jeweils a. a. O.; BGH, Beschl. v. 8.3.2012 – VII ZR 51/10, IBR 2012, 271).

Etwas anderes gilt dagegen für solche Stundenlohnarbeiten, bei denen der Auftraggeber erst gar nicht nachvollziehen kann, welche konkreten Leistungen überhaupt erbracht wurden. Anschaulich zeigt sich dies etwa bei sog. **angehängten Stundenlohnarbeiten** (s. zu diesem Begriff Rdn. 820). 2487

▶ **Beispiel**

Im Bauvertrag heißt es, dass nicht absehbare Nebenarbeiten nach entsprechender Anordnung mit einem Stundensatz von 35 € abgerechnet werden. In seiner Schlussrechnung macht der Auftragnehmer »40 Stunden nach Anordnung« geltend.

Die Besonderheit einer solchen Stundenlohnabrechnung besteht darin, dass die Art der geschuldeten Leistung zunächst offen ist und sich letztlich erst mit ihrer Ausführung konkretisiert hat. Hier genügt es jetzt nicht, dass der Auftragnehmer nur die aufgewendeten Stunden angibt; vielmehr muss er **zusätzlich erläutern, um was für Arbeiten mit welchem Zeitaufwand es genau gegangen** ist. Denn nur dann kann umgekehrt der Auftraggeber beurteilen, inwieweit hier das Gebot der Wirtschaftlichkeit eingehalten wurde. Welche Angaben im Einzelnen geboten sind, kann zwar nicht einheitlich beschrieben werden. Augenscheinlich zeigt sich ein erhöhter Darlegungsaufwand aber z. B. bei Stundenlohnarbeiten für unterschiedlich zu vergütende Mitarbeiter. Hier wird der Auftraggeber etwa um eine Zuordnung der abgerechneten Leistungen zu den einzelnen Mitarbeitern nicht umhin kommen. Denn nur dann könnte der potenzielle Einwand entkräftet werden, dass einfachere Tätigkeiten auch von einfacheren Mitarbeitern hätten erledigt werden können (BGH, Urt. v. 17.4.2009 – VII ZR 164/07, a. a. O.).

2488   Die Grenze einer solchen erweiterten Darlegung ist allerdings dort erreicht, wo ein **Gericht** von sich aus den für die erbrachten Leistungen bei wirtschaftlicher Betriebsführung **erforderlichen Zeitaufwand sachverständig ermitteln** kann (BGH, Urt. v. 17.04.2009 – VII ZR 164/07, BGHZ 180, 235, 250 = BauR 2009, 1162, 1166 = NJW 2009, 2199, 2203 = NZBau 2009, 450, 454). Gleichwohl werden Grenzfälle bleiben, die nur im Einzelfall entschieden werden können.

▶ **Beispiel**

In dem vorgenannten Beispielfall zu den Pflasterarbeiten beruft sich der Auftragnehmer darauf, dass von den abgerechneten 350 Stunden wegen schlechter Böden ein erhöhter Aufwand von 50 Stunden angefallen sei.

Soweit es um die beauftragten Vertragsleistungen geht, genügt nach den Eingangserläuterungen die Angabe der Stundenanzahl zu den erbrachten Leistungen. Zweifelhaft ist dies dagegen in Bezug auf die Erschwernisse. Hier wird man zu unterscheiden haben: Kannte der Auftraggeber den Ausgangszustand und hat er es lediglich versäumt, diesen zu dokumentieren, geht dies zu seinen Lasten, wenn er später den Auftragsumfang nicht mehr nachvollziehen kann: Die Angabe der 50 Mehrstunden für die dann ja beauftragten Pflasterarbeiten würde genügen (BGH, Urt. v. 28.05.2009 – VII ZR 74/06, BauR 2009, 1291, 1294 = NJW 2009, 3426, 3428 = NZBau 2009, 504, 506). Geht es dagegen um nicht einmal näher beschriebene Erschwernisse, die für den Auftraggeber im Vorhinein nicht erkennbar waren, wird nun umgekehrt der Auftragnehmer zunächst zu erläutern haben, welcher Stundenaufwand zu welcher Erschwernis warum angefallen ist (ähnlich: BGH, Urt. v. 17.04.2009 – VII ZR 164/07, BGHZ 180, 235, 255 = BauR 2009, 1162, 1169 f. = NJW 2009, 2199, 2205 = NZBau 2009, 450, 455). Etwas anderes dürfte allenfalls gelten, wenn der Auftraggeber zwischenzeitlich bereits **anderweitig den Leistungsumfang anerkannt** hat (BGH, Urt. v. 28.05.2009 – VII ZR 74/06, BGHZ 180, 235, 244 = BauR 2009, 1162, 1165 f. = NJW 2009, 2199, 2201 = NZBau 2009, 450, 452).

▶ **Beispiel**

Der Auftragnehmer hatte regelmäßig und fristgerecht Stundenzettel mit den Arbeiten eingereicht, die der Auftraggeber auch quittiert hat. Dann kann sich der Auftraggeber später nicht darauf berufen, dass er die Arbeiten nicht nachvollziehen könne.

2489   Wenn der Auftragnehmer also – losgelöst von dem Sonderfall vorliegender Stundenzettel – bei diesen nicht von dem Ausgangsauftrag her konkretisierten Stundenlohnarbeiten zu erhöhten Darlegungen verpflichtet ist, damit der Auftraggeber deren Wirtschaftlichkeit prüfen kann, ist es letztlich doch so, dass damit für diese Arbeiten jeweils auch **mittelbar geprüft wird, ob der Auftragnehmer nicht mehr**

Stunden abgerechnet hat, als er erbracht hat. Dies mag ggf. sogar im Rahmen einer **Schätzung nach § 287 ZPO** festgestellt werden. Auf die Wirtschaftlichkeit der Ausführung kommt es dann schon gar nicht mehr an. Doch ist dieser Rückschluss nicht zwingend. Denn es kann natürlich genauso gut sein, dass die Stunden zwar angefallen sind, der erhöhte Stundenaufwand aber eben auf einer pflichtwidrigen unwirtschaftlichen Arbeitsweise beruht hat. Auch dann kommt es zu einer Kürzung, nur eben jetzt über einen dem Auftraggeber zur Verfügung stehenden Schadensersatzanspruch. Das wirtschaftliche Ergebnis ist jeweils dasselbe.

10.3.2 Stundenlohnarbeiten bei einem VOB-Vertrag

Bei einem VOB-Vertrag stellen sich die vorgenannten Probleme nicht in dieser Schärfe. Denn die VOB selbst widmet sich diesem Themenkreis in mehrfacher Hinsicht. Dies gilt vor allem hinsichtlich der Frage der überhaupt nur beschränkten Abrechenbarkeit von Stundenlohnarbeiten sowie vor allem hinsichtlich ihrer Kontrolle. 2490

10.3.2.1 Vertragliche Vereinbarung

Im VOB-Bauvertragsrecht werden Stundenlohnarbeiten nur dann vergütet, wenn dazu vor **Ausführung der Arbeiten eine vertragliche Vereinbarung getroffen** wurde (§§ 2 Abs. 10, 15 Abs. 1 Nr. 1 VOB/B – s. dazu oben Rdn. 2399 ff.). Dabei stellt es einen weitverbreiteten Irrtum dar, dass in dem Ausfüllen von Stundenlohnzetteln allein bereits die Grundlage einer solchen Vereinbarung liegt (vgl. zuletzt BGH, Urt. v. 24.07.2003 – VII ZR 79/02, BauR 2003, 1892, 1896 = NJW-RR 2004, 92, 94). Dies ist nur dann der Fall, wenn hiermit gleichzeitig eine konkludente Vereinbarung zur Vergütung der Stundenlohnarbeiten geschlossen wurde. 2491

> ▶ **Beispiel (ähnlich OLG Brandenburg, Urt. v. 01.04.2010 – 12 U 1/10, NJW-RR 2010, 898 = NZBau 2010, 433, 434)**
>
> Der Bauleiter des Auftraggebers bestätigt die vom Auftragnehmer geführten Stundenlohnzettel, der Auftragnehmer rechnet die Arbeiten ab, was vom Auftraggeber nicht beanstandet wird. Er bestreitet zunächst nur die Höhe des Stundensatzes.

Hier dürfte jedenfalls eine **konkludente Vereinbarung** zur Abrechnung der Stundenlohnarbeiten zustande gekommen sein. Doch sind das **Ausnahmefälle**. Denn in der Regel bestätigen Stundenlohnzettel lediglich, dass die dort genannten Mitarbeiter vor Ort waren. Eine rechtsgeschäftliche Erklärung zum Abschluss einer Stundenlohnvereinbarung kann darin hingegen grundsätzlich nicht gesehen werden, zumal eine solche nach § 2 Abs. 10 VOB/B sogar ausdrücklich zu erfolgen hätte. Dies gilt erst recht, wenn nicht der Auftraggeber, sondern sein Bauleiter oder Architekt auftritt. In der dazu oft erteilten Ermächtigung zur Unterzeichnung von Stundenlohnzetteln liegt nämlich keine Vollmacht zum Abschluss einer Stundenlohnvereinbarung (BGH a. a. O.). Etwas anderes ist dagegen anzunehmen, wenn der Architekt an sich auch bevollmächtigt war, Regieleistungen zumindest in kleinerem Umfang für den Bauherrn in Auftrag zu geben. Dann kann – wenn nicht zuvor schon eine darauf gerichtete Vereinbarung geschlossen wurde – spätestens in der Unterzeichnung der Stundenzettel zugleich ein Anerkenntnis der Berechtigung einer Abrechnung der diesbezüglichen Arbeiten im Stundenlohn liegen (OLG Oldenburg, Urt. v. 18.01.2007 – 8 U 181/06, Nichtzul.-Beschw. zurückgew., BGH, Beschl. v. 27.08.2009 – VII ZR 20/07, BauR 2009, 1917, 1919).

Liegt eine Stundenlohnvereinbarung dem Grunde nach vor, ist natürlich regelmäßig zu prüfen, welche Arbeiten genau dazu abgerechnet werden können. 2492

> ▶ **Beispiel (nach OLG Hamm, Urt. v. 8.2.2011 – 21 U 88/10, BauR 2011, 1168, 1169)**
>
> Unstreitig sieht der Vertrag eine Stundenlohnabrechnung für bestimmte Arbeiten vor. Der Auftragnehmer möchte darüber zusätzlich auch seine An- und Abfahrtszeiten abrechnen.

Hier liegt zwar eine Stundenlohnvereinbarung vor; doch ist jeweils eigenständig zu prüfen, ob darüber auch wirklich alle Nebenleistungen eigenständig abgerechnet werden können (was das OLG

Hamm zu den **Fahrkosten** ablehnte; s. auch OLG Düsseldorf, Urt. v. 28.02.2012 – 23 U 59/11, BauR 2012, 995 [Ls.], das bei Fahrkosten eine Abrechnung über die Stundenlohnvergütung nur bei kurzzeitigen Einsätzen von 1–2 Stunden anerkennt, nicht aber bei länger laufenden Bauleistungen). Sodann gilt auch in einem VOB-Vertrag das Gebot der **wirtschaftlichen Betriebsführung**, d. h.: Der Auftraggeber kann in Fällen, in denen der Auftragnehmer zwar seine Stunden geleistet, in einem besonders krassen Maße aber das dafür erforderliche Maß überschritten hat, dessen Vergütungsanspruch einen Schadensersatzanspruch nach § 280 Abs. 1 BGB eben wegen der Verletzung dieses Gebots zur wirtschaftlichen Betriebsführung entgegensetzen. Insoweit gelten dieselben Anmerkungen wie zuvor zum BGB-Vertrag (Rdn. 2486 ff.). Jedoch stellen sich hier aufgrund der nach der VOB ergebenden Notwendigkeit zur Führung detaillierter Stundenlohnnachweise (s. dazu sogleich) die gerade bei einem BGB-Vertrag vielfach bestehenden Darlegungsprobleme nicht. Vielmehr ist umgekehrt daran zu denken, dass gerade in der Unterzeichnung und Rückgabe der Stundenzettel zumindest in der Regel sogar ein Anerkenntnis des Auftraggebers zu den dort bescheinigten Arbeiten liegen wird; folglich könnten schon deshalb damit verbundene Schadensersatzansprüche ausgeschossen sein (BGH, Urt. v. 28.05.2009 – VII ZR 164/07, BGHZ 180, 180, 235 = BauR 2009, 1291, 1294 = NJW 2009, 2199, 2201 = NZBau 2009, 450, 452). Nichts anderes dürfte für die Anerkenntniswirkung bei nicht zurückgegebenen Stundenzetteln nach § 15 Abs. 3 VOB/B gelten (s. dazu sogleich Rdn. 2497).

10.3.2.2 Höhe der Vergütung

2493 Die Höhe der Vergütung für Stundenlohnarbeiten orientiert sich beim VOB-Vertrag gemäß § 15 Abs. 1 Nr. 2 VOB/B in erster Linie an der getroffenen Vereinbarung. Fehlt es an einer Regelung, wie vielfach bei Regiearbeiten auf Baustellen, gilt hilfsweise eine ortsüblich zu ermittelnde Vergütung. Lässt sich auch eine solche nicht ermitteln, erhält der Auftragnehmer seine Aufwendungen zuzüglich eines Zuschlags für Gemeinkosten, Gewinn und Umsatzsteuer bezahlt (vgl. dazu im Einzelnen Ingenstau/Korbion/Keldungs, VOB/B, § 15 Abs. 1 Rn. 4 f.).

10.3.2.3 Kontrolle der Vergütung

2494 Große Bedeutung erlangt die Vorschrift des § 15 Abs. 3 VOB/B. Sie soll dem Auftraggeber eine Kontrolle der Stundenlohnarbeiten ermöglichen. Sie ist geboten, um damit die Risiken für den Auftraggeber zu dem allein nach Aufwand zu vergütenden Stundenlohnvertrag zumindest zu begrenzen. Danach gilt:

2495 • Stundenlohnarbeiten bzw. damit verbundene Nachweise zum Material- und Geräteeinsatz sind **vor ihrer Ausführung dem Auftraggeber anzuzeigen**. Hierbei handelt es sich um eine Obliegenheit des Auftragnehmers (a. A. Ingenstau/Korbion/Keldungs, VOB/B, § 15 Abs. 3 Rn. 3, der darin eine vertragliche Nebenpflicht sieht, bei deren Verletzung Schadensersatzansprüche bestehen; ebenso: OLG Saarbrücken, Urt. v. 29.03.2011 – 4 U 242/10, NJW-RR 2011, 745, 746 = NZBau 2011, 422, 423). Eine besondere Form ist für diese Anzeige nicht vorgesehen, wobei wie immer die Schriftform zu empfehlen ist. Unterlässt der Auftragnehmer seine ihm obliegende Anzeige (was in der Praxis die Regel ist), gehen später etwaige Zweifel an der Ausführung der Stundenlohnarbeiten zu seinen Lasten. Allerdings: Ist der Beginn offensichtlich, kann diese Anzeige entbehrlich sein.

> ▶ Beispiel
>
> Die Parteien schließen bei einem größeren Vorhaben eine Stundenlohnvereinbarung zu Nebenarbeiten, mit denen der Auftragnehmer sofort beginnt. Hier kann eine gesonderte Anzeige unterbleiben.

2496 • Der Auftragnehmer hat **Stundenlohnzettel** zu führen. Hierin sind die **ausgeführten Leistungen konkret anzugeben**, sodass eine Überprüfung des angesetzten Aufwandes durch den Auftraggeber (bzw. durch einen Sachverständigen) möglich ist (OLG Frankfurt, Urt. v. 14.06.2000 – 23 U 78/99, BauR 2000, 1913 = NJW-RR 2000, 1470, 1471; KG, Urt. v. 29.02.2000 – 4 U 1926/99, NJW-RR 2000, 1690 f.). Dabei sind anzugeben

10.3 Abrechnung von Stundenlohnarbeiten

- Anzahl der geleisteten Stunden
- der dabei erforderliche, besonders zu vergütende Aufwand für den Verbrauch von Stoffen, für die Vorhaltung von Einrichtungen, Geräten, Maschinen und maschinellen Anlagen, für Frachten, Fuhr- und Ladeleistungen
- sowie etwaige Sonderkosten.

▶ **Beispiel**

Pauschale Angaben wie »Einsatz von Baufacharbeiter, 4 Stunden, Verputzen der Wand« genügen nicht.

- Die Stundenlohnzettel sind **täglich oder wöchentlich** bzw. abhängig von der getroffenen Vereinbarung **beim Auftraggeber einzureichen**. Der Auftraggeber seinerseits hat die Stundenlohnzettel zu prüfen und dem Auftragnehmer spätestens nach sechs Werktagen – ggf. mit Einwendungen – zurückzugeben. Diese Einwendungen sind entweder gesondert schriftlich zu übermitteln oder auf dem Stundenzettel zu notieren. Versäumt der Auftraggeber diese Sechs-Tage-Frist (wobei es insoweit allerdings nicht auf die Schriftform ankommt), **gelten die in den Stundenlohnzetteln angegebenen Arbeiten als anerkannt.** Hierbei handelt es sich um ein **deklaratorisches Schuldanerkenntnis** (BGH, Urt. v. 28.09.1970 – VII ZR 228/68, BauR 1970, 239, 240) mit der Folge, dass bekannte Einwendungen ausgeschlossen sind und der Auftraggeber etwaige Minderleistungen zu beweisen hat. Zu beachten ist, dass diese Anerkenntniswirkung selbst dann noch eintreten kann, wenn der Auftragnehmer entgegen § 15 Abs. 3 S. 1 VOB/B die Stundenlohnarbeiten nicht zuvor angezeigt hat (OLG Saarbrücken, Urt. v. 29.03.2011 – 4 U 242/10, NJW-RR 2011, 745, 746 = NZBau 2011, 422, 423). Dasselbe gilt, wenn er seine **Stundenlohnzettel verspätet** einreicht (Ingenstau/Korbion/Keldungs, B § 15 Abs. 3 Rn. 21; ebenso OLG Saarbrücken, a. a. O., zumindest für den Fall, dass dem Auftraggeber noch eine Kontrolle möglich ist). Dagegen entfällt die Anerkenntniswirkung, wenn die Stundenlohnzettel nicht ordnungsgemäß geführt sind, d. h. sich diesen z. B. die Art der ausgeführten Arbeiten nicht entnehmen lässt (OLG Oldenburg, Urt. v. 30.10.2003 – 8 U 55/03, BauR 2005, 1521 = IBR 2005, 415, Nicht-Zulassungsbeschwerde vom BGH zurückgewiesen). Kommt es zu einem infolge von unterschriebenen Stundenzetteln deklaratorischen Schuldanerkenntnis, steht dem Auftraggeber aber auch danach noch der Beweis offen, dass die Arbeiten überhaupt nicht oder nicht mit dem abgerechneten Aufwand erbracht wurden oder dass der abgerechnete Aufwand nicht erforderlich war (OLG Bamberg, Urt. v. 28.01.2004 – 3 U 65/00, BauR 2004, 1623, 1624; siehe auch schon vorstehend zu Rdn. 2492, 2486 ff. betreffend die mit einer nicht betriebswirtschaftlichen Betriebsführung verbundenen Schadensersatzansprüche). 2497

Wie auch sonst kann der Auftraggeber mit der **Prüfung der Stundenlohnzettel seinen Architekten beauftragen.** Hierbei ist allerdings zu unterscheiden: Nach allgemeiner Auffassung besitzt der Architekt keine Vollmacht, zulasten des Auftraggebers rechtsgeschäftliche Erklärungen abzugeben (s. o. Rdn. 202 ff.). Daher kann der Architekt auch nicht für den Bauherrn nach § 15 Abs. 3 VOB/B die Stundenzettel bestätigen (a. A. Ingenstau/Korbion/Keldungs, VOB/B, § 15 Abs. 3 Rn. 16). Andererseits ist es aber gerade auch möglich, dass der Auftraggeber seinen Architekten zur Gegenzeichnung von Stundenlohnzetteln bevollmächtigt. Diese Vollmacht wiederum ist zu unterscheiden von einer ggf. weiter gehenden Vollmacht zum Abschluss einer bei einem VOB-Vertrag nach § 2 Abs. 10 VOB/B notwendigen Stundenlohnvereinbarung dem Grunde nach (BGH, Urt. v. 24.07.2003 – VII ZR 79/02, BauR 2003, 1892, 1896 = NJW-RR 2004, 92, 94). 2498

Aus den vorbeschriebenen weitreichenden und z. T. auch nachteiligen Wirkungen ergibt sich die dringende Empfehlung, bei Stundenlohnarbeiten die Regeln des § 15 VOB/B genauestens zu beachten, die Stundenlohnarbeiten also vorher als solche zu vereinbaren, ihren Beginn vor der Ausführung anzuzeigen und vor allem dem Auftraggeber die Stundenlohnzettel rechtzeitig einzureichen. Der Auftraggeber sollte sie sodann fristgerecht prüfen.

10.3.2.4 Stundenlohnrechnung

2499 Stundenlohnrechnungen sind nach Abschluss der jeweiligen Stundenlohnarbeiten, längstens jedoch in einem Abstand von vier Wochen beim Auftraggeber einzureichen (§ 15 Abs. 4 VOB/B). Bei solchen Rechnungen handelt es sich um **Teilschlussrechnungen** im Sinne des § 16 Abs. 4 VOB/B (s. dazu unten Rdn. 2552 ff.). Folglich gilt auch für diese das allgemeine in § 14 Abs. 1 vorgesehene **Gebot einer prüfbaren Abrechnung** (herrschende Meinung, vgl. nur Heiermann/Riedl/Rusam, § 15 Rn. 42 m. w. N.). Ist die Rechnung nicht prüfbar, wird sie – wie der Verweis in § 15 Abs. 4 S. 2 VOB/B auf § 16 VOB/B zeigt – nicht fällig. In der Sache stellt diese Prüfbarkeitsanforderung aber neben der ohnehin bestehenden Pflicht zur Führung ordnungsgemäßer Stundenzettel keine besondere Hürde mehr da. So ist es nämlich üblich und ausreichend, wenn die Stundenlohnabrechnung auf die geführten (und ggf. anerkannten) Stundenzettel Bezug nimmt, wobei der Auftraggeber dann in der Lage sein muss, die abgerechneten Arbeiten in einer geordneten Form nachvollziehen zu können. Kommt es hier wie nicht selten in Einzelfällen zu Differenzen, schließen diese nicht zwingend eine Prüfbarkeit der Abrechnung aus, sondern betreffen zunächst nur die Richtigkeit der Abrechnung (s. zur Prüfbarkeit einer Rechnung bei fehlenden Stundenlohnzetteln sogleich Rdn. 2500). In der Regel wird der Auftragnehmer aber gehalten sein, etwa die im Leistungsverzeichnis für Stundenlohnarbeiten vorgesehenen Positionsnummern beizubehalten, wenn sich das anbietet. Die einzige wesentliche Hürde kann allenfalls darin bestehen, dass der Auftragnehmer in den Fällen, in denen er im Zusammenhang mit den Stundenlohnarbeiten z. B. Material verbraucht hat und dieses abrechnen will, dieses gesondert ausweisen und den jeweiligen Arbeiten zuordnen muss (OLG Brandenburg, Urt. v. 06.04.2010 – 4 U 182/01, BauR 2005, 151). Hierzu hat er wie auch sonst (vgl. § 14 Abs. 1 S. 2 VOB/B) die dafür notwendigen Belege beizufügen (z. B. Lieferscheine u. a.). Ist die Rechnung danach prüfbar, muss sie **nicht richtig** sein. Sie wird vielmehr nur fällig. Daher verbleibt es auch bei prüfbaren Abrechnungen dabei, dass ein Auftragnehmer im Bestreitensfall deren Richtigkeit nachweisen muss (BGH, Urt. v. 28.05.2009 – VII ZR 74/06, BauR 2009, 1291, 1294 = NJW 2009, 3426, 3428 = NZBau 2009, 504, 506). Doch stellt sich dieses Problem bei VOB-Verträgen zumeist nicht. Denn maßgeblich kommt es bei Stundenlohnrechnungen wie gezeigt weniger auf den Inhalt der Rechnung als auf die der Rechnung zugrunde liegenden (in der Regel anerkannten) Stundenlohnzettel an. Ist die Rechnung dagegen ausnahmsweise nicht prüfbar, wird wegen der weiteren Rechtsfolgen unten auf Rdn. 2540 ff, 2551 verwiesen.

10.3.2.5 Zweifel am Umfang von Stundenlohnarbeiten bei verspätet eingereichten fehlenden Stundenlohnzetteln

2500 Versäumt der Auftragnehmer die rechtzeitige Einreichung von Stundenlohnzetteln oder fehlen diese völlig, hindert dies die Abrechnungsfähigkeit der Stundenlohnarbeiten nicht. Vertragsklauseln, die eine Vergütungsfähigkeit bei fehlenden Stundenlohnzetteln generell ausschließen, haben nach § 307 Abs. 1 BGB keinen Bestand (OLG Düsseldorf, Urt. v. 04.07.2006 – 21 U 149/05 BauR 2009, 1315 [Ls.]). Auch die Erstellung einer prüffähigen Schlussrechnung ist danach zumindest theoretisch nicht ausgeschlossen; für eine solche Rechtsfolge gibt es keine Grundlage (ebenso OLG Brandenburg, Urt. v. 06.10.2004 – 4 U 182/01, BauR 2005, 151). Entstehen allerdings wegen nicht ordnungsgemäß geführter oder fehlender Stundenlohnzettel Zweifel am Umfang der vom Auftragnehmer geleisteten Arbeiten, gehen diese zu seinen Lasten. In diesem Fall erhält er also ggf. nur eine Vergütung für effektiv nachgewiesene Leistungen (§ 15 Abs. 5 VOB/B). Sie richtet sich nach der bereits vorgenannten Regelung in § 15 Abs. 1 Nr. 2 VOB/B (vgl. oben Rdn. 2493).

10.4 Fälligkeit der Vergütung beim VOB-Vertrag

2501 Der Auftraggeber kann nur Zahlung verlangen, wenn die Vergütung fällig ist. Die Fälligkeit der Vergütung hat ferner Bedeutung für den Beginn der Verjährung. Sie unterliegt beim VOB-Vertrag grundsätzlich anderen Voraussetzungen als beim BGB-Vertrag (s. dazu sogleich Rdn. 2555 ff.) und richtet sich nach der Art des Zahlungsanspruchs.

10.4 Fälligkeit der Vergütung beim VOB-Vertrag

▶ **Art der Zahlungsansprüche** 2502
- Abschlagszahlung (§ 16 Abs. 1 VOB/B)
- Vorauszahlung (§ 16 Abs. 2 VOB/B)
- Schlusszahlung (§ 16 Abs. 3 VOB/B)
- Teilschlusszahlung (§ 16 Abs. 4 VOB/B)

10.4.1 Abschlagszahlungen (§ 16 Abs. 1 VOB/B)

Das Recht des Auftragnehmers auf Abschlagszahlung ergibt sich aus § 16 Abs. 1 VOB/B. Danach 2503 kann der Auftragnehmer Abschlagszahlungen entweder
- auf Antrag in möglichst kurzen Zeitabständen oder
- zu den vereinbarten Zeitpunkten

für vertragsgemäß erbrachte Leistungen fordern.

Abschlagszahlungen bei VOB-Vertrag (§ 16 Abs. 1 VOB/B)	
Zeitpunkt	➤ auf Antrag in möglichst kurzen Zeitabständen ➤ gemäß Zahlungsplan
Voraussetzungen	❶ Vertragsgemäße Leistung (mangelfrei) ❷ klare leicht verständliche Aufstellung ❸ Verlangen einer AZ unter Ausweis der Umsatzsteuer
Folgen	➤ Zahlung binnen 21 Tagen nach Zugang der Rechnung ➤ Anspruchsverlust bei gestellter Schlussrechnung oder Schlussrechnungsreife (vgl. Fristen nach § 14 Abs. 3 VOB/B)

10.4.1.1 Voraussetzungen für Abschlagszahlungen

Folgende Voraussetzungen sind zu prüfen: 2504
- Der Auftragnehmer muss eine der Höhe der Abschlagszahlung entsprechende **vertragsgemäße** 2505 **Bauleistung** erbracht haben. Auf eine (Teil-) Abnahme dieser Leistung kommt es nicht an (BGH, Urt. v. 21.12.1978 – VII ZR 269/77, BGHZ 73, 140, 144 f. = BauR 1979, 159, 161 f. = NJW 1979, 650, 651). Gleichwohl muss die Bauleistung »vertragsgemäß« sein. Vertragsgemäß bedeutet zunächst, dass es um Leistungen des Hauptvertrages geht. Zu den vertragsgemäßen Leistungen gehören aber auch vom Auftraggeber angeordnete Zusatzleistungen gemäß § 1 Abs. 4 S. 1 VOB/B. Denn diese werden automatisch mit ihrer Anordnung zu einer Vertragsleistung (BGH, Urt. v. 27.11.2003 – VII ZR 346/01, BauR 2004, 495, 497 = NJW-RR 2004, 449, 451 – s. oben Rdn. 929 ff.). Auf eine zuvor geschlossene Vergütungsvereinbarung nach § 2 Abs. 6 Nr. 2 VOB/B kommt es dagegen nicht an (BGH, Beschl. v. 24.05.2012 – VII ZR 34/11, BauR 2012, 1395, 1396 = NJW-RR 2012, 981, 982 = NZBau 2012, 493; Ingenstau/Korbion/Keldungs, B § 2 Abs. 6 Rn. 30; vgl. dazu auch die Möglichkeit, direkt auf Zahlung zu klagen, oben Rdn. 2272).

2506 • Inhaltlich bedeutet vertragsgemäß, dass die Leistungen, für die Abschlagszahlungen verlangt werden, in Bezug auf **Quantität und Qualität dem Vertrag entsprechen** müssen. Daher kann der Auftraggeber Abschlagszahlungen einbehalten, wenn die abgerechneten Leistungen mit Mängeln behaftet sind (§ 320 BGB – st. Rspr.: BGH, Urt. v. 21.12.1978 – VII ZR 269/77, BGHZ 73, 140, 144 f. = BauR 1979, 159, 161 f. = NJW 1979, 650, 651; BGH, Urt. v. 21.04.1988 – VII ZR 65/87, BauR 1988, 474, 475 = NJW-RR 1988, 1043 – siehe im Einzelnen auch schon oben Rdn. 1297 ff. zu dem vergleichbaren Recht nach Abnahme). Dieses Zurückbehaltungsrecht besteht in gleicher Weise, und zwar in vollem Umfang, wenn die Parteien einen Zahlungsplan nach Baufortschritt vereinbart haben (BGH, Urt. v. 09.07.1981 – VII ZR 40/80, BauR 1981, 577, 580 f. = NJW 1981, 2801), was ebenso für die Ratenzahlungen nach § 3 Abs. 2 MaBV im Bauträgergeschäft gilt. Auch hier kann der Auftragnehmer die ausbedungenen Zahlungen nur beanspruchen, wenn er die dazu gehörenden Leistungen mangelfrei erbracht hat. Mit der Höhe einer einzelnen Rate hat das nichts zu tun. Andernfalls würde der Auftraggeber mit seinen vertraglichen vereinbarten Zahlungen vorleistungspflichtig, obwohl er dafür bisher nicht den Gegenwert einer Leistung erhalten hat (anschaulich: BGH, Urt. v. 27.10.2011 – VII ZR 84/09, BauR 2012, 241, 242 = NJW 2012, 56 = NZBau 2012, 34).

> ▸ Beispiel (ähnlich BGH, Urt. v. 10.11.1983 – VII ZR 373/82, BauR 1984, 166, 168 = NJW 1984, 725, 726
>
> Nach dem Zahlungsplan schuldet der Auftraggeber eine Rate von 69 T€ nach Fertigstellung und Besitzübergabe und eine weitere Rate von 18 T€ nach Fertigstellung der Außenanlagen. Das Haus ist übergeben, beide Raten sind noch nicht bezahlt. Jetzt zeigen sich Mängel mit einem Beseitigungsaufwand von 25.000 €. Hier beschränkt sich das Zurückbehaltungsrecht nicht etwa nur auf die letzte Rate, sondern kann einschließlich Druckzuschlag zu allen ausstehenden Zahlungen geltend gemacht werden.

Das **Zurückbehaltungsrecht** nach § 320 BGB besteht so lange, bis der Auftragnehmer seiner Mangelbeseitigungspflicht nach § 4 Abs. 7 S. 1 VOB/B nachgekommen ist. Hieraus folgt, dass der Auftraggeber auch bei einer Klage auf Abschlagszahlung nur Zug um Zug gegen Mängelbeseitigung zu verurteilen ist (BGH, Urt. v. 09.07.1981 – VII ZR 40/80, BauR 1981, 577, 580 f. = NJW 1981, 2801; BGH, Urt. v. 21.12.1978 – VII ZR 269/77, BGHZ 73, 140, 144 f. = BauR 1979, 159, 161 f. = NJW 1979, 650, 651). Demgegenüber wäre eine solche Vergütungsklage vollständig abzuweisen, wenn die abgerechnete Leistung überhaupt noch nicht erbracht wurde. In diesem Umfang würde es bereits an einer tatbestandlichen Voraussetzung des Anspruchs auf Abschlagszahlung fehlen.

2507 Sind Mängel vorhanden und zahlt der Auftraggeber trotzdem, bedarf es bei der Zahlung keines entsprechenden Vorbehaltes. § 16 Abs. 1 Nr. 4 VOB/B besagt eindeutig, dass Abschlagszahlungen die Haftung und Gewährleistung des Auftragnehmers unberührt lassen. Abschlagszahlungen gelten mit dieser Maßgabe **nicht als Abnahme von Teilen der Leistung**.

2508 • Der Auftragnehmer muss seine Leistungen durch eine **prüfbare Aufstellung** nachweisen. Ohne gesonderte Vereinbarung hierzu ist zwar eine Anlehnung an die Prüfbarkeitsvoraussetzungen des § 14 Abs. 1 VOB/B geboten (Ingenstau/Korbion/U. Locher, B § 16 Abs. 1 Rn. 19). Deren vollständige Übertragung auf Abschlagsrechnungen ist allerdings schon von der Natur der Sache her nicht angezeigt (BGH, Urt. v. 09.01.1997 – VII ZR 69/96, BauR 1997, 468 = NJW 1997, 1444 = ZfBR 1997, 186; BGH, Urt. v. 19.03.2002 – X ZR 125/00, BauR 2002, 1257, 1259 = NJW 2002, 2640, 2641 = NZBau 2002, 390, 391). Sie ist vielfach aufgrund des konkreten Abrechnungsstadiums bei der Abwicklung eines Bauvorhabens nicht einmal möglich.

> ▸ Beispiel
>
> Eine prüfbare Abrechnung setzt z. B. bei einem Einheitspreisvertrag die Beifügung der Leistungsnachweise in Form von Aufmaßen voraus. Solche Aufmaße werden jedoch vielfach nicht laufend genommen, sondern erst nach Fertigstellung einer (Teil)leistung. Selbstverständlich

kann der Auftragnehmer aber auch schon vorher für erbrachte Leistungen eine Abschlagszahlung verlangen.

Unbeschadet dessen muss die Aufstellung zu den erbrachten Leistungen aber zumindest so klar und verständlich sein, dass die Erbringung der mit der Abschlagsrechnung abgerechneten Leistungen – wenn auch kein Aufmaß erforderlich ist – wenigstens schnell und sicher zumindest ungefähr beurteilt werden kann.

- Mit Übergabe der vorgenannten Aufstellung muss der Auftragnehmer die **Zahlung eines den nachgewiesenen Leistungen entsprechenden Abschlags** einschließlich des darauf entfallenden Umsatzsteueranteils **verlangen**. Dieses Verlangen kann sich nach den dazu getroffenen vertraglichen Vereinbarungen, etwa in einem vereinbarten Zahlungsplan, orientieren. Ansonsten kann der Auftragnehmer aber auch Abschlagszahlungen in möglichst kurzen Zeitabständen fordern. Diese zeitraumbezogene Abrechnung bringt allerdings die Notwendigkeit mit sich, Abrechnungen für vergangene Zeiträume einzubeziehen und dazulegen, inwieweit ein Zahlungsanspruch besteht. Dieser ergibt sich aus dem Vergütungsanspruch für die bisher insgesamt abgerechnete Leistung abzüglich bereits erbrachter Zahlungen (BGH, Urt. v. 20.08.2009 – VII ZR 205/07, BGHZ 182, 158, 175 = BauR 2009, 1724, 1730 f. = NJW 2010, 227, 231 = NZBau 2009, 707, 712). Dies schließt es zwar nicht aus, dass der Auftragnehmer in seinen Abschlagsrechnungen ggf. nur Teilleistungen oder gar nur einzelne Positionen abrechnet; nur können diese Teilforderungen nicht unabhängig von den sonstigen schon erbrachten und abgerechneten Leistungen erhoben, sondern müssen jeweils in einen Zusammenhang gestellt werden.

2509

▶ **Beispiel (in Anlehnung an BGH, Urt. v. 20.08.2009 – VII ZR 205/07, BGHZ 182, 158, 175 = BauR 2009, 1724, 1730 f. = NJW 2010, 227, 231)**

Nach einer Leistungsänderungsanordnung gemäß § 1 Abs. 3 VOB/B kommt es voraussichtlich bei einer LV-Position zu einem erhöhten Zementverbrauch. Hier kann eine Abschlagsrechnung nicht allein auf diese Mehrmengenposition beschränkt werden. Vielmehr müsste der Auftragnehmer zu der gesonderten Leistungsposition unter Berücksichtigung aller Mehr- und Minderkosten darlegen, welcher Preis sich insgesamt für diese gesonderte Teilleistung ergibt. Allein auf dieser Grundlage könnte er dann erst einen Abschlag fordern.

Wenn im Bauvertrag besonders zu vergütende Leistungen in **Form von Pauschalen** angeführt sind, können darauf ebenso Abschlagszahlungen verlangt werden.

2510

▶ **Beispiel**

In Bauverträgen werden häufig Pauschalen für das Einrichten der Baustelle, Material- und Bodenprüfungen, besondere Zuwegungen usw. vorgesehen. Hier kann z. B. nach ersten Arbeiten ein Anteil an der Pauschale von z. B. 40 % geltend gemacht werden.

Gleichfalls kann der Unternehmer für **vorgefertigte und bereitgestellte Bauteile** sowie für schon auf die Baustelle angelieferte Stoffe oder Bauteile (z. B. Bausteine, Beton oder sonstige Baumaterialien) Abschlagszahlungen verlangen (§ 16 Abs. 1 Nr. 1 S. 3 VOB/B). Voraussetzung dafür ist, dass er dem Auftraggeber das Eigentum daran schon vor dem Einbau überträgt oder ihm eine entsprechende Sicherheit gibt. Hinsichtlich der Qualität der eigens angefertigten Bauteile muss nicht unbedingt eine Sonderanfertigung vorliegen; es genügt eine Serienfertigung, die aber über den Rahmen der normalen Vorratsfertigung hinausgehen muss.

2511

10.4.1.2 Fälligkeit von Abschlagszahlungen

Die Zahlungspflicht für Abschlagszahlungen entsteht **21 Tage nach Zugang der Aufstellung der abgerechneten Leistungen** (§ 16 Abs. 1 Nr. 3 VOB/B); diese Frist weicht von der Vorgängerfassung des § 16 Abs. 1 Nr. 3 VOB/B nur insoweit ab, als die ehemals dort ausgewiesenen 18 Werktage in Kalendertage umgerechnet wurden. Der einzig verbleibende Unterschied besteht darin, dass nach der Neufassung die Feiertage bei der Fristberechnung mitgezählt werden. Auf dieser Grundlage

2512

kommt es für die Rechtzeitigkeit der Zahlung zumindest nach bisheriger Rechtslage gemäß § 270 Abs. 1 BGB darauf an, dass der Auftraggeber die ihm obliegende Leistungshandlung fristgerecht erfüllt. Dies kann durch rechtzeitige Weitergabe eines Überweisungsträgers an die Bank (OLG Köln, Urt. v. 11.01.1990 – 7 U 51/89, BauR 1990, 367, 369 = NJW-RR 1990, 284, 258; ebenso: Motzke, in: Beck'scher VOB-Kommentar, § 16 Nr. 1 Rn. 58; Ingenstau/Korbion/U. Locher, B § 16 Abs. 1 Rn. 45 – a. A. OLG Frankfurt, Urt. v. 11.03.1986 – 5 U 35/83, BauR 1988, 599, 600 = NJW-RR 1987, 979, das auf den Geldeingang beim Auftragnehmer abstellt) oder durch Versendung eines Schecks an den Auftragnehmer erfolgen (BGH, Urt. v. 11.02.1998 – VIII ZR 287/97, BauR 1998, 398, 399 = NJW 1998, 1302 f.; Ingenstau/Korbion/U. Locher, a. a. O.). Dass unter Verzugsgesichtspunkten etwas anderes gilt, soll unten behandelt werden (Rdn. 2620). Ferner ist darauf hinzuweisen, dass zumindest nach der bei Drucklegung schon geplanten (aber noch nicht in Kraft getretenen) Änderung des § 270 Abs. 1 BGB bei Geldschulden ganz allgemein der Schuldner (Auftraggeber) auch die Verzögerungsgefahr tragen soll. Folglich hätte er nunmehr in jedem Fall die Rechtzeitigkeit des Zahlungseingangs beim Gläubiger (Auftragnehmer) sicherzustellen. Zahlt der Auftraggeber eine Abschlagszahlung vor Ablauf der 21-Tage-Frist, geht dies zu seinen Lasten; einen Ausgleich erhält er dafür nicht (BGH, Urt. v. 19.03.2002 – X ZR 125/00, BauR 2002, 1257, 1259 = NJW 2002, 2640, 2641 = NZBau 2002, 390, 391).

2513 In der Praxis ist immerhin zu beobachten, dass zahlreiche zunehmend öffentliche Auftraggeber die vorgenannte Frist nicht beachten (zu den Folgen s. unten Rdn. 2616 ff.). Insoweit kann der Auftragnehmer aber immerhin dadurch einen gewissen Druck auf den Auftraggeber ausüben, dass er ihm einen Nachlass bzw. wohl richtigerweise ein Skonto für den Fall gewährt, dass der Auftraggeber die Zahlungsfristen gemäß VOB/B einhält (OLG Celle, Beschl. v. 26.01.2004 – 14 U 226/03, BauR 2004, 860, 861; OLG Bremen, Urt. v. 26.11.2003 – 1 U 42/03, BauR 2004, 862, 863; OLG Oldenburg, Urt. v. 20.03.2002 – 2 U 4/02, BauR 2004, 863). Umgekehrt ist klarzustellen, dass der Ausgleich einer Abschlagszahlung **keinen Einfluss auf die Haftung, die Gewährleistung oder gar eine Abnahme** hat (§ 16 Abs. 1 Nr. 4 VOB/B). Gerade damit kommt der vorläufige Charakter einer Abschlagszahlung zum Ausdruck; dem Auftraggeber verbleiben selbst bei einstweilen berechtigterweise und vorbehaltlos geleisteten Abschlagszahlungen alle Rechte erhalten, die ihm auch sonst im Werkvertragsrecht zustehen (Ingenstau/Korbion/Locher, § 16 Abs. 1 Rn. 59; ähnlich OLG Frankfurt, Urt. v. 01.07.2009 – 1 U 20/08, IBR 2010, 15). Dies folgt nicht zuletzt aus der Vorleistungspflicht des Auftragnehmers, die bis zur Abnahme, d. h. der Erfüllung der Bauleistung besteht. Dies schließt ebenso ein Anerkenntnis des Auftraggebers etwa zu Teilleistungen aus, selbst wenn er z. B. während einer Baumaßnahme Abschlagrechnungen geprüft und erst im Anschluss daran bezahlt hat (s. dazu auch allgemein die Rechtsprechung, die grundsätzlich in der Bezahlung von Rechnungen kein Anerkenntnis sieht: BGH, Urt. v. 11.01.2007 – VII ZR 165/05 BauR 2007, 700 [Ls.] = NJW-RR 2007, 530 [Ls.] = NZBau 2007, 242 [Ls.]; BGH, Urt. v. 11.11.2008 – VIII ZR 265/07, NJW 2009, 580, 581); hierin liegt nicht einmal eine Beweislastumkehr (s. dazu auch Rdn. 2647 f.). Dies liegt auf der Hand, weil möglicherweise erst nach einer gestellten Schlussrechnung mit allen dann bekannten Forderungen des Auftragnehmers für den Auftraggeber erkennbar sein kann, welcher Vergütungsforderung er noch abschließend ausgesetzt ist. Natürlich sind andere Beurteilungen im Einzelfall nicht ausgeschlossen. Sie müssen sich dann aber auch mit hinreichender Eindeutigkeit als Abweichung von vorgenannter Regel ergeben.

▶ Beispiel (nach KG, Urt. v. 12.02.2008 – 21 U 155/06, BauR 2009, 650)

Der Auftragnehmer stellt einen Nachtrag. Nach langen Verhandlungen, bei denen zumindest kein ausdrückliches Ergebnis erzielt wird, stellt er nunmehr seine mit dem Nachtrag berechtigten Mehrkosten in eine Abschlagsrechnung ein, die der (öffentliche) Auftraggeber daraufhin widerspruchslos bezahlt. Hierin liegt zugleich die Annahme des Nachtragsangebotes.

10.4.1.3 Einbehalte von Abschlagszahlungen

2514 Einbehalte bei Abschlagszahlungen sind möglich, wenn die abzurechnende Werkleistung Mängel aufweist. Hierauf wurde vorstehend schon verwiesen (Rdn. 2506). Ferner können je nach Vereinbarung **Abschläge** vorgenommen werden, wenn diese z. B. wegen nur ungenauer Abrechnungsmöglichkeiten im Vertrag vorgesehen sind.

▶ Beispiel

Im Bauvertrag ist vorgesehen, dass Abschlagszahlungen (nur) zu 90 % ausgezahlt werden.

Die Rechtsprechung scheint die Wirksamkeit solcher reduzierter Zahlungsklauseln eher abzulehnen. So hat der Bundesgerichtshof zum Architektenrecht entschieden, dass **Abschlagszahlungen zu 100 %** und nicht nur zu 90 oder 95 % auszuzahlen seien. Zwar galt dort § 632a BGB noch nicht. Der BGH erwähnte diese Regelung aber immerhin und verwies im Übrigen auf § 8 Abs. 2 HOAI a. F. (heute § 15 Abs. 2 HOAI), der eine solche Kürzung nicht vorsah (BGH, Beschl. v. 22.12.2005 – VII ZB 84/05, BGHZ 165, 332, 338 = BauR 2006, 674, 675 f. = NJW-RR 2006, 597, 599 = NZBau 2006, 245, 247). Hieraus immerhin wird in der Fachliteratur gefolgert, dass dasselbe wegen des inzwischen in Kraft getretenen § 632a BGB für alle Abschlagszahlungen gelte (Koeble/Kniffka, 5. Teil, Rn. 194; Schulze-Hagen, BauR 2007, 170, 171; Ingenstau/Korbion/Locher, § 16 Abs. 1 Rn. 11). Überzeugend sind diese Bedenken nicht – zumal auch der BGH zuletzt für einen Bauvertrag diese Rechtsfrage ausdrücklich offen gelassen hat (BGH, Urt. v. 09.12.2010 – VII ZR 7/10, BauR 2011, 677, 679 = NJW 2011, 2125, 2127 = NZBau 2011, 229, 231). Denn anders als der in der soeben erwähnten Entscheidung des BGH zum Architektenrecht dort behandelte § 8 Abs. 2 HOAI (heute § 15 Abs. 2 HOAI) stellt § 632a BGB kein zwingendes Recht dar. Davon abweichende Vereinbarungen sind vielmehr nach der Gesetzesbegründung (BT-Ds. 16/511, S. 14) im Rahmen der §§ 307 ff. BGB möglich. Im Gegenteil: Gerade die Gesetzesbegründung legt den Bauvertragsparteien etwa mit einem Rückgriff auf die VOB/B sogar alternative Regelungen zu Abschlagszahlungen nahe (s. dort. S. 15). Dies heißt nichts anderes, als dass selbst der Gesetzgeber es scheinbar als zulässig angesehen hat, abweichend vom Gesetz die Frist für die Fälligkeit von Abschlagszahlungen auf 18 Werktage bzw. heute 21 Kalendertage hinauszuschieben (vgl. § 16 Abs. 1 Nr. 3 VOB/B). Diese somit zugelassene und rechtlich unbedenkliche Frist dient den berechtigten Interessen des Auftraggebers, Zahlungsanforderungen des Auftragnehmers erst einmal prüfen zu können. Die Prüfung stellt bei Abschlagszahlungen jedoch keinerlei Pflicht oder Obliegenheit dar; sie ist zur Rechtswahrung nicht einmal notwendig. Denn deren Bezahlung weist wie soeben erläutert (Rdn. 2513) ohnehin nur einen vorläufigen Charakter auf, sodass die Darlegungs- und Beweislast selbst danach weiterhin beim Auftragnehmer verbleibt – jetzt mit dem Ziel, schon erhaltene Zahlungen behalten zu dürfen (BGH, Urt. v. 24.1.2002 – VII ZR 196/00, BauR 2002, 938, 939 f.; s. dazu sogleich Rdn. 2519). Daher erscheint es statt oder ergänzend zu einer Prüfung auch interessengerecht, dass Abschlagszahlungen **zur Vermeidung von Überzahlungen nicht im vollen Umfang, sondern nur geringfügig gekürzt ausgezahlt** werden. Hiermit würde immerhin dem Umstand Rechnung getragen, dass es tatsächlich »nur« um Abschlagszahlungen geht. Diesen muss weder eine detaillierte Rechnungsstellung, deren Nachweis noch eine detaillierte Prüfung zugrunde liegen. Auf all diese Erfordernisse wird verzichtet, um sie nicht auf der anderen Seite als Hemmschuh für eine beschleunigte Abwicklung im Vergütungsbereich aufzubauen. Dann aber kann es umgekehrt im gewerblichen Bereich nicht unangemessen sein, für eine nicht einmal abgenommene Leistung bei einer weiterhin bestehenden Vorleistungspflicht des Auftragnehmers ein angemessenes Sicherheitspolster von wenigen Prozent vorzuhalten, um Spitzen bei einer Vergütungszahlung zur Vermeidung von Überzahlungen ausgleichen zu können. Unbeschadet dessen ist allerdings zu fragen, ob die Parteien von dieser Kürzungsmöglichkeit Gebrauch machen sollten, weil solche Vereinbarungen wie jede andere Abweichung von der VOB zu einem Eingriff in die VOB/B als Ganzes führen (vgl. dazu Rdn. 481 ff.). Denn zumindest nach den Regelungen der VOB/B schuldet der Auftraggeber tatsächlich Abschlagszahlungen zu 100 %, nicht z. B. zu 90 % (BGH, Urt. v. 24.03.1988 – VII ZR 126/87, NJW-RR 1988, 851).

Die gesamte vorstehende Diskussion – sei es zur Wirksamkeit einer entsprechenden Zahlungsklausel, sei es zu einer Abweichung von der VOB/B – mag man sich als besonnener Auftraggeber ersparen. Denn tatsächlich wird man sich ja überlegen müssen, warum man eine solche Klausel in den Vertrag einführt. Zumindest die Wirksamkeitsdiskussion im Umfeld des § 632a BGB wird man vermeiden

2515

können, wenn man anstatt einer reduzierten Zahlungsklausel zu einem **Pauschaleinbehalt von 5 % eine Sicherungsabrede** schließt.

▶ Beispiel

»Von allen fälligen Abschlagszahlungen werden 10 % als Vertragserfüllungssicherheit einbehalten. Diese Sicherheit sichert auch Rückzahlungsansprüche aus Überzahlungen«.

Eine solche Regelung in einem VOB-Vertrag wäre ohne Weiteres **wirksam**, und zwar auch in Allgemeinen Geschäftsbedingungen. Selbst der BGH erkennt in dem schon erwähnten Urteil zum Architektenrecht (s. zuvor Rdn. 2515.) das Sicherungsbedürfnis des Auftraggebers einschließlich seines Schutzes vor Überzahlungen an (BGH, Beschl. v. 22.12.2005 – VII ZB 84/05, BauR 2006, 674, 678). Ein solcher Einbehalt muss dann aber eben auch als »Sicherheit« erfolgen. Dies gilt nicht automatisch für jeden Zahlungseinbehalt (a. A. aber scheinbar Kapellmann/Messerschmidt/Thierau, B § 17 Rn. 7 ff.), sondern nur dann, wenn dies ausdrücklich so vorgesehen ist. Selbst die Geltung der VOB/B genügt dafür nicht, weil auch § 17 VOB/B voraussetzt, dass »eine Sicherheitsleistung vereinbart ist« (i. E. ebenso: BGH, Urt. v. 24.3.1988 – VII ZR 126/87, NJW-RR 1988, 851; KG, Urt. v. 15.4.1999 – 10 U 49/98, IBR 2000, 601).

2516 Soweit hier angesprochen wurde, dass weitere Einbehalte von Abschlagszahlungen möglich sind, waren damit wie gezeigt zunächst Einbehalte aus demselben Vertrag (Sicherheits- oder Mängeleinbehalte) gemeint. Der Anspruch auf Abschlagszahlung ist jedoch ansonsten auch ein ganz gewöhnlicher Vergütungsanspruch. Daher ist es dem Auftraggeber wie sonst nicht verwehrt, zu seinen Gunsten bestehende Gegenforderungen einzubehalten (§ 16 Abs. 1 Nr. 2 VOB/B). Dagegen sind **andere Einbehalte** nur zulässig, wenn dieses ausdrücklich im Vertrag und/oder in den gesetzlichen Bestimmungen vorgesehen ist. Hinsichtlich des Grundes einer Gegenforderung besteht keine Beschränkung. Die Gegenforderungen können somit auch aus **anderen Vertrags- oder sonstigen Rechtsverhältnissen** stammen; sie können ihre Grundlage in dem Bauvertrag selbst haben, sie können aber auch auf einer unerlaubten Handlung außerhalb der vertraglichen Bindung beruhen. Einzige Voraussetzung ist nur, dass es sich um eine schon fällige, d. h. auf Geldzahlung gerichtete Gegenforderung handeln muss (Ingenstau/Korbion/U. Locher, VOB/B, § 16 Abs. 1 Rn. 37). Mit dieser Maßgabe findet dann bei der Auszahlung eines ggf. verbleibenden Guthabens eine Verrechnung statt, soweit der Auftraggeber nicht aufrechnet.

10.4.1.4 Ausschluss bei Schlussrechnungsreife

2517 Ein Anspruch auf Abschlagszahlung geht **verloren**, wenn der Auftragnehmer in der Zwischenzeit eine **Schlussrechnung gestellt** hat (BGH, Urt. v. 25.10.1990 – VII ZR 201/89, BauR 1991, 81, 82 = NJW 1991, 565 f.). Spätestens zu diesem Zeitpunkt endet auch ein etwaiger Verzug mit der Bezahlung einer Abschlagsrechnung – dies zumindest dann, wenn die Leistung abgenommen wurde (BGH, Urt. v. 15.04.2004 – VII ZR 471/01, BauR 2004, 1146, 1147 = NJW-RR 2004, 957, 958). Dasselbe gilt, wenn nach Abnahme die Leistung des Auftragnehmers fertig gestellt und die **Frist abgelaufen** ist, binnen derer der Auftragnehmer nach § **14 Abs. 3 VOB/B die Schlussrechnung** einzureichen hat (BGH, Urt. v. 20.08.2009 – VII ZR 205/07, BGHZ 182, 158, 169 = BauR 2009, 1724, 1728 = NJW 2010, 227, 229 = NZBau 2009, 707, 710; s. zu der Frist des § 14 Abs. 3 VOB/B oben Rdn. 2478). Dies liegt auf der Hand: Denn wenn der Auftragnehmer zur Aufstellung einer Schlussrechnung verpflichtet und der Auftraggeber nach § 14 Abs. 4 VOB/B im Fall der Säumnis des Auftragnehmers sogar ein eigenes Recht zur Fertigung der Schlussrechnung hat, wäre es wenig verständlich, wenn der Auftragnehmer jetzt trotz seiner Pflichtwidrigkeit noch weiter Abschlagsforderungen verlangen könnte. Ein Ausschluss zur Durchsetzung von Abschlagsforderungen ist aber auch in diversen anderen Fällen der **Schlussrechnungsreife** anzunehmen. Dies betrifft etwa Sachverhalte, in denen das Vertragsverhältnis zwischenzeitlich beendet ist, insbesondere nach einer (fristlosen) Kündigung (BGH, Urt. v. 26.02.1987 – VII ZR 217/85, BauR 1987, 453 = NJW-RR 1987, 724 f.; BGH, Urt. v. 25.10.1990 – VII ZR 201/89, BauR 1991, 81, 82 = NJW 1991, 565 f.) oder die Vertragsleistungen aus anderen Gründen nicht mehr erbracht werden können (OLG Nürnberg, Urt.

v. 08.06.2000 – 13 U 77/00, IBR 2000, 418 = NZBau 2000, 509 f.). Kommt im letzteren Fall eine Abnahme in Betracht (vgl. dazu BGH, Urt. v. 11.05.2006 – VII ZR 146/04, BGHZ 167, 345, 348 ff. = BauR 2006, 1294, 1295 f. = NJW 2006, 2475, 2476), müsste der Auftragnehmer eine solche verlangen und dann die Schlussrechnung stellen. Die **Weiterverfolgung einer noch offenen Abschlagsrechnung** wird man in diesen Fällen aber dahin gehend umdeuten können, dass der Auftragnehmer nunmehr Zahlung eines Teils der Schlussrechnung verlangt. Dies gilt auch während eines laufenden Prozesses: Der Übergang von einer Abschlagsrechnung auf einen Teil der Schlussrechnung stellt **keine Klageänderung** dar (BGH, Urt. v. 21.02.1985 – VII ZR 160/83, BauR 1985, 456, 457 f. = NJW 1986, 1840, 1841; BGH, Urt. v. 11.11.2004 – VII ZR 128/03, BauR 2005, 400, 404 f. = NJW-RR 2005, 318, 321 f. zum Architektenrecht, wo er lange Zeit die entgegen gesetzte Auffassung vertrat; ebenso ausdrücklich BGH, Urt. v. 08.12.2005 – VII ZR 191/04, BauR 2006, 414, 415 = NJW-RR 2006, 390 f. für einen Bauvertrag). Allerdings könnten dem Auftragnehmer im Hinblick auf die nunmehr nach Stellung einer Schlussrechnung **erstmalig einsetzende Prüffrist des § 16 Abs. 3 Nr. 1 VOB/B Probleme** entstehen, da eine Schlussrechnung innerhalb dieser 30 Tage nicht fällig wird (s. dazu sogleich Rdn. 2540 ff.).

▶ **Beispiel**

Der Auftragnehmer klagt eine fällige Abschlagsrechnung ein. Termin zur mündlichen Verhandlung ist der 15. Mai 2012. Kurz zuvor wird das Vorhaben fertig und abgenommen, so dass der Auftragnehmer entsprechend den Fristen nach § 14 Abs. 3 VOB/B am 24. April 2012 die Schlussrechnung einreicht. Wegen der nunmehr einsetzenden Prüffrist von 30 Tagen könnte diese nicht vor dem 24. Mai2012 fällig werden.

Nähme man einen solchen Zeitablauf hin, würde nunmehr selbst bei berechtigten Forderungen mangels Fälligkeit der neu eingereichten Schlussrechnung eine Abweisung als zurzeit unbegründet erfolgen müssen (s. dazu unten Rdn. 2551). Dieses Problem lässt sich nicht materiellrechtlich, sondern nur prozessual lösen. So hat der Bundesgerichtshof für diese Fälle klargestellt, dass es die Grundsätze des fairen Verfahrens gebieten würden, den Prozessablauf so zu gestalten, dass der Auftragnehmer seine Forderung auch in einem laufenden Verfahren weiter verfolgen kann. Dies kann es notfalls sogar erfordern, eine schon anberaumte mündliche Verhandlung auf einen Zeitpunkt zu verlegen, zu dem die Prüffrist des § 16 Abs. 3 Nr. 1 VOB/B abgelaufen ist (BGH, Urt. v. 20.08.2009 – VII ZR 205/07, BGHZ 182, 158, 172 = BauR 2009, 1724, 1729 = NJW 2010, 227, 230 = NZBau 2009, 707, 711).

Ist der Vertrag vorzeitig beendet worden, gelten insoweit keine Besonderheiten, als auch dann die Werklohnforderung (hier die Schlussrechnung) erst mit Abnahme fällig wird (BGH, Urt. v. 11.05.2006 – VII ZR 146/04, BGHZ 167, 345, 348 ff. = BauR 2006, 1294, 1295 f. = NJW 2006, 2475, 2476) bzw. der Auftraggeber eine solche endgültig verweigert (BGH, Urt. v. 08.11.2007 – VII ZR 183/05, BauR 2008, 344, 349 f. = NJW 2008, 511, 514 f.; s. dazu sogleich Rdn. 2533 ff.). Dies heißt aber nichts anderes, als dass der Auftragnehmer in dieser Zwischenzeit weiterhin seine schon gestellten (oder noch zu stellenden) Abschlagsrechnungen weiterverfolgen kann. Bestehen Unsicherheiten, ob die Leistung abnahmefähig, d. h. schlussrechnungsreif ist, kann der Auftragnehmer **hilfsweise zu seiner Abschlagsrechnung den Schlussrechnungsbetrag geltend** machen, was auch noch im Berufungsverfahren möglich ist (BGH, Urt. v. 08.12.2005 – VII ZR 191/04, BauR 2006, 414, 415 = NJW-RR 2006, 390 f.). Dasselbe gilt im umgekehrten Fall, d. h.: Kann der Auftragnehmer nicht sicher eine Abnahme oder deren unberechtigte Verweigerung darlegen und beweisen, kann er gleichwohl vorrangig Bezahlung der Schlussrechnung und hilfsweise die Zahlung der Abschlagsrechnung fordern (BGH, Urt. v. 15.06.2000 – VII ZR 30/99, BauR 2000, 1482, 1483 f. = NJW 2000, 2818 = ZfBR 2000, 537 = NZBau 2000, 507).

2518

10.4.1.5 Rückzahlung bei Überzahlung

Haben die Bauvertragsparteien Abschlagszahlungen vereinbart und kommt es infolgedessen zu einer **Überzahlung**, ist ein Auftragnehmer zur Rückzahlung verpflichtet. Dieser Rückzahlungsanspruch

2519

beruht nicht auf Bereicherungsrecht; vielmehr hat der Auftraggeber einen **vertraglichen Anspruch** darauf, dass der Auftragnehmer abrechnet und einen Überschuss ausbezahlt (Urt. v. 11.02.1999 – VII ZR 399/97, BGHZ 140, 365, 372 f. = BauR 1999, 635, 639 = NJW 1999, 1867, 1869). Dies gilt insbesondere auch in Fällen einer vorzeitigen Beendigung des Vertrages z. B. infolge einer Kündigung (BGH, Urt. v. 02.05.2002 – VII ZR 249/00, BauR 2002, 1407, 1408 = NJW-RR 2002, 1097 – s. dazu im Detail Rdn. 2646 ff.).

10.4.2 Vorauszahlungen (§ 16 Abs. 2 VOB/B)

2520 Die VOB/B sieht in § 16 Abs. 2 VOB/B ausdrücklich die Möglichkeit von Vorauszahlungen vor, und zwar auch noch nach Vertragsabschluss. Trotz dieser Möglichkeit sind im Hoch- und Tiefbau Vorauszahlungen wenig gebräuchlich, während sie im Stahlbau fast die Regel sind. Hier wird durchweg vereinbart, dass 1/3 der Auftragssumme bei Auftragserteilung, 1/3 bei Fertigstellung im Werk und 1/3 bei erfolgter Montage zu bezahlen sind. Dabei handelt es sich zumindest bei der ersten, meist aber auch bei der zweiten Zahlung um echte Vorauszahlungen. Teilweise wird versucht, diesen Zahlungsplan ebenso bei den Betonfertigteilen vorzusehen. Meist nur in Ausnahmefällen werden aber die noch im Werk lagernden Fertigteile bezahlt. Ohnehin dürfte es sich dabei aber nicht um eine echte Vorauszahlung im eigentlichen Sinne handeln, sondern eher um eine Abschlagszahlung, wie sich aus § 16 Abs. 1 Nr. 1 S. 3 VOB/B ergibt. In diesen Fällen kann der Auftraggeber eine Zahlung von der Übereignung bzw. der Stellung entsprechender Sicherheit abhängig machen.

2521 Vorauszahlungen werden in der Praxis vor allem aus zwei Gründen vereinbart: Einmal kann der Auftragnehmer bei preisgefährdeten Baustoffen (z. B. bei Betonstahl) durch rechtzeitigen Einkauf des betreffenden Stoffes das Preisrisiko verkleinern. Ferner werden Vorauszahlungen geleistet, um dem Auftragnehmer die Finanzierung der Baudurchführung zu erleichtern. In beiden Fällen wird im Gegenzug meist ein Preisnachlass verlangt und gewährt. Es widerspricht dann aber dem Sinn der Vorauszahlung, diese bei den nächst fälligen Zahlungen in voller Höhe einzubehalten. Im ersten Fall sollte man stattdessen die Höhe der Vorauszahlung z. B. zu den Gesamtkosten des Betonstahls in Relation setzen und sie entsprechend diesem Verhältnis bei den Stahlpositionen in den Abschlagsrechnungen abziehen. Im zweiten Fall sollte man die Vorauszahlung in Relation zur vorläufigen Gesamtabrechnungssumme setzen und sie mit diesem Prozentsatz von den einzelnen Abschlagsrechnungen einbehalten.

2522 Die **Fälligkeit von Vorauszahlungen** richtet sich **ausschließlich** nach den **zugrunde liegenden Vereinbarungen**. Weitere Voraussetzungen stellt die VOB nicht auf. Stattdessen enthält sie nur Regelungen für den Fall, dass überhaupt Vorauszahlungen vereinbart sind. Dementsprechend sollte ein Auftraggeber bei einem Vorauszahlungsverlangen des Auftragnehmers jeweils prüfen:
- Ist im Vertrag oder später gesondert eine Vereinbarung zur Erbringung von Vorauszahlungen getroffen worden?
- Welche Regelungen sind hinsichtlich deren Höhe und deren Fälligkeit vorgesehen? Liegen die Voraussetzungen hierfür vor? Besonders: Wurde eine Regelung zur Umsatzsteuer getroffen? Wenn nicht, kann der Auftragnehmer den entsprechenden Umsatzsteueranteil mit abrechnen.

2523 Zur **Absicherung einer nachträglich vereinbarten Vorauszahlung** kann der Auftraggeber die Stellung einer Sicherheit verlangen (§ 16 Abs. 2 S. 1 Hs. 2 VOB/B). Diese Sicherheit muss ausreichend sein und in ihrer Art und Höhe das mit einer Vorauszahlung verbundene Risiko wertmäßig abdecken. Soweit eine Absicherung durch Bürgschaft vereinbart ist, gilt für deren inhaltliche Anforderungen § 17 Abs. 4 VOB/B (OLG Karlsruhe, Urt. v. 11.07.1984 – 7 U 122/82, BauR 1986, 227, 228). Dabei ist es anders als bei sonstigen Baugeschäften im Anwendungsbereich der VOB (s. dazu Rdn. 3029 ff.) zulässig, als **Sicherungsmittel auch eine Bürgschaft auf erstes Anfordern** zu vereinbaren. Dies ist sogar in den **AGB des Auftraggebers möglich**. Bedenken bestehen dagegen nicht, da der Auftragnehmer ohnehin vorleistungspflichtig ist. Hat er demgegenüber schon vor Ausführung seiner Leistung Gelder erhalten, stellt seine Verpflichtung zur Beibringung einer Vorauszahlungs-/Vertragserfüllungsbürgschaft auf erstes Anfordern nur diejenige Risikolage wieder her, die von Gesetzes wegen nach § 641 BGB ohnehin besteht. Der Auftragnehmer wird durch diese ihm auferlegte

Verpflichtung zur Stellung einer Bürgschaft auf erstes Anfordern nicht unangemessen i. S. d. § 307 Abs. 1 und 2 BGB benachteiligt (BGH, Urt. v. 12.07.2001 – IX ZR 380/98, BGHZ 148, 283, 287 = BauR 2002, 123, 125 = NJW 2001, 3549 f.). Etwas anderes gilt nur dann, wenn die zur Absicherung der Vorauszahlung zu übergebende Vertragserfüllungsbürgschaft auf erstes Anfordern bis zur Abnahme der Bauleistung aufrechterhalten werden müsste (Vogel, BauR 2002, 131, 132; Joussen, BauR 2003, 13, 15 f.). Denn nach Verbrauch der Vorauszahlung sind für eine insoweit übergebene Vorauszahlungs-/Vertragserfüllungsbürgschaft dieselben einschränkenden Grundsätze zu beachten wie bei allen anderen Bürgschaften auf erstes Anfordern (so auch OLG Düsseldorf, Urt. v. 04.11.2003 – I-21 U 36/03, BauR 2004, 1319, 1320; offen gelassen in OLG Frankfurt, Beschl. v. 16.01.2008 – 23 U 51/07, BauR 2008, 1166).

Vorauszahlungen sind grundsätzlich **nicht zu verzinsen**. Etwas anderes gilt nur für nachträglich vereinbarte Vorauszahlungen. Diese unterliegen, soweit nicht etwas anderes vereinbart, einer Verzinsungspflicht in Höhe von 3 % über dem Basiszinssatz. 2524

10.4.3 Schlusszahlung (§ 16 Abs. 3 VOB/B)

Mit der Schlusszahlung wird die aus Sicht des Auftragnehmers abschließende Vergütung für die von ihm erbrachten Bauleistungen bezahlt. 2525

10.4.3.1 Begrifflichkeiten

Bevor auf die Voraussetzungen der Fälligkeit als solche eingegangen wird, sollen zunächst wenige allgemeine Punkte geklärt werden: Denn die VOB Teil B arbeitet wie auch die Praxis völlig selbstverständlich mit Begriffen wie Schlussrechnung oder Schlusszahlung. Daran werden – wie etwa die Fragen der Prüfbarkeit oder der sog. Schlusszahlungseinrede in § 16 Abs. 5 Nr. 2 VOB/B – Rechtsfolgen geknüpft. Definiert werden diese Begriffe aber nicht: 2526

- **Schlussrechnung**
  Die Schlussrechnung ist dadurch gekennzeichnet, dass der Auftragnehmer damit im Einzelnen erklärt, welche Vergütung er zu den von ihm erbrachten Leistungen endgültig und abschließend verlangt. Vor diesem Hintergrund handelt es sich bei der Schlussrechnung somit in der Regel um **die letzte Rechnung zu einem Bauvorhaben**. Sie umfasst alle die vom Auftragnehmer übernommenen und ausgeführten Arbeiten, Vergütungen für Zusatz- oder geänderte Leistungen sowie nicht zuletzt Schadensersatzansprüche aus Behinderung (vgl. dazu BGH, Urt. v. 08.12.1977 – VII ZR 84/76, BauR 1978, 145, 146 = NJW 1978, 994). Sodann ist ein Saldo zu bilden, der sich aus dem Abzug von Voraus- und Abschlagszahlungen ergibt. Der Auftraggeber soll dadurch in die Lage versetzt werden zu beurteilen, welche Restzahlungen er noch zu erbringen hat oder ob der Auftragnehmer infolge bereits geleisteter Zahlungen oder Aufrechnungen mit Gegenansprüchen ggf. schon überzahlt ist (BGH, Urt. v. 20.08.2009 – VII ZR 205/07, BGHZ 182, 158, 170 = BauR 2009, 1724, 1728 f. = NJW 2010, 227, 229 = NZBau 2009, 707, 710). Dabei ist die Verwendung des Begriffs Schlussrechnung selbstverständlich nicht zwingend. Es genügt vielmehr, dass sich aus den konkreten Einzelumständen entnehmen lässt, dass der Auftragnehmer eine abschließende Rechnung stellt (BGH, Urt. v. 12.06.1975 – VII ZR 55/73, NJW 1975, 1701, 1702). Dagegen liegt keine Schlussrechnung vor, wenn der Auftragnehmer z. B. zu erkennen gibt, noch weitere Vergütungsansprüche geltend machen zu wollen (BGH, Urt. v. 08.12.1977 – VII ZR 84/76, BauR 1978, 145, 146 = NJW 1978, 994; BGH, Urt. v. 11.03.1982 – VII ZR 104/81, BauR 1982, 282, 283 = NJW 1982, 1594). Unbeschadet dessen steht es dem Auftragnehmer auf der anderen Seite aber auch frei, eine zunächst als Abschlagsrechnung eingereichte Rechnung später zu einer Schlussrechnung zu erklären (BGH, Urt. v. 13.02.1975 – VII ZR 120/74, BauR 1975, 282, 283). 2527

Soweit sodann eine Schlussrechnung (unter Einbeziehung weiterer Rechnungsbeträge aus früheren Rechnungen) aufgestellt worden ist, **verlieren** sämtliche dort ersichtlichen **Einzelrechnungsposten ihren selbstständigen Charakter**. Sie können daher – anders als bei einer Abschlagsrechnung (s. dazu OLG Celle, Urt. v. 31.10.2007 – 14 U 95/07, BauR 2008, 681, 683 f. = NZBau 2528

2008, 324) – auch nicht isoliert eingeklagt oder abgetreten werden (BGH, Urt. v. 22.10.1998 – VII ZR 167/97, BauR 1999, 251, 252 = NJW 1999, 417, 418; BGH, Urt. v. 09.01.1997 – VII ZR 69/96, BauR 1997, 468 = NJW 1997, 1444). Allerdings ist ein Auftragnehmer selbstverständlich nicht daran gehindert, aus einer Schlussrechnung nur Teilbeträge geltend zu machen. Hierbei handelt es sich dann jedoch um die Geltendmachung eines (z. B. erstrangigen) Teilanspruchs zu einer Gesamtrechnung, nicht um die Geltendmachung einzelner im Rahmen der Schlussrechnung bestehender unselbstständiger Rechnungsposten. Dies gilt auch insoweit, als Gegenstand der Schlussrechnung Vergütungsforderungen aus Nachträgen nach §§ 2 Abs. 5 oder 2 Abs. 6 VOB/B sind (BGH, Beschl. v. 24.01.2008 – VII ZR 43/07, BauR 2008, 871, 872 = NJW 2008, 1741, 1742 = NZBau 2008, 319, 320).

- Schlusszahlung

2529 Der Begriff »Schlusszahlung« ist dem bürgerlichen Recht nicht bekannt. Er entstammt allein der VOB/B. Nach deren § 16 Abs. 3 VOB/B handelt es sich bei der Schlusszahlung um die restliche Vergütung des Auftragnehmers, die vom Auftraggeber zur Abwicklung des Bauvertrags gezahlt wird. Die Schlusszahlung bezieht sich also stets auf einen konkreten Bauvertrag. Der Auftraggeber will damit aus rein subjektiver Sicht eine nach seiner Auffassung noch **bestehende Restschuld tilgen** (BGH, Urt. v. 02.12.1982 – VII ZR 63/82, BauR 1983, 165, 167 = NJW 1983, 816; Ingenstau/Korbion/U. Locher, VOB/B § 16 Abs. 3 Rn. 1), und zwar unter Einschluss ggf. noch offener Abschlags- oder sonstiger Rechnungen. Gleichzeitig will er damit gemäß § 16 Abs. 3 Nr. 2 VOB/B etwaige weitere Forderungen des Auftragnehmers aus diesem Bauvertrag ausschließen, wobei zu diesen Nachforderungen auch Schadensersatzansprüche gehören können (BGH, Urt. v. 06.12.1973 – VII ZR 37/73, BGHZ 62, 15, 17 f. = BauR 1974, 132, 133; BGH, Urt. v. 02.12.1982 – VII ZR 63/82, BauR 1983, 165, 167 = NJW 1983, 816).

2530 Ob es sich bei einer Zahlung um eine Schlusszahlung handelt, ist demzufolge stets im Einzelfall zu prüfen. Sie kann als solche bezeichnet sein. Zumindest muss sie aber den Willen des Auftraggebers erkennen lassen, eine abschließende Zahlung zu leisten (BGH, Urt. v. 21.10.1971 – VII ZR 79/70, BauR 1972, 56, 57 = NJW 1972, 51; OLG Hamburg, Urt. v. 16.01.1978 – 5 U 65/77, BauR 1979, 163 f.).

▶ **Beispiel**

Zu der Zahlung wird mitgeteilt: »Restzahlung, Restbetrag, Ausgleich der Rechnung vom …«

Unbeachtlich ist für die Schlusszahlung, wenn sich der Auftraggeber seinerseits Ansprüche vorbehält (BGH, Urt. v. 21.10.1971 – VII ZR 79/70, BauR 1972, 56, 57 = NJW 1972, 51).

10.4.3.2 Voraussetzungen für Schlusszahlung

2531 Sind diese Begrifflichkeiten geklärt, ergeben sich die Voraussetzungen für den Anspruch des Auftragnehmers auf Schlusszahlung aus § 16 Abs. 3 VOB/B. Sie ist alsbald nach Prüfung und Feststellung der vom Auftragnehmer vorgelegten Schlussrechnung zu leisten, spätestens innerhalb von 30 Tagen nach Zugang, soweit diese Frist nicht aufgrund der besonderen Natur oder Merkmale der Vereinbarung ausdrücklich auf bis zu 60 Tage verlängert wurde.

10.4 Fälligkeit der Vergütung beim VOB-Vertrag

Fälligkeit der Schlussrechnung bei VOB-Vertrag

Voraussetzungen (z.T. nach § 16 Abs. 3 VOB/B)

① I.d.R. Abnahme der Bauleistung

② Prüfbarkeit der Abrechnung

③ Prüfung der Rechnung/Ablauf von 30 Tagen

④ Sonstige Fälligkeitsvoraussetzungen

⚡ Verjährung der Forderung beginnt mit Fälligkeit – ggf. auch dann, wenn sich AG aus § 242 BGB nicht auf fehlende Prüfbarkeit berufen kann

---

10.4.3.2.1 Abnahme der Bauleistung

Die Bauleistung des Auftragnehmers muss abgenommen sein. Hierbei handelt es sich bei einem VOB-Vertrag um eine echte Fälligkeitsvoraussetzung für die Schlusszahlung (BGH, Urt. v. 18.12.1980 – VII ZR 43/80, BGHZ 79, 180, 182 = BauR 1981, 201, 202 = NJW 1981, 822; BGH, Urt. v. 26.02.1981 – VII ZR 287/79, BauR 1981, 284, 285 = NJW 1981, 1448). Dies folgt schon aus dem Gesamtsystem der VOB/B, die nämlich zunächst in § 12 VOB/B die Abnahme, dann in § 14 VOB/B Aufmaß und Aufstellen der Schlussrechnung und anschließend erst in § 16 VOB/B die Fälligkeit regelt. Zudem wird in § 16 Abs. 4 VOB/B für die Fälligkeit einer Teilschlusszahlung ausdrücklich eine wirksame Teilabnahme verlangt, sodass für die Schlusszahlung nichts anderes gelten kann. Das gleiche ergibt sich aus dem Wesen der Abnahme, durch die erst die Vorleistungspflicht des Unternehmers endet. Allerdings kann in den beiden folgenden **Ausnahmefällen** eine Schlusszahlung auch ohne Abnahme fällig werden (s. auch oben Rdn. 1220): 2532

- Der Auftraggeber verweigert zu Unrecht die Abnahme (BGH, Urt. v. 25.02.1996 – VII ZR 26/95, BauR 1996, 390, 391 = ZfBR 1996, 156; BGH, Beschl. v. 18.05.2010 – VII ZR 158/09, NZBau 2010, 557, 558; vgl. auch § 640 Abs. 1 S. 3 BGB; s. dazu oben im Einzelnen Rdn. 1175 ff.). Bei einer endgültigen **unberechtigten Abnahmeverweigerung** gilt dies auch dann, wenn der Auftraggeber entgegen § 640 Abs. 1 S. 3 BGB zuvor keine gesonderte Frist gesetzt hatte (BGH, Urt. 08.11.2007 – VII ZR 183/05, BGHZ 174, 110, 123 = BauR 2008, 344, 349 f. = NJW 2008, 511, 514 f. = NZBau 2008, 109, 112). 2534

- Der Vertrag **endete vorzeitig**, z. B. nach einer Vertragsaufhebung (BGH, Urt. v. 11.07.1974 – VII ZR 160/72, SFH 3.010 Bl. 20) oder aus sonstigen Gründen. Letzteres ist z. B. der Fall, wenn der Auftraggeber bei einem mangelhaften Werk nicht mehr Erfüllung, sondern Minderung oder Schadensersatz verlangt (BGH, Urt. v. 16.05.2002 – VII ZR 479/00, BauR 2002, 1399, 1400 = NJW 2002, 3019, 3020). Dies gilt selbst dann, wenn der Auftraggeber die Abnahme im Hinblick auf die Schwere der Mängel zu Recht verweigert (BGH, Urt. v. 10.10.2002 – VII ZR 315/01, BauR 2003, 88 f. = NJW 2003, 288 = NZBau 2003, 35 = ZfBR 2003, 140). Zu unterscheiden davon sind hingegen die Fälle einer **vorzeitigen Vertragsbeendigung nach Kündigung**. Dieser Umstand allein lässt zumindest nach Auffassung des Bundesgerichtshofs das grundsätzliche Erfordernis der Abnahme für die Fälligkeit der Werklohnforderung der bis zur Kündigung erbrachten Leistungen nicht entfallen (BGH, Urt. v. 11.05.2006 – VII ZR 146/04, BGHZ 167, 345, 348 ff. = BauR 2006, 1294, 1295 f. = NJW 2006, 2475, 2476; s. dazu ausführlich Joussen, Festschrift Koeble, S. 15 ff.). Ob diese Rechtsprechung des BGH mit der Forderung nach Abnahme auch in Fällen einer vorzeitigen Vertragsbeendigung glücklich ist, mag bezweifelt werden. Denn 2535 gerade nach einer Kündigung wird schon in vielen Fällen eine Abnahme überhaupt nicht in Betracht kommen können (vgl. dazu oben die Erläuterungen Rdn. 1178 ff.; Joussen, a. a. O., S. 22 f.). Daher spricht zumindest viel dafür, gemeinsam etwa mit dem OLG Brandenburg (Urt. v. 09.08.2006 – 4 U 15/06, BauR 2006, 1947 = NJW-RR 2006, 1532 = NZBau 2006, 713) auch zukünftig von dem Abnahmeerfordernis als Fälligkeitsvoraussetzung für den Vergütungsanspruch nach einer fristlosen Kündigung abzusehen (s. o. Rdn. 1185 ff.). Dies gilt in jedem Fall dann, wenn eine Erfüllung des Werkvertrages nicht mehr verlangt wird, weil die zunächst gerügten Mängel beseitigt sind und der Vertrag sich in ein reines Abrechnungsverhältnis umgewandelt hat (OLG München, Urt. v. 10.10.2006 – 13 U 4639/03, BauR 2007, 1938; OLG Karlsruhe, Urt. v. 06.04.2010 – 4 U 129/08, NJW-RR 2010, 1609, 1612 = NZBau 2011, 31, 33). Ebenso ist dies anzunehmen, wenn eine Abnahme der teilfertig gestellten Leistung schon deshalb nicht in Betracht kommt, weil der Auftraggeber die Leistungen durch einen Dritten hat fertig stellen lassen, ohne zuvor eine Gelegenheit zur Abnahme zu gewähren (OLG Celle, Urt. v. 14.02.2007 – 7 U 165/06, BauR 2008, 103, 106).

2536 Losgelöst von vorgenannten Erwägungen kann ein (Teil) Vergütungsanspruch auch fällig werden, wenn die weitere Abwicklung des Bauvertrages (ohne Abnahme) an der **finanziellen Schwäche** des Auftraggebers zu scheitern droht.

▶ **Beispiel**

Während einer Baumaßnahme zu fünf Townhäusern verschlechtern sich die finanziellen Verhältnisse des Auftraggebers dramatisch. Zwei Townhäuser sind fertig, aber noch nicht abgenommen, weil eine Teilabnahme im Vertrag nicht vorgesehen ist.

In einem solchen Fall könnte der Auftragnehmer als Vorleistungspflichtiger nach § 321 Abs. 1 BGB zunächst die Leistung verweigern (sog. **Unsicherheitseinrede**). Dieses Leistungsverweigerungsrecht entfällt erst, wenn der Auftraggeber dagegen eine Sicherheit stellt. Stellt er diese nicht, kann der Auftragnehmer nach Fristsetzung vom Vertrag zurücktreten (s. dazu Rdn. 3231). Sein Vergütungsanspruch wird anteilig ausnahmsweise aber auch ohne einen Rücktritt schon fällig, soweit er zumindest eine teilabnahmefähige Leistung erbracht hat und der Auftraggeber diese nutzt (BGH, Urt. v. 27.06.1985 – VII ZR 265/84, BauR 1985, 565, 566 = NJW 1985, 2696 noch zu § 321 BGB a. F.; OLG Düsseldorf, Urt. v. 30.05.2008 – 22 U 16/08, BauR 2010, 1767, 1769). Dies ist nachvollziehbar, da sonst selbst der vertragstreue Auftragnehmer notfalls zu einem Rücktritt vom Vertrag gezwungen wäre, was nicht immer in seinem Interesse liegen muss.

10.4.3.2.2 Prüfbarkeit der Schlussrechnung

2537 Weitere Fälligkeitsvoraussetzung für die Schlusszahlung eines VOB-Vertrages ist die Übergabe einer prüfbaren Schlussrechnung (BGH, Urt. v. 10.05.1990 – VII ZR 257/89, BauR 1990, 605, 607 = NJW-RR 1990, 1170, 1171 = ZfBR 1990, 226). Diese formale Voraussetzung ist **nicht zu verwechseln mit der inhaltlichen Richtigkeit** der Schlussrechnung. Die Darlegungs- und Beweislast für Letztere bleibt selbst bei einer prüfbaren Abrechnung stets beim Auftragnehmer (BGH, Urt. v. 27.11.2003 – VII ZR 288/02, BGHZ 157, 118, 126 = BauR 2004, 316, 319 = NJW-RR 2004, 445, 447 = NZBau 2004, 216, 218; BGH, Urt. v. 28.05.2009 – VII ZR 74/06, BauR 2009, 1291, 1294 = NJW 2009, 3426, 3428 = NZBau 2009, 504, 506). Weitere Einzelheiten zu der Prüfbarkeit einer Rechnung ergeben sich aus § 14 VOB/B und wurden bereits oben erläutert (s. dazu oben Rdn. 2474 ff.). Die diesbezüglichen Voraussetzungen müssen für die Fälligkeit der Schlusszahlung nach **Treu und Glauben** allerdings **nicht eingehalten** sein, wenn die Rechnung auch ohne die sonst objektiv unverzichtbaren Angaben **den Kontroll- und Informationsinteressen des Auftraggebers genügt** (BGH, Urt. v. 27.11.2003 – VII ZR 288/02, BGHZ 157, 118, 124 = BauR 2004, 316, 318 f. = NJW-RR 2004, 445, 447 = NZBau 2004, 216, 217 – für das Architektenrecht; für den VOB-Vertrag: BGH, Urt. v. 23.09.2004 – VII ZR 173/03, BauR 2004, 1937, 1939 = NJW-RR 2005, 167, 168). Ebenso wenig kommt es auf die beiden folgenden, in der Praxis vielfach erhobenen Einwendungen eines Auftraggebers an:

- Unterschrift der Rechnung durch den Auftragnehmer (OLG Karlsruhe, Urt. v. 19.12.1996 – 8 U 222/95, OLGR 1998, 17, 18)
- Allgemeinverständlichkeit der Rechnung: Entscheidend ist vielmehr, dass der (ggf. fachlich beratene) Auftraggeber die Rechnung verstehen kann (BGH, Urt. v. 01.12.1966 – VII ZR 127/64, NJW 1967, 342, 343).

Die Übergabe einer prüfbaren Schlussrechnung ist ebenso Fälligkeitsvoraussetzung, wenn der **Bauvertrag vorzeitig** z. B. durch außerordentliche **Kündigung oder Vertragsaufhebung endet:** Hier wird gleichfalls ohne prüfbare Abrechnung der erbrachten Teilleistungen, ggf. auch des entgangenen Gewinns, die Schlusszahlung nicht fällig (BGH, Urt. v. 09.10.1986 – VII ZR 249/85, BauR 1987, 95 = NJW 1987, 382, 383 = ZfBR 1987, 38, 39; BGH, Urt. v. 11.02.1999 – VII ZR 399/97, BGHZ 140, 365, 374 = BauR 1999, 635, 639 = NJW 1999, 1867, 1869). Allerdings ist es einem Auftragnehmer in diesen Fällen häufig nicht mehr möglich, den Stand der von ihm bis zur Kündigung erbrachten Leistungen durch ein eigentlich für die Prüfbarkeit einer Schlussrechnung erforderliches Aufmaß (s. dazu oben Rdn. 2454 ff.) zu ermitteln. Dies ist etwa denkbar, wenn der **Auftraggeber das Aufmaß dadurch vereitelt** hat, dass er das Bauvorhaben durch einen Drittunternehmer hat fertig stellen. In diesen Ausnahmefällen genügt der Auftragnehmer seiner **Pflicht zur prüfbaren Abrechnung**, wenn er alle ihm zumindest sonst zur Verfügung stehenden Umstände mitteilt, die Rückschlüsse auf den Stand der erbrachten Leistungen zulassen. Unter dieser Voraussetzung reicht es aus, wenn der Auftragnehmer Tatsachen vorträgt, die dem Gericht die Möglichkeit eröffnen, ggf. mithilfe eines Sachverständigen den Mindestaufwand zu schätzen, der für die Erreichung des abzurechnenden Bautenstandes erforderlich war (BGH, Urt. v. 17.06.2004 – VII ZR 337/02, BauR 2004, 1443, 1444 f. = NJW-RR 2004, 1384, 1385). Notfalls ist die Vergütung, zumindest soweit bei einer prüfbaren Abrechnung nachträglich eine Kalkulation eingereicht wird, nach **§ 287 ZPO zu schätzen** (BGH, Urt. v. 13.07.2006 – VII ZR 68/05, BauR 2006, 1753, 1754 = NJW-RR 2006, 1455, 1456).

2538

▶ **Beispiel**

> Der Auftragnehmer wurde vorzeitig gekündigt; ihm wurde gleichzeitig Baustellenverbot erteilt. Der Auftraggeber beauftragt unverzüglich einen Ersatzunternehmer und lässt das Vorhaben fertig stellen. Hier kann der gekündigte Auftragnehmer überhaupt kein Aufmaß nehmen, sodass es ihm dann eigentlich unmöglich ist, die sonst geltenden Prüfbarkeitsanforderungen an eine Schlussrechnung einzuhalten. Folglich könnte seine Rechnung nie fällig werden. Dies ist jedoch nicht so, wenn die Ursache für die fehlende Fälligkeit in einem Fehlverhalten des Auftraggebers liegt, der hier z. B. durch das Baustellenverbot die Erstellung eines Aufmaßes verhindert hat.

Bezüglich der Fälligkeit der Schlussrechnung ist zugunsten des Auftraggebers im Übrigen zusätzlich zu prüfen, ob vor allem in Besonderen oder Zusätzlichen Vertragsbedingungen **weitere,** über die in der VOB hinausgehende **Voraussetzungen für die Prüfbarkeit der Rechnung** und somit deren Fälligkeit vereinbart wurden.

▶ **Beispiel**

> Im Bauvertrag ist vereinbart, dass für die Prüfung zusätzlich Massenlisten zu übergeben sind.

Anzumerken ist, dass das Festhalten an der Prüfbarkeit der Schlussrechnung als echte Fälligkeitsvoraussetzung für den Vergütungsanspruch auch in der Neufassung des § 16 Abs. 3 Nr. 1 gemäß der VOB 2012 dann Probleme aufwerfen kann, wenn wie geplant in Kürze § 271a BGB in Kraft tritt. Mit dieser Regelung wird – worauf noch näher im Zusammenhang mit dem Zahlungsverzug einzugehen sein wird (Rdn. 2617 ff.) – die Zahlungsverzugsrichtlinie 2011/7/EU vom 16. Februar 2011 in deutsches Recht umgesetzt. Nach der bisher vorliegenden Entwurfsfassung (BT-Ds. 17/10491) besteht danach als Zahlungshöchstfrist für öffentliche Auftraggeber wie schon in § 16 Abs. 3 Nr. 1 VOB/B vorgesehen ebenfalls eine Frist 30 Tagen nach Zugang einer Rechnung oder gleichwertigen Zahlungsaufstellung, die unter den gleichen Voraussetzungen wie in der VOB/B auf bis zu 60 Tagen verlängert werden kann. Ferner wird klargestellt, dass jede Vereinbarung, mit der die 60 Tage-Frist überschritten wird, unwirksam ist (§ 271a Abs. 2 BGB). Nunmehr könnte man also die Frage

2539

stellen, ob es mit dieser beabsichtigten zwingenden Regelung vereinbar ist, dass die VOB/B, bei der es sich ihrerseits ja nur um Allgemeine Vertragsbedingungen handelt (s. o. Rdn. 463 ff.), als Grundlage des Beginns der 30 bzw. 60-Tagefrist die Vorlage einer prüfbaren Rechnung verlangt. Diese Frage stellt sich um so mehr, als dieser Punkt sogar bei der Entstehung der Zahlungsverzugsrichtlinie als Grundlage des neuen § 271a BGB ausdrücklich diskutiert wurde. Deutlich wird dies etwa bei dem Vorschlag des Ausschusses für Binnenmarkt und Verbraucherschutz vom 4. Mai 2010 zu einer entsprechenden Formulierung, die der Regelung des § 14 Abs. 1 VOB/B sehr nahe kam, (KOM(2009)0126 – C7–0044/2009 – 2009/0054(COD)), S. 18 f.); sie wurde dann aber so in den Text der Richtlinie nicht aufgenommen, weswegen er sich dementsprechend auch nicht in dem Gesetzesentwurf zu § 271a Abs. 2 BGB wieder findet. All das kann durchaus auch relevant werden.

▶ **Beispiel**

Eine Kommune beauftragt einen Bauunternehmer mit einem Straßenbauvorhaben. Dieser reicht nach Abschluss der Arbeiten am 15.8.2012 eine nicht prüfbare Rechnung ein, was die Kommune ordnungsgemäß rügt. Diese Rechnung würde nun nach § 16 Abs. 3 Nr. 1 S. 1 VOB/B nicht fällig. Erstmals reicht der Auftragnehmer am 10.11.2012 eine prüfbare Rechnung nach. Ginge es nach der VOB/B, würde diese Forderung am 10.12.2012 fällig; käme es dagegen auf die Prüfbarkeit als Fälligkeitsvoraussetzung nicht an, würde sich die 30 bzw. 60 Tage-Frist schon von dem 15.8.2012 an berechnen; der späteste Zeitpunkt für die Zahlung läge dann am 14.9. bzw. am 14.10.2012. Folglich könnte man nunmehr annehmen, dass die VOB/B durch die Aufnahme der Prüfbarkeit als eigenständige Fälligkeitsvoraussetzung von der beabsichtigten zwingenden Neufassung des Gesetzes abweicht – mit der Folge, dass sie nach § 134 BGB keinen Bestand hätte. Die Vergütung wäre dann schon nach § 641 Abs. 1 BGB allein bei Abnahme fällig. Die Übergabe der Erstfassung der Rechnung hätte folglich nur noch Bedeutung für den Verzug.

Ob man dies aber zwingend so sehen muss, ist zweifelhaft. Denn an sich ist diese Diskussion nicht neu; sie wurde schon im Zusammenhang mit § 286 Abs. 3 BGB geführt, der für den Verzug mit einer Entgeltforderung in den dort genannten Fällen ebenso einen Fristablauf von 30 Tagen nach Fälligkeit und Zugang einer Rechnung bzw. gleichwertigen Zahlungsaufstellung vorsieht. Die überwiegende Auffassung versteht auch darunter den Zugang einer prüfbaren Rechnung (vgl. etwa Münch. Komm/Ernst § 286 Rn. 86; Erman/Hager § 286 Rn. 53). Ob damit allerdings immer die Prüfbarkeitsanforderungen des § 14 Abs. 1 VOB/B gemeint sind, mag man diskutieren – was im Schrifttum aber nicht weiter behandelt wird. Richtigerweise dürfte dies jedoch der Fall sein. Denn keinesfalls dürfen weder bei § 286 Abs. 3 BGB noch bei dem neuen beabsichtigten § 271a BGB Sinn und Zweck der Verzugs- und jetzt der Fälligkeitsregelung verkannt werden: Die Anknüpfung an die Stellung einer Rechnung ist allein vor dem Hintergrund verständlich, dass der Auftraggeber in die Lage versetzt werden soll, die Berechtigung der Forderung zu prüfen. Das aber setzt dann die Übergabe einer »prüfbaren Rechnung« voraus. § 14 Abs. 1 VOB/B schafft insoweit also keine zusätzlichen Hürden für die Fälligkeit oder den Verzug. Vielmehr geht es allein darum, dass mit den danach geltenden Abrechnungsvoraussetzungen auf der Grundlage der jeweiligen Eigenart des geschlossenen Vertrages eine Rechnung erstellt wird, die es dem Auftraggeber überhaupt und auch noch mit einem vertretbaren Umfang ermöglicht, die Forderung des Auftragnehmers nachzuvollziehen. Folglich enthält weder § 271a BGB n. F. noch § 286 Abs. 3 BGB eine kollidierende zusätzliche Voraussetzung für Verzug oder Fälligkeit; stattdessen handelt es sich nur um eine Folgeregelung aus der Eigenart des Vertrages, um den Zweck einer Rechnung als Anknüpfungspunkt für die Fälligkeit und den Verzug erfüllen zu können.

10.4.3.2.3 Ablauf der 30-Tage-Frist (§ 16 Abs. 3 Nr. 1 VOB/B)

2540   Während bei einem BGB-Vertrag die Vergütung des Auftragnehmers nach § 641 Abs. 1 BGB mit der Abnahme fällig wird (s. dazu sogleich Rdn. 2577), verlangt § 16 Abs. 3 Nr. 1 S. 1 VOB/B dafür zusätzlich neben einer prüfbaren Abrechnung noch den **Ablauf einer Prüffrist von 30 Tagen**. Diese Frist verlängert sich auf höchstens 60 Tage, wenn sie aufgrund der besonderen Natur oder Merkmale

10.4 Fälligkeit der Vergütung beim VOB-Vertrag

der Vereinbarung sachlich gerechtfertigt ist und ausdrücklich vereinbart wurde. Dabei ist ergänzend zu erläutern, dass diese Prüffrist nach der Altfassung des § 16 Abs. 3 Nr. 1 VOB/B einheitlich zwei Monate betrug; sie wurde aber jetzt mit der Neufassung der VOB/B 2012 auf knapp die Hälfte reduziert. Diese Verkürzung beruht maßgeblich auf der **EU-Zahlungsverzugsrichtlinie 2011/7/EU** vom 16. Februar 2012 und ihr folgend der ins Auge gefassten Umsetzung in deutsches Recht mit § 271a BGB (s. zu dem Entwurf BT-Ds. 17/10491). Denn nur mit diesen verkürzten Fälligkeitsregelungen ist letztlich sicher gestellt, dass dann auch entsprechend den Vorgaben der Zahlungsverzugsrichtlinie zumindest im Regelfall ein Verzug spätestens mit dem Ablauf von 30 Tagen nach Zugang einer Rechnung bzw. einer gleichwertigen Zahlungsaufstellung eintritt (s. dazu unten Rdn. 2620). Dies vorausgeschickt wird also nach der jetzigen Fassung des § 16 Abs. 1 Nr. 3 VOB/B eine Rechnung ohne gesonderte Vereinbarung erst mit Ablauf dieser Regelfrist von 30 Tagen fällig. Diese hinausgeschobene Fälligkeit als Sonderregelung der VOB/B ist immerhin dem typischen Baugeschehen geschuldet und berücksichtigt die Tatsache, dass prüfbare Bauabrechnungen mit ihren zahlreichen Anlagen (die bei manchen Vorhaben nicht wenige Aktenordner ausmachen können) nicht von heute auf morgen selbst von einem gut strukturierten Auftraggeber geprüft werden können. Sie trägt somit den berechtigten Interessen des Bauvertragsparteien (hier vor allem des Auftraggebers, sich mit einer Rechnung vertraut machen zu können) Rechnung und ist insgesamt als sachgerecht anzusehen. Dies vorausgeschickt liegt allerdings ein weitverbreiteter Irrtum bei der Beurteilung der Fälligkeit einer Schlussrechnung in der Annahme, dass die Schlussrechnung erst 30 Tage (bzw. ehemals zwei Monate) nach deren Zugang fällig wird. Dem ist nicht so. Stattdessen gilt:

- Die Prüfung der Schlussrechnung ist zu beschleunigen. Die **30-Tage-Frist ist eine Maximalfrist**. 2541 Sie kann lediglich bei schwerwiegenden objektiv nachvollziehbaren und nicht vom Auftraggeber zu vertretenden Gründen überschritten werden, wodurch sich dann allerdings auch die Fälligkeit der Rechnung weiter hinauszögert (BGH, Urt. v. 16.12.1968 – VII ZR 141/66, NJW 1969, 428).

> ▶ **Beispiel**
>
> Der bauleitende Architekt wurde in Untersuchungshaft genommen; sämtliche Bauakten sind beschlagnahmt. Hier kann der Auftraggeber keine Schlussrechnung prüfen. Etwas anderes gilt aber etwa wegen Personalengpässen in der Urlaubszeit.

Solche Ausnahmefälle werden in der Praxis kaum in Betracht kommen – wobei auch dann jedenfalls der bis dahin unbestrittene Teil der Rechnung als Abschlagszahlung sofort auszuzahlen ist (§ 16 Abs. 3 Nr. 1 S. 4 VOB/B). Ungeachtet dieser Rechtsprechung dürfte aber heute mehr als zweifelhaft sein, ob die gesetzlichen Regelungen (insbesondere nach Inkrafttreten des § 271a BGB im Zusammenhang mit der Zahlungsverzugsrichtlinie 2011/7/EU vom 16. Februar 2011) für eine solche Verzögerung der Fälligkeit der Vergütung noch einen Spielraum belassen. Einen solchen könnte allenfalls die isolierte Geltung des § 16 Abs. 3 Nr. 1 VOB/B eröffnen: Denn wenn danach die Rechnung »alsbald nach Prüfung und Feststellung« fällig wird und bei Verzögerungen der Rechnungsprüfung wenigstens das unbestrittene Guthaben als Abschlagszahlung auszuzahlen ist, erscheint trotz der Höchstfrist für sich genommen die Annahme nicht fernliegend, dass es dann auch zu einer Verschiebung der Fälligkeit kommen kann, wenn aus nicht vertretbaren Gründen eine Prüfung gar nicht stattfinden konnte. Da das BGB seinerzeit dazu nichts Abweichendes regelte, mag die damalige Rechtsprechung vor diesem Hintergrund verständlich gewesen sein. Nunmehr aber sieht der (in Kürze in Kraft tretende) § 271a Abs. 1 und 2 BGB (in Verbindung mit der Zahlungsverzugsrichtlinie) eben eine echte Fälligkeitsfrist vor. In dieser Frist kann dann zwar – und so wird man § 16 Abs. 3 Nr. 1 VOB/B zukünftig lesen können und müssen – eine Prüfung der Rechnung stattfinden; jedoch wird die Rechnung eben auch ohne eine solche Prüfung binnen der 30-Tagefrist fällig. Folglich kommt es heute nach einem richtigen Verständnis der VOB/B unter Berücksichtigung der Zahlungsverzugsrichtlinie als Grundlage des Rechtsetzungsaktes zu dem neuen § 271a BGB für die Fälligkeit der Rechnung nicht mehr darauf an, ob der Auftraggeber eine Prüfung durchgeführt hat oder durchführen konnte; entscheidend ist vielmehr allein der Fristablauf. Aus diesem Grund sollte der Auftraggeber die 30-TageFrist in seinem eigenen Interesse einhalten: Zwar führt deren **Überschreitung nicht zu einer Verwirkung** etwaiger Einwendungen gegen die Richtigkeit der Schlussrechnung (BGH, Urt. v. 18.01.2001 – VII ZR 416/99, BauR 2001, 784 f. = NJW 2001, 1649 = NZBau 2001, 314 f. noch zu der Zwei-Monats-Frist gemäß § 16 Abs. 3 Nr. 2 VOB/B a. F.). Allerdings ist der Auftraggeber nach § 16 Abs. 3 Nr. 1 S. 2 VOB/B mit solchen **Einwänden gegen die Prüffähigkeit der Schlussrechnung ausgeschlossen**, die er nicht spätestens innerhalb der Frist von 30 Tagen nach Zugang der Rechnung erhoben hat (siehe dazu die zugrunde liegende Rechtsprechung vor Einführung des § 16 Nr. 3 Abs. 1 S. 2 VOB/B: BGH, Urt. v. 27.11.2003 – VII ZR 288/02, BGHZ 157, 118, 126 f. = BauR 2004, 316, 319 f. = NJW-RR 2004, 445, 447 f. = NZBau 2004, 216, 218 für den Architektenvertrag mit Verweis auf die Frist in § 16 Nr. 3 Abs. 1 VOB/B a. F.; entsprechend für den VOB-Vertrag: BGH, Urt. v. 23.09.2004 – VII ZR 173/03, BauR 2004, 1937, 1939 = NJW-RR 2005, 167, 168). Erhebung von Einwänden bedeutet, dass der Auftraggeber sich nicht nur pauschal auf die fehlende Prüffähigkeit einer ggf. tatsächlich nicht prüffähigen Rechnung beruft. Erforderlich ist vielmehr, dass er **konkret die Teile der Rechnung und die Gründe bezeichnet, die nach seiner Auffassung die fehlende Prüffähigkeit** begründen (BGH, Urt. v. 27.11.2003, a. a. O.). Dies beruht schon darauf, dass bei vielen Einwendungen zu einer Rechnung gar nicht klar ist, ob sie nur die Richtigkeit oder eben die Prüfbarkeit einer Rechnung (oder beides) betreffen. Daher muss dem Auftragnehmer mit der Rüge verdeutlicht werden, dass der Auftraggeber nicht bereit oder sogar in der Lage ist, in eine sachliche Rechnungsprüfung einzutreten, solange er keine prüffähige Rechnung erhalten hat – mit der Folge, dass der Auftragnehmer dann eine prüffähige Rechnung vorzulegen hat. Dies bedeutet weiter, dass der Auftraggeber eine nicht prüfbare Rechnung mit den konkreten Einwänden zurückweisen darf und auch muss; unterlässt er dies, wird man im Zweifel umgekehrt davon auszugehen haben, dass er diese Rechnung doch mit seinen Einwänden als prüfbar ansieht (BGH, a. a. O.; ebenso: BGH, Urt. v. 22.04.2010 – VII ZR 48/07, BauR 2010, 1249, 1251 = NJW-RR 2010, 1176, 1177 = NZBau 2010, 443, 445).

2542 Erhebt der Auftraggeber **keine ausreichenden Einwände**, wird eine **Schlussrechnung auch dann fällig**, selbst wenn sie **objektiv nicht prüfbar** ist. Es findet nunmehr (lediglich) eine **Sachprüfung** statt, ob die Forderung berechtigt ist (zuletzt BGH, Urt. v. 22.12.2005 – VII ZR 316/03, BauR 2006, 678, 680 = NJW-RR 2006, 455, 456; BGH, Urt. v. 27.01.2011 – VII ZR 41/10, BauR 2011, 831, 832 f. = NJW 2011, 918, 919 = NZBau 2011, 227, 228). In diese Prüfung sind nunmehr aber auch die Einwendungen einzubeziehen, die gegen die Prüfbarkeit erhoben wurden und zugleich die sachliche Berechtigung der Forderung betreffen. Mit diesen ist der Auftraggeber nach Ablauf der 30-Tage-Frist nicht ausgeschlossen (BGH, Urt. v. 27.11.2003 – VII ZR 288/02, BGHZ 157, 118, 126 = BauR 2004, 316, 319 = NJW-RR 2004, 445, 447 = NZBau 2004, 216, 218; BGH, Urt. v. 27.01.2011, a. a. O.). Notfalls ist eine danach zu zahlende **Vergütung nach § 287 ZPO zu schätzen** (BGH, Urt. v. 08.12.2005 – VII ZR 50/04, BauR 2006, 517, 519 = NJW-RR 2006, 454, 455). Dabei mag allerdings gerade in diesen Fällen das Problem fortbestehen, dass keine prüfbare Abrechnung vorliegt. Denn dies kann gleichzeitig bedeuten, dass eine Vergütungsforderung bisher nicht schlüssig vorgetragen ist (s. zu den Rechtsfolgen sogleich Rdn. 2550 f.).

2543 • Die Prüffrist **beginnt mit dem Zugang der Schlussrechnung** beim Auftraggeber. Eine Schlussrechnung kann dem Auftragnehmer auch in einem Vergütungsprozess gegen den Auftraggeber zugehen, sodass dann die Prüffrist während eines laufenden Prozesses beginnt (BGH, Urt. v. 22.12.2005 – VII ZR 316/03, BauR 2006, 678, 679 = NJW-RR 2006, 455, 456). Verweigert der Auftraggeber unberechtigt deren Annahme, gilt die Schlussrechnung ab diesem Zeitpunkt gleichwohl als zugegangen (allgem. Meinung: vgl. nur Ingenstau/Korbion/U. Locher, B § 16 Abs. 3 Rn. 8; Kapellmann/Messerschmidt/Messerschmidt, B § 16 Rn. 196). Dasselbe gilt, wenn der Auftraggeber die Rechnung unberechtigt »zu seiner Entlastung zurückreicht«.

2544 Sobald die Prüfung abgeschlossen ist, ist die Schlusszahlung **mit Mitteilung des Prüfungsergebnisses** an den Auftragnehmer **fällig** (BGH, Urt. v. 22.04.1982 – VII ZR 191/81, BGHZ 83, 382, 384 = BauR 1982, 377, 378 = NJW 1982, 1815). Diese Mitteilung kann schon vor Ablauf der 30-Tage-Frist erfolgen (BGH, Beschl. v. 19.01.2006 – IX ZR 104/03, BauR 2006, 993). Allerdings gilt hier: Das »Liegenlassen« der Rechnung bis zum Ende der 30-Tage-Frist ist zwar vertragswidrig, im Wesentlichen aber ohne Sanktion. Denn auch in diesen Fällen wird die Schlusszahlung erst mit der Mitteilung des Prüfergebnisses an den Auftragnehmer fällig, nicht schon dann, wenn das Prüfergebnis bei einfachen Rechnungen hätte mitgeteilt werden können.

▶ **Beispiel**

Zwischen den Parteien ist im Rahmen eines VOB-Vertrages für die Errichtung einer Garage ein Pauschalpreis von 35 000 € vereinbart. Die Rechnung über den Gesamtbetrag geht ein. Viel zu prüfen ist hier nicht. Gleichwohl wird auch diese Rechnung erst nach Ablauf von 30 Tagen fällig.

Für die Prüfung bzw. die **Mitteilung des Prüfergebnisses** ist **der Auftraggeber zuständig, nicht der Architekt.** Dies gilt selbst dann, wenn der Architekt mit der Bauüberwachung beauftragt war. Zwar kann dieser im Innenverhältnis zum Bauherrn die Rechnung »prüfen« und darauf einen Prüfvermerk anbringen. Dieser Vermerk stellt jedoch nur – soweit nichts anderes vereinbart ist – eine reine Wissenserklärung des Architekten dar, selbst wenn der Auftragnehmer von der geprüften Rechnung eine Kopie erhält. Eine rechtsgeschäftliche Qualität, etwa die eines Anerkenntnisses des Rechnungsbetrages, kommt dieser Rechnungsprüfung hingegen nicht zu, weil es insoweit regelmäßig an einer entsprechenden Vollmacht des Architekten fehlt (BGH, Urt. v. 06.12.2001 – VII ZR 241/00, BauR 2002, 613, 614 = NJW-RR 2002, 661, 662; BGH, Urt. v. 14.10.2004 – VII ZR 190/03, BauR 2005, 94, 96 = NJW-RR 2005, 246, 247 – s. zur Architektenvollmacht auch oben Rdn. 202 ff.).

Auf die 30-Tage-Frist kommt es immerhin nicht an, wenn der **Auftraggeber** nach § 14 Abs. 4 VOB/B die **Schlussrechnung selbst aufgestellt** hat. Hier ist nichts mehr zu prüfen. Vielmehr wird diese Rechnung zur Zahlung fällig, sobald der Auftraggeber dem Auftragnehmer die geprüfte Schlussrechnung übermittelt (BGH, Urt. v. 08.11.2001 – VII ZR 480/00, BauR 2002, 313, 315 = NJW 2002, 676, 677 = NZBau 2002, 91, 92).

Stehen vorstehende Eckdaten fest, erlaubt die Neufassung des § 16 Abs. 3 Nr. 1 VOB/B schon ausdrücklich, dass die Fälligkeitsfrist auf höchstens 60 Tage verlängert werden kann, »wenn sie aufgrund der besonderen Natur oder Merkmale der Vereinbarung sachlich gerechtfertigt ist und ausdrücklich vereinbart wurde« (§ 16 Abs. 3 Nr. 1 S. 2 VOB/B). Diese Öffnungsklausel nimmt einen Vorbehalt aus der der Änderung der VOB/B zugrunde liegenden EU-Zahlungsverzugsrichtlinie 2011/7/EU vom 16. Februar 2011 auf (vgl. dort Art. 4 Abs. 6). Eine entsprechende Begrenzung findet sich in der beabsichtigten Neufassung des § 271a Abs. 2 BGB. Diese Regelung in der VOB/B hat verschiedene Folgen, die nicht verkannt werden sollten: **2545**

- Zunächst ist festzuhalten, dass die VOB/B einheitlich nur eine Verlängerungsmöglichkeit bis zu 60 Tagen vorsieht. Dies ist weder in der Zahlungsverzugsrichtlinie (s. dort Art. 3 Abs. 5) noch in dem neuen § 271a BGB so vorgesehen. Vielmehr gelten dort die genannten Beschränkungen als zwingendes Recht nur dann, wenn es um einen **öffentlichen Auftraggeber** geht. Private Auftraggeber dürfen dagegen ohne weitergehende Einschränkung Zahlungsfristen von bis zu 60 Tagen vorsehen. Es ist sogar die Vereinbarung längerer Fristen möglich, wenn diese **ausdrücklich getroffen** und für den Auftragnehmer nicht grob nachteilig ist (Art. 3 Abs. 5 RiLi; § 271a Abs. 1 BGB n. F.). Ausdrücklich bedeutet, dass die Verlängerung nicht nur stillschweigend oder konkludent erfolgt; wohl aber kann diese etwa (ausdrücklich) in den **AGB des Auftraggebers** (etwa in den Vergabeunterlagen) verankert sein. Sodann wird man zu beachten haben, dass außerhalb der Beteiligung der öffentlichen Hand private Auftraggeber mit ihren Auftragnehmern auch zu VOB-Verträgen ohne weiteres längere Fälligkeitsfristen bis zu 60 Tagen oder in begründeten Ausnahmefällen darüber hinaus vereinbaren können. Für sie würde von Gesetzes wegen auch nicht die Beschränkung gelten, dass es dafür eines sachlich gerechtfertigten Grundes bedarf. Wird jedoch beliebig von dieser Vorgabe in § 16 Abs. 3 Nr. 1 VOB/B abgewichen, mögen solche Regelungen zwar insbesondere dann, wenn sie ausdrücklich vereinbart sind, wirksam sein (s. zu der AGB-rechtlichen Wirksamkeit sogleich Rdn. 2547); sie weichen dann aber von der VOB/B ab mit der Folge, dass nunmehr eine AGB-Kontrolle aller VOB-Regelungen stattzufinden hat (s. dazu Rdn. 481 ff.). Unproblematisch wäre danach im Hinblick auf eine Beibehaltung der AGB-Privi-

legierung der VOB/B auch bei privaten Auftraggebern nur eine Verlängerung auf 60 Tage, die entsprechend § 16 Abs. 3 Nr. 1 S. 2 VOB/B sachlich gerechtfertigt ist.
- Soweit sich also Auftraggeber an die Vorgaben des § 16 Abs. 3 Nr. 1 S. 2 VOB/B halten, kommt eine Verlängerung der Prüffrist der Schlussrechnung auf 60 Tage in Betracht, wenn sie »**aufgrund der besonderen Natur oder Merkmale der Vereinbarung sachlich gerechtfertigt** ist und ausdrücklich vereinbart wurde«. In der Sache dürfte es dabei weniger auf die besondere Natur oder die Merkmale der »Vereinbarung« ankommen; gemeint ist wohl vielmehr die besondere Natur oder die Merkmale des zugrunde liegenden Vertragsverhältnisses oder des Bauvorhabens.

▶ **Beispiel**

Es geht um ein komplexes Bauvorhaben auf der Basis eines Einheitspreisvertrages mit mehreren 100 Seiten Leistungsverzeichnis. Auch die Schlussrechnung wird demnach einen entsprechenden Umfang einnehmen, so dass hier die Verlängerung der Prüfungsfrist wegen der dafür notwendigen Prüfungszeit in jedem Fall sachlich gerechtfertigt wäre.

Dabei bestünden aber wohl keine Bedenken, wenn diese Verlängerung wenn auch ausdrücklich ebenso in AGB des Auftraggebers vorgesehen wird; nur eine konkludente Verlängerung der Fälligkeitsfristen ist ausgeschlossen. Dagegen reicht die Vereinbarung der VOB/B alleine nicht, da darin selbst nur die Möglichkeit der Verlängerung vorgesehen ist, ohne dass diese aber damit schon vereinbart ist. Ansonsten genügt es für die Zulässigkeit der Verlängerung der Fälligkeitsfristen nach § 16 Abs. 3 Nr. 1 S. 2 VOB/B (so auch § 271a Abs. 2 n. F.), dass die dort angegebene sachliche Rechtfertigung besteht. Besteht sie nicht, wäre eine darauf gerichtete Vereinbarung unwirksam; es verbliebe dann bei der 30-Tagefrist nach § 16 Abs. 3 Nr. 1 S. 1 VOB/B. Für Auftraggeber ist der Versuch einer Verlängerung also völlig risikolos, weil sie »schlimmstenfalls« auf diese Regelung zurückfallen.

10.4.3.2.4 Weitere vertraglich vereinbarte Fälligkeitsvoraussetzungen

2546 Neben den vorgenannten Voraussetzungen berufen sich Auftraggeber häufig auf weitere in der Regel in ihren Besonderen oder Zusätzlichen Vertragsbedingungen vorgesehene Fälligkeitsvoraussetzungen für die Vergütung. Hierzu gehören z. B. die Vorlage von sog. **Mängelfreiheitsbescheinigungen Dritter**, öffentlich-rechtliche Abnahmen oder die Fertigstellung des Gesamtgebäudes mit Übergabe an den Bauherrn. Zumindest in **Allgemeinen Geschäftsbedingungen** des Auftraggebers können derartige Klauseln, die den Abnahmezeitpunkt und somit die Fälligkeit der Vergütung des Auftragnehmers ohne Festlegung eines Endzeitpunktes nach hinten schieben und bei denen ja nicht einmal sicher ist, ob die dort genannten Voraussetzungen überhaupt jeweils eintreten, nicht wirksam vereinbart werden (Übersicht hierzu bei: Jagenburg, in: Beck'scher VOB-Kommentar, vor § 12 Rn. 147 m. w. N.). Dies gilt erst recht für Klauseln, mit denen die Vergütungszahlung des Auftragnehmers von eingehenden Zahlungen im Oberverhältnis abhängig gemacht werden soll (»**pay-when-paid-Klausel**«; s. dazu Rdn. 738 ff. sowie OLG München, Urt. v. 25.01.2011 – 9 U 1953/10, NJW-RR 2011, 887, 888 = NZBau 2011, 365; OLG Celle, Urt. v. 29.07.2009 – 14 U 67/09, BauR 2009, 1754, 1755 = NJW-RR 2009, 1529, 1530 = NZBau 2010, 118; s. dazu auch ausführlich Joussen/Vygen, Subunternehmervertrag, Rn. 304)

▶ **Beispiel für eine unwirksam »pay-when-paid-Klausel«**

»Die Rechnung des Subunternehmers wird zwei Monate nach deren Prüfung fällig, frühestens jedoch dann, wenn der Bauherr die diesbezüglichen Leistungen an den AG bezahlt hat.«

Doch auch Klauseln, die die Fälligkeitsfristen des § 16 Abs. 3 Nr. 1 VOB/B beliebig nach hinten verschieben, haben keinen Bestand (s. dazu nachfolgend Rdn. 2547). Dabei ist aber immerhin bei ergänzenden Vertragsklauseln jeweils zu prüfen, ob eine entsprechende Vereinbarung überhaupt einen Regelungsgehalt zu der Fälligkeit einer Schlussrechnung enthält: So findet sich z. B. in Besonderen oder Zusätzlichen Vertragsbedingungen vielfach die Verpflichtung, ein gemeinsames Aufmaß zu erstellen. Eine solche Verpflichtung hat jedoch keinen Einfluss auf die Fälligkeit des Werklohns.

Dieser wird vielmehr auch dann fällig, wenn die Schlussrechnung nur auf der Grundlage eines einseitig erstellten Aufmaßes gefertigt wurde (BGH, Urt. v. 29.04.1999 – VII ZR 127/98, BauR 1999, 1185 f. = NJW-RR 1999, 1180).

10.4.3.3 AGB-rechtliche Vereinbarkeit der Fälligkeitsregelung in § 16 Abs. 3 Nr. 1 VOB/B

Die (Schluss)zahlung ist bei BGB-Verträgen bei Abnahme zu leisten (§ 641 Abs. 1 BGB); bei VOB-Verträgen setzt deren Fälligkeit wie gezeigt weiter die Vorlage einer prüfbaren Schlussrechnung sowie den Ablauf einer Prüffrist von ehemals zwei Monaten und seit der Neufassung der VOB 2012 immerhin noch von 30 Tagen voraus (§ 16 Abs. 3 Nr. 1 VOB/B). Damit verlangt die VOB deutlich mehr, als mit der Abnahme nach der gesetzlichen Regelung erforderlich wäre. Allein deswegen wurden immer wieder Zweifel aufgebracht, ob die VOB-Regelung ehemals mit dem Zweimonatszeitraum einer AGB-Kontrolle standhält (kritisch auch Ingenstau/Korbion/Locher, B § 16 Abs. 1 Rn. 12). Eine solche fände wie an anderer Stelle erläutert statt, wenn in dem Bauvertrag von der VOB/B abgewichen wurde (Rdn. 481 ff.). Dabei wurde diese AGB-rechtliche Diskussion zu der Vorgängerfassung des § 16 Abs. 3 Nr. 1 VOB/B mit dem zweimonatigen Prüfungszeitraum in zweierlei Hinsicht geführt – wobei diese Unterscheidung wichtig ist, weil eine **AGB-Kontrolle immer nur zulasten des Verwenders** stattfindet (s. dazu Rdn. 644): 2547

- Zum einen ging es um eine Verwerfung der Fristenregelung zur Fälligkeit einer Schlussrechnung in § 16 Abs. 3 Nr. 1 VOB/B in den Fällen, in denen die VOB/B auf **Vorschlag des Auftragnehmers** in den Vertrag eingeführt wird. Hier belaste der verschobene Fälligkeitszeitpunkt den Auftraggeber unverhältnismäßig, weil der Auftragnehmer je nach Wahl des Rechnungszeitpunktes beliebig dessen Fälligkeitszeitpunkt und damit den Beginn der Verjährung für seine Vergütungsforderung hinausschieben könne (OLG Naumburg, Urt. v. 04.11.2005 – 10 U 11/05, BauR 2006, 849, 850; OLG Celle, Urt. v. 18.12.2008 – 6 U 65/08, Nichtzul.-Beschw. zurückgew., BGH, Beschl. v. 27.05.2010 – VII ZR 18/09, BauR 2010, 1764, 1765).
- Zum anderen habe diese Regelung aber auch keinen Bestand, wenn die VOB/B von dem **Auftraggeber in den Vertrag** eingeführt werde, weil sie sich eben mit den ehemals zwei Monaten allzu sehr von der gesetzlichen Regelung in § 641 Abs. 1 BGB entferne (LG Heidelberg, Urt. v. 10.12.2010 – 3 O 170/10, NJW-RR 2011, 674, 675; OLG Naumburg, Urt. v. 12.01.2012 – 9 U 165/11, BauR 2012, 688 [Ls.], das aber zu Unrecht meint, der Werklohn des Auftragnehmers werde bei einem BGB-Vertrag gemäß § 286 Abs. 3 BGB schon 30 Tage nach Zugang der Schlussrechnung fällig, was so nicht stimmt: Denn auch der BGB-Vertrag setzt für die Fälligkeit eine Abnahme voraus).

Überzeugend waren diese Einwände schon damals nicht (ähnlich Beck'scher VOB/B-Komm./Kandel, § 16 Nr. 3 Rn. 7 f.). Denn wie schon an anderer Stelle erläutert (Rdn. 2540) ist zunächst festzustellen, dass eine **Prüffrist – sei es von zwei Monaten oder jedenfalls (erst recht nach der Neufassung des § 16 Abs. 3 Nr. 1 VOB/B) von einem Monat – vielfach notwendig und auch sachgerecht** ist. Sie dient dabei – das ist richtig – vorrangig den Interessen des Auftraggebers, um eine ggf. sehr umfangreiche Rechnung eines Auftragnehmers (vor allem etwa bei den im Bauvertragsgeschehen häufigen Einheitspreisverträgen) und somit die Berechtigung von dessen Vergütungsanspruch prüfen zu können. Dies ist dann in der Tat mit dem Preis zum Nachteil des Auftragnehmers, nämlich einer hinausgeschobenen Fälligkeit seines Vergütungsanspruchs, verbunden, was spiegelbildlich eine Bevorzugung des Auftraggebers darstellt. Sie ist aber den Besonderheiten des Bauvertragsgeschehens insgesamt geschuldet, weswegen sie zu Recht zumindest von der höchstrichterlichen Rechtsprechung in AGB des Auftraggebers bisher nicht verworfen wurde. Doch dürften sich diese Fragen spätestens mit der Neufassung der VOB/B in § 16 Abs. 3 Nr. 1 VOB/B einerseits und dem voraussichtlich ebenfalls in Kürze in Kraft tretenden § 271a BGB andererseits (s. dazu BT-Ds. 17/10491) erledigt haben: 2548

- So sieht ja auch das Gesetz (so es denn in seiner Entwurfsfassung in Kraft tritt) es als zulässig an, im Rechtsverkehr mit Unternehmern eine Zahlungsfrist ohne weiteres auf bis zu 60 Tage zu verlängern. Schon diese Möglichkeit setzt sich somit in Widerspruch zu der ansonsten geltenden gesetzlichen Regelung für die Vergütung bei Werkverträgen, die eigentlich bei Abnahme fällig ist

(§ 641 Abs. 1 BGB). Nichts anderes ergibt sich aus § 271 BGB, der ohne gesonderte Vereinbarung von einer sofortigen Leistungsverpflichtung ausgeht. Diese Bedenken wurden auch im Gesetzgebungsverfahren diskutiert (vgl. etwa den Hinweis des Bundesrates, BR-Ds. 306/12) – verbunden mit der Feststellung, dass eine Prüfung von Vertragsklauseln nach § 307 BGB auch bei der nunmehr im Zuge der Zahlungsverzugsrichtlinie erfolgten Festlegung von Fälligkeitshöchstfristen unberührt bleibe (vgl. auch BT-Ds. 17/10491, S. 14 und S. 16). Ungeachtet dessen erscheint es aber **kaum nachvollziehbar**, dass eine solche jetzt **gesetzlich ausdrücklich erlaubte Fristenbestimmung** in Kollision mit AGB-rechtlichen Regelungen geraten sollte – zumal es ja wie gesagt im Bauvertragsgeschehen gute Gründe für eine solche Verlängerung gibt. Auch eine Kollision mit den Verzugsregelungen droht nicht (mehr); zwar sieht § 286 Abs. 3 BGB als Verzugsvoraussetzung ebenso eine Fristenbestimmung von 30 Tagen nach Fälligkeit und Zugang einer Rechnung oder einer gleichwertigen Zahlungsaufstellung vor. Insoweit war immerhin daran zu denken, dass es AGB-rechtlich gleichfalls bedenklich sein könnte, wenn man nicht die Verzugsvoraussetzungen als solche in den AGB (unverhältnismäßig) nach hinten verschiebt, sondern nur die den Verzug voraussetzende Fälligkeit (in diesem Sinne wohl zu verstehen BGH, Urt. v. 20.08.2009 – VII ZR 212/07, BauR 2009, 1736, 1741 = NJW 2009, 3717, 3720 = NZBau 2010, 47, 50). Der Gleichklang zwischen den Anforderungen an die Fälligkeit und den Verzug wird nunmehr aber dadurch erreicht, dass nach der geplanten Neufassung des Gesetzes die Verlängerungsmöglichkeiten des § 271a BGB auch für den Eintritt des Verzugs für entsprechend anwendbar erklärt werden (§ 281 Abs. 5 BGB n. F.), so dass dort keine anderen Voraussetzungen gelten. Dabei ist anzumerken, dass das Gesetz (nicht die VOB/B) im Rechtsverkehr mit Unternehmern sogar eine **noch weitergehende Festlegung von Zahlungsfristen erlauben** würde, soweit diese wenigstens ausdrücklich getroffen wird und für den Gläubiger (Auftragnehmer) nicht grob nachteilig ist. Ausdrücklich bedeutet nur »nicht stillschweigend«. Das aber heißt, dass eine solche ausdrückliche Regelung zur weitergehenden Verlängerung der Zahlungsfristen ebenso in AGB des Auftraggebers enthalten sein kann. Allerdings dürfte zumindest insoweit mangels anderweitiger Festlegung im Gesetz nunmehr in jedem Fall der auch in der Gesetzesbegründung aufgenommene Vorbehalt einer **AGB-Kontrolle nach § 307 BGB** greifen, d. h.: Hier beständen dann doch Zweifel, ob es bei einem Bauvorhaben so gute Gründe gibt, mit denen man es als zulässig ansehen könnte, die Zahlungsfristen über diesen vom Gesetz als ohne weiteres angesehenen zulässigen Rahmen hinaus zu verlängern. Dies gilt erst recht, wenn die Fälligkeit von einer im Belieben des Auftraggebers stehenden Handlung abhängt (vgl. etwa OLG Karlsruhe, Urt. v. 06.07.1993 – 3 U 57/92, NJW-RR 1996, 1435).

▶ **Beispiel für unwirksame Klauseln**
- »Die Fälligkeit der Schlusszahlung wird drei Monate nach Zugang einer prüfbaren Rechnung und Feststellung der vom AN vorgelegten Schlussrechnung fällig.«
- »Die Schlusszahlung wird zwei Monate nach Abnahme und Prüfung der Schlussrechnung fällig.«

- Geht es hingegen um **öffentliche Auftraggeber**, haben diese die weitergehenden Schranken des § 271a Abs. 2 BGB n. F. zu beachten, die sich so auch in § 16 Abs. 3 Nr. 1 S. 1 und 2 VOB/B finden, d. h.: Hier beträgt die zulässige Regelfrist 30 Tage; sie kann auf bis zu 60 Tage verlängert werden, wenn sie ausdrücklich (ggf. auch in AGB) getroffen und aufgrund der besonderen Natur der Vereinbarung oder der Merkmale der Vereinbarung sachlich gerechtfertigt ist (vgl. auch § 4 Abs. 6 der RiLi). Eine **Ausweitung über diese 60 Tage** hinaus ist für diese Auftraggeber **ausgeschlossen**, was demzufolge weder individualvertraglich noch in AGB verankert werden kann.

2549 Vorstehende Erläuterungen zeigen aber immerhin, dass sich die AGB-rechtliche Diskussion im Zusammenhang mit § 16 Abs. 3 Nr. 1 VOB/B a. F. in dem Fall, in dem die VOB/B durch den Auftraggeber gestellt wurde, mit der Neufassung des § 16 Abs. 3 Nr. 1 VOB/B einerseits und der (geplanten) Neuregelung des § 271a BGB andererseits schlicht erledigt haben dürfte. Es verbleibt somit allein die Beurteilung der AGB-rechtlichen Zulässigkeit, wonach § 16 Abs. 3 Nr. 1 VOB/B mit

10.4 Fälligkeit der Vergütung beim VOB-Vertrag

einer (jetzt) um 30 Tage hinausgeschobenen Fälligkeit als eine zunächst den Auftragnehmer belastende Regelung nunmehr ihrerseits auch in AGB des Auftragnehmers einer isolierten Inhaltskontrolle nicht standhalten soll. Dies erscheint – weder in Bezug auf die Altfassung zu der Prüfungsfrist von zwei Monaten noch zu der Neuregelung von einem Monat – überzeugend. Denn der eindeutige Hintergrund dieser VOB-Regelung besteht ja ganz offensichtlich nicht darin, dem Auftragnehmer die beliebige Möglichkeit der Bestimmung eines Fälligkeitszeitpunktes für seine Schlussrechnung mit einem deswegen hinausgeschobenen Verjährungsbeginn zu geben. Vielmehr stellt dies nur die Kehrseite einer ihn vorrangig belastenden Regelung dar, dass er eben mit der Durchsetzung seiner Vergütungsansprüche noch einen gewissen Zeitraum warten muss. Doch dürfte sich auch diese Diskussion richtigerweise mit der Neufassung des § 271a BGB erledigt haben. Zwar verbleibt es dem Grunde nach bei der Ausgangsregelung in § 641 Abs. 1 BGB, wonach erstens die Vergütung des Auftragnehmers bei Abnahme fällig wird und zweitens eine Rechnung insoweit keine Bedeutung hat. Doch wenn das Gesetz an anderer Stelle ausdrücklich die Vereinbarung von Zahlungsfristen abhängig von der Rechnungstellung erlaubt, kann eine Vorgabe in der VOB/B, die diese gesetzlich vorgesehene Möglichkeit aufnimmt, schlechterdings gegen § 307 BGB verstoßen. Dass es der Auftragnehmer damit ggf. in der Hand, durch den Zeitpunkt der Rechnungsstellung die Fälligkeit der Rechnung als tatbestandsauslösendes Moment für den Beginn der Verjährung zu bestimmen, mag dann hinzunehmen sein.

Ist die Schlusszahlung nach vorstehenden Erläuterungen fällig, kann der Auftragnehmer seine Vergütung klageweise durchsetzen. Gleichzeitig läuft ab Beginn der Fälligkeit **die Frist der Verjährung der Vergütungsforderung** (s. dazu unten Rdn. 2671 ff.). Allerdings werden nach Vorstehendem nicht nur die Forderungen fällig und unterliegen nunmehr einer Verjährung, die Bestandteil der Schlussrechnung sind. Vielmehr gilt dies für die **Forderungen aus dem Bauvertrag insgesamt**, d. h. auch für die Forderungen, die in der Schlussrechnung – sei es bewusst, sei es aus Vergesslichkeit – nicht aufgenommen wurden (BGH, Urt. v. 12.02.1970 – VII ZR 168/67, BGHZ 53, 222, 225 = BauR 1970, 113, 115; BGH, Urt. v. 22.4.1982 – VII ZR 191/81, BGHZ 83, 382, 386 = BauR 1982, 377, 379 = NJW 1982, 1815, 1816; OLG Celle, Urt. v. 29.03.2007 – 5 U 171/04, Nichtzul.-Beschw. zurückgew., BGH, Beschl. v. 27.03.2008 – VII ZR 74/07, BauR 2008, 1471, 1473; OLG Hamm, Urt. v. 21.02.2012 – 21 U 93/11, BauR 2012, 992 [Ls.]). Dazu zählen einheitlich alle Vergütungsansprüche, aber auch andere Forderungen, die der Auftragnehmer in die Schlussrechnung als eine ihm zustehende Forderung aus dem Bauvertrag hätte aufnehmen müssen. Dies betrifft etwa Schadensersatzansprüche aus § 6 Abs. 6 VOB/B, Entschädigungsansprüche aus § 642 BGB u. a. (s. oben Rdn. 2078 f. sowie weiter BGH, Urt. v. 09.10.1986 – VII ZR 249/85, BauR 1987, 95, 96 = NJW 1987, 382, 383; s. zu einem Schadensersatzanspruch u. a.: BGH, Urt. v. 06.12.1973 – VII ZR 37/73, BGHZ 62, 15, 16; Urt. v. 21.12.1970 – VII ZR 184/69, SFH 2.311 Bl. 39; Ingenstau/Korbion/Döring, § 6 Abs. 6 Rn. 51). An diesem Verjährungsbeginn kann der Auftragnehmer nichts ändern, selbst wenn er später nochmals eine neue (korrigierte und ggf. jetzt erstmals sogar prüfbare) Schlussrechnung vorlegt. Dabei ist unbeachtlich, dass der Auftraggeber nunmehr dazu, nachdem er dies zunächst versäumt hatte, erstmals fristgerecht und erhebliche Einwendungen gegen die Prüfbarkeit erhebt. Denn die bereits einmal eingetretene Werklohnfälligkeit kann damit nicht mehr beseitigt werden (BGH, Urt. v. 27.01.2011 – VII ZR 47/10, BauR 2011, 831, 833 = NJW 2011, 918, 919 = NZBau 2011, 227, 229). Nichts anderes gilt natürlich, wenn der Auftragnehmer jetzt allein bezogen auf diese vergessenen Forderungen eine Rechnung »nachschiebt« (OLG Düsseldorf, Urt. v. 13.11.2007 – 21 U 256/06, BauR 2008, 1902, 1905).

Ist die Vergütung hingegen mangels prüfbarer Schlussrechnung mit der Maßgabe, dass die fehlende Prüfbarkeit ordnungsgemäß und rechtzeitig gerügt wurde, bisher nicht fällig, ist eine dazu erhobene Klage des Auftragnehmers **als zurzeit unbegründet** abzuweisen (BGH, Urt. v. 11.02.1999 – VII ZR 399/97, BGHZ 140, 365, 368 = BauR 1999, 635 = NJW 1999, 1867; BGH, Urt. v. 27.01.2011 – VII ZR 41/10, BauR 2011, 831, 832 f. = NJW 2011, 918, 919 = NZBau 2011, 227, 228). Dasselbe gilt, wenn sonstige Fälligkeitsvoraussetzungen fehlen, so etwa, wenn die 30-Tage-Frist gemäß § 16 Abs. 3 Nr. 1 VOB/B noch nicht abgelaufen ist (s. allerdings zu dem Sonderfall, wenn es um den fehlenden Ablauf dieser Frist bei zuvor gestellten Abschlagsrechnungen geht: oben Rdn. 2517). Geht es allein

2550

2551

um eine bisher nicht prüfbare Rechnung, wäre der Auftragnehmer aber nicht gehindert, ggf. mit einer neuen jetzt prüfbaren Rechnung eine neue Klage zu erheben. Ebenso bestehen keine Bedenken, wenn der Auftragnehmer noch in einem **laufenden gerichtlichen Verfahren** (ggf. nach einem entsprechenden Hinweis), ggf. sogar noch im Berufungsverfahren **eine neue (prüfbare) Schlussrechnung nachschiebt**. Dies ist zulässig, soweit damit **erstmals die Fälligkeit einer nicht prüfbaren Schlussrechnung hergestellt** werden soll (BGH, Urt. v. 06.10.2005 – VII ZR 229/03, BauR 2005, 1959 f. = NJW-RR 2005, 1687 f.; BGH, Urt. v. 20.08.2009 – VII ZR 205/07, BGHZ 182, 158, 186 = BauR 2009, 1724, 1735 = NJW 2010, 227, 234 = NZBau 2009, 707, 715), wobei auch hier allerdings die sonst geltende 30-Tage-Prüffrist nach § 16 Abs. 3 Nr. 1 VOB/B zu beachten ist (so zu verstehen BGH, Urt. v. 08.12.2005 – VII ZR 50/04, BauR 2006, 517, 519 = NJW-RR 2006, 454, 455). Das »Nachschieben« einer ordnungsgemäßen prüfbaren Rechnung kann für den Auftragnehmer aber umso wichtiger sein, wenn der Auftraggeber zunächst zu seinem eigenen Nachteil bei einer nicht prüfbaren Rechnung versehentlich diesen Umstand nicht rechtzeitig binnen der 30-Tage-Frist gerügt hat. Dann ist ihm zwar wie gezeigt der Einwand der fehlenden Prüfbarkeit und Fälligkeit der Schlussrechnung genommen; in einem Vergütungsprozess hätte aber trotzdem eine Sachprüfung dieser Rechnung stattzufinden. Ist sie aber wegen der fehlenden Prüfbarkeit nicht einmal durch das Gericht nachzuvollziehen, könnte das bedeuten, dass eine darauf gerichtete **Vergütungsklage unschlüssig** ist (s. o. Rdn. 2542). Dies würde nunmehr zu einem **endgültigen Verlust eines darauf gestützten Prozesses als unbegründet** führen (anschaulich: OLG Düsseldorf, Urt. v. 14.05.2009 – 5 U 131/08, BauR 2010, 241 = NJW-RR 2010, 28 = NZBau 2010, 54, 55). Daher kann es manchmal prozessual sogar sinnvoller sein, selbst einen verspäteten Einwand der fehlenden Prüfbarkeit nicht zu bestreiten: Denn dieser würde nur zu einer Klageabweisung als zurzeit unbegründet führen – mit der soeben erläuterten Möglichkeit, in derselben Sache nochmals einen neuen Prozess führen zu können.

Allerdings ist hier darauf zu achten, dass ein **beliebiges Nachschieben von Rechnungen** vor allem in einem schon laufenden Zivilverfahren (besonders im Instanzenzug) prozessual nicht mehr ohne Weiteres zulässig ist. Zwar kann ein Auftragnehmer seinen bisherigen Vortrag in einem Prozess näher erläutern oder verdeutlichen, was auch durch Vorlage einer neuen Rechnung geschehen kann. Deren (zwingende) Berücksichtigung ist jedoch nur dann durch die Rechtsprechung zugelassen worden, wenn **damit erstmals die Fälligkeit der Rechnung überhaupt hergestellt werden** soll. War die Vergütungsforderung dagegen schon von Beginn an fällig, weil der Auftraggeber z. B. nicht rechtzeitig Einwendungen gegen eine nicht prüfbare Rechnung erhoben hatte, kann der Auftragnehmer wie sonst auch jeder Kläger in einem Zivilverfahren mit einem späteren wenn auch konkretisierenden Vortrag (ggf. mit neuer Rechnung) ausgeschlossen sein (dies andeutend BGH, Urt. v. 27.01.2011 – VII ZR 41/10, BauR 2011, 831, 833 = NJW 2011, 918, 919 = NZBau 2011, 227, 229; ähnlich: Jansen, NZBau 2011, 689, 690).

▶ Beispiel

Am 15.04.2007 reicht der Auftragnehmer zu einem abgenommenen Vorhaben eine nicht prüfbare Schlussrechnung ein. Wendet sich der Auftraggeber dagegen binnen der 30-Tage-Frist zu Recht, wird sie nicht fällig (und kann demzufolge nicht verjähren). Der Auftragnehmer könnte jetzt selbst in einem Berufungsverfahren etwa im Jahr 2010 noch eine neue (prüfbare) Rechnung nachreichen, die auch zwingend, da es um die erstmalige Begründung der Fälligkeit geht, zu berücksichtigen wäre. Hat der Auftraggeber hingegen zunächst keine Einwände erhoben, wurde die vorgenannte Rechnung mit Ablauf der 30-Tage-Frist am 15.5.2007 fällig. Das Landgericht kann diese eigentlich unverständliche Rechnung nicht nachvollziehen und weist die Klage nach entsprechenden Hinweisen ab. In diesen Fällen dürfte das Nachschieben einer neuen Rechnung im Berufungsverfahren ausgeschlossen sein.

10.4.4 Teilschlusszahlung (§ 16 Abs. 4 VOB/B)

Teilschlusszahlungen setzen eine Teilschlussrechnung voraus. Eine solche kann nach § 16 Abs. 4 VOB/B vorgelegt werden, soweit es um die **Abrechnung in sich abgeschlossener Leistungsteile** im Rahmen der bauvertraglichen Gesamtleistungsverpflichtung des Auftragnehmers geht. Selbstständig und damit in sich abgeschlossen ist eine Leistung, wenn sie nach allgemeiner Auffassung nicht lediglich Bestandteil einer Gesamtleistung ist, sondern für sich als funktionell selbstständig beurteilbare Bauleistung bestehen und vergeben werden kann. Hier gilt derselbe Maßstab wie bei der Teilabnahmefähigkeit gemäß 12 Abs. 2 VOB/B (s. dazu oben Rdn. 1151 ff.). Dies liegt auf der Hand, da eine Teilabnahme Voraussetzung für den Anspruch auf eine Teilschlusszahlung ist. Das gilt besonders, wenn sich der Gesamtbauauftrag aus mehreren selbstständigen und gleichartigen Einzelwerken, wie z. B. dem Bau mehrerer Straßen, der Errichtung von mehreren Gebäuden, Rohbauten usw. zusammensetzt (vgl. Ingenstau/Korbion/U. Locher, VOB/B, § 16 Abs. 4 Rn. 2); Ähnliches kann für Teilstrecken einer Straße oder einer Kanalisation gelten, nicht aber für Teile eines Rohbaus wie z. B. die Stahlbetonskelettkonstruktion (OLG Düsseldorf, Urt. v. 13.03.1990 – 23 U 162/89, Sch.-F.-H. Nr. 14 zu § 12 VOB/B). Als Teilschlussrechnungen sind in der Regel auch **Stundenlohnrechnungen** gemäß § 15 Abs. 4 VOB/B anzusehen, die der Auftragnehmer regelmäßig und zeitnah stellen soll (s. oben Rdn. 2499).

§ 16 Abs. 4 VOB/B enthält nicht eine ohne Weiteres gegebene vertragliche Verpflichtung zur Bezahlung von selbstständigen Teilen der Leistung. Es ist vielmehr in das Belieben der Parteien gestellt, ob sie von dieser Möglichkeit Gebrauch machen wollen oder nicht. Dabei ist es allerdings nicht erforderlich, eine entsprechende Verpflichtung zur Teilschlusszahlung in den Bauvertrag gesondert aufzunehmen. Vielmehr genügt es, wenn einer der Vertragspartner (meist der Auftragnehmer) bei Vorliegen der erörterten Voraussetzungen ein Recht auf Teilschlusszahlung geltend macht. In diesem Fall ist der andere Vertragspartner gehalten, diesem Verlangen Folge zu leisten (vgl. Ingenstau/Korbion/U. Locher, VOB/B § 16 Abs. 4 Rn. 7). 2553

Hat der Auftraggeber eine Teilschlusszahlung in voller Höhe bezahlt, so kann er die einzelnen Leistungspositionen dieser Rechnung im Rahmen eines Rechtsstreits über die Schlussrechnung nicht mehr ohne Weiteres bestreiten. Zwar stellt die Teilschlusszahlung für sich genommen **kein Schuldanerkenntnis** dar (s. dazu auch nachfolgend Rdn. 2647 f.); jedoch trägt der Auftraggeber in Bezug auf diese damit schon gezahlten Beträge die **Darlegungs- und** Beweislast dafür, dass diese Beträge ggf. zu hoch gewesen sind. Im Übrigen hat die Teilschlusszahlung die gleichen Wirkungen wie jede sonstige Schlusszahlung, sodass insbesondere auch § 16 Abs. 3 Nr. 2 VOB/B anwendbar ist (s. unten Rdn. 2629 ff.). Unterlässt also der Unternehmer nach einer Teilschlusszahlung und schriftlichem Hinweis auf die Ausschlusswirkung den rechtzeitigen Vorbehalt weiter gehender Vergütungsansprüche bezüglich dieses abgerechneten Teils, so steht dem Auftraggeber insoweit die Einrede der vorbehaltlosen Annahme der Teilschlusszahlung zu (vgl. unten Rdn. 2643 ff.). 2554

10.5 Fälligkeit der Vergütung beim BGB-Vertrag

Die Fälligkeit von Vergütungsansprüchen bei BGB-Werkverträgen unterscheidet sich bei Abschlags- und Schlusszahlung grundsätzlich von der eines VOB-Vertrages. 2555

10.5.1 Abschlagszahlungen (§ 632a BGB)

Das Recht des Auftragnehmers auf Abschlagszahlung ergibt sich aus § 632a BGB. Es handelt sich hierbei bereits um die dritte teilweise vollständig geänderte Fassung nach ihrem erstmaligen Inkrafttreten im Jahr 2000. Geplant war stets eine Anlehnung an § 16 Abs. 1 Nr. 1 VOB/B; gelungen ist das bis heute nur in Grundzügen. 2556

Die Voraussetzungen für Abschlagszahlungen finden sich in § 632a Abs. 1 BGB: 2557

Abschlagszahlungen nach § 632 a BGB	
Voraussetzungen	➤ AZ nach Leistungsstand/Wertzuwachs ➤ Nachweis durch (prüfbare) „Aufstellung" ➤ Gilt auch für Baustoffe nach Sicherheitsleistung oder Eigentumsübertragung
Zu beachten:	➤ Einbehaltsrecht zur Vergütung bei Mängeln (§ 641 Abs. 3 BGB) ➤ Ausschluss bei wesentlichen Mängeln

10.5.1.1 Vertragsgemäß erbrachte Leistung

2558 Der Unternehmer eines BGB-Werkvertrages kann nach § 632a BGB vom Besteller eine Abschlagszahlung für eine vertragsgemäß erbrachte Leistung verlangen. Hier gilt zunächst nichts anderes als oben schon zum VOB-Vertrag erläutert (Rdn. 2504 ff.). Vertragsgemäß bedeutet, dass es sich um Leistungen des Hauptvertrages handelt und sowohl nach Quantität als auch nach Qualität dem Vertrag entsprechen muss. Die vertragsgemäße Leistungserbringung ist sodann eng mit der weiteren Regelung in § 632a Abs. 1 S. 2 und 3 BGB zu lesen: Hiernach können **Abschlagszahlungen wegen unwesentlicher Mängel** nicht verweigert werden; § 641 Abs. 3 BGB, der einen Vergütungseinbehalt bei Mängeln in Höhe der voraussichtlichen doppelten Mangelbeseitigungskosten vorsieht, soll entsprechend gelten. Danach verbleiben allerdings Zweifelsfälle:

2559 • Die Formulierung im Gesetz ist zunächst insoweit eindeutig, als Abschlagszahlungen wegen unwesentlicher Mängel nicht verweigert werden können. Dies bedeutet im Umkehrschluss, dass **bei wesentlichen Mängeln ein Anspruch auf Abschlagszahlungen ausgeschlossen** ist. Dieser Gesichtspunkt, auf den in der Gesetzesbegründung auch ausdrücklich hingewiesen wurde (BT-Ds. 16/511, S. 14), widerspricht zwar einerseits der Rechtsprechung des BGH: Dieser hatte bei Abschlagszahlungen zu mangelhaften Leistungen bisher immer nur ein Zurückbehaltungsrecht an der Vergütung angenommen (s. zuletzt ausführlich zu einem Bauträgervertrag: BGH, Urt. v. 27.10.2011 – VII ZR 84/09, BauR 2012, 241, 242 = NJW 2012, 56 = NZBau 2012, 34 m. w. N.); die jetzige Regelung ist aber doch konsequent: Denn wegen wesentlicher Mängel könnte auch nach § 640 Abs. 1 S. 2 BGB die Abnahme verweigert werden. Wenn es sich bei Abschlagszahlungen aber letztlich nur um Vorauszahlungen auf den bei Abnahme endgültig zu verdienenden Vergütungsanspruch handelt, ist es richtig, dass bei wesentlichen Mängeln dem Auftragnehmer weder bei Abnahme der volle noch vorher wenigstens ein dem Leistungsstand entsprechender anteiliger Zahlungsanspruch zusteht (so auch: Pause, BauR 2009, 898, 899; ebenso, wenn auch kritisch: Kniffka/von Rintelen, § 632a Rn. 13 f.; a. A. Leinemann NJW 2005, 3745, 3746; Staudinger/Peters/Jacoby, § 632a Rdn. 14, die auch bei wesentlichen Mängeln § 641 Abs. 3 BGB für anwendbar halten). Dabei wird es allerdings in Bezug auf die Wesentlichkeit der Mängel (s. dazu oben Rdn. 1160 f.) auf einen Vergleich nicht mit der vereinbarten Gesamtleistung, sondern nur mit der mit der Abschlagsrechnung abgerechneten Teilleistung ankommen (ähnlich die Gesetzesbegründung: BT-Ds. 16/9787. S. 18).

Handelt es sich somit in Bezug auf Nichtexistenz schwerer Mängel nach der heutigen Fassung um eine echte **Anspruchsvoraussetzung**, hat dies auch Bedeutung, wenn erst im weiteren Bauverlauf wesentliche Mängel auftreten.

▶ Beispiel

Der Auftragnehmer hatte nach Errichtung des Rohbaus eine Abschlagszahlung angefordert, die bezahlt wurde. Bei den sich anschließenden Dacharbeiten stellen sich schwere Mängel am Rohbau heraus.

Diese schweren Mängel berechtigten den Auftraggeber jetzt nicht nur zur Verweigerung weiterer Abschlagszahlungen; vielmehr kann er auch die schon **geleistete Abschlagszahlung zurückverlangen**. Denn insoweit hätte der Auftraggeber, wie inzwischen bekannt, keinen Anspruch darauf gehabt.

- Soweit es um verbleibende unwesentlich Mängel geht, ist es weiter konsequent, dass der Auftragnehmer ebenfalls deckungsgleich zu der Rechtslage nach der Abnahme nicht den vollen Vergütungsanspruch für die erbrachten Leistungen erhalten kann; vielmehr steht dem Auftraggeber wegen der vorhandenen Mängel dagegen ein Zurückbehaltungsrecht zu. Dies folgt schon allgemein aus § 320 BGB; zu dessen Höhe verweist § 632a Abs. 1 S. 3 BGB auf § 641 Abs. 3 BGB, d. h.: Einbehalten werden kann wie nach der Abnahme in der Regel das Doppelte der voraussichtlichen Mangelbeseitigungskosten (s. dazu näher Rdn. 1301). Ansonsten gilt auch beim BGB-Vertrag wie schon zum VOB-Vertrag erläutert (Rdn. 2506), dass sich das Zurückbehaltungsrecht wegen Mängeln gerade bei vereinbarten Zahlungsplänen keinesfalls nur auf die gerade fällige Rate beschränkt. Vielmehr kann es allen vom Auftragnehmer verlangten und noch nicht bezahlten Abschlagsforderungen entgegengesetzt werden. Denn der Auftraggeber muss nur dann eine Vergütung, d. h. auch eine Abschlagszahlung leisten, wenn er dafür als Gegenwert eine vertragsgemäße (mangelfreie) Bauleistung erhalten hat (BGH, Urt. v. 27.10.2011 – VII ZR 84/09, BauR 2012, 241, 242 = NJW 2012, 56 = NZBau 2012, 34). 2560

10.5.1.2 Höhe der Abschlagszahlung

Gänzlich missglückt ist die Regelung zu Abschlagszahlungen in Bezug auf die Bestimmung der Höhe. Denn während § 16 Abs. 1 Nr. 1 VOB/B auf den Wert der jeweils nachgewiesenen vertragsgemäßen Leistungen verweist, gewährt § 632a Abs. 1 S. 1 BGB Abschlagszahlungen in der Höhe, in der der Besteller durch die Leistung einen **Wertzuwachs** erlangt hat. Dieser Wertzuwachs muss – wie die Gesetzesbegründung hervorhebt (BT-Ds. 16/511, S. 14 i. V. m. der späteren Änderung durch den Rechtsausschuss, BT-Ds. 16/9787, S. 18) – **in einer nicht mehr entziehbaren Weise eingetreten** sein. Dies ist aber bei Bauverträgen, vor allem bei den in der Praxis häufig auftretenden Subunternehmerverträgen, **vielfach ausgeschlossen**. Denn durch die Leistung eines Subunternehmers tritt allenfalls beim Grundstückseigentümer ein unentziehbarer Wertzuwachs ein, nicht aber bei seinem Auftraggeber. Dieser erwirbt seinerseits lediglich einen eigenständigen (schuldrechtlichen) Anspruch auf Abschlagszahlung wegen dieser Leistung, der aber aufgrund seiner Vorläufigkeit keineswegs von Bestand sein muss. Folglich wäre dies noch kein dauerhafter Wertzuwachs, den das Gesetz offenbar vor Augen hat (s. dazu auch kritisch Palandt/Sprau, § 632a Rn. 6; ebenso: Halfmeier/Leupertz, § 632a Rn. 8). Erst recht gilt dies in Fällen, in denen für sich genommen die Subunternehmerleistung überhaupt keinen wirtschaftlichen Wert aufweist und dieser später auch nicht mehr eintritt (s. dazu ausführlich Hildebrand, BauR 2009, 7, 9). 2561

▶ **Beispiel**

Der mit einem Bauvorhaben beauftragte Generalunternehmer beauftragt nach einer ergangenen Teilbaugenehmigung einen Subunternehmer mit der Herstellung einer Bodenplatte. Die spätere Baugenehmigung für das Vorhaben wird versagt.

Zwar wird in der Literatur dazu teilweise vertreten, dass der Gesetzgeber diese Rechtsfolge so nicht gewollt habe (Pause, BauR 2009, 898); man müsse möglicherweise von dem Vertragswert der entsprechenden Leistung für den Besteller ausgehen (Kniffka/von Rintelen, § 632a Rn. 11; ähnlich: Halfmeier/Leupertz, a. a. O.; s. auch Staudinger/Peters/Jacoby, § 632a Rn. 7, die meinen, dass es richtig heißen müsse, dass der AG einen Wertzuwachs erlangen »wird«). Indes gibt es für ein solche Rechtsauffassung im Hinblick auf den klaren gesetzlichen Wortlaut zumindest keinerlei verlässliche Grundlage. Diese Regelung in § 632a BGB ist besonders ärgerlich, weil damit gerade für Subunternehmer, für die seinerzeit die Vorschriften zu Abschlagszahlungen maßgeblich in das Gesetz aufgenommen worden waren, praktisch wertlos werden. Allein deswegen wird der Gesetzgeber wohl ein weiteres Mal aufgefordert bleiben, diese Regelung einer Korrektur zu unterziehen.

10.5.1.3 Stoffe und Bauteile

2562 Abschlagszahlungen kann der Auftragnehmer schließlich für erforderliche Stoffe und Bauteile verlangen, die angeliefert oder eigens angefertigt und bereitgestellt sind. Voraussetzung ist allerdings, dass dem Besteller nach seiner Wahl daran bereits Eigentum übertragen oder Sicherheit hierfür geleistet wurde. Diese Regelung entspricht nahezu vollkommen § 16 Abs. 1 Nr. 1 S. 3 VOB/B, weswegen an dieser Stelle weitere Erläuterungen entbehrlich sind (s. o. Rdn. 2511).

10.5.1.4 Nachweis durch nachvollziehbare Aufstellung

2563 Der Auftragnehmer hat die Leistungen, für die er eine Abschlagszahlung verlangt, nach § 632a Abs. 1 S. 4 BGB durch eine Aufstellung nachzuweisen, die eine rasche und sichere Beurteilung der Leistungen ermöglicht. Wenn auch der Wortlaut sich leicht unterscheidet, ist wohl nichts anderes gemeint als die Vorlage einer **prüfbaren Aufstellung** entsprechend § 16 Abs. 1 Nr. 1 S. 2 VOB/B. Nur ist die Prüfbarkeit der Aufstellung für sich keine eigene Fälligkeitsvoraussetzung des Anspruchs (BT-Ds. 16/9787, S: 18); es genügt vielmehr, dass überhaupt eine Aufstellung vorgelegt wird. Ist diese nicht verständlich, würde dies aber immerhin dazu führen, dass dann etwa eine darauf gestützte Klage als unbegründet abzuweisen wäre. Bei Einheitspreisverträgen wird man danach üblicherweise zumindest eine konkretisierte Mengenangabe zu fordern haben, **nicht hingegen ein Aufmaß**. Denn dieses wird üblicherweise auch beim BGB-Vertrag nicht ständig nebenbei erhoben, sondern erst zum Schluss. Gelingt dem Auftragnehmer ohne ein Aufmaß eine verständliche Aufstellung seiner bisher erbrachten Leistungen, reicht das aus.

2564 Liegt eine solche Aufstellung vor und sind auch im Übrigen die Voraussetzungen (vor allem Wertzuwachs, keine wesentlichen Mängel) eingehalten, besteht vorbehaltlich nachstehender Besonderheiten bei der Beteiligung von Verbrauchern ein Anspruch auf Abschlagszahlung. Dieser ist – anders als nach der VOB/B (s. dazu oben Rdn. 2512) – sofort fällig. Das aber heißt, dass für diesen auch, d. h. nach dessen Geltendmachung auf der Grundlage einer Aufstellung, die **Verjährung** läuft.

10.5.1.5 Bauträgerklausel

2565 Eine Besonderheit zu Abschlagszahlungen gilt für Bauträgerverträge. Diese sind dadurch geprägt, dass der Auftragnehmer dem Besteller in einem einheitlichen Vertrag sowohl die Verschaffung eines Grundstücks als auch die Errichtung oder den Umbau eines Hauses auf diesem zu verschaffenden Grundstück verspricht (Rdn. 93 ff.). Zur Absicherung der Erwerber dürfen Bauträger nach der aus dem öffentlichen Recht stammenden Makler- und Bauträgerverordnung nur in dem dort vorgesehenen Umfang (vgl. § 3 Abs. 2 MaBV) Ratenzahlungen annehmen. § 632a Abs. 1 BGB verschafft ihnen dagegen keinen eigenen Anspruch: Denn bei Bauträgergeschäften findet der Wertzuwachs gerade nicht auf dem Grundstück des Bestellers statt (so zu Recht auch Wagner, ZfBR 2009, 312, 313, der deswegen von Vorauszahlungen spricht). § 632a BGB greift diesen Gesichtspunkt aber auf: Er verweist nämlich aus diesem Grund in seinem Absatz 2 auf eine gesondert dazu ergangene Verordnung (sog. **Hausbau-VO**): Danach können Abschlagszahlungen gemäß Zahlungsplan in Anlehnung an die in § 3 Abs. 2 MaBV vorgesehenen Baufortschrittsraten gefordert werden, wenn der Eigentumserwerb durch Vormerkung gesichert ist. Alternativ kommt eine vollständige Vorauszahlung gegen Gewährung einer Sicherheit nach § 7 MaBV in Betracht. Ergänzend dazu wird nach § 1 S. 3 der Hausbau-VO die Sicherungsregelung für Verbraucher gemäß § 632a Abs. 2 BGB für anwendbar erklärt. Diese Querverweisung in § 632a BGB auf die Hausbau-VO stellt somit nur eine zusätzliche Voraussetzung für die Forderung von Abschlagszahlungen auf; ansonsten bleibt § 632a BGB anwendbar. Dies ist besonders deshalb hervorzuheben, weil damit vor allem der **Ausschluss für Abschlagszahlungen bei wesentlichen Mängeln** nach § 632a Abs. 1 S. 2 BGB auch bei Bauträgerverträgen gilt.

10.5.1.6 Sicherheitsleistung für Verbraucher

Eine Besonderheit bei der Anforderung von Abschlagszahlungen besteht bei Bauverträgen mit Verbrauchern, soweit es um die Errichtung oder den Umbau eines Hauses oder eines vergleichbaren Bauwerks geht: Hier kann ein Unternehmer nach § 632a Abs. 3 BGB Abschlagszahlungen nur verlangen, wenn er dem Besteller im Gegenzug eine **Vertragserfüllungssicherheit in Höhe von 5 %** des Vergütungsanspruchs zur Absicherung der rechzeitigen und mangelfreien Herstellung übergibt. Dabei ist diese Sicherheit anzupassen, wenn sich der Vergütungsanspruch um mehr als 10 % ändert. Diese Regelung gilt wie gesagt auch bei Bauträgerverträgen (vgl. § 1 S. 3 VO über Abschlagszahlungen bei Bauträgerverträgen). Bis zur Stellung dieser Sicherheit kann ein Verbraucher Abschlagszahlungen verweigern; er kann sie aber auch zunächst leisten und die Sicherheit später fordern (a. A. Staudinger/Peters/Jacoby, § 632a Rn. 43, die in der gesetzlichen Regelung lediglich ein Zurückbehaltungsrecht sehen). Diese Vorschrift erscheint nur auf den ersten Blick verständlich. Vieles bleibt dagegen im Unklaren: 2566

- Vorstehende Beschränkung gilt zunächst nicht in jedem Bauvertrag mit einem Verbraucher. Stattdessen ist eine Sicherheit nur bei Bauverträgen zu stellen, die **auf die Errichtung oder den Umbau eines Hauses oder eines vergleichbaren Bauwerkes gerichtet** sind. Diese Vorschrift steht in einem engen Zusammenhang mit der gleichlautenden Formulierung in § 632a Abs. 2 BGB als Sonderregelung für den Bauträgervertrag. Eine Sicherheitsleistung ist bei Abschlagszahlungen demzufolge nur bei den Verträgen zu leisten, bei denen ein Unternehmer die vollständige Errichtung eines Hauses bzw. vergleichbaren Bauwerks übernimmt (insbesondere also von den schon erwähnten Bauträgern, aber auch von Generalüber- oder -unternehmern). Zu den ebenfalls erfassten »vergleichbaren Bauwerken« zählen Vorhaben, die einem Haus vergleichbar genutzt (d. h. z. B. betreten) werden können. 2567

> **Beispiel**
>
> Nicht hierunter fallen etwa Arbeiten an Außenanlagen, Carports u. a.

Doch nicht nur die (Neu)errichtung, auch der **Umbau eines Hauses** wird von § 632a Abs. 3 BGB erfasst. In der Gesetzesbegründung wird dazu auf § 3 Nr. 5 HOAI a. F. verwiesen (BT-Drucks. 16/511, S. 15). Dies bedeutet nichts anderes, als dass unter die Sicherungspflicht nach § 632a Abs. 3 BGB auch alle sonstigen Baumaßnahmen in Bezug auf ein Haus oder vergleichbare Bauwerke fallen, die zu deren **Umgestaltung infolge wesentlicher Eingriffe in die Konstruktion** oder den Bestand führen. Auf dieser Grundlage fallen unter § 632a Abs. 3 BGB nicht nur Unternehmer, die die Bauleistung für ein Haus komplett übernommen haben (Bauträger, Generalunternehmer u. a.). Gerade die Alternative Umbau zeigt nämlich, dass auch **mit Einzelgewerken beauftragte Unternehmer** (z. B. Dachdecker, Zimmerer, Innenausbau) zur Sicherheitsleistung nach § 632a Abs. 3 BGB verpflichtet sein können, wenn sie bezogen auf ihr Gewerk mit einem wesentlichen Eingriff in die Konstruktion oder den Bestand des Bauvorhabens tätig werden (z. B. im Rahmen einer Dachaufstockung). Nicht hierunter fallen dagegen reine Instandsetzungsarbeiten, selbst wenn sie ein größeres Ausmaß erreichen und für den Substanzerhalt von Bedeutung sind (z. B. neue Dacheindeckung). Erst recht gilt dies für sonstige Renovierungsarbeiten (z. B. Anstrich des Hauses).

- Liegen die Voraussetzungen für eine Sicherheitsleistung zugunsten des Bestellers vor, soll damit das Erfüllungsinteresse abgedeckt werden, d. h. die **rechtzeitige Fertigstellung des Bauvorhabens ohne wesentliche Mängel**. Abgesichert werden damit Mängel- und Verzugsansprüche einschließlich Ansprüche aus einer bei Verzug verwirkten Vertragsstrafe (s. allgemein zum Umfang einer Vertragserfüllungssicherheit: Ingenstau/Korbion/Joussen, B § 17 Abs. 1 Rn. 15 ff.). Nicht erfasst sind dagegen sonstige Ersatzansprüche, Ansprüche aus Überzahlung u. a. Ausgenommen sind ebenfalls Ansprüche wegen unwesentlicher Mängel. Damit wird zwar einerseits erneut ein Gleichlauf zu der gesetzlichen Abnahmeregelung geschaffen: Denn auch eine Abnahme kann nach § 640 Abs. 1 S. 2 BGB wegen unwesentlicher Mängel nicht verweigert werden. 2568

▶ **Beispiel**

Bei der Fertigstellung einer Generalunternehmerleistung sind Mängel an der Dachrinne sowie einzelne Kleinschäden an der Terrasse offen. Diese würden die Abnahme der Gesamtleistung, d. h. die Erfüllung des Bauvertrages nicht ausschließen. Dieselbe Bewertung gilt zu einer nach Abschlagszahlungen übergebenen Sicherheit, die wegen dieser Mängel zumindest nach dem Gesetz nicht in Anspruch genommen werden kann und insoweit für diesen Fall auch nicht gestellt werden braucht.

Hieraus ergibt sich aber zugleich, dass eine Erfüllungssicherheit nach § 632a BGB hinter einer sonst in der Praxis üblichen Vertragserfüllungssicherheit zurückbleibt.

- Eine **Mängelsicherheit ist nicht vorgesehen**. Dies ist deshalb hervorzuheben, weil sich die Mängelrechte zu bei Abnahme schon bestehenden und vorbehaltenen Mängeln ab der Abnahme nur noch nach den §§ 634 ff. BGB richten (s. o. Rdn. 1194 ff.). Gleichwohl kann für solche Abnahmemängel eine noch vorhandene Vertragserfüllungssicherheit verwendet werden.

▶ **Beispiel**

Bei Abnahme sind noch schwere Rissschäden an der Fassade ersichtlich. Für diese bei Abnahme vorhandenen und vorbehaltenen Mängel kann die Sicherheit eingesetzt werden, obwohl sich auch diese nunmehr allein nach §§ 634 ff. BGB richten. Treten die Risse dagegen erstmals nach der Abnahme auf, kommt eine Inanspruchnahme dieser Sicherheit nicht mehr in Betracht.

2569
- Die Höhe der Sicherheit wird mit **5 % des vereinbarten Vergütungsanspruchs** festgelegt. Erhöht sich der Vergütungsanspruch infolge von Änderungen oder Ergänzungen des Vertrages um mehr als 10 %, ist dem Besteller bei der nächsten Abschlagszahlung eine weitere Sicherheit in Höhe von 5 % des zusätzlichen Vergütungsanspruchs zu leisten (§ 632a Abs. 3 S. 2 BGB).
- Die **Art der Sicherheitsleistung** kann der Auftragnehmer selbst bestimmen (§ 262 BGB). Eine Bürgschaft ist in der Praxis üblich, aber nicht zwingend. Sicherungen sind stattdessen auch durch **einfache Vergütungseinbehalte** möglich (§ 632a Abs. 3 S. 3 BGB). Dies ist eine ganz beachtliche Weichenstellung. Denn ganz offenbar sieht das Gesetz hier abweichend von der sonstigen Rechtsprechung des BGH insbesondere zu den entsprechenden Regelungen der VOB/B zu Vertragserfüllungssicherheiten, die ja denselben Zweck verfolgen, die alleinige Möglichkeit eines Bareinbehalt vor (s. zu der damit korrespondierenden Regelung in der VOB/B: Rdn. 3094 ff.). Alternativ kann der Auftragnehmer aber auch eine sonst nach dem Gesetz vorgesehene Sicherheit nach den §§ 232 ff. BGB (Hinterlegung, Grundpfandrechte, Bürgschaft), eine Garantie oder ein sonstiges Zahlungsversprechen eines Kreditinstituts oder Kreditversicherers stellen (s. dazu die vergleichbaren Regelungen in § 648a BGB: Rdn. 3188). Anders als bei sonstigen Vertragserfüllungssicherheiten etwa bei einem VOB-Vertrag steht dem Auftragnehmer nach der erstmaligen Stellung einer solchen Sicherheit **kein** in § 17 Abs. 3 VOB/B vorgesehenes **Austauschrecht** einer Sicherungsform durch eine andere zu (s. dazu Rdn. 3093 ff.).

2570
- Das Gesetz enthält anders als etwa § 17 Abs. 8 Nr. 1 VOB/B keine Rückgaberegelung. Folglich dürften hier die allgemeinen Grundsätze des Sicherungsrechts gelten: Danach hat eine Rückgabe zu erfolgen, wenn sich der Sicherungszweck erledigt, d. h. der Sicherungsfall nicht mehr eintreten kann (BGH, Urt. v. 24.09.1998 – IX ZR 371/97 = BGHZ 139, 325, 328 = BauR 1999, 281 [Ls.] = NJW 1999, 55, 56; BGH, Urt. v. 04.07.2002 – VII ZR 502/99 = BauR 2002, 1533, 1534 = NJW 2002, 3098 = NZBau 2002, 559). Dies ist grundsätzlich der Fall, wenn die Bauleistung rechtzeitig ohne wesentliche Mängel hergestellt ist. Allerdings stellt sich die Frage, ob eine Rückgabe auch dann zwingend zu erfolgen hat, wenn sich erstmals **nach Abnahme Mängel der Bauleistung** zeigen.

▶ **Beispiel**

Das Bauvorhaben ist rechtzeitig und mangelfrei hergestellt. Nach Abnahme treten Gewährleistungsmängel auf. Der Auftraggeber macht an der Auszahlung der Barsicherheit ein Zurückbehaltungsrecht geltend, bis diese Mängel beseitigt sind. Später möchte er sogar nach Fristsetzung gegen den Auszahlungsanspruch mit einem dagegen stehenden Vorschussanspruch aufrechnen.

Für ein **Zurückbehaltungsrecht an der Sicherheit** nach § 632a BGB könnte zwar sprechen, dass es sich bei diesem Teilbetrag nach Erledigung des Sicherungszwecks letztlich um einen nunmehr zur Auszahlung anstehenden fälligen Vergütungsanspruch handelt. Er unterläge dann wie jeder andere Vergütungsanspruch bei Mängeln dem gewöhnlichen Zurückbehaltungsrecht nach §§ 320, 641 Abs. 3 BGB. Doch erscheint dies nicht richtig: Schon nach der Gesetzesbegründung sollte ein solches Zurückbehaltungsrecht gerade nicht entstehen (BT-Ds. 16/511, S. 15). Auch würde dessen Zulassung oder gar später eine Aufrechnung dem gesetzlichen Sicherungszweck diametral entgegen laufen, der ja gerade keine Absicherung von Mängelansprüchen vorsieht. Sähe man dies anders, würden dadurch faktisch Rechte des Auftraggebers wegen Mängeln gesichert werden, für die die Sicherheit nach § 632a BGB nicht vorgesehen ist (s. o. Rdn. 2568). Dies spricht eindeutig dafür, dass diese Sicherheit wie auch sonst nach Erledigung des Sicherungszwecks herauszugeben ist, ohne dass der Auftraggeber daran noch irgendwelche Gegenrechte geltend machen kann (s. zu der vergleichbaren Rechtsfrage sonst bei der Rückgabe von Vertragserfüllungsbürgschaften: OLG Frankfurt Urt. v. 28.9.2004 10 U 211/03, Nichtzulassungsbeschw. zurückgewiesen: BGH Beschl. v. 23.6.2005 VII ZR 32/05 = BauR 2005, 1682 [Ls.]; OLG Karlsruhe Urt. v. 20.11.1997 4 U 74/97 = NJW-RR 1998, 533, Nichtzulassungsbeschw. zurückgewiesen: BGH Beschl. v. 23.6.2005 VII ZR 32/05; Ingenstau/Korbion/Joussen, B § 17 Abs. 8 Rn. 7; wie hier: Kniffka/von Rintelen § 632a Rn. 82).

- Eine interessante, bisher nicht durch das Gesetz beantwortete Frage liegt sodann darin, ob die Regelungen zu der hier vorgesehenen Vertragserfüllungssicherheit, die nach dem Gesetzeswortlaut »die rechtzeitige Herstellung des Werkes ohne wesentliche Mängel« sichert, auch zu vorzeitig beendeten Verträgen passt.

▶ **Beispiel**

Nach der Hälfte des Bauvorhabens kündigt der Auftraggeber nach § 649 BGB.

Die Kündigung beendet das Erfüllungsstadium. Der Vertrag soll jetzt nicht mehr abgewickelt werden. Eine termingerechte und im Wesentlichen mangelfreie Fertigstellung ist ausgeschlossen. Das aber bedeutet, dass nunmehr der Sicherungszweck einer danach gestellten Sicherheit schlicht leer läuft; er hat sich erledigt.

10.5.1.7 Verlust von Abschlagszahlungsansprüchen und abweichende Vereinbarungen

Hat der Auftragnehmer nach Vorstehendem einen Anspruch auf Abschlagszahlung, kann dieser auch verloren gehen. Dies ist bei einem BGB-Vertrag der Fall, wenn zwischenzeitlich das Vorhaben abgenommen ist, sodass der Auftragnehmer seinen Vergütungsanspruch endgültig, und zwar unter Einschluss ggf. noch offener Abschlagsrechnungen, abrechnen kann (s. dazu oben Rdn. 2517 zum VOB-Vertrag).

2571

Abschließend stellt sich die Frage, ob und in welchem Umfang die vorstehenden Rechte im Zusammenhang mit Abschlagszahlungen ausgeschossen werden können. Da § 632a BGB **kein** zwingendes **Recht** darstellt, bestehen gegen individualvertragliche Regelungen keine Bedenken. Dagegen wird man bei abweichenden Regelungen in AGB zu unterscheiden haben:

- In **AGB des Auftraggebers** dürfte der **Ausschluss von Abschlagszahlungen unwirksam** sein (so wohl auch Halfmeier/Leupertz, § 632 Rn. A4). Zwar hat der Gesetzgeber § 632a BGB als dispositiv angesehen. In der Gesetzesbegründung heißt es sogar ausdrücklich, dass es interessengerecht sein könnte, von § 632a BGB abweichende Regelungen zu vereinbaren (BT-Ds. 16/511, S. 15). Das heißt aber nicht, dass nunmehr vollständig Abschlagszahlungen abbedungen werden könnten. Dies würde § 632a BGB, der immerhin eine solche Zahlungsregelung im Werkvertragsrecht vorsieht, dem Grunde nach widersprechen. Vorstellbar aber immerhin sind Klauseln, die – ohne

2572

den Kerngehalt der Abschlagszahlungsregelung insgesamt aufzuweichen – vorsehen, dass Abschlagszahlungen nur zu 90 % oder 95 % auszuzahlen sind. Auf diese Rechtsfrage wurde oben schon bei den Abschlagszahlungen zum VOB-Vertrag eingegangen (Rdn. 2514).

2573 • In **AGB des Unternehmers** könnte zunächst von Interesse sein, anstatt eines Rückgriffs auf § 632a BGB gänzlich auf die VOB/B auszuweichen. Hintergrund eines solchen Bestrebens könnte der Umstand sein, dass das Gesetz nach seinem eindeutigen Wortlaut wie gezeigt einen vollständigen Ausschluss von Abschlagszahlungen bei wesentlichen Mängeln vorsieht. § 16 Abs. 1 VOB/B sieht dagegen eine solche Beschränkung nicht vor. Gleichwohl dürfte eine Vereinbarung von § 16 Abs. 1 VOB/B für Abschlagszahlungen zulässig sein (a. A. aber etwa Hildebrandt, BauR 2009, 4, 7, der deswegen § 16 Abs. 1 VOB/B für unwirksam hält; ebenso Pause BauR 2009, 898, 901). Denn nicht jede Abweichung von § 632a BGB begründet schon einen Verstoß gegen den wesentlichen Grundgedanken dieser gesetzlichen Regelung. Dies gilt hier vor allem deshalb, weil auch nach den weiteren Regelungen des § 632a Abs. 1 S. 3 BGB – insoweit bestätigt durch die Rechtsprechung (s. zuletzt BGH, Urt. v. 27.10.2011 – VII ZR 84/09, BauR 2012, 241, 242 = NJW 2012, 56 = NZBau 2012, 34) – dem Auftraggeber gegenüber Abschlagsforderungen des Auftragnehmers bei schweren (wie schon bei leichten) Mängeln das Leistungsverweigerungsrecht nach § 641 Abs. 3 BGB verbleibt, d. h.: Der Auftraggeber ist hier in ausreichendem Maße geschützt, zumal im Übrigen die Gesetzesbegründung gerade etwa Verbrauchern sogar ausdrücklich die Möglichkeit der Vereinbarung der VOB einräumen wollte (BT-Ds. 16/511, S. 15; ähnlich wie hier Halfmeier/Leupertz, § 632 Rn. A4).

2574 • Eine zweite wichtige Abänderung der gesetzlichen Regelungen in **AGB des Unternehmers** könnte die Vorgaben der **Sicherheitsleistung gemäß § 632a Abs. 3 BGB bei Verbrauchern** betreffen.

▶ **Beispiel**

In einem vom Unternehmer vorformulierten Vertrag wird auf die VOB/B verwiesen, wonach eine Vertragserfüllungssicherheit von 5 % vorgesehen ist.

Gegen eine solche Regelung werden ebenfalls keine Bedenken bestehen, was allerdings einer ergänzenden Anmerkung bedarf. So verweist zwar die Gesetzesbegründung wie erläutert auf die Möglichkeit auch für Verbraucher, die VOB/B zu vereinbaren. Dieser Verweis könnte in Bezug auf die Sicherheitsleistung aber missverstanden werden: Denn durch die Einbeziehung der VOB/B alleine wird überhaupt noch keine Sicherheitsleistung ausbedungen (s. dazu Ingenstau/Korbion, B § 17 Abs. 1 Rn. 1 ff.); es verbliebe somit bei der Abschlagszahlungsregelung des § 16 Abs. 1 VOB/B, der keine Sicherheitsleistung kennt. Dies hätte tatsächlich den Anschein, als dass der Gesetzgeber damit bei der Vereinbarung der VOB/B Abschlagszahlungen von Verbrauchern auch ohne Sicherheitsleistung zulassen wollte. Dies dürfte jedoch nicht richtig sein bzw. auf einem Fehlverständnis beruhen. Stattdessen dürfte ein vollständiger **Ausschluss einer Sicherheitsleistung** in den in § 632a Abs. 3 BGB genannten Fällen nicht mit der gesetzlichen Grundentscheidung in Einklang zu bringen sein, die einem Verbraucher eine Sicherheit zugestehen will. Folglich wäre ein solcher Verweis auf die VOB/B mit einer Abbedingung des Rechts auf Sicherheitsleistung wohl allenfalls in **Individualvereinbarungen zulässig**, wobei für diese bei Bauverträgen mit Verbrauchern wegen § 310 Abs. 3 Nr. 1 BGB nur ein begrenzter Anwendungsbereich verbleibt. Ansonsten kann zu dem jetzt in § 632a Abs. 3 BGB geregelten **Grundsatz der Sicherheitsleistung ein allgemeiner gesetzlicher Leitgedanke** angenommen werden, von dem in Allgemeinen Geschäftsbedingungen des Auftragnehmers nicht ohne Weiteres abgewichen werden darf. Dies gilt umso mehr, als es in der Gesetzesbegründung an anderer Stelle ebenso heißt, dass von § 632a BGB abweichende Vereinbarungen am Maßstab des § 307 BGB zu messen sind. Infolgedessen hat selbst bei der Vereinbarung der VOB § 632a Abs. 3 BGB lediglich dann keine Bedeutung, wenn die Bauvertragsparteien zugunsten eines Verbrauchers als Auftraggeber gleichzeitig im Fall von Abschlagszahlungen zumindest eine Vertragserfüllungssicherheit vereinbart haben, die den Anforderungen des § 632a Abs. 3 BGB gleichwertig ist, d. h. vor allem nicht unter der gesetzlichen Höhe von 5 % liegt. Für deren weitere Ausgestaltung könnte dann allerdings tatsächlich von § 632a Abs. 3 BGB zugunsten der Regelung in § 17 VOB/B abgewichen werden.

10.5.2 Vorauszahlungen

Im BGB-Vertrag gibt es genauso wenig ein Recht zur Vorauszahlung wie im VOB-Vertrag. Daher bestehen hier keine Besonderheiten. Fällig ist ein Anspruch auf Vorauszahlung nur und insoweit, als eine solche **vereinbart** ist. Mit dieser Maßgabe unterscheidet sich die Rechtslage im BGB-Werkvertragsrecht nicht von der eines VOB-Vertrages (s. o. Rdn. 2520 ff.). Lediglich die weiteren Sonderregelungen bei nachträglich vereinbarten Vorauszahlungen (Sicherungs- und Verzinsungspflicht) finden im BGB-Werkvertragsrecht keine Entsprechung. Sie sind bei BGB-Verträgen nicht anwendbar. 2575

10.5.3 Schlusszahlung

Die Fälligkeit der Vergütung bei einem BGB-Werkvertrag richtet sich abgesehen von vertraglichen Sonderregelungen nach §§ 640 ff. BGB. 2576

Fälligkeit der Vergütung bei BGB-Vertrag

Voraussetzungen

① I.d.R. Abnahme der Bauleistung (§ 641 Abs. 1 BGB)

② Durchgriffsfälligkeit (§ 641 Abs. 2 BGB)

③ Sonstige Fälligkeitsvoraussetzungen

⚡ Für Verjährung der Forderung ist keine Rechnung erforderlich!

10.5.3.1 Abnahme als Fälligkeitsvoraussetzung

Bei einem BGB-Vertrag wird die Vergütung in der Regel erst mit der Abnahme fällig (§ 641 Abs. 1 BGB). Dies gilt – entgegen der früher herrschenden Meinung – auch bei vorzeitig gekündigten Verträgen (BGH, Urt. v. 11.05.2006 – VII ZR 146/04, BGHZ 167, 345, 348 ff. = BauR 2006, 1294, 1295 f. = NJW 2006, 2475, 2476 – s. o. Rdn. 1178 ff.). Lediglich in den Ausnahmefällen einer vorzeitigen Vertragsbeendigung, einer unstatthaften Abnahmeverweigerung durch den Auftraggeber oder einer bereits erfolgten Geltendmachung von Mängelrechten kann auf dieses Abnahmeerfordernis verzichtet werden. Hierauf wurde oben schon zum VOB-Vertrag eingegangen, worauf verwiesen wird (Rdn. 2533 ff.). 2577

10.5.3.2 Durchgriffsfälligkeit

Mit § 641 Abs. 2 BGB wird die Vergütung eines Auftragnehmers ebenfalls fällig, wenn und soweit der Auftraggeber von einem über diesem stehenden weiteren Auftraggeber eine Vergütung oder Teile davon erhalten hat, die die Werkleistung des Auftragnehmers betreffen. Evtl. Einbehalte wegen Sicherheitsleistungen sind zu berücksichtigen. Diese Regelung ist – so die Gesetzesbegründung – neben der damals gleichzeitig in das Gesetz (§ 641a BGB) aufgenommenen und wegen Bedeutungslosigkeit inzwischen wieder gestrichenen sog. Fertigstellungsbescheinigung auf das **klassische Subunternehmerverhältnis** zugeschnitten: Der Generalunternehmer soll in jedem Fall verpflichtet sein, eine die Werkleistung des Subunternehmers betreffende Vergütung an diesen weiterzuleiten, soweit er sie selbst erhalten hat. Umgekehrt soll es ihm versagt werden, einerseits vom Bauherrn mit der kon- 2578 kludenten Behauptung der Mangelfreiheit eine ungekürzte Vergütung verlangen und andererseits gegenüber dem Subunternehmer Vergütungsteile wegen Mängeln einbehalten zu können (Begründung zu § 641 Abs. 3 BGB-Entwurf: BT-Drs. 14/1246, S. 7).

▶ **Beispiel**

Der Generalunternehmer, der mit der schlüsselfertigen Errichtung eines Bauwerks beauftragt ist, beauftragt seinerseits mit dem Gewerk Sanitär einen Subunternehmer. Dieser hat die Leitungen verlegt, wofür der Generalunternehmer bereits vom Bauherrn eine Abschlagszahlung erhalten hat. Die Idee des § 641 Abs. 2 BGB besteht nunmehr darin, dass der Generalunternehmer in diesen Fällen nicht diesen auf die Teilleistung des Subunternehmers gezahlten Vergütungsanteil behalten soll. Vielmehr soll er diesen ohne Einschränkung an den Subunternehmer weiterleiten.

2579 Genau diese Lücke sollte der 2000 eingeführte und zuletzt mit dem Forderungssicherungsgesetz 2009 nochmals überarbeitete § 641 Abs. 2 BGB schließen. Danach nämlich wird die Vergütung eines Auftragnehmers (auch ohne Abnahme) »**spätestens**« **fällig**, wenn und soweit der Auftraggeber von einem über diesem stehenden weiteren Auftraggeber eine Vergütung oder Teile davon erhalten hat, die die Werkleistung des Auftragnehmers betreffen. Sodann wird die Vergütung außerdem fällig
- soweit das Werk des Bestellers von dem über diesem stehenden Auftraggeber abgenommen worden ist oder als abgenommen gilt oder
- wenn der Unternehmer dem Besteller erfolglos eine angemessene Frist zur Auskunft betreffend die Zahlungsströme oder die Abnahme gesetzt hat. Evtl. Einbehalte wegen Sicherheitsleistungen sind zu berücksichtigen.

Das, was sich vermeintlich gut anhört, ist jedoch für den Subunternehmer im Wesentlichen **praxisuntauglich**. Dabei ist schon unklar, was das Gesetz überhaupt damit meint, dass die Vergütung des Subunternehmers spätestens unter den dort genannten Voraussetzungen fällig wird. Denn es ist ja durchaus vorstellbar, das in dem Vertrag noch weitere »spätere« Fälligkeitsvoraussetzungen vereinbart sind. Doch ist das nicht einmal der entscheidende Kritikpunkt (kritisch auch Kniffka, ZfBR 2000, 227 ff.):

2580 - In erster Linie lässt § 641 Abs. 2 BGB völlig außer Acht, dass sich die **Bauverträge** im Verhältnis Generalunternehmer/Bauherr und Generalunternehmer/Subunternehmer **nicht decken** müssen. Dies können sie schon vielfach nicht, weil es sich bei dem ersten Vertrag häufig um eine individualvertragliche Vereinbarung handelt, während im Subunternehmerverhältnis in der Regel AGB-Verträge vorliegen (s. dazu Joussen/Vygen, Subunternehmervertrag Rn. 121 ff.). Auch ist es nur eine vom Gesetzgeber aufgestellte, keinesfalls aber zwingende Vermutung, dass das Bausoll im Sub- und Generalunternehmervertrag identisch ist. Unklar ist, wie mit Fällen umzugehen ist, in denen der Generalunternehmer mit seinem Subunternehmer etwa aus Gründen der geringeren Mangelanfälligkeit eine höherwertige Ausführung vereinbart als der Bauherr gefordert hat.

▶ **Beispiel**

Im Subunternehmerverhältnis sieht der Generalunternehmer höhere technische Vorgaben vor, als er sie selbst gegenüber dem Bauherrn schuldet. Diese höheren Anforderungen verlangt er, weil nach seinen Erfahrungswerten danach die Mangelanfälligkeit der Leistung niedriger ist. Hält nun der Subunternehmer diese höheren Werte nicht ein, ist seine Leistung mangelhaft. Unbeschadet dessen können diese Werte aber immer noch ausreichen, um den Vorgaben des Generalunternehmervertrages zu genügen. Im Verhältnis Bauherrn/Generalunternehmer wäre die Leistung dann mangelfrei.

Hier ist nicht ersichtlich, wieso der mangelhaft leistende Subunternehmer über § 641 Abs. 2 BGB für seine mangelhaften Leistungen noch eine Vergütung beanspruchen können soll.
- Wenn sich schon Bausoll des GU- und Subunternehmervertrages nicht decken müssen, gilt dies erst recht für die vereinbarten Zahlungskonditionen: So lässt das Gesetz völlig unberücksichtigt, wie mit **abweichenden Zahlungsvereinbarungen** umzugehen ist. Auch bleibt offen, ob der Auftraggeber von einer erhaltenen Zahlung vorrangig seinen eigenen Gewinn abziehen darf. Eben-

falls ist unklar, in welchem Verhältnis der Hauptunternehmer Teilzahlungen des Bauherrn auszukehren hat, wenn er für die zugrunde liegende Teilleistung mehrere Subunternehmer beauftragt hatte.
- Der Gesetzeswortlaut verkennt des Weiteren, dass der Generalunternehmer einen ggf. schon vom Bauherrn erhaltenen Werklohn selbstverständlich auch dafür benötigt, um bei tatsächlich vorhandenen Mängeln seine eigene **fortbestehende Gewährleistungsverpflichtung** abzusichern. Das heißt: Treten nach Zahlung einer Vergütung an den Generalunternehmer durch den Bauherrn Mängel am Subunternehmerwerk auf, ist der Generalunternehmer trotz § 641 Abs. 2 BGB unter Rückgriff auf §§ 320, 641 Abs. 3 BGB berechtigt, entsprechende Vergütungsanteile zurückzubehalten (OLG Nürnberg, BauR 2004, 516, 517 = NJW-RR 2003, 1526 f. = NZBau 2004, 47; OLG Bamberg, Urt. v. 27.03.2008 – 1 U 164/07, BauR 2009, 113, 115 = NJW-RR 2008, 1471, 1472 = NZBau 2009, 41, 42). Dies gilt selbst dann, wenn der Bauherr z. B. wegen fehlender Mangelkenntnis (zunächst) untätig bleibt. § 641 Abs. 2 BGB hat hier keine Bedeutung. Dies gilt selbst unter dem Vorbehalt der neueren Rechtsprechung des BGH zum Anspruchsausschluss unter dem Gesichtspunkt des Vorteilsausgleichs, wenn feststünde, dass der Generalunternehmer seinerseits wegen Mängeln von seinem Auftraggeber nicht mehr in Anspruch genommen wird (BGH, Urt. v. 28.9.2007 – VII ZR 81/06, BauR 2007, 1564, 1565 f. = NJW 2007, 2695, 2696, s. dazu Rdn. 1553 ff.). Denn jedenfalls bei der Geltendmachung eines Anspruchs auf Nachbesserung im Wege eines Zurückbehaltungsrechtes kann beim zwischen geschalteten Generalunternehmer keine finanzielle Bereicherung eintreten, weil die Nachbesserung unmittelbar wiederum seinem eigenen Auftraggeber (Bauherrn) zugutekommt (OLG Frankfurt, Urt. v. 01.02.2008 – 4 U 15/07, BauR 2009, 547 [Ls.]). Damit enthält auch hier **§ 641 Abs. 2 BGB** keinerlei Mehrwert: Denn hat der Subunternehmer mangelfrei geleistet, hat er auch ohne diese Regelung einen Vergütungsanspruch gegen den Generalunternehmer. Dieser behält hingegen die Vergütung ein, weil dessen Leistungen vermeintlich Mängel aufweisen. Hieran, d. h., an der Existenz der Mängel entscheidet sich dann der Rechtsstreit, nicht aber daran, ob die Voraussetzungen des § 641 Abs. 2 BGB vorliegen.

Im Ergebnis dürfte festzuhalten sein, dass die Regelung zur Durchgriffsfälligkeit in **§ 641 Abs. 2 BGB vollständig überflüssig** ist: 2581
- Denn entweder bestehen Mängel: Dann kommt es auf die Durchgriffsfälligkeit nicht an. Insoweit kann der Auftragnehmer nämlich ohnehin keinen Vergütungsanspruch durchsetzen, soweit dem Auftraggeber ein Recht zum Vergütungseinbehalt zusteht. Im Übrigen ist der Auftragnehmer hinreichend gesichert, da er eine trotz Mängel bestehende (restliche) Vergütungsforderung als Abschlagszahlung verlangen kann (BGH, Urt. v. 15.06.2000 – VII ZR 30/99, BauR 2000, 1482, 1484 = NJW 2000, 2818, 2819 = NZBau 2000, 507, 508).
- Oder es bestehen keine wesentlichen Mängel. Dann aber kann der Auftragnehmer ohne Weiteres die Fälligkeit der Vergütung mittels der sog. Abnahmefiktion in § 640 Abs. 1 S. 3 BGB erreichen. Hierfür genügt eine einfache Festsetzung und deren fruchtloser Ablauf (Rdn. 1169 ff.).

10.5.3.3 Bedeutung einer Schlussrechnung

Anders als bei einem VOB-Vertrag ist bei einem BGB-Werkvertrag die Erteilung einer Rechnung **keine Fälligkeitsvoraussetzung** für die Vergütungsforderung des Auftragnehmers (BGH, Urt. v. 18.12.1980 – VII ZR 41/80, BGHZ 79, 176, 178 f. = BauR 1981, 199, 200 = NJW 1981, 814; BGH, Urt. v. 24.01.2002 – VII ZR 196/00, BauR 2002, 938, 939 = NJW 2002, 1567, 1568 = NZBau 2002, 329, 330; BGH, Beschl. v. 14.06.2007 – VII ZR 230/06, BauR 2007, 1577 = NJW-RR 2007, 1393, 1394; ausführlich dazu auch Ingenstau/Korbion/U. Locher, B § 16 Rn. 14 ff.; Eydner, BauR 2007, 1806). Dies ist zwar teilweise bestritten (OLG Hamm, Urt. v. 11.02.1981 – 25 U 141/80, SFH Nr. 8 zu § 641 BGB; OLG Köln, Beschl. v. 05.07.1973 – 10 W 17/73, NJW 1973, 2111; OLG Frankfurt, Urt. v. 11.04.1997 – 7 U 273/93, BauR 1997, 856; Werner/Pastor Rn. 1836 ff m. w. N.); doch ist die gesetzliche Lage eindeutig. Ob der Auftragnehmer unbeschadet dessen nach der Abnahme gezwungen ist, eine (prüfbare) Abrechnung zu erstellen, um auf diese Weise sein Zahlungsverlangen überhaupt erst zu konkretisieren, mag dahinstehen 2582

(Teichmann, in: Soergel, Komm. z. BGB, § 641 Rn. 6 m. w. N.). Für die Erhebung einer **schlüssigen Zivilklage** wird dies sogar **meist unvermeidlich** sein (ähnlich: Eydner, BauR 2007, 1806, 1812). Mit der Fälligkeit der Vergütungsforderung hat diese Rechnung aber nichts zu tun. Aus Sicht des Auftraggebers heißt das:

2583 • Auch bei komplizierteren Abrechnungen wird die Vergütung bereits mit der Abnahme fällig. Die Rechnung führt nur zur Konkretisierung einer an sich bestimmbaren Vergütung. Somit **beginnt** vor allem die **Verjährungsfrist** für die Vergütungsansprüche unabhängig von der Rechnungsstellung bereits **mit der Abnahme der Bauleistung**. Demnach kann eine Vergütungsforderung verjähren, obwohl der Auftragnehmer niemals eine Rechnung gestellt bzw. Zahlung verlangt hat (OLG Düsseldorf, Urt. v. 18.12.1979 – 23 U 66/79, BauR 1980, 366, 367).

2584 • **Abweichende Vereinbarungen** zu der Fälligkeit der Vergütung mit der Abhängigkeit von einer Schlussrechnung sind bei BGB-Werkverträgen möglich. Auch können dazu **konkludente Vereinbarungen** geschlossen werden. Eine solche ist etwa anzunehmen, wenn die Parteien bei Vertragsschluss noch keine abschließende Vergütungsvereinbarung getroffen haben (BGH, Urt. v. 6.10.1988 – VII ZR 367/87, BauR 1989, 90, 92 = NJW-RR 1989, 148 zu einem nur optional preislich vorgesehenen Gerüst). Dies gilt erst recht, wenn sie überhaupt noch nicht konkret über einen Preis gesprochen bzw. diesen von noch zu ermittelnden Faktoren abhängig gemacht haben.

> ▶ Beispiel (nach OLG Düsseldorf, Urt. v. 21.06.2011 – 21 U 119/10, BauR 2011, 1829 = NJW 2011, 2593, 2594 = NZBau 2011, 686, 687)
>
> Der Auftraggeber erteilt telefonisch einen Auftrag zur Lieferung und dem Einbau eines Schaltschrankes. Die Höhe des Werklohnanspruchs sollte von bei Vertragsschluss noch nicht feststehenden tatsächlichen Umständen abhängen (Kosten der noch zu bestellenden Steuerleitungen, Kosten für notwendiges Kleinmaterial, Arbeitsstunden).

In solchen Fällen kann man davon ausgehen, dass nach einer bei Auftragserteilung konkludent erzielten Vereinbarung diese Kosten erst noch ermittelt und dann auch dem Auftraggeber in Form einer Abrechnung mitgeteilt werden müssen (ähnlich BGH, Urt. v. 06.10.1988 – VII ZR 367/87, BauR 1989, 90, 92 = NJW-RR 1989, 148 zu einer offenen EP-Abrechnung unter Gewerbetreibenden). Ergänzend wird dazu teilweise auch ausdrücklich in Anlehnung an § 16 Abs. 3 Nr. 1 VOB/B und abweichend von § 641 BGB die Vorlage einer **prüfbaren Rechnung als Fälligkeitsvoraussetzung** vorgesehen (s. zur AGB-rechtlichen Zulässigkeit oben die Ausführungen zum VOB-Vertrag: Rdn. 2547 f.). »Prüfbare Rechnung« heißt hier jedoch nicht, dass die Vorgaben aus § 14 VOB/B einzuhalten sind. Vielmehr genügt auch jeder anderweitige Nachweis erbrachter Leistungen durch Lohnlisten u. a. (OLG Celle, Urt. v. 18.11.1998 – 14a (6) U 139/97, BauR 1999, 496). Haben die Bauvertragsparteien dagegen die Vorlage einer prüfbaren Abrechnung als Fälligkeitsvoraussetzung vereinbart, kann sich auch hier der Auftraggeber auf die fehlende Prüffähigkeit wie beim VOB-Vertrag in Anlehnung an § 16 Abs. 3 Nr. 1 VOB/B nur binnen 30 Tagen nach Rechnungszugang berufen (BGH, Beschl. v. 28.09.2006 – VII ZR 103/05, BauR 2007, 110, 111 = NJW-RR 2007, 17). Legt der Auftragnehmer in solchen Fällen (pflichtwidrig) über längere Zeit keine Schlussrechnung vor, kann der **Auftraggeber** in entsprechender Anwendung von § 14 Abs. 4 VOB/B unter Einhaltung der dort genannten Voraussetzungen **selbst eine Schlussrechnung aufstellen** (OLG Düsseldorf, Urt. v. 26.06.1998 – 22 U 207/97, BauR 1999, 655 = NJW-RR 1999, 527). Demgegenüber dürfte eine Fälligkeit der Vergütung ohne Erteilung der vereinbarten Schlussrechnung allenfalls dann in Betracht kommen, wenn der Auftraggeber dem Auftragnehmer eine angemessene Frist zur Vorlage der Schlussrechnung gesetzt hat und der Auftragnehmer dieser Obliegenheit nicht nachkommt (BGH, Urt. v. 19.06.1986 – VII ZR 221/85, BauR 1986, 596, 597 = NJW-RR 1986, 527).

2585 • Neben der Notwendigkeit der Vorlage einer Schlussrechnung als Fälligkeitsvoraussetzung für die Vergütung stellt sich weiter die Frage, ob der Auftragnehmer nicht wenigstens aus einer **Nebenpflicht des Bauvertrages** heraus verpflichtet sein kann, eine solche aufzustellen. Hierfür spricht einiges. Sonst nämlich könnte es zu der ungewöhnlichen Situation kommen, dass der Auftragnehmer eine Vergütung aus z. B. einem Einheitspreisvertrag berechtigt geltend machen könnte, ohne dass der Auftraggeber nur wenigstens die Möglichkeit hätte, diese Forderung zu prüfen. Ein solches Ergebnis erscheint nicht tragfähig. Allein deswegen wird man wohl zu Recht dem Auftraggeber zugestehen müssen, vom Auftragnehmer zu allerdings schon fälligen Ansprüchen eine Rechnung zu verlangen.

Obwohl die Schlussrechnung auf die Fälligkeit der Vergütung eines BGB-Werkunternehmers keinen Einfluss hat, d. h. die Vergütung bereits mit Abnahme fällig wird, ist zu beachten, dass der Werkunternehmer **ohne Schlussrechnung keine Fälligkeits- oder Verzugszinsen** fordern kann: Bei Letzteren beruht der Ausschluss auf § 286 Abs. 3 BGB, der für einen Verzug des Auftraggebers mit einer Geldzahlung – wenn schon keine Mahnung erfolgt – zumindest eine Rechnung oder gleichwertige Zahlungsaufforderung voraussetzt. Auch wird dem Auftraggeber an der Nichtzahlung einer Rechnung in der Regel **kein Verschulden** anzulasten sein, wenn er bisher nicht einmal eine Rechnung des Auftragnehmers mit der Angabe seiner Forderung erhalten hat. Doch auch Fälligkeitszinsen auf den bereits mit der Abnahme fälligen Vergütungsanspruch sind ohne eine vorherige Rechnung wegen § 641 Abs. 4 BGB ausgeschlossen: Nach dieser Vorschrift besteht kein Anspruch auf Fälligkeitszinsen, wenn die zugrunde liegende Forderung gestundet ist. Dieser Grundsatz wird auf die Situation, dass der Auftragnehmer bisher keine Rechnung verschickt, d. h. Zahlung angefordert hat, entsprechend angewendet. Dies hat zur Folge, dass für den Zeitraum zwischen der Abnahme des Werkes und der Mitteilung der Werklohnforderung an den Besteller die Zinspflicht aus § 641 Abs. 4 BGB als abbedungen gilt (OLG Frankfurt, Urt. v. 31.03.1999 – 7 U 113/90, BauR 2000, 1239 = NJW-RR 2000, 755; Erman/Schwenker, § 641 Rn. 4). 2586

10.6 Zahlung der Vergütung

Die Vergütung ist bei Fälligkeit zu zahlen. 2587

10.6.1 Vorabzahlung der Bauabzugsteuer

Mit dem Gesetz zur Eindämmung der illegalen Betätigung im Baugewerbe vom 30. August 2001 wurde zur Sicherung von Steueransprüchen bei Bauleistungen ein gesonderter Steuerabzug eingeführt. Die Regelungen hierzu enthält Abschnitt VII des Einkommensteuergesetzes (§ 48 bis 48d EStG). Aufgrund dieser Vorschriften sind Unternehmer und Körperschaften des öffentlichen Rechts, die Bauleistungen in Anspruch nehmen, verpflichtet, von fälligen Rechnungen einen Betrag von 15 % der Brutto-Rechnungssumme einzubehalten und an das Finanzamt des Auftragnehmers abzuführen. Ein Verstoß gegen diese Pflicht kann mit bis zu 25 000,– € Bußgeld geahndet werden. Des Weiteren haftet der Auftraggeber für die Abführung der Bauabzugsteuer (§ 48a Abs 3 EStG). 2588

Im Zusammenhang mit dieser Bauabzugsteuer ist u. a. auf die folgenden **Besonderheiten** hinzuweisen (s. dazu auch Schreiben des Bundesfinanzministeriums vom 27.12.2001 – IV A 5–52272–1/02): 2589

- Die Verpflichtung zur Abführung der Bauabzugsteuer trifft nach § 48 Abs. 1 EStG **jeden Unternehmer** einschließlich juristische Personen des öffentlichen Rechts, die Bauleistungen in Anspruch nehmen. Dabei wird der Unternehmerbegriff weit ausgelegt. Ausgenommen ist lediglich derjenige, der eine Immobilie zu privaten Zwecken nutzt. Betroffen ist somit auch jeder Vermieter von Wohnraum – dies allerdings nur dann, wenn er mehr als zwei Wohnungen vermietet. Nicht nur der Unternehmerbegriff, sondern auch der Begriff der (vom Unternehmer in Anspruch zu nehmenden) Bauleistung wird nach den vorliegenden Erläuterungen des Bundesministeriums der Finanzen weit gefasst. Hierzu zählen praktisch alle Bauleistungen nach § 1 und 2 der BaubetriebeVO. Folglich gehören dazu **sämtliche Tätigkeiten im Zusammenhang mit einem Bauwerk**, das heißt insbesondere die Tätigkeiten, die der Herstellung, Instandsetzung, Instandhaltung, Änderung oder Beseitigung von Bauwerken dienen. Ob diesen ein Werk- oder ggf. Werklieferungsvertrag (s. zu der Abgrenzung Rdn. 396 ff.) zugrunde liegt, spielt keine Rolle. Es kommt auch nicht darauf an, ob die Erbringung von Bauleistungen zum Unternehmensbereich des Leistenden gehört, sondern nur ausnahmsweise (nebenbei) erbracht werden. Ebenso unbeachtlich ist, ob der Leistende die Bauleistungen selbst erbringt oder durch Subunternehmer ausführen lässt. Nicht erfasst werden hingegen Architekten- und Ingenieurleistungen, wenn sie nicht als Neben- 2590 leistungen der Bauleistungen erbracht werden (in diesem Sinne auch BGH, Urt. v. 07.07.2005 – VII ZR 430/02, BauR 2005, 1658, 1659 = NZBau 2005, 591).

2591 • Von dem Vorwegabzug der Bauabzugsteuer kann nach § 48 Abs. 2 EStG abgesehen werden, wenn der Bauunternehmer eine **gültige Freistellungsbescheinigung** seines Finanzamtes vorlegt. Diese hat der Auftraggeber zu überprüfen. Über deren Gültigkeit kann er sich auch durch eine Anfrage beim Bundeszentralamt für Steuern (www.bzst.de, dort Stichwort »Steuerabzug für Bauleistungen«) oder durch eine Nachfrage bei dem ausstellenden Finanzamt erkundigen. Ausgenommen sind ferner **Bagatellaufträge**. Hierzu gehören allgemein Aufträge bis zu einem Wert von 5 000 € je Kalenderjahr; die Freigrenze erhöht sich auf 15 000 €, wenn es sich bei dem Auftraggeber um einen privaten Vermieter von Wohnraum handelt.

2592 Der Auftraggeber hat nach § 48a EStG die abzuführende Bauabzugsteuer unter Angabe des Verwendungszwecks jeweils bis zum 10. des Folgemonats an das für den Bauauftragnehmer zuständige Finanzamt abzuführen. Entscheidend für die Einhaltung des Stichtages ist der Monat, in dem der Leistungsempfänger (Auftraggeber) die Gegenleistung (Zahlung) erbracht hat. Der Auftraggeber darf mit dem Abzug und der Abführung des Steuerabzugs somit nicht bis zur endgültigen Abrechnung der Bauleistung warten; stattdessen kommt es auf jede geleistete Zahlung an. Erfolgt die Zahlung im Wege einer Aufrechnung, gilt die rechtswirksame Aufrechnung als Zahlung. In diesem Fall ist ebenfalls ein Steuerabzug vorzunehmen und an das Finanzamt abzuführen. Die Zahlung der Bauabzugsteuer an das Finanzamt hat im Verhältnis zum Auftraggeber **Erfüllungswirkung im Sinne des § 362 BGB** (BGH, Urt. v. 12.05.2005 – VII ZR 97/04, BGHZ 163, 103, 105 f. = BauR 2005, 1311, 1312 = NJW-RR 2005, 1261 f.), und zwar auch dann, wenn sie vor Fälligkeit geleistet wird (OLG Karlsruhe, Urt. v. 07.10.2003 – 17 U 210/02, BauR 2004, 140 = OLGR Karlsruhe 2004, 148, 149). Etwas anderes gilt, wenn dem Auftraggeber (Leistungsempfänger) aufgrund ihm zum Zeitpunkt der Zahlung bekannter Umstände eindeutig erkennbar war, dass keine Verpflichtung zum Steuerabzug bestand (BGH, a. a. O.).

2593 Soweit der Auftraggeber die Bauabzugsteuer an das Finanzamt abgeführt hat, ist er verpflichtet, anschließend mit dem Bauauftragnehmer über **den einbehaltenen Steuerabzug abzurechnen** (§ 48a Abs. 2 EStG). Dazu hat er dem Auftragnehmer einen Abrechnungsbeleg zu erteilen, der folgende Angaben enthalten muss:
• Name und Anschrift des Auftragnehmers
• Rechnungsbetrag, Rechnungsdatum und Zahlungstag
• Höhe des Steuerabzugs
• Finanzamt, bei dem der Abzugsbetrag angemeldet worden ist

2594 Auf zwei besonders praktische Probleme ist hinzuweisen:

2595 • In erster Linie ist die Frage zu stellen, ob ein Auftragnehmer, der keine Freistellungsbescheinigung vorlegt, noch **100 % seiner Vergütung einklagen** kann. Unter Rückgriff auf die Entscheidung des BGH (Urt. v. 17.07.2001 – X ZR 13/99, BauR 2001, 1906, 1907 f. = NJW-RR 2002, 591 f.) für die vergleichbare umsatzsteuerrechtliche Frage ist dies zu bejahen. Zwar muss sich ein Auftragnehmer eine bereits gezahlte Bauabzugsteuer auf seinen Vergütungsanspruch anrechnen lassen; verweigert hingegen der Auftraggeber jegliche Zahlung, wäre dieser bei einer Klage in voller Höhe zu verurteilen. Denn die besondere Form der Steuererhebung lässt den vertraglichen Anspruch auf Zahlung der Vergütung unberührt (so auch OLG München, Beschl. v. 19.01.2005 – 13 W 3007/04, BauR 2005, 1188, 1189 = BauR 2005, 765).

2596 • Ein besonderes Augenmerk ist auf noch **auszuzahlende Sicherheitseinbehalte** zu werfen.

▶ **Beispiel**

Der Auftraggeber hat eine Sicherheit einbehalten und diese ordnungsgemäß auf einem Sperrkonto eingezahlt. Nach fünf Jahren wird diese frei.

Auch hier gilt, dass 15 % dieses Betrages an den Fiskus abzuführen sind, wenn der Auftragnehmer keine Freistellungsbescheinigung vorlegt.

Es ist nicht ausgeschlossen, dass die Vorschriften zur Bauabzugsteuer gegen Art. 49, 50 EG-Vertrag 2597
verstoßen. Zu einer ähnlichen Regelung in Belgien hat der EuGH zwischenzeitlich die **Europarechtswidrigkeit** festgestellt (EuGH, Urt. v. 09.11.2006 – C-433/04, BauR 2007, 94, 96 ff. = NZBau 2007, 122, 124 ff.).

10.6.2 Steuerschuldumkehr bei Bauleistungen

Neben der Bauabzugsteuer ist vor allem bei der Beauftragung von Bauleistungen zwischen Baugewerbetreibenden auch die sog. **Steuerschuldumkehr in Bezug auf die Umsatzsteuer** zu beachten. Dies bedeutet, dass anders als üblich nicht der Leistungserbringer (Auftragnehmer als Zahlungsempfänger), sondern der Leistungsempfänger (Auftraggeber) die Umsatzsteuer schuldet und abzuführen hat. Diese Steuerschuldumkehr gilt einheitlich dann, wenn Bauleistungen für einen anderen Unternehmer erbracht werden, der selbst Bauleistungen erbringt (§ 13b Abs. 2 Nr. 4 Abs. 5 UStG). Hiermit ist das **klassische Subunternehmerverhältnis** gemeint. 2598

Steuerschuldumkehr bei Bauleistungen	

Voraussetzungen	⇒ Bauleistungen im weiteren Sinne
	    ➢ Bagatellgrenze: 500 €
	    ➢ keine Baustofflieferanten
	    ➢ keine reinen Planungsleistungen
	⇒ Leistungsempfänger ist selbst Unternehmer von Bauleistungen
	⊠ klassisches Subunternehmerverhältnis

Folge	⇒ Leistungsempfänger ist Steuerschuldner ⇒ Rechnung ohne Ausweis der Umsatzsteuer

Zu diesen Regelungen ist in Verbindung mit den Schreiben des Bundesfinanzministeriums vom 2599
31. März 2004 (Az. IV D 1 – S 7279 – 107/04), 12. Oktober 2009 (IV B 8-S 7270/07/10001) sowie vom 11. März 2010 (IV D 3 – S 7279/09/10006) gesondert zu erläutern:

10.6.2.1 Bauleistungen

Erfasst werden von § 13b UStG Bauleistungen im weiteren Sinne. Im Wesentlichen kann dazu auf 2600
die entsprechende Betrachtungsweise zu § 48 EStG verwiesen werden (s. o. Rdn. 2590). Auf folgende Grenzfälle ist hinzuweisen:
- Nach Ziff. 12 des schon erwähnten Schreibens des Bundesfinanzministeriums vom 31. März 2601
  2004 sollen Reparatur- und Wartungsarbeiten an Bauwerken nicht von der Steuerschuldumkehr erfasst werden, wenn das Nettoentgelt 500 € nicht übersteigt. Eine gesetzliche Grundlage für diese **Bagatellklausel** ist jedoch nicht ersichtlich.
- Nicht erfasst werden von der Steuerschuldumkehr **reine Baustofflieferanten** oder die Vermieter von Baugeräten oder Baugerüsten. Handelt es sich dabei allerdings um Nebenleistungen einer Gesamt(bau)leistung, greift die Steuerschuldumkehr.
- Ebenso wenig erfasst werden aufseiten der leistenden Unternehmer Kleinunternehmer, bei denen gemäß § 19 Abs. 1 UStG Umsatzsteuer nicht erhoben wird (§ 13b Abs. 5 S. 4 UStG).

- Ausgenommen sind ferner **Planungs- und Überwachungsleistungen** (vgl. § 13 Abs. 2 Nr. 4 Hs. 2 UStG). Kommt es bei diesen mit Bauleistungen zu einer Gesamtvergabe, sind die Leistungen ggf. aufzuteilen. Ist dies nicht möglich, kommt es für die Steuerschuldumkehr darauf an, welche Leistung den Schwerpunkt bildet.

10.6.2.2 Steuerschuldner

2602 Schuldner der Umsatzsteuer ist wie erläutert jetzt der **Leistungsempfänger**, soweit er selbst Unternehmer ist und Bauleistungen erbringt (so vor allem Haupt- und Generalunternehmer). Auch hier zeigen sich Grenzfälle:
- **Bauträger** dürften nicht in Regel nicht zu den Steuerschuldnern gehören. Dies gilt zumindest dann, wenn sie ausschließlich Leistungen erbringen, die unter das Grunderwerbsteuergesetz fallen.
- Der Übergang der Steuerschuldnerschaft gilt für alle Unternehmer, die selbst Bauleistungen erbringen. Nach dem Anwendungserlass soll dies jedoch nur für Unternehmen gelten, die »**nachhaltig**« Bauleistungen (>10 %) ausführen. Hiervon ist ebenso auszugehen, wenn der Leistungsempfänger (Auftraggeber) dem leistenden Unternehmer für umsatzsteuerliche Zwecke eine gültige Freistellungsbescheinigung nach § 48b EStG vorlegt.
- Der Übergang der Steuerschuldnerschaft findet auch dann statt, wenn ein Bauunternehmen von einem anderen Bauunternehmen eine **Bauleistung im privaten Bereich** etwa für ein Privathaus bezieht (§ 13b Abs. 5 S. 3 UStG). Relevant wird diese Regelung jedoch nur bei Einzelunternehmen oder Personengesellschaften, nicht bei Geschäftsführern einer GmbH.
- Unbeachtlich ist es für die Steuerschuldumkehr, dass der Leistungsempfänger umsatzsteuerlich ggf. nur als Kleinunternehmer i. S. d. § 19 Abs. 1 UStG geführt wird (§ 13b Abs. 8, § 19 Abs. 1 S. 3 UStG).

10.6.2.3 Ergänzende Hinweise

2603 In Ergänzung zu vorstehenden Erläuterungen sollen noch folgende **Praxishinweise** gegeben werden:

2604
- Da der Auftraggeber Steuerschuldner ist, sollte er in **Zweifelsfällen** aus eigenem Interesse dem Auftragnehmer anzeigen, dass er selbst Unternehmer ist, der Bauleistungen erbringt. Kann der Auftragnehmer den Übergang der Steuerschuldnerschaft nicht klären, sollte er seinerseits die **Umsatzsteuer in Rechnung stellen**, da er nur so das Risiko einer Nachzahlung vermeiden kann.
- Die Steuerschuld entsteht nach § 13b UStG mit Ausstellung der Subunternehmerrechnung, spätestens jedoch mit Ablauf des Monats, der auf die Ausführung der Leistung folgt. Entscheidend ist dabei – soweit noch keine Rechnung vorliegt – die Abnahme der Bauleistung. Ggf. ist die Höhe der **abzuführenden Umsatzsteuer zu schätzen**.
- Besonders zu beachten ist das Zusammenspiel zwischen dem Übergang der Steuerschuldnerschaft und den Regelungen zur Bauabzugsteuer: Legt in einem Subunternehmerverhältnis der Auftragnehmer keine Freistellungsbescheinigung vor, muss der Auftraggeber (Generalunternehmer) beides berücksichtigen.

> **Beispiel**
>
> Der Subunternehmer stellt eine Nettorechnung von 100 T€:
> - Von der erhaltenen Nettorechnung muss der Generalunternehmer als dessen Auftraggeber zunächst den Bruttobetrag ermitteln (119 000 €) und von diesem 15 % (17 850 €) als Bauabzugsteuer an das Finanzamt des Subunternehmers abführen. Diesen Betrag hat er vom Nettobetrag abzusetzen, sodass der Subunternehmer tatsächlich nur 82 150 € erhält.
> - Gleichzeitig hat der Auftraggeber (Generalunternehmer) an das eigene Finanzamt die Umsatzsteuer auf diese Rechnung in Höhe von 19 000 € zu zahlen bzw. im Wege des Vorsteuerabzugs zu verrechnen.

10.6.3 Rechtzeitige Zahlung/Skonto (§ 16 Abs. 5 Nr. 1 und 2 VOB/B)

Unter einem Skonto versteht man das Recht des Zahlungspflichtigen, bei Einhaltung von vereinbarten Bedingungen Abzüge vom Rechnungsbetrag vorzunehmen (z. B. Zahlung binnen einer Frist). Rechtlich liegt in einer Skontoabrede ein **aufschiebend bedingter Teilerlass der Forderung für den fristgerechten (vorzeitigen) Zahlungseingang** (BGH, Urt. v. 11.02.1998 – VIII ZR 287/97, BauR 1998, 398, 399 = NJW 1998, 1302). Er unterscheidet sich grundsätzlich von einem Preisnachlass, auch wenn in der Praxis die Begriffe teilweise durcheinandergehen: Bei einem Nachlass handelt es sich nämlich um eine Vergütungsabrede mit der Maßgabe, dass der Auftragnehmer einen niedrigeren Preis anbietet. Demgegenüber steht beim Skonto der Belohnungseffekt als Gegenleistung in der Regel für eine beschleunigte Zahlung im Vordergrund. Was jeweils gewollt ist, ist durch Auslegung zu ermitteln.

▶ **Beispiel (nach OLG Celle, Beschl. v. 26.01.2004 – 14 U 226/03, BauR 2004, 860)**

In einem Bauvertrag heißt es:

»Nachlass: Sofern von Ihnen die VOB als Vertragsgrundlage uneingeschränkt eingehalten wird, gewähren wir Ihnen einen Nachlass von 9 %.«

Eine solche Klausel ist tatsächlich eine Skontoabrede, weil es hier dem Auftragnehmer allein um die rechtzeitige Zahlung unter Einhaltung der Fristen der VOB/B (vgl. § 16 Abs. 1 und 3 VOB/B) geht (ähnlich: OLG Bremen, Urt. v. 26.11.2003 – 1 U 42/03, BauR 2004, 862 f.; OLG Oldenburg, Urt. v. 20.03.2002 – 2 U 4/02, BauR 2004, 863).

Obwohl die Zahlung bei einem Skontoabzug rechtlich vor Fälligkeit erfolgt, hat sie – anders als sonst bei vorfälligen Zahlungen – vor allem insolvenzrechtlich Bestand; sie kann daher nicht angefochten werden, was in der Natur der Skontoabrede liegt (BGH, Beschl. v. 06.05.2010 – IX ZR 114/08, ZIP 2010, 1188).

Für einen dementsprechenden Abzug gelten bei VOB- und BGB-Vertrag folgende **Voraussetzungen**, und zwar einheitlich für Abschlags-, Voraus-, Schluss- und Teilschlusszahlungen:

10.6.3.1 Wirksame Skontovereinbarung

Der Auftraggeber kann bei VOB-Verträgen einen Skontoabzug nur verlangen, wenn dies **ausdrücklich vereinbart** ist (§ 16 Abs. 5 Nr. 2 VOB/B). Für BGB-Verträge gilt nichts anderes (OLG Düsseldorf, Urt. v. 30.06.1992 – 23 U 220/91, BauR 1992, 783, 784). Eine solche Skontovereinbarung muss allerdings wirksam sein, das heißt:

- Eine Skontoabrede setzt grundsätzlich eine **Bestimmung der Höhe und der Zahlungsfrist** voraus (OLG Düsseldorf, Urt. v. 30.06.1992 – 23 U 220/91, BauR 1992, 783, 784; OLG Stuttgart, Urt. v. 27.07.1997 – 10 U 286/96, BauR 1998, 798 f.). Eine Anlehnung an die Fristen der VOB Teil B (»Skonto bei Zahlung nach VOB/B«) genügt (OLG Köln, Urt. v. 08.10.2002 – 22 U 48/02, BauR 2003, 771 = NJW-RR 2003, 741 = NZBau 2003, 377, 378; ebenso OLG Celle, Beschl. v. 26.01.2004 – 14 U 226/03, BauR 2004, 860, 861; OLG Karlsruhe, Urt. v. 22.01.1999 – 14 U 146/97, BauR 1999, 1028, 1029 = NJW-RR 1999, 1033 für eine Klausel »bei Zahlung nach VOB/B § 16«; ebenso Ingenstau/Korbion/U. Locher, B § 16 Abs. 5 Rn. 8). Beschränkt sich die Vereinbarung auf diese beiden Angaben, beginnt die Skontofrist mit Zugang einer (prüfbaren) Rechnung als frühestem Zeitpunkt (OLG München, Urt. v. 27.02.1987 – 23 U 4946/86, BauR 1988, 381 = ZfBR 1988, 151; a. A.: Werner/Pastor, Rn. 1689).
- Es muss klargestellt sein, auf **welche Zahlungen** Skonto gewährt wird (Abschlags-, Voraus- oder/ und Schlusszahlung).

▶ **Beispiel**

Die Skontoregelung nimmt allgemein auf »Zahlungen« oder »Zahlungen gemäß Zahlungsplan« Bezug.

In Fällen wie diesen kann von allen Zahlungen Skonto abgezogen werden (OLG Karlsruhe, Urt. v. 22.01.1999 – 14 U 146/97, BauR 1999, 1028, 1029 = NJW-RR 1999, 1033 f.; BGH, Urt. v. 29.06.2000 – VII ZR 186/99, BauR 2000, 1754, 1755 = NJW 2000, 3277, 3278 = NZBau 2000, 467, 468; Ingenstau/Korbion/U. Locher, B § 16 Abs. 5 Rn. 7 f.). Ist die Vereinbarung unklar gefasst (z. B. »Skonto bei Zahlung binnen 5 Tagen«), soll nach einer weitverbreiteten Auffassung nur von der Schlusszahlung ein Skonto berechnet werden können (OLG Düsseldorf, Urt. v. 30.06.1992 – 23 U 220/91, BauR 1992, 783, 784 f.; OLG Stuttgart, Urt. v. 28.11.1989 – 10 U 260/88, BauR 1990, 386; OLG Oldenburg, Urt. v. 18.11.1998 – 2 U 188/98, IBR 1999, 252 = OLGR Oldenburg 1999, 100; Ingenstau/Korbion/U. Locher, B § 16 Abs. 5 Rn. 8). Dies überzeugt nicht: Denn Sinn und Zweck einer Skontovereinbarung (»Belohnung einer schnellen Zahlung«) gelten selbstverständlich auch bei Abschlagszahlungen, sodass für diese bei einer derart allgemein gehaltenen Klausel bei fristgerechter Zahlung ebenfalls ein Skonto gezogen werden kann (Werner/Pastor, Rn. 1691 m. w. N.; Kniffka/Koeble, 5. Teil Rn 141).

2610 • Eine Vereinbarung von **Skonto in Allgemeinen Geschäftsbedingungen** (Besondere oder Zusätzliche Vertragsbedingungen) des Auftraggebers ist zulässig und üblich (vgl. nur BGH, Urt. v. 25.01.1996 – VII ZR 233/94, BGHZ 131, 392, 396 = BauR 1996, 378, 379 = NJW 1996, 1346, 1347; kritisch dagegen Peters, NZBau 2009, 584). Allerdings ist wegen § 307 BGB darauf zu achten, dass die Skontofrist eindeutig bestimmt ist (s. dazu auch Rdn. 740 ff.). Hiernach sind vor allem Klauseln unwirksam, die den Beginn der Skontofrist auf den Abschluss der Schlussrechnungsprüfung legen. Denn dies würde dem Auftraggeber einseitig das Recht einräumen, die Dauer der Frist durch eine mehr oder weniger beschleunigte Prüfung willkürlich zu bestimmen (OLG Frankfurt, Urt. v. 21.09.1988 – 17 U 191/87, BauR 1989, 246 = NJW-RR 1988, 1485, 1486; OLG Saarbrücken, Urt. v. 08.12.2009 – 4 U 311/09, NJW 2010, 880 = NZBau 2010, 248; LG Berlin, Urt. v. 18.10.1984 – 93 S 1/84, BauR 1986, 700, 701).

10.6.3.2 Rechtzeitige Zahlung

2611 Skonto kann nur abgezogen werden, wenn der Auftraggeber rechtzeitig zahlt. Das heißt:

2612 • Wie bei der Abschlagszahlung kommt es für die Rechtzeitigkeit der Zahlung darauf an, dass der Schuldner **seine ihm obliegende Leistungshandlung erfüllt**. Somit genügt es, dass der Auftraggeber innerhalb der Skontofrist etwa einen entsprechenden Überweisungsauftrag veranlasst (OLG Köln, Urt. v. 11.01.1990 – 7 U 51/89, BauR 1990, 367, 369 = NJW-RR 1990, 284, 258; ebenso: Kandel, in: Beck'scher VOB-Komm., § 16 Nr. 5 Rn. 28; Ingenstau/Korbion/U. Locher, B § 16 Abs. 5 Rn. 14 i. V. m. § 16 Abs. 1 Rn. 45 f.) oder einen Scheck rechtzeitig an den Auftragnehmer absendet (BGH, Urt. v. 11.02.1998 – VIII ZR 287/97, BauR 1998, 398, 399 = NJW 1998, 1302 f., Ingenstau/Korbion/U. Locher, a. a. O.). Ausreichend kann es ebenfalls sein, wenn der Auftraggeber dem Auftragnehmer zur Einziehung fälliger Beträge eine Einzugsermächtigung erteilt und der Auftragnehmer davon bei Fälligkeit der Vergütung Gebrauch machen soll (BGH, Urt. v. 26.02.2009 – VII ZR 73/08, BauR 2009, 974, 975 = NJW-RR 2009, 809). Der Verweis auf die Leistungshandlung allein des Auftraggebers als Schuldner (also nicht auf den Zahlungseingang beim Auftragnehmer) beruht darauf, dass Geldschulden nach § 270 BGB gemeinhin als Schickschulden angesehen werden (vgl. Palandt/Heinrichs, § 270 Rn. 2). Hieran dürfte sich auch nach dem Urteil des Europäischen Gerichtshofs (Urt. v. 03.04.2008 – C-306/06, NJW 2008, 1935) einstweilen nichts geändert haben. Dieser hatte unter Bezugnahme auf Art 3 Abs. 1 lit. c Ziff. ii der zurzeit noch geltenden Zahlungsverzugsrichtlinie 00/35/EG (neu: Art. 3 Abs. 1 lit. b Richtlinie 2011/7/EU) zwar festgestellt, dass es bei der Frage des Verzugs auf die Rechtzeitigkeit des Eingangs der Geldzahlung bei dem Gläubiger ankommt. Dies mag bei der Frage eines Skontos aber dahinstehen. Denn insoweit geht es alleine um eine Preisreduzierung aufgrund einer vertraglichen Vereinbarung, die mit der Zahlungsverzugsrichtlinie nichts zu tun hat. Folglich kann hier auch weiterhin ohne Einschränkung auf die bisher schon dazu ergangene vorzitierte Rechtsprechung zurückgegriffen werden, wonach für die Rechtzeitigkeit der Zahlung die Leistungshandlung des Schuldners genügt Für ein Zurückbehaltungsrecht an der Sicherheit nach § 632a BGB könnte zwar sprechen, dass es sich bei diesem Teilbetrag nach Erledigung des Sicherungszwecks letztlich um einen nunmehr zur Auszahlung anstehenden fälligen Vergütungsanspruch handelt. Er unterläge dann wie jeder andere Vergütungsanspruch bei Mängeln dem gewöhnlichen Zurückbehaltungsrecht nach §§ 320, 641 Abs. 3 BGB. Doch erscheint dies nicht richtig: Schon nach der Gesetzesbegründung sollte ein solches Zurückbehaltungsrecht gerade nicht entstehen (BT-Ds. 16/511, S. 15). Auch würde dessen Zulassung oder gar später eine Aufrechnung dem gesetzlichen Sicherungszweck diametral entgegen laufen, der ja gerade keine Absicherung von Mängelansprüchen vorsieht. Sähe man dies anders, würden dadurch faktisch Rechte des Auftraggebers wegen Mängeln gesichert werden, für die die Sicherheit nach § 632a BGB nicht vorgesehen ist (s. o. Rdn. 2568). Dies spricht eindeutig dafür, dass diese Sicherheit wie auch sonst nach Erledigung des Sicherungszwecks herauszugeben ist, ohne dass der Auftraggeber daran noch irgendwelche Gegenrechte geltend machen kann (s. zu der vergleichbaren Rechtsfrage sonst bei der Rückgabe von Vertragserfüllungsbürgschaften: OLG Frankfurt Urt. v. 28.9.2004 10 U 211/03, Nichtzulassungsbeschw. zurückgewiesen: BGH Beschl. v. 23.6.2005 VII ZR 32/05 = BauR 2005, 1682 [Ls.]; OLG Karlsruhe Urt. v. 20.11.1997 4 U 74/97 = NJW-RR 1998, 533, Nichtzulassungsbeschw. zurückgewiesen: BGH Beschl. v. 23.6.2005 VII ZR 32/05; Ingenstau/Korbion/Joussen, B § 17 Abs. 8 Rn. 7; wie hier: Kniffka/von Rintelen § 632a Rn. 82).

- Für die Rechtzeitigkeit der Zahlung selbst trägt der **Auftraggeber die Darlegungs- und Beweislast**. Dies gilt auch für den Beginn der Skontofrist, also für das Datum des Rechnungseingangs (OLG Düsseldorf, Urt. v. 08.09.2000 – 22 U 25/00, BauR 2001, 1268, 1269 = NJW-RR 2000, 1691 = NZBau 2000, 561). 2613

- Grundsätzlich muss der Auftraggeber seinen **Zahlungspflichten in vollem Umfang** nachkommen. Teilzahlungen berechtigen nicht zum Skontoabzug (OLG Düsseldorf, Urt. v. 19.11.1999 – 22 U 90/99, BauR 2000, 729, 730 = NJW-RR 2000, 545 = NZBau 2000, 78, 79; OLG Düsseldorf, Urt. v. 08.09.2000 – 22 U 25/00, BauR 2001, 1268, 1269 = NJW-RR 2000, 1691 = NZBau 2000, 561). Etwas anderes gilt nur, wenn die Parteien im Bauvertrag ein Skonto für jede einzelne Rate eines Zahlungsplans vereinbart haben: Hier kann ein Skonto für jede fristgerecht geleistete Zahlung abgezogen werden, auch wenn andere Raten nicht fristgerecht geleistet werden (BGH, Urt. v. 29.06.2000 – VII ZR 186/99, BauR 2000, 1754, 1755 = NJW 2000, 3277, 3278 = NZBau 2000, 467, 468). Sonderfälle bestehen hingegen bei Mängeln. 2614

▶ Beispiel

Es ist eine Skontofrist von 10 Werktagen ab Eingang der Rechnung vereinbart. Der Auftragnehmer möchte zu verschiedenen Mängeln unter Berücksichtigung eines Druckzuschlages einen Vergütungsteil einbehalten, gleichzeitig aber sein Skonto nicht verlieren.

Dies ist grundsätzlich möglich: Bei **Einbehalten wegen Mängeln** bleibt die Skontofrist nämlich erhalten. Sie beginnt erst, wenn die Mängelbeseitigungsleistung abgenommen ist (Ingenstau/Korbion/U. Locher, B § 16 Abs. 5 Rn. 8). Notwendig ist allerdings, dass der Auftraggeber etwaige Einbehalte nachvollziehbar **innerhalb der Skontofrist** begründet (OLG Düsseldorf, Urt. v. 08.09.2000 – 22 U 25/00, BauR 2001, 1268, 1269 = NJW-RR 2000, 1691, 1692 = NZBau 2000, 561, 562).

Ähnliches gilt zumindest bei einem VOB-Vertrag, wenn die Schlussrechnung nicht prüfbar ist. Hier müsste der Auftraggeber diese fehlende Prüfbarkeit nunmehr innerhalb der 30-Tage-Frist detailliert reklamieren; andernfalls würde die Rechnung auch ohne Prüfbarkeit fällig (§ 16 Abs. 3 Nr. 1 S. 2 VOB/B, s. oben Rdn. 2540 ff.). Wurde dagegen ein Skonto mit einer früheren Zahlungsfrist vereinbart, müsste der Auftraggeber zur Wahrung des Skontos jetzt bereits die **fehlende Prüffähigkeit innerhalb der Skontofrist anzeigen und dafür konkret die Gründe benennen** (OLG München, Urt. v. 27.02.1987 – 23 U 4946/86, BauR 1988, 381 = ZfBR 1988, 151). Demgegenüber kann er nicht erst die Rechnung prüfen, die Skontofrist verstreichen lassen und gleichwohl bei Zahlung Skonto einbehalten mit dem Argument, die Rechnung sei nicht prüfbar gewesen (OLG Düsseldorf, Urt. v. 19.11.1999 – 22 U 90/99, BauR 2000, 729 = NJW-RR 2000, 545 = NZBau 2000, 78 f.). 2615

10.6.4 Rechte des Auftragnehmers bei verspäteter Zahlung

2616 Bei den Rechten des Auftragnehmers im Fall verspäteter Zahlungen ist zwischen BGB- und VOB-Vertrag zu unterscheiden.

10.6.4.1 BGB-Vertrag

2617 Hinsichtlich der Rechte eines Auftragnehmers bei verspäteten Zahlungen ist auf das allgemeine Schuldrecht zurückzugreifen.

▶ **Folgen verspäteter Zahlung bei BGB-Vertrag**
- Fälligkeitszinsen ab Abnahme (§ 641 Abs. 4 BGB)
- Verzugsschaden/Verzugszins (§§ 280, 286, 288 BGB)
- Rücktritt/Schadensersatz statt der Leistung (§§ 323; 325, 281 BGB)

Hierzu gilt im Überblick:

2618 • In erster Linie kann der Auftragnehmer mangels anderweitiger Vereinbarung **ab Abnahme der Bauleistung Fälligkeitszinsen** verlangen (§ 641 Abs. 4 BGB). Solche Zinsen können auch dann verlangt werden, wenn der Auftraggeber die Abnahme zu Unrecht verweigert. Die Höhe der Fälligkeitszinsen beträgt 4 % (§ 246 BGB), bei Handelsgeschäften 5 % (§ 352 HGB). Im Zweifel ist für die Geltendmachung der Zinsen allerdings vorab eine Rechnung des Auftragnehmers notwendig (s. o. Rdn. 2586).

2619 • Eine Nichtzahlung der Vergütung ist unschädlich, soweit dem Auftraggeber insbesondere aufgrund **von Mängeln** ein **Leistungsverweigerungsrecht gemäß § 320 BGB**, hier ggf. sogar mit Druckzuschlag in zweifacher Höhe (§ 641 Abs. 3 BGB), zusteht (s. dazu oben Rdn. 1297 ff.). Der gesonderten Geltendmachung dieses Zurückbehaltungsrechts bedarf es in diesen Fällen nicht (zuletzt etwa BGH, Urt. v. 23.05.2003 – V ZR 190/02, BauR 2003, 1561, 1562 = NJW-RR 2003, 1318 f.). Besteht dieses Recht, fallen dann auch keine Fälligkeitszinsen an (s. o. Rdn. 1298).

2620 • Bei einem Zahlungsverzug kann der Auftragnehmer seinen **Verzugsschaden gemäß §§ 280 Abs. 1 und 2, 286 BGB** geltend machen. In Verzug gerät der Auftraggeber, wenn er auf eine Mahnung des Auftragnehmers, die nach Fälligkeit folgt, nicht bezahlt. Auch ohne Mahnung gerät der Auftraggeber in den gesondert in § 286 Abs. 2 und 3 BGB geregelten Fällen in Verzug. Somit kommt der Auftraggeber vor allem in Verzug, wenn er nicht innerhalb von 30 Tagen nach Zugang einer Rechnung bezahlt – wobei ein Verbraucher auf diese Folgen in der Rechnung besonders hingewiesen worden sein muss. Ebenso tritt ein Verzug ohne Mahnung ein, wenn nach dem Vertrag für die Zahlung ein bestimmtes Datum nach dem Kalender bestimmt war und jetzt die Zahlung ausbleibt. Dabei kommt es anders als bei der Rechtzeitigkeit der Zahlung im Rahmen eines Skontos (s. o. Rdn. 2612) insbesondere zur Vermeidung von Verzugszinsen nicht darauf an, dass der Auftraggeber alles Notwendige für die Bezahlung veranlasst hat (z. B. Übergabe eines Überweisungsauftrages an eine Bank zu einem gedeckten Konto). Stattdessen ist hier entscheidend, dass die **geschuldete Vergütung tatsächlich zum Verzugszeitpunkt beim Auftraggeber eingeht**. Entsprechendes gilt für die Frage, ab wann ein schon eingetretener Verzug endet. Dies hatte die Rechtsprechung in Deutschland lange Zeit unter Bezugnahme auf § 270 BGB, der Geldschulden als Schickschulden einordnet, anders gesehen (s. dazu etwa BGH, Urt. v. 07.10.1965 – II ZR 120/63, BGHZ 44, 178, 179 f.; BGH, Urt. v. 29.01.1969 – IV ZR 545/98, NJW 1969, 875; OLG Düsseldorf, Urt. v. 20.2.1997 – 24 U 54–96, NJW-RR 1998, 780). Jedoch hat zwischenzeitlich der Europäische Gerichtshof unter Bezugnahme auf Art. 3 Abs. 1 lit. c Ziff. ii der Zahlungsverzugsrichtlinie 00/35/EG (so auch in der neuen Richtlinie 2011/7/EU, dort Art. 3 Abs. 1b), auf der auch die heutigen Verzugsregelungen des BGB beruhen, klargestellt, dass zumindest für die Frage des Bestehens des Verzugs allein der rechtzeitige Eingang der Vergütung beim Auftragnehmer entscheidend ist (EuGH, Urt. v. 03.04.2008 – C-306/06, NJW 2008, 1935). Dabei ist ergänzend anzumerken, dass diese Rechtslage nach einer geplanten Neuregelung des § 270 Abs. 1 BGB jetzt auch in deutsches Recht übertragen werden soll. Ferner ist im Fall des Verzugs im Zuge der Übertragung der Zahlungsverzugsrichtlinie vorgesehen, dass nach § 288 Abs. 5

10.6 Zahlung der Vergütung

BGB bei Rechtsgeschäften, an denen ein Verbraucher nicht beteiligt ist, der Gläubiger einer Entgeltforderung (hier der Auftragnehmer) eine pauschale Ent-schädigung von 40 € verlangen kann. Soweit dieser Anspruch ausgeschlossen wird, wird vermutet, dass dies gegen die guten Sitten verstößt. Gleichzeitig ist vorgesehen, dass diese Pauschale auf einen ggf. höheren Schadensersatzanspruch anzurechnen ist.

Festzuhalten ist, dass vorstehende Regelungen zwar einerseits kein zwingendes Recht darstellen; andererseits dürfen davon abweichende vertragliche Regelungen aber auch nicht etwaigen zwingenden Vorgaben der dieser gesetzlichen Regelung zugrunde liegenden Zahlungsverzugsrichtlinie in ihrer Ursprungsfassung 00/35/EG bzw. in ihrer Neufassung 2011/7/EU widersprechen. Dies gilt insbesondere für AGB des Auftraggebers. Das aber bedeutet: 2621

Treffen die Parteien keine Vereinbarung zur Fälligkeit der Vergütung, verbleibt es dem Grunde nach neben § 286 Abs. 1 und 2 BGB bei der Verzugsregelung des § 286 Abs. 3 BGB, d. h.: Hier kommt der Auftraggeber als Schuldner der Vergütungszahlung in Verzug, wenn er nicht innerhalb von 30 Tagen nach Fälligkeit und Zugang einer Rechnung oder einer gleichwertigen Zahlungsaufforderung leistet. Dabei wurde oben schon erläutert, dass mit den zwingenden Vorgaben der Zahlungsverzugsrichtlinie 2011/7/EU und dem neuen voraussichtlich in Kürze in Kraft tretenden § 271a BGB in Bezug auf die Modifizierung des Fälligkeitstermins als verzugsbegründende Voraussetzung nur ein geringer Spielraum für vertragliche Regelungen besteht. Zu beachten sind danach nämlich die Höchstgrenzen insoweit, als die Zahlungsfrist (i. e. die Fälligkeit) durch Vereinbarung nicht mehr als um 60 Tage nach Zugang der Rechnung oder einer gleichwertigen Zahlungsaufstellung hinausgeschoben werden darf; eine weitere Verschiebung ist nur im Fall ausdrücklicher Vereinbarung möglich, wenn sie den Gläubiger (Auftragnehmer) nicht grob unbillig benachteiligt. Handelt es sich um einen öffentlichen Auftraggeber, beträgt die Höchstdauer für Zahlungsfristen sogar nur 30 Tage nach Zugang einer Rechnung oder einer gleichwertigen Zahlungsaufstellung; Verlängerungen sind hier nur bis zu maximal 60 Tagen zulässig, soweit sie aufgrund der besonderen Natur oder der Merkmale der Vereinbarung sachlich gerechtfertigt sind und ausdrücklich getroffen wurden. Letzteres kann auch in AGB erfolgen (s. o. Rdn. 2547 ff.). Diese enge Beschränkung der Zahlungsfristen als Bestimmung eines hinausgeschobenen Fälligkeitstermins soll sicherstellen, dass die damit korrespondierenden Vorgaben der Zahlungsverzugsrichtlinie 2011/7/EU in Art. 3 und 4 eingehalten werden. Diese Artikel bezwecken aber nicht nur einen spätesten Fälligkeitstermin, sondern begründen zugleich eine Höchstfrist, ab wann ein Verzug eintritt und Verzugszinsen zu zahlen sind. Folglich besteht also nicht nur eine Höchstgrenze in Bezug auf die Fälligkeit; vielmehr müssen auch etwaige abweichende Vereinbarungen zum Verzugseintritt selbst (hier vor allem zu der 30-Tage-Frist in § 286 Abs. 3 BGB) im Sinne der Zahlungsverzugsrichtlinie beschränkt werden. Dies geschieht durch die vorgesehene (zum Zeitpunkt der Drucklegung dieses Buches allerdings noch nicht in Kraft getretene) Einfügung des § 286 Abs. 5 BGB. Danach werden die Beschränkungen für die Bestimmung der Fälligkeitsfristen mit den dort vorgesehenen Verlängerungsoptionen auf 60 Tage und ggf. mehr auch für Vereinbarungen zum Verzugseintritt für entsprechend anwendbar erklärt, d. h.:

- Wie bei der Fälligkeit kann der Verzugseintritt gegenüber Unternehmern ohne weiteres auf bis zu 60 Tage nach Zugang einer Rechnung oder einer gleichwertigen Zahlungsaufstellung verlängert werden.
- Öffentliche Auftraggeber dürfen einen Verzugseintritt nur dann über 30 Tage auf bis zu 60 Tagen hinaus verlängern, wenn das sachlich gerechtfertigt ist und durch ausdrückliche Vereinbarung erfolgt. Letzteres kann auch in AGB geschehen.

Im Ergebnis soll damit sicher gestellt werden, dass eine Vereinbarung zur Leistungszeit (Fälligkeit) in gleicher Weise die Parteien in Bezug auf den Verzugseintritt bindet und ein Verzug dadurch nicht später eintritt.

▶ **Beispiel**

Die Parteien im unternehmerischen Verkehr haben eine Zahlungsfrist von 50 Tagen vereinbart. Dies ist ohne weiteres zulässig. Für den Verzugseintritt könnte jetzt zunächst eine weitere

Frist von 10 Tagen nach Ablauf der Zahlungsfrist vereinbart werden. Auch dagegen bestehen keine Bedenken, weil damit noch der zulässige Rahmen von 60 Tagen eingehalten wird. 20 weitere Tage wären dagegen nur noch möglich, wenn die Vereinbarung ausdrücklich erfolgt. Denn in diesem Fall würde der Verzug erst insgesamt 70 Tage nach Zugang der Rechnung eintreten.

Mit diesen Regelungen dürfte aber genauso wie schon zu der Fälligkeit, die damit in einem untrennbaren Zusammenhang steht, gelten, dass eine Verschiebung des Verzugseintritts in diesem Rahmen aufgrund der ausdrücklichen gesetzlichen Zulassung über den vorgesehenen § 286 Abs. 5 BGB i. V. m. § 271a BGB n. F. auch in AGB des Auftraggebers möglich ist (s. o. Rdn. 2547 ff.).

2622 • Befindet sich der Auftraggeber in Verzug, hat er auf die offene Vergütung **Verzugszinsen** in Höhe von 5 Prozentpunkten über dem Basiszinssatz zu zahlen (§ 288 Abs. 1 BGB). Ist an dem Bauvertrag kein Verbraucher beteiligt, erhöht sich der Zinssatz auf 8 Prozentpunkte bzw. nach der beabsichtigten Neufassung des § 288 Abs. 2 BGB auf 9 Prozentpunkte über dem Basiszinssatz. Dabei ist die Geltendmachung eines weiteren Schadens oder höherer Zinsen, soweit diese nachgewiesen werden können, nicht ausgeschlossen.

▸ **Beispiel (nach OLG Naumburg, Urt. v. 10.08.2010 – 9 U 25/10, Nichtzul.-Beschw. zurückgew, BGH, Beschl. v. 14.07.2011 – VII ZR 142/10, BauR 2011, 1865 [Ls.])**

Wegen Zahlungsverzugs gerät der Auftragnehmer in Liquiditätsschwierigkeiten und kann deswegen im Einkauf ihm sonst zur Verfügung stehende Skonti nicht in Anspruch nehmen. Dies wäre dem Grunde nach ein tauglicher erhöhter Verzugsschaden.

• Bleiben dauerhaft Zahlungen aus, kann der Auftragnehmer gemäß § 323 BGB vom **Vertrag zurücktreten** und **Schadensersatz statt der Leistung verlangen** (§§ 325, 281 BGB). Hierfür ist Voraussetzung, dass der Auftraggeber die geschuldete Vergütung trotz Ablaufs einer ihm gesetzten angemessenen Nachfrist nicht bezahlt. Dabei kann auf die Fristsetzung in den bekannten Ausnahmefällen verzichtet werden (§§ 281 Abs. 2, 323 Abs. 2 BGB). Ferner ist keine gesonderte Fristsetzung erforderlich, wenn eine solche bereits zur Begründung des Verzugs gemäß § 286 Abs. 1 BGB gesetzt wurde (anders hingegen bei der Verzugsbegründung aufgrund des Ablaufs der 30-Tage-Frist gemäß § 286 Abs. 3 BGB). Kommen danach Rücktritt oder Schadensersatz statt der Leistung in Betracht, scheitert allerdings eine vollständige Rückabwicklung des Bauvertrages häufig an § 323 Abs. 5 bzw. § 281 Abs. 1 S. 2 BGB: Denn diese wäre nur möglich, wenn bisher noch gar keine Teilleistungen bewirkt wären. Vorstellbar wäre dies allenfalls vor der ersten ausbleibenden Zahlung. Geht es hingegen um ausbleibende Folgezahlungen, nachdem der Auftraggeber schon erste Zahlungen geleistet, d. h. bewirkt hat, ist nicht ersichtlich, mit welchem Interesse der Auftragnehmer jetzt noch eine auch rückwirkende Beseitigung des schon geschlossenen und ggf. teilerfüllten Vertrages verlangen könnte (oder sollte). Denn dann müsste er auch die schon erhaltenen Zahlungen zur Disposition stellen.

10.6.4.2 VOB-Vertrag

2623 Erneut unterscheiden sich die Rechte des Auftragnehmers eines VOB-Vertrages gegenüber einem säumigen Auftraggeber von denen des BGB-Vertrages, wobei hier mit der Neufassung der VOB 2012 doch teilweise eine deutliche Angleichung stattgefunden hat.

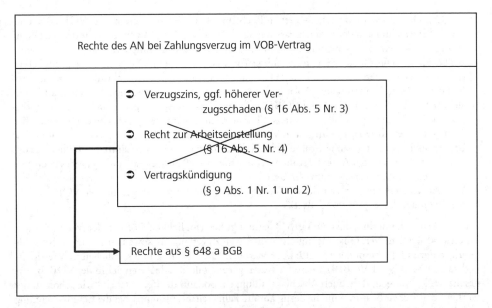

So gibt es bei VOB-Verträgen zunächst **keine Fälligkeitszinsen**. Stattdessen gilt:
- Kommt der Auftraggeber mit Vergütungszahlungen in Verzug, kann der Auftragnehmer gemäß § 16 Abs. 5 Nr. 3 VOB/B einen **Verzugszins** verlangen. In Verzug gerät der Auftraggeber wie bei einem BGB-Vertrag nach § 286 Abs. 1 BGB zunächst durch Mahnung, Setzen einer angemessenen Nachfrist und deren fruchtlosen Ablauf (§ 16 Abs. 5 Nr. 3 S. 1 VOB/B). Dabei kann wie auch sonst das Erfordernis der Nachfristsetzung entfallen, wenn der Auftraggeber sich bereits zuvor ernstlich geweigert hat, noch Ansprüche des Auftragnehmers zu erfüllen (BGH, Urt. v. 08.12.1983 – VII ZR 139/82, BauR 1984, 181, 182 = NJW 1984, 1460, 1461). Fehlendes Verschulden schließt den Verzugseintritt aus (§ 286 Abs. 4 BGB). Die Höhe des Verzugszinses richtet sich nach § 288 BGB (s. o. Rdn. 2622). Nach der Neufassung der VOB/B 2012 ist sodann die früher in der VOB/B vorgesehene Unterscheidung zwischen nach der Rechnungsprüfung unstreitigen und streitigen Guthaben entfallen. Denn nur bei den unstreitigen Guthaben geriet der Auftraggeber mit Ablauf der ehemals zweimonatigen Prüffrist automatisch in Verzug (vgl. § 16 Abs. 5 Nr. 4 VOB/B a. F.); demgegenüber musste der Auftragnehmer als notwendige Voraussetzung für einen Verzugseintritt zu den streitigen Forderungen den Auftraggeber noch gesondert mahnen (§ 16 Abs. 5 Nr. 3 VOB/B a. F.). Gerade zu diesem **gesonderten Mahnerfordernis** hatte die Rechtsprechung aber zuletzt klargestellt, dass dies einer isolierten **AGB**-Kontrolle nach § 307 Abs. 2 Nr. 1 BGB **nicht standhält** (BGH, Urt. v. 20.08.2009 – VII ZR 212/07, BauR 2009, 1736, 1741 = NJW 2009, 3717, 3720 = NZBau 2010, 47, 50). Hierauf kam es vor allem an, wenn die VOB/B nicht ohne Abweichung dem Vertrag zugrunde gelegt und vom Auftraggeber in den Vertrag eingeführt worden war (s. dazu oben Rdn. 481 ff.). Das Hauptargument für die Verwerfung lag vor allem darin, dass der Verzug beim VOB-Vertrag erst deutlich später und nur unter erschwerten Bedingungen eintritt als im BGB-Werkvertragsrecht: So gerät der Auftraggeber eines BGB-Vertrages nach § 286 Abs. 3 BGB unter anderem bereits 30 Tage nach Fälligkeit und Zugang einer Rechnung in Verzug; dagegen bedurfte es dafür beim VOB-Vertrag einer prüfbaren Rechnung zuzüglich eines Prüfungszeitraums von zwei Monaten sowie dann noch einer gesonderten Mahnung (§ 16 Abs. 3 Nr. 1, § 16 Abs. 5 Nr. 3 und 4 VOB/B a. F.). Gerade dieser vereinfachte Verzugseintritt gemäß BGB sei aber vom Gesetzgeber in Beachtung der zugrunde liegenden Richtlinie 2000/35/EG vom 29.6.2000 (Zahlungsverzugsrichtlinie) gewollt gewesen vor dem Hintergrund, dass ein Verzug nicht mehr noch von einer gesonderten Mahnung abhängen sollte. Hinzu komme, dass damit dem Auftragnehmer auch das Recht genommen werde, unabhängig vom Verzugseintritt Fälligkeitszinsen nach § 641 Abs. 4 BGB zu verlangen (BGH,

a. a. O.). Die insoweit jetzt aufgeworfenen Rechtsprobleme dürften sich mit der VOB 2012 erledigt haben. Denn nach der jetzigen Fassung des § 16 Abs. 5 Nr. 3 VOB/B ist für den Verzug in Bezug auf die Vergütungsansprüche des Auftragnehmers eine **Mahnung** zwar möglich, aber selbst bei bestrittenen Guthaben **keine notwendige Voraussetzung** mehr. Die gesamte ursprünglich in der VOB/B enthaltene Systematik zur Schaffung eines Verzugs mit den Schritten Rechnung, Ablauf der Prüffrist, Mahnung und Ablauf einer Nachfrist gehört der Vergangenheit an. Stattdessen sieht § 16 Abs. 5 Nr. 3 S. 3 und 4 VOB/B n. F. vor, dass ein Auftraggeber auch ohne Nachfristsetzung (Mahnung) jedenfalls **spätestens 30 Tage** nach Zugang der (Schluss)rechnung oder der Aufstellung bei Abschlagszahlungen **in Verzug** gerät. Faktisch bedeutet das, dass hier zumindest bei der Schlusszahlung Fälligkeit und Verzug, die beide nach 30 Tagen eintreten, zeitlich zusammenfallen. Nur bei einer Abschlagszahlung, die schon nach 21 Tagen fällig wird, gibt es noch eine Karenzzeit von 9 Tagen bis zum Verzugseintritt. Im Ergebnis jedenfalls unterscheiden sich die Voraussetzungen für den Eintritt des Verzugs nach der Ausgangsregelung der VOB/B nicht mehr von der des § 286 Abs. 3 BGB.

2625 Anzumerken ist immerhin, dass die VOB/B gesondert die Möglichkeit eröffnet, den Verzugseintritt durch **ausdrückliche Vereinbarung** auf bis zu 60 Tagen zu verlängern, soweit eine solche Fristverlängerung aufgrund der besonderen Natur oder Merkmale der Vereinbarung sachlich gerechtfertigt ist (vgl. § 16 Abs. 3 Nr. 1 VOB/B). Diese Fristverlängerung gilt für **alle Arten der in der VOB/B vorgesehenen Zahlungen**, d. h. auch Abschlagszahlungen. Sodann dürfte es dabei – wie schon zu der wortlautidentischen Bestimmung in Bezug auf die Fälligkeitsbestimmung bei der Schlussrechnung in § 16 Abs. 1 Nr. 1 VOB/B (s. dazu oben Rdn. 2545) – aber wohl weniger auf die besondere Natur oder die Merkmale der »Vereinbarung« ankommen; gemeint ist wohl vielmehr die besondere Natur oder die Merkmale des zugrunde liegenden Vertragsverhältnisses oder des Bauvorhabens.

▶ Beispiel

Dem Bauvertrag liegt ein mehrere hundert Seiten langes Leistungsverzeichnis mit tausenden von Einzelpositionen zugrunde, deren Prüfung einfach eine gewisse Prüfungszeit in Anspruch nimmt. Hier könnten mit derselben Argumentation sowohl Fälligkeit als auch Verzugseintritt ohne weiteres auf bis zu 60 Tagen verlängert werden.

AGB-rechtliche Probleme dürften sich zu dieser VOB-Regelung nicht mehr stellen. Dies gilt um so mehr, als die VOB/B die deutlich engeren Vorgaben entsprechend der Zahlungsverzugsrichtlinie 2011/7/EU und des danach neu einzuführenden § 271a BGB in Verbindung mit der geplanten Ergänzung des § 286 Abs. 5 BGB, der darauf Bezug nimmt, zum Regelfall macht. Dies ist deshalb bedeutsam, als nach dem (allerdings noch nicht in Kraft getretenen) § 271a BGB in Anlehnung an die Zahlungsverzugsrichtlinie private unternehmerische Auftraggeber auch ohne Beschränkung etwa auf eine sachliche Rechtfertigung verlängerte Fristen von bis zu 60 Tagen vereinbaren können; sie können sogar darüber hinausgehen, soweit dies ausdrücklich vereinbart wird und für den Auftragnehmer nicht grob nachteilig ist (s. o. Rdn. 2545). Die jetzige Beschränkung der VOB/B mit einer Verlängerungsmöglichkeit auf bis zu 60 Tagen nur im Fall einer sachlichen Rechtfertigung sowie einer ausdrücklichen Vereinbarung gilt dagegen nach der Zahlungsverzugsrichtlinie und dem geplanten § 286 Abs. 5 i. V. m. § 271a BGB n. F. nur für den öffentlichen Auftraggeber. Das aber bedeutet konkret: Es bestehen natürlich keine Wirksamkeitsbedenken, wenn insbesondere private Auftraggeber von der (geplanten) großzügigeren gesetzlichen Regelung auch bei der Fristbestimmung zum Verzugseintritt Gebrauch machen, d. h. **ohne sachliche Rechtfertigung die 60 Tage-Frist zur Regel machen**; dies dürfte – da eine solche Fristverlängerung im Gesetz jetzt ausdrücklich zugelassen ist – auch in Form von AGB möglich sein (s. dazu oben zu der vergleichbaren Regelung in Bezug auf die Fälligkeit: Rdn. 2548 f.). Liegt für diese Verlängerung aber kein sachlicher Grund vor, würde ein Auftraggeber damit zugleich von der VOB/B abweichen, wodurch es dann zu einer Inhaltskontrolle auch der Einzelregelungen der VOB/B kommt (Rdn. 481 ff.).

2626 • Neben den Verzugszinsen kann der Auftragnehmer unter den soeben beschriebenen Voraussetzungen des § 16 Abs. 5 Nr. 3 VOB/B auch **Ersatz eines ggf. höheren Verzugschadens** verlangen.

10.6 Zahlung der Vergütung

- Befindet sich der Auftraggeber im Zahlungsverzug, kann der Auftragnehmer nach § 16 Abs. 5 Nr. 4 VOB/B des Weiteren **seine Leistungen** einstellen. Hiermit sollte er allerdings vorsichtig sein; denn die Rechtsprechung sieht eine Leistungseinstellung nach § 16 Abs. 5 Nr. 4 VOB/B sehr kritisch. Sie ist nach § 242 BGB **bei ganz geringen Zahlungsrückständen gänzlich ausgeschlossen**. Im Übrigen wird verlangt, dass die Leistungseinstellung **vorher angedroht** wird (OLG Düsseldorf, Urt. v. 21.01.1975 – 21 U 139/74, BauR 1975, 428 f.; OLG Frankfurt, Urt. v. 11.03.1986 – 5 U 35/83, BauR 1988, 599, 602 = NJW-RR 1987, 979, 980; Kapellmann/Messerschmidt/Messerschmidt, VOB/B, § 16 Rn. 332; gegen eine Androhungspflicht: Ingenstau/Korbion/U. Locher, VOB/B, § 16 Abs. 5 Rn. 45 f.). Auch geht zulasten des Auftragnehmers, wenn er sich zunächst mit der Zusicherung des Auftraggebers zur Erbringung weiterer Zahlungen zufrieden gibt (OLG Dresden, Urt. v. 27.03.2008 – 4 U 1478/07, BauR 2010, 96). Sinnvoller für einen Auftragnehmer ist es daher bei einer beabsichtigten Leistungseinstellung allemal, den deutlich gefahrloseren Weg über § 648a BGB zu gehen (s. dazu Rdn. 3199 ff.). 2627

- Leistet der Auftraggeber fällige Zahlungen nicht, kann der **Auftragnehmer den Vertrag** gemäß § 9 Abs. 1 Nr. 2, Abs. 2 VOB/B **kündigen**. Voraussetzung hierfür ist, dass der Auftraggeber fällige Zahlungen nicht leistet oder sich im Schuldnerverzug befindet. Letzteres ist ausgeschlossen, soweit der Auftraggeber nach § 320 BGB berechtigte Einbehalte wegen Mängeln erhebt. Ist hingegen der Auftraggeber mit fälligen Zahlungen im Rückstand und will der Auftragnehmer deswegen kündigen, muss er hierfür nochmals eine angemessene Nachfrist für die Zahlung setzen und für den Fall des fruchtlosen Fristablaufs die **Kündigung androhen**. Die Nachfrist ist entbehrlich, wenn der Auftraggeber definitiv erklärt hat, keine Zahlungen mehr zu erbringen (BGH, Urt. v. 18.09.1985 – VIII ZR 249/84, NJW 1986, 661). Nach Fristablauf ist sodann der Auftragnehmer berechtigt, den Bauvertrag **schriftlich zu kündigen**. In diesem Fall ist das Bauvorhaben abzurechnen. Der Auftragnehmer kann dabei gemäß § 642 BGB eine Entschädigung sowie eventuell weiter gehende Ansprüche geltend machen. Für die bereits erbrachten Leistungen stehen dem Auftraggeber umgekehrt wie sonst auch die üblichen Gewährleistungsrechte zu (s. dazu näher Rdn. 2774 ff.). 2628

10.6.5 Schlusszahlung und Ausschluss von Nachforderungen des Auftragnehmers bei vorbehaltloser Annahme der Schlusszahlung (§ 16 Abs. 3 Nr. 2 bis 6 VOB/B)

Der Auftragnehmer kann bei vorbehaltloser Annahme der Schlusszahlung nach § 16 Abs. 3 Nr. 2–6 VOB/B von etwaigen Nachforderungen ausgeschlossen sein (sog. »**Schlusszahlungseinrede**«). 2629

10.6.5.1 Voraussetzungen der Ausschlusswirkungen

Der Auftragnehmer ist mit weiteren Vergütungsforderungen zu einem Bauvertrag ausgeschlossen, wenn folgende Voraussetzungen vorliegen: 2630

- In erster Linie muss ein **wirksamer VOB-Vertrag** geschlossen sein. Dabei muss die VOB als Ganzes gelten, da andernfalls § 16 Abs. 3 Nr. 2 bis 6 VOB/B einer dann stattfindenden isolierten AGB-Inhaltskontrolle der VOB nicht standhalten dürfte (s. Rdn. 2645). 2631

- Es muss eine **Schlussrechnung vorliegen**. Ob diese im Sinne des § 14 Abs. 1 VOB/B prüfbar ist, ist unbeachtlich, d. h.: Auch Schlusszahlungen zu einer an sich nicht prüfbaren Rechnung können die Ausschlusswirkung des § 16 Abs. 3 Abs. 2 VOB/B auslösen (BGH, Urt. v. 22.01.1987 – VII ZR 96/85, BauR 1987, 329, 331 f. = NJW 1987, 2582, 2583 f.; BGH, Urt. v. 17.12.1998 – VII ZR 37/98, BGHZ 140, 248, 250 = BauR 1999, 396, 397 = NJW 1999, 944). Ausreichend ist es auch, wenn die Schlussrechnung – soweit der Auftragnehmer mit deren Aufstellung im Verzug ist – vom Auftraggeber aufgestellt wurde (§ 14 Abs. 4 VOB/B – so OLG Celle, Urt. v. 07.09.2005 – 7 U 12/05, BauR 2005, 1933, 1935). 2632

- Die Ausschlusswirkung setzt aufseiten des Auftraggebers voraus, dass dieser 2633
  – eine Schlusszahlung erbracht (s. dazu oben Rdn. 2529 f.),
  – im Rahmen der Schlusszahlung schriftlich auf deren Eigenschaft als Schlusszahlung und
  – sodann gesondert **auf die Ausschlusswirkung schriftlich hingewiesen** hat (§ 16 Abs. 3

Nr. 2 VOB/B). Dabei kann ein solcher Hinweis auch vom bauleitenden Architekten ausgesprochen werden, wenn dieser die Rechnung geprüft und sie mit entsprechenden Kürzungen an den Auftragnehmer zurückgegeben hat. Dies gilt zumindest dann, wenn der Architekt berechtigt war, mit dem Auftragnehmer über die Schlussrechnung zu verhandeln (BGH, Urt. v. 20.11.1986 – VII ZR 332/85, BauR 1987, 218, 219 = NJW 1987, 775). Inhaltlich genügt es für diesen Hinweis sodann aber nicht, lediglich die Vorschriften der VOB/B zu zitieren. Entscheidend ist vielmehr, dass der Auftragnehmer über die Ausschlusswirkung entsprechend § 16 Abs. 3 Nr. 5 VOB/B belehrt wird. Nur ein solcher Hinweis kann die damit **verbundene Warnfunktion** erfüllen (KG, Urt. v. 23.03.1999 – 4 U 1635/97, BauR 2000, 575, 576; OLG Dresden, Urt. v. 08.10.1998 – 7 U 1478/98, BauR 2000, 279 f. = NJW-RR 1999, 1399, 1400). Schon aus diesem Grund ist aber auch klar, dass die **Einhaltung der Schriftform** für die Wirksamkeit dieses Hinweises ebenso **unabdingbar** ist (so auch BGH, Urt. v. 17.12.1998 – VII ZR 37/98, BGHZ 140, 248, 251 = BauR 1999, 396, 397 = NJW 1999, 944 f.) wie die Tatsache, dass der Hinweis auf die Schlusszahlung und die Ausschlusswirkung miteinander verbunden sein müssen (OLG Dresden, Urt. v. 08.10.1998 – 7 U 1478/98, BauR 2000, 279 f. = NJW-RR 1999, 1399, 1400; a. A. Nicklisch/Weick, § 16 Rn. 48).

2634 Nicht verbunden werden kann hingegen der Hinweis auf die Ausschlusswirkung mit der Schlusszahlung selbst.

▶ **Beispiel**

Auf einer Online-Überweisung verweist der Auftraggeber auf den Charakter der Schlusszahlung und druckt den Hinweis ein.

Eine solche Verbindung genügt nicht als Grundlage für die Schlusszahlungseinrede, wie sich ausdrücklich aus dem Wortlaut des § 16 Abs. 3 Nr. 2 VOB/B ergibt. Denn danach ist erforderlich, dass der Auftraggeber den Auftragnehmer sowohl über die Schlusszahlung unterrichtet als auch auf die Ausschlusswirkung hinweist. Dies schließt eine Verbindung miteinander aus. Vielmehr bedarf es hierfür – zum Erhalt der Warnfunktion – jeweils getrennter Schreiben (OLG Köln, Urt. v. 06.05.1994 – 19 U 205/92, BauR 1994, 634, 635 = NJW-RR 1994, 1501, 1502).

2635 • Die Ausschlusswirkung tritt ferner ein, wenn der Auftraggeber anstatt der Schlusszahlung eindeutig schriftlich **weitere Zahlungen unter Hinweis auf bereits geleistete Zahlungen abgelehnt hat** (§ 16 Abs. 3 Nr. 3 VOB/B – s. auch BGH, Urt. v. 21.10.1971 – VII ZR 79/70, BauR 1972, 56, 57 = NJW 1972, 51 f.). Dasselbe gilt im Rahmen einer Schlusszahlung bei einer **Aufrechnung** mit Gegenansprüchen, u. a. aus einer verwirkten Vertragsstrafe, wenn deshalb der Auftraggeber weitere Zahlungen verweigert. Dabei ist es grundsätzlich unerheblich, ob die zur Aufrechnung gestellte Gegenforderung bestritten oder anerkannt ist (vgl. BGH, Urt. v. 31.03.1977 – VII ZR 51/76, BauR 1977, 282, 283 = NJW 1977, 1294, 1295). Allerdings muss diese Aufrechnung zulässig sein (BGH, Urt. v. 12.07.2007 – VII ZR 186/06, BauR 2007, 1726, 1727 = NJW-RR 2007, 1467).

▶ **Beispiel (nach BGH, a. a. O.)**

Der Auftraggeber erklärt die Aufrechnung mit einer Gegenforderung unter Verstoß gegen die Insolvenzordnung. Eine solche Aufrechnung ist unzulässig, weswegen sie dann auch nicht die Ausschlusswirkung nach § 16 Abs. 3 Nr. 2 VOB/B auslösen kann.

2636 Auch ein **Klageabweisungsantrag im Werklohnprozess** ist einer Schlusszahlung in diesem Sinne bzw. der Ablehnung weiterer Zahlungen gleichzusetzen (OLG Düsseldorf, Urt. v. 24.11.1977 – 13 U 138/76, NJW 1978, 1387, 1388). Die Ausschlusswirkung tritt schließlich ein, soweit der Auftraggeber aus sonstigen Gründen endgültig zu verstehen gibt, dass er zu weiteren Zahlungen nicht mehr bereit ist oder gar Überzahlungen vom Auftragnehmer zurückverlangt.

2637 Anzumerken ist immerhin, dass die vorgenannten Varianten der endgültigen Ablehnung weiterer Zahlungen **nur das Tatbestandsmerkmal der Schlusszahlung** ersetzen, nicht hingegen den Umstand, dass für die Schlusszahlung in jedem Fall eine Schlussrechnung vorliegen muss (BGH, Urt. v. 22.12.1983 – VII ZR 213/82, BauR 1984, 182, 184 = NJW 1984, 1757, 1758).

10.6.5.2 Notwendige Vorbehalte des Auftragnehmers

Will der Auftragnehmer die Ausschlusswirkung vermeiden, muss er in den vorgenannten Fällen rechtzeitig entsprechende Vorbehalte erklären (§ 16 Abs. 3 Nr. 5 VOB/B). Diese Vorbehalte sind **fristgebunden**: 2638

- In erster Linie muss der Auftragnehmer einen Vorbehalt **dem Grundsatz nach binnen 24 Werktagen** nach Zugang der jeweiligen Mitteilung des Auftraggebers (zu der Schlusszahlung – so wohl auch zu verstehen BGH, Urt. v. 18.04.2002 – VII ZR 260/01, BauR 2002, 1253, 1256 = NJW 2002, 2952, 2954) erklären. Der Vorbehalt muss sich auf alle noch vorbehaltenen Ansprüche (einschließlich Schadensersatzansprüche u. a.) erstrecken. Er ist an den Auftraggeber zu adressieren. Er wird sodann mit seinem Zugang beim Auftraggeber oder seinem Bevollmächtigten wirksam. Der vom Auftraggeber beauftragte Architekt oder Ingenieur ist jedenfalls dann der richtige Adressat der Vorbehaltserklärung, wenn er mit der Bauabrechnung befasst war und im Einverständnis mit dem Bauherrn die Verhandlungen mit den Auftragnehmern über deren Vergütungsansprüche führt (BGH, Urt. v. 12.05.1977 – VII ZR 270/75, BauR 1977, 356, 358 = NJW 1977, 1634 f.). Sicherheitshalber sollte der Auftragnehmer aber beiden gegenüber den Vorbehalt erklären.

  Wichtig ist dabei die Einhaltung der Frist von 24 Werktagen, wobei Samstage als Werktage gelten. Da dem Auftragnehmer die **Beweislast für die Vorbehaltserklärung** obliegt, ist die Zusendung durch Einschreiben mit Rückschein zu empfehlen (wobei auch diese Übersendungsform im Zweifelsfall keinen Zugangsnachweis darstellt). Die Frist beginnt mit dem Zugang der Mitteilung des Auftraggebers zur Schlusszahlung, nicht aber vor deren Eingang bzw. bei Überweisungen bei Kenntnis des Zahlungseingangs (vgl. auch BGH, 27.10.1983 – VII ZR 155/83, BauR 1984, 65, 66 f. = NJW 1984, 368). 2639

  Der Vorbehalt unterliegt **keinen allzu strengen Anforderungen**; er kann sogar in besonderen Ausnahmefällen entbehrlich sein, wenn z. B. unmittelbar vor dem Eingang der Schlusszahlung der Auftragnehmer erklärt hatte, er bestehe auf der Bezahlung des vollen Rechnungsbetrages (vgl. BGH, Urt. v. 16.04.1970 – VII ZR 40/69, BauR 1970, 240, 241). Auch eine bereits erhobene Zahlungsklage macht den Vorbehalt im Allgemeinen entbehrlich. 2640

- Nach Abgabe dieses Vorbehaltes ist der Auftragnehmer sodann gezwungen, innerhalb von **weiteren 24 Werktagen** zu seinem Vorbehalt eine **prüfbare Rechnung einzureichen** oder seinen Vorbehalt schriftlich zu begründen. 2641

- Auf vorgenannte Vorbehalte einschließlich der Begründung kann nach der Rechtsprechung nur **verzichtet** werden, wenn **eindeutig erkennbar** ist, dass der Auftragnehmer in jedem Fall noch weitere Vergütungsforderungen verlangt und daran festhält, insbesondere wenn er bereits eine prüfbare Abrechnung vorgelegt hat (BGH, Urt. v. 20.05.1985 – VII ZR 324/83, BauR 1985, 576 f. = NJW 1986, 2049, 2050; BGH, Urt. v. 18.04.2002 – VII ZR 260/01, BauR 2002, 1253, 1256 = NJW 2002, 2952, 2954). Hier wäre ein erneuter Vorbehalt eine reine Förmelei, weil der Auftragnehmer dann ja nur das noch einmal erklären müsste, was er schon zuvor mit seiner Schlussrechnung u. a. getan hat. Allerdings ist eine Vorbehaltsbegründung des Auftragnehmers stets dann erforderlich, wenn die der Schlusszahlung zugrunde liegende Schlussrechnung nicht vom Auftragnehmer aufgestellt wurde, sondern nach § 14 Abs. 4 VOB/B vom Auftraggeber (OLG Düsseldorf, Urt. v. 23.11.1993 – 21 U 8/93, BauR 1995, 258, 260 = NJW-RR 1995, 535). 2642

10.6.5.3 Folge der Ausschlusswirkung

Hat der Auftragnehmer den notwendigen Vorbehalt trotz der erfolgten Schlusszahlung nicht erklärt, so ist er mit **allen Nachforderungen ausgeschlossen**; auch früher erhobene, aber unerledigt gebliebene Ansprüche kann er nicht mehr geltend machen (§ 16 Abs. 3 Nr. 4 VOB/B). Dies gilt auch für 2643

- Ansprüche aus Zusatz- und Ergänzungsaufträgen (vgl. OLG Düsseldorf, Urt. v. 17.03.1977 – 13 U 154/76, NJW 1977, 1298 f.)
- Schadensersatzansprüche (BGH, Urt. v. 06.12.1973 – VII ZR 37/73, BGHZ 62, 15, 17 f. = BauR 1974, 132, 133; BGH, Urt. v. 02.12.1982 – VII ZR 63/82, BauR 1983, 165, 167 = NJW 1983, 816),

- Ansprüche aus Verzug (OLG Celle, Urt. v. 02.05.1974 – 16 U 195/73, SFH Z 2.330.2 Bl. 12).

Ausgenommen von der Ausschlusswirkung sind lediglich **Aufmaß-, Rechen- und Übertragungsfehler** (§ 16 Abs. 3 Nr. 6 VOB/B – vgl. auch BGH, Urt. v. 06.05.1985 – VII ZR 190/84, BauR 1985, 458, 459 = NJW 1986, 2050, 2051).

2644 Die nach § 16 Abs. 3 Nr. 2 VOB/B ausgeschlossenen Ansprüche des Auftragnehmers gehen bei einem unterbliebenen Vorbehalt aber nicht unter, sondern sind **einredebehaftet**. Sie sind also (nur) nicht mehr gerichtlich durchsetzbar, wenn sich der Auftraggeber darauf beruft (BGH, Urt. v. 06.12.1973 – VII ZR 37/73, BGHZ 62, 15, 17 f. = BauR 1974, 132, 133). Möglich bleibt jedoch eine Aufrechnung. Denn die nach § 16 Abs. 3 Nr. 2 VOB/B ausgeschlossene Forderung ist wie eine verjährte Forderung zu behandeln, sodass § 215 BGB entsprechend anwendbar ist. Ebenso gilt § 216 Abs. 1 BGB analog für eine noch anschließende Befriedigung aus einer schon eingetragenen Bauhandwerkersicherungshypothek nach § 648 BGB (Ingenstau/Korbion/U. Locher, VOB/B, § 16 Abs. 3 Rn. 78, 82).

▶ **Beispiel**

Der Auftragnehmer hatte eine Bauhandwerkersicherungshypothek eintragen lassen. Im Anschluss daran erklärt der Auftraggeber zu der erteilten Schlussrechnung, dass der Auftragnehmer nichts mehr bekomme. Auf die entsprechenden Hinweise zur Ausschlusswirkung reagiert der Auftragnehmer nicht. Jetzt kann der Auftraggeber zwar einer weiter gehenden Vergütungsforderung die Schlusszahlungseinrede nach § 16 Abs. 3 Nr. 2 VOB/B entgegenhalten. Möglich bleibt es für den Auftragnehmer jedoch, auch für den einredebehafteten Vergütungsanteil noch die Bauhandwerkersicherungshypothek zu verwerten.

2645 Im Übrigen ist zu beachten, dass § 16 Abs. 3 Nr. 2 VOB/B mit seiner Schlusszahlungseinrede einer **isolierten AGB-Inhaltskontrolle nach § 307 BGB nicht standhält**. Dies wiederum beruht vor allem auf der weitreichenden Sanktion des vorbehaltlosen Handelns, nämlich dass der Auftragnehmer infolgedessen mit weiteren Ansprüchen ausgeschlossen sein soll. Dies bewegt sich weit von der Gesetzeslage weg, die einen solchen Ausschluss von Rechten nur ganz ausnahmsweise (etwa im Fall der Verwirkung oder als Einrede im Fall der Verjährung) kennt. Die Klausel in § 16 Abs. 3 Nr. 2 VOB/B ist somit nur wirksam, wenn die VOB als Ganzes vereinbart wurde (BGH, Urt. v. 09.10.2001 – X ZR 153/99, BauR 2002, 775, 776) oder vom Auftragnehmer selbst in den Vertrag eingeführt wurde

10.7 Rückforderungsanspruch zu geleisteten (Schluss) Zahlungen

2646 Fraglich ist, ob und inwieweit die Leistung der Schlusszahlung durch den Auftraggeber Rückforderungen von Überzahlungen durch ihn ausschließt. Hier ist zu unterscheiden:

10.7.1 Kein deklaratorisches Schuldanerkenntnis bei Schlusszahlung

2647 Mit der vorbehaltlosen Zahlung der Schlussvergütung nach vorausgegangener Prüfung und Feststellung der Höhe der Schlussrechnung könnte man immerhin der Auffassung zuneigen, dass der Auftraggeber damit das Bestehen einer diesbezüglichen Schuld bestätigt. Dies könnte dann für ein entsprechendes deklaratorisches Schuldanerkenntnis sprechen. Dies hätte zur Folge, dass der Auftraggeber mit allen Einwendungen tatsächlicher und rechtlicher Art ausgeschlossen ist, die er bei Abgabe des Anerkenntnisses, d. h. bei Leistung der Schlusszahlung, kannte oder mit denen er rechnete, ohne Weiteres rechnen konnte oder musste (vgl. BGH, Urt. v. 13.3.1974 – VII ZR 65/72, WM 1974, 410, 411 zu einem Anerkenntnis eines Bauherrn bezüglich einer Architektenrechnung).

Zumindest in der Regel wird man allerdings davon auszugehen haben, dass in der reinen Rechnungsprüfung einschließlich der darauf folgenden Bezahlung **kein Schuldanerkenntnis** liegt. Ein solches setzt nämlich voraus, dass die Vertragsparteien das Schuldverhältnis ganz oder teilweise dem Streit oder der Ungewissheit der Parteien entziehen wollen und sich dahin gehend entsprechend einigen (vgl. BGH, Urt. v. 01.12.1994 – VII ZR 215/93, BauR 1995, 232, 234 = NJW 1995, 960, 961;

BGH, Urt. v. 06.12.2001 – VII ZR 241/00, BauR 2002, 613, 614 f. = NJW-RR 2002, 661, 662). Hierfür bedarf es dann aber eines entsprechenden darauf gerichteten Angebotes und einer diesbezüglichen Annahme. Die reine Prüfung einer Rechnung, deren Bezahlung oder auch die Bezahlung nach Prüfung begründen demgegenüber für sich genommen keine Einigung zu einem deklaratorischen Schuldanerkenntnis (BGH, Urt. v. 08.03.1979 – VII ZR 35/78, BauR 1979, 249, 251 = NJW 1979, 1306; BGH, Urt. v. 11.01.2007 – VII ZR 165/05, BauR 2007, 700 = NJW-RR 2007, 530 = ZfIR 2007, 367) oder auch nur die Annahme eines »tatsächlichen« Anerkenntnisses (BGH, Urt. v. 11.11.2008 – VIII ZR 265/07, NJW 2009, 580, 581).

10.7.2 Rechtsgrund für Rückforderungsansprüche

Kann man demzufolge in der Regel davon ausgehen, dass die Rechnungsprüfung und die sich anschließende Bezahlung kein deklaratorisches Schuldanerkenntnis darstellen, stehen dem Auftraggeber bei Überzahlungen grundsätzlich Rückforderungsansprüche zu. Hinsichtlich des Rechtsgrundes ist allerdings zu unterscheiden: 2648

- **Überzahlung im Zusammenhang mit Voraus- und Abschlagszahlungen**
Zunächst ist der Fall zu betrachten, dass der Auftraggeber in der Bauphase Abschlags- oder Vorauszahlungen geleistet hat und nunmehr eine Überzahlung eingetreten ist. Hierzu steht dem Auftraggeber ein Anspruch auf Rückzahlung des Überschusses zu. Rechtlich handelt es sich dabei um einen **vertraglichen Anspruch**, nicht um einen aus Bereicherungsrecht. Der vertragliche Anspruch beruht auf der bei Abschlags- oder Vorauszahlung konkludent geschlossenen Vereinbarung, einen etwaigen Überschuss an den Auftraggeber zurückzuzahlen (BGH, Urt. v. 11.02.1999 – VII ZR 399/97, BGHZ 140, 365, 373 = BauR 1999, 635, 639 = NJW 1999, 1867, 1869; BGH, Urt. v. 24.01.2002 – VII ZR 196/00, BauR 2002, 938, 939 f. = NJW 2002, 1567, 1568 = NZBau 2002, 329, 330; BGH, Urt. v. 30.09.2004 – VII ZR 187/03, BauR 2004, 1940, 1941 = NJW-RR 2005, 129, 130 für à-conto-Zahlungen). Der wesentliche Vorteil mit dem Rückgriff auf vertragliche Ansprüche besteht vor allem darin, dass sich der Auftragnehmer nicht auf den Einwand der Entreicherung (§ 818 Abs. 3 BGB) berufen kann. Ansonsten entsteht der Anspruch des Auftraggebers auf Ausgleich überhöhter Abschlagszahlungen aber erst nach Beendigung des Vertrages, sei es in der ursprünglich vereinbarten Weise oder durch Kündigung (BGH, Urt. v. 11.2.1999 – VII ZR 399/97, a. a. O.). Denn erst zu diesem Zeitpunkt lässt sich die Vergütung des Auftragnehmers anhand des erreichten Leistungsstands abschließend ermitteln. Bis dahin ist der Auftragnehmer also berechtigt, die geleisteten Abschläge zu behalten, d. h., sie sind insoweit eben **bis zur Schlussrechnung als vorläufig** anzusehen (BGH, Urt. v. 19.03.2002 – X ZR 125/00, BauR 2002, 1257, 1259 = NJW 2002, 2640, 2641 = NZBau 2002, 390, 391). Nichts anderes gilt, wenn die Durchführung des Werkvertrags ins Stocken gerät. Zwar verzögert sich damit die Schlussabrechnung und folglich die Rückzahlung (möglicherweise) überhöhter Abschläge an den Auftraggeber. Es besteht aber kein Anlass, aus diesem Grund die Pflicht des Auftragnehmers vorzuziehen, über die von ihm vereinnahmten Abschlagszahlungen abzurechnen (KG, Urt. v. 16.06.2009 – 27 U 157/08, NZBau 2009, 660, 661). 2649

Hinsichtlich der **Darlegungs- und Beweislast** gilt Folgendes: Der Auftraggeber muss darlegen, dass ihm aus einem vermeintlichen Saldoüberschuss ein Anspruch auf Rückzahlung zusteht. Dabei kann er sich auf eine vorhandene Abrechnung des Unternehmers beziehen und darlegen, dass sich daraus ein Überschuss ergibt oder nach Korrektur etwaiger Fehler ergeben müsste. Dabei genügt ein Vortrag, aus dem hervorgeht, in welcher Höhe er Voraus- und Abschlagszahlungen geleistet hat und dass diesen Zahlungen kein endgültiger Vergütungsanspruch des Auftragnehmers gegenüber steht. Hat der Auftraggeber so vorgetragen, ist es nunmehr Sache des Auftragnehmers, mit einer endgültigen, den vertraglichen Anforderungen entsprechenden Abrechnung dem Anspruch auf Rückzahlung entgegen zu treten. Bei einem VOB-Vertrag muss er **spätestens dafür eine prüffähige Schlussrechnung** vorlegen, aus der sich ergibt, dass ihm zumindest in Höhe der erhaltenen Voraus- und Abschlagszahlungen eine endgültige Vergütung zusteht, sodass er sie behalten darf (BGH, Urt. v. 11.02.1999 – VII ZR 399/97, BGHZ 140, 365, 376 = 2650

BauR 1999, 635, 640 = NJW 1999, 1867, 1870; BGH, Urt. v. 30.09.2004 – VII ZR 187/03, BauR 2004, 1940, 1941 = NJW-RR 2005, 129, 130).

2651 Der Rückzahlungsanspruch selbst unterliegt der **regelmäßigen Verjährung** von drei Jahren (§ 195 BGB). Die Verjährung beginnt am Ende des Jahres, in dem der Anspruch entstanden ist und der Gläubiger Kenntnis von den anspruchsbegründenden Umständen hat oder grob fahrlässig nicht erlangt hatte (§ 199 Abs. 1 BGB). Wie schon zuvor erläutert wirft die Bestimmung des Zeitpunktes der Anspruchsentstehung keine Probleme auf: Dieser ist gleichzusetzen mit dem Zeitpunkt der Einreichung der Schlussrechnung, da der Auftragnehmer bis dahin die geleisteten Abschlagszahlungen behalten darf (Rdn. 2649). Subjektiv kommt es sodann nicht darauf an, dass der Auftraggeber aus der vorliegenden Rechnung die richtigen Schlüsse für ggf. bestehende Rückzahlungsansprüche zieht; entscheidend ist allein, dass er **Kenntnis der die Rückzahlungsansprüche begründenden Umstände hat.** Hierzu genügt nach der Rechtsprechung zumindest in der Regel neben der Kenntnis der Schlussrechnung selbst soweit erforderlich eine weiter gehende Kenntnis der ihr zugrunde liegenden Aufmaße und des Leistungsverzeichnisses, aus denen sich der Rückzahlungsanspruch ergibt (BGH, Urt. v 08.05.2008 – VII ZR 106/07, BauR 2008, 1303, 1305 = NJW 2008, 2427, 2428 = NZBau 2008, 501, 502). Dies dürfte allerdings nur für leicht erkennbare Fehler gelten (so auch in der vorgenannten BGH-Entscheidung). Wenn der Fehler dagegen aus den vorliegenden Unterlagen nicht ohne Weiteres zu entnehmen, beruht die Überzahlung ja zumeist darauf, dass der Auftraggeber bzw. sein Rechnungsprüfer die Überzahlung einschließlich der ihr zugrunde liegenden Umstände tatsächlich nicht positiv erkannt hat. Dann aber kommt eine Verjährung nur in Betracht, wenn ihm wegen dieser Unkenntnis **grobe Fahrlässigkeit** vorzuwerfen ist (§ 199 Abs. 1 Nr. 2 BGB). Dies ist zwar theoretisch denkbar.

> ▶ **Beispiel (ähnlich KG, Urt. v. 19.11.2010 – 7 U 97/10, Nichtzul.-Beschw. zurückgew., BGH, Beschl. v. 14.6.2012 – VII ZR 213/10, IBR 2012,503)**
>
> Im Rahmen einer Rechnungsprüfung korrigiert der Auftraggeber Kostenansätze zu einer Position nach unten. Allerdings ließ er sich dazu nicht die darin enthaltenen Personalkostenanteile nachweisen, die ebenfalls überhöht waren – was ohne weiteres nach der ihm verschlossen vorliegenden Urkalkulation möglich gewesen wäre. Hierin dürfte eine grobe Fahrlässigkeit liegen, wenn dem Auftraggeber nicht sämtliche für die Rechnungsprüfung vorliegenden Unterlagen vorliegen, er dies erkennt und er nunmehr trotzdem eine Prüfung vornimmt.

Zumeist jedoch sind die Sachverhalte viel komplexer – und die fehlende Kenntnis beruht darauf, dass dem Auftraggeber ggf. auch nur im Rahmen einfacher Fahrlässigkeit die Hintergründe der Überhöhung verborgen bleiben. In diesen Fällen wird es für die subjektive Kenntnis und den Verjährungsbeginn darauf ankommen, dass der Auftraggeber die überhöhte Abrechnung ggf. auch erst zeitversetzt wirklich erkennt.

2652 Vorstehende Grundsätze gelten in gleicher Weise für einen **BGB-Vertrag** (BGH, Urt. v. 24.01.2002 – VII ZR 196/00, BauR 2002, 938, 940 = NJW 2002, 1567, 1568 = NZBau 2002, 329, 330 = ZfBR 2002, 473, 474). Dies betrifft auch die soeben beschriebene Verteilung der Darlegungs- und Beweislast. Allerdings muss hier der Auftragnehmer zur Rechtfertigung der erhaltenen Voraus- und Abschlagszahlungen nicht zwingend eine prüfbare Schlussrechnung vorlegen, weil es einer solchen beim BGB-Werkvertrag nicht bedarf. Somit genügt eine **endgültige Abrechnung sonstiger Art.** Aus dieser muss sich allerdings gleichfalls ergeben, dass dem Auftragnehmer eine Gesamtvergütung mindestens in Höhe der schon erhaltenen Voraus- und Abschlagszahlungen zusteht (BGH, Urt. v. 24.01.2002 – VII ZR 196/00, BauR 2002, 938, 940 = NJW 2002, 1567, 1568 = NZBau 2002, 329, 330).

- **Rückforderung zu einem schon abgerechneten Vorhaben**

2653 Grundsätzlich zu unterscheiden ist die Rechtslage bei einem schon abgerechneten Vorhaben.

> **Beispiel**
>
> Nach schon geleisteter Schlusszahlung stellt der Auftraggeber 1 $^1/_2$ Jahre später fest, dass der Auftragnehmer überhöht abgerechnet hat.

In Fällen wie diesem kommt ein Rückgriff auf die soeben beschriebenen vertraglichen Ansprüche nicht (mehr) in Betracht. Denn diese beruhen allein auf der bei der Gewährung von Voraus- und Abschlagszahlungen konkludent getroffenen Abrede, nach Abschluss der Maßnahme ordnungsgemäß abzurechnen. Ist der Auftragnehmer so verfahren, hat sich dann auch diese Abrede erschöpft. Folglich steht dem Auftraggeber jetzt nur noch ein **Anspruch aus ungerechtfertigter Bereicherung** zu (Ingenstau/Korbion/U. Locher, VOB, § 16 Abs. 3 Rn. 45; Kapellmann/Messerschmidt/Messerschmidt, VOB/B, § 16 Rn. 77). Neben einem nunmehr doch möglichen Einwand der Entreicherung besteht sodann der weitere wesentliche Unterschied gegenüber den zuvor behandelten vertraglichen Ansprüchen darin, dass sich auch die Darlegungs- und Beweislast ändert: Denn jetzt hat der **Auftraggeber darzulegen und zu beweisen**, dass er den Auftragnehmer im Hinblick auf die vorliegende Schlussrechnung überzahlt hat (BGH, Urt. v. 06.12.1990 – VII ZR 98/89, BauR 1991, 223, 224 = NJW-RR 1991, 574, 575). In diesem Fall hätte er etwa vorzutragen, in welchem Umfang welche Stundenlohn- oder Regiearbeiten überhöht abgerechnet wurden.

Sind nach Vorstehendem dem Grundsatz nach Rückzahlungsansprüche ohne Weiteres möglich, stellt sich insbesondere bei schon länger abgeschlossenen Vorhaben neben der Verjährung (s. dazu soeben Rdn. 2657) regelmäßig die Frage, ob solche **Ansprüche nicht irgendwann verwirkt** sind. Unter einer Verwirkung versteht man den Verlust eines Rechtes, weil der Berechtigte es über einen längeren Zeitraum hin nicht geltend gemacht hat und sich der Verpflichtete darauf einstellen durfte, dass es der Berechtigte auch in der Zukunft nicht mehr geltend machen wird (BGH, Beschl. v. 25.03.1965 – V BLw 25/64, BGHZ 43, 289, 292 = NJW 1965, 1532; BGH, Urt. v. 16.06.1982 – IVb ZR 709/80, BGHZ 84, 280, 281 = NJW 1982, 1999). Die Verwirkung setzt sich demnach stets aus zwei Elementen zusammen: Zum einen bedarf es eines **signifikanten Zeitablaufs**, zum anderen eines **geschützten Vertrauens des Auftraggebers**. Ob diese Voraussetzungen vorliegen, hängt vom Einzelfall ab. Dabei hat die Rechtsprechung durchaus Zeiträume – dies insbesondere bei öffentlichen Auftraggebern – von über sechs Jahren als nicht ausreichend angesehen (BGH, Urt. v. 22.11.1979 – VII ZR 31/79, BauR 1980, 180, 181 = NJW 1980, 880, 881). Dies vorausgeschickt dürfte vor allem einem Kernargument gegen eine vorschnelle Annahme der Verwirkung erhebliche Bedeutung zukommen, nämlich der Tatsache, dass für den Ausschluss von Rechten eigentlich die Verjährungsvorschriften existieren (BGH a. a. O.). Dies gilt nach der heutigen Rechtslage umso mehr: Denn anders als in den Jahren, als die Rechtsprechung im Zusammenhang mit der Verwirkung wesentlich geprägt wurde, beläuft sich die regelmäßige Verjährungsfrist für Ansprüche aus einer Schlusszahlung (und damit korrespondierend für etwaige Rückzahlungsansprüche) auf drei Jahre ab Kenntnis (§ 199, 199 Abs. 1 BGB). Die maximale Verjährungsfrist für derartige Ansprüche ist auf zehn Jahre begrenzt (§ 195 Abs. 4 BGB). Vor diesem Hintergrund wird man in der Tat erhebliche Zweifel daran haben müssen, ob das Rechtsinstitut der Verwirkung hier überhaupt noch einschlägig ist. Dies dürfte im Hinblick auf die ohnehin verkürzten Verjährungsfristen gegenüber dem früheren Rechtszustand kaum der Fall sein. 2654

10.7.3 Rückzahlungsansprüche öffentlicher Auftraggeber

Die gesamte Problematik der Rückzahlungsansprüche stellt sich bei öffentlichen Auftraggebern besonders deutlich (s. dazu auch Zimmermann, BauR 2007, 1798; Groß, BauR 2008, 1052). Dies beruht darauf, dass Bauvorhaben der öffentlichen Hand zum Teil erst Jahre nach deren Abschluss durch **zuständige Rechnungsprüfungsbehörden geprüft** werden. Nicht zuletzt diese sind es, die dann möglicherweise eine unberechtigte Überzahlung feststellen verbunden mit der Aufforderung an den Auftraggeber, Rückzahlungsansprüche geltend zu machen. Dieses Ziel wird nicht immer erreicht werden können: 2655

2656 • Verträge öffentlicher Auftraggeber sehen für vorgenannten Fall einer nachgelagerten Rechnungsprüfung bereits **regelmäßige Vorbehalte in den Bauverträgen** vor mit der Folge, dass dann auch ein entsprechender vertraglicher Rückzahlungsanspruch geltend gemacht werden kann. Sodann schließen zahlreiche Bauverträge den Einwand des Wegfalls der Bereicherung aus. Teilweise finden sich auch Klauseln, durch die etwaige Rückforderungsrechte wegen erfolgter Überzahlung zumindest bis zur Prüfung durch die Rechnungsprüfungsämter vorbehalten bleiben. Derartige Klauseln dürften bei Verträgen mit öffentlichen Auftraggebern nicht als überraschend angesehen werden (§ 305c Abs. 1 BGB), da sie bei diesen üblich sind. Sie verstoßen auch nicht von vornherein gegen § 307 BGB, da insoweit nicht unzulässig in die Rechte der anderen Vertragspartei eingegriffen wird. Dies gilt erst recht für die Regelungen, mit denen sich der Auftraggeber letztlich nur eine Rückforderungsmöglichkeit gemäß § 812 BGB, d. h. auf der Grundlage eines gesetzlichen Anspruchs, erhalten will (vgl. dazu im Vergabehandbuch des Bundes VHB, Ziff. 15.1 der Zusätzlichen Vertragsbedingungen, 215). Soweit sich in den Bauverträgen dagegen kein **vertraglicher Rückzahlungsvorbehalt** findet, gelten im Verhältnis zwischen Auftragnehmer und öffentlichem Auftraggeber dieselben Grundsätze, wie vorstehend beschrieben: Bei Überzahlungen im Zusammenhang mit Voraus- und Abschlagszahlungen besteht ein vertraglicher Rückzahlungsanspruch; nach Abschluss der Maßnahme kann der Auftraggeber nur noch Bereicherungsansprüche geltend machen (siehe oben Rdn. 2648 ff.).

2657 Neben der Rechtsgrundlage für etwaige Rückforderungsansprüche stellt sich allerdings die in der Praxis sehr viel wichtigere Frage der Verjährung.

▶ **Beispiel**

Der Auftragnehmer rechnet seine Leistungen ab. Die offene Forderung wird nach einer Rechnungsprüfung durch die Kommune 2004 ausgeglichen. 2009 prüft der Rechnungshof das Vorhaben und stellt zu verschiedenen Positionen überhöhte Abrechnungen fest. Diesen Betrag fordert die Kommune nun zurück. Der Auftragnehmer beruft sich auf Verjährung.

Die Verjährung der Rückforderung richtet sich auch bei der Beteiligung der öffentlichen Hand nach denselben Maßstäben wie oben schon erläutert (Rdn. 2651): Wenn der Auftraggeber, d. h. die Kommune, die Überzahlung nach der Rechnungsprüfung auf der Grundlage der Rechnung und der Abrechnungsgrundlagen hätte erkennen können (gar erkannt oder grob fahrlässig nicht erkannt hat), läuft ab diesem Zeitpunkt beginnend ab Ende des betreffenden Jahres die Verjährung. Dass intern noch Rechnungsprüfungsbehörden das Vorhaben ebenfalls prüfen, hat darauf **keinen Einfluss**. Denn es ist nicht entscheidend, ob intern noch weitere Stellen zu einem späteren Zeitpunkt Rechnungsprüfungen vornehmen; vielmehr kommt es für die **Verjährung allein auf die Kenntnis des Gläubigers**, d. h. des Auftraggebers an (BGH, Urt. v. 08.05.2008 – VII ZR 106/07, BauR 2008, 1303, 1305 = NJW 2008, 2427, 2428 = NZBau 2008, 501, 502; Zimmermann, BauR 2007, 1798, 1803 ff.). Dies gilt unabhängig von der Tatsache, dass der BGH bei deliktischen Ansprüchen scheinbar eine andere Auffassung vertritt: Hier soll es nämlich gerade auf die Kenntnis der Mitarbeiter nicht etwa z. B. der Leistungsabteilung, sondern der für Rückforderungen zuständigen Regressabteilung ankommen (s. zuletzt etwa BGH, Urt. v. 20.10.2011 – III ZR 252/10 m. w. N., NJW 2012, 447, 448; st. Rspr, zuvor etwa schon: BGH, Urt. v. 28.11.2006 – VI ZR 196/05, NJW 2007, 834, 835). Diese Rechtsprechung ist hier aber nicht einschlägig: Denn anders als bei Rückforderungen nach Überzahlungen zu Bauverträgen geht es bei den genannten weiteren Sachverhalten um Ansprüche, die behördenintern von anderen Abteilungen (z. B. einer Regressabteilung) in eigener Zuständigkeit verfolgt werden. Dann kommt es in der Tat für die Verjährung auf deren Kenntnis an; eine Wissenszurechnung von Mitarbeitern einer dafür nicht zuständigen Parallelabteilung über § 166 Abs. 1 BGB findet insoweit nicht statt. Bei den Überzahlungen von Bauverträgen bleibt es dagegen allein bei Rückforderungsansprüchen der unmittelbar beauftragenden Stelle als Gläubigerin. Ihr kommt also nicht zugute, dass ggf. andere rein interne Stellen der öffentlichen Verwaltung nach erneuter Prüfung einer Abrechnung zu anderen Ergebnissen kommen (was Groß, BauR 2008, 1052, 1058 verkennt).

Greift somit auch bei Rückforderungsansprüchen der öffentlichen Hand die regelmäßige Verjährung von drei Jahren, kommt es auf einen weiter gehenden Ausschluss wegen einer **Verwirkung kaum noch an** (s. dazu schon oben Rdn. 2654). Dies spielte früher bei einer für Rückforderungsansprüchen geltenden dreißigjährigen Verjährung eine naturgemäß größere Rolle. Sollte dies allerdings doch einmal beachtlich sein, gerade weil etwa beim Auftraggeber keine Kenntnis bzw. grob fahrlässige Unkenntnis einer Überzahlung vorlag, würde ein darauf gerichteter Anspruch dann binnen der Höchstfrist von zehn Jahren verjähren (§ 199 Abs. 4 BGB). Ob eine Verwirkung hier einen verkürzten Zeitraum begründen kann, erscheint dagegen zweifelhaft. Soweit man dies annimmt, dürfte es jedenfalls an einem berechtigten Vertrauen des Auftragnehmers insoweit fehlen, als er vermeintlich davon ausgehen darf, nicht mehr mit etwaigen Rückzahlungsansprüchen behelligt zu werden. Dieses fehlende Vertrauen beruht darauf, dass es bei der öffentlichen Hand eben hinlänglich bekannt ist, dass die Rechnungsprüfungsbehörden zum Teil erst mit einer erheblichen Zeitverzögerung insbesondere größere Bauvorhaben prüfen bzw. teilweise nur prüfen können (BGH, Urt. v. 22.11.1979 – VII ZR 31/79, BauR 1980, 180, 181 = NJW 1980, 880, 881; OLG Dresden, Urt. v. 14.06.2006 – 6 U 2321/05, BauR 2007, 400, 402; vgl. allerdings auch OLG Köln, Urt. v. 23.02.1978 – 12 U 158/77, BauR 1979, 252, 253, das eine Verwirkung bei einem Zeitraum von mehr als sieben Jahren angenommen hat). 2658

10.8 Direktzahlung der Vergütung an Subunternehmer des Auftragnehmers (§ 16 Abs. 6 VOB/B)

Nach § 16 Abs. 6 VOB/B ist der Auftraggeber berechtigt, zur Erfüllung seiner Verpflichtungen aus dem Bauvertrag Zahlungen an Gläubiger des Auftragnehmers zu leisten, soweit diese an der Ausführung der vertraglichen Leistung des Auftragnehmers aufgrund eines mit diesem abgeschlossenen Dienst- oder Werkvertrages beteiligt sind, wegen Zahlungsverzugs des Auftragnehmers die Fortsetzung ihrer Leistungen zu Recht verweigern und die Direktzahlung die Fortsetzung der Leistung sicherstellen soll. Dies betrifft vornehmlich **Subunternehmer des Auftragnehmers**, die an derselben Baustelle tätig sind. 2659

▶ **Beispiel**

Der Generalunternehmer ist praktisch zahlungsunfähig. Der Subunternehmer stellt wegen ausbleibender Zahlungen nach § 16 Abs. 5 Nr. 4 VOB/B die Arbeiten ein. Nunmehr möchte der Bauherr sicherstellen, dass der Subunternehmer weiterarbeitet. Dies ist teilweise schon deshalb geboten, weil bei einigen Gewerken (z. B. im Bereich der Regelungstechnik) ein Austausch von Auftragnehmern gar nicht ohne Weiteres möglich ist.

§ 16 Abs. 6 VOB/B sieht genau für diese Fälle die Möglichkeit vor, dass dann der Bauherr zur Sicherung der Fortsetzung der Arbeiten Schuld befreiend in seinem Verhältnis zum Generalunternehmer Zahlungen unmittelbar an dessen Subunternehmer leistet, damit dieser weiterarbeitet.

10.8.1 Voraussetzungen

Für eine Direktzahlung des Auftraggebers (Bauherrn) an den Subunternehmer eines zwischengeschalteten Auftragnehmers nach § 16 Abs. 6 VOB/B müssen folgende Voraussetzungen vorliegen: 2660
- Der Auftraggeber (Bauherr) leistet an den nachgelagerten Subunternehmer eine Zahlung, und zwar **in Erfüllung seiner eigenen Verpflichtung** aus dem laufenden Bauvertrag gegenüber dem zwischengeschalteten Auftragnehmer (Generalunternehmer). Hierbei geht es um fällige **Zahlungsverpflichtungen jeder Art** (Abschlags-, Voraus- oder Schlusszahlungen).
- Der Gläubiger des Auftragnehmers (gemeint ist hier der Subunternehmer) muss seinerseits einen **ebenfalls fälligen Zahlungsanspruch** gegen den zwischengeschalteten Auftragnehmer (Generalunternehmer) haben. Dabei müssen diese Zahlungsansprüche entweder auf einem mit diesem geschlossenen Dienst- oder Werkvertrag beruhen. Andere Vertragsverhältnisse genügen nicht. Dies gilt insbesondere für **Werklieferungsverträge** (vgl. dazu oben Rdn. 396 ff.), die sich nach § 651

BGB nach Kaufrecht richten. Gerade Letzteres gewinnt erheblich an Bedeutung, weil in der Baupraxis nicht genug zwischen Werkvertrags- und Werklieferungsrecht unterschieden wird.
- Weitere Voraussetzung ist, dass der Subunternehmer aufgrund seines geschlossenen Vertragsverhältnisses mit dem zwischengeschalteten Unternehmer (Generalunternehmer) an der Ausführung der vertraglichen Leistung des Auftragnehmers (Generalunternehmer) – gemeint ist hier das Bauvorhaben im Verhältnis Bauherr/Generalunternehmer – beteiligt ist.
- Schließlich muss sich der zwischengeschaltete Auftragnehmer (Generalunternehmer) gegenüber dem Subunternehmer in Zahlungsverzug befinden und der Subunternehmer deswegen von seinem Leistungsverweigerungsrecht Gebrauch machen, d. h. mit Baueinstellung drohen.

2661   Liegen die vorgenannten Voraussetzungen vor, kann nach § 16 Abs. 6 VOB/B eine Direktzahlung erfolgen. Der zwischengeschaltete Auftragnehmer (Generalunternehmer) ist nunmehr aber nach § 16 Abs. 6 S. 2 VOB/B verpflichtet, sich auf Verlangen des Auftraggebers (Bauherrn) innerhalb einer von diesem gesetzten Frist darüber zu erklären, ob und inwieweit er die Forderungen seiner Gläubiger anerkennt. Dabei wird von einem solchen Anerkenntnis ausgegangen, wenn diese Erklärung nicht rechtzeitig abgegeben wird. Eine solche Erklärungsnotwendigkeit soll die Beteiligungsrechte des zwischengeschalteten Auftragnehmers sichern und ihm die Möglichkeit etwaiger Einwendungen eröffnen. Dabei ist der Auftraggeber (Bauherr) gut beraten, sich auch entsprechend zu erkundigen, um klare Verhältnisse zu schaffen – wobei dazu allerdings keine Vertragspflicht besteht.

10.8.2 Risiken

2662   Auch wenn sich vorstehende Regelung einfach und vor allem praxisnah anhört, ist jedoch **eindringlich davor zu warnen**, so zu verfahren. Die damit verbundenen **Risiken** sind sowohl für den Bauherrn als auch für den Subunternehmer **unüberschaubar**:
- Die Regelung in § 16 Abs. 6 VOB/B mit der in ihr enthaltenen Zahlungsmöglichkeit für den Auftraggeber hält nach der ganz herrschenden Meinung einer **isolierten AGB-Inhaltskontrolle nicht Stand**, soweit die VOB nicht als Ganzes vereinbart ist (BGH, Urt. v. 21.06.1990 – VII ZR 109/89, BGHZ 111, 394, 397 f. = BauR 1990, 727, 728 = NJW 1990, 2384, 2385). Daher sollte eine Zahlung an Subunternehmer des Auftragnehmers nur im Einvernehmen mit dem zwischengeschalteten Auftragnehmer selbst erfolgen.
- Trotz Vereinbarung der VOB kommt eine Direktzahlung des Auftraggebers an den Subunternehmer über § 16 Abs. 6 VOB/B nicht mehr Schuld befreiend in Betracht, wenn der **Hauptunternehmer Masseunzulänglichkeit angezeigt** hat und deswegen mit der Zahlung des Werklohns nicht mehr in Verzug geraten kann (OLG Schleswig, Urt. v. 27.06.2003 – 1 U 165/02, BauR 2004, 352, 353; s. auch schon BGH, Urt. v. 24.04.1986 – VII ZR 248/85, BauR 1986, 454 f. = NJW 1986, 2761 zum alten Konkursrecht).

2663   Doch auch **insolvenzrechtlich** ist diese Regelung mit **großen Risiken** verbunden (s. dazu Huber, NZBau 2008, 737; Gartz, BauR 2012, 571). Dies gilt zunächst für den von der Direktzahlung profitierenden Subunternehmer. Denn tatsächlich erbringt der Bauherr bei Zahlungen an diesen unter Bezug auf § 16 Abs. 6 VOB/B nur eine mittelbare Leistung als Mittelsperson des zwischengeschalteten Auftragnehmers. Hierdurch erwirbt der Subunternehmer nach § 131 InsO eine **inkongruente Deckung**, weil er ja keinen Anspruch auf diese Zahlung mit Wirkung zugunsten des Generalunternehmers (seines Auftraggebers) hatte. Deswegen sind solche Zahlungen, die innerhalb von drei Monaten vor dem Antrag auf Eröffnung des Insolvenzverfahrens gewährt wurden, **gegenüber dem Auftragnehmer (Subunternehmer)** nach § 131 Nr. 3 InsO anfechtbar mit der Folge, dass er diese Vergütung an den Insolvenzverwalter wieder herauszugeben hat (BGH, Beschl. v. 06.06.2002 – IX ZR 425/99, BauR 2002, 1408, 1409; BGH, Urt. v. 16.10.2008 – IX ZR 2/05, BauR 2009, 250, 251 = NJW-RR 2009, 232, 233 = NZBau 2009, 115, 116). Eine etwaige Anfechtung richtet sich dabei **vorrangig gegen den Subunternehmer als Empfänger** der Direktzahlung, wenn es sich erkennbar um eine Leistung des insolventen Hauptunternehmers handelt (BGH a. a. O.). Allerdings kann auch der **Bauherr** selbst **Gegner einer insolvenzrechtlichen Anfechtung**

10.8 Direktzahlung der Vergütung an Subunternehmer des Auftragnehmers (§ 16 Abs. 6 VOB/B)

sein. Dies überrascht, weil der Bauherr ja nicht Insolvenzgläubiger ist, sondern Schuldner des insolventen Generalunternehmers. Demzufolge gilt zunächst der Grundsatz, dass sich der anfechtungsrechtliche Rückgewährsanspruch eigentlich nur gegen denjenigen richten kann, der infolge der anfechtbaren Handlung aus dem Vermögen des Gemeinschuldners (Generalunternehmer) etwas erlangt hat (vgl. dazu vor allem: BGH, Urt. v. 16.09.1999 – IX ZR 204/98, BGHZ 142, 284, 287 ff. = NJW 1999, 3636; Huber, NZBau 2008, 737, 738). Es darf jedoch nicht verkannt werden, dass es daneben noch den Anfechtungstatbestand der **vorsätzlichen Gläubigerbenachteiligung** nach § 133 Abs. 1 S. 1 InsO gibt.

> **Beispiel**
>
> Der Generalunternehmer ist praktisch zahlungsunfähig. Seine Konten sind gepfändet. Der Bauherr möchte jetzt zur Verhinderung eines Baustillstandes mit Erfüllungswirkung unmittelbar an den Subunternehmer leisten. Der Generalunternehmer erklärt sich damit einverstanden – zumal ihm, was er dem Bauherrn auch mitteilt, keine freien Konten mehr zur Verfügung ständen. Kurz nach der Direktzahlung wird das Insolvenzverfahren über das Vermögen des GU eröffnet.

Auch in Fällen wie dem vorstehenden bleibt Anfechtungsgegner zwar vorrangig der Zahlungsempfänger (Subunternehmer), nicht der Bauherr. Doch auch der Bauherr hat etwas aus der Insolvenzmasse erlangt. Denn durch die mit dem Generalunternehmer vereinbarte Direktzahlung verbunden mit der darin getroffenen Verrechnungsabrede ist er gleichzeitig **von einer Verbindlichkeit in seinem Verhältnis zum Insolvenzschuldner befreit**. Allein deswegen wäre dann auch die zwischen Bauherrn und Insolvenzschuldner getroffene Verrechnungsabrede anfechtbar – mit der Folge, dass der Bauherr insoweit mit dem Subunternehmer als Gesamtschuldner haftet (BGH, Urt. v. 29.11.2007 – IX ZR 121/06, NJW 2008, 1067, 1068).

Da es hier aber (nur) um eine **Anfechtung infolge einer vorsätzlichen Gläubigerbenachteiligung** geht, kommt es weiter darauf an, dass der Insolvenzschuldner (Generalunternehmer) bei Abschluss der Verrechnungsabrede mit dem Bauherrn mit dem Vorsatz gehandelt hat, seine Gläubiger zu benachteiligen, und der Bauherr dies wusste. Dies ist jeweils getrennt zu prüfen:

- Aus Sicht des Insolvenzschuldners genügt es bereits, dass der Anfechtungsgegner bei Vornahme der Rechtshandlung (§ 140 InsO) die Benachteiligung der Gläubiger im Allgemeinen als Erfolg seiner Rechtshandlung gewollt oder als mutmaßliche Folge – sei es auch als unvermeidliche Nebenfolge eines an sich erstrebten Vorteils – erkannt und gebilligt hat. Eine solche Vorsatzhandlung ist anzunehmen, wenn der Schuldner (Generalunternehmer) bei der Verrechnungsabrede mit dem Bauherrn seine drohende Zahlungsunfähigkeit kennt (BGHZ 155, 75, 84 = NJW 2003, 3347; BGHZ 162, 143, 153 = NJW 2005, 1121). Dabei wird diese Kenntnis vermutet, wenn die vom Bauherrn an den Subunternehmer auf Anweisung des Generalunternehmers erfolgte Zahlung eine inkongruente Deckung begründet (BGH NJW-RR 2002, 1419) – was der Fall ist (s. o.).
- Der Vorsatz des Insolvenzschuldners allein reicht jedoch bei einer Direktzahlung des Bauherrn an den Subunternehmer im Einverständnis mit dem insolventen Generalunternehmer für eine Anfechtung nicht aus. Vielmehr muss auch der **Bauherr zumindest Kenntnis von dem Benachteiligungsvorsatz des Insolvenzschuldners (Generalunternehmers)** gehabt haben. Eine Vermutung wegen der inkongruenten Deckung reicht dafür nicht, weil dies nur das Verhältnis Insolvenzschuldner (Generalunternehmer) zum begünstigten Gläubiger (Subunternehmer) betrifft. Also ist es erforderlich, dass die **subjektive Kenntnis des Bauherrn von der vorsätzlichen Gläubigerbenachteiligung des Generalunternehmers** anderweitig festgestellt wird. Dies könnte etwa im vorgenannten Beispielfall deswegen angenommen werden, da der Weg der Direktzahlung unter anderem gewählt wurde, weil dem Generalunternehmer keine ungepfändeten Konten mehr zur Verfügung standen und der Generalunternehmer dies dem Bauherrn mitgeteilt hatte (BGH, Urt. v. 29.11.2007 – IX ZR 121/06, NJW 1067, 1069 f.; s. dazu allerdings auch Gartz, BauR 2012, 571, 574, der diese Rechtsprechung nur auf Fälle beschränken will, in denen der später insolvente GU an dieser Direktzahlung etwa nach einer Anweisung beteiligt war).

Das Ergebnis, dass sich die insolvenzrechtliche Anfechtung ggf. auch gegen den Bauherrn richten kann, ist mit »Härten« verbunden: Denn nunmehr muss er bei einer Insolvenz des Zahlungsempfängers schlimmstenfalls zwei Mal zahlen, ohne dafür eine Kompensation zu erhalten. Dies nimmt die Rechtsprechung hin: Denn wer kollusiv mit dem Insolvenzschuldner zusammenarbeitet, um andere Gläubiger zu benachteiligen, ist nicht schutzbedürftig (BGH a. a. O.).

2665 Unter Berücksichtigung dieser Risiken sind Auftraggeber gut beraten, **von dem Recht auf Direktzahlungen** nach § 16 Abs. 6 VOB/B **keinen Gebrauch zu machen**. Verpflichtet dazu sind sie ohnehin nicht (BGH Urt. v. 24.04.1986 – VII ZR 248/85, BauR 1986, 454 = NJW 1986, 2761). Dabei ist weiter zu beachten, dass nicht unter § 16 Abs. 6 VOB/B sonstige Vereinbarungen zwischen den Baubeteiligten fallen, die ebenfalls auf eine Direktzahlung des Bauherrn an den Subunternehmer hinauslaufen können, so etwa die **Erklärung einer Schuldmitübernahme**. Dies wäre somit ein probates Mittel, diese Risiken zu umgehen. Ähnlich verhält es sich zumindest theoretisch für dreiseitige Vereinbarungen zwischen Bauherrn, (fast insolventem) Generalunternehmer und Subunternehmer. Ein Anfechtungsrisiko besteht hier jedoch nur dann nicht, wenn diese **Vereinbarung zeitlich vor der Leistungshandlung** des Subunternehmer getroffen wurde (BGH, Urt. v. 10.05.2007 – IX ZR 146/05, BauR 2007, 1412, 1413 = NZBau 2007, 514, 515). Denn dann läge – jenseits der Vorsatzanfechtung – nur ein nicht anfechtbares Bargeschäft (§ 142 InsO) vor. In Betracht kommen solchen dreiseitigen Vereinbarungen daher wohl eher bei Werklieferungsverträgen, bei denen der Subunternehmer mit einem Zurückbehaltungsrecht den Leistungserfolg noch verhindern kann.

▸ Beispiel (ähnlich BGH, Urt. v. 10.05.2007, a. a. O.)

Der Subunternehmer hatte bereits Trennwände produziert, wegen ausstehender Zahlungen aber noch nicht eingebaut. Also hatte der Generalunternehmer diese Lieferung bisher nicht »erhalten«. Somit käme jetzt unter Beteiligung des Bauherrn noch eine insolvenzfeste dreiseitige Vereinbarung in Betracht, mit der Letzterer sich zur Direktzahlung der zu liefernden Trennwände verpflichtet.

10.9 Verjährung von Vergütungsansprüchen

2666 Soweit dem Auftragnehmer Vergütungsansprüche zustehen, unterliegen sie der üblichen Verjährung.

10.9.1 Regelmäßige Verjährungsfrist

2667 Die Verjährung des Vergütungsanspruchs regelt sich nach §§ 194 ff. BGB. Danach verjährt ein Vergütungsanspruch nach § 195 BGB innerhalb der so genannten regelmäßigen Verjährungsfrist, d. h. binnen **drei Jahren**. Für VOB-Verträge gilt nichts anderes, da die VOB/B anders als bei den Mängelrechten keine besonderen Vorschriften über die Verjährungsfrist von Vergütungsansprüchen kennt.

2668 Soweit demnach zumindest die Dauer der Verjährungsfrist für Vergütungsansprüche in BGB- und VOB-Vertrag gleich lang ist, bestehen doch Unterschiede bei der Dauer der Verjährung selbst. Dies wiederum beruht darauf, dass die Verjährung abhängig davon, ob ein VOB- oder BGB-Vertrag vorliegt, **unterschiedlich beginnt**. Ausgangspunkt für die Prüfung des Beginns der Verjährung ist jeweils § 199 Abs. 1 BGB. Danach beginnt die regelmäßige Verjährungsfrist mit dem Schluss des Jahres, in dem
- der Anspruch entstanden ist und
- der Gläubiger von den den Anspruch begründenden Umständen und der Person des Schuldners Kenntnis erlangt oder ohne grobe Fahrlässigkeit erlangen müsste.

2669 Bezüglich der Vergütungsansprüche dürften hinsichtlich der **subjektiven Kenntnis des Auftragnehmers** selten Zweifel bestehen. Denn ein Unternehmer weiß zumindest in aller Regel, wann eine Baumaßnahme abgenommen wurde und/oder er eine Schlussrechnung erteilt hat.

2670 Besondere Schwierigkeiten bestehen hingegen hinsichtlich der Tatbestandsvoraussetzung »**Entstehung des Vergütungsanspruchs**«.

10.9 Verjährung von Vergütungsansprüchen

> **Beispiel**
>
> Die Parteien haben einen Bauvertrag geschlossen. Am 7. Dezember 2008 wird das Vorhaben abgenommen. Gleichzeitig überreicht der Auftragnehmer eine prüfbare Schlussrechnung.

Insoweit ist zwischen VOB- und BGB-Vertrag zu unterscheiden.

10.9.1.1 Verjährung des Vergütungsanspruchs beim BGB-Vertrag

Verjährungsrechtlich ist ein Anspruch entstanden, wenn er fällig ist. Folglich müssen alle Voraussetzungen vorliegen, die für eine gerichtliche **Durchsetzung des Anspruchs erforderlich** sind (BGH, Beschl. v. 19.12.1990 – VIII ARZ 5/90, BGHZ 113, 188, 189 = NJW 1991, 836). Ein nicht fälliger Anspruch kann demzufolge nicht verjähren. 2671

Auf dieser Grundlage bestehen bei einem BGB-Werkvertrag keine Besonderheiten. Dementsprechend kann ohne Weiteres auf die vorstehenden Erläuterungen zur Fälligkeit der Schlussrechnung zurückgegriffen werden (Rdn. 2576 ff.), d. h.: Grundsätzlich wird der Vergütungsanspruch eines BGB-Werkvertrages **mit Abnahme fällig** (§ 641 Abs. 1 BGB). Sodann gelten die ebenfalls beschriebenen Abnahmesurrogate (s. dazu Koeble, BauR 2012, 1153). Demzufolge kann unter anderem eine Fälligkeit der Vergütung auch in folgenden Fällen eintreten: 2672
- Der Auftraggeber lehnt während der Bauphase ohne Grund die Vertragserfüllung ab.
- Der Auftraggeber verweigert innerhalb einer gesetzten angemessenen Frist zu Unrecht die Abnahme, obwohl er hierzu verpflichtet ist (vgl. § 640 Abs. 1 S. 3 BGB). Unter dem Gesichtspunkt der Verjährung immerhin überrascht diese Rechtsfolge: Denn hier kommt dem Auftraggeber ja zugute, dass er zunächst offenbar pflichtwidrig die Abnahme verweigert hat, was dann aber nunmehr zu seinen Gunsten trotzdem zu einer Fälligkeit des Vergütungsanspruchs und somit zum Beginn der Verjährung führen soll. Doch ist dies eben die Kehrseite dessen, dass die Verjährung nicht nach den Hintergründen des Entstehens eines Anspruchs fragt, sondern allein danach, wann dieser – in Kenntnis der Umstände – fällig, d. h. durchsetzbar ist. Das ist aber auch bei einer zu Unrecht verweigerten Abnahme der Fall (OLG Koblenz, Beschl. v. 19.02.2010 – 2 U 704/09, BauR 2010, 1278 [Ls.]), weil sich der Auftraggeber im Anschluss daran nicht mehr auf die fehlende Fälligkeit der Vergütung berufen kann (BGH, Urt. v. 25.01.1996 – VII ZR 26/95, BauR 1996, 390, 391 = ZfBR 1996, 156; s. auch oben Rdn. 1172).
- Der Auftraggeber macht bereits Gewährleistungsansprüche geltend.

Kann ebenfalls die Fälligkeit des Vergütungsanspruchs und somit der Verjährungsbeginn ausgelöst werden durch das im Gesetz vorgesehene eher untaugliche hilfsweise Instrument der sogenannten Durchgriffsfälligkeit gemäß § 641 Abs. 2 BGB (vgl. dazu oben im Einzelnen Rdn. 2578 ff.), kann zusammengefasst festgehalten werden: 2673

Stets dann, wenn eine dieser Fälligkeitsvoraussetzungen vorliegt, **beginnt damit gleichzeitig die Verjährung**.

Ausgehend von vorstehendem Beispielfall würde die Verjährung bei Abnahme am 7. Dezember 2008 gemäß § 199 Abs. 1 BGB am Ende des Jahres 2008 beginnen. Ein Vergütungsanspruch wäre somit Ende 2011 verjährt. Dabei sei an dieser Stelle nochmals darauf hingewiesen, dass es auf die **Stellung einer Rechnung** für die Verjährung eines Vergütungsanspruchs innerhalb eines BGB-Vertrages **nicht ankommt** (Rdn. 2582 ff.). 2674

10.9.1.2 Verjährung eines Vergütungsanspruchs beim VOB-Vertrag

Beim VOB-Vertrag gestaltet sich die Rechtslage insoweit anders, als der Vergütungsanspruch des Auftragnehmers nicht allein mit der Abnahme fällig wird. Diese ist zwar für die Fälligkeit ebenfalls Voraussetzung (siehe oben Rdn. 2532 ff.). Zusätzlich muss der Auftragnehmer aber noch eine prüfbare Abrechnung vorlegen. Selbst dann wird der Anspruch beim VOB-Vertrag nicht fällig. Vielmehr tritt die Fälligkeit jetzt erst nach Ablauf der dreißigtägigen Prüffrist gemäß § 16 Abs. 3 Nr. 1 VOB/B ein. Konkret heißt das: 2675

2676 • Wurde wie im vorstehenden Beispielsfall (Rdn. 2670) die Schlussrechnung am 7. Dezember 2008 gestellt und nutzt der Auftraggeber seine Prüffrist, kann ein Vergütungsanspruch des Auftragnehmers erst 30 Tage später fällig werden, d. h. am 7. Januar 2009. Die Verjährung würde somit erst am Ende des Jahres 2009 beginnen (vgl. § 199 Abs. 1 BGB), sodass der diesbezügliche Vergütungsanspruch erst am 31. Dezember 2012 verjährt.

2677 • Die Verjährung des Vergütungsanspruchs erfasst **alle Vergütungsteile**, die Gegenstand der Schlussrechnung sind. Ebenso verjähren **all diejenigen Ansprüche**, sofern sie aus demselben Vertrag herrühren und **in der Schlussrechnung hätten bereits enthalten sein können**, dort aber – sei es bewusst, sei es aus Vergesslichkeit – nicht aufgenommen wurden (BGH, Urt. v. 12.02.1970 – VII ZR 168/67, BGHZ 53, 222, 225 = BauR 1970, 113, 115; BGH, Urt. v. 22.04.1982 – VII ZR 191/81, BGHZ 83, 382, 386 = BauR 1982, 377, 379 = NJW 1982, 1815, 1816 – zuletzt etwa OLG Hamm, Urt. v. 21.02.2012 – 21 U 93/11, BauR 2012, 992 [Ls-]). Hierzu zählen neben vergessenen Vergütungsansprüchen vor allem auch etwaige dem Auftragnehmer z. B. zustehende Schadensersatzansprüche aus § 6 Abs. 6 VOB/B oder Verzug und Entschädigungsansprüche gemäß § 642 BGB u. a. (s. dazu auch oben Rdn. 2550). Ebenso gilt dies für Vergütungsforderungen, hinsichtlich derer der Auftraggeber schon vor Einreichung der Schlussrechnung erklärt, er werde diese nicht bezahlen.

2678 • Lange Zeit diskutiert war die Frage, ob im Hinblick auf die Formulierung in § 199 Abs. 1 BGB für die Entstehung des Anspruchs nicht möglicherweise auch schon beim VOB-Vertragsrecht die Abnahme allein ausreiche bzw. zumindest auf den Zeitpunkt abzustellen sei, bei dem der Auftragnehmer spätestens seine Schlussrechnung einzureichen habe (vgl. dazu die Fristen in § 14 Abs. 3 VOB/B – siehe oben Rdn. 2483). Der Rückgriff auf diesen Zeitpunkt, zu dem die Schlussrechnung vorliegen müsste, könnte immerhin damit begründet werden, dass die Verjährung ein Schutzinstrument zugunsten des Schuldners (Auftraggebers) ist. Hängt demgegenüber der Beginn der Verjährungsfrist von der Vorlage einer sogar prüfbaren Abrechnung ab, hätte es damit der Auftragnehmer als Gläubiger in der Hand, wann er mit Vorlage einer prüfbaren Rechnung die Verjährungsfrist in Gang setzt.

2679 • Diese Argumentation ist in sich schlüssig, setzt sich jedoch mit den allgemeinen Grundsätzen des Verjährungsrechts in Widerspruch. Denn wie vorstehend erläutert kann ein Anspruch **nur verjähren, wenn er auch durchgesetzt** werden könnte. Fehlt es hingegen an einer fälligen Forderung, kann diese nicht verjähren. Insoweit kann nach der eindeutigen Regelung in § 16 Abs. 3 Nr. 1 VOB/B an der dort vertraglich vereinbarten Fälligkeitsvoraussetzung der Vorlage einer prüfbaren Abrechnung nicht vorbeigegangen werden (weswegen aber immerhin vereinzelt diese Regelung – soweit die VOB/B vom Auftragnehmer gestellt und nicht ohne Abweichung vereinbart wurde – AGB-rechtlich verworfen wird: OLG Naumburg, Urt. v. 12.01.2012, 9 U 165/11, BauR 2012, 688 [Ls.]; s. dazu allerdings Rdn. 2547 f.).

Dem Einwand hinsichtlich der Beliebigkeit bei der Bestimmung des Zeitpunktes der Vorlage einer Schlussrechnung dürfte man daher nicht mit Mitteln des Verjährungsrechts begegnen können, sondern allenfalls mit Fragen der **Verwirkung eines Rechts** (siehe oben Rdn. 2654).

2680 • In engem Zusammenhang mit vorstehenden Bedenken steht allerdings die weiter gehende Rechtsprechung hinsichtlich der **Bedeutung der dreißigtägigen Prüffrist** gemäß § 16 Abs. 3 Nr. 1 VOB/B in Verbindung mit der vertraglich vorgesehenen Fälligkeitsvoraussetzung zur Vorlage einer prüfbaren Abrechnung. Insoweit könnte man nämlich durchaus die Auffassung vertreten, dass tatsächlich eine erst prüfbare Abrechnung die Fälligkeit und damit den Lauf der Verjährungsfrist auslöst. Dem ist jedoch nicht so. Zwar beurteilt sich die Prüfbarkeit einer Abrechnung an objektiven Voraussetzungen. Jedoch kann der Auftraggeber sich aus **Treu und Glauben nicht auf die fehlende Prüffähigkeit** einer Rechnung berufen, wenn die Rechnung seinen Kontroll- und Informationsinteressen genügt.

▶ Beispiel

Auftraggeber ist ein Architekt, der ein Bauträgerobjekt erstellt.

Auch in diesem Verhältnis bleibt eine Rechnung zwar ggf. objektiv nicht prüfbar, weil hier die notwendigen Unterlagen nicht beigefügt werden. Ein solch professioneller Auftraggeber wird sich auf diese fehlende Prüfbarkeit aber aus Treu und Glauben möglicherweise nicht berufen können, wenn er in der Lage ist, die Rechnung auch ohne etwaige Anlagen zu prüfen. Dies gilt in solchen Fällen umso mehr, als im Zweifel sogar die Planung von dem Bauherrn stammen dürfte.

Konkret heißt das: Kann sich ein Auftraggeber aus Treu und Glauben nicht auf die fehlende Prüfbarkeit der Rechnung berufen, beginnt die Verjährung der Vergütungsforderung spätestens dann, wenn dieser **Umstand** für den Auftragnehmer **erkennbar nach außen** tritt. 2681

▶ **Beispiel**

Zu einem abgenommenen Vorhaben überreicht der Auftragnehmer am 1. April eine teilweise objektiv nicht prüfbare Rechnung. Noch im April selbst führen der fachlich versierte Auftraggeber und der Auftragnehmer diverse Schlussrechnungsgespräche zu Einzelpositionen.

Hier weiß der Auftragnehmer bereits im Laufe des April, dass der Auftraggeber in der Lage ist die Rechnung zu prüfen, sodass dieser sich im Folgenden nicht mehr auf die fehlende Prüfbarkeit berufen kann. Demzufolge wird die diesbezügliche Rechnung aus verjährungsrechtlicher Sicht spätestens am 1. Mai fällig.

Äußert sich der (professionell beratene) Auftraggeber hingegen nicht, beginnt die Verjährung 2682 einer auf eine nicht prüfbare Schlussrechnung gestützten Forderung spätestens, wenn der **maximale Prüfungszeitraum** von 30 Tagen gemäß § 16 Abs. 3 Nr. 1 VOB/B **abgelaufen** ist, soweit der Auftraggeber keine substanziierten Einwendungen gegen die Prüffähigkeit vorgebracht hat. Ist die Rechnung nur teilweise prüffähig, kann der Auftragnehmer Auszahlung des unstreitigen Guthabens verlangen (vgl. hierzu umfassend BGH, Urt. v. 27.11.2003 – VII ZR 288/02, BGHZ 157, 118, 129 f. = BauR 2004, 316, 321 = NJW-RR 2004, 445, 448 f. = NZBau 2004, 216, 219; BGH, Urt. v. 23.09.2004 – VII ZR 173/03, BauR 2004, 1937, 1939 = NJW-RR 2005, 167, 168). Hinsichtlich einer solchen nur zum Teil prüffähigen Schlussrechnung läuft die Verjährung der Vergütungsforderung sodann aber erst mit Erteilung einer insgesamt prüffähigen Schlussrechnung, soweit sich der Auftraggeber nach § 242 BGB auf den Einwand der fehlenden Prüffähigkeit berufen kann und er fristgerecht entsprechende Vorbehalte dazu erklärt hat (vgl. dazu auch BGH a. a. O.).

- Zu beachten ist, dass auch **Abschlagsforderungen** des Auftragnehmers **selbstständig verjähren** 2683 können. Dies liegt auf der Hand. Denn selbstverständlich sind Abschlagsforderungen eigenständige Forderungen auf der Grundlage selbstständiger Rechnungen. Sie können auch selbstständig eingeklagt werden (BGH, Urt. v. 05.11.1998 – VII ZR 191/97, BauR 1999, 267, 268 = NJW 1999, 713 zum Architektenrecht; Kapellmann/Messerschmidt/Messerschmidt, VOB/B, § 16 Rn. 93; a. A. immerhin Ingenstau/Korbion/U. Locher, VOB/B, § 16 Abs. 1 Rn. 58). Auch wenn Abschlagsforderungen demzufolge eigenständig verjähren können, gilt weiterhin der Grundsatz, dass zu einem späteren Zeitpunkt über die gesamten Forderungen noch eine Schlussrechnung erstellt werden muss. In diese Schlussrechnung sind dann alle offenen Forderungen als nunmehr unselbstständige Rechnungsposten einzustellen. Demzufolge ist es über diesen Umweg letztlich doch möglich, eine inzwischen verjährte Abschlagsforderung noch durchzusetzen (BGH, a. a. O.).

10.9.2 Wirkung der Verjährung

Ist die Vergütungsforderung verjährt, ergeben sich folgende Rechtsfolgen: 2684
- Die Forderung bleibt zwar bestehen; allerdings ist der Auftraggeber berechtigt, **weitere Ver-** 2685 **gütungszahlungen zu verweigern** (§ 214 Abs. 1 BGB). Das bereits Gezahlte kann dagegen nicht zurückgefordert werden (§ 214 Abs. 2 BGB).
- Unbeschadet einer Verjährung schließt diese eine **Aufrechnung** und die Geltendmachung eines Zurückbehaltungsrechts nicht aus, wenn sich die zugrunde liegenden Gegenansprüche zu irgendeinem Zeitpunkt einmal unverjährt gegenüber gestanden haben.

▶ **Beispiel**

Die Vergütungsansprüche des Auftragnehmers sind zum 31. Dezember 2010 verjährt. Bereits vorher hatte der Auftraggeber seinerseits Schadensersatzansprüche wegen Mängeln geltend gemacht. Diese Ansprüche haben sich im unverjährten Zeitraum aufrechenbar gegenüber gestanden, sodass der Auftragnehmer jetzt noch dagegen mit seinen verjährten Vergütungsansprüchen aufrechnen kann (§ 215 BGB).

Anders wäre dies zu beurteilen, wenn der Vergütungsanspruch des Auftragnehmers bereits verjährt ist und jetzt erstmals ein auf Geldzahlung gerichteter Anspruch des Auftraggebers (z. B. auf Kostenvorschuss) nach Fristsetzung überhaupt entsteht: Diese Ansprüche hätten im unverjährten Zeitraum nie aufrechenbar gegenüber gestanden, sodass dann eine Aufrechnung ausscheidet.

- Besonders hervorzuheben ist sodann die Vorschrift des § 216 Abs. 1 BGB: Hat nämlich der Auftragnehmer zur Sicherung seines Vergütungsanspruchs eine **Bauhandwerkersicherungshypothek** beim Auftraggeber eintragen lassen, kann zwar theoretisch sein Vergütungsanspruch jetzt verjähren. Nach § 216 Abs. 1 BGB bleibt der Auftragnehmer aber trotz der grundsätzlich sonst bestehenden Akzessorietät einer Hypothek berechtigt, **weiterhin seine Rechte aus dieser Hypothek** geltend zu machen.

10.9.3 Verlängerung der Verjährung

2686 Nach den gesetzlichen Vorschriften können sich die Verjährungsfristen verlängern. Insoweit kann auf die vergleichbaren Erläuterungen zu den Mängelrechten verwiesen werden, weil hier substanziell nichts anderes gilt (Rdn. 1583 ff.). Dies betrifft sowohl die Hemmung des Laufs der Verjährung als auch den Neubeginn, wobei hier lediglich zusammengefasst erläutert werden soll:

10.9.3.1 Verjährungshemmung

2687 Verjährungshemmung bedeutet, dass für den Zeitraum der Hemmung die Verjährungsfrist nicht läuft (§ 209 BGB). Für den Vergütungsanspruch sind dabei vor allem folgende Tatbestände der Verjährungshemmung zu erwähnen:

- **Verhandlungen über den Anspruch (§ 203 BGB)**

2688 Schweben zwischen dem Auftragnehmer und dem Auftraggeber Verhandlungen über den Vergütungsanspruch oder die den Anspruch begründenden Umstände, so ist die Verjährung gehemmt. Vor allem bei Vergütungsansprüchen greift dieser Hemmungstatbestand, sobald der Auftraggeber im Rahmen der Rechnungsprüfung mit dem Auftragnehmer in Gespräche eintritt, Informationen einfordert oder ihn sogar bittet, bis zur Klärung offener Punkte abzuwarten (ausdrücklich OLG Oldenburg, Urt. v. 20.01.2009 – 12 U 101/08, BauR 2010, 810, 811). Die Hemmung endet, bis der eine oder der andere Teil die Fortsetzung der Verhandlungen verweigert, und zwar mit einem »**doppelten Nein**« betreffend den Anspruch überhaupt und die Fortdauer der Verhandlungen. Alternativ genügt das sog. Einschlafen von Verhandlungen. Dabei tritt die Verjährung frühestens drei Monate nach dem Ende der Hemmung der Verjährung ein (§ 203 S. 2 BGB – vgl. dazu näher oben Rdn. 1586 ff.).

- **Verjährungshemmung durch prozessuale Rechtsverfolgung**

2689 Die Verjährung wird außerdem gemäß § 204 Abs. 1 BGB gehemmt durch eine prozessuale Geltendmachung der Vergütungsansprüche (s. dazu Rdn. 1591 ff.), so u. a. durch
  – die Erhebung der Klage auf Zahlung oder auf Feststellung des Vergütungsanspruchs
  – die Zustellung des Mahnbescheids im Mahnverfahren
  – die Geltendmachung der Aufrechnung des Anspruchs im Prozess
  – die Zustellung der Streitverkündung
  – die Zustellung des Antrags auf Durchführung eines selbstständigen Beweisverfahrens
    Dies gilt aus Sicht des Auftragnehmers auch dann, wenn er zur Aufklärung von behaupteten Werkmängeln ein selbstständiges Beweisverfahren einleitet, um die Abnahmereife seiner Werk-

leistungen und die tatsächlichen Voraussetzungen für die Fälligkeit seines Vergütungsanspruchs nachweisen zu können (BGH, Beschl. v. 09.02.2012 – VII ZR 135/11, BauR 2012, 803 = NZBau 2012, 228, 229; s. auch Ingenstau/Korbion/Joussen, Anh. 3 Rn. 41 m. w. N.).
– die Anmeldung des Anspruchs im Insolvenzverfahren.

Die Verjährungshemmung **endet hier sechs Monate** nach der rechtskräftigen Entscheidung oder anderweitigen Beendigung des eingeleiteten Verfahrens. Dasselbe gilt, wenn das Verfahren in Stillstand gerät (§ 204 Abs. 2 BGB).

10.9.3.2 Neubeginn der Verjährung (§ 212 BGB)

Neben diesen Hemmungstatbeständen kennt das Verjährungsrecht auch noch den Neubeginn der Verjährung. Nach § 212 Abs. 1 BGB kommt es danach – hier im Zusammenhang mit Vergütungsansprüchen – zu einem erneuten Beginn der Verjährungsfrist, wenn
- der Auftraggeber dem Auftragnehmer gegenüber den Anspruch durch Abschlagszahlung, Zinszahlung, Sicherheitsleistung oder in anderer Weise anerkennt oder
- eine gerichtliche oder behördliche Vollstreckungshandlung vorgenommen oder beantragt wurde.

Nach alledem führt aber die **bloße Mahnung** eines Vergütungsanspruchs weder zu einer Hemmung noch zu einem Neubeginn der Verjährung, was in der Praxis häufig übersehen wird.

10.10 Zusammenfassung in Leitsätzen

1. Die Abrechnung der Leistungen des Auftragnehmers ist Grundlage seines Vergütungsanspruchs. Sie richtet sich nach der Art des geschlossenen Bauvertrages.
2. Bei einem Einheitspreisvertrag sind zur Bestimmung der geschuldeten Vergütung die ausgeführten Mengen festzustellen. Dies geschieht durch ein Aufmaß, das sinnvollerweise von Auftraggeber und Auftragnehmer gemeinsam zu nehmen ist. Hierin liegt dann ein deklaratorisches Schuldanerkenntnis zu den festgestellten Mengen. Bei einem Pauschalvertrag spielt das Aufmaß grundsätzlich keine Rolle für die Fälligkeit der Vergütung.
3. Bei VOB-Verträgen ist eine prüfbare Abrechnung vorzulegen. Dazu gehört u. a. die Beifügung der für das Verständnis der Rechnung erforderlichen Unterlagen (z. B. ein Aufmaß). Hierbei handelt es sich um eine Nebenpflicht des Auftragnehmers; notfalls kann auch der Auftraggeber die Rechnung selbst erstellen. Dabei ist die Prüfbarkeit der Abrechnung kein Selbstzweck, sondern soll nur die Rechte des Auftraggebers wahren. Daher kann sich ein fachlich versierter oder entsprechend beratener Auftraggeber ggf. aus Treu und Glauben nicht auf die fehlende Prüfbarkeit einer Rechnung berufen.
4. Stundenlohnarbeiten werden bei einem VOB-Vertrag nur vergütet, wenn dazu eine vertragliche Vereinbarung geschlossen wurde. Die Unterzeichnung von Stundenlohnzetteln stellt keine solche Vereinbarung dar. Für die Abrechnung von Stundenlohnarbeiten müssen die Stundenlohnzettel gleichwohl detailliert geführt werden. Sie sind dem Auftraggeber regelmäßig vorzulegen. Äußert er fristgebunden keine Einwände, gelten die dort dokumentierten Stunden als richtig. Sodann ist der Auftragnehmer gehalten, kontinuierlich Rechnung zu legen. Hierbei handelt es sich um Teilschlussrechnungen. Bei einem BGB-Vertrag gibt es keine vergleichbaren Beschränkungen. In jedem Fall aber ist ein Auftragnehmer gerade bei Stundenlohnarbeiten zu einer wirtschaftlichen Betriebsführung verpflichtet. Verstöße dagegen können zu Schadensersatzansprüchen des Auftraggebers führen.
5. Abschlagszahlungen bei einem VOB-Vertrag sind auf Antrag in möglichst kurzen Zeitabständen oder nach Zahlungsplan zu leisten. Sie setzen im Wesentlichen ein entsprechendes Verlangen des Auftragnehmers auf der Grundlage einer prüfbaren Aufstellung und eine vertragsgemäße (mangelfreie) Leistung voraus. Abschlagsrechnungen sind danach binnen 21 Tagen fällig. Ansprüche auf Abschlagszahlungen können bei Werkmängeln ggf. einbehalten werden. Sie gehen als eigenständige Forderung bei Stellung einer Schlussrechnung bzw. Schlussrechnungsreife verloren.

6. Bei einem BGB-Vertrag besteht ein Anspruch auf Abschlagszahlung für vertragsgemäß erbrachte Leistungen in Höhe eines Wertzuwachses beim Besteller. Bei wesentlichen Mängeln sind sie vollkommen ausgeschlossen. Besonderheiten gelten im Bauträgergeschäft. Ansonsten kann ein Auftragnehmer bei Verträgen mit Verbrauchern betreffend die Errichtung von Häusern u. a. nur Abschlagszahlungen fordern, wenn er zugleich eine Vertragserfüllungssicherheit von 5 % der Vergütungssumme übergibt.
7. Vorauszahlungen bei einem VOB- und BGB-Vertrag sind nur bei einer entsprechenden Vereinbarung zu leisten. Werden sie bei einem VOB-Vertrag nachträglich vereinbart, ist hierfür eine Sicherheit zu stellen und die Vorauszahlung zu verzinsen.
8. Die Fälligkeit einer Schlusszahlung bei einem VOB-Vertrag setzt grundsätzlich die Abnahme der Leistung, eine prüfbare Schlussrechnung und deren Prüfung bzw. den Ablauf einer Frist von 30 Tagen voraus. Auf die Abnahme kann in Ausnahmefällen verzichtet werden, so u. a. bei einer endgültigen Ablehnung der Abnahme durch den Auftraggeber. Ist die Rechnung nicht prüfbar, wird sie trotzdem fällig, wenn der Auftraggeber die Fälligkeit nicht binnen der 30tägigen Prüfungsfrist konkret gerügt hat. Die Fälligkeitsfrist von 30 Tagen kann auf höchstens 60 Tage verlängert werden, wenn die Verlängerung sachlich gerechtfertigt und ausdrücklich vereinbart worden ist.
9. Bei einem BGB-Vertrag ist für die Fälligkeit der Schlussrechnung allein die Abnahme der Bauleistung entscheidend. Diese Abnahme kann zumindest theoretisch durch die sog. Durchgriffsfälligkeit ersetzt werden. Praktisch kommt dieser Ersetzung aber keine Bedeutung zu. Auf eine Schlussrechnung kommt es zumindest für die Fälligkeit einer Schlusszahlung nicht an.
10. Bei einem VOB-Vertrag gibt es schließlich noch die Möglichkeit einer Teilschlusszahlung, soweit es um die Abrechnung von in sich abgeschlossenen Leistungsteilen geht.
11. Soweit der Auftraggeber Rechnungen des Auftragnehmers bezahlt, hat er vorab 15 % der Bruttoschlussrechnungssumme als sog. Bauabzugsteuer an das für den Auftragnehmer zuständige Finanzamt zu zahlen. Hiervon kann er im Wesentlichen nur bei Bagatellaufträgen sowie bei Vorlage einer Freistellungsbescheinigung des Auftragnehmers absehen.
12. Neben der Bauabzugsteuer steht die Steuerschuldumkehr in Bezug auf die Umsatzsteuer. Ist Leistungsempfänger ebenfalls ein Unternehmer, der seinerseits Bauleistungen erbringt, ist Steuerschuldner für die Umsatzsteuer nicht der Auftraggeber als Leistungsempfänger, sondern der Auftragnehmer. Insoweit stellt er im Rahmen dieser auf das klassische Subunternehmerverhältnis zugeschnittenen Regelung nur eine Netto-Rechnung.
13. Zahlungen sind aufs Äußerste zu beschleunigen. Skonto kann nur bei einer wirksamen Skontovereinbarung und einer danach rechtzeitigen Zahlung gezogen werden. Eine wirksame Skontovereinbarung setzt zumindest eine Bestimmung der Höhe und der Zahlungsfristen sowie eine Klarstellung voraus, welche Zahlungen für einen Skontoabzug in Betracht kommen sollen.
14. Zahlt der Auftraggeber verspätet, stehen dem Auftragnehmer eines BGB-Vertrages – soweit er eine Rechnung gestellt hat – ab Abnahme Fälligkeitszinsen zu. Daneben können ein etwaiger Verzugsschaden bzw. Verzugszinsen anfallen. Schlimmstenfalls kann der Auftragnehmer nach erfolgloser Fristsetzung vom Vertrag zurücktreten oder Schadensersatz statt der Leistung verlangen.
15. Bei einem VOB-Vertrag kann der Auftraggeber mit ausstehenden Zahlungen ebenfalls in Verzug geraten. Verzug tritt entgegen der früheren Regelung in der VOB/B auch dann ein, wenn ohne Nachfristsetzung eine Frist von 30 Tagen nach Zugang der Rechnung vergangen ist. Diese Frist kann auf bis zu 60 Tagen verlängert werden, soweit dafür ein sachlicher Grund besteht und dies ausdrücklich vereinbart wurde. Bei weiter ausbleibenden Zahlungen kann der Auftragnehmer zumindest theoretisch seine Leistungen einstellen, wovon in der Praxis abzuraten ist. Schließlich steht dem Auftragnehmer die Möglichkeit offen, seinen Vertrag zu kündigen, soweit er die Kündigung vorher mit Fristsetzung zur Zahlung fruchtlos angedroht hat.

16. Der Auftraggeber eines VOB-Vertrages kann bei einer Schlusszahlung auf deren endgültigen Charakter und den Ausschluss weiterer Zahlungen hinweisen. In diesem Fall ist der Auftragnehmer mit weiteren Forderungen ausgeschlossen, soweit er dagegen nicht binnen 24 Werktagen einen Vorbehalt erklärt und diesen Vorbehalt binnen 24 weiterer Werktage begründet. Diese Regelungen dazu sind nur wirksam, soweit die VOB als Ganzes vereinbart wurde.
17. Wurde eine Schlusszahlung geleistet, liegt darin kein deklaratorisches Schuldanerkenntnis. Überzahlungen können zurückgefordert werden. Hierbei handelt es sich bis zur Schlusszahlung um vertragliche Ansprüche, danach um Ansprüche aus Bereicherungsrecht. Geht es um Rückzahlungen von Abschlagszahlungen, ist der Auftragnehmer in der Pflicht nachzuweisen, dass er erhaltene Abschlagszahlungen behalten darf. Eine Verwirkung von Rückzahlungsansprüchen kommt praktisch kaum in Betracht.
18. In Ausnahmefällen kann der Bauherr zur Sicherung der Fortführung der Arbeiten an etwaige auf der Baustelle beschäftigte Subunternehmer Direktzahlungen leisten. Diese Möglichkeit hat rechtlich nur Bestand, wenn die VOB als Ganzes ohne Abweichungen vereinbart ist. Insolvenzrechtlich sind derartige Direktzahlungen anfechtbar.
19. Vergütungsansprüche verjähren ab Fälligkeit binnen drei Jahren, wobei die Verjährungsfrist mit Eintritt der Fälligkeit der Forderung beginnt. Der Fälligkeitszeitpunkt liegt bei VOB-Verträgen schon allein aufgrund des dreißigtägigen Rechnungsprüfungszeitraumes in der Regel später als bei BGB-Verträgen. Die Verjährungsfrist kann bei Verhandlungen zwischen den Vertragspartnern oder durch prozessuale Geltendmachung gehemmt sein. Ist eine Forderung verjährt, kann der Schuldner sich dagegen mit einer entsprechenden Einrede zur Wehr setzen. Allerdings bleibt eine Aufrechnung mit einer verjährten Forderung teilweise zulässig.

11 Die vorzeitige Beendigung des Bauvertrages durch Kündigung u. a.

Übersicht
Rdn.
- 11.1 Allgemeine Grundsätze der Kündigung und Vertragsbeendigung 2693
- 11.2 Vorzeitige Beendigung des Bauvertrages – Überblick 2698
  - 11.2.1 Vorzeitige Beendigung des BGB-Werkvertrages – Überblick 2699
  - 11.2.2 Vorzeitige Beendigung des VOB-Vertrages – Überblick 2703
  - 11.2.3 Vorzeitige einvernehmliche Vertragsbeendigung 2705
- 11.3 Die Kündigung durch den Auftragnehmer 2708
  - 11.3.1 Rechtsstellung des Auftragnehmers im VOB-Vertrag 2709
    - 11.3.1.1 Vorzeitige Beendigung und Abrechnung bei ausbleibenden (möglichen) Mitwirkungshandlungen 2711
    - 11.3.1.2 Sonderfall: Mitwirkungshandlung ist nicht mehr möglich 2730
    - 11.3.1.3 Wichtige Einzelfälle der Kündigung durch den Auftragnehmer 2736
    - 11.3.1.4 Kündigung bei Zahlungsverzug oder sonstigem Verzug des Auftraggebers (§ 9 Abs. 1 Nr. 2 VOB/B) 2756
    - 11.3.1.5 Kündigung des Bauvertrages aus sonstigen Gründen 2767
    - 11.3.1.6 Die allgemeinen Kündigungsanforderungen nach der VOB/B 2770
    - 11.3.1.7 Die Kündigungsfolgen bei der Kündigung durch den Auftragnehmer 2774
  - 11.3.2 Rechtsstellung des Auftragnehmers im BGB-Vertrag 2784
    - 11.3.2.1 Rücktritt vom Vertrag (§ 323 Abs. 1 BGB) 2786
    - 11.3.2.2 Schadensersatz statt der Leistung (§ 281 Abs. 1 BGB) 2800
    - 11.3.2.3 Vertragskündigung nach § 643 BGB 2804
    - 11.3.2.4 Außerordentliche Vertragskündigung aus wichtigem Grund 2808
- 11.4 Die Kündigung durch den Auftraggeber 2815
  - 11.4.1 Die grundlose freie Kündigung und deren Folgen (§ 649 S. 1 BGB/§ 8 Abs. 1 VOB/B) 2819
    - 11.4.1.1 Voraussetzungen für eine freie Kündigung 2820
    - 11.4.1.2 Abbedingung des freien Kündigungsrechts und der Vergütungsfolgenregelung 2823
    - 11.4.1.3 Vergütungsanspruch nach freier Kündigung 2826
    - 11.4.1.4 Abnahme der gekündigten Leistungen 2854
    - 11.4.1.5 Teilkündigung 2855
    - 11.4.1.6 Fortbestehende Nacherfüllungsrechte 2857
  - 11.4.2 Weitere Kündigungsrechte im VOB-Vertrag 2858
    - 11.4.2.1 Kündigung wegen Vermögensverfalls des Auftragnehmers (§ 8 Abs. 2 VOB/B) 2861
    - 11.4.2.2 Die Kündigung wegen unzulässiger Preisabsprachen (§ 8 Abs. 4 VOB/B) ... 2876
    - 11.4.2.3 Außerordentliche Kündigung aus wichtigem Grund (§ 8 Abs. 3 VOB/B) ... 2879
    - 11.4.2.4 Kündigungsfolgen bei Kündigung aus wichtigem Grund 2894
    - 11.4.2.5 Kündigung nach § 6 Abs. 7 VOB/B 2938
    - 11.4.2.6 Die Kündigung wegen Vertrauensverlustes und positiver Vertragsverletzung 2940
    - 11.4.2.7 Die Kündigung wegen Überschreitung des Kostenanschlags (§ 650 BGB) ... 2950
  - 11.4.3 Kündigung: Form und Darlegung 2962
  - 11.4.4 Kündigung bzw. vorzeitige Beendigung durch den Auftraggeber des BGB-Vertrages ... 2966
    - 11.4.4.1 Rücktrittsrecht des Auftraggebers 2967
    - 11.4.4.2 Schadensersatzanspruch statt der Leistung 2977
    - 11.4.4.3 Kündigung wegen Überschreitung des Kostenanschlages (§ 650 BGB) 2979
    - 11.4.4.4 Kündigungs-/Rücktrittsrecht aus Treu und Glauben sowie Schadensersatz ... 2980
- 11.5 Zusammenfassung in Leitsätzen 2983

2692 Die Kündigung von Bauverträgen ist in der heutigen Baupraxis (leider) nicht mehr hinweg zu denken. Dies betrifft insbesondere die Kündigung von Subunternehmerverträgen durch Haupt- oder Generalunternehmer (s. dazu Joussen/Vygen, Subunternehmervertrag, Rn. 562 ff.). Daher erscheint es notwendig, die Voraussetzungen und Folgen einer solchen Kündigung in einem besonderen Kapitel zu behandeln. Hierbei sollen die Kündigung durch den Auftragnehmer und durch den Auftraggeber jeweils getrennt dargestellt werden. In diesem Zusammenhang wird zugleich auf die im BGB-Werkvertragsrecht an die Stelle der Kündigung vor allem tretenden Rücktritts- und Schadensersatzrechte eingegangen.

11.1 Allgemeine Grundsätze der Kündigung und Vertragsbeendigung

Die Kündigung stellt einen besonders schwerwiegenden Eingriff eines Vertragspartners in die Abwicklung des wirksam abgeschlossenen Bauvertrages dar. Sie wirkt als **einseitige empfangsbedürftige Willenserklärung** vom Zeitpunkt ihres Zugangs und beendet damit den Bauvertrag vor der Fertigstellung der Leistung für die Zukunft. Daraus folgt schon zwingend, dass die Kündigung zwar jederzeit während der Abwicklung oder Ausführung eines Bauvertrages, aber **zeitlich begrenzt nur bis zur Vollendung der Leistung** bzw. des Werkes erfolgen kann (vgl. § 649 S. 1 BGB bzw. § 8 Abs. 1 Nr. 1 VOB/B). Ist also die geschuldete Bauleistung als das vom Unternehmer hergestellte Werk (im Wesentlichen) mangelfrei abgeliefert, d. h. abgenommen worden, so ist eine Kündigung des Bauvertrages nicht mehr möglich. Ist dagegen das fertiggestellte Werk mit Mängeln behaftet und die Werkleistung deshalb vom Auftraggeber noch nicht abgenommen worden, kommt eine Kündigung jedenfalls dann noch in Betracht, wenn die Mängel behebbar sind, also eine Mängelbeseitigung erfolgen kann. Ist aber das Werk vom Auftraggeber trotz vorhandener Mängel abgenommen worden (vgl. dazu oben Rdn. 1194 ff.), so scheidet eine Kündigung danach aus (BGH, Urt. v. 06.02.1975 – VII ZR 244/73, BauR 1975, 280, 281 = NJW 1975, 825, 826).

2693

Die Kündigung des Bauvertrages ist als **einseitiges Gestaltungsrecht bedingungsfeindlich**. Sie kann also nicht für den Fall des Eintritts einer bestimmten Voraussetzung (z. B. Nichteinhaltung einer gesetzten Frist) erklärt werden, sondern muss nach Fristablauf unbedingt erfolgen. In der Kündigungserklärung muss der Wille, den Vertrag vorzeitig beenden zu wollen, zweifelsfrei zum Ausdruck kommen (Ingenstau/Korbion/Vygen, VOB/B, vor §§ 8 und 9 VOB/B, Rn. 6).

2694

Die Kündigung kann theoretisch auf einen **abtrennbaren Teil des Bauvertrages** beschränkt werden (sog. **Teilkündigung**). In diesem Fall findet nur der gekündigte Teil des Bauvertrages sein vorzeitiges Ende, während der Bauvertrag im Übrigen unverändert fortgesetzt wird (vgl. BGH, Urt. v. 06.02.1975 – VII ZR 244/73, BauR 1975, 280, 281 = NJW 1975, 825, 826 und BGH, Urt. v. 15.05.1986 – VII ZR 176/85, BauR 1986, 573, 574 f.). Eine solche Teilkündigung ist allerdings bei einem VOB-Vertrag, soweit eine außerordentliche Kündigung ausgesprochen werden soll, nach § 8 Abs. 3 Nr. 1 S. 2 VOB/B beschränkt. Sie setzt hier voraus, dass sie sich auf einen in sich abgeschlossenen Teil der nach dem Vertrag geschuldeten Gesamtleistung bezieht. Auf Einzelheiten dazu soll später eingegangen werden (Rdn. 2892 f.).

2695

Die Kündigung beendet den Bauvertrag – oder bei der zulässigen und damit wirksamen Teilkündigung den gekündigten Teil des Bauvertrages – für die Zukunft, d. h. vor allem:

2696

- Nach erfolgter Kündigung kann der Auftragnehmer gemäß § 8 Abs. 6 VOB/B **Aufmaß und Abnahme** seiner bis dahin erbrachten Leistungen verlangen. Entsprechendes gilt nach § 640 BGB beim BGB-Vertrag. Nur mit einer Abnahme etwa beginnt die Verjährungsfrist für die Gewährleistung (BGH, Urt. v. 19.12.2002 – VII ZR 103/00, BGHZ 153, 244, 250 = BauR 2003, 689, 691 = NJW 2003, 1450, 1451). Auch ist die **Abnahme Voraussetzung für die Fälligkeit** seines Vergütungsanspruchs (BGH, Urt. v. 22.09.2005 – II ZR 117/03, BGHZ 164, 159, 161 = BauR 2005, 1913, 1914 = NJW 2005, 3574, 3575; BGH, Urt. v. 11.05.2006 – VII ZR 146/04, BGHZ 167, 345, 348 f. = BauR 2006, 1294, 1295 = NJW 2006, 2475, 2476 – s. allerdings auch zu den Ausnahmen oben ausführlich Rdn. 1178 ff.).
- Der Auftragnehmer kann nach erfolgter Kündigung **keine Abschlagszahlungen** mehr fordern. Stattdessen muss er nun seine Vergütung im Rahmen der Schlussabrechnung geltend machen. In einem Rechtsstreit muss er von dem Anspruch auf Abschlagszahlung auf den Anspruch auf die Schlusszahlung übergehen (BGH, Urt. v. 21.02.1985 – VII ZR 160/83, BauR 1985, 456, 457 = NJW 1985, 1840 f.; BGH, Urt. v. 26.02.1987 – VII ZR 217/85, BauR 1987, 453 = NJW-RR 1987, 724; Kapellmann/Messerschmidt/von Rintelen, § 9 VOB/B, Rn. 83, § 8 Rn. 25 ff.; s. dazu oben Rdn. 2517 f.). Ein solcher Wechsel stellt auch während eines laufenden Prozesses keine Klageänderung dar (BGH, Urt. v. 21.02.1985 – VII ZR 160/83, BauR 1985, 456, 457 f. = NJW 1986, 1840, 1841; BGH, Urt. v. 08.12.2005 – VII ZR 191/04, BauR 2006, 414, 415 = NJW-RR 2006, 390 f.).

2697 Durch den Zugang einer wirksamen Kündigung wandelt sich das bestehende Vertragsverhältnis zugleich in ein **gegenseitiges Abrechnungsverhältnis** um – im Überblick mit folgenden gegenseitigen Ansprüchen:

- Auf der einen Seite stehen die **Vergütungsansprüche des Auftragnehmers** für die bis zur Kündigung erbrachten Leistungen und evtl. für infolge (grundloser) Kündigung durch den Auftraggeber nicht mehr erbrachte Leistungen abzüglich der dadurch ersparten Aufwendungen.
- Auf der anderen Seite stehen etwaige **Gegenansprüche des Auftraggebers** bei berechtigter Kündigung aus wichtigem Grunde wegen ihm dadurch entstandener **Mehrkosten und evtl. auch Schadensersatzansprüche**.

Diese Ansprüche können je nach Überschuss von den jeweiligen Gläubigern aufgerechnet werden (BGH, Urt. v. 22.09.2005 – II ZR 117/03, BGHZ 164, 159, 163 ff. = BauR 2005, 1913, 1915 = NJW 2005, 3574, 3575 f.). Unabhängig davon bleiben daneben von der Kündigung unberührt die **Mängelbeseitigungsansprüche des Auftraggebers** bezüglich der Mängel an der bis zur Kündigung vom Auftragnehmer bereits erbrachten Bauleistung. Dasselbe gilt für das Recht des Auftragnehmers, Mängel an der von ihm erbrachten Teilleistung selbst zu beseitigen (BGH, Urt. v. 20.04.1989 – VII ZR 80/88, BauR 1989, 462, 464 = NJW-RR 1989, 849 und BGH, Urt. v. 08.10.1987 – VII ZR 45/87, BauR 1988, 82, 83 = NJW-RR 1988, 208). Ausgenommen davon sind selbstverständlich Mängel, soweit diese die Grundlage dafür bildeten, dass der Auftraggeber gerade wegen deren Nichtbeseitigung den Bauvertrag gemäß §§ 4 Abs. 7 S. 3, 8 Abs. 3 Nr. 1 VOB/B gekündigt hat (Ingenstau/Korbion/Vygen, § 8 Abs. 3 Rdn. 50; Kniffka/Koeble, Kompendium des Baurechts, 9. Teil Rdn. 44; ähnlich auch OLG Dresden, Beschl. v. 1.3.2000, Az. 11 U 2968/98, BauR 2001, 809, 811).

11.2 Vorzeitige Beendigung des Bauvertrages – Überblick

2698 Die Kündigung des Bauvertrages hat im BGB und in der VOB/B unterschiedliche Regelungen erfahren. Daneben steht die einvernehmliche Aufhebung des Bauvertrages. Sie ist vor allem dann von Bedeutung, wenn die Parteien beidseitig von einem vorzeitig beendeten Bauvertrag ausgehen, ohne dass dieser tatsächlich vorzeitig beendet wurde.

11.2.1 Vorzeitige Beendigung des BGB-Werkvertrages – Überblick

2699 Das BGB sieht an verschiedenen Stellen Regelungen zur vorzeitigen Vertragsbeendigung vor:
2700 - Zu nennen ist zunächst das Recht des Auftraggebers zur sog. **freien oder auch grundlosen Kündigung**. Sie ist jederzeit bis zur Vollendung des Werkes zulässig, ohne dass aber dadurch dem Auftragnehmer bezüglich seines vertraglich vereinbarten Vergütungsanspruchs ein finanzieller Nachteil entstehen darf (vgl. § 649 S. 2 und 3 BGB; siehe unten Rdn. 2819 ff.).
2701 - Für ein **Kündigungsrecht des Auftragnehmers** finden sich im BGB-Werkvertragsrecht nur die Bestimmungen der §§ 642, 643, 645 und 648a BGB, die ihm unter besonderen Voraussetzungen ein Kündigungsrecht bei Verletzung von Mitwirkungspflichten des Auftraggebers einräumen und ihm als Folge davon auch einen Entschädigungsanspruch zubilligen (s. unten Rdn. 2804 ff. sowie im Besonderen zum Kündigungsrecht nach § 648a BGB: Rdn. 3207 ff.).
2702 - Eine spezielle Regelung für die **Kündigung des Werkvertrages aus wichtigem Grund** sieht das BGB-Werkvertragsrecht nicht vor. Obwohl es gewohnheitsrechtlich anerkannt wird (s. dazu näher Rdn. 2808 ff., 2940), bestehen nach dem Gesetz stattdessen nur die allgemeinen Rechte bei Pflichtverletzungen, nämlich das **Recht zum Rücktritt** nach § 323 Abs. 1 BGB sowie zum **Schadensersatz statt der Leistung** nach § 281 Abs. 1 BGB (s. unten Rdn. 2786 ff., 2966 ff.). Vor allem das Rücktrittsrecht ist nun aber für den Bauvertrag im Allgemeinen ein völlig ungeeigneter Rechtsbehelf, da er zumindest theoretisch zur rückwirkenden Aufhebung des Werkvertrages und damit zur Rückabwicklung der beiderseits erbrachten Leistungen führt (§§ 346 ff. BGB). Diese Rechtsfolge wird dem Bauvertrag als eine Art Dauerschuldverhältnis bzw. mit Langzeitcharakter in keiner Weise gerecht (vgl. Nicklisch/Weick, VOB/B, vor §§ 8, 9, Rn. 6). Vor diesem Hintergrund gewinnt gerade beim Rücktrittsrecht die Regelung in § 323 Abs. 5 BGB große Bedeutung.

11.2 Vorzeitige Beendigung des Bauvertrages – Überblick

Hat nämlich – was im Bauvertragsgeschehen bei laufenden Vorhaben die Regel ist – der Schuldner schon eine Teilleistung bewirkt, so kann der Gläubiger vom ganzen Vertrag nur zurücktreten, wenn er an dieser Teilleistung kein Interesse mehr hat. Dies ist nun in der Praxis ein ganz und gar ungewöhnlicher Fall und allenfalls bei zu einem festen Termin zwingend fertig zu stellenden Bauvorhaben (z. B. Messebauten) vorstellbar. Ansonsten wird es der Regel entsprechen, dass sich auch zivilrechtlich der Rücktritt auf die noch offene Teilleistung beschränkt. Dies entspricht dann tatsächlich der Situation, die auch durch die Kündigung herbeigeführt wird. Deshalb wird das Rücktrittsrecht mit der Wirkung ex tunc, also rückwirkend, letztlich auch im BGB-Werkvertragsrecht doch in vielen Fällen in seinen Auswirkungen (nur) einem Kündigungsrecht mit Wirkung ex nunc, also für die Zukunft gleichstehen (BGH, Urt. v. 21.11.1968 – VII ZR 89/66, NJW 1969, 233; Nicklisch/Weick a. a. O.). Dies gilt jedenfalls immer dann, wenn bei einem Rücktritt die Gefahr einer Beschädigung oder Zerstörung wirtschaftlicher Werte (z. B. der bereits erbrachten Bauleistung) besteht (vgl. Ingenstau/Korbion, VOB, Rn. 9 ff. vor §§ 8 und 9 VOB/B).

11.2.2 Vorzeitige Beendigung des VOB-Vertrages – Überblick

Anders als das BGB enthält die VOB/B speziell für den Bauvertrag ins einzelne gehende Kündigungsregelungen, und zwar einerseits für die Kündigung durch den Auftraggeber (§ 8 VOB/B – s. dazu Rdn. 2819 ff.) und andererseits für die Kündigung durch den Auftragnehmer (§ 9 VOB/B – s. dazu Rdn. 2721 ff.). Hinzu kommt das Recht zur Kündigung bei einer Bauunterbrechung von mehr als drei Monaten (§ 6 Abs. 7 VOB/B – s. dazu Rdn. 2717 ff., 2938 ff.). 2703

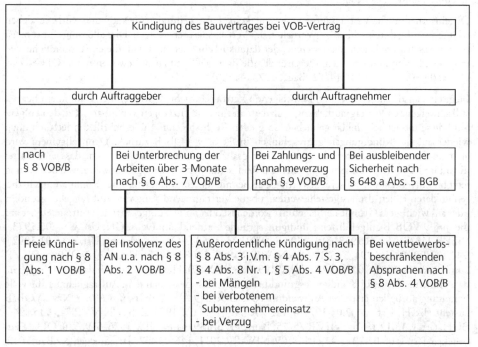

Diese Vorschriften sind allerdings nicht erschöpfend, sondern **lassen die Anwendung der gesetzlichen Bestimmungen unberührt**, wenn und soweit die VOB/B keine Sonderregelungen enthält und soweit die Besonderheiten des Bauvertrages nicht entgegenstehen (BGH, Urt. v. 11.12.1975 – VII ZR 37/74, BGHZ 65, 372, 374 ff. = BauR 1976, 126 f., Kapellmann/Messerschmidt/Lederer, § 8 VOB/B, Rn. 1 ff. sowie Nicklisch/Weick, vor §§ 8, 9. Rn. 4 f.). 2704

11.2.3 Vorzeitige einvernehmliche Vertragsbeendigung

2705 Neben der Kündigung kann es zu einer vorzeitigen Vertragsbeendigung durch eine einvernehmliche Vertragsaufhebung kommen (s. dazu Ingenstau/Korbion/Vygen, VOB/B, § 8 Abs. 3 Rn. 30). Eine solche kann zunächst **ausdrücklich vereinbart werden**. Dies ist z. B. der Fall, wenn die Vertragspartner den Bauvertrag übereinstimmend für beendet erklären und gleichzeitig die Folgen dieser Art von Vertragsbeendigung regeln. Letzteres ist natürlich dringend zu empfehlen, etwa in dem Sinne, dass der Unternehmer die bis zur Vertragsbeendigung erbrachten Bauleistungen bezahlt erhält, beiderseits aber keine weiter gehenden Ansprüche geltend gemacht werden. Doch kommt genauso gut eine **einvernehmliche (stillschweigende) Vertragsaufhebung** in Betracht. Von einer solchen ist in der Praxis besonders häufig auszugehen, wenn eine Kündigung nicht ausdrücklich bzw. beim VOB-Vertrag nicht schriftlich erfolgt ist, die Voraussetzungen für eine erklärte Kündigung nicht vorliegen oder im Prozess seitens des Auftragnehmers die Kündigungsvoraussetzungen des § 9 VOB/B oder des § 648a BGB (vgl. zu der Vertragsaufhebung nach § 648a BGB unten Rdn. 3207 ff.) nicht bewiesen werden können. Eine stillschweigende einvernehmliche Vertragsaufhebung kann dann vorliegen, wenn sich die Vertragspartner gleichwohl übereinstimmend auf eine Vertragsbeendigung eingestellt haben.

> **Beispiel (vgl. OLG Karlsruhe, Urt. v. 16.01.1992 – 9 U 209/90, BauR 1994, 116, 117 f = NJW-RR 1993, 1368 f.)**
>
> Nach einer nicht formgerechten vorzeitigen Kündigung des Auftraggebers hat der Auftragnehmer seine Arbeiten eingestellt und die Baustelle geräumt. Der Auftraggeber hat bereits einen Ersatzunternehmer beauftragt.

2706 Die einvernehmliche Vertragsaufhebung ist an **keine Form** gebunden; sie kann und wird wie soeben erläutert häufig durch schlüssiges Verhalten der Vertragspartner erfolgen. Dies allerdings führt meist zu Beweisschwierigkeiten, da derjenige, der daraus Rechte herleiten will, die einverständliche Vertragsbeendigung und ggf. auch die Gründe, die dazu geführt haben, beweisen muss (OLG Celle, Urt. v. 04.10.1972 – 13 U 14/72, BauR 1973, 49, 50).

2707 Liegt eine ausdrückliche oder stillschweigende Vertragsaufhebung vor, fehlt es – vor allem bei der stillschweigenden Vertragsaufhebung – allzu oft an einer gleichzeitigen Vereinbarung zu den **Folgen**. Sind diese tatsächlich unklar geblieben, so greifen Rechtsprechung und Schrifttum letztlich doch wieder auf die Kündigungsfolgenregelungen in §§ 8, 9 VOB/B zurück. Denn allgemein wird auch in Fällen einer einvernehmlichen Vertragsaufhebung nicht angenommen, dass eine Partei die ihr im Fall einer Kündigung zustehenden Rechte nur deswegen aufgeben wollte, weil der Vertrag jetzt im Einvernehmen mit seinem Vertragspartner nicht mehr fortgesetzt wird. Konkret muss in diesen unklaren Fällen also festgestellt werden, ob die Vertragsbeendigung vom Auftraggeber grundlos oder aus wichtigem Grunde herbeigeführt worden ist oder ob sich umgekehrt der Auftragnehmer auf die in § 9 VOB/B aufgeführten Kündigungsgründe berufen kann (vgl. BGH, Urt. v. 04.06.1973 – VII ZR 113/71, BauR 1973, 319, 320 = NJW 1973, 1463 f.; OLG Karlsruhe, Urt. v. 16.01.1992 – 9 U 209/90, BauR 1994, 116, 117 f. = NJW-RR 1993, 1368 f.; BGH, Urt. v. 29.04.1999 – VII ZR 248/98, BauR 1999, 1021, 1022 = NJW 1999, 2661, 2662). Hieraus kann sich dann etwa ergeben, dass für keine Seite ein Kündigungsgrund bestand, sodass deswegen dem Auftragnehmer die volle Vergütung abzüglich ersparter Aufwendungen nach § 649 Abs. 2 BGB, § 8 Abs. 1 Nr. 2 VOB/B zusteht (BGH, Urt. v. 07.03.1974 – VII ZR 35/73, BauR 1974, 213 = NJW 1974, 945, 946; BGH, Urt. v. 18.12.1975 – VII ZR 75/75, BauR 1976, 139, 140 = NJW 1976, 519, 520; OLG Saarbrücken, Urt. v. 06.07.2011 – 1 U 408/09, NJW-RR 2011, 1465, 1467, dazu Steeger, NZBau 2012, 211 sowie Ingenstau/Korbion/Vygen Rn. 28 vor §§ 8 und 9 VOB/B). Genauso gut kann die einvernehmliche Vertragsaufhebung aber darauf beruhen, dass die **Leistung infolge eines dem Risikobereich des Auftraggebers zuzurechnenden Umstandes unmöglich** geworden ist, sodass sich deswegen die Vergütung des Auftragnehmers nach § 645 BGB richtet (BGH, Urt. v. 16.12.2004 – VII ZR 16/03, BauR 2005, 735, 736 = NJW-RR 2005, 669, 670).

▶ **Beispiel (nach BGH, Urt. v. 16.12.2004 – VII ZR 16/03, a. a. O.)**

Aufgrund der angetroffenen Bausubstanz ist die Werkleistung unausführbar geworden. Hiernach wird der Auftragnehmer von seiner Bauverpflichtung frei (§ 275 Abs. 1 BGB). Infolgedessen kann er nunmehr gemäß § 645 Abs. 1 BGB einen der geleisteten Arbeit entsprechenden Teil der Vergütung sowie Ersatz der in der Vergütung nicht inbegriffenen Auslagen verlangen. Dass die Bausubstanz von Anfang an mangelhaft war, ändert daran nichts.

11.3 Die Kündigung durch den Auftragnehmer

Eine »freie« Kündigung des Auftragnehmers sieht weder die VOB noch das BGB vor. Vielmehr bedarf es hier jeweils gesonderter Voraussetzungen, so vor allem der Verletzung einer Mitwirkungspflicht des Auftraggebers, die für die Leistungserfüllung erforderlich ist. Daneben kommt eine vorzeitige Vertragsbeendigung bei ausbleibenden Zahlungen in Betracht. Dies vorausgeschickt sind die Rechte des Auftragnehmers in BGB und VOB/B aber sehr unterschiedlich geregelt.

2708

11.3.1 Rechtsstellung des Auftragnehmers im VOB-Vertrag

Anders als das BGB (s. dazu sogleich Rdn. 2784 ff.) enthält die VOB/B ein z. T. ausgefeiltes System von Regelungen, mit denen der Auftragnehmer auf eine Verletzung von Mitwirkungshandlungen oder ausbleibenden Zahlungen reagieren kann. Dabei geht es zum einen um die eigene Leistungspflicht: Bleiben Zahlungen aus und gerät der Auftraggeber in Verzug, kann der Auftragnehmer nach einer Nachfristsetzung schlimmstenfalls seine Leistungen verweigern (§ 16 Abs. 5 Nr. 4 VOB/B). Sodann kann er bei ausbleibenden Mitwirkungshandlungen ggf. eine Verlängerung der Bauzeit wegen Behinderung verlangen (§ 6 Abs. 2 Nr. 1 lit. a) VOB/B), soweit er die Behinderung angezeigt hat (Rdn. 1764 ff.). Außerdem kann er unter den weiteren Voraussetzungen Schadensersatz- (§ 6 Abs. 6 VOB/B) oder Entschädigungsansprüche geltend machen (§ 642 BGB). Auf Einzelheiten wurde oben schon eingegangen (s. o. Rdn. 1893 ff.). All diese Rechte genügen jedoch nicht, wenn der Auftraggeber während der Bauphase nachhaltig keine weitere Vergütung zahlt bzw. sonst in Schuldnerverzug gerät. Dasselbe gilt bei einer Verletzung von Mitwirkungshandlungen, die für die Vertragserfüllung erforderlich sind. Infolgedessen rückt in solchen Fällen eine **vorzeitige Vertragsbeendigung** in den Vordergrund. Dabei stehen dem Auftragnehmer – abhängig von verschiedenen Voraussetzungen – folgende Rechte zu.

2709

2710

Kündigungsrechte des Auftragnehmers				
bei ausbleibenden Mitwirkungshandlungen				bei Zahlungsverzug oder sonstigem Schuldnerverzug
Zwischenabrechnung bei Unterbrechung für voraussichtlich längere Dauer nach § 6 Abs. 5 VOB/B	Kündigung bei Bauunterbrechung von mehr als drei Monaten nach § 6 Abs. 7 VOB/B	Kündigung nach § 9 Abs. 1 Nr. 1 VOB/B	Kündigung bei ausbleibender Sicherheit nach § 648a Abs. 5 BGB	Kündigung nach § 9 Abs. 1 Nr. 2 VOB/B

11.3.1.1 Vorzeitige Beendigung und Abrechnung bei ausbleibenden (möglichen) Mitwirkungshandlungen

2711 Unterbleibt eine für die Bauausführung notwendige Mitwirkungshandlung des Auftraggebers, kann dies viele Gründe haben. Dabei kann in jedem Fall festgehalten werden, dass es einen ganzen Kreis von Mitwirkungshandlungen des Auftraggebers gibt, die – losgelöst davon, ob es sich dabei um Vertragspflichten handelt oder nicht – erforderlich sind, damit der Auftragnehmer das Bauvorhaben überhaupt realisieren kann. Sie ergeben sich vorrangig aus den vertraglichen Vereinbarungen, vor allem aus §§ 3 und 4 VOB/B (vgl. dazu oben Rdn. 1043 ff.), oft aber auch aus den einschlägigen DIN-Normen.

> ▶ **Beispiele für wesentliche Mitwirkungshandlungen**
> - Übergabe von Planunterlagen, Abstecken der Hauptachse (vgl. § 3 Abs. 1 und 2 VOB/B)
> - Übergabe des Baugrundstücks
> - Übergabe einer mangelfreien Vorleistung
> - Wahrnehmung von Koordinierungspflichten auf der Baustelle (vgl. § 4 Abs. 1 VOB/B)
> - Verschaffung öffentlich-rechtlicher Genehmigungen (§ 4 Abs. 1 VOB/B)
> - Überlassung von Lager- und Arbeitsplätzen, Zufahrtswegen u. a. (§ 4 Abs. 4 VOB/B)
> - Abruf der Leistungen (s. o. Rdn. 1078)

2712 Soweit es um **Mitwirkungshandlungen in den DIN-Normen** geht, finden sich dort vor allem Formulierungen hinsichtlich der »gemeinsam zu treffenden Maßnahmen« (s. dazu auch weitere Beispiele bei Ingenstau/Korbion/Vygen, VOB/B, § 9 Abs. 1 Rn. 21)

> ▶ **Beispiel**
> In der DIN 18300 Erdarbeiten heißt es etwa in Ziff. 3.2.2, 3.3.1, 3.5.3, 3.7.4 oder 3.7.7, dass bei verändert angetroffenen Bodenverhältnissen die zu treffenden »Maßnahmen gemeinsam festzulegen« sind.

2713 Dabei ist bei den Rechten des Auftragnehmers allerdings zu allererst zu unterscheiden, ob die unterbleibende Mitwirkungshandlung auf einer **Unwilligkeit des Auftraggebers oder dessen Unvermögen** beruht. Denn während man es bei dem einen Fall mit den Rechtsfolgen einer Behinderung zu tun hat, geht es bei dem anderen um die Rechtsfolgen im Unmöglichkeitsrecht.

> ▶ **Beispiel**
> Der Auftragnehmer kann mit dem Bauvorhaben nicht beginnen, weil die Baugenehmigung nicht vorliegt. Deren Beschaffung ist grundsätzlich Sache des Auftraggebers (vgl. § 4 Abs. 1 S. 2 VOB/B). Hier ist zu unterscheiden, ob der Auftraggeber die Genehmigung z. B. nur zu spät beantragt hat und sie noch wenn auch verspätet erteilt werden kann: Dann geht es um Rechtsfolgen einer Bauverzögerung, weil der Auftragnehmer behindert ist. Alternativ kann es aber auch darum gehen, dass die Baugenehmigung endgültig versagt wird. Dann ist klar, dass das Bauvorhaben nicht mehr abgewickelt werden kann und demzufolge dem Auftragnehmer ebenfalls Rechte zustehen können.

2714 Die nachfolgende Übersicht soll zunächst die Rechte des Auftragnehmers unter diesem Gesichtspunkt in einem Überblick darstellen.

11.3 Die Kündigung durch den Auftragnehmer

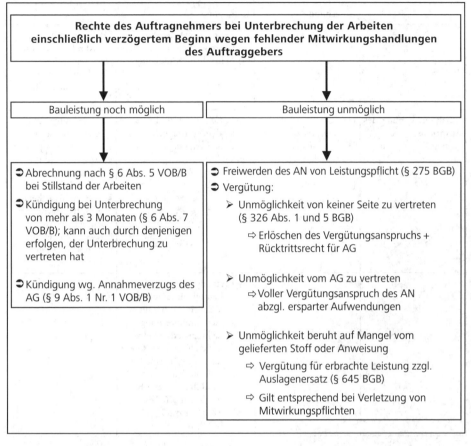

Dies vorausgeschickt entspricht es bei längeren Unterbrechungen vor allem bei ausbleibenden Mitwirkungshandlungen des Auftraggebers, die aber an sich noch möglich wären, vielfach dem Interesse des Auftragnehmers, neben der Erstattung der Mehrkosten das Vorhaben abzurechnen oder den Vertrag zu beenden (s. sogleich zu den Rechtsfolgen bei unmöglicher Mitwirkungshandlung: Rdn. 2730).

2715

	Abrechnung	Kündigung	
Rechtsgrundlage	§ 6 Abs. 5 VOB/B	§ 6 Abs. 7 VOB/B	§ 9 Abs. 1 Nr. 1 VOB/B
Voraussetzungen	(1) Behinderung aus dem Risikobereich des Auftraggebers (2) Ordnungsgemäße Behinderungsanzeige		(1) Verletzung einer Mitwirkungshandlung (2) Aus diesem Grund: Behinderung des Auftragnehmers bei der Erbringung seiner Leistung
	(3) Unterbrechung der Arbeiten für voraussichtlich längere Dauer	(3) Unterbrechung der Arbeiten länger als drei Monate (ggf. auch schon vor Auf-	(3) Gesonderte Aufforderung zur Vertragserfüllung

	Abrechnung		Kündigung	
		nahme der Arbeiten durch Auftragnehmer) (4) Schriftliche Kündigung		(4) Fristsetzung mit Kündigungsandrohung (5) Nach Fristablauf: Schriftliche Kündigung
Inhalt und Umfang des Anspruchs	(1) Abrechnung der erbrachten Leistungen nach Vertragspreisen zzgl. Ersatz der dem Auftragnehmer bereits entstandenen Kosten, die Bestandteil der nicht ausgeführten Leistungen sind			• Abrechnung der bisherigen Leistungen nach Vertragspreisen • Anspruch auf Entschädigung nach § 642 BGB • Ggf. weiter gehende Ansprüche, vor allem auf volle Vergütung, wenn Mitwirkungshandlung vereitelt wird
		(2) Ersatz der – Baustellenräumungskosten, wenn Auftragnehmer Unterbrechung nicht zu vertreten hat – weiteren Schäden, soweit Auftraggeber seine Mitwirkungshandlung schuldhaft verletzt hat (vor allem § 6 Abs. 6 VOB/B bzw. § 642 BGB)		

11.3.1.1.1 Abrechnung des Vorhabens (§ 6 Abs. 5 VOB/B)

2716 Bevor der Auftragnehmer bei ausbleibenden notwendigen Mitwirkungshandlungen zum letzten Mittel, d. h. zur Kündigung greift, wird es ggf. zunächst zu einer Unterbrechung der Arbeiten kommen. Dabei kann es **unbeachtlich** sein, ob die **Unterbrechung vom Auftraggeber verschuldet** wurde. Entscheidend ist allein, dass die Leistungsausführung für voraussichtlich längere Zeit nicht fortgesetzt werden kann.

▶ **Beispiel**

Der Nachbar legt gegen eine erteilte Baugenehmigung einen Widerspruch ein. Es ergeht zeitweise ein Baustopp, dessen Aufhebung ungewiss ist.

In Fällen wie diesen kann der Auftragnehmer eines VOB-Vertrages nach § 6 Abs. 5 VOB/B die bereits ausgeführten Leistungen nach den Vertragspreisen abrechnen. Zusätzlich kann er Ersatz der Kosten verlangen, die ihm schon entstanden und in den Vertragspreisen des nicht ausgeführten Teils der Leistung enthalten sind. Tatbestandlich genügt es für eine solche Abrechnung, dass die **Arbeiten zum Stillstand gekommen** sind und mit einer Wiederaufnahme nicht zu rechnen ist. Gewissheit hinsichtlich der Dauer der Unterbrechung muss nicht bestehen. Überschreitet die Unterbrechung allerdings eine Frist von drei Monaten, ist die Abrechnungsbefugnis in jedem Fall gegeben, weil ab diesem Zeitpunkt schon das weiter reichende Kündigungsrecht nach § 6 Abs. 7 VOB/B greift.

11.3 Die Kündigung durch den Auftragnehmer

11.3.1.1.2 Kündigung des Vorhabens (§ 6 Abs. 7 VOB/B)

Mit § 6 Abs. 7 VOB/B ist bereits das zweite Recht des Auftragnehmers beschrieben: Bei einer **mehr als drei Monate andauernden Unterbrechung** kann der Auftragnehmer das Vorhaben kündigen. Unterbrechung bedeutet, dass die Arbeit des Auftragnehmers nicht weitergeführt wird; bloße Verzögerungen oder nur die Einstellung von Einzelleistungen genügen nicht (OLG Düsseldorf, Urt. v. 29.01.2008 – 21 U 22/07, Nichtzul.-Beschw. zurückgew., BGH, Beschl. v. 23.07.2009 – VII ZR 46/08, BauR 2009, 1597). Dabei ist eine Unterbrechung in diesem Sinne selbst dann anzunehmen, wenn der Auftragnehmer mit seinen Arbeiten auf der Baustelle noch gar nicht begonnen hatte (BGH, Urt. v. 13.05.2004 – VII ZR 363/02, BGHZ 159, 161, 165 = BauR 2004, 1285, 1286 f. = NJW 2004, 2373, 2374; Ingenstau/Korbion/Döring, VOB/B, B § 6 Abs. 7 Rn. 3; Heiermann/Riedl/Rusam/Kuffer, VOB/B § 6 Rn. 82 – a. A. Motzke/Berger, in: Beck'scher VOB/B-Komm., § 6 Abs. 7 Rn. 30). Die Kündigung nach § 6 Abs. 7 VOB/B kann auch schon **vor Ablauf der Drei-Monats-Frist** erklärt werden, wenn mit Sicherheit feststeht, dass die Unterbrechung länger als drei Monate dauern wird (BGH a. a. O.). Allerdings muss die Unterbrechung zum Zeitpunkt der Kündigung noch andauern und ihr Ende darf nicht unmittelbar bevorstehen. Dies folgt daraus, dass die Kündigungsmöglichkeit des § 6 Abs. 7 VOB/B letztlich ein Ausfluss von Treu und Glauben ist (§ 242 BGB) und deshalb aus diesem Grund ausgeschlossen sein kann (Ingenstau/Korbion/Döring, VOB/B, § 6 Abs. 7 Rn. 5).

2717

Hervorzuheben ist, dass es **für das Kündigungsrecht nicht darauf ankommt, wer die Bauunterbrechung herbeigeführt** hat.

2718

▶ **Beispiel**

Der Auftragnehmer verursacht selbst wegen Schlechtleistung die Unterbrechung der Arbeiten von mehr als drei Monaten. Er will nunmehr den Vertrag kündigen.

Wenn man hier die Kündigung zuließe, hätte das möglicherweise kuriose Folgen: Denn nunmehr hätte es der pflichtwidrig handelnde Auftragnehmer sogar noch in der Hand, seine Pflichtwidrigkeit zu einer ihm ggf. günstigen Vertragskündigung zu nutzen. Indes hat der Bundesgerichtshof inzwischen klargestellt, dass ein solches Kündigungsrecht gleichwohl bestehe. Es komme nicht darauf an, welche Vertragspartei die Unterbrechung verursacht habe (BGH, Urt. v. 13.05.2004 – VII ZR 363/02, BGHZ 159, 161, 165 f. = BauR 2004, 1285, 1287 = NJW 2004, 2373, 2374 f.; BGH, Urt. v. 20.10.2005 – VII ZR 190/02, BauR 2006, 371, 372 = NJW-RR 2006, 306, 307). Insoweit sei § 6 Abs. 7 VOB/B vertraglich konkretisiertes Billigkeitsrecht. Folglich differenziere diese Regelung auch nicht nach Risikosphären oder nach Verschulden. Im Ergebnis ist das richtig, weil Bauunterbrechungen über einen längeren Zeitraum jede Partei schwer treffen können und es auf deren Verursachung im Zweifel für die extrem belastenden Folgen nicht ankommt. Lediglich eine Einschränkung ist zu machen, womit dann aber jeder Missbrauch weitgehend verhindert wird. Denn kommt es auf die Unzumutbarkeit an, an dem Vertrag festzuhalten, kann sich nicht die Partei darauf berufen, die bei Vertragsschluss von dem drohenden Eintritt einer Unterbrechung Kenntnis hatte oder ohne Weiteres in der Lage war, die Unterbrechung zu verhindern oder zu beenden (so auch BGH a. a. O.). Dies ist eine ausreichende Schranke, mit der die wesentlichen Punkte geregelt sind.

Erfolgt eine **Kündigung**, bedarf sie der **Schriftform**. Es ist unschädlich, wenn allgemein eine Kündigung nach § 6 Abs. 7 VOB/B ausgesprochen und sie hilfsweise z. B. auf andere Gründe (z. B. § 9 Abs. 1 VOB/B) gestützt wird (OLG Düsseldorf, Urt. v. 29.01.2008 – 21 U 22/07, Nichtzul.Beschw. zurückgew., BGH, Beschl. v. 23.07.2009 – VII ZR 46/08, BauR 2009, 1597). Sodann kann der Auftragnehmer die ausgeführten Leistungen nach den Vertragspreisen abrechnen, wofür eine **prüfbare Abrechnung** vorzulegen ist. Ferner kann der Auftragnehmer, soweit nicht auch ihm ein Verschulden zur Last fällt, Ersatz der Kosten für die Baustellenräumung verlangen, wenn diese Kosten nicht Bestandteil der Vergütung für die bereits ausgeführten Leistungen sind.

2719

Hat der **Auftraggeber** die die Bauunterbrechung verursachenden Umstände (z. B. durch eine Fehlplanung, schuldhaft verletzte Mitwirkungshandlung) zu vertreten, kann der Auftragnehmer zusätz-

2720

lich **Ersatz der ihm darüber hinaus entstandenen Kosten und Schäden** verlangen (§ 6 Abs. 7 S. 2 i. V. m. § 6 Abs. 6 VOB/B – s. dazu oben Rdn. 1975 ff.). Auch ein Entschädigungsanspruch gemäß § 642 BGB kommt in Betracht (BGH, Urt. v. 13.05.2004 – VII ZR 363/02, BGHZ 159, 161, 167 f. = BauR 2004, 1285, 1288 = NJW 2004, 2373, 2375; BGH, Urt. v. 20.10.2005 – VII ZR 190/02, BauR 2006, 371, 374 = NJW-RR 2006, 306, 308 – s. dazu oben Rdn. 2082 ff.)

11.3.1.1.3 Kündigung des Vorhabens (§ 9 Abs. 1 Nr. 1 VOB/B)

2721 Unterlässt der Auftraggeber eine ihm obliegende Handlung und setzt dadurch den Auftragnehmer außerstande, die Leistung auszuführen, kann der Auftragnehmer den Bauvertrag auch nach § 9 Abs. 1 Nr. 1 VOB/B kündigen. Geregelt ist hier der sog. **Annahmeverzug des Auftraggebers** (§§ 293 ff. BGB). Dazu zählen vor allem Fälle von unterbleibenden für die Realisierung von Bauvorhaben besonders wichtigen Mitwirkungshandlungen des Auftraggebers. Folgende **Voraussetzungen** müssen vorliegen (s. dazu näher Rdn. 2088 ff.):

2722 • Der Auftragnehmer darf nach dem Vertrag die geschuldete Leistung zu dem dort vorgesehenen Zeitpunkt (nicht früher) erbringen; dies kann er jedoch nicht, weil der Auftraggeber nicht pflichtgemäß mitwirkt. Das aber bedeutet umgekehrt: Ein Annahmeverzug des Auftraggebers scheidet stets aus, wenn der Auftragnehmer entgegen den Regelungen im Bauvertrag zu früh geleistet hat und deswegen der Auftraggeber noch nicht mitwirkt.

> ▶ **Beispiel**
>
> Der Auftragnehmer fängt zu früh und hat jetzt Leerlauf, weil der Vorunternehmer erst später fertig wird.

Hier entfällt ein Annahmeverzug, weil die Mitwirkungshandlung des Auftraggebers noch nicht fällig war.

2723 • Der Auftragnehmer muss zur Leistung bereit sein, diese angeboten und den Auftraggeber zur Mitwirkung aufgefordert haben. In der Regel genügt dazu ein wörtliches Angebot (§ 295 BGB). Dabei kann ein solches auch dadurch zum Ausdruck gebracht werden, dass der Auftragnehmer seine Mitarbeiter auf der Baustelle zur Verfügung hält und zu erkennen gibt, dass er bereit und in der Lage ist, seine Leistung zu erbringen (BGH, Urt. v. 19.12.2002 – VII ZR 440/01, BauR 2003, 531, 532 = NJW 2003, 1601, 1602 = NZBau 2003, 325, 326).

2724 • Der Auftraggeber unterlässt die erforderliche Mitwirkungshandlung. Dabei ist es gerade Kennzeichen dieser Kündigungsregelung, dass insoweit bereits jede ausbleibende dem Auftraggeber »**obliegende Handlung**« ausreicht. Es geht also **nicht unbedingt um eine Verletzung von Schuldnerpflichten** des Auftraggebers, die ggf. parallel dazu zum Schuldnerverzug führen würde. Geregelt ist hier stattdessen allein der Fall des Gläubigerverzugs im Sinne der §§ 293 ff. BGB. Folglich kommt es im Unterschied zum Schuldnerverzug auch **nicht auf ein Verschulden** des Auftraggebers in Bezug auf die ausbleibende Mitwirkungshandlung an.

> ▶ **Beispiel**
>
> Der Auftraggeber unterlässt es, mangelhafte Vorleistungen eines anderen Unternehmers, die der Folgeunternehmer in der gebotenen Form gemäß § 4 Abs. 3 VOB/B beanstandet, zu beseitigen. Dadurch kann die darauf aufbauende Leistung des Folgeunternehmers nicht mangelfrei erbracht werden. In diesen Fällen kann der Auftraggeber gegenüber dem Folgeunternehmer verschuldensunabhängig in Annahmeverzug geraten. Diese Rechtsfolge ist wichtig, weil ihm die Schlechtleistung des Vorunternehmers nicht nach § 278 BGB zugerechnet wird (s. o. Rdn. 1997 ff.).

2725 • Die Unterlassung der erforderlichen Mitwirkungshandlung muss schließlich ursächlich dafür sein, dass der Auftragnehmer seine geschuldete Bauleistung nicht ausführen kann (vgl. dazu auch: Hofmann, Festschrift von Craushaar, 1997, S. 219 ff.; Ingenstau/Korbion/Vygen, VOB/B, § 9 Abs. 1 Rn. 28).

11.3 Die Kündigung durch den Auftragnehmer

▶ **Beispiel**

In dem vorgenannten Beispielfall reagiert der Auftraggeber auf die Bedenkenmitteilung des Auftragnehmers nicht. Jetzt steht dem Auftragnehmer nur dann ein Kündigungsrecht nach § 9 Abs. 1 Nr. 1 VOB/B zu, wenn mit an Sicherheit grenzender Wahrscheinlichkeit davon auszugehen ist, dass wegen der schriftlich geltend gemachten Bedenken (Mängel der Vorunternehmerleistung) die eigene Werkleistung des Auftragnehmers mangelhaft sein oder zu einem erheblichen Schaden führen wird und der Auftraggeber sich weigert, geeignete Abhilfe zu schaffen (OLG Düsseldorf, Urt. v. 07.10.1987 – 19 U 13/87, BauR 1988, 478, 479 = NJW-RR 1988, 211; Nicklisch/Weick, VOB/B § 9, Rn. 8).

Kommt der Auftraggeber danach infolge der Verletzung einer Mitwirkungshandlung in Annahmeverzug, hat der Auftragnehmer dem Auftraggeber vor einer Kündigung noch eine **angemessene Frist zur Vertragserfüllung** zu setzen mit der Erklärung, dass er nach fruchtlosem Fristablauf den Vertrag kündigen werde. Anschließend kann er den Vertrag **schriftlich kündigen** (s. dazu sogleich ausführlich Rdn. 2770 ff. sowie zum Verlust des Kündigungsrechts, wenn der Auftragnehmer dann doch nicht kündigt, Rdn. 2773).

Nach einer ausgesprochenen Kündigung sind die erbrachten **Leistungen abzurechnen.** Außerdem hat der Auftragnehmer Anspruch auf eine **angemessene Entschädigung** nach § 642 BGB (s. hierzu unten Rdn. 2775 ff., 2778).

Weitergehende Ansprüche sind nicht ausgeschlossen. Diese sind insbesondere von Bedeutung, wenn der Auftraggeber durch bewusste Versagung seiner Mitwirkungshandlung die Fortsetzung der Bauarbeiten verhindert, um damit eine freie Kündigung nach § 8 Abs. 1 VOB/B mit den für ihn nachteilhaften Vergütungsfolgen zu umgehen. Denn in der Tat wird vielfach eine nach § 9 Abs. 3 VOB/B zunächst nur vorgesehene Entschädigungszahlung nach § 642 BGB hinter der vollen Vergütung (abzüglich ersparter Aufwendungen) zurückbleiben.

▶ **Beispiel**

Der Auftraggeber übergibt keine für die Ausführung der Bauleistung notwendigen Pläne. Er will damit eine freie Kündigung mit der ihn belastenden vollen Vergütungszahlung nach § 649 S. 2 BGB, § 8 Abs. 1 Nr. 2 VOB/B umgehen.

Im Ergebnis wird dem Auftraggeber dies nicht gelingen: Denn kündigt der Auftragnehmer wegen einer ausgebliebenen erforderlichen Mitwirkungshandlung, ohne die er seine Arbeiten nicht ausführen kann, wird für ihn nach der Kündigung die Leistungsausführung endgültig unmöglich; folglich wird er von seiner Leistungspflicht frei. Er behält jedoch nach § 326 Abs. 2 BGB seinen **vollen Vergütungsanspruch** abzüglich ersparter Aufwendungen (Ingenstau/Korbion/Vygen, VOB/B § 9 Abs. 3 Rn. 22; Heiermann/Riedl/Rusam/Kuffer, VOB/B § 9 Rn. 52). Dies wiederum beruht darauf, dass der Auftraggeber die Unmöglichkeit der Leistungsausführung zu vertreten hat (§ 326 Abs. 2 S. 1 Alt. 1 BGB) sowie sich darüber hinaus zum Zeitpunkt der infolge der Unmöglichkeit der Leistungsausführung jetzt berechtigten Kündigung im Annahmeverzug befand (§ 326 Abs. 2 S. 1 Alt. 3 BGB).

11.3.1.2 Sonderfall: Mitwirkungshandlung ist nicht mehr möglich

Gesondert zu betrachten ist die Fallgestaltung, dass dem Gläubiger/Auftraggeber die von ihm geschuldete Mitwirkungshandlung (dauerhaft) nicht (mehr) möglich ist.

▶ **Beispiel**

Der Bauherr stellt dem Hauptunternehmer das Baugrundstück nicht zur Verfügung; der Subunternehmer bietet gleichwohl seine Leistungen an. Hier kann der Hauptunternehmer seiner Mitwirkungsverpflichtung (Zurverfügungstellung des Baugrundstücks) nicht nachkommen.

2731 In diesen Fällen der (dauerhaften) Unmöglichkeit scheidet ein Annahmeverzug des Gläubigers/Auftraggebers aus: Denn dieser setzt zwar kein Verschulden, **wohl aber das Können voraus** (BGH, Urt. v. 30.11.1972 – VII ZR 239/71, BGHZ 60, 14, 16 f. = NJW 1973, 318, 319; Palandt/Grüneberg, § 293 Rn. 5; Münch.Komm. z. BGB/Ernst, § 293 Rn. 7 – ebenso Ingenstau/Korbion/Vygen, VOB/B § 9 Abs. 1 Rn. 31, der in diesem Zusammenhang von der Erfüllbarkeit der Mitwirkungshandlung spricht; dagegen sehr zweifelhaft OLG Karlsruhe, Urt. v. 26.06.2008 – 19 U 179/06, BauR 2008, 1494 [Ls.], das in einem ähnlichen Fall nicht präzise zwischen Vertreten und Unmöglichkeit trennt).

2732 Entfällt demnach ein Annahmeverzug des Auftraggebers, entfallen damit gleichzeitig Ansprüche des Auftragnehmers nach § 642 BGB, weil auch für diese ein Annahmeverzug erforderlich ist (s. o. Rdn. 2094). Dasselbe gilt für eine Kündigung des Bauvertrages nach § 9 Abs. 1 Nr. 1 VOB/B. Ebenso bestehen keine Rechte nach § 6 VOB/B, weil all diese Vorschriften gleichfalls auf der Erfüllbarkeit, d. h. einer noch möglichen Leistungsverpflichtung beruhen (Ingenstau/Korbion/Döring, VOB/B § 6 Rn. 4).

2733 Scheiden somit in Fällen nicht mehr möglicher Mitwirkungshandlungen sämtliche Rechte aus Verzug (sei es aus Annahme-, sei es aus Schuldnerverzug) einschließlich der damit im Zusammenhang stehenden Kündigungsrechte aus, ändert dies aber nichts daran, dass der Auftragnehmer nunmehr trotzdem seine Leistung nicht mehr ausführen kann und damit der **Vertrag sein vorzeitiges Ende** findet. Rechtlich bedeutet das:

2734 • Auch der leistungsbereite Auftragnehmer kann wegen der unterbleibenden unmöglichen aber erforderlichen Mitwirkungshandlung seine Leistung jetzt objektiv, ggf. auch nur subjektiv nicht mehr erbringen. Sie ist bzw. ist ihm persönlich ebenfalls unmöglich. Folglich wird er nach § 275 Abs. 1 BGB von seiner Leistungsverpflichtung frei.

2735 • Ist die Mitwirkungshandlung des Auftraggebers einerseits und infolgedessen die Werkleistung des Auftragnehmers andererseits unmöglich, wodurch Letzterer von seiner Leistungsverpflichtung frei wird, stellt sich für ihn mit besonderer Schärfe die Frage nach der Vergütung. Auf Einzelheiten wurde oben schon im Kapitel 8 im Detail eingegangen. Hierauf wird verwiesen, weil dies wie gezeigt keine Rechtsfragen mehr der Kündigung eines Bauvertrages sind, sondern vorrangig Rechtsfolgen einer Behinderung (s. o. Rdn. 2107 ff.).

11.3.1.3 Wichtige Einzelfälle der Kündigung durch den Auftragnehmer

2736 Im Nachfolgenden sollen mit der verzögerten Übergabe von Ausführungsunterlagen, des Baugrundstücks sowie der Baugenehmigung ganz besonders wichtige Einzelfälle des Baugeschehens beschrieben werden. Sie veranschaulichen die z. T. sehr schwierige Grenzlinie bei den Rechten des Auftragnehmers, soweit der Auftraggeber seinen Mitwirkungsrechten nicht nachkommt. Sie stellen vielfach zunächst die Grundlage für eine Behinderung dar, können dann aber auch schnell zur Kündigung führen. Gerade deswegen sollen in diesen weitreichenden Fällen jeweils die einer Kündigung zunächst vorgeschalteten Rechte des Auftragnehmers kurz beschrieben werden.

11.3.1.3.1 Fehlende oder verzögerte Übergabe von Ausführungsunterlagen, Abstecken der Hauptachse u. a.

2737 Für die Errichtung eines Bauvorhabens werden zahlreiche Unterlagen und Pläne benötigt. Im Werkvertragsrecht gilt allgemein, dass diese durch den Auftraggeber beizubringen sind. Dies ergibt sich für den VOB-Vertrag aus § 3 VOB/B (vgl. oben Rdn. 1047 ff.). Bleiben diese trotz Mahnung aus, kann der Auftragnehmer deren Übergabe selbstständig einklagen (s. oben Rdn. 1071 ff.). Ferner kann er Behinderung anzeigen mit der Folge, dass sich die Ausführungsfristen verlängern, sowie danach auch Schadensersatz nach § 6 Abs. 6 VOB/B verlangen (s. dazu oben Rdn. 1975 ff.). Verweigert der Auftraggeber nachhaltig (endgültig) die Übergabe von geschuldeten Ausführungsunterlagen bzw. das Abstecken der Hauptachse u. a., wird der Auftragnehmer nicht in der Lage sein, das Bauvorhaben auszuführen. Daher bietet es sich zumeist nur an, nach § 9 VOB/B vorzugehen:

11.3 Die Kündigung durch den Auftragnehmer

- In erster Linie ist der Auftragnehmer nach § 9 Abs. 1 Nr. 1 VOB/B berechtigt, den **Vertrag** nach einer weiteren Fristsetzung zur Übergabe der Unterlagen und vorheriger Androhung **schriftlich zu kündigen**. Der Auftragnehmer hat hiernach seine bisher erbrachten Leistungen nach den Vertragspreisen abzurechnen. Außerdem hat er Anspruch auf eine angemessene Entschädigung nach § 642 BGB (§ 9 Abs. 3 VOB/B – s. im Einzelnen Rdn. 2775 ff., zu dem Entschädigungsanspruch gesondert Rdn. 2082 ff.). — 2738

- **Weitergehende Ansprüche** bleiben nach dem ausdrücklichen Wortlaut des § 9 Abs. 3 VOB/B unberührt. Erhalten bleiben dem Auftragnehmer somit vor allem **Schadensersatzansprüche** aus § 280 Abs. 1 BGB sowie aus Verzug (§§ 280, 286 BGB; § 6 Abs. 6 VOB/B). Daneben kann der Auftragnehmer seinen vollen Vergütungsanspruch abzgl. ersparter Aufwendungen verlangen, wenn der Auftragnehmer seine Werkleistung infolge der fehlenden Planübergabe nicht erbringen kann. Andernfalls wäre ein nicht mehr erfüllungswilliger Auftraggeber gut beraten, statt einer freien Kündigung nach § 8 Abs. 1 VOB/B lediglich die für ein Bauvorhaben erforderlichen Pläne nicht zu übergeben. Rechtlich kann man dieses Ergebnis auf §§ 275 Abs. 1 i. V. m. § 326 Abs. 2 BGB (vgl. auch schon oben Ausführungen zu Rdn. 2727 f.) stützen: Denn kann der Auftragnehmer seine Bauleistung wegen der fehlenden Pläne – nach der berechtigten Kündigung nunmehr endgültig – nicht mehr erbringen, wird die Vertragsdurchführung für ihn unmöglich. Folglich wird der Auftragnehmer von seiner Leistungsverpflichtung frei (§ 275 Abs. 1 BGB). Da die Leistungsfreiheit vom Auftraggeber zu vertreten ist und er sich zudem bei der Kündigung im Verzug der Annahme befand, schuldet er umgekehrt nach § 326 Abs. 2 S. 1 Alt. 1 und 3 BGB die volle Vergütung abzüglich ersparter Aufwendungen (Ingenstau/Korbion/Vygen, VOB/B, § 9 Abs. 3 Rn. 22). — 2739

11.3.1.3.2 Fehlende Übergabe des Baugrundstücks

Regelmäßig anzutreffen ist weiter der Sachverhalt, dass der Auftraggeber dem Auftragnehmer das Baugrundstück nicht zur Verfügung stellt. Die damit verbundenen Probleme verschärfen sich im **Verhältnis Haupt-/Subunternehmer**, da den Hauptunternehmer ggf. nicht einmal ein Verschulden daran trifft, wenn er selbst das Baugrundstück vom Bauherrn nicht erhält. — 2740

Stellt der Auftraggeber das Baugrundstück verzögert zur Verfügung, bestehen keine Besonderheiten. Die rechtzeitige Übergabe des Baugrundstücks gehört zu den Pflichten des Auftraggebers (BGH, Urt. v. 19.12.2001 – VII ZR 440/01, BauR 2003, 531 = NJW 2003, 1601 = NZBau 2003, 325; Ingenstau/Korbion/Vygen, VOB/B § 9 Nr. 1 Rn. 6, s. dazu auch oben Rdn. 1080 f.), wobei es sich aber in der Regel um keine vertragliche Hauptpflicht handeln dürfte (OLG München, Urt. v. 09.11.1990 – 23 U 4090/90, BauR 1992, 74, 75 = NJW-RR 1992, 348). Bei einem VOB-Vertrag gilt somit: — 2741

- **Rechte nach § 6 und § 9 VOB/B**
Kommt es zu Verzögerungen bei der Übergabe des Baugrundstücks, kann der Auftragnehmer in erster Linie die Rechte aus § 6 und § 9 VOB/B geltend machen, d. h.: — 2742
  - Der Auftragnehmer kann wegen der **Behinderung** und nach einer entsprechenden Anzeige vor allem Verlängerung der Ausführungsfristen, Schadensersatz sowie bei einer längeren Unterbrechung Abrechnung des Vertrages verlangen bzw. diesen kündigen (s. oben den Überblick bei Rdn. 2709 f. sowie umfassend in Kapitel 8, Rdn. 1747 ff. und 1893 ff.). — 2743
  - Ähnlich wie bei der Übergabe der Ausführungsunterlagen steht dem Auftragnehmer daneben das **Kündigungsrecht** nach § 9 Abs. 1 Nr. 1 VOB/B zu (s. oben Rdn. 2721 ff.). Anschließend kann er die bereits erbrachten Leistungen nach den Vertragspreisen abrechnen. Ferner hat er Anspruch auf eine angemessene Entschädigung nach § 642 BGB (s. im Einzelnen zu Kündigungsfolgen Rdn. 2775 ff.). Weitergehende Ansprüche bleiben dem Auftragnehmer nach dem ausdrücklichen Wortlaut des § 9 Abs. 3 VOB/B erhalten. In erster Linie werden bei einer Verletzung von Mitwirkungspflichten Schadensersatzansprüche aus § 280 Abs. 1 BGB bzw. §§ 280, 286 BGB bzw. § 6 Abs. 6 VOB/B (Verzug) bestehen. Des Weiteren ist wie schon zuvor bei der verzögerten Übergabe der Planunterlagen daran zu denken, dem Auftragnehmer über §§ 275 Abs. 1, 326 Abs. 2 BGB seinen vollen Vergütungsanspruch zuzusprechen (vgl.

oben Rdn. 2739): Denn bei einer schuldhaft verweigerten Übergabe des Baugrundstücks wird die vom Auftragnehmer zu erbringende Werkleistung mit Sicherheit unmöglich. Dies dürfte anders als bei der Übergabe von Zeichnungen u. a. bei der verweigerten Übergabe des Baugrundstücks eindeutig sein – mit der Folge, dass dem Auftragnehmer, der nach § 275 Abs. 1 BGB von seiner Leistungspflicht frei wird, auch in diesen Fällen sein Vergütungsanspruch erhalten bleibt (§ 326 Abs. 2 BGB).

- **Unmöglichkeit der Übergabe**

2744 Um einen Sonderfall handelt es sich, wenn der Auftraggeber das Baugrundstück nicht herausgeben kann, z. B. weil er es selbst nicht vom Bauherrn erhält. Im Verhältnis zu einem Subunternehmer entfällt hier ein **Annahmeverzug des Hauptunternehmers**. Denn die Unmöglichkeit einer dem Gläubiger obliegenden Leistung (Herausgabe des Grundstücks) schließt wie eingangs erläutert (Rdn. 2730 ff.) dessen Annahmeverzug aus (RGZ 106, 272, 276; BGH, Urt. v. 11.04.1957 – VII ZR 280/56, BGHZ 24, 91, 96 = NJW 1957, 989, 990. Eine Kündigung des Bauvertrages durch den Subunternehmer nach § 9 Abs. 1 Nr. 1 VOB/B ist daher schon tatbestandlich ausgeschlossen (was vielfach übersehen oder mit dem für eine Kündigung des Auftragnehmers tatsächlich nicht erforderlichen Verschulden des Auftraggebers vermengt wird, so etwa OLG Karlsruhe, Urt. v. 26.06.2008 – 19 U 179/06, BauR 2008, 1494 [Ls.]). Während in einer solchen Fallgestaltung der Subunternehmer wegen einer ihm nicht möglichen Leistungsausführung nach § 275 Abs. 1 BGB von seiner Leistungspflicht frei wird, richtet sich das Schicksal der ihm zustehenden **Vergütung nunmehr nach § 645 Abs. 1 S. 1 BGB**, der bei einem VOB-Vertrag uneingeschränkt anwendbar ist (BGH, Urt. v. 21.08.1997 – VII ZR 17/96, BGHZ 136, 303, 307 = BauR 1997, 1019, 1020 = NJW 1997, 3018, 3019; BGH, Urt. V. 16.10.1997 – VII ZR 64/96, BGHZ 137, 35, 38 = BauR 1997, 1021, 1023 = NJW 1998, 456, 457). Eine direkte Anwendung scheidet allerdings aus, da die Unausführbarkeit des Bauwerkes nicht auf einem Mangel des von dem Auftraggeber (Hauptunternehmer) gelieferten Stoffes oder auf seiner Anweisung beruht. Zwar könnte man das Baugrundstück noch als »Stoff« im Sinne des § 645 BGB ansehen, da dieser Begriff weit auszulegen ist (Urt. v. 30.11.1972 – VII ZR 239/71, BGHZ 60, 14, 20 = NJW 1973, 318, 319). Bei Nicht-Übergabe des Baugrundstücks liegt jedoch kein Mangel dieses »Stoffes« vor. Die Nichtausführung beruht vielmehr darauf, dass das Baugrundstück überhaupt nicht zur Verfügung gestellt wird. Insoweit ist jedoch eine **analoge Anwendung** des § 645 Abs. 1 BGB geboten (so auch OLG München, Urt. v. 09.11.1990 – 23 U 4090/90, BauR 1992, 74, 75 f. = NJW-RR 1992, 348 f.). Denn § 645 BGB ist eine Vorschrift der Billigkeit. Sie erfasst Sachverhalte, bei denen die Leistung des Unternehmers aus Umständen untergeht oder unmöglich wird, die – unabhängig von einem Verschulden – in der Person des Auftraggebers liegen oder auf seine Handlungen zurückgehen. In diesen Fällen steht der Auftraggeber der sich hieraus ergebenden Gefahr für das Werk näher als der Auftragnehmer (BGH, Urt. v. 06.11.1980 – VII ZR 47/80, BGHZ 78, 352, 354 f. = BauR 1981, 71, 72 = NJW 1981, 391, 392; BGH, Urt. V. 16.10.1997 – VII ZR 64/96, BGHZ 137, 35, 38 = BauR 1997, 1021, 1023 = NJW 1998, 456, 457). Diese analoge Anwendung von § 645 Abs. 1 S. 1 BGB heißt für den Auftragnehmer jedoch:

2745 – Ein Anspruch auf Teilvergütung für bereits geleistete Vorarbeiten entfällt, da mit den nach dem Vertrag geschuldeten Bauwerksleistungen mangels Übergabe des Baugrundstücks noch nicht begonnen wurde.
– Bereits vor Beginn der Bauleistungen entstandene Aufwendungen in Form von z. B. Vorhalte-, Miet- oder Transportkosten können als Auslagenersatz verlangt werden. Dies gilt auch für etwaige Deckungsbeiträge im Hinblick auf umsatzabhängige Gemeinkosten.

2746 Soweit § 645 Abs. 1 S. 1 BGB eingreift, sind **weitere Ansprüche** des Auftragnehmers infolge der Unmöglichkeit seiner Leistung, insbesondere auf eine weiter gehende Vergütung nach § 326 BGB, **ausgeschlossen** (BGH, Urt. v. 21.08.1997 – VII ZR 17/96, BGHZ 136, 303, 307 = BauR 1997, 1019, 1021 = NJW 1997, 3018, 3019; BGH, Urt. v. 30.11.1972 – VII ZR 239/71, BGHZ 60, 14, 18 = NJW 1973, 318, 319; Palandt/Sprau, § 645 Rn. 3; Kniffka/Pause/Vogel, § 645 Rn. 1; vgl. auch die Rspr. zum alten Recht, die hier ebenfalls noch einschlägig sein dürfte: BGH, Urt. v. 16.10.1997 – VII ZR 64/96, BGHZ 137, 35, 38 = BauR 1997, 1021, 1023 = NJW 1998, 456, 457).

11.3.1.3.3 Mangelhafte Koordinierungspflichten des Auftraggebers auf der Baustelle und Verschaffung öffentlich-rechtlicher Genehmigungen

Eine dritte hier behandelte Fallgruppe verletzter Mitwirkungspflichten betrifft nicht oder nur mangelhaft erbrachte Koordinationsleistungen des Auftraggebers einschließlich der notwendigen Verschaffung öffentlich-rechtlicher Genehmigungen (hier vor allem der Baugenehmigung). Einzelheiten beim VOB-Vertrag ergeben sich aus der diesbezüglichen Sondervorschrift in § 4 Abs. 1 VOB/B. Diese erlegt dem Auftraggeber diverse darauf gerichtete Mitwirkungshandlungen auf, so vor allem (s. dazu auch oben ausführlich Rdn. 1055 ff.): 2747

- Er hat für die **allgemeine Ordnung** auf der Baustelle zu sorgen und diese während der Bauausführung aufrechtzuerhalten. Örtlich werden nicht nur das Baugelände erfasst, sondern auch Nebenflächen wie z. B. Lagerplätze für Baumaterialien. In Fällen der Störung hat der Auftraggeber Abhilfe zu schaffen. 2748
- Dem Auftraggeber obliegt ferner eine **Koordinationspflicht** mit dem Inhalt, dass er das Zusammenwirken der verschiedenen Unternehmer zu regeln hat. Hierzu kann je nach Größe der Baustelle vor allem die Zuweisung von Arbeitsräumen, die Aufstellung eines Bauzeitenplanes sowie die Aufstellung von Bauordnungsplänen gehören.
- Schließlich hat der Auftraggeber die für das Vorhaben **erforderlichen öffentlich-rechtlichen Genehmigungen** zu beschaffen.

Verletzt der Auftraggeber seine vorgenannten Mitwirkungspflichten, gilt: 2749

- Der Auftragnehmer ist nicht verpflichtet, bei Nichteinhaltung der Koordinationspflichten oder gar bei Fehlen öffentlich-rechtlicher Genehmigungen mit der Ausführung zu beginnen. Er kann daher mit seiner Leistung **nicht in Schuldnerverzug** geraten (BGH, Urt. v. 21.03.1974 – VII ZR 139/71, BauR 1974, 274 f. = NJW 1974, 1080; BGH, Urt. v. 15.01.1976 – VII ZR 52/74, BauR 1976, 128, 129; ähnlich BGH, Urt. v. 10.05.2007 – VII ZR 226/05 BauR 2007, 1404, 1407 = NJW-RR 2007, 1317, 1318 = NZBau 2007, 581, 583). Umgekehrt ist ein Auftragnehmer sogar gut beraten, bei Fehlen von Genehmigungen, etwa der Baugenehmigung, den Beginn der Bauausführung zu verschieben (s. auch zu der Frage, ob der Auftraggeber in diesen Fällen kündigen kann, Rdn. 2944). Ihm könnte andernfalls ein Mitverschulden zur Last fallen, wenn es später zu Schäden kommt (BGH, Urt. v. 05.02.1998 – VII ZR 170/96, BauR 1998, 397, 398 = NJW-RR 1998, 738, 739). Auch ein Entschädigungsanspruch nach § 642 BGB, der dem Auftragnehmer nach vorzeitiger Beendigung des Vorhabens aufgrund dessen Stilllegung infolge fehlender Baugenehmigung zusteht, kann in diesen Fällen nach dem Rechtsgedanken des § 254 BGB zu kürzen sein (OLG Hamm, Urt. v. 21.02.2002 – 21 U 23/01, BauR 2003, 1042, 1044, Revision vom BGH nicht angenommen, Beschl. v. 27.03.2003 – VII ZR 140/02). 2750

Kommt es infolge der Nichtwahrnehmung der Koordinationspflichten des Auftraggebers auf der Baustelle oder wegen Fehlens öffentlich-rechtlicher Genehmigungen zu Verzögerungen, kann der Auftragnehmer **Behinderung ggf. verbunden mit einer Verlängerung der Bauzeit geltend** machen (s. oben Rdn. 1764 ff.), soweit er die Behinderung angezeigt hat (s. dazu Rdn. 1764 ff). Außerdem stehen dem Auftragnehmer, soweit dem Auftraggeber z. B. bei einer verspätet beantragten Genehmigung ein Schaden entstanden ist, Schadensersatzansprüche nach § 6 Abs. 6 VOB/B zu. Auch hierauf wurde schon im Kapitel 8 zu den Behinderungen eingegangen (Rdn. 2117 ff.). 2751

- Wird eine **Baugenehmigung voraussichtlich dauerhaft nicht erteilt** und wurde sie bisher nicht endgültig versagt, kann der Auftragnehmer den Bauvertrag kündigen. Kündigungsgrund ist entweder § 6 Abs. 7 VOB/B (OLG Frankfurt, 21.10.1997 – 8 U 129/97, BauR 1999, 774, 775, rechtskräftig nach Beschl. des BGH v. 18.06.1998 – VII ZR 429/97) oder § 9 Abs. 1 Nr. 1 VOB/B. Im zweiten Fall steht dem Auftragnehmer neben dem Recht auf Teilvergütung für die bereits erbrachten Leistungen nach § 9 Abs. 3 VOB/B auch der Entschädigungsanspruch gemäß § 642 BGB zu. Dass den Auftraggeber ggf. an der Verzögerung der Baugenehmigung kein Verschulden trifft, ist – da es hier um die Folge des Annahmeverzugs geht, der kein Verschulden voraussetzt – unerheblich. 2752
- Etwas anderes gilt, wenn die **Baugenehmigung endgültig versagt** wird. In diesem Fall kommt es zu einer **nachträglichen Unmöglichkeit der Bauleistung** (BGH, Urt. v. 07.10.1977 – V ZR 2753

131/75, NJW 1978, 1262, 1263 – so auch zu verstehen OLG Hamm, Urt. v. 21.02.2002 – 21 U 23/01, BauR 2003, 1042, 1043, Revision vom BGH nicht angenommen, Beschl. v. 27.03.2003 – VII ZR 140/02; ebenso Hofmann, in: Beck'scher VOB/B-Komm., § 4 Nr. 1 Rn. 72). Dies gilt jedenfalls dann, wenn das Vorhaben so wie es beauftragt und auszuführen ist, tatsächlich nicht genehmigungsfähig ist. Hierin liegt dann eine rechtliche Unmöglichkeit. Dies wäre nur dann anders, wenn der Auftraggeber z. B. durch eine Nachtragsbaugenehmigung, ggf. auch auf der Grundlage insoweit anzupassender Pläne, noch eine Genehmigungsreife herstellen kann. Dagegen sind damit nicht Fälle gemeint, in denen die Genehmigungsfähigkeit solche Umplanungen voraussetzen, die im bauvertraglichen Verhältnis nur über eine Leistungsänderungsanordung des Auftraggebers nach § 1 Abs. 3 VOB/B mit einer damit korrespondierenden Vergütungsanpassung zugunsten des Auftragnehmers nach § 2 Abs. 5 VOB/B umsetzbar sind (so aber etwa OLG München, Urt. v 14.02.1978 – 9 U 2388/77, BauR 1980, 274; ähnlich Ingenstau/Korbion/Oppler B § 4 Abs. 1 Rn. 34, insoweit allerdings widersprüchlich Rn. 36, wo er doch von einer Unmöglichkeit spricht). Diese Option würde nämlich nichts daran ändern, dass das Bauvorhaben so, wie es an den Auftragnehmer ursprünglich beauftragt worden ist, trotzdem unmöglich ist und nicht ausgeführt werden kann. Das dem Auftraggeber hier zur Verfügung stehende Recht, Planungsänderungen anzuordnen, hat insoweit keine Bedeutung, weil im Anschluss daran ja gerade nicht mehr das vertraglich vereinbarte Vorhaben ausgeführt wird. Jedes anderes Verständnis würde dazu führen, dass aus dem in § 1 Abs. 3 VOB/B verankerten Leistungsänderungsanordnungsrecht des Auftraggebers in diesen Fällen sogar eine Anordnungspflicht würde, was sich kaum mit dieser Regelung in Einklang bringen ließe. Dies vorausgeschickt findet also auch in diesen Fällen **§ 9 VOB/B mangels unmöglicher Mitwirkungshandlung keine Anwendung** (s. oben Rdn. 2730 ff.). Stattdessen wird der Auftragnehmer von seiner Leistungsverpflichtung nach § 275 BGB frei (Rdn. 2734). Im Gegenzug wird in der Regel der Anspruch des Auftragnehmers auf seine Vergütung nach § 326 Abs. 2 BGB entfallen, weil es bei einer Versagung der Baugenehmigung zumeist an einem **Verschulden des Auftraggebers fehlt** (in diesem Sinne aber zu verstehen OLG Naumburg, Urt. v. 14.09.1999 – 1 U 78/99, IBR 2000, 532 und OLG München, Urt. v. 14.02.1978 – 9 U 2388/77, BauR 1980, 274, die bei Abschluss eines Bauvertrages ohne bereits vorliegende Baugenehmigung von einer garantierten Verschaffungspflicht ausgehen, weswegen der Auftraggeber bei Nichterteilung nach § 324 Abs. 1 BGB a. F. auf die volle Vergütung haften soll).

2754 In diesen Fällen bietet es sich an, erneut **auf § 645 Abs. 1 S. 1 BGB analog zurückzugreifen.** Denn die Unmöglichkeit beruht allein auf Gründen, die in der Person des Auftraggebers bzw. seiner Handlungen liegen (vgl. zu dieser Abgrenzung: OLG München, Urt. v. 09.11.1990 – 23 U 4090/90, BauR 1992, 74, 75 f. = NJW-RR 1992, 348 f.; Sprau, in: Palandt, § 645 Rn. 8 m. w. N. sowie oben Rdn. 2744 f. zu der ähnlichen Situation, in der der Auftraggeber dem Auftragnehmer das Baugrundstück unverschuldet nicht zur Verfügung stellen kann, weil er es selbst nicht erhält). Allerdings: Es wird jeweils sehr genau zu prüfen sein, ob der Auftraggeber nicht zusätzlich wegen **Verletzung einer Aufklärungspflicht** aus § 280 Abs. 1 BGB haftet, wenn er den Auftragnehmer über die Problematik der fehlenden Baugenehmigung nicht aufgeklärt hat. Diese Ansprüche lässt § 645 BGB unberührt (§ 645 Abs. 2 BGB).

2755 Des Weiteren ist zu berücksichtigen, dass dem Auftragnehmer bei einer noch nicht erteilten Baugenehmigung bis zu deren endgültigen Versagung, die zu einer nachträglichen Unmöglichkeit der Durchführung des Bauvorhabens führt, ggf. für diesen **Übergangszeitraum ein Entschädigungsanspruch** gem. § 642 BGB zusteht (vgl. etwa OLG Hamm, Urt. v. 21.02.2002 – 21 U 23/01, BauR 2003, 1042, 1043 f., Revision vom BGH nicht angenommen, Beschl. v. 27.03.2003 – VII ZR 140/02).

11.3.1.4 Kündigung bei Zahlungsverzug oder sonstigem Verzug des Auftraggebers (§ 9 Abs. 1 Nr. 2 VOB/B)

2756 Neben der bedeutenden Kündigungsregelung in § 9 Abs. 1 Nr. 1 VOB/B bei ausbleibenden Mitwirkungshandlungen kann der Auftragnehmer nach § 9 Abs. 1 Nr. 2 VOB/B bei ausbleibenden

11.3 Die Kündigung durch den Auftragnehmer

Zahlungen (oder einem sonstigen Verzug) des Auftraggebers kündigen. Voraussetzung ist danach, dass
- der Auftraggeber eine fällige Zahlung nicht leistet oder sonst in Schuldnerverzug gerät (§ 9 Abs. 1 Nr. 2 VOB/B),
- der Auftragnehmer daraufhin dem Auftraggeber eine angemessene Frist zur Leistungserbringung (Zahlung) unter Kündigungsandrohung setzt und anschließend
- bei fruchtlosem Ablauf der Frist den Bauvertrag schriftlich kündigt.

11.3.1.4.1 Kündigung bei Zahlungsverzug

Soweit in § 9 Abs. 1 Nr. 2 VOB/B als Kündigungsgrund nur die nicht erfolgte Leistung einer fälligen Zahlung genannt ist, reicht dies allein für eine Kündigung nicht aus. Vielmehr muss der Auftraggeber mit einer **fälligen Zahlung in Verzug** sein, wie sich aus der anschließenden Formulierung »oder sonst in Schuldnerverzug gerät« ergibt. Die Zahlungspflicht ist beim Bauvertrag eine Hauptpflicht des Auftraggebers, bei deren schuldhaftem Ausbleiben er gemäß § 286 BGB in Schuldnerverzug gerät. Der Schuldnerverzug selbst setzt die Fälligkeit des Zahlungsanspruchs sowie eine Mahnung oder Inverzugsetzung nach Eintritt der Fälligkeit (§ 286 Abs. 1 BGB) bzw. des Ablaufs eines kalendarisch festen oder bestimmbaren Termins (§ 286 Abs. 2 BGB) voraus. Ferner erfordert der Verzug und somit diese Kündigungsvariante ein Verschulden des Auftraggebers (§ 286 Abs. 4 BGB), das allerdings bei Verpflichtungen zur Geldzahlung immer gegeben ist. 2757

Fällige Zahlungsansprüche des Auftragnehmers und damit die Zahlungspflichten des Auftraggebers im Sinne des § 9 Abs. 1 Nr. 2 VOB/B betreffen nicht nur Vergütungszahlungen im Sinne des § 16 VOB/B, sondern jede Zahlungsverpflichtung aus dem Vertrag. Allerdings sind dazu folgende Besonderheiten zu beachten: 2758
- Eine **ausbleibende Schlusszahlung** scheidet als Kündigungsgrund im Sinne des § 9 Abs. 1 Nr. 2 VOB/B in der Regel aus. Denn diese wird erst nach Abnahme fällig und kann damit keine Kündigung des Bauvertrages mehr rechtfertigen (s. oben Rdn. 1194 ff. sowie zum Ausschluss der Kündigung nach Abnahme: Rdn. 2693). 2759
- **Vorauszahlungen** erfordern stets eine entsprechende vertragliche Vereinbarung, die auch noch nach dem eigentlichen Vertragsabschluss getroffen werden kann (§ 16 Abs. 2 VOB/B – s. oben Rdn. 2520 ff.). Allerdings: Wurden Vorauszahlungen erst nachträglich vereinbart, hat der Auftragnehmer gemäß § 16 Abs. 2 Nr. 1 S. 2 VOB/B auf Verlangen des Auftraggebers eine ausreichende Sicherheit für diese Vorauszahlung zu leisten. Somit erfordert die Fälligkeit oder jedenfalls der Schuldnerverzug des Auftraggebers mit einer solchen Vorauszahlung das Angebot des Unternehmers zur Sicherheitsleistung. 2760
- **Abschlagszahlungen** sind nach § 16 Abs. 1 Nr. 1 und 3 VOB/B auf Antrag des Unternehmers in Höhe des Wertes der jeweils nachgewiesenen vertragsgemäßen Leistungen einschließlich Umsatzsteuer in möglichst kurzen Zeitabständen zu gewähren. Hierzu zählen auch fällige Zahlungsansprüche aus Nachträgen, wenn der Auftraggeber z. B. Änderungen des Bauentwurfs vorgenommen oder Zusatzleistungen angeordnet (§§ 1 Abs. 3 und 4, 2 Abs. 5 und 6 VOB/B) und der Unternehmer diese bereits ganz oder teilweise ausgeführt und in seine nächste Abschlagsrechnung eingestellt hat. Denn auch solche geänderten oder zusätzlichen Leistungen sind bei entsprechender Anordnung des Auftraggebers vertragsgemäße Leistungen, für die unbeschadet einer dazu schon getroffenen Nachtragsvereinbarung Abschlagszahlungen verlangt werden können (BGH, Urt. v. 27.11.2003 – VII ZR 346/01, BauR 2004, 495, 497 = NJW-RR 2004, 451; BGH, Urt. v. 24.05.2012 – VII ZR 34/11, BauR 2012, 1395, 1396 = NJW-RR 2012, 981, 982 = NZBau 2012, 493; s. auch oben Rdn. 2505). Derart fällige Abschlagszahlungen sind binnen 21 Tagen nach Zugang der prüfbaren Aufstellung zu leisten. Damit ist die Fälligkeit von Abschlagszahlungen festgelegt, sofern nicht im Vertrag, z. B. durch einen Zahlungsplan, anderes vereinbart worden ist. Erfolgt die Abschlagszahlung nicht binnen der Frist von 21 Tagen, kann auch darauf eine Kündigung gestützt werden – und zwar dann, wenn der Auftraggeber damit in Verzug gerät. Verzug tritt insoweit bereits automatisch nach dem Ablauf von 30 Tagen nach Zugang der Abschlagsrechnung ein (§ 16 Abs. 5 Nr. 3 S. 3 VOB/B). Sodann muss dem Auftraggeber **im An-** 2761

schluss daran aber noch eine ausreichende Nachfrist gesetzt und die Kündigung für den Fall der Nichtzahlung innerhalb der Nachfrist angedroht worden sein (§ 9 Abs. 2 S. 2 VOB/B). Für die Nachfrist selbst genügt jetzt eine relativ kurze Frist von **etwa 6 Werktagen**. Zugleich kann der Auftragnehmer mit dieser Nachfrist die Einstellung der Arbeiten nach § 16 Abs. 5 Nr. 4 VOB/B androhen (s. dazu oben Rdn. 2626 f.). Nach Ablauf dieser Nachfrist hat der Auftragnehmer dann die Wahl, entweder sich mit dem gesetzlichen Verzugszinsanspruch auf die fällige Abschlagszahlung zu begnügen (§ 16 Abs. 5 Nr. 3 S. 2 VOB/B) oder zugleich die Arbeiten einzustellen und ggf. den Bauvertrag gemäß § 9 Abs. 1 Nr. 2, Abs. 2 VOB/B zu kündigen.

2762 • Zu beachten ist, dass das Kündigungsrecht nach § 9 Abs. 1 Nr. 2 nicht nur den Verzug mit fälligen Vergütungszahlungen erfasst, sondern Zahlungsansprüche jeder Art. Hierzu gehören also auch ausbleibende **Schadensersatzzahlungen** nach § 6 Abs. 6 VOB/B (OLG Düsseldorf, Urt. v. 29.01.2008 – 21 U 22/07, Nichtzul.-Beschw. zurückgew., BGH, Beschl. v 23.07.2009 – VII ZR 46/08, BauR 2009, 1597, 1598), Entschädigungszahlungen nach § 642 BGB oder ein Schadensausgleich nach § 10 Abs. 2 ff. VOB/B (Ingenstau/Korbion/Vygen, § 9 Abs. 1 Rn. 41).

2763 **Schwierigkeiten bereitet die Arbeitseinstellung** und Kündigung des Bauvertrages wegen Zahlungsverzugs des Auftraggebers in der Praxis aber häufig deshalb, weil der Auftraggeber gemäß § 16 Abs. 1 Nr. 2 VOB/B **Gegenforderungen einbehalten** kann. Auch andere Einbehalte, insbesondere wegen vorhandener Mängel an den bereits erbrachten Leistungen gemäß § 320 BGB, sind zulässig. Sie verhindern mit ihrem Bestehen den Eintritt des Verzugs mit einer ggf. sonst fälligen Zahlung, ohne dass diese Einbehalte zunächst geltend gemacht werden müssten (BGH, Urt. v. 07.10.1998 – VIII ZR 100/97, BauR 1999, 69, 70 = NJW 1999, 53; BGH, Urt. v. 23.05.2003 – V ZR 190/02, BauR 2003, 1561, 1563 = NJW-RR 2003, 1318, 1319). Dies kann ggf. fatale Folgen für den Auftragnehmer haben: Denn bestehen diese Gegenrechte des Auftraggebers und schließen ab ihrer Existenz (nicht erst ab Geltendmachung) die Durchsetzbarkeit eines Vergütungsanspruchs aus, würde damit nicht nur der Verzug des Auftraggebers mit einer Zahlung entfallen, sondern zugleich auch einer vom Auftragnehmer ggf. darauf gestützten Kündigung ihre Grundlage nehmen. In diesem Fall wäre eine solche Kündigung schlicht unberechtigt, weswegen sich der Auftragnehmer nunmehr seinerseits Schadensersatzansprüchen des Auftraggebers ausgesetzt sähe. Auch könnte der Auftraggeber diese unberechtigte Kündigung des Auftragnehmers zum Anlass nehmen, nunmehr seinerseits den Bauvertrag aus wichtigem Grund nach § 8 Abs. 3 VOB/B zu kündigen (s. unten Rdn. 2943).

2764 Die dazu geführten Diskussionen und Probleme verschärfen sich umso mehr, wenn die diesbezüglichen Einbehalte oder Einwendungen erst in einem späteren Prozess nach erfolgter Arbeitseinstellung und Kündigung des Bauvertrages durch den Auftraggeber erhoben werden. Die Versuchung für den Auftraggeber liegt nahe, wenn man ggf. im Nachhinein sogar erstmals weiter gehende Kenntnis zu inzwischen aufgetretenen Mängeln besitzt. Doch auch der Auftragnehmer wird jetzt nach ggf. neuen Gründen suchen (müssen), um seine ausgesprochene Kündigung noch zu rechtfertigen.

Ein solches **Nachschieben von Gründen** wird von den Gerichten regelmäßig zugelassen (vgl. BGH, Urt. v. 22.10.1981 – VII ZR 310/79, BGHZ 82, 100, 109 = BauR 1982, 79, 82 f.), obwohl dies nicht der Zielsetzung der VOB/B entspricht, die stets die schnelle Klärung aller Streitfragen anstrebt. In jedem Fall aber wird man zu fordern haben, dass solche nachgeschobenen Kündigungsgründe wenigstens schon zum Kündigungszeitpunkt vorgelegen haben müssen (so anschaulich BGH, Urt. v. 26.03.2008 – X ZR 70/06, NJW-RR 2008, 1155, 1156 zum umgekehrten Fall der Auftraggeberkündigung; s. dazu auch unten Rdn. 2964). Umgekehrt wird es allerdings ebenso richtig sein, den Auftraggeber bei **Vergütungseinbehalten wegen Mängeln nach §§ 320, 641 Abs. 3 BGB aus seiner Kooperationspflicht** heraus für verpflichtet anzusehen, wenigstens im Groben anzugeben, weswegen er keine Zahlungen leistet und in welcher Größenordnung er Einbehalte vornimmt (OLG Celle, Urt. v. 24.02.1999 – 14a (6) U 4/98, BauR 2000, 416, 418 = NJW-RR 2000, 234). Denn in der Tat kann der Auftragnehmer erst danach eine fundierte Entscheidung darüber treffen, ob er von dem sehr weitreichenden Recht zur Kündigung nach § 9 Abs. 1 Nr. 2 VOB/B überhaupt Gebrauch machen will. Dass der Auftragnehmer auf eine danach unterbleibende Mitteilung – so das OLG Celle – nunmehr seinerseits ein außerordentliches Kündigungsrecht aus wichtigem Grund (unabhängig von § 9

11.3 Die Kündigung durch den Auftragnehmer

VOB/B – s. dazu unten Rdn. 2768) stützen könnte, erscheint hingegen zu weitgehend und auch nicht geboten. Vielmehr gilt dann Folgendes: Die Unterlassung einer Mitteilung zu den Gründen eines Vergütungseinbehaltes hindert den Auftraggeber zwar nicht daran, noch später etwaige Zurückbehaltungsrechte einzuwenden, sodass dann ein Verzug ausgeschlossen ist. Die unterbleibende Mitteilung kann aber dazu führen, dass eine danach vom Auftragnehmer nach § 9 Abs. 3 VOB/B ausgesprochene Kündigung, die ja wegen der ggf. aufgrund der Mängel berechtigten Vergütungseinbehalte und demzufolge des fehlenden Zahlungsverzugs des Auftraggebers unberechtigt wäre, nicht wie sonst ein Grund dafür sein kann, dass nunmehr der Auftraggeber den Vertrag fristlos kündigen kann. Dass damit gleichwohl Risiken beim Auftragnehmer verbleiben, mag richtig sein. Diese sind jedoch Folge seiner mangelhaften Leistung.

11.3.1.4.2 Kündigung wegen sonstigen Schuldnerverzugs

Schließlich eröffnet § 9 Abs. 2 Nr. 2 VOB/B dem Auftragnehmer ein Kündigungsrecht, wenn der Auftraggeber »sonst in Schuldnerverzug gerät« und die Voraussetzungen des § 9 Abs. 2 VOB/B erfüllt sind. In Schuldnerverzug kann der Auftraggeber nur dann geraten, wenn er mit der Erfüllung der von ihm nach dem Vertrag geschuldeten Leistungspflichten in Verzug gerät. 2765

Hierzu gehören neben der Zahlungspflicht vor allem die **Pflicht zur Abnahme** und damit beim VOB-Bauvertrag zur Teilabnahme gemäß § 12 Abs. 2 VOB/B nach Fertigstellung in sich abgeschlossener Teile der Gesamtleistung (vgl. dazu oben Rdn. 1149 ff.), aber auch die Pflicht zur sog. technischen Teilabnahme im Sinne des § 4 Abs. 10 VOB/B (s. oben Rdn. 1156 ff.). Unterbleiben diese Handlungen, kann der Auftraggeber damit in Schuldnerverzug geraten und dies dem Auftragnehmer die Kündigung des Bauvertrages ermöglichen (vgl. Nicklisch/Weick, VOB/B § 9, Rn. 19, Ingenstau/Korbion/Vygen, VOB/B, § 9 Abs. 1 Rn. 52). Weitere Leistungspflichten des Auftraggebers können sich aus den sog. **Mitwirkungspflichten** ergeben (vgl. dazu im Einzelnen: Hofmann in Festschrift von Craushaar, 1997, S. 219 ff sowie Ingenstau/Korbion/Vygen, VOB/B, § 9 Abs. 1 Rn. 52 sowie oben Rdn. 1043 ff.). Entscheidend ist aber stets, dass es nicht nur um reine Obliegenheiten des Auftraggebers, sondern um echte Pflichten geht, d. h.: Die diesbezüglichen Mitwirkungshandlungen müssen in dem konkreten Bauvertrag über die bloße Pflicht zur Mitwirkung hinaus als selbstständige, dem eigentlichen Herstellungsbereich zuzuordnende Leistungspflichten ausgestaltet sein (s. dazu oben Rdn. 1066 ff.). Hierzu zählt z. B. die Verpflichtung des Auftraggebers zur Überlassung von Transportmitteln oder die Übernahme von bauseits zu erbringenden Leistungen, dies vor allem bei Eigenleistungen oder Lieferungen, wenn für deren Erfüllung im Vertrag ein Zeitpunkt kalendermäßig oder auf andere Weise festgelegt worden ist (vgl. dazu Locher, Das private Baurecht, Rn. 133; von Craushaar BauR 1987, 14 sowie oben Rdn. 1043 ff.). 2766

11.3.1.5 Kündigung des Bauvertrages aus sonstigen Gründen

Neben den im Baugeschehen besonders wichtigen Kündigungsgründen nach § 6 Abs. 7 und § 9 VOB/B gibt es für den Auftragnehmer aber noch weitere Kündigungsmöglichkeiten. 2767

- **Außerordentliche Kündigung aus wichtigem Grund**
  Zu nennen ist zunächst eine außerordentliche Kündigung aus wichtigem Grund. Sie kommt in Betracht, wenn sich der jeweils andere Vertragspartner grob vertragswidrig verhalten hat oder verhält und dies zu einem schwerwiegenden **absoluten Vertrauensverlust** geführt hat. Ebenso ist eine diesbezügliche Kündigung möglich, wenn durch das Verhalten des Vertragspartners die Erreichung des Vertragszweckes gefährdet ist und deshalb dem betroffenen Vertragspartner nach Treu und Glauben nicht mehr zugemutet werden kann, am Vertrag festzuhalten (vgl. Ingenstau/Korbion/Vygen, vor §§ 8 und 9 VOB/B, Rn. 9 f.; Kapellmann/Messerschmidt/von Rintelen, VOB/B, § 9 Rn. 1; Locher, Das private Baurecht, Rn. 234; BGH, Urt. v. 21.11.1968 – VII ZR 89/66, NJW 1969, 233, 234; BGH, Urt. v. 13.06.2006 – X ZR 167/04, BauR 2006, 1488, 1490 = NJW-RR 2006, 1309, 1310). Diese Art der Kündigung findet ihre Rechtsgrundlage im allgemeinen Zivilrecht, weswegen auf Einzelheiten dazu im Zusammenhang mit den Kündigungsmöglichkeiten beim BGB-Werkvertrag eingegangen wird (s. dazu nachfolgend Rdn. 2809 ff.). 2768

Die Erläuterungen dort gelten für den VOB-Vertrag entsprechend, d. h.: Auch insoweit kann ein VOB-Vertrag unter den dort genannten Umständen fristlos gekündigt werden.

- **Kündigung nach ausbleibender Bauhandwerkersicherheitsleistung**
Daneben soll aber vor allem auch bei VOB-Verträgen noch auf die weitere wichtige Kündigungsmöglichkeit im Zusammenhang mit einer unterbleibenden Stellung einer Sicherheit nach § 648a BGB verwiesen werden (vgl. dazu im Einzelnen Rdn. 3207 ff.). Fordert hier der Auftragnehmer unter Setzen einer angemessenen Frist ordnungsgemäß eine solche Sicherheit an, muss der Auftraggeber diese binnen der gesetzten Frist stellen, sofern es sich nicht um einen öffentlichen Auftraggeber oder den privaten Bauauftraggeber eines Einfamilienhauses handelt. Anderenfalls kann der Auftragnehmer seine Leistung verweigern. Sodann kann er den Vertrag kündigen und entsprechend § 649 S. 2 und 3 BGB die vereinbarte Vergütung abzüglich ersparter Aufwendungen verlangen (§ 648a Abs. 5 BGB). Dieser Anspruch des Unternehmers auf Sicherheit mit den geregelten Folgen bei Nichterbringung der Sicherheit ist **zwingendes Recht**; abweichende Vereinbarungen in AGB oder auch in einem Individualvertrag sind gemäß § 648a Abs. 7 BGB unwirksam.

2769 Die damit geschaffene Möglichkeit, seine Arbeiten einzustellen oder sogar schon den Baubeginn zu verweigern und den Vertrag zu kündigen, gewährt dem Auftragnehmer letztlich eine große Sicherheit. Sie ist in jedem Fall dem **parallelen Weg vorzuziehen, wegen nicht geleisteter Abschlagszahlungen die Arbeiten** gemäß § 16 Abs. 5 Nr. 4 VOB/B **einzustellen** und dann ggf. den Bauvertrag gemäß § 9 Abs. 1 Nr. 2 VOB/B nach Erfüllung der Voraussetzungen des § 9 Abs. 2 VOB/B zu kündigen. Denn im letzteren Fall besteht wie schon erläutert (Rdn. 2763 f.) stets das Risiko, dass sich der Auftraggeber etwa später auf berechtigte Einbehalte wegen vorhandener Mängel beruft und sich dadurch die Arbeitseinstellung und dann auch die Kündigung als unberechtigt herausstellen (vgl. OLG Düsseldorf, Urt. v. 01.08.1995 – 21 U 255/94, BauR 1995, 890 f. = NJW-RR 1996, 1170). Demgegenüber ist es für die Rechte des Auftragnehmers nach § 648a BGB einschließlich des Kündigungsrechts zunächst unbeachtlich, ob die Werkleistung des Auftragnehmers mangelhaft ist, solange der Auftragnehmer nur noch weiter leistungsbereit, d. h. vor allem willens ist, schon vorhandene Mängel zu beseitigen (BGH, Urt. v. 09.11.2000 – VII ZR 82/99, BGHZ 146, 24, 32 f. = BauR 2001, 386, 389 f.= NJW 2001, 822 – s. dazu auch Rdn. 3183 f.).

11.3.1.6 Die allgemeinen Kündigungsanforderungen nach der VOB/B

2770 Die Kündigung des Bauvertrages durch den Auftragnehmer nach den Regelungen der VOB/B setzt im Allgemeinen neben dem jeweiligen Kündigungsgrund (Verletzung von Mitwirkungspflichten des Auftraggebers, Zahlungs- oder sonstiger Schuldnerverzug; Unterbrechung der Baumaßnahme) die Erfüllung von **Formerfordernissen** voraus. Einzelheiten regelt § 9 Abs. 2 VOB/B; doch auch in § 6 Abs. 7 VOB/B finden sich dazu Vorgaben:

2771 • Eine Kündigung ist danach erst zulässig, wenn der Auftragnehmer dem Auftraggeber ohne Erfolg eine **angemessene Frist zur Vertragserfüllung** gesetzt und erklärt hat, dass er nach fruchtlosem Ablauf der Frist den Vertrag kündigen werde (§ 9 Abs. 2 S. 2 VOB/B). Dabei muss klar sein, was der Auftragnehmer vom Auftraggeber erwartet. Sodann müssen beide Erklärungen, also **Fristsetzung und Kündigungsandrohung, miteinander verbunden** sein. Andernfalls befindet sich der Auftraggeber nur in Verzug, sodass Fristsetzung und Kündigungsandrohung dann erneut vorgenommen werden müssen. Erst nach fruchtlosem Fristablauf entsteht das Kündigungsrecht. Daher kann die Kündigung selbst nicht schon mit der Aufforderung und Fristsetzung bedingt verbunden werden (BGH, Urt. v. 04.06.1973 – VII ZR 113/71, BauR 1973, 319, 320 = NJW 1973, 1463). Im Übrigen bedürfen diese Fristsetzung und Kündigungsandrohung anders als die Kündigung selbst keiner Form. Sie können demzufolge auch mündlich ausgesprochen werden, wovon aus nachvollziehbaren Gründen abzusehen ist. Ebenso unschädlich ist es, wenn eine Kündigung nach § 9 Abs. 1 BGB nachrangig, z. B. zu einer anderen Kündigung erklärt wird (OLG Düsseldorf, Urt. v. 29.01.2008 – 21 U 22/07, Nichtzul.-Beschw. zurückgew., BGH, Beschl. v. 23.07.2009 – VII ZR 46/08, BauR 2009, 1597,1598).

11.3 Die Kündigung durch den Auftragnehmer

▶ **Beispiel (nach OLG Düsseldorf, a. a. O.)**

Wegen Unterbrechung der Bauleistung und ausbleibenden Zahlungen kündigt der Auftragnehmer gemäß § 6 Abs. 7 sowie nach Androhung hilfsweise gemäß § 9 Abs. 1 Nr. 2 VOB/B. Wenn sich jetzt herausstellt, dass tatsächlich keine Unterbrechung vorlag, verbleibt es bei der weiteren Kündigung nach § 9 Abs. 1 Nr. 2 VOB/B. Zwar kann man dem Verhalten des Auftragnehmers entnehmen, dass er den Vertrag in jedem Fall, d. h. auch bei fristgerechter Zahlung, kündigen wollte. Dies ist aber für die gleichwohl ausgesprochene Kündigungsandrohung unerheblich, weil diese nur nachrangig für das hilfsweise geltend gemachte Kündigungsrecht maßgeblich sein sollte.

Eine **Nachfristsetzung** mit Kündigungsandrohung kann in besonderen **Ausnahmefällen entbehrlich** sein. Solche Fälle liegen vor, wenn der Auftraggeber die gebotene Mitwirkungshandlung, Zahlung u. a. ernstlich und endgültig verweigert hat und mit einer Änderung seines Verhaltens auch durch Nachfristsetzung mit Kündigungsandrohung nicht zu rechnen ist, diese also reine Förmelei darstellen würde (BGH, Urt. v. 10.06.1974 – VII ZR 30/73, BauR 1975, 136 = NJW 1974, 1467; vgl. auch § 286 Abs. 2 Nr. 3 und 4 BGB). Dafür ist aber stets der Auftragnehmer beweispflichtig (so auch BGH, Urt. v. 25.03.1993 – X ZR 17/92, BauR 1993, 469, 471 = NJW 1993, 1972, 1973 für den umgekehrten fall einer Auftraggeberkündigung). Insoweit ist zu beachten, dass gerade bei der Kündigung als schwerwiegendste Maßnahme bei der Durchführung eines Bauvertrages an einen solchen Beweis **besonders strenge Anforderungen** zu stellen sind.

2772

- Erst wenn diese Voraussetzungen erfüllt sind, ist die Kündigung zulässig; sie muss dann aber noch **gesondert schriftlich erklärt** werden (§ 6 Abs. 7 S. 1, § 9 Abs. 2 S. 1 VOB/B). Dabei ist allerdings zu beachten, dass es sich bei dieser Formvorgabe nur um eine sog. gewillkürte Schriftform nach § 127 BGB handelt. Das bedeutet: Wenn ein anderer Wille nicht erkennbar ist, genügt nach § 127 S. 2 BGB auch jeweils eine telekommunikative Übermittlung. Somit wird auch eine **Kündigung per Fax** ausreichen (so wohl auch i. E.; BGH Urt. v. 22.04.1996 II ZR 65/95 NJW-RR 1996, 866, 867). Ob das ebenso für eine Kündigung per E-Mail gilt (in diesem Sinne sehr großzügig Palandt/Ellenberger § 127 Rn. 2), erscheint dagegen zweifelhaft: Denn mit § 127 Abs. 2 BGB sollte nur das Erfordernis eigenhändiger Unterzeichnung im Sinne des § 126 BGB gelockert werden; nicht aber sollte auf die Unterzeichnung als solche verzichtet werden (BT-Ds. 14/4987, S. 43). Daher dürfte eine Kündigung per E-Mail nur dann als wirksam anzuerkennen sein, wenn etwa das unterschriebene **Kündigungsschreiben eingescannt** und dieses Dokument so versandt wird. Unterbleibt dagegen nach Fristablauf die Kündigung, sondern arbeitet der Unternehmer weiter, so kann je nach den Umständen des Einzelfalles darin ein **Verzicht oder eine Verwirkung des Kündigungsrechts** zu sehen sein (vgl. BGH, Urt. v. 28.10.2004 – VII ZR 18/03 BauR 2005, 425, 426 = NZBau 2005, 150, 151; s. auch für den umgekehrten Fall der Auftraggeberkündigung: unten Rdn. 2891). Wichtig sind hier allerdings die genauen Gründe für die ausbleibende Kündigung verbunden mit der Sichtweise des Auftraggebers, nämlich ob er davon ausgehen konnte, dass der Auftragnehmer von seiner Kündigungsandrohung keinen Gebrauch mehr macht (vgl. dazu auch die vergleichbare Fragestellung bei einem Rücktrittsrecht: Rdn. 2797).

2773

▶ **Beispiel (nach OLG Düsseldorf, Urt. v. 24.11.2000 – 22 U 61/00, BauR 2001, 1459)**

Nach einer berechtigten Kündigungsandrohung verhandelt der Auftragnehmer mit dem Auftraggeber, um zu dem Sachverhalt, zu dem die Kündigung angedroht wurde, eine Lösung zu finden. Hierdurch entfällt nicht das schon entstandene Kündigungsrecht.

11.3.1.7 Die Kündigungsfolgen bei der Kündigung durch den Auftragnehmer

Die Kündigungsfolgen sind je nach Kündigungsgrund unterschiedlich geregelt (vgl. §§ 9 Abs. 3, 6 Abs. 7 i. V. mit Abs. 5 und 6 VOB/B).

2774

11.3.1.7.1 Kündigungsfolgen bei einer Kündigung nach § 9 VOB/B

2775 Bei einer Kündigung wegen Verletzung von Mitwirkungspflichten nach § 9 Abs. 1 Nr. 1 VOB/B oder wegen Zahlungs- oder sonstigen Schuldnerverzuges nach § 9 Abs. 1 Nr. 2 VOB/B lassen sich die Kündigungsfolgen gemäß § 9 Abs. 3 VOB/B wie folgt zusammenfassen:

2776 • Die bisherigen (also die bis zur Kündigung erbrachten) **Leistungen sind nach den Vertragspreisen abzurechnen.** Es handelt sich dabei um die vertraglichen Leistungsteile, die der Auftragnehmer bis zur Wirksamkeit der Vertragskündigung (Zugang der Kündigung beim Auftraggeber) ausgeführt hat. Um den tatsächlichen Umfang dieser Leistungen feststellbar und prüfbar abrechnen zu können (vgl. auch § 8 Abs. 1 und Abs. 6 VOB/B), bedarf es – wie bei jeder Kündigung – eines **prüfbaren Aufmaßes**, das der Auftragnehmer in entsprechender Anwendung des § 8 Abs. 6 i. V. m. § 14 Abs. 2 VOB/B zu nehmen berechtigt ist. Dabei geht es auch hier in der Regel um ein **gemeinsames Aufmaß** von Auftraggeber und Auftragnehmer (BGH, Urt. v. 19.12.2002 – VII ZR 103/00, BGHZ 153, 244, 251 = BauR 2003, 689, 692 = NJW 2003, 1450, 1452 – s. zu den Rechtsfolgen eines gemeinsamen Aufmaßes Rdn. 2467 ff.). Hiervon sollte der Auftragnehmer unbedingt Gebrauch machen und den Auftraggeber ggf. dazu in Verzug setzen. Dies gilt vor allem dann, wenn er faktisch auf ein gemeinsames Aufmaß vor Ort angewiesen ist und die erbrachten Leistungen nicht etwa hilfsweise aus Zeichnungen entnehmen kann. Entsprechendes kann für einen Pauschalpreisvertrag gelten. Zwar hat das Aufmaß hier nicht die Funktion der unmittelbaren Abrechnungsgrundlage. Jedoch kann es immerhin dazu dienen, für den Pauschalvertrag das Verhältnis von der schon erbrachten Leistung zu der noch nicht erbrachten ermitteln zu können (BGH, Urt. v. 11.02.1999 – VII ZR 91/98, BauR 1999, 632, 633 f. = NJW 1999, 2036; s. dazu oben Rdn. 2459).

2777 Bleibt der Auftraggeber einem Termin zum gemeinsamen Aufmaß fern und ist dann ein neues Aufmaß oder eine Überprüfung der einseitig vom Auftragnehmer genommenen Massen nicht mehr möglich, **kehrt sich im Vergütungsprozess die Darlegungs- und Beweislast um**, d. h.: Jetzt muss der Auftraggeber darlegen und beweisen, dass die Massen des Auftragnehmers nicht stimmen (BGH, Urt. v. 22.05.2003 – VII ZR 143/02, BauR 2003, 1207, 1208 f. = NJW 2003, 2678). Umgekehrt genügt der Auftragnehmer seiner Darlegungslast, wenn er Tatsachen vorträgt, die dem Gericht die Möglichkeit eröffnen, ggf. mithilfe eines Sachverständigen den Mindestaufwand des Auftragnehmers zu schätzen, der für die Erreichung des Bauvorhabens erforderlich war (BGH, Urt. v. 17.06.2004 – VII ZR 337/02, BauR 2004, 1443, 1445 = NJW-RR 2004, 1384, 1385). Notfalls ist die Vergütung, zumindest soweit bei einer prüfbaren Abrechnung nachträglich eine Kalkulation eingereicht wird, **nach § 287 ZPO zu schätzen** (BGH, Versäumnisurteil v. 13.07.2006 – VII ZR 68/05, BauR 2006, 1753, 1754 = NJW-RR 2006, 1455, 1456).

2778 • Bei der Abrechnung der bis zur Kündigung erbrachten Bauleistungen nach den Vertragspreisen findet ergänzend die Regelung des § 6 Abs. 5 und 7 VOB/B entsprechende Anwendung. Denn der Auftragnehmer kann letztlich bei der höheren Anforderungen unterliegenden schwerwiegenderen Kündigung gemäß § 9 Abs. 1 VOB/B nicht schlechter stehen als bei der unter erleichterten Voraussetzungen möglichen Kündigung nach § 6 Abs. 7 VOB/B wegen lediglich längerer Unterbrechung der Bauausführung (so vor allem Ingenstau/Korbion/Vygen, VOB/B, § 9 Abs. 3 Rn. 3). Letztlich lässt sich aber dieses Ergebnis auch über die entsprechende Bemessung der Entschädigung nach § 642 BGB erreichen. Dies gelingt dadurch, dass man die bereits entstandenen Kosten, die in den Vertragspreisen des infolge der Kündigung nicht mehr ausgeführten Teils der Gesamtbauleistung enthalten sind, und die Kosten der Baustellenräumung bei der Festsetzung der Entschädigung besonders berücksichtigt.

2779 • Weist die **erbrachte Bauleistung Mängel** auf, so kann der Auftraggeber trotz erfolgter Vertragskündigung deren Beseitigung verlangen. Seinerseits hat allerdings auch der **Auftragnehmer ein Nacherfüllungsrecht** (s. oben Rdn. 2697). Mit dieser Maßgabe kann der Auftraggeber somit erst nach fruchtlosem Ablauf einer zur Mängelbeseitigung gesetzten Frist die erforderlichen Mängelbeseitigungskosten von der Vergütung des Auftragnehmers für die erbrachten Leistungen in Abzug bringen, während er bis dahin auf ein Zurückbehaltungsrecht an der Vergütung nach §§ 320, 641 Abs. 3 BGB beschränkt ist.

11.3 Die Kündigung durch den Auftragnehmer

- Neben dieser Abrechnung der erbrachten Leistungen nach den Vertragspreisen (ggf. unter Abzug der Mängelbeseitigungskosten und unter Hinzurechnung bereits entstandener, aber in diesen Positionen nicht enthaltener Kosten sowie der Kosten der Baustellenräumung) kann der Auftragnehmer im Fall seiner Kündigung des Bauvertrages nach § 9 Abs. 1 VOB/B auch noch zusätzlich eine **angemessene Entschädigung** gemäß § 9 Abs. 3 S. 2 VOB/B i. V. m. § 642 BGB verlangen, also eine Art Abfindung. Denn der Auftragnehmer soll keinen Nachteil dadurch erleiden, dass er durch das Verhalten des Auftraggebers zur Kündigung veranlasst worden ist. Die Höhe der Entschädigung bestimmt sich einerseits nach der Dauer des Verzugs und der Höhe der vereinbarten Vergütung, andererseits nach demjenigen, was der Unternehmer infolge des Verzugs an Aufwendungen erspart oder durch anderweitige Verwendung seiner Arbeitskraft erwerben kann (§ 642 Abs. 2 BGB): Eine summarische Festsetzung der Entschädigung kann im Wege der Schätzung gemäß § 287 ZPO erfolgen, wobei die aufgezeigten Berechnungsfaktoren angemessen zu berücksichtigen sind (s. dazu im Einzelnen oben Rdn. 2097 ff.). Sie ist um die Umsatzsteuer zu erhöhen (BGH, Urt. v. 24.01.2008 – VII ZR 280/05 BGHZ 175, 118, 121 = BauR 2008, 821, 822 = NJW 2008, 1523, 1524 = NZBau 2008, 318, 319; s. o. Rdn. 2104). 2780

Neben diesen konkreten Regelungen zur Bestimmung der Vergütung bleiben etwaige **weiter gehende Ansprüche** des Auftragnehmers unberührt. Hierzu gehören im Fall der Kündigung vor allem: 2781
- Voller Vergütungsanspruch nach § 326 Abs. 2 BGB (abzgl. ersparter Aufwendungen), wenn infolge einer schuldhaft unterbliebenen Mitwirkungshandlung die Bauausführung unmöglich geworden ist (s. o. Rdn. 2728 f.).
- Schadensersatzansprüche wegen einer vorherigen Behinderung nach § 6 Abs. 6 VOB/B oder aus Verzug nach § 16 Abs. 5 Nr. 3 VOB/B bis zur Kündigung
- Bereicherungsansprüche gemäß §§ 812 ff. BGB oder aus Geschäftsführung ohne Auftrag gemäß §§ 677 ff. BGB.

11.3.1.7.2 Kündigungsfolgen bei einer Kündigung nach § 6 Abs. 7 VOB/B

Die gleichen Rechtsfolgen ergeben sich bei einer Kündigung nach § 6 Abs. 7 VOB/B bezüglich der Vergütung für die erbrachten Leistungen. Ferner sind auch hier die Kosten zu vergüten, die dem Auftragnehmer bereits entstanden, aber in den Vertragspreisen des nicht ausgeführten Teils enthalten sind, sowie die Kosten der Baustellenräumung, soweit diese nicht Gegenstand der Vergütung für die bereits ausgeführten Leistungen sind (§ 6 Abs. 5 und 7 VOB/B). In diesen Fällen der Kündigung nach § 6 Abs. 7 VOB/B kommt aber nicht noch ein Entschädigungsanspruch gemäß § 642 BGB zum Zuge. Dagegen ist ein Schadensersatzanspruch aus § 6 Abs. 6 VOB/B durchaus denkbar, wenn der Auftraggeber die Unterbrechung der Bauausführung als Behinderung zu vertreten hat (vgl. dazu oben Rdn. 1975 ff.). 2782

Von besonderer Bedeutung bei den Kündigungsfolgen ist aber erneut, dass das Nacherfüllungsrecht und die Nachbesserungspflicht des Auftragnehmers bei Mängeln an den bis zur Kündigung erbrachten Bauleistungen mit allen rechtlichen Konsequenzen erhalten bleiben (s. vorstehend Rdn. 2779). 2783

11.3.2 Rechtsstellung des Auftragnehmers im BGB-Vertrag

Wie schon erläutert sieht das BGB bei Weitem keine so ausgefeilten Regelungen zur Kündigung eines Bauvertrages durch den Auftragnehmer vor wie die VOB/B. Im Gegenteil: Gerade die Fallvariante ausbleibende Zahlungen findet – was die Möglichkeit der Vertragsbeendigung angeht – keinen eigenen Niederschlag. Hierbei handelt es sich vielmehr um eine allgemeine Pflichtverletzung, die ggf. zum Rücktritt vom Vertrag oder zum Schadensersatz statt der Leistung berechtigt. Ansonsten existieren im BGB nur zwei speziell werkvertragliche Kündigungsmöglichkeiten des Auftragnehmers, die aber beide nur Sonderfälle betreffen: Zum einen gibt es das Kündigungsrecht bei ausbleibender Bauhandwerkersicherheit (§ 648a Abs. 5 BGB); hierauf wird ausführlich im Sachzusammenhang im Kapitel 12 eingegangen (Rdn. 3207 ff.). Zum anderen besteht das allgemeine Kündigungsrecht bei Verletzung von Mitwirkungspflichten des Auftragnehmers nach § 643 BGB (BGH, Urt. v. 13.06.2006 – X ZR 167/04, BauR 2006, 1488, 1490 = NJW-RR 2006, 1309, 1310). Hinzu 2784 kommt das allgemeine außerordentliche Kündigungsrecht aus Treu und Glauben, soweit dem Auftragnehmer das Festhalten am Vertrag infolge eines dem Besteller zuzurechnenden Verhaltens nicht zumutbar ist.

2785

	Rücktritt	Kündigung	
Rechtsgrundlage	§§ 323, 324 BGB	§ 643 BGB	§ 314 BGB analog/außerordentliches Kündigungsrecht
Voraussetzungen	(1) Verletzung einer Pflicht, ggf. auch Mitwirkungshandlung, gilt auch bei Nebenpflichten (2) Fristsetzung, soweit kein Ausnahmefall vorliegt (nicht erforderlich bei einem Rücktritt nach § 324 BGB) (3) Fruchtloser Fristablauf (nicht erforderlich bei einem Rücktritt nach § 324 BGB) (4) Rücktrittserklärung	(1) Verletzung einer Mitwirkungshandlung des Auftraggebers, aufgrund derer der Auftragnehmer seine Werkleistung nicht erbringen kann (2) Aufforderung zur Nachholung der Mitwirkungshandlung binnen einer angemessenen Frist (3) Kündigungsandrohung (4) Fruchtloser Fristablauf	(1) Verhalten des Auftraggebers, nach dem es dem Auftragnehmer unzumutbar ist, Vertrag fortzusetzen (z. B. schuldhafte Verweigerung einer gebotenen Mitwirkungshandlung mit der Folge, dass Vertragszweck gefährdet wird) (2) In der Regel geboten: Fristsetzung/Mahnung an Auftraggeber (3) Kündigungserklärung binnen angemessener Frist nach Kenntniserlangung zum Kündigungsgrund
Folge	• Vertrag ist rückabzuwickeln (§§ 346 ff. BGB) • Ggf. nur Teilrücktritt, soweit schon Teilleistung bewirkt	Vertrag gilt nach fruchtlosem Fristablauf ohne (nochmals gesondert auszusprechender) Kündigung als aufgehoben	Vertragsaufhebung ex nunc
Vergütungsfolge	Schadensersatzanspruch statt der Leistung bleibt erhalten (§§ 325, §§ 280, 281 BGB).	Zusätzlich: Entschädigungsanspruch nach § 642 BGB, ggf. weiter gehende Ansprüche, vor allem bei schuldhafter Vereitelung der Mitwirkungshandlung: • ggf. voller Vergütungsanspruch abzgl. ersparter Aufwendungen (§ 326 Abs. 2 BGB) • Schadensersatzansprüche gemäß §§ 280 ff. BGB	Schadensersatzansprüche gemäß §§ 280 ff. BGB und Abrechnung des Vorhabens bis zur Kündigung (schließt, wenn Bauleistung wegen Verletzung der Mitwirkungshandlung unmöglich wird, vollen Vergütungsanspruch abzgl. ersparter Aufwendungen ein)

11.3.2.1 Rücktritt vom Vertrag (§ 323 Abs. 1 BGB)

2786 Verletzt der Auftraggeber ihm obliegende Pflichten, kann der Auftragnehmer unter den weiteren Voraussetzungen des § 323 Abs. 1 BGB zurücktreten.

11.3 Die Kündigung durch den Auftragnehmer

11.3.2.1.1 Erfasste Pflichten

§ 323 BGB erfasst sämtliche Pflichten aus dem Vertragsverhältnis. Hierzu zählt aus Sicht des Auftragnehmers im Werkvertragsrecht vor allem die Pflicht des Auftraggebers zur Zahlung und zur Abnahme der fertiggestellten Leistung. Allerdings ist es nicht notwendig, dass der Auftraggeber eine Hauptpflicht verletzt (Palandt/Grüneberg, § 323 Rn. 10 m. w. N.; a. A. Münch.Komm./Ernst, § 323 Rn. 13). Vielmehr genügt auch eine **Verletzung von leistungsbezogenen Nebenpflichten**, die im Bauvertragsrecht an verschiedenen Stellen anzutreffen sind (vgl. zu der Verletzung sonstiger Nebenpflichten sogleich Rdn. 2791). Auf zwei Punkte ist allerdings hinzuweisen: 2787

- Das größte Problem bei der Prüfung der Voraussetzungen für ein Rücktrittsrecht des Auftragnehmers bei der Verletzung von leistungsbezogenen Nebenpflichten besteht darin, dass es sich bei einem Teil der für die Vertragsdurchführung notwendigen Mitwirkungshandlungen des Auftraggebers bei einem BGB-Werkvertrag gerade nicht um Vertragspflichten handelt, sondern nur um **Obliegenheiten**, d. h.: Die gebotenen Handlungen können, wenn der Auftraggeber sie nicht vornimmt, zu Nachteilen des Auftraggebers führen; sie begründen jedoch **mangels ihres Charakters als Vertragspflicht kein Rücktrittsrecht** des Auftragnehmers (s. dazu oben Rdn. 1072 ff.). Hier setzt sich somit im Rücktrittsrecht das Problem fort, das schon beim Schuldnerverzug angesprochen wurde (s. oben Rdn. 2126 f.). Somit gilt ebenso, dass man – anders als bei VOB-Verträgen, bei denen die meisten Mitwirkungshandlungen als Vertragspflichten ausgestaltet sind (s. oben Rdn. 1068 ff.) – beim BGB-Vertrag allenfalls bei bedeutenden Mitwirkungshandlungen von Vertragspflichten ausgehen kann. Wegen der genauen Abgrenzung wird in Bezug auf die vom Auftraggeber zu erbringenden Mitwirkungshandlungen oben auf Rdn. 1072 ff. verwiesen. 2788

▶ **Beispiele für Mitwirkungshandlungen als Vertragspflicht** 2789
- Übergabe des Baugrundstücks (OLG München, Urt. v. 09.11.1990 – 23 U 4090/90, BauR 1992, 74, 75 = NJW-RR 1992, 348; s. o. Rdn. 1080)
- ggf. erforderlicher Leistungsabruf (BGH, Urt. v. 30.09.1971 – VII ZR 20/70, NJW 1972, 99 f.; s. o. Rdn. 1078).
- vom Auftraggeber zu leistende Koordinierungspflicht
- Übergabe von Planunterlagen (BGH, Urt. v. 29.11.1971 – VII ZR 101/70, BauR 1972, 112 = NJW 1972, 447 f.; BGH, Urt. v. 27.06.1985 – VII ZR 23/84, BGHZ 95, 128, 131 = BauR 1985, 561, 562 = NJW 1985, 2475; s. o. Rdn. 1079).

▶ **Beispiele für Mitwirkungshandlungen als Obliegenheiten**
- Abstecken der Hauptachse
- Zurverfügungstellung einer mangelfreien Vorleistung
- Beschaffung der erforderlichen Genehmigungen u. a.

- Neben dieser Zuordnung von Mitwirkungshandlungen in die Kategorien Vertragspflicht, deren Verletzung zum Rücktritt berechtigt, und Obliegenheiten bleibt es im Übrigen aber bei den beiden bedeutendsten Hauptpflichten des Auftraggebers, deren Verletzung in jedem Fall Grundlage eines Rücktritts sein kann. Hierbei geht es um dessen Pflicht zur Zahlung einschließlich Abschlagszahlung und zur Abnahme. 2790

Neben den Vertragspflichtverletzungen, die zum Rücktritt berechtigen, steht nach § 241 Abs. 2 BGB die weitere **Pflicht des Auftraggebers zur Rücksichtnahme** auf die Rechte, Rechtsgüter und Interessen des anderen Teils (d. h. des Auftragnehmers). Hierunter fallen nicht auf die geschuldete Leistung gerichtete sonstige **Aufklärungs- und Schutzpflichten**. Im Mittelpunkt steht stattdessen allein das Integritätsinteresse des Vertragspartners in persönlicher und vermögensrechtlicher Hinsicht. Werden diese (Verhaltens)pflichten verletzt, besteht für den Auftragnehmer ein eigenständiges Rücktrittsrecht nach § 324 BGB, soweit dem Auftragnehmer die Fortsetzung des Vertrags deswegen nicht mehr zumutbar ist. Ob diesem Rücktrittsrecht im Werkvertragsrecht aus Sicht des Auftragnehmers neben dem allgemeinen Rücktrittsrecht nach § 323 BGB aber eine große Bedeutung zukommt, mag bezweifelt werden. 2791

11.3.2.1.2 Voraussetzung: Nichterbringung einer fälligen Pflicht

2792 Geht es nach Vorstehendem dem Grunde nach um eine von § 323 BGB erfasste Pflicht, setzt das Rücktrittsrecht des Auftragnehmers zunächst voraus, dass der Auftraggeber diese ihn treffende Pflicht verletzt. Hier kann unterschieden werden:

2793 • Zu nennen ist zunächst, dass der Auftraggeber **fällige Vergütungszahlungen nicht leistet**. Dies führt zum einen zu seinem Verzug, stellt aber zum anderen auch eine Grundlage für ein Rücktrittsrecht dar. Dabei kann dieser Rücktritt auch noch erklärt werden, wenn die Leistung schon ausgeführt ist. Dagegen kann sich der Auftraggeber immerhin mit einem ggf. berechtigten Vergütungseinbehalt wegen Mängeln nach §§ 320, 641 Abs. 2 BGB zur Wehr setzen. Dieses Recht besteht auch dann, wenn es zunächst nicht geltend gemacht wurde. Es schließt demzufolge die Durchsetzbarkeit des Zahlungsanspruchs und damit zugleich das Rücktrittsrecht aus (s. oben Rdn. 1297 ff.), was auch für Abschlagszahlungen gilt (Rdn. 2506).

> **Beispiel**
>
> Die Leistung ist abgenommen. Es steht eine Schlusszahlung von 15 000 € aus, die der Auftraggeber nicht zahlt. Hierin liegt eine Pflichtverletzung, die unter Einhaltung der weiteren noch zu nennenden Voraussetzungen zumindest theoretisch zum Rücktritt berechtigt. Kann sich im Laufe der späteren Diskussion der Auftraggeber nunmehr auf Mängel berufen, begründen diese ein Zurückbehaltungsrecht an dem Vergütungsanspruch, selbst wenn er die Mängel zunächst nicht kannte. Insoweit sind dann aber auch die Voraussetzungen eines Rücktrittsrechts nicht gegeben.

Anzumerken ist immerhin, dass völlig unbedeutende Zahlungsrückstände nicht zum Rücktritt berechtigen (§ 323 Abs. 5 S. 2 BGB).

2794 • Verweigert der Auftraggeber zu **Unrecht die Abnahme**, kann auch dieses Verhalten zu einem Rücktritt führen. Praxisrelevant dürfte dies jedoch kaum werden. Denn mit der Sonderregelung in § 640 Abs. 1 S. 3 BGB verfügt der Auftragnehmer aufgrund der dann gleichwohl eintretenden Abnahmewirkungen bei unberechtigter Abnahmeverweigerung nach Fristsetzung über einen ausreichenden und letztlich effektiveren Schutz (s. o. Rdn. 1169 ff.). Ein Rücktrittsrecht kommt jedoch daneben noch bei der Verletzung der sonstigen einen Auftraggeber treffenden Mitwirkungspflichten in Betracht (s. zu der Abgrenzung bei einem BGB-Vertrag oben Rdn. 1072 ff.).

2795 Bereits vor Fälligkeit der jeweiligen Vertragspflicht kann der Auftragnehmer schon dann vom Vertrag zurücktreten, wenn **offensichtlich** ist, dass die **Voraussetzungen des Rücktritts** zum Fälligkeitszeitpunkt vorliegen werden (§ 323 Abs. 4 BGB). Eine reine Glaubhaftmachung für die Geltendmachung dieses vorzeitigen Rücktrittsrechts genügt jedoch nicht: Vielmehr muss für diesen vorzeitigen Rücktritt mit an Sicherheit grenzender Wahrscheinlichkeit feststehen, dass die Voraussetzungen für einen Rücktritt vorliegen werden (OLG Köln, Urt. v. 28.02.2006 – 11 U 48/04, BauR 2008, 1145, 1146) – eine Hürde, die praktisch relevant kaum zu nehmen ist (s. hierzu auch weiter die Erläuterungen zu dem umgekehrten Fall eines Rücktrittsrechts des Auftraggebers: Rdn. 1631).

> **Beispiel**
>
> Im Bauvertrag war eine Bauzeit von Juni bis August 2011 vereinbart. Der Auftraggeber hat bisher keine Planung beauftragt. Es ist auch nicht abzusehen, dass eine solche bis Juli 2011 vorliegt, weil nicht einmal die Finanzierung steht. Hier muss der Auftragnehmer nicht bis Juni oder August warten, um vom Vertrag zurückzutreten.

Dabei ist zu beachten, dass ein Rücktritt nach § 323 Abs. 4 BGB ausgeschlossen ist, wenn die Leistung bereits fällig ist. Dann kommt nur noch ein Rücktritt nach § 323 Abs. 1 BGB in Betracht, der zuvor eine Fristsetzung erfordert. Diese kann nur in den bekannten Fällen des § 323 Abs. 2 BGB entfallen, so insbesondere wenn feststeht, dass der Schuldner (Auftraggeber) eine ihm gesetzte Frist ohnehin nicht einhalten wird (BGH, Urt. v. 14.06.2012 – VII ZR 148/10, BauR 2012, 1386, 1387).

11.3.2.1.3 Fristsetzung

Die Pflichtverletzung des Auftraggebers reicht für sich genommen für einen Rücktritt nicht aus. Vielmehr muss der Auftragnehmer dem Auftraggeber zuvor noch eine Frist zur Leistungserfüllung gesetzt haben, die fruchtlos verstrichen sein muss (§ 323 Abs. 1 BGB). Von dieser Fristsetzung kann aus Sicht des Auftragnehmers vor allem abgesehen werden (vgl. § 323 Abs. 2 BGB), wenn

- der Auftraggeber die Leistung ernsthaft und endgültig verweigert. 2796

> **Beispiel**
>
> Der Auftraggeber verweigert endgültig weitere Zahlungen oder die Abnahme.

- besondere Umstände vorliegen, die unter Abwägung der beiderseitigen Interessen den sofortigen Rücktritt rechtfertigen.

> **Beispiel**
>
> Der Auftraggeber ist offensichtlich zahlungsunfähig und hat den Geschäftsbetrieb eingestellt. Hier käme die Fristsetzung zur Zahlung nur noch einer reinen Förmelei zu.

Sodann muss die **Fristsetzung angemessen** sein. Insoweit ergeben sich keine Besonderheiten – verbunden mit dem Hinweis, dass eine zu kurz bemessene Frist eine angemessene Frist in Gang setzt.

11.3.2.1.4 Ausübung des Rücktrittsrechts

Sind vorstehende Voraussetzungen erfüllt, kann der Auftragnehmer vom Vertrag zurücktreten. Dies muss er aber nicht; vielmehr kann er auch weiterhin die Erfüllung verlangen, d. h. z. B. auf seine ihm zustehende Vergütung klagen. Das einmal entstandene Rücktrittsrecht geht dadurch **nicht verloren**; folglich muss er nicht – wenn er sich es später doch anders überlegt – dem Auftraggeber nunmehr eine erneute Frist setzen. Die Verwirkung des Rücktrittsrechts käme allenfalls aus § 242 BGB in Betracht, wenn der Auftragnehmer seinen Rücktritt zur Unzeit erklärt (vgl. zum Ganzen: BGH, Urt. v. 20.01.2006 – V ZR 124/05, BauR 2006, 1134, 1136 = NJW 2006, 1198). 2797

> **Beispiel (ähnlich OLG Düsseldorf, Urt. v. 24.06.2010 – 5 U 135/09, BauR 2011, 1002, 1005 f.)**
>
> Der Auftraggeber hat zur Zahlung eine Frist gesetzt, die fruchtlos verstrichen war. Das Rücktrittsrecht ist entstanden. Jetzt setzt er nochmals eine Nachfrist von zehn Tagen. In diesen zehn Tagen kann er nun nicht zurücktreten, auch wenn nach deren Ablauf das Rücktrittsrecht ohne weitere Fristsetzung fortbesteht.

Das Rücktrittsrecht **erlischt dagegen vollständig**, wenn der Auftragnehmer eine Frist gesetzt hat, obwohl er dazu nach vorstehenden Erläuterungen nach § 323 Abs. 2 BGB eigentlich nicht verpflichtet war und der Auftraggeber jetzt fristgemäß die Leistung erbringt (BGH, Urt. v. 12.03.2010 – V ZR 147/09, BauR 2010, 1074, 1075 = NJW 2010, 1805).

In der Rechtsfolge eines danach ausgeübten Rücktrittsrechts wird der Vertrag nicht wie bei der **Kündigung** nur für die Zukunft aufgelöst, sondern das Vertragsverhältnis rückwirkend aufgehoben und so umgestaltet, dass beide Vertragspartner zur **Rückgewähr der bereits empfangenen Leistungen** verpflichtet werden (§ 346 ff. BGB – s. dazu näher Rdn. 2972 ff.). Eine vollständige Rückabwicklung wird nach einem einmal begonnenen Bau aber in aller Regel daran scheitern, dass eine solche Rückgabe schon aus der Natur des Erlangten, nämlich ohne eine signifikante Zerstörung der schon erbrachten Leistungen überhaupt nicht möglich ist. Folglich hat insoweit ein Wertersatz stattzufinden (§ 346 Abs. 2 BGB). Dieser bemisst sich auch bei einem Rücktritt des Auftragnehmers als Geldgläubiger an der Höhe der vereinbarten Vergütung, nicht an dem objektiven Wert der zurück abzuwickelnden Leistung (BGH, Urt. v. 19.11.2008 – VIII ZR 311/07, BGHZ 178, 355, 358 = NJW 2009, 1068, 1069). 2798

> **Beispiel**
>
> Der Auftragnehmer hat bis zu dem Rücktritt Bauleistungen in einem Wert von 4.000 € erbracht, für die nach dem Vertrag aber nur anteilig eine Vergütung von 3.700 € vereinbart war. Dann sind bei dem Rücktritt für diese nicht rückgabefähige Bauleistung auch nur 3.700 € anzusetzen.

2799 Doch nicht nur an der fehlenden Rückgabefähigkeit, sondern auch aus Rechtsgründen wird ein **Rücktritt vom gesamten Vertrag zumeist ausscheiden**. Denn ein solcher wäre nur möglich, wenn bisher noch gar keine Teilleistungen bewirkt wären (§ 323 Abs. 5 S. 1 BGB). Vorstellbar wäre dies allenfalls vor der ersten ausbleibenden Zahlung. Geht es hingegen um ausbleibende Folgeraten oder gar nur um eine fehlende Abnahme, nachdem der Auftraggeber schon erste Zahlungen geleistet, d. h. bewirkt hat, ist nicht ersichtlich, mit welchem Interesse der Auftragnehmer jetzt noch eine auch rückwirkende Beseitigung des schon geschlossenen und ggf. teilerfüllten Vertrages verlangen könnte (oder sollte). Denn dann müsste er auch die bereits erhaltenen Zahlungen zur Disposition stellen. Von einer solchen Interessenlage wird man in der Regel nicht ausgehen können (vgl. auch zu der vergleichbaren Rechtslage beim Schadensersatzanspruch: OLG Celle, Urt. v. 16.11.2006 – 6 U 71/06, BauR 2007, 729, 731). Allein wegen § 323 Abs. 5 S. 1 BGB wird daher praktisch das Rücktrittsrecht des Auftragnehmers bei einem BGB-Vertrag letztlich in den Auswirkungen einer Kündigung, also der Beendigung des Vertrages vom Zeitpunkt des Wirksamwerdens der **Kündigung** an für die Zukunft, gleichstehen. Deshalb bleibt der Vertrag trotz des erklärten Rücktritts bezüglich des erfüllten Teils der geschuldeten Bauleistung bestehen. Insoweit ist das teilweise fertiggestellte Werk auch vom Besteller abzunehmen und zu vergüten. Bezüglich dieses ausgeführten Leistungsteils bestehen dann zugleich die Gewährleistungsansprüche des Bestellers und das Nacherfüllungsrecht des Unternehmers (BGH, Urt. v. 25.06.1987 – VII ZR 251/86, BauR 1987, 689, 690 f. = NJW 1988, 140, 141).

11.3.2.2 Schadensersatz statt der Leistung (§ 281 Abs. 1 BGB)

2800 Aus Sicht des Auftragnehmers vorrangig ist zumeist das neben dem Rücktrittsrecht stehende Recht auf Schadensersatz statt der Leistung (§ 281 BGB). Im Vordergrund steht dieses Recht vor allem deshalb, weil es in der Regel über die Rechtsfolgen des reinen Rücktritts hinausgeht und eben noch einen vollen Schadensersatz gewährt. Mit dem Rücktrittsrecht hat es insoweit aber die Gemeinsamkeit, als beide Ansprüche nach deren Ausübung zum **Erlöschen des primären Erfüllungsanspruchs** führen (vgl. § 281 Abs. 4 BGB). Auf eine Konkurrenz zum Rücktrittsrecht muss sonst nicht weiter eingegangen werden. Denn der Schadensersatzanspruch statt der Leistung kann auch **neben dem Rücktrittsrecht geltend** gemacht werden (§ 325 BGB).

2801 Der Schadensersatzanspruch statt der Leistung steht unter folgenden **Voraussetzungen**. Sie entsprechen praktisch denen eines Rücktrittsrechts:
- Der Auftraggeber erbringt die fällige Leistung (Zahlung, Abnahme, Mitwirkungspflicht u. a.) nicht termingerecht (§ 281 Abs. 1 BGB).
- Der Auftragnehmer hat dem Auftraggeber eine angemessene Nachfrist gesetzt – wobei auch hier die Nachfristsetzung vor allem entfallen kann, wenn der Auftraggeber die Leistungserfüllung ohnehin ernsthaft und endgültig verweigert hat (§ 281 Abs. 2 BGB – vgl. dazu zu der vergleichbaren Regelung beim Rücktrittsrecht: Rdn. 2796). Demgegenüber reicht der bloße Verzugseintritt – etwa bei Überschreitung eines kalendarisch vereinbarten Termins – nicht aus.
- Den Auftraggeber trifft ein Verschulden. Dabei hat sich wie auch sonst der Auftraggeber ggf. davon zu entlasten (vgl. § 280 Abs. 1 S. 2 BGB). Allerdings wird ihm das Verschulden der von ihm zur Leistungserfüllung eingesetzten Gehilfen, vor allem demnach von Subunternehmern, zugerechnet (§ 278 BGB).

2802 Liegen die Voraussetzungen des Schadensersatzanspruchs statt der Leistung vor und entscheidet sich der Auftragnehmer dafür, liegt hierin gleichzeitig die **Ausübung einer entsprechenden Gestaltungserklärung**, d. h. vor allem:
- Der Anspruch auf Vertragserfüllung erlischt. Der Auftragnehmer kann nicht mehr Erfüllung verlangen (§ 281 Abs. 4 BGB). Ein bis dahin allerdings schon entstandener Ersatzanspruch aus Zah-

lungsverzug nach §§ 280 Abs. 1 und 2, 286 BGB bleibt erhalten. Eine Verzinsung nach Erlöschen der Hauptleistungspflichten scheidet hingegen für den Zeitraum ab Geltendmachung des Schadensersatzanspruches statt der Leistung aus.
- Etwaige schon gewährte Leistungen hat der Auftragnehmer auf Verlangen nach den Regelungen des Rücktritts gemäß den §§ 346–348 BGB herauszugeben.

Macht der Auftragnehmer von seinem Schadensersatzanspruch statt der Leistung Gebrauch, gilt hinsichtlich der Folgen dasselbe wie zum Rücktrittsrecht (s. Rdn. 2798 f.). Dies gilt insbesondere insoweit, als auch nach § 281 Abs. 1 S. 2 BGB der Auftragnehmer bei schon bewirkten Teilleistungen einen Schadensersatzanspruch statt der Leistung hinsichtlich dieser Teilleistung nur verlangen kann, wenn er daran kein Interesse mehr hat. Bei einem reinen Zahlungs- oder Abnahmeverzug wird es diesen Interessenwegfall kaum geben, sodass ein solcher **Schadensersatzanspruch** ebenso wie beim Rücktritt zumeist **nur für die Zukunft wirkt**. 2803

11.3.2.3 Vertragskündigung nach § 643 BGB

Geht es bei Rücktritt und Schadensersatz im Wesentlichen um die Rechtsfolgen von Vertragspflichtverletzungen, so wurde schon erläutert, dass man bei einem BGB-Vertrag damit oft nicht weiterkommt. Denn bei diversen vom Auftraggeber zu erbringenden Mitwirkungshandlungen handelt es sich nur um **reine Obliegenheiten** (s. dazu Rdn. 1072 ff.), deren Ausbleiben weder einen Vertragsrücktritt noch einen Schadensersatz begründen. Für diese Fälle rückt das Kündigungsrecht nach § 643 BGB in den Vordergrund, das allerdings nicht auf diesen Anwendungsbereich beschränkt ist. Vielmehr kann eine Kündigung nach § 643 BGB auch bei ausbleibenden Mitwirkungshandlungen erfolgen, zu denen der Auftraggeber verpflichtet ist (s. Rdn. 1073 ff.). Insoweit stehen hier die Rechte aus §§ 323, 281 BGB neben denen des § 643 BGB. Dies kann teilweise auf der Rechtsfolgenseite von Vorteil sein. Dies gilt vor allem dann, wenn dem Auftraggeber kein Verschulden zur Last fällt, sodass deswegen Schadensersatzansprüche des Auftragnehmers ausgeschlossen sind. In diesem Fall bestünden aber möglicherweise die weiter gehenden geldwerten Ansprüche nach § 642, 643 S. 2, 645 BGB fort, die sämtlichst kein Verschulden erfordern (s. sogleich Rdn. 2807). 2804

Unterbleibt danach eine gebotene Mitwirkungshandlung des Auftraggebers nachhaltig, kann der Auftragnehmer den Vertrag nach § 643 BGB kündigen. Folgende **Voraussetzungen** müssen vorliegen: 2805
- Die betroffene Mitwirkungshandlung muss für die Leistungsausführung des Auftragnehmers erforderlich sein. Untergeordnete Mitwirkungshandlungen, deren Fehlen der Herstellung einer abnahmefähigen Leistung nicht entgegenstehen, genügen nicht (OLG Düsseldorf, Urt. v. 14.01.2011 – 22 U 198/07 NJW 2011, 1081, 1082).
- Der Auftragnehmer muss dem Auftraggeber eine abschließende angemessene Frist zur Erfüllung der gebotenen Mitwirkungshandlung setzen. Dies kann theoretisch mündlich erfolgen, wovon aber schon allein aus Nachweisgründen abzuraten ist.
- Die Fristsetzung muss mit der Erklärung verbunden werden, dass der Auftragnehmer nach fruchtlosem Fristablauf den Vertrag kündigen werde. Diese Kündigungsandrohung muss eindeutig sein, also erkennen lassen, dass bei Untätigbleiben des Auftraggebers die Vertragsaufhebung nur noch vom Fristablauf abhängen soll.

> **Beispiel (nach OLG Brandenburg, Urt. v. 17.06.2010 – 12 U 21/10 BauR 2011, 114 [Ls.] = NJW-RR 2010, 1670)**
>
> Nach ausbleibenden erforderlichen Mitwirkungshandlungen und fruchtlosen Fristsetzungen setzt der Auftragnehmer eine letzte Frist und droht bei deren Ablauf entsprechend weitere Schritte an. Dies genügt für eine Fristsetzung nach § 643 BGB nicht. Denn damit wird nicht hinreichend deutlich, dass nach Fristablauf der Vertrag wirklich gekündigt sein soll.

Nach Fristablauf muss der Auftragnehmer sodann **keine Kündigung mehr aussprechen**. Vielmehr »gilt« der Vertrag nach § 643 S. 2 BGB jetzt als aufgehoben. 2806

> **Beispiel**
>
> Der Auftragnehmer kann nicht beginnen, weil die Vorunternehmerleistungen nicht fertig sind. Wann dies der Fall ist, ist nicht absehbar. Schuldnerverzug, Rücktritt oder Schadensersatz scheiden aus, obwohl dem Auftragnehmer Mehrkosten entstehen. Denn diese Rechte setzen sämtlichst eine Pflichtverletzung des Auftraggebers voraus, die aber nicht vorliegt (s. oben Rdn. 1997 ff.). Hier nun kann der Auftragnehmer zum einen eine Entschädigung nach § 642 BGB verlangen. Er kann zum anderen aber auch dem Auftraggeber eine Frist zur Zurverfügungstellung des mangelfreien Baugrundstücks setzen verbunden mit einer Kündigungsandrohung. Läuft diese Frist ab, gilt der Vertrag als aufgehoben. Nochmals kündigen muss der Auftragnehmer nicht.

Zu den **Kündigungsfolgen** gilt:

2807
- Dem Auftragnehmer steht für die Zeit bis zur Kündigung ein **Anspruch auf angemessene Entschädigung** nach § 642 BGB zu (s. dazu im Einzelnen oben Rdn. 2097 ff.).
- Mit Wirksamwerden der Kündigung kann er darüber hinaus gemäß §§ 645 Abs. 1, 643 BGB einen der geleisteten Arbeit entsprechenden **Teil seiner Vergütung und Ersatz der in der Vergütung nicht enthaltenen Auslagen** verlangen.
- **Weitergehende Ansprüche** des Auftragnehmers sind nicht ausgeschlossen (§ 645 Abs. 2 BGB) – dies vor allem dann, wenn die Leistung des Auftragnehmers infolge einer schuldhaften Verletzung der Mitwirkungshandlung des Auftraggebers unmöglich wird. In Betracht kommen hier zum einen Schadensersatzansprüche gemäß den §§ 280 ff. BGB (insbesondere aus Verzug oder Schadensersatz statt der Leistung); zum anderen wird dem Auftragnehmer in einem solchen Fall auch noch der volle Vergütungsanspruch (abzüglich ersparter Aufwendungen) zuzusprechen sein. Denn hier gilt in gleicher Weise wie beim VOB-Vertrag (vgl. dazu oben im Einzelnen Rdn. 2728 f.), dass der Auftraggeber bei einer **grundlosen Verletzung** von für die Werkleistung des Auftragnehmers **unabdingbaren Mitwirkungshandlungen** nicht besser gestellt sein darf als bei einer freien Kündigung nach § 649 BGB. Aus diesem Grund steht dem Auftragnehmer auch bei einem BGB-Werkvertrag in Fällen, in denen es zu einer Vertragsauflösung nach § 643 BGB wegen einer schuldhaft unterbliebenen (noch möglichen) Mitwirkungshandlung des Auftragnehmers kommt, nach § 326 Abs. 2 BGB der **volle Vergütungsanspruch** (abzüglich ersparter Aufwendungen) zu (ebenso: Erman/Schwenker, § 645 Rn. 7; Halfmeier/Leupertz, VI/2011, § 645 A 14; Ingenstau/Korbion/Vygen, VOB/B § 9 Abs. 3 Rn. 22 (für einen VOB-Vertrag)).

11.3.2.4 Außerordentliche Vertragskündigung aus wichtigem Grund

2808 Neben den vorgenannten Rechten tritt bei einem BGB-Vertrag gerade im Zusammenhang mit der schwierigen Abgrenzung zwischen Mitwirkungspflicht/Obliegenheiten ein weiterer Rechtsbehelf in den Vordergrund. Schon beim Schuldnerverzug fällt ins Gewicht, dass dieser entfällt, wenn es mangels ausbleibender Vertragspflichten lediglich um ausbleibende Obliegenheiten geht. Dies heißt jedoch nicht, dass der Auftraggeber in diesem Fall überhaupt keinem Schadensersatzanspruch ausgesetzt wäre. Denn die Vernachlässigung von Mitwirkungshandlungen kann bei einer gewissen Schwere ausnahmsweise auch die **allgemeine Pflicht eines Vertragspartners** verletzen, den **Vertragszweck in dem erforderlichen Umfang zu fördern**. Somit kann der Auftragnehmer je nach Schwere der Verletzung einer Mitwirkungshandlung, die allein noch keine Nebenpflicht darstellt, Ersatz der ihm entstehenden Zusatzkosten wegen Verletzung der allgemeinen Vertragsförderungspflicht verlangen. Der Anspruch folgt dann jedoch nicht aus einem Schuldnerverzug wegen der Verletzung einzelner Nebenpflichten, sondern aus § 280 Abs. 1 BGB aus der **Verletzung der allgemeinen Leistungstreuepflicht** heraus (BGH, Urt. v. 13.11.1953 – I ZR 140/52, BGHZ 11, 80, 83 f. noch zum alten Recht, wie hier auch Locher, Das Private Baurecht, Rn. 234).

2809 Doch nicht nur im Schadensersatzrecht gewinnt die Verletzung der allgemeinen Leistungstreuepflicht an Bedeutung, sondern auch im Zusammenhang mit der **vorzeitigen Vertragsbeendigung**: Vor diesem Hintergrund ist nämlich vorstellbar, dass der Auftraggeber durch sein Verhalten den Vertragszweck derart gefährdet, dass dem Auftragnehmer nach Treu und Glauben eine weitere Vertrags-

11.3 Die Kündigung durch den Auftragnehmer

erfüllung nicht mehr zuzumuten ist. Dies wird allerdings nur in Ausnahmefällen anzunehmen sein. Für diese Fälle wurde aber seit jeher ein Recht der betroffenen Partei zu einer **vorzeitigen Vertragslösung aus Treu und Glauben** angenommen (s. noch zum alten Recht zu einer Kündigung durch den Unternehmer: BGH, Urt. v. 21.11.1968 – VII ZR 89/66, NJW 1969, 233, 234; BGH, Urt. v. 13.06.2006 – X ZR 167/04, BauR 2006, 1488, 1490 = NJW-RR 2006, 1309, 1310). Unbestritten ist, dass es dafür auch nach der heutigen Rechtslage ein Bedürfnis gibt und nicht ersichtlich ist, dass der Gesetzgeber mit der Neufassung des BGB im Rahmen der Schuldrechtsmodernisierung an diesem anerkannten Institut eines außerordentlichen Kündigungsrechts etwas ändern wollte (so vor allem Kniffka/Koeble, 7. Teil Rn. 22 f.; Hebel, BauR 2011, 330, 331 m. w. N.; Kniffka/Schmitz § 649 Rn. 11). Es wird im Ergebnis von der Rechtsprechung auch tatsächlich weiterhin anerkannt oder zumindest in seiner Existenz vorausgesetzt (s. in diesem Sinne auch die Ausführungen des BGH, Urt. v. 20.08.2009 – VII ZR 212/07, BauR 2009, 1736, 1738 = NJW 2009, 3717, 3719 = NZBau 2010, 47, 49; BGH, Urt. v. 08.03.2012 – VII ZR 118/10, BauR 2012, 949, 951 = NJW-RR 2012, 596, 598 = NZBau 2012357, 358; ebenso zum neuen Recht etwa: OLG Brandenburg Urt. v. 15.01.2008 – 11 U 98/07, IBR 2008, 20; OLG Schleswig, Urt. v. 09.03.2010 – 3 U 55/09, BauR 2011, 690; OLG Brandenburg, Urt. v. 16.03.2010 – 13 U 5/10, BauR 2011, 1542 [Ls.]; zumindest i. E. ähnlich, insoweit allerdings mit einer Anlehnung an § 323 Abs. 4 BGB: BGH, Beschl. v. 08.05.2008 – VII ZR 201/07, NZBau 2008, 576 = NJW-RR 2008, 1052; BGH, Urt. v. 18.03.2012 – VII ZR 118/10, BauR 2012, 949, 951 = NJW-RR 2012, 596, 598 = NZBau 2012, 357, 358 f.; Voit, BauR 2011, 1063, 1068). Die Fälle, die hier bisher von der Rechtsprechung darunter gefasst wurden, haben dabei ohne Einschränkung heute noch Gültigkeit.

▶ **Beispiele**
- Der Auftraggeber überreicht dem Auftragnehmer einen gefälschten Scheck. Im Vertrauen auf dessen Echtheit trifft der Auftragnehmer zu dem Bauvorhaben erhebliche finanzielle Dispositionen.
- Der Auftraggeber kündigt den Bauvertrag fristlos, ohne dass für ihn ein wichtiger Grund vorliegt (vgl. BGH, Urt. v. 01.12.1993 – VIII ZR 129/92, BauR 1994, 544 = NJW 1994, 443, 444; BGH, Urt. v. 28.10.1999 – VII ZR 393/98, BGHZ 143, 89, 94 = BauR 2000, 409, 411 = NJW 2000, 807, 808; BGH, Urt. v. 20.08.2009 – VII ZR 212/07 BauR 2009, 1736, 1738 = NJW 2009, 3717, 3719 = NZBau 2010, 47, 49).
- Der Auftraggeber beschäftigt Mitarbeiter des Auftragnehmers nebenher schwarz (OLG Köln, Urt. v. 18.09.1992 – 19 U 106/92, BauR 1993, 80, 81 = NJW 1993, 73 f.).
- Der Auftraggeber verlangt eine Bauausführung unter Verstoß gegen die anerkannten Regeln der Technik und gesetzlicher Vorschriften, die den Auftragnehmer sogar der Gefahr von Bußgeldern aussetzen (i. E. ähnlich OLG München, Urt. v. 28.11.1979 – 15 U 2001/79 SFH VOB/B § 9 Nr. 1).
- Der Auftraggeber verweigert nachhaltig die Bezahlung weiterer berechtigter Rechnungen (BGH, Urt. v. 10.06.1974 – VII ZR 30/73, BauR 1975, 136 = NJW 1974, 1467).
- Der Auftraggeber ist offensichtlich zahlungsunfähig bzw. müsste oder hat sogar einen Insolvenzantrag gestellt (so wohl zu verstehen OLG München, Urt. v. 11.03.1986 – 9 U 4403/86, BauR 1988, 605, 606).
- Der Auftraggeber lehnt es in Fällen berechtigter Nachtragsforderungen nach § 2 Abs. 5 und 6 VOB/B ab, dem Verlangen des Auftragnehmers nach Vereinbarung eines neuen Preises zu entsprechen (BGH, Urt. v. 28.10.1999 – VII ZR 393/98, BGHZ 143, 89, 94 = BauR 2000, 409, 411 = NJW 2000, 807, 808).
- Der Auftraggeber verweigert nachhaltig die Anpassung des Vertrages, obwohl eine solche nach den Grundsätzen des Wegfalls der Geschäftsgrundlage (§ 313 BGB) geboten wäre (BGH, Urt. v. 21.11.1968 – VII ZR 89/66, NJW 1969, 233, 234)

So weit Einigkeit hinsichtlich des Ergebnisses besteht, so unklar ist dagegen die **gesetzliche Grundlage für ein solches außerordentliches Kündigungsrecht** (für ein außerordentliches Kündigungsrecht allein auf der Grundlage von Richterrecht immerhin: Heiermann/Riedl/Rusam/Kuffer, VOB/B, Einf. zu §§ 8, 9 Rn. 15 bzw. für eine Anknüpfung allein an einen Schadensersatzanspruch:

2810

Staudinger/Peters/Jacoby, § 649 Rn. 56; s. dazu auch den Überblick bei Hebel, BauR 2011, 330). Bei Sachverhalten, in denen die außerordentliche Kündigung auf ein schweres Fehlverhalten des Auftraggebers zurückgeht, könnte man immerhin als Rechtsgrundlage an das in § 241 Abs. 2 BGB verankerte **allgemeine Rücksichtnahmegebot** denken. Dieses könnte bei seiner Verletzung zugleich im Fall der Unzumutbarkeit der Vertragsfortsetzung ein Rücktrittsrecht nach § 324 BGB (hier sogar ohne Fristsetzung) und Schadensersatzansprüche statt der Leistung nach § 282 BGB auslösen. Dies ist jedoch falsch. Denn das Rücksichtnahmegebot in § 241 Abs. 2 BGB betrifft gerade nicht die allgemeine Leistungstreuepflicht in Bezug auf die zu erbringende Leistung, sondern allein das **Integritätsinteresse des Vertragspartners** in persönlicher und vermögensrechtlicher Hinsicht als nicht leistungsbezogene Nebenpflicht (s. dazu auch die Gesetzesbegründung: BT-Ds. 14/6040, S. 125 f., 141 f. 187; BT-Ds. 14/7052, S. 182, 185 f.; BGH, Urt. v. 10.03.2010 – VIII ZR 182/08 NJW 2010, 2503, 2504; Palandt/Grüneberg, § 241 Rn. 6 f.; Staudinger (2009)/Olzen, § 241 Rn. 160). Daher scheidet schon deswegen ein wegen deren Verletzung bestehendes Rücktrittsrecht nach § 324 BGB aus (Ermann/H. P. Westermann, § 324 Rn. 1; ähnlich: Soergel/Gsell, § 324 Rn. 1; Staudinger (2009) Otto/Schwarze, § 324 Rn. 28 ff.).

2811 Richtiger Anknüpfungspunkt für die hier ein Recht auf vorzeitige Vertragsbeendigung begründende ggf. relevante Leistungstreuepflicht ist daher nicht § 241 Abs. 2 BGB, sondern als Nebenpflicht zum Bauvertrag die allgemeine **Kooperationspflicht der Bauvertragsparteien untereinander** (s. dazu BGH, Urteil vom 28.10.1999 – VII ZR 393/98, BGHZ 143, 89 = BauR 2000, 409 = NZBau 2000, 130 = NJW 2000, 807; in diesem Sinne etwa auch: OLG Brandenburg, Urt. v. 15.01.2008 – 11 U 98/07, IBR 2008, 20; OLG Brandenburg, Urt. v. 16.03.2011 – 13 U 5/10, BauR 2011 1542 [Ls.]), während andere eine Analogie zu § 323 Abs. 4 BGB ziehen (so etwa Voit, BauR 2011, 1063, 1067). Wird gegen diese Kooperationspflicht nachhaltig verstoßen, sodass eine Vertragsfortsetzung für den anderen Vertragspartner unzumutbar ist, wäre nunmehr immerhin zu überlegen, zur Rechtfertigung eines Rechts auf vorzeitige Vertragsauflösung unmittelbar auf § 314 BGB zurückzugreifen, der für **Dauerschuldverhältnisse aus wichtigem Grund**, und zwar insbesondere auch nach schweren Pflichtverletzungen, ein **außerordentliches Kündigungsrecht** vorsieht (so ausdrücklich für VOB-Verträge etwa: Münch.Komm./Gaier, § 314 Rn. 5f; OLG Nürnberg, Urt. v. 27.07.2005 – 6 U 117/08, BauR 2006, 2083 = NZBau 2006, 320 zu einem Architektenvertrag; wohl auch: Ermann/Hohloch, § 314 Rn. 13; vgl. auch OLG Celle, Urt. v. 18.12.2008 – 6 U 65/08 BauR 2010, 1764 [Ls.], das ohne ergänzende Anmerkungen eine außerordentliche Kündigung nach § 314 BGB prüft, sie dann aber tatbestandlich verwirft; kritisch dazu: Voit, BauR 2002, 1776, 1782; OLG München, Urt. v. 22.07.2009 – 9 U 1979/08, Nichtzul-Beschw. zurückgew., BGH, Beschl. v. 05.08.2010 – VII ZR 136/09 BauR 2011, 304 [Ls.]). Eine direkte Anwendung dieser gesetzlichen Vorschrift scheidet jedoch aus (s. dazu auch Hebel, BauR 2011, 330, 331). Denn ganz offensichtlich hatte der Gesetzgeber bei § 314 BGB mit dem Begriff der Dauerschuldverhältnisse lang laufende Verträge vor Augen, die typischerweise mit wiederkehrenden Verpflichtungen neue Erfüllungs-, Neben- oder Schutzpflichten auslösen (vgl. dazu die Gesetzesbegründung BT-Ds. 14/6040, S. 176 f.). Demgegenüber ist der Bauvertrag zunächst durch eine einmalige Erfüllungshandlung geprägt. Folglich käme tatsächlich (nur) eine Analogie in Betracht. Neben § 314 BGB wäre alternativ immerhin an ein ggf. unabhängig von der Fälligkeit der Leistungsverpflichtung einzuräumendes außerordentliches fristloses Rücktrittsrecht analog § 323 Abs. 1 BGB zu denken. Dieses jedoch führt im Bauvertragsrecht in aller Regel zu keinen zufrieden stellenden Lösungen (Rdn. 1413 ff.) – zumal es in seinen Rechtswirkungen ohnehin meist einer Kündigung entspricht (Rdn. 2798 f.). Dann aber drängt sich tatsächlich ein Rückgriff auf die dazu schon bereitliegende Norm des § 314 BGB auf. Zwar ist richtig, dass der Bauvertrag auf der einen Seite ggf. nur durch eine einmalige Leistungsverpflichtung des Auftragnehmers geprägt ist. Doch ist auf der anderen Seite der **Langfristcharakter dieses Vertrages** mit den damit verbundenen typischen Besonderheiten lang laufender Verträge seit jeher ebenso anerkannt (Ingenstau/Korbion/Vygen, VOB/B, vor §§ 8 und 9 Rn. 9 ff.; Nicklisch/Weick, Vor §§ 8, 9 Rn. 6, Kniffka/Schmitz, § 649 Rn. 9). Dies zeigt sich vor allem an der Rechtsprechung des BGH zu der beidseits bestehenden Kooperationspflicht der Bauvertragsparteien (BGH, Urt. v. 28.10.1999 – VII ZR 393/98, BGHZ 143, 89, 93 = BauR 2000, 409, 410 = NJW 2000, 807, 808):

11.3 Die Kündigung durch den Auftragnehmer

Diese ist gerade vor dem Hintergrund des Langfristcharakters des Bauvertrages überhaupt erst verständlich. Denn dieser ist dadurch gekennzeichnet, dass zwar vielleicht einerseits der Auftragnehmer (nur) eine Gesamtleistung schuldet; diese setzt sich andererseits aber aus einer Vielzahl von Einzelhandlungen zusammen, die jede für sich genommen für das Entstehen eines Bauvorhabens von Bedeutung sein können, wobei beide Parteien über einen langen Zeitraum genau deswegen auch aufeinander über das sonst bei Austauschverträgen übliche Maß hinaus angewiesen sind. All das spricht für eine Vergleichbarkeit des Bauvertrages mit sonstigen Dauerschuldverhältnissen zu der Frage, ob und unter welchen Voraussetzungen ein solches Vertragsverhältnis ggf. vorzeitig beendet werden kann, wenn dessen Fortsetzung für die eine oder andere Partei nicht mehr zumutbar ist. Dass ein Bauvertrag »endlich« ist, weil auch das Bauvorhaben einmal fertiggestellt wird, ändert an der Vergleichbarkeit nichts, da es auch sonst zeitlich befristete Dauerschuldverhältnisse gibt, auf die § 314 BGB unproblematisch anwendbar ist. Dabei ist ohnehin unverkennbar, dass sich die Struktur des § 314 BGB nahtlos in die bisherige Rechtsprechung insoweit einfügt, als § 314 Abs. 1 BGB im Fall der Unzumutbarkeit zwar ein außerordentliches Kündigungsrecht vorsieht; dieses wird dann aber, soweit die Unzumutbarkeit auf eine Pflichtverletzung der Vertragsgegenseite zurückgeht, dahin gehend beschränkt, dass der Kündigungsberechtigte zuvor eine Abmahnung aussprechen muss – wenn sie nicht in entsprechender Anwendung der Fälle des § 323 Abs. 2 BGB (s. dazu oben Rdn. 2796) untunlich ist.

Diese Systematik löst die vorhandenen Fälle sehr transparent und abschließend, ohne dass noch weitere nicht im Gesetz vorgesehene Sonderfälle abgedeckt werden müssten (ebenfalls für eine analoge Anwendung des § 314 BGB: OLG Düsseldorf, Urt. v. 31.01.2012 – 23 U 20/11, BauR 2012, 970; ausführlich auch Ingenstau/Korbion/Vygen, VOB/B vor §§ 8 und 9 Rn. 9 ff.; Kapellmann/Messerschmidt/Lederer, VOB/B § 9 Rn. 43; anschaulich auch Pause, Rn. 754 für den Bauträgervertrag; s. dazu auch die Nachweise zu dem umgekehrten Verhältnis der Auftraggeber-Kündigung aus wichtigem Grund: Rdn. 2940). Hierzu gilt sodann: 2812

- Kommt § 314 BGB zur Anwendung, ist es entscheidend, dass der Auftragnehmer dem Auftraggeber zuvor – wie bei einem Rücktritt – nochmals eine Frist setzt (§ 314 Abs. 2 BGB). Dies gilt vor allem in den Fällen, in denen die eine außerordentliche Kündigung prägende Unzumutbarkeit der Vertragsfortsetzung (etwa nach ausbleibenden Mitwirkungshandlungen) notfalls gerade infolge von Fristsetzungen noch behebbar ist, sodass damit ein vertragstreues Verhalten wieder hergestellt werden kann. Von einer solchen Fristsetzung kann daher nur abgesehen werden, wenn sie wie beim Rücktrittsrecht z. B. wegen einer schon erklärten Erfüllungsverweigerung des Auftraggebers zwecklos wäre (§§ 314 Abs. 2 S. 2, 323 Abs. 2 BGB). Ebenso kann davon abgesehen werden, wenn die Fortsetzung des Vertragsverhältnisses für den Auftragnehmer unzumutbar ist, ohne dass dem Auftraggeber der Vorwurf einer Pflichtverletzung gemacht werden kann (§ 314 Abs. 1 BGB): Hier würde eine solche Fristsetzung ohnehin ins Leere gehen. 2813
- Vor einer Kündigung hat die an sich berechtigte Vertragspartei des Weiteren unbedingt die sie treffende **Kooperationspflicht** zu beachten (s. dazu BGH Urt. v. 28.10.1999 VII ZR 393/98, BGHZ 143, 89, 92 ff. = BauR 2000, 409, 410 = NJW 2000, 807, 808; s. dazu auch oben Rdn. 1067). Konkret bedeutet das, dass sich jede Partei gerade im Fall einer beabsichtigten außerordentlichen Kündigung im Zweifel zuvor nachhaltig und ernsthaft um eine einvernehmliche Lösung einer gerade im Bauvertragsrecht nicht selten auftretenden Auseinandersetzung zu bemühen hat. In welcher Form das geschieht und inwieweit eine Partei welche Belastungen noch (vorübergehend) hinzunehmen hat, kann allerdings nur im Einzelfall entschieden werden.
- Sodann hat der Auftragnehmer darauf zu achten, dass eine nachfolgende **Kündigung nur binnen einer angemessenen Frist nach Kenntniserlangung der Kündigungsgründe** erfolgen kann (§ 314 Abs. 3 BGB, s. dazu auch BGH, Urt. v. 26.03.2008 – X ZR 70/06, NJW-RR 2008, 1155, 1156 zu einer Kündigung, die erst sechs Monate nach der Mahnung gemäß § 314 Abs. 2 BGB erfolgte; ebenso KG, Urt. v. 14.4.2010 – 21 U 74/07, Nichtzul.-Beschw. zurückgew., BGH, Beschl. v. 13.10.2011 – VII ZR 228/10, IBR 2012, 156, das im umgekehrten Fall eine Auftraggeberkündigung 6 Wochen nach Kenntniserlangung für verspätet hielt; ebenso Hebel, BauR 2011, 330,

336). Gerade dies bedeutet allerdings auch, dass anders als sonst etwaige Kündigungsgründe später wohl kaum nachgeschoben werden können.
- Ist die Kündigung erfolgt, kann der Auftragnehmer das **Vorhaben abrechnen**. Insoweit kann er hier – ähnlich den Erwägungen beim VOB-Vertrag (s. oben Rdn. 2729) – möglicherweise den vollen Vergütungsanspruch abzgl. ersparter Aufwendungen geltend machen (§ 326 Abs. 2 BGB). Daneben stehen – soweit noch geboten und die Kündigung vom Auftraggeber verschuldet wurde – etwaige Schadensersatzansprüche gem. § 280 Abs. 1 BGB (§ 314 Abs. 4 BGB). Der Schaden bestände auch hier vorrangig in der für die nicht erbrachten Leistungen entgangenen Vergütung abzüglich der ersparten Aufwendungen und anderweitig oder böswillig unterlassenen Erwerbs (BGH, Urt. v. 20.09.2009 – VII ZR 212/07, BauR 2009, 1736, 1739 = NJW 2009, 3717, 3719 = NZBau 2009, 47, 49). Demgegenüber wird ein sich ggf. aus § 323 Abs. 4, 324 BGB ergebendes Rücktrittsrecht durch vorgenannten § 314 BGB verdrängt (Gaier, in: Münch.Komm. z. BGB, § 314 Rn. 3; Palandt/Grüneberg, § 324 Rn. 2).

2814 Hält man nach allem abweichend von Vorstehendem § 314 BGB nicht für analog anwendbar, soll immerhin klargestellt werden, dass an der Geltung der vorgenannten Grundsätze und Voraussetzungen für eine außerordentliche Kündigung keine Abstriche zu machen sind. D. h.: Streit mag hinsichtlich der Herleitung des Kündigungsrechts bestehen; nicht aber ist erkennbar, dass ein Auftraggeber mit einer anderen rechtlichen Argumentation eine Kündigung unter erleichterten Bedingungen aussprechen könnte. Allenfalls wird es dann undurchschaubarer, wie man solche Rechte und Pflichten im Einzelnen begründet.

11.4 Die Kündigung durch den Auftraggeber

2815 In der Praxis wesentlich häufiger kommt es zur Kündigung des Bauvertrages durch den Auftraggeber und dies besonders oft gegenüber Nachunternehmern. Dabei ist aber stets zu unterscheiden zwischen einer Kündigung durch den Auftraggeber aus wichtigem Grund (z. B. wegen Verzugs des Auftragnehmers oder wegen Mängeln seiner Bauleistung usw.) und der sog. freien oder auch grundlosen Kündigung. Denn beide Kündigungsrechte unterscheiden sich bezüglich der Kündigungsfolgen ganz erheblich.

2816 Trotz dieser unterschiedlichen Kündigungsfolgen ist zu beachten, dass eine außerordentliche **Kündigung aus wichtigem Grund**, deren Voraussetzungen in einem späteren Prozess nicht bewiesen werden können, von den Gerichten vielfach **in eine freie und grundlose Kündigung** durch den Auftraggeber **umgedeutet** wird. Dies ist für den Auftraggeber wegen der Kündigungsfolgen gemäß § 649 S. 2 BGB bzw. § 8 Abs. 1 Nr. 2 VOB/B mit erheblichen Nachteilen verbunden. Diese Praxis ist – soweit sie ohne nähere Begründung angewandt wird – auch nicht ganz richtig.

> ▶ Beispiel
>
> Der Auftraggeber ist fachlich beraten der festen Auffassung, dass die Leistungen des Auftragnehmers mangelhaft sind. Er fordert ihn zur Mangelbeseitigung auf und droht die Kündigung an. Die Mangelbeseitigung bleibt aus. Der Auftragnehmer behauptet stattdessen eine einwandfreie Bauausführung. Der Auftraggeber kündigt wegen dieser Mängel fristlos. Nunmehr stellt sich heraus, dass der Auftragnehmer Recht hatte.

In Fällen wie diesen wird man trefflich darüber streiten können, ob der Auftraggeber überhaupt nur im Sinn hatte, mit seiner Kündigung notfalls auch eine freie Kündigung mit der sehr weitreichenden ihn belastenden Vergütungsfolge des § 649 BGB/§ 8 Abs. 1 Nr. 2 VOB/B auszusprechen. Richtigerweise wird man wie folgt zu **differenzieren** haben (vgl. auch BGH, Versäumnisurteil v. 24.07.2003 – VII ZR 218/02, BGHZ 156, 82, 86 ff. = BauR 2003, 1889, 1890 ff. = NJW 2003, 3474 ff.):
- Eine Kündigung, die ausschließlich für den Fall erklärt wird, dass ein außerordentlicher Kündigungsgrund vorliegt, ist unwirksam, wenn ein solcher Grund nicht gegeben ist.
- Ob eine außerordentliche Kündigung eines Bauvertrages auch als freie Kündigung nach § 649 S. 1 BGB oder nach § 8 Abs. 1 Nr. 1 VOB/B verstanden werden kann, richtet sich nach dem

11.4 Die Kündigung durch den Auftraggeber

Inhalt der Kündigungserklärung. Danach kommt eine solche Umdeutung nur in Betracht, wenn nach der Sachlage anzunehmen ist, dass diese dem Willen des Auftraggebers entspricht und dieser Wille in seiner Erklärung gegenüber dem Auftragnehmer zum Ausdruck gekommen ist.

Dies heißt aber konkret: Zumindest im Normalfall ist eine **Kündigung** des Auftraggebers **auf die Beendigung des Bauvertrages gerichtet**. Die Frage der sich anschließenden Folgen hat mit dieser Auslegung nichts zu tun, sondern kennzeichnet allenfalls das Motiv des Auftraggebers. Daher wird man zwar tatsächlich in der Regel davon auszugehen haben, dass bei unwirksamen fristlosen Kündigungen hilfsweise auch eine freie Kündigung beabsichtigt ist – zumal sich dies oft auch aus dem Verhalten des Auftraggebers ergibt. 2817

▶ **Beispiel**

Nach der (fristlosen) Kündigung beauftragt der Auftraggeber kurzfristig Ersatzunternehmer. Damit gibt er hinreichend zu erkennen, dass er an der Vertragsfortsetzung mit dem Erstunternehmer endgültig kein Interesse mehr hat.

Allerdings ist der Auftraggeber nicht gehindert, seine Kündigung **in einem anderen Sinne klarzustellen**, nämlich dass er nur eine fristlose außerordentliche Kündigung will. Auch kann sich dies schon daraus ergeben, dass der Auftraggeber allein eine nach § 8 Abs. 3 Nr. 1 S. 2 VOB/B unwirksame Teilkündigung ausgesprochen hat verbunden mit der Maßgabe, dass er den Vertrag im Übrigen fortsetzen wollte. Dann kommt schon deswegen eine Umdeutung in eine freie Kündigung nicht in Betracht.

▶ **Beispiel (nach BGH, Urt. v. 20.08.2009 – VII ZR 212/07, BauR 2009, 1736 = NJW 2009, 3717 = NZBau 2010, 47)**

Gegenstand des Bauvertrags sind Wärmedämmarbeiten an einem Bauwerk. Diese sind je Gebäudeseite in verschiedene Bauabschnitte eingeteilt. Wegen schwerer Leistungsmängel kündigt der Auftraggeber nach erfolgloser Fristsetzung den Bauabschnitt 1 (Südseite) und möchte die Arbeiten im Übrigen mit dem Auftragnehmer fortsetzen.

Diese Kündigung wäre unwirksam, weil trotz Einteilung in Baulose keine kündigungsfähige, d. h. in sich abgeschlossene Teilleistung vorliegt (BGH, a. a. O.; s. auch Rdn. 2892 f.). Daher kommt hier auch eine Umdeutung in eine grundlose freie Kündigung nach § 649 BGB, § 8 Abs. 1 VOB/B nicht in Betracht. Ungeachtet dessen besteht aber immer die Gefahr einer solchen Umdeutung in eine freie Kündigung. Deswegen liegt schon auf der Hand, dass eine Kündigung des Bauvertrages vom Auftraggeber immer sehr genau überlegt werden und im Zweifel besser nicht erfolgen sollte, da diese mit hohen Risiken verbunden ist.

Das **BGB-Werkvertragsrecht** regelt die Kündigung des Werkvertrages nur höchst unvollkommen (vgl. schon oben Rdn. 2699 ff.). Lediglich zu der freien oder grundlosen Kündigung findet sich in § 649 BGB eine § 8 Abs. 1 VOB/B nahezu identische Vorschrift, die dann allerdings um eine Vermutung zur Höhe der Vergütung für den nicht erbrachten Leistungsteil ergänzt ist. Dagegen fehlt es im BGB für die Kündigung des Werkvertrages durch den Auftraggeber aus wichtigem Grunde an entsprechenden Regelungen. Vielmehr ist der Auftragnehmer hier auf seine allgemeinen Rechte auf Rücktritt (§ 323 BGB) oder Schadensersatz statt der Leistung (§ 281 Abs. 1 BGB) angewiesen. Immerhin ist aber eine Kündigung aus wichtigem Grund nach § 314 BGB analog bzw. aus Treu und Glauben vorstellbar. Hierauf wird später in einem Überblick eingegangen (s. Rdn. 2980 ff.). Im Vordergrund stehen zunächst die sehr viel ausführlicher gestalteten Rechte des Auftraggebers zur Kündigung nach § 8 VOB/B. 2818

11.4.1 Die grundlose freie Kündigung und deren Folgen (§ 649 S. 1 BGB/§ 8 Abs. 1 VOB/B)

Gemäß § 649 S. 1 BGB bzw. § 8 Abs. 1 Nr. 1 VOB/B kann der Besteller/Auftraggeber bis zur Vollendung des Werkes jederzeit den Vertrag kündigen. 2819

11.4.1.1 Voraussetzungen für eine freie Kündigung

2820 Freies Kündigungsrecht bis zur Vollendung heißt, dass dieses Recht **grundsätzlich bis zur Abnahme**, also der Fertigstellung der Bauleistung als im Wesentlichen vertragsgemäß besteht, womit zugleich die Abnahmepflicht des Auftraggebers verbunden ist. Diese Kündigung ist **jederzeit möglich**, und zwar ohne jeden Grund. Deshalb wird diese Kündigung auch als **freie grundlose Kündigung** bezeichnet. Nach der Abnahme kann keine Kündigung mehr erklärt werden (BGH, Urt. v. 06.02.1975 – VII ZR 244/73, BauR 1975, 280, 281 = NJW 1975, 825, 826 – s. dazu auch Rdn. 1194 ff.), auch wenn die Leistungen nur unter Mangelvorbehalt abgenommen worden sind. Die bloße Abnahmereife genügt hingegen für den Ausschluss des Kündigungsrechts nicht, da erst die Abnahme als solche das Erfüllungsstadium beendet. Dies gilt auch für die nach einer außerordentlichen Kündigung sehr wichtigen Mängelrechte. Sie wandeln sich erst nach Abnahme von denen nach § 4 Abs. 7 VOB/B in solche nach § 13 VOB/B um (BGH, Urt. v. 25.06.1987 – VII ZR 251/86, BauR 1987, 689, 690 f. = NJW 1988, 140, 141; BGH, Urt. v. 19.12.2002 – VII ZR 103/00, BGHZ 153, 244, 249 = BauR 2003, 689, 691 = NJW 2003, 1450, 1451). Daher besteht etwa erst mit der Abnahme eines gekündigten Vertrags z. B. das vereinfachte Mängelbeseitigungsrecht auf Kosten des Auftragnehmers nach § 13 Abs. 5 Nr. 2 VOB/B (s. o. Rdn. 1196 ff.). Dasselbe gilt im BGB-Werkvertragsrecht: Auch hier bestehen die Nacherfüllungsrechte, so etwa das Selbstvornahmerecht nach § 637 BGB, erst mit Abnahme (s. o. Rdn. 1030 ff.).

2821 Nach dem BGB kann eine freie **Kündigung formlos** erfolgen, nach § 8 Abs. 5 VOB/B ist die **Kündigung schriftlich** zu erklären; hierbei handelt es sich um ein Wirksamkeitserfordernis (OLG Celle, Urt. v. 01.08.2002 – 13 U 48/02, BauR 2003, 1406). Fehlt es an dieser Schriftform, so hat die Rechtsprechung allerdings gleichwohl eine Vertragsbeendigung angenommen, wenn beide Vertragspartner sich darauf eingestellt haben.

> **Beispiel**
>
> Der Unternehmer (auch Nachunternehmer) hat seine Arbeiten eingestellt; der Auftraggeber hat einen anderen Unternehmer mit der Fortführung der Arbeiten beauftragt.

In Fällen wie diesen ist von einer stillschweigenden **einvernehmlichen Vertragsbeendigung** auszugehen. Danach beurteilen sich die Kündigungsfolgen nach denselben Grundsätzen wie bei einer formwirksamen Kündigung; es kommt also darauf an, ob die Kündigung grundlos erfolgte oder ob sie aus wichtigem Grunde erklärt worden ist und deren Voraussetzungen vorlagen (vgl. oben Rdn. 2705 ff. und OLG Karlsruhe, Urt. v. 16.01.1992 – 9 U 209/90, BauR 1994, 116, 117 ff. = NJW-RR 1993, 1368, 1369).

2822 Auch die freie grundlose Kündigung durch den Auftraggeber ist, wie jede Form der Kündigung, stets **bedingungsfeindlich**, d. h.: Sie kann nicht für den Fall des Eintritts einer bestimmten Bedingung erklärt werden.

11.4.1.2 Abbedingung des freien Kündigungsrechts und der Vergütungsfolgenregelung

2823 Unbestritten ist, dass das freie Kündigungsrecht nach § 649 S. 1 BGB/§ 8 Abs. 1 VOB/B in Individualverträgen abbedungen werden kann (Münch.Komm/Busche, § 649 Rn. 5; vgl. OLG Düsseldorf, Urt. v. 27.05.2004 – I-5 U 56/03, BauR 2005, 719, 720).

2824 Nicht zulässig ist hingegen die **Abbedingung in Allgemeinen Geschäftsbedingungen** des Auftragnehmers. Eine solche Klausel hält einer Inhaltskontrolle nach § 307 Abs. 2 Nr. 1 BGB nicht stand (BGH, Urt. v. 08.07.1999 – VII ZR 237/98, BauR 1999, 1294, 1296 = NJW 1999, 3261, 3262, offen gelassen in BGH, Urt. v. 27.01.2011 – VII ZR 133/10, BGHZ 188, 149,154 = NJW 2011, 915, 917 = NZBau 2011, 225, 226).

Zwar lässt sich dagegen einwenden, dass mit der Abbedingung letztlich nur die Gleichgewichtigkeit bezüglich der Kündigungsmöglichkeiten für beide Vertragspartner wiederhergestellt werde. Denn nach Gesetz habe der Auftragnehmer im Gegensatz zum Auftraggeber ebenfalls kein freies Kündi-

11.4 Die Kündigung durch den Auftraggeber

gungsrecht ohne Grund. Somit könnte es nahe liegen, ein solches auch für den Auftraggeber durch entsprechende Bauvertragsklauseln auszuschließen. Diese Möglichkeit wird man aber trotz dieser zunächst einleuchtenden Argumentation letztlich verneinen müssen: Gesetzgeber und im Übrigen auch VOB-Verfasser haben dem Auftraggeber dieses **freie grundlose Kündigungsrecht** bewusst gegeben. Der Auftraggeber muss nämlich in der Lage sein, ein Bauvorhaben jederzeit zu stoppen. Die Gründe dafür können höchst unterschiedlich sein.

▶ **Beispiele für Motive einer freien Kündigung**
- Verlegung des Regierungssitzes von Bonn nach Berlin
- Abzug von US-Stützpunkten nach der Wiedervereinigung
- Verlagerung des Firmensitzes
- Produktionseinstellung eines Geschäftsbetriebes
- berufliche Versetzung und den dadurch bedingten Stopp des Baus (oder Weiterbaus) des bereits begonnenen Einfamilienhauses.

Auch kann es für einen Generalunternehmer unerlässlich sein, den Nachunternehmervertrag zu kündigen, wenn der Bauherr das Bauvorhaben einstellt. Dasselbe gilt, wenn der Bauherr den Generalunternehmervertrag aus wichtigem Grunde kündigt, der allein dem Generalunternehmer anzulasten ist, nicht aber dem Nachunternehmer. Dieses freie Kündigungsrecht sollte und muss dem Auftraggeber belassen werden. Sein Ausschluss in vorformulierten Vertragsbedingungen benachteiligt den Auftraggeber unangemessen und wäre mit wesentlichen Grundgedanken der gesetzlichen Regelung (§ 649 S. 1 BGB) nicht zu vereinbaren. Dies gilt umso mehr, als es aufgrund des weitreichenden Vergütungsanspruchs des Auftragnehmers gemäß § 649 S. 2 BGB tatsächlich kein wirtschaftliches Bedürfnis für eine Abbedingung gibt. Sonstige Interessen des Auftragnehmers sind zumindest nicht erkennbar und können eine Abbedingung in der Regel nicht rechtfertigen. Etwas anderes mag allenfalls im Einzelfall anzunehmen sein, wenn es etwa um spezielle Referenzobjekte des Auftragnehmers geht. Insoweit müsste sich dann aber eine darauf ausgerichtete Abbedingung des freien Kündigungsrechts eindeutig aus dem Vertrag ergeben (BGH, Urt. v. 24.03.2011 – VII ZR 146/10, ZfBR 2011, 470, 471), was wiederum nichts mit Allgemeinen Geschäftsbedingungen zu tun hat.

Unter Berücksichtigung dieser Erläuterungen haben aber ebenso wenig **Ausschlussklauseln in AGB des Auftraggebers zulasten des Auftragnehmers** im Hinblick auf die diesem nach § 649 S. 2 BGB/§ 8 Abs. 1 Nr. 2 VOB/B **zustehende volle Vergütung** abzüglich ersparter Aufwendungen nach einer freien Kündigung Bestand: Denn stellt der Anspruch darauf erst das Gleichgewicht zu dem erheblich in die Vertragsautonomie eingreifenden freien Kündigungsrecht des Auftraggebers wieder her, folgt daraus fast zwingend, dass auch dieser Vergütungsanspruch nicht in AGB ausgeschlossen werden kann. Dies entspricht ganz herrschender Meinung (BGH, Urt. v. 04.10.1984 – VII ZR 65/83, BGHZ 92, 244, 250 = BauR 1985, 77, 79 = NJW 1985, 631, 632; ebenso BGH, Urt. v. 12.07.2007 – VII ZR 154/06, BauR 2007, 1724, 1725 = NJW 2007, 3423 f.; s. auch oben Rdn. 713 ff.) 2825

11.4.1.3 Vergütungsanspruch nach freier Kündigung

Die Kündigungsfolgen sind in § 649 S. 2 BGB bzw. § 8 Abs. 1 Nr. 2 VOB/B so geregelt, dass dem Auftragnehmer durch eine grundlose Kündigung oder besser durch eine Kündigung ohne wichtigen Grund aus der Sphäre des Auftragnehmers keinerlei wirtschaftliche Nachteile entstehen. So ist er nämlich für den Fall einer freien Kündigung durch den Auftraggeber berechtigt, die **vereinbarte Vergütung** zu verlangen. Er muss sich jedoch dasjenige anrechnen lassen, was er infolge der Aufhebung des Vertrages an Aufwendungen erspart oder durch anderweitige Verwendung seiner Arbeitskraft erwirbt oder zu erwerben böswillig unterlässt (vgl. dazu Quack, Festschrift von Craushaar, S. 309 ff). Nahezu identisch ist die entsprechende Regelung in § 8 Abs. 1 Nr. 2 VOB/B, der dies so formuliert: »Dem Auftragnehmer steht die vereinbarte Vergütung zu. Er muss sich jedoch anrechnen lassen, was er infolge der Aufhebung des Vertrages an Kosten erspart oder durch anderweitige Verwendung seiner Arbeitskraft und seines Betriebs erwirbt oder zu erwerben böswillig unterlässt (§ 649 BGB).« Ergänzt wird § 649 BGB in seinem Satz 3 durch eine Vermutungsregelung: Sie pauschaliert die Ver- 2826 gütung für den nicht erbrachten Leistungsteil auf 5 % der auf diesen Leistungsteil entfallenden anteiligen Vergütung (s. dazu Rdn. 2848 ff.).

2827 Mit dieser Kündigungsfolgenregelung sind die berechtigten Belange des Auftragnehmers hinreichend gewahrt, da er durch die freie Kündigung des Auftraggebers letztlich keine finanziellen Einbußen erleiden soll. Allerdings soll auch vermieden werden, dass er durch eine Kündigung Vorteile erlangt, er also besser dasteht als ohne diese Kündigung (so auch zu Recht BGH, Urt. v. 21.12.1995 – VII ZR 198/94, BGHZ 131, 362, 366 = BauR 1996, 382, 383 = NJW 1996, 1282). Wenn somit das Gesetz den Auftragnehmer auch für die nicht erbrachten Leistungen seinen vollen Vergütungsanspruch wenn auch unter Abzug der ersparten Aufwendungen belässt, ihn also insoweit »schadlos« hält, so handelt es sich dennoch bei dem Anspruch nach § 649 BGB/§ 8 Abs. 1 Nr. 2 VOB/B nicht **um einen Schadensersatzanspruch** (so aber wenig verständlich OLG Frankfurt, Beschl. v. 25.01.2012 – 4 U 152/11 BauR 2012, 1242, 1243), sondern weiterhin um einen Vergütungsanspruch: Denn in Bezug auf die »Schadloshaltung« des Auftragnehmers geht es hier allein um einen wirtschaftlichen Ausgleich für ein dem Auftraggeber sogar von Gesetzes wegen ausdrücklich erlaubtes Verhalten; dagegen setzt ein Schadensersatzanspruch stets ein pflichtwidriges Handeln voraus, wofür es im Falle einer freien Kündigung nicht einmal im Ansatz einen Anhaltspunkt gibt. Ausgehend davon ist dann aber ebenso verständlich, dass ein Schadensersatzanspruch z. B. nach § 280 Abs. 1 BGB allein wegen der Kündigung nicht neben diesen Vergütungsanspruch treten kann (i. E. ebenso OLG Düsseldorf, Urt. v. 19.06.2012 – 23 U 122/11, BauR 2012, 1413, 1415). Dies vorausgeschickt ist die Regelung des § 649 S. 2 BGB/§ 8 Abs. 1 Nr. VOB/B dem Grundsatz nach zwar klar gefasst; gleichwohl kann die danach erfolgende Abrechnung für den Auftragnehmer im konkreten Einzelfall mit erheblichen Schwierigkeiten verbunden sein. Dabei ist vor allem im Ausgangspunkt zu unterscheiden zwischen der grundlosen Kündigung eines Einheitspreisvertrages und der eines Pauschalvertrages. Bei beiden Vertragstypen ist jeweils eine **doppelte Abrechnung anzustellen**, ohne die die Leistungen **überhaupt nicht prüfbar abgerechnet** werden können (vgl. dazu auch BGH, Versäumnisurteil v. 04.07.1996 – VII ZR 227/93, BauR 1996, 846, 848 = NJW 1996, 3270, 3271 f.; BGH, Urt. v. 09.06.1994 – VII ZR 87/93, BauR 1994, 655, 656 = NJW-RR 1994, 1238, 1239; BGH, Urt. v. 24.11.2011 – VII ZR 146/10 ZfBR 2011, 470, 471; Kniffka, Jahrbuch BauR 2000, 5 ff.). So wird nämlich vertragsbezogen jeweils zu **unterscheiden sein** zwischen

- der Vergütung der für die bis zur Kündigung tatsächlich erbrachten Teilleistungen sowie
- der Vergütung unter Abzug ersparter Kosten für die infolge der Kündigung nicht mehr erbrachten Leistungen.

Daraus ergibt sich dann aber anschaulich, dass mit der Abrechnung nach einer freien Kündigung gerade **nicht allein ein Ausgleich für einen entgangenen Gewinn** erzielt werden soll, sondern wirklich nur die vertraglich vereinbarte Vergütung abzüglich ersparter Aufwendungen zu zahlen ist. Hält man sich an diesen Grundsatz, kann man sich viele Diskussionen zu z. B. nicht auskömmlich kalkulierten Verträgen u. a. vielfach sparen (s. dazu anschaulich OLG Hamm, Urt. v. 13.03.2008 – 21 U 15/06, BauR 2011, 693, 695, das neben den erbrachten Leistungen maßgeblich auf den entgangenen Gewinn abstellt).

2828 Auf dieser Grundlage müssen für die Fälligkeit eines Vergütungsanspruchs nach einer freien Kündigung folgende Voraussetzungen vorliegen:

▶ **Voraussetzungen für Fälligkeit eines Vergütungsanspruchs**
  - Prüfbare Abrechnung nach §§ 14 und 16 VOB/B mit einer Aufteilung in schon erbrachte und nicht erbrachte Leistungen
  - Abnahme der Leistungen (§ 8 Abs. 6 VOB/B)

11.4.1.3.1 Prüfbare Abrechnung der erbrachten Leistungen

2829 Die Notwendigkeit zur Unterscheidung zwischen der Vergütung für die schon erbrachten Leistungen auf der einen und der Vergütung für die nicht erbrachten Leistungen abzüglich ersparter Aufwendungen auf der anderen Seite beruht u. a. auf dem **Gebot einer prüfbaren Abrechnung**, wie dies für

11.4 Die Kündigung durch den Auftraggeber

jeden Vergütungsanspruch nach §§ 14, 16 VOB/B gilt (s. dazu oben Rdn. 2474 ff.). Diese Prüfbarkeitsvoraussetzungen gewinnen bei gekündigten Verträgen umso mehr an Bedeutung, als die Vergütung für die erbrachten Leistungen auf tatsächlichen Feststellungen beruht (z. B. auf der Basis eines Aufmaßes). Dagegen ist die Vergütung für die noch nicht erbrachten Leistungen im Wesentlichen kalkulativ zu ermitteln – wobei sich die Notwendigkeit einer solchen Trennung im Übrigen auch schon aus umsatzsteuerlichen Gründen ergibt: Denn zumindest nach heute herrschender zivilrechtlicher Auffassung ist nur auf den Vergütungsanteil für die erbrachten Leistungen Umsatzsteuer zu berechnen, nicht aber für den nicht erbrachten (s. dazu unten Rdn. 2847). Dies vorausgeschickt hängt mit der Prüfbarkeit der Abrechnung dann auch die **Fälligkeit des Vergütungsanspruchs** zusammen. Allein deswegen ist die Trennung zwischen den verschiedenen Vergütungsteilen zwingend.

Geht es also zunächst um die erbrachten Leistungen, steht dem Auftragnehmer dafür in jedem Fall eine Vergütung zu. Dies gilt völlig unabhängig davon, ob eine freie Kündigung nach § 8 Abs. 1 oder eine solche aus wichtigem Grund nach § 8 Abs. 2 ff. VOB/B vorliegt (Ingenstau/Korbion/Vygen, B § 8 Abs. 1 Rn. 25). Die hiernach anzustellende Abrechnung hat auf der Basis tatsächlicher Feststellungen zu erfolgen. Dies heißt nichts anderes, als dass der Auftragnehmer für die Darlegung der erbrachten Leistungen nach § 8 Abs. 6 VOB/B auch von seinem Recht Gebrauch machen sollte, nach § 14 Abs. 2 VOB/B ein **gemeinsames Aufmaß** zu nehmen und eine Abnahme zu verlangen (vgl. dazu ausdrücklich BGH, Urt. v. 19.12.2002 – VII ZR 103/00, BGHZ 153, 244, 250 ff. = BauR 2003, 689, 691 ff. = NJW 2003, 1450, 1451 f.). 2830

Nicht zu verkennen ist, dass es insbesondere in Bezug auf ein Aufmaß nach einer Kündigung immer wieder zu Schwierigkeiten kommt, weil der Auftraggeber ein solches **Aufmaß verhindert** (z. B. durch ein Baustellenverbot). Auf diese Schwierigkeiten wird einheitlich bei der vergleichbaren Fragestellung zum außerordentlichen Kündigungsrecht nach § 8 Abs. 3 VOB/B eingegangen, da dort diese Probleme sehr viel häufiger auftreten. Im Ergebnis soll hier nur festgehalten werden: Stets dann, wenn der Auftraggeber ein solches gemeinsames Aufmaß verhindert, daran schuldhaft nicht teilnimmt und dieses nicht mehr nachgeholt werden kann, **verändert sich die Darlegung- und Beweislast zu seinem Nachteil**, d. h.: Werden jetzt Massen streitig, muss der Auftraggeber darlegen und beweisen, welche Maße zutreffen, oder dass die vom Auftragnehmer angesetzten Maße unzutreffend sind (BGH, Urt. v. 22.05.2003 – VII ZR 143/02, BauR 2003, 1207, 1208 f. = NJW 2003, 2678 – s. unten Rdn. 2903 ff.). Für die Betrachtung soll an dieser Stelle immerhin unterstellt werden, dass der Auftraggeber sinnvollerweise zu einem gemeinsamen Aufmaß bereit ist. Dann nämlich bestehen keine Besonderheiten, d. h.: Die teilfertig gestellten Arbeiten sind entsprechend dem jeweiligen Abschnitt 5 der einschlägigen DIN-Norm der VOB/C vor Ort aufzumessen. 2831

Die tatsächliche Aufnahme der erbrachten Leistungen stellt jedoch nur die Grundlage für die Abrechnung nach § 649 S. 2 BGB/§ 8 Abs. 1 Nr. 2 BGB dar. Im Folgenden müssen für die Abrechnung die diesbezüglich **erbrachten Leistungen noch bewertet** werden. Basis dafür ist die **vertragliche Preisvereinbarung**. Nur dann wird das oben schon angesprochene Ziel erreicht, dass der Auftragnehmer bei seiner Vergütung nicht schlechter, aber auch nicht besser gestellt werden soll, als bei vollständiger Durchführung des Bauvertrages. Insoweit soll die Abrechnung nach der Kündigung nicht zu einer Preiskorrektur führen. Dies heißt aber weiter für eine prüfbare Abrechnung, dass der Auftragnehmer seine Abrechnung stets auf den kalkulatorischen Grundlagen des Vertragspreises aufbauen muss. Diese Grundlagen müssen wiederum – soweit sie nicht ohnehin bekannt sind – dem Auftraggeber mit der Abrechnung nachvollziehbar offengelegt werden, um eine entsprechende Kontrolle zu ermöglichen (BGH, Urt. v. 14.01.1999 – VII ZR 277/97, BGHZ 140, 263, 266 f. = BauR 1999, 642, 643 = NJW 1999, 1253, 1254). 2832

Ausgehend davon ist zu unterscheiden, ob zwischen den Parteien ein Einheitspreis- oder Pauschalvertrag geschlossen wurde:
- **Abrechnung beim Einheitspreisvertrag**
  Hier ergeben sich hinsichtlich der erbrachten Leistungen zunächst wenig Schwierigkeiten. Denn bei der Ermittlung dieses Leistungsanteils geht es nur um die **Übernahme der mit Aufmaß belegten Massen** in die Abrechnung gemäß der Positionspreise in dem Umfang, wie Leistungen aus- 2833

geführt wurden. Dabei ist die Struktur und Reihenfolge der Positionen des Leistungsverzeichnisses beizubehalten. Allenfalls ist darauf hinzuweisen, dass bei vorzeitig gekündigten Verträgen die Mengen zu den Einheitspreisen von der Natur der Sache her deutlich niedriger sein werden als die im Leistungsverzeichnis vorgesehen. Dies führt zu den beiden folgenden Besonderheiten:
– Zunächst kommen bei der Abrechnung **keine Preiszuschläge wegen Mindermengen** gemäß § 2 Abs. 3 Nr. 3 VOB/B in Betracht. Denn diese Mehrkosten wegen z. B. ausfallender Gemeinkosten bei den nicht ausgeführten Mengen sind Preisbestandteil des zweiten Teils der Abrechnung mit der Ermittlung der Vergütung für die nicht mehr ausgeführten Leistungen (OLG Hamburg, Urt. v. 08.04.2004 – 1 U 30/02, BauR 2004, 1618, 1621 – s. unten Rdn. 2841 ff.).
– Zu den erbrachten Leistungen gehören grundsätzlich **nicht die angelieferten und noch nicht eingebauten Bauteile** (Umkehrschluss aus § 8 Abs. 3 Nr. 3 VOB/B – a. A. KG, Urt. v. 23.04.2010 – 6 U 30/09 BauR 2010, 2129, 2133 = NJW-RR 2010, 1677, 1679, das diese Regelung übersieht). Hier kann der Auftraggeber allenfalls nach Treu und Glauben verpflichtet sein, diese zu übernehmen und dann angemessen zu vergüten (BGH, Urt. v. 09.03.1995 – VII ZR 23/93, BauR 1995, 545, 546 = NJW 1995, 1837, 1838; BGH, Urt. v. 07.01.2003 – X ZR 16/01 BauR 2003, 877, 878 = NJW-RR 2003, 738, 739 = NZBau 2003, 327).

▶ **Beispiel**

Der Auftragnehmer hatte für ein größeres Bauvorhaben spezielle Fenster hergestellt. Der Auftrag wird gekündigt. Der Auftraggeber will später das Bauvorhaben fertigstellen und könnte die Fenster auch verwenden. Hier besteht eine entsprechende Übernahmepflicht.

2834   Soweit es um die preisliche Bewertung der erbrachten Leistungen geht, ist wie auch sonst ein vereinbarter **pauschaler Nachlass** auf die Einheitspreise zu berücksichtigen. Denn dieser ist Grundlage der Abrechnung der vertraglich vereinbarten Preise (OLG Celle, Urt. v. 22.06.1994 – 6 U 212/93, BauR 1995, 558 = BauR 1995, 137).

- **Abrechnung beim Pauschalvertrag**

2835   So einfach die Abrechnung der erbrachten Leistungen beim Einheitspreisvertrag ist, so schwierig gestaltet sie sich teilweise beim Pauschalvertrag. Dabei ist eine unmittelbare Abrechnung der erbrachten Leistungen nach Aufmaß nicht möglich, weil die Einzelmengen nicht Vertragsbestandteil sind. Stattdessen muss auch bei einem Pauschalvertrag nach einer Kündigung die Vergütung für die erbrachten Leistungen aus dem Vertragspreis abgeleitet werden. Das aber heißt, dass der Auftragnehmer die erbrachten Teilleistungen auf der Basis des vereinbarten pauschalen Vertragspreises nachträglich zu bewerten hat. Infolgedessen setzt sich dann die Höhe der Vergütung für die erbrachten Leistungen allein nach dem **Verhältnis des Wertes der erbrachten Teilleistungen zum Wert der nach dem Pauschalvertrag geschuldeten Gesamtleistung** zusammen (BGH, Urt. v. 29.06.1995 – VII ZR 184/94, BauR 1995, 691, 692 = NJW 1995, 2712, 2713; BGH, Urt. v. 07.11.1996 – VII ZR 82/95, BauR 1997, 304 = NJW 1997, 733, 734; BGH, Urt. v. 11.02.1999 – VII ZR 91/98, BauR 1999, 632, 633 f. = NJW 1999, 2036). Auf diese anteilige Wertbestimmung kann ausnahmsweise nur in den drei folgenden Fällen verzichtet werden:
– Im Zeitpunkt der Kündigung sind nur noch **geringfügige Leistungen offen**. Insoweit kann, sofern keine kalkulatorischen Verschiebungen zulasten des Auftraggebers verdeckt werden, eine Bewertung der nicht erbrachten Leistungen und deren Abzug vom Gesamtpreis ausreichen (BGH, Urt. v. 04.05.2000 – VII ZR 53/99, BauR 2000, 1182, 1187 = NJW 2000, 2988, 2991).
– Eine ähnlich vereinfachte Abrechnung ist möglich, wenn der Auftragnehmer zum Zeitpunkt der Kündigung nur **geringfügige Teilleistungen erbracht** hat: Auch hier kann er die ihm zustehende Mindestvergütung in der Weise abrechnen, dass er die gesamte Leistung als nicht erbracht zugrunde legt und von dem Pauschalpreis die hinsichtlich der Gesamtleistung ersparten Aufwendungen absetzt (BGH, Urt. v. 25.11.2004 – VII ZR 394/02, BauR 2005, 385, 386 = NJW-RR 2005, 325, 326). Eine solche Abrechnung ist vor allem auch dann denkbar, wenn ein Generalunternehmer ausschließlich mit Subunternehmern arbeitet und zum Kündigungszeitpunkt bisher nur wenige Leistungen erbracht sind.

11.4 Die Kündigung durch den Auftraggeber

▶ **Beispiel (nach OLG Celle, Urt. v. 10.09.2008 – 14 U 79/08 NZBau 2009, 245, 247)**

Der Generalunternehmer hatte die Errichtung von zehn Wohnhäusern für 1,35 Mio. € übernommen. Alle Leistungen sollten durch Subunternehmer zu einem Preis von 1,1 Mio. € erbracht werden. Wird der Auftrag jetzt kurz nach Auftragserteilung vom Bauherrn gekündigt, kann der Generalunternehmer seine Leistungen in der Weise abrechnen, dass er alle Subunternehmerkosten als erspart ansetzt und nur die Restleistung fordert.

– Schließlich dürfte eine Verhältnismäßigkeitsberechnung im vorgenannten Sinne entbehrlich sein, wenn die Parteien für ein Bauvorhaben mit mehreren Teilabschnitten eine Gesamtpauschale und zugleich für die **Teilabschnitte jeweils eine Teilpauschale** vereinbart haben. Wird das Bauvorhaben gekündigt, kann ohne Weiteres auch abschnittsbezogen abgerechnet werden.

Von diesen Ausnahmefällen abgesehen muss der Auftragnehmer also stets **zwei Schritte** gehen: 2836
– Zunächst muss er die **tatsächlich erbrachten Leistungen** erfassen. Allein dieser Leistungserfassung mag dann doch ein etwa zu nehmendes Aufmaß dienen, das allerdings ausschließlich für die Bestandsaufnahme des Bau-Ists herangezogen werden kann. Zwingend ist ein solches Aufmaß jedoch nicht. Denn bei einem Pauschalvertrag ist ja gerade keine wie bei einem Einheitspreisvertrag gebotene mit einem Aufmaß zu belegende detaillierte Abrechnung geboten. An einem fehlenden Aufmaß wird daher eine prüfbare Abrechnung nicht scheitern. Ausreichend ist stattdessen jede Abrechnungsweise, die den Auftraggeber ggf. auch sonst in die Lage versetzt, die Höhe des Vergütungsanspruches auf der Grundlage der vereinbarten Pauschale und dem zugrunde liegenden kalkulatorischen Ansatz prüfen zu können. Dies ist auch anhand von Fotos, Plänen o. ä. möglich (BGH, Urt. v. 11.02.1999 – VII ZR 91/98, BauR 1999, 632, 634 = NJW 1999, 2036, 2037; BGH, Urt. v. 14.11.2002 – VII ZR 224/01, BauR 2003, 377, 378 = NJW 2003, 581, 582). Auch ist eine gewerkebezogene Aufstellung von Teilleistungen denkbar (OLG München, Urt. v. 6.12.2011 – 9 U 1741/11, BauR 2012, 807, 808 = NZBau 2012, 235, 236). Ob die Abrechnung richtig ist, hat mit der Prüfbarkeit dagegen nichts zu tun. 2837

– Sodann ist in einem zweiten Schritt das Bau-Ist, das möglicherweise gewerkespezifisch erhoben wurde, **finanziell bezogen auf die Gesamtpauschale zu bewerten**. Bezugnahmen auf Ratenzahlungspläne oder Ähnliches sind hierfür untauglich, da diese mit dem Leistungsstand nichts zu tun haben müssen (BGH, Versäumnisurteil v. 04.07.1996 – VII ZR 227/93, BauR 1996, 846, 848 = NJW 1996, 3270, 3271; BGH, Urt. v. 16.10.1997 – VII ZR 82/96, BauR 1998, 125 = NJW-RR 1998, 236; BGH, Urt. v. 27.01.2011 – VII ZR 133/10 BGHZ 188, 149, 156 = NJW 2011, 915, 917 = NZBau 2011, 225, 227). Ebenso untauglich ist die bloße Anknüpfung an die Mengenangaben in einem Leistungsverzeichnis bei einem Detailpauschalvertrag. Denn hierbei handelt es sich nur um Schätz- oder Planmengen; sie müssen keinesfalls die tatsächlichen Mengen und Massen widerspiegeln, die jedoch für die Preisermittlung entscheidend sind. 2838

▶ **Beispiel**

In einem Leistungsverzeichnis wird u. a. eine Fläche zur Pflasterung einer Terrasse von 180 m² angegeben. Hierfür wird später ein Pauschalpreis von 6.000 € vereinbart. Nach der Kündigung sind 120 m² erbracht. Für eine Verhältnismäßigkeitsberechnung darf jetzt nicht ohne Weiteres diese erbrachte Fläche zu der Ausschreibungsmenge (180 m²) in Bezug gesetzt werden, was einer Teilvergütung von 3.960 € (66 % von 6.000 €) entspräche. Denn für die 6.000 € hätte der Auftragnehmer die gesamte Fläche pflastern müssen. Betrug diese z. B. tatsächlich 210 m², hätte er mit seinen 120 m² davon nur 57 % erbracht. Ihm stände somit nur eine Vergütung für die erbrachten Leistungen von 3.420 € (57 % von 6.000 €) zu.

Aus diesem einfachen Beispiel ist ersichtlich, dass für die richtige Berechnung der Vergütung für die erbrachten Leistungen deren Wert immer in ein Verhältnis zu dem vereinbarten Pauschalpreis, der einen Gegenwert für **alle zu erbringenden Leistungen** darstellt, gesetzt werden muss. Das setzt also voraus, dass man **sowohl den erbrachten Leistungsteil als auch den Umfang der insgesamt zu erbringenden Leistungen kennt**, d. h. richtig ermittelt und dann auch bewertet. Vor diesem Hintergrund mag eine solche Verhältnismäßigkeitsberechnung nicht immer einfach anzustellen sein. Sie dürfte allerdings bei Detailpauschalverträgen trotz der vorgenannten Schwierigkeiten noch ohne Weiteres erstellt werden können. Dagegen kann es insbesondere bei Globalpauschalverträgen erforderlich werden, dass der Auftragnehmer allein für seine Abrechnung und die notwendigerweise vorzunehmende Leistungsbewertung nachträglich (**erstmals**) noch eine entsprechende **Urkalkulation erstellt** (BGH, Urt. v. 07.11.1996 – VII ZR 82/95, BauR 1997, 304 f. = NJW 1997, 733, 734; BGH, Versäumnisurteil v. 04.07.1996 – VII ZR 227/93, BauR 1996, 846, 848 = NJW 1996, 3270, 3271). Ebenso ist es denkbar, dass einzelne Leistungen völlig neu zu kalkulieren sind, wie dies insbesondere bei Nachträgen der Fall sein wird. Verbleiben dann allerdings noch Unsicherheiten, wird dies zumindest in der Regel die Prüfbarkeit der Abrechnung nicht hindern, sondern allenfalls deren Richtigkeit.

2839 Zur Erleichterung der Abrechnung des Auftragnehmers ist es in Ausnahmefällen immerhin denkbar, dass die **geschuldete Vergütung** für eine bis zur Kündigung erbrachte Leistung notfalls auch gemäß § 287 ZPO (auf der Basis einer vorliegenden prüfbaren Abrechnung) **geschätzt** wird (BGH, Versäumnisurteil v. 13.07.2006 – VII ZR 68/05, BauR 2006, 1753, 1754 = NJW-RR 2006, 1455, 1456). Dies wird vor allem dann zuzulassen sein, wenn das Bauvorhaben unstreitig errichtet, also nicht nur eine Ruine vorhanden ist. Anknüpfungspunkt für eine danach vorzunehmende Schätzung könnten dann etwa die Ersatzunternehmerkosten des Auftraggebers sein, die dieser zur Fertigstellung aufgewendet hat. Hierzu kann vorbehaltlich anderer Anknüpfungspunkte im Vertrag u. a. ggf. in Rechnung gestellt werden, dass solche Ersatzunternehmer im Regelfall höhere Preise durchsetzen können als das mit der ursprünglichen Werkleistung beauftragte Unternehmen. Daher liegt es nahe, diesen zumeist vom Auftraggeber ja vorgetragenen Werklohn als den Betrag heranzuziehen, der nach der ursprünglichen Kalkulation jedenfalls auf die von dem gekündigten Erstunternehmer nicht fertiggestellten Teil der Bauleistung entfällt. Dann lässt sich aus der Differenz der mit dem Erstunternehmer vereinbarten Vergütung und diesen Ersatzunternehmerkosten ein durchaus tauglicher Anknüpfungspunkt für einen Mindestwert der dem Erstunternehmer zustehenden Vergütung für die erbrachten Werkleistung ermitteln (ähnlich OLG Saarbrücken, Urt. v. 18.12.2007 – 4 U 363/05, OLGR 2008, 377).

11.4.1.3.2 Vergütungsanspruch für infolge Kündigung nicht erbrachter Leistungen

2840 Mit der Abrechnung der erbrachten Leistungen hat der Auftragnehmer bisher lediglich einen Gegenwert für die schon ausgeführten Arbeiten erhalten. Dabei kann er es belassen. Dies bietet sich vor allem an, wenn bei dem infolge der Kündigung nicht erbrachten Leistungsteil infolge ersparter Aufwendungen oder sonst kein Vergütungsanspruch verbleibt oder er sogar Verluste erzielt hätte. Denn die den Vergütungsanspruch mindernden ersparten Kosten können nachvollziehbarerweise nur den nicht erbrachten Leistungsteil betreffen. Für die schon erbrachten Leistungen sind die Kosten dagegen schon entstanden, sodass hier nichts mehr erspart werden kann. Ungeachtet dessen steht ihm aber nach § 8 Abs. 1 Nr. 2 VOB/B/§ 649 S. 2 BGB eine **Vergütung für die Gesamtleistung** zu. Ausgangspunkt dafür ist der im Vertrag genannte Vergütungsbetrag. Nicht zu berücksichtigen sind dagegen Leistungen, die ggf. für die Gesamtleistung zwar erforderlich gewesen wären, bis zur Kündigung aber noch nicht etwa nach Anforderung des Auftraggebers nach § 1 Abs. 4 S. 1 VOB/B beauftragt waren (OLG Celle, Urt. v. 24.09.2008 – 7 U 12/05, Nichtzul.-Beschw. zurückgew., BGH, Beschl. v. 03.08.2009 – VII ZR 205/08, BauR 2010, 1075, 1076). Ebenso wenig sind sonstige im Vertrag eingeräumte Zusatzrechte einzuberechnen, mit denen dem Auftragnehmer bei der Abwicklung des Vertrages noch ein zusätzlicher Ertrag hätte zufließen sollen.

11.4 Die Kündigung durch den Auftraggeber

▶ **Beispiel (nach OLG Düsseldorf, Urt. v. 24.09.2009 – 23 U 9/09 NJW-RR 2010, 827, 828 = NZBau 2010, 369, 370)**

In einem Vertrag über Erdarbeiten ist vorgesehen, dass der Auftragnehmer den auszubauenden Boden übernimmt und für eigene Rechnung verwenden darf. Wird der Vertrag jetzt vorzeitig gekündigt, steht dem Auftragnehmer insoweit kein Mehrvergütungsanspruch wegen der nunmehr ausbleibenden Verwertung zu. Auch Schadensersatzansprüche wären ausgeschlossen, weil der Auftraggeber für diesen Boden im Zweifel keine eigenständige Verschaffungspflicht übernommen hat.

Ausgehend von diesem vertraglich vorgesehenen Vergütungsbetrag sind nunmehr in Bezug auf den nicht erbrachten Leistungsteil die Beträge herauszurechnen, die der Auftragnehmer entweder erspart oder durch anderweitige Verwendung seiner Arbeitskraft oder seines Betriebes erwirbt oder böswillig zu erwerben unterlässt. Diese Regelung dient allein dem Zweck, den Auftragnehmer durch die freie Kündigung bei der Abrechnung nicht schlechter oder besser zu stellen, als bei vollständiger Durchführung des Vertrages (BGH, Urt. v. 21.12.1995 – VII ZR 198/94, BGHZ 131, 362, 366 = BauR 1996, 382, 383 = NJW 1996, 1282). Infolgedessen hat der **Auftragnehmer für eine prüfbare Abrechnung** dieser nicht erbrachten Leistungen **anzugeben und darzulegen, welche Kosten er erspart** hat und ggf. welchen anderweitigen Erwerb er sich anrechnen lassen muss (BGH, Urt. v. 07.11.1996 – VII ZR 82/95, BauR 1997, 304 f. = NJW 1997, 733, 734; BGH, Urt. v. 11.02.1999 – VII ZR 399/97, BGHZ 140, 365, 369 = BauR 1999, 635, 637 = NJW 1999, 1867 f.; BGH, Urt. v. 24.03.3011 – VII ZR 146/10, ZfBR 2011, 470, 471). Erspart sind die Kosten (§ 8 Abs. 1 Nr. 2 VOB/B) bzw. Aufwendungen (§ 649 S. 2 BGB), die der Auftragnehmer bei der Ausführung des Auftrages hätte machen müssen und die er wegen der Kündigung nicht mehr machen muss. Insoweit geht es auch weiterhin jeweils um die **Kosten des konkreten Auftrages** (BGH, Urt. v. 21.12.1995 – VII ZR 198/94, BGHZ 131, 362, 365 = BauR 1996, 382, 383 = NJW 1996, 1282; BGH, Versäumnisurteil v. 04.07.1996 – VII ZR 227/93, BauR 1996, 846, 848 = NJW 1996, 3270, 3271 f.; BGH, Urt. v. 11.02.1999 – VII ZR 399/97, BGHZ 140, 365, 369 = BauR 1999, 635, 637 = NJW 1999, 1867 f.). Dabei besteht kein wesentlicher Unterschied zwischen der Begrifflichkeit der VOB/B, die von ersparten Kosten spricht, und des BGB mit der Verwendung des Begriffs »ersparte Aufwendungen«. Dies vorausgeschickt gilt:

2841

- Ausgehend von dem Wortlaut des Gesetzes bzw. § 8 Abs. 1 Nr. 2 VOB/B müsste eigentlich der **Auftraggeber** den **Umfang der ersparten Aufwendungen darlegen** und beweisen. Dies wird ihm in der Praxis nicht möglich sein. Daher hat die Rechtsprechung bereits seit Längerem ganz erhebliche **Erleichterungen für den Auftraggeber** vorgesehen. Danach muss nämlich zunächst der Auftragnehmer die ersparten Kosten und Aufwendungen im Einzelnen darlegen, und zwar unter Berücksichtigung seiner Kalkulation (BGH, Urt. v. 11.02.1999 – VII ZR 399/97, BGHZ 140, 365, 369 = BauR 1999, 635, 637 = NJW 1999, 1867 f.; BGH, Urt. v. 21.12.1995 – VII ZR 198/94, BGHZ 131, 362, 365 = BauR 1996, 382, 383 = NJW 1996, 1282; BGH, Urt. v. 24.03.2011 – VII ZR 146/10, ZfBR 2011, 470, 471). Vor diesem Hintergrund kommt es dann aber nicht auf die ursprünglich kalkulierte Ersparnis an, sondern auf die Ersparnis, die der **Auftragnehmer tatsächlich gehabt** hätte. Hierbei geht es um die Kosten, die bei Fortführung des Vertrages für ihn tatsächlich noch entstanden wären. Nur bei Heranziehung dieser Kosten entspricht die Abrechnung dem Grundsatz der Vermeidung von Vor- und Nachteilen (BGH, Urt. v. 22.09.2005 – VII ZR 63/04, BauR 2005, 1916, 1917 = NJW-RR 2006, 29, 30). Dabei ist allerdings selbstverständlich nicht zu verkennen, dass insbesondere die Ermittlung der noch entstehenden Kosten teilweise mit erheblichen Schwierigkeiten verbunden ist. Allein deswegen lässt es die Rechtsprechung daher im Grundsatz auch zu, dass der Auftragnehmer die **ersparten Sollkosten auf der Grundlage seiner ursprünglichen Angebots- oder richtigerweise Auftragskalkulation** oder notfalls einer noch zu erstellenden Kalkulation ermittelt (BGH, Versäumnisurteil v. 04.07.1996 – VII ZR 227/93, BauR 1996, 846, 848 = NJW 1996, 3270, 3271 f.; BGH, Urt. v. 11.02.1999 – VII ZR 91/98, BauR 1999, 632, 634 = NJW 1999, 2036; BGH, Urt. v. 14.01.1999 – VII ZR 277/97, BGHZ 140, 263, 365 f. = BauR 1999, 642 f. = NJW 1999, 1253, 1254; BGH,

2842

Urt. v. 04.05.2000 – VII ZR 53/99, BauR 2000, 1182, 1186 = NJW 2000, 2988, 2990). Etwas anderes würde aber gelten, wenn sich konkrete Anhaltspunkte für eine abweichende Kostenersparnis ergeben, so etwa bei einer erkennbaren Unterkalkulation (BGH, Urt. v. 08.07.1999 – VII ZR 237/98, BauR 1999, 1294, 1296 f. = NJW 1999, 3261, 3262 f.; BGH, Urt. v. 22.09.2005 – VII ZR 63/04, BauR 2005, 1916, 1917 = NJW-RR 2006, 29, 30). In diesem Fall gewinnt besonders an Bedeutung, dass die ersparten Aufwendungen nicht positionsbezogen zu ermitteln sind. Vielmehr kommt es auf die insgesamt vereinbarte **Vergütung abzüglich aller ersparter Aufwendungen** an; folglich findet also eine Gesamtsaldierung statt (BGH, Urt. v. 11.02.1999 – VII ZR 399/97 BGHZ 140, 365, 372 = BauR 1999, 635, 638 = NJW 1999, 1867, 1868). Der Auftragnehmer darf also bei seiner Abrechnung unter Berücksichtigung der ersparten Aufwendungen nicht die Positionen außen vor lassen, bei denen er Geld mitgebracht hätte. Insoweit gibt es auch keine Deckelung der anzurechnenden Kosten dahin gehend, dass die kalkulierten Kosten die Obergrenze der Ersparnis darstellen, sodass wenigstens der kalkulierte Gewinn erhalten bleibt (OLG Hamm, Urt. v. 13.03.2008 – 21 U 15/06, BauR 2011, 693, 696). Somit kann es durchaus sein, dass die Summe der ersparten Aufwendungen die einem Auftragnehmer nach einer freien Kündigung zustehende Vergütung (weitgehend) aufzehrt.

2843 • Hat der Auftragnehmer entsprechend vorgetragen, bleibt es dem Auftraggeber unbenommen, eine anderweitige konkrete Kostenentwicklung und sich daraus ergebende Ist-Kosten geltend zu machen (BGH, Urt. v. 08.07.1999 – VII ZR 237/98, BauR 1999, 1294, 1297 = NJW 1999, 3261, 3262 f.). Konkret bedeutet das, dass **für etwaige höhere ersparte Aufwendungen** oder einen anderweitigen Erwerb allein der **Auftraggeber darlegungs- und beweisbelastet** ist (BGH, Urt. v. 14.01.1999 – VII ZR 277/97, BGHZ 140, 263, 266 f. = BauR 1999, 642, 643 = NJW 1999, 1253, 1254). Damit dieser aber eben eine solche Darlegungs- und Beweislast überhaupt erfüllen kann, müssen die Darlegungen des Auftragnehmers zu den ersparten Aufwendungen mit einem hinreichenden Detaillierungsgrad versehen sein, sodass sie durch den Auftraggeber überprüft werden können. Auf der anderen Seite bedeutet dies allerdings auch: Die Klage auf Vergütung nach § 8 Abs. 1 Nr. 2 VOB/B kann nicht deswegen mangels Vorlage einer prüfbaren Rechnung abgewiesen werden, weil der Auftragnehmer bestimmte kalkulatorische Aufwendungen als erspart mit der Behauptung abgezogen hat, weitere Aufwendungen seien nicht erspart, und jetzt der Auftraggeber nur den Umfang der benannten Aufwendungen bestreitet. Auch dies hat nichts mit der Prüfbarkeit der Rechnung zu tun, sondern allein mit der Richtigkeit der Angaben zu den ersparten Aufwendungen.

2844 Unter Berücksichtigung der vorstehenden Erläuterungen gehören zu den **ersparten Kosten** auf der Grundlage des konkreten Vertrages unter Heranziehung der Kalkulation (BGH, Urt. v. 21.12.1995 – VII ZR 198/94, BGHZ 131, 362, 365 = BauR 1996, 382, 383 = NJW 1996, 1282; BGH, Urt. v. 24.03.2011 – VII ZR 146/10, ZfBR 2011, 470, 471) die **tatsächlich nicht entstandenen Kosten der Herstellung**. Hierzu zählen vor allem, ohne dass dies abschließend ist,
• anteilige Baustellengemeinkosten,
• Löhne und Gehälter,
• sonstige Aufwendungen für die Baustelle,
• ersparte Subunternehmerkosten.
Bei diesen wird dies aber nur dann der Fall sein, wenn die **Subunternehmer nicht schon beauftragt** sind, ohne finanzielle Folgen gekündigt werden können oder ein vereinbartes Rücktrittsrecht ausgeübt werden kann (BGH, Urt. v. 11.02.1999 – VII ZR 399/97, BGHZ 140, 365, 377 f. = BauR 1999, 635, 640 f. = NJW 1999, 1867, 1870). Andernfalls müsste nämlich der Auftragnehmer seinerseits schon eine Vergütung nach § 649 BGB zahlen. Dementsprechend wären diese zu zahlenden Ist-Kosten nicht als erspart anzusehen. Eine Differenz zwischen Vertragspreis und ersparten Subunternehmerkosten kann der Auftragnehmer im Übrigen auch dann in seine Abrechnung einstellen, wenn er für den Einsatz entgegen § 4 Abs. 8 Nr. 1 VOB/B keine Genehmigung hatte (OLG Celle, Urt. v. 14.02.2007 – 7 U 165/06, BauR 2008, 103, 106 = OLGR 2007, 844). Problematisch ist hingegen, wenn der Auftragnehmer für die diesbezüglichen Arbeiten illegal Schwarzarbeiter einsetzen wollte. Hier kommt es **nicht auf die ersparten kostengünstigeren**

Schwarzarbeiterentgelte an. Vergleichsmaßstab für die tatsächlich ersparten Aufwendungen sind stattdessen die höheren Kosten für einen legalen Subunternehmereinsatz (OLG Oldenburg, Urt. v. 03.02.2009 – 2 U 9/06, BauR 2010, 922, 923 f.).
- ersparte Materialkosten.
Wurde das Material allerdings schon gekauft, sind die Kosten nur erspart, wenn es in absehbarer und zumutbarer Zeit anderweitig verwendet werden kann. Handelt es sich hingegen um Material, das speziell für das Bauwerk des Auftraggebers beschafft wurde und sich nicht anderweitig verwenden lässt, liegen keine ersparten Aufwendungen vor. Allerdings ist der Auftragnehmer dann aus Treu und Glauben verpflichtet, dem Auftraggeber auf Verlangen das Material herauszugeben. (OLG Köln, Urt. v. 27.02.2004 – 11 U 103/03, BauR 2004, 1953, 1954; OLG Hamm, Urt. v. 29.05.2001 – 24 U 9/01, BauR 2001, 1607 f.).

> **Beispiel**
>
> Der Auftragnehmer hat für das Grundstück schon ein spezielles Pflaster erworben, mit dem er nach der Kündigung nichts mehr anfangen kann.

Nicht zu den ersparten Kosten gehören hingegen

- ein etwaiger Gewinn.
Gerade der entgangene Gewinn soll ja über die Gewährung der vereinbarten Vergütung mit abgedeckt werden.
- etwaige einkalkulierte Subunternehmerzuschläge oder Skonti (vgl. zu Letzterem BGH, Urt. v. 22.09.2005 – VII ZR 63/04, BauR 2005, 1916, 1917 = NJW-RR 2006, 29, 30), ggf. auch allgemeine Geschäftskosten (BGH, Urt. v. 14.01.1999 – VII ZR 277/97, BGHZ 140, 263, 269 = BauR 1999, 642, 644 = NJW 1999, 1253, 1255).
- Gemeinkosten, soweit sie nicht wegen der Kündigung kurzfristig abbaubar sind (OLG Hamburg, Urt. v. 08.04.2004 – 1 U 30/02, BauR 2004, 1618, 1620 f.).
- ein etwaiges einkalkuliertes Wagnis.
Dies sieht der Bundesgerichtshof zwar anders (BGH, Urt. v. 30.10.1997 – VII ZR 222/96, BauR 1998, 185, 186 = NJW-RR 1998, 451). Nachvollziehbar ist dies allerdings nicht, da es sich bei dem Wagnis nicht um Kosten im baubetrieblichen Sinne handelt, sondern dieses dem Gewinn zuzurechnen ist (Ingenstau/Korbion/Vygen, VOB/B, § 8 Abs. 1 Rn. 52). Dies gilt nicht nur für ein allgemeines Unternehmerwagnis, sondern auch für ein konkretes baustellenbezogenes Wagnis, das sich ja gerade mit der nunmehr infolge der Kündigung erforderlichen schwierigen Abrechnung und Durchsetzung des Vergütungsanspruchs anschaulich realisiert (a. A. OLG Schleswig, Urt. v. 19.12.2003 – 4 U 4/00, BauR 2005, 712, 713; OLG Brandenburg, Urt. v. 01.07.2009 – 4 U 168/08, BauR 2009, 1788 [Ls.] = NZBau 2010, 54 [Ls.], die gerade den projektbezogenen Wagniszuschlag in Bezug auf die nicht ausgeführte Teilleistung als erspart und damit abzugsfähig ansehen).
- ersparte Mangelbeseitigungskosten.

> **Beispiel**
>
> Der Auftragnehmer wird gekündigt. Die Leistungen sind mangelhaft. Der Auftraggeber lässt die Arbeiten durch einen anderen fortführen und meint, dass der Auftragnehmer insoweit die Mangelbeseitigungskosten erspart habe.

In der Tat wird dies vom OLG Celle so gesehen, weswegen es daher einen Vergütungsanspruch kürzt (Urt. v. 01.08.2002 – 13 U 48/02, BauR 2003, 1406, 1407; ebenso Peters, BauR 2012, 11, 14). Dies ist jedoch falsch. Denn wegen Mängeln steht auch dem gekündigten Auftragnehmer zunächst das Recht zu, diese selbst zu beseitigen (BGH, Urt. v. 25.06.1987 – VII ZR 251/86, BauR 1987, 689, 690 f. = NJW 1988, 140, 141; s. unten Rdn. 2857). Mit der Kündigung hat dies nichts zu tun. Wenn der Auftraggeber ihn demzufolge nicht an einer Mangelbeseitigung beteiligt, geht dies ausschließlich zu seinen Lasten. Sähe man dies anders, hätte er es in der Hand, das Recht des Auftragnehmers zur Mangelbeseitigung einseitig zu vereiteln (s. auch zu der vergleichbaren Rechtslage im Kaufrecht: BGH, Urt. v. 21.12.2005 – VIII ZR 49/05, NJW 2006, 1195,

1196 f. – sowie zu demselben Grundsatz im Gewährleistungsrecht Rdn. 1325). Etwas anderes wird nur dann gelten, wenn der Auftraggeber nach der Kündigung das **Vorhaben insgesamt aufgeben** will und deswegen die Mängel gar nicht mehr beseitigt werden sollen.

▶ Beispiel

> Wegen Finanzierungsproblemen sieht eine Bauherrengemeinschaft von der Fortführung eines Schwimmbadbaus ab und will die vorhandene Bauruine abreißen lassen. Aus diesem Grund kündigt sie den Bauvertrag.

In einem solchen Fall ist es nicht gerechtfertigt, dem Auftragnehmer wegen vorhandener Mängel noch ein Nacherfüllungsrecht zuzugestehen. Daher ist es hier sachgerecht, wegen der deswegen unterbleibenden Mangelbeseitigung doch von ersparten Aufwendungen auszugehen. Das ist auch mit der vorliegenden Rechtsprechung der BGH (Urt. v. 25.06.1987, a. a. O.) vereinbar; dieser hatte nämlich maßgeblich auf die Interessen der Beteiligten, und zwar vor allem des Auftragnehmers abgestellt, durch eigene Maßnahmen den Aufwand für eine Mangelbeseitigung gering zu halten. Dieses Interesse hat sich erledigt, wenn das Vorhaben insgesamt nicht mehr realisiert wird, also eine Beseitigung schon vorhandener Mängel unterbleibt.

2846 Neben den ersparten Aufwendungen ist sodann allerdings auch ein **anderweitiger Erwerb** bzw. ein böswillig unterlassener anderweitiger Erwerb **entgegen zu rechnen**. Hierbei geht es vor allem um zwischenzeitlich angenommene **Füllaufträge**, die hinsichtlich des Gewinns, aber auch auf den Beitrag zur Deckung der allgemeinen Geschäftskosten anzurechnen sind (BGH, Urt. v. 21.12.1995 – VII ZR 198/94, BGHZ 131, 362, 366 f. = BauR 1996, 382, 383 f. = NJW 1996, 1282 f.). Jedoch genügt nicht jeder anderweitige Erwerb. Vielmehr wird nur der anderweitige Erwerb gegengerechnet, der tatsächlich im Hinblick auf die Kündigung angenommen wurde.

▶ Beispiel

> Der Betrieb des Auftragnehmers ist lediglich zu 50 % ausgelastet. Der Bauvertrag des Auftragnehmers wird gekündigt. Parallel hatte der Auftragnehmer einen weiteren Auftrag angenommen, der zu einer Auslastungsquote (unter Berücksichtigung des gekündigten Vertrages) von 70 % geführt hätte.

Derartige Füllaufträge haben mit einem »anderweitigen Erwerb« nichts zu tun, da dieser Auftrag auch so angenommen worden wäre. Infolgedessen kommt es auf eine Vergütungsreduzierung wegen anderweitigen Erwerbs in der Regel nur an, wenn der Auftragnehmer ohnehin mit 100 % Kapazität eingedeckt ist (OLG Hamm, Urt. v. 20.11.2003 – 24 U 195/01, BauR 2006, 1310, 1313). Dasselbe gilt, wenn der Auftraggeber nach einer freien Kündigung dem Auftragnehmer einen **Ersatzauftrag** erteilt. Auch diesen muss sich der Auftragnehmer anrechnen lassen (OLG Saarbrücken, Urt. v. 31.05.2005 – 4 U 216/04-44, BauR 2006, 854, 856 f. = NZBau 2005, 693, 695 f.). Anzurechnen ist natürlich ebenso der böswillig unterlassene anderweitige Erwerb. Hierbei handelt es sich um Füllaufträge, die der Auftragnehmer trotz der durch die Kündigung frei gewordenen Kapazitäten nicht angenommen hat.

Die etwaige Anrechnung eines anderweitigen Erwerbs erfolgt in der Weise, dass der aufgrund des anderweitigen Auftrags erzielte Vermögenszuwachs (**Gewinn**) **von der Vergütung des gekündigten Auftrags in Abzug** gebracht wird. Auch hierfür ist der Auftraggeber darlegungs- und beweisbelastet (OLG Frankfurt, Urt. v. 11.03.1986 – 5 U 35/83, BauR 1988, 599, 605 = NJW-RR 1987, 979, 980).

2847 Lange Zeit bestritten war die Frage, ob auf den Vergütungsanteil für die **nicht erbrachten Leistungen Umsatzsteuer** anfällt (vgl. dazu ausführlich Ingenstau/Korbion/Vygen, VOB/B, § 8 Nr. 1 Rn. 61 und 63 ff.). Richtigerweise dürfte dies nicht der Fall sein. Denn hinsichtlich dieser Leistungsanteile geht es gerade um eine Vergütung (unter Abzug der Kosten für die ersparten Leistungen), der **keine Leistung zugrunde liegt** (vgl. in diesem Sinne schon BGH, Urt. v. 24.04.1986 – VII ZR 139/84, BauR 1986, 577, 578 = NJW-RR 1986, 1026; BGH, Versäumnisurteil v. 04.07.1996 – VII ZR 227/93, BauR 1996, 846, 848 = NJW 1996, 3270, 3271 sowie ausdrücklich BGH, Urt.

v. 22.11.2007 – VII ZR 83/05, BGHZ 174, 267, 270 = BauR 2008, 506, 507 = NJW 2008, 1522 = NZBau 2008, 247). Gerade in der letztgenannten Entscheidung hat der BGH nochmals – auch unter Rückgriff auf die zwischenzeitliche Rechtsprechung des EuGH (Urt. v. 18.07.2007 – C-277/05, EuZW, 2007, 706 ff.) – klargestellt, dass es keineswegs zwingend ist, aus umsatzsteuerlichen Gründen den Vergütungsanspruch aus § 649 S. 2 BGB bzw. § 8 Nr. 1 Abs. 2 VOB/B einheitlich zu sehen. Vielmehr enthält dieser auch Anteile, die zumindest einem ebenfalls nicht der Umsatzsteuer unterliegenden Entschädigungsanspruch angenähert sind, soweit es um die nicht ausgeführten Leistungen geht (BGH, a. a. O.). Allein schon aus dieser Rechtsprechung folgt aber zunächst auch, dass wegen dieser unterschiedlichen umsatzsteuerlichen Behandlung der Vergütungsanteile für erbrachte Leistungen (mit Umsatzsteuer) und nicht erbrachte Leistungen (ohne Umsatzsteuer) der Auftragnehmer gar nicht umhin kommen wird, als – wie an anderer Stelle erläutert (Rdn. 2827 ff.) – seine Rechnung genau zwischen diesen beiden Leistungs- bzw. Vergütungsanteilen aufzuteilen, d. h. insoweit eine doppelte Berechnung anzustellen. Anders nämlich wird er kaum in der Lage sein, die richtige Bemessungsgrundlage für die Umsatzsteuer zu ermitteln. Trotz dieser zivilrechtlichen Klärung ist aber darauf hinzuweisen, dass steuerlich diese Rechtsfrage weiterhin nicht abschließend geklärt ist – und sie wohl auch erst abschließend durch den EuGH geklärt werden könnte (s. dazu Ingenstau/ Korbion/Vygen B § 8 Abs. 1 Rn. 63). Aus diesem Grund sollte ein Auftragnehmer ggf. vorab eine Auskunft bei seinem Finanzamt einholen. Sodann sollte er jedenfalls gegenüber vorsteuerabzugsberechtigten Auftraggebern vorsorglich den Vergütungsanspruch für die nicht erbrachten Leistungen zuzüglich Mehrwertsteuer berechnen. Im Bedarfsfall sollte er außerdem bei notwendiger Klageerhebung jedenfalls einen Feststellungsantrag gemäß § 256 ZPO dahingehend stellen, dass der Auftraggeber die Umsatzsteuer erstatten muss, falls das Finanzamt ihn zur Umsatzsteuerzahlung bestandskräftig heranzieht (ebenso: OLG Frankfurt, Urt. v. 07.12.2005 – 13 U 91/04, BauR 2008, 550, 551).

11.4.1.3.3 Pauschalierung des entgangenen Gewinns

Soweit der Auftraggeber nach § 649 S. 1 BGB bzw. § 8 Nr. 1 Abs. 1 VOB/B den Vertrag kündigt, steht dem Auftragnehmer die vereinbarte Vergütung abzüglich ersparter Aufwendungen zu (§ 649 S. 2 BGB, § 8 Nr. 1 Abs. 2 VOB/B). Wie ebenfalls ersichtlich, kann die Ermittlung der richtigen Vergütungshöhe insbesondere hinsichtlich des nicht ausgeführten Leistungsteils auf ganz erhebliche Schwierigkeiten stoßen. Hierzu schafft § 649 S. 3 BGB teilweise Abhilfe. Nach dieser Regelung wird vermutet, dass dem Unternehmer **5 % der auf den nicht erbrachten Leistungsteil entfallenden vereinbarten Vergütung** zusteht.

2848

> **Beispiel**
>
> Der Auftragswert beläuft sich auf 60.000 €. Nach der Hälfte des Bauvorhabens kündigt der Auftraggeber ohne Grund. Nunmehr kann der Auftragnehmer zunächst die erbrachten Leistungen abrechnen (30.000 €). Bezogen auf den nicht erbrachten Leistungsteil kann er seine Vergütung entsprechend dieser Vermutungsregelung berechnen. Dies ergäbe dann einen weiteren Vergütungsanspruch von 1.500 €.

Diese Vermutungsregelung hilft also vor allem Auftragnehmern, die organisatorisch nicht in der Lage sind, eine vernünftige Abrechnung zu ihren ersparten Aufwendungen zu erstellen; begünstigt werden aber ebenso Auftragnehmer, die ggf. einen geringeren Gewinn als 5 % mit dieser Baustelle erzielt oder sogar damit Verluste gemacht hätten. Dabei ist allerdings zu beachten, dass die **Bezugsgrundlage** für diese 5 %-Berechnung im Gesetz hinreichend beschrieben ist. Hierbei handelt es sich um die anteilig auf die nicht erbrachte Leistung entfallende Vergütung. Das aber heißt, dass ein Auftragnehmer auch danach nicht umhin kommt, als seine Abrechnung zwischen erbrachten und nicht erbrachten Leistungen zu trennen (s. dazu oben Rdn. 2827 ff.). Das jedoch, was ihm dann mit § 649 S. 3 BGB erlassen wird, ist die Detailbewertung und Einzelberechnung der Vergütung für den nicht erbrachten Leistungsteil einschließlich der ergänzenden Ermittlung der ersparten Aufwendungen (s. dazu Rdn. 2840 ff.). Stattdessen kann er auf den ausstehenden Vergütungsanteil pauschal 5 % in Ansatz bringen: Pauschaliert wird damit also die nach Abzug der ersparten Aufwendungen und eines etwaigen anderweitigen Erwerbs ihm verbleibende Vergütung (a. A. aber etwa Staudinger/Peters/Jacoby § 649 Rn. 42, nach denen sich die Pauschalierung nur auf die ersparten Aufwendungen beziehe, was sich so aber nicht aus dem Gesetz ergibt; wie hier ebenso etwa Kniffka/Schmitz, § 649 Rn. 87). Ansonsten geht es bei dieser Pauschalierung der Vergütung für die nicht erbrachten Leistungen, die an die Stelle der Detailberechnung gemäß § 649 S. 2 BGB tritt, **jeweils nur um den Nettobetrag** (s. o. Rdn. 2847). Weiter ist festzustellen, dass diese Vermutungsregelung in § 649 S. 3 BGB ebenso **für den VOB-Vertrag gilt**: Zwar fehlt dazu eine entsprechende Regelung in § 8 Abs. 1 Nr. 2 VOB/B; dieser verweist aber zur Berechnung der Vergütungshöhe ganz allgemein auf § 649 BGB. Dabei entspricht es der ganz herrschenden Meinung, dass § 8 Abs. 1 VOB/B keinen von dem Gesetz abweichenden Regelungsgehalt enthält (Ingenstau/Korbion/Vygen, B § 8 Abs. 1 Rn. 9; Kapellmann/Messerschmidt/Lederer, B § 8 Rn. 7). Dann aber kann mit der Pauschalverweisung auf § 649 BGB der Schluss gezogen werden, dass damit zugleich die Vermutungsregelung des § 649 S. 3 BGB zur näheren Bestimmung der Berechnung der in § 8 Abs. 1 Nr. 2 VOB/B angesprochenen Vergütung in Fällen freier Kündigung gelten soll. Für etwas anderes gibt es keinen Anhaltspunkt.

2849 § 649 S. 3 BGB kann mit dieser Pauschalierungsregelung in **AGB des Auftraggebers** abbedungen werden. Ein gesetzliches Leitbild ist hier nicht erkennbar, zumal diese Regelung in keiner Weise den Vergütungsanspruch des Auftragnehmers in welcher Form auch immer beschränkt. Er enthält vielmehr allein eine Erleichterung der Darlegungslast dahin gehend, dass der Unternehmer 5 % der auf den noch nicht erbrachten Teil der Werkleistung entfallenden Vergütung auch ohne eine Abrechnung des Vertrages geltend machen kann, während der Besteller den Nachweis einer höheren Ersparnis führen darf (BT-Drucks. 16/511 S. 17 f.). Es belastet den Auftragnehmer auch nicht unzumutbar, wenn er in einem Vertrag weiterhin verpflichtet bleibt, zu seinen ersparten Aufwendungen konkret vorzutragen. Die Darlegungs- und Beweislast für alles andere, d. h. insbesondere dafür, dass die danach vom Auftragnehmer vorgetragenen ersparten Aufwendungen zu niedrig oder falsch berechnet sind, verbleibt selbst bei einer Abbedingung weiterhin beim Auftraggeber (s. dazu näher Rdn. 2842 f.).

2850 Ebenso diskutiert sind auf der anderen Seite wegen der Schwierigkeiten bei der Abrechnung pauschale Abgeltungsklauseln für die freie Auftraggeberkündigung in **AGB des Auftragnehmers** (s. dazu Pauly, BauR 2011, 910).

▶ **Beispiel**

> Für den Fall der freien Kündigung nach § 649 S. 1 BGB sieht der Vertrag vor, dass die erbrachten Leistungen bezahlt werden sollen. Hinsichtlich der nicht erbrachten Leistungen wird vereinbart, dass hierauf der entgangene Gewinn zu vergüten ist. Dieser wird mit 15 % pauschaliert.

Bei derartigen Klauseln ist zunächst zu berücksichtigen, dass sie sich von dem Leitbild des § 649 S. 2 BGB entfernen. Denn die gesetzliche Regelung sieht **nicht etwa einen Ausgleich für den entgangenen Gewinn** vor. Zu zahlen ist vielmehr die vereinbarte Vergütung abzüglich ersparter Aufwendungen. Ein danach ermittelter Vergütungsbetrag und eine vertraglich vereinbarte Pauschale können sehr nah aneinander liegen, müssen es aber keinesfalls. Andererseits darf nicht verkannt werden, dass § 649 BGB selbst, nämlich in seinem Satz 3, eine pauschalierte Berechnung der dem Auftragnehmer zustehenden Vergütung in Bezug auf den nicht ausgeführten Leistungsteil als widerlegbare Vermutung zulässt. Vor diesem Hintergrund gilt dann aber weiter, dass zwar das freie Kündigungsrecht insbesondere in Allgemeinen Geschäftsbedingungen nicht abbedungen oder eingeschränkt werden kann (s. o. Rdn. 767 ff.). Gleichwohl sind **Pauschalen** nicht immer unzulässig:
- Zum einen ist vorstellbar, dass die **Höhe der Vergütung** für den noch nicht ausgeführten Leistungsteil **pauschaliert** wird; dasselbe gilt für eine Vereinbarung zur Höhe der ersparten Aufwendungen.
- Zum anderen ist an entsprechende **Schadenspauschalen** zu denken.

2851 Die Grenzen in AGB-Regelungen lassen sich mit folgenden Eckpunkten beschreiben:
2852 • Diesbezügliche Klauseln müssen sich zu allererst an § 308 Nr. 7 lit. a BGB messen lassen (Pauly, BauR 2011, 910). Dabei kommt es jeweils entscheidend darauf an, inwieweit die danach zu zah-

11.4 Die Kündigung durch den Auftraggeber

lende **Vergütung** im Hinblick auf die **tatsächlich erbrachte** Leistung **angemessen** ist. Die Festlegung starrer Höchstwerte ist zwar schwierig. Als zulässig angesehen wurden aber bisher Sätze von in etwa 10 % der Gesamtauftragssumme (BGH, Urt. v. 27.04.2006 – VII ZR 175/05, BauR 2006, 1131, 1132 f. = NJW 2006, 2551 f.). Pauschalen von 18 % und mehr werden dagegen von der Rechtsprechung mehr als zweifelhaft angesehen (BGH, Urt. v. 08.11.1984 – VII ZR 256/83, BauR 1985, 79, 82 = NJW 1985, 632). Sie hätten wohl rechtlich keinen Bestand. 15 % des vereinbarten Bruttolohns, was ja für ein Unternehmen 17,85 % des Nettobetrages ausmacht, hat der BGH ebenfalls schon als kritisch bewertet. Eine solche Höhe wird nur hinzunehmen sein, wenn dazu zugleich noch konkrete tatsächliche Feststellungen zu der Angemessenheit dieser Pauschale getroffen werden (BGH, Urt. v. 05.05.2011 – VII ZR 161/10, BauR 2011, 1328, 1330 = NJW 2011, 3030, 3031 = NZBau 2011, 481, 482).

- Neben der Festlegung einer Obergrenze von Pauschalen muss eine solche dem Auftraggeber stets **ausdrücklich** das **Recht vorbehalten, den Beweis eines niedrigeren entgangenen Gewinns bzw. niedrigerer entstandener Aufwendungen nachzuweisen;** § 309 Nr. 5 lit. BGB findet hier jedenfalls entsprechende Anwendung (BGH, Urt. v. 10.10.1996 – VII ZR 250/94, BauR 1997, 156, 158 = NJW 1997, 259, 260 = ZfBR 1997, 36 mw.N.; BGH, Urt. v. 05.05.2011 – VII ZR 161/10, BauR 2011, 1328, 1329 = NJW 2011, 3030 = NZBau 2011, 481). Eine solche im Vertrag vorgesehene Möglichkeit des Gegenbeweises schließt dann das Recht des Auftraggebers ein nachzuweisen, dass dem Auftragnehmer tatsächlich überhaupt kein Gewinn entstanden ist, sodass dies wiederum nicht gesondert vorgesehen werden muss (BGH, Urt. v. 05.05.2011 – VII ZR 161/10, BauR 2011, 1328, 1329 = NJW 2011, 3030 = NZBau 2011, 481).
- Unabhängig von ihrer Höhe gilt aber gerade bei der Festlegung von Pauschalen, dass diese eindeutig und klar bestimmt sein müssen; sonst scheitern sie schon unabhängig von vorstehenden Erläuterungen am allgemeinen **Transparenzgebot** (§ 307 Abs. 1 S. 2 BGB).

> **Beispiel (nach BGH, Urt. v. 05.05.2011 – VII ZR 181/10, BauR 2011, 1331 = NJW 2011, 1954 = NZBau 2011, 407)**
>
> Im Fall der Kündigung durch den Bauherrn zu einem Bauvertrag mit einem pauschalen Endpreis (Fertighaus) ist in den AGB des Auftragnehmers vorgesehen, dass der Unternehmer die bis zur Kündigung erbrachten Leistungen nach den Vertragspreisen abrechnen und für den Rest eine Pauschale von 15 % verlangen kann. Eine solche Regelung hat schon deshalb keinen Bestand, weil hier gar keine Preisgrundlagen zur Berechnung der Pauschale vorgesehen sind.

Ebenso muss aus der jeweiligen Klausel klar hervorgehen, dass es allein um Pauschalierungen für den Fall einer freien Kündigung geht, nicht also um Kündigungen, die schlimmstenfalls der Auftragnehmer selbst zu vertreten hat. Solche Pauschalen sind ebenfalls unzulässig (OLG Düsseldorf, Urt. v. 25.05.2010 – 21 U 124/09, BauR 2010, 2116, 2117).

- Aus Vorstehendem folgt aber mit aller Klarheit, dass bei der **Festlegung möglicher Pauschalen** in AGB des Auftragnehmers **§ 649 S. 3 BGB keine Rolle spielt.** Zwar wird damit wie erläutert eine Vermutung aufgestellt, dass dem Unternehmer im Fall einer freien Kündigung 5 % der auf den noch nicht erbrachten Teil der Werkleistung entfallenden vereinbarten Vergütung zustehen. Es wurde aber auch schon erläutert, dass es sich dabei um kein gesetzliches Leitbild handelt, sodass damit anderweitige Pauschalen ausgeschlossen wären. Auch enthält § 649 S. 3 BGB keine eigenständige Beweislastverteilung zugunsten des Bestellers, die durch eine höhere Pauschale infrage gestellt würde. Die Beweislast dafür, dass der Unternehmer höhere Aufwendungen erspart hat als er behauptet, trägt nach § 649 S. 2 BGB ohnehin der Besteller (s. o. Rdn. 2842 f.). Hat der Unternehmer eine den Anforderungen entsprechende Abrechnung vorgelegt, ist es allein seine Sache darzulegen und zu beweisen, dass höhere Ersparnisse oder mehr anderweitiger Erwerb erzielt wurden, als der Unternehmer sich anrechnen lässt. Die Pauschalierung erleichtert somit nicht die Beweislast, sondern nur dessen vorgelagerte Darlegungslast (BGH, Urt. v. 05.05.2011 – VII ZR 181/10 BauR 2011, 1331, 1334 = NJW 2011, 1954, 1956 = NZBau 2011, 407, 409; BGH, Urt. v. 05.05.2011 – VII ZR 161/10 BauR 2011, 1328, 1330 = NZBau 2011, 481, 482).

2853

11.4.1.4 Abnahme der gekündigten Leistungen

2854 Auch im Fall einer freien Kündigung hat der Auftragnehmer bzgl. der teilausgeführten Leistung nach § 8 Abs. 6 VOB/B einen **Anspruch auf Abnahme**. Diese beschränkt sich dann auf die Teilleistungen, die bis zum Zeitpunkt der Kündigung erbracht wurden. Allein zu diesen wird bei der Abnahme geprüft, inwieweit sie vertragskonform hergestellt wurden. Dieser Anspruch ist für den Auftragnehmer von großer Bedeutung, weil ohne Abnahme sein Vergütungsanspruch nicht fällig wird (BGH, Urt. v. 11.05.2006 – VII ZR 146/04, BGHZ 167, 345, 349 = BauR 2006, 1294, 1295 = NJW 2006, 2475, 2476). Nicht immer wird eine Abnahme zu erzielen sein, etwa dann, wenn die Leistung z. B. gar nicht ohne Weiteres zugänglich oder als Teilleistung für sich isoliert betrachtet überprüfbar ist. Dies sind jedoch zumeist Fragen, die sich eher nach einer fristlosen Kündigung stellen. Insoweit wird auf die zusammenfassende Darstellung unten unter Rdn. 2908 ff. bzw. allgemein im Kapitel 6, dort Rdn. 1178 ff. verwiesen.

11.4.1.5 Teilkündigung

2855 Weder § 649 BGB noch § 8 Abs. 1 VOB/B setzen zwingend eine Kündigung des gesamten Vertrages voraus (s. allerdings zu den Beschränkungen im Fall der fristlosen Kündigung unten Rdn. 2892 f.). Vielmehr kann der Auftraggeber den Vertrag auch nur teilweise kündigen, soweit die diesbezügliche Leistung noch nicht ausgeführt ist (ausführlich dazu Kirberger, BauR 2011, 343, 346).

> ▶ **Beispiel**
>
> Gegenstand des Bauvertrages ist die Errichtung eines Einfamilienhauses. Hier können ohne Weiteres etwa Teilleistungen zu den Außenanlagen gekündigt werden.

Die Teilkündigung ist vor allem deshalb von Bedeutung, weil vielfach private Bauherren im Nachhinein **Eigenleistungen** übernehmen wollen. Genau solche Fälle sind u. a. in § 2 Abs. 4 VOB/B geregelt, die dann hinsichtlich der Vergütungsfolgen auf § 8 Abs. 1 Nr. 2 VOB/B verweisen.

2856 Soweit eine Teilkündigung erfolgt, entfallen die Rechte und Pflichten des gekündigten Vertragsteils. Für diesen ist dann die Vergütung nach § 8 Abs. 1 Nr. 2 VOB/B abzüglich ersparter Aufwendungen zu bezahlen. Der Vertrag teilt sich demzufolge in einen noch zu erfüllenden und einen gekündigten Vertragsteil.

11.4.1.6 Fortbestehende Nacherfüllungsrechte

2857 Bei den Rechtsfolgen ist insbesondere nach einer freien Kündigung zu beachten, dass dadurch das Nacherfüllungsrecht des gekündigten Auftragnehmers nicht untergeht. Auch insoweit zeigt sich einmal eindrucksvoll, dass eine Kündigung den Bauvertrag nur ex nunc beendet, d. h.: Bis zur Kündigung bleibt der Vertrag erhalten; insoweit gelten dafür auch alle Rechte und Pflichten fort (BGH, Urt. v. 13.11.1981 – I ZR 168/79, BauR 1982, 387, 389 = NJW 1982, 2553, 2554 = ZfBR 1982, 160, 165 m. w. N.). Nur für die Zukunft wird der Vertrag beendet, so dass keine weiteren Leistungspflichten mehr für noch nicht ausgeführte Leistungen entstehen. Die Mängelrechte betreffen aber den schon ausgeführten Teil, so dass diese zu beachten sind. Daher hat der Auftraggeber bei Mängeln an der vom Auftragnehmer bis zur Kündigung erbrachten Leistung zunächst diesem **Gelegenheit zur Nacherfüllung** zu geben. Er muss ihm dazu auch eine Frist setzen, ehe er die Mängel durch einen anderen Ersatzunternehmer auf Kosten des gekündigten Unternehmers beseitigen lässt. Dabei hängen hier die jeweiligen Rechte ganz maßgeblich davon ab, inwieweit die Bauleistungen zwischenzeitlich (nach einer Kündigung) abgenommen wurden. Die Kündigung ändert an diesen dafür erforderlichen rechtlichen Voraussetzungen nichts (BGH, Urt. v. 25.06.1987 – VII ZR 251/86, BauR 1987, 689, 690 f. = NJW 1988, 140, 141; BGH, Urt. v. 19.12.2002 – VII ZR 103/00, BGHZ 153, 244, 250 = BauR 2003, 689, 691 = NJW 2003, 1450, 1451), d. h.:

- Wurde die gekündigte Bauleistung bisher nicht abgenommen, richten sich die Mängelrechte weiter nach § 4 Abs. 7 VOB/B.

- Wurden die gekündigten Leistungen hingegen abgenommen, richten sich die Mängelrechte nach § 13 VOB/B.

Etwas anderes wird nur dann gelten, wenn der Auftraggeber deswegen von seinem freien Kündigungsrecht Gebrauch gemacht hat, weil er von dem Vorhaben insgesamt (z. B. wegen zu hoher Kosten) Abstand nimmt. Hier kommt es nachvollziehbarerweise auf ein Nacherfüllungsrecht nur dann an, wenn die zugrunde liegenden Mängel auch tatsächlich noch beseitigt werden sollen (s. o. Rdn. 2845).

11.4.2 Weitere Kündigungsrechte im VOB-Vertrag

Von der bisher behandelten grundlosen freien Kündigung des Bauvertrages durch den Auftraggeber streng zu unterscheiden ist die **Kündigung** des Bauvertrages durch den Auftraggeber **aus wichtigem Grund**. Sie hat im BGB keine besondere Regelung gefunden, während sie in § 8 Abs. 2 und 3 VOB/B detailliert sowohl bezüglich der Voraussetzungen als auch der Folgen behandelt wird. Beim BGB-Werkvertrag wird man deshalb auf die allgemeinen gesetzlichen Vorschriften des Schuldrechts zurückgreifen müssen. Danach kommt eine Kündigung aus wichtigem Grund vor allem in Betracht, wenn das vertragliche Vertrauensverhältnis so empfindlich gestört ist, dass die Erreichung des Vertragszwecks konkret gefährdet und dem davon betroffenen Vertragspartner ein weiteres Festhalten am Vertrag nicht zumutbar ist (BGH, Urt. v. 19.02.1969 – VIII ZR 58/67, NJW 1969, 975 f; Ingenstau/Korbion/Vygen, vor §§ 8, 9 VOB/B, Rn. 21). Dabei wird wegen der weiteren Einzelheiten unten auf Rdn. 2940 ff. verwiesen. 2858

Ganz anders ist die Rechtslage in der VOB/B, die sich dem Problem der außerordentlichen Kündigung im Detail annimmt. 2859

> **Übersicht zu den weiteren Kündigungsmöglichkeiten im VOB-Vertrag**
> - Kündigung wegen Vermögensverfalls des Auftragnehmers (§ 8 Abs. 2 VOB/B – s. Rdn. 2861 ff.)
> - Kündigung wegen mangelhafter Bauausführung, Verzug und verbotenem Subunternehmereinsatz (§ 8 Abs. 3 Nr. 1 VOB/B – s. Rdn. 2879 ff.)
> - Kündigung wegen unzulässiger Preisabsprachen (§ 8 Abs. 4 VOB/B – s. Rdn. 2876 ff.)
> - Kündigung nach § 6 Abs. 7 VOB/B (s. Rdn. 2938 ff.)
> - Kündigung wegen Vertrauensverlustes (s. Rdn. 2940 ff.)
> - Kündigung nach § 650 Abs. 2 BGB (s. Rdn. 2950 ff.)

Die vorstehend teilweise im VOB-Vertrag genannten Kündigungsgründe sind vor allem durch die außerordentlichen Kündigungen gemäß § 8 Abs. 2 bis 4 VOB/B geprägt. Hierbei handelt es sich ausnahmslos um Kündigungsgründe, die wegen z. T. schwerer Pflichtverletzungen den Auftraggeber zu einer vorzeitigen Vertragsbeendigung berechtigen. Dabei ist es aber in der Regel erforderlich, diese Kündigungen vorher anzudrohen. Gesondert folgt dann die Prüfung der noch weiteren Kündigungsgründe aus dem allgemeinen Zivilrecht, die bei VOB-Verträgen ebenfalls Anwendung finden. 2860

11.4.2.1 Kündigung wegen Vermögensverfalls des Auftragnehmers (§ 8 Abs. 2 VOB/B)

§ 8 Abs. 2 VOB/B räumt dem Auftraggeber ein Kündigungsrecht aus wichtigem Grunde für den Fall ein, dass 2861
- der Auftragnehmer seine Zahlungen einstellt,
- von ihm oder zulässigerweise vom Auftraggeber oder einem anderen Gläubiger das Insolvenzverfahren bzw. ein vergleichbares gesetzliches Verfahren beantragt ist,
- ein solches Verfahren eröffnet oder
- dessen Eröffnung mangels Masse abgelehnt wird.

Dieses Kündigungsrecht lässt sich kurz zusammenfassen als Kündigung wegen **Vermögensverfalls des Auftragnehmers**. Es greift allerdings nicht schon dann ein, wenn sich dessen Vermögensverhältnisse in anderer Weise verschlechtern. Es müssen vielmehr im Zeitpunkt der Kündigung die besonderen Voraussetzungen des § 8 Abs. 2 VOB/B vorliegen (OLG Oldenburg, Urt. v. 18.03.1987 – 2 U 19/87, BauR 1987, 567, 568).

▶ **Beispiel**

Zum Zeitpunkt der Kündigung ist der Insolvenzeröffnungsbeschluss wieder aufgehoben. Hier ist eine Kündigung nach § 8 Abs. 2 VOB/B nicht mehr möglich. Alternativ käme aber ggf. noch eine Kündigung wegen Zahlungseinstellung in Betracht. Ist aber auch das nicht der Fall, so ist diese Kündigung im Zweifel in eine grundlose Kündigung gemäß § 8 Abs. 1 Nr. 2 VOB/B umzudeuten (s. dazu Rdn. 2816 f.).

11.4.2.1.1 Vereinbarkeit von § 8 Abs. 2 VOB/B mit der Insolvenzordnung

2862 Bis heute nicht entschieden ist die Frage, inwieweit die Kündigungsregelung nach § 8 Abs. 2 VOB/B mit den Vorschriften der Insolvenzordnung in Einklang zu bringen ist. Besonders kritisch ist eine **drohende Kollision** mit dem in § 103 InsO enthaltenen **Wahlrecht des Insolvenzverwalters**. Dabei geht es um dessen Recht, bei einem gegenseitigen noch nicht vollständig erfüllten Vertrag entweder den Vertrag anstelle des Schuldners zu erfüllen und sodann abzuwickeln oder aber die Erfüllung abzulehnen. Soweit hier eine Kollision mit diesem Erfüllungswahlrecht besteht, wäre eine dagegen stehende Regelung insbesondere in der VOB/B unwirksam (vgl. § 119 InsO).

2863 Die Unwirksamkeit der einzelnen Kündigungsvarianten nach § 8 Abs. 2 VOB/B wird im Hinblick auf deren Vereinbarkeit mit dem Insolvenzrecht unterschiedlich gesehen. So vertritt insbesondere Schmitz (Ingenstau/Korbion, VOB/B, § 8 Abs. 2 Rn. 8 ff.) die Auffassung, dass das Kündigungsrecht des Auftraggebers für den Fall der Eröffnung des Insolvenzverfahrens bei dem Auftragnehmer (dritte Kündigungsvariante) mit §§ 103, 119 nicht in Einklang zu bringen sei (ähnlich Kapellmann/Messerschmidt/Lederer, VOB/B, § 8 Rn. 71 ff.; ausführlich auch Bopp, Der Bauvertrag in der Insolvenz). Dasselbe gelte für die ersten beiden Kündigungsgründe (Zahlungseinstellung und Insolvenzantragstellung), soweit die Kündigung erst nach Eröffnung des Insolvenzverfahrens ausgesprochen wurde (vgl. dazu Schmitz, a. a. O. sowie zum Meinungsstand Schmitz, Die Bauinsolvenz, Rn. 43 ff; Koenen, BauR 2011, 352).

2864 Die Rechtsprechung des Bundesgerichtshofes hat dies – insoweit allerdings z. T. noch zu der Vorgängerregelung gemäß § 17 Konkursordnung – anders gesehen (BGH, Urt. v. 26.09.1985 – VII ZR 19/85, BGHZ 96, 34, 36 f. = BauR 1986, 91 f. = NJW 1986, 255 f.; BGH, Urt. v. 11.11.1993 – IX ZR 257/92, BGHZ 124, 76, 80 = NJW 1994, 449, 451). Die diese Rechtsprechung prägende Argumentation gilt auch noch heute, und zwar ebenso zu § 103 InsO (OLG Düsseldorf, Urt. v. 08.09.2006 – I-23 U 35/06, BauR 2006, 2054, 2057 f.; OLG Brandenburg, Urt. v. 16.12.2009 – 4 U 44/09, IBR 2010, 210; OLG Brandenburg, Urt. v. 12.04.2010 – 4 U 48/09, BauR 2010, 567 [Ls.]; sehr ausführlich auch OLG Schleswig, Urt. v. 09.12.2011 – 1 U 72/11, BauR 2012, 690 [Ls.] zumindest für einen Eigenantrag des Auftragnehmers; s. ebenso für eine Wirksamkeit: Wollner, Wirksamkeit vertragl. Lösungsklauseln). So gibt es keine Bestimmung, die dem späteren Gemeinschuldner als Vertragspartner untersagt, eine Vereinbarung zu treffen, wonach dem Auftraggeber im Fall der Insolvenz des Auftragnehmers ein Kündigungsrecht sowie damit verbundene Schadensersatzansprüche wegen Nichterfüllung des restlichen Auftrages zustehen sollen. Zwar verschlechtert sich dadurch möglicherweise die Lage der Insolvenzmasse. Daran scheitert die Wirksamkeit der Vereinbarung aber nicht. Denn auch andere Vereinbarungen aus der Zeit vor Insolvenzeröffnung können die Masse schmälern, was bereits die Regelung zur Insolvenzanfechtung zeigt. Insoweit muss der Insolvenzverwalter den Bestand der Masse so übernehmen, wie sie sich zur Zeit der Insolvenzeröffnung findet. In diesem Sinne ist auch dem Bundesgerichtshof beizupflichten, dass hierzu **kein Verstoß gegen Treu und Glauben** zu sehen ist. § 8 Abs. 2 VOB/B trägt nämlich allein der Tatsache Rechnung, dass ein Bauvertrag in aller Regel ein erhebliches Vertrauensverhältnis zwischen Auftraggeber und Auftragnehmer voraussetzt. Die Leistungsfähigkeit und Zuverlässigkeit des Auftragnehmers sind bei der Vergabe des Auftrages von wesentlicher Bedeutung. So liegt auf der

Hand, dass ein Vermögensverfall des Auftragnehmers infolge der Insolvenz diese Vertrauensgrundlage nachhaltig erschüttert. Demzufolge muss ein Auftraggeber auch befürchten, dass ein Insolvenzunternehmen Gewährleistungsverpflichtungen für Baumängel u. a. nicht mehr erfüllen wird. Da die damit verbundene Frage der Leistungsfähigkeit aber grundsätzlich in die Risikosphäre des jeweiligen Schuldners fällt, ist es gerechtfertigt, dem Auftraggeber ein Recht auf Schadensersatz wegen Nichterfüllung zu den nicht ausgeführten Arbeiten einzuräumen, wie dies in § 8 Abs. 2 S. 1 VOB/B vorgesehen ist. Im Übrigen entspricht es auch allgemein praktischen Bedürfnissen des Auftraggebers, im Fall der Insolvenz relativ schnell Rechtsklarheit über den Fortgang des Bauvorhabens erzielen zu können (OLG Düsseldorf a. a. O.; OLG Schleswig, a. a. O.).

11.4.2.1.2 Die Kündigungsvoraussetzungen nach § 8 Abs. 2 Nr. 1 VOB/B

§ 8 Abs. 2 Nr. 1 VOB/B enthält wie vorstehend erläutert im Wesentlichen vier Kündigungsgründe: 2865
- **Zahlungseinstellung**
Der erste Kündigungsgrund der Zahlungseinstellung als Grundlage für die Eröffnung eines Insolvenzverfahrens besteht darin, dass der Auftragnehmer **nachhaltig über keine Liquidität** mehr zur Bedienung seiner Gesamtverbindlichkeiten verfügt (vgl. auch § 17 Abs. 2 S. 2 InsO). Dies ist regelmäßig anzunehmen, wenn die **Lücke mehr als 10 %** bezogen auf die Gesamtverbindlichkeiten erreicht. Etwas anderes kann ausnahmsweise dann gelten, wenn mit an Sicherheit grenzender Wahrscheinlichkeit zu erwarten ist, dass die Liquiditätslücke demnächst vollständig oder fast vollständig beseitigt werden wird und den Gläubigern ein Zuwarten nach den besonderen Umständen des Einzelfalls zuzumuten ist (BGH, Urt. v. 24.05.2005 – IX ZR 123/04, BGHZ 163, 134, 137 ff. = NJW 2005, 3062, 3063 ff.). 2866

> ▶ **Beispiel**
>
> Eine Liquiditätsunterdeckung von 15 % ist demzufolge unschädlich, wenn der Auftragnehmer zeitnah berechtigterweise die Begleichung einer größeren Rechnung erwarten darf.

Die Zahlungsunfähigkeit ist von der **bloßen Zahlungsstockung zu unterscheiden**. Hierunter versteht man den Zeitraum, den eine kreditwürdige Person benötigt, um sich die benötigten Mittel zu leihen.

In der Praxis besteht das größte Problem dazu allerdings nicht in der Definition einer Zahlungsunfähigkeit, sondern aus Sicht des Auftraggebers darin, dass er diese für eine Kündigung nach § 8 Abs. 2 VOB/B **nachweisen** muss. Möglich ist dies, wenn der Auftragnehmer bereits eine Eidesstattliche Versicherung abgegeben oder verschiedene andere Gläubiger bereits wegen erheblicher Forderungen Zwangsvollstreckungsmaßnahmen durchführen (vgl. dazu etwa OLG Köln, Beschl. v. 11.09.1995 – 18 W 20/95, BauR 1996, 257 = NJW-RR 1996, 402, 403). Keine Zahlungseinstellung liegt dagegen vor, wenn der Auftragnehmer im Krisenfall einen seiner eigenen Schuldner veranlasst, direkt an den Gläubiger zu zahlen (OLG Stuttgart, Urt. v. 14.07.2011 – 10 U 59/10, BauR 2012, 1130, 1134). 2867

> ▶ **Beispiel (nach OLG Stuttgart, a. a. O.)**
>
> Zur Vermeidung des Zugriffs anderer Gläubiger bittet der Generalunternehmer den Bauherrn, fällige Vergütungszahlungen unmittelbar an einen berechtigten Subunternehmer zu leisten. Dies ist keine Zahlungseinstellung des Generalunternehmers.

- **Antrag auf Insolvenzeröffnung**
Bei der zweiten Variante kann der Bauvertrag vom Auftraggeber gekündigt werden, wenn entweder vom Auftragnehmer oder zulässigerweise vom Auftraggeber oder einem anderen Gläubiger das Insolvenzverfahren bzw. ein vergleichbares gesetzliches Verfahren beantragt ist. Hierzu ergeben sich kaum Besonderheiten. Allenfalls die zweite Alternative, nämlich der Kündigungsgrund durch einen vom Auftraggeber gestellten Insolvenzantrag, könnte Bedenken aufwerfen. 2868

> **Beispiel**
>
> Will sich der Auftraggeber eines lästigen Auftragnehmers entledigen, müsste er normalerweise ohne Kündigungsgrund eine freie Kündigung aussprechen. Dies wäre aber mit der negativen Vergütungsfolge gemäß § 8 Abs. 1 Nr. 2 VOB/B verbunden. Ist der Auftragnehmer hingegen finanziell schwach, könnte sich der Auftraggeber möglicherweise veranlasst sehen, einen Insolvenzantrag zu stellen, auf den es alleine nach § 8 Abs. 2 VOB/B ankommt, wobei dieser allerdings zulässig sein muss.

Es liegt auf der Hand, dass insbesondere ein ausreichender Fremdantrag für ein Insolvenzverfahren als Kündigungsgrund des Bauvertrages ein zumindest **theoretisches Missbrauchsrisiko in sich birgt**. Infolgedessen ist es dann aber auch richtig, dass § 8 Abs. 2 VOB/B gesondert die Zulässigkeit eines solchen Antrages fordert. Ansonsten könnte sich ein Auftraggeber tatsächlich bei einem willkürlich gestellten Gläubigerantrag auf Eröffnung des Insolvenzverfahrens das Recht (eigenständig) verschaffen, sich nach § 8 Abs. 2 VOB/B vom Vertrag zu lösen. Dies kann nicht zulässig sein. Aufgrund der deswegen in § 8 Abs. 2 VOB/B hinzugenommenen Einschränkung des Kündigungsrechts auf die **Fälle eines »zulässigen« Insolvenzantrages** wird ein Auftraggeber bei einer Kündigung nach § 8 Abs. 2 VOB/B daher jeweils im eigenen Interesse zu prüfen haben, ob er diesen Weg bei einem von ihm gestellten Antrag tatsächlich beschreiten kann.

- **Eröffnung des Insolvenzverfahrens**

2869 Diese seit jeher in der VOB enthaltene Tatbestandsvoraussetzung in § 8 Abs. 2 VOB/B lässt eine Kündigung zu, soweit ein Insolvenzverfahren eröffnet ist und der Beschluss nicht wieder aufgehoben wurde (OLG Oldenburg, Urt. v. 18.03.1987 – 2 U 19/87, BauR 1987, 567, 568). Diesem Kündigungsgrund kommt in der Praxis heute zumindest nach deutschem Recht **keine Bedeutung** mehr zu. Dies wiederum beruht auf der Ergänzung der zweiten Tatbestandsvariante in § 8 Abs. 2 VOB/B für die Kündigung um Insolvenzanträge des Auftraggebers und von sonstigen Gläubigern, die neben dem dort ebenfalls ersichtlichen Eigenantrag des Auftragnehmers stehen. Dies vorausgeschickt ist nach § 14 Abs. 1 InsO ein Insolvenzverfahren nämlich ohnehin nur auf Antrag des Schuldners oder Gläubigers zu eröffnen. Berechtigen somit aber bereits ein Eigenantrag oder ein zulässigerweise vom Auftraggeber oder einem anderen Gläubiger gestellter Fremdantrag zur Kündigung, ist damit dieser weitere Kündigungsgrund der Verfahrenseröffnung überflüssig. Denn diesem hat ja jeweils entweder ein Eigen- oder Gläubigerantrag vorauszugehen. Anzumerken aber ist, dass dieser Kündigungsgrund **nicht auf Insolvenzverfahren nach deutschem Recht beschränkt** ist. Dies zeigt bereits der in § 8 Abs. 2 VOB/B enthaltene Verweis auf ein dem Insolvenzverfahren »vergleichbares gesetzliches Verfahren«. Somit kann eine außerordentliche Kündigung nach dieser Regelung auch darauf gestützt werden, wenn z. B. nach französischem Recht über das Vermögen des Auftragnehmers ein dem deutschen Insolvenzverfahren vergleichbares redressement judicaire eingeleitet wird (so jetzt auch OLG Karlsruhe, Urt. v. 15.2.2012 – 13 U 150/10, BauR 2012, 1149 [Ls.]).

- **Abweisung des Insolvenzantrages mangels Masse**

2870 Hier ergeben sich keine Besonderheiten.

11.4.2.1.3 Rechtsfolge: Vergütung und Schadensersatz

2871 Kann der Bauvertrag wirksam nach § 8 Abs. 2 Nr. 1 VOB/B gekündigt werden, sind die ausgeführten Leistungen nach § 6 Abs. 5 VOB/B, d. h. nach den Vertragspreisen abzurechnen (§ 8 Abs. 2 Nr. 2 S. 1 VOB/B). Sodann kann der Auftragnehmer die Kosten bezahlt verlangen, die ihm bereits entstanden und in den Vertragspreisen des nicht ausgeführten Teils der Leistung enthalten sind.

Ergänzend kann dazu im Überblick erläutert werden:

2872 - Ausgehend von dieser Vergütungsregelung gelten dem Grunde nach keine anderen Abrechnungsgrundsätze als bei sonst gekündigten Bauverträgen. Dies betrifft insbesondere die erforderliche **Abgrenzung zwischen schon erbrachter und nicht erbrachter Leistung.** Insoweit kann auf die vorstehenden Ausführungen verwiesen werden (s. oben Rdn. 2829 ff.). Zu ergänzen ist dabei allen-

11.4 Die Kündigung durch den Auftraggeber

falls, dass die Rechtsprechung hinsichtlich der Anforderung der Abrechnung von Leistungen Insolvenzverwaltern teilweise entgegen kommt in der Weise, dass diese die sonst gebotenen **Anforderungen an eine prüfbare Rechnung** (s. dazu Rdn. 2474 ff.) **auf ein überschaubares Maß beschränken dürfen**. Konkret kann das heißen, dass vor allem dann, wenn wegen der Insolvenz des Auftragnehmers und wegen des Zeitablaufs die Stellung einer prüfbaren Schlussrechnung nicht mehr möglich ist, die sonst notwendige Klageabweisung als zurzeit unbegründet unterbleiben kann. Kann in diesen Fällen nämlich keine prüfbare Schlussrechnung mehr erstellt werden, ist es dem Insolvenzverwalter ggf. erlaubt, die Teilforderungen anderweitig schlüssig darzulegen. Die Vergütung wird nunmehr nach § 287 ZPO geschätzt (BGH, Versäumnisurteil v. 13.05.2004 – VII ZR 424/02, BauR 2004, 1441, 1442 = NJW-RR 2004, 1385, 1386; BGH, Urt. v. 23.09.2004 – VII ZR 173/03, BauR 2004, 1937, 1939 = NJW-RR 2005, 167, 168).

- **Fälligkeitsvoraussetzung** für die Vergütung der diesbezüglichen Leistung bleibt allerdings auch hier die **Abnahme der Teilleistungen** (BGH, Urt. v. 11.05.2006 – VII ZR 146/04, BGHZ 167, 345, 348 ff. = BauR 2006, 1294, 1295 f. = NJW 2006, 2475, 2476 – s. dazu auch Rdn. 2908 f.).   2873

- Dem Auftraggeber steht nach § 8 Abs. 2 Nr. 2 S. 2 VOB/B schließlich noch ein **weiter gehender Schadensersatzanspruch** zu. Dieser betrifft allein den nicht ausgeführten Teil der Leistung, den der Auftragnehmer nach Kündigung nicht mehr erstellt. Dabei geht es vor allem um die noch offenen Restfertigstellungsmehrkosten und etwaige Schäden aus Verzögerung. Vor allem bei Letzteren ist zu beachten, dass dieser Schadensersatzanspruch nicht wie der des § 6 Abs. 6 VOB/B beschränkt ist. Demzufolge kann darüber auch ein **entgangener Gewinn** geltend gemacht werden (BGH, Urt. v. 11.12.1975 – VII ZR 37/74, BGHZ 65, 372, 375 ff. = BauR 1976, 126, 127).   2874

Soweit nach Kündigung des Bauvertrages **Mängel** bestehen, gelten keine Besonderheiten. Hier kann der Auftraggeber Vergütungsanteile gemäß §§ 320, 641 Abs. 3 BGB einbehalten (s. oben Rdn. 1297 ff.). Umgekehrt bleibt es allerdings dabei, dass der Auftraggeber vor der Selbstvornahme dem **gekündigten Auftragnehmer** bezüglich der Mängel zunächst **Gelegenheit zur Mängelbeseitigung** geben muss (BGH, Urt. v. 25.06.1987 – VII ZR 251/86, BauR 1987, 689, 690 = NJW 1988, 140, 141; s. auch zuvor Rdn. 2857). Soweit dem Auftraggeber danach ein geldwerter Gegenanspruch zusteht (z. B. ein Kostenvorschussanspruch), kann er mit diesem gegen den dem Auftragnehmer zustehenden Vergütungsanspruch **aufrechnen**, und zwar auch noch **in der Insolvenz des Auftragnehmers**.   2875

> **Beispiel**
>
> Der Auftraggeber hat wegen Zahlungsunfähigkeit den Bauvertrag fristlos gekündigt. Der Auftragnehmer rechnet eine Restvergütung von 20 000,– € ab. Es sind noch Mängel vorhanden. Der Auftraggeber setzt am 8. März eine Frist bis zum 20. März. Bereits am 10. März wird das Insolvenzverfahren eröffnet.

In Fällen wie diesen könnte § 95 Abs. 1 S. 2 InsO eine Aufrechnung theoretisch ausschließen. Denn § 95 Abs. 1 S. 1 InsO lässt eine Aufrechnung nur zu, wenn sich die zur Aufrechnung gestellten Forderungen vor Insolvenzeröffnung **unbedingt und fällig gegenüber gestanden** haben. Dies ist hier nicht der Fall gewesen: Denn die Vergütungsforderung war bereits vor Aufrechnung fällig, nicht aber der Kostenvorschussanspruch, der erst nach Fristablauf fällig geworden ist. Die Rechtsprechung lässt gleichwohl in diesen Fällen ausnahmsweise eine Aufrechnung zu (BGH, Urt. v. 22.09.2005 – II ZR 117/03, BGHZ 164, 159, 163 ff. = BauR 2005, 1913, 1915 = NJW 2005, 3574, 3575 f.).

11.4.2.2 Die Kündigung wegen unzulässiger Preisabsprachen (§ 8 Abs. 4 VOB/B)

Nach § 8 Abs. 4 VOB/B kann der Auftraggeber dem Auftragnehmer den Auftrag entziehen, also den Bauvertrag kündigen, wenn der Auftragnehmer aus Anlass der Vergabe eine Abrede getroffen hatte, die eine unzulässige Wettbewerbsbeschränkung darstellt (vgl. auch § 16 Abs. 1 Nr. 1 lit. d VOB/A). Dabei ist diese Kündigung befristet. Sie kann nur innerhalb von **12 Werktagen nach Bekanntwerden des Kündigungsgrundes** ausgesprochen werden. Erfasst werden von § 8 Abs. 4   2876

VOB/B dabei vor allem Kartell- und Submissionsabsprachen. Jedoch darf nicht verkannt werden, dass es auch andere »Absprachen« gibt, die zu einer unzulässigen Wettbewerbsbeschränkung führen können.

> **Beispiel**
>
> Der Auftragnehmer hat im Vorfeld der Vergabe den Einkäufer geschmiert. Dieser hat daraufhin die Vergabeunterlagen so gestaltet, dass der Auftragnehmer den Zuschlag – jetzt auch noch zu einem überhöhten Preis – erhalten hat.

Gerade im Vorfeld einer Vergabe getroffene Absprachen mit Schmiergeldzahlungen sind nicht nur im Amtsträgerbereich nach §§ 332, 334 StGB bzw. im sonstigen geschäftlichen Verkehr nach § 299 StGB strafbar; vielmehr sind insbesondere Schmiergeldabreden zur Erlangung eines Auftrags auch in einem ganz besonderen Maße geeignet, einen ansonsten bestehenden freien Wettbewerb zulasten anderer redlicher Bieter oder auch des Auftraggebers zu beschränken. Dabei ist zwar anerkannt, dass im Vorfeld geleistete Schmiergeldzahlungen insbesondere bei BGB-Werkverträgen schon allgemein einen wichtigen Grund für eine fristlose Kündigung darstellen (BGH, Urt. v. 06.05.1999 – VII ZR 132/97, BauR 1999, 1047, 1049 = NJW 1999, 2266, 2268; s. dazu auch Rdn. 2943). Bei VOB-Verträgen fällt diese außerordentliche Kündigungsmöglichkeit jedoch unter § 8 Abs. 4 VOB/B. Eine analoge Anwendung, die bei VOB-Regelungen wohl auch gar nicht ohne weiteres zulässig wäre (Rdn. 430 f.), ist dafür nicht erforderlich (womit den Bedenken von Heiermann/Riedl/Rusam/Kuffer, B § 8 Rn. 119; Nicklisch/Weick § 8 Rn. 53 Rechnung getragen werden kann). Die stattdessen unmittelbare Geltung von § 8 Abs. 4 VOB/B für diese weiteren Fälle wettbewerbsbeschränkender Absprachen ist aber gerade deshalb bedeutsam, weil eine solche Kündigung durch den Auftraggeber etwa nach Schmiergeldzahlungen im Zusammenhang mit der Auftragsvergabe dann ebenfalls nur binnen 12 Werktagen nach Kenntnis von dem Kündigungsgrund ausgesprochen werden kann (dagegen sehr kritisch: Beck'scher VOB/B-Komm./Motzke, § 8 Nr. 4 Rn. 20). Diese Kündigungsfrist hat aber sowohl hier als auch in allen anderen Fällen einer wettbewerbsbeschränkenden Absprache den Sinn, möglichst schnell Klarheit zu erlangen, ob der Bauvertag nunmehr mit dem Auftragnehmer fortgesetzt werden soll bzw. der Auftraggeber insoweit noch das berechtigte Vertrauen trotz der ggf. ganz erheblichen Pflichtverletzung in ihn hat.

2877 Festzustellen ist immerhin, dass dieses außerordentliche Kündigungsrecht in der Praxis nur eine untergeordnete Rolle spielt. Grund dafür ist vor allem, dass der Auftraggeber eine solche Preisabsprache nachweisen muss. Das Risiko des Misslingens eines solchen Nachweises ist sehr hoch, sodass dann zumeist eine Umdeutung in eine freie grundlose Kündigung angezeigt ist (s. o. Rdn. 2816 f.). Deshalb versuchen sich die Auftraggeber, gegen solche Preisabsprachen meist anderweitig zu schützen bzw. abzusichern, und zwar in der Regel im Rahmen ihrer Allgemeiner Geschäftsbedingungen. Geeignet sind dazu allerdings weniger Vertragsstrafenregelungen: Denn eine Vertragsstrafe ist darauf gerichtet, eine Druckfunktion aufzubauen, um sich gegen ein vertragswidriges zukünftiges Verhalten zu schützen (vgl. auch § 343 Abs. 3 BGB). Hier jedoch geht es um die Sanktionierung schon zurückliegender Ereignisse, für die eine Vertragsstrafe das falsche Instrument ist (BGH, Urt. v. 23.06.1988 – VII ZR 117/87, BGHZ 105, 24, 29 ff. = BauR 1988, 588, 590 = NJW 1988, 2536, 2537 f.). Vor diesem Hintergrund dürfte es wohl richtigerweise um Schadenspauschalierungsklauseln gehen, in denen sich der Auftraggeber für den Fall solcher wettbewerbswidriger Preisabsprachen z. B. einen pauschalierten Schadensersatz von meist 3 % der Auftragssumme versprechen lässt. Derartige AGB-Klauseln werden von der Rechtsprechung durchweg als zulässig angesehen (vgl. auch OLG Celle, Urt. v. 06.10.2011 – 6 U 61/11, Nichtzul.-Beschw. zurückgew., BGH. Beschl. V. 23.05.2012 – VII ZR 217/11, IBR 2012, 506 zu **einer Pauschale von 15 %**, die unbeanstandet blieb). Allerdings muss dem Auftragnehmer mit derselben Klausel die Möglichkeit eröffnet sein, darzulegen, dass dem Auftraggeber durch die Preisabsprache kein oder jedenfalls ein geringerer Schaden entstanden ist (vgl. BGH, Urt. v. 21.12.1995 – VII ZR 286/94, BGHZ 131, 356, 359 = BauR 1996, 384, 385 = NJW 1996, 1209, 1210; OLG Celle, a. a. O.; OLG München, Urt. v. 29.09.1994 – U (K) 7111/93, NJW 1995, 733, 734 f.; OLG München, Urt. v. 19.05.1994 – U (K) 7043/93, OLG-Rep. 1994, 254 f.). Trotz einer solchen Schadenspauschalierungsklausel bleibt aber daneben

11.4 Die Kündigung durch den Auftraggeber

das in § 8 Abs. 4 VOB/B vorgesehene Kündigungsrecht des Auftraggebers bestehen. Denn es kann nicht davon ausgegangen werden, dass der Auftraggeber dieses durch die Schadenspauschale ersetzen und auf das Kündigungsrecht verzichten wollte.

Die **Rechtsfolgen** einer solchen Kündigung wegen wettbewerbswidriger Preisabsprachen ergeben sich für den Auftraggeber aus § 8 Abs. 3 Nr. 2 bis 4 VOB/B, auf den § 8 Abs. 4 VOB/B ausdrücklich verweist. Deshalb werden auch hier die diesbezüglichen Rechtsfolgen nachfolgend im Zusammenhang mit einer Darstellung zur Kündigung nach § 8 Abs. 3 VOB/B einheitlich behandelt (vgl. unten Rdn. 2894 ff.). 2878

11.4.2.3 Außerordentliche Kündigung aus wichtigem Grund (§ 8 Abs. 3 VOB/B)

Die vorgenannten außerordentlichen Kündigungsgründe der Insolvenz und der Preisabsprachen betreffen Sondersachverhalte. Dagegen findet sich die Hauptregelung zur außerordentlichen Kündigung, die im Baurecht auch am meisten bemüht wird, in § 8 Abs. 3 VOB/B. Daher verwundert es nicht, dass dort vor allem in den einzelnen Unterabsätzen die Folgen einer außerordentlichen Kündigung detailliert beschrieben werden und z. B. wie soeben erläutert § 8 Abs. 4 VOB/B darauf verweist. In der Sache handelt es sich bei § 8 Abs. 3 VOB/B um eine Rechtsfolgenverweisung auf die in der VOB/B an anderer Stelle im Einzelnen genannten Kündigungsgründe, nämlich im Fall 2879
- mangelhafter Leistung
- eines ungenehmigten Subunternehmereinsatzes sowie
- eines Leistungsverzugs.

Voraussetzung ist jeweils einheitlich, dass zuvor eine dem Auftragnehmer gesetzte Frist abgelaufen ist und die Kündigung angedroht wurde. Sodann ergeben sich die Anforderungen an eine Kündigung und deren Folgen aus § 8 Abs. 3 Nr. 2 ff. VOB/B (Rdn. 2894 ff.).

11.4.2.3.1 Die Kündigung wegen mangelhafter Bauausführung

Nach § 4 Abs. 7 S. 1 VOB/B hat der Auftragnehmer Leistungen, die schon während der Ausführung als mangelhaft oder vertragswidrig erkannt werden, auf eigene Kosten durch mangelfreie zu ersetzen. Kommt der Auftragnehmer dieser Pflicht nicht nach, so kann ihm der Auftraggeber nach § 4 Abs. 7 S. 3 VOB/B eine angemessene Frist zur Beseitigung des Mangels setzen und erklären, dass er ihm nach fruchtlosem Ablauf den Auftrag entziehe (§ 8 Abs. 3 VOB/B). Diese beiden Vorschriften der VOB/B (§ 4 Abs. 7 und § 8 Abs. 3) geben dem Auftraggeber also bereits **während der Ausführung** der Bauleistungen bis zu deren Abnahme ein **Kündigungsrecht aus wichtigem Grund bei Mängeln**, wenn der Auftragnehmer diese nicht innerhalb einer gesetzten angemessenen Frist beseitigt (s. o. Rdn. 999 ff.). 2880

Anders als die Regelungen des BGB, das eine vergleichbare Sanktion nicht kennt (s. Rdn. 1030 ff.), verfolgt die VOB/B mit den §§ 4 Abs. 7, 8 Abs. 3 VOB/B das Ziel, schon während der Bauausführung eine Mängelbeseitigung verlangen und erforderlichenfalls durchsetzen zu können. Dies ist **sachgerecht, da sich Baumängel** in diesem Stadium durchweg **einfacher und preisgünstiger beseitigen** lassen. Die dem Auftraggeber eröffnete Kündigungsmöglichkeit als einzige Konsequenz, wenn der Auftragnehmer trotz Fristsetzung Mängel seiner Bauleistung während der Bauausführung nicht beseitigt, wird allerdings den praktischen Bedürfnissen auf der Baustelle ebenfalls häufig nicht gerecht; im Zweifel wird sie nur bei schwerwiegenden Mängeln in Betracht kommen. Die Kündigung während der Bauausführung schafft nämlich dem Auftraggeber allzu oft mehr neue Probleme, als sie alte löst: Er muss sich einen neuen Unternehmer suchen, der die Leistungen des gekündigten Auftragnehmers fortführt und fertigstellt. Dies ist meist mit erheblichem Zeitverlust verbunden, führt also zu einer Verschiebung des Fertigstellungstermins und als Folge davon meist auch zu einem Schaden des Auftraggebers. Diesen kann er zwar von dem gekündigten Auftragnehmer ersetzt verlangen (§ 4 Abs. 7 S. 3 i. V. m. § 8 Abs. 3 Nr. 2 VOB/B), was aber in der Regel nur über einen Rechtsstreit möglich ist. Eine Alternative wäre es immerhin, abweichend von der VOB/B bzw. **ergänzend** schon während des Ausführungsstadiums eine den **Auftragnehmer erheblich geringer belastende Ersatz-** 2881 vornahme zuzulassen. Hier geht es also um eine Beseitigung des Mangels durch den Auftraggeber selbst oder durch einen anderen Unternehmer ohne Kündigung des Bauvertrages. Es käme stattdessen (lediglich) zu einer Belastung des Auftragnehmers mit den Kosten der Mängelbeseitigung, wie dies nach der Abnahme gemäß § 13 Abs. 5 Nr. 2 VOB/B möglich und üblich ist. Diesen Weg hat der BGH jedoch trotz dieser mit der Kündigung des Bauvertrages wegen Mängeln während der Bauausführung verbundenen zahlreichen praktischen Schwierigkeiten ausgeschlossen, weil § 4 Abs. 7 VOB/B eine abschließende Regelung enthalte (BGH, Urt. v. 15.05.1986 – VII ZR 176/85, BauR 1986, 573, 574 f. = NJW-RR 1986, 1148 sowie dazu im Einzelnen oben Rdn. 981 ff.).

Immerhin hat der BGH die damit verbundenen Probleme für überwindbar erachtet, weil der Auftraggeber in diesen Fällen den Bauvertrag auch nur teilweise kündigen könne. Diese Möglichkeit einer Teilkündigung sieht zwar die VOB/B in § 8 Abs. 3 Nr. 1 S. 2 ausdrücklich vor. Sie ist aber in der Weise beschränkt, dass die Kündigung nur für einen in sich abgeschlossenen Teil der vertraglichen Leistung erfolgen kann (s. dazu unten Rdn. 2892 f.) – eine Voraussetzung, die zumeist nicht vorliegen wird.

2882 Vorstehende Schwierigkeiten für den Auftraggeber lassen sich am besten durch eine **vertragliche Gestaltung** vermeiden. Sie sollte dem Auftraggeber die Möglichkeit geben, **Mängel**, die schon während der Bauausführung festgestellt werden und die der Auftragnehmer trotz Fristsetzung nicht beseitigt hat, **auf Kosten des Auftragnehmers durch einen anderen Unternehmer beseitigen zu lassen**. Hier geht es um nichts anderes, als die Regelung des § 13 Abs. 5 Nr. 2 VOB/B im Rahmen und unter den Voraussetzungen des § 4 Abs. 7 S. 3 VOB/B anwenden zu können. Eine solche Vertragsklausel ist auch AGB-rechtlich unbedenklich. Denn sie benachteiligt den Auftragnehmer nicht unangemessen, zumal er durch die erforderliche Fristsetzung Gelegenheit hat, diese Rechtsfolgen zu verhindern.

2883 Ist im Vertrag eine solche Möglichkeit nicht vorgesehen, will aber der Auftraggeber den Bauvertrag auch nicht kündigen oder teilkündigen, weil dies zu Bauverzögerungen führt, so bleibt ihm immer noch die Alternative, nach Ablauf der Frist zur Mängelbeseitigung gemäß § 4 Abs. 7 S. 3 VOB/B daraus zunächst keine Konsequenzen zu ziehen. Stattdessen kann er lediglich die Beweise für das Vorliegen des Mangels sichern, um sie sich dann später **bei der Abnahme als bekannten Mangel** (vgl. § 12 Abs. 4 Nr. 1 S. 3 VOB/B bei förmlicher Abnahme bzw. gemäß § 12 Abs. 5 Nr. 3 VOB/B bei fiktiver Abnahme) vorzubehalten. Verfährt er so, kann er zumindest dann bzgl. dieser Mängel nach § 13 Abs. 5 Nr. 2 VOB/B mit erneuter Fristsetzung zur Mängelbeseitigung und **anschließender Ersatzvornahme** schreiten. Allerdings wird selbst bei diesem Weg der Nachteil verbleiben, dass dadurch die Mängelbeseitigungskosten meist deutlich höher ausfallen als bei einer Mängelbeseitigung unmittelbar in der Ausführungsphase.

2884 Bezüglich der Voraussetzungen der Kündigung des Bauvertrages wegen Mängeln während der Bauausführung gemäß §§ 4 Abs. 7 S. 3, 8 Abs. 3 VOB/B kann ansonsten auf die obigen Ausführungen zu den allgemeinen Rechten des Auftraggebers in der Bauausführungsphase bei mangelhaften Leistungen verwiesen werden (oben Rdn. 999 ff.).

11.4.2.3.2 Die Kündigung wegen ungenehmigten Subunternehmereinsatzes

2885 Eine fristlose Kündigung kann ferner darauf gestützt werden, dass der Auftragnehmer auf der Baustelle ohne schriftliche Zustimmung Subunternehmer einsetzt (s. im Einzelnen Joussen/Vygen, Subunternehmervertrag, Rn. 196 ff.). Bezug zu nehmen ist hier auf § 4 Abs. 8 Nr. 1 VOB/B. Danach hat der Auftragnehmer die Leistungen im eigenen Betrieb auszuführen. Nur mit schriftlicher Zustimmung des Auftraggebers darf er sie an Nachunternehmer übertragen. Diese Zustimmung ist lediglich bei den Leistungen entbehrlich, auf die der Betrieb des Auftragnehmers ohnehin nicht eingerichtet ist (s. dazu oben Rdn. 68 ff.).

2886 Die in § 4 Abs. 8 Nr. 1 S. 3 VOB/B vorgesehene Sanktion bei einem Verstoß des Auftragnehmers gegen dieses Eigenausführungsgebot stellt ebenfalls eine **außerordentliche Auftragskündigung** dar. Zuvor muss der Auftraggeber dem Auftragnehmer wie sonst auch eine angemessene Frist zur Aufnahme der Leistungen im eigenen Betrieb gesetzt und sodann die Kündigung angedroht haben.

Die **Dauer der zu setzenden »angemessenen Frist«** hängt dabei zwar grundsätzlich von der Art der betroffenen Bauleistung, dem Bautenstand u. a. ab; es darf jedoch nicht übersehen werden, dass sich der betroffene Hauptunternehmer mit dem schon erfolgten Einsatz eines Subunternehmers vertragswidrig verhält. Entscheidend kommt es daher darauf an, welche Zeit objektiv benötigt wird, um die Überleitung der bisher durch Dritte ausgeführten Arbeiten auf den Hauptunternehmer sicherzustellen. Hierfür werden in der Regel wenige Tage genügen (vgl. etwa KG, Beschl. v. 11.1.2010 – 27 U 70/09, IBR 2010, 492 mit einer Frist von 4 Tagen, nachdem der Bauherr zuvor schon die Eigenausführung angemahnt hatte).

Zweifelhaft könnte allenfalls sein, ob ein Kündigungsrecht selbst dann besteht, wenn es sich **bei dem betroffenen Hauptunternehmer um einen General- oder Hauptunternehmer** handelt, der ohne die erforderliche Zustimmung einen Subunternehmer einsetzt, obwohl er die Arbeiten selbst ausführen könnte. Dies wird man im Hinblick auf die eindeutige Regelung in § 4 Abs. 8 Nr. 1 VOB/B zu bejahen haben, selbst wenn hier der Einsatz von Subunternehmern eine gewisse »Gewerbeüblichkeit« aufweist (Joussen/Vygen, Subunternehmervertrag, Rn. 189). Man mag allenfalls darüber nachdenken, ob der Auftraggeber nicht möglicherweise aus Treu und Glauben heraus verpflichtet ist, diese Zustimmung zu erteilen, wenn keine Gründe für deren Verweigerung bestehen (vgl. dazu etwa BGH, Urt. v. 25.11.1999 – VII ZR 22/99, BauR 2000, 569, 570 = NJW-RR 2000, 1220, 1221 zu einer ähnlichen Frage, ob die notwendige Zustimmung zu einer Abtretung des Vergütungsanspruchs grundlos verweigert werden darf). Dies führt weiter zu der Frage, ob ein Kündigungsrecht nicht dann abzulehnen ist, wenn zwar die Genehmigung zum Nachunternehmereinsatz fehlt, diese aber hätte aus Treu und Glauben unter Berücksichtigung vorstehender Erläuterungen erteilt werden müssen (vgl. Ingenstau/Korbion/Vygen, VOB/B, § 8 Abs. 3 Rn. 16; s. dazu auch OLG Celle, Urt. v. 14.02.2007 – 7 U 165/06, BauR 2008, 103, 104 f.). 2887

▶ **Beispiel**

> Einem Gärtnerbetrieb sind längerfristig die eigentlich für die Ausführung der Leistung vorgesehenen Meister erkrankt, die im Rahmen einer Gartengestaltung auch eine Wegepflasterung anlegen sollten. Hier wird der Betrieb wohl einen Anspruch darauf haben, zur Leistungsausführung die Genehmigung für einen Subunternehmereinsatz zu erhalten.

Gegen die Wirksamkeit dieser in der VOB vorgesehenen Kündigungsmöglichkeit bestehen keine Bedenken (i. E. ebenso: KG, Beschl. v. 11.1.2010 – 27 U 70/09, IBR 2010, 492), da hiermit nur die ohnehin geschuldete persönliche Vertragsdurchführung sichergestellt werden soll. 2888

11.4.2.3.3 Die Kündigung wegen Verzugs bei der Bauausführung

Gemäß § 8 Abs. 3 Nr. 1 S. 1 VOB/B in Verbindung mit § 5 Abs. 4 VOB/B kann der Auftraggeber den Bauvertrag außerdem kündigen, wenn der Auftragnehmer den Beginn der Ausführung verzögert, Arbeitskräfte, Geräte, Gerüste, Stoffe oder Bauteile so unzureichend einsetzt, dass die Ausführungsfristen offenbar nicht eingehalten werden können, oder wenn er mit der Vollendung in Verzug gerät. Sodann muss er dem Auftragnehmer zuvor eine angemessene Frist zur Vertragserfüllung gesetzt und zugleich erklärt haben, dass er ihm nach fruchtlosem Ablauf der Frist den Auftrag entzieht (s. o. Rdn. 1858 ff.). 2889

Voraussetzung für diese Kündigung des Bauvertrages aus wichtigem Grunde ist danach zunächst ein **Verzug des Auftragnehmers** mit der Vollendung der Leistung oder aber mit deren Beginn (vgl. dazu vor allem § 5 Abs. 2 S. 2 VOB/B, wonach der Auftragnehmer binnen 12 Werktagen nach Aufforderung die Bauleistungen aufzunehmen hat, sofern der Vertrag keinen anderen Baubeginn vorsieht). 2890

Dieser Verzug erfordert neben der Fälligkeit der Leistung noch eine Mahnung oder Inverzugsetzung, die grundsätzlich erst nach Eintritt der Fälligkeit ausgesprochen werden kann. Diese Mahnung ist allerdings entbehrlich (s. dazu oben Rdn. 1738 ff.), wenn
- für die Fertigstellung der geschuldeten Bauleistung ein nach dem Kalender bestimmter Termin vereinbart worden war (§ 286 Abs. 2 Nr. 1 BGB) oder

- der Leistung ein Ereignis vorauszugehen hat und eine angemessene Zeit für die Leistung in der Weise bestimmt ist, dass sie sich von dem Ereignis an nach dem Kalender berechnen lässt (§ 286 Abs. 2 Nr. 2 BGB).

▶ **Beispiel**

Fertigstellung 8 Monate nach Baubeginn oder Zugang der Baugenehmigung

In diesen Fällen tritt Verzug auch ohne Mahnung ein, die sonst erforderlich ist. Ein Verzug ist dagegen ausgeschlossen, wenn dem Auftragnehmer seinerseits ein Leistungsverweigerungsrecht zustand.

▶ **Beispiel (ähnlich OLG Dresden, Urt. v. 27.03.2008 – 4 U 1478/07, Nichtzul.-Beschw. zurückgew., BGH, Beschl. v. 10.09.2009 – VII ZR 93/08, BauR 2010, 96)**

Der Auftraggeber kürzt zu Unrecht Abschlagszahlungen. Trotz Nachfrist bleiben weitere Zahlungen aus. Soweit der Auftragnehmer jetzt zu Recht seine Leistungen nach § 16 Abs. 5 Nr. 4 VOB/B einstellen darf (s. dazu Rdn. 2626), kommt er damit natürlich nicht in Verzug, was zugleich eine Kündigung des Auftraggebers aus diesem Grund ausschließt.

Ähnliches gilt, wenn der Auftraggeber etwa zu Unrecht die Zusage einer gesonderten Vergütung für zusätzlich beauftragte Leistungen verweigert (s. dazu Rdn. 2443 ff.).

2891 Neben dem Verzug bedarf es sodann der **Setzung einer angemessenen Frist zur Vertragserfüllung** und der damit verbundenen **Kündigungsandrohung**. Eine unangemessen kurze Frist ist keineswegs wirkungslos, sondern setzt eine angemessene in Gang – es sei denn, sie wurde lediglich zum Schein gesetzt (OLG Hamm, Urt. v. 31.05.2007 – 24 U 150/04, BauR 2007, 1737, 1738 = NZBau 2007, 709 f. sowie oben Rdn. 1003). Zu beachten ist aber, dass das **Kündigungsrecht** nach fruchtlosem Ablauf der angemessenen Frist wieder **verloren** gehen kann. Hiervon kann auszugehen sein, wenn der Auftraggeber die Fortsetzung der Arbeiten durch den Auftragnehmer hinnimmt, soweit darin ein Verzicht auf die Kündigung oder eine Verwirkung des Kündigungsrechts gesehen werden kann (vgl. OLG Köln, Urt. v. 21.09.1981 – 12 U 7/81, Sch.-F.-H. Nr. 4 zu § 8 VOB/B und OLG Düsseldorf, Urt. v. 28.07.1993 – 22 U 38/93, BauR 1993, 775 f. = NJW-RR 1994, 149 f. sowie oben Rdn. 2773 zu der vergleichbaren Rechtslage beim Auftragnehmer; s. auch Hebel, BauR 2011, 330, 336). Gemeint sind damit z. B. Sachverhalte, in denen sich der Auftraggeber zu den Gründen, zu denen er eine Frist gesetzt hatte, ernsthaft auf Verhandlungen einlässt oder sonst zu erkennen gibt, dass er an der einmal ausgesprochenen Kündigungsandrohung ggf. nicht festhalten will (vgl. BGH, Urt. v. 28.10.2004 – VII ZR 18/03, BauR 2004, 425, 426 = NJW 2005, 150, 151 zu dem umgekehrten Fall einer Auftragnehmerkündigung).

▶ **Beispiel (ähnlich OLG Köln, Urt. v. 14.11.2008 – 19 U 54/08, IBR 2010, 314)**

Der Auftragnehmer droht wegen eines streitigen Nachtrags mit dem Abzug von der Baustelle. Der Auftraggeber setzt eine Frist und droht die Kündigung an. Diese Frist verstreicht fruchtlos. Erst anschließend unterbreitet der Auftragnehmer ein neues Angebot, zu dem die Parteien dann verhandeln. Hierdurch gibt der Auftraggeber zu erkennen, dass er an seiner zunächst ausgesprochenen Kündigungsandrohung nicht festhalten wollte.

Allerdings muss aus der weiteren Hinnahme der Arbeiten auch tatsächlich ein entsprechender **Verzichtswille des Auftraggebers** erkennbar sein. So wird man dem Auftraggeber nach Entstehung des Kündigungsrechts z. B. eine Überlegungsfrist einräumen müssen. Auch dazu geführte Gespräche schließen für sich genommen ein einmal entstandenes Kündigungsrecht nicht zwingend aus; vielmehr muss der Auftragnehmer berechtigt davon ausgehen dürfen, dass der Auftraggeber an seinem entstandenen Kündigungsrecht nicht festhalten will.

▶ **Beispiel (ähnlich OLG Celle, Urt. v. 22.05.2009 – 14 U 45/09, IBR 2010, 77)**

Der Auftragnehmer lässt die Arbeiten zu Unrecht durch Subunternehmer ausführen. Dies wird vom Auftraggeber untersagt. Er setzt zugleich für die Aufnahme der Arbeiten im eigenen Betrieb eine Frist bis zum 19. Juli und droht für den Fall des fruchtlosen Fristablaufs die Kündigung an.

11.4 Die Kündigung durch den Auftraggeber

> Am 21. Juli findet eine Besprechung statt, in der eine Wiederaufnahme der Arbeiten durch eigene Mitarbeiter vereinbart wird. Weder am 22. noch danach erscheinen vor Ort Mitarbeiter des Auftragnehmers. Hier war die Kündigungsandrohung einschließlich des schon entstandenen Kündigungsrechts trotz der Besprechung nicht beseitigt. Denn der Auftraggeber dürfte zu Recht noch zusehen, ob der Auftragnehmer der Anweisung zur Wiederaufnahme der Arbeiten wirklich Folge leistet.

Dagegen scheidet ein Verlust des Kündigungsrechts aus, wenn erst nach Vorliegen der Kündigungsgründe ggf. die die Kündigung rechtfertigenden Sachverhalte entfallen.

▸ **Beispiel (in Anlehnung an BGH, Urt. v. 08.03.2012 – VII ZR 118/10, BauR 2012, 949, 950 = NJW-RR 2012, 596, 597)**

> Der Auftragnehmer war in Verzug; der Auftraggeber hatte wirksam eine Nachfrist gesetzt und die Kündigung angedroht. Nach Fristablauf kommt es zu schlechtem Wetter, in der keine weiteren Arbeiten möglich sind. Eine Kündigung ist jetzt trotzdem noch möglich.

Wegen aller weiteren Einzelheiten zu den Voraussetzungen der Kündigung, und zwar auch insoweit, als ggf. eine Fristsetzung ausnahmsweise entbehrlich sein kann, wird im Übrigen auf die Detailerläuterungen im Kapitel 8 verwiesen (Rdn. 1858 ff.).

11.4.2.3.4 Beschränkte Teilkündigung aus wichtigem Grund

Liegen die Voraussetzungen für eine außerordentliche Kündigung vor, kann diese nach § 8 Abs. 3 Nr. 1 S. 2 VOB/B auf einen in sich abgeschlossenen Teil der vertraglichen Leistung beschränkt werden (**Teilkündigung**). Nach einer solchen Teilkündigung findet also nur der gekündigte Teil des Bauvertrages sein Ende, während der Rest fortgesetzt wird. Hieran kann der kündigende Auftraggeber durchaus ein Interesse haben, wenn er etwa nur die Leistungsteile, zu denen der Auftragnehmer besonders mangelhaft oder verzögert arbeitet, aus dem Vertrag mit ihm herausnehmen und einen anderen beauftragen will, während er mit dem Rest ggf. sogar ganz zufrieden ist. Diese Möglichkeit will ihm die VOB/B durchaus einräumen. Allerdings kann eine solche **Teilkündigung aus wichtigem Grund** anders als bei einer freien Kündigung, die diese Einschränkung nicht kennt (s. dazu oben 2855), nur zu in **sich abgeschlossenen Leistungsteilen** ausgesprochen werden. Hintergrund dieser Regelung ist eine klare Abgrenzung der nach einer Kündigung bestehenden Mängelrechte und deren Verjährungsbeginn. Daher ist es auch richtig, dass der BGH für die Beurteilung der in sich abgeschlossenen Leistungsteile auf die in § 12 Abs. 2 VOB/B vorgesehene **Möglichkeit einer Teilabnahme** und die dazu entwickelten Grundsätze zurückgreift (BGH, Urt. v. 20.08.2009 – VII ZR 212/07 BauR 2009, 1736, 1737 = NJW 2009, 3717, 3718 = NZBau 2010, 47, 48; s. dazu ebenso: Kirberger, BauR 2011, 343, 347) – zumal es auch keinen Grund gäbe, Einzelregelungen in der VOB/B mit gleichen Formulierungen unterschiedlich auszulegen. Entscheidend ist hiernach für die Teilabnahme und demzufolge **Teilkündigung die funktionelle und in sich selbstständig beurteilbare Teilleistung** (s. zur Teilabnahme oben Rdn. 1151 ff.). Konkret bedeutet das, dass Leistungsteile innerhalb eines Gewerks bei einem Bauvorhaben grundsätzlich nicht als abgeschlossen angesehen werden können. Ihnen mangelt es regelmäßig an der Selbstständigkeit, die eine eigenständige Beurteilung der Teilleistung ermöglicht. Dies kann nur bei **klarer räumlicher oder zeitlicher Trennung** der Leistungsteile eines Gewerks anders anzunehmen sein. Dabei kann von einer ausreichenden räumlichen Trennung etwa ausgegangen werden, wenn die Leistungsteile an verschiedenen Bauwerken (z. B. an mehreren zu errichtenden Häusern) zu erbringen sind. Die Tatsache allein, dass die gewerkeinheitlichen Leistungen an einem Bauwerk (z. B. Wärmedämmarbeiten an verschiedenen Fassaden) in verschiedene Bauabschnitte unterteilt sind, genügt für die Annahme einer selbstständigen Teilleistung und damit die Möglichkeit einer Teilkündigung dagegen nicht (BGH, a. a. O.; a. A. Lang, BauR 2006, 1956 ff., der entscheidend auf die Abrechenbarkeit der Teilleistung abstellen will und nicht auf die Funktionalität der Teilleistung; großzügiger auch Kapellmann, Festschrift Thode S. 29, 37 ff.).

2892

▶ **Beispiel**

Eine Teilabnahme und damit eine Teilkündigung ist z. B. möglich, wenn ein Auftragnehmer sowohl die Heizungs- als auch die Sanitärinstallationsarbeiten übernommen hat und nur die Heizungs- oder nur die Sanitärinstallationsarbeiten gekündigt werden. Dagegen scheidet eine Teilkündigung bezüglich der Heizungsarbeiten lediglich in einem bestimmten Stockwerk oder bei übernommenen Wärmedämmarbeiten in Bezug auf einzelne Fassadenteile eines einheitlichen Bauwerks aus, selbst wenn die Fassaden in verschiedene Bauabschnitte unterteilt waren.

2893 Liegen nach Vorstehendem die Voraussetzungen für eine Teilkündigung nicht vor, kann es durchaus sein, dass eine Kündigung allein deswegen vollkommen ins Leere geht.

▶ **Beispiel (nach BGH, Urt. v. 20.08.2009 – VII ZR 212/07, BauR 2009, 1736 = NJW 2009, 3717 = NZBau 2010, 47)**

Gegenstand des Bauvertrags sind Wärmedämmarbeiten an einem Bauwerk. Diese sind je Gebäudeseite in verschiedene Bauabschnitte eingeteilt. Wegen schwerer Leistungsmängel kündigt der Auftraggeber nach erfolgloser Fristsetzung den Bauabschnitt 1 (Südseite). Er weigert sich, die Fortsetzung der Arbeiten des Auftragnehmers entgegen zu nehmen. Darauf kündigt der Auftragnehmer seinerseits fristlos.

Die von dem Auftraggeber ausgesprochene fristlose Kündigung ist nach den vorstehenden Erläuterungen unwirksam. Eine Umdeutung in eine freie Kündigung des Gesamtvertrages kommt ebenso nicht in Betracht, weil der Auftraggeber ja gerade nur eine Teilkündigung ausgesprochen hatte. Folglich verbleibt es bei der nachhaltigen Weigerung des Auftraggebers, die Arbeiten entgegenzunehmen. Diese wiederum stellt nunmehr seinerseits wegen des damit verbundenen schweren Vertrauensverlustes einen wichtigen Grund für den Auftragnehmer für eine fristlose Kündigung dar. Ferner könnte er aus diesem Grund **Schadensersatzansprüche nach § 280 Abs. 1 BGB** geltend machen. Sein Schaden bestände darin, dass er für den nicht mehr ausführbaren Leistungsteil keine Vergütung erhält, die er lediglich um die ersparten Aufwendungen zu kürzen hat. Allerdings wäre dieser Schadensersatzanspruch nun um einen **eigenen Mitverschuldensanteil des Auftragnehmers nach § 254 Abs. 1 BGB zu kürzen**. Denn tatsächlich war es ja so, dass der Auftraggeber in vorgenanntem Fall wegen der Mängel sogar zu einer Gesamtkündigung berechtigt gewesen wäre. Hiervon hatte er rechtsirrtümlich zugunsten einer den Auftragnehmer eigentlich begünstigenden, aber nicht zulässigen Teilkündigung abgesehen. Letzten Endes beruhte dieser gesamte Geschehensablauf somit allein auf der vorangegangenen pflichtwidrigen (mangelhaften) Leistungserbringung des Auftragnehmers (BGH, a. a. O.).

11.4.2.4 Kündigungsfolgen bei Kündigung aus wichtigem Grund

2894 Hat der Auftraggeber gemäß § 8 Abs. 3 VOB/B (i. V. m. § 4 Abs. 7 S. 3, § 4 Abs. 8 Nr. 1 S. 3 oder § 5 Abs. 4 VOB/B) den Bauvertrag aus einem der vorgenannten Gründe oder aus § 8 Abs. 4 VOB/B (s. dazu oben Rdn. 2876 ff.) zu Recht gekündigt, so richten sich die Rechtsfolgen nach § 8 Abs. 3 Nr. 2 VOB/B. Dies sei – so zumindest nach der Rechtsprechung (BGH, Versäumnisurteil v. 05.07.2001 – VII ZR 201/99, BauR 2001, 1577 = NZBau 2001, 623, 624) – auch **ohne Kündigung** der Fall, wenn der Auftragnehmer den Vertrag gegen den Widerspruch des Auftraggebers zu Unrecht gekündigt und sich geweigert habe, die Arbeiten wieder aufzunehmen. Hierin liege – so der BGH – eine **endgültige Leistungsverweigerung**. Sie berechtige nunmehr den Auftraggeber bereits ohne Androhung einer Kündigung bzw. einer Kündigungserklärung überhaupt, die Mehrkosten der Fertigstellung und die Kosten der Mängelbeseitigung zu verlangen (s. dazu unten Rdn. 2948). Dabei geht es im Einzelnen um folgende Rechte des Auftraggebers:
- Der Auftraggeber kann zunächst den **noch nicht vollendeten Teil der Leistung zulasten des gekündigten Auftragnehmers durch einen Dritten ausführen lassen**. Gleichzeitig steht ihm der Ersatz eines etwa entstehenden weiteren Schadens zu (§ 8 Abs. 3 Nr. 2 S. 1 VOB/B).

11.4 Die Kündigung durch den Auftraggeber

- Der Auftraggeber ist ferner berechtigt, auf die weitere Ausführung der Leistung zu verzichten und **Schadensersatz wegen Nichterfüllung** des ganzen Vertrages zu verlangen, wenn die Ausführung aus den Gründen, die zur Entziehung des Auftrags geführt haben, für ihn kein Interesse mehr hat (§ 8 Abs. 3 Nr. 2 S. 2 VOB/B).

Auf der anderen Seite kann der **Auftragnehmer Aufmaß und Abnahme** der von ihm ausgeführten Leistungen alsbald nach der Kündigung verlangen; er hat unverzüglich eine prüfbare Abrechnung über die ausgeführten Leistungen vorzulegen (§ 8 Abs. 6 VOB/B).

Im engen Zusammenhang mit vorstehend im Überblick skizzierten Rechtsfolgen einer außerordentlichen Kündigung nach § 8 Abs. 3 VOB/B kommt es in der Praxis immer zu ganz **erheblichen Folgeproblemen**. Sie betreffen vor allem 2895
- die Fertigstellung der Bauleistung auf Kosten des Auftragnehmers,
- die Ablehnung der Leistung durch den Auftraggeber i. V. m. einem Schadensersatzanspruch wegen Nichterfüllung,
- die Abrechnung und das Aufmaß der erbrachten Leistungen durch den Auftragnehmer sowie
- den Umgang mit Mängeln nach der außerordentlichen Kündigung i. V. m. mit der gegenseitigen Abrechnung der Ansprüche.

Die damit verbundenen Fragen sind Gegenstand der nachfolgenden Ausführungen.

11.4.2.4.1 Ablehnung der Vertragsleistung durch den Auftraggeber i.V.m. Schadensersatz wegen Nichterfüllung

Obwohl in der VOB erst nachrangig geregelt (§ 8 Abs. 3 Nr. 2 S. 2 VOB/B), soll dieser Anspruch des Auftraggebers auf Ablehnung der Vertragsleistung in Verbindung mit einem weiter gehenden Anspruch auf Schadensersatz wegen Nichterfüllung zuerst behandelt werden. Denn tatsächlich handelt es sich dabei um den **weitestgehenden Anspruch**: Lehnt der Auftraggeber die Vertragsleistung wegen Interessenfortfall ab, muss er sich mit irgendwelchen Ersatzunternehmerkosten u. a. nicht mehr befassen. 2896

Der in § 8 Abs. 3 Nr. 2 S. 2 VOB/B geregelte sog. **große Schadensersatzanspruch** kommt nach dem klaren Wortlaut nur zum Zuge, wenn die die außerordentliche Kündigung rechtfertigenden Umstände (Mängel, Bauverzögerung, grobe Vertragsverletzung etc.) sowohl zur Kündigung des Bauvertrages als auch zum Wegfall des Interesses an der Bauausführung geführt haben, d. h.: Entscheidend ist vor allem, dass die die Kündigung auslösende Vertragspflichtverletzung des Auftragnehmers den Interessenwegfall verursacht hat. Bei diesem Schadensersatzanspruch geht es demzufolge nicht nur um einen Interessenwegfall in Bezug auf die weitere Leistungsausführung durch den Auftragnehmer; dieser wird in der Regel sogar ohne Weiteres anzunehmen sein, weswegen der Auftragnehmer ja gekündigt wird. Erforderlich ist vielmehr, dass das **Interesse an der Ausführung der Bauleistung insgesamt entfallen** muss (OLG Celle, Urt. v. 16.11.2006 – 6 U 71/06, BauR 2007, 729, 730). Dies wird zusammengefasst bei Bauvorhaben allein deswegen, weil man den Unternehmer austauscht, kaum der Fall sein, wobei man allerdings unterscheiden kann: 2897
- Eine außerordentliche Kündigung kann wie schon erläutert auf einem trotz Fristsetzung fortgeführten **unberechtigten Subunternehmereinsatz** beruhen (§ 4 Abs. 8 Nr. 1 S. 2 VOB/B). Hier ist schlechterdings vorstellbar, wieso dadurch das Interesse des Auftraggebers an der Fortsetzung der Baumaßnahme entfallen sollte. 2898
- Dasselbe gilt bei einer Kündigung wegen Baumängeln (§ 4 Abs. 7 S. 3 VOB/B). Auch hier wird zumindest in aller Regel dem Auftraggeber damit gedient sein, einen fähigen Ersatzunternehmer zu beauftragen, der das Vorhaben mangelfrei fertigstellt. Allerdings sind auch Grenzfälle denkbar, wenn die bisherige Bauleistung unbrauchbar ist. 2899

▶ **Beispiel**

Das Bauvorhaben wurde falsch gegründet, sodass nur ein Neubau in Betracht kommt.

Rein praktisch dürfte es sich dabei aber um Ausnahmefälle handeln.

2900 • Wenn es einen Anwendungsbereich für den **Interessenwegfall** gibt, dann folgt dieser zumeist aus einer **Kündigung wegen Bauzeitverzögerungen**. Auch hier geht es aber weniger um die Verletzung der Abhilfepflicht nach § 5 Abs. 3 VOB/B wegen ungenügender Besetzung der Baustelle, als vielmehr um Kündigungen wegen Überschreitung des Fertigstellungstermins. Denn gerade in diesen Fällen ist durchaus ein Fixgeschäft vorstellbar, wenn es um ein Bauvorhaben für bestimmte zeitgebundene Ereignisse geht.

▶ **Beispiel**

Der Auftragnehmer soll einen fest mit dem Boden verbundenen Pavillon für einen Weihnachtsmarkt errichten. Der Auftraggeber kündigt das Vorhaben nach Ablauf gesetzter Fristen am 8. Dezember.

Entsprechendes gilt für vergleichbare Bauwerke wie etwa Messebauten, Bauwerke für bestimmte Sportereignisse, Behelfsbauten u. a. (i. E. ebenso: OLG Celle, Urt. v. 16.11.2006 – 6 U 71/06, BauR 2007, 729, 730).

2901 Liegt ausnahmsweise ein Interessenfortfall vor, kann der Auftraggeber tatsächlich die **gesamte Bauleistung zurückweisen** und Schadensersatz wegen Nichterfüllung verlangen. Dass damit wirtschaftliche Werte zerstört werden, ist zwar nicht wünschenswert, aber eine logische Folge des großen Schadensersatzanspruchs (vgl. dazu BGH, Urt. v. 29.06.2006 – VII ZR 86/05, BauR 2006, 1736, 1738 = NJW 2006, 2912, 2914). Der Schaden berechnet sich dann nach dem positiven Interesse. Einzige Grenze ist § 251 Abs. 2 BGB, wonach die **erforderlichen Aufwendungen nicht unverhältnismäßig** sein dürfen. Abgesehen davon führt der danach bestehende Schadensersatzanspruch somit zu
- dem Wegfall des Vergütungsanspruches des Unternehmers insgesamt einschließlich bereits gezahlter Abschlagszahlungen,
- dem Anspruch des Auftraggebers auf Ersatz der ihm durch die Nichterfüllung entstandenen Schäden und eines ggf. weiter gehenden Schadens.

Im Ergebnis muss der Auftraggeber letztlich so gestellt werden, wie er stehen würde, wenn der Auftragnehmer vertragsgemäß, d. h. mangelfrei und fristgemäß erfüllt hätte (so Nicklisch in Nicklisch/Weick, VOB/B § 8, Rn. 44; Ingenstau/Korbion/Vygen, VOB/B § 8 Abs. 3 Rn. 53 ff.).

11.4.2.4.2 Abrechnung des Vorhabens durch Auftragnehmer und Abnahme (§ 8 Abs. 6 VOB/B)

2902 Entfällt somit in der Regel ein Schadensersatzanspruch wegen Nichterfüllung, d. h. wird das Vorhaben weiter geführt, soll zunächst die Rechtsstellung aus Sicht des Auftragnehmers beschrieben werden. Denn dieser kann nunmehr für die schon erbrachten Bauleistungen nach § 8 Abs. 6 VOB/B Aufmaß und Abnahme verlangen; er hat sodann alsbald eine **prüfbare Abrechnung** vorzulegen.
- **Erstellung eines Aufmaßes**

2903 Liegt ein Einheitspreisvertrag vor, ist die Leistung des Auftragnehmers trotz der Kündigung aufzumessen. Dieses Aufmaß ist später Grundlage der von dem Auftragnehmer einzureichenden prüfbaren Abrechnung.

2904 Sinnvoll ist hier gerade in Fällen der außerordentlichen Kündigung ein **gemeinsames Aufmaß**. Dies gilt zum Zwecke der Streitvermeidung sowohl für den Auftragnehmer, der ggf. auf dieser Basis seine Rechnung zu stellen hat, als auch für den Auftraggeber. Denn auch Letzterer benötigt Klarheit zu den schon ausgeführten Leistungen, um mit dieser Leistungsabgrenzung eine feststehende und vom Auftragnehmer sinnvollerweise anerkannte Grundlage bei der Beauftragung eines Ersatzunternehmers zu haben.

2905 Ein gemeinsames Aufmaß ist in jedem Fall bei einem **Einheitspreisvertrag** geboten. Ausnahmsweise ist es allerdings auch bei einem **Pauschalvertrag empfehlenswert**, da andernfalls die Leistungen später kaum noch ermittelt werden können (s. o. Rdn. 2837 ff.). Abgerechnet wird der Pauschalpreisvertrag sodann aber wie üblich bei einer vorzeitigen Beendigung, d. h.: Die Höhe der Vergütung für die bis zur Kündigung erbrachte Leistung ist in ein Verhältnis zu der nach dem Pauschalvertrag geschuldeten Gesamtleistung zu setzen (so u. a. BGH, Urt. v. 29.06.1995 – VII ZR 184/94, BauR 1995, 691, 692 = NJW 1995, 2712, 2713). Verbleiben hier nach Vorlage einer prüf-

11.4 Die Kündigung durch den Auftraggeber

baren Abrechnung Zweifel an der berechtigten Höhe der Vergütung, kann diese notfalls nach § 287 ZPO geschätzt werden (BGH, Versäumnisurteil v. 13.07.2006 – VII ZR 68/05, BauR 2006, 1753, 1754 = NJW-RR 2006, 1455, 1456).

Nicht selten **verweigert der Auftraggeber die Mitwirkung an einem gemeinsamen Aufmaß**. Dies kommt vor allem in der Hitze des Gefechts nach einer außerordentlichen Kündigung, die zumeist eine Vorgeschichte hat, vor. 2906

▶ **Beispiel**

Der Auftraggeber kündigt den Auftragnehmer nach zahlreichen Mahnungen wegen Terminverzugs und erteilt ihm Baustellenverbot. Er verbietet ihm auch das Betreten der Baustelle, um ein Aufmaß zu nehmen.

In Fällen wie diesen wird es dem Auftragnehmer in der Regel nicht mehr möglich sein, im Nachhinein den Stand der von ihm bis zur Kündigung erbrachten Leistungen zu ermitteln. Denn ein Aufmaß kann später kaum nachgeholt werden, wenn der Ersatzunternehmer weiterbaut. Dasselbe gilt für ein nachträglich einzuholendes Sachverständigengutachten. Insoweit allerdings sollte der Auftraggeber nicht verkennen, dass § 8 Abs. 6 Hs. 1 VOB/B dem Auftragnehmer einen Anspruch auf ein Aufmaß gibt (»kann verlangen«). Gemeint ist damit grundsätzlich ein **gemeinsames Aufmaß**. Kommt der Auftraggeber dem Verlangen des gekündigten Auftragnehmers zur Vornahme des gemeinsamen Aufmaßes nicht nach, muss er ihm jedenfalls das Aufmaß ermöglichen, damit dieser seine in § 8 Abs. 6 Hs. 2 VOB/B festgelegte Pflicht zur Vorlage einer prüfbaren Rechnung erfüllen kann. Verletzt er diese Pflicht, stellt dies zunächst eine Pflichtverletzung dar, aufgrund der dem Auftragnehmer nach § 280 Abs. 1 BGB **Schadensersatzansprüche** entstehen können. Auch kann der Auftragnehmer den Auftraggeber damit in Verzug setzen. Doch werden diese Schadensersatzansprüche u. a. dem Auftragnehmer für sich genommen vielfach nicht weiterhelfen, weil damit das Problem des später nicht mehr rekonstruierbaren Bautenstandes zum Zeitpunkt der Kündigung nicht behoben werden kann. Die Pflichtverletzung des Auftraggebers im Zusammenhang mit der Aufmaßerstellung bleibt für ihn gleichwohl nicht folgenlos: Denn verweigert der Auftraggeber trotz Verlangens dem Auftragnehmer den Zutritt zur Baustelle oder nimmt er an einem gemeinsamen Aufmaß nicht teil mit der Folge, dass etwaige gemeinsame Feststellungen etwa wegen des Weiterbaus später nicht mehr nachgeholt werden können, kann zwar der Auftragnehmer ein (gemeinsames) Aufmaß bei einer drohenden Fortführung der Baumaßnahme nicht per einstweiliger Verfügung durchsetzen (OLG Düsseldorf, Beschl. v. 05.06.2001 – 22 W 29/01, BauR 2001, 1270 f.). Allerdings geht dann die Darlegungs- und Beweislast zu der Richtigkeit der Massen auf den Auftraggeber über (BGH, Urt. v. 22.05.2003 – VII ZR 143/02, BauR 2003, 1207, 1208 f. = NJW 2003, 2678; OLG Celle, Urt. v. 14.02.2007 – 7 U 165/06, BauR 2008, 103, 106), d. h.: Nunmehr hat der **Auftraggeber seinerseits darzulegen und zu beweisen**, welche Massen des Auftragnehmers ggf. unrichtig sind. Vereitelt der Auftraggeber durch Fortsetzung der Baumaßnahme das Erstellen eines Aufmaßes überhaupt, genügt der Auftragnehmer seiner Verpflichtung zur prüfbaren Abrechnung, wenn er alle ihm zur Verfügung stehenden Umstände mitteilt, die Rückschlüsse auf den Stand der erbrachten Leistungen ermöglichen (BGH, Urt. v. 17.06.2004 – VII ZR 337/02, BauR 2004, 1443, 1444 = NJW-RR 2004, 1384, 1385). Insoweit reicht vor allem auch eine einseitig vom Auftragnehmer erstellte Dokumentation (OLG Celle, a. a. O.). Sodann trägt der Auftraggeber die Darlegungs- und Beweislast dafür, wenn er später Mindermengen geltend macht (OLG Celle, Urt. v. 28.08.2002 – 22 U 159/01, BauR 2002, 1863, 1864 f. = NJW-RR 2002, 1675, 1676). Etwas anderes gilt natürlich, wenn der Auftragnehmer es nur versäumt hat, rechtzeitige Feststellungen zu erheben. 2907

▶ **Beispiel (ähnlich OLG Stuttgart, Urt. v. 30.12.2009 – 9 U 18/09, Nichtzul.-Beschw. zurückgew., BGH, Beschl. v. 9.2.2012 – VII ZR 15/10, IBR 2012, 251)**

Ein Dachdecker leistet mangelhaft. Nach seiner Kündigung leitet der Auftraggeber zu bestehenden Mängeln ein Beweisverfahren ein. Diese werden festgestellt und anschließend vom Auftraggeber saniert. Kann jetzt der Dachdecker wegen der inzwischen erfolgten Sanierung mit einer teilweisen Veränderung der Ursprungsleistung den Umfang seiner eigenen Leistungen nicht mehr nachweisen, geht dies zu seinen Lasten. Denn dies wäre ihm ohne Weiteres durch ein noch nach Kündigung genommenes Aufmaß oder aber auch durch einen Ergänzungsantrag im ohnehin laufenden selbstständigen Beweisverfahren möglich gewesen.

- **Anspruch auf Abnahme**

2908 Der Auftragnehmer hat nach einer Kündigung des Weiteren einen Anspruch auf Abnahme seiner gekündigten Leistung (§ 8 Abs. 6 VOB/B – s. dazu BGH, Urt. v. 19.12.2002 – VII ZR 103/00, BGHZ 153, 244, 251 = BauR 2003, 689, 692 = NJW 2003, 1450, 1452). Dies ist keine Formalie. Denn **ohne Abnahme** wird wie sonst seine **Vergütung dem Grunde nach nicht fällig** (BGH, Urt. v. 11.05.2006 – VII ZR 146/04, BGHZ 167, 345, 349 = BauR 2006, 1294, 1295 = NJW 2006, 2475, 2476). In der Sache soll bei dieser Abnahme – so der BGH (a. a. O.) – allein die Leistung zu beurteilen sein, die zum Zeitpunkt der Kündigung insgesamt (ggf. als Teilleistung) zu erbringen war. Die dann nach dem Vertrag geschuldete Leistung soll sich auf diesen Leistungsteil reduzieren, der in diesem Umfang abnahmefähig sei (BGH a. a. O., s. auch schon BGH, Urt. v. 19.12.2002 – VII ZR 103/00, BGHZ 153, 244, 250 = BauR 2003, 689, 691 f. = NJW 2003, 1450, 1452). Auf die Abnahme als Fälligkeitsvoraussetzung für die Vergütung könne dagegen nur wie sonst auch verzichtet werden, wenn der Auftraggeber nicht mehr Erfüllung des Vertrags, sondern Minderung oder Schadensersatz verlangt oder die Abnahme des Werkes ernsthaft und endgültig verweigert (BGH a. a. O.). Dabei geht es bei der letzten Ausnahmevariante nachvollziehbarerweise nur um die **unberechtigte Abnahmeverweigerung** (BGH, Urt. v. 08.11.2007 – VII ZR 183/05 BauR 2008, 344, 349 f. = NJW 2008, 511, 514 f. = NZBau 2008, 109, 110), was richtig ist: Denn kommt es nach der Rechtsprechung auf die Abnahme als Fälligkeitsvoraussetzung an, kann die berechtigte Verweigerung etwa wegen schwerer Mängel nicht dann doch zu einem fälligen Vergütungsanspruch führen (vgl. dazu im Detail zu den damit verbundenen Folgen: Joussen, Festschrift Koeble, S. 15 ff.).

2909 Von vorgenannten Ausnahmefällen abgesehen, für die der Auftragnehmer beweispflichtig ist, erscheint allerdings kaum nachvollziehbar, wie der generellen Vorgabe der Abnahme der teilgekündigten Leistung als Fälligkeitsvoraussetzung für den Vergütungsanspruch aus Sicht des Auftragnehmers nachgekommen werden kann. Dies gilt vor allem bei Sachverhalten, bei denen dem Auftragnehmer gerade wegen (wesentlicher) Mängel gekündigt wurde. Hier kann häufig gar keine abnahmefähige Teilleistung definiert werden; denn sonst wäre wegen dieser Teilleistung ja nicht gekündigt worden. Ohnehin kommt hinzu, dass der Auftraggeber bei zahlreichen Leistungen seriöserweise nach einer Teilausführung überhaupt nicht beurteilen kann, ob diese Leistung mangelfrei, d. h. abnahmefähig ist. Daher spricht doch einiges dafür, entgegen der Auffassung des BGH nach einer Kündigung auf die Abnahme als Fälligkeitsvoraussetzung zu verzichten. Auf Einzelheiten wurde oben im Kapitel 6 zur Abnahme eingegangen. Auf die dortigen Ausführungen wird insoweit verwiesen (Rdn. 1178 ff.).

- **Prüfbare Abrechnung**

2910 Der Auftragnehmer hat anschließend seine erbrachten Teilleistungen prüfbar abzurechnen. Ohne Vorlage einer solchen prüfbaren (Schluss)rechnung wird seine Vergütung **nicht fällig**. Dies gilt auch nach einer Vertragskündigung (BGH, Urt. v. 04.05.2000 – VII ZR 394/97, BauR 2000, 1191, 1192). Grundlage dieser prüfbaren Abrechnung sind wie sonst die in § 14 VOB/B geregelten Voraussetzungen (Rdn. 2475 ff.). Dem Grunde nach gilt hier nichts anderes als oben schon zu der Abrechnung der erbrachten Teilleistungen nach einer freien Kündigung erläutert (s. dazu ausführlich Rdn. 2829 ff.):

  – **Einheitspreisvertrag**

2911 Beim Einheitspreisvertrag bereitet die Erstellung der prüfbaren Rechnung keine weiteren Schwierigkeiten. Die durch Aufmaß festgestellten Mengen aller Positionen sind mit den vereinbarten Einheitspreisen – ggf. unter **Berücksichtigung eines vereinbarten Nachlasses** auf diese Einheitspreise – zu multiplizieren und die so ermittelten Positionspreise zu addieren. Sie ergeben dann den Vergütungsanspruch des Auftragnehmers für die bis zur Kündigung erbrachten Leistungen (Rdn. 2833).

11.4 Die Kündigung durch den Auftraggeber

- **Pauschalvertrag**
Vorstehende Grundsätze gelten in etwa auch beim sog. Detail-Pauschalvertrag, also bei einem Pauschalvertrag, der auf der Grundlage eines nach Leistungspositionen und Einheitspreisen aufgeschlüsselten Angebots des Unternehmers unter Abrundung zum Pauschalpreis bei unverändertem Bau-Soll zustande gekommen ist (s. o. Rdn. 798). Allerdings ist hier das Aufmaß nicht die alleinige Abrechnungsgrundlage; vielmehr stellt es nur ein Hilfsmittel dar, um anteilig den Wert der erbrachten Leistungen feststellen zu können (vgl. auch BGH, Versäumnisurteil v. 13.07.2006 – VII ZR 68/05, BauR 2006, 1753, 1754 = NJW-RR 2006, 1455, 1456; BGH, Urt. v. 17.06.2004 – VII ZR 337/02, BauR 2004, 1443, 1444 = NJW-RR 2004, 1384 f.; BGH, Urt. v. 22.05.2003 – VII ZR 143/02, BauR 2003, 1207, 1208 = NJW 2003, 2678 – s. o. Rdn. 2837 ff.).

2912

Ebenso ist dem Grunde nach beim **Globalpauschalvertrag** zu verfahren, d. h.: Auch hier ist der Wert der erbrachten Leistungen in ein Verhältnis zur Gesamtpauschale zu setzen (vgl. dazu den Sachverhalt bei BGH, Urt. v. 17.06.2004 – VII ZR 337/02, BauR 2004, 1443 = NJW-RR 2004, 1384). Dagegen ist ein Rückgriff auf einen vereinbarten **Zahlungsplan** nach Baufortschritt, auf geleistete **Abschlagszahlungen**, auf beim Bauträgervertrag nach § 3 Abs. 2 MaBV vereinbarte Ratenzahlungen oder auf Planmengen gemäß einem Leistungsverzeichnis als geeigneter Maßstab für die abschließende Berechnung der erbrachten Leistungen untauglich (so auch schon BGH, Urt. v. 14.02.1980 – VII ZR 229/78, BauR 1980, 356, 357 und BGH, Urt. v. 29.06.1995 – VII ZR 184/94, BauR 1995, 691, 692 = NJW 1995, 2712, 2713; BGH, Urt. v. 27.01.2011 – VII ZR 133/10 BGHZ 188, 149, 156 = NJW 2011, 915, 917 = NZBau 2011, 225, 227 – s. dazu oben näher Rdn. 2838).

2913

Bei der Ermittlung des Vergütungsanspruchs für die erbrachten Leistungen ist darauf zu achten, dass vom Unternehmer **bereits an die Baustelle angelieferte, aber noch nicht eingebaute Bauteile** nicht als erbrachte Leistungen anzusehen sind, wie sich aus § 8 Abs. 3 Nr. 3 VOB/B ersehen lässt (BGH, Urt. v. 09.03.1995 – VIII ZR 23/93, BauR 1995, 545, 546 = NJW 1995, 1837, 1838; BGH, Urt. v. 07.01.2003 – X ZR 16/01, BauR 2003, 877, 878 f. = NJW-RR 2003, 738, 739).

2914

Hat nach Vorstehendem der Auftragnehmer prüfbar abzurechnen und sich insoweit an den Vorgaben des § 14 VOB/B zu orientieren, kommen ihm immerhin **Erleichterungen** zugute, wenn er objektiv gesehen die sonst geltenden Anforderungen einer prüfbaren Abrechnung nach § 14 VOB/B nicht einhalten kann. Hingewiesen wurde schon auf die Fälle, dass der **Auftraggeber es vereitelt** hat, dass der Auftragnehmer ein Aufmaß erstellen konnte (Rdn. 2906 f.). In solchen Fällen genügt es für eine prüfbare Abrechnung, wenn der Auftragnehmer alle ihm sonst zur Verfügung stehenden Umstände mitteilt, die Rückschlüsse auf den Stand der erbrachten Leistungen ermöglichen (BGH, Urt. v. 17.06.2004 – VII ZR 337/02, BauR 2004, 1443, 1444 = NJW-RR 2004, 1384, 1385). Ähnliche Erleichterungen kommen Insolvenzverwaltern über das Vermögen von Auftragnehmern zugute, wenn wegen der **Insolvenz des Auftragnehmers** und wegen des Zeitablaufs die Erstellung einer prüfbaren Schlussrechnung nicht mehr möglich ist. Hier können ebenfalls die Leistungen ggf. anderweitig nachgewiesen werden, so dass eine Vergütung auf deren Grundlage notfalls nach § 287 ZPO zu schätzen ist (BGH, Urt. v. 23.09.2004 – VII ZR 173/03, BauR 2004, 1937, 1939 = NJW-RR 2005, 167, 168).

2915

11.4.2.4.3 Fertigstellung der Bauleistung auf Kosten des Auftragnehmers

Parallel zu der Abrechnung des Auftragnehmers kann der Auftraggeber seinerseits das Bauvorhaben auf Kosten des Auftragnehmers fertigstellen lassen. Ein darauf gerichteter Ersatzanspruch steht ihm bei einem VOB-Vertrag in der Regel aber erst **nach der Kündigung** zu. Diese klare Vorschrift in der VOB beruht auf der Überlegung, dass unklare Verhältnisse durch ein Nebeneinander von Auftragnehmer und Drittunternehmer, die nur zu Streitigkeiten auf der Baustelle führen können, ausgeschlossen sein sollen. Mit dieser Überlegung ist umgekehrt jedoch – wenn auch ansonsten Bedenken gegen diese Rechtsprechung bestehen – verständlich, dass ganz ausnahmsweise dem Auftraggeber bereits dann Ersatzunternehmerkosten zur Fertigstellung der Baustelle zustehen, wenn der Auf-

2916

tragnehmer zuvor die **vertragsgemäße Fertigstellung endgültig verweigert** hatte. Dadurch nämlich verliert er sein Recht, die vertragsgemäße Herstellung selbst vorzunehmen, sodass hier diese zu vermeidenden Unklarheiten u. a. gar nicht auftreten können (BGH, Urt. v. 20.04.2000 – VII ZR 164/99, BauR 2000, 1479, 1481 = NJW 2000, 2997, 2998; BGH, Urt. v. 13.09.2001 – VII ZR 113/00, BauR 2001, 1897, 1900 = NJW-RR 2002, 160, 162; BGH, Urt. v. 09.10.2008 – VII ZR 80/07, BauR 2009, 99, 100 = NJW 2009, 354, 355 = NZBau 2009, 173, 174).

2917 Bei dem Anspruch auf Kostenerstattung zur Fertigstellung der Bauleistung selbst handelt es sich – neben dem in § 8 Abs. 3 Nr. 2 VOB/B ebenso vorgesehenen Vorbehalt auf Ersatz weiterer Schäden – um einen **verschuldensunabhängigen Ersatzanspruch**; er tritt nach der Kündigung an die Stelle des Erfüllungsanspruchs aus dem ursprünglichen Bauvertrag (Ingenstau/Korbion/Vygen, VOB/B § 8 Abs. 3 Rn. 41). Der Höhe nach besteht dieser Ersatzanspruch in der Differenz zwischen den vom Auftraggeber tatsächlich zur Durchführung des Bauvorhabens aufgewendeten Kosten (Summe aus der Vergütung für die von dem gekündigten Erstunternehmer erbrachten Werkleistungen und den Kosten, die an das Nachfolgeunternehmen gezahlt wurden, das die Arbeiten fertigstellte) und dem Betrag, den der Auftraggeber bei unverändertem Leistungssoll und einer vollständigen Durchführung des Bauvertrages mit dem gekündigten Erstunternehmer nach den dort geltenden Vertragspreisen (Einheits- oder Pauschalpreis) hätte zahlen müssen. Allerdings kommen häufig diverse weitere Kosten hinzu, die bei einer Kündigung zu berücksichtigen sind.

▶ **Beispiel**

Der Auftragnehmer beseitigt während der Baumaßnahme festgestellte Mängel nicht. Der Auftraggeber fordert ihn dazu auf, setzt eine Frist und droht die Kündigung an. Die Frist verläuft fruchtlos, der Auftraggeber kündigt. Er beauftragt – da ihm die Fachkenntnis fehlt – wegen der aufgetretenen Mängel für 3.000 €einen Gutachter. Anschließend beauftragt er einen Ersatzunternehmer, der die Vertragsleistung fertigstellt und zwischenzeitlich neu aufgetretene Mängel beseitigt. Es entstehen Mehrkosten gegenüber dem gekündigten Erstunternehmer von 15 000 €.

2918 Bei der Ersatzvornahme in diesen in der Praxis ganz häufig auftretenden Fällen sind verschiedene Punkte auseinander zu halten:

▶ **Prüfpunkte bei Mehrkosten nach Ersatzunternehmerbeauftragung**
- Beauftragung eines Ersatzunternehmers (Rdn. 2919)
- Abrechnung der Mehrkosten gegenüber Erstunternehmer (Rdn. 2922)
- Nutzung der Bauinfrastruktur u. a. (Rdn. 2928)
- Beseitigung von (weiteren) Baumängeln (Rdn. 2930)
- Weiterer Schadensersatz (Rdn. 2932)
- Endabrechnung und Vorschussanspruch (Rdn. 2933)
- Verjährung der Ansprüche (Rdn. 2934)

- **Beauftragung eines Ersatzunternehmers**

2919 Der Auftraggeber kann nur dann einen Mehrkostenerstattungsanspruch nach § 8 Abs. 3 Nr. 2 VOB/B geltend machen, wenn ihm auch entsprechende Mehrkosten entstehen. Hiervon wird vielfach auszugehen sein, wenn er mit der Fertigstellung der Leistung zumeist kurzfristig einen Ersatzunternehmer einsetzt. Dessen **Beauftragung** darf dabei schon **vor der Kündigung erfolgen**. Seine Tätigkeit hingegen darf der Ersatzunternehmer erst nach der Kündigung aufnehmen (BGH, Urt. v. 30.06.1977 – VII ZR 205/75, BauR 1977, 422, 423 = NJW 1977, 1922, 1923).

2920 Im Zusammenhang mit der Ersatzvornahme gewinnt die Verpflichtung eines jeden Geschädigten, den Schaden so gering wie möglich zu halten, besondere Bedeutung. Die aus § 254 BGB zu entnehmende **Schadensminderungspflicht** des Auftraggebers gebietet es daher, die Kosten der Ersatzvornahme auf das notwendige Maß zu beschränken. Allerdings entspricht es der Erfahrung, dass eine Ersatzvornahme regelmäßig teurer ist als die Ursprungsleistung. Dies gilt umso mehr, als dem Auftraggeber in der Regel nicht zugemutet werden kann, im Interesse des zum Schadensersatz verpflichteten Auftragnehmers zeitraubende Vergabeverfahren und Vertragsverhandlungen durchzuführen. Stattdessen kann er auch einen Unternehmer seines Vertrauens auswählen, sofern

11.4 Die Kündigung durch den Auftraggeber

dieser nicht umgekehrt marktüblich überhöhte Preise verlangt (vgl. etwa OLG Schleswig, Urt. v. 10.09.2010 – 14 U 184/06, BauR 2010, 2164 [Ls.] zu der Auswahl eines Ersatzunternehmers, der im ursprünglichen Vergabeverfahren auf dem 10. Platz lag). Ohnehin wird der Baupreis für die Ersatzvornahmeleistungen nicht zuletzt durch die Zwangslage des Auftraggebers beeinflusst, der unter Zeitdruck eine begonnene, aber nicht zu Ende geführte Bauleistung fertiggestellt haben will. Hinzu kommt die für den Ersatzunternehmer oft unangenehme Fortführung von Arbeiten eines anderen Unternehmers mit einer meist **schwer abgrenzbaren Gewährleistungspflicht**. Mit dieser Maßgabe muss der Auftraggeber seine eigenen Interessen an zügiger Fertigstellung des Bauvorhabens nicht hinter die Interessen des Auftragnehmers an möglichst niedrigen Kosten der Ersatzvornahme zurückstellen. Allerdings darf der Auftraggeber dem Drittunternehmer keine unangemessenen Preiszugeständnisse machen, die zulasten des ersatzpflichtigen Auftragnehmers gehen.

Aus der **Schadensminderungspflicht** kann sich auch die Verpflichtung des Auftraggebers ergeben, für die Weiterführung der Arbeiten die Geräte, Gerüste, die sonstigen auf der Baustelle vorhandenen **Einrichtungen sowie Stoffe und Bauteile des Auftragnehmers gegen angemessene Vergütung in Anspruch zu nehmen** (§ 8 Abs. 3 Nr. 3 VOB/B; vgl. dazu auch BGH, Urt. v. 09.03.1995 – VIII ZR 23/93, BauR 1995, 545, 546 = NJW 1995, 1837, 1838 und Ingenstau/Korbion/Vygen, VOB/B § 8 Abs. 3 Rn. 60 – s. sogleich Rdn. 2928 f.). 2921

- **Abrechnung der Mehrkosten gegenüber Erstunternehmer**
Soweit dem Auftraggeber durch den zulässigen Einsatz von Ersatzunternehmern Mehrkosten entstehen, kann er diese ersetzt verlangen. Hierfür hat er spätestens binnen 12 Werktagen nach Abrechnung mit dem Dritten gegenüber dem gekündigten Erstunternehmer eine Rechnung zu erstellen (§ 8 Abs. 3 Nr. 4 VOB/B). Dabei ist diese 12-Werktage-Frist **keine Ausschlussfrist** (BGH, Urt. v. 25.11.1999 – VII ZR 468/98, BauR 2000, 571 f. = NJW 2000, 1116). Vielmehr geht es allein um eine **Nebenpflicht**. Sie ist selbstständig einklagbar (BGH, Urt. v. 18.04.2002 – VII ZR 260/01, BauR 2002, 1253, 1254 f. = NJW 2002, 2952, 2953), aus deren Verletzung Schadensersatzansprüche des gekündigten Ersatzunternehmers hergeleitet werden können (vgl. §§ 241 Abs. 2, 280 BGB). Sie beginnt nicht schon mit Einreichung der Schlussrechnung des Ersatzunternehmers, sondern erst nach deren Prüfung (OLG Frankfurt, Urt. v. 28.07.2003 – 16 U 79/02, IBR 2003, 668). 2922

Für etwaige Mehrkosten eines Ersatzunternehmereinsatzes trägt der Auftraggeber die alleinige **Darlegungs- und Beweislast**. Allerdings gelten für die Abrechnung selbst nicht die Prüfbarkeitsanforderungen des § 14 VOB/B (BGH, a. a. O.), wenn auch der Auftraggeber die Forderung schlüssig darlegen muss. Dies erfordert zumindest eine nachvollziehbare Vergleichsrechnung. Ausgangspunkt ist hier in der Regel die Vergütung, die der gekündigte Auftragnehmer bei Fortführung seiner Arbeiten nach dem Bauvertrag bis zum Ende hätte berechnen können. Dieser sind die Kosten gegenüber zu stellen, die dem Auftraggeber durch die Kündigung und die dadurch notwendige Beauftragung eines oder mehrerer Ersatzunternehmer entstehen, und zwar **bei unveränderter Bauausführung**, also entsprechend dem vom gekündigten Auftragnehmer geschuldeten Bau-Soll. Diese Vergleichsrechnung muss so detailliert aufgestellt sein, dass daraus hervorgeht, welche konkreten Arbeiten und welchen Aufwand der Auftraggeber geltend macht. Infolgedessen muss der Auftragnehmer in die Lage versetzt sein, die Berechtigung der Forderung auf der Grundlage seines Ursprungsvertrages zu überprüfen (OLG Celle, Urt. v. 04.11.2004 – 6 U 87/04, BauR 2006, 535). Allein hierfür bedarf es daher bei der meist hoch streitigen und schwierigen Abrechnung eines aus wichtigem Grunde gekündigten Bauvertrages gerade auch aus Sicht des Auftraggebers einer **Trennung der beiderseitigen Ansprüche**: 2923

– Zu nennen ist einerseits der Vergütungsanspruch des gekündigten Auftragnehmers für die bis zur Kündigung von ihm erbrachten (Teil-) Bauleistungen.
– Dagegen steht andererseits der Mehrkostenerstattungsanspruch des Auftraggebers bezüglich des durch die Kündigung von dem Auftragnehmer nicht mehr ausgeführten Teils der von ihm nach dem Vertrag geschuldeten Gesamtbauleistung.

Aus dieser Gegenüberstellung der gegenseitigen Ansprüche ergibt sich anschaulich, dass die Abgrenzung zwischen erbrachten und nicht erbrachten Leistungen zum Zeitpunkt der Kündigung nicht nur im Interesse des Auftragnehmers liegt, weil dieser eine prüfbare Abrechnung zu erstellen 2924 hat. Sie liegt mindestens genauso im Interesse des Auftraggebers, damit dieser später eine Abrechnung der Mehrkosten aufstellen kann, die diese Leistungsabgrenzung voraussetzt (vgl. auch BGH, Urt. v. 18.04.2002 – VII ZR 260/01, BauR 2002, 1253, 1254 = NJW 2002, 2952, 2953). Eine solche Vergleichsrechnung erfolgt am besten auf der Grundlage eines gemeinsamen Aufmaßes. Ersatzweise kommt ein von beiden Vertragspartnern in Auftrag gegebenes und für beide dann **verbindliches Schiedsgutachten** gemäß §§ 315 ff. BGB in Betracht. Alternativ bietet sich die Durchführung **eines selbstständigen Beweisverfahrens** gemäß §§ 485 ff. ZPO zur Feststellung des Bautenstandes im Zeitpunkt der Kündigung (Wert der erbrachten Bauleistung im Sinne des § 485 Abs. 1 ZPO) an. Notfalls mag auf die **Einholung eines privaten Beweissicherungsgutachtens** zurückgegriffen werden. Nur so lässt sich eine prüfbare Rechnung über die erbrachten Leistungen einerseits in Abgrenzung zu etwaigen Mehrkosten andererseits erstellen. Dagegen lässt sich später genauso wenig für den Auftraggeber wie für den Auftragnehmer der Bautenstand zum Zeitpunkt der Kündigung rückwirkend erheben. Nicht einmal **Sachverständigengutachten** sind hier zum Beweis für die Richtigkeit der in die Rechnung eingestellten Mengen geeignet: Denn dabei handelt es sich um ein **untaugliches Beweismittel**, wenn das Bauvorhaben vom Auftraggeber fortgeführt worden ist und sich kaum noch ermitteln lässt, welche genauen Mengen der einzelnen Positionen vom gekündigten Auftragnehmer ausgeführt worden sind.

2925 Erstattungsfähig über den Mehrkostenanspruch sind immer nur die zusätzlichen Aufwendungen zur Fertigstellung des Bauvorhabens **bei unveränderter Bauausführung**, also entsprechend dem vom gekündigten Auftragnehmer geschuldeten Bau-Soll (Rdn. 2917). Kommt es hingegen – wie in der Praxis meist der Fall – nach der Kündigung zu **Planungsänderungen oder Zusatzleistungen**, so sind die dadurch verursachten **Mehrkosten in der Regel als Ohnehin- oder Sowieso-Kosten vom Auftraggeber zu tragen** (s. dazu oben Rdn. 1545 ff.) – es sei denn, der Auftraggeber kann auch diese Kosten z. B. über einen Schadensersatzanspruch ersetzt verlangen (s. dazu sogleich Rdn. 2932). Dasselbe gilt für reine Mehrmengen. Denn diese sind nicht durch die Kündigung verursacht worden und hätte auch der gekündigte Auftragnehmer bezahlt verlangen können.

> **Beispiel**
>
> Im Zuge der Ersatzmaßnahme stellt sich heraus, dass die geplante und an den Erstunternehmer beauftragte Ausführung technisch nicht möglich gewesen wäre. Deswegen wird eine aufwendigere Ersatzvornahme durchgeführt. Die damit verbundenen Mehrkosten kann der Auftraggeber nicht ersetzt verlangen, weil sie auch beim Erstunternehmer – eine richtige Planung unterstellt – angefallen wären.

2926 Zu beachten ist allerdings, dass dem Auftraggeber auch bei solchen geänderten oder zusätzlichen Leistungen Mehrkosten entstehen können, wenn diese zwar gegenüber dem gekündigten Auftragnehmer (noch) nicht beauftragt oder angeordnet waren, aber bei der weiteren Ausführung vom Auftraggeber einseitig gemäß § 1 Abs. 3 und 4 S. 1 VOB/B hätten verlangt werden können und diese Leistungen jetzt vom Ersatzunternehmer auf der Grundlage seiner – höheren – Kalkulation zu höheren Preisen ausgeführt werden. Auch dabei handelt es sich um **kündigungsbedingte und somit dem Erstattungsanspruch unterliegende Mehrkosten** (so mit Recht BGH, Urt. v. 25.11.1999 – VII ZR 468/98, BauR 2000, 571, 573 = NJW 2000, 1116, 1117).

> **Beispiel**
>
> Ist in vorgenanntem Beispiel die geänderte Ausführung beim Ersatzunternehmer teurer als sie beim Erstunternehmer nach dessen Kalkulation gewesen wäre, kann der Auftraggeber die diesbezüglichen Mehrkosten ebenso ersetzt verlangen.

2927 Formal empfiehlt es sich unbedingt, sich bei der Beauftragung eines Ersatzunternehmers an den **Ansätzen des Ursprungsleistungsverzeichnisses des gekündigten Auftragnehmers zu orientieren**. Sodann sollte wenn möglich auch der Vertragstyp beibehalten werden, ohne das Bau-Soll oder Leistungsziel zu ändern (EP-Vertrag, Pauschalvertrag u. a.). Dies ist zwar nicht zwingend (vgl. so etwa OLG Nürnberg, Urt. v. 04.10.2000 – 4 U 1049/00, BauR 2001, 415, 418 f.: Der Ursprungsauftrag wurde durch EP-Vertrag vergeben, während der Ersatzunternehmer pauschal beauftragt wurde); es erleichtert jedoch in einem ganz erheblichen Maße die prozessuale Darlegung eines Erstattungsanspruchs. Denn in jedem Fall muss der Auftragnehmer nachvollziehen können, ob Mehrmengen, geänderte oder zusätzliche Leistungen ausgeführt wurden (OLG Celle, Urt. v. 04.11.2004 – 6 U 87/04, BauR 2006, 535). Hierbei nämlich würde es sich dann wieder um **Ohnehin-Kosten** handeln, die keine erstattungsfähigen Mehrkosten darstellen. Auch muss der Auftragnehmer anhand der Abrechnung erkennen können, ob darin ggf. **Mängelbeseitigungsarbeiten** enthalten sind, für die unter Umständen ebenfalls kein Anspruch besteht (s. Rdn. 2930). Deswegen sollte der Ersatzunternehmer mit der Fortführung der Arbeiten und der **Fertigstellung der Restarbeiten keinesfalls im Stundenlohn** beauftragt werden. Dadurch wird nämlich eine schlüssige und prüfbare Abrechnung der Mehrkosten fast immer scheitern. Lässt sich dies ausnahmsweise nicht vermeiden, müssen die Stundenlohnzettel aber in jedem Fall die erbrachten Arbeiten exakt und ausführlich beschreiben (OLG Celle, a. a. O.).

Genügt nach Vorstehendem eine Mehrkostenabrechnung nicht diesen Anforderungen, wäre die Mehrkostenforderung des Auftraggebers nicht fällig bzw. im Prozess als derzeit unbegründet abzuweisen (OLG Celle, a. a. O.)

- **Nutzung der Bauinfrastruktur**
Führt der Auftraggeber die Arbeiten weiter, kann er nach § 8 Abs. 3 Nr. 3 VOB/B Geräte, Gerüste, auf der Baustelle vorhandene andere Einrichtungen (z. B. Baucontainer – s. OLG Dresden, Urt. v. 29.09.1999 – 6 U 1480/99, BauR 2000, 271 f. = NZBau 2000, 133) und angelieferte Stoffe und Bauteile gegen angemessene Vergütung in Anspruch nehmen. Die Inanspruchnahme selbst setzt zuvor eine empfangsbedürftige Willenserklärung voraus, d. h.: Der Auftraggeber darf die noch auf der Baustelle befindlichen Materialien nicht einfach nutzen. Im Gegenteil: Dies würde sogar eine **verbotene Eigenmacht** darstellen, was der Auftragnehmer schlimmstenfalls mit einer einstweiligen Verfügung untersagen lassen könnte (OLG Düsseldorf, Urt. v. 28.11.2007 – 11 U 19/07, BauR 2008, 998, 999; ähnlich OLG Stuttgart, Beschl. v. 22.11.2011 – 10 W 47/11, BauR 2012, 665, 666 = NJW 2012, 625, 626 = NZBau 2012, 161, 162). Dagegen könnte allenfalls der Einwand von Treu und Glauben (§ 242 BGB) stehen, wenn der Auftragnehmer durch eine Verweigerung seiner Zustimmung lediglich beabsichtigt, unzumutbar überhöhte Übernahmepreise durchzusetzen (OLG Stuttgart, a. a. O.). In diesem Fall könnte dann der Auftraggeber seinerseits dem Auftragnehmer die Wegnahme, d. h. Abholung der Baumaterialien durch eine einstweilige Verfügung untersagen lassen (OLG Stuttgart, Urt. v. 20.12.2011 – 10 U 141/11, BauR 2012, 669). Für die **Vergütung** der Übernahme der Geräte u. a. wird teilweise vertreten, dass sich diese bei mangelnder Vereinbarung nach § 632 Abs. 2 BGB richte (Franke/Kemper/Zanner/Grünhagen, VOB/B § 8 Rn. 78). Dies erscheint fragwürdig. Denn bei diesem Nutzungsverhältnis geht es nicht um einen eigenständigen Vertrag bzw. einen selbstständigen Vergütungsanspruch, sondern weiter um das ursprüngliche Auftragsverhältnis. Daher dürfte wohl richtigerweise auf die **Kalkulationsansätze des Ursprungsvertrages** zurückzugreifen sein (Ingenstau/Korbion/Vygen, VOB/B, § 8 Abs. 3 Rn. 67). Die sich daraus ergebende Vergütung ist dann in die Gesamtabrechnung nach § 8 Abs. 6 VOB/B einzustellen (OLG Dresden, Urt. v. 29.09.1999 – 6 U 1480/99, BauR 2000, 271, 272 = NZBau 2000, 133; i. E. ebenso Heiermann/Riedl/Rusam/Kuffer, B § 8 Rn. 107).

2928

> **Beispiel**
>
> Der Auftraggeber will die Baucontainer weiter nutzen. Diese waren im Bauvertrag als Bestandteil der Baustelleneinrichtung günstig mit 500 €/Monat kalkuliert. Ein angemessener Marktpreis bei Neuanmietung läge hingegen bei 1 300 €. Hier kann der Auftraggeber die Beibehaltung der Vertragspreise verlangen.

Hervorzuheben ist, dass es sich bei der Nutzungsregelung des § 8 Abs. 3 Nr. 3 VOB/B, der an sich einer **isolierten AGB-Kontrolle standhält** (OLG Stuttgart, Beschl. v. 22.11.2011 – 10 W 47/11, BauR 2012, 665, 669 = NJW 2012, 625, 628 = NZBau 2012, 161, 164), nur um eine Kann-Vorschrift zugunsten des Auftraggebers handelt. Sie beruht auf letztlich wirtschaftlichen Erwägungen. Hieraus folgt aber umgekehrt im Allgemeinen **keine Verpflichtung des Auftrag-**

2929

gebers, die Materialien u.a tatsächlich zu nutzen. Dennoch kann er im Einzelfall ausnahmsweise nach Treu und Glauben, insbesondere aus Gründen der **Schadensminderungspflicht** gehalten sein, bereits hergestellte Bauteile zu übernehmen und angemessen zu vergüten (BGH, Urt. v. 09.03.1995 – VIII ZR 23/93, BauR 1995, 545, 546 = NJW 1995, 1837, 1838; Ingenstau/Korbion/Vygen, VOB/B § 8 Abs. 3 Rn. 60 ff., 63). Dies gilt vor allem dann, wenn der Unternehmer keine eigene Verwendungsmöglichkeit für bereits hergestellte Bauteile hat, diese für die Weiterführung des Bauvorhabens uneingeschränkt tauglich sind und ihre Verwendung dem Auftraggeber unter Berücksichtigung aller Umstände auch der Gründe für die Kündigung zumutbar ist (BGH, Urt. v. 07.01.2003 – X ZR 16/01, BauR 2003, 877, 879 = NJW-RR 2003, 738, 739).

> ▶ **Beispiel (nach BGH, Urt. v. 09.03.1995 – VIII ZR 23/93, BauR 1995, 545 = NJW 1995, 1837)**
>
> Der Auftragnehmer wird u. a. mit der Anfertigung größerer Spezialfenster für eine Halle beauftragt, die er bereits mangelfrei angefertigt hat. Wegen anderer Leistungen wird er gekündigt. Der Auftraggeber beauftragt einen Ersatzunternehmer. Hier kann eine Übernahmepflicht bestehen, wenn diese speziell angefertigten Fenster ohne Weiteres für die Halle weiter verwendet werden können.

- **Beseitigung von Baumängeln**

2930 Scharf zu trennen von der Fortführung der restlichen Arbeiten durch einen Ersatzunternehmer sind evtl. **notwendig werdende Mangelbeseitigungsarbeiten**. Hierauf ist deshalb hinzuweisen, weil bezüglich der Mängel an den bis zur Kündigung erbrachten Bauleistungen auch dem gekündigten Auftragnehmer ein vorrangiges Mangelbeseitigungsrecht zusteht (s. dazu schon oben die Erläuterungen bei einer freien Kündigung: Rdn. 2857). Dies gilt nur für die Mängel nicht, deretwegen ihm gerade der Auftrag gemäß §§ 4 Abs. 7 S. 3, 8 Abs. 3 Nr. 1 VOB/B entzogen wurde (Ingenstau/Korbion/Vygen, § 8 Abs. 3 Rdn. 50; Kniffka/Koeble, Kompendium des Baurechts, 9. Teil Rdn. 44; ähnlich auch OLG Dresden, Beschl. v. 01.03.2000, Az. 11 U 2968/98, BauR 2001, 809, 811). Lasst man diese Mängel aber außer Betracht, sind die Rechtsgrundlagen dazu zunächst nur eindeutig, wenn das Vorhaben zwischenzeitlich abgenommen wurde. Dann ergeben sich die Rechte einheitlich aus § 13 Abs. 5 ff. VOB/B, in die sich zuvor schon entstandene Rechte nach § 4 Abs. 7 VOB/B mit der Abnahme umwandeln (BGH, Urt. v. 19.12.2002 – VII ZR 103/00, BGHZ 153, 244, 249 = BauR 2003, 689, 691 = NJW 2003, 1450, 1451; s. Rdn. 1196 ff.). Problematisch ist die Situation allerdings, wenn es wie in Kündigungsfällen häufig zu keiner Abnahme oder abnahmegleichen Handlung kommt. § 13 Abs. 5 ff. VOB/B sind dann nicht anwendbar. Es verbleibt also bei den Ansprüchen aus § 4 Abs. 7 VOB/B. Dieser enthält jedoch lediglich in seinem Satz 2 einen Schadensersatzanspruch, der allein auf Erstattung von Mangelbegleitkosten ausgerichtet ist (BGH, Urt. v. 20.04.2000 – VII ZR 164/99 BauR 2000, 1479, 1480 = NJW 2000, 2997, 2998 = NZBau 2000, 421).

> ▶ **Beispiel (nach OLG Düsseldorf, Urt. v. 28.05.2009 – 5 U 92/07, BauR 2010, 232, 234)**
>
> Nach der Kündigung, aber vor Abnahme beauftragt der bauunerfahrene Bauherr einen Sachverständigen mit der Mangelfeststellung. Diese Kosten erhält er als typische Mangelfolgeschäden über § 4 Abs. 7 S. 2 VOB/B ersetzt (so auch schon BGH, Urt. v. 03.03.1998 – X ZR 4/95, NJW-RR 1998, 1027).

2931 Die Mängelkosten unmittelbar fallen dagegen nicht hierunter (BGH, a. a. O.; zuletzt: BGH, Urt. v. 12.01.2012 – VII ZR 76/11, BauR 2012, 643, 644 = NJW 2012, 1137, 1138 = NZBau 2012, 157). Stattdessen regelt dazu allein § 4 Abs. 7 S. 1 VOB/B einen Anspruch auf Beseitigung der Mängel und sieht sodann eine Kündigungsmöglichkeit vor. Das aber bedeutet, dass ein Auftraggeber auch im Kündigungsfall zur Durchsetzung etwaiger Mängelrechte betreffend die Mängel, die nicht Anlass zur Kündigung waren, ebenfalls auf diesen Weg des §§ 4 Abs. 7, § 8 Abs. 3 VOB/B verwiesen ist. Er muss also dem Auftragnehmer in Bezug auf **diese weiteren Mängel** nach § 4 Abs. 7 S. 1 VOB/B erneut eine **Frist setzen** und für den Fall des fruchtlosen Ablaufs die Auftragsentziehung insoweit androhen. Bleibt jetzt die Mangelbeseitigung aus, muss er dann auch dazu den Auftrag entziehen. Erst anschließend kann er etwaige Mangelbeseitigungskosten wie die anderen Fertigstellungskosten über § 8 Abs. 3 Nr. 2 S. 1 VOB/B abrechnen.

▶ **Beispiel**

Wegen schwerer Mängel des Rohrleitungssystems im Keller wird der Auftragnehmer zu Recht gekündigt. Eine Abnahme ist nicht erfolgt. Nach der Kündigung zeigen sich auch eigenständige Mängel bei der Heizung im Dach. Um zu Letzteren die Ersatzvornahmekosten zu erhalten, muss der Bauherr nunmehr den Auftragnehmer auch insoweit zur Mangelbeseitigung auffordern, eine Frist setzen, die Auftragsentziehung androhen und im Fall des fruchtlosen Fristablaufs den Auftrag kündigen. Erst dann steht im nach §§ 4 Abs. 7 Abs. 3 i. V. m. § 8 Abs. 3 Nr. 2 VOB/B ein Anspruch auf Kostenersatz zu: Hätte er das Vorhaben inzwischen abgenommen, könnte er seine Kostenerstattungsansprüche dagegen unmittelbar nach § 13 Abs. 5 ff. VOB/B nach einfacher Fristsetzung durchsetzen.

Auf diese nachträgliche Fristsetzung könnte allenfalls verzichtet werden, wenn es sich dabei ohnehin nur um eine reine Förmelei handelt, weil der Auftragnehmer nach einer Kündigung die Beseitigung etwaiger weiterer Mängel ohnehin endgültig abgelehnt hat (BGH, Urt. v. 09.10.2008 – VII ZR 80/07 BauR 2009, 99, 100 = NJW 2009, 354, 355 = NZBau 2009, 173, 174; BGH, Urt. v. 12.01.2012 – VII ZR 76/11, BauR 2012, 643, 644 = NJW 2012, 1137, 1138 = NZBau 2012, 157; s. dazu auch Rdn. 2947). Dasselbe gilt, wenn sich der Auftragnehmer als derart unzuverlässig gezeigt hatte, dass dem Auftraggeber eine Fortsetzung der Zusammenarbeit im Zusammenhang mit der Beseitigung dieser weiteren Mängel, die nicht Anlass der Kündigung waren, unter keinem denkbaren Gesichtspunkt mehr zuzumuten ist (s. dazu Rdn. 2940 ff.); dann muss er natürlich den Auftragnehmer auch keine Neumängel mehr beseitigen lassen. Diese Zumutbarkeitserwägungen sind es ja auch, die den Auftraggeber etwa berechtigen, den gekündigten Auftragnehmer gerade nicht nochmals mit der Beseitigung der Mängel befassen zu müssen, die Anlass der Kündigung waren.

- **Weiterer Schadensersatz**
Neben dem Mehrkostenerstattungsanspruch wegen des Einsatzes eines Ersatzunternehmers steht dem Auftraggeber nach § 8 Abs. 3 Nr. 2 S. 1 Hs. 2 VOB/B noch ein Ersatzanspruch wegen weiterer Schäden zu. Hierbei handelt es **nicht um einen eigenen Schadensersatzanspruch**. Vielmehr soll damit nur klargestellt werden, dass damit die Schadensersatzansprüche, die dem Auftraggeber ggf. im Zusammenhang mit der Kündigung (oder auch sonst schon) entstanden sind bzw. noch entstehen, erhalten bleiben und ebenfalls abgerechnet werden können (BGH, Urt. v. 17.01.1974 – VII ZR 146/72, BauR 1974, 208, 209). Gemeint sind damit vor allem Ersatzansprüche nach §§ 4 Abs. 7 S. 2 und § 6 Abs. 6 VOB/B.

2932

▶ **Beispiel**

Wegen der Mängel, die den Auftraggeber später zur Kündigung veranlasst haben, sind ihm schon erhebliche Mietausfälle nach Mietminderung entstanden. Dies sind unmittelbare Mangelfolgeschäden, für die dem Auftraggeber ein Ersatzanspruch nach § 4 Abs. 7 S. 2 VOB/B zusteht (s. dazu Rdn. 996)

Nichts anderes gilt für Zusatzleistungen, die allein deswegen anfallen, um z. B. einen entsprechenden Termin zu halten.

▶ **Beispiel (in Anlehnung an OLG Koblenz, Urt. v. 15.2.2012 – 5 U 816/11, BauR 2012, 841 [Ls.])**

Als Termin für die Fertigstellung der Leistung war der 15.12.2011 vereinbart. Nach Terminverzug kündigt der Auftraggeber den Auftragnehmer zu Recht. Er beauftragt jetzt einen Ersatzunternehmer und bittet diesen, zur Aufholung der schon verloren gegangenen Zeit einen Estrichbeschleuniger einzusetzen.

Etwaige Mehrkosten für den Ersatzunternehmer erhält der Auftraggeber über den verschuldensunabhängigen Erstattungsanspruch nach § 8 Abs. 3 Nr. 1 S. 1 Hs. 1 VOB/B. Nicht hierunter fällt dagegen der Estrichbeschleuniger, da dieser nicht Bestandteil der Ursprungsleistung war (s. o. Rdn. 2925). Ersetzt verlangen kann er diesen stattdessen nur über einen hier noch verbleibenden Schadensersatzanspruch, wozu er dann allerdings auch entsprechendes vortragen muss (im vorliegenden Sachverhalt etwa aus § 6 Abs. 6 VOB/B).

- **Endabrechnung und Vorschussanspruch/Aufrechnung**

2933 Soweit dem Auftraggeber ein Mehrkostenanspruch wegen des Einsatzes eines Ersatzunternehmers und ggf. Anspruch wegen Mangelbeseitigung zusteht, kann er mit diesem Anspruch gegen dagegen stehende Vergütungsansprüche des Auftragnehmers (einschließlich der des § 8 Abs. 3 Nr. 3 VOB/B) aufrechnen, nicht verrechnen (BGH, Urt. v. 23.06.2005 – VII ZR 197/03, BGHZ 163, 274, 277 ff. = BauR 2005, 1477, 1478 f. = NJW 2005, 2771, 2772). Eine solche **Aufrechnung** ist auch dann noch möglich, wenn die Vertragskündigung vor Eröffnung des Insolvenzverfahrens über das Vermögen des gekündigten Unternehmens erfolgte und der Ersatzunternehmer erst danach beauftragt wurde. Dies ändert nichts daran, dass der Ersatzanspruch gleichwohl schon mit Kündigung entstanden ist (BGH a. a. O.). Unbeschadet dessen sind die Ansprüche des Auftraggebers ggf. noch um weitere schon vor Kündigung entstandene Schadensersatzansprüche nach § 4 Abs. 7 S. 2 VOB/B oder Mängelansprüche (Rdn. 2932) zu erhöhen.

Übersteigen die Erstattungsansprüche die dagegen stehenden Ansprüche des Auftragnehmers, kann der Auftraggeber insoweit einen **Vorschuss** verlangen. Dessen Höhe orientiert sich an den voraussichtlich zu erwartenden Mehrkosten, die aufgrund von Prüfungen eines Sachverständigen oder nach konkret vorliegenden Angeboten von Ersatzunternehmern gemäß § 287 ZPO geschätzt werden können (BGH, Urt. v. 20.04.1989 – VII ZR 80/88, BauR 1989, 462, 465 = NJW-RR 1989, 849, 850). Nach Durchführung der Arbeiten hat der Auftraggeber dann dem Auftragnehmer eine **prüfbare Abrechnung** über die Verwendung des Vorschusses zu erteilen. Hier gilt nichts anderes als sonst zu der Abrechnung von Vorschussansprüchen (s. o. Rdn. 1386 ff.).

- **Verjährung des Mehrkostenanspruchs**

2934 Der Mehrkostenanspruch des Auftragnehmers nach § 8 Abs. 3 Nr. 2 VOB/B unterliegt gemäß §§ 195, 199 Abs. 1 BGB der **allgemeinen Verjährungsfrist von 3 Jahren**, beginnend mit Entstehung und Kenntniserlangung. Die entscheidende Frage lautet allerdings dahin, wann diese Ansprüche entstehen. Maßgebend dafür ist richtigerweise der **Zeitpunkt der außerordentlichen Kündigung des Auftragnehmers** (OLG Düsseldorf, Urt. v. 14.11.2008 – 22 U 69/08, Nichtzul.-Beschw. zurückgew., BGH, Beschl. v. 10.9.2009 – VII ZR 253/08, BauR 2010, 88, 90). Denn bereits dann ist die wesentliche Grundlage für diesen Ersatzanspruch, nämlich die Notwendigkeit der Beauftragung eines Ersatzunternehmers, entstanden. Dies genügt für die Anspruchsverjährung (BGH, Urt. v. 23.06.2005 – VII ZR 197/03, BGHZ 163, 274, 279 = BauR 2005, 1477, 1479 = NJW 2005, 2771, 2772) – zumal schon der Auftraggeber durchaus zu diesem frühen Zeitpunkt insoweit eine Feststellungsklage erheben könnte (zweifelhaft hier OLG Frankfurt, Urt. v. 21.09.2011 – 1 U 154/10, BauR 2012, 262, 265 = NJW-RR 2011, 1655, 1657 = NZBau 2012, 110, 112, das für den Verjährungsbeginn auf die Abrechenbarkeit der Ersatzvornahmekosten abstellen will, was wohl nicht zutreffen dürfte). Entsprechendes gilt, wenn nach der allerdings hier bestrittenen Rechtsprechung des BGH für die Entstehung der Mehrkostenerstattungsansprüche nach einer **endgültigen Erfüllungsverweigerung durch den Auftragnehmer** auf eine Kündigung verzichtet werden kann (s. dazu sogleich Rdn. 2948); hier entstehen die Mehrkostenerstattungsansprüche bereits dann, wenn der Auftraggeber Kenntnis von dieser Erfüllungsverweigerung erlangt (OLG Stuttgart, Urt. v. 22.9.2009 – 12 U 93/09, BauR, 2010, 122 = NJW-RR 2010, 895, 896 = NZBau 2010, 761, 762). Letzteres ist zwar misslich, weil dem Auftraggeber häufig das Bewusstsein für diese Rechtslage fehlen wird; sie ist aber nur die Konsequenz der Rechtsprechung mit der Annahme der Entstehung von Ersatzansprüchen ohne Kündigung. Dabei mag allenfalls in Rechnung zu stellen sein, dass der Auftraggeber mit der Kündigung bzw. Kenntniserlangung der Erfüllungsverweigerung des Auftragnehmers noch nicht weiß, dass die Fertigstellung der Leistung teurer wird. Dies ist ein für die Verjährung relevanter Umstand. Von dieser Kenntnis

11.4 Die Kündigung durch den Auftraggeber

ist aber auszugehen, wenn er im weiteren Verlauf einen Ersatzunternehmer beauftragt und nunmehr die Kosten dafür kennt (ähnlich OLG Stuttgart, a. a. O.).

Besonderheiten bei der Verjährung bestehen dagegen, soweit die **Mehrkosten auf die Beseitigung von Mängeln des gekündigten Erstunternehmers** zurückgehen. Hier stellt sich die entscheidende Frage, ob und wenn ja ab welchem Zeitpunkt dem Auftraggeber welche Rechte zustehen. Bedeutung gewinnt hier die Rechtsprechung des BGH, dass sich die Mängelansprüche bis zur Abnahme aus § 4 Abs. 7 VOB/B ergeben, die sich erst nach der Abnahme in einen Mangelanspruch nach § 13 Abs. 5 ff VOB/B umwandeln (BGH, Urt. v. 19.12.2002 – VII ZR 103/00, BGHZ 153, 244, 249 = BauR 2003, 689, 691 = NJW 2003, 1450, 1451; s. dazu Rdn. 1196 f.). Verjährungsrechtlich ergeben sich somit keine Probleme, wenn **nach der Kündigung eine Abnahme erfolgt** ist. Dann beginnt die Verjährung wie sonst auch nach § 13 Abs. 4 VOB/B. Dies gilt in gleicher Weise, wenn zwar eine Abnahme unterblieben ist, es aber sonst zu einem Abnahmesurrogat gekommen ist (s. dazu Koeble, BauR 2012, 1153). Dies gilt ganz allgemein, wenn nach den äußeren Umständen feststeht, dass der Vertrag nicht mehr erfüllt werden soll, so z. B. bei einer Abnahmeverweigerung, Geltendmachung von Mängelrechten u. a. (s. dazu BGH, Urt. v. 24.02.2011 – VII ZR 61/10 BauR 2011, 1032, 1033 = NJW 2011, 1224, 1225 = NZBau 2011, 310, 311; BGH; Urt. v. 08.07.2010 – VII ZR 171/08 BauR 2010, 1778, 1781 = NJW 2010, 3573, 3574 = NZBau 2010, 768, 770 sowie oben ausführlich Rdn. 1561). 2935

Schwieriger ist die Rechtslage hingegen bei einer in Kündigungsfällen **unterbliebenen Abnahme**. Denn hier richtet sich der Mangelbeseitigungsanspruch nach § 4 Abs. 7 S. 1 VOB/B; etwaige Ersatzunternehmerkosten ergeben sich allein aus § 4 Abs. 7 S. 3 VOB/B i. V. m. § 8 Abs. 3 Nr. 2 S. 1 VOB/B (s. oben Rdn. 2930 f.). Mangelbegleitkosten sind nach § 4 Abs. 7 S. 2 VOB/B zu ersetzen. Gerade zu Letzteren hatte der BGH immerhin vor längerer Zeit entschieden, dass für diese allein die regelmäßige Verjährung gilt (BGH, Urt. v. 13.01.1972 – VII ZR 46/70, MDR 1972, 410). Diese Entscheidung fiel nicht schwer, weil die regelmäßige Verjährung damals noch 30 Jahre betrug. Folglich kam es zum Nachteil des Auftraggebers darauf an, ob Mängelansprüche vor der Abnahme ggf. nach § 13 Abs. 4 VOB/B einer kürzeren Verjährung zu unterwerfen sind. Dies lehnte der BGH ab. Heute jedoch ist die Rechtslage mit einer zwischenzeitlich deutlich verkürzten Regelverjährung von drei Jahren eine völlig andere. Nunmehr könnte es für den betroffenen Auftraggeber umgekehrt sogar darauf ankommen, für seine im Ausführungsstadium entstandenen Mängelansprüche in den »Genuss« der jetzt verlängerten und vor allem überhaupt erst mit der Abnahme bzw. einem Abnahmesurrogat (s. o.) beginnenden Verjährungsfrist zu gelangen. Dies nimmt die Rechtsprechung heute zu Recht an (BGH, Urt. v. 12.01.2012 – VII ZR 76/11, BauR 2012, 643, 645 = NJW 2012, 1137, 1138 m. Anm. Schwenker = NZBau 2012, 157, 158). Warum das notwendig ist, zeigt folgendes Beispiel. 2936

▶ **Beispiel**

Bei einem lang laufenden Bauvorhaben zu einem VOB-Vertrag zeigen sich im Oktober 2007 Mängel. Der Auftraggeber kündigt den Vertrag wirksam im März 2008. Im Februar 2011 macht er zu diesen Mängeln Schadensersatzansprüche geltend. Vor Abnahme ergäben sich diese aus § 4 Abs. 7 S. 2 VOB/B; sie wären nach der Regelverjährung somit zum 31. Dezember 2010 verjährt. Nimmt der Auftraggeber aber in der Folgezeit das Vorhaben ab, könnte er – käme es jetzt allein auf die Abnahme an – Ersatzansprüche auf § 13 Abs. 7 VOB/B stützen, für die nunmehr (neu?) eine fünfjährige Verjährung erst ab dem Zeitpunkt der Abnahme läuft.

Würde man die Mängelrechte vor und nach der Abnahme verjährungsrechtlich unterschiedlich behandeln, könnte der Auftraggeber also je nach Bestimmung des Abnahmezeitpunktes den Verjährungsbeginn zumindest theoretisch beliebig hinauszögern. Oder um es negativ auszudrücken: Ggf. wäre er sogar gehalten, allein zur »Umgehung« einer schon eingetretenen Verjährung von Mängelansprüchen die Abnahme einer gekündigten und ggf. gar nicht abnahmefähigen Werkleistung zu erklären, um jetzt erneut eine Verjährung für einen bereits verjährten Mängelanspruch in Gang zu setzen. Überzeugend ist das nicht. Eine solche Situation ist mit der Rechtsprechung zu

Recht auch vermeidbar, wenn man davon ausgeht, dass die **Verjährung für alle Mängelansprüche** einheitlich überhaupt erst mit der Abnahme bzw. einem Abnahmesurrogat beginnt. Neben dem vorstehend beschriebenen Sonderfall lässt sich diese Rechtsprechung aber auch überzeugend in das System der Mängelrechte einordnen. So mögen zwar die Mängelansprüche des Auftraggebers eines VOB-Vertrages vor und nach der Abnahme unterschiedlich geregelt sein. Gleichwohl geht es doch jeweils um **denselben Anspruch**, der sich ja wie anderer Stelle gezeigt als Mangelanspruch vor der Abnahme nach § 4 Abs. 7 VOB/B mit der Abnahme nur in einen solchen nach § 13 Abs. 5 ff. VOB/B umwandelt (BGH, Urt. v. 19.12.2002 – VII ZR 103/00, BGHZ 153, 244, 249 = BauR 2003, 689, 691 = NJW 2003, 1450, 1451; s. dazu Rdn. 1196 f.). Geht es aber jeweils um denselben Anspruch, der lediglich mit modifizierter Anspruchsgrundlage vor Abnahme schon eigenständig geltend gemacht werden kann, ist die Rechtslage bei einem VOB-Vertrag unter Verjährungsgesichtspunkten mit der damals geltenden Rechtslage bis zur Schuldrechtsmodernisierung gemäß § 638 BGB a. F. vergleichbar. Hierzu hatte die Rechtsprechung aber schon seit Längerem anerkannt, dass trotz der Tatsache, dass die Gewährleistungsrechte schon vor der Abnahme geltend gemacht werden konnten, die Verjährung einheitlich erst mit der Abnahme beginne. Die Anwendbarkeit der kurzen Verjährung des § 638 BGB hänge also nicht davon ab, zu welchem Zeitpunkt diese Rechte entstanden sind. Vielmehr erfasste diese Regelung sowohl die vor als auch nach Abnahme entstandenen und geltend gemachten Rechte (BGH, Urt. v. 24.02.2011 – VII ZR 61/10 BauR 2011, 1032, 1033 = NJW 2011, 1224, 1225 = NZBau 2011, 310, 311; BGH; Urt. v. 08.07.2010 – VII ZR 171/08 BauR 2010, 1778, 1779 = NJW 2010, 3573 = NZBau 2010, 768, 769). Nichts anderes gilt für einen VOB-Vertrag: Zwar sind hier anders als nach dem früheren BGB die Ansprüche in unterschiedlichen Vorschriften geregelt. Doch ändert dies an ihrem **einheitlichen Charakter nichts**. Vielmehr lässt sich analog dem früheren Verständnis der alten BGB-Verjährungsregelung des § 638 BGB, unter dessen Eindruck der heutige § 13 Abs. 4 VOB/B entstanden ist, annehmen, dass die Verjährung für sämtliche Mängelansprüche unabhängig von ihrem Entstehungszeitpunkt einheitlich erst mit der Abnahme beginnt (BGH; Urt. 12.01.2012 – VII ZR 76/11, BauR 2012, 643, 645 = NJW 2012, 1137, 1138 m. Anm. Schwenker = NZBau 2012, 157, 158).

11.4.2.4.4 Bedeutung der Vertragsstrafe

2937 Soweit die Kündigung wegen Verzugs erfolgte, ist es nicht ausgeschlossen, dass der Auftragnehmer gleichzeitig eine Vertragsstrafe verwirkt hat (s. o. ausführlich Rdn. 1694 ff.). Hinzuweisen ist an dieser Stelle lediglich darauf, dass die Vertragsstrafe selbst nur für die Zeit bis zum Tag der Kündigung des Vertrages berechnet werden darf (§ 8 Abs. 7 VOB/B).

11.4.2.5 Kündigung nach § 6 Abs. 7 VOB/B

2938 Neben den außerordentlichen Kündigungsrechten in § 8 Abs. 2–4 VOB/B, hier vor allem nach Verzug des Auftragnehmers nach § 5 Abs. 4 VOB i. V. m. § 8 Abs. 3 VOB/B, steht die weitere Kündigungsmöglichkeit in § 6 Abs. 7 VOB/B. Hierauf wurde schon bei der Beschreibung der Kündigungsrechte des Auftragnehmers ausführlich eingegangen (s. o. Rdn. 2717 ff.), weil es diesem in gleicher Weise zusteht. Danach kann nämlich **jede Partei den Bauvertrag kündigen**, wenn es zu einer **Unterbrechung der Bauausführung von mehr als drei Monaten** kommt. Unterbrechung bedeutet, dass die Arbeit des Auftragnehmers nicht weitergeführt wird; bloße Verzögerungen oder die bloße Einstellung von Teilleistungen genügen dagegen nicht (OLG Düsseldorf, Urt. v. 29.01.2008 – 21 U 22/07, Nichtzul.-Beschw. zurückgew., BGH, Beschl. v. 23.07.2009 – VII ZR 46/08, BauR 2009, 1597).

▶ **Beispiel (nach OLG Düsseldorf a. a. O.)**

Wegen Gründungsschwierigkeiten auf der Baustelle ist der Auftragnehmer zwar nicht vor Ort, erstellt aber zur Erfüllung der Bauleistung geschuldete weiter gehende statische Berechnungen. Dies ist keine Unterbrechung der Bauleistung.

Die Kündigung nach § 6 Abs. 7 VOB/B kann dabei schon vor Ablauf der Drei-Monats-Frist erklärt werden, wenn mit Sicherheit feststeht, dass die Unterbrechung länger als drei Monate dauern wird (BGH, Urt. v. 13.05.2004 – VII ZR 363/02, BGHZ 159, 161, 165 = BauR 2004, 1285, 1286 f. = NJW 2004, 2373, 2374). Allerdings muss die Unterbrechung zum Zeitpunkt der Kündigung noch andauern und ihr Ende darf nicht unmittelbar bevorstehen. Dies folgt daraus, dass die Kündigungsmöglichkeit des § 6 Abs. 7 VOB/B letztlich ein **Ausfluss von Treu und Glauben** ist (§ 242 BGB) und deshalb aus diesem Grund ausgeschlossen sein kann (Ingenstau/Korbion/Döring, VOB/B, § 6 Abs. 7 Rn. 5).

Erfolgt eine Kündigung nach § 6 Abs. 7 VOB/B, bedarf sie der **Schriftform**. Sodann kann der Auftragnehmer gemäß § 6 Abs. 7 S. 2 i. V. m. § 6 Abs. 5 VOB/B die ausgeführten Leistungen nach den Vertragspreisen abrechnen, wofür eine **prüfbare Abrechnung** vorzulegen ist. Ferner kann er, soweit nicht auch ihm ein Verschulden zur Last fällt, Ersatz der Kosten für die Baustellenräumung verlangen, wenn diese Kosten nicht Bestandteil der Vergütung für die bereits ausgeführten Leistungen sind.

Wegen der weiteren Erläuterungen ist oben auf die schon erfolgte Darstellung bzgl. des gleichen Rechts beim Auftragnehmer zu verweisen (Rdn. 2717 ff.). Anzumerken ist allenfalls, dass es für das Kündigungsrecht nach § 6 Abs. 7 VOB/B dem Grunde nach **nicht darauf ankommt, wer die Bauunterbrechung verursacht** hat, d. h.: Selbst wenn die Unterbrechung aus dem Einflussbereich des Auftraggebers stammt, kann er den Vertrag danach kündigen (BGH, Urt. v. 13.05.2004 – VII ZR 363/02, BGHZ 159, 161, 165 f. = BauR 2004, 1285, 1287 = NJW 2004, 2373, 2374 f.; BGH, Urt. v. 20.10.2005 – VII ZR 190/02, BauR 2006, 371, 372 = NJW-RR 2006, 306, 307). Dies könnte immerhin einen Auftraggeber dazu verleiten, **mutwillig eine Bauunterbrechung** (z. B. durch unterbleibende Mitwirkungshandlungen) herbeizuführen. Denn dann könnte er den Bauvertrag nach § 6 Abs. 7 VOB/B mit der deutlich moderateren Vergütungsfolge des § 6 Abs. 5 VOB/B kündigen, anstatt eine freie Kündigung aussprechen zu müssen, die ihn zur vollen Vergütungszahlung abzüglich ersparter Aufwendungen verpflichtet. 2939

▶ **Beispiel**

Der Auftraggeber übergibt nicht die notwendigen Baupläne, sodass die Baustelle still steht.

Ein solches Verhalten dürfte jedoch – entgegen vorstehend beschriebenem allgemeinen Grundsatz – den Auftraggeber nicht zu einer Vertragskündigung nach § 6 Abs. 7 VOB/B berechtigen. Denn das Kündigungsrecht aus § 6 Abs. 7 VOB/B, das hier dem Auftraggeber auch bei Behinderungen aus dem eigenen Bereich zugestanden wird, ist eine Folge des allgemeinen Billigkeitsrechts. Der Auftraggeber soll kündigen können, weil es sein kann, dass auch bei von ihm selbst zu vertretenden Störungen die Fortsetzung des Vertrages bei längeren Unterbrechungen unzumutbar wird. Hierauf kann sich der Auftraggeber aber nicht berufen, wenn er die Situation mutwillig herbeiführt. Dasselbe gilt, wenn er schon bei Vertragsschluss von dem drohenden Eintritt einer Unterbrechung Kenntnis hat oder er ohne Weiteres in der Lage ist, die Unterbrechung zu verhindern oder zu beenden (so auch BGH, Urt. v. 13.05.2004 – VII ZR 363/02, BGHZ 159, 161, 165 f. = BauR 2004, 1285, 1287 = NJW 2004, 2373, 2374 f.). Dies ist eine ausreichende Schranke, mit der die wesentlichen Punkte geregelt sind.

11.4.2.6 Die Kündigung wegen Vertrauensverlustes und positiver Vertragsverletzung

Neben den in § 8 VOB/B ausdrücklich geregelten Kündigungsgründen kann sich ein Recht zur Kündigung des Bauvertrages aus wichtigem Grunde auch wegen **positiver** Vertragsverletzung **des anderen Vertragspartners** ergeben, wenn durch dessen schuldhaftes Verhalten der Vertragszweck so gefährdet ist, dass es dem vertragstreuen Vertragspartner nicht zumutbar ist, den Vertrag fortzusetzen (BGH, Urt. v. 23.05.1996 – VII ZR 140/95, BauR 1996, 704, 705 = NJW-RR 1996, 1108 f.). Es wurde bereits zu der vergleichbaren Rechtslage beim Auftragnehmer erläutert, dass dieses Recht trotz fehlender Regelung als Ausfluss des **Grundsatzes von Treu und Glauben auch beim VOB-Vertrag** besteht. Richtigerweise wird man die Rechtsgrundlage dieses Kündigungsrechts heute wie schon zu der umgekehrten Rechtslage zum Auftragnehmer aus einer Analogie zu § 314 BGB ableiten kön- 2940 nen (s. dazu oben Rdn. 2809 ff.; OLG Frankfurt, Urt. v. 21.09.2011 – 1 U 154/10, BauR 2012, 262, 263 = NJW-RR 2011, 1655, 1656 = NZBau 2012, 110, 111; in diesem Sinne ausführlich Ingenstau/ Korbion/Vygen, VOB/B Vor §§ 8 und 9 Rn. 17 ff.; Kapellmann/Messerschmidt/Lederer, VOB/B § 8 Rn. 3; Kniffka/Schmitz, § 649 Rn. 7 ff.; Palandt/Sprau, § 649 Rn. 13; Münch.Komm/Busche, § 649 Rn. 31 f.; für eine direkte Anwendung sogar: Erman/Hohloch, § 314 Rn. 13; Münch.Komm./Gaier § 314 Rn. 5 f.; Leinemann/Franz, § 8 Rn. 4; wohl auch OLG Nürnberg, Urt. v. 27.07.2005 – 6 U 117/08, BauR 2006, 2083 = NZBau 2006, 320 zu einem Architektenvertrag); teilweise wird es sogar als Sonderfall der Kündigung nach § 8 Abs. 3 VOB/B angesehen (OLG Naumburg, Urt. v. 22.11.2006 – 6 U 79/06, OLGR 2007, 809, 810; OLG Schleswig, Urt. v. 08.07.2011 – 17 U 49/10 NZBau 2011, 756, 757). Der Rückgriff auf § 314 BGB erscheint jedenfalls vorzugswürdiger als die alternativ vorgeschlagene Anwendung von § 649 S. 2 BGB (Voit, BauR 2002, 1776, 1786; Halfmeier/Leupertz, § 649 Rn. A18; Hebel, BauR 2011, 330, 332): Denn zunächst findet sich zu den hier problematischen Kündigungsgründen in § 649 BGB gar nichts; stattdessen ist diese Regelung mit dem Recht auf freie Kündigung erkennbar auf einen anderen Sachverhalt zugeschnitten, weswegen man sich dazu auch einer insoweit teleologischen Reduktion bemühen muss. Letztlich führt der Umweg über § 649 BGB aber auch aus anderen Gründen in die Irre: So lässt sich daraus schon nicht die Notwendigkeit herleiten, dass der Kündigungsberechtigte vor allem in dem Regelfall einer außerordentlichen Kündigung nach einer Unzumutbarkeit wegen schwerer Pflichtverletzungen der Vertragsgegenseite soweit tunlich zuvor nochmals eine Frist setzen muss. Außerdem handelt es sich bei § 649 BGB allein um eine Kündigungsvorschrift zugunsten des Auftraggebers; dagegen kann das außerordentliche Kündigungsrecht wegen schwerster Verletzungen der Leistungstreuepflicht, die eine Vertragsfortsetzung unzumutbar machen, beiden Vertragsparteien zustehen, wobei die Grundlage dann jeweils dieselbe ist: Ein solcher Weg wird aber nur über eine entsprechende Anwendung des § 314 BGB eröffnet, worauf oben schon im umgekehrten Verhältnis einer außerordentlichen Kündigung durch den Auftragnehmer aus wichtigem Grund eingegangen wurde (s. o. Rdn. 2809 ff.).

11.4.2.6.1 Kündigungsgründe

2941 Eine Kündigung aus wichtigem Grund kommt danach in Betracht, wenn dem Auftraggeber die Fortsetzung des Vertrages insbesondere wegen der Gefährdung des Vertragszweckes nicht mehr zumutbar ist. Zu nennen sind hier vor allem schuldhaft vom Auftragnehmer begangene Vertragsverletzungen, wobei es nicht darauf ankommt, ob **Haupt- oder Nebenpflichten** aus dem Bauvertrag verletzt worden sind. Denn auch Nebenpflichten können für den vereinbarten Vertragszweck von erheblicher Bedeutung sein (BGH, Urt. v. 23.05.1996 – VII ZR 140/95, BauR 1996, 704, 705 = NJW-RR 1996, 1108 f.).

> **Beispiel (nach BGH a. a. O.)**
>
> Der Auftragnehmer transportiert mehrfach trotz entsprechender Auflage im Bauvertrag und in der wasserrechtlichen Genehmigung sowie weiterer mündlicher Abmahnungen Boden über die Straße anstatt über die Schiene.

In einem solchen Fall hat der BGH eine Kündigung aus wichtigem Grunde für gerechtfertigt erklärt, wenn das Verhalten des Auftragnehmers ein hinreichender Anlass für die Annahme ist, dass er sich auch in Zukunft nicht vertragstreu verhalten wird.

2942 Zu den weiteren Fällen, in denen eine außerordentliche Vertragskündigung aus wichtigem Grund zugelassen wurde, gehören u. a. Folgende:
- **Täuschung des Auftraggebers** über eine im Leistungsverzeichnis geforderte Eignungsbefähigung (hier: großer Eignungsnachweis zum Schweißen), da dies den Vertrauensverlust für den gesamten Bauvertrag zur Folge haben kann (OLG Köln, Urt. v. 28.04.1993 – 13 U 201/92, BauR 1994, 412 = NJW-RR 1994, 602 f. = IBR 1994, 100). Dasselbe gilt bei einer Täuschung über die Eintragung in die Handwerksrolle (OLG Hamm, Urt. v. 10.02.1988 – 12 U 163/87, BauR 1988, 727 f.) oder sonst nicht vorliegende dringend notwendige Zertifizierungen des eingesetzten Per-

11.4 Die Kündigung durch den Auftraggeber

sonals (OLG Stuttgart, Urt. v. 14.09.2010 – 6 U 177/09, Nichtzul.-Beschw. zurückgew., BGH, Beschl. v. 08.09.2011 – VII ZR 170/10, IBR 2012, 14 zu Hochspannungsarbeiten).
- Gegen Treu und Glauben verstoßende Unterdrucksetzung durch z. B. die ernsthafte Erklärung des Auftragnehmers, den Vertrag nur erfüllen zu wollen, wenn der Auftraggeber auf einen ihm zustehenden Schadensersatzanspruch wegen vom Auftragnehmer zu vertretender Bauverzögerung verzichte (OLG Karlsruhe, Urt. v. 18.02.1987 – 7 U 52/81, BauR 1987, 448, 449).
- Eigenmächtige und vorsätzliche Abweichung von vertraglichen Vorgaben zur technischen Bearbeitung (OLG Celle, Urt. v. 16.12.2004 – 5 U 71/04, BauR 2005, 1336, 1338).
- Schuldhafte Nichteinhaltung von Vertragsfristen mit der Folge, dass eine Fortsetzung des Vertrages mit dem Unternehmer nicht zumutbar ist (BGH, Urt. v. 12.02.2003 – X ZR 62/01, BauR 2003, 880, 881).
- Wissentliche Ausführung der Bauleistungen mit schweren bei der Ausführung erkennbaren Mängeln, hier entschieden für mangelhafte Abdichtungsarbeiten (OLG Schleswig, Urt. v. 09.03.2010 – 3 U 55/09, BauR 2011, 690).
- Zurückbehalt einer geschuldeten Bürgschaft bis zum Anerkenntnis einer der Höhe nach nicht nachvollziehbaren Nachtragsforderung (KG, Urt. v. 21.01.2011 – 7 U 74/10 BauR 2011, 1498, 1499) oder Leistungseinstellung zur Durchsetzung einer unberechtigten Nachtragsforderung (OLG Frankfurt, Urt. v. 21.09.2011 – 1 U 154/10, BauR 2012, 262, 263 = NJW-RR 2011, 1655, 1656 = NZBau 2012, 110, 111; OLG Hamm, Urt. v. 22.11.2012 – 21 U 111/10, BauR 2012, 1406, 1407; Vygen, BauR 2005, 431, 432; Kimmich, BauR 2009, 1494, 1503 sowie oben Rdn. 2443 ff.).
- Nachhaltige Verweigerung der Anpassung des Bauvertrages wegen Störung der Geschäftsgrundlage (OLG Schleswig, Urt. v. 08.07.2011 – 17 U 49/10, NZBau 2011, 756, 757; ebenso BGH, Urt. v. 21.11.1968 – VII ZR 89/66, NJW 1969, 233, 234 für den umgekehrten Fall einer Auftragnehmerkündigung aus diesem Grund).

Ein wichtiger Grund zur außerordentlichen Kündigung kann auch darin zu sehen sein, dass der andere Vertragspartner den Bauvertrag zu Unrecht fristlos gekündigt hat (BGH, Urt. v. 01.12.1993 – VIII ZR 129/92, BauR 1994, 544 = NJW 1994, 443, 444; BGH, Urt. v. 05.07.2001 – VII ZR 201/99, BauR 2001, 1577 = NZBau 2001, 623, 624; BGH, Urt. v. 20.08.2009 – VII ZR 212/07, BauR 2009, 1736, 1738 = NJW 2009, 3717, 3719 = NZBau 2010, 47, 49) oder sonst schwerwiegend gegen die ihn treffende Kooperationspflicht (BGH, Urt. v. 28.10.1999 – VII ZR 393/98, BGHZ 143, 89, 92 ff. = BauR 2000, 409, 410 = NJW 2000, 807, 808) verstößt. Hierzu zählen auch **strafbare Handlungen des Auftragnehmers**, die sich gegen den Auftraggeber richten oder im kollusiven Zusammenwirken mit Vertretern des Auftraggebers begangen werden, wie insbesondere betrügerische Abrechnungen, Untreuestraftaten oder auch die Zahlung von Schmiergeldern (zu Letzteren so wohl zu verstehen BGH, Urt. v. 06.05.1999 – VII ZR 132/97, BauR 1999, 1047, 1049 = NJW 1999, 2266, 2268). 2943

Dagegen liegt eine zur Kündigung berechtigende grobe Vertragsverletzung des Auftragnehmers **in folgenden Fällen nicht** vor: 2944
- Der Auftragnehmer stellte seine Arbeit ein, weil eine nach dem Bauvertrag binnen einer Woche zu schließende Vereinbarung über die gesonderte Vergütung erforderlicher Mehrleistungen für die notwendigen Vorarbeiten nicht fristgerecht zustande gekommen ist (OLG Düsseldorf, Urt. v. 03.12.1993 – 22 U 117/93, BauR 1994, 521, 522; s. zu dem Recht zur Baueinstellung bei **ausbleibenden Nachtragsvereinbarungen** Rdn. 2443 ff.).
- Der Auftragnehmer verlangt eine überhöhte **Sicherheit nach § 648a BGB** und kündigt für den Fall der Nichtstellung eine Leistungseinstellung an. Dies rechtfertigt für sich genommen zumindest bei einer nicht unverhältnismäßig überhöhten Anforderung keine Auftraggeberkündigung aus wichtigem Grund; stattdessen ist der Auftraggeber gehalten, zunächst eine aus seiner Sicht angemessene Sicherheitsleistung anzubieten (BGH, Urt. v. 09.01.2000 – VII ZR 82/99, BGHZ 146, 24, 35 f. = BauR 2001, 386, 390 = NJW 2001, 822, 825 = NZBau 2001, 129, 132 – s. auch Rdn. 3175).

- Der Auftragnehmer meldet **Bedenken gegen die vorgesehene Art** der Ausführung an, weil er eine zusätzliche Dämmung für notwendig erachtet und bei deren Nichtausführung er sich bußgeldpflichtig machen könnte (BGH, Urt. v. 10.05.2007 – VII ZR 226/05 BauR 2007, 1404, 1407 = NJW-RR 2007, 1317, 1318 = NZBau 2007, 581, 583; ähnlich OLG Naumburg, Urt. v. 02.10.2008 – 1 U 42/08 BauR 2009, 980, 981 = NZBau 2009, 379, 380 zu technisch begründeten Bedenken gegen die Umsetzbarkeit der Planung). Dafür hat er ein Nachtragsangebot eingereicht und erklärt, dass er ohne diese Zusatzleistung seine Gewährleistungspflicht ablehnt, solange nicht der Auftraggeber die Ausführung ohne Dampfsperre eindeutig angeordnet hat (OLG Düsseldorf, Urt. v. 29.07.1994 – 23 U 251/93, BauR 1995, 247, 249).
- Dasselbe gilt für Benkenmitteilungen, die der Auftragnehmer ggf. mit dem Hinweis verbindet, dass er für den Fall der Ausführung seiner Arbeiten ohne vorherige Nachbesserung der konkreten Beanstandungen jede **Gewährleistung für darauf beruhende Mängel ablehnt**. Auch das berechtigt den Auftraggeber nicht zur Kündigung des Bauvertrages aus wichtigem Grunde, selbst wenn die Bedenken zu Unrecht erhoben worden sein sollten. Es steht dem Auftraggeber nämlich frei, die Bedenken nach Prüfung zurückzuweisen, die Ausführung der Werkleistung ohne weitere Vorleistungen zu verlangen und den Auftragnehmer insoweit von der Gewährleistung für Mängel, die ihre Ursache in der Qualität der Vorleistungen haben können, freizustellen (OLG Düsseldorf, Urt. v. 26.11.1991 – 23 U 61/91, BauR 1992, 381 = NJW-RR 1992, 1237, 1238).

2945 Auch **persönlichen Beleidigungen** des Auftragnehmers können zu einer Zerstörung des Vertrauensverhältnisses führen und eine fristlose Kündigung rechtfertigen. Allerdings wird man hier gesondert zu prüfen haben, ob dies wirklich in jedem Fall so gilt.

▶ **Beispiel (ähnlich KG; Urt. v. 14.4.2010 – 21 U 74/07, Nichtzul-Beschw. zurückgew., BGH, Beschl. v. 13.10.2011 – VII ZR 228/10, IBR 2012, 156)**

Gegenüber einem Kollegen äußert der Auftragnehmer, der Auftraggeber habe keine Ahnung und er bei dem Lohn keine Lust, weiterzuarbeiten. Diese Äußerung mag zwar ein Vertrauensverhältnis belasten, es aber – gerade weil sie nur in einem vertraulichen Gespräch mit einem Kollegen fiel – nicht endgültig zerstören.

11.4.2.6.2 Kündigung und Abrechnung

2946 In allen Fällen der Kündigung, also auch der aus sonstigem wichtigen Grund, wird man von ganz wenigen Ausnahmen abgesehen, eine **vorherige Fristsetzung mit Kündigungsandrohung** verlangen müssen. Dabei müssen beide Erklärungen, also **Fristsetzung und Kündigungsandrohung, miteinander verbunden** sein. Dies gilt in jedem Fall dann, wenn der andere Vertragspartner den wichtigen Kündigungsgrund abstellen kann. Dies ist in der Regel anzunehmen, wenn es um die Verletzung von Vertragspflichten geht. Allein vor diesem Hintergrund sind auch die in der VOB/B bereits für die außerordentliche Kündigung vorgesehenen Kündigungsrechte bei Mängeln (vgl. § 4 Abs. 7 S. 3 VOB/B), bei dem ungenehmigten Einsatz von Subunternehmern (§ 4 Abs. 8 Nr. 1 S. 2 VOB/B) oder bei Verzug (§ 5 Abs. 4 VOB/B) zu verstehen. Sie setzen jeweils einheitlich eine entsprechende Fristsetzung mit Kündigungsandrohung voraus. Auf dieser Grundlage ist es auch einerlei, ob man die außerordentliche Kündigung außerhalb der VOB unmittelbar aus Treu und Glauben, aus einer erweiterten Auslegung des § 8 Abs. 3 VOB/B oder nicht zuletzt aus entsprechender Anwendung des § 314 BGB herleitet (vgl. dazu vor allem oben Rdn. 2940). Denn selbst eine außerordentliche Kündigung nach § 314 BGB würde nach dessen Absatz 2 in der Regel eine Fristsetzung erfordern.

2947 Soweit immerhin dem Grundsatz nach eine **Fristsetzung** notwendig ist, ist auf der anderen Seite aber unbestritten, dass diese **notfalls entfallen** kann (vgl. auch § 314 Abs. 2 S. 2 BGB). Dies gilt insbesondere in sämtlichen Fällen, bei denen auch ansonsten auf entsprechende Fristsetzungen verzichtet wird (vgl. etwa § 323 Abs. 2 BGB). Dies ist etwa der Fall, wenn wie hier der Auftragnehmer die Leistung ernsthaft und endgültig verweigert, er nur Leistungen (z. B. eine Beseitigung von Baumängeln während der Bauphase) anbietet, die völlig unzureichend sind (OLG Düsseldorf, Urt.

11.4 Die Kündigung durch den Auftraggeber

v. 07.12.2010 – 21 U 156/09, BauR 2012, 1244, 1249), oder sonst besondere Umstände vorliegen, die eine sofortige Kündigung rechtfertigen. Letzteres wird jedoch nur ganz ausnahmsweise zu bejahen sein, weil eine Fristsetzung zumindest im Regelfall möglich und zumutbar ist. Ist allerdings eine Fristsetzung entbehrlich, bedarf es insoweit als tatbestandliche Voraussetzung nach § 8 Abs. 3 VOB/B auch **keiner Kündigungsandrohung**. Denn ist diese grundsätzlich mit der Fristsetzung verbunden (Rdn. 2946), fehlt schon ohne eine zuvor gesetzte Frist eine Anknüpfungstatsache für die Androhungshandlung (OLG Düsseldorf, Urt. v. 07.12.2010 – 21 U 156/09, BauR 2012, 1244, 1249).

Kann ausnahmsweise eine vorherige Fristsetzung entbehrlich sein, stellt sich die Frage, ob dies auch für die Kündigungserklärung selbst gilt. 2948

▶ **Beispiel**

Der Auftragnehmer hat erklärt, nicht mehr tätig sein zu wollen. Der Auftraggeber kündigt nicht, sondern beauftragt einen Ersatzunternehmer und verlangt Kostenersatz.

Einen solchen **Kostenerstattungsanspruch ohne gesonderte Kündigungserklärung** hat der BGH bejaht, wenn der Auftragnehmer den Vertrag gegen den Widerspruch des Auftraggebers zu Unrecht gekündigt und sich geweigert hat, die Arbeiten wieder aufzunehmen. Hierin liege – so der BGH – eine endgültige Leistungsverweigerung, die den Auftraggeber ohne Androhung der Kündigung und ohne eigene Kündigung berechtige, die Mehrkosten der Fertigstellung und die Kosten der Mängelbeseitigung zu verlangen (BGH, Urt. v. 05.07.2001 – VII ZR 201/99, BauR 2001, 1577 = NZBau 2001, 623, 624). Dies erscheint allenfalls in absoluten Ausnahmefällen richtig zu sein. Zwar ist nicht zu beanstanden, dass ausnahmsweise die Fristsetzung entfallen kann. Denn sie wäre wirklich nur Förmelei, wenn der Auftragnehmer nicht mehr leistungsbereit ist. Dies gilt jedoch nicht für die Kündigung, die als rechtsgestaltende Erklärung das Erfüllungsstadium des Vertragsverhältnisses beendet (in diesem Sinne auch zu verstehen: BGH Urt. v. 11.05.2006 – VII ZR 146/04, BGHZ 167, 345, 348 f. = BauR 2006, 1294, 1295 f. = NJW 2006, 2475, 2476). Ohne diese rechtsgestaltende Erklärung besteht das Erfüllungsstadium fort, sodass nicht verständlich ist, wie dieses mit all seinen Folgen wenn nicht durch eine Kündigung beendet werden kann.

Soweit der Auftragnehmer eines VOB-Vertrages infolge dieses außerordentlich bestehenden Kündigungsrechts gekündigt wird, richten sich die gegenseitigen Rechte und Pflichten wiederum nach § 8 Abs. 3 VOB/B (vgl. in diesem Sinne etwa auch OLG Celle, Urt. v. 16.12.2004 – 5 U 71/04, BauR 2005, 1336, 1337 = OLGR Celle 2005, 229, 230; OLG Naumburg, Urt. v. 22.11.2006 – 6 U 79/06, OLGR 2007, 809, 810). Anwendbar sind insoweit insbesondere die gesamten Abrechnungsbestimmungen sowie etwa auch die Formvorgabe zur Schriftform der Kündigung. 2949

11.4.2.7 Die Kündigung wegen Überschreitung des Kostenanschlags (§ 650 BGB)

Ein besonderes Kündigungsrecht ist im Zusammenhang mit der Erstellung von Kostenanschlägen zu sehen (§ 650 Abs. 1 BGB). Ausgangspunkt dafür ist die Tatsache, dass dem Vertrag ein Kostenvoranschlag zugrunde gelegt worden ist, ohne dass der Unternehmer die Gewähr für dessen Richtigkeit übernommen hat. Ergibt sich nunmehr, dass das Werk nicht ohne eine wesentliche Überschreitung dieses Anschlages ausführbar ist, so steht dem Unternehmer, wenn der Besteller den Vertrag aus diesem Grund kündigt, nur der in § 645 Abs. 1 BGB bestimmte (Vergütungs) Anspruch zu. Der Höhe nach beschränkt dieser sich demnach auf eine Bezahlung der bisher geleisteten Arbeiten. 2950

Voranzustellen ist hier zunächst die gesetzliche Systematik: § 650 Abs. 1 BGB enthält **kein eigenes Kündigungsrecht** (a. A. Werner/Pastor, Rn. 1744; Palandt/Sprau § 650 Rn. 1). Dieses ergibt sich vielmehr aus der allgemeinen Kündigungsregelung in § 649 BGB. Soweit sich der Auftraggeber allerdings bei der Kündigung (zu Recht) auf die Überschreitung eines Kostenanschlages berufen kann, wird dann die gesetzliche Vergütungsfolge des § 649 S. 2 BGB durch die Sondervorschrift des § 650 Abs. 1 i. V. m. § 645 Abs. 1 BGB verdrängt (unklar dagegen BGH, Urt. v. 21.12.2010 – X ZR 122/07, BauR 2011, 1034, 1037 = NJW 2011, 989, 991 = NZBau 2011, 290, 292, der von einem 2951

Kündigungsrecht nach § 645 Abs. 1 BGB spricht: Das überzeugt nicht, weil in § 645 Abs. 1 BGB gar kein Kündigungsrecht vorgesehen ist). Ungeachtet dieser unklaren gesetzlichen Ausgangslage handelt es sich bei § 650 Abs. 1 BGB immerhin um eine Sonderregelung der Folgen des Wegfalls der Geschäftsgrundlage. Dabei ist die Geschäftsgrundlage in dem im Kostenanschlag zum Ausdruck gekommenen Verhältnis zwischen Leistung und Gegenleistung, d. h. zwischen dem vom Unternehmer zu erbringenden Werk und seiner für diese seine Leistung kalkulierten Vergütung zu sehen (BGH, a. a. O.).

11.4.2.7.1 Voraussetzungen

2952 Vorstehende Rechtsfolge zu der beschränkten Vergütung des Auftragnehmers greift nur ein, wenn folgende Voraussetzungen vorliegen:

2953 • Zunächst muss der Auftragnehmer einen **Kostenanschlag** eingereicht haben. Bei einem Kostenanschlag handelt es sich um eine Zusammenstellung der voraussichtlich für das Bauvorhaben anfallenden Kosten auf der Basis der Schätzung des Unternehmers. Abzugrenzen ist der Kostenanschlag von einer **unverbindlichen Preisangabe**, die nur kursorisch mitgeteilt wird.

> **Beispiel**
>
> Auf telefonische Anfrage teilt der Bauunternehmer mit, dass er hinsichtlich der Dachsanierung mit ungefähren Kosten von ca. 15 000 € rechnet. Dies ist nur eine unverbindliche Berechnung, kein Kostenanschlag.

In der Sache setzt ein Kostenanschlag vielmehr voraus, dass sich dieser auch konkret auf eine bestimmte Bauleistung beziehen und im Zweifel danach gegliedert sein muss.

2954 • Der diesbezügliche Kostenanschlag muss von dem Unternehmer stammen, mit dem später der Bauvertrag geschlossen wird.

2955 • Der Kostenanschlag muss **Grundlage des geschlossenen Bauvertrages** sein, ohne dass allerdings der Auftragnehmer dafür eine Preisgarantie übernommen hat (s. zu dieser Unterscheidung anschaulich OLG Frankfurt, Urt. v. 18.10.1988 – 14 U 80/87, NJW-RR 1989, 209 f.). Stattdessen geht es dabei lediglich um den Gesamtrahmen (vgl. Werner/Pastor, Rn. 1743 ff.).

2956 • Die Kündigungsfolge des § 650 Abs. 1 BGB besteht sodann, wenn dieser Kostenanschlag »**wesentlich überschritten**« wurde. Ab wann eine wesentliche Überschreitung vorliegt, ist nicht geklärt. Die Größenordnungen schwanken zwischen 10 % (vgl. etwa Münchner Kommentar/Busche, BGB, § 650 Rn. 10) und ca. 25 % (Werner/Pastor, Rn. 1745). Die Festlegung von festen Grenzwerten erscheint jedoch wenig sinnvoll, weil jeder Einzelfall gesondert zu betrachten ist. Allenfalls dürfte eine Tendenz dahin gehen, dass Steigerungsraten von 10 % nicht ausreichen. Denn Preisschwankungen um die 10 % werden im Bauvertragsgeschehen kaum zu vermeiden sein. Dies zeigt bereits die Preisanpassungsklausel in § 2 Abs. 3 VOB/B, die bewusst Mehrmengen von 10 % von einer Preisanpassung ausnimmt. Findet danach im VOB-Vertrag eine Preisanpassung statt, müsste eine solche Eingriffschwelle bei dieser Sonderregelung zu der Vergütung in § 2 Abs. 3 VOB/B nach einer Kündigung richtigerweise darüber hinausgehen (vgl. dazu auch etwa Ingenstau/Korbion/Vygen, VOB/B, Vor §§ 8 und 9 Rn. 18).

2957 • Die **Ursache der Kostensteigerungen** ist dem Grunde nach unerheblich. Voraussetzung ist lediglich, dass es nach wie vor um ein und dieselbe Bauleistung geht. Deswegen sind auch Kostensteigerungen beachtlich etwa infolge von Materialpreis- und Lohnerhöhungen, Erschwernissen bei der Ausführung u. a. Ausgenommen sind hingegen Mehrkosten wegen Zusatzwünschen oder sonstigen Leistungsänderungen des Auftraggebers, weil es dann nicht mehr um dieselbe Bauleistung geht. Ebenso auszunehmen sind Sachverhalte, in denen die Kostensteigerungen darauf zurückzuführen sind, dass der Auftraggeber dem Auftragnehmer unzutreffende Angaben über den Umfang des herzustellenden Werkes zur Verfügung gestellt hat (BGH, Urt. v. 21.12.2010 – X ZR 122/07 BauR 2011, 1034, 1037 = NJW 2011, 989, 991 = NZBau 2011, 290, 292).

11.4 Die Kündigung durch den Auftraggeber

▸ **Beispiel (ähnlich BGH a. a. O.)**

Der Auftragnehmer gibt auf der Grundlage von vom Auftraggeber erstellten Planunterlagen zu Renovierungsleistungen einen Kostenanschlag ab. Später stellt sich heraus, dass die zur Verfügung gestellten Planunterlagen falsch und deutlich mehr Flächen zu renovieren waren. Hier ist § 650 BGB mit einer Besserstellung des Auftraggebers auf der Vergütungsseite nicht anwendbar, weil die Ursache der Überschreitung aus dessen Risikobereich stammte.

11.4.2.7.2 Rechtsfolgen bei Überschreitung des Kostenanschlages

Wird der Kostenanschlag überschritten, kann der Auftraggeber den Vertrag kündigen. Wie schon eingangs erläutert, handelt es sich dabei um eine für den Auftraggeber ohnehin jederzeit mögliche Kündigung gemäß § 649 BGB. Allerdings wird die Rechtsfolge hinsichtlich der Vergütung gemäß § 650 BGB modifiziert, d. h.: Der Auftraggeber hat in diesem Fall nicht die gesamte Vergütung abzüglich ersparter Aufwendungen zu zahlen, sondern entsprechend § 645 Abs. 1 BGB nur eine **Vergütung für die geleisteten Arbeiten** zzgl. Ersatz der in der Vergütung nicht inbegriffenen Auslagen. Dafür, dass tatsächlich eine Überschreitung des Kostenanschlages vorliegt, ist der **Auftraggeber darlegungs- und beweisbelastet**. Gelingt ihm dieser Beweis nicht, ist seine Kündigung gleichwohl wirksam. Die Vergütungsfolge richtet sich dann allerdings nach § 649 S. 2 und 3 BGB. 2958

Neben der Kündigung sieht § 650 Abs. 2 BGB zusätzlich die Pflicht des Unternehmers vor, eine entsprechende **Kostensteigerung gegenüber dem Kostenanschlag unverzüglich anzuzeigen**. Hierbei handelt es sich um eine Nebenpflicht des Vertrages. Wird sie verletzt, steht dem Auftraggeber gemäß § 280 Abs. 1 BGB ein **Schadensersatzanspruch** zu (vgl. dazu auch OLG Frankfurt, Urt. v. 18.10.1988 – 14 U 80/87, NJW-RR 1989, 209, 210). Dessen Höhe bemisst sich aus einem Vergleich der wirtschaftlichen Lage des Auftraggebers. Gegenüberzustellen ist die finanzielle Belastung aufgrund der nicht angezeigten Kostensteigerung auf der einen und die theoretisch zu ermittelnde Belastung auf der anderen Seite, soweit die Kostensteigerung rechtzeitig angezeigt worden wäre und der Auftraggeber infolgedessen gekündigt hätte. Hier ist etwa in Rechnung zu stellen, dass der Auftraggeber nach einer solchen Kündigung die Restleistung durch einen Dritten hätte kostengünstiger fertigstellen lassen können (ähnlich Halfmeier/Leupertz, § 650 Rn. A5). Abzuziehen davon ist allerdings ein eventueller **Karenzbetrag**, den der Auftraggeber auch bei einer rechtzeitigen Anzeige noch hätte hinnehmen müssen (Ingenstau/Korbion/Vygen, VOB/B, vor §§ 8 und 9 Rn. 19; ebenso OLG Naumburg, Urt. v. 26.09.2009 – 9 U 132/08, Nichtzul.-Beschw. zurückgew., BGH, Beschl. v. 19.08.2010 – VII ZR 111/09, BauR 2011, 149 [Ls.] für einen Karenzbetrag von 10 %). Des Weiteren muss der Auftraggeber zumindest plausibel darlegen und beweisen, dass er im Fall einer rechtzeitigen Mitteilung zum Zwecke der anderweitigen Vergabe, der Übernahme als Eigenleistung oder auch der Abstandnahme vom Vertrag diesen tatsächlich gekündigt hätte. Andernfalls fehlt es bereits an einem Schaden. Steht danach aber ein Schadensersatzanspruch dem Grunde nach fest, kann dieser wiederum bei einer späteren Fertigstellung der Bauleistung doch zu kürzen sein. Denn insoweit ist dem Auftraggeber der ihm jetzt gegenüber der ursprünglichen Vertragsleistung tatsächlich zufließende **Mehrwert im Wege des Vorteilsausgleichs schadensmindernd** anzurechnen (OLG Celle, Urt. v. 03.04.2003 – 22 U 179/01, BauR 2003, 1224, 1226 = NJW-RR 2003, 1243, 1245 = NZBau 2004, 41, 44; OLG Frankfurt, a. a. O.; Ingenstau/Korbion/Vygen, Vor §§ 8 und 9 Rn. 19; Halfmeier/Leupertz, § 650 Rn. A6; a. A. etwa für einen bereicherungsrechtlichen Ausgleich nach dem Verkehrswert: Münch.Komm./Busche, § 650 Rn. 18). War für den Auftraggeber die Kostensteigerung absehbar, könnte ein diesbezüglicher Schadensersatzanspruch darüber hinaus wegen Mitverschuldens (§ 254 BGB) gemindert sein (OLG Naumburg, a. a. O.; OLG Celle, a. a. O.; OLG Frankfurt, a. a. O.). Dies gilt insbesondere bei Stundenlohnarbeiten. 2959

▸ **Beispiel**

Der Vertrag sieht unter anderem eine Stundenlohnposition von 30 Stunden vor. Der Auftraggeber hat zwischenzeitlich Stundenzettel mit über 100 Stunden unterschrieben.

In solchen Fällen ist die Überschreitung bei der gebotenen Sorgfalt zumindest erkennbar gewesen.

11.4.2.7.3 Anwendung von § 650 BGB beim VOB-Vertrag

2960 § 650 BGB gilt auch bei VOB-Verträgen. Dies ist unbestritten (vgl. etwa Münchner Kommentar/ Busche, BGB, § 650 Rn. 19). Vor diesem Hintergrund geht es demzufolge weniger um die Frage der Anwendbarkeit dieser gesetzlichen Regelung als solche. Im Vordergrund steht vielmehr der Umstand, dass zahlreiche Verträge mit der Geltung der VOB **nicht auf der Grundlage von Kostenanschlägen im Sinne des § 650 BGB** geschlossen werden. Dies gilt zunächst dann, wenn es um Einheitspreisverträge geht. Hier nämlich liegen in der Regel keine (unverbindlichen) Kostenanschläge vor, sondern verbindliche Kostenangebote. Auf deren Grundlage wird dann gemäß § 145 ff. durch deren Annahme der Vertrag geschlossen (s. oben Rdn. 166). Dasselbe gilt dem Grunde nach für Kostenangebote zu Pauschalverträgen. Auch hierbei handelt es sich zumeist um einen verbindlichen Kostenvoranschlag bzw. richtiger um ein verbindliches Pauschalpreisangebot, das durch dessen Annahme Grundlage des Vertrages wird (vgl. Ingenstau/Korbion/Vygen, a. a. O.).

2961 Wie schon erläutert, bezieht sich das Kündigungsrecht bei Kostenüberschreitungen immer nur auf **Kostensteigerungen in Bezug auf dasselbe Vertragssoll.** Dies gilt auch bei einem VOB-Vertrag. Sodann ist aber gesondert zu beachten, dass aufgrund der vertraglichen Vereinbarungen in §§ 1 Abs. 3 und 4, § 2 Abs. 3, 5 und 6 VOB/B die Kostenüberschreitung ausdrücklich in allen Einzelheiten geregelt ist. Allein deswegen verbleibt zumindest in deren Geltungsbereich für eine weitere Anwendung des § 650 BGB kein Raum. Bedeutung könnte § 650 BGB demzufolge nur haben, wenn die vorstehenden Regelungen der VOB/B in gesonderten Vertragsbedingungen ausgeschlossen sind (Ingenstau/Korbion/Vygen, a. a. O.; a. A. Kniffka/von Rintelen, § 650 Rn. 55, Münch.Komm./Busche, § 650 Rn. 19).

11.4.3 Kündigung: Form und Darlegung

2962 Nach § 8 Abs. 5 VOB/B bedarf jede Kündigung eines VOB-Vertrages der **Schriftform**; mit einer **Bedingung** darf sie nicht verknüpft werden. Mündliche oder von einer Bedingung abhängig gemachte Kündigungen sind demzufolge unwirksam. Allerdings ist zu beachten, dass es sich bei der Formvorgabe nach § 8 Abs. 5 VOB/B nur um eine sog. gewillkürte Schriftform nach § 127 BGB handelt. Wenn danach ein anderer Wille nicht erkennbar ist, genügt nach § 127 S. 2 BGB somit jeweils auch eine telekommunikative Übermittlung. Folglich wird etwa eine **Kündigung per Fax** ausreichen (so wohl auch i. E. BGH Urt. v. 22.4.1996 II ZR 65/95 NJW-RR 1996, 866, 867). Ob das ebenso für eine Kündigung per E-Mail gilt (in diesem Sinne sehr großzügig Palandt/Ellenberger § 127 Rn. 2), erscheint dagegen sehr zweifelhaft: Denn mit § 127 Abs. 2 BGB sollte nur das Erfordernis eigenhändiger Unterzeichnung im Sinne des § 126 BGB gelockert werden; nicht aber sollte auf die Unterzeichnung als solche verzichtet werden (BT-Ds. 14/4987, S. 43). Daher dürfte eine Kündigung per E-Mail nur dann als wirksam anzuerkennen sein, wenn etwa das unterschriebene **Kündigungsschreiben eingescannt** und dieses Dokument so versandt wird. Fehlt es an der Einhaltung der Schriftform, so kann gleichwohl eine ggf. **stillschweigende Vertragsbeendigung** angenommen werden, wenn beide Vertragspartner sich darauf eingestellt haben, also der Unternehmer (auch Nachunternehmer) seine Arbeiten eingestellt und der Auftraggeber einen anderen Unternehmer mit der Fortführung der Arbeiten beauftragt hat. In diesen Fällen beurteilen sich die Kündigungsfolgen allerdings in aller Regel nach denselben Grundsätzen wie bei einer formwirksamen Kündigung. Es kommt somit darauf an, ob die Kündigung grundlos erfolgte oder ob sie aus wichtigem Grunde erklärt worden ist und deren Voraussetzungen vorlagen (vgl. oben Rdn. 2705 ff.). Ansonsten muss das Wort »Kündigung« nicht ausdrücklich erwähnt werden. Vielmehr genügt jede Formulierung, aus der klar hervorgeht, dass der Bauvertrag mit Wirkung für die Zukunft beendet werden soll (OLG Karlsruhe, Urt. v. 15.02.2012 – 13 U 150/10, BauR 2012, 1149 [Ls.]; s. dazu auch OLG Brandenburg, Urt. v. 16.03.2011 – 13 U 5/10, BauR 2011, 1543 [Ls.], das die Erklärung eines »sofortigen fristlosen Rücktritts« als Kündigung verstand).

11.4 Die Kündigung durch den Auftraggeber

Zweifelhaft ist, ob **Kündigungen begründet** werden müssen. Diese Frage stellt sich allein bei außerordentlichen Kündigungen; denn bei freien Kündigungen ist der Auftragnehmer ohnehin über seinen ihm verbleibenden vollen Vergütungsanspruch optimal abgesichert. Dies vorausgeschickt wird einen Auftragnehmer eine außerordentliche Kündigung zumindest in der Regel schon deshalb nicht überraschen, weil sie ja nach den einschlägigen Vorschriften der VOB/B (vgl. 4 Abs. 7 S. 3, § 4 Abs. 8 S. 3, § 5 Abs. 4 VOB/B) zuvor angekündigt werden muss. Unbeschadet dessen ergibt sich jedoch nicht, woraus sich eine solche Begründungspflicht für Kündigungen ergeben sollte. Entscheidend ist vielmehr, dass der Auftraggeber aus ihr entnehmen kann, dass eine **außerordentliche Kündigung** (und nicht oder ggf. auch hilfsweise eine ordentliche Kündigung) ausgesprochen wird (OLG Karlsruhe, a. a. O.). Bestehen hier Unklarheiten, gehen diese zulasten des Auftraggebers. Diese wirken sich vor allem aus, wenn die Voraussetzungen für eine außerordentliche Kündigung nicht vorgelegen haben und diese Kündigung dann – aus Sicht des Auftraggebers – schlimmstenfalls in eine freie Kündigung mit der ihn belastenden negativen Vergütungsfolge umgedeutet wird (BGH, Versäumnisurteil v. 24.07.2003 – VII ZR 218/02, BGHZ 156, 82, 87 = BauR 2003, 1889, 1891 = NJW 2003, 3474, 3475 – s. dazu auch oben Rdn. 2816 f.).

2963

Muss demzufolge eine Kündigung nicht begründet werden, ergibt sich danach schon von selbst, dass auch **Kündigungsgründe jederzeit nachgeschoben** werden können (BGH, Urt. v. 22.10.1981 – VII ZR 310/79, BGHZ 82, 100, 109 = BauR 1982, 79, 82 f.; BGH, Urt. v. 25.03.1993 – X ZR 17/92, BauR 1993, 469, 471 = NJW 1993, 1972, 1973; Hebel, BauR 2011, 330, 337; a. A. Kapellmann/Messerschmidt/Lederer, B § 8 Rn. 18 f.; vermittelnd Heiermann/Riedl/Rusam/Kuffer, B § 8 Rn. 79, der zwar ein Nachschieben erlaubt, ihnen aber eine Wirkung immer erst ab Zugang der Mitteilung des Kündigungsgrundes beim Auftragnehmer einräumt; in diesem Sinne ebenso OLG Stuttgart, Urt. v. 14.07.2011 – 10 U 59/10, BauR 2012, 1130, 1135). Allerdings müssen diese Kündigungsgründe zum Zeitpunkt der Kündigung schon vorgelegen haben (BGH, Urt. v. 26.03.2008 – X ZR 70/06, NJW-RR 2008, 1155, 1156) – wobei es unbeachtlich ist, dass der Auftraggeber ggf. erst später davon Kenntnis erlangt. Dieses Recht zum Nachschieben von Kündigungsgründen ist jedoch kein Freibrief.

2964

▶ **Beispiel**

Der Auftraggeber hat dem Auftragnehmer eine Frist zur termingerechten Fertigstellung gesetzt und die Kündigung angedroht. Die Frist verstreicht fruchtlos. Der Auftraggeber kündigt. Jetzt stellt sich heraus, dass der Auftragnehmer zu Recht eine Bauzeitverlängerung für sich in Anspruch nehmen konnte. Damit war der Auftragnehmer nicht in Verzug. Der Auftraggeber beruft sich nunmehr auf tatsächlich bestehende und nach Fristsetzung noch nicht beseitigte schwere Mängel und meint, die Kündigung sei wenigstens aus diesem Grund berechtigt.

Dies ist falsch. Zwar könnte der Auftraggeber eine Begründung bzw. neue Sachverhalte für die ausgesprochene Kündigung nachschieben. Hier jedoch wechselt der Auftraggeber die Begründung aus. Dies hat zur Folge, dass ihm für die Kündigung mit diesem neuen Lebenssachverhalt nunmehr die **notwendigen Voraussetzungen fehlen**, nämlich die konkret auf diesen Kündigungsgrund mit diesem Sachverhalt bezogene Fristsetzung. Praktisch relevant wird das Nachschieben von Kündigungsgründen daher nur, wenn ausnahmsweise einmal auf die vorherige Fristsetzung verzichtet werden kann (BGH, Urt. v. 23.06.2005 – VII ZR 197/03, BGHZ 163, 274, 277 = BauR 2005, 1477, 1478 = NJW 2005, 2771, 2772).

▶ **Beispiel (nach BGH, Urt. v. 23.06.2005, a. a. O.)**

Der Auftraggeber kündigt den Auftragnehmer nach § 8 Abs. 2 VOB/B. Im Nachhinein stellt sich heraus, dass zum Zeitpunkt der Kündigung die Voraussetzungen dafür (Insolvenzantragstellung u. a.) nicht vorlagen. Gleichwohl hatte der Auftragnehmer die Arbeiten schon eingestellt. Hier kann der Auftraggeber die außerordentliche Kündigung dann auf § 8 Abs. 3 i. V. m. § 5 Abs. 4 VOB/B stützen, weil eine weitere Fristsetzung ggf. wegen der Arbeitseinstellung nicht erforderlich war.

2965 Soweit die Gründe für die Kündigung streitig sind, gelten für die **Verteilung der Darlegungs- und Beweislast** die allgemeinen Grundsätze: So muss der Auftraggeber darlegen und beweisen, dass die Voraussetzungen für die außerordentliche Kündigung vorgelegen haben. Dies betrifft insbesondere den Leistungsverzug (BGH, Urt. v. 10.05.1990 – VII ZR 45/89, BauR 1990, 632, 634 = NJW-RR 1990, 1109, 1110). Etwas anderes gilt für die fristlose Kündigung bei Mängeln: Hier trifft den Auftragnehmer wie sonst vor Abnahme die Darlegungs- und Beweislast, dass seine Bauleistung mangelfrei war (OLG Zweibrücken, Urt. v. 30.01.2006 – 7 U 74/05, BauR 2007, 1249, 1250). Der Auftraggeber hingegen muss (nur) darlegen und beweisen, dass er den Auftragnehmer entsprechend zur Mangelbeseitigung aufgefordert hat.

11.4.4 Kündigung bzw. vorzeitige Beendigung durch den Auftraggeber des BGB-Vertrages

2966 Während im VOB-Vertragsrecht die Kündigungsrechte präzise geregelt sind, fehlen – mit Ausnahme des freien Kündigungsrechts (s. oben Rdn. 2819 ff.) – im BGB entsprechende Regelungen für fristlose oder außerordentliche Kündigungen. Demzufolge kann der Auftraggeber insoweit nur auf allgemeine Rechte bei Pflichtverletzungen des Auftragnehmers zurückgreifen. Hierbei handelt es sich um das Recht zum **Rücktritt** (§ 323 BGB) sowie den **Schadensersatzanspruch statt der Leistung** (§ 281 BGB). Daneben steht im BGB-Werkvertragsrecht eine fristlose Kündigung aus Treu und Glauben sowie erneut die Kündigung bei Überschreitung eines Kostenanschlages (§ 650 BGB).

11.4.4.1 Rücktrittsrecht des Auftraggebers

2967 Der Auftraggeber kann gemäß § 323 BGB vom Vertrag zurücktreten, wenn der Auftragnehmer die Leistung nicht oder nicht vertragsgemäß erbringt. Dabei gehört zur nicht vertragsgemäßen Erbringung auch eine schuldhaft verzögerte Fertigstellung entgegen den vereinbarten Fristen (vgl. dazu im Einzelnen oben Rdn. 1818 ff.). Hieraus folgt im Einzelnen:

11.4.4.1.1 Fällige Leistungsverpflichtung

2968 Der Auftraggeber kann nur zurücktreten, wenn die Leistungsverpflichtung des Auftragnehmers fällig ist. Insoweit geht es insbesondere um die Frage, zu welchem Zeitpunkt der Auftragnehmer die Bauleistungen zu erbringen hat. Dies betrifft maßgeblich den Beginn der Ausführung und deren Fertigstellung. Einzelheiten dazu wurden in Bezug auf den BGB-Vertrag ausführlich oben zu Rdn. 1714 ff. erörtert. Ist dazu nichts weiter geregelt, ist Rechtsgrundlage hinsichtlich der Fälligkeit der Leistungen im BGB-Vertrag § 271 BGB. Danach hat der Auftragnehmer mit der Bauleistung **unverzüglich zu beginnen**. Er hat sie binnen einer Frist abzuschließen, innerhalb derer bei einem nach dem Vertrag vorauszusetzenden angemessenen Bauablauf mit der Fertigstellung zu rechnen ist (BGH, Urt. v. 08.03.2001 – VII ZR 470/99, BauR 2001, 946 = NJW-RR 2001, 806 – s. oben auch Rdn. 1666 f.). Dabei ist auch an dieser Stelle gesondert darauf hinzuweisen, dass sich diese Fristen selbstverständlich zulasten des Auftraggebers deswegen verlängern können, weil er möglicherweise eigene Mitwirkungshandlungen nicht erbringt (s. dazu oben ausführlich Rdn. 1764 ff.).

2969 Auf die Fälligkeit der Leistung des Auftragnehmers kommt es nach § 323 Abs. 4 BGB nicht an, wenn **offensichtlich** ist, dass die **Voraussetzungen des Rücktritts eintreten** werden (BGH, Beschl. v. 08.05.2008 – VII ZR 201/07 NJW-RR 2008, 1052 = NZBau 2008, 576).

> ▶ **Beispiel (nach BGH, Urt. v. 04.05.2000 – VII ZR 53/99, BauR 2000, 1182 = NJW 2000, 2988)**
>
> Im Vertrag ist eine Bauzeit von 13 Monaten vorgesehen. Der Auftragnehmer übergibt dazu im Oktober nach Vertragsabschluss einen Bauzeitenplan. Im März teilt er ohne Gründe mit, dass er den Termin voraussichtlich nicht halten wird und übergibt dazu einen aktualisierten Plan.

In Fällen wie diesen muss der Auftraggeber nicht zuwarten, bis der vertragliche Fälligkeitstermin nach Ablauf von 13 Monaten eintritt. Vielmehr kann er schon vor Fälligkeit den Vertrag beenden.

11.4 Die Kündigung durch den Auftraggeber

In jedem Fall muss sich bei der Beurteilung dieser Ausnahme ein Missverhältnis zwischen Leistung und Zeit in der Weise ergeben, dass nach allgemeiner Erfahrung eines Sachkundigen mit hoher Wahrscheinlichkeit die rechtzeitige Gesamtfertigstellung der Leistung innerhalb der noch verbleibenden Zeitspanne nicht zu erwarten ist. Weitere Fristsetzungen wären hier dem Auftraggeber nicht zuzumuten – was ohnehin stets dann gilt, wenn bei schon eingetretenen vom Auftragnehmer zu vertretenden beträchtlichen Verzögerungen des Bauvorhabens eine solche Nachfristsetzung von vornherein keine Aussicht auf Erfolg hat (BGH, Urt. v. 08.03.2012 – VII ZR 118/10, BauR 2012, 949, 951 = NJW-RR 2012, 596, 598 = NZBau 2012, 357, 358 f.). Allerdings gilt auch hier, dass etwaige Zweifel zulasten des Auftraggebers gehen (vgl. oben Rdn. 1631). Dabei ist allerdings zu beachten, dass ein Rücktritt nach § 323 Abs. 4 BGB ausgeschossen ist, wenn die Leistung bereits fällig geworden ist. Dann kommt nur noch ein Rücktritt nach § 323 Abs. 1 BGB in Betracht, der zuvor eine Fristsetzung erfordert. Diese kann nur in den bekannten Fällen des § 323 Abs. 2 BGB entfallen, so insbesondere wenn feststeht, dass der Schuldner (Auftraggeber) eine ihm gesetzte Frist ohnehin nicht einhalten wird (BGH, Urt. v. 14.06.2012 – VII ZR 148/10, BauR 2012, 1386, 1387).

11.4.4.1.2 Keine oder nicht vertragsgemäße Leistungserbringung

Weitere Voraussetzung des Rücktrittsrechts ist, dass der Auftragnehmer die fällige Leistung an sich nicht oder nicht vertragsgemäß erbringt. Dabei bezieht sich der Zeitpunkt der vertragsgemäß zu erbringenden Leistung grundsätzlich auf den Fälligkeitszeitpunkt, d. h.: Ein Rücktritt vom Vertrag ist dem Grunde nach ausgeschlossen, wenn sich der Auftragnehmer noch innerhalb der ihm zur Verfügung stehenden Bauzeit befindet und sich dieser dahin gehend einlässt, dass er etwaige Mängel u. a. noch fristgerecht beseitigen wird. Hinzuweisen ist darauf, dass sich der Rücktritt wegen nicht vertragsgemäßer Leistungserbringung im Wesentlichen auf Fälle der **Bauzeit beschränkt, die überschritten** wird. Demgegenüber tritt das Rücktrittsrecht bei Mängeln während der Bauphase zumeist zurück. Denn insoweit wird er regelmäßig zu seiner Entlastung einwenden können, dass er eine vertraglich einwandfreie Leistung erst zum Zeitpunkt der Abnahme schulde und er demzufolge entsprechende Mängel noch beseitige. Hier zeigt sich einmal mehr die extrem nachteilhafte Rechtslage, dass es bei einem BGB-Vertrag entgegen den Regelungen der VOB/B (vgl. dort § 4 Abs. 7 VOB/B) keinen Mangelbeseitigungsanspruch des Auftraggebers vor der Abnahme gibt (s. dazu oben ausführlich Rdn. 1030 ff.). Etwas anderes würde – insoweit wieder in Anlehnung an § 323 Abs. 4 BGB – dann gelten, wenn sich bereits während der Bauphase abzeichnet, dass der Mangel bis zu dem geschuldeten Fertigstellungszeitpunkt nicht beseitigt werden kann. In diesem Fall ist ein Rücktritt schon zu diesem früheren Zeitpunkt möglich.

2970

11.4.4.1.3 Ablauf einer gesetzten Frist

Ein Rücktritt setzt weiter voraus, dass der Auftraggeber dem Auftragnehmer zur Erbringung der nicht vertragsgemäß erbrachten Leistung eine angemessene Frist gesetzt hat. Hier gilt nichts anderes als oben schon allgemein zur Fristsetzung zum Mangelrecht erläutert (Rdn. 1348 f.). Diese Frist muss fruchtlos abgelaufen sein (§ 323 Abs. 1 BGB). Die diesbezügliche Frist kann nur in den auch ansonsten bekannten Fällen unterbleiben (§ 323 Abs. 2 BGB). Demzufolge ist eine Fristsetzung entbehrlich, wenn

- der Schuldner die Leistung ernsthaft und endgültig verweigert (s. dazu näher mit Beispielfällen oben Rdn. 1356 ff. sowie 1416), wobei es nicht ausreicht, dass der Auftragnehmer lediglich erklärt, er werde zum Fälligkeitszeitpunkt nicht leisten können. Denn hier bliebe gerade offen, ob er dann wenigstens in einer angemessenen Nachfrist leisten wird (BGH, Urt. v. 14.06.2012 – VII ZR 148/10 BauR 2012, 1386, 1389).
- besondere Umstände vorliegen, die unter Abwägung der beiderseitigen Interessen den sofortigen Rücktritt rechtfertigen,
- der Schuldner die Leistung zu einem im Vertrag bestimmten Termin oder innerhalb einer bestimmten Frist nicht bewirkt und der Auftraggeber im Vertrag den Fortbestand seines Leistungsinteresses an die Rechtzeitigkeit der Leistung gebunden hat.

2971

Gemeint sind hier die Fälle des sog. **relativen Fixgeschäfts**, d. h. der Sachverhalte, in denen nach dem Willen der Vertragsparteien die Leistung unbedingt zu einem bestimmten Zeitpunkt fertig, also zu diesem Zeitpunkt stehen und fallen soll.

> **Beispiel**
>
> Der Auftraggeber möchte zum 1. Juni ein Hotel eröffnen und hat dafür bereits umfassend Werbung betrieben. Aus diesem Grund vereinbart er mit dem Auftragnehmer einen »festen und nicht verschiebbaren Fertigstellungstermin« per 15. Mai. Dies ist ein Fixgeschäft, sodass der Auftragnehmer bei Fristüberschreitung nicht nochmals eine Frist setzen müsste (unbeschadet der Tatsache, dass hier ein Rücktritt auch wenig hilfreich wäre).

Doch nicht jede Fristangabe in einem Vertrag bedeutet zugleich ein relatives Fixgeschäft, wonach eine Fristsetzung im Fall verzögerter Leistungserfüllung entfallen könnte. Denn der Fixgeschäftscharakter muss sich eindeutig aus dem Geschäft ergeben. Der bloße Verweis auf »Fertigstellung spätestens binnen 8 Tagen« genügt dafür nicht (OLG Düsseldorf, Urt. v. 24.06.2010 – 5 U 135/09, BauR 2011, 1002, 1005). Von dem Ausnahmefall des relativen Fixgeschäftes, das eine Fristsetzung entbehrlich macht, ist sodann auch das **absolute Fixgeschäft** zu unterscheiden.

> **Beispiel**
>
> Der Auftragnehmer soll für eine Messe einen Messestand errichten. Dies schafft er zu dem vorab vereinbarten Termin nicht.

Hier dürfte aller Voraussicht nach ein absolutes Fixgeschäft vorliegen. Denn die Leistung ist derart auf einen bestimmten Zeitpunkt fixiert, dass sie später nach Inhalt und Zweck nicht mehr nachholbar ist (Soergel/Gsell, § 323 Rn. 103). Wird nunmehr die Leistungsfrist überschritten, wird dem Auftragnehmer die Leistung unmöglich (§ 275 Abs. 1 BGB). Dann aber entfällt schon aus diesem Grunde der Anspruch auf Gegenleistung (§ 326 Abs. 1 BGB); der Auftraggeber kann stattdessen unmittelbar nach § 326 Abs. 5 BGB zurücktreten. Zugleich kann er Schadensersatz statt der Leistung nach §§ 280 Abs. 1, 3, 283 BGB fordern.

11.4.4.1.4 Rücktritt vom Vertrag – Folgen

2972 Liegen die Voraussetzungen für einen Rücktritt vor, kann der Auftraggeber vom Vertrag zurücktreten. Allerdings kann er alternativ auch einstweilen weiter die Erfüllung fordern, ohne dadurch das schon entstandene Rücktrittsrecht zu verlieren. Somit gilt hier nichts anderes als oben schon zum Auftragnehmer im umgekehrten Verhältnis erläutert (s. Rdn. 2797 f.). Übt der Auftraggeber das Rücktrittsrecht aus, ist der Bauvertrag rückabzuwickeln. Zumindest theoretisch müssten nunmehr die gegenseitig empfangenen Leistungen zurückgewährt und gezogene Nutzungen herausgegeben werden (vgl. § 346 Abs. 1 BGB):

2973 - In erster Linie müsste die **Bauleistung vollständig zurückgegeben** werden. Zu einem solch weitgehenden Rücktritt wird es jedoch zumeist nicht kommen, und zwar aus folgenden Gründen:
  – Soweit die Voraussetzungen für ein Rücktrittsrecht dem Grunde nach vorliegen, kann der Auftraggeber vom Gesamtvertrag nur zurücktreten, wenn er an der schon erbrachten Teilleistung kein Interesse mehr hat (§ 323 Abs. 5 S. 1 BGB). Hiervon wird man bei Bauverträgen kaum ausgehen können. Denn nur deswegen, weil ein Unternehmer ausgetauscht wird, verliert der Auftraggeber in der Regel nicht sein Interesse an der Fertigstellung der Gesamtleistung.
  – Ein Gesamtrücktritt ist ebenfalls ausgeschlossen, soweit es nur um unerhebliche Pflichtverletzungen geht (§ 323 Abs. 5 S. 2 BGB – s. dazu näher Rdn. 1414).
  – Selbst wenn sämtliche Voraussetzungen für einen Rücktritt vorliegen, dürfte bei Bauverträgen eine vollständige Rückabwicklung zumeist nur bei den noch nicht abgeschlossenen Teilbauleistungen (z. B. nicht eingebaute Bauteile) möglich sein. Ansonsten dürfte eine Rückabwicklung daran scheitern, dass die jeweiligen **Bauleistungen** nach deren Einbau nach der Natur des Erlangten, d. h. hier ohne deren Zerstörung **vielfach gar nicht rückgabefähig** sind. In diesem Fall wäre stattdessen Wertersatz zu leisten (vgl. § 346 Abs. 2 Nr. 1 BGB). Dessen Höhe bemisst

11.4 Die Kündigung durch den Auftraggeber

sich nach § 346 Abs. 2 S. 2 BGB an der im Vertrag vorgesehenen Vergütung. Auf einen ggf. höheren tatsächlichen Wert der eigentlich zurückzugebenden Bauleistung kommt es dagegen nicht an. Dies gilt auch dann, wenn der Auftraggeber zurücktritt (BGH, Urt. v. 14.07.2011 – VII ZR 113/10 BauR 2011, 1654 = NJW 2011, 3085 = NZBau 2011, 613). Praktisch bedeutet das, dass der Auftraggeber dann doch eine Vergütung für die ihm verbleibende Bauleistung zu zahlen hat. Ist die danach zu bewertende Leistung allerdings mit Mängeln behaftet, ist der Wertersatz insoweit zu reduzieren (ebenso: OLG Düsseldorf, Urt. v. 14.01.2011 – 22 U 198/07 NJW 2011, 1081, 1082). Auch dieser Wertabschlag bezieht sich auf die an sich vereinbarte Vergütung, d. h.: Faktisch ist diese so zu ermitteln wie im Rahmen einer Minderung nach §§ 638 Abs. 3 BGB (BGH, a. a. O.; s. zu der Berechnung der Minderung: Rdn. 1405 ff.).

> ▶ **Beispiel**
>
> Der Auftragnehmer hat bis zu dem Rücktritt Bauleistungen in einem Wert von 4.000 € erbracht, für die nach dem Vertrag nur eine Vergütung von 3.700 € zu zahlen war. Diese Leistung ist mangelhaft; der Minderwert ist mit 500 € zu veranschlagen. Ausgangspunkt des bei einem Rücktritt zu veranschlagenden Wertersatzes ist die vertragliche Vergütung von 3.700 €. Hiervon ist der Minderwert in Abzug zu bringen. Es verbleibt demnach für den Wertersatz noch ein Betrag von 3.200 €.

Die vorstehenden Erläuterungen zeigen, dass auch das Rücktrittsrecht in den meisten Fällen zumindest wirtschaftlich nur die bauvertraglichen Verpflichtungen für die Zukunft beseitigt, während für die schon **erbrachten Leistungen ein Wertausgleich** stattzufinden hat. Somit nähert sich das im BGB vorgesehene Rücktrittsrecht trotz seiner völlig unterschiedlichen Ausgestaltung letztlich doch dem Kündigungsrecht an.

- Neben der Rückgabe der Bauleistung sind etwaige **Nutzungen herauszugeben**. Hierbei geht es vor allem um Gebrauchsvorteile der Bauleistung, die dem Auftraggeber zwischenzeitlich zugeflossen sind. Für diesen Nutzungsvorteil wird zwar üblicherweise der objektive Mietwert herangezogen (BGH, Urt. v. 22.11.1991 – V ZR 160/90, NJW 1992, 892). Anders ist dies im Bauvertragsgeschehen aber bei der Rückgabe selbst genutzter Wohnungen, Häuser u. a. zu beurteilen. Hier wäre nach Jahren einer Nutzung der Rückgriff auf den Mietwert nicht angemessen, da der Auftraggeber ja in der Regel gerade keine Mietwohnung wollte. Stattdessen ist für die Bemessung des Nutzungsvorteils in diesen Fällen der jährliche Nutzungsanteil linear vom Erwerbspreis zu berechnen (BGH, Urt. v. 06.10.2005 – VII ZR 325/03, BGHZ 164, 235, 238 = BauR 2006, 103, 104 = NJW 2006, 53; BGH, Urt. v. 31.03.2006 – V ZR 51/05, BGHZ 167, 108, 111 = BauR 2006, 983, 984 = NJW 2006, 1582, 1583). 2974

Zieht der Auftraggeber aus einer herauszugebenden Bauleistung entgegen den Regeln einer ordnungsgemäßen Wirtschaft keine Nutzungen, obwohl ihm dies möglich gewesen wäre, so ist er umgekehrt dem Auftragnehmer zum **Wertersatz** verpflichtet (§ 347 Abs. 1 BGB). Diese Regelung ist aus sich heraus verständlich, ohne dass es dazu weiterer Erläuterungen bedarf.

> ▶ **Beispiel**
>
> Der Auftraggeber hätte eine zurückzugebende Eigentumswohnung zwischenzeitlich vermieten können, was er aber nicht tut. Hier vermindert der ausbleibende Mieterlös den Wertersatzanspruch bei Rückabwicklung bzw. ist unmittelbar auszugleichen.

- Schließlich hat der Auftraggeber bei Rückabwicklung der Bauleistungen noch einen **Verwendungsersatzanspruch** (§ 347 Abs. 2 BGB). 2975

> ▶ **Beispiel**
>
> Der Auftraggeber gibt ein errichtetes Bauvorhaben zurück, für das er zwischenzeitlich Kosten wegen notwendiger Reparaturen aufgewendet hat.

Ersatzfähig sind sämtliche »notwendigen« Verwendungen. Hierbei handelt es sich um Ausgaben, die zur Erhaltung oder ordnungsgemäßen Bewirtschaftung der Sache nach objektiven Maßstäben zur Zeit der Vornahme erforderlich waren (BGH, Urt. v. 24.11.1995 – V ZR 88/95, BGHZ 131, 220, 222 f. = NJW 1996, 921, 922). Dazu zählen in jedem Fall **Reparaturkosten** und sonstige Kosten für die **Unterhaltung des Bauwerks**. Ersatzfähig sind darüber hinaus Aufwendungen, die ggf. nützlich, aber nicht notwendig sind. Hierfür ist ebenfalls ein Wertausgleich zu zahlen.

11.4.4.1.5 Zug-um-Zug-Abwicklung des Rücktrittsrechts

2976 Tritt der Auftraggeber vom Vertrag zurück, sind die gegenseitigen Leistungen Zug um Zug zurückzugeben (§ 348 BGB). Allerdings ist natürlich nicht ausgeschlossen, dass die Parteien ggf. später einvernehmlich von einem einmal schon erklärten Rücktritt wieder Abstand nehmen.

> **Beispiel (ähnlich OLG Saarbrücken, Urt. v. 09.09.2010 – 8 U 367/09, IBR 2011, 80)**
>
> Nach einem wirksam durch den Auftraggeber erklärten Rücktritt vollziehen beide Parteien jetzt doch noch den Vertrag. Der Auftragnehmer leistet, der Auftraggeber nimmt die Leistung ab und bezahlt.

Ein solches Verhalten wäre in der Weise zu verstehen, dass beide Parteien den Werkvertrag zumindest stillschweigend – was jederzeit möglich ist – durch darauf gerichtete Erklärungen wieder in Vollzug gesetzt haben.

11.4.4.2 Schadensersatzanspruch statt der Leistung

2977 Neben dem Rücktrittsrecht gewährt die gesetzliche Regelung dem Besteller bei nicht vertragsgemäßer Leistung einen Schadensersatzanspruch statt der Leistung (§ 281 Abs. 1 BGB). Dieser Anspruch kann **neben dem Rücktritt geltend gemacht** werden (§ 325 BGB). Er besteht unter denselben Voraussetzungen wie das Rücktrittsrecht selbst (vgl. vorstehend Rdn. 2967 ff.). Dies schließt den Rechtsgedanken des § 323 Abs. 4 BGB ein (s. dazu oben Rdn. 2969). Allerdings fehlt im Schadensersatzrecht erstaunlicherweise eine vergleichbare Regelung. Dies überrascht in Anbetracht der Tatsache, dass nach § 325 BGB Rücktritt und Schadensersatz nebeneinander verfolgt werden können sollen. Lässt § 323 Abs. 4 BGB aber bereits einen Rücktritt vor Fälligkeit zu, wenn der Auftragnehmer den Fälligkeitstermin sowieso nicht mehr halten wird, wäre nunmehr wenig verständlich, wieso nicht vergleichbares im Schadensersatzrecht gelten sollte. Denn auch der Schadensersatzanspruch statt der Leistung verlangt die Verletzung einer fälligen Pflicht. Wenn der Auftraggeber aber nach einer sogar gesteigerten Pflichtverletzung des Auftragnehmers von seinem berechtigten vorzeitigen Rücktrittsrecht nach § 323 Abs. 4 BGB Gebrauch macht, gibt es jetzt diesen vertraglich vereinbarten Fälligkeitszeitpunkt gar nicht mehr. Selbst Fristsetzungen o. ä. würden daran nichts ändern, weil der Auftraggeber ja schon zurück getreten ist und damit das Vertragsverhältnis mit seinen Erfüllungspflichten beendet hat. Folglich würde nach dem Gesetzeswortlaut in diesen Fällen ein Schadensersatzanspruch entgegen § 325 BGB stets ausscheiden (s. etwa Leineweber, Festschrift Koeble, S. 125, 136; so auch noch Vygen/Joussen/Schuber/Lang, Bauverzögerung und Leistungsänderung, Teil A Rn. 180). Ein solcher Ausschluss wäre unverständlich zumal gegenüber Auftragnehmern, die sich ganz offensichtlich noch pflichtwidriger verhalten als in den normalen Fällen, in denen zunächst der Fälligkeitszeitpunkt abgewartet werden muss und bei dem dann Rücktrittsrecht und Schadensersatzanspruch nach § 325 BGB parallel bestehen. Dieser Widerspruch lässt sich nur auflösen, wenn man die Regelung des **§ 323 Abs. 4 BGB bei Schadensersatzansprüchen analog** anwendet, d. h.: Auch Schadensersatzansprüche statt der Leistung gemäß § 281 Abs. 1 BGB können schon vor dem vertraglich vereinbarten Fälligkeitszeitpunkt geltend gemacht werden, wenn mit an Sicherheit grenzender Wahrscheinlichkeit feststeht, dass zum Fälligkeitszeitpunkt die Voraussetzungen dafür bestehen werden (Palandt/Grüneberg, § 281 Rn. 8a; Voit, BauR 2011, 1063, 1068; Jaensch, NJW 2003, 3613, 3614 f., Soergel/Gsell, § 323 Rn. 131 – s. dazu auch oben die Erläuterungen zu § 323 Abs. 4 BGB bei Rdn. 2969; unentschieden dazu: BGH, Beschl. v. 08.05.2008 – VII ZR 201/07, NZBau 2008, 576 = NJW-RR 2008, 1052, der dieses Problem aber nicht weiter anspricht). Dabei wird man parallel aber ggf. auch zu prüfen haben, ob nicht gesondert ein **allgemeiner Schadensersatzanspruch wegen der Verletzung der allgemeinen Vertragsförderungspflicht** (schwer-

11.4 Die Kündigung durch den Auftraggeber

wiegende Gefährdung oder Störung des Vertragszwecks) in Betracht kommt (s. dazu sogleich Rdn. 2980 ff.).

Soweit nach Vorstehendem die Voraussetzungen für einen Schadensersatzanspruch vorliegen, besteht dieser nur, wenn den Auftragnehmer hinsichtlich seiner Vertragspflichtverletzung zusätzlich ein **Verschulden** trifft (vgl. § 280 Abs. 1 S. 2 BGB). Dafür, dass der Auftragnehmer möglicherweise ohne Verschulden gehandelt hat, ist er darlegungs- und beweisbelastet. 2978

Macht der Auftraggeber danach Schadensersatzansprüche statt der Leistung geltend, **erlischt der Anspruch auf Erfüllung** (§ 281 Abs. 4 BGB). Hinsichtlich der Einzelheiten dieses Schadensersatzanspruches, vor allem zu dessen Höhe, kann sodann auf die entsprechenden Erläuterungen oben zum Gewährleistungsrecht verwiesen werden (s. Rdn. 1439 ff.).

11.4.4.3 Kündigung wegen Überschreitung des Kostenanschlages (§ 650 BGB)

Neben den allgemeinen Regelungen des Schuldrechts, sich vom Vertrag zu lösen, besteht auch beim BGB-Werkvertrag die gesonderte Kündigungsfolge zu einer Vertragskündigung nach Überschreitung eines Kostenanschlages (§ 650 BGB). Insoweit gilt im BGB-Werkvertragsrecht nichts anderes als vorstehend zum VOB-Vertrag beschrieben. Hierauf kann an dieser Stelle verwiesen werden (Rdn. 2950 ff.). 2979

11.4.4.4 Kündigungs-/Rücktrittsrecht aus Treu und Glauben sowie Schadensersatz

Nicht gesetzlich geregelt, aber ebenso zu behandeln ist das weitere Recht des Auftraggebers zu einer vorzeitigen Vertragsbeendigung, wenn ihm dessen Fortsetzung etwa wegen eines nicht mehr erreichbaren Vertragszwecks unzumutbar ist. Auch wenn es demselben Rechtsgedanken entspringt, geht es dabei weniger um die ggf. schon vor Fälligkeit der Leistung aller Voraussicht nach feststehende Nichteinhaltung des Fertigstellungstermins nach § 323 Abs. 4 BGB (s. dazu oben Rdn. 2969). Im Vordergrund steht stattdessen die Überlegung, dass der Auftraggeber auch unabhängig davon den Vertrag nicht fortsetzen muss, wenn er berechtigterweise sein Vertrauen in das Leistungsvermögen und den Leistungswillen des Auftragnehmers ggf. auch aus anderen Gründen verloren hat (s. dazu die Beispielfälle oben Rdn. 2941 ff. zum VOB-Vertrag). Jeder Vertragspartner ist nämlich verpflichtet, sich im Rahmen der von ihm **geschuldeten Leistungstreuepflicht** so zu verhalten, dass der Vertragszweck nicht gefährdet oder sonst für den anderen Vertragspartner die Vertragsdurchführung aus Treu und Glauben unzumutbar wird. Dies ist heute unbestritten (s. dazu BGH, Urt. v. 13.11.1953 – I ZR 140/52, BGHZ 11, 80 = NJW 1954, 229; BGH, Urt. v. 07.06.2005 – XI ZR 311/04, NJW 2005, 2777, 2778 m. w. N.; Palandt/Sprau, § 242 Rn. 27; Erman/Westermann, § 280 Rn. 46). Bei einem Verstoß dagegen folgt dann im Fall der Unzumutbarkeit der Vertragsfortsetzung ein außerordentliches Vertragslösungsrecht der jeweils anderen Vertragspartei (grundlegend: BGH, Urt. v. 13.11.1953 – I ZR 140/52, BGHZ 11, 80 = NJW 1954, 229; zuletzt: BGH, Urt. v. 23.05.1996 – VII ZR 140/95, BauR 1995, 704, 705 = NJW-RR 1995, 1108 f.; BGH, Urt. v. 04.05.2000 – VII ZR 53/99 BauR 2000, 1182, 1185 = NJW 2000, 2988, 2990 = NZBau 2000, 375, 376 m. w. N. noch zum alten Recht; zumindest i. E. ähnlich, insoweit allerdings mit einer Anlehnung an § 323 Abs. 4 BGB: BGH, Beschl. v. 08.05.2008 – VII ZR 201/07, NZBau 208, 576 = NJW-RR 2008, 1052; BGH, Urt. v. 08.03.2012 – VII ZR 118/10, BauR 2012, 949, 951 = NJW-RR 2012, 596, 598 = NZBau 2012, 357, 358 f.; zum neuen Recht: OLG Schleswig, Urt. v. 09.03.2010 – 3 U 55/09, BauR 2011, 690; OLG Brandenburg, Urt. v. 16.03.2011 – 13 U 5/10, BauR 2011, 1542 [Ls.] – s. dazu auch oben Rdn. 2808 ff.). 2980

Wie man diese Möglichkeit auf vorzeitige Vertragsbeendigung rechtlich verankert, ist dagegen bisher ungeklärt. Es spricht aber viel dafür, im Bauvertragsrecht der betroffenen Vertragspartei ein solches Lösungsrecht über eine außerordentliche Kündigung in **analoger Anwendung an § 314 BGB** einzuräumen (OLG Düsseldorf, Urt. v. 31.01.2012 – 23 U 20/11, BauR 2012, 970; i. E. wohl auch OLG München, Urt. v. 17.03.2009 – 28 U 4767/08, Nichtzul.-Beschw. zurückgew., BGH, Beschl. v. 19.05.2011 – VII ZR 69/09, IBR 2011, 573, wobei sich dies allerdings nur mittelbar aus dem Ur- 2981 teil entnehmen lässt; Ingenstau/Korbion/Vygen, VOB/B vor §§ 8 und 9 Rn. 9 ff.; ebenso Palandt/Sprau, § 649 Rn. 13; Kapellmann/Messerschmidt/Lederer, VOB/B § 8 Rn. 3; Kniffka/Schmitz, § 649 Rn. 7 ff.; Münch.Komm./Busche, § 649 Rn. 31; kritisch: OLG München, Urt. v. 22.07.2009 – 9 U 1979/08, Nichtzul-Beschw. zurückgew., BGH, Beschl. v. 05.08.2010 – VII ZR 136/09 BauR 2011, 304 [Ls.]; für eine direkte Anwendung von § 314 BGB sogar: OLG Nürnberg, Urt. v. 27.07.2005 – 6 U 117/08, BauR 2006, 2083 = NZBau 2006, 320 zu einem Architektenvertrag; ebenso: Leinemann/Franz, § 8 Rn. 4 sowie für einen VOB-Vertrag auch Münch.Komm./Gaier, § 314 Rn. 5f; vgl. auch OLG Celle, Urt. v. 18.12.2008 – 6 U 65/08 BauR 2010, 1764 [Ls.], das ohne ergänzende Anmerkungen eine außerordentliche Kündigung nach § 314 BGB prüft, sie dann aber tatbestandlich verwirft; a. A. dagegen: Voit, BauR 2002, 1776, 1786; Hebel, BauR 2011, 330, 332; Halfmeier/Leupertz, § 649 Rn. A18, die sich jeweils auf eine teleologische Reduktion des § 649 S. 2 BGB stützen; s. auch Staudinger/Peters/Jacoby, § 649 Rn. 56, die ein außerordentliches Rücktrittsrecht und einen Schadensersatzanspruch jeweils ohne Fristsetzung annehmen). Auf Einzelheiten wurde oben schon näher zu dem umgekehrten Fall der Auftragnehmerkündigung aus wichtigem Grund eingegangen. Auf die dortigen Erläuterungen, die hier in gleicher Weise gelten, kann verwiesen werden (s. Rdn. 2808 ff.). Kommt demnach vorrangig eine Kündigung des Auftraggebers in Betracht, gilt für die weitere Abwicklung zumindest in Grundzügen nichts anderes als in den sonstigen oben schon beschriebenen Fällen einer außerordentlichen Kündigung beim VOB-Vertrag (Rdn. 2894 ff.). Lediglich ist darauf zu achten, dass der Auftraggeber nicht an die entsprechenden Abwicklungsvorschriften des § 8 Abs. 3 VOB/B gebunden ist. Auch bedarf die Kündigung anders als § 8 Abs. 5 VOB/B nicht der Schriftform. Wohl aber wird man davon auszugehen haben, dass zumindest in aller Regel entsprechend § 314 Abs. 2 BGB auch einer darauf gestützten **außerordentlichen Kündigung des Auftraggebers eine Fristsetzung** oder Abmahnung vorauszugehen hat (s. dazu Rdn. 2813 zu dem vergleichbaren Fall der Kündigung durch den Auftragnehmer; ähnlich: OLG München, Urt. v. 22.07.2009 – 9 U 1979/08, Nichtzul.-Beschw. zurückgew., BGH, Beschl. v. 05.08.2010 – VII ZR 136/09 BauR 2011, 304 [Ls.])

2982 Kann der Auftraggeber nach Vorstehendem bei einer schwerwiegenden Verletzung der Leistungstreuepflicht den Bauvertrag schon **vor Fälligkeit** außerordentlich kündigen (hilfsweise zumindest davon zurücktreten), steht ihm zugleich in diesen Fällen ein **Schadensersatzanspruch** zu. Dieser ist durch das Rücktrittsrecht nicht ausgeschlossen (§ 325 BGB). Rechtsgrundlage ist – da es nicht um Rücksichtnahmepflichten nach § 241 Abs. 2 BGB geht – nicht der § 324 BGB zum Rücktritt nachgebildete Schadensersatzanspruch aus § 282 BGB. Vielmehr geht es um die Verletzung der allgemeinen Leistungstreuepflicht in Bezug auf die Förderung der Vertragsleistung als solche. Hier besteht dann ein Schadensersatzanspruch nach § 280 f. BGB, soweit dem Auftragnehmer ergänzend zum verschuldensunabhängigen Rücktrittsrecht jetzt noch ein Verschulden anzulasten ist. In der Sache handelt es sich dabei zumeist um einen Schadensersatzanspruch statt der Leistung in entsprechender Anwendung des § 281 Abs. 1 BGB (Kniffka/Koeble, 7. Teil Rn. 18, Staudinger (2009)/Schwarze, BGB § 281 Rn. B 182; jurisPK/Alpmann, BGB § 281 Rn. 8; wohl auch: Münch.Komm./Ernst, BGB § 281 Rn. 62).

11.5 Zusammenfassung in Leitsätzen

2983
1. Mit der Kündigung wird der Bauvertrag vorzeitig beendet. Sie kann nur bis zur Abnahme erklärt werden. Mit deren Wirksamwerden hat der Auftragnehmer seine bisher erbrachten Leistungen abzurechnen. Gleichzeitig hat er Anspruch auf Abnahme. Weist die Bauleistung Mängel auf, hat der Auftraggeber dem Auftragnehmer auch nach einer Vertragskündigung Gelegenheit zur Mangelbeseitigung zu geben. Ausgenommen davon sind lediglich die Mängel, die Anlass der Kündigung gewesen sind.
2. Wie auch sonst sind die Kündigungsregelungen in der VOB/B sehr viel ausführlicher gefasst als im BGB. Dies gilt insbesondere für das außerordentliche Kündigungsrecht, das es im BGB nicht gibt.
3. Ist eine Kündigung nicht wirksam, verhalten sich die Parteien aber gleichwohl danach, kommt hilfsweise eine stillschweigende Vertragsaufhebung in Betracht. Die Rechtsfolgen

11.5 Zusammenfassung in Leitsätzen

richten sich – soweit dazu keine gesonderte Vereinbarung getroffen wurde – danach, als ob der Vertrag zu Recht gekündigt worden wäre.
4. Eine freie Kündigung des Bauvertrages durch den Auftragnehmer sieht weder das BGB noch die VOB/B vor. Vielmehr bedarf er eines Kündigungsgrundes.
5. Im Anwendungsbereich der VOB/B besteht für den Auftragnehmer ein Kündigungsgrund zunächst in einer mehr als drei Monate andauernden Bauunterbrechung, wobei er dann seine Leistungen abrechnen kann. Des Weiteren kann er den Vertrag kündigen, wenn der Auftraggeber eine für die Bauausführung obliegende Mitwirkungshandlung nicht erbringt oder eine sonstige Pflicht (vor allem seine Zahlungspflicht) verletzt. In beiden Fällen hat der Auftragnehmer dem Auftraggeber aber zuvor eine Frist zu setzen und die Kündigung anzudrohen. Verstreicht die Frist fruchtlos, kann der Auftragnehmer den Vertrag kündigen. Gleichzeitig hat er einen Anspruch auf angemessene Entschädigung, während weitere Ansprüche nicht ausgeschlossen sind.
6. Ein Sonderfall besteht, wenn eine vom Auftraggeber geschuldete Mitwirkungshandlung nicht mehr möglich ist. Hier scheiden vorgenannte Rechtsbehelfe aus. Vielmehr wird der Auftragnehmer nunmehr von seiner Leistungsverpflichtung frei. Gleichzeitig verliert er seinen Vergütungsanspruch, wenn der Auftraggeber die Unmöglichkeit nicht zu vertreten hat. Anderenfalls behält er seinen Vergütungsanspruch abzüglich ersparter Aufwendungen. Beruht die Unmöglichkeit auf einem vom Besteller gelieferten Stoff oder einer von dem Besteller für die Ausführung erteilten Weisung, erhält der Auftragnehmer zumindest einen der geleisteten Arbeit entsprechenden Teil der Vergütung und Ersatz der nicht in der Vergütung enthaltenen Auslagen.
7. Neben den Kündigungsgründen in der VOB kann der Auftragnehmer einen Vertrag auch aus wichtigem Grund kündigen, wenn die Erreichung des Vertragszwecks gefährdet und die Fortsetzung des Vertrages für ihn nicht mehr zumutbar ist. Auch hier ist aber in der Regel eine vorherige Fristsetzung geboten.
8. Schließlich besteht für den Auftragnehmer ein Kündigungsrecht, soweit der Auftraggeber trotz Nachfristsetzung keine Bauhandwerkersicherheit gestellt hat.
9. Die Kündigung eines Auftragnehmers beim VOB-Vertrag hat stets schriftlich zu erfolgen. Sodann hat der Auftragnehmer seine Leistungen prüfbar abzurechnen. Hierfür hat er in der Regel seine Leistungen aufzumessen.
10. Im BGB-Werkvertragsrecht bestehen für den Auftragnehmer zunächst die vorstehend schon beschriebenen allgemeinen Kündigungsrechte aus wichtigem Grund wegen Gefährdung des Vertragszwecks und bei Nichtstellung einer Bauhandwerkersicherheit. Sodann kann ein Auftragnehmer bei ausbleibenden Mitwirkungshandlungen des Auftraggebers, die für die Baudurchführung erforderlich sind, den Vertrag kündigen. Hierfür muss er den Auftraggeber zuvor zur Erbringung der Mitwirkungshandlung aufgefordert und ihm bei deren Ausbleiben binnen einer zu setzenden angemessenen Frist die Kündigung angedroht haben. Bleibt nunmehr die Mitwirkungshandlung aus, gilt der Bauvertrag nach Fristablauf als aufgehoben, ohne dass es noch einer gesonderten Kündigung bedarf. Im Folgenden steht dem Auftragnehmer ein Entschädigungsanspruch zu. Weitere Ansprüche, insbesondere gerichtet auf die volle Vergütung abzüglich ersparter Aufwendungen, sind nicht ausgeschlossen, wenn der Auftraggeber die Mitwirkung vorsätzlich vereitelt hat, um dadurch die Vertragsdurchführung zu verhindern.
11. Neben dem vorbeschriebenen Kündigungsrecht kann der Auftragnehmer bei Vertragspflichtverletzungen des Auftraggebers nach entsprechender Fristsetzung vom Vertrag zurücktreten oder Schadensersatz statt der Leistung verlangen. Das Problem dieser beiden Rechte besteht jedoch regelmäßig darin, dass es sich bei den vom Auftraggeber zu erbringenden Mitwirkungshandlungen vielfach nicht um Vertragspflichten, sondern nur um Obliegenheiten handelt, deren Verletzung für einen Rücktritt oder Schadensersatzanspruch allein nicht ausreicht.

12. Der Auftraggeber kann den Vertrag ebenfalls kündigen. In Betracht kommt für ihn zunächst eine freie Kündigung. Sie ist ihm jederzeit möglich und kann auf Teile der Leistung beschränkt werden. Der Auftragnehmer behält im Gegenzug seinen vollen Vergütungsanspruch, wobei lediglich ersparte Aufwendungen abzuziehen sind. Seinen Vergütungsanspruch muss der Auftragnehmer zumindest beim VOB-Vertrag prüfbar abrechnen. Voraussetzung ist dafür eine Trennung der Vergütung zum einen betreffend die erbrachten Leistungen, die entsprechend den Regelungen des Vertrages abzurechnen sind. Beim Pauschalvertrag ist der erbrachte Teil in das Verhältnis zum Gesamtvertrag zu setzen und zu bewerten. Zum anderen sind die restlichen nicht erbrachten Leistungen zu berechnen. Hierfür kann der volle Vergütungsbetrag angesetzt werden, wobei aber der Auftragnehmer gleichzeitig die insoweit ersparten Aufwendungen offenzulegen und abzuziehen hat. Alternativ kann er 5 % der auf den noch nicht erbrachten Teil der Werkleistung entfallenden vereinbarten Vergütung fordern.
13. Neben dem freien Kündigungsrecht kann der Auftraggeber eines VOB-Vertrages den Vertrag bei Vermögensverfall sowie unzulässigen Preisabsprachen außerordentlich kündigen. Des Weiteren stehen ihm Kündigungsrechte nach Leistungsverzug, Mängeln der Leistung des Auftragnehmers und einem ungenehmigten Subunternehmereinsatz zu. In den letzten drei Fällen hat der Auftraggeber zumindest in der Regel die Kündigung anzudrohen und vorab entsprechende Fristen zur ordnungsgemäßen Leistungserfüllung/Mangelbeseitigung zu setzen. Verstreichen die Fristen fruchtlos, kann der Auftraggeber den Vertrag anschließend schriftlich kündigen. Eine Teilkündigung kann hier nur für einen in sich abgeschlossenen Leistungsteil ausgesprochen werden.
14. Nach der Kündigung hat der Auftragnehmer seine Leistungen prüfbar abzurechnen. Dazu muss der Auftraggeber dem Auftragnehmer die Gelegenheit geben, den Leistungsstand zum Zeitpunkt der Kündigung festzustellen, sinnvollerweise durch ein gemeinsames Aufmaß. Zweifel an der Leistungsfeststellung gehen zulasten des Auftraggebers, wenn er nicht ordnungsgemäß an der Leistungsfeststellung mitgewirkt hat. Ferner hat der Auftraggeber soweit möglich die Leistungen abzunehmen. Auf der anderen Seite steht dem Auftraggeber vorrangig ein Anspruch auf Ersatz von Mehrkosten wegen Fertigstellung der Leistung zu. In Ausnahmefällen kann er auch einen Schadensersatzanspruch wegen Nichterfüllung geltend machen. Gegebenenfalls kann er für seine Ansprüche einen Vorschuss verlangen.
15. Wie der Auftragnehmer kann auch der Auftraggeber eines VOB-Vertrages den Bauvertrag bei einer mehr als dreimonatigen Bauunterbrechung kündigen.
16. Sowohl beim BGB- als auch beim VOB-Vertrag kann der Auftraggeber den Vertrag wegen Vertragszweckgefährdung ggf. sogar fristlos kündigen. Ebenso kommt bei BGB- und VOB-Verträgen eine Kündigung wegen wesentlicher Überschreitung eines unverbindlichen Kostenanschlages in Betracht, soweit dieser Grundlage des Vertrages geworden ist. In diesem Fall steht dem Auftragnehmer nur eine Vergütung für die bisher erbrachten Leistungen sowie Ersatz der in der Vergütung nicht inbegriffenen Auslagen zu.
17. Kündigungen des Auftraggebers müssen bei VOB-Verträgen schriftlich erfolgen. Sie müssen nicht begründet werden. Kündigungsgründe können nachgeschoben werden, wobei dies meist ausscheidet, weil es in diesen Fällen dann an einer ausreichenden vorherigen Fristsetzung fehlt.
18. Im BGB-Werkvertragsrecht gibt es bei erheblichen Pflichtverletzungen des Auftragnehmers im Gegensatz zum VOB-Vertrag keine dafür einschlägigen Kündigungsrechte. Stattdessen muss der Auftraggeber auf die ihm insoweit verbleibenden Rechte des allgemeinen Schuldrechts, hier vor allem auf sein Rücktrittsrecht und den Schadensersatzanspruch statt der Leistung zurückgreifen. Dabei nähert sich das Rücktrittsrecht aufgrund der Besonderheiten des Bauvertrages in der Praxis zumindest vielfach dem Kündigungsrecht an.

12 Sicherheitsleistung

Übersicht

	Rdn.
12.1 Sicherheitsleistung zugunsten des Auftraggebers	2986
12.1.1 Voraussetzung einer Sicherheitsleistung: Vertragliche Vereinbarung	2987
12.1.1.1 Klare und unmissverständliche Bezeichnung als Sicherheitsleistung	2991
12.1.1.2 Inhalt der Sicherungsabrede	2992
12.1.2 Zweck der Sicherheitsleistung	2998
12.1.2.1 Vertragserfüllungssicherheiten	3001
12.1.2.2 Mängel-/Gewährleistungssicherheiten	3007
12.1.3 Höhe der Sicherheitsleistung	3010
12.1.4 Arten der Sicherheitsleistung	3015
12.1.4.1 Sicherheitsleistung durch Bürgschaft	3016
12.1.4.2 Sicherheitsleistung durch Hinterlegung (§ 17 Abs. 5 VOB/B)	3065
12.1.4.3 Sicherheitsleistung durch Einbehalt (§ 17 Abs. 6 VOB/B)	3067
12.1.5 Zeitpunkt der Sicherheitsleistung (§ 17 Abs. 7 VOB/B)	3085
12.1.6 Wahl- und Austauschrecht des Auftragnehmers (§ 17 Abs. 3 VOB/B)	3090
12.1.6.1 Wahlrecht zur erstmaligen Stellung der Sicherheit	3091
12.1.6.2 Austauschrecht	3093
12.1.7 Rückgabe der Sicherheit	3106
12.1.7.1 Rückgabe der Vertragserfüllungssicherheit	3107
12.1.7.2 Rückgabe einer Mängelsicherheit	3110
12.1.8 Abdingbarkeit einer Sicherheitsleistung	3114
12.1.9 Sonderfall: Sicherheitsleistung unter der Beteiligung von Verbrauchern (§ 632a Abs. 3 und 4 BGB)	3118
12.2 Vergütungssicherung zugunsten des Auftragnehmers – Überblick	3119
12.3 Bauhandwerkersicherungshypothek (§ 648 BGB)	3120
12.3.1 Tatbestandsvoraussetzungen	3121
12.3.1.1 Bauwerksleistung	3122
12.3.1.2 Unternehmer eines Bauwerks	3126
12.3.1.3 Sicherungsobjekt: Baugrundstück, das im Eigentum des Auftraggebers steht	3127
12.3.1.4 Ausschluss nach § 648a Abs. 4 BGB	3130
12.3.2 Sicherungsfähige Forderung	3131
12.3.3 Kürzung bei sicherbaren Forderungen wegen Mängeln	3141
12.3.4 Keine Kürzung bei nicht fälligen Ansprüchen, vor allem bei Sicherheitseinbehalten des Auftraggebers	3151
12.3.5 Kürzung bei dauernden Einreden gegen den Vergütungsanspruch	3152
12.3.6 Verfahren zur Eintragung einer Sicherungshypothek im Grundbuch; Vormerkung, einstweilige Verfügung	3153
12.3.7 Vertraglicher Ausschluss und Verzicht	3157
12.4 Bauhandwerkersicherheitsleistung (§ 648a BGB)	3162
12.4.1 Tatbestandliche Voraussetzungen	3163
12.4.1.1 Unternehmer eines Bauwerks	3164
12.4.1.2 Auftraggeber als Anspruchsgegner	3169
12.4.1.3 Aufforderung zur Sicherheitsleistung	3170
12.4.1.4 Fälligkeit der Sicherheitsleistung	3171
12.4.1.5 Höhe der Sicherheit (Abs. 1 S. 1)	3172
12.4.2 Anforderung an die Sicherheitsleistung	3188
12.4.3 Verhältnis der Sicherheitsleistung zur Bauhandwerkersicherungshypothek	3193
12.4.4 Folgen der Nichtleistung der verlangten Sicherheit	3196
12.4.4.1 Klage auf Sicherheitsleistung	3197
12.4.4.2 Leistungsverweigerungsrecht	3199
12.4.4.3 Kündigung des Bauvertrages	3207
12.4.5 Ausnahmen von dem Sicherungsanspruch	3214
12.4.6 Sicherungsverlangen nach Abnahme	3217
12.4.6.1 Sich gegenüberstehende Leistungsverweigerungsrechte bei mangelhafter Bauleistung	3218

	Rdn.
12.4.6.2 Weitergehende Vertragsbeendigung	3220
12.4.7 Sicherungsverlangen nach Kündigung/vorzeitiger Beendigung des Bauvertrages	3222
12.4.8 Verwertung der Sicherheit	3223
12.4.9 Verjährung	3225
12.4.10 § 648a BGB als zwingendes Recht	3227
12.5 Sicherheitsleistung bei Unsicherheitseinrede	3231
12.6 Bauforderungssicherungsgesetz (ehemals GSB)	3232
12.6.1 Pflicht zur Verwendung von Baugeld	3234
12.6.1.1 Definition des Baugeldes	3235
12.6.1.2 Baugeldempfänger	3253
12.6.2 Schadensersatzanspruch aus § 823 Abs. 2 BGB i. V. m. § 1 Abs. 1 BauFordSiG	3258
12.6.2.1 Gläubiger des Schadensersatzanspruchs	3259
12.6.2.2 Schuldner des Schadensersatzanspruchs	3263
12.6.2.3 Schadensersatzbegründende Handlung	3266
12.6.3 Schaden	3274
12.6.3.1 Verschulden	3277
12.6.3.2 Darlegungs- und Beweislast	3278
12.6.3.3 Verjährung	3281
12.7 Zusammenfassung in Leitsätzen	3282

2984 Bei der Sicherheitsleistung handelt es sich **nicht** um ein **Mittel der Erfüllung vertraglicher Leistungspflichten als** solche. Stattdessen geht es um die **Abwendung der Gefahr künftiger Rechtsverletzungen oder Benachteiligungen** im vertraglichen Verhältnis zwischen Auftraggeber und Auftragnehmer. Dem Vertragspartner wird ein Pfand in die Hand gegeben, um sich wegen seiner Ansprüche gegenüber dem anderen Partner im Fall einer Insolvenz zu sichern. Vor diesem Hintergrund haben vor allem in Jahren nachlassender wirtschaftlicher Leistungskraft Sicherheitsleistungen eine immer größere Bedeutung gewonnen. Dabei ist allerdings streng zwischen der Sicherung des Auftraggebers und des Auftragnehmers zu unterscheiden.

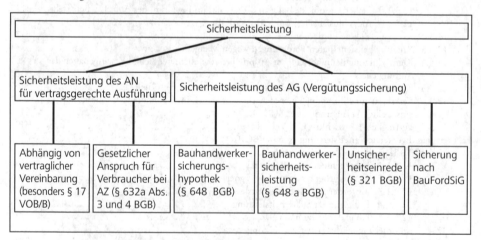

2985 Danach gilt:
- Die **Sicherheitsleistung des Auftragnehmers**, d. h. zugunsten des Auftraggebers, richtet sich bei Verbrauchern in einem engen Anwendungsbereich nach § 632a Abs. 3 und 4 BGB. Ansonsten hängt sie allein von der vertraglichen Vereinbarung ab. In diesem Rahmen finden sich Sonderregelungen dazu – soweit eine solche Vereinbarung dem Grunde nach getroffen wurde – bei einem VOB-Vertrag in § 17 VOB/B.
- Auch die **Sicherheitsleistung des Auftraggebers**, d. h. zugunsten des Auftragnehmers, kann etwa mit Zahlungsbürgschaften u. a. gesondert vereinbart werden. Sie tritt aber in der Praxis hinter die

gesetzlichen Sicherungsmittel nach § 648 BGB (Bauhandwerkersicherungshypothek) und § 648a BGB (Bauhandwerkersicherheitsleistung) zurück. Daneben steht die Absicherung des Auftragnehmers über das in der Praxis nach wie vor weitgehend unbekannte sog. Bauforderungssicherungsgesetz (BauFordSiG, ehemals Gesetz zur Sicherung von Bauforderungen GSB).

Zu beachten ist, dass die eine Sicherung des Auftragnehmers mit der anderen (des Auftraggebers) **nichts zu tun** hat – und umgekehrt. Daher ist es grundlegend falsch, wenn teilweise Vorschriften etwa des § 17 VOB/B auf die Sicherungsleistung des Auftraggebers entsprechend angewendet werden.

12.1 Sicherheitsleistung zugunsten des Auftraggebers

§ 9 Abs. 7 und 8 VOB/A befasst sich mit der Frage, ob und in welcher Höhe öffentliche Auftraggeber in Bauvergabeverfahren Sicherheitsleistungen fordern sollen. Demgegenüber gilt § 17 VOB/B nur für den Fall, dass in einem VOB-Bauvertrag eine Sicherheitsleistung vereinbart ist. Hieraus ergibt sich eindeutig: **Auch bei Geltung der VOB hat der Auftraggeber keinen Anspruch auf Sicherheitsleistung, wenn dies nicht im Bauvertrag vorgesehen ist.** Hieran ändern die gesetzlichen Regelungen zur Ausgestaltung einer Sicherheit nach §§ 232 bis 240 BGB nichts, die ohnehin im Wesentlichen von ihrer Bedeutung her hinter § 17 VOB/B zurücktreten. Etwas anderes gilt lediglich in Bauverträgen mit Verbrauchern. Hier ist § 632a Abs. 3 und 4 BGB zu beachten, der von Gesetzes wegen eine Sicherheitsleistung des Unternehmers bei von diesem angeforderten Abschlagszahlungen vorsieht. Darauf wurde umfassend im Kapitel 10 (Rdn. 2566 ff.) eingegangen. Im Folgenden beschränken sich daher die Ausführungen auf die vertragliche Sicherheitsleistung nach § 17 VOB/B.

2986

12.1.1 Voraussetzung einer Sicherheitsleistung: Vertragliche Vereinbarung

Die von § 17 VOB/B erfasste Sicherheitsleistung des Auftragnehmers ist **nicht damit ausbedungen**, dass die Vertragspartner ihrem Vertrag die Allgemeinen Vertragsbedingungen der VOB zugrunde legen. Vielmehr ist § 17 VOB/B gemäß § 17 Abs. 1 Nr. 1 Halbsatz 1 erst anwendbar, wenn **durch gesonderte vertragliche Absprache eine Verpflichtung des Auftragnehmers zur Sicherheitsleistung** vereinbart worden ist. Hierbei handelt es sich um die sog. **Sicherungsabrede** oder Sicherheitenvereinbarung (vgl. dazu ausführlich Kuffer, BauR 2003, 155 ff.; Quack, BauR 1997, 754; Thode, ZfIR 2000, 165 ff.). Sie kann (sollte) gesondert und ausdrücklich getroffen werden; sie findet sich aber vielfach auch in Allgemeinen Geschäftsbedingungen, so vor allem in den Besonderen oder Zusätzlichen Vertragsbedingungen des Auftraggebers (§ 8 Abs. 6 Nr. 1k VOB/A). Sie ist zu unterscheiden von der zu übergebenden Sicherheit (z. B. Bürgschaft) und den damit zu schließenden Vereinbarungen (z. B. Bürgschaftsvertrag – unklar insoweit etwa: Krakowsky, BauR 2002, 1620, 1621 f.). Die Übergabe der Sicherheit und die damit verbundenen Vereinbarungen sind Ausfluss einer getroffenen Sicherungsabrede. Als selbstständiges Rechtsgeschäft können sie auch unabhängig von der Fehlerhaftigkeit einer Sicherungsabrede wirksam sein.

2987

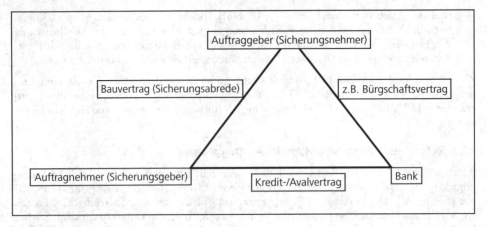

2988 Sodann allerdings gilt: Solange eine solche Sicherungsabrede fehlt, ist § 17 VOB/B gegenstandslos. Dies entspricht nichts anderem als dem Gesetz. Denn auch die in den §§ 232 ff. BGB enthaltenen Regeln sind von der Abrede einer Sicherheitsleistung dem Grunde nach abhängig. Allerdings muss die Vereinbarung nicht schon bei Abschluss des Bauvertrages getroffen werden; vielmehr kann sie auch noch später bis zur endgültigen Abwicklung des Vertrages erfolgen. Dies ist auch **stillschweigend durch schlüssiges Handeln** möglich.

▶ **Beispiel**

> Im VOB-Bauvertrag ist keine Sicherheit vereinbart. Gleichwohl zieht der Auftraggeber im Rahmen der Rechnungsprüfung 5 % als Sicherheitseinbehalt ab; der Auftragnehmer akzeptiert dies und übergibt zum Austausch eine Gewährleistungsbürgschaft.

In einem solchen Fall dürften sich nunmehr beide Parteien stillschweigend im Nachhinein auf eine Sicherheitsleistung verständigt haben (so auch KG, Urt. v. 19.03.2010 – 7 U 130/09, IBR 2010, 620).

2989 Ungeachtet dieser ggf. nachträglichen Vereinbarung verbleibt es ansonsten aber dabei, dass es – entgegen noch immer verbreiteter Auffassung, insbesondere auf Auftraggeberseite – eine **Üblichkeit** oder einen **Handelsbrauch zur Sicherheitsleistung** ohne vorherige vertragliche Absprache **nicht gibt** (ebenso: Kuffer, BauR 2003, 155; Thode, ZfIR 2000, 165, 166; Beck'scher VOB-Komm./I. Jagenburg Vor § 17 VOB/B, Rn. 12).

2990 Von vorgenanntem Grundsatz, dass es für eine Sicherheitsleistung jeweils einer gesonderten Vereinbarung bedarf, gibt es bei VOB-Verträgen allerdings zwei **Ausnahmen**: So hat ein Auftragnehmer schon allein durch die Vereinbarung des Teils B der VOB unter den dort genannten Voraussetzungen **besondere Sicherheiten** gemäß § 16 Abs. 2 Nr. 1 S. 1 VOB/B bei Vorauszahlungen sowie § 16 Abs. 1 Nr. 1 S. 3 VOB/B bei der Lieferung von Baustoffen zu leisten.

12.1.1.1 Klare und unmissverständliche Bezeichnung als Sicherheitsleistung

2991 Die Vereinbarung einer Sicherheitsleistung muss **hinreichend klar und als solche unmissverständlich** geregelt sein. Sie ist üblicherweise Bestandteil des Hauptvertrages zwischen Auftraggeber und Auftragnehmer; sie kann aber auch gesondert vereinbart werden. Erforderlich ist, dass sich aus einer solchen Vereinbarung der Charakter einer Sicherungsabrede ergibt. Nicht notwendig ist es hingegen, dass in der betreffenden vertraglichen Abrede das Wort »Sicherheitsleistung« ausdrücklich gebraucht wird. **Abzugrenzen** sind derartige Vereinbarungen allerdings **von reinen Zahlungsmodalitäten**.

12.1 Sicherheitsleistung zugunsten des Auftraggebers

▶ **Beispiel**

Im Bauvertrag ist vorgesehen, dass Abschlagszahlungen nur mit einem gekürzten Prozentsatz von z. B. 95 % ausgezahlt werden.

Diese Kürzung hat mit einer Sicherheitsleistung oder einer Vereinbarung dazu vielfach nichts zu tun, weswegen die insoweit gekürzten Beträge z. B. auch nicht gemäß § 17 Abs. 6 Nr. 1 S. 2 VOB/B auf ein Sperrkonto einzuzahlen sind (BGH, Urt. v. 24.03.1988 – VII ZR 126/87, NJW-RR 1988, 851; KG, Urt. v. 15.04.1999 – 10 U 49/98, IBR 2000, 601, Revision vom BGH nicht angenommen, Beschl. v. 07.09.2000 – VII ZR 138/99; ebenso Werner/Pastor, Rn. 1625; Schulze-Hagen, BauR 2007, 170, 171, der allerdings darauf verweist, dass solche Zahlungsklauseln aus AGB-rechtlichen Gründen keinen Bestand haben sollen; dies offen gelassen in BGH, Urt. v. 09.12.2010 – VII ZR 7/10, BauR 2011, 677, 679 = NJW 2011, 2125, 2127 = NZBau 2011, 229, 231; s. dazu ausführlich Joussen/Vygen, Subunternehmervertrag, Rn. 317 f. – a. A. offenbar Kapellmann/Messerschmidt/Thierau, B § 17 Rn. 7). Sie dient vielmehr in der Regel der Vermeidung von Überzahlungen. Allerdings kann auch eine davon abweichende Auslegung ergeben, dass gerade nicht nur eine Zahlungsmodalität gewollt ist, sondern tatsächlich eine Sicherheitsleistung.

▶ **Beispiel**

Der Auftraggeber leistet Abschlagszahlungen zu 95 %. Die Auszahlung dieses Einbehalts wird an die mangelfreie Abnahme der Bauleistung geknüpft.

Aus einer solchen Klausel ergibt sich, dass der Einbehalt tatsächlich die ordnungsgemäße Vertragserfüllung sichern soll (vgl. dazu auch BGH, Urt. v. 05.02.1959 – VII ZR 83/58, SFH Z 2.511 Bl. 1; Heiermann, BauR 1976, 73 sowie Daub, BauR 1977, 24). Umgekehrt kann aber zu beachten sein, dass eine solche reduzierte Auszahlung von Abschlagszahlungen Überzahlungen dem Grunde nach verhindern soll. Dieser Umstand ist vor allem zu berücksichtigen, wenn im Bauvertrag zugleich die Stellung einer Vertragserfüllungsbürgschaft vorgesehen wird, die ihrerseits Rückforderungsansprüche des Auftraggebers aus Überzahlung absichert (s. dazu sogleich Rdn. 3012).

12.1.1.2 Inhalt der Sicherungsabrede

Mit einer im Bauvertrag (konkludent) zu schließenden Sicherungsabrede sollte nicht nur die Stellung einer Sicherheit für ein konkretes Vertragsverhältnis dem Grunde nach vereinbart werden; vielmehr sollten die Bauvertragsparteien weiter
- den Sicherungszweck,
- das Sicherungsmittel und
- den Sicherungsfall

2992

regeln (s. zu dem Inhalt einer Sicherungsabrede vor allem auch: Thode, ZfIR 2000, 165, 166 ff.; Schmitz/Vogel, ZfIR 2002, 509 ff.; Kuffer, BauR 2003, 155 ff.).

12.1.1.2.1 Sicherungszweck und Sicherungsmittel

Grundsätzlich bedarf es bei einer Sicherungsabrede der **Vereinbarung des Sicherungszwecks und des Sicherungsmittels**. Bei VOB-Verträgen ist eine diesbezügliche konkretisierende Vereinbarung jedoch nicht erforderlich; sie ergibt sich bereits aus § 17 Abs. 1 VOB/B (Sicherungszweck – vgl. dazu nachfolgend Rdn. 2998 ff.) sowie Abs. 2 und 4 (Sicherungsmittel). So ist es Aufgabe einer nach einem VOB-Vertrag zu stellenden Sicherheit, »die vertragsgemäße Ausführung der Leistung und die Mängelansprüche sicherzustellen«. Sicherungsobjekt ist in der Regel die konkrete einem Bauvertrag zugrunde liegende Bauleistung, nicht Bauleistungen aus anderen Verträgen (OLG Düsseldorf, Urt. v. 23.03.2007 – 22 U 115/06, BauR 2007, 1587, 1588 f. = NJW-RR 2008, 38, 39).

2993

▶ **Beispiel (nach OLG Dresden, Urt. v. 28.09.2000 – 19 U 888/00, IBR 2002, 252)**

Ein Sicherheitseinbehalt aus einem Bauvertrag kann nicht zur Abdeckung von Mängelansprüchen aus einem mit gesondertem Vertrag vergebene andere Bauleistung verwendet werden.

Beschränkt werden könnte der Sicherungszweck jedoch ohne Weiteres auf das reine Stadium der Gewährleistung (Mängelansprüche) oder die Vertragserfüllung bis zur Abnahme. Unbeschadet der Regelungen der VOB ist es selbstverständlich auch bei VOB-Verträgen sinnvoll, Vereinbarungen zum Sicherungszweck und zur Art und Weise eines Sicherungsmittels im Bauvertrag (ausdrücklich) zu treffen.

12.1.1.2.2 Sicherungsfall

2994 Neben Sicherungsmittel und Sicherungszweck, die sich bei einer Vereinbarung einer Sicherheit dem Grunde nach unmittelbar aus der VOB ergeben, sollte in einer Sicherungsabrede sinnvollerweise der Sicherungsfall geregelt sein. Bei dem Sicherungsfall geht es in der Regel um zweierlei:
- Zunächst ist zu klären, **unter welcher Voraussetzung bzw. ab welchem Zeitpunkt der Auftraggeber eine ihm zur Verfügung gestellte Sicherheit verwerten** darf (BGH, Urt. v. 13.09.2001 – VII ZR 467/00, BGHZ 148, 151, 154 = BauR 2001, 1893, 1894 = NZBau 2001, 679 = NJW 2001, 3629, 3630; Quack, BauR 1997, 754 f.; Kuffer, BauR 2003, 155 f.).
- Sodann sollte geregelt werden, wie lange der Auftraggeber die Sicherheit »behalten« darf (Schmitz/Vogel, ZfIR 2002, 509, 510).

Bedeutung gewinnt eine Regelung des Sicherungsfalls vor allem, wenn der Auftraggeber als Sicherungsnehmer mit dem ihm zur Verfügung gestellten Sicherungsmittel deutlich mehr kann, als er nach der Sicherungsabrede im Verhältnis zum Auftragnehmer darf. Dies gilt besonders bei Bürgschaften auf erstes Anfordern (s. dazu unten Rdn. 3029 ff.).

2995 Kann der **Sicherungsfall nicht mehr eintreten**, verstößt die Verwertung einer gestellten Sicherheit in jedem Fall gegen die Sicherungsabrede und ist unzulässig (BGH, Urt. v. 24.09.1998 – IX ZR 371/97, BGHZ 139, 325, 328 = NJW 1999, 55, 56; Thode, ZfBR 2002, 4, 5). Sie ist dann **ohne Weiteres zurückzugeben** (BGH, a.a.O; BGH, Urt. v. 13.01.1994 – IX ZR 2/93, BGHZ 124, 371, 375 ff. = NJW 1994, 861, 862 f.; BGH, Urt. v. 13.01.1994 – IX ZR 79/93, BGHZ 124, 380, 384 ff. = NJW 1994, 864, 865; BGH, Beschl. v. 27.11.1997 – GSZ 1/97 u. 2/97, BGHZ 137, 212, 218 ff. = NJW 1998, 671, 672 ff.).

2996 In vielen Bauverträgen fehlt es an einer ausdrücklichen Vereinbarung des Sicherungsfalls. Dies macht eine Sicherungsabrede jedoch nicht unwirksam; vielmehr ist dann zumeist von einer **stillschweigenden Vereinbarung des Sicherungsfalls** auszugehen, der durch Auslegung zu ermitteln ist (BGH, Urt. v. 28.09.2000 – VII ZR 460/97, BauR 2001, 109, 111 = NZBau 2001, 136, 137 = NJW-RR 2001, 307, 308; BGH, Urt. v. 13.09.2001 – VII ZR 467/00, BGHZ 148, 151, 153 f. = BauR 2001, 1893, 1894 = NZBau 2001, 679 = NJW 2001, 3629, 3630; BGH, Urt. v. 07.03.2002 – VII ZR 182/01, BauR 2002, 1543, 1544).

▶ **Beispiel (vgl. BGH, Urt. v. 28.09.2000 – a. a. O.)**

Ist die Stellung einer Gewährleistungsbürgschaft vereinbart, gilt stillschweigend als Sicherungsfall vereinbart, dass nach einer Fristsetzung ein auf Geldzahlung gerichteter Mangelanspruch entstanden ist.

Jede andere Sichtweise würde nämlich (in unzulässiger Weise) die Befugnis des Auftraggebers schaffen, bereits einen Geldbetrag anfordern zu können, obwohl er etwa die weiter gehenden Voraussetzungen für den Übergang eines Mangelanspruchs auf einen geldwerten Anspruch nach § 13 Abs. 5 ff. VOB/B bzw. §§ 634 ff., 323, 280 ff. BGB noch nicht erfüllt (BGH, Urt. v. 28.09.2000 a. a. O.; BGH, Urt. v. 13.09.2001 – VII ZR 467/00, BGHZ 148, 151, 154 = BauR 2001, 1893, 1894 = NZBau 2001, 679 = NJW 2001, 3629, 3630).

12.1.1.2.3 Form der Sicherungsabrede

Spezielle Formvorgaben für den Abschluss einer Sicherungsabrede bestehen nicht; es sind jedoch die allgemeinen Regelungen zu beachten. Ist danach der Bauvertrag wegen der Verbindung zu einem Grundstückskaufvertrag zu beurkunden (§ 311b Abs. 1 BGB – s. dazu oben Rdn. 143 ff.), so erstreckt sich die Beurkundungsbedürftigkeit auch auf die Sicherungsabrede (BGH, Urt. v. 14.07.1994 – IX ZR 110/93, NJW 1994, 2885). 2997

12.1.2 Zweck der Sicherheitsleistung

Während der Zweck der Sicherheitsleistung bei einem BGB-Bauvertrag angegeben sein muss, um dem Bestimmtheitsgrundsatz Rechnung tragen zu können, ist das bei einem VOB-Vertrag nicht zwingend. Fehlt es hieran, so folgt die Zweckbestimmung aus der Auslegungsregel in § 17 Abs. 1 Nr. 2 VOB/B: In diesem Fall dient die Sicherheit **der vertragsgemäßen Ausführung der Leistung einschließlich der Mängelansprüche**. 2998

Soweit § 17 Abs. 1 Nr. 2 VOB/B den Zweck der Sicherheitsleistung regelt, ist damit **nur die Zweckbestimmung im Verhältnis Auftraggeber/Auftragnehmer** in deren Sicherungsabrede gemeint. **Nicht erfasst wird davon eine etwaige Zweckbestimmung im Verhältnis von Dritten (z. B. Bürgen) zum Auftraggeber.** Vielmehr ist in deren Rechtsbeziehung (z. B. bei einem Bürgschaftsvertrag) jeweils gesondert zu prüfen, welche Ansprüche eine Bürgschaft sichern soll. Beide Rechtsverhältnisse stimmen bzgl. des Umfangs der abzusichernden Ansprüche idealerweise überein; dies ist jedoch in der Praxis keinesfalls die Regel. Bleibt eine Bürgschaft hinter der Sicherungsabrede zurück, kann der Auftraggeber sie als nicht tauglich zurückweisen. Vorstellbar ist aber auch der umgekehrte Fall, dass eine Bürgschaft über den in der Sicherungsabrede vereinbarten Sicherungsumfang hinausgeht. 2999

▶ **Beispiel**

> Übergibt der Auftragnehmer dem Auftraggeber eine Bürgschaft auf erstes Anfordern und ist deren Inanspruchnahme im Bauvertrag z. B. auf bestimmte Mängelansprüche beschränkt, fällt die Rechtsmacht des Auftraggebers gegenüber der bürgenden Bank von der gegenüber dem Auftragnehmer weit auseinander. Denn gegenüber der Bank kann er praktisch uneingeschränkt über diese Bürgschaft verfügen, darf dies aber nicht in seinem Verhältnis zum Auftragnehmer.

Auch wenn eine an § 17 VOB/B angelehnte Sicherheit in der Regel Ansprüche des Auftraggebers sowohl aus dem Ausführungs- als auch aus dem Gewährleistungsstadium abdeckt, wird der **Zweck der Sicherheitsleistung** in der heutigen Bauvertragspraxis vielfach **auf die Vertragserfüllung oder die Mängelansprüche im engeren Sinne (Gewährleistung) beschränkt**. Dabei verbleiben diverse Zweifelsfragen (vgl. hierzu auch Überblick bei Thierau, Jahrbuch Baurecht 2000, S. 66, 68 ff.): 3000

12.1.2.1 Vertragserfüllungssicherheiten

Bei **Vertragserfüllungssicherheiten** geht es vor allem um fünf Anspruchsgruppen, die durch eine Sicherheitsleistung nach § 17 VOB/B abgedeckt sein können: 3001

- **Ansprüche auf fristgerechte Erfüllung**
  Erfasst sind **Ansprüche auf eine fristgerechte Erfüllung**. Hierzu gehören zunächst alle Ansprüche des Auftraggebers aus Verzug (§§ 280, 286 ff. BGB, § 6 Abs. 6, § 8 Abs. 3 i. V. m. § 5 Abs. 4 VOB/B). Hat der Auftragnehmer im Bauvertrag die Einhaltung fester Vertragstermine zugesagt und bei deren schuldhafter Nichteinhaltung eine Vertragsstrafe versprochen, erfasst eine Sicherheitsleistung nach § 17 VOB/B außerdem die Zahlung der Vertragsstrafe (BGH, Urt. v. 07.06.1982 – VIII ZR 154/81, BauR 1982, 506, 507 = NJW 1982, 2305 = SFH § 767 BGB Nr. 3; BGH, Urt. v. 15.03.1990 – IX ZR 44/89, NJW-RR 1990, 811; BGH, Versäumnisurteil v. 23.01.2003 – VII ZR 210/01, BGHZ 153, 311, 318 = BauR 2003, 870, 872 = NJW 2003, 1805, 1806 f. = NZBau 2003, 321, 322). 3002

- **Ansprüche auf ordnungsgemäße (mangelfreie) Leistung**

3003 Eingeschlossen in eine Sicherheitsleistung für die Vertragserfüllung sind **Ansprüche** des Auftraggebers **wegen einer nicht ordnungsgemäßen Leistung während des Ausführungsstadiums:** Dazu zählt zunächst eine Absicherung von etwaigen Mangelbeseitigungskosten, die jedoch durch das Erfüllungsinteresse begrenzt sind. Folglich wird über eine Vertragserfüllungssicherheit nicht ein ggf. gleichzeitig einbehaltener **Druckzuschlag** gesichert (OLG Koblenz, Urt. v. 08.05.2003 – 5 U 1515/02, BauR 2004, 349, 350; Heiermann/Riedl/Rusam § 17 Rn. 54). Abgedeckt sind des Weiteren Schadensersatzansprüche nach § 4 Abs. 7 S. 2 VOB/B, d. h. vor allem Schadensersatzansprüche für Mangelfolgeschäden. Dies ist bedeutsam, wenn die Mängel selbst zwischenzeitlich beseitigt wurden (BGH, Versäumnisurt. v. 23.01.2003 – VII ZR 210/01, BGHZ 153, 311, 318 f. = BauR 2003, 870, 872 f. = NJW 2003, 1805, 1807 = NZBau 2003, 321, 322). Abgesichert sind außerdem sämtliche sich **nach einer Vertragskündigung ergebenden Schadensersatzansprüche sowie Ansprüche auf Ersatz von Mehrkosten** nach § 8 Abs. 3 VOB/B. Gleiches gilt für Ansprüche des Auftraggebers auf Leistung von Schadensersatz nach § 10 Abs. 1 VOB/B sowie auf Freistellung von Ansprüchen Dritter nach § 10 Abs. 6 VOB/B.

- **Schadensersatz/Ansprüche aus dem Vergütungsbereich**

3004 Problematisch ist, ob eine an § 17 VOB/B angelehnte Sicherheitsleistung auch **Ansprüche des Auftraggebers aus dem Vergütungsbereich**, insoweit vor allem Rückzahlungsansprüche, abdeckt. Hier ist zu unterscheiden: Beruht die Rückforderung auf einem **Schadensersatzanspruch wegen Nichterfüllung bzw. statt der Leistung**, ist dieser Rückforderungsanspruch wie alle anderen Schadensersatzansprüche aus dem Ausführungsstadium über die Sicherheitsleistung abgedeckt (BGH, Urt. v. 17.12.1987 – IX ZR 263/86, BauR 1988, 220, 221 f. = NJW 1988, 907; OLG Celle, Urt. v. 04.06.1997 – 6 U 186/96, BauR 1997, 1057). **Nicht erfasst** werden hingegen **Rückforderungsansprüche** nach einer **gewöhnlichen Überzahlung**. Zwar fallen diese nach der Rechtsprechung des Bundesgerichtshofs nicht unter §§ 812 ff. BGB, sondern gelten als vertragliche Erstattungsansprüche (BGH, Urt. v. 11.02.1999 – VII ZR 399/97, BGHZ 140, 365, 373 = BauR 1999, 635, 639 = NJW 1999, 1867, 1869 – s. dazu auch oben Rdn. 2649 ff.); gleichwohl haben diese (nach einer überhöhten Abschlags- oder Vorauszahlung entstehenden) Rückforderungsansprüche mit einer vertragsgemäßen Ausführung der Leistung des Auftragnehmers im Sinne des § 17 Abs. 1 Nr. 2 VOB/B nichts zu tun (vgl. BGH, Urt. v. 12.03.1980 – VIII ZR 57/79, BGHZ 76, 187, 189 f. = NJW 1980, 1459; ebenso BGH, Urt. v. 12.06.1980 – VII ZR 270/79, BauR 1980, 574, 575 = SFH § 633 BGB Nr. 24; BGH, Urt. v. 17.12.1987 – IX ZR 263/86, BauR 1988, 220, 221 f. = NJW 1988, 907). Sie fallen demzufolge nur dann unter eine Vertragserfüllungssicherheit, wenn dies in der Sicherungsabrede und ihr folgend z. B. bei einer Bürgschaft dort so vorgesehen ist (vgl. etwa Ziffer 22 der ZVB gemäß Vergabehandbuch des Bundes VHB 2008 (Stand 2010), dort Abschnitt 215 sowie die dazu vorliegenden Formblätter zu den Bürgschaften Abschnitt 421 und 422).

- **Mängelansprüche**

3005 Bei Vertragserfüllungssicherheiten wird des Weiteren die Einbeziehung von **Mängelansprüchen (aus dem Gewährleistungsstadium)** diskutiert.

> ▶ Beispiel
>
> Im Vertrag ist lediglich vorgesehen, dass der Auftragnehmer eine Vertragserfüllungsbürgschaft zu übergeben hat.

Hier ist die Sicherungsabrede auszulegen. Dabei ist zu berücksichtigen, dass üblicherweise zwischen einer Vertragserfüllungs- und Gewährleistungssicherheit unterschieden wird (OLG Karlsruhe, Urt. v. 20.11.1997 – 4 U 74/97, BauR 1998, 640 = NJW-RR 1998, 533). Lassen sich danach aber keine näheren Anhaltspunkte für eine Auslegung erzielen, wird man davon ausgehen können, **dass von einer Erfüllungssicherheit auch Mängelansprüche** (im Gewährleistungsstadium nach der Abnahme) **abgedeckt** sind. Etwas anderes gilt hingegen, wenn eine zu stellende Vertragserfüllungssicherheit später (bei Abnahme) durch eine Gewährleistungssicherheit zu ersetzen ist. Hier dürfte die Auslegung der Sicherungsabrede ergeben, dass sich die zuvor vereinbarte Erfüllungssicherheit nicht auf die nach Abnahme entstehenden Gewährleistungsrechte erstrecken soll (BGH, Urt. v. 24.10.2002 – IX ZR 355/00, BGHZ 152, 246, 254 = BauR 2003, 246, 249 = NJW 2003, 352, 354). Dasselbe gilt, wenn die Vertragserfüllungsbürgschaft bis zur Abnahme befristet war (OLG Frankfurt, Urt. v. 28.09.2004 – 10 U 211/03, Nichtzulassungsbeschwerde vom BGH zurückgewiesen, Beschl. v. 23.06.2005 – VII ZR 32/05, BauR 2005, 1682).

- **Ansprüche nach dem AEntG und SGB IV**
Abgesichert sind über eine Vertragserfüllungssicherheit schließlich Ansprüche nach dem sog. Arbeitnehmer-Entsendegesetz. Nach dessen § 14 haftet nämlich ein Unternehmer, der einen anderen Unternehmer mit Bauleistungen beauftragt hat, wie ein Bürge dafür, dass dieser die jeweils geltenden Mindestlöhne und Urlaubskassenbeiträge zahlt. Bei einem Verstoß dagegen kann ein Arbeitnehmer nicht nur den Auftraggeber seines Arbeitgebers, sondern jeden in einer Subunternehmerkette über diesem stehenden gewerblichen Unternehmer (teilweise bis zum Bauherrn) für die Zahlung der Mindestentgelte in Anspruch nehmen. Ähnliches gilt unter bestimmten Voraussetzungen **bei nicht abgeführten Sozialversicherungsbeiträgen** nach § 28e Abs. 3a SGB IV (s. dazu im Einzelnen Joussen/Vygen, Subunternehmervertrag, Rn. 624 ff, 633 ff). All diese Ansprüche sind von einer Vertragserfüllungssicherheit abgedeckt (vgl. dazu ausführlich Joussen, BauR 2012, 344, 345; Ingenstau/Korbion, VOB/B, § 17 Abs. 1 Rn. 20 ff.; ausführlich auch Joussen/Vygen, Subunternehmervertrag, Rn. 377 ff.; zweifelnd OLG Stuttgart, Urt. v. 28.09.2001 – 2 U 218/00, BauR 2002, 1093, 1094 f. = ZfIR 2002, 370, 372; dazu Vogel, BauR 2002, 1013). 3006

12.1.2.2 Mängel-/Gewährleistungssicherheiten

Bei reinen Gewährleistungssicherheiten werden alle Mängelansprüche des Auftraggebers gegen den Auftragnehmer bezogen auf ein bestimmtes Bauvorhaben abgesichert. Insoweit wird eine einer zu übergebenden Gewährleistungssicherheit zugrunde liegende Sicherungsabrede in der Regel konkret auf dieses Bauvorhaben beschränkt abgeschlossen. Daher kann nicht etwa gegen den Anspruch auf Auszahlung eines Sicherheitseinbehaltes mit Mängelansprüchen aus einem anderen Bauvorhaben aufgerechnet werden. Andernfalls würde die bestehende Sicherheit für das ggf. mangelfreie Bauvorhaben entgegen der Sicherungsabrede faktisch Mängel eines anderen Bauvorhabens abdecken, für das die Sicherheit gerade nicht bestellt ist (OLG Dresden, Urt. v. 28.09.2000 – 19 U 888/00, IBR 2002, 252; OLG Düsseldorf, Urt. v. 23.02.2007 – 22 U 115/06, BauR 2007, 1587, 1588 f. = NJW-RR 2008, 38 f.). Auf dieser Grundlage werden von einer Gewährleistungssicherheit sodann **alle primären und sekundären Gewährleistungsrechte** des Auftraggebers abgedeckt, d. h.: 3007

- In erster Linie fallen unter eine Gewährleistungssicherheit bei einem VOB-Vertrag **sämtliche Ansprüche aus § 13 VOB, bei einem BGB-Vertrag in jedem Fall alle nach Abnahme bestehenden Ansprüche gemäß § 634 BGB.** Kommt es hingegen zu keiner Abnahme der bauvertraglichen Leistung, stehen dem Auftraggeber wegen der (nicht vollendeten) Leistung nur die Rechte aus § 4 Abs. 7 VOB/B zu. Diese werden dann allerdings nicht von einer Gewährleistungssicherheit erfasst (BGH, Urt. v. 04.12.1997 – IX ZR 247/96, BauR 1998, 332, 333 = NJW 1998, 1140, 1141). Anders ist dies wiederum bei sog. **Abnahmemängeln.** 3008

> **Beispiel**
>
> Bei der Abnahme, die erfolgt, werden im Abnahmeprotokoll Mängel vorbehalten.

Hierzu wird teilweise vertreten, dass solche Mängel nicht von einer Gewährleistungssicherheit erfasst würden (OLG München, Urt. v. 18.11.2008 – 28 U 3572/08, BauR 2009, 994, 995 = NJW-RR 2009, 670, 671 = NZBau 2009, 517, 518). Dies überzeugt jedoch nicht. Denn auch diese Mängel werden nach der Abnahme heute unstreitig als Mängelrechte nach § 13 Abs. 5 ff. VOB/B angesehen (BGH, Urt. v. 25.02.1982 – VII ZR 161/80, BauR 1982, 277, 279 = NJW 1982, 1524; BGH, Urt. v. 19.12.2002 – VII ZR 103/00, BauR 2003, 689, 691 f = NZBau 2003, 265, 266 f; s. o. auch Rdn. 1196). Dass die sog. Protokollmängel ggf. auch über eine gleichzeitig vorliegende Vertragserfüllungssicherheit abgedeckt sind, ist unbeachtlich und reduziert die Verpflichtung aus einer Gewährleistungssicherheit nicht. Dies gilt umso mehr, als in diesen Fällen

eine Vertragserfüllungssicherheit nach § 17 Abs. 8 Nr. 1 VOB/B herauszugeben wäre (s. u. Rdn. 3107 f.).
- Nicht gesichert ist hingegen ein wegen Mängeln gleichzeitig erfolgter erhöhter Einbehalt infolge eines **Druckzuschlages:** Dieser dient zwar der Durchsetzung des Erfüllungsinteresses des Auftraggebers, das sich dadurch jedoch wertmäßig nicht erhöht (OLG Koblenz, Urt. v. 08.05.2003 – 5 U 1515/02, BauR 2004, 349, 350 = OLGR Koblenz 2003, 375).
- Eingeschlossen von einer Gewährleistungssicherheit sind ferner Ansprüche des Auftraggebers auf **Restfertigstellung der Leistungen**, da es auch insoweit um Ansprüche des Auftraggebers nach der Abnahme geht (OLG Hamm, Urt. v. 24.06.1986 – 21 U 150/85, NJW-RR 1987, 686; OLG Köln, Urt. v. 30.10.1997 – 12 U 40/97, BauR 1998, 555, 557 = NJW-RR 1998, 1393, 1395). Zu diesen gilt in gleicher Weise, dass sich sämtliche bei Abnahme noch offenen Erfüllungsansprüche mit der Abnahme in solche nach § 13 VOB/B umwandeln (BGH, Urt. v. 25.02.1982 – VII ZR 161/80, BauR 1982, 277, 279 = NJW 1982, 1524; BGH, Urt. v. 19.12.2002 – VII ZR 103/00, BGHZ 153, 244, 250 = BauR 2003, 689, 691 f. = NJW 2003, 1450, 1452 = NZBau 2003, 265, 266 f. – s. dazu auch oben Rdn. 1194 ff.). Folglich werden diese dann einheitlich von einer Gewährleistungssicherheit erfasst (BGH, Urt. v. 04.12.1997 – IX ZR 247/96, BauR 1998, 332, 333 = NJW 1998, 1140, 1141).

3009 Nach der einer Gewährleistungssicherheit zugrunde liegenden Sicherungsabrede ist zu beachten, dass deren Zweck sich nicht darin erschöpft, entstehende Mängelansprüche abzusichern. Vielmehr soll der Auftraggeber nach der Sicherungsabrede bzgl. etwaiger Mängelansprüche für die gesamte Dauer der Mängelhaftung des Auftragnehmers (Gewährleistung) abgesichert sein. Solange demnach die Verjährungsfrist für Mängelansprüche nicht abgelaufen ist und weitere Mängelansprüche in Betracht kommen, kann der Auftragnehmer den Auftraggeber bei auftretenden Mängelschäden nicht auf eine bereits gewährte Sicherheit verweisen. Stattdessen kann der Auftraggeber **trotz einer ihm vorliegenden Sicherheit Mängelbeseitigungskosten gesondert geltend machen** und hierfür auch einen Vorschuss, Kostenerstattung oder Schadensersatz verlangen (OLG Hamm, Urt. v. 30.10.1995 – 17 U 83/94, BauR 1997, 141, 142 f. = NJW-RR 1996, 1046). Zu beachten ist allerdings, dass losgelöst von diesem Grundsatz bei einer rechtlich bestehenden Inanspruchnahmemöglichkeit einer Sicherheit (insbesondere bei einer Bürgschaft) insoweit eigene Verjährungsfristen laufen können, die der Auftraggeber parallel zu beachten hat (s. dazu unten Rdn. 3059 ff.).

12.1.3 Höhe der Sicherheitsleistung

3010 Den Vertragspartnern ist **dringend anzuraten, die Höhe der Sicherheitsleistung zu bestimmen**, um später Unzuträglichkeiten oder gar Streitigkeiten zu vermeiden. Zwingend ist dies für die Wirksamkeit einer Sicherungsabrede jedoch nicht. Denn ist eine Bestimmung der Höhe unterblieben, wird man regelmäßig den Auftraggeber als befugt anzusehen haben, die Höhe in entsprechender Anwendung des § 316 Abs. 1 BGB festzulegen. Dabei hat diese Bestimmung dann nach § 315 Abs. 1 BGB nach billigem Ermessen stattzufinden, was notfalls durch ein Gericht zu überprüfen wäre (Kleine-Möller, in: Handbuch des privaten Baurechts, § 2 Rn. 557; Merl, a. a. O., § 15 Rn. 1262; Werner/Pastor, Rn. 1668; Heiermann/Riedl/Rusam, § 9 VOB/A Rn. 82; Nicklisch/Weick, § 17 Rn. 18; a. A. Kapellmann/Messerschmidt/Thierau, B § 17 Rn. 85f, der eine solche Sicherungsabrede für unwirksam hält). Dies kann nach Erfahrungswerten auf eine Anlehnung an die Sätze des § 9 Abs. 8 VOB/A hinauslaufen, muss es aber nicht (so aber Beck'scher VOB-Komm./I. Jagenburg, Vor § 17 Rn. 27): Dies gilt schon deshalb, weil nach § 9 Abs. 7 S. 2 VOB/A für Aufträge unter 250.000 € netto zumindest in der Regel überhaupt keine Sicherheit mehr vorgesehen ist. Ohnehin gilt diese Vorschrift nur für das Vergabeverfahren und hat keinen Einfluss auf geschlossene Verträge. Zu fragen ist allenfalls, inwieweit **AGB des Auftraggebers**, in denen die Höhe der Sicherheitsleistung offengeblieben ist, wirksam sind.

> ▶ Beispiel
>
> Im Bauvertrag eines öffentlichen Auftraggebers heißt es, dass sich die Sicherheit prozentual an der Nettoabrechnungssumme orientiere. Ein Prozentsatz ist jedoch nicht angegeben.

12.1 Sicherheitsleistung zugunsten des Auftraggebers

Zu solchen Klauseln wird teilweise pauschal vertreten, dass sie einer AGB-Kontrolle nicht standhielten. Preisanpassungsklauseln mit einem uneingeschränkten Änderungsrecht des Verwenders verstießen gegen das **Transparenzgebot** (§ 307 Abs. 1 S. 1 BGB) und seien daher unwirksam. Auch einseitige Bestimmungsvorbehalte könnten nur hingenommen werden, soweit sie bei unsicherer Entwicklung der Verhältnisse als Instrument der Anpassung notwendig seien und den Anlass, aus dem das Bestimmungsrecht entstehe, sowie die Richtlinien und Grenzen seiner Ausübung möglichst konkret angeben (KG, Beschl. v. 11.01.2010 – 27 U 70/09, BauR 2010, 1233 mit Bezug u. a. auf BGH, Urt. v. 19.10.1999 – XI ZR 8/99, NJW 2000, 651, 652). Dieses Ergebnis geht jedoch in die falsche Richtung und beruht ggf. auf einem Missverständnis. Es wäre allenfalls richtig, wenn sich der Auftraggeber im Vertrag positiv das einseitige Bestimmungsrecht zur Höhe der Sicherheitsleistung ohne nähere Eingrenzung vorbehielte oder sich ein solches Ergebnis aus der Vertragsauslegung ergäbe. Die vorgenannte Fallgestaltung ist jedoch eine andere, nämlich dass in einem verbindlichen Vertrag **eine Regelung zur Sicherungshöhe überhaupt nicht getroffen** wurde. Dies hat mit einem einseitig in AGB vorbehaltenen Bestimmungsrecht mit einem möglichen Verstoß gegen das Transparenzgebot nichts zu tun. Stattdessen geht es um eine **Lücke im Vertrag**. Diese führt nicht zur Unwirksamkeit der Sicherungsabrede, zumal sich weder aus dem Gesetz noch aus der VOB eine Notwendigkeit zur Festlegung einer Sicherheitshöhe ergeben. Vielmehr würde sich – soweit nichts anderes vereinbart oder aus der Vertragsauslegung zu ermitteln ist – nach der gesetzlichen Grundvorstellung die Höhe einer vereinbarten Sicherheit dann nach dem Wert des zu sichernden Rechts bemessen (Palandt/Ellenberger, Vor § 232 Rn. 1; Münch.Komm./Grothe, § 232 Rn. 1; so auch schon Mot. I., S. 387). Kommt dazu keine Einigung zustande, verbleibt letztlich wie schon erläutert keine andere Wahl, als zunächst dem Auftraggeber als Berechtigtem nach einer entsprechenden Anwendung des § 316 Abs. 1 BGB ein gesetzliches Bestimmungsrecht einzuräumen. Diese Bestimmung hätte nach § 315 Abs. 1 BGB nach billigem Ermessen stattzufinden, was auch durch ein Gericht überprüfbar ist.

Ist für eine wirksame Sicherungsabrede die Bestimmung der Höhe nicht erforderlich, muss die Höhe einer Sicherheitsleistung erst recht nicht in einem genauen Betrag festgelegt werden; vielmehr genügt die Angabe eines Richtpunktes. So ist es üblich, die **Höhe der Sicherheitsleistung anhand eines bestimmten Prozentsatzes** der Vergütung des Auftragnehmers **zu vereinbaren** (vgl. auch § 9 Abs. 8 S. 2 und 3 VOB/A).

> **Beispiel**
>
> Im Bauvertrag ist eine Sicherheitsleistung von 5 % bezogen auf die Netto-Auftragssumme vorgesehen.

Ist – was die Regel ist – eine Sicherheitsleistung der Höhe nach vereinbart, bestehen in Bezug auf **etwaige Höchstgrenzen** bei einer **Individualvereinbarung mit Ausnahme der allgemeinen Schranken der Sittenwidrigkeit keine Grenzen**. Anders bei **AGB des Auftraggebers**: Hier muss der Auftraggeber darauf achten, dass er den Auftragnehmer **nicht im Übermaß belastet**. Die Grenzen des § 9 Abs. 8 VOB/A gelten zwar nicht kraft vertraglicher Vereinbarung, bilden aber für die Beurteilung der Angemessenheit einen tragfähigen Anhaltspunkt (vgl. auch die Erläuterungen Ingenstau/Korbion, VOB/A, § 9 Rn. 91 ff.). Danach sind

- Vertragserfüllungssicherheiten in Höhe von 5 % der Auftragssumme bzw.
- Sicherheiten für Mängelansprüche in Höhe von 3 % der Abrechnungssumme

unproblematisch. Dies gilt umso mehr, als selbst der Gesetzgeber bei auf die Errichtung oder den Umbau eines Hauses gerichteten Verträgen mit Verbrauchern im Fall von Abschlagszahlungen bei der Bemessung einer dann von einem Auftragnehmer zu stellenden Vertragserfüllungssicherheit diese auf 5 % der vereinbarten Vergütung festgelegt hat. In der Gesetzesbegründung hat er sich dabei ausdrücklich an die in § 9 Abs. 8 VOB/A (§ 14 Nr. 2 VOB/A a. F.) vorgesehene Größenordnung angelehnt. Diese habe sich »im Bereich der öffentlichen Bauaufträge bewährt und (...) [könne] als Basisregelung verallgemeinert werden« (BT-Ds. 16/511, S. 15). Damit ist allerdings **keinesfalls** gesagt, dass nunmehr die **5 %-Marke eine Obergrenze** für Vertragserfüllungssicherheiten darstellt.

Denn gerade die Gesetzesbegründung lässt mehr als deutlich erkennen, dass mit den 5 % bewusst nur eine Richtgröße angegeben worden ist mit der Maßgabe, dass das Bedürfnis einer höheren Sicherheit als nicht quantifizierbar dargestellt wird, ohne aber ein solches auszuschließen (s. dazu auch Ingenstau/Korbion, B § 17 Abs. 1 Rn. 37).

3012 Scheidet somit ein Rückgriff auf § 632a BGB oder auch § 9 Abs. 8 VOB/A aus, muss gleichwohl jede Vereinbarung in AGB des Auftraggebers, die über diese heute als angemessen angesehenen Sätze von 5 % für Vertragserfüllungssicherheiten bzw. 3 % für Gewährleistungssicherheiten hinausgeht, daraufhin überprüft werden, ob hierin eine übermäßige Belastung des Auftragnehmers liegt. Hier wird man zu unterscheiden haben:

- Bei **Vertragserfüllungssicherheiten** wird man nach heutiger Erfahrung eine Größenordnung von 10 % der Auftragssumme als maximal zulässig anzusehen haben. (s. dazu BGH, Urt. v. 09.12.2010 – VII ZR 7/10, BauR 2011, 677, 679 = NJW 2011, 2125, 2126 = NZBau 2011, 229, 231). Diese Grenze hat sich auch seit Langem in der Praxis etabliert (Ingenstau/Korbion, B § 17 Abs. 1 Rn. 38 m. w. N.). Das aber heißt, dass Klauseln in AGB des Auftraggebers in der Regel keinen Bestand haben, die neben der Stellung einer Vertragserfüllungssicherheit von 10 % darüber hinaus dem Auftraggeber z. B. das Recht einräumen, zusätzlich von jeder Zahlung 10 % als weitere Sicherheit einzubehalten (so ausdrücklich jetzt auch BGH, Urt. v. 09.12.2010 – VII ZR 7/10, BauR 2011, 677, 679 = NJW 2011, 2125, 2126 = NZBau 2011, 229, 231; ebenso Schmitz/Vogel, ZfIR 2002, 509, 514; Schulze-Hagen, BauR 2007, 170, 176). Dies gilt auch insoweit, als zumindest in der Regel selbst Sonderfaktoren wie z. B. eine angespannte wirtschaftliche Situation (Insolvenz des Auftragnehmers) keine Erhöhung von z. B. auf 20 % erlauben (OLG Düsseldorf, Urt. v. 06.10.2009 – 130/08, BauR 2009, 1940 [Ls.]). Denn diese ändern an der unangemessenen Belastung eines Auftragnehmers nichts vor dem Hintergrund, dass es (nur) um eine Sicherheitsleistung geht und der Auftragnehmer dafür trotz ggf. einwandfreier Leistung keinen Ausgleich erhält.
- Bei **Gewährleistungssicherheiten** wird man die zulässige Obergrenze in der Regel bei dem deutlich niedrigeren Satz von 5 % der Abrechnungssumme festzulegen haben (so eindeutig zu verstehen BGH, Urt. v. 05.05.2011 – VII ZR 179/10, BauR 2011, 1324, 1327 = NJW 2011, 2195, 2197 = NZBau 2011, 410, 412; s. dazu auch Ingenstau/Korbion, B § 17 Abs. 1 Rn. 38; Kapellmann/Messerschmidt/Thierau, B § 17 Rn. 46; sowie die Formulare im VHB 2008 (Stand 2010), Ziff. 4.1 und 4.2 zur RiLi zu 214 BVB). Bei **kombinierten Vertragserfüllungs-/Gewährleistungssicherheiten**, mit der auch Ansprüche aus Überzahlung abgesichert werden, mag ein Mischsatz von 6 % noch angemessen sein (BGH, Urt. v. 25.03.2004 – VII ZR 453/02, BauR 2004, 1143, 1145 = NJW-RR 2004, 880, 881 = NZBau 2004, 322, 323). Der bei Gewährleistungssicherheiten niedrigere Prozentsatz gilt vor allem deshalb, weil der Auftraggeber mit der Abnahme die erbrachte Bauleistung im Wesentlichen als vertragsgerecht, somit zumindest vorläufig als erfüllt, entgegengenommen hat. Dann aber wird sein Sicherungsbedürfnis allein aus diesem Grund niedriger zu veranschlagen sein als bei Vertragserfüllungssicherheiten. Allerdings sollte man trotz der vorgenannten Angabe von Obergrenzen nicht verkennen, dass im Einzelfall bei einem ggf. doch höheren konkreten und berechtigten Sicherungsbedürfnis des Auftraggebers etwas anderes gelten kann.

> **Beispiel**
>
> Der Auftraggeber kann bei besonders mangelanfälligen Gewerken (z. B. bei Flachdächern) oder neuen bisher nicht erprobten Bautechniken durchaus berechtigt sein, eine höhere Sicherheit zu verlangen als bei anderen Bauleistungen.

Doch auch in diesen Fällen muss eine Sicherheit nach oben begrenzt sein. In AGB wird danach allenfalls gegenüber der soeben genannten Obergrenze von 5 % noch ein **geringer Zuschlag** (etwa **auf maximal 6 oder** 7 %) möglich sein. Dies scheint auch der BGH so zu sehen, indem er zu verstehen gab, dass zumindest deutlich höhere Sicherungsverlangen als die genannten 5 % nicht hinnehmbar seien (BGH, Urt. v. 05.05.2011, a. a. O.). Will der Auftraggeber dann noch mehr absichern, verbleibt ihm nur der beschwerliche Weg über eine Individualvereinbarung.

Hat man die vorgenannten Eckdaten verinnerlicht, darf bei den verschiedenen Prozentsätzen allerdings folgender **Punkt nicht übersehen werden**. So kann sich nämlich je nach deren Ausgestaltung die **Unwirksamkeit der Sicherungsabrede** auch daraus ergeben, dass die einzelnen Prozentsätze für die Bürgschaften, die für sich genommen unbedenklich sind, aufgrund ihrer **Gestaltung zu addieren sind und deswegen unzulässig** werden. 3013

▶ **Beispiel (ähnlich OLG Celle, Urt. v. 14.06.2012 – 13 U 11/12 IBR 2012, 453)**

Im Vertrag sind für die Vertrags- und Gewährleistungssicherheit je 5 % vereinbart. Weiter ist vorgesehen, dass die Umwandlung der Vertragserfüllungs- in eine Mängelsicherheit erst »nach Abnahme und Erfüllung aller bis dahin erhobenen Ansprüche« verlangt werden kann.

Eine solche Regelung hätte keinen Bestand (ebenso: OLG München, Urt. v. 10.4.2012 – 9 U 5645/10, noch nicht veröffentl.). Denn jetzt könnte es geschehen, dass etwa vorbehaltene Mängel aus dem Ausführungsstadium mit der Abnahme als Mängelrechte nach § 13 Abs. 5 VOB/B fortbestehen (BGH, Urt. v. 19.12.2002 – VII ZR 103/00, BauR 2003, 689, 691 f = NZBau 2003, 265, 266 f; s. o. Rdn. 1196). Sie wären somit – solange sie nicht erfüllt sind – nach der Sicherungsabrede sowohl über die Vertragserfüllungs- als auch über die Mängelsicherheit abgedeckt (s. zu der Einbeziehung der Abnahmemängel auch in die Mängelsicherheit oben Rdn. 3008). Allein dadurch würde sich das Absicherungsvolumen der Mängelsicherheit auf insgesamt bis zu 10 % erhöhen, was nach Vorstehendem zu hoch ist (s. auch ähnlich schon der Grundgedanke in BGH, Urt. v. 5.11.2011 – VII ZR 179/10, BauR 2011, 1324, 1326 = NJW 2011, 2195, 2196 = NZBau 2011, 410, 412).

Soweit im Vertrag wie vorstehend schon erläutert Prozentgrößen zur Bestimmung der Sicherheitenhöhe genannt sind, ist häufig unklar, auf welche Bemessungsgrundlage sich diese genau bezieht.

▶ **Beispiel**

Im Vertrag ist lediglich eine Sicherheitsleistung von 10 % vorgesehen.

Hier ist in erster Linie zu prüfen, ob eine diesbezügliche Klausel, falls es sich um AGB handelt, nicht wegen **Verstoßes gegen das Transparenzprinzip** (§ 307 Abs. 1 S. 2 BGB) unwirksam ist. Sodann dürfte aber häufig vorrangig durch Auslegung – ggf. auch unter Rückgriff auf § 9 Abs. 8 S. 2 und 3 VOB/A – festzustellen sein, dass zumindest im Rahmen der Ausschreibung die Sicherheitsleistung für die Vertragserfüllung an die **Auftragssumme** anzulehnen ist, während es bei der Bestimmung der Höhe einer Gewährleistungssicherheit um die Bezugsgröße **Abrechnungssumme** geht. Bezieht sich die Prozentangabe auf den voraussichtlichen oder geschätzten Gesamtauftragswert, ist auf die Auftragssumme bei Vertragsschluss abzustellen. Dabei kann – sollte sich die **Auftragssumme während der Baumaßnahme deutlich reduzieren** – eine Sicherungsabrede konkludent dahin gehend auszulegen sein, dass in diesem Fall der Auftragnehmer eine entsprechende Reduzierung der Sicherheit verlangen kann (OLG Frankfurt, Urt. v. 11.01.2006 – 1 U 114/05, BauR 2006, 735 = IBR 2006, 494).

Bei der Angabe von Prozentgrößen ist außerdem jeweils zu prüfen, ob die Bezugsgröße (Auftragssumme, Abrechnungssumme u. a.) mit oder ohne **Umsatzsteuer** zu berechnen ist. Zumindest außerhalb des Anwendungsbereichs des § 13b UStG wird man – da die Vergütung des Auftragnehmers in der Regel einschließlich oder zuzüglich Mehrwertsteuer vereinbart wird – für die Berechnung der Sicherheitsleistung auf den **Bruttobetrag mit Mehrwertsteuer** abstellen müssen (s. zum Begriff der Auftragssumme als Bruttosumme: OLG Düsseldorf, Urt. v. 09.11.1971 – 20 U 56/71, BauR 1972, 121 und OLG Karlsruhe, Urt. v. 23.11.1971 – 8 U 20/71, BauR 1972, 243, 244 = NJW 1972, 451f). Vorstehende Grundsätze gelten auch im **Anwendungsbereich des § 13b UStG, d. h. vor allem im Subunternehmerverhältnis** (s. dazu Rdn. 2598 ff.). 3014

▶ **Zu beachten ist:**

Nach § 13b UStG haben Subunternehmer gegenüber ihren Hauptunternehmern Abrechnungen nur auf Netto-Basis zu stellen. Zur Abführung der Umsatzsteuer ist dann – anders als sonst – der Auftraggeber als Leistungsempfänger verpflichtet.

Auch hier ist, soweit zur Bestimmung der Höhe der Sicherheitsleistung (nur) auf die Vergütung Bezug genommen wird, in der Regel die **Bruttovergütung** gemeint. Denn § 13b UStG regelt nur die Frage, wer die Umsatzsteuer letztlich zu zahlen hat (so zu Recht Groß, BauR 2005, 1084, 1085 f.; a. A. Döhler, BauR 2006, 14, 16 f.; unklar insoweit Theurer, BauR 2006, 7 und OLG Köln, Urt. v. 28.10.2009 – I – 11 U 34/09, BauR 2010, 508, die diese Differenzierung nicht vornehmen; s. zu OLG Köln auch Joussen IBR 2010, 141). Dies ist jedoch nur die steuerrechtliche Seite; sie ist zu trennen von der Frage, welche Vergütung im Verhältnis der Parteien untereinander vereinbart worden ist. Hier gilt wie auch sonst das Bruttopreisprinzip, d. h.: Solange etwa ohne Ausweis der Umsatzsteuer, was in einem Bauvertrag nicht zwingend ist, ein Preis festgelegt wird, handelt es sich dabei um den Bruttopreis einschließlich Umsatzsteuer, und zwar auch unter Gewerbetreibenden (BGH, Urt. v. 11.05.2001 – V ZR 492/99, NJW 2001, 2464; BGH, Urt. v. 28.02.2002 – I ZR 318/99, NJW 2002, 2312; Werner/Pastor, Rn. 1678 – a. A. für einen dagegen stehenden Handelsbrauch, dass Gewerbetreibende grundsätzlich nur Netto-Preise vereinbaren: OLG Köln, Urt. v. 18.01.1971 – 10 U 4/70, NJW 1971, 894, 896). Dies ist dann gleichzeitig die Auftragssumme, von der der Auftraggeber als Leistungsempfänger bei der Bezahlung aufgrund der Regelung in § 13b UStG einen Teil nun nicht mehr unmittelbar an den Auftragnehmer zu zahlen, sondern im Wege der Vereinfachung (und besseren Steuerkontrolle) als Umsatzsteuer selbst abzuführen hat. All dies ändert jedoch nichts daran, dass es sich hierbei weiterhin um einen Vergütungsanteil einer Gesamtauftragssumme handelt (Groß, a. a. O.). Dies zeigt sich letztlich daran, dass der Auftragnehmer nach § 14a Abs. 5 UStG auf der Rechnung auf diese Abführungspflicht hinzuweisen hat. Demgegenüber dürfte etwas anderes gelten, wenn die Bauvertragsparteien für die Berechnung einer prozentual zu berechnenden Sicherheitsleistung auf die (geprüfte) **Abrechnungs- oder Schlussrechnungssumme** Bezug nehmen. In diesem Fall kann als Bemessungsgrundlage nur noch von der **effektiv zu zahlenden Netto-Vergütung** ausgegangen werden (s. dazu auch Ingenstau/Korbion/Joussen, VOB/B, § 17 Abs. 1 Rn. 40).

12.1.4 Arten der Sicherheitsleistung

3015 Die VOB/B stellt in § 17 drei Arten von Sicherungsmitteln zur Verfügung; hierauf ist zurückzugreifen, wenn keine weitere Vereinbarung getroffen wurde. Folgende Sicherungsmittel sind vorgesehen:
- Sicherungsleistung durch Bürgschaft (§ 17 Abs. 2 und 4 VOB/B)
- Sicherheitsleistung durch Hinterlegung (§ 17 Abs. 5 VOB/B)
- Sicherheitsleistung durch Einbehalt (§ 17 Abs. 6 VOB/B)

12.1.4.1 Sicherheitsleistung durch Bürgschaft

3016 § 17 Abs. 2 VOB/B sieht die **Bürgschaft** als sehr oft vorkommende **Hauptart der Sicherheitsleistung** an. Hiermit **weicht die VOB deutlich von dem gesetzlichen Rahmen ab**. Denn nach § 232 Abs. 2 BGB stellt die Absicherung durch Stellung eines tauglichen Bürgen **nur ein subsidiäres Sicherungsmittel dar**, d. h.: Die Stellung einer Bürgschaft ist nur dann zulässig, wenn der Verpflichtete die Sicherheit nicht auf die Arten zu leisten vermag, wie sie in § 232 Abs. 1 BGB genannt sind. Hieraus folgt für das BGB-Werkvertragsrecht, dass sich ein Auftraggeber grundsätzlich bis auf die vom Auftragnehmer zu beweisenden Ausnahmefälle des § 232 Abs. 2 BGB nicht auf eine Bürgschaft einzulassen braucht. Aus diesem Grund kann auch **die Abbedingung einer Absicherung durch Bürgschaft in Allgemeinen Geschäftsbedingungen** des Auftraggebers weder in einem BGB- noch in einem VOB-Vertrag trotz ihrer Verbreitung als anerkanntes Sicherungsmittel **an einer AGB-Inhaltskontrolle scheitern**: Denn hiermit wird nur die ohnehin geltende gesetzliche Ausgangslage vertraglich vereinbart.

3017 Ausgehend davon stellt die VOB/B verschiedene Voraussetzungen für die Tauglichkeit einer Bürgschaft auf.

▶ **Voraussetzungen einer Bürgschaft nach § 17 Abs. 2 und 4 VOB/B**
- Anerkenntnis des Bürgen als tauglich
- Schriftliche Bürgschaftserklärung unter Verzicht auf die Einrede der Vorausklage

12.1 Sicherheitsleistung zugunsten des Auftraggebers

- Unbefristet und nach Vorschrift des AG
- Keine Bürgschaft auf erstes Anfordern

12.1.4.1.1 Anerkenntnis des Bürgen als tauglich

Nach § 17 Abs. 4 S. 1 VOB/B entspricht eine Bürgschaft nur dann den Vorgaben der VOB, wenn der Auftraggeber **den Bürgen als tauglich anerkennt.** Hier ist zu unterscheiden, welcher Bürge »tauglich sein kann« und welche Bedeutung das weitere Tatbestandsmerkmal des diesbezüglichen Anerkenntnisses durch den Auftraggeber hat: 3018

- **Tauglich** ist ein Bürge, wenn er ein der Höhe der zu leistenden Sicherheit angemessenes Vermögen besitzt und seinen allgemeinen Gerichtsstand im Inland hat (vgl. § 239 Abs. 1 BGB). Dies hat der Auftragnehmer im Zweifel nachzuweisen. Ergänzt wird diese gesetzliche Regelung durch § 17 Abs. 2 und 4 VOB/B: Hiernach genügt eine Bürgschaft eines Kreditinstitutes oder eines Kreditversicherers, wenn das Institut oder der Versicherer in der Europäischen Gemeinschaft, in einem Staat des Europäischen Wirtschaftsraums oder in einem Staat der Vertragsparteien des WTO-Abkommens über das öffentliche Beschaffungswesen zugelassen ist.
- Ggf. auf der Grundlage eines dazu geführten Nachweises muss der Auftraggeber den Bürgen als tauglich anerkennen. Hierzu besteht eine Pflicht, wenn die objektiven Voraussetzungen der Tauglichkeit eines Bürgen vorliegen.

12.1.4.1.2 Schriftliche selbstschuldnerische Bürgschaft (§ 17 Abs. 4 S. 2 VOB/B)

Nach § 17 Abs. 4 S. 2 VOB/B muss die Bürgschaftserklärung schriftlich unter Verzicht auf die Einrede der Vorausklage (§ 771 BGB) abgegeben werden. 3019

- **Schriftform**
  Die nach § 17 Abs. 4 VOB/B vorgeschriebene Schriftlichkeit der Bürgschaftserklärung ist an sich nichts Besonderes. Sie ist gemäß § 766 S. 1 BGB ohnehin Voraussetzung für deren Wirksamkeit. Ist sie nicht eingehalten, ist die Bürgschaft wegen Verletzung dieser zwingenden gesetzlichen Vorschrift unwirksam (§ 126 BGB). Allerdings ist die in der VOB getroffene Regelung gleichwohl von Bedeutung. 3020

> **Beispiel**
>
> Im Zuge der Abwicklung eines Bauvertrages sagt der Auftragnehmer dem Auftraggeber die kurzfristige Übersendung einer Vertragserfüllungsbürgschaft zu. Diese geht bereits vorab per Fax von der Bank beim AG ein. Das Original lässt auf sich warten.

Fälle wie diese haben in der Praxis eine hohe Bedeutung: Denn mit dem **Schriftformerfordernis in § 17 Abs. 4 VOB/B wird im Verhältnis Auftraggeber/Auftragnehmer vor allem eine abweichende Regelung von § 350 HGB vertraglich vereinbart.** Nach § 350 HGB kann eine Bürgschaft nämlich auch ohne Einhaltung der Schriftform des § 766 BGB wirksam erteilt werden, wenn der Bürge Kaufmann ist. Das gewinnt gerade bei den VOB-konformen Bürgschaften an Bedeutung, da diese wie gezeigt von Kreditinstituten oder Kreditversicherern abzugeben sind. § 17 Abs. 4 S. 2 VOB/B hebt diese Formerleichterung im Verhältnis der Bauvertragsparteien untereinander wieder auf und fordert stattdessen, d. h. ausschließlich im Verhältnis vom Auftraggeber zum Auftragnehmer, die Schriftlichkeit der Bürgschaftserklärung. Allerdings unterliegt die nach § 17 Abs. 4 S. 2 VOB/B erforderliche Schriftform der Bürgschaftserklärung nunmehr nicht den Vorschriften des § 126 BGB; sie richtet sich als gewillkürte Schriftform nach § 127 BGB. Der Unterschied liegt darin, dass bei der gesetzlich bestimmten Schriftform nach § 126 BGB, wie sie nach § 766 S. 1 BGB für den nicht kaufmännischen Bürgen gilt, eine Übermittlung der Bürgschaftserklärung etwa per Telefax oder in elektronischer Form nicht genügt (so auch BGH, Urt. v. 28.01.1993 – IX ZR 259/91, BGHZ 121, 224, 227 = BauR 1993, 340, 341 ff. = NJW 1993, 1126 f.). Die Bürgschaftserklärung des Kaufmanns, die nur aufgrund der in § 17 Abs. 4 S. 2 VOB/B enthaltenen vertraglichen Vereinbarung der Schriftform bedarf, ist dagegen nach § 127 S. 2 BGB der Übermittlung per Fax, eingescanntes pdf-Dokument u. a. zugänglich.

Das in § 17 Abs. 4 S. 2 VOB/B festgelegte Erfordernis der Schriftlichkeit gilt somit nur im Verhältnis der Bauvertragsparteien zueinander. Infolgedessen kann der Auftraggeber eine nicht der Schriftform entsprechende Bürgschaftserklärung zurückweisen und eine schriftliche Originalbürgschaft fordern, obwohl die vorab per Fax übermittelte Bürgschaft schon wirksam wäre.

- **Selbstschuldnerische Bürgschaft**

3021 Grundsätzlich kann ein Bürge die Befriedigung des Gläubigers verweigern, solange nicht der Gläubiger eine Zwangsvollstreckung gegen den Hauptschuldner ohne Erfolg versucht hat (§ 771 ZPO). Hieraus folgt aus den gesetzlichen Vorschriften die sog. »Einrede der Vorausklage«. Abweichend davon genügt eine **Bürgschaft den Anforderungen der VOB nur dann, wenn der Bürge genau auf diese Einrede der Vorausklage in der Bürgschaftserklärung verzichtet:** Er muss eine sog. »**selbstschuldnerische Bürgschaft**« abgeben. Diese beschränkt sich allerdings auf diesen Einredeverzicht; die Erhebung anderer Einreden wie etwa die Berufung des Bürgen auf die Einrede der Verjährung der Hauptschuld bleibt ihm unbenommen (OLG Koblenz, Urt. v. 22.05.1980 – 9 U 8/79, VersR 1981, 167 = KTS 1980, 105). Dasselbe gilt für die Einreden der Anfechtbarkeit und der Aufrechenbarkeit, die bei einer Bürgschaft nach § 17 Abs. 4 VOB/B ebenfalls nicht ausgeschlossen werden müssen, soweit im Bauvertrag nichts anderes geregelt ist. § 17 Abs. 4 S. 2 VOB/B folgt somit letztlich nur der gesetzlichen Vorschrift in § 239 Abs. 2 BGB über die Tauglichkeit des Bürgen. Dabei nähert sich die selbstschuldnerische Bürgschaft gleichzeitig deutlich anderen Sicherungsformen an, von denen sie allerdings im Einzelfall zu unterscheiden ist.

12.1.4.1.3 Keine zeitliche Begrenzung der Bürgschaft; Ausstellung nach Vorschrift des Auftraggebers

3022 Die selbstschuldnerische Bürgschaft des als tauglich anerkannten Bürgen darf nach § 17 Abs. 4 S. 2 letzter Halbsatz VOB/B nicht auf bestimmte Zeit begrenzt sein (vgl. § 777 BGB) und muss nach Vorschrift des Auftraggebers ausgestellt sein, d. h. vor allem:

3023 - Eine Bürgschaft i. S. d. § 17 Abs. 4 VOB/B darf **keinen über den Zeitpunkt ihrer Ausstellung hinausgehenden Anfangs- oder Endzeitpunkt** (vgl. dazu BGH, Urt. v. 29.04.1974 – VIII ZR 35/73, MDR 1974, 839 = LM § 777 BGB Nr. 1) enthalten. Letzteres gilt schon deshalb, um rechtzeitig geltend gemachte Ansprüche noch nach dem ansonsten vereinbarten Rückgabezeitpunkt über die vorliegende Sicherheit abwickeln zu können (vgl. auch § 17 Nr. 8 Abs. 1 S. 2 und § 17 Nr. 8 Abs. 2 S. 2 VOB/B – dazu Rdn. 3106 ff.).

> ▶ **Beispiel**
>
> Gewährleistung und Bürgschaft sind auf fünf Jahre befristet. Würde jetzt der Auftraggeber kurz vor Ablauf der Gewährleistung Mängel verfolgen, könnte er mit einer Inanspruchnahme der inzwischen abgelaufenen Gewährleistungsbürgschaft ausgeschlossen sein.

Nicht verständlich ist daher die Entscheidung des BGH (Urt. v. 10.04.2003 – VII ZR 314/01, BGHZ 154, 378, 386 f. = BauR 2003, 1385, 1388 = NJW 2003, 2605, 2607), wonach eine AGB-Klausel des Auftraggebers zur Auslösung eines Sicherheitseinbehaltes nur durch eine kostenlose und befristete Gewährleistungsbürgschaft (Vorgabe der Befristung durch den Auftraggeber) unwirksam sein soll: Denn sind Gewährleistungsbürgschaften grundsätzlich unbefristet zu erteilen, kann jede Form der Befristung einen Auftragnehmer nicht ungebührlich belasten.

3024 Ebenso ist die Abgabe einer **aufschiebend oder auflösend bedingten Bürgschaftserklärung unzulässig**. Davon besteht nur eine Ausnahme, nämlich dass zur Sicherung des Austauschrechts nach § 17 Abs. 3 VOB/B eine Bürgschaft mit der Bedingung erteilt werden kann, dass sie erst nach Einzahlung des vom Auftraggeber einbehaltenen Betrages auf ein bei dem Bürgen bestehendes Konto wirksam wird (OLG Celle, Urt. v. 14.10.1998 – 14a (6) U 79/97, BauR 1999, 1057 = NJW-RR 1999, 816; OLG Naumburg, Urt. v. 25.03.2004 – 2 U 77/03, OLGR 2004, 349 f.).

3025 - Die Verpflichtung zur Ausstellung der Bürgschaft **nach Vorschrift des Auftraggebers** besagt, dass weder dem Bürgen noch dem Auftragnehmer bei der Gestaltung der Bürgschaft freie Hand gelassen ist. Vielmehr legt der Auftraggeber im zulässigen Rahmen (vgl. § 17 Abs. 1 Nr. 2 VOB/B) der von ihm zu beanspruchenden Sicherung den Zweck der Bürgschaft, deren Höhe, Wortlaut und Form fest (so auch OLG Köln, Urt. v. 16.07.1993 – 19 U 240/92, BauR 1994, 114, 115 f. = SFH § 17 VOB/B Nr. 16 = NJW-RR 1993, 1494). Dabei darf er keine Anforderungen stellen, die nicht durch den **Sicherungszweck geboten** sind. Er darf also den Auftragnehmer nicht mehr als notwendig belasten (zutreffend Kaiser, Mängelhaftungsrecht, Rn. 216).

> **▶ Beispiel**
>
> Die eine Gewährleistungsbürgschaft stellende Bank behält sich vor, den Bürgschaftsbetrag zu hinterlegen. Eine solche Bürgschaft darf der Auftraggeber bei Fehlen einer ausdrücklichen anderweitigen Vereinbarung nicht zurückweisen. Denn dies gefährdet in keiner Weise den Sicherungszweck, dem die Bürgschaft als Gewährleistungssicherheit dient.

Auch darf der Auftraggeber ohne **gesonderte Vereinbarung keine Bürgschaft auf erstes Anfordern** verlangen (vgl. § 17 Abs. 4 S. 3 VOB/B). Unwirksam ist in diesem Zusammenhang ebenfalls eine Sicherungsabrede in Form von AGB, nach der der Auftragnehmer **ohne weitere Angaben dazu einen Sicherheitseinbehalt nur »durch eine Bürgschaft nach dem Muster des Auftraggebers«** ablösen kann. Eine solche Klausel ist intransparent. Denn es besteht durchaus die Möglichkeit, dass der Auftraggeber eine auch in diesem Fall (unzulässige) Bürgschaft auf erstes Anfordern verlangt. Die diesbezüglichen Zweifel gehen zulasten des Auftraggebers als Verwender der Klausel (§ 305c Abs. 2 BGB), weswegen eine solche Formulierung im Rahmen einer AGB-Kontrolle keinen Bestand hat (BGH, Urt. v. 02.03.2000 – VII ZR 475/98, BauR 2000, 1052, 1053 = NJW 2000, 1863, 1864 = NZBau 2000, 285; dazu Hartung, NZBau 2000, 371). Etwas anderes gilt hingegen bei einer Sicherungsabrede, in der bereits festgelegt ist, dass der Einbehalt durch die Stellung einer unbefristeten unwiderruflichen selbstschuldnerischen Bürgschaft abgelöst werden kann, wobei dann **im Übrigen auf ein »Muster des Auftraggebers« verwiesen** wird. Eine solche Vereinbarung ist unbedenklich. Denn letztlich wird damit in Anlehnung an § 17 Abs. 4 S. 2 VOB/B nur zum Ausdruck gebracht, dass die Bürgschaft nach Vorschrift des Auftraggebers auszustellen ist. Mit dieser Maßgabe ist der Auftraggeber dann anders als bei der ersten Fallgestaltung nicht berechtigt, unter Abänderung der vertraglich vorgesehenen VOB-konformen Eckpunkte nunmehr mithilfe der Vorlage eines entsprechenden Musters eine (unzulässige) Bürgschaft auf erstes Anfordern zu fordern (BGH, Urt. v. 26.02.2004 – VII ZR 247/02, BauR 2004, 841, 843 = NJW-RR 2004, 814, 815 = NZBau 2004, 323, 324). 3026

Doch es gibt auch weitere Grenzfälle: 3027

> **▶ Beispiel**
>
> Im Bauvertrag wird eine gewöhnliche selbstschuldnerische Bürgschaft gefordert, wobei gleichzeitig auf das beigefügte Muster verwiesen wird. Bei dem Muster handelt es sich um eine Bürgschaft auf erstes Anfordern.

Das OLG Brandenburg (Urt. v. 21.06.2007 – 12 U 181/06, BauR 2007, 2076, 2078) hält dies für wirksam, weil die Sicherungsabrede bereits vollständig die Bürgschaft beschreibe. Das dürfte nicht richtig sein. Denn tatsächlich liegt schon eine intransparente Klausel vor, wenn sich Klausel im Bauvertrag und das in Bezug genommene Muster widersprechen.

Die **Kosten** der Bürgschaft trägt der Auftragnehmer, wenn nichts anderes vereinbart ist. 3028

12.1.4.1.4 Sonderform: Bürgschaft auf erstes Anfordern

Im Bauvertragsgeschehen ist ein besonderes Augenmerk auf das Sicherungsmittel einer Bürgschaft auf erstes Anfordern zu richten, die als Sicherungsmittel bei VOB-Verträgen allerdings nach § 17 Abs. 4 S. 3 VOB/B nicht vereinbart werden soll. 3029

Bürgschaften auf erstes Anfordern	
Zahlung, wenn Sicherungsfall vorgetragen wird	
Einwendungen	⇨ erst im Rückforderungsprozess, nicht im Nachverfahren
	⇨ Ausgenommen: liquide Einwendungen
	⇨ Bei Gewährleistungsbürgschaften zusätzlich: Geldanspruch entstanden
Tauglicher Bürge	⇨ Banken u.a.
Sicherungsabrede	⇨ In AGB nicht möglich für Vertragserfüllungs- und Mängelsicherheiten
	⇨ Sonderfall: Vorauszahlungsbürgschaften

3030 Bei dem Umgang mit einer Bürgschaft auf erstes Anfordern sind folgende Grundsätze zu beachten:

3031 • Der Bürge einer Bürgschaft auf erstes Anfordern ist zur Zahlung verpflichtet, wenn der Gläubiger den in der Bürgschaft geregelten Sicherungsfall behauptet.

▶ **Beispiel**

Im Bürgschaftstext ist als Sicherungsfall vorgesehen, dass der Auftraggeber vorträgt, dass eine zur Mangelbeseitigung gesetzte Frist fruchtlos verstrichen ist. Hier kommt es bei der Inanspruchnahme der Bürgschaft nur darauf an, dass der Auftraggeber dies jetzt so vorträgt, nicht aber, ob wirklich eine angemessene Frist zur Mangelbeseitigung gesetzt worden ist.

3032 • Bei einer Gewährleistungsbürgschaft muss dem Gläubiger ferner ein auf **Geldzahlung gerichteter Zahlungsanspruch** zustehen (BGH, Urt. v. 28.09.2000 – VII ZR 460/97, BauR 2001, 109, 111 = NZBau 2001, 136, 137 = NJW-RR 2001, 307, 308 – s. o. Rdn. 2996).

3033 • Die Bürgschaftsforderung kann im **Urkundenprozess eingeklagt** werden. Etwaige Einwendungen des Bürgen können erst in einem gesonderten Rückforderungsprozess geltend gemacht werden, nicht im Nachverfahren zum Urkundenprozess. Anspruchsgrundlage der Rückforderung ist § 812 Abs. 1 S. 1 Alt. 1 BGB (BGH, Urt. v. 21.04.1988 – IX ZR 113/87, BauR 1988, 594, 595 = NJW 1988, 2610; BGH, Urt. v. 28.10.1993 – IX ZR 141/93, NJW 1994, 380, 381; BGH, Urt. v. 02.04.1998 – IX ZR 79/97, BauR 1998, 634, 635 = NJW 1998, 2280 = ZIP 1998, 905). In einem solchen Prozess wird sodann nur geprüft, ob der Auftraggeber die ihm aus der Bürgschaft auf erstes Anfordern zugeflossene Bürgschaftssumme nach materiellem Recht behalten darf; ob der Bürge die Anforderung hätte zurückweisen dürfen, ist unerheblich. Folglich kommt es allein darauf an, ob der **nach der Sicherungsabrede vereinbarte Sicherungsfall eingetreten** ist (BGH, Urt. v. 24.10.2002 – IX ZR 355/00, BGHZ 152, 246, 252 = BauR 2003, 246, 247 = NJW 2003, 352, 353; BGH, Urt. v. 23.01.2003 – VII ZR 210/01, BGHZ 153, 311, 317 = BauR 2003, 870, 872 = NJW 2003, 1805, 1806 = NZBau 2003, 321, 322). Lag der Sicherungsfall nicht vor, hat der Auftraggeber die Bürgschaftssumme zurückzuzahlen. Eine Aufrechnung dagegen mit anderen (fälligen) Ansprüchen ist nicht zulässig (OLG Celle, Urt. v. 11.12.2003 – 5 U 67/03, BauR 2004, 1794, 1796 = OLGR Celle 2004, 266). Andernfalls würde es dem Auftraggeber dadurch gelingen, die Bürgschaft abweichend dem Sicherungszweck zu Unrecht zu seinem eigenen Vorteil zu verwerten.

3034 • Lediglich in ganz begrenzten **Ausnahmefällen** kann ein Bürge einer Bürgschaft auf erstes Anfordern die **Zahlung verweigern**. Dies gilt vor allem, wenn der Sicherungsfall nicht eingetreten ist. Von den Einwendungen, die die Zahlungsverpflichtung des Bürgen unmittelbar aus der Bürgschaft betreffen, ist die Frage zu trennen, ob sich der in Anspruch genommene Bürge auch mit sonstigen Einreden verteidigen kann, die dem Hauptschuldner der Forderung zustehen (§ 768 BGB). Dies ist grundsätzlich möglich (s. zu dem Ausschluss dieser Einrede in der Bürgschaft Rdn. 3053). Das aber heißt, dass ein Bürge auch einwenden und danach die Zahlung verweigern kann, wenn die **Inanspruchnahme der Bürgschaft grob rechtsmissbräuchlich** ist. In einem Bürgschaftsprozess wird sich der Bürge mit einem solchen Argument jedoch nur durchsetzen können, wenn er den Rechtsmissbrauch **mit liquiden Beweismitteln** (in der Regel mit Urkunden) für jedermann offensichtlich nachweisen kann.

▶ **Beispiele für die ausnahmsweise mögliche Abwehr einer Inanspruchnahme einer Bürgschaft auf erstes Anfordern** — 3035
  – Ganz eindeutiger Verjährungseintritt (KG, Urt. v. 22.11.1986 – 22 U 122/86, NJW 1987, 1774 = WM 1987, 129)
  – Doppelte Inanspruchnahme parallel erhaltener Sicherheiten (z. B. Sicherheitseinbehalt und Bürgschaft – OLG Köln, Urt. v. 30.10.1997 – 12 U 40/97, BauR 1998, 555, 559 = NJW-RR 1998, 1393, 1396)
  – Unwirksamkeit der Sicherungsabrede nach § 307 BGB, soweit sich dies unstreitig aus den Unterlagen ergibt, z. B. bei der Beschränkung der Ablösung eines 5 %igen Sicherheitseinbehaltes allein durch eine Bürgschaft auf erstes Anfordern (BGH, Urt. v. 08.03.2001 – IX ZR 236/00, BGHZ 147, 99, 105 = BauR 2001, 1093, 1095 = NJW 2001, 1857, 1858 = NZBau 2001, 311, 312).
  – Insolvenz des Gläubigers in Verbindung mit angezeigter Masseunzulänglichkeit (BGH, Urt. v. 04.07.2002 – IX ZR 97/99, BGHZ 151, 236, 240 ff. = BauR 2002, 1698, 1700 f. = NJW 2002, 3170, 3172 = NZBau 2002, 609, 611).

Eine Bürgschaft auf erstes Anfordern kann im Rahmen einer **Individualvereinbarung von jedermann abgegeben** werden (BGH, Urt. v. 02.04.1998 – IX ZR 79/97, BauR 1998, 634, 636 = NJW 1998, 2280, 2281). Allerdings ist hier eine sehr zurückhaltende Auslegung insoweit geboten, als es dabei insbesondere um geschäftsunerfahrene Bürgen geht (BGH, Urt. v. 12.03.1992 – IX ZR 141/91, NJW 1992, 1446, 1447; BGH, Urt. v. 25.02.1999 – IX ZR 24/98, NJW 1999, 2361, 2363 – s. auch Ingenstau/Korbion, VOB/B, § 17 Abs. 4 Rn. 56). Die **formularmäßige Abgabe einer Bürgschaft auf erstes Anfordern** hingegen ist Kreditinstituten und wie Kreditinstitute am Wirtschaftsverkehr teilnehmenden Wirtschaftsunternehmen vorbehalten (BGH, Urt. v. 02.04.1998 – IX ZR 79/97, BauR 1998, 634, 636 = NJW 1998, 2280, 2281). — 3036

Nach § 17 Abs. 4 S. 3 VOB/B soll **bei VOB-Verträgen die Vereinbarung einer Bürgschaft auf erstes Anfordern unterbleiben**. Ein »Verstoß« gegen diese Regelung führt jedoch – wie im Übrigen jede andere Abweichung von der VOB – nicht allein aus diesem Grund zu der Unwirksamkeit einer darauf gerichteten Vereinbarung. Die VOB Teil B ist lediglich ein vertragliches Regelwerk, das die Parteien im Rahmen der Privatautonomie entweder ganz oder modifiziert vereinbaren können (s. dazu oben Rdn. 415 ff.). Unabhängig davon stellt sich allerdings die Frage, ob die von den Parteien erfolgte bzw. hier zumeist vom Auftraggeber geforderte abweichende Vereinbarung zur Stellung einer Bürgschaft auf erstes Anfordern (entgegen § 17 Abs. 4 S. 3 VOB/B) wirksam ist: — 3037

• Individualvertragliche Vereinbarung
  Gegen eine individualvertragliche Vereinbarung bestehen keine Bedenken: Kann sich jedermann als Bürge auf erstes Anfordern verpflichten, kann er sich selbstverständlich auch dazu verpflichten, eine solche Bürgschaft beizubringen (vgl. dazu etwa OLG Brandenburg, Beschl. v. 10.05.2004 – 12 W 3/04, NJW-RR 2004, 1164, 1165 sowie ausführlich auch Thode, ZfIR 2000, 165, 169). — 3038

• Formularmäßige Vereinbarung
  Bei der formularmäßigen Übernahme einer Verpflichtung zur Stellung einer Bürgschaft auf erstes Anfordern sind die Grenzen des § 307 BGB zu beachten. Das heißt zunächst, dass ein darauf gerichtetes Verlangen, um insoweit dem **Transparenzgebot** Rechnung zu tragen, sehr klar und eindeutig formuliert sein muss (§ 307 Abs. 1 S. 2 BGB). Doch selbst dann wird man heute zumindest im Allgemeinen davon auszugehen haben, dass Sicherungsvereinbarungen in AGB des — 3039

Auftraggebers mit einem Verlangen nach einer **Bürgschaft auf erstes Anfordern keinen Bestand** haben (s. dazu ausführlich Ingenstau/Korbion B § 17 Abs. 4 Rn. 61 ff.):

3040 – Bei **Gewährleistungsbürgschaften** ist dies seit Langem anerkannt (BGH, Urt. 18.04.2002 – VII ZR 192/01, BGHZ 150, 299 = BauR 2002, 1239 f., m. Anm. Sienz = NJW 2002, 2388 f. = NZBau 2002, 494 f. = ZIP 2002, 1198, m. Anm. Schmitz/Vogel; BGH Urt. v. 04.07.2002 – VII ZR 502/99, BauR 2002, 1533, 1534 f. = NZBau 2002, 559 f. = NJW 2002, 3098 f.; so auch BGH, Urt. v. 24.10.2002 – IX ZR 355/00, BauR 2003, 246, 247 = NJW 2003, 352, 353 – s. auch Ingenstau/Korbion, VOB/B § 17 Rn. 62 f.). Zwar sieht die Rechtsprechung durchaus das Absicherungsinteresse eines Auftraggebers unter Einbeziehung eines effektiven Schutzes bei mangelhaften Leistungen. Dieses kann aber nicht über die ebenso schützenswerten Interessen des Auftragnehmers hinausgehen. Hierbei geht es vor allem darum, dass dem Auftragnehmer mit der Abnahme nach § 641 BGB zunächst einmal ein ungekürzter **Vergütungsanspruch** zusteht, den er auch **dauerhaft liquide an sich ziehen** können muss. Genau dies ist aber bei einer Bürgschaft auf erstes Anfordern wegen ihrer leichten Verwertbarkeit und der damit verbundenen Missbrauchsgefahr nicht gegeben (heute st. Rspr., vgl. nur BGH, a. a. O., s. des Weiteren auch BGH, Beschl. v. 24.05.2007 – VII ZR 210/06, BauR 2007, 1575, 1576 = NZBau 2007, 583, 584 = NJW-RR 2007, 1319 ausdrücklich zu der verbliebenen aber ebenfalls nicht ausreichenden Variante Sperrkonto; ebenso: BGH, Beschl. v. 28.02.2008 – VII ZR 51/07, BauR 2008, 995, 996 = NJW-RR 2008, 830, 831 = NZBau 2008, 377).

3041 – Bei einer Verpflichtung zur Stellung einer **Vertragserfüllungsbürgschaft auf erstes Anfordern** gilt nichts anderes. Auch darauf gerichtete Sicherungsabreden in AGB des Auftraggebers haben keinen Bestand. Denn wie bei der Gewährleistungsbürgschaft würde trotz des an sich anzuerkennenden Sicherungsinteresses des Auftraggebers deren unberechtigte Inanspruchnahme übermäßig die Liquiditätsinteressen des Auftragnehmers belasten; er hätte zudem sogar noch das Insolvenzrisiko im Fall der Rückforderung zu tragen (so BGH, Urt. v. 18.04.2002 – VII ZR 192/01, BGHZ 150, 299, 303 f. = BauR 2002, 1239, 1240 f. = NJW 2002, 2388 f. = NZBau 2002, 494 f.; BGH, Urt. v. 25.03.2004 – VII ZR 453/02, BauR 2004, 1143, 1144 f. = NJW-RR 2004, 880, 881 zu Sicherungsabreden der öffentlichen Hand, bei der kein Bonitätsrisiko besteht).

3042 Nicht mit den vorgenannten Fällen vergleichbar sind Bürgschaften auf erstes Anfordern, die der Auftragnehmer dem Auftraggeber wegen erhaltener **Vorauszahlungen** zu stellen hat. Hier erscheinen darauf gerichtete Vereinbarungen selbst in AGB des Auftraggebers ohne Weiteres **angemessen**. Dies gilt selbst dann, wenn es sich bei der Bürgschaft nicht um eine reine Vorauszahlungsbürgschaft handelt, sondern der Auftragnehmer darüber hinaus verpflichtet wird, eine Vertragserfüllungsbürgschaft auf erstes Anfordern zu stellen. Bedenken bestehen gegen diese Sicherung vor allem deshalb nicht, weil der Auftragnehmer ohnehin vorleistungspflichtig ist. Hat er demgegenüber schon vor Ausführung seiner Leistung Gelder erhalten, stellt seine Verpflichtung zur Beibringung einer Vorauszahlungs-/Vertragserfüllungsbürgschaft auf erstes Anfordern nur diejenige Risikolage wieder her, die von Gesetzes wegen nach § 641 BGB ohnehin besteht. Der Auftragnehmer wird durch diese ihm auferlegte Verpflichtung zur Stellung einer Bürgschaft auf erstes Anfordern **nicht unangemessen** i. S. d. § 307 Abs. 1 und 2 BGB **benachteiligt** (BGH, Urt. v. 12.07.2001 – IX ZR 380/98, BGHZ 148, 283, 287 = BauR 2002, 123, 125 = NJW 2001, 3549 f.; i. E. schon ebenso BGH, Urt. v. 21.04.1988 – IX ZR 113/87, BauR 1988, 594, 596 = NJW 1988, 2610 f.). Etwas anderes dürfte nur gelten, wenn die zur Absicherung der Vorauszahlung zu übergebende Vertragserfüllungsbürgschaft auf erstes Anfordern bis zur Abnahme der Bauleistung aufrechterhalten werden müsste (Vogel, BauR 2001, 131, 132; Joussen, BauR 2003, 13, 15 f.). Denn nach Verbrauch der Vorauszahlung finden für eine insoweit übergebene Vorauszahlungs-/Vertragserfüllungsbürgschaft wiederum dieselben einschränkenden Grundsätze wie bei allen anderen Bürgschaften auf erstes Anfordern Anwendung (so auch OLG Düsseldorf, Urt. v. 04.11.2003 – I-21 U 36/03, BauR 2004, 1319, 1320; s. oben Rdn. 3039 f., insoweit allerdings weiter gehend OLG Düsseldorf, Urt. v. 24.01.2008 – 5 U 59/07, IBR 2008, 268, das es für unbedenklich erachtet, wenn die Vorauszahlungsbürgschaft auf erstes Anfordern

12.1 Sicherheitsleistung zugunsten des Auftraggebers

erst mit Abnahme zurückgegeben werden soll; unentschieden dazu OLG Frankfurt, Beschl. v. 16.01.2008 – 23 U 51/07, BauR 2008, 1165, 1166).

Ist nach den vorgenannten Erläuterungen eine formularmäßige **Verpflichtung** zur Stellung einer Bürgschaft auf erstes Anfordern **wirksam**, führt dies gleichwohl dazu, dass damit von einer Regelung der VOB/B abgewichen wird, wodurch deren **Privilegierung mit einer Freistellung von einer AGB-Inhaltskontrolle verloren** geht (s. dazu oben Rdn. 481 ff. sowie hierzu im Einzelnen Ingenstau/Korbion, VOB/B, § 17 Abs. 4 Rn. 74 ff.). Ist eine formularmäßige Klausel hingegen unwirksam, bedeutet das, dass der Auftraggeber nunmehr **überhaupt keine Sicherheit mehr verlangen** kann. Eine Umdeutung, wonach der Auftragnehmer wenigstens hilfsweise eine selbstschuldnerische Bürgschaft (nicht auf erstes Anfordern) zu stellen hätte, liefe auf eine **unzulässige geltungserhaltende Reduktion** einer an sich unwirksamen Klausel hinaus und kommt daher nicht in Betracht (BGH, Versäumnisurt. v. 22.11.2001 – VII ZR 208/00, BauR 2002, 463, 464 f. = NZBau 2002, 151, 152 = NJW 2002, 894, 895 – a. A. immerhin BGH, Urt. v. 04.07.2002 – VII ZR 502/99, BGHZ 151, 229, 234 f. = BauR 2002, 1533, 1535 = NZBau 2002, 559, 560 = NJW 2002, 3098, 3099 sowie BGH, Urt. v. 25.03.2004 – VII ZR 453/02, BauR 2004, 1143, 1145 = NJW-RR 2004, 880, 881 = NZBau 2004, 322, 323, der für Sicherungsabreden zur Stellung von Vertragserfüllungssicherheiten, die aus der Zeit bis zum 31. Dezember 2002 stammten, genau dieses Ergebnis – allerdings im Wege der ergänzenden Vertragsauslegung – annahm; nicht so aber der BGH bei Sicherungsabreden in der Form von AGB zu Gewährleistungsbürgschaften auf erstes Anfordern: Diese sind in jedem Fall unwirksam, vgl. BGH, Urt. v. 14.04.2005 – VII ZR 56/04, BauR 2005, 1154, 1155 = NJW-RR 2005, 1040, 1041 = NZBau 2005, 460, 461). 3043

Ist die Sicherungsabrede unwirksam, kann die Inspruchnahme einer gleichwohl gestellten Bürgschaft auf erstes Anfordern verhindert werden. Hierzu müsste dann der Hauptschuldner **gegen den Gläubiger klagen** mit dem Ziel, den Bürgen aus der Bürgschaft zu entlassen und die Bürgschaftsurkunde herauszugeben. Eine solche Klage käme aber wohl in der Regel zu spät; denn das Wesen von Bürgschaften auf erstes Anfordern besteht ja gerade darin, dass sie mit kaum vorhandenen Abwehrmöglichkeiten sofort zahlbar sind. Daher müsste jetzt, soweit akut eine Inanspruchnahme droht, der Hauptschuldner (d. h. der Auftragnehmer, nicht der Bürge) den Gläubiger (Auftraggeber) durch eine **einstweilige Verfügung** an einer Inanspruchnahme der Bürgschaft hindern (herrschende Meinung: vgl. OLG Frankfurt, Urt. v. 25.09.1990 – 5 U 109/90, BauR 1991, 506 ff. = NJW-RR 1991, 174 ff.; KG, Urt. v. 10.12.1996 – 15 U 7269/96, BauR 1997, 665, 666). Damit hat er Erfolg, wenn er mit **liquiden Beweismitteln glaubhaft machen** kann, dass **mit der Inanspruchnahme eine unzulässige Rechtsausübung** vorliegt (KG, Urt. v. 10.12.1996, a. a. O.; OLG Hamburg, Beschl. v. 14.05.1999 – 8 U 35/99, BauR 2000, 445 f.; s. dazu auch oben Rdn. 3034 f.). 3044

Bei der Erwirkung einer solchen einstweiligen Verfügung ist weiter zu beachten, dass die unberechtigte Inanspruchnahme einer Bürgschaft auf erstes Anfordern nur einen Verfügungsanspruch des Auftragnehmers gegen den Auftraggeber auf Unterlassung begründen kann. Daneben muss wie üblich bei einer einseitigen Verfügung gemäß §§ 935, 940 ZPO zusätzlich **ein Verfügungsgrund** vorliegen. Dieser besteht nicht allein in einem liquide nachweisbaren rechtsmissbräuchlichen Verhalten des Auftraggebers (so aber OLG Jena, Urt. v. 30.05.2000 – 5 U 1433/99, NZBau 2000, 571 = OLGR Jena 2000, 421, 423; wohl auch OLG Düsseldorf, Beschl. v. 09.08.2001 – 23 W 46/01, BauR 2001, 1940, 1942 = NZBau 2002, 223, 224). Erforderlich ist vielmehr, dass der Auftragnehmer als Anspruchsteller glaubhaft machen kann, dass ihm infolge einer unzulässigen Inanspruchnahme der Bürgschaft auch ein Verlust des Geldbetrages oder sonstige schwerwiegende Nachteile drohen. (OLG Frankfurt, Beschl. v. 07.05.1998 – 9 W 8/98, BauR 1998, 1280 f.; OLG Celle, Beschl. v. 30.04.2002 – 6 W 56/02, BauR 2002, 1596, 1598; OLG Rostock, Urt. v. 16.07.2002 – 4 U 246/01, BauR 2003, 582, 583 f. = IBR 2002, 665). 3045

▶ **Beispiel**

Nach einer Inanspruchnahme droht ein Verlust der Geldmittel aufgrund einer sich bereits abzeichnenden Insolvenz des Auftraggebers oder eine Rückforderung müsste im Ausland erfolgen.

> Dasselbe gilt, wenn der Auftragnehmer infolge etwaiger Rückgriffsansprüche des Bürgen nach der Inanspruchnahme der Bürgschaft selbst in eine existenzbedrohende Lage gerät und er dies darlegen kann.

12.1.4.1.5 Verwertung der Bürgschaft

3046 Die **Verwertung** der Sicherheit durch den Auftraggeber ist **zulässig, wenn der Sicherungsfall eingetreten, die Bürgschaft also fällig ist** (BGH, Urt. v. 05.04.1984 – VII ZR 167/83, BauR 1984, 406, 407 = NJW 1984, 2456 f.; BGH, Urt. v. 21.01.1993 – VII ZR 127/91, BGHZ 121, 168, 172 = BauR 1993, 335, 336 = NJW 1993, 1131). Ist der Eintritt des Sicherungsfalls nicht mehr möglich, darf die Bürgschaft demnach nicht mehr verwertet werden (BGH, Urt. v. 24.09.1998 – IX ZR 371/97, BGHZ 139, 325, 328 = BauR 1999, 281 = NJW 1999, 55, 56; Thode, ZfBR 2002, 4, 5). Im Verhältnis zum Sicherungsgeber darf die Bürgschaft ferner nur verwertet werden, wenn die durch die Bürgschaft abgesicherte Forderung fällig ist (Quack, BauR 1997, 754, 756). Bedeutsam ist diese Einschränkung vor allem bei Gewährleistungsbürgschaften: Ist diese wie üblich nur auf Geldzahlung gerichtet, tritt der Sicherungsfall so lange nicht ein, wie der Auftragnehmer noch zur Nacherfüllung berechtigt und der Nacherfüllungsanspruch nicht auf einen auf Geldzahlung gerichteten Mängelanspruch übergegangen ist (BGH, Urt. v. 13.09.2001 – VII ZR 467/00, BGHZ 148, 151, 154 = BauR 2001, 1893, 1894 = NJW 2001, 3629, 3630 = NZBau 2001, 679 f.).

3047 Die **Verwertung** der **Bürgschaft** selbst erfolgt durch **unmittelbare Inanspruchnahme** des selbstschuldnerisch haftenden Bürgen durch den Auftraggeber. Allerdings kommt der Bürge mit seiner **Zahlungsverpflichtung** so lange nicht **in Verzug**, wie ihn an der Nichtbezahlung kein Verschulden trifft (§ 286 Abs. 4 BGB). Dabei ist immerhin zu berücksichtigen, dass der Bürge in der Regel keine Kenntnis von den Einzelheiten der Entstehung der Bürgschaftsschuld hat und ihm dies als Nichtbeteiligter am Bauvertrag auch nicht ohne Weiteres anzulasten ist. Dieses Privileg des Nichtwissens entbindet ihn aber nicht von der Pflicht, sich bei einer Bürgschaftsinanspruchnahme konkret beim Bürgschaftsgläubiger (oder auch beim Hauptschuldner) nach den Einzelheiten des Anspruchs zu erkundigen, um nun seine Einstandspflicht beurteilen zu können. Unterlässt er dies, handelt er zumindest fahrlässig, was dann zu seinem Verzug bei der Nichtzahlung führen kann (BGH, Urt. v. 10.02.2011 – VII ZR 53/10, BauR 2011, 828, 830 = NJW 2011, 2120, 2121 = NZBau 2011, 286, 287). Ungeachtet dessen darf der Bürge aber ansonsten in entsprechender Anwendung von § 371 BGB **seine Zahlung von der gleichzeitigen Rückgabe der Bürgschaft abhängig** machen. Hierzu steht ihm gemäß § 273 BGB ein Zurückbehaltungsrecht zu (OLG Düsseldorf, Urt. v. 02.07.2004 – 23 U 172/03, BauR 2004, 1992 = OLGR Düsseldorf 2005, 31 f.). Materiellrechtlich geht es sodann um die Bezahlung des von der Bürgschaft gesicherten Anspruchs, weswegen auch dieselben Beschränkungen bestehen.

> ▶ **Beispiel**
>
> Nimmt der Auftraggeber den Bürgen aus einer Gewährleistungsbürgschaft wegen Vorschusses für eine Mangelbeseitigung in Anspruch, hat er die Nachbesserung wie sonst innerhalb angemessener Zeit durchzuführen (s. o. zu der entsprechenden Abrechnungspflicht: Rdn. 1386). Anderenfalls steht dem Auftragnehmer, der dem Bürgen zwischenzeitlich dessen Aufwendungen ersetzt hat, sowohl aus der Sicherungsabrede als auch aus übergegangenem Recht gemäß § 812 Abs. 1 S. 2 BGB ein Rückgewährsanspruch zu (OLG Braunschweig, Urt. v. 06.03.2003 – 8 U 85/02, BauR 2003, 1234, das sich allerdings allein auf § 812 BGB stützt).

3048 Dem Anspruch des Auftraggebers/Gläubigers kann **der Bürge diverse Einreden und Einwendungen entgegensetzen.** Rechtsgrundlage dafür sind die gesetzlichen Regelungen in
- § 768 BGB – Einreden des Hauptschuldners auch für den Bürgen
- § 770 BGB – Einrede der Anfechtbarkeit und Aufrechenbarkeit
- § 771 BGB – Einrede der Vorausklage und
- § 776 BGB – Einrede des Bürgen bei der Aufgabe von Sicherheiten.

12.1 Sicherheitsleistung zugunsten des Auftraggebers

Auf all diese Einreden kann der Bürge **individualvertraglich verzichten**; nur mit Einschränkungen kann ein solcher **Verzicht in AGB des Gläubigers** (Auftraggebers) erfolgen. Die gilt vor allem in den folgenden Fällen: 3049

- Nach dem gesetzlichen Leitbild kann sich der Bürge (abgesehen von den Ausnahmefällen des § 773 BGB) darauf berufen, dass der Gläubiger vor der Inanspruchnahme des Bürgen einen erfolglosen Vollstreckungsversuch bei dem Hauptschuldner unternommen haben muss (§ 771 BGB). Eine solche **Einrede der Vorausklage** kommt jedoch bei den **VOB-Bürgschaften nicht zum Zuge**: Denn diese sind nach § 17 Abs. 4 S. 2 VOB/B selbstschuldnerisch, d. h. unter Verzicht auf die Einrede der Vorausklage abzugeben (s. hierzu oben Rdn. 3021). 3050

- Der Bürge kann dem Auftraggeber jedoch auch bei VOB-konformen Bürgschaften **die Einreden entgegensetzen, die dem Auftragnehmer als Hauptschuldner zustehen**, ohne dass dieser die diesbezüglichen Einreden schon vorgebracht haben muss (§ 768 Abs. 1 S. 1 BGB). Hieraus folgt vor allem, dass sich der Bürge dem Auftraggeber gegenüber darauf berufen kann, dass die **Forderung** gegen den Auftragnehmer **nicht (mehr) besteht** oder rechtskräftig abgewiesen wurde (BGH, Urt. v. 24.11.1969 – VIII ZR 78/68, NJW 1970, 279). In Betracht kommen ferner sämtliche dem Hauptschuldner zustehenden Einwendungen und Einreden. 3051

> **Beispiel**
>
> Der Auftragnehmer kann sich etwa auch gegenüber dem Bürgen darauf berufen, dass sich der Auftraggeber bei Abnahme nicht die Vertragsstrafe vorbehalten hat (vgl. § 11 Abs. 4 VOB/B).

Ebenso kann sich ein Bürge gegenüber dem Auftraggeber auf die **Verjährung der Hauptschuld** berufen. Dies ist sogar noch möglich, wenn die Verjährung erst nach Erhebung der Bürgschaftsklage oder sogar nach einer rechtskräftigen Verurteilung der Bürgen (aber noch vor Vollstreckung) eintritt (BGH, Urt. v. 09.07.1998 – IX ZR 272/96, BGHZ 139, 214, 220 = NJW 1998, 2972, 2974; BGH, Urt. v. 05.11.1998 – IX ZR 48/98, NJW 1999, 278, 279 = NJW-RR 1999, 644; s. sogleich zu Vereinbarungen zur Verlängerung der Verjährung der Hauptschuld Rdn. 3058). 3052

Das vorstehend beschriebene **Einrederecht des Bürgen nach § 768 Abs. 1 BGB** kann in der Bürgschaft bzw. im Bürgschaftsvertrag **nur individualvertraglich ausgeschlossen** werden, nicht dagegen in AGB des Bürgschaftsgläubers/Auftraggebers (BGH, Urt. v. 08.03.2001 – IX ZR 236/00, BGHZ 147, 99, 104 = BauR 2001, 1093, 1094 f. = NJW 2001, 1857, 1858 f. = NZBau 2001, 311, 312; BGH, Urt. v. 12.02.2009 – VII ZR 39/08, BGHZ 179, 374, 380 = BauR 2009, 809, 810 = NJW 2009, 1664, 1665 = NZBau 2009, 307, 308; BGH, Urt. v. 16.06.2009 – XI ZR 145/08, BGHZ 181, 278, 288 = BauR 2009, 1742, 1746 = NJW 2009, 3422, 3424). Nichts anderes gilt für die den Bürgschaften zugrunde liegenden Sicherungsabreden. Denn gerade die Möglichkeit zur Erhebung von Einreden des Hauptschuldners durch den Bürgen prägt ganz zentral den sog. Akzessorietätsgrundsatz des Bürgschaftsrechts (Abhängigkeit der Bürgschaftsschuld von der Hauptschuld). Mit dessen Abbedingung würde dieser Grundsatz nahezu aufgehoben (§ 307 Abs. 2 Nr. 1 BGB). Eine Bürgschaft käme dadurch im Zweifel sogar noch mehr als eine unzulässig verlangte Bürgschaft auf erstes Anfordern einer Garantie gleich. Daher führt ein solcher Einredeausschluss in Bezug auf **Gewährleistungsbürgschaften** dazu, dass eine darauf gerichtete Sicherungsvereinbarung sogar insgesamt unwirksam ist. Denn letztlich wäre bei einem einheitlichen Sicherungsmittel (Einbehalt einer nach Abnahme fälligen Vergütung gegen Austausch einer unzulässig geforderten Bürgschaft) nicht klar, welche Sicherheit die Parteien sonst vereinbart hätten (BGH, Urt. v. 16.06.2009 – XI ZR 145/08, BGHZ 181, 278, 289 = BauR 2009, 1742, 1746 = NJW 2009, 3422, 3424 = NZBau 2009, 784, 787; s. dazu auch Funke, BauR 2010, 969, 970). Ob daneben noch ein sonstiges Sicherungsmittel (etwa Einzahlung auf ein Sperrkonto) vorgesehen ist, ist unbeachtlich (BGH, Urt. v. 28.07.2011 – VII ZR 207/09, BauR 2011, 1809, 1810 = NJW-RR 2011, 1526, 1527 = NZBau 2011, 610, 611). Etwas anders gilt bei **einer isoliert zu stellenden Sicherheit** (z. B. einer **Vertragserfüllungsbürgschaft**): Auch hier scheitert der Einredeausschluss als solcher zwar an § 307 Abs. 2 Nr. 1 BGB. Allerdings fehlt es in einer dazu geschlossenen Sicherungsabrede ansonsten an der kritischen Kombination aus Bareinbehalt und Austauschsicherheit, die erst in ihrem Zusammenwirken die fehlende Teilbar- 3053 keit einer AGB-Klausel begründet. Infolgedessen bestehen keine Bedenken, bei einer hinreichend klaren Trennung der zu verwerfenden Klauseln (hier zu dem Einredeausschluss) die Unwirksamkeit der Sicherungsabrede darauf zu beschränken (BGH Urt. v. 12.02.2009 VII ZR 39/08 = BGHZ 179, 374, 379 = BauR 2009, 809, 810 f. = NJW 2009, 1664, 1666 = NZBau 2009, 307, 308).

3054 • Der Bürge kann des Weiteren die Zahlung auf die Bürgschaft verweigern, solange sich der Auftraggeber durch **Aufrechnung** gegen eine fällige Forderung des Hauptschuldners befriedigen kann (§ 770 Abs. 2 BGB). Ein **Ausschluss der Einrede der Aufrechenbarkeit** ist im Bürgschaftsvertrag ebenfalls **nur individualvertraglich möglich, nicht in Form von AGB**, soweit von diesem Aufrechnungsausschluss zugleich unstreitige oder rechtskräftig festgestellte Forderungen umfasst sind. Denn die Einrede der Aufrechenbarkeit gemäß § 770 Abs. 2 BGB ist wie der Erhalt der Einreden nach § 768 BGB eine Ausprägung des Akzessorietäts-/Subsidiaritätsgrundsatzes der Bürgschaft. Der meist uneigennützig handelnde Bürge soll erst dann in Anspruch genommen werden, wenn sich der Gläubiger nicht durch Inanspruchnahme des Hauptschuldners, etwa durch Aufrechnung, befriedigen kann (BGH, Urt. v. 16.01.2003 – IX ZR 171/00, BGHZ 153, 293, 299 f. = NJW 2003, 1521, 1522 f.). Enthält danach der formularmäßig vereinbarte Bürgschaftsvertrag den Verzicht auf die Einrede der Aufrechenbarkeit, ohne die Fälle der anerkannten oder rechtskräftig festgestellten Forderungen auszunehmen, hat dieser Einredeverzicht nach § 307 BGB keinen Bestand. Er ist insgesamt unwirksam und kann wegen des Verbots einer geltungserhaltenden Reduktion nicht teilweise aufrechterhalten werden (BGH, a. a. O.; Fuchs, in: Ulmer/Brandner/Hensen, Anh. 310 Rn. 239; Münch.Komm./Habersack, BGB, § 770 Rn. 3; Funke, BauR 2010, 979, 981; Schmidt, BauR 2011, 899, 904). Nichts anderes dürfte für den Ausschluss der Einrede der Anfechtbarkeit gelten (§ 770 Abs. 1 BGB). Denn auch insoweit gibt es keinen Grund, warum ein Bürge im Rahmen seiner akzessorischen Haftung zur Zahlung verpflichtet sein sollte, wenn der Hauptschuldner bei unstrittigen oder rechtskräftig festgestellten Anfechtungsgründen von der Ausübung seines Anfechtungsrechts absieht (ebenso Funke, a. a. O.; Schmidt, a. a. O).

3055 • In einem **formularmäßigen Bürgschaftsvertrag** ist des Weiteren ein **Verzicht auf die Einreden des § 776 BGB unwirksam**. Diese Regelung befreit den Bürgen von seiner Haftung, soweit der Gläubiger andere Sicherungsgeber, die der Bürge über § 774 BGB an seiner Haftung hätte beteiligen können, zuvor aus der Haftung entlassen hat.

> ▶ **Beispiel**
>
> Dem Auftraggeber liegen für ein und dieselbe Gewährleistungsverpflichtung zwei Bürgschaften vor. Hier kann er nicht einfach einen Bürgen aus der Haftung entlassen.

Aufgrund dieses Normzwecks ist eine Klausel, die dem Bürgen dieses Recht vollkommen abschneidet, mit dem Grundgedanken dieser Vorschrift nicht vereinbar und daher nach § 307 BGB unwirksam. Eingeschränkt werden können diese Rechte lediglich insoweit, als es um die Aufgabe von Sicherheiten bei Banken aufgrund ihrer AGB geht: Diese Ausnahme wird als zulässig angesehen, da andernfalls aufgrund des weiten Pfandrechts der Banken überhaupt keine Sicherheiten eines Hauptschuldners mehr freigegeben werden könnten und dadurch dessen wirtschaftliche Betätigungsmöglichkeit blockiert würde. Erfasst werden demgegenüber von § 307 BGB aber gesondert im Verhältnis Bank/Bürge geschlossene Sicherungsvereinbarungen für eine konkrete Hauptschuld außerhalb des allgemeinen AGB-Pfandrechts (BGH, Urt. v. 02.03.2000 – IX ZR 328/98, BGHZ 144, 52, 56 ff. = BauR 2000, 1097 = NJW 2000, 1566, 1567; BGH, Urt. v. 25.10.2001 – IX ZR 185/00, NJW 2002, 295 f.).

3056 Unabhängig von vorstehenden Einreden kann sich der Bürge natürlich immer darauf berufen, dass die von ihm übernommene Bürgschaft **überhaupt nicht das Risiko** einschließt, weswegen er jetzt in Anspruch genommen wird.

12.1 Sicherheitsleistung zugunsten des Auftraggebers

▶ **Beispiel**

Eine Bürgschaft wurde für ein Bauvorhaben übernommen. Jetzt will der Auftraggeber diese Bürgschaft für Mängel aus einem anderen Bauvorhaben ziehen. Hier sichert schon die Bürgschaft überhaupt nicht die Ansprüche, die geltend gemacht werden.

Nichts anderes soll gelten, soweit es um nach Vertragsschluss erteilte **Nachträge** geht. 3057

▶ **Beispiel**

Dem Auftraggeber liegt zu einem VOB-Vertrag eine Vertragserfüllungsbürgschaft vor. Nach deren Übergabe wird gemäß § 1 Abs. 4 S. 1 VOB/B eine für die Baudurchführung notwendige Nachtragsleistung beauftragt. Wegen Mängeln zu dieser Nachtragsleistung möchte der Auftraggeber die Bürgschaft in Anspruch nehmen.

Für den umgekehrten Fall, also für gewährte Zahlungssicherheiten des Auftraggebers zugunsten des Auftragnehmers im Anwendungsbereich des § 648a BGB, lehnte der BGH die Erstreckung einer Bürgschaft auf erteilte Nachträge ab. Dies ergebe sich aus der Auslegung der Bürgschaft in Verbindung mit dem Verbot der Fremddisposition des § 767 Abs. 1 S. 3 BGB. Aus der Sicht eines redlichen Vertragspartners wolle der Bürge nicht ein von ihm in Entstehung und Höhe weder beeinflussbares noch kalkulierbares Haftungsrisiko übernehmen. Eine Bürgschaftserklärung sei grundsätzlich nicht darauf gerichtet, für künftige Forderungen einzustehen, deren Grund und Höhe bei Vertragsschluss nicht klar erkennbar seien und auf deren Entstehung der Bürge keinen Einfluss nehmen könne. Eine Belastung mit Risiken, die Hauptschuldner und Gläubiger nachträglich schaffen könnten, widerspräche den Grundsätzen der das Vertragsrecht beherrschenden Privatautonomie. Dies gelte einheitlich für alle Rechte nach §§ 1 Abs. 3 und Abs. 4 Satz 1 und 2 VOB/B (BGH, Urt. v. 15.12.2009 – XI ZR 107/08, BGHZ 183, 341, 345 = BauR 2010, 609, 611 = NJW 2010, 1668, 1669 = NZBau 2010, 167, 168; anders zuvor die Anmerkung in BGH, Urt. v. 27.06.2007 – VII ZR 199/06, BauR 2007, 1722, 1724 = NJW-RR 2007, 1392, 1393 = NZBau 2007, 635, 636). Ob diese Argumentation so zutrifft, ist allerdings mehr als zweifelhaft (Joussen, BauR 2012, 344, 351; i. E. wie hier Hildebrandt BauR 2007, 1121; Kapellmann/Messerschmidt/Thierau, B § 17 Rn. 126; a. A. Schwenker BauR 2008, 175, 178). Dabei ist § 767 Abs. 1 S. 3 BGB hier ohnehin schon nicht einschlägig: Denn unwirksam sind danach nur Geschäfte des Hauptschuldners. Hauptschuldner ist bei Bürgschaften nach § 17 VOB/B der Auftragnehmer, während die Leistungserweiterung durch den Auftraggeber, d. h. den Gläubiger erfolgt. Doch auch sonst überzeugt diese Rechtsprechung für einen VOB-Vertrag in keinster Weise, soweit es um dort **zugelassene Änderungsanordnungen** geht, die dem Auftraggeber nach §§ 1 Abs. 3 und Abs. 4 S. 1 VOB/B zustehen. Dieses Auftragserweiterungsrecht ist dem Bürgen, der eine Bürgschaft zu einem VOB-Vertrag begibt, bekannt. Dann aber hat er sie auch **in seiner Bürgschaftserklärung zumindest konkludent mit einbezogen.** Der Gläubiger (Auftraggeber) nimmt somit bei der Anordnung von Nachträgen nur ein ihm bereits verbürgtes Recht wahr. Die sich daraus ergebende Mithaftung ist für den Bürgen deshalb unvermeidbar, weil sie ebenso für den Hauptschuldner unvermeidbar ist. All das hat mit § 767 Abs. 1 Satz 3 BGB nicht das Geringste zu tun, sondern entspricht bei schon im Vertrag vorgesehenen Leistungsänderungs- bzw. Optionsrechten seit jeher der herrschenden Meinung (Münch.Komm./Habersack, § 767 Rn. 10; Palandt/Sprau, § 767 Rn. 3). Auch ein Verstoß gegen den das **Bürgschaftsrecht prägenden Bestimmtheitsgrundsatz liegt nicht vor:** So ist nämlich anerkannt, dass ein Bürge z. B. eine Haftung für alle Forderungen eines bestimmten Gläubigers gegen einen bestimmten Schuldner aus einer bestimmten Geschäftsverbindung, aber auch eine Bürgschaft für alle nur irgendwie denkbaren (zukünftigen) Verbindlichkeiten des Hauptschuldners ohne sachliche Begrenzung übernehmen kann (BGH Urt. v. 18.05.1995 – IX ZR 108/94 = BGHZ 130, 19, 21 f. = NJW 1995, 2553). Wenn aber schon eine solche umfassende Haftungsübernahme für alle auch erst zukünftig entstehenden (ungewissen) Verbindlichkeiten zugelassen wird, erscheint es ganz und gar unverständlich, wieso dies nicht beschränkt für bestimmte Mehrforderungen bezogen auf ein konkretes Bauvorhaben ebenso möglich sein soll. All das gilt umso mehr, als es hier um Bürgen geht, für die die Abgabe von Bürgschaften zu deren typischen Geschäftsbetrieb als Kaufmann gehört, die also nicht einmal einem besonderen

Schutzbedürfnis unterliegen (vgl. dazu BGH, Urteil v. 24.09.1998 – IX ZR 425/97 –, NJW 1998, 3708, 3709; BGH, Urteil v. 29.03.2001 – IX ZR 20/00 –, NJW-RR 2002, 343, 344; s. dazu ausführlich Joussen, BauR 2012, 344, 351).

3058 Sind demzufolge vorstehende Nachträge nach § 1 Abs. 3 und Abs. 4 S. 1 VOB/B von einer erteilten Bürgschaft abgedeckt, gilt dies aber dann definitiv nicht mehr für sonstige Haftungserweiterungen, die gerade nicht auf diesem einseitigen Leistungserweiterungsrecht beruhen. Hierzu zählen **alle nachträglich getroffenen Vereinbarungen**, die in welcher Form auch immer zu einer Erweiterung des von einem Bürgen übernommenen Risikos führen (§ 767 Abs. 1 S. 3 BGB).

> ▶ **Beispiel (vgl. OLG Frankfurt, Urt. v. 30.11.2006 – 4 U 140/06, BauR 2007, 762 = OLGR Frankfurt 2007, 655; OLG Celle, Beschl. v. 24.05.2007 und 05.07.2007 – 13 U 223/06, IBR 2007, 482 = OLGR Celle 2007, 681)**
>
> Der Bürge hat eine Gewährleistungsbürgschaft übernommen; im Bauvertrag war eine förmliche Abnahme vorgesehen. Diese unterbleibt; der Auftraggeber nimmt anderweitig ab. Dieser konkludente Verzicht auf die förmliche Abnahme wirkt nicht gegen den Bürgen. Solange die Bauleistungen demnach nicht förmlich abgenommen ist, muss der Bürge nicht zahlen (a. A. immerhin Virneburg, Festschrift Koeble, S. 211).

Dasselbe gilt, wenn die Bauvertragsparteien im Nachhinein **einvernehmlich die Gewährleistungsfrist verlängern**. Auch dies wirkt genauso wenig gegen den Bürgen (OLG Köln, Urt. v. 13.10.2004 – 11 U 184/03, BauR 2005, 1368 = IBR 2005, 371) wie der in der **Praxis verbreitete Verjährungsverzicht**. Etwas anderes gilt jedoch dann, wenn sich die Verjährungsfrist für die Hauptforderung nicht aufgrund freiwilliger Verfügung des Hauptschuldners verlängert, sondern **aus gesetzlichen Gründen**, so z. B. nach geführten Verhandlungen (BGH, Urt. v. 14.07.2009 – XI ZR 18/08, BGHZ 182, 76, 80 = BauR 2009, 1747, 1749 = NJW-RR 2010, 975, 976).

> ▶ **Beispiel (nach BGB, a. a. O.)**
>
> Für einen VOB-Bauvertrag wurde eine Gewährleistungsbürgschaft gestellt. Kurz vor Ablauf der Gewährleistung verhandeln Auftraggeber und Auftragnehmer über einen Mangel. Die bloße Vereinbarung einer Verlängerung der Verjährung würde an sich nicht gegen den Bürgen wirken (§ 767 Abs. 1 S. 3 BGB); hier aber ist die Dauer der Verjährung aufgrund der Verhandlung von Gesetzes wegen nach § 203 BGB gehemmt. Diese Verlängerung geht auch zulasten des Bürgen.

Nichts anderes gilt bei einer **Verlängerung der Verjährung** infolge **schriftlicher Mängelanzeige** nach § 13 Abs. 5 Nr. 1 VOB/B (s. dazu Rdn. 1597): Hauptargument dafür ist allerdings der Umstand, dass dem Gewährleistungsbürgen hier dieses Risiko einer Gewährleistungsverlängerung infolge schriftlicher Mängelanzeige mit Übernahme der Bürgschaft bekannt war und er dies demzufolge mit in seine Haftung konkludent übernommen hat (wohl ebenso Funke, BauR 2010, 969, 980).

12.1.4.1.6 Verjährung – Wirkung der Bürgschaftsklage

3059 Die Bürgschaftsschuld verjährt **unabhängig von der gesicherten Hauptschuld**. Es gilt die **regelmäßige Verjährungsfrist von drei Jahren** (§ 195 BGB) mit der Höchstfristbegrenzung von zehn Jahren (§ 199 Abs. 4 BGB). Die Verjährungsfrist beginnt mit Anspruchsentstehung und Kenntnis des Gläubigers von den anspruchsbegründenden Tatsachen (§ 199 Abs. 1 BGB). Der Bürgschaftsanspruch entsteht, wenn die Hauptschuld fällig ist. Streitig war lange Zeit, ob für die Anspruchsentstehung, d. h. für den Beginn der Verjährung der Bürgschaftsschuld, der **Bürge vom Hauptschuldner in Anspruch genommen** worden sein muss (so zu verstehen: BGH, Urt. v. 11.10.1984 – IX ZR 73/83, BGHZ 92, 295, 300 = NJW 1985, 45, 46; BGH, Urt. v. 10.11.1988 – III ZR 215/87, NJW 1989, 1284, 1285; BGH, Urt. v. 25.09.1990 – XI ZR 142/89, NJW 1991, 100). Diese Streitfrage ist zwischenzeitlich entschieden – nämlich dahin gehend, dass dies zumindest bei einer bei VOB-Verträgen üblichen selbstschuldnerischen Bürgschaft dem Grunde nach **nicht erforderlich** ist. Danach fällt der Beginn der Verjährung der Bürgschaftsschuld mit der Fälligkeit der Hauptforderung zusammen (BGH, Urt. v. 29.01.2008 – XI ZR 160/07, BGHZ 175, 161, 168 = BauR 2008,

12.1 Sicherheitsleistung zugunsten des Auftraggebers

986, 988 = NJW 2008, 1729, 1731 = NZBau 2008, 377, 379; Schmitz/Vogel, ZfIR 2002, 509, 518 f.). Dies gilt auch für Bürgschaften auf erstes Anfordern, weil es sich dabei nicht um ein Sicherungsmittel eigener Art handelt, sondern diese den Gläubiger bei ihrer Durchsetzung nur privilegiert (BGH, Urt. v. 08.07.2008 – XI ZR 230/07, BauR 2008, 1885, 1887 = NJW-RR 2009, 378, 379 = NZBau 2009, 171, 172). Vor einer Allgemeinerung dieser Rechtsprechung ist jedoch zu warnen.

▶ **Beispiel**

Im Bauvertrag ist eine Gewährleistungsfrist von fünf Jahren vereinbart. Nach einem Jahr zeigt sich ein Mangel, nach weiteren sechs Monaten ein zweiter Mangel. Nur zum ersten Mangel hat der Auftraggeber eine Frist zur Mangelbeseitigung gesetzt. Weder der eine noch der andere Mangel werden beseitigt. Kurz vor Ablauf der fünfjährigen Gewährleistungsfrist will der Auftraggeber die Bürgschaft in Anspruch nehmen. Der Bürge wendet jeweils Verjährung ein.

Hier ist zu unterscheiden:
- Die Bürgschaftsschuld wird erst fällig, wenn die Hauptschuld z. B. nach einer Fristsetzung in einen Zahlungsanspruch übergegangen ist (s. o. Rdn. 2996). Folglich kann die Bürgschaft für einen noch nicht mit einer Fristsetzung belegten Mangel wegen dieses fehlenden Übergangs in einen Zahlungsanspruch nicht verjährt sein (so auch OLG Köln, Urt. v. 14.12.2005 – 11 U 109/05, BauR 2006, 719; KG, Urt. v. 24.10.2006 – 7 U 6/06, BauR 2007, 547, 549; OLG Karlsruhe, Beschl. v. 03.12.2009 – 13 U 106/09, BauR 2010, 664, OLG Frankfurt, Urt. v. 04.01.2011 – 8 U 47/10, IBR 2011, 83).
- Abzugrenzen ist davon der weitere Sachverhalt zum ersten Mangel, bei dem nach Fristsetzung ein auf Geldzahlung gerichteter Mangelanspruch besteht. Zumindest in diesen Fällen könnte es dann gemäß der vorzitierten Rechtsprechung (BGH, Urt. v. 29.01.2008 – XI ZR 160/07, BGHZ 175, 161 = BauR 2008, 986 = NJW 2008, 1729 = NZBau 2008, 377) bzgl. der Verjährung darauf ankommen, dass dem Grunde nach der **Beginn der Verjährung** für die Bürgschaftsschuld mit der Fälligkeit der Hauptforderung zusammenfällt, also eine **Inanspruchnahme des Bürgen nicht erforderlich ist** (s. dazu auch ausführlich Joussen, PiG Bd. 91, S. 79, 97). Anzumerken ist jedoch, dass Bürge und Sicherungsnehmer (Auftraggeber) etwas anderes vereinbaren können, was auch ohne Weiteres in AGB des Auftraggebers erfolgen kann (vgl. OLG München, Urt. v. 19.06.2012 – 5 U 3445/11 zu einer Verlängerung auf 5 Jahre).

3060

▶ **Formulierungsbeispiel in der Bürgschaft (in Anlehnung an Abschnitt 421, 422, 423 des Vergabehandbuchs des Bundes 2008, Stand 2010)**

Diese Bürgschaft ist unbefristet; sie erlischt nicht mit der Rückgabe dieser Bürgschaftsurkunde. Die Bürgschaftsforderung verjährt nicht vor der gesicherten Hauptforderung (...).«

Ebenso kann im Bürgschaftsvertrag vorgesehen sein, dass die Inanspruchnahme des Bürgen für die Fälligkeit doch von Bedeutung sein soll (BGH Urt. v. 29.01.2008 – XI ZR 160/07, BGHZ 175, 161, 170 = BauR 2008, 986, 989 = NJW 2008, 1729, 1731 = NZBau 2008, 377, 380; BGH; Urt. v. 23.09.2008 – XI ZR 395/07, BauR 2008, 2092 [Ls.] = NJW 2009, 587).

▶ **Beispiel (nach OLG Dresden, Urt. v. 03.11.2010 – 12 U 782/10, BauR 2011, 567 [Ls.])**

In einer selbstschuldnerischen Bürgschaft heißt es: »Sind die durch die Bürgschaft gesicherten Ansprüche der Bank fällig und erfüllt der Auftragnehmer diese Ansprüche nicht, kann sich der Auftraggeber an den Bürgen wenden, der dann aufgrund seiner Haftung als Selbstschuldner nach Aufforderung durch die Bank Zahlung zu leisten hat.« Hier beginnt die Fälligkeit des Bürgschaftsanspruchs erst, wenn sich der Auftraggeber an die Bank tatsächlich wendet; ebenso OLG München, Urt. v. 20.07.2006 – 19 U 3419/06, BauR 2006, 2076; a. A. OLG München, Urt. v. 19.06.2012 – 5 U 3445/11, ZIP 2012, 1703, 1704 und OLG Frankfurt, Urt. v. 21.02.2007 – 17 U 153/06, OLGR 2008, 309, 310).

Von einer **konkludenten Vereinbarung zu einer verlängerten Verjährung der Bürgschaftsansprüche** dürfte ebenso bei den im Bauvertragsrecht bedeutenden **Gewährleistungsbürgschaften** aus-

3061

zugehen sein (Joussen, PiG Bd. 91, S. 79, 98 ff.). Rechtlich ergibt sich dies zunächst durch einen Rückgriff auf die zwischen den Bauvertragsparteien getroffene Sicherungsabrede. Sie gewährt dem Auftraggeber für die Gesamtdauer der Gewährleistung das Recht, zum einen eine Sicherheit (i. e. Bürgschaft) zu fordern und zum anderen diese für den Zeitraum der Gewährleistung zu behalten (s. o. Rdn. 2994). Mit dieser Maßgabe ist ein Auftraggeber im Sicherungsfall vertraglich keinesfalls gezwungen, auf diese Sicherheit zurückzugreifen. Vielmehr kann er sie sich für ggf. spätere Schäden aufsparen und stattdessen zu den aktuellen Schäden seine sonstigen Mängelrechte durchsetzen (BGH, Urt. v. 09.07.1981 – VII ZR 40/80, BauR 1981, 577, 580 = NJW 1981, 2801; BGH, Urt. v. 08.07.1982 – VII ZR 96/81, BauR 1982, 579 f. = NJW 1982, 2494; vgl. auch Ingenstau/Korbion § 17 Abs. 1 VOB/B Rn. 55). Dem Bürgen, der in der Regel seine Sicherheit unter konkreter Bezugnahme auf diesen bestimmten Bauvertrag abgibt, ist diese Sicherungsabrede vollumfänglich bekannt, d. h.: Er weiß, dass der Auftraggeber die von ihm gestellte Bürgschaft im Schadensfall nicht einsetzen muss, sondern sie sich für spätere Schadensfälle aufsparen darf. Folglich wird er sich zumindest **konkludent mit diesem ergänzenden Sicherungszweck** bei Herausgabe der Bürgschaft **einverstanden** erklären. Damit dieses Recht des Auftraggebers aus der Sicherungsabrede aber überhaupt zum Tragen kommt, wäre es weiter zwingend, dass sich der Bürge dann nicht schon vorzeitig insbesondere im Fall eines frühen Gewährleistungsfalls auf die Verjährung der Bürgschaftsansprüche berufen kann. Denn anderenfalls würde das Recht des Auftraggebers zum Behaltendürfen der Sicherheit für die Dauer der Gewährleistung ggf. leer laufen – obwohl der Bürge diesen Sachverhalt bei Herausgabe der Bürgschaft gerade akzeptiert hat. Rechtlich wird man daher zumindest bei Gewährleistungsbürgschaften im Verhältnis Bürge/Auftraggeber bzgl. der **Verjährung der Bürgschaftsansprüche** für den Zeitraum, in dem der Auftraggeber die Sicherheit behalten darf (d. h. bis zum Ablauf der Gewährleistung), von einem **pactum de non petendo**, d. h. von einer **Verjährungshemmung**, auszugehen haben (Joussen, a. a. O., S. 98). Dabei ist allerdings darauf hinzuweisen, dass der BGH diese Frage in seiner vorzitierten Grundsatzentscheidung offen gelassen hat; er hat aber immerhin ausdrücklich die Möglichkeit einer entsprechenden konkludenten Hemmungsabrede angesprochen, was für vorgenannte Lösung spricht (auch wenn der BGH sie dann in dem konkreten Verfahren verwarf, weil es nicht um einen mittelbar von der Sicherungsabrede gesicherten vertraglichen, sondern gesetzlichen Anspruch nach § 812 BGB ging – BGH, Urt. v. 29.01.2008 – XI ZR 160/07, a. a. O.). Dies gilt umso mehr, als der BGH sogar in einer Folgeentscheidung gerade im Zusammenhang mit der Verjährungsabrede die Bedeutung auch der wirtschaftlichen Interessen der beteiligten Parteien ausdrücklich hervorgehoben hat (BGH, Urt. v. 08.07.2008 – XI ZR 230/07, BauR 2008, 1885, 1887 = NJW-RR 2009, 378, 379 = NZBau 2009, 171, 172). Losgelöst von vorstehender Diskussion gilt aber in jedem Fall: Ist eine Inanspruchnahme erfolgt, kommt es auf eine etwaige Hemmung nicht mehr an. Hier können **Ansprüche etwa aus einer Gewährleistungsbürgschaft** je nach Zeitpunkt der Inanspruchnahme aufgrund der dann beginnenden dreijährigen Verjährungsfrist tatsächlich auch schon **vor Ablauf der im Bauvertrag vereinbarten**, z. B. auf fünf Jahre verlängerten **Gewährleistungsfrist** verjähren.

3062 Zu beachten ist, dass eine **Mängelrüge gegenüber dem Bürgen oder eine Bürgschaftsklage nicht die Verjährung der Hauptforderung hemmt**. Zwar ist der Bürgschaftsanspruch vom Bestand der Hauptforderung abhängig (§ 767 Abs. 1 S. 1 BGB); jedoch handelt es sich im Übrigen um einen selbstständigen Anspruch, der unabhängig von der gesicherten Hauptforderung einer eigenen Verjährung unterliegt. Aus diesem Grund muss der Bürgschaftsgläubiger (Auftraggeber) durch geeignete verjährungsunterbrechende oder -hemmende Maßnahmen darauf achten, dass in seinem Verhältnis zum Auftragnehmer keine Anspruchsverjährung eintritt. Verjährungshemmende Maßnahmen sind selbst dann zu ergreifen, wenn der Auftragnehmer ggf. insolvent ist und daher Ansprüche gegen den Insolvenzverwalter durchzusetzen wären. Denn auch in diesen Fällen entfaltet **eine Klage gegen den Bürgen keine Wirkung gegen den Hauptschuldner** (BGH, Urt. v. 12.03.1980 – VIII ZR 115/79, BGHZ 76, 222, 225 = NJW 1980, 1460). Daher kann sich der Bürge seinerseits sogar gegen Zwangsvollstreckungsmaßnahmen aus einem gegen ihn ergangenen rechtskräftigen Urteil mit einer Vollstreckungsgegenklage zur Wehr setzen, wenn zeitlich nach seiner Verurteilung der ursprünglich mit der

Bürgschaft gesicherte Anspruch des Auftraggebers/Bürgschaftsgläubigers gegen den Hauptschuldner verjährt (BGH, Urt. v. 09.07.1998 – IX ZR 272/96, BGHZ 139, 214, 220 = NJW 1998, 2972, 2974; BGH, Urt. 05.11.1998 – IX ZR 48/98, NJW 1999, 278, 279 = NJW-RR 1999, 644).

Im Hinblick auf die danach bestehende Notwendigkeit zur ggf. erforderlichen Ergreifung verjährungshemmender Maßnahmen genügt allerdings **bei VOB-Verträgen** nach ständiger Rechtsprechung des BGH für einen **Erhalt der Mängelsicherheit** und die Befugnis zur späteren Verwertung einer Bürgschaft, dass der Auftraggeber dem Auftragnehmer den Mangel rechtzeitig, d. h. vor Ablauf der Gewährleistung, angezeigt hat. Dies folgt aus § 17 Abs. 8 Nr. 2 S. 2 VOB/B (vgl. dazu auch BGH, Urt. v. 21.01.1993 – VII ZR 127/91, BGHZ 121, 168, 171 f. = BauR 1993, 335, 336 = NJW 1993, 1131; KG, Urt. v. 24.10.2006 – 7 U 6/06, BauR 2007, 1058, 1060; i. E. wohl auch BGH, Urt. v. 06.12.2007 – VII ZR 125/06, BauR 2008, 510, 511 = NJW-RR 2008, 401, 402 – a. A. OLG Dresden, Beschl. v. 13.12.2007 – 12 U 1498/07, BauR 2008, 848, 849 f. = BauR 2008, 567 jeweils noch zur Vorfassung von § 17 Nr. 8 VOB/B, in der es lediglich auf die rechtzeitige Mängelanzeige ankam, während jetzt immerhin eine rechtzeitige »Geltendmachung« erforderlich ist). Dabei ist allerdings darauf zu achten, dass eine solche Anzeige auch der materiellen Rechtslage entsprechen muss, d. h.: Der Auftragnehmer muss zum Zeitpunkt der Anzeige überhaupt gewährleistungspflichtig sein. 3063

▶ Beispiel (nach OLG Düsseldorf, Urt. v. 06.02.2001 – 21 U 80/00, IBR 2002, 477 (Revision vom BGH nicht angenommen, Beschl. v. 02.05.2002 – VII ZR 86/01).

Der Auftragnehmer hat seine Gewährleistungsansprüche gegenüber Subunternehmern an den Auftraggeber abgetreten. Letzterer hatte sich verpflichtet, die Subunternehmer zuerst in Anspruch zu nehmen. Für die Wirksamkeit einer Mängelanzeige zum Zwecke der Hemmung der Verjährung der Gewährleistungsansprüche des Auftragnehmers gegen den Subunternehmer müsste der Auftraggeber nunmehr zuvor vorbehaltlich der Wirksamkeit dieser Abtretungsvereinbarung den Subunternehmer in Anspruch genommen und sodann diese Mängelansprüche wieder an den Auftragnehmer zurückabgetreten haben.

Nicht ausreichend ist im Übrigen eine Mängelanzeige innerhalb der Gewährleistungsfrist, wenn diese zuvor ohne Mitwirkung des Bürgen verlängert wurde und die Anzeige erst in dieser verlängerten Frist erfolgt. Denn eine solche Gewährleistungsverlängerung würde gegenüber dem Bürgen nach § 767 Abs. 1 S. 3 BGB keine Wirkung entfalten (OLG Köln, Urt. v. 13.10.2004 – 11 U 184/03, BauR 2005, 1368 [Ls.]; OLG Rostock, Urt. v. 31.01.2006 – 7 U 2/06, BauR 2007, 549, 550 = NJW-RR 2007, 1170, 1171).

Die Ergreifung verjährungsunterbrechender bzw. -hemmender Maßnahmen im Verhältnis Gläubiger/Hauptschuldner ist ausnahmsweise nicht erforderlich, wenn der **Hauptschuldner infolge Vermögenslosigkeit im Handelsregister gelöscht** und daher als Rechtsperson untergegangen ist. In diesem Fall verwandelt sich die **Bürgschaft in einen selbstständigen Anspruch des Gläubigers gegen den Bürgen** (BGH, Urt. v. 25.11.1981 – VIII ZR 299/80, BGHZ 82, 323, 326 = NJW 1982, 875; BGH, Urt. v. 28.01.2003 – IX ZR 243/02, BauR 2003, 697, 698 = NJW 2003, 1250, 1251). Verjährungsunterbrechende oder -hemmende Maßnahmen sind nunmehr im Verhältnis zwischen Gläubiger (Auftraggeber) und Auftragnehmer nicht mehr möglich; daher genügen hier ausnahmsweise entsprechende Maßnahmen allein gegen den Bürgen (BGH, Urt. v. 28.01.2003 – IX ZR 243/02, BauR 2003, 697, 699 = NJW 2003, 1250, 1252). 3064

12.1.4.2 Sicherheitsleistung durch Hinterlegung (§ 17 Abs. 5 VOB/B)

Die in § 17 Abs. 5 VOB/B geregelte Sicherheitsleistung des Auftragnehmers durch Hinterlegung in Geld ist selten. Vorrangig wird der Auftraggeber bei einer darauf gerichteten Sicherheitsleistung entsprechende Geldbeträge direkt von der vertraglichen Vergütung einbehalten. Gleichwohl ist § 17 Abs. 5 VOB/B nicht bedeutungslos: Er enthält nämlich Einzelregelungen zum Umgang mit Geldern, die ein Auftragnehmer nach der vertraglichen Vereinbarung zu hinterlegen hat. Diese wiederum finden bei dem im Bauvertragsgeschehen typischen Sicherheitseinbehalt entsprechende Anwendung (§ 17 Abs. 6 Nr. 1 VOB/B): Danach gilt, dass ein Auftraggeber zur Sicherheit übergebene 3065

Gelder auf ein **Sperrkonto mit gemeinsamer Verfügungsbefugnis** (»**Und-Konto**«) einzuzahlen hat. Etwaige Zinsen des Sperrkontos stehen dem Auftragnehmer zu.

3066 Kommt es ausnahmsweise zu einer Hinterlegung, ist hierfür eine einverständliche Regelung zwischen den Bauvertragspartnern erforderlich, bei **welchem Geldinstitut** das Geld **hinterlegt** werden soll. Es ist zweckmäßig, schon bei Vertragsabschluss das betreffende Institut zu bestimmen. Falls der Auftraggeber gegen den Vorschlag des Auftragnehmers innerhalb einer ihm hierzu gesetzten Frist keine Einwände erhebt, ist der Auftragnehmer berechtigt, die Einzahlung bei dem von ihm vorgeschlagenen Geldinstitut vorzunehmen (gegen das Erfordernis einer Fristsetzung: Beck'scher VOB-Komm./I. Jagenburg, § 17 Abs. 5 Rn. 6). Dieses einseitige Bestimmungsrecht folgt somit dem allgemeinen einseitigen Bestimmungsrecht des Auftragnehmers zur Art und Weise der Sicherheitsleistung gemäß § 17 Abs. 3 VOB/B (ebenso Nicklisch/Weick, Teil B § 17 Rn. 39). Etwas anderes gilt nur dann, wenn die Bedenken des Auftraggebers gegen das ausgewählte Kreditinstitut berechtigt sind, wofür ihn die **Darlegungs- und Beweislast** trifft. Dann ist § 17 Abs. 4 S. 2 Halbsatz 2 VOB/B entsprechend heranzuziehen, also dem Auftraggeber das Bestimmungsrecht einzuräumen. Machen die Vertragspartner unterschiedliche Vorschläge, so ist aus dem Sinn und Zweck von § 17 Abs. 3 VOB/B mit dem dort geregelten Bestimmungsrecht des Auftragnehmers zur Art und Weise der Sicherheitsleistung zu schließen, dass dem **Auftragnehmer der Vorrang** einzuräumen ist, falls dagegen keine sachlich begründeten Einwände bestehen (ähnlich Nicklisch/Weick, Teil B § 17 Rn. 39 a. E.).

12.1.4.3 Sicherheitsleistung durch Einbehalt (§ 17 Abs. 6 VOB/B)

3067 Die weitaus häufigste Form der Sicherheitsleistung besteht in Einbehalten von Vergütungsanteilen durch den Auftraggeber. Hierzu gilt Folgendes:

12.1.4.3.1 Ausreichende Sicherungsabrede

3068 Voraussetzung für eine Sicherheitsleistung durch Einbehalt ist eine entsprechende Abrede im Bauvertrag (vgl. § 8 Abs. 6 Nr. 1 lit. k VOB/A); sie folgt nicht allein aus der Vereinbarung der VOB/B oder aus der Tatsache, dass der Auftragnehmer Sicherheit nach § 17 VOB/B zu leisten hat. Durch den Einbehalt wird die **Fälligkeit eines Teils des Vergütungsanspruchs hinausgeschoben**: Der Auftraggeber erwirbt hieran ein Zurückbehaltungsrecht (BGH, Urt. v. 12.07.1979 – VII ZR 174/78, BauR 1979, 525, 526).

12.1.4.3.2 Höhe des Einbehaltes

3069 Wurde eine Vereinbarung nach § 17 Abs. 6 Nr. 1 S. 1 VOB/B in der Weise getroffen, dass der Auftraggeber die Sicherheit in Teilbeträgen einbehalten darf, ist er berechtigt, von **jeder Zahlung** einen Einbehalt vorzunehmen. Keinesfalls ist er also auf Einbehalte bei Abschlagszahlungen (§ 16 Abs. 1 VOB/B) begrenzt. Vielmehr können Einbehalte genauso erfolgen sowohl von Vorauszahlungen (§ 16 Abs. 2 VOB/B), von Teilschlusszahlungen (§ 16 Abs. 4 VOB/B) als auch – und insbesondere – von der Schlusszahlung (§ 16 Abs. 3 VOB/B). Sämtliche Teileinbehalte setzen jedoch grundlegend voraus, dass der Auftraggeber nach den Besonderen oder Zusätzlichen Vertragsbedingungen (§ 8 Abs. 6 Nr. 1k VOB/A) überhaupt berechtigt ist, **die Sicherheit in Teilbeträgen und nicht nur in einem Betrag oder in bestimmten Beträgen einzubehalten**. Denn selbstverständlich steht es den Bauvertragsparteien frei, den Sicherheitseinbehalt abweichend von § 17 Abs. 6 Nr. 1 S. 1 VOB/B auf eine bestimmte Zahlung zu begrenzen.

> **Beispiel**
>
> Im Bauvertrag ist ein Gewährleistungseinbehalt von 5 % der Schlussrechnungssumme vorgesehen. Hier ist ein Teileinbehalt von 5 % je Abschlagszahlung nicht zulässig, weil das mit vorstehender Regelung nicht vereinbar ist. § 17 Abs. 6 Nr. 1 S. 1 VOB/B, der eine solche gesonderte Vereinbarung voraussetzt, hat insoweit keine Bedeutung.

12.1 Sicherheitsleistung zugunsten des Auftraggebers

Die **Höhe eines zulässigen Einbehaltes** ist in der Regel auf 10 % beschränkt. Grundlage ist der jeweils auszuzahlende bzw. gezahlte Betrag. Mit dieser Maßgabe ist dann aber zur Bestimmung der Höhe eines Einbehaltes zu prüfen, ob seitens des Auftragnehmers unter Berücksichtigung des § 13b UStG eine Brutto- oder Nettorechnung gestellt wird (s. dazu schon oben Rdn. 2598 ff.): 3070

- Liegt kein Anwendungsfall des § 13b UStG vor, ergeben sich keine Besonderheiten: Zahlbetrag ist eine Bruttovergütung unter Einschluss der Umsatzsteuer. Folglich beziehen sich Einbehalte auch auf diese zu zahlende Bruttovergütung. Dasselbe gilt für prozentual zu berechnende Einbehalte: Auch hier ist **Bemessungsgrundlage** die effektiv zu zahlende **Bruttovergütung**. 3071
- Anders ist dies im **Anwendungsbereich des § 13b UStG**, d. h. vor allem im **Subunternehmerverhältnis**. Hier ist in einem ersten Schritt die vereinbarte Sicherheitssumme (vgl. § 17 Abs. 6 Nr. 1 S. 1 VOB/B), d. h. die Höhe der Sicherheit, zu ermitteln. Diese ergibt sich aus dem Vertrag, während § 17 Abs. 6 Nr. 1 VOB/B, auch dessen S. 2, dazu keine Aussage trifft. Denn diese Regelung bestimmt nur die Bemessungsgrundlage für die Berechnung der Höhe möglicher Einbehalte, um die vereinbarte Sicherheitssumme zu erhalten. Dies vorausgeschickt ist erst in einem zweiten Schritt – steht die Höhe der Sicherheitssumme fest – zu ermitteln, wie die Einbehalte vorzunehmen sind, was sich dann aus § 17 Abs. 6 Nr. 1 S. 2 VOB/B ergibt. Einfach ist diese Berechnung, wenn bei einer prozentual vereinbarten Sicherheitsleistung Bezugsgröße auch für die Höhe der Sicherheitsleistung der Nettobetrag (z. B. die Schlussrechnung) ist. Da diese nur als Nettorechnung ausgestellt wird und infolgedessen nur Nettozahlungen erfolgen, ergibt sich aus § 17 Abs. 6 Nr. 1 S. 2 VOB/B, dass sowohl die **Höhe der Sicherheitsleistung** als auch die **Höhe der zulässigen Einbehalte einheitlich auf Nettobasis** berechnet werden. 3072

> **Beispiel**
>
> Wird eine Sicherheitsleistung von 5 % auf die Schlussrechnungssumme vereinbart, beläuft sich die Höhe der vereinbarten Sicherheit bei einem Netto-Schlussrechnungsbetrag von 100 000 € auf 5 000 €. Soll diese Sicherheit von der Vergütung einbehalten werden, kann der Auftraggeber diesen Betrag von den effektiv fließenden (Netto)zahlungen in Abzug bringen.

Problematischer ist die Berechnung, wenn nach der Sicherungsabrede Bezugsgröße für die Bestimmung der Höhe der Sicherheit z. B. die (Brutto)auftragssumme ist. Denn auch dann ist nach § 17 Abs. 6 Nr. 1 S. 2 VOB/B zur Berechnung der Einbehalte nur auf die Nettozahlungen zurückzugreifen (s. zu weiteren Fragen Ingenstau/Korbion/Joussen § 17 Abs. 6 Rn. 9 f.). 3073

> **Beispiel**
>
> Haben die Parteien eine Sicherheit von 5 % auf die Auftragssumme vereinbart, ist von der Bruttosumme auszugehen. Beläuft sich diese auf 119 000 €, ergibt sich eine vereinbarte Sicherheitssumme von 5 950 €, selbst wenn später nach § 13b UStG nur Netto-Rechnungen ausgestellt werden. Soll dieser Betrag als Sicherheit einbehalten werden und leistet der Auftraggeber dazu zehn Abschlagszahlungen in jeweils gleicher Höhe, beläuft sich – da nach § 13b UStG nur der Nettobetrag zu zahlen ist – jede Zahlung bei einem Mehrwertsteuersatz von 19 % auf 10 000 €. Von diesen Zahlungen darf der Auftraggeber nunmehr nach § 17 Abs. 6 Nr. 1 S. 1 VOB/B jeweils 10 % einbehalten, d. h. maximal 1 000 € je Zahlung, sodann in der Gesamtsumme so viel, bis die vereinbarte Sicherungssumme von 5 950 € erreicht ist.

12.1.4.3.3 Einzahlungsverpflichtung auf Sperrkonto u. a.

Wurde eine Sicherheit einbehalten, gilt zu dem Umgang im Besonderen: 3074

- Der Auftraggeber ist nach § 17 Abs. 6 Nr. 1 VOB/B verpflichtet, den **Sicherheitseinbehalt binnen 18 Werktagen auf ein Sperrkonto** bei einem zu vereinbarenden Geldinstitut einzuzahlen. Die Einzahlung hat er dem Auftragnehmer mitzuteilen. Gleichzeitig hat er dafür Sorge zu tragen, dass auch das Kreditinstitut den Auftragnehmer von der Einzahlung benachrichtigt. Von der Pflicht zur Einzahlung auf ein Sperrkonto ist der Auftraggeber nur bei kurz laufenden oder vom Volumen her kleineren Aufträgen im Sinne des § 17 Abs. 6 Nr. 2 VOB/B befreit (Aufträge bis ca. 250,– €). 3075

3076 • Ist die Einzahlung ordnungsgemäß erfolgt, stellt dies **rechtlich keine Zahlung des Auftraggebers** im Sinne des § 16 VOB/B zum Zwecke der endgültigen Erfüllung seiner Vergütungspflicht aus dem Bauvertrag dar. Vielmehr liegt bisher nur eine **Sicherheitsleistung** vor. Als Erfüllung kann dieser Betrag erst gelten, wenn er gemäß § 17 Abs. 8 VOB/B nach Ablauf der vereinbarten Fristen bzw. der nach § 17 Abs. 8 VOB/B geltenden Zeitpunkte zur freien Verfügung des Auftragnehmers steht.

3077 • Verstößt der Auftraggeber gegen seine Pflicht zur Einzahlung des Einbehaltes auf ein Sperrkonto, kann der Auftragnehmer nach § 17 Abs. 6 Nr. 3 VOB/B dafür eine **angemessene Nachfrist** setzen. Als angemessene Frist genügen **etwa 8–10 Werktage** (OLG Dresden, Urt. v. 13.08.1998 – 7 U 824/98, IBR 1999, 580 für neun Werktage; OLG Jena, Urt. v. 17.12.2003 – 2 U 384/03, BauR 2004, 1456, 1457; KG, Urt. v. 02.08.2002 – 7 U 38/02, BauR 2003, 727, 728, das eine Frist von sieben Werktagen ausreichen lässt). Teilweise wird sogar eine Frist von einer Woche als ausreichend angesehen (Heiermann/Riedl/Rusam, § 17 Rn. 78), was aber schon von der Abwicklung her zu knapp sein dürfte.

3078 Versäumt der Auftraggeber diese Frist, ist er zur **sofortigen Auszahlung des Sicherheitseinbehaltes** verpflichtet. Er hat dann sein Recht auf Sicherheitsleistung verwirkt, selbst wenn er den Betrag später doch noch auf ein Sperrkonto einzahlen will (OLG München, Urt. v. 10.02.2009 – 9 U 4633/08, BauR 2009, 1015). Dieser dadurch frei werdende Vergütungsanspruch ist sofort fällig. Er unterliegt der Regelverjährung (§ 195 BGB), d. h.: Der diesbezügliche Vergütungsanspruch **verjährt mit Ablauf von drei Jahren** – beginnend gemäß § 199 Abs. 1 BGB am Ende des Jahres, in dem der Auftraggeber sich trotz Nachfrist geweigert hat, seiner Verpflichtung zur Einzahlung des Sicherheitseinbehaltes auf ein Sperrkonto nachzukommen. Somit ist nicht ausgeschlossen, dass dieser freiwerdende Vergütungsanspruch des Auftragnehmers bereits vor Ablauf einer ggf. vereinbarten Gewährleistungsfrist von fünf Jahren verjährt.

3079 • Kommt der Auftraggeber einer berechtigten Aufforderung des Auftragnehmers zur Auszahlung eines verwirkten Sicherheitseinbehaltes nicht nach, kann der Auftragnehmer in erster Linie auf Auszahlung klagen. Insoweit muss er aber berücksichtigen, dass der Auftraggeber ggf. verpflichtet ist, von dem zur Auszahlung fälligen Betrag 15 % als **Bauabzugsteuer** an das für den Auftragnehmer zuständige Finanzamt abzuführen, soweit der Auftragnehmer nicht gleichzeitig eine aktuelle Freistellungsbescheinigung vorlegt (s. dazu oben Rdn. 2591).

3080 • Neben dieser Abzugspflicht ist der Auftraggeber **berechtigt, gegen den Auszahlungsanspruch mit eigenen Ansprüchen** (z. B. Gewährleistungs- oder Vertragsstrafenansprüchen) **aufzurechnen oder zumindest Zurückbehaltungsrechte nach §§ 320, 641 Abs. 3 BGB geltend zu machen** (OLG Dresden, Urt. v. 01.08.2001 – 11 U 3125/00, BauR 2001, 1918, 1919 = NJW-RR 2001, 1598, 1599; KG, Teilurt. v. 20.02.2002 – 26 U 71/01, BauR 2002, 1567, 1569; KG, Urt. v. 18.11.2002 – 24 U 249/01, BauR 2003, 728, 729 = NJW-RR 2003, 804 = NZBau 2003, 331 f.; OLG Karlsruhe, Urt. v. 22.03.2007 – 4 U 25/06, BauR 2008, 114, 115 f. = NZBau 2007, 645 – a. A. Kreikenbohm, BauR 2001, 1667, 1668; OLG Frankfurt, Urt. v. 27.06.2005 – 16 U 196/04, BauR 2005, 1939, 1942; Kapellmann/Messerschmidt/Thierau, B § 17 Rn. 213; für den Ausschluss eines Zurückbehaltungsrechts wegen Mängeln in diesem Fall immerhin: OLG Celle, Urt. v. 20.02.2002 – 7 U 59/01, BauR 2003, 906, 908; OLG Dresden, Urt. v. 28.09.2000 – 19 U 888/00, IBR 2002, 252, das lediglich einen Ausschluss der Aufrechnung mit Gegenansprüchen aus anderen Bauvorhaben anerkennt). Denn alleinige Rechtsfolge der trotz Nachfristsetzung nicht erfolgten Einzahlung auf ein Sperrkonto ist ein hierdurch fällig gewordener Auszahlungsanspruch für den zunächst einbehaltenen Vergütungsanteil in Verbindung mit einer Verwirkung des Rechts auf zukünftige Sicherheitsleistung. Dass insoweit eine Aufrechnung mit ggf. streitigen Gegenansprüchen gegen den nunmehr zur Auszahlung fällig gewordenen Vergütungsanspruch oder Zurückbehaltungsrechte ausgeschlossen sein sollen, kann § 17 Abs. 6 VOB/B nicht entnommen werden (ebenso Weise, Sicherheiten im Baurecht, Rn. 178 zu der Möglichkeit der Aufrechnung mit Verweis auf die Entscheidung des BGH, Urt. v. 19.02.1998 – VII ZR 105/97, BauR 1998, 544 = NJW 1998, 2057, die jedoch einen anderen Sachverhalt betraf).

3081 Neben einem eigenständigen Auszahlungsanspruch stehen dem Auftragnehmer ferner die **Rechte aus Verzug** gemäß § 16 Abs. 5 Nr. 3 S. 2 VOB/B (Verzugszinsen) sowie aus § 9 Abs. 1

Nr. 2 VOB/B (Kündigungsrecht) zu. Dabei ist jedoch Voraussetzung, dass die vertragliche Leistung des Auftragnehmers **noch nicht vollendet** ist, weil sonst eine Arbeitseinstellung oder eine Kündigung des Vertrages begrifflich nicht (mehr) in Betracht kommen.

- Von der Nichteinzahlung des Sicherheitseinbehaltes auf ein Sperrkonto durch den Auftraggeber trotz Nachfristsetzung zu unterscheiden ist der Fall, dass das Geldinstitut es versäumt, binnen der gesetzten Nachfrist den Auftragnehmer über die Einzahlung zu informieren. Insoweit gilt nach dem eindeutigen Wortlaut der VOB: Für den Verfall der vereinbarten Sicherheit ist die nicht rechtzeitige Einzahlung auf das Sperrkonto allein entscheidend. Die **nicht rechtzeitige Mitteilung durch das Kreditinstitut** kann – soweit vorstellbar – allenfalls Schadensersatzansprüche des Auftragnehmers auslösen. 3082

- Auf das Setzen einer Nachfrist kann verzichtet werden, wenn der Auftraggeber die Einzahlung des Sicherheitseinbehaltes auf ein Sperrkonto **endgültig verweigert** (BGH, Urt. v. 02.06.2003 – VII ZR 281/02, BauR 2003, 1559, 1560 = NJW-RR 2003, 1321, 1322) oder zuvor fälschlicherweise mitgeteilt hat, er habe die Sicherheitsleistung bereits auf ein Sperrkonto einbezahlt (LG Hamburg, Vorbehaltsurteil v. 27.06.2006 – 409 O 32/05, BauR 2006, 1786 f.). 3083

- Zu beachten bei der Errichtung eines Sperrkontos ist, dass insoweit auch ein **Und-Konto** gemeint ist (§ 17 Abs. 6 Nr. 1 S. 5, Abs. 5 VOB/B). An dessen Eröffnung müssen Auftragnehmer und Auftraggeber gemeinsam mitwirken (s. dazu Joussen, BauR 2004, 1677). Hierzu muss der Auftragnehmer zu jedem Zeitpunkt, d. h. auch bei der Nachfristsetzung, bereit sein. Andernfalls kann dem Auftraggeber aus der Nichteröffnung des Sperrkontos kein Vorwurf gemacht werden, sodass auch die Nichteinzahlung des Einbehaltes auf dieses nicht existierende Sperrkonto trotz § 17 Abs. 6 Nr. 3 VOB/B sanktionslos bleibt.

12.1.4.3.4 Sonderbefugnis des öffentlichen Auftraggebers (§ 17 Abs. 6 Nr. 4 VOB/B)

Eine Sonderregelung besteht für Sicherheitsleistungen der öffentlichen Auftraggeber: Nach § 17 Abs. 6 Nr. 4 VOB/B sind diese Auftraggeber berechtigt, den als Sicherheit einbehaltenen Betrag auf ein eigenes **unverzinsliches Verwahrgeldkonto** zu nehmen. Zu den von dieser Sonderregelung erfassten »öffentlichen Auftraggebern« gehört jedoch nur die klassische öffentliche Hand (Bund, Länder, Gemeinden u. a.); nicht einschlägig ist hingegen die gesetzliche Definition des öffentlichen Auftraggebers in § 98 GWB. Nicht unter § 17 Abs. 6 Nr. 4 VOB/B fallen demnach vor allem juristische Personen des Privatrechts, selbst wenn alle Anteile einer Körperschaft des öffentlichen Rechts gehören (BGH, Urt. v. 26.04.2007 – VII ZR 152/06, BauR 2007, 1402, 1404 = NJW 2007, 3277, 3279). 3084

12.1.5 Zeitpunkt der Sicherheitsleistung (§ 17 Abs. 7 VOB/B)

§ 17 Abs. 7 VOB/B regelt die Frist, innerhalb der ein Auftragnehmer eine aufgrund einer Sicherungsabrede zu stellende Sicherheit leisten muss. Angesprochen sind insoweit nur die Fälle, in denen der Auftragnehmer aktiv eine Sicherheit zu übergeben hat, d. h. vor allem die Sicherheitsleistung durch Bürgschaft (Abs. 2 und 4) und Hinterlegung (Abs. 5). Nicht erfasst wird von Abs. 7 die Sicherheitsleistung durch Einbehalt: Einzelheiten zu dieser Art der Sicherheitsleistung, d. h. vor allem zu deren Fälligkeit, ergeben sich abschließend aus § 17 Abs. 6 Nr. 1 bis 3 VOB/B. 3085

Die Frist für die Sicherheitsleistung selbst beträgt **18 Werktage nach Vertragsschluss**, soweit nichts anderes vereinbart ist (vgl. auch § 8 Abs. 6 Nr. 1 lit. k VOB/A). Sie **gilt ebenso für eine Gewährleistungssicherheit**. Zu dieser wird allerdings teilweise vertreten, dass die 18-Werktage-Frist (kraft konkludenter Vereinbarung) erst mit der Abnahme beginne (Beck'scher VOB-Komm./I. Jagenburg, § 17 Nr. 7 Rn. 5; Weise, Sicherheiten im Baurecht, Rn. 376; Kapellmann/Messerschmidt/Thierau, B § 17 Rn. 216; wohl auch OLG Karlsruhe, Urt. v. 14.12.2010 – 4 U 18/09, BauR 2011, 1058 [Ls.] = NJW-RR 2011, 816, 817 = NZBau 2011, 357, 359, das diese Fragen dann aber wegen vorgehender vertraglicher Regelungen offen ließ). Dies widerspricht dem eindeutigen Wortlaut von § 17 Abs. 7 VOB/B, zumal nicht klar ist, aus welchem Beweggrund ein Auftraggeber eine solche konkludente Vereinbarung schließen sollte. Vielmehr hat er auch bei einer Gewährleistungssicherheit vorrangig 3086 das Interesse daran, dass diese Sicherheit fristgerecht gestellt wird. Solange eine auf Gewährleistungsansprüche beschränkte Bürgschaft mangels Abnahme nicht valutiert, erscheint die nach § 17 Abs. 7 VOB/B getroffene Belastung auch nicht unangemessen. Somit bleibt festzuhalten: Wird lediglich eine Sicherheitsleistung durch **Gewährleistungsbürgschaft** vereinbart, **muss** sie wie alle anderen Sicherheiten **binnen 18 Werktagen nach Abschluss der zugrunde liegenden Vereinbarung gestellt** werden. In der Praxis wird diesem Streit jedoch keine große Bedeutung zukommen: Denn zum einen wird im Baugeschehen üblicherweise eine Sicherheitsleistung durch Einbehalt nach § 17 Abs. 6 VOB/B vereinbart, den der Auftragnehmer dann gemäß § 17 Abs. 3 VOB/B durch eine Gewährleistungssicherheit ablösen kann. Insoweit ist die 18 Tage-Frist des § 17 Abs. 7 VOB/B nicht relevant, da sie für den Einbehalt nicht gilt (vgl. oben Rdn. 3085). Zum anderen steht es den Parteien frei, eine von § 17 Abs. 7 VOB/B abweichende Vereinbarung zu treffen: Vorstellbar ist daher wie bei einer Vertragserfüllungsbürgschaft eine Regelung im Bauvertrag, dass der Auftragnehmer binnen der 18-Werktage-Frist zumindest eine Zusage des in Aussicht genommenen Bürgen vorzulegen hat, dass dieser im Fall der Abnahme die geforderte Bürgschaft fristgerecht stellen wird.

3087 Wenn der **Auftragnehmer** seiner **Verpflichtung** zur Stellung der Sicherheit ganz oder teilweise **nicht nachkommt**, ist der nach § 17 Abs. 7 S. 2 VOB/B **Auftraggeber berechtigt, vom Guthaben des Auftragnehmers einen Betrag in Höhe der vereinbarten Sicherheit einzubehalten**. Dieses Zurückbehaltungsrecht ist allenfalls ausgeschlossen, wenn sich das Recht des Auftraggebers auf Stellung einer Sicherheit wegen Zeitablaufs zwischenzeitlich erledigt hat.

> **Beispiele (ähnlich OLG Brandenburg, Urt. v. 26.10.2011 – 13 U 137/06, BauR 2012, 299 [Ls.])**
>
> - In Bezug auf eine etwa vereinbarte Vertragserfüllungsbürgschaft besteht kein Zurückbehaltungsrecht mehr, wenn die Werkleistung bereits vertragsgemäß erbracht und abgenommen ist. Denn dann ist der Sicherungszweck der Vertragserfüllungssicherheit (nach Vollendung der Werkleistung und Abnahme – s. dazu oben Rdn. 3001 ff.) weggefallen.
> - Nichts anderes gilt nach einer nicht gestellten Gewährleistungsbürgschaft, wenn der Auftraggeber wegen bestimmter Mängel nur noch Schadensersatz oder Minderung verlangt und die Gewährleistungsfrist im Übrigen abgelaufen ist.

Kommt dagegen noch ein Einbehalt von Vergütung in Betracht, sind dafür nach § 17 Abs. 7 S. 3 VOB/B § 17 Abs. 5 und 6 (Letzterer allerdings mit Ausnahme der Nr. 1 S. 1) entsprechend anzuwenden. Die Nichtanwendung von § 17 Abs. 6 Nr. 1 S. 1 VOB/B beruht darauf, dass der Auftraggeber bei nicht fristgerecht gestellter Sicherheit zu einem sofortigen Einbehalt in voller Höhe berechtigt ist; eine Begrenzung auf 10 v. H. der jeweiligen Zahlung findet also nicht statt, wobei allerdings auch dieser Einbehalt auf ein verzinsliches Sperrkonto einzuzahlen ist (KG, Urt. v. 02.08.2002 – 7 U 38/02, BauR 2003, 727 f. = KGR 2002, 345, 346; OLG Celle, Urt. v. 20.02.2002 – 7 U 59/01, BauR 2003, 906, 908). Kommt der Auftraggeber dieser Verpflichtung trotz Nachfristsetzung nicht nach, verliert er wie sonst auch bei Einbehalten seinen Anspruch auf Sicherheitsleistung (vgl. § 17 Abs. 6 Nr. 3 VOB/B). Allerdings kann der Auftragnehmer, der vertragswidrig keine Sicherheit stellt, auch seinerseits verpflichtet sein, dem Auftraggeber gemäß § 280 Abs. 1 BGB einen ggf. weiter gehenden Schaden zu ersetzen, sofern dieser durch die Möglichkeit des sofortigen Einbehalts in voller Höhe noch nicht ausgeglichen ist.

3088 Neben den Rechten aus § 17 Abs. 7 kann der Auftraggeber bei nicht rechtzeitig gestellter Sicherheit **alternativ die Sicherheitsleistung einfordern**. Dies wird vor allem dann in Betracht kommen, wenn ausreichende Einbehalte nicht mehr möglich sind. Der Anspruch auf Stellung der Sicherheit beruht auf einer selbstständigen Nebenleistungspflicht des Auftragnehmers, die gesondert einklagbar ist (OLG Düsseldorf, Urt. v. 10.03.1981 – 21 U 132/80, BauR 1982, 592; OLG Nürnberg, Urt. v. 30.09.2004 – 13 U 2351/03, BauR 2005, 1681).

3089 Eine **Vertragsbeendigung** als weitere **Sanktion** bei nicht fristgerechter Stellung einer Sicherheit kommt regelmäßig nur **bei einem BGB-Vertrag** in Betracht: Handelt es sich bei der Verpflichtung zur Stellung einer Sicherheit um eine Nebenleistungspflicht und kommt der Auftragnehmer dieser nicht nach, wird der Auftraggeber vor Abnahme der Bauleistung vom Vertrag nach einer entsprechenden Fristsetzung gemäß § 323 Abs. 1 BGB zurücktreten und Schadensersatz statt der Leistung fordern können (§ 281 Abs. 1 BGB). Etwas **anderes gilt bei VOB-Verträgen**: Hier werden die gesetzlichen Regelungen zum allgemeinen Rücktritts- und Schadensersatzrecht durch die besonderen vertraglichen Vorschriften der VOB zum einen in § 17 Abs. 7 VOB/B (Einbehalt statt Sicherheitsleistung) und zum anderen in § 8 VOB/B (Kündigungsrecht des Auftraggebers) bzw. in § 4 Abs. 7 VOB/B (Schadensersatzrecht) verdrängt. Für eine ergänzende Anwendung des allgemeinen Rücktrittsrechts wegen der Verletzung der Pflicht zur Stellung einer Sicherheit oder für eine etwaige Schadensersatzpflicht statt der Leistung ist demgegenüber kein Raum (OLG Düsseldorf, Urt. v. 06.10.2009 – 21 U 130/08, BauR 2009, 1940 [Ls.]; zuvor wohl auch schon OLG München, Urt. v. 14.1.1998 – 27 U 397/97, BauR 1999, 1057 = IBR 1999, 313).

12.1.6 Wahl- und Austauschrecht des Auftragnehmers (§ 17 Abs. 3 VOB/B)

§ 17 Abs. 3 VOB/B enthält für den Auftragnehmer ein **Wahl- und Austauschrecht** für den Fall, dass eine Sicherheitsleistung im Bauvertrag vereinbart ist. Hierbei handelt es sich um eine **Sonderregelung allein für den Unternehmer**. Sie folgt der Systematik, dass § 17 Abs. 2 VOB/B die dort genannten Sicherungsmittel Einbehalt, Hinterlegung von Geld und Bürgschaft als gleichwertig ansieht (vgl. BGH, Urt. v. 31.01.1985 – IX ZR 66/84, BauR 1985, 461, 462 = NJW 1985, 1694, 1695; vgl. auch Ingenstau/Korbion/Joussen, VOB/B § 17 Abs. 2 Rn. 3). Dem **Auftraggeber** eines BGB-Vertrages steht dieses Wahl- und Austauschrecht ohne gesonderte Vereinbarung **nicht** zu. Er ist stattdessen auf die allgemeine Regelung des § 232 BGB verwiesen. 3090

12.1.6.1 Wahlrecht zur erstmaligen Stellung der Sicherheit

Hat der **Auftragnehmer** nach dem Bauvertrag eine Sicherheit zu stellen, obliegt ihm nach § 17 Abs. 3 VOB/B vorbehaltlich einer anderen Vereinbarung die **Wahl zwischen den einzelnen Arten der möglichen Sicherheitsleistungen**. Dieses Wahlrecht bezieht sich, da es in unmittelbarem Zusammenhang mit der vertraglichen Vereinbarung nach § 17 Abs. 2 VOB/B steht, nur auf die dort genannten drei Arten der Sicherheitsleistung, es sei denn, der Bauvertrag enthält eine darüber hinausgehende Regelung. Das Wahlrecht stellt ein einseitiges **Bestimmungsrecht des Auftragnehmers dar**. Es schließt die Möglichkeit ein, dass der Auftragnehmer die verschiedenen Arten der Sicherheitsleistung miteinander kombiniert. 3091

▶ **Beispiel**

Der Auftragnehmer stellt über einen Teilbetrag eine selbstschuldnerische Bürgschaft, zum Teil bestimmt er einen Einbehalt der Vergütung als Sicherheit.

Unabhängig von seinen Kombinationsmöglichkeiten hat der Auftragnehmer sein Wahlrecht aber immer **rechtzeitig auszuüben**, um die in **§ 17 Abs. 7 VOB/B festgelegte Frist einhalten** zu können. 3092

12.1.6.2 Austauschrecht

So wie der Auftragnehmer die Art des Sicherungsmittels frei wählen kann, steht ihm nach der erstmaligen Stellung einer Sicherheit das weitere Recht zu, das Sicherungsmittel gegen ein anderes auszutauschen (§ 17 Abs. 3 VOB/B). Dieses Austauschrecht geht analog § 401 BGB auf einen Dritten über, wenn die zugrunde liegende Vergütungsforderung (hier etwa inklusive des Auszahlungsanspruchs zu einem Sicherheitseinbehalt) an diesen abgetreten wurde (BGH, Urt. v. 25.11.2010 – VII ZR 16/10, BauR 2011, 507, 508 = NJW 2011, 443, 445 = NZBau 2011, 94). Ansonsten drängen sich um dieses Austauschrecht vor allem die beiden folgenden praktischen Probleme: 3093

12.1.6.2.1 Beschränkung des Austauschrechts

Sehr häufig wird das Austauschrecht in **Allgemeinen Geschäftsbedingungen** des Auftraggebers beschränkt oder gar ausgeschlossen. Dies ist an sich nicht unzulässig, weil es auch gesetzlich kein 3094 solches Austauschrecht gibt. **Benachteiligt** werden kann der Auftragnehmer **nach § 307 BGB** allerdings dann, wenn ihm dadurch schon verdiente **Vergütungsanteile ohne einen angemessenen Ausgleich vorenthalten** werden. Dies gilt vor allem bei Gewährleistungssicherheiten: Denn bei Abnahme steht ihm nach § 641 BGB die volle Vergütung zu, nicht eine um einen Sicherheitseinbehalt gekürzte (BGH Urt. v. 05.06.1997 – VII ZR 324/95 = BGHZ 136, 27, 33 = BauR 1997, 829, 830 = NJW 1997, 2598, 2599). Aus dieser gesetzlichen Grundentscheidung heraus folgt, dass der völlige Ausschluss des Austauschrechts bei einem ansonsten vereinbarten Bareinbehalt während der Gewährleistungszeit offensichtlich nach § 307 BGB keinen Bestand hat. Unwirksam sind ebenso Klauseln in AGB des Auftraggebers, wonach die Austauschsicherheit auf die **Sonderform einer Bürgschaft auf erstes Anfordern** begrenzt wird. Dies gilt für Gewährleistungs- und Vertragserfüllungssicherheiten in gleicher Weise. Die Tatsache, dass dem Auftragnehmer wahlweise noch das Recht zustände, die Einzahlung des Sicherheitseinbehaltes auf ein Sperrkonto zu verlangen, ändert an der Unangemessenheit einer diesbezüglichen AGB-Regelung nach § 307 BGB nichts. Zwar erkennt der BGH die an sich schützenswerten Interessen des Auftraggebers an, bei einer pflichtwidrigen (mangelhaften) Leistung des Auftragnehmers nicht selbst in Liquiditätsschwierigkeiten geraten zu wollen. Dagegen steht jedoch gleichberechtigt das **Liquiditätsinteresse des Auftragnehmers**, im Fall einer nicht auszuschließenden **unberechtigten Inanspruchnahme einer solchen Bürgschaft nicht übermäßig belastet** zu werden (BGH Urt. v. 09.12.2004 VII ZR 265/03 = BauR 2005, 539, 540 = NJW-RR 2005, 458, 459 = NZBau 2005, 219 f.). Ob daneben noch die Sicherungsvariante Sperrkonto erhalten bleibt, ändert an der drohenden Beeinträchtigung der Liquiditätsinteressen des Auftragnehmers nichts, da er auch bei Wahl dieser Variante nicht über das Geld verfügen kann (BGH Beschl. v. 24.05.2007 VII ZR 210/06 = BauR 2007, 1575, 1576 = NZBau 2007, 583, 584 = NJW-RR 2007, 1319 zu einer Gewährleistungsbürgschaft; BGH Beschl. v. 28.02.2008 VII ZR 51/07 = BauR 2008, 995, 996 = NJW-RR 2008, 830, 831 = NZBau 2008, 377 zu einer Vertragserfüllungsbürgschaft; dazu auch Ingenstau/Korbion/Joussen, VOB/B § 17 Abs. 3 Rn. 7 f.; Schmitz/Vogel, ZfIR 2002, 598, 514, Brauns BauR 2002, 704, 708; wohl auch schon Krakowsky BauR 2002, 1620, 1622). Ergänzend ist immerhin anzumerken, dass es AGB-rechtlich zulässig wäre, die besondere den Auftragnehmer eigentlich schützende **Sicherungsform des Sperrkontos abzubedingen**. Dies ist schon deshalb erlaubt, weil es diese Sicherungsform auch von Gesetzes wegen nicht gibt. Allerdings muss – um auch hier dem Liquiditätsinteresse des Auftragnehmers Rechnung zu tragen – diesem wenigstens das Recht erhalten bleiben, einen Sicherheitseinbehalt durch eine gewöhnliche selbstschuldnerische Bürgschaft im Sinne des § 17 Abs. 4 VOB/B abzulösen (BGH, Urt. v. 13.11.2003 – VII ZR 57/02 = BGHZ 157, 29, 31 = BauR 2004, 325, 326 m. abl. Anm. v. Franz = NJW 2004, 443 = NZBau 2004, 145; BGH, Urt. v. 26.02.2004 – VII ZR 247/02 = BauR 2004, 841, 843 = NJW-RR 2004, 814, 815 = NZBau 2004, 323, 324; kritisch dazu Klein/Moufang Jahrbuch Baurecht 2005 S. 29, 45; a. A. Kapellmann/Messerschmidt/Thierau § 17 VOB/B Rn. 26, 113).

12.1.6.2.2 Gestörter Austausch

3095 Vielfach kommt es bei dem Austausch einer Sicherheit zu praktischen Abwicklungsschwierigkeiten.

▶ **Beispiel**

Der Auftragnehmer übersendet eine Bürgschaft in der Hoffnung, dass anschließend der Sicherheitseinbehalt ausbezahlt wird; stattdessen behält der Auftraggeber beide Sicherheiten, die er nunmehr auch beide verwerten will.

In Fällen wie diesen wird der Auftragnehmer durch zweierlei Mechanismen geschützt:
- **Schutz durch Sicherungsabrede**

3096 Die Pflicht des Auftraggebers, nach Erhalt einer Austauschsicherheit die ursprünglich bei ihm liegende Sicherheit (i. d. R. den Bareinbehalt) zurückzugeben, folgt unmittelbar aus der Sicherungsabrede. Dabei sind drei Fallgruppen zu unterscheiden:

3097 – Bietet der Auftragnehmer dem Auftraggeber erst **zu einem Zeitpunkt eine Austauschsicherheit** (z. B. eine Bürgschaft) **an**, in dem der Auftraggeber bereits die **Ursprungssicherheit** (zu

12.1 Sicherheitsleistung zugunsten des Auftraggebers

Recht) verwertet hat, **ist für einen Austausch kein Raum** mehr. Der Auftraggeber muss dann die Bürgschaft zurückweisen. Etwas anderes gilt, wenn der **Sicherungsfall zwar vorliegt,** der Auftraggeber aber die ihm zur Verfügung stehende **Sicherheit noch nicht verwertet** hat: Übt der Auftragnehmer zu diesem Zeitpunkt sein Austauschrecht aus, steht es im Belieben des Auftraggebers, die Bürgschaft anzunehmen oder stattdessen den ihm zur Verfügung stehenden Bareinbehalt durch Aufrechnung mit seinen Mängelansprüchen zu verwerten. Wählt er die Verwertung, ist für einen Austausch ebenfalls kein Raum mehr (BGH, a. a. O.). Der Auftraggeber darf dann die Bürgschaft nicht entgegennehmen. In diesem Fall allerdings hat sich sein Anspruch auf Sicherheit erledigt, da der Auftraggeber nur einmal Anspruch auf Sicherheitsleistung hat.

– Will der Auftraggeber hingegen nach Eintritt des Sicherungsfalls von der Verwertung einer ihm vorliegenden Sicherheit absehen, bleibt ihm dies unbenommen. Denn ein **Auftraggeber ist zu einer Verwertung nicht verpflichtet.** Vielmehr kann er die Sicherheit behalten und stattdessen wegen zwischenzeitlich auftretender Mängel seine allgemeinen Mängelansprüche gegen den Auftragnehmer durchsetzen (BGH, Urt. v. 09.07.1981 – VII ZR 40/80, BauR 1981, 577, 580 f. = NJW 1981, 2801; BGH, Urt. v. 08.07.1982 – VII ZR 96/81, BauR 1982, 579 f. = NJW 1982, 2494; BGH, Urt. v. 05.04.1984 – VII ZR 167/83, BauR 1984, 406, 407 = NJW 1984, 2456). Insoweit besteht aber dann auch das Austauschrecht des Auftragnehmers gemäß § 17 Abs. 3 VOB/B fort mit der Folge, dass der Auftraggeber die Austauschsicherheit entgegenzunehmen und die ihm vorliegende Sicherheit herauszugeben, d. h. eine Barsicherheit auszuzahlen hat. Unter Berücksichtigung der berechtigten Interessen des Auftragnehmers ist der Auftraggeber in diesem Fall aus einer **Nebenpflicht der Sicherungsabrede weiter verpflichtet, sich dem Auftragnehmer unverzüglich gegenüber zu erklären,** ob er bei Überreichung der Austauschsicherheit diese entgegennehmen oder stattdessen die ihm bereits vorliegende Sicherheit (Bareinbehalt) verwerten will. Solange der Auftraggeber dies nicht erklärt, verbleibt es bei dem Austauschrecht nach § 17 Abs. 3 VOB/B mit der Folge, dass der Auftraggeber die ihm vorliegende Sicherheit unverzüglich herauszugeben hat (BGH, a. a. O.; Urt. v. 07.03.2002 – VII ZR 182/01, BauR 2002, 1543, 1544). Unverzüglich bedeutet hier wie üblich ohne schuldhaftes Zögern (§ 121 Abs. 1 BGB). Allerdings wird man einem Auftraggeber für die Frage, welcher Weg für ihn wirtschaftlich sinnvoll ist, eine Überlegungszeit einräumen müssen. Diese dürfte jedoch einen Zeitraum von zwei Wochen kaum überschreiten. 3098

– Macht der **Auftragnehmer von seinem Austauschrecht Gebrauch, bevor der Sicherungsfall eingetreten ist** (z. B. weil nur Zurückbehaltungsrechte an der Vergütung nach §§ 320, 641 Abs. 3 BGB und noch keine auf Geldzahlung gerichteten Ansprüche bestehen), ist der **Auftraggeber verpflichtet, die Austauschsicherheit (Bürgschaft) entgegenzunehmen und einen Sicherheitseinbehalt auszuzahlen.** Kommt er dieser Verpflichtung nicht nach, verletzt er seine Sicherungsabrede (BGH, Urt. v. 18.05.2000 – VII ZR 178/99, BauR 2000, 1501, 1502 = NZBau 2000, 423 = NJW-RR 2000, 1259; BGH, Urt. v. 28.09.2000 – VII ZR 460/97, BauR 2001, 109, 111 = NZBau 2001, 136, 137 = NJW-RR 2001, 307, 308; BGH, Urt. v. 13.09.2001 – VII ZR 467/00, BGHZ 148, 151, 155 = BauR 2001, 1893, 1894 = NZBau 2001, 679 f. = NJW 2001, 3629, 3630; BGH, Urt. v. 07.03.2002 – VII ZR 182/01, BauR 2002, 1543, 1544). Aus dieser Pflichtverletzung darf ihm kein Vorteil entstehen, was erst recht gilt, wenn der Auftraggeber nunmehr gegen diesen fällige Auszahlungsansprüche mit einem **vermeintlich fälligen Gegenanspruch zu einem anderen Bauvorhaben aufrechnen will.** Die dagegen stehende Auffassung des OLG Hamm (Urt. v. 27.10.2006 12 U 47/06, Nichtzul.-Beschw. zurückgewiesen: BGH Beschl. v. 29.01.2009 VII ZR 227/06, BauR 2009, 861 [Ls]) überzeugt schon deshalb nicht, weil mit der Zulassung einer solchen Aufrechnung nicht nur der pflichtwidrig handelnde Auftraggeber belohnt würde. Vielmehr würde es ihm sogar gelingen, den Sicherheitseinbehalt entgegen der eigentlich auf ein bestimmtes Bauvorhaben bezogenen Sicherungsabrede zweckwidrig für ein anderes Bauvorhaben einzusetzen, obwohl ihm dies nach der Sicherungsabrede nicht einmal nach Erhalt der Austauschsicherheit für das Bauvorhaben erlaubt wäre, für das er die Sicherheit bekommen hatte (so auch LG Münster Urt. v. 17.04.2008 2 O 569/07 = BauR 2008, 1192 [Ls]; Heiermann/Riedl/Rusam/ 3099

Heiermann § 17 VOB/B Rn. 34). Der Auftraggeber ist auch dann zum Austausch der Sicherheit, d. h. insbesondere zur Auszahlung eines Bareinbehaltes verpflichtet, wenn der Sicherungsfall später eintritt. Den Anspruch auf Sicherheit als solchen verliert er dadurch allerdings nicht. Er muss sich lediglich mit der Austauschsicherheit begnügen. Dies gilt auch dann, wenn wegen der Insolvenz des Auftragnehmers der spätere Eintritt der spätere Eintritt des Sicherungsfalls wahrscheinlich ist (BGH, Urt. v. 25.11.2010 – VII ZR 16/10, BauR 2011, 507, 510 = NJW 2011, 443, 445 = NZBau 2011, 94, 96). Etwas anderes könnte allenfalls dann gelten, wenn der Sicherungsfall unmittelbar bevorsteht, weil etwa eine zur Mängelbeseitigung gesetzte Frist kurz nach Eingang der zum Austausch übermittelten Sicherheit abläuft (BGH, Urt. v. 13.09.2001 – VII ZR 467/00, BGHZ 148, 151, 155 = BauR 2001, 1893, 1894 = NZBau 2001, 679 f. = NJW 2001, 3629, 3630). Auch hier wird man jedoch allenfalls von Tagen, maximal von einem Zeitraum von zwei Wochen sprechen können. Insoweit dürfte nichts anderes gelten als bei der Erklärungsfrist des Auftraggebers für den Fall, dass der Sicherungsfall eingetreten ist und er sich nunmehr zwischen der Verwertung und dem Fortbestand der Sicherheit zu entscheiden hat.

- **Übergabe der Austauschsicherheit unter auflösender Bedingung**

3100 Von dem Schutz durch die Sicherungsabrede zu trennen sind ggf. weiter gehende Erklärungen, die der Auftragnehmer bei Übergabe der Austauschsicherheit abgibt. Insoweit entspricht es – entgegen einigen Stimmen in der Literatur (Schmitz, ZfIR 2001, 898, 900; dazu allgemein Thode, ZfBR 2002, 4, 9 ff.; grundlegend auch Otto, BauR 1999, 322) – der inzwischen ständigen Rechtsprechung des BGH, dass ein Auftragnehmer unabhängig von den Rechten und Pflichten aus der Sicherungsabrede **eine Austauschsicherheit nur unter der auflösenden Bedingung** an den Auftraggeber übergeben wird, dass er anschließend die beim Auftraggeber befindliche Sicherheit (zumeist den Bareinbehalt) tatsächlich zurück erhält bzw. der Auftraggeber insbesondere seiner Verpflichtung zur Auszahlung des Sicherheitseinbehaltes nachkommt (s. dazu nur BGH, Urt. v. 03.07.1997 – VII ZR 115/95, BGHZ 136, 195, 197 f. = BauR 1997, 1026 f. = NJW 1997, 2958; BGH, Urt. v. 10.02.2011 – IX ZR 73/10, BauR 2011, 997, 998 = NJW 2011, 1282, 1283 = NZBau 2011, 288). Dies sollte der Auftragnehmer bei der Übersendung der Bürgschaft ausdrücklich klarstellen (so der Sachverhalt zu OLG Brandenburg, Urt. v. 01.09.1998 – 11 U 252/97, BauR 2000, 280, 281; wohl auch OLG Hamm. Urt. v. 02.03.2010 – 21 U 139/09, BauR 2010, 1946, 1947 = NJW 2010, 2737 = NZBau 2010, 758), wobei man **eine solche auflösende Bedingung** aber auch regelmäßig **aus den Begleitumständen entnehmen** kann. Erhält der Auftragnehmer berechtigt oder unberechtigt seine Ursprungssicherheit nicht zurück, greift die auflösende Bedingung aus seiner Willenserklärung bei der Übergabe der Bürgschaft. Entfällt danach der Rechtsgrund für den Auftraggeber zum Behalt der Austauschsicherheit, etwa weil der Auftraggeber die Ursprungssicherheit (Bareinbehalt) wegen bereits fälliger auf Geldzahlung gerichteter Mängelansprüche verwertet, kann der Auftragnehmer die ersatzweise gestellte Austauschsicherheit aus Bereicherungsrecht herausverlangen.

3101 Bedeutung gewinnt dieser weiter gehende bereicherungsrechtliche Anspruch etwa bei bestrittenen Gewährleistungsansprüchen: Der Auftraggeber wird in diesen Fällen die Auffassung vertreten, mit eigenen vermeintlich bereits auf Geldzahlung gerichteten Mängelansprüchen gegen einen ihm vorliegenden Bareinbehalt aufrechnen zu können. Eine solche Aufrechnung wäre – soweit die Ansprüche bestehen – auch von der Sicherungsabrede gedeckt (BGH, Urt. v. 18.05.2000 – VII ZR 178/99, BauR 2000, 1501, 1502 = NZBau 2000, 423 = NJW-RR 2000, 1259; BGH, Urt. v. 13.09.2001 – VII ZR 467/00, BGHZ 148, 151, 154 f. = BauR 2001, 1893, 1894 = NZBau 2001, 679 = NJW 2001, 3629, 3630; BGH, Urt. v. 07.03.2002 – VII ZR 182/01, BauR 2002, 1543, 1544). Ob diese Rechte tatsächlich bestehen, wird sich jedoch ggf. erst im Laufe eines langen Rechtsstreits klären. Unbeschadet dessen bliebe aber insoweit festzuhalten, dass der Auftraggeber die ihm vorliegende Ursprungssicherheit berechtigt oder unberechtigt effektiv nicht auszahlt. In diesen Fällen greift dann unabhängig von der Berechtigung zu einer Aufrechnung die auflösende Bedingung bei der Übergabe der Austauschsicherheit. Denn es besteht kein Zweifel daran, dass der Auftraggeber für die Prozessdauer **nicht beide Sicherheiten behalten** darf. Er ist somit bei bestrittenen Mängelansprüchen in jedem Fall verpflichtet, hilfsweise die Austauschsicherheit wieder zurückzugeben, ohne dass es insoweit auf irgendwelche Gegenrechte ankommt (BGH, a. a. O.).

Eine ähnlich große **Bedeutung kommt der auflösenden Bedingung** bei der Übergabe der Austauschsicherheit zu, wenn – obwohl eine Verpflichtung dazu bestand – die Herausgabe eines Sicherheitseinbehaltes z. B. wegen **Insolvenz des Auftraggebers nicht mehr möglich** ist. Der gleichwohl bestehende Auszahlungsanspruch wäre eine reine Insolvenzforderung, die dem Auftragnehmer nichts bringt. Dasselbe gilt für sonstige Geldforderungen aus der Sicherungsabrede. In diesem Fall hilft die auflösende Bedingung weiter: Denn für diese ist allein entscheidend, dass der Auftraggeber den auszutauschenden Sicherheitseinbehalt nicht ausbezahlt. Infolgedessen steht dem Auftragnehmer nunmehr an der herauszugebenden Bürgschaft nach § 47 InsO ein **Aussonderungsrecht** zu (BGH, Urt. v. 10.02.2011 – IX ZR 73/10, BauR 2011, 997, 999 = NJW 2011, 1282, 1283 = NZBau 2011, 288, 289). 3102

Hat der Auftraggeber die **übergebene Austauschsicherheit** (Bürgschaft) **zu Unrecht verwertet**, versteht es sich von selbst, dass er nunmehr wegen ggf. weiterer Mängel nicht nochmals auf einem bei ihm vertragswidrig verbliebenen Sicherheitseinbehalt zurückgreifen kann. Vielmehr steht dem Auftragnehmer in diesen Fällen wegen Verletzung der Sicherungsabrede ein **Schadensersatzanspruch gemäß § 280 Abs. 1 BGB** in Höhe der an den Auftraggeber ausgezahlten Bürgschaftssumme zu. Dieser Anspruch ist sofort fällig. Dagegen darf der Auftraggeber seinerseits **nicht mit Gegenansprüchen aufrechnen** oder ein Zurückbehaltungsrecht geltend machen. Dies gilt selbst dann, wenn die Gegenansprüche (z. B. Mängelansprüche) dem Grunde nach vom Sicherungszweck der Sicherungsabrede umfasst wären. Andernfalls stünde dem Auftraggeber über diesen Weg mit der unberechtigten Inanspruchnahme der Austauschsicherheit und der ursprünglich herauszugebenden Sicherheit eine Doppelsicherung zur Verfügung, die ihm nach der Sicherungsabrede nicht zustehen sollte (BGH, Urt. v. 18.05.2000 – VII ZR 178/99, BauR 2000, 1501, 1502 = NzBau 2000, 423 = NJW-RR 2000, 1259; BGH, Urt. v. 28.09.2000 – VII ZR 460/97, BauR 2001, 109, 112 = NZBau 2001, 136, 137 f. = NJW-RR 2001, 307, 308). 3103

Gibt der Auftraggeber die Ursprungssicherheit trotz Erhalt der Austauschsicherheit nicht heraus, obwohl er dazu verpflichtet ist, handelt er zwar vertragswidrig; allein dadurch **verliert er** jedoch **nicht den Anspruch auf Sicherheitsleistung insgesamt**; vielmehr muss er sich mit der Austauschsicherheit begnügen (BGH, Urt. v. 13.09.2001 – VII ZR 467/00, BGHZ 148, 151, 154 f. = BauR 2001, 1893, 1894 = NZBau 2001, 679 = NJW 2001, 3629, 3630 – a. A., d. h. für einen Verlust des Sicherungsrechts die früher überwiegende Ansicht: OLG Frankfurt, Urt. v. 29.05.1985 – 7 U 74/84, BauR 1987, 577 = SFH § 17 VOB/B Nr. 10; Beck'scher VOB-Komm./Jagenburg, § 17 Nr. 3 Rn. 3; Staudinger/Peters/Jacoby, BGB, § 641 Rn. 64; Brauns, BauR 2002, 1465, 1469; Otto, BauR 1999, 322, 325). Der **Verlust des Anspruchs auf Sicherheitsleistung kann jedoch über § 17 Abs. 6 Nr. 3 VOB/B eintreten**: Denn behält der Auftraggeber (zu Unrecht) die Ursprungssicherheit (Bareinbehalt) ein, verbleibt es bei seiner Verpflichtung aus § 17 Abs. 6 Nr. 1 S. 3 VOB/B, diesen Betrag auf ein Sperrkonto einzuzahlen. Diese Regelung gilt kraft vertraglicher Vereinbarung der VOB für jede Form des Sicherheitseinbehaltes, auch für den nicht berechtigten. Dies liegt auf der Hand: Denn hätte der Auftraggeber (zu Unrecht) die Austauschsicherheit zurückgewiesen, bestünde kein Zweifel, dass er weiter der Verpflichtung zur Einzahlung des Sicherheitseinbehaltes auf ein Sperrkonto unterläge. Nimmt er aber nunmehr die Austauschsicherheit entgegen, ohne den Sicherheitseinbehalt auszuzahlen, verfügt er (zu Unrecht) über eine doppelte Sicherheit. Damit verstößt er noch mehr gegen seine Vertragspflichten, als wenn er trotz Vorlage der Austauschvoraussetzungen die Austauschsicherheit überhaupt nicht entgegengenommen hätte. Diese erweiterte Verletzung der Sicherungsabrede darf nicht zusätzlich dazu führen, dass er sich dadurch seiner Verpflichtung aus § 17 Abs. 6 Nr. 1 S. 3 VOB/B zu entziehen vermag, den Einbehalt auf ein Sperrkonto einzuzahlen (BGH, Beschl. v. 10.11.2005 – VII ZR 11/04, BauR 2006, 379, 381 = NJW 2006, 442 f. = NZBau 2006, 106, 107; ebenso Brauns, BauR 2002, 1465, 1466; a. A. immerhin Voit, ZfIR 2006, 407, der hier nur einen Schadensersatzanspruch annimmt). 3104

3105 In der Konsequenz kann der Auftragnehmer somit, wenn der Auftraggeber den Einbehalt nicht auf ein Sperrkonto einzahlt, diesem gemäß § 17 Abs. 6 Nr. 3 VOB/B neben seinem Anspruch auf unmittelbare Auszahlung zumindest hilfsweise eine Nachfrist setzen, die Einzahlung auf ein Sperrkonto nachzuholen (BGH, a. a.O; i. E. ebenso Brauns, BauR 2002, 1465, 1466 f.). Kommt der Auftraggeber auch dieser Pflicht nicht nach, kann der Auftragnehmer **zum einen die sofortige Auszahlung des Bareinbehaltes verlangen** – ein Recht, das ihn nicht weiterbringt, da dieses infolge der bereits übergebenen Austauschsicherheit ohnehin besteht. Bedeutend ist dieser Schritt aber deshalb, weil er nunmehr **zum anderen** nach § 17 Abs. 6 Nr. 3 VOB/B **nicht mehr verpflichtet ist, überhaupt noch eine Sicherheit zu leisten**. Dem Auftragnehmer steht daher nach fruchtlosem Ablauf der Nachfrist nicht nur ein Anspruch auf Auszahlung des Sicherheitseinbehaltes zu, sondern gleichzeitig auf Herausgabe der zunächst zum Austausch übergebenen Austauschsicherheit (BGH, a. a. O.; Leinemann, NJW 1999, 262, 263; Schmitz, ZfIR 2002, 899, 901 ff.).

12.1.7 Rückgabe der Sicherheit

3106 Eine Sicherheit ist stets dann zurückzugeben, wenn der Sicherungsfall nicht mehr eintreten kann (BGH Urt. v. 24.09.1998 IX ZR 371/97 = BGHZ 139, 325, 328 = BauR 1999, 281 [Ls.] = NJW 1999, 55, 56; BGH Urt. v. 04.07.2002 VII ZR 502/99 = BauR 2002, 1533, 1534 = NJW 2002, 3098 = NZBau 2002, 559; BGH Urt. v. 09.10.2008 VII ZR 227/07 = BauR 2009, 97 = NJW 2009, 218, 219 = NZBau 2009, 116).

> ▶ **Beispiel**
>
> Der Auftragnehmer hatte eine Gewährleistungsbürgschaft übergeben. Die Gewährleistung ist abgelaufen, Mängel haben sich nicht gezeigt. Jetzt ist die Sicherheit auch ohne weiter gehende spezielle Regelung dazu zurückzugeben.

Gleichzeitig hat der Auftragnehmer je nach Art der gestellten Sicherheit einen Anspruch auf alle Handlungen des Auftraggebers, die notwendig sind, um das berechtigte Interesse des Auftragnehmers am Erlöschen der Sicherheit zu befriedigen (BGH, Urt. v. 09.10.2008 – VII ZR 227/07, BauR 2009, 97 = NJW 2009, 218, 219 = NZBau 2009, 116).

> ▶ **Beispiel (ähnlich, BGH, Urt. v. 28.10.2011 – IX ZR 73/10, BauR 2011, 997, 1000 = NJW 2011, 1282, 1284 = NZBau 2011, 288, 290)**
>
> Die Bürgschaft ist nach Ablauf der Gewährleistungsziel nicht auffindbar. Hier könnte der Auftraggeber etwa eine Erklärung des Auftraggebers verlangen, dass daraus keine Ansprüche mehr bestehen.

Abgesehen von diesem **Normalfall der Rückgabe** enthält § 17 Abs. 8 VOB/B weiter gehende Regelungen dazu.

12.1 Sicherheitsleistung zugunsten des Auftraggebers

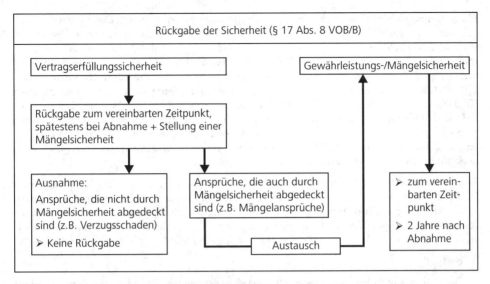

Dabei ist zwischen Vertragserfüllungs- und Gewährleistungssicherheit zu unterscheiden.

12.1.7.1 Rückgabe der Vertragserfüllungssicherheit

Der Auftraggeber hat eine nicht verwertete Sicherheit für die Vertragserfüllung bei **Abnahme der Bauleistung** oder zum vereinbarten Zeitpunkt zurückzugeben (§ 17 Abs. 8 Nr. 1 VOB/B). Dazu geschlossene Vereinbarungen müssen allerdings **einer AGB-Kontrolle** standhalten. Hieran scheitern sie, wenn die Rückgabe von Voraussetzungen abhängig gemacht wird, die der Auftragnehmer kraft eigenen durchsetzbaren Rechts nicht zu erfüllen vermag. Dies ist etwa der Fall, wenn nach der Sicherungsabrede ein Sicherheitseinbehalt erst ausbezahlt werden soll, nachdem der Auftraggeber des Hauptunternehmers für das vom Nachunternehmer hergestellte Gewerk die Vergütung an den Hauptunternehmer gezahlt und seinerseits keinen Sicherheitseinbehalt vorgenommen hat (OLG Köln, Urt. v. 05.04.2012 – 7 U 195/11, NZBau 2012, 499, 500 = BauR 2012, 1440 [Ls.]). Dasselbe gilt, wenn der Sicherheitseinbehalt erst nach Vorlage von »**Mängelfreiheitsbescheinigungen**« späterer Erwerber des Bauobjekts (oder sonstiger Dritter) ausgezahlt werden soll (LG Köln Urt. v. 19.3.1975 49 O 91/74 SFH Z 2.50 Bl. 28) oder der Auftragnehmer sonstige Bescheinigungen (z. B. die der behördlichen Schlussabnahme) vorzulegen hat, die allein der Auftraggeber zu beantragen hat (vgl. OLG Brandenburg Urt. v. 10.5.2006 4 U 207/05 IBR 2006, 557). Doch auch andere Rückgabevereinbarungen können den **Auftragnehmer über Gebühr benachteiligen** (Ingenstau/Korbion/Joussen, VOB/B § 17 Abs. 8 Rn. 4; Funke BauR 2010, 969, 972). Zu nennen sind hier vor allem Klauseln, mit denen sachfremd der Auftragnehmer genötigt werden soll, Ansprüche des Auftraggebers anzuerkennen, nur um seine Bürgschaft zurückzuerhalten (s. dazu auch Funke, BauR 2010, 969, 972).

▶ **Beispiel (nach OLG Hamm, Urt. v. 02.03.2010 – 21 U 139/09, BauR 2010, 1946, 1948 = NJW 2010, 2737, 2738 = NZBau 2010, 758, 759)**

nach der Sicherungsabrede wird der Austausch der Vertragserfüllungsbürgschaft in Höhe von 5 % gegen eine Gewährleistungsbürgschaft von 2 % u. a. davon abhängig gemacht, dass der Auftragnehmer zuvor die Schlusszahlung vorbehaltlos annimmt. Eine solche Regelung hat nach § 307 BGB keinen Bestand, weil der Auftraggeber die Auswechselung der Bürgschaften durch eine zögerliche Schlusszahlung behindern und zudem ein unangemessener Druck auf den Auftragnehmer ausgeübt werden kann, auch eine unzureichende Schlusszahlung vorbehaltlos anzunehmen.

Hinzu kommt gerade in solchen Fällen aber noch ein weiterer Gesichtspunkt: Denn wenn die Rückgabe einer Vertragserfüllungssicherheit von solchen unzumutbaren Bedingungen abhängig gemacht wird, wird dadurch dem Auftraggeber zumindest faktisch zugleich das Recht verschafft, eine Vertragserfüllungsbürgschaft solange zurückzubehalten, bis die Höhe der Forderung des Auftragnehmers feststeht. Auf diesem Wege würden dann jedenfalls bis zu einem späteren Zeitpunkt entstandene **Gewährleistungsansprüche über diese Vertragserfüllungsbürgschaft ebenfalls mitgesichert** (BGH Urt. v. 05.11.2011 – VII ZR 179/10, BauR 2011, 1324, 1326 = NJW 2011, 2195, 2196 = NZBau 2011, 410, 412). Allein das kann schon zu einer unangemessenen Benachteiligung des Auftragnehmers führen, wenn dadurch etwa die zulässigen Höchstgrenzen für Gewährleistungssicherheiten (s. dazu oben Rdn. 3011ff.) überschritten werden – was vor allem gilt, wenn zugleich sogar noch zusätzlich eine Gewährleistungssicherheit zu stellen ist.

3108   Eine Freigabepflicht für die Vertragserfüllungssicherheit besteht jedoch auch bei der Abnahme der Bauleistung bzw. zum vereinbarten Rückgabezeitpunkt nicht, wenn die **Leistungen des Auftragnehmers nicht fertiggestellt oder mangelfrei** sind. In diesem Fall bleiben dem Auftraggeber seine Ansprüche auf Erbringung der Restleistungen, Mangelbeseitigung oder z. B. aus Verzug erhalten, die von einer vereinbarten Vertragserfüllungssicherheit abgedeckt sind.

▶ **Beispiel**

Der Auftragnehmer hat eine Vertragserfüllungssicherheit gestellt. Er ist bereits in Verzug und hat eine Vertragsstrafe verwirkt. Jetzt wird das Bauvorhaben abgenommen. In diesem Fall kann er bis zur Erledigung der Vertragsstrafenansprüche die Vertragserfüllungssicherheit zurückbehalten.

Hiervon wiederum macht § 17 Abs. 8 Nr. 1 VOB/B eine **Ausnahme**: Sind zum Zeitpunkt der Abnahme bzw. zum vereinbarten Rückgabezeitpunkt noch Ansprüche offen, die gleichzeitig durch eine zu übergebende Gewährleistungssicherheit abgedeckt werden, ist die Vertragserfüllungssicherheit auch in diesem Fall zurückzugeben – dies natürlich nur unter der Voraussetzung, dass nach dem Bauvertrag überhaupt eine Gewährleistungssicherheit vorgesehen ist. Bei Ansprüchen aus Verzug dürfte dies kaum der Fall sein, wohl aber bei Ansprüchen wegen Mängeln z. B. aus § 4 Abs. 7 VOB/B, die sich mit Abnahme in Gewährleistungsansprüche nach § 13 Abs. 5 ff. VOB/B umwandeln (BGH, Urt. v. 25.02.1982 – VII ZR 161/80, BauR 1982, 277, 278 f. = NJW 1982, 1524; BGH, Urt. v. 19.12.2002 – VII ZR 103/00, BGHZ 153, 244, 250 = BauR 2003, 689, 691 = NJW 2003, 1450, 1452 = NZBau 2003, 265, 266 – s. dazu oben Rdn. 1196). Aus diesem Grund ist die »Überführung« dieser Mängelansprüche in den Sicherungsumfang einer Gewährleistungsbürgschaft nur konsequent. Im Übrigen ist es nicht zulässig, eine Vertragserfüllungssicherheit in Abweichung von § 17 Abs. 8 Nr. 1 VOB/B wegen anderer Zurückbehaltungsrechte einzubehalten (so auch OLG Düsseldorf, Urt. v. 23.02.2007 – 22 U 115/06, BauR 2007, 1587, 1588 f. = NJW-RR 2008, 38 f.).

▶ **Beispiel**

Der Auftraggeber hält eine Vertragserfüllungsbürgschaft zum Bauvorhaben A in Händen. Dieses wurde mangelfrei abgenommen. Der Auftragnehmer baut jedoch auch Bauvorhaben B, wo Mängel aufgetreten sind. Hier kann der Auftraggeber wegen dieser Mängel am Bauvorhaben B nicht ein Zurückbehaltungsrecht an der Bürgschaft zum Bauvorhaben A geltend machen. Denn andernfalls würde diese Bürgschaft, die das Bauvorhaben A betrifft, faktisch doch Rechte des Auftraggebers zum Bauvorhaben B sichern.

3109   Wurde im Vertrag **neben einer Vertragserfüllungssicherheit die Stellung einer Gewährleistungssicherheit** vereinbart, ist die Vertragserfüllungssicherheit nach § 17 Abs. 8 Nr. 1 VOB/B erst nach der Abnahme und Stellung der Gewährleistungssicherheit zurückzugeben, das heißt: Der Auftragnehmer ist bezüglich der Übergabe der Gewährleistungssicherheit **vorleistungspflichtig**, was mit den bekannten Gefahren bei einem Austausch einer Sicherheit verbunden ist (s. dazu oben Rdn. 3095 ff.).

12.1.7.2 Rückgabe einer Mängelsicherheit

Soweit der Auftraggeber eine Sicherheit für Mängelansprüche (Gewährleistungssicherheit) übergeben hat, ist sie ebenfalls zum vereinbarten Rückgabezeitpunkt zurückzugeben. Konkret heißt das: 3110
- Der Rückgabeanspruch **bei einer Bürgschaft** ist auf **Herausgabe an den Auftraggeber** gerichtet (BGH, Urt. v. 09.10.2008 – VII ZR 227/07, BauR 2009, 97, 98 = NJW 2009, 218, 219 = NZBau 2009, 116). Denn im Verhältnis zum Auftraggeber ist er der Sicherungsgeber, der infolgedessen ggf. sogar mit einem berechtigten Interesse Herausgabe der von ihm hingegebenen Sicherheit an sich verlangt. Demgegenüber schließt zwar die Bank den der Bürgschaft zugrunde liegenden Bürgschaftsvertrag; insoweit handelt sie jedoch ausschließlich im Auftrag des Auftragnehmers.
- Geht es bei der **Rückgabe um die Auszahlung eines Sicherheitseinbehaltes**, bestehen keine Besonderheiten. Ggf. hat der Auftraggeber allerdings darauf zu achten, sich von dem Unternehmer zuvor eine aktuelle Freistellungsbescheinigung vorlegen zu lassen. Andernfalls darf er gemäß §§ 48 ff. EStG nur 85 % auszahlen, während er die restlichen 15 % als sog. **Bauabzugsteuer** an das für den Auftragnehmer zuständige Finanzamt abzuführen hat (s. o. Rdn. 2588 ff.).

Ist nichts weiter vereinbart, hat eine Rückgabe **spätestens nach Ablauf von zwei Jahren** zu erfolgen. Hier ist es ohne Weiteres zulässig, die Dauer für die Vorhaltung einer Mängelsicherheit an die Dauer der Gewährleistung zu knüpfen. Dies würde entgegen dem jetzigen Regelungszweck des § 17 Abs. 8 Nr. 2 VOB/B darauf hinauslaufen, dass der Auftragnehmer für seine Bauleistungen dann doch für den Zeitraum von vollen vier Jahren (vgl. § 13 Abs. 4 Nr. 1 S. 1 VOB/B) eine Sicherheit zu stellen hat. Es bestehen gleichfalls **keine Bedenken**, wenn eine solche von § 17 Abs. 8 Nr. 2 VOB/B abweichende Regelung des Rückgabezeitpunktes in den **AGB des Auftraggebers** vorgesehen wird. Ferner dürfte eine solche Vereinbarung nicht zu dem Entfall der AGB-Privilegierung führen (vgl. dazu oben Rdn. 481 ff.). Zwar sieht der BGH jede Abweichung von der VOB/B als einen Eingriff an mit der Folge, dass damit eine AGB-Inhaltskontrolle aller Einzelregelungen der VOB/B stattzufinden hat (BGH, Urt. v. 22.01.2004 – VII ZR 419/02, BGHZ 157, 346, 348 f. = BauR 2004, 668, 669 f. = NJW 2004, 1597 = NZBau 2004, 267 f.; BGH, Urt. v. 15.04.2004 – VII ZR 129/02, BauR 2004, 1142, 1143 = NJW-RR 2004, 957 = NZBau 2004, 385). Nach richtigem Verständnis dürften aber auch weiterhin Abweichungen von dem Grundtext der VOB/B ohne Auswirkung auf die sonst bestehende Privilegierung möglich sein, wenn zum einen die VOB/B selbst wie in § 17 Abs. 8 Nr. 2 Öffnungsklauseln für Änderungen vorsieht und zum anderen dann für eine solche Änderung ein plausibler Anlass besteht und die Gegenpartei nicht ungebührlich belastet (s. o. Rdn. 488 ff.). Mit dieser Maßgabe erscheint es nicht unangemessen, wenn der Rückgabezeitpunkt für die Gewährleistungssicherheit auf das Ende der Gewährleistung verschoben wird. Denn damit wird nur das ohnehin bestehende Haftungsrisiko des Auftragnehmers abgedeckt. Dagegen dürfte nichts einzuwenden sein. Dass darüber hinaus eine Verschiebung des Rückgabezeitpunktes auf das Ende der vertraglich übernommenen Gewährleistung auch **in AGB des Auftraggebers zulässigerweise vorgesehen** werden kann, folgt im Übrigen aus der schon früheren Rechtsprechung zur Verlängerung von Verjährungsfristen: Es wurde seit jeher AGB-rechtlich als unbedenklich angesehen, die ehemals noch bestehende zweijährige Verjährungsfrist nach § 13 Abs. 4 VOB/B in der Fassung der VOB bis 2006 auf die gesetzliche fünfjährige Regelgewährleistung gemäß § 638 Abs. 1 BGB a. F. zu verlängern (grundlegend: BGH, Urt. v. 23.02.1989 – VII ZR 89/87, BGHZ 107, 75, 81 ff. = BauR 1989, 322, 325 f. NJW 1989, 1602, 1603 ff.; BGH, Urt. v. 21.03.1991 – VII ZR 110/90, BauR 1991, 458, 459 = NJW-RR 1991, 980, 981). Mit dieser als zulässig angesehenen Regelung wurde gleichzeitig – ebenfalls ohne AGB-rechtliche Bedenken – der Rückgabezeitpunkt für eine Gewährleistungssicherheit um denselben Zeitraum verschoben, weil § 17 Abs. 8 VOB/B a. F. auf den Ablauf der Verjährungsfrist für die Gewährleistung verwies. Dies vorausgeschickt kann es nicht unzulässig sein, wenn nicht die Gewährleistungsfrist und die Dauer zur Stellung einer Gewährleistungssicherheit einheitlich von zwei auf fünf Jahre verlängert werden, sondern nur die Dauer zur Stellung einer Gewährleistungssicherheit von zwei auf vier Jahre. Tatsächlich belastet eine solche Regelung den Auftragnehmer weniger als dies nach früherem Recht bereits als zulässig anerkannt wurde (i. E. wohl auch Voit, ZfIR 2006, 407; Moufang/Koos, Jahrbuch BauR 2012, 1, 5 f.). Insoweit soll nur der Vollständigkeit halber darauf hingewiesen werden: Es ist nicht einmal ersichtlich, dass nicht auch zukünftig bei 3111

VOB-Verträgen **Gewährleistungsfrist und Zeitdauer der Stellung einer diesbezüglichen Sicherheit sogar einheitlich auf fünf Jahre** (entsprechend der gesetzlichen Verjährungsfrist nach § 634a Abs. 1 Nr. 2 BGB) **verlängert** werden können.

3112 Soweit zu dem vereinbarten oder nach § 17 Abs. 8 Nr. 2 VOB/B vorgesehenen Rückgabezeitpunkt bereits geltend gemachte Ansprüche noch nicht erfüllt sind, darf der Auftraggeber einen **entsprechenden Teil der Sicherheit zurückhalten** (§ 17 Abs. 8 Nr. 2 VOB/B). Gegebenenfalls kann auch eine Bürgschaft gegen eine niedrigere Bürgschaft auszutauschen sein, soweit diese die voraussichtlichen z. B. Mängelbeseitigungskosten deckt (KG, Urt. v. 20.04.2004 – 27 U 333/03, BauR 2004, 1463 f.). Zu beachten ist, dass Geltendmachung in diesem Sinne mindestens die Erhebung eines konkreten Beseitigungsverlangens bedeutet; eine Streitverkündung allein genügt nicht (OLG Oldenburg, Urt. v. 21.07.2000 – 2 U 124/00, BauR 2002, 328). Von vorstehender Teilfreigabe bei noch nicht erfüllten Ansprüchen sind dagegen Sachverhalte zu unterscheiden, bei denen sich der **Sicherungszweck zumindest teilweise erledigt** hat.

▶ **Beispiel**

Zu einem Bauvorhaben wurden für verschiedene Teilleistungen unterschiedliche Gewährleistungsfristen vereinbart. Einzelne Fristen sind schon abgelaufen, andere nicht. Ähnliches gilt, wenn die vertraglich vereinbarte Gewährleistung insgesamt bereits abgelaufen ist, für einzelne Mängel aber nach einer Mängelrüge noch eine verlängerte Verjährung nach § 13 Abs. 5 Nr. 1 S. 2 VOB/B läuft.

Auch in diesen Fällen stellt sich die Frage, ob hiernach wenigstens eine **Teilrückgabe einer Sicherheit** zu erfolgen hat, die sich ja insbesondere bei prozentual bemessenen Sicherheiten bezogen auf das offene Restbauvolumen gut berechnen ließe. § 17 Abs. 8 Nr. 1 S. 2 und Abs. 8 Nr. 2 S. 2 VOB/B, die an sich eine Teilfreigabe vorsehen, regeln diesen Fall nicht ausdrücklich: Denn dort geht es wie erläutert nur um die Möglichkeit des Zurückbehalts einer Sicherheit bei nicht erfüllten Ansprüchen bzw. deren Rückgabe im Übrigen; davon zu trennen ist die Absicherung eines noch offenen und von der jeweiligen Sicherungsabrede abgedeckten Risikos, für das – ohne dass die Nichterfüllung offener Ansprüche im Raum stände – die Sicherungsdauer schlicht noch nicht abgelaufen ist. Gleichwohl ist auch hier nach einem einem richtigen Verständnis der Sicherungsabrede von einer Teilfreigabepflicht auszugehen (a. A. Banzhaf/Buchinger, NZBau 2010, 539; wie hier Moufang/Koos Jahrbuch BauR 2012, 1, 19 ff.). Umgekehrt wäre nicht zu rechtfertigen, wieso nunmehr für eine nur noch reduziert verbleibende abzusichernde Restbauleistung gleichwohl noch eine Sicherheit in einem verhältnismäßig darüber hinaus gehenden Umfang aufrechterhalten werden sollte, der so nie vereinbart war (i. E. ähnlich OLG Frankfurt, Urt. v. 11.1.2006 – 1 U 114/05, BauR 2006, 735 [Ls.], das einen Anpassungsanspruch anerkennt, wenn sich das Mangelrisiko durch Reduzierung des Auftragsvolumens verringert; wohl auch KG, a. a. O.).

3113 Gibt der Auftraggeber die Sicherheit **nicht rechtzeitig zurück**, macht er sich **schadensersatzpflichtig**. Insoweit hat er z. B. deswegen gesondert entstehende Avalzinsen zu zahlen (OLG Koblenz, Urt. v. 11.05.2006 – 5 U 1806/05, BauR 2006, 1518 = NJW-RR 2006, 1313, 1315; wohl auch BGH, Urt. v. 10.02.2011 – IX ZR 73/10, BauR 2011, 997, 1000 = NJW 2011, 1282, 1284 = NZBau 2011, 288, 290).

12.1.8 Abdingbarkeit einer Sicherheitsleistung

3114 Die Parteien sind im Rahmen ihrer Vertragsfreiheit weitgehend frei, die von ihnen gewollte Sicherheitsleistung in der Sicherungsabrede vertraglich zu gestalten. Spezielle Formvorgaben bestehen nicht, es sei denn, der Gesamtvertrag ist aus anderen Gründen ohnehin zu beurkunden (vgl. oben Rdn. 143 ff.).

3115 Inhaltlich bestehen keine Bedenken, in **Individualvereinbarungen** beliebige Regelungen zu der Art und Weise der Sicherheit, zu deren **Höhe und deren Zweck oder in sonstiger Weise zuzulassen**, die von den §§ 232–240 BGB oder § 17 Abs. 2–8 VOB/B abweichen. Der Parteivereinbarung sind bei

Individualverträgen nur insoweit Schranken gesetzt, als eine Sicherungsabrede weder gegen gesetzliche Verbote (§ 134 BGB) noch gegen die guten Sitten (§ 138 BGB) verstoßen darf. Die Parteien können danach z. B. ohne Weiteres das dem Auftragnehmer nach § 232 BGB sowie speziell nach § 17 Abs. 2 VOB/B zustehende **Wahlrecht** hinsichtlich der **Art** der Sicherheitsleistung **ausschließen**, indem sie diese bauvertraglich **fest oder anders bestimmen**. In allen Fällen, in denen über Einzelheiten der Sicherheitsleistung in der Sicherungsabrede gesonderte Vereinbarungen getroffen worden sind, gehen diese § 17 VOB/B vor (ebenso BGH, Urt. v. 12.07.1979 – VII ZR 174/78, BauR 1979, 525, 526 = SFH § 16 Ziff. 2 VOB/B Nr. 13).

Soweit vor allem mit den Zusätzlichen Vertragsbedingungen **Allgemeine Geschäftsbedingungen** vorliegen, muss eine hierin enthaltene von der VOB abweichende oder diese ergänzende vertragliche Sicherungsabrede einer AGB-Inhaltskontrolle standhalten. Dies gilt jedoch nur, soweit sich die ggf. **kritische Klausel in einem Bedingungswerk des Auftraggebers, d. h. desjenigen findet, der die Sicherheit fordert**. Demgegenüber findet eine AGB-Kontrolle nicht statt, wenn sich die ggf. kritische AGB-Klausel in dem Vertragswerk des Auftragnehmers, d. h. desjenigen findet, der aus der Sicherungsabrede verpflichtet werden soll (ständige Rechtsprechung: BGH, Urt. v. 04.12.1986 – VII ZR 354/85, BGHZ 99, 160, 161 = BauR 1987, 205, 207 = NJW 1987, 837, 838; BGH, Urt. v. 02.04.1998 – IX ZR 79/97, BauR 1998, 634, 635 = NJW 1998, 2280, 2281; Ulmer, in: Ulmer/Brandner/Hensen, § 305 Rn. 26 f. – s. o. Rdn. 644 ff.).

3116

Maßstab einer AGB-rechtlichen Inhaltskontrolle für Sicherungsabreden ist sodann zumeist **§ 307 BGB**. Unwirksam sind danach vor allem Klauseln, in denen ein **Übermaß an Sicherheitsleistung** vereinbart wurde. Hiervon sind Regelungen betroffen, in denen sich der Auftraggeber durch die Art der Sicherheitsleistung faktisch ein (verdecktes) zusätzliches Finanzierungsmittel verschafft. Dasselbe gilt, wenn durch die Sicherheitsvereinbarung das Insolvenzrisiko des Auftragnehmers unzumutbar erhöht oder unangemessen die berechtigten Liquiditätsinteressen des Auftragnehmers belastet werden. Allgemein geht es dabei um Vereinbarungen, die die in § 17 VOB/B zugunsten des Auftragnehmers bestehenden Schutzrechte einschränken oder gar ausschließen, hier vor allem das Recht des Auftragnehmers zur Ablösung eines Bareinbehaltes durch Bankbürgschaft (§ 17 Abs. 3), die Verpflichtung des Auftraggebers zur Einzahlung des Einbehaltes auf ein Sperrkonto (§ 17 Abs. 5 S. 1, Abs. 6 Nr. 1 S. 3) sowie zur Verzinsung des Sicherheitseinbehaltes (§ 17 Abs. 5 S. 2). Ein besonders weites Feld für unwirksame AGB-Klauseln ist auch bei der Forderung von **Bürgschaften auf erstes Anfordern** anzutreffen. Einzelerläuterungen dazu finden sich oben unter Rdn. 3036 ff.

3117

12.1.9 Sonderfall: Sicherheitsleistung unter der Beteiligung von Verbrauchern (§ 632a Abs. 3 und 4 BGB)

Dieses Kapitel fand bisher seinen Schwerpunkt bei den Erläuterungen zu Auftragnehmersicherheiten allein auf vertraglicher Grundlage (vor allem nach § 17 VOB/B), d. h.: Ohne eine darauf gerichtete Vereinbarung gibt es keine Sicherheit. Davon macht § 632a Abs. 3 und 4 BGB bei den Auftragnehmersicherheiten zugunsten eines Auftraggebers, soweit es sich bei diesem um einen Verbraucher handelt, eine wichtige Ausnahme: Denn fordert ein Unternehmer bei einem Vertrag zur Errichtung oder den Umbau eines Hauses oder eines vergleichbaren Bauwerks Abschlagszahlungen, hat er einem Verbraucher als Besteller bei der ersten Zahlung eine Sicherheit von 5 % zu leisten. Diese Sicherheit dient der Absicherung der rechtzeitigen Herstellung der Werkleistung ohne wesentliche Mängel; es handelt sich hierbei also um eine klassische **Vertragserfüllungssicherheit**. Sie ist der Höhe nach anzupassen, wenn sich der Vergütungsanspruch infolge von Änderungen oder Ergänzungen zum Bauvertrag um mehr als 10 % erhöht. Eine Absicherung der Gewährleistungsansprüche ist nicht vorgesehen. Ein solcher Sicherungsanspruch bedarf somit ausnahmsweise keiner weiter gehenden vertraglichen Regelung; er besteht vielmehr **von Gesetzes wegen** mit der Folge, dass der Verbraucher bis zur Übergabe der Sicherheit Abschlagszahlungen verweigern kann. Er kann sie nach geleisteten Abschlagszahlungen aber auch noch später fordern. Da wie gesagt dieser Sicherungsanspruch unmittelbar mit dem Verlangen des Unternehmers auf Abschlagszahlung zusammen hängt, wurde darauf schon oben

3118

im Kapitel 10 bei den Erläuterungen zu Abschlagszahlungen eingegangen (Rdn. 2566 ff.). Hierauf wird verwiesen.

12.2 Vergütungssicherung zugunsten des Auftragnehmers – Überblick

3119 Streng zu unterscheiden von der Absicherung des Auftraggebers in § 17 VOB/B ist die Vergütungssicherung zugunsten des Auftragnehmers. Hier kommen vor allem vier Instrumentarien in Betracht, nämlich
- die Eintragung einer Bauhandwerkersicherungshypothek nach § 648 BGB
- eine Bauhandwerkersicherheitsleistung nach § 648a BGB
- Sicherheitsleistung bei Unsicherheitseinrede (§ 321 BGB)
- eine Absicherung nach dem BauFordSiG

12.3 Bauhandwerkersicherungshypothek (§ 648 BGB)

3120 Nach § 648 BGB kann der Auftragnehmer unter den dort geregelten Voraussetzungen die Eintragung einer Sicherungshypothek an dem Baugrundstück verlangen. Dies gilt auch bei einem VOB-Vertrag.

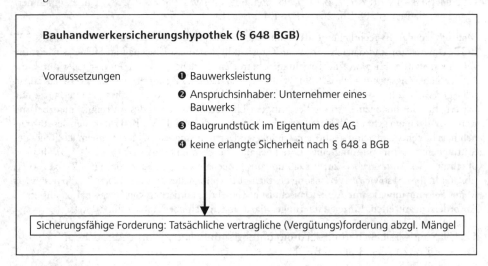

12.3.1 Tatbestandsvoraussetzungen

3121 Für die Eintragung einer Bauhandwerkersicherungshypothek müssen nach § 648 BGB folgende Voraussetzungen vorliegen:

12.3.1.1 Bauwerksleistung

3122 Sicherbar sind nur eine Vergütung bzw. damit im Zusammenhang stehende Ansprüche für Bauwerksleistungen. Unter einer Bauwerksleistung versteht man die **Errichtung, Ergänzung oder Veränderung eines Bauwerkes** bzw. eines Teils desselben oder sonstige Bauleistungen, die für den Bestand des Bauwerkes wesentlich sind (s. dazu § 1 VOB/A sowie oben Rdn. 859 ff.).

3123 Nicht jede Bauwerksleistung fällt unter § 648 BGB (s. dazu ausführlich Ingenstau/Korbion/Joussen, Anh. 1 Rn. 3 ff). Vielmehr muss **die betreffende Leistung im Einzelfall nach Art, Umfang und Bedeutung für den Erhalt und den Bestand eines Bauwerkes von wesentlicher Bedeutung sein** (BGH, Urt. v. 16.09.1993 – VII ZR 180/92, BauR 1994, 101, 102 = NJW 1993, 3195 zur Einstufung von Malerarbeiten als Bauwerksleistung; ähnlich Werner/Pastor, Rn. 209; Kniffka/Koeble 10. Teil Rn. 16, a. A. Siegburg, Die Bauhandwerkersicherungshypothek, S. 115, der zu Unrecht auch unwesentliche Arbeiten einbeziehen will), d. h.: Die Bauwerksleistung muss sich **objektiv in einer erkennbaren Werterhöhung eines Bauwerks** niederschlagen, was selbstverständlich auch bei Altbauten möglich ist. Ob diese Voraussetzung vorliegt, muss jeweils im Einzelfall geprüft werden.

▶ **Beispiel**

Einfache Malerarbeiten zur bloßen und nicht für die Erhaltung in seinem Bestand bestimmten Instandsetzung eines Altbaus zählen nicht zu den Bauwerksleistungen i. S. d. § 648 BGB (vgl. hierzu BGH, Urt. v. 09.11.1961 – VII ZR 108/60, SFH Z 2.414 Bl. 106; OLG Celle, Urt. v. 13.07.1954 – 4 U 25/54, NJW 1954, 1607; OLG Stuttgart, Beschl. v. 27.08.1957 – 5 U 69/57, NJW 1957, 1679). Dasselbe gilt für Arbeiten eines Elektrounternehmers, der die Arbeiten eines anderen Unternehmers lediglich fertigstellt.

Zu den Bauwerksleistungen gehören immerhin (s. dazu weiter Ingenstau/Korbion/Joussen Anh. 1 Rn. 6 ff.).

- die eigentliche Bauwerksleistung vorbereitende Arbeiten. Dies schließt **Erdarbeiten** ein, wie z. B. bei einem lediglich auf Ausschachtungsarbeiten beschränkten Auftrag. Diese zählen eindeutig zu den Bauwerksleistungen. Entscheidend ist nämlich in erster Linie, ob die Leistung **wesentlicher Teil der zur Bauwerkserrichtung führenden Gesamtleistung** ist und ob der Unternehmer mit dazu beiträgt, dass das Bauwerk nach Plan errichtet wird (BGH, Urt. v. 05.12.1968 – VII ZR 127, 128/66, BGHZ 51, 190, 191 = NJW 1969, 419, 421).
- Arbeiten zur Befreiung des Bauvorhabens von **Bauschutt und anderen Rückständen**. Diese Arbeiten sind auf die Herstellung des Bauwerkes gerichtet, was sich aus den maßgebenden DIN-Vorschriften ergibt (vgl. OLG Celle, Beschl. v. 18.06.1976 – 15 W 23/75, BauR 1976, 365 f.; RGRK/Glanzmann, § 648 BGB Rn. 5; Werner/Pastor, Rn. 204; dazu auch Hahn, BauR 1980, 310; a. A. Groß, S. 19).

Nicht zu den Bauwerksarbeiten i. S. d. § 648 BGB zählen dagegen

- Arbeiten, die der bloßen **logistischen Vorbereitung der späteren Bauerrichtung vor deren Beginn** dienen, wie z. B. die alleinige **Anfuhr von Material, die Baustelleneinrichtung** oder die Anlegung einer Baustraße usw. durch den Auftragnehmer oder einen von ihm beauftragten Subunternehmer (wohl auch Erman/Schwenker, § 648a Rn. 3).
- für sich allein in Auftrag gegebene und ohne **konkreten Zusammenhang mit einer Bauerrichtung** stehende **Abbrucharbeiten** (OLG Bremen, Beschl. v. 01.06.1995 – 4 W 1/95, BauR 1995, 862, 863; LG Köln, Urt. v. 27.09.1996 – 18 O 31/96, BauR 1997, 672; Werner/Pastor, Rn. 206).
- Arbeiten zur **Aufstellung von Gerüsten**: Zwar handelt es sich bei Gerüstarbeiten um Bauleistungen im Sinne der VOB (vgl. DIN 18451); gleichwohl fehlt es bei isoliert vergebenen Gerüstarbeiten an der für § 648 BGB wesentlichen Voraussetzung, nämlich dass sich diese Leistung unmittelbar in einer sicherungsfähigen Werterhöhung des Bauwerks niederschlägt (OLG Zweibrücken, Urt. v. 29.09.1980 – 2 U 11/80, BauR 1981, 294; i. E. wohl auch KG Berlin, Beschl. v. 17.09.1964 – 16 W 1820/64, SFH Z. 3.01 Bl. 282; a. A. OLG Köln, Urt. v. 26.03.1999 – 4 U 47/98, BauR 2000, 1874, 1875 zu der vergleichbaren Rechtsfrage bei § 648a BGB – s. zum Meinungsstand auch Ingenstau/Korbion/Joussen, Anh. 1 Rn. 6).
- Lieferleistungen von Baustofflieferanten, aber auch Leistungen von **Fertighauslieferanten**, die lediglich maschinell gefertigte Bauteile an die Baustelle liefern. Übernimmt der Fertighauslieferant dagegen auch die Errichtung des Hauses, liegt wiederum eine typische Bauwerksleistung vor.

12.3.1.2 Unternehmer eines Bauwerks

Eine Bauhandwerkersicherungshypothek kann nur von dem Unternehmer eines Bauwerks gefordert werden. Hierbei handelt es sich typischerweise um Bauunternehmer. Problematisch ist dies bei Architekten: Deren Anspruchsberechtigung hängt davon ab, dass sich die Architektenleistung in einer **Werterhöhung des Bauwerks** niedergeschlagen hat. Dies wird bei einer Vollarchitektur der Fall sein (BGH, Urt. v. 05.12.1968 – VII ZR 127/66, VII ZR 128/66, BGHZ 51, 190, 191 = NJW 1969, 419, 421). Demgegenüber führen reine Planungsleistungen nur dann zu einer Werterhöhung des Bauwerks, wenn das Bauwerk tatsächlich nach den Plänen des Architekten errichtet, zumindest aber mit den Arbeiten begonnen wurde (KG Berlin, Urt. v. 01.02.1963 – 7 U 2105/62, NJW 1963, 813, 814 = SFH Z 3.01 Bl. 203 ff.; OLG Düsseldorf, Urt. v 25.04.1972 – 20 U 15/72, BauR 1972, 254, 255 = NJW 1972, 1863; OLG Hamburg, Beschl. v. 18.03.2009 – 14 W 24/09, BauR 2009, 1452 = NZBau 2010, 182).

12.3.1.3 Sicherungsobjekt: Baugrundstück, das im Eigentum des Auftraggebers steht

3127 Ein Anspruch auf Bestellung einer Bauhandwerkersicherungshypothek besteht nur dann, wenn Auftraggeber und Eigentümer des Baugrundstücks identisch sind. Eine **wirtschaftliche Betrachtung genügt nicht**; vielmehr kommt es auf die **rechtliche Identität** an (BGH, Urt. v. 22.10.1987 – VII ZR 12/87, BGHZ 102, 95, 100 ff. = BauR 1988, 88, 89 f. = NJW 1988, 255, 256). Ausnahmen von diesem Identitätserfordernis sind unter Anlehnung an die **im Gesellschaftsrecht entwickelte Durchgriffshaftung** an sich beschränkt haftender Gesellschafter nur in extremen Missbrauchsfällen anzuerkennen. Hierfür müssen folgende Voraussetzungen vorliegen:

3128 • Auf Auftraggeberseite wird die rechtliche Verschiedenheit zwischen Grundstückseigentümer und Auftraggeberstellung ausgenutzt, z. B. durch **missbräuchliche gesellschaftsrechtliche Verflechtungen** mit der Folge, dass der Grundstückseigentümer, der nicht Auftraggeber ist, intensiv von der Bauleistung profitiert. Dabei liegt sicherlich allein in der Tatsache, dass der Auftraggeber eine GmbH ist, deren Alleingesellschafter und -geschäftsführer der Grundstückseigentümer ist, kein Missbrauchsfall. Würde ein solcher Umstand für einen Durchgriff genügen, reichte im Ergebnis die so genannte wirtschaftliche Identität für eine Mithaftung des Eigentümers nach § 648 BGB aus (BGH, a. a. O.; ebenso OLG Celle, Urt. v. 31.10.2002 – 6 U 159/02, BauR 2003, 576 f. = NJW-RR 2003, 236, 237 = NZBau 2003, 332 – a.A. offenbar OLG Hamm, Urt. v. 30.11.2006 – 21 U 80/06, BauR 2008, 141 = NZBau 2008, 118, 119). Stattdessen muss ein echter Missbrauchsfall vorliegen.

> ▶ **Beispiel (nach OLG Dresden, Urt. v. 14.08.1997 – 15 U 1445/97, BauR 1998, 136, 137)**
>
> Der Grundstückseigentümer lässt ein Vorhaben über eine ihm gehörende Gesellschaft errichten, teilt dieses auf und verkauft es dann auf eigene Rechnung.

In Fällen wie diesen ist es bezeichnend und für eine Durchgriffshaftung ausreichend, dass dem Auftraggeber nicht nur die »Nutzungs- und Ausnutzungsmöglichkeiten« seines Grundstücks und des zu errichtenden Bauwerks zur Verfügung stehen, sondern er hiervon auch z. B. durch Vermietung »**intensiv**« Gebrauch macht mit der Folge, dass er faktisch den tatsächlichen Vorteil aus den Leistungen des Bauunternehmers zieht (BGH, Urt. v. 22.10.1987 – VII ZR 12/87, BGHZ 102, 95, 104 = BauR 1988, 88, 91 = NJW 1988, 255, 257). Dabei kommt es jedoch darauf an, dass es nicht nur um eine zufällige oder untergeordnete, sondern um **eine mit Nachhaltigkeit oder mit einer gewissen Dauer ausgestattete Nutzung der Bauleistung geht**. Das zeitweise Bewohnen einer von einer eigenen Gesellschaft errichteten Wohnung innerhalb eines Mehrfamilienhauses durch den Grundstückseigentümer genügt somit nicht (OLG Celle, Urt. v. 08.07.1999 – 14 U 7/99, BauR 2000, 101, 102 = NJW-RR 2000, 387, 388 = NZBau 2000, 198, 199).

3129 Bedeutsam und verbreitet sind in diesem Zusammenhang auch die sog. **Ehegattenfälle**.

> ▶ **Beispiel**
>
> Der Ehefrau gehört das Grundstück, der Ehemann beauftragt die Errichtung eines Hauses, das anschließend beide bewohnen.

Das gemeinsame Bewohnen des Hauses führt alleine noch nicht zu einer Missbrauchssituation mit der Folge, dass dann der Auftragnehmer schon deswegen eine Bauhandwerkersicherungshypothek an dem Grundstück eintragen lassen kann. Selbst der Umstand, dass der dem das Grundstück gehörende Ehegatte den von dem anderen Ehegatten abgeschlossenen Bauvertrag kannte, besagt wenig. Denn dies ist bei Eheleuten, die ein gemeinsames Haus bewohnen, die Regel und Folge der gemeinsamen Haushaltsführung. Auch die Tatsache, dass die Vorteile dem das Grundstück gehörenden Ehegatten zugutekommen, ist kein taugliches Argument. Denn dazu kommt es in allen Fällen der Verschiedenheit von Grundstückseigentümer und Bauauftraggeber. Notwendig sind daher auch hier **gesonderte Anhaltspunkte für eine Missbrauchssituation** (OLG Celle, Beschl. v. 17.12.2004 – 6 W 136/04, BauR 2005, 1050, 1051 = NJW-RR 2005, 460, 461; OLG Dresden, Beschl. v. 06.11.2007 – 10 W 1212/07, BauR 2008, 722, wobei sich Einzelheiten dazu aber nicht aus dem veröffentlichten Leitsatz ergeben).

▶ **Beispiel**

Der den Bauauftrag erteilende Ehegatte ist offensichtlich vermögenslos, sodass von Anfang klar war, dass er die von ihm beauftragten Leistungen nicht zahlen kann.

- Bei der Beurteilung der vorgenannten Sachverhalte, ob eine Eintragung einer Sicherungshypothek nach Treu und Glauben an einem schuldnerfremden Grundstück in Betracht kommt, ist neben der Ausnutzung der Verschiedenheit der Stellung Grundstückseigentümer/Auftraggeber eines Bauvorhabens **in einem zweiten Schritt die Schutzwürdigkeit des Auftragnehmers zu prüfen**. Deswegen kann ein Durchgriff auf den Grundstückseigentümer im Rahmen der Missbrauchsprüfung selbst in vorgenannten Fällen ausgeschlossen sein, wenn der Auftragnehmer in Kenntnis der Verschiedenheit von Grundstückseigentümer und Auftraggeber von seinen gesetzlichen Sicherungsmöglichkeiten nach § 648a BGB oder von seinem Recht auf rechtzeitige Anforderung von Abschlagszahlungen (16 Abs. 1 VOB/B § 632a BGB) keinen Gebrauch gemacht hat (OLG Celle, Urt. v. 08.07.1999 – 14 U 7/99, BauR 2000, 101 f. = NJW-RR 2000, 387 = NZBau 2000, 198, 199; OLG Frankfurt, Beschl. v. 10.08.2001 – 3 W 39/01, BauR 2002, 137; wohl auch: OLG Celle, Urt. v. 17.12.2004 – 6 W 136/04, BauR 2005, 1050, 1051 = NJW-RR 2005, 460, 461; OLG Düsseldorf, Beschl. v. 08.05.2012 – 23 W 27/12, BauR 2012, 1240, 1241 f.), was aber sehr umstritten ist (vgl. dagegen etwa: OLG Dresden, Urt. v. 14.08.1997 – 15 U 1445/97, BauR 1998, 136, 137; KG, Urt. v. 11.01.1998 – 26 U 5753/98, BauR 1999, 921 = NJW-RR 1999, 1247, 1248). Entscheidend ist hier jedenfalls die positive Kenntnis, **Kennenmüssen der Verschiedenheit von Auftraggeber und Grundstückseigentümer reicht im Zweifel nicht.** So darf ein Auftragnehmer bei einer gewöhnlichen Bauleistung in der Regel zu Recht davon ausgehen, dass es sich bei seinem Auftraggeber um den Grundstückseigentümer handelt. Eine Einsichtnahme in das Grundbuch vor Vertragsabschluss ist für die Annahme seiner Schutzwürdigkeit nicht geboten (Rathjen, DB 1997, 987, 990; Werner/Pastor, Rn. 254).

12.3.1.4 Ausschluss nach § 648a Abs. 4 BGB

Eine Bauhandwerkersicherungshypothek kann nicht eingetragen werden, soweit der Auftragnehmer 3130 bereits eine Sicherheit gemäß § 648a BGB erlangt hat. Auf das reine Verlangen einer solchen Sicherheit nach § 648a BGB kommt es hingegen nicht an (OLG Düsseldorf, Beschl. v. 14.08.2003 – 5 W 17/03, BauR 2004, 549 = NZBau 2003, 615, 616 = NJW-RR 2003, 18).

12.3.2 Sicherungsfähige Forderung

Im Rahmen einer Bauhandwerkersicherungshypothek kann der **tatsächliche Forderungsumfang** ge- 3131 sichert werden, d. h. sämtliche Forderungen für bereits erbrachte Leistungen. Ob die Vergütungsforderung fällig ist, ist unbeachtlich (BGH, Urt. v. 10.03.1977 – VII ZR 77/76, BGHZ 68, 180, 183 = BauR 1977, 208, 209 = NJW 1977, 947). Ebenso ist unbeachtlich, ob die zu sichernde Forderung auf einer noch offenen Abschlagsrechnung beruht und inzwischen Schlussrechnungsreife vorliegt (OLG München, Beschl. v. 12.05.2005 – 13 W 1494/05, BauR 2005, 1960) oder zwischenzeitlich zur Vergütungshöhe ein Vergleich geschlossen wurde (OLG Dresden, Urt. v. 10.04.2010 – 10 U 1546/10, MDR 2010, 1377 – wobei hier aber die Durchsetzung einer Sicherungshypothek wegen einer gleichzeitig vereinbarten Abgeltungsklausel ausgeschlossen war). Ist die Leistung nur teilweise erbracht, kann der Auftragnehmer eine Sicherungshypothek nur für einen der geleisteten Arbeit entsprechenden Teil der Vergütung und für die in der Vergütung nicht inbegriffenen Auslagen verlangen (§ 648 Abs. 1 S. 2 BGB).

3132 Neben diesen Vergütungsansprüchen im engeren Sinne sind über § 648 BGB aber auch noch folgende Ansprüche sicherbar (s. dazu ausführlich Ingenstau/Korbion/Joussen, Anh. 1 Rn. 47 ff.):

3133 • **Vergütungsansprüche nach einer (rechtsgrundlosen) Kündigung** nach § 8 Abs. 1 VOB/B/§ 649 BGB (OLG Düsseldorf, Beschl. v. 14.08.2003 – 5 W 17/03, BauR 2004, 549 = NJW-RR 2004, 18 = NZBau 2003, 615, 616; OLG Brandenburg, Urt. v. 24.02.2002 – 13 U 245/01, BauR 2003, 578, 579; Ingenstau/Korbion/Joussen Anh. 1 Rn. 51 – a. A. OLG Jena, Urt. 22.04.1998 – 2 U 1747/97, BauR 1999, 179, 181 = NJW-RR 1999, 384, 385) sowie Vergütungsansprüche nach einer **Kündigung des Auftragnehmers gemäß § 9 VOB/B für die nicht ausgeführten Leistungen bzw. Teilleistungen.**

3134 Im Fall der Vertragskündigung steht die Sicherung nach § 648 BGB aber unter der **zusätzlichen Voraussetzung, dass der Unternehmer** wenigstens **mit den Arbeiten am Bauwerk begonnen hat**; nicht ausreichend sind demgegenüber bloße Bauvorbereitungsarbeiten (Anliefern von Baustoffen u. a. – vgl. zum Baubeginn die ähnliche Rechtslage zu einer Sicherungsfähigkeit der Vergütung eines nur planenden Architekten oben Rdn. 3126). Der Beginn mit den Bauwerksarbeiten ist erforderlich, da sich nur dann die Werkleistung des Unternehmers wenigstens zum Teil in einer Werterhöhung des Bauwerks im Sinne der Werterhöhungstheorie niedergeschlagen hat (wie hier: OLG Düsseldorf, Urt. v. 15.04.1972 – 20 U 15/72, NJW 1972, 1863; wohl auch schon RGZ 58, 301; ebenso: Kniffka/Koeble, 10. Teil Rn. 14; Werner/Pastor, Rn. 222, 238 ff; Erman/Schwenker, § 648 Rn. 10; Ingenstau/Korbion/Joussen Anh. 1 Rn. 51; zur Werterhöhungstheorie s. auch oben Rdn. 3122 ff.). Dass dann der Unternehmer durch Kündigung an der Fortsetzung seiner Leistungen und somit einer weiteren Werterhöhung gehindert wird, ändert an der Sicherungsfähigkeit seiner aus diesem Grund entstehenden (Gesamt)vergütung abzüglich ersparter Aufwendungen nichts. Umgekehrt reicht jedoch der bloße Abschluss eines Bauvertrages, der sodann gekündigt wird, für eine Sicherung der nach § 8 Abs. 1 VOB/B, § 649 BGB entstehenden Vergütungsansprüche mangels Mehrwert nicht aus (Werner/Pastor, Rn. 222).

3135 • **Vertragliche Schadensersatzansprüche** des Auftragnehmers aus § 280 Abs. 1 BGB wegen einer positiven Vertragsverletzung (BGH, Urt. v. 05.12.1968 – VII ZR 127/66, VII ZR 128/66, BGHZ 51, 190, 193 = NJW 1969, 419, 421; Münch.Komm./Busche, § 648 Rn. 20) oder aus Verzug, z. B. **wegen verspäteter Lieferung** der vom Auftraggeber zur Verfügung zu stellenden Materialien (Ingenstau/Korbion/Joussen Anh. 1 Rn. 51).

3136 • Ersatzansprüche wegen **sonstiger Verzugsschäden**, wie z. B. aus vergeblichen Beitreibungsversuchen, Gerichts- und Anwaltskosten oder Verzugszinsen (vgl. auch § 6 Abs. 6 VOB/B; so etwa BGH, Urt. v. 17.05.1974 – V ZR 187/72, BauR 1974, 419, 420 = NJW 1974, 1761 f. = SFH Z 2.321 Bl. 28; ebenso Werner/Pastor, Rn. 229, 231 zu den Beitreibungskosten – a. A. OLG Jena, Urt. v. 22.04.1998 – 2 U 1747/97, BauR 1999, 179, 180 = NJW-RR 1999, 384, 385).

3137 • Forderungen, die sich aus einem **Annahmeverzug des Auftraggebers** ergeben, sowie Ersatzansprüche für Arbeitslöhne, die der Auftragnehmer infolge einer vom Auftraggeber zu verantwortenden Einstellung der Arbeiten zusätzlich bzw. vergeblich zahlen muss.

3138 • **Entschädigungsanspruch aus § 642 BGB** und der Aufwendungsersatzanspruch aus § 645 BGB (Werner/Pastor, Rn. 228; Staudinger/Peters, § 648 Rn. 26; Ingenstau/Korbion/Joussen Anh. 1 Rn. 59 – a. A. Münch.Komm./Busche § 648 Rn. 19; wohl auch OLG Jena, Urt. v. 22.04.1998 – 2 U 1747/97, BauR 1999, 179, 180 f. = NJW-RR 1999, 384 f.).

3139 • **Anspruch auf Rückzahlung einer geleisteten Sicherheit** (vgl. § 17 Abs. 5 VOB/B) bzw. Auszahlung eines Sicherheitseinbehaltes (BGH, Beschl v. 25.11.1999 – VII ZR 95/99, BauR 2000, 919 = NJW 2000, 1639 = NJW-RR 2000, 387 = NZBau 2000, 198). Entgegen Rixecker (MDR 1982, 718) handelt es sich nämlich bei einem Sicherheitseinbehalt nicht bereits um eine erfüllungshalber erfolgende bzw. erfolgte Zahlung, sondern lediglich um eine teilweise Stundung des Vergütungsanspruches des Auftragnehmers (s. hierzu oben Rdn. 3068). Deshalb ist gerade durch das damit verbundene teilweise Hinausschieben der Fälligkeit die Sicherbarkeit der Vergütung des Auftragnehmers gerechtfertigt.

- Schadensersatzansprüche aus einem Bauvertrag, deren Erfüllung der Auftraggeber abgelehnt 3140
hat, ehe der Auftragnehmer mit den Leistungen begonnen hatte (Ingenstau/Korbion/Joussen Anh. 1 Rn. 60; a. A. OLG Jena, Urt. v. 22.04.1998 – 2 U 1747/97, BauR 1999, 179, 181 = NJW 1999, 384, 385; offen gelassen in OLG Hamm, Urt. v. 20.10.1999 – 12 U 107/99, BauR 2000, 900, 901 = NJW-RR 2000, 971). Hier kommt es vorrangig nicht auf die sonst für eine Vergütungssicherung durchaus wesentliche Frage an, inwieweit die zugrunde liegende Leistung zu einer Werterhöhung des Bauwerks geführt hat, als vielmehr auf die **durch das Verhalten des Auftraggebers verhinderte Werterhöhung**: Der Auftraggeber hat den Auftragnehmer in diesen Fällen nämlich so zu stellen, als hätte er den Auftrag ausgeführt. Aus diesem Grund ist hier die Gleichstellung nicht nur bei dem Vergütungsanspruch, sondern auch bei dessen Sicherung angebracht (vgl. RGRK/Glanzmann, § 648 BGB Rn. 10; BGH, Urt. v. 05.12.1968 – VII ZR 127/66, VII ZR 128/66, BGHZ 51, 190, 193 = NJW 1969, 419, 421).

12.3.3 Kürzung bei sicherbaren Forderungen wegen Mängeln

Die Sicherungshypothek soll den Vergütungsanspruch des Werkunternehmers absichern. Lange Zeit 3141
war umstritten, inwieweit **Mängel der Bauwerksleistung die Höhe der sicherungsfähigen Vergütung beeinflussen**. Bedeutung gewinnt dies vor allem, wenn der Auftraggeber von dem Auftragnehmer wegen Mängeln der Bauleistung zunächst nur Nacherfüllung verlangen kann. Insoweit besteht etwa nach Abnahme der volle Vergütungsanspruch einstweilen fort, bis er sich z. B. in einen Schadensersatz- oder Minderungsanspruch abhängig von den Voraussetzungen der VOB oder des BGB umwandelt. Hierzu gilt:
- **Grundsatz**
Es wurde bereits mehrfach betont, dass die Sicherungsfähigkeit der Vergütung nach § 648 BGB 3142
zumindest in der Regel jeweils eine Werterhöhung des Bauwerkes voraussetzt (vgl. oben Rdn. 3123). Der konkrete Wertzuwachs – von ganz wenigen Ausnahmen – ist daher unabdingbare Voraussetzung für die Eintragungsfähigkeit der Sicherungshypothek. Ist aber eine Leistung mit Mängeln behaftet, fehlt es unabhängig von der Tatsache, ob bereits ein bestimmtes Mangelrecht des Auftraggebers entstanden ist, **in diesem Umfang an einem Wertzuwachs** bzw. Vorteil des Auftraggebers im Sinne eines Vermögenszuwachses. Dies gilt selbst dann, wenn der Auftragnehmer z. B. aufgrund der Tatsache, dass der Auftraggeber eine angeforderte Sicherheit nach § 648a BGB nicht gestellt hat, seine weitere Leistungserbringung (i. e. die Mangelbeseitigung) zurückhalten darf (OLG Celle, Urt. v. 07.08.2002 – 7 U 60/02, BauR 2003, 133, 134). In all diesen Fällen ist eine solche mangelbehaftete Leistung nicht die vollwertig geschuldete, sondern steht vom Wertzuwachs eher einer Teilleistung vor Vollendung des Werks gleich (Ingenstau/Korbion/Joussen, Anh. 1 Rn. 62 f.). Daher vertritt die heute wohl herrschende Meinung zu Recht die Auffassung, dass **mängelbehaftete Leistungen die Sicherungsfähigkeit einer Vergütung nach § 648 BGB beschränken** (BGH, Urt. v. 10.03.1977 – VII ZR 77/76, BGHZ 68, 180, 186 f. = BauR 1977, 208, 210 f. = NJW 1977, 947, 948 = SFH Z 2.321 Bl. 59).
- **Kürzung der Bauhandwerkersicherungshypothek wegen vertraglicher Gegenrechte**
Kann demnach der Auftraggeber die Forderung des Auftragnehmers mindern (§ 638 BGB; § 13 3143
Abs. 6 VOB/B), die Erstattung von Mängelbeseitigungskosten, Vorschuss für solche Kosten (§ 637 BGB; § 13 Abs. 5 Nr. 2 VOB/B) oder Schadensersatz verlangen (§ 634 Nr. 4, §§ 636, 280 ff. BGB; § 4 Abs. 7 oder § 13 Abs. 7 VOB/B), stehen ihm also **geldwerte Gegenansprüche** zu und macht er diese geltend, kann die Sicherungshypothek **grundsätzlich nicht den dadurch entfallenden Teil der Vergütung sichern**; daher ist der Betrag einer etwaigen Vormerkung oder der Sicherungshypothek entsprechend zu reduzieren. Die Reduzierung umfasst lediglich die voraussichtlichen Mangelbeseitigungskosten, **nicht** einen etwaigen erhöhten Wert unter zusätzlicher Berücksichtigung eines **Druckzuschlags** (§ 641 Abs. 3 BGB; Ingenstau/Korbion/Joussen, Anh. 1 Rn. 63 – so aber wohl Kniffka/Koeble, 10. Teil Rn. 14). Denn bei der Eintragung einer Sicherungshypothek geht es nicht um die zu diesem Zeitpunkt durchsetzbare Werklohnforderung als solche, sondern um den dem Grundstück zufließenden Wertzuwachs, der bei Mängeln nur um den einfachen Faktor entstehender Mangelbeseitigungskosten gemindert ist (OLG Brandenburg,

Urt. v. 24.04.2002 – 13 U 245/01, BauR 2003, 578, 580; OLG Stuttgart; Urt. v. 25.01.2005 – 6 U 175/04, BauR 2005, 1047, 1049).

3144 Einer besonderen Betrachtung bedarf es, wenn dem Auftraggeber zum Zeitpunkt der Eintragung der Vormerkung oder der Bauhandwerkersicherungshypothek noch kein auf Geldzahlung gerichteter Anspruch zusteht, sondern z. B. mangels Fristsetzung (nur) **ein Erfüllungsanspruch oder ein Nacherfüllungsrecht** (§ 635 BGB; § 13 Abs. 5 VOB/B). Doch auch diese Rechte verkürzen aufgrund des ihnen zugrunde liegenden Mangels der Werkleistung die Höhe der sicherungsfähigen Vergütung. Dies gilt unabhängig davon, ob dem Auftragnehmer ggf. seinerseits ein Recht zusteht, die weitere Leistung bzw. Mängelbeseitigung, etwa nach § 648a Abs. 5 BGB nach nicht gestellter Bauhandwerkersicherheitsleistung, zu verweigern (OLG Celle, Urt. v. 07.08.2002 – 7 U 60/02, BauR 2003, 133, 134). Allerdings kann dies zu erheblichen **praktischen Schwierigkeiten** führen.

▶ **Beispiel**

Der Auftragnehmer möchte wegen einer ausstehenden Vergütung von 35 000 € eine Bauhandwerkersicherungshypothek durchsetzen. Seine Leistung ist mangelhaft; der Auftraggeber fordert ihn zur Mangelbeseitigung auf.

Vormerkungen für eine Bauhandwerkersicherungshypothek werden in solchen Fällen vielfach im Wege des einstweiligen Rechtsschutzes eingetragen (s. dazu sogleich Rdn. 3153 ff.); daher kann die Überprüfung der Existenz eines zunächst nur mündlich gerügten Mangels bzw. seines die Höhe der Sicherungshypothek beeinflussenden Wertes in der Kürze der in einem Verfügungsverfahren bestehenden Zeit gar nicht ohne Weiteres verlässlich geprüft werden. In Erwägung gezogen wird daher teilweise die Verurteilung zur Eintragung einer Sicherungshypothek bzw. Vormerkung Zug um Zug gegen Vornahme im Einzelnen zu bezeichnender Nacherfüllung entsprechend den §§ 274 Abs. 1, 322 Abs. 1 BGB (OLG Frankfurt, Urt. v. 16.01.1964 – 1 U 158/63, SFHZ 2.321 Bl. 20). In der Praxis ist ein solcher Weg jedoch untauglich, da eine Vollstreckung faktisch ausgeschlossen wäre: Denn ein Auftragnehmer müsste gemäß § 765 ZPO durch öffentlich beglaubigte Urkunden den Nachweis erbringen, dass er ordnungsgemäß nachgebessert hat (so auch Kapellmann, BauR 1976, 323, 326, dem angeschlossen BGH, Urt. v. 10.03.1977 – VII ZR 77/76, BGHZ 68, 180, 182 f. = BauR 1977, 208, 209 = NJW 1977, 947 = SFH Z 2.321 Bl. 59). Auch widerspräche diese Sichtweise dem oben näher beschriebenen Grundsatz, dass Mängel grundsätzlich die Höhe der sicherungsfähigen Vergütung einschränken. Die gleichwohl im Zusammenhang mit der Bestimmung der sicherungsfähigen Vergütung, zumal in einem Eilverfahren nicht zu leugnenden Schwierigkeiten bei der Beurteilung, ob und inwieweit ein Mangel vorliegt, müssen somit durch andere zivilprozessuale Mittel ausgeglichen werden, so z. B. **durch eine Schätzung nach § 287 ZPO** (OLG Celle, Urt. v. 22.05.2001 – 16 U 70/01, BauR 2001, 1623; Ingenstau/Korbion/Joussen, Anh. 1 Rn. 64; ebenso: Werner/Pastor, Rn. 234). Ohnehin darf nicht verkannt werden, dass die dagegen stehenden Mängel im Verfügungsverfahren nicht nachgewiesen, sondern nur glaubhaft gemacht werden müssen.

- **Beweislast/Glaubhaftmachung bei Mängeln**

3145 Sowohl im Klageverfahren zur Eintragung einer Sicherungshypothek als auch im zeitlich vorgelagerten Verfügungsverfahren zur Eintragung einer darauf gerichteten Vormerkung gilt bei behaupteten Mängeln zur Darlegungs- und Beweislast: **Für die Zeit vor der Abnahme** hat **der Auftragnehmer die Mangelfreiheit der Leistung**, für die **Zeit nach der Abnahme der Auftraggeber die Mangelhaftigkeit darzulegen** und zu beweisen bzw. **glaubhaft zu machen** (BGH, Urt. v. 10.03.1977 – VII ZR 77/76, BGHZ 68, 180, 187 = BauR 1977, 208, 211 = NJW 1977, 947, 948).

▶ **Beispiel**

Die Leistung ist mangelhaft; das Vorhaben ist noch nicht abgenommen. Der Auftragnehmer möchte eine Bauhandwerkersicherungshypothek durchsetzen. Hier muss er in einem darauf gerichteten Verfügungsverfahren wie auch sonst darlegen und glaubhaft machen, dass die von ihm erbrachten Leistungen mangelfrei sind.

12.3 Bauhandwerkersicherungshypothek (§ 648 BGB)

Insbesondere für die **Zeit vor der Abnahme** wird demgegenüber allerdings auch vertreten, dass ein 3146
Auftraggeber, der im Verfügungsverfahren die Kürzung eines zur Sicherung anstehenden Vergütungsanspruchs wegen Mängeln behauptet, nunmehr seinerseits die Mängel darlegen und glaubhaft machen müsste. Denn immerhin erhalte er bei Vollendung der Bauleistung im Zweifel den Wert, dem seine volle Vergütungsleistung entspreche (Jagenburg, NJW 1975, 216; Siegburg, BauR 1990, 290, 300). Dies ist falsch: Denn nicht beachtet wird dabei, dass es vor der Abnahme keinen Erfahrungssatz dahin gibt, dass die fertiggestellte oder – besser – beendete Leistung des Auftragnehmers mangelfrei ist – zumal der Auftraggeber weder im Wege der Abnahme seine Billigung der erbrachten Leistung geäußert hat noch sonst auf seine Billigung zu schließen ist (Ingenstau/Korbion/Joussen Anh. 1 Rn. 66; i. E. wie hier OLG Stuttgart, Urt. v. 25.01.2005 – 6 U 175/04, BauR 2005, 1047, 1049; OLG Brandenburg, Urt. v. 16.02.2005 – 4 U 129/04, BauR 2005, 1067). Die vorgenannten Grundsätze zur Darlegungs- und Beweislast/Glaubhaftmachung von Mängeln gelten auch bei der Eintragung einer Sicherungshypothek bzw. Vormerkung für Vergütungsansprüche nach einer auf § 8 Abs. 1 VOB/B beruhenden Kündigung (OLG Köln, Urt. v. 24.10.1978 – 9 U 83/78, SFH § 648 BGB Nr. 1 mit zutreffender krit. Anm. von Hochstein hinsichtlich der Beweiswürdigung) sowie bei einer Kündigung aus wichtigem Grund nach § 8 Abs. 2–4 VOB/B.

Zweifelhaft immerhin ist, welcher **Mittel der Glaubhaftmachung** sich der Auftragnehmer in 3147
einem Verfügungsverfahren bedienen kann.

> **Beispiel**
>
> Der Auftragnehmer lässt seinen Bauleiter an Eides statt versichern, dass die Bauleistung mangelfrei sei; der Bauleiter des Auftraggebers versichert an Eides statt, dass Mängel vorhanden sind.

In Fällen wie diesen wird regelmäßig zu unterscheiden sein:
- Ist die Leistung **bereits abgenommen**, gilt wie vorstehend nach allgemeinen Beweislastregeln, 3148
  die im Verfügungsverfahren anwendbar sind, dass der Auftraggeber die Mängel vortragen und glaubhaft machen muss. Insoweit genügt es für den Auftragnehmer, mit seinem Verfügungsantrag das Abnahmeprotokoll vorzulegen. Gleichzeitig sollte er an Eides statt versichern, dass sein geltend gemachter Vergütungsanspruch nicht durch nach Abnahme aufgetretene Mängel zu kürzen ist.
- **Vor der Abnahme** hingegen ist die Glaubhaftmachung der Mangelfreiheit der Leistungen des 3149
  Auftragnehmers nicht immer einfach. Dies gilt auch bei mangelfreien Leistungen, wenn der Auftragnehmer etwa einen entsprechenden Bautenstand für die Höhe einer Abschlagsrechnung glaubhaft zu machen hat. Vielfach dürfte hier die Vorlage von Sachverständigengutachten geboten, im Ergebnis aber auch ausreichend sein. Alternativ kommt die eidesstattliche Versicherung eines mit dem Vorhaben sonst befassten Bausachverständigen in Betracht.
- Hat der Auftragnehmer seinen Verfügungsanspruch glaubhaft gemacht, ist umstritten, inwie- 3150
  weit es nunmehr dem Auftraggeber erlaubt ist, **diesen einmal glaubhaft gemachten Anspruch** insbesondere bei Mängeln **durch glaubhaft gemachte** Gegendarstellungen zu entkräften. Dies will insbesondere eine allerdings ältere Rechtsprechung des OLG Köln dem Auftraggeber verwehren. Dabei würde ihm kein Unrecht geschehen; denn die Forderung des Bauhandwerkers würde ja nicht festgestellt. Der Streit hierum könne vielmehr im Hauptsacheverfahren ausgetragen werden, das durch eine einstweilige Verfügung nicht präjudiziert würde (OLG Köln, Urt. v. 23.06.1975 – 15 U 29/75, SFH Z 2.321 Bl. 42, mit krit. Anm. von Hochstein; in diese Richtung ebenfalls OLG Köln, Urt. v. 24.10.1978 – 9 U 83/78, SFH § 648 BGB Nr. 1, mit Anm. Hochstein). Diese Auffassung geht im Ergebnis zu weit. Zu Recht wird darauf hingewiesen, dass es keine Glaubhaftmachung erster und zweiter Klasse gibt. Stattdessen kommt es darauf an, in welchem Umfang der Auftraggeber oder der Auftragnehmer es vermag, das erkennende Gericht mit den vorgelegten Mitteln der Glaubhaftmachung zu überzeugen (so vor allem Werner/Pastor, Rn. 273; Siegburg, BauR 1990, 290, 304). Dies ist auch im Verfügungsverfahren nach den allgemeinen Regeln der Beweislast zu entscheiden (BGH, Urt. v.

10.03.1977 – VII ZR 77/76, BGHZ 68, 180, 187 = BauR 1977, 208, 211 = NJW 1977, 947, 948; in diesem Sinne wohl auch: OLG Brandenburg, Urt. v. 16.02.2005 – 4 U 129/04, BauR 2005, 1067; OLG Köln, Urt. v. 19.11.1997 – 27 U 56/97, BauR 1998, 794, 798). Dabei ist allerdings den Besonderheiten dieser Verfahrensart in der Weise Rechnung zu tragen, dass es entsprechend der Klarstellung des OLG Köln tatsächlich nur um eine vorläufige Anspruchssicherung geht. Daher hat ein Gericht sehr genau zu prüfen, ob der Auftraggeber nicht eher willkürlich einen detailliert vorgebrachten Vergütungsanspruch durch pauschale Mängelbehauptungen zunichte machen will (Ingenstau/Korbion/Joussen, Anh. 1 Rn. 85). Allein aus diesem Grund ist es dann auch zumeist richtig, dass zur Erschütterung eines vom Auftragnehmer einmal glaubhaft gemachten Verfügungsanspruchs nicht schon allein die Vorlage der vom Architekten geprüften Rechnung und dessen darauf bezogene eidesstattliche Versicherung durch den Auftraggeber genügt, zumal es nicht Sache eines Eilverfahrens sein kann, den Hauptprozess in der Sache vorwegzunehmen (OLG Köln, Urt. v. 23.06.1975 – 15 U 29/75, SFH Z 2.321 Bl. 42; vgl. aber den umgekehrten Fall, dass der Auftragnehmer durchaus auch mit einem Rechnungsprüfvermerk des Architekten des Bauherrn seinen Vergütungsanspruch glaubhaft machen kann: OLG Karlsruhe, Beschl. v. 04.08.2009 – 4 W 36/09, IBR 2010, 567). Anders ist dies jedoch zu beurteilen, wenn der Auftraggeber – vor allem im nachfolgenden Widerspruchsverfahren – ein seinerseits aufgestelltes, ins einzelne gehendes, inhaltlich klares und sachlich zweifelsfreies, in seiner Richtigkeit versichertes Aufmaß seines Architekten, besser noch ein darauf bezogenes Gutachten eines vereidigten Sachverständigen, vorlegt (vgl. in diesem Sinne etwa OLG Brandenburg, Urt. v. 16.02.2005 – 4 U 129/04, IBR 2005, 372 – insoweit dort allerdings nicht abgedruckt).

12.3.4 Keine Kürzung bei nicht fälligen Ansprüchen, vor allem bei Sicherheitseinbehalten des Auftraggebers

3151 Auf die Fälligkeit der durch Sicherungshypothek zu sichernden Forderung kommt es nicht an (BGH, Urt. v. 10.03.1977 – VII ZR 77/76, BGHZ 68, 180, 183 = BauR 1977, 208, 209 = NJW 1977, 947).

▶ Beispiel

Bei einem VOB-Vertrag ist es für die Sicherbarkeit der Vergütung unerheblich, ob eine die Vergütung rechtfertigende Schlussrechnung (vgl. § 16 Abs. 3 Nr. 1 VOB/B) gestellt wurde.

Sicherbar ist ferner der **Anspruch auf Rückzahlung einer geleisteten Sicherheit** u. a., bei der ebenfalls nur die Fälligkeit eines Teils des Vergütungsanspruchs hinausgeschoben wird (s. o. Rdn. 3068).

12.3.5 Kürzung bei dauernden Einreden gegen den Vergütungsanspruch

3152 Hält der Auftraggeber dem Sicherungsanspruch des Auftragnehmers eine **dauernde Einrede** entgegen, hat der Auftragnehmer **keinen Anspruch auf Eintragung** einer Sicherungshypothek (vgl. LG Aurich, Urt. v. 25.01.1991 – 4 O 1391/88, NJW-RR 1991, 1240; Ingenstau/Korbion/Joussen, Anh. 1 Rn. 73).

▶ Beispiel

Der Auftraggeber beruft sich gegenüber dem Vergütungsanspruch zu Recht auf Verjährung. Hier ist der Vergütungsanspruch dauerhaft nicht mehr durchsetzbar, sodass der Auftragnehmer auch keine Bauhandwerkersicherungshypothek fordern kann.

12.3.6 Verfahren zur Eintragung einer Sicherungshypothek im Grundbuch; Vormerkung, einstweilige Verfügung

3153 Die **Bestellung** der Sicherungshypothek **erfordert grundsätzlich** eine entsprechende **Einigung** der Parteien **und eine Eintragung** in das Grundbuch (§ 873 BGB). Neben diesen materiellen Voraussetzungen ist das dafür gebotene Verfahren einzuhalten: Der nach dem Grundbuch berechtigte Grundstückseigentümer (Auftraggeber) hat eine notariell beglaubigte Bewilligung zur Eintragung einer Si-

12.3 Bauhandwerkersicherungshypothek (§ 648 BGB)

cherungshypothek abzugeben (§§ 19, 29, 39 GBO). Aufgrund dieser Bewilligung und der vorliegenden materiell-rechtlichen Einigung ist die Sicherungshypothek zur Eintragung in das Grundbuch anzumelden (§ 13 GBO); dabei wirkt ein beim Grundbuchamt eingereichter Antrag Rang wahrend gegenüber späteren Anträgen (§ 17 GBO).

Kommt keine gütliche Einigung mit dem Auftraggeber in Bezug auf die Eintragung einer Sicherungshypothek zustande, muss der Auftragnehmer hierauf eine **allgemeine Zivilklage** erheben. Die Bewilligung zur Eintragung einer Sicherungshypothek gilt dann mit Rechtskraft eines entsprechenden Urteils als erteilt (§ 894 ZPO). Solange das Urteil nicht in Rechtskraft erwachsen ist, ist für die Übergangszeit zumindest die Eintragung einer Vormerkung als bewilligt anzusehen (§ 895 ZPO). Soweit nicht einmal eine Vormerkung eingetragen ist, hat der Auftragnehmer wegen für die Eintragung einer Sicherungshypothek ggf. erforderlicher Erklärungen des Auftraggebers ein **Leistungsverweigerungsrecht nach § 273 BGB**, da die Pflicht zur Bestellung der Sicherungshypothek eine echte Vertragspflicht ist (Kleine-Möller, Festschrift Heiermann, S. 193, 196 f.). 3154

In der Baupraxis wird der Auftragnehmer die Eintragung einer Sicherungshypothek auf der Grundlage einer (freiwilligen) Einigung mit dem Auftraggeber und dessen Bewilligung allenfalls in Ausnahmefällen betreiben können. Vorrangig ist die **Anspruchssicherung durch Eintragung einer Vormerkung, gerichtet auf Eintragung einer Sicherungshypothek**. Mit **einer Vormerkung kann sich der Auftragnehmer vor allem die Rangstelle im Grundbuch** für die von ihm erstrebte Bauhandwerkersicherungshypothek **sichern** (§ 883 BGB). Alle der Vormerkung zuwiderlaufenden Eintragungen im Grundbuch, die zeitlich später erfolgen, sind gegenüber dem aus der Vormerkung berechtigten Auftragnehmer relativ unwirksam (§§ 883 Abs. 2, 888 BGB). Doch auch die Eintragung einer Vormerkung bedarf grundsätzlich der (einseitigen) Bewilligung des Grundstückseigentümers, für die dieselben Formerfordernisse wie für die Eintragung einer Sicherungshypothek gelten (§§ 19, 29, 39 GBO – vgl. insoweit oben Rdn. 3153 auch zur Rang wahrenden Wirkung eines Eintragungsantrages). Sie wird somit genauso schwer zu erzielen sein wie die Einigung zur Eintragung der Sicherungshypothek selbst. Eine ausschließlich auf Bewilligung der Vormerkung gerichtete Klage wäre zwar möglich, jedoch im Hinblick auf den damit verbundenen Zeitaufwand und der für die Dauer der Klage nicht möglichen Rangsicherung im Grundbuch ohne Wert. Daher tritt die nach § 885 Abs. 1 BGB zweite Möglichkeit zur Eintragung einer Vormerkung in den Vordergrund, nämlich die eine Bewilligung ersetzende **einstweilige Verfügung gerichtet auf Eintragung einer Vormerkung zur Sicherung einer Sicherungshypothek** (s. dazu im Einzelnen mit Erläuterungen zum Verfahren: Ingenstau/Korbion/Joussen, Anh. 1, Rn 74 ff.). Demgegenüber könnte eine einstweilige Verfügung nicht unmittelbar auf Eintragung einer Sicherungshypothek betrieben werden; dies nähme die Hauptsache vorweg, was dem Wesen des einstweiligen Rechtsschutzes widerspricht. Selbst Ausnahmefälle sind insoweit kaum vorstellbar, da mit dem dinglichen Arrest verbunden mit einer Arresthypothek ein auch für ohnehin nur theoretisch denkbare Ausnahmefälle ausreichendes Sicherungsmittel zur Verfügung steht (so auch Werner/Pastor, Rn. 268, dort Fußnote 304 mit Verweis auf OLG Stettin, JW 1929, 211). 3155

Ist einmal eine Vormerkung eingetragen, kann deren Umschreibung **in eine Sicherungshypothek** wie die Vormerkung selbst nur durch **Bewilligung des Eigentümers oder** durch ein sie ersetzendes rechtskräftiges **Urteil** im **sogenannten Hauptsacheverfahren** (§ 926 ZPO) erfolgen. Im letzteren Fall muss dabei Klage auf Einräumung der Sicherungshypothek erhoben werden; eine Zahlungsklage genügt nicht (OLG Frankfurt, Urt. v. 23.02.1983 – 17 U 179/82, BauR 1984, 535, 563 = NJW 1983, 1129 f., OLG Düsseldorf, Urt. v. 05.11.1985 – 23 U 159/85, BauR 1986, 609, 610 = NJW-RR 1986, 322; BayObLG, Beschl. v. 15.06.2000 – 2 Z BR 46/00, BauR 2000, 1788 = NJW-RR 2001, 47; OLG Celle, Beschl. v. 10.07.2003 – 16 W 33/03, BauR 2004, 696 f. = NJW-RR 2003, 1529 – a. A. OLG Frankfurt, Urt. v. 15.05.2002 – 23 U 6/02, BauR 2002, 1435, 1436 = NZBau 2002, 456, 457). 3156

12.3.7 Vertraglicher Ausschluss und Verzicht

3157 Bei der gesetzlichen Regelung des § 648 BGB handelt es sich um dispositives Recht. Daher kann dessen Geltung **individualvertraglich** ganz oder zum Teil **ausgeschlossen** oder von dem Eintritt näher geregelter Bedingungen abhängig gemacht werden (vgl. u. a. Münch.Komm./Busche, § 648 BGB Rn. 4; Werner/Pastor, Rn. 192; OLG Köln, Urt. v. 19.09.1973 – 16 U 63/73, BauR 1974, 282). Dies muss jedoch an übersichtlicher, ohne Weiteres erkennbarer Stelle in den Vertragsunterlagen und mit eindeutiger Klarheit erfolgen, da es sich um den Ausschluss von einem Vertragspartner – hier dem Auftragnehmer – sonst kraft Gesetzes zustehender Sicherungsrechte handelt (vgl. auch OLG München, Urt. v. 21.01.1975 – 13 U 3720/74, BB 1976, 1001). Denkbar ist ein solcher (konkludenter) Ausschluss aber etwa, wenn sich die Parteien in einem Vergleich abschließend auf die Vergütungshöhe verständigen und ohne Vorbehalt einer Sicherung eine abschließende Abgeltungsklausel vereinbart haben (OLG Dresden, Urt. v. 12.04.2010 – 10 U 1546/10, MDR 2010, 1377). Die bloße Vereinbarung einer sonstigen Sicherheitsleistung bedeutet dagegen weder einen ausdrücklichen noch einen stillschweigenden Verzicht auf die Sicherung nach § 648 BGB (zutreffend Rixecker, MDR 1982, 718).

3158 Ein **Verzicht** auf die Rechte des § 648 BGB ist ebenfalls zulässig. Allerdings greift selbst ein individualvertraglicher Verzicht gemäß § 242 BGB nicht durch, wenn nachträglich eine wesentliche Verschlechterung in den Vermögensverhältnissen des Auftraggebers eintritt (OLG Köln, Urt. v. 19.09.1973 – 16 U 63/73, BauR 1974, 282; Werner/Pastor Rn. 192, Locher, Das private Baurecht, Rn. 691; zweifelhaft Münch.Komm./Busche, § 648 Rn. 6).

3159 Auch unabhängig von der wirtschaftlichen Situation des Auftraggebers ist die **Wirksamkeit** eines **individualvertraglichen Ausschlusses** oder Verzichts auf die Rechte des § 648 BGB **am Maßstab des § 242 BGB** zu messen. Dabei ist allerdings jeweils zu berücksichtigen, dass der Auftragnehmer im Rahmen einer Individualvereinbarung vielfach freiwillig auf ihm zustehende gesetzliche Schutzrechte verzichtet hat. Daher kann nicht jede ihn treffende Benachteiligung nunmehr zur Unwirksamkeit der Ausschluss- oder Verzichtsvereinbarung führen. Bedeutung bei der Überprüfung individualvertraglicher Ausschlussvereinbarungen oder Verzichtserklärungen am Maßstab des § 242 BGB gewinnt aber in jedem Fall **arglistiges Handeln des Auftraggebers**, das ggf. trotz eines vertraglichen Ausschlusses des § 648 BGB die Eintragung einer Sicherheitshypothek ermöglicht (OLG Köln, a. a. O.).

> **Beispiel**
>
> Der Auftraggeber beruft sich auf den Ausschluss des § 648 BGB, obwohl an dem Bestand und der Fälligkeit der zu sichernden Werklohnforderung kein Zweifel besteht und sich der Auftraggeber trotzdem auf nichts anderes als auf den vertraglichen Ausschluss des § 648 BGB bezieht, ohne jetzt zahlungswillig zu sein. Hiermit hat er keinen Erfolg.

3160 Soweit der Bauvertrag einer **AGB-Inhaltskontrolle** zugunsten des Auftragnehmers unterliegt, war vor Inkrafttreten des § 648a BGB davon auszugehen, dass ein Ausschluss des § 648 BGB nach § 9 AGB-Gesetz a. F. (§ 307 BGB) keinen Bestand hat. Denn bei § 648 BGB handelte es sich nach früherem Recht regelmäßig um die einzig mögliche Sicherung des Vergütungsanspruchs des vorleistenden Auftragnehmers (BGH, Urt. v. 03.05.1984 – VII ZR 80/82, BGHZ 91, 139, 145 f. = BauR 1984, 413, 415 = NJW 1984, 2100).

3161 Ein **Ausschluss des § 648 BGB** in Allgemeinen Geschäftsbedingungen des Auftraggebers – vornehmlich in dessen Zusätzlichen Vertragsbedingungen – war allerdings schon früher **wirksam, wenn dem Auftragnehmer andere dem § 648 BGB gleichwertige Sicherungen vertraglich zugesagt wurden** (BGH, a. a. O.; Groß, S. 11 f.; Werner/Pastor, Rn. 193). Dazu rechnete eine vereinbarte Schuld befreiende Hinterlegung oder die Vereinbarung einer Bankbürgschaft. Vor diesem Hintergrund dürfte somit seit Inkrafttreten des § 648a BGB **generell der in AGB vorgesehene Ausschluss des § 648 BGB wirksam sein** (Ingenstau/Korbion/Joussen, Anh. 1 Rn. 128 f.). Denn wie sich aus § 648a Abs. 4 BGB ergibt, steht dem Auftragnehmer von Gesetzes wegen mit der Sicherheitsleistung nach § 648a BGB grundsätzlich eine § 648 BGB gleichwertige Möglichkeit zur Absicherung seiner Vergütung zur Verfügung (ebenso Locher, Das private Baurecht, Rn. 691; Beckscher VOB/B-Komm./Jansen, vor § 2 Rn. 294). Dies gilt nach heutigem Recht umso mehr, als § 648a BGB dem Auftragnehmer sogar einen positiv einklagbaren Anspruch auf Sicherheitsleistung gewährt. Die dagegen vom OLG Karlsruhe (Urt. v. 29.10.1996 – 8 U 18/96, BauR 1997, 486, 487 = NJW-RR 1997, 658; ebenso OLG Celle, Beschl. v. 26.10.2000 – 13 W 75/00, BauR 2001, 834, 835; Kniffka/Koeble, 10. Teil Rn. 17; Münch.Komm./Busche, § 648 Rn. 5) vertretene Gegenauffassung, dass § 648a BGB keine gleichwertige Sicherungsalternative darstelle mit der Folge, dass ein Ausschluss des § 648 BGB in AGB des Auftraggebers weiterhin unwirksam sei, ist abzulehnen. Sie ist in Anbetracht der vorzitierten Rechtsprechung des BGH (Urt. v. 03.05.1984, a. a. O.) nicht einmal konsequent: Soll nämlich die Vereinbarung einer anderen angemessenen Sicherheit einen Ausschluss des § 648 BGB in AGB des Auftraggebers in zulässiger Weise ermöglichen, ist nicht ersichtlich, warum die gesetzlich nicht abdingbare Sicherheitsleistung nach § 648a BGB als angemessenes Sicherungsmittel hierfür nicht ausreichen soll. Dies versteht sich von selbst, wenn der Auftraggeber etwa zur Absicherung der Vergütung nach § 648a BGB eine selbstschuldnerische Bürgschaft übergibt. Aber auch die weiteren in § 648a BGB zugelassenen Sicherungsmittel genügen. Zwar mögen diese aus Sicht des Auftragnehmers nicht so komfortabel sein wie eine Bürgschaft; nur können diese Unterschiede wegen der unstreitig vorhandenen vollwertigen Absicherung des Vergütungsanspruchs des Auftragnehmers keine Unwirksamkeit einer hierzu getroffenen Ausschlussvereinbarung nach § 307 BGB rechtfertigen.

12.4 Bauhandwerkersicherheitsleistung (§ 648a BGB)

Die Bauhandwerkersicherungshypothek weist in der Praxis diverse Schwachstellen auf: Diese beruhen zum einen auf der erforderlichen Identität zwischen Auftraggeber und Grundstückseigentümer, zum anderen auf der Tatsache, dass selbst eine Vormerkung vielfach nicht mehr an einer für eine Verwertung sinnvollen Rangstelle eingetragen werden kann. Vor diesem Hintergrund ist der erst zeitlich später in Kraft getretene § 648a BGB zu sehen, der eine darüber hinausgehende Sicherheitsleistung zugunsten des Auftragnehmers ermöglicht. Er ist zuletzt mit dem sog. **Forderungssicherungsgesetz** zum 01.01.2009 nochmals erheblich verschärft worden. Denn nach der Altfassung war die Stellung einer Sicherheit durch den Auftraggeber nur als Obliegenheit (s. zu dem Begriff oben Rdn. 1073) ausgestaltet, d. h.: Stellte der Auftraggeber sie nicht, war er insoweit Nachteilen ausgesetzt, als der Auftragnehmer anschließend seine Leistung verweigern oder den Vertrag kündigen konnte. Diese Rechte sind erhalten geblieben. Anders als früher besitzt der Auftragnehmer jetzt aber sogar einen einklagbaren Anspruch darauf (s. dazu sowie zu ersten Erfahrungen: Joussen, Jahrbuch BauR 2010, 39; Fuchs, BauR 2012, 326). Dieser ist deshalb von Bedeutung, weil diesem nach § 648a Abs. 1 S. 4 BGB vor allem keine streitigen Gegenrechte entgegen gesetzt werden können.

3162

Bauhandwerkersicherheitsleistung nach § 648 a BGB	
Voraussetzungen	❶ Anspruchsinhaber: Unternehmer eines Bauwerks oder einer Freianlage ❷ Anspruchsgegner: Auftraggeber ❸ Anforderung in konkreter Höhe
Folgen	❶ Eigenständiger klagbarer Anspruch neben Zahlungsklage Vorteil: Ausschluss nahezu aller Einwendungen (§ 648a Abs. 1 S. 4 BGB) ❷ Nach Fristsetzung ➢ Leistungsverweigerungsrecht ➢ Kündigung mit Vergütungsanspruch in Anlehnung an § 649 BGB mit 5%-Vermutung für Mindestvergütung

12.4.1 Tatbestandliche Voraussetzungen

3163 Die wesentlichen Voraussetzungen für den Anspruch auf Sicherheitsleistung einschließlich der Anforderungen an die Sicherheitsleistung selbst ergeben sich aus § 648a Abs. 1–4 BGB.

12.4.1.1 Unternehmer eines Bauwerks

3164 **Anspruchsberechtigt** nach § 648a BGB ist allein der **Unternehmer eines Bauwerks, einer Außenanlage** oder eines Teils davon. Somit deckt sich der Kreis der Anspruchsberechtigten zunächst mit dem des § 648 BGB (s. o. Rdn. 3122 ff.). Voraussetzung ist also zunächst, dass sich der Unternehmer gegenüber dem Auftraggeber mit dem Ziel der Werterhöhung eines Bauwerks zur Erbringung einer Bauleistung verpflichtet hat (Ingenstau/Korbion/Joussen, Anh. 1 Rn. 146). Hinzu kommen jedoch noch diverse weitere Unternehmer, so vor allem:

3165 • **Unternehmer einer Außenanlage**
Schon nach dem Gesetz erfasst werden von § 648a BGB zusätzlich Unternehmer einer Außenanlage. Dies stellt eine Erweiterung gegenüber § 648 BGB dar: Denn Unternehmer von reinen Außenarbeiten ohne Verbindung zu einem Bauwerk gehören gerade nicht zu dem von § 648 BGB geschützten Personenkreis (vgl. oben Rdn. 3122 ff.). Einbezogen in den Anwendungsbereich des § 648a BGB sind somit zusätzlich vor allem die Garten-, Landschafts- und Sportplatzbauer (BT-Drucks. 12/4526 S. 10), **nicht** jedoch **Abbruchunternehmer** oder Firmen, die nur mit Rodungsarbeiten für die **Baufeldfreimachung** beauftragt sind (BGH, Beschl. v. 24.02.2005 – VII ZR 86/04, BauR 2005, 1019, 1020 = NJW-RR 2005, 750 = NZBau 2005, 281 f.; kritisch dazu Hildebrandt, BauR 2006, 2).

3166 • **Subunternehmer**
Unstreitig erfasst werden von § 648a BGB **Subunternehmer**, einer der wesentlichen Auftragnehmereinsatzformen, die regelmäßig wegen der fehlenden Eigentümerstellung der Auftraggeber bei § 648 BGB nicht zum Zuge kommen. Diese können von ihren Auftraggebern (vor allem von General- oder Hauptunternehmern) eine Sicherheit nach § 648a BGB verlangen. Dasselbe gilt für Auftragnehmer von Generalübernehmern (OLG Dresden Urt. v. 01.03.2006 – 12 U 2379/04, BauR 2006, 1318).

3167 • **Bauunternehmer mit Leistungen ohne Werterhöhung für das Bauwerk**
Umstritten ist, inwieweit sich auch für den Anwendungsbereich des § 648a BGB die vom Unternehmer erbrachte Werkleistung in einer Werterhöhung des Bauwerks (bzw. einer Außenanlage)

12.4 Bauhandwerkersicherheitsleistung (§ 648a BGB)

niederschlagen muss. Dies ist der Fall (a. A. allerdings u. a. Schulze-Hagen, BauR 2000, 28; Hildebrandt, BauR 2006, 2; i. E. ebenso: OLG Düsseldorf, Urt. v. 05.10.2004 – 21 U 26/04, BauR 2005, 416 = NZBau 2005, 164; OLG Köln, Urt. v. 26.03.1999 – 4 U 47/98, BauR 2000, 1874, 1875; Koeble/Kniffka, 10. Teil Rn. 45). Insoweit ist der Wortlaut des § 648a BGB bei der Beschreibung der Anspruchsberechtigten genauso eindeutig wie bei § 648 BGB: **Erfasst werden nur Unternehmer eines Bauwerks** (bzw. einer Außenanlage), **nicht aber** der **Unternehmer einer Bauleistung im Allgemeinen** (in diesem Sinne wohl auch zu verstehen: BGH, Beschl. v. 24.0.2005 – VII ZR 86/04, BauR 2005, 1019, 1020 = NJW-RR 2005, 750 = NZBau, 2005, 281 f.). Eine solche Erweiterung wäre bei einer zukünftigen Änderung der gesetzlichen Regelung im Hinblick auf die Funktion der Sicherungsnorm des § 648a BGB zu begrüßen; sie wäre nach Sinn und Zweck der ausschließlich schuldrechtlich ausgelegten Sicherungsnorm sogar konsequent. Die jetzige Fassung des § 648a BGB gibt aber weder vom Wortlaut noch von der Gesetzesbegründung etwas für eine solche Erweiterung her. Dies gilt umso mehr, als die Norm mehrfach, zuletzt mit dem sog. Forderungssicherungsgesetz zum 01.01.2009 (s. o. Rdn. 3162) grundlegend überarbeitet wurde. Der Gesetzgeber hat selbst zu diesem Anlass genauso wie zuvor schon im Rahmen der Schuldrechtsmodernisierung davon abgesehen, diesen Punkt trotz der dazu geführten Diskussion zu ändern. Daher bleibt es dabei: Für die Anspruchsberechtigung nach § 648a BGB **bedarf es einer Bauwerksleistung** (bzw. Leistung an einer Außenanlage), die sich **in einer Werterhöhung des geschaffenen Bauwerks** (bzw. der Außenanlage) niederschlagen muss (so ebenfalls zu Recht Werner/Pastor, Rn. 320 ff.; Beckscher VOB-Komm./Jansen, VOB/B Vor § 2 Rn. 328, ders. allerdings unklar eine Rn. zuvor; s. ansonsten zu dem Kreis der erfassten Bauwerksleistungen oben Rdn. 3123 ff.). Hieran fehlt es bei einem **ausschließlich planenden Architekten**, dessen Planung sich nicht im Bauwerk realisiert (für den Architekten wie hier: Hofmann/Koppmann, S. 30; wohl auch Slapnicar/Wiegelmann, NJW 1993, 2903, 2907, – a. A. OLG Düsseldorf, Urt. v. 05.10.2004 – 21 U 26/04, BauR 2005, 416 = NZBau 2005, 164), **reinen bauvorbereitenden Tätigkeiten** wie z. B. den isoliert beauftragten Gerüstbauer (Beck'scher VOB-Komm./Jansen VOB/B Vor § 2 Rn. 328; Werner/Pastor, Rn. 320), **Renovierungsarbeiten** (*Slapnicar/Wiegelmann* a. a. O.) oder isoliert beauftragten Abbrucharbeiten bzw. Arbeiten zur Baufeldfreimachung (BGH, Beschl. v. 24.02.2005 – VII ZR 86/04, BauR 2005, 1019, 1020 = NJW-RR 2005, 750 = NZBau 2005, 281 f.).

- **Werklieferungsvertrag/Baustofflieferanten** 3168
Letztlich mit demselben Argument scheiden auch sonst diskutierte Erweiterungen der nach § 648a BGB Anspruchsberechtigten aus. Ausgenommen sind danach insbesondere **die mit einem Werklieferungsvertrag** mit dem Auftraggeber eines Bauwerkes **verbundenen Vertragspartner** (s. dazu oben Rdn. 396 ff.). Dies gilt nach § 651 S. 3 BGB selbst dann, wenn auf das konkrete Vertragsverhältnis infolge der Herstellung nicht vertretbarer Sachen einzelne Normen des Werkvertragsrechts anzuwenden sind. § 648a BGB gehört nicht dazu. Dies ist konsequent, weil es bei Werklieferungsverträgen selbst zu nicht vertretbaren Sachen durch deren Lieferung allein zu keiner Werterhöhung des Bauwerks des Auftraggebers kommt. Dasselbe gilt für den reinen **Baustofflieferanten**, der nur kaufvertraglich mit dem Auftraggeber eines Bauwerks verbunden ist: Wenn nach dem ausdrücklichen Gesetzeswortlaut des § 651 BGB nicht einmal bei Werklieferungsverträgen über nicht vertretbare Sachen, für die immerhin teilweise werkvertragsrechtliche Normen gelten, § 648a BGB anwendbar ist, kann nicht der Baustofflieferant aufgrund eines gewöhnlichen Kaufvertrages einen größeren Schutz beanspruchen, indem er sich auf § 648a BGB berufen können soll (so zu Recht auch Staudinger/Peters/Jacoby § 648a BGB Rn. 3; Münch.Komm./Busche § 648a BGB Rn. 5).

12.4.1.2 Auftraggeber als Anspruchsgegner

Anspruchsgegner zu dem Sicherungsverlangen des Unternehmers gemäß § 648a BGB ist jeder, der – 3169
werkvertraglich – als **Besteller** zu bezeichnen ist, und zwar **unabhängig von den Eigentumsverhältnissen an dem Baugrundstück**, auf dem gebaut wird. Daher tauchen hier nicht die Probleme auf, die im Anwendungsbereich des § 648 Abs. 1 BGB wegen der vielfach nicht gegebenen Identität zwi-

schen Auftraggeber und Grundstückseigentümer (vgl. dazu oben Rdn. 3127 ff.) die Wirkung dieser Norm in entscheidendem Maße verringern. Ausschlaggebend ist vielmehr allein die werkvertragliche Verbindung zwischen Unternehmer und Auftraggeber. Dies gilt selbst dann, wenn die Mängel- oder Gewährleistungsansprüche zwischenzeitlich an einen Dritten abgetreten sind. Auch hier ist das Sicherungsverlangen ausschließlich an den eigenen Vertragspartner zu richten (BGH, Urt. v. 27.09.2007 – VII ZR 80/05, BauR 2007, 2052, 2056 = NJW-RR 2008, 31, 34; BGH, Urt. v. 16.04.2009 – VII ZR 9/08 BauR 2009, 1152, 1154 = NZBau 2009, 439, 440). Mit dieser Maßgabe kann dann allerdings auch ein **Gesellschafter einer Dach-ARGE** von der Arbeitsgemeinschaft eine Bauhandwerkersicherung nach § 648a BGB verlangen. Denn es gehört zu der Eigenart des Dach-ARGE-Vertrages, dass – anders als bei einer normalen Arbeitsgemeinschaft – die ARGE mit ihren Gesellschaftern zu den von diesen zu erbringenden Einzelleistungen jeweils gesonderte Nachunternehmerverträge schließt (s. o. Rdn. 35). Da im Übrigen die ARGE spätestens seit der Entscheidung des BGH vom 29.01.2000 (II ZR 331/00 BGHZ 146, 341 = BauR 2001, 775 = NJW 2001, 1056) eine eigene Rechtsfähigkeit besitzt, gibt es keinen Grund dafür, die Mitglieder der Dach-ARGE aus dem Kreis der schutzberechtigten Auftragnehmer auszuschließen. Dies verträgt sich nicht mit den nach § 648a Abs. 7 BGB zwingenden Regelungen dieser Vorschrift; auch sind die Gesellschafter im Hinblick auf eine mögliche isolierte Insolvenz der Arbeitsgemeinschaft ihrerseits schutzwürdig (KG, Urt. v. 17.12.2004 – 7 U 168/03, BauR 2005, 1035 f.).

12.4.1.3 Aufforderung zur Sicherheitsleistung

3170   Für die Erlangung einer Sicherheitsleistung nach § 648a BGB muss der **Auftragnehmer den Auftraggeber zur Stellung einer solchen Sicherheit auffordern**. Diese Aufforderung bedarf **keiner Form**, sollte aus Beweisgründen jedoch schriftlich oder per Telefax übermittelt werden. Sie muss konkret erfolgen und die Höhe der Sicherheitsleistung enthalten. Einer Fristsetzung bedarf es nicht (a. A. Messerschmidt/Voit/Cramer, § 648 Rn. 41, wobei unklar ist, woraus sich dies ergeben soll), was allerdings allein aus verjährungsrechtlichen Gründen empfehlenswert ist (s. u. Rdn. 3226). Die Art der geforderten Sicherheit muss nicht genannt sein. Der Auftragnehmer hat darauf ohnehin keinen Einfluss; deren Auswahl bleibt dem Auftraggeber überlassen (Ingenstau/Korbion/Joussen, Anh. 1 Rn. 178 ff.). Die Anforderung einer bestimmten Sicherheit (z. B. Bürgschaft) oder eine **überhöhte Anforderung** schadet nicht (s. dazu sogleich Rdn. 3175; a. A. OLG Koblenz Urt. v. 04.03.1999 – 5 U 1293/98 BauR 2000, 936, 937 [Ls.], das ein Sicherheitsverlangen nach § 648a BGB für unwirksam hält, wenn der Auftragnehmer z. B. eine Bürgschaft fordert).

12.4.1.4 Fälligkeit der Sicherheitsleistung

3171   Eine gesonderte Fälligkeitsregelung enthält § 648a BGB nicht. Daher gilt § 271 Abs. 1 BGB, d. h.: Der Gläubiger (i. e. der Unternehmer) kann die Sicherheitsleistung sofort verlangen. Sofort bedeutet **(frühestens) bei Vertragsabschluss** als dem Zeitpunkt, zu dem der zu sichernde Vergütungsanspruch entsteht. Selbstverständlich kann der Unternehmer die Sicherheit auch jederzeit danach, d. h. selbst nach Abnahme (s. dazu sogleich Rdn. 3217 ff.) fordern. Ist das Verlangen gestellt, ist nunmehr auch die **Sicherheitsleistung sofort fällig**. Eine gesonderte Fristenregelung o. Ä. gibt es gleichfalls nicht. Diese ist erst von Bedeutung, wenn der Unternehmer bei ausbleibender Sicherheit von seinen weiter gehenden Rechten der Leistungsverweigerung oder Kündigung Gebrauch machen will (§ 648a Abs. 5 BGB – vgl. unten Rdn. 3196). Im Übrigen wird man es für zulässig halten dürfen, dass der Auftragnehmer das Sicherungsverlangen schon während der Vertragsverhandlungen stellt, damit die Abwicklung des Bauvertrages im Hinblick auf die Durchführung der Leistung des Auftragnehmers keinen Aufschub erleidet. Zu leisten ist die Sicherheit dann aber erst bei bzw. nach Vertragsabschluss.

12.4.1.5 Höhe der Sicherheit (Abs. 1 S. 1)

3172   Nach § 648a Abs. 1 S. 1 und 2 BGB kann der Auftragnehmer Sicherheit für die auch in Zusatzaufträgen vereinbarte und noch nicht gezahlte Vergütung einschließlich dazu gehöriger Nebenforderungen, die mit 10 vom Hundert des zu sichernden Vergütungsanspruchs anzusetzen sind, verlangen (s. dazu auch Ingenstau/Korbion/Joussen, Anh. 1 Rn. 159 ff.). Im Einzelnen:

12.4.1.5.1 Sicherheit für alle noch vergütungspflichtigen Leistungen einschließlich Nebenkosten

Abzusichern sind alle **offenen Zahlungsansprüche zu sämtlichen vereinbarten vergütungspflichtigen Leistungen zzgl. pauschalierter Nebenforderungen**. Es geht somit um eine Differenzberechnung zwischen dem, was an Vergütung vereinbart ist, und dem, was schon bezahlt wurde. Dass die Parteien ggf. etwas anderes wollten, spielt wegen des zwingenden Charakters des § 648a BGB keine Rolle. 3173

▶ **Beispiel (in Anlehnung an OLG Bamberg, Urt. v. 26.07.2007 – 1 U 18/07, BauR 2011, 304 [Ls.])**

Der Auftraggeber wollte drei Wohnblocks bauen, die sukzessive errichtet werden sollten. Dazu war ein Vertrag geschlossen, wobei die Baukosten je Wohnblock separat ausgewiesen wurden. Hier schuldet der Auftraggeber – entgegen der Auffassung des OLG Bamberg – eine Sicherheit für die gesamte offene Vergütung. Hätte der Auftraggeber das vermeiden wollen, hätte er drei Verträge schließen müssen.

Inwieweit die offene Vergütung schon fällig oder nach Zahlungsplänen u. a. erst zu einem späteren Zeitpunkt zahlbar ist, spielt für die Sicherungsfähigkeit keine Rolle. Auch kommt es entgegen der früheren Regelung des § 648a BGB nach dem jetzigen eindeutigen gesetzlichen Wortlaut **nicht mehr auf ein wie auch geartetes Vorleistungsrisiko** an (so aber erstaun-licherweise LG Hamburg, Urt. v. 16.7.2010 – 325 O 469/09, NJW-RR 2011, 312). Hierfür gibt es nicht nur nach dem Gesetz keinen Anhaltspunkt mehr, sondern ist auch aus einem anderen Grund nicht einsichtig.

▶ **Beispiel**

Nach der Abnahme zeigen sich Mängel. Der Unternehmer möchte insoweit für seine offene Vergütungsforderung noch eine Sicherheitsleistung. Hierauf hat er einen Anspruch (§ 648a Abs. 1 S. 3 BGB, s. auch unten Rdn. 3217 ff.). Dies wäre auch unbestritten, weil der Auftragnehmer in Bezug auf die Mangelbeseitigung nach der Abnahme vorleistungspflichtig ist. Nichts anderes kann gelten, wenn er besonders sorgfältig, d. h. mangelfrei gearbeitet haben sollte, so dass er keine Mangelbeseitigungsarbeiten mehr ausstehen. Hier erschiene es geradezu widersinnig, einen solchen sorgfältig arbeitenden Unternehmer in Bezug auf diesen ihm günstigen und leicht durchzusetzenden Sicherungsanspruch schlechter zu stellen als den mangelhaft arbeitenden, der noch Mangelbeseitigungsleistungen zu erbringen hat.

Aus diesen Gründen wird daher richtigerweise davon auszugehen haben, dass es für den Sicherungsanspruch auf eine noch offene Vorleistungspflicht des Unternehmers nicht ankommt (wie hier ebenso OLG Celle, Urt. v. 25.04.2012 – 7 U 234/11 m. w. N., IBR 2012, 391 sogar zu einem insolventen Unternehmer nach Kündigung.; LG Nürnberg Urt. v. 12.04.2010 – 17 O 11183/09, BauR 2010, 952 [Ls.]; LG Paderborn, Urt. v. 9.6.2011 – 3 O 521/10, BauR 2011, 1704 [Ls.]). Sodann gibt es aber auch noch weitere Grenzfälle offener Vergütungsansprüche, zu denen diskutiert wird, ob und inwieweit diese unter § 648a BGB fallen:

- Schätzung des offenen Vergütungsanspruchs 3174
  Bei der Bemessung des Sicherungsanspruchs muss der Vergütungsanspruch im Voraus berechnet werden. Etwaige vertraglich **vereinbarte Abzüge**, die mit Sicherheit die Vergütung reduzieren, sind zu berücksichtigen, wie etwa Nachlässe, Umlagen für Baustrom u. a. Denn diese vermindern bereits den zu zahlenden Vergütungsanspruch in seiner Entstehung, so dass er dann auch nicht abzusichern ist. Etwas anderes gilt dagegen für **Skonti**, deren Abzug bei der Vorausberechnung des vereinbarten Vergütungsanspruchs noch nicht sicher ist, sondern von weiteren Voraussetzungen, nämlich der rechtzeitigen Bezahlung innerhalb der Skontofrist abhängt. Je nach Zeitpunkt bestehen ansonsten bei einer solchen »**Vorausberechnung**« nur wenig Schwierigkeiten. Dies gilt insbesondere bei dem Abschluss von Pauschalverträgen. Teilweise problematisch ist eine Voraus-

berechnung hingegen bei **Einheitspreis- oder Stundenlohnverträgen**, weil sich hier die Höhe der Vergütung vorweg kaum fixieren lässt. Zwar fehlt heute bei § 648a Abs. 1 BGB ein Verweis auf den abzusichernden »voraussichtlichen« Vergütungsanspruch, womit bei der früheren Gesetzesfassung diese Unsicherheit zum Ausdruck kam. Unbeschadet dessen bleibt jedoch auch bei der jetzt geltenden Regelung nichts anderes übrig, als die Höhe **eines abzusichernden voraussichtlichen Vergütungsanspruchs notfalls zu schätzen**, gegebenenfalls durch Einschaltung eines Sachverständigen. Geht es danach um eine Sicherheitsanforderung gleich zu Beginn des Vertrages, wird sich deren Höhe auch bei einem Einheitspreisvertrag aber zunächst vorrangig an der im Vertrag vorgesehenen Auftragssumme orientieren, die auf der Basis von bei Vertragsabschluss geschätzter Massen beruht. Während des Bauverlaufs mag dieser Betrag anzupassen sein, weil sich die spätere Vergütung eben erst aus den auch tatsächlich ausgeführten Massen (multipliziert mit dem Einheitspreis der Positionen) ergibt (s. dazu näher Ingenstau/Korbion/Joussen, Anh. 1 Rn. 163, und zwar auch zu der Frage bei Änderungen des Einheitspreises nach Mengenmehrungen).

3175 Für die Höhe des abzusichernden Vergütungsanspruchs obliegt in jedem Fall dem **Auftragnehmer die Darlegungs- und Beweislast** (ebenso OLG Karlsruhe, Urt. v. 12.03.1996 – 8 U 207/95 BauR 1996, 556; auch Zielemann, Rn. 744). Dies etwa kann bedeuten, dass er bei Einheitspreisverträgen, soweit die Sicherheitsleistung von der bei Vertragsschluss prognostizierten Auftragssumme abweicht, diese Mehrvergütung z. B. durch Aufmaße, Sachverständigengutachten o. a. belegen muss. Entsprechendes gilt für eine stillschweigende Vergütungsvereinbarung nach § 632 BGB. Hat der Auftragnehmer danach allerdings eine zu hohe Sicherheit verlangt, ist sein Sicherheitsverlangen gleichwohl wirksam. Es ist umgekehrt nunmehr Aufgabe des Auftraggebers, in Erwiderung darauf binnen einer gesetzten Frist eine angemessene Sicherheit anzubieten. Versäumt er dies, geht dies ausschließlich zu seinen Lasten (BGH, Urt. v. 09.11.2000 – VII ZR 82/99, BGHZ 146, 24, 35 f. = BauR 2001, 386, 390 f. = NJW 2001, 822, 825 = NZBau 2001, 129, 132; siehe hierzu auch oben Rdn. 3170). Etwas anderes gilt nur dann, wenn das Sicherheitsverlangen unverhältnismäßig überhöht ist und der Auftraggeber allenfalls mit einem unzumutbaren Aufwand in der Lage wäre, eine angemessene (richtige) Höhe zu ermitteln (BGH a. a. O.; OLG Hamm, Urt. v. 25.09.2003 – 21 U 08/03, BauR 2004, 868 = NJW-RR 2004, 377, 378 = NZBau 2004, 445, 446). Hat der Auftragnehmer hingegen eine ausreichend hohe Sicherheit angeboten und besteht der Auftragnehmer auf seinem überhöhten Sicherungsverlangen, kann dieses schlimmstenfalls leer laufen. Dies hat Bedeutung, wenn er später von seinem Leistungsverweigerungs- oder Kündigungsrecht Gebrauch macht.

3176 • **Änderung der Vergütung bei Zusatzaufträgen/Nachträge**
Die Einbeziehung einer »**auch in Zusatzaufträgen vereinbarten Vergütung**« in die Bestimmung der Höhe des Sicherungsanspruchs gemäß § 648a Abs. 1 S. 1 BGB bringt zum Ausdruck, dass die Sicherheitsleistung durch Verlangen des Auftragnehmers **später angepasst** werden kann. Der Auftragnehmer kann also im Fall der Erhöhung des Vergütungsanspruchs vor allem bei zusätzlich beauftragten oder veränderten Leistungen eine **Erhöhung** der bisher verlangten und zur Verfügung gestellten Sicherheit beanspruchen. Bei zwischenzeitlich erfolgten Zahlungen hat der Auftraggeber einen Anspruch auf (Teil)freigabe.

3177 Sodann stellt § 648a Abs. 1 S. 1 BGB weiter klar, dass es in Bezug auf Zusatzaufträge jeweils um eine **vereinbarte und noch nicht gezahlte Vergütung** geht. Dies hat zur Folge, dass für die Absicherung insbesondere bei Nachträgen eine schon getroffene **Nachtrags- bzw. Vergütungsvereinbarung zwingend** ist (s. dazu ausführlich Ingenstau/Korbion/Joussen Anh. 1 Rn. 165 f.; a. A. Hofmann/Koppmann, S. 119, die bereits in der Vergütungspflicht dem Grunde nach eine schon vereinbarte Vergütung sehen – wobei dann allerdings unklar ist, was noch Gegenstand der in § 2 Abs. 5 und 6 VOB/B gesondert geregelten Vergütungsvereinbarung sein soll). Für die Gerichte mag diese Regelung hilfreich sein. Denn in der Tat muss jetzt nicht in einem Anforderungsprozess zu einer Bauhandwerkersicherheitsleistung zur Bestimmung der Höhe inzident über die Berechtigung eines Nachtrages gestritten werden. Stattdessen werden mit der Anknüpfung an die in einem Zusatzauftrag »vereinbarte Vergütung« klare Verhältnisse geschaffen. Diese gesetzliche Sichtweise ist nicht einmal inkonsequent insoweit, als § 648a BGB auch an anderer Stelle klar-

12.4 Bauhandwerkersicherheitsleistung (§ 648a BGB)

stellt, dass für die Bestimmung der Höhe der Sicherheit streitige Gegenansprüche außer Betracht bleiben (§ 648a Abs. 1 S. 4 BGB). Indes ist hervorzuheben, dass damit der eigentlich von § 648a BGB bezweckte Schutz des Auftragnehmers in Bezug auf die Absicherung der Vergütung von Zusatzaufträgen weitgehend entwertet wird. Denn faktisch kann sich der Auftraggeber nunmehr allein dadurch, dass er Verhandlungen über eine Preisvereinbarung verzögert, einen Vorteil insoweit verschaffen, als er dafür – mangels Vergütungsvereinbarung – zunächst keine gesetzlich zwingende Sicherheit nach § 648a BGB stellen muss. Dies gilt umso mehr, als der Auftragnehmer zumindest in der Regel – abgesehen von Fällen der grundlosen Verweigerung – wegen seiner Kooperationspflicht nicht die Arbeiten bis zu einer getroffenen Vergütungsvereinbarung einstellen darf (vgl. dazu nur BGH, Urt. v. 28.10.1999 – VII ZR 393/98 BGHZ 143, 89, 92 f. = BauR 2000, 409, 410 = NJW 2000, 807, 808 = NZBau 2000, 130, 131; s. dazu Rdn. 2443 ff.). Nach dem geltenden Recht ist diese missliche Lage für den Auftragnehmer aber hinzunehmen (s. dazu auch Rdn. 3224 zu der Frage, inwieweit eine nach § 648a BGB gestellte Bürgschaft gleichwohl Nachtragsvergütungsansprüche sichert).

- **Sicherung von Vergütungsansprüchen und Ansprüchen anstelle der Vergütung**   3178
Das Sicherungsrecht des Auftragnehmers bezieht sich vorrangig auf seinen »**Vergütungsanspruch**«. Erfasst werden davon **Vergütungsforderungen (jeder Art)**. Sicherungsfähig ist somit in jedem Fall auch eine **Vergütung der Bauleistung nach § 8 Abs. 1 VOB/B bzw. § 649 BGB** (s. insoweit auch schon die Rechtsprechung zur Vorgängerfassung: BGH, Urt. v. 09.11.2000 – VII ZR 82/99, BGHZ 146, 24, 31 f. = BauR 2001, 386, 389 = NJW 2001, 822, 824 = NZBau 2001, 129, 131 – siehe dazu auch näher Joussen, Jahrbuch BauR 2010, 39, 48; Ingenstau/Korbion, Anh. 1 Rn. 167 f.; ähnlich Fuchs, BauR 2012, 326, 336). Nichts anderes gilt für sonstige vergütungsähnliche und somit nach § 648a BGB sicherungsfähige Ansprüche, so vor allem:
– **Vergütung nach § 645 Abs. 1 BGB**: Hierbei handelt es sich um die Vergütungspflicht für Teilleistungen bei einem Untergang der Werkleistung vor Abnahme infolge eines vom Besteller gelieferten Stoffes oder infolge einer von ihm für die Ausführung erteilten Anweisung.   3179
– **Vergütungsanspruch nach § 2 Abs. 8 Nr. 2 VOB/B**: Hierin liegt unter Einhaltung der dort vorgesehenen Voraussetzungen (s. dazu Rdn. 2368 ff.) ebenso ein echter Vergütungsanspruch (a. A. Sturmberg, BauR 1994, 57, 60; Koeble/Kniffka, 10. Teil Rn. 55; wie hier: Kniffka BauR 2007, 245, 250; Beck'scher VOB-Komm./Jansen VOB/B Vor § 2 Rn. 339).
– **Entschädigungsanspruch nach § 642 BGB**: Auch dieser stellt einen Gegenwert für eine erbrachte Leistung dar, weswegen er sogar der Umsatzsteuerpflicht unterliegt (s. dazu Rdn. 2104 – wie hier: Staudinger/Peters/Jacoby, § 648a Rn. 8; Münch.Komm./Busche § 648a Rn. 20; a. A. wohl Kniffka BauR 2007, 245, 251; Beck'scher VOB-Komm./Jansen VOB/B Vor § 2 Rn. 338 f.)
– **Schadensersatzansprüche nach § 6 Abs. 6 VOB/B** werden zumindest dann von § 648a Abs. 1 S. 1 BGB erfasst, wenn sie bei einer wirtschaftlichen Betrachtungsweise ein Äquivalent für eine erbrachte Leistung darstellen und somit zumindest faktisch dem Vergütungsbereich zuzurechnen sind (vgl. dazu oben Rdn. 3136; wie hier: Münch.Komm./Busche, § 648a BGB Rn. 20; Staudinger/Peters/Jacoby, § 648a BGB Rn. 8; Werner/Pastor, Rn. 328; a. A.: Kniffka/Koeble, 10. Teil Rn. 55; Beck'scher VOB-Komm./Jansen VOB/B Vor § 2 Rn. 338).

Neben den Vergütungs- bzw. vergütungsgleichen Ansprüchen kann der Auftragnehmer eine Sicherheit auch für Ansprüche verlangen, die an die **Stelle der Vergütung** treten (§ 648a Abs. 1 S. 2 BGB). Hierunter fallen vor allem Schadensersatzansprüche statt der Leistung (§ 281 BGB), auf die diese erweiterte Sicherungsregel offenbar abzielte (Gesetzesbegründung BT-Ds. 16/511, S. 17). Nicht erfasst wird hingegen Schadensersatzansprüche nach § 280 Abs. 1 BGB oder aus unerlaubter Handlung, die mit einem Vergütungsanspruch auch im weiteren Sinne nichts mehr zu tun haben (a. A. für Schadensersatzansprüche nach § 280 Abs. 1 BGB: Hofmann/Koppmann, S. 123; Palandt/Sprau, § 648a Rn. 15; wie hier: Fuchs, BauR 2012, 326, 335; s. näher Ingenstau/Korbion/Joussen, Anh. 1 Rn. 169).   3180

12.4.1.5.2 Kürzung der Sicherheitsleistung wegen schon bezahlter Vergütung, Mängel u. a.

3181 Der über § 648a BGB sicherungsfähige Vergütungsanspruch entspricht unbeschadet etwaiger Nachträge zumeist nicht der im Bauvertrag genannten Vergütungssumme. Stattdessen geht es nur um den zum Zeitpunkt des Sicherungsverlangens **noch offenen** Vergütungsanspruch. Doch auch andere **Kürzungen** werden diskutiert:

3182
- **Kürzung bei bereits bezahlter Vergütung**
Dort, wo ein Vergütungsanspruch **bereits bezahlt oder sonst wie erfüllt** ist, und zwar unabhängig von der Endgültigkeit der Erfüllung, kann keine Sicherheit (mehr) verlangt werden. **Keine Zahlung** stellt dagegen die **Hinterlegung eines Teils der Vergütung als Sicherheitseinbehalt** nach § 17 Abs. 5 und 6 VOB/B auf einem Sperrkonto dar. Denn der Auftragnehmer kann über dieses Geld trotz einer mit der Einzahlung auf ein Sperrkonto verbundenen Sicherungsfunktion noch nicht verfügen (vgl. dazu oben Rdn. 3075). Eine Reduzierung aus diesem Grund würde im Übrigen schon deshalb ausscheiden, weil dies dem zwingenden Charakter des § 648a BGB gemäß Abs. 7 zuwiderliefe (was Kleefisch/Herden, NZBau 2006, 201 übersehen). So können insbesondere Regelungen der VOB, aber auch sonstige Individualvereinbarungen den Umfang der nach § 648a BGB zu leistenden Sicherheit nicht beschränken (s. u. Rdn. 3227 ff.).

3183
- **Keine Kürzung des Sicherungsverlangens bei Baumängeln**
Sodann stellt sich die weitere Frage, ob und inwieweit zulasten des Auftragnehmers bereits erbrachte, jedoch **mangelhafte Leistungen** eine vom Auftraggeber zu erbringende **Sicherheitsleistung reduzieren**. Hier ist zu unterscheiden: Hat der Auftraggeber mit **Gegenansprüchen** (z. B. mit Ersatzvornahmekosten wegen eines Mangels) gegen den Vergütungsanspruch **aufgerechnet**, reduziert sich dadurch zwar der Vergütungsanspruch des Auftragnehmers (wenn die aufgerechnete Forderung bestand). Gleichwohl ist selbst für diesen durch Aufrechnung erloschenen Vergütungsanspruch auf Verlangen noch eine Sicherheit zu stellen, wenn die zur Aufrechnung gestellten **Gegenansprüche nicht unstreitig oder rechtskräftig festgestellt** sind (§ 648a Abs. 1 S. 4 BGB). Diese Regelung überrascht: Denn wenn es nach der Aufrechnung keinen Anspruch mehr gibt, ist wenig nachvollziehbar, wieso dieser Nichtanspruch zumal mit den weitgehenden Konsequenzen des § 648a BGB noch abzusichern sein soll. Doch ist genau das mit dem Gesetz gewollt. Denn tatsächlich sollen willkürliche Vergütungskürzungen infolge zweifelhafter Aufrechnungen zumindest aus dem Anforderungsverlangen und ggf. nachfolgenden Prozess zur Höhe der nach § 648a Abs. 1 BGB zu stellenden Sicherheit herausgehalten werden. Erstaunlich immerhin ist, dass § 648a Abs. 1 S. 4 BGB mit der Beschränkung auf anerkannte und rechtskräftige Gegenforderungen nur Aufrechnungen ausschließt. Nicht geregelt ist hingegen eine **Vergütungskürzung** insbesondere bei bestrittenen Mängeln **nach einer erklärten Minderung**. Mangels abweichender gesetzlicher Regelung führt diese daher anders als bei einer Aufrechnung dazu, dass die zu stellende Bauhandwerkersicherung insoweit zu reduzieren ist, selbst wenn die Ansprüche streitig sind. Es ist nicht ersichtlich, dass hier in Bezug auf die Minderung eine Analogie der sprachlich klar gefassten und ausdrücklich auf die Aufrechnung bezogenen Regelung angezeigt wäre (a. A. Hofmann/Koppmann, S. 129 f.). Folglich kann der Auftragnehmer in diesem Umfang keine Sicherheit nach § 648a BGB mehr verlangen.

3184 Abzugrenzen von dem Sachverhalt, in dem sich der Vergütungsanspruch des Auftragnehmers infolge einer erklärten Minderung oder Aufrechnung bereits reduziert hat, sind die Fälle, in denen der Auftraggeber wegen aufgetretener **Mängel einstweilen nur Leistungsverweigerungsrechte gemäß §§ 320, 641 Abs. 3 BGB** geltend macht. Solange der Auftragnehmer hier einerseits noch verpflichtet ist, die Mängel zu beseitigen bzw. das Werk mangelfrei herzustellen, und er andererseits rechtlich und tatsächlich dazu in der Lage ist, hat er grundsätzlich ein schützenswertes Interesse an der **Absicherung seines nach Mangelbeseitigung in voller Höhe durchsetzbaren Vergütungsanspruchs**. Das gleichwohl bestehende Leistungsverweigerungsrecht des Auftraggebers an der Vergütung ändert daran nichts. Denn dieses beschränkt sich ausschließlich auf den Zahlungsanspruch des Auftragnehmers. Das daneben bestehende Sicherungsrecht nach § 648a BGB bleibt davon unberührt (BGH, Urt. v. 09.11.2000 – VII ZR 82/99, BGHZ 146, 24, 32 f. = BauR 2001, 386, 389 f. = NJW 2001, 822, 824 f. = NZBau 2001, 129, 131; BGH, Urt.

v. 27.09.2007 – VII ZR 80/05, BauR 2007, 2052, 2056 f. = NJW-RR 2008, 31, 34; Staudinger/ Peters/Jacoby § 648a BGB Rn. 10 – a. A. Palandt/Sprau, § 648a Rn. 13). Ist hingegen das Recht des Auftragnehmers auf Mängelbeseitigung, z. B. wegen eine von ihm erklärten endgültigen Erfüllungsverweigerung erloschen, verliert er damit gleichzeitig auch etwaige schon entstandene Rechte aus § 648a BGB (BGH, Urt. v. 27.09.2007, a. a. O.).

- **Kürzung des Sicherungsverlangens wegen anderer Gegenansprüche des Auftraggebers** 3185
 Neben Mängelrechten stehen einem Vergütungsanspruch des Auftragnehmers vielfach sonstige Gegenrechte des Auftraggebers gegenüber, z. B. Ansprüche aus positiver Vertragsverletzung (§ 280 Abs. 1 BGB) oder aus Leistungsverzug, aus bereits angefallener Vertragsstrafe usw. Das Sicherungsverlangen des Auftragnehmers können diese Gegenrechte jedoch nur dann wirksam beeinträchtigen, wenn insoweit die **Voraussetzungen der Aufrechnung (§ 387 BGB)** voll und uneingeschränkt **durchsetzbar** vorliegen und der Auftraggeber davon bereits Gebrauch gemacht, also **aufgerechnet oder verrechnet hat**. Ist die zur Aufrechnung gestellte Gegenforderung des Auftraggebers **streitig**, so kommt auch hier eine entsprechende Herabsetzung der Sicherheitsleistung erst in Betracht, wenn das Bestehen der Gegenforderung und ihre Höhe **rechtskräftig festgestellt** sind (§ 648 Abs. 1 S. 4 BGB).

12.4.1.5.3 Erhöhung der Sicherheitsleistung wegen Nebenforderungen

Nach § 648a Abs. 1 S. 1 BGB kann **Sicherheitsleistung auch für Nebenforderungen** verlangt werden. Diese sind mit zehn Prozent des zu sichernden Vergütungsanspruchs anzusetzen. Was Nebenforderungen sind, lässt das Gesetz offen. Nach der Gesetzesbegründung soll es dabei vor allem um Zinsen des Unternehmers gehen (BT-Drucks. 14/1246, S. 10). Dies stellt eine hinzunehmende Durchbrechung der gesetzlichen Systematik des § 648a BGB dar: Denn gesichert wird mit § 648a BGB – wie gezeigt – eigentlich nur, wenn auch ohne Einschränkung der volle Vergütungsanspruch des Auftragsnehmers einschließlich sämtlicher Nachträge. Dies gilt selbst dann, wenn das Vorhaben vorzeitig beendet wird. Hier wird der volle Vergütungsanspruch abzüglich ersparter Aufwendungen abgedeckt (siehe hierzu oben Rdn. 3178). Soweit nunmehr zusätzlich Nebenforderungen als sicherungsfähig angesehen werden, kann dies die ohnehin bereits erfasste Vergütung folglich nicht betreffen. **Gemeint sein können** stattdessen tatsächlich nur die in der Gesetzesbegründung genannten **Verzugszinsen**, die dem Auftragnehmer aus der Nichtbezahlung offener Rechnungen entstehen. Hiermit wird neben dem Vergütungsanspruch somit praktisch ein Schadensersatzanspruch gesichert. 3186

Um unter dem erheblichen Druck bei der Abwicklung eines Bauvorhabens keinen Streit aufkommen zu lassen, wurde die Höhe dieser zusätzlichen Sicherheitsleistung nach dem Gesetzeswortlaut **pauschal mit zehn Prozent** angesetzt (für einen pauschalen Ansatz ebenso: Werner/Pastor, Rn. 326 – a. A. OLG Frankfurt, Urt. v. 09.05.2007 – 15 U 11/07, BauR 2007, 1430, 1431; vgl. aber auch Münch.Komm./Busche § 648 Rn. 23 sowie Palandt/Sprau, § 648a Rn. 14, die verlangen, dass das Bestehen einer Nebenforderung wenigstens dem Grunde nach nachgewiesen werden muss, während Kniffka/Koeble, 10. Teil Rn. 61, sogar abweichend vom Gesetzeswortlaut bei Inanspruchnahme der Sicherung nach § 648a BGB auch für Nebenforderungen eine nähere Spezifizierung verlangen). Im Ergebnis heißt das, dass selbst ein in jeder Hinsicht vertragstreuer und pünktlich zahlender Auftraggeber auf Anforderung 110 % einer an sich geschuldeten Vergütung absichern muss. Dies war wohl kaum Ziel der ursprünglichen Regelung des § 648a BGB, die allein eine Vergütungssicherung verfolgte. Doch geht es in der Sache um etwas anderes, nämlich um die Absicherung des offenen Vergütungsanspruchs des Auftragnehmers zzgl. Nebenkosten in die Zukunft hinein, für den gerade nicht feststeht, ob der Auftraggeber jeweils pünktlich zahlt. Keinesfalls bedeutet dieser Pauschalansatz dagegen, dass der Unternehmer nach Herstellung des Werks ohne weitere Darlegung eine um zehn Prozent erhöhte Vergütung verlangen kann. Hier geht es allein um die Sicherheitsleistung; seinen materiellen Anspruch muss der Auftragnehmer im Bestreitensfall nach den allgemeinen Vorschriften nach wie vor darlegen und beweisen. 3187

12.4.2 Anforderung an die Sicherheitsleistung

3188 Auf ein nach § 648a BGB berechtigtes Sicherheitsverlangen hat der Auftraggeber die Sicherheit zu stellen. Die Auswahl des Sicherungsmittels steht in seinem freien Ermessen, soweit die hierfür einschlägigen Voraussetzungen des § 648a Abs. 2 BGB erfüllt sind. Neben den im Gesetz gesondert erwähnten Sicherheiten in Form einer **Garantie** oder eines **sonstigen Zahlungsversprechens** eines im Geltungsbereich des BGB zum Geschäftsbetrieb zugelassenen Kreditinstitutes oder Kreditversicherers bleibt allerdings offen, welche primären Sicherungsmittel in Betracht kommen. Hierfür ist auf die allgemeinen gesetzlichen Vorschriften zur Sicherheitsleistung zurückzugreifen (§§ 232 ff. BGB). Daraus wiederum folgt, dass die **Sicherheitsleistung nicht zwingend von einem Dritten** (etwa einer Bank) übernommen werden muss, sondern sie auch vom Schuldner selbst, nämlich vom Auftraggeber erbracht werden kann. Allerdings müssen hinreichende, vor allem gesetzlich anerkannte Sicherheiten zur Verfügung gestellt werden, deren Rahmen durch § 232 Abs. 1 BGB im Einzelnen bestimmt ist. Als **Eigensicherheit** in Betracht kommen vor allem die Hinterlegung von Geld oder Wertpapieren, die Bestellung von Grundpfandrechten oder die Verpfändung von beweglichen Sachen.

3189 Im Übrigen darf die **Sicherheitsleistung nicht befristet** sein (OLG Oldenburg, Urt. v. 10.06.1998 – 2 U 74/98, BauR 1999, 518; OLG Frankfurt, Urt. v. 12.08.2002 – 1 U 127/01, BauR 2003, 412 m. zust. Anm. Schmitz; OLG Koblenz, Urt. v. 14.07.2005 – 5 U 267/05 für eine Zeitbürgschaft, BauR 2005, 1681) bzw. allenfalls eine Frist enthalten, bei der unter jedem rechtlich denkbaren Gesichtspunkt ein Risiko des Auftragnehmers bei der Realisierung der Sicherheit ausgeschlossen ist. Nicht mit § 648a BGB vereinbar sind daher vor allem Befristungen bis zur Abnahme, bis zum Abschluss der Rechnungsprüfung oder bis zur Beendigung des Bauvertrages. Letzteres liegt schon deshalb auf der Hand, weil die Beendigung ohne Weiteres vom Auftraggeber durch Kündigung herbeigeführt werden könnte (OLG Frankfurt, Urt. v. 12.08.2002 – 1 U 127/01, BauR 2003, 412, 413). Eine solche Bürgschaft kann der Auftragnehmer zurückweisen bzw. eine ergänzende Sicherheit verlangen. Akzeptiert der Auftragnehmer allerdings in Kenntnis der Befristung eine solche Sicherheit, ist sie nicht wegen Verstoßes gegen § 648a Abs. 7 BGB unwirksam (OLG Oldenburg, Urt. v. 10.06.1998 – 2 U 74/98, BauR 1999, 518; OLG Koblenz, Urt. v. 14.07.2005 – 5 U 267/05, BauR 2005, 1681; Palandt/Sprau, § 648a Rn. 4). Dies gilt selbst dann, wenn die gewährte Bürgschaft ausdrücklich auf § 648a BGB Bezug nimmt (OLG München, Urt. v. 08.04.2004 – 9 U 2702/03, BauR 2004, 1631, 1632).

3190 Steht nach der gesetzlichen Regelung allein dem Auftraggeber die Auswahl des Sicherungsmittels nach § 648a BGB zu, stellt sich die Frage, ob er auch das Recht hat, eine einmal gewährte Sicherheit – wie etwa im umgekehrten Verhältnis nach § 17 Abs. 3 VOB/B – auszutauschen. Ein solches **Austauschrecht** ist nach dem Gesetz jedoch nicht vorgesehen. Folglich muss sich der Auftragnehmer darauf nicht einlassen. Allenfalls aus § 242 BGB könnte sich etwas anderes ergeben, wenn sich die Weigerung des Auftragnehmers zum Austausch als **Verstoß gegen Treu und Glauben** darstellt (so z. B. bei einem erbetenen Austausch einer wortlautidentischen Bürgschaft einer gleichwertigen Bank vor dem Hintergrund, dass der Auftraggeber bei der Zweitbank Avalzinsen spart – vgl. dazu auch LG München I, Urt. v. 20.03.2003 – 5 O 7872/02, BauR 2004, 1020, 1022).

3191 Nach § 648a Abs. 2 S. 1 BGB kann die Sicherheit wie oben schon angesprochen **auch** durch die **Garantie oder ein sonstiges Zahlungsversprechen** eines im Geltungsbereich des BGB zum Geschäftsbetrieb zugelassenen **Kreditinstitutes oder Kreditversicherers** geleistet werden (s. dazu näher Ingenstau/Korbion/Joussen, Anh. 1 Rn. 180 ff.). Aus dieser Formulierung folgt, dass gleichfalls ein sonstiger Dritter als Aussteller einer Sicherheit in Betracht kommt. Der Auftraggeber hat hier die freie Wahl, wie er die Sicherheit leistet. Regelmäßig anzutreffen ist die Hergabe einer **Höchstbetragsbürgschaft** eines Kreditinstitutes. Zwingend ist dies jedoch nicht, weil er wie erläutert auch auf andere Sicherheiten ausweichen kann. Greift der Auftraggeber allerdings als Sicherungsgeber auf Dritte und hier vor allem auf Kreditinstitute oder Kreditversicherer zurück, ist die dann zu stellende Sicherheit zwingend mit der ergänzenden Regelung in § 648a Abs. 2 S. 2 BGB zu lesen. Dem Grunde nach handelt es sich bei dieser Vorschrift allerdings nicht um eine Anforderung an die Sicherheits-

12.4 Bauhandwerkersicherheitsleistung (§ 648a BGB)

leistung. Vielmehr geht es vorrangig um die Zulässigkeit der Verwertung einer von Kreditinstituten oder Kreditversicherern (nicht von sonstigen Dritten!) gestellten Sicherheit. Beide Gruppen von Sicherungsgebern dürfen nämlich nach § 648a Abs. 2 S. 2 BGB auf von ihnen gestellte Sicherheiten nur Zahlungen an den Unternehmer leisten, wenn der **Besteller den Vergütungsanspruch des Unternehmers anerkennt** oder durch **vorläufig vollstreckbares Urteil** zur Zahlung der Vergütung verurteilt worden ist und die Voraussetzungen vorliegen, unter denen die Zwangsvollstreckung begonnen werden darf. Hintergrund dieser Verwertungsbeschränkung ist der Schutz des Bestellers: Denn hierdurch sollen Zahlungen auf die Sicherheit vor allem dann verhindert werden, wenn streitig ist, ob die Bauleistung mangelfrei oder fertiggestellt ist. § 648a BGB will den Auftragnehmer auch in diesen Fällen nur vor dem Ausfall des Auftraggebers schützen. Demgegenüber sollen Letzterem nicht etwa durch eine verfrühte Zahlung einer z. B. bürgenden Bank das ihm sonst zustehende Zurückbehaltungsrecht an Teilen der Vergütung genommen werden. Diese **Verwertungsbeschränkung** selbst **strahlt** immerhin **auf die Tauglichkeit der Sicherheitsleistung** von Kreditinstituten und Kreditversicherern aus: Denn wenn eine Verwertung von solchen Sicherheiten nur unter den dort genannten Voraussetzungen zulässig ist, bestehen keine Bedenken, wenn diese Beschränkungen auch in den Text einer solchen Drittsicherheit (z. B. einer Höchstbetragsbürgschaft) aufgenommen werden. Im Umkehrschluss folgt aus dieser Vorschrift ferner, dass der Auftragnehmer nach § 648a BGB keinesfalls eine **Bürgschaft auf erstes Anfordern** (s. dazu oben Rdn. 3029 ff.) verlangen darf, weil diese Sicherungsform unter keinem denkbaren Gesichtspunkt mit der Einschränkung des § 648a Abs. 2 S. 2 BGB vereinbar ist (ebenso: OLG Düsseldorf, Urt. v. 30.11.1999 – 21 U 59/99 BauR 2000, 919, 920; OLG Celle, Beschl. v. 06.06.2000 – 16 U 36/00 IBR 2000, 377). Liegt diese trotzdem vor, ist sie zwar wirksam begeben. Die zugrunde liegende Sicherungsabrede verstößt jedoch gegen den nach Abs. 7 als zwingend ausgestalteten § 648a BGB und ist unwirksam (siehe dazu im Einzelnen unten Rdn. 3227). Eine Inanspruchnahme der Bürgschaft auf erstes Anfordern wäre danach rechtsmissbräuchlich und könnte unterbunden werden (OLG Düsseldorf, Urt. v. 30.11.1999 – 21 U 59/99, BauR 2000, 919, 920; OLG Celle, Beschl. v. 06.06.2000 – 16 U 36/00, IBR 2000, 377).

Wird eine Höchstbetragsbürgschaft oder sonst eine Sicherheit vom Auftraggeber gewährt, trägt die damit verbundenen **Kosten** nach § 648a Abs. 2 BGB der Auftragnehmer bis zu einem Maximalbetrag von 2 % der Sicherheit. Dies gilt jedoch nicht, wenn eine Sicherheit nur deswegen aufrechterhalten werden muss, weil der Auftraggeber eine fällige Vergütung zu Unrecht nicht zahlt (Ingenstau/Korbion/Joussen Anh. 1 Rn. 190 ff.). 3192

▶ Beispiel

> Der Auftraggeber stellt eine Sicherheit. Diese Kosten muss zunächst der Auftragnehmer bezahlen. Am Ende der Maßnahme verweigert der Auftraggeber zu Unrecht die Abnahme. Die Parteien führen dazu einen Rechtsstreit, der Auftraggeber unterliegt nach drei Jahren. Für diese drei Jahre muss nun der Auftraggeber die Kosten übernehmen. Denn hätte er sich vertragsgerecht verhalten, hätte er rechtzeitig abgenommen und bezahlt. Dann wäre die Vergütung fällig geworden, sodass sich dann die Sicherheit frühzeitig erledigt hätte.

12.4.3 Verhältnis der Sicherheitsleistung zur Bauhandwerkersicherungshypothek

§ 648a BGB wurde in das BGB aufgenommen, um Unzulänglichkeiten bei der berechtigten Sicherstellung von Vergütungsansprüchen des Unternehmers gemäß § 648 Abs. 1 BGB auszugleichen oder jedenfalls abzumildern. Im Allgemeinen soll § 648a BGB daher eine Auffangfunktion zukommen. Allerdings soll ein Unternehmer die in § 648a BGB festgelegte Sicherheitsleistung **nicht** erst dann beanspruchen können, wenn er einen Sicherungsanspruch nach § 648 Abs. 1 BGB nicht durchzusetzen vermag oder ihn zwar erlangen, aber nach Lage der Dinge, wie etwa wegen des Ranges im Grundbuch, nicht befriedigend oder überhaupt nicht realisieren kann. Vielmehr steht dem Unternehmer **ein Wahlrecht** zu, **von welcher Sicherungsmöglichkeit er Gebrauch macht** (vgl. dazu auch schon die Erläuterungen, inwieweit § 648 BGB durch AGB ausgeschlossen werden kann, Rdn. 3159 f.). Dies bedarf einer vorherigen, am Einzelfall orientierten sachgerechten Überlegung. 3193

Insoweit ist der Auftragnehmer sogar **befugt**, bis zur Erlangung einer ausreichenden Sicherheit **die Rechte aus §§ 648 und 648a BGB nebeneinander zu verfolgen** (Staudinger/Peters/Jacoby, § 648a BGB Rn. 31; Werner/Pastor, Rn. 317 – a. A. Siegburg, BauR 1997, 40, 48). Unbeschadet dessen ist aber auch das anzuerkennende Interesse des Auftraggebers zu beachten, nicht einer **Übersicherung des Auftragnehmers** ausgeliefert zu sein. Deshalb regelt § 648a Abs. 4 BGB, dass der Unternehmer, soweit er eine Sicherung nach Abs. 1 oder 2 erlangt hat, seinen Anspruch auf Einräumung einer Bauhandwerkersicherungshypothek nach § 648 Abs. 1 BGB verliert (»ist ausgeschlossen«). Ist der Vergütungsanspruch nur teilweise durch eine Sicherheitsleistung nach § 648a BGB abgedeckt, bleibt dem Unternehmer der Anspruch auf eine Bauhandwerkersicherungshypothek nur in Höhe des durch die Sicherheitsleistung nach § 648a BGB nicht abgedeckten Betrags erhalten.

3194 Nicht in den Wortlaut des § 648a Abs. 4 BGB aufgenommen ist der **umgekehrte Fall, dass der Auftragnehmer eine Sicherungshypothek nach § 648 Abs. 1 BGB erlangt** hat. Auch insoweit wird aber der Grundgedanke der Vermeidung einer Doppelsicherung zu beachten sein, d. h.: Dem Auftragnehmer ist grundsätzlich ein rechtlich schutzwürdiges Interesse an der Erlangung einer Sicherheitsleistung nach § 648a BGB zu versagen, wenn die durch die Sicherheitsleistung zu erreichende Sicherstellung des Auftragnehmers derjenigen, die die erlangte Bauhandwerkersicherungshypothek vor allem auch von der Rangstelle her bietet, gleichwertig oder jedenfalls annähernd gleichwertig ist (ähnlich Palandt/Sprau, § 648a Rn. 3, der »Mündelssicherheit« [§§ 238 Abs. 1, 1807 Abs. 1 BGB] fordert; ebenso OLG Dresden, Urt. v. 30.10.2007 – 6 U 1213/07, BauR 2008, 1161, 1162).

3195 Hat der Auftragnehmer in diesen Fällen bisher (nur) eine **Vormerkung auf Eintragung einer Bauhandwerkersicherungshypothek** erlangt, reicht dies für den Ausschluss eines Anspruchs auf eine Sicherheit nach § 648a BGB aus; denn auch dann liegt eine hinreichende Sicherheit – hier hinsichtlich der Rangstelle – vor (so wohl auch OLG Köln, Urt. v. 19.05.1995 – 20 U 199/94, SFH § 648a BGB Nr. 1 = BauR 1996, 272; Slapnicar/Wiegelmann, NJW 1993, 2903, 2908; Röthlein, Rn. 281; Messerschmidt/Voit/Cramer, § 648a Rn. 9 – a. A. Sturmberg, BauR 1994, 57, 66). Ist hingegen die Verwertung einer schon eingetragenen Bauhandwerkersicherungshypothek unsicher, bleibt dem Auftragnehmer das Recht erhalten, parallel eine Bauhandwerkersicherung nach § 648a BGB zu verlangen. Um hier insbesondere im Hinblick auf die Rechtsfolgen verbunden mit einer Leistungseinstellung (vgl. dazu nachfolgend Rdn. 3196) kein Risiko einzugehen, könnte der Auftragnehmer ggf. sein Sicherungsverlangen mit der Erklärung verbinden, dass er auf die Rechte einer schon eingetragenen Bauhandwerkersicherungshypothek bzw. Vormerkung verzichtet, soweit er eine Sicherheit nach § 648a BGB erhält (ebenso Kniffka/Koeble, 10. Teil Rn. 107).

12.4.4 Folgen der Nichtleistung der verlangten Sicherheit

3196 Stellt der Auftraggeber die von ihm berechtigt angeforderte Sicherheitsleistung nicht fristgerecht, ist hinsichtlich der Rechte des Auftragnehmers zu unterscheiden.

12.4.4.1 Klage auf Sicherheitsleistung

3197 In erster Linie kann der Unternehmer die Sicherheit einklagen. Dieser Anspruch ergibt sich unmittelbar aus § 648a Abs. 1 BGB (s. dazu näher einschließlich Erläuterungen zur Vollstreckung: Joussen, Jahrbuch BauR 2010, 39, 45; Ingenstau/Korbion, Anh. 1 Rn. 153 ff.). Eine vorherige **Fristsetzung** o. Ä. ist **nicht erforderlich**. Für eine solche Klage muss der Unternehmer die genaue Höhe des vertraglich vereinbarten Werklohns einschließlich einer ggf. vereinbarten Nachtragsvergütung (jeweils zzgl. 10 % für Nebenforderungen) sowie die Höhe der bisher nicht bezahlten Vergütung darlegen und im Bestreitensfall beweisen. Die Klage auf Sicherheitsleistung hat sich sodann an dem sich daraus ergebenden Differenzbetrag zu orientieren. Der Besteller hingegen hat darzulegen und zu beweisen, dass er vermeintlich schon (mehr) Zahlungen geleistet hat oder ein Sicherungsanspruch nach § 648a Abs. 6 BGB ausgeschlossen ist (s. dazu sogleich Rdn. 3214 ff.). Bei der Klage selbst ist darauf zu achten, dass die Auswahl des Sicherungsmittels allein dem Auftraggeber obliegt (Rdn. 3188), d. h.: Dem **Auftraggeber** muss **im Klageantrag die Wahl** eingeräumt sein, eine Sicherheit zu stellen entweder in Form der gesetzlichen Sicherungsmittel nach § 232 BGB oder in Form der in § 648a

12.4 Bauhandwerkersicherheitsleistung (§ 648a BGB)

Abs. 2 BGB vorgesehenen Art. Demgegenüber ist ein Klageantrag gerichtet lediglich auf eine bestimmte Art einer Sicherheitsleistung nicht erfolgreich.

Die **Klage des Auftragnehmers auf Sicherheitsleistung** tritt **neben** einen ggf. gesondert geltend zu machenden **Vergütungsanspruch**. Dies hat besondere Bedeutung: So können nämlich dem Vergütungsanspruch – ggf. nach erbrachten Teilleistungen bei einer Klage auf Abschlagszahlung – streitige Gegenansprüche z. B. wegen behaupteter Mängel entgegen gesetzt werden. Dies schließt zumindest in aller Regel eine schnelle Durchsetzung des Vergütungsanspruchs in der Praxis aus. Anders ist dies bei einem gleichzeitig geltend gemachten Anspruch auf Sicherheitsleistung: Hier bleiben **streitige Gegenansprüche in einem Anforderungsprozess** nach § 648a Abs. 1 S. 4 BGB **unberücksichtigt** (s. u. Rdn. 3183). 3198

12.4.4.2 Leistungsverweigerungsrecht

Neben einer Klage auf Sicherheit kann der Auftragnehmer gemäß § 648a Abs. 5 S. 1 BGB nach Ablauf einer dazu gesetzten Frist die Leistung verweigern. Dies entspricht der früheren Rechtslage. Allerdings ist anders als in der Altregelung eine **gesonderte Ankündigung der Leistungseinstellung entbehrlich**. 3199

12.4.4.2.1 Voraussetzung: Fruchtloses Verstreichen einer angemessenen Frist

Der Unternehmer kann die Leistung verweigern, wenn er dem Besteller zuvor eine angemessene Frist zur Leistung der Bauhandwerkersicherheit gesetzt hat. Diese **Frist muss fruchtlos verstreichen** sein. Deren **Dauer** richtet sich nach den Umständen des Einzelfalles. Entscheidend ist dabei, wie lange der Auftraggeber, der sich in normalen finanziellen Verhältnissen befindet, benötigt, um die Sicherheit zu beschaffen und dem Unternehmer zur Verfügung zu stellen (BGH, Urt. v. 31.03.2005 – VII ZR 346/03, BauR 2005, 1009 f. = NJW 2005, 1939 = NZBau 2005, 393, 394). Auch wird zu berücksichtigen sein, ob die tatsächlichen und rechtlichen Voraussetzungen zur Ermittlung der zu sichernden Vergütung klar sind. Ggf. kann es geboten sein, eine längere Frist zu setzen – dies etwa deshalb, damit für den Auftraggeber eine angemessene Zeit für eine anwaltliche Beratung verbleibt. Ebenso kann zu berücksichtigen sein, ob dem Sicherungsverlangen schon eine anderweitige darauf gerichtete Ankündigung vorausgegangen ist (BGH, Urt. v. 20.12.2010 – VII ZR 22/09, BauR 2011, 514, 516 = NJW-RR 2011, 235, 236 = NZBau 2011, 93, 94). Liegen dagegen keine Besonderheiten vor und stand bisher keine Anforderung im Raum, wird man eine Frist von etwa **1–3 Wochen** als ausreichend ansehen können. Demgegenüber dürfte eine auch in der damaligen Regierungsbegründung (BT-Drucks. 12/1836 S. 9) zu § 648a BGB genannte Frist von durchschnittlich 7–10 Tagen vielfach zu kurz sein (so aber Weise, Sicherheiten im Baurecht, Rn. 649; wohl auch OLG Hamm, Urt. v. 28.2.2008 – 24 U 81/07, IBR 2010, 83; unentschieden: BGH Urt. v. 31.03.2005 – VII ZR 346/03, a. a. O.; Palandt/Sprau, § 648a BGB Rn. 20; s. auch BGH, Urt. v. 20.12.2010, a. a. O. für eine zu kurze Frist von fünf Werktagen in einer komplizierten Angelegenheit, bei der zuvor ein Sicherheitsverlangen auch nicht thematisiert worden war). Stattdessen ist zumindest in normal gelagerten Fällen zu differenzieren, ob die Sicherheitsleistung von einem Großauftraggeber verlangt wird, was dafür spricht, die angemessene Frist eher am unteren Ende des vorgenanten Zeitraums von 1–3-Wochen anzusiedeln und sich somit der in der Regierungsbegründung genannten Frist anzunähern (für eine Frist von 1 Woche bei Gewerbetreibenden etwa OLG Dresden, Urt. v. 01.03.2006 – 12 U 2379/04, BauR 2006, 1318, 1319). Wird die Sicherheitsleistung hingegen von einem Kleingewerbetreibenden verlangt, der üblicherweise nicht mit Sicherheitsverlangen nach § 648a BGB befasst ist, dürfte eine Fristsetzung von bis zu drei Wochen angezeigt sein (ebenso OLG Dresden a. a. O.). War die **Frist** zur Stellung einer Sicherheit **zu kurz** bemessen, wird mit einem solchen nicht ausreichenden Sicherungsverlangen des Auftragnehmers eine **angemessene Frist in Gang** gesetzt (BGH, Urt. v. 31.03.2005 – VII ZR 346/03, BauR 2005, 1009, 1010 = NJW 2005, 1939, 1940 = NZBau 2005, 393, 394). Auf die Fristsetzung kann gänzlich **verzichtet** werden, wenn der Auftraggeber zuvor schon ernsthaft und endgültig die Stellung einer Sicherheit verweigert hatte (Münch.Komm./Busche, § 648a Rn. 14). In diesem Fall ist es ebenso unschädlich, wenn der Auf- 3200 tragnehmer seine Arbeiten bereits innerhalb einer gleichwohl noch gesetzten, wenn auch zu kurzen Frist oder vor Fristablauf einstellt (OLG Hamm, Urt. v. 07.03.2007 – 25 U 105/06, IBR 2010, 140).

12.4.4.2.2 Folge: Leistungseinstellung und Bauzeitverzögerung

3201   Ist die Frist fruchtlos verstrichen, kann der Unternehmer jede weitere Leistung verweigern. Dies schließt das Recht zur **Verweigerung der Aufnahme der Arbeiten** ein, wenn das Verlangen auf Sicherheitsleistung vor dem vertraglich festgelegten Baubeginn gestellt wurde und die angemessene Frist zu deren Verfügungsstellung schon abgelaufen war (Joussen, Jahrbuch BauR 2010, 39, 55). Ist das Recht zur Arbeitseinstellung für den Auftragnehmer entstanden, kann eine ggf. parallel vom Auftraggeber gesetzte Frist zur Mangelbeseitigung nicht mehr weiterlaufen. Dies hat zur Folge, dass sich auch ein bis dahin (nur) bestehender Nacherfüllungsanspruch nicht in einen geldwerten Anspruch des Auftraggebers (z. B. auf Kostenersatz) umwandeln kann (so ausdrücklich etwa BGH, Urt. v. 16.04.2009 – VII ZR 9/08, BauR 2009, 1152, 1155 = NZBau 2009, 439, 440), mit dem jetzt der Auftraggeber gegen den Vergütungsanspruch des Auftragnehmers aufrechnen könnte. Auch Nachfristsetzungen des Auftraggebers als Voraussetzung für die Entstehung eines Schadenersatzanspruchs statt der Leistung sind nicht möglich, weil diese gleichfalls einen fälligen und durchsetzbaren Leistungsanspruch des Auftraggebers voraussetzen. All dies gilt unbeschadet des § 16 Abs. 5 Nr. 4 VOB/B ebenso für einen VOB-Vertrag (s. auch BGH a. a. O.), der darüber hinaus eine Leistungseinstellung an eine ausbleibende Zahlung der Vergütung knüpft. § 18 Abs. 5 VOB/B steht der Anwendung des § 648a BGB nicht entgegen, weil es sich bei dem Leistungsverweigerungsrecht nach § 648a Abs. 5 BGB um eine vorrangige, gesetzlich normierte Regelung handelt (Ingenstau/Korbion/Joussen, B § 18 Abs. 5 Rn. 3 VOB/B). Sind allerdings umgekehrt **bis zur Entstehung des Leistungsverweigerungsrechts** des Auftragnehmers nach § 648a BGB wegen Nichtstellung der Sicherheit bereits **Rechte des Auftraggebers entstanden**, so etwa nach Ablauf einer zur Mangelbeseitigung verbunden mit einer Kündigungsandrohung gesetzten Frist gemäß § 4 Abs. 7 S. 3 VOB/B, bleiben diese Rechte bestehen.

▶ **Beispiel**

Der Auftraggeber hatte wegen Mängeln schon neben einer Beseitigungsaufforderung die Kündigung angedroht. Die Fristen sind fruchtlos verstrichen. Jetzt fordert der Auftragnehmer erstmals, aber fruchtlos mit Nachfrist eine Sicherheit nach § 648a BGB.

Hier gehen die Rechte des Auftraggebers vor, d. h., ein Auftraggeber kann einen solchen Vertrag selbst dann noch kündigen, wenn zwischenzeitlich wegen der Nichtstellung der Sicherheit ein Leistungsverweigerungsrecht des Auftragnehmers nach § 648a BGB entstanden ist (BGH Urt. v. 10.11.2005 – VII ZR 147/04 BauR 2006, 375, 376 = NJW-RR 2006, 240, 241 = NZBau 2006, 112, 113).

3202   Mit der Leistungseinstellung infolge einer nicht gestellten Sicherheit ist in aller Regel eine **Bauzeitverzögerung** verbunden. Diese beruht unstreitig auf einem **Umstand aus dem Risikobereich des Auftraggebers**. Infolgedessen kann der Unternehmer bei einem VOB-Vertrag für die Dauer der berechtigten Leistungseinstellung bis zur ggf. verspäteten Stellung der Sicherheit zzgl. eines Zuschlags für die Wiedereinarbeitung (s. dazu oben Rdn. 1804 ff.) eine Bauzeitverlängerung geltend machen. Eine gesonderte Behinderungsanzeige (vgl. 6 Abs. 1 S. 1 VOB/B) dürfte in der Regel entbehrlich sein. Denn übergibt der Besteller trotz Fristsetzung keine Sicherheit nach § 648a BGB und kommt es deswegen zur Leistungseinstellung, so ist davon auszugehen, dass dem Besteller dann auch – gerade infolge der zuvor gesetzten Frist – die Tatsache der sich anschließenden Leistungseinstellung und deren hindernde Wirkung offenkundig bekannt war (§ 6 Abs. 1 S. 2 VOB/B; s. auch Joussen, Jahrbuch BauR 2010, 39, 56).

12.4.4.2.3 Finanzielle Folgen

3203   Mit der berechtigten Leistungseinstellung kommt es in der Regel zu Mehrkosten aufseiten des Unternehmers (Stillstandskosten, Zusatzkosten für die Wiederaufnahme der Arbeiten u. a.). Diese beruhen zum einen auf einem **Schuldnerverzug** des Bestellers, weil er eine geschuldete Sicherheit trotz Fristsetzung nicht übergibt. Gleichzeitig gerät er verschuldensunabhängig in **Annahmeverzug**, weil er eine von ihm zu erbringende Mitwirkungshandlung unterlässt. Dabei sollten diese finanziellen Folgen nicht zu gering bewertet werden. Zwar hat der Auftragnehmer das Recht, auch nach einer länger andauernden Leistungseinstellung den Vertrag noch zu kündigen. Jedoch ist dieser Folgeschritt für ihn keineswegs zwingend. Vielmehr kann er es einstweilen bei dem **Leistungsverweigerungsrecht (längerfristig) belassen** und stattdessen für die **gesamte Zeit der Leistungseinstellung die ihn begünstigenden Ausgleichsansprüche** geltend machen. Er ist also keineswegs verpflichtet, in dieser Phase die Vertragsaufhebung zu betreiben (so aber etwa Sturmberg BauR 1995, 169, 172). Es wäre auch nicht ersichtlich, woraus sich dies ergeben sollte (BGH, Urt. v. 22.01.2004 – VII ZR 183/02, BGHZ 157, 335 = BauR 2004, 826, 827 f. = NJW 2004, 1525, 1526 f. = NZBau 2004, 259; BGH, Urt. v. 22.01.2004 – VII ZR 68/03, BauR 2004, 830, 831 = NZBau 2004, 261, 262; Beck'scher VOB/B-Komm./Jansen, Vor § 2 Rn. 376). Unbeschadet dessen ist der Auftragnehmer eines VOB-Vertrages jedoch berechtigt, zumindest dann, wenn die Leistungen infolge seiner berechtigten Leistungseinstellung länger **unterbrochen** werden, nach § 6 Abs. 5 VOB/B seine erbrachten Arbeiten **nach den Vertragspreisen** abzurechnen (Rdn. 2716 ff.). Dabei sind ebenso die Kosten zu vergüten, die dem Auftragnehmer schon entstanden und in den Vertragspreisen des nicht ausgeführten Teils enthalten sind. Hinsichtlich der weiteren finanziellen Ansprüche ist er darüber hinaus nicht gehindert, Schadensersatzansprüche aus Verzug nach § 280 Abs. 1 und 2, 286 BGB bzw. bei einem VOB-Vertrag nach § 6 Abs. 6 S. 1 VOB/B geltend zu machen (s. dazu ausführlich Rdn. 1975 ff.). Parallel kommt wegen des gleichzeitig bestehenden Annahmeverzugs ein Entschädigungsanspruch nach § 642 BGB in Betracht (s. dazu Rdn. 2082 ff.).

12.4.4.2.4 Gefahrübergang während der Leistungseinstellung

Besteht nach Vorstehendem ein Leistungsverweigerungsrecht, stellt sich die Frage, wer während dieses Zeitraums die (Vergütungs)gefahr für einen zufälligen Untergang der Bauleistung trägt. 3204

> **Beispiel**
>
> Ein Unwetter zerstört das teilfertiggestellte Bauwerk; bei einer ungehinderten Fortsetzung der Baumaßnahme nach Stellung der angeforderten Sicherheit wäre das Vorhaben vermutlich zuvor abgeschlossen und abgenommen worden.

In Fällen wie diesen ist zu unterscheiden (Joussen, Jahrbuch BauR 2010, 39, 59):
- Erläutert wurde schon, dass der Auftraggeber bei Nichtstellung der geforderten Sicherheit in **Annahmeverzug** gerät (s. vorstehend Rdn. 3203). Aus diesem Grund geht nach § 644 Abs. 1 S. 2 BGB gleichzeitig die **Gefahr auf ihn über**. Dieser Gefahrübergang währt so lange, bis der Annahmeverzug endet, d. h.: Stellt der Besteller die Sicherheit nach § 648a BGB (verspätet), trägt dann der Auftragnehmer wieder die Vergütungsgefahr (Münch.Komm./Busche, § 644 Rn. 8; Soergel/Teichmann, § 644 Rn. 7). Allerdings wird man diese Rechtsfolge insoweit zu beschränken haben, als ein zufälliger Untergang des Bauvorhabens nicht Ausdruck des erhöhten Unternehmerrisikos während des Annahmeverzugs gewesen ist. 3205

> **Beispiel**
>
> Nach Herstellung der Hälfte des Bauwerks wird eine angeforderte Bauhandwerkersicherheit trotz Fristsetzung nicht gestellt; diese Hälfte geht kurz nach Eintritt des Annahmeverzugs wegen höherer Gewalt unter.

Hier wäre es nicht sachgerecht, dass der Besteller – trotz Annahmeverzugs – jetzt die gesamte Bauleistung bezahlen müsste, ohne jemals eine Komplettleistung zu erhalten. Die Lösung ist in der Wertung des allgemeinen Schuldrechts zu suchen: So dürfte der Unternehmer bei einem Untergang des Bauvorhabens von seiner Leistungsverpflichtung frei geworden sein (§ 275 Abs. 1 bis 3 BGB). Nach § 326 Abs. 2 BGB würde er in diesem Fall bei einem Annahmeverzug des Bestellers zwar seinen vollen Vergütungsanspruch behalten. Er müsste sich jedoch dasjenige anrechnen lassen, was er infolge der Befreiung von der Leistung erspart hat oder durch anderweitige Verwendung seiner Arbeitskraft erwirbt oder zu erwerben böswillig unterlässt (§ 326 Abs. 2 S. 2 BGB). Dieser Grundgedanke gilt auch im Anwendungsbereich des § 644 BGB (Münch.Komm./ Busche, a. a. O.; ebenso: Soergel/Teichmann, a. a. O. noch zu § 324 Abs. 2 BGB a. F.). Demgegenüber trifft den Besteller die volle Kostenlast, wenn der Annahmeverzug über den sich aus dem Vertrag ergebenden Abnahme- bzw. den sich nach Behinderung fortgeschriebenen Fertigstellungszeitpunkt andauert.

3206 • Neben dem vorzeitigen Gefahrübergang kommt es sodann noch während des Annahmeverzugs des Bestellers nach § 300 Abs. 1 BGB zu einer **Reduzierung des Verschuldensmaßstabes**. Danach haftet der Schuldner (Auftragnehmer) während des Gläubigerverzugs nur für Vorsatz und grobe Fahrlässigkeit.

12.4.4.3 Kündigung des Bauvertrages

3207 Nach § 648a Abs. 5 BGB kommt als weitere Sanktion neben der Leistungsverweigerung eine Vertragskündigung in Betracht.

12.4.4.3.1 Voraussetzung: angemessene Fristsetzung

3208 Einzige Voraussetzung für ein Kündigungsrecht des Auftragnehmers ist neben dem berechtigten Verlangen nach einer Bauhandwerkersicherheitsleistung wiederum, dass der Unternehmer dem Besteller zuvor eine angemessene Frist gesetzt hatte und diese fruchtlos verstrichen ist (s. dazu schon oben zum Leistungsverweigerungsrecht Rdn. 3200). Dabei ist allerdings zu beachten, dass sich der Unternehmer **nach Fristablauf entscheiden** muss, wie er weiter vorgehen will. Denn § 648a Abs. 5 S. 1 BGB gewährt ihm zu diesem Zeitpunkt ein **Wahlrecht zwischen Leistungsverweigerung oder Kündigung**. Hat er sich für die Leistungsverweigerung entschieden, ist diese Fristsetzung verbraucht. Will er nunmehr den Vertrag auch noch kündigen, muss er notwendigerweise eine neue Frist zur Sicherheitsleistung setzen (i. E. wohl ebenso: Palandt/Sprau, § 648a Rn. 20, der in diesem Zusammenhang von einer erneuten Aufforderung spricht).

12.4.4.3.2 Kündigung

3209 Nach dem Fristablauf ist der Unternehmer berechtigt, den Bauvertrag zu kündigen (§ 648a Abs. 5 S. 1 BGB). Diese Kündigung bedarf **keiner Form**. Dies gilt auch für den VOB-Vertrag. Zwar sieht § 9 Abs. 2 VOB/B die Schriftform vor; auch dürfte das Kündigungsrecht in § 9 Abs. 1 Nr. 1 VOB/B aufgrund des Annahmeverzugs des Bestellers bei Nichtübergabe der Bauhandwerkersicherheit sogar einschlägig sein. Gleichwohl greift weder dieses zusätzliche Kündigungsrecht noch kann aus § 9 Abs. 2 VOB/B eine bestimmte Formvorgabe hergeleitet werden. Dies wiederum beruht auf dem zwingenden Charakter des § 648a BGB gemäß dessen Abs. 7: Danach ist eine Abweichung – sei es die Vorgabe einer weiteren Sanktion im Sinne des Unternehmers, sei es eine Schriftformvorgabe zu dessen Nachteil – ausgeschlossen (s. dazu unten Rdn. 3227).

3210 In der Gesetzesbegründung zu § 648a Abs. 5 BGB (BT-Ds. 16/511, S. 17) wird sodann auch von der Möglichkeit einer **Teilkündigung** gesprochen. In dem Gesetzestext findet sich dazu allerdings kein Hinweis. Im Gegenteil: Nach § 648a Abs. 1 BGB kann der Unternehmer eine Sicherheit für die noch offene vertraglich vereinbarte Vergütung verlangen. Wird diese, d. h. die Sicherheit für die noch offene Restvergütung, nicht gestellt, kann er den Vertrag kündigen (§ 648a Abs. 5 BGB). Wenn man danach den Wortlaut des Gesetzes auslegt, kann es sich bei der in § 648a Abs. 5 BGB in Bezug genommenen Sicherheit nur um die in Absatz 1 beschriebene Sicherheit bezogen auf die gesamte offene Vergütung handeln. Wird diese nicht wie gesetzlich beschrieben (d. h. in voller Höhe) gestellt, ist folglich nur eine Gesamtkündigung (bzw. ein Leistungsverweigerungsrecht) vorgesehen. Für eine Teilkündigung ist dagegen kein Platz (i. E. ebenso: OLG Frankfurt, Urt. v. 15.08.2006 – 12 U 184/05 BauR 2007, 1263, 1264). Ohnehin wäre offen, welcher Teil denn gekündigt werden sollte, wenn der Besteller ohne nähere Bestimmung bei einem einheitlichen Vertrag lediglich eine Teilsicherheit übergeben hat. Es wäre dann sogar denkbar, dass nunmehr ggf. der Unternehmer das Recht hätte, in Höhe des wertmäßig nicht durch die Sicherheit abgedeckten Vergütungsanteils sich beliebig eine Teilleistung heraussuchen zu dürfen, die er kündigen könnte. Für ein solches ihn begünstigendes Wahlrecht findet sich im Gesetz jedoch keine Grundlage.

12.4.4.3.3 Finanzielle Folgen

Hat der Unternehmer nach § 648a Abs. 5 S. 1 BGB zu Recht gekündigt, kann der Unternehmer nach Abs. 5 S. 2 und 3 die vereinbarte Vergütung verlangen; er muss sich jedoch das anrechnen lassen, was er infolge der Aufhebung des Vertrages an Aufwendungen erspart oder durch anderweitige Verwendung seiner Arbeitskraft erwirbt oder böswillig zu erwerben unterlässt. Sodann wird vermutet, dass dem Unternehmer 5 % der auf den noch nicht erbrachten Teil der Leistung entfallenden vereinbarten Vergütung zusteht. Diese Regelung deckt sich auf der Rechtsfolgenseite bei der Abrechnung mit einer freien Kündigung des Auftragnehmers durch den Auftraggeber **nach § 649 BGB** (§ 8 Abs. 1 Nr. 2 VOB/B). Wegen der Einzelheiten einschließlich der Widerleglichkeit des pauschalen Satzes von 5 % u. a. ist auf die Ausführungen dazu im Kapitel 11 zu verweisen (vgl. Rdn. 2826 ff.; s. dazu auch weiter Joussen, Jahrbuch BauR 2010, 39, 62; Ingenstau/Korbion, Anh. 1 Rn. 211 ff.). 3211

Neben dem hier geregelten Vergütungsanspruch steht zumindest theoretisch ein ggf. gesondert geltend zu machender **Schadensersatzanspruch** (in diesem Sinne auch Kniffka, BauR 2007, 246, 247): Denn wenn es sich bei der Stellung einer Bauhandwerkersicherheit um eine sogar einklagbare Verpflichtung handelt, können sich aus einer verspäteten oder unterbliebenen Übergabe (trotz Fristsetzung) gleichzeitig Schäden z. B. aus Verzug ergeben. Der Eintritt eines solchen weitgehenden Schadens ist jedoch – neben einer vollständig zu zahlenden Vergütung nach § 648a Abs. 5 S. 2 und 3 BGB – jeweils im Einzelfall zu prüfen. 3212

▶ **Beispiel**

Wegen der Verzögerung bei Stellung der Bauhandwerkersicherheit entgeht dem Auftragnehmer ein äußerst lukrativer Anschlussauftrag. Diesen konnte er deswegen nicht ausführen, weil die Baustelle infolge der Nichtstellung der Sicherheit in Stillstand geraten war.

Hier spricht nichts dagegen, dem Auftragnehmer einen insoweit **entgangenen Gewinn** wegen eines nicht angenommenen lukrativen Anschlussauftrages, den er bei einem voll ausgelasteten Betrieb hätte ausführen können, über einen Schadensersatzanspruch zuzusprechen. Hingegen wäre es ausgeschlossen, den entgangenen Gewinn des später gekündigten Hauptvertrages als Schadensposten anzusetzen. Denn dieser ist bereits Bestandteil des dem Unternehmer ohnehin nach dem Gesetz zustehenden Vergütungsanspruchs.

Mit der Kündigung wird der Unternehmer im Übrigen von jeglicher Pflicht frei, den Vertrag weiter zu erfüllen. Allerdings gilt das nicht ohne weiteres für die dem Bauwerk noch **anhaftenden Mängeln** (Ingenstau/Korbion/Joussen, Anh. 1 Rdn. 210). Hier nämlich ist zu beachten, dass die Kündigung den Bauvertrag nur für die Zukunft beendet hat, nicht aber in Bezug auf die schon ausgeführten Leistungen. Sind diese mangelhaft, ständen somit dem Auftraggeber noch Mängelansprüche zu – sei es nach § 4 Abs. 7 VOB/B, sei es nach Abnahme gemäß § 13 VOB/B/§§ 634 ff. BGB; der Auftraggeber müsste dem Auftragnehmer aber auch noch Gelegenheit zur Mangelbeseitigung geben und ihn dazu auffordern. Ferner können insbesondere schwere Mängel eine Abnahme sogar verhindern, was wiederum die Fälligkeit des Vergütungsanspruchs (einstweilen) ausschließen könnte (s. zu der Bedeutung der Abnahme in Bezug auf die Fälligkeit der Vergütung bei einem gekündigten Vertrag: Rdn. 1178 ff.). Ungeachtet dessen wird der Auftragnehmer aber nicht mehr weiterarbeiten und diese Mängel beseitigen wollen. Denn damit würde er ja – nachdem er den Vertrag mangels Sicherheitsleistung gekündigt hat – doch wieder in Vorleistung treten, was er gerade mit der Kündigung vermeiden wollte. Im Ergebnis gilt danach in Bezug auf seine Vergütung, dass **bei zum Kündigungszeitpunkt vorhandene Mängel** den Umfang seines ihm für die erbrachten Leistungen zustehenden Vergütungsanspruchs beschränken werden. Denn auch nach einer Vertragskündigung nach § 648a Abs. 5 BGB hat er lediglich Anspruch auf Vergütung, soweit die Leistung erfüllt, d. h., mangelfrei erbracht ist (s. dazu auch die Rechtslage nach der Abnahme: Rdn. 3218 ff.). Konkret folgt daraus, 3213 dass der **Vergütungsanspruch** des Unternehmers um den infolge eines **Mangels entstandenen Minderwert zu kürzen** ist (s. dazu: Rdn. 3220). Sofern die Mängelbeseitigung möglich ist und nicht wegen unverhältnismäßig hoher Kosten verweigert werden kann, entspricht dieser Minderwert den voraussichtlichen Mangelbeseitigungskosten, hilfsweise – soweit eine Mangelbeseitigung nicht in Betracht kommt – dem Minderwert des Bauwerkes. Dafür ist nicht erforderlich, dass der Besteller erklärt, welche Rechte er aus den Mängeln geltend macht (BGH Urt. v. 12.10.2006 VII ZR 307/04 BGHZ 169, 261 = BauR 2007, 113, 114 = NJW 2007, 60 = NZBau 2007, 38).

12.4.5 Ausnahmen von dem Sicherungsanspruch

3214 Zu beachten ist, dass von den beiden folgenden privilegierten Auftraggebergruppen keine Sicherheit nach § 648a BGB verlangt werden kann (s. dazu ausführlich Ingenstau/Korbion/Joussen, Anh. 1 Rn. 224 ff.):

3215 • **Juristische Personen des öffentlichen Rechts; öffentlich-rechtliche Sondervermögen, über deren Vermögen ein Insolvenzverfahren unzulässig ist**
Nicht unter diese Sonderregelung fallen dagegen juristische Personen des Privatrechts, die lediglich von der öffentlichen Hand beherrscht werden (OLG Jena, Urt. v. 22.11.2006 – 7 U 253/06, BauR 2008, 536, 537 f. = BauR 2008, 140). Dasselbe gilt für juristische Personen des öffentlichen Rechts, die insolvenzfähig sind (z. B. Krankenkassen, Industrie- und Handelskammern u. a.).

3216 • **Private Bauherren bei der Errichtung eines Einfamilienhauses oder einer Einliegerwohnung, soweit keine Baubetreuer eingeschaltet sind**
Voraussetzung für diese Ausnahme ist eine als privater Auftraggeber auftretende natürliche Einzelperson, ggf. in Verbindung mit einer anderen natürlichen Person (z. B. Ehefrau, Lebenspartner u. a.). Auf die rechtliche Verbindung der privaten Auftraggeber untereinander kommt es nicht an, solange sie rechtlich Auftraggeber bleiben. Demnach fallen unter die Ausnahmeregelung des § 648a Abs. 6 Nr. 2 BGB auch Gesellschaften bürgerlichen Rechts, die aus natürlichen Personen bestehen (so zu Recht Weise, Sicherheiten im Baurecht, Rn. 622). **Nicht erforderlich** ist es, dass **der private Auftraggeber zur Deckung von Eigenbedarf baut**; er kann also auch mehrfach zur Herstellung oder Instandsetzung eines Einfamilienhauses (mit oder ohne Einliegerwohnung) auftreten (offen gelassen von LG Bonn, Urt. v. 02.12.1996 – 9 O 136/96, BauR 1997, 857 = NJW-RR 1998, 530, 531; wie hier Sturmberg, BauR 1994, 57, 59 f.; Beck'scher VOB-Komm./Jagenburg, Vor § 2 Rn. 404; a. A. Staudinger/Peters/Jacoby, § 648a Rn. 7). Ebenso unbeachtlich ist nach der gesetzlichen Regelung, ob der private Auftraggeber selbst Bauherr ist. Für den Begriff »Einfamilienhaus mit oder ohne Einliegerwohnung« kommt es im Zweifel auf den Inhalt der Baugenehmigung an; für die Bestimmbarkeit einer Einliegerwohnung kann § 11 II. WoBauG hilfreich sein (zutreffend Sturmberg, BauR 1994, 57, 60; Zielemann, Rn. 740). Im Übrigen ist jedoch klarzustellen, dass eine Sicherheit nach § 648a BGB verlangt werden kann, soweit selbst ein privater Auftraggeber für den privaten Gebrauch kein Einfamilienhaus, sondern z. B. ein Doppelhaus baut (so auch VOB/B-Komm./Jansen Vor § 2 Rn. 401 – a. A. Koeble/Kniffka, 10. Teil Rn. 53).

12.4.6 Sicherungsverlangen nach Abnahme

3217 § 648a BGB ist gemäß § 648a Abs. 1 S. 3 BGB nach der Abnahme anwendbar. Dies war bereits vor der jetzigen gesetzlichen Regelung so anerkannt (vgl. nur BGH, Urt. v. 13.1.2005 – VII ZR 28/04 BauR 2005, 749 = NJW-RR 2005, 609, 610 = NZBau 2005, 280). Offen sind jedoch die sich daraus ergebenden Rechtsfolgen.

12.4.6.1 Sich gegenüberstehende Leistungsverweigerungsrechte bei mangelhafter Bauleistung

3218 Der Auftragnehmer kann im Fall mangelhafter Bauleistungen nach Abnahme seinen Vergütungsanspruch nur Zug um Zug gegen Beseitigung der Mängel durchsetzen. Der Auftraggeber ist seinerseits berechtigt, bis zur Beseitigung der nach Abnahme aufgetretenen Mängel Vergütungsanteile in der doppelten Höhe der voraussichtlichen Mangelbeseitigungskosten einzubehalten (§§ 320, 641 Abs. 3 BGB). Will der Auftragnehmer nunmehr seine Vergütung erhalten, muss er die Mängel zuvor beseitigen. Somit ist die Interessenlage in Bezug auf eine Sicherheitsleistung zunächst der Situation vor der Abnahme vergleichbar: Denn vor wie nach der Abnahme hat der Auftragnehmer nicht nur einen ggf. berechtigten Anspruch auf (spätere) Zahlung, sondern gleichfalls ein schützenswertes Interesse an der Absicherung seines nach Mangelbeseitigung in voller Höhe durchsetzbaren Vergütungsanspruchs. Dies wiederum führt dazu, dass der Auftragnehmer dann, wenn der Auftraggeber einem nach Abnahme vom Auftragnehmer geäußerten Sicherungsverlangen nicht nachkommt, nach § 648a BGB zu Recht seine weiteren **Leistungen zur Mängelbeseitigung** bis zur Übergabe einer Sicherheit bzw. Zahlung **einstellen** kann. Dieses Leistungsverweigerungsrecht ändert jedoch nichts daran, dass **anders als vor der Abnahme der Sicherungsanspruch des Auftragnehmers neben dem ggf. um Mängeleinbehalte zu kürzenden vollen Vergütungsanspruch steht**. Das eine (Sicherungsrecht mit dem Leistungsverweigerungsrecht des Auftragnehmers bzgl. der Mangelbeseitigung bei Nichtstellung der Sicherheit) hat mit dem anderen (Vergütungsanspruch mit dem Leistungsverweigerungsrecht des Auftraggebers in Bezug auf die Vergütung wegen Mängeln) nichts zu tun. Dies zeigt sich schon daran, dass ein aus der Nichtübergabe der Sicherheit gemäß § 648a Abs. 5 BGB entstehendes Leistungsverweigerungsrecht des Auftragnehmers an der Ursache für den Einbehalt des Vergütungsanspruchs, nämlich dem tatsächlich vorhandenen Mangel, nichts ändert. Solange dieser Mangel besteht, hat der Auftragnehmer seine Leistung in einem gegenseitigen Vertrag nicht vollends erbracht. Deswegen bleibt dem Auftraggeber zu Recht unabhängig von seiner Nichtbeibringung einer geschuldeten Sicherheitsleistung, deren Folgen er auch zu tragen hat, der teilweise Einbehalt der dafür geschuldeten Gegenleistung, nämlich des Vergütungsanspruchs erhalten (BGH a. a. O.). Dass der danach bestehende Einbehalt aber – so der BGH (a. a. O.) weiter – um den **Druckzuschlag gemäß §§ 320, 641 Abs. 3 BGB** zu erhöhen sei, dürfte dagegen **nicht richtig** sein: Der Druckzuschlag soll den Auftragnehmer zur Erfüllung seiner Werkleistung anhalten. Wenn dem Auftragnehmer aber wegen der nicht gestellten Sicherheit seinerseits ein Leistungsverweigerungsrecht zusteht, ist es nicht gerechtfertigt, dem Auftraggeber dieses Druckmittel für eine Handlung des Auftragnehmers (Mangelbeseitigung) an die Hand zu geben, die dieser zu diesem Zeitpunkt von Gesetzes wegen nicht erbringen muss (ebenso: Otto, BauR 2004, 838, 839; Münch.Komm./Busche, § 648 Rn. 21 – in diesem Sinne auch vorsichtiger: BGH, Urt. v. 16.12.2004 – VII ZR 167/02, BauR 2005, 548, 549 = NJW-RR 2005, 457, 458 = NZBau 2005, 221, 222, wonach bei der Höhe des Einbehalts ggf. zu berücksichtigen sein soll, dass der Besteller keine Sicherheit leistet).

Eine andere Frage ist, welche Bedeutung dem Sicherheitsverlangen des Auftragnehmers nach § 648a BGB noch zukommt, wenn gerade der nach Abnahme typische Fall zu den mangelhaften Leistungen dazu führt, dass der Auftraggeber die Vergütung wegen seines vorrangigen Leistungsverweigerungsrechts nach § 320 BGB in Höhe der (ggf. doppelten) Mangelbeseitigungskosten letztlich nicht zahlen muss. Doch dies ist nicht das einzige Ergebnis: Denn es verbleibt in diesem Fall **das Leistungsverweigerungsrecht des Auftragnehmers** aus § 648a Abs. 5 BGB parallel bestehen: Folglich ist der Auftragnehmer nicht zur **Mängelbeseitigung** verpflichtet und kann hiermit vor allem **nicht in Verzug geraten** (BGH, Urt. v. 22.01.2004 – VII ZR 68/03, BauR 2004, 830, 833 = NZBau 2004, 261, 263). Etwaige vom Auftraggeber gesetzte Fristen zur Mangelbeseitigung/Nacherfüllung können nicht weiterlaufen mit der Folge, dass sich Nacherfüllungsrechte während des bestehenden Leistungsverweigerungsrechts nicht in geldwerte Ansprüche etwa auf Kostenersatz oder Vorschuss umwandeln, solange er die gewünschte Sicherheit nicht stellt (BGH, Urt. v. 16.04.2009 – VII ZR 9/08 BauR 2009, 1152, 1155 = NZBau 2009, 439, 440). Auch die Entstehung von Schadenersatzansprüchen statt der Leistungen ist ausgeschlossen. Konkret heißt dies weiter, dass der Auftraggeber in dieser Situation zum Erhalt seines Nacherfüllungsrechts des Auftragnehmers auch nicht seinerseits die Mängel beseitigen lassen darf. Geht er jedoch so vor und verhindert somit eine spätere Nachbesserung des Auftragnehmers, besteht für die dazu angefallenen Kosten kein Erstattungsanspruch, d. h.: Der Auftraggeber kann **mit diesem Erstattungsanspruch nicht gegen den Vergütungsanspruch aufrechnen**. Im Ergebnis kann der Auftragnehmer dann die volle Vergütung verlangen (OLG Düsseldorf, Urt. v. 15.10.2004 – 22 U 108/03 BauR 2005, 572, 574 – a. A., d. h. in Verken-

3219

nung des auch bestehenden Rechts des Auftragnehmers zur Mangelbeseitigung: OLG Köln, Beschl. v. 05.07.2005 – 24 U 44/05, IBR 2005, 480).

12.4.6.2 Weitergehende Vertragsbeendigung

3220 Die sich gegenüberstehenden Leistungsverweigerungsrechte führen zu einer **Pattsituation**. Diese kann der Auftraggeber dadurch auflösen, dass er die Sicherheit stellt. Für den Auftragnehmer besteht hingegen in sinngemäßer Anwendung von § 648a Abs. 5 S. 1 BGB die Möglichkeit, sich von der nach wie vor **geschuldeten Mangelbeseitigungspflicht zu befreien**. Hierzu kann er analog der Vorgehensweise vor der Abnahme dem Auftraggeber eine **erneute Frist zur Sicherheitsleistung setzen**. Mit fruchtlosem Fristablauf kann er dann den Vertrag »kündigen«. Dies ist zwar begrifflich nach der Abnahme ausgeschlossen. Gemeint ist mit der entsprechenden Anwendung aber, dass der Auftragnehmer den Vertrag auch in Bezug auf noch offene Mangelbeseitigungsleistungen durch einseitige Erklärung beenden kann. Auf eine Fristsetzung kann verzichtet werden, wenn der Auftraggeber nachhaltig eine Sicherheitsleistung verweigert. In diesem Fall kann der Auftragnehmer sofort kündigen, d. h. erklären, dass er zukünftig die Mangelbeseitigung ablehne. Er kann somit auf diese Weise die endgültige Abrechnung herbeiführen, auch soweit die Leistung mangelhaft ist. In weiterer sinngemäßer Anwendung des § 648a Abs. 5 S. 2 BGB steht ihm nach fruchtlosem Fristablauf allerdings nicht die volle Vergütung zu. Vielmehr hat er lediglich **Anspruch auf Vergütung, soweit die Leistung erfüllt, d. h. mangelfrei** erbracht ist. Im Ergebnis bedeutet das, dass der Vergütungsanspruch des Auftragnehmers um den infolge eines Mangelns entstandenen Minderwert zu kürzen ist (s. dazu auch schon zur Altfassung des § 648a BGB: BGH, Urt. v. 09.01.2003 – VII ZR 181/00, BGHZ 153, 279, 284 = BauR 2003, 533 = NJW 2003, 1188 f. = NZBau 2003, 214; BGH, Urt v. 12.10.2006 – VII ZR 307/04, BGHZ 169, 261 = BauR 2007, 113, 114 = NJW 2007, 60 = NZBau 2007, 38; kritisch: Schliemann/Hildebrandt, ZfIR 2004, 278; Thierau, NZBau 2004, 311).

3221 Ob dieses so vom BGH beschriebene Recht zur Vergütungsminderung nach einer (weiteren) »Kündigung« nach Abnahme für den Auftragnehmer, der sich in erster Linie einem vertraguntreuen Verhalten des Auftraggebers erwehren will, von Vorteil ist, dürfte jedoch auch aus anderen Gründen zweifelhaft sein: Dies gilt vor allem deshalb, weil den Auftragnehmer nicht nur eine Pflicht zur **Mangelbeseitigung** trifft, sondern er dazu auch **berechtigt** ist (s. o. Rdn. 1325).

> ▶ Beispiel
>
> Der Auftragnehmer hat zur Erfüllung seiner Vertragspflichten gegenüber dem Auftraggeber Subunternehmer gebunden, die noch leistungsbereit und fähig sind, die bestehenden Mängel zu beseitigen.

Hier könnte der Auftragnehmer durch die Rechtsprechung des BGH in eine **ausweglose Situation** getrieben werden: Denn entweder er verzichtet auf sein Sicherungsverlangen gegenüber dem Auftraggeber, damit er nach der Mangelbeseitigung durch seine Subunternehmer in den Genuss der vollen Vergütung kommt. Dann aber tritt genau die Situation ein, die § 648a BGB verhindern will. Oder er hält an seinem Sicherungsverlangen fest und beschreitet notfalls den Weg der Vertragsbeendigung mit einer Kürzung seines Vergütungsanspruchs in einfacher Höhe der voraussichtlichen Mangelbeseitigungskosten. Dann aber wird er einen gesonderten Nachteil insoweit tragen müssen, als er bei leistungsbereiten Subunternehmern diese Vergütungskürzung nicht ohne Weiteres an diese weiterreichen kann. Diese nachteilhafte Folge sollte den BGH animieren, ggf. doch noch einmal über andere Lösungen insbesondere bei an sich leistungsbereiten Auftragnehmern nachzudenken. Eine solche bestände darin, dem zwischen geschalteten Auftragnehmer gegenüber seinen Subunternehmern (ebenfalls) ein **Recht auf Minderung** zuzugestehen. Der Rechtsgedanke selbst ist nicht neu. Zurückgegriffen werden kann hier ggf. auf die Rechtsprechung des BGH betreffend die Fallgestaltung, dass sich der Hauptunternehmer in Insolvenz befindet. Hier kann der Insolvenzverwalter eine Mangelbeseitigung in seinem Verhältnis gegenüber dem Bauherrn ohne Weiteres ablehnen. Nunmehr könnte aber die Situation drohen, dass die Subunternehmer weiter leistungsbereit sind und ihre Leistung gegenüber dem Hauptunternehmer (Insolvenzverwalter) anbieten. Dazu vertritt der

BGH die Auffassung, dass dem Insolvenzverwalter die Annahme der Mangelbeseitigungsmaßnahmen durch den Subunternehmer unzumutbar sei. Denn diese führe zumindest teilweise zur Erfüllung des Hauptvertrages gegenüber dem Bauherrn, die der Insolvenzverwalter gerade ablehne (BGH, Urt. v. 10.08.2006 – IX ZR 28/05, BGHZ 169, 43 = BauR 2006, 1884, 1886 f. = NJW 2006, 2919, 2921 – s. dazu auch oben Rdn. 1394). Dieser Gedanke lässt sich auf vorliegenden Fall übertragen: Der Auftragnehmer ist nämlich auch im Fall einer nicht gestellten Sicherheit berechtigt, die weiteren Leistungen einzustellen. Würde er nunmehr in die vorgenannte Zwangslage mit einem Leistungsangebot der Subunternehmer gebracht, könnte er diese Leistungen entweder mit der ihn dann treffenden schon beschriebenen negativen Vergütungsfolge im Verhältnis zu seinem Subunternehmer ablehnen. Oder er lässt die Subunternehmer gewähren, damit die Mängel beseitigt werden. Damit aber würde faktisch sein Leistungsverweigerungsrecht gegenüber dem Bauherrn leerlaufen. All dies spricht daher dafür, dass dem Auftragnehmer auch hier die **Entgegennahme der Subunternehmerleistungen unzumutbar** ist und er deswegen gegenüber dem Subunternehmer ebenfalls eine **Minderung von deren Vergütung** durchsetzen kann.

12.4.7 Sicherungsverlangen nach Kündigung/vorzeitiger Beendigung des Bauvertrages

Keine anderen Grundsätze als vorstehend beschrieben gelten bei einer vorzeitigen Beendigung des Bauvertrages z. B. infolge einer Kündigung. Insoweit spielt es auch keine Rolle, ob der Unternehmer trotz Kündigung danach noch Leistungen etwa zur Beseitigung von Mängeln an dem schon ausgeführten Teil der Leistungen erbringen muss oder nicht (s. dazu etwa Rdn. 2857). Denn auf ein etwaiges fortbestehendes **Vorleistungsrisiko** kommt es anders als nach früherem Recht nicht mehr an (s. o. Rdn. 3173). Folglich kann der Auftragnehmer weiterhin auch in diesem Fall eine Sicherheit verlangen. Leistet der Auftraggeber auf ein solch berechtigtes Sicherungsverlangen nach einer Kündigung keine Sicherheit, ist der Auftragnehmer nunmehr seinerseits berechtigt, die Mangelbeseitigung zu verweigern. Sodann kann er sich in einem zweiten Schritt wie im Fall nach der Abnahme in sinngemäßer Anwendung von § 648a Abs. 5 BGB von der nach wie vor **geschuldeten Mangelbeseitigungspflicht befreien**. Hierzu kann er analog der Vorgehensweise nach der Abnahme dem Auftraggeber eine **Frist zur Sicherheitsleistung setzen**. Mit fruchtlosem Fristablauf ist er sodann von der Pflicht befreit, den Vertrag zu erfüllen, d. h. die noch offenen Mängel zu beseitigen. Er kann somit auf diese Weise die **endgültige Abrechnung** herbeiführen, auch soweit die Leistung mangelhaft ist. Verweigert der Auftraggeber nachhaltig die Stellung einer Sicherheit, bedarf es dieser Fristsetzung nicht; hier genügt eine Erklärung des Auftragnehmers, dass er zukünftig eine weitere Mangelbeseitigung ablehne. In weiterer sinngemäßer Anwendung des § 648a Abs. 5 S. 2 und 3 BGB steht ihm nach fruchtlosem Fristablauf allerdings nicht die volle Vergütung zu. Vielmehr hat er lediglich Anspruch auf Vergütung, soweit die Leistung erfüllt, d. h. mangelfrei erbracht ist. Hinzu kommt der Anspruch auf Vergütung des nach Kündigung nicht erbrachten Leistungsteils nach § 648a Abs. 5 S. 2 BGB verbunden mit der vermuteten Mindestvergütung von 5 % auf diesen Vergütungsanteil (§ 648a Abs. 5 S. 3 BGB – s. o. Rdn. 3211). Macht der Auftragnehmer hingegen von dieser Möglichkeit der Vertragsbeendigung keinen Gebrauch, kann der Auftraggeber dem ggf. noch bestehenden Vergütungsanspruch das gesetzliche Leistungsverweigerungsrecht nach §§ 320, 641 Abs. 3 BGB auch dann entgegenhalten, selbst wenn er die Sicherheit nicht gestellt hat (BGH, Urt. v. 22.01.2004 – VII ZR 267/02, BauR 2004, 834, 835 f. = NJW-RR 2004, 740, 741 = NZBau 2004, 264, 265; für den Fall einer sonstigen Vertragsbeendigung ohne Abnahme: BGH, Urt. v. 16.12.2004 – VII ZR 167/02, BauR 2005, 548 = NJW-RR 2005, 457 = NZBau 2005, 221).

3222

12.4.8 Verwertung der Sicherheit

Die Verwertung der Sicherheit kann erfolgen, sobald der Sicherungsfall aus der gewährten Sicherheit eingetreten ist. Wurde die Sicherheit durch ein Kreditinstitut oder Kreditversicherer (also nicht sonstige Bürgschaften) gestellt, ist weiter § 648a Abs. 2 S. 2 BGB zu beachten. Denn diese Sicherungsgeber dürfen Zahlungen an den Unternehmer **nur leisten, soweit der Auftraggeber den Vergütungsanspruch des Unternehmers anerkennt oder dieser Anspruch durch ein vorläufig vollstreckbares Urteil festgestellt ist und aus diesem vollstreckt werden darf** (s. dazu oben Rdn. 3191 sowie ausführ-

3223

lich Ingenstau/Korbion/Joussen, Anh. 1 Rn. 244 ff.). Die Ansprüche (z. B. aus einer Bürgschaft) können sodann im **Urkundenprozess** durchgesetzt werden, soweit die dafür erforderlichen Voraussetzungen vorliegen. Bei einer Bürgschaftsinanspruchnahme heißt dies etwa, dass neben der Originalbürgschaft auch die ergänzenden Voraussetzungen nach § 648a Abs. 2 S. 2 BGB durch Originalurkunden (z. B. in Form eines Anerkenntnisses des Auftraggebers) zu belegen sind.

3224 In Bezug auf die Verwertung von Sicherheiten nach § 648a BGB stellt sich sodann materiell noch ein anderes Problem: Wie schon an anderer Stelle erläutert wird in der Regel als Sicherheit unter Bezugnahme auf den Bauvertrag eine Höchstbetragsbürgschaft übergeben (s. o. Rdn. 3191). Nicht selten steigt jedoch im Nachhinein der Vergütungsumfang wegen **zwischenzeitlich erteilter Nachträge**. Bestritten ist, inwieweit eine solche **zusätzliche Vergütung von einer zuvor erteilten Bürgschaft nach § 648a BGB abgedeckt** ist. Dies hat der BGH abgelehnt. Dies ergebe sich aus der Auslegung der Bürgschaft in Verbindung mit dem Verbot der Fremddisposition des § 767 Abs. 1 S. 3 BGB. Aus der Sicht eines redlichen Vertragspartners wolle der Bürge nicht ein von ihm in Entstehung und Höhe weder beeinflussbares noch kalkulierbares Haftungsrisiko übernehmen. Eine Bürgschaftserklärung sei grundsätzlich nicht darauf gerichtet, für künftige Forderungen einzustehen, deren Grund und Höhe bei Vertragsschluss nicht klar erkennbar seien und auf deren Entstehung der Bürge keinen Einfluss nehmen könne. Eine Belastung mit Risiken, die Hauptschuldner und Gläubiger nachträglich schaffen könnten, widerspräche den Grundsätzen der das Vertragsrecht beherrschenden Privatautonomie. Dies gelte einheitlich für alle Rechte nach §§ 1 Abs. 3 und Abs. 4 Satz 1 und 2 VOB/B (BGH, Urt. v. 15.12.2009 – XI ZR 107/08, BGHZ 183, 341, 345 = BauR 2010, 609, 611 = NJW 2010, 1668, 1669 = NZBau 2010, 167, 168; anders zuvor die Anmerkung in BGH, Urt. v. 27.06.2007 – VII ZR 199/06, BauR 2007, 1722, 1724 = NJW-RR 2007, 1392, 1393 = NZBau 2007, 635, 636). Bereits oben wurde zu der vergleichbaren Frage der Auftragnehmersicherheiten erläutert, dass diese **Rechtsauffassung wohl in der Sache nicht zutrifft**. Zwar könnte hier der Anwendungsbereich des § 767 Abs. 1 S. 3 BGB wenigstens betroffen sein. Ansonsten gelten die dortigen Erläuterungen aber in gleicher Weise, weswegen darauf verwiesen wird (Rdn. 3057 sowie ausführlich Joussen, BauR 2012, 344, 350). Im Ergebnis dürfte daher zumindest bei Nachtragsvereinbarungen mit Mehrvergütungsansprüchen nach § 2 Abs. 5 und 6 VOB/B infolge von Leistungsänderungen nach § 1 Abs. 3 und Abs. 4 S. 1 VOB/B davon auszugehen sein, dass eine gestellte Bürgschaft auch diese Mehrforderungen abdeckt. Sollte man wirklich anderes vertreten, kommt man allerdings auch mit der allseitigen **Empfehlung nicht weiter**, dass man dies doch in der **Bürgschaft sinnvollerweise klarstellen** sollte. Diesem Verständnis scheint zwar auch der BGH in seiner Entscheidung vom 15.12.2009 (a. a. O.) anzuhängen, der unter anderem prüft, ob eine solche Vereinbarung in der Bürgschaft enthalten gewesen sei bzw. diese so zu verstehen war. Für eine solche Klarstellung gibt das Gesetz jedoch keine Grundlage. Vielmehr könnte ein Bürge diese Mehrforderungen sogar negativ ausschließen. Denn dem Auftragnehmer steht zum Zeitpunkt der Anforderung nur eine Sicherheit in Höhe der vereinbarten Vergütung zu. Ist der Nachtrag schon erteilt und die Vergütung vereinbart, stellt sich das Problem einer Erstreckung der Bürgschaftsforderung auf für den Bürgen ungewisse Vergütungsforderungen nicht. Ist der Nachtrag dagegen noch nicht erteilt, kann der Auftragnehmer insoweit noch gar keine Sicherheit verlangen. Dann aber ist es unbedenklich, wenn ein Bürge eine solche Mehrforderung, auf die kein Anspruch besteht, in einer Bürgschaft auch ausschließt. In Betracht käme somit eine solche Klarstellung allenfalls bei Zahlungssicherheiten des Auftraggebers außerhalb des § 648a BGB (s. zu deren Zulässigkeit Rdn. 3230).

12.4.9 Verjährung

3225 Der Anspruch des Auftragnehmers zur Stellung einer Bauhandwerkersicherheit unterliegt der **allgemeinen Verjährung** von drei Jahren (§ 195 BGB). Sie beginnt nach § 199 Abs. 1 am Ende des Jahres, in dem der Anspruch entstanden ist und der Gläubiger (Auftragnehmer) von den Anspruch begründenden Umständen und der Person des Schuldners (Auftraggebers) Kenntnis erlangt oder ohne grobe Fahrlässigkeit erlangen musste. Letzteres ist unproblematisch: Zumindest darf davon ausgegangen werden, dass dem Auftragnehmer die Bestimmung seines Vertragspartners ohne Weiteres möglich ist. Maßgeblich kommt es somit für den Beginn der Verjährung auf die Entstehung des An-

12.4 Bauhandwerkersicherheitsleistung (§ 648a BGB)

spruchs an. Hierzu ließe sich auch im verjährungsrechtlichen Sinne gut vertreten, dass der **Anspruch auf Stellung einer Bauhandwerkersicherheit bereits bei Vertragsschluss entstanden** ist und schon dann die Verjährung beginnt (Hofmann/Koppmann, S. 153). Dies hätte zur Folge, dass dieser Anspruch insbesondere bei größeren Bauvorhaben ggf. sogar schon vor Abnahme verjähren kann. In keinem Fall aber könnte dieser Anspruch während der gesamten gesetzlichen Gewährleistungsdauer von fünf Jahren durchgesetzt werden, weil zuvor bereits die Verjährung eingreift. Im Ergebnis wird man **dies aber abzulehnen** haben. Bezug genommen werden kann hier auf die Rechtsprechung des BGH zu der Fälligkeit eines Bürgschaftsanspruchs. Der BGH stellte dazu klar, dass hierfür keine gesonderte Geltendmachung erforderlich sei. Der Bürgschaftsanspruch entstehe bereits mit der Fälligkeit der Hauptforderung (BGH Urt. v. 29.01.2008 XI ZR 170/07 BGHZ 175, 161 = BauR 2008, 986, 988 f. = NJW 2008, 1729, 1731 = NZBau 2008, 377, 379). Ausgenommen davon hat der BGH allerdings ausdrücklich die sog. **verhaltenen Ansprüche** (so auch Palandt/Ellenberger, § 199 Rn. 8; i. E. ebenso Münch.Komm./Grothe, § 199 Rn. 7; Fuchs, BauR 2012, 326, 335; Hildebrandt, Jahrbuch BauR 2012, 35, 38). Diese sind dadurch geprägt, dass der Schuldner nicht von sich aus leisten darf, der Gläubiger aber jederzeit die Leistung fordern kann (Palandt/Grüneberg, § 271 Rn. 1; Münch.Komm./Krüger, § 271 Rn. 4). Gesondert verwiesen hat der BGH dabei auf die sich aus dem Gesetz ergebenden verhaltenen Ansprüche, wie § 604 Abs. 5 (bei der Leihe) oder § 695 Satz 2, § 696 Satz 3 BGB (zum Recht der Verwahrung). Anerkannt ist jedoch, dass sich verhaltene Ansprüche nicht nur aufgrund einer ausdrücklichen gesetzlichen Regelung ergeben, sondern auch aus anderen Gründen (BGH a. a. O.). Infolgedessen kommt es darauf an, ob es sich bei dem Anspruch auf Stellung einer Bauhandwerkersicherheitsleistung um einen solchen verhaltenen Anspruch handelt; dieser würde **verjährungsrechtlich nämlich dann erst entstehen, wenn er vom Auftragnehmer geltend gemacht** wird. Hiervon dürfte bei § 648a BGB auszugehen sein. Zwar ergibt sich dies nicht unmittelbar aus dem Gesetz, wohl aber aus der Systematik der gesetzlichen Regelung. So kommt es wie erläutert für die Einordnung als verhaltenen Anspruch maßgeblich darauf an, inwieweit der Schuldner (Auftraggeber) die Sicherheit von sich aus stellen darf, ohne dass der Auftragnehmer ihn dazu aufgefordert hat. Dies ist nach den gesetzlichen Regelungen bei § 648a BGB ausgeschlossen. Dagegen spricht bereits § 648a Abs. 3 S. 1 BGB, wonach der Auftragnehmer die Kosten der Sicherheit zu tragen hat (s. o. Rdn. 3192). Es erscheint kaum denkbar, dass nach dem Sinn und Zweck des Gesetzes allein schon aufgrund dieser Kostenregelung der Auftraggeber dem Auftragnehmer zu dessen Lasten – wenn auch nur theoretisch – eine Bauhandwerkersicherheit aufdrängen kann (i. E. wie hier: Messerschmidt/Voit/Cramer, § 648a Rn. 113).

Lehnt man hingegen die Einordnung als verhaltenen Anspruch ab, könnte die Verjährung tatsächlich ein echtes Hindernis für die Erlangung einer Bauhandwerkersicherheit darstellen. Eine gewisse Linderung schafft allenfalls noch das danebenstehende **Leistungsverweigerungsrecht** (§ 648a Abs. 5 S. 1 BGB). Dieses kann auch nach Ablauf der Verjährung dem Besteller entgegen gesetzt werden (§ 215 BGB). Allerdings ist dies nur möglich, wenn der Anspruch (auf die Stellung einer Bauhandwerkersicherheit) in dem Zeitpunkt noch nicht verjährt war, in dem erstmals die Leistung verweigert werden konnte. Konkret kommt es somit darauf an, dass das Leistungsverweigerungsrecht schon zum Zeitpunkt der Anspruchsverjährung (Ende des Jahres des Vertragsschlusses zzgl. drei Jahre) entstanden war. Hierfür wiederum müsste der Besteller **spätestens bis zu diesem Zeitpunkt zur Sicherheitsleistung unter Fristsetzung zumindest aufgefordert** worden sein. Unterbleibt auch diese Aufforderung oder erfolgt sie, ohne dass eine Frist gesetzt wurde, könnte der Auftragnehmer aus § 648a BGB nach Eintritt der Verjährung überhaupt keine Rechte mehr geltend machen. Dies ist eine eklatante Verschlechterung der Rechtslage des Auftragnehmers gegenüber der Altfassung des § 648a BGB. Sie hängt – immer unter Voraussetzung, dass kein verhaltener Anspruch vorliegt – aber ausschließlich mit der zuletzt erfolgten Umgestaltung des § 648a BGB aus ehemals einer Obliegenheit des Auftraggebers in einen Anspruch des Auftragnehmers zusammen. Sie ist besonders misslich, weil dieses Schutzrecht somit vor allem in der Gewährleistungsphase nach Abnahme droht, leer zu laufen.

3226

12.4.10 § 648a BGB als zwingendes Recht

3227 Nach seinem Absatz 7 handelt es sich bei den Bestimmungen des § 648a BGB um zwingendes Recht. Sie können in einem Bauvertrag nicht abbedungen werden. Dies gilt nicht nur für den Bereich von AGB, insbesondere von Zusätzlichen Vertragsbedingungen des Auftraggebers, sondern auch für Individualvereinbarungen. **Sinn und Zweck** dieser zwingenden Ausgestaltung ist es zu vermeiden, dass **die Schutzfunktion des § 648a BGB** unzulässig nicht nur verhindert, sondern vor allem **umgangen wird**, wie z. B. durch zulasten des Auftragnehmers gehende nachteilhafte Regelungen hinsichtlich seiner Vorleistungspflicht. Unabdingbar ist des Weiteren eine von § 648a Abs. 3 BGB abweichende Bestimmung zur Kostentragung (siehe hierzu oben Rdn. 3192) sowie eine Regelung, die die Geltendmachung einer Sicherung nach § 648a BGB von Gegenrechten abhängig macht (zutreffend Sturmberg, BauR 1994, 57, 66; ebenso Kniffka/Koeble, 10. Teil Rn. 109, Oberhauser, BauR 2004, 1864).

> ▶ **Beispiel**
>
> Im Bauvertrag wurde individualvertraglich vereinbart, dass der Auftragnehmer eine Bauhandwerkersicherheitsleistung nur fordern kann, wenn er zuvor eine Vertragserfüllungssicherheit in Höhe von 10 % der Bruttoauftragssumme stellt. Eine solche Beschränkung verstößt gegen den zwingenden Charakter von § 648a BGB und ist unwirksam.

Dasselbe gilt für den umgekehrten Fall, nämlich dass beide Parteien auf eine Beibringung von Sicherheiten verzichten. Solche Vereinbarungen beeinträchtigen das entgegen der gesetzlichen Regelung bestehende unbedingte Sicherungsrecht des Auftragnehmers nach § 648a BGB (Weise, Sicherheiten im Baurecht Rn. 617; a. A. Beck'scher VOB/B-Komm./Jansen, Vor § 2 Rn. 406). Etwas anderes hingegen soll gelten, wenn im Rahmen einer Vereinbarung eines Bauvertrages etwa zur Fälligkeit einer Vergütung vorgesehen wird, dass der Auftragnehmer bei einem anderen Bauvorhaben seine Rechte aus § 648a BGB nicht geltend macht (OLG Nürnberg Urt. v. 22.01.1998 – 2 U 2639/97, IBR 1998, 143). Dies kann nicht überzeugen: Denn durch eine solche Vereinbarung wird gerade in das allgemeine Sicherungsrecht des Auftragnehmers nach § 648a BGB eingegriffen, was Abs. 7 verhindern will.

3228 **Wirksam** dürfte hingegen eine Klausel sein, nach der ein **Sicherungsverlangen** des Auftragnehmers nach § 648a BGB an ein ansonsten gesetzliches Verhalten geknüpft wird.

> ▶ **Beispiel**
>
> In einem VOB-Vertrag ist vorgesehen, dass der Auftragnehmer für den Fall, dass er eine Sicherheit nach § 648a BGB verlangt, Abschlagszahlungen nicht nach dem Auftragnehmer eher günstigen § 16 Abs. 1 VOB/B, sondern (nur) nach § 632a BGB erhält.

Bekanntermaßen droht zumindest die Gefahr, dass § 632a BGB aufgrund seiner Formulierung Abschlagszahlungen weitgehend ausschließt (Rdn. 517 ff., 2556 ff.). Faktisch führt somit auch eine solche Regelung zu einer Zwangssituation des Auftragnehmers. Sie soll ihn bewegen, von einem Sicherheitsverlangen nach § 648a BGB abzusehen. An deren **Zulässigkeit** dürfte dieser Umstand aber nichts ändern. Insbesondere liegt kein Verstoß gegen § 648a Abs. 7 BGB vor: Denn tatsächlich wird nur die Geltung der gesetzlichen Vorschrift vereinbart, von der vorher zugunsten des Auftragnehmers mit der Vereinbarung von § 16 Abs. 1 VOB/B abgewichen wurde. Ist aber der Abschluss eines Vertrages auch ohne Vereinbarung von § 16 Abs. 1 VOB/B allein mit Geltung des § 632a BGB, dem teilweise sogar ein Leitbildcharakter zugemessen wird, wirksam, kann keine Klausel gegen zwingendes Recht verstoßen, aufgrund der unter bestimmten Voraussetzungen genau diese Rechtslage hergestellt wird. Dass diese für Auftragnehmer unzureichend ist, hat mit einem Verstoß gegen § 648a BGB nichts zu tun (ebenso: Oberhauser, BauR 2004, 1864, 1866; LG München I, Urt. v. 08.02.2005 – 11 O 15194/04, IBR 2005, 201 – a. A.: Glatzel/Hofmann/Frikell, S. 336; Hofmann, BauR 2006, 763, 764, Kniffka, BauR 2007, 245, 252).

Unabdingbar ist § 648a BGB nach dem eindeutigen Wortlaut des Abs. 7 **auch zugunsten des Unternehmers**. Dies gilt unbeschadet der Tatsache, dass es sich bei § 648a BGB um eine Schutznorm des Auftragnehmers handelt. Insoweit wäre es zumindest mit diesem Argument vorstellbar, in einem Bauvertrag die Erweiterung des Anwendungsbereichs des § 648a BGB zu seinem Vorteil oder die Vereinbarung einer höheren oder besseren Sicherheitsleistung als in § 648a BGB vorgesehen zu erlauben (so z. B. die **Stellung einer Bürgschaft auf erstes Anfordern** für einen Teil der Vergütung: vgl. etwa Schulze-Hagen, BauR 2000, 28, 36 f.). Gleichwohl ist dies nach § 648a Abs. 7 BGB ausgeschlossen (BGH, Urt. v. 27.05.2010 – VII ZR 165/09, BauR 2010, 1219, 1221 = NJW 2010, 2272, 2274 = NZBau 2010, 495, 496; offen gelassen dagegen noch für den Fall, dass die Parteien eine Bürgschaft auf erstes Anfordern als Sicherungsmittel gemäß § 648a BGB vereinbart haben: BGH, Urt. v. 24.01.2002 – IX ZR 204/00 BauR 2002, 796, 797 f. m. Anm. *Schmitz* = NJW 2002, 1198 = NZBau 2002, 216, 217). Dies beruht darauf, dass § 648a BGB ohnehin sehr einseitig zugunsten der Vergütungssicherung des Auftragnehmers in den Bauvertrag eingreift. Dieses sehr starke Recht des Unternehmers zulasten des Auftraggebers ist auf der einen Seite nur dann zu rechtfertigen, wenn es auf der anderen Seite **zugunsten des Auftraggebers abschließend** ist. 3229

Im Zusammenhang mit der Unabänderbarkeit des § 648a BGB gemäß dessen Absatz 7 stellt sich allerdings weiter die Frage, ob zugunsten des Auftragnehmers im Vertrag noch **sonstige vertragliche Sicherungsmöglichkeiten** vereinbart werden können. Dies ist vielfach naheliegend – und in Verhandlungen nicht einmal unerreichbar. 3230

▶ **Beispiel**

Der Auftragnehmer verlangt im Gegenzug zu einer von ihm geforderten Vertragserfüllungsbürgschaft eine selbstschuldnerische Zahlungsbürgschaft in gleicher Höhe, und zwar ohne die Beschränkungen gemäß § 648a Abs. 2 S. 2 BGB (s. dazu Rdn. 3191).

Der BGH sieht solche Vereinbarungen **als zulässig** an. Denn die gesetzliche Sicherungsnorm des § 648a BGB, die einen geschlossenen Vertrag voraussetze, schließe vertragliche Sicherungen, die im Vorfeld eines Vertrages vereinbart würden, nicht aus (BGH, Urt. v. 27.05.2010 – VII ZR 165/09, BauR 2010, 1220 = NJW 2010, 2272, 2273 = NZBau 2010, 495, 496). Diese **Rechtsprechung ist jedoch falsch**. Sie nimmt unzulässigerweise die frühere Rechtslage auf, als § 648a BGB a. F. noch keinen eigenen Anspruch auf Stellung einer Sicherheit kannte. Dann allerdings war verständlich, dass daneben vertraglich ein gesetzlich nicht geregeltes Recht auf Stellung einer Sicherheit vereinbart werden konnte (s. dazu noch: BGH, Urt. v. 11.05.2006 – VII ZR 146/04, BGHZ 1367, 245 = BauR 2006, 1294 = NJW 2006, 2475 = NZBau 2006, 569). Diese Rechtsprechung ist mit der Umgestaltung des § 648a BGB von ehemals einer Obliegenheit des Auftraggebers jetzt in einen einklagbaren Anspruch des Auftragnehmers auf Stellung einer Sicherheit seit 2009 (oben Rdn. 3162) überholt. Denn nunmehr sieht die gesetzliche Regelung genau einen solchen ursprünglich nicht existierenden Sicherungsanspruch vor. Die Anforderungen an diese Sicherheit sind auch im Einzelnen vorgegeben. Daher ist aufgrund des **zwingenden Charakters des § 648a BGB** für eine eigenständige Vereinbarung zu einer weiteren oder modifizierten Absicherung des Auftragnehmers in Bezug auf seine Vergütung kein Raum. Dabei sei nur am Rande angemerkt, dass auch das Kernargument des BGH, dass es sich bei § 648a BGB um eine gesetzliche Sicherung handle, die anders als eine Zahlungssicherheit erst nach Vertragsschluss verlangt werden könne, ohnehin nicht überzeugt: Denn auch eine vertragliche Sicherung setzt einen Vertrag voraus. Oder anders ausgedrückt: Man kann natürlich schon vor Vertragsschluss eine Zahlungsbürgschaft verlangen; nur gibt es darauf genauso wenig vor Vertragsschluss einen Anspruch wie auf eine Sicherheit nach § 648a BGB (ausführlich dazu Joussen, BauR 2010, 1655).

12.5 Sicherheitsleistung bei Unsicherheitseinrede

Neben § 648a BGB, aber nicht selten im selben Zusammenhang steht die Anforderung einer Sicherheitsleistung nach § 321 BGB. Ausgangspunkt ist hier die Vorleistungspflicht des Auftragnehmers. Dieser kann nach § 321 Abs. 1 BGB seine Leistung verweigern, **wenn nach Abschluss des Vertrages** 3231 erkennbar wird, dass sein Anspruch auf die Gegenleistung (hier die Vergütungszahlung) durch mangelnde Leistungsfähigkeit des anderen Teils (Auftraggebers) gefährdet wird (**Unsicherheitseinrede**).

▶ **Beispiel**

Während einer Baumaßnahme zu fünf Townhäusern verschlechtern sich die finanziellen Verhältnisse des Auftraggebers dramatisch. Zwei Townhäuser sind fertig, aber noch nicht abgenommen, weil eine Teilabnahme im Vertrag nicht vorgesehen ist.

Für die Erhebung der Unsicherheitseinrede genügt es, dass die erhebliche Leistungsschwäche für den Auftragnehmer **erst nach Vertragsschluss erkennbar** wird; ob sie ggf. schon vorher bestanden hat, ist unbeachtlich (BGH, Urt. v. 11.12.2009 – V ZR 217/08, NJW 2010, 1272, 1273). Das diesbezügliche Leistungsverweigerungsrecht schließt bereits ab Bestehen, nicht erst ab Geltendmachung, einen Verzug des Auftragnehmers aus (BGH, a. a. O.). Es entfällt allerdings nach § 321 Abs. 1 S. 2 BGB, wenn der Auftraggeber die Gegenleistung (Vergütungszahlung) bewirkt (das kommt bei Bauverträgen vor Abnahme regelmäßig nicht in Betracht) oder dafür wenigstens eine Sicherheit stellt. Den bis dahin bestehenden Schwebezustand kann der Auftragnehmer nach § 323 Abs. 2 BGB beenden, indem er dem Auftraggeber für die Sicherheitsleistung eine Frist setzt und nach deren **fruchtlosem Ablauf vom Vertrag zurücktritt**. Die Rechtsfolgen richten sich dann nach § 323 BGB (s. dazu Rdn. 2786 ff.). Alternativ kann der Auftragnehmer auf diesen weiteren Weg des Rücktritts in Ausnahmefällen verzichten. Dies kann sich wie in vorgenanntem Beispielfall anbieten, wenn er bereits eine **teilabnahmefähige Leistung erbracht** hat und der Auftraggeber diese nutzt. Die Rechtsprechung gewährt ihm in diesem Fall bereits ohne Rücktritt, Abnahme u. a. **seine dafür anteilige Vergütung** (BGH, Urt. v. 27.06.1985 – VII ZR 265/84, BauR 1985, 565, 566 = NJW 1985, 2696 noch zu § 321 BGB a. F.; OLG Düsseldorf, Urt. v. 30.05.2008 – 22 U 16/08, BauR 2010, 1767, 1769). Dies ist nachvollziehbar, da sonst selbst der vertragstreue Auftragnehmer notfalls zu einem Rücktritt vom Vertrag gezwungen wäre, was nicht immer in seinem Interesse liegen muss.

12.6 Bauforderungssicherungsgesetz (ehemals GSB)

3232 Der Vergütungssicherung dienen nicht nur die Vorschriften des BGB, sondern auch die des Bauforderungssicherungsgesetzes (BauFordSiG) – ehemals **Gesetz zur Sicherung von Bauforderungen (GSB)**. Das Gesetz stammt vom 01.06.1909 (RGBl. I S. 449). Trotz seiner z. T. für Auftragnehmer positiven Wirkung ist es insgesamt wenig beachtet. Von dem BauFordSiG selbst sind heute nur (noch) zwei Vorschriften in Kraft. Kernvorschrift ist § 1 mit der dort vorgesehenen Verpflichtung zur Verwendung von Baugeld. In § 2 findet sich sodann eine Strafvorschrift, soweit der Baugeldempfänger gegen die in § 1 enthaltenen Verpflichtungen verstoßen hat. Alle weiteren Regelungen dieses Gesetzes sind entweder aufgehoben oder – insbesondere was den 2. Abschnitt angeht – wegen fehlender landesrechtlicher Vorschriften nicht anwendbar (s. dazu auch Überblick bei Ingenstau/Korbion/Joussen, Anh. 1 Rn. 255 ff.).

3233 Die zentrale Bedeutung des BauFordSiG liegt heute weniger in der Strafvorschrift des § 2 als in der Tatsache begründet, dass es sich nach herrschender Meinung bei § 1 Abs. 1 BauFordSiG mit der dort enthaltenen Beschränkung bei der Verwendung von Baugeld um ein **Schutzgesetz i. S. d. § 823 Abs. 2 BGB** handelt (RGZ 84, 188; RGZ 91, 72, 76; RGZ 138, 156, 158; BGH, Urt. v. 24.11.1981 – VI ZR 47/80, BauR 1982, 193, 194 = NJW 1982, 1037, 1038; BGH, Urt. v. 06.06.1989 – VI ZR 281/88, BauR 1989, 758, 759 = NJW-RR 1990, 914). Daher ist derjenige, der gegen die in § 1 Abs. 1 BauFordSiG vorgesehene Verwendungspflicht verstößt, dem aus BauFordSiG geschützten Personenkreis gegenüber zum Schadensersatz verpflichtet (siehe dazu unten Rdn. 3258 ff.). Zu dem BauFordSiG in seiner heutigen Fassung hat inzwischen auch das Bundesverfassungsgericht festgestellt, dass es einer **verfassungsrechtlichen Prüfung standhält**. Insbesondere sei es zum Schutz von nachgeordneten Bauunternehmen geeignet und verhältnismäßig. Allenfalls habe der Gesetzgeber die weitere Entwicklung zu beobachten und zu sehen, ob auch zukünftig das BauFordSiG seinen Zweck erreiche (BVerfG, Beschl. v. 27.01.2011 – 1 BvR 3222/09, BauR 2011, 1317 = NJW 2011, 1578 = NZBau 2011, 282).

12.6.1 Pflicht zur Verwendung von Baugeld

§ 1 BauFordSiG enthält eine Regelung zum Umgang mit Baugeld. Sie richtet sich ausschließlich an dessen Empfänger.

12.6.1.1 Definition des Baugeldes

Voraussetzung für die Anwendbarkeit des BauFordSiG ist die Errichtung des Bauvorhabens mit Baugeld i. S. d. § 1 Abs. 3 BauFordSiG. Drei Fallgruppen kommen hier in Betracht:

12.6.1.1.1 Grundpfandrechtlich gesicherte Fremdmittel (§ 1 Abs. 3 S. 1 Nr. 1 Alt. 1, S. 2 BauFordSiG)

Bei der ersten Variante handelt es sich bei Baugeld um Geldbeträge, die zum **Zwecke der Bestreitung der Kosten eines Baues oder Umbaues** in der Weise gewährt werden, dass zur Sicherung der Ansprüche des Geldgebers eine Hypothek oder Grundschuld an dem zu bebauenden Grundstück dient. Im Einzelnen:

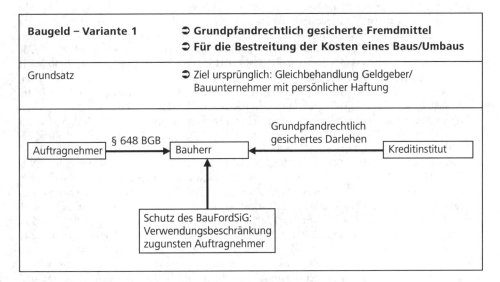

- Darlehensmittel für die Bestreitung der Kosten eines Bauwerks
  Kernvoraussetzung für die Baugeldeigenschaft nach § 1 Abs. 3 S. 1 Nr. 1 BauFordSiG ist zunächst, dass der Baugeldempfänger für die Errichtung des Bauwerks **Kreditmittel** erhält und diese durch eine Grundschuld oder Hypothek an dem Baugrundstück gesichert werden (BGH, Urt. v. 09.12.1986 – VI ZR 287/85, BauR 1987, 229, 230 = NJW 1987, 1196; BGH, Urt. v. 18.04.1996 – VII ZR 157/95, BauR 1996, 709, 710 = NJW-RR 1996, 976 f.; BGH, Urt. v. 15.06.2000 – VII ZR 84/99, BauR 2000, 1505 = NJW-RR 2000, 1261 = NZBau 2000, 426 f.). Dabei ist unbeachtlich, ob die einzelnen Darlehensmittel im Rahmen eines fest umrissenen Immobilienkredites oder eines betragsmäßig nicht festgelegten Kontokorrent- oder Überziehungskredites ausgezahlt werden (BGH, Urt. v. 14.01.1986 – VI ZR 164/84, BauR 1986, 370, 371 = NJW-RR 1986, 446, 447; OLG Hamm, Urt. v. 27.06.2005 – 13 U 193/04, BauR 2006, 123, 124, für einen Überziehungskredit mit der Maßgabe, dass es sich nicht nur bei dem tatsächlich ausgeschöpften Betrag, sondern bei der gesamten Kreditlinie um Baugeld handelt; ebenso OLG Stuttgart, Urt. v. 25.08.2011 – 10 U 152/10, BauR 2012, 96, 100). Entscheidend ist lediglich, dass **zwischen dem Kreditgeber und dem Kreditnehmer zumindest konkludent vereinbart** ist, dass die **Darlehensmittel der Bestreitung der Baukosten dienen sollen** (BGH, Urt. v. 11.04.2001 – 3 StR 456/00, BGHSt 46, 373 = NJW 2001, 2484, 2185 = NZBau 2001,

445; ebenso zur konkludenten Vereinbarung unter anderem: OLG Hamburg, Urt. v. 20.08.1993 – 11 U 82/92, BauR 1994, 123, 125; OLG Dresden, Urt. v. 28.07.2000 – 3 U 374/00, NZBau 2002, 393 – Revision vom BGH nicht angenommen, Beschl. v. 17.01.2002 – VII ZR 339/00). Abzugrenzen sind davon sonstige aus Anlass eines Baus gewährte Gelder, bei denen es sich nicht zwingend um Baugeld i. S. v. § 1 BauFordSiG handeln muss. Vielmehr können diese auch anderen Zwecken dienen, die dem BauFordSiG nicht unterliegen (BGH, Urt. v. 06.06.1989 – VI ZR 281/88, BauR 1989, 758, 761 = NJW-RR 1989, 1045, 1047).

> **Beispiel**
>
> Der Auftraggeber nimmt ein grundbuchlich gesichertes Darlehen zur Finanzierung des Grundstückserwerbs, zur Tilgung eines Grundstücksankaufkredites (BGH, Urt. v. 13.12.1988 – IV ZR 260/88, BauR 1989, 230, 231 f. = NJW-RR 1989, 788, 789) oder einen allgemeinen Betriebsmittelkredit (OLG Karlsruhe, Urt. v. 03.11.1989 – 15 U 146/89, BauR 1990, 630) auf.

Dabei steht es dem Kreditgeber und dem Bauherrn ohnehin frei, die Verwendung der Darlehensmittel beliebig zu vereinbaren. Die Bindung des BauFordSiG nach dieser Baugeldvariante besteht nur dort, wo nach den Bestimmungen des Darlehensvertrages die auf Basis dinglicher Sicherung gewährten Gelder der Bestreitung der Baukosten dienen sollen (BGH, Urt. v. 13.12.1988 – IV ZR 260/88, BauR 1989, 230, 231 = NJW-RR 1989, 788, 789; BGH, Urt. v. 06.06.1989 – VI ZR 281/88, BauR 1989, 758, 761 = NJW-RR 1989, 1045, 1046; BGH, Urt. v. 15.05.2000 – VII ZR 84/99, BauR 2000, 1505, 1506 = NJW-RR 2000, 1261 = NZBau 2000, 426, 427; BGH, Urt. v. 11.04.2001 – 3 StR 456/00, NZBau 2001, 445, 446; Stammkötter, § 1 Rn. 289 ff.; vgl. auch zu der Änderung der Zweckbindung unten Rdn. 3241).

3238 **Eigenmittel** des Bauherrn stellen nach dieser Baugeldvariante niemals Baugeld i. S. d. § 1 Abs. 3 S. 1 Nr. 1 BauFordSiG dar (BGH, Urt. v. 10.07.1984 – VI ZR 222/82, BauR 1984, 658, 659 = NJW 1985, 134; BGH, Urt. v. 09.12.1986 – VI ZR 287/85, BauR 1987, 229, 230 = NJW 1987, 1196; BGH, Urt. v. 15.05.2000 – VII ZR 84/99, BauR 2000, 1505, 1506 = NJW-RR 2000, 1261, 1262 = NZBau 2000, 426, 427). Dasselbe gilt für **öffentliche Fördermittel**, soweit sie als verlorene Zuschüsse gewährt werden und nur bei Widerruf der Bewilligung wegen nicht zweckgemäßer Verwendung zurückzugewähren sind, selbst wenn dieser Rückforderungsanspruch grundbuchlich gesichert ist (BGH, Urt. v. 15.05.2000 – VII ZR 84/99, BauR 2000, 1505 = NJW-RR 2000, 1261 = NZBau 2000, 426 – a. A. *Bruns* BauR 2000, 1814). Hintergrund dieser engen Auslegung des auch unter strafrechtlichen Gesichtspunkten wichtigen Begriffs des Baugeldes i. S. § 1 Abs. 3 S. 1 Nr. 1 BauFordSiG mit der damit verbundenen Verwendungsbeschränkung durch den Baugeldempfänger ist eine mit dem BauFordSiG angestrebte **Gleichbehandlung der Geldgeber und Bauunternehmer** (s. dazu auch Ingenstau/Korbion/Joussen, Anh. 1 Rn. 262): Denn bei der Errichtung von kreditfinanzierten Bauvorhaben besteht für die Bauhandwerker in ihrem Verhältnis zum Bauherrn und Darlehensnehmer die spezifische Gefährdungslage, dass diese gegenüber dem vorrangig grundpfandrechtlich gesicherten Darlehensgeber in der Zwangsversteigerung mit einer etwaigen Bauhandwerkersicherungshypothek nach § 648 BGB nicht zum Zuge kommen, während die Geldgeber gleichzeitig von den werterhöhenden Leistungen der Handwerker sogar noch profitieren. Um diesen Nachteil der Bauhandwerker im Verhältnis zu den gesicherten Darlehensgebern auszugleichen, hat der Gesetzgeber mit dem BauFordSiG die Verwendungsbeschränkungen lediglich auf Fremdmittel aus Darlehen bezogen, die zweckgebunden für die Errichtung des Bauvorhabens und gegen dingliche Sicherung gewährt werden (BGH, Urt. v. 15.05.2000 – VII ZR 84/99, BauR 2000, 1505, 1506 = NJW-RR 2000, 1261, 1262 = NZBau 2000, 426, 427; vgl. zum gesetzgeberischen Zweck des BauFordSiG zuletzt auch Möller BauR 2005, 8). Bei Eigenmitteln u. a. besteht ein solches Konkurrenzverhältnis zu den grundbuchlich gesicherten Geldgebern dagegen nicht.

3239 Nicht selten werden grundbuchlich gesicherte Darlehensgelder sowohl für die Errichtung des Bauwerks als auch für sonstige Kosten, z. B. Grundstücksbeschaffung, gewährt.

12.6 Bauforderungssicherungsgesetz

▶ **Beispiel**

Das Darlehen soll sowohl für die Finanzierung der Grundstücksbeschaffung als auch für die Bauerrichtung dienen.

In diesen Fällen spricht man von sog. **modifizierten Baugelddarlehen**. Dabei handelt es sich um Baugeld i. S. d. § 1 Abs. 3 S. 1 Nr. 1 BauFordSiG nur insoweit, als es nach dem Darlehensvertrag anteilig tatsächlich für die Errichtung des Baus zur Verfügung gestellt wird (BGH, Urt. v. 13.12.1988 – IV ZR 260/88, BauR 1989, 230, 231 = NJW-RR 1989, 788, 789; BGH, Urt. v. 06.06.1989 – VI ZR 281/88, BauR 1989, 758, 761 = NJW-RR 1989, 1045, 1047; BGH, Urt. v. 12.12.1989 – VI ZR 311/88, BauR 1990, 241, 242 f. = NJW-RR 1990, 914, 915; BGH, Urt. v. 11.04.2001 – 3 StR 456/00 – NZBau 2001, 445, 446). Im Zweifel muss der Baugeldanteil durch Sachverständigengutachten ermittelt werden (BGH, Urt. v. 11.04.2001 – 3 StR 456/00, NZBau 2001, 445, 446). Dabei trifft die Beweislast, dass kein Baugeld vorliegt, nach § 1 Abs. 4 BauFordSiG den Baugeldempfänger (Auftraggeber).

Als Baugeld gelten nach § 1 Abs. 3 S. 2 BauFordSiG ebenfalls Geldbeträge, die zum Zweck der Bestreitung der Kosten eines Baus gewährt werden und deren **Auszahlung ohne nähere Bestimmung des Zweckes der Verwendung nach Maßgabe des Fortschreitens des Baues** erfolgen soll. Hierbei handelt es sich um eine erweiterte gesetzliche Legaldefinition für die Annahme von Baugeld. Sie ist aufgrund der klaren Gesetzesformulierung (»Beträge (...) sind (...) solche«) **nicht widerlegbar** (so auch Hofmann/Koppmann, S. 249 f.). Dies gilt insbesondere bei Sachverhalten, in denen eigentlich nur modifiziertes Baugeld vorliegt. Dieses wird durch die Auszahlung nach Baufortschritt nunmehr insgesamt zu Baugeld. Die vorbeschriebene gesetzliche Legaldefinition erstreckt sich aber nur auf die Zweckbestimmung des Darlehens, nicht auf die grundbuchliche Sicherung. Diese muss gesondert vorliegen.

3240

- **Nachträgliche Zweckänderung und sonstiger Einzelfall der Baugeldeigenschaft**
Liegt zunächst Baugeld vor, d. h. wurde nach dem Darlehensvertrag ein Darlehen mit grundpfandrechtlicher Sicherung zur Bestreitung der Baukosten gewährt, so steht es im Belieben der Vertragsparteien, diese **Zweckbindung im Nachhinein zu ändern**.

3241

▶ **Beispiel**

Der Auftraggeber hat ein grundbuchlich gesichertes Darlehen aufgenommen. Dieses sollte nach der zunächst geschlossenen Sicherungsabrede zur Finanzierung des Bauvorhabens dienen. Nunmehr benötigt der Auftraggeber anderweitig Geld. Mit der Bank stimmt er dies entsprechend ab.

Unstreitig lag zunächst Baugeld vor; diese Baugeldeigenschaft ist dann aber durch die Änderungsvereinbarung zwischen Auftraggeber und Bank zum Sicherungszweck verloren gegangen. Eine solche kann im Rahmen der Privatautonomie selbst dann noch geschlossen werden, wenn das Darlehen bereits ausgezahlt wurde. Zum Teil wird zwar die Zulässigkeit einer diesbezüglichen nachvertraglichen Vereinbarung wegen eines Verstoßes gegen den Schutzzweck des BauFordSiG zugunsten der Baugeldgläubiger verworfen (vgl. z. B. Maritz, BauR 1990, 401, 403; kritisch auch OLG Düsseldorf, Urt. v. 07.03.2003 – 22 U 129/02, IBR 2004, 505, insoweit dort aber nicht abgedruckt). Dies überzeugt jedoch nicht: Denn die einvernehmlich getroffene Zweckvereinbarung im Darlehensvertrag mit der Maßgabe, dass das Darlehen für die Bestreitung der Baukosten einzusetzen ist, ist **tatbestandliche Voraussetzung** dafür, dass der Schutz des BauFordSiG überhaupt greift. Eine Beschränkung aus dem BauFordSiG, eine diesbezügliche Zweckbindung mit oder ohne Vorbehalt einer späteren Modifizierung zu vereinbaren bzw. eine solche zu verändern, besteht dagegen nicht (so überzeugend auch Stammkötter, § 1 Rn. 384 ff.). Dabei ist jedoch jeweils genau zu prüfen, wann eine solche Zweckänderung vorliegt: Insoweit wird man wohl eine klare Absprache zwischen Darlehensnehmer und Bank verlangen müssen. Allein die Ausführung von Überweisungen zur Bezahlung baufremder Rechnungen verbunden mit einer Duldung der Bank genügt dafür nicht (OLG Düsseldorf, Urt. v. 07.03.2003 – 22 U 129/02, Nichtzul.-Beschw. zurückgewiesen: BGH, Beschl. v. 08.07.2004 – VII ZR 78/03 IBR 2004, 505) – wobei allerdings auch hier gilt: Für die Tatsache, dass nach einer Vereinbarung zwischen Darlehensgeber und Darlehensnehmer jetzt kein Baugeld vorliegen soll, ist der Darlehensnehmer (Auftraggeber) als ggf. (ehemaliger) Baugeldempfänger beweispflichtig (§ 1 Abs. 4 BauFordSiG).

3242 Ähnlich wie durch die nachträgliche einvernehmliche Zweckänderung kann die Baugeldeigenschaft nach dieser Variante auch dazu (ex nunc) entfallen, wenn der zugrunde liegende **Darlehensvertrag zwischenzeitlich gekündigt** wurde.

> **Beispiel (in Anlehnung an OLG Stuttgart, Urt. v. 25.08.2011 – 10 U 152/10, BauR 2012, 96, 100)**
>
> Der Baugeldempfänger verfügte zur Bestreitung der Baukosten über einen grundpfandrechtlich gesicherten Kontokorrentkredit. Zahlungen darauf sollten jeweils nach Vorlage geprüfter Rechnungen erfolgen. Als der Baugeldempfänger insolvent wird, kündigt die Bank den Kreditvertrag und zahlt keine weiteren Gelder mehr aus. Kurz danach stellt der Baugeldgläubiger seine Schlussrechnung.

Hier geht der Baugeldgläubiger leer aus. Zwar stellt das zugesagte Kontokorrent zunächst Baugeld dar (s. o. Rdn. 3237). Es gab jedoch keine Pflicht des Baugeldempfängers, dieses Geld daraus abzurufen und sicher auf ein Treuhandkonto zu hinterlegen (zumal das nach dem Darlehensvertrag gar nicht möglich war). Dies kollidiert zwar grundsätzlich mit dem Schutzzweck des BauFordSiG: Doch muss der Baugeldgläubiger den Darlehensvertrag als Grundlage der Baugeldeigenschaft so hinnehmen, wie er existierte. Demzufolge hätte der Auftragnehmer diese Situation nur vermeiden können, wenn er rechtzeitig ausreichende Abschläge angefordert hätte.

- **Grundbuchliche Sicherung der Darlehensmittel**

3243 Darlehensmittel für die Bestreitung eines Bauwerks gelten nur dann als Baugeld i. S. d. § 1 Abs. 3 S. 1 Nr. 1 BauFordSiG, wenn zu deren Sicherung eine Hypothek oder Grundschuld an dem zu bebauenden Grundstück dient. Die grundpfandrechtliche Sicherung ist somit eine zentrale Voraussetzung für die Baugeldeigenschaft nach dieser gesetzlichen Alternative. In dem zugrunde liegenden **Kreditvertrag muss die dingliche Sicherung vorgesehen** sein bzw. muss der Kreditgeber die Darlehensgewährung von der dinglichen Grundstückssicherung abhängig gemacht haben (BGH, Urt. v. 13.12.1988 – VI ZR 260/88 NJW-RR 1989, 788; BGH, Urt. v. 18.04.1996 – VII ZR 175/95, BauR 1996, 709, 710 = NJW-RR 1996, 976, 977; BGH, Urt. v. 15.06.2000 – VII ZR 84/99, BauR 2000, 1505, 1506 = NJW-RR 2000, 1261 = NZBau 2000, 426). Die grundpfandrechtliche Sicherung begrenzt gleichzeitig den Umfang bei der Einstufung von Darlehensmitteln als Baugeld, d. h.: **Nur soweit Darlehensmittel über ein Grundpfandrecht abgesichert sind, kann nach § 1 Abs. 3 S. 1 Nr. 1 BauFordSiG überhaupt Baugeld vorliegen**. Diese Begrenzung gewinnt vor allem an Bedeutung, wenn die Darlehenssumme den grundpfandrechtlich gesicherten Umfang übersteigt: Auch insoweit liegt nur Baugeld vor, wie es grundpfandrechtlich gesichert ist (BGH, Urt. v. 11.04.2001 – 3 StR 456/00, NZBau 2001, 445). Auf eine ggf. erst **nach Darlehensauszahlung erfolgende Eintragung des Grundpfandrechts** im Grundbuch kommt es demgegenüber nicht an (BGH, Urt. v. 13.10.1987 – VI ZR 270/86, BauR 1988, 107, 108 = NJW 1988, 263, 264 = NJW-RR 1988, 146; BGH, Urt. v. 08.01.1991 – VI ZR 109/90, BauR 1991, 237, 238 = NJW-RR 1991, 728, 729). Genauso unbeachtlich ist es für die Baugeldeigenschaft, wenn die zur Sicherung des Baudarlehens eingetragene Grundschuld später gelöscht wird (so zu verstehen KG, Urt. v. 27.08.2002 – 6 U 159/01, IBR 2004, 425 = BauR 2004, 1346 [Ls.], das in einem solchen Fall die Baugeldeigenschaft annahm, Nichtzul.-Beschw. zurückgew.: BGH, Beschl. v. 27.05.2004 – VIII ZR 375/02).

3244 Notwendig ist allerdings, dass das **zu belastende und das zu bebauende Grundstück identisch** sind (ebenso: Weise, Sicherheiten im Baurecht, Rn. 681).

> **Beispiel**
>
> Kein Baugeld liegt vor, wenn der Darlehensnehmer für die Errichtung eines Bauwerks eine Grundschuld nicht auf dem Baugrundstück, sondern auf einem anderen ihm gehörenden Baugrundstück eintragen lässt.

Dieses Identitätserfordernis ist vor dem Hintergrund zu sehen, dass es anderenfalls schon an dem Konkurrenzverhältnis zwischen Geldgeber und dem die Bauleistung ausführenden Unternehmer fehlt, das das BauFordSiG vor Augen hat (s. o. Rdn. 3238).

12.6.1.1.2 Absicherung der Geldbeträge durch verzögerte Eigentumsübertragung (§ 1 Abs. 3 S. 1 Nr. 1 Alt. 2 BauFordSiG)

Nach der zweiten Alternative in § 1 Abs. 3 S. 1 Nr. 1 BauFordSiG entsteht Baugeld weiterhin, wenn die **Eigentumsübertragung am Grundstück erst nach gänzlicher oder teilweiser Herstellung des Baus** erfolgen soll. Damit ist der seltene Fall erfasst, dass der Darlehensgeber gleichzeitig der Grundstücksverkäufer ist. Auch hier steigert also der Baugeldgläubiger mit seinen Leistungen den Wert des Grundstücks, wobei diese Wertsteigerung einstweilen allein dem Geldgeber als Noch-Eigentümer des Grundstücks zugute kommt. Ein Zugriff auf diese Wertsteigerung etwa mit einer Bauhandwerkersicherungshypothek nach § 648 BGB scheidet insoweit schon wegen der Verschiedenheit von Grundstückseigentümer und Auftraggeber aus (s. dazu oben Rdn. 3127). Somit unterscheidet sich das Schutzbedürfnis des Baugeldgläubigers im Verhältnis zum Verkäufer nicht gegenüber einem sonstigen Geldgeber, der an der Werterhöhung infolge der Leistungen der Baugeldgläubiger (Bauhandwerker) aufgrund z. B. einer Grundschuld abgesichert ist.

3245

12.6.1.1.3 Ausgezahlte Vergütung für zwischengeschaltete Unternehmer (§ 1 Abs. 3 S. 1 Nr. 2, S. 2 BauFordSiG)

Bezahlt der Bauherr Gelder an einen Dritten (z. B. Generalunternehmer) für eine im Zusammenhang mit der Herstellung des Baues oder Umbaues stehende Leistung und waren oder sind an der Leistung dieses Dritten andere Unternehmer aufgrund eines Werk-, Dienst- oder Kaufvertrages beteiligt, werden damit auch diese Gelder automatisch zu **Baugeld** im Sinne des BauFordSiG. Auf die in § 1 Abs. 3 S. 1 Nr. 1 BauFordSiG zusätzlich noch bestehende Voraussetzung, dass es sich bei diesen Geldern um grundpfandrechtlich gesicherte Kreditmittel handeln muss, kommt es bei der hier behandelten weiteren gesetzlichen Variante nicht an. Stattdessen ist allein entscheidend, dass eine **mindestens dreigliedrige Unternehmerkette** an der Erstellung des Bauvorhabens beteiligt ist.

3246

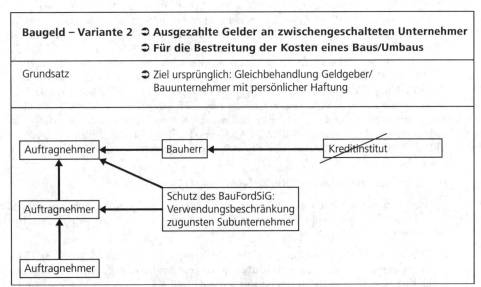

- **Erfolgte Vergütungszahlung für eine Bauleistung an einen Dritten**
  Zunächst bedarf es der Bestimmung eines (Baugeld)empfängers. Hierbei handelt es sich um einen **zwischengeschalteten Unternehmer**, der von einem Dritten Geldbeträge erhalten hat für eine

3247

Leistung, die im Zusammenhang mit der Herstellung eines Baues oder Umbaues steht. Bei dem genannten Empfänger kann es sich um natürliche, aber auch um juristische Personen handeln. Üblicherweise geht es um General- oder Hauptunternehmer; doch auch Generalübernehmer kommen in Betracht.

3248 Der (Baugeld)empfänger muss, damit Baugeld entsteht, die Zahlung von einem Dritten, dem er die Leistung im Zusammenhang mit der Herstellung eines Baues oder Umbaues versprochen hat, erhalten haben. Hierbei geht es um drei Dinge:

3249 – Erstens kommt es darauf an, dass ein Dritter dem (Baugeld)empfänger einen Geldbetrag für die Bauleistung aufgrund einer **vertraglichen Verpflichtung** zukommen lässt. Der **Dritte muss jedoch nicht der Bauherr** sein. Vielmehr kann in einer Subunternehmerkette z. B. auch ein unter einem Generalübernehmer stehender Generalunternehmer Dritter sein, der jetzt dem Hauptunternehmer für dessen Bauleistung Geldbeträge (eine Vergütung) zahlt. Dies lässt sich in einer **mehrgliedrigen Subunternehmerkette** auch im jeweils nachrangigen Verhältnis so annehmen. Allerdings hatte die Rechtsprechung zum früheren Recht noch die Auffassung vertreten, dass ein Subunternehmer nur dann als Dritter anzusehen war, wenn er hinsichtlich des Teils der ihnen als Vergütung gezahlten Beträge, die bei wirtschaftlicher Betrachtung den ihnen nachgeordneten Unternehmern gebühren, einem Treuhänder angenähert ist, d. h. insoweit die volle Verfügungsgewalt über das Baugeld zur Finanzierung der Handwerkerleistungen besessen hat (BGH, Urt. v. 16.12.1999 – VII ZR 39/99, BGHZ 143, 301, 303 = BauR 2000, 573, 574 = NJW 2000, 956 = NZBau 2000, 129). Hierauf kommt es jedoch für die Einstufung, ob Baugeld vorliegt bzw. der Anwendungsbereich des BauFordSiG eröffnet ist, nach der jetzigen Gesetzesfassung nicht mehr an (ausführlich dazu Joussen, NZBau 2009, 737 – a. A.: Stammkötter, § 1 Rn. 335).

3250 – Zweitens muss der Baugeldempfänger die **Zahlung für die »Herstellung eines Baues oder Umbaues«** erhalten haben. Diese Formulierung findet sich in gleicher Weise bei der ersten Baugelddefinition zu dem traditionellen Baugeldbegriff auf der Grundlage eines grundpfandrechtlich gesicherten Darlehens. Die Rechtsprechung verstand hierunter zunächst »jede Art von Bau«, setzte also die Formulierung des BauFordSiG gleich mit den auch sonst bekannten Bauwerken (RGZ 84, 188, 192, BGH, Urt. v. 13.10.1987 – V ZR 270/86, 1988, 107, 108 = NJW 1988, 263). Später schränkte jedoch der BGH diese Vorschrift deutlich ein: Bei der Herstellung des Baues i. S. des § 1 Abs. 1 BauFordSiG seien nur solche Leistungen gemeint, die sich auf wesentliche Bestandteile eines Gebäudes bezögen (BGH, Urt. v. 06.06.1989 – VI ZR 281/88, BauR 1989, 758, 761 = NJW-RR 1989, 1045, 1047; ebenso Stammkötter, a. a. O., § 1 Rn. 32 m. w. N.; Schmitz, Sicherheiten für die Bauvertragsparteien, ibr-online, Stand. 28.10.2010, Rn. 512 ff.). Diese Beschränkung auf Gebäude dürfte allerdings mit der heutigen Fassung des Baugeldbegriffs nicht mehr einschlägig sein. Vielmehr sind jetzt richtigerweise **alle Bauwerksmaßnahmen**, d. h. insbesondere auch der **gesamte Ingenieurbau** (Straßen-, Brückenbau u. a.) einzubeziehen. Für eine gegenteilige Auffassung gibt es im Gesetz keinerlei Anhaltspunkt mehr (ebenso: OLG Koblenz, 03.02.2011 – 5 U 631/10, BauR 2011, 892 [Ls.] = ZfIR 2011, 612, 613; s. dazu auch näher mit Erläuterungen: Ingenstau/Korbion/Joussen, Anh. 1 Rn. 273).

> ▶ Beispiel (in Anlehnung an OLG Koblenz, a. a. O.)
>
> Der Auftragnehmer wird von einer Gemeinde mit Straßen- und Tiefbauarbeiten beauftragt und hat dafür bereits Zahlungen erhalten. Das Baumaterial hatte er von einem Baulieferanten bezogen. Hier liegt Baugeld vor.

3251 – Schließlich ist für die Entstehung der Baugeldeigenschaft entscheidend, dass der (Baugeld)empfänger den entsprechenden Geldbetrag von dem Dritten erhalten hat, d. h.: Die diesbezügliche **Vergütung muss bereits bezahlt** sein und sich infolgedessen in der Verfügungsbefugnis des Baugeldempfängers befinden. Hierzu zählen insbesondere **Abschlagszahlungen**, die zur Bestreitung der Kosten eines Baues oder Umbaues gewährt werden (§ 1 Abs. 3 S. 2 BauFordSiG).

- **Beteiligung anderer Unternehmer an der Bauherstellung u. a. durch den Dritten**
Für die Baugeldeigenschaft genügt nicht die bloße Tatsache, dass ein Dritter dem (Baugeld)empfänger für eine Leistung eine Vergütung zahlt, die im Zusammenhang mit der Herstellung eines Baues oder Umbaues steht. Vielmehr muss der (Baugeld)empfänger an der von ihm dem Dritten versprochenen Bauleistung seinerseits **andere Unternehmer** aufgrund eines Werk-, Dienst- oder Kaufvertrags beteiligt haben. Diese Voraussetzung versteht sich von selbst: Denn nur dann gibt es mit dem Subunternehmer eine zu schützenden Person, die für ihren Auftraggeber (zwischengeschalteten Unternehmer) eine Leistung erbringt, bei der es sich gleichzeitig um die Leistungserfüllung des zwischengeschalteten Unternehmers (Baugeldempfängers) gegenüber seinem Auftraggeber (Dritter im Sinne des § 1 Abs. 3 S. 1 Nr. 2 BauFordSiG) handelt. Fließt im Oberverhältnis Geld, will § 1 Abs. 3 S. 1 Nr. 2 BauFordSiG sicherstellen, dass dieses nicht für fremde Zwecke verwendet wird, sondern dem tatsächlich leistenden Subunternehmer zugute kommt. 3252

12.6.1.2 Baugeldempfänger

Das BauFordSiG regelt Pflichten des sog. Baugeldempfängers in Bezug auf den Umgang mit dem Baugeld; der Baugeldempfänger haftet, wenn er diese Pflichten nicht beachtet. 3253

12.6.1.2.1 Baugeldempfänger im Sinne des § 1 Abs. 3 S. 1 Nr. 1 BauFordSiG

Baugeldempfänger im Sinne des § 1 Abs. 3 S. 1 Nr. 1 BauFordSiG sind zunächst all diejenigen, die über Baugeld im Sinne dieser Baugeldvariante, d. h. einen Bankkredit, der wiederum über ein Grundpfandrecht am Baugrundstück gesichert ist, tatsächlich verfügen können (BGH, Urt. v. 17.10.1989 – VI ZR 27/89, BauR 1990, 108, 110 = NJW-RR 1990, 88; BGH, Urt. v. 08.01.1991 – VI ZR 109/90, BauR 1991, 237, 238 = NJW-RR 1991, 728, 729). Dabei ist ohne Belang, ob diese Person selbst an der Herstellung des Bauwerks beteiligt ist (BGH, Urt. v. 19.11.1985 – VI ZR 148/84, BauR 1986, 235, 237 = NJW 1986, 1105, 1106). Unbeachtlich ist ferner, ob der Baugeldempfänger Bauherr oder Grundstückseigentümer ist; erfasst wird vielmehr **jede an der Herstellung des Bauwerks beteiligte Person** (BGH, Urt. v. 24.11.1981 – VI ZR 47/80, BauR 1982, 193, 194 = NJW 1982, 1037, 1038; BGH, Urt. v. 09.10.1990 – VI ZR 230/89, BauR 1991, 96, 97 = NJW-RR 1991, 141 f.). Erforderlich ist jedoch, dass der Darlehensnehmer den Darlehensbetrag tatsächlich erhalten hat (BGH, Urt. v. 17.10.1989 – VI ZR 27/89, BauR 1990, 108, 109 = NJW-RR 1990, 88). Keine Baugeldempfänger sind demgegenüber lediglich vertretungsberechtigte Organe einer juristischen Person, die Baugeld erhalten hat (OLG Dresden Urt. v. 13.09.2001 19 U 346/01 BauR 2002, 486, 488; *Stammkötter* § 1 Rn. 15 – a. A. *Schulze-Hagen* NJW 1986, 2403, 2407). 3254

Ist **Empfänger von Baugeld** i. S. d. § 1 BauFordSiG jeder, der tatsächlich über Baugeld verfügen kann, zählt hierzu verständlicherweise zunächst der **Darlehensnehmer** selbst. Baugeldempfänger kann aber auch ein **Dritter** sein, der sozusagen stellvertretend für den Darlehensnehmer im Einvernehmen mit dem Kreditgeber das Baugeld erhält und die daraus abgeleiteten Baugeldforderungen bedienen muss. Hierzu gehört insbesondere zunächst der **Bauherr**, soweit dieser nicht mit dem Darlehensnehmer identisch ist und der Darlehnsgeber weiß, dass der Darlehensnehmer das Darlehen für einen Dritten aufnimmt (OLG Dresden, Urt. v. 28.07.2000 – 3 U 574/00, NZBau 2002, 392, 394 [Revision nicht angenommen, Beschl. v. 17.01.2002 VII ZR 339/00]). Soweit früher vertreten wurde, dass in erweiterter Anwendung dieser gesetzlichen Regelung unter den Baugeldempfänger auch die **Personen fallen, die sonst an der Herstellung des Bauwerkes umfassend beteiligt sind**, z. B. **Generalunternehmer, Generalübernehmer** oder **Bauträger** (s. Nachweise dazu Ingenstau/Korbion/Joussen, Anh. 1 Rn. 281), hat sich diese Rechtsprechung erledigt. Zwar sind diese Unternehmer auch weiterhin als Baugeldempfänger anzusehen; dies ergibt sich nunmehr aber bereits unmittelbar aus § 1 Abs. 1 i. V. m. dem erweiterten Baugeldbegriff in § 1 Abs. 3 S. 1 Nr. 2 BauFordSiG (s. sogleich Rdn. 3257). Nicht zu den Baugeldempfängern, wohl aber einem solchen hinsichtlich seiner Pflichten gleichgestellt, gehört der **Baubetreuer**, soweit dieser bei der Betreuung des Bauvorhabens 3255 zur Verfügung über die Finanzierungsmittel des Bestellers ermächtigt ist. Dies ergibt sich aus § 1 Abs. 1 S. 3 BauFordSiG.

3256 Kein Baugeldempfänger ist dagegen der **Darlehensgeber** (vgl. OLG Karlsruhe, Urt. v. 03.11.1989 – 15 U 146/89, BauR 1990, 630, 631; OLG München, Urt. v. 13.11.1989 – 26 U 2877/89, BauR 1991, 482, 483 = NJW-RR 1991, 279, 280; OLG Karlsruhe, Urt. v. 31.10.2002 – 12 U 182/01, Rev. nicht angen.: BGH Beschl. v. 11.12.2003 – VII ZR 422/02, IBR 2001, 140; Ingenstau/Korbion/Joussen, Anh. 1, Rn. 282; vgl. aber auch Stammkötter/Reichelt ZfBR 2005, 429, 430, die in diesen Fällen parallel eine Haftung der Bank aus einem Vertrag mit Schutzwirkung zugunsten Dritter prüfen).

12.6.1.2.2 Baugeldempfänger im Sinne des § 1 Abs. 3 S. 1 Nr. 2 BauFordSiG

3257 Der Pflichtenstellung nach dem BauFordSiG unterliegen ebenso die Empfänger von Baugeld im Sinne des § 1 Abs. 3 S. 1 Nr. 2 BauFordSiG. Hierzu zählen alle Empfänger von Geldzahlungen, die diese von einem Dritten (etwa vom Bauherrn) für eine im Zusammenhang mit der Herstellung des Baues oder Umbaues stehende Leistung, die der Empfänger dem Dritten versprochen hat, erhalten haben, wenn an dieser Leistung andere Unternehmer aufgrund eines Werk-, Dienst- oder Kaufvertrages beteiligt waren. Praktisch geht es hier um **jeden zwischengeschalteten Unternehmer**, soweit diesem wiederum in einer mehrgliedrigen Unternehmerkette deren Auftraggeber bereits Vergütungszahlungen geleistet hat (s. dazu im Einzelnen oben Rdn. 3246 ff.). Dabei spielt es entgegen der früheren Auffassung zur Anwendung des BauFordSiG keine Rolle mehr, ob Bauunternehmer, die lediglich einen **Teil der Bauwerksleistung erbringen**, Baugeldempfänger sind (ablehnend zu der früheren Gesetzesfassung: BGH, Urt. v. 16.12.1999 – VII ZR 39/99, BGHZ 143, 301, 303 = BauR 2000, 573, 574). Etwaige Beschränkungen dazu sieht das Gesetz nicht (mehr) vor (Joussen, NZBau 2009, 737; a. A. aber scheinbar Stammkötter, a. a. O. § 1 Rn. 17; ders. BauR 2009, 1521, 1522).

12.6.2 Schadensersatzanspruch aus § 823 Abs. 2 BGB i.V. m. § 1 Abs. 1 BauFordSiG

3258 Verstößt der Baugeldempfänger gegen die Vorschriften des BauFordSiG, kann er sich gegenüber dem nach dem BauFordSiG geschützten Personenkreis schadensersatzpflichtig machen. Insoweit ist anerkannt, dass es sich vor allem bei der Regelung des § 1 BauFordSiG um ein Schutzgesetz zugunsten der **Baugeldgläubiger** handelt (RGZ 84, 188; RGZ 91, 72, 76; RGZ 138, 156, 158; BGH, Urt. v. 24.11.1981 – VI ZR 47/80, BauR 1982, 193, 194 = NJW 1982, 1037, 1038; BGH, Urt. v. 06.06.1989 – VI ZR 281/88, BauR 1989, 758, 759 = NJW-RR 1990, 914).

12.6.2.1 Gläubiger des Schadensersatzanspruchs

3259 Der anspruchsberechtigte Kreis potenzieller Schadensersatzgläubiger ergibt sich unmittelbar aus § 1 Abs. 1 BauFordSiG: Hierzu zählen **alle Personen, die an der Herstellung oder dem Umbau eines Baues aufgrund eines Werk-, Dienst- oder Kaufvertrages beteiligt sind, und zu deren Befriedigung das Baugeld dient** (»**Baugeldgläubiger**«). Eine Beschränkung auf Herstellungsleistungen in Bezug auf wesentliche Bestandteile eines zu errichtenden Gebäudes i. S. d. § 94 Abs. 2 BGB findet entgegen der früheren Auffassung (vgl. noch BGH, Urt. v. 8.06.1989 – VI ZR 281/88, BauR 1989, 758, 761 NJW-RR 1989, 1045, 1047) nicht (mehr) statt (s. o. Rdn. 3250). Ob der Bauunternehmer als Gläubiger bei Abschluss seines Bauvertrages **Kenntnis von der Baugeldeigenschaft** hatte, ist nach dem Gesetzeswortlaut für seine Stellung als Gläubiger **unbeachtlich**, d. h. vor allem: Selbst wenn insbesondere im Fall des Baugeldes nach § 1 Abs. 3 S. 1 Nr. 1 BauFordSiG der die Baugeldeigenschaft begründende Darlehensvertrag zwischen Bank und Bauherr erst später geschlossen wird, können zu den dann zweckentfremdet verwendeten Geldern Schadensersatzansprüche nach dem BauFordSiG entstehen.

3260 Voraussetzung ist weiter, dass der Gläubiger an der Herstellung bzw. dem Umbau eines Bauwerkes aufgrund **eines wirksamen, d. h. tatsächlich zustande gekommenen Vertrages** mitgewirkt hat.

> **Beispiel**
>
> Der Auftragnehmer errichtet ein Bauvorhaben. Der dazu geschlossene Bauvertrag wird später wegen arglistiger Täuschung angefochten und fällt deswegen nach § 142 Abs. 1 BGB rückwirkend weg. Hiermit entfällt gleichzeitig der Schutz des Auftragnehmers nach dem BauFordSiG.

Abweichend davon meint zwar das OLG Dresden (Urt. v. 22.04.2005 – 11 W 0104/05, BauR 2005, 1649, 1650), dass es darauf nicht ankomme. Das Gesetz spreche nur von einer Beteiligung aufgrund eines Vertragsverhältnisses. Von einer Wirksamkeit sei dort nicht die Rede. Dies ist jedoch falsch: Denn wenn ein Unternehmen nicht aufgrund eines Vertrages an der Bauwerkserstellung mitgewirkt hat, ist unklar, aufgrund welcher gesetzlichen Regelung es in den Schutzbereich des § 1 BauFordSiG einbezogen sein sollte. Auch Sinn und Zweck des BauFordSiG sprechen eindeutig dagegen: Wie schon in Rdn. 3238 erläutert, dient das BauFordSiG u. a. dazu, denjenigen Baugeldgläubigern eine Sicherheit zu verschaffen, die mit einer Bauhandwerkersicherungshypothek zur Absicherung ihrer Vergütungsansprüche aufgrund der vorrangig im Grundbuch eingetragenen Sicherungsrechte der Geldgeber wirtschaftlich ausfallen. Um diesen Nachteil im Verhältnis zu den gesicherten Darlehensgebern auszugleichen, hat der Gesetzgeber mit dem BauFordSiG eine gesonderte Sicherungsmöglichkeit geschaffen. So sind die Empfänger des insoweit grundpfandrechtlich gesicherten Baugeldes dann wenigstens verpflichtet, dieses zugunsten der an Bauwerkserstellung beteiligten Handwerker zu verwenden (Ingenstau/Korbion/Joussen, Anh. 1 Rn. 262). Fehlt es aber an einem wirksamen Vertrag, könnte ein Auftragnehmer in diesem Fall auch keine Bauhandwerkersicherungshypothek eintragen lassen. Folglich entfällt gleichzeitig ein Schutz nach dem BauFordSiG, bei dem es sich letztlich nur um ein Annex zu dem unvollkommenen Schutz nach der Eintragung einer Bauhandwerkersicherungshypothek handelt (ebenso: Handschuhmacher BauR 2005, 1650 – dagegen: Orlowski BauR 2005, 1651).

Neben der Beteiligung an der Bauwerkserstellung als solcher ist weitere Voraussetzung für einen Schadensersatzanspruch nach § 823 Abs. 2 BGB i. V. m. § 1 Abs. 1 BauFordSiG, dass sich die von dem betroffenen Bauunternehmer **geleistete Arbeit unmittelbar in einer Werterhöhung des Bauwerks niedergeschlagen hat** (OLG Hamburg, Urt. v. 20.8.1993 – 11 U 82/92, BauR 1994, 123; OLG Dresden, Urt. v. 13.009.2001 – 19 U 346/01 BauR 2002, 486, 487). Nicht geschützt sind somit reine Hilfsarbeiten, wie z. B. isoliert vergebene Gerüstarbeiten, die unmittelbar zu keiner Werterhöhung des Bauwerks führen (a. A. OLG Hamburg Urt. v. 20.8.1993 – 11 U 82/92, BauR 1994, 123). Die genaue Abgrenzung ist im Einzelnen schwierig. Sie entspricht aber in etwa der vergleichbaren Rechtslage zu § 648 BGB, der ebenfalls für den anspruchsberechtigten Bauhandwerker eine sich im Bauwerk verkörpernde werterhöhende Bauleistung verlangt (siehe oben Rdn. 3122 ff. sowie ähnlich, wenn auch sehr weitgehend Kniffka/Koeble 10. Teil Rn. 176 f.). 3261

Ansonsten spielt es für den Schutzbereich des § 1 BauFordSiG keine Rolle, ob der Bauunternehmer als unmittelbarer Auftragnehmer des Darlehensnehmers als Baugeldempfänger i. S. d. § 1 Abs. 3 S. 1 Nr. 1 BauFordSiG auftritt oder nur als **Subunternehmer** (»**Nachmänner**«), d. h. hier gegenüber einem Baugeldempfänger i. S. d. § 1 Abs. 3 S. 1 Nr. 2 BauFordSiG (BGH, Urt. v. 19.12.1989 – VI ZR 32/89, BauR 1990, 246, 247 = NJW-RR 1990, 342). Entscheidend ist allein, dass der Subunternehmer von § 1 Abs. 1 BauFordSiG erfasste werterhöhende Bauleistungen erbringt (BGH, Urt. v. 24.11.1981 – VI ZR 47/80, BauR 1982, 193, 194 = NJW 1982, 1037, 1038). 3262

12.6.2.2 Schuldner des Schadensersatzanspruchs

Schadensersatzschuldner ist zunächst der Baugeldempfänger (siehe oben Rdn. 3253 ff.). Dies ist unproblematisch, soweit der Baugeldempfänger eine natürliche Person ist. Doch auch juristische Personen haften aus § 823 Abs. 2 BGB. Insoweit wird diesen das Verhalten ihrer Organe über § 31 BGB zugerechnet, das ihrer Mitarbeiter über § 831 BGB. 3263

Neben den Baugeldempfängern können zusätzlich die **Organe einer juristischen Person** aus § 823 Abs. 2 BGB haften, soweit diese unmittelbar gegen die Verpflichtung aus § 1 BauFordSiG verstoßen haben (§ 14 Abs. 1 Nr. 1 StGB – BGH, Urt. v. 11.04.2001 – 3 StR 456/00, NZBau 2001, 445, 446 3264 zur Strafbarkeit eines Geschäftsführers einer Generalunternehmerin; ebenso: OLG Dresden, Urt. v. 13.09.2001 – 19 U 346/01, BauR 2002, 486, 488). Diese Haftung gewinnt vor allem an Bedeutung, wenn die betroffene juristische Person als Baugeldempfängerin insolvent ist (BGH, Urt. v. 19.11.1985 – VI ZR 148/84, BauR 1986, 235 = NJW 1986, 1105).

> **Beispiel (nach BGH, Urt. v. 13.12.1988 – IV ZR 260/88, BauR 1989, 230, 231 = NJW-RR 1989, 788, 789)**
>
> Eine GmbH & Co. KG errichtet ein Bauvorhaben und erhält dafür Baugeld, d. h. ein grundbuchlich gesichertes Darlehen. Der Geschäftsführer der Komplementär-GmbH verwendet das Geld für eigene Zwecke. Hier haftet dieser dem Bauunternehmer persönlich, soweit Letzterer deswegen mit seinen Vergütungsansprüchen ausfällt.

Demgegenüber kommt eine **Haftung von Prokuristen** (OLG Karlsruhe, Urt. v. 25.04.1991 – 4 U 66/90, BauR 1992, 791) und anderen Handlungsgehilfen nur ausnahmsweise in Betracht (siehe dazu u. a. auch Weise, Sicherheiten im Baurecht Rn. 753 f.). Dies hängt maßgeblich von deren konkreten Einflussbereich und ihrer Fähigkeit ab, wie die Geschäftsführung unmittelbar über die Baugelder verfügen zu können (BGH, Urt. v. 24.11.1981 – VI ZR 47/80, BauR 1982, 193, 195 f. = NJW 1982, 1037, 1039, bejahend etwa in OLG Hamburg, Beschl. v. 09.11.2009 – 11 U 148/08, BauR 2010, 639, 641).

3265 Wegen einer Verletzung von § 823 Abs. 2 BGB i. V. m. § 1 Abs. 1 BauFordSiG können außerdem Personen in Anspruch genommen werden, die an einer zweckwidrigen Verwendung von Baugeld mitgewirkt haben. Eine **Haftung erfolgt hier als Anstifter oder Gehilfe** über § 830 Abs. 2 BGB (vgl. BGH, Urt. v. 17.10.1989 – VI ZR 27/89, BauR 1990, 108, 109 = NJW-RR 1990, 88). Die Betroffenen haften dann neben dem eigentlich Verantwortlichen als Gesamtschuldner (§ 840 Abs. 1 BGB). Keine Haftung aus § 823 Abs. 2 BGB i. V. m. § 1 BauFordSiG trifft jedoch in der Regel **die das Bauvorhaben finanzierenden Banken**. Zwar sind diese zumeist über den Baugeldcharakter informiert, sodass sie auch Kenntnis von einer baugeldwidrigen Verfügung erlangen. Für eine Haftung dürfte es aber in der Regel an einem Vorsatz fehlen: Denn die Banken prüfen nicht die Rechtmäßigkeit einer Zahlung, solange sich diese in dem gegebenen Kreditrahmen bewegt. Die Mittelverwendung obliegt stattdessen ausschließlich dem Darlehensnehmer (OLG München, Urt. v. 13.11.1989 – 26 U 2877/89, BauR 1991, 482, 483 = NJW-RR 1991, 279, 280; OLG Düsseldorf, Urt. v. 19.09.1996 – 5 U 19/96, OLGR 1997, 2 f. = BauR 1997, 357 [Ls.]; OLG Karlsruhe, Urt. v. 31.10.2002 – 12 U 182/01, Rev. nicht angenommen, BGH, Beschl. v. 11.12.2003 – VII ZR 422/02 IBR 2004, 140; sehr kritisch dazu Maritz BauR 1990, 401, 405). Etwas anderes könnte immerhin gelten, wenn der Mitarbeiter der Bank einen kurz vor Insolvenz stehenden Baugeldempfänger veranlasst, Baugelder vom Baugeldkonto zu entnehmen, um damit etwa andere Verbindlichkeiten zurückzuführen (LG Bielefeld, Urt. v. 30.10.2001 – 2 O 650/99, BauR 2003, 398).

12.6.2.3 Schadensersatzbegründende Handlung

3266 Ein Schadensersatzanspruch besteht, soweit der Baugeldempfänger **das empfangene Baugeld entgegen den Vorgaben aus § 1 Abs. 1 BauFordSiG verwendet**. Konkret heißt das, dass der Baugeldempfänger das Baugeld ausschließlich zur Befriedigung solcher Personen zu verwenden hat, die an der Herstellung oder dem Umbau des Baues aufgrund eines Werk-, Dienst oder Kaufvertrages beteiligt sind. Von dieser Pflicht ist er nur befreit, wenn er (zuvor) Baugeldgläubiger schon aus anderen Mitteln befriedigt hat (§ 1 Abs. 1 S. 2 BauFordSiG).

> **Beispiel**
>
> Der Generalunternehmer hat bereits an Subunternehmer aus Eigenmitteln 20.000 € bezahlt. Jetzt erhält er von seinem Auftraggeber 50.000 €. Hierbei würde es sich eigentlich um Baugeld handeln, das der Verwendungsbeschränkung des BauFordSiG unterliegt (s. o. Rdn. 3246 ff.). Gleichwohl ist eine anderweitige Verwendung von 20.000 € zulässig, weil er in dieser Höhe zuvor schon Baugeldgläubiger aus anderen Mitteln befriedigt hatte.

Gerade mit dieser Vorschrift soll den Baubeteiligten flexibel die Möglichkeit eingeräumt werden, dass schon frühzeitig etwaige Baugeldgläubiger eine Vergütung erhalten können und der Baugeldempfänger zugleich bei geleisteten Zahlungen insoweit von einer Haftung freigestellt wird (s. dazu BGH, Urt. v. 19.08.2010 – VII ZR 169/09, BauR 2010, 2107, 2109 = NJW 2010, 3365, 3366 = NZBau 2010, 746, 747).

Losgelöst davon ist Maßstab für das an die Subunternehmer auszuzahlende Baugeld deren **Vergütungsanspruch inklusive Umsatzsteuer** (OLG Schleswig, Urt. v. 06.06.2008 – 1 U 175/06, NZBau 2008, 646, 648 = BauR 2009, 139 (Ls.]). Letzteres gilt zumindest dann, wenn der Subunternehmer diese außerhalb des Anwendungsbereichs des § 13b UStG in Rechnung stellt. Dass die Umsatzsteuer zu den verwendungsgerechten Ausgaben des Baugelds gehört, liegt daran, dass diese nicht nur über eine Finanzierung im Sinne des § 1 Abs. 3 S. 1 Nr. 1 BauFordSiG abzudecken wären, sondern auch Teil der Forderung der Baugeldgläubiger sind, die der Bauherr zu bedienen hat. Der dagegen stehende Vorsteuererstattungsanspruch ändert daran nichts, da diese Erstattung erst zeitlich später erfolgt und der dann erfolgende Zufluss nicht erneut unter das BauFordSiG fällt, d. h. zweckgebunden zu verwenden ist. 3267

Neben der Umsatzsteuer stellt sich die Frage, inwieweit es noch eine zweckgerechte Verwendung der Baugelder darstellt, wenn der Baugeldempfänger diese sonst bauvorhabenbezogen etwa für die (notwendige) **Bezahlung öffentlich-rechtlicher Gebühren** verwendet. 3268

▶ **Beispiel (in Anlehnung an OLG Schleswig Urt. v. 06.06.2008 – 1 U 175/06, NZBau 2008, 646, 647 = BauR 2009, 139)**

Der Generalunternehmer zahlt erhaltenes Baugeld an die öffentliche Hand zur Begleichung von Gebühren für Prüfstatiker, Anschlusskosten u. a. Später wird er insolvent und kann seine Subunternehmer für die erbrachten Leistungen nicht bezahlen.

Hier liegt **keine zweckgerechte Verwendung von Baugeld** vor (so aber OLG Schleswig, a. a. O., das eine analoge Anwendung für sinnvoll erachtet). Denn das BauFordSiG verfolgt nicht den Zweck, die Verwendung von Baugeld für die ›Bestreitung der Kosten eines Baues‹ im Allgemeinen zu sichern. Vielmehr beschränkt es positiv den Schutzbereich auf diejenigen Unternehmer eines Bauvorhabens, die auf der Grundlage eines Werk-, Dienst- oder Kaufvertrages keine andere effektive Möglichkeit besitzen, ähnlich den Kreditgläubigern über die Eintragung eines Grundpfandrechts in Verbindung mit einer dann erfolgenden Wertsteigerung infolge der von ihnen erbrachten Leistungen einen effektiven Schutz ihrer Vergütungsansprüche zu erlangen (s. dazu näher Ingenstau/Korbion/Joussen, Anh. 1 Rn. 293).

Verwendet der Baugeldempfänger nach Vorstehendem das Baugeld für andere Zwecke als in § 1 Abs. 1 BauFordSiG vorgesehen, liegt darin die den Schadensersatz begründende Handlung. 3269

▶ **Beispiel**

Der Auftraggeber verwendet das Baugeld zur Tilgung anderer Verbindlichkeiten.

Unzulässig ist ferner eine zweckwidrige Bezahlung z. B. des Grundstückskaufpreises, wenn das Geld nach der Zweckabrede des Darlehensvertrages zur Bezahlung der Bauhandwerker gedacht war. Allerdings ist der Bauherr als Baugeldempfänger **nicht verpflichtet, für die Bedienung der begünstigten Bauunternehmer eine bestimmte Rangfolge** einzuhalten. Vielmehr kann er eine beliebige Reihenfolge auswählen und danach die Forderungen begleichen – es sei denn, die Verwendung des Baugeldes unterliegt nach dem Kreditvertrag einer konkreten Verwendungsbeschränkung (RGZ 138, 156, 159; BGH, Urt. v. 06.06.1989 – VI ZR 281/88, BauR 1989, 758, 760 = NJW-RR 1989, 1045, 1046; BGH, Urt. v. 11.04.2001 – 3 StR 456/00, NZBau 2001, 445, 446). Ähnliches gilt, wenn der Baugeldempfänger die Baukosten sowohl mit Baugeld als auch mit weiteren Mitteln bestreitet.

> **Beispiel**
>
> Der Baugeldempfänger (Auftraggeber) finanziert das Vorhaben wie üblich zum Teil mit Eigenmitteln und zum Teil mit Baugeld.

In Fällen wie diesen ist der Auftraggeber **nicht verpflichtet, Baugeldgläubiger vorrangig mit den Eigenmitteln zu befriedigen** und das Baugeld zurückzubehalten, um etwa die vollständige Befriedigung aller Baugeldgläubiger zu gewährleisten. Eine darauf gerichtete Verpflichtung enthält das Gesetz nicht (BGH, Urt. v. 19.08.2010 – VII ZR 169/09, BauR 2010, 2107, 2110 = NJW 2010, 3365, 3366 = NZBau 2010, 746, 747; a. A. Stammkötter, § 1 Rn. 109). Folglich könnte der Auftraggeber zunächst den Baugeldanteil zur Bezahlung von Subunternehmern einsetzen. Ist dieser verbraucht und wird der Auftraggeber später insolvent, scheidet eine Haftung nach dem BauFordSiG selbst dann aus, wenn nunmehr andere Subunternehmer leer ausgehen. Eine Schadensersatzpflicht des Baugeldempfängers scheidet ohnehin aus, wenn der Baugeldempfänger in der Summe mehr Geld als das zur Verfügung stehende Baugeld zur Befriedigung der an der Herstellung des Baus beteiligten Unternehmer gezahlt hat: Hier fehlt es bereits an einer tatbestandlichen Verletzung des § 1 Abs. 1 BauFordSiG als zugrunde liegendem Schutzgesetz (OLG Naumburg Urt. v. 15.02.2000 – 9 U 41/99, OLGR 2001, 97).

3270 Eine Schadensersatzpflicht besteht neben der absichtlich positiven zweckwidrigen Verwendung auch **in einer ansonsten gegen § 1 Abs. 1 BauFordSiG verstoßenden Verwaltung von Baugeld** mit der Folge, dass das dort lagernde Geld nicht mehr zur Befriedigung von Baugeldgläubigern eingesetzt werden kann. Hierzu kann es kommen, wenn der Baugeldempfänger bei einem gewöhnlichen Kontokorrent zur Auszahlung stehende Gelder nicht abruft wohl wissend, dass diese Gelder wegen einer drohenden Kreditkündigung kurze Zeit später nicht mehr zur Verfügung stehen (OLG Stuttgart, Urt. v. 25.08.2011 – 10 U 152/10, BauR 2012, 96, 101). Ferner sind nicht selten Fallgestaltungen anzutreffen, in denen der Baugeldempfänger zumindest keine Vorkehrungen dagegen trifft, dass die Bank auf das Baugeld infolge ihres allgemeinen Pfandrechts an Einlagen aufgrund ihrer AGB (vgl. Nr. 14 Abs. 1 der AGB-Banken) zurückgreift und der Baugeldempfänger mit einem solchen Rückgriff rechnen musste (BGH, Urt. v. 13.10.1987 – VI ZR 270/86, BauR 1988, 107, 110 = NJW 1988, 263, 265). Zwar bleibt es dem Baugeldempfänger überlassen, wie er die ordnungsgemäße Verwaltung des Baugeldes sicherstellt. Tatsächlich wird er jedoch kaum umhin kommen, als für **jede Baumaßnahme getrennt** mindestens **zwei Konten** zu führen (s. dazu näher Ingenstau/Korbion/Joussen, Anh. 1 Rn. 295): Jeweils auf dem einen nach außen zu deklarierenden Sonderkonto (Treuhandkonto) würde das Baugeld gebucht, auf dem anderen solche Gelder, über die der Unternehmer frei verfügen kann – z. B. auch über eigene Gewinne. Eine Vermischung von Baugeldern zwischen verschiedenen vom Bauunternehmer betreuten Vorhaben oder gar ein **Cash-Pooling** ist nicht zulässig, weil § 1 Abs. 1 BauFordSiG die Verwendungsbeschränkung des Baugeldempfängers jeweils auf ein bestimmtes Bauvorhaben bezieht.

3271 Ob die **zugrunde liegende Bauforderung** des geschützten Baugeldgläubigers im Zeitpunkt der zweckwidrigen Verwendung **fällig ist, ist für die den Schadensersatzanspruch auslösende Tathandlung** des Baugeldempfängers **unbeachtlich** (OLG Hamburg, Urt. v. 10.5.1997 – 1–4 U 70/96, OLGR 1997, 68, 69). Dies wiederum gewinnt vor allem deshalb an Bedeutung, weil vielfach zum Zeitpunkt des Verstoßes gegen das Verwendungsgebot bzgl. des Baugeldes gemäß § 1 BauFordSiG der Bauunternehmer noch keine Rechnung gestellt hat, sodass es dessen Forderung zumindest bei einem VOB-Vertrag nach § 16 Abs. 3 Nr. 1 VOB/B an der Fälligkeit fehlt. Zwar müssen diese nicht fälligen Forderungen selbstverständlich zunächst nicht mit Baugeld ausgeglichen werden. Allerdings muss das Baugeld für den Zeitpunkt der (späteren) Fälligkeit vorgehalten werden. Daher kann sich ein ausgeschiedener Geschäftsführer einer Bauträger-GmbH zu seiner Entlastung nicht darauf berufen, dass er davon ausgegangen sei, dass zumindest später ausreichende Vermögenswerte für die Begleichung der Forderungen der Baugeldgläubiger zur Verfügung stehen (OLG Bamberg, Urt. v. 15.02.2001 – 1 U 49/00, IBR 2001, 310).

12.6 Bauforderungssicherungsgesetz

Eine Ausnahme zur Verwendung von Baugeld zugunsten der am Bauwerk tätigen Bauunternehmer findet sich in § 1 Abs. 2 BauFordSiG für den Fall, dass der **Baugeldempfänger selbst Leistungen an dem Bauwerk erbringt.** Danach ist der Baugeldempfänger berechtigt, das Baugeld in Höhe des angemessenen Wertes der von ihm erbrachten Leistungen für sich zu behalten (BGH, Urt. v. 11.04.2001 – 3 StR 456/00 BGHSt 46, 373 = NJW 2001, 2484, 2185 = NZBau 2001, 445, 446 noch zur Altfassung des § 1 Abs. 2 BauFordSiG). Mit angemessenem Wert ist nicht der kalkulierte, sondern ein **objektiv dem Umfang der Leistung entsprechender Wert** gemeint (Heerdt/Schramm, BauR 2009, 1353, 1358). In der Regel handelt es sich dabei um die Vergütung, die auch nach § 632 Abs. 2 BGB festzusetzen wäre. Dies schließt eine darauf entfallende anteilige Umsatzsteuer ein (OLG Dresden, Urt. v. 8.12.1999 – 18 U 1117/99 NZBau 2000, 136, 137) – es sei denn, eine solche wird vom Baugeldempfänger nach § 13b UStG nicht geltend gemacht (s. dazu auch näher Ingenstau/Korbion/Joussen, Anh. 1 Rn. 297). Steht der angemessene Wert der von dem Baugeldempfänger selbst erbrachten Leistungen fest, kann er in dieser Höhe diesen Betrag aus dem Baugeldkonto **entnehmen**. Wie auch sonst muss er dabei – insbesondere im Verhältnis zu den Baugeldgläubigern – **keine bestimmte Reihenfolge** beachten (s. o. Rdn. 3269). Insoweit wird er in Bezug auf seine erbrachten Eigenleistungen einem gewöhnlichen Baugeldgläubiger gleichgestellt (so auch zu verstehen BGH Urt. v. 11.04.2001 – 3 StR 456/00, BGHSt 46, 373 = NJW 2001, 2484, 2185 = NZBau 2001, 445, 446 – wobei diese Entscheidung noch die Altregelung betraf). 3272

Zu beachten ist, dass die Verwendungsbeschränkung aus § 1 Abs. 1 BauFordSiG in der **Insolvenz des Baugeldempfängers** nicht anwendbar ist (a. A. Heerdt/Schramm, BauR 2009, 1353, 1358). Dies gilt in jedem Fall dann, wenn der Insolvenzverwalter die Erfüllung der Verträge abgelehnt hat (BGH, Urt. v. 26.06.2001 – IX ZR 209/98, BGHZ 175, 185 = NJW 2001, 3187, 3190). Doch auch sonst zeigt sich kein anderes Ergebnis: Das Baugeld gehört unstreitig zur Insolvenzmasse. Ein Vorrang des Baugeldgläubigers vor anderen Insolvenzforderungen etwa mit einem konkreten Anspruch auf Auszahlung des Baugelds besteht nicht. Schon vor der Insolvenz hätte ein Baugeldgläubiger keinen darauf gerichteten Anspruch. Denn der Baugeldempfänger wäre frei zu entscheiden, welchem Baugeldgläubiger er das Baugeld auszahlt (Rdn. 3269). Tatsächlich handelt es sich bei der Verwendungsbeschränkung des § 1 Abs. 1 BauFordSiG nämlich nur um eine strafbewehrte Verhaltenspflicht des Baugeldempfängers, ohne dass das Baugeld sonst – z. B. gegen eine Einzelvollstreckung von Gläubigern – gesichert wäre. Dies kann in der Insolvenz des Baugeldempfängers nicht anders sein: Würde man dagegen jetzt den Insolvenzverwalter als verpflichtet ansehen, die Verwendungspflicht des § 1 Abs. 1 BauFordSiG zu beachten, würde dies sogar umgekehrt dazu führen, dass der Schutz der Baugeldgläubiger im Insolvenzverfahren auf einmal größer wäre als zuvor etwa bei einer Einzelvollstreckung anderer Gläubiger (so auch OLG Hamm, Urt. v. 12.12.2006 – 27 U 98/06, ZIP 2007, 204, 241 = BauR 2007, 762 [Ls.]). 3273

12.6.3 Schaden

Der Schaden wird wie üblich in Anlehnung an §§ 249 ff. BGB berechnet (OLG München, Urt. v. 12.10.2004 – 9 U 2662/04, BauR 2005, 884 = NJW-RR 2005, 390). Hier ergeben sich keine Besonderheiten: In der Sache geht es um die offene Werklohnforderung des Bauunternehmers, die bei einer ordnungsgemäßen Verwendung des Baugeldes ggf. (anteilig) bedient worden wäre und jetzt wegen der zweckwidrigen Verwendung des Baugeldes ausfällt. Dies ist für jede einzelne Bauforderung gesondert zu prüfen. Eine solche Prüfung setzt selbstverständlich voraus, dass **der Baugeldgläubiger** mit seiner Forderung, die er ebenfalls darlegen muss, **überhaupt ausgefallen ist** (BGH, Urt. v. 13.12.1988 – IV ZR 260/88, BauR 1989, 230, 231 = NJW-RR 1989, 788, 789; BGH, Urt. v. 09.10.1990 – VI ZR 230/89 BauR 1991, 96, 98 = NJW-RR 1991, 141, 142; BGH, Urt. v. 06.06.1989 – VI ZR 281/88, BauR 1989, 758, 759 = NJW-RR 1989, 1045, 1046). 3274

▶ **Beispiel**

Der Auftragnehmer kann seine Vergütungsforderung wegen Insolvenz des Auftraggebers (Baugeldempfängers), der das Baugeld nicht ordnungsgemäß verwendet hat, nicht mehr durchsetzen.

3275 Ansonsten gilt auch hier: Ist der anspruchsberechtigte Gläubiger wie in der Regel der Fall vorsteuerabzugsberechtigt, kann er im Rahmen dieses **Schadensersatzanspruches nur den Netto-Betrag** geltend machen (OLG Dresden, Urt. v. 23.02.2006 – 4 U 1017/05, Nichtzul.-Beschw. zurückgewiesen; BGH, Beschl. v. 21.12.2006 – VII ZR 60/06, BauR 2007, 1067, 1071). Neben diesen im Einzelfall stehenden Erfüllungsansprüchen erstreckt sich der Schadensersatzanspruch ferner auf Begleitkosten dazu, so vor allem auf etwaige Prozesskosten für die gerichtliche Durchsetzung seiner Werklohnforderung (BGH, Urt. v. 12.12.1989 – VI ZR 12/89, BauR 1990, 244, 245 = NJW 1990, 1048 = NJW-RR 1990, 280, 281). War die Bauleistung mangelhaft, hat dies zur Folge, dass Mängel der erbrachten Leistung den Schaden **mindern**. Dies gilt zumindest dann, wenn der Auftragnehmer nicht mehr mit einem Nachbesserungsrisiko belastet ist. Ob der Auftragnehmer seinerseits noch hätte nachbessern können oder dürfen, spielt keine Rolle. Denn der Schadensersatzanspruch kann nicht höher sein als der Wert der tatsächlich erbrachten Werkleistung (OLG München, Urt. v. 12.10.2004 – 9 U 2662/04, BauR 2005, 884 = NJW-RR 2005, 390; Weise, Sicherheiten im Baurecht Rn. 746).

3276 Kommt es für die die Schadensersatzpflicht auslösende Handlung des Baugeldempfängers nicht auf die Fälligkeit der zugrunde liegenden Bauforderung an (siehe oben Rdn. 3271), gilt etwas anderes für den Schadenseintritt in einem späteren Schadensersatzprozess: Ein Schaden liegt danach nur vor, wenn der Baugeldgläubiger tatsächlich Anspruch auf das zweckwidrig verwendete Baugeld gehabt hätte (offen gelassen in OLG Hamburg, Urt. v. 24.07.2002 – 4 U 4/01 BauR 2003, 1058, 1060). Dies setzt voraus, dass **dem Baugeldgläubiger spätestens bis zum Ende der mündlichen Verhandlung** eines dazu geführten Prozesses **eine durchsetzbare** und bei einem VOB-Vertrag nach Rechnungstellung **auch fällige Forderung** zusteht.

> **Beispiel**
>
> Der Auftragnehmer hat zunächst keine Schlussrechnung gestellt. Zu diesem Zeitpunkt kommt es zu einer zweckwidrigen Verwendung von Baugeld. Nunmehr stellt er die Rechnung, die aber mangels Prüfbarkeit nicht fällig wird. Für den Schadensersatzanspruch dem Grunde nach ist es unbeachtlich, dass der Auftragnehmer zum Zeitpunkt der Zweckentfremdung des Baugeldes keine Rechnung gestellt hatte. Bleibt diese jedoch bis zum Schluss aus, handelte der Auftraggeber wegen der Zweckentfremdung zwar pflichtwidrig. Ein Schadensersatzanspruch wäre gleichwohl nicht durchsetzbar, da es dem Auftragnehmer an einem Schaden fehlt.

Wichtig ist diese Systematik vor allem bei einem **Sicherheitseinbehalt**, wenn dieser wirksam vereinbart wurde. Insoweit kann – solange dieser nicht zur Auszahlung fällig ist – der Auftragnehmer darauf keinen Schadensersatzanspruch stützen (OLG Celle, Urt. v. 13.01.2005 – 6 U 123/04, Nichtzul.-Beschw. zurückgewiesen: BGH, Beschl. v. 06.10.2005 – VII ZR 35/05, BauR 2006, 685, 687).

Nicht erforderlich ist hingegen eine **Abnahme der Bauleistung**. Dies gilt vor allem dann, wenn das Bauvorhaben wegen der Insolvenz des Auftraggebers nicht mehr abgenommen wird oder sonst zum Stillstand kommt (OLG Dresden, Urt. v. 01.3.2005 – 5 U 1854/04, BauR 2005, 1346, 1347 f.).

12.6.3.1 Verschulden

3277 Für eine Haftung nach § 823 Abs. 2 BGB bedarf es eines Verschuldens des in Anspruch zu nehmenden Schadensersatzgegners. § 823 Abs. 2 BGB knüpft insoweit an den Verschuldensmaßstab des zugrunde liegenden Schutzgesetzes an (BGH, Urt. v. 29.04.1966 – V ZR 147/63, BGHZ 46, 21; BGH, Urt. v. 26.02.1962 – II ZR 22/61, NJW 1962, 910, 911). In Bezug genommenes Schutzgesetz ist § 1 BauFordSiG, der selbst keine Angaben zum Verschuldensmaßstab enthält; Anhaltspunkte ergeben sich allenfalls aus der Strafnorm des § 2 BauFordSiG. Auch hier findet sich jedoch kein konkreter Hinweis auf die Verschuldensform. Deswegen ist hilfsweise auf § 15 StGB zurückzugreifen. Danach ist eine **Strafbarkeit nur bei vorsätzlichem Handeln** gegeben. Diese Beschränkung einer strafrechtlichen Haftung auf eine reine Vorsatzbegehung **gilt auch für die zivilrechtliche Haftung** (BGH, Urt. v. 09.10.1990 – VI ZR 230/89, BauR 1991, 96, 98 = NJW-RR 1991, 141, 142; BGH, Urt. v. 13.12.2001 – VII ZR 305/99 BauR 2002, 620 = NJW-RR 2002, 740 = NZBau 2002, 392). Dabei genügt **bedingter Vorsatz** (BGH, Urt. v. 8.01.1991 – VI ZR 109/90, BauR 1991, 237, 240 = NJW-RR 1991, 728, 730; BGH, Urt. v. 13.12.2001 – VII ZR 305/99, BauR 2002, 620 = NJW-RR 2002, 740 = NZBau 2002, 392). Die Prüfung und Annahme selbst dürften heute nicht mehr schwer fallen (s. noch zur Altfassung und den damit verbundenen Fragen: Ingenstau/Korbion/Joussen, Anh. 1 Rn. 302):

- Denn entweder geht es um Pflichtverletzungen des Baugeldempfängers auf der ersten Ebene (§ 1 Abs. 3 S. 1 Nr. 1 BauFordSiG – s. o. Rdn. 3254 ff.), d. h. des Darlehnsnehmers (Bauherr) oder eine ihm verbundene Person. Dann aber **weiß er selbstverständlich um die Herkunft der grundpfandrechtlich gesicherten Fremdgelder**, was bei einer zweckwidrigen Verwendung für seinen Vorsatz ausreicht.
- Oder es geht um den Empfänger von Baugeld in der Leistungskette darunter (ab General-/Hauptunternehmer abwärts – § 1 Abs. 3 S. 1 Nr. 2 BauFordSiG, s. o. Rdn. 3257): Dieser muss für seinen Vorsatz aber keine Einzelheiten wissen mit der einzigen Ausnahme, dass er als zwischengeschalteter Unternehmer die Gelder von seinem Auftraggeber für die Herstellung oder den Umbau des Baus erhalten hat. Diese Grundvoraussetzung ist einfach zu prüfen. Dies gilt schon deshalb, weil es in diesem Verhältnis zumeist um Gelder aus erhaltenen Abschlagszahlungen geht, die schon nach der Regelvermutung des § 1 Abs. 3 S. 2 BauFordSiG auf dieser Ebene die Baugeldeigenschaft begründen (s. o. Rdn. 3251).

12.6.3.2 Darlegungs- und Beweislast

Für die Darlegungs- und Beweislast zu einem auf § 823 Abs. 2 BGB i. V. m. § 1 BauFordSiG gestützten Schadensersatzanspruch gelten bestimmte Besonderheiten: Ausgangspunkt ist zunächst der Grundsatz, dass der Anspruchsteller alle die seinen Anspruch begründenden tatbestandlichen Voraussetzungen darzulegen und zu beweisen hat. Einem Externen, hier vor allem einem Bauunternehmer, wird ein solcher Vortrag jedoch schwer fallen, da ihm Interna des potenziellen Baugeldempfängers nicht bekannt sind. Dies gilt insbesondere für einen ausreichenden Sachvortrag und Beweisantritt zu der vorsätzlichen Begehungsweise. Dazu jedoch hilft § 1 Abs. 4 BauFordSiG. Diese Vorschrift verlagert die Beweislast auf den **Baugeldempfänger** dafür, dass ggf. kein Baugeld vorliegt oder positiv das Baugeld ordnungsgemäß verwendet, d. h. Baugeldgläubiger in Höhe des insgesamt vorhandenen Baugeldes befriedigt wurden (BGH, Urt. v. 19.08.2010 – VII ZR 169/09, BauR 2010, 2107, 2110 = NJW 2010, 3365, 3366 = NZBau 2010, 746, 747). Diese weitgehende Beweislastverlagerung ist auch vor dem Hintergrund zu sehen, dass es nach der heutigen Gesetzesfassung entgegen früher keine ohnehin nur schwer zu kontrollierende Pflicht des Baugeldempfängers mehr zur **Führung eines Baubuches mit einem Verwendungsnachweis für das Baugeld** gibt. Unbeschadet dieser nicht mehr bestehenden Pflicht gilt jedoch: Muss der Baugeldempfänger die ordnungsgemäße Verwendung von Baugeld zur Vermeidung seiner eigenen Haftung nachweisen, wird er in einem Prozess nicht umhin kommen, als eine einem Baubuch zumindest gleichwertige (ggf. allerdings auch elektronische) Dokumentation zu dem Zufluss von Baugeld und dessen Verwendung zu erstellen und im Streitfall vorzulegen.

3278

Unter Berücksichtigung dieser Prämisse gilt aber dann: Will der Baugeldgläubiger einen Baugeldempfänger auf Schadensersatz in Anspruch nehmen, muss er vortragen, dass der Anspruchsgegner Baugeld erhalten und dieses zweckwidrig verwendet hat (BGH, Urt. 18.04.1996 – VII ZR 157/95, BauR 1996, 709, 711 = NJW-RR 1996, 976, 977). Dabei reicht in der Regel eine Behauptung, dass der Anspruchsgegner – konkret bezogen auf ein bestimmtes Bauvorhaben (s. dazu OLG Bamberg, Urt. v. 04.10.2007 – 1 U 68/07; Nichtzul.-Beschw. zurückgew., Beschl. v. 14.02.2008 VII ZR 194/07, IBR 2008, 218) – Baugeld in mindestens der Höhe der Forderung des Baugeldgläubigers erhalten hat und von diesem Geld nunmehr nichts mehr vorhanden ist (BGH, Urt. v. 13.12.2001 – VII ZR 305/99, BauR 2002, 620 = NJW-RR 2002, 740 = NZBau 2002, 392). Infolgedessen liegt es dann nach § 1 Abs. 4 BauFordSiG an dem Baugeldempfänger, **darzulegen und ggf. zu beweisen**, dass **kein Baugeld** vorlag bzw. er dieses **pflichtgemäß verwendet** hat. Dabei geht es vor allem um die Darlegung der ordnungsgemäßen Auszahlung der Gelder an die Baugeldgläubiger – ggf. gekürzt um den Eigenanteil gemäß § 1 Abs. 2 BauFordSiG (Rdn. 3272). Erforderlich ist eine detaillierte Auf-

3279

schlüsselung (OLG München, Urt. v. 02.10.2001 – 9 U 3105/01; BauR 2002, 1107, 1108; OLG Celle, Urt. v. 29.11.2001 – 13 U 165/01, BauR 2002, 1869, 1870), und zwar bis auf »jeden einzelnen Cent« (OLG Jena, Urt. v. 18.04.2012 – 7 U 762/11, IBR 2012, 430). Insoweit ist allerdings zu beachten, dass es für die Bedienung der einzelnen Baugeldgläubiger keine Rangfolge gibt (siehe oben Rdn. 3269).

3280 Neben der auf den Baugeldempfänger verlagerten Beweislast zu der ggf. zweckgerechten Verwendung des Baugelds muss der **Anspruchsteller aber seinerseits den Bestand und die Fälligkeit seiner durch das BauFordSiG gesicherten Forderung** darlegen und beweisen. Dies schließt die Tatsache ein, dass diese Forderung wegen der zweckwidrigen Verwendung von Baugeld nicht erfüllt wurde und nicht mehr erfüllt werden kann. Konkret setzt dies einen Sachvortrag unmittelbar zum Rechtsgrund und zur Höhe der Forderung sowie zum Ausfall des Auftraggebers voraus (BGH, Urt. v. 13.12.1988 – IV ZR 260/88, BauR 1989, 230 = NJW-RR 1989, 788; BGH, Urt. v. 09.10.1990 – VI ZR 230/89, BauR 1991, 96, 98 = NJW-RR 1991, 141, 142; BGH, Urt. v. 06.06.1989 – VI ZR 281/88, BauR 1989, 758, 759 = NJW-RR 1989, 1045, 1046).

12.6.3.3 Verjährung

3281 Schadensersatzansprüche nach § 823 Abs. 2 BGB i. V. m. § 1 Abs. 1 BauFordSiG unterliegen der **regelmäßigen Verjährung** (§ 195 BGB). Die Verjährungsfrist beläuft sich auf 3 Jahre. Sie beginnt am Schluss des Jahres, in dem der Anspruch entstanden ist und der Gläubiger von den den Anspruch begründenden Umständen und der Person des Schuldners Kenntnis erlangt oder ohne grobe Fahrlässigkeit hätte erlangen müssen (§ 199 Abs. 1 BGB). Für die die Verjährung auslösende Kenntnis genügt der Umstand, dass der Bauunternehmer etwa nach der Information des Insolvenzverwalters, dass keine Masse mehr vorhanden sei, **weiß, dass er mit seiner Forderung ausfallen** wird. In diesem Moment hat er Kenntnis vom Schaden und der Person des Schädigers. Unerheblich ist hingegen, dass der Bauunternehmer keine konkrete Kenntnis von der Baugeldeigenschaft hatte (s. dazu Ingenstau/Korbion/Joussen, Anh. 1 Rn. 307).

12.7 Zusammenfassung in Leitsätzen

3282 1. Die Sicherheitsleistung zugunsten des Auftragnehmers ist streng zu trennen von der zugunsten des Auftraggebers. Nur zu Letzterer enthält die VOB/B eine Regelung in § 17. Demgegenüber finden sich Vorschriften zur Vergütungssicherung des Auftragnehmers allein in gesetzlichen Vorschriften, nämlich vor allem in § 648 BGB (Bauhandwerkersicherungshypothek), § 648a BGB (Bauhandwerkersicherheitsleistung) und dem Bauforderungssicherungsgesetz.
2. Der Auftraggeber hat nur dann einen Anspruch auf Sicherheit, wenn dies ausdrücklich im Vertrag vereinbart ist. Etwas anderes gilt für Verbraucher: Diese können bei Bauvorhaben zur Errichtung oder zum Umbau eines Hauses von Gesetzes wegen bei angeforderten Abschlagszahlungen eine Vertragserfüllungssicherheit fordern.
3. Kommt es auf eine vertragliche Sicherheitsleistung des Auftraggebers an, enthält das BGB dafür mit den §§ 232 ff. nur wenig praxistaugliche Regelungen. Dagegen sieht die VOB/B mit § 17 VOB/B detaillierte Einzelbestimmungen zu der Ausgestaltung und den Umgang mit einer Sicherheitsleistung vor.
4. Gegenstand einer vertraglichen (ggf. konkludent getroffenen) Sicherungsabrede zugunsten des Auftraggebers ist die Festlegung des Zwecks, der Art und der Höhe der Sicherheitsleistung. Ist nichts weiter vereinbart, dient eine Sicherheit bei VOB-Verträgen nach § 17 Abs. 1 VOB/B sowohl der Absicherung von Ansprüchen aus dem Vertragserfüllungsstadium als auch von Mängelansprüchen nach der Abnahme.
5. Vorbehaltlich einer anderen vertraglichen Regelung sieht § 17 Abs. 2 und 4 VOB/B drei Arten von Sicherheitsleistungen vor, nämlich in Form einer Bürgschaft, der Hinterlegung von Geld oder einem Sicherheitseinbehalt. Soweit nichts anderes vereinbart ist, kann der Auftragnehmer die Sicherheitsart frei wählen und eine einmal gestellte Sicherheit beliebig gegen eine

andere austauschen. Soweit in AGB des Auftraggebers davon abgewichen wird, muss jedenfalls die Sicherungsvariante selbstschuldnerische Bürgschaft vorgesehen sein.
6. Soll eine Bürgschaft gestellt werden, ist diese bei VOB-Verträgen schriftlich, unbefristet und unbedingt zu erteilen. Bürgschaften auf erstes Anfordern sind nicht zugelassen. Gleichwohl darauf gerichtete Sicherungsabreden in Individualvereinbarungen können wirksam sein; in AGB sind sie zumeist wegen des damit verbundenen Risikos einer übermäßigen Liquiditätsbelastung bei unberechtigter Inanspruchnahme unwirksam.
7. Besteht die Sicherheit in Geld, ist dieses bei VOB-Verträgen nach § 17 Abs. 5 (und 6) VOB/B auf einem zugunsten des Auftragnehmers verzinslichen Sperrkonto in der Rechtsform eines »Und-Kontos« einzuzahlen. Kommt der Auftraggeber dieser Pflicht bei einem Sicherheitseinbehalt trotz einer Nachfrist nicht nach, verwirkt er sein Recht auf Sicherheitsleistung.
8. Sicherheiten zur Vertragserfüllung sind zum vereinbarten Zeitpunkt, spätestens aber mit Abnahme zurückzugeben, soweit gleichzeitig eine Gewährleistungssicherheit gestellt wird und diese die Mängel absichert. Gewährleistungssicherheiten sind mangels anderweitiger Vereinbarung nach zwei Jahren zurückzugeben.
9. Die Vergütungssicherung des Auftragnehmers findet zunächst über eine Bauhandwerkersicherungshypothek (§ 648 BGB) statt. Diese kann zugunsten des Auftragnehmers eingetragen werden, wenn dieser auf dem Grundstück des Auftraggebers eine den Grundstückswert erhöhende Bauwerksleistung erbringt. Steht das Grundstück nicht im Eigentum des Auftraggebers, kommt in der Regel keine Absicherung nach § 648 BGB in Betracht. Die Höhe einer Absicherung nach § 648 BGB orientiert sich an dem noch offenen Vergütungsanspruch abzgl. des Werts für etwaige Mängel.
10. Eine Bauhandwerkersicherungshypothek wird üblicherweise mit einer Vormerkung gesichert, die mithilfe einer einstweiligen Verfügung eingetragen werden kann. Hier besteht der große Vorteil, dass kein gesonderter Verfügungsgrund (der Eilbedürftigkeit) glaubhaft gemacht werden muss.
11. Die Eintragung einer Bauhandwerkersicherungshypothek ist ausgeschlossen, wenn der Auftragnehmer bereits eine Bauhandwerkersicherheitsleistung erhalten hat.
12. Rechtsgrundlage der Bauhandwerkersicherheitsleistung ist § 648a BGB. Voraussetzung dafür ist lediglich, dass der Auftragnehmer eine Bauwerksleistung oder Arbeiten zu einer Freianlage erbringt. Anspruchsgegner ist der Auftraggeber.
13. Gesichert wird über eine Bauhandwerkversicherungsheitsleistung die gesamte ausstehende Vergütung. Mängel reduzieren den Sicherungsumfang nicht, soweit der Auftragnehmer noch zur Mangelbeseitigung bereit ist. Dies gilt sowohl vor als auch nach der Abnahme.
14. Die Wahl des Sicherungsmittels obliegt bei der Bauhandwerkersicherheitsleistung dem Auftraggeber. Die Kosten dafür trägt in der Regel der Auftragnehmer.
15. Die Anforderung einer Bauhandwerkersicherheitsleistung kann eingeklagt werden. Außerdem kann der Auftragnehmer eine Frist setzen und anschließend die Leistungen einstellen oder den Vertrag kündigen. Im letzteren Fall ist der Vertrag abzurechnen. Die Vergütungsfolgen entsprechen hier denen einer freien Auftraggeberkündigung nach § 649 BGB (volle vereinbarte Vergütung abzüglich ersparter Aufwendungen, Vermutung der dem Unternehmer zustehenden Vergütung in Höhe von 5 % in Bezug auf den nicht erbrachten Leistungsteil).
16. Bei der Vorschrift des § 648 BGB handelt es sich um dispositives, bei § 648a BGB um zwingendes Recht. § 648a BGB kommt allerdings nicht zur Anwendung, wenn Auftraggeber ein privater Bauherr zur Errichtung eines Einfamilienhauses oder einer Einliegerwohnung oder eine insolvenzunfähige juristische Person des öffentlichen Rechts ist.
17. Neben einer Vergütungssicherung nach §§ 648, 648a BGB ist der Vergütungsanspruch des Auftragnehmers auch über das Bauforderungssicherungsgesetz gesichert. In der Sache geht es dabei um den Schutz der Verwendung von Baugeld. Dieses liegt entweder bei Darlehensmitteln, die der Auftraggeber zum Zwecke der Bestreitung von Baukosten aufgenommen hat

und die grundbuchlich gesichert sind, oder generell bei ausgezahlten Geldern an Zwischenunternehmer vor. Verwendet der Auftraggeber/Zwischenunternehmer dieses Geld für andere Zwecke als zur Bestreitung des Baus, macht er sich unter Umständen strafbar. Auch bestehen dann Schadensersatzansprüche etwaiger ausfallender Auftragnehmer persönlich gegen den Auftraggeber bzw. die für ihn handelnden Personen.

13 Baustreitigkeiten: Vermeidung, Schlichtung und Streitentscheidung

Übersicht

	Rdn.
13.1 Allgemeines	3284
13.2 Ziel der Streitvermeidung	3289
13.2.1 Grundlagen der Streitvermeidung im Bauvertrag	3290
13.2.2 Streitvermeidung nach Vertragsschluss	3292
13.2.3 Gebot der Mäßigung/Keine Einstellung der Arbeiten bei Auseinandersetzungen	3294
13.3 Streitschlichtung – Instrumentarien der VOB	3301
13.3.1 Anrufung der Nachprüfungsstelle (§ 21 VOB/A)	3302
13.3.2 Streitschlichtung nach § 18 Abs. 2 VOB/B durch Anrufung der vorgesetzten Stelle	3306
13.3.2.1 Streitschlichtung als »Soll-Vorschrift«	3310
13.3.2.2 Voraussetzungen für eine Streitschlichtung nach § 18 Abs. 2 VOB/B	3311
13.3.2.3 Bindungswirkung des Bescheides nach § 18 Abs. 2 Nr. 1 S. 3 VOB/B	3313
13.3.3 Vereinbarungen zu Verfahren der Streitschlichtung (§ 18 Abs. 3 VOB/B)	3316
13.3.4 Einschaltung einer Materialprüfungsstelle (§ 18 Abs. 4 VOB/B)	3321
13.3.4.1 Anwendungsbereich	3323
13.3.4.2 Verfahren	3325
13.3.4.3 Bedeutung der Feststellungen der Materialprüfungsstelle als Schiedsgutachten	3327
13.4 Schiedsgutachtenverfahren	3331
13.4.1 Abgrenzung und Anwendungsbereich	3332
13.4.2 Schiedsgutachtenvereinbarung	3339
13.4.3 Schiedsgutachtenvereinbarung im Prozess	3342
13.5 Alternative Streitbeilegung durch Mediation, Schlichtungs- und Schiedsverfahren	3344
13.5.1 Mediation	3348
13.5.2 Schlichtungsverfahren	3351
13.5.3 Das Schiedsgerichtsverfahren	3361
13.5.3.1 Bedeutung und Vorteile	3362
13.5.3.2 Die Schiedsvereinbarung und ihre Folgen	3376
13.6 Zusammenfassung in Leitsätzen	3384

Meinungsverschiedenheiten zwischen den Bauvertragspartnern lassen sich nie ganz vermeiden. Es gibt jedoch Möglichkeiten, sie auf ein vernünftiges Maß zu beschränken oder den bereits entstandenen Streit zu schlichten und, wenn auch dies nicht möglich ist, den Streit schnell, sachgerecht und mit wirtschaftlich vertretbaren Kosten zu entscheiden. **3283**

Diese Möglichkeiten aufzuzeigen, soll im Folgenden versucht werden.

13.1 Allgemeines

Streitvermeidung, Streitschlichtung und Streitentscheidung: Diese drei Eckpfeiler haben gerade im Bauvertragsrecht eine große Bedeutung, die in der Praxis nach wie vor zu sehr unterschätzt werden. Denn sicherlich kann festgehalten werden: Der Bauprozess ist der in der Praxis schlechteste Weg, einen Konflikt am und um ein Bauvorhaben zu lösen. Die Gründe dafür sind vielfältig, wobei sich pauschale Überlegungen dazu verbieten. So ist es auf der einen Seite zwar der erfreulichen Darstellung von Schröder (NZBau 2008, 1 ff.) zu verdanken, mit der Mär der vermeintlich immer mehr zunehmenden Bauprozesse im Verhältnis zu anderen Rechtsgebieten aufgeräumt zu haben. Denn statistisch betrachtet liegen – von Sonderfaktoren abgesehen – die Zahlen seit Jahren einigermaßen konstant. Sie machen prozentual zwischen 7 und ca. 10 % aller an einem Landgericht anhängigen Verfahren aus. Dabei sind selbstverständlich Schwankungen sowohl im Zusammenhang mit einer steigenden bzw. sinkenden allgemeinen Konjunktur zu sehen. Trotz dieser eigentlich überschaubaren Daten bleiben jedoch die unabhängig von diesen Fallzahlen unbestrittenen Fakten, die das deutsche Baugeschehen prägen: **3284**

- Festzustellen ist zunächst, dass Bauprozesse **vielfach nicht nach einer Instanz** beendet sind. In vielen Fällen wird der volle Instanzenzug durchlaufen, wobei etwaige Rechtsmittel in Bauprozessen eine deutliche höhere (Teil-)Erfolgsaussicht haben als in anderen Rechtsgebieten. Bei den dann **3285**

gegebenen drei Instanzen verbleibt es nicht einmal; vielmehr fallen infolge von Zurückverweisungen und Grundurteilen häufig weitere Instanzenzüge bis zu einer rechtskräftigen Entscheidung an.
- Aufgrund der notorischen Überlastung der Gerichte, aber auch im Hinblick auf die Komplexität des vielfach einem Bauprozess zugrunde liegenden Sachverhaltes weisen Bauprozesse eine **überdurchschnittliche Verfahrensdauer** auf. Allein erstinstanzlich ist, soweit Beweis erhoben werden muss, eine Dauer von mindestens zwei Jahren keine Seltenheit. Wird der einfache Instanzenzug ausgeschöpft, können bis zu einer rechtskräftigen Entscheidung ohne Weiteres fünf bis sieben Jahre vergehen.
- Bauprozesse sind in der Regel durch **relativ hohe Kosten** geprägt: Dies beruht zunächst auf den vielfach verhältnismäßig hohen Streitwerten, die wiederum zu hohen Gerichts- und Anwaltskosten führen. Hinzu kommen aufgrund der zumeist erforderlichen Beweisaufnahme je nach Streitgegenstand umfangreiche Sachverständigenkosten. Schließlich sollte nicht der Aufwand übersehen werden, der den Bauvertragsparteien im eigenen Betrieb entsteht, um einen Bauprozess ordnungsgemäß begleiten zu können.
- Letztlich ist nicht zu verkennen, dass Bauprozesse des Öfteren mit einer **fragwürdigen Qualität entschieden** werden. Dies gilt vor allem für die zunächst mit einem Verfahren befassten Eingangsinstanzen. Allzu oft sind diese mit einem umfangreichen Bauprozess von ihrer Kapazität her völlig überfordert (vor allem bei Einzelrichterentscheidungen); auch fehlt es häufig an einer ausreichenden Spezialisierung der Gerichte im privaten Baurecht.

3286 All diese unbestritten das deutsche Baurecht prägenden Probleme erscheinen zurzeit schwer lösbar. Dabei mögen die Ursachen einer oft unzureichenden Qualität der Entscheidungen in Bauprozessen auch darin begründet liegen, dass die juristische Ausbildung an den rechtswissenschaftlichen Fakultäten der Universitäten das Gebiet des privaten Baurechts nahezu völlig vernachlässigt. So gibt es nur in Mainz, Marburg und Berlin überhaupt Schwerpunktbildungen im privaten Baurecht – was der Bedeutung der Materie nicht gerecht wird.

3287 Pauschallösungen für diese Probleme erscheinen jedoch schwierig. Denn es ist ja nicht so, dass die Praxis keine alternativen Streitbeilegungsverfahren anbieten würde – wie etwa Mediation, Schlichtung, Schiedsgutachtenverfahren oder Schiedsverfahren. Deren Bedeutung bleibt in der Praxis jedoch überschaubar – was z. T. in der Natur eines Baurechtsstreits liegt. Denn insbesondere das große und bedeutende Problem der Einbeziehung Dritter, die bei staatlichen Verfahren über eine Streitverkündung unproblematisch möglich ist, scheidet bei den alternativen Streitbeilegungsverfahren in der Regel aus. Stattdessen aber nach verbindlichen vorgerichtlichen Streitbeilegungsverfahren zu rufen – wie z. B. nach einem etwa im englischen Recht existierenden sog. adjucation-Verfahren (vgl. dazu zuletzt auch die Empfehlungen etwa des Arbeitskreises VII des Deutschen Baugerichtstags 2010) – erscheint unter keinem denkbaren Gesichtspunkt tragfähig und ist auch rechtsstaatlich bedenklich (s. dazu allerdings sehr ausführlich Lembcke, BauR 2011, 1897). Denn unbeschadet aller Schwierigkeiten hat der Staat die Aufgabe, Bauvertragsparteien zumindest dann, wenn es scheinbar keine andere Lösung mehr gibt, eine funktionierende und vor allem qualifizierte staatliche Justiz zur Verfügung zu stellen. Hier wäre es wohl zunächst angezeigter, die Gerichte entsprechend zu organisieren und die zuständigen Richter ausreichend fortzubilden (s. dazu auch anschaulich Leupertz im Editorial zu BauR Heft 5, 2012). Ebenso würde eine engere Verzahnung von Richter- und Anwaltschaft viele Probleme beseitigen. Denn eines ist ebenso sicher: In den allermeisten Fällen werden Bauvertragsparteien kaum mutwillig einen Bauprozess beginnen, sondern sich einen solchen Schritt gut überlegen.

3288 Diese Bestandsaufnahme zeigt aber anschaulich, dass die Bauvertragsparteien schon im wohlverstandenen eigenen Interesse danach suchen sollten, eine Baustreitigkeit, die schlimmstenfalls in einem Bauprozess enden könnte, zu vermeiden. Dies ist jedoch nur möglich, wenn sie wenigstens die insofern bestehenden Möglichkeiten der Streitvermeidung, aber auch der Streitschlichtung und notfalls der zweckmäßigsten Art der Streitentscheidung kennen und ausschöpfen. Diese sollen hier im Überblick dargestellt werden.

13.2 Ziel der Streitvermeidung

Das Ziel der Streitvermeidung sollte alle Phasen des Baugeschehens bestimmen. Dies gilt für den Vertragsabschluss, die Realisierungsphase und die Gewährleistung. Überall lassen sich Ansatzpunkte für eine Streitbeilegung finden. 3289

13.2.1 Grundlagen der Streitvermeidung im Bauvertrag

Die meisten Streitigkeiten beruhen auf unklaren oder unfairen Regelungen im Bauvertrag. Will man einen Streit ernsthaft vermeiden, sollte man vor allem die folgenden Punkte berücksichtigen: 3290

- Die Bauvertragsparteien sollten in allererster Linie und vorab die tatsächlichen Grundlagen und die mit dem Bauvertrag verfolgten Ziele klären. 3291
- Beim Abschluss eines Bauvertrages ist auf eine **ausgewogene Vertragsgestaltung** zu achten. Nur ein fairer Vertrag wird letztlich Baustreitigkeiten vermeiden. Fühlt sich hingegen eine Partei übervorteilt, wird sie bestrebt sein, an anderen (ggf. unklar geregelten Stellen im Vertrag) »ihr Heil zu suchen«.

> **Eckpunkte eines fairen Bauvertrags:**
> - Vereinbarung der VOB
> - Geringe Abweichungen von der VOB/B in BVB oder ZVB
> - Klare und eindeutige Leistungsbeschreibung in Anlehnung an die Grundsätze des § 7 VOB/A.
> - Anlehnung an die Bauvertragstypen in § 4 VOB/A.

- Die Sprache des Bauvertrages sollte **klar und verständlich** sein. Bauverträge werden in der Regel von Praktikern gelebt, die mit dem Vertragswerk einschließlich seiner Anlagen umgehen müssen. Vor diesem Hintergrund empfiehlt es sich insbesondere bei Kleinbauvorhaben auf kurze und im Umlauf befindliche (**bekannte**) **Muster zurückzugreifen**. Bei Großbauvorhaben wird sich demgegenüber der Abschluss einer Individualvereinbarung kaum vermeiden lassen; gerade dann aber ist darauf zu achten, dass der Vertrag später umsetzbar bleibt, z. B. bei der Vorgabe eines Verfahrens zur Herbeiführung der Abnahme.
- Schließlich ist im Sinne der Streitvermeidung den Bauvertragsparteien besonders bei größeren Bauvorhaben eine **baubegleitende Rechtsberatung** anzuraten. Vielfach können in diesem Stadium noch Fehler und Unklarheiten vermieden werden. Ist demgegenüber ein Punkt erst einmal unklar geregelt oder eine Auseinandersetzung bereits entstanden, besteht vielfach nicht mehr das Interesse und Klima, selbst sinnvolle Punkte außer Streit zu stellen.

13.2.2 Streitvermeidung nach Vertragsschluss

In Anknüpfung an die vorgenannten Empfehlungen sind auch die weiteren Hinweise zu einer Streitvermeidung nach Vertragsschluss zu sehen: 3292

- Gerade nach Vertragsschluss ist es zunächst unabdingbar, dass der jeweils einer Auseinandersetzung zugrunde liegende **Sachverhalt umfassend und vollständig ermittelt** wird. Soweit dies möglich ist, sollte dabei vor allem versucht werden, eine Klärung des Sachverhalts mit der gegnerischen Partei gemeinsam zu erzielen. Hierfür gibt es verschiedene Instrumentarien, die je nach Mitwirkung der Gegenpartei eingesetzt werden können. 3293

> **Instrumentarien zur gemeinsamen Sachverhaltsklärung:**
> - Vereinbarungen der Parteien untereinander zu unstreitigen Punkten
> - Durchführung eines Schlichtungsverfahrens
> - Durchführung eines Schiedsgutachtenverfahrens
> - Bei verweigerter Mitwirkung der anderen Partei: Durchführung eines selbstständigen Beweisverfahrens.

- Sollte sich ein Streit nicht vermeiden lassen und ist der Sachverhalt weitgehend geklärt, ist es wie schon erläutert in jedem Fall sinnvoll, **Alternativen zu einer prozessualen Auseinandersetzung in**

Erwägung zu ziehen. Hierfür gibt es ebenfalls diverse Möglichkeiten, die zu einer verkürzten außergerichtlichen Streitbeilegung führen, so u. a. die Durchführung eines Schlichtungs- oder Schiedsverfahrens. Sinnvollerweise sollten die Grundlagen auch dazu schon bei Vertragsabschluss gelegt werden (vgl. auch § 18 Abs. 3 VOB/B).

13.2.3 Gebot der Mäßigung/Keine Einstellung der Arbeiten bei Auseinandersetzungen

3294 Lässt sich eine baurechtliche Auseinandersetzung schlimmstenfalls nicht vermeiden, sollten die Vertragsparteien, so schwer das im Einzelfall fallen mag, auf Mäßigung ausgerichtet sein. Diese Empfehlung gilt auch und vor allem an die Adresse etwaiger anwaltlicher Berater. Wer eine Partei in einen Prozess treibt, hat seinen Auftrag zumeist verfehlt.

- **Grundsatz**

3295 Die Führung baurechtlicher Streitigkeiten sollte in der Sache **hart, aber immer verbindlich** sein. Nimmt man das Ziel der außergerichtlichen Streitbeilegung ernst, muss man bei jeder Äußerung bedenken, dass aus eigenem Antrieb oder Antrieb des Gerichts zu jedem Zeitpunkt des Verfahrens ein Vergleich unter Beibehaltung seines Ansehens und des Ansehens des Mandanten möglich bleiben muss. Im Übrigen ist daran zu denken, dass sich die Parteien eines Baurechtsstreits vor allem im gewerblichen Bereich bei zukünftigen Bauvorhaben erneut als Vertragspartner gegenüberstehen können.

- **Kündigung eines Bauvorhabens nur als letztes Mittel**

3296 Die Kündigung eines Bauvertrages ist und bleibt äußerstes Mittel bei Schlechtleistungen bzw. Verzögerungen. Der Grund dieser Empfehlung liegt darin, dass die dafür bestehenden formalen und materiellen Anforderungen außerordentlich hoch liegen. Hinzu kommt, dass Kündigungen von Bauvorhaben mit der Folge, dass Ersatzunternehmer das Vorhaben fertigstellen müssen, in der Regel zu weiteren Terminüberschreitungen sowie zu einer ganz erheblichen Verteuerung des Bauvorhabens führen. Ob die damit verbundenen Kosten selbst bei einer gerechtfertigten Kündigung von dem ursprünglichen Auftragnehmer erstattet werden können, ist im Hinblick auf deren zum Teil desolate Finanzlage fraglich. Schließlich ist nicht zu verkennen, dass eine fristlos ausgesprochene Kündigung zumeist einen umfangreichen Rechtsstreit nach sich zieht, der dann auch bei dem Auftraggeber zumindest zu erheblichen Managementkosten führt.

- **Keine Arbeitseinstellung**

3297 Sollte man bei der Kündigung (zumeist durch den Auftraggeber) Vorsicht walten lassen, gilt dies entsprechend im umgekehrten Fall. Daher ist auch einem Auftragnehmer in der Regel nicht zu empfehlen, seine Arbeiten bei Streitfällen einzustellen. Denn in diesem Fall droht regelmäßig eine Eskalation dahin gehend, dass sich ein Auftraggeber – sei es berechtigt, sei es unberechtigt – gezwungen sieht, den Bauvertrag unverzüglich fristlos zu kündigen, was gleichfalls zu den vorgenannten Problemen führt. Auch ein Auftragnehmer kann hieran kein Interesse haben.

3298 In Ergänzung zu diesem grundsätzlichen Gebot zur Leistungsfortführung in Streitfällen enthält **§ 18 Abs. 5 VOB/B die Vorgabe**, dass Auftragnehmer wegen Streitigkeiten die Arbeiten nicht einstellen dürfen. Dieser Regelung der VOB/B kommt allerdings nur eine **klarstellende Funktion** zu: Selbstverständlich sollen einem Auftragnehmer keine ihm zustehenden Leistungsverweigerungsrechte abgeschnitten werden. Diese bleiben vielmehr in vollem Umfang erhalten. Daher hält § 18 Abs. 5 VOB/B auch ohne Weiteres einer isolierten **AGB-Inhaltskontrolle Stand** (BGH, Urt. v. 25.01.1996 – VII ZR 233/94, BGHZ 131, 392, 401 = BauR 1996, 378, 381 = NJW 1996, 1346, 1348).

3299 ▶ **Überblick zu Möglichkeiten der Arbeitseinstellung, die von § 18 Abs. 5 VOB/B unberührt bleiben:**
  - Arbeitseinstellung infolge fehlender Sicherheitsleistung nach § 648a BGB
  - Zurückbehaltungsrechte aus §§ 273, 320 BGB
  - Vertragliche Rechte zur Arbeitseinstellung insbesondere bei Verzug mit fälligen Zahlungen (vgl. auch § 16 Abs. 5 Nr. 4 VOB/B)
  - Recht zur Arbeitseinstellung aus Treu und Glauben.

Gerade bei der Arbeitseinstellung aus Treu und Glauben ist allerdings zu beachten, dass dieses Recht sehr restriktiv gehandhabt wird. Es kommt nur zum Zuge, wenn bei objektiver Betrachtung die Leistungsfortführung nach den Grundsätzen von Treu und Glauben für den Auftragnehmer unzumutbar ist (ebenso Locher, Das private Baurecht, Rn. 749; Nicklisch/Weick, Teil B § 18 Rn. 25; ebenso BGH, Urt. v. 25.01.1996 – VII ZR 233/94, BGHZ 131, 392, 401 f. = BauR 1996, 378, 381 = NJW 1996, 1346, 1348). Vorstellbar ist ein solches Recht aber immerhin (s. dazu näher Rdn. 2443 ff.)

– bei einer nachhaltigen Verweigerung des Auftraggebers zur Vereinbarung eines neuen Preises nach § 2 Abs. 5 VOB/B, wobei allenfalls etwas anderes gelten kann, wenn die neue Vergütung von der ursprünglich vereinbarten Vergütung nur unerheblich abweicht (BGH, Urt. v. 24.06.2004 – VII ZR 194/06, BGHZ 176, 23, 34 = BauR 2008, 1131, 1137 = NJW 2008, 2106, 2110 = NZBau 2008, 437, 440).
– bei einer nachhaltigen Verweigerung einer Vergütung für eine beauftragte Zusatzleistung nach § 1 Abs. 4 VOB/B (BGH, Urt. v. 24.06.2004 – VII ZR 271/01, BauR 2004, 1613, 1615 = NJW-RR 2004, 1539, 1540 = NZBau 2004, 612, 613).
– Bei einer vom Auftragnehmer verlangten Leistung, die mit erheblichen technischen Risiken behaftet ist und der Auftraggeber trotz einer erfolgten Bedenkenmitteilung nach § 4 Abs. 3 VOB/B diesem Zustand nicht abhilft.

▶ **Beispiel (nach OLG Karlsruhe, Urt. v. 20.07.2004 – 17 U 262/01, BauR 2005, 729 = BauR 2005, 153)**

Der Auftragnehmer wäre gezwungen, bei der weiteren Bauausführung gegen gesetzliche oder behördliche Bestimmungen zu verstoßen oder sich einer Gefahr für Leib oder Leben auszusetzen.

13.3 Streitschlichtung – Instrumentarien der VOB

Da nach allen Erfahrungen Streitigkeiten aus Bauverträgen nie ganz zu vermeiden sind, bedarf es häufig einer Streitschlichtung, die im Allgemeinen einer Streitentscheidung vorzuziehen ist. Dazu gibt es vielfältige Möglichkeiten, die teilweise bereits im Bauvertrag vorgesehen werden können und dann auch dort vorgesehen werden sollten. Erläutert werden im Nachfolgenden zunächst die in der VOB vorgesehenen und sodann wichtige weitere durch entsprechende Vertragsgestaltung zu schaffende und sonstige Instrumentarien zur Streitschlichtung.

▶ **Instrumentarien zur Streitschlichtung in der VOB/B – Überblick**
- Anrufung der Nachprüfungsstelle (§ 21 VOB/A)
- Streitschlichtung nach § 18 Abs. 2 VOB/A durch Anrufung der vorgesetzten Stelle
- Vereinbarung zur Streitschlichtung (§ 18 Abs. 3 VOB/B)
- Einschaltung einer Materialprüfungsstelle (§ 18 Abs. 4 VOB/B)

13.3.1 Anrufung der Nachprüfungsstelle (§ 21 VOB/A)

Eine erste Vorschrift der Streitschlichtung findet sich in § 21 VOB/A. Danach muss schon in der Bekanntmachung und in den Vergabeunterlagen jeweils die Stelle angegeben werden, an die sich die Bewerber oder Bieter zur Nachprüfung behaupteter Verstöße gegen die Vergabebestimmungen wenden können. Diese Nachprüfungsstelle ist die **Fach- bzw. Rechtsaufsicht** des jeweiligen öffentlichen Auftraggebers. Gemeint ist damit natürlich nicht nur die formelle Angabe der Nachprüfungsstellen in den Vergabeunterlagen; vielmehr wird damit zugleich ein **außergerichtlicher Weg** vorgezeichnet, den Bieter gehen können, wenn sie sich bei Verstößen gegen die Vergabebestimmungen benachteiligt fühlen.

Zu beachten allerdings ist, dass diese Regelung nur **für den öffentlichen Auftraggeber** gilt und auf Vergaben unterhalb der EU-Schwellenwerte (s. dazu oben Rdn. 215 ff., 346) beschränkt ist. Bei Vergaben oberhalb der Schwellenwerte treten an deren Stelle die sog. Nachprüfungsbehörden (vgl. auch § 21 VOB/A-EG sowie oben Rdn. 346).

3304 Geht es dagegen um Vergaben unterhalb der EU-Schwellenwerte, wird mit § 21 VOB/A für die Bieter eine Möglichkeit geschaffen, Verstöße gegen die Vergabegrundsätze der VOB/A einer Nachprüfung zu unterziehen. Dies wird auch dadurch erleichtert, dass gem. § 19 Abs. 2 VOB/A auf Verlangen den nicht berücksichtigten Bewerbern und Bietern innerhalb einer Frist von 15 Kalendertagen nach Eingang ihres Antrages die Gründe für die Nichtberücksichtigung ihrer Bewerbung oder ihres Angebotes mitzuteilen sind, den Bietern auch der Name des erfolgreichen Auftragnehmers. Ferner hat die Vergabestelle das gesamte Vergabeverfahren zeitnah zu dokumentieren, und zwar einschließlich der Gründe für getroffene Entscheidungen (§ 20 VOB/A).

3305 Die Nachprüfungsstellen ihrerseits sind sodann verpflichtet, behaupteten Rechtsverstößen nachzugehen. Insoweit können sie auch im Wege der Fach- und Rechtsaufsicht Vergaben ihrer nachgeordneten Vergabestellen anhalten. Anders aber als bei Vergaben oberhalb der Schwellenwerte (vgl. § 115 GWB) führt die Anrufung einer Nachprüfungsstelle aber **nicht zu einem Suspensiveffekt**, d. h.: Bleibt die Nachprüfungsstelle untätig, kann die Vergabestelle trotz Anrufung der Nachprüfungsstelle den Auftrag vergeben. Dem unterlegenen Bieter bleiben dann im Wesentlichen nur noch die Möglichkeit einer Dienstaufsichtsbeschwerde oder die Geltendmachung von Schadensersatzansprüchen (s. dazu oben Rdn. 344 und 329 ff.).

13.3.2 Streitschlichtung nach § 18 Abs. 2 VOB/B durch Anrufung der vorgesetzten Stelle

3306 Haben die Vertragspartner ihren Bauvertrag auf der Grundlage der VOB/B geschlossen, so greift bei Meinungsverschiedenheiten mit Behörden zunächst die Streitschlichtungsregelung nach § 18 Abs. 2 VOB/B.

3307

Streitschlichtung nach § 18 Abs. 2 VOB/B	
Voraussetzungen	❶ AG = Behörde
	❷ Anrufung der dem AG vorgesetzten Stelle
	❸ Gelegenheit zur Aussprache
	❹ Schriftlicher Bescheid binnen 2 Monaten mit Rechtsfolgenbelehrung gemäß § 18 Abs. 2 Nr. 1 S. 3 VOB/B
Folge	⇒ Schriftlicher Einspruch binnen 3 Monaten <u>oder</u>
	⇒ Anerkenntniswirkung des Bescheids
	⇒ Verjährungshemmung für Verfahrensdauer

3308 Mit dieser Soll-Vorschrift wird eine Möglichkeit der **Streitschlichtung bei Meinungsverschiedenheiten aus Bauverträgen mit öffentlichen Auftraggebern** geschaffen. Diese hat sich in der Praxis durchaus bewährt. Denn der vorgesetzten Behörde gelingt es nicht selten, eine gütliche Einigung zwischen den Bauvertragspartnern herbeizuführen, zumal dies auch ihre vorrangige Aufgabe bei der anzuberaumenden mündlichen Aussprache mit den Bauvertragspartnern sein sollte.

3309 In der Sache geht es bei § 18 Abs. 2 VOB/B darum, dass ein Auftragnehmer bei Meinungsverschiedenheiten mit Behörden zunächst versuchen soll, über die der auftraggebenden Stelle unmittelbar vorgesetzte Stelle Abhilfe schaffen zu lassen. Diese hat dann, soweit sie ausreichend über die Rechtsfolgen belehrt, eine **Entscheidungskompetenz**. Danach gilt eine Entscheidung als anerkannt, wenn der Auftragnehmer hiergegen nicht rechtzeitig Einspruch einlegt. Im Einzelnen:

13.3.2.1 Streitschlichtung als »Soll-Vorschrift«

Wie sich schon aus dem Wortlaut des § 18 Abs. 2 VOB/B ergibt, handelt es sich um eine »Soll-Vorschrift«: Ist der Auftraggeber eine Behörde, hat der Auftragnehmer das Recht, die vorgesetzte Stelle zwecks Streitentscheidung einzuschalten; er ist hierzu jedoch nicht verpflichtet. Gleichwohl ist einem Auftragnehmer dringend anzuraten, im Sinne einer einvernehmlichen Beilegung einer Auseinandersetzung diesen Weg zu beschreiten. 3310

13.3.2.2 Voraussetzungen für eine Streitschlichtung nach § 18 Abs. 2 VOB/B

Für eine Streitschlichtung nach § 18 Abs. 2 VOB/B müssen folgende Voraussetzungen gegeben sein: 3311
- § 18 Abs. 2 VOB/B ist nur anwendbar, wenn es sich bei der auftragvergebenden Stelle um eine **Behörde im Rechtssinne** handelt. 3312
- Der Auftragnehmer muss bei Meinungsverschiedenheiten zu einem Bauvertrag die der auftraggebenden Stelle vorgesetzte Stelle anrufen. Die Anrufung kann **form- und fristfrei** erfolgen. Der Auftraggeber ist bei Bedarf zur Auskunft über die vorgesetzte Stelle verpflichtet. Zu beachten ist, dass die Anrufung eventuell sonst laufende Fristen nicht unterbricht. Allerdings wird die Verjährung des in diesem Verfahren eingeführten Anspruchs gemäß § 18 Abs. 2 Nr. 2 VOB/B für die Dauer des Verfahrens zzgl. einer Nachfrist von drei Monaten gehemmt.
- Die vorgesetzte Stelle muss dem Auftragnehmer **Gelegenheit zur Aussprache** geben.
- Anschließend ist der Auftragnehmer **binnen zwei Monaten** (nach Anrufung) schriftlich **zu bescheiden**. Dem Bescheid ist eine Rechtsfolgenbelehrung gem. § 18 Abs. 2 Nr. 1 S. 3 VOB/B beizufügen.

13.3.2.3 Bindungswirkung des Bescheides nach § 18 Abs. 2 Nr. 1 S. 3 VOB/B

Wurde das »Anhörungsverfahren« durchgeführt und ist form- und fristgerecht ein Bescheid der vorgesetzten Stelle mit einer entsprechenden Belehrung über die Rechtsfolgen ergangen, gilt sodann: 3313
- Der Auftragnehmer kann gegen den ergangenen Bescheid **binnen drei Monaten** nach Zugang **schriftlich Einspruch** beim Auftraggeber einlegen. In diesem Fall ist das Schlichtungsverfahren nach § 18 Abs. 2 VOB/B gescheitert. Zu beachten ist allerdings, dass absolute Wirksamkeitsvoraussetzung für den Einspruch die Einhaltung sowohl der Form als auch der Frist ist. 3314
- Sieht der Auftragnehmer von einem Einspruch ab, gilt der Bescheid von ihm als anerkannt (s. zu der Rechtskonstruktion dieses Anerkenntnisses im Einzelnen: Ingenstau/Korbion/Joussen, VOB/B, § 18 Abs. 2 Rn. 23). Die dort geregelte Entscheidung ist dann zwischen den Bauvertragsparteien verbindlich. Eine Wiedereinsetzung in den vorigen Stand ist ausgeschlossen.

Zu beachten ist, dass nach herrschender Meinung § 18 Abs. 2 VOB/B einer **AGB-Inhaltskontrolle standhält**. Insbesondere liegt kein Verstoß gegen § 308 Nr. 5 BGB vor. Dasselbe gilt für § 307 BGB. Danach sind fingierte Erklärungen bei Unterlassen einer bestimmten Handlung (hier Schweigen auf den Bescheid) nur unter den dort genannten Voraussetzungen zulässig. Ein Verstoß liegt insoweit jedoch nicht vor: Denn § 18 Abs. 2 VOB/B räumt dem Erklärungsgegner (Auftragnehmer) eine ausreichende angemessene Frist zur Abgabe einer ausdrücklichen Erklärung zum Inhalt des diesbezüglichen Bescheids ein. Ferner ist der Auftraggeber verpflichtet, den Auftragnehmer bei Beginn der Frist auf die vorgesehene Bedeutung seines Verhaltens (Schweigens) besonders hinzuweisen (§ 308 Nr. 5 lit. a) und lit. b) BGB). Vor diesem Hintergrund ist § 18 Abs. 2 Nr. 1 S. 3 VOB/B auch dann wirksam, wenn die VOB nicht als Ganzes vereinbart oder sonst insbesondere bei einer Verwendung gegenüber Verbrauchern einer AGB-Inhaltskontrolle zu unterwerfen ist (s. o. Rdn. 481 ff.): § 18 Abs. 2 Nr. 1 S. 3 VOB/B hält einer solchen Kontrolle stand (ebenso: Beck'scher VOB-Komm./Bewersdorf, § 18 Nr. 2 Rn. 45; Heiermann/Riedl/Rusam, § 18 Rn. 14). 3315

13.3.3 Vereinbarungen zu Verfahren der Streitschlichtung (§ 18 Abs. 3 VOB/B)

Mit § 18 Abs. 3 wird in der VOB Teil B anstatt einer vertraglichen Regelung eher etwas Selbstverständliches verankert. Inhaltlich geht es dabei – zumindest nach dem Wortlaut – um eine Ergänzung 3316 von § 18 Abs. 2 VOB/B: Diese Regelung sieht wie gezeigt für öffentliche Bauaufträge ein außergerichtliches Verfahren zur Streitbeilegung vor. Daneben könne – so der Wortlaut des § 18 Abs. 3 VOB/B – ein Verfahren zur Streitbeilegung vereinbart werden, was dann sinnvollerweise bei Vertragsschluss erfolgen solle. Dafür, dass die Parteien frei sind, derartige Streitbeilegungsverfahren zu vereinbaren, hätte es allerdings keiner Regelung in der VOB Teil B bedurft. Die gleichwohl erfolgte Einfügung mit der VOB 2006 ist daher in der Weise zu verstehen, dass die Parteien entweder bei Vertragsschluss oder im Streitfall selbst nochmals ausdrücklich auch in der VOB Teil B **zu einem solchen Abschluss** animiert werden sollen. Folglich handelt es sich eher um eine Wunschvorstellung, die aber immerhin auf allgemeinen Erfahrungswerten beruht. Denn in der Tat sollte vor einer prozessualen Auseinandersetzung versucht werden, eine Streitigkeit anderweitig beizulegen. Dies gilt für baurechtliche Auseinandersetzungen aufgrund ihres Umfangs bei der Tatsachenermittlung in einem ganz besonderen Maße.

3317 § 18 Abs. 3 findet auf alle Bauverträge mit Geltung der VOB Teil B Anwendung, **nicht nur für öffentliche Auftraggeber**. Zwar könnte man aus der Stellung des Abs. 3 im Anschluss an den Abs. 2 als Sondervorschrift für die öffentliche Hand als Auftraggeber in Verbindung mit dem Wortlaut der Regelung des Abs. 3, dass »daneben« auch ein Verfahren zur Streitbeilegung vereinbart werden könne«, eine Beschränkung ebenfalls auf öffentliche Auftraggeber vermuten. Diese Lesweise erscheint jedoch nicht richtig; vielmehr dürfte nur eine Ungenauigkeit in der Formulierung vorliegen. Denn selbstverständlich macht es überhaupt **keinen Sinn, § 18 Abs. 3 VOB/B auf die öffentliche Hand als Auftraggeber zu beschränken** – auch wenn eine Empfehlung an die öffentliche Hand besonders angeraten erscheint. Denn gerade bei öffentlichen Auftraggebern ist in der Praxis eine extreme Zurückhaltung bei der Vereinbarung alternativer Streitbeilegungsverfahren zu beobachten. Dabei ist diese Zurückhaltung bei der Vereinbarung von Schiedsverfahren allerdings vielfach auch aus Kostengründen motiviert: Denn bei einem Schiedsverfahren fallen für die öffentliche Hand als Prozesspartei Gerichtskosten an. Demgegenüber besteht bei Verfahren vor staatlichen Gerichten nach § 2 Abs. 1 GKG eine Kostenbefreiung. In dieser Situation wird wohl auch § 18 Abs. 3 VOB/B keinen eigenständigen Anlass bieten, die öffentliche Hand als Auftraggeber zum vermehrten Abschluss von Schiedsgerichtsvereinbarungen zu bewegen.

3318 Vorstehendes gilt umso mehr, als § 18 Abs. 3 VOB/B nur als »**Kann-Bestimmung**« ausgestaltet ist, d. h.: Obwohl es in der Regel sinnvoll und aus der Praxis heraus geboten ist, sind die Parteien zu keinem Zeitpunkt gehalten, ein Verfahren zur Streitbeilegung zu vereinbaren, darüber nachzudenken oder sogar zu verhandeln. Erst recht stellt es **keine Pflichtverletzung** dar, wenn man derartige Verhandlungen ablehnt – was nachvollziehbar ist: Denn selbstverständlich kann auch die VOB Teil B nicht den Gang zu den staatlichen Gerichten ein- oder beschränken.

3319 Inhaltlich immerhin hat § 18 Abs. 3 VOB/B die Vereinbarung eines »**Verfahrens zur Streitbeilegung**« vor Augen. Auch das staatliche Gerichtsverfahren ist ein solches Verfahren. Indes braucht dieses nicht gesondert vereinbart zu werden, sodass sich schon daraus ergibt, dass dieses mit § 18 Abs. 3 VOB/B nicht gemeint ist. Stattdessen geht es um Absprachen, die – außerhalb staatlicher Gerichtsverfahren – der Streitbeilegung dienen. Eine besondere Bedeutung kommt hier dem Abschluss von **Schlichtungs- und Schiedsgerichtsvereinbarungen** zu, die auf eine Klärung der Gesamtauseinandersetzung ausgerichtet sind. Daneben stehen in der Vorstufe (verbindliche) Verfahren zur Klärung des Sachverhalts. Denn die Praxis zeigt vielfach, dass sich gerade baurechtliche Auseinandersetzungen von selbst erledigen, wenn der Sachverhalt neutral durch einen Dritten geklärt wurde. Hierfür können die Parteien vor allem die Durchführung von **Schiedsgutachtenverfahren** oder alternativ im Einvernehmen die Durchführung eines **selbstständigen Beweisverfahrens** (vgl. zu Letzterem § 485 Abs. 1 Alt. 1 ZPO) vereinbaren. Vereinbart werden können schließlich – außerhalb dieser formalisierten Verfahren – sonstige Vorgehensweisen, die der Streitvermeidung dienen. Zu erwähnen sind z. B. sog. **Sprechklauseln** mit dem Inhalt, das vor einem Prozess die jeweils zuständigen Geschäftsführer oder Vorstände miteinander zu sprechen, d. h. zu den streitigen Punkten miteinander zu verhandeln, haben.

Falls sich die Parteien auf ein Streitbeilegungsverfahren verständigen, sollte – so § 18 Abs. 3 S. 2 VOB/B – eine Vereinbarung dazu mit Vertragsabschluss erfolgen. Es liegt auf der Hand, dass dies zumindest in der Regel der **frühestmögliche Zeitpunkt** bei der Vertragsabwicklung ist. Eine solch frühe Regelung empfiehlt sich auch. Denn zu diesem frühen Zeitpunkt besteht meistens noch kein Streit, sodass eine entsprechende Regelung noch unkompliziert getroffen werden kann. Dies schließt spätere Vereinbarungen aber keinesfalls aus. 3320

13.3.4 Einschaltung einer Materialprüfungsstelle (§ 18 Abs. 4 VOB/B)

Während § 18 Abs. 2 VOB/B nur Meinungsverschiedenheiten aus Bauverträgen mit öffentlichen Auftraggebern betrifft, kann die in § 18 Abs. 4 VOB/B vorgesehene Möglichkeit der **Streitbeilegung bei allen Bauverträgen zur Anwendung** kommen. Inhaltlich geht es dabei um Folgendes: 3321

Nach § 18 Abs. 4 VOB/B kann bei Meinungsverschiedenheiten über die Eigenschaften von Stoffen und Bauteilen, für die allgemeingültige Prüfungsverfahren bestehen, und über die Zulässigkeit oder die Zuverlässigkeit der bei der Prüfung verwendeten Maschinen oder angewendeten Prüfungsverfahren jede Vertragspartei nach vorheriger Benachrichtigung der anderen Vertragspartei die materialtechnische Untersuchung durch eine staatliche oder staatlich anerkannte Materialprüfungsstelle vornehmen lassen; deren Feststellungen sind verbindlich. 3322

13.3.4.1 Anwendungsbereich

Zu dem Anwendungsbereich der Vorschrift des § 18 Abs. 4 VOB/B ist zu beachten: 3323
- Die Vorschrift des § 18 Abs. 4 VOB/B ist, wie schon erläutert, anders als § 18 Abs. 2 VOB/B **nicht auf Behörden als öffentliche Auftraggeber beschränkt.** Sie gilt vielmehr auch im Verhältnis von zivilen Bauvertragsparteien untereinander. 3324
- Der in § 18 Abs. 4 VOB/B geregelte **Anwendungsbereich ist abschließend.**

> ▶ Anwendungsbereich von § 18 Abs. 4 mit einer Prüfungskompetenz durch Materialprüfungsstellen bei Meinungsverschiedenheiten über
> – Eigenschaften von Stoffen oder Bauteilen
> – Zulässigkeit oder Zuverlässigkeit der bei der Prüfung verwendeten Maschinen und Prüfungsverfahren.

Selbstverständlich bestehen keine Bedenken, wenn die Bauvertragsparteien den in § 18 Abs. 4 VOB/B abschließend geregelten **Anwendungsbereich vertraglich erweitern** und auch insoweit entsprechende Prüfverfahren vorsehen.
- Die Einschaltung einer Materialprüfungsstelle nach § 18 Abs. 4 VOB/B ist ausschließlich auf die **gütliche Beilegung** von Meinungsverschiedenheiten gerichtet. Daher kommt § 18 Abs. 4 VOB/B nicht mehr zur Anwendung, soweit bereits ein Prozess anhängig ist (Ingenstau/Korbion/Joussen, VOB/B, § 18 Abs. 4 Rn. 7).

13.3.4.2 Verfahren

Bei dem Verfahren zur Einschaltung einer Materialprüfungsstelle nach § 18 Abs. 4 VOB/B ist zu beachten: 3325
- In erster Linie hat die Partei, die eine Materialprüfungsstelle einschalten will, die **Gegenpartei hiervon zu benachrichtigen.** 3326
- Die Auswahl der Materialprüfungsstelle erfolgt durch die Vertragspartei, die das Verfahren einleitet.
- Die Kosten der Materialprüfungsstelle hat im Verhältnis zur Materialprüfungsstelle diejenige Partei zu tragen, die sie beauftragt hat. Im Verhältnis der Parteien untereinander hat die Kosten die »unterliegende Partei« zu übernehmen (§ 18 Abs. 4 S. 2 VOB/B).
- Bei dem Verfahren nach § 18 Abs. 4 VOB/B handelt es sich nach herrschender Meinung um die **Einholung eines Schiedsgutachtens** (siehe hierzu unten Rdn. 3331 ff.). Da sich dieses auf die gütliche Beilegung von Meinungsverschiedenheiten bezieht, wird durch dessen Einleitung die Ver-

jährung der dem Verfahren zugrunde liegenden Ansprüche gehemmt; die Hemmung beginnt mit der Abrede, ein Verfahren nach § 18 Abs. 4 durchzuführen, spätestens mit der Beauftragung des Gutachters (§ 204 Abs. 1 Nr. 8 BGB). Neben der Verjährungshemmung ist während der Durchführung des Gutachterverfahrens gleichzeitig der Verzug des an sich Leistungspflichtigen ausgeschlossen (zutreffend Altschwager, BauR 1991, 157, 158).

13.3.4.3 Bedeutung der Feststellungen der Materialprüfungsstelle als Schiedsgutachten

3327 Nach herrschender Meinung handelt es sich bei den Feststellungen der Materialprüfungsstelle im Rahmen des § 18 Abs. 4 VOB/B um ein Schiedsgutachten (s. dazu im Einzelnen Ingenstau/Korbion/Joussen, VOB/B, § 18 Abs. 4 Rn. 15 ff.). Vor diesem Hintergrund ist zu beachten:
- **Bedeutung von § 18 Abs. 4 VOB/B als »Kann-Vorschrift«**

3328 Die Eigenschaft als Schiedsgutachtenverfahren hat zunächst Bedeutung im Prozess: Zwar spricht § 18 Abs. 4 VOB/B davon, dass jede Vertragspartei die Materialprüfungsstelle für die dort vorgesehenen Sachverhalte einschalten »kann«. Dies ist jedoch missverständlich: Da § 18 Abs. 4 VOB/B ein Schiedsgutachtenverfahren regelt, ist dieses bei einem Prozess **vorrangig durchzuführen**, sobald es auf dessen Ergebnis ankommt und die Gegenpartei dies rügt. Die fehlende Durchführung dieses Verfahrens ist als **Einrede** zu beachten. Eine gleichwohl erhobene Klage wäre in diesem Fall als **zurzeit unbegründet abzuweisen** (OLG Zweibrücken, Teilurt. v. 31.07.1979 – 5 U 88/78, BauR 1980, 482; OLG Düsseldorf, Urt. v. 09.06.1986 – 5 U 203/85, NJW-RR 1986, 1061). Eine Klage ohne Durchführung des Verfahrens nach § 18 Abs. 4 VOB/B wäre nur dann möglich, wenn sich die andere Vertragspartei mutwillig der Mitwirkung an diesem Verfahren verweigert (BGH, Urt. v. 30.03.1979 – V ZR 150/77, BGHZ 74, 341, 344 f. = NJW 1979, 1543, 1544).
- **Verbindlichkeit der Feststellungen**

3329 Wie alle Schiedsgutachten sind auch die Feststellungen einer Materialprüfungsstelle im Rahmen des § 18 Abs. 4 VOB/B mit einer **extrem hohen Verbindlichkeit** ausgestattet. Sie wird nur durchbrochen, wenn die Materialprüfungsstelle das gebotene Mindestmaß an Verfahrensrichtlinien verletzt. Diesem Zweck dient bereits die in § 18 Abs. 4 VOB/B vorgesehene Benachrichtigungspflicht des Vertragspartners. Das Mindestmaß bei der Einhaltung von Verfahrensrichtlinien ist aber auch während der Durchführung des Verfahrens zu beachten. Aus diesem Grund hat eine nach § 18 Abs. 4 VOB/B als Schiedsgutachter eingeschaltete Materialprüfungsstelle vor allem **unabhängig** zu sein (s. allerdings zu dem in der Regel fehlenden Recht, einen Schiedsgutachter als befangen abzulehnen: Ingenstau/Korbion/Joussen, B § 18 Abs. 4 Rn. 20).

3330 Nicht nur die Verletzung von Verfahrensgrundsätzen, auch **der Inhalt** eines von einer Materialprüfungsstelle nach § 18 Abs. 4 VOB/B abzugebenden Schiedsgutachtens **kann** dessen grundsätzlich bestehende **Verbindlichkeit durchbrechen** (vgl. auch § 319 Abs. 1 BGB). Dies gilt vor allem,
- wenn die von der Materialprüfungsstelle als Schiedsgutachter getroffenen **Feststellungen offenbar unrichtig** sind (vgl. dazu BGH, Urt. v. 19.02.1957 – VIII ZR 38/56, LM § 317 BGB Nr. 7; BGH, Urt. v. 22.04.1965 – VII ZR 15/65, BGHZ 43, 374, 376 = NJW 1965, 1523, 1524; BGH, Urt. v. 26.10.1972 – VII ZR 44/71, BauR 1973, 60, 61). Die Feststellungen werden dann im Streitfall durch gerichtliches Urteil ersetzt (BGH, Beschl. v. 07.10.1983 – V ZR 202/82, WM 1984, 64 m. w. N.).
- wenn sich der **Fehler dem sachkundigen und unbefangenen Beobachter** – wenn auch möglicherweise erst nach eingehender Prüfung – **aufdrängt** (BGH, Urt. v. 14.12.1967 – III ZR 22/66, BB 1968, 316; ferner BGH, Urt. v. 14.10.1958 – VIII ZR 118/57, NJW 1958, 2067; BGH, Urt. v. 26.10.1972 – VII ZR 44/71, BauR 1973, 60, 61; BGH, Urt. v. 21.04.1993 – XII ZR 126/91, NJW-RR 1993, 1034, 1035).

> ▶ **Beispiel**
>
> In dem Schiedsgutachten wird eine technische Anlage als mangelhaft bezeichnet, weil sie einen Konstruktionsfehler aufweise. Später stellt sich heraus, dass die vom Schiedsgutachter beobachteten Störungen in Wirklichkeit auf einem Fehler bei der Bedienung der Anlage beruhen.

Dabei sind an **die Voraussetzungen einer offenbaren Unrichtigkeit strenge Anforderungen zu stellen;** andernfalls würde der in § 18 Abs. 4 VOB/B vorgesehene Zweck der Durchführung eines Schiedsgutachtenverfahrens, einen möglicherweise langwierigen und kostspieligen Prozess zu vermeiden, infrage gestellt (BGH, Urt. v. 26.10.1972 – VII ZR 44/71, BauR 1973, 60, 61).
- **wenn die Feststellungen** der Materialprüfungsstelle als Schiedsgutachter **nicht nachprüfbar** sind; denn die dem Schiedsgutachten zugrunde gelegten Tatsachen müssen für die Bestimmung der Leistung überprüfbar sein (BGH, Urt. v. 02.02.1977 – VIII ZR 155/75, NJW 1977, 801, 802).
- wenn die **Ausführungen** der Materialprüfungsstelle so **lückenhaft** sind, dass selbst ein Fachmann das Ergebnis aus dem Zusammenhang des Gutachtens nicht überprüfen kann (BGH, Urt. v. 16.11.1987 – II ZR 111/87, ZIP 1988, 162 = NJW-RR 1988, 506; BGH, Urt. v. 24.09.1990 – II ZR 191/89, NJW-RR 1991, 228). Anhaltspunkte für eine offenbare Unrichtigkeit bestehen ferner,
- wenn **zwei Schiedsgutachter** bemüht werden und deren Schätzungen so sehr **voneinander abweichen**, dass entweder eine der beiden oder beide Schätzungen offenbar unrichtig sein müssen. Hier ist im Allgemeinen nicht der Mittelwert maßgebend, sondern die Leistung gemäß § 319 BGB durch Urteil zu bestimmen (vgl. BGH, Urt. v. 28.09.1964 – II ZR 181/62, NJW 1964, 2401).

13.4 Schiedsgutachtenverfahren

§ 18 Abs. 4 VOB/B ist von vornherein durch Vereinbarung der VOB/B mit der dort geschaffenen Möglichkeit, ein Schiedsgutachten einzuholen, auf einen engen Bereich von Meinungsverschiedenheiten (über Eigenschaften von Stoffen und Bauteilen) beschränkt. Sie lässt sich durch vertragliche Vereinbarungen der Bauvertragspartner im Bauvertrag oder nachträglich bei Auftreten von Meinungsverschiedenheiten erheblich erweitern und auf nahezu alle streitigen Tatsachen und deren verbindliche Klärung bzw. Feststellung erstrecken. 3331

13.4.1 Abgrenzung und Anwendungsbereich

Das Schiedsgutachten findet seine rechtliche Grundlage in den §§ 317–319 BGB. Es unterscheidet sich von dem privaten Sachverständigengutachten und dem Schiedsgerichtsverfahren erheblich: 3332
- Das von einer Bauvertragspartei in Auftrag gegebene **Sachverständigengutachten** kann als **Privatgutachten** nur selten und in engen Grenzen zur Streitschlichtung beitragen. Für den anderen Bauvertragspartner ist es nicht verbindlich; auch kann es in einem späteren Rechtsstreit nicht als Gutachten, sondern nur als einseitiger Parteivortrag der jeweiligen Partei, die das Gutachten in Auftrag gegeben hat, verwertet werden, es sei denn, es wirkt aus sich heraus auch für den anderen Vertragspartner überzeugend. Allerdings ist eine Partei nicht gehindert, in einem Prozess ein Privatgutachten zum Zwecke der Substanziierung des eigenen Vortrags vorzulegen. Hier immerhin darf ein Gericht einen solchen Vortrag nicht übergehen, sondern muss sich inhaltlich damit auseinandersetzen (vgl. dazu etwa BGH, Beschl. v. 21.12.2006 – VII ZR 279/05, BauR 2007, 585 f. = NJW 2007, 1531, 1532; ähnlich BGH, Beschl. v. 12.01.2011 – IV ZR 190/08, NJW-RR 2011, 609 zu einem Privatgutachten zum Zwecke der Entkräftung eines schon vorliegenden gerichtlichen Gutachtens). 3333
- Dagegen verfolgt das **Schiedsgerichtsverfahren** als Ziel die Streitentscheidung des gesamten Streitstoffes in rechtlicher und tatsächlicher Hinsicht. Dies schließt allerdings nicht aus, dass es auch häufig zur Streitschlichtung führt, worauf im Einzelnen unten noch einzugehen sein wird (Rdn. 3344 ff.).

Zwischen diesen beiden Polen steht das Schiedsgutachten, dessen Einholung gerade **bei Meinungsverschiedenheiten der Bauvertragspartner über bestimmte Tatsachen** – im Unterschied zu Meinungsverschiedenheiten über Rechtsfragen – durchaus empfohlen werden kann. Denn ein solches Schiedsgutachten ist im Allgemeinen verbindlich und schafft damit die Voraussetzungen für eine ins- 3334 gesamt gütliche Einigung der Vertragspartner. Da es gerade in Baustreitigkeiten im Ausgangspunkt meist um tatsächliche Streitpunkte geht, gewinnt das Schiedsgutachten auch in der Praxis zunehmend an Bedeutung (vgl. auch Koeble, BauR 2007, 1116 ff.).

3335 Gegenstand eines Schiedsverfahrens können praktisch **alle potenziellen Streitpunkte** zu Sachverhalten im Umfeld der Abwicklung eines Bauvorhabens sein. Hier sind den Bauvertragsparteien keine Grenzen gesetzt – wobei vielmehr gilt: Je mehr die Parteien Sachverhalte verbindlich durch ein Schiedsgutachten klären lassen, desto mehr reduzieren sie später eine aufwendige Auseinandersetzung in einem Prozess, wenn dieser ggf. nicht sogar vollständig vermieden werden kann.

3336 **Sinnvolle Gegenstände für ein Schiedsverfahren:**
- Feststellung von Baumängeln und Bauschäden einschließlich der Frage nach dem Verursacher
- Feststellung der erforderlichen Mängelbeseitigungsmaßnahmen einschließlich deren Kosten
- Feststellung der bis zu einem bestimmten Zeitpunkt (Kündigung, Arbeitseinstellung, Insolvenz) von dem Auftragnehmer erbrachten Leistungen und deren Bewertung nach den vertraglich vereinbarten Einheitspreisen bzw. nach dem Verhältnis gegenüber dem Wert der geschuldeten Gesamtbauleistung und dem dafür vereinbarten Pauschalpreis
- Feststellung ausstehender Restarbeiten und deren Bewertung
- Feststellung der abzurechnenden Mengen beim Einheitspreisvertrag (Aufmaß)
- Feststellung des Wertes eines Grundstücks und/oder eines Bauwerkes
- Feststellung der sich bei Mehr- oder Mindermengen über 10 % hinaus ergebenden Mehr- oder Minderkosten des Auftragnehmers und Feststellung des daraus zu entwickelnden neuen Einheitspreises gem. § 2 Abs. 3 VOB/B
- Feststellung der aufseiten des Auftragnehmers ersparten Aufwendungen bei grundloser (Teil-)Kündigung des Bauvertrages durch den Auftraggeber gem. §§ 2 Abs. 4, 8 Abs. 1 Nr. 2 VOB/B
- Feststellung der Mehr- oder Minderkosten des Auftragnehmers bei Änderungen des Bauentwurfs oder anderer Anordnungen des Auftraggebers und damit des neuen Einheitspreises gem. § 2 Abs. 5 VOB/B sowie bei vom Auftraggeber geforderten Zusatzleistungen und des danach zu berechnenden zusätzlichen Vergütungsanspruchs des Auftragnehmers gem. § 2 Abs. 6 VOB/B (s. dazu ausführlich Joussen, BauR 2010, 518)
- Festlegung der Leistungspflichten der Vertragspartner in Ergänzung des insoweit lückenhaften Vertrages (z. B. Bauzeit, Leistungsumfang, Materialart, Materialgüte usw.)

3337 Diese vielfältigen Möglichkeiten der Einschaltung und Beauftragung eines Schiedsgutachters zeigen zugleich auch dessen Bedeutung für die Streitschlichtung auf: Denn all diese Meinungsverschiedenheiten und Streitfälle lassen sich häufig durch ein Schiedsgutachten beheben und dem Streit der Vertragspartner aufgrund der Verbindlichkeit der Feststellungen des Schiedsgutachters entziehen.

Allerdings ist richtig, dass in der Baupraxis z. T. auch immer wieder **Bedenken gegen solche Schiedsgutachtenvereinbarungen** in Bau- und Architekten- sowie Ingenieurverträgen erhoben werden, weil die Vertragspartner sich nur ungern den Feststellungen eines Schiedsgutachters unterwerfen wollen. Dies ist insoweit verständlich, als viel von der fachlichen Qualität des Schiedsgutachters und seiner absoluten Neutralität und Objektivität abhängt. Bedenken sollte man aber dabei auch, dass die Alternative der Anrufung des staatlichen Gerichts sich nicht wesentlich besser oder sogar eher schlechter darstellt. Hierbei geht es vor allem um die folgenden Aspekte, die nicht übersehen werden sollten:

3338
- In Bauprozessen und Streitigkeiten über Nachtragsforderungen des Auftragnehmers oder Baumängel bedarf es in den meisten Fällen ebenfalls der Einholung eines Sachverständigengutachtens. Dieses wird dann in der Regel vom Gericht zur Grundlage seiner Entscheidung gemacht. Es erreicht damit häufig ebenfalls Verbindlichkeit, weil das Gericht diesem folgt. Gegenüber dem Schiedsgutachten hat dies für die betroffenen Vertragspartner aber durchaus mehr Nachteile; denn beim staatlichen Gericht entscheidet allein das Gericht über die **Auswahl des Sachverständigen**, während beim Schiedsgutachten beide Vertragspartner sich auf einen Sachverständigen als Schiedsgutachter einigen müssen, sie also bei der Auswahl mitwirken können (s. dazu ausführlich Joussen BauR 2010, 518).

- Ein weiterer Vorteil für die Qualität des Schiedsgutachtens mag darin liegen, dass der von beiden Vertragspartnern beauftragte Schiedsgutachter seine **Vergütung für das Schiedsgutachten** nicht nach den teilweise unauskömmlichen Stundensätzen des JVEG (50 € bis 85 € je nach Honorargruppe des Sachverständigen) berechnen muss, sondern sein **Honorar** frei vereinbaren kann, und Qualität durchaus auch vom Honorar abhängen kann.

13.4.2 Schiedsgutachtenvereinbarung

Die Einholung eines Schiedsgutachtens setzt eine **Vereinbarung** der beiden Vertragspartner voraus. Sie sollte zweckmäßigerweise bereits im Bauvertrag getroffen, kann aber auch noch bei späterem Auftreten der Meinungsverschiedenheiten oder Streitigkeiten nachgeholt werden. Die Vereinbarung im Vertrag kann in Anlehnung an die Regelung des § 18 Abs. 4 VOB/B erfolgen, indem sich die Vertragspartner über die Person des Schiedsgutachters und die von diesem zu treffenden Feststellungen (z. B. über Mängel, deren Ursachen, notwendigen Beseitigungsmaßnahmen und Kosten, ggf. auch über die Quotelung bei mehreren Verursachern) einigen und dies bereits im Vertrag fest schreiben. 3339

Wird die **Person des Schiedsgutachters** im Vertrag noch offen gelassen, sollte unbedingt eine Regelung für den Fall erfolgen, dass eine spätere Einigung dazu nicht gelingt. Üblicherweise wird dann vorgesehen, dass der Schiedsgutachter auf Antrag eines Vertragspartners durch eine bestimmte Institution (z. B. Industrie- und Handelskammer oder Architekten- bzw. Ingenieurkammer oder eine andere neutrale Stelle) benannt oder ernannt wird. Diese Möglichkeit der einseitigen Einleitung eines Schiedsgutachterverfahrens, wie dies § 18 Abs. 4 VOB/B für einen bestimmten Streitfall als Regel vorgibt, sollte in der vertraglichen Vereinbarung über die Einholung eines Schiedsgutachtens zu bestimmten Fragen ebenfalls so vorgesehen werden. Denn gerade bei Baustreitigkeiten ist immer wieder festzustellen, dass sich später die betroffene Vertragspartei aus nicht recht verständlichen Gründen (Blockadehaltung?) weigert, bei der Auswahl und Beauftragung des Schiedsgutachters mitzuwirken. Von Vorteil ist dies für die betroffene Partei nicht. Denn nach einhelliger Ansicht in Rechtsprechung und Schrifttum hat dies nur zur Folge, dass nunmehr der andere Vertragspartner berechtigt ist, den im Vertrag vorgesehenen Schiedsgutachter allein zu beauftragen bzw. die im Vertrag vorgesehene Stelle um die Benennung des Schiedsgutachters zu ersuchen (vgl. BGH, Urt. v. 18.06.1962 – VII ZR 237/60, VersR 1962, 803, 804 = BB 1962, 856 sowie Werner/Pastor, Rn. 541). 3340

Die Schiedsgutachtenvereinbarung selbst kann **formlos** geschlossen werden. Allerdings ist schon aus Gründen der Vermeidung weiterer Auseinandersetzungen dringend die Einhaltung der Schriftform anzuraten. Auch eine **Vereinbarung in AGB** ist möglich; allerdings unterliegt der Schiedsgutachtenvertrag in diesem Fall einer AGB-Inhaltskontrolle gemäß §§ 307 ff. BGB (BGH, Urt. v. 14.07.1987 – X ZR 38/86, BGHZ 101, 307, 317 ff. = NJW 1987, 2818, 2820). Mit dieser Maßgabe ist aber etwa eine **obligatorische Schiedsgutachtenklausel** in Fertighausverträgen **mit Verbrauchern** nicht mit § 307 BGB zu vereinbaren und daher unwirksam (BGH, Urt. v. 10.10.1991 – VII ZR 2/91, BGHZ 115, 329, 331 = BauR 1992, 223, 224 = NJW 1992, 433, 434). Anders verhält sich dies bei Schiedsgutachtenklauseln eines Bauträgers bei Geschäftshäusern, die ohne Weiteres in den AGB des Bauträgers wirksam aufgenommen werden können (BGH, Urt. v. 27.11.2003 – VII ZR 53/03, BGHZ 157, 102, 117 = BauR 2004, 488, 494 = NJW 2004, 502, 506 = NZBau 2004, 146, 149 f.). 3341

13.4.3 Schiedsgutachtenvereinbarung im Prozess

Soweit eine **wirksame Schiedsgutachtenvereinbarung** vorliegt, kann zu einer zunächst durch Schiedsgutachten zu klärenden Frage **kein Prozess** geführt werden (vgl. zu der parallelen Zulässigkeit eines selbstständigen Beweisverfahrens: Ingenstau/Korbion/Joussen, Anh. 3 Rn. 46). Denn die Parteien haben von dem einzuholenden Schiedsgutachten Entstehung und Umfang ihrer privatrechtlichen Rechte und Pflichten abhängig gemacht. Daher ist eine Schiedsgutachtenabrede für ein staatliches Gericht auch verbindlich. Das Fehlen eines vertraglich vereinbarten Schiedsgutachtens ist sodann allerdings nicht von Amts wegen, sondern nur auf **Einrede** zu beachten (BGH, Urt. 3342

v. 23.05.1960 – II ZR 75/58, NJW 1960, 1462, 1463; BGH, Urt. v. 08.06.1988 – VIII ZR 105/87, NJW-RR 1988, 1405). Eine gleichwohl erhobene Klage wäre **als zurzeit unbegründet** abzuweisen (vgl. nur OLG Zweibrücken, Teil-Urt. v. 31.07.1979 – 5 U 88/78, BauR 1980, 482; OLG Düsseldorf, Urt. v. 09.06.1986 – 5 U 203/85, NJW-RR 1986, 1061). Dabei sollte allerdings das Gericht, was heute der Regel entspricht, vor einer Abweisung eine Frist zur Beibringung des Schiedsgutachtens setzen (BGH, Urt. v. 08.06.1988 – VIII ZR 105/87, NJW-RR 1988, 1405). Verzögert eine Partei das Schiedsgutachtenverfahren, lehnt sie die Benennung eines Schiedsgutachters ab, obwohl die Voraussetzungen hierfür vorliegen, kann sie sich anschließend nicht mehr auf die Schiedsgutachtenklausel berufen. Der Gegner muss infolgedessen nicht auf Mitwirkung an dem Schiedsgutachtenverfahren klagen, sondern kann unmittelbar Klage auf Leistung erheben (BGH, Urt. v. 30.03.1979 – V ZR 150/77, BGHZ 74, 341, 343 = NJW 1979, 1543, 1544).

3343 Für das Schiedsgutachtenverfahren selbst, auf das die §§ 1025 ff. ZPO keine Anwendung finden, bestehen keine Besonderheiten. Dies gilt auch für die nur begrenzte Möglichkeit, ein Schiedsgutachten inhaltlich, z. B. wegen offenbarer Unrichtigkeit oder Unbilligkeit, anzugreifen. Insoweit kann auf die Ausführungen oben zu § 18 Abs. 4 VOB/B verwiesen werden, wo bereits in der VOB ein schiedsgutachterliches Verfahren geregelt ist (siehe dazu Rdn. 3327 ff.). Zusammengefasst kann aber immerhin festgehalten werden, dass gerade die Durchführung von Schiedsgutachtenverfahren mit ihrer hohen Verbindlichkeit im Ergebnis in der Praxis gleichzeitig einen z. T. sehr hilfreichen Zwang auf die Bauvertragsparteien ausübt, sich ggf. doch gütlich zu einigen.

13.5 Alternative Streitbeilegung durch Mediation, Schlichtungs- und Schiedsverfahren

3344 Können sich die Vertragspartner zu den vorgenannten Möglichkeiten der Streitschlichtung bei Vertragsabschluss nicht entschließen oder führen sie letztlich nicht zur Streitvermeidung oder zur Streitschlichtung, so bleibt bei auftretenden Auseinandersetzungen häufig nichts anderes übrig, als den **Prozessweg vor die staatlichen Gerichte** zu beschreiten. Auch dies sollte aber nur als letzter Ausweg schon bei Abschluss des jeweiligen Bau-, Architekten- oder Ingenieurvertrages sorgfältig bedacht werden; denn in der Zeit der Vertragsverhandlungen und des Vertragsabschlusses besteht vielfach noch eine gemeinsame Vertrauensbasis. Sie eröffnet zumeist die Möglichkeit, Vereinbarungen darüber zu treffen, auf welche Art und Weise evtl. später auftretende Streitigkeiten geschlichtet oder entschieden werden sollen. Neben den durch Vereinbarung der VOB/B geschaffenen Streitschlichtungsmöglichkeiten (s. dazu Rdn. 3301 ff.) ist hierbei die folgende grundsätzliche Weichenstellung zu beachten:

3345 • Zum einen können die Vertragspartner ihren Streit vor den **staatlichen Zivilgerichten** austragen. Dies sollte allerdings immer nur als letzter Ausweg angesehen werden. Gerade in Baustreitigkeiten ist die Streitentscheidung durch staatliche Gerichte, die zumindest in der ersten Instanz meist nicht auf Bausachen spezialisiert sind, häufig unbefriedigend. Dies gilt sowohl wegen einer zumeist **nicht absehbaren Verfahrensdauer** (Instanzenzug; Grundurteil und Höheverfahren, Aufhebung und Zurückverweisung), der **Kosten** (3 oder mehr Instanzen, ein oder mehrere Sachverständigengutachten) als auch wegen eines oft unkalkulierbaren **Ausgangs**. Daneben steht für die unterliegende Partei noch eine nicht zu vernachlässigende Belastung mindestens mit **Prozesszinsen** (5 bzw. 8 und in Kürze 9 % über dem Basiszinssatz) und der **Kostenlast** wegen der gegnerischen Kosten im Fall des Unterliegens mit einem Prozess.

3346 Der Weg vor die staatlichen Gerichte ist immer dann eröffnet, wenn die Vertragspartner im Vertrag keine besondere Regelung für den Fall einer streitigen Auseinandersetzung getroffen haben. Gerade in Bau- und Architekten- bzw. Ingenieurstreitigkeiten sollte dies aber möglichst aus den oben genannten Gründen vermieden und nur als letzter Ausweg bei Abschluss der Verträge in Erwägung gezogen werden.

3347 • Zum anderen können die Vertragspartner für den Fall auftretender Streitigkeiten aus einem Bau-, Architekten- oder Ingenieurvertrag schon bei Abschluss der Verträge eine sog. **Mediations-, Schlichtungs- und/oder Schiedsgerichtsvereinbarung** treffen. Gerade Letztere zielt darauf ab, dass Streitigkeiten unter Ausschluss der staatlichen Gerichte durch ein **Schiedsgericht** zu entscheiden sind. Diese Möglichkeit der Schiedsgerichtsvereinbarung ist ausdrücklich im Gesetz in den

§§ 1025 ff. ZPO vorgesehen. Sie wird in der Praxis in steigendem Maße vor allem bei Bauverträgen, aber teilweise auch bei Streitigkeiten aus Architekten- oder Ingenieurverträgen mehr und mehr genutzt. Die große praktische Bedeutung der Schiedsgerichtsbarkeit in Baustreitigkeiten zeigt sich schon darin, dass es neben allgemeinen Schiedsgerichtsordnungen (z. B. Schiedsgerichtsordnung der Deutschen Institution für Schiedsgerichtsbarkeit e. V. (DIS)) zwei spezielle **Schiedsordnungen für Baustreitigkeiten** gibt. Hierbei handelt es sich um die **Schlichtungs- und Schiedsordnung für Baustreitigkeiten, kurz SOBau**, herausgegeben von der ARGE Baurecht des Deutschen Anwaltverein (abrufbar im Internet unter www.arge-baurecht.de), zum anderen um **Streitlösungsordnung für das Bauwesen (SL Bau** – abrufbar im Internet unter www.dg-baurecht.de). Diese wird herausgegeben vom Deutschen Beton-Verein e. V. und der Deutschen Gesellschaft für Baurecht e. V. und ist die Nachfolgeregelung der lange Zeit in der Praxis sehr gebräuchlichen **Schlichtungs- und Schiedsordnung für das Bauwesen (SGO Bau)**. Beide Schiedsgerichtsordnungen bestehen aus mehreren Teilen, die sowohl einzeln als auch als Paket bei Vertragsabschluss vereinbart werden können und möglichst auch bereits in diesem Stadium der Zusammenarbeit vereinbart werden sollten. Denn eine solche Vereinbarung ist zu diesem Zeitpunkt noch ohne Weiteres möglich, während dies später bei Entstehen von Meinungsverschiedenheiten oder Konflikten vielfach als Option entfällt.

Schiedsgerichtsordnungen für das Bauwesen - Aufbau	
SOBau	SL Bau
① Schlichtungsverfahren	① Mediation
② Isoliertes Beweisverfahren	② Schlichtung
③ Schiedsrichterliches Verfahren	③ Adjudikation
	④ Schiedsgerichtsverfahren

13.5.1 Mediation

Als sog. Grundstufe aller einvernehmlichen Streitbeilegungsverfahren kommt eine Mediation in Betracht. Regelungen dazu finden sich etwa in § 11 ff. SL Bau. Eine Mediation bezweckt teilweise auch jenseits rechtlicher Erwägungen eine einvernehmliche, aber doch verbindliche Vereinbarung des gegenseitigen Umgangs miteinander. Sie findet meist zu einem sehr frühen Zeitpunkt einer drohenden Auseinandersetzung statt, um unnötige Weiterungen – vor allem unter vornehmlich rechtlichen Kategorien – zu vermeiden. Denn die Mediation ist vorrangig darauf ausgerichtet, dass die Parteien ihre Auseinandersetzung in erster Linie alleine ohne Hilfe von außen regeln. Dies gilt besonders für Probleme, die ihren Ursprung weniger in rechtlichen Anspruchspositionen haben als vielmehr im zwischenmenschlichen Bereich. 3348

Das Mediationsverfahren beginnt mit der **übereinstimmenden Mitteilung** beider Parteien an einen einvernehmlich bestimmten Mediator (s. zur Bestellung des Mediators etwa in § 11 SL Bau), dass ein Mediationsverfahren durchgeführt werden soll (§ 12 Abs. 1 SL Bau). Die SL Bau sieht für deren Einleitung etwa eine sog. **Antragsschrift** vor. Mit diesem oder einem vergleichbaren Schriftstück sollte der Gegenstand der streitigen Auseinandersetzung beschrieben werden – und zwar so, dass sich der Mediator ein ausreichendes Bild über die gegensätzlichen Standpunkte machen kann. Sinnvollerweise werden die Parteien dabei auch den aktuellen Verfahrensstand skizzieren. 3349

3350 Im Anschluss daran findet das Mediationsverfahren statt. Eine feste Verfahrensordnung gibt es dafür nicht, wobei sich die Parteien natürlich auf ein bestimmtes Verfahren verständigen können. Dabei wird ein Mediator sinnvollerweise alle Maßnahmen ergreifen, die er für eine Streitbeilegung als geboten erachtet. Bei Bedarf wird er auch Einzelgespräche mit den Parteien führen oder zur Findung sinnvoller Lösungen ggf. Dritte (insbesondere Sachverständige) hinzuziehen. Ziel einer Mediation ist eine tragfähige Einigung im Wege eines (Teil)vergleichs. Kommt dieser nicht zustande oder scheitert die Mediation, endet das Mediationsverfahren. Die SL Bau sieht dafür in § 13 eine schriftliche Erklärung vor entweder des Mediators oder der Partei, die das Verfahren nicht fortsetzen will. Das Mediationsverfahren gilt nach dieser Regelung auch als beendet, wenn es länger als sechs Monate nicht betrieben wird. Soweit die Parteien Ansprüche zum Gegenstand eines Mediationsverfahrens auf der Grundlage der SL Bau machen, gelten diese bis zur dokumentierten Verfahrensbeendigung als gehemmt (§ 14 SL Bau). Diese Regelung ist sinnvoll, weil §§ 203 f. BGB erstaunlicherweise eine Hemmung während der Durchführung eines Mediationsverfahrens nichtkennt. Allerdings wird man wohl davon auszugehen haben, dass die im Rahmen einer Mediation geführten Gespräche zugleich Verhandlungen im Sinne des § 203 S. 1 BGB darstellen, sodass schon deswegen ebenfalls von Gesetzes wegen einer Anspruchshemmungeintreten dürfte.

13.5.2 Schlichtungsverfahren

3351 Beide Schiedsgerichtsordnungen (SOBau und SL Bau) enthalten gesonderte Regelungen für Schlichtungsverfahren, die in der heutigen Baupraxis immer mehr an Bedeutung gewinnen (§§ 8 ff. SOBau, §§ 15 ff. SL Bau). Sie können von den Vertragspartnern bei Abschluss des Bau-, Architekten- und Ingenieurvertrages auch isoliert, also ohne die Schiedsgerichtsordnung vereinbart werden. Diese Möglichkeit besteht ebenso für die öffentlichen Auftraggeber, da die Schlichtungsvereinbarung zwar eine Streitbeilegung durch eine Schlichtung vorsieht, aber **keinerlei Zwang zur Einigung besteht**. Bei der SOBau besteht **nicht einmal ein Zwang zur Mitwirkung** daran. Eine Schlichtung beruht also auch im Fall der Vereinbarung im Bau-, Architekten- oder Ingenieurvertrag immer auf der **freiwilligen Beteiligung der Vertragspartner**. Sie kann ausufernde Streitigkeiten vermeiden und insbesondere den weiteren **störungsfreien Bauablauf** sicherstellen. Teilweise kann sie sogar einen **Baustillstand** verhindern, wenn sie schon **baubegleitend** durchgeführt wird und dann auch durchgeführt werden sollte; sie kann allerdings genauso zu einem späteren Zeitpunkt noch eingeleitet und erfolgreich betrieben werden.

3352 Zur Vereinbarung einer Schlichtung im Bau-, Architekten- und/oder Ingenieurvertrag kann ein eigener Schlichtungsvertrag geschlossen werden. Häufiger sind in der Praxis jedoch **Schlichtungsklauseln**, die unbedenklich in Allgemeinen Geschäftsbedingungen im Bauvertrag vorgesehen werden können.

> Schlichtungsklausel entsprechend dem Vorschlag der ARGE Baurecht (s. dazu auch weitere Formulare unter www.arge-baurecht.de bzw. www.dg-baurecht.de)
>
> »1. Bei Auseinandersetzungen der Vertragsparteien im Zusammenhang mit diesem Vertrag gelten die Bestimmungen der SOBau zur Schlichtung (mit/ohne Regelungen des isolierten Beweisverfahrens), soweit die Vertragsparteien nichts anderes vereinbaren.
> 2. Die Schlichtung gilt als gescheitert, wenn die zur Schlichtung aufgeforderte Partei die Schlichtung ablehnt, unentschuldigt nicht zur Schlichtungsverhandlung erscheint oder sich unentschuldigt vorzeitig hieraus entfernt. Der Schlichter erteilt in diesen Fällen eine Erfolglosigkeitsbescheinigung i. S. d. § 278 Abs. 2 S. 1 ZPO.
> 3. Als Schlichter wird bestellt _____.«

3353 Sinnvoll ist es sicherlich, bereits bei Abschluss des Vertrages einen **Schlichter zu benennen** bzw. sich auf einen Schlichter zu einigen. Dabei kann die von der ARGE Baurecht dazu herausgegebene Liste ›Schiedsleute und Schlichter‹ oder auch die von der Deutschen Gesellschaft für Baurecht herausgegebene Streitlöserliste als unverbindliche Auswahlhilfe Anregungen geben. Ist bereits eine Verständigung möglich, ist es weiter gehend zu empfehlen, den Schlichter nicht nur namentlich zu benennen, sondern mit ihm bereits den Schlichtervertrag zu schließen. Auch hierzu halten die ARGE Baurecht und die Deutsche Gesellschaft für Baurecht entsprechende Muster bereit.

Selbstverständlich kann ein Schlichter nicht einseitig durch den Verwender in Allgemeinen Geschäftsbedingungen bestimmt werden. Ist eine Benennung des Schlichters bei Vertragsabschluss nicht erfolgt, so müssen sich die Vertragspartner bei Einleitung des Schlichtungsverfahrens stattdessen auf einen Schlichter einigen. Gelingt eine solche Einigung nicht, so wird der Schlichter gemäß § 8 Abs. 1 S. 2 der SOBau auf Antrag einer Partei vom Präsidenten des DeutschenAnwaltVereins benannt. Dagegen sieht die SL Bau keine vergleichbare Regelung vor. Vielmehr dürfte hier gelten, dass das Schlichtungsverfahren dann als gescheitert gilt (vgl. auch § 6 Abs. 5 S. 2 SL Bau). 3354

Der **Schlichter** nach der SOBau soll über die **Befähigung zum Richteramt** verfügen (§ 8 Abs. 2 SOBau), sofern die Parteien nichts anderes vereinbart haben. Das ist zum Zwecke der Streiterledigung wohl auch sinnvoll. Abweichend davon sieht § 15 Abs. 2 der SL Bau vor, dass der Schlichter je nach Streitgegenstand über besondere Kenntnisse in bautechnischen, baubetriebswirtschaftlichen und/oder baurechtlichen Fragen verfügen soll. Die Parteien können aber auch mehrere Personen als Schlichter benennen, also z. B. neben einem Rechtsanwalt gleichzeitig einen Bau- oder einen Honorar-Sachverständigen, was je nach Streit durchaus geboten sein kann. 3355

Haben die Parteien eine Schlichtung vereinbart, muss sie zwar grundsätzlich durchgeführt werden. Selbst wenn sich also später eine Partei dieser nachhaltig verweigert und absolut vergleichsunwillig ist, kann sie nicht sofort klagen. Dies entspricht der herrschenden Auffassung zumindest dann (BGH, Urt. v. 29.10.2008 – XII ZR 165/06, NJW-RR 2009, 637, 638), wenn das Schlichtungsverfahren gewisse rechtsstaatliche Mindestanforderungen einhält. Eine gleichwohl erhobene Klage wäre nach einer darauf gerichteten Einrede der Gegenseite unzulässig (OLG Düsseldorf, Urt. v. 17.10.2000 – 21 U 30/00, IBR 2000, 141). Ergänzend dazu sieht sogar § 7 SL Bau vor, dass mit dem Abschluss der Vereinbarung zur Durchführung einer Schlichtung bis zur Beendigung dieses Verfahrens die Parteien auf die Anrufung der ordentlichen Gerichte verzichten. Diese Regelung orientiert sich somit in ihren Rechtsfolgen weitgehend an der vergleichbaren Regelung des § 1032 ZPO für das Schiedsgerichtsverfahren (s. u. Rdn. 3378). Allerdings sollten diese Vorgaben als nicht zu gravierend angesehen werden, wenn man später doch von einer Schlichtung absehen will. So sieht bereits die SOBau in § 10 Abs. 3 die Möglichkeit vor, die Schlichtung auch nach deren Einleitung sofort abzulehnen. Eine vergleichbare Möglichkeit findet sich in der SL Bau zwar nicht; doch auch hier ist keine Partei gezwungen, sich konstruktiv an der Schlichtung zu beteiligen, sodass auch in diesem Fall ein vernünftiger Schlichter ggf. zeitnah das Scheitern der Schlichtung feststellen wird. 3356

Die Modalitäten des Schlichtungsverfahrens sind ist in § 9 SOBau/§ 17 SL Bau geregelt. Dessen Durchführung setzt einen Antrag eines Vertragspartners **mit dem Ziel einer gütlichen Einigung** voraus. Dabei soll der Schlichter unverzüglich das Streitverhältnis mit den Parteien erörtern. Dies bedarf aber zunächst einer Darstellung der Streitpunkte und des zugrunde liegenden Sachverhalts sowie der Überreichung der dazu erforderlichen Unterlagen durch die Beteiligten. In geeigneten Fällen kann es sinnvoll sein, eine kurze für beide Seiten gleiche Frist zur Einreichung jeweils nur eines Schriftsatzes zu setzen oder gar die **Abfassung eines gemeinsam verfassten Sachverhalts** mit Unterschrift beider Vertragspartner zu verlangen oder anzuregen. Dies vermeidet das wechselseitige Aufbauen von Positionen der Vertragsparteien und eine Eskalation der Streitpunkte. Der Schlichter kann sodann zur Aufklärung des Sachverhalts alle Handlungen vornehmen, die dem Ziel einer zügigen Streitbeilegung dienen. Insbesondere kann er im Einvernehmen mit den Parteien diese einzeln und auch in Abwesenheit der anderen Partei befragen und er kann **sachkundige Personen oder Sachverständige** hinzuziehen. In geeigneten Fällen kann der Schlichter zur Förderung des Baufortschritts oder zur Vermeidung der Einstellung der Arbeiten durch den Bauunternehmer oder den Architekten oder Ingenieur unter freier Würdigung aller Umstände vorläufige Feststellungen zur **Vergütungsfähigkeit von Nachtragsforderungen dem Grunde nach** und ggf. zur Höhe treffen. Zugleich kann er Vorschläge zur Absicherung der streitigen Vergütungsansprüche oder der ggf. später notwendigen Rückzahlungsansprüche unterbreiten. Dabei kann es sinnvoll sein, mit den Parteien zu vereinbaren, dass diese vorläufigen Feststellungen endgültig werden, wenn keine der Parteien diese binnen 3357 drei oder sechs Monaten nach **Abnahme** oder Fertigstellung des Bauvorhabens oder nach Erteilung der **Schlussrechnung** angreift, um den Schwebezustand möglichst zu begrenzen. Zu überlegen ist auch eine Vereinbarung im Schlichtungsverfahren für den Fall des Scheiterns der Schlichtung zu einem sich anschließenden Schiedsgerichtsverfahren, evtl. sogar mit einer speziellen Kostenregelung, der sog. **Last-Offer-Abrede**. Diese ist darauf gerichtet, dass die Partei, die einen Einigungsvorschlag der anderen Partei oder einen Schlichtungsvorschlag des Schlichters ablehnt, die Kosten des anschließenden Verfahrens zu tragen hat, wenn dessen Ergebnis für diese Partei nicht mindestens z. B. 20 % günstiger ausfällt.

3358 Kommt es bei der Schlichtung zu keiner abschließenden oder zumindest teilweisen oder vorläufigen Einigung, so unterbreitet der Schlichter am Schluss der Schlichtungsverhandlung oder im Anschluss an die Schlichtungsverhandlung einen **Schlichtungsvorschlag/Schlichterspruch. Die Folgen** sind dann allerdings in der **SOBau und SL Bau unterschiedlich geregelt:**
- Nach § 10 Abs. 2 der SOBau können die Parteien den Schlichtungsvorschlag innerhalb einer vereinbarten Frist oder mangels einer solchen Fristsetzung binnen zwei Wochen nach Zustellung annehmen. Erfolgt keine (fristgerechte) Annahme, gilt er als abgelehnt.
- Anders ist das Verfahren nach der SL Bau: Hier wird der schriftlich abgefasste und begründete Schlichterspruch den Parteien zugestellt. Er wird dann verbindlich, wenn nicht eine Partei ihm schriftlich binnen zwei Wochen widerspricht (§ 18). Die Rechtsfolgen einer danach geschaffenen Verbindlichkeit sind allerdings ungeklärt. Vor allem ist offen, auf welcher Grundlage diese Verbindlichkeit beruhen soll. Diskutiert wird die Einordnung als aufschiebend bedingtes Schiedsgutachten, aber auch als Vergleich im Sinne § 779 BGB. Letzteres wird aber wohl nicht mit der SL Bau in Einklang zu bringen sein: Denn ein Vergleich ist in der SL Bau in § 19 als eigenständige Abschlussmöglichkeit für ein Schlichtungsverfahren gesondert erwähnt. Wie auch immer wird ein solches Verfahrensergebnis nicht nachvollziehbar sein, so dass auf dessen Grundlage im Streitfall doch noch ein eigenes Klageverfahren zu betreiben sein wird.

Ist das Verfahren nach Vorstehendem erfolglos beblieben, erteilt der Schlichter auf Antrag einer Partei eine **Bescheinigung über das Scheitern der Schlichtung** im Sinne des § 278 Abs. 2 ZPO (so ausdrücklich § 10 Abs. 3 SOBau).

3359 Gesondert regelt sodann – ähnlich der Mediation – die SL Bau in § 19 Einzelheiten zur Verfahrensbeendigung. Sie ist danach vorgesehen bei einem (Teil)vergleich, einem Schlichterspruch, einer schriftlichen Erklärung zum Scheitern sowie einem mehr als sechsmonatigen Nichtbetreiben. Ebenso findet sich in § 20 eine Regelung zur Verjährungshemmung für die Dauer des Verfahrens (s. dazu schon oben Rdn. 3350).

3360 Das **Honorar des Schlichters** bedarf der vorherigen Vereinbarung. Dabei kann sich dieses entweder an dem Rechtsanwaltsvergütungsgesetz (RVG) anlehnen, nach Zeitaufwand mit einem vereinbarten Stundensatz oder als Pauschalhonorar vereinbart werden (vgl. auch § 8 SL Bau, das hier vorrangig auf Stunden- oder Tagessätze verweist). Diese Kosten des Schlichters tragen die Parteien unabhängig vom Ausgang der Schlichtung je zur Hälfte; zugleich haften sie aber dem Schlichter gegenüber grundsätzlich als Gesamtschuldner.

13.5.3 Das Schiedsgerichtsverfahren

3361 Scheitern alle diese Möglichkeiten der Streitschlichtung, so bleibt häufig nichts anderes übrig, als den **Prozessweg vor die staatlichen Gerichte** zu beschreiten mit all den Problemen, die oben bereits angesprochen worden sind und die bei Werner/Pastor (Der Bauprozess, 13. Auflage) umfassend dargestellt werden. Der ›Bauprozess‹ im klassischen Sinne vor den staatlichen Gerichten sollte aber auch dann noch von den Vertragsschließenden nur als letzter Ausweg betrachtet werden. Zumindest sollten die Vertragsparteien im Hinblick auf die bekannten Nachteile eines staatlichen Gerichtsverfahrens schon bei Abschluss des Bau-, Architekten- und/oder Ingenieurvertrages sorgfältig bedenken, dass es selbst in diesem Stadium noch eine Alternative gibt. Sie besteht in der Anrufung eines

Schiedsgerichts mit nur einer Instanz und einer speziellen Verfahrensordnung für Baustreitigkeiten (SOBau oder SL Bau).

13.5.3.1 Bedeutung und Vorteile

Gerade Streitfälle auf den Gebieten des Bau- und Architekten- sowie Ingenieurrechts eignen sich in besonderem Maße für die Erledigung im Wege des schiedsrichterlichen Verfahrens. Dafür gibt es mehrere Gründe: 3362

- Im **Auslandsbau** ist eine Klage in vielen Staaten mit erheblichen Problemen behaftet. Daher ist der Ausschluss des ordentlichen Rechtsweges zu den staatlichen Gerichten und die stattdessen erfolgende Vereinbarung eines Schiedsgerichts zur Streitentscheidung neben den unterschiedlichen Schlichtungsmodellen nahezu zwingend und deshalb auch üblich, um überhaupt einen wirksamen Rechtsschutz sicher zu stellen. 3363

- Bauprozesse vor den staatlichen Gerichten in Deutschland dauern durchweg erheblich länger als andere Rechtsstreitigkeiten. Es fehlt noch immer an vielen Gerichten der ersten und zweiten Instanz an **Baukammern und Bausenaten**, sodass die Gerichte mit komplexen Großverfahren nicht selten überfordert sind. Weitere Ursache für die lange Dauer von größeren Bauprozessen ist der Instanzenzug der staatlichen Gerichte, der teilweise drei Rechtszüge (Landgericht, Oberlandesgericht und Bundesgerichtshof) und manchmal noch mehr umfasst. Hierzu kommt es vor allem, wenn Oberlandesgericht oder der BGH sich zu einer **Aufhebung und Zurückverweisung** an die Vorinstanz wegen Verfahrensfehlern oder durchgreifenden Revisionsangriffen entschließen. Dasselbe gilt, wenn Instanzgerichte zunächst einmal ein **Grundurteil** erlassen, das dann durch die Instanzen marschiert, bevor das anschließende **Höheverfahren** den gleichen Weg noch einmal durchläuft. Die Dauer eines solchen Rechtsstreits ist vor Prozessbeginn in keiner Weise vorhersehbar, worauf der Rechtsanwalt den Mandanten aufmerksam machen sollte. Demgegenüber ist die Dauer eines Schiedsgerichtsverfahrens wesentlich leichter und sicherer abzuschätzen. Denn hier gibt es nur eine Instanz; viele dieser Verfahren können in ein oder zwei Verhandlungsterminen abgeschlossen werden. 3364

- Die beim Schiedsgericht **fehlende Öffentlichkeit** und die damit einhergehende Geheimhaltungspflicht bezüglich des Streitstoffes, der Kalkulation der Baupreise und des Prozessverlaufs können für die Bauvertragspartner von Bedeutung sein. 3365

- Einen besonders hohen Stellenwert hat darüber hinaus die den Parteien beim Schiedsgerichtsverfahren eröffnete Möglichkeit der Auswahl bzw. Mitbestimmung bei der **Auswahl der Schiedsrichter** und der ggf. zu beauftragenden **Sachverständigen**, die über diesen konkreten Streitfall entscheiden oder die Mängel und Schäden feststellen und begutachten sollen. Gerade in Bauprozessen stellen sich neben den speziellen baurechtlichen Problemen häufig nämlich auch technische und baubetriebswirtschaftliche Fragen, die die technische Ausführung und die Kalkulation des Unternehmers betreffen. Bei den staatlichen Gerichten erfordert dies stets die Hinzuziehung eines oder mehrerer Sachverständiger, was wiederum langwierig und kostenintensiv ist. Dabei haben die Parteien und ihre Rechtsanwälte meist keinen oder allenfalls geringen Einfluss auf die Auswahl und Qualität dieser vom Gericht bzw. auf dessen Antrag durch die Industrie- und Handelskammern oder andere Bestellorgane auszuwählenden Sachverständigen. Dies gestaltet sich im Schiedsgerichtsverfahren besser, da die Parteien schon die Besetzung des Schiedsgerichts mit entsprechenden Fachleuten als beisitzende Schiedsrichter vorsehen und diese dann benennen können. Ebenso können sie auf die Auswahl eines vom Schiedsgericht zu beauftragenden Sachverständigen Einfluss nehmen, da sie insoweit ein echtes Mitspracherecht haben. Möglich ist es z. B. auch, dass die Parteien sich auf einen Einzel-Schiedsrichter einigen, ihn aber in der Schiedsgerichtsvereinbarung verpflichten, von Anfang an **bei Nachtragsstreitigkeiten** einen **Baubetriebler** oder **bei Mängelstreitigkeiten** einen **Bauschadens-Sachverständigen** als Berater hinzuzuziehen, ohne dass es dazu eines besonderen Beweisbeschlusses mit konkreten Fragen und den sich daraus häufig ergebenden Einschränkungen bedarf. Mit diesen Möglichkeiten kann erreicht werden, dass das Schiedsgericht mit wirklichen Fachleuten für die Entscheidung der konkreten Streitigkeit besetzt wird. 3366

3367 • Neben dieser besonderen Fachkunde der Schiedsrichter besteht ein weiterer Vorteil des Schiedsgerichts für die Parteien in den wesentlich **größeren Vergleichsmöglichkeiten** durch Einbeziehung von Gesichtspunkten außerhalb des eigentlichen Streites und der darin zugleich liegenden Beschleunigung mit einem angemessenen Interessenausgleich. Dies beruht einmal auf der Fachkunde der Schiedsrichter, zum Anderen aber auch darauf, dass jede Partei bei einem Dreier-Schiedsgericht durch einen von ihr **selbst gewählten Schiedsrichter** ihres Vertrauens vertreten ist. Sodann kann der Sach- und Streitstand ohne Zeitdruck und in aller Offenheit verhandelt werden, wobei das Schiedsgericht als erste und letzte Instanz entscheidet und sein Vergleichsvorschlag deshalb erheblich mehr Gewicht hat als der Vorschlag eines staatlichen Instanzgerichts. Hinzu kommen die vielfältigen Möglichkeiten, in einen solchen Vergleich auch solche Umstände einzubeziehen, die nicht zum eigentlichen Streitgegenstand des Verfahrens gehören. Aus diesen verschiedensten Gründen enden die weitaus meisten Schiedsgerichtsverfahren mit einem solchen Vergleich, der als **Schiedsspruch mit vereinbartem Wortlaut** bezeichnet wird und einem vollstreckbaren Titel eines staatlichen Gerichts gleichsteht.

3368 • Nicht unterschätzt werden sollte aber auch der bei Schiedsgerichtsverfahren gegenüber den staatlichen Gerichten sich häufig ergebende **Kostenvorteil**. Zwar erscheint auf den ersten Blick ein Schiedsgerichtsverfahren für die Parteien teuer, weil üblicherweise nach Einreichung der Schiedsklage die Vorschussanforderung durch den Obmann oder Vorsitzenden des Schiedsgerichts sämtliche zu erwartenden Kosten des Schiedsgerichts umfasst und beide Parteien in der Regel davon die Hälfte als **Vorschuss** zu zahlen haben. Demgegenüber erheben die staatlichen Gerichte zunächst nur die Gerichtsgebühren des ersten Rechtszuges, später dann die Kosten für Beweisaufnahmen und Sachverständige, dann die Kosten für die zweite Instanz usw. Die Gesamtkostenbilanz nach einem rechtskräftig entschiedenen Prozess sieht dann meist ernüchternd aus. Dabei sind zusätzlich vor allem auch die eigenen Kosten im Betrieb selbst zu beachten. Diese fallen gerade bei mehreren Instanzen immer wieder an, um die notwendigen Informationen für den Rechtsanwalt hausintern zu beschaffen, aufzuarbeiten und allzu häufig durch private Sachverständigengutachten zu untermauern. Denn erst hierdurch wird dem Rechtsanwalt vielfach die Möglichkeit verschafft, eine den strengen gerichtlichen Anforderungen gerecht werdende schlüssige Klage einreichen zu können und nicht durch spätere Aufbesserungen den in der Zivilprozessordnung enthaltenen Verspätungsvorschriften zum Opfer zu fallen, wie dies speziell in Baustreitigkeiten in der zweiten Instanz nicht selten vorkommt.

3369 • Besonders zu beachten ist bei den Kosten des Schiedsgerichtsverfahrens außerdem, dass nach der SOBau des DeutschenAnwaltVereins gemäß § 15 bei Streitigkeiten mit einem Streitwert bis zu 100 000 EUR das Schiedsgericht nur aus einem **Einzelschiedsrichter** und erst bei höheren Streitwerten aus drei Schiedsrichtern bestehen soll – wobei die Parteien aber natürlich auch etwas anderes vereinbaren können. Ähnliches sieht die SL Bau in § 30 vor. Diese Regelungen eröffnen also ebenso gute Möglichkeiten, die Kosten weiter zu reduzieren. Hinzu kommt, dass vor den Schiedsgerichten **kein Anwaltszwang** besteht, wenn auch die Hinzuziehung eines Anwalts im Allgemeinen zu empfehlen sein wird. Immerhin können aber Firmen durchaus mit ihrer Rechtsabteilung das Schiedsgerichtsverfahren selbst durchführen, um weitere Kosten einzusparen.

3370 • Ein im Zusammenhang mit vorstehenden Ausführungen stehender weiterer nicht zu unterschätzender Vorteil liegt schließlich in der weitgehend klaren **Überschaubarkeit der Kosten** eines Schiedsgerichtsverfahrens vor dessen Einleitung, was bei der Anrufung staatlicher Gerichte wegen des unvorhersehbaren Instanzenzuges und der nicht möglichen Abschätzung der Sachverständigenkosten nicht oder kaum möglich ist. Allein die ganz überwiegende Zahl der Urteile des Bausenates des BGH zeigt die Gefahr sehr deutlich: Denn diese entscheiden die Sache nicht abschließend, sondern heben ›nur‹ das Urteil der Vorinstanz auf und verweisen den Rechtsstreit zur weiteren Verhandlung und Entscheidung an die Vorinstanz zurück, bei der der Prozess dann weiter läuft, natürlich mit neuen Kosten.

3371 Auf der anderen Seite gibt es natürlich Streitigkeiten, die sich für ein Schiedsgerichtsverfahren nicht eignen, nämlich die reinen **Inkassofälle**, in denen also der zu verklagende Bauvertragspartner ohne jegliche Sachargumente nicht zahlungswillig und dann auch meist nicht zahlungsfähig ist. Dasselbe

13.5 Alternative Streitbeilegung durch Mediation, Schlichtungs- und Schiedsverfahren

gilt für **Musterprozesse**, durch die eine Streitfrage von grundlegender Bedeutung abschließend geklärt werden soll, Wechsel- und Scheckprozesse, einstweilige Verfügungen auf Eintragung einer Vormerkung zur Sicherung des Anspruchs auf Einräumung einer Bauhandwerkersicherungshypothek gemäß § 648 BGB und Fälle mit ganz **geringen Streitwerten**, wo immer man hier die Grenze ziehen will. Schließlich muss von einem Schiedsgerichtsverfahren abgeraten werden, wenn eine Partei zur Zahlung der damit insgesamt verbundenen Kosten der anwaltlichen Vertretung und des Schiedsgerichts nicht in der Lage und die andere Partei nicht bereit ist, die Kosten für die arme Partei als Vorschuss abzudecken (vgl. dazu: BGH, Urt. v. 12.11.1987 – III ZR 29/87, BGHZ 102, 199, 202 f. = NJW 1988, 1215). Denn die Möglichkeit der **Prozesskostenhilfe** gibt es im Schiedsgerichtsverfahren nicht, sodass in einem solchen Fall die arme Partei sogar die Schiedsgerichtsvereinbarung kündigen kann (BGH, Urteil vom 17.09.1986 – III ZR 218/86).

Probleme bereitet im Schiedsgerichtsverfahren schließlich die **Einbeziehung Dritter**. 3372

▸ **Beispiel**

Bei einem Mangelprozess behauptet der Auftragnehmer zur Begründung eines Mitverschuldens des Auftraggebers ein Planungsverschulden. Hier ist es sinnvoll und geboten, den Planer bereits an dem Mangelprozess des Auftraggebers gegen den Auftragnehmer zu beteiligen, damit der Auftraggeber dann ggf. bei dem Planer Rückgriff nehmen kann.

Diese Drittbeteiligung spielt in streitigen Bauprozessen eine überragende Rolle. Denn viele Bauvorhaben werden durch eine große Anzahl von Beteiligten hergestellt. Daher kann es bei Mängeln immer wieder zu denkbaren Rückgriffsansprüchen kommen, deren Haftungsgrundlage sinnvollerweise einheitlich zu klären ist. Dies gilt in einem ganz besonderen Maße bei der Geltendmachung von Ansprüchen unter Beteiligung von Subunternehmern. Eine solche Einbeziehung Dritter ist bei staatlichen Gerichtsverfahren durch das **Instrument der Streitverkündung** gemäß §§ 66 ff. ZPO unproblematisch, und zwar auch gegen den erklärten Willen des Dritten. Werden demzufolge in einem Ausgangsverfahren Sachverhalte festgestellt, die zugleich die Haftung des Dritten begründen könnten, gelten diese Feststellungen dann auch gegenüber diesem Dritten, wenn ihm zuvor der Streit verkündet wird.

Man wird zusammenfassend leider sagen können, dass gerade die im Schiedsverfahrensrecht nicht 3373 mögliche (zwingende) Beteiligung von Dritten gegen deren Willen dazu führt, dass eine große Anzahl von Bausachen sich letztlich doch nicht für ein Schiedsverfahren eignet. Allerdings: Die Bauvertragsparteien sind gleichwohl gut beraten, trotz dieser fehlenden Möglichkeit diesen Weg zu versuchen. Denn können Dritte ggf. auch nur freiwillig in eine Gesamtlösung eingebunden werden, erhöht sich dadurch für alle Baubeteiligten der Vorzug einer Streitentscheidung außerhalb staatlicher Gerichte um ein Vielfaches. Dies ist keineswegs aussichtslos: Denn auch zunächst an einem Streit nicht beteiligte Dritte werden zumindest dann, wenn sie gut beraten sind, schnell erkennen, dass ihre (ggf. freiwillige) Teilnahme an einem schiedsgerichtlichen Verfahren zu einem ohnehin auf sie zukommenden Konflikt genau mit denselben Vorteilen verbunden ist wie für die anderen Bauvertragsparteien.

Soweit eine solche Einsicht besteht, sehen sowohl die SOBau als auch die SL Bau dazu Regelungen 3374 vor. Beide Schiedsordnungen versuchen danach, das in der Zivilprozessordnung vorgesehene Instrument der Streitverkündung und des Verfahrensbeitritts im Schiedsverfahren für anwendbar zu erklären. Die Regelungen dazu finden sich in der SOBau in § 6, in der SL Bau in §§ 44–46.

»**SOBau: § 6 Einbeziehung Dritter**

Dritte können als Haupt- oder Nebenintervenienten oder als Streitverkündete mit Zustimmung aller Parteien dem Verfahren mit der Folge der Wirkungen der §§ 66 ff. ZPO beitreten, wenn sie sich der Schiedsvereinbarung unterworfen haben. Die Zustimmung kann auch in der Schiedsvereinbarung generell erteilt werden. Soweit die Zustimmung des Schiedsgerichts erforderlich ist, darf diese nur versagt werden, wenn die Einbeziehung des Dritten rechtsmissbräuchlich wäre.«

Letztlich gilt aber sowohl für die Regelungen in der SOBau als auch in der SL Bau: Eine Einbeziehung setzt **in jedem Fall die Zustimmung** oder eine darauf gerichtete Vereinbarung der betroffenen Parteien, d. h. auch der Dritten sowie nicht zuletzt der Schiedsrichter voraus. Diese Zustimmungserklärungen können allerdings schon vorab, d. h. bei Abschluss der Schiedsklauseln oder der Bestellung der Schiedsrichter getroffen werden. Dies sehen die diversen im Umlauf befindlichen Mustertexte der Schiedsgerichtsvereinbarungen auch so vor – wobei es doch immer fraglich ist, ob diese in der Praxis so durchgesetzt werden können (skeptisch insoweit auch Garbe-Emden, BauR 2012, 1035, 1037).

3375 Die aufgezeigten und deutlich überwiegenden **Vorteile des Schiedsgerichtsverfahrens** bei Baustreitigkeiten werden auch vom Gesetzgeber durch die Vorschriften der §§ 1025 ff. ZPO anerkannt. Möglichkeiten zur Vereinbarung von Schiedsgerichten eröffnet ebenfalls die VOB/A für die Ausschreibungsverfahren der **öffentlichen Auftraggeber** in § 8 Abs. 10 VOB/A, wo es heißt:

»Sollen Streitigkeiten aus dem Vertrag unter Ausschluss des ordentlichen Rechtsweges im schiedsrichterlichen Verfahren ausgetragen werden, so ist es in besonderer, nur das Schiedsverfahren betreffender Urkunde zu vereinbaren, soweit nicht § 1031 Abs. 2 der Zivilprozessordnung auch eine andere Form der Vereinbarung zulässt«.

Diese Möglichkeit wird von öffentlichen Auftraggebern in der letzten Zeit sogar wieder mehr genutzt, insbesondere bei extrem hohen Streitwerten. Sie korrespondiert mit der Vorgabe in § 18 Abs. 3 VOB/B, wonach gerade mit Signalwirkung an die öffentliche Hand darauf verwiesen wird, im Bauvertrag ggf. ein Verfahren zur außergerichtlichen Streitbeilegung vorzusehen.

13.5.3.2 Die Schiedsvereinbarung und ihre Folgen

3376 Soweit es um den Abschluss einer Schiedsvereinbarung als solche geht, muss diese – um in den Genuss der vorbeschriebenen Vorteile zu kommen – **wirksam** getroffen sein. Dies setzt vor allem voraus:
- Zunächst muss eine Schiedsvereinbarung in einer **Form geschlossen** sein, die den Nachweis mit einem schriftlichen Dokument erlaubt (vgl. § 1031 Abs. 1–4 ZPO).
- Ferner muss das **Rechtsverhältnis bestimmt** sein, das der schiedsrichterlichen Vereinbarung unterworfen wird (§ 1029 Abs. 1 ZPO).

3377 Bei der Einhaltung der Formvorgaben geht es in der Regel um eine **schriftliche Vereinbarung**; genügend ist aber auch eine Vereinbarung auf der Grundlage gewechselter Schreiben oder durch Bezugnahme auf weitere Schriftstücke. Auch eine entsprechende E-Mail-Korrespondenz dürfte genügen. Sind an der Schiedsgerichtsvereinbarung dagegen **Verbraucher beteiligt**, ist § 1031 Abs. 5 ZPO zu beachten: Danach muss die Schiedsvereinbarung eine **eigenständige Urkunde** bilden. Sonstige Vereinbarungen, die nichts mit dem schiedsrichterlichen Verfahren zu tun haben, dürfen in dieser nicht enthalten sein (§ 1031 Abs. 5 ZPO), wobei Letzteres nicht bei notariell beurkundeten Verträgen gilt. Insoweit darf jedoch durchaus etwa auch auf eine eigenständige Schiedsgerichtsordnung verwiesen werden. Ist danach eine Schiedsvereinbarung unwirksam, verbleibt es bei der allgemeinen Zuständigkeit der staatlichen Gerichte. Dies gilt selbst dann, wenn sich der Verbraucher selbst auf die vom Unternehmer vorformulierte Schiedsklausel beruft (BGH, Urt. v. 19.05.2011 – III ZR 16/11, NJW 2011, 2976).

3378 Im Fall einer wirksamen Schiedsgerichtsvereinbarung gelten für das Verfahren die §§ 1025 ff. ZPO. Hier ist auf die einschlägige Kommentierung zu verweisen. Wird **trotz Schiedsgerichtsvereinbarung eine Klage vor einem staatlichen Gericht eingereicht**, steht dem Beklagten nach § 1032 Abs. 1 ZPO eine **Prozess hindernde Einrede** zu. Allerdings muss eine hierauf gerichtete **Rüge rechtzeitig** erhoben werden, d. h. gemäß § 1032 Abs. 1 ZPO bis zum Beginn der mündlichen Verhandlung (BGH, Urt. v. 10.05.2001 – III ZR 262/00, BGHZ 147, 394, 395 ff. = BauR 2002, 142 = NJW 2001, 2176 f.); ansonsten ist sie als verspätet zurückzuweisen mit der Folge, dass trotz Schiedsgerichtsvereinbarung die Klage zulässig bleibt (OLG München, Urt. v. 07.10.1994 – 23 U 2130/94, NJW-RR 1995, 127).

Wurde die Einrede rechtzeitig erhoben, ist die diesbezügliche Klage gemäß § 1032 Abs. 1 ZPO als **unzulässig abzuweisen.** Etwas anderes gilt gemäß § 1032 Abs. 1 ZPO nur dann, wenn das Gericht feststellt, dass die Schiedsvereinbarung nichtig, unwirksam oder undurchführbar ist. Letzteres ist z. B. der Fall, wenn der Kläger mittellos ist, sodass er nicht einmal die Kosten für das Schiedsverfahren aufbringen kann (BGH, Urt. v. 14.09.2000 – III ZR 33/00, BGHZ 145, 116, 119 = BauR 2001, 849 = NJW 2000, 3720, 3721). 3379

Soweit sich die Bauvertragspartner auf ein Schiedsgerichtsverfahren verständigen, sollten sie – wie schon erläutert – zu dessen näherer Verfahrensausgestaltung eine **Schiedsgerichtsordnung** vereinbaren. Dies ist in jedem Fall sinnvoll, soweit die Schiedsgerichtsordnung auf die Besonderheiten des Bauverfahrens zugeschnitten ist. Dies gilt maßgeblich für die **Streitlösungsordnung für das Bauwesen (SL Bau)** und die **Schlichtungs- und Schiedsordnung für Baustreitigkeiten (SOBau)** der ARGE-Baurecht im Deutschen Anwaltverein. Beide Schiedsordnungen können jeweils im Internet abgerufen werden (www.arge-baurecht.com/rechtsuchende/sobau bzw. www.dg-baurecht.de). Auf den jeweiligen Internetseiten finden sich außerdem Querverweise zu möglichen Schiedsrichtern und Sachverständigen. 3380

Eine Einzelkommentierung dieser z. T. sehr ausführlichen Schiedsordnungen kann hier nicht erfolgen. Insoweit ist auf die jeweils einschlägigen Fachartikel und Erläuterungen zu verweisen. Der folgende Überblick soll hier genügen: 3381
- Der Vorzug der **Schlichtungs- und Schiedsordnung für Baustreitigkeiten (SOBau)** besteht vor allem darin, dass diese mit ihrem dreigestuften Verfahren dem heutigen Baugeschehen besonders gut gerecht wird (vgl. hierzu ausführlich Zerhusen, BauR 1998, 849; ders. BauR 2004, 216). So steht im Vordergrund ein auf Streitschlichtung ausgerichtetes Schlichtungsverfahren (§§ 8 ff. SOBau), worauf vorstehend schon eingegangen wurde (s. o. Rdn. 3351 ff.). Ein Schlichter soll hier versuchen, nach Klärung des Sachverhalts den Weg für eine einvernehmliche Einigung zu ebnen. Dabei kann er bereits in diesem frühen Stadium einen Sachverständigen beteiligen. Scheitert die Schlichtung oder ist dies bereits während der Schlichtung sachdienlich, kann auf Antrag einer Partei in einer zweiten Stufe das sog. isolierte Beweisverfahren durchgeführt werden (§§ 11 ff. SOBau). Dieses lehnt sich eng an das in der ZPO geregelte selbstständige Beweisverfahren an. Mit ihm sollen kurzfristig Tatsachen festgestellt werden, vor allem wenn Störungen im Bauablauf drohen oder schon eingetreten sind. In der dritten Stufe finden sich schließlich die Regelungen zum eigentlichen schiedsrichterlichen Verfahren (§§ 14 ff. SOBau), wobei das Schiedsgericht bis zu Streitwerten von 100 000 € aus einem Schiedsrichter, bei höheren Streitwerten aus drei Schiedsrichtern besteht (§ 15 Abs. 1 SOBau). Bei einem Einzelschiedsrichter muss es sich um einen Volljuristen handeln; Entsprechendes gilt für den Vorsitzenden eines Dreierschiedsgerichts. 3382
- Die **SL Bau** ist in ihrer heutigen Struktur völlig neu, blickt aber letztlich mit ihrer Vorgängerfassung, der **Schiedsgerichtsordnung für das Bauwesen (SGO Bau)** auf eine lange Tradition zurück (siehe dazu den Kommentar zur SL Bau von Franke/Englert/Halstenberg/Kuffer/Meyer-Postelt/Miernik). Wie der Begriff schon sagt, vereint sie die verschiedenen heute bekannten Streitlösungsverfahren unter einem Dach. Nach einem allgemeinen Teil vor allem zu Verfahrensfragen enthält sie Regelungen zur Mediation, Schlichtung, Adjukation und sodann dem schiedsgerichtlichen Verfahren. Diese sind deutlich detaillierter gefasst als in der SOBau. Wesentlicher Bestandteil dafür ist wie gesagt zunächst der allgemeine Teil im Abschnitt I u. a. mit Vorgaben zur Einleitung des Verfahrens und Einzelregelungen zum Schriftverkehr und der Vertretung der Parteien. Im Abschnitt V finden sich sodann die eigentlichen Vorschriften zum Schiedsgerichtsverfahren: 3383
  – Einzelregelungen zum Schiedsrichtervertrag (§ 30)
  – Einleitung des Schiedsverfahrens (§ 31) mit Vorschriften zur Ernennung des Dreier- Schiedsgerichts bzw. Einzelschiedsrichters (§§ 32 ff.) – wobei für Gegenstandswerte bis 100.000 € die Empfehlung für einen Einzelschiedsrichter abgegeben wird.
  – Vorschriften zum Verfahrensverlauf einschließlich Klageweiterung, -änderung und -rücknahme sowie Widerklage und Aufrechnung (§§ 35–39)
  – Regelungen zum Schiedsspruch (§ 40)

- Vorschriften zum Beitritt Dritter und Streitverkündung (§§ 44–46)
- Kosten und Streitwert (§§ 47 f.).

13.6 Zusammenfassung in Leitsätzen

3384

1. Oberstes Ziel schon beim Abschluss des Bauvertrages sollte die Streitvermeidung sein. Sie wird u. a. erreicht durch kurze, klare und faire Verträge mit eindeutiger und vollständiger Festlegung des geschuldeten Leistungsumfangs des Auftragnehmers und der Rechte und Pflichten der beiden Vertragspartner auf der Grundlage der VOB/B.
2. Treten trotzdem Meinungsverschiedenheiten der Vertragspartner auf, so ist den Parteien die Ausschöpfung aller Möglichkeiten der Streitschlichtung zu empfehlen (Anrufung der Nachprüfungsstellen gem. § 21 VOB/A, Anhörungsverfahren nach § 18 Abs. 2 VOB/B, Einholung eines Schiedsgutachtens nach § 18 Abs. 4 VOB/B oder gem. §§ 315 ff BGB, Einleitung eines selbstständigen Beweisverfahrens gem. §§ 485 ff ZPO). Für diesen Fall sollte im Bauvertrag bereits entsprechende Vorsorge getroffen werden.
3. Soweit es um Meinungsverschiedenheiten mit Behörden geht, ist sinnvollerweise auf das gesondert in § 18 Abs. 2 VOB/B vorgesehene Verfahren zur Streitschlichtung zurückzugreifen. Dieses ist auf eine Abhilfeentscheidung der dem Auftraggeber vorgesetzten Stelle gerichtet. Erlässt diese eine Entscheidung und ist sie form- und fristgerecht ergangen, gilt sie in der Sache als anerkannt, soweit ihr nicht fristgerecht widersprochen wird.
4. Daneben steht das schiedsgutachterliche Verfahren des § 18 Abs. 4 VOB/B. Dieses gilt für alle Bauvertragsparteien, und zwar auch, wenn die öffentliche Hand daran nicht beteiligt ist. Sie können bei Meinungsverschiedenheiten über die Eigenschaften von Stoffen und Bauteilen, für die allgemeingültige Prüfungsverfahren bestehen, und über die Zulässigkeit oder die Zuverlässigkeit der bei der Prüfung verwendeten Maschinen oder angewendeten Prüfungsverfahren nach vorheriger Benachrichtigung der anderen Vertragspartei die materialtechnische Untersuchung durch eine staatliche oder staatlich anerkannte Materialprüfungsstelle vornehmen lassen; deren Feststellungen sind verbindlich. Dabei ist darauf zu achten, dass trotz der als »Kann-Bestimmung« vorgesehenen Klausel die Nichteinholung eines solchen Gutachtens die Führung eines darauf gerichteten Prozesses ausschließt, wenn sich die Vertragsgegenseite darauf beruft.
5. Das schiedsgutachterliche Verfahren nach § 18 Abs. 4 VOB/B ist auf die vorgenannten Streitigkeiten beschränkt. In der Praxis kann es aber ratsam sein, diesen Anwendungsbereich auszudehnen auf sonstige Sachverhalte, die bei der Abwicklung eines Bauvertrages streitig werden können. Liegt danach ein Schiedsgutachten vor, ist dieses für beide Parteien verbindlich. Faktisch kann es nur angegriffen werden, wenn es offenbar unrichtig oder unbillig ist.
6. Führen sämtliche vorgenannten Verfahren zu keiner gütlichen Einigung, so sollte – jedenfalls bei hohen Streitwerten – vorrangig eine isolierte Schlichtung nach der Schlichtungs- und Schiedsordnung für Baustreitigkeiten (SOBau) oder der Streitlösungsordnung für das Bauwesen (SL Bau) geprüft werden. Gerade die Schlichtung nach der SOBau ist zunächst unverbindlich, bringt aber selbst in diesem Verfahrensstadium noch die Chance auf eine gütliche Einigung mit sich.
7. Ist diese erfolglos, bleibt nur das streitige Verfahren. Selbst dann aber sollte weiter ernsthaft in Erwägung gezogen werden, statt eines Prozesses vor den staatlichen Gerichten ein Schiedsgericht mit diesem Streit zu befassen. Auch wenn eine Beteiligung Dritter daran wegen der fehlenden Möglichkeit einer Streitverkündung zumeist ausscheidet, gibt es doch zahlreiche Vorteile, die einer Entscheidung von Baurechtsstreitigkeiten dienlich sind. Sinnvollerweise werden dazu bereits im Bauvertrag entsprechende Vereinbarungen getroffen. Dabei sollte gleichzeitig eine für das Bauverfahren im Umlauf befindliche Schiedsordnung als Grundlage vereinbart werden, und zwar entweder die schon erwähnte Schlichtungs- und Schiedsordnung für Baurechtsstreitigkeiten (SOBau) oder die Streitlösungsordnung für das Bauwesen (SL Bau).

Stichwortverzeichnis

Fett gedruckte Ziffern beziehen sich auf das jeweilige Kapitel, die mageren auf die jeweilige Randnummer.

A
Abbrucharbeiten
– Bauleistungen **5** 866
Ablehnung der Vertragsleistung
– Kündigung durch AG **11** 2896
Ablehnungsandrohung 7 1335
Abnahme 6 1086
– Abnahme auf Verlangen **6** 1123
– Abnahmefiktion (§ 640 Abs. 1 S. 3 BGB) **6** 1169
– Abnahmemängel **6** 1204
– Abnahmeprotokoll **6** 1113
– Abnahmeverweigerung **6** 1160
– Abnahmeverweigerung (Erklärung) **6** 1165
– Abnahmeverweigerung (Folgen) **6** 1167
– Abnahmezeitpunkt (stillschweigende Abnahme) **6** 1128
– Abwicklungsverhältnis **6** 1175
– AGB-Inhaltskontrolle **4** 611, 726, 772
– Allgemeine Geschäftsbedingungen (AG) **4** 726
– Allgemeine Geschäftsbedingungen (AN) **4** 772
– Anfechtung **6** 1095
– Annahmeverzug des AN **6** 1168
– Anspruchsverlust **6** 1206
– Architekt **6** 1114
– Arten **6** 1099
– Aufgedrängte Abnahme **6** 1166
– ausdrücklich erklärte Abnahme **6** 1123
– Bauhandwerkersicherheitsleistung **12** 3217
– Begriff **6** 1089
– Beweislast **6** 1203
– Billigung der Werkleistung **6** 1090
– Duldungsvollmacht (Architekt) **6** 1115
– Durchgriffsfälligkeit **10** 2575
– Endgültig verweigerte Abnahme **6** 1175
– EU-Zahlungsverzugsrichtlinie **4** 726
– Fälligkeit des Vergütungsanspruchs **6** 1217
– Fertigstellung der Leistung **6** 1092
– fiktive Abnahme **6** 1131
– förmliche Abnahme **6** 1105
– freie Kündigung des AG **11** 2854
– funktionelle Fertigstellung **6** 1092
– Gefahrübergang **6** 1200
– gekündigter Vertrag **6** 1178
– Gewährleistung **7** 1282
– Gewährleistung statt Erfüllung **6** 1194
– Gewährleistungsfrist **6** 1224
– Klage auf Abnahme **6** 1173
– konkludente Abnahme **6** 1125
– Kündigung durch AG **11** 2908
– Kündigung durch AN **11** 2776
– Mangel **7** 1282
– öffentliche Bauabnahme **6** 1089
– Protokoll **6** 1113

– Rechtsfolgen **6** 1193
– Sachverständiger **6** 1111
– Schlusszahlung (BGB) **10** 2577
– Schlusszahlung (VOB) **10** 2532
– schriftliche Abnahme **6** 1106
– Schuldnerverzug **6** 1168
– stillschweigende Abnahme **6** 1125
– Subunternehmerleistung **1** 56; **6** 1096
– technische Abnahme **6** 1156
– Teilabnahme **6** 1149
– Übergabe der Bauleistung **6** 1092
– unechte Teilabnahme **6** 1156
– Verjährung des Vergütungsanspruchs **6** 1221
– Vertragsstrafe **6** 1206
– Verzicht **6** 1103
– Vorbehalt **6** 1206
– Vorbehalt von Vertragsstrafe **8** 1709
– Vorbehaltene Mängel **6** 1204
– Werklieferungsvertrag **3** 402
– Wesentlicher Mangel **6** 1161
– Wirkung **6** 1193
– Zinsen **6** 1226
Abnahme auf Verlangen 6 1123
Abnahmefiktion (§ 640 Abs. 1 S. 3 BGB) 6 1169
Abnahmesurrogat 6 1220
Abnahmeverweigerung 6 1160
– berechtigte Abnahmeverweigerung **6** 1161
– Erklärung **6** 1165
– unberechtigte Abnahmeverweigerung **6** 1167
Abrechnung
– AGB-Inhaltskontrolle **4** 735, 777
– Allgemeine Geschäftsbedingungen (AG) **4** 735
– Allgemeine Geschäftsbedingungen (AN) **4** 777
Abrechnungsgrundsätze 10 2475
Abruf der Bauleistung 8 1719
Abrufpflicht 8 1719
Abschlagszahlung
– Abbedingung **10** 2571
– AGB-Inhaltskontrolle **4** 738, 779
– AGB-Kontrolle **10** 2571
– Allgemeine Geschäftsbedingungen (AG) **4** 738
– Allgemeine Geschäftsbedingungen (AN) **4** 779
– Anerkenntnis **10** 2513
– Aufmaß (VOB) **10** 2508
– Ausschluss **10** 2517
– Ausschluss bei wesentlichen Mängeln **10** 2558
– Bauforderungssicherungsgesetz **12** 3251
– Bauträger **10** 2565
– Behinderungsschaden **8** 2075
– BGB-Vertrag **10** 2556
– BGB-Werkvertrag **4** 517
– Bürgschaft **10** 2569
– Einbehalte **10** 2514

Stichwortverzeichnis

- Einbehalte (BGB-Vertrag) 10 2560
- Einbehalte (VOB) 10 2506
- Fälligkeit (VOB) 10 2512
- Höhe (BGB-Vertrag) 10 2560
- Mängel (BGB-Vertrag) 10 2558
- Mängel (VOB) 10 2506
- Mängelsicherheit 10 2568
- Nachvollziehbare Aufstellung 10 2563
- Nachweis (VOB) 10 2508
- Prüfbare Aufstellung 10 2563
- prüfbare Aufstellung (VOB) 10 2508
- Rückforderung 10 2519
- Schadensersatz (Behinderung) 8 2075
- Schlussrechnungsreife 10 2517
- Sicherheitseinbehalt 10 2515
- Sicherheitsleistung 10 2566
- Subunternehmer 4 519
- Überzahlung 10 2519, 2649
- Unterschiede VOB/BGB 4 517
- Unwesentliche Mängel 10 2558
- Verbraucher (BGB-Vertrag) 10 2566
- Vereinbarung 10 2571
- Verjährung 10 2683
- Vertragserfüllungssicherheit 10 2566
- Vertragsgemäßheit der Leistung (BGB-Vertrag) 10 2558
- Vertragsgemäßheit der Leistung (VOB) 10 2505
- VOB-Vertrag 4 517; 10 2503
- Voraussetzungen (BGB) 10 2557
- Voraussetzungen (VOB) 10 2504
- Vorgefertigte Bauteile (BGB-Vertrag) 10 2560
- vorgefertigte Bauteile (VOB) 10 2511
- Wertzuwachs 10 2560

Abschlagszahlungen
- Sicherheitsleistung des AN 12 3118

Abstecken der Hauptachse
- Kündigung durch AN 11 2737

Abstecken der Hauptsache 5 1051
Abtretungsklauseln 7 1495
Abwehrklauseln
- AGB-Inhaltskontrolle 4 662

Adjukation 13 3287
AGB-Gesetz 1 11
AGB-Inhaltskontrolle 4 649, s. auch Allgemeine Geschäftsbedingungen (AG), s. auch Allgemeine Geschäftsbedingungen (AN)
- Abnahme 4 726, 772
- Abnahmeregelungen 4 611
- Abrechnung 4 735, 777
- Abschlagszahlung 4 738, 779; 10 2571
- Abwehrklausel 4 658
- AGB-Kontrolle 4 776
- Allgemeine Geschäftsbedingungen (AG) 4 664
- Allgemeine Geschäftsbedingungen (AN) 4 756
- Änderungsanordnung des AG 5 928
- Anordnung des AG 4 670
- Anzeigepflicht bei nicht beauftragten Zusatzleistungen 9 2383
- Aufrechnung 4 780
- Aufrechterhaltung des Vertrages 4 646
- Ausführungsfristen 4 765
- Ausschreibung 4 649
- Austausch der Sicherheit 12 3094
- Bagatellklausel 4 680
- Bauausführung 4 697
- Bauhandwerkersicherheitsleistung 4 753, 783; 12 3228
- Bauhandwerkersicherungshypothek 4 753, 783; 12 3160
- Bauleistungsversicherung 4 677
- Baureinigung 4 676
- Bauträgervertrag 1 104; 3 460
- Bauumlagen 4 594
- Bedenkenmitteilung 4 700
- Behinderung 4 710
- besondere Vertragsbedingungen 4 567
- Bestätigungsklausel 4 656
- Bindefrist 4 653
- Bürgschaft auf erstes Anfordern 12 3039
- Direktzahlung an Subunternehmer 10 2662
- Eigenübernahme von Leistungen 4 602
- Fälligkeit bei Schlusszahlung (VOB) 10 2547
- Fälligkeit Schlussrechnung (VOB) 10 2547
- freie Kündigung des AG 11 2824
- Gerichtsstandsvereinbarung 4 749, 782
- Gewährleistung 4 731, 774
- Höhe der Sicherheitsleistung des AN 12 3011
- Komplettheitsklausel 4 666, 694
- Kündigung durch AG 4 713, 767
- Kündigung durch AN 4 711, 717, 770
- Leistungsänderungsrecht 4 670
- Leistungsgegenstand 4 665, 758
- Lohngleitklausel 4 764
- Mängelansprüche 4 731, 774
- Mängelansprüche vor der Abnahme 4 702
- Mehrvergütungsanspruch (§ 2 Abs. 5 VOB/B) 9 2281
- Meinungsverschiedenheiten mit Behörden 13 3315
- Mengenänderungen 4 681
- Mengengarantie 4 679
- Nebenkosten 4 677
- Nebenleistungen 4 676, 760
- Nichtigkeit 4 646
- Pauschalierung entgangener Gewinn 11 2848
- Pay-when-paid-Klausel 4 738
- Planunterlagen 4 695
- Preisanpassung 4 678, 762
- Preisanpassung bei Vertragsänderungen 4 687
- Preisanpassung Pauschalverträge 4 691
- Preisgarantie 4 678, 762
- Preisgleitklauseln 4 591
- Privilegierung der VOB/B 3 481
- Prüfungs- und Hinweispflicht 4 700
- Rangfolgeklausel 4 668
- Rechtsfolgen 4 646

Stichwortverzeichnis

- Salvatorische Klauseln 4 647
- Schadensersatz (Behinderung) 4 710
- Schiedsgutachtenklausel 4 782
- Schiedsgutachtenvereinbarung 4 749; 13 3341
- Schlussrechnungsfrist 10 2547
- Schlusszahlungseinrede 10 2645
- Schriftformklauseln 4 687
- Schuttklausel 4 676
- Selbstbeteiligungsklausel 4 680
- Selbstübernahme von Leistungen 4 685
- Sicherheitseinbehalt 4 745
- Sicherheitsleistung 4 744
- Sicherheitsleistung des AN 4 744; 12 3116
- Sicherheitsleistung des AN (Höhe) 12 3011
- Skonto 4 738
- Stundenlohnarbeiten 4 737
- Subsidiaritätsklausel 4 776; 7 1495
- Subunternehmereinsatz 4 705
- Teilnichtigkeit 4 646
- Übergabe der VOB/B 4 658
- Vergabe von Bauleistungen 4 649
- Vergütung 4 674
- Vergütungspauschale 4 768
- Vergütungssicherung 4 753, 783
- Verhandlungsklausel 4 656
- Vertragsabschlussklauseln 4 649
- Vertragsart 4 651
- Vertragsfristen 4 707
- Vertragsstrafe 4 574, 719; 8 1698
- Verzug des AG 4 738
- Verzug des AN 4 707
- Verzugsregelung (VOB-Vertrag) 10 2628
- Verzugsregelung Vergütung (VOB) 10 2547
- Zahlung der Vergütung 4 738, 779
- Zurückbehaltungsrecht 4 780
- zusätzliche Vertragsbedingungen 4 567
- Zuschlagsfrist 4 653

AGB-Kontrolle
- VOB 3 462
- VOB-Einzelregelungen 3 494

Aliud-Lieferung 7 1274
Alleinunternehmer 1 29
Allgemeine Geschäftsbedingungen, *s. auch Allgemeine Geschäftsbedingungen (AG), s. auch Allgemeine Geschäftsbedingungen (AN)*
- AGB-Inhaltskontrolle 3 481
- Allgemeine Technische Vertragsbedingungen 3 465
- Äußerer Anschein 4 635
- Aushandeln 4 638
- Ausschreibung 4 635
- Bauhandwerkersicherheitsleistung 4 753
- Bauhandwerkersicherungshypothek 4 753
- Bauvertrag 4 632
- Bauvertragsklauseln 4 641
- Begriff 3 463
- Beidseitiges Stellen 4 637
- besondere Vertragsbedingungen 4 567

- Darlegungs- und Beweislast 4 639
- Einbeziehung der VOB/B 3 475
- Geltungserhaltende Reduktion 4 647
- Handschriftliche Vereinbarung 4 633
- Kein Schutz des Verwenders 4 644
- Leistungsbeschreibung 4 645, 851
- Lückentexte 4 638
- Preisvereinbarung 4 645
- Privilegierung der VOB/B 3 481
- Prüfungsmaßstab 4 643
- Skonto 10 2610
- Stellen der AGB 4 636
- Stellen der VOB 3 468
- überraschende Klausel 4 642
- Unternehmer 4 640
- Verbraucher 4 639
- Vergütungssicherung 4 753
- Vertragsabschlussklauseln 4 649
- Vertragsstrafe 4 574
- Verwendereigenschaft 3 468
- Vielzahl von Verträgen 4 635
- VOB als Ganzes 3 481
- VOB-Einzelregelungen 4 649
- VOB/A 3 467
- VOB/B 3 464
- VOB/C 3 465
- Voraussetzungen 4 633
- Vorformulierte Vertragsbedingungen 4 639
- zusätzliche Vertragsbedingungen 4 567

Allgemeine Geschäftsbedingungen (AG)
- Abnahme 4 726
- Abrechnung 4 735
- Abschlagszahlung 4 738
- Abwehrklauseln 4 662
- AGB-Inhaltskontrolle 4 664
- Anordnung des AG 4 670
- Bagatellklausel 4 680
- Bauausführung 4 697
- Bauleistungsversicherung 4 677
- Baureinigung 4 676
- Bedenkenmitteilung 4 700
- Behinderung 4 710
- Bestätigungsklausel 4 656
- Bindefrist 4 653
- Gerichtsstandsvereinbarung 4 749
- Gewährleistung 4 731
- Irrtum 4 674
- Kalkulationsirrtum 4 674
- Komplettheitsklausel 4 666, 694
- Kündigung durch AG 4 713
- Kündigung durch AN 4 711, 717
- Leistungsänderungsrecht 4 670
- Leistungsgegenstand 4 665
- Mängelansprüche 4 731
- Mängelansprüche vor Abnahme 4 702
- Mengenänderungen 4 681
- Mengengarantie 4 679
- Nebenkosten 4 677

Stichwortverzeichnis

- Nebenleistungen 4 676
- Pay-when-paid-Klausel 4 738
- Planunterlagen 4 695
- Preisanpassung 4 678
- Preisanpassung bei Vertragsänderungen 4 687
- Preisanpassung Pauschalverträge 4 691
- Preisgarantie 4 678
- Prüfungs- und Hinweispflicht 4 700
- Rangfolgeklauseln 4 668
- Schadensersatz (Behinderung) 4 710
- Schiedsgutachtenvereinbarung 4 749
- Schriftformklausel 4 687
- Schuttklausel 4 676
- Selbstbeteiligungsklausel 4 680
- Selbstübernahme von Leistungen 4 685
- Sicherheitseinbehalt 4 745
- Sicherheitsleistung 4 744
- Sicherheitsleistung des AN 4 744
- Skonto 4 738
- Stundenlohnarbeiten 4 737
- Subunternehmereinsatz 4 705
- Übergabe VOB/B 4 658
- Vergütung 4 674
- Verhandlungsklausel 4 656
- Vertragsart 4 651
- Vertragsfristen 4 707
- Vertragsstrafe 4 719
- Verzug des AG 4 738
- Verzug des AN 4 707
- Zahlung der Vergütung 4 738
- Zuschlagsfrist 4 653

Allgemeine Geschäftsbedingungen (AN)
- Abnahme 4 772
- Abrechnung 4 777
- Abschlagszahlung 4 779
- Abwehrklauseln 4 662
- AGB-Inhaltskontrolle 4 756
- Aufrechnung 4 780
- Ausführungsfristen 4 765
- Bauhandwerkersicherheitsleistung 4 783
- Bauhandwerkersicherungshypothek 4 783
- Bestätigungsklausel 4 656
- Gerichtsstandsvereinbarung 4 782
- Gewährleistung 4 774
- Kündigung durch AG 4 767
- Kündigung durch AN 4 770
- Leistungsgegenstand 4 758
- Lohngleitklausel 4 764
- Nebenleistungen 4 760
- Preisanpassung 4 762
- Preisgarantie 4 762
- Schiedsgutachtenvereinbarung 4 782
- Vergütungspauschale 4 768
- Vergütungssicherung 4 783
- Verhandlungsklausel 4 656
- Zahlung der Vergütung 4 779
- Zurückbehaltungsrecht 4 780

Allgemeine Geschäftskosten
- Behinderungsschaden 8 2054
- Nachtrag 9 2427

Allgemeine Technische Vertragsbedingungen, s. auch VOB/C
- Allgemeine Geschäftsbedingungen 3 465
- Begriff 3 432
- BGB-Werkvertrag 5 892
- Leistungssoll 5 891

Alternative Streitbeilegung
- Begriff 13 3344

Alternativposition 2 288
- Änderungsanordnung des AG 5 922
- Leistungsbeschreibung 4 845
- Mehrvergütungsanspruch (Leistungsänderung) 9 2248

Andere Anordnung (§ 2 Abs. 5 VOB/B) 9 2252

Änderungsanordnung des AG 5 919
- AGB-Inhaltskontrolle 5 928
- Alternativposition 5 922
- Anordnungen Dritter 5 934
- Baugrund 8 1933
- Bauzeit 5 923
- stillschweigende Anordnung 5 936
- Vertragserfüllungsbürgschaft 5 925
- Vertragsstrafe 5 925

Änderungsvorschläge
- Nebenangebote 5 887

Anerkannte Regel der Technik
- Eurocodes 7 1251

Anerkannte Regeln der Technik
- Abbedingung 7 1259
- Änderung während Bauausführung 7 1284
- Bauausführung 5 951
- Begriff 5 897
- BGB-Werkvertrag 7 1250
- Definition 7 1251
- DIN 5 898; 7 1251
- DIN – Vorrang 5 906
- Fehlen 7 1263
- Fehlen von anerkannten Regeln der Technik 5 906
- Gewährleistung 7 1247
- Leistungssoll 5 897
- Mangel 7 1247
- Verstoß 7 1257
- VOB-Vertrag 7 1250

Anerkenntnis
- nicht beauftragte Leistungen 9 2377

Anfechtung
- Abnahme 6 1095
- Pauschalpreis 9 2325
- Schmiergeldzahlung 2 135

Angebot 2 162
- Angebotserstellungskosten 2 180
- Angebotsfrist 2 263
- Bindung 2 163
- Form 2 370

Stichwortverzeichnis

- Frist 2 374
- Frist zur Annahme 2 168
- Internet 2 167
- Projektierungskosten 2 176
- Rücknahme 2 270
- Spekulationsangebot 2 302
- Vergabeverfahren 2 260
- verspätete Annahme 2 168
- Wertung 2 296

Angebotsendpreis 4 791

Angebotseröffnung
- Wertung 2 276

Angebotserstellungskosten 2 180, 338

Angebotsfrist
- Vergabeverfahren 2 263

Angebotsprüfung 2 280

Angebotsschreiben
- Leistungssoll 5 915

Angehängte Stundenlohnarbeiten 4 576, 820
- Nachweis 10 2487

Ankündigung des Vergütungsanspruchs
- Leistungsänderung 9 2261
- Zusatzleistung 9 2300

Anlagenvertrag 1 62; 3 412
- VOB/B 3 457

Annahmeverzug
- Bauhandwerkersicherheitsleistung 12 3203

Annahmeverzug des AG 8 2088
- Abnahme 6 1168
- Entschädigungsanspruch 8 2088
- Ereignisfrist 8 2092
- Kalenderfrist 8 2092
- Kündigung durch AN 11 2721
- Mitwirkungshandlung des AG 5 1073
- Mitwirkungspflichten des AG 5 1069
- Unmöglichkeit 8 2107; 11 2730
- Vergütungseinbehalt 7 1305
- Verschulden 8 2093

Anordnung des AG
- AGB-Inhaltskontrolle 4 670
- Allgemeine Geschäftsbedingungen (AG) 4 670
- Änderung des Bauvertrages 5 919
- Anschlussaufträge 5 931
- Baugrund 8 1933
- Mehrvergütungsanspruch (Behinderung) 8 1907
- Mehrvergütungsanspruch (Leistungsänderung) 9 2225
- stillschweigende Anordnung 8 1914
- Zusatzleistungen 5 929

Anordnung zur Bauzeit
- Vergütungsanspruch 8 1949

Anordnung zur vertragsgemäßen Ausführung 5 949

Anordnungen des AG
- stillschweigende Anordnung 5 936

Anordnungen Dritter
- konkludente Anordnung des AG 8 1956
- Mehrvergütungsanspruch 8 1954

- Mehrvergütungsanspruch (Leistungsänderung) 9 2227
- Vergütungsanspruch 8 1954

Anpassung des Bauablaufs 8 1812

Anscheinsvollmacht 2 200

Anschlussauftrag
- Pauschalvertrag 9 2344
- Vergütungsanspruch 9 2292

Anschlussaufträge
- Begriff 5 931

Anspruch des Bestellers
- Verzug des AN (BGB-Vertrag) 8 1815
- Verzug des AN (VOB-Vertrag) 8 1829

Ansprüche des AG
- Verzug des AN (BGB-Vertrag) 8 1814
- Verzug des AN (VOB-Vertrag) 8 1829

Äquivalenzkostenverfahren 8 2037

Arbeitseinstellung 13 3297

Arbeitsgemeinschaft
- Begriff 1 32
- BGB-Gesellschaft 1 33
- Dach-ARGE 1 35
- Dauer-ARGE 1 33
- Einzel-ARGE 1 33
- Haftung 1 37
- horizontale ARGE 1 35
- Offene Handelsgesellschaft 1 33
- Rechtsform 1 33
- Teilrechtsfähigkeit 1 36
- vertikale ARGE 1 35

Architekt 1 16
- Abnahme 6 1114
- Mitverschulden des AG 7 1535
- Prüfung der Schlussrechnung 10 2544
- Sachwalter 2 159
- Stundenlohnzettel 10 2498

Architektenleistungen
- Bauleistung 5 868

Architektenvertrag
- VOB/B 3 450
- Werkvertrag 1 17

Architektenvollmacht 2 203

ARGE
- Bauhandwerkersicherheitsleistung 12 3169

Arglistiges Verschweigen eines Mangels 7 1575

Aufgedrängte Abnahme 6 1166

Aufhebung der Ausschreibung 2 313
- Kein geeignetes Angebot 2 317
- Kontrahierungszwang 2 314
- Nachträgliche Änderung der Verdingungsunterlagen 2 319
- Schadensersatz 2 314, 335
- Schwerwiegende Gründe 2 321
- Voraussetzungen 2 315

Aufklärungsgespräche 2 289

Aufklärungspflicht
- Baugenehmigung 11 2755
- Gewährleistung 7 1277

1207

Stichwortverzeichnis

- Mangel 7 1277
- Schadensersatz (Gewährleistung) 7 1431
- Verletzung 7 1277

Aufklärungspflichtverletzung vor Vertragsschluss
- Gewährleistung 7 1294

Aufmaß 10 2454
- Abschlagszahlung (VOB) 10 2508
- Anfechtung 10 2469
- Art der Feststellung 10 2462
- BGB-Vertrag 10 2460
- Bindungswirkung 10 2470
- Detailpauschalvertrag 10 2459
- DIN 10 2463
- Einheitspreisvertrag 10 2456
- freie Kündigung des AG 11 2830
- Gemeinsames Aufmaß 10 2464
- Kündigung 10 2459
- Kündigung durch AG 11 2903
- Kündigung durch AN 11 2776
- Mangel der Bauleistung 10 2462
- Obliegenheit 10 2464
- Pauschalvertrag 10 2456
- Rechtsfolgen 10 2467
- Schuldanerkenntnis 10 2467
- Vertragspflicht 10 2464
- Verweigerung 10 2464
- Zeitpunkt 10 2466

Aufrechnung
- AGB-Inhaltskontrolle 4 780
- Allgemeine Geschäftsbedingungen (AN) 4 780
- Bauhandwerkersicherheitsleistung 12 3183
- Insolvenz des AN 11 2875
- Kostenerstattungsanspruch 7 1375
- Kündigung durch AG 11 2933
- Mehrkostenanspruch (Kündigung) 11 2933

Aufrechterhaltung der Ordnung 5 1055

Auftraggeber 1 14
- Anordnung zur vertragsgemäßen Ausführung 5 949
- Kündigung wegen Mangels 5 999
- Mängel vor Abnahme 5 968
- Mitwirkungshandlung 5 1043
- Mitwirkungspflichten 5 1043
- Öffentlicher Auftraggeber 2 213
- Sektorenauftraggeber 2 220

Auftragnehmer
- Bedenkenmitteilung 5 956
- Begriff 1 25
- eigenverantwortliche Ausführung 5 945
- Herausgabe von Planunterlagen 5 965
- Mangelbeseitigung vor Abnahme 5 978
- Neuherstellung 5 980
- Pflichten 5 940
- Pflichten vor Baubeginn 5 941
- Pflichten während Bauausführung 5 944
- Planunterlagen 5 965
- Prüfungs- und Hinweispflicht 5 956
- Schadensersatzanspruch vor Abnahme 5 988
- Schutzpflichten 5 953

Auftragsbestätigung 2 187

Aufwandsvertrag 4 787

Aufwendungsersatzanspruch
- Gewährleistung 7 1448
- nicht beauftragte Leistungen 9 2391

Aurnhammersches Zielbaumverfahren 7 1409

Ausbesserungsarbeiten
- Bauleistung 5 861

Ausdrücklich erklärte Abnahme 6 1123

Außerbetriebliche Bauablaufstörung 8 1889

Außerordentlich Kündigung durch AG
- Verzug des AN 8 1858

Außerordentliche Kündigung
- Auftragnehmer 11 2808
- Kündigung durch AN 11 2768
- Schmiergeldzahlung 2 137
- Subunternehmereinsatz 1 71

Außerordentliche Kündigung durch AG 11 2879
- Ablehnung der Vertragsleistung 11 2896
- Abnahme 11 2908
- Abrechnung des AN 11 2902
- Aufmaß 11 2903
- Aufrechnung 11 2933
- Bauinfrastruktur 11 2928
- Begründung 11 2963
- BGB-Vertrag 11 2966, 2980
- Darlegungs- und Beweislast 11 2965
- endgültige Leistungsverweigerung 11 2894
- Entbehrlichkeit Fristsetzung 8 1868
- Ersatzunternehmer 11 2919
- Fertigstellung der Bauleistung 11 2916
- Folgen 11 2894
- Fristsetzung 11 2891
- Fristsetzung (Verzug des AN) 8 1862
- gemeinsames Aufmaß 11 2903
- großer Schadensersatz 11 2897
- Insolvenz des AN 11 2861
- Interessenwegfall 11 2897
- Kündigungserklärung 8 1871
- Mängel 11 2880, 2930
- Mangelbeseitigung 11 2930
- Mehrkostenerstattungsanspruch 11 2922
- Nacherfüllungspflicht 11 2930
- Nachschieben von Kündigungsgründen 11 2963
- positive Vertragsverletzung (VOB-Vertrag) 11 2940
- Preisabsprachen 11 2876
- prüfbare Abrechnung 11 2910
- Rechtsfolgen (Verzug des AN) 8 1878
- Schadensersatz 11 2931
- Schadensersatz wegen Nichterfüllung 11 2896
- Scheinfrist 11 2891
- Schlussrechnung 11 2910
- Schriftform 8 1872
- Sowieso-Kosten 11 2925
- Subunternehmereinsatz 11 2885
- Teilkündigung 11 2892

Stichwortverzeichnis

- Vergütung des AN 11 2902
- Vermögensverfall des AN 11 2861
- Vertragsstrafe 8 1879; 11 2937
- Vertrauensverlust (VOB-Vertrag) 11 2940
- Verzug des AN 11 2889
- VOB-Vertrag 11 2940
- Voraussetzungen (Verzug des AN) 8 1859
- Vorschuss 11 2933
- Zahlungseinstellung des AN 11 2866

Außerordentliches Kündigungsrecht
- Treu und Glauben 11 2809

Ausführungsbeginn 8 1677, 1715
- Auskunft des AG 8 1718
- Verschiebung 8 1727
- Verzögerungen 8 1726
- Verzug 8 1715
- Zuschlagsfrist 8 1681

Ausführungsfrist 8 1651, 1664
- Berechnung 8 1690
- Schadensersatzanspruch 8 1647
- Verlängerung 8 1747
- Verzug 8 1689

Ausführungsfristen
- AGB-Inhaltskontrolle 4 765
- Allgemeine Geschäftsbedingungen (AN) 4 765

Ausführungsunterlagen 5 1047

Auslegung des Bauvertrages
- Besondere Vertragsbedingungen 4 566
- Beurkundung 2 145
- Einheitspreisvertrag als Regel 4 809
- Fehlerhaftes Verständnis des AN 5 884
- Leistungsänderungen vor Vertragsschluss 8 1959
- Rangfolgeregelung 4 566
- Zusätzliche Vertragsbedingungen 4 566

Auslegung des Bauvertrags 5 874
- Abrechnungsvorschriften/DIN 5 893
- Änderungsvorschläge 5 887
- Anerkannte Regeln der Technik 5 876, 890
- Angebot 5 912
- Ausdrückliche Risikoübernahme 5 885
- Ausschreibung nach VOB/A 5 912
- Baugrundgutachten 8 1938
- Baugrundrisiko 8 1937
- Besondere Leistung 5 893
- DIN 5 876, 890
- Funktionsgerechte Herstellung 5 879
- Ganzheitliche Vertragsauslegung 5 875
- Komplettheitsklausel 5 885
- Nebenangebote 5 887
- Nebenleistung 5 893
- Normvariante 5 891
- Objektive Empfängersicht 5 877, 912
- Öffentliche Ausschreibung (Baugrundrisiko) 8 1941
- Rangfolgeregelung 5 888
- Stillschweigende Risikoübernahme durch AN 5 883
- Umfang der Risikoübernahme 5 881
- Unklare Leistungsbeschreibung 8 1918
- Unklare Leistungsbeschreibung (Baugrund) 8 1940, 1943
- VOB/C 5 890
- Vorrang 5 874
- Vorrang (Baugrundrisiko) 8 1943
- Wegfall der Geschäftsgrundlage (Baugrund) 8 1946
- Wortlaut des Bauvertrags 5 877

Ausschachtungsarbeiten
- Bauleistung 5 864

Ausschluss von Angeboten
- EU-Vergabe 2 364

Ausschluss von Bietern 2 297
- Spekulationsangebot 2 302

Aussperrung
- Behinderung 8 1752

B

Bagatellklausel 4 591; 9 2149
- AGB-Inhaltskontrolle 4 680
- Allgemeine Geschäftsbedingungen (AG) 4 680

Balkenplan 8 1620

Bauablaufbezogene Darstellung
- Behinderung 8 1985

Bauablaufstörung, s. auch Mehrkostenanspruch des AN
- außerbetrieblich 8 1889
- innerbetrieblich 8 1888
- Mehrkostenanspruch des AN 8 1885
- Mehrvergütungsanspruch 8 1901
- Schadensersatz des AN 8 1975

Bauablaufstörungen 8 1609

Bauabzugssteuer 10 2588
- Rückgabe der Sicherheitsleistung des AN 12 3110
- Sicherheitseinbehalt 12 3079

Baubeginn 8 1666, 1715
- Abruf der Bauleistung 8 1719
- Auskunft des AG 8 1718
- Auskunftsanspruch 8 1668
- Baustelleneinrichtung 8 1727
- Bauvorbereitungszeit 8 1727
- Begriff 8 1727
- Mehrvergütungsanspruch bei Verschiebung 8 1951
- Verschiebung 8 1726
- Verzögerungen 8 1729
- Verzug 8 1715
- VOB-Vertrag 8 1668
- Zuschlagsfrist 8 1681

Baubegleitende Rechtsberatung 13 3291

Baubeschreibung 4 833

Baubesprechungsprotokoll
- Kaufmännisches Bestätigungsschreiben 2 184

Baubetreuer 1 78
- Aufklärungspflicht 1 91
- Auskunft 1 92

1209

Stichwortverzeichnis

- Bauforderungssicherungsgesetz 12 3254
- Bauleistung 5 868
- Begriff 1 79
- Beratungspflicht 1 91
- Dienstvertrag 1 85
- Haftung 1 89
- Rechnungslegung 1 92
- Teilbetreuung 1 83
- Vollmacht 1 87
- Werkvertrag 1 84

Baubetreuung
- Vollbetreuung 1 82

Baubetriebliche Bedeutung der Bauzeit 8 1614
Baubuch 12 3278
Bauentwurf
- Änderungsanordnung des AG 5 920

Bauforderungssicherungsgesetz 1 11; 12 3232
- Abnahme 12 3276
- Abschlagszahlungen 12 3251
- Baubetreuer 12 3254
- Baubuch 12 3278
- Baugeld 12 3235
- Baugeldempfänger 12 3253
- Baugeldgläubiger 12 3259
- Bauherr 12 3254
- Bauträger 12 3254
- Bauwerksleistung 12 3259
- Darlegungs- und Beweislast 12 3278
- Darlehnsgeber 12 3256
- Darlehnskündigung 12 3242
- Eigenleistung 12 3272
- Eigenmittel 12 3238
- Fälligkeit der Vergütung 12 3271
- Fördermittel 12 3238
- Gehilfe 12 3265
- Generalübernehmer 12 3254
- Generalunternehmer 12 3246, 3254
- Geschäftsführer 12 3264
- Grundpfandrechtlich gesicherte Fremdmittel 12 3236
- Herstellung eines Baues 12 3250
- Ingenieurbau 12 3250
- Insolvenz des Baugeldempfängers 12 3273
- Kontokorrent 12 3237
- Kreditmittel 12 3237
- Mängel 12 3275
- modifizierte Baugelddarlehen 12 3239
- Öffentlich-rechtliche Gebühren 12 3268
- Prokurist 12 3264
- Rangfolge 12 3269
- Schaden 12 3274
- Schadensersatz 12 3258
- Schadensersatzbegründende Handlung 12 3266
- Schuldner 12 3263
- Schutzgesetz 12 3258
- Sicherheitseinbehalt 12 3276
- Subunternehmer 12 3261
- Subunternehmerkette 12 3249
- Teilbauleistung 12 3261
- Treuhandkonto 12 3270
- Verjährung 12 3281
- Verschulden des AG 12 3277
- Verwaltung von Baugeld 12 3270
- Verzögerte Eigentumsübertragung 12 3245
- Vorsatz 12 3277
- Werterhöhung 12 3261
- Zweckänderung des Darlehens 12 3241
- zweckwidrige Verwendung 12 3266
- Zwischenunternehmer 12 3246

Baugeld 12 3235
Baugeldempfänger 12 3253
Baugenehmigung 1 7, 16
- Aufklärungspflicht 11 2750
- Befolgungspflicht 5 951
- Behinderung 8 1766, 2115
- Kündigung durch AN 8 2121; 11 2752
- Leistungsverweigerungsrecht des AN 11 2750
- Mitwirkungshandlung des AG 8 2115
- Schadensersatzanspruch bei Versagung 11 2750
- Versagung 8 2121

Baugeräteliste 8 2068
- Schadensschätzung 8 2071

Baugrundgutachten
- Baugrundrisiko 8 1938

Baugrundrisiko 8 1929
- Änderung des LV 8 1933
- Anordnung des AG 8 1932
- Auslegung des Vertrags 8 1937
- Bauzeitverlängerung 8 1774
- Behinderung 8 1774
- Ergebniskorrektur 8 1946
- Mehrvergütungsanspruch (Behinderung) 8 1923
- Mehrvergütungsanspruch (Leistungsänderung) 9 2240
- Mengenverschiebungen 8 1931
- Nicht beauftragte Leistung 8 1936
- Schadensersatz 8 1947
- Wegfall der Geschäftsgrundlage 8 1946

Baugrundstück
- Kündigung durch AN 11 2740
- Unmöglichkeit der Übergabe 11 2744

Bauhandwerkersicherheitsleistung 12 3162
- Abdingbarkeit 12 3227
- Abnahme 12 3217
- AGB-Inhaltskontrolle 4 753, 783
- AGB-Kontrolle 12 3228
- Allgemeine Geschäftsbedingungen (AG) 4 753
- Allgemeine Geschäftsbedingungen (AN) 4 783
- Annahmeverzug 12 3203
- Anpassung der Höhe 12 3182
- Anspruch 12 3197
- Anspruch statt Vergütung 12 3180
- Anspruchsgegner 12 3169
- Architekt 12 3167
- ARGE 12 3169

Stichwortverzeichnis

- Art der Sicherheitsleistung 12 3188
- Aufforderung 12 3170
- Aufrechnung 12 3183
- Ausnahmen 12 3214
- Austausch der Sicherheit 12 3190
- Bauhandwerkersicherungshypothek 12 3193
- Baustofflieferant 12 3168
- Bauumlagen 12 3174
- Bauverzögerung 12 3201
- Befristung 12 3189
- Behinderung 12 3201
- Bürgschaft 12 3191
- Darlegung (Höhe) 12 3175
- Druckzuschlag 12 3184, 3218
- Eigensicherheit 12 3188
- Entschädigungsanspruch 12 3179
- Fälligkeit 12 3171
- Folgen der Nichtleistung 12 3196
- Fristsetzung 12 3200
- Garantie 12 3191
- Gefahrübergang 12 3204
- Gegenansprüche 12 3183
- Gerüstbauer 12 3167
- Haftungserleichterung 12 3206
- Höchstbetragsbürgschaft 12 3191
- Höhe 12 3172
- Klage 12 3197
- Kosten 12 3192
- Kündigung durch AN 11 2768; 12 3207
- Kündigung nach Abnahme 12 3220
- Kündigungsfolgen 12 3211
- Kürzung 12 3181
- Leistungsverweigerungsrecht 12 3199
- Mangel 12 3183
- Minderung 12 3183
- Nachträge 12 3176, 3223
- Nebenforderungen 12 3186
- öffentliche Hand 12 3215
- privater Bauherr 12 3216
- Schadensersatz 12 3212
- Schadensersatz des AN 12 3212
- Schadensersatzanspruch 12 3179
- Schätzung des Vergütungsanspruchs 12 3174
- Schuldnerverzug 12 3203
- Sicherheitseinbehalt 12 3182
- Skonto 12 3174
- Streitige Gegenansprüche 12 3183
- Subunternehmer 12 3166
- Teilkündigung 12 3210
- überhöhte Anforderung 12 3170
- Unternehmer 12 3164
- Unternehmer einer Außenanlage 12 3165
- Vergütung nach Kündigung 12 3178
- Vergütungsgefahr 12 3205
- Verjährung 12 3225
- Verlangen 12 3170
- Verwertung 12 3223
- Verzugszinsen 12 3186
- Voraussetzungen 12 3163
- Vorleistungsrisiko 12 3173
- Vorzeitige Vertragsbeendigung 12 3222
- Werklieferungsvertrag 3 401; 12 3168
- Werterhöhung 12 3167
- Zusatzleistungen 12 3176

Bauhandwerkersicherungshypothek 12 3120
- Abbrucharbeiten 12 3125
- AGB-Inhaltskontrolle 4 753, 783; 12 3160
- Allgemeine Geschäftsbedingungen (AG) 4 753
- Allgemeine Geschäftsbedingungen (AN) 4 783
- Altbau 12 3123
- Architekt 12 3126
- Bauhandwerkersicherheitsleistung 12 3130
- Bauwerksleistung 12 3122
- Darlegungs- und Beweislast 12 3145
- Druckzuschlag 12 3143
- Durchgriffshaftung 12 3127
- Ehegatte 12 3129
- Einigung und Eintragung 12 3153
- Einrede 12 3152
- einstweilige Verfügung 12 3155
- Entschädigungsanspruch 12 3138
- Fertighauslieferant 12 3125
- Forderung des AN 12 3131
- Freie Kündigung 12 3133
- Gerüstarbeiten 12 3125
- Glaubhaftmachung 12 3145
- Grundstücke des AG 12 3127
- Hauptsacheklage 12 3156
- Kürzung 12 3141
- Mängel 12 3141
- Schadensersatzansprüche 12 3135
- Schiedsgerichtsverfahren 13 3371
- sicherungsfähige Forderung 12 3131
- Sicherungsobjekt 12 3127
- Unternehmer 12 3126
- Vergütung 12 3131
- Verjährung der Vergütungsforderung 10 2685
- vertraglicher Ausschluss 12 3157
- Verzicht 12 3158
- Voraussetzungen 12 3121
- Vormerkung 12 3155
- Werterhöhung 12 3126

Bauherr 1 14
Bauinfrastruktur
- Kündigung durch AG 11 2928
- Mitwirkungspflichten des AG 5 1064

Baukonzession 2 349
Baukoordinierungsrichtlinie 2 214
Bauleistung
- Abbrucharbeiten 5 866
- Abrufpflicht 8 1719
- Baubetreuer 5 868
- Bausatzvertrag 5 868
- Bauträger 5 868
- Bauvorbereitungsarbeiten 5 864
- Begriff 5 857

1211

Stichwortverzeichnis

- Fertighausvertrag 5 863
- Fertigstellung 8 1734
- Gerüstarbeiten 5 867
- Grundstücksarbeiten 5 866
- Instandsetzungsarbeiten 5 861
- Renovierungsarbeiten 5 868
- Scheinbestandteil 5 862
- Vergabeverfahren (oberhalb der Schwellenwerte) 2 349
- Werklieferungsunternehmer 5 868

Bauleistungen
- Architektenleistung 5 868
- Ausbesserungsarbeiten 5 861
- Bauwerksleistungen 5 859
- Materiallieferanten 5 868
- Reparaturarbeiten 5 861
- Umbauarbeiten 5 861
- Unfallverhütungsvorschrift 5 858

Bauleistungsversicherung
- AGB-Inhaltskontrolle 4 677
- Allgemeine Geschäftsbedingungen (AG) 4 677
- Unfallverhütungsvorschrift 4 510

Baumaschinen
- Mietvertrag 3 394

Bauordnungsrecht 1 6

Bauordnungswidrigkeitenrecht 1 9

Baureinigung
- AGB-Inhaltskontrolle 4 676
- Allgemeine Geschäftsbedingungen (AG) 4 676

Bausatzvertrag 3 406
- Bauleistung 5 868
- VOB/B 3 452

Baustellenbesprechungsprotokoll
- Bauzeit 8 1693

Baustelleneinrichtung 8 1727

Baustellengemeinkosten
- Nachtrag 9 2423

Baustoffe
- Beseitigung 5 970
- Entfernung 5 976

Baustofflieferant 1 72
- Bauhandwerkersicherheitsleistung 12 3168

Baustrafrecht 1 9

Bauteile
- Beseitigung 5 970

Bauträger
- Altbausanierung 1 99
- Bauforderungssicherungsgesetz 12 3254
- Bauleistung 5 868
- Bauträgervertrag 1 97
- Begriff 1 93
- Bewerbervertrag 1 94
- Eigenleistungen 1 110
- Form des Bauträgervertrages 1 96
- Haftung 1 102
- Minderung 1 108
- Rücktritt 1 107
- Schadensersatz 1 107
- Sonderwünsche 1 110
- Wohnungseigentum 1 106

Bauträgervertrag 3 411
- Abtretungsklausel 1 105
- AGB-Eigenschaft 1 104
- AGB-Inhaltskontrolle 3 460
- Bauträgervertrag 1 104
- Beurkundung 2 143
- Form 1 96
- Haftungsausschluss 1 104
- Haustürgeschäft 2 154
- Kündigung 1 101
- VOB/B 3 458

Bauumlagen
- AGB-Inhaltskontrolle 4 594
- Bauhandwerkersicherheitsleistung 12 3174

Bauunternehmer 1 25

Bauvertrag 2 115
- Abschluss 2 156
- Abschluss nach VOB/A 2 213
- Abschlussfreiheit 2 119
- Allgemeine Geschäftsbedingungen 4 632
- Änderungen 5 918
- Änderungsanordnung des AG 5 919
- Angebot 2 162
- Anlagenvertrag 3 412
- Annahme 2 162
- Bausatzvertrag 3 406
- Bauträgervertrag 3 411
- Beurkundung 2 143
- Bote 2 189
- Checkliste 4 853
- Dienstvertrag 3 394
- Erbbaurecht 3 398
- Fertighausvertrag 3 406
- Formfreiheit 2 140
- Gerüstbauvertrag 3 408
- gesetzliches Verbot 2 126
- Gestaltungsfreiheit 2 123
- Haustürgeschäft 2 154
- Konkludenter Vertragsschluss 2 172
- Koppelungsverbot 2 128
- Kündigung 11 2692
- Leistungsbeschreibung 4 823
- Nichtigkeit 2 126
- Pflichten des AN 5 940
- Ratenlieferungsvertrag 2 155
- Schmiergeldzahlung 2 132
- Schriftform 2 148
- Schriftformvereinbarung 2 151
- Schwarzarbeit 2 129
- Sittenwidrigkeit 2 132
- Stellvertretung 2 189
- stillschweigender Vertragsschluss 2 172
- Teilzahlungsgeschäft 2 155
- Unmöglichkeit 2 139
- Vergabe nach VOB/A 2 222

Stichwortverzeichnis

- Vertretung 2 189
- Vertretungsmacht 2 193
- VOB/A 2 213
- Vollmacht 2 193
- Vorzeitige Beendigung (Überblick) 11 2698
- Werklieferungsvertrag 3 396
- Werkvertrag 3 393
- Widerruf 2 153; 3 407
- Zusatzleistungen 5 929

Bauvertragstyp 4 785

Bauvertragstypen
- Vergütung des AN 9 2143

Bauverzögerung 8 1738

Bauvoranfrage 1 8

Bauvorbereitungsarbeiten
- Bauleistung 5 864

Bauvorbereitungszeit 8 1727

Bauwerksarbeiten
- Überblick 5 865

Bauwerksleistung
- Ausschachtungsarbeiten 5 864
- Bauhandwerkersicherungshypothek 12 3122
- Bauvorbereitungsarbeiten 5 864
- Fertighausvertrag 5 863
- Gerüstbau 5 864
- Instandsetzungsarbeiten 5 861
- Reparaturarbeiten 5 861
- Scheinbestandteil 5 862

Bauwerksleistungen
- Ausbesserungsarbeiten 5 861
- Begriff 5 859
- Umbauarbeiten 5 861

Bauzeit 8 1609
- Änderungsanordnung des AG 5 923
- Anwendbarkeit VOB/BGB-Vertrag 8 1659
- Ausführungsbeginn 8 1677
- Ausführungsfrist 8 1664, 1689
- Baubeginn 8 1666, 1677
- Baubetriebliche Bedeutung 8 1614
- Baustellenbesprechungsprotokoll 8 1693
- Bauvorbereitungszeit 8 1666
- Bauzeitregelung (BGB) 8 1624
- Bauzeitregelung VOB 8 1643
- Bedeutung 8 1610
- Bedeutung für Auftraggeber 8 1614
- Bedeutung für Auftragnehmer 8 1618
- Berechnung 8 1690
- Bestimmung durch Dritte 8 1670
- BGB-Vertrag 8 1630
- Darlegungslast 8 1667
- Einzelfristen 8 1683
- Fertigstellung der Bauleistung 8 1734
- Förderung der Baustelle 8 1730
- Geltung der VOB/B im BGB-Vertrag 8 1659
- Grundlagen 8 1610
- Kalenderfrist 8 1739
- Kontrollfristen 8 1687
- Mahnung 8 1739
- Mehrvergütungsanspruch (Leistungsänderung) 9 2277
- nachträgliche Bestimmung 8 1670
- Schätzung 8 1667
- Vergütungsanspruch 8 1949
- Vertragsfristen 8 1672
- Vertragsstrafe 8 1694
- Verzögerung 8 1738
- Verzug des AN 8 1738
- Zuschlagsfrist 8 1681
- Zwischentermin 8 1734

Bauzeitanordnung
- Nachweis 8 1952

Bauzeitenanordnung
- Mehrvergütungsanspruch 9 2253

Bauzeitennachtrag 8 1969

Bauzeitenplan 8 1619, 1645

Bauzeitregelung
- Überblick 8 1623

Bauzeitverlängerung 8 1747
- automatische Verlängerung 8 1800
- Baugrundrisiko 8 1774
- Berechnung 8 1800
- Doppelverursachung AG/AN 8 1807
- Einarbeitungsverlust 8 1805
- Primärverzögerung 8 1802
- Sekundärverzögerung 8 1804
- Überblick, s. auch Behinderung
- Wiedereinarbeitungseffekt 8 1805

Bauzeitverzögerung
- Schadensersatz statt der Leistung 8 1820

Bedarfsposition
- Leistungsbeschreibung 4 845
- Mehrvergütungsanspruch (Behinderung) 8 1906
- Mehrvergütungsanspruch (Leistungsänderung) 9 2248

Bedarfspositionen, s. Eventualpositionen

Bedenkenmitteilung 5 956
- Adressat 5 964
- AGB-Inhaltskontrolle 4 700
- Allgemeine Geschäftsbedingungen (AG) 4 700
- Form 5 961
- Frist 5 961
- Inhalt 5 961
- Schriftform 5 962
- Zeitpunkt 5 963

Befreiungsanspruch 7 1377

Begleitschaden
- Schadensersatzanspruch vor Abnahme 5 991

Behinderung 8 1747, s. auch Mehrkostenanspruch des AN
- AGB-Inhaltskontrolle 4 710
- Allgemeine Geschäftsbedingungen (AG) 4 710
- Anpassung des Bauablaufs 8 1812
- Anzeigepflicht bei Wiederaufnahme der Arbeiten 8 1813
- Aussperrung 8 1752

Stichwortverzeichnis

- Baugenehmigung 8 1766, 2115
- Baugrundrisiko 8 1774
- Bauhandwerkersicherheitsleistung 12 3201
- Bauzeitverlängerung 8 1747, 1800
- Behinderungsanzeige 8 1793
- Beispiele 8 1766
- BGB-Vertrag 8 1749, 2126
- Diebstahl 8 1759
- Dokumentation 8 1806
- Einarbeitungsverlust 8 1805
- Entschädigungsanspruch 8 2082
- höhere Gewalt 8 1755
- Leistungsänderungen 8 1770
- Mehrere Störungsursachen 8 1807
- Mehrkostenanspruch des AN 8 1885
- Mehrkostenerstattungsanspruch des AN (BGB) 8 2128
- Mehrmengen 8 1773
- Mehrvergütungsanspruch 8 1901
- Mitwirkungspflichten des AG 8 1764
- Nachprüfungsverfahren 8 1788
- Nachweis 8 1806
- Obliegenheit 8 2126
- Offenkundigkeit 8 1798
- Pflichten des AN 8 1811
- Planunterlagen 8 1766
- Primärverzögerung 8 1802
- Pufferzeiten 8 1803
- Risikobereich des AG 8 1764
- Rücktritt des AN 11 2788
- Schadensersatz des AN 8 1975
- Schriftformklausel 4 688
- Schuldnerverzug 8 2126
- Sekundärverzögerung 8 1804
- Streik 8 1752
- Überblick 8 1751
- unabwendbare Umstände 8 1757
- Vergabeverfahren 8 1788
- Verkehrsbehinderungen 8 1768
- Verschulden des AG 8 1764
- Vertragsbedingungen 4 571
- Vertragsförderungspflicht 8 2127
- verzögerte Zuschlagserteilung 8 1788
- VOB-Vertrag 8 1747
- Vorunternehmerleistung 8 1782
- Wegfall der Vertragsstrafe 8 1809
- Wegfall einer Vertragsfrist 8 1809
- Wiederaufnahme der Arbeiten 8 1813
- Witterungsverhältnisse 8 1760
- Zufahrtswege 8 1769
- zusätzliche Leistungen 8 1770

Behinderung des AN
- Überblick 8 1632

Behinderungsanzeige 8 1793
- Adressat 8 1797
- Entschädigungsanspruch 8 2096
- Muster 8 1796
- Offenkundigkeit der Behinderung 8 1798
- Schadensersatz des AN 8 1978
- Schriftform 8 1797

Behinderungsschaden
- Abschlagszahlung 8 2075
- allgemeine Geschäftskosten 8 2054
- Äquivalenzkostenverfahren 8 2037
- baubetriebliche Kostenermittlung 8 2032
- Baugeräteliste 8 2068
- Berechnung 8 2020, 2049
- Beschleunigungskosten 8 2061
- Darlegungs- und Beweislast 8 2020
- Differenztheorie 8 2024
- entgangener Gewinn 8 2020
- Gerätevorhaltung 8 2066
- Grundlagen für Schadensberechnung 8 2024
- konkrete Schadensberechnung 8 2049
- Kostenarten 8 2032
- Lohnkosten 8 2054
- Personalkosten 8 2054
- Produktivitätsverluste 8 2055
- Rentabilitätsvermutung 8 2070
- Sachverständigenkosten 8 2060
- Schadensschätzung 8 2063
- Schlusszahlungseinrede 8 2080
- Stillstandskosten 8 2053
- Umfang 8 2020
- Umsatzsteuer 8 2074

Beratungsstellen 2 345

Bereicherungsanspruch
- Überzahlung 10 2653

Bereicherungsrechtliche Ansprüche
- Nicht beauftragte Leistungen 9 2393

Beschaffenheitsvereinbarung 7 1238
- Herstellerangaben 7 1264
- zugesicherte Eigenschaft 7 1244

Beschleunigungsanordnung
- Vergütung 8 1949

Beschleunigungskosten
- Behinderungsschaden 8 2061

Beschleunigungsmaßnahmen
- Geschäftsführung ohne Auftrag 8 1916
- Mehrvergütungsanspruch (Leistungsänderung) 9 2274
- Vergütung 8 1915

Beschleunigungsvergütung 4 575; 8 1658

Beschränkte Ausschreibung 2 226

Beseitigung nicht beauftragter Leistungen 9 2374

Beseitigungspflicht
- Bauausführungsstadium 5 969

Besondere Leistung
- DIN 5 893
- Leistungssoll 5 893
- Mehrvergütungsanspruch 9 2220
- Mehrvergütungsanspruch (Zusatzleistung) 9 2288
- Pauschalvertrag 9 2343
- Vergütung des AN 9 2220, 2288

Besondere Leistungen
- Leistungsbeschreibung 4 843

Stichwortverzeichnis

Besondere Vertragsbedingungen
- Begriff 4 564

Bestätigungsklausel 4 656

Besteller 1 14

Beurkundung
- Bauträgervertrag 2 143
- Bauvertrag 2 143

Beweislast 6 1203

Beweislastumkehr
- Kündigung durch AG 5 1000

Beweisvereitelung
- Kündigung durch AG 5 1000

Bewerbervertrag 1 94

BGB-Vertrag
- Anerkannte Regel der Technik 7 1250
- Außerordentliches Kündigungsrecht durch AG 11 2980
- Fälligkeit der Vergütung 10 2555
- Freie Kündigung des AG 11 2820
- Gewährleistungsfrist 7 1567
- Kündigung durch AG 11 2966
- Kündigung durch AN 11 2784
- Kündigung durch AN (§ 643 BGB) 11 2804
- Mehrkostenanspruch (Behinderung) 8 2123
- Mengenänderungen 9 2204
- Minderung 7 1401
- Mitwirkungspflichten des AG 5 1072
- Nicht beauftragte Leistungen 9 2393
- Rücktritt des AG 11 2966
- Rücktritt des AN 11 2786
- Schadensersatz (Gewährleistung) 7 1423
- Schlussrechnung durch AG 10 2481
- Schlusszahlung 10 2576
- Stundenlohnarbeiten 9 2407; 10 2485
- Verzug 8 1741
- Verzug des AN 8 1815
- Vorauszahlung 10 2575
- Zahlungsverzug des AG 10 2617

BGB-Werkvertrag
- Allgemeine Geschäftsbedingungen 4 628
- Unterschiede VOB 4 500
- zusätzliche Vertragsbedingungen 4 628

Bieterauswahl 2 232

Bietergemeinschaft 2 239
- Begriff 1 32

Bindefrist
- AGB-Inhaltskontrolle 4 653
- Allgemeine Geschäftsbedingungen (AG) 4 653
- Vergabeverfahren 2 267
- Verlängerte Bindefrist 2 271
- Verlängerung 2 274

Bote 2 189

Bürgerliches Gesetzbuch 1 11

Bürgschaft, *s. auch Bürgschaft auf erstes Anfordern*
- Abschlagszahlung 10 2569
- Anfechtbarkeit 12 3054
- Aufgabe von Sicherheiten 12 3049
- Aufrechnung 12 3054
- Auslösend/aufschiebende Bedingung bei Sicherheitsleistung des AN 12 3024
- Befristung der Sicherheitsleistung des AN 12 3023
- Einrede der Anfechtbarkeit 12 3054
- Einrede der Aufgabe von Sicherheiten 12 3049
- Einrede der Aufrechnung 12 3054
- Einrede der Vorausklage 12 3021, 3050
- Einreden des Bürgen 12 3048
- Einreden des Hauptschuldners (§ 768 BGB) 12 3053
- Erhalt der Mängeleinrede 12 3063
- Fälligkeit der Hauptforderung 12 3046
- Hemmung durch Verhandlungen 12 3058
- Kosten bei Sicherheitsleistung des AN 12 3028
- Mängelrüge 12 3062
- Nachtrag (Bauhandwerkersicherheitsleistung) 12 3224
- Nachtragsforderungen 12 3057
- Rückgabe 12 3110
- Schriftform bei Sicherheitsleistung des AN 12 3020
- selbstschuldnerische Bürgschaft als Sicherheitsleistung des AN 12 3021
- Sicherheitsleistung des AN 12 3016
- Sicherungsfall 12 3046
- Tauglicher Bürge (Sicherheitsleistung des AN) 12 3018
- Verjährung 12 3059
- Verjährung der Hauptschuld 12 3052
- Verwertung 12 3046
- Vorausklage 12 3050
- Voraussetzungen bei Sicherheitsleistung des AN 12 3017

Bürgschaft auf erstes Anfordern 12 3029
- Abwehr 12 3044
- AGB-Kontrolle 12 3039
- einstweilige Verfügung 12 3044
- Formularvereinbarung 12 3039
- Gewährleistungsbürgschaft 12 3040
- Individualvereinbarung 12 3038
- Rechtsmissbrauch 12 3034
- tauglicher Bürge 12 3036
- Urkundenprozess 12 3033
- Vertragserfüllungsbürgschaft 12 3041
- Voraussetzungen bei Sicherheitsleistung des AN 12 3029
- Vorauszahlung 10 2523
- Vorauszahlungsbürgschaft 12 3042
- Zulässigkeit 12 3037

C

Checkliste Bauvertrag 4 853

Culpa in contrahendo
- Unklare Leistungsbeschreibung 5 917; 8 1920
- Vergabeverfahren 2 332
- Vertragsstrafe 8 1695

Stichwortverzeichnis

D
Dach-ARGE 1 35
Darlegungs- und Beweislast
– Allgemeine Geschäftsbedingungen 4 639
– außerordentliche Kündigung durch AG 11 2965
– Bauforderungssicherungsgesetz 12 3278
– Bauhandwerkersicherungshypothek 12 3145
– Bauzeit 8 1667
– Behinderungsschaden 8 2020
– entgangener Gewinn 8 2022
– Entschädigungsanspruch 8 2102
– ersparte Aufwendungen bei freier Kündigung 11 2842
– freie Kündigung 11 2831
– Gewährleistung 7 1478
– Kostenerstattungsanspruch 7 1479
– Kündigung durch AG 5 1015; 11 2965
– Mängelansprüche 7 1478
– Minderung 7 1480
– Nacherfüllungspflicht 7 1479
– Organisationspflichtverletzung 7 1582
– Pauschalpreis 9 2138
– Pauschalvertrag 4 809
– Schadensersatz (Behinderung) 8 1983, 2020
– Schadensersatz (Gewährleistung) 7 1455, 1481
– Schadensersatz (Verzug des AN) 8 1855
– Schadensersatzanspruch vor Abnahme 5 998
– Überzahlung 10 2650
– unklares Leistungsverzeichnis 9 2351
– Vergütungshöhe 9 2137
– Vertragsart 9 2138
– Vorschussanspruch 7 1479
Dauer-ARGE 1 33
Detail-Pauschalvertrag
– Vergütung des AN 9 2156
Detailpauschalvertrag
– Aufmaß 10 2459
– Begriff 4 798
– Leistungsbeschreibung 4 833
Deutscher Verdingungsausschuss 3 414
Deutscher Vergabe- und Vertragsausschuss 3 414
Diebstahl
– Behinderung 8 1759
Dienstaufsichtsbeschwerde
– Vergabeverfahren 2 344
Dienstvertrag 3 394
– VOB/B 3 448
Differenztheorie
– Behinderungsschaden 8 2024
DIN, s. auch VOB/C
– anerkannte Regeln der Technik 5 898; 7 1251
– anerkannte Regeln der Technik – Vorrang 5 906
– Aufbau 3 433
– Begriff 3 433
– besondere Leistung 5 893
– BGB-Werkvertrag 5 892
– Eurocodes 7 1251
– Fehlen 7 1263
– Leistungssoll 5 890
– Mindestangaben der Normalausführung 5 899
– Nebenleistung 5 893
– neuartige Bauweise 5 904
– normgerechte Bauleistung 5 891
– überholte DIN 5 900
– Vermutung zu Mangelfreiheit 5 905
Direktzahlung an Subunternehmer 10 2659
Dissens
– Vergütung 9 2134
Doppelte Zug-um-Zug-Verurteilung
– Mitverschulden des AG 7 1533
Drittschadensliquidation 5 980
Druckzuschlag 7 1301
– Bauhandwerkersicherheitsleistung 12 3184, 3218
Duldungsvollmacht 2 199
Durchgriffsfälligkeit 10 2578
– Vergütungseinbehalt 7 1299
Dynamische Verweisung
– VOB/B 3 484

E
E-Mail
– Kündigung durch AG 11 2962
EFB-Preisblätter 2 304
Eigenübernahme von Leistungen
– AGB-Inhaltskontrolle 4 602
Eigenverantwortliche Ausführung
– AGB-Inhaltskontrolle 5 945
Eignung der Bieter 2 232, 297, 363
Eignungsprüfung
– EU-Vergabe 2 363
– Mehr an Eignung 2 306
– Nachreichung von Unterlagen 2 365
– Präqualifikation 2 234, 363
– VOB/A allgemein 2 232
Einarbeitungsverlust 8 1805
Einheitspreisvertrag 4 791
– Abgrenzung Pauschalvertrag 9 2168
– angehängte Stundenlohnarbeiten 4 820
– Aufmaß 10 2456
– freie Kündigung des AG 11 2833
– Leistungsbeschreibung 4 833
– Mengenänderungen 9 2184
– Regelvermutung 4 809
– Vergütung des AN 9 2150
– Vergütung nach außerordentlicher Kündigung 11 2911
– Vor-/Nachteile 4 801
Einrede der Vorausklage
– Vor-/Nachteile 12 3021
Einreden
– Bürgschaft 12 3048
Einredeverzicht zur Verjährung 7 1604
Einschlafen von Verhandlungen 7 1587
Einstellung der Arbeiten 13 3297
Einstellung der Leistung
– Verzug des AG 10 2626

Stichwortverzeichnis

Einstweilige Verfügung
- Bauhandwerkersicherungshypothek 12 3155
- Bürgschaft auf erstes Anfordern 12 3044
- Vergabeverfahren 2 330
- Vorschussanspruch 7 1379

Einvernehmliche Vertragsanpassung
- Mehrvergütungsanspruch (Behinderung) 8 1911

Einvernehmliche Vertragsaufhebung 11 2705
Einzel-ARGE 1 33
Einzelfristen 8 1683
Endgültige Leistungsverweigerung des AN 11 2894
Energieeinsparverordnung 5 951
Entfallende Mengen
- Vergütungsanspruch 8 1948

Entgangener Gebrauchsvorteil
- Schadensersatzanspruch vor Abnahme 5 997

Entgangener Gewinn 11 2848
- Behinderungsschaden 8 2020
- Darlegungs- und Beweislast 8 2022
- Finanzierungskosten 8 1848
- Freie Kündigung des AG 11 2827
- Mietausfallschaden 8 1848
- Schadensersatz (Behinderung) 8 2020
- Schadensersatz (Verzug des AN) 8 1846
- Schadensersatzanspruch vor Abnahme 5 988, 996
- Vergabeverfahren 2 339
- Verzug des AN (VOB-Vertrag) 8 1837
- Verzug des Auftragnehmer (BGB-Vertrag) 8 1817

Entschädigungsanspruch 8 2082
- Annahmeverzug des AG 8 2088
- Baugenehmigung 11 2755
- Bauhandwerkersicherheitsleistung 12 3179
- Bauhandwerkersicherungshypothek 12 3138
- Behinderungsanzeige 8 2096
- BGB-Vertrag 8 2125
- Darlegungs- und Beweislast 8 2102
- Gewinn 8 2099
- Höhe 8 2097
- Kündigung durch AN (BGB-Vertrag) 11 2807
- Kündigung durch AN (VOB-Vertrag) 11 2780
- Mitverschulden des AN 8 2105
- Mitwirkungspflichten des AG 8 2085
- Obliegenheiten des AG 8 2086
- Sachverständigenkosten 8 2101
- Schadensersatz 8 2098
- Schadensschätzung 8 2102
- Umfang 8 2097
- Umsatzsteuer 8 2104
- unmögliche Mitwirkungshandlung 8 2107
- Unmöglichkeit 8 2094
- Vergütungsgleicher Charakter 8 2098
- Verzug des AN 8 2082
- Vorunternehmerleistung 8 1999
- Wagnis 8 2099
- Werklieferungsvertrag 3 400
- Witterungsverhältnisse 8 2094

Entwurfsverfasser 1 16

Erbbaurecht 3 398
Erforderliche Zusatzleistung
- Vergütung 9 2291

Erfüllungsanspruch
- Verjährung 6 1197

Erfüllungsgehilfe
- Obliegenheit 7 1540

Erhalt der Mängeleinrede 7 1570
Eröffnungstermin 2 277
Ersatzunternehmer
- Bauausführungsstadium 5 983
- Gewährleistung 7 1366
- Kostenerstattungsanspruch 7 1366
- Kündigung durch AG 11 2919
- Mängelansprüche 7 1366

Ersatzunternehmerkosten
- Erstattung ohne Kündigung 5 1020

Erschwernisse
- Baugrundrisiko 8 1923
- Mehrvergütungsanspruch 8 1924
- Mehrvergütungsanspruch (Leistungsänderung) 9 2233

Ersparte Aufwendungen
- Freie Kündigung des AG 11 2842

EU-Vergaberecht 2 347
EU-Zahlungsverzugsrichtlinie 10 2549, 2628
- AGB-Klausel 4 739

Eurocodes 5 899
- Anerkannte Regel der Technik 7 1251

Eventualposition
- Mehrvergütungsanspruch (Behinderung) 8 1906
- Mehrvergütungsanspruch (Leistungsänderung) 9 2248

Eventualpositionen 2 288

F

Fachaufsicht
- Vergabeverfahren 2 346

Fachlosvergabe 2 223
Fälligkeit der Vergütung
- 30-Tage-Frist 10 2540
- Abschlagszahlung (BGB) 10 2556
- Abschlagszahlung (VOB) 10 2503
- BGB-Vertrag 10 2555
- Durchgriffsfälligkeit 10 2578
- Fälligkeitsvereinbarung 10 2545
- Mängelfreiheitsbescheinigung 10 2546
- Schlusszahlung (BGB) 10 2576
- Schlusszahlung (VOB) 10 2525
- Teilschlusszahlung (VOB) 10 2552
- VOB-Vertrag 10 2501
- Vorauszahlung (BGB) 10 2575
- Vorauszahlung (VOB) 10 2520
- Zwei-Monats-Frist 10 2540

Fälligkeitszinsen
- BGB-Vertrag 10 2618
- VOB-Vertrag 10 2623

Stichwortverzeichnis

Fehlende Vereinbarung von Ausführungsfrist
8 1665
Fehlerhafte Anordnung des AG
– VOB-Vertrag 7 1513
Fehlschlagen der Nacherfüllung 7 1359
Ferie Kündigung des AG
– Mangelbeseitigungskosten 11 2845
Fertighausvertrag 3 406
– Bauleistung 5 863
Fertigstellung der Bauleistung 11 2916
– Schlussrechnung 10 2478
Fertigstellung der Leistung
– Fiktive Abnahme 6 1134
– Konkludente Abnahme 6 1125
Fertigstellungsanzeige 6 1137
Fertigstellungsbescheinigung 10 2578
Fertigstellungstermin
– Verzug 8 1739
Festpreisvertrag 9 2145
Feststellung des Zustandes der Straßen 5 1053
Feststellungsklage
– Schadensersatz (Gewährleistung) 7 1462
Fiktive Abnahme 6 1131
– Fertigstellungsanzeige 6 1137
– Inbenutzungsnahme 6 1140
– Mängelvorbehalt 6 1144
– Voraussetzungen 6 1132
– Vorbehalt 6 1144
Finanzierungskosten
– Verzug des AN 8 1848
Fixgeschäft
– Rücktritt des AG 11 2971
Forderungssicherungsgesetz 12 3232
Form
– Bauvertrag 2 140
Förmliche Abnahme 6 1105
– Abnahmetermin 6 1111
– einseitige Abnahme 6 1120
– Fiktive Abnahme bei Vergessen 6 1135
– Protokoll 6 1113
– Vergessen 6 1135
– Verlangen 6 1106
– Vorbehalte 6 1117
Freie Kündigung des AG
– Abbedingung 11 2823
– Abnahme 11 2854
– Abrechnung erbrachter Leistungen 11 2830
– Abrechnung nicht erbrachter Leistungen
11 2840
– AGB-Inhaltskontrolle 11 2824
– Aufmaß 11 2830
– Darlegung ersparter Aufwendungen 11 2842
– Darlegungs- und Beweislast 11 2831
– Einheitspreisvertrag 11 2833
– einvernehmliche Vertragsbeendigung 11 2821
– Entgangener Gewinn 11 2827, 2848
– Form 11 2821
– Füllaufträge 11 2846

– Mangel 11 2857
– Materialkosten 11 2844
– Nacherfüllungsrecht des AN 11 2857
– Pauschalierung des entgangenen Gewinns
11 2848
– Pauschalvertrag 11 2834
– prüfbare Abrechnung 11 2829
– Schätzung des Vergütungsanspruchs 11 2839
– Subunternehmerkosten 11 2844
– Teilkündigung 11 2855
– Umsatzsteuer 11 2847
– Vergütung des AN 11 2826
– Vergütung für erbrachte Leistungen 11 2830
– Vergütung für nicht erbrachte Leistungen 11 2840
– Vergütungsvermutung (§ 649 S. 2 BGB) 11 2848
– Vergütungsvermutung (§ 649 S. 3 BGB) 11 2848
– Voraussetzungen 11 2820
– Vorbehalte 11 2819
Freihändige Vergabe 2 227
– Mehrvergütungsanspruch 8 1964
Freistellungsbescheinigung 10 2591
Freizeichnungsklauseln
– Voraussetzungen 7 1486
Fremdverschulden
– Gewährleistung 7 1243
Fristen
– Vergabeverfahren 2 373
Fristlose Kündigung
– Kündigung durch AN 11 2768, 2808
Fristsetzung
– Einzelheiten 5 1001
– Endtermin 5 1004
– Entbehrlichkeit (a. o. Kündigung) 8 1868
– Entbehrlichkeit vor Abnahme 5 1007
– Kündigung (Verzug des AN) 8 1862
– Kündigung durch AN 11 2771
– Mangelbeseitigungsaufforderung vor Abnahme
5 1002
– Rücktritt des AN 11 2796
Fristsetzung mit Ablehnungsandrohung 7 1335
Füllaufträge 11 2846
Funktionale Leistungsbeschreibung
– Begriff 4 835
– Leistungssoll 5 870
– Risiken 4 837
Funktionsgerechte Herstellung
– Leistungssoll 5 879
Funktionstauglichkeit
– Schadensersatz (Gewährleistung) 7 1431

G

Garantie 7 1497
– Mengen 9 2173
– zugesicherte Eigenschaft 7 1245
Gefahr im Verzug
– Nacherfüllung 7 1360
Gefährdung des Vertragszwecks 5 1083
Gefahrübergang 6 1200

Stichwortverzeichnis

Gegenvorstellung
- Vergabeverfahren 2 344

Geltungserhaltende Reduktion 4 647

Gemeinsames Aufmaß
- Bindungswirkung 10 2470
- Kündigung durch AG 11 2903
- Obliegenheit 10 2464
- Rechtsfolgen 10 2467
- Schuldanerkenntnis 10 2467
- Vergabeverfahren 10 2464
- Vertragspflicht 10 2464
- Verweigerung 10 2464

Generalübernehmer
- Bauforderungssicherungsgesetz 12 3254
- Begriff 1 63
- Vergabeverfahren 2 237

Generalübernehmervertrag
- VOB/B 3 455

Generalunternehmer
- Bauforderungssicherungsgesetz 12 3246, 3254
- Begriff 1 38
- Durchgriffsfälligkeit 1 51
- Schuldbeitritt des AG 1 46
- Selbständigkeit der Vertragsbeziehungen 1 43
- Subunternehmervertrag 1 54
- Vertragsstrafe 1 60
- Vorteilsausgleich 1 52

Generalunternehmervertrag
- VOB/B 3 454

Gerätekosten
- Nachtragsberechnung 9 2422

Gerätevorhaltung 8 2066

Gerichtsstandsvereinbarung
- AGB-Inhaltskontrolle 4 749, 782
- Allgemeine Geschäftsbedingungen (AG) 4 749
- Allgemeine Geschäftsbedingungen (AN) 4 782

Gerüstarbeiten
- Bauleistung 5 864, 867

Gerüstbauvertrag 3 408

Gesamtschuldner
- Nacherfüllung 7 1310

Geschäftsführung ohne Auftrag
- Beschleunigungsmaßnahmen 8 1916
- nicht beauftragte Leistungen 9 2388

Geschuldete Leistung 5 869, *s. Leistungssoll*

Gesetz zur Sicherung von Bauforderungen 12 3232, *s. Bauforderungssicherungsgesetz*

Gewährleistung 7 1230
- Abnahme 7 1282
- Abtretungsklauseln 7 1495
- AGB-Inhaltskontrolle 4 731, 774
- aliud-Lieferung 7 1274
- Allgemeine Geschäftsbedingungen (AG) 4 731
- Allgemeine Geschäftsbedingungen (AN) 4 774
- anerkannte Regeln der Technik 7 1247
- Aufklärungspflichtverletzung 7 1277
- Aufklärungspflichtverletzung vor Vertragsschluss 7 1294
- Ausschluss 7 1490
- Ausschluss wegen Leistungsbeschreibung 7 1509
- Befreiungsanspruch 7 1377
- Beschaffenheitsvereinbarung 7 1238
- Beschränkung 7 1484
- Darlegungs- und Beweislast 7 1478
- DIN 7 1251
- Enthaftung bei Subunternehmer 7 1552
- Erfüllungsgehilfe 7 1540
- fehlerhafte Anordnung des AG 7 1513
- Freizeichnungsklauseln 7 1486
- Fremdverschulden 7 1243
- Garantie 7 1245, 1497
- Gewährleistungsfristen 7 1559
- gewöhnliche Verwendung 7 1271
- Glasfassadenurteil 7 1540
- Haftungsbegrenzung 7 1485
- Herstellerangaben 7 1264
- Herstellergarantie 7 1502
- höherwertige Leistung 7 1278
- Koordinationspflichtverletzung des AG 7 1539
- Kostenerstattungsanspruch 7 1347
- Mangel 7 1234
- Mangel nach Fremdverschulden 7 1243
- Mängelansprüche 7 1295
- Mangelbeseitigungsaufforderung 7 1316
- mangelhafte Baustoffe 7 1515
- mangelhafte Voruntenehmerleistung 7 1518
- Mängelverzicht 7 1557
- Mangelvorbehalte 7 1544
- Minderleistung 7 1275
- Minderung 7 1390
- Mitverschulden des AG 7 1528
- Nacherfüllung des AN 7 1307
- optischer Mangel 7 1240
- Planungsverschulden 7 1536
- Planungsverschulden Bauherr/Subunternehmer 7 1537
- primäre Mängelrechte 7 1292
- Prüfungs- und Hinweispflicht 7 1521
- Rechtsmangel 7 1235
- Rücktritt 7 1413; 8 1820
- Sachmangel 7 1235
- Schadensersatz (BGB-Vertrag) 7 1423
- Schadensersatz (VOB-Vertrag) 7 1450
- sekundäre Mängelrechte 7 1292
- Selbstvornahme 7 1347
- Sowieso-Kosten 7 1545
- Steuervorteile 7 1547
- Subsidiaritätsklausel 7 1495
- Symptomtheorie 7 1316
- Verantwortlichkeit des AG 7 1503
- vereinbarte Beschaffenheit 7 1238
- Vergütungseinbehalt 7 1297
- Verjährung 7 1559
- Verkauf der Bauleistung 7 1558

1219

Stichwortverzeichnis

- vorausgesetzter Gebrauch der Werkleistung 7 1268
- Vorschreiben von Baustoffen 7 1515
- Vorschussanspruch 7 1377
- Vorteilsausgleichung 7 1545
- Vorunternehmerleistung 7 1518
- Werklieferungsvertrag 3 402
- zugesicherte Eigenschaft 7 1244
- Zurückbehaltungsrecht an Vergütung 7 1297

Gewährleistungsausschluss
- Zurückbehaltungsrecht an Vergütung 7 1490

Gewährleistungsbürgschaft
- Bürgschaft auf erstes Anfordern 12 3040

Gewährleistungsfrist 7 1559
- Abnahmesurrogate 7 1560
- Bauwerksleistung 7 1563
- Beginn 6 1224; 7 1560
- BGB-Vertrag 7 1567
- Grundstücksarbeiten 7 1563
- Hemmung 7 1585
- Mangelbeseitigungsarbeiten 7 1566
- Minderung 7 1565, 1570
- Neubeginn 7 1595
- Privilegierung der VOB/B 4 614
- Rücktritt 7 1570
- Subsidiaritätsklausel 7 1560
- Unterbrechung 7 1595
- Verkürzung 7 1583, 1605
- Verlängerung 7 1583, 1606
- Verweisungsklausel 7 1560
- VOB-Vertrag 7 1560

Gewährleistungsfristen
- arglistiges Verschweigen eines Mangels 7 1575
- Organisationspflichtverletzung 7 1578
- Vereinbarung 7 1604
- Verlängerung 7 1573

Gewährleistungssicherheit 12 3007, s. *Sicherheitsleistung des AN*
- Druckzuschlag 12 3008
- Fertigstellungskosten 12 3008
- Rückgabe 12 3110

Gewinn
- Nachtrag 9 2427

Glasfassadenurteil
- Mängelansprüche 7 1540
- Verschuldenszurechnung (Behinderung) 8 2002

Global-Pauschalvertrag
- Vergütung des AN 9 2157

Globalpauschalvertrag
- Begriff 4 799
- Funktionale Leistungsbeschreibung 4 835

GMP-Vertrag 4 821
- Vergütung des Auftragnehmer 9 2144

Graffiti 8 1759

Großer Schadensersatz
- Kündigung durch AG 11 2897

- Schadensersatz (Gewährleistung) 7 1445
- VOB-Vertrag 7 1463

Grundstücksarbeiten
- Bauleistungen 5 866

GSB, s. *Bauforderungssicherungsgesetz*

Gutachterkosten
- Schadensersatz (Gewährleistung) 7 1458
- Schadensersatz (§ 4 Abs. 7) 5 994
- Schadensersatzanspruch vor Abnahme 5 991

H

Haftungsbegrenzung 7 1485
Handelsgesetzbuch 1 11
Hauptunternehmer 1 29
Haushaltsgrundsätzegesetz 2 347
Haustürgeschäft 2 154

Hemmung
- Gewährleistungsfristen 7 1585
- Materialprüfungsstelle 13 3326
- Mediation 13 3350
- Meinungsverschiedenheiten mit Behörden 13 3312
- Rechtsverfolgung 7 1591
- Verhandlungen 7 1586

Herstellerangaben 7 1264
- Leistungssoll 5 910

Herstellergarantie 5 910; 7 1502

Hinterlegung
- Sicherheitsleistung des AN 12 3065

Höchstbetragsbürgschaft
- Bauhandwerkersicherheitsleistung 12 3191

Höhere Gewalt
- Behinderung 8 1755
- Witterungsverhältnisse 8 1760

Höherwertige Leistung 7 1278

Honorarordnung für Architekten und Ingenieure 1 11

I

Inbenutzungsnahme
- Witterungsverhältnisse 6 1140

Ingenieur 1 20

Innerbetriebliche Bauablaufstörung 8 1888

Insolvenz
- Bauforderungssicherungsgesetz 12 3273

Insolvenz des AN
- Anfechtung der Direktzahlung 10 2663
- Aufrechnung mit Mängelansprüchen 11 2875
- Direktzahlung an Subunternehmer 10 2663
- Kostenerstattungsanspruch 7 1376
- Kündigung durch AG 11 2861

Instandsetzungsarbeiten
- Bauleistung 5 861

K

Kalkulationsfehler
- Nachtrag 9 2428
- Pauschalvertrag 9 2322

Stichwortverzeichnis

- Vergütungsanpassung (Leistungsänderung) 9 2275

Kalkulationsirrtum
- AGB-Inhaltskontrolle 4 674
- Allgemeine Geschäftsbedingungen (AG) 4 674

Kaskadenprinzip 2 214, 348
Kaufmännisches Bestätigungsschreiben 2 183
Kaufvertrag 3 406
Kleiner Schadensersatz
- Schadensersatz statt der Leistung 7 1441
- VOB-Vertrag 7 1452

Komplettheitsklausel
- AGB-Inhaltskontrolle 4 666, 694
- Allgemeine Geschäftsbedingungen (AG) 4 666
- Pauschalvertrag 4 694

Komplettheitsklauseln 5 870
- Auslegung 5 885

Konkludente Abnahme 6 1125
- Fertigstellung der Leistung 6 1125

Konkludente Anordnung 5 936
- Anordnungen Dritter 8 1956

Konkludente Anordnung des AG
- Mehrvergütungsanspruch (Behinderung) 8 1914

Konkludenter Vertragsschluss 2 172
Konkrete Schadensberechnung 8 2049
Konkurrentenklage 2 329
Kontrahierungszwang 2 314, 328, 378
Kontrollfristen 8 1687
Kooperationspflicht 5 1067
- Nachtragsvereinbarung 9 2444

Koordinationspflicht 5 1060
Koordinationspflichtverletzung 7 1539
Koordinierungspflichten des AG
- Kündigung 11 2747

Koppelungsverbot 2 128
Korruptionsstraftat 2 247
Kostenanschlag
- Anzeige bei Kostensteigerung 11 2959
- BGB-Vertrag 11 2979
- Kündigung 11 2950
- Kündigung durch AG 11 2950
- Überschreitung 11 2958
- Vergütung des AN 11 2958
- VOB-Vertrag 11 2960
- Voraussetzungen 11 2952

Kostenerstattung
- Behelfsmaßnahmen 7 1369
- Notmaßnahmen 7 1369

Kostenerstattungsanspruch
- Abrechnung 7 1373
- Architektenkosten 7 1368
- Aufrechnung 7 1375
- Darlegungs- und Beweislast 7 1479
- Ersatzunternehmer 7 1366
- Fristsetzung 7 1349
- Insolvenz des AN 7 1376
- Klage 7 1375

- Ohnehin-Kosten 7 1370
- Schadensminderungspflicht 7 1367
- Selbstvornahme 7 1374
- Sowieso-Kosten 7 1370
- Umfang 7 1364
- Umsatzsteuer 7 1372
- Unverhältnismäßigkeit 7 1367
- Verjährung 7 1600
- Voraussetzungen 7 1347, 1348

Küchen 3 397
Kündigung 11 2692, s. auch Freie Kündigung durch AG, s. auch Kündigung (Verzug des AN), Kündigung durch AN, Kündigung durch AG
- Abnahme 6 1178; 11 2693
- Abrechnungsverhältnis 11 2697
- Aufmaß 10 2459
- Auftraggeber 11 2815
- Auftragnehmer 11 2708
- Außerordentliche Kündigung durch AG 11 2879
- außerordentliche Kündigung durch AN 11 2808
- einvernehmliche Vertragsaufhebung 11 2705
- Gestaltungsrecht 11 2694
- Grundsätze 11 2693
- Verzug des AN 8 1858
- Voraussetzungen (Verzug des AN) 8 1859
- Werklieferungsvertrag 3 400

Kündigung (Verzug des AN)
- Entbehrlichkeit Fristsetzung 8 1868
- Fristsetzung 8 1862
- Kündigungserklärung 8 1871
- Verwirkung 8 1875
- Voraussetzungen 8 1859

Kündigung durch AG 5 999; 11 2815
- Ablehnung der Vertragsleistung 11 2896
- Abnahme 11 2908
- AGB-Inhaltskontrolle 4 713, 767
- Allgemeine Geschäftsbedingungen (AG) 4 713
- Allgemeine Geschäftsbedingungen (AN) 4 767
- Aufmaß 11 2903
- Außerordentliche Kündigung 5 1036; 11 2879
- Bauinfrastruktur 11 2928
- Baustellenräumung 11 2938
- Begründung 11 2963
- Beweisvereitelung 5 1000
- BGB-Vertrag 11 2966
- Darlegungs- und Beweislast 5 1015; 11 2965
- E-Mail 11 2962
- Entbehrlichkeit der Fristsetzung 5 1006
- Entbehrlichkeit Fristsetzung 8 1868
- Ersatzunternehmer 11 2919
- Ersatzunternehmerkosten ohne Kündigung 5 1020
- Fertigstellung der Bauleistung 11 2916
- Form 11 2962
- freie Kündigung 11 2819
- Fristsetzung 5 1002; 11 2946
- Fristsetzung (Verzug des AN) 8 1862
- gemeinsames Aufmaß 11 2903

Stichwortverzeichnis

- Insolvenz des AN 11 2861
- Kostenanschlag 11 2950
- Kündigungsandrohung 5 1009; 11 2946
- Kündigungserklärung (Verzug des AN) 8 1871
- Mangel 5 1000; 11 2880, 2930
- Mangelbeseitigungsaufforderung 5 1001
- Mehrkostenerstattungsanspruch 11 2922
- Mitverschulden des AN 5 1017
- Nachschieben von Kündigungsgründen 11 2963
- Preisabsprachen 11 2876
- prüfbare Abrechnung 11 2910
- Rechtsfolgen 5 1018
- Rechtsfolgen (Verzug des AN) 8 1878
- Schadensersatz 11 2931
- Schadensersatz wegen Nichterfüllung 11 2896
- Schmiergeldzahlung 2 137
- Schriftform 5 1010; 8 1872; 11 2962
- Selbstübernahme von Leistungen 9 2207
- Sowieso-Kosten 11 2925
- Subunternehmereinsatz 5 1028; 11 2885
- Teilkündigung 5 1016
- Teilkündigung aus wichtigem Grund 11 2892
- Unterbrechung der Arbeiten 11 2938
- Verlust des Kündigungsrechts 11 2891
- Verlust nach Fristsetzung 5 1013
- Vermögensverfall des AN 11 2861
- Verschulden des AN 5 1000
- Vertragsstrafe 8 1879
- Verwirkung 11 2891
- Verwirkung (Verzug des AN) 8 1875
- Verzug des AN 5 1000; 8 1858; 11 2889
- Voraussetzungen 5 999; 11 2815
- Voraussetzungen (Verzug/VOB-Vertrag) 8 1859
- Vorschuss 11 2933
- Zahlungseinstellung des AN 11 2866

Kündigung durch AN 11 2708
- Abnahme 11 2776
- Abrechnung 11 2776
- Abstecken der Hauptachse 11 2737
- AGB-Inhaltskontrolle 4 711, 717, 770
- Allgemeine Geschäftsbedingungen (AG) 4 711, 717
- Allgemeine Geschäftsbedingungen (AN) 4 770
- Annahmeverzug des AG 11 2721
- Aufmaß 11 2776
- Außerordentliche Kündigung 11 2768, 2808
- Baugenehmigung 11 2752
- Baugrundstück 11 2740
- Bauhandwerkersicherheitsleistung 11 2768; 12 3207
- Baustellenräumung 11 2719
- BGB-Vertrag 11 2784, 2804
- E-Mail 11 2773
- Entschädigungsanspruch (BGB-Vertrag) 11 2807
- Entschädigungsanspruch (VOB-Vertrag) 11 2780
- Fehlende Planunterlagen 11 2737
- Folgen 11 2774
- Form (VOB-Vertrag) 11 2770
- Fristlose Kündigung 11 2768, 2808
- Fristsetzung 11 2771
- Koordinierungspflichten des AG 11 2747
- Kündigungserklärung 11 2770
- Kündigungsfolgen (§ 6 Abs. 7 VOB/B) 11 2782
- Mängel 11 2779
- Mitwirkungshandlung des AG 11 2711, 2804
- Nachschieben von Kündigungsgründen 11 2764
- Schadensersatzanspruch des AN 11 2807
- Schriftform 11 2773
- Schuldnerverzug 11 2765
- Sonstige Gründe 11 2767
- Unmöglichkeit der Mitwirkungshandlung 11 2730
- Unterbleibende Nachtragsvereinbarung 9 2449
- Unterbrechung der Arbeiten 11 2717
- Vergütungsanspruch (BGB-Vertrag) 11 2807
- Verlust des Kündigungsrechts 11 2773
- Verwirkung 11 2773
- Verzug des AG 10 2627; 11 2758
- VOB-Vertrag 11 2709
- Voraussetzungen (BGB-Vertrag) 11 2805
- Zahlungsverzug 10 2627; 11 2758

Kündigungsandrohung
- Entbehrlichkeit 11 2946
- Kündigung durch AG 5 1009
- Mangel vor Abnahme 5 1009

Kündigungserklärung
- Kündigung durch AG (Verzug des AN) 8 1871

L

Lager- und Arbeitsplätze 5 1064
Last-Offer-Abrede 13 3357
Leistung nach Probe 7 1279
Leistungsabruf 5 1078
Leistungsänderung
- Auslegung des Vertrages 9 2247
- Baugrund 8 1933
- Baugrundabweichung 9 2240
- Herabsetzung der Vergütung 9 2275
- Leistungskonkretisierung 9 2242
- Mehrvergütungsanspruch 9 2237
- Nachträgliche Leistungskonkretisierung 9 2242
- Objektive Empfängersicht 9 2247
- Pauschalvertrag 9 2332
- Verfeinerung der Planung 9 2244
- Vergütungsanpassung 9 2272
- Vergütungsanpassung (BGB) 9 2285

Leistungsänderung vor Vertragsabschluss
- Mehrvergütungsanspruch 8 1957

Leistungsänderungen, *s. auch Mehrvergütungsanspruch (Leistungsänderung)*
- Bauzeitverlängerung 8 1770
- Behinderung 8 1770
- Mehrvergütungsanspruch 9 2215
- Vergütungsanpassung 9 2212
- Vergütungsanpassung (VOB) 9 2217

Leistungsänderungsrecht
- AGB-Inhaltskontrolle 4 670
- Allgemeine Geschäftsbedingungen (AG) 4 670

Leistungsbeschreibung 4 823, s. auch Leistungssoll
- AGB-Kontrolle 4 645
- Allgemeine Geschäftsbedingungen 4 851
- Alternativposition 4 845
- Architekt 4 830
- Arten 4 832
- Aufstellung 4 828
- Auslegung 5 874
- Baubeschreibung 4 833
- Bedarfsposition 4 845
- Bedeutung 4 824
- besondere Leistungen 4 843
- DIN 18299 ff. 4 842
- EU-Vergabe 2 366
- funktionale Leistungsbeschreibung 4 835
- Grundsätze 4 828
- Hilfsmittel 4 841
- Leistungsbeschreibung mit Leistungsprogramm 4 835
- Leistungsbeschreibung mit Leistungsverzeichnis 4 833
- Leistungssoll 4 824
- Leistungsverzeichnis 4 833
- Lücken 5 873
- Mischpositionen 2 255
- Nebenleistungen 4 843
- Objektive Empfängersicht 5 877
- Standardleistungsbuch 4 846
- Standardleistungskatalog 4 846
- Technische Spezifikationen 2 253; 4 848
- Unklarheiten 5 873
- Vergabeverfahren 2 249
- VOB/C 4 842
- Widersprüche 5 873
- Wortlaut 5 877

Leistungsbeschreibung mit Leistungsprogramm
- Begriff 4 835

Leistungseinstellung
- Verzug des AG 10 2626

Leistungserschwernisse
- Baugrundrisiko 8 1924
- Mehrvergütungsanspruch 8 1929
- Mehrvergütungsanspruch (Leistungsänderung) 9 2233

Leistungsgegenstand
- AGB-Inhaltskontrolle 4 665, 758
- Allgemeine Geschäftsbedingungen (AG) 4 665
- Allgemeine Geschäftsbedingungen (AN) 4 758

Leistungssoll 5 869
- Abrechnungsvorschriften der DIN 5 896
- Allgemeine Technische Vertragsbedingungen 5 891
- Änderungsanordnung des AG 5 919
- Änderungsanordnung Dritter 5 934
- Änderungsvorschläge 5 887
- anerkannte Regeln der Technik 5 897
- Angebotsschreiben 5 915
- Ausdrückliche Risikoübernahme durch AN 5 885
- Auslegung 5 874
- Bedeutung 4 824
- besondere Leistung 5 893
- Bestimmung 4 824; 5 869
- DIN 5 876, 890
- Funktionale Leistungsbeschreibung 5 870
- Funktionsgerechte Herstellung 5 879
- Ganzheitliche Vertragsauslegung 5 875
- Grundlagen 5 869
- Herstellerangaben 5 910
- Herstellergarantie 5 910
- Kein eindeutiges Auslegungsergebnis 5 916
- Komplettheitsklauseln 5 870, 885
- Leistungsbeschreibung 4 824
- Leistungspauschalierung 5 870
- Lücken 5 873
- Mengenpauschlierung 5 870
- Nebenangebote 5 887
- Nebenleistung 5 893
- normgerechte Bauleistung 5 891
- Objektive Empfängersicht 5 877, 912
- öffentliche Ausschreibung 5 912
- Pauschalierung 5 870
- Rangfolgenregelung 5 888
- Risikoübernahme durch AN 5 881
- Schadensersatz 5 917
- Stand der Bautechnik 5 911
- Stillschweigende Risikoübernahme durch AN 5 883
- Unklarheiten 5 873
- VOB/C 5 890
- Widersprüche 5 873
- Wortlaut 5 877
- Zusatzleistungen 5 929

Leistungstreuepflicht
- Kündigung durch AG 5 1036
- Kündigung durch AN 11 2808
- Mitwirkungshandlungen des AG 5 1083
- Rücktritt durch AG 5 1036
- Verletzung vor Abnahme 5 1036

Leistungsvertrag 4 788

Leistungsverweigerungsrecht
- Unterbleibende Nachtragsvereinbarung 9 2443

Leistungsverweigerungsrecht des AN
- Fehlende Baugenehmigung 11 2750

Leistungsverzeichnis
- Begriff 4 833

Lohngleitklausel 4 590; 9 2148
- AGB-Inhaltskontrolle 4 764
- Allgemeine Geschäftsbedingungen (AN) 4 764

Lohnkosten
- Behinderungsschaden 8 2054
- Nachtragsberechnung 9 2419

Stichwortverzeichnis

M
Mahnung
– Abbedingung 8 1745
Makler- und Bauträgerverordnung 1 11
Mangel 7 1234
– Abnahme 7 1282
– Abschlagszahlung (BGB-Vertrag) 10 2558
– Abschlagszahlung (VOB) 10 2506
– aliud-Lieferung 7 1274
– anerkannte Regeln der Technik 7 1247
– Aufklärungspflichtverletzung 7 1277
– Aufmaß 10 2462
– Bauhandwerkersicherheitsleistung 12 3183
– Beschaffenheitsvereinbarung 7 1238
– Eurocodes 7 1251
– Garantie 7 1245
– Gebrauchstauglichkeit 7 1268
– gewöhnliche Verwendung 7 1271
– Herstellerangaben 7 1264
– Höherwertige Leistung 7 1278
– Kündigung durch AG 11 2880, 2930
– Kündigung durch AN 11 2779
– Leistung nach Probe 7 1279
– Mangelbeseitigungsaufforderung 7 1316
– Nichtleistung 7 1275
– Nutzungszweck 7 1268
– Öffentlich-rechtliche Normen 7 1266
– optischer Mangel 7 1240
– Skonto 10 2614
– Symptomtheorie 7 1316
– vereinbarte Beschaffenheit 7 1238
– Verkehrswert 7 1268
– Verschleißteile 7 1314
– Verstoß gegen öffentlich-rechtliche Normen 7 1266
– vorausgesetzter Gebrauch der Werkleistung 7 1268
– zugesicherte Eigenschaft 7 1244
Mängel vor Abnahme 5 968
– BGB-Vertrag – Rechte des AG 5 1034
– Leistungstreuepflicht des AN 5 1036
– Rücktritt 5 1035
– Unverhältnismäßigkeit 5 985
Mängelanspruch
– Kostenerstattungsanspruch 7 1347
– Selbstvornahme 7 1347
Mängelanspruch vor Abnahme
– Annahmeverzug 5 1032
– BGB-Vertrag 5 1030
– Leistungstreuepflicht des AN 5 1036
– Rücktritt 5 1036
– Rücktritt des AG 5 1035
– Schadensersatz 5 1039
– Schadensersatzanspruch des AG (BGB-Vertrag) 5 1039
– Verjährung 5 1023, 1041
Mängelansprüche, *s. auch Gewährleistung*
– Abtretungsklauseln 7 1495
– AGB-Inhaltskontrolle 4 731
– Allgemeine Geschäftsbedingungen (AG) 4 731
– Aufklärungspflichtverletzung vor Vertragsschluss 7 1294
– Außerordentliche Kündigung durch AG 11 2930
– Ausführungsstadium 5 968
– Ausschluss 7 1490
– Ausschluss wegen Leistungsbeschreibung 7 1509
– Befreiungsanspruch 7 1377
– Beschränkung 7 1484
– Darlegungs- und Beweislast 7 1478
– Enthaftung bei Subunternehmer 7 1552
– Erfüllungsgehilfe 7 1540
– fehlerhafte Anordnung des AG 7 1513
– Freie Kündigung des AG 11 2857
– Freizeichnungsklauseln 7 1486
– Garantie 7 1497
– Gewährleistungsfristen 7 1559
– Glasfassadenurteil 7 1540
– Haftungsbegrenzung 7 1485
– Herstellergarantie 7 1502
– Insolvenz des AN 11 2875
– Konkurrenzen 7 1467
– Koordinationspflichtverletzung des AG 7 1539
– mangelhafte Baustoffe 7 1515
– mangelhafte Vorunternehmerleistung 7 1518
– Mängelverzicht 7 1557
– Mangelvorbehalte 7 1544
– Minderung 7 1390
– Mitverschulden des AG 7 1528
– Nacherfüllung des AN 7 1307
– Öffentlich-rechtliche Normen 7 1266
– Planungsverschulden 7 1536
– Planungsverschulden Bauherr/Subunternehmer 7 1537
– primäre Mängelrechte 7 1292
– Prüfungs- und Hinweispflicht 7 1521
– Rücktritt 7 1413; 8 1820
– Schadensersatz (BGB-Vertrag) 7 1423
– Schadensersatz (VOB-Vertrag) 7 1450
– sekundäre Mängelrechte 7 1292
– Sowieso-Kosten 7 1545
– Steuervorteile 7 1547
– Subsidiaritätsklausel 7 1495
– Überblick 7 1295
– Verantwortlichkeit des AG 7 1503
– Vergütungseinbehalt 7 1297
– Verjährung 7 1559
– Verjährung nach Kündigung 11 2935
– Verkauf der Bauleistung 7 1558
– Vertragserfüllungssicherheit 12 3005
– Vorschreiben von Baustoffen 7 1515
– Vorschussanspruch 7 1377
– Vorteilsausgleichung 7 1545
– Vorunternehmerleistung 7 1518
– Werklieferungsvertrag 3 402
– Zurückbehaltungsrecht an Vergütung 7 1297

Mängelansprüche des AG 7 1231, *s. auch Gewährleistung*
Mängelansprüche vor Abnahme
- AGB-Inhaltskontrolle 4 702
- Allgemeine Geschäftsbedingungen (AG) 4 702
- Beseitigungspflicht 5 969
- Drittschadensliquidation 5 980
- Kündigung durch AG 5 999
- Mangelbeseitigung 5 978
- Neuherstellung 5 978
- Schadensersatzanspruch 5 988
- Unmöglichkeit 5 986
- VOB-Vertrag 5 968

Mangelbeseitigung
- Verjährung 7 1602

Mangelbeseitigung vor Abnahme 5 978

Mangelbeseitigungsarbeiten
- Gewährleistungspflicht 7 1566
- Verjährung 7 1566

Mangelbeseitigungsaufforderung 7 1316
- Fristsetzung 5 1002; 7 1321, 1349
- Kündigung durch AG 5 1001
- Muster 7 1317
- unberechtigte Mangelbeseitigungsaufforderung 7 1344

Mangelbeseitigungskosten
- Freie Kündigung des AG 11 2845
- Schadensersatz 7 1458

Mangelbeseitigungsplanung 7 1342

Mängeleinrede 7 1570

Mangelfolgeschäden
- Gewährleistung 7 1428
- Schadensersatz 7 1456
- Schadensersatz statt der Leistung 7 1442
- VOB-Vertrag 7 1456

Mängelfreiheitsbescheinigung 10 2546

Mangelhafte Baustoffe 7 1515

Mangelhafte Vorunternehmerleistung
- Gewährleistung 7 1518
- Mängelansprüche 7 1518

Mängelrechte, *s. auch Mängelansprüche, s. auch Mängelansprüche vor Abnahme*
- vor Abnahme (BGB-Vertrag) 5 1030

Mängelrüge
- Verjährung 7 1596
- Verlängerung der Verjährung 7 1596

Mangelschaden
- Gutachterkosten 5 994
- Schadensersatzanspruch vor Abnahme 5 994

Mängelsicherheit, *s. Gewährleistungssicherheit*
- Abschlagszahlung 10 2568
- Rückgabe 12 3110
- Vereinbarung zur Dauer 12 3111

Mängelsicherheiten 12 3007

Mängelverzicht
- Vorteilsausgleichung 7 1557

Mängelvorbehalt
- Fiktive Abnahme 6 1144

Maschinenmiete 3 394
Materiallieferanten
- Bauleistungen 5 868
Materialprüfungsstelle
- Vereinbarung zur Dauer 13 3321
Mediation 13 3348
- Hemmung 13 3350
Mehr an Eignung 2 306
Mehrkostenanspruch des AN, *s. auch Mehrvergütungsanspruch (Behinderung)*
- BGB-Vertrag 8 2123
- Grundlagen 8 1894
- Überblick 8 1885
- VOB-Vertrag 8 1893

Mehrkostenerstattungsanspruch
- Darlegung 11 2923
- Kündigung durch AG 11 2922
- Verjährung 11 2934

Mehrmengen
- Bauzeitverlängerung 8 1773
- Behinderung 8 1773
- Ergänzende Preisanpassung 9 2194
- Mehrvergütungsanspruch 8 1931
- Preisanpassung 9 2189
- Sittenwidrig überhöhter Preis 9 2195
- Wegfall der Geschäftsgrundlage (Preisanpassung) 9 2197

Mehrvergütungsanspruch 8 1901, *s. auch Mehrvergütungsanspruch (Behinderung)*
- Bauablaufstörung 8 1901

Mehrvergütungsanspruch (Behinderung)
- andere Anordnung 8 1949
- Änderung der Grundlage des Preises 8 1905
- Änderungsanordnung des AG (Baugrund) 8 1933
- Anordnung des AG 8 1907
- Anordnung Dritter 8 1954
- Anordnung zur Bauzeit 8 1949
- Baubeginn 8 1951
- Baugrundgutachten 8 1938
- Baugrundrisiko 8 1929, 1936
- Bauzeitennachtrag 8 1969
- Bedarfsposition 8 1906
- Behinderung 8 1901, 1931
- Beispiele (Bauzeit) 8 1951
- Berechnung 8 1966
- Beschleunigungsanordnung 8 1953
- Beschleunigungsmaßnahmen 8 1915
- Einvernehmliche Vertragsanpassung 8 1911
- entfallende Mengen 8 1948
- Erschwernisse 8 1929
- Eventualposition 8 1906
- Fallgruppen 8 1917
- Kalkulation 8 1966
- Konkludente Anordnung des AG 8 1914
- Leistungsänderung vor Vertragsabschluss 8 1957
- Mehrmengen 8 1931
- Mitwirkungspflichten des AG 8 1910
- Nachforderung 8 1966

Stichwortverzeichnis

- Nachprüfungsverfahren 8 1957
- Nachweis Bauzeitanordnung 8 1952
- Öffentliche Ausschreibung (Baugrundrisiko) 8 1941
- Pauschalvertrag 8 1904
- Reichweite 8 1966
- Sowiesokosten 8 1919
- Stillschweigende Anordnung 8 1935
- stillschweigende Anordnung des AG 8 1914
- unklare Leistungsbeschreibung 8 1918
- Vereinbarung 8 1966
- Verhandlungsverfahren 8 1964
- Verschiebung Baubeginn 8 1951
- Voraussetzungen 8 1904
- Vorunternehmerleistung 8 2001
- Wahlposition 8 1906
- Zusatzleistung 8 1932

Mehrvergütungsanspruch (Leistungsänderung)
- Abgrenzung 9 2263
- AGB-Kontrolle (§ 2 Abs. 5 VOB/B) 9 2281
- Alternativposition 9 2248
- Andere Anordnung (§ 2 Abs. 5 VOB/B) 9 2252
- Änderung der Preisgrundlage 9 2258
- Anordnung des AG 9 2225
- Anordnung zur Bauzeit 9 2253
- Anordnungen Dritter 9 2227
- Auslegung des Vertrages 9 2247
- Baugrundabweichung 9 2240
- Bauzeitenanordnung 9 2253
- Bauzeitkosten 9 2277
- Bedarfsposition 9 2248
- Berechnung 9 2272
- Beschleunigungsmaßnahmen 9 2274
- besondere Leistung 9 2220
- BGB-Vertrag 9 2285
- Ergänzende Preisanpassung 9 2282
- Erschwernisse 9 2233
- Eventualposition 9 2248
- Handlung des AG 9 2225
- Kalkulation 9 2418
- Klage 9 2272
- Leistung nach Abruf 9 2251
- Leistungsänderung 9 2237
- Leistungserschwernisse 9 2233
- Leistungskonkretisierung 9 2242
- Nachlass 9 2276, 2427
- Nebenleistung 9 2220
- notwendige Anordnung 9 2229
- Objektiver Empfängersicht 9 2247
- Passives Verhalten des AG 9 2237
- Pauschalvertrag 9 2332
- Preisgrundlage 9 2258
- Reduzierung des Preises 9 2275
- Sittenwidrig überhöhter Preis 9 2282
- stillschweigende Anordnung des AG 9 2234
- Üblicher Preis 9 2278
- unklare Leistungsbeschreibung 9 2242
- Unterkalkulation 9 2246
- Verfeinerung der Planung 9 2244
- Vergütungsanpassung 9 2272
- Vertragspreis 9 2273
- Voraussetzungen 9 2217
- Wahlrecht 9 2248
- Wegfall der Geschäftsgrundlage 9 2284

Mehrvergütungsanspruch (Zusatzleistung)
- Abgrenzung 9 2307
- Abgrenzung Mehrvergütungsanspruch (Mengenänderung) 9 2265
- Ankündigung 9 2300
- Anschlussauftrag 9 2292
- Berechnung 9 2309
- besondere Leistung 9 2288
- BGB-Vertrag 9 2314
- erforderliche Zusatzleistung 9 2291
- Kalkulation 9 2418
- Nachlass 9 2311, 2427
- Nebenleistung 9 2288
- Pauschalvertrag 9 2341
- Vergütungsanpassung 9 2309
- Verlangen des AG 9 2299
- Voraussetzungen 9 2287
- Zusatzleistung 9 2288

Mehrvergütungsanspruch des AN, *s. auch Mehrvergütungsanspruch (Behinderung)*

Mehrvergütungsanspruchs (Leistungsänderung)
- Ankündigung 9 2261

Mehrwertsteuer, *s. auch Umsatzsteuer*
- Ankündigung 7 1373

Meinungsverschiedenheiten mit Behörden 13 3306

Mengenänderung
- Abgrenzung Mehrvergütungsanspruch 9 2264
- Wegfall der Geschäftsgrundlage (EP-Vertrag) 9 2185

Mengenänderungen
- AGB-Inhaltskontrolle 4 681
- Allgemeine Geschäftsbedingungen (AG) 4 681
- Anpassung der Freigrenzen 9 2201
- BGB-Vertrag 9 2204
- Ergänzende Preisanpassung 9 2194
- Klage 9 2193
- Mehrmengen 9 2189
- Mindermengen 9 2190
- Pauschalvertrag 9 2201, 2318
- Sittenwidrig überhöhter Preis 9 2195
- Urkalkulation 9 2193
- Vergütungsanpassung 9 2193
- VOB-Vertrag 9 2184
- Wegfall der Geschäftsgrundlage (EP-Vertrag) 9 2204
- Wegfall der Geschäftsgrundlage (Preisanpassung) 9 2197

Mengengarantie 9 2173
- AGB-Inhaltskontrolle 4 679
- Allgemeine Geschäftsbedingungen (AG) 4 679

Stichwortverzeichnis

Mengenreduzierung auf Null
- BGB-Vertrag 9 2211
- Pauschalvertrag 9 2330
- VOB-Vertrag 9 2206, 2207

Mengenverschiebung
- Pauschalvertrag 8 1931

Mengenverschiebungen
- Mehrvergütungsanspruch 8 1931

Merkantiler Minderwert 7 1408
- Schadensersatz statt der Leistung 7 1441

Mietausfall
- Schadensersatzanspruch vor Abnahme 5 996

Mietausfallschaden
- Verzug des AN 8 1848

Mietgarantie 7 1501

Mietvertrag 3 408
- VOB/B 3 448

Minderleistung
- VOB/B 7 1275

Mindermengen
- freie Kündigung des AG 11 2833
- Mengenreduzierung auf Null 9 2191
- Nullmengen 9 2191
- Preisanpassung 9 2190

Minderung 7 1390
- Ablehnungsandrohung 7 1402
- Aurnhammersches Zielbaumverfahren 7 1409
- Bauhandwerkersicherheitsleistung 12 3183
- Bauträger 1 108
- Berechnung 7 1405
- Darlegungs- und Beweislast 7 1480
- Gestaltungsrecht 7 1403
- Gewährleistungsfrist 7 1565
- Mängel vor Abnahme 5 985
- merkantiler Minderwert 7 1408
- Nacherfüllung 7 1470
- Pauschalvertrag 7 1410
- Schadensersatz 7 1473, 1476
- Schätzung 7 1407
- Subunternehmer 7 1394
- Technischer Minderwert 7 1408
- Umsatzsteuer 7 1412
- Unmöglichkeit der Nachbesserung 7 1396
- Unverhältnismäßigkeit der Mangelbeseitigung 7 1399
- Unzumutbarkeit der Mangelbeseitigung 7 1393
- Verjährung 7 1565, 1570
- Verschulden des AN 7 1391
- Vollzug 7 1403
- Voraussetzung (BGB-Vertrag) 7 1401
- Voraussetzung (VOB-Vertrag) 7 1392

Minderwert
- Schadensersatz (Gewährleistung) 7 1428

Mitverschulden
- Unklare Leistungsbeschreibung 8 1927
- Vergabeverfahren 2 342

Mitverschulden des AG
- Architekt 7 1535
- doppelte Zug-um-Zug-Verurteilung 7 1533
- Eigenverschulden 7 1534
- Gewährleistung 7 1528
- Koordinationspflicht 7 1539
- Mängelansprüche 7 1528
- Mitverschulden Dritter 7 1534
- Planungsverschulden 7 1536
- Planungsverschulden Bauherr/Subunternehmer 7 1537
- prozessuale Geltendmachung 7 1533
- Prüfungs- und Hinweispflicht 7 1527
- vorprozessuale Geltendmachung 7 1532
- Vorunternehmer 7 1540

Mitverschulden des AN
- Kündigung durch AG 5 1017
- Schadensersatz (Behinderung) 8 1993
- Vertragsstrafenvereinbarung 8 1695

Mitwirkungshandlung
- Unmöglichkeit 11 2730

Mitwirkungshandlung des AG 5 1043
- Annahmeverzug 5 1073
- Baugenehmigung 8 2115
- Baugrundstück 5 1080
- BGB-Vertrag 5 1072
- Kündigung durch AN 11 2711, 2804
- Leistungsabruf 5 1078
- Leistungstreuepflicht 5 1083
- Nebenpflicht 5 1068, 1073
- Obliegenheit 5 1066, 1073
- Planunterlagen 5 1079
- Schadensersatz des AN 8 1976
- Unmöglichkeit 8 2107
- VOB-Vertrag 5 1045, 1068

Mitwirkungshandlungen des AG
- rechtliche Einordnung 5 1066

Mitwirkungspflicht des AG, s. auch Mitwirkungshandlung des AG

Mitwirkungspflichten des AG 5 1043
- Abstecken der Hauptachsen 5 1051
- Annahmeverzug 5 1069
- Aufrechterhaltung der Ordnung 5 1055
- Ausführungsunterlagen 5 1047
- Bauinfrastruktur 5 1064
- Behinderung 8 1764
- BGB-Vertrag 5 1072
- Entschädigungsanspruch 8 2085
- Feststellung des Zustandes der Straßen 5 1053
- Koordinationspflicht 5 1060
- Lager- und Arbeitsplätze 5 1064
- Leistungsabruf 5 1078
- Leistungstreuepflicht 5 1083
- Mehrvergütungsanspruch (Behinderung) 8 1910
- Nebenpflicht 5 1068
- öffentliche Genehmigungen 5 1062
- Planunterlagen 5 1079
- Rechtliche Einordnung 5 1066
- Schuldnerverzug 5 1069

Stichwortverzeichnis

- Übergabe von Ausführungsunterlagen 5 1047
- Verkehrssicherungspflicht 5 1056
- Vertragszweckgefährdung 5 1083
- VOB-Vertrag 5 1045, 1068
- Werklieferungsvertrag 3 400

Modifizierte Baugelddarlehen 12 3239
Montagehelfer 3 397

N

Nacherfüllung
- Ablehnung 7 1357
- Endgültige Erfüllungsverweigerung 7 1357
- Gefahr im Verzug 7 1360
- Mangelbeseitigungsplanung 7 1342
- Vereitelung 7 1340
- Vorleistungen des AG 7 1341
- Werklieferant 7 1342
- Werklieferungsvertrag 3 404

Nacherfüllungsanspruch
- Fehlschlagen der Nacherfüllung 7 1359

Nacherfüllungspflicht
- Ablehnungsandrohung 7 1335
- Ausnahmen 7 1328
- Darlegungs- und Beweislast 7 1479
- freie Kündigung des AG 11 2857
- Gesamtschuldner 7 1310
- Klage 7 1346
- Kündigung durch AG 11 2930
- Mangelbeseitigungsaufforderung 7 1316
- Minderung 7 1470
- Nacherfüllungspflicht des AN 7 1325
- Nebenleistungen 7 1338
- Neuherstellung 7 1340
- Schadensersatz 7 1472
- Umfang 7 1336
- unberechtigte Mangelbeseitigungsaufforderung 7 1344
- Unmöglichkeit 7 1329
- Unverhältnismäßigkeit 7 1329
- Verhältnismäßigkeit 7 1329
- Verschulden des AN 7 1309
- Vertragswidrigkeit der Leistung 7 1314
- Voraussetzungen 7 1307
- Vorrang 7 1469

Nachlass 10 2605
- Nachtrag 9 2427

Nachprüfungsstelle 13 3302
Nachprüfungsstellen
- Vergabeverfahren 2 346

Nachprüfungsverfahren
- Bauzeitverlängerung 8 1788
- Behinderung 8 1788
- Mehrvergütungsanspruch 8 1957
- Vergabeverfahren 2 379

Nachreichen von Unterlagen 2 297
Nachschieben von Kündigungsgründen
- Kündigung durch AG 11 2963
- Kündigung durch AN 11 2764

Nachtrag, s. auch *Mehrvergütungsanspruch (Leistungsänderung), Mehrvergütungsanspruch (Zusatzleistung), Nachtragsangebot*
- allgemeine Geschäftskosten 9 2427
- Anforderungen 9 2408
- Ankündigung 9 2300
- Anordnung des AG 9 2225
- Anschlussauftrag 9 2292
- Anspruchsgrundlage 9 2436
- Bauhandwerkersicherheitsleistung 12 3176
- Bauhandwerkersicherheitsleistung (Bürgschaft) 12 3224
- Baustellengemeinkosten 9 2423
- Bauzeitennachtrag 8 1969
- Bürgschaft (Sicherheitsleistung des AN) 12 3057
- Einbeziehung aller Kosten 9 2431
- erforderliche Zusatzleistung 9 2291
- Gerätekosten 9 2422
- Gewinn 9 2427
- Kalkulation 9 2417
- Kalkulation (Vergabehandbuch) 9 2418
- Kalkulationsfehler 9 2428
- Kündigung bei unterbliebender Nachtragsvereinbarung 9 2449
- Leistungsänderungen 9 2212
- Leistungsverweigerungsrecht 9 2443
- Lohnkosten 9 2419
- Mehrvergütungsanspruch 9 2215
- Mengenänderungen 9 2184
- Nachlass 9 2427
- Nachtrag 9 2261
- Nachtragsangebot 9 2411
- Nachtragsprüfung 9 2433
- Nachtragsvereinbarung 9 2438
- Nachunternehmerleistung 9 2425
- Pauschalvertrag 9 2316
- Planungsfehler 9 2413
- Planungsverantwortung des AG 9 2412
- Planungsverantwortung des AN 9 2416
- Prüfbarkeit der Rechnung 10 2475
- Prüfung 9 2433
- Schadensersatzanspruch des AN 9 2430
- Schmiergeldzahlung 2 138
- Schriftformklausel 4 687
- stillschweigende Nachtragsvereinbarung 9 2440
- Stoff- und Materialkosten 9 2420
- Subunternehmerleistung 9 2425
- unterbleibende Nachtragsvereinbarung 9 2443
- Vergütungsanpassung (Leistungsänderung) 9 2272
- Vergütungsanpassung (Zusatzleistung) 9 2309
- Verlangen des AG 9 2299
- Vorbehalt zur Bauzeit 8 1969
- Wegfall der Geschäftsgrundlage 9 2428
- Zusatzleistung 9 2286, 2291

Nachträge 9 2180
- BGB-Vertrag 9 2183

Nachtragsangebot 9 2408
– Anforderungen 9 2411
Nachtragsanspruch
– Behinderung 8 1905
Nachtragsprüfung 9 2433
Nachtragsvereinbarung 9 2438
Nachunternehmer, s. *Subunternehmer*
Nebenangebot
– Vergabeverfahren 2 261
Nebenangebote
– Leistungssoll 5 887
– Wertung (EU-Vergabe) 2 366
Nebenkosten
– AGB-Inhaltskontrolle 4 677
– Allgemeine Geschäftsbedingungen (AG) 4 677
Nebenleistung
– DIN 5 893
– Leistungssoll 5 893
– Mehrvergütungsanspruch 9 2220
– Mehrvergütungsanspruch (Zusatzleistung) 9 2288
– Pauschalvertrag 9 2343
– Vergütung des AN 9 2220, 2288
Nebenleistungen
– AGB-Inhaltskontrolle 4 676, 760
– Allgemeine Geschäftsbedingungen (AG) 4 676
– Allgemeine Geschäftsbedingungen (AN) 4 760
– Leistungsbeschreibung 4 843
Nebenpflicht
– Mitwirkungshandlungen des AG 5 1073
– Mitwirkungspflichten des AG 5 1068
Nebenpflichten
– BGB-Vertrag 5 1042
– Schadensersatz (Gewährleistung) 7 1430
– Schadensersatzanspruch vor Abnahme 5 1042
Nebenpflichtverletzung vor Abnahme
– Schadensersatzanspruch vor Abnahme 5 1027
Negatives Interesse
– Vergabeverfahren 2 338
NEP-Position 2 288
Netzplan 8 1620
Neu für alt
– Vergabeverfahren 7 1550
Neubeginn der Verjährung 7 1595
– Vergütungsansprüche 10 2690
Neuherstellung
– Nacherfüllung 7 1340
– Vergütungsansprüche 6 1195
Neuherstellung in der Bauphase 5 980
Nicht beauftragte Leistung
– Baugrundrisiko 8 1936
Nicht beauftragte Leistungen 9 2368
– Anerkenntnis 9 2377
– Anzeigepflicht des AN 9 2383
– Aufwendungsersatzanspruch 9 2391
– Bereicherungsrechtliche Ansprüche 9 2393
– Beseitigung 9 2374
– BGB-Vertrag 9 2394

– Geschäftsführung ohne Auftrag 9 2388
– Mutmaßlicher Wille des AG 9 2382
– Notwendige Zusatzleistungen 9 2379
– Vergütung 9 2376
– Vergütungshöhe 9 2387, 2391
– VOB-Vertrag 9 2368
Nichtigkeit
– ohne Rechnung 2 130
– Schmiergeldzahlung 2 132
– Umsatzsteuer 2 131
Nichtigkeit des Bauvertrages 2 126
Nichtoffenes Verfahren 2 356
Nutzungsausfall
– Verzug des AN 8 1852
Nutzungszweck 7 1268

O
Objektive Empfängersicht 5 877
– Leistungssoll 5 912
– Mehrvergütungsanspruch (Leistungsänderung) 9 2247
Obliegenheit
– Behinderung des AN 8 2126
– Entschädigungsanspruch 8 2086
– Erfüllungsgehilfe 7 1540
– Mitwirkungshandlung des AG 5 1066, 1073
– Rücktritt des AN 11 2788
– Verschuldenszurechnung 8 2002
Offenes Verfahren 2 356
Offenkundigkeit der Behinderung 8 1798
Öffentliche Ausschreibung 2 225
– Baugrundrisiko 8 1941
– Leistungssoll 5 912
Öffentliche Genehmigungen
– Mitwirkungspflichten des AG 5 1062
Öffentliche Hand
– Anscheinsvollmacht 2 201
– Schriftform bei Verträgen 2 148
Öffentlicher Auftraggeber
– Begriff 2 213
– Schiedsgerichtsverfahren 13 3317
– Sicherheitseinbehalt 12 3084
– Streitschlichtung 13 3317
– Überzahlung 10 2655
– Verwahrgeldkonto 12 3084
Öffentliches Baurecht 1 6
Öffnungsklauseln
– AGB-Inhaltskontrolle 3 489
– Privilegierung der VOB/B 3 489
Öffnungsklauseln der VOB/B
– Abnahme 4 610
– Ausführungsbeginn 4 608
– Bauinfrastruktur 4 606
– Eigenübernahme von Leistungen 4 601
– Gerichtsstandsvereinbarung 4 624
– Gewährleistung 4 613
– Haftungsausgleich 4 609
– Preisanpassung für Pauschalverträge 4 603

Stichwortverzeichnis

- Schlussrechnung 4 617
- Sicherheitsleistung 4 622
- Stundenlohnarbeiten 4 618
- Subunternehmereinsatz 4 607
- Unterlagen des AN 4 604
- Vorauszahlung 4 620

Ohne Rechnung 2 130
Ohnehin-Kosten 7 1545, *s. auch Sowieso-Kosten*
ÖPP-Beschleunigungsgesetz 2 357
Optischer Mangel 7 1240
Ordnungswidrigkeit 1 9
Organisationspflichtverletzung 7 1578

P

Passives Verhalten des AG
- Mehrvergütungsanspruch des AN 9 2237

Pauschalvertrag
- Kalkulationsfehler 9 2322

Pauschalbetrag
- Abrechnung nach EP 9 2367
- Aufhebung Pauschalpreisabrede 9 2367

Pauschalpreis
- Neuberechnung 9 2364
- Vergütungsanpassung 9 2364

Pauschalvertrag 4 795
- Abgrenzung Einheitspreisvertrag 9 2168
- Anfechtung Preisvereinbarung 9 2325
- Anschlussauftrag 9 2344
- Aufmaß 10 2456
- Begriff 4 796
- besondere Leistung 9 2343
- Darlegungs- und Beweislast 4 809
- Detailpauschalvertrag 4 798
- Festpreis 9 2146
- freie Kündigung des AG 11 2834
- Funktionale Leistungsbeschreibung 4 836; 5 836
- Globalpauschalvertrag 4 799
- Komplettheitsklausel 4 694
- Leistungsänderung 9 2332
- Mehrvergütungsanspruch (Behinderung) 8 1904
- Mehrvergütungsanspruch (Leistungsänderung) 9 2332
- Mehrvergütungsanspruch (Zusatzleistung) 9 2341
- Mengenänderungen 9 2201, 2318
- Mengengarantie 9 2177
- Mengenreduzierung auf Null 9 2330
- Mengenverschiebung 8 1931
- Minderung 7 1410
- Nachlass 4 813
- Nachtrag 9 2316
- Nebenleistung 9 2343
- Selbstübernahme von Leistungen 9 2330
- Unabänderlichkeit des Preises 9 2318
- unklares Leistungsverzeichnis 9 2351
- Vergütung des AN 9 2154
- Vergütung nach außerordentlicher Kündigung 11 2912
- Vergütungsanpassung 9 2316

- Vor-/Nachteile 4 801
- Voraussetzungen 4 808
- Wegfall der Geschäftsgrundlage 9 2345
- Zusatzleistung 9 2341

Pay-when-paid-Klausel 4 738
Personalkosten
- Behinderungsschaden 8 2054

Pflicht des Auftragnehmers
- Subunternehmer 5 947
- Vertragsfristen 5 955

Pflichten des Auftragnehmers 5 940
Planerische Leistungen des AN
- Vergütung 9 2395

Planlieferlisten 8 1645
Planungsleistungen
- VOB/B 3 451

Planungsleistungen des AN
- Vergütung 9 2395

Planungsverschulden 7 1536
Planunterlagen
- AGB-Inhaltskontrolle 4 695
- Allgemeine Geschäftsbedingungen (AG) 4 695
- Behinderung 8 1766
- Bereitstellung durch AG 5 1079
- Herausgabe 5 965

Positionspreis 4 791
Positive Vertragsverletzung
- Kündigung durch AG (VOB-Vertrag) 11 2940
- Kündigungsrecht durch AG (BGB-Vertrag) 11 2980

Positives Interesse
- Vergabeverfahren 2 339

Präqualifikation 2 234, 363
Präqualifikationsverzeichnis 2 234, 363
Preis-Formblätter 2 304
Preisabsprachen
- Kündigung durch AG 11 2876

Preisanpassung
- AGB-Inhaltskontrolle 4 678, 762
- Allgemeine Geschäftsbedingungen (AG) 4 678
- Allgemeine Geschäftsbedingungen (AN) 4 762

Preisanpassung bei Vertragsänderungen
- AGB-Inhaltskontrolle 4 687
- Allgemeine Geschäftsbedingungen (AG) 4 687

Preisanpassung Pauschalverträge
- AGB-Inhaltskontrolle 4 691
- Allgemeine Geschäftsbedingungen (AG) 4 691

Preisgarantie
- AGB-Inhaltskontrolle 4 678, 762
- Allgemeine Geschäftsbedingungen (AG) 4 678
- Allgemeine Geschäftsbedingungen (AN) 4 762

Preisgleitklausel 9 2147
- Bagatellklausel 4 591
- Selbstbeteiligungsklausel 4 591

Preisgleitklauseln
- AGB-Inhaltskontrolle 4 591

Preisnachlässe 2 261
Preisübersicht 2 301

Stichwortverzeichnis

Preisvereinbarung
- AGB-Kontrolle 4 645

Primäre Mängelrechte 7 1292
Primärverzögerung 8 1802
Privilegierung der VOB/B 3 481
- Dynamische Verweisung 3 484
- Gewährleistungsfrist 4 614
- Verbraucher 3 482

Produktivitätsverluste
- Behinderungsschaden 8 2055

Projektanten 2 241
Projektierungskosten 2 176
Projektsteuerer 1 112
Prozesskosten
- Schadensersatz (Gewährleistung) 7 1458
- Schadensersatzanspruch vor Abnahme 5 991

Prüf- und Hinweispflicht
- Werklieferungsvertrag 3 403

Prüfbarkeit der Abrechnung
- Abschlagszahlung (BGB-Vertrag) 10 2563
- Mehrkostenerstattungsanspruch (Kündigung) 11 2923
- Stundenlohnrechnung 10 2499

Prüfbarkeit der Rechnung
- Abschlagszahlung (VOB) 10 2508
- BGB-Vertrag 10 2473, 2582
- DIN 10 2475
- Einwände 10 2542
- freie Kündigung des AG 11 2829
- Grundsätze 10 2475
- Kündigung durch AG 11 2910
- Nachtrag 10 2475
- Nebenpflicht 10 2474
- Richtigkeit 10 2537
- Schlusszahlung (VOB) 10 2537
- Skonto 10 2615
- VOB-Vertrag 10 2474

Prüfungs- und Hinweispflicht 5 956; 7 1521
- Adressat 7 1526
- AGB-Inhaltskontrolle 4 700
- Allgemeine Geschäftsbedingungen (AG) 4 700
- Darlegungs- und Beweislast 7 1526
- Form 5 961; 7 1526
- Frist 5 961
- Gewährleistung 7 1521
- Mängelansprüche 7 1521
- Mitverschulden 7 1527
- Umfang 5 958

Prüfvermerk des Architekten
- Abnahme 6 1129

Pufferzeiten 8 1803

R
Rahmenvertrag 4 789
Rahmenverträge 2 369
Rangfolgeklauseln
- AGB-Inhaltskontrolle 4 668
- Allgemeine Geschäftsbedingungen (AG) 4 668

Rangfolgenregelung
- Leistungssoll 5 888

Ratenlieferungsvertrag 2 155
Rechnung, s. auch Schlussrechnung
- Leistungssoll 10 2474

Rechtliche Unmöglichkeit
- Minderung 7 1398

Rechtmäßiges Alternativverhalten
- Vergabeverfahren 2 336

Rechtsanwaltskosten
- Schadensersatz (Gewährleistung) 7 1458
- Schadensersatz (Vergabeverfahren) 2 338
- Schadensersatzanspruch vor Abnahme 5 991

Rechtsaufsicht
- Vergabeverfahren 2 346

Rechtsmangel 7 1235
Rechtsweg
- Vergabeverfahren 2 329

Rechtzeitiger Beginn mit Bauausführung 8 1715
Renovierungsarbeiten
- Bauleistung 5 868

Rentabilitätsvermutung
- Behinderungsschaden 8 2070

Reparaturarbeiten
- Bauleistung 5 861

Risikobereich des AG
- Behinderung 8 1764

Risikoübernahme durch AN 5 881
Rückgabe der Sicherheit 12 3106
Rücktritt, s. auch Rücktritt des AN, Rücktritt des AG
- Abwicklung 7 1419
- Auftraggeber 11 2967
- Außerordentlicher Rücktritt des AG 5 1036
- Ausschluss 7 1421
- Bauträger 1 107
- Bauzeitverzögerung 8 1818
- Erhebliche Pflichtverletzung 7 1414
- Erklärung 7 1419
- Gewährleistung 7 1413; 8 1820
- Mängel vor Abnahme (BGB-Vertrag) 5 1035
- Mängelanspruch 7 1413
- Mängelansprüche 8 1820
- Minderung auf Null 7 1411
- Rechtsfolgen 8 1819
- Schadensersatz (Gewährleistung) 7 1477
- Verjährung (Gewährleistung) 7 1570
- Verschulden 8 1818
- Verzug des AN 8 1818
- VOB-Vertrag 7 1421
- Voraussetzungen bei Gewährleistung 7 1414
- Zahlungsverzug 10 2622

Rücktritt des AG
- Außerordentliches Rücktrittsrecht 5 1036
- Außerordentliches Rücktrittsrecht (BGB-Vertrag) 11 2980
- fällige Leistungsverpflichtung des AN 11 2968
- Fixgeschäft 11 2971
- Folgen 11 2972

Stichwortverzeichnis

- Fristsetzung 11 2971
- Mängel vor Abnahme (BGB-Vertrag) 5 1035
- Mängelabzug 11 2973
- Mängelanspruch vor Abnahme 5 1036
- Nutzungsherausgabe 11 2974
- vertragsgemäße Leistung 11 2970
- Verwendungsersatzanspruch 11 2975
- Wertersatz 11 2973
- Zahlungsverzug 11 2967

Rücktritt des AN 11 2786
- Behinderung 11 2788
- Fristsetzung 11 2796
- Nebenpflichtverletzungen des AG 11 2787
- Obliegenheiten 11 2788
- Pflichtverletzung des AG 11 2787
- Rechtsfolgen 11 2798
- Rückgewährschuldverhältnis 11 2798
- Treu und Glauben 11 2809
- Verlust des Rücktrittsrechts 11 2797
- Verwirkung 11 2797
- vorzeitiger Rücktritt 11 2795
- Zahlungsverzug 11 2787, 2790

Rüge
- Vergabeverfahren 2 380

Rügepflicht 3 403

S

Sachmangel 7 1235
Sachverständigenkosten
- Behinderungsschaden 8 2060
- Entschädigungsanspruch 8 2101
- Schadensersatz (Behinderung) 8 2060

Sachverwalter des Bauherrn 1 16
Sachwalter des Bauherrn 2 159
Salvatorische Klauseln 4 647
Schadensatz
- Schmiergeldzahlung 2 137

Schadensersatz 7 1423, s. auch *Schadensersatz (Gewährleistung), Schadensersatz (Verzug des AN), Schadensersatz (Behinderung), s. auch Schadensersatzanspruch vor Abnahme*
- Angebotserstellungskosten 2 338
- Ankündigung des Vergütungsanspruchs 9 2300
- Aufhebung der Ausschreibung 2 314, 335
- Bauablaufstörung 8 1975
- Bauforderungssicherungsgesetz 12 3258
- Baugrundrisiko 8 1947
- Bauhandwerkersicherheitsleistung 12 3179, 3212
- Bauhandwerkersicherungshypothek 12 3135
- Bauträger 1 107
- Behinderung 8 1975
- Entgangener Gewinn (Vergabeverfahren) 2 339
- EU-Vergabe 2 385
- Insolvenz des AN 11 2874
- Kein zuschlagsfähiges Angebot 2 336
- Kostenanschlag 11 2959
- Kündigung durch AG 11 2931

- Leistungstreuepflicht bei Mitwirkungshandlung 5 1083
- Mengengarantie 9 2174
- Mitverschulden (Vergabeverfahren) 2 342
- Positives Interesse (EU-Vergabe) 2 388
- Rechtmäßiges Alternativverhalten (Vergabeverfahren) 2 336
- Rechtsanwaltskosten (Vergabeverfahren) 2 338
- Stundenlohnarbeiten 10 2486
- Unklare Leistungsbeschreibung 5 917; 8 1920
- Unklare Leistungsbeschreibung (Baugrund) 8 1947
- Vergabe (deliktischer Anspruch) 2 389
- Vergabe unter Schwellenwert 2 332
- Vergabeverfahren 2 332
- Verschulden (EU-Vergabe) 2 388
- Verschulden (Vergabeverfahren) 2 341
- Vertragsstrafe 8 1695
- Vertragsstrafenanrechnung 8 1713
- Verzug des AN (BGB-Vertrag) 8 1816
- Verzug des Auftragnehmer (VOB-Vertrag) 8 1833
- Voraussetzungen bei Vergabeverfahren 2 332

Schadensersatz (Behinderung)
- Abschlagszahlung 8 2075
- AGB-Inhaltskontrolle 4 710
- Allgemeine Geschäftsbedingungen (AG) 4 710
- Allgemeine Geschäftskosten 8 2054
- Äquivalenzkostenverfahren 8 2037
- Ausführungsfristen/Vergabe 8 1647
- bauablaufbezogene Darstellung 8 1985
- baubetriebliche Kostenermittlung 8 2032
- Baugeräteliste 8 2068
- Behinderungsanzeige 8 1978
- Behinderungsschaden 8 1982
- Berechnung 8 2020, 2049
- Beschleunigungskosten 8 2061
- Beweislastverteilung 8 1983
- BGB-Vertrag 8 2127
- Darlegung 8 1983
- Darlegungs- und Beweislast 8 2020
- Differenztheorie 8 2024
- entgangener Gewinn 8 2020
- Entlastungsbeweis 8 1983
- Entschädigungsanspruch 8 1999
- Gerätevorhaltung 8 2066
- Glasfassadenurteil 8 2002
- Grundlagen für Schadensberechnung 8 2024
- Kausalität 8 1989
- konkrete Schadensberechnung 8 2049
- Kostenarten 8 2032
- Lohnkosten 8 2054
- mehrere Behinderungen 8 1986
- Mitverschulden des AN 8 1993
- Mitwirkungshandlung des AG 8 1976
- Personalkosten 8 2054
- Produktivitätsverluste 8 2055
- Rentabilitätsvermutung 8 2070
- Sachverständigenkosten 8 2060

Stichwortverzeichnis

- Schaden 8 1982
- Schadensminderungspflicht 8 1995
- Schadensschätzung 8 1987, 2063
- Schadensschätzung bei Gerätevorhaltung 8 2066
- Schlusszahlungseinrede 8 2080
- Schuldnerverzug (BGB-Vertrag) 8 2126
- Stillstandskosten 8 2053
- Umfang 8 2020
- Umsatzsteuer 8 2074
- Unklare Leistungsbeschreibung 8 1920
- unmögliche Mitwirkungshandlung 8 2107
- Ursächlichkeit der Pflichtverletzung 8 1989
- Verjährung 8 2078
- Verschulden 8 1993
- Verschulden des AG 8 1979
- Voraussetzungen 8 1977
- Vorunternehmerleistung 8 1997

Schadensersatz (Gewährleistung)
- Aufklärungspflicht 7 1431
- BGB-Vertrag 7 1423
- Darlegungs- und Beweislast 7 1481
- Delikt 7 1433
- Eigentumsverletzung 7 1433
- Feststellungsklage 7 1462
- Funktionstauglichkeit 7 1431
- Geldzahlung 7 1461
- großer Schadensersatz (BGB) 7 1445
- großer Schadensersatz (VOB) 7 1463
- Gutachterkosten 7 1458
- kleiner Schadensersatz (BGB) 7 1441
- kleiner Schadensersatz (VOB) 7 1452
- Mangelbeseitigungskosten 7 1458
- Mangelfolgeschäden 7 1428, 1442
- Mangelfolgeschaden (VOB) 7 1456
- merkantiler Minderwert 7 1441
- Minderung 7 1473, 1476
- Minderwert 7 1428
- Nacherfüllung 7 1472
- Naturalherstellung 7 1461
- Nebenpflichten 7 1430
- Prozesskosten 7 1458
- Rechtsanwaltskosten 7 1458
- Rücktritt 7 1477
- Schadensersatz statt der Leistung 7 1426, 1436
- Schadensschätzung 7 1443
- Technischer Minderwert 7 1441
- Umfang (VOB-Vertrag) 7 1456
- Umsatzsteuer 7 1444, 1461
- Verjährung 7 1601
- Verschulden des AN 7 1455
- VOB-Vertrag 7 1450
- Voraussetzungen 7 1435
- Vorunternehmerleistung 7 1423
- weiterer Schadensersatz 7 1427

Schadensersatz (Verzug des AN) 8 1816
- Architektenleistung 8 1842
- Darlegungs- und Beweislast 8 1855
- Entgangener Gewinn 8 1837, 1846
- Finanzierungskosten 8 1848
- Mitausfallschaden 8 1848
- Nutzungsausfall 8 1852
- Steuervorteile 8 1851
- Umfang 8 1839
- Umsatzsteuer 8 1854
- Verjährung 8 1857
- Verschulden 8 1835
- Vertragsstrafe 8 1843
- VOB-Vertrag 8 1833
- Voraussetzungen (BGB-Vertrag) 8 1815
- Voraussetzungen (VOB-Vertrag) 8 1834
- Vorteilsausgleichung 8 1851

Schadensersatz statt der Leistung
- Anspruch des AN 11 2800
- Auftraggeber 11 2977
- Bauzeitverzögerung 8 1822
- Fristsetzung 7 1437
- Gewährleistung 7 1426, 1436
- großer Schadensersatz 7 1445
- Mangelfolgeschäden 7 1442
- merkantiler Minderwert 7 1441
- Schadensschätzung 7 1443
- Technischer Minderwert 7 1441
- Umfang 7 1439
- Umsatzsteuer 7 1444
- Unmöglichkeit 7 1447
- Verzug des AN 8 1822
- Voraussetzungen 7 1437
- Zahlungsverzug 10 2622

Schadensersatz wegen Nichterfüllung
- Kündigung durch AG 11 2896

Schadensersatzanspruch
- Bauausführungsstadium 5 988
- Kündigung durch AG 5 988
- Mängelansprüche vor Abnahme 5 988
- Verzug des AN 8 1816

Schadensersatzanspruch statt der Leistung
- Voraussetzungen (Anspruch des AN) 11 2801

Schadensersatzanspruch vor Abnahme
- Begleitschäden 5 991
- BGB-Vertrag 5 1039
- Darlegungs- und Beweislast 5 998
- entgangener Gebrauchsvorteil 5 997
- Entgangener Gewinn 5 988, 996
- Erfüllungsschaden 5 992
- Gutachterkosten 5 991
- Mangelschaden 5 994
- Mietausfall 5 996
- Nebenpflicht 5 1027
- Nebenpflichten 5 1042
- Prozesskosten 5 991
- Rechtsanwaltskosten 5 991
- Sicherheiten 5 989
- Verjährung 5 989, 1041
- Verzögerungsschaden 5 996

Schadensminderungspflicht
- Kostenerstattungsanspruch 7 1367

Stichwortverzeichnis

- Schadensersatz (Behinderung) 8 1995
Schadensschätzung 8 2063
- Baugeräteliste 8 2071
- Behinderungsschaden 8 2063
- Entschädigungsanspruch 8 2102
- Gerätevorhaltung 8 2066
- Gewährleistung 7 1443
- Schadensersatz (Behinderung) 8 1987
Scheinbestandteil
- Bauleistung 5 862
Schiedsgerichtsordnung für das Bauwesen 13 3383
Schiedsgerichtsverfahren 13 3361
- Anwaltszwang 13 3369
- Bauhandwerkersicherungshypothek 13 3371
- Inkassofälle 13 3371
- Klage vor ordentlichen Gericht 13 3378
- Musterprozesse 13 3371
- öffentlicher Auftraggeber 13 3317
- prozesshindernde Einrede 13 3378
- Schiedsgerichtsordnung 13 3380
- Schiedsgutachtenverfahren 13 3333
- Schiedsvereinbarung 13 3376
- Schlichtungs- und Schiedsordnung für Baustreitigkeiten 13 3382
- SL Bau 13 3380, 3383
- SOBau 13 3380, 3382
- Streitlösungsordnung für das Bauwesen 13 3383
- Streitverkündung 13 3372
- Subunternehmer 13 3372
- Vormerkung 13 3371
- Vorteile 13 3362
Schiedsgutachten, s. auch Schiedsgutachterverfahren
- Abgrenzung 13 3332
- Materialprüfungsstelle 13 3327
- offenbare Unrichtigkeit 13 3330
- Prozess 13 3327, 3342
- Unrichtigkeit 13 3343
- Verbindlichkeit 13 3329
Schiedsgutachtenvereinbarung
- AGB-Inhaltskontrolle 4 749, 782
- Allgemeine Geschäftsbedingungen (AG) 4 749
- Allgemeine Geschäftsbedingungen (AN) 4 782
- Verbindlichkeit 13 3339
Schiedsgutachtenverfahren 13 3331, 3334, s. auch Schiedsgutachten
- AGB-Kontrolle 13 3341
- Form der Schiedsgutachtenvereinbarung 13 3341
- Prozess 13 3342
- Schiedsgerichtsverfahren 13 3333
- Schiedsgutachter 13 3340
- Vereinbarung 13 3339
Schiedsgutachter
- Vereinbarung 13 3340
Schiedsvereinbarung
- Vereinbarung 13 3376
Schiedsvertrag
- Schriftform 2 150

Schlichterspruch 13 3358
Schlichtungs- und Schiedsordnung für Baustreitigkeiten
- Schriftform 13 3382
Schlichtungsklausel 13 3352
Schlichtungsverfahren 13 3351
Schlüsselfertiges Bauen 1 42
Schlussrechnung 10 2527, s. auch Schlusszahlung
- Abrechnungsgrundsätze 10 2475
- Architekt 10 2544
- Aufstellung durch AG 10 2479
- Begriff 10 2527
- BGB-Vertrag 10 2582
- Bindungswirkung 10 2483
- DIN 10 2475
- Fertigstellung der Leistung 10 2478
- Frist zur Aufstellung 10 2478
- Klage auf Erstellung 10 2481
- Kündigung durch AG 11 2910
- Mitteilung des Prüfergebnisses 10 2544
- Nachschieben neuer Rechnung 10 2551
- Nachtrag 10 2475
- Prüfbarkeit 10 2474
- Prüfergebnis 10 2544
- Prüfung durch AG 10 2540
- Rechtsfolgen bei Fälligkeit 10 2550
- Selbstaufstellung durch AG (BGB-Vertrag) 10 2584
- VOB-Vertrag 10 2537
Schlusszahlung, s. auch Schlussrechnung
- 30-Tage-Frist 10 2540
- Abnahme (BGB) 10 2572
- Abnahme (VOB) 10 2532
- Abnahmeverweigerung 10 2534
- AGB-Inhaltskontrolle (VOB) 10 2547
- Begriff 10 2529
- BGB-Vertrag 10 2576
- prüfbare Schlussrechnung (VOB) 10 2537
- Prüfbarkeit der Rechnung (BGB) 10 2584
- Prüfung der Schlussrechnung 10 2540
- Schlussrechnung (BGB) 10 2582
- Schlussrechnung (VOB) 10 2537
- Schlusszahlungseinrede 10 2629
- Schuldanerkenntnis 10 2647
- Teilschlusszahlung 10 2552
- Überzahlung 10 2646
- Unsicherheitseinrede 10 2536
- Verjährung 10 2666
- VOB-Vertrag 10 2525, 2529
- Voraussetzungen (VOB) 10 2531
- Vorzeitige Vertragsbeendigung 10 2535
- weitere Fälligkeitsvoraussetzungen 10 2546
- Zwei-Monats-Frist 10 2540
Schlusszahlungseinrede 10 2629
- AGB-Kontrolle 10 2645
- Behinderungsschaden 8 2080
- Folgen 10 2643
- Schadensersatz (Behinderung) 8 2080

Stichwortverzeichnis

- Voraussetzungen 10 2630
- Vorbehalt des AN 10 2638

Schmiergeldzahlung 2 132
- Kündigung des Vertrages 2 137

Schreinerleistungen 3 396

Schriftform
- Bauvertrag 2 148
- Behinderungsanzeige 8 1797
- E-Mail bei Kündigung durch AN 11 2773
- Freie Kündigung des AG 11 2821
- Kündigung durch AG 5 1010; 11 2962
- Kündigung durch AN 11 2773
- Kündigungserklärung (Verzug des AN) 8 1872
- Mangelbeseitigungsaufforderung 7 1322
- Öffentliche Hand 2 148
- Prüfungs- und Hinweispflicht 7 1526
- Schiedsvertrag 2 150
- VOB/B 4 558

Schriftformklausel
- Behinderung 4 688
- Nachtrag 4 687

Schriftformklauseln
- AGB-Inhaltskontrolle 4 687

Schriftformvereinbarung
- Bauvertrag 2 151
- Wirksamkeit 2 151

Schriftliche Abnahme 6 1106

Schuldnerverzug
- Abnahme 6 1168
- Bauhandwerkersicherheitsleistung 12 3203
- Behinderung des AN 8 2126
- Mitwirkungspflichten des AG 5 1069

Schuttklausel
- AGB-Inhaltskontrolle 4 676
- Allgemeine Geschäftsbedingungen (AG) 4 676

Schutzpflichten 5 953

Schwarzarbeit 2 129

Schwellenwert 2 215

Schwere Verfehlung 2 246

Sektorenauftraggeber
- Mitwirkungspflichten des AG 2 220

Sektorenrichtlinie 2 214, 347

Sektorenverordnung 2 220, 351

Sekundäre Mängelrechte 7 1292

Sekundärverzögerung 8 1804

Selbständige Stundenlohnarbeiten 4 820

Selbstbeteiligungsklausel 4 591; 9 2149
- AGB-Inhaltskontrolle 4 680
- Allgemeine Geschäftsbedingungen (AG) 4 680

Selbstkostenerstattungsvertrag 4 817
- Vergütung des AN 9 2164

Selbstschuldnerische Bürgschaft 12 3021

Selbstübernahme von Leistungen 9 2206
- AGB-Inhaltskontrolle 4 685
- Allgemeine Geschäftsbedingungen (AG) 4 685
- BGB-Vertrag 9 2211
- Pauschalvertrag 9 2330
- VOB-Vertrag 9 2207

Selbstvornahme 7 1347, *s. auch Vorschussanspruch*
- Kostenerstattung 7 1374
- Kostenerstattung vor Kündigung 5 1020
- vor Abnahme 5 1030
- Vor Kündigung 5 983

SGO Bau 13 3383

Sicherheitsbelastung des AN
- Gewährleistungssicherheit 12 3007

Sicherheitseinbehalt 12 3067
- Abrede 12 3068
- Abschlagszahlung 10 2515
- AGB-Inhaltskontrolle 4 745
- Allgemeine Geschäftsbedingungen (AG) 4 745
- Arten 12 3015
- Austauschrecht AN 12 3093
- Auszahlung 12 3110
- Bauabzugsteuer 12 3079
- Bauforderungssicherungsgesetz 12 3276
- Bauhandwerkersicherheitsleistung 12 3182
- Bürgschaft 12 3016
- Fälligkeit 12 3085
- Höhe 12 3069
- Nachfrist 12 3077
- öffentlicher Auftraggeber 12 3084
- Rückzahlung 12 3110
- Sperrkonto 12 3075
- Umsatzsteuer 12 3070
- Und-Konto 12 3083
- Vereinbarung 12 3068
- Verwahrgeldkonto 12 3084
- Verwirkung 12 3078

Sicherheitsleistung 12 2984
- Abschlagszahlung 10 2566
- AGB-Inhaltskontrolle 4 744
- Allgemeine Geschäftsbedingungen (AG) 4 744
- Bauforderungssicherungsgesetz 12 3232
- Bauhandwerkersicherungshypothek 12 3120
- Vorauszahlung 10 2523
- zugunsten des AG 12 2986
- zugunsten des AN 12 3119

Sicherheitsleistung des AG
- Bauforderungssicherungsgesetz 12 3232
- Bauhandwerkersicherheitsleistung 12 3162
- Unsicherheitseinrede 12 3231
- zugunsten des AN 12 3119

Sicherheitsleistung des AN 12 2986, *s. auch Bürgschaft, s. auch Sicherheitseinbehalt*
- Abdingbarkeit 12 3114
- AGB-Inhaltskontrolle 4 744
- AGB-Kontrolle 12 3116
- Allgemeine Geschäftsbedingungen (AG) 4 744
- Aufschiebende Bedingung 12 3100
- Austausch unter aufschiebender Bedingung 12 3100
- Bauabzugsteuer bei Rückgabe 12 3110
- Beschränkung des Austauschrechts 12 3094
- Bürgschaft auf erstes Anfordern 12 3029

Stichwortverzeichnis

- Fälligkeit 12 3085
- Gestörter Austausch 12 3095
- Hinterlegung 12 3065
- Höhe 12 3010
- Insolvenz des AG 12 3102
- Klage 12 3088
- Rückgabe 12 3106
- Sicherheitseinbehalt 12 3067
- Sicherungsabrede 12 2987
- Übermaß 12 3116
- Umsatzsteuer 12 3014
- Und-Konto 12 3065
- Verbraucher 12 3118
- Vertragliche Vereinbarung 12 2987
- Vertragsbedingungen des AG 12 3116
- Vertragserfüllungssicherheit 12 3001
- Vertragsstrafe 12 3002
- Voraussetzungen 12 2987
- Wahlrecht des AN 12 3091
- Zweck 12 2998

Sicherheitsleistung des Auftragnehmer
- Zeitpunkt 12 3085

Sicherheitsleistungen des AG
- Zweck 12 3240

Sicherungsabrede 12 2987
- Form 12 2997
- Inhalt 12 2992
- Sicherungsfall 12 2994
- Sicherungsmittel 12 2993
- Sicherungszweck 12 2993

Sicherungsfall
- Gewährleistungsbürgschaft 12 3046

Sittenwidrigkeit
- Bauvertrag 2 132
- Mehrvergütungsanspruch (Leistungsänderung) 9 2282
- Preisbildung bei Mehrmengen 9 2195

Skonto
- AGB-Inhaltskontrolle 4 738
- Allgemeine Geschäftsbedingungen 10 2610
- Allgemeine Geschäftsbedingungen (AG) 4 738
- Bauhandwerkersicherheitsleistung 12 3174
- Bauvertrag 10 2605
- Mangel 10 2614
- rechtzeitige Zahlung 10 2611
- Vereinbarung 10 2607
- Voraussetzungen 10 2606

SL Bau
- Mediation 13 3348
- Schlichtungsverfahren 13 3351
- vor Abnahme 13 3383

SOBau 13 3347
- Schlichtungsverfahren 13 3351
- Voraussetzungen 13 3382

Sofortige Beschwerde
- Vergabeverfahren 2 383

Sonderbauten 1 16
Sonderfachmann 1 20

Sowieso-Kosten 7 1545
- Abrechnung 7 1551
- Kostenerstattungsanspruch 7 1370
- Kündigung durch AG 11 2925
- Mengengarantie 9 2174

Sowiesokosten
- Mehrvergütungsanspruch (Behinderung) 8 1919

Spekulationsangebote 2 302
Sperrkonto
- Sicherheitseinbehalt 12 3075

Stand der Bautechnik 5 911
Standardleistungsbuch 4 846
Standardleistungskatalog 4 846
Stellvertretung 2 189
Steuerschuldumkehr 10 2598
Steuervorteile
- Verzug des AN 8 1851
- Vorteilsausgleichung 7 1547

Stillschweigende Abnahme 6 1125
- Abnahmezeitpunkt 6 1128
- Fertigstellung der Leistung 6 1125

Stillschweigende Anordnung 5 936
- Baugrundrisiko 8 1935

Stillschweigende Anordnung des AG
- Mehrvergütungsanspruch (Behinderung) 8 1914
- Mehrvergütungsanspruch (Leistungs- änderung) 9 2234

Stillschweigende Risikoübernahme durch AN 5 883
Stillschweigende Stundenlohnvereinbarung
- Mehrvergütungsanspruch (Leistungs- änderung) 9 2403

Stillstandskosten 8 2053
Stoff- und Materialkosten
- Nachtragsberechnung 9 2420

Stoffgleitklausel 4 590
Stoffpreisgleitklausel 9 2148
Störung der Geschäftsgrundlage, s. *Wegfall der Geschäftsgrundlage*

Streik
- Behinderung 8 1752

Streitlösungsordnung für das Bauwesen
- Bauleistung 13 3383

Streitschlichtung
- Behinderung 13 3301
- Behörden 13 3306
- Materialprüfungsstelle 13 3321
- Meinungsverschiedenheiten mit Behörden 13 3306
- Nachprüfungsstelle 13 3302
- öffentlicher Auftraggeber 13 3317
- Vereinbarung 13 3316

Streitverkündung
- Schiedsgerichtsverfahren 13 3372

Streitvermeidung 13 3289
Stundenlohnarbeiten 9 2398; 10 2484
- AGB-Inhaltskontrolle 4 737
- Allgemeine Geschäftsbedingungen (AG) 4 737

Stichwortverzeichnis

- Anerkenntnis 10 2497
- Angehängte Stundenlohnarbeiten 4 576
- Angehängte Stundenlohnarbeiten (Nachweis) 10 2487
- Anzeige 10 2495
- BGB-Vertrag 10 2485
- Einwendungen 10 2497
- Höhe der Vergütung 10 2493
- Kontrolle der Vergütung 10 2494
- Nachweis 10 2485
- Rechnung 10 2499
- Schadensersatz 10 2486, 2492
- Schuldanerkenntnis 10 2497
- Stillschweigende Vereinbarung 9 2403
- Stundenlohnvereinbarung 10 2491
- Stundenlohnzettel 10 2496
- Teilschlussrechnung 10 2499
- Vereinbarung 9 2400; 10 2491
- Vergütung (BGB-Vertrag) 9 2407
- Vergütung (VOB-Vertrag) 9 2399
- VOB-Vertrag 10 2490
- Wirtschaftliche Betriebsführung 10 2486, 2492
- Zweifel 10 2500

Stundenlohnrechnung
- Prüfbarkeit 10 2499
- Teilschlusszahlung 10 2552
- Zweifel 10 2500

Stundenlohnvereinbarung 9 2400

Stundenlohnvertrag 4 815
- angehängte Stundenlohnarbeiten 4 820
- selbständige Stundenlohnarbeiten 4 820
- Vergütung des AN 9 2158

Stundenlohnzettel
- Architekt 10 2498
- selbständige Stundenlohnarbeiten 10 2496

Submissionstermin 2 278

Subsidiaritätsklausel 7 1495
- AGB-Kontrolle 4 776
- Gewährleistungsbeginn 7 1560

Subunternehmer
- Abnahme 1 56; 6 1096
- Abschlagszahlung 4 519
- Bauforderungssicherungsgesetz 12 3261
- Bauhandwerkersicherheitsleistung 12 3166
- Begriff 1 67
- Kündigung des Bauvertrages durch AG 11 2885
- Kündigung durch AG (VOB) 5 1028
- Mängelverzicht 7 1557
- Nachreichung von Unterlagen 2 365
- Nachtragsberechnung des GU 9 2425
- Planungsverschulden Bauherr 7 1536
- Schiedsgerichtsverfahren 13 3372
- Vereinbarung Bauherr/GU 7 1557
- Vergabeverfahren 2 365
- Vertragsstrafe 1 60
- Vorschussanspruch 7 1382
- Vorteilsausgleichung 7 1552
- Werklieferungsvertrag 3 396

- Zustimmungspflicht des AG 1 68

Subunternehmereinsatz
- AGB-Inhaltskontrolle 4 705
- Allgemeine Geschäftsbedingungen (AGB) 4 705

Symptomtheorie 7 1316

T

Tauglicher Bürge
- Bürgschaft auf erstes Anfordern 12 3036
- Sicherheitsleistung des AN 12 3018

Technische Abnahme
- Allgemeine Geschäftsbedingungen (AGB) 6 1156

Technische Spezifikationen 2 253; 4 848

Technische Unmöglichkeit
- Minderung 7 1397

Technischer Minderwert 7 1408
- Schadensersatz statt der Leistung 7 1441

Teilabnahme 6 1149
- Arten 6 1151
- Vertragsstrafe 6 1155
- Vorbehalt 6 1155

Teilbetreuung 1 83

Teilkündigung 5 1016
- Außerordentliche Kündigung durch AG 11 2892
- Bauhandwerkersicherheitsleistung 12 3210
- freie Kündigung des AG 11 2855

Teilnahme am Wettbewerb 2 232

Teilschlussrechnung 10 2552

Teilschlusszahlung
- VOB-Vertrag 10 2552

Teilzahlungsgeschäft 2 155

Totalunternehmer 1 42

Transparenzgebot
- Vertragsstrafe 8 1699

Treppen 3 397

Treu und Glauben
- Kündigung durch AN 11 2809
- Rücktritt des AN 11 2809

Treuhandkonto
- Bauforderungssicherungsgesetz 12 3270

U

Überraschende Klauseln 4 642

Überzahlung 10 2646
- Abschlagszahlung 10 2519, 2649
- Bereicherungsanspruch 10 2653
- öffentlicher Auftraggeber 10 2655
- Rückforderung 10 2647
- Schuldanerkenntnis 10 2647
- Sicherheitsleistung des AN 12 3004
- Verjährung 10 2651, 2658
- Verwirkung 10 2654

Umbauarbeiten
- Bauleistung 5 861

Umsatzsteuer
- Behinderungsschaden 8 2074
- Entschädigungsanspruch 8 2104
- freie Kündigung des AG 11 2847

Stichwortverzeichnis

- Kostenerstattungsanspruch 7 1372
- Minderung 7 1412
- Nichtigkeit des Bauvertrages 2 131
- Schadensersatz (Behinderung) 8 2074
- Schadensersatz (Gewährleistung) 7 1444, 1461
- Schadensersatz (Verzug des AN) 8 1854
- Sicherheitseinbehalt 12 3070
- Sicherheitsleistung des AN 12 3014
- Steuerschuldumkehr 10 2598
- Vergütung des AN 9 2140
- Vorschussanspruch 7 1383

Unabwendbare Umstände
- Behinderung 8 1757
- Diebstahl 8 1759
- Graffiti 8 1759

Und-Konto
- Sicherheitseinbehalt 12 3083
- Sicherheitsleistung des AN 12 3065

Unfallverhütungsvorschrift 5 858

Unklare Leistungsbeschreibung
- Auslegung 8 1918
- Auslegung (Baugrundrisiko) 8 1940, 1943
- culpa in contrahendo 8 1920
- Mehrvergütungsanspruch 8 1918; 9 2242
- Schadensersatz 8 1920
- Schadensersatz (Baugrund) 8 1947
- Vorrang der Auslegung 5 873

Unklares Leistungsverzeichnis
- Darlegungs- und Beweislast 9 2351
- Pauschalvertrag 9 2351

Unmöglichkeit
- Bauvertrag 2 139
- Entschädigungsanspruch des AN 8 2094
- Mängelansprüche vor Abnahme 5 986
- Nacherfüllung 7 1329
- Schadensersatz statt der Leistung 7 1447

Unmöglichkeit der Mitwirkungshandlung 11 2730

Unselbständige Garantie
- Mengengarantie 9 2176

Unsicherheitseinrede 10 2536; 12 3132

Unterbrechung der Arbeiten
- Kündigung durch AG 11 2938
- Kündigung durch AN 11 2717
- Vergütung des AN 11 2716

Unterbrechung der Verjährung 7 1595

Unternehmer
- Begriff 1 25

Unternehmereinsatzformen 1 28
Unternehmererklärung 5 951

Unverhältnismäßigkeit
- Mangel vor Abnahme 5 985

Urkundenprozess
- Bürgschaft auf erstes Anfordern 12 3033

V

Verbraucher
- Abschlagszahlung 10 2566
- AGB-Privilegierung (VOB/B) 3 478
- Allgemeine Geschäftsbedingungen 4 639
- Einbeziehung VOB/B 3 478
- Sicherheitsleistung des AN 12 3118
- VOB-Privilegierung 3 478
- VOB/B – Verwendung 3 472

Verdingungsunterlagen 2 249
Vereinbarte Beschaffenheit 7 1238
Vereinbarung von Vertragsfristen 8 1672
Vereinbarung zur Streitschlichtung 13 3316
Vergabe oberhalb der Schwellenwerte 2 347

Vergabe von Bauleistungen 2 222
- Ablauf des Vergabeverfahrens 2 229
- Abschnitt 0 VOB/C 2 251
- AGB-Inhaltskontrolle 4 649
- Alternativpositionen 2 288
- Angebot 2 260
- Angebotseröffnung 2 276
- Angebotserstellungskosten 2 338, 386
- Angebotsfrist 2 263
- Angebotsprüfung 2 280
- Angebotswertung 2 296
- Anspruch auf Zuschlag 2 328
- Aufhebung der Ausschreibung 2 313
- Aufhebung des Vertrages 2 390
- Aufklärungsgespräche 2 289
- Ausschluss 2 297
- Ausschluss (EU-Vergabe) 2 364
- Ausschlussgründe 2 364
- Baukonzession 2 349
- Baukoordinierungsrichtlinie 2 214
- Bauleistung (Definition) 2 349
- Bedarfspositionen 2 288
- Beratungsstellen 2 345
- beschränkte Ausschreibung 2 226
- Bestechung 2 364
- Bieterauswahl 2 232
- Bietergemeinschaft 2 239
- Bindefrist 2 267
- culpa in contrahendo 2 332
- Dienstaufsichtsbeschwerde 2 344
- Eignungsprüfung 2 232, 297, 363
- einstweilige Verfügung 2 330
- entgangener Gewinn 2 339
- Eröffnungstermin 2 277
- EU-Vergaberecht 2 347
- Eventualpositionen 2 288
- Fachaufsicht 2 346
- Form der Angebote 2 370
- freihändige Vergabe 2 227
- Fristen 2 373
- Gegenvorstellung 2 344
- Generalübernehmer 2 237
- GWB 2 347, 349
- Haftung des Auftraggebers 2 325
- Haushaltsgrundsätzegesetz 2 347
- Hierarchie der Vergabearten 2 224
- Kaskadenprinzip 2 348
- Konkurrentenklage 2 329

Stichwortverzeichnis

- Kontrahierungszwang 2 314, 328
- Kontrahierungszwang (EU-Vergabe) 2 378
- Korruptionsstraftat 2 247
- Leistungsbeschreibung 2 249
- Leistungsbeschreibung (EU-Vergabe) 2 366
- Mitverschulden 2 342
- Nachprüfungsstellen 2 346
- Nachprüfungsverfahren 2 379
- Nachreichung von Unterlagen 2 297, 365
- Nachverhandlungen 2 289
- Nebenangebot 2 261
- negative Interesse 2 338
- nichtoffenes Verfahren 2 356
- offenes Verfahren 2 356
- öffentliche Ausschreibung 2 225
- ÖPP-Beschleunigungsgesetz 2 357
- Präqualifikation 2 234
- Preisnachlässe 2 261
- Projektanten 2 241
- Rahmenverträge 2 369
- rechtmäßiges Alternativverhalten 2 336
- Rechtsaufsicht 2 346
- Rechtsschutz oberhalb der Schwellenwerte 2 377
- Rechtsschutz unterhalb der Schwellenwerte 2 325
- Rechtsweg 2 329
- Rüge 2 380
- Schadensersatz 2 332, 385
- schwere Verfehlung 2 246
- Sektorenrichtlinie 2 214, 347
- Sektorenverordnung 2 214, 351
- Selbstausführung 2 238
- Sofortige Beschwerde 2 383
- Spekulationsangebot 2 302
- Submissionstermin 2 278
- Subunternehmer 2 365
- technische Spezifikationen 2 253
- Teillosvergabe 2 223
- Teilnahme am Wettbewerb 2 232
- Unterlassungsklage 2 331
- Verdingungsunterlagen 2 249
- Vergabe nach Abschnitt 1 2 222
- Vergabe nach VOB/A 2 229
- Vergabearten 2 224
- Vergabebekanntmachung 2 257
- Vergabefremde Aspekte 2 355
- Vergabegrundsätze 2 223
- Vergabegrundsätze (oberhalb Schwellenwerte) 2 350
- Vergabegrundsätze (unterhalb Schwellenwerte) 2 223
- Vergabekammer 2 381
- Vergabekoordinierungsrichtlinie 2 214, 347
- Vergabesperre 2 248
- Vergabeverordnung 2 214, 351
- Vergabeverordnung Verteidigung und Sicherheit 2 351
- Verhandlung mit Bietern 2 289
- Verhandlungsverfahren 2 356
- Verpflichtungserklärungen 2 365
- Vertragsurkunde 2 312
- VOB-Beratungsstellen 2 345
- VOB/A 2. Abschnitt 2 353
- VOB/A 3. Abschnitt 2 353
- Vorabmitteilung 2 371
- Vorbeugende Unterlassungsklage 2 331
- vorvertragliches Vertrauensverhältnis 2 332
- Wahlpositionen 2 288
- Wertungskriterien 2 368
- Wettbewerblicher Dialog 2 228, 357, 360
- Willkürprüfung 2 330
- Zuschlag 2 307
- Zuschlagsfrist 2 266
- Zusendung von Vergabeunterlagen 2 257
- Zuverlässigkeit 2 245

Vergabearten
- EU-Vergabe 2 356
- Unterschwellenvergabe 2 223

Vergabebekanntmachung 2 257
Vergabefremde Aspekte 2 355
Vergabegrundsätze 2 223
Vergabehandbuch – VHB 8 1619
- Nachtragskalkulation 9 2418

Vergabekammer 2 381
Vergabekoordinierungsrichtlinie 2 214
- Zusendung von Vergabeunterlagen 2 347

Vergabesperre 2 248
Vergabeverordnung 2 214, 351
Vergabeverordnung Verteidigung und Sicherheit 2 214, 351

Vergütung
- AGB-Inhaltskontrolle 4 674, 768
- Allgemeine Geschäftsbedingungen (AG) 4 674
- Allgemeine Geschäftsbedingungen (AN) 4 768

Vergütung des AN 9 2130
- Abrechnung 9 2171
- Abschlagszahlung (BGB) 10 2556
- Abschlagszahlung (VOB) 10 2503
- Aufmaß 9 2171
- Außerordentliche Kündigung durch AG 11 2902
- Bagatellklausel 9 2149
- Bauvertragstypen 9 2143
- Berechnung 9 2171
- besondere Leistung 9 2220, 2288
- Darlegungs- und Beweislast 9 2137
- Detail-Pauschalvertrag 9 2156
- Dissens 9 2134
- Durchgriffsfälligkeit 10 2578
- Einheitspreisvertrag 9 2150
- Fälligkeit (BGB-Vertrag) 10 2555
- Fälligkeit (VOB-Vertrag) 10 2501
- Festpreis 9 2145
- Festpreisvertrag 9 2145
- freie Kündigung des AG 11 2826
- Global-Pauschalvertrag 9 2157
- GMP-Vertrag 9 2144
- Höhe 9 2133

1239

Stichwortverzeichnis

- Insolvenz des AN 11 2871
- Kostenanschlag 11 2958
- Kündigung durch AN (BGB-Vertrag) 11 2807
- Kündigung durch AN (VOB-Vertrag) 11 2776
- Leistungsänderungen 9 2212
- Leistungserschwernisse 9 2233
- Lohngleitklausel 9 2148
- Mengenänderungen 9 2184
- Mengengarantie 9 2173
- Mengenreduzierung auf Null 9 2206
- Nachträge 9 2180
- Nebenleistung 9 2220, 2288
- nicht beauftragte Leistungen 9 2368
- Pauschalvertrag 9 2154
- planerische Leistungen des AN 9 2395
- Preisgleitklausel 9 2147
- Schätzung nach außerordentlicher Kündigung 11 2915
- Schlusszahlung (BGB) 10 2576
- Schlusszahlung (VOB) 10 2525
- Schuldner 9 2132
- Selbstbeteiligungsklausel 9 2149
- Selbstkostenerstattungsvertrag 9 2164
- Selbstübernahme von Leistungen 9 2206
- stillschweigende Vereinbarung 9 2133
- Stoffpreisgleitklausel 9 2148
- Stundenlohnarbeiten 9 2398; 10 2493
- Stundenlohnvertrag 9 2158
- Teilschlusszahlung (VOB) 10 2552
- Umsatzsteuer 9 2140
- Unklare Vereinbarung 9 2133
- Unterbrechung der Arbeiten 11 2716
- Vergütungspauschale 4 768
- Verjährung 10 2666
- Verjährung (BGB-Vertrag) 10 2671
- Verjährung (VOB-Vertrag) 10 2675
- Vorauszahlung (BGB) 10 2575
- Vorauszahlung (VOB) 10 2520
- WEG als AG 9 2132
- Zusatzleistung 9 2286

Vergütungsanpassung
- Kalkulationsfehler 9 2275
- Leistungsänderung 9 2272
- Leistungsänderungen 9 2212
- Pauschalvertrag 9 2316
- Wegfall der Geschäftsgrundlage (Pauschalierung) 9 2348
- Zusatzleistung 9 2286, 2309
- Zusatzleistung (BGB) 9 2314
- Zusatzleistung (VOB) 9 2287

Vergütungsanspruch
- Beschleunigungsmaßnahmen 8 1915
- entfallende Mengen 8 1948
- Fälligkeit 6 1217
- Fälligkeitszinsen 6 1226
- Verjährungsbeginn 6 1221

Vergütungseinbehalt 7 1297
- Abbedingung 7 1306
- Annahmeverzug des AG 7 1305
- Druckzuschlag 7 1301
- Höhe 7 1301
- Verjährung des Nacherfüllungsanspruchs 7 1300
- Verlust 7 1303

Vergütungspauschale
- AGB-Inhaltskontrolle 4 768
- Allgemeine Geschäftsbedingungen (AN) 4 768

Vergütungssicherung
- AGB-Inhaltskontrolle 4 753, 783
- Allgemeine Geschäftsbedingungen (AG) 4 753
- Allgemeine Geschäftsbedingungen (AN) 4 783
- Werklieferungsvertrag 3 401

Verhandlungen mit Bietern
- Vergabeverfahren 2 289

Verhandlungsklausel 4 656

Verhandlungsverfahren 2 356
- Mehrvergütungsanspruch 8 1964

Verjährung
- Abschlagszahlung 10 2683
- Bauforderungssicherungsgesetz 12 3281
- Bauhandwerkersicherheitsleistung 12 3225
- Bauhandwerkersicherungshypothek 10 2685
- Bürgschaft 12 3059
- Bürgschaft: Hemmung durch Verhandlungen 12 3058
- Einredeverzicht 7 1604
- Einschlafen von Verhandlungen 7 1587
- Erfüllungsanspruch (VOB/B) 6 1197
- Folgen 10 2685
- Hautschuld/Bürgschaft 12 3052
- Hemmung 7 1585; 10 2687
- Kostenerstattungsanspruch 7 1600
- Mängelansprüche 7 1559
- Mängelansprüche (BGB) 7 1567
- Mängelansprüche (VOB) 7 1560
- Mängelansprüche vor Abnahme 5 1023
- Mängelansprüche vor Abnahme (BGB) 5 1041
- Mangelbeseitigung 7 1602
- Mangelbeseitigungsarbeiten 7 1566
- Materialprüfungsstelle 13 3326
- Mediation 13 3350
- Mehrkostenanspruch (Behinderung) 8 2078
- Mehrkostenanspruch (Kündigung) 11 2934
- Meinungsverschiedenheiten mit Behörden 13 3312
- Minderung 7 1565, 1570
- Neubeginn 7 1595; 10 2690
- Rücktritt (Gewährleistung) 7 1570
- Schadensersatz (Behinderung) 8 2078
- Schadensersatz (Verzug des AN) 8 1857
- Schadensersatzanspruch (Gewährleistung) 7 1601
- Schadensersatzanspruch vor Abnahme 5 989
- Schadensersatzanspruch vor Abnahme (BGB) 5 1041
- Überzahlung 10 2651, 2658

- Unterbrechung 7 1595
- Vereinbarung 7 1604
- Vergütungsansprüche 10 2666
- Verlängerung 10 2686
- Vorschussanspruch 7 1602
- Vorteilsausgleichung 7 1553
- Wirkung 10 2685

Verjährungshemmung
- Vergütungsansprüche 10 2687

Verkehrsbehinderungen
- Bauzeitverlängerung 8 1768
- Behinderung 8 1768

Verkehrssicherungspflicht 5 1056

Verkehrswert
- Mangel 7 1268

Vermögensverfall des AN
- Kündigung durch AG 11 2861

Verpflichtungserklärungen 2 365

Verschleißteile 7 1314

Verschulden
- Mitverschulden des AN 8 1993
- Schadensersatz (Behinderung) 8 1979, 1993
- Schadensersatzanspruch des AG (Behinderung) 8 1979
- Verzug des AN 8 1835

Verschulden bei Vertragsverhandlungen
- Schadensersatz (Behinderung) 8 1920

Vertragsabschlussklauseln 4 649

Vertragsart
- AGB-Inhaltskontrolle 4 651
- Allgemeine Geschäftsbedingungen (AG) 4 651

Vertragsaufhebung 11 2705

Vertragsbedingungen
- Abnahme 4 586, 610
- Abschlagszahlung 4 578
- Aufmaß 4 589
- Ausführungsbeginn 4 608
- Bauinfrastruktur 4 606
- Bauumlagen 4 594
- Behinderung 4 571
- Beschleunigungsvergütung 4 575
- Eigenübernahme von Leistungen 4 601
- Gerichtsstandsvereinbarung 4 624
- Gewährleistung 4 613
- Haftungsausgleich 4 609
- Lohn- und Preisgleitklauseln 4 590
- Preisanpassung für Pauschalverträge 4 603
- Schiedsklausel 4 596
- Schlussrechnung 4 617
- Sicherheitsleistung 4 582, 622
- Skonto 4 580
- Stundenlohnarbeiten 4 576, 618
- Subunternehmereinsatz 4 607
- Unterlagen des AN 4 604
- Vertragsfristen 4 570
- Vertragsstrafe 4 572
- Vertragstyp 4 585

- Vorauszahlung 4 579, 620

Vertragserfüllungsbürgschaft
- Änderungsanordnung des AG 5 925
- Behinderung 8 1810
- Bürgschaft auf erstes Anfordern 12 3041
- Wegfall bei Behinderung 8 1810

Vertragserfüllungssicherheit 12 3001
- Abschlagszahlung 10 2566
- Abschlagszahlungen 12 3118
- AEntG 12 3006
- Mängelansprüche 12 3005
- Mängelkosten 12 3003
- Rückgabe 12 3107
- Schadensersatzanspruch vor Abnahme 5 989
- Überzahlung 12 3004
- Vertragsstrafe 12 3002

Vertragsfrist
- Vertragserfüllungsbürgschaft 8 1810
- Wegfall bei Behinderung 8 1809

Vertragsfristen 8 1672
- AGB-Inhaltskontrolle 4 707
- Allgemeine Geschäftsbedingungen (AG) 4 707
- Änderung 8 1693
- Ausführungsbeginn 8 1677
- Ausführungsfrist 8 1689
- Baubeginn 8 1677
- Bauzeitenplan 8 1685
- Einzelfristen 8 1683
- Verschiebung 8 1693
- Zwischenfristen 8 1683

Vertragspreis
- Mehrvergütungsanspruch (Leistungsänderung) 9 2273

Vertragsschluss
- Öffentliche Hand 2 201

Vertragsstrafe 8 1658, 1694
- Abnahme 6 1206
- AGB-Inhaltskontrolle 4 719; 8 1698
- Allgemeine Geschäftsbedingungen 4 574; 8 1697
- Allgemeine Geschäftsbedingungen (AG) 4 719
- Änderungsanordnung zur Bauzeit 5 925
- Berechnung 8 1880
- fiktive Abnahme 6 1144
- geltungserhaltende Reduktion 8 1703
- Höhe 8 1703
- Individualvereinbarungen 8 1696
- Kumulierung mit Schadensersatz 8 1713
- Kündigung des Vertrages 8 1880
- Kündigung durch AG 11 2937
- Neue Termine 8 1809
- Obergrenze 8 1705
- Schadensersatz (Verzug des AN) 8 1843
- Schadensersatzanspruch des AN 8 1695
- Schadensersatzansprüche 8 1713
- Sicherheitsleistung des AN 12 3002
- Subunternehmer 1 60
- Tagessatz 8 1705

Stichwortverzeichnis

- Teilabnahme 6 1155
- Transparenzgebot 8 1699
- Verschulden 8 1700
- Vertragsbedingungen 4 572
- Verzug 8 1700
- Vorbehalt bei Abnahme 8 1709
- Wegfall bei Behinderung 8 1809
- Wirksamkeit 8 1696
- Zulässigkeit 8 1698
- Zwischentermine 8 1708

Vertragsurkunde 2 312
Vertragszweckgefährdung 5 1083
Vertretung 2 189
Vertretungsmacht 2 193
- Schmiergeldzahlung 2 137

Verwahrgeldkonto 12 3084
Verweisungsklausel
- Gewährleistungsbeginn 7 1560
- Verweisungsklausel 4 776

Verwendereigenschaft 3 468
- AGB-Kontrolle 4 644
- Allgemeine Geschäftsbedingungen 4 636

Verwirkung
- Kündigungsrecht 8 1875
- Kündigungsrecht des AG 11 2891
- Kündigungsrecht des AN 11 2773
- Überzahlung 10 2654

Verzögerte Zuschlagserteilung
- Bauzeitverlängerung 8 1788
- Behinderung 8 1788

Verzögerungsschaden
- Schadensersatzanspruch vor Abnahme 5 996

Verzug
- Abbedingung der Mahnung 8 1744
- AGB-Kontrolle (VOB) 10 2547
- BGB-Vertrag 8 1741
- Mahnung 8 1739
- Verschulden 8 1746
- Verzugseintritt 8 1739
- VOB-Vertrag 8 1742

Verzug des AG 10 2616
- AGB-Inhaltskontrolle 4 738; 10 2628
- Allgemeine Geschäftsbedingungen (AG) 4 738
- BGB-Vertrag 10 2617
- Kündigung durch AN 10 2627; 11 2765
- Leistungseinstellung 10 2626
- Rücktritt des AN 10 2622
- Schadensersatz statt der Leistung 10 2622
- Verzugsschaden (BGB) 10 2620
- Verzugsschaden (VOB) 10 2625
- Verzugszinsen (BGB) 10 2622
- Verzugszinsen (VOB) 10 2624
- VOB-Vertrag 10 2623
- Zahlungsverzugsrichtlinie 10 2622, 2628

Verzug des AN
- AGB-Inhaltskontrolle 4 707
- Allgemeine Geschäftsbedingungen (AG) 4 707
- Ansprüche des AG 8 1814

- Außerordentliche Kündigung durch AG 8 1858
- BGB-Vertrag 8 1815
- entgangener Gewinn (BGB-Vertrag) 8 1817
- Kündigung durch AG 8 1858; 11 2889
- Kündigungsfolgen (VOB-Vertrag) 8 1878
- Rücktritt 8 1818
- Schadensersatz (VOB-Vertrag) 8 1833
- Schadensersatz statt der Leistung 8 1822
- Schadensersatzanspruch des AG (BGB) 8 1816
- Vertragsstrafe 8 1879
- VOB-Vertrag 8 1829

Verzugszinsen
- BGB-Vertrag 10 2622
- VOB-Vertrag 10 2624

Vetragsfristen
- Vertragsbedingungen 4 570

Vielzahl von Verträgen 4 635

VOB
- AGB-Kontrolle 3 462
- geschichtliche Entwicklung 3 413
- Rechtsnatur 3 415
- Teil A 3 419
- Teil B 3 426
- Teil C 3 432
- VOB/A 3 419
- VOB/B 3 426
- VOB/C 3 432
- Zulässigkeit der Vereinbarung 3 442

VOB als Ganzes
- AGB-Inhaltskontrolle 3 481
- Öffnungsklauseln 3 489
- Privilegierung 3 481

VOB-Beratungsstellen 2 345

VOB-Vertrag
- Außerordentliche Kündigung durch AG 11 2879
- Freie Kündigung des AG 11 2820
- Gewährleistungsfrist 7 1560
- Kündigung durch AN 11 2709
- Kündigung nach Kostenanschlag 11 2960
- Mängelansprüche vor Abnahme 5 968
- Minderung 7 1392
- Mitwirkungspflichten des AG 5 1043, 1068
- Rücktritt 7 1421
- Schadensersatz (Gewährleistung) 7 1450
- Schlusszahlung 10 2525
- Stundenlohnarbeiten 10 2490
- Unterschiede BGB 4 500
- Verzug 8 1742
- Verzug des AN 8 1829
- Vorauszahlung 10 2520
- Zahlungsverzug des AG 10 2623

VOB/A
- Abschnitt 1 2 215
- Abschnitt 2 2 216
- Abschnitt 3 2 219
- Abschnitte 2 213
- Allgemeine Geschäftsbedingungen 3 467

– Basisparagraphen 2 215
– Begriff 3 419
– Begriffsbestimmung 3 424
– Definitionen 3 424
– EU-Vergabeverfahren 2 353
– öffentlicher Auftraggeber 2 213
– privater Auftraggeber 2 325
– Schwellenwert 2 215
– Sektorenverordnung 2 214
– Teile 2 213
– Überblick 2 213
– Verteidigung und Sicherheit 2 219
– Zwingendes Vertragsrecht 2 327
VOB/B
– Abweichungen zugunsten AG 4 523
– Abweichungen zugunsten AN 4 503
– AGB-Einzelkontrolle 3 494
– AGB-Inhaltskontrolle 3 481
– Allgemeine Geschäftsbedingungen 3 464
– Anlagenvertrag 3 457
– Architektenvertrag 3 450
– Bausatzvertrag 3 452
– Bauträgervertrag 3 458
– Begriff 3 426
– Beidseitiges Stellen 3 470
– Dienstvertrag 3 448
– Einbeziehung als AGB 3 475
– Einbeziehung als AGB (Verbraucher) 3 478
– Einzelkontrolle 3 494
– Geltung im BGB-Vertrag 3 428; 8 1659
– Generalübernehmervertrag 3 455
– Generalunternehmervertrag 3 454
– Hilfsleistungen 3 447
– Mietvertrag 3 448
– neutrale Abweichungen gegenüber BGB 4 552
– Öffentliche Hand als Verwender 3 473
– Planungsleistungen 3 451
– Privatleute (Verwendung gegenüber) 3 472
– Privilegierung 3 481
– Regelungslücken 4 569
– Schriftformklauseln 4 558
– Subunternehmer (Verwendung gegenüber) 3 474
– Übergabeklausel 4 658
– Verbraucher (Verwendung gegenüber) 3 472
– Werklieferungsvertrag 3 449
– Zulässigkeit der Vereinbarung 3 442
VOB/B als Ganzes 3 488
– Abweichungen (AGB-Kontrolle) 3 488
VOB/C
– Allgemeine Geschäftsbedingungen 3 465
– Auslegung des Bauvertrages 5 890; 8 890
– Bedeutung 3 435
– Begriff 3 432
– DIN 3 432; 5 890
– Leistungssoll 5 890
– Normalausführung 3 436
Vollbetreuung 1 82

Vollmacht
– Anscheinsvollmacht 2 200
– Architektenvollmacht 2 203
– Begriff 2 193
– Duldungsvollmacht 2 199
– Konkludente Vollmacht 2 198
– stillschweigende Vollmacht 2 198
– Umfang 2 202
– vollmachtloser Vertreter 2 207
Vollmachtloser Vertreter 2 207
Vorabmitteilung 2 371
Vorausgesetzter Gebrauch der Werkleistung 7 1268
Vorausklage 12 3050
Vorauszahlung
– BGB-Vertrag 10 2575
– Bürgschaft auf erstes Anfordern 10 2523
– Fälligkeit 10 2522
– nachträgliche Vereinbarung 10 2523
– Sicherheitsleistung 10 2523
– VOB-Vertrag 10 2520
– Zinsen 10 2524
Vorauszahlungsbürgschaft
– Bürgschaft auf erstes Anfordern 12 3042
Vorbehalt
– Abnahme 6 1206
– fiktive Abnahme 6 1144
– Teilabnahme 6 1155
Vorbeugende Unterlassungsklage
– Vergabe 2 331
Vorformulierte Vertragsbedingungen 4 639
Vorschreiben von Baustoffen 7 1515
Vorschussanspruch 7 1377
– Abrechnung 7 1386
– Beseitigungskosten 9 2375
– Darlegungs- und Beweislast 7 1479
– einstweilige Verfügung 7 1379
– Höhe 7 1383
– Kostenerstattungsanspruch 7 1387
– Kündigung durch AG 11 2933
– Schätzung 7 1383
– Sicherheitseinbehalt 7 1384
– Subunternehmer 7 1382
– Umsatzsteuer 7 1383
– Verjährung 7 1602
– Verschulden des AN 7 1378
– Verzug 7 1385
– Voraussetzungen 7 1379
– Werklieferungsvertrag 3 404
Vorteilsausgleichung
– Abrechnung 7 1551
– Gewährleistung 7 1545
– neu für alt 7 1550
– Sowieso-Kosten 7 1545
– Steuervorteile 7 1547
– Subunternehmer 7 1552
– Vereinbarung Bauherr/GU 7 1557
– Verjährter Anspruch 7 1553
– Verzug des AN 8 1851

Stichwortverzeichnis

Vorunternehmer
- Mitverschulden des AG 7 1540

Vorunternehmerleistung
- Bauzeitverlängerung 8 1782
- Behinderung 8 1782
- Entschädigungsanspruch 8 1999
- Gewährleistung 7 1518
- Glasfassadenurteil 8 2002
- Mängelansprüche 7 1518
- Mehrvergütungsanspruch 8 2001
- Schadensersatz 8 1997

Vorvertragliches Schuldverhältnis
- Schadensersatz 2 332

Vorzeitige Beendigung des Bauvertrages 11 2698

W

Wagnis und Gewinn
- Freie Kündigung des AG 11 2845

Wahlposition
- Mehrvergütungsanspruch (Behinderung) 8 1906
- Mehrvergütungsanspruch (Leistungsänderung) 9 2248

Wahlpositionen, *s. Alternativpositionen*

Wegfall der Geschäftsgrundlage
- Baugrundrisiko 8 1946
- Kalkulationsfehler 9 2428
- Mehrmengen 9 2197
- Mehrvergütungsanspruch (Leistungsänderung) 9 2284
- Mengenänderungen 9 2185, 2197, 2204
- Pauschalvertrag 9 2345
- Vergütungsanpassung (Pauschalierung) 9 2348

Werklieferungsunternehmer 1 73
- Bauleistung 5 868

Werklieferungsvertrag 3 396
- Abnahme 3 402
- Bauhandwerkersicherheitsleistung 3 402; 12 3168
- Bausatzvertrag 3 406
- Entschädigungsanspruch 3 400
- Kündigung 3 400
- Mängelansprüche 3 402
- Mitwirkungspflichten des AG 3 400
- Montagehelfer 3 397
- Nacherfüllung 3 404
- Prüf- und Hinweispflicht 3 403
- Rügepflicht 3 403
- Unterschiede Werkvertrag 3 399
- VOB/B 3 449

Werklohn, *s. auch Vergütung des AN*

Werkvertrag 3 393
- Abgrenzung Dienstvertrag 3 394
- Bauträgervertrag 3 411
- Gerüstbauvertrag 3 408
- Kaufvertrag (Abgrenzung) 3 406
- Mietvertrag 3 408
- Mietvertrag (Abgrenzung) 3 408

- Unterschiede Werklieferungsvertrag 3 399
- Widerruf 3 407

Wertung von Angeboten 2 296
- Alternativpositionen 2 301
- Ausschluss von Angeboten 2 297
- Eignungsprüfung 2 299
- Eventualpositionen 2 301
- Materielle Angebotswertung 2 304
- Preisspiegel 2 301
- Prüfung der Angebotspreise 2 300
- Spekulationsangebot 2 302

Wertungskriterien 2 368

Wettbewerblicher Dialog 2 228, 357, 360

Widerruf
- Bauvertrag 2 153; 3 407
- Werkvertrag 3 407

Wiedereinarbeitungseffekt 8 1805

Wirtschaftliche Betriebsführung
- Stundenlohnarbeiten 10 2486

Witterungsverhältnisse
- Behinderung 8 1760
- Entschädigungsanspruch des AN 8 2094
- Höhere Gewalt 8 1760

Wohnungseigentum
- Baumängel 1 106
- Bauträgererwerb 1 106

Wohnungseigentumsgesetz 1 11

Z

Zahlung
- Bauabzugssteuer 10 2588
- Nachlass 10 2605
- Skonto 10 2605
- Verzug 10 2616
- Verzug (BGB-Vertrag) 10 2617
- Verzug (VOB-Vertrag) 10 2623

Zahlung der Vergütung
- AGB-Inhaltskontrolle 4 738, 779
- Allgemeine Geschäftsbedingungen (AG) 4 738
- Allgemeine Geschäftsbedingungen (AN) 4 779

Zahlungseinstellung
- Kündigung durch AG 11 2866

Zahlungsplan
- Vergütungseinbehalt 7 1302

Zahlungsverzug 10 2620, *s. auch Verzug des AG*
- Kündigung durch AN 11 2758
- Rücktritt des AN 11 2790

Zahlungsverzugsrichtlinie 10 2549
- Abnahme 4 726
- Verzug des AG 10 2622, 2628

Zufahrtswege
- Behinderung 8 1769

Zugesicherte Eigenschaft 7 1244

Zulassungsbescheid des Instituts für Bautechnik 5 911

Zurückbehaltungsrecht
- AGB-Inhaltskontrolle 4 780
- Allgemeine Geschäftsbedingungen (AN) 4 780

Zurückbehaltungsrecht an Vergütung 7 1298,
 s. auch *Vergütungseinbehalt*
– Durchgriffsfälligkeit 7 1299
– Zahlungsplan 7 1302
Zusatzleistung, s. auch *Mehrvergütungsanspruch (Zusatzleistung)*
– Behinderung 9 2287
– Mehrvergütungsanspruch (Behinderung) 8 1932
– Pauschalvertrag 9 2341
– Vergütungsanpassung 9 2286
Zusatzleistungen 5 929
– nicht beauftragte Leistungen 9 2368
Zusätzliche Leistungen
– Bauzeitverlängerung 8 1770
– Behinderung 8 1770
Zusätzliche Vertragsbedingungen
– Begriff 4 564
– BGB-Werkvertrag 4 628
Zuschlag 2 307
– Mehrvergütungsanspruch bei verspätetem Zuschlag 2 309

– Mündlicher Zuschlag 2 308
– Verspäteter Zuschlag 2 309
– Vertragsurkunde 2 312
Zuschlagsfrist
– AGB-Inhaltskontrolle 4 653
– Allgemeine Geschäftsbedingungen (AG) 4 653
– Bauzeit 8 1681
– Vergabeverfahren 2 266
– Verlängerte Zuschlagsfrist 2 274
Zuschlagsverbot 2 381
Zwei-Monats-Frist
– AGB-Kontrolle 10 2547
– Verlängerung 10 2549
– Zahlungsverzugsrichtlinie 10 2549
Zwei-Stufen-Modell 4 822
Zwei-Wege-Diagramm 8 1620
Zwischenfristen 8 1683
Zwischentermin 8 1734